Herrn RA/StB Tim Hachemann
mit herzlichem Dank für
Ihr Engagement beim 14.
Unternehmertag und besten
Grüßen vielleicht im
September 2016!

Ihr Ernst [Signatur]

Lehr- und Handbücher der Betriebswirtschaftslehre
Herausgegeben von Univ.-Prof. Dr. habil. Hans Corsten

Bisher erschienene Titel:

Betsch, Groh, Schmidt: Gründungs- und Wachstumsfinanzierung innovativer Unternehmen
Bieg, Kußmaul, Waschbusch: Externes Rechnungswesen
Bronner: Empirische Personal- und Organisationsforschung
Bronner: Planung und Entscheidung
Burger, Ulbrich, Ahlemeyer: Beteiligungscontrolling
Burger: Jahresabschlussanalyse
Burger: Kostenmanagement
Burger, Buchhart: Risiko-Controlling
Buzacott, Corsten, Gössinger, Schneider: Produktionsplanung und -steuerung
Buzacott, Corsten, Gössinger, Schneider: Production Planning and Control
Corsten, Reiß: Betriebswirtschaftslehre Band I
Corsten, Reiß: Betriebswirtschaftslehre Band II
Corsten, Gössinger: Dienstleistungsmanagement
Corsten: Einführung in das Electronic Business
Corsten, Gössinger: Lexikon der Betriebswirtschaftslehre
Corsten, Gössinger: Produktionswirtschaft
Corsten, Corsten, Gössinger: Projektmanagement
Corsten, Gössinger: Einführung in das Supply Chain Management
Corsten, Reiß: Übungsbuch zur Betriebswirtschaftslehre
Corsten, Gössinger: Übungsbuch zur Produktionswirtschaft
Corsten: Unternehmungsnetzwerke
Friedl: Kostenrechnung
Friedl, Göthlich, Himme: Kostenrechnung Übungsbuch

Hildebrand: Informationsmanagement
Jokisch, Mayer: Grundlagen finanzwirtschaftlicher Entscheidungen
Klandt: Gründungsmanagement: Der Integrierte Unternehmensplan
Kußmaul: Betriebswirtschaftslehre für Existenzgründer
Kußmaul: Betriebswirtschaftliche Steuerlehre
Kußmaul: Steuern
Loitlsberger: Grundkonzepte der Betriebswirtschaftslehre
Matschke, Olbrich: Internationale und Außenhandelsfinanzierung
Matschke, Hering: Kommunale Finanzierung
Nebl: Produktionswirtschaft
Nebl, Prüß: Anlagenwirtschaft
Nebl, Schröder: Übungsaufgaben zur Produktionswirtschaft
Nolte: Organisation
Ossadnik: Controlling
Ossadnik: Controlling – Übungsbuch
Palupski: Marketing kommunaler Verwaltungen
Ringlstetter: Organisation von Unternehmen und Unternehmensverbindungen
Schiemenz, Schönert: Entscheidung und Produktion
Schneider, Buzzacott, Rücker: Operative Produktionsplanung und -steuerung
Schulte: Kostenmanagement
Stölzle: Beschaffungs- und Logistik-Management: Industrial Relationships
Wehling, Röhling, Schneider, Werner: Fallstudien zu Personal und Unternehmensführung
Zelewski, Hohmann, Hügens, Peters: Produktionsplanungs- und -steuerungssysteme

Betriebswirtschaftliche Steuerlehre

von

Univ.-Prof. Dr. Heinz Kußmaul
Universität des Saarlandes in Saarbrücken

7., vollständig aktualisierte und erweiterte Auflage

Oldenbourg Verlag München

Lektorat: Thomas Ammon
Herstellung: Tina Bonertz
Einbandgestaltung: hauser lacour

Bibliografische Information der Deutschen Nationalbibliothek
Die Deutsche Nationalbibliothek verzeichnet diese Publikation in der Deutschen Nationalbibliografie; detaillierte bibliografische Daten sind im Internet über http://dnb.dnb.de abrufbar.

Library of Congress Cataloging-in-Publication Data
A CIP catalog record for this book has been applied for at the Library of Congress.

Dieses Werk ist urheberrechtlich geschützt. Die dadurch begründeten Rechte, insbesondere die der Übersetzung, des Nachdrucks, des Vortrags, der Entnahme von Abbildungen und Tabellen, der Funksendung, der Mikroverfilmung oder der Vervielfältigung auf anderen Wegen und der Speicherung in Datenverarbeitungsanlagen, bleiben, auch bei nur auszugsweiser Verwertung, vorbehalten. Eine Vervielfältigung dieses Werkes oder von Teilen dieses Werkes ist auch im Einzelfall nur in den Grenzen der gesetzlichen Bestimmungen des Urheberrechtsgesetzes in der jeweils geltenden Fassung zulässig. Sie ist grundsätzlich vergütungspflichtig. Zuwiderhandlungen unterliegen den Strafbestimmungen des Urheberrechts.

© 2014 Oldenbourg Wissenschaftsverlag GmbH
Rosenheimer Straße 143, 81671 München, Deutschland
www.degruyter.com/oldenbourg
Ein Unternehmen von De Gruyter

Gedruckt in Deutschland

Dieses Papier ist alterungsbeständig nach DIN/ISO 9706.

ISBN   978-3-486-72069-3

Vorwort zur 7. Auflage

Die 7. Auflage der Betriebswirtschaftlichen Steuerlehre beinhaltet eine vollständige Überarbeitung sowie eine – insbesondere durch Ergänzungen im 2. Abschnitt des ersten Teils und im 4. Abschnitt des dritten Teils – Erweiterung des gesamten Werkes. Das Buch befindet sich auf dem gesetzlichen Stand des Jahres 2013, wobei auch die steuerrechtlichen Änderungsgesetze, welche bis zum Sommer 2013 realisiert wurden, berücksichtigt wurden. Außerdem erfolgte selbstverständlich eine komplette Anpassung an den aktuellen Stand des Handels- und Steuerrechts. Das Werk wendet sich an Leser, die sich grundlegend und umfassend mit Fragen der Betriebswirtschaftlichen Steuerlehre auseinandersetzen wollen, seien es Lehrende und Studierende an Universitäten, Fachhochschulen, Dualen Hochschulen, Verwaltungs- und Wirtschaftsakademien und anderen Einrichtungen, seien es interessierte Praktiker. Der Stand des Faches wird in ausführlicher Weise wiedergegeben; dabei wird auf der einen Seite eine – insgesamt in möglichst knapper Form erfolgende – Darstellung des gesamten Stoffes angestrebt, auf der anderen Seite wird der Bezug zu einem konkreten Steuerrechtsstand – hier jener des Jahres 2013 – hergestellt, sodass auch Detailbetrachtungen erfolgen können.

Angesichts der mit großer Zustimmung der Leserinnen und Leser aufgenommenen Konzeption des Lehrwerkes ist die grundlegende Gliederungsstruktur unverändert geblieben. Während sich der erste Teil „Rechnungswesen und Unternehmensbesteuerung" nach einer Einführung mit den Bereichen des Externen Rechnungswesens und des Internen Rechnungswesens beschäftigt, beinhaltet der zweite Teil „Steuerarten und Unternehmensbesteuerung" zunächst einen Einblick in die steuerrechtlichen Grundlagen und das deutsche Steuersystem, ehe eine systematische Darstellung der wichtigsten Steuerarten erfolgt, worauf aufbauend der Einfluss der Besteuerung auf unternehmerische Entscheidungen skizziert wird. Der dritte Teil „Unternehmensstruktur und Unternehmensbesteuerung" befasst sich zunächst mit der Rechtsformwahl, dann mit der Wahl der Zusammenschlussform, in der Folge mit dem Wechsel der Rechtsform und schließlich mit der Standortwahl (insbesondere fokussiert auf die Internationale Betriebswirtschaftliche Steuerlehre).

Genauso wie in der Vorauflage wird auch bei dieser Auflage einerseits eine Zusammenfassung der wichtigsten Inhalte im Format PowerPoint und andererseits ein Aktualisierungsdienst jeweils unter der Internetadresse des Verlages angeboten.

Für die umfangreichen Vorarbeiten in Form zahlreicher Hinweise, Hilfen und Verbesserungsvorschläge gilt mein besonderer Dank den redaktionell und inhaltlich einzelnen Bereichen zugeordneten Personen, welche in folgender Weise die jeweiligen Passagen begleitet und betreut haben: Dr. ERIC HUWER (Erster Teil, 1. Abschnitt und 2. Abschnitt, I.); Dr. DENNIS WEILER (Erster Teil, 2. Abschnitt, II. und III. sowie Erster Teil, 3. Abschnitt); CHRISTIAN SCHWARZ, M.Sc. (Zweiter Teil, 1. Abschnitt und 3. Abschnitt sowie Dritter Teil, 1. Abschnitt); Dipl.-Kfm. CHRISTIAN DELARBER (Zweiter Teil, 2. Abschnitt, I. bis VI.); TIM PALM, M.Sc. (Zweiter Teil, 2. Abschnitt, VII. und VIII. sowie Dritter Teil, 4. Abschnitt); Dipl.-Kffr. CARINA OLLINGER (Dritter Teil, 2. und 3. Abschnitt).

Für die von Zielstrebigkeit und Kompetenz getragene Unterstützung bei der konkreten Fertigstellung dieses Projektes im Kontext von Koordinierungs- und Formalisierungsaufgaben inklusive der Erstellung einer Druckvorlage für den Verlag gilt mein ganz großer Dank Herrn CHRISTIAN SCHWARZ, M.Sc., der diese Aufgabe mit außerordentlichem Einsatz und bravourösem Eifer in beispielhafter Weise erfüllt hat. Für die Mithilfe im Umfeld der Publikation geht mein besonderes Dankeschön an Frau HEIKE MANG genauso wie für die harmonische Zusammenarbeit mit dem Oldenbourg-Verlag deren Lektor, Herrn Dipl.-Kfm. THOMAS AMMON.

Saarbrücken, im August 2013   HEINZ KUßMAUL

Vorwort zur 6. Auflage

Das hier in sechster Auflage vorgelegte Lehr- und Handbuch wendet sich an Leser, die sich umfassend und grundlegend mit den Fragen der Betriebswirtschaftlichen Steuerlehre auseinandersetzen wollen, seien es Lehrende und Studierende an Universitäten, Fachhochschulen, Berufsakademien, Verwaltungs- und Wirtschaftsakademien und ähnlichen Einrichtungen, seien es interessierte Praktiker. Der Stand des Faches wird in ausführlicher Weise wiedergegeben; dabei wird auf der einen Seite eine – insgesamt in möglichst knapper Form erfolgende – Darstellung des gesamten Stoffes angestrebt, auf der anderen Seite wird der Bezug zu einem konkreten Steuerrechtsstand – hier jener des Jahres 2011 – hergestellt, so dass auch Detailbetrachtungen möglich sind. Das gesamte Buch wurde für die Neuauflage vollständig überarbeitet und unwesentlich erweitert.

Nachem bereits in der Vorauflage das Unternehmensteuerreformgesetz 2008 eingearbeitet wurde, werden hier die in der Zwischenzeit erfolgten steuerlichen Neuregelungen in zahlreichen Einzelgesetzen – so auch im Wachstumsbeschleunigungsgesetz –, Urteilen, Äußerungen der Finanzverwaltung usw. berücksichtigt. Außerdem erfolgte die vollständige Einarbeitung der Regelungen durch das Bilanzrechtsmodernisierungsgesetz, die auch zahlreiche steuerliche Implikationen beinhalten; in diesem Zusammenhang wurde auch das BMF-Schreiben zur Maßgeblichkeit vom 12. März 2010 berücksichtigt. Im Ergebnis wird für die Ausbildung der Studierenden, aber auch für die Anwendung in der Praxis die Rechtssituation des Jahres 2011 dargestellt, wobei der Stand der Gesetzgebung und aller weiteren relevanten Sachverhalte des Frühjahrs 2010 zugrunde gelegt wird. Angesichts der mit großer Zustimmung der Leser aufgenommenen Konzeption des Lehrwerks ist die grundlegende Gliederungsstruktur unverändert geblieben.

Zum ersten Mal wird mit dieser Neuauflage der „Betriebswirtschaftlichen Steuerlehre" in zweifacher Weise ein besonderes Angebot unterbreitet. Auf der einen Seite wird im Dozentenportal beim Verlag (www.oldenbourg-wissenschaftsverlag.de) eine Zusammenfassung der wichtigsten Inhalte im Format Powerpoint zur Unterstützung der Dozentinnen und Dozenten angeboten. Insofern können (registrierte) Lehrende die verfügbare Kurzfassung als Grundlage für ihre Veranstaltungen heranziehen und im Detail auf die näheren Ausführungen im Lehrbuch Bezug nehmen. Auf der anderen Seite wird ein Aktualisierungsdienst für die Leserinnen und Leser beim Verlag angeboten (unter www.oldenbourg-wissenschaftsverlag.de). Diese Aktualisierung ist für jedes Buch einmal mit der entsprechenden Code-Nummer verfügbar. Da mindestens einmal im Jahr eine Aufarbeitung der Inhalte auf der Grundlage des neuesten Gesetzes- und sonstigen Rechtsstands erfolgen wird, kann die Aktualität der Ausführungen sichergestellt werden. So wird im Laufe des Jahres 2011 zunächst eine Anpassung an den gesicherten Rechtsstand des Jahres 2011 vorgenommen werden, ehe in der Folge bis zu einer anstehenden Neuauflage entsprechende Aktualisierungen auch für die weiteren Jahre durchgeführt werden.

Für die umfangreichen Vorarbeiten in Form zahlreicher Hinweise, Hilfen und Verbesserungsvorschläge gilt mein besonderer Dank den redaktionell und inhaltlich einzelnen Passagen zugeordneten Personen: Der erste Teil wurde im 1. Abschnitt, im 2. Abschnitt I., im 2. Abschnitt III. sowie im 3. Abschnitt I. und II. von Herrn Dipl.-Kfm. SEBASTIAN GRÄBE, im 2. Abschnitt II. von Frau Dipl.-Kffr. CHRISTINE CLOß und im 3. Abschnitt III. von Frau Dr. KARINA SOPP zu Beginn der Überarbeitung und in der Folge von Frau Dipl.-Kffr. NICOLE TÜRK begleitet, der zweite Teil im 1. Abschnitt, im 2. Abschnitt I., II., III. und IV. sowie im 3. Abschnitt von Herrn Dipl.-Kfm. DENNIS WEILER, im 2. Abschnitt V. und VI. von Frau Dipl.-Kffr. CHRISTINE CLOß und im 2. Abschnitt VII. und VIII. zu Beginn der Überarbeitung von Frau Dr. KARINA SOPP und in der Folge von Frau Dipl.-Kffr. NICOLE TÜRK, der dritte Teil im 1. Abschnitt zu Beginn der Überarbeitung von Frau Dr. KARINA SOPP und in der Folge von Frau Dipl.-Kffr. NICOLE TÜRK, im 2. Abschnitt und im 3. Abschnitt von Frau Dipl.-Kffr. CHRISTINE CLOß und im 4. Abschnitt von Herrn Dipl.-Kfm. CHRISTOPH NIEHREN.

Für die von Zielstrebigkeit und Sachverstand getragene Unterstützung bei der konkreten Fertigstellung dieses Projektes im Kontext von Koordinierungs- und Formalisierungsaufgaben inklusive der Erstellung einer Druckformatvorlage für den Verlag gilt mein ganz besonderer Dank Frau Dipl.-Kffr. NICOLE TÜRK, die diese Aufgabe mit Bravour, außerordentlichem Einsatz und nie erlahmendem Eifer in beispielhafter Weise erfüllt hat; ihr wurde dabei von Herrn B.A. TIM PALM bei der Erstellung der Verzeichnisse und weiteren formalen Arbeiten zugearbeitet, wofür ihm mein „Dankeschön" gebührt. Für die Mithilfe bei der Unterstützung im Umfeld der Publikation geht mein Dank an Frau DORIS SCHNEIDER genauso wie an den Lektor des Oldenbourg Verlags, Herrn Dr. JÜRGEN SCHECHLER, für die harmonische Zusammenarbeit.

Saarbrücken, im Juni 2010   HEINZ KUẞMAUL

Vorwort zur 5. Auflage

Das gesamte Buch wurde für die 5. Auflage vollständig überarbeitet und unwesentlich erweitert. Im Mittelpunkt steht das Unternehmensteuerreformgesetz 2008, das zu einer umfassenden Änderung des gesamten Steuerrechts und damit auch dieses gesamten Werks führt. Aber auch andere steuerrechtliche Änderungen wie das SEStEG und viele andere Anpassungen in den Gesetzen, in der Judikatur und in den Verwaltungsanweisungen sorgen in weiten Teilen dafür, dass eher von einem neuen Buch als von einer Überarbeitung gesprochen werden muss. Angesichts der Einführung der Abgeltungssteuer zum Jahr 2009 wurden die Ausführungen auf Basis des Rechtsstandes zum 01.01.2009 vorgenommen, wobei die Rechtslage Mitte 2008 Grundlage der Überlegungen ist. In diesem Zusammenhang wurde auch die im Gesetzentwurf befindliche Reform des Bewertungs- und Erbschaftsteuerrechts vollständig eingearbeitet; die voraussichtlichen Änderungen durch das Bilanzrechtsmodernisierungsgesetz wurden auf Basis des Gesetzentwurfs im Sinne ergänzender Bemerkungen in den Text eingefügt. Weil gerade die Einführung der Abgeltungssteuer umfassende Einflüsse auf fast alle Bereiche der Betriebswirtschaftlichen Steuerlehre und damit auch auf fast alle Teile in diesem Buch hat, wurde nicht der etwas verlässlichere Rechtsstand des Jahres 2008 – der selbstverständlich auch Mitte des Jahres 2008 noch nicht gesichert ist, da der Gesetzgeber bis Jahresende noch Steuerrechtsänderungen mit rückwirkender Wirkung vornehmen kann – zugrunde gelegt. Im Ergebnis wird hier damit für die Ausbildung der Studierenden, aber auch für die Anwendung in der Praxis die relevante Situation ab 2009 präsentiert. Da die Konzeption des Lehrwerks von den Lesern mit Zustimmung aufgenommen wurde, ist die grundlegende Gliederungsstruktur unverändert geblieben.

Für die umfangreichen Vorarbeiten in Form zahlreicher Hinweise, Hilfen und Verbesserungsvorschläge gilt mein besonderer Dank den redaktionell und inhaltlich einzelnen Passagen zugeordneten Personen: Der erste Teil wurde begleitet von Frau Dipl.-Kffr. KARINA SOPP, der zweite Teil von Herrn Dr. JÖRG HENKES (Einkommensteuer und Gewerbesteuer), von Herrn Dipl.-Kfm. CHRISTOPH RUINER (erster und dritter Abschnitt sowie Körperschaftsteuer, Erbschaft- und Schenkungsteuer, Grundsteuer und Überblick über weitere Steuerarten) und von Frau Dipl.-Kffr. KARINA SOPP (Umsatzsteuer), der erste und zweite Abschnitt des dritten Teils von Herrn Privatdozent Dr. LUTZ RICHTER sowie der dritte und vierte Abschnitt des dritten Teils von Herrn Dr. VASSIL TCHERVENIACHKI (bzw. in der abschließenden Weiterbearbeitung von Herrn Privatdozent Dr. LUTZ RICHTER).

Für die von Zielstrebigkeit und Kompetenz getragene Unterstützung bei der konkreten Fertigstellung dieses Projektes im Kontext von Koordinierungs- und Formalisierungsaufgaben inklusive der Erstellung einer Druckformatvorlage für den Verlag gilt mein besonderer Dank Herrn Dipl.-Kfm. CHRISTOPH RUINER. Herrn Dr. JÖRG HENKES danke ich für die Übernahme von Korrekturarbeiten, Frau DORIS SCHNEIDER für die umsichtige Unterstützung im gesamten Umfeld der Publikation. Schließlich gilt mein Dank dem Lektorat des Verlages unter der Leitung von Herrn Dr. JÜRGEN SCHECHLER.

Saarbrücken, im Juli 2008 HEINZ KUẞMAUL

Vorwort zur 4. Auflage

Für die 4. Auflage wurde das gesamte Buch komplett überarbeitet und – trotz der sogar etwas kleineren Seitenzahl, aber angesichts eines völlig anderen Formats – inhaltlich erheblich erweitert. Dabei erfolgte eine Aktualisierung auf den Rechtsstand des Jahres 2005 unter umfassender Berücksichtigung der zahlreichen Steueränderungsgesetze. Stand der Ausführungen ist Juli 2005, wobei angesichts der besonderen politischen Konstellation davon ausgegangen werden kann, dass bis zum Jahresende 2005 keine wesentlichen Steueränderungen mehr realisiert werden. Insofern haben wir die seltene Konstellation, dass im Sommer eines Jahres der für das betreffende Jahr gültige Rechtsstand als fast sicher anzusehen ist. Die Konzeption des Buches wurde von den Lesern mit Zustimmung aufgenommen, so dass sie vom Grundsatz her unverändert blieb, allerdings wurden vielfältige und durchgehende Änderungen – auch mit Wirkungen auf die konkrete Gliederung – durchgeführt.

Für die umfangreichen Vorarbeiten in Form zahlreicher Hinweise, Hilfen und Verbesserungsvorschläge gilt mein besonderer Dank den redaktionell und inhaltlich einzelnen Passagen zugeordneten Personen: Der erste Teil wurde begleitet von Herrn Dipl.-Hdl. JÖRG HENKES, der zweite Teil von Herrn Dipl.-Kfm. STEPHAN MEYERING, der erste bis dritte Abschnitt des dritten Teils von Herrn Dipl.-Kfm. MICHAEL ZABEL und der vierte Abschnitt des dritten Teils von Herrn Dipl.-Kfm. VASSIL TCHERVENIACHKI.

Bei der konkreten Fertigstellung dieses Projektes war koordinierend, formalisierend und Korrektur lesend Herr Dipl.-Kfm. STEPHAN MEYERING tätig, der diese Aufgabe mit außerordentlichem Einsatz und nie erlahmendem Eifer so gemeistert hat, dass wir dem Verlag ein druckfertiges Manuskript zur Verfügung stellen konnten. Frau DORIS SCHNEIDER danke ich für die umsichtige Mithilfe bei der technischen Bearbeitung des Manuskriptes selbst und im Umfeld der Publikation. Herrn Dipl.-Volksw. MARTIN WEIGERT bin ich für die erneute harmonische Zusammenarbeit mit dem Verlag zu Dank verpflichtet.

Saarbrücken, im Juli 2005   HEINZ KUßMAUL

Vorwort zur 3. Auflage

Das gesamte Buch wurde für die dritte Auflage völlig überarbeitet und erweitert. Dabei erfolgte eine Aktualisierung auf den Rechtsstand des Jahres 2002 unter umfassender Berücksichtigung der zahlreichen Steuergesetze, die zu vielfältigen Veränderungen geführt haben. Stand der Ausführungen ist der Sommer 2002, wobei in Fußnoten noch die Änderungen durch das „Flutopfersolidaritätsgesetz" berücksichtigt wurden; angesichts nicht mehr anstehender Gesetzesänderungen kann von einem Rechtsstand zum Ende des Jahres 2002 ausgegangen werden. Da die Konzeption des Buches von den Lesern mit Zustimmung aufgenommen wurde, blieb sie vom Grundsatz her in der Neuauflage unverändert, auch wenn durchgehend zahlreiche und tiefgreifende Änderungen – auch mit Wirkungen auf die konkrete Gliederung – vorgenommen wurden.

Für die umfangreichen Vorarbeiten in Form von Hinweisen, Hilfen und Verbesserungsvorschlägen gilt mein besonderer Dank den redaktionell und inhaltlich einzelnen Passagen zugeordneten Personen: Der erste Teil wurde begleitet von Frau Dipl.-Kffr. NICOLE KLEIN, der zweite Teil von Herrn Dipl.-Kfm. STEFAN BECKMANN, der erste Abschnitt des dritten Teils von Herrn Dipl.-Kfm. TORSTEN BLASIUS, der zweite Abschnitt des dritten Teils von Herrn Dipl.-Kfm. LUTZ RICHTER, der dritte Abschnitt des dritten Teils von Herrn Dr. ANDY JUNKER und der vierte Abschnitt des dritten Teils von Herrn Dipl.-Kfm. RENÉ V. SCHÄFER.

Bei der konkreten Fertigstellung dieses Objektes waren koordinierend, formalisierend und Korrektur lesend Herr Dipl.-Kfm. LUTZ RICHTER und Herr Dipl.-Kfm. STEFAN BECKMANN tätig, die diese Aufgabe mit außerordentlichem Einsatz und mit Bravour gemeistert haben. Frau DORIS SCHNEIDER gilt mein Dank für die Sorgfalt und Umsicht beim Schreiben von Manuskripten, Herrn Dipl.-Volksw. MARTIN WEIGERT danke ich für die erneute harmonische Zusammenarbeit mit dem Verlag.

Saarbrücken, im September 2002   HEINZ KUẞMAUL

Vorwort zur 2. Auflage

Für die zweite Auflage wurde das gesamte Buch komplett überarbeitet und ganz erheblich erweitert. Dabei erfolgte eine Aktualisierung auf den Rechtsstand des Jahres 1999 unter umfassender Berücksichtigung der Steueränderungsgesetze, insb. auch des Steuerentlastungsgesetzes 1999/2000/2002; Stand der Ausführungen ist der Sommer 1999. Die Konzeption der ersten Auflage wurde von den Lesern mit Zustimmung aufgenommen und blieb daher in der Neuauflage unverändert. Durch die Einfügung umfassender Textpassagen, zahlreicher erläuternder Beispiele und vieler zusätzlicher Abbildungen ergab sich nicht nur eine massive quantitative Erweiterung des Buches, sondern auch eine solche qualitative Entwicklung, dass die in der ersten Auflage gebotene Bezeichnung „Arbeitsbuch" als Untertitel entbehrlich geworden ist.

Für die umfangreichen Vorarbeiten in Form zahlreicher Hinweise, Hilfen und Verbesserungsvorschläge gilt mein besonderer Dank den redaktionell und inhaltlich einzelnen Passagen zugeordneten Personen: die ersten beiden Abschnitte des ersten Teils wurden begleitet von Frau Dipl.-Kffr. MARTINA DREGER, der dritte Abschnitt des ersten Teils und der erste Abschnitt des zweiten Teils von Frau Dr. MIRIAM GLESSNER, der zweite und dritte Abschnitt des zweiten Teils von Herrn Dipl.-Kfm. ANDY JUNKER, der erste Abschnitt des dritten Teils mit den Kapiteln I. und II. sowie der zweite Abschnitt des dritten Teils von Herrn Dipl.-Kfm. LUTZ RICHTER, der erste Abschnitt des dritten Teils mit den Kapiteln III. bis VI. und der dritte Abschnitt des dritten Teils von Herrn Dipl.-Kfm. OLIVER BLANK, der vierte und fünfte Abschnitt des dritten Teils von Herrn Dipl.-Kfm. RENÉ V. SCHÄFER. Dank der vielfältigen Fertigkeiten aller genannten wissenschaftlichen Mitarbeiterinnen und Mitarbeiter – auch bei der Bearbeitung der Texte und Abbildungen sowie ihrer kompletten EDV-Umsetzung – und dank der Umsicht und Sorgfalt beim Schreiben von Manuskripten durch Frau DORIS SCHNEIDER konnten wir dem Verlag eine druckfertige Vorlage zur Verfügung stellen.

Schließlich danke ich für die erneute harmonische Zusammenarbeit dem Lektor des Verlages, Herrn Dipl.-Volkswirt MARTIN WEIGERT.

Für Unzulänglichkeiten ist selbstverständlich allein der Autor verantwortlich, der den Lesern für kritische Anregungen sowie für jeden Verbesserungshinweis dankbar ist.

Saabrücken, im Sommer 1999

HEINZ KUßMAUL

Vorwort zur 1. Auflage

Das vorliegende Arbeitsbuch wendet sich an Leser, die sich umfassend und grundlegend mit den Fragen der Betriebswirtschaftlichen Steuerlehre auseinandersetzen wollen, seien es Lehrende und Studierende an Universitäten, Fachhochschulen, Berufsakademien, Verwaltungs- und Wirtschaftsakademien und ähnlichen Einrichtungen, seien es interessierte Praktiker.

Die Betriebswirtschaftliche Steuerlehre steht unter dem dominierenden Einfluss zahlreicher steuer- und handelsrechtlicher Vorschriften, die Auswirkungen auf fast alle unternehmerischen Bereiche und Entscheidungen entfalten. Sie stellt einen Teil der Allgemeinen Betriebswirtschaftslehre dar, in dem betriebswirtschaftliche Fragen unter spezifischen steuerlichen Aspekten behandelt werden.

Im ersten Teil („Rechnungswesen und Unternehmensbesteuerung") wird nach einer „Einführung" (1. Abschnitt) im 2. Abschnitt „Externes Rechnungswesen und Unternehmensbesteuerung" auf die Gewinn- und Vermögensermittlung sowie dadurch induzierte rechnungspolitische Sachverhalte eingegangen; der 3. Abschnitt „Internes Rechnungswesen und Unternehmensbesteuerung" befasst sich mit dem Einfluss der Besteuerung auf Investitionsentscheidungen, auf kurz- und mittelfristige Entscheidungen sowie auf Finanzierungsentscheidungen.

Der zweite Teil („Steuerarten und Unternehmensbesteuerung") beinhaltet einen 1. Abschnitt, der selbsterklärend überschrieben ist mit „Steuerrechtliche Grundlagen und Überblick über das deutsche Steuersystem". Im 2. Abschnitt „Systematische Darstellung der wichtigsten Steuerarten" wird eingehend Bezug genommen auf die rechtlich determinierten Regelungen bei den wichtigsten Steuerarten. Der 3. Abschnitt „Der Einfluss der Besteuerung auf unternehmerische Entscheidungen" zeigt ausgehend von einem Steuerbelastungsbeispiel die Einflussfaktoren der Steuerbelastung auf.

Der 1. Abschnitt „Rechtsformwahl und Rechtsformbesteuerung" des dritten Teils („Unternehmensstruktur und Unternehmensbesteuerung") widmet sich allen Phasen eines Unternehmens in Abhängigkeit von der Rechtsform. Nach dem selbsterklärenden Titel des 2. Abschnitts „Wahl der Zusammenschlussform und Rechtsstrukturbesteuerung" erfolgt eine Würdigung des Umwandlungssteuergesetzes und anderer Regelungen im Zusammenhang mit der Änderung der Unternehmensstruktur im 3. Abschnitt („Wechsel der Rechtsform und der Rechtsstruktur und ihre Besteuerung"). Im 4. Abschnitt „Standortwahl und Standortbesteuerung" findet nach einer knappen Aufbereitung der nationalen standortabhängigen Steuerwirkungen eine ausführliche Würdigung der internationalen Standortwahl statt. Die Überlegungen dieses Abschnitts sind die Grundlage für die abschließenden Ausführungen im 5. Abschnitt („Funktionelle Entscheidungen mit langfristiger (struktureller) Wirkung und Besteuerungswirkungen").

Die Bezeichnung „Arbeitsbuch" habe ich aus verschiedenen Gründen bewusst gewählt:
- Das Werk soll zwar die gesamte Betriebswirtschaftliche Steuerlehre abbilden, kann und will aber kein Ersatz für komplette Lehrbücher sein; statt dessen will es in kompakter und stichwortartiger Form die relevanten Sachverhalte dieses Faches wiedergeben und insofern Grundlage für eine Erarbeitung des Stoffes im Rahmen von Lehrveranstaltungen, aber auch im Selbststudium sein. Während im ersten Fall die Lehrveranstaltung als zwei-

– te Arbeitsgrundlage dient, erfüllen diese Aufgabe im zweiten Fall die weiterführenden Literaturhinweise. Der Übersichtlichkeit halber wurden Angaben zu grundlegender Literatur in Blockzitation unter die jeweilige Hauptüberschrift gestellt. Vertiefende bzw. weiterführende Literatur lässt sich dagegen in Fußnoten finden.

– Das Buch stellt das Ergebnis langjähriger Arbeiten im Bereich der „Betriebswirtschaftlichen Steuerlehre" dar. Die entsprechenden Skripten, die in einem guten Jahrzehnt als Hochschullehrer der Betriebswirtschaftlichen Steuerlehre, v.a. aber in den letzten fast 5 Jahren an meinem Lehrstuhl an der Universität des Saarlandes entstanden sind und immer wieder verfeinert, verbessert und aktualisiert wurden, sind hier zusammengeführt und auf den Rechtsstand des Jahres 1997 angepasst worden. Das letzte Steuerreformgesetz, das in den allerletzten Korrekturrunden Berücksichtigung finden musste, ist jenes vom 29.10.1997; seine Änderungen beziehen sich z.T. auf das Jahr 1998, aber auch teilweise rückwirkend auf den Zeitraum ab August 1997 bzw. auf das gesamte Jahr 1997. Diese – vorsichtig ausgedrückt – eigenartige Rückwirkungspraxis macht es selbst Anfang Dezember eines Jahres offenbar unmöglich, den Rechtsstand desselben Jahres wiederzugeben, könnte doch noch bis Jahresende rückwirkend eine umfassende Änderung mit Wirkung für den Anfang desselben Jahres erfolgen. Die Änderungen der „Oktober-Steuergesetze" sind im Anschluss an die „Vor-Oktober-Regelungen" im Rahmen eigener Absätze an den betreffenden Stellen berücksichtigt worden; potenzielle spätere „Geniestreiche" des Gesetzgebers mit Wirkung für 1997 sind nicht mehr erfasst worden, allerdings auch fast ausgeschlossen. Insofern ist der Rechtsstand 1997 (Ende des Jahres) Stand der Ausführungen.

– Ziel der Arbeit ist es, eine Lücke im Bereich der Betriebswirtschaftlichen Steuerlehre zu schließen. Auf der einen Seite wird eine – wenn auch knappe – Darstellung des gesamten Stoffes angestrebt; in ständig aktualisierter Form kann dies angesichts der Änderungsgeschwindigkeit des Steuerrechts ein umfassendes Lehrwerk kaum noch leisten. Auf der anderen Seite wird der Bezug zu einem konkreten Steuerrechtsstand – hier so gut es geht, jener des Jahres 1997 – hergestellt, so dass auch in einem Werk mit überschaubarem Umfang Detailbetrachtungen möglich sind. Anders ausgedrückt, wird der Versuch unternommen, die Breite des Faches mit Detailtreue und -tiefe sowie mit großer Aktualität zu verbinden. Dafür ist zweierlei erforderlich: erstens der Verzicht auf umfassende Ausformulierungen an allen Stellen und zweitens der Mut zur Publizierung einer Arbeit, die angesichts der Komplexität des Stoffes fast unvollkommen bleiben muss. Zur Realisierung der erforderlichen kontinuierlichen Weiterarbeit ist der Autor den Lesern für kritische Anregungen sowie für jeden Verbesserungsvorschlag dankbar.

Ohne die Unterstützung ehemaliger und aktueller wissenschaftlicher Mitarbeiterinnen und Mitarbeiter in Form zahlreicher Hinweise, Hilfen und Verbesserungsvorschläge wären meine Skripten und Fallstudien nicht möglich geworden. Bei der konkreten Fertigstellung dieses Projektes waren koordinierend und Korrektur lesend Herr Dipl.-Wirtsch.-Ing. BERND LEIDERER sowie formatierend, formalisierend und Korrektur lesend Herr Dipl.-Kfm. ANDY JUNKER tätig. Ihnen gilt mein besonderer Dank genauso wie den redaktionell und inhaltlich – durch vielfältige Hinweise und Verbesserungsvorschläge bei der Durchsicht des Manuskriptes – einzelnen Passagen zugeordneten Personen; der erste Teil wurde von Frau Dipl.-Kffr. MAR-

TINA DREGER, der zweite Teil von Herrn Dipl.-Kfm. FRIEDBERT MAIER, die ersten drei Abschnitte des dritten Teils von Herrn Dipl.-Kfm. ANDY JUNKER und die beiden letzten Abschnitte des dritten Teils von Frau Dipl.-Kffr. MIRIAM GLESSNER begleitet. Für die Umsicht und Sorgfalt beim Schreiben von Manuskripten bin ich meiner Sekretärin, Frau DORIS SCHNEIDER, zu Dank verpflichtet. Selbstverständlich gehen zutage tretende Unzulänglichkeiten ausschließlich zu Lasten des Autors, der dann an diesem Arbeitsbuch besonders intensiv weiterarbeiten muss.

Saarbrücken, im Dezember 1997   HEINZ KUßMAUL

Inhaltsübersicht

Vorwort zur 7. Auflage V
Vorwort zur 6. Auflage VII
Vorwort zur 5. Auflage IX
Vorwort zur 4. Auflage X
Vorwort zur 3. Auflage XI
Vorwort zur 2. Auflage XII
Vorwort zur 1. Auflage XIII
Inhaltsübersicht XVII
Inhaltsverzeichnis XXI
Verzeichnis der Abbildungen XXXIX
Verzeichnis der Abkürzungen XLV
Verzeichnis der wichtigsten Symbole LI

Erster Teil:

Rechnungswesen und Unternehmensbesteuerung

1. Abschnitt:

Einführung

I. Einordnung, Aufgaben und Aufbau der Betriebswirtschaftlichen Steuerlehre 1
II. Ökonomische Sachverhalte und Bemessungsgrundlagenkategorien für die Unternehmensbesteuerung 4
III. Rechtliche Regelungen zur Ermittlung steuerlicher Bemessungsgrundlagen 6

2. Abschnitt:

Externes Rechnungswesen und Unternehmensbesteuerung

I. Gewinnermittlung bei Unternehmen 10
II. Vermögensermittlung bei Unternehmen 112
III. Steuerlich motivierte Rechnungslegungspolitik 152

3. Abschnitt:

Internes Rechnungswesen und Unternehmensbesteuerung

I. Langfristige Entscheidungen: Investitionsentscheidungen 167
II. Kurz- und mittelfristige Entscheidungen 185
III. Finanzierung und Finanzierungsbesteuerung 202

Zweiter Teil

Steuerarten und Unternehmensbesteuerung

1. Abschnitt:

Steuerrechtliche Grundlagen und Überblick über das deutsche Steuersystem

I. Steuerrechtliche Grundlagen 243
II. Überblick über das Steuersystem Deutschlands 257

2. Abschnitt

Systematische Darstellung der wichtigsten Steuerarten

I. Die Einkommensteuer 265
II. Die Annexsteuern und die Eigenheimzulage 353
III. Die Körperschaftsteuer 359
IV. Die Gewerbesteuer 397
V. Die Erbschaft- und Schenkungsteuer 411
VI. Die Grundsteuer 420
VII. Die Umsatzsteuer 422
VIII. Überblick über weitere Steuerarten...451

3. Abschnitt:

Der Einfluss der Besteuerung auf unternehmerische Entscheidungen

I. Beispiel zur Steuerbelastung einer inländischen Kapitalgesellschaft 457
II. Beispiel zur Steuerbelastung eines inländischen Einzelunternehmens 461
III. Einflussfaktoren der Steuerbelastung und Systematik des Einflusses der Besteuerung auf unternehmerische Entscheidungen 463

Dritter Teil:

Unternehmensstruktur und Unternehmensbesteuerung

1. Abschnitt:

Rechtsformwahl und Rechtsformbesteuerung

I. Die Besteuerung der Entstehung 467
II. Die laufenden Besteuerung 478
III. Die Besteuerung des Gesellschafterwechsels 518
IV. Die Besteuerung der Beendigung 540

V. Die Besteuerung des Erwerbs und der Veräußerung von
Unternehmensbeteiligungen..550
VI. Die Besteuerung bei besonderen Rechtsformen und bei Familienunternehmen 561

2. Abschnitt:

Wahl der Zusammenschlussform und Rechtsstrukturbesteuerung

I. Die Besteuerung mehrerer Betriebe und Gesellschaften 587
II. Die Besteuerung der Kooperationsformen..595
III. Die Besteuerung der Konzerne 603

3. Abschnitt:

Wechsel der Rechtsform und der Rechtsstruktur und seine Besteuerung

I. Gründe für einen Rechtsformwechsel und gesellschaftsrechtliche Grundlagen der
Umwandlung..626
II. Die Besteuerung von Umstrukturierungsvorgängen..639

4. Abschnitt:

Standortwahl und Standortbesteuerung

I. Besteuerung und nationale Standortwahl..707
II. Besteuerung und internationale Standortwahl 714
III. Besteuerung der internationalen Unternehmenstätigkeit inländischer
Unternehmen im Ausland 775
IV. Besteuerung der internationalen Unternehmenstätigkeit ausländischer
Unternehmen im Inland 794
V. Supranationale europäische Rechtsformen 801
VI. Funktionale Entscheidungen mit langfristiger (struktureller) Wirkung und
Besteuerungswirkungen 807

Literaturverzeichnis 829
Stichwortverzeichnis 865

Inhaltsverzeichnis

Vorwort zur 7. Auflage V
Vorwort zur 6. Auflage VII
Vorwort zur 5. Auflage IX
Vorwort zur 4. Auflage X
Vorwort zur 3. Auflage XI
Vorwort zur 2. Auflage XII
Vorwort zur 1. Auflage XIII
Inhaltsübersicht XVII
Inhaltsverzeichnis XXI
Verzeichnis der Abbildungen XXXIX
Verzeichnis der Abkürzungen XLV
Verzeichnis der wichtigsten Symbole LI

Erster Teil:

Rechnungswesen und Unternehmensbesteuerung

1. Abschnitt:

Einführung

I. Einordnung, Aufgaben und Aufbau der Betriebswirtschaftlichen Steuerlehre 1
II. Ökonomische Sachverhalte und Bemessungsgrundlagenkategorien für die Unternehmensbesteuerung 4
III. Rechtliche Regelungen zur Ermittlung steuerlicher Bemessungsgrundlagen 6

2. Abschnitt:

Externes Rechnungswesen und Unternehmensbesteuerung

I. Gewinnermittlung bei Unternehmen 10
   A. Steuerlicher Gewinnbegriff und steuerliche Gewinnermittlungsarten 12
      1. Steuerlicher Gewinnbegriff 12
      2. Steuerliche Gewinnermittlungsarten 14
         a) Der Betriebsvermögensvergleich 14
         b) Die Einnahmen-Überschussrechnung 16
         c) Die Gewinnermittlung nach Durchschnittssätzen 19
         d) Die Gewinnermittlung bei Handelsschiffen im internationalen Verkehr (Tonnagebesteuerung) 19
         e) Die Schätzung des Gewinns nach § 162 AO 19

    f) Der Wechsel der Gewinnermittlungsart 22
B. Allgemeine Bilanzierungsgrundsätze für die Steuerbilanz 24
    1. Die Grundsätze ordnungsgemäßer Bilanzierung 24
    2. Die Maßgeblichkeit der Handelsbilanz für die Steuerbilanz 27
C. Regelungen zum Bilanzansatz in der Steuerbilanz 35
    1. Die Vermögensgegenstände bzw. positiven Wirtschaftsgüter 36
    2. Die Schulden bzw. negativen Wirtschaftsgüter 38
    3. Die Bilanzierungshilfen 40
    4. Die Rechnungsabgrenzungsposten 42
    5. Die Zurechenbarkeit zum Bilanzvermögen 43
    6. Die konkreten Bilanzierungsverbote 53
    7. Die Bilanzierungswahlrechte 54
D. Regelungen zur Bewertung in der Steuerbilanz 56
    1. Bewertungsmaßstäbe der Steuerbilanz 56
        a) Die Ausgangs- oder Basiswerte 58
            (1) Die Anschaffungskosten 58
            (2) Die Herstellungskosten 62
        b) Sonstige grundlegende bilanzielle Wertbegriffe 67
        c) Die Vergleichs- oder Korrekturwerte 68
            (1) Der aus dem Börsen- oder Marktpreis abgeleitete Wert 68
            (2) Der niedrigere am Abschlussstichtag beizulegende Wert 68
            (3) Der Teilwert und der gemeine Wert 70
            (4) Der Fair Value 73
    2. Bewertungsvereinfachungsverfahren 76
        a) Die Sammelbewertung 77
        b) Die Gruppenbewertung 79
        c) Die Festbewertung 79
E. Bilanzansatz und Bewertung der einzelnen Bilanzbestandteile 81
    1. Bestandteile von Aktiv- und Passivseite in Handels- und Steuerbilanz 81
        a) Die Bestandteile und Struktur der Aktivseite 81
        b) Die Bestandteile und Struktur der Passivseite 85
    2. Bilanzielle Behandlung der Aktivseite: das bilanzielle Bruttovermögen 85
        a) Die Ansatzregelungen 85
        b) Die Bewertungsregelungen 88
            (1) Die Zusammenhänge 88
            (2) Die planmäßigen Abschreibungen 91
            (3) Die außerplanmäßigen Abschreibungen und Zuschreibungen 95
                (a) Außerplanmäßige Abschreibungen zur Realisierung des
                    Niederstwertprinzips 95
                (b) Außerplanmäßige Abschreibungen aufgrund bestimmter
                    steuerlicher Wahlrechte 98
                (c) Zuschreibungen 98

3. Bilanzielle Behandlung der Passivseite: das bilanzielle Kapital 99
a) Die Ansatzregelungen 99
b) Die Bewertungsregelungen 102
(1) Die Zusammenhänge 102
(2) Die außerplanmäßigen Korrekturen 104
F. Sonderbilanzen und Ergänzungsbilanzen 106
II. Vermögensermittlung bei Unternehmen 112
A. Rechtliche Regelungen des Bewertungsgesetzes 112
1. Zweck und Anwendungsbereich des Bewertungsgesetzes 112
2. Bewertungsgegenstände und deren persönliche Zurechnung 116
3. Bewertungsmaßstäbe und -methoden 119
4. Sachliche Zuordnung der Bewertungsgegenstände 122
a) Einordnung 122
b) Grundbesitz 123
(1) Grundsteuer und Gewerbesteuer 123
(a) Grundvermögen 123
(b) Betriebsgrundstücke 124
(c) Land- und forstwirtschaftliches Vermögen 124
(2) Grunderwerbsteuer 125
(a) Grundvermögen 125
(b) Betriebsgrundstücke 126
(c) Land- und forstwirtschaftliches Vermögen 127
(3) Erbschaft- und Schenkungsteuer 128
(a) Grundvermögen 128
(b) Betriebsgrundstücke 129
(c) Land- und forstwirtschaftliches Vermögen 129
c) Betriebsvermögen und nicht notierte Anteile an Kapitalgesellschaften 130
d) Zusammenfassende Übersicht 131
B. Ermittlung von Einheitswerten und Bedarfswerten 132
C. Ausgewählte Bewertungsvorschriften 134
1. Bewertungsrechtliche Sondervorschriften 134
2. Die Bewertung von Betriebvermögen und Anteilen an Kapitalgesellschaften 136
a) Vorbemerkungen 136
b) Die Vorschriften zur Bewertung von Betriebsvermögen und Anteilen an Kapitalgesellschaften nach derzeitiger Rechtslage 137
c) Die Vorschriften zur Bewertung von Anteilen an Kapitalgesellschaften nach früherer Rechtslage: Stuttgarter Verfahren 141
3. Die Bewertung von Grundstücken des Grundvermögens und von Betriebsgrundstücken 143
III. Steuerlich motivierte Rechnungslegungspolitik 152
A. Handels- und Steuerbilanzpolitik 152
1. Die Aufgaben des Jahresabschlusses 152

      2. Die Ziele der Jahresabschlusspolitik 154
         a) Finanzpolitische Ziele 154
            (1) Ausschüttungspolitische Ziele 154
            (2) Fiskalpolitische Ziele 155
         b) Publizitätspolitische Ziele 156
      3. Die Instrumente der Jahresabschlusspolitik 157
         a) Einordnung 157
         b) Vorstichtagsbezogene Instrumente 159
         c) Nachstichtagsbezogene Instrumente 159
            (1) Erfolgswirksame Maßnahmen 159
            (2) Erfolgsunwirksame Maßnahmen 164
   B. Rechnungslegungspolitik bei Substanzbesteuerung 165

3. Abschnitt:
Internes Rechnungswesen und Unternehmensbesteuerung

I. Langfristige Entscheidungen: Investitionsentscheidungen 167
   A. Die maßgebenden Einflussgrößen 167
      1. Begriffsabgrenzung 167
      2. Grundlagen der Investitionsrechnung 168
      3. Grundsätzliche Überlegungen zum Einfluss der Besteuerung auf die
         Investitionsrechnung 171
   B. Der Einfluss verschiedener Steuerarten auf die Investitionsentscheidung 173
      1. Die Ertragsteuern 173
      2. Die gewinnunabhängigen Steuern 176
   C. Modellmäßige Erfassung der Gewinnsteuern 177
      1. Das Standardmodell 177
      2. Die Erweiterung des Standardmodells zur Berücksichtigung einer
         projektbezogenen Finanzierung 181
      3. Die Erweiterung des Standardmodells zur Berücksichtigung staatlicher
         Investitionshilfen 182
      4. Bruttomethode 183

II. Kurz- und mittelfristige Entscheidungen 185
   A. Kostensteuern 185
      1. Der Kostencharakter der Steuern 185
      2. Die Systematisierung der Steuern für Zwecke der Produktions- und
         Absatzplanung 185
   B. Steuern und Produktionsentscheidungen 186
      1. Einfluss der Besteuerung auf Beschaffungsentscheidungen 187
         a) Einfluss der Besteuerung auf die optimale Bestellmenge 187
         b) Einfluss der Besteuerung auf den Bestellzeitpunkt und auf die
            Lieferantenauswahl 189
      2. Einfluss der Besteuerung auf die Wahl des Produktionsverfahrens 189

C. Steuern und Absatzentscheidungen 191
1. Einfluss der Besteuerung auf die Preispolitik 192
   a) Einfluss der Besteuerung auf der Anbieterseite bei Vorliegen eines Angebotsmonopols 192
   b) Einfluss der Besteuerung auf der Anbieterseite bei vollkommener Konkurrenz 193
   c) Problematik der Steuerüberwälzung 194
   d) Einfluss der Besteuerung auf der Abnehmerseite 194
   e) Einfluss der Besteuerung auf die praktische betriebliche Preispolitik 196
2. Einfluss der Besteuerung auf die Produkt- und Sortimentspolitik 197
3. Einfluss der Besteuerung auf die Kommunikationspolitik 197
4. Einfluss der Besteuerung auf die Distributionspolitik 200
   a) Absatzformen und Absatzwege 200
   b) Das Vertriebssystem 200

III. Finanzierung und Finanzierungsbesteuerung 202
A. Steuereinflüsse auf Finanzierungsentscheidungen 202
1. Finanzierungsarten und finanzwirtschaftliche Wirkung von Steuern 202
2. Steuerliche Behandlung der Außenfinanzierung 205
   a) Einordnung 205
   b) Eigenfinanzierung 205
   c) Fremdfinanzierung 208
   d) Investitionszuschüsse und -zulagen 212
3. Steuerliche Behandlung der Innenfinanzierung 212
   a) Die offene und die stille Selbstfinanzierung 212
   b) Die Finanzierung aus Rückstellungen 215
B. Steuerlich beeinflusste besondere Finanzierungsformen 218
1. Vorbemerkungen 218
2. Sonder- und Grenzformen des Fremdkapitals 219
   a) Das partiarische Darlehen 219
   b) Die stille Beteiligung 220
   c) Die Genussrechte 221
   d) Das Zero-Bond-Darlehen 222
      (1) Einordnung 222
      (2) Finanzielle Auswirkungen beim Emittenten eins Zero-Bonds 223
      (3) Bilanzielle und steuerliche Behandlung beim Emittenten eines Zero-Bonds 223
      (4) Finanzielle Auswirkungen beim Anleger von Zero-Bonds 225
      (5) Bilanzielle und steuerliche Auswirkungen beim Anleger von Zero-Bonds 225
   e) Die Darlehen mit Sonderrechten 227
      (1) Einordnung 227
      (2) Die Wandelanleihen 227
      (3) Die Optionsanleihen 229

			(4) Die Gewinnschuldverschreibungen 231
		f)	Das Leasing 231
	3.	Sanierungsfinanzierung und betriebliche Altersversorgung 232
		a)	Die Sanierungsfinanzierung 232
			(1) Sanierung durch Forderungsverzicht fremder Gläubiger 233
			(2) Sanierung durch Forderungsverzicht der Gesellschafter-Gläubiger 233
			(3) Sanierung durch Zuführung von Eigenkapital 234
		b)	Die betriebliche Altersversorgung 235
			(1) Einordnung 235
			(2) Die Direktzusage 236
			(3) Die Unterstützungskasse 237
			(4) Die Direktversicherung 239
			(5) Die Pensionskasse 239
			(6) Der Pensionsfonds 240
			(7) Zusammenfassung 241

Zweiter Teil

Steuerarten und Unternehmensbesteuerung

1. Abschnitt:

Steuerrechtliche Grundlagen und Überblick über das deutsche Steuersystem

I.	Steuerrechtliche Grundlagen 243
	A. Begriff und Abgrenzung der Steuer 243
	1. Der Begriff der Steuern und seine Merkmale (§ 3 Abs. 1 AO) 243
	2. Die Abgrenzung zu anderen Abgaben 244
	B. Die Steuerhoheit 245
	1. Allgemeine Grundlagen 245
	2. Die räumliche Steuerhoheit 245
	3. Die sachliche Steuerhoheit 246
	a) Die Steuergesetzgebungshoheit (Art. 105 GG) 246
	b) Die Steuerertragshoheit (Art. 106 und 107 GG) 246
	c) Die Steuerverwaltungshoheit (Art. 108 GG) 248
	C. Das Steuerrechtsverhältnis 249
	D. Der Steuertatbestand im weiteren Sinne 251
	1. Das Steuersubjekt 251
	2. Das Steuerobjekt (Steuertatbestand im engeren Sinne) 251
	3. Die Zurechnung des Steuerobjekts zu einem Steuersubjekt 252
	4. Die abstrakten Merkmale des inländischen Steuerschuldverhältnisses 252
	5. Die Steuerbemessungsgrundlage 252
	6. Der Steuersatz und der Steuertarif 253
	E. Die Rechtsnormen des Steuerrechts 253

	F. Die Rechtsanwendung im Steuerrecht 255
II.	Überblick über das Steuersystem Deutschlands 257
	A. Steuerarten und Steueraufkommen 257
	B. Systematisierung der Steuerarten 258
	C. Meilensteine in der Entwicklung des Steuerrechts.......................................260

2. Abschnitt

Systematische Darstellung der wichtigsten Steuerarten

	Die Einkommensteuer...265
	A. Charakteristik und Entwicklung...265
	B. Das Steuersubjekt..266
	1. Natürliche Personen als Steuersubjekte..266
	2. Die internationale Abgrenzung der Steuerpflicht 267
	C. Das Steuerobjekt und die Steuerbemessungsgrundlage 268
	1. Der Einkommensbegriff des § 2 EStG..268
	a) Überblick und Systematik..268
	b) Das wirtschaftliche Steuerobjekt der Einkommensteuer: „Einkommen" nach Quellen- und Reinvermögenszugangstheorie 270
	c) Das rechtliche Steuerobjekt der Einkommensteuer 271
	(1) Steuerbare und nicht steuerbare Einkünfte.............................271
	(2) Steuerpflichtige und steuerfreie Einkünfte.............................272
	(3) Das objektive Nettoprinzip: Berücksichtigung einkunftsbedingter Abflüsse..273
	(4) Persönliche und zeitliche Zurechnung von Einkünften........274
	d) Die Bemessungsgrundlage der Einkommensteuer........................274
	2. Die Summe der Einkünfte 275
	a) Die einzelnen Einkunftsarten (§§ 13-24 EStG) 275
	(1) Die Bedeutung der Zuordnung 275
	(2) Die Gewinneinkunftsarten (§ 2 Abs. 2 Nr. 1 EStG).............276
	(a) Überblick über die Gewinneinkunftsarten......................276
	(b) Einkünfte aus Land- und Forstwirtschaft (§§ 13-14a EStG).........280
	(c) Einkünfte aus Gewerbebetrieb (§§ 15-17 EStG) 281
	(d) Einkünfte aus selbstständiger Arbeit (§ 18 EStG)........................282
	(3) Die Überschusseinkunftsarten (§2 Abs. 2 Nr. 2 EStG).......284
	(a) Einkünfte aus nichtselbstständiger Arbeit (§§ 19 und 19a EStG) 284
	(b) Einkünfte aus Kapitalvermögen (§ 20 EStG) 286
	(c) Einkünfte aus Vermietung und Verpachtung................................291
	(d) Sonstige Einkünfte (§§ 22 und 23 EStG) 292
	(4) Gemeinsame Vorschriften zu allen Einkunftsarten (§ 24 EStG) 298
	(5) Konkurrenzen mehrerer Einkunftsarten 298

    b) Die Ermittlung der Einkünfte..299
     (1) Methoden der Einkünfteermittlung 299
     (2) Grundbegriffe der Einkünfteermittlung..301
      (a) Vorbemerkungen und Abgrenzungsprobleme..........................301
      (b) Der Betriebsausgaben- und Werbungskostenbegriff....................304
      (c) Die Besonderheiten bei der Berücksichtigung von
       Erwerbsaufwendungen...304
      (d) Die nicht abziehbaren Erwerbsaufwendungen..........................305
      (e) Bedeutsame abziehbare Erwerbsaufwendungen........................307
    c) Der Verlustausgleich..312
   3. Der Gesamtbetrag der Einkünfte (§ 2 Abs. 3 EStG)...315
   4. Das Einkommen (§ 2 Abs. 4 EStG)...316
    a) Der Verlustabzug nach § 10d EStG 316
    b) Die Sonderausgaben (§§ 10, 10a, 10b, 10c EStG).....................................317
    c) Den Sonderausgaben gleichgestellte Aufwendungen (§§ 10f und 10g
     EStG)..331
    d) Die außergewöhnlichen Belastungen (§§ 33-33b EStG) 332
   5. Das zu versteuernde Einkommen (§ 2 Abs. 5 EStG)..333
  D. Der Steuertarif...333
   1. Wirtschaftliche Leistungsfähigkeit und progressiver Tarif 333
   2. Der Aufbau des Einkommensteuertarifs...335
   3. Die Elemente der Familienbesteuerung..337
   4. Die Steuertarif- und Steuerbetragsermäßigungen..338
    a) Die Steuertarifermäßigungen 338
    b) Die Steuerbetragsermäßigungen 342
  E. Die Erhebung der Einkommensteuer..348
II. Die Annexsteuern und die Eigenheimzulage 353
  A. Die Kirchensteuer...353
  B. Der Solidaritätszuschlag...356
  C. Die Eigenheimzulage..357
III. Die Körperschaftsteuer..359
  A. Charakteristik, Entwicklung und Rechtfertigung...359
  B. Das Steuersubjekt 360
  C. Das Steuerobjekt und die Steuerbemessungsgrundlage 362
   1. Überblick und Systematik...362
   2. Spezielle Einkommensermittlungsvorschriften des KStG.................................365
    a) Verdeckte Gewinnausschüttungen i.S.v. § 8 Abs. 3 S. 2 KStG.................365
    b) Betriebsausgabenabzug für Zinsaufwendungen bei Körperschaften
     (§ 8a KStG) 369
    c) Abziehbare und nicht abziehbare Aufwendungen (§§ 9 und 10 KStG)......377
    d) Abziehbare Erträge...378
    e) Besonderheiten beim Verlustabzug...379

D. Der Steuertarif und das Besteuerungsverfahren der Körperschaftsteuer 380
   1. Der Steuertarif 380
   2. Das bis Ende 2000 gültige Anrechnungsverfahren 380
      a) Die Grundkonzeption des Anrechnungsverfahrens 380
      b) Das Anrechnungsverfahren auf der Ebene der Kapitalgesellschaft 381
      c) Das Anrechnungsverfahren auf der Ebene der Gesellschafter 383
   3. Der Übergang vom Anrechnungsverfahren auf das neue System 383
      a) Rechtfertigung des Übergangs 383
      b) Ermittlung der Endbestände des verwendbaren Eigenkapitals 384
      c) Überleitung und Fortschreibung der verbleibenden Eigenkapitalbestandteile 385
      d) Die Realisierung des Körperschaftsteuerguthabens und des EK 02 386
         (1) Das Körperschaftsteuerguthaben und die Körperschaftsteuerminderung (§ 37 KStG) 386
         (2) Die Körperschaftsteuererhöhung (§ 38 KStG) 388
   4. Das neue klassische Körperschaftsteuersystem 388
      a) Besteuerung auf Ebene der Kapitalgesellschaft 388
         (1) Das Besteuerungsverfahren 388
         (2) Gliederung des steuerbilanziellen Eigenkapitals 389
            (a) Der ausschüttbare Gewinn 389
            (b) Das steuerliche Einlagekonto 389
      b) Besteuerung auf Ebene des Anteilseigners 390
         (1) Anteilseigner ist eine natürliche Person 390
         (2) Anteilseigner ist eine juristische Person 392
            (a) Beteiligung beträgt zu Beginn des Kalenderjahres weniger als 10 % 392
            (b) Beteiligung beträgt zu Beginn des Kalenderjahres mindestens 10 % 395

IV. Die Gewerbesteuer 397
  A. Charakteristik, Entwicklung und Rechtfertigung 397
  B. Das Steuersubjekt 398
  C. Das Steuerobjekt 398
    1. Überblick und Systematik 398
    2. Der Gewerbeertrag nach § 7 GewStG 399
      a) Schema zur Ermittlung des Gewerbeertrags 399
      b) Der Gewinn als Grundlage der Gewerbeertragsermittlung 400
      c) Die Hinzurechnungen nach § 8 GewStG 400
      d) Die Kürzungen nach § 9 GewStG 404
      e) Der Gewerbeverlust nach § 10a GewStG 407
    3. Die Bemessungsgrundlage (Steuermessbetrag) 408
  D. Der Steuertarif und die Hebesatz-Anwendung 408
  E. Die Zerlegung des Steuermessbetrags 409
  F. Das Besteuerungsverfahren 410

		G. Kritik am geltenden Gewerbesteuerrecht..410
V.	Die Erbschaft- und Schenkungsteuer...411	
	A. Charakteristik und Rechtfertigung 411	
	B. Das Steuersubjekt...411	
	C. Das Steuerobjekt und die Bemessungsgrundlage.......................................412	
	D. Der Steuertarif...417	
	E. Das Besteuerungsverfahren...419	
VI.	Die Grundsteuer..420	
	A. Charakteristik und Rechtfertigung 420	
	B. Das Steuersubjekt, das Steuerobjekt und die Steuerbefreiungen 420	
	C. Die Steuerbemessungsgrundlage und der Steuertarif.................................420	
VII.	Die Umsatzsteuer 422	
	A. Charakteristik, Rechtfertigung, Entwicklung und Einflüsse des Gemeinschaftsrechts..422	
	B. Grenzüberschreitende Geschäftstätigkeiten 423	
	C. Die Umsatzsteuersysteme..423	
	D. Das Steuersubjekt..425	
	E. Das Steuerobjekt..428	
	1. Die steuerbaren Umsätze (§ 1 Abs. 1 UStG)..428	
	2. Die Steuerbefreiungen 432	
	3. Die Ein- und Ausfuhrumsätze und ihre Besonderheiten 433	
	a) Einfuhrumsätze 433	
	b) Ausfuhrumsätze..434	
	c) Der nichtkommerzielle Handel im Verhältnis zum Drittlandsgebiet..........435	
	4. Der innergemeinschaftliche Handel und seine Besonderheiten 436	
	a) Vorbemerkungen...436	
	b) Der innergemeinschaftliche Erwerb...438	
	c) Die innergemeinschaftliche Lieferung..439	
	d) Der nichtkommerzielle Handel in der Europäischen Union 440	
	F. Die Bemessungsgrundlage (§ 10 UStG)...443	
	G. Die Steuersätze (§ 12 UStG) 443	
	H. Der Vorsteuerabzug (§ 15 UStG)...444	
	1. Voraussetzungen des Vorsteuerabzugs (§ 15 Abs. 1 UStG) 444	
	2. Ausschluss des Vorsteuerabzugs (§ 15 Abs. 1a UStG) 445	
	3. Vorsteuerabzug für gemischt genutzte Grundstücke (§ 15 Abs. 1b UStG)......445	
	4. Steuerbefreiungen und Vorsteuerabzug (§ 15 Abs. 2 und 3 UStG)....446	
	5. Teilweiser Ausschluss vom Vorsteuerabzug (§ 15 Abs. 4 UStG)....447	
	6. Berichtigung des Vorsteuerabzugs (§ 15a UStG)...............................447	
	I. Die Besteuerungsformen 447	
	J. Das Besteuerungsverfahren 448	
VIII.	Überblick über weitere Steuerarten...451	
	A. Die Grunderwerbsteuer 451	
	B. Die Kraftfahrzeugsteuer 453	

C. Verbrauchsteuern am Beispiel der Energiesteuer 455

3. Abschnitt:
Der Einfluss der Besteuerung auf unternehmerische Entscheidungen

I. Beispiel zur Steuerbelastung einer inländischen Kapitalgesellschaft 457
II. Beispiel zur Steuerbelastung eines inländischen Einzelunternehmens 461
III. Einflussfaktoren der Steuerbelastung und Systematik des Einflusses der Besteuerung auf unternehmerische Entscheidungen 463

Dritter Teil:
Unternehmensstruktur und Unternehmensbesteuerung

1. Abschnitt:
Rechtsformwahl und Rechtsformbesteuerung

I. Die Besteuerung der Entstehung 467
   A. Grundsätzliche Vorüberlegungen 467
   B. Der Einzelkaufmann 469
      1. Entstehung durch Gründung 469
      2. Entstehung durch entgeltlichen und unentgeltlichen Erwerb 471
   C. Die Personengesellschaften 472
   D. Die Kapitalgesellschaften 475
      1. Charakterisierung 475
      2. Die Gesellschaftsebene 475
      3. Die Gesellschafterebene 477
II. Die laufende Besteuerung 478
   A. Wesentliche Unterschiede zwischen Personen- und Kapitalgesellschaften 478
   B. Die laufende Besteuerung bei Personen- und Kapitalgesellschaften 481
      1. Die Gewinnermittlung und Gewinnbesteuerung bei Personengesellschaften 481
         a) Die Einordnung der Einkünfte 481
         b) Die Mitunternehmereigenschaft des Gesellschafters 483
         c) Die handels- und steuerbilanzielle Behandlung der Vergütungen gem. § 15 Abs. 1 S. 1 Nr. 2 EStG 484
         d) Das Betriebsvermögen und die Gewinnermittlung der Mitunternehmerschaft 487
         e) Negative Kapitalkonten 492
         f) Die Gewerbesteuerbelastung bei Personengesellschaften 494
      2. Die Gewinnbesteuerung bei Kapitalgesellschaften 495

C. Die laufende Besteuerung bei Mischformen 497
    1. Die GmbH & Co. KG 497
        a) Grundlagen...497
        b) Gewerbebetriebseigenschaft, Mitunternehmerschaft und Umfang des Betriebsvermögens...497
        c) Einkommensteuer/Körperschaftsteuer 498
        d) Gewerbesteuer...502
        e) Umsatzsteuer...503
    2. Die GmbH & Still..503
    3. Betriebsaufspaltungen/Doppelgesellschaften 506
D. Rechtsformvergleiche: Veranlagungssimulation und Teilsteuerrechnung............511
    1. Überblick 511
    2. Die Veranlagungssimulation..512
    3. Die Teilsteuerrechnung..513
    4. Kritische Beurteilung...515
    5. Beispiel 515

III. Die Besteuerung des Gesellschafterwechsels 518
  A. Die Personengesellschaften 518
    1. Einordnung...518
    2. Eintritt eines zusätzlichen Gesellschafters..519
    3. Ausscheiden eines Gesellschafters ohne gleichzeitigen Neueintritt.................523
    4. Veräußerung eines Geschäftsanteils an einen Dritten 530
    5. Anteilsveräußerung untereinander 533
    6. Gestaltungsmöglichkeiten beim Gesellschafterwechsel 534
  B. Die Kapitalgesellschaften 534
    1. Die Gesellschaftsebene 535
    2. Die Gesellschafterebene 535

IV. Die Besteuerung der Beendigung..540
  A. Der Einzelkaufmann 540
    1. Beendigung durch Liquidation 540
    2. Beendigung durch entgeltliche Übertragung 543
    3. Beendigung durch unentgeltliche Übertragung 544
    4. Beendigung im Insolvenzfall und durch Tod 544
  B. Die Personengesellschaften 544
    1. Beendigung durch Liquidation 544
    2. Beendigung durch entgeltliche Übertragung 545
    3. Beendigung durch unentgeltliche Übertragung und im Insolvenzfall 545
    4. Realteilung bei der Personengesellschaft 545
  C. Die Kapitalgesellschaften 546

V. Die Besteuerung des Erwerbs und der Veräußerung von Unternehmensbeteiligungen...550
  A. Grundlagen 550
  B. Der Transfer eines Unternehmens 554

	C. Indirekte Steuern	557
	1. Umsatzsteuer	557
	2. Grunderwerbsteuer	558
	D. Die steuerlich optimierten Gestaltungen	559
VI.	Die Besteuerung bei besonderen Rechtsformen und bei Familienunternehmen	561
	A. Besondere Rechtsformen	561
	1. Die stille Gesellschaft	561
	a) Überblick	561
	b) Die typisch stille Gesellschaft	562
	c) Die atypisch stille Gesellschaft	563
	2. Die Unterbeteiligung	564
	a) Überblick	564
	b) Die typische Unterbeteiligung	564
	c) Die atypische Unterbeteiligung	565
	d) Die unechte Unterbeteiligung	566
	3. Die Genossenschaft	566
	4. Die Stiftung	567
	5. Die öffentliche Hand	573
	B. Familienunternehmen	578
	1. Allgemeine Überlegungen	578
	2. Familien-Personengesellschaften und -Kapitalgesellschaften	584

2. Abschnitt:

Wahl der Zusammenschlussform und Rechtsstrukturbesteuerung

I.	Die Besteuerung mehrerer Betriebe und Gesellschaften	587
	A. Die maßgebenden Unternehmenszusammenschlüsse	587
	B. Die grundsätzliche Behandlung von Haupt- und Nebenbetrieben	589
	C. Ein Unternehmer mit mehreren Einzelbetrieben	590
	D. Betriebsverpachtungen	590
	E. Parallelgesellschaften	593
II.	Die Besteuerung der Kooperationsformen	595
	A. Die Interessengemeinschaft	595
	B. Die Gelegenheitsgesellschaft	597
	1. Einordnung	597
	2. Arbeitsgemeinschaft	598
	3. Konsortium	598
	C. Die Kartelle	599
	D. Die Europäische wirtschaftliche Interessenvereinigung	600
III.	Die Besteuerung der Konzerne	603
	A. Die Schachtelkonzerne	603
	1. Einordnung	603
	2. Schachtelkonzern mit Personengesellschaften	604

		3. Schachtelkonzern mit Kapitalgesellschaften 604

- 3. Schachtelkonzern mit Kapitalgesellschaften 604
    - a) Körperschaftsteuer 604
    - b) Gewerbesteuer.. 606
- B. Die Organschaftskonzerne.. 609
  1. Einordnung... 609
  2. Körperschaftsteuerliche Organschaft... 610
     - a) Subjektive Tatbestandsvoraussetzungen 610
     - b) Objektive Tatbestandsvoraussetzungen 612
     - c) Bilanzielle und steuerliche Rechtsfolgen 614
     - d) Organschaftlicher Ausgleichsposten... 618
     - e) Vor- und Nachteile.. 619
  3. Gewerbesteuerliche Organschaft 620
  4. Umsatzsteuerliche Organschaft 623

3. Abschnitt:

Wechsel der Rechtsform und der Rechtsstruktur und seine Besteuerung

- I. Gründe für einen Rechtsformwechsel und gesellschaftsrechtliche Grundlagen der Umwandlung.. 626
  - A. Gründe für einen Rechtsformwechsel 626
  - B. Gesellschaftsrechtliche Grundlagen der Umwandlung 626
    1. Reform des Umwandlungsrechts.. 626
    2. Grundlagen... 630
    3. Die Einzelrechtsnachfolge 632
    4. Die Gesamtrechtsnachfolge 633
       - a) Die Verschmelzung.. 633
       - b) Die Spaltung.. 634
       - c) Die Vermögensübertragung 637
       - d) Der Formwechsel 638
- II. Die Besteuerung von Umstrukturierungsvorgängen.. 639
  - A. Reform des Umwandlungssteuerrechts und allgemeine Grundsätze 639
  - B. Vermögensübergang von einer unbeschränkt steuerpflichtigen Körperschaft auf eine Personengesellschaft oder auf eine natürliche Person 650
    1. Einordnung... 650
    2. Die Besteuerung der übertragenden Gesellschaft................................... 651
    3. Die Besteuerung der übernehmenden Personengesellschaft 654
    4. Die Auswirkungen auf die Gesellschafter 662
    5. Die Aufspaltung oder Abspaltung auf eine Personengesellschaft 663
    6. Der Formwechsel einer Kapitalgesellschaft in eine Personengesellschaft 664
    7. Zusammenfassung 665
  - C. Die Verschmelzung oder Vermögensübertragung (Vollübertragung) auf eine andere Körperschaft.. 666
    1. Einordnung... 666

		2. Die Auswirkungen auf den Gewinn der übertragenden Körperschaft 667

- 2. Die Auswirkungen auf den Gewinn der übertragenden Körperschaft 667
- 3. Die Auswirkungen auf den Gewinn der übernehmenden Körperschaft 669
- 4. Die Besteuerung der Gesellschafter der übertragenden Körperschaft 672
- 5. Gewerbesteuerliche Auswirkungen 673
- 6. Zusammenfassendes Beispiel 674
- 7. Aufspaltung, Abspaltung und Teilübertragung auf andere Körperschaften 675
- 8. Zusammenfassung 682

D. Einbringung und Anteilstausch 683
  1. Allgemeine Konzeption der Einbringung im UmwStG 683
  2. Die Einbringung eines Betriebs, Teilbetriebs oder Mitunternehmeranteils in eine Kapitalgesellschaft gegen Gewährung von Gesellschaftsanteilen 684
     a) Der Begriff der Einbringung 684
     b) Die gesetzlich begünstigten Sacheinlagen 686
     c) Die Besteuerung beim übernehmenden Unternehmen 687
     d) Die Besteuerung beim übertragenden Unternehmen 689
     e) Die Auswirkungen bei der übernehmenden Gesellschaft 693
  3. Anteilstausch 693
  4. Der Formwechsel einer Personengesellschaft in eine Kapitalgesellschaft 697
  5. Sonderfall: Die Einbringung in der EU 697
  6. Zusammenfassung 699

E. Die Einbringung eines Betriebs, Teilbetriebs oder Mitunternehmeranteils in eine Personengesellschaft 699
  1. Einordnung 699
  2. Steuerliche Auswirkungen 701
  3. Zusammenfassung 706

4. Abschnitt:
Standortwahl und Standortbesteuerung

I. Besteuerung und nationale Standortwahl 707
  A. Die maßgebenden Bereiche 707
  B. Die steuersystem- und verwaltungsbedingten Einflüsse 708
     1. Die steuersystembedingten Einflüsse 708
     2. Die verwaltungsbedingten Einflüsse 709
  C. Die wirtschaftspolitisch bedingten Einflüsse 710

II. Besteuerung und internationale Standortwahl 714
  A. Die Prinzipien des Internationalen Steuerrechts und der Doppelbesteuerung 714
     1. Abgrenzung: Internationales Steuerrecht – Außensteuerrecht 714
     2. Die Prinzipien des Internationalen Steuerrechts 716
     3. Wichtige Begriffsdefinitionen im Internationalen Steuerrecht 718
     4. Die Anknüpfungstatbestände für die Besteuerung nach dem deutschen Außensteuerrecht 719
        a) Verkehrsteuern 719

            b) Personensteuern..720
            c) Objektsteuern 720
        5. Die internationale Doppelbesteuerung..721
            a) Der Begriff der Doppelbesteuerung 721
            b) Die Ursachen der internationalen Doppelbesteuerung................................722
            c) Folgen der internationalen Doppelbesteuerung 722
B. Die grundsätzlichen Reduzierungsmöglichkeiten der internationalen
    Doppelbesteuerung..723
        1. Die Freistellungsmethode 723
        2. Die Anrechnungsmethode..724
        3. Die Pauschalierungsmethode 725
        4. Die Abzugsmethode...726
C. Die Reduzierungsmöglichkeiten der internationalen Doppelbesteuerung durch
    den deutschen Gesetzgeber..726
        1. Die unilateralen Maßnahmen..726
            a) Einkommensteuer..726
            b) Körperschaftsteuer 729
            c) Gewerbesteuer..730
            d) Erbschaft- und Schenkungsteuer..731
            e) Sonstige relevante Steuern 731
        2. Die bilateralen Maßnahmen..732
            a) Das OECD-Musterabkommen auf dem Gebiet der Steuern vom
                Einkommen und vom Vermögen 732
            b) Das OECD-Musterabkommen auf dem Gebiet der Erbschaft- und
                Schenkungsteuer 737
            c) Die Abgrenzung der Bemessungsgrundlagen 739
                (1) Internationale Gewinnabgrenzung bzw. -verteilung 739
                    (a) Allgemeine Prinzipien und OECD-MA 2008............................739
                    (b) Neuerungen durch das OECD-MA 2010....................................742
                (2) Nationale Gewinnabgrenzung bzw. -verteilung 743
D. Die Maßnahmen zur Vermeidung der unangemessenen Ausnutzung des
    internationalen Steuergefälles durch den deutschen Gesetzgeber........................746
        1. Die Gewinnabgrenzung zwischen international verbundenen
            Unternehmen..746
            a) Allgemeine Fremdvergleichsbestimmungen...746
            b) Funktionsverlagerung...749
        2. Die erweiterte beschränkte Steuerpflicht bei Wohnsitzwechsel in ein
            Niedrigsteuerland..752
        3. Die Erfassung noch nicht realisierter stiller Reserven...................................757
            a) Allgemeiner Entstrickungs- bzw. Verstrickungstatbestand 757
            b) Wegzug natürlicher Personen mit Anteilen i.S.d. § 17 EStG 759
        4. Die Hinzurechnungsbesteuerung (Zugriffsbesteuerung) bei Beteiligungen
            an ausländischen Zwischengesellschaften..761

		5. Der eingeschränkte Verlustausgleich 768
		6. Die Begrenzung des Betriebsausgabenabzugs von Vergütungen für die Gesellschafter-Fremdfinanzierung 769
		7. Die formell-rechtlichen Maßnahmen zur Unterstützung der Finanzbehörden.. 770
III.	Besteuerung der internationalen Unternehmenstätigkeit inländischer Unternehmen im Ausland 775	
	A. Die Besteuerung des Direktgeschäfts.. 775	
		1. Grundlagen 775
		2. Die Umsatzsteuer... 775
		3. Die Gewinnsteuern 776
	B. Die Besteuerung der Betriebstätte 776	
		1. Grundlagen 776
		2. Die Gründung 778
		3. Die laufende Besteuerung.. 780
		a) Die Gewinn- und die Vermögensabgrenzung.. 780
		b) Die Gewinnbesteuerung 780
		c) Die Verlustbehandlung 781
		4. Die Beendigung des Auslandsengagements durch Veräußerung der ausländischen Betriebstätte.. 782
	C. Die Besteuerung der Beteiligung an einer ausländischen Personengesellschaft....783	
	D. Die Besteuerung der Beteiligung an einer ausländischen Kapitalgesellschaft........ 785	
		1. Grundlagen 785
		2. Die Gründung 785
		3. Die laufende Besteuerung.. 786
		a) Die Gewinn- und die Vermögensabgrenzung.. 786
		b) Die Gewinnbesteuerung 786
		c) Die Verlustbehandlung 790
		4. Die Beendigung des Auslandsengagements durch Veräußerung der Beteiligung... 790
	E. Beispielhafter Belastungsvergleich 791	
IV.	Besteuerung der internationalen Unternehmenstätigkeit ausländischer Unternehmen im Inland 794	
	A. Die Besteuerung des Direktgeschäfts.. 794	
		1. Grundlagen 794
		2. Die Umsatzsteuer... 794
		3. Die Gewinnsteuern 794
	B. Die Besteuerung der Betriebstätte 797	
		1. Die Gründung 797
		2. Die laufende Besteuerung.. 797
		3. Die Beendigung des Inlandsengagements durch Veräußerung der inländischen Betriebstätte.. 798
	C. Die Besteuerung der Beteiligung an einer inländischen Personengesellschaft....... 798	

D. Die Besteuerung der Beteiligung an einer inländischen Kapitalgesellschaft 798
  1. Die Gründung 798
  2. Die laufende Besteuerung 799
  3. Die Beendigung des Inlandsengagements durch Veräußerung der Beteiligung 800
V. Supranationale europäische Rechtsformen 801
  A. Die Europäische wirtschaftliche Interessenvereinigung 801
    1. Zielsetzung und charakteristische Merkmale 801
    2. Die Besteuerung auf internationaler Ebene 802
  B. Die Europäische Aktiengesellschaft (Societas Europaea) 803
    1. Zielsetzung und charakteristische Merkmale 803
    2. Die Besteuerung auf internationaler Ebene 804
VI. Funktionale Entscheidungen mit langfristiger (struktureller) Wirkung und Besteuerungswirkungen 807
  A. Die Beschaffungs- und Produktionsentscheidungen sowie die Absatzentscheidungen 807
    1. Die Beschaffungs- und Produktionsentscheidungen 807
    2. Die Absatzentscheidungen 810
  B. Die steuerlich motivierten Strukturentscheidungen 813
    1. Die Finanzierungsentscheidungen 813
    2. Die Führungsentscheidungen: Holdinggesellschaften 817
    3. Die rein steuerlich bedingten Entscheidungen: Basis- oder Zwischengesellschaften 822
    4. Wegzug und Zuzug von Gesellschaften 822
    5. Rahmenbedingungen steuerlich motivierter Strukturentscheidungen deutscher Unternehmen innerhalb der EU 825

Literaturverzeichnis **829**
Stichwortverzeichnis **865**

Verzeichnis der Abbildungen

Abb. 1:	Anknüpfungspunkte für die Unternehmensbesteuerung	4
Abb. 2:	Teilbereiche des betrieblichen Rechnungswesens	10
Abb. 3:	Zwecke des Jahresabschlusses und Rechenwerke zu dessen Erstellung	11
Abb. 4:	Konzeptionen der Unternehmenserhaltung	13
Abb. 5:	Behandlung der Umsatzsteuer bei der Einnahmen-Überschussrechnung (EÜR)	16
Abb. 6:	Behandlung des Anlagevermögens bei der Einnahmen-Überschussrechnung (EÜR)	17
Abb. 7:	Grundstruktur einer Einnahmen-Überschussrechnung (EÜR)	21
Abb. 8:	Allgemeine Bilanzierungsgrundsätze	24
Abb. 9:	Grundsätze für die Bilanzierung dem Grunde nach	25
Abb. 10:	Grundsätze für die Bilanzierung der Höhe nach	26
Abb. 11:	Die Maßgeblichkeit der Handelsbilanz für die Steuerbilanz	31
Abb. 12:	Die Reichweite des Maßgeblichkeitsprinzips nach dem BilMoG nach der Ansicht der Finanzverwaltung	33
Abb. 13:	Grundlegende Zusammenhänge im Bereich der Ansatzregelungen	36
Abb. 14:	Merkmale der Begriffe Wirtschaftsgut und Vermögensgegenstand	39
Abb. 15:	Arten des Leasings	45
Abb. 16:	Wirtschaftliches Eigentum beim Finanzierungs-Leasing (Full-Pay-Out)	47
Abb. 17:	Wirtschaftliches Eigentum beim Finanzierungs-Leasing (Non-Pay-Out)	48
Abb. 18:	Bilanzierungsrelevante Vermögenssphären bei Personenunternehmen	50
Abb. 19:	Vermögenszuordnung bei gemischter Nutzung beweglicher Wirtschaftsgüter	51
Abb. 20:	Abgrenzung zwischen Forschungs- und Entwicklungsphase	55
Abb. 21:	Handels- und steuerbilanzielle Wertbegriffe	57
Abb. 22:	Zusammenhänge zwischen den einzelnen Wertkategorien	58
Abb. 23:	Ermittlung der Herstellungskosten nach Handels- und Steuerrecht	64
Abb. 24:	Ermittlung des Teilwertes	72
Abb. 25:	Bewertung von gleichartigen und annähernd gleichwertigen bzw. gleichartigen Gütern	81
Abb. 26:	Mögliche Form eines Anlagespiegels	84
Abb. 27:	Bewertung des Anlage- und Umlaufvermögens nach den Vorschriften des Handelsrechts	90
Abb. 28:	Wertaufholung nach Handels- und Steuerrecht	99
Abb. 29:	Bewertung des Kapitals (der Passivseite der Bilanz) nach den Vorschriften des Handelsrechts	105
Abb. 30:	Sonder- und Ergänzungsbilanzen bei der Ermittlung der gewerblichen Einkünfte des Mitunternehmers	109
Abb. 31:	Gliederung des Bewertungsgesetzes	113
Abb. 32:	Bewertungsmaßstäbe des Bewertungsgesetzes	121
Abb. 33:	Vermögensarten gem. § 18 BewG	122
Abb. 34:	Steuergegenstand der bewertungsgesetzabhängigen Steuerarten	123
Abb. 35:	Bewertung in Abhängigkeit von Steuer- und Vermögensarten	132
Abb. 36:	Bewertung von Wertpapieren und Anteilen mit dem gemeinen Wert bzw. Hilfswerten	136

Abb. 37:	Schematische Darstellung des Ertragswertverfahrens	145
Abb. 38:	Sachwertverfahren zur Ermittlung des gemeinen Wertes von bebauten Grundstücken	147
Abb. 39:	Aufgaben der Rechnungslegung	153
Abb. 40:	Ziele und Zielgrößen der Jahresabschlusspolitik	157
Abb. 41:	Instrumente der Jahresabschlusspolitik	158
Abb. 42:	Phasen der finanziellen Vorgänge des Betriebsprozesses	168
Abb. 43:	Zusammenhang zwischen bestellfixen Kosten und bestellmengenabhängigen Lager- und Zinskosten	188
Abb. 44:	Besteuerung eines variablen Produktionsfaktors	190
Abb. 45:	Abhängigkeit der Nachfragefunktion von der steuerlichen Abzugsfähigkeit eines Produktes	195
Abb. 46:	Einteilung der Finanzierung nach der Rechtsstellung der Kapitalgeber und der Kapitalherkunft	204
Abb. 47:	Beispielhafte Darstellung der Auswirkungen bei Bildung einer Pensionsrückstellung	217
Abb. 48:	Wichtige Sonder- und Grenzformen des Fremdkapitals	219
Abb. 49:	Beispiel zur Ausgestaltung von Null-Kupon-Anleihen (Angaben in €)	222
Abb. 50:	Beispiel zum Wertverlauf einer Null-Kupon-Anleihe, Emissionsrendite = 6%	223
Abb. 51:	Beispiel zu den Bilanzierungsmöglichkeiten von Null-Kupon-Anleihen beim Emittenten	224
Abb. 52:	Kurswertveränderungen bei Marktzinssatzänderungen	225
Abb. 53:	Gestaltungsformen der betrieblichen Altersversorgung	236
Abb. 54:	Steuerliche und bilanzielle Auswirkungen der Durchführungswege der betrieblichen Altersversorgung beim Arbeitgeber	242
Abb. 55:	Stellung der Steuern im System der öffentlich-rechtlichen Lasten	245
Abb. 56:	Die Verteilung des Steueraufkommens	249
Abb. 57:	Überblick über das Steuerrechtsverhältnis und seine Beteiligten	251
Abb. 58:	Methoden der Gesetzesauslegung	256
Abb. 59:	Steuerspirale 2010	257
Abb. 60:	Steuerspirale 2011	258
Abb. 61:	Systematisierung der Steuerarten nach TIPKE/LANG	260
Abb. 62:	Überblick über die Ableitung des zu versteuernden Einkommens und die Höhe der Einkommensteuer	269
Abb. 63:	Grundlegende Zusammenhänge bei der Ableitung des zu versteuernden Einkommens	270
Abb. 64:	Die einkommensteuerliche Ermittlungsbegünstigung für Veräußerungs- und Aufgabegewinne	278
Abb. 65:	Arten von sonstigen Einkünften i.S.d. § 22 EStG	293
Abb. 66:	Die personelle Zuordnung der Gewinnermittlungsarten	300
Abb. 67:	Methoden der Einkünfteermittlung im Überblick	301
Abb. 68:	Abgrenzungsprobleme bei der Einkünfteermittlung	302
Abb. 69:	Das terminologische System von Erwerbsbezügen und Erwerbsaufwendungen	303
Abb. 70:	Verlustverrechnung i.R.d. Einkommensteuer	313
Abb. 71:	Verlustausgleichsbeschränkung bei einzelnen Einkunftsarten	314

Abb. 72:	Allgemeines Berechnungsschema zur Höchstbetragsrechnung für Vorsorgeaufwendungen nach § 10 Abs. 3 EStG 2004	324
Abb. 73:	Einkommensteuertarif 2013	336
Abb. 74:	Entwicklung von Grundfreibetrag, Eingangssteuersatz und Spitzensteuersatz in den VAZ 2001 bis 2013	336
Abb. 75:	Wesentliche einkommensteuerliche Zahlungen	352
Abb. 76:	Ermittlung der Bemessungsgrundlagen für die Annexsteuern	354
Abb. 77:	Vereinfachtes Schema der Körperschaftsteuerermittlung für Kapitalgesellschaften im Normalfall	364
Abb. 78:	Schema zur Ermittlung des verrechenbaren EBITDA	371
Abb. 79:	Übersicht über Tatbestandsvoraussetzungen und Rechtsfolgen der Zinsschranke	377
Abb. 80:	Funktionsweise der Überleitung des verwendbaren Eigenkapitals vom Anrechnungsverfahren zum geltenden Körperschaftsteuersystem und Schema zur Umgliederung der vEK-Teilbeträge gem. § 36 Abs. 2-7 KStG	386
Abb. 81:	Ermittlung des Minderungsbetrags des steuerlichen Einlagekontos gem. § 27 Abs. 1 S. 3 KStG	390
Abb. 82:	Erbschaftsteuertarif	418
Abb. 83:	Die Mehrwertsteuer als Allphasen-Nettoumsatzsteuer	425
Abb. 84:	Entstehung der Umsatzsteuer in Abhängigkeit vom Steuersubjekt	428
Abb. 85:	Bestimmungslandprinzip versus Ursprungslandprinzip	442
Abb. 86:	Steuerlich beeinflusste unternehmerische Entscheidungen im Überblick	465
Abb. 87:	Die maßgebenden Rechtsformen	468
Abb. 88:	Bestimmungsfaktoren der Unternehmens-Rechtsformwahl	468
Abb. 89:	Fallkonstellationen i.R. einer Sachgründung bei Überführung von Wirtschaftsgütern aus nicht privaten Vermögensbereichen gem. § 6 Abs. 5 EStG	474
Abb. 90:	Phasen i.R.d. Gründung einer Kapitalgesellschaft	476
Abb. 91:	Tatbestandsmerkmale des Gewerbebetriebs	482
Abb. 92:	Ermittlung der Anteile am Gewinn der Mitunternehmerschaft	487
Abb. 93:	Betriebsvermögen der Mitunternehmerschaft	488
Abb. 94:	Umfang des Betriebsvermögens der Mitunternehmerschaft im Ertragsteuerrecht	488
Abb. 95:	Personengleiche GmbH & Co. KG	497
Abb. 96:	Ertragsteuerbelastung der (gewerblichen) GmbH & Co. KG	500
Abb. 97:	Die GmbH & Still	504
Abb. 98:	Typische Betriebsaufspaltung/Doppelgesellschaft	506
Abb. 99:	Zielsetzung von Veranlagungssimulation und Teilsteuerrechnung	512
Abb. 100:	Vorgehensweise zur Berücksichtigung der verbliebenen Ertragsteuern bei der Veranlagungssimulation	512
Abb. 101:	Schematische Darstellung der Teilsteuerrechnung	514
Abb. 102:	Gesamtsteuerbelastung von GmbH und Einzelunternehmen	517
Abb. 103:	Mögliche Fälle des Gesellschafterwechsels	519
Abb. 104:	Eintritt eines zusätzlichen Gesellschafters	521
Abb. 105:	Behandlung einer Barabfindung beim Ausscheiden eines Gesellschafters	524
Abb. 106:	Möglichkeiten der Sachwertabfindung	527
Abb. 107:	Entgeltliche Anteilsveräußerung	531

Abb. 108: Ertragsteuerliche Behandlung der Veräußerung von Anteilen an einer Kapitalgesellschaft..................539
Abb. 109: Möglichkeiten der Liquidation eines Einzelunternehmens 540
Abb. 110: Ertragsteuerliche Behandlung der Liquidation auf Gesellschafterebene..................549
Abb. 111: Skizzierung des Kombinationsmodells..................560
Abb. 112: Differenzierung nach dem Stiftungsvermögen..................568
Abb. 113: Unentgeltliche Übertragung und ihre ertragsteuerlichen Auswirkungen..................570
Abb. 114: Besteuerung von Zuwendungen von Stiftungen an ihre Destinatare..................571
Abb. 115: Übersicht zur Besteuerung von Zuwendungen auf Seiten des Destinatars..................572
Abb. 116: Systematisierung der Betätigungsfelder der inländischen juristischen Personen des öffentlichen Rechts..................575
Abb. 117: Qualitative Merkmale mittelständischer (Familien-)Unternehmen..................579
Abb. 118: Gestaltungsbereiche bei Familiengesellschaften..................580
Abb. 119: Behandlung von Minijobs..................583
Abb. 120: Die verschiedenen Formen der Unternehmenszusammenschlüsse und ihre wichtigsten Unterformen..................588
Abb. 121: Die verschiedenen Formen der Unternehmenszusammenschlüsse aus Sicht des betroffenen Unternehmens..................589
Abb. 122: Zwei mögliche Konstellationen für Parallelgesellschaften..................594
Abb. 123: Voraussetzungen für das gewerbesteuerliche Schachtelprivileg bei der Beteiligung an (Tochter-)Kapitalgesellschaften..................608
Abb. 124: Mögliche Gründe für einen Rechtsformwechsel..................627
Abb. 125: Zielgrößen eines Rechtsformwechsels..................627
Abb. 126: Ziele des UmwG 1995..................628
Abb. 127: Aufbau des UmwG..................630
Abb. 128: Übersicht über die Arten der Umwandlung nach dem UmwG mit Hinweisen zu deren umwandlungssteuerrechtlicher Behandlung..................631
Abb. 129: Anwendung der Einzelrechtsnachfolge..................632
Abb. 130: Übersicht über die Arten der Spaltung..................635
Abb. 131: Aufbau des UmwStG..................641
Abb. 132: Handelsrechtliche Umwandlungsfälle und ihre steuerliche Behandlung..................642
Abb. 133: Bewertungsmöglichkeiten des UmwStG..................643
Abb. 134: Bilanzzusammenhänge bei der Umwandlung von Unternehmen..................645
Abb. 135: Steuerliche Rückwirkung bei der Verschmelzung einer GmbH auf eine OHG..................647
Abb. 136: Bilanzen nach Steuerrecht..................648
Abb. 137: Umwandlungsstichtag und Übertragungsstichtag in Handels- und Steuerrecht..................648
Abb. 138: Steuerliche Umstrukturierungstypen..................649
Abb. 139: Vermögensübergang i.S.d. §§ 3-9 UmwStG..................650
Abb. 140: Steuerrechtlicher Ablauf der Umwandlung..................651
Abb. 141: Buchwertfortführung..................656
Abb. 142: Bilanzzusammenhänge beim Formwechsel..................664
Abb. 143: Steuerliche Würdigung der Verschmelzung einer Körperschaft auf eine Personengesellschaft..................665
Abb. 144: Verschmelzung oder Vermögensübertragung i.S.d. §§ 11-13 UmwStG..................666
Abb. 145: Wertverknüpfung nach § 12 Abs. 1 und Abs. 2 UmwStG..................671
Abb. 146: Voraussetzungen einer steuerneutralen Spaltung..................681

Abb. 147: Steuerliche Würdigung der Verschmelzung von Körperschaften 683
Abb. 148: Systematik der Regelungen zur Einbringung 684
Abb. 149: Einbringung i.S.v. § 20 UmwStG... 686
Abb. 150: Zusammenhänge zwischen Handels- und Steuerbilanz beim übertragenden und übernehmenden Rechtsträger in Einbringungsfällen................... 688
Abb. 151: Steuerliche Würdigung der Einbringung in eine Kapitalgesellschaft 699
Abb. 152: Einbringung i.S.v. § 24 UmwStG... 700
Abb. 153: Steuerliche Würdigung der Einbringung in eine Personengesellschaft.............. 706
Abb. 154: Durchschnittshebesätze der Bundesländer im Jahre 2012 und ihre Veränderung gegenüber 2011 in Gemeinden über 50.000 Einwohnern 709
Abb. 155: Zusammenhang zwischen Außensteuerrecht und Internationalem Steuerrecht . 715
Abb. 156: Prinzipien zur grundsätzlichen Abgrenzung der Steuerhoheit 716
Abb. 157: Grundformen und Techniken zur Vermeidung bzw. Milderung der Doppelbesteuerung.. 717
Abb. 158: Maßnahmen des deutschen Außensteuerrechts zur Belastung bzw. Entlastung von Import und Export 719
Abb. 159: Volumen der zu erfassenden Einkünfte in Abhängigkeit vom Umfang der Steuerpflicht... 721
Abb. 160: Gliederung des OECD-Musterabkommens auf dem Gebiet der Steuern vom Einkommen und vom Vermögen... 733
Abb. 161: Gliederung des OECD-Musterabkommens auf dem Gebiet der Erbschaft- und Schenkungsteuern.. 738
Abb. 162: Besteuerung der Gewinnausschüttung einer ausländischen Tochtergesellschaft.. 789
Abb. 163: Steuerliche Behandlung der Überführung von Wirtschaftsgütern ins Ausland . 809
Abb. 164: Möglichkeiten der Finanzierung von Konzernteilen durch eine ausländische Finanzierungsgesellschaft... 817
Abb. 165: Bevorzugte Sitzstaaten von Basisgesellschaften 822

Verzeichnis der Abkürzungen

A

a.A. ..... anderer Ansicht
a.F. ..... alte Fassung
Abb. ..... Abbildung
ABl ..... Amtsblatt
ABl EU ..... Amtsblatt der Europäischen Union (schließt für frühere Jahre auch das Amtsblatt der Europäischen Gemeinschaft ein)
Abs. ..... Absatz
Abschn. ..... Abschnitt
abzgl. ..... abzüglich
AEAO ..... Anwendungserlass zur Abgabenordnung
AfA ..... Absetzung für Abnutzung
AfaA ..... Absetzung für außergewöhnliche Abnutzung
AfS ..... Absetzung für Substanzverringerung
AG ..... Aktiengesellschaft
AG ..... Die Aktiengesellschaft (Zeitschrift)
AG ..... Arbeitgeber
AK ..... Anschaffungskosten
AktG ..... Aktiengesetz
AlkopopStG ..... Alkopopsteuergesetz
AltEinkG ..... Alterseinkünftegesetz
AltZertG ..... Altersvorsorgeverträge-Zertifizierungsgesetz
AN ..... Arbeitnehmer
AntBVBewV ..... Anteils- und Betriebsvermögensbewertungsverordnung
AO ..... Abgabenordnung
ArEV ..... Arbeitsentgeltverordnung
ARGE ..... Arbeitsgemeinschaft
Art. ..... Artikel
AStG ..... Außensteuergesetz
Aufl. ..... Auflage
AV ..... Anlagevermögen
AVmG ..... Altersvermögensgesetz
Az. ..... Aktenzeichen

B

BA ..... Betriebsausgaben
BB ..... Der Betriebs-Berater (Zeitschrift)
BBK ..... Buchführung, Bilanz, Kostenrechnung (Zeitschrift)
Bd. ..... Band
BEEG ..... Bundeselterngeld- und Elternzeitgesetz
begr. ..... begründet
BerlinFG ..... Berlin-Förderungsgesetz
BetrAVG ..... Gesetz zur Verbesserung der betrieblichen Altersversorgung (Betriebsrentengesetz)
BewG ..... Bewertungsgesetz
BewRGr ..... Richtlinien für die Bewertung des Grundvermögens
BFH ..... Bundesfinanzhof
BFH/NV ..... Nicht-veröffentlichte Entscheidungen des Bundesfinanzhofes
BFuP ..... Betriebswirtschaftliche Forschung und Praxis (Zeitschrift)
BgA ..... Betriebe gewerblicher Art
BGB ..... Bürgerliches Gesetzbuch
BGBl ..... Bundesgesetzblatt
BGHZ ..... Entscheidungen des Bundesgerichtshofs in Zivilsachen
BilMoG ..... Bilanzrechtsmodernisierungsgesetz
BilReG ..... Bilanzrechtsreformgesetz
BLI ..... Betriebswirtschaftliches Institut für Steuerlehre und Entrepreneurship, Lehrstuhl für Betriebswirtschaftslehre, insb. Betriebswirtschaftliche Steuerlehre, Institut für Existenzgründung/Mittelstand
BImSchG ..... Bundesimmissionsschutzgesetz
BKGG ..... Bundeskindergeldgesetz
BMF ..... Bundesministerium der Finanzen
BMG ..... Bemessungsgrundlage
BMJ ..... Bundesministerium der Justiz
BpO ..... Betriebsprüfungsordnung
BR-Drs. ..... Bundesrats-Drucksache
BRZ ..... Zeitschrift für Bilanzierung und Rechnungswesen (Zeitschrift)
BS ..... Betriebstätte
BSP ..... Bruttosozialprodukt
Bsp. ..... Beispiel
bspw. ..... beispielsweise
BStBl ..... Bundessteuerblatt

BT-Drs. .... Bundestags-Drucksache
Buchst. .... Buchstabe
BuW .... Betrieb und Wirtschaft (Zeitschrift)
BV .... Betriebsvermögen
BVerfG .... Bundesverfassungsgericht
BVerfGE .... Bundesverfassungsgericht-Entscheidungen
BVerfGG .... Gesetz über das Bundesverfassungsgericht
BW .... Buchwert
bzgl. .... bezüglich
bzw. .... beziehungsweise

C

ca. .... circa
CCCTB .... Common Consolidated Corporate Tax Base (siehe GKKB)
ccm .... Kubikzentimeter
CFC .... Controlled Foreign Company

D

d.h. .... das heißt
d.Verf. .... der Verfasser
DATEV e.G . ... Datenverarbeitungsorganisation des steuerberatenden Berufes in der Bundesrepublik Deutschland e.G.
DB .... Der Betrieb (Zeitschrift)
DBA .... Doppelbesteuerungsabkommen
dgl. .... Dergleichen
Dipl.-Kfm . ... Diplom-Kaufmann
Dipl.-Kffr .... Diplom-Kauffrau
DM .... Deutsche Mark
Doppelbuchst. .... Doppelbuchstabe
Dr. .... Doktor
DStR .... Deutsches Steuerrecht (Zeitschrift)
DStR-E .... Deutsches Steuerrecht Entscheidungsdienst (Zeitschrift)
DStZ .... Deutsche Steuerzeitung (Zeitschrift)

E

e.G. .... eingetragene Genossenschaft
e.V. .... eingetragener Verein
EaGB .... Einkünfte aus Gewerbebetrieb
EaKV .... Einkünfte aus Kapitalvermögen
EaL .... Einkünfte aus sonstigen Leistungen

EaLuF .... Einkünfte aus Land- und Forstwirtschaft
EansA .... Einkünfte aus nichtselbstständiger Arbeit
EapVG .... Einkünfte aus privaten Veräußerungsgeschäften
EasA .... Einkünfte aus selbstständiger Arbeit
EasB .... Einkünfte aus sonstigen Bezügen (Sonstige Einkünfte)
EaVuV .... Einkünfte aus Vermietung und Verpachtung
EBITDA .... Earnings before Interest, Taxes, Depreciation and Amortisation
ECL .... European Company Law (Zeitschrift)
EDV .... Elektronische Datenverarbeitung
EFG .... Entscheidungen der Finanzgerichte (Zeitschrift)
EGBGB .... Einführungsgesetz zum Bürgerlichen Gesetzbuch
EGHGB .... Einführungsgesetz zum Handelsgesetzbuch
EigZulG .... Eigenheimzulagengesetz
EK .... Eigenkapital
EnergieStG .... Energiesteuergesetz
ErbSt .... Erbschaftsteuer
ErbStG .... Erbschaftsteuergesetz
ErbStH .... Erbschaftsteuerhinweise
ErbStR .... Erbschaftsteuerrichtlinien
ESt .... Einkommensteuer
EStDV .... Einkommensteuer-Durchführungsverordnung
EStG .... Einkommensteuergesetz
EStH .... Einkommensteuerhinweise
EStR .... Einkommensteuerrichtlinien
etc. .... et cetera
EU .... Europäische Union (einschließlich der früheren Bezeichnung „Europäische Gemeinschaft")
EUAHiG .... EU-Amtshilfegesetz
EuGH .... Europäischer Gerichtshof
EÜR .... Einnahmen-Überschussrechnung
EURLUmsG ...... Gesetz zur Umsetzung von EU-Richtlinien in nationales Steuerrecht und zur Änderung weiterer Vorschriften (Richtlinien-Umsetzungsgesetz)
EuZW .... Europäische Zeitschrift für Wirtschaftsrecht (Zeitschrift)
evtl. .... eventuell
EW .... Einheitswert

EWG	Europäische Wirtschaftsgemeinschaft
EWIV	Europäische wirtschaftliche Interessenvereinigung
EWS	Europäisches Wirtschafts- und Steuerrecht (Zeitschrift)

F

f.	folgende (Seite)
FAG	Finanzausgleichsgesetz
FB	Freibetrag
FB	Finanzbetrieb (Zeitschrift)
ff.	fortfolgende (Seiten)
FG	Finanzgericht
Fifo	first in, first out
Fin.	Finanzierung
FK	Fremdkapital
FM	Finanzministerium
Fn.	Fußnote
FördergebietsG	Fördergebietsgesetz
FR	Finanz-Rundschau (Zeitschrift)

G

G	Gewinn vor Steuern
GAufzV	Gewinnabgrenzungsaufzeichnungsverordnung
GbR	Gesellschaft bürgerlichen Rechts
GdE	Gesamtbetrag der Einkünfte
GE	Geldeinheiten
gem.	gemäß
GenG	Genossenschaftsgesetz
GewE	Gewerbeertrag vor Abzug der GewSt
GewEK	gewerbliche Einkünfte
GewSt	Gewerbesteuer
GewStDV	Gewerbesteuer-Durchführungsverordnung
GewStG	Gewerbesteuergesetz
GewStR	Gewerbesteuerrichtlinien
GF	Geschäftsführer
GG	Grundgesetz
ggf.	gegebenenfalls
GKKB	Gemeinsame Konsolidierte Körperschaftsteuerbemessungsgrundlage (siehe CCCTB)
GKR	Gemeinschaftskontenrahmen
GmbH	Gesellschaft mit beschränkter Haftung
GmbHG	Gesetz betreffend die Gesellschaften mit beschränkter Haftung
GmbHR	GmbH-Rundschau (Zeitschrift)
GoB	Grundsätze ordnungsmäßiger Buchführung
grds.	grundsätzlich
GrEStG	Grunderwerbsteuergesetz
GrBewV	Grundvermögensbewertungsverordnung
GrSt	Grundsteuer
GrStG	Grundsteuergesetz
GuV	Gewinn- und Verlustrechnung
GWG	geringwertige Wirtschaftsgüter

H

H	Holding
H	Hebesatz
H.	Hinweis der Einkommensteuer-Richtlinien
h.M.	herrschende Meinung
HBeglG	Haushaltsbegleitgesetz
HEV	Halbeinkünfteverfahren
HFA	Hauptfachausschuss
HGB	Handelsgesetzbuch
HGB-E	Handelsgesetzbuch-Entwurf
Hifo	highest in, first out
HK	Herstellungskosten
hl	Hektoliter
Hrsg.	Herausgeber
hrsg.	herausgegeben
HS	Halbsatz

I

i.Allg.	im Allgemeinen
i.d.F.	in der Fassung
i.d.R.	in der Regel
IDW	Institut der Wirtschaftsprüfer in Deutschland
i.e.S.	im engeren Sinne
i.H.d.	in Höhe des/der
i.H.v.	in Höhe von
i.R.d.	im Rahmen des
i.S.	im Sinne
i.S.d.	im Sinne des/der
i.S.v.	im Sinne von
i.V.m.	in Verbindung mit
i.w.S.	im weiteren Sinne
i.Z.m.	im Zusammenhang mit
IAS	International Accounting Standards
IFRS	International Financial Reporting Standards

IFSC	International Financial Service Center	Lofo	lowest in, first out
IKR	Industriekontenrahmen	LR	Leasing-Rate
INF	Die Information über Steuer und Wirtschaft (Zeitschrift)	LSt	Lohnsteuer
		LStR	Lohnsteuerrichtlinien
		LuF	Land- und Forstwirtschaft
inkl.	inklusive		
insb.	insbesondere		

M

m	Messzahl
m.a.W.	mit anderen Worten
m.E.	meines Erachtens
m.w.N.	mit weiteren Nachweisen
MA	Musterabkommen
max.	maximal
ME	Mengeneinheit
MG	Muttergesellschaft
mind.	mindestens
MinöStG	Mineralölsteuergesetz
Mio.	Million
Mrd.	Milliarde
MTRL	Mutter-/Tochter-Richtlinie
MU	Mutterunternehmen
MWh	Megawattstunde
MWSt	Mehrwertsteuer
M.Sc.	Master of Science

insg.	insgesamt
Inv.	Investition
InvZulG	Investitionszulagengesetz
IStR	Internationales Steuerrecht (Zeitschrift)
IWB	Internationale Wirtschaftsbriefe (Zeitschrift)

J

JbFStR	Jahrbuch der Fachanwälte für Steuerrecht (Zeitschrift)
JStG	Jahressteuergesetz

N

n.F.	neue Fassung
ND	Nutzungsdauer
NHK	Normalherstellungskosten
NJW-RR	Neue Juristische Wochenschrift – Rechtsprechungsreport (Zeitschrift)
NJW	Neue Juristische Wochenschrift (Zeitschrift)
Nr.	Nummer
NV	Naamloze Venootschaap
NWB	Neue Wirtschaftsbriefe (Zeitschrift)
NZG	Neue Zeitschrift für Gesellschaftsrecht (Zeitschrift)

K

kalk.	kalkulatorisch
Kap.Ges.	Kapitalgesellschaft
KapErhG	Gesetz über die Kapitalerhöhung aus Gesellschaftsmitteln und über die Verschmelzung von Gesellschaften mit beschränkter Haftung
KapESt	Kapitalertragsteuer
Kfz.	Kraftfahrzeug
KfzSt	Kraftfahrzeugsteuer
kg	Kilogramm
KG	Kommanditgesellschaft
KGaA	Kommanditgesellschaft auf Aktien
KiSt	Kirchensteuer
KOM	Mitteilung der Europäischen Kommission
KoR	Zeitschrift für internationale und kapitalmarktorientierte Rechnungslegung (Zeitschrift)
KÖSDI	Kölner Steuerdialog (Zeitschrift)
KraftStG	Kraftfahrzeugsteuergesetz
KSI	Krisen-, Sanierungs- und Insolvenzberatung (Zeitschrift)
KSt	Körperschaftsteuer
KStG	Körperschaftsteuergesetz
KStR	Körperschaftsteuerrichtlinien

O

o.a.	oben aufgeführte
o.Ä.	oder Ähnliches
o.g.	oben genannte
o.V.	ohne Verfasser
OECD	Organization for Economic Cooperation and Development
OFD	Oberfinanzdirektion
OHG	Offene Handelsgesellschaft

L

Lifo	last in, first out

P

p.a.	per annum
PC	Personalcomputer
Pers.Ges.	Personen(handels)gesellschaft
PKW	Personenkraftwagen
PublG	Publizitätsgesetz
PV	Privatvermögen

Q

qm	Quadratmeter

R

R	Richtlinie
RB	Rückzahlungsbetrag
RBW	Restbuchwert
RFH	Reichsfinanzhof
RGBl	Reichsgesetzblatt
RIW	Recht der Internationalen Wirtschaft (Zeitschrift)
Rn.	Randnummer
Rs.	Rechtssache
RSt.	Rückstellung
RStBl.	Reichssteuerblatt
RV	Rentenversicherung

S

S.	Seite, auch: Satz
s.	siehe
s.b.S.	siehe besonders Seite
s.o.	siehe oben
s.u.	siehe unten
SA	Société anonyme
SchenkSt	Schenkungsteuer
SchutzbauG	Schutzbaugesetz
SE	Societas Europaea (europäische AG)
SEC	Societas Cooperativa Europaea (europäische Genossenschaft)
SEEG	Gesetz zur Einführung der Europäischen Gesellschaft
SEStBeglG	Kabinettentwurf eines Gesetzes über steuerliche Begleitmaßnahmen zur Einführung der Europäischen Gesellschaft und zur Änderung weiterer steuerrechtlicher Vorschriften
SEStEG	Gesetz über steuerliche Begleitmaßnahmen zur Einführung der Europäischen Gesellschaft und zur Änderung weiterer steuerrechtlicher Vorschriften
SGB	Sozialgesetzbuch
sj	Steuerjournal (Zeitschrift)
soE	sonstige Einkünfte
sog.	so genannte
SolZ	Solidaritätszuschlag
SolZG	Solidaritätszuschlagsgesetz
Sp.	Spalte
SPD	Sozialdemokratische Partei Deutschlands
SRTour	Steuer- und RechtsBrief Touristik (Zeitschrift)
StÄndG	Steueränderungsgesetz
StB	Der Steuerberater (Zeitschrift)
StbJb	Steuerberater-Jahrbuch (Zeitschrift)
StBp	Die steuerliche Betriebsprüfung (Zeitschrift)
StEntlG	Steuerentlastungsgesetz 1999/2000/2002
SteuerStud	Steuer und Studium (Zeitschrift)
StKgR	Steuerberater-Kongress-Report (Zeitschrift)
StMB	Steuermessbetrag (bei der Gewerbesteuer)
stpfl.	steuerpflichtig
StSenkG	Steuersenkungsgesetz
StuB	Steuern und Bilanzen (Zeitschrift)
StuW	Steuer und Wirtschaft (Zeitschrift)
StVergAbG	Steuervergünstigungsabbaugesetz
StW	Die Steuerwarte (Zeitschrift)

T

T€	Tausend Euro
TabStG	Tabaksteuergesetz
techn.	technisch
TG	Tochtergesellschaft
TW	Teilwert
TWA	Teilwertabschreibung

U

u.Ä.	und Ähnliches
u.a.	unter anderem, auch: und andere
Ubg	Unternehmensbesteuerung (Zeitschrift)
u.U.	unter Umständen
UmwG	Umwandlungsgesetz
UmwStE	Umwandlungssteuererlass
UmwStG	Umwandlungssteuergesetz

UntStFG	Unternehmenssteuerfortentwicklungsgesetz
UntStRefG	Unternehmensteuerreformgesetz
UR	Umsatzsteuer-Rundschau (Zeitschrift)
USA	United States of America
US-GAAP	United States Generally Accepted Accounting Principles
USt	Umsatzsteuer
UStAE	Umsatzsteueranwendungserlass
UStDV	Umsatzsteuerdurchführungsverordnung
UStG	Umsatzsteuergesetz
UStR	Umsatzsteuerrichtlinien
usw.	und so weiter
UV	Umlaufvermögen

V

v.	vom
v.a.	vor allem
VAG	Versicherungsaufsichtsgesetz
VAZ	Veranlagungszeitraum
VB	Verfügungsbetrag
VBL	Versorgungsanstalt des Bundes und der Länder
vEK	verwendbares Eigenkapital
VersStG	Versicherungssteuergesetz
VG	Veräußerungsgewinn
vGA	verdeckte Gewinnausschüttung
vgl.	vergleiche
VO	Verordnung
Vorb.	Vorbemerkungen
VoSt	Vorsteuer
VSt	Vermögensteuer
VStG	Vermögensteuergesetz
VV	Verlustverrechnung
VVaG	Versicherungsverein auf Gegenseitigkeit

W

WertR	Wertermittlungsrichtlinien
WertV	Wertermittlungsverordnung
WG	Wirtschaftsgut
WiSt	Wirtschaftswissenschaftliches Studium (Zeitschrift)
WISU	Das Wirtschaftsstudium (Zeitschrift)
WK	Werbungskosten
WP	Wirtschaftsprüfer
WPg	Die Wirtschaftsprüfung (Zeitschrift)

Z

Z.	Zuwendung
z.B.	zum Beispiel
z.T.	zum Teil
ZASt	Zinsabschlagsteuer
ZEV	Zeitschrift für Erbrecht und Vermögensnachfolge (Zeitschrift)
ZfbF	Zeitschrift für betriebswirtschaftliche Forschung (Zeitschrift)
ZIP	Zeitschrift für Wirtschaftsrecht (Zeitschrift)
ZSteu	Zeitschrift für Steuern und Recht (Zeitschrift)
ZVK	Zusatzversorgungskassen der Kommunen oder Kirchen
ZW	Zeitwert
zzgl.	zuzüglich
zzt.	zurzeit

Verzeichnis der wichtigsten Symbole

€	Euro
&	und
A_0	Anfangsauszahlung (Anschaffungsauszahlung) im Zeitpunkt t_0
A_t	Auszahlungen der Periode t
C_0	Kapitalwert der Investition
C_{0s}	Kapitalwert der Investition nach Steuern
D	Darlehensbetrag (Ausgabebetrag)
E	Ertragshundertsatz
E	steuerpflichtiger Gewerbeertrag vor Abzug der Gewerbesteuer
E_t	Einzahlungen der Periode t
EW	Einheitswert
G	Gewinn vor Steuern
GdE	Gesamtbetrag der Einkünfte
GewE	Gewerbeertrag vor Abzug der GewSt
GewEK	gewerbliche Einkünfte
G_t	steuerpflichtiger Gewinn einer Periode t
H	gewerbesteuerlicher Hebesatz
H_{gr}	Grundsteuerhebesatz
i	Kalkulationszinssatz (vor Steuern)
i_H	Habenzinssatz
i_s	Kalkulationszinssatz nach Steuern, auch: Sollzinssatz
KK_{St}	Steuerliche laufende Kapitalkosten
L_n	Liquidationserlös ($L_n > 0$) bzw. -auszahlung ($L_n < 0$)
m	Steuermesszahl
m_{ge}	Messzahl der Gewerbesteuer
n	Nutzungsdauer des Investitionsobjektes
r	Unternehmensrendite
RB_n	Restbuchwert im Zeitpunkt t = n
s	Ertragsteuersatz
s_e	Einkommensteuersatz
s_{e*}	Einkommensteuersatz unter Berücksichtigung der Abzugsfähigkeit der Kirchensteuer
$s_{e/k}$	Einkommen- bzw. Körperschaftsteuersatz
s_{e+SolZ}	kombinierter Einkommensteuer- und Solidaritätszuschlagsatz
s_{eki}	kombinierter Einkommen- und Kirchensteuersatz
$s_{eki+SolZ}$	kombinierter Einkommensteuer-/Kirchensteuer- und Solidaritätszuschlagsatz
s_{er}	Ertragsteuersatz
s_{ge}	effektiver Gewerbesteuersatz
s_{gr}	Grundsteuersatz
s_{ki}	Kirchensteuersatz
s_s	Substanzsteuersatz
s_{SolZ}	Solidaritätszuschlagsatz
t	Periode (t = 1, 2, ..., n)
t_i	Multifaktoren der Teilsteuerrechnung
TW	Steuerlicher Wert der beweglichen Wirtschaftsgüter
V	Vermögenswert
Y_t	Fremdkapitalein- und -rückzahlungen
Z_t	Einzahlungsüberschuss ($E_t - A_t$) der Periode t mit $Z_t > 0$ oder $Z_t < 0$
zvE	zu versteuerndes Einkommen
ZZ_t	Zinszahlungen in Periode t

Erster Teil:

Rechnungswesen und Unternehmensbesteuerung

1. Abschnitt:
Einführung

I. Einordnung, Aufgaben und Aufbau der Betriebswirtschaftlichen Steuerlehre[1]

Vgl. hierzu KUßMAUL, HEINZ: Die Betriebswirtschaftliche Steuerlehre als steuerliche Betriebswirtschaftslehre?, in: StuW 1995, S. 3-14; WÖHE, GÜNTER: Betriebswirtschaftliche Steuerlehre, Bd. 1, 1. Halbband: Die Steuern des Unternehmens – Das Besteuerungsverfahren, 6. Aufl., München 1988, S. 3-53.

Die zunehmende Lust des Staates, seinen Lasten mit der Belastung und wirtschaftspolitischen Steuerung durch Steuern gerecht zu werden, hat nicht nur zu einer zunehmenden Belästigung der Steuerpflichtigen geführt, sondern auch notwendigerweise deren Lust gefördert, sich dieser Last durch steuerliche Steuerungsmaßnahmen zu entziehen. Die wissenschaftliche Auseinandersetzung mit dieser Thematik aus Sicht der Betriebswirtschaftlichen Steuerlehre, aber auch aus dem Blickwinkel anderer Disziplinen ist die notwendige Folge dieses Tatbestandes. Neben der Betriebswirtschaftlichen Steuerlehre beschäftigen sich die Finanzwissenschaft und die Steuerrechtswissenschaft wissenschaftlich mit der Besteuerung.

Die Betriebswirtschaftliche Steuerlehre stellt ein **Teilgebiet der Allgemeinen Betriebswirtschaftslehre** dar;[2] der Hauptgrund für die Ausgliederung der steuerlichen Probleme dürfte in der äußerst komplexen und umfangreichen steuerlichen Materie liegen. M.E. ist die Betriebswirtschaftliche Steuerlehre eine Allgemeine Betriebswirtschaftslehre unter adäquater Berücksichtigung steuerlicher Wirkungen, mithin eine steuerliche Betriebswirtschaftslehre.

Die Aufgaben der Betriebswirtschaftlichen Steuerlehre liegen in folgenden Bereichen:

1. Steuerrechtsnormendarstellung (inklusive der internationalen Steuersystemlehre): Angesichts der überragenden Bedeutung der Kenntnis der wichtigsten nationalen und internationalen Steuerrechtsnormen ist es für die wissenschaftliche Disziplin der Betriebswirt-

---

[1] Vgl. KUßMAUL, HEINZ: Die Betriebswirtschaftliche Steuerlehre als steuerliche Betriebswirtschaftslehre?, in: StuW 1995, S. 3-14.

[2] Vgl. stellvertretend für die h.M. ROSE, GERD: Steuerberatung und Wissenschaft. Gedanken anläßlich des 50jährigen Bestehens der Betriebswirtschaftlichen Steuerlehre, in: StbJb 1969/70, S. 31-70, s.b.S. 57 und 58; SCHNEIDER, DIETER: Theorie und Praxis der Unternehmensbesteuerung, in: ZfbF 1967, S. 206-230, s.b.S. 208; SIEGEL, THEODOR: Steuerwirkungen und Steuerpolitik in der Unternehmung, Würzburg/Wien 1982, S. 12; WAGNER, FRANZ W.: Zum gegenwärtigen Forschungsprogramm der betriebswirtschaftlichen Steuerlehre, in: DB 1974, S. 393-398; WÖHE, GÜNTER: Betriebswirtschaftliche Steuerlehre, Bd. 1, 1. Halbband: Die Steuern des Unternehmens – Das Besteuerungsverfahren, 6. Aufl., München 1988, S. 35 und 36.

schaftlichen Steuerlehre mehr als ein Propädeutikum, die wichtigsten nationalen Einzelsteuerregelungen und die internationale Steuersystematik aufzuzeigen. Zu den Steuernormen, die zu beachten sind, gehören auch jene mit Wirkungen auf das betriebliche Rechnungswesen. Im Übrigen ist eine Beschränkung auf bestimmte betriebliche Steuerarten nicht möglich, da alle Steuerarten mit betrieblichen Dispositionen zusammenhängen, d.h., es „verbleibt kaum eine nennenswerte Steuerart, die von vornherein außerhalb des Gesichtskreises der Betriebswirtschaftlichen Steuerlehre steht. Dabei reicht eine auf die betrieblichen Komponenten begrenzte Behandlung der Privatsphäre-Steuerarten nicht aus, weil möglicherweise Beziehungen zwischen betrieblichen und nicht betrieblichen Komponenten hinsichtlich Steuerhöhe und/oder Steuerbemessungsgrundlagen-Gestaltung bestehen"[3].

2. **Steuerwirkungslehre und Steuergestaltungslehre**: Zur Untersuchung des Einflusses der Besteuerung auf die unternehmerischen Entscheidungen in den Bereichen „Rechnungswesen", „Unternehmensstruktur" und „Unternehmensfunktionen" ist eine betriebswirtschaftliche Wirkungsanalyse erforderlich, auf deren Grundlage Gestaltungsalternativen i.S. einer Steuerplanung und Steuerpolitik aus Sicht des Unternehmens bzw. Unternehmers abgeleitet und erarbeitet werden.

3. **Steuerrechtsgestaltungslehre**: Auf der Basis einer fundierten Kenntnis des nationalen Steuerrechts und der internationalen Steuersystematik sowie der Steuerwirkungen und Steuergestaltungen im Hinblick auf unternehmerische Entscheidungen kann die Betriebswirtschaftliche Steuerlehre zur Politikberatung und damit zur Unterstützung des Gesetzgebers bei der Änderung gegebener Steuerrechtsnormen mitwirken. Gerade und nur dann, wenn die Betriebswirtschaftliche Steuerlehre einerseits auf normativ-ethische Aussagen verzichtet – was im Einzelfall in Abgrenzung zu praktisch-normativen Aussagen äußerst problematisch ist – und wenn sie sich andererseits auf eine interdisziplinäre Zusammenarbeit mit der Jurisprudenz und Finanzwissenschaft einlässt, bietet sich die Chance einer jeweils zweckadäquaten Gestaltung des Steuersystems. Darauf zu hoffen, es lasse sich allgemeingültig ein stets optimales Steuersystem entwickeln, ist angesichts der Dynamik in unserem Wirtschaftsleben utopisch. Allerdings trägt die Betriebswirtschaftliche Steuerlehre dazu bei, den Gesetzgeber in der Beratung des jeweils angestrebten Ziels – z.B. Standortsicherung, Senkung der Unternehmenssteuern – zu unterstützen, d.h., sie kann und soll die Rolle eines Helfers und „Mahners" in einer pluralistischen Gesellschaft einnehmen. Die jeweiligen Zielvorgaben sind außerhalb des Forschungsprogramms der Betriebswirtschaftlichen Steuerlehre, vielmehr im Bereich von Rechtswissenschaft und Volkswirtschaftslehre einerseits sowie Lobyismus und politischem Opportunismus – inklusive Populismus – andererseits zu suchen. Wenn die Betriebswirtschaftliche Steuerlehre zur Offenlegung lobbyistischer Bemühungen und zur Verminderung polit-populistischer Maßnahmen beitragen kann, ist allein dies schon eine Legitimation für diesen Zweig der Steuerrechtsgestaltungslehre.

---

[3] So zu Recht SIEGEL, THEODOR: Steuerwirkungen und Steuerpolitik in der Unternehmung, Würzburg/Wien 1982, S. 14.

Die **Teilbereiche** der Betriebswirtschaftlichen Steuerlehre lassen sich analog zur Gliederung dieses Buches so formulieren:

1. **Rechnungswesen und Unternehmensbesteuerung**: Hier geht es um die Ermittlung der wichtigsten Bemessungsgrundlagen für die Unternehmensbesteuerung, nämlich Gewinn und Vermögen, um die Darstellung der steuerlich motivierten Rechnungslegungspolitik sowie um die Ermittlung der Bemessungsgrundlage „Umsatz" und anderer Bemessungsgrundlagen, die zwar im Unternehmen erfolgt, regelmäßig aber zu Belastungen anderer führen soll. Aufbauend auf dem Rechnungswesen als Anknüpfungspunkt für unternehmerische Entscheidungen wird der Einfluss der Besteuerung auf Investitionsentscheidungen sowie auf Produktions- und Absatzentscheidungen untersucht; daneben ist der Einfluss der Besteuerung auf Finanzierungsentscheidungen zu analysieren.

2. **Steuerarten und Unternehmensbesteuerung**: Nach einem ausführlichen Einblick in die einzelnen Steuerarten ist eine Systematisierung des Einflusses der Besteuerung auf unternehmerische Entscheidungen vorzunehmen. Hierbei liegt der Schwerpunkt auf der Steuerrechtsnormendarstellung, wobei aber auch ein Einblick in die Steuerwirkungs- und Steuergestaltungslehre sowie die Steuerrechtsgestaltungslehre gewährt wird.

3. **Unternehmensstruktur und Unternehmensbesteuerung**: Gegenstand der Betrachtungen ist der steuerliche Einfluss auf die Rechtsformwahl, auf die Wahl der Zusammenschlussform sowie auf den Wechsel der Rechtsform und der Rechtsstruktur. Außerdem sind die Wirkungen der Besteuerung auf die nationale und internationale Standortwahl mit Schwerpunkt auf der internationalen Besteuerung sowie aufbauend darauf die funktionalen Entscheidungen mit langfristiger und damit struktureller Wirkung zu untersuchen.

II. Ökonomische Sachverhalte und Bemessungsgrundlagenkategorien für die Unternehmensbesteuerung

Für die Besteuerung von Unternehmen sind bestimmte ökonomische Sachverhalte maßgebend, die als Bemessungsgrundlagen einzelner Steuern dienen; die wichtigsten ökonomischen Größen sind der Erfolg, das Vermögen und der Umsatz.[4] Eine andere, im Ergebnis aber vergleichbare Einteilung unterscheidet zwischen der Besteuerung des finanziellen Ergebnisses, der Besteuerung der Unternehmensleistungen und der Besteuerung der Unternehmensmittel.[5] Aus der Sicht der deutschen Unternehmensbesteuerung ergibt sich die in Abb. 1 dargestellte Einteilung.

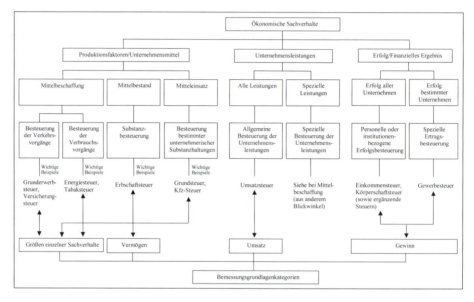

Abb. 1:   *Anknüpfungspunkte für die Unternehmensbesteuerung*

Aus der Sicht eines Unternehmens sind folglich folgende Bemessungsgrundlagenkategorien für die Besteuerung relevant:

1. **Gewinn**: Der Erfolg bzw. das finanzielle Ergebnis von Unternehmen wird der Gewinnbesteuerung unterworfen; die Bemessungsgrundlagenkategorie „Gewinn" wird dabei zwar bei den einzelnen Steuerarten nicht immer gleich definiert, sodass sich im Detail verschiedene Bemessungsgrundlagen ergeben, die Grundsätze für die Gewinnermittlung sind aber immer dieselben.

2. **Vermögen**: Die Substanz bzw. der Bestand an Unternehmensmitteln wird der Vermögensbesteuerung unterworfen; auch hier wird die Bemessungsgrundlagenkategorie „Ver-

---

[4] Vgl. WÖHE, GÜNTER/BIEG, HARTMUT: Grundzüge der Betriebswirtschaftlichen Steuerlehre, 4. Aufl., München 1995, S. 4-6.

[5] Vgl. SCHNEIDER, DIETER: Grundzüge der Unternehmensbesteuerung, 6. Aufl., Wiesbaden 1994, S. 111-266.

mögen" bei den einzelnen Steuerarten – bei trotzdem gegebenen identischen Grundsätzen – nicht immer gleich definiert.

3. **Umsatz**: Die Unternehmensleistungen werden bei bestimmten Ausnahmen mit einer allgemeinen Umsatzbesteuerung – der Umsatzsteuer – belegt.

4. **Wert- oder Mengengrößen einzelner Sachverhalte**: Im Zusammenhang mit der Mittelbeschaffung sowie – aus der Sicht des leistenden Unternehmens – der Erbringung spezieller Unternehmensleistungen werden genauso wie beim Einsatz bestimmter Mittel die Größen einzelner Sachverhalte der Besteuerung unterworfen; maßgebend dabei ist entweder der Wert oder die Menge eines einzelnen Sachverhaltes.

Angesichts der grundlegenden Bedeutung für die Unternehmensbesteuerung werden in der Folge zunächst im 2. Abschnitt die Probleme im Zusammenhang mit der Ermittlung der Bemessungsgrundlagen aufgezeigt; angesichts der jeweils besonderen Ausgestaltungen und der nur sekundär mit dem Rechnungswesen zusammenhängenden Inhalte bei den unter 3. und 4. genannten Sachverhalten wird darauf zunächst nur grundsätzlich und exemplarisch eingegangen, ehe im 3. Abschnitt Bezug auf funktionale Entscheidungen genommen wird. Auf der Grundlage dieser Vorüberlegungen wird dann im 2. Teil ein Überblick über die relevanten Steuerarten des deutschen Steuersystems gegeben, bei denen die zuvor dargestellten Bemessungsgrundlagen Verwendung finden. Im 3. Teil erfolgt dann eine Anwendung der Überlegungen auf den Einfluss der Besteuerung bezüglich der Unternehmensstruktur.

III. Rechtliche Regelungen zur Ermittlung steuerlicher Bemessungsgrundlagen

Vgl. hierzu insb. BIEG, HARTMUT/KUßMAUL, HEINZ/WASCHBUSCH, GERD: Externes Rechnungswesen, 6. Aufl., München 2012, S. 1-13; HABERSTOCK, LOTHAR: Steuerbilanz und Vermögensaufstellung, 3. Aufl., Hamburg 1991, S. 25-34; KUßMAUL, HEINZ: § 239 HGB, in: Handbuch der Rechnungslegung, Bd. 1, hrsg. von KARLHEINZ KÜTING, NORBERT PFITZER und CLAUS-PETER WEBER, Stuttgart (Loseblatt), Stand: Mai 2013; WÖHE, GÜNTER/KUßMAUL, HEINZ: Grundzüge der Buchführung und Bilanztechnik, 8. Aufl., München 2012, S. 21-27, 40-48.

Die steuerlichen Buchführungs- und Aufzeichnungspflichten haben die Aufgabe der Sicherung und Erleichterung der Ermittlung von Bemessungsgrundlagen sowie die Funktion als Beweismittel im Streitfall (§ 158 AO). Der Unterschied zwischen Buchführung und Aufzeichnung liegt darin, dass die Buchführung alle jeweils relevanten Geschäftsvorfälle in einem geschlossenen System erfasst und zu einem Abschluss führt, während Aufzeichnungen nur einzelne Arten von Geschäftsvorfällen registrieren und diese u.U. zusammenfassen.

Im Einzelnen bestehen folgende Buchführungs- und Aufzeichnungspflichten:

1. Derivative Buchführungs- und Aufzeichnungspflichten nach § 140 AO:

Nach § 140 AO muss jeder, der nach anderen Gesetzen als den Steuergesetzen Bücher und Aufzeichnungen zu führen hat, die für die Besteuerung von Bedeutung sind, diese Verpflichtungen auch für die Besteuerung erfüllen. Damit werden nicht nur die handelsrechtlichen Buchführungsvorschriften – für Kaufleute – automatisch ins Steuerrecht übernommen, sondern auch spezielle Aufzeichnungspflichten (z.B. aus dem Börsengesetz oder aus dem Depotgesetz), die bestimmte Betriebe zur Führung von Büchern verpflichten. Einzelkaufleute, die an den Abschlussstichtagen von zwei aufeinanderfolgenden Geschäftsjahren nicht mehr als 500.000 € Umsatzerlöse und 50.000 € Jahresüberschuss aufweisen, sind aber gem. § 241a HGB von der handelsrechtlichen Buchführungspflicht i.S.d. §§ 238-241 HGB befreit.

2. Originäre Buchführungspflicht nach § 141 AO:

Wer die Voraussetzungen des § 141 Abs. 1 AO erfüllt, ist verpflichtet, Bücher zu führen und aufgrund jährlicher Bestandsaufnahmen regelmäßig Abschlüsse zu erstellen. Damit werden die Buchführungs-, Inventar- und Abschlusspflichten auf gewerbliche Unternehmen, die handelsrechtlich nicht buchführungspflichtig sind, sowie auf Land- und Forstwirte bei Überschreiten folgender Grenzen für den einzelnen Betrieb ausgedehnt:

– Umsätze einschließlich der steuerfreien Umsätze, ausgenommen die Umsätze nach § 4 Nr. 8-10 UStG, von mehr als 500.000 € im Kalenderjahr oder

– selbstbewirtschaftete land- und forstwirtschaftliche Flächen mit einem Wirtschaftswert (§ 46 BewG) von mehr als 25.000 € oder

– ein Gewinn aus Gewerbebetrieb von mehr als 50.000 € im Wirtschaftsjahr oder

– ein Gewinn aus Land- und Forstwirtschaft von mehr als 50.000 € im Kalenderjahr.

3. Sonstige Aufzeichnungspflichten:

Originäre Aufzeichnungspflichten nach §§ 143 und 144 AO bestehen zur Aufzeichnung des Warenein- und -ausgangs.

Auch für die Umsatzbesteuerung bestehen Aufzeichnungspflichten nach dem Umsatzsteuergesetz mit der Aufgabe, die Steuerbemessungsgrundlage festzustellen.

Spezielle Aufzeichnungspflichten nach dem Einkommensteuergesetz bestehen u.a. bei der Gewinnermittlung nach § 4 Abs. 3 EStG, generell für bestimmte Betriebsausgaben nach § 4 Abs. 7 EStG und i.V.m. Quellensteuern (Lohnsteuer und Kapitalertragsteuer).

Weitere Aufzeichnungspflichten sind in verschiedenen Verkehr- und Verbrauchsteuergesetzen vorgesehen (z.B. sind gem. § 18 Abs. 6 EnergieStG beim Versandhandel mit Energieerzeugnissen in einen anderen Mitgliedstaat Aufzeichnungen über die gelieferten Erzeugnisse zu führen).

Die **Buchführung und Aufzeichnungen** müssen bestimmten **Anforderungen** gerecht werden. So muss die Buchführung nach § 145 Abs. 1 AO „…so beschaffen sein, dass sie einem sachverständigen Dritten innerhalb angemessener Zeit einen Überblick über die Geschäftsvorfälle und über die Lage des Unternehmens vermitteln kann"; nach § 145 Abs. 2 AO sind die „Aufzeichnungen … so vorzunehmen, dass der Zweck, den sie für die Besteuerung erfüllen sollen, erreicht wird". Im Einzelnen müssen Buchführung und Aufzeichnungen formal und materiell in Ordnung sein. **Materiell ordnungsmäßig** sind Buchführung und Aufzeichnungen dann, wenn alle Geschäftsvorfälle vollzählig und richtig verbucht worden sind. Es darf nichts ausgelassen, aber auch nichts fingiert werden. Um von **formeller Ordnungsmäßigkeit** sprechen zu können, müssen alle Buchungen klar und übersichtlich ausgeführt sein und es darf keine Buchung ohne Beleg durchgeführt werden; im Einzelnen sind folgende Anforderungen zu erfüllen:

1. **Fortlaufende Eintragungen und Belege**: Nach § 239 HGB (bzw. für steuerliche Zwecke dem weitgehend inhaltsgleichen § 146 AO) müssen die Eintragungen in den Büchern vollständig, richtig, zeitgerecht und geordnet erfolgen; es dürfen keine nachträglichen Veränderungen von Buchungen oder Aufzeichnungen vorgenommen werden, die den ursprünglichen Inhalt nicht mehr erkennen lassen.

2. **Aufbewahrungsfristen**: Nach § 257 Abs. 1 HGB (bzw. für steuerliche Zwecke dem weitgehend inhaltsgleichen § 147 Abs. 1 AO) sind aufzubewahren:
   1. „Handelsbücher, Inventare, Eröffnungsbilanzen, Jahresabschlüsse, Einzelabschlüsse nach § 325 Abs. 2a, Lageberichte, Konzernabschlüsse, Konzernlageberichte sowie die zu ihrem Verständnis erforderlichen Arbeitsanweisungen und sonstigen Organisationsunterlagen,
   2. die empfangenen Handelsbriefe,
   3. Wiedergaben der abgesandten Handelsbriefe,
   4. Belege für Buchungen in den nach § 238 Abs. 1 zu führenden Büchern (Buchungsbelege)."

Die Fristen für die Aufbewahrung der unter den Punkten 1 und 4 genannten Unterlagen betragen gem. § 257 Abs. 4 HGB zehn Jahre, für die übrigen in § 257 Abs. 1 HGB aufgezählten Unterlagen sechs Jahre. Auch nach § 147 Abs. 3 S. 1 1. Halbsatz AO gilt die zehnjährige Aufbewahrungsfrist für die unter den Punkten 1 und 4 genannten Unterlagen; gem. § 147 Abs. 1 Nr. 5 AO i.V.m. § 147 Abs. 3 S. 1 2. Halbsatz AO müssen auch sonstige Unterlagen, soweit sie für die Besteuerung von Bedeutung sind, sechs Jahre aufbewahrt werden.

3. **Buchführungssystem und Art der zu führenden Bücher**: Nach geltendem Bilanzrecht hat der Kaufmann theoretisch die Wahl zwischen der einfachen und der doppelten Buchführung. Praktisch ergibt sich jedoch das Erfordernis der doppelten Buchführung aus der Verpflichtung zur Aufstellung einer Gewinn- und Verlustrechnung gem. § 242 Abs. 2 HGB, da die einfache Buchführung keine Erfolgskonten besitzt und folglich eine Feststellung des Gewinns oder Verlustes der Periode mittels einer Erfolgsrechnung nicht möglich ist.

Neben gebundenen Büchern ist auch die **Loseblatt-Buchführung** gestattet. Für die unbaren Geschäftsvorfälle ist in der Regel zusätzlich ein **Kontokorrentbuch** – möglichst unterteilt nach Schuldnern und Gläubigern – zu führen, damit der Betrieb über den Stand seiner Forderungen und Verpflichtungen gegenüber seinen Geschäftspartnern auf dem Laufenden gehalten wird. Dieser Zweck des Kontokorrentbuches kann jedoch durch Führung besonderer Personenkonten oder durch eine geordnete Ablage der nicht ausgeglichenen Rechnungen (**Offene-Posten-Buchführung**) erfüllt werden.

4. **Beachtung des Kontenrahmens**: Der Kontenrahmen ist ein Organisations- und Gliederungsplan für das gesamte Rechnungswesen. Man unterscheidet zwischen Gemeinschaftskontenrahmen (GKR) und Industriekontenrahmen (IKR). Der dem Prozessgliederungsprinzip folgende **Gemeinschaftskontenrahmen** (bzw. Kontenplan) ist nach dem **dekadischen System** in zehn Kontenklassen, die ihrerseits weiter unterteilt werden, eingeteilt. Der dem Abschlussgliederungsprinzip folgende **Industriekontenrahmen** ist ebenfalls nach dem dekadischen System aufgebaut und umfasst seinerseits zehn Kontenklassen. Eine strenge Trennung von Finanz- und Betriebsbuchführung (Zweikreissystem) soll eine betriebsindividuelle Gestaltung der Betriebsabrechnung gestatten, ohne dass die Einheitlichkeit des Rechnungswesens in Frage gestellt wird.

5. **Durchführung einer Inventur und Erstellung eines Inventars**: Die Durchführung einer körperlichen Bestandsaufnahme zum Abschlussstichtag (Inventur) und die Erstellung eines Bestandsverzeichnisses (Inventar) sind Voraussetzung für die Ordnungsmäßigkeit der Buchführung. Nach § 240 Abs. 1 und 2 HGB ist der Kaufmann verpflichtet,[6] jährlich neben der Bilanz für den Abschlussstichtag ein Inventar aufzustellen; § 241 HGB sieht Regelungen für Inventurvereinfachungen vor, die steuerlich grundsätzlich anerkannt werden.

Können bei Sachverhalten, die **Vorgänge mit Auslandsbezug** betreffen (§ 90 Abs. 3 AO), erforderliche Aufzeichnungen nicht vorgelegt werden, sind die vorgelegten Aufzeichnungen im Wesentlichen unverwertbar oder wurden die Aufzeichnungen bei außergewöhnlichen Geschäftsvorfällen nicht zeitnah vorgenommen, so wird nach § 162 Abs. 3 S. 1 AO widerlegbar vermutet, dass die Einkünfte, zu deren Ermittlung diese Aufzeichnungen dienen sollten, höher sind als die erklärten Einkünfte. Darüber hinaus sieht § 162 Abs. 4 S. 1-3 AO folgende

---

[6] Einzelkaufleute, die an zwei aufeinanderfolgenden Geschäftsjahren nicht mehr als 500.000 € Umsatzerlöse und 50.000 € Jahresüberschuss aufweisen, brauchen nach § 241a HGB keine Buchführung vorzunehmen und kein Inventar zu erstellen.

Regelung vor: bei nicht vorgelegten oder im Wesentlichen unverwertbaren Aufzeichnungen solcher Sachverhalte wird ein Zuschlag von 5.000 € festgesetzt; der Zuschlag beträgt allerdings mindestens 5 % und höchstens 10 % des hinzugeschätzten (Mehr-)Betrages, wenn dieser 5.000 € überschreitet. Bei verspäteter Vorlage von verwertbaren Aufzeichnungen beträgt der Zuschlag max. 1 Mio. €, mindestens jedoch 100 € für jeden vollen Tag der Fristüberschreitung.

Eine spezielle Buchführungspflicht wurde mit der Reform des kommunalen Rechnungswesens in Deutschland eingeführt. Auf der Grundlage des Beschlusses der Innenministerkonferenz (IMK) vom 21.11.2003 wurde eine Reform des kommunalen Rechnungswesens in Deutschland eingeleitet.[7] Die Bundesländer, die für die Ausgestaltung des kommunalen Rechnungswesens zuständig sind, können ihren kommunalen Gebietskörperschaften die sog. kommunale Doppik in der jeweils landestypischen Ausprägung oder eine erweiterte Kameralistik[8] vorschreiben oder aber beide Modelle alternativ zulassen (Optionsmodell)[9], wobei sich fast alle Bundesländer für die **kommunale Doppik** als neues Rechnungslegungssystem entschieden haben. Die von den jeweiligen Bundesländern vorgelegten Doppik-Konzepte basieren stark auf dem kaufmännischen HGB-Referenzmodell, das zur Berücksichtigung kommunaler Eigenheiten modifiziert wurde.[10]

---

[7] Vgl. Beschluss der Innenministerkonferenz vom 21.11.2003, abrufbar unter: www.im.nrw.de.

[8] Vgl. KUßMAUL, HEINZ/HENKES, JÖRG: Die erweiterte Kameralistik in der Fassung des IMK-Beschlusses vom 21.11.2003, in: StB 2004, S. 451-459.

[9] Vgl. Beschluss der Innenministerkonferenz vom 21.11.2003, Anlage 1, abrufbar unter: www.im.nrw.de.

[10] Vgl. hierzu grundlegend HENKES, JÖRG: Der Jahresabschluss kommunaler Gebietskörperschaften, in: Bilanz-, Prüfungs- und Steuerwesen, hrsg. von KARLHEINZ KÜTING, CLAUS-PETER WEBER und HEINZ KUßMAUL, Bd. 13, Berlin 2008 und KUßMAUL, HEINZ/HENKES, JÖRG: Kommunale Doppik, in: Kommunale Verwaltungssteuerung, hrsg. von STEFAN MÜLLER und CHRISTINA SCHAEFER, Bd. 2, Berlin 2009.

2. Abschnitt:
Externes Rechnungswesen und Unternehmensbesteuerung

I. Gewinnermittlung bei Unternehmen

Das betriebliche Rechnungswesen eines Unternehmens lässt sich nach dem Kriterium „Rechnungslegungspflicht" einteilen in **internes Rechnungswesen** und **externes Rechnungswesen**.

Während das interne Rechnungswesen auf grundsätzlich freiwilliger, aber aufgrund der Kompliziertheit des betrieblichen Geschehens mittlerweile faktisch auf obligatorischer Basis vollzogen wird, gebieten die handels- und steuerrechtlichen Vorschriften in klarer Weise die Führung eines externen Rechnungswesens. Die Bemessungsgrundlagen fast aller Einzelsteuern werden mit Hilfe des betrieblichen Rechnungswesens ermittelt.

Eine Übersicht über die damit in Zusammenhang stehenden Aufgabenbereiche gibt Abb. 2.

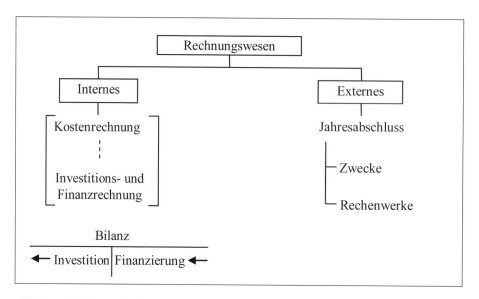

Abb. 2:   *Teilbereiche des betrieblichen Rechnungswesens*

Abb. 3 (S. 11) zeigt die Zwecke des Jahresabschlusses und die Zusammenhänge der zur Erstellung eines Jahresabschlusses notwendigen Dokumentationsinstrumente (Rechenwerke) auf.

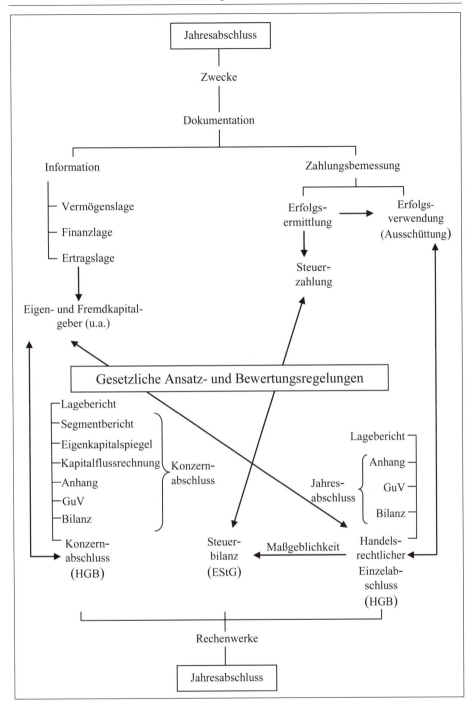

Abb. 3: Zwecke des Jahresabschlusses und Rechenwerke zu dessen Erstellung

A. Steuerlicher Gewinnbegriff und steuerliche Gewinnermittlungsarten

Vgl. hierzu insb. BIEG, HARTMUT/KUßMAUL, HEINZ/WASCHBUSCH, GERD: Externes Rechnungswesen, 6. Aufl., München 2012, S. 26-34; BIERGANS, ENNO: Einkommensteuer, 6. Aufl., München/Wien 1992, S. 671-719; HABERSTOCK, LOTHAR: Steuerbilanz und Vermögensaufstellung, 3. Aufl., Hamburg 1991, S. 45-57, 67-85; KUßMAUL, HEINZ: Die E-Bilanz: Steuerbürokratieaufbau durch „Steuerbürokratieabbaugesetz", in: Brennpunkte der Bilanzierungspraxis nach IFRS und HGB, hrsg. von KARLHEINZ KÜTING, NORBERT PFITZER und CLAUS-PETER WEBER, Stuttgart 2012, S. 209-228; KUßMAUL, HEINZ/OLLINGER, CARINA/WEILER, DENNIS: E-Bilanz: Kritische Analyse aus betriebswirtschaftlicher Sicht, in: StuW 2012, S. 131-147; NIEMEIER, GERHARD u.a.: Einkommensteuer, 22. Aufl., Achim 2009, S. 133-252; ROSE, GERD/WATRIN, CHRISTOPH: Betrieb und Steuer, Bd. 1: Ertragsteuern, 20. Aufl., Berlin 2013, S. 80-101; SCHEFFLER, WOLFRAM: Besteuerung von Unternehmen, Bd. 2: Steuerbilanz, 7. Aufl., Heidelberg 2011, S. 1-17; WÖHE, GÜNTER: Betriebswirtschaftliche Steuerlehre, Bd. 1, 2. Halbband: Der Einfluß der Besteuerung auf das Rechnungswesen des Betriebes, 7. Aufl., München 1992, S. 36-57, 59-65.

1. Steuerlicher Gewinnbegriff[11]

Aus der Notwendigkeit der Gleichmäßigkeit der Besteuerung ergibt sich das Erfordernis einheitlicher Vorschriften zum Zweck der Ermittlung und Nachprüfbarkeit des – möglichst periodengerechten – Gewinns als Bemessungsgrundlage für die Gewinnsteuern.

Diese Nachprüfbarkeit ist einer der Hauptgründe, warum der Gesetzgeber die steuerliche Gewinnermittlung dem **Prinzip der nominellen Kapitalerhaltung** unterworfen hat. Beim Prinzip der nominellen Kapitalerhaltung wird eine konstante Kaufkraft im Zeitablauf unterstellt. Die Leistungsfähigkeit eines Unternehmens ist nach diesem Prinzip gewahrt, wenn das nominelle Geldkapital von Periode zu Periode gleich bleibt. Ein Gewinn i.S.d. nominellen Kapitalerhaltung liegt folglich dann vor, wenn das Eigenkapital am Ende der Periode – unter Beachtung von Einlagen und Entnahmen – das Eigenkapital zu Beginn der Periode übersteigt.

> **Beispiel:** (Kapitalerhaltung)
>
> Ein Betrieb besitzt zu Beginn einer Periode 100.000 Einheiten einer Handelsware zu Anschaffungskosten von 5 € je Einheit, die vollständig mit Eigenkapital finanziert sind. Am Ende der Periode werden die Vermögensgegenstände zu 8 € je Einheit verkauft.
>
> | | | |
> |---|---|---:|
> | | Umsatzerlöse | 800.000 € |
> | ./. | Anschaffungskosten („Wareneinsatz") | 500.000 € |
> | = | Nomineller Gewinn | 300.000 € |

Dieser Gewinn unterliegt in vollem Umfang der Besteuerung und kann nach Abzug der Steuerlast zur Gewinnausschüttung verwendet werden, ohne dass dadurch das nominelle Anfangskapital verändert würde. Bei steigenden Preisen (z.B. bei allgemeiner Geldentwertung oder Verteuerung von Produktionsfaktoren) kann die Leistungsfähigkeit bei einer Ausschüttung des verbleibenden Gewinns nicht aufrechterhalten werden. Die ursprünglichen Anschaffungs- oder Herstellungskosten, die über die Verrechnung als Aufwand an den Betrieb gebunden werden (nur der Rest stellt besteuerungs- und ausschüttungsfähigen Gewinn dar), reichen nicht mehr aus, um Vermögensgegenstände in gleichem Umfang zu beschaffen. Bei vollständiger Verwendung des nominellen Gewinns (Umsatzerlös ./. ursprüngliche Anschaffungs- oder Herstellungskosten) für Ertragsteuern und Gewinnausschüttungen vermindert sich die Produktionsfähigkeit des Betriebes.

---

[11] Vgl. BIEG, HARTMUT/KUßMAUL, HEINZ/WASCHBUSCH, GERD: Externes Rechnungswesen, 6. Aufl., München 2012, S. 26-34.

Um den im vorhergehenden Beispiel aufgezeigten Mangel zu beseitigen, wurden seitens der Betriebswirtschaftslehre folgende weitere Kapitalerhaltungskonzeptionen entwickelt:

- **Prinzip der realen Kapitalerhaltung** (kaufkraftmäßige bzw. indexmäßige Erhaltung des Eigenkapitals);
- **Prinzip der absoluten oder reproduktiven Substanzerhaltung** (gütermäßige Kapitalerhaltung unter Zugrundelegung von Gütern in gleicher Menge und Qualität);
- **Prinzip der relativen oder qualifizierten Substanzerhaltung** (gütermäßige Kapitalerhaltung unter Berücksichtigung des technischen Fortschritts).

Eine Übersicht der verschiedenen Konzeptionen der Unternehmenserhaltung enthält Abb. 4[12].

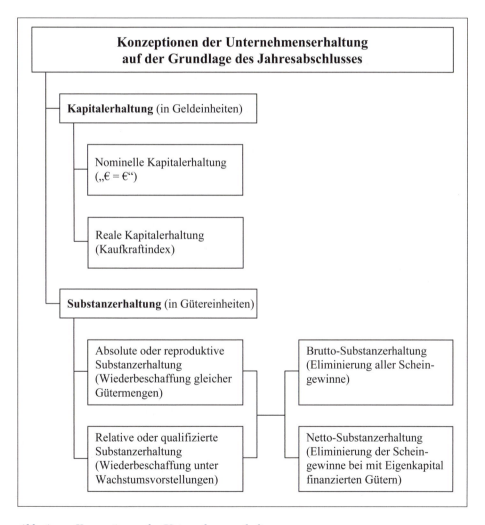

Abb. 4:   Konzeptionen der Unternehmenserhaltung

---

[12] Modifiziert entnommen aus WÖHE, GÜNTER: Bilanzierung und Bilanzpolitik, 9. Aufl., München 1997, S. 352.

Die Definition des Begriffes „Gewinn" im Steuerrecht ergibt sich aus § 4 Abs. 1 EStG, wonach gilt:

Betriebsvermögen am Schluss eines Wirtschaftsjahres
./. Betriebsvermögen am Schluss des vorangegangenen Wirtschaftsjahres
+ Entnahmen im Laufe des Wirtschaftsjahres
./. Einlagen im Laufe des Wirtschaftsjahres
= Gewinn des Wirtschaftsjahres

Der steuerliche Gewinnbegriff orientiert sich damit an der vergangenheitsorientierten Einzelbewertung auf der Grundlage des Prinzips der nominellen Kapitalerhaltung. Konkret werden dazu verschiedene steuerliche Gewinnermittlungsarten unterschieden.

2. Steuerliche Gewinnermittlungsarten[13]

Bei den steuerlichen Gewinnermittlungsarten lässt sich eine Einteilung vornehmen in:

– Betriebsvermögensvergleich nach § 4 Abs. 1 EStG (unvollständiger Betriebsvermögensvergleich) für Land- und Forstwirte und selbstständig Tätige i.S.d. § 18 EStG und nach § 5 EStG (vollständiger Betriebsvermögensvergleich) für Gewerbetreibende;

– Einnahmen-Überschussrechnung (EÜR) nach § 4 Abs. 3 EStG für Land- und Forstwirte, Gewerbetreibende und selbstständig Tätige i.S.d. § 18 EStG;

– Gewinnermittlung nach Durchschnittssätzen gem. § 13a Abs. 3-6 EStG für Land- und Forstwirte, die nicht zur Einnahmen-Überschussrechnung nach § 4 Abs. 3 EStG verpflichtet sind und die Voraussetzungen des § 13a Abs. 1 EStG erfüllen;

– Gewinnermittlung bei Betrieben mit Handelsschiffen im internationalen Verkehr nach der im Betrieb geführten Tonnage nach § 5a EStG sowie

– Schätzung des Gewinns nach § 162 AO, wobei es sich nicht um eine eigene Gewinnermittlungsart handelt, sondern das Ergebnis der Schätzung als Gewinn einer der Gewinnermittlungsarten nach §§ 4-5a EStG behandelt wird.

a) Der Betriebsvermögensvergleich

Wie der steuerliche Gewinn – durch vollständigen oder unvollständigen Betriebsvermögensvergleich – ermittelt werden muss, hängt davon ab, ob der Steuerpflichtige Gewerbetreibender und zur Führung von Büchern verpflichtet ist (bzw. Bücher führt) oder nicht.

Der Gewinn wird für Gewerbetreibende, die buchführungspflichtig sind (oder freiwillig Bücher führen), nach § 5 EStG i.V.m. § 4 Abs. 1 EStG (**vollständiger Betriebsvermögensvergleich**) ermittelt als Differenz zwischen dem nach handelsrechtlichen Grundsätzen ordnungsmäßiger Buchführung ausgewiesenen Betriebsvermögen am Schluss des vorangegangenen und des aktuellen Wirtschaftsjahres, korrigiert um Entnahmen (+) und Einlagen (./.).

---

[13] Vgl. HABERSTOCK, LOTHAR: Steuerbilanz und Vermögensaufstellung, 3. Aufl., Hamburg 1991, S. 67-85; MEYERING, STEPHAN: Steuerliche Gewinnermittlung von KMU durch Kassenvermögensvergleich, in: Bilanz-, Prüfungs- und Steuerwesen, hrsg. von KARLHEINZ KÜTING, CLAUS-PETER WEBER und HEINZ KUSSMAUL, Bd. 21, Berlin 2011, S. 23-67; NIEMEIER, GERHARD u.a.: Einkommensteuer, 22. Aufl., Achim 2009, S. 133-252.

Es müssen also für diesen vollständigen Betriebsvermögensvergleich die „Steuerbilanzen" zweier aufeinander folgender Wirtschaftsjahre heranzogen werden; allerdings kennt das deutsche Steuerrecht den Begriff der selbstständigen Steuerbilanz nicht. Nach § 60 Abs. 2 EStDV ist es nur erforderlich, dem Finanzamt die unter Beachtung der steuerlichen Vorschriften korrigierte Handelsbilanz einzureichen. Allerdings enthält § 5 Abs. 1 S. 1 1. Halbsatz EStG den **Grundsatz der Maßgeblichkeit der Handelsbilanz für die Steuerbilanz**. Dieser besagt, dass Betriebe, die buchführungspflichtig sind und regelmäßig Abschlüsse erstellen müssen oder die freiwillig Bücher führen und Abschlüsse erstellen, für den Schluss des Wirtschaftsjahres das Betriebsvermögen anzusetzen haben, „das nach den handelsrechtlichen Grundsätzen ordnungsmäßiger Buchführung auszuweisen ist".

Der Gewinnermittlung nach § 4 Abs. 1 EStG (**unvollständiger Betriebsvermögensvergleich**) unterliegen folgende Steuerpflichtige:

- Land- und Forstwirte, die buchführungspflichtig sind oder die nicht buchführungspflichtig sind und einen Antrag nach § 13a Abs. 2 EStG stellen,
- selbstständig Tätige, die freiwillig Bücher führen, sowie
- Gewerbetreibende, die nicht buchführungspflichtig sind und nicht freiwillig Bücher führen, aber wegen fehlender Aufzeichnungen nach § 4 Abs. 1 EStG geschätzt werden (vgl. H 4.1 EStR, Stichwort „Gewinnschätzung").

Die Gewinnermittlungen durch Betriebsvermögensvergleich nach § 4 Abs. 1 bzw. § 5 EStG weisen aufgrund der zusätzlichen Regelungen für Gewerbetreibende i.S.d. § 5 EStG **Unterschiede** auf. So kommen z.B. die handelsrechtlichen Grundsätze ordnungsmäßiger Buchführung (GoB) für die Gewinnermittlung nach § 4 Abs. 1 EStG grundsätzlich nicht zur Anwendung, da hier das Prinzip der Maßgeblichkeit der Handelsbilanz für die Steuerbilanz (§ 5 Abs. 1 EStG) keine Gültigkeit besitzt. Ferner sind die handelsrechtlichen Gliederungsvorschriften bei der Erstellung der Steuerbilanz nicht zwingend anzuwenden. Gem. § 141 Abs. 1 S. 2 AO ist jedoch die analoge Anwendung bestimmter handelsrechtlicher Rechnungslegungsvorschriften für Gewerbetreibende sowie für Land- und Forstwirte bei originärer Buchführungspflicht vorgesehen (zur Anwendung des Betriebsvermögensvergleichs nach § 4 Abs. 1 bzw. § 5 EStG vgl. S. 300).

Alle Steuerpflichtigen, die eine Gewinnermittlung gem. § 4 Abs. 1, gem. § 5 oder gem. § 5a EStG (Gewinnermittlung durch Bilanzierung) durchführen, müssen im Übrigen gem. § 5b EStG den Inhalt der Bilanz und der Gewinn- und Verlustrechnung nach amtlich vorgeschriebenem Datensatz durch Datenfernübertragung an den Fiskus übermitteln. Die rechtliche Grundlage zur sog. E-Bilanz mit dem Ziel der Substitution einer papierbasierten Übermittlung durch eine elektronische Kommunikation fußt auf dem „Gesetz zur Modernisierung und Entbürokratisierung des Steuerverfahrens" (Steuerbürokratieabbaugesetz – SteuBAG)[14]. Wenngleich das Vorhaben „Elektronik statt Papier"[15] per se begrüßenswert erscheint, kon-

---

[14] Gesetz vom 20.12.2008, BGBl I 2008, S. 2850.
[15] BR-Drs. 547/08, S. 14.

terkariert die Ausgestaltung der sog. E-Bilanz von Seiten der Finanzverwaltung die genuine Intention des Steuerbürokratieabbaugesetzes und überschreitet die gesetzliche Grundlage.[16]

b)   Die Einnahmen-Überschussrechnung

Spricht man von „Überschuss" i.R.d. Gewinnermittlung, so ist damit der Überschuss der Betriebseinnahmen über die Betriebsausgaben i.S.d. § 4 Abs. 3 EStG gemeint. Die Gewinnermittlung nach § 4 Abs. 3 EStG ist also eine Vereinfachungsregel für Nicht-Buchführungspflichtige mit Gewinneinkünften (Kleingewerbetreibende), kleine Land- und Forstwirte, Selbstständige sowie für Einzelkaufleute, die gem. § 241a HGB von der Buchführungspflicht befreit sind. Bei der Einnahmen-Überschussrechnung steht das Zu- und Abflussprinzip im Vordergrund; bei Betriebseinnahmen bzw. Betriebsausgaben wird deshalb grundsätzlich auf Zahlungen abgestellt. Dies gilt nach H 9b EStH auch für die vereinnahmten und verausgabten Umsatzsteuerbeträge. Auch die Umsatzsteuer auf Privatentnahmen stellt eine Betriebseinnahme dar. Abb. 5 fasst die Behandlung der Umsatzsteuer bei der Einnahmen-Überschussrechnung schaubildartig zusammen.

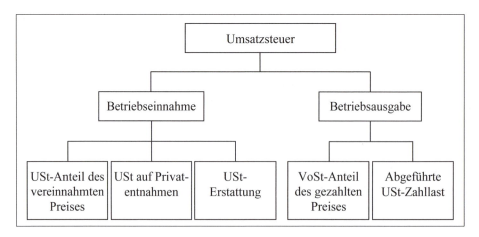

Abb. 5:   Behandlung der Umsatzsteuer bei der Einnahmen-Überschussrechnung (EÜR)

Sofern die Umsatzsteuer in Form nicht abziehbarer Vorsteuer den Anschaffungs- oder Herstellungskosten eines Wirtschaftsguts zuzurechnen ist, wird sie, abweichend von der in Abb. 5 dargestellten Behandlung, in Form von Abschreibungen über die Nutzungsdauer des angeschafften oder hergestellten Vermögensgegenstandes verteilt.

Die grundsätzlich bei der Einnahmen-Überschussrechnung geltende **Zahlungsorientierung** wird u.a. **durchbrochen** im Falle

---

[16]   Vgl. zu diesem Absatz ausführlich KUẞMAUL, HEINZ: Die E-Bilanz: Steuerbürokratieaufbau durch „Steuerbürokratieabbaugesetz", in: Brennpunkte der Bilanzierungspraxis nach IFRS und HGB, hrsg. von KARLHEINZ KÜTING, NORBERT PFITZER und CLAUS-PETER WEBER, Stuttgart 2012, S. 209-228; KUẞMAUL, HEINZ/OLLINGER, CARINA/WEILER, DENNIS: E-Bilanz: Kritische Analyse aus betriebswirtschaftlicher Sicht, in: StuW 2012, S. 131-147.

- der Behandlung des Anlagevermögens (vgl. Abb. 6[17]),
- der Bildung (fiktive Betriebsausgabe) und Auflösung (fiktive Betriebseinnahme) von Rücklagen bzw. Investitionsabzugsbeträgen i.S.d. §§ 6b und 7g EStG sowie R 6.6 EStR,
- von Zahlungen, die als nicht erfolgswirksam unberücksichtigt bleiben (Bareinlagen bzw. -entnahmen, Kreditaufnahme bzw. -rückzahlung),
- von durchlaufenden Posten i.S.d. § 4 Abs. 3 S. 2 EStG,
- von Beträgen, die als Korrekturposten wie Zahlungen behandelt werden (Sacheinlagen und -entnahmen),
- von „Erfolgsabgrenzungen" bei regelmäßigen Zahlungen, die kurz vor oder nach Ablauf des Wirtschaftsjahres zu- oder abfließen (kurze Zeit = 10 Tage; vgl. H 11 EStR, Stichwort „Allgemeines"), sowie
- von Sacheinnahmen und -ausgaben, die als sog. „geldwerte Güter" wie Einnahmen und Ausgaben behandelt werden.

Seit der Umsetzung des Gesetzes zur Eindämmung missbräuchlicher Steuergestaltungen[18] gilt darüber hinaus zur Verhinderung von Steuergestaltungsmissbräuchen eine von der Zahlungsorientierung abweichende Behandlung für Anteile an Kapitalgesellschaften, für Wertpapiere und vergleichbare nicht verbriefte Forderungen und Rechte, für Grund und Boden sowie Gebäude des Umlaufvermögens (§ 4 Abs. 3 S. 4 EStG). Die Anschaffungs- oder Herstellungskosten derartiger Wirtschaftsgüter sind erst im Zeitpunkt des Zuflusses des Veräußerungserlöses oder bei Entnahme im Zeitpunkt der Entnahme als Betriebsausgaben zu berücksichtigen.

	Behandlung des Anlagevermögens nach § 4 Abs. 3 EStG	
	Abnutzbares Anlagevermögen	**Nicht abnutzbares Anlagevermögen**
Anschaffung	AK/HK sind **nicht** als Betriebsausgabe anzusetzen; planmäßige und außerplanmäßige Abschreibungen stellen Betriebsausgaben dar	AK/HK sind **nicht** als Betriebsausgabe anzusetzen; außerplanmäßige Abschreibungen stellen Betriebsausgaben dar (**keine** planmäßige Abschreibung)
Veräußerung	Restbuchwert (= noch nicht abgeschriebener Teil der AK/HK) ist als Betriebsausgabe anzusetzen	
Veräußerungsgewinn	Erlös (= Betriebseinnahme) ./. Restbuchwert (= Betriebsausgabe) = Veräußerungsgewinn	

Abb. 6: *Behandlung des Anlagevermögens bei der Einnahmen-Überschussrechnung (EÜR)*

---

[17] In Anlehnung an HABERSTOCK, LOTHAR: Steuerbilanz und Vermögensaufstellung, 3. Aufl., Hamburg 1991, S. 72.
[18] Gesetz vom 28.04.2006, BGBl I 2006, S. 1095.

Mit dem Jahressteuergesetz 2008[19] wurde klargestellt, dass die mit der Unternehmensteuerreform 2008 eingeführten Neuregelungen zur Sofortabschreibung sog. geringwertiger Wirtschaftsgüter und zur Bildung eines Sammelpostens für abnutzbare bewegliche Wirtschaftsgüter des Anlagevermögens, deren Anschaffungs- oder Herstellungskosten mehr als 150 € und bis zu 1.000 € (jeweils netto) betragen, auch im Rahmen der Einnahmen-Überschussrechnung anzuwenden sind.[20] Durch das Wachstumsbeschleunigungsgesetz[21] wird dem Steuerpflichtigen ferner die Möglichkeit eröffnet, Wirtschaftsgüter, die nach dem 31.12.2009 angeschafft oder hergestellt wurden und einen Wert von 410 € (netto) nicht übersteigen, sofort als Betriebsausgaben geltend zu machen bzw. Wirtschaftsgüter über 410 € (netto) zu aktivieren und über ihre betriebsgewöhnliche Nutzungsdauer abzuschreiben (Alternative 1). Des Weiteren kann sich der Steuerpflichtige auch für die schon bisher gültige Sammelpostenmethode entscheiden (Alternative 2), wonach selbstständig nutzbare bewegliche Wirtschaftsgüter des Anlagevermögens, deren Anschaffungs- oder Herstellungskosten 150 € (netto), aber nicht 1.000 € (netto) übersteigen, in einen Sammelposten einzustellen sind und über fünf Jahre linear abgeschrieben werden; liegt der Wert unter 150 € netto, so kann der Steuerpflichtige das Wirtschaftsgut entweder sofort abschreiben oder aktivieren und damit über die betriebsgewöhnliche Nutzungsdauer abschreiben.[22] Der Steuerpflichtige muss sich am Ende des Geschäftsjahres entweder für die 410 €-Methode (Alternative 1) oder die Sammelpostenmethode (Alternative 2) entscheiden und die gewählte Alternative einheitlich auf alle im Geschäftsjahr angeschafften oder hergestellten Wirtschaftsgüter anwenden (§ 6 Abs. 2a EStG).

Teilwertabschreibungen sind bei der Einnahmen-Überschussrechnung gem. § 4 Abs. 3 EStG nicht möglich, da bei dieser Gewinnermittlungsmethode kein Betriebsvermögensvergleich (§ 6 Abs. 1 Nr. 1 und 2 EStG) erfolgt. Dies kann insb. beim Wechsel der Gewinnermittlungsart (vgl. S. 22) einige Korrekturen erforderlich machen.

Der steuerpflichtige Gewinn nach § 4 Abs. 3 EStG wird ermittelt als Differenz von Betriebseinnahmen und Betriebsausgaben. Es liegt **kein geschlossenes Buchführungssystem** vor, sondern eine **besondere Aufzeichnungsform**. Bei der Erfassung bzw. Aufzeichnung der Betriebseinnahmen und -ausgaben existierten bis zum VAZ 2004 keine besonderen Formvorschriften. Gem. § 60 Abs. 4 i.V.m. § 84 Abs. 3d EStDV a.F. haben Steuerpflichtige, die ihren Gewinn nach § 4 Abs. 3 EStG ermitteln, für Wirtschaftsjahre, die nach dem 31.12.2004 beginnen, ihrer Steuererklärung seitdem eine Gewinnermittlung nach amtlich vorgeschriebenem Vordruck beizufügen.[23] Gem. § 60 Abs. 4 i.V.m. § 84 Abs. 3d EStDV haben Steuerpflichtige, die ihren Gewinn nach § 4 Abs. 3 EStG ermitteln, für Wirtschafts-

---

[19] Gesetz vom 28.12.2007, BGBl I 2007, S. 3150.
[20] Zu den Abschreibungsregeln siehe § 6 Abs. 2 und 2a EStG.
[21] Gesetz zur Beschleunigung des Wirtschaftswachstums (Wachstumsbeschleunigungsgesetz), BGBl I 2009, S. 3950.
[22] Unklar ist bislang, ob auch eine Einstellung in den Sammelposten gestattet ist.
[23] Eine Zeit lang galt es als umstritten, ob der amtliche Vordruck EÜR zusammen mit der Einkommensteuererklärung abgegeben werden muss. Schließlich befand der BFH die derzeitige Gesetzeslage als ausreichend, um eine Abgabepflicht zu begründen; vgl. BFH-Urteil vom 16.11.2011, in: DStR 2011, S. 2447-2454. Sobald sich die Betriebseinnahmen auf mindestens 17.500 € belaufen, darf das Finanzamt auf der Abgabe des Vordrucks EÜR bestehen.

jahre, die nach dem 31.12.2010 beginnen, die Einnahmen-Überschussrechnung inzwischen nach amtlich vorgeschriebenem Datensatz mittels einer Datenfernübertragung zu übermitteln.[24] Liegen die Betriebseinnahmen unter der Grenze von 17.500 €, wird es von der Finanzverwaltung allerdings nicht beanstandet, wenn statt des Vordrucks der Steuererklärung eine formlose Gewinnermittlung beigefügt wird.[25] Insoweit wird auf die elektronische Übermittlung der Einnahmen-Überschussrechnung nach amtlich vorgeschriebenem Datensatz durch Datenfernübertragung verzichtet. Die Verpflichtungen, den Gewinn nach den geltenden gesetzlichen Vorschriften zu ermitteln und die sonstigen gesetzlichen Aufzeichnungspflichten zu erfüllen, bleiben davon unberührt.[26] Die Grundstruktur der Einnahmen-Überschussrechnung ist in Abb. 7 (S. 21) dargestellt.

c)   Die Gewinnermittlung nach Durchschnittssätzen

Nicht-Buchführungspflichtige Land- und Forstwirte haben unter bestimmten Voraussetzungen ihren Gewinn nach Durchschnittssätzen gem. § 13a EStG zu ermitteln. I.R.d. vereinfachten Art der Gewinnermittlung wird ein **einheitswertabhängiger Ausgangswert** um verschiedene Zu- und Abschläge korrigiert. Gem. § 13a Abs. 2 EStG kann der Gewinn auf Antrag des Steuerpflichtigen aber auch durch Betriebsvermögensvergleich bzw. durch Überschussrechnung ermittelt werden, sofern eine freiwillige Buchführung vorliegt bzw. Aufzeichnungen i.S.d. § 13a Abs. 2 EStG erstellt werden.

d)   Die Gewinnermittlung bei Handelsschiffen im internationalen Verkehr (Tonnagebesteuerung)

Durch die sog. Tonnagebesteuerung nach § 5a EStG sollen die steuerlichen Rahmenbedingungen in der Seeschifffahrt dem internationalen Standard angepasst werden.[27] Wenn die in § 5a EStG genannten Voraussetzungen erfüllt sind, wird auf unwiderruflichen Antrag der von einem Unternehmen erzielte Gewinn, soweit er auf den Betrieb von Handelsschiffen im internationalen Verkehr entfällt, nach dem degressiven Tarif des § 5a Abs. 1 S. 2 EStG in Abhängigkeit von den **Betriebstagen** und den **Nettotonnen Frachtraum** – unabhängig von deren tatsächlicher Nutzung – besteuert.

e)   Die Schätzung des Gewinns nach § 162 AO

Ist dem Finanzamt eine Ermittlung oder Berechnung der Besteuerungsgrundlagen nicht möglich, hat es nach § 162 AO die **Besteuerungsgrundlagen zu schätzen**. Hier ist insbesondere auf § 162 Abs. 3 und 4 AO und damit auf die gesonderten Schätzungs- und Sanktionsbefugnisse i.R.d. Mitwirkungspflicht bei Sachverhalten mit Auslandsbezug gem. § 90 Abs. 3 AO hinzuweisen. Eine sog. **Vollschätzung** wird erforderlich, wenn keine ordnungsgemäßen Unterlagen (Buchführung bzw. Aufzeichnungen) vorliegen. Sind die vorhandenen

---

[24]   Lediglich aufgrund unbilliger Härten kann gem. § 60 Abs. 4 S. 2 EStDV auf Antrag auf eine elektronische Datenübertragung verzichtet werden, wobei dann der Steuererklärung eine Gewinnermittlung nach amtlich vorgeschriebenem Vordruck beizufügen ist.
[25]   Vgl. Vgl. BMF-Schreiben vom 21.11.2011, BStBl I 2011, S. 1101.
[26]   Vgl. dazu BMF-Schreiben vom 21.11.2011, BStBl I 2011, S. 1101 .
[27]   Vgl. zu Einzelheiten BMF-Schreiben vom 12.06.2002, BStBl I 2002, S. 614.

Unterlagen dagegen nicht vollständig oder z.T. nicht ordnungsgemäß, wird eine **Teilschätzung** (= Zuschätzung) durchgeführt.

Die Schätzung stellt **keine eigenständige Gewinnermittlungsart** dar, sondern hat sich grundsätzlich nach der Gewinnermittlungsart zu richten, die der Steuerpflichtige ordnungsgemäß anwenden müsste. Da es jedoch eine Vollschätzung nach § 4 Abs. 3 oder § 13a EStG nicht gibt, wird bei Steuerpflichtigen, die danach ihren Gewinn ordnungsgemäß ermitteln dürften, aber nicht die erforderlichen Unterlagen vorlegen, gem. § 4 Abs. 1 EStG geschätzt.

Als Hilfsmittel für die Schätzung verwendet die Finanzverwaltung oftmals sog. „**Richtsätze**", die aus einer begrenzten Anzahl typischer Betriebe auf der Grundlage der für diese zutreffenden Gewinnermittlungsart abgeleitet werden.

Einnahmen-Überschussrechnung	€
Betriebseinnahmen	
– Umsatzsteuerfreie Betriebseinnahmen	
– Umsatzsteuerpflichtige Betriebseinnahmen	
– Vereinnahmte Umsatzsteuer	
– Umsatzsteuer auf Privatentnahmen	
– Erstattete Umsatzsteuer	
– Veräußerung/Entnahme von Anlagevermögen	
– Private Kfz-Nutzung (monatlich 1 % des Bruttolistenpreises; Fahrtenbuchmethode)	
– Sonstige Sach-, Nutzungs- und Leistungsentnahmen	
– Auflösung von steuerfreien Rücklagen, Ansparabschreibungen und Ausgleichsposten	
Summe der Betriebseinnahmen	
Betriebsausgaben	
– Betriebsausgabenpauschale/Freibetrag nach § 3 Nr. 26, 26a, 26b EStG	
– Sachliche Betriebsausgaben (Material, Personal, Waren)	
– Abschreibungen (inkl. Restbuchwert der im Kalender-/Wirtschaftsjahr ausgeschiedenen Wirtschaftsgüter des Anlagevermögens)	
– Kfz-Kosten und andere Fahrtkosten	
– Raumkosten und sonstige Grundstücksaufwendungen (häusliches Arbeitszimmer, Miete/Pacht für Geschäftsräume, betrieblich genutzte Grundstücke und andere Aufwendungen, die damit in Zusammenhang stehen)	
– Zinsen	
– Sonstige Ausgaben (Fachliteratur, Steuerberatungskosten, …)	
– Gezahlte Vorsteuer	
– Gezahlte Umsatzsteuer an Finanzamt (Voranmeldung, Abschlusszahlung)	
– Bildung von steuerfreien Rücklagen (§ 6c EStG i.V.m. 6b EStG) und Ausgleichsposten (§ 4g EStG)	
Summe der Betriebsausgaben	

Ermittlung des Gewinns		€
	Summe der Betriebseinnahmen	
./.	**Summe der Betriebsausgaben**	
=	**Gewinn/Verlust**	

Abb. 7:   Grundstruktur einer Einnahmen-Überschussrechnung (EÜR)

f) Der Wechsel der Gewinnermittlungsart

Infolge rechtlicher oder faktischer Gründe erfolgt bisweilen **ein Wechsel der steuerlichen Gewinnermittlungsart**. Gründe für den (i.Allg. wichtigsten) Wechsel der Gewinnermittlungsart von der Überschussrechnung zum Bestandsvergleich bzw. vom Bestandsvergleich zur Überschussrechnung können sein:

- Über- bzw. Unterschreiten der Grenzen des § 141 AO,
- Über- bzw. Unterschreiten der Grenzen des § 241a HGB (nur bei Einzelkaufleuten),
- Eintragung in das Handelsregister (Ausnahme bei Einzelkaufleuten nach § 241a HGB möglich),
- Löschung aus dem Handelsregister,
- Beginn der freiwilligen Buchführung eines Steuerpflichtigen sowie
- Veräußerung des Betriebes durch einen Steuerpflichtigen, der den Gewinn nach § 4 Abs. 3 EStG ermittelt (gem. R 4.5 Abs. 6 EStR ist der Steuerpflichtige so zu behandeln, als wäre er im Zeitpunkt der Veräußerung zur Gewinnermittlung nach § 4 Abs. 1 EStG übergegangen).

Der Wechsel der Gewinnermittlungsart ist gesetzlich nicht geregelt; erst die Rechtsprechung hat die entsprechenden Grundsätze entwickelt, die im Wesentlichen in R 4.6 und Anlage 1 EStR zusammengefasst wurden. Im Folgenden wird der Wechsel zwischen Betriebsvermögensvergleich und Einnahmen-Überschussrechnung näher betrachtet.

Aufgrund unterschiedlicher Periodisierungskriterien können die Periodengewinne bei Betriebsvermögensvergleich (Erträge ./. Aufwendungen) und Einnahmen-Überschussrechnung (Betriebseinnahmen ./. Betriebsausgaben) voneinander abweichen, während die Totalgewinne, aufgrund der pagatorischen Basis der jeweiligen Rechnungsgrößen, allerdings gleich bleiben. Beim Übergang von einer Gewinnermittlungsart auf die andere innerhalb der Totalperiode besteht jedoch die Gefahr, dass Teile des Totalgewinns doppelt, andere überhaupt nicht erfasst werden. Um dies zu verhindern, sind **beim Wechsel Korrekturen** und Abgrenzungen in Form von Zu- und Abrechnungen **erforderlich**.

Beispiel: (Wechsel der Gewinnermittlungsart)

Konstellation:

Jahr 13: Verkauf von Waren auf Ziel mit einem Einkaufspreis von 100 € (Kauf und Zahlungsmittelabfluss im Jahr 13) zum Verkaufspreis von 150 €.

Jahr 14: Bezahlung der 150 €.

Gewinn bzw. Verlust bei ausschließlicher Anwendung der Überschussrechnung bzw. des Betriebsvermögensvergleichs:

	Jahr 13	Jahr 14	Summe
Überschussrechnung	./. 100	+ 150	+ 50
Betriebsvermögensvergleich	+ 50	0	+ 50

Bei Übergang ab dem Jahr 14 von einer Methode auf die andere könnte es zu einem überhöhten Gewinnausweis (beim Übergang von Betriebsvermögensvergleich zur Überschussrechnung) oder zu einem zu geringen

Gewinnausweis (beim Übergang von der Überschussrechnung zum Betriebsvermögensvergleich) kommen. Folgende Korrekturen sind erforderlich:

	Jahr 13	Jahr 14	Korrektur beim Übergang	Summe
Überschussrechnung 13/ Betriebsvermögensvergleich 14	./. 100	0	+ 150	+ 50
Betriebsvermögensvergleich 13/ Überschussrechnung 14	+ 50	+ 150	./. 150	+ 50

Der Saldo der Zu- und Abrechnungen ergibt ein positives oder negatives Umstellungsergebnis, welches dem ersten laufenden Ergebnis der „neuen" Gewinnermittlungsart außerbilanziell zugerechnet wird und welches außerdem der Einkunftsart nach dem Wechsel der Gewinnermittlungsmethode zugeordnet wird; es handelt sich also nicht um nachträgliche Einkünfte aus der – u.U. abweichenden – „alten" Einkunftsart.

Beim – meist zwingenden – Wechsel von der Einnahmen-Überschussrechnung zum Betriebsvermögensvergleich – nicht aber im umgekehrten Fall – kann zur Vermeidung von Härten ein evtl. Übergangsgewinn auf Antrag gleichmäßig auf das Übergangsjahr und das darauf folgende Jahr oder auf das Übergangsjahr und die darauf folgenden beiden Jahre verteilt werden (R 4.6 Abs. 1 S. 4 EStR).

In beiden Wechselrichtungen ist eine Bilanz erforderlich. Beim Wechsel von der Einnahmen-Überschussrechnung zum Betriebsvermögensvergleich entspricht die Übergangsbilanz der Eröffnungsbilanz, in umgekehrter Wechselrichtung der Schlussbilanz. Die erforderlichen Zu- und Abrechnungen sind in der Anlage zu R 4.6 EStR enthalten. Korrekturen sind bspw. im Rahmen von Forderungen aus Lieferungen und Leistungen vorzunehmen. Beim Wechsel von der Einnahmen-Überschussrechnung zum Betriebsvermögensvergleich erfolgt eine Hinzurechnung, während beim Wechsel vom Betriebsvermögensvergleich zur Einnahmen-Überschussrechnung eine Abrechnung notwendig wird. Genau umgekehrt sind bspw. erhaltene Anzahlungen von Kunden zu behandeln.

B. Allgemeine Bilanzierungsgrundsätze für die Steuerbilanz

Vgl. hierzu insb. BAETGE, JÖRG/KIRSCH, HANS-JÜRGEN/THIELE, STEFAN: Bilanzen, 12. Aufl., Düsseldorf 2012, S. 105-144; BIEG, HARTMUT/KUßMAUL, HEINZ/WASCHBUSCH, GERD: Externes Rechnungswesen, 6. Aufl., München 2012, S. 34-55, 70-76; EULER, ROLAND: Das System der Grundsätze ordnungsmäßiger Bilanzierung, Stuttgart 1996, S. 23-108; HENNRICHS, JOACHIM: Neufassung der Maßgeblichkeit gemäß § 5 Abs. 1 EStG nach dem BilMoG, in: Ubg 2009, S. 533-543; KUßMAUL, HEINZ: Ansatz und Bewertung im handels- und steuerrechtlichen Jahresabschluß, in: StB 1992, S. 455-458 und StB 1993, S. 13-16, 57-63, s.b.S. 456; KUßMAUL, HEINZ: Externes Rechnungswesen, in: Betriebswirtschaftslehre, Bd. 1, hrsg. von HANS CORSTEN und MICHAEL REIß, 4. Aufl., München 2008, S. 221-346, s.b.S. 245-249; KUßMAUL, HEINZ/GRÄBE, SEBASTIAN: Der Maßgeblichkeitsgrundsatz vor dem Hintergrund des BilMoG, in: StB 2010, S. 106-115; SCHEFFLER, WOLFRAM: Besteuerung von Unternehmen, Bd. 2: Steuerbilanz, 7. Aufl., Heidelberg 2011, S. 17-36; WÖHE, GÜNTER/KUßMAUL, HEINZ: Grundzüge der Buchführung und Bilanztechnik, 8. Aufl., München 2012, S. 53-66.

1. Die Grundsätze ordnungsgemäßer Bilanzierung

Bei den Grundsätzen ordnungsmäßiger Bilanzierung ist zum einen die Bedeutung der Generalnorm zu diskutieren, zum anderen sind die einzelnen Grundsätze darzustellen. Alle Ausführungen in der Folge sind bezogen auf Unternehmen, die einen vollständigen Betriebsvermögensvergleich vornehmen, also buchführende Kaufleute.

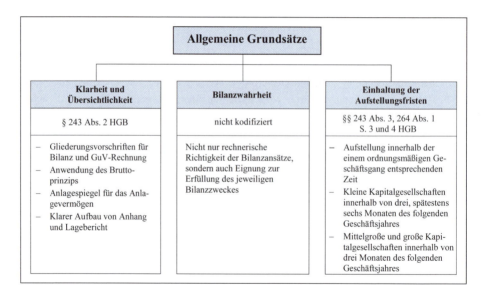

Abb. 8:   *Allgemeine Bilanzierungsgrundsätze*

Die Vorschrift des § 243 Abs. 1 HGB, wonach alle Kaufleute (Ausnahmen gelten gem. § 241a HGB) den Jahresabschluss nach den Grundsätzen ordnungsmäßiger Buchführung aufzustellen haben, wird durch § 264 Abs. 2 S. 1 HGB für Kapitalgesellschaften dahingehend ergänzt, dass der Jahresabschluss „unter Beachtung der Grundsätze ordnungsmäßiger Buchführung ein den tatsächlichen Verhältnissen entsprechendes Bild der Vermögens-, Finanz- und Ertragslage der Kapitalgesellschaft zu vermitteln" hat (sog. „true and fair view").

Diese sog. **Generalnorm** kann keine Bedeutung bei der Anwendung von Bilanzierungs- und Bewertungsvorschriften erlangen, die zwingendes Recht sind. Es stellt sich jedoch die Frage, ob sie die Anwendung von gesetzlichen Wahlrechten bei der Bilanzierung und Bewertung oder von Ermessensspielräumen beeinflusst. Die Problematik derartiger Einflüsse auf die Generalnorm relativiert sich durch die Bestimmung des § 264 Abs. 2 S. 2 HGB, wonach zusätzliche Angaben im Anhang zu machen sind, wenn besondere Umstände dazu führen, dass der Jahresabschluss ein den tatsächlichen Verhältnissen entsprechendes Bild der Vermögens-, Finanz- und Ertragslage nicht vermitteln kann.

Abb. 8 (S. 24), Abb. 9 und Abb. 10[28] (S. 26) geben einen Überblick über die allgemeinen Grundsätze, die Grundsätze für die Bilanzierung dem Grunde nach und die Grundsätze für die Bilanzierung der Höhe nach.

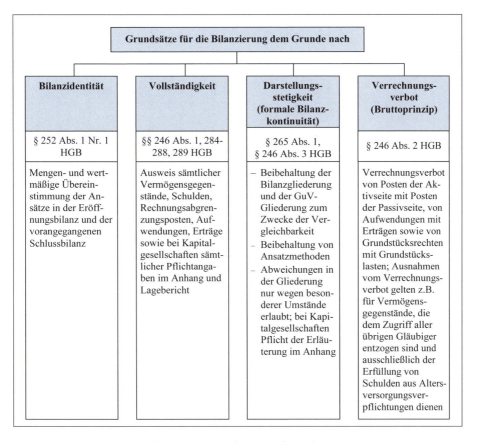

Abb. 9:   Grundsätze für die Bilanzierung dem Grunde nach

---

[28] Um die Änderungen durch das Bilanzrechtsmodernisierungsgesetz modifiziert entnommen aus KUßMAUL, HEINZ: Externes Rechnungswesen, in: Betriebswirtschaftslehre, Bd. 1, hrsg. von HANS CORSTEN und MICHAEL REIß, 4. Aufl., München 2008, S. 221-346, s.b.S. 245-248.

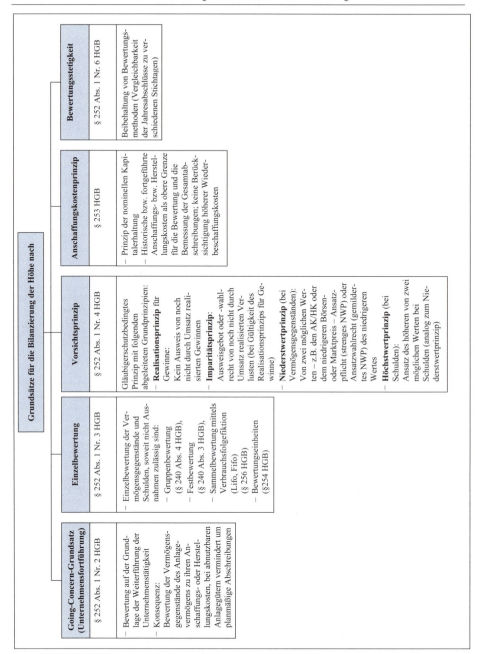

Abb. 10: Grundsätze für die Bilanzierung der Höhe nach

2. Die Maßgeblichkeit der Handelsbilanz für die Steuerbilanz

Das deutsche Steuerrecht kennt den Begriff der selbstständigen Steuerbilanz nicht. Nach § 60 EStDV ist es nur erforderlich, dem Finanzamt die unter Beachtung der steuerlichen Vorschriften korrigierte Handelsbilanz einzureichen. § 5 Abs. 1 S. 1 1. Halbsatz EStG bestimmt, dass Betriebe, die buchführungspflichtig sind und regelmäßig Abschlüsse erstellen müssen oder die freiwillig Bücher führen und Abschlüsse erstellen, für den Schluss des Wirtschaftsjahres das Betriebsvermögen anzusetzen haben, „das nach den handelsrechtlichen Grundsätzen ordnungsmäßiger Buchführung auszuweisen ist". Dieser Grundsatz wird als **Grundsatz der Maßgeblichkeit** der Handelsbilanz für die Steuerbilanz bezeichnet. Bei strenger Anwendung des Maßgeblichkeitsprinzips folgt daraus, dass alle handelsrechtlichen Aktivierungs- und Passivierungsgebote, -verbote und -wahlrechte und alle Bewertungswahlrechte auch für die Steuerbilanz gelten, soweit keine zwingenden steuerrechtlichen Vorschriften eine andere Bilanzierung verlangen.

Der Große Senat des BFH hat in seinem Beschluss vom 03.02.1969[29] jedoch die Auffassung vertreten, dass der Grundsatz der Maßgeblichkeit der Handelsbilanz für die Steuerbilanz nur für handelsrechtliche Aktivierungs- und Passivierungsgebote und -verbote, nicht dagegen für handelsrechtliche Aktivierungs- und Passivierungswahlrechte gelte. Derartige Wahlrechte sind für die Steuerbilanz immer i.S.d. steuerlich nachteiligen Variante auszuüben. Dies hat zur Folge, dass handelsrechtliche Aktivierungswahlrechte zu steuerrechtlichen Aktivierungsgeboten und handelsrechtliche Passivierungswahlrechte zu steuerrechtlichen Passivierungsverboten führen. Durch das Bilanzrechtsmodernisierungsgesetz und der damit einhergehenden Abschaffung zahlreicher Aktivierungs- und Passivierungswahlrechte wird der BFH-Beschluss vom 03.02.1969 im Rahmen der Ansatzregelungen – bei wörtlicher Auslegung des neuen § 5 Abs. 1 S. 1 2. Halbsatz EStG – stark eingeschränkt. Dieser sieht vor, dass im Steuerrecht bestehende Wahlrechte künftig unabhängig von deren Ausübung in der Handelsbilanz verwirklicht werden können. Da nach jetzigem Rechtsstand nahezu kein Aktivierungs- oder Passivierungswahlrecht in der Handelsbilanz verbleibt, ohne dass im Steuerrecht eine eigenständige Regelung besteht, läuft der BFH-Beschluss weitestgehend ins Leere.

Schon bislang wurde im Bereich der **Ansatzregelungen** der Grundsatz der Maßgeblichkeit dadurch durchbrochen, dass gem. § 5 Abs. 2-5 EStG strengere Regelungen existieren, die in der Steuerbilanz beachtet werden müssen. Hinzuweisen ist hier insb. auf § 5 Abs. 4a EStG, der die Bildung von Rückstellungen für drohende Verluste aus schwebenden Geschäften – soweit es sich nicht um Ergebnisse der in der handelsrechtlichen Rechnungslegung zur Absicherung finanzwirtschaftlicher Risiken gebildeten Bewertungseinheiten handelt (vgl. hierzu § 5 Abs. 1a EStG) - verbietet, obwohl handelsrechtlich ein Passivierungsgebot besteht, sowie auf § 5 Abs. 4b EStG, nach dem die Rückstellungsbildung für Aufwendungen, die Anschaffungs- oder Herstellungskosten für ein Wirtschaftsgut sind, und für Verpflichtungen zur schadlosen Verwertung radioaktiver Reststoffe sowie ausgebauter oder abgebauter radioaktiver Anlagenteile unter bestimmten Voraussetzungen untersagt wird.

---

[29] BFH-Beschluss vom 03.02.1969, BStBl II 1969, S. 291.

Durch die Regelung des § 5 Abs. 6 EStG, wonach die Vorschriften über die Entnahmen und Einlagen, über die Zulässigkeit der Bilanzänderung, über die Betriebsausgaben, über die Bewertung und über die Absetzung für Abnutzung oder Substanzverringerung befolgt werden müssen, kommt es in der Steuerbilanz zu strengeren („gewinnerhöhenden") Bewertungsregelungen als in der Handelsbilanz. Dieser sog. **Bewertungsvorbehalt** führt z.B. zu einer steuerlichen Begrenzung der degressiven Abschreibungssätze („25%-Regelung")[30] und zu einer Begrenzung des Betriebsausgabenabzugs (u.a. Beschränkung bei Bewirtungsaufwendungen oder bei Aufwendungen für Jagd und Yacht).

Eine enge Verknüpfung von Handels- und Steuerbilanz hingegen ergab sich bei steuerlichen Wahlrechten im Bereich der Ansatz- und Bewertungsregelungen vor Umsetzung des Bilanzrechtsmodernisierungsgesetzes durch die **umgekehrte Maßgeblichkeit**. Wollte der Steuerpflichtige bestimmte Steuervergünstigungen in Anspruch nehmen, für die es ein steuerliches Wahlrecht gab (z.B. Sonderabschreibungen, erhöhte Absetzungen, sog. steuerfreie Rücklagen), dann konnte er diese infolge der Regelung des § 5 Abs. 1 S. 2 EStG a.F., wonach steuerrechtliche Wahlrechte bei der Gewinnermittlung „in Übereinstimmung mit der handelsrechtlichen Jahresbilanz auszuüben" waren, nur bei übereinstimmender Handhabung in der Handelsbilanz wahrnehmen. Um eine entsprechende Vorgehensweise in der Handelsbilanz überhaupt erst zu ermöglichen, wurde diese für bestimmte steuerlich motivierte Ansätze „geöffnet". Formal war damit die Maßgeblichkeit der Handelsbilanz für die Steuerbilanz zwar gewahrt, materiell erfolgte jedoch eine Umkehrung des Maßgeblichkeitsprinzips, da der Impuls von der Steuerbilanz ausging.

Seit Inkrafttreten des Bilanzrechtsmodernisierungsgesetzes sieht § 5 Abs. 1 2. Halbsatz EStG vor, dass steuerliche Wahlrechte stets unabhängig von der Vorgehensweise in der Handelsbilanz ausgeübt werden dürfen.[31] Fraglich ist allerdings in diesem Zusammenhang, was unter dem Begriff „steuerliches Wahlrecht" genau zu subsumieren ist. HENNRICHS unterscheidet im Rahmen der steuerlichen Wahlrechte zwischen GoB-konformen Wahlrechten, Steuervergünstigungswahlrechten sowie fiskalisch motivierten Wahlrechten.[32]

Als GoB-konform sind steuerrechtliche Wahlrechte zu klassifizieren, die den handelsrechtlichen Grundsätzen ordnungsmäßiger Buchführung entsprechen und für die außerdem ein korrespondierendes handelsrechtliches Wahlrecht existiert. Für **GoB-konforme steuer-**

---

[30] Im Rahmen der Unternehmensteuerreform 2008 wurde die geometrisch-degressive Abschreibung zunächst steuerlich abgeschafft. Durch das Gesetz zur Umsetzung steuerrechtlicher Regelungen des Maßnahmenpakets „Beschäftigungssicherung durch Wachstumsstärkung" vom 21.12.2008 wurde die geometrisch-degressive Abschreibung bei beweglichen Wirtschaftsgütern des Anlagevermögens, die nach dem 31.12.2008 und vor dem 01.01.2011 angeschafft oder hergestellt werden, allerdings wieder eingeführt. Der Abschreibungssatz darf gem. § 7 Abs. 2 EStG höchstens das 2,5fache des linearen Abschreibungssatzes, maximal 25 % betragen.

[31] Voraussetzung hierfür ist allerdings, dass bestimmte Dokumentationspflichten erfüllt werden. § 5 Abs. 1 S. 2 und 3 EStG fordert das Führen von Verzeichnissen, in denen sowohl der Anschaffungs- bzw. Herstellungszeitpunkt, die Anschaffungs- bzw. Herstellungskosten, die Vorschrift des ausgeübten steuerlichen Wahlrechts als auch die vorgenommenen Abschreibungen aufzuführen sind.

[32] Vgl. hierzu und im Folgenden HENNRICHS, JOACHIM: Neufassung der Maßgeblichkeit gem. § 5 Abs. 1 EStG nach dem BilMoG, in: Ubg 2009, S. 533-543 sowie KUSSMAUL, HEINZ/GRÄBE, SEBASTIAN: Der Maßgeblichkeitsgrundsatz vor dem Hintergrund des BilMoG, in: StB 2010, S. 106-115. Zu einer übersichtsartigen Darstellung des Maßgeblichkeitsgrundsatzes vgl. auch SCHEFFLER, WOLFRAM: Besteuerung von Unternehmen, Bd. 2: Steuerbilanz, 7. Aufl., Heidelberg 2011, S. 25-26.

rechtliche Wahlrechte galt bislang nach herrschender Meinung der Maßgeblichkeitsgrundsatz, was zur Folge hatte, dass diese Wahlrechte in Handels- und Steuerbilanz einheitlich auszuüben waren. Als GoB-konforme Wahlrechte sind bspw. die Option zur Lifo-Bewertung (§ 256 HGB/§ 6 Abs. 1 Nr. 2a EStG) oder das Wahlrecht zur linearen bzw. degressiven Abschreibung (§ 253 HGB/§ 5 Abs. 6 i.V.m. § 7 Abs. 2 EStG) anzusehen.

Steuervergünstigungswahlrechte gestatten hingegen einen geringeren Ausweis des Betriebsvermögens im Vergleich zum Ausweis nach den Grundsätzen ordnungsmäßiger Buchführung. Dies kann durch niedrigere Wertansätze auf der Aktivseite (z.B. durch Sonderabschreibungen gem. § 7g EStG) oder durch die Bilanzierung von steuerfreien Rücklagen auf der Passivseite (z.B. § 6b EStG-Rücklage oder Rücklage für Ersatzbeschaffung nach R 6.6 Abs. 4 EStR) der Bilanz geschehen. Steuervergünstigungswahlrechte führten vormals über handelsrechtliche Öffnungsklauseln zu GoB-widrigen Wertansätzen. Wollte der Steuerpflichtige in der Vergangenheit Steuervergünstigungswahlrechte ausüben, mussten die daraus resultierenden steuerlichen Wertansätze – trotz ihrer GoB-Widrigkeit – aufgrund der umgekehrten Maßgeblichkeit auch in die Handelsbilanz übernommen werden.

Im Gegensatz zu Steuervergünstigungswahlrechten gestatten **fiskalisch motivierte Wahlrechte** Wertansätze, die zwar ebenfalls GoB-inkonform sind, jedoch bei Nichtinanspruchnahme zu einem höheren steuerlichen Betriebsvermögen führen. Als fiskalisch motiviertes Steuervergünstigungswahlrecht ist vor allem das im Steuerrecht bestehende Wahlrecht zur Teilwertabschreibung gem. § 6 Abs. 1 Nr. 1 S. 2 EStG anzusehen, wonach auch bei voraussichtlich dauernder Wertminderung auf eine Abschreibung verzichtet werden kann. Vor Einführung des Bilanzrechtsmodernisierungsgesetzes lief diese Vorschrift allerdings ins Leere, da weder ein korrespondierendes Wahlrecht in der Handelsbilanz noch entsprechende handelsrechtliche Öffnungsklauseln griffen, womit kein Fall der umgekehrten Maßgeblichkeit vorlag. Folgte man der herrschenden Meinung, griff in diesem Fall der Maßgeblichkeitsgrundsatz, was zur Folge hatte, dass trotz des im Steuerrecht bestehenden Wahlrechts aufgrund des im Handelsrecht bestehenden Abschreibungsgebots bei voraussichtlich dauernder Wertminderung zwingend eine Teilwertabschreibung vorzunehmen war. Als weiteres fiskalisch motiviertes Wahlrecht kann auch das Passivierungswahlrecht für Pensionsrückstellungen i.S.d. § 6a EStG interpretiert werden.

Legt man § 5 Abs. 1 2. Halbsatz EStG wörtlich aus, so hätte dies zur Folge, dass die handelsrechtliche Bilanzierung i.S.d. Grundsätze ordnungsmäßiger Buchführung sich nur noch auf die Steuerbilanz auswirken kann, wenn im Steuerrecht kein explizites Verbot bzw. Wahlrecht dieser Bilanzierung entgegensteht. Ergebnis dieser Auslegung wäre, dass in Zukunft sämtliche steuerrechtliche Wahlrechte – also GoB-konforme Wahlrechte, Steuervergünstigungswahlrechte sowie fiskalisch motivierte Wahlrechte – unabhängig von der Handelsbilanz ausgeübt werden könnten. Diese Auffassung vertritt im Grundsatz auch das BMF in seinem Schreiben vom 12.03.2010.[33] Lediglich im Falle der Pensionsrückstellungen nach § 6a EStG wird eine gegensätzliche Meinung vertreten, wonach der Ansatz von Pensionsrückstellungen als nicht disponibel angesehen wird. Die Auffassung des BMF ist im Schrift-

---

[33] BMF-Schreiben vom 12.03.2010, BStBl I 2010, S. 650.

tum äußerst umstritten[34] und steht im klaren Widerspruch zur ursprünglichen Intention des Gesetzgebers. In der Gesetzesbegründung zum Regierungsentwurf des Bilanzrechtsmodernisierungsgesetzes wird demnach klar bekundet, dass am Prinzip der Maßgeblichkeit des handelsrechtlichen Jahresabschlusses für die Ermittlung des steuerlichen Gewinns weiterhin festgehalten werden soll.[35] Noch deutlicher wird diese Auffassung aus der Gegenäußerung der Bundesregierung zur Stellungnahme des Bundesrates, die nochmals darauf hinweist, dass durch das Bilanzrechtsmodernisierungsgesetz keine Änderungen an der bisherigen Rechtslage einhergehen sollen.[36] Nach Ansicht des Gesetzgebers sollten unter die steuerlichen Wahlrechte i.S.d. § 5 Abs. 1 S. 1 2. Halbsatz EStG demnach nur die sog. Steuervergünstigungswahlrechte fallen. GoB-konforme Wahlrechte wären aufgrund der materiellen Maßgeblichkeit weiterhin einheitlich in Handels- und Steuerbilanz auszuüben. Gleiches sollte in diesem Zusammenhang auch für fiskalisch motivierte Wahlrechte gelten.

Die gegenwärtig bestehenden Zusammenhänge zwischen Handels- und Steuerbilanz sind vereinfacht in Abb. 11[37] (S. 31) dargestellt.

---

[34] Vgl. kritisch zur Auffassung des BMF ANZINGER, HERIBERT M./SCHLEITER, ISABELLE: Die Ausübung steuerlicher Wahlrechte nach dem BilMoG – eine Rückbesinnung auf den Maßgeblichkeitsgrundsatz, in: DStR 2010, S. 395-399; FISCHER, CAROLA/KALINA-KERSCHBAUM, CLAUDIA: Maßgeblichkeit der Handelsbilanz für die steuerliche Gewinnermittlung – Kritische Anmerkungen zum Entwurf eines BMF-Schreibens, in: DStR 2010, S. 399-401; KUẞMAUL, HEINZ: Zur Maßgeblichkeit der Maßgeblichkeit, in: StB 2010, Heft 3, S. I sowie auch zu den im Schrifttum erörterten Auslegungsmöglichkeiten KUẞMAUL, HEINZ/GRÄBE, SEBASTIAN: Der Maßgeblichkeitsgrundsatz vor dem Hintergrund des BilMoG, in: StB 2010, S. 106-115.

[35] Vgl. Regierungsentwurf eines Gesetzes zur Modernisierung des Bilanzrechts (Bilanzrechtsmodernisierungsgesetz – BilMoG) vom 21.05.2008, S. 33.

[36] Vgl. Gegenäußerung der Bundesregierung zur Stellungnahme des Bundesrates zum Entwurf eines Gesetzes zur Modernisierung des Bilanzrechts (Bilanzrechtsmodernisierungsgesetz – BilMoG), S. 6.

[37] Stark modifiziert entnommen aus KUẞMAUL, HEINZ: Ansatz und Bewertung im handels- und steuerrechtlichen Jahresabschluß, in: StB 1992, S. 455-458 und StB 1993, S. 13-16, 57-63, s.b.S. 456.

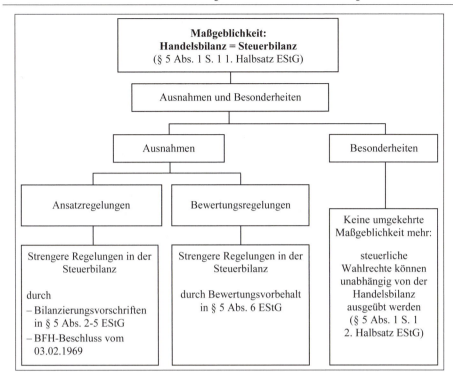

Abb. 11: Die Maßgeblichkeit der Handelsbilanz für die Steuerbilanz

Zur **Darstellung des Maßgeblichkeitsverständnisses der Finanzverwaltung** ist zwischen sechs unterschiedlichen Fallkonstellationen zu unterscheiden.[38]

Fall 1: Liegt handelsbilanziell aufgrund einer zwingenden Vorschrift nur ein zulässiger Wertansatz vor, wohingegen steuerrechtlich keine Regelung besteht, folgt bereits aus der materiellen Maßgeblichkeit die zwingende Übernahme des konkreten handelsrechtlichen Werts in die steuerliche Gewinnermittlung. Materielle und formelle Maßgeblichkeit führen hier zu zwingend gleichen Wertansätzen.

Fall 2: Besteht sowohl handels- als auch steuerrechtlich eine zwingende Regelung in Form eines Gebots oder Verbots, greift weder die materielle noch die formelle Maßgeblichkeit. Der Spezialvorschrift des Steuerrechts wird in diesem Fall stets Vorrang vor dem allgemeinen Verweis auf die handelsrechtlichen Grundsätze ordnungsmäßiger Buchführung eingeräumt. Es besteht also weder eine formelle noch eine materielle Maßgeblichkeit.

Fall 3: Erlaubt das Handelsrecht aufgrund einer zwingenden Vorschrift in Form eines Gebots oder Verbots nur einen zulässigen Wertansatz, während das Steuerrecht ein Wahlrecht zwischen zwei Wertansätzen anbietet, setzte sich vor Einführung des Bilanzrechtsmodernisierungsgesetzes stets die handelsrechtliche Zwangsvorschrift auch in der Steuerbilanz

---

[38] Vgl. hierzu und im Folgenden ausführlich GRÄBE, SEBASTIAN: Das Maßgeblichkeitsprinzip vor dem Hintergrund des BilMoG, in: Bilanz-, Prüfungs- und Steuerwesen, hrsg. von KARLHEINZ KÜTING, CLAUS-PETER WEBER und HEINZ KUßMAUL, Bd. 23, Berlin 2012, S. 175-180.

durch. Das dortige steuerrechtliche Wahlrecht war demnach gegenstandslos. Eine solche Rechtswirkung resultierte bereits aus der materiellen Maßgeblichkeit, sodass der formellen Maßgeblichkeit lediglich deklaratorische Bedeutung beizumessen war. Infolge der Einfügung des § 5 Abs. 1 S. 1 2. Halbsatz EStG vertreten die Finanzverwaltung sowie Teile des Schrifttums nun die Auffassung, dass steuerliche Wahlrechte künftig unabhängig vom korrespondierenden handelsbilanziellen Wertansatz ausgeübt werden können. Im Gegensatz zur Rechtslage vor Einführung des Bilanzrechtsmodernisierungsgesetzes fallen unter Fall 3 künftig auch rein steuerliche Wahlrechte. Das in der Vergangenheit in diesem Fall bestehende handelsrechtliche Wahlrecht ist im Zuge der Abschaffung der umgekehrten Maßgeblichkeit sowie der Beseitigung der handelsrechtlichen Öffnungsklauseln einem handelsrechtlichen Verbot gewichen. Infolgedessen besteht für diese in der Handelsbilanz ein Verbot, wohingegen es im Steuerrecht bei einem Wahlrecht verbleibt. Dieses kann aufgrund des steuerlichen Wahlrechtsvorbehalts in § 5 Abs. 1 S. 1 2. Halbsatz EStG unabhängig von der Handelsbilanz ausgeübt werden.

Fall 4: Sieht das Handelsrecht ein Wahlrecht vor, während steuerrechtlich keine Regelung besteht, muss zwischen dem Vorliegen eines handelsrechtlichen Ansatzwahlrechts und dem Vorliegen eines handelsrechtlichen Bewertungswahlrechts unterschieden werden. Bei dem Vorliegen eines handelsrechtlichen Ansatzwahlrechts gilt aufgrund des BFH-Beschlusses vom 03.02.1969 weder eine materielle noch eine formelle Maßgeblichkeit, da handelsrechtliche Aktivierungswahlrechte zu steuerrechtlichen Aktivierungsgeboten und handelsrechtliche Passivierungswahlrechte zu steuerrechtlichen Passivierungsverboten führen. Besteht hingegen ein handelsrechtliches Bewertungswahlrecht, so galt nach wohl herrschender Meinung vor Einführung des Bilanzrechtsmodernisierungsgesetzes ebenfalls der BFH-Beschluss vom 03.02.1969. Mit dem BMF-Schreiben vom 12.03.2010 widerspricht die Finanzverwaltung jedoch dieser Auffassung und befindet nun die Ausübung des handelsbilanziellen Bewertungswahlrechts als maßgeblich für die steuerliche Gewinnermittlung. Insofern hält die Finanzverwaltung auch weiterhin an der formellen Maßgeblichkeit fest, da sich allein aus der materiellen Maßgeblichkeit kein Zwang zur Übernahme des konkreten handelsbilanziellen Wertansatzes für die Steuerbilanz ergibt. Die vom BMF geforderte Bindungswirkung der handelsrechtlichen Wahlrechtsentscheidung für die Steuerbilanz ist damit nur bei Fortbestehen der formellen Maßgeblichkeit erklärbar.

Fall 5: Sieht das Handelsrecht ein Wahlrecht vor, während das Steuerrecht eine zwingende Vorschrift bereithält, kann weder die materielle noch die formelle Maßgeblichkeit Wirkung entfalten. So wird – in Analogie zu Fall 2 – stets der zwingenden steuerrechtlichen Vorschrift Vorrang vor dem allgemeinen Verweis des § 5 Abs. 1 S. 1 1. Halbsatz EStG auf die handelsrechtlichen Grundsätze ordnungsmäßiger Buchführung eingeräumt.

Fall 6: Besteht sowohl handels- als auch steuerrechtlich ein Wahlrecht, kann das steuerliche Wahlrecht nach Auffassung der Finanzverwaltung, anders als noch vor der Einführung des Bilanzrechtsmodernisierungsgesetzes, unabhängig vom handelsrechtlichen Wertansatz ausgeübt werden. Das Maßgeblichkeitsprinzip greift in diesem Fall folglich nicht mehr.

Zusammenfassend kann konstatiert werden, dass nach Auffassung der Finanzverwaltung der Grundsatz der Maßgeblichkeit nach Einführung des Bilanzrechtsmodernisierungsgesetzes nur noch in zwei Fällen Wirkung entfaltet. Einerseits ist immer dann von einer Maßgeblichkeit auszugehen, wenn handelsrechtlich eine zwingende Vorschrift in Form eines Gebots oder Verbots vorliegt, wohingegen steuerrechtlich weder eine zwingende Vorschrift noch ein Wahlrecht existiert. Materielle und formelle Maßgeblichkeit führen dementsprechend zwingend zu identischen Wertansätzen in Handels- und Steuerbilanz. Andererseits greift nach Auffassung der Finanzverwaltung auch dann der Grundsatz der Maßgeblichkeit, wenn handelsrechtlich ein Bewertungswahlrecht und steuerrechtlich keine Vorschrift besteht.

Die Reichweite des Maßgeblichkeitsprinzips nach Einführung des Bilanzrechtsmodernisierungsgesetzes auf der Grundlage der Ansicht der Finanzverwaltung ist in Abb. 12[39] schaubildartig dargestellt.

Fall	Handelsrecht	Steuerrecht	Reichweite der Maßgeblichkeit
1	Zwingende Vorschrift	Keine Vorschrift	Maßgeblichkeit des handelsrechtlich gewählten Wertansatzes resultiert bereits aus der materiellen Maßgeblichkeit
2	Zwingende Vorschrift	Zwingende Vorschrift	Keine Maßgeblichkeit
3	Zwingende Vorschrift	Wahlrecht	Keine Maßgeblichkeit
4a	Ansatzwahlrecht	Keine Vorschrift	Keine Maßgeblichkeit
4b	Bewertungswahlrecht	Keine Vorschrift	Maßgeblichkeit des handelsrechtlich gewählten Wertansatzes ergibt sich erst aus der formellen Maßgeblichkeit
5	Wahlrecht	Zwingende Vorschrift	Keine Maßgeblichkeit
6	Wahlrecht	Wahlrecht	Keine Maßgeblichkeit

Abb. 12:   Die Reichweite des Maßgeblichkeitsprinzips nach dem BilMoG nach der Ansicht der Finanzverwaltung

Es kann an dieser Stelle festgehalten werden, dass der Grundsatz der Maßgeblichkeit zwar formalrechtlich besteht, er materiell allerdings bereits in erheblichem Maße durchlöchert ist. Im Bereich der Wahlrechte ist er bereits seit Jahrzehnten aufgehoben (s.o.); im Bereich zwingender Bestimmungen ist er aufgrund meist fiskalisch motivierter Regelungen in seinen Grundfesten erschüttert.[40] Vor diesem Hintergrund ist es nicht verwunderlich, dass insb. im Zuge der Internationalisierung der Rechnungslegung – auch bereits vor Verabschiedung der EU-Verordnung über die Anwendung internationaler Rechnungslegungsstandards[41] – und

---

[39] Modifiziert entnommen aus GRÄBE, SEBASTIAN: Das Maßgeblichkeitsprinzip vor dem Hintergrund des BilMoG, in: Bilanz-, Prüfungs- und Steuerwesen, hrsg. von KARLHEINZ KÜTING, CLAUS-PETER WEBER und HEINZ KUßMAUL, Bd. 23, Berlin 2012, S. 180.

[40] Vgl. auch im internationalen Kontext und für eine „neue Maßgeblichkeit" SIGLOCH, JOCHEN: Ein Valet dem Maßgeblichkeitsprinzip?, in: BFuP 2000, S. 157-182.

[41] Verordnung Nr. 1606/2002 des Europäischen Parlaments und des Rates vom 19.07.2002 betreffend die Anwendung internationaler Rechnungslegungsstandards, ABl EU 2002, Nr. L 243, S. 1.

im Kontext der Rechtsprechung des EuGH und den daraus resultierenden Folgen für das Miteinander von Handels- und Steuerbilanz[42] vermehrt Diskussionen über Alternativen zum Maßgeblichkeitsprinzip geführt wurden und werden.[43] Aus Gründen der Vereinfachung und des Schutzes der Kaufleute vor fiskalischer Willkür wäre aus meiner Sicht eine Stärkung der materiellen Maßgeblichkeit sehr zu befürworten.

Einen vorläufigen Höhepunkt hatte die Diskussion im Zuge der Verabschiedung der o.g. EU-Verordnung gefunden. Derzufolge sind seit dem Jahr 2005 – unter bestimmten Umständen auch erst 2007 – zumindest alle kapitalmarktorientierten Muttergesellschaften, die dem Recht eines EU-Mitgliedstaates unterliegen, verpflichtet, ihren Konzernabschluss auf Grundlage der IFRS aufzustellen. Die EU-Verordnung hat es den Mitgliedstaaten zudem offen gelassen, auch für die Konzernabschlüsse nicht kapitalmarktorientierter Unternehmen sowie für sämtliche Einzelabschlüsse die Anwendung der IFRS vorzuschreiben oder wahlweise zuzulassen.

Zur Umsetzung der genannten EU-Verordnung sowie zur Umsetzung einiger EU-Richtlinien in deutsches Recht hat der deutsche Gesetzgeber Ende 2004 das sog. Bilanzrechtsreformgesetz verabschiedet. Der in diesem Zusammenhang eingefügte § 315a Abs. 3 HGB eröffnet allen nicht gem. Abs. 1 und 2 der gleichen Vorschrift per se zur Konzernrechnungslegung nach IFRS verpflichteten Mutterunternehmen ein Wahlrecht zur freiwilligen Anwendung der IFRS für Zwecke des Konzernabschlusses. Von dem Wahlrecht der EU-Verordnung, die internationalen Rechnungslegungsstandards auch für den Einzelabschluss vorzuschreiben, hat der Gesetzgeber zunächst keinen Gebrauch gemacht, wobei es nach § 325 Abs. 2 HGB zur elektronischen Bundesanzeigerpublizität verpflichteten Kapitalgesellschaften gestattet wird, einen Einzelabschluss nach IFRS offenzulegen. Für die Einreichung beim Handelsregister ist allerdings weiterhin ein HGB-Einzelabschluss erforderlich.[44] Der Gesetzgeber betont aber ausdrücklich, dass der HGB-Einzelabschluss nach wie vor die Grundlage für die steuerliche Gewinnermittlung bildet, womit das Maßgeblichkeitsprinzip in seiner oben beschriebenen Form weiterhin Bestand hat.[45] Auch nach Einführung des Bilanzrechtsmodernisierungsgesetzes wird am Grundsatz der Maßgeblichkeit der Handelsbilanz für die Steuerbilanz grundsätzlich festgehalten. Hinzuweisen bleibt allerdings darauf, dass durch die Abschaffung der umgekehrten Maßgeblichkeit sowie das – allerdings mehr als zweifelhafte – BMF-Schreiben vom 12.03.2010 das Maßgeblichkeitsprinzip eine weitere Schwächung erfahren hat.

---

[42] Vgl. weiterführend WERNER, EGINHARD: „Grundlegende" Bedeutung der IAS/IFRS für die Steuerbilanz nach der Rechtsprechung?, in: BBK 2005, Fach 13, S. 4685-4690.

[43] Vgl. im Einzelnen KUßMAUL, HEINZ/KLEIN, NICOLE: Überlegungen zum Maßgeblichkeitsprinzip im Kontext jüngerer nationaler und internationaler Entwicklungen, in: DStR 2001, S. 546-550; SIGLOCH, JOCHEN: Ein Valet dem Maßgeblichkeitsprinzip?, in: BFuP 2000, S. 157-182.

[44] Vgl. auch die Ausführungen bei KUßMAUL, HEINZ/TCHERVENIACHKI, VASSIL: Überlegungen zu der Entwicklung der Rechnungslegung mittelständischer Unternehmen im Kontext der Internationalisierung der Bilanzierungspraxis, in: DStR 2005, S. 616-621, s.b.S. 618 sowie speziell zur umfassenden elektronischen Publikationspflicht KUßMAUL, HEINZ/RUINER, CHRISTOPH: Das Gesetz über elektronische Handelsregister und Genossenschaftsregister sowie das Unternehmensregister (EHUG), in: KoR 2007, S. 672-682.

[45] Vgl. auch die Gesetzesbegründung, BR-Drs. 326/04, S. 45.

C. Regelungen zum Bilanzansatz in der Steuerbilanz[46]

Vgl. hierzu insb. BAETGE, JÖRG/KIRSCH, HANS-JÜRGEN/THIELE, STEFAN: Bilanzen, 12. Aufl., Düsseldorf 2012, S. 157-182; BIEG, HARTMUT/KUẞMAUL, HEINZ/WASCHBUSCH, GERD: Externes Rechnungswesen, 6. Aufl., München 2012, S. 78-116; BIERGANS, ENNO: Einkommensteuer, 6. Aufl., München/Wien 1992, S. 230-246; COENENBERG, ADOLF GERHARD/HALLER, AXEL/SCHULTZE, WOLFGANG: Jahresabschluss und Jahresabschlussanalyse, 22. Aufl., Stuttgart 2012, S. 75-147; FEDERMANN, RUDOLF: Bilanzierung nach Handelsrecht und Steuerrecht und IAS/IFRS, 12. Aufl., Berlin 2010, S. 273-401; KUẞMAUL, HEINZ: Nutzungsrechte an Grundstücken in Handels- und Steuerbilanz, Hamburg 1987, S. 29-119, 135-143; KUẞMAUL, HEINZ: Ertragsteuerliche Bedeutung des Begriffs „Wirtschaftsgut", in: Besteuerung und Unternehmenspolitik, Festschrift für GÜNTER WÖHE, hrsg. von GERD JOHN, München 1989, S. 253-276; KUẞMAUL, HEINZ: Ansatz und Bewertung im handels- und steuerrechtlichen Jahresabschluß, in: StB 1992, S. 455-458 und StB 1993, S. 13-16, 57-63, s.b.S. 457 und 458; KUẞMAUL, HEINZ: Bilanzierungsfähigkeit und Bilanzierungspflicht, in: Handbuch der Rechnungslegung, hrsg. von KARLHEINZ KÜTING, NORBERT PFITZER und CLAUS-PETER WEBER, Stuttgart (Loseblatt), Stand: Mai 2013, Kapitel 6; KUẞMAUL, HEINZ: Immaterielles Vermögen, in: Handbuch der Bilanzierung, hrsg. von RUDOLF FEDERMANN, HEINZ KUẞMAUL und STEFAN MÜLLER, Freiburg im Breisgau (Loseblatt), Stand: Juni 2013, Beitrag Nr. 73; KUẞMAUL, HEINZ: Wirtschaftsgut/Vermögensgegenstand/Vermögenswert (asset)/Schuld (liability), in: Handbuch der Bilanzierung, hrsg. von RUDOLF FEDERMANN, HEINZ KUẞMAUL und STEFAN MÜLLER, Freiburg im Breisgau (Loseblatt), Stand: Juni 2013, Beitrag Nr. 146; KUẞMAUL, HEINZ/OLLINGER, CARINA: Zur Aktivierungsfähigkeit von Nutzungsrechten in Handels- und Steuerbilanz, in: StuW 2011, S. 282-291; MOXTER, ADOLF: Selbständige Bewertbarkeit als Aktivierungsvoraussetzung, in: BB 1987, S. 1846-1851; PAUS, BERNHARD: Gewillkürtes Betriebsvermögen bei der Einnahmen-Überschussrechnung – Rechtsdogmatische Einordnung und Vorteile, in: INF 2004, S. 141-145; WÖHE, GÜNTER: Betriebswirtschaftliche Steuerlehre, Bd. 1, 2. Halbband: Der Einfluß der Besteuerung auf das Rechnungswesen des Betriebes, 7. Aufl., München 1992, S. 27-33, 301-320.

Eine grundlegende Problematik der Bilanzerstellung resultiert zunächst daraus, dass festzulegen ist, welche Vermögenswerte und Schulden zwingend in die Bilanz aufgenommen werden müssen, Berücksichtigung finden dürfen, nicht aktivierungs- oder passivierungsfähig sind respektive aufgrund eines konkreten Verbots nicht bilanziert werden dürfen. Die Bilanzierungsfähigkeit bezeichnet somit die Möglichkeit, als Aktivposten (**Aktivierungsfähigkeit**) bzw. Passivposten (**Passivierungsfähigkeit**) in der Bilanz Berücksichtigung zu finden. Die grundlegenden Zusammenhänge im Bereich der Ansatzregelungen sind in Abb. 13[47] (S. 36) aufgeführt.[48]

---

[46] Vgl. BIEG, HARTMUT/KUẞMAUL, HEINZ/WASCHBUSCH, GERD: Externes Rechnungswesen, 6. Aufl., München 2012, S. 78-116; darüber hinaus erfolgen hier zahlreiche vertiefende Erläuterungen.

[47] Modifiziert entnommen aus KUẞMAUL, HEINZ: Ansatz und Bewertung im handels- und steuerrechtlichen Jahresabschluß, in: StB 1992, S. 455-458, s.b.S. 457 und StB 1993, S. 13-16, 57-63.

[48] Vgl. hierzu ausführlich BLASIUS, TORSTEN: IFRS, HGB und F&E, in: Bilanz-, Prüfungs- und Steuerwesen, hrsg. von KARLHEINZ KÜTING, CLAUS-PETER WEBER und HEINZ KUẞMAUL, Bd. 2, Berlin 2006, S. 60-113.

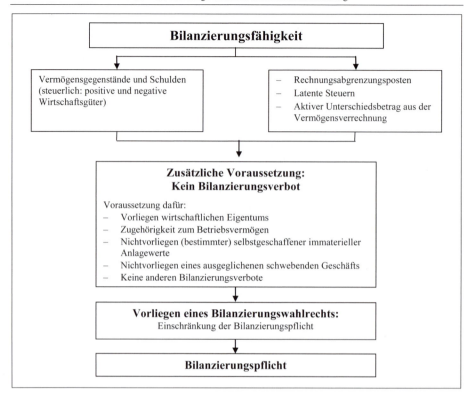

Abb. 13: Grundlegende Zusammenhänge im Bereich der Ansatzregelungen

Nach dem Vollständigkeitsgebot gem. § 246 Abs. 1 HGB sind neben den Rechnungsabgrenzungsposten sämtliche Vermögensgegenstände und Schulden anzusetzen, soweit keine Ausnahmeregelungen hierfür kodifiziert sind. Der Gesetzgeber verzichtet jedoch auf eine abschließende Definition der Begriffe „Vermögensgegenstand" und „Schulden", sodass die begriffsbestimmenden Merkmale aus den GoB abzuleiten sind.

1. Die Vermögensgegenstände bzw. positiven Wirtschaftsgüter

Grundlegende Merkmale für **Vermögensgegenstände** sind:

– die selbstständige Verkehrsfähigkeit,
– das Vorhandensein eines Vorteils (i.S. eines über den Abschlussstichtag hinausgehenden wirtschaftlichen Wertes) sowie
– die selbstständige Bewertbarkeit (v.a. zur Objektivierung, sodass sich eine Begrenzung „auf die vergegenständlichten, konkretisierten Vermögenswerte" ergibt, die ihrerseits „auch einen greifbaren, konkretisierten Wert haben" müssen)[49].

---

[49] So MOXTER, ADOLF: Selbständige Bewertbarkeit als Aktivierungsvoraussetzung, in: BB 1987, S. 1846-1851, s.b.S. 1847.

Für die **Interpretation des zentralen Merkmals der selbstständigen Verkehrsfähigkeit** existieren **verschiedene Auslegungsmöglichkeiten**. Während als traditionell vorherrschendes Auslegungsmerkmal das der selbstständigen Veräußerbarkeit i.S. von Übertragbarkeit, ergänzt um das der selbstständigen Bewertbarkeit, herangezogen wurde,[50] wird mittlerweile zu Recht auf etwas weitere Auslegungskriterien der Verkehrsfähigkeit abgestellt. Neben einer anderweitigen Auslegung der selbstständigen Verkehrsfähigkeit i.S. einer selbstständigen, einzeln erfassbaren und bewertbaren, aktuellen Herrschaftsmöglichkeit über eine Sache oder einen unkörperlichen Gegenstand, die bei Erfüllung der Verpflichtungen rechtlich gesichert und nicht entziehbar ist,[51] kann auch auf die Kriterien der selbstständigen Verwertbarkeit – i.S.v. Einzelveräußerbarkeit oder Verwertung durch Nutzungsüberlassung – und der bilanziellen Greifbarkeit abgestellt werden.[52] In jedem Fall ist der Begriff des Vermögensgegenstandes also nicht nur auf Sachen und Rechte im bürgerlich-rechtlichen Sinne beschränkt.

Zur Bestimmung des steuerlichen Begriffs des (positiven) **Wirtschaftsgutes** existiert eine umfassende höchstrichterliche Rechtsprechung und entsprechende Literaturdiskussion. Traditionell sind dabei folgende Kriterien maßgeblich:

- das Entstehen von Aufwendungen (Zurückführung auf eine Ausgabe oder ersatzweise eine geldwerte Leistung und wertmäßige Zurechenbarkeit zu einem Gegenstand),
- das Vorliegen eines zukünftigen Nutzens (über den Abschlussstichtag hinaus) sowie
- die selbstständige Bewertbarkeit (unmittelbare Zurechenbarkeit eines Wertes auf ein Wirtschaftsgut; in neuerer Zeit Heranziehung der Greifbarkeit als Objektivierungskriterium, das die Konkretisierung eines Vorteils als Recht oder rechtsähnliche Position, die Zurechenbarkeit von Anschaffungs- oder Herstellungskosten und den Zugang eines Aktivums beinhaltet).[53]

Auch wenn die Begriffe „Vermögensgegenstand" und „Wirtschaftsgut" angesichts des in § 5 Abs. 1 EStG fixierten Grundsatzes der **Maßgeblichkeit der Handelsbilanz für die Steuerbilanz** identisch sein müssten, stimmen die Begriffskriterien doch nicht überein. Die BFH-Rechtsprechung versucht diesen Unterschied auf der einen Seite durch die oben dargestellte Interpretation der Greifbarkeit i.S. eines Objektivierungskriteriums und auf der anderen Seite durch Vornahme einer Rechtsprechung zum Handelsbilanzrecht zu überbrücken.

Das Betriebsvermögen besteht aus einzelnen **Wirtschaftsgütern** sowie zusätzlichen Bilanzposten. Für die steuerliche Gewinnermittlung ist der Begriff des Wirtschaftsgutes deshalb von zentraler Bedeutung, weil von seinem Inhalt bzw. Umfang abhängt, welche Posten in der Bilanz zu aktivieren bzw. zu passivieren sind und welche Sachverhalte sofort als Aufwand (Betriebsausgabe) erfolgswirksam verrechnet werden dürfen.

---

[50] Vgl. insb. FREERICKS, WOLFGANG: Bilanzierungsfähigkeit und Bilanzierungspflicht in Handels- und Steuerbilanz, Köln u.a. 1976, S. 142, 149-156.

[51] Vgl. KUBMAUL, HEINZ: Nutzungsrechte an Grundstücken in Handels- und Steuerbilanz, Hamburg 1987, S. 33-44.

[52] Vgl. in diesem Sinne BAETGE, JÖRG/KIRSCH, HANS-JÜRGEN/THIELE, STEFAN: Bilanzen, 12. Aufl., Düsseldorf 2012, S. 158-166, welche die Verwertbarkeit aber als eigenes Kriterium und damit nicht mehr als Teilkriterium der selbstständigen Verkehrsfähigkeit ansehen.

[53] Vgl. MOXTER, ADOLF: Bilanzrechtsprechung, 6. Aufl., Tübingen 2007, S. 6-9.

Der Begriff des Wirtschaftsgutes ist im Steuerrecht nicht explizit definiert; § 6 Abs. 1 EStG spricht aber von der „Bewertung der einzelnen Wirtschaftsgüter, die nach § 4 Abs. 1 oder § 5 EStG als Betriebsvermögen anzusetzen sind". Da nach § 5 EStG bei Gewerbebetrieben das Betriebsvermögen nach den handelsrechtlichen Grundsätzen ordnungsmäßiger Buchführung anzusetzen ist, richtet sich die Aufstellung der Steuerbilanz prinzipiell nach den Werten der Handelsbilanz (Maßgeblichkeitsprinzip). Der steuerrechtliche Begriff des Wirtschaftsgutes kann dabei nicht weiter gehen als der handelsrechtliche Begriff des Vermögensgegenstandes; die wichtigsten Begriffselemente sind in Abb. 14[54] (S. 39) skizziert.

2. Die Schulden bzw. negativen Wirtschaftsgüter

Die Schulden stellen den Oberbegriff für die Verbindlichkeiten und die Rückstellungen dar. Grundlegende **Merkmale für Schulden** sind:

– das Vorliegen einer wirtschaftlichen Belastung (bestehende oder hinreichend wahrscheinliche Belastung des Vermögens),

– das Vorhandensein einer Leistungsverpflichtung (neben rechtlich vollständig entstandenen Verpflichtungen begründen auch vor dem Abschlussstichtag eingetretene Tatbestände, die erkennbar eine zu erwartende Belastung gegenüber Dritten begründen bzw. wirtschaftlich veranlassen, Leistungsverpflichtungen; auch wenn sich das Unternehmen einer Verpflichtung aus wirtschaftlichen, sozialen oder sittlichen Gründen nicht entziehen kann, besteht eine Leistungsverpflichtung) sowie

– die selbstständige Bewertbarkeit und Quantifizierbarkeit der Leistungsverpflichtung (die wirtschaftliche Last muss als solche abgrenzbar und einzeln bewertbar sein, darf also z.B. nicht Folge des allgemeinen Unternehmerrisikos sein; eine Leistung ist (bei Rückstellungen) – im Unterschied zu den in der Höhe bestimmten Verbindlichkeiten – auch dann quantifizierbar, wenn sie der Höhe nach ungewiss ist).

---

[54] Modifiziert entnommen aus KUßMAUL, HEINZ: Wirtschaftsgut/Vermögensgegenstand/Vermögenswert (asset)/Schuld (liability), in: Handbuch der Bilanzierung, hrsg. von RUDOLF FEDERMANN, HEINZ KUßMAUL und STEFAN MÜLLER, Freiburg im Breisgau (Loseblatt), Stand: Juni 2013, Beitrag Nr. 146, Rn. 8.

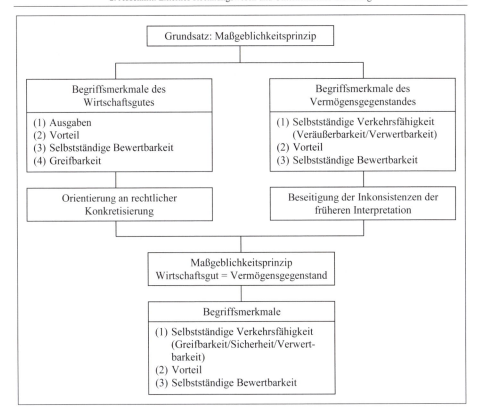

Abb. 14: Merkmale der Begriffe Wirtschaftsgut und Vermögensgegenstand

Im Unterschied zu der hier geäußerten – und die derzeit h.M. verkörpernden – Begriffsdefinition, bei der nur **Außenverpflichtungen**, d.h. Verpflichtungen gegenüber Dritten, eine Schuld begründen, wird in der Literatur z.T. eine Ausweitung des Begriffs der Schuld auch auf bestimmte **Innenverpflichtungen** (z.B. Rückstellungen für unterlassene Reparaturen) befürwortet.[55]

Steuerlich werden die negativen Vermögensbestandteile nicht als Schulden, sondern als **negative (passive) Wirtschaftsgüter** bezeichnet. Ersatzweise wird häufig auch der zutreffendere Begriff „wirtschaftliche Last" verwendet. Der Zusammenhang mit dem handelsrechtlichen Begriff der Schuld, der ebenfalls wirtschaftliche Einflussfaktoren beinhaltet, wird am Begriff der wirtschaftlichen Last deutlich. Bei analoger Anwendung der für die Interpretation des positiven Wirtschaftsgutes maßgebenden Kriterien sind **folgende Merkmale** für das Vorliegen eines negativen Wirtschaftsgutes **maßgebend**:

– das Vorliegen zukünftiger „Aufwendungen" (i.S. zukünftiger Ausgaben oder Sachleistungen und damit bei Vorliegen einer Leistungsverpflichtung),
– das Vorliegen einer wirtschaftlichen Last,

---

[55] Vgl. BAETGE, JÖRG/KIRSCH, HANS-JÜRGEN/THIELE, STEFAN: Bilanzen, 12. Aufl., Düsseldorf 2012, S. 172-177.

– die selbstständige Bewertbarkeit (mit Hilfe dieses Kriteriums werden die Rückstellungen für Innenverpflichtungen abgegrenzt von den Verpflichtungen gegenüber Dritten).

Bei Interpretation des negativen Wirtschaftsgutes im Hinblick auf das Vorliegen einer Verpflichtung gegenüber einem Dritten stimmen der handelsrechtliche Begriff der Schuld und der steuerrechtliche Begriff des negativen Wirtschaftsgutes grundsätzlich überein. In beiden Fällen werden die maßgeblichen wirtschaftlichen Einflussfaktoren berücksichtigt, sodass – anders als bei den Vermögensgegenständen bzw. (positiven) Wirtschaftsgütern – eine gesonderte Behandlung der sachlichen Zurechnungsfrage nicht erforderlich ist.

3. Die Bilanzierungshilfen

Neben dem Ansatz von Vermögensgegenständen und Schulden sah der Gesetzgeber vor Einführung des Bilanzrechtsmodernisierungsgesetzes in einigen Fällen sog. „**Bilanzierungshilfen**" vor, deren Inanspruchnahme eine in der Anfangs- bzw. Erweiterungsphase eines Unternehmens sonst evtl. eintretende bilanzielle Überschuldung verhindern und/oder eine periodengerechte Aufwandsverrechnung ermöglichen sollte.

Als Bilanzierungshilfen auf der Aktivseite waren die „Aufwendungen für die Ingangsetzung und Erweiterung des Geschäftsbetriebes" nach § 269 HGB a.F., die Abgrenzungen für „latente Steuern" nach § 274 Abs. 2 HGB a.F., der derivative Geschäfts- oder Firmenwert gem. § 255 Abs. 4 HGB a.F. sowie bis 2005 die „Aufwendungen für die Währungsumstellung auf den Euro" nach Art. 44 EGHGB[56] angesehen worden.

Als „klassische" Bilanzierungshilfen galten hierbei die **Aufwendungen für die Ingangsetzung und Erweiterung des Geschäftsbetriebs** sowie die **Abgrenzung aktiver latenter Steuern**.[57] Für diese beide bestand handelsrechtlich ein Ansatzwahlrecht, steuerrechtlich jedoch ein Ansatzverbot. Bei den Aufwendungen für die Ingangsetzung und Erweiterung des Geschäftsbetriebs handelte es sich um bestimmte – handelsrechtlich aktivierbare – Aufwendungen, die in der Aufbau- und Erweiterungsphase eines Unternehmens angefallen waren, wie z.B. für den Aufbau der Unternehmensorganisation oder die Werbung (vgl. §§ 269, 282 HGB a.F.). Das Bilanzrechtsmodernisierungsgesetz sah die Streichung der §§ 269 und 282 HGB a.F. vor; eine Aktivierung von Aufwendungen für die Ingangsetzung und Erweiterung des Geschäftsbetriebs muss seitdem unterbleiben.

Die Abgrenzung latenter Steuern hat nun auf Grundlage vorübergehend unterschiedlicher Wertansätze in Handels- und Steuerbilanz zu erfolgen und nicht wie bislang aufgrund von Differenzen zwischen dem handelsrechtlichen und dem steuerlichen Ergebnis. Zwar bleibt auch nach Umsetzung des Bilanzrechtsmodernisierungsgesetzes ein Ansatzwahlrecht für aktive latente Steuern bestehen, sodass vom Grundgedanken her weiterhin von einer Bilan-

---

[56] Nach Art. 44 EGHGB durften die Aufwendungen für die Währungsumstellung auf den Euro als Bilanzierungshilfe aktiviert werden, soweit diese selbst geschaffene immaterielle Vermögensgegenstände des Anlagevermögens darstellten. Diese Bilanzierungshilfe war unter der Bezeichnung „Aufwendungen für die Währungsumstellung auf den Euro" vor dem Anlagevermögen auszuweisen und in jedem folgenden Geschäftsjahr um mindestens 25 % abzuschreiben. Vgl. hierzu Gesetz zur Einführung des Euro (Euro-Einführungsgesetz) vom 09.06.1998, BGBl I 1998, S. 1242.

[57] Man bezeichnete die Aufwendungen für die Ingangsetzung und Erweiterung des Geschäftsbetriebs (§ 269 HGB a.F.) sowie die Abgrenzung aktiver latenter Steuern (§ 274 Abs. 2 HGB a.F.) als „klassische" Bilanzierungshilfen, da diese in den entsprechenden Paragraphen ausdrücklich als solche benannt wurden.

zierungshilfe auszugehen ist. Dieser Auslegung widerspricht jedoch die Bundesregierung in ihrer Gesetzesbegründung zum Bilanzrechtsmodernisierungsgesetz. So wird festgestellt, dass es sich bei aktiven latenten Steuern weder um einen Vermögensgegenstand, einen Rechnungsabgrenzungsposten noch um eine Bilanzierungshilfe handelt, sondern vielmehr um einen sog. „Sonderposten eigener Art".[58] Dies hat zur Folge, dass aktive latente Steuern gem. § 266 Abs. 2 D. HGB im Falle einer Aktivierung unter dem Posten „Aktive latente Steuern" auf der Aktivseite der Bilanz auszuweisen sind. Was unterdessen genau unter einem „Sonderposten eigener Art" zu verstehen ist, wird vom Gesetzgeber nicht weiter erläutert.

Obwohl der derivative **Geschäfts- oder Firmenwert** (§ 246 Abs. 1 S. 4 HGB) in der Bilanzgliederung des § 266 Abs. 2 HGB zu den immateriellen Vermögensgegenständen gezählt wird und er nach § 255 Abs. 4 S. 3 HGB a.F. auch planmäßig auf seine voraussichtliche Nutzungsdauer verteilt werden konnte, war seine Qualifikation als Vermögensgegenstand mit den bisherigen Bilanzierungsgrundsätzen nicht zu vereinbaren. Nach § 255 Abs. 4 S. 1 HGB a.F. durfte als Geschäfts- oder Firmenwert „der Unterschiedsbetrag angesetzt werden, um den die für die Übernahme eines Unternehmens bewirkte Gegenleistung den Wert der einzelnen Vermögensgegenstände des Unternehmens abzüglich der Schulden im Zeitpunkt der Übernahme übersteigt". Mit der Umsetzung des Bilanzrechtsmodernisierungsgesetzes wird der derivative Geschäfts- oder Firmenwert nach § 246 Abs. 1 S. 4 HGB im Wege einer Fiktion zum zeitlich begrenzt nutzbaren Vermögensgegenstand erhoben und damit aktivierungspflichtig, sodass das bisherige handelsrechtliche Ansatzwahlrecht entfällt. Der derivative Geschäfts- oder Firmenwert ist nun planmäßig über fünf Jahre abzuschreiben, wobei auch eine längere Nutzungsdauer möglich ist, sofern diese gem. § 285 Nr. 13 HGB im Anhang begründet wird. Steuerrechtlich bestand bereits vor Einführung des Bilanzrechtsmodernisierungsgesetzes ein Aktivierungsgebot, das aus § 5 Abs. 2 EStG abgeleitet wird. Die Abschreibungsdauer ist steuerrechtlich gem. § 7 Abs. 1 S. 3 EStG in Höhe von 15 Jahren normiert vorgegeben, kann aber bei tatsächlich kürzerer Nutzungsdauer widerlegt werden.

Neben den aktiven latenten Steuern, den Aufwendungen für die Ingangsetzung und Erweiterung des Geschäftsbetriebs und dem derivativen Geschäfts- oder Firmenwert wurden auf der Passivseite bestimmte Aufwandsrückstellungen ebenfalls als Bilanzierungshilfen angesehen. So räumte § 249 Abs. 1 S. 3 HGB a.F. ein Wahlrecht zur Bildung einer Rückstellung für unterlassene Aufwendungen für Instandhaltung ein, die im folgenden Geschäftsjahr außerhalb der Dreimonatsfrist, aber noch innerhalb dieses Geschäftsjahres nachgeholt wurden. Des Weiteren ermöglichte § 249 Abs. 2 HGB a.F. die Bildung einer Rückstellung für ihrer Eigenart nach genau umschriebene, dem Geschäftsjahr oder einem früheren Geschäftsjahr zuzuordnende Aufwendungen, die am Abschlussstichtag sicher oder zumindest wahrscheinlich, jedoch hinsichtlich ihrer Höhe oder ihres Eintrittszeitpunkts noch unbestimmt waren. Diese Passivierungswahlrechte wurden durch das Bilanzrechtsmodernisierungsgesetz gestrichen; ein Ausweis derartiger Rückstellungen in der Bilanz ist nicht mehr möglich.

---

[58] Vgl. Regierungsentwurf eines Gesetzes zur Modernisierung des Bilanzrechts (Bilanzrechtsmodernisierungsgesetz – BilMoG) vom 21.05.2008.

Auf der Aktivseite kann darüber hinaus ein **aktiver Unterschiedsbetrag aus der Verrechnung von Vermögensgegenständen mit Schulden aus Altersversorgungsverpflichtungen** ausgewiesen werden. Nach § 246 Abs. 2 S. 1 HGB ist eine Saldierung zwischen bilanziellen Aktiv- und Passivpositionen und Erträgen und Aufwendungen grundsätzlich nicht gestattet. Im Zuge des Bilanzrechtsmodernisierungsgesetzes wurde indes ein gesetzlich klar umrissener Ausnahmetatbestand begründet. Gem. § 246 Abs. 2 S. 2 1. Halbsatz HGB sind bestimmte Vermögensgegenstände mit Schulden aus Altersversorgungsverpflichtungen oder vergleichbaren langfristig fälligen Verpflichtungen zu verrechnen, wenn diese Vermögensgegenstände im Falle einer Insolvenz des Unternehmens dem Zugriff aller Gläubiger mit Ausnahme der Gläubiger der Altersversorgungsverpflichtungen oder vergleichbarer langfristig fälliger Verpflichtungen entzogen sind und darüber hinaus ausschließlich der Erfüllung von Schulden aus Altersversorgungsverpflichtungen oder vergleichbaren langfristig fälligen Verpflichtungen dienen. Für die zugehörigen Aufwendungen und Erträge aus der Abzinsung und aus dem verrechneten Vermögen gilt das Saldierungsgebot gleichermaßen (§ 246 Abs. 2 S. 2 2. Halbsatz HGB). Die Verrechnung dieser Aufwendungen und Erträge soll zudem ausschließlich innerhalb des Finanzergebnisses erfolgen und damit das Betriebsergebnis unbeeinflusst lassen.[59] Die gem. § 246 Abs. 2 S. 2 HGB zu verrechnenden Vermögensgegenstände sind mit ihrem beizulegenden Zeitwert zu bewerten (§ 253 Abs. 1 S. 4 HGB).[60] Ist dabei der beizulegende Zeitwert der zur Verrechnung vorgesehenen Vermögensgegenstände größer als der Betrag der besagten Schulden, so ist der übersteigende Betrag gem. § 246 Abs. 2 S. 3 HGB auf der Aktivseite der Bilanz in einer gesonderten Position auszuweisen. § 266 Abs. 2 HGB sieht diesbezüglich für Kapitalgesellschaften die Aktivposition mit der Bezeichnung „E. Aktiver Unterschiedsbetrag aus der Vermögensverrechnung" vor. Mit einer solchen Aktivposition wird nachdrücklich darauf hingewiesen, dass es sich bei dem Unterschiedsbetrag aus der Vermögensverrechnung nicht um einen Vermögensgegenstand im handelsrechtlichen Sinn, sondern lediglich um eine Verrechnungsposition handelt, die zudem bei Kapitalgesellschaften nach § 268 Abs. 8 S. 3 HGB ausschüttungsgesperrt ist.

Steuerlich wirkt sich das im Zuge des Bilanzrechtsmodernisierungsgesetz in das Handelsrecht implementierte Saldierungsgebot des § 246 Abs. 2 S. 2 HGB nicht aus. § 5 Abs. 1a S. 1 EStG schließt eine derartige Verrechnung von Aktiv- und Passivpositionen aus. Gleichermaßen ohne steuerliche Konsequenzen bleibt der Ansatz zum beizulegenden Zeitwert; dies ist auf den steuerlichen Bewertungsvorbehalt gem. § 5 Abs. 6 EStG zurückzuführen.

4. Die Rechnungsabgrenzungsposten

Auch bei den Posten der Rechnungsabgrenzung muss nicht ein aktivierungsfähiger Vermögensgegenstand oder eine passivierungsfähige Schuld vorhanden sein. Die Sonderrolle der Rechnungsabgrenzungsposten liegt darin begründet, dass sie der **periodengerechten Gewinnermittlung** (Erfolgsperiodisierung) in genau bestimmten Fällen dienen. Allerdings

---

[59] Vgl. KUßMAUL, HEINZ/GRÄBE, SEBASTIAN: Kurzkommentierung der Änderungen des § 246 HGB Vollständigkeit; Verrechnungsverbot, in: BilMoG – Gesetze, Materialien, Erläuterungen, hrsg. von KARL PETERSEN und CHRISTIAN ZWIRNER, München 2009, S. 387.

[60] Kleinstkapitalgesellschaften i.S.d. § 267a HGB dürfen gem. § 253 Abs. 1 S. 5 HGB eine Bewertung zum beizulegenden Zeitwert nur vornehmen, wenn sie von keiner der für sie vorgesehenen Erleichterungsoptionen gem. § 264 Abs. 1 S. 5, § 266 Abs. 1 S. 4, § 275 Abs. 5 und § 326 Abs. 2 HGB Gebrauch machen.

weisen bestimmte Rechnungsabgrenzungen – z.B. für Vorauszahlungen aus schwebenden Geschäften – Vermögensgegenstands- bzw. Schuldeigenschaften auf, während andere Rechnungsabgrenzungen – z.B. für Berufsgenossenschaftsbeiträge – reine Erfolgsperiodisierungsposten darstellen.

Die **wichtigsten Voraussetzungen** für die Bildung aktiver/passiver Rechnungsabgrenzungsposten sind:

- die Ausgabe/Einnahme liegt vor dem Aufwand/Ertrag,
- der Aufwand/Ertrag ist einer späteren Periode zuzurechnen und
- es handelt sich um Aufwand/Ertrag für eine bestimmte Zeit (nicht ausreichend ist nur die Bestimmbarkeit des Zeitraums; allerdings reicht bei passiven Rechnungsabgrenzungsposten zur Beachtung des Vorsichtsprinzips die Bestimmungsmöglichkeit eines Mindestzeitraums zur Erfüllung dieser Voraussetzung aus).

Angesichts der mit der handelsrechtlichen Regelung des § 250 Abs. 1 HGB annähernd identischen Definition der Rechnungsabgrenzung in § 5 Abs. 5 EStG – mit Ausnahme des Disagios sowie einer Ansatzpflicht für bestimmte Zölle, Verbrauchsteuern und Umsatzsteuern im EStG und einem korrespondierenden Verbot im HGB – ist eine **grundsätzliche Gleichbehandlung der Rechnungsabgrenzungsposten in Handels- und Steuerbilanz** gegeben.

5. Die Zurechenbarkeit zum Bilanzvermögen

Voraussetzung für das Vorliegen eines Vermögensgegenstandes bzw. eines aktivierungsfähigen positiven Wirtschaftsgutes ist die Zugehörigkeit eines Gegenstandes zum Vermögen des Bilanzierenden. Genauso liegt nur dann eine Schuld bzw. ein passivierungsfähiges negatives Wirtschaftsgut vor, wenn sie bzw. es zu einer Belastung des Vermögens des Bilanzierenden führt. Es stellt sich hier die Frage, wem Vermögensgegenstände und Schulden zuzurechnen sind, wenn rechtliches Eigentum und wirtschaftliche Verfügungsmacht nicht bei demselben Bilanzierenden liegen.

Von der Bilanzierung sind einerseits **die Vermögensgegenstände ausgeschlossen, die dem Bilanzierenden** – aufgrund der Maßgeblichkeit des wirtschaftlichen und nicht des juristischen Eigentums – **nicht zuzurechnen sind,** andererseits **jene, die nicht zum Betriebsvermögen gehören**; hier ergeben sich v.a. bei Einzelkaufleuten und Personenhandelsgesellschaften Abgrenzungsprobleme zwischen Betriebs- und Privatvermögen sowie zwischen Betriebs- und Privatschulden.

Gesetzliche Regelungen zum **wirtschaftlichen Eigentum** finden sich einerseits in § 246 Abs. 1 S. 2 HGB und andererseits in § 39 Abs. 2 Nr. 1 S. 1 AO; danach besitzt derjenige das wirtschaftliche Eigentum, der die tatsächliche Herrschaft über einen Vermögensgegenstand derart ausübt, dass er den rechtlichen Eigentümer im Regelfall für die gewöhnliche Nutzungsdauer von der Einwirkung auf den Vermögensgegenstand wirtschaftlich ausschließen kann.

Während sich auf der Passivseite durch die Definition der Schuld bzw. des negativen Wirtschaftsgutes und die damit verbundene Berücksichtigung der maßgeblichen wirtschaftlichen

Einflussfaktoren (v.a. durch die Bildungsmöglichkeit von Rückstellungen) eine gesonderte Behandlung der sachlichen Zurechnungsfrage erübrigt, ergeben sich auf der Aktivseite Probleme im Zusammenhang mit der **wirtschaftlichen Zurechnung**, wobei im Wesentlichen folgende Fälle zu unterscheiden sind:

- Übergang von Sachgütern (Problem des Zeitpunktes des Übergangs der Verfügungsmacht),
- Kauf bzw. Verkauf unter Eigentumsvorbehalt,
- Kommissionsgeschäfte,
- Sicherungsübereignung,
- Treuhandverhältnisse,
- Factoring-Verhältnisse,
- Leasing-Verhältnisse,
- Pensionsgeschäfte,
- Bauten auf fremden Grundstücken sowie
- unberechtigter Eigenbesitz.

Die wichtigsten **Ursachen für das Abweichen des wirtschaftlichen Eigentums vom rechtlichen Eigentum** lassen sich folgendermaßen systematisieren:

- Der Gegenstand steht im Zeitpunkt seiner Verbuchung zivilrechtlich noch im Eigentum eines Dritten, geht aber später in das Eigentum des buchenden Unternehmens über. Hierbei handelt es sich vornehmlich um Geschäfte, bei denen sich die Verkäufer die Eigentumsrechte an den übergebenen Sachen bis zu deren vollständiger Bezahlung vorbehalten (**Eigentumsvorbehalt**). Die Vermögensgegenstände werden bereits mit der Übergabe dem Vermögen des Käufers zugerechnet und somit bei ihm verbucht, obwohl er i.S.d. §§ 873, 929-936 BGB noch nicht als Eigentümer gilt und u.U. diese Rechtsstellung auch nie erlangen wird (Weiterveräußerung vor vollständiger Bezahlung der Vermögensgegenstände, Rücknahme durch den Verkäufer bei Nichtzahlung).

- Zunächst im Eigentum des Bilanzierenden stehende Vermögensgegenstände, die in seiner Buchhaltung erfasst sind, werden zur Absicherung von Krediten an den Gläubiger mit der Maßgabe übereignet, dass dieser nach Erlöschen der Schuld das Eigentum zurückzuübertragen habe (**Sicherungsübereignung**). Obwohl das rechtliche Eigentum an den betreffenden Sachen – vorübergehend – verloren geht, hat dies keine Auswirkung auf deren buchhalterische Behandlung. So stellt § 246 Abs. 1 S. 2 HGB eindeutig klar, dass Vermögensgegenstände in die Bilanz nur dann aufzunehmen sind, wenn diese dem Bilanzierenden wirtschaftlich zuzurechnen sind. Dies hat zur Konsequenz, dass Vermögensgegenstände, die unter Eigentumsvorbehalt erworben oder als Sicherheit übertragen worden sind, jeweils in der Bilanz des Sicherungsgebers aufzunehmen sind.

- Gegenstände werden in der Buchführung erfasst, obwohl sie im juristischen Sinne fremdes Eigentum sind und auch bleiben werden. Hierunter fallen **Gebäude auf fremden Grundstücken** und **Einbauten in Gebäuden Dritter**, die nach § 946 BGB nicht zum Eigentum des Buchführenden werden, sowie bestimmte Formen des **Finanzierungs-**

Leasings, bei denen der Leasing-Gegenstand dem Leasing-Nehmer zugerechnet wird, obwohl das zivilrechtliche Eigentum unverändert beim Leasing-Geber verbleibt.

Leasing[61] stellt eine entgeltliche Gebrauchs- oder Nutzungsüberlassung dar, die je nach Ausgestaltung der Verträge mehr in die Richtung von Mietverträgen oder von Mietkaufverträgen tendieren kann. Die Vertragsgestaltungen beeinflussen auch die bilanzsteuerliche Behandlung, die sich grundsätzlich an der Zuordnung des Leasing-Gegenstandes zum wirtschaftlichen Eigentümer ausrichtet. Damit ist die Ausgestaltung des Leasing-Vertrages daraufhin zu untersuchen, ob das Leasing-Objekt dem Leasing-Geber als rechtlichem Eigentümer zugerechnet werden kann oder ob eine Zuordnung zum Leasing-Nehmer als wirtschaftlichem Eigentümer geboten ist. Von der jeweiligen Leasing-Art hängt es also ab, wer das Leasing-Objekt zu aktivieren und abzuschreiben hat und welche sonstigen steuerlichen Folgen aus der Zurechnung resultieren. I.d.R. wird eine Zuordnung beim Leasing-Geber angestrebt, da die Leasing-Raten dann Betriebsausgaben beim Leasing-Nehmer darstellen.

Bei der Bilanzierung von Leasing-Gütern ist eine grundsätzliche Unterscheidung zwischen Operate-Leasing und Finance-Leasing zu treffen. Die verschiedenen Erscheinungsformen des Leasings sind in Abb. 15 dargestellt.

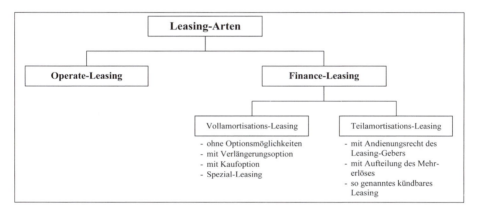

Abb. 15:   Arten des Leasings

Operate-Leasing-Verträge sind wie normale Mietverträge mit jederzeitigem Kündigungsrecht oder kurzer Kündigungsfrist zu behandeln. Da der Leasing-Geber das Investitionsrisiko trägt, hat er das Leasing-Objekt zu aktivieren und abzuschreiben.

Finance-Leasing (Finanzierungs-Leasing) liegt dann vor, wenn der Vertrag während der Grundmietzeit, die normalerweise kürzer als die betriebsgewöhnliche Nutzungsdauer ist, nicht gekündigt werden kann.

Von **Vollamortisations- bzw. Full-Pay-Out-Verträgen** spricht man dann, wenn die Mietraten während der Grundmietzeit die Anschaffungskosten oder Herstellungskosten sowie alle Nebenkosten einschließlich der Finanzierungskosten und des Gewinnaufschlags des

---

[61] Vgl. HABERSTOCK, LOTHAR: Steuerbilanz und Vermögensaufstellung, 3. Aufl., Hamburg 1991, S. 105-111.

Leasing-Gebers decken. Dagegen liegen **Teilamortisations- bzw. Non-Full-Pay-Out-Verträge** vor, wenn die Mietraten diesen Betrag während der Grundmietzeit nicht decken.

Der wirtschaftliche Eigentümer des Leasing-Gegenstandes bei Vorliegen einer dieser Verträge geht aus Abb. 16 (S. 47)[62] und Abb. 17 (S. 48)[63] hervor.

Von der Beantwortung der Frage der Zurechnung der Wirtschaftsgüter zum Leasing-Geber bzw. zum Leasing-Nehmer hängen die **buchungstechnischen** und **steuerlichen Folgen** ab.

Bei **Zurechnung des Wirtschaftsgutes zum Leasing-Geber** muss dieser die Anschaffungs- bzw. Herstellungskosten aktivieren und ggf. abschreiben. Die Leasing-Raten stellen für ihn Betriebseinnahmen dar, für den Leasing-Nehmer sind sie Betriebsausgaben.

Bei **Zurechnung des Wirtschaftsgutes zum Leasing-Nehmer** hat dieser zum einen das Wirtschaftsgut zu aktivieren (und zwar mit den Anschaffungs- bzw. Herstellungskosten des Leasing-Gebers zzgl. eventueller Nebenkosten, die vertragsmäßig vom Leasing-Nehmer zu zahlen sind), ggf. abzuschreiben und zum anderen i.H.d. aktivierten Anschaffungs- oder Herstellungskosten ohne die vom Leasing-Nehmer direkt getragenen Nebenkosten gleichzeitig eine Verbindlichkeit gegenüber dem Leasing-Geber zu passivieren. Von den Leasing-Raten stellt der Zins- und Kostenanteil eine abzugsfähige Betriebsausgabe für den Leasing-Nehmer dar, der Tilgungsanteil mindert die Verbindlichkeit. Der **Leasing-Geber** hat eine Kaufpreisforderung i.H.d. Anschaffungs- bzw. Herstellungskosten zu aktivieren. Den Zins- und Kostenanteil der Leasing-Raten muss er als Betriebseinnahme verbuchen, während der Tilgungsanteil seine Forderung mindert. Der Zins- und Kostenanteil einer Leasing-Rate kann nach der sog. **Zinsstaffelmethode** mit der folgenden Formel ermittelt werden:

$$\frac{(\Sigma \text{ aller Leasingraten} - \text{AK/HK des WG}) \cdot (\text{Anzahl der restlichen Raten} + 1)}{\Sigma \text{ der Zahlenreihe der Raten}}$$

Da Leasing als Alternative zur Kreditfinanzierung zu sehen ist, hat bei betriebswirtschaftlichen Optimierungsüberlegungen ein Vergleich dieser beiden Finanzierungsformen zu erfolgen. Um die Vorteilhaftigkeit der Alternativen zu beurteilen, sind dabei nicht nur allgemeine betriebswirtschaftliche Kriterien (insb. die Höhe der Leasing-Raten im Vergleich zu den Zins- und Tilgungszahlungen) heranzuziehen, sondern auch die Besteuerungswirkungen zu berücksichtigen.[64]

---

[62] Leicht modifiziert entnommen aus BIERGANS, ENNO: Einkommensteuer, 6. Aufl., München/Wien 1992, S. 241.

[63] Leicht modifiziert entnommen aus BIERGANS, ENNO: Einkommensteuer, 6. Aufl., München/Wien 1992, S. 242.

[64] Einen umfassenden Vorteilhaftigkeitsvergleich zwischen Fremdfinanzierung und Leasing am Beispiel eines gemischt genutzten PKW bietet RICHTER, LUTZ: Kreditfinanzierter Kauf versus Leasing bei Mobilien am Beispiel eines gemischtzunutzenden Pkw – Modellentwicklung und Vorteilhaftigkeitsvergleich unter besonderer Berücksichtigung ertrag- und umsatzsteuerlicher Wirkungen –, in: BFuP 2007, S. 249-269.

	Wirtschaftlicher Eigentümer	
	Leasing-Geber	Leasing-Nehmer
A. Full-Pay-Out-Verträge für bewegliche Wirtschaftsgüter, Betriebsvorrichtungen und Gebäude		
I. Grundmietzeit < 40 % oder > 90 % der betriebsgewöhnlichen ND (mit und ohne Optionsrecht)		X
II. Grundmietzeit ≥ 40 % oder ≤ 90 % der betriebsgewöhnlichen ND (mit und ohne Optionsrecht)		
1. ohne Optionsrecht	X	
2. mit Kaufoption		
a) Kaufpreis ≥ RBW bei linearer AfA oder geringerer gemeiner Wert	X	
b) Kaufpreis < RBW bei linearer AfA oder geringerer gemeiner Wert		X
3. mit Mietverlängerungsoption		
a) Anschlussmiete ≥ lineare AfA auf Buchwert oder geringerer gemeiner Wert bzw. bei Gebäuden > 75 % der marktüblichen Miete	X	
b) Anschlussmiete < lineare AfA auf Buchwert oder geringerer gemeiner Wert bzw. bei Gebäuden ≤ 75 % der marktüblichen Miete		X
III. Spezial-Leasing		X
B. Full-Pay-Out-Verträge für Grund und Boden		
1. ohne Kaufoption	X	
2. mit Kaufoption		
a) Kaufpreis ≥ Buchwert oder niedrigerer gemeiner Wert	X	
b) Kaufpreis < Buchwert oder niedrigerer gemeiner Wert		X

Abb. 16: Wirtschaftliches Eigentum beim Finanzierungs-Leasing (Full-Pay-Out)

	Wirtschaftlicher Eigentümer	
	Leasing-Geber	Leasing-Nehmer
A. Non-Pay-Out-Verträge für bewegliche Wirtschaftsgüter		
I. Der die Restamortisation des Leasing-Gebers übersteigende Teil des Veräußerungserlöses nach Ablauf der Grundmietzeit steht zu mindestens 25 % dem Leasing-Geber zu.	X	
II. Dem Leasing-Geber stehen weniger als 25 % des die Restamortisation übersteigenden Teils des Veräußerungserlöses zu.		X
B. Non-Pay-Out-Verträge für unbewegliche Wirtschaftsgüter		
I. Grundmietzeit > 90 % der betriebsgewöhnlichen ND		
1. ohne Optionsrecht	X	
2. mit Kaufoption		X
3. mit Mietverlängerungsoption		X
II. Grundmietzeit ≤ 90 % der betriebsgewöhnlichen ND		
1. ohne Optionsrecht	X	
2. mit Kaufoption		
a) Kaufpreis ≥ Restbuchwert		
aa) ohne besondere Verpflichtungen des Leasing-Nehmers	X	
bb) der Leasing-Nehmer hat besondere Verpflichtungen		X
b) Kaufpreis < Restbuchwert		X
3. mit Mietverlängerungsoption		
a) Anschlussmiete ≥ 75 % der marktüblichen Miete		
aa) ohne besondere Verpflichtungen des Leasing-Nehmers	X	
bb) dem Leasing-Nehmer werden besondere Verpflichtungen auferlegt		X
b) Anschlussmiete < 75 % der marktüblichen Miete		X
III. Spezial-Leasing		X

Abb. 17: Wirtschaftliches Eigentum beim Finanzierungs-Leasing (Non-Pay-Out)

Neben der Zurechnung eines Gegenstandes zum Vermögen des Bilanzierenden ist Voraussetzung für dessen Bilanzierungsfähigkeit seine **Zugehörigkeit zum Betriebsvermögen** und nicht zum Privatvermögen.

Bei **Kapitalgesellschaften** stellt sich das Problem der Einbeziehung des Privatvermögens deshalb nicht, weil sie **kein Privatvermögen** aufweisen; Ursache dafür ist die rechtliche Trennung zwischen Unternehmen (juristische Person) und Eigentümern.

Bei Einzelunternehmen und Personenhandelsgesellschaften ist die Frage, ob das Privatvermögen des Einzelunternehmers und der mit ihrem Privatvermögen für Schulden der Gesellschaft unbeschränkt haftenden Gesellschafter einer Personenhandelsgesellschaft Bestandteil der Bilanz werden kann, handelsrechtlich zwar nicht abschließend geklärt, insb. aber die speziell für publizitätspflichtige Einzelunternehmen und Personenhandelsgesellschaften gültige Regelung des § 5 Abs. 4 PublG spricht gegen einen Ausweis des Privatvermögens in der Bilanz; danach besteht ein Ausweisverbot für das Privatvermögen und die darauf entfallenden Aufwendungen und Erträge bei Einzelunternehmen und Personenhandelsgesellschaften, die dem Publizitätsgesetz unterliegen. Die Abgrenzung des Betriebsvermögens vom Privatvermögen erfolgt handelsrechtlich v.a. nach dem Willen des Kaufmanns und damit entsprechend der Widmung, auch wenn im Zweifel auf die – v.a. von der Finanzrechtsprechung – genauer fixierten steuerrechtlichen Abgrenzungskriterien zurückgegriffen wird.

Steuerlich geht bereits aus der Gewinndefinition des § 4 Abs. 1 EStG hervor, dass ein bilanzierungsfähiges Wirtschaftsgut nur bei Zugehörigkeit zum Betriebsvermögen gegeben ist. Die Finanzrechtsprechung und Finanzverwaltung verwenden zur Abgrenzung des Betriebsvermögens vom Privatvermögen folgende Dreiteilung, an die sich auch die handelsrechtliche Abgrenzung anlehnt:

- **Notwendiges Betriebsvermögen**: Hierzu zählen solche Gegenstände, die aufgrund ihrer Beschaffenheit oder aufgrund ihrer Zweckbestimmung nur der betrieblichen Nutzung dienen.

- **Privatvermögen**: Dazu gehören solche Gegenstände, die keine funktionale Beziehung zum Betrieb aufweisen. Auf der einen Seite sind dies Gegenstände, die objektiv erkennbar der privaten Lebensführung des Unternehmers dienen (notwendiges Privatvermögen), auf der anderen Seite solche Gegenstände, die sowohl dem Betrieb als auch dem Privatbereich dienen könnten und die nicht dem Betriebsvermögen zugerechnet wurden (gewillkürtes Privatvermögen).

- **Gewillkürtes Betriebsvermögen**: Zu diesem Bereich gehören solche Gegenstände, die sowohl betrieblich als auch privat genutzt werden können. Wenn sie objektiv geeignet sind, dem Betrieb zu dienen und ihn zu fördern, und der Steuerpflichtige dies eindeutig – auch in der Buchführung – zum Ausdruck bringt, gehören derartige Gegenstände (z.B. Mietwohngrundstücke oder Wertpapiere) zum Betriebsvermögen.

Eine Übersicht über die relevanten Vermögenssphären bei Personenunternehmen gibt Abb. 18 (S. 50)[65]. Die dort dargestellten Abgrenzungen gelten sowohl für Bilanzierende als auch für Einnahmen-Überschussrechner, denn der BFH hat in seinem Urteil vom 02.10.2003[66] entschieden, dass auch bei der Einnahmen-Überschussrechnung gem. § 4 Abs. 3 EStG die Bildung gewillkürten Betriebsvermögens möglich ist.[67]

Bei Kapitalgesellschaften gibt es kein gewillkürtes Betriebsvermögen. Erwirbt eine Kapitalgesellschaft im Interesse eines Gesellschafters ein verlustbringendes Wirtschaftsgut oder übt sie eine verlustbringende (Liebhaberei-)Tätigkeit aus, liegt darin eine verdeckte Gewinnausschüttung. Die verdeckte Gewinnausschüttung erfasst damit weitgehend diejenigen Wirtschaftsgüter und Betätigungen, die bei einem Einzelunternehmer als notwendiges Privatvermögen eingestuft würden. Die Wirtschaftsgüter, die beim Einzelunternehmen zum gewillkürten Betriebsvermögen gerechnet werden, gehören bei einer Kapitalgesellschaft immer zum Betriebsvermögen.[68]

---

[65] Modifiziert entnommen aus FEDERMANN, RUDOLF: Bilanzierung nach Handelsrecht und Steuerrecht und IAS/IFRS, 12. Aufl., Berlin 2010, S. 303.
[66] BFH-Urteil vom 02.10.2003, BStBl II 2004, S. 985.
[67] Vgl. auch das BMF-Schreiben vom 17.11.2004, BStBl I 2004, S. 1064.
[68] Vgl. PAUS, BERNHARD: Gewillkürtes Betriebsvermögen bei der Einnahmen-Überschussrechnung – Rechtsdogmatische Einordnung und Vorteile, in: INF 2004, S. 141-145, s.b.S. 143.

Gesamtvermögen		
Notwendiges Betriebsvermögen	Neutrales Vermögen	Notwendiges Privatvermögen
Notwendiges Betriebsvermögen	Gewillkürtes Betriebsvermögen ⟵ ⟶ Gewillkürtes Privatvermögen	Notwendiges Privatvermögen
Betriebsvermögen		Privatvermögen

Abb. 18:   Bilanzierungsrelevante Vermögenssphären bei Personenunternehmen

Die **Höhe des Gewinns** hängt u.a. davon ab, welche Wirtschaftsgüter zum Betriebsvermögen zählen und welche zum Privatvermögen.[69]

Wenn ein Wirtschaftsgut zum **Betriebsvermögen** zählt, erhöhen die aus dem Wirtschaftsgut resultierenden Erträge den Gewinn aus Gewerbebetrieb, während die für das Wirtschaftsgut erforderlichen Aufwendungen zu einer Gewinnminderung führen. Ggf. kommt es zur Verbuchung von Entnahmen. Auswirkungen auf den Gewinn haben insb. auch Veräußerungsgewinne und -verluste (mit Ausnahme steuerfreier Veräußerungsgewinne gem. den §§ 14a und 16 EStG).

Wenn ein Wirtschaftsgut nicht zum Betriebsvermögen zählt, gehört es zum **Privatvermögen** und beeinflusst ggf. die Höhe der privaten Einkünfte. Wird es dennoch anteilig betrieblich genutzt, kommt es hier zur Verbuchung von Einlagen. Veräußerungsgewinne müssen im Privatvermögen nur i.R. einer sog. Spekulationsfrist versteuert werden (Ausnahmen: § 17 Abs. 1, § 20 Abs. 2 und § 23 Abs. 1 EStG). Veräußerungsverluste bleiben grundsätzlich steuerlich wirkungslos (Ausnahmen: § 17 Abs. 2 S. 6 EStG, § 20 Abs. 6 EStG und § 23 Abs. 3 S. 7-10 EStG).

Besondere Abgrenzungsprobleme[70] treten bei Wirtschaftsgütern auf, die sowohl privaten als auch betrieblichen Zwecken dienen. Bei diesen gemischt genutzten Wirtschaftsgütern ist aufgrund ihrer unterschiedlichen Aufteilungsmöglichkeiten zwischen beweglichen und unbeweglichen Wirtschaftsgütern zu unterscheiden.

Bei **beweglichen gemischt genutzten Wirtschaftsgütern** darf nach überwiegender Rechtsauffassung[71] grundsätzlich keine Aufteilung in einen privaten und einen betrieblichen Nutzungsteil vorgenommen werden; sie müssen vielmehr einheitlich dem Betriebs- oder Privatvermögen zugeordnet werden. Ein Ausgleich hat dann über die Einlage (bei Zuordnung zum Privatvermögen) oder die Entnahme (bei Zuordnung zum Betriebsvermögen) der bewerteten

---

[69] Vgl. dazu und zu den folgenden Ausführungen HABERSTOCK, LOTHAR: Steuerbilanz und Vermögensaufstellung, 3. Aufl., Hamburg 1991, S. 57.

[70] Vgl. hierzu und im Folgenden FEDERMANN, RUDOLF: Bilanzierung nach Handelsrecht und Steuerrecht und IAS/IFRS, 12. Aufl., Berlin 2010, S. 304-306.

[71] Vgl. z.B. BFH-Urteil vom 11.09.1969, BStBl II 1970, S. 317.

Nutzungen zu erfolgen. Nach der herrschenden Rechtsauffassung[72] und Verwaltungspraxis (R 4.2 Abs. 1 EStR) ist die Zuordnungsentscheidung beweglicher Wirtschaftsgüter am Ausmaß der eigenbetrieblichen oder privaten Nutzung zu orientieren, wie Abb. 19[73] verdeutlicht. Dies gilt auch für die Einnahmen-Überschussrechnung nach § 4 Abs. 3 EStG.[74] Die laufenden Aufwendungen (einschließlich AfA) des Wirtschaftsgutes sind unabhängig von der Zuordnung des Wirtschaftsgutes in Betriebsausgaben, Werbungskosten oder Kosten der privaten Lebensführung nach möglichst objektiven Kriterien, ggf. aber auch durch Schätzung, aufzuteilen.

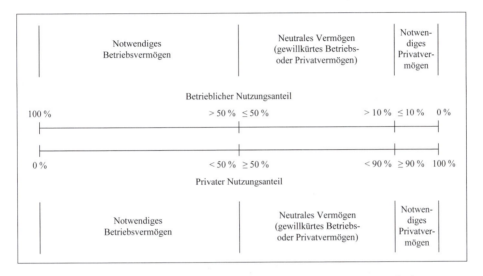

Abb. 19: Vermögenszuordnung bei gemischter Nutzung beweglicher Wirtschaftsgüter

Bei **Immobilien** ist aufgrund der Möglichkeit der räumlichen Aufteilung nach der Rechtsprechung[75] eine Parzellierung in Grundstücksteile entsprechend der Nutzungsart vorzunehmen, die dann jeweils ein eigenständiges Wirtschaftsgut darstellen. Diese Aufteilung in mehrere Wirtschaftsgüter ist von der zivilrechtlichen Beurteilung unabhängig.

Einkommensteuerlich sind Grund und Boden und die hierauf stehenden Gebäude eigenständige Wirtschaftsgüter, wobei hinsichtlich der Einteilung in Betriebs- und Privatvermögen der Grund und Boden dem Gebäude folgt. Das hat zur Folge, dass Grund und Boden, auf dem mehrere Gebäude stehen, die nicht allesamt entweder Betriebsvermögen oder Privatvermögen sind, flächenmäßig aufzuteilen ist. Da auch Gebäudeteile eines einzigen Gebäudes eigenständige Wirtschaftsgüter sein können, kann auch für den Fall, dass auf dem Grundstück zwar nur ein Gebäude steht, bei dem jedoch nicht alle Gebäudeteile einheitlich

---

[72] Vgl. u.a. BFH-Urteil vom 13.03.1964, BStBl III 1964, S. 455 und BFH-Urteil vom 27.03.1974, BStBl II 1974, S. 488.
[73] Modifiziert entnommen aus FEDERMANN, RUDOLF: Bilanzierung nach Handelsrecht und Steuerrecht und IAS/IFRS, 12. Aufl., Berlin 2010, S. 306.
[74] Vgl. BMF-Schreiben vom 17.11.2004, BStBl I 2004, S. 1064, Rn. 1.
[75] Vgl. z.B. BFH-Urteil vom 26.11.1973, BStBl II 1974, S. 132.

Betriebs- oder Privatvermögen sind, eine Aufteilung des zugehörigen Grund und Bodens erforderlich werden.[76]

Wird ein Gebäude teils eigenbetrieblich, teils fremdbetrieblich, teils zu eigenen, teils zu fremden Wohnzwecken genutzt, ist jeder der vier unterschiedlich genutzten Gebäudeteile ein eigenständiges Wirtschaftsgut (vgl. R 4.2 Abs. 4 EStR). Die Anschaffungs- oder Herstellungskosten sind dann, wenn dies aus steuerlichen Gründen erforderlich ist, auf die einzelnen Gebäudeteile im Verhältnis der Nutzfläche des jeweiligen Gebäudeteils zur gesamten Nutzfläche des Gebäudes aufzuteilen, sofern dies nicht zu einem unangemessenen Ergebnis führt (vgl. R 4.2 Abs. 6 EStR). Gebäudeteile, die keine selbstständigen Wirtschaftsgüter darstellen und ebenso keinem einzelnen eigenständigen Gebäudeteil allein zurechenbar sind (z.B. Personenfahrstuhl, Heizungsanlage), sind den selbstständigen Gebäudeteilen, denen sie dienen, anteilig – entsprechend deren Wertverhältnissen –[77] zuzurechnen.

Grundstücke und Grundstücksteile, die ausschließlich und unmittelbar für eigenbetriebliche Zwecke genutzt werden, gehören regelmäßig zum notwendigen Betriebsvermögen (vgl. R 4.2 Abs. 7 EStR). Wird ein Teil eines Gebäudes eigenbetrieblich genutzt, gehört der anteilig diesem Gebäudeteil zuzurechnende Grund und Boden ebenfalls zum notwendigen Betriebsvermögen (R 4.2 Abs. 7 EStR). Der Wert, der dem einzelnen Gebäudeteil zukommt, ist i.d.R. wiederum nach dem Verhältnis der Nutzflächen – wenn dies zu einem unangemessenen Ergebnis führt, ist jedoch ein anderer Wertmaßstab, wie z.B. der Rauminhalt, anzulegen – zu bestimmen (vgl. R 4.2 Abs. 8 EStR). Liegt der Wert eigenbetrieblich genutzter Grundstücksteile (Gebäudeteil zzgl. des dazugehörigen Grund und Bodens) nicht über einem Fünftel des gemeinen Wertes des gesamten Grundstücks und nicht über 20.500 €, so kann gem. § 8 EStDV auf eine Behandlung als Betriebsvermögen verzichtet werden. Auch wenn wegen dieser sog. untergeordneten Bedeutung eine Zuordnung zum Betriebsvermögen unterbleibt, sind Aufwendungen für den vereinfachungshalber nicht dem Betriebsvermögen zugerechneten Grundstücksteil – vorbehaltlich des § 4 Abs. 5 S. 1 Nr. 6b EStG mit Begrenzungen für ein häusliches Arbeitszimmer – als Betriebsausgaben zu behandeln.

Für den Fall, dass ein Gebäude oder Gebäudeteil weder eigenbetrieblich genutzt wird noch eigenen Wohnzwecken dient und auch nicht Dritten unentgeltlich zu Wohnzwecken überlassen wird, sondern Dritten entgeltlich zu Wohnzwecken oder zur gewerblichen Nutzung vermietet wird, kommt eine Behandlung als gewillkürtes Betriebsvermögen in Betracht, sofern die Grundstücke oder Grundstücksteile in einem gewissen objektiven Zusammenhang mit dem Betrieb stehen und ihn zu fördern bestimmt und geeignet sind (vgl. R 4.2 Abs. 9 EStR).

Bei **Verbindlichkeiten** wird der Handelsbilanzausweis von Rechtsprechung[78] und Verwaltung[79] noch nicht als hinreichend bestimmend für eine Betriebsschuld angesehen. Die steuerlichen Grundsätze der Abgrenzung von Betriebs- und Privatvermögen (sog. Trennungsprinzip) haben hier Vorrang vor dem Maßgeblichkeitsprinzip. Wenn Darlehensmittel tatsächlich nur z.T. für betriebliche Zwecke verwendet werden, daneben aber auch teilweise für die Le-

---

[76] Vgl. dazu insb. NIEMEIER, GERHARD u.a.: Einkommensteuer, 22. Aufl., Achim 2009, S. 164-171.
[77] Vgl. BFH-Beschluss vom 26.11.1973, BStBl II 1974, S. 132.
[78] Vgl. z.B. BFH-Urteil vom 23.06.1983, BStBl II 1983, S. 725.
[79] Vgl. BMF-Schreiben vom 27.07.1987, BStBl I 1987, S. 508.

bensführung oder für durch andere Einkunftsarten veranlasste Aufwendungen, so kann die Darlehensverbindlichkeit nur anteilig in dem Umfang passiviert werden, der der Verwendung des Darlehens für betriebliche Zwecke entspricht.[80]

6. Die konkreten Bilanzierungsverbote

Sind die grundsätzlichen Voraussetzungen für den Bilanzansatz erfüllt, so ist zusätzlich zu überprüfen, ob der Bilanzierung von Sachverhalten konkrete **Bilanzierungsverbote** gegenüberstehen.

Solche ergeben sich **auf der Aktivseite** v.a. durch

- das Verbot der Aktivierung von **Aufwendungen für die Gründung** des Unternehmens nach § 248 Abs. 1 Nr. 1 HGB, für die **Anschaffung des Eigenkapitals** nach § 248 Abs. 1 Nr. 2 HGB sowie für **Aufwendungen für den Abschluss von Versicherungsverträgen** nach § 248 Abs. 1 Nr. 3 HGB;

- das Verbot des Ausweises **selbst geschaffener Marken, Drucktitel, Verlagsrechte, Kundenlisten oder vergleichbarer immaterieller Vermögensgegenstände des Anlagevermögens** (§ 248 Abs. 2 S. 2 HGB). Für alle anderen selbst erstellten immateriellen Vermögensgegenstände des Anlagevermögens besteht seit Verabschiedung des Bilanzrechtsmodernisierungsgesetzes in der Handelsbilanz ein Aktivierungswahlrecht. Dabei darf eine Aktivierung nicht vollumfänglich erfolgen, vielmehr dürfen gem. § 248 Abs. 2 S. 1 HGB i.V.m. § 255 Abs. 2a S. 1 HGB nur die bei der Entwicklung eines selbst geschaffenen immateriellen Vermögensgegenstandes des Anlagevermögens angefallenen Herstellungskosten aktiviert werden. Für Forschungskosten besteht hingegen immer ein Aktivierungsverbot. Sofern eine Trennung zwischen Forschungs- und Entwicklungsphase nicht möglich ist, darf eine Aktivierung gem. § 255 Abs. 2a S. 4 HGB nicht erfolgen. In der Steuerbilanz besteht generell für nicht entgeltlich erworbene immaterielle Wirtschaftsgüter des Anlagevermögens ein Aktivierungsverbot (§ 5 Abs. 2 EStG);

- den Grundsatz ordnungsmäßiger Buchführung und Bilanzierung, nach dem **Ansprüche und Verpflichtungen aus (ausgewogenen) schwebenden Geschäften**, also aus beiderseits noch nicht erfüllten Verträgen, nicht in der Bilanz ausgewiesen werden dürfen (z.B. Mietrecht oder Auftragsbestände). Aus diesem Grund bleiben letztlich alle Termingeschäfte außerhalb der Buchhaltung. Bei einem erwarteten Verlust sind gem. § 249 Abs. 1 S. 1 HGB in jedem Fall entsprechende Rückstellungen in der Handelsbilanz zu bilden. Handelt es sich bei dem erwarteten Verlust um ein Ergebnis einer zur Absicherung finanzwirtschaftlicher Risiken gebildeten Bewertungseinheit (§ 254 HGB), so ist die handelsrechtliche Vorgehensweise gem. § 5 Abs. 1a EStG auch für die steuerliche Gewinnermittlung maßgeblich. Für anderweitig begründete Rückstellungen für drohende Verluste aus schwebenden Geschäften ist in der Steuerbilanz nach § 5 Abs. 4a EStG eine Passivierung untersagt.

- Steuerlich bleibt das **Saldierungsgebot** des § 246 Abs. 2 S. 2 HGB zur Verrechnung von Vermögensgegenständen mit Schulden aus Altersversorgungsverpflichtungen ohne Wir-

---

[80] Vgl. BFH-Beschluss vom 04.07.1990, BStBl II 1990, S. 817 und R 4.2 Abs. 15 EStR.

kung. § 5 Abs. 1a S. 1 EStG schließt eine derartige Verrechnung von Aktiv- und Passivpositionen aus. Auf der Aktivseite der Steuerbilanz darf kein aktiver Unterschiedsbetrag aus der Verrechnung von Vermögensgegenständen mit Schulden aus Altersversorgungsverpflichtungen ausgewiesen werden.

Von der Bilanzierung ausgeschlossen sind **auf der Passivseite** grundsätzlich – sofern nicht anderweitige Sonderregelungen bestehen – die Sachverhalte, die keine Schuld und damit keine hinreichend konkretisierte Belastung des Vermögens darstellen. Neben dem Grundsatz ordnungsmäßiger Buchführung, wonach Ansprüche und Verpflichtungen aus ausgewogenen schwebenden Geschäften nicht bilanziert werden dürfen, wird die Rückstellungsbildung in § 249 HGB auf die dort genannten Zwecke begrenzt. Folglich kann der Rückstellungsbegriff nicht willkürlich, sondern nur i.R. gesetzlicher Regelungen über die oben genannten Kriterien für eine Schuld hinaus ausgedehnt werden. Des Weiteren sorgen insb. steuerliche Regelungen für spezielle Bilanzierungsverbote in der Steuerbilanz (z.B. für die Bildung von Patentrechtsverletzungs- oder Jubiläumsrückstellungen sowie von Rückstellungen für die Verpflichtung zur schadlosen Verwertung radioaktiver Reststoffe unter bestimmten Voraussetzungen).

7. Die Bilanzierungswahlrechte

Wahlrechte für die Aufnahme von Gegenständen des Anlagevermögens in die Bilanz sind v.a. auf Vereinfachungsregelungen zurückzuführen. So müssen bspw. geringwertige Wirtschaftsgüter bis 150 € netto (§ 6 Abs. 2 EStG) und Wirtschaftsgüter, die mit einem Festwert angesetzt werden, nicht in das Bestandsverzeichnis aufgenommen und auch nicht aktiviert werden; dies hat zur Folge, dass diese bei Zugang sofort auf ein Aufwandskonto verbucht werden können.[81] Des Weiteren besteht handelsrechtlich gem. § 248 Abs. 2 S. 1 HGB i.V.m. § 255 Abs. 2a S. 1 HGB für selbst erstellte immaterielle Vermögensgegenstände des Anlagevermögens ein Aktivierungswahlrecht i.H.d. bei der Entwicklung angefallenen Herstellungskosten. Forschungskosten dürfen hingegen nicht aktiviert werden und sind stets als Aufwand der Periode zu erfassen. Gleiches gilt, wenn Forschungs- und Entwicklungskosten nicht hinreichend nachvollziehbar voneinander getrennt werden können (§ 255 Abs. 2a S. 4 HGB). Abb. 20[82] (S. 55) zeigt die unterschiedlichen handelsrechtlichen Behandlungen der Forschungs- und Entwicklungsphase in Übersichtsform. In der Steuerbilanz besteht nach § 5 Abs. 2 EStG für selbst erstellte immaterielle Wirtschaftsgüter des Anlagevermögens generell ein Ansatzverbot. Ist der Erfüllungsbetrag einer Verbindlichkeit größer als ihr Ausgabebetrag (sog. Disagio), darf handelsrechtlich der Unterschiedsbetrag als Rechnungsabgrenzungsposten auf der Aktivseite der Bilanz ausgewiesen werden (§ 250 Abs. 3 HGB). Steuerrechtlich besteht hingegen für ein Disagio stets eine Aktivierungspflicht (§ 5 Abs. 5 S. 1 EStG und H 6.10 EStR).[83]

---

[81] Vgl. R 5.4 Abs. 1 S. 3 EStR sowie JORCZYK, VOLKER M.: Geringwertige Wirtschaftsgüter: Neue Wertgrenzen ab 2008 wie anwenden?, in: SRTour 04/2008, S. 8 und 9 und JÜTTNER, UWE: GWG-Abschreibung: Neues Wahlrecht ab 2010 geplant, in: BRZ 2009, S. 545-548, s.b.S. 546.

[82] Geringfügig modifiziert entnommen aus BIEG, HARTMUT/KUßMAUL, HEINZ/PETERSEN, KARL/WASCHBUSCH, GERD/ZWIRNER, CHRISTIAN: Bilanzrechtsmodernisierungsgesetz – Bilanzierung, Berichterstattung und Prüfung nach dem BilMoG, München 2009, S. 47.

[83] Vgl. hierzu außerdem die Ausführungen auf S. 67 f.

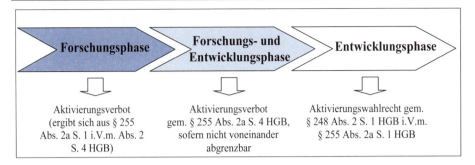

Abb. 20: Abgrenzung zwischen Forschungs- und Entwicklungsphase

Für die Bilanzierung von **Gegenständen des Umlaufvermögens** bestehen nur **wenige Wahlrechte**, so bspw., wenn auch strittig, bei unentgeltlich erworbenen materiellen Gegenständen in der Handelsbilanz.

Wahlrechte für die Aufnahme von Passiva in die Bilanz zeigen sich im Zusammenhang mit einem Teil der **Sachverhalte, die außerhalb des Begriffs der Schuld Bestandteile der Bilanz sind.** Durch das Bilanzrechtsmodernisierungsgesetz wurde eine Vielzahl von Passivierungswahlrechten abgeschafft,[84] festgehalten wird allerdings weiterhin am Passivierungswahlrecht für bestimmte Altersversorgungszusagen (Art. 28 Abs. 1 EGHGB; Anwendungsfälle: handels- und steuerrechtlich sind Pensionsrückstellungen für vor dem 01.01.1987 erteilte Zusagen zulässig; (nur handelsrechtlich, bei steuerlichem Verbot) Rückstellungen für mittelbare und ähnliche unmittelbare Verpflichtungen). Außerdem besteht **in der Steuerbilanz ein Wahlrecht zur Bildung sog. steuerfreier Rücklagen** (z.B. Rücklage für Ersatzbeschaffung nach R 6.6 EStR); handelsrechtlich ist die Abbildung dieser seit der Abschaffung der umgekehrten Maßgeblichkeit durch das Bilanzrechtsmodernisierungsgesetz nicht mehr gestattet.

---

[84] Abgeschafft durch das Bilanzrechtsmodernisierungsgesetz wurden der Sonderposten mit Rücklageanteil (§ 247 Abs. 3 und § 273 HGB a.F.), Rückstellungen für unterlassene Instandhaltungen, die zwischen dem 4. und 12. Monat nach Ende des Geschäftsjahres nachgeholt werden (§ 249 Abs. 1 HGB a.F.), sowie Aufwandsrückstellungen für bestimmte Aufwendungen (§ 249 Abs. 2 HGB a.F.).

D. Regelungen zur Bewertung in der Steuerbilanz[85]

Vgl. hierzu insb. BAETGE, JÖRG/KIRSCH, HANS-JÜRGEN/THIELE, STEFAN: Bilanzen, 12. Aufl., Düsseldorf 2012, S. 189-208; BIEG, HARTMUT: Jahresabschluß: Wertansätze, in: Lexikon der Betriebswirtschaftslehre, hrsg. von HANS CORSTEN und RALF GÖSSINGER, 5. Aufl., München 2008, S. 344-346; BIEG, HARTMUT/KUßMAUL, HEINZ/WASCHBUSCH, GERD: Externes Rechnungswesen, 6. Aufl., München 2012, S. 133-165; BIERGANS, ENNO: Einkommensteuer, 6. Aufl., München/Wien 1992, S. 348-556; COENENBERG, ADOLF GERHARD/HALLER, AXEL/SCHULTZE, WOLFGANG: Jahresabschluss und Jahresabschlussanalyse, 22. Aufl., Stuttgart 2012, S. 90-121; FEDERMANN, RUDOLF: Bilanzierung nach Handelsrecht und Steuerrecht und IAS/IFRS, 12. Aufl., Berlin 2010, S. 420-455; GROTTEL, BERND/GADEK, STEPHAN: § 255, in: Beck'scher Bilanzkommentar, hrsg. von HELMUT ELLROT u.a., 8. Aufl., München 2012; HABERSTOCK, LOTHAR: Steuerbilanz und Vermögensaufstellung, 3. Aufl., Hamburg 1991, S. 98-105, 111-135; KUßMAUL, HEINZ: Ansatz und Bewertung im handels- und steuerrechtlichen Jahresabschluß, in: StB 1992, S. 455-458 und StB 1993, S. 13-16, 57-63; KÜTING, KARLHEINZ: Herstellungskosten, in: Das neue deutsche Bilanzrecht, hrsg. von KARLHEINZ KÜTING, NORBERT PFITZER und CLAUS-PETER WEBER, 2. Aufl., Stuttgart 2009, S. 159-181; NIEMEIER, GERHARD u.a.: Einkommensteuer, 22. Aufl., Achim 2009, S. 338-458; OESTREICHER, ANDREAS: Handels- und Steuerbilanzen: HGB, IAS/IFRS, US-GAAP, EStG und BewG, 6. Aufl., Heidelberg 2003, S. 297-328; WÖHE, GÜNTER: Betriebswirtschaftliche Steuerlehre, Bd. 1, 2. Halbband: Der Einfluß der Besteuerung auf das Rechnungswesen des Betriebes, 7. Aufl., München 1992, S. 141-202, 320-341; WÖHE, GÜNTER: Bilanzierung und Bilanzpolitik, 9. Aufl., München 1997, S. 476-502.

1. Bewertungsmaßstäbe der Steuerbilanz

Vermögensgegenstände und Schulden sind nach § 252 Abs. 1 Nr. 3 HGB zum Abschlussstichtag einzeln zu bewerten (Grundsatz der **Einzelbewertung**). In Ausnahmefällen (z.B. Bewertung gleichartiger Vorräte) kann von der Einzelbewertung abgewichen werden und stattdessen ein Bewertungsverfahren zur Wertermittlung von Gütergesamtheiten herangezogen werden.

Nach § 253 Abs. 1 HGB sind Vermögensgegenstände höchstens mit ihren Anschaffungs- oder Herstellungskosten, Verbindlichkeiten grundsätzlich zu ihrem Erfüllungsbetrag und Rückstellungen i.H.d. nach vernünftiger kaufmännischer Beurteilung notwendigen Erfüllungsbetrages anzusetzen.[86] Neben der Berücksichtigung von zu erwartenden Preis- und Kostensteigerungen sind gem. § 253 Abs. 2 S. 1 HGB Rückstellungen mit einer Restlaufzeit von mehr als einem Jahr mit dem durchschnittlichen Marktzinssatz der vergangenen sieben Geschäftsjahre abzuzinsen. Ausgenommen von dieser Regelung sind Rückstellungen für Altersversorgungsverpflichtungen oder vergleichbare langfristig fällige Verpflichtungen. Diese dürfen auch pauschal mit einem von der Deutschen Bundesbank bekannt gegebenen durchschnittlichen Marktzinssatz abgezinst werden, der sich bei einer fingierten Restlaufzeit von 15 Jahren ergibt (§ 253 Abs. 2 S. 2 HGB). Für Verbindlichkeiten besteht hingegen in der Handelsbilanz grundsätzlich ein Abzinsungsverbot. Lediglich für Verbindlichkeiten, die

---

[85] Vgl. BIEG, HARTMUT/KUßMAUL, HEINZ/WASCHBUSCH, GERD: Externes Rechnungswesen, 6. Aufl., München 2012, S. 133-165; darüber hinaus erfolgen hier zahlreiche vertiefende Erläuterungen.

[86] Ausnahmeregelungen gelten für Altersversorgungsverpflichtungen; sofern sich deren Höhe ausschließlich nach dem beizulegenden Zeitwert von Wertpapieren i.S.d. § 266 Abs. 2 A.III.5 HGB bemisst, sind diese Rückstellungen gem. § 253 Abs. 1 S. 3 HGB mit dem beizulegenden Zeitwert zu bewerten. Während für die vom Arbeitgeber garantierten Mindestleistungen die allgemeinen Bewertungsregeln gelten, ist für die darüber hinausgehende Verpflichtung die Zeitbewertung maßgeblich; vgl. HOFFMANN, WOLF-DIETER/LÜDENBACH, NORBERT: NWB Kommentar Bilanzierung, 4. Aufl., Herne 2013, S. 652. Des Weiteren sind nach § 246 Abs. 2 S. 2 HGB zu verrechnende Vermögensgegenstände mit ihrem beizulegenden Zeitwert zu bilanzieren. Vgl. zu dieser Thematik ausführlich KUßMAUL, HEINZ/GRÄBE, SEBASTIAN: § 246 HGB, in: BilMoG – Gesetze, Materialien, Erläuterungen, hrsg. von KARL PETERSEN und CHRISTIAN ZWIRNER, München 2009, S. 387-389.

auf Rentenverpflichtungen basieren und für die keine Gegenleistung mehr zu erwarten ist, muss eine Abzinsung vorgenommen werden, wobei im Hinblick auf den Abzinsungssatz gem. § 253 Abs. 2 S. 3 HGB die gleichen Regelungen gelten, die bei den Rückstellungen aus Altersversorgungsverpflichtungen Anwendung finden.

Hinsichtlich der Bewertung von Verbindlichkeiten in der Steuerbilanz ist § 6 Abs. 1 Nr. 3 EStG zu beachten, der grundsätzlich eine Abzinsung mit einem Zinssatz von 5,5 % vorsieht, sofern es sich nicht um Verbindlichkeiten mit einer Laufzeit von weniger als 12 Monaten oder um verzinsliche Verbindlichkeiten oder um solche Verbindlichkeiten handelt, die auf einer Vorauszahlung oder einer Vorleistung beruhen. In der Steuerbilanz ist außerdem § 6 Abs. 1 Nr. 3a EStG zu beachten, der steuerliche Grundsätze für die Bewertung von Rückstellungen (Ansatz nur der Einzelkosten sowie der angemessenen Teile der notwendigen Gemeinkosten bei Rückstellungen für Sachleistungsverpflichtungen, wertmindernde Berücksichtigung von mit der Wertminderung in Verbindung stehenden künftigen Vorteilen, Berücksichtigung von Erfahrungswerten bei der Bemessung der Höhe der Rückstellungen) beinhaltet. Rückstellungen sind gem. § 6 Abs. 1 Nr. 3a Buchst. e EStG ebenfalls mit einem Zinssatz von 5,5 % abzuzinsen. Bei der Berechnung des Teilwerts von Pensionsrückstellungen ist steuerbilanziell gem. § 6a Abs. 3 S. 3 EStG allerdings ein Rechnungszinsfuß von 6 % zugrunde zu legen. Im Gegensatz zur Handelsbilanz dürfen bei der Bewertung von Rückstellungen erwartete Preis- und Kostensteigerungen gem. § 6 Abs. 1 Nr. 3a Buchst. f ausdrücklich nicht berücksichtigt werden.

Eine weitere Bewertungsvorschrift enthält § 272 Abs. 1 S. 2 HGB, der bei Kapitalgesellschaften den Ansatz des gezeichneten Kapitals zum Nennbetrag verbindlich vorschreibt.

Neben diesen sog. **Ausgangs- oder Basiswerten** enthalten die handelsbilanziellen Bewertungsvorschriften entsprechend dem Imparitätsprinzip bestimmte **Vergleichs- oder Korrekturwerte**. Insgesamt finden die in Abb. 21[87] dargestellten Wertbegriffe gesetzliche Anwendung, die Zusammenhänge der Bewertung sind in Abb. 22[88] (S. 58) ersichtlich.

Handelsbilanzielle Wertbegriffe	Steuerbilanzielle Wertbegriffe
– Börsen- oder Marktwert – Beizulegender Stichtagswert – Fair Value (beizulegender Zeitwert) – Nennbetrag – Erfüllungsbetrag – Unterschiedsbetrag	– Teilwert – Gemeiner Wert
– Anschaffungskosten – Herstellungskosten – Buchwert – Erinnerungswert	

Abb. 21: Handels- und steuerbilanzielle Wertbegriffe

---

[87] Modifiziert entnommen aus FEDERMANN, RUDOLF: Bilanzierung nach Handelsrecht und Steuerrecht und IAS/IFRS, 12. Aufl., Berlin 2010, S. 421.

[88] Modifiziert entnommen aus KUßMAUL, HEINZ: Ansatz und Bewertung im handels- und steuerrechtlichen Jahresabschluß, in: StB 1992, S. 455-458 und StB 1993, S. 13-16, 57-63, s.b.S. 13.

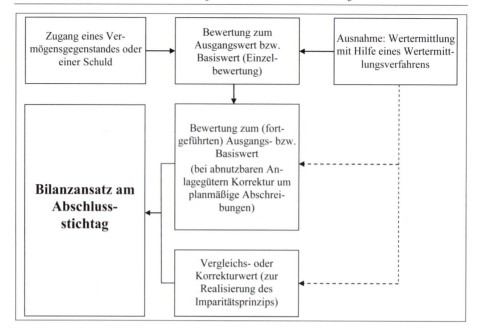

Abb. 22:   Zusammenhänge zwischen den einzelnen Wertkategorien

a)   Die Ausgangs- oder Basiswerte

(1)   Die Anschaffungskosten

Die Anschaffungskosten sind ein Wertmaßstab für alle Gegenstände, die entgeltlich von außerhalb des Unternehmens bezogen werden. Sie umfassen nach § 255 Abs. 1 HGB „die Aufwendungen, die geleistet werden, um einen Vermögensgegenstand zu erwerben und ihn in einen betriebsbereiten Zustand zu versetzen, soweit sie dem Vermögensgegenstand einzeln zugeordnet werden können. Zu den Anschaffungskosten gehören auch die Nebenkosten sowie die nachträglichen Anschaffungskosten. Anschaffungspreisminderungen sind abzusetzen".

Die Anschaffungskostendefinition wird in H 6.2 EStR von der Finanzverwaltung übernommen. Daraus resultiert eine begriffliche Übereinstimmung in Handelsbilanz und Steuerbilanz. Die Anschaffungskosten setzen sich somit zusammen aus:

	Anschaffungspreis
+	Anschaffungsnebenkosten, sofern einzeln zurechenbar
+	Nachträgliche Anschaffungskosten
./.	Anschaffungspreisminderungen (jeweils netto, d.h. ohne Umsatzsteuer, soweit das Unternehmen zum Vorsteuerabzug berechtigt ist)
=	Anschaffungskosten

Der **Anschaffungspreis** umfasst alle Aufwendungen zum Erwerb eines Vermögensgegenstandes. Als **Anschaffungsnebenkosten** sind z.B. bei **Grundstücken** die Grunderwerbsteuer, Notargebühren, Grundbuchgebühren, Maklerprovision und Vermessungsgebühren, bei **anderen Vermögensgegenständen** Eingangsfrachten, Anfuhr- und Abladekosten (Transportkosten), Transportversicherungen und Montagekosten (z.B. für den Bau von Fundamenten zur Aufstellung von Maschinen) zu berücksichtigen. Die wesentlichsten **Anschaffungspreisminderungen** sind Nachlässe (Rabatte, Boni und Skonti). **Zuschüsse** aus öffentlichen oder privaten Mitteln zur Anschaffung von Anlagegütern können ebenfalls zu einer Anschaffungskostenminderung führen, wenn die erfolgsneutrale Behandlung gewählt wird. In diesem Fall sind die Zuschüsse von den Anschaffungskosten abzusetzen, woraus geringere Abschreibungen in den Folgeperioden resultieren. Alternativ zur erfolgsneutralen Behandlung können derartige Zuschüsse sofort als Ertrag verbucht werden (erfolgswirksame Behandlung), sodass die Anschaffungskosten in voller Höhe in der Bilanz auszuweisen sind. Der mit der erfolgsneutralen Behandlung verbundene Steuerstundungseffekt entfällt. Nachträglich gewährte Zuschüsse, die erfolgsneutral behandelt werden sollen, sind nachträglich von den gebuchten Anschaffungskosten abzusetzen. Werden im Voraus Zuschüsse gewährt, die erfolgsneutral behandelt werden sollen, kann eine steuerfreie Zuschussrücklage (Sonderposten für Investitionszuschüsse zum Anlagevermögen) gebildet werden, die im Wirtschaftsjahr der Anschaffung auf das Anlagegut zu übertragen ist.[89]

Neben den Investitionszuschüssen können die Anschaffungs- bzw. Herstellungskosten im Steuerrecht u.a. noch durch die Reinvestitionsrücklage nach § 6b EStG, die Ersatzbeschaffungsrücklage nach R 6.6 Abs. 4 EStR sowie durch die Sonderabschreibungen gem. § 7g EStG gemindert werden. Handelsrechtlich ist dies seit Verabschiedung des Bilanzrechtsmodernisierungsgesetzes und der damit einhergehenden Abschaffung der umgekehrten Maßgeblichkeit nicht mehr möglich.

Infolge des **Bewertungsziels** der **Erfolgsneutralität des Beschaffungsvorgangs** dürfen die Anschaffungskosten nur diejenigen Beträge enthalten, die dem Unternehmen für die Anschaffung tatsächlich entstanden sind. Als Anschaffungspreis ist daher, soweit es sich um ein zum Vorsteuerabzug berechtigtes Unternehmen handelt, der Nettorechnungspreis anzusetzen. Im Falle eines nicht vorsteuerabzugsberechtigten Unternehmens ist der Bruttorechnungsbetrag anzusetzen. Dies gilt entsprechend für die weiteren Bestandteile der Anschaffungskosten. Mit dieser Bewertung ist die Erfolgsneutralität des Beschaffungsvorgangs gewährleistet. Mit der Einbeziehung der Anschaffungsnebenkosten wird eine periodenrichtige Verteilung des Aufwandes angestrebt. Die Anschaffungsnebenkosten werden als Bestandteil der Anschaffungskosten bei abnutzbaren Gegenständen des Anlagevermögens mittels der

---

[89] Zur Behandlung von Zuschüssen siehe R 6.5 EStR.

Abschreibung auf die Nutzungsdauer verteilt. Somit wird verhindert, dass der Gewinn im Jahr der Anschaffung um den vollen Betrag der Anschaffungsnebenkosten gekürzt wird. Die Anschaffungsnebenkosten bei Vermögenswerten des Umlaufvermögens werden sowohl bei Produkten, die unverarbeitet weiterveräußert werden (Waren), als auch bei solchen, die in den Produktionsprozess einfließen (Roh-, Hilfs- und Betriebsstoffe), aufgrund ihrer Aktivierung erst in der Periode ihrer Veräußerung bzw. ihres Verbrauchs als Materialaufwand verrechnet. Dies gilt grundsätzlich auch für die nicht abnutzbaren Vermögensgegenstände des Anlagevermögens, bei denen infolge der langen Selbstliquidationsperiode die Erfolgswirksamkeit damit allerdings sehr lange hinausgezögert wird.

Eine weitere Komponente der Anschaffungskosten bilden solche Aufwendungen, die erst längere Zeit nach dem Erwerb des Vermögensgegenstandes anfallen, die aber als Anschaffungskosten zu behandeln gewesen wären, wenn sie bereits zum Erwerbszeitpunkt angefallen wären (**nachträgliche Anschaffungskosten**). Als Beispiele kommen Um- oder Ausbauarbeiten oder nachträgliche Kaufpreisänderungen infolge einer Grundstücksvermessung in Betracht.

Kosten der Geldbeschaffung, insb. Fremdkapitalzinsen und ein Damnum bzw. Disagio, zählen grundsätzlich nicht zu den Anschaffungsnebenkosten; entsprechendes gilt ohnehin für die Eigenkapitalzinsen. Fremdkapitalzinsen sind allenfalls dann Bestandteil der Anschaffungsnebenkosten, wenn das Fremdkapital für eine Anzahlung oder Vorauszahlung zur Finanzierung von Neuanlagen mit längerer Bauzeit (z.B. im Schiffsbau) verwendet wird.[90]

Während ein selbst geschaffener (originärer) **Geschäfts- oder Firmenwert** nicht aktiviert werden darf, muss ein derivativer Geschäfts- oder Firmenwert sowohl in der Handelsbilanz (§ 246 Abs. 1 S. 4 HGB) als auch in der Steuerbilanz (§ 5 Abs. 2 EStG) ausgewiesen werden. Der derivative Geschäfts- oder Firmenwert stellt die positive Differenz zwischen der für die Übernahme des Unternehmens bewirkten Gegenleistung, i.d.R. also dem Kaufpreis, einerseits und der Differenz zwischen dem Wert der einzelnen Vermögensgegenstände des erworbenen Unternehmens und deren Schulden (jeweils im Zeitpunkt der Übernahme des Unternehmens; vgl. § 246 Abs. 1 S. 4 HGB) andererseits dar.

Bezüglich der Anschaffungskosten stellen sich insb. die Spezialfragen des **Tausches** und des **unentgeltlichen Erwerbs**.

Die Anschaffungskosten bei **eingetauschten Wirtschaftsgütern** sind steuerrechtlich nach § 6 Abs. 6 EStG i.H.d. gemeinen Wertes des weggegebenen Wirtschaftsgutes festzusetzen. Mit dieser Bewertung soll erreicht werden, dass die in den weggegebenen Wirtschaftsgütern enthaltenen stillen Rücklagen aufgelöst und besteuert werden. Handelsrechtlich finden sich keinerlei Vorschriften hinsichtlich der Bemessung der entsprechenden Anschaffungskosten. Im Handelsrecht sieht die h.M. sowohl den Ansatz zum Buchwert als auch zum gemeinen Wert des hingegebenen Wirtschaftsgutes als zulässig an. Als handelsrechtlich ebenfalls legi-

---

[90] Vgl. kritisch GROTTEL, BERND/PASTOR, CHRISTIANE: § 255, in: Beck'scher Bilanzkommentar, hrsg. von HELMUT ELLROTT u.a., 8. Aufl., München 2012, Rn. 501.

timiert wird die teilweise Aufdeckung stiller Reserven – mit dem Zweck der Neutralisierung der zusätzlichen Ertragsteuerbelastung – angesehen.[91]

Unentgeltlicher Erwerb von Wirtschaftsgütern ist im Fall des Erwerbs von Todes wegen und bei Schenkungen unter Lebenden gegeben. Wird ein **Betrieb, Teilbetrieb oder Mitunternehmeranteil** unentgeltlich erworben, sind nach § 6 Abs. 3 EStG die bisherigen Buchwerte fortzuführen.

Wird ein **einzelnes Wirtschaftsgut vom Privatvermögen oder Betriebsvermögen eines Steuerpflichtigen in das Betriebsvermögen eines anderen Steuerpflichtigen** unentgeltlich überführt, so ist dieses nach § 6 Abs. 4 EStG mit dem Betrag zu aktivieren, der zum Zeitpunkt des Erwerbs hätte aufgewendet werden müssen (gemeiner Wert als fiktive Anschaffungskosten). Die Übertragung stellt damit einen erfolgswirksamen Vorgang für den Empfänger dar, da i.H.d. Wertes des Wirtschaftsgutes Betriebseinnahmen vorliegen.

Werden **einzelne Wirtschaftsgüter vom Privatvermögen eines Steuerpflichtigen in dessen Betriebsvermögen** überführt, wird die Einlage dagegen erfolgsneutral behandelt; die betreffenden Wirtschaftsgüter sind nach § 6 Abs. 1 Nr. 5 Buchst. a EStG grundsätzlich mit dem Teilwert anzusetzen, jedoch höchstens mit den Anschaffungs- oder Herstellungskosten, wenn das zugeführte Wirtschaftsgut innerhalb der letzten drei Jahre vor dem Zeitpunkt der Zuführung angeschafft oder hergestellt worden ist. Handelt es sich bei der Einlage um ein abnutzbares Wirtschaftsgut, sind zudem die Anschaffungs- oder Herstellungskosten um zwischenzeitliche AfA zu kürzen (§ 6 Abs. 1 Nr. 5 S. 2 EStG), und zwar unabhängig davon, ob sich die AfA im Privatvermögen steuermindernd ausgewirkt haben oder nicht. Ist der Teilwert niedriger als die – ggf. fortgeführten – Anschaffungs- oder Herstellungskosten, ist dieser anzusetzen. Gleiches gilt gem. § 6 Abs. 6 S. 2 und 3 EStG für die Erhöhung des Wertes einer Beteiligung an einer Kapitalgesellschaft im Falle einer verdeckten Einlage eines Wirtschaftsgutes in die Kapitalgesellschaft. Zweck dieser Vorschriften ist es, zu verhindern, dass im Privatvermögen – steuerfrei – entstandene Wertsteigerungen steuerneutral ins Betriebsvermögen eingebracht werden und die nachfolgenden planmäßigen und/oder außerplanmäßigen Wertminderungen dann zulasten des Betriebsgewinns und damit letztlich auch des Fiskus gehen.

Wird eine **Beteiligung** i.S.d. § 17 Abs. 1 oder 6 EStG oder ein Wirtschaftsgut i.S.d. § 20 Abs. 2 EStG **in ein Betriebsvermögen** eingelegt, so ist die Einlage ebenfalls mit dem Teilwert, höchstens aber den fortgeführten Anschaffungs- oder Herstellungskosten zu bewerten, allerdings unabhängig davon, wann sie im Privatvermögen angeschafft wurde. Wäre die Einlage einer solchen Beteiligung mit dem über den Anschaffungskosten liegenden Teilwert möglich, so könnte die Besteuerung der in der Beteiligung ruhenden stillen Reserven durch Einlage ins Betriebsvermögen umgangen werden. Außerdem würden spätere Wertminderungen wiederum den steuerlichen Gewinn belasten, und zwar selbst dann, wenn die ursprünglichen Anschaffungs- oder Herstellungskosten noch nicht einmal unterschritten würden.

---

[91] Vgl. BAETGE, JÖRG/KIRSCH, HANS-JÜRGEN/THIELE, STEFAN: Bilanzen, 12. Aufl., Düsseldorf 2012, S. 194 f.

Die Einlage von einzelnen Wirtschaftsgütern **vom Betriebsvermögen eines Steuerpflichtigen in ein anderes Betriebsvermögen desselben Steuerpflichtigen** ist grds. erfolgsneutral, da die Überführung i.d.R. zum Buchwert erfolgt (§ 6 Abs. 5 EStG).

(2) Die Herstellungskosten

Alle von dem Unternehmen ganz oder teilweise selbst erstellten Güter des Anlage- und Umlaufvermögens (eigenbetrieblich genutzte selbst erstellte Anlagen, unfertige und fertige Erzeugnisse und Leistungen), die am Abschlussstichtag noch vorhanden sind, sind mit den Herstellungskosten zu bewerten. Eine für Unternehmen aller Rechtsformen geltende Definition der Herstellungskosten gibt § 255 Abs. 2 HGB. Herstellungskosten sind danach „die Aufwendungen, die durch den Verbrauch von Gütern und die Inanspruchnahme von Diensten für die Herstellung eines Vermögensgegenstandes, seine Erweiterung oder für eine über seinen ursprünglichen Zustand hinausgehende wesentliche Verbesserung entstehen" (§ 255 Abs. 2 S. 1 HGB). Der Begriff „Herstellung" umfasst jedoch nicht nur die Fertigung als eigentlichen Herstellungsvorgang, vielmehr schließt er „auch die Beschaffung, den Transport und die Lagerung der zur Fertigung benötigten Kostengüter (Produktionsfaktoren) ein"[92]. Aktivierungspflichtig sind jedoch nicht alle Kostenbestandteile, die bei der Erstellung der Betriebsleistung anfallen. Vielmehr besteht für bestimmte Kostenarten ein Aktivierungswahlrecht bzw. ein Aktivierungsverbot.

In einem Schreiben vom 12.03.2010 i.V.m. dem BFH-Urteil vom 21.10.1993 vertritt das BMF die Auffassung, im Rahmen der steuerlichen Gewinnermittlung gem. § 6 Abs. 1 Nr. 2 S. 1 EStG alle Aufwendungen anzusetzen, die ihrer Art nach Herstellungskosten sind.[93] Davon sind alle in § 255 Abs. 2 S. 3 HGB aufgeführten Aufwendungen bzw. Kosten betroffen und zwar auch dann, wenn handelsrechtlich für diese ein Wahlrecht besteht. Damit verstößt das BMF m.E. nicht nur gegen eine jahrzehntelang praktizierte und von der Finanzverwaltung anerkannte Vorgehensweise, sondern auch gegen die herrschende Meinung, die sowohl handels- als auch steuerrechtlich ein Einbeziehungswahlrecht für bestimmte Gemeinkosten vorsieht.[94]

Das BMF wies zwischenzeitlich in einem ergänzenden BMF-Schreiben vom 22.06.2010 darauf hin, dass das handelsrechtliche Bewertungswahlrecht diesbezüglich auch für die Steuerbilanz gilt, womit das zuvor proklamierte Einbeziehungsgebot (vorübergehend) wieder aufgehoben wurde.[95] Das Wahlrecht der Einbeziehung von allgemeinen Verwaltungskosten, Aufwendungen für freiwillige soziale Leistungen, Aufwendungen für die betriebliche Altersvorsorge und Aufwendungen für freiwillige soziale Leistungen wurde aufrechterhalten, bis es zu einer Anpassung der Einkommensteuer-Richtlinien kam, die Ende 2012 beschlossen wurden.[96] Der gesetzliche Richtliniengeber schuf durch die Überarbeitung der

---

[92] WÖHE, GÜNTER: Bilanzierung und Bilanzpolitik, 9. Aufl., München 1997, S. 390.
[93] Vgl. BMF-Schreiben vom 12.03.2010, BStBl I 2010, S. 650, Rn. 8 sowie BFH-Urteil vom 21.10.1993, BStBl II 1994, S. 176.
[94] Vgl. GROTTEL, BERND/PASTOR, CHRISTIANE: § 255, in: Beck'scher Bilanzkommentar, hrsg. von HELMUT ELLROTT u.a., 8. Aufl., München 2012, Rn. 359 m.w.N.
[95] Vgl. BMF-Schreiben vom 22.06.2010, BStBl I 2010, S. 597.
[96] Vgl. BMF-Schreiben vom 22.06.2010, BStBl I 2010, S. 239.

R 6.3 EStR im Zuge der Einkommensteuer-Änderungsrichtlinien 2012 eine Grundlage für das BMF-Schreiben vom 12.03.2010.[97] Das bisherige handelsrechtliche Bewertungswahlrecht wird in Analogie zu den Verlautbarungen im Rahmen des BMF-Schreibens vom 12.03.2010 durch eine steuerliche Einbeziehungspflicht ersetzt. In den Einkommensteuer-Änderungsrichtlinien ist gem. R 6.3 Abs. 1 EStR die steuerliche Aktivierungspflicht für die angemessenen Kosten der allgemeinen Verwaltung, für die angemessenen Aufwendungen für soziale Einrichtungen des Betriebs, für freiwillige soziale Leistungen und für die betriebliche Altersversorgung vorgesehen. Das bisherige aus der handelsrechtlichen Behandlung abgeleitete Wahlrecht für diese Herstellungskostenbestandteile gem. R 6.3 Abs. 4 EStR a.F. wurde aufgehoben; der bisherige Abs. 4 wurde gestrichen (vgl. Abb. 23[98] auf S. 64).[99]

Indes bleibt das handelsrechtliche Bewertungswahlrecht für Fremdkapitalzinsen auch weiterhin gem. R 6.3 Abs. 5 EStR für die steuerliche Gewinnermittlung bestehen. Die R 6.3 EStR wurde entsprechend in Bezug auf Aufbau, Gliederung und Inhalt modifiziert.

Die Erweiterung des steuerlichen Herstellungskostenbegriffs als einer der Kernpunkte der Novellierung der EStR wird im Schrifttum und bei den Verbänden ausgesprochen kritisch gesehen.[100] Die bereits im Rahmen der Veröffentlichung des BMF-Schreibens vom 12.03.2010 geäußerte Kritik zum fragwürdigen Verweis auf das nicht einschlägige BFH-Urteil vom 21.10.1993[101] wurde nicht ausgeräumt.[102] Getreu dem BFH-Urteil, auf das sich die Finanzverwaltung expressis verbis in ihrem Schreiben vom 12.03.2010 beruft und das die Grundlage des erweiterten steuerlichen Herstellungskostenbegriffs darstellt, sind die in § 255 Abs. 2 S. 3 HGB umschriebenen Gemeinkosten ihrem Wesen nach Herstellungskosten. Daraus leitet die Finanzverwaltung die Einbeziehungspflicht für die allgemeinen Verwaltungskosten ab. Allerdings finden diese allgemeinen Verwaltungskosten erst in § 255 Abs. 2 S. 4 der damaligen Fassung des HGB Erwähnung.[103] In dem Urteil vom 21.10.1993 geht der BFH auf diese Frage auch in keiner Weise ein und lässt die Behandlung der allgemeinen Verwaltungskosten damit offen.[104]

Ferner steht die mit der Erweiterung des steuerlichen Herstellungskostenbegriffs, d.h. der Anhebung der steuerlichen Herstellungskostenuntergrenze, nicht im Einklang mit den so oft propagierten Zielsetzungen des Bilanzrechtsmodernisierungsgesetzes. Demnach stand neben

---

[97] Vgl. BR-Drs. 681/12, S. 7f.

[98] Modifiziert entnommen aus BIEG, HARTMUT/KUßMAUL, HEINZ/WASCHBUSCH, GERD: Externes Rechnungswesen, 6. Aufl., München 2012, S. 142.

[99] Vgl. BR-Drs. 681/12, S. 7.

[100] Vgl. stellvertretend IDW: Stellungnahme vom 06.06.2012: Entwurf einer allgemeinen Verwaltungsvorschrift zur Änderung der Allgemeinen Verwaltungsvorschrift zur Anwendung des Einkommensteuerrechts 2008 (EStR 2008) – Einkommensteuer-Änderungsrichtlinien 2012 (EStÄR 2012), Düsseldorf 2012, S. 4 f.; WEBER-GRELLET, HEINRICH: Neuregelung der Bilanzierung von Herstellungskosten durch den Entwurf der EStÄR 2012, in: DB 26-27/2012, S. M1.

[101] BFH-Urteil vom 21.10.1993, BStBl II 1994, S. 176.

[102] Vgl. statt vieler BStBK: Stellungnahme vom 23.03.2010: BMF-Schreiben IV C 6 – S 2133/09/10001 vom 12.03.2010, Tz. 8, Berlin 2010, S. 1.

[103] Vgl. ausführlich GRÄBE, SEBASTIAN: Das Maßgeblichkeitsprinzip vor dem Hintergrund des BilMoG, in: Bilanz-, Prüfungs- und Steuerwesen, hrsg. von KARLHEINZ KÜTING, CLAUS-PETER WEBER und HEINZ KUßMAUL, Bd. 23, Berlin 2012, S. 303-306.

[104] Vgl. GÜNKEL, MANFRED/TESCHKE, MANUEL: Änderung des steuerlichen Herstellungskostenbegriffs durch das BilMoG? – Anmerkung zum BMF-Schreiben vom 12.03.2010, in: Ubg 2010, S. 401-406, s.b.S. 403.

der Wahrung der Steuerneutralität u.a. die Annäherung des handelsrechtlichen Herstellungskostenbegriffs an die bilanzsteuerrechtliche Behandlung im Fokus der Novellierungen, indem das ursprüngliche Aktivierungswahlrecht für Material- und Fertigungsgemeinkosten in ein Aktivierungsgebot analog den steuerrechtlichen Vorgaben transformiert wurde.[105]

Durch das BMF-Schreiben vom 25.03.2013 wurden die Neuregelungen der R 6.3 Abs. 1 EStÄR indes einstweilig außer Kraft gesetzt.[106] Im Einvernehmen mit den obersten Finanzbehörden der Länder soll es danachnicht beanstandet werden, wenn bis zur Verifizierung des damit verbundenen Erfüllungsaufwands, aber spätestens bis zu einer Neufassung der EStR im Rahmen der Ermittlung der Herstellungskosten noch nach der R 6.3 Abs. 4 EStR 2008 verfahren wird.[107]

Kostenarten	Handelsrecht (§ 255 Abs. 2 HGB)	Steuerrecht (R 6.3 EStR)
Materialeinzelkosten	Aktivierungspflicht	Aktivierungspflicht
Fertigungseinzelkosten	Aktivierungspflicht	Aktivierungspflicht
Sondereinzelkosten der Fertigung	Aktivierungspflicht	Aktivierungspflicht
Materialgemeinkosten	Aktivierungspflicht	Aktivierungspflicht
Fertigungsgemeinkosten	Aktivierungspflicht	Aktivierungspflicht
Werteverzehr des Anlagevermögens, soweit durch die Fertigung veranlasst	Aktivierungspflicht	Aktivierungspflicht
Wertuntergrenze nach HGB und Steuerrecht		
Aufwendungen für soziale Einrichtungen des Betriebes	Aktivierungswahlrecht	Aktivierungspflicht/Aktivierungswahlrecht
Aufwendungen für freiwillige soziale Leistungen des Betriebes	Aktivierungswahlrecht	Aktivierungspflicht/Aktivierungswahlrecht
Aufwendungen für die betriebliche Altersversorgung	Aktivierungswahlrecht	Aktivierungspflicht/Aktivierungswahlrecht
Kosten der allgemeinen Verwaltung	Aktivierungswahlrecht	Aktivierungspflicht/Aktivierungswahlrecht
Wertobergrenze nach HGB und Steuerrecht		
Vertriebskosten	Aktivierungsverbot	Aktivierungsverbot
Forschungskosten	Aktivierungsverbot	Aktivierungsverbot

Abb. 23:   Ermittlung der Herstellungskosten nach Handels- und Steuerrecht

---

[105] Vgl. BT-Drs. 16/10067 vom 30.07.2008, S. 36.
[106] Vgl. SPIEKER, SASCHA: EStÄR 2012 – Die wesentlichen Änderungen im Überblick, in: DB 2013, S. 782.
[107] Vgl. BMF-Schreiben vom 25.03.2013, in: DB 14/2013, S. 15.

Das **Steuerrecht** verlangt zwar in § 6 Abs. 1 EStG den Ansatz von Herstellungskosten für unfertige und fertige Erzeugnisse sowie für eigenbetrieblich genutzte selbst erstellte Anlagen; eine Definition der Herstellungskosten ist jedoch weder im EStG noch in der Durchführungsverordnung enthalten. Einzelheiten für die Ermittlung der steuerrechtlich anzusetzenden Herstellungskosten regeln nur die Einkommensteuer-Richtlinien (R 6.3 EStR).

Das **Handelsrecht** richtet sich bei der Ermittlung der Herstellungskosten nach dem **Kriterium der Zurechenbarkeit** der einzelnen Kosten auf einen Kostenträger. Damit wird auf das Grundprinzip der Kostenrechnung, jeder erstellten Betriebsleistung diejenigen Kosten anzulasten, die sie tatsächlich verursacht hat, zurückgegriffen. Dabei wird zwischen **Einzelkosten**, die sich dem erstellten Produkt (Kostenträger) einzeln zurechnen lassen, und den restlichen, nicht einzeln zurechenbaren, sondern nur im Wege der Schlüsselung und Umlage dem einzelnen Kostenträger zuordenbaren **Gemeinkosten** unterschieden. Aus Gründen der Wirtschaftlichkeit werden allerdings die nur mit unangemessen hohem Aufwand einzeln zurechenbaren Kosten nicht als Einzelkosten, sondern als Gemeinkosten behandelt („**unechte Gemeinkosten**"). Der handelsrechtliche Begriff „Herstellungskosten" ist allerdings insoweit ungenau, als bei der Ermittlung der Herstellungskosten nicht sämtliche in der Kostenrechnung verrechneten Kosten berücksichtigt werden dürfen. Vielmehr sind nur **aufwandsgleiche Kosten** in die Herstellungskosten einzubeziehen, nicht dagegen die sog. kalkulatorischen Kosten, da es ansonsten zum Ausweis unrealisierter Gewinne käme. Ein typisches Beispiel für **kalkulatorische Kosten** ist der kalkulatorische Unternehmerlohn, der bei Einzelunternehmen und Personenhandelsgesellschaften als Entgelt für die Mitarbeit des Unternehmers bzw. der Mitunternehmer in die Selbstkosten einbezogen wird.

Einen wesentlichen Bestandteil der bei der Produktion anfallenden Kosten stellen die Materialkosten, also der mit der Produktion verbundene Verbrauch an Roh-, Hilfs- und Betriebsstoffen, sowie die Fertigungskosten, also die bei der Produktion angefallenen Löhne bzw. Gehälter sowie die Lohnnebenkosten, dar. Wenn allerdings in § 255 Abs. 2 S. 2 1. Halbsatz HGB von Materialkosten, Fertigungskosten und Sonderkosten der Fertigung die Rede ist, muss es sich um Materialeinzelkosten, Fertigungseinzelkosten und Sondereinzelkosten der Fertigung handeln, wäre doch sonst die gesonderte Erwähnung der Materialgemeinkosten und der Fertigungsgemeinkosten in § 255 Abs. 2 S. 2 2. Halbsatz HGB bzw. R 6.3 Abs. 1 EStR nicht verständlich.

Die **Materialgemeinkosten**, zu denen wegen ihres fehlenden Stückbezugs alle Aufwendungen für die nicht körperlich in das Fertigprodukt eingehenden Betriebsstoffe[108] sowie alle nicht einzeln zurechenbaren Aufwendungen für Roh- und Hilfsstoffe gehören, und die **Fertigungsgemeinkosten** müssen nach § 255 Abs. 2 S. 2 HGB ebenfalls bei der Ermittlung der handelsrechtlichen Herstellungskosten angesetzt werden. Ebenso gilt ein **Aktivierungsgebot** gem. § 255 Abs. 2 S. 2 HGB für den Werteverzehr des Anlagevermögens, soweit er durch die Fertigung veranlasst ist. Dabei handelt es sich um die planmäßigen handelsrechtlichen Abschreibungen im Bereich der Fertigung, nicht dagegen um dort verrechnete außerplanmäßige handelsrechtliche Abschreibungen und auch nicht um steuerrechtlich mögliche

---

[108] Vgl. KNOP, WOLFGANG/KÜTING, KARLHEINZ: § 255 HGB, in: Handbuch der Rechnungslegung, Bd. 2, hrsg. von KARLHEINZ KÜTING, NORBERT PFITZER und CLAUS-PETER WEBER, Stuttgart (Loseblatt), Stand: Mai 2013, Rn. 169.

Sonderabschreibungen, würde doch durch deren Aktivierung in den Herstellungskosten der zu bewertenden selbst erstellten Vermögensgegenstände eine, wenn auch nur teilweise, Rückgängigmachung der Abschreibungen erfolgen. Dies widerspräche „sowohl der gewinnmindernden Wirkung des Imparitätsprinzips als auch dem Zweck steuerlicher Sonderabschreibungen zur Reduktion der Ertragsteuerbelastung"[109].

In der **Handelsbilanz** sind damit nach § 255 Abs. 2 S. 2 HGB die **Materialeinzelkosten**, die **Fertigungseinzelkosten** und die **Sondereinzelkosten der Fertigung**, also die dem Produkt einzeln zurechenbaren Beträge für Entwürfe, Modelle, Schablonen und Spezialwerkzeuge, **aktivierungspflichtig**. Ebenfalls aktivierungspflichtig sind gem. § 255 Abs. 2 S. 2 HGB angemessene **Material-** und **Fertigungsgemeinkosten** sowie der **fertigungsbedingte Werteverzehr des Anlagevermögens**. Für die **Steuerbilanz** müssen die genannten Kosten bei der Ermittlung der Herstellungskosten ebenfalls berücksichtigt und damit aktiviert werden.

Für bestimmte Kosten besteht handelsrechtlich ein Aktivierungswahlrecht (§ 255 Abs. 2 S. 3 HGB) und steuerlich nach den Vorgaben der modifizierten EStR ein Aktivierungsgebot (R 6.3 Abs. 1 EStR) bzw. derzeit doch noch ein Aktivierungswahlrecht. Es handelt sich dabei um **Kosten der allgemeinen Verwaltung**, z.B. für die Geschäftsleitung, den Einkauf, das interne und externe Rechnungswesen, die Personalabteilung, die Aus- und Weiterbildung, **Aufwendungen für soziale Einrichtungen des Betriebes**, z.B. für Kantinen und Werksbüchereien, **Aufwendungen für freiwillige soziale Leistungen**, z.B. für nicht vertraglich bzw. tarifvertraglich vereinbarte Zuwendungen wie Jubiläumsgeschenke und Weihnachtszuwendungen, sowie **Aufwendungen für betriebliche Altersversorgung**, z.B. für Zuführungen zu Pensionsrückstellungen und für Prämienzahlungen im Falle von Direktversicherungen (vgl. S. 236 f.).

§ 255 Abs. 3 HGB bestimmt, dass **Zinsen für Fremdkapital** nur dann in die Herstellungskosten eines Vermögensgegenstandes einbezogen werden dürfen, wenn das Fremdkapital zur Finanzierung von dessen Herstellung aufgenommen wurde. Ist dies der Fall, können diejenigen Fremdkapitalzinsen, die auf den Zeitraum der Herstellung entfallen, zu den Herstellungskosten hinzugerechnet werden. Dieses handelsrechtliche Wahlrecht wird durch R 6.3 Abs. 4 EStR für steuerliche Zwecke übernommen.[110] Über die Einbeziehung von Fremdkapitalzinsen in die Herstellungskosten müssen im Anhang gem. § 284 Abs. 2 Nr. 5 HGB Angaben gemacht werden.

Für **Vertriebskosten** besteht handels- wie steuerrechtlich ein **Aktivierungsverbot** gem. § 255 Abs. 2 S. 4 HGB.

Einen **Überblick** über die dargestellten handels- und steuerrechtlichen Vorschriften zur Ermittlung der Herstellungskosten[111] und die sich aus den Vorschriften hinsichtlich Aktivie-

---

[109] BAETGE, JÖRG/KIRSCH, HANS-JÜRGEN/THIELE, STEFAN: Bilanzen, 12. Aufl., Düsseldorf 2012, S. 202.

[110] Kommt es zum Ansatz von Fremdkapitalzinsen in der Handelsbilanz, muss dies nach Ansicht des BMF aufgrund des Maßgeblichkeitsgrundsatzes auch einen Ansatz in der Steuerbilanz nach sich ziehen. Vgl. BMF-Schreiben vom 12.03.2010, BStBl I 2010, S. 650, Rn. 6.

[111] Vgl. auch KNOP, WOLFGANG/KÜTING, KARLHEINZ: § 255 HGB, in: Handbuch der Rechnungslegung, Bd. 2, hrsg. von KARLHEINZ KÜTING, NORBERT PFITZER und CLAUS-PETER WEBER, Stuttgart (Loseblatt), Stand: Mai 2013, Rn. 125-411; SELCHERT, FRIEDRICH WILHELM: Probleme der Unter- und Obergrenze von Herstellungskosten, in: BB 1986, S. 2298-2306.

rungspflicht bzw. Aktivierungswahlrechten ergebenden Wertunter- bzw. Wertobergrenzen der handels- und steuerrechtlichen Herstellungskosten gibt Abb. 23 (S. 64).

Obwohl die Pflicht- und Wahlbestandteile gesetzlich fixiert sind, bereitet die Ermittlung der Herstellungskosten doch erheblich größere Schwierigkeiten als die Bestimmung der Anschaffungskosten. Genaue Rechnungsbeträge, die bei Beschaffungsvorgängen die angefallenen Kosten exakt dokumentieren, liegen im Falle der selbst erstellten Produkte eben gerade nicht vor. Die Berechnung der Herstellungskosten basiert auf den Daten der Kostenrechnung, die allerdings andere Zielsetzungen als die handelsrechtlichen Rechnungslegungsvorschriften verfolgt und deren Zahlenmaterial daher in verschiedener Hinsicht zu korrigieren ist.

Mit der Ermittlung der Herstellungskosten wird nicht nur der **Bilanzansatz** der **eigenbetrieblich genutzten selbst erstellten Anlagen** (aktivierte Eigenleistungen) sowie der **fertigen und unfertigen Erzeugnisse** (Bestandserhöhungen) bestimmt, sondern auch die **Höhe des Periodenerfolges** in Fertigungs- und Verkaufsperiode **beeinflusst**. Dies wird besonders deutlich, wenn die Gewinn- und Verlustrechnung entsprechend dem Gesamtkostenverfahren nach § 275 Abs. 2 HGB aufgestellt wird. Dabei werden den Aufwendungen der Periode, die auch die Aufwendungen für die in der abgeschlossenen Periode durchgeführte Produktion enthalten, nicht nur die am Absatzmarkt erzielten Umsatzerlöse gegenübergestellt, sondern auch die in ihrer Höhe von den gewählten Herstellungskosten abhängigen Erträge aus der Aktivierung der „anderen aktivierten Eigenleistungen" sowie der „Erhöhung des Bestands an fertigen und unfertigen Erzeugnissen" (vermindert um die Aufwendungen aus der „Verminderung des Bestands an fertigen und unfertigen Erzeugnissen", die von den früher angesetzten Herstellungskosten abhängig sind).

b)   Sonstige grundlegende bilanzielle Wertbegriffe

Verbindlichkeiten sind gem. § 253 Abs. 1 S. 2 HGB zu ihrem **Erfüllungsbetrag** anzusetzen. Der Erfüllungsbetrag ist als derjenige Betrag definiert, den der Schuldner bei Fälligkeit aufbringen muss, um seine Verbindlichkeit zu begleichen. Hierbei ist es unerheblich, ob es sich bei der Verbindlichkeit um eine Geldleistungs- oder eine Sachleistungsverpflichtung handelt. Der dem Schuldner zugeflossene Betrag – Verfügungsbetrag – spielt bei der Bewertung der Verbindlichkeit nur insoweit eine Rolle, als die Differenz zwischen Rückzahlungsbetrag (RB) und Verfügungsbetrag (VB) entweder als Disagio (RB > VB) in den Rechnungsabgrenzungsposten auf der Aktivseite aufgenommen werden darf (§ 250 Abs. 3 HGB) oder als passiver Rechnungsabgrenzungsposten (RB < VB) angesetzt werden muss. Für die Bewertung von **Verbindlichkeiten** in der **Steuerbilanz** ist § 6 Abs. 1 Nr. 3 EStG zu beachten: Danach sind Verbindlichkeiten, die eine Laufzeit am Abschlussstichtag von mindestens zwölf Monaten aufweisen, mit einem Zinssatz von 5,5 % abzuzinsen, sofern sie nicht verzinslich sind oder auf einer Anzahlung oder einer Vorausleistung beruhen.

Bei der Bewertung von **Rückstellungen** ist gem. § 253 Abs. 1 S. 2 HGB der nach kaufmännischer Beurteilung notwendige Erfüllungsbetrag anzusetzen. Bei der Ermittlung des Erfüllungsbetrags sind etwaige Preis- und Kostensteigerungen zu berücksichtigen. Gem. § 253 Abs. 2 S. 1 HGB sind Rückstellungen mit einer Restlaufzeit von mehr als einem Jahr mit dem durchschnittlichen Marktzinssatz der vergangenen sieben Geschäftsjahre abzuzinsen, wobei für Altersversorgungsverpflichtungen oder vergleichbare langfristig fällige Verpflichtungen Ausnahmeregelungen gelten. So können diese auch pauschal mit einem von der Deutschen Bundesbank bekannt gegebenen durchschnittlichen Marktzinssatz diskontiert werden, der sich bei einer fingierten Restlaufzeit von 15 Jahren ergibt (§ 253 Abs. 2 S. 2 HGB). Im Unterschied zu Verbindlichkeiten ist bei Rückstellungen das Bestehen einer Schuld und/oder ihr Umfang bzw. der Zeitpunkt der Inanspruchnahme unsicher. Rückstellungen sind daher „in Höhe der wahrscheinlichen Inanspruchnahme der Unternehmung (d.h. mit dem Betrag, für den die größte Wahrscheinlichkeit besteht) und unter Berücksichtigung der bestehenden Risiken zu bilanzieren"[112]. Für die **Steuerbilanz** sind Grundsätze für die Bewertung von **Rückstellungen** in § 6 Abs. 1 Nr. 3a EStG kodifiziert. Damit sind Einschränkungen des faktischen Wertansatzwahlrechts, wie z.B. der explizit vorgeschriebene Abzinsungssatz, eine Begrenzung von Sachleistungsverpflichtungen auf Einzelkosten und angemessene Gemeinkosten oder ein Ausschluss der Berücksichtigung von Preis- und Kostensteigerungen, verbunden.

c) Die Vergleichs- oder Korrekturwerte

(1) Der aus dem Börsen- oder Marktpreis abgeleitete Wert

Für Vermögensgegenstände des Umlaufvermögens sind nach § 253 Abs. 4 S. 1 HGB „Abschreibungen vorzunehmen, um diese mit einem niedrigeren Wert anzusetzen, der sich aus einem Börsen- oder Marktpreis am Abschlussstichtag ergibt".

Bei der Bestimmung der Ausgangswerte zur Ermittlung des aus dem Börsen- oder Marktpreis abgeleiteten Wertes gilt als **Börsenpreis** der an einer inländischen oder ausländischen Börse bei tatsächlichen Umsätzen amtlich festgestellte oder im Freiverkehr ermittelte Preis. Der **Marktpreis** ist derjenige Betrag, „der zu einem bestimmten Zeitpunkt für Waren einer bestimmten Gattung von durchschnittlicher Qualität an einem Handelsplatz"[113] gefordert bzw. gezahlt wurde. Dem Börsen- oder Marktpreis sind Anschaffungsnebenkosten hinzuzurechnen bzw. Anschaffungskostenminderungen sind davon abzuziehen.

Falls **kein Börsen- oder Marktpreis** feststellbar ist, muss ein niedrigerer Vergleichs- oder Korrekturwert ermessensabhängig durch Heranziehung des niedrigeren am Abschlussstichtag **beizulegenden Wertes** bestimmt werden.

(2) Der niedrigere am Abschlussstichtag beizulegende Wert

Aus § 253 Abs. 3 S. 3 HGB ergibt sich wegen des Imparitätsprinzips als Korrekturwert für Gegenstände des **Anlagevermögens** der niedrigere „**beizulegende Wert**", der bei voraussichtlich dauernder Wertminderung angesetzt werden muss. Eine außerplanmäßige Abschreibung auf den beizulegenden Wert bei einer voraussichtlich nicht dauernden Wertminderung ist grundsätzlich nicht gestattet. Lediglich im Falle von Finanzanlagen kann handels-

---

[112] COENENBERG, ADOLF GERHARD/HALLER, AXEL/SCHULTZE, WOLFGANG: Jahresabschluss und Jahresabschlussanalyse, 22. Aufl., Stuttgart 2012, S. 425.

[113] COENENBERG, ADOLF GERHARD/HALLER, AXEL/SCHULTZE, WOLFGANG: Jahresabschluss und Jahresabschlussanalyse, 22. Aufl., Stuttgart 2012, S. 105.

rechtlich gem. § 253 Abs. 3 S. 4 HGB auch bei voraussichtlich nicht dauernder Wertminderung eine außerplanmäßige Abschreibung vorgenommen werden.

Für Gegenstände des **Anlagevermögens** können die Anschaffungs- oder Herstellungskosten eines vergleichbaren Gegenstandes als Maßstab dienen. Ist in Ausnahmefällen ein Verkauf von Anlagegütern geplant, so leitet sich der beizulegende Wert vom Absatzmarkt ab. Er entspricht dem Einzelverkaufspreis unter Berücksichtigung der bis zum Verkauf noch anfallenden Aufwendungen wie Erlösschmälerungen, Verpackungskosten, sonstige Vertriebskosten. Soweit dieser Einzelveräußerungspreis – wie z.B. bei börsennotierten Wertpapieren – als Börsen- oder Marktpreis vorliegt, dient also dieser als Ausgangsgröße bei der Bestimmung des beizulegenden Wertes.

Bei Vermögensgegenständen des **Umlaufvermögens** ist der niedrigere beizulegende Wert, der aufgrund des strengen Niederstwertprinzips angesetzt werden muss, nur dann von Bedeutung, wenn kein Börsen- oder Marktpreis festzustellen ist (§ 253 Abs. 4 S. 2 HGB).

Bei **Roh-, Hilfs- und Betriebsstoffen** ist der beizulegende Wert grundsätzlich vom Beschaffungsmarkt abzuleiten; er orientiert sich in diesem Fall am Wiederbeschaffungszeitwert. Ist allerdings die Verwendbarkeit dieser Vermögensgegenstände im Produktionsprozess eingeschränkt, so sind Gängigkeitsabwertungen vorzunehmen. Sind sie aber überhaupt nicht mehr einsetzbar oder bestehen Überbestände, so entspricht der beizulegende Wert dem Veräußerungswert, evtl. dem Schrotterlös, wobei die beim Verkauf noch anfallenden Aufwendungen abzuziehen sind.

Bei **unfertigen und fertigen Erzeugnissen sowie bei Waren**, die zum späteren Verkauf bestimmt sind, ist der vorsichtig geschätzte Verkaufserlös abzgl. noch entstehender Kosten als Wertmaßstab heranzuziehen. Dabei findet das Verfahren der sog. **verlustfreien oder retrograden Bewertung** Anwendung. Hierbei sind die Vermögenswerte am Abschlussstichtag so weit abzuwerten, dass in der Periode der Veräußerung kein Verlust mehr entstehen wird. Die Ermittlung dieses beizulegenden Wertes, der mit dem Buchwert zu vergleichen ist, erfolgt nach folgendem Schema:

	Vorsichtig geschätzter Verkaufserlös
./.	Noch anfallende Herstellungskosten
./.	Erlösschmälerungen (Rabatte, Skonti)
./.	Verpackungs- und Frachtkosten
./.	Noch anfallende Verwaltungskosten
./.	Sonstige Vertriebskosten
./.	Kapitaldienstkosten
=	Aktueller beizulegender Wert

Von obigen Abzugspositionen erfordert die Korrektur um die Kapitaldienstkosten eine kurze Erläuterung. Zu verrechnen sind unter diesem Abzugsposten die Zinsverluste, die dem Kaufmann aufgrund der Kapitalbindung vom Abschlussstichtag bis zum Veräußerungszeitpunkt des Vermögensgegenstandes entstehen.

Bei **Forderungen** orientiert sich der niedrigere beizulegende Wert an der Bonität der Schuldner, evtl. auch an der – zu niedrigen – Verzinsung oder an den Währungsverhältnissen, bei **Wertpapieren** des Anlage- und Umlaufvermögens, die **nicht börsennotiert** sind, an den um die noch anfallenden Aufwendungen korrigierten, vorsichtig geschätzten Veräußerungspreisen.

(3) Der Teilwert und der gemeine Wert

Im Steuerrecht dient der niedrigere **Teilwert** als Vergleichs- oder Korrekturwert. § 6 Abs. 1 Nr. 1 S. 3 EStG definiert den Teilwert als jenen „Betrag, den ein Erwerber des ganzen Betriebs i.R.d. Gesamtkaufpreises für das einzelne Wirtschaftsgut ansetzen würde; dabei ist davon auszugehen, dass der Erwerber den Betrieb fortführt".

Theoretisch weicht diese (gesamtwertorientierte) Teilwertdefinition von der (einzelwertorientierten) Definition des beizulegenden Wertes i.w.S. (niedrigerer beizulegender Wert einschließlich des niedrigeren Börsen- oder Marktpreises) erheblich ab. In der praktischen Handhabung ergibt sich aber – insb. durch die höchstfinanzrichterlichen Teilwertvermutungen und -interpretationen – eine weitgehende **Annäherung der Begriffsinhalte**, d.h., auch im Steuerrecht sind aktuelle Werte maßgebend, die vom jeweils maßgebenden (Absatz- oder Beschaffungs-)Markt abgeleitet werden.

Insb. für die Steuerbilanz wird ein Bewertungsmaßstab als Untergrenze der Bewertung benötigt.[114] Nach dem Willen des Gesetzgebers stellt der (niedrigere) Teilwert diese Untergrenze dar, während die Obergrenze der Wertansätze in Handels- und Steuerbilanz grundsätzlich durch die Anschaffungskosten und Herstellungskosten gebildet wird.

Die theoretische Konzeption des Teilwertes geht davon aus, dass mit Hilfe dieses Wertes v.a. für Wirtschaftsgüter, die nicht dazu bestimmt sind, am Markt veräußert zu werden, wie z.B. Grundstücke und Gebäude sowie Maschinen, ein Wertansatz gefunden werden kann, der nicht marktpreisabhängig ist (wie etwa der gemeine Wert oder der Wiederbeschaffungspreis), sondern ein Wertansatz, der die Ertragsabhängigkeit des Wertes eines Wirtschaftsgutes, das einen Teil eines Gesamtbetriebs darstellt, berücksichtigt.

Laut Legaldefinition sind zur Verknüpfung des Prinzips der Einzelbewertung mit dem der Gesamtbewertung zwei Fiktionen nötig:

1. Der fiktive Käufer hat den Gesamtkaufpreis unter der Voraussetzung der Fortführung des Betriebes zu ermitteln, also unter Berücksichtigung der zukünftigen Erfolge.
2. Der fiktive Käufer hat den Gesamtwert auf die einzelnen Wirtschaftsgüter zu verteilen.

Während das erste Problem (der **Unternehmensbewertung**) als annähernd gelöst betrachtet werden kann, bleibt das Problem der Aufteilung des Gesamtwertes des Betriebes auf die einzelnen Wirtschaftsgüter jedoch weiterhin bestehen. Zur Aufteilung des (fiktiven) Gesamtkaufpreises haben Rechtsprechung und Literatur mehrere Methoden entwickelt, die allesamt gescheitert sind. Die beiden wichtigsten Lösungsansätze sind:

- die **Differenzmethode** (Ermittlung des Gesamtwertes des Unternehmens mit und ohne ein bestimmtes Wirtschaftsgut) und

- die **Zurechnungsmethode** (Verteilungsmethode unter Heranziehung eines Schlüssels).

---

[114] Vgl. dazu und zu den folgenden Ausführungen zum Teilwert und zum gemeinen Wert HABERSTOCK, LOTHAR: Steuerbilanz und Vermögensaufstellung, 3. Aufl., Hamburg 1991, S. 121-125.

Die Rechtsprechung (RFH von etwa 1926-1936) hat angesichts der Probleme bei der Teilwertermittlung die sog. „**Teilwertvermutungen**" aufgestellt, die so lange gelten, wie sie nicht vom Steuerpflichtigen widerlegt werden:

1. Im Zeitpunkt der Anschaffung oder Herstellung entspricht der Teilwert aller Wirtschaftsgüter den tatsächlichen Anschaffungskosten/Herstellungskosten, die gewöhnlich mit den Wiederbeschaffungskosten übereinstimmen.
2. Bei nicht abnutzbaren Wirtschaftsgütern des Anlagevermögens gilt die Vermutung Nr. 1 (Teilwert = Anschaffungskosten/Herstellungskosten) auch für spätere Zeitpunkte.
3. Bei abnutzbaren Wirtschaftsgütern des Anlagevermögens entspricht der Teilwert in späteren Zeitpunkten den um die AfA verminderten Anschaffungskosten/Herstellungskosten bzw. den Wiederbeschaffungskosten.
4. Bei Gütern des Umlaufvermögens entspricht der Teilwert den Wiederbeschaffungskosten am Abschlussstichtag, die i.d.R. mit dem Markt- oder Börsenpreis übereinstimmen.
5. Die Wiederbeschaffungskosten stellen die Obergrenze des Teilwertes dar; die Untergrenze des Teilwertes wird durch den Einzelveräußerungspreis (./. Verkaufskosten) gebildet.

Gründe, die zur **Widerlegung der Teilwertvermutungen** führen können, sind:

1. Nachhaltiges Sinken der Wiederbeschaffungskosten des Wirtschaftsgutes.
2. Mangelnde Rentabilität einzelner Wirtschaftsgüter, die auf eine Fehlinvestition, auf technischen Fortschritt usw. zurückzuführen ist.
3. Mangelnde Rentabilität des gesamten Betriebes, wobei sich hier i.d.R. zunächst ein evtl. vorhandener originärer Firmenwert auflöst, darüber hinaus aber auch einzelne Wirtschaftsgüter mit dem niedrigeren Teilwert angesetzt werden.

Eine Übersicht über die Ermittlung des Teilwertes gibt Abb. 24[115] (S. 72).

---

[115] Modifiziert entnommen aus FEDERMANN, RUDOLF: Bilanzierung nach Handelsrecht und Steuerrecht und IAS/IFRS, 12. Aufl., Berlin 2010, S. 453.

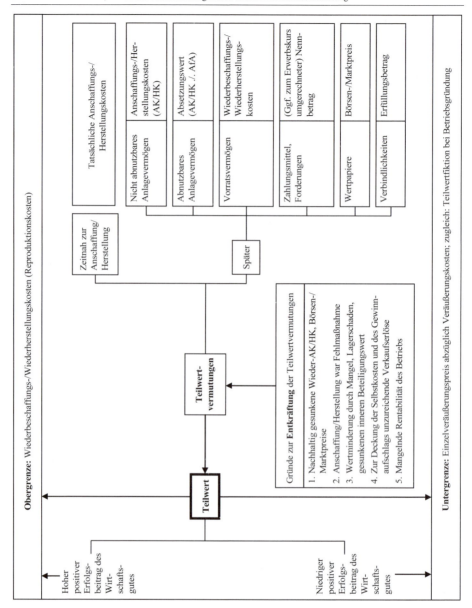

Abb. 24: Ermittlung des Teilwertes

Als Fazit kann festgehalten werden, dass sich der Teilwert in den meisten praktischen Fällen im Ergebnis doch wieder an Marktpreisen und nicht am Konzept der Abhängigkeit vom Erfolgswert orientiert.

§ 9 Abs. 2 BewG enthält die Bestimmung des Begriffes **„gemeiner Wert"**: „Der gemeine Wert wird durch den Preis bestimmt, der im gewöhnlichen Geschäftsverkehr nach der Beschaffenheit des Wirtschaftsgutes bei einer Veräußerung zu erzielen wäre. Dabei sind alle

Umstände, die den Preis beeinflussen, zu berücksichtigen. Ungewöhnliche oder persönliche Verhältnisse sind nicht zu berücksichtigen."

Der gemeine Wert lässt sich als ein vom Absatzmarkt her bestimmter Wert charakterisieren. Er ist ein Einzelveräußerungspreis, der sich als Verkaufspreis abzgl. evtl. noch entstehender Verkaufskosten ergibt. Solange marktgängige Wirtschaftsgüter vorliegen, bereitet die Feststellung des gemeinen Wertes im praktischen Fall kaum Schwierigkeiten. Bei Wirtschaftsgütern, für die kein repräsentativer Markt existiert, ist es zur schätzungsweisen Bestimmung des gemeinen Wertes erforderlich, tatsächlich erzielte Verkaufspreise für ähnliche Wirtschaftsgüter in einem dem Bewertungsstichtag nahen Zeitraum unter Berücksichtigung von Alter und Zustand des Wirtschaftsgutes als Anhaltspunkt heranzuziehen.[116]

Ein Vergleich zwischen **gemeinem Wert und Teilwert** zeigt, dass beide Werte praktisch oft übereinstimmen. Unterschiede können sich jedoch aufgrund ihrer differierenden theoretischen Begründungen ergeben.

Im **Einkommensteuergesetz** wird der gemeine Wert als Bewertungsmaßstab lediglich in Ausnahmefällen erwähnt, z.B. in § 6 Abs. 4 oder 6 EStG für die Bewertung der unentgeltlichen Übertragung und des Tausches von Wirtschaftsgütern unter bestimmten Voraussetzungen und in § 16 Abs. 3 S. 3 EStG i.R.d. Ermittlung des Veräußerungsgewinns bei der Betriebsaufgabe. Zum Ansatz kommt der gemeine Wert einkommensteuerlich nur in Ausnahmefällen und zwar u.a.

- bei der Betriebsaufgabe zur Ermittlung des Veräußerungsgewinns, wenn einzelne Wirtschaftsgüter nicht veräußert werden;
- beim (bereits erwähnten) Tausch und unentgeltlichen Erwerb von Wirtschaftsgütern;
- zur Bewertung von an Arbeitnehmer gewährten Vermögensbeteiligungen;
- u.U. bei der Bewertung verdeckter Gewinnausschüttungen von Kapitalgesellschaften.

Das **Hauptanwendungsgebiet** des gemeinen Wertes liegt – kodifiziert im Bewertungsgesetz – im Bereich der **Substanzsteuern**, mittlerweile aber auch – kodifiziert im Umwandlungssteuergesetz – bei **Umstrukturierungsvorgängen**.

(4) Der Fair Value[117]

Durch das Bilanzrechtsmodernisierungsgesetz wurde der **Fair Value (beizulegender Zeitwert)** als weiterer Bewertungsmaßstab in das Handelsrecht eingeführt.[118] Allerdings war die Fair Value-Bewertung per se nicht neu. Auch vor der Umsetzung des Bilanzrechtsmodernisierungsgesetzes orientierte sich die Bewertung durchaus auch am **beizulegenden Zeitwert**. Die Zulässigkeit einer außerplanmäßigen Abschreibung dient hierfür als bestes Indiz. Allerdings erzwang oder erlaubte die vormalige Fair Value-Bewertung ausschließlich negative

---

[116] Vgl. ROSE, GERD/WATRIN, CHRISTOPH: Betrieb und Steuer, Bd. 3: Erbschaftsteuer, mit Schenkungsteuer und Bewertungsrecht, 12. Aufl., Berlin 2009, S. 99-100.

[117] Vgl. hierzu ausführlich KUßMAUL, HEINZ/WEILER, DENNIS: Fair Value-Bewertung im Licht aktueller Entwicklungen (Teil 1), in: KoR 2009, S. 163-171 sowie KUßMAUL, HEINZ/WEILER, DENNIS: Fair Value-Bewertung im Licht aktueller Entwicklungen (Teil 2), in: KoR 2009, S. 209-216.

[118] Vgl. stellvertretend zur Kritik am Fair Value BIEG, HARTMUT/BOFINGER, PETER/KÜTING, KARL-HEINZ/KUßMAUL, HEINZ/WASCHBUSCH, GERD/WEBER, CLAUS-PETER: Die Saarbrücker Initiative gegen den Fair Value, in: DB 2008, S. 2549-2552.

Wertanpassungen. Wertaufholungen waren zwar für Kapitalgesellschaften ebenfalls gesetzlich vorgeschrieben, wurden aber gem. dem als Ausläufer des Realisationsprinzips auftretenden Anschaffungskostenprinzip auf die historischen Anschaffungs- oder Herstellungskosten gedeckelt. Neu war die Einbeziehung positiver Wertanpassungen über die historischen Anschaffungs- oder Herstellungskosten hinaus. Die Fair Value-Bewertung sieht den Ansatz von Vermögensgegenständen zu ihrem beizulegenden Zeitwert auch dann vor, wenn dieser **über den historischen Anschaffungskosten bzw. Herstellungskosten** liegt und somit zu einer erfolgswirksamen Gewinnrealisierung führt. Dieser Bruch mit dem Realisationsprinzip ist abzulehnen, da es auf diese Weise zur Ausschüttung und Besteuerung unrealisierter Gewinne kommen kann, soweit diesem Umstand nicht durch zusätzliche Maßnahmen entgegengewirkt wird. Zudem kommt es nach einer erfolgswirksamen Zuschreibung im Fall eines späteren Wertrückgangs unter die historischen Anschaffungs- oder Herstellungskosten zu einem sehr viel höheren Periodenaufwand, als wenn man dem Realisationsprinzip entsprechend auf eine Zuschreibung verzichtet hätte.[119]

Das HGB sieht mittlerweile eine umfassende Fair Value-Bewertung für die **Finanzinstrumente des Handelsbestands** – allerdings ausschließlich **bei Kredit- und Finanzdienstleistungsinstituten** – vor.[120] Die dem Handelsbestand der Kredit- und Finanzdienstleistungsinstitute zugeordneten Finanzinstrumente sind verpflichtend mit dem beizulegenden Zeitwert abzüglich eines Risikoabschlags zu bewerten (§ 340e Abs. 3 S. 1 HGB).[121] Begründet wird dies mit der besonderen Situation der Finanzinstrumente des Handelsbestands bei Kredit- und Finanzdienstleistungsinstituten, die regelmäßig innerhalb kürzester Zeitspannen umgeschlagen werden.

Diese durch das BilMoG in § 340e Abs. 3 HGB eingefügte spezielle Vorschrift für Kredit- und Finanzdienstleistungsinstitute geht auf Art. 42a Abs. 1 der Fair Value-Richtlinie zurück. Diese Richtlinie sieht vor, dass Finanzinstrumente einschließlich derivativer Finanzinstrumente mit dem beizulegenden Zeitwert bewertet werden müssen oder dass es den Unternehmen zumindest freizustellen ist, eine Bewertung zum beizulegenden Zeitwert vorzunehmen. Eine Beschränkung auf eine bestimmte Gruppe von Unternehmen ist dabei nicht vorgesehen. Der deutsche Gesetzgeber war deshalb im Laufe des Novellierungsprozesses des HGB zunächst auch bestrebt, den weitest möglichen Adressatenkreis zu wählen, indem sämtliche Unternehmen auf der Ebene des Einzel- und des Konzernabschlusses zur Bewertung bestimmter Finanzinstrumente zum beizulegenden Zeitwert verpflichtet werden sollten.

---

[119] Vgl. ausführlich BIEG, HARTMUT/KUSSMAUL, HEINZ/WASCHBUSCH, GERD: Externes Rechnungswesen, 6. Aufl., München 2012, S. 158-165.

[120] Vgl. hierzu BIEG, HARTMUT: Bankbilanzierung nach HGB und IFRS, 2. Aufl., München 2010, S. 418-423; BIEG, HARTMUT/KUSSMAUL, HEINZ/PETERSEN, KARL/WASCHBUSCH, GERD/ZWIRNER, CHRISTIAN: Bilanzrechtsmodernisierungsgesetz – Bilanzierung, Berichterstattung und Prüfung nach dem BilMoG, München 2009, S. 90-102.

[121] Vgl. hierzu BIEG, HARTMUT/KUSSMAUL, HEINZ/PETERSEN, KARL/WASCHBUSCH, GERD/ZWIRNER, CHRISTIAN: Bilanzrechtsmodernisierungsgesetz – Bilanzierung, Berichterstattung und Prüfung nach dem BilMoG, München 2009, S. 91; WASCHBUSCH, GERD: Bilanzierung bei Kreditinstituten, in: Handbuch Bilanzrecht – Abschlussprüfung und Sonderfragen in der Rechnungslegung, hrsg. von KARL PETERSEN, CHRISTIAN ZWIRNER und GERRIT BRÖSEL, Köln 2010, S. 545; WASCHBUSCH, GERD: Kurzkommentierung der Änderungen der §§ 340–340o HGB Ergänzende Vorschriften für Kreditinstitute und Finanzdienstleistungsinstitute, in: BilMoG – Gesetze, Materialien, Erläuterungen, hrsg. von KARL PETERSEN und CHRISTIAN ZWIRNER, München 2009, S. 586.

Aufgrund heftiger Widerstände im Schrifttum sowie in der Praxis nahm der Gesetzgeber hiervon jedoch Abstand und grenzte den Anwenderkreis für die Fair Value-Bewertung auf die Kredit- und Finanzdienstleistungsinstitute ein.[122]

Der Fair Value ist mit dem am Gläubigerschutzgedanken orientierten deutschen Handelsbilanzrecht nicht vereinbar, nicht zuletzt wegen der Unbestimmtheit des Begriffs und der sich daraus ergebenden Interpretationsbedürftigkeit sowie wegen der mit der Verwendung des Fair Value einhergehenden Entobjektivierung des Jahresabschlusses. Überdies sind der gestiegene Aufwand und die zunehmende Komplexität der Jahresabschlusserstellung und eine Relativierung des Gewinnbegriffs als kritisch anzusehen. Einer expansiven Jahresabschlusspolitik eröffnen sich neue Möglichkeiten und einer fundierten Jahresabschlussanalyse wird der Boden entzogen. Auch das durch die Finanzmarktkrise hervorgerufene Einlenken des IASB und in der Folge der EU-Kommission hin zu erweiterten Umwidmungsmöglichkeiten bestimmter Finanzinstrumente kann als Indiz für die Unzulänglichkeit dieser Wertkategorie angesehen werden. Nichts beweist dies besser als die am 15.10.2008 in einem äußerst ungewöhnlichen Eilverfahren beschlossene Lockerung der Umwidmungsregularien durch die Europäische Kommission.[123] Die Degradierung des Fair Value als konjunkturabhängige, prozyklische Bewertungsidee war vollkommen.

Zumindest einem rechtsformneutralen Einzug dieser mit Schwierigkeiten behafteten Bewertungskonzeption in das immer noch vornehmlich vom Gläubigerschutz- und Vorsichtsprinzip geprägte deutsche Handelsrecht konnte Einhalt geboten werden. Die fundamentale Verletzung traditioneller Bewertungsprinzipien auf breiter Basis wurde auch aufgrund der Erfahrungen im Zuge der Finanzmarktkrise verhindert. Dennoch ist die branchenspezifische Fair Value-Bewertung für Kredit- und Finanzdienstleistungsinstitute geblieben. Gem. § 340e Abs. 3 S. 1 HGB sind die dem Handelsbestand zugehörigen Finanzinstrumente zum beizulegenden Zeitwert abzüglich eines Risikoabschlags zu bewerten.

Die für Kredit- und Finanzdienstleistungsinstitute maßgebliche Fair Value-Bewertung wirkt sich gem. § 6 Abs. 1 Nr. 2b EStG auch bei der einkommensteuerlichen Gewinnermittlung aus; das zu versteuernde Einkommen wird dadurch erhöht oder vermindert. Mit dem pathetisch anmutenden Argument, die Freistellung der Wertzuschreibung von der Besteuerung erfordere im Handelsbuch neben dem handelsrechtlichen Ansatz zum Zeitwert außerdem die Dokumentation der Anschaffungskosten der Finanzinstrumente und bewirke damit zusätzliche „Bürokratiekosten"[124], wurde der offensichtliche Verstoß gegen das im Steuerrecht dominierende Leistungsfähigkeitsprinzip zu rechtfertigen versucht. Dass die Anschaffungskosten ohnehin benötigt werden, um über die Frage der Zu- oder Abschreibung und damit über den Erfolgsbeitrag entscheiden zu können, und dass sie auch bei der Ermittlung des durch einen Umsatzakt realisierten Erfolgsbeitrags erforderlich sind, wurde dabei verschwiegen.

---

[122] Vgl. wegweisend zu den Widerständen von Seiten der Fachwelt die von den Saarbrückern Professoren HARTMUT BIEG, KARLHEINZ KÜTING, HEINZ KUßMAUL, GERD WASCHBUSCH und CLAUS-PETER WEBER in Zusammenarbeit mit Professor PETER BOFINGER ins Leben gerufene Fair Value-Initiative, die den Gesetzgeber letztendlich für die meisten Unternehmen von seiner Position abrücken ließ; BIEG, HARTMUT/BOFINGER, PETER/KÜTING, KARLHEINZ/KUßMAUL, HEINZ/WASCHBUSCH, GERD/WEBER, CLAUS-PETER: Die Saarbrücker Initiative gegen den Fair Value, in: DB 2008, S. 2549-2552.
[123] Vgl. EU-Verordnung 1004/2008 vom 15.10.2008, Abl. EU 2008 L 275/37.
[124] BT-Drucksache 16/10067, S. 100.

Die Besteuerung unrealisierter („realisierbarer") Gewinne ist strikt abzulehnen, da es eben nicht – wie der Gesetzgeber versuchte, glaubhaft zu machen – nur um ein „kurzfristiges Vorziehen des Besteuerungszeitpunktes"[125] geht, sondern der besteuerte Gewinn sich später durchaus als nicht realisierbar erweisen kann. Rechnerische Vermögenszuwächse, die ausschließlich aus über den Anschaffungs- oder Herstellungskosten liegenden beizulegenden Zeitwerten resultieren, führen nach allgemeiner Auffassung nicht zu einem Zuwachs an Leistungsfähigkeit. Gegen dieses Argument spricht auch nicht das Instrument des Verlustrücktrags, das diversen Restriktionen unterliegt.

Die ursprünglich dem Handelsrecht so grundsätzlich inhärente Anschaffungskostenrestriktion wird allerdings noch an weiteren Stellen durchbrochen. Zum Beispiel sind gem. § 246 Abs. 2 S. 2 HGB i.V.m. § 253 Abs. 1 S. 4 HGB **Vermögensgegenstände, die dem Zugriff aller übrigen Gläubiger entzogen sind und ausschließlich der Erfüllung von Schulden aus Altersversorgungsverpflichtungen** oder vergleichbaren langfristig fälligen Verpflichtungen dienen, mit ihrem beizulegenden Zeitwert zu bewerten.[126] Darüber hinaus werden auch im Rahmen der Regelungen bezüglich der Währungsumrechnung bei Restlaufzeiten von einem Jahr oder weniger derartige Verstöße gegen das Realisationsprinzip durch den Gesetzgeber gebilligt bzw. sind sogar verpflichtend.

2. Bewertungsvereinfachungsverfahren[127]

Bei der Ermittlung der Anschaffungskosten bzw. Herstellungskosten gilt sowohl im Handelsrecht (gem. § 252 Abs. 1 Nr. 3 HGB) als auch im Steuerrecht (gem. § 6 Abs. 1 EStG) grundsätzlich das **Prinzip der Einzelbewertung**, das die Bewertung jedes einzelnen Wirtschaftsgutes für sich vorsieht. Bei strenger Einhaltung dieses Prinzips ergibt sich bei einer Vielzahl von Wirtschaftsgütern ein unverhältnismäßig hoher Arbeitsaufwand, insb. bei der Inventur. Aus diesem Grund hat der Gesetzgeber zur Vereinfachung Ausnahmen von dem Prinzip der Einzelbewertung zugelassen. Außerdem spielt bei der gesetzgeberischen Begründung z.T. auch die Unterstützung bei der Erhaltung der Unternehmenssubstanz eine Rolle (z.B. durch die Zulässigkeit des Lifo-Verfahrens). Folgende Ausnahmen sind – abgesehen von Pauschalbewertungen (z.B. bei Forderungen und bestimmten Rückstellungen) – möglich:

- **Sammelbewertung**: Bewertung der Wirtschaftsgüter des Vorratsvermögens
  - durch Bildung von **Durchschnittswerten** (R 6.8 Abs. 3 EStR) oder
  - nach bestimmten **Verbrauchsfolgen** (§ 256 HGB, § 6 Abs. 1 Nr. 2a EStG, R 6.9 EStR).
- **Gruppenbewertung**: Möglichkeit der Bildung von Gütergruppen, die gemeinsam bewertet werden (§ 240 Abs. 4 HGB, R 6.8 Abs. 4 EStR).

---

[125] BT-Drucksache 16/10067, S. 100.

[126] Vgl. hierzu ausführlich KUßMAUL, HEINZ/GRÄBE, SEBASTIAN: Kurzkommentierung der Änderungen des § 246 HGB Vollständigkeit, Verrechnungsverbot, in: BilMoG – Gesetze, Materialien, Erläuterungen, hrsg. von KARL PETERSEN und CHRISTIAN ZWIRNER, München 2009, S. 387 und S. 405.

[127] Die Ausführungen dieses Kapitels sind modifiziert entnommen aus HABERSTOCK, LOTHAR: Steuerbilanz und Vermögensaufstellung, 3. Aufl., Hamburg 1991, S. 126-135.

– **Festbewertung**: Unter gewissen Voraussetzungen kann für Wirtschaftsgüter des Sachanlagevermögens sowie Roh-, Hilfs- und Betriebsstoffe ein Festwert angesetzt werden (§ 240 Abs. 3 HGB, R 5.4 Abs. 3 und 4, H 6.8 EStR, Stichwort „Festwert").

Es ist zu beachten, dass diese Verfahren keine besonderen Bewertungsmaßstäbe darstellen, sondern lediglich der Schätzung der tatsächlichen Anschaffungs- bzw. Herstellungskosten dienen.

a) Die Sammelbewertung

Bei den Durchschnittsmethoden werden für die zu bewertenden Wirtschaftsgüter Durchschnittspreise aus den Zugängen und dem Anfangsbestand einer Periode gebildet. Mit diesen Preisen sind dann die Abgänge der Periode und der Endbestand zu bewerten, wobei man die **periodische** und die **permanente Durchschnittsmethode** unterscheiden kann.

Bei Anwendung der **periodischen Durchschnittsmethode** wird der Durchschnittspreis nur einmal, und zwar am Ende der Periode, ermittelt. Von den beiden Verfahren stellt sie das einfachere, aber auch ungenauere dar. Bei Anwendung der **permanenten Durchschnittsmethode** wird der Durchschnittspreis nach jedem Einkauf (= Zugang) neu ermittelt und gilt für die jeweils folgenden Abgänge.

Als **Verbrauchsfolgeverfahren** kommen in Frage:

1. die **Lifo-Methode** (last in, first out): Fiktion, dass die zuletzt angeschafften Wirtschaftsgüter zuerst verkauft oder verbraucht werden;

2. die **Fifo-Methode** (first in, first out): Fiktion, dass die zuerst beschafften Wirtschaftsgüter zuerst verkauft oder verbraucht werden;

3. die **Hifo-Methode** (highest in, first out): Fiktion, dass die mit den höchsten Anschaffungspreisen gekauften Wirtschaftsgüter zuerst verkauft oder verbraucht werden sowie

4. die **Lofo-Methode** (lowest in, first out): Fiktion, dass die zu den niedrigsten Anschaffungspreisen gekauften Wirtschaftsgüter zuerst verkauft oder verbraucht werden.

Es ist möglich, die Bewertung nach allen Verbrauchsfolgeverfahren – analog der Durchschnittsmethode – sowohl in periodischer als auch permanenter Form durchzuführen (beim Fifo-Verfahren ergeben sich bei periodischer und permanenter Ermittlung identische Ergebnisse).

Hinsichtlich der Auswirkungen der Verbrauchsfolgeverfahren bei Preisveränderungen ist zu beachten, dass in Jahren mit tendenziell steigenden Preisen das Lifo-Verfahren i.d.R. zu einer niedrigeren Bewertung des Endbestandes (und damit einer höheren Bewertung des Verbrauchs) führt als das Fifo-Verfahren. Bei schwankenden Preisen hingegen ist das Hifo-Verfahren dasjenige, das die vorsichtigste Bewertung (des Endbestandes) vornimmt, da es verbleibende Vorratsbestände stets zu den niedrigsten Preisen bewertet. Dagegen führt das Lofo-Verfahren in dieser Situation gerade zu umgekehrten Wirkungen.

Bei der Anwendung eines Verbrauchsfolgeverfahrens muss stets berücksichtigt werden, dass es sich um eine fiktive Ermittlung der Anschaffungs- oder Herstellungskosten handelt. Insofern muss auch hier stets das strenge Niederstwertprinzip gem. § 253 Abs. 4 HGB beachtet werden. Dies galt vor Einführung des Bilanzrechtsmodernisierungsgesetzes über das Maßgeblichkeitsprinzip auch für die Gewinnermittlung von Gewerbetreibenden. Folglich war auch bei Anwendung eines Verbrauchsfolgeverfahrens zwingend der niedrigere Teilwert in der Steuerbilanz anzusetzen. Dies hat sich in Folge des Bilanzrechtsmodernisierungsgesetzes – zumindest nach Ansicht des BMF – geändert, da der neu gefasste § 5 Abs. 1 S. 1 2. Halbsatz EStG dem Steuerpflichtigen die Möglichkeit einräumt, steuerliche Wahlrechte unabhängig von der Handelsbilanz auszuüben.[128]

Handelsrechtlich sind bei gleichartigen Vermögensgegenständen des Vorratsvermögens neben der Durchschnittsmethode gem. § 256 HGB explizit auch die Fifo- und Lifo-Methode zulässig. Nicht mehr gestattet sind hingegen die Hifo- und Lofo-Methode.

Steuerrechtlich ist gem. R 6.8 Abs. 3 EStR als „Normal-Verfahren" zur Schätzung der Anschaffungs- bzw. Herstellungskosten die Durchschnittsmethode anzusehen. Sie kann jedoch nur angewendet werden, wenn die tatsächlichen Anschaffungs- bzw. Herstellungskosten vertretbarer Wirtschaftsgüter wegen Schwankungen der Einstandspreise im Einzelnen nicht mehr einwandfrei feststellbar sind.

Die Bewertung des Vorratsvermögens nach der Lifo-Methode ist gem. § 6 Abs. 1 Nr. 2a EStG bei Beachtung folgender Voraussetzungen möglich:

– Gleichartigkeit der zu einer Gruppe zusammengefassten Wirtschaftsgüter,

– Gewinnermittlung nach § 5 EStG sowie

– Übereinstimmung mit den handelsrechtlichen Grundsätzen ordnungsmäßiger Buchführung.

Die Möglichkeit der Anwendung der Lifo-Methode wurde steuerrechtlich zeitgleich zur Streichung der Preissteigerungsrücklage nach § 74 EStDV a.F. gewährt, um damit in Zeiten steigender Preise eine Scheingewinnbesteuerung zu mildern.

Die durch das Lifo-Verfahren unterstellte Verbrauchsfolge muss für dessen Zulässigkeit nicht zwingend mit der tatsächlichen Verbrauchsfolge übereinstimmen, sie darf dieser aber auch nicht völlig widersprechen (z.B. Silolagerung; verderbliche Ware). In der Praxis entspricht die tatsächliche Verbrauchsfolge oft dem Fifo-Prinzip. Allerdings sind dieses und die übrigen Verbrauchsfolgeverfahren bislang steuerbilanziell grundsätzlich nicht anwendbar gewesen, es sei denn, der Steuerpflichtige konnte glaubhaft machen, dass die tatsächliche Verbrauchsfolge einem dieser Verfahren entsprach.

Ausnahmsweise kommt die Fifo-Methode als Verwertungsreihenfolge bei der Veräußerung von Wertpapieren in der sog. Girosammelverwahrung gem. § 20 Abs. 4 S. 7 EStG zur Anwendung. Damit wird bezweckt, dass die Kreditinstitute den Steuerabzug bei der Veräußerung von gleichartigen Wertpapieren, die zu verschiedenen Zeitpunkten angeschafft wurden, in der Praxis leichter bewältigen können.[129]

---

[128] Vgl. zur unterschiedlichen Wahlrechtsausübung in Handels- und Steuerbilanz bei den Verbrauchsfolgeverfahren das BMF-Schreiben vom 12.03.2010, BStBl I 2010, S. 650, Rn. 17; vgl. zu den verschiedenen Auslegungsmöglichkeiten KUßMAUL, HEINZ: Zur Maßgeblichkeit der Maßgeblichkeit, in: StB 2010, Heft 3, S. I sowie ausführlich KUßMAUL, HEINZ/GRÄBE, SEBASTIAN: Der Maßgeblichkeitsgrundsatz vor dem Hintergrund des BilMoG, in: StB 2010, S. 106-115.

[129] Vgl. Entwurf eines Unternehmensteuerreformgesetzes 2008 vom 27.03.2007, BT-Drs. 16/4841, S. 57.

b) Die Gruppenbewertung

Unter dem Begriff „Gruppenbewertung" hat man die in § 240 Abs. 4 i.V.m. § 256 S. 2 HGB genannte Erleichterung der Inventur und der Bewertung zu verstehen. Danach ist es möglich, gleichartige Vermögensgegenstände des Vorratsvermögens sowie gleichartige oder annähernd gleichwertige, bewegliche Vermögensgegenstände des anderen Anlage- und Umlaufvermögens zu einer Gruppe zusammenzufassen. Handels- und steuerrechtlich gelten hinsichtlich der Kriterien „gleichartig" und „annähernd gleichwertig" die gleichen Maßstäbe.

Wirtschaftsgüter sind **annähernd gleichwertig**, wenn ihre Preise (je nach Bewertungsverfahren die Einkaufs- oder Verkaufspreise) nur geringfügig voneinander abweichen. Dabei ist ein Spielraum von 20 % zwischen höchstem und niedrigstem Einzelwert i.d.R. vertretbar. Gleichwertige Wirtschaftsgüter dürfen aber auch nicht gänzlich verschieden sein.

Wirtschaftsgüter sind dann **gleichartig**, wenn sie entweder der gleichen Warengattung angehören oder wenn Funktionsgleichheit besteht. Es ist für gleichartige Wirtschaftsgüter für die Zusammenfassung zu einer Gruppe nicht erforderlich, gleichwertig zu sein; es muss jedoch für sie ein Durchschnittswert bekannt sein. „Das ist der Fall, wenn … ein ohne Weiteres feststellbarer, nach den Erfahrungen der betreffenden Branche sachgemäßer Durchschnittswert verwendet wird" (R 6.8 Abs. 4 S. 5 EStR).

Ist eine Zusammenfassung von Wirtschaftsgütern zu einer Gruppe erfolgt, so ist für diese gem. § 240 Abs. 4 HGB ein gewogener Durchschnittswert zu ermitteln. Diese Bewertung entspricht dann der periodischen Durchschnittsmethode bei der Sammelbewertung.

Steuerlich bestehen für die Gruppenbewertung keine expliziten Regelungen, sodass die Wertansätze der Handelsbilanz über den Grundsatz der Maßgeblichkeit (§ 5 Abs. 1 S. 1 1. Halbsatz EStG) auch für die Steuerbilanz zu übernehmen sind.[130]

c) Die Festbewertung

Der Ansatz eines konstanten Wertes aufgrund gleich bleibender Mengen und gleich bleibender Preise (**Festwert**) ist bei Vermögensgegenständen des Sachanlagevermögens sowie bei Roh-, Hilfs- und Betriebsstoffen zulässig, wenn der Bestand der Wirtschaftsgüter in seiner Größe, seinem Wert und seiner Zusammensetzung nur geringen Schwankungen unterliegt und der Gesamtwert für das Unternehmen von nachrangiger Bedeutung ist (§ 240 Abs. 3 HGB sowie R 5.4 Abs. 3 und 4, H 6.8 EStR, Stichwort „Festwert"). Grundlegende Annahme dieses Verfahrens ist also, dass sich Zugänge und Abgänge innerhalb einer Periode ungefähr ausgleichen. Zugänge bei Wirtschaftsgütern, die zum Festwert bewertet werden, werden deshalb direkt als Verbrauch gebucht, wohingegen (planmäßige) Abschreibungen und Abgänge nicht verbucht werden.

Gem. § 240 Abs. 3 HGB ist die Festbewertung bei Vermögensgegenständen des Sachanlagevermögens sowie Roh-, Hilfs- und Betriebsstoffen zulässig, wenn deren Gesamtwert für das Unternehmen von nachrangiger Bedeutung ist. Genau wie bei der Gruppenbewertung existieren für die Festbewertung keine steuerlichen Vorschriften, was zur Folge hat, dass die

---

[130] Vgl. BMF-Schreiben vom 12.03.2010, BStBl I 2010, S. 650, Rn. 7.

Wertansätze der Handelsbilanz über das Maßgeblichkeitsprinzip auch für die Steuerbilanz gelten.[131]

Regelmäßig an jedem dritten Abschlussstichtag hat jedoch eine körperliche Bestandsaufnahme zu erfolgen, um den Festwert zu überprüfen. Ist dabei eine Erhöhung des Werts des Bestandes um mehr als 10 % feststellbar, so ist eine Fortschreibung des Festwertes vorzunehmen. Sinkt der Wert des Bestandes, so muss – unabhängig vom Ausmaß der Wertänderung – der Festwert bei Wirtschaftsgütern des Umlaufvermögens aufgrund des strengen Niederstwertprinzips zwingend angepasst werden. Bei Wirtschaftsgütern des Anlagevermögens hat eine Anpassung nach Verabschiedung des Bilanzrechtsmodernisierungsgesetzes rechtsformunabhängig nur noch bei voraussichtlich dauernder Wertminderung zu erfolgen. Lediglich bei im Anlagevermögen gehaltenem Finanzanlagevermögen besteht ein Wahlrecht, auch bei einer nur vorübergehenden Wertminderung eine Anpassung vorzunehmen. Steuerlich sind bei vorübergehenden Wertminderungen keine Wertkorrekturen möglich, im Falle von dauernden Wertminderungen besteht gem. § 6 Abs. 1 Nr. 2 S. 2 EStG ein Wahlrecht zur Teilwertabschreibung.[132]

Gelegentlich sind bei den dargestellten Bewertungsvereinfachungsverfahren zur Schätzung der Anschaffungskosten bzw. Herstellungskosten Überschneidungen festzustellen; bspw. entsprechen sich die periodische Durchschnittsmethode bei der Sammelbewertung und die Gruppenbewertung mit gewogenem Durchschnittspreis.

In manchen Fällen hat der Steuerpflichtige auch die Wahl, welche Methode er anwenden will. Bspw. ist es bei gleichartigen Roh-, Hilfs- und Betriebsstoffen möglich, zwischen der Sammelbewertung und der Gruppenbewertung zu wählen (vgl. Abb. 25, S. 81). Sind gleichzeitig auch die Voraussetzungen des § 240 Abs. 3 HGB erfüllt, kann alternativ auch die Festbewertung in Frage kommen. Bei der Wahl der Methode hat der Bilanzierende dann grundsätzlich die Freiheit; jedoch ist auf jeden Fall das Niederstwertprinzip zu beachten. Es besagt, dass die durch die Methoden ermittelten fiktiven Anschaffungs- bzw. Herstellungskosten mit dem Börsen- und Marktpreis bzw. beizulegenden Wert am Abschlussstichtag zu vergleichen und ggf. auf den niedrigeren Wert abzuschreiben sind. Wurde also bei sinkenden Preisen die Lifo-Methode angewandt, ist aufgrund des strengen Niederstwertprinzips im Umlaufvermögen der alte Bestand auf den niedrigeren Zeitwert abzuschreiben.

---

[131] Vgl. BMF-Schreiben vom 12.03.2010, BStBl I 2010, S. 650, Rn. 7.
[132] Vgl. BMF-Schreiben vom 12.03.2010, BStBl I 2010, S. 650, Rn. 15; vgl. zu den im Schrifttum vertretenen Auslegungsmöglichkeiten KUßMAUL, HEINZ: Zur Maßgeblichkeit der Maßgeblichkeit, in: StB 2010, Heft 3, S. I sowie ausführlich KUßMAUL, HEINZ/GRÄBE, SEBASTIAN: Der Maßgeblichkeitsgrundsatz vor dem Hintergrund des BilMoG, in: StB 2010, S. 106-115.

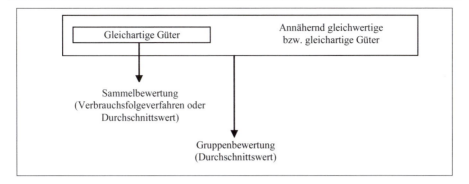

Abb. 25: Bewertung von gleichartigen und annähernd gleichwertigen bzw. gleichartigen Gütern

E. Bilanzansatz und Bewertung der einzelnen Bilanzbestandteile[133]

Vgl. hierzu insb. BAETGE, JÖRG/KIRSCH, HANS-JÜRGEN/THIELE, STEFAN: Bilanzen, 12. Aufl., Düsseldorf 2012, S. 157-532; BIEG, HARTMUT/KUSSMAUL, HEINZ/WASCHBUSCH, GERD: Externes Rechnungswesen, 6. Aufl., München 2012, S. 166-193; DÖRING, ULRICH/BUCHHOLZ, RAINER: Buchhaltung und Jahresabschluss, 13. Aufl., Berlin 2013, S. 107-160; FEDERMANN, RUDOLF: Bilanzierung nach Handelsrecht und Steuerrecht und IAS/IFRS, 12. Aufl., Berlin 2010, S. 276-399; HABERSTOCK, LOTHAR: Steuerbilanz und Vermögensaufstellung, 3. Aufl., Hamburg 1991, S. 136-184; KUSSMAUL, HEINZ: Ansatz und Bewertung im handels- und steuerrechtlichen Jahresabschluß, in: StB 1992, S. 455-458 und StB 1993, S. 13-16, 57-63; OESTREICHER, ANDREAS: Handels- und Steuerbilanzen: HGB, IAS/IFRS, US-GAAP, EStG und BewG, 6. Aufl., Heidelberg 2003, S. 73-122; WÖHE, GÜNTER: Betriebswirtschaftliche Steuerlehre, Bd. 1, 2. Halbband: Der Einfluß der Besteuerung auf das Rechnungswesen des Betriebes, 7. Aufl., München 1992, S. 135-141, 203-455.

Die Ausführungen in diesem Kapitel wenden die Aussagen der vorherigen Kapitel dieses Abschnitts auf die einzelnen Bestandteile der Aktiv- und Passivseite an, wodurch sich nicht nur spezifische Erkenntnisse, sondern auch einige Wiederholungen ergeben.

1. Bestandteile von Aktiv- und Passivseite in Handels- und Steuerbilanz

a) Die Bestandteile und Struktur der Aktivseite

Die **Bilanz** stellt nach § 242 Abs. 1 HGB einen Abschluss dar, der **das Verhältnis des Vermögens und der Schulden** bei einem Kaufmann zum Schluss eines jeden Geschäftsjahres beinhaltet; während das Vermögen – repräsentiert durch die einzelnen Vermögensgegenstände – den Hauptbestandteil der Aktivseite der Bilanz bildet, sind die Schulden ein wesentliches Element der Passivseite der Bilanz. Die Aktivseite der Bilanz zeigt das bilanzielle (Brutto-)Vermögen eines Unternehmens; sie besteht aus dem Anlagevermögen, dem Umlaufvermögen und den aktiven Rechnungsabgrenzungsposten. Des Weiteren können aktive latente Steuern sowie ein aktiver Unterschiedsbetrag aus der Vermögensverrechnung auf der Aktivseite ausgewiesen werden.

---

[133] Modifiziert entnommen aus KUSSMAUL, HEINZ: Ansatz und Bewertung im handels- und steuerrechtlichen Jahresabschluß, in: StB 1992, S. 455-458 und StB 1993, S. 13-16, 57-63.

Zum **Anlagevermögen** gehören allgemein die Bestandteile des Vermögens eines Unternehmens, die nicht veräußert werden sollen. Zum **Umlaufvermögen** gehören allgemein die Vermögensbestandteile eines Unternehmens, die erstens zur Veräußerung oder zum Verbrauch bestimmt sind, die zweitens mit der Abwicklung des Zahlungsverkehrs zusammenhängen und die drittens einer vorübergehenden Geldanlage dienen. In der Bilanz sind nach § 247 Abs. 2 HGB nur die Gegenstände beim Anlagevermögen auszuweisen, „die bestimmt sind, dauernd dem Geschäftsbetrieb zu dienen". Folglich gehören zum bilanziellen Umlaufvermögen die Gegenstände, die nicht bestimmt sind, dauernd dem Geschäftsbetrieb zu dienen.[134] Maßgebend für die Zuordnung ist die jeweilige Zweckbestimmung und damit **die Absicht des Bilanzierenden, einen Gegenstand durch Gebrauch zu nutzen**. Es kommt dabei weniger auf die Art des Gegenstandes als auf seine geplante betriebliche Verwendungsart an (Bsp.: ein Auto gehört bei einem Gebrauchtwagenhändler i.d.R. zum Umlaufvermögen, bei einem Taxiunternehmen regelmäßig zum Anlagevermögen).[135] Auf der Grundlage des Grundsatzes der Maßgeblichkeit der Handelsbilanz für die Steuerbilanz, der in § 5 Abs. 1 EStG gesetzlich geregelt ist, gelten die handelsrechtlichen Abgrenzungskriterien auch in der Steuerbilanz.

Ergänzend zum Anlage- und Umlaufvermögen sind auf der Aktivseite noch die aktiven Rechnungsabgrenzungsposten, die der Erfolgsperiodisierung in genau bestimmten Fällen dienen, abzubilden; außerdem können Abgrenzungen für latente Steuern nach § 274 Abs. 1 S. 2 HGB gebildet werden. Daneben sind Vermögensgegenstände, die dem Zugriff aller Gläubiger entzogen sind und ausschließlich zur Erfüllung von Schulden aus Altersversorgungsverpflichtungen oder vergleichbaren langfristig fälligen Verpflichtungen dienen, zwingend mit den Rückstellungen für diese Verpflichtungen zu verrechnen (§ 246 Abs. 2 S. 2 HGB). Ist der beizulegende Zeitwert der Vermögensgegenstände höher als der Betrag der Schulden, so ist gem. § 246 Abs. 2 S. 3 i.V.m. § 266 Abs. 2 HGB der übersteigende Betrag unter dem Posten „Aktiver Unterschiedsbetrag aus der Vermögensverrechnung" auszuweisen.

In Anlehnung an die Vorschrift zur Bilanzgliederung in § 266 HGB wird das Anlagevermögen unterteilt in immaterielle Vermögensgegenstände, Sachanlagen (materielle Vermögensgegenstände) und Finanzanlagen, das Umlaufvermögen in Vorräte, Forderungen und sonstige Vermögensgegenstände, Wertpapiere sowie Zahlungsmittel (Kassenbestand, Bundesbankguthaben, Guthaben bei Kreditinstituten, Schecks).

Während für nicht publizitätspflichtige Einzelkaufleute und Personengesellschaften eine konkrete Bilanzgliederung nicht vorgeschrieben ist, wird der Rahmen für die vertikale Gliederung der Aktivseite von Kapitalgesellschaften, an dem sich zweckmäßigerweise auch Einzelunternehmen und Personengesellschaften orientieren sollten, in § 266 Abs. 2 HGB vorgegeben. Die gesetzliche Regelgliederung enthält unter bestimmten Voraussetzungen weitere Zusatzposten und nähere Untergliederungen. Die durch das Kleinstkapitalgesellschaften-

---

[134] Vgl. KUßMAUL, HEINZ/HUWER, ERIC: Die Bedeutung der Abgrenzung von Anlage- und Umlaufvermögen, in: StuB 2011, S. 290-295.

[135] Vgl. dazu KUßMAUL, HEINZ/HUWER, ERIC: Die Widerspruchslosigkeit der bilanziellen Differenzierung zwischen Anlage- und Umlaufvermögen – Ein Widerspruch?, in: DStR 2010, S. 2471-2476.

Bilanzrechtsänderungsgesetz (MicroBilG)[136] eingeführten Kleinstkapitalgesellschaften i.S.d. § 267a HGB brauchen gem. § 266 Abs. 1 S. 4 HGB nur eine verkürzte Bilanz aufzustellen.[137]

Im Anlagevermögen ist neben der vertikalen Gliederung für Kapitalgesellschaften auch eine horizontale Gliederung vorgeschrieben. Nach § 268 Abs. 2 HGB muss die Entwicklung der einzelnen Posten des Anlagevermögens in der Bilanz oder im Anhang in Form eines Anlagespiegels dargestellt werden. Danach sind die gesamten Anschaffungs- und Herstellungskosten, die Zugänge, die Abgänge, die Umbuchungen und die Abschreibungen in ihrer gesamten Höhe sowie die Zuschreibungen des Geschäftsjahres gesondert aufzuführen, während die Abschreibungen des Geschäftsjahres jeweils bezogen auf den betreffenden Posten entweder in der Bilanz oder im Anhang zu vermerken bzw. anzugeben sind. Eine mögliche Form des Anlagespiegels enthält Abb. 26[138] (S. 84).

---

[136] Gesetz vom 20.12.2012, BGBl I 2012, S. 27.

[137] Gem. § 275 Abs. 5 HGB müssen Kleinstkapitalgesellschaften auch lediglich eine verkürzte Gewinn- und Verlustrechnung erstellen. Auf die Erstellung eines Anhangs können sie gem. § 264 Abs. 1 S. 5 HGB unter gewissen Voraussetzungen zudem verzichten.

[138] Modifiziert entnommen aus KUßMAUL, HEINZ: Anlagespiegel, in: Lexikon des Rechnungswesens, hrsg. von WALTHER BUSSE VON COLBE, NILS CRASSELT und BERNHARD PELLENS, 5. Aufl., München 2011, S. 31-40, s.b.S. 38.

Vertikale Gliederung des Anlagevermögens \ Horizontale Gliederung des Anlagevermögens	(1) Ursprüngliche Anschaffungs-/ Herstellungskosten (AK/HK)	(2) (+) Zugänge (zu AK/HK)	(3) (./.) Abgänge (zu AK/HK)	(4) (+/./.) Umbuchungen (zu AK/HK)	(5) (+) Zuschreibungen (des Geschäftsjahres)	(6) (./.) Abschreibungen (kumuliert)	(7) Abschreibungen (des Geschäftsjahres)	(8) (=) Restbuchwert am 31.12.	(9) Restbuchwert am Ende des Vorjahres
Einzelne Posten des Anlagevermögens (entsprechend der Bilanzgliederung) ...	Gesonderte Angabe für jeden Posten								

Abb. 26: Mögliche Form eines Anlagespiegels

b) Die Bestandteile und Struktur der Passivseite

Die Passivseite der Bilanz repräsentiert – nach Abzug der (aktivischen und passivischen) Wertberichtigungen – das Kapital eines Unternehmens; sie besteht aus dem Eigenkapital und dem Fremdkapital.

Das **Eigenkapital** stellt die von den rechtlichen Eigentümern des Unternehmens von außen oder – durch Einbehaltung von Gewinnen – von innen zur Verfügung gestellten Mittel dar, für die grundsätzlich nur ergebnisabhängige Zahlungsansprüche gewährt werden.

Dagegen gewährt das **Fremdkapital**, das im Unterschied zum Eigenkapital zeitlich befristet ist und mit unterschiedlichen Laufzeiten versehen sein kann (kurz-, mittel- und langfristiges Fremdkapital), den Kapitalgebern grundsätzlich ergebnisunabhängige Zahlungsansprüche.

Bei formaler Betrachtung wird in Anlehnung an die Bilanzgliederung in § 266 Abs. 3 HGB eine Unterteilung des Fremdkapitals in Rückstellungen, Verbindlichkeiten, passive Rechnungsabgrenzungsposten sowie passive latente Steuern vorgenommen.

Wie auf der Aktivseite gilt auch hier, dass der in § 266 Abs. 3 HGB vorgegebene Rahmen für die vertikale Gliederung der Passivseite für nicht publizitätspflichtige Einzelkaufleute und Personengesellschaften nicht verbindlich ist, sie sich aber daran zweckmäßigerweise orientieren sollten, und dass die gesetzliche Regelgliederung unter bestimmten Voraussetzungen weitere Zusatzposten und nähere Untergliederungen enthält.

2. Bilanzielle Behandlung der Aktivseite: das bilanzielle Bruttovermögen

Bei der bilanziellen Behandlung bestimmter Sachverhalte sind drei Fragen zu klären:

– erstens die des Bilanzansatzes (**Bilanzierung dem Grunde nach**),
– zweitens die der gliederungstechnischen Einordnung (**Bilanzierung dem Ausweis nach**),
– drittens die der Bewertung (**Bilanzierung der Höhe nach**).

Nachdem auf die (eher formale) Frage der Bilanzgliederung bereits eingegangen wurde, sind die beiden Probleme des Bilanzansatzes und der Bewertung die Inhalte der folgenden Ausführungen.

a) Die Ansatzregelungen

Nach § 246 Abs. 1 HGB hat der Jahresabschluss „sämtliche Vermögensgegenstände, Schulden, Rechnungsabgrenzungsposten, sowie Aufwendungen und Erträge zu enthalten, soweit gesetzlich nichts anderes bestimmt ist". Damit sind **in die Bilanz alle Vermögensgegenstände des Anlage- und Umlaufvermögens** sowie **alle Rechnungsabgrenzungsposten** aufzunehmen, **sofern nicht** ein **gesetzliches Bilanzierungsverbot** dem entgegensteht oder ein **gesetzliches Bilanzierungswahlrecht** eine andere Behandlung ermöglicht.

Von der Bilanzierung ausgeschlossen sind die Gegenstände, die dem Bilanzierenden nicht zuzurechnen sind. Maßgebend ist dabei nicht das juristische Eigentum, sondern das **wirtschaftliche Eigentum** (§ 246 Abs. 1 S. 2 HGB). So fallen juristisches und wirtschaftliches

Eigentum beim Kauf unter Eigentumsvorbehalt und bei der Sicherungsübereignung auseinander, sodass der Käufer bzw. der unmittelbar Nutzungsberechtigte Bilanzierungssubjekt ist (Maßgeblichkeit des wirtschaftlichen und nicht des juristischen Eigentums). Der wirtschaftliche Eigentümer trägt einerseits die Chancen und Risiken der laufenden Nutzung eines Vermögensgegenstandes, andererseits bestehen für ihn die Chancen bzw. Risiken aus Wertsteigerungen oder -minderungen.

In umfassenderer Form finden sich steuerlich relevante Regelungen zum wirtschaftlichen Eigentum in § 39 Abs. 2 Nr. 1 S. 1 AO; danach besitzt derjenige das wirtschaftliche Eigentum, der die tatsächliche Herrschaft über einen Vermögensgegenstand derart ausübt, dass er den rechtlichen Eigentümer im Regelfall für die gewöhnliche Nutzungsdauer von der Einwirkung auf den Vermögensgegenstand wirtschaftlich ausschließen kann. Dies ist dann der Fall, wenn der Herausgabeanspruch des rechtlichen Eigentümers wirtschaftlich wertlos ist (z.B. beim Leasing, wenn die Grundmietzeit 90 % der betriebsgewöhnlichen Nutzungsdauer überschreitet).

Wichtige Anwendungsfälle für das wirtschaftliche Eigentum sind neben den Fällen des Eigentumsvorbehalts und der Sicherungsübereignung unter bestimmten Voraussetzungen z.B. Leasing-Verträge, Pensionsgeschäfte und Bauten auf fremden Grundstücken.

In die Bilanz dürfen darüber hinaus nur die zum **Betriebsvermögen** gehörigen Güter aufgenommen werden (Problem der Abgrenzung des Betriebsvermögens vom Privatvermögen v.a. bei Einzelkaufleuten und Personengesellschaften).

Eine wichtige Ausschlussregel für Gegenstände des Anlagevermögens aus der Bilanz ist in § 248 Abs. 2 S. 2 HGB geregelt, wonach für selbst geschaffene Marken, Drucktitel, Verlagsrechte, Kundenlisten sowie vergleichbare **immaterielle Vermögensgegenstände des Anlagevermögens** ein explizites Aktivierungsverbot besteht. In der Steuerbilanz hingegen gilt gem. § 5 Abs. 2 EStG ein generelles Ansatzverbot für nicht entgeltlich erworbene immaterielle Wirtschaftsgüter des Anlagevermögens. Dies betrifft sowohl die immateriellen Einzelgüter (Konzessionen, gewerbliche Schutzrechte und ähnliche Rechte und Werte sowie Lizenzen an solchen Rechten und Werten) als auch den (originären) Geschäfts- oder Firmenwert, d.h. die Differenz zwischen Ertrags- und Substanzwert (z.B. aufgrund eines Kundenstamms, der Belegschaftsqualität, eines guten Rufs oder aus Mehrwerten durch die Faktorkombination). **Selbst geschaffene immaterielle Gegenstände des Umlaufvermögens** müssen sowohl in der Handels- als auch in der Steuerbilanz im Gegensatz dazu in die Bilanz aufgenommen werden. Durch den Grundsatz ordnungsmäßiger Buchführung, wonach **Ansprüche und Verpflichtungen aus beiderseits noch nicht erfüllten Verträgen (aus schwebenden Geschäften)** nicht ausgewiesen werden dürfen, kommt es dazu, dass u.a. Lieferansprüche oder Nutzungsvorteile (z.B. Mietrechte) und damit zusammenhängende Zahlungsverpflichtungen (und umgekehrt Lieferverpflichtungen bzw. Auftragsbestände oder Nutzungsverpflichtungen und damit zusammenhängende Zahlungsansprüche) regelmäßig nicht in der Bilanz erscheinen dürfen, solange aus dem Vertrag kein drohender Verlust zu erwarten ist.

Droht aus dem Vertrag ein Verlust, ist handelsrechtlich eine Rückstellung für drohende Verluste aus schwebenden Geschäften zu bilden. In der Steuerbilanz dürfen nach § 5 Abs. 4a

EStG keine Rückstellungen für drohende Verluste aus schwebenden Geschäften ausgewiesen werden, soweit es sich bei dem erwarteten Verlust nicht um ein Ergebnis einer zur Absicherung finanzwirtschaftlicher Risiken gebildeten Bewertungseinheit handelt. Grundidee hinter der Bildung einer **Bewertungseinheit** ist die Überlegung, dass die aus einem Grundgeschäft resultierenden Wertänderungen bzw. Zahlungsströme durch die Wertänderungen bzw. Zahlungsströme des zugehörigen Sicherungsinstruments ausgeglichen werden. Aus diesem Grunde wird bei Bestehen einer Bewertungseinheit auf die Berücksichtigung von Erträgen oder Aufwendungen aus der Bewertung des Grundgeschäfts verzichtet, wenn diese durch gegenläufige Wertänderungen bzw. Zahlungsströme des Sicherungsinstruments ausgeglichen werden (§ 254 HGB). Zwingende Voraussetzung hierfür ist allerdings, dass das Grund- und das Sicherungsgeschäft einem vergleichbaren Risiko unterliegen. Als Grundgeschäfte einer Bewertungseinheit kommen sowohl Vermögensgegenstände, Schulden, schwebende Geschäfte als auch mit hoher Wahrscheinlichkeit erwartete Transaktionen in Frage. Als Sicherungsinstrument einer Bewertungseinheit sind hingegen nur Finanzinstrumente zulässig.[139] Die handelsrechtliche Vorgehensweise zur Bildung von Bewertungseinheiten ist nach § 5 Abs. 1a EStG auch für die steuerliche Gewinnermittlung maßgeblich.[140]

Ein aktiver Unterschiedsbetrag aus der Verrechnung von Vermögensgegenständen mit Schulden aus Altersversorgungsverpflichtungen ist seit Umsetzung des Bilanzrechtsmodernisierungsgesetzes Bestandteil der Aktivseite. Die gem. § 246 Abs. 2 S. 2 HGB zu verrechnenden Vermögensgegenstände sind – steuerlich unmaßgeblich – grundsätzlich mit ihrem beizulegenden Zeitwert zu bewerten. Wenn der beizulegende Zeitwert der zur Verrechnung vorgesehenen Vermögensgegenstände größer als der Betrag der besagten Schulden ist, so ist der übersteigende Betrag gem. § 246 Abs. 2 S. 3 HGB auf der Aktivseite der Bilanz in einer separaten Position „Aktiver Unterschiedsbetrag aus der Vermögensverrechnung" zu zeigen.

Wahlrechte für die Aufnahme von Gegenständen des Anlage- und Umlaufvermögens verbleiben seit der Umsetzung des Bilanzrechtsmodernisierungsgesetzes nur noch sehr eingeschränkt in der Bilanz. Diese sind v.a. auf Vereinfachungsregelungen (z.B. die Nicht-Aktivierung von Vermögensgegenständen des Anlagevermögens mit Anschaffungskosten bis zu 150 € (netto)) zurückzuführen. Weiter besteht handelsrechtlich (nicht aber in der Steuerbilanz, wo ein Aktivierungsverbot besteht) ein Aktivierungswahlrecht gem. § 248 Abs. 2 S. 1 HGB für bestimmte selbst geschaffene immaterielle Vermögensgegenstände des Anlagevermögens. Außerdem wird dem Bilanzierenden gem. § 250 Abs. 3 S. 1 HGB im Handelsrecht ein Aktivierungswahlrecht zum Ausweis eines Disagios eingeräumt. Steuerlich besteht indes aufgrund des § 5 Abs. 5 S. 1 EStG ein Aktivierungsgebot. Des Weiteren besteht – bei steuerlichem Verbot – ein Wahlrecht zur Abbildung aktiver latenter Steuern nach § 274 Abs. 1 S. 2 HGB in der Bilanz.

---

[139] Warentermingeschäfte gelten gem. § 254 S. 2 HGB als Finanzinstrumente im Sinne dieser Regelung.
[140] Vgl. zur Bildung von Bewertungseinheiten TAUSCH, WOLFGANG/PLENKER, JÜRGEN: Änderungen durch die Gesetze zur Eindämmung missbräuchlicher Steuergestaltungen und zur Förderung von Wachstum und Beschäftigung, in: DB 2006, S. 800-808, s.b.S. 801.

b) Die Bewertungsregelungen

(1) Die Zusammenhänge

Die Gegenstände des Anlage- und Umlaufvermögens werden bei ihrem **Zugang** zu den **Anschaffungskosten** (im Anlagevermögen bei entgeltlich erworbenen Aktiva, im Umlaufvermögen bei erworbenen Vorräten sowie bei Forderungen, Wertpapieren und Zahlungsmitteln, wobei bei Nominalgütern eine Orientierung an den Nennbeträgen erfolgt) oder **Herstellungskosten** (im Anlage- und Umlaufvermögen bei ganz oder teilweise selbst hergestellten Gegenständen, wobei dies im Anlagevermögen v.a. die aktivierten Eigenleistungen und die selbst erstellten immateriellen Vermögensgegenstände sowie im Umlaufvermögen die unfertigen Erzeugnisse und Leistungen, die fertigen Erzeugnisse und Leistungen sowie evtl. selbst erstellte sonstige Vermögensgegenstände betrifft) bewertet.

Abweichend von dem in § 252 Abs. 1 Nr. 3 HGB geregelten **Grundsatz der Einzelbewertung** werden v.a. aus Gründen der Bewertungsvereinfachung, z.T. aber auch zur Unterstützung der Substanzerhaltung, folgende **Bewertungsvereinfachungsregelungen** zugelassen: **Gruppenbewertung, Festwert** sowie **Sammelbewertung**.

Die Bewertung der aktiven **Rechnungsabgrenzungsposten** ergibt sich als **Nennbetrag des abzugrenzenden Betrages**.

Ausgehend von dem durch Einzelbewertung oder durch Heranziehung von Bewertungsvereinfachungsregelungen ermittelten Zugangswert werden **bei den abnutzbaren Gegenständen des Anlagevermögens planmäßige Abschreibungen** verrechnet, womit sich die fortgeführten Anschaffungs- oder Herstellungskosten ergeben.

Bei den **nicht abnutzbaren Gegenständen des Anlagevermögens** werden **genauso wie bei den abnutzbaren Anlagegütern und bei den Gegenständen des Umlaufvermögens Vergleichswerte** herangezogen. Sind diese niedriger als die (fortgeführten) Anschaffungs- oder Herstellungskosten, dann muss **handelsrechtlich** bei voraussichtlich dauernder Wertminderung im Anlagevermögen eine **außerplanmäßige Abschreibung** vorgenommen werden. Bei einer voraussichtlich nicht dauernden Wertminderung darf rechtsformunabhängig im Anlagevermögen grundsätzlich keine außerplanmäßige Abschreibung durchgeführt werden. Ausnahmeregelungen gelten lediglich für das im Anlagevermögen befindliche Finanzanlagevermögen, für das auch im Falle einer voraussichtlich nur vorübergehenden Wertminderung eine außerplanmäßige Abschreibung zulässig ist.

Im **Umlaufvermögen** muss **handelsrechtlich** zur Realisierung des (strengen) Niederstwertprinzips stets eine außerplanmäßige Abschreibung zur Anwendung gelangen. In diesem Zusammenhang können – v.a. im Umlaufvermögen – ebenfalls Abweichungen von der Einzelbewertung auftreten, wenn – nach den Grundsätzen ordnungsmäßiger Buchführung erlaubte – pauschale Bewertungsverfahren herangezogen werden (z.B. bei der Pauschalwertberichtigung auf Forderungen oder bei der pauschalen Durchführung der verlustfreien Bewertung).

Steuerrechtlich ist bei niedrigeren Vergleichs- oder Korrekturwerten sowohl im Anlagevermögen als auch im Umlaufvermögen zu differenzieren, ob es sich um eine voraussichtlich dauernde oder vorübergehende Wertminderung handelt. Gem. § 6 Abs. 1 Nr. 1 S. 2 EStG kann bei abnutzbarem Anlagevermögen und gem. § 6 Abs. 1 Nr. 2 S. 2 EStG beim restlichen Anlagevermögen sowie beim Umlaufvermögen der Teilwert angesetzt werden, sofern er aufgrund einer voraussichtlich dauernden Wertminderung niedriger ist.[141] Bei einer voraussichtlich vorübergehenden Wertminderung hat in der Steuerbilanz sowohl im Anlagevermögen als auch im Umlaufvermögen eine Abschreibung zu unterbleiben.

Bei Wegfall der Gründe für eine außerplanmäßige Abschreibung muss **handelsrechtlich** – ungeachtet der Rechtsform – gem. § 253 Abs. 5 S. 1 HGB eine **Zuschreibung** erfolgen. Die Zuschreibung darf maximal bis zur Höhe der fortgeführten Anschaffungs- oder Herstellungskosten erfolgen. Ausgenommen vom Zuschreibungsgebot ist der derivative Geschäfts- oder Firmenwert. Für diesen gilt gem. § 253 Abs. 5 S. 2 HGB ein Zuschreibungsverbot.

Steuerrechtlich ist bei Wegfall der Gründe für eine außerplanmäßige Abschreibung aufgrund von § 6 Abs. 1 Nr. 1 S. 4 EStG (in Bezug auf das abnutzbare Anlagevermögen) und § 6 Abs. 1 Nr. 2 S. 3 EStG (in Bezug auf Grund und Boden, Beteiligungen und Umlaufvermögen) sowie der Regelung in § 7 Abs. 1 S. 7 EStG ebenfalls ein **Wertaufholungsgebot** vorgesehen. Nach herrschender Meinung,[142] wenn auch zum Teil strittig, gilt hingegen ein Wertaufholungsgebot auch für den entgeltlich erworbenen Geschäfts- oder Firmenwert.

Die handelsrechtlichen Bewertungsvorschriften erlangen durch den Bezug des § 5 Abs. 1 S. 1 1. Halbsatz EStG auf die handelsrechtlichen Grundsätze ordnungsmäßiger Buchführung **Maßgeblichkeit für die Steuerbilanz**. Dieser Zusammenhang beider Rechenwerke wird durch den Wegfall der **umgekehrten Maßgeblichkeit** durch das Bilanzrechtsmodernisierungsgesetz geschwächt, da gem. § 5 Abs. 1 S. 1 2. Halbsatz EStG in Zukunft steuerrechtliche Wahlrechte unabhängig von der bilanziellen Behandlung in der handelsrechtlichen Jahresbilanz ausgeübt werden können (vgl. S. 27).

Weiter **eingeschränkt wird der Zusammenhang** zwischen Handels- und Steuerbilanz **durch den Bewertungsvorbehalt** in § 5 Abs. 6 EStG, der in den §§ 6-7k EStG umfassend ausgefüllt ist. Danach finden handelsrechtliche Bewertungsvorschriften für steuerliche Zwecke ebenfalls keine Anwendung, wenn explizite steuerliche Bewertungsbestimmungen (über die Entnahmen und Einlagen, über die Zulässigkeit der Bilanzänderung, über die Betriebsausgaben, über die Bewertung und über die Absetzung für Abnutzung oder Substanzverringerung) bestehen. So werden nach derzeitiger Handhabung u.a. bei der Anwendung der Abschreibungsmethoden oder bei der Bewertung des Umlaufvermögens bei nur vorübergehender Wertminderung strengere steuerliche Regelungen wirksam.

---

[141] Vgl. zur Beziehung mit der Handelsbilanz das BMF-Schreiben vom 12.03.2010, BStBl I 2010, S. 650, Rn. 15; vgl. zu den verschiedenen Auslegungsmöglichkeiten KUßMAUL, HEINZ: Zur Maßgeblichkeit der Maßgeblichkeit, in: StB 2010, Heft 3, S. I sowie ausführlich KUßMAUL, HEINZ/GRÄBE, SEBASTIAN: Der Maßgeblichkeitsgrundsatz vor dem Hintergrund des BilMoG, in: StB 2010, S. 106-115.

[142] Vgl. stellvertretend PFIRMANN, ARMIN/SCHÄFER, RENÉ: Steuerliche Implikationen, in: Das neue deutsche Bilanzrecht, hrsg. von KARLHEINZ KÜTING, NORBERT PFITZER und CLAUS-PETER WEBER, 2. Aufl., Stuttgart 2009, S. 119-154, s.b.S. 141. Zum Teil a.A. sind hingegen HERZIG/BRIESEMEISTER, die nur in wenigen Ausnahmefällen eine Zuschreibung für gerechtfertigt erachten; vgl. HERZIG, NORBERT/BRIESEMEISTER, SIMONE: Steuerliche Konsequenzen des BilMoG – Deregulierung und Maßgeblichkeit, in: DB 2009, S. 926-931, s.b.S. 928-929.

Einen Überblick über die **handelsrechtlichen** Bewertungsvorschriften gesondert für das Anlagevermögen und das Umlaufvermögen[143] enthält Abb. 27[144].

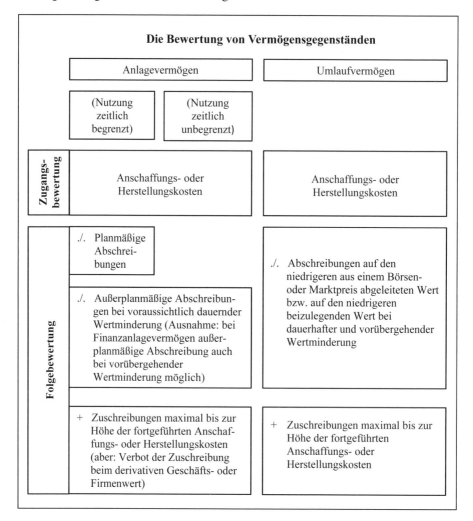

Abb. 27: Bewertung des Anlage- und Umlaufvermögens nach den Vorschriften des Handelsrechts

---

[143] Kredit- und Finanzdienstleistungsinstitute müssen hinsichtlich der Bewertung von Vermögensgegenständen des Umlaufvermögens weiter in Finanzinstrumente des Handelsbestands differenzieren. Gem. § 340e Abs. 3 HGB sind Finanzinstumente des Handelsbestands zum beizulegenden Zeitwert abzüglich eines Risikoabschlags zu bewerten. Gleiches gilt gem. § 6 Abs. 1 Nr. 2b EStG für die steuerbilanzielle Bewertung.

[144] Modifiziert entnommen aus BIEG, HARTMUT/KUßMAUL, HEINZ/PETERSEN, KARL/WASCHBUSCH, GERD/ZWIRNER, CHRISTIAN: Bilanzrechtsmodernisierungsgesetz – Bilanzierung, Berichterstattung und Prüfung nach dem BilMoG, München 2009, S. 79.

(2) Die planmäßigen Abschreibungen

Planmäßige Abschreibungen sind nur **im abnutzbaren Anlagevermögen**, d.h. bei Anlagegütern mit zeitlich begrenzter Nutzungsdauer, die über ein Jahr hinaus andauert, möglich. Abnutzbare Anlagegegenstände sind nach § 253 Abs. 3 S. 1 HGB sowie nach § 7 Abs. 1 und 4 EStG um planmäßige Abschreibungen (bzw. steuerlich um Absetzung für Abnutzung (AfA)) zu korrigieren; dabei ist eine Verteilung der Anschaffungs- oder Herstellungskosten auf die Geschäftsjahre vorzunehmen, in denen der Gegenstand voraussichtlich genutzt oder verwendet werden kann.

Die Höhe der planmäßigen Abschreibungen wird im Wesentlichen festgelegt durch das Abschreibungsvolumen (die Bemessungsgrundlage), die Abschreibungsdauer (die voraussichtliche Nutzungsdauer), den Abschreibungsbeginn sowie die Verteilungsmethode (das Abschreibungsverfahren).

Für das **Abschreibungsvolumen** ist in erster Linie der Zugangswert, in zweiter Linie der am Ende der wirtschaftlichen Nutzungsdauer voraussichtlich noch erzielbare Restverkaufserlös maßgebend. Die Bemessungsgrundlage der Abschreibungen stellen insofern regelmäßig die Anschaffungs- oder Herstellungskosten dar, in Ausnahmefällen kommen Ersatzwerte (z.B. bei Einlagen der Teilwert oder bei unentgeltlichem Erwerb der gemeine Wert) zum Tragen. Ein nach Abzug von Veräußerungskosten o.Ä. verbleibender Restverkaufserlös führt regelmäßig nicht zu einer Verkleinerung des Abschreibungsvolumens, außer wenn er erheblich ins Gewicht fällt oder eine Veräußerung von vornherein geplant ist (nach BFH-Rechtsprechung ist in den zuerst genannten Fällen ein Restverkaufserlös zu berücksichtigen).

Die **Abschreibungsdauer** richtet sich nach der voraussichtlichen Nutzungsdauer, die ihrerseits mit der Anschaffung bzw. Beendigung der Herstellung beginnt und in dem Zeitpunkt endet, in dem die wirtschaftlich sinnvolle Nutzungszeit abgelaufen ist (wirtschaftliche Nutzungsdauer), und nicht erst in dem Zeitpunkt, in dem ein Anlagegut keine einwandfreien Nutzungen mehr abgeben kann (technische Nutzungsdauer). Die wirtschaftliche Nutzungsdauer wird begrenzt durch technische Entwertung infolge körperlichen Verschleißes, durch wirtschaftliche Entwertung (z.B. durch technischen Fortschritt oder Einschränkung bzw. Wegfall der Verwendungsmöglichkeit wegen Änderung der wirtschaftlichen Rahmendaten) und durch eine vertragliche Begrenzung der Nutzungszeit (z.B. Konzessionen oder Lizenzen). Handelsrechtlich muss die voraussichtliche Nutzungsdauer unter Heranziehung von Erfahrungs- und Vergleichswerten und unter Berücksichtigung betriebsindividueller Gegebenheiten – unter Begrenzung durch die Grundsätze ordnungsmäßiger Buchführung – geschätzt werden. Steuerrechtlich ist nach § 7 Abs. 1 S. 2 EStG eine Verteilung auf die **betriebsgewöhnliche Nutzungsdauer** vorzunehmen. Für allgemein verwendbare Anlagegüter und für bestimmte Branchen wurden von der **Finanzverwaltung** betriebsgewöhnliche Nutzungsdauern in sog. **AfA-Tabellen** normiert, von denen nur bei Widerlegung im Einzelfall (z.B. bei Mehrschichtbetrieb) abgewichen werden darf. Wegen des engen Zusammenhangs zwischen Handelsbilanz und Steuerbilanz werden die in den AfA-Tabellen fixierten Nutzungsdauern de facto regelmäßig auch **für die Handelsbilanz** zugrunde gelegt.

Während handelsrechtlich keine expliziten gesetzlichen Obergrenzen für Abschreibungsdauern vorgesehen sind, werden steuerrechtlich beim Firmenwert[145] – Nutzungsdauer von 15 Jahren – und bei Gebäuden – durch typisierte Abschreibungssätze in § 7 Abs. 4 und 5 EStG, die aber bei tatsächlich kürzerer Nutzungsdauer widerlegt werden können – Nutzungsdauern normiert vorgegeben.

Der **Abschreibungsbeginn** orientiert sich naturgemäß am Zeitpunkt der Anschaffung bzw. Herstellung. Aus Vereinfachungsgründen sind aber die Abschreibungen im Zugangsjahr nicht taggenau zu berechnen, vielmehr ist nach § 7 Abs. 1 S. 4 EStG eine monatsgenaue Umrechnung des jährlichen Abschreibungsbetrages (pro-rata-temporis-Abschreibung) vorzunehmen, wobei der Monat der Anschaffung oder Herstellung voll bei der AfA-Berechnung berücksichtigt werden soll.[146] Ausgenommen hiervon ist gem. § 7 Abs. 5 S. 3 EStG lediglich die degressive Gebäudeabschreibung, die mit dem vollen Jahresbetrag berücksichtigt werden kann.

Die Verteilung der Anschaffungs- oder Herstellungskosten auf die voraussichtliche Nutzungsdauer erfolgt mit Hilfe **normierter Verteilungsmethoden**, bei denen entweder die Zeit oder die Leistung als Verteilungskriterium in Betracht kommen. Bei den Methoden der sog. **Zeitabschreibung** wird der jährliche Abschreibungsbetrag unabhängig vom tatsächlichen Auslastungsgrad des jeweiligen Anlagegutes berechnet. Zu den genannten Methoden gehören:

– **Lineare Abschreibung**: Dabei wird ein jährlich gleich bleibender Abschreibungsbetrag verrechnet.

– **Degressive Abschreibung**: Während bei der geometrisch-degressiven Abschreibung (Buchwertabschreibung) ein jährlich gleich bleibender Abschreibungssatz vom jeweiligen Restbuchwert (fortgeschriebene Anschaffungs- oder Herstellungskosten) berechnet wird, nimmt die Abschreibung bei der arithmetisch-degressiven (digitalen) Abschreibung jährlich um einen konstanten Betrag ab. Eine stufenweise degressive Abschreibung ist steuerlich v.a. für die Gebäudeabschreibung in § 7 Abs. 5 EStG vorgesehen (derzeit nur in Anwendung für Fertigstellung vor 2006); dabei sinkt der Abschreibungs-Prozentsatz im Zeitablauf in bestimmten Jahreszonen.

– **Progressive Abschreibung**: In Umkehrung zur degressiven Abschreibung nehmen die Abschreibungsbeträge im Zeitablauf zu.

Bei der sog. **Leistungsabschreibung** (variable Abschreibung) ist der jährliche Abschreibungsbetrag abhängig von der jährlichen Inanspruchnahme in Relation zum Gesamtnutzungspotenzial. Es erfolgt eine Verteilung der Anschaffungs- oder Herstellungskosten nach den mit dem betreffenden Anlagegut pro Jahr erstellten Leistungen (z.B. Stückzahl oder gefahrene Kilometer), die in Beziehung zum voraussichtlichen Gesamtleistungspotenzial des Anlagegutes gesetzt werden, oder nach der pro Jahr erfolgten Inanspruchnahme des Anlagegutes im Verhältnis zu dessen Gesamtleistungspotenzial (z.B. Betriebsstunden).

---

[145] Handelsrechtlich muss lediglich beim derivativen Geschäfts- oder Firmenwert gem. § 285 Nr. 13 HGB eine Nutzungsdauer von mehr als fünf Jahren im Anhang begründet werden.

[146] Für bewegliche abnutzbare Anlagegüter, die vor dem 01.01.2004 angeschafft oder errichtet wurden, war von der Finanzverwaltung eine – auch handelsrechtlich akzeptierte – Vereinfachung dahingehend zugelassen, dass Anschaffungen in der ersten Jahreshälfte zu einer vollen Jahresabschreibung und Anschaffungen in der zweiten Jahreshälfte zu einer halben Jahresabschreibung berechtigten.

Handelsrechtlich sind grundsätzlich alle Verfahren zulässig, sofern sie den Grundsätzen ordnungsmäßiger Buchführung entsprechen und damit nicht den wirtschaftlichen Gegebenheiten des Abnutzungsverlaufs völlig widersprechen. Folglich werden progressive Abschreibungsverfahren nur in seltenen Fällen anwendbar sein. Auch ein Wechsel zwischen verschiedenen Abschreibungsverfahren ist prinzipiell möglich; allerdings ist der in § 252 Abs. 1 Nr. 6 HGB geregelte Grundsatz der Bewertungsstetigkeit zu beachten, der einen im Vorhinein nicht eingeplanten Methodenwechsel – nicht einen von vornherein eingeplanten Wechsel des Abschreibungsverfahrens – auf begründete Ausnahmefälle begrenzt.

Vor Einführung des Bilanzrechtsmodernisierungsgesetzes waren **steuerrechtlich** zwar die Abschreibungsverfahren des Handelsrechts maßgeblich, allerdings führte der Bewertungsvorbehalt des § 5 Abs. 6 EStG, der insb. in § 7 EStG gesetzlich umfassend ausgefüllt ist, zu einer Einschränkung der Maßgeblichkeit der Handelsbilanz für die Steuerbilanz.[147] So vertritt u.a. das BMF die Meinung, dass in Zukunft handelsrechtliche und steuerrechtliche Wahlrechte stets unabhängig voneinander ausgeübt werden können, was zur Konsequenz hätte, dass bspw. in der Steuerbilanz degressiv und in der Handelsbilanz linear abgeschrieben werden könnte.[148] Andere Meinungen sprechen sich hingegen ausdrücklich gegen diese Auslegung aus und fordern weiter eine kongruente Wahlrechtsausübung im Rahmen der Abschreibungsmethoden – sofern diese im jeweiligen Regelwerk gestattet sind – in Handels- und Steuerbilanz.[149]

Die steuerliche Regelabschreibungsmethode zur Erfassung der Absetzung für Abnutzung (AfA) ist gem. § 7 Abs. 1 S. 1 EStG die lineare Abschreibung. Bei wirtschaftlicher Begründung und bei Nachweis des jährlichen Umfangs der Leistung wird gem. § 7 Abs. 1 S. 6 EStG die Leistungsabschreibung bei beweglichen Anlagegütern anerkannt; die in § 7 Abs. 6 EStG geregelte Absetzung für Substanzverringerung ist ein Spezialfall der variablen Abschreibung, die bei Bergbauunternehmen, Steinbrüchen, Kiesgruben und anderen Abbaubetrieben anwendbar ist.

Die Anwendung der geometrisch-degressiven Abschreibungsmethode war zunächst durch die Unternehmensteuerreform 2008 abgeschafft worden. Durch das Gesetz zur Umsetzung steuerrechtlicher Regelungen des Maßnahmenpakets „Beschäftigungssicherung durch Wachstumsstärkung" vom 21.12.2008 ist die geometrisch-degressive Abschreibung bei beweglichen Wirtschaftsgütern des Anlagevermögens, die nach dem 31.12.2008 und vor dem 01.01.2011 angeschafft oder hergestellt werden, allerdings wieder eingeführt worden. Der Abschreibungssatz ist gem. § 7 Abs. 2 EStG höchstens auf das 2,5fache des linearen Abschreibungssatzes begrenzt und darf maximal 25 % betragen. Für Wirtschaftsgüter, die hiernach geometrisch-degressiv abgeschrieben werden, sind außerplanmäßige Abschreibungen

---

[147] Vgl. kritisch zur Auslegung der Maßgeblichkeit nach Inkrafttreten des Bilanzrechtsmodernisierungsgesetzes KUßMAUL, HEINZ: Zur Maßgeblichkeit der Maßgeblichkeit, in: StB 2010, Heft 3, S. I sowie mit einer Darstellung der verschiedenen Literaturmeinungen KUßMAUL, HEINZ/GRÄBE, SEBASTIAN: Der Maßgeblichkeitsgrundsatz vor dem Hintergrund des BilMoG, in: StB 2010, S. 106-115.

[148] Vgl. BMF-Schreiben vom 12.03.2010, BStBl I 2010, S. 650, Rn. 18; HERZIG, NORBERT/BRIESEMEISTER, SIMONE: Steuerliche Konsequenzen der Bilanzrechtsmodernisierung für Ansatz und Bewertung, in: DB 2009, S. 976-982.

[149] Vgl. SCHENKE, RALF P./RISSE, MARKUS: Das Maßgeblichkeitsprinzip nach dem Bilanzrechtsmodernisierungsgesetz, in: DB 2009, S. 1957-1959.

teilweise nicht gestattet (§ 7 Abs. 2 S. 4 EStG). Von der degressiven Abschreibung kann zur linearen (gem. 7 Abs. 3 EStG) gewechselt werden. Weiterhin gilt ein Übergang von der Leistungsabschreibung zur linearen Abschreibung und umgekehrt als zulässig. Ein Wechsel der Gebäudeabschreibung ist grundsätzlich nicht erlaubt.

Eine Sonderregel besteht für abnutzbare bewegliche Wirtschaftsgüter des Anlagevermögens, die zu einer selbstständigen Nutzung fähig sind (sog. **geringwertige Wirtschaftsgüter**). So können zum einen gem. § 6 Abs. 2 EStG Wirtschaftsgüter bis 410 € netto im Jahr der Anschaffung sofort abgeschrieben werden, während Wirtschaftsgüter mit höheren Anschaffungs- oder Herstellungskosten im Regelfall über die Nutzungsdauer abzuschreiben sind (Alternative 1).[150] Zum anderen kann sich der Steuerpflichtige für die Sammelpostenmethode entscheiden (Alternative 2), wonach geringwertige Wirtschaftsgüter, deren Anschaffungs- oder Herstellungskosten 150 € (netto), aber nicht 1.000 € (netto) übersteigen, in einen Sammelposten einzustellen sind, der im Wirtschaftsjahr der Bildung und den folgenden vier Wirtschaftsjahren mit jeweils einem Fünftel gewinnmindernd aufzulösen ist (§ 6 Abs. 2a EStG).[151] Liegt der Wert unter 150 € (netto), hat der Steuerpflichtige das Wahlrecht, das geringwertige Wirtschaftsgut sofort abzuschreiben oder dieses zu aktivieren und über dessen betriebsgewöhnliche Nutzungsdauer abzuschreiben. Unklar ist bislang, ob in diesem Zusammenhang auch eine Einstellung in den Sammelposten möglich ist. Der Steuerpflichtige muss sich am Ende eines jeden Geschäftsjahres für eine der beiden Alternativen entscheiden und die gewählte Alternative einheitlich auf alle im Geschäftsjahr angeschafften oder hergestellten Wirtschaftsgüter anwenden (§ 6 Abs. 2a EStG).

Beispiel: (Geringwertige Wirtschaftsgüter)

Ein Unternehmen erwirbt im Jahr 2013 zwei bewegliche abnutzbare Anlagegüter zu Anschaffungskosten von insgesamt 1.100 € netto. In dem Gesamtbetrag enthalten sind die Anschaffung eines Stuhls (Nutzungsdauer: acht Jahre) im März 2013 zu 400 € (netto) und der Kauf einer Maschine (Nutzungsdauer: zehn Jahre) im Oktober 2013 im Wert von 700 € (netto).

Da es sich um bewegliche abnutzbare Wirtschaftsgüter des Anlagevermögens handelt, sind die Vorschriften des § 6 Abs. 2 und 2a EStG zu beachten. Hiernach hat das Unternehmen ein Wahlrecht, zwischen der 410 €-Regelung und der Sammelpostenmethode zu wählen. Entscheidet sich das Unternehmen für eine der beiden genannten Alternativen, ist diese einheitlich auf alle im Geschäftsjahr angeschafften oder hergestellten Wirtschaftsgüter anzuwenden.

Wählt das Unternehmen die Sammelpostenmethode, so sind sowohl der Stuhl als auch die Maschine in einen zu bildenden Sammelposten einzustellen, da die Anschaffungskosten einzeln betrachtet mehr als 150 €, jedoch nicht mehr als 1.000 € betragen. Der Betriebsausgabenabzug für den Sammelposten beläuft sich 2013 auf ein Fünftel aller in dem Sammelposten zusammengefassten Anschaffungskosten und beträgt 220 €.

---

[150] Wirtschaftsgüter, deren Wert 150 € (netto) übersteigt, sind allerdings gem. § 6 Abs. 2 S. 4 EStG in einem laufend zu führenden Verzeichnis unter Angabe des Tages der Anschaffung, Herstellung oder Einlage des Wirtschaftsguts zu erfassen. Auf diese Dokumentationspflicht kann verzichtet werden, wenn die geforderten Angaben aus der Buchführung ersichtlich sind (§ 6 Abs. 2 S. 5 EStG).

[151] Nach der Ansicht des HFA ist die Abbildung von Sammelposten unter Wirtschaftlichkeitsgesichtspunkten in der Handelsbilanz grundsätzlich nicht zu beanstanden, auch wenn es dadurch zu einer Durchbrechung des Einzelbewertungsgrundsatzes kommt. Eine Übernahme des Sammelpostens ist lediglich in den Fällen nicht gestattet, in denen der Sammelposten nicht von untergeordneter Bedeutung für den Jahresabschluss ist. Vgl. HAUPTFACHAUSSCHUSS: 208. Sitzung des HFA, in: IDW Fachnachrichten 2007, S. 506-508, s.b.S. 506.

Entscheidet sich das Unternehmen für die 410 €-Regelung, so hat das Unternehmen für den Stuhl ein Wahlrecht, diesen sofort abzuschreiben oder zu aktivieren und über dessen betriebsgewöhnliche Nutzungsdauer abzuschreiben, da die Anschaffungskosten die 410 €-Grenze nicht überschreiten. Die Maschine muss hingegen in jedem Fall aktiviert werden, da die Anschaffungskosten der Maschine die 410 €-Grenze übersteigen. Die Maschine ist damit über ihre betriebsgewöhnliche Nutzungsdauer abzuschreiben, wobei hierbei die pro-rata-temporis-Abschreibung zu beachten ist. Da die Maschine im Oktober 2013 erworben wurde, beträgt die Abschreibung für die Maschine im Jahr 2013 17,50 €.

Wie bei den anderen Bestimmungsfaktoren für die planmäßigen Abschreibungen sind zwar auch bei den Abschreibungsmethoden steuerliche Restriktionen zu beachten, die prinzipiell keinen Einfluss auf die Gestaltung der Handelsbilanz haben. Wenn das Unternehmen aber im Interesse einer Vereinfachung der Buchführung eine einheitliche Handhabung der planmäßigen Abschreibungen in Handels- und Steuerbilanz anstrebt, dann hat es sich auch handelsrechtlich an den restriktiveren steuerlichen Vorschriften zu orientieren.

(3)   Die außerplanmäßigen Abschreibungen und Zuschreibungen

Außerplanmäßige Abschreibungen können oder müssen bei allen Aktiva zur Berücksichtigung außergewöhnlicher Wertminderungen vorgenommen werden. Des Weiteren eröffnet das Steuerrecht die Möglichkeit, durch die Inanspruchnahme von Sonderabschreibungen, Bewertungsabschlägen oder erhöhten Absetzungen stille Reserven zu bilden; handelsrechtlich dürfen diese seit Einführung des Bilanzrechtsmodernisierungsgesetzes nicht mehr nachvollzogen werden.

(a)   Außerplanmäßige Abschreibungen zur Realisierung des Niederstwertprinzips

Die – im abnutzbaren Anlagevermögen um planmäßige Abschreibungen korrigierten – Anschaffungs- oder Herstellungskosten werden mit dem beizulegenden Wert verglichen, der im Anlage- und Umlaufvermögen nur als niedrigerer Wert zur Anwendung kommt.[152]

Der **beizulegende Wert im Anlagevermögen** orientiert sich im Wesentlichen

- bei betriebsnotwendigen Anlagegütern an den Wiederbeschaffungskosten (entweder durch Heranziehung des Wiederbeschaffungspreises für vergleichbare „alte" Anlagen oder durch Verrechnung fiktiver Abschreibungen auf den Wiederbeschaffungsneuwert),
- bei nicht betriebsnotwendigen Anlagegütern an den, um bis zur Verkaufsrealisierung entstehende Ausgaben gekürzten, vorsichtig geschätzten Veräußerungspreisen und
- bei bestimmten ertragsorientierten Gegenständen, für die weder ein Beschaffungsmarkt noch ein Absatzmarkt besteht, an den Ertragswerten i.S.d. kapitalisierten Einzahlungsüberschüsse.

Der **beizulegende Wert im Umlaufvermögen** orientiert sich im Wesentlichen

---

[152] Ausnahmeregelungen gelten allerdings für Finanzinstrumente des Handelsbestands bei Kredit- und Finanzdienstleistungsinstituten, die mit dem beizulegenden Zeitwert abzüglich eines Risikoabschlags zu bewerten sind (§ 340e Abs. 3 HGB). Außerdem sind nach § 246 Abs. 2 S. 2 HGB zu verrechnende Vermögensgegenstände ebenfalls mit ihrem beizulegenden Zeitwert zu bilanzieren. Durch die Bewertung zum beizulegenden Zeitwert (Fair Value) wird ein Wertansatz oberhalb der ursprünglichen Anschaffungskosten gestattet. Auch die Regelungen gem. § 256a S. 2 HGB bezüglich der Währungsumrechnung bei Restlaufzeiten von einem Jahr oder weniger billigen – entgegen dem Realisationsprinzip – eine Antizipation schwebender Währungsgewinne.

- bei Roh-, Hilfs- und Betriebsstoffen an den Wiederbeschaffungskosten – bei eingeschränkter Einsetzbarkeit und bei Überbeständen unter zusätzlicher Berücksichtigung von Gängigkeitsabwertungen –,
- bei Halb- und Fertigfabrikaten an den um Erlösschmälerungen und um bis zur Realisierung der Verkaufspreise entstehende Vertriebs-, Verwaltungs- und Herstellungskosten gekürzten, vorsichtig geschätzten Veräußerungspreisen (verlustfreie bzw. retrograde Bewertung),
- bei Waren an den korrigierten, vorsichtig geschätzten Veräußerungspreisen und an den Wiederbeschaffungskosten (maßgebend ist der niedrigere von beiden Werten),
- bei Forderungen nach der Bonität der Schuldner (evtl. auch nach der – zu niedrigen – Verzinslichkeit oder nach Währungsverhältnissen) und
- bei Wertpapieren des Umlaufvermögens nach den korrigierten, vorsichtig geschätzten Veräußerungspreisen.

Im **Anlagevermögen** ist handelsrechtlich das **gemilderte Niederstwertprinzip** gültig, weshalb dort nach § 253 Abs. 3 S. 3 HGB nur bei voraussichtlich dauernden Wertminderungen eine Abschreibung auf den niedrigeren beizulegenden Wert geboten ist (Pflicht). Bei einer voraussichtlich nicht dauernden Wertminderung darf seit Verabschiedung des Bilanzrechtsmodernisierungsgesetzes grundsätzlich keine außerplanmäßige Abschreibung mehr erfolgen. Lediglich für im Anlagevermögen befindliche Finanzanlagen besteht gem. § 253 Abs. 3 S. 4 HGB ein Wahlrecht, auch bei einer voraussichtlich nicht dauernden Wertminderung eine außerplanmäßige Abschreibung durchzuführen. Steuerrechtlich besteht gem. § 6 Abs. 1 Nr. 1 S. 2 EStG das Wahlrecht zur Vornahme einer außerplanmäßigen Abschreibung (Teilwertabschreibung) nur, wenn eine voraussichtlich dauernde Wertminderung gegeben ist. Liegt dagegen eine voraussichtlich vorübergehende Wertminderung vor, kann in der Steuerbilanz keine Abschreibung auf den niedrigeren Teilwert vorgenommen werden.

Im **Umlaufvermögen** greift handelsrechtlich dagegen nach § 253 Abs. 4 HGB das **strenge Niederstwertprinzip** mit der Folge, dass dort Abschreibungen auf den niedrigeren Börsen- oder Marktpreis am Abschlussstichtag oder – ersatzweise – auf den niedrigeren beizulegenden Wert – unabhängig von der Dauer der Wertminderung – vorgeschrieben sind. In der Steuerbilanz ist gem. § 6 Abs. 1 Nr. 2 S. 2 EStG eine Abschreibung auf den niedrigeren Teilwert bei voraussichtlich vorübergehender Wertminderung nicht zulässig.

Für steuerliche Zwecke werden in diesen Fällen – unter Beachtung der geschilderten Restriktionen – Abschreibungen auf den niedrigeren Teilwert bzw. Absetzungen für außergewöhnliche Abnutzungen (AfaA) oder Substanzverringerungen (AfS) vorgenommen. Wegen der engen Zusammenhänge zwischen den Teilwertabschreibungen und den AfaA bzw. AfS kann von einer Abschreibung auf den niedrigeren steuerlichen Wert („Teilwert i.w.S.") gesprochen werden; trotz zahlreicher Probleme in Einzelfällen wird der so definierte Teilwert überwiegend analog zum beizulegenden Wert i.w.S. (einschließlich des Börsen- und Marktpreises) ausgelegt (eine Ausnahme ist z.B. die Teilwertinterpretation bei Fertigfabrikaten, wo steuerlich ein durchschnittlicher Gewinnaufschlag, handelsrechtlich aber nur Vertriebs- und Verwaltungskosten vom vorsichtig geschätzten Veräußerungspreis abgezogen werden können).

Für die Zulässigkeit außerplanmäßiger Abschreibungen kommt es also auf die Dauerhaftigkeit einer Wertminderung an. Eine **voraussichtlich dauernde Wertminderung** ist dann gegeben, wenn sich der beizulegende Wert bei **abnutzbaren Anlagegegenständen** voraussichtlich während eines erheblichen Teils der Restnutzungszeit unter den (fortgeführten) Anschaffungs- oder Herstellungskosten befindet, wovon ausgegangen wird, wenn der Stichtagswert für voraussichtlich mehr als die Hälfte der Restnutzungsdauer unter dem planmäßigen Restbuchwert liegt.[153]

Im **nicht abnutzbaren Anlagevermögen** ist nach dem BMF-Schreiben vom 25.02.2000[154] entscheidend, ob die Gründe für eine niedrigere Bewertung voraussichtlich anhalten werden. Im Gegensatz hierzu steht die Behandlung von börsennotierten Aktien, die als Finanzanlage gehalten werden, nach dem BFH-Urteil vom 26.09.2007[155]. Hiernach ist von einer voraussichtlich dauerhaften Wertminderung auszugehen, wenn der Börsenwert zum Abschlussstichtag unter die Anschaffungskosten gesunken ist und zum Zeitpunkt der Bilanzerstellung keine konkreten Anhaltspunkte für eine alsbaldige Wertaufholung vorliegen. Das Urteil lässt jedoch die Frage offen, ob grundsätzlich jedes Absinken des Kurswerts unter den Wert der Anschaffungskosten eine Teilwertabschreibung ermöglicht oder ob Wertveränderungen innerhalb einer gewissen „Bandbreite" aufgrund der Bewertungsstetigkeit und der Verwaltungsökonomie als nur vorübergehende und damit nicht zur Teilwertabschreibung berechtigende Wertschwankungen zu betrachten sind.[156] Mit dem BMF-Schreiben vom 26.03.2009[157] hat sich die Verwaltungsansicht dem BFH angeschlossen. Unter teilweiser Aufhebung des Schreibens vom 25.02.2000 ist die vom BFH offengelassene Frage der Behandlung von Wertveränderungen nach Ansicht des BMF innerhalb einer gewissen „Bandbreite" durch eine zeitliche und rechnerische Komponente auszufüllen. Von einer voraussichtlich dauernden Wertminderung ist dann auszugehen, wenn der Börsenkurs von börsennotierten Aktien zum aktuellen Abschlussstichtag um mehr als 40 % unter den ursprünglichen Anschaffungskosten liegt oder zum aktuellen Abschlussstichtag sowie zum vorangegangenen Abschlussstichtag um mehr als 25 % unter die Anschaffungskosten gesunken ist. Darüber hinausgehende Erkenntnisse sind bis zum Zeitpunkt der Bilanzaufstellung zu berücksichtigen. Zur Teilwertabschreibung sind in der Folge weitere zahlreiche Urteile und Verwaltungsanweisungen ergangen, die bspw. Fragestellungen der Behandlung von Fremdwährungsverbindlichkeiten bei einem Kursanstieg der Fremdwährung,[158] der Teilwertabschreibung bei Fondsanteilen[159] oder bei festverzinslichen Wertpapieren[160] klären. Letztendlich hat der BFH in seinem Urteil vom 21.09.2011[161] seine Rechtsprechung hinsichtlich der Teilwertabschreibung auf börsennotierte Aktien im Anlagevermögen bei voraussichtlich dauernder Wertminderung präzisiert. Der BFH ist dabei von der Verwaltungspraxis abge-

---

[153] Vgl. BFH-Urteil vom 14.3.2006, BStBl II 2006, S. 680.
[154] BMF-Schreiben vom 25.02.2000, BStBl I 2000, S. 372.
[155] BFH-Urteil vom 26.09.2007, in: BFH/NV 2008, S. 432-434.
[156] Vgl. BMF-Schreiben vom 26.03.2009, BStBl I 2009, S. 514.
[157] Vgl. BMF-Schreiben vom 26.03.2009, BStBl I 2009, S. 514.
[158] Vgl. BFH-Urteil vom 23.04.2009, BStBl 2009 II, S. 778.
[159] Vgl. Urteil des FG Rheinland-Pfalz vom 15.12.2010, in: BB 2011, S. 688.
[160] Vgl. BFH-Urteil vom 08.06.2011, in: NJW 2011, S. 3328.
[161] BFH-Urteil vom 21.09.2011, in: DStR 2012, S. 21-26.

rückt, wonach nur dann von einer voraussichtlich dauernden Wertminderung auszugehen ist, wenn der Börsenkurs der Aktien zum jeweiligen Abschlussstichtag um mehr als 40 % oder an zwei aufeinander folgenden Abschlussstichtagen um jeweils mehr als 25 % unter die Anschaffungskosten gesunken ist. Nach Ansicht des BFH ist von einer voraussichtlich dauernden Wertminderung bei an der Börse gehandelten Aktien im Interesse eines möglichst einfachen und gleichheitsgerechten Gesetzesvollzugs pauschalierend bereits dann auszugehen, wenn der Kurs am Abschlussstichtag unter den Kurs im Zeitpunkt des Aktienerwerbs gesunken ist und die Kursdifferenz eine Bagatellgrenze von 5 % überschreitet. Die Kursentwicklung nach dem Abschlussstichtag ist grundsätzlich zu vernachlässigen.

Befinden sich die börsennotierten Anteile im **Umlaufvermögen**, so ist von einer dauerhaften Wertminderung in den Fällen auszugehen, in denen die Wertminderung bis zum Bilanzaufstellungszeitpunkt anhält. Dabei sind zusätzliche Erkenntnisse, z.B. in Form von Kursschwankungen, bis zu diesem Zeitpunkt zu berücksichtigen.[162] Das Unterschreiten gewisser „Bandbreiten" wie im Anlagevermögen ist für das Umlaufvermögen nicht vorgesehen.

(b) Außerplanmäßige Abschreibungen aufgrund bestimmter steuerlicher Wahlrechte

Das Steuerrecht ermöglicht durch die Inanspruchnahme von Sonderabschreibungen (neben planmäßigen Abschreibungen), erhöhten Absetzungen (anstatt planmäßiger Abschreibungen) oder anderweitigen steuerlichen Abschlägen (z.B. Abschläge nach § 6b EStG) die Bildung stiller Reserven. Bei Wahrnehmung von Sonderabschreibungen (wichtige Regelungen in §§ 7f und 7g EStG) und erhöhten Absetzungen (wichtige Regelungen in §§ 7b, 7c, 7d, 7h, 7i, 7k EStG, § 82a EStDV, diverse Regelungen im Fördergebietsgesetz) sind einige Besonderheiten zu beachten, die in § 7a EStG aufgeführt sind (z.B. Kumulierungsverbot). Handelsrechtlich dürfen diese spezifischen steuerlichen Wahlrechte seit Verabschiedung des Bilanzrechtsmodernisierungsgesetzes und der damit verbundenen Abschaffung der umgekehrten Maßgeblichkeit nicht mehr nachvollzogen werden.

(c) Zuschreibungen

Bei **Wegfall der Gründe für eine außerplanmäßige Abschreibung** muss **handelsrechtlich** – ungeachtet der Rechtsform – gem. § 253 Abs. 5 S. 1 HGB eine **Zuschreibung** vorgenommen werden. Die Zuschreibung darf allerdings nur bis zur Höhe der fortgeführten Anschaffungs- oder Herstellungskosten erfolgen. Ausgenommen vom Zuschreibungsgebot ist der entgeltlich erworbene Geschäfts- oder Firmenwert. Für diesen gilt gem. § 253 Abs. 5 S. 2 HGB ein striktes Zuschreibungsverbot.

Steuerrechtlich ist bei Wegfall der Gründe für eine außerplanmäßige Abschreibung aufgrund von § 6 Abs. 1 Nr. 1 S. 4 EStG (in Bezug auf das abnutzbare Anlagevermögen) und § 6 Abs. 1 Nr. 2 S. 3 EStG (in Bezug auf Grund und Boden, Beteiligungen und Umlaufvermögen) sowie der Regelung in § 7 Abs. 1 S. 7 EStG ebenfalls ein **Wertaufholungsgebot**

---

[162] Vgl. BMF-Schreiben vom 25.02.2000, BStBl I 2000, S. 372.

vorgesehen. Nach herrschender Meinung, wenn auch strittig, gilt das Wertaufholungsgebot im Steuerrecht auch für den derivativen Geschäfts- oder Firmenwert.[163]

Die derzeitigen Wertaufholungsregelungen einschließlich der entsprechenden Rechtsgrundlagen sind vereinfacht in Abb. 28[164] enthalten.

Wie die Gesetzesänderungen der letzten Jahre zeigen, unterliegen die Bewertungsvorschriften einem ständigen Wandel. Änderungen von Bewertungsvorschriften dienen regelmäßig der Gegenfinanzierung anderer Maßnahmen oder der Stopfung von Haushaltslöchern und beeinflussen zukünftige unternehmerische Entscheidungen z.B. hinsichtlich vorzunehmender Vorteilhaftigkeitsabwägungen bei Sachinvestitionen.[165]

Vermögenskategorien	Rechtsgrundlagen	
	Handelsrecht	Einkommensteuerrecht
1. Anlagevermögen		
– Nutzung zeitlich nicht begrenzt		Aufwertungsgebot (§ 6 Abs. 1 Nr. 2 S. 3 EStG)
– Nutzung zeitlich begrenzt	Aufwertungsgebot (§ 253 Abs. 5 S. 1 HGB)	Aufwertungsgebot (§ 6 Abs. 1 Nr. 1 S. 4 EStG)
2. Umlaufvermögen		Aufwertungsgebot (§ 6 Abs. 1 Nr. 2 S. 3 EStG)

Abb. 28: Wertaufholung nach Handels- und Steuerrecht

3. Bilanzielle Behandlung der Passivseite: das bilanzielle Kapital

a) Die Ansatzregelungen

Das Vollständigkeitsgebot des § 246 Abs. 1 HGB sorgt auch für eine grundsätzliche Passivierungspflicht aller Schulden und der passiven Rechnungsabgrenzungsposten, soweit gesetzlich nichts anderes bestimmt ist; aus § 247 Abs. 1 HGB ergibt sich darüber hinaus die – im Übrigen selbstverständliche – Passivierungspflicht des Eigenkapitals.

Die Regelungen zum Bilanzansatz der Schulden, der passiven Rechnungsabgrenzungsposten und des Eigenkapitals stimmen in Handels- und Steuerbilanz auf der Grundlage des Grundsatzes der Maßgeblichkeit der Handelsbilanz für die Steuerbilanz weitgehend, aber – insb. bei den Rückstellungen – nicht vollständig überein.

---

[163] Vgl. PFIRMANN, ARMIN/SCHÄFER, RENÉ: Steuerliche Implikationen, in: Das neue deutsche Bilanzrecht, hrsg. von KARLHEINZ KÜTING, NORBERT PFITZER und CLAUS-PETER WEBER, 2. Aufl., Stuttgart 2009, S. 119-154, s.b.S. 141.

[164] Modifiziert entnommen aus KUßMAUL, HEINZ: Ansatz und Bewertung im handels- und steuerrechtlichen Jahresabschluß, in: StB 1992, S. 455-458 und StB 1993, S. 13-16, 57-63, s.b.S. 59.

[165] Vgl. SCHEFFLER, WOLFRAM: Einfluss der Unternehmenssteuerreform auf die Vorteilhaftigkeit von Sachinvestitionen, in: DB 2000, S. 2541-2545; so wurden z.B. die Abschreibungszeiträume im Rahmen der steuerlichen AfA-Tabellen verlängert und die Abschreibungssätze für Gebäude verringert. Die Unternehmenssteuerreform 2008 bestätigt diesen Prozess.

Die **Begriffsmerkmale einer Schuld** – steuerlich wird bei weit reichender inhaltlicher Übereinstimmung von einem **negativen Wirtschaftsgut** gesprochen – werden im Wesentlichen bestimmt durch

- das Vorliegen einer wirtschaftlichen Belastung,
- das Vorhandensein einer Leistungsverpflichtung (gegenüber Dritten) sowie
- die selbstständige Abgrenzbarkeit und Bewertbarkeit der wirtschaftlichen Last.

Da als Schulden nicht nur bürgerlich-rechtliche Leistungsverpflichtungen, sondern darüber hinaus auch gegenwärtige und künftige, selbstständig abgrenzbare und bewertbare Belastungen des Unternehmens angesehen werden (**Rückstellungen**), sind über den Begriff der Schuld bereits die wirtschaftlichen Zurechnungskriterien enthalten und geregelt.

Wie bei den aktiven Rechnungsabgrenzungsposten muss auch bei den Posten der **passiven Rechnungsabgrenzung** keine passivierungsfähige Schuld gegeben sein; sie müssen aber – bei grundsätzlicher Gleichbehandlung in Handels- und Steuerbilanz – bei Erfüllung der Voraussetzungen ausgewiesen werden.

Das **Eigenkapital** als aus der Bilanz zu ermittelnder Saldo ist ein bilanztechnisch notwendiger Posten, auch wenn es als Verpflichtung des Unternehmens an seine Anteilseigner gesehen werden kann.

Von der Bilanzierung ausgeschlossen sind:

- grundsätzlich die **Sachverhalte, die keine Schuld** und damit keine hinreichend konkretisierte (wirtschaftliche) Belastung des Vermögens **darstellen** – sofern nicht anderweitige Sonderregelungen bestehen –;

- **Ansprüche und Verpflichtungen aus ausgewogenen schwebenden Geschäften** (Grundsatz ordnungsmäßiger Buchführung; jedoch ist bei Unausgewogenheit zulasten des Unternehmens in der Handelsbilanz eine Rückstellung für drohende Verluste aus schwebenden Geschäften zu bilden, die nach § 5 Abs. 4a EStG in der Steuerbilanz nicht ausgewiesen werden darf, soweit es sich bei dem erwarteten Verlust nicht um ein Ergebnis einer zur Absicherung finanzwirtschaftlicher Risiken gebildeten Bewertungseinheit handelt) sowie

- **Rückstellungen**, die auf einer Grundlage beruhen, die **außerhalb der gesetzlichen Begrenzung in § 249 HGB** auf die dort genannten Zwecke liegt (mit der Folge, dass der Rückstellungsbegriff nicht willkürlich, sondern nur i.R. gesetzlicher Regelungen über die oben genannten Kriterien für eine Schuld hinaus ausgedehnt werden kann).

Daneben sorgen insb. steuerliche Regelungen für **spezielle Bilanzierungsverbote in der Steuerbilanz**. In diesem Zusammenhang ist hinzuweisen auf:

- § 5 Abs. 2a EStG, der für Verpflichtungen, die nur bei Anfall künftiger Einnahmen oder Gewinne zu erfüllen sind, erst für den Zeitpunkt des Anfalls dieser Einnahmen oder Gewinne den Ansatz von Verbindlichkeiten oder Rückstellungen vorsieht;

- die engen steuerlichen Voraussetzungen für die Bildung von Rückstellungen wegen Verletzung fremder Patent-, Urheber- oder ähnlicher Schutzrechte und für die Bildung von Jubiläumsrückstellungen in § 5 Abs. 3 und 4 EStG;

- das Passivierungsverbot für Schulden und Lasten, deren Gläubiger nicht benannt werden, welches von der Rechtsprechung über die Regelung des § 160 Abs. 1 S. 1 AO hergeleitet wird;
- § 5 Abs. 4a EStG, der die Bildung von Rückstellungen für drohende Verluste aus schwebenden Geschäften verbietet, soweit es sich bei dem erwarteten Verlust nicht um ein Ergebnis einer zur Absicherung finanzwirtschaftlicher Risiken gebildeten Bewertungseinheit handelt;
- § 5 Abs. 4b S. 1 EStG, der die Bildung von Rückstellungen für Aufwendungen, die in künftigen Jahren Anschaffungs- oder Herstellungskosten für ein Wirtschaftsgut darstellen, untersagt; nach § 5 Abs. 4b S. 2 EStG ist die Bildung von Rückstellungen für die Verpflichtung zur schadlosen Verwertung radioaktiver Reststoffe sowie ausgebauter oder abgebauter radioaktiver Anlagenteile ebenfalls verboten.

Außerdem dürfen in die Bilanz nur die **zum Betriebsvermögen gehörigen Schulden** aufgenommen werden (Abgrenzungsproblem zwischen Betriebs- und Privatvermögen v.a. bei Einzelkaufleuten und Personengesellschaften).

Weitere Verpflichtungen für die Aufnahme von Passiva in die Bilanz zeigen sich im Zusammenhang mit einem Teil der **Sachverhalte, die außerhalb des Begriffs der Schuld Bestandteile der Bilanz sind**. Aufbauend auf den Vorschriften des § 242 Abs. 1 HGB und des § 246 Abs. 1 HGB, der die erstgenannte Vorschrift bereits über die Aufnahme von Vermögensgegenständen und Schulden hinaus um die Aufnahmepflicht der Rechnungsabgrenzungsposten ergänzt, wird der Bilanzinhalt durch verschiedene weitere Regelungen erweitert.

Zum einen ist in der Bilanz nach § 247 Abs. 1 HGB das **Eigenkapital** (als Saldo von Bruttovermögen und Schulden) gesondert auszuweisen, zum anderen sind **besondere bilanzielle Sachverhalte** aufgrund spezieller Vorschriften (v.a. zur Korrektur anderer Posten) zu bilden. Die wichtigsten besonderen bilanziellen Sachverhalte, die die Passivseite der Bilanz unmittelbar oder mittelbar – i.S. eines Korrektivs auf der Aktivseite – betreffen, sind:

- Sondervorschriften beim Ausweis des Eigenkapitals (§ 272 HGB),[166]
- nicht durch Eigenkapital gedeckter Fehlbetrag (§ 268 Abs. 3 HGB),
- darüber hinaus (obwohl der Charakter strittig ist) wegen Nichtkonformität mit dem Schuldbegriff bei Rückstellungen für unterlassene Instandhaltungen und Abraumbeseitigungen (§ 249 Abs. 1 S. 2 HGB),
- die Abgrenzung passiver latenter Steuern (§ 274 Abs. 1 S. 1 HGB).

Wahlrechte auf der Passivseite bestehen seit Einführung des Bilanzrechtsmodernisierungsgesetzes nur noch für bestimmte Altersversorgungszusagen (Art. 28 Abs. 1 EGHGB; Anwendungsfälle: handels- und steuerrechtliche Pensionsrückstellungen für vor dem 01.01.1987 erteilte Zusagen; nur handelsrechtlich bei steuerlichem Verbot für mittelbare und ähnliche unmittelbare Verpflichtungen; Anwendungsfälle: z.B. Pensionskassen; vgl.

---

[166] Vgl. hierzu ausführlich KUßMAUL, HEINZ/GRÄBE, SEBASTIAN: § 272 HGB, in: BilMoG – Gesetze, Materialien, Erläuterungen, hrsg. von KARL PETERSEN und CHRISTIAN ZWIRNER, München 2009, S. 474-478.

S. 239 f.). Bei Vorliegen der Voraussetzungen dürfen darüber hinaus steuerfreie Rücklagen in der Steuerbilanz – nicht aber in der Handelsbilanz – gebildet werden.

b) Die Bewertungsregelungen

(1) Die Zusammenhänge

Für die Bestandteile des Kapitals werden unterschiedliche Maßstäbe für ihre **Zugangsbewertung** herangezogen. Dabei werden die **handelsrechtlichen Bewertungsvorschriften** durch den Bezug des § 5 Abs. 1 S. 1 EStG auf die handelsrechtlichen Grundsätze ordnungsmäßiger Buchführung **maßgeblich für die Steuerbilanz**. Der zwischen beiden Rechenwerken bestehende Zusammenhang wird **durch den Bewertungsvorbehalt** in § 5 Abs. 6 EStG eingeschränkt, der in den §§ 6-7k EStG umfassend ausgefüllt ist.[167] Handelsrechtliche Bewertungsvorschriften finden damit nur dann Anwendung, wenn keine expliziten steuerlichen Bewertungsbestimmungen bestehen.

Nach § 253 Abs. 1 S. 2 HGB sind **Verbindlichkeiten** zu ihrem **Erfüllungsbetrag** (i.S.v. Erfüllungsbetrag) zu bewerten. Dies gilt auch dann, wenn der Auszahlungsbetrag geringer als der Erfüllungsbetrag ist; in diesem Fall darf handelsrechtlich (nach § 250 Abs. 3 HGB) und muss steuerrechtlich (entsprechend § 5 Abs. 5 EStG) der Unterschiedsbetrag (Disagio) als Rechnungsabgrenzungsposten ausgewiesen werden.

Nach h.M. gilt für **Null-Kupon-Anleihen (Zero-Bonds)**, bei denen keine laufenden Zinsen bezahlt werden und die Verzinsung durch einen im Vergleich zum Auszahlungsbetrag höheren Erfüllungsbetrag zum Ausdruck gebracht wird, eine Ausnahme, d.h., es erfolgt eine Nettobilanzierung mit laufender Erhöhung der Verbindlichkeit um die jeweils aufgelaufenen Zinsen.

Rentenverpflichtungen, für die eine Gegenleistung nicht mehr zu erwarten ist, sind nach § 253 Abs. 2 S. 3 HGB zu ihrem **Barwert** anzusetzen.[168]

Für die Bewertung von Verbindlichkeiten in der Steuerbilanz ist § 6 Abs. 1 Nr. 3 EStG zu beachten, nach dem eine **Abzinsung** der Verbindlichkeiten mit einem Zinssatz von 5,5 % grundsätzlich vorzunehmen ist, sofern es sich nicht um Verbindlichkeiten handelt, deren Laufzeit am Abschlussstichtag weniger als zwölf Monate beträgt, oder die betreffenden Verbindlichkeiten verzinslich sind oder auf einer Anzahlung oder Vorausleistung beruhen. Handelsrechtlich ist die Abzinsung von Verbindlichkeiten – mit Ausnahme von Rentenverpflichtungen gem. § 253 Abs. 2 S. 3 HGB – grundsätzlich nicht gestattet.[169]

---

[167] Durch die Abschaffung der umgekehrten Maßgeblichkeit im Zuge des Bilanzrechtsmodernisierungsgesetzes musste das Prinzip der Maßgeblichkeit weitere Einschnitte erfahren. So sieht § 5 Abs. 1 S. 1 2. Halbsatz EStG vor, dass steuerliche Wahlrechte in Zukunft unabhängig von der Handelsbilanz wahrgenommen werden können, wobei die Auslegung umstritten ist. Vgl. hierzu auch das BMF-Schreiben vom 12.03.2010, BStBl I 2010, S. 650 sowie mit einer Darstellung der verschiedenen Interpretationen KUSSMAUL, HEINZ/GRÄBE, SEBASTIAN: Der Maßgeblichkeitsgrundsatz vor dem Hintergrund des BilMoG, in: StB 2010, S. 106-115.

[168] Vgl. BAETGE, JÖRG/KIRSCH, HANS-JÜRGEN/THIELE, STEFAN: Bilanzen, 12. Aufl., Düsseldorf 2012, S. 393.

[169] Vgl. JUROWSKY, RAINER: Die Passivseite der Handelsbilanz – Teil 2: Die veränderten Bewertungsvorschriften –, in: steuer-journal.de 2009, S. 23-30, s.b.S. 23.

Rückstellungen sind nach § 253 Abs. 1 S. 2 HGB mit dem nach kaufmännischer Beurteilung notwendigen Erfüllungsbetrag zu bewerten. Etwaige Preis- und Kostensteigerungen sind folglich bei der Ermittlung des Erfüllungsbetrags zu berücksichtigen. Nach § 253 Abs. 2 S. 1 HGB sind Rückstellungen mit einer Restlaufzeit von über einem Jahr ferner mit dem durchschnittlichen Marktzinssatz der vergangenen sieben Geschäftsjahre zu diskontieren, wobei für Altersversorgungsverpflichtungen oder diesen vergleichbare langfristig fällige Verpflichtungen Ausnahmeregelungen bestehen. Diese können auch pauschal mit einem von der Deutschen Bundesbank bekannt gegebenen durchschnittlichen Marktzinssatz abgezinst werden, der sich bei einer fingierten Restlaufzeit von 15 Jahren ergibt (§ 253 Abs. 2 S. 2 HGB).

Bei einzelnen Rückstellungen (z.B. Garantie- und Kulanzrückstellungen) können in Abweichung vom Grundsatz der Einzelbewertung **pauschale Bewertungsverfahren** herangezogen werden.

Für die **Steuerbilanz** sind durch § 6 Abs. 1 Nr. 3a EStG **Grundsätze** aufgestellt worden, die bei der Bewertung von Rückstellungen beachtet werden müssen. Danach hat der Bilanzierende:

– bei Rückstellungen für gleichartige Verpflichtungen die Wahrscheinlichkeit zu berücksichtigen, dass er „nur zu einem Teil der Summe dieser Verpflichtungen in Anspruch genommen wird", wobei die in der Vergangenheit gemachten Erfahrungen aus der Abwicklung solcher Verpflichtungen bei der Festlegung der Wahrscheinlichkeit heranzuziehen sind;

– bei Rückstellungen für Sachleistungsverpflichtungen eine Bewertung mit den Einzelkosten und den angemessenen Teilen der notwendigen Gemeinkosten vorzunehmen;

– bei der Bewertung von Rückstellungen diejenigen künftigen Vorteile wertmindernd zu berücksichtigen, die voraussichtlich mit der Erfüllung der Verpflichtung verbunden sein werden, soweit diese nicht als Forderung zu aktivieren sind;

– Rückstellungen für Verpflichtungen, deren Entstehungsursache im wirtschaftlichen Sinne der laufende Betrieb ist, zeitanteilig in gleichen Raten anzusammeln, wobei in diesem Zusammenhang bei Rückstellungen für die Stilllegung von Kernkraftwerken noch weitere Details der Rückstellungsbewertung zu beachten sind;

– grundsätzlich eine **Abzinsung** von Rückstellungen für Verpflichtungen mit einem Zinssatz von 5,5 % vorzunehmen, wobei dieselben Ausnahmen wie bei der Abzinsung von Verbindlichkeiten gelten und für die Abzinsung von Rückstellungen für Sachleistungsverpflichtungen und für die Stilllegung von Kernkraftwerken abweichende Zeiträume und folglich auch andere Zinssätze zugrunde zu legen sind;

– bei der Bewertung die Wertverhältnisse am Abschlussstichtag zugrunde zu legen, wobei **künftige Preis- und Kostensteigerungen** bei der Ermittlung der Rückstellungen **nicht berücksichtigt werden dürfen**.

Besondere Bewertungsverfahren sind insb. (daneben u.a. bei Rückstellungen für drohende Verluste aus schwebenden Geschäften, die außer im Fall des § 5 Abs. 1a i.V.m. Abs. 4a EStG nur handelsrechtlich zulässig sind) für die **Pensionsrückstellungen** vorgesehen, wo das **Teilwertverfahren** steuerrechtlich (hier speziell in § 6a EStG geregelt; mit zahlreichen Voraussetzungen wie u.a. dem vorgeschriebenen Rechnungszins von 6 %, die über die handelsrechtlichen Anforderungen hinausgehen) vorgeschrieben ist.

Während innerhalb des **Eigenkapitals** für das **gezeichnete Kapital** der Nennwert nach § 272 Abs. 1 S. 2 HGB als Bewertungsansatz vorgeschrieben ist, ergeben sich die Wertansätze für die anderen Bestandteile des Eigenkapitals entweder als Nominalbeträge der Zuführungen von außen oder als verbleibende – positive oder negative – Erfolgsbestandteile.

Die Bewertung der **Rechnungsabgrenzungsposten** ergibt sich als **Nennbetrag des abzugrenzenden Betrages**.

Ausgehend von dem – wie oben dargestellt – ermittelten Zugangswert werden **für die Schulden Vergleichswerte** herangezogen; sind diese höher als die Zugangswerte, dann muss oder darf eine **außerplanmäßige Korrektur** (analog zu außerplanmäßigen Abschreibungen) vorgenommen werden. Bei Wegfall der Gründe für eine außerplanmäßige Korrektur muss handelsrechtlich eine **gegenläufige Korrektur** (Gegenteil von einer Zuschreibung) – bei analoger Anwendung von § 253 Abs. 5 S. 1 HGB – bis maximal zum ursprünglichen Zugangswert durchgeführt werden. Steuerrechtlich ist bei analoger Anwendung des für die Aktivseite uneingeschränkt geltenden Wertaufholungsgebotes eine Beibehaltung des höheren Wertes ebenfalls nicht zulässig.

Einen Überblick über die derzeitigen handelsrechtlichen Bewertungsvorschriften für die Passivseite der Bilanz enthält Abb. 29[170] (S. 105).

(2) Die außerplanmäßigen Korrekturen

Das **Vorsichtsprinzip** mit seinen Ausprägungen des Realisations- und Imparitätsprinzips gilt nach den Grundsätzen ordnungsmäßiger Buchführung **auch für Passiva** und hier – wegen der ohnehin vorsichtsorientierten Zugangsbewertung der Rückstellungen und wegen der nennwertorientierten Bewertung der anderen Passivposten – in erster Linie für Verbindlichkeiten.

Auch wenn – anders als bei dem für Vermögensgegenstände in § 253 Abs. 3 und 4 HGB kodifizierten Niederstwertprinzip – für Verbindlichkeiten ein **Höchstwertprinzip** gesetzlich nicht geregelt ist, lässt sich eine analoge Anwendung aus dem in § 252 Abs. 1 Nr. 4 HGB fixierten Grundsatz der kaufmännischen Vorsicht herleiten. Dies hätte **handelsrechtlich** – z.B. bei Fremdwährungsverbindlichkeiten oder bei sehr hoch verzinslichen Verbindlichkeiten – zur Folge, dass bei kurzfristigen Verbindlichkeiten eine Wertkorrektur auf den höheren beizulegenden Wert erfolgen müsste, während bei langfristigen Verbindlichkeiten ein Wahlrecht für eine Wertkorrektur – außer bei voraussichtlich dauernder Werterhöhung, was eine Pflicht zur Wertkorrektur hervorrufen würde – bestünde (**analoge Anwendung des strengen Niederstwertprinzips und gemilderten Niederstwertprinzips** im Umlaufvermögen und im Anlagevermögen; manche Meinungen[171] gehen von einer generellen Anwendung des

---

[170] Modifiziert entnommen aus KUßMAUL, HEINZ: Ansatz und Bewertung im handels- und steuerrechtlichen Jahresabschluß, in: StB 1992, S. 455-458 und StB 1993, S. 13-16, 57-63, s.b.S. 62.
[171] Vgl. BAETGE, JÖRG/KIRSCH, HANS-JÜRGEN/THIELE, STEFAN: Bilanzen, 12. Aufl., Düsseldorf 2012, S. 393.

strengen Höchstwertprinzips unabhängig von der Bindungsdauer aus, was m.E. aber nicht konsequent ist).

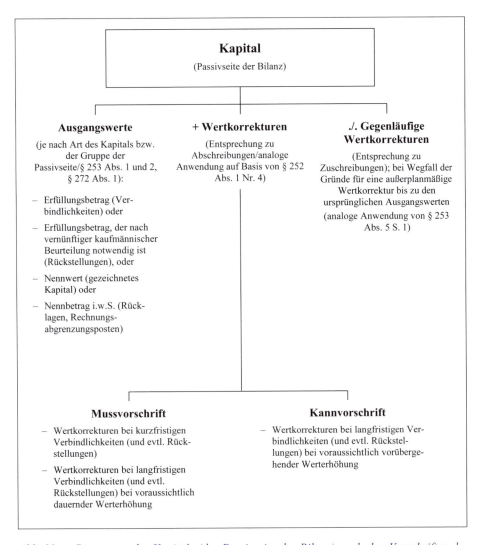

Abb. 29: Bewertung des Kapitals (der Passivseite der Bilanz) nach den Vorschriften des Handelsrechts

Für **steuerliche Zwecke** wird anstatt vom beizulegenden Wert vom Teilwert gesprochen, der aber vergleichbar zum beizulegenden Wert ausgelegt wird. Eine analoge Anwendung der steuerlichen Regelungen im Bereich des Niederstwertprinzips für Aktiva hätte für Passiva grundsätzlich – sofern keine speziellen steuerlichen Bewertungsvorschriften bestehen – zur Folge, dass nur bei voraussichtlich dauernden Werterhöhungen eine Korrektur auf den höheren Wert möglich wäre, weshalb es auch auf der Passivseite zu Abweichungen zwischen Handels- und Steuerbilanz kommen könnte.

Bei **Wegfall der Gründe für eine außerplanmäßige Korrektur** sollte handelsrechtlich ebenfalls eine **analoge Anwendung der Zuschreibungsregelungen** der §§ 253 Abs. 5 S. 1 HGB gültig sein, auch wenn dies durch den Wortlaut der entsprechenden Regelungen, der sich nur auf Vermögensgegenstände bezieht, nicht gedeckt ist. Fallen die Gründe für die außerplanmäßige Abschreibung weg, gilt somit handels- und steuerrechtlich eine **Pflicht zur Wertkorrektur** bis maximal zum ursprünglichen Zugangswert.

Bei Fremdwährungsverbindlichkeiten, die eine Restlaufzeit von etwa zehn Jahren haben, begründet ein Kursanstieg der Fremdwährung nach Ansicht des BFH grundsätzlich keine voraussichtlich dauernde Teilwerterhöhung.[172] In diesen Fällen ist nach Ansicht der Rechtsprechung davon auszugehen, dass sich Währungsschwankungen in der Regel ausgleichen.

F.   Sonderbilanzen und Ergänzungsbilanzen

Vgl. hierzu insb. BRÖNNER, HERBERT/BAREIS, PETER/HAHN, KLAUS/MAURER, THORSTEN/SCHRAMM, UWE: Die Bilanz nach Handels- und Steuerrecht, 10. Aufl., Stuttgart 2011, S. 661-667; MARX, FRANZ JÜRGEN: Steuerliche Ergänzungsbilanzen, in: StuW 1994, S. 191-203; REGNIET, MICHAEL: Ergänzungsbilanzen bei der Personengesellschaft: Sonderbilanzen der Gesellschafter und Wertkorrekturen der Gesellschaftsbilanz, Köln 1990; SCHMID, REINHOLD: Gewerbliche Personengesellschaft und Kapitalgesellschaft – ein Vergleich der laufenden Ertragsbesteuerung, in: SteuerStud 2004, S. 160-165.

I.R.d. steuerlichen Gewinnermittlung bei Personenunternehmen ist die Unterscheidung zwischen Sonderbilanzen und Ergänzungsbilanzen von Bedeutung. Für beide Begriffe hält das Gesetz keine Legaldefinition bereit, sodass deren Verwendung in der Literatur nicht einheitlich ist.

Die Notwendigkeit einer **Sonderbilanz** ergibt sich aus der Tatsache, dass die **Handelsbilanz** einer Personengesellschaft **lediglich das Gesamthandsvermögen der Gesellschaft** beinhalten darf. Außerhalb dieses sog. Gesellschaftsvermögens können die Gesellschafter der Personengesellschaft jedoch auch Vermögen i.R. schuldrechtlicher Verträge zur Verfügung stellen. Diese Wirtschaftsgüter befinden sich weiterhin im Eigentum der Gesellschafter und werden dem Unternehmen lediglich zur Nutzung überlassen. Man bezeichnet dieses Vermögen als **Sonderbetriebsvermögen** (genauer **Sonderbetriebsvermögen I**) des Gesellschafters. Erweitert wird der Umfang des Sonderbetriebsvermögens um Wirtschaftsgüter, die der Beteiligung des Gesellschafters an der Gesellschaft förderlich sind (sog. **Sonderbetriebsvermögen II**). Innerhalb dieser beiden möglichen Arten des Sonderbetriebsvermögens kann zwischen **notwendigem** und **gewillkürtem Sonderbetriebsvermögen** unterschieden werden. Dabei dient das notwendige Sonderbetriebsvermögen dem Betrieb des Unternehmens (bzw. im Fall des Sonderbetriebsvermögens II der Beteiligung am Unternehmen) unmittelbar, während beim gewillkürten Sonderbetriebsvermögen ein mittelbarer Zusammenhang besteht und diese Wirtschaftsgüter durch entsprechende Widmung dazu bestimmt sind, dem Betrieb (bzw. der Beteiligung an) der Personengesellschaft zu dienen.

Die **Wirtschaftsgüter des Sonderbetriebsvermögens** werden **in der Sonderbilanz des Gesellschafters zusammengefasst**. Damit erfolgt zum einen eine klare Trennung des Rech-

---

[172]   Vgl. BFH-Urteil vom 23.04.2009, BStBl II 2009, S. 778.

nungskreises der Gesellschaft von dem des Gesellschafters; zum anderen wird der Identität von Handels- und Steuerbilanz Rechnung getragen.[173]

Der Bruchteil am Gesamthandsvermögen und das von einem Gesellschafter der Personengesellschaft überlassene Sonderbetriebsvermögen bilden zusammen die wirtschaftliche Einheit „Mitunternehmeranteil".[174]

Im Unterschied zur Sonderbilanz der Gesellschafter, die Vermögen außerhalb des Gesamthandsvermögens der Gesellschaft ausweist, enthält die **Ergänzungsbilanz** der Gesellschafter **keine Wirtschaftsgüter, sondern ausschließlich Wertkorrekturen** zum Gesamthandsvermögen. Es handelt sich hierbei um Mehr- oder Minderwerte für die Ansätze in der Gesamthandsbilanz. Die wichtigsten Anwendungsfälle von Ergänzungsbilanzen werden im Folgenden erläutert.

Bei Einbringungsvorgängen ist gem. § 24 Abs. 2 S. 1 UmwStG das eingebrachte Betriebsvermögen grundsätzlich zum gemeinen Wert anzusetzen, wobei für die Bewertung von Pensionsrückstellungen § 6a EStG zu beachten ist. § 24 Abs. 2 S. 2 UmwStG räumt auf Antrag für den Fall der Einbringung eines Betriebs, Teilbetriebs oder Mitunternehmeranteils in eine Personengesellschaft dieser ein Wahlrecht ein, das übernommene Betriebsvermögen in ihrer Bilanz einschließlich der Ergänzungsbilanzen für ihre Gesellschafter mit dem Buchwert oder einem höheren Wert, höchstens jedoch dem gemeinen Wert anzusetzen, soweit nicht das Recht der Bundesrepublik Deutschland hinsichtlich der Besteuerung des eingebrachten Betriebsvermögens ausgeschlossen oder beschränkt wird. Jeder im Vergleich zum Buchwert höhere Wert hat eine steuerpflichtige Gewinnrealisation zur Folge. Das Aufstellen einer negativen Ergänzungsbilanz beim betreffenden Gesellschafter vermeidet die sofortige Gewinnbesteuerung.

Beim entgeltlichen Erwerb eines Mitunternehmeranteils kommen Ergänzungsbilanzen dann zum Einsatz, wenn die Anschaffungskosten nicht dem Buchwert der Beteiligung entsprechen. Die Differenz kann wegen eines Verstoßes gegen das Anschaffungskostenprinzip nicht in die Steuerbilanz der Gesellschaft aufgenommen werden. Außerdem hätte die Bilanzierung zu Anschaffungskosten eine Verzerrung der bisherigen Beteiligungsverhältnisse zur Folge. Die Einführung einer positiven (falls Anschaffungskosten > Buchwert der Beteiligung) oder negativen (falls Anschaffungskosten < Buchwert der Beteiligung) Ergänzungsbilanz korrigiert die übernommenen Buchwerte in der Gesamthandsbilanz.

U.U. können **Ansatz- und Bewertungswahlrechte** an persönliche Merkmale einzelner Gesellschafter anknüpfen. Sind die Voraussetzungen für die Inanspruchnahme solcher Sonderregelungen nicht für alle Gesellschafter gegeben, ermöglichen Ergänzungsbilanzen eine **personenbezogene Berücksichtigung**. Personenbezogene Steuervergünstigungen gibt es insb. im Zusammenhang mit erhöhten Absetzungen für Abnutzungen, Sonderabschreibungen und der Bildung von unversteuerten Rücklagen.

---

[173] Auf eine weitere, durchaus übliche Definition des Begriffs der **Sonderbilanz als außerordentliche Bilanz**, die zu einem besonderen Anlass, wie bspw. zur Gründung, Liquidation, Umwandlung oder Fusion erstellt wird, soll an dieser Stelle lediglich hingewiesen werden.

[174] Vgl. BFH-Urteil vom 31.08.1995, BStBl II 1995, S. 890; BFH-Urteil vom 17.04.1996, in: BFH/NV 1996, S. 877.

Über diese traditionellen Anwendungsfälle hinaus wäre ein Einsatz von Ergänzungsbilanzen auch im Zusammenhang mit der **Realteilung von Personengesellschaften** und der **Korrektur von Gewinnverteilungsabreden bei Familienpersonengesellschaften** denkbar.

Uneinigkeit herrscht in der Literatur darüber, auf welcher **Stufe** der einheitlichen und gesonderten steuerlichen **Gewinnermittlung von Personengesellschaften** gem. § 180 Abs. 1 Nr. 2 Buchst. a AO Sonder- und Ergänzungsbilanzen berücksichtigt werden. Sinnvollerweise erfolgt eine Trennung zwischen dem Rechnungskreis der Gesellschaft und dem des Gesellschafters. Damit sind sowohl Sonder- als auch Ergänzungsbilanzen der zweiten Stufe zuzurechnen (vgl. Abb. 30 auf S. 109).

Auf der **ersten Stufe** der steuerlichen Gewinnermittlung wird der Gewinn der Gesamthand ermittelt. Dazu ist die Handelsbilanz zur Ableitung der Steuerbilanz entsprechend der einkommensteuerlichen Bilanzierungs- und Bewertungsvorschriften zu korrigieren. Diese korrigierte Größe bildet dann die Grundlage für den Betriebsvermögensvergleich. Danach sind Korrekturen um die Entnahmen, Einlagen sowie die nicht abziehbaren Aufwendungen und steuerfreien Erträge vorzunehmen. Der sich ergebende Gewinn ist entsprechend des Gewinnverteilungsschlüssels auf die Gesellschafter aufzuteilen. Auf dieser ersten Stufe werden die Sondervergütungen an die Gesellschafter als Aufwand bzw. Betriebsausgaben abgezogen, der verbleibende Gewinn wird entsprechend des im Gesellschaftsvertrag vereinbarten Gewinnverteilungsschlüssels auf die Gesellschafter verteilt.[175]

Auf der **zweiten Stufe** der Gewinnermittlung erfolgt nun die Beachtung von Sonder- und Ergänzungsbilanzen beim jeweiligen Gesellschafter. Das Sonderergebnis wird unter Beachtung der steuerlichen Gewinnermittlungsvorschriften ermittelt und enthält sowohl die dem Gesellschafter zuzurechnenden Wertkorrekturen zum Gesamthandsvermögen (Ergebnis der Ergänzungsbilanz) als auch Sonderbetriebseinnahmen und -ausgaben (Ergebnis aus der Sonderbilanz). Die gewerblichen Einkünfte eines Mitunternehmers (seine Einkünfte aus Gewerbebetrieb) ergeben sich also aus der Summe des Anteils am Gesamthandsergebnis und dem jeweiligen Sonderergebnis des Mitunternehmers. Dieses Gesamtergebnis bildet die Grundlage für die Gewerbesteuer.

---

[175] Vgl. hierzu und zum Folgenden SCHMID, REINHOLD: Gewerbliche Personengesellschaft und Kapitalgesellschaft – ein Vergleich der laufenden Ertragsbesteuerung, in: SteuerStud 2004, S. 160-165, s.b.S. 160-161.

Gewinnermittlung Stufe 1
Gesamthandsvermögen (korrigiert um steuerliche Bilanzierungs- und Bewertungsvorschriften) am Schluss des Wirtschaftsjahres
./. Gesamthandsvermögen am Schluss des vorangegangenen Wirtschaftsjahres
+ Entnahmen
./. Einlagen
+ Nicht abziehbare Aufwendungen
./. Steuerfreie Erträge
= **Ergebnis der Gesamthand**

Gewinnermittlung Stufe 2
Ergänzungsbilanzvermögen am Schluss des Wirtschaftsjahres
./. Ergänzungsbilanzvermögen am Schluss des vorangegangenen Wirtschaftsjahres
= Ergebnis der Ergänzungsbilanz
+ Sonderbilanzvermögen am Schluss des Wirtschaftsjahres
./. Sonderbilanzvermögen am Schluss des vorangegangenen Wirtschaftsjahres
+ Entnahmen
./. Einlagen
+ Nicht abziehbare Aufwendungen
./. Steuerfreie Erträge
+ Tätigkeitsvergütungen
= **Sonderergebnis des Mitunternehmers**

Anteil am Ergebnis der Gesamthand (entsprechende Gewinnverteilungsschlüssel)
+ Sonderergebnis
= **Gewerbliche Einkünfte des Mitunternehmers**

Abb. 30: Sonder- und Ergänzungsbilanzen bei der Ermittlung der gewerblichen Einkünfte des Mitunternehmers

Beispiel: **(Sonder- und Ergänzungsbilanz)**[176]

Die Gesellschafter A und B sind zu je 50 % an der inländischen X-OHG beteiligt. Der Gesellschafter A erwirbt zum 01.01.2013 ein Grundstück mit aufstehendem Gebäude zu einem Preis von insgesamt 500.000 €, das er ab dem 01.01.2013 zu 30.000 € pro Jahr an die X-OHG als Bürogebäude vermietet. Die Anschaffungskosten verteilen sich zu 350.000 € auf das Gebäude und zu 150.000 € auf den Grund und Boden. Die AfA beträgt 10.500 € pro Jahr.

Der Gesellschaftsvertrag der X-OHG bestimmt, dass beim Ausscheiden eines Gesellschafters aufgrund einer Veräußerung des Gesellschaftsanteils an einen Dritten die OHG weitergeführt werden soll und der Erwerber das Kapitalkonto des Ausscheidenden unverändert weiterzuführen hat. Am 31.12.2013 veräußert B seinen Gesellschaftsanteil für 300.000 € an C. Die Schlussbilanz der X-OHG zum 31.12.2013 hat folgendes Aussehen:

---

[176] Modifiziert entnommen aus SCHNEELOCH, DIETER: Betriebswirtschaftliche Steuerlehre, Bd. 1: Besteuerung, 6. Aufl., München 2012, S. 319-320 und S. 322-323.

Aktiva	Bilanz der X-OHG zum 31.12.2013			Passiva
Grund und Boden	150.000 €	Kapital		
Gebäude	300.000 €	Gesellschafter A	200.000 €	
Geschäftseinrichtung	50.000 €	Gesellschafter B	200.000 €	400.000 €
Waren	40.000 €			
Bank	60.000 €	Verbindlichkeiten		200.000 €
	600.000 €			600.000 €

Der Teilwert des Gebäudes beträgt – abweichend vom Buchwert – zum 31.12.2013 400.000 €. Ansonsten entsprechen die Teilwerte der einzelnen Posten den Buchwerten.

Das Grundstück mit aufstehendem Gebäude wird mit dem Beginn der Vermietung an die OHG zu Sonderbetriebsvermögen des Gesellschafters A, sodass zu diesem Zeitpunkt eine Einlage in das Sonderbetriebsvermögen erfolgt. Die Einlage ist in Höhe der Anschaffungskosten gem. § 6 Abs. 1 Nr. 5 EStG zu tätigen.

Die **Sonderbilanz** des Gesellschafters A **zum 01.01.2013** hat folgendes Aussehen:

Aktiva	Sonderbilanz des Gesellschafters A zum 01.01.2013		Passiva
Grund und Boden	150.000 €	Mehrkapital des A	500.000 €
Gebäude	350.000 €		
	500.000 €		500.000 €

Die mit dem Gebäude und dem Grund und Boden in Zusammenhang stehenden und von A persönlich getragenen Aufwendungen sind Sonderbetriebsausgaben des A (hier 10.500 € Abschreibungen), während die Mieterträge (hier 30.000 €) zu den Sonderbetriebseinnahmen des A zählen. Der Wertansatz in der Sonderbilanz am Ende des Jahres ist um die AfA des Gebäudes zu kürzen. Das Mehrkapital des A verringert sich um die privat vereinnahmten Mieterträge, sodass die **Sonderbilanz** des Gesellschafters A **zum 31.12.2013** folgendes Aussehen besitzt:

Aktiva	Sonderbilanz des Gesellschafters A zum 31.12.2013			Passiva
Grund und Boden	150.000 €	Mehrkapital des A		
Gebäude	339.500 €	Stand 01.01.2013	500.000 €	
		+ Sondergewinn 2013	19.500 €	
		./. Entnahme 2013	30.000 €	
				489.500 €
	489.500 €			489.500 €

In die Eröffnungsbilanz zum 01.01.2014 sind gem. Gesellschaftsvertrag die Buchwerte vom 31.12.2013 zu übernehmen. In der Bilanz ändert sich somit nur der Name des Kapitalkontos des ausscheidenden Gesellschafters B, sodass dieses ab dem 01.01.2014 den Namen des Gesellschafters C trägt. In Höhe der Differenz zwischen dem Kaufpreis für den Gesellschaftsanteil und dem in der Bilanz ausgewiesenen Gesellschaftsanteil ist das Mehrkapital des C in einer Ergänzungsbilanz auszuweisen. Dem Mehrkapital stehen auf der Aktivseite der Ergänzungsbilanz die anteilig dem C zuzurechnenden stillen Reserven gegenüber. In Höhe der Differenz zwischen dem Mehrkapital von 100.000 € und den aufgedeckten stillen Reserven ist ein Firmenwert auszuweisen. Das Gebäude wird jährlich zu 3 % und der Firmenwert linear über 15 Jahre abgeschrieben. Die Ergänzungsbilanz des C zum 01.01.2014 hat somit folgendes Aussehen:

Aktiva	Ergänzungsbilanz des C zum 01.01.2014		Passiva
Firmenwert	50.000 €	Mehrkapital C	100.000 €
Gebäude	50.000 €		
	100.000 €		100.000 €

In den Folgeperioden nach der Aufdeckung der stillen Reserven entstehen regelmäßig zusätzliche Aufwendungen – hier in Form von Abschreibungen. Die so entstehenden Verluste sind ausschließlich dem Gesellschafter C zuzurechnen.

II. Vermögensermittlung bei Unternehmen[177]

Vgl. hierzu insb. ALTEHOEFER, KLAUS/BAUER, KARL-HEINZ M./EISELE, DIRK/FICHTELMANN, HELMAR/WALTER, HELMUT: Besteuerung der Land- und Forstwirtschaft, 6. Aufl., Herne 2009, S. 546-632; FISCHER, PETER/MEẞBACHER-HONSCH, CHRISTINE/LOOSE, MATTHIAS/VISKORF, HERMANN-ULRICH: Boruttau – Grunderwerbsteuergesetz, 17. Aufl., München 2011, S. 709-736; GELLRICH, KAI M./PHILIPPEN, JÖRG: Verkehrsteuern, Wiesbaden 2011, S. 257-314; HABERSTOCK, LOTHAR: Steuerbilanz und Vermögensaufstellung, 3. Aufl., Hamburg 1991, S. 185-246; HANDZIK, PETER: Erbschaft- und Schenkungsteuer, 8. Aufl., Berlin 2012, S. 107-112; HORSCHITZ, HARALD/GROẞ, WALTER/SCHNUR, PETER: Bewertungsrecht, Erbschaftsteuer, Grundsteuer, 17. Aufl., Stuttgart 2010, S. 96-173; HORSCHITZ, HARALD/GROẞ, WALTER/SCHNUR, PETER: Bewertungsrecht, 13. Aufl., Stuttgart 2011, S. 37-179; ROSE, GERD/WATRIN, CHRISTOPH: Betrieb und Steuer, Bd. 3: Erbschaftsteuer, mit Schenkungsteuer und Bewertungsrecht, 12. Aufl., Berlin 2009, S. 84-140; SCHEFFLER, WOLFRAM: Besteuerung von Unternehmen, Bd. 1: Ertrag-, Substanz- und Verkehrsteuern, 12. Aufl., Heidelberg 2012, S. 313-376; SCHEFFLER, WOLFRAM: Besteuerung von Unternehmen, Bd. 2: Steuerbilanz, 7. Aufl., Heidelberg 2011, S. 387-434; SCHNEELOCH, DIETER: Betriebswirtschaftliche Steuerlehre, Bd. 1: Besteuerung, 6. Aufl., München 2012, S. 347-375; VISKORF, HERMANN-ULRICH/KNOBEL, WOLFGANG/SCHUCK, STEPHAN/WÄLZHOLZ, ECKHARD: Erbschaftsteuer- und Schenkungsteuergesetz, Bewertungsgesetz, 4. Aufl., Herne 2012, S. 1025-1740; WÖHE, GÜNTER: Betriebswirtschaftliche Steuerlehre, Bd. 1, 2. Halbband: Der Einfluß der Besteuerung auf das Rechnungswesen des Betriebes, 7. Aufl., München 1992, S. 459-609.

A. Rechtliche Regelungen des Bewertungsgesetzes[178]

1. Zweck und Anwendungsbereich des Bewertungsgesetzes

Grundlage der steuerlichen Vermögensermittlung ist das Bewertungsgesetz (BewG) als allgemeines Steuergesetz. Es gilt grundsätzlich für alle Steuerarten und hat damit prinzipiell die Aufgabe, die Vorschriften zur Bewertung von Wirtschaftsgütern in einem Gesetz für alle Steuerarten zusammenzufassen und einheitlich zu regeln. Allerdings ist das ursprüngliche Ziel des Bewertungsgesetzes – eine einheitliche Fundstelle der Bewertungsvorschriften für alle Steuerarten zu bieten – nur z.T. erreicht worden, da einzelne Steuergesetze (z.B. § 6 EStG, § 10 UStG) und v.a. das HGB (z.B. §§ 252-256 HGB) steuerlich relevante Bewertungsvorschriften enthalten. Das Bewertungsgesetz regelt insb. die Bewertungsfragen für die bewertungsgesetzabhängigen Steuern. Dies sind die Grundsteuer (und indirekt – hinsichtlich der außerbilanziellen Kürzung gem. § 9 Nr. 1 GewStG zur Vermeidung einer doppelten Realsteuerbelastung – die Gewerbesteuer), die Grunderwerbsteuer sowie die Erbschaft- und Schenkungsteuer. Früher zählten hierzu auch die Vermögensteuer (bis zum 31.12.1996) und die Gewerbekapitalsteuer (bis zum 31.12.1997).[179] Das Bewertungsgesetz ist in seiner Gesamtheit – wie aus Abb. 31 (S. 113) hervorgeht – in drei Teile gegliedert.

---

[177] Zum Gesetzesstand vor Umsetzung der Erbschaftsteuerreform 2008 vgl. KUẞMAUL, HEINZ: Betriebswirtschaftliche Steuerlehre, 4. Aufl., München/Wien 2006, S. 99-127.

[178] Vgl. ROSE, GERD/WATRIN, CHRISTOPH: Betrieb und Steuer, Bd. 3: Erbschaftsteuer, mit Schenkungsteuer und Bewertungsrecht, 12. Aufl., Berlin 2009, S. 87-110; SCHNEELOCH, DIETER: Betriebswirtschaftliche Steuerlehre, Bd. 1: Besteuerung, 6. Aufl., München 2012, S. 347-375.

[179] Nach den beiden Beschlüssen des BVerfG vom 22.06.1995 zur Verfassungsinkonformität der Vermögensteuer und der Erbschaft- und Schenkungsteuer wurde dem Gesetzgeber aufgetragen, diese beiden Steuerarten bis spätestens zum 31.12.1996 zu reformieren. Vgl. Beschluss des BVerfG vom 22.06.1995, 2 BvL 37/91, BStBl II 1995, S. 655; Beschluss des BVerfG vom 22.06.1995, 2 BvR 552/91, BStBl II 1995, S. 671. Während der Gesetzgeber in Bezug auf die Erbschaft- und Schenkungsteuer handelte, erfolgten hingegen keine Änderungen bei der Vermögensteuer. Letzten Endes besteht das Vermögensteuergesetz unverändert fort, es darf jedoch seit dem Veranlagungszeitraum 1997 nicht mehr zur Anwendung kommen. Folglich wird die Vermögensteuer seit 1997 nicht mehr erhoben. Die Gewerbekapitalsteuer hat der

Erster Teil: Allgemeine Bewertungsvorschriften (§§ 1-16 BewG)
Zweiter Teil: Besondere Bewertungsvorschriften (§§ 17-203 BewG):

➤ Bestimmung des Geltungsbereichs (§ 17 BewG) und Einteilung der Vermögensarten (§ 18 BewG)
➤ Erster Abschnitt: Einheitsbewertung (§§ 19-109 BewG):
    A. Allgemeines (§§ 19-32 BewG)
    B. Land- und forstwirtschaftliches Vermögen (§§ 33-67 BewG)
    C. Grundvermögen (§§ 68-94 BewG)
    D. Betriebsvermögen (§§ 95-109 BewG)
➤ Zweiter Abschnitt: Sondervorschriften und Ermächtigungen (§§ 121-123 BewG)
➤ Dritter Abschnitt: Vorschriften für die Bewertung von Vermögen in dem in Art. 3 des Einigungsvertrages genannten Gebiet (§§ 125-137)
➤ Vierter Abschnitt: Vorschriften für die Bewertung von Grundbesitz für die Grunderwerbsteuer ab 1. Januar 1997 (§§ 138-150 BewG)
➤ Fünfter Abschnitt: Gesonderte Feststellungen (§§ 151-156 BewG)
➤ Sechster Abschnitt: Vorschriften für die Bewertung von Grundbesitz, von nicht notierten Anteilen an Kapitalgesellschaften und von Betriebsvermögen für die Erbschaftsteuer ab 1. Januar 2009 (§§ 157-203 BewG):
    A. Allgemeines (§ 157 BewG)
    B. Land- und forstwirtschaftliches Vermögen (§§ 158-175 BewG)
    C. Grundvermögen (§§ 176-198 BewG)
    D. Betriebsvermögen (§§ 199-203 BewG)

Dritter Teil: Schlussbestimmungen (§§ 204-205 BewG)

Abb. 31: Gliederung des Bewertungsgesetzes

Im Ersten Teil sind **allgemeine Bewertungsvorschriften** und Grundbegriffe des Bewertungsgesetzes normiert (§§ 1-16 BewG). Die allgemeinen Bewertungsvorschriften gelten gem. § 1 Abs. 1 BewG „für alle öffentlich-rechtlichen Abgaben, die durch Bundesrecht geregelt sind, soweit sie durch Bundesfinanzbehörden oder durch Landesfinanzbehörden verwaltet werden". Da diese Voraussetzungen für die meisten Steuern erfüllt sind, haben die allgemeinen Regelungen folglich auch für die meisten Steuern Geltung.[180] Dieser weite **Geltungsbereich** wird allerdings durch § 1 Abs. 2 BewG beschnitten: Bestehen besondere (eigenständige) Bewertungsvorschriften im Zweiten Teil des Bewertungsgesetzes oder in anderen Steuergesetzen, so gelten die allgemeinen Bewertungsvorschriften nicht, da die besonderen Vorschriften Vorrang haben.

Im Zweiten Teil des Bewertungsgesetzes (§§ 17-203 BewG) sind die **besonderen Bewertungsvorschriften** für die Vermögenssubstanz- bzw. Vermögenstransfersteuer(n) enthalten. Die Anwendung der besonderen Bewertungsvorschriften des Bewertungsgesetzes richtet sich nach den Vorschriften der Einzelsteuergesetze (§ 17 Abs. 1 BewG); die besonderen Vorschriften kommen nur dann zur Anwendung, wenn in einem Einzelsteuergesetz aus-

---

    Gesetzgeber ab dem 01.01.1998 abgeschafft. Dies geschah im Rahmen des Gesetzes zur Fortsetzung der Unternehmensteuerreform vom 29.10.1997, BGBl I 1997, S. 2590.

[180] Die allgemeinen Bewertungsvorschriften können auch Anwendung für landesgesetzlich geregelte Steuern finden.

drücklich darauf verwiesen wird (§ 17 Abs. 1 BewG), wie es z.B. in den §§ 12 Abs. 5 ErbStG, 13 GrStG, 9 Nr. 1 S. 1 GewStG und 8 Abs. 2 GrEStG der Fall ist. Es ergibt sich damit die folgende Rangfolge: Die Bewertungsvorschriften, die in einzelnen Steuergesetzen vorgesehen sind (z.B. § 6 EStG), haben stets Vorrang; wenn Einzelsteuergesetze zu einem konkreten Sachverhalt keine Bewertungsvorschriften enthalten, so gelten – vorausgesetzt, es wird dort explizit darauf verwiesen – die besonderen Bewertungsvorschriften des Zweiten Teils des Bewertungsgesetzes; sofern auch der Zweite Teil des Bewertungsgesetzes keine Bewertungsvorschriften zum konkreten Sachverhalt enthält, so sind die allgemeinen Bewertungsvorschriften des Ersten Teils des Bewertungsgesetzes anzuwenden.

Der Zweite Teil des Bewertungsgesetzes ist in sechs Abschnitte untergliedert, wobei diesen Abschnitten einleitende Paragraphen (§§ 17, 18 BewG) vorangestellt sind. Während § 17 BewG den Geltungsbereich des Zweiten Teils des Bewertungsgesetzes normiert (s.o.), nimmt § 18 BewG eine allgemeine Einteilung der **Vermögensarten** vor, welche im zweiten Teil des Bewertungsgesetzes Beachtung finden.

Während der längsten Zeit seiner Existenz bestand das Bewertungsgesetz nur aus dem Allgemeinen Teil sowie dem heutigen Ersten Abschnitt des Zweiten Teils, wobei Letztgenannter die sog. „Einheitsbewertung" für die Grundsteuer (und die Gewerbesteuer), die Grunderwerbsteuer, die Erbschaft- und Schenkungsteuer, die Vermögensteuer und die Gewerbekapitalsteuer enthielt. Die Einheitsbewertung – sie wurde im Grundsatz bereits im RBewG von 1925 angelegt –[181] war ursprünglich die tragende Säule des Bewertungsgesetzes. Sie basiert auf dem Gedanken, für bestimmte wirtschaftliche Einheiten jeweils nur einen „einheitlichen" Wert zu ermitteln, auf welchen dann möglichst viele Steuerarten zurückgreifen können. Letztlich soll dadurch eine mehrfache Bewertung derselben Sachverhalte vermieden und somit auch der Ansatz unterschiedlicher Werte für dieselben Sachverhalte verhindert werden. Der Erste Abschnitt des Zweiten Teils zur Einheitsbewertung besteht heute noch. Er kommt allerdings nur noch für Zwecke der Grundsteuer (und der Gewerbesteuer) zur Anwendung; dort werden die „Einheitswerte des Grundbesitzes" der Besteuerung zugrunde gelegt. Die Grundsteuer (und indirekt die Gewerbesteuer) ist als einzige „Einheitswertsteuer" verblieben, da die Vermögensteuer (seit 01.01.1996) nicht mehr erhoben wird, die Gewerbekapitalsteuer (seit 01.01.1998) abgeschafft wurde und da wirtschaftliche Einheiten für Zwecke der Erbschaft- und Schenkungsteuer (seit 01.01.1996) und der Grunderwerbsteuer (seit 01.01.1997) nicht mehr mit Einheitswerten bewertet werden, sondern stattdessen sog. „Bedarfswerte" zu ermitteln sind. Darüber hinaus ist die Einheitsbewertung selbst nur noch in rudimentärer Form erhalten geblieben, da seit dem 01.01.1998 für das Betriebsvermögen keine Einheitswerte mehr ermittelt werden und die zu früheren Zeitpunkten ermittelten Einheitswerte des Betriebsvermögens nicht mehr herangezogen werden.[182] Insofern ist festzustellen, dass der ursprüngliche Leitgedanke des Bewertungsgesetzes näherungsweise untergegangen ist.

---

[181] Vgl. RBewG vom 10.08.1925, geändert durch Bekanntmachung vom 22.05.1931, RGBl. I 1931, S. 222.

[182] Im Ersten Abschnitt des zweiten Teils sind die Vorschriften zur Einheitsbewertung von Betriebsvermögen zwar noch enthalten. Allerdings werden Einheitswerte für Betriebsvermögen heute nicht mehr benötigt, da die Grundsteuer (und die Gewerbesteuer) nur auf „Einheitswerte des Grundbesitzes" zurückgreift. Nur noch im Bedarfsfall – für Zwecke der Erbschaft- und Schenkungsteuer – wird der Wert für Betriebsvermögen ermittelt (Bedarfsbewertung).

Im Zweiten Abschnitt des Zweiten Teils des Bewertungsgesetzes (§§ 110-124 BewG) sind – nachdem die für die Vermögensteuer relevanten Bestimmungen zur Erfassung des sonstigen Vermögens, der Ermittlung des Gesamtvermögens und des Inlandsvermögens weggefallen sind – nur noch Sondervorschriften und Ermächtigungen zur Einheitsbewertung enthalten, welche den Ersten Abschnitt ergänzen. Der Dritte Abschnitt des Zweiten Teils des Bewertungsgesetzes (§§ 125-137 BewG) enthält Vorschriften zur Einheitsbewertung in Bezug auf die „neuen Bundesländer" (Beitrittsgebiet nach Art. 3 des Einigungsvertrags).

Wie bereits erwähnt, greift die Grunderwerbsteuer nicht mehr auf Einheitswerte des Ersten Abschnitts zurück; stattdessen ist für die Bewertung des Grundbesitzes eine sog. „Bedarfsbewertung" vorzunehmen. Die entsprechenden Bewertungsvorschriften finden sich im Vierten Abschnitt (§§ 138-150 BewG).[183] Nach § 138 Abs. 1 BewG werden die Grundbesitzwerte unter Berücksichtigung der tatsächlichen Verhältnisse und der Wertverhältnisse zum Besteuerungszeitpunkt festgestellt. Somit erfolgt die Besteuerung nicht auf Basis der Wertverhältnisse der Jahre 1964 bzw. 1935, sondern auf Basis der Wertverhältnisse zum Bewertungsstichtag. Eine Bewertung erfolgt nur dann, wenn ein grunderwerbsteuerlicher Bedarf gegeben ist, wenn also ein Gründstückserwerb vorliegt. Im Fünften Abschnitt (§§ 151-156 BewG) sind die Verfahrensvorschriften über die gesonderten Feststellungen zu den Bedarfsbewertungen einerseits für Zwecke der Erbschaft- und Schenkungsteuer und andererseits für Zwecke der Grunderwerbsteuer enthalten.

Der Sechste Abschnitt (§§ 157-203 BewG) ist erst im Rahmen des Erbschaftsteuerreformgesetzes 2008 zu dem bis dahin nur aus fünf Abschnitten bestehenden Zweiten Teil hinzugefügt worden. Die Vorgehensweise zur Wertermittlung für Zwecke der Erbschaftsteuer genügte bis zu diesem Zeitpunkt nicht den Anforderungen des Gleichheitsgrundsatzes des Grundgesetzes, da die voneinander abweichende Ausgestaltung der Ermittlung der Steuerbemessungsgrundlage bei den verschiedenen Vermögensarten (Betriebsvermögen, Grundvermögen, Anteile an Kapitalgesellschaften und land- und forstwirtschaftliche Betriebe) an die Anwendung eines einheitlichen Steuertarifs gekoppelt war. Folglich wurde der Gesetzgeber mit dem **BVerfG-Beschluss vom 06.11.2006** verpflichtet, spätestens bis zum 31.12.2008 eine Neuregelung zu treffen.[184] Infolge dieses BVerfG-Beschlusses wurden mit der **Erbschaftsteuerreform des Jahres 2008** die wesentlichen Bewertungsvorschriften neu gefasst. Seitdem gilt der **gemeine Wert** einheitlich als maßgebendes Bewertungsziel für das Betriebsvermögen, das Grundvermögen, Anteile an Kapitalgesellschaften und land- und forstwirtschaftliche Betriebe.[185] Diese Änderungen gelten grds. ab 01.01.2009. Als Folge dessen greift die Erbschaft- und Schenkungsteuer nicht mehr auf Einheitswerte des Ersten Abschnitts zurück, sondern stattdessen auf „Bedarfswerte".[186] Insofern enthält der Sechste

---

[183] Die Regelungen zur Bedarfsbewertung für Zwecke der Grunderwerbsteuer sind seit dem 01.01.1997 in Kraft und wurden durch das JStG 2007 überarbeitet und erweitert. Vgl. JStG vom 13.12.2006, BGBl I 2006, S. 2878.

[184] Vgl. BVerfG-Beschluss vom 06.11.2006, BStBl II 2007, S. 192.

[185] Vgl. auch BR-Drs. 4/08, S. 38-40.

[186] Es ist darauf hinzuweisen, dass der BFH derzeit die Verfassungsmäßigkeit der ab dem 01.01.2009 geltenden Erbschaft- und Schenkungsteuer prüft. Hintergrund ist ein möglicher Verstoß gegen den Gleichheitsgrundsatz aufgrund der Regelungen in § 13a und § 13b ErbStG. Vgl. Beschluss des BFH vom 05.10.2011, in: DStR 2012, S. 2193.

Abschnitt Vorschriften zur (Bedarfs-)Bewertung von Grundbesitz, von Betriebsvermögen und von nicht notierten Anteilen an Kapitalgesellschaften ab dem 01.01.2009. Der Dritte Teil des Bewertungsgesetzes, bestehend aus §§ 204 und 205 BewG enthält **Schlussbestimmungen** und **Anlagen**.

Grundlegend kann man feststellen, dass das Bewertungsgesetz unterschiedlichen **Aufgaben** dient, die in den folgenden Kapiteln ausführlich dargestellt werden:

- Festlegung des Bewertungsgegenstands: **Was** ist zu bewerten?
- Zuordnung von Bewertungsgegenständen zu Personen: **Wem** ist das zu Bewertende zuzurechnen?
- Festlegung des Bewertungsmaßstabs und der Bewertungsmethoden: **Wie** ist zu bewerten?
- Zuordnung des Bewertungsgegenstands zu Sachgruppen: **Für welche** Steuerarten ist zu bewerten?

2. Bewertungsgegenstände und deren persönliche Zurechnung

Grundlegend ist vor jeder Bewertung die Frage zu beantworten, was bewertet werden soll; damit geht es um die Abgrenzung des **Bewertungsgegenstands**. I.R.d. **Vermögensermittlung** ist nach § 2 Abs. 1 BewG „jede wirtschaftliche Einheit […] für sich zu bewerten". Damit ist der **zentrale Bewertungsgegenstand** nach § 2 Abs. 1 BewG die **wirtschaftliche Einheit**. Das Gesetz sagt allerdings nicht, was unter einer wirtschaftlichen Einheit zu verstehen ist. Die kleinste wirtschaftliche Einheit stellt das einzelne Wirtschaftsgut dar, z.B. ein unbebautes Grundstück. Die Definition des Begriffes „Wirtschaftsgut" im Bewertungsrecht gleicht der des Bilanzsteuerrechts. In der Begriffsauslegung gibt es jedoch Unterschiede, d.h., die Wirtschaftsgüter i.S.d. Bilanzsteuerrechts sind von der Art und vom Umfang her nicht immer deckungsgleich mit den Wirtschaftsgütern i.S.d. Bewertungsrechts (z.B. Gebäude).

Eine wirtschaftliche Einheit kann auch eine Gesamtheit von mehreren Wirtschaftsgütern umfassen. Somit steht der Begriff der wirtschaftlichen Einheit im Ergebnis „neben und über dem Begriff des Wirtschaftsguts"[187]. Damit mehrere Wirtschaftsgüter zu einer wirtschaftlichen Einheit zusammengefasst werden können, müssen sie gem. § 2 Abs. 1 BewG nach der **Verkehrsauffassung** als Einheit anzusehen sein; dabei sollen „die örtliche Gewohnheit, die tatsächliche Übung, die Zweckbestimmung und die wirtschaftliche Zusammengehörigkeit der einzelnen Wirtschaftsgüter […] zu berücksichtigen" sein. Ferner müssen diese Wirtschaftsgüter gem. § 2 Abs. 2 BewG demselben Eigentümer zuzurechnen sein und müssen darüber hinaus derselben Vermögensart angehören.[188] Jede wirtschaftliche Einheit bildet für sich genommen eine Bewertungseinheit. Insofern können mehrere wirtschaftliche Einheiten, die demselben Eigentümer zuzurechnen sind, nicht zusammen bewertet werden, sondern es ist vielmehr ein jeweils gesonderter Wert zu ermitteln, wenn nach der Verkehrsauffassung selbstständige wirtschaftliche Einheiten vorliegen.

---

[187] VISKORF, HERMANN-ULRICH/KNOBEL, WOLFGANG/SCHUCK, STEPHAN/WÄLZHOLZ, ECKHARD: Erbschaftsteuer- und Schenkungsteuergesetz, Bewertungsgesetz, 4. Aufl., Herne 2012, S. 1029, Rn. 2.

[188] Vgl. BFH-Urteil vom 12.12.1975, BStBl II 1976, S. 281.

Sofern eine wirtschaftliche Einheit vorliegt, ergibt sich der Wert nicht als Summe der Einzelwerte, sondern gem. § 2 Abs. 1 S. 2 BewG ist die wirtschaftliche Einheit als Ganzes zu bewerten (**Grundsatz der Gesamtbewertung**). Der resultierende Wert kann höher oder niedriger als die Summe der Einzelwerte sein. Anwendungsfelder für eine Gesamtbewertung stellen bspw. die Bewertung des Betriebsvermögens anhand der Ertragsaussichten – hierbei wird der Wert nicht (mehr) als Summe der einzelnen positiven und negativen Wirtschaftsgüter, sondern anhand erwarteter zukünftiger Erträge berechnet –, das Ertragswertverfahren beim Grundvermögen für bestimmte Grundstückarten oder das Ertragswertverfahren beim land- und forstwirtschaftlichen Vermögen dar.

Einerseits steht die Pflicht zur Bildung einer wirtschaftlichen Einheit unter dem Vorbehalt, dass eine Spezialnorm explizit eine Einzelbewertung vorschreibt (§ 2 Abs. 3 BewG). Dies ist beispielsweise beim Sachwertverfahren für Zwecke der Einheitsbewertung bestimmter Grundstücksarten des Grundvermögens (§ 76 Abs. 2 und 3 BewG) bzw. bei der Bedarfsbewertung des Grundbesitzes im Sachwertverfahren für Zwecke der Erbschaft- und Schenkungsteuer der Fall (§§ 189 ff. BewG); hierbei setzt sich der Wert aus dem Bodenwert, dem Gebäudewert und dem Wert der Außenanlagen zusammen. Andererseits gilt der Vorbehalt, dass die besonderen Bewertungsvorschriften des Zweiten Teils grundlegend Vorrang haben. Bzgl. des letzten Punktes ist festzustellen, dass das Bewertungsgesetz im Zweiten Teil zwingende Vorgaben zur Zusammenfassung von Wirtschaftsgütern zu **wirtschaftlichen Einheiten** macht. Hierbei ist eine Unterscheidung nach Steuerarten zu beachten:

– Bei der Grundsteuer (und der Gewerbesteuer) sind Einheitswerte für „Grundbesitz" maßgeblich. Zwingend zu bewerten sind die **wirtschaftlichen Einheiten** „Betrieb der Land- und Forstwirtschaft", „Grundstück des Grundvermögens" und „Betriebsgrundstück".

– Bei der Grunderwerbsteuer sind ebenfalls Bedarfswerte für „Grundbesitz" zu bilden. Auch hier sind zwingend die **wirtschaftlichen Einheiten** „Betrieb der Land- und Forstwirtschaft", „Grundstück des Grundvermögens" und „Betriebsgrundstück" zu bewerten.

– Bei der Erbschaft- und Schenkungsteuer sind Bedarfswerte für „Grundbesitz", „Betriebsvermögen" und „nicht notierte Anteile an Kapitalgesellschaften" zu bilden. Beim Grundbesitz werden die **wirtschaftlichen Einheiten** „Betrieb der Land- und Forstwirtschaft", „Grundstück des Grundvermögens" und „Betriebsgrundstück" bewertet. Beim Betriebsvermögen wird die **wirtschaftliche Einheit** „Gewerbebetrieb" (ein „freiberuflicher Betrieb" ist dem gleichgestellt) bewertet. Bei nicht notierten Anteilen an Kapitalgesellschaften erfolgt eine Bewertung in Bezug auf die **wirtschaftliche Einheit** „Kapitalgesellschaft".

Beispielsweise gehören nach § 33 Abs. 1 S. 1 BewG zu der wirtschaftlichen Einheit „**Betrieb der Land- und Forstwirtschaft**" alle Wirtschaftsgüter, die ihm dauernd zu dienen bestimmt sind. Dies sind gem. § 33 Abs. 2 BewG u.a. die Wirtschaftsgüter Grund und Boden, die Wirtschaftsgebäude, die stehenden Betriebsmittel und der normale Bestand[189] an

---

[189] Von dem genannten „Normalbestand" der umlaufenden Betriebsmittel ist der „Überbestand" abzugrenzen, welcher nicht zum land- und forstwirtschaflichen Vermögen zählt, sondern zum sog. „übrigen Vermögen" (§ 33 Abs. 3 Nr. 3 BewG).

umlaufenden Betriebsmitteln. Diese Zusammensetzung des land- und forstwirtschaftlichen Vermögens gilt – mit Abweichungen im Einzelnen – auch für die Bedarfsbewertungen gem. § 140 ff. BewG und gem. §§ 158 ff. BewG.

Sachlich gehören zum **Grundvermögen** nur diejenigen Grundstücke, die weder Bestandteil eines land- und forstwirtschaftlichen Betriebs noch Betriebsgrundstücke sind. Anzumerken ist zunächst, dass der Grundstücksbegriff nach dem Bewertungsgesetz vom bürgerlich-rechtlichen Begriffsverständnis abweicht. So können mehrere Grundstücke bewertungsrechtlich eine wirtschaftliche Einheit bilden; umgekehrt können selbstständige wirtschaftliche Einheiten vorliegen, wenn auf einem Grundstück mehrere selbstständige Wohngebäude vorhanden sind. Bewertungsrechtlich unterscheidet man in bebaute und unbebaute Grundstücke. Gem. § 68 Abs. 1 BewG gehören zum Grundvermögen:

– Grund und Boden, Gebäude, sonstige Bestandteile und Zubehör;

– das Erbbaurecht sowie

– Wohnungseigentum, Teileigentum u.a. nach dem Wohnungseigentumsgesetz.

Nicht zum Grundvermögen zugehörig gem. § 68 Abs. 2 BewG sind Bodenschätze sowie Maschinen und sonstige Vorrichtungen aller Art, die zu einer Betriebsanlage gehören (Betriebsvorrichtungen), auch wenn sie wesentliche Bestandteile sind. Die wirtschaftliche Einheit des Grundvermögens ist das oben umschriebene „Grundstück i.S.d. Bewertungsgesetzes". Ein „Grundstück" kann gem. § 70 Abs. 3 BewG auch ein Gebäude auf fremdem Grund und Boden sein. Die genannte Zusammensetzung des Grundvermögens gilt auch für die Bedarfsbewertung gem. §§ 145 ff. BewG (über § 138 Abs. 3 BewG) sowie – mit kleinen Abweichungen – für die Bedarfsbewertung gem. §§ 176 ff. BewG.

Wirtschaftliche Einheit des **Betriebsvermögens** ist der einzelne Gewerbebetrieb. Ein Steuerpflichtiger kann mehrere Betriebe haben. Das Betriebsvermögen umfasst alle Teile eines **Gewerbebetriebs** i.S.d. § 15 Abs. 1 und 2 EStG, die bei der steuerlichen Gewinnermittlung zum Betriebsvermögen gehören (§ 95 Abs. 1 BewG). Betriebsvermögen sind v.a. sämtliche Wirtschaftsgüter, die Kapitalgesellschaften (AG, GmbH, KGaA, Europäische Gesellschaften) oder Mitunternehmerschaften (OHG, KG, auch gewerblich geprägte Personengesellschaften) gehören (§ 97 Abs. 1 BewG). Hierzu zählt sowohl das notwendige als auch das gewillkürte Betriebsvermögen sowie ggf. vorhandenes Sonderbetriebsvermögen (I und II) der Gesellschafter (§ 97 Abs. 1 Nr. 5 S. 2 BewG). Außerdem sind ergänzungsbilanzielle Wertkorrekturen des Gesamthandsvermögens zu berücksichtigen. Die Ausübung eines **freien Berufs** i.S.d. § 18 Abs. 1 Nr. 1 EStG steht dem Gewerbebetrieb nach § 96 BewG gleich.

Beispiel: (Wirtschaftliche Einheit)[190]

- Die wirtschaftliche Einheit des land- und forstwirtschaftlichen Vermögens ist nach § 158 Abs. 2 BewG der einzelne Betrieb. In einem typisierten Ertragswertverfahren, das sich am gemeinen Wert orientiert, werden alle dazugehörigen wirtschaftlich genutzten Flächen, Gebäude und Maschinen gemeinsam bewertet (Gesamtbewertung).

---

[190] In Anlehnung an HABERSTOCK, LOTHAR: Steuerbilanz und Vermögensaufstellung, 3. Aufl., Hamburg 1991, S. 187.

- Die wirtschaftliche Einheit des Grundvermögens ist das einzelne Grundstück. Für Zwecke der Erbschaftsteuer ist der Wert bebauter Grundstücke gem. § 182 BewG entweder nach dem Vergleichswertverfahren, dem Ertragswertverfahren oder dem Sachwertverfahren zu ermitteln. I.R.d. Vergleichswertverfahrens erfolgt eine Gesamtbewertung von Grund und Boden und Gebäude, beim Ertragswertverfahren und Sachwertverfahren hingegen eine Einzelbewertung. Für die Wertermittlung von Grundvermögen nach dem Bewertungsgesetz für von der Erbschaftsteuerbemessung abweichende Zwecke gilt, dass es beim Ertragswertverfahren gemeinsam mit dem darauf errichteten Gebäude bewertet wird. Beim Sachwertverfahren erfolgt hingegen eine Einzelbewertung. Zwei nebeneinander liegende Grundstücke bilden eine wirtschaftliche Einheit, wenn sie die o.g. Voraussetzungen erfüllen.

- Die wirtschaftliche Einheit des Betriebsvermögens ist der einzelne Betrieb. Es wird eine Gesamtbewertung zum gemeinen Wert vorgenommen, der aus Verkäufen unter fremden Dritten abzuleiten ist, die weniger als ein Jahr zurückliegen. Andernfalls kommt ein vereinfachtes Ertragswertverfahren oder eine andere, im gewöhnlichen Geschäftsverkehr für nichtsteuerliche Zwecke übliche, Methode zur Anwendung.

Ausgangspunkt der Zurechnung ist das **zivilrechtliche Eigentum** (Eigentum an Sachen, Inhaberschaft von Forderungen oder Rechten). Von diesem Grundsatz macht § 39 Abs. 2 Nr. 1 S. 1 AO eine Ausnahme: Wenn ein anderer als der rechtliche Eigentümer die tatsächliche Herrschaft über ein Wirtschaftsgut ausübt, sodass er den Eigentümer im Regelfall für die gewöhnliche Nutzungsdauer von der Einwirkung auf das Wirtschaftsgut ausschließen kann, so ist ihm das Wirtschaftsgut zuzurechnen (**wirtschaftlicher Eigentümer**). Wenn ein Wirtschaftsgut beispielsweise sicherungsübereignet worden ist, ist es bewertungsrechtlich dem Sicherungsgeber zuzurechnen, obwohl dieser nicht der Eigentümer des Wirtschaftsguts ist. Bei Treuhandverhältnissen ist das zu treuen Händen übertragene Wirtschaftsgut bzw. das durch einen Treuhänder für einen Treugeber erworbene Wirtschaftsgut dem Treugeber zuzurechnen.

§ 3 BewG regelt den Fall, dass ein Wirtschaftsgut (bzw. eine wirtschaftliche Einheit) mehreren Personen zusteht. In diesem Fall ist gem. § 3 S. 1 BewG zunächst eine Wertermittlung in Bezug auf die Gesamtheit vorzunehmen; anschließend ist gem. § 3 S. 2 BewG eine **Aufteilung** auf die Beteiligten nach dem Verhältnis ihrer Anteile vorzunehmen. Die Notwendigkeit zu einer Aufteilung ist von dem jeweiligen Bewertungsanlass abhängig; so ist bei einer Personengesellschaft keine Aufteilung eines Wirtschaftsguts notwendig, wenn die Bewertung für Zwecke der Grundsteuer (und Gewerbesteuer) erfolgt, welche schließlich von der Gesellschaft selbst entrichtet wird. Sofern hingegen ein Anteil an einer Personengesellschaft vererbt oder verschenkt wird, ist für Zwecke der Erbschaft- und Schenkungsteuer eine Aufteilung vorzunehmen, da nur der transferierte Anteil am Gesamthandsvermögen zu besteuern ist.

3. Bewertungsmaßstäbe und -methoden

Die Aufgabe der Bewertung ist es, Wirtschaftgüter bzw. wirtschaftliche Einheiten, die nicht in Geld bestehen oder auf einen Geldbetrag lauten, mit einem Geldwert auszudrücken. Die Begriffe Bewertungsmaßstab und Bewertungsmethode sind eng miteinander verbunden. Der **Bewertungsmaßstab** symbolisiert die Wertvorstellung, nach welcher der Wert eines Wirtschaftsgutes oder einer wirtschaftlichen Einheit in Geld ausgedrückt werden soll. Die **Bewertungsmethode** beschreibt das im Einzelnen geregelte Verfahren, welches bei der Wertermittlung von Wirtschaftsgütern bzw. wirtschaftlichen Einheiten letztlich zur Anwendung gelangt.

Das Bewertungsgesetz ist durch drei grundlegende Bewertungsmaßstäbe gekennzeichnet – den **gemeinen Wert**, den **Teilwert** und den **Ertragswert**. Der in § 9 BewG näher beschriebene **gemeine Wert** (auch Verkehrswert gem. § 194 BauGB bzw. Verkaufswert genannt) ist der zentrale und das gesamte Bewertungsrecht beherrschende Bewertungsmaßstab. Der gemeine Wert ist nach § 9 Abs. 2 S. 1 BewG der Preis, der im gewöhnlichen Geschäftsverkehr nach der Beschaffenheit des Wirtschaftsgutes bei einer Veräußerung zu erzielen wäre. Dabei sind alle Umstände, die den Preis beeinflussen – mit Ausnahme von ungewöhnlichen oder persönlichen Verhältnissen –, zu berücksichtigen (§ 9 Abs. 2 S. 2 und 3 BewG). Der gemeine Wert findet immer dann Anwendung, wenn das Bewertungsgesetz oder ein Einzelsteuergesetz keine abweichende Bewertungsmethode vorschreibt. Zur Ermittlung des gemeinen Wertes können **Hilfswerte** und **Schätzverfahren** angewendet werden (vgl. auch S. 134 ff.).

Im Gegensatz zum gemeinen Wert haben der Teilwert und der Ertragswert eine geringere Bedeutung, da sie nur für einzelne Vermögensarten anzuwenden sind. Der **Teilwert** kommt nur zur Bewertung einzelner Wirtschaftsgüter zur Anwendung, die zu einem gewerblichen oder freiberuflichen Unternehmen gehören. Zwischen ertragsteuerlichem und bewertungsrechtlichem Teilwertbegriff bestehen keine Abweichungen. Der Teilwert ist nach § 10 S. 2 und 3 BewG der „Betrag, den ein Erwerber des ganzen Unternehmens im Rahmen des Gesamtkaufpreises für das einzelne Wirtschaftsgut ansetzen würde. Dabei ist davon auszugehen, dass der Erwerber das Unternehmen fortführt." Wegen der damit verbundenen Ermittlungsprobleme werden – wie in der Steuerbilanz – sog. **Teilwertvermutungen** aufgestellt.

Als weiterer Bewertungsmaßstab ist der **Ertragswert** zu nennen. Zweck des Ertragswertes ist es, einen Betrieb im Ganzen zu bewerten. Theoretisch wird der Ertragswert (E) durch Kapitalisierung des in einem Betrieb erwirtschafteten Reinertrages nach folgender Formel ermittelt:

$$E = \frac{\text{Reinertrag} \cdot 100}{\text{Kapitalisierungszinsfuß}}$$

Man kann den Ertragswert auch als den Kapitalbetrag bezeichnen, der bei gegebener Verzinsung erforderlich ist, damit ein jährlicher Reinertrag erwirtschaftet wird, der dem Zins entspricht. Der Ertragswert einzelner Wirtschaftsgüter (z.B. Maschinen, Gebäude) lässt sich nicht ermitteln, da alle Wirtschaftsgüter eines Betriebes zusammen an der Erzielung des Reinertrages beteiligt sind, eine Zurechnung, welcher Teil des Ertrages auf das einzelne Wirtschaftsgut entfällt, jedoch nicht möglich ist.

Der Ertragswert ist bei der Bewertung des **land- und forstwirtschaftlichen Vermögens** für Zwecke der Grundsteuer zugrunde zu legen. Zur Bewertung des land- und forstwirtschaftlichen Vermögens für derartige Zwecke bestimmt § 36 Abs. 2 BewG, dass bei der Ermittlung des Ertragswertes von der Ertragsfähigkeit auszugehen ist. Diese wird definiert als „der bei ordnungsmäßiger und schuldenfreier Bewirtschaftung mit entlohnten fremden Arbeitskräften gemeinhin und nachhaltig erzielbare Reinertrag. Ertragswert ist das Achtzehnfache dieses Reinertrags." „Der Gesetzgeber löst also das bei der Ertragswertermittlung schwierige Problem der Bestimmung des Kapitalisierungszinsfußes durch die gesetzliche Festlegung eines Zinsfußes von 5,5 % (das dem 18fachen des Reinertrages entspricht). Der Reinertrag selbst wird als Sollertrag durch ein besonderes Schätzungsverfahren (Ermittlung von Vergleichswerten) bestimmt."[191]

Zur Bewertung des land- und forstwirtschaftlichen Vermögens für Zwecke der Grunderwerbsteuer sind i.R.d. Bedarfsbewertung land- und forstwirtschaftliche Grundbesitzwerte nach den §§ 140-144 BewG zu ermitteln. Dabei wird im Wesentlichen ein stark vereinfachtes Ertragswertverfahren mit standardisierten Werten für die wichtigsten Nutzungen und Nutzungsteile, die unterteilt nach den maßgeblichen Kriterien für die Bildung des Ertragswerts sind, durchgeführt. § 142 Abs. 1 S. 2 BewG definiert (abweichend von § 36 BewG) den Ertragswert als das 18,6fache des Reinertrages.

Einen Überblick über die einzelnen Bewertungsmaßstäbe des Bewertungsgesetzes beinhaltet Abb. 32[192].

Bewertungsmaßstäbe des Bewertungsgesetzes		
Gemeiner Wert (§ 9 BewG)	**Teilwert** (§ 10 BewG)	**Ertragswert** (verschiedene Stellen im BewG)
Der gemeine Wert wird durch den Preis bestimmt, der im gewöhnlichen Geschäftsverkehr nach der Beschaffenheit des Wirtschaftsgutes bei einer Veräußerung zu erzielen wäre.	Teilwert ist der Betrag, den ein Erwerber des ganzen Unternehmens im Rahmen des Gesamtkaufpreises für das einzelne Wirtschaftsgut ansetzen würde. Dabei ist davon auszugehen, dass der Erwerber das Unternehmen fortführt.	Z.B. gem. § 36 BewG: Bei der Ermittlung des Ertragswertes ist von der Ertragsfähigkeit auszugehen. Ertragsfähigkeit ist der bei ordnungsgemäßer und schuldenfreier Bewirtschaftung mit entlohnten fremden Arbeitskräften gemeinhin und nachhaltig erzielbare Reinertrag. Ertragswert ist das 18fache dieses Reinertrages.

Abb. 32: Bewertungsmaßstäbe des Bewertungsgesetzes

Darüber hinaus ist festzustellen, dass neben diesen drei grundlegenden Bewertungsmaßstäben des Bewertungsgesetzes noch weitere Bewertungsmaßstäbe in §§ 11-16 BewG existieren. Beispielsweise betreffen diese „besonderen Bewertungsmaßstäbe" die Bewertung von Wertpapieren, Forderungen oder Verbindlichkeiten. Diese werden allerdings nur als Ableitungen des gemeinen Werts angesehen.[193] Sie verkörpern Erscheinungsformen des gemeinen Werts, welche den Besonderheiten der Wirtschaftsgüter, für die sie herangezogen werden, jeweils Rechnung tragen.

---

[191] WÖHE, GÜNTER: Betriebswirtschaftliche Steuerlehre, Bd. 1, 2. Halbband: Der Einfluß der Besteuerung auf das Rechnungswesen des Betriebes, 7. Aufl., München 1992, S. 490.

[192] In Anlehnung an WÖHE, GÜNTER: Betriebswirtschaftliche Steuerlehre, Bd. 1, 2. Halbband: Der Einfluß der Besteuerung auf das Rechnungswesen des Betriebes, 7. Aufl., München 1992, S. 506.

[193] Vgl. HORSCHITZ, HARALD/GROß, WALTER/SCHNUR, PETER: Bewertungsrecht, Erbschaftsteuer, Grundsteuer, 17. Aufl., Stuttgart 2010, Rz. 804; SCHNEELOCH, DIETER: Betriebswirtschaftliche Steuerlehre, Bd. 1: Besteuerung, 6. Aufl., München 2012, S. 356; VISKORF, HERMANN-ULRICH/KNOBEL, WOLFGANG/SCHUCK, STEPHAN/WÄLZHOLZ, ECKHARD: Erbschaftsteuer- und Schenkungsteuergesetz, Bewertungsgesetz, 4. Aufl., Herne 2012, § 9 BewG, Rz. 2.

4. Sachliche Zuordnung der Bewertungsgegenstände

a) Einordnung

Eine Definition des Begriffes „Vermögen" findet sich weder im Bewertungsgesetz noch in anderen Steuergesetzen. In der Literatur wird mit dem Begriff „Vermögen" i.Allg. die Gesamtheit der im wirtschaftlichen Eigentum einer natürlichen oder juristischen Person stehenden Wirtschaftsgüter assoziiert. Das Bewertungsgesetz unterteilt in § 18 (vgl. hierzu Abb. 33[194]) das nach den besonderen Bewertungsvorschriften des Bewertungsgesetzes zu bewertende Vermögen in drei Vermögensarten: das land- und forstwirtschaftliche Vermögen, das Grundvermögen und das Betriebsvermögen. Sofern Vermögen nicht unter die genannten drei Vermögensarten fällt, zählt es zum sog. „übrigen Vermögen". Die Bewertung des „übrigen Vermögens" richtet sich nach den Vorschriften des jeweiligen Einzelsteuergesetzes bzw. des allgemeinen Teils des Bewertungsgesetzes.[195]

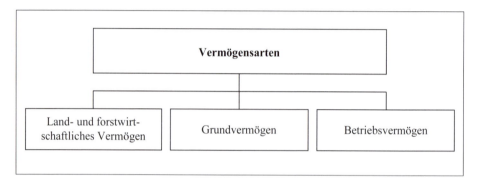

Abb. 33: Vermögensarten gem. § 18 BewG

Zum Betriebsvermögen gehört insb. gewerbliches Vermögen einschließlich freiberuflichem Vermögen. Land- und forstwirtschaftliches Vermögen beinhaltet Betriebe der Land- und Forstwirtschaft. Fasst man den Betriebsvermögensbegriff weit, so gehört auch land- und forstwirtschaftliches Vermögen dazu. Grundvermögen hingegen stellt Privatvermögen dar. Unter Grundvermögen sind also „Grundstücke" zu verstehen, die im Privatvermögen gehalten werden. Man kann hier eine Abgrenzung von den sog. „Betriebsgrundstücken" vornehmen; Betriebsgrundstücke sind Grundstücke, die sich nicht im Privatvermögen befinden, sondern dem Betriebsvermögen zugeordnet sind.

Es ist festzustellen, dass eine Bewertung nach den besonderen Vorschriften des Bewertungsgesetzes nicht direkt an die genannten Vermögensarten anknüpft. Während die Grundsteuer (und die Gewerbesteuer) sowie die Grunderwerbsteuer den „Grundbesitz" nennen, sind für die Erbschaft- und Schenkungsteuer der „Grundbesitz", das „Betriebsvermögen"

---

[194] Entnommen aus SCHNEELOCH, DIETER: Betriebswirtschaftliche Steuerlehre, Bd. 1: Besteuerung, 6. Aufl., München 2012, S. 352.

[195] Vgl. SCHNEELOCH, DIETER: Betriebswirtschaftliche Steuerlehre, Bd. 1: Besteuerung, 6. Aufl., München 2012, S. 366.

und die „Anteile an nicht notierten Kapitalgesellschaften" relevant (vgl. zur Einordnung Abb. 34).

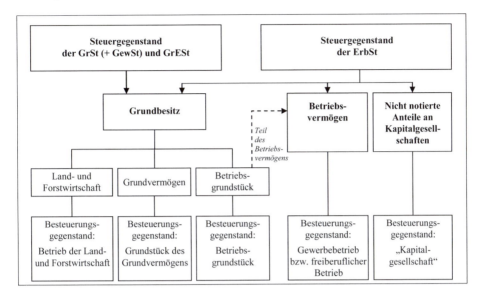

Abb. 34:   Steuergegenstand der bewertungsgesetzabhängigen Steuerarten

Im Folgenden werden zunächst – steuerartenspezifisch – die Bewertung des Grundbesitzes und anschließend die Bewertung des Betriebsvermögens und nicht notierter Anteile an Kapitalgesellschaften betrachtet.

b) Grundbesitz

Grundbesitz ist der Oberbegriff für land- und forstwirtschaftliches Vermögen, für Grundvermögen und für Betriebsgrundstücke. Die **Bewertung** der wirtschaftlichen Einheiten des **Grundbesitzes** ist abhängig von der Steuerart, für die die Bewertung erforderlich wird.

(1) Grundsteuer und Gewerbesteuer

(a) Grundvermögen

Steuergegenstand der Grundsteuer ist gem. § 2 GrStG der Grundbesitz nach den Vorschriften des Bewertungsgesetzes, zu welchem auch Grundstücke des Grundvermögens zählen. Steuerschuldner ist gem. § 10 Abs. 1 GrStG derjenige, dem das Grundstück bei Einheitswertfeststellung zuzurechnen ist. Eine natürliche Person schuldet Grundsteuer in Bezug auf den Einheitswert der ihr zuzurechnenden Grundstücke des Grundvermögens.

Die Bewertung für Zwecke der Grundsteuer (und der Gewerbesteuer) stützt sich auf Einheitswerte nach dem Ersten Abschnitt des Zweiten Teils des Bewertungsgesetzes. Es werden Grundstücke in bebaute und unbebaute Grundstücke unterschieden (§ 72 ff. BewG). Unbebaute Grundstücke sind solche, auf welchen sich keine benutzbaren Gebäude befinden (§ 72 Abs. 1 BewG). Bebaute Grundstücke werden zum Zweck der Bewertung in sechs Grundstücksarten unterteilt – Mietwohngrundstücke, Geschäftsgrundstücke, gemischt genutzte Grundstücke, Einfamilienhäuser, Zweifamilienhäuser und sonstige bebaute Grundstücke (§ 75 Abs. 1 BewG).

Die Bewertung inländischer unbebauter Grundstücke für Zwecke der **Grundsteuer** (und **Gewerbesteuer**) ergibt sich durch die Multiplikation der Quadratmeterzahl mit dem Quadratmeterpreis zum Hauptfeststellungszeitpunkt. **Bewertungsmaßstab** inländischer bebauter Grundstücke für Zwecke der **Grundsteuer** (und **Gewerbesteuer**) ist der **gemeine Wert**, dessen Berechnung durch das Ertragswertverfahren (§§ 78-82 BewG) und das Sachwertverfahren (§§ 83-90 BewG) genauer geregelt wird. Der anhand dieser Verfahren ermittelte Wert ist der sog. **Einheitswert** des betreffenden Grundstücks.

Eigentlich sollte gem. § 21 Abs. 1 BewG eine Einheitswertfeststellung alle sechs Jahre erfolgen, allerdings ist die Finanzverwaltung hiermit offenbar überfordert; die Einheitswerte für den Grundbesitz gehen auf die Wertverhältnisse von 1964 (alte Bundesländer) bzw. 1935 (neue Bundesländer) zurück. Zum – zumindest ansatzweisen – Ausgleich der damit einhergehenden Unterbewertung erfolgt eine Indexierung. Während der Geltungsdauer der auf den Wertverhältnissen von 1964 beruhenden Einheitswerte sind Grundstücke und Betriebsgrundstücke (i.S.d. § 99 Abs. 1 Nr. 1 BewG) gem. § 121a BewG **für die Gewerbesteuer** mit **140 %** des Einheitswerts anzusetzen (alte Bundesländer). Während der Geltungsdauer der auf den Wertverhältnissen von 1935 beruhenden Einheitswerte (neue Bundesländer) sind die genannten Grundstücke gem. § 133 BewG mit 100 % (Mietwohngrundstücke), 250 % (gemischt genutzte Grundstücke, Einfamilienhäuser und sonstige bebaute Grundstücke), 400 % (Geschäftsgrundstücke) bzw. 600 % (unbebaute Grundstücke) des Einheitswertes anzusetzen.

(b)   Betriebsgrundstücke

Steuergegenstand der Grundsteuer ist gem. § 2 GrStG der Grundbesitz nach den Vorschriften des Bewertungsgesetzes, zu welchem auch Betriebsgrundstücke zählen. Steuerschuldner ist gem. § 10 Abs. 1 GrStG derjenige, dem das Betriebsgrundstück bei Einheitswertfeststellung zuzurechnen ist. Insofern ist Grundsteuer in Bezug auf den Einheitswert des dem Betrieb zuzurechnenden Betriebsgrundstücks zu zahlen. Nach § 99 Abs. 1 BewG werden Betriebsgrundstücke auf zweierlei Arten besteuert. Sofern ein Betriebsgrundstück losgelöst von seiner Zugehörigkeit zu einem Gewerbebetrieb zum Grundvermögen gehören würde (§ 99 Abs. 1 Nr. 1 BewG), ist es wie ein Grundstück des Grundvermögens (s.o.) zu bewerten (§ 99 Abs. 3 1. Halbsatz BewG). Sofern ein Betriebsgrundstück losgelöst von seiner Zugehörigkeit zu einem Gewerbebetrieb einen Betrieb der Land- und Forstwirtschaft bilden würde (§ 99 Abs. 1 Nr. 2 BewG), ist es wie land- und forstwirtschaftliches Vermögen (s.u.) zu bewerten (§ 99 Abs. 3 2. Halbsatz BewG).

(c)   Land- und forstwirtschaftliches Vermögen

Betriebe der Land- und Forstwirtschaft stellen wirtschaftliche Einheiten des Grundbesitzes dar, für die ein Einheitswert gem. dem Ersten Abschnitt des Zweiten Teils des Bewertungsgesetzes festzustellen ist (§ 2 Nr. 1 GrStG, § 33 BewG). Steuerschuldner der Grundsteuer ist nach § 10 Abs. 1 GrStG derjenige, dem der Steuergegenstand zuzurechnen ist. Die Bemessungsgrundlage der Grundsteuer bildet nicht der Einheitswert des einzelnen Grundstücks des land- und forstwirtschaftlichen Vermögens, sondern der Einheitswert des gesamten Betriebs. Ein Betrieb setzt sich nach § 34 Abs. 1 BewG aus zwei Komponenten zusammen: einem Wirtschaftsteil und einem Wohnteil. Der Einheitswert besteht damit aus dem Wirtschaftswert und dem Wohnungswert. Beide Werte werden separat voneinander als Ertragswerte berechnet. Der Ertragswert des Wirtschaftswerts erfolgt gem. § 37 ff. BewG im Wege eines vergleichenden Verfahrens. Dies funktioniert zweistufig, indem zunächst die Ertragswerte von wenigen Vergleichsbetrieben festgestellt werden und die Ertragswerte aller übrigen Betriebe anschließend durch Orientierung an den Ertragswerten der Vergleichsbetriebe ermittelt werden. Die Ermittlung des Wohnungswerts richtet sich nach § 47 BewG, folglich derselben Vorschrift, die beim Grundvermögen zur Bewertung von Mietwohngrundstücken herangezogen wird.

(2) Grunderwerbsteuer

(a) Grundvermögen

Sofern ein inländisches Grundstück Gegenstand eines rechtsgeschäftlichen Veräußerungsgeschäfts ist, sind die beteiligten Rechtsträger (Verkäufer und Erwerber) als Gesamtschuldner zur Entrichtung der Grunderwerbsteuer verpflichtet (§ 1, 13 Nr. 1 GrEStG). Eine gesonderte Bewertung des Grundstücks ist im Regelfall nicht notwendig, da die Bemessungsgrundlage der Grunderwerbsteuer gem. § 8 Abs. 1 GrEStG der Wert der Gegenleistung ist, bspw. der gezahlte Kaufpreis. § 8 Abs. 2 Nr. 1-3 GrEStG nennt allerdings Fälle, in denen eine gesonderte Bewertung, die sich nach § 138 Abs. 2-4 BewG richtet, notwendig ist. Von diesen Fällen des § 8 Abs. 2 Nr. 1-3 GrESt ist für Grundstücke des Grundvermögens die Nr. 1 relevant, wonach eine Bewertung vorzunehmen ist, wenn eine Gegenleistung nicht vorhanden oder nicht zu ermitteln ist. Dies wäre z.B. bei einer unentgeltlichen Übertragung der Fall, bei der keine Schenkung vorliegt.[196]

§ 138 BewG enthält die einleitenden Vorschriften zur **Ermittlung von Bedarfswerten** für Zwecke der Grunderwerbsteuer; als ein Bedarfswert wird ein Wert verstanden, der unter Berücksichtigung der tatsächlichen Verhältnisse und der Wertverhältnisse zum Besteuerungszeitpunkt festzustellen ist (§ 138 Abs. 1 BewG). Es handelt sich gerade nicht um einen Einheitswert nach den Wertverhältnissen des Jahres 1964 bzw. 1935. Nach § 138 Abs. 3 BewG richtet sich die Bewertung der wirtschaftlichen Einheiten des Grundvermögens nach den Vorschriften des Vierten Teils des Zweiten Abschnitts zum Grundvermögen (§§ 145 bis 150 BewG), wobei die §§ 68, 69, 99 Abs. 2 und 139 BewG anzuwenden sind.

Wie auch bei der Einheitsbewertung richtet sich die Bewertung einerseits auf unbebaute (§ 145 BewG) und andererseits auf bebaute Grundstücke (§§ 146-150 BewG). Unbebaute Grundstücke sind solche, auf welchen sich keine benutzbaren Gebäude befinden (§ 145 Abs. 1 BewG). Bebaute Grundstücke sind gem. § 146 Abs. 1 BewG solche Grundstücke, die die in § 145 Abs. 1 BewG genannten Merkmale nicht erfüllen. Gem. § 145 Abs. 3 BewG

---

[196] Vgl. zu den Anwendungsfällen FISCHER, PETER/MEßBACHER-HÖNSCH, CHRISTINE/LOOSE, MATTHIAS/ VISKORF, HERMANN-ULRICH: Boruttau – Grunderwerbsteuergesetz, 17. Aufl., München 2011, § 8 GrEStG, Rz. 32 ff.

werden unbebaute Grundstücke als Produkt ihrer Fläche und den um 20 % ermäßigten Bodenrichtwerten berechnet, wobei Bodenrichtwerte im Regelfall solche Werte sind, die nach den Vorschriften des Baugesetzbuches durch Gutachterausschüsse jährlich zu ermitteln und den Finanzämtern mitzuteilen sind. Bebaute Grundstücke werden gem. § 146 Abs. 2 BewG bewertet. Der Wert ergibt sich aus dem 12,5fachen der im Besteuerungszeitpunkt vereinbarten Jahresmiete, vermindert um Alterswertminderungen gem. § 146 Abs. 4 BewG.[197]

(b)   Betriebsgrundstücke

Die Grunderwerbsteuer richtet sich an das Erwerbsgeschäft eines inländischen Grundstücks zwischen zwei Rechtsträgern. Neben natürlichen Personen können auch juristische Personen sowie Personen(handels)gesellschaften Rechtsträger im Sinne des Grunderwerbsteuergesetzes sein. Insofern fällt die Grunderwerbsteuer auch dann an, wenn ein „Betriebsgrundstück" Gegenstand eines Grundstückswechsels ist. Hinsichtlich der Bewertung ist festzustellen, dass auch für Betriebsgrundstücke der primäre Rückgriff auf den Wert der Gegenleistung (§ 8 Abs. 1 GrEStG) gilt. In den Ausnahmefällen des § 8 Abs. 2 Nr. 1-3 GrEStG ist bekanntlich eine Bewertung nach den Vorschriften des § 138 Abs. 2 bis 4 BewG vorzunehmen:

- Die Bewertung von Betriebsgrundstücken erfolgt einerseits im Fall der Nr. 1, bei der ein Wechsel eines Betriebsgrundstücks vorliegt und eine Gegenleistung nicht vorhanden ist oder nicht ermittelt werden kann;
- ein anderer Anwendungsfall zur Bedarfsbewertung von Betriebsgrundstücken für grunderwerbsteuerliche Zwecke liegt gem. Nr. 2 bei Umwandlungen, bei Einbringungen sowie bei anderen Erwerbsvorgängen auf gesellschaftsvertraglicher Grundlage vor;
- eine Bewertung von Betriebsgrundstücken ist ferner nach Nr. 3 vorzunehmen, wonach die Ergänzungstatbestände des § 1 Abs. 2a und 3 GrEStG vorliegen (mittelbarer oder unmittelbarer Übergang von 95 % der Anteile an einer Personengesellschaft auf neue Gesellschafter; mittelbare oder unmittelbare Vereinigung von mind. 95 % der Anteile an einer Kapitalgesellschaft in einer Hand). In jenen Fällen des Gesellschafterwechsels bei Personen- und Kapitalgesellschaften ist eine Bewertung erforderlich, da eine „Gegenleistung" nur in Bezug auf die Anteile, jedoch nicht in Bezug auf das zu besteuernde „Betriebsgrundstück" vorhanden ist.

Die Bewertung eines Betriebsgrundstücks kann auf zweierlei Arten erfolgen. Betriebsgrundstücke im Sinne des § 99 Abs. 1 Nr. 1 BewG – es handelt sich um zu einem Gewerbebetrieb gehörenden Grundbesitz, der losgelöst von seiner Zugehörigkeit zu dem Gewerbebetrieb zum Grundvermögen gehören würde – werden gem. § 138 Abs. 3 BewG wie die wirtschaftlichen Einheiten des Grundvermögens nach §§ 145 bis 150 BewG unter Beachtung der §§ 68, 69, 99 Abs. 2 und 139 BewG (s.o.) bewertet. Betriebsgrundstücke im Sinne des § 99 Abs. 1 Nr. 2 BewG – es handelt sich um zu einem Gewerbebetrieb gehörenden Grundbesitz, der losgelöst von seiner Zugehörigkeit zu dem Gewerbebetrieb einen Betrieb der Land- und

---

[197] Das Bundesverfassungsgericht geht davon aus, dass die Bedarfswerte des Grundvermögens nach § 146 BewG unter den Verkehrswerten liegen, weswegen die Bewertungsvorschriften nicht verfassungskonform seien. Vgl. Beschluss des BVerfG vom 07.11.2006, 1 BvL 10/02, BStBl II 2007, S. 192. Der Gesetzgeber hat allerdings nur die Bewertungsvorschriften des Grundvermögens in Bezug auf die ErbSt neu geregelt. Diese befinden sich im Sechsten Abschnitt des Zweiten Teils des BewG.

Forstwirtschaft bilden würde – werden gem. § 138 Abs. 2 BewG wie wirtschaftliche Einheiten des land- und forstwirtschaftlichen Vermögens bewertet (s.u.).

(c) **Land- und forstwirtschaftliches Vermögen**

Für grunderwerbsteuerliche Zwecke kann eine Bedarfsbewertung von Einheiten des land- und forstwirtschaftlichen Vermögens notwendig werden. Es erfolgt eine Bewertung (und Besteuerung) nicht einzelner Grundstücke, sondern der Sachgesamtheit „Land- und Forstwirtschaftlicher Betrieb". Zu beachten ist allerdings, dass ein Betrieb der Land- und Forstwirtschaft nicht nur bei Vorliegen einer Gesamtheit von Flächen, Gebäuden und Betriebsmitteln – verstanden als selbstständige Erwerbsgrundlage – angenommen wird; ein land- und forstwirtschaftlicher Betrieb kann stattdessen „allein aus Grundbesitz bestehen, der zu [land- und forstwirtschaftlichen; d.Verf.] Zwecken genutzt wird".[198]

Sofern ein veräußertes Grundstück dem land- und forstwirtschaftlichen Vermögen zuzurechnen ist und gem. § 8 Abs. 2 Nr. 1 GrEStG eine Gegenleistung nicht vorhanden oder nicht ermittelbar ist, ordnet § 138 Abs. 2 BewG eine Bewertung der wirtschaftlichen Einheiten des land- und forstwirtschaftlichen Vermögens nach den Vorschriften der §§ 139-144 BewG an. Ferner kommt eine Bewertung der wirtschaftlichen Einheiten der Land- und Forstwirtschaft dann in Betracht, wenn Grundbesitz eines Gewerbebetriebs (Betriebsgrundstück) losgelöst von seiner Zugehörigkeit zu dem Gewerbebetrieb einen Betrieb der Land- und Forstwirtschaft bilden würde (§ 99 Abs. 1 Nr. 2 BewG; s.o.). Letztlich werden der veräußerte Grund und Boden und alle weiteren übertragenen Bestandteile als Betrieb der Land- und Forstwirtschaft aufgefasst und als solcher gem. den Vorschriften des §§ 139 bis 144 BewG bewertet.

Die Zusammensetzung der wirtschaftlichen Einheit „Betrieb der Land- und Forstwirtschaft" weicht nur geringfügig von jener bei Einheitsbewertung ab. Die Bewertung erfolgt wie bei der Einheitsbewertung auf Basis von **Ertragswerten** – allerdings vereinfacht. Der Ertragswert ist gem. §§ 142 Abs. 1 S. 1, 36 Abs. 2 S. 2 BewG der bei ordnungsgemäßer und schuldenfreier Bewirtschaftung mit entlohnten Arbeitskräften nachhaltig erzielbare Reinertrag. Im Unterschied zur Einheitsbewertung – dort erfolgt eine Ermittlung der Ertragsfähigkeit in einem vergleichenden Verfahren nach §§ 37 ff. BewG – wird die Bewertung auf Basis von 24 standardisierten Ertragsfestwerten gem. § 142 Abs. 2 Nr. 1 bis 6 BewG (diese basieren auf im Jahre 1996 festgelegten Größenordnungen) und unter Verzicht auf Zu- und Abschläge des § 41 BewG vorgenommen.[199]

---

[198] ALTEHOEFER, KLAUS/BAUER, KARL-HEINZ M./EISELE, DIRK/FICHTELMANN, HELMAR/WALTER, HELMUT: Besteuerung der Land- und Forstwirtschaft, 6. Aufl., Herne 2009, Rz. 1269.

[199] Vgl. ALTEHOEFER, KLAUS/BAUER, KARL-HEINZ M./EISELE, DIRK/FICHTELMANN, HELMAR/WALTER, HELMUT: Besteuerung der Land- und Forstwirtschaft, 6. Aufl., Herne 2009, Rz. 1342 f. Die Bewertung des land- und forstwirtschaftlichen Vermögens i.H.v. 10 % des Verkehrswerts entspricht den Vorgaben des Bundesverfassungsgerichts. Vgl. Beschluss des BVerfG vom 07.11.2006, BStBl II 2007, S. 192. Allerdings hat der Gesetzgeber nur für Zwecke der Erbschaft- und Schenkungsteuer Neuregelungen zur Bewertung des land- und forstwirtschaftlichen Vermögens beschlossen. Diese befinden sich im Sechsten Abschnitt des Zweiten Teils des BewG. Der BFH hat kürzlich Zweifel an der Verfassungsmäßigkeit der Bedarfsbewertung für grunderwerbsteuerliche Zwecke geäußert; insofern wird eine Entscheidung des BVerfG hinsichtlich dieser Frage in der Zukunft erwartet. Vgl. BFH-Beschluss vom 02.03.2011, BFH/NV 2011, S. 1074. Vgl. hierzu SCHNEELOCH, DIETER: Betriebswirtschaftliche Steuerlehre, Bd. 1: Besteuerung, 6. Aufl., München 2012, S. 374.

Der land- und forstwirtschaftliche Grundbesitzwert setzt sich aus dem Betriebswert, dem Wert der Betriebswohnungen und dem Wert des Wohnteils zusammen (§ 144 BewG), die jeweils gesondert zu bewerten sind. Der Betriebswert wird letztlich auf Basis der in § 142 Abs. 2 Nr. 1-6 BewG festgelegten Ertragswerte ermittelt. Im Regelfall erfolgt damit eine Bewertung des Betriebsteils unter Vernachlässigung des tatsächlichen Werts der zugehörigen Wirtschaftsgüter, sondern hauptsächlich auf Basis der Fläche und dem in § 142 Abs. 2 angegebenen Ertragswertsatz. In Ausnahmefällen (z.B. Nebenbetriebe, Abbauland, gemeinschaftliche Tierhaltung) sind allerdings individuelle Einzelertragswerte (§ 142 Abs. 3 BewG) zu berechnen, da der Gesetzgeber letztlich keine ausreichende Basis zur Bildung von allgemein verwendbaren Wertansätzen hatte.

Der Wohnteil sowie Betriebswohnungen werden gesondert bewertet, wobei die Vorschriften zur Bewertung des Grundvermögens (§§ 146 bis 150 BewG) zu beachten sind.

(3) Erbschaft- und Schenkungsteuer

(a) Grundvermögen

Im Fall einer Erbschaft (§ 3 ErbStG) oder einer Schenkung (§ 7 ErbStG) über ein Grundstück des Grundvermögens ist der bereicherte Erbe oder der Beschenkte mit Erbschaft- und Schenkungsteuer zu besteuern. In der Folge ist auf den Bewertungsstichtag – dies ist der Tag des Todes oder der Schenkung – eine Bewertung des übergegangenen Vermögens gem. § 12 Abs. 1 ErbStG vorzunehmen. Für die Bewertung von Grundbesitz ist der Sechste Abschnitt des Zweiten Teils des Bewertungsgesetzes maßgeblich (§ 157 ff. BewG). Wie auch für Zwecke der Grunderwerbsteuer erfolgt für Zwecke der Erbschaft- und Schenkungsteuer eine gesonderte Feststellung von Grundbesitzwerten gem. § 151 Abs. 1 und 5 i.V.m. §§ 138 Abs. 1, 157 Abs. 1 BewG erst, wenn ein steuerlicher Bedarf vorliegt (sog. **Bedarfsbewertung**). Die Feststellung der Grundbesitzwerte erfolgt dann seit der Umsetzung des Jahressteuergesetzes 2007 und der Erbschaftsteuerreform des Jahres 2008 unter Berücksichtigung der Wertverhältnisse zum Besteuerungszeitpunkt bzw. zum Bewertungsstichtag.

Die Vorschriften für die Bedarfsbewertung der wirtschaftlichen Einheiten des Grundvermögens (sowie für Betriebsgrundstücke) sind in § 176-198 BewG zu finden. Die Regelungen zum Umfang des Grundvermögens gem. § 176 Abs. 1 BewG decken sich größtenteils mit den Vorschriften gem. § 68 Abs. 1 BewG, wonach zum Grundvermögen der Grund und Boden, Gebäude, sonstige Bestandteile und Zubehör, das Erbbaurecht sowie Wohnungseigentum, Teileigentum u.a. nach dem Wohnungseigentumsgesetz gehören, während Bodenschätze und Betriebsvorrichtungen nicht zugehörig sind.[200]

Es werden unbebaute und bebaute Grundstücke unterschieden, wobei sich die Bewertung gem. § 177 BewG nach dem gemeinen Wert richtet. Unbebaute Grundstücke sind solche, auf denen sich keine benutzbaren Gebäude befinden (§ 178 Abs. 1 BewG). Bebaute Grundstücke sind hingegen solche, auf denen sich benutzbare Gebäude befinden (§ 180 Abs. 1 BewG). Zur Bewertung erfolgt eine Einteilung bebauter Grundstücke in Ein- und Zweifami-

---

[200] Einzubeziehen sind jedoch die Verstärkungen von Decken und die nicht ausschließlich zu einer Betriebsanlage gehörenden Stützen und sonstigen Bauteile wie Mauervorlagen und Verstrebungen (§ 176 Abs. 2 Nr. 2 S. 2 BewG).

lienhäuser, Mietwohngrundstücke, Wohnungs- und Teileigentum, Geschäftsgrundstücke, gemischt genutzte Grundstücke und sonstige bebaute Grundstücke (§ 181 Abs. 1 BewG). Die Bewertung unbebauter Grundstücke erfolgt gem. § 179 BewG im Regelfall als Produkt der Fläche mit den Bodenrichtwerten gem. § 196 Baugesetzbuch. Die Bodenrichtwerte sind von den Gutachterausschüssen nach dem Baugesetzbuch zu ermitteln und den Finanzämtern mitzuteilen. Die Bewertung bebauter Grundstücke richtet sich je nach Grundstücksart nach dem Vergleichswertverfahren (§§ 182 Abs. 2, 183 BewG), nach dem Ertragswertverfahren (§§ 182 Abs. 3, 184-188 BewG) oder nach dem Sachwertverfahren (§§ 182 Abs. 4, 189-191 BewG). Ferner existieren Sonderbewertungen (§§ 192-197 BewG).

(b)   Betriebsgrundstücke

Für Zwecke der Erbschaft- und Schenkungsteuer sind Betriebsgrundstücke mit dem Grundbesitzwert zu bewerten (§ 12 Abs. 3 ErbStG). Hinsichtlich der Bewertung von Betriebsgrundstücken gilt auch für Zwecke der Erbschaft- und Schenkungsteuer die Einteilung nach § 99 Abs. 1 BewG. Danach erfolgt entweder eine Bewertung wie Grundvermögen (s.o.) gem. § 157 Abs. 3 S. 1 BewG oder es ist eine Bewertung wie land- und forstwirtschaftliches Vermögen (s.u.) gem. § 157 Abs. 2 BewG vorzunehmen.

(c)   Land- und forstwirtschaftliches Vermögen

Grundbesitz ist gem. § 12 Abs. 3 ErbStG mit dem nach § 151 Abs. 1 S. 1 Nr. 1 BewG auf den Bewertungsstichtag festgestellten Wert zu bewerten. Für die wirtschaftlichen Einheiten des land- und forstwirtschaftlichen Vermögens und für Betriebsgrundstücke i.S.d. § 99 Abs. 1 Nr. 2 BewG erfolgt eine Bedarfsbewertung nach §§ 158-175 BewG unter Berücksichtigung der tatsächlichen Verhältnisse und der Wertverhältnisse am Bewertungsstichtag.

Die Bewertung des land- und forstwirtschaftlichen Betriebs spaltet sich auf in die Bewertung des Wirtschaftsteils, der Betriebswohnungen und des Wohnteils. Die Bewertung der Betriebswohnungen sowie des Wohnteils richtet sich gem. § 167 Abs. 1 BewG nach den Bewertungsvorschriften für bebaute Grundstücke (§§ 182-196 BewG). Bei der Abgrenzung der Betriebswohnungen bzw. des Wohnteils vom Wirtschaftsteil ist allerdings höchstens das Fünffache der bebauten Fläche zugrunde zu legen (§ 167 Abs. 2 BewG). Ferner sind die Werte gem. § 167 Abs. 3 BewG um 15 % zu ermäßigen. Darüber hinaus existiert die Möglichkeit, einen geringeren gemeinen Wert für den Wohnteil bzw. die Betriebswohnungen nachzuweisen (§ 167 Abs. 4 BewG).

Alleiniger Wertmaßstab des Wirtschaftsteils des land- und forstwirtschaftlichen Vermögens ist gem. § 162 Abs. 1 S. 1 BewG der gemeine Wert. Dieser ist gem. § 162 Abs. 1 S. 2 BewG als **Fortführungswert** definiert. Der Fortführungswert wird grundsätzlich im Ertragswertverfahren gem. § 163 BewG ermittelt. Ein Mindestwert nach § 164 BewG darf allerdings nicht unterschritten werden. Sofern ein Betrieb der Land- und Forstwirtschaft oder ein Anteil im Sinne des § 158 Abs. 2 S. 2 BewG oder wesentliche Wirtschaftgüter des land- und forstwirtschaftlichen Betriebs innerhalb von 15 Jahren veräußert werden, ist anstelle des Ertragswerts der Liquidationswert gem. § 166 BewG anzusetzen (§ 162 Abs. 3 S. 1, Abs. 4 S. 1 BewG). Dies erfolgt nicht, wenn der Veräußerungserlös innerhalb von sechs Monaten reinvestiert wird (§ 162 Abs. 3 S. 2, Abs. 4 S. 2 BewG).

c) Betriebsvermögen und nicht notierte Anteile an Kapitalgesellschaften

Bis zur Erbschaftsteuerreform im Jahr 2008 wurde der Wert des **Betriebsvermögens** durch eine **Einzelbewertung** der dazugehörigen Wirtschaftsgüter ermittelt. Dies erfolgte im Rahmen der Einheitsbewertung für Zwecke der Vermögensteuer, der Gewerbekapitalsteuer sowie der Erbschaft- und Schenkungsteuer. Das Reinbetriebsvermögen bzw. der Einheitswert des Betriebsvermögens ergab sich aus der Summe der positiven Wirtschaftsgüter (Rohbetriebsvermögen) abzgl. der Schulden und Lasten. Der Ermittlung des Einheitswertes des Betriebsvermögens diente die sog. **Vermögensaufstellung**, die formal mit einer Bilanz vergleichbar ist; es erfolgte also die Aufstellung der zu einem Gewerbebetrieb gehörenden Wirtschaftsgüter (einschließlich eventueller wirtschaftlicher Untereinheiten), der sonstigen aktiven Ansätze, der Schulden des Betriebs und der sonstigen zulässigen Abzüge (sog. „**verlängerte Maßgeblichkeit der Steuerbilanz für die Vermögensaufstellung**"). Im Unterschied zur Bilanz wurde die Vermögensaufstellung allerdings – wie das Inventar – in Staffelform aufgestellt, nicht in Kontoform. Da nach § 96 BewG die Ausübung eines freien Berufs dem Gewerbebetrieb bewertungsrechtlich gleichsteht, wurde auch bei Freiberuflern der Wert des Betriebsvermögens mit Hilfe einer Vermögensaufstellung ermittelt. Darüber hinaus waren für Zwecke der Grundsteuer (und der Gewerbesteuer), der Grunderwerbsteuer und der Erbschaft- und Schenkungsteuer Einheitswerte für Betriebsgrundstücke, die Teil des Betriebsvermögens sind, zu ermitteln.

Heute sind Einheitswerte nur noch für Zwecke der Grundsteuer (und der Gewerbesteuer) relevant, da für Zwecke der Grunderwerbsteuer und der Erbschaft- und Schenkungsteuer ausschließlich Bedarfswerte herangezogen werden. Die verbliebene Einheitsbewertung für Zwecke der Grundsteuer erstreckt sich ausschließlich auf Grundstücke des Grundvermögens und Betriebsgrundstücke; Einheitswerte für ganze Betriebe werden nicht mehr benötigt und ermittelt (s.o.). Die Bedarfsbewertung kommt sowohl für Betriebgrundstücke als auch für ganze Betriebe in Betracht. Für Zwecke der Grunderwerbsteuer und (im Ausnahmefall) der Erbschaft- und Schenkungsteuer kann einerseits eine Bedarfsbewertung von Betriebsgrundstücken notwendig sein. Andererseits ist die Bedarfsbewertung eines ganzen Betriebs (Gewerbebetrieb oder freiberuflicher Betrieb) für Zwecke der Erbschaft- und Schenkungsteuer relevant.

Wie bereits erläutert, verpflichtete das BVerfG in seinem Beschluss vom 06.11.2006 den Gesetzgeber zur Neuordnung der Bewertungsregelungen für Zwecke der Erbschaft- und Schenkungsteuer, da diese den Anforderungen des Gleichheitsgrundsatzes des Grundgesetzes nicht genügte.[201] Seit der **Erbschaftsteuerreform 2008** gilt der **gemeine Wert** einheitlich als maßgebendes Bewertungsziel für das Betriebsvermögen, das Grundvermögen, Anteile an Kapitalgesellschaften und land- und forstwirtschaftliche Betriebe.[202] Der gemeine Wert des Betriebsvermögens von Gewerbebetrieben und freiberuflich Tätigen wird in mehreren Stufen ermittelt. Primär erfolgt eine Ableitung anhand von Verkäufen unter fremden Dritten, die weniger als ein Jahr zurückliegen. Sofern dies nicht gelingt, ist der gemeine Wert gem § 109 Abs. 1 i.V.m. § 11 Abs. 2 BewG unter Berücksichtigung der Ertragsaus-

---

[201] Vgl. BVerfG-Beschluss vom 07.11.2006, BStBl II 2007, S. 192.
[202] Vgl. auch BR-Drs. 4/08, S. 38-40.

sichten oder einer anderen anerkannten, auch im gewöhnlichen Geschäftsverkehr für nichtsteuerliche Zwecke üblichen Methode zu ermitteln, wobei die Unternehmensbewertungsmethode anzuwenden ist, die ein Erwerber der Bemessung des Kaufpreises zugrunde legen würde. Den in Frage kommenden Verfahren („unter Berücksichtigung der Ertragsaussichten") ist gemein, dass es sich um Gesamtbewertungsverfahren handelt, welche den Wert des Betriebsvermögens im weitesten Sinne als Kapitalwert zukünftig erwarteter Gewinne ermitteln und gerade nicht den Unternehmenswert als Summe der Einzelwerte betrachten.

Eine Vermögensaufstellung zur Ermittlung des Wertes des Betriebsvermögens ist vordergründig nicht mehr notwendig. Gem. § 109 Abs. 1 i.V.m. § 11 Abs. 2 BewG ist als Mindestwert des Betriebsvermögens jedoch stets der **Substanzwert** anzusetzen; über § 96 BewG gilt diese Regelung auch für freie Berufe. Dieser wird gem. § 11 Abs. 2 S. 3 BewG als Summe der gemeinen Werte der zum Betriebsvermögen gehörenden Wirtschaftsgüter und sonstigen aktiven Ansätze abzüglich der zum Betriebsvermögen gehörenden Schulden und sonstigen Abzüge ermittelt. Welche Wirtschaftsgüter zum Betriebsvermögen zugehörig sind, entscheidet sich nach § 95 Abs. 1 BewG. Betriebsvermögen sind demnach alle Teile eines Gewerbebetriebs i.S.d. § 15 Abs. 1 und 2 EStG, die bei der steuerlichen Gewinnermittlung zum Betriebsvermögen gehören. Folglich sind die postitiven und negativen Wirtschaftsgüter und sonstigen Ansätze in der Steuerbilanz und in etwaigen Sonder- und Ergänzungsbilanzen dem Grunde nach zu übernehmen. Sie werden allerdings nicht mit ihrem Steuerbilanzwert übernommen, sondern mit dem gemeinen Wert bewertet. Wegen der Übernahme dem Grunde nach ist insofern eine **partielle Maßgeblichkeit der Steuerbilanz für die Vermögensermittlung** noch vorhanden.

Grundsätzlich richtet sich die Bewertung von Anteilsrechten an Kapitalgesellschaften nach § 11 BewG. Sofern diese eine Kursnotierung besitzen, erfolgt ihre Bewertung nach § 11 Abs. 1 BewG, wonach der Kurswert zum Stichtag bzw. – sofern am Stichtag kein Wert vorliegt – ein Kurswert innerhalb der letzten 30 Tage vor dem Stichtag anzusetzen ist. Sofern Anteile an Kapitalgesellschaften nicht börsennotiert sind, erfolgt ihre Bewertung mit dem gemeinen Wert gem. § 11 Abs. 2 BewG. Insofern ist die Bewertung von Anteilen an Kapitalgesellschaften identisch mit der des Betriebsvermögens bzw. von Anteilen daran: Der gemeine Wert ist primär anhand zeitnaher Verkäufe unter fremden Dritten und subsidiär unter Berücksichtigung der Ertragsaussichten zu ermitteln. Auch hinsichtlich der Bewertung von nicht notierten Anteilen an Kapitalgesellschaften ist mindestens der Substanzwert anzusetzen.

d) Zusammenfassende Übersicht

In Abb. 35 (S. 132) werden die zuvor erläuterten Sachverhalte systematisch zusammengefasst.

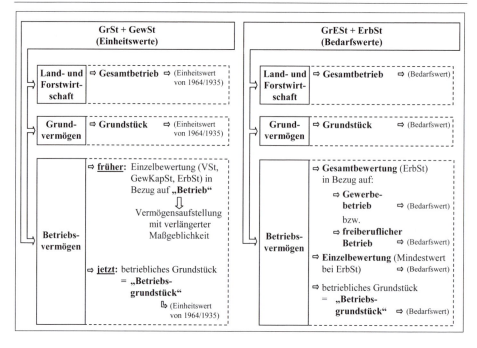

Abb. 35: Bewertung in Abhängigkeit von Steuer- und Vermögensarten

B. Ermittlung von Einheitswerten und Bedarfswerten[203]

Ziel der steuerlichen Vermögensermittlung ist v.a. die Feststellung einer Bemessungsgrundlage für die einzelnen Substanzsteuern; deshalb wurde als wichtigste **einheitliche Bemessungsgrundlage** der sog. „Einheitswert" geschaffen. Eine Bestimmung dieses Begriffs findet man in den Steuergesetzen nicht. Der **Einheitswert** ist ein vom Gesetzgeber konstruierter, verfahrenstechnischer Wert, der nach den Vorschriften der §§ 19-109 BewG (besondere Bewertungsvorschriften) ermittelt wird (§ 20 BewG); er stellt keinen besonderen Wertbegriff wie bspw. der gemeine Wert oder der Teilwert dar. Die Ermittlung erfolgt in einem gesonderten, von der Steuerfestsetzung unabhängigen, Verfahren, welches je nach zu bewertender Vermögensart auf unterschiedlichen Bewertungsprinzipien beruht.

Sowohl Einheitswerte als auch Bedarfswerte verkörpern den Wert von wirtschaftlichen Einheiten. „Einheitswerte" verdanken ihren Namen nicht ihrem Bewertungsobjekt, sondern ihrer Funktion, für mehrere Steuerarten einen einheitlichen Wert bereitzustellen. Die Einheitsbewertung dient dem **Zweck** der Verhinderung ungleicher Wertansätze für dasselbe Vermögen bei verschiedenen Steuerarten und der Rationalisierung des steuerlichen Ermittlungsverfahrens, indem eine mehrfache Bewertung desselben Vermögens vermieden wird.

Einheitswerte werden grundsätzlich für jede wirtschaftliche Einheit nach den besonderen Bewertungsvorschriften der §§ 19-109 BewG festgestellt. Nach § 19 Abs. 1 BewG werden Einheitswerte für inländischen Grundbesitz festgestellt (vgl. Abb. 31, S. 113).

---

[203] Vgl. HABERSTOCK, LOTHAR: Steuerbilanz und Vermögensaufstellung, 3. Aufl., Hamburg 1991, S. 185-190.

Der Einheitswert ist demnach der Wert, der gem. § 180 Abs. 1 AO gesondert festzustellen ist. Das Verfahren endet mit der Erstellung eines Einheitswertbescheides mit folgenden Mindestangaben: Einheitswert, Art der wirtschaftlichen Einheit, Zurechnung der wirtschaftlichen Einheit. Einheitswerte werden durch Hauptfeststellung, Nachfeststellung oder Fortschreibung auf den Beginn eines Kalenderjahres festgesetzt oder geändert:

- **Hauptfeststellung** (§ 21 BewG): Allgemeine Feststellung von Einheitswerten in regelmäßigen Zeitabständen von je sechs Jahren (für Grundstücke und Betriebsgrundstücke zuletzt 1964 (alte Bundesländer) bzw. 1935 (neue Bundesländer); daher für die Gewerbesteuer Ansatz i.H.v. 140 % gem. § 121a BewG für die Einheitswerte 1964 bzw. gestaffelt (100, 250, 400 oder 600 %) gem. § 133 BewG für die Einheitswerte 1935).

- **Fortschreibung** (§ 22 BewG): Ersatz eines bestehenden Einheitswerts im laufenden Hauptfeststellungszeitraum (bestimmte Wertänderungen, artmäßige Veränderungen, Änderung der persönlichen Zurechnung).

- **Nachfeststellung** (§ 23 BewG): Nachträgliche Feststellung von Einheitswerten (z.B. bei Entstehung neuer wirtschaftlicher Einheiten).

Kritik wird am Einheitswert v.a. deswegen laut, weil **erstens** bei seiner Ermittlung verschiedene Bewertungsverfahren zur Anwendung kommen, wodurch verschiedene Wertniveaus sowohl zwischen den Vermögensarten als auch innerhalb einer Vermögensart entstehen. Dadurch wird der Grundsatz der Gleichmäßigkeit der Besteuerung verletzt. **Zweitens** ist die Finanzverwaltung mit der Feststellung der Einheitswerte des Grundvermögens offenbar überfordert. Diese Einheitswerte für den Grundbesitz gehen auf die Wertverhältnisse von 1964 (alte Bundesländer) bzw. 1935 (neue Bundesländer) zurück, obwohl gem. § 21 Abs. 1 BewG alle sechs Jahre eine Aktualisierung erfolgen soll. Es ist derzeit nicht zu erwarten, dass in absehbarer Zeit eine neue Hauptfeststellung durchgeführt wird.

Nach den **Einheitswertbeschlüssen des BVerfG** vom 22.06.1995[204] stand die nach alter Rechtslage vorgesehene Bewertung des Grundvermögens mit Einheitswerten für Zwecke der Vermögen- sowie Erbschaft- und Schenkungsteuer im Vergleich zur (zeitnahen) Bewertung des Geldvermögens in einem verfassungswidrigen Missverhältnis. Diese Beschlüsse hatten zur Folge, dass die Vermögensteuer seit dem 01.01.1997 nicht mehr erhoben wird und die Gewerbekapitalsteuer mit Wirkung ab dem 01.01.1998 abgeschafft wurde. Für die Erbschaft- und Schenkungsteuer und die Grunderwerbsteuer sind die Einheitswerte von 1964 bzw. 1935 seither nicht mehr anzuwenden; im Bedarfsfall sind Grundbesitzwerte im Wege der Bedarfsbewertung gem. § 151 Abs. 1 und 5 i.V.m. §§ 138 Abs. 1, 157 Abs. 1 BewG zu ermitteln. Als periodisch abzuführende Substanzsteuer ist allein die Grundsteuer verblieben; damit existiert die Einheitsbewertung praktisch nicht mehr.[205] Ertragsteuerlich erlangen die Einheitswerte insofern Bedeutung, als die für die Grundsteuer festgesetzten Einheitswerte auch für die Gewerbesteuer anzusetzen sind.

---

[204] BVerfG-Beschluss vom 22.06.1995, BStBl II 1995, S. 655-670 und BVerfG-Beschluss vom 22.06.1995, BStBl II 1995, S. 671-675.

[205] Vgl. SEER, ROMAN: § 13, in: Steuerrecht, hrsg. von KLAUS TIPKE und JOACHIM LANG, 20. Aufl., Köln 2010, Rn. 2-4. Aktuell nicht mehr enthalten.

Die Bewertung von Grundbesitz nach dem Vierten Abschnitt des Zweiten Teils des Bewertungsgesetzes für Zwecke der Grunderwerbsteuer sowie die Bewertung von Grundbesitz, Betriebsvermögen und nicht notierten Anteilen an Kapitalgesellschaften nach dem Sechsten Abschnitt des Zweiten Teils des Bewertungsgesetzes für Zwecke der Erbschaft- und Schenkungsteuer erfolgt nach sog. Bedarfswerten. Nur im jeweiligen Bedarfsfall, beim Erwerb eines Grundstücks bzw. beim Erbfall oder bei der Schenkung, kommt eine Wertermittlung und -feststellung in Betracht. Es erfolgt eine Bewertung nicht auf Basis der Wertverhältnisse der Jahre 1964 bzw. 1935, sondern unter Berücksichtigung der tatsächlichen Verhältnisse und der Wertverhältnisse zum Besteuerungszeitpunkt (§ 157 Abs. 1 S. 1, Abs. 4, Abs. 5 BewG). Grundsätzlich ist der Bewertungsmaßstab im Rahmen der Bedarfsbewertung der gemeine Wert (§ 11 Abs. 2 i.V.m. §§ 199, 162 Abs. 1 S. 1, 167 Abs. 1, 177 BewG), wobei im Einzelnen jedoch unterschiedliche Bewertungsverfahren zugrunde gelegt werden.

Gem. § 151 Abs. 1 BewG i.V.m. § 179 AO erlässt das zuständige Lagefinanzamt (§ 152 Nr. 1 BewG) im Bedarfsfall einen Feststellungsbescheid. Gesondert festgestellt werden die Grundbesitzwerte (§§ 138, 157 BewG), der Wert des Betriebsvermögens oder des Anteils am Betriebsvermögen (§§ 95, 96, 97 BewG), der Wert von Anteilen an Kapitalgesellschaften i.S.d. § 11 Abs. 2 BewG sowie der Anteil am Wert von anderen als den soeben genannten Vermögensgegenständen und Schulden, die mehreren Personen zustehen. Im Rahmen der Feststellung der Grundbesitzwerte sind gem. § 151 Abs. 2 BewG auch Feststellungen über die Art und die Zurechnung der wirtschaftlichen Einheit zu treffen und bei mehreren Beteiligten über die Höhe des Anteils, der für die Besteuerung oder eine andere Feststellung von Bedeutung ist.

C. Ausgewählte Bewertungsvorschriften

1. Bewertungsrechtliche Sondervorschriften

Bewertungsrechtliche Sondervorschriften greifen in den folgenden Fällen, bei denen **zur Ermittlung des gemeinen Werts** u.U. Hilfswerte und Schätzungsverfahren zur Anwendung kommen:

- **Investmentzertifikate** (Anteilsscheine) – das sind solche Wertpapiere, „die Rechte der Einleger (Anteilsinhaber) gegen eine Kapitalanlagegesellschaft oder einen sonstigen Fonds verbriefen" (§ 11 Abs. 4 BewG) – und **Anteile an offenen Immobilienfonds** sind mit den Rücknahmepreisen anzusetzen (§ 11 Abs. 4 BewG). Der **Rücknahmepreis** ist derjenige Betrag, den die Kapitalanlagegesellschaft bei Rückgabe der Anteilsscheine zahlt; er wird abgeleitet aus dem Ausgabepreis des Bewertungsstichtages, vermindert um Rücknahmespesen.

- **Ausländischer Grundbesitz** und **ausländisches Betriebsvermögen** sind nach § 12 Abs. 7 ErbStG i.V.m. § 31 BewG mit dem gemeinen Wert zu erfassen. Allerdings gestattet die Finanzverwaltung u.U., dass bei Wirtschaftsgütern, die sich im Ausland befinden, aus Vereinfachungsgründen die nach ertragsteuerlichen Grundsätzen ermittelten Werte angesetzt werden dürfen und eine gesonderte Erfassung des gemeinen Wertes unterbleiben kann (R B 199.2 ErbStR).

- Für **Kapitalforderungen** und **Schulden** ist gem. § 12 Abs. 1 BewG grundsätzlich der **Nennwert** als Hilfswert anzusetzen. Bei Forderungen und Schulden, die unverzinslich sind, eine Laufzeit von mehr als einem Jahr haben und zu einem bestimmten Zeitpunkt fällig sind, ist der **Barwert (Gegenwartswert)** relevanter Bewertungsmaßstab. Der Gegenwartswert ergibt sich nach § 12 Abs. 3 BewG, wenn vom Nennwert „Zwischenzinsen unter Berücksichtigung von Zinseszinsen" abgesetzt werden; dabei ist ein Zinssatz von 5,5 % heranzuziehen.

- Der **Kapitalwert** ist Bemessungsgrundlage für **wiederkehrende Nutzungen und Leistungen**. Der Gesamtwert von Nutzungen oder Leistungen, die auf eine bestimmte Zeit beschränkt sind, ist gem. § 13 Abs. 1 S. 1 BewG mit dem aus Anlage 9a zum Bewertungsgesetz zu entnehmenden Vielfachen des Jahreswerts anzusetzen (max. das 18,6fache). Auch hier ist ein Zinssatz von 5,5 % zugrunde zu legen. Immerwährende Nutzungen oder Leistungen sind nach § 13 Abs. 2 BewG mit dem 18,6fachen des Jahreswerts, Nutzungen oder Leistungen, deren Dauer unbestimmt ist, grundsätzlich mit dem 9,3fachen des Jahreswerts zu bewerten. Einzelheiten der Bewertung ergeben sich aus § 14 BewG.

- Bei **Lebens-, Kapital- und Rentenversicherungen** entsteht bereits vor Fälligkeit ein Vermögenswert i.H.d. Betrages, „den das Versicherungsunternehmen dem Versicherungsnehmer im Falle der vorzeitigen Aufhebung des Vertragsverhältnisses zu erstatten hat" (§ 12 Abs. 4 BewG). Dieser sog. **Rückkaufswert** ist für die Bewertung maßgebend.

Eine Übersicht über die Bewertung von Wertpapieren und Anteilen mit dem gemeinen Wert bzw. Hilfswerten gibt Abb. 36[206] (S. 136).

---

[206] In Anlehnung an WÖHE, GÜNTER: Betriebswirtschaftliche Steuerlehre, Bd. 1, 2. Halbband: Der Einfluß der Besteuerung auf das Rechnungswesen des Betriebes, 7. Aufl., München 1992, S. 506.

Bewertung von Wertpapieren und Anteilen mit dem gemeinen Wert bzw. Hilfswerten		
Bewertungsgegenstand	**Bewertungsmaßstab**	**Bewertungsmethode**
I. Forderungsrechte		
1. Verbrieft mit Kurs	Kurswert (§ 11 Abs. 1 BewG)	Prozentnotierung $\frac{\text{Nennwert} \cdot \text{Kurs}}{100}$ oder Stücknotierung (€/Stück)
2. Schuldbuchforderungen	Kurswert (§ 11 Abs. 1 BewG)	Prozentnotierung $\frac{\text{Nennwert} \cdot \text{Kurs}}{100}$ oder Stücknotierung (€/Stück)
3. Nicht verbrieft oder verbrieft ohne Kurs	Nennwert (§ 12 Abs. 1 BewG)	Ansatz des festgestellten Nennbetrages
II. Anteilsrechte		
1. Verbrieft mit Kurs	Kurswert (§ 11 Abs. 1 BewG)	Prozentnotierung $\frac{\text{Nennwert} \cdot \text{Kurs}}{100}$ oder Stücknotierung (€/Stück)
2. Nicht verbrieft ohne Kurs	Gemeiner Wert (§ 11 Abs. 2 BewG)	Ableitung aus Verkäufen, Ertragswertverfahren oder anderen im gewöhnlichen Geschäftsverkehr für nichtsteuerliche Zwecke üblichen Methoden
3. Beteiligungen	Gemeiner Wert (§ 11 Abs. 3 BewG)	Kurswert + Paketzuschlag, wenn die Beteiligung mehr als 25 % der Anteile an einer Kapitalgesellschaft beträgt (R B 11.6 ErbStR)
4. Investmentzertifikate	Rücknahmepreis (§ 11 Abs. 4 BewG)	Bewertung mit dem Rücknahmepreis gem. R B 11.1 Abs. 5 ErbStR

Abb. 36: Bewertung von Wertpapieren und Anteilen mit dem gemeinen Wert bzw. Hilfswerten

2. Die Bewertung von Betriebvermögen und Anteilen an Kapitalgesellschaften

a) Vorbemerkungen

Bis Ende 1992 stellten Ertragsteuerrecht und Bewertungsrecht grundsätzlich zwei voneinander unabhängige Gebiete dar. I.R.d. StÄndG[207] hat der Gesetzgeber jedoch eine Verknüpfung dieser beiden Rechtsgebiete insoweit erreicht, als er mit Wirkung zum 01.01.1993 die **nahezu vollständige Übernahme der Steuerbilanzwerte in die Vermögensaufstellung** eingeführt hat. Dadurch wurde seither die der Gesamtkonzeption des Bewertungsrechts entsprechende Eigenständigkeit der Einheitsbewertung für den Bereich des Betriebsvermögens weitgehend aufgegeben und eine stärkere Anbindung der Vermögensaufstellung an die Steuerbilanz erreicht.

Gesetzlich verankert war die fast vollständige Übernahme der Steuerbilanzwerte in die Vermögensaufstellung in § 95 Abs. 1 BewG (**Ansatz** der Besitz- und Schuldposten) sowie § 109 Abs. 1 BewG a.F. (**Bewertung**). **§ 95 Abs. 1 BewG** bestimmt, dass das Betriebsvermögen alle Teile eines Gewerbebetriebes i.S.d. § 15 Abs. 1 und 2 EStG umfasst, die bei der

---
[207] Steueränderungsgesetz (StÄndG 1992) vom 25.02.1992, BGBl I 1992, S. 297.

steuerlichen Gewinnermittlung zum Betriebsvermögen gehören. Gem. **§ 109 Abs. 1 BewG a.F.** waren die übernommenen Aktiv- und Passivposten bei Steuerpflichtigen, die ihren Gewinn nach § 4 Abs. 1 oder § 5 EStG ermitteln, grundsätzlich mit ihren Steuerbilanzwerten anzusetzen. Das Bewertungsgesetz sah damit vom Grundsatz her eine **umfassende formelle Maßgeblichkeit der Steuerbilanz für die Vermögensaufstellung** vor. Diese formelle Maßgeblichkeit bedeutete, dass der konkrete Steuerbilanzansatz in die Vermögensaufstellung zu übernehmen war. Da die Steuerbilanz mit der Handelsbilanz über das **Maßgeblichkeitsprinzip** und dessen Umkehrung gem. § 5 Abs. 1 EStG verknüpft ist, wurde die Maßgeblichkeit der Handelsbilanz über die Steuerbilanz hinaus auf die Vermögensaufstellung verlängert; dies wurde als „**verlängerte Maßgeblichkeit**" bezeichnet.

Mit der **Erbschaftsteuerreform 2008** wurde die verlängerte Maßgeblichkeit wieder aufgegeben. Stattdessen ist seitdem das Betriebsvermögen von Gewerbebetrieben und von freiberuflich Tätigen oder der Wert eines Anteils am Betriebsvermögen nach § 109 BewG mit dem gemeinen Wert anzusetzen. Der gemeine Wert ist gem. § 109 BewG i.V.m. § 11 Abs. 2 BewG entweder aus Verkäufen abzuleiten, die weniger als ein Jahr zurückliegen, oder – falls ein solcher Wert nicht existiert – unter Berücksichtigung der Ertragsaussichten und des Vermögens des Unternehmens zu schätzen.

b)   Die Vorschriften zur Bewertung von Betriebsvermögen und Anteilen an Kapitalgesellschaften nach derzeitiger Rechtslage

Nach der Erbschaftsteuerreform 2008 ist für die Bewertung des **Betriebsvermögens von Gewerbebetrieben und freiberuflich Tätigen** nach § 109 Abs. 1 BewG der gemeine Wert maßgeblich. Gemäß § 9 Abs. 2 BewG wird der **gemeine Wert** durch den **Preis** bestimmt, der im gewöhnlichen Geschäftsverkehr nach der Beschaffenheit des Wirtschaftsgutes bei einer Veräußerung zu erzielen wäre. Lässt sich der gemeine Wert nicht aus Verkäufen unter fremden Dritten ableiten, die weniger als ein Jahr zurückliegen, so ist er nach § 109 Abs. 1 i.V.m. § 11 Abs. 2 BewG unter Berücksichtigung der Ertragsaussichten oder einer anderen anerkannten, auch im gewöhnlichen Geschäftsverkehr für nichtsteuerliche Zwecke üblichen Methode zu ermitteln, wobei die Methode anzuwenden ist, die ein Erwerber der Bemessung des Kaufpreises zugrunde legen würde. Jene Verfahren, welche die Ertragsaussichten berücksichtigen, sind sog. Gesamtbewertungsverfahren, die den Wert des Betriebsvermögens im weitesten Sinne als Kapitalwert zukünftig erwarteter Gewinne berechnen. In der Praxis kommen entweder das sog. **Ertragswertverfahren** oder die sog. **Discounted-Cashflow-Verfahren** zur Anwendung.[208] Möglich – aber nicht zwingend – ist die Anwendung des Bewertungsstandards **IDW S1**,[209] der die genannten Verfahren beinhaltet. Eine weitere – und kostengünstige – Alternative bietet das sog. „**vereinfachte Ertragswertverfahren**", welches der Gesetzgeber in §§ 199-203 BewG normiert hat. Die Anwendung des vereinfachten Ertragswertverfahrens ist gem. § 199 Abs. 1 BewG allerdings nur dann gestattet, „wenn dieses nicht zu offensichtlich unzutreffenden Ergebnissen führt". Mit der Zulassung „anderer" Methoden trug der Gesetzgeber der Tatsache Rechnung, dass im üblichen Ge-

---

[208] Vgl. hierzu BIEG, HARTMUT/KUßMAUL, HEINZ: Investition, 2. Aufl., München 2009, S. 284-303.
[209] Vgl. hierzu BIEG, HARTMUT/KUßMAUL, HEINZ: Investition, 2. Aufl., München 2009, S. 303-322.

schäftsverkehr auch andere als ertragswertorientierte Methoden zur Preisbildung herangezogen werden; beispielsweise sind dies **Multiplikatorverfahren**.

Als **Mindestwert für die Bewertung des Betriebsvermögens** gilt nach § 109 Abs. 1 i.V.m. § 11 Abs. 2 BewG die Summe der gemeinen Werte der zum Betriebsvermögen gehörenden Wirtschaftsgüter und sonstigen aktiven Ansätze abzüglich der zum Betriebsvermögen gehörenden Schulden und sonstigen Abzüge (**Substanzwert**). Für die Höhe des Wertes der einzubeziehenden Betriebsgrundstücke sind nach § 11 Abs. 2 i.V.m. § 99 BewG die Vorschriften des Bewertungsgesetzes relevant. Den Umfang zur Einbeziehung von Schulden und sonstigen Abzügen regelt § 103 BewG.

Anteilen an Kapitalgesellschaften wird nach § 109 Abs. 2 BewG ebenfalls der gemeine Wert als Wertmaßstab zugewiesen. **Wertpapiere** (Aktien, Obligationen, Pfandbriefe) und Schuldbuchforderungen, die an einer deutschen Börse notiert oder im geregelten Freiverkehr gehandelt werden, sind gemäß § 11 Abs. 1 BewG mit dem niedrigsten am Stichtag für sie notierten **Kurs** bzw. – wenn am Stichtag keine Notierung vorliegt – dem letzten notierten Kurs innerhalb von 30 Tagen vor dem Stichtag zu bewerten. Bei **nicht börsennotierten Anteilen** bestimmt sich der gemeine Wert nach der gleichen Vorgehensweise wie bei der oben beschriebenen Bewertung von Betriebsvermögen i.S.d. § 11 Abs. 2 BewG. Demgemäß ist der Wert aus **Verkäufen unter fremden Dritten** abzuleiten, die weniger als ein Jahr zurückliegen, respektive ist ein Verfahren unter Berücksichtigung der Ertragsaussichten oder ein anderes übliches Verfahren anzuwenden (s.o.). Ist der gemeine Wert einer Beteiligung an einer Kapitalgesellschaft höher als die Summe der Kurswerte der zur Beteiligung gehörenden Wertpapiere oder als der nach § 11 Abs. 2 BewG ermittelte Wert im Fall von nicht börsennotierten Anteilen, weil z.B. die Beteiligung eine Einflussnahme auf die Kapitalgesellschaft ermöglicht, so ist nach § 11 Abs. 3 BewG der höhere gemeine Wert der Beteiligung durch einen sog. **Paketzuschlag** zu berücksichtigen, wenn der Steuerpflichtige mehr als 25 % der Anteile an einer Kapitalgesellschaft besitzt (nähere Erläuterung in R B 11.6 ErbStR).[210]

§ 199 Abs. 1 BewG bestimmt zur Durchführung des § 11 Abs. 2 BewG ein **vereinfachtes Ertragswertverfahren**, das angewendet werden kann, falls der gemeine Wert von Betriebsvermögen oder von Anteilen an Kapitalgesellschaften unter Berücksichtigung der Ertragsaussichten zu ermitteln ist.[211] Dabei ergibt sich nach § 200 Abs. 1 BewG der Ertragswert grundsätzlich aus der Multiplikation des zukünftig nachhaltig erzielbaren Jahresertrags mit dem Kapitalisierungsfaktor:

$$\text{Ertragswert} = \text{Nachhaltig erzielbarer Jahresertrag} \cdot \text{Kapitalisierungsfaktor}$$

---

[210] Zu Paketzuschlägen im Steuerrecht im Vergleich zur Unternehmenswertermittlung bei Beteiligungstransaktionen vgl. HENSELMANN, KLAUS: Unternehmensrechnungen und Unternehmenswert – Ein situativer Ansatz –, Aachen 1999, S. 236-243.

[211] Das vereinfachte Verfahren führt nach Auffassung der Finanzverwaltung bei komplexen Strukturen in Fällen verbundener Unternehmen, bei neu gegründeten Unternehmen, insb. bei Gründungen innerhalb eines Jahres, sowie bei einem Branchenwechsel zu unzutreffenden Ergebnissen und darf in diesen Fällen nicht angewendet werden. Vgl. hierzu Erlass vom 25.06.2009 zu §§ 199-203 BewG, Abschnitt 19 Abs. 5, BStBl I 2009, S. 707.

Abweichend von dieser grundsätzlichen Vorgehensweise sind gemäß § 200 Abs. 2-4 BewG folgende Positionen zusätzlich zum Ertragswert mit dem eigenständig zu ermittelnden gemeinen Wert anzusetzen:

1. Wirtschaftsgüter und mit diesen in Zusammenhang stehende Schulden, die aus dem Gewerbebetrieb oder der Gesellschaft herausgelöst werden können, ohne die eigentliche Betriebstätigkeit zu beeinträchtigen,
2. Beteiligungen an anderen Gesellschaften, die ein zu bewertender Gewerbebetrieb oder eine zu bewertende Gesellschaft hält, und
3. innerhalb von zwei Jahren vor dem Bewertungsstichtag eingelegte Wirtschaftsgüter und mit diesen in wirtschaftlichem Zusammenhang stehende Schulden.

Ist der zur Berechnung des Ertragswerts notwendige voraussichtliche **Jahresertrag**, der zukünftig nachhaltig erzielbar ist, nicht aus entsprechenden Finanzplandaten ersichtlich, so muss dieser anhand des in der Vergangenheit erzielten Durchschnittsertrags geschätzt werden. Hierbei ist grundsätzlich von den Betriebsergebnissen der letzten drei vor dem Bewertungsstichtag abgeschlossenen Wirtschaftsjahre auszugehen, deren Summe zu bilden und anschließend durch drei zu dividieren ist. Bei besonderen Umständen (z.B. bei einer Veränderung des Charakters des Unternehmens, bei Umwandlungs- oder Einbringungsfällen) ist der Ermittlungszeitraum oder das Betriebsergebnis anzupassen. Das Betriebsergebnis stimmt mit dem um Hinzurechnungen und Kürzungen korrigierten steuerlichen Gewinn überein. Der Jahresertrag ermittelt sich nach §§ 201-202 BewG zusammengefasst folgendermaßen:

Ertragsteuerliches Ergebnis (nach § 4 Abs. 1 S. 1 EStG oder nach § 4 Abs. 3 EStG)
+ Sonderabschreibungen oder erhöhte Abschreibungen, Bewertungsabschläge, Zuführungen zu steuerfreien Rücklagen, Teilwertabschreibungen
+ Absetzungen auf den Geschäfts- oder Firmenwert oder auf firmenwertähnliche Wirtschaftsgüter
+ Einmalige Veräußerungsverluste sowie außerordentliche Aufwendungen
+ Nicht im Gewinn enthaltene Investitionszulagen, soweit in Zukunft mit weiteren zulagebegünstigten Investitionen in gleichem Umfang gerechnet werden kann
+ Körperschaftsteuer, Zuschlagsteuern und Gewerbesteuer im Gewinnermittlungszeitraum
+ Aufwendungen, die in Zusammenhang stehen mit Vermögen i.S.d. § 200 Abs. 2-4 BewG, und übernommene Verluste aus Beteiligungen i.S.d. § 200 Abs. 2-4 BewG
+ Sonstige wirtschaftlich nicht begründete Vermögensminderungen mit Einfluss auf den zukünftig nachhaltig erzielbaren Jahresertrag und gesellschaftsrechtlichem Bezug
./. Gewinnerhöhende Auflösungsbeträge steuerfreier Rücklagen sowie Teilwertzuschreibungen
./. Einmalige Veräußerungsgewinne sowie außerordentliche Erträge
./. Im Gewinn enthaltene Investitionszulagen, soweit in Zukunft nicht mit weiteren zulagebegünstigten Investitionen in gleichem Umfang gerechnet werden kann
./. Angemessener Unternehmerlohn, soweit nicht schon bei der Gewinnermittlung abgezogen (freiwillig auch fiktiver Lohnaufwand für bislang unentgeltlich tätige Familienangehörige des Eigentümers)
./. Erträge aus der Erstattung von Körperschaftsteuer, Zuschlagsteuern und Gewerbesteuer im Gewinnermittlungszeitraum
./. Erträge, die in Zusammenhang stehen mit Vermögen i.S.d. § 200 Abs. 2-4 BewG
./. Sonstige wirtschaftlich nicht begründete Vermögensmehrungen mit Einfluss auf den zukünftig nachhaltig erzielbaren Jahresertrag und gesellschaftsrechtlichem Bezug
./. Abschlag auf das Betriebsergebnis zur Abgeltung des Ertragsteueraufwands um 30 %
= Betriebsergebnis
↻ Summe der Betriebsergebnisse der letzten drei Jahre:
[Betriebsergebnis des letzten Wirtschaftsjahres vor dem Besteuerungszeitpunkt
+ Betriebsergebnis des vorletzten Wirtschaftsjahres vor dem Besteuerungszeitpunkt
+ Betriebsergebnis des vorvorletzten Wirtschaftsjahres vor dem Besteuerungszeitpunkt]
÷ 3
= Durchschnittsertrag = Jahresertrag

Der auf den Jahresertrag anzuwendende **Kapitalisierungsfaktor** ist gemäß § 203 BewG der Kehrwert des Kapitalisierungszinssatzes, der sich aus einem variablen Basiszinssatz und einem pauschalen Zuschlag von 4,5 % zusammensetzt. Als Basiszinssatz wird der vom BMF veröffentlichte und von der Deutschen Bundesbank aus den Zinsstrukturdaten für öffentliche Anleihen ermittelte Zinssatz zugrunde gelegt. Als variabler Basiszins wurde für das Jahr 2013 ein Wert von 2,04 % ermittelt.[212] Der pauschale Zuschlag soll u.a. das Unternehmerrisiko und inhaberabhängige Faktoren berücksichtigen.

$$\text{Kapitalisierungsfaktor} = \frac{1}{\text{Variabler Basiszinssatz} + \text{Zuschlag von 4,5 \%}}$$

---

[212] Vgl. BMF-Schreiben vom 02.01.2013, BStBl I 2013, S. 19.

Bei der Ermittlung des gemeinen Werts eines **Anteils an einer Personengesellschaft** i.R.d. vereinfachten Ertragswertverfahrens ist der Ertragswert nur auf Basis des Gesamthandsvermögens der Gesellschaft zu bestimmen. Dieser ist zunächst entsprechend der Kapitalkonten und anschließend – bei einem danach verbleibenden Restwert – anhand des Gewinnverteilungsschlüssels auf die Gesellschafter zu verteilen. Zum anteiligen Ertragswert ist letztlich der gemeine Wert des Sonderbetriebsvermögens zu addieren, um den gemeinen Wert eines Anteils an einer Personengesellschaft zu erhalten.

Das **vereinfachte Ertragswertverfahren** ist **nicht anwendbar**, falls für das zu bewertende Unternehmen ein anderes, auch im gewöhnlichen Geschäftsverkehr für nichtsteuerliche Zwecke übliches Verfahren einschlägig ist. Auch bei offensichtlich unzutreffenden Ergebnissen (bspw. weil sich im Rahmen von Erbauseinandersetzungen Erkenntnisse über den Wert des Unternehmens bzw. der Beteiligung herleiten lassen) kann der ermittelte Wert nicht übernommen werden.

c) Die Vorschriften zur Bewertung von Anteilen an Kapitalgesellschaften nach früherer Rechtslage: Stuttgarter Verfahren

Mit der Umsetzung der Erbschaftsteuerreform 2008 und der Neuorientierung bei der Wertfindung verliert das sog. **Stuttgarter Verfahren** an Bedeutung.[213] Das Stuttgarter Verfahren war zuvor für die Bewertung von nicht börsennotierten Anteilen an Kapitalgesellschaften heranzuziehen, soweit der gemeine Wert der Anteile nicht aus Verkäufen abgeleitet werden konnte, die weniger als ein Jahr zurücklagen. Bei diesem Schätzverfahren war der gemeine Wert unter Berücksichtigung des Vermögens und der Ertragsaussichten der Kapitalgesellschaft zu ermitteln.

Die Schätzung erfolgte nach den R 96-H 108 ErbStR a.F. in **drei Schritten**:

1. Berechnung des **Vermögenswertes** als Prozentsatz vom Nennkapital, abgeleitet aus dem Betriebsvermögen der Kapitalgesellschaft (sog. **Vermögenshundertsatz**).
2. Berechnung des Ertragswertes als Prozentsatz vom Nennkapital, abgeleitet aus den Jahreserträgen der letzten drei Jahre (sog. **Ertragshundertsatz**).
3. Berechnung des **gemeinen Wertes** als Prozentsatz vom Nennkapital, als Kombination aus Vermögens- und Ertragswert.

Für die Ermittlung des **Vermögenswertes** war grundsätzlich das Betriebsvermögen bei der steuerlichen Gewinnermittlung zugrunde zu legen. Die Bewertung der einzelnen Wirtschaftsgüter erfolgte i.d.R. zu Steuerbilanzwerten. Eine Ausnahme hiervon stellten bspw. die Betriebsgrundstücke dar, welche zu nach dem BewG ermittelten Grundbesitzwerten einbezogen wurden.

Der **Vermögenswert** ergab sich durch Division des ermittelten Wertes des Vermögens der Kapitalgesellschaft durch das Nennkapital des Unternehmens:

---

[213] Vgl. ausführlich zum Stuttgarter Verfahren KUßMAUL, HEINZ: Betriebswirtschaftliche Steuerlehre, 4. Aufl., München/Wien 2006, S. 117-121.

$$\text{Vermögenswert (V)} = \frac{\text{Korrigiertes Vermögen}}{\text{Nennkapital}}$$

Ein negativer Vermögenswert war – anders als im Falle des Ertragswertes (s.u.) – nicht auf 0 % zu begrenzen, sondern i.R.d. Ermittlung des gemeinen Wertes mit dem entsprechenden Ertragswert zu saldieren; im Falle eines negativen gemeinen Wertes war dieser allerdings auf 0 % zu begrenzen.

Als Ausgangspunkt für die Ermittlung des **Ertragshundertsatzes** war der voraussichtliche künftige (ausschüttungsfähige) Jahresertrag heranzuziehen, d.h. die Erträge, die nachhaltig für Ausschüttungszwecke zur Verfügung standen. Für die Schätzung dieses Jahresertrags zog die Finanzverwaltung den in der Vergangenheit tatsächlich erzielten gewichteten Durchschnittsertrag als Beurteilungsgrundlage heran. Wenn möglich, wurden die Betriebsergebnisse der letzten drei vor dem Besteuerungszeitpunkt abgelaufenen Wirtschaftsjahre zugrunde gelegt. Gem. den damals gültigen Erbschaftsteuerrichtlinien war dabei vom jeweiligen zu versteuernden Einkommen nach §§ 7 und 8 KStG auszugehen, das um bestimmte Positionen korrigiert werden musste. Darüber hinaus konnte ein besonderer **Abschlag** bis zu 30 % bei Kapitalgesellschaften gemacht werden, bei denen ohne Einsatz eines größeren Betriebskapitals der Ertrag ausschließlich und unmittelbar von der persönlichen Tätigkeit des Gesellschafter-Geschäftsführers abhängig war, ohne dass dies bereits durch ein entsprechendes Entgelt abgegolten wurde.

Dividierte man den Jahresertrag durch das Nennkapital des Unternehmens, erhielt man den Ertragshundertsatz (E):

$$E = \frac{\text{Jahresertrag}}{\text{Nennkapital}}$$

Bei einem negativen ausschüttungsfähigen Jahresertrag war von einem Ertragshundertsatz von Null auszugehen.

Der **gemeine Wert** wurde nun als Kombination aus Vermögens- und Ertragswert errechnet. Dabei wurde unterstellt, dass ein Interessent für Unternehmensanteile die Wahl hat, zum gemeinen Wert Anteile zu kaufen oder den gleichen Betrag in einer mit 9 % verzinsten Alternativanlage zu investieren, was zu einer nicht unerheblichen Unterbewertung führte. Als überschaubarer Zeitraum für seine Überlegungen wurden fünf Jahre angenommen.

Die Ertragsaussichten beim Anteilserwerb (enthalten im Ertragswert) waren somit für diesen Zeitraum den Ertragsaussichten der Alternativanlage gegenüberzustellen. Die Differenz wurde dem Vermögenswert hinzugerechnet bzw. davon abgezogen. Dies lässt sich für die Anwendung des Stuttgarter Verfahrens nach den damals gültigen Erbschaftsteuerrichtlinien formelmäßig wie folgt beschreiben:

$$\text{Gemeiner Wert} = V + 5 \cdot (E - \text{Gemeiner Wert} \cdot 0{,}09)$$

Nach Umformung und Abrundung erhielt man als Formel zur Berechnung des gemeinen Wertes:

$$\text{Gemeiner Wert} = 0{,}68 \cdot (V + 5 \cdot E)$$

Der mittels dieser Formel ermittelte Wert ist eine Prozentgröße, die zunächst auf einen vollen Punkt abzurunden ist. Um den Wert in € ausdrücken zu können, ist die Prozentgröße mit dem auf den Erwerber entfallenden Anteil am Grund- oder Stammkapital zu multiplizieren.

Weiterhin konnten besondere Umstände, die in den bisherigen Berechnungen nicht hinreichend beachtet wurden, durch Zu- oder Abschläge Berücksichtigung finden. Dazu gehörten insb. Abschläge wegen unverhältnismäßig geringer Erträge, schwerer Verkäuflichkeit, Verfügungsbeschränkungen u.a. Ein zustande kommender Abschlag konnte bis zu max. 30 % betragen.

Für Gesellschafter ohne Einfluss auf die Geschäftsführung (weniger als 5 % der Anteile an Aktiengesellschaften und weniger als 10 % der Anteile an Gesellschaften mit beschränkter Haftung) wurde der i.R.d. Regelbewertung ermittelte gemeine Wert der Anteile um einen 10 %igen Pauschalabschlag gekürzt.

3. Die Bewertung von Grundstücken des Grundvermögens und von Betriebsgrundstücken

Hinsichtlich der **Ermittlung des gemeinen Wertes** von **Betriebsgrundstücken** ist zu unterscheiden in die Ermittlung **für grundsteuerliche und gewerbesteuerliche, grunderwerbsteuerliche** sowie **erbschaft- und schenkungsteuerliche Zwecke.**

Für grundsteuerliche und gewerbesteuerliche Zwecke sind wiederum zwei Gruppen zu unterscheiden:

1. Betriebsgrundstücke, die ohne Zugehörigkeit zu einem Gewerbebetrieb zum Grundvermögen zu rechnen wären (v.a. Grundstücke, die unmittelbar dem Betriebszweck dienen);
2. Betriebsgrundstücke, die ohne Zugehörigkeit zu einem Gewerbebetrieb einen Betrieb der Land- und Forstwirtschaft bilden würden (Grundstücke, die zwar land- und forstwirtschaftlich genutzt werden, deren Nutzung aber nur einen Nebenzweck des Gewerbebetriebs darstellt).

Bei der ersten Gruppe kann es sich um bebaute oder unbebaute Grundstücke handeln. Bei den bebauten Grundstücken unterscheidet das Bewertungsgesetz in § 75 Abs. 1 erneut sechs Gruppen:

– Mietwohngrundstücke,
– Geschäftsgrundstücke,
– gemischt genutzte Grundstücke,
– Einfamilienhäuser (einschließlich Eigentumswohnungen),
– Zweifamilienhäuser,
– sonstige bebaute Grundstücke.

Während die Bewertung der ersten drei Gruppen grundsätzlich mit Hilfe des **Ertragswertverfahrens** erfolgt, wird die Bewertung der sonstigen bebauten Grundstücke per **Sachwertverfahren** vorgenommen. Ein- und Zweifamilienhäuser sind i.d.R. im Ertragswertverfahren zu bewerten, bei besonders gestalteten und ausgestatteten Ein- und Zweifamilienhäusern ist allerdings das Sachwertverfahren bei der Bewertung heranzuziehen. Weitere Ausnahmen von der Bewertung mittels Ertragswertverfahren sind in § 76 Abs. 3 BewG festgelegt (z.B. Anwendung des Sachwertverfahrens bei bebauten Grundstücken, für die weder die Jahresrohmiete ermittelt noch die übliche Miete geschätzt werden kann, sowie bei Ein- und Zweifamilienhäusern, die sich durch ihre besondere Gestaltung oder Ausstattung wesentlich vom Durchschnitt unterscheiden, z.B. Villen).

Beim **Ertragswertverfahren** handelt es sich um ein schematisiertes Verfahren, bei dem der Grundstückswert als Ganzes errechnet wird. Es ist nicht nötig, dessen Bestandteile Bodenwert, Gebäudewert und Wert der Außenanlagen einzeln zu ermitteln. Die Berechnungsformel lautet:

$$\text{Grundstückswert} = \text{Jahresrohmiete} \cdot \text{Vervielfältiger} \pm \text{Korrekturen}$$

Unter **Jahresrohmiete** ist das Gesamtentgelt zu verstehen, das die Mieter (Pächter) für die Benutzung des Grundstücks aufgrund vertraglicher Vereinbarungen für ein Jahr zu entrichten haben. Dabei ist auf die Verhältnisse des letzten Hauptfeststellungszeitpunktes abzustellen (also auf den 01.01.1935 oder den 01.01.1964; vgl. § 79 Abs. 1 S. 1 BewG). Zum Gesamtentgelt zählen neben der Miete auch die meisten Nebenkosten, z.B. für Flurbeleuchtung, Wasser und Müllabfuhr (bezüglich der Ausnahmen siehe § 79 Abs. 1 S. 4 BewG). Kann die Jahresrohmiete nicht aus dem Gesamtentgelt ermittelt werden (z.B. bei eigengenutzten, aber auch bei ungenutzten Wohnungen) oder weicht das Gesamtentgelt um mehr als 20 % von dem für vergleichbare Grundstücke oder Grundstücksteile ab, ist statt der Jahresrohmiete die „übliche Miete" anzusetzen. Diese ist nach § 79 Abs. 2 S. 2 BewG „ … in Anlehnung an die Jahresrohmiete zu schätzen, die für Räume gleicher oder ähnlicher Art, Lage und Ausstattung regelmäßig gezahlt wird".

Die **Vervielfältiger** bestimmen sich gem. § 80 Abs. 1 BewG nach Grundstücksart, Bauart, Bauausführung, Baujahr und Gemeindegröße und sind aufgeführt in den Anlagen 3-8 zum Bewertungsgesetz. In den Vervielfältigern sind die Bewirtschaftungskosten, die marktüblichen Zinssätze und die Gebäudeabschreibungen berücksichtigt. Das Ertragswertverfahren stellt folglich im Ergebnis ein Verfahren der Reinertragskapitalisierung dar. Aus Vereinfachungsgründen wird dabei die Ertragsseite in der Jahresrohmiete, die Aufwandsseite in den Vervielfältigern erfasst.

Mit den **Korrekturen** gem. §§ 81 und 82 BewG sollen außergewöhnliche Grundsteuerbelastungen und wertmindernde bzw. werterhöhende Umstände erfasst werden, die weder in der Jahresrohmiete noch im Vervielfältiger ihren Ausdruck gefunden haben. Gründe für solche Korrekturen sind z.B.:

– große nicht bebaute Flächen (z.B. bei Einfamilienhäusern mit mehr als 1.500 qm Grundstücksfläche),

- nachhaltige entgeltliche Ausnutzung des Grundstücks für Reklamezwecke,
- außergewöhnliche Beeinträchtigungen durch Lärm, Rauch oder Gerüche,
- Notwendigkeit des baldigen Abbruchs,
- außergewöhnlich hohe Grundsteuerbelastung oder -entlastung durch über-/unterdurchschnittliche Hebesätze,
- behebbare Baumängel und Bauschäden wie z.B. die notwendige vollständige Erneuerung des Außenputzes oder der Stockwerkstreppen.

Zur Feststellung der Höhe der Zu- oder Abschläge bestehen i.d.R. besondere Verwaltungsanweisungen.

Abb. 37[214] gibt einen zusammenfassenden Überblick über die Rechenschritte des Ertragswertverfahrens.

Ertragswertverfahren zur Ermittlung des gemeinen Wertes von bebauten Grundstücken
Jahresrohmiete + 12 % der Jahresrohmiete (bei grundsteuerbegünstigten Grundstücken)
= Endgültige Jahresrohmiete
• Vervielfältiger (je nach Grundstücksart, Bauart, Baujahr, Gemeindegrößenklasse usw. aus den Anlagen Nr. 3-8 des Bewertungsgesetzes zu entnehmen)
= Vorläufiger Grundstückswert
± Korrektur wegen außergewöhnlicher Grundsteuerbelastung (bis zu 10 % des Grundstückswertes) ± Erhöhung oder Ermäßigung bis zu 30 % des bisher ermittelten Grundstückswertes wegen besonderer Umstände
= Endgültiger Grundstückswert (Einheitswert)

Abb. 37: Schematische Darstellung des Ertragswertverfahrens

Das **Sachwertverfahren** ist anzuwenden bei der Bewertung der sonstigen bebauten Grundstücke i.S.d. § 75 Abs. 7 BewG sowie bei den Ausnahmen vom Ertragswertverfahren (§ 76 Abs. 3 BewG). Im Gegensatz zum Ertragswertverfahren sind hierbei Bodenwert, Gebäudewert und Wert der Außenanlagen getrennt zu ermitteln und zu addieren (§ 83 BewG). Zusätzlich ist eine Angleichung an den gemeinen Wert vorzunehmen (§ 90 BewG; Abschn. 46 BewRGr).

Der **Bodenwert** wird gem. § 84 BewG wie für ein unbebautes Grundstück aus den Verkaufspreisen vergleichbarer Grundstücke abgeleitet und entspricht dem gemeinen Wert eines entsprechenden unbebauten Grundstücks.

---

[214] Leicht modifiziert entnommen aus WÖHE, GÜNTER: Betriebswirtschaftliche Steuerlehre, Bd. 1, 2. Halbband: Der Einfluß der Besteuerung auf das Rechnungswesen des Betriebes, 7. Aufl., München 1992, S. 568.

Der **Gebäudewert** wird gem. §§ 85-88 BewG auf der Basis der durchschnittlichen Herstellungskosten unter Berücksichtigung der Abschreibungen errechnet. Dabei werden zunächst die Baupreisverhältnisse des Jahres 1958 zugrunde gelegt, die dann durch Zuschläge auf die Verhältnisse des Hauptfeststellungszeitpunktes umgerechnet werden. Ergebnis dieser Umrechnung ist der sog. **Gebäudenormalherstellungswert**. Nach Abzug evtl. Wertminderungen wegen Alters oder etwaiger Baumängel und Bauschäden erhält man den **Gebäudesachwert**. Dieser ist i.d.R. mit dem Gebäudewert identisch. Besondere Umstände können jedoch Ermäßigungen oder Erhöhungen erfordern, z.B. die Notwendigkeit baldigen Abbruchs oder die nachhaltige entgeltliche Reklamenutzung.

Der **Wert der Außenanlagen** wird gem. § 89 BewG in gleicher Weise ermittelt wie der Gebäudewert. Außenanlagen sind z.B. Zäune, Tore, Brücken und Gartenanlagen.

Bodenwert, Gebäudewert und Wert der Außenanlagen ergeben zusammen den sog. **Ausgangswert**. Dieser ist nach § 90 BewG durch Multiplikation mit einer Wertzahl an den gemeinen Wert anzugleichen. Die Wertzahl gibt an, wie viel Prozent des Ausgangswertes normalerweise bei einer Veräußerung zu erzielen wären. Die Wertzahlen sind in einer Verordnung zur Durchführung des § 90 BewG festgelegt. Sie betragen für den Hauptfeststellungszeitpunkt 1964 zwischen 50 % und 85 %.

Auf Besonderheiten, wie die Bewertung von Grundstücken im Zustand der Bebauung, Erbbaurechten, Wohnungs- und Teileigentum oder Gebäuden auf fremdem Grund und Boden (§§ 91-94 BewG), wird hier nicht eingegangen.

Abb. 38[215] (S. 147) stellt das Sachwertverfahren zusammenfassend dar.

---

[215] Entnommen aus WÖHE, GÜNTER: Betriebswirtschaftliche Steuerlehre, Bd. 1, 2. Halbband: Der Einfluß der Besteuerung auf das Rechnungswesen des Betriebes, 7. Aufl., München 1992, S. 560.

Sachwertverfahren zur Ermittlung des gemeinen Wertes von bebauten Grundstücken
Bodenwert
+ **Gebäudewert**
Durchschnittliche Herstellungskosten nach den Baupreisverhältnissen des Jahres 1958
Umrechnung nach den Baupreisverhältnissen im Hauptfeststellungszeitpunkt (1958 = 100)
= Gebäudenormalherstellungswert
./. Wertminderung wegen Alters
./. Wertminderung wegen baulicher Mängel und Schäden
= Gebäudesachwert
Ermäßigung des Gebäudesachwertes, wenn Umstände tatsächlicher Art bisher keine Berücksichtigung gefunden haben (z.B. wegen der Lage des Grundstückes, unorganischen Aufbaus oder wirtschaftlicher Überalterung)
Erhöhung des Gebäudesachwertes, wenn Umstände tatsächlicher Art bisher keine Berücksichtigung gefunden haben (z.B. das Grundstück wird nachhaltig gegen Entgelt für Reklame genutzt)
= Gebäudewert
+ **Wert der Außenanlagen**
Durchschnittliche Herstellungskosten nach den Baupreisverhältnissen des Jahres 1958
Umrechnung nach den Baupreisverhältnissen im Hauptfeststellungszeitraum (1958 = 100)
= Normalherstellungswert der Außenanlagen
./. Wertminderung wegen Alters
./. Wertminderung wegen baulicher Mängel und Schäden
= Sachwert der Außenanlagen
± Erhöhung bzw. Ermäßigung des Sachwertes der Außenanlagen, wenn Umstände tatsächlicher Art bisher keine Berücksichtigung gefunden haben
= Wert der Außenanlagen
= **Ausgangswert**
$\dfrac{\text{Ausgangswert} \cdot \text{Wertzahl}}{100}$
= **Gemeiner Wert**

Abb. 38: Sachwertverfahren zur Ermittlung des gemeinen Wertes von bebauten Grundstücken

Kritisch zu beurteilen ist die Anwendung von Ertrags- und Sachwertverfahren insofern, als die durch die Verwendung der auf den Wertverhältnissen von 1935 bzw. 1964 beruhenden Einheitswerte bedingte massive Unterbewertung der Grundstücke beim Ertragswertverfahren erheblich stärker ausfällt als beim Sachwertverfahren. Damit kommt es innerhalb der Grundsteuer zu Belastungsunterschieden, die ausschließlich auf das angewandte Bewertungsverfahren zurückzuführen sind.[216]

Für **unbebaute Grundstücke** ist der gemeine Wert direkt zu bestimmen (§ 17 Abs. 3 i.V.m. § 9 BewG). Das bedeutet, dass für jedes Grundstück der am Markt erzielbare Preis ermittelt werden muss. Da Grundstücke in der Regel nur in langen Zeitabständen veräußert werden, können die (historischen) Anschaffungskosten zur Schätzung des gemeinen Wertes nicht

---

[216] Vgl. SCHEFFLER, WOLFRAM: Besteuerung von Unternehmen, Bd. 2: Steuerbilanz, 7. Aufl., Heidelberg 2011, S. 431.

herangezogen werden. Deshalb werden zur Ermittlung des gemeinen Wertes von unbebauten Grundstücken drei Verfahren angewandt:

1. Wertermittlung durch Vergleich von Kaufpreisen gleichartiger Grundstücke;
2. Wertermittlung mit Hilfe von Bodenrichtwerten (Regelfall);
3. Wertermittlung mit Hilfe des mutmaßlichen Ertrages.

Hinsichtlich der Bewertung von Betriebsgrundstücken **für grunderwerbsteuerliche Zwecke**[217] ist auf die umfangreiche Modifikation und Erweiterung der §§ 138-156 BewG durch das Jahressteuergesetz (JStG) 2007 hinzuweisen. Da diese Werte nur dann bestimmt werden, wenn sie für einen konkreten Besteuerungsfall benötigt werden, spricht man von **Bedarfswerten**. Basis der Wertermittlung sind die Wertverhältnisse zum jeweiligen Besteuerungszeitpunkt.

Für **Betriebsgrundstücke**, die – losgelöst von ihrer Zugehörigkeit zu dem Gewerbebetrieb – zum Grundvermögen gehören würden (Betriebsgrundstücke **i.S.d. § 99 Abs. 1 Nr. 1 BewG**), ist nach § 138 Abs. 3 BewG ein typisierender Wert unter Anwendung der §§ 68, 69 und der §§ 139 und 145-150 BewG zu ermitteln.

Anders als bei der Bewertung gem. den oben dargestellten §§ 68-71 BewG sind bei der Bewertung für grunderwerbsteuerliche Zwecke gem. der §§ 145-150 BewG hauptsächlich zwei Grundstücksarten zu unterscheiden, nämlich **unbebaute Grundstücke** und **bebaute Grundstücke**.

Unbebaute Grundstücke, die zu den Betriebsgrundstücken i.S.d. § 99 Abs. 1 Nr. 1 BewG zählen, werden nach § 145 Abs. 3 BewG anhand der **Bodenrichtwerte**, für deren Bestimmung die Gutachterausschüsse auf kommunaler Ebene zuständig sind, bewertet. Der zuletzt vom Gutachterausschuss festgestellte Bodenrichtwert (ersatzweise sind die um 20 % reduzierten Bodenwerte vergleichbarer Flächen heranzuziehen, sofern für den Gutachterausschuss keine Verpflichtung besteht, Bodenrichtwerte festzustellen) wird um einen Abschlag von 20 % gekürzt. Der Grundstückswert beträgt hiernach also 80 % des Bodenrichtwerts multipliziert mit der Grundstücksgröße (§ 145 Abs. 3 BewG). Nach § 138 Abs. 4 BewG kann der Steuerpflichtige nachweisen, dass der gemeine Wert des unbebauten Grundstücks trotz Abschlags immer noch niedriger ist.

Für alle **bebauten Grundstücke** gilt zwingend das **Ertragswertverfahren**, soweit nicht der Sonderfall des § 147 BewG vorliegt, in dem keine „übliche" Miete ermittelt werden kann (§ 146 BewG). Für die Ertragsbewertung nach § 146 BewG ist als Grundlage das 12,5fache der im Besteuerungszeitpunkt erzielten Jahresnettokaltmiete heranzuziehen. Zur Berücksichtigung der Alterswertminderung werden 0,5 % des Grundstückswertes pro Kalenderjahr, das seit Bezugsfertigkeit des Gebäudes bis zum Besteuerungszeitpunkt vollendet worden ist, insgesamt jedoch max. 25 %, abgezogen. Begründen lässt sich diese Höchstbegrenzung damit, dass der zugehörige Grund und Boden nicht verbraucht werden kann und dass für das Gebäude ein angemessener Restwert berücksichtigt werden muss. Bei Ein- und Zweifamilienhäusern ist der so ermittelte Höchstsatz um 20 % zu erhöhen.

---

[217] Eine Bewertung nach den im Folgenden dargestellten bewertungsrechtlichen Vorschriften hat nach § 8 Abs. 2 GrEStG u.a. dann zu erfolgen, wenn eine Gegenleistung nicht vorhanden oder nicht zu ermitteln ist.

Als Untergrenze der Bewertung bebauter Grundstücke legt § 146 Abs. 6 BewG einen Betrag von 80 % des Bodenrichtwertes eines vergleichbaren unbebauten Grundstücks fest. Auch hier besteht nach § 138 Abs. 4 BewG die Möglichkeit des Nachweises eines geringeren gemeinen Wertes.

Die **Sonderregelung des § 147 BewG** kommt z.B. bei Betriebsgebäuden dann in Betracht, wenn diese der Durchführung bestimmter Fertigungsverfahren, Spezialnutzungen oder der Aufnahme bestimmter technischer Einrichtungen dienen und eine nach § 146 Abs. 3 BewG anzusetzende **„übliche" Miete nicht feststellbar** ist. Das Bauwerk selbst ist in diesen Fällen mit seinem nach ertragsteuerlichen Bewertungsvorschriften ermittelten Wert (Steuerbilanzwert) im Besteuerungszeitpunkt anzusetzen (§ 147 Abs. 2 BewG). Der Grund und Boden wird mit seinem Bodenrichtwert abzgl. eines Abschlags von 30 % (wegen zu erwartender Beseitigungskosten) hinzugerechnet. Der Nachweis eines niedrigeren gemeinen Wertes ist auch hier möglich.

Für **Betriebsgrundstücke**, die – losgelöst von ihrer Zugehörigkeit zum Gewerbebetrieb – einen Betrieb der **Land- und Forstwirtschaft** bilden würden (Betriebsgrundstücke **i.S.d. § 99 Abs. 1 Nr. 2 BewG**), sind nach § 138 Abs. 2 BewG i.R.d. Bedarfsbewertung für Zwecke der Grunderwerbsteuer land- und forstwirtschaftliche Grundbesitzwerte zu bestimmen. Die nach den §§ 140-144 BewG durchzuführende Bedarfsbewertung des land- und forstwirtschaftlichen Vermögens „beinhaltet im Wesentlichen ein stark vereinfachtes Ertragswertverfahren mit standardisierten Werten für die wichtigsten Nutzungen und Nutzungsteile, die nach den maßgeblichen Kriterien für die Bildung des Ertragswerts differenziert sind (§ 142 Abs. 2 BewG)"[218]. Auf Antrag kann nach § 142 Abs. 3 BewG auch das Einzelertragswertverfahren für die Bewertung des gesamten Betriebsteils herangezogen werden, was insb. dann sinnvoll ist, wenn die Ertragssituation von den durchschnittlichen Verhältnissen erheblich nach unten abweicht.

Sämtliche Grundbesitzwerte sind gem. § 139 BewG auf volle 500 € abzurunden.

Die Bewertung von Grundbesitz für **erbschaft- und schenkungsteuerliche Zwecke** wurde mit der Erbschaftsteuerreform 2008 in den §§ 157-198 BewG vollständig neu geregelt. Bei den so ermittelten Werten handelt es sich wie oben um **Bedarfswerte**, die auf Basis der Wertverhältnisse zum jeweiligen Bewertungsstichtag festzustellen sind.

Für Grundbesitz, der dem **land- und forstwirtschaftlichen Vermögen** zugerechnet wird, und Betriebsgrundstücke, die ohne Zugehörigkeit zu einem Gewerbebetrieb einen Betrieb der Land- und Forstwirtschaft bilden würden, gelten die für das land- und forstwirtschaftliche Vermögen relevanten §§ 158-175 BewG als Bewertungsgrundlage. Hiernach ist für die Wertermittlung der gemeine Wert als Maßstab zugrunde zu legen, der regelmäßig nach dem Ertragswertverfahren zu bestimmen ist.

Die §§ 159 (Abgrenzung land- und forstwirtschaftlich genutzter Flächen zum Grundvermögen) und 176-198 BewG sind maßgeblich für die erbschaft- und schenkungsteuerliche Bewertung von **Grundvermögen und Betriebsgrundstücken**, die ohne Zugehörigkeit zu einem Gewerbebetrieb zum Grundvermögen zu rechnen wären. Wie auch bei der Bewertung

---

[218] BRANDSTETTER, FRITZ/NOLZ, WOLFGANG/LOUKOTA, HELMUT: Jahressteuergesetz 1997, München 1997, S. 23.

für grunderwerbsteuerliche Zwecke wird zwischen unbebauten und bebauten Grundstücken unterschieden, wobei in jedem Fall der gemeine Wert als Zielgröße gilt. Der Wert der **unbebauten Grundstücke** bestimmt sich entsprechend dem oben erläuterten § 145 Abs. 3 BewG nach seiner Fläche und dem Bodenrichtwert – allerdings ohne Übernahme des 20 %-igen Abschlags auf den Bodenwert.

Zur Wertfindung bei **bebauten Grundstücken** ist gemäß § 181 BewG zwischen den folgenden Grundstücksarten zu unterscheiden:

- Ein- und Zweifamilienhäuser,
- Mietwohngrundstücke,
- Wohnungs- und Teileigentum,
- Geschäftsgrundstücke,
- gemischt genutzte Grundstücke und
- sonstige bebaute Grundstücke.

Abhängig von der zu bewertenden Grundstücksart kommt nach § 182 BewG entweder das Vergleichswertverfahren, das Ertragswertverfahren oder das Sachwertverfahren zur Anwendung. Im Wege des **Vergleichswertverfahrens** sind Ein- und Zweifamilienhäuser sowie Wohnungs- und Teileigentum zu bewerten. Zur Bestimmung des Vergleichswerts sind Kaufpreise solcher Grundstücke heranzuziehen, die hinsichtlich der ihren Wert beeinflussenden Merkmale mit dem zu bewertenden Grundstück hinreichend übereinstimmen. Allerdings können anstelle von Preisen für Vergleichsgrundstücke auch von den Gutachterausschüssen ermittelte Vergleichsfaktoren herangezogen werden.

Das **Ertragswertverfahren** greift einerseits bei Mietwohngrundstücken und andererseits bei Geschäftsgrundstücken und gemischt genutzten Grundstücken, für die sich auf dem örtlichen Grundstücksmarkt eine übliche Miete ermitteln lässt. Zur Ermittlung des Ertragswerts sind der Wert der baulichen Anlagen und der Bodenwert gesondert zu betrachten. Der Wert der baulichen Anlagen ergibt sich auf Grundlage des Ertrags, wohingegen für den Bodenwert die Vorschriften für die unbebauten Grundstücke relevant sind, die den Wert nach der Fläche und dem Bodenrichtwert bemessen.

Letztlich kommt das **Sachwertverfahren** immer dann zur Anwendung, wenn für Ein- und Zweifamilienhäuser sowie Wohnungs- und Teileigentum kein Vergleichswert vorliegt, sich für Geschäftsgrundstücke und gemischt genutzte Grundstücke auf dem örtlichen Grundstücksmarkt keine übliche Miete ermitteln lässt oder sonstige bebaute Grundstücke gegeben sind. Der Wert der baulichen Anlagen und der Wert der sonstigen Anlagen sind für das Sachwertverfahren getrennt vom Bodenwert nach Herstellungswerten zu ermitteln. Für den Bodenwert sind wieder die Vorschriften für unbebaute Grundstücke maßgeblich.

Einzelheiten zur Wertermittlung nach § 182 BewG regeln die §§ 183-191 BewG. **Sonderfälle der Bewertung** (Erbbaurechte, Gebäude auf fremden Grund und Boden, Grundstücke im Zustand der Bebauung sowie Gebäude und Gebäudeteile für den Zivilschutz) bestimmen die §§ 192-197 BewG.

Weist der Steuerpflichtige nach, dass der nach den oben beschriebenen Verfahren ermittelte Wert für unbebaute Grundstücke, bebaute Grundstücke oder Sonderfälle höher ist als der gemeine Wert, so ist gemäß § 198 BewG der gemeine Wert anzusetzen.

III. Steuerlich motivierte Rechnungslegungspolitik

Vgl. hierzu insb. BIEG, HARTMUT: Die Instrumente der Jahresabschlußpolitik, in: StB 1993, S. 178-182, 216-221, 252-257, 295-299, 337-342; BIEG, HARTMUT: Ziele der Jahresabschlußpolitik, in: StB 1993, S. 96-103; BIEG, HARTMUT/KUßMAUL, HEINZ/WASCHBUSCH, GERD: Externes Rechnungswesen, 6. Aufl., München 2012, S. 259-270, 280-283; KUßMAUL, HEINZ/CLOß, CHRISTINE: Die Ziele der Jahresabschlusspolitik, in: StB 2010, S. 384-388; KUßMAUL, HEINZ/CLOß, CHRISTINE: Die vorstichtagsbezogenen jahresabschlusspolitischen Instrumente, in: StB 2010, S. 425-429; KUßMAUL, HEINZ/CLOß, CHRISTINE: Die nachstichtagsbezogenen jahresabschlusspolitischen Instrumente, in: StB 2011, S. 18-24; KUßMAUL, HEINZ/LUTZ, RICHARD: Grundlagen der Bilanzpolitik, in: WiSt 1993, S. 342-347; KUßMAUL, HEINZ/LUTZ, RICHARD: Instrumente der Bilanzpolitik – Systematisierungsmöglichkeiten und Bewertungskriterien, in: WiSt 1993, S. 399-403; KUßMAUL, HEINZ/LUTZ, RICHARD: Instrumente der Bilanzpolitik – Wichtige Aktionsparameter der Bilanzierung und Bewertung, in: WiSt 1993, S. 440-445, 479-484.

A. Handels- und Steuerbilanzpolitik[219]

1. Die Aufgaben des Jahresabschlusses

Der **handels- und steuerrechtliche Jahresabschluss** hat in erster Linie drei Aufgaben: die **Dokumentations-, die Zahlungsbemessungs-** und die **Informationsfunktion**.

Hinsichtlich der **Dokumentationsfunktion** ist einerseits gemeint, dass Jahresabschlüsse durch Schaffung von Urkundenbeweisen der Wahrung der Rechtssicherheit im kaufmännischen Bereich dienen, andererseits ist die Erstellung von Jahresabschlüssen die selbstverständliche Voraussetzung dafür, dass sie ihre Zahlungsbemessungs- und Informationsfunktion erfüllen können.

I.R.d. **Zahlungsbemessungsfunktion** soll der Jahresabschluss den Periodenerfolg eines Unternehmens ermitteln, weil dieses an bestimmte Personen oder Personengruppen Zahlungen zu leisten hat, die vom Erfolg einer bestimmten Periode abhängig sind („Gewinnermittlung zum Zwecke der Gewinnverteilung"). Diese Personen oder Personengruppen haben ein **positives Zahlungsbemessungsinteresse**. In Unternehmen, in denen die Unternehmensleitungen in der Regel nicht aus dem Kreis der Gesellschafter stammen, sollen deswegen durch Mindestwertvorschriften für Aktiva bzw. Höchstwertvorschriften für Passiva Ausschüttungsuntergrenzen festgelegt werden, die es verhindern sollen, dass die Unternehmensleitungen den ausschüttbaren Betrag willkürlich verkleinern. Damit soll garantiert werden, dass den Anteilseignern, insb. den Kleinaktionären von Publikumsaktiengesellschaften, eine gewisse Mindestausschüttung zufließt (**Ausschüttungssicherung**).

Personen oder Personengruppen, die von einem Unternehmen erfolgsunabhängige Zahlungen erwarten, etwa Fremdkapitalgeber, haben demgegenüber **negative Zahlungsbemessungsinteressen**. Ihr Interesse richtet sich gegen eine übermäßige hohe Ausschüttung an die Anteilseigner, weil dadurch das Haftungsvermögen des Schuldnerunternehmens geschmälert und das Kreditrisiko des Kapitalgebers erheblich verschärft werden (**Ausschüttungssperre**; Gläubigerschutz durch Kapitalerhaltung).

Dem Jahresabschluss kommt weiterhin eine **Informationsfunktion** zu, weil – neben der Unternehmensleitung (**Selbstinformationsfunktion**) – unternehmensinteressierte Personen

---

[219] Stark modifiziert entnommen aus BIEG, HARTMUT/KUßMAUL, HEINZ/WASCHBUSCH, GERD: Externes Rechnungswesen, 6. Aufl., München 2012, S. 259-335.

oder Personengruppen Informationen darüber wollen, inwiefern in der Vergangenheit die gesteckten Ziele erreicht wurden (**Kontrollfunktion**) bzw. inwiefern sie in der Zukunft erreicht werden können (**Entscheidungsfunktion**). Diese Personen oder Personengruppen haben ein positives Informationsinteresse hinsichtlich der Vermögens-, Finanz- und Ertragslage des Unternehmens. Ein negatives Informationsinteresse liegt vor, wenn verhindert werden soll, dass andere Personen oder Personengruppen Informationen erhalten.

Der steuerrechtliche Jahresabschluss hat nur eine Zahlungsbemessungsfunktion, dient er doch ausschließlich zur Ermittlung von (Ertrag-)Steuerbemessungsgrundlagen. Ein Zusammenhang zur handelsrechtlichen Rechnungslegung ist allerdings nur indirekt gegeben, weil Grundlage der Steuerberechnung nicht der handelsrechtliche Jahresabschluss, sondern bei Ertragsteuern (insb. Gewerbesteuer, Körperschaftsteuer, Einkommensteuer (bei Personenunternehmen), Solidaritätszuschlag und ggf. Kirchensteuer) die Steuerbilanz ist. Eine Zuordnung zu den Aufgaben der handelsrechtlichen Rechnungslegung lässt sich jedoch insoweit rechtfertigen, als durch den in § 5 Abs. 1 S. 1 EStG kodifizierten Grundsatz der Maßgeblichkeit eine enge Verknüpfung zwischen Handels- und Steuerbilanz hergestellt werden kann. Dem Steuergesetzgeber steht es allerdings frei, nicht gewollte Abhängigkeiten zwischen den beiden Rechenwerken durch die Kodifizierung eigenständiger steuerrechtlicher Regelungen aufzulösen. Indirekt kann sich die handelsrechtliche Rechnungslegung trotz Wegfalls der verlängerten Maßgeblichkeit nach der Erbschaftsteuerreform 2008 außerdem auf die Höhe der Substanzbesteuerung – wie im folgenden Kapitel B. dargestellt – auswirken.

Die Aufgaben der Rechnungslegung sind zusammenfassend in Abb. 39[220] dargestellt.

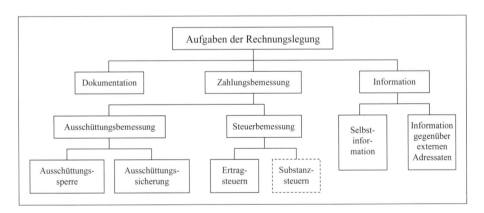

Abb. 39: Aufgaben der Rechnungslegung

Ein einzelnes Rechenwerk – hier also der Jahresabschluss – ist aber nicht in der Lage, die Zahlungsbemessungs- und Informationsinteressen aller Personen oder Personengruppen gleichzeitig zu befriedigen, da unterschiedliche Personen oder Personengruppen einerseits unterschiedliche (positive und negative) Zahlungsbemessungsinteressen, andererseits unter-

---

[220] Modifiziert entnommen aus KUßMAUL, HEINZ/LUTZ, RICHARD: Grundlagen der Bilanzpolitik, in: WiSt 1993, S. 342-347, s.b.S. 343.

schiedliche (positive und negative) Informationsinteressen verfolgen, und da sich außerdem Zahlungsbemessungs- und Informationsinteressen widersprechen können. Somit müssen Präferenzen für bestimmte Interessen (und damit die Vernachlässigung anderer Interessen) und bestimmte Personen oder Personengruppen (und damit die Benachteiligung anderer) festgelegt werden. Diese **Präferenzen** sind zum einen **gesetzlich verankert**. So wird bspw. den negativen Zahlungsbemessungsinteressen der Gläubiger durch das Verbot der Rückgewähr von Einlagen (§ 57 Abs. 1 S. 1 AktG), aber auch und v.a. durch das Realisations- und das Imparitätsprinzip Rechnung getragen. Zum anderen ist es für den **Ersteller des Jahresabschlusses** möglich, **Präferenzen durch seine Bilanzierung** zum Ausdruck zu bringen. Der Gesetzgeber ist aufgrund der in der Realität vorkommenden Vielfalt der betrieblichen Tatbestände nicht in der Lage, die Bilanzierung und Bewertung jedes Sachverhaltes eindeutig (auf den Cent genau) vorzuschreiben. Dies bedeutet, dass gesetzlich lediglich ein Bilanzierungsrahmen vorgegeben wird, dessen Ausfüllung im Einzelfall von der Unternehmensleitung vorgenommen wird.

2. Die Ziele der Jahresabschlusspolitik

Jahresabschlusspolitik kann definiert werden als die im Hinblick auf die Ziele des Unternehmens **bewusste Gestaltung und Beeinflussung des Jahresabschlusses** i.R.d. rechtlichen Vorschriften. Als Ziele sind in diesem Zusammenhang v.a. solche finanzpolitischer Natur, aber auch publizitätspolitische Ziele zu nennen.

a) Finanzpolitische Ziele

(1) Ausschüttungspolitische Ziele

Direkte Auswirkungen auf die Finanzpolitik hat der Jahresabschluss i.R. seiner Zahlungsbemessungsfunktion. Durch die Beeinflussung des Periodenerfolges werden die Zahlungsansprüche der Eigentümer und des Fiskus bestimmt. Die Zielvariable der finanzpolitisch motivierten Jahresabschlusspolitik ist dabei im Falle des handelsrechtlichen Jahresabschlusses zunächst der Jahresüberschuss, danach der hieraus abzuleitende Bilanzgewinn, über dessen Verwendung in Aktiengesellschaften die Hauptversammlung bestimmt (§ 58 Abs. 3 und 4 AktG), bzw. für die Steuerbilanz, die gem. dem Maßgeblichkeitsgrundsatz aus der Handelsbilanz abgeleitet wird, der steuerliche Gewinn.

Liegt das Ziel der Finanzpolitik in einer **möglichst hohen periodischen Ausschüttung** an die Anteilseigner, so ist der Jahresüberschuss und der aus diesem abzuleitende Bilanzgewinn so zu beeinflussen, dass dieser einen möglichst hohen Wert erreicht. Eine möglichst hohe Ausschüttung würde bedeuten, dass – abgesehen von gesetzlichen oder sich aus der Satzung ergebenden Verpflichtungen – keine Einstellung des Jahresüberschusses in die Rücklagen erfolgen sollte. Möglicherweise kommt auch eine Auflösung der offenen Rücklagen in Betracht, um den Bilanzgewinn im Vergleich zum Jahresüberschuss zu erhöhen.

In diesem Zusammenhang muss allerdings daran erinnert werden, dass der Jahresabschluss ein **nominales Rechenwerk** („€ = €") ist; damit würde die jeweilige Ausschüttung des gesamten Jahresüberschusses bei Inflation bedeuten, dass Scheingewinne aus dem Unternehmen fließen, wodurch sich das Kapital des Unternehmens real verringert bzw. die Substanz vermindert. Wer das Ziel der möglichst hohen Ausschüttung verfolgt, muss somit die aufgrund der zugrunde gelegten Unternehmenserhaltungskonzeption errechneten Scheingewinne durch Rücklagenbildung im Unternehmen zurückhalten.

Unabhängig von der Scheingewinn-Problematik, teilweise jedoch auch zu ihrer Bewältigung, wird häufig ein anderes Ausschüttungsziel von der Unternehmensleitung verfolgt, nämlich die **Verstetigung der Ausschüttung**, worunter man stetig gleich bleibende oder stetig steigende Ausschüttungen verstehen kann. Dies erfordert in Jahren mit hohen Jahresüberschüssen eine Bildung von (stillen oder offenen) Rücklagen, welche in Jahren mit weniger hohen Jahresüberschüssen zur Auffüllung des Ausschüttungspotenzials (erfolgswirksam oder erfolgsunwirksam) aufgelöst werden können. Insgesamt ergeben sich dann Ausschüttungen, die unabhängig von der tatsächlichen Gewinnsituation der entsprechenden Periode sind.

Umgekehrt kann ein Unternehmen das Gegenteil verfolgen, nämlich gerade eine **möglichst geringe periodische Ausschüttung** an die Anteilseigner. Analog zu den vorstehenden Ausführungen sind die Größen „Jahresüberschuss" bzw. „Bilanzgewinn" niedrig zu halten. Erreicht werden kann dieses Ziel einerseits durch die Bildung von stillen Rücklagen. Eine andere Möglichkeit ist, einen möglichst großen Teil des (ggf. durch Bewertungsmaßnahmen bereits verminderten) Jahresüberschusses durch entsprechende Gewinnverwendungsbeschlüsse der zuständigen Gremien im Unternehmen zurückzuhalten (Bildung offener Rücklagen).

Während im Fall der Bildung stiller Rücklagen die Entscheidung der Gewinnthesaurierung eine Folge der Bewertungsmaßnahmen der Unternehmensleitung ist, was zudem von den externen Lesern des Jahresabschlusses nicht erkannt wird, somit ihnen gegenüber auch nicht gerechtfertigt werden muss, bedarf es im Falle der offenen Rücklagenbildung, soweit diese von den Eigentümern vorgenommen werden soll, der Überzeugung des Beschlussgremiums durch die Unternehmensleitung. Aber auch die von der Unternehmensleitung (und einem Aufsichtsorgan) vorgenommene Gewinnthesaurierung muss, falls sie über das übliche Maß hinausgeht, gerechtfertigt werden. Aus den damit u.U. zusammenhängenden Erklärungsproblemen für die Unternehmensleitungen wird deren Vorliebe für stille Rücklagenbildung verständlich. Soweit die beschriebene Zielsetzung der möglichst geringen periodischen Ausschüttung allerdings zu einer Ausschüttung führt, die unter dem von den Eigentümern als Minimum angesehenen Betrag liegt, ist es fraglich, ob die Unternehmensleitung weiteres Eigenkapital am Markt aufnehmen kann, können doch potenzielle Eigenkapitalgeber durch die niedrige Gewinnausschüttung abgeschreckt werden. Es wird ersichtlich, dass man hiermit bereits den Grenzbereich zur Publizitätspolitik betritt.

(2)   Fiskalpolitische Ziele

Finanzpolitisches Ziel der Jahresabschlusspolitik im Zusammenhang mit Steuerzahlungen ist die Steuerlastminimierung i.S. einer **Steueroptimierung**, d.h. einer bei mehrperiodischer Betrachtung relativ niedrigen Steuerbelastung. Im Rahmen der Steueroptimierung sind folgende drei Komponenten zu beachten:

1. Werden steuerliche Gewinne in spätere Perioden verlagert, so fallen die zu leistenden Steuerzahlungen später an, wodurch ein zinsloser Kredit beim Staat erlangt wird (Steuer-

stundungseffekt). Wird diese Steuerersparnis beispielsweise als Geld- oder Sachinvestition angelegt, so ergibt sich hieraus eine indirekte Minderung der Steuerlast.

2. Bei progressivem Steuertarif, wie er in der Einkommensteuer gilt, kann eine endgültige Steuerersparnis erreicht werden, wenn es gelingt, den Gewinn mehrerer Perioden so zu verteilen, dass in jeder Periode ein möglichst gleich hoher Gewinn zu versteuern ist.

3. Schließlich ist auf die Berücksichtigung unterschiedlicher Steuersätze bzw. Steuertarife in aufeinander folgenden Jahren (Steuererhöhungen/Steuersenkungen) hinzuweisen (Bsp.: Senkung des Körperschaftsteuersatzes im Jahr 2008 von 25 % auf 15 %, Einfügung der Thesaurierungsbegünstigung gem. § 34a EStG ab dem Veranlagungszeitraum 2008).

Bei gemeinsamer Berücksichtigung aller Komponenten kommt es zur Zielsetzung der **Steuerbarwertminimierung**, worunter man die Minimierung der zukünftigen Ertragsteuerzahlungen bei gegebenen realen Sachverhalten („relative Steuerminimierung") versteht. Als Zielgröße für die Steuerbarwertminimierung dient der Jahresüberschuss, aus dem sich der steuerliche Gewinn ableitet, bzw. die relevante substanzsteuerliche Bemessungsgrundlage.

b) Publizitätspolitische Ziele

Unter den publizitätspolitischen Zielen der Jahresabschlusspolitik sollen hier einerseits die allein der Publizitätspolitik gewidmeten Ziele, andererseits aber auch die Ziele, die zwar i.R.d. Publizitätspolitik verfolgt werden, die jedoch primär finanzpolitisch motiviert sind, verstanden werden. Eine eindeutige Trennung ist dabei häufig nicht möglich. Zu Letzteren ist insb. das finanzpolitische Ziel der **Erhaltung und Verbesserung der Kreditwürdigkeit** eines Unternehmens zu zählen, welches indirekt über die Publizitätspolitik erreicht werden kann, indem der Jahresabschluss im Interesse dieser Zielsetzung gestaltet wird.

Zielgruppe einer Jahresabschlusspolitik zur Erhaltung und Verbesserung der Kreditwürdigkeit sind die Gläubiger des Unternehmens, insb. Banken. Diese versuchen – bzw. sind verpflichtet (Stichwort: Basel II und Basel III) –, sich mittels des Jahresabschlusses und darüber hinaus mit anderen ihnen zur Verfügung stehenden Unterlagen ein Bild von der Vermögens-, Finanz-, Liquiditäts- und Ertragslage des Unternehmens zu verschaffen. Dies geschieht anhand verschiedener, jahresabschlussanalytisch gebildeter Kennzahlen, wobei diese nicht nur allein auf das Unternehmen bezogen (**Zeitvergleich**), sondern auch und v.a. branchenbezogen (**zwischenbetrieblicher Vergleich**) beurteilt werden.

Da die derzeitigen nicht an der Unternehmensleitung beteiligten Eigentümer für ihre Entscheidungen hinsichtlich der Fortsetzung, des Aus- oder Abbaus oder des Abbruchs ihres Engagements sowie die potenziellen Eigentümer für ihre Entscheidungen hinsichtlich der Begründung eines Engagements ebenfalls ein Urteil über die wirtschaftliche Lage des Unternehmens fällen müssen, versuchen auch sie, sich aus den Jahresabschlüssen ein Bild von der Vermögens-, Finanz-, Liquiditäts- und Ertragslage des Unternehmens zu verschaffen. Somit ist die Publizitätspolitik nicht nur auf die Erhaltung und Verbesserung der Fremdkapitalbeschaffungsmöglichkeiten, sondern auch auf die **Erhaltung und Verbesserung der Eigenkapitalausstattung** gerichtet. Die Unternehmensleitung wird den Jahresabschluss zum

Zwecke der Beeinflussung der Gläubiger – insb. vor dem Hintergrund der erwähnten Ratings – wie der Eigentümer in entsprechender Weise zu gestalten versuchen.

Die genannten Ziele der Jahresabschlusspolitik sowie die dabei entscheidenden Zielgrößen fasst Abb. 40[221] zusammen.

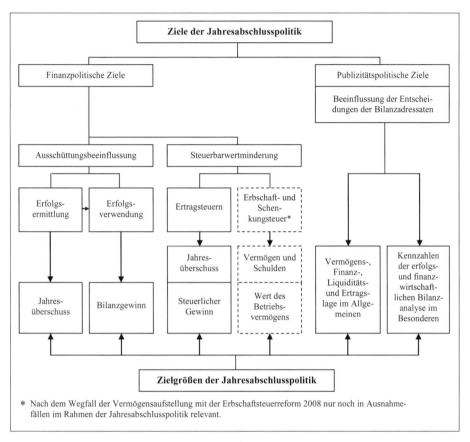

Abb. 40:   Ziele und Zielgrößen der Jahresabschlusspolitik

3. Die Instrumente der Jahresabschlusspolitik

a) Einordnung

Um die mit dem Jahresabschluss verfolgten finanz- und publizitätspolitischen Ziele zu erreichen, steht den Unternehmen eine Vielzahl von Maßnahmen bzw. Instrumenten zur Verfügung. Aufgrund ihrer großen Zahl ist eine vollständige Erfassung aller Instrumente unmöglich; allerdings können sie systematisiert werden. Eine genaue, allgemein gültige Zuordnung der Instrumentenkategorien zu den einzelnen jahresabschlusspolitischen Zielen ist jedoch

---

[221] Modifiziert entnommen aus KUßMAUL, HEINZ/LUTZ, RICHARD: Grundlagen der Bilanzpolitik, in: WiSt 1993, S. 342-347, s.b.S. 345.

nicht möglich. Eine Systematisierung der Instrumente der Jahresabschlusspolitik enthält Abb. 41[222].

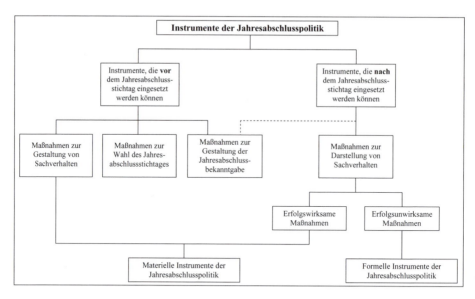

Abb. 41:   Instrumente der Jahresabschlusspolitik

Die jahresabschlusspolitischen Instrumente lassen sich zunächst gem. dem **Zeitpunkt ihres Einsatzes** unterteilen in Instrumente, die **vor** dem Jahresabschlussstichtag, und in Instrumente, die **nach** dem Jahresabschlussstichtag eingesetzt werden können. Während die nachstichtagsbezogenen Instrumente der Jahresabschlusspolitik das Ziel verfolgen, die bereits angefallenen Geschäftsvorfälle entsprechend den individuellen jahresabschlusspolitischen Zielen abzubilden, setzen die vorstichtagsbezogenen jahresabschlusspolitischen Instrumente bereits vor dem Jahresabschlussstichtag ein und beeinflussen so das Mengengerüst, welches im Jahresabschluss darzustellen ist.

Bei den vorstichtagsbezogenen Instrumenten kann man Maßnahmen zur Gestaltung von Sachverhalten, die Maßnahme zur Wahl des Jahresabschlussstichtags und Maßnahmen zur Gestaltung der Jahresabschlussbekanntgabe unterscheiden. Im Einzelfall werden die letztgenannten Maßnahmen auch erst nach dem Jahresabschlussstichtag eingesetzt, womit sie auch zu den nachstichtagsbezogenen Instrumenten gezählt werden könnten.

In erster Linie bestehen die nach dem Jahresabschlussstichtag einsetzbaren Instrumente aus den teils erfolgswirksamen, teils erfolgsunwirksamen Maßnahmen zur Darstellung von Sachverhalten. Hierbei sind die zum Stichtag gegebenen betrieblichen Tatbestände in den Jahresabschluss aufzunehmen und auszuweisen (bzw. nicht aufzunehmen und nicht auszuweisen) sowie zu bewerten.

---

[222] Entnommen aus BIEG, HARTMUT: Die Instrumente der Jahresabschlußpolitik, in: StB 1993, S. 178-182, 216-221, 252-257, 295-299, 337-342, s.b.S. 179.

In Bezug auf die obige Abbildung sei gesagt, dass man die Maßnahmen zur Gestaltung von Sachverhalten (vorstichtagsbezogen) und die erfolgswirksamen Maßnahmen zur Darstellung von Sachverhalten auch als **materielle** Instrumente der Jahresabschlusspolitik bezeichnet, während man die erfolgsunwirksamen Maßnahmen der Sachverhaltsdarstellung, die Einfluss auf Gliederung, Ausweis und Erläuterungen im Jahresabschluss haben, auch **formelle** Instrumente der Jahresabschlusspolitik nennt. Diese Unterscheidung berücksichtigt die überragende Bedeutung, die der Jahresüberschuss für die jahresabschlusspolitischen Ziele hat. Allerdings bestehen **Interdependenzen** zwischen den Wirkungen einzelner Parameter, die eine saubere Trennung in materielle und formelle Instrumente nicht vollständig möglich machen. So hat z.B. der Ausweis eines Vermögensgegenstandes im Anlage- oder Umlaufvermögen zunächst nur formalen Charakter, jedoch eröffnen unterschiedliche Abschreibungsmodalitäten (planmäßige und ggf. außerplanmäßige Abschreibung für abnutzbare Vermögensgegenstände im Anlagevermögen; lediglich außerplanmäßige Abschreibung im Umlaufvermögen sowie für nicht abnutzbare Vermögensgegenstände des Anlagevermögens bei vorübergehender Wertminderung) einen materiellen Spielraum.

b) Vorstichtagsbezogene Instrumente

Bei den Maßnahmen zur Sachverhaltsgestaltung werden grundsätzlich die beiden folgenden Handlungsstrategien unterschieden:

- **Zeitliche Vorverlagerung** von Geschäftsvorfällen, die unabhängig von dem Einsatz jahresabschlusspolitischer Maßnahmen angefallen wären (Vor- bzw. Nachverlagerung des Erwerbs oder der Veräußerung von Vermögensgegenständen; Vor- bzw. Nachverlagerung der Aufnahme, Rückzahlung oder Umschichtung von Kapital; Vor- bzw. Nachverlagerung von Maßnahmen mit unmittelbarer Wirkung auf Erträge oder Aufwendungen);

- **Durchführung bzw. Unterlassung von Maßnahmen** allein aus Gründen der Jahresabschlusspolitik (Maßnahmen ohne Langfristwirkung, d.h., die Maßnahme wird nach dem Stichtag wieder rückgängig gemacht; Maßnahmen mit Langfristwirkung, d.h., es erfolgt keine Rückgängigmachung nach dem Stichtag).

c) Nachstichtagsbezogene Instrumente

(1) Erfolgswirksame Maßnahmen

Erfolgswirksame Maßnahmen betreffen die Bilanzierung dem Grunde nach sowie die Bilanzierung der Höhe nach. Eine aktive Beeinflussung des Jahresüberschusses entsteht primär durch das Vorhandensein von Wahlrechten, welche der Bilanzersteller in Abhängigkeit von seiner bilanzpolitischen Zielsetzung ausüben kann. Ein **gesetzliches Wahlrecht** besteht dann, wenn an einen gegebenen Sachverhalt mindestens zwei exklusive, d.h. sich gegenseitig ausschließende und im Gesetz **genau festgelegte Abbildungsalternativen** anknüpfen. Der Ersteller der handelsrechtlichen Rechnungslegung kann dann selbst entscheiden, welche der Alternativen er bei der Abbildung des Sachverhalts wählt.

In Bezug auf die Frage, ob ein Sachverhalt in die Bilanz aufzunehmen ist, hat der Bilanzersteller im Grundsatz keine Wahl. Aus dem Vollständigkeitsgrundsatz in § 246 HGB ergibt sich eine zwingende bilanzielle Aufnahme aller Vermögensgegenstände, Schulden und Rechnungsabgrenzungsposten, ferner eines derivativen Geschäfts- oder Firmenwerts sowie eines aktiven Unterschiedsbetrags aus der Vermögensverrechnung. Eine Bilanzierung erfolgt dann nicht, sofern ein konkretes Aktivierungsverbot festgeschrieben ist. Daneben existieren jedoch auch **Bilanzierungswahlrechte**, welche dem Bilanzersteller die Entscheidung überlassen, ob ein Sachverhalt in der Bilanz aufgenommen wird oder nicht. Eine Begrenzung dieser Wahlfreiheit erfolgt allerdings durch das Gebot der Ansatzstetigkeit in § 246 Abs. 3 HGB. Im Folgenden seien die Bilanzierungswahlrechte aufgeführt:

– **Bilanzierung von selbst geschaffenen immateriellen Vermögensgegenständen des Anlagevermögens:** Das Aktivierungswahlrecht gem. § 248 Abs. 2 HGB beschränkt sich auf die während der Entwicklungsphase entstandenen Herstellungskosten; entstandene Aufwendungen, die der Forschungsphase zugerechnet wurden, unterliegen einem Aktivierungsverbot. Ein Aktivierungsverbot besteht ferner für Marken, Drucktitel, Verlagsrechte, Kundenlisten und vergleichbare immaterielle Vermögensgegenstände des Anlagevermögens, da die Aufwendungen für diese immateriellen Vermögensgegenstände nicht zweifelsfrei vom Geschäfts- oder Firmenwert zu trennen und daher einer selbstständigen Bewertbarkeit nur schwer zugänglich sind. Steuerlich unterliegen selbst geschaffene immaterielle Wirtschaftsgüter des Anlagevermögens gem. § 5 Abs. 2 EStG einem generellen Aktivierungsverbot.

– **Bilanzierung von latenten Steuern:** Für Kapitalgesellschaften besteht gem. § 274 Abs. 1 S. 2 HGB ein Aktivierungswahlrecht für den Überhang aktiver latenter Steuern über die passiven latenten Steuern, sofern sich der Bilanzersteller für einen saldierten Ausweis von latenten Steuern entscheidet. Gem. § 274 Abs. 1 S. 3 HGB besteht ferner das Wahlrecht, einen unsaldierten Ausweis aktiver und passiver latenter Steuern vorzunehmen. In diesem Fall gilt eine Aktivierungspflicht für die aktiven latenten Steuern und eine Passivierungspflicht für die passiven latenten Steuern. Im Zusammenspiel dieser beiden Wahlrechte ergeben sich verschiedene jahresabschlusspolitische Möglichkeiten. Fällt die Entscheidung auf einen saldierten Ausweis, kann im Fall eines aktivischen Überhangs auf eine Bilanzierung verzichtet werden; zu beachten ist, dass das Aktivierungswahlrecht nicht auf die aktiven latenten Steuern in ihrer Gesamtheit anzuwenden ist, sondern lediglich auf den Überhang der aktiven latenten Steuern über die passiven latenten Steuern. Im Fall eines passivischen Überhangs ist dieser zwingend zu passivieren. Fällt die Entscheidung auf einen unsaldierten Ausweis, sind sowohl die aktiven als auch die passiven latenten Steuern zwingend in voller Höhe in der Bilanz auszuweisen. Steuerlich unterliegen aktive und passive latente Steuern wegen des Fehlens der Eigenschaft eines Wirtschaftsgutes einem generellen Aktivierungs- und Passivierungsverbot.

– **Bilanzierung eines Disagios:** Gem. § 250 Abs. 3 HGB kann die Differenz zwischen dem Rückzahlungsbetrag und dem Ausgabebetrag eines Darlehens (Disagio) – als Alternative zu einer sofortigen Erfassung als Aufwand – als Rechnungsabgrenzungsposten aktiviert werden und über die Laufzeit der Verbindlichkeit gleichmäßig abgeschrieben werden. Steuerlich besteht gem. § 5 Abs. 5 S. 1 Nr. 1 EStG eine Aktivierungspflicht.

- **Bilanzierung von mittelbaren Altersvorsorgeverpflichtungen und Altzusagen:** Nach Art. 28 Abs. 1 EGHGB besteht für mittelbare Pensionsverpflichtungen sowie für unmittelbare Pensionsverpflichtungen, die vor dem 01.01.1987 zugesagt wurden, ein Passivierungswahlrecht. Eine Passivierungspflicht ergibt sich gem. § 249 Abs. 1 HGB nur für unmittelbare Pensionsverpflichtungen, die vor dem 01.01.1987 zugesagt wurden. Wird von dem Wahlrecht in Art. 28 Abs. 1 EGHGB Gebrauch gemacht und auf eine Passivierung verzichtet, ist für Kapitalgesellschaften allerdings die zwingende Anhangangabe gem. Art. 28 Abs. 2 EGHGB zu beachten. Steuerlich besteht bei einem Verbot bei mittelbaren Pensionsverpflichtungen ein Wahlrecht für die Altzusagen. Darüber hinaus sind die **steuerlichen Wahlrechte beim gewillkürten Betriebs- oder Privatvermögen genauso zu erwähnen wie die steuerlichen Wahlrechte bei steuerfreien Rücklagen**, welche handelsrechtlich nicht mehr zulässig sind.

Erfolgswirksame Maßnahmen betreffen auch die Bilanzierung der Höhe nach. Diesbezüglich räumt das Gesetz verschiedene **Bewertungswahlrechte** ein, die entsprechend den gesetzten jahresabschlusspolitischen Zielsetzungen ausgeübt werden können. Dem sind allerdings durch das Gebot der Bewertungsstetigkeit in § 252 Abs. 1 Nr. 6 HGB Grenzen gesetzt. Im Folgenden seien die Bewertungswahlrechte aufgeführt:

- **Bewertung von selbst geschaffenen Vermögensgegenständen (Herstellungskosten):** Selbst geschaffene Vermögensgegenstände sind in der Bilanz mit ihren Herstellungskosten zu bewerten. Eine handelsrechtliche Definition der Herstellungskosten findet sich in § 255 Abs. 2 HGB. Danach sind zwingend die bei der Herstellung angefallenen Material- und Fertigungseinzel- und -gemeinkosten, die Sondereinzelkosten der Fertigung sowie für der durch die Fertigung bedingte Werteverzehr des Anlagevermögens anzusetzen (handelsrechtliche Wertuntergrenze). Für weitere Aufwendungen für soziale Einrichtungen, für freiwillige soziale Leistungen und für die betriebliche Altersversorgung sowie angemessene anteilige Verwaltungskosten besteht ein Aktivierungswahlrecht (handelsrechtliche Wertobergrenze). Ein Aktivierungsverbot existiert hingegen für Vertriebskosten und Forschungskosten. Die bestehenden Aktivierungswahlrechte bieten einen bilanzpolitischen Spielraum. Werden die selbst geschaffenen Vermögensgegenstände mit ihrer handelsrechtlichen Wertuntergrenze bilanziert, so wird im Jahr der Herstellung und der Aktivierung ein vergleichsweise hoher Aufwand verrechnet, der den Jahresüberschuss entsprechend mindert. Durch die Aktivierung mit der handelsrechtlichen Wertobergrenze wird hingegen im Jahr der Herstellung ein vergleichsweise geringer Aufwand geltend gemacht, der Jahresüberschuss nimmt einen höheren Wert an. Handelt es sich allerdings um abnutzbare Vermögensgegenstände des Anlagevermögens, so kann in den Folgejahren durch eine Aktivierung zu Vollkosten ein höherer Abschreibungsaufwand verrechnet werden, als dies bei einer Aktivierung lediglich zu Teilkosten möglich wäre. In Bezug auf die steuerliche Behandlung ist zunächst festzuhalten, dass die Wertunter- und obergrenze identisch ist mit der handelsrechtlichen; d.h. Aktivierungspflichten und -wahlrechte sind identisch ausgestaltet. Aus dem neuen R 6.3 EStR geht allerdings hervor, dass zukünftig ein angemessener Teil der allgemeinen Verwaltungskosten, der Aufwendungen für soziale Einrichtungen, der Aufwendungen für freiwillige soziale Leistungen und der Aufwendungen für die betriebliche Altersversorgung zwingend als

Herstellungskosten zu aktivieren sein sollen.²²³ Durch diese Verwaltungsauffassung würde die steuerliche Wertuntergrenze gehoben, was zu einem Abweichen der handelsrechtlichen und der steuerlichen Herstellungskosten führen würde. Dies widerspricht der eigentlichen Intention des BilMoG, welches eine Anpassung der handelsrechtlichen an die steuerlichen Herstellungskosten intendierte.

Durch das BMF-Schreiben vom 25.03.2013 wurden die Neuregelungen der R 6.3 Abs. 1 EStÄR indes einstweilig außer Kraft gesetzt. Im Einvernehmen mit den obersten Finanzbehörden der Länder soll es danach nicht beanstandet werden, wenn bis zur Verifizierung des damit verbundenen Erfüllungsaufwands, aber spätestens bis zu einer Neufassung der EStR im Rahmen der Ermittlung der Herstellungskosten noch nach der R 6.3 Abs. 4 EStR 2008 verfahren wird (vgl. auch S. 62 ff.).²²⁴

- **Bewertung des Vorratsvermögens:** Bei der Bewertung des Vorratsvermögens stehen dem Bilanzierenden in Abweichung vom Einzelbewertungsgrundsatz verschiedene Bewertungsvereinfachungsverfahren für bilanzpolitische Maßnahmen zur Verfügung – die Fifo-Methode, die Lifo-Methode und die Methode des gewogenen Durchschnitts. Bei der Fifo- bzw. der Lifo-Methode wird der Verbrauch bzw. die Veräußerung der zuerst bzw. der zuletzt angeschafften oder hergestellten Vermögensgegenstände unterstellt. Unter der Annahme steigender Beschaffungspreise im Zeitablauf kann durch die Lifo-Methode ein verhältnismäßig hoher Aufwand verrechnet werden, durch die Fifo-Methode ein verhältnismäßig geringer Aufwand. So ist je nach jahresabschlusspolitischer Zielsetzung und der jeweiligen Situation am Beschaffungsmarkt das jeweils vorteilhafteste Verfahren zu wählen. Steuerlich sind nur das Lifo-Verfahren und die Durchschnittsmethode zulässig. Ausnahmsweise kommt die Fifo-Methode bei der Veräußerung von Wertpapieren gem. § 20 Abs. 4 S. 7 EStG zur Anwendung.

- **Außerplanmäßige Abschreibungen:** Außerplanmäßige Abschreibungen können sowohl im Anlage- als auch im Umlaufvermögen vorgenommen werden. Im Anlagevermögen ist eine außerplanmäßige Abschreibung bei einer dauernden Wertminderung zwingend vorzunehmen; im Finanzanlagevermögen besteht zusätzlich ein Abschreibungswahlrecht bei einer lediglich vorübergehenden Wertminderung. Im Umlaufvermögen ist stets – d.h. unabhängig davon, ob die Dauer der Wertminderung vorübergehender oder dauerhafter Natur ist – eine außerplanmäßige Abschreibung vorzunehmen. Steuerlich besteht sowohl im Anlage- als auch im Umlaufvermögen ein Wahlrecht zur außerplanmäßigen Abschreibung auf den niedrigeren Teilwert. Dies gilt jedoch lediglich bei einer dauerhaften Wertminderung. Dieses Wahlrecht in der Steuerbilanz kann – zumindest nach dem Willen des BMF – unabhängig von der Vorgehensweise in der Handelsbilanz ausgeübt werden.²²⁵

---

²²³ Vgl. als Grundlage den Entwurf einer Allgemeinen Verwaltungsvorschrift zur Änderung der Einkommensteuer-Richtlinien 2008 (EStR 2008) – Einkommensteuer-Änderungsrichtlinien 2012 (EStÄR 2012) vom 02.11.2012, BR-Drs. 681/12, S. 1 f. Vgl. auch bereits BMF-Schreiben vom 12.03.2010, BStBl I 2010, Rz. 8.

²²⁴ Vgl. BMF-Schreiben vom 25.03.2013, in: DB 14/2013, S. 15.

²²⁵ Vgl. BMF-Schreiben vom 12.03.2010, BStBl I 2010, Rz. 15. Vgl. kritisch hierzu KUßMAUL, HEINZ/GRÄBE, SEBASTIAN: Der Maßgeblichkeitsgrundsatz vor dem Hintergrund des BMF-Schreibens v. 12.3.2010, in: StB 2010, S. 264-268, s.b.S. 266 f.

- **Behandlung von geringwertigen Wirtschaftsgütern:** Grundsätzlich sind alle Wirtschaftsgüter des Anlagevermögens, die einer Abnutzung unterliegen und daher nur eine zeitlich beschränkte Nutzungsdauer aufweisen, planmäßig abzuschreiben. Von dieser grundsätzlichen bilanziellen Behandlung sieht § 6 Abs. 2 und Abs. 2a EStG jedoch Ausnahmen vor. Für abnutzbare bewegliche Wirtschaftsgüter des Anlagevermögens, die einer selbstständigen Nutzung fähig sind und deren Nettowert den Wert von 150 € nicht übersteigt, besteht im Jahr der Anschaffung bzw. Herstellung ein Wahlrecht zur sofortigen Erfassung der Anschaffungs- bzw. Herstellungskosten als Betriebsausgaben. Dabei handelt es sich um ein Wahlrecht, das für jedes Wirtschaftsgut individuell ausgeübt werden kann. Für o.g. Wirtschaftsgüter, deren Nettowert den Betrag von 150 €, nicht jedoch den Betrag von 410 € übersteigt, bestehen zur grundsätzlichen planmäßigen Abschreibung über die Nutzungsdauer zwei alternative Wahlrechte. Das erste Wahlrecht erlaubt ebenso die sofortige Erfassung der Anschaffungs- bzw. Herstellungskosten als Betriebsausgaben. Ein zweites Wahlrecht erlaubt alternativ die Bildung eines sog. Sammelpostens für Wirtschaftsgüter im Nettowert zwischen 150 € und 1.000 €, der im Jahr der Bildung und den vier Folgejahren zu je 20 % aufzulösen ist. Dabei kommt die pro-rata-temporis-Abschreibung nicht zur Anwendung, d.h., es erfolgt auch im Jahr der Bildung des Sammelpostens die volle Jahresabschreibung in Höhe von 20 %, unabhängig vom Anschaffungs- bzw. Herstellungszeitpunkt der enthaltenen Wirtschaftsgüter. Es handelt sich dabei um ein wirtschaftsjahrbezogenes Wahlrecht, d.h. Wirtschaftsgüter, die die notwendigen Voraussetzungen für dieses Wahlrecht erfüllen und in einem Wirtschaftsjahr angeschafft wurden, müssen bilanztechnisch eine identische Behandlung erfahren.

Neben expliziten Wahlrechten stehen dem Bilanzersteller darüber hinaus zahlreiche Spielräume offen, welche ihm eine Einflussmöglichkeit auf den Jahresüberschuss erlauben.

Ein **Ermessensspielraum** liegt bei einer so ungenauen Fassung der Rechtsnorm vor, „daß entweder ein gegebener Sachverhalt nicht eindeutig unter einen bestimmten Tatbestand fällt oder einem gegebenen Tatbestand eine bestimmte Rechtsfolge nicht eindeutig zugeordnet ist und der zur Rechnungslegung Verpflichtete daher entscheidet, welche Folgerungen aus den ihm vorliegenden Tatsachen gezogen werden müssen"[226]. **Ermessensspielräume** entstehen also bei der Aufstellung handelsrechtlicher Jahresabschlüsse durch die Unmöglichkeit, alle denkbaren Abbildungsmöglichkeiten zu erfassen und gesetzlich zu normieren. Der Gesetzgeber muss sich **unbestimmter Rechtsbegriffe** (z.B. Vermögensgegenstand, Schulden, Anschaffungskosten, Herstellungskosten, Erfüllungsbetrag, beizulegender Wert, dauernde Wertminderung, Restlaufzeit) bedienen und die konkrete Interpretation dieser Begriffe Wissenschaft, Rechtsprechung und Praxis überlassen. Ermessensspielräume sind gesetzlich nicht ausdrücklich gewollt, sie ergeben sich aber durch die Interpretationsbedürftigkeit der gesetzlichen Regelungen einerseits und die subjektive Würdigung der bilanzierungs- und bewertungsrelevanten Informationen über den konkreten Sachverhalt andererseits.

Soweit bestimmte Interpretationen zur Art der Wertermittlung in Rechtsprechung und/oder Fachschrifttum für zulässig gehalten werden, kann man von **Verfahrensspielräumen** spre-

---

[226] BAUER, JÖRG: Grundlagen einer handels- und steuerrechtlichen Rechnungspolitik der Unternehmung, Wiesbaden 1981, S. 72 und 73.

chen. Hierzu zählen bspw. die Gemeinkostenschlüsselung und die Berücksichtigung von Beschäftigungsschwankungen bei der Ermittlung der Herstellungskosten, die Wahl zwischen periodenbezogenen oder permanenten Varianten bei den Bewertungsvereinfachungsverfahren und die Wahl der Abschreibungsmethode bei planmäßigen Abschreibungen. Dabei stehen dem Bilanzierenden Spielräume zu, die ihm ein vom einzelnen Sachverhalt losgelöstes Gestaltungspotenzial geben. Diese Spielräume nähern sich von ihrer Wirkung her den gesetzlichen Wahlrechten an und können deshalb auch als **faktische Wahlrechte** bezeichnet werden.

Bei anderen Spielräumen dominiert nicht die Wahl zwischen unterschiedlichen Verfahrensweisen, sondern die Frage, ob ein bestimmter Sachverhalt in einer Art und Weise zu interpretieren ist, die Einfluss auf die Bilanzierung und/oder Bewertung hat. Die Bilanzierung einer Rückstellung erfordert bspw., dass eine Inanspruchnahme mit einer gewissen Mindestwahrscheinlichkeit erfolgen wird. Wann dies der Fall ist, lässt sich nur unter Berücksichtigung des Einzelfalls und unter Einbeziehung aller bilanzierungs- und bewertungsrelevanten Informationen entscheiden. Hier steht dem Bilanzersteller aufgrund **unvollkommener Information** über die gegenwärtige Lage und die zukünftige Entwicklung ein **subjektiver Spielraum** zu, der auch als **Individualspielraum** bezeichnet wird.

Weitere Beispiele bilden die Schätzungen der Nutzungsdauer von Vermögensgegenständen, die Einschätzung einer Wertminderung als dauernd, die Ermittlung der Höhe der Einzelwertberichtigung auf Forderungen und die Abgrenzung zwischen Herstellungskosten und Instandhaltungsaufwand. Trotz der subjektbezogenen Würdigung ist auch die Ausnutzung von Individualspielräumen überprüfbar, womit auch diese nicht willkürlich und grenzenlos angewendet werden können. Der Bilanzierende muss im Zweifel nachvollziehbar darlegen, welche konkreten Bewertungsbedingungen seine Ermessensentscheidung beeinflusst haben.

(2)   Erfolgsunwirksame Maßnahmen

Erfolgsunwirksame Maßnahmen haben keinen direkten Einfluss auf den Periodenerfolg. Sie betreffen lediglich den Ausweis der betrieblichen Tatbestände im Jahresabschluss. Eine indirekte Erfolgswirkung kann sich jedoch bei der Entscheidung hinsichtlich einer Bilanzierung im Anlage- oder im Umlaufvermögen ergeben, da dies Auswirkungen auf planmäßige und außerplanmäßige Abschreibungen entfaltet. Bei den erfolgsunwirksamen Maßnahmen geht es allerdings vorrangig um die Beeinflussung von Kennzahlen im Bereich der Vermögens-, Finanz- und Ertragslage. So geht es um die Festlegung,

- ob ein Sachverhalt in der Bilanz bzw. in der Gewinn- und Verlustrechnung oder im Anhang ausgewiesen werden soll,
- unter welcher Position der Bilanz bzw. der Gewinn- und Verlustrechnung ein Sachverhalt auszuweisen ist,
- wie die Gestaltung und Gliederung von Anhang und Lagebericht erfolgen soll,
- wie detailliert die Bilanz und die Gewinn- und Verlustrechnung untergliedert werden soll und wie viele Informationen in Anhang und Lagebericht preisgegeben werden sollen, sowie

– die Festlegung, ob Aktiv- und Passivposten bzw. Ertrags- und Aufwandspositionen zusammengefasst oder getrennt ausgewiesen werden sollen, wie es etwa bei der Bilanzierung aktiver und passiver latenter Steuern oder der Frage über die offene Absetzung von erhaltenen Anzahlungen auf Bestellungen von den Vorräten möglich ist.

Eingeschränkt werden diese Möglichkeiten allerdings durch gesetzliche Vorschriften, wie bspw. die Vorschriften zur Gliederung der Bilanz und der Gewinn- und Verlustrechnung (§§ 266 und 275 HGB), das Saldierungsverbot (§ 246 Abs. 2 HGB) und die gesetzlichen Vorschriften bezüglich Anhang und Lagebericht (§§ 284 ff. und 289 HGB).

Saldierungsmöglichkeiten etwa erlauben zwar keinen Einfluss auf den Jahresüberschuss, jedoch entfalten sie eine Auswirkung auf die Bilanzsumme. Beispielsweise lässt sich eine Einstufung gem. den Größenkriterien gem. § 267 HGB beeinflussen, womit ggf. geringere Anforderungen an den Jahresabschluss des Unternehmens erreicht werden können. Wohl ist aber auf die Erfüllung mindestens eines weiteren Kriteriums des § 267 HGB (Umsatzerlöse oder Mitarbeiteranzahl) hinzuweisen. Die oben genannten Möglichkeiten einer Saldierung ergeben sich beispielsweise bei der Bilanzierung von aktiven und passiven latenten Steuern oder bei der offenen Absetzung erhaltener Anzahlungen auf die Bestellung von den Vorräten. Eine weitere Möglichkeit ist die nach § 387 HGB gegebene Aufrechnungsmöglichkeit von Forderungen und Verbindlichkeiten bei Personenidentität zwischen Gläubiger und Schuldner. Die bedeutendste Saldierungsmöglichkeit besteht allerdings darin, Pensionsrückstellungen mit dem dazugehörigen Planvermögen zu verrechnen, falls die Voraussetzungen des § 246 Abs. 2 S. 2 HGB vorliegen. Da es sich nicht um ein Wahlrecht, sondern um eine Saldierungspflicht handelt, besteht das bilanzpolitische Potenzial darin, die Voraussetzungen des § 246 Abs. 2 S. 2 HGB entweder zu umgehen oder zu erfüllen. Steuerlich bleibt es allerdings zwingend bei einem Bruttoausweis.

B. Rechnungslegungspolitik bei Substanzbesteuerung

Seit der Erbschaftsteuerreform 2008 gilt eine generelle Bewertung von Gewerbebetrieben (§ 95 BewG), von freiberuflich Tätigen (§ 96 BewG) sowie Anteilen am Betriebsvermögen einer Personenvereinigung, Körperschaft oder Vermögensmasse (§ 97 BewG) mit dem **gemeinen Wert** i.S.d. § 9 BewG. Die Wertermittlung erfolgt dabei nach § 11 Abs. 2 BewG, welche sich primär an einem Börsenkurs oder zeitnahen Verkäufen unter fremden Dritten orientiert. Subsidiär hat die Bewertung „unter Berücksichtigung der Ertragsaussichten […] oder einer anderen anerkannten, auch im gewöhnlichen Geschäftsverkehr für nichtsteuerliche Zwecke üblichen Methode" zu erfolgen, wobei die Methode anzuwenden ist, „die ein Erwerber der Bemessung des Kaufpreises zu Grunde legen würde".

Nach dem Wegfall der Vermögensaufstellung zur Bewertung des Betriebsvermögens für Zwecke der Erbschaft- und Schenkungsteuer entfällt mit der verlängerten Maßgeblichkeit die unmittelbare Bedeutung der handels- und steuerbilanziellen Wertansätze für die Substanzbesteuerung. Jedoch gilt, dass der anhand der Ertragsaussichten ermittelte Unternehmenswert nur dann angesetzt werden kann, sofern er höher als der Substanzwert des Unternehmens ist (§ 11 Abs. 2 S. 3 BewG). Er berechnet sich nach dem Gesetzeswortlaut aus der „Summe der gemeinen Werte der zum Betriebsvermögen gehörenden Wirtschaftsgüter und sonstigen aktiven Ansätze abzüglich der zum Betriebsvermögen gehörenden Schulden und sonstigen Abzüge" (§ 11 Abs. 2 S. 3 BewG). Folglich sind die einzelnen Vermögensgegenstände und Schulden dem Grunde nach aus der Steuerbilanz zu übernehmen (§ 95 BewG). Die Bewertung der einzelnen Vermögens- und Schuldpositionen richtet sich jedoch gem. § 11 Abs. 2 S. 3 BewG nach dem gemeinen Wert; ein Ansatz der Steuerbilanzwerte ist nicht mehr möglich. Insofern ist jedoch festzustellen, dass sich die bilanzpolitischen Entscheidungen hinsichtlich der Bilanzierung dem Grunde nach auch auf den Substanzwert auswirken.

Indirekte Auswirkungen können die handels- bzw. steuerbilanziellen Wertansätze auf das Bewertungsergebnis von Betriebsvermögen und Anteilen an Kapitalgesellschaften ferner erlangen, falls anstelle des Ertragswertverfahrens bzw. des Kurswerts ein Verfahren zur Anwendung kommt, das auch im gewöhnlichen Geschäftsverkehr für nichtsteuerliche Zwecke üblich ist und den handelsbilanziellen Wert des Betriebsvermögens als (eine) Ausgangsgröße zur Berechnung des Vermögenswerts verwendet.

Bei der Gestaltung von Handels- und Steuerbilanz durch Ausübung von Wahlrechten und Spielräumen sind für den Fall, dass Erbschaft- oder Schenkungsteuer auf das betreffende Betriebsvermögen erhoben wird, neben den ertragsteuerlichen auch erbschaft- und schenkungsteuerliche Konsequenzen zu berücksichtigen. Nur in diesen seltenen Ausnahmefällen wird die Komplexität der Bilanzpolitik um eine zusätzliche Dimension erweitert. Eine **umfassende einheitliche und integrierte Rechnungslegungspolitik**, die sämtliche Auswirkungen auf die Rechenwerke Handelsbilanz und Steuerbilanz sowie auf die Substanzbesteuerung berücksichtigt, ist dann erforderlich.

3. Abschnitt:
Internes Rechnungswesen und Unternehmensbesteuerung

I. Langfristige Entscheidungen: Investitionsentscheidungen

Vgl. hierzu insb. BIEG, HARTMUT: Die Verfahren der Investitionsrechnung und ihre Verwendung in der Praxis, in: StB 1985, S. 15-29, 59-77, s.b.S. 76 und 77; BIEG, HARTMUT/KUBMAUL, HEINZ: Investition, 2. Aufl., München 2009; BIEG, HARTMUT/KUBMAUL, HEINZ/WASCHBUSCH, GERD: Investition in Übungen, 2. Aufl., München 2009; BLOHM, HANS/LÜDER, KLAUS/SCHAEFER, CHRISTINA: Investition, 10. Aufl., München 2012, S. 101-115; KUBMAUL, HEINZ: Dynamische Verfahren der Investitionsrechnung, in: StB 1995, S. 302-308, 348-353, 381-389, 428-436; KUBMAUL, HEINZ: Berücksichtigung der Steuern und Geldentwertung in der Investitionsrechnung, in: StB 1995, S. 463-473 und StB 1996, S. 16-22; KUBMAUL, HEINZ: Investitionsrechnung, in: Saarbrücker Handbuch der Betriebswirtschaftlichen Beratung, hrsg. von KARLHEINZ KÜTING, 4. Aufl., Herne 2008, S. 251-341; MELLWIG, WINFRIED: Investition und Besteuerung, Wiesbaden 1985, S. 45-49; PERRIDON, LOUIS/STEINER, MANFRED/RATHGEBER, ANDREAS: Finanzwirtschaft der Unternehmung, 16. Aufl., München 2012, S. 29-95; SCHNEIDER, DIETER: Investition, Finanzierung und Besteuerung, 7. Aufl., Wiesbaden 1992, S. 77-81, 218-229; WEIGEL, WINFRIED: Steuern bei Investitionsentscheidungen, Wiesbaden 1989, S. 18-23; WÖHE, GÜNTER/BIEG, HARTMUT: Grundzüge der Betriebswirtschaftlichen Steuerlehre, 4. Aufl., München 1995, S. 344, 349-364; WÖHE, GÜNTER/BILSTEIN, JÜRGEN/ERNST, DIETMAR/HÄCKER, JOACHIM: Grundzüge der Unternehmensfinanzierung, 10. Aufl., München 2009, S. 5-7; WÖHE, GÜNTER/DÖRING, ULRICH: Einführung in die Allgemeine Betriebswirtschaftslehre, 24. Aufl., München 2010, S. 519-560.

A. Die maßgebenden Einflussgrößen

1. Begriffsabgrenzung[227]

Betrachtet man zunächst nur die finanzwirtschaftlichen Vorgänge des Betriebsprozesses, so lässt sich der Zusammenhang zwischen Finanzierung, Investition und Desinvestition als Kreislauf finanzieller Mittel darstellen (vgl. Abb. 42[228], S. 168).

Die Begriffe „Investition", „Finanzierung" und „Desinvestition" werden hier folgendermaßen definiert:

- **Investition**: Verwendung finanzieller Mittel zur Beschaffung von Vermögenswerten (Sachvermögen, immaterielles Vermögen, Finanzvermögen) bzw. Handlung, die einen mit einer Auszahlung beginnenden Zahlungsstrom auslöst.
- **Finanzierung**: Alle finanziellen Dispositionen des Unternehmens (Kapitalbeschaffung und Kapitalabfluss) im weiteren Sinne (im engeren Sinne nur Vorgänge der Kapitalbeschaffung).
- **Desinvestition**: Die sich über den Markt vollziehende Freisetzung von in Vermögenswerten investierten Geldbeträgen in liquider Form.

---

[227] Vgl. WÖHE, GÜNTER/BILSTEIN, JÜRGEN/ERNST, DIETMAR/HÄCKER, JOACHIM: Grundzüge der Unternehmensfinanzierung, 10. Aufl., München 2009, S. 5-6; WÖHE, GÜNTER/DÖRING, ULRICH: Einführung in die Allgemeine Betriebswirtschaftslehre, 24. Aufl., München 2010, S. 519-524.

[228] Modifiziert entnommen aus WÖHE, GÜNTER/BILSTEIN, JÜRGEN/ERNST, DIETMAR/HÄCKER, JOACHIM: Grundzüge der Unternehmensfinanzierung, 10. Aufl., München 2009, S. 7.

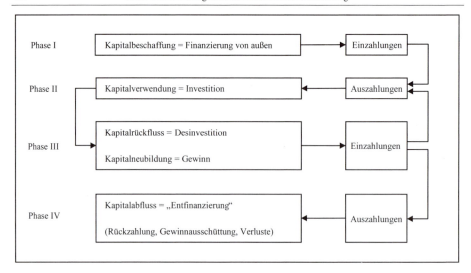

Abb. 42: Phasen der finanziellen Vorgänge des Betriebsprozesses

Betrachtet man Finanzierung und Investition vom Standpunkt der Bilanz, so zeigt sich die Kapitalbeschaffung zunächst im Kapitalbereich (Passivseite der Bilanz), der Auskunft darüber gibt, welche Kapitalbeträge dem Betrieb zur Nutzung überlassen worden sind und in welcher Form (Eigen- bzw. Fremdkapital) dies geschehen ist, während aus dem Vermögensbereich (Aktivseite der Bilanz, Positionen des Anlage- und Umlaufvermögens) erkennbar wird, welche Art von Vermögen (Geld, Wertpapiere, Sachgüter) mit dem zur Verfügung gestellten Kapital beschafft wurde, d.h., welche augenblickliche Verwendung die Mittel gefunden haben. Abgesehen von dem Fall der Einbringung von Sacheinlagen durch die Kapitalgeber erscheinen die vermögensmäßigen Gegenwerte des beschafften Kapitals in der Bilanz zunächst als Zahlungsmittel, ehe sie zur Durchführung des Betriebsprozesses verwendet (investiert) werden.

Da durch den hier zugrunde gelegten Finanzierungsbegriff aber auch die Freisetzung investierter Geldbeträge durch den betrieblichen Umsatzprozess und damit die Bereitstellung dieser Mittel für erneute Investitionsvorgänge erfasst wird, finden Finanzierungsvorgänge ihre unmittelbare Wirkung nicht nur auf der Passivseite der Bilanz, sondern machen sich auch direkt auf der Aktivseite (ggf. unter Beständigkeit der auf der Passivseite ausgewiesenen Kapitalpositionen) durch Vermögensumschichtung bemerkbar.

2. Grundlagen der Investitionsrechnung[229]

Bevor einzelne, die Investitionsentscheidung beeinflussende Steuerwirkungen konkret analysiert werden können, muss Klarheit darüber herrschen, welche Parameter bei Investitions-

---

[229] Vgl. vertiefend BIEG, HARTMUT/KUßMAUL, HEINZ: Investition, 2. Aufl., München 2009, S. 29-50 und 98-102; KUßMAUL, HEINZ: Dynamische Verfahren der Investitionsrechnung, in: StB 1995, S. 302-308, 348-353, 381-389, 428-436; KUßMAUL, HEINZ/LEIDERER, BERND: Investitionsrechnung mit dynamischen Barwertverfahren, in: BBK vom 21.11.1997 und vom 05.12.1997, Fach 29, S. 881-902, s.b.S. 885-888; WÖHE, GÜNTER/BIEG, HARTMUT: Grundzüge der Betriebswirtschaftlichen Steuerlehre, 4. Aufl., München 1995, S. 349-352.

entscheidungen zu berücksichtigen sind und welche davon durch Besteuerungseinflüsse berührt werden. Bezüglich eines Investitionsmodells gibt es in der Literatur vielfältige Ansatzpunkte. Da i.R.d. Betriebswirtschaftlichen Entscheidungstheorie die normative Ausrichtung diejenige ist, die von einem rationalen Handeln des Entscheidungsträgers ausgeht, soll im Folgenden auf das Modell der praktisch-normativen Entscheidungstheorie zurückgegriffen werden.

Der **Begriff „Entscheiden"** bedeutet, dass eine Person zwischen zwei oder mehreren möglichen Handlungsmöglichkeiten (Alternativen) wählen kann. Bei der Auswahl einer Alternative muss der Entscheidungsträger von ihm nicht beeinflussbare, aber ergebnisrelevante Faktoren sowie das von ihm angestrebte Ziel beachten. Um letztendlich eine Entscheidung treffen zu können, sind daher Informationen über Handlungsmöglichkeiten, Umweltbedingungen und Ergebnisse sowie über die beabsichtigten Ziele notwendig.

Sind die verschiedenen, sich gegenseitig ausschließenden Alternativen eindeutig festgelegt und bestehen Informationen über die Umweltbedingungen, so erhält man i.d.R. eine Vielzahl von Ergebnissen. Jeder Kombination einer Handlungsmöglichkeit mit einem Umweltzustand wird dabei mittels einer Ergebnisfunktion ein Ergebnis zugeordnet, das sich aus mehreren Ergebnisarten zusammensetzen kann und klar definiert werden muss. Diese Ergebnisse muss der Entscheidungsträger im Hinblick auf sein Zielsystem bewerten, wobei er dazu den Beitrag der Ergebnisse in Abhängigkeit von ihrer unterschiedlichen Art, Höhe, Sicherheit und ihrem zeitlichen Auftreten anzugeben hat.

Bezüglich der verfolgten Zielsetzungen wird im weiteren Verlauf vom Oberziel der langfristigen Gewinnmaximierung ausgegangen; damit kann die Zielsetzung mathematisch als Zielfunktion formuliert werden, die es zu maximieren gilt.

Wird nun unterstellt, dass ein Unternehmen unter Beachtung objektiver Bedingungen (Marktgrößen) und subjektiver Bedingungen (Nebenbedingungen) einen möglichst hohen Gewinn auf lange Sicht erzielen möchte, so muss die Unternehmensführung eine Entscheidung darüber treffen, ob ein bestimmtes Investitionsprojekt so vorteilhaft ist, dass die Investition durchgeführt werden sollte; es ist also die Vorteilhaftigkeit dieses Projektes zu bestimmen. Bestehen mehrere vorteilhafte, sich gegenseitig ausschließende technische Alternativen einer Investition, so ist die vorteilhafteste davon zu präferieren. Ergibt sich ein Zwang zur Realisierung einer bestimmten Investition (z.B. Investitionen aus Umweltschutzgründen), tritt die Frage nach der Durchführung der Investition nicht auf; allerdings muss auch hier die vorteilhafteste, technisch überhaupt mögliche Alternative gesucht werden.

Können mehrere Investitionsobjekte nebeneinander realisiert werden, sind die finanziellen Mittel jedoch so begrenzt, dass die Verwirklichung aller Investitionsobjekte nicht möglich ist, so ist das optimale Investitionsprogramm zu bestimmen.

In diesem Zusammenhang soll die Vorteilhaftigkeit einer Investition unter Zuhilfenahme der **Kapitalwertmethode** gemessen werden. Sie erlaubt den Vergleich verschiedener Investitionen dadurch, dass sie die Ein- und Auszahlungsströme, die durch die einzelnen Objekte verursacht werden und die im zeitlichen Ablauf nach Höhe, Auftreten und Dauer unterschiedlich sind, durch Abzinsung auf den Zeitpunkt unmittelbar vor Beginn der Investition vergleichbar macht.

Der **Kapitalwert (C_0)** einer Investition berechnet sich als Differenz zwischen der Summe der Barwerte aller durch ein Investitionsvorhaben verursachten Einzahlungen (E) und der Summe der Barwerte aller Auszahlungen (A). Die Abzinsung erfolgt mittels eines Zinssatzes i, der die gewünschte Mindestverzinsung (Kalkulationszinssatz) der Kapitalkosten des Investors zum Ausdruck bringt.

$$C_0 = \sum_{t=0}^{n} \frac{Z_t}{(1+i)^t} = \sum_{t=0}^{n} \left(\frac{E_t}{(1+i)^t} - \frac{A_t}{(1+i)^t} \right)$$

Dabei ist:
t = Periode (t = 0, 1, 2, 3, ... , n);
n = Nutzungsdauer des Investitionsobjekts;
Z_t = Differenz zwischen den Ein- und Auszahlungen einer Periode.

Die folgende, häufig vorzufindende Darstellung berücksichtigt explizit, dass zum Zeitpunkt t_0 bei Realisierung der Investition keine Einzahlungen vorliegen ($E_0 = 0$ und damit $Z_0 = A_0$) und am Ende der Nutzungsdauer ein Liquidationserlös ($L_n > 0$) bzw. eine Liquidationsauszahlung ($L_n < 0$) – z.B. infolge von Abbruch- und/oder Entsorgungskosten – anfallen kann.

Es ergibt sich daher folgende abgewandelte Formel:

$$C_0 = -A_0 + \sum_{t=1}^{n} \frac{Z_t}{(1+i)^t} + \frac{L_n}{(1+i)^n}$$

wobei C_0 = Kapitalwert der Investition;
A_0 = Anfangsauszahlung (Anschaffungsauszahlung) im Zeitpunkt t_0;
E_t = Einzahlungen der Periode t;
A_t = Auszahlungen der Periode t;
Z_t = Einzahlungsüberschuss ($E_t - A_t$) mit $Z_t > 0$ oder $Z_t < 0$;
i = Kalkulationszinssatz;
L_n = Liquidationserlös ($L_n > 0$) bzw. -auszahlung ($L_n < 0$).

Hat der Kapitalwert der Investition C_0 einen Betrag von null, so sagt dies aus, dass gerade noch die zugrunde gelegte Mindestverzinsung i erzielt wird. Die Einzahlungsüberschüsse reichen also aus, die Anfangsauszahlungen zu tilgen und das im Investitionsprojekt gebundene Kapital zum Kalkulationszinssatz zu verzinsen.

Ein Investitionsvorhaben erweist sich folglich nur dann als vorteilhaft, wenn der Kapitalwert C_0 einen positiven Betrag annimmt, d.h. wenn sein Kapitalwert größer als null ist (absolute Vorteilhaftigkeit). Von mehreren zur Verfügung stehenden Alternativen ist diejenige für den Investor am günstigsten, die den größten positiven Kapitalwert besitzt (relative Vorteilhaftigkeit).

Der **Kapitalwertmethode** liegen folgende **Prämissen** zugrunde:

1. Die von einem Investitionsobjekt in der Zukunft verursachten Ein- und Auszahlungen sind sicher zu ermitteln und dieser Investition zuzurechnen.
2. Alle Ein- und Auszahlungen eines Investitionsobjekts fallen am Ende jeder einzelnen Periode an; die Anschaffungsauszahlung fällt am Ende der Periode an, die dem Betrachtungszeitraum vorausgeht (unmittelbar vor der ersten Periode).
3. Einzahlungsüberschüsse können zum Kalkulationszinssatz angelegt, Auszahlungsüberschüsse können zu diesem Zinsfuß aufgenommen werden (vollkommener und für den Investor unbeschränkter Kapitalmarkt).

Beispiel: (Kapitalwertmethode)

Ein Investor besitzt die Möglichkeit, eine Investition, die durch folgende Zahlungsreihe gekennzeichnet ist, durchzuführen oder zu unterlassen:

Periode / Zahlungsvorgänge	0	1	2	3	4
Anschaffungsauszahlung	208.900 €				
Laufende Auszahlung		936.000 €	978.000 €	1.012.000 €	1.060.000 €
Laufende Einzahlung		1.056.000 €	1.078.000 €	1.092.000 €	1.092.000 €
Liquidationserlös					28.000 €
Einzahlungsüberschuss	./. 208.900 €	120.000 €	100.000 €	80.000 €	60.000 €

Der Kalkulationszinssatz beträgt 9 % p.a.

Der Kapitalwert des Projektes ergibt sich demnach aus

$$C_0 = -A_0 + \frac{Z_1}{(1+i)^1} + \frac{Z_2}{(1+i)^2} + \frac{Z_3}{(1+i)^3} + \frac{Z_4}{(1+i)^4}$$

$$C_0 = -208.900 + \frac{120.000}{1,09^1} + \frac{100.000}{1,09^2} + \frac{80.000}{1,09^3} + \frac{60.000}{1,09^4}$$

$$C_0 = -208.900 + 120.000 \cdot 0,9174 + 100.000 \cdot 0,8417 + 80.000 \cdot 0,7722 + 60.000 \cdot 0,7084$$

$$C_0 = +89.638$$

3. Grundsätzliche Überlegungen zum Einfluss der Besteuerung auf die Investitionsrechnung[230]

Bei der allgemeinen Darstellung der oftmals stark vereinfachten Investitionsrechenverfahren wird zumeist davon ausgegangen, dass der Investor in einer Welt lebt, in der keine Steuern zu zahlen sind.[231] Um eine einigermaßen realitätsnahe Investitionsrechnung durchführen zu

---

[230] Vgl. insb. WÖHE, GÜNTER/BIEG, HARTMUT: Grundzüge der Betriebswirtschaftlichen Steuerlehre, 4. Aufl., München 1995, S. 352-361.

[231] Zur Ausgestaltung eines investitionsneutralen Steuersystems vgl. KÖNIG, ROLF: Ungelöste Probleme einer investitionsneutralen Besteuerung, in: ZfbF 1997, S. 42-63; KÖNIG, ROLF: Wirtschaftliche Effizienz und Steuerreformen, Heidelberg 1997, S. 130-168.

können, ist es jedoch erforderlich, die steuerlichen Handlungsmöglichkeiten des Investors sowie die **steuerlichen Folgen** seines Handelns **im Investitionsrechnungsmodell explizit zu berücksichtigen**. Allerdings gibt es Ansätze, sog. „**steuersensitive**" von sog. „**nicht steuersensitiven" Entscheidungssituationen** abzugrenzen, um zu überprüfen, ob bestimmte Investitionstypen oder bei Investitionsentscheidungen generell bestimmte Bereiche vorhanden sind, bei denen es durch die Berücksichtigung der Steuerbelastungen nicht zu einer Umkehrung der Vorteilhaftigkeit im Vergleich zum Nichtsteuerfall kommt.

Beeinflusst wird durch Steuern in erster Linie die Auszahlungsreihe einer Investition. Ist der Investor allerdings imstande, die anfallenden Steuern ganz oder zumindest teilweise über die Absatzpreise der durch den betrieblichen Prozess erstellten Leistungen auf die Abnehmer zu überwälzen, so wird auch die **Einzahlungsseite** berührt; es hat also eine Korrektur der prognostizierten Umsatzerlöse zu erfolgen. Aus diesem Grund müssen die überwälzten Steuern nicht mehr gesondert als Komponente bei den Einzahlungen berücksichtigt werden.

Immer erfasst werden müssen Steuerzahlungen dagegen i.R.d. **Auszahlungen**, die sich bei Realisierung eines bestimmten Investitionsprojektes ergeben. Hier spielen v.a. die

- im Anschaffungspreis für ein konkretes, investitionsbezogenes Wirtschaftsgut auf das erwerbende Unternehmen überwälzten Steuern,
- durch den Anschaffungsvorgang ausgelösten Steuern (z.B. Grunderwerbsteuer),
- Grundsteuer auf das Investitionsobjekt sowie
- vom jeweiligen Periodengewinn, der infolge des Investitionsprojektes entsteht, abhängigen Ertragsteuern (Einkommen-, Körperschaft- und Gewerbesteuer) und der auf Einkommen- bzw. Körperschaftsteuer anfallende Solidaritätszuschlag eine wesentliche, das Investitionsprojekt u.U. stark beeinflussende Rolle.

Darüber hinaus erfolgt eine Erfassung des Steuereinflusses in Investitionsrechnungsmodellen i.d.R. in der Berechnung des Kalkulationszinssatzes. Da Eigenkapitalzinsen einer Besteuerung unterliegen bzw. Fremdkapitalzinsen i.d.R. eine abzugsfähige Betriebsausgabe darstellen, muss eine **Korrektur des Kalkulationszinssatzes** erfolgen. Ausgehend von einem Steuersatz s ist also im Modell mit folgendem – gegenüber der Investitionsrechnung ohne Berücksichtigung von Steuereinflüssen – veränderten Kalkulationszinssatz zu rechnen:

$$\boxed{i_s = (1-s) \cdot i}$$

B. Der Einfluss verschiedener Steuerarten auf die Investitionsentscheidung[232]

1. Die Ertragsteuern

Eine Berücksichtigung der vom Periodengewinn abhängigen Ertragsteuern in der Investitionsrechnung ist besonders problematisch, da

- die von einem Einzelprojekt ausgelöste Gewinnänderung zugrunde zu legen ist,
- die steuerpflichtigen Periodengewinne i.d.R. nicht mit den Einzahlungsüberschüssen der einzelnen Perioden übereinstimmen,
- der einkommen- bzw. körperschaftsteuerpflichtige Gewinn infolge der gewerbesteuerlichen Hinzurechnungs- und Kürzungsvorschriften nicht mit dem gewerbesteuerpflichtigen Gewinn übereinstimmt,
- bei der Einkommensteuer zum einen wegen des progressiven Tarifs die Steuerbelastung nicht nur vom Gewinn des untersuchten Investitionsprojekts abhängt, sondern auch vom Gesamtgewinn des Unternehmens, von dessen Aufteilung auf die Kapitaleigner sowie von deren sonstigen Einkünften und von deren persönlichen Verhältnissen, und zum anderen nicht entnommene Gewinne aus Gewinneinkunftsarten gem. § 34a EStG auf Antrag einem ermäßigten Steuersatz unterliegen,
- die Höhe der Gewerbesteuer entscheidend vom Hebesatz bestimmt wird,
- die Gewerbesteuer bei Personengesellschaften dergestalt berücksichtigt wird, dass sich die tarifliche Einkommensteuer des Gesellschafters gem. § 35 EStG um das 3,8fache des anteiligen Gewerbesteuermessbetrages vermindert (Gewerbesteueranrechnung).

Insb. die letzten fünf Aspekte verdeutlichen, dass die üblicherweise getroffene Unterstellung eines einheitlichen Ertragsteuersatzes, der noch dazu meist als über die Laufzeit der Investition konstant angenommen wird, durchaus problematisch ist.

Der bei der Investitionsrechnung zu berücksichtigende **Körperschaftsteuersatz** beträgt seit der Umsetzung der Unternehmensteuerreform 2008 einheitlich 15 % **zzgl. Solidaritätszuschlag**. Hinsichtlich des **Gewerbesteuersatzes** ist der Hebesatz zu berücksichtigen, dessen mögliche Bandbreite § 16 Abs. 4 S. 2 GewStG nach unten auf 200 % begrenzt.

Selbst wenn fiktiv davon ausgegangen wird, dass ein **Einzelunternehmer** ausschließlich Einkünfte aus Gewerbebetrieb erzielt, wird der **Einkommensteuersatz einschließlich Solidaritätszuschlagswirkung** nicht nur von den durch ein Investitionsprojekt ausgelösten Periodengewinnen bestimmt, sondern auch durch die ohne Realisierung dieses Projektes erzielten Periodenergebnisse. Da Letztere aber wiederum entscheidend von der gesamten Unternehmenspolitik beeinflusst werden, steht der jeweils von der Höhe des in einem bestimmten Jahr erwirtschafteten Periodenergebnisses abhängige Einkommensteuersatz erst fest, wenn

---

[232] Vgl. insb. BIEG, HARTMUT/KUßMAUL, HEINZ: Investition, 2. Aufl., München 2009, S. 151-179; BIEG, HARTMUT/KUßMAUL, HEINZ/WASCHBUSCH, GERD: Investition in Übungen, 2. Aufl., München 2009, S. 116-135; KUßMAUL, HEINZ: Berücksichtigung der Steuern und Geldentwertung in der Investitionsrechnung, in: StB 1995, S. 463-473 und StB 1996, S. 16-22, s.b.S. 464-467; WÖHE, GÜNTER/BIEG, HARTMUT: Grundzüge der Betriebswirtschaftlichen Steuerlehre, 4. Aufl., München 1995, S. 354-364.

Entscheidungen über die zukünftige Unternehmenstätigkeit getroffen wurden. Da hierüber aber letztlich nur entschieden werden kann, wenn die Einkommensteuersätze der zukünftigen Perioden bekannt sind, ist eine Lösung eigentlich nur i.R. einer die steuerliche Seite berücksichtigenden Simultanplanung möglich. Trotzdem wird man sich in der Praxis dadurch zu helfen versuchen, dass man den zukünftigen Unternehmenserfolg der einzelnen Perioden ohne Berücksichtigung von Einzelheiten der Investitionspolitik prognostiziert und den aus dem zur Entscheidung stehenden Investitionsprojekt resultierenden Grenzeinkommensteuersatz im zugrunde liegenden Investitionsrechnungsmodell verwendet.

Bei **Personengesellschaften** zeigen sich über die sowieso schon komplexe Entscheidungs- und Problemsituation bei Einzelunternehmen hinaus zusätzliche Schwierigkeiten, da sich für die einzelnen Gesellschafter wegen unterschiedlicher Gewinnanteile, unterschiedlicher anderer Einkünfte und unterschiedlicher persönlicher Verhältnisse u.U. stark differierende persönliche Grenzeinkommensteuersätze ergeben können. Wird mit dem höchsten der für die einzelnen Gesellschafter maßgebenden Grenzsteuersätze gerechnet, so orientiert man die Investitionsentscheidung an der individuellen Steuerbelastung des höchstbesteuerten Gesellschafters. Legt man der Rechnung den durchschnittlichen Grenzeinkommensteuersatz aller Gesellschafter zugrunde, so erfolgt eine Orientierung an der Steuerbelastung eines fiktiven „Durchschnittsgesellschafters".

Darüber hinaus haben **Einzelunternehmer und Mitunternehmer einer Personengesellschaft** die Möglichkeit gemäß § 34a EStG, nicht entnommene Gewinne auf Antrag unter bestimmten Voraussetzungen statt mit ihrem persönlichen progressiven Einkommensteuersatz mit einem ermäßigten Steuersatz i.H.v. 28,25 % zu besteuern. Somit müsste bereits zum Investitionszeitpunkt über die Verwendung der erwirtschafteten Gewinne entschieden werden. Zusätzlich ist zu beachten, dass bei einer Entnahme in späteren Jahren eine Nachversteuerung erfolgt. Festzustellen bleibt aber, dass die Verwendung eines noch so grob geschätzten Ertragsteuersatzes in der Investitionsrechnung in jedem Fall einer Vernachlässigung der Steuerbelastung bei Investitionsentscheidungen vorzuziehen ist.

Das Problem des Anfalls von Ertragsteuern und damit der Pflicht zur Berücksichtigung in der Investitionsrechnung stellt sich allerdings nur dann, wenn in einer Periode ein zu versteuernder Gewinn erwirtschaftet wurde. Solange unterstellt wird, dass die Einzahlungsüberschüsse der einzelnen Perioden jeweils den steuerpflichtigen Gewinnen dieser Perioden entsprechen, können gewinnabhängige Steuern nur dazu führen, dass ein erzielter Einzahlungsüberschuss um die Höhe der anfallenden Steuerzahlungen verringert wird. Aus einem Einzahlungsüberschuss vor Ertragsteuern kann, solange der Ertragsteuersatz 100 % nicht übersteigt, bei Unterstellung eines derartigen Sachverhaltes konsequenterweise also kein Auszahlungsüberschuss nach Ertragsteuern entstehen.

In der Realität stimmen aber die Einzahlungen und Auszahlungen der einzelnen Perioden nicht mit den Betriebseinnahmen (Erträgen) und mit den abzugsfähigen Betriebsausgaben (Aufwendungen) derselben Perioden, aus denen sich die steuerpflichtigen Gewinne dieser Perioden errechnen, überein. Hierfür sind insb. – wenn auch keineswegs allein – **Abschreibungen (Absetzungen für Abnutzung)** und **(langfristige) Rückstellungen** verantwortlich. Während bei den Abschreibungen die bilanztechnische Aufwandsverrechnung nach der

Auszahlung erfolgt, geht im Fall der Rückstellungen die Aufwandsverrechnung dem Auszahlungsvorgang voraus.

Im Folgenden sollen kurz die Auswirkungen des **zeitlichen Auseinanderfallens der Auszahlungen und der abzugsfähigen Betriebsausgaben** am Beispiel der Absetzungen für Abnutzung (AfA) dargestellt werden. Dabei erfolgt eine Verteilung der Anschaffungsauszahlungen im Wege der Abschreibungen auf die Jahre der Nutzung. Sieht man (aus Vereinfachungsgründen) von gewerbesteuerlichen Hinzurechnungen und Kürzungen bei der Ermittlung des Gewerbeertrags ab, so erhält man den steuerpflichtigen Gewinn G_t einer Periode t, wenn der Einzahlungsüberschuss Z_t um die steuerliche Absetzung für Abnutzung dieser Periode (AfA_t) vermindert wird. Liegt des Weiteren ein in allen Perioden unveränderter Ertragsteuersatz s als Entscheidungsbasis zugrunde, so verbleibt in jeder Periode ein Einzahlungsüberschuss nach Ertragsteuern i.H.d. Differenz zwischen dem Einzahlungsüberschuss vor Ertragsteuern und dem mit dem proportionalen Ertragsteuersatz s multiplizierten steuerpflichtigen Gewinn G_t. Unter Zugrundelegung dieser Prämissen beträgt der **Kapitalwert C_{0s}** bei Unterstellung des Nichtauftretens eines Liquidationserlöses:

$$C_{0s} = -A_0 + \sum_{t=1}^{n}(Z_t - (Z_t - AfA_t) \cdot s) \cdot (1 + i_s)^{-t}$$

Unter der Voraussetzung einer – nach §§ 10d EStG und 10a GewStG nicht zwingend möglichen – vollständigen Verlustverrechnung in jeder entscheidungsrelevanten Periode ist der Kapitalwert eines Investitionsprojektes um so höher, je mehr eine Verschiebung des Verrechnungszeitraums der Abschreibungsbeträge in die Nähe des Investitionszeitpunktes gelingt.

Im Vergleich zu einer linearen Abschreibung hat jede höhere Abschreibungsverrechnung in den ersten Jahren einen niedrigeren steuerpflichtigen Gewinn und somit auch eine verringerte Steuerzahlung i.H.d. mit dem proportionalen Ertragsteuersatz multiplizierten Differenz der Abschreibungsbeträge zur Folge. In späteren Abschreibungsperioden muss dagegen mit einem entsprechenden Steuermehraufwand gerechnet werden, da die Gesamtabschreibung für ein bestimmtes Investitionsobjekt auf die Anschaffungs- bzw. Herstellungskosten des Wirtschaftsgutes begrenzt ist.

Die Kapitalwertmethode bringt in den unterschiedlich hohen Kapitalwerten bei Anwendung verschiedener Abschreibungsverfahren zum Ausdruck, dass der Investor die jeweils im Vergleich zu einem anderen Abschreibungsverfahren derzeit noch nicht zu zahlenden Ertragsteuerbeträge höher gewichtet als die späteren Nachzahlungen, da sie zum Kalkulationszinssatz angelegt werden können.

Während bislang die Möglichkeit der Erzielung eines Liquidationserlöses bzw. der Entstehung eventueller Abbruch- bzw. Entsorgungskosten am Ende der Nutzungsdauer eines Investitionsprojekts und die damit einhergehenden Konsequenzen vernachlässigt wurden, findet im Folgenden eine Erfassung auch dieser Aspekte statt. Für die ertragsteuerlichen Auswirkungen maßgebend ist dabei, ob sich i.R.d. Liquidation des Wirtschaftsgutes ein Veräußerungsgewinn (bei Restverkaufserlös L_n > Restbuchwert RB_n) oder ein Veräußerungsverlust (Restverkaufserlös L_n < Restbuchwert RB_n) ergibt. Möchte man die resultierende Ertragsteuerzahlung auf einen ggf. entstehenden Veräußerungsgewinn bzw. die Ertragsteuerminderung im Falle eines Veräußerungsverlustes in der Investitionsentscheidung explizit berücksichtigen, so ist die vorstehende Formel bei der Betrachtung sowohl von abnutzbaren als auch von nicht abnutzbaren Investitionsobjekten um folgenden Faktor zu erweitern:

$$\text{Formel} + \left(L_n - \left(L_n - RB_n \right) \cdot s \right) \cdot \left(1 + i_s \right)^{-n}$$

2. Die gewinnunabhängigen Steuern

Betriebsgrundstücke unterliegen gem. § 2 GrStG der **Grundsteuer**; sie ist folglich ggf. in die Investitionsrechnung einzubeziehen.

Erwirbt ein Betrieb Wirtschaftsgüter gegen Entgelt von einem Umsatzsteuerpflichtigen, so sind diese mit **Umsatzsteuer** belastet. Die dabei zu zahlende sog. „Vorsteuer" ist auf der Rechnung gesondert auszuweisen und kann von der eigenen Umsatzsteuerschuld abgesetzt werden. Da die jeweils in Rechnung gestellten Vorsteuern bzw. die Umsatzsteuerschuld i.R.d. Rechnungsbeträge zu Aus- bzw. Einzahlungen geführt haben und der Saldo dieser beiden Größen im Voranmeldungszeitraum zu einer Umsatzsteuerzahllast bzw. zu einem Umsatzsteuererstattungsanspruch führten, beeinflusst die Umsatzsteuer – abgesehen von geringen zeitlichen Verzögerungen – die für die Investitionsrechnung entscheidenden Aus- und Einzahlungen nicht. Bei Unternehmen, die nicht zum Vorsteuerabzug berechtigt sind – z.B. Ärzte –, erhöhen sich durch die in Rechnung gestellte Umsatzsteuer die Anschaffungskosten, sodass dort mit einer entsprechend höheren Anschaffungsauszahlung und im Falle abnutzbarer Investitionsobjekte in den Folgeperioden mit niedrigeren Ertragsteuerzahlungen infolge erhöhter Abschreibungsbeträge zu rechnen ist.

In der Investitionsrechnung können **Nettorechnungsbeträge** (nach Abzug der Vorsteuer bzw. nach Abzug der den Kunden in Rechnung gestellten Umsatzsteuer) als Aus- bzw. Einzahlungen angesetzt werden, da dies dem Charakter des umsatzsteuerlichen Voranmeldungsverfahrens entspricht.

Steuern, die die Beschaffung eines Investitionsobjekts belasten (z.B. **Grunderwerbsteuer**), gehen als Auszahlungen in die Investitionsrechnung ein. Gem. ihrer buchtechnischen Behandlung wirken sich diese Steuern auch auf die Gewinnsteuerzahlungen aus. Sowohl in der Handels- als auch in der Steuerbilanz müssen sie als Bestandteil der Anschaffungskosten (sog. **Anschaffungsnebenkosten**) aktiviert werden. Eine Veränderung der Gewinnsteuerzahlungen ergibt sich damit prinzipiell erst während der Nutzungszeit bzw. zum Verkaufszeitpunkt. Können für das beschaffte Investitionsobjekt Abschreibungen verrechnet werden, erfolgt eine Verteilung der Anschaffungsnebenkosten mit den Abschreibungen auf die Jahre der Nutzung des Investitionsobjektes; Letztere mindern entsprechend dem Abschreibungsverlauf den steuerpflichtigen Gewinn. Besteht hingegen keine steuerliche Abschreibungsmöglichkeit, so wirken sich die aktivierten Anschaffungsnebenkosten erst in der Periode des Verkaufs des Wirtschaftsgutes auf den steuerpflichtigen Gewinn aus.

Lassen sich die auf den Betrieb im Preis des Investitionsobjekts (sowie in den späteren Auszahlungen) überwälzten Steuern nicht ermitteln, so stellt sich das Problem der Zweckmäßigkeit der Berücksichtigung dieser Steuern in der Investitionsrechnung nicht; sie stellen einen Bestandteil des Anschaffungspreises dar und gehen als Auszahlungen von selbst in die Rechnung ein.

C. Modellmäßige Erfassung der Gewinnsteuern[233]

Im Wesentlichen werden folgende Ansätze/Modelle zur Berücksichtigung von Steuern bei der Berechnung des Kapitalwerts einer Investition unterschieden:

- **Standardmodell** (Nettomethode II): Modell zur Berücksichtigung von Ertragsteuern, bei dem die um die AfA gekürzten Rückflüsse die steuerliche Bemessungsgrundlage bilden; Berücksichtigung des Entlastungseffekts durch die steuerliche Abzugsfähigkeit von Fremdkapitalzinsen im Kalkulationszinssatz.
- **Erweiterungen des Standardmodells**:
    - für den Fall einer projektbezogenen Finanzierung (Nettomethode I) und
    - bei Gewährung staatlicher Investitionshilfen.
- **Bruttomethode**: Pauschale Berücksichtigung der gesamten Ertragsteuerentwicklungen über die Festlegung des Kalkulationszinssatzes; es erscheinen auch in der Rechnung nach Steuern keine Ertragsteuerzahlungen in der Zahlungsreihe der Investition.

1. Das Standardmodell

Für den Kapitalwert C_{0s} einer Investition nach Steuern sieht der Ansatz bei Anwendung des Standardmodells (sog. Nettomethode II)[234] folgendermaßen aus:

$$C_{0s} = -A_0 + \sum_{t=1}^{n}(Z_t - (Z_t - AfA_t) \cdot s) \cdot (1+i_s)^{-t} + (L_n - (L_n - RB_n) \cdot s) \cdot (1+i_s)^{-n}$$

Dabei ist:
- C_{0s} = Kapitalwert der Investition nach Steuern;
- A_0 = Anfangsauszahlung (Anschaffungsauszahlung) im Zeitpunkt t_0;
- Z_t = Einzahlungsüberschuss ($E_t - A_t$) der Periode t mit $Z_t > 0$ oder $Z_t < 0$;
- i_s = Kalkulationszinssatz nach Steuern;
- s = Ertragsteuersatz;
- L_n = Liquidationserlös ($L_n > 0$) bzw. -auszahlung ($L_n < 0$);
- RB_n = Restbuchwert im Zeitpunkt t = n.

---

[233] Vgl. BIEG, HARTMUT/KUßMAUL, HEINZ: Investition, 2. Aufl., München 2009, S. 159-170; BLOHM, HANS/LÜDER, KLAUS/SCHAEFER, CHRISTINA: Investition, 10. Aufl., München 2012, S. 101-115; KUßMAUL, HEINZ: Berücksichtigung der Steuern und Geldentwertung in der Investitionsrechnung, in: StB 1995, S. 463-473 und StB 1996, S. 16-22, s.b.S. 467-471.

[234] Vgl. HEINHOLD, MICHAEL: Unternehmensbesteuerung, Bd. 3: Investition und Finanzierung, Stuttgart 1996, S. 43-86.

In den **Ertragsteuersatz s** muss bei Gewerbebetrieben neben dem Einkommen- bzw. Körperschaftsteuersatz $s_{e/k}$ der Gewerbesteuersatz s_{ge} mit einbezogen werden.[235] Des Weiteren ist zu berücksichtigen, dass bei Einzelunternehmen und Personengesellschaften nach § 35 EStG eine pauschale Anrechnung der Gewerbesteuer i.H.d. 3,8fachen Gewerbesteuermessbetrages (MB; vgl. S. 408), der dem Faktor (s_{ge} / H) entspricht, erfolgt; insofern ist das Modell dort entsprechend zu modifizieren. Hinzuweisen ist an dieser Stelle auf die gem. § 1 GewStG festgelegte Pflicht zur Erhebung der Gewerbesteuer i.V.m. dem in § 16 Abs. 4 S. 2 GewStG festgelegten Mindesthebesatz i.H.v. 200 %.

Für den Ertragsteuerfaktor bei Kapitalgesellschaften ergibt sich ohne Berücksichtigung des Solidaritätszuschlags:

$$s = s_{e/k} + s_{ge}$$

bzw. mit Solidaritätszuschlagswirkung:

$$s = s_{e/k} \cdot (1 + s_{SolZ}) + s_{ge}$$

Für den Ertragsteuerfaktor bei Einzelunternehmen und Personengesellschaften ergibt sich dann ohne Berücksichtigung des Solidaritätszuschlags:

$$s = s_{e/k} - \frac{1}{H} \cdot s_{ge} \cdot 3{,}8 + s_{ge}$$

bzw. mit Solidaritätszuschlagswirkung:

$$s = \left(s_{e/k} - \frac{1}{H} \cdot s_{ge} \cdot 3{,}8\right) \cdot (1 + s_{SolZ}) + s_{ge}$$

Aus Vereinfachungsgründen wird im Grundmodell angenommen, dass $s_{e/k}$ dem Spitzengrenzsteuersatz (45 % bei der Einkommensteuer seit VAZ 2008; 15 % bei der Körperschaftsteuer seit VAZ 2008) entspricht. Dadurch ist es möglich, auf einen Periodenindex für den Einkommensteuersatz und die schwierige Abschätzung zukünftiger Einkommensverhältnisse, die den Steuersatz beeinflussen, zu verzichten.

Der **Gewerbesteuersatz s_{ge}** ist abhängig von der Höhe des Hebesatzes, der von den Gemeinden unterschiedlich festgelegt wird, und von der Höhe der Steuermesszahl, die gemäß § 11 Abs. 2 GewStG einheitlich 3,5 % beträgt. Bei Annahme eines Hebesatzes von 400 % auf eine Steuermesszahl von 3,5 % ergibt sich ein Steuersatz von 14 %, der sich nach folgender Formel ermittelt:

$$s_{ge} = \text{Steuermesszahl m} \cdot \text{Hebesatz H}$$

Unter diesen Voraussetzungen beträgt der Ertragsteuerfaktor s ohne Berücksichtigung des Solidaritätszuschlags:

---

[235] Im Folgenden wird für Einzelunternehmen und Personengesellschaften jeweils davon ausgegangen, dass die Thesaurierungsbegünstigung mit Nachversteuerung gem. § 34a EStG keine Anwendung findet.

- bei einem Körperschaftsteuersatz von 15 %:

    $s = 0{,}15 + 0{,}14 = 0{,}29$;

- bei einem Einkommensteuersatz von 45 %:

    $s = 0{,}45 - (0{,}14 \div 4) \cdot 3{,}8 + 0{,}14 = 0{,}457$;

mit Berücksichtigung der Solidaritätszuschlagswirkung

- bei einem Körperschaftsteuersatz von 15 %:

    $s = 0{,}15 \cdot (1 + 0{,}055) + 0{,}14 = 0{,}29825$;

- bei einem Einkommensteuersatz von 45 %:

    $s = (0{,}45 - (0{,}14 \div 4) \cdot 3{,}8) \cdot (1 + 0{,}055) + 0{,}14 = 0{,}474435$.

Bei Kapitalgesellschaften ist zu beachten, dass im Ausschüttungsfall eine zusätzliche Steuerbelastung resultiert (vgl. S. 359).

Der Ertragsteuersatz auf den bei Liquidation des Investitionsobjektes evtl. anfallenden Veräußerungsgewinn ($L_n - RB_n$) kann von dem für die Versteuerung der sonstigen Rückflüsse anzuwendenden Steuersatz s abweichen, soweit ein ermäßigter Steuersatz zum Tragen kommt oder die Übertragung von stillen Reserven auf andere Wirtschaftsgüter möglich ist. Wie hier, werden auch für die Steuerbemessungsgrundlagen im Grundmodell vereinfachte Annahmen getroffen, so insb., dass Hinzurechnungen und Kürzungen gem. §§ 8 und 9 GewStG beim Gewerbeertrag nicht vorgenommen werden müssen. Die Hinzurechnung von Schuldzinsen entfällt, wenn das Investitionsobjekt mit Eigenkapital finanziert ist oder bei einer Finanzierung mit Fremdkapital der Freibetrag für Zinsen und andere Hinzurechnungsbeträge nach § 8 Nr. 1 GewStG von 100.000 € nicht überschritten wird.

Der **Kalkulationszinssatz nach Steuern i_s** wird i.Allg. durch Kürzungen des Kalkulationszinssatzes vor Steuern i um die durch den Ertragsteuersatz s bewirkte Renditeminderung bestimmt:

$$i_s = (1 - s) \cdot i$$

Eine derartige Vorgehensweise unterstellt, dass auch die Alternativanlage innerhalb des Gewerbebetriebs erfolgt und dem Ertragsteuersatz s unterliegt. Besteht die Alternative dagegen in einer privaten Finanzanlage, so ist der Kalkulationszinssatz i nur um den Einkommensteuersatz $s_{e/k}$, also um i · $s_{e/k}$ zu kürzen, da Gewerbesteuer nicht anfällt. Handelt es sich um eine steuerbefreite Alternative, so ist der Kalkulationszinssatz i vor Steuern ungekürzt zu verwenden.

Der Kalkulationszinsfuß soll bei unvollkommenem Kapitalmarkt neben dem Zinssatz der verdrängten optimalen Alternative ggf. auch noch den Zinssatz für Fremdkapital und für Ergänzungsinvestitionen zum Ausdruck bringen. Durch die Einbeziehung der Steuern werden die Möglichkeiten der Deckungsgleichheit dieser Zinssätze weiter verringert, da steuerlich zu unterscheiden ist, ob Zinsen im Gewerbebetrieb – steuerliche Abzugsfähigkeit der Kreditzinsen zu drei Viertel; Habenzinsen unterliegen der Gewerbesteuer – oder im Privatvermögen anfallen. Da die Identität von Soll- und Habenzinsfuß (Prämisse des vollkommenen Kapitalmarkts) nicht als gegeben angesehen werden kann und gespaltene Sollzinsfüße auftreten, muss im Grundmodell eine Finanzierung des Investitionsobjektes mit Eigenkapital sowie der – tatsächlich nicht zwingend zulässige – sofortige Ausgleich eines evtl. auftretenden Verlustes unterstellt werden.

Durch die Einbeziehung von Verlustsituationen sowie von Substanzsteuern kann das Grundmodell der Berücksichtigung von Steuern im Investitionskalkül erweitert werden. Des Weiteren ist der Übergang vom Kapitalwertkriterium zum Endwertkriterium und damit die Berücksichtigung eines gespaltenen Soll- und Habenzinsfußes möglich.[236]

Folgende **Prämissen** liegen dem **Standardmodell** zugrunde:

1. **Existenz einer Einheitsertragsteuer, der alle Gewinne unterliegen**: Charakteristisch für diese ist eine allgemein und einheitlich definierte Bemessungsgrundlage sowie ein von der Höhe der Bemessungsgrundlage unabhängiger Steuersatz (proportionaler Tarif ohne Freibeträge: Grenzsteuersatz entspricht dem Durchschnittssteuersatz); unberücksichtigt bleiben also insb. die Unterschiede in der Bemessungsgrundlage von Einkommensteuer bzw. Körperschaftsteuer und Gewerbesteuer und die Abhängigkeit des Einkommensteuersatzes von der Höhe des Einkommens.

2. **Heranziehung des Periodenerfolgs (G_t) und des Veräußerungserfolgs ($L_n - RB_n$) als Bemessungsgrundlagen für die Ermittlung der Ertragsteuerzahlungen**: Ermitteln lässt sich der Periodenerfolg als Differenz zwischen dem Einzahlungsüberschuss einer Periode ($E_t - A_t$) und den steuerlichen Abschreibungen dieser Periode (AfA_t). Keine Berücksichtigung finden steuerliche Konsequenzen der Abzugsfähigkeit aller nicht zahlungswirksamen Aufwendungen, soweit sie nicht Abschreibungen sind; auch erfolgt eine Abstrahierung von der Tatsache, dass die Zeitpunkte der Erfolgsrealisierung und der Zahlung auseinander fallen können.

   Der Veräußerungserfolg kann berechnet werden aus dem Liquidationserlös abzgl. des Restbuchwertes des Investitionsobjekts zum Zeitpunkt der Veräußerung; eine teilweise oder vollständige Befreiung des Veräußerungserfolges von der Ertragsbesteuerung infolge der Regelungen des § 6b EStG bleibt außer Acht.

3. **Auslösung einer Steuerzahlung durch Perioden- bzw. Veräußerungsgewinn, Erlangen einer Steuerersparnis durch Perioden- bzw. Veräußerungsverlust**: Steuerwirkungen werden stets der Periode der Erfolgsentstehung zugerechnet (sofortige Besteuerung bzw. sofortiger Verlustausgleich); im Falle des Auftretens eines Periodenverlustes bei einem Investitionsobjekt wird demgemäß unterstellt, dass der Gesamterfolg des Unternehmens in dieser Periode nicht negativ ist bzw. eine unmittelbare Verlustrücktragsmöglichkeit besteht.

4. **Unabhängigkeit des Steuersatzes von der Höhe des Erfolgs und Unverändertheit im Zeitablauf, gleichermaßen Gültigkeit für Periodenerfolg und Veräußerungserfolg**: Angesetzt wird i.Allg. der maximale Grenzsteuersatz der Einkommensteuer (keine Berücksichtigung der Thesaurierungsbegünstigung gem. § 34a EStG) bzw. der Steuersatz

---

[236] Vgl. zu den letzten beiden Absätzen PERRIDON, LOUIS/STEINER, MANFRED/RATHGEBER, ANDREAS: Finanzwirtschaft der Unternehmung, 16. Aufl., München 2012, S. 81.

für einbehaltene Gewinne bei der Körperschaftsteuer, wobei regelmäßig die Wirkungen der Gewerbesteuer und des Solidaritätszuschlags zusätzlich berücksichtigt werden.

5. **Gleichheit des Sollzinssatzes vor Steuern und des Habenzinssatzes vor Steuern**: Es wird ein vollkommener und für den Investor unbeschränkter Kapitalmarkt unterstellt.

2. Die Erweiterung des Standardmodells zur Berücksichtigung einer projektbezogenen Finanzierung

Zur Berücksichtigung einer projektbezogenen Finanzierung muss die Zahlungsreihe des Standardmodells um Finanzierungszahlungen und um die Steuerwirkungen der Abzugsfähigkeit von Fremdkapitalzinsen als Betriebsausgaben erweitert werden. Diese Aufgabe erfüllt das Modell der sog. **Nettomethode I**. Der Kapitalwert einer Investition nach Steuern C_{0s} lässt sich dabei als Summe der für Eigenkapital und Fremdkapital getrennt errechneten Kapitalwerte der Investition darstellen. Es ist grundsätzlich möglich, dass der Eigenkapitalkostensatz b_e^s und der Fremdkapitalkostensatz b_f^s nach Steuern voneinander abweichen. Es ergibt sich folgender Kapitalwert nach Steuern C_{0s}:

$$C_{0s} = -A_0 + \sum_{t=1}^{n}(Z_t - (Z_t - AfA_t - ZZ_t) \cdot s) \cdot (1 + b_e^s)^{-t} + (L_n - (L_n - RB_n) \cdot s) \cdot (1 + b_e^s)^{-n}$$
$$- \sum_{t=0}^{n}(Y_t + ZZ_t) \cdot (1 + b_e^s)^{-t} + \sum_{t=0}^{n}(Y_t + ZZ_t) \cdot (1 + b_f)^{-t}$$

Dabei ist: ZZ_t = Zinszahlungen in Periode t;

b_e^s = Eigenkapitalkostensatz nach Steuern;

b_f = Fremdkapitalkostensatz;

Y_t = Kreditaufnahme ($Y_t < 0$) bzw. Kredittilgung ($Y_t > 0$) in der Periode t.

Bei Unterstellung einer Kreditaufnahme ohne Disagio vereinfacht sich die oben stehende Formel:

$$C_{0s} = -A_0 + \sum_{t=1}^{n}(Z_t - (Z_t - AfA_t - ZZ_t) \cdot s) \cdot (1 + b_e^s)^{-t} + (L_n - (L_n - RB_n) \cdot s) \cdot (1 + b_e^s)^{-n}$$
$$- Y_0 - \sum_{t=1}^{n}(Y_t + ZZ_t) \cdot (1 + b_e^s)^{-t}$$

Durch Umstellung dieser Formel gelangt man bei einer Kreditaufnahme ohne Disagio zu folgender vereinfachter Darstellung:

$$C_{0s} = -A_0 - Y_0 + \sum_{t=1}^{n}(Z_t - (Z_t - AfA_t - ZZ_t) \cdot s - Y_t - ZZ_t) \cdot (1 + b_e^s)^{-t}$$
$$+ (L_n - (L_n - RB_n) \cdot s) \cdot (1 + b_e^s)^{-n}$$

Die Anwendung der Nettomethode I macht generell eine projektindividuelle Bestimmung der Fremdkapitalein- und -rückzahlungen Y_t und der Fremdkapitalzinszahlungen ZZ_t erforderlich. Liegt keine projektbezogene Finanzierung vor, so ist diese Methode nur anwendbar, wenn man sich mit der Annahme einer für alle Investitionen geltenden Finanzierungsregel behilft.

3. Die Erweiterung des Standardmodells zur Berücksichtigung staatlicher Investitionshilfen

Unter den Begriff der staatlichen Investitionshilfen fallen **Steuervergünstigungen** (Sonderabschreibungen, Investitionszulagen) und **Finanzhilfen** (Zuschüsse, insb. Investitionszuschüsse, Darlehen).

Da sich **Sonderabschreibungen** unmittelbar im Standardmodell berücksichtigen lassen und **projektbezogene Darlehenshilfen** i.R.d. Nettomethode I mit in die Investitionsentscheidung einbezogen werden können, besteht keine Notwendigkeit, diese Formen staatlicher Investitionshilfen bezüglich ihrer modellmäßigen Erfassung zu erörtern. Einer speziellen Betrachtung bedarf es dagegen hinsichtlich der Investitionszulagen und Investitionszuschüsse.

Unter dem Begriff „**Investitionszulagen**" werden nicht rückzahlbare staatliche Geldmittel zur Durchführung von Investitionen erfasst, die bei Vorliegen der Fördervoraussetzungen des Investitionszulagengesetzes gewährt werden. Sie zählen nicht zu den Einkünften i.S.d. Einkommensteuergesetzes (vgl. bspw. § 13 InvZulG 2010[237]).

Der Ausdruck „**Investitionszuschüsse**" verkörpert ebenfalls nicht rückzahlbare staatliche Geldmittel zur Durchführung von Investitionen, jedoch im Vergleich zu Investitionszulagen mit dem Unterschied, dass auf Investitionszuschüsse – auch bei Erfüllung der Fördervoraussetzungen – kein Rechtsanspruch besteht und sie des Weiteren zu den Einkünften i.S.d. EStG gehören und deshalb zu versteuern sind. Nach R 6.5 Abs. 2 EStR hat der Steuerpflichtige bei der Versteuerung der Investitionszuschüsse grundsätzlich ein Wahlrecht. Er kann sie entweder als Betriebseinnahmen ansetzen und damit in der Zahlungsperiode erfolgswirksam berücksichtigen oder erfolgsneutral behandeln. Während im ersten Fall die Anschaffungs- oder Herstellungskosten der betreffenden Wirtschaftsgüter nicht berührt werden, dürfen die Anlagegüter, für die die Zuschüsse gewährt worden sind, im zweiten Fall „nur mit den Anschaffungs- oder Herstellungskosten bewertet werden, die der Steuerpflichtige selbst ... aufgewendet hat" (R 6.5 Abs. 2 S. 3 EStR); damit sind die Zuschüsse im Ergebnis bei den Anschaffungs- oder Herstellungskosten abgezogen worden. Bei abnutzbaren Wirtschaftsgütern bedeutet das eine Verteilung der Besteuerung der Zuschüsse auf die betriebsgewöhnliche Nutzungsdauer durch Verringerung der Absetzungen für Abnutzung.

Sollen Investitionszulagen und Investitionszuschüsse bei der Ermittlung des Kapitalwertes nach Steuern anhand des Standardmodells berücksichtigt werden, so ist die Zahlungsreihe entsprechend zu modifizieren.

---

[237] Vgl. Investitionszulagengesetz 2010 (InvZulG 2010) vom 07.12.2008, BGBl I 2008, S. 2350.

Im Falle der **erfolgswirksamen Verrechnung** von Investitionszuschüssen ergibt sich für den Kapitalwert nach Ertragsteuern und staatlichen Investitionsfördermaßnahmen:

$$C_{0s}^{IF} = \sum_{t=0}^{n} \left(Z_t + IZL_t + IZS_t - (Z_t + IZS_t - AfA_t) \cdot s\right) \cdot (1+i_s)^{-t}$$
$$+ (L_n - (L_n - RB_n) \cdot s) \cdot (1+i_s)^{-n}$$

Bei **erfolgsneutraler Verrechnung** von Investitionszuschüssen gilt für den Kapitalwert nach Ertragsteuern und staatlichen Investitionsfördermaßnahmen:

$$C_{0s}^{IF} = \sum_{t=0}^{n} \left(Z_t + IZL_t + IZS_t - (Z_t - (AfA_t - \Delta IZS_t)) \cdot s\right) \cdot (1+i_s)^{-t}$$
$$+ (L_n - (L_n - RB_n) \cdot s) \cdot (1+i_s)^{-n}$$

mit: IF = Investitionsförderung;
IZL_t = Investitionszulage in der Periode t;
IZS_t = Investitionszuschuss in der Periode t;
ΔIZS_t = Minderung der planmäßigen steuerlichen Abschreibung der Periode t als Folge der Minderung der Anschaffungs- bzw. Herstellungskosten um den Zuschuss.

Insb. bei Anfangsverlusten infolge hoher Abschreibungen kann bei Investitionsvorhaben das sog. „**Steuerparadoxon**" beobachtet werden. Dabei wächst der Kapitalwert der Investition durch Einführung einer Steuer oder mit steigenden Steuersätzen. Zwar verringern die Gewinnsteuererhöhungen das Nettoeinkommen des Unternehmers bzw. des Unternehmens; es kann sich aber mit wachsenden Steuersätzen lohnen, andere Investitionsvorhaben zu wählen, welche die Steuererhöhung kompensieren oder zumindest mildern.[238] Eine eigenkapitalfinanzierte Sachinvestition bspw. wird mit steigenden Gewinnsteuersätzen vorteilhaft, wenn der Periodenüberschuss des Investitionsobjektes nach Abschreibungen negativ ist und das Unternehmen insgesamt noch Gewinn ausweist.[239]

4. Bruttomethode

Für den Kapitalwert einer Investition nach Ertragsteuern gilt bei Anwendung der Bruttomethode:

$$C_{0s}^{B} = \sum_{t=0}^{n} Z_t \cdot (1+i^B)^{-t} = -A_0 + \sum_{t=1}^{n} Z_t \cdot (1+i^B)^{-t}$$

Bei dieser Methode werden Ertragsteuern indirekt, d.h. durch entsprechende Festlegung des **Kalkulationszinssatzes i^B** in der Investitionsrechnung berücksichtigt.

---

[238] Vgl. SCHNEIDER, DIETER: Investition, Finanzierung und Besteuerung, 7. Aufl., Wiesbaden 1992, S. 246-250.
[239] Vgl. WACKER, WILHELM H./SEIBOLD, SABINE/OBLAU, MARKUS: Lexikon der Steuern, 2. Aufl., München 2005, S. 348-349.

Der zugrunde liegende Berechnungsansatz gleicht lediglich formelmäßig der Grundrechnung der Kapitalwertmethode. Die Grundform der Bruttomethode vernachlässigt die steuermindernde Wirkung von Abschreibungen bei der Festlegung des Kalkulationszinssatzes i^B; sie kann daher lediglich für nicht abschreibbare Investitionsvorhaben herangezogen werden. Unter der Annahme eines einheitlichen Ertragsteuersatzes s ergibt sich der Kalkulationszinssatz bei Eigenfinanzierung $i^B = i_e^B$ als Produkt aus gewünschtem Nettozinssatz, der in der Literatur unterschiedlich entweder als Eigenkapitalkostensatz vor Steuern oder als Eigenkapitalkostensatz nach Steuern interpretiert wird, und Korrekturfaktor:

$$\boxed{\frac{1}{1-s}}$$

Demgemäß beträgt der Kalkulationszinssatz für die Grundform der Bruttomethode bei **Eigenfinanzierung** im ersten Fall:

$$\boxed{i^B = i_e^B = \frac{b_e}{1-s}}$$

und im zweiten Fall:

$$\boxed{i^B = i_e^B = \frac{b_e^s}{1-s} = \frac{b_e \cdot (1-s)}{1-s} = b_e}$$

Der erste Ansatz sagt aus, dass der Kalkulationszinssatz i^B höher ist als der Kalkulationszinssatz bei Errechnung des Kapitalwertes ohne Berücksichtigung von Steuern. Plausibel erscheint dies in Fällen, in denen die Eigenkapitalgeber über eine steuerbefreite Alternativanlagemöglichkeit verfügen.

Bei steuerpflichtigen Alternativanlagemöglichkeiten dagegen ist bei Festsetzung des erwünschten Nettozinssatzes die Tatsache zu berücksichtigen, dass auch die Erträge aus Alternativanlagen besteuert werden. Diese Überlegung kommt im zweiten Ansatz zur Geltung. In diesem Fall ist der Kalkulationszinssatz i^B gleich dem Kalkulationszinssatz bei Errechnung des Kapitalwertes ohne Berücksichtigung von Steuern; dies bedeutet, dass die Grundform der Bruttomethode und die Kapitalwertrechnung vor Steuern nicht nur formal, sondern auch materiell identisch sind.

Der Kalkulationszinssatz bei **Fremdfinanzierung** $i^B = i_f^B$ wird gleich dem Fremdkapitalkostensatz b_f gesetzt. Da Fremdkapitalzinsen als Betriebsausgaben steuerlich abzugsfähig sind, muss für deren Abgeltung nur ein Verdienst i.H.d. Zinsen erfolgen.

Einigkeit besteht in der Literatur darüber, dass das Standardmodell und ggf. auch die Nettomethode I grundsätzlich der Bruttomethode vorzuziehen sind. Da die Steuerwirkungen unterschiedlicher Abschreibungsverläufe und unterschiedlicher Finanzierungsregeln bei Fremd- und Mischfinanzierung zumindest bei der Grundform der Bruttomethode unberücksichtigt bleiben, wird sie allenfalls als Näherungsverfahren akzeptiert.

II. Kurz- und mittelfristige Entscheidungen

Vgl. hierzu insb. FEDERMANN, RUDOLF: Steuerliche Aspekte des Marketing, in: Vahlens großes Marketinglexikon, hrsg. von HERMANN DILLER, 2. Aufl., München 2001, S. 1610 und 1611; KUßMAUL, HEINZ: Steuern und Marketing, in: Handwörterbuch des Marketing, hrsg. von BRUNO TIETZ u.a., 2. Aufl., Stuttgart 1995, Sp. 2379-2397; ROSE, GERD: Betriebswirtschaftliche Steuerlehre, 3. Aufl., Wiesbaden 1992, S. 268-271; SIEGEL, THEODOR: Steuerwirkungen und Steuerpolitik in der Unternehmung, Würzburg/Wien 1982, S. 97-102; SIMON, HERMANN: Preispolitik und Steuern, in: DB 1983, S. 185-188; WÖHE, GÜNTER/BIEG, HARTMUT: Grundzüge der Betriebswirtschaftlichen Steuerlehre, 4. Aufl., München 1995, S. 423-495; WÖHE, GÜNTER/MOHR, RUDOLF: Steuerliche Planung, in: agplan – Handbuch zur Unternehmensplanung, Bd. 2, hrsg. von HANS G. GRÜNEWALD u.a., Berlin (Loseblatt), Stand: März 2004, S. 1-110, s.b.S. 93-100.

A. Kostensteuern[240]

1. Der Kostencharakter der Steuern

Kurz- und mittelfristige unternehmerische Entscheidungen – bspw. Produktions- und Absatzentscheidungen, die im Folgenden näher betrachtet werden – zeichnen sich dadurch aus, dass sie mittels der Kostenrechnung **auf der Basis gegebener Kapazitäten** getroffen werden. Ausgehend von einer bestehenden, unveränderbaren Betriebsgröße sind diejenigen Kosten, die zur Aufrechterhaltung dieser gegebenen Betriebsbereitschaft anfallen, durch kurz- und mittelfristige Entscheidungen nicht beeinflussbar und folglich als nicht entscheidungsrelevant anzusehen. Anders ausgedrückt: In einer kurz- und mittelfristigen Entscheidungssituation ist **nur ein Teil der Gesamtkosten entscheidungsrelevant**. Steuern sind somit nur dann in kurz- und mittelfristige Entscheidungen einzubeziehen, wenn ihnen der Charakter von relevanten, d.h. der betreffenden Handlungsalternative direkt zurechenbaren Kosten zukommt (sog. „**Kostensteuern**").

Die Feststellung des Kostencharakters einer Steuerart kann nicht allgemein gültig, sondern nur für eine konkrete Entscheidungssituation erfolgen: Die zur Verfügung stehenden Handlungsalternativen sind daraufhin zu überprüfen, ob sie unterschiedlich besteuert werden. Nur wenn dies der Fall sein sollte – wenn also ein **Steuergefälle zwischen den einzelnen Handlungsalternativen** vorliegt –, besitzen Steuern Entscheidungsrelevanz. Konkret werden die für eine Handlungsalternative relevanten Steuern ermittelt, indem von den bei einer Realisierung dieser betrachteten Handlungsmöglichkeit anfallenden Steuern diejenigen Steuern zum Abzug kommen, die auch bei einem Unterlassen der Aktion anfallen würden. Nur diese **Steuerdifferenz**, d.h. der Besteuerungsunterschied zwischen der Realisierungsvariante und der Unterlassens- oder Vergleichsalternative, stellt also relevante Steuerkosten der jeweiligen Alternative dar.

2. Die Systematisierung der Steuern für Zwecke der Produktions- und Absatzplanung

Für Zwecke der Produktions- und Absatzplanung bietet sich eine Systematisierung der Steuern nach Gruppen mit gleichen Einflüssen auf den Verlauf von Kostenkurven an; als

---

[240] Vgl. WÖHE, GÜNTER/BIEG, HARTMUT: Grundzüge der Betriebswirtschaftlichen Steuerlehre, 4. Aufl., München 1995, S. 423-432.

zweckmäßig erweist sich i.Allg. eine Einteilung in Produktionsfaktorsteuern, Betriebsleistungssteuern und Gewinnsteuern.

Produktionsfaktorsteuern bemessen sich nach dem Preis oder der Menge der eingesetzten Produktionsfaktoren; sie belasten die Betriebsmittel und die Werkstoffe. Zu dieser Art von Steuern zählen u.a. die Grundsteuer, Kraftfahrzeugsteuer und Energiesteuer. Für den Einfluss der Steuern auf den Verlauf der Kostenkurven ist es wichtig zu wissen, welchen Kostencharakter (fix oder variabel) die jeweiligen Steuern aufweisen. Während sich fixe Kosten als von Veränderungen des Beschäftigungsgrades unabhängig erweisen, unterliegen variable Kosten bei Schwankungen des Beschäftigungsgrades einer Änderung.

Betriebsleistungssteuern, deren Bemessungsgrundlage die Menge oder der Preis der produzierten bzw. umgesetzten Betriebsleistungen ist, lassen sich demgemäß in Mengensteuern (insb. Verbrauchsteuern wie z.B. Energiesteuer und Tabaksteuer) und Preissteuern (z.B. Umsatzsteuer und Ausfuhrzölle) untergliedern. Betriebsleistungssteuern haben i.Allg. variablen Kostencharakter und können Entscheidungsalternativen beeinflussen, wenn sie zu einer Preisänderung und daraus resultierend zu einer Nachfrageveränderung der betreffenden Betriebsleistung führen.

Bemessungsgrundlage der **Gewinnsteuern** ist der nach dem Einkommen- oder Körperschaftsteuergesetz ermittelte steuerpflichtige Gewinn (Einkommensteuer bzw. Körperschaftsteuer) oder der hieraus unter Berücksichtigung bestimmter Hinzurechnungen oder Kürzungen errechnete Gewerbeertrag (Gewerbesteuer). Bemessungsgrundlage des zusätzlich zu berücksichtigenden Solidaritätszuschlags ist die zu zahlende Einkommen- bzw. Körperschaftsteuer. Diese Art von Steuern ist bei kurzfristigen Entscheidungen zwar grundsätzlich nicht als relevant anzusehen, jedoch können sie z.B. im Hinblick auf die Nichtabzugsfähigkeit bestimmter Betriebsausgaben unternehmerische Entscheidungen beeinflussen.

B. Steuern und Produktionsentscheidungen[241]

Der Begriff „Produktion" wird sehr unterschiedlich definiert; im Folgenden sollen darunter die betrieblichen Grundfunktionen verstanden werden, d.h. **Beschaffung, Transport und Lagerhaltung, Fertigung** sowie **Verwaltung und Kontrolle** dieser Bereiche.

Die nachfolgenden Ausführungen beschränken sich auf den Einfluss der Besteuerung auf **kurzfristige Entscheidungen**, wie die Ermittlung des optimalen Produktionsprogramms, die Wahl zwischen Eigenerstellung oder Fremdbezug, die Bestimmung der optimalen Seriengröße und Beschaffungsmenge, die Auftragsannahme bei gegebenen Preisen sowie Verfahrens- und Produktionsmittelwahlentscheidungen. Es wird dabei von der Konstanz folgender langfristig zu planender Größen ausgegangen:

– Betriebsmittelkapazitäten;

– langfristige Personalkapazitäten;

---

[241] Vgl. ROSE, GERD: Betriebswirtschaftliche Steuerlehre, 3. Aufl., Wiesbaden 1992, S. 268-271; WÖHE, GÜNTER/BIEG, HARTMUT: Grundzüge der Betriebswirtschaftlichen Steuerlehre, 4. Aufl., München 1995, S. 432-446; WÖHE, GÜNTER/MOHR, RUDOLF: Steuerliche Planung, in: agplan – Handbuch zur Unternehmensplanung, Bd. 2, hrsg. von HANS G. GRÜNEWALD u.a., Berlin (Loseblatt), Stand: März 2004, S. 1-110, s.b.S. 93-100.

- Grundstruktur des Produktions- und Absatzprogramms;
- Verpflichtungen durch langfristige Lieferverträge.

Bei nicht gegebener Konstanz dieser Größen können Entscheidungen mit den Instrumentarien der Investitionsrechnung auf der Grundlage von Ein- und Auszahlungen getroffen werden.

In der Folge wird der Einfluss der Besteuerung auf Beschaffungsentscheidungen sowie auf die Verfahrenswahl und die Kombination von substituierbaren Produktionsfaktoren beispielhaft analysiert.

1. Einfluss der Besteuerung auf Beschaffungsentscheidungen

I.R.d. Untersuchung kurzfristiger Beschaffungsentscheidungen wird an dieser Stelle eine Einschränkung auf die Beschaffung von Vorratsvermögen vorgenommen. Ein Steuereinfluss kann hier u.a. bei Entscheidungen über die optimale Bestellmenge, den Beschaffungszeitpunkt und die Lieferantenauswahl festgestellt werden.

a) Einfluss der Besteuerung auf die optimale Bestellmenge

Bei der Beschaffung von Vorratsvermögen strebt der Betrieb nach einer Minimierung der gesamten Beschaffungskosten, d.h., es wird versucht, die Summe aus den unmittelbaren Anschaffungskosten für die Vorräte, den bestellfixen Kosten, den Lager- und Zinskosten und den Fehlmengenkosten möglichst gering zu halten. Die gesamten Beschaffungskosten lassen sich formal in einem einfachen Grundmodell zur Ermittlung der optimalen Bestellmenge, das allerdings nicht alle entscheidungsrelevanten Parameter berücksichtigt, folgendermaßen erfassen:

$$K = B \cdot p + \frac{K_f}{m} \cdot B + \frac{m \cdot p}{2} \cdot q$$

mit:
B = mengenmäßiger Bedarf für ein Jahr;
m = Bestellmenge;
p = Einstandspreis pro Einheit frei Lager;
q = zusammengefasster Zins- und Lagerkostensatz pro Jahr;
K_f = bestellfixe Kosten;
K = Gesamtkosten der Beschaffung und Lagerung pro Jahr.

Wird diese Kostenfunktion nach m differenziert, so ergibt sich als optimale Bestellmenge:

$$m_{opt} = \sqrt{\frac{2 \cdot B \cdot K_f}{p \cdot q}}$$

und als optimale Bestellhäufigkeit:

$$h_{opt} = \frac{B}{m_{opt}}$$

Die Minimierung der Kostenfunktion führt zur Auswahl der optimalen Alternative aller Bestellmengen (zwischen einer Einheit des Produktes und des gesamten Jahresbedarfs).

Aus wirtschaftlicher Sichtweise bedeutet dies, dass abgewogen werden muss zwischen den Auswirkungen der bestellfixen Kosten je Beschaffungsvorgang, die tendenziell zu großen Bestellmengen und geringer Bestellhäufigkeit führen, und den bestellmengenabhängigen Lager- und Zinskosten, die eine Bevorzugung kleiner Bestellmengen und hoher Bestellhäufigkeit mit sich bringen. Dieser Zusammenhang wird aus Abb. 43[242] ersichtlich.

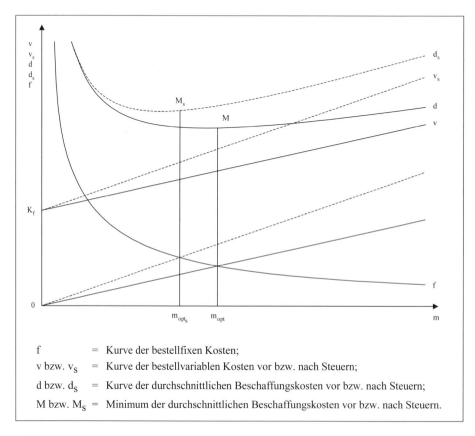

f	= Kurve der bestellfixen Kosten;
v bzw. v_s	= Kurve der bestellvariablen Kosten vor bzw. nach Steuern;
d bzw. d_s	= Kurve der durchschnittlichen Beschaffungskosten vor bzw. nach Steuern;
M bzw. M_s	= Minimum der durchschnittlichen Beschaffungskosten vor bzw. nach Steuern.

Abb. 43: Zusammenhang zwischen bestellfixen Kosten und bestellmengenabhängigen Lager- und Zinskosten

Kommt es nun zu einer Erhebung oder Erhöhung von Steuern, die der Lieferant in seinen Verkaufspreis überwälzen kann (v.a. Verbrauchsteuern, aber auch andere Steuerarten wie z.B. nicht als Vorsteuer abzugsfähige Umsatzsteuer oder Gewinnsteuern), so korreliert mit dem steigenden Einstandspreis eine Reduktion der Bestellmenge bzw. Erhöhung der Bestellhäufigkeit. Diese Steuern wirken wie eine Erhöhung der variablen Kosten und führen zu

---

[242] Entnommen aus WÖHE, GÜNTER/MOHR, RUDOLF: Steuerliche Planung, in: agplan – Handbuch zur Unternehmensplanung, Bd. 2, hrsg. von HANS G. GRÜNEWALD u.a., Berlin (Loseblatt), Stand: März 2004, S. 1-110, s.b.S. 95.

einer Drehung der Kurve der bestellvariablen Kosten um den Ordinatenabschnitt nach oben (von v zu v_s in Abb. 43, S. 188). Den gleichen Effekt haben Steuern, die zu einer Erhöhung der Lager- oder Zinskosten führen.

b) **Einfluss der Besteuerung auf den Bestellzeitpunkt und auf die Lieferantenauswahl**

Aufgrund des im Bereich der Steuerbilanz anzuwendenden Stichtagsprinzips kann eine entsprechende **Wahl des Bestellzeitpunkts** Vorteile bringen. Als typisches Beispiel diesbezüglich kann die im Rahmen der Bewertungsvereinfachung bekannte Festbewertung (§ 240 Abs. 3 HGB) gesehen werden, die einen gleichbleibenden Bestand fingiert und infolgedessen jede Ersatzbeschaffung direkt als Aufwand verbucht.

Die Beeinflussung der **Lieferantenauswahl** durch die Besteuerung hängt damit zusammen, dass für Lieferanten je nach Unternehmerstatus unterschiedliche Bestimmungen bezüglich der Entrichtung von Umsatzsteuer gelten. Dabei ist insb. an die Kleinunternehmerregelung des § 19 UStG zu denken (vgl. S. 448). Hat der Betrieb die Wahl, entweder von einem vorsteuerausweispflichtigen Unternehmer oder von einem Kleinunternehmer i.S.d. § 19 UStG gleichartige Waren zu gleichen Verkaufspreisen zu beziehen, erweist es sich i.d.R. als vorteilhaft, als Geschäftspartner Ersteren auszuwählen.

2. Einfluss der Besteuerung auf die Wahl des Produktionsverfahrens

Um betriebliche Leistungen erstellen zu können, muss der Betrieb auf bestimmte Werkstoffe, Betriebsmittel und Arbeitsleistungen zurückgreifen, deren unterschiedliche Kombinationen jeweils ein Produktionsverfahren repräsentieren. Ist dem Betrieb die Auswahl zwischen mehreren qualitativ unterschiedlichen Produktionsfaktorkombinationen möglich, so wird er das Verfahren realisieren, das die Erstellung einer bestimmten Leistung mit den geringsten Kosten ermöglicht. Treffen lässt sich eine derartige **Verfahrenswahlentscheidung** immer nur auf der Grundlage einer bestimmten Ausbringungsmenge.

Das charakteristische Merkmal der kurzfristigen Verfahrenswahl besteht darin, dass die Kapazitäten der wählbaren Verfahren dem Unternehmen bereits zur Verfügung stehen und dass bei der Entscheidung nur Kosten berücksichtigt werden müssen, die den einzelnen Verfahren (zusätzlich) zurechenbar sind. I.d.R. erfolgt dabei ein Vergleich eines mehr **arbeitsintensiven** Verfahrens mit einem mehr **anlageintensiven** Verfahren: Ersteres ist durch geringere fixe Kosten (z.B. Abschreibungen und Zinsen), dafür aber durch höhere variable Kosten (z.B. Löhne) charakterisiert, beim zweiten Verfahren ist es umgekehrt. Bei einer geringeren Ausbringungsmenge ist daher Verfahren I, bei einer hohen Ausbringungsmenge Verfahren II kostengünstiger. Die Menge m_k, bei der beide Verfahren die gleichen Gesamtkosten verursachen, bezeichnet man als kritische Menge. Bei dieser Menge wechselt die Vorteilhaftigkeit. Unter dem **Einfluss der Besteuerung** kann es zu einer Verschiebung dieser kritischen Menge kommen.

Nach der Abschaffung der Gewerbekapitalsteuer seit 1998 und der Nichterhebung der Vermögensteuer seit 1997 spielt der Einfluss der **Besteuerung eines fixen Produktionsfaktors** auf die Wahl des Produktionsverfahrens nur noch eine untergeordnete Rolle. Kommt es hingegen zu einer Erhebung oder Erhöhung von **Steuern auf einen variablen Produktionsfaktor** (z.B. Verbrauchsteuer auf einen Roh-, Hilfs- oder Betriebsstoff, der überwiegend von Verfahren I benötigt wird), so steigen die variablen Kosten bei beiden Verfahren an, bei Verfahren I aber relativ stärker, da es mehr von dem besteuerten Produktionsfaktor einsetzt. Graphisch führt dies zu einer Drehung der Kurven um ihren Ordinatenabschnitt nach oben, sodass sich die kritische Menge vermindert und Verfahren II bereits bei einer geringeren Ausbringungsmenge kostengünstiger ist (vgl. Abb. 44[243]).

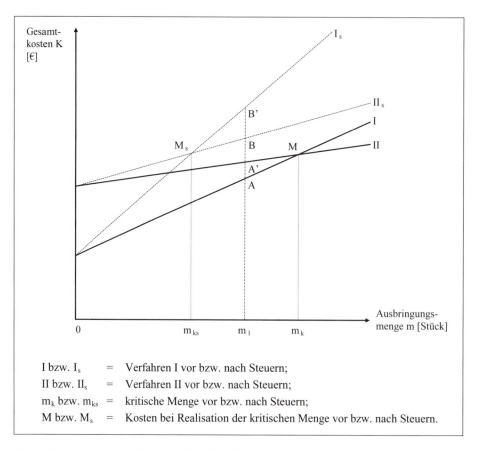

Abb. 44: Besteuerung eines variablen Produktionsfaktors

Eine derartige Verfahrenswahlentscheidung auf Grundlage der Kosten der betrachteten Verfahren hat zur Voraussetzung, dass die Erlösseite durch die Wahl eines Produktionsverfahrens nicht berührt bzw. verändert wird. Geht man von einer konstanten Ausbringungsmenge und konstanten Preisen aus, haben Betriebsleistungssteuern keinen Einfluss auf diese Auswahlentscheidung. Das Gleiche gilt für Gewinnsteuern, sofern sie eine Belastung i.H.v. 100 % nicht übersteigen und keiner Alternative nicht abzugsfähige Betriebsausgaben zuge-

---

[243] Entnommen aus WÖHE, GÜNTER/BIEG, HARTMUT: Grundzüge der Betriebswirtschaftlichen Steuerlehre, 4. Aufl., München 1995, S. 441.

rechnet wurden. Ist dies jedoch geschehen, haben Gewinnsteuern insofern einen Kostencharakter.

> **Beispiel:** **(Produktionsfaktorbesteuerung)**
>
> Ein Unternehmen hat zwei Produktionsverfahren zur Auswahl, für die folgende Kostenfunktionen gelten:
>
> Verfahren I: $K_1 = 3.000 + 2 \cdot x$
>
> Verfahren II: $K_2 = 1.500 + 3 \cdot x$
>
> Für das Unternehmen sind folgende Fragen von Interesse:
> - Welches Verfahren ist bei welchen Ausbringungsmengen vorteilhafter als das andere?
> - Welches Verfahren ist bei welchen Ausbringungsmengen vorteilhafter als das andere, wenn eine variable Produktionsfaktorsteuer von 20 % eingeführt wird?
>
> Zunächst ergibt sich durch Gleichsetzen der beiden Kostenfunktionen eine kritische Ausbringungsmenge von
>
> $x = 1.500$.
>
> Liegt die Ausbringungsmenge des Unternehmens über der kritischen Ausbringungsmenge, so ist Verfahren I vorteilhaft, andernfalls Verfahren II.
>
> Durch die Einführung der Produktionsfaktorsteuer ändern sich die Kostenfunktionen, sodass:
>
> $K_1 = 3.000 + 2,4 \cdot x$
>
> $K_2 = 1.500 + 3,6 \cdot x$
>
> Demzufolge verändert sich die kritische Ausbringungsmenge auf $x = 1.250$.
>
> Somit ist Verfahren II nur noch bei einer Ausbringungsmenge von weniger als 1.250 Einheiten vorteilhaft, während Verfahren I sich bei mehr als 1.250 Einheiten als vorteilhaft erweist. Es erfolgt also eine Änderung der relativen Vorteilhaftigkeit der beiden Produktionsverfahren im Mengenbereich $1.250 < x < 1.500$.

C. Steuern und Absatzentscheidungen[244]

Die Aufgabe des betrieblichen Teilbereichs „Absatz" liegt in der Verwertung der i.R.d. betrieblichen Prozesses entstandenen Leistungen, also im Verkauf von Sachgütern und Dienstleistungen; dadurch erfolgt eine Freisetzung der im Betriebsprozess eingesetzten finanziellen Mittel, die entweder erneut investiert werden oder z.B. als Steuerzahlung oder Gewinnausschüttung den Betrieb verlassen. Zur Verwirklichung dieser Bestrebungen stehen dem Unternehmen insb. die Instrumente des Marketings zur Verfügung. **Marketing** als Unternehmens-Maxime ist die konsequente Ausrichtung aller Entscheidungen an den Bedürfnissen der Abnehmer und daraus resultierend der koordinierte Einsatz marktbeeinflussender Instrumente zur Schaffung dauerhafter Präferenzen und Wettbewerbsvorteile.[245]

Es gibt eine Vielzahl von Systematisierungsversuchen des Marketing-Instrumentariums; für die Zwecke dieser Ausführungen wird eine Unterteilung in Preispolitik und Präferenzpolitik

---

[244] Vgl. KUßMAUL, HEINZ: Steuern und Marketing, in: Handwörterbuch des Marketing, hrsg. von BRUNO TIETZ u.a, 2. Aufl., Stuttgart 1995, Sp. 2379-2397; WÖHE, GÜNTER/BIEG, HARTMUT: Grundzüge der Betriebswirtschaftlichen Steuerlehre, 4. Aufl., München 1995, S. 446-493.

[245] Vgl. MEFFERT, HERIBERT: Marketing: Grundlagen marktorientierter Unternehmensführung, 9. Aufl., Wiesbaden 2000, S. 4 (in der neuesten Aufl. nicht mehr enthalten). In MEFFERT, HERIBERT/BURMANN, CHRISTOPH/KIRCHGEORG, MANFRED: Marketing: Grundlagen marktorientierter Unternehmensführung, 11. Aufl., Wiesbaden 2012, S. 7-12, ist eine Zusammenstellung zahlreicher Marketing-Definitionen, die sich seit der Begriffsentstehung entwickelt haben, enthalten.

(Produkt- und Sortimentspolitik, Kommunikationspolitik und Distributionspolitik) vorgenommen. I.R.d. Marketings stehen als Handlungsmöglichkeiten somit eine Reihe von Maßnahmen zur Verfügung, da unterschiedliche Marketing-Instrumente in unterschiedlicher Intensität zu jeweils einer Aktion kombiniert werden können (sog. **Marketing-Mix**). Dabei gilt es, die gewinnmaximale Kombination zu bestimmen.

Da aufgrund der Vielzahl der Kombinationsmöglichkeiten eine simultane Bestimmung der einzelnen Aktionsparameter des Marketing-Mix nicht möglich ist, wird im Folgenden zur Verdeutlichung des Einflusses der Besteuerung auf die jeweilige absatzpolitische Maßnahme immer nur von der Beeinflussbarkeit eines der Parameter ausgegangen, während die übrigen als konstant angesehen werden.

1. Einfluss der Besteuerung auf die Preispolitik

a) Einfluss der Besteuerung auf der Anbieterseite bei Vorliegen eines Angebotsmonopols

Steuern, die Kostencharakter haben, können die Preispolitik eines Unternehmens beeinflussen. Da es schwierig ist, die komplexen Nachfragestrukturen in die Untersuchung einzubeziehen, wird zunächst aus Vereinfachungsgründen von einer linearen Nachfragefunktion:

$$q(p) = a - b \cdot p$$

bei Vorliegen eines Angebotsmonopols ausgegangen, die die Wirkung der Steuern auf die Preispolitik zumindest tendenziell widerspiegelt, wobei:

p = Preis;

a, b = preisunabhängige Parameter.

Das statische Modell legt einen einperiodischen Planungszeitraum zugrunde und vernachlässigt außerdem die Berücksichtigung von zeitlichen Interdependenzen. Darüber hinaus wird u.a. angenommen, dass das Unternehmen seinen Gewinn maximieren möchte. Das Gewinnmaximum wird dann erreicht, wenn die Differenz zwischen Gesamterlös und Gesamtkosten maximal wird; dies ist dann der Fall, wenn die Grenzkosten dem Grenzerlös entsprechen. Zur Vereinfachung wird ein linearer Kostenverlauf angenommen, der als brauchbare Annäherung an die tatsächlichen Verhältnisse angesehen wird.[246] Die Gewinnfunktion ergibt sich als Differenz von Gesamterlös und Gesamtkosten:

$$G(p) = q(p) \cdot p - \left(k_v \cdot q(p) + K_f\right)$$

Einsetzen der obigen Nachfragefunktion in die Gleichung liefert:

$$G(p) = (a - b \cdot p) \cdot p - \left(k_v \cdot (a - b \cdot p) + K_f\right)$$

Zur Bestimmung des maximalen Gewinns wird die Gewinnfunktion $G(p)$ nach p differenziert und gleich 0 gesetzt; als gewinnmaximaler Preis ergibt sich dann:

---

[246] Vgl. LANGE, REINHARD: Steuern in der Preispolitik und bei der Preiskalkulation, Wiesbaden 1989, S. 57.

$$p = \frac{1}{2} \cdot \left(\frac{a}{b} + k_v \right)$$

Der gewinnmaximale Preis (und damit auch in umgekehrter Richtung die gewinnmaximale nachgefragte Menge) kann sich dann verändern, wenn durch die Besteuerungswirkungen eine Veränderung der Kostenfunktion entsteht. Die Veränderung der Kostenfunktion hängt dabei von der Steuerart ab; deshalb ist eine Untersuchung der Besteuerung auf die Preispolitik des Unternehmens getrennt nach Steuerarten vorzunehmen.

Wird eine **fixe Produktionsfaktorsteuer** erhoben, so ändert sich weder der gewinnoptimale Preis noch die gewinnoptimale nachgefragte Menge, da beide Größen von den fixen Kosten K_f unabhängig sind. Die Einführung der fixen Produktionsfaktorsteuer führt somit lediglich zu einer Verminderung des maximalen Gewinns i.H.d. eingeführten Steuer.

Bei Einführung einer **variablen Produktionsfaktorsteuer** und einer **Betriebsleistungssteuer als Mengensteuer** erhöht sich der gewinnmaximale Preis; der Anbieter wird also den Preis seines Produktes erhöhen und gleichzeitig seine angebotene Menge des Produktes verringern.

Auch durch Einführung einer **Preissteuer** erhöht sich der gewinnmaximale Preis; dabei ist der gewinnmaximale Preis bei Einführung einer Bruttopreissteuer – wie einer Bruttoumsatzsteuer – höher als der gewinnmaximale Preis bei Einführung einer Nettopreissteuer – wie einer Nettoumsatzsteuer – gleichen Steuersatzes.

Durch **Gewinnsteuern** wird zwar der erwirtschaftete Gewinn geschmälert, sie wirken sich aber nicht auf den gewinnmaximalen Preis aus. Steuerlich nicht abzugsfähige Betriebsausgaben stellen aber für das Unternehmen Kosten dar, die zu einer Erhöhung des gewinnmaximalen Preises führen; diese ist umso größer, je höher der Gewinnsteuersatz ist.

b) Einfluss der Besteuerung auf der Anbieterseite bei vollkommener Konkurrenz

Den vorstehenden Überlegungen lag eine linear fallende Nachfragefunktion zugrunde, d.h., es wurde davon ausgegangen, dass der Anbieter den Preis des Produktes beeinflussen bzw. verändern kann. Ist der Anbieter dagegen mit einer großen Anzahl von Konkurrenten konfrontiert und sieht er sich überdies einer großen Zahl von Nachfragern gegenüber (sog. **vollkommene Konkurrenz**), so ist der Preis seines Produktes als vom Markt gegeben anzusehen, insb. dann, wenn das Produkt wenig differenziert von den Produkten der Konkurrenten ist. Die Nachfragefunktion ist demnach konstant. Der Anbieter kann also nur über Mengenanpassungen seinen Gewinn maximieren. Unabhängig von der Steuer wird der Anbieter immer an seiner Kapazitätsgrenze produzieren (falls mind. die variablen Stückkosten k_v gedeckt werden), um den maximalen Gewinn zu realisieren, da jeder Anbieter glaubt, beim herrschenden Preis eine beliebig große Menge absetzen zu können. Die Einführung der Steuer bewirkt lediglich, dass der Anbieter zu erhöhten Kosten an der Kapazitätsgrenze produzieren wird, was den Gewinn des Anbieters schmälern wird.

c) Problematik der Steuerüberwälzung

Im Fall der Einführung oder Erhöhung einer Steuer ist für den Anbieter von Interesse, inwieweit die Kosten, die dem Anbieter durch diese Steuer entstehen, auf die Abnehmer der Produkte überwälzt werden können. Eine Überwälzung der Steuer gilt dann als gelungen, wenn der Gewinn des Unternehmens nach ihrer Einführung nicht vermindert wurde. Sieht man von den beiden Grundproblemen ab, dass die Annahmen für die Steuerüberwälzungsmodelle häufig wenig realitätsnah sind und dass die Überwälzbarkeit praktisch nur in Fällen kostenorientierter Preisbildung vom Kostencharakter der Steuern abhängig ist, lassen sich aufgrund obiger Überlegungen einige allgemeine Konsequenzen ableiten.

Unter Zugrundelegung der linear fallenden Nachfragefunktion und des damit korrelierenden Vorliegens eines Angebotsmonopols lässt sich i.d.R. keine vollständige Steuerüberwälzung erreichen, wenn man von der Möglichkeit des Anbieters, die Steuer durch Faktoreinsatzpreissenkungen zu kompensieren, absieht. Während bei einer fixen Produktionsfaktorsteuer genauso wie bei einer Gewinnsteuer keine Überwälzungsmöglichkeit besteht, ist eine teilweise Überwälzung bei einer variablen Produktionsfaktorsteuer, bei einer Betriebsleistungssteuer als Mengensteuer und bei einer Betriebsleistungssteuer als Preissteuer möglich.

Liegt dagegen eine konstante Nachfragefunktion bei vollkommener Konkurrenz vor, so ist ungeachtet der Steuerart eine Steuerüberwälzung nicht möglich, da der Anbieter den Preis nicht erhöhen kann; die Steuer ist voll vom Anbieter zu tragen, dessen Gewinn sich dementsprechend vermindert.

Grundsätzlich kann aber eine vollständige Steuerüberwälzung dann möglich sein, wenn sich durch die Einführung oder Erhöhung einer Steuer eine Veränderung der Nachfragefunktion ergibt, sodass ein vergleichsweise höherer Gleichgewichtspreis entsteht. Außerdem kann es in einem oligopolistischen Markt, in dem alle Anbieter von der Einführung oder Erhöhung einer Steuer gleichermaßen getroffen werden, zu einer gemeinsamen Preisanhebung und damit zu einer vollen Überwälzung kommen.

d) Einfluss der Besteuerung auf der Abnehmerseite

Die Nachfrage nach einem Produkt ist u.a. von dessen Preis abhängig. Für den einzelnen Abnehmer ist dabei nicht der Kaufpreis, sondern der Preis maßgeblich, den er wirtschaftlich tragen muss. Für diesen Preis ist es letztlich auch von Bedeutung, inwieweit der Kaufpreis eine steuerlich abzugsfähige Betriebsausgabe darstellt.

Wird aus Vereinfachungsgründen von einer linear fallenden Nachfragefunktion ausgegangen, so ergibt sich bei voller steuerlicher Abzugsfähigkeit des Kaufpreises die in Abb. 45[247] (S. 195) durch AB dargestellte Nachfragefunktion.

Zieht der Gesetzgeber nun in Erwägung, die steuerliche Abzugsfähigkeit des Produktes nicht mehr anzuerkennen, so wäre bei jedem gegebenen Kaufpreis (> 0) die Produktnachfrage geringer. Die Nachfragefunktion AB würde dann in die neue Nachfragefunktion CB übergehen. Die Nachfragefunktionsänderung hängt dabei von den jeweiligen Grenzsteuersätzen der

---

[247] Entnommen aus KUßMAUL, HEINZ: Steuern und Marketing, in: Handwörterbuch des Marketing, hrsg. von BRUNO TIETZ u.a., 2. Aufl., Stuttgart 1995, Sp. 2379-2397, s.b.Sp. 2396.

Abnehmer ab, sofern Letztere ihre individuellen Grenzsteuersätze kennen und entsprechend berücksichtigen.

Alternativ dazu könnte der Gesetzgeber erwägen, die steuerliche Abzugsfähigkeit nur noch bis zu einem Rechnungspreis von p_0 anzuerkennen. Der darüber hinausgehende Teil des Rechnungspreises wäre dann steuerlich nicht mehr abzugsfähig. Daraus ergibt sich eine Veränderung der Nachfragefunktion von AB nach DFB (vgl. Abb. 45). Die Nachfragefunktion DFB ist dann bis zum Preis p_0 mit der Nachfragefunktion AB bei voller Abzugsfähigkeit des Produktes identisch, hat bei p_0 jedoch einen Knick und zwischen den Ausbringungsmengen 0 und q_0 dieselbe Steigung wie CB. Gegenwärtig findet man im Einkommensteuerrecht eine beschränkte Abzugsfähigkeit bis zu einer bestimmten Höhe bspw. – im privaten Bereich – bei Vorsorgeaufwendungen nach § 10 Abs. 1 Nr. 2 i.V.m. Abs. 3 EStG und § 10 Abs. 1 Nr. 3 i.V.m. Abs. 4 EStG.

Darüber hinaus wäre auch noch denkbar, dass der Gesetzgeber die steuerliche Abzugsfähigkeit bis zum Kaufpreis p_0 zulässt; übersteigt der Kaufpreis jedoch p_0, so ergibt sich die Konsequenz der vollen steuerlichen Nichtabzugsfähigkeit des gesamten Kaufpreises. Man erhält dann die Nachfragefunktion CEFB (vgl. Abb. 45). Diese Art der Begrenzung der steuerlichen Abzugsfähigkeit lässt sich im Steuerrecht derzeit z.B. gem. § 4 Abs. 5 Nr. 1 EStG bei Werbegeschenken (über 35 €) feststellen.

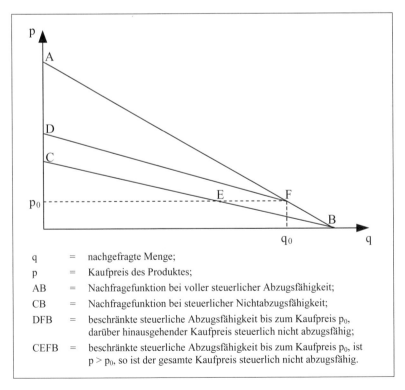

q	=	nachgefragte Menge;
p	=	Kaufpreis des Produktes;
AB	=	Nachfragefunktion bei voller steuerlicher Abzugsfähigkeit;
CB	=	Nachfragefunktion bei steuerlicher Nichtabzugsfähigkeit;
DFB	=	beschränkte steuerliche Abzugsfähigkeit bis zum Kaufpreis p_0, darüber hinausgehender Kaufpreis steuerlich nicht abzugsfähig;
CEFB	=	beschränkte steuerliche Abzugsfähigkeit bis zum Kaufpreis p_0, ist $p > p_0$, so ist der gesamte Kaufpreis steuerlich nicht abzugsfähig.

Abb. 45: Abhängigkeit der Nachfragefunktion von der steuerlichen Abzugsfähigkeit eines Produktes

Die aufgezeigten Effekte auf der Nachfrage- bzw. Abnehmerseite entfalten selbstverständlich entsprechende Auswirkungen auf das Verhalten des Anbieters. Dieser kann bei Nachfrageverschiebungen durch gewinnsteuerliche Entlastungen oder durch die Möglichkeit zur Inanspruchnahme des Vorsteuerabzugs einerseits auch Produkte mit höheren Grenzkosten evtl. gewinnwirksam absetzen und wird andererseits insb. „steuerkritische" Höchstgrenzen berücksichtigen.

Zu beachten ist darüber hinaus auch der Effekt, den angekündigte Steuerveränderungen auf die Nachfrage haben können. So kann bspw. die Ankündigung einer Verbrauchsteuererhöhung zu Substitutionseffekten führen, sodass die Nachfrage nach einem Gut zwischen Ankündigung und Inkrafttreten sprunghaft steigt, um dann kurz nach Inkrafttreten drastisch zu sinken; u.U. können aber die Anbieter dieses Gutes die Ankündigung der Steuererhöhung zum Anlass nehmen, den Preis des Gutes schon vor dem Inkrafttreten anzuheben.

e) Einfluss der Besteuerung auf die praktische betriebliche Preispolitik

Die Ermittlung der exakten Nachfragefunktion für ein bestimmtes, am Markt angebotenes Produkt bereitet i.d.R. erhebliche Schwierigkeiten; aus diesem Grund werden in der Praxis oftmals Kalkulationsverfahren angewendet, bei denen entweder die Kosten oder der Preis als Basis zur Kalkulation herangezogen werden.

Stellen die Kosten die Kalkulationsbasis für den kurzfristigen Verkaufspreis dar, so wird dieser mit Hilfe eines kostenabhängigen Gewinnaufschlags ermittelt. Je nachdem, welche Art der Kosten der Preiskalkulation zugrunde gelegt werden, haben Steuern unterschiedlichen Einfluss auf die Höhe des Verkaufspreises. Werden bspw. **variable Kosten** zugrunde gelegt, so beeinflussen ausschließlich von der Beschäftigungsmenge abhängige Steuern die Höhe des Verkaufspreises. Erfolgt dagegen eine Zugrundelegung von **Gesamtstückkosten**, so haben auch Steuern, die unabhängig von der Beschäftigungsmenge sind, Einfluss auf die Höhe des Verkaufspreises.

Wird von fest vorgegebenen Marktpreisen ausgegangen, dann steht der Anbieter zunächst vor der Entscheidung, ob er zu diesem Preis überhaupt anbieten möchte oder ob er als Alternative dazu lieber auf die Produktion verzichtet. Bei dieser Entscheidung sind folglich alle Steuern entscheidungsrelevant, die diesem Produkt zugeordnet werden können. Dies können – neben den von der Beschäftigungsmenge abhängigen Steuern – u.U. auch Substanzsteuern sein. Steht der Anbieter dagegen vor der Entscheidung, bei gegebener Produktion einen zusätzlichen Auftrag zu einem bestimmten Preis durchzuführen, so ist zu untersuchen, bei welcher Ausbringungsmenge dieser zusätzliche Auftrag zumindest seine Kosten deckt; ist die Kostendeckung nicht möglich, so wird der zusätzliche Auftrag nicht durchgeführt. Dabei sind diejenigen Steuern entscheidungsrelevant, die beschäftigungsmengenabhängig sind und damit einhergehend variable Kosten darstellen. Fixe Produktionsfaktorsteuern dagegen, die unabhängig von der Beschäftigungsmenge sind, spielen keine Rolle bei der Entscheidungsfindung, da sie unabhängig von der Annahme des Zusatzauftrages anfallen.

2. Einfluss der Besteuerung auf die Produkt- und Sortimentspolitik

Steuern beeinflussen die Gestaltung der angebotenen Produkte insoweit, als eine Besteuerung der Werkstoffe in Form von Verbrauchsteuern oder beim Import in Form von Zöllen die Kosten für das abzusetzende Endprodukt erhöht.

Gelingt es dem produzierenden Unternehmen nicht, die durch die Besteuerung von Werkstoffen verursachten höheren Kosten durch eine Preiserhöhung auf die Käufer zu überwälzen, so bietet sich dem Unternehmen die Möglichkeit, den besteuerten Werkstoff zu substituieren und damit eine Veränderung der Produktgestaltung vorzunehmen. Die Besteuerung einzelner Endprodukte kann dann wiederum das Kaufverhalten beeinflussen und zu Substitutionseffekten auf der Abnehmerseite führen, wenn die Besteuerung auf deren Besitz oder deren Gebrauch abzielt.

Eine Erhöhung der Absatzchancen lässt sich dagegen dann erreichen, wenn eine Gestaltung der Endprodukte nach steuerlichen Vorschriften erfolgt (z.B. um steuerliche Sonderabschreibungen zu erlangen) bzw. wenn Normen eingehalten werden, um einer Besteuerung zu entgehen (z.B. Kraftfahrzeuge, die der neuesten Abgasnorm entsprechen). Dabei ist zu beachten, dass die Besteuerung eines Endproduktes auch die Absatzchancen anderer Endprodukte beeinträchtigen kann (z.B. die Energiesteuer den Kauf von Kraftfahrzeugen).

Ein Einfluss auf die Produktgestaltung kann auch von Steuern ausgehen, die den Absatz der Produkte belasten (v.a. durch Verbrauchsteuern); dabei können sich unterschiedliche Verhaltensweisen in Abhängigkeit davon ergeben, ob der Preis oder die Menge als Grundlage für die Verbrauchsbesteuerung dient.

Entsprechend bedingt eine durch Besteuerung einzelner Endprodukte hervorgerufene Veränderung der Nachfrage für die jeweiligen Produkte eine Anpassung der quantitativen Zusammensetzung des Sortiments der Handelsbetriebe.

3. Einfluss der Besteuerung auf die Kommunikationspolitik

Der Einfluss der Besteuerung auf die Kommunikationspolitik äußert sich ggf. im **Werbeinhalt**; so können gezielte Hinweise in der Werbung auf Sonderabschreibungen, Sonderausgaben oder Steuerermäßigungen, die für das angebotene Produkt geltend gemacht werden können und somit zu Steuerersparnissen führen, vorgenommen werden. Von Bedeutung ist außerdem die steuerliche **Anerkennung oder Nichtanerkennung von Werbeaufwendungen** als Betriebsausgaben. Dies beeinflusst die Entscheidung der Unternehmen, ob und in welcher Höhe Werbeaufwendungen getätigt werden. Zur Veranschaulichung sollen folgende Beispiele dienen:

> **Beispiel:** **(Steuern und Kommunikationspolitik)**
>
> Ein Unternehmen rechnet mit einem Gewinn vor Steuern i.H.v. 50.000 €. Es hat die Möglichkeit, durch eine Werbemaßnahme, die ihm Aufwendungen i.H.v. 10.000 € verursacht, seinen Gewinn vor Steuern zu erhöhen. Das Unternehmen versucht, auf folgende Fragen eine Antwort zu finden:
>
> Um welchen Betrag muss sich der Gewinn vor Steuern durch die Werbemaßnahme erhöhen, wenn der Gewinn nach Steuern genauso hoch sein soll wie der erwartete Gewinn nach Steuern vor Durchführung der Werbemaßnahme, wenn es sich

1. um eine steuerlich voll abzugsfähige Werbemaßnahme handelt,

2. um eine steuerlich nicht abzugsfähige Werbemaßnahme handelt

und ein Ertragsteuersatz von 40 % vorausgesetzt wird?

x sei der durch die Werbemaßnahme zu erzielende erforderliche Mehrgewinn.

zu 1.: $(50.000 - 10.000 + x) \cdot (1 - 0{,}4) = 30.000 \Rightarrow x = 10.000$

zu 2.: $(50.000 + x) \cdot (1 - 0{,}4) - 10.000 = 30.000 \Rightarrow x = 16.667$

Beispiel: (Steuern und Kommunikationspolitik)

Ein Unternehmer erwartet in den kommenden vier Jahren einen Gewinn vor Steuern von jeweils 100.000 €. Er hat nun die Möglichkeit, im ersten Jahr eine Werbemaßnahme durchzuführen, die 50.000 € an Aufwendungen verursacht. Durch die Werbemaßnahme kann der Unternehmer einen Mehrgewinn von jeweils 30.000 € in den darauf folgenden drei Jahren realisieren.

Wie ist die Durchführung der Werbemaßnahme zu beurteilen,

1. wenn die Werbemaßnahme steuerlich voll abzugsfähig ist,

2. wenn die Werbemaßnahme steuerlich nicht abzugsfähig ist

und jeweils ein Ertragsteuersatz s von 40 % und ein Kalkulationszinssatz vor Steuern i.H.v. 10 % angenommen wird?

(1) Volle Abzugsfähigkeit								
(1)	(2)	(3)	(4)	(5)	(6)	(7)	(8)	(9)
	Zahlungsstrom	s	i_s	Gewinn vor Steuern und Werbeaufwand	Gewinn nach Steuern und vor Werbeaufwand	Gewinn nach Steuern und Werbeaufwand	Differenz (7) – (6)	Kapitalwert (8)
0	./. 50.000	0,4	0,06	100.000	60.000	30.000	./. 30.000	./. 30.000
1	30.000	0,4	0,06	100.000	60.000	78.000	18.000	16.981
2	30.000	0,4	0,06	100.000	60.000	78.000	18.000	16.020
3	30.000	0,4	0,06	100.000	60.000	78.000	18.000	15.113
Σ								18.114

(2) Nichtabzugsfähigkeit								
(1)	(2)	(3)	(4)	(5)	(6)	(7)	(8)	(9)
	Zahlungsstrom	s	i_s	Gewinn vor Steuern und Werbeaufwand	Gewinn nach Steuern und vor Werbeaufwand	Gewinn nach Steuern und Werbeaufwand	Differenz (7) – (6)	Kapitalwert (8)
0	./. 50.000	0,4	0,06	100.000	60.000	10.000	./. 50.000	./. 50.000
1	30.000	0,4	0,06	100.000	60.000	78.000	18.000	16.981
2	30.000	0,4	0,06	100.000	60.000	78.000	18.000	16.020
3	30.000	0,4	0,06	100.000	60.000	78.000	18.000	15.113
Σ								./. 1.886

Ist die Werbemaßnahme steuerlich abzugsfähig, so erhält man einen positiven Kapitalwert; dementsprechend ist die Durchführung der Werbemaßnahme positiv zu beurteilen. Bei steuerlicher Nichtabzugsfähigkeit der Werbemaßnahme dagegen wird man i.d.R. aufgrund eines negativen Kapitalwertes die Durchführung der Werbemaßnahme unterlassen.

Sind Werbeaufwendungen **steuerlich abzugsfähig**, so schlägt sich – unter der Voraussetzung, dass das Unternehmen ohne diese Werbeaufwendungen einen Gewinn nach Steuern von G_s erwirtschaftet – eine Werbemaßnahme, die y kostet, formal wie folgt auf die Gewinnsituation nieder:

$$G' = G_s + x \cdot (1-s) - y \cdot (1-s)$$

mit: G' = Gewinn nach der Werbemaßnahme;
G_s = Gewinn nach Steuern ohne Berücksichtigung der Werbeaufwendungen;
x = durch die Werbemaßnahme zusätzlich erwirtschafteter Ertrag;
y = Kosten der Werbemaßnahme;
s = Gewinnsteuersatz (> 0).

Soll die Werbemaßnahme dann noch lohnend sein, so muss der Gewinn nach der Werbemaßnahme mindestens so hoch sein wie der Gewinn vor der Werbemaßnahme. Deshalb muss der zusätzlich zu erwirtschaftende Ertrag bei Durchführung der Werbemaßnahme den Aufwand y für die Werbemaßnahme zumindest kompensieren.

Ist dagegen die Werbemaßnahme **steuerlich nicht abzugsfähig**, so gilt:

$$G' = G_s + x \cdot (1-s) - y$$

Bei unverändertem Gewinn ergibt sich dann für den zusätzlich zu erwirtschaftenden Ertrag ein Betrag von y/(1–s), d.h., der zu erwirtschaftende Mehrertrag bei Durchführung einer steuerlich nicht abzugsfähigen Werbemaßnahme übersteigt jenen zu erwirtschaftenden Mehrertrag bei Durchführung einer steuerlich abzugsfähigen Werbemaßnahme um den Faktor 1/(1–s), da der Werbeaufwand bei Nichtabzugsfähigkeit aus dem versteuerten Gewinn gedeckt werden muss. Daher führt die Abzugsfähigkeit der Werbeaufwendungen tendenziell zu einer Ausweitung des Werbeumfangs.

I.d.R. sind Werbeaufwendungen als Betriebsausgaben i.S.d. § 4 Abs. 4 EStG und in der Periode gewinnmindernd anzusehen, in der sie entstanden sind. Jedoch schränkt § 4 Abs. 5 EStG die Abzugsfähigkeit der Betriebsausgaben dahingehend ein, dass bspw. Werbegeschenke, die je Empfänger und Jahr 35 € übersteigen, unangemessene sowie 30 % der angemessenen Bewirtungskosten, Aufwendungen für Gästehäuser, Jagd, Fischerei, Yachten sowie unangemessene Aufwendungen, die die Lebensführung betreffen, den steuerlichen Gewinn nicht mindern dürfen. Auch die auf diesen Aufwendungen lastende Vorsteuer ist nach §§ 12 Nr. 3 EStG, 10 Nr. 2 KStG nicht abzugsfähig. Die betreffenden Vorsteuerbeträge sind gem. § 15 Abs. 1a S. 1 UStG zudem vom Vorsteuerabzug ausgeschlossen.[248] Man wird deshalb – durch Veränderung der Werbemaßnahmen – versuchen, diese nicht abzugsfähigen Betriebsausgaben zu vermeiden.

---

[248] Ausgenommen hiervon sind gem. § 15 Abs. 1a S. 2 UStG die nach § 4 Abs. 5 S. 1 Nr. 2 EStG vom Abzug ausgeschlossenen angemessenen und nachgewiesenen Bewirtungsaufwendungen, für die folglich ein Vorsteuerabzug möglich ist.

4. Einfluss der Besteuerung auf die Distributionspolitik

a) Absatzformen und Absatzwege

Der **Einfluss der Besteuerung auf die Absatzformen** ist gering. Während die Entgelte betriebsfremder Verkaufsorgane (Handelsvertreter, Kommissionäre) in voller Höhe als Aufwand abziehbar sind, führt ein Teil der Aufwendungen für betriebseigene Verkaufsorgane (Reisende, Ladengeschäfte) erst über die Absetzungen für Abnutzung (AfA) zu steuerlich wirksamen Betriebsausgaben. Dagegen ermöglicht betriebseigenes Verkaufspersonal die Bildung von Pensionsrückstellungen und damit eine zeitliche Vorverlagerung der Aufwendungen im Vergleich zu Ansprüchen von betriebsfremdem Verkaufspersonal, die nach § 89b Abs. 1 Nr. 1 HGB erst bei deren Ausscheiden rückstellungsfähig sind.

Von wesentlicher Bedeutung i.R.d. **Absatzweges** ist die Umsatzsteuer. Ein privater Endverbraucher kann keinen Vorsteuerabzug vornehmen. Für ihn stellt die Umsatzsteuer somit einen Bestandteil des von ihm zu zahlenden Preises dar, weshalb er die Umsatzsteuer in die Preisverhandlungen einbeziehen wird. Für einen betrieblichen Endverbraucher, der vorsteuerabzugsberechtigt ist, ist die Umsatzsteuer dagegen nicht Bestandteil des Preises. Damit kann es für den Produzenten mitunter vorteilhaft sein, an betriebliche Endverbraucher anstatt an private Endverbraucher bzw. über einen indirekten Absatzweg an Letztere zu verkaufen.

b) Das Vertriebssystem

I.R.d. Distributionspolitik stellt sich die Frage, inwieweit das Vertriebssystem aus dem Unternehmen ausgegliedert werden soll. Hierbei bieten sich im **Inland** die Möglichkeiten, die Verkaufsabteilungen bzw. Filialen in Form von **Betriebstätten** als rechtlich und wirtschaftlich unselbstständige Teile des Unternehmens zu führen oder sie in Form von **Tochtergesellschaften** als rechtlich selbstständige, wirtschaftlich aber eng an das Mutterunternehmen gebundene Kapitalgesellschaften zu verselbstständigen.

Rechtlich unselbstständige Verkaufsabteilungen bzw. Filialen sind keine Steuersubjekte und werden innerhalb des Unternehmens der Besteuerung unterworfen. Dagegen werden bei der rechtlichen Verselbstständigung des Vertriebssystems Produktions- und Vertriebsunternehmen getrennt besteuert. Dabei kann durch entsprechende Festlegung der Verrechnungspreise eine Erfolgsverschiebung – mit möglichen Wirkungen auf die Höhe der gesamten Gewinnsteuerbelastung z.B. wegen unterschiedlicher gewerbesteuerlicher Hebesätze – zwischen Produktions- und Vertriebsunternehmen vorgenommen werden. Begrenzt werden mögliche Erfolgsverschiebungen u.a. durch die steuerlichen Anerkennungsgrenzen für Verrechnungspreise, durch Anwendung der gewerbesteuerlichen Organschaft bei Vorliegen der betreffenden Voraussetzungen und damit in Abhängigkeit von der Art der rechtlichen Gestaltung und durch die gesetzliche Festlegung von Mindesthebesätzen für die Gewerbesteuer i.H.v. 200 %. Schließlich sei bei Gründung mehrerer Vertriebsgesellschaften auf die Möglichkeit zum Übergang von der Soll-Besteuerung auf die Ist-Besteuerung mit i.d.R. positiven Liquiditätswirkungen hingewiesen, falls einerseits die Voraussetzungen des § 20 Abs. 1 UStG erfüllt und andererseits jene für eine Organschaft nicht gegeben sind.

Für den Absatz der Produkte des Unternehmens im **Ausland** bestehen vier Möglichkeiten:

- Export,
- Vertrieb über ausländische Betriebstätten,
- Beteiligung an einer ausländischen Vertriebspersonengesellschaft,
- Beteiligung an einer ausländischen Vertriebskapitalgesellschaft.

Die steuerlichen Folgen sind u.U. völlig unterschiedlich und abhängig von den internationalen Steuerregelungen (vgl. S. 775).

III. Finanzierung und Finanzierungsbesteuerung

A. Steuereinflüsse auf Finanzierungsentscheidungen

Vgl. hierzu insb. BIEG, HARTMUT: Der Einfluß der Besteuerung auf Außenfinanzierungsentscheidungen, in: WiSt 1997, S. 175-182; BIEG, HARTMUT/KUßMAUL, HEINZ: Finanzierung, 2. Aufl., München 2009; BIEG, HARTMUT/KUßMAUL, HEINZ: Investitions- und Finanzierungsmanagement, Bd. 3: Finanzwirtschaftliche Entscheidungen, München 2000; KUßMAUL, HEINZ/DREGER, MARTINA/LEIDERER, BERND: Steuerliche Überlegungen zur Außenfinanzierung, in: INF 1996, S. 341-345, 373-377; PERRIDON, LOUIS/STEINER, MANFRED/RATHGEBER, ANDREAS: Finanzwirtschaft der Unternehmung, 16. Aufl., München 2012, S. 389-392, 502-518; ROSE, GERD: Betriebswirtschaftliche Steuerlehre, 3. Aufl., Wiesbaden 1992, S. 241-247; SCHNEIDER, DIETER: Investition, Finanzierung und Besteuerung, 7. Aufl., Wiesbaden 1992, S. 252-319; WÖHE, GÜNTER/BIEG, HARTMUT: Grundzüge der Betriebswirtschaftlichen Steuerlehre, 4. Aufl., München 1995, S. 377-420; WÖHE, GÜNTER/BILSTEIN, JÜRGEN/ERNST, DIETMAR/HÄCKER, JOACHIM: Grundzüge der Unternehmensfinanzierung, 10. Aufl., München 2009, S. 407-436.

1. Finanzierungsarten und finanzwirtschaftliche Wirkung von Steuern

Unternehmen sind in ihrer Finanzierungswahl weitgehend frei, sie können zwischen verschiedenen Finanzierungsvarianten wählen (vgl. Abb. 46[249], S. 204):

- nach der Kapitalherkunft unterscheidet man **Außen- und Innenfinanzierung**;
- nach der Rechtsstellung des Kapitalgebers unterscheidet man **Eigen- und Fremdfinanzierung**.

Bei der **Außenfinanzierung** fließt einem Unternehmen Kapital in Form von Eigenkapital (Einlagen- bzw. Beteiligungsfinanzierung; Eigenfinanzierung von außen) oder Fremdkapital (Kreditfinanzierung; Fremdfinanzierung von außen) zu. Es handelt sich bilanziell betrachtet um einen Vermögenszuwachs durch die Aufnahme von zusätzlichem Eigen- oder Fremdkapital.

Bei der **Innenfinanzierung** erfolgt eine Kapitalbeschaffung nicht von außerhalb, sondern von innerhalb des Unternehmens. Dies kann durch die Erwirtschaftung und Zurückbehaltung von Gewinnen geschehen (**offene und stille Selbstfinanzierung**; Eigenfinanzierung von innen). Bei der **offenen Selbstfinanzierung** werden erwirtschaftete Gewinne nicht verwendet, sondern thesauriert, was sich in einem offenen Ausweis dieser Gewinne im Eigenkapital niederschlägt. Es resultiert ein Liquiditätseffekt, der darin besteht, dass erzielte Gewinne nicht in Form von Auszahlungen an die Anteilseigner aus dem Unternehmen abfließen, sondern dem Unternehmen erhalten bleiben.

Bei der **stillen Selbstfinanzierung** wird die Entstehung und Verwendung von Gewinnen durch Bildung stiller Rücklagen – die Nichtaktivierung von Vermögen (z.B. bei der Nichtaktivierung eines Disagios oder von selbst erstellten immateriellen Wirtschaftsgütern des Anlagevermögens), die Unterbewertung von Vermögen durch Aufwandsmehrverrechnung (z.B. bei der Unterbewertung von Vorräten; beim Ansatz von Abschreibungsquoten, die die tatsächlich eingetretenen Wertminderungen erheblich übersteigen; bei der Sofortabschrei-

---

[249] Modifiziert entnommen aus BIEG, HARTMUT/KUßMAUL, HEINZ: Finanzierung, 2. Aufl., München 2009, S. 32 und PERRIDON, LOUIS/STEINER, MANFRED/RATHGEBER, ANDREAS: Finanzwirtschaft der Unternehmung, 16. Aufl., München 2012, S. 390.

bung sog. geringwertiger Wirtschaftsgüter) bzw. durch Ertragsminderverrechnung (z.B. beim Unterlassen von Zuschreibungen; beim Verbot für Zuschreibungen über die historischen Anschaffungs- und Herstellungskosten hinaus) und die Überbewertung von Schulden durch Aufwandsmehrverrechnung (z.B. bei überhöhten Zuführungen zu Rückstellungen) bzw. durch Ertragsminderverrechnung (z.B. bei der Unterlassung der Auflösung von wirtschaftlich nicht mehr gerechtfertigten Teilbeträgen zu Rückstellungen) – verhindert. Die zusätzliche Aufwandsverrechnung führt zu einem geringeren Ansatz des tatsächlich erwirtschafteten Gewinns, womit dieser nicht offen aufgeführt werden muss. Das Eigenkapital ist in der Folge geringer, da Vermögen zu niedrig und/oder Schulden zu hoch angesetzt worden sind. Die Rücklagenbildung vollzieht sich in stiller Form. Der geringere Gewinnausweis führt zu einer geringeren Ausschüttung; es folgt der bereits beschriebene Liquiditätseffekt durch eine verminderte Ausschüttungsbelastung.

Von der Selbstfinanzierung wird die Finanzierungswirkung aus der Bildung von **Rückstellungen**, insb. von Pensionsrückstellungen, unterschieden; die aufwandswirksame Bildung von Rückstellungen führt zum Ausweis eines geringeren Gewinns und damit zu einer geringeren Gewinnausschüttung. Dies löst den bereits beschriebenen Liquiditätseffekt einer verminderten Ausschüttungsbelastung aus. Wegen der Begründung von bilanziellem Fremdkapital wird die Finanzierung aus Rückstellungen autonom aufgeführt (Fremdfinanzierung von innen).

Eine weitere Form der Innenfinanzierung ist die Finanzierung durch Kapitalfreisetzung, worunter die Freisetzung von Kapital durch Umschichtung von illiquiden in liquide Vermögenswerte verstanden wird. Hierbei erfolgt kein Vermögenszuwachs, sondern lediglich eine Vermögensumschichtung. Auch die Finanzierung durch den Rückfluss von Abschreibungsgegenwerten zählt zur Vermögensumschichtung, bei welcher ein liquider Vermögenszuwachs durch eine niedrigere Bewertung illiquider Vermögenswerte kompensiert wird. Da bei einer Vermögensumschichtung die Kapitalstruktur unberührt bleibt, ist eine eindeutige Zuordnung zur Eigen- oder Fremdfinanzierung nicht möglich (Innenfinanzierung, die entweder Eigen- oder Fremdfinanzierung ist).

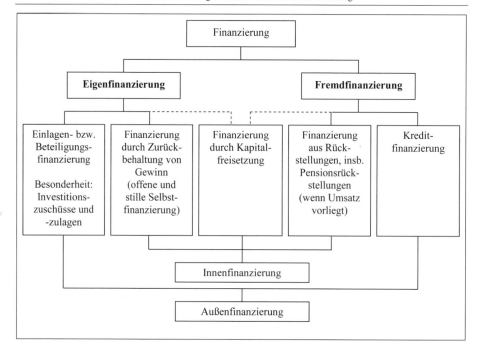

Abb. 46: Einteilung der Finanzierung nach der Rechtsstellung der Kapitalgeber und der Kapitalherkunft

Steuern bzw. steuerrechtliche Vorschriften können sich auf finanzwirtschaftliche Entscheidungen eines Betriebes grundsätzlich **belastend** oder **fördernd** auswirken.[250] Steuern führen zunächst zu belastenden Auszahlungen. Zu berücksichtigen sind:

- **Steuern auf das Einkommen** (Ertragsteuern wie Körperschaftsteuer bzw. Einkommensteuer einschließlich Solidaritätszuschlag und ggf. Kirchensteuer, Gewerbesteuer) mindern die erzielten Periodengewinne, wodurch die Rentabilität der eingesetzten Mittel sinkt.

- **Steuern auf das Vermögen** (Substanzsteuern wie z.B. Grundsteuer) knüpfen an Vermögensbeständen an, vermindern aber ebenfalls die Periodengewinne bzw. sind aus der Substanz zu zahlen, falls entsprechende Gewinne nicht vorhanden sind.

- **Steuern auf den Konsum** (Verkehrsteuern wie z.B. Versicherungssteuer, Umsatzsteuer) belasten die dem Unternehmen von außen zugeführten Mittel.

In der hier folgenden Betrachtung wird ausschließlich die Belastung mit Ertragsteuern beleuchtet. Untersucht man die oben vorgenommene Unterteilung der **Außenfinanzierung** in eine Eigenfinanzierung und eine Fremdfinanzierung, lässt sich feststellen, dass die steuerliche Belastung bei den verschiedenen Finanzierungsformen sehr unterschiedlich sein kann, wobei weitere Unterscheidungen sowohl beim Kapital empfangenden Unternehmen als auch beim Kapitalgeber zu treffen sind. In Bezug auf die steuerlichen Wirkungen bei der Außen-

---

[250] Vgl. hierzu und im Folgenden WÖHE, GÜNTER/BIEG, HARTMUT: Grundzüge der Betriebswirtschaftlichen Steuerlehre, 4. Aufl., München 1995, S. 377 und 378.

finanzierung sind auch Investitionszuschüsse und -zulagen als Spezialfall der Eigenfinanzierung von außen zu betrachten, da diese eine besondere steuerliche Behandlung erfahren.

Ferner kann man die ertragsteuerlichen Folgen in Bezug auf die Möglichkeiten zur **Innenfinanzierung** betrachten. Die Höhe der letztlich thesaurierten Gewinne (offene Selbstfinanzierung) ist immer eine Restgröße nach vorheriger Ertragsteuerbelastung, wobei Letztere insb. von der Rechtsform des Unternehmens abhängig ist.

Oben wurde in Bezug auf die Möglichkeiten der Innenfinanzierung ein Liquiditätseffekt festgestellt. Sofern Innenfinanzierungsmöglichkeiten dazu dienen, dass die bilanzielle Entstehung eines Gewinns verhindert wird (stille Selbstfinanzierung, Finanzierung aus Abschreibungen, Finanzierung aus Rückstellungen, offene Selbstfinanzierung unter Bildung steuerfreier Rücklagen), kommt unter steuerlichen Gesichtspunkten ein **weiterer Liquiditätseffekt** hinzu, da die zu zahlenden Ertragsteuern aufgrund eines verminderten Gewinnausweises geringer ausfallen. Ferner existieren steuerliche Vorschriften, die gezielt eine Senkung des zu versteuernden Gewinns intendieren und damit für einen steuerlichen Liquiditätseffekt sorgen. Insofern kommt steuerlichen Vorschriften auch eine **finanzwirtschaftlich fördernde Wirkung** zu.

2. Steuerliche Behandlung der Außenfinanzierung

a) Einordnung

Ob ein Betrieb seinen Kapitalbedarf durch die Aufnahme von Eigen- oder Fremdkapital deckt, hängt von einer Reihe betriebswirtschaftlicher Überlegungen ab. Hier sollen nur die Unterschiede in der ertragsteuerlichen Behandlung von Eigen- und Fremdkapital behandelt werden. Da das im Wege der Eigenfinanzierung zufließende Eigenkapital des Unternehmens meist unbefristet, zumindest aber langfristig zur Verfügung gestellt wird, bietet sich ein Vergleich mit der langfristigen Kreditfinanzierung an. Unterschiede können sich bei der laufenden Besteuerung des Kapitals (inklusive der Besteuerung der Kapitalerträge) ergeben, hinsichtlich derer zu unterscheiden ist in **Einkommensteuer und Körperschaftsteuer** (einschließlich Solidaritätszuschlag sowie ggf. Kirchensteuer) einerseits und **gewerbesteuerlichen Besonderheiten** andererseits.

b) Eigenfinanzierung

Die Finanzierung einer Unternehmung mit Eigenkapital ist in steuerlicher Hinsicht gegenüber der Fremdfinanzierung **benachteiligt**, weil die den Gesellschaftern zuteil werdenden **Gewinne** keine Betriebsausgaben darstellen, sondern stattdessen zu besteuern sind. Die Besteuerung der Gewinne ist einerseits von der Rechtsform des Unternehmens und andererseits von der Person des Anteilseigners abhängig.

Periodengewinne in Kapitalgesellschaften werden unabhängig von der Gewinnverwendungsentscheidung mit einem **Körperschaftsteuersatz von 15 %** zzgl. Solidaritätszuschlag besteuert.

Die körperschaftsteuerlichen Periodengewinne bilden nach § 7 GewStG die Ausgangsgröße bei der Ermittlung des Gewerbeertrags (vgl. S. 399). Bei Kapitalgesellschaften erfolgt bei der Besteuerung des erwirtschafteten Gewinns aus der Bereitstellung von Eigenkapital somit nicht nur eine Besteuerung mit Körperschaftsteuer und Solidaritätszuschlag, sondern zusätzlich eine mit **Gewerbesteuer**, womit Gewinne faktisch doppelt besteuert werden. Es liegt somit auch gewerbesteuerlich eine Benachteiligung der Eigenkapitalfinanzierung vor.

Bei einer Ausschüttung der verbleibenden Gewinne an die Gesellschafter einer Kapitalgesellschaft erfolgt eine erneute Besteuerung. Grundsätzlich und unabhängig von dem Empfänger der Dividende wird gem. § 43 Abs. 1 EStG Kapitalertragsteuer i.H.v. 25 % zzgl. Solidaritätszuschlag fällig, welche zunächst nur den Charakter einer Vorauszahlung trägt.

Sofern der Empfänger der Dividende eine natürliche Person ist, welche die Anteile im Privatvermögen hält, erlangt die Kapitalertragsteuer zzgl. Solidaritätszuschlag sowie ggf. Kirchensteuer gem. § 43 Abs. 5 EStG grundsätzlich abgeltende Wirkung (sog. **Abgeltungssteuer**). Allerdings bringt dies mit sich, dass anstelle der tatsächlichen Werbungskosten nur ein Sparer-Pauschbetrag i.H.v. 801 € abgezogen werden kann (§ 20 Abs. 9 EStG). Eine wichtige Ausnahme stellt jedoch das Wahlrecht gem. § 32d Abs. 2 Nr. 3 EStG dar, welches – bei Vorliegen der dort genannten Voraussetzungen zur „unternehmerischen Beteiligung" – eine Besteuerung nach dem progressiven Einkommensteuertarif gem. § 32a EStG erlaubt; die Kapitalertragsteuer erhält dann wieder die untergeordnete Bedeutung einer Vorauszahlung. Die Besteuerung der Dividende erfolgt in diesem Fall nach dem Teileinkünfteverfahren gem. § 3 Nr. 40 EStG, wonach die erhaltenen Gewinnanteile nur zu 60 % der Einkommensteuer (plus Solidaritätszuschlag und ggf. Kirchensteuer) unterliegen; Werbungskosten können abgezogen werden – wegen des Teileinkünfteverfahrens jedoch nur zu 60 %. Eine Besteuerung nach Teileinkünfteverfahren und progressivem Einkommensteuertarif plus Solidaritätszuschlag und ggf. Kirchensteuer erfolgt ferner stets dann, wenn ein Gesellschafter die die Ausschüttung begründenden Anteile im einkommensteuerlichen Betriebsvermögen hält (§ 20 Abs. 8 EStG i.V.m. § 3 Nr. 40 EStG).

Sofern der Anteilseigner in Gestalt einer natürlichen Person die im Privatvermögen gehaltenen Kapitalgesellschaftsanteile veräußert, erfolgt grundsätzlich eine Besteuerung als Einkünfte aus Kapitalvermögen, für welche die Abgeltungssteuer mit 25 % zzgl. Solidaritätszuschlag und ggf. Kirchensteuer greift (§ 20 Abs. 2 EStG i.V.m. § 32d Abs. 1 EStG). Bei Vorliegen der Voraussetzungen einer „wesentlichen Beteiligung" des § 17 Abs. 1 EStG erfolgt hingegen eine Besteuerung als Einkünfte aus Gewerbebetrieb mit dem persönlichen Einkommensteuertarif gem. § 32a EStG, wobei laut Teileinkünfteverfahren nur 60 % des Veräußerungsgewinns zu besteuern ist. Zusätzlich kommt dabei eine Anwendung des Freibetrags gem. § 17 Abs. 3 EStG in Betracht. Ebenfalls erfolgt eine Besteuerung der Veräußerungsgewinne nach dem Teileinkünfteverfahren mit dem persönlichen Steuertarif in § 32a EStG, wenn die Anteile in einem einkommensteuerlichen Betriebsvermögen gehalten werden. Dann erfolgt zusätzlich eine Belastung mit Gewerbesteuer auf Ebene des Einzelunternehmens bzw. der Personengesellschaft (Mitunternehmerschaft), die jedoch auf Ebene des Anteilseigners angerechnet werden kann. Zu beachten ist ferner, dass bei einer Veräußerung einer 100 %-igen Beteiligung der Freibetrag des § 16 Abs. 4 EStG zur Anwendung kommen kann.

Im Falle einer Ausschüttung an eine andere Kapitalgesellschaft unterliegen die Gewinne auf deren Ebene – auch im Fall der Zwischenschaltung einer Personengesellschaft – im Ergebnis einer 95 %-igen Steuerbefreiung (§ 8b KStG). Nur 5 % der Beteiligungserträge unterliegen somit einer Besteuerung mit Körperschaftsteuer und Solidaritätszuschlag, sofern die Beteiligung mindestens 10 % beträgt[251]. Eine 95 %-ige Steuerbefreiung erfolgt bei der Gewerbesteuer allerdings nur dann, wenn die Voraussetzungen des § 9 Nr. 2a GewStG zur Beteiligungshöhe und -dauer an der ausschüttenden Kapitalgesellschaft erfüllt sind. Sofern die empfangende Kapitalgesellschaft ihrerseits den Gewinn ausschüttet, schließt sich eine erneute Besteuerung bei deren Anteilseigner nach der oben aufgezeigten Weise an.

Sofern eine Kapitalgesellschaft ihrerseits die gehaltenen Anteile an einer Kapitalgesellschaft veräußert, greift ebenfalls der Mechanismus einer 95 %-igen Steuerfreistellung (§ 8b Abs. 2 und Abs. 3 KStG). Veräußerungsverluste können allerdings nicht berücksichtigt werden (§ 8b Abs. 3 KStG). Diese Regelungen gelten über § 7 GewStG auch für die Gewerbesteuer; es ist darauf aufmerksam zu machen, dass die gewerbesteuerlichen Vorschriften hierzu keine Korrekturen formuliert haben. Von der Regelung des § 8b Abs. 4 KStG nicht betroffen sind Veräußerungsgewinne aus Streubesitzbeteiligungen. Diese sind nach § 8b Abs. 2 KStG weiterhin vollständig steuerfreigestellt, allerdings gelten nach § 8b Abs. 3 KStG 5 % der Veräußerungsgewinne als nicht abzugsfähige Betriebsausgabe.

Periodengewinne in Einzelunternehmen und Personengesellschaften (Mitunternehmerschaften) werden – unabhängig von der Gewinnverwendung – dem **Unternehmer** bzw. den **Gesellschaftern zugerechnet**, unterliegen also dem progressiven Einkommensteuertarif nach § 32a EStG zzgl. Solidaritätszuschlag sowie ggf. Kirchensteuer. Dies gilt allerdings nur, soweit nicht die Thesaurierungsbegünstigung gem. § 34a EStG in Anspruch genommen wird, welche zwecks Angleichung der Steuerbelastung an die einer Kapitalgesellschaft geschaffen wurde. In letztgenanntem Fall erfolgt auf Antrag – bei Erfüllung der notwendigen Voraussetzungen – die Besteuerung der nicht entnommenen Gewinne mit einem ermäßigten Steuersatz von 28,25 %. Bei einer späteren Entnahme wird eine Nachversteuerung mit 25 % vorgenommen. Zusätzlich fallen jeweils Solidaritätszuschlag sowie ggf. Kirchensteuer an.

Wegen des Objektcharakters der Gewerbesteuer erfolgt auf Ebene des Einzelunternehmens bzw. der Personengesellschaft (Mitunternehmerschaften) eine Besteuerung mit Gewerbesteuer. Eine mehrfache Belastung desselben Gewinns mit Einkommensteuer zzgl. Solidaritätszuschlag und ggf. Kirchensteuer einerseits und Gewerbesteuer andererseits ist bei Einzelunternehmen und Personengesellschaften nur in geringem Maße der Fall, da die Gewinne auf Ebene der Gesellschafter besteuert werden, welche das 3,8fache des Gewerbesteuermessbetrags gem. § 35 EStG auf die Einkommensteuer anrechnen können (vgl. S. 343 ff.).

Im Fall einer Veräußerung des Mitunternehmeranteils liegen beim Anteilseigner Einkünfte aus Gewerbebetrieb gem. § 16 Abs. 1 EStG vor, welche der progressiven Einkommensteuer gem. § 32a EStG unterworfen werden. Vorher kann allerdings ein Freibetrag gem. § 16 Abs. 4 EStG gewährt werden. Ferner ist bei Vorliegen der jeweiligen Voraussetzungen eine Tarifermäßigung gem. § 34 EStG möglich.

Wenn an der mit Eigenkapital ausgestatteten Personengesellschaft eine Kapitalgesellschaft beteiligt ist, stellt der zugerechnete Gewinnanteil einen Teil des Einkommens gem. § 8 KStG dar, welcher mit Körperschaftsteuer und Solidaritätszuschlag besteuert wird. Da

---

[251] Vgl. ausführlich zur Einführung der Streubesitzregelung des § 8b Abs. 4 KStG S. 392 ff.

die Mitunternehmerschaft selbst bereits der Gewerbesteuer unterlegen hat, sollen die einkommensteuerlich zugerechneten Gewinnanteile auf Ebene der Kapitalgesellschaft nicht erneut mit Gewerbesteuer belastet werden; aus diesem Grund werden zugewiesene Gewinnanteile gem. § 9 Nr. 3 GewStG außerbilanziell gekürzt. Dies hat keine Auswirkungen auf den Abzug der mit der Beteiligung in Verbindung stehenden Aufwendungen als Betriebsausgaben. An die Besteuerung auf Ebene der Kapitalgesellschaft schließt sich die bereits erläuterte Anteilseignerbesteuerung von Kapitalgesellschaften an.

Im Fall einer doppelstöckigen Personengesellschaft (Mitunternehmerschaft) erfolgt unverändert eine einkommensteuerliche Zurechnung zu den Anteilseignern der beteiligten Personengesellschaft (Mitunternehmerschaft); Gewerbesteuer fällt wegen der Kürzungsvorschrift in § 9 Nr. 3 GewStG nicht an.

c) Fremdfinanzierung

Fremdkapitalzinsen sind beim Schuldner grundsätzlich abzugsfähige **Betriebsausgaben**, mindern also je nach Rechtsform die Einkommen- bzw. Körperschaftsteuerbelastung, die Belastung mit Gewerbesteuer sowie die Belastung mit Solidaritätszuschlag und ggf. Kirchensteuer. Darin ist ein Vorteil gegenüber der Eigenfinanzierung zu sehen, bei welcher ein steuermindernder Betriebsausgabenabzug nicht möglich ist. Der Betriebsausgabenabzug kann in Abhängigkeit von der Rechtsform der mit Fremdkapital ausgestatteten Unternehmung in unterschiedlicher Weise eingeschränkt sein.

Sofern Zinsaufwendungen Finanzierungskosten für eine Beteiligung an einer Kapitalgesellschaft darstellen, unterliegen sie – im Gegensatz zu der Situation bei einer Personengesellschaft bzw. einem Einzelunternehmen (Mitunternehmerschaft) – keinerlei Abzugsbeschränkungen: Unabhängig von dem Zufluss eines Beteiligungsertrags und unabhängig von einer – im Falle des Zuflusses – für diese eintretenden 95 %-igen Freistellung sind die Finanzierungskosten stets abziehbar.

Eine Nicht-Abziehbarkeit von Zinsaufwendungen kann sich ergeben, sofern die Zinszahlungen an einen Gesellschafter fließen und damit im Zusammenhang eine verdeckte Gewinnausschüttung festgestellt wird.

Ferner können Zinsaufwendungen der Reglementierung durch die Zinsschranke gem. § 4h EStG (vgl. S. 369 ff.) unterliegen, wobei zu beachten ist, dass Kapitalgesellschaften einer Regelungsverschärfung zur Gesellschafter-Fremdfinanzierung nach § 8a KStG unterliegen. Die Zinsschranke entfaltet allerdings nur eine temporäre Abzugsbeschränkung, da nichtabziehbare Zinsaufwendungen in einen Zinsvortrag eingestellt werden, wodurch ein Abzug in späteren Jahren grundsätzlich möglich ist.

Darüber hinaus ist festzuhalten, dass ein Zinsvortrag, in der Vergangenheit begründete Zinsaufwendungen, die mittlerweile Teil eines Verlustvortrags sind, sowie auch Zinsaufwendungen, die Teil eines laufenden Verlustes sind, von einem Untergang nach § 8c KStG (bei einem qualifizierten Anteilserwerb) bedroht sein können.

Die körperschaftsteuerlichen Periodengewinne bilden nach § 7 GewStG die Ausgangsgröße bei der Ermittlung des **Gewerbeertrags**. Die einkommen- bzw. körperschaftsteuerlich abziehbaren Fremdkapitalzinsen haben diese bereits gemindert. Somit sind auch Finanzierungskosten für eine Beteiligung an einer Kapitalgesellschaft **gewerbesteuerlich** vollständig abziehbar. Obwohl gewerbesteuerlich zugewiesene Gewinnanteile aus einer Mitunternehmerschaft gem. § 9 Nr. 3 GewStG außerbilanziell gekürzt werden, sehen die gewerbesteuerlichen Regelungen keine Hinzurechnung von (Zins-)Aufwendungen vor, die mit der Beteiligung an der betreffenden Mitunternehmerschaft in Beziehung stehen.

Durch die Hinzurechnungsvorschrift des § 8 Nr. 1 GewStG werden Zinsaufwendungen jedoch nach Abzug eines Freibetrags i.H.v. 100.000 € zu einem Viertel wieder hinzugerechnet, sodass letztlich ein Viertel der Fremdkapitalzinsen doch der Gewerbesteuer unterliegt. Da Eigenkapitalzinsen allerdings gänzlich nicht abziehbar sind, wird die **Eigenfinanzierung** im Ergebnis **benachteiligt**.

Ferner führen die Rechtsfolgen der verdeckten Gewinnausschüttung auch zu Auswirkungen auf die gewerbesteuerliche Bemessungsgrundlage; Gleiches gilt in Bezug auf hinzugerechnete Zinsaufwendungen gem. der Zinsschranke. Da jene Zinsaufwendungen nach der körperschaftsteuerlichen Hinzurechnung bereits in der gewerbesteuerlichen Ausgangsgröße gem. § 7 GewStG enthalten sind, kann sich die oben genannte Hinzurechnungsvorschrift nach § 8 Nr. 1 GewStG nicht auf diese erstrecken, da ansonsten eine doppelte Hinzurechnung vorliegen würde. Wenn die zwischenzeitlich in einen Zinsvortrag eingestellten Zinsaufwendungen zu einem späteren Zeitpunkt als Betriebsausgaben abgezogen werden können, gilt dies grundsätzlich auch gewerbesteuerlich, wobei diese jedoch der Hinzurechnung gem. § 8 Nr. 1 GewStG unterliegen können.

Darüber hinaus ist festzuhalten, dass die Rechtsfolgen des § 8c KStG auch bei der Gewerbesteuer eingreifen können, indem Zinsaufwendungen als Teile eines entstandenen gewerbesteuerlichen Verlustvortrags oder eines laufenden Verlustes endgültig nicht mehr abgezogen werden können.

Sofern Zinsaufwendungen Finanzierungskosten für eine Beteiligung an einer Kapitalgesellschaft darstellen, unterliegen sie bei einer Personengesellschaft bzw. einem Einzelunternehmen (Mitunternehmerschaft) einer grundsätzlichen Abzugsbeschränkung: Unabhängig von dem Zufluss eines Beteiligungsertrags und unabhängig von einer – im Falle des Zuflusses – für diese eintretenden 40 %-igen Freistellung sind die Finanzierungskosten gem. § 3c EStG stets nur zu 60 % abziehbar.

Einen Sonderfall stellen Zinsaufwendungen gegenüber einem Gesellschafter dar, wenn das zur Verfügung gestellte Darlehen Sonderbetriebsvermögen des betreffenden Gesellschafters darstellt; die Zinsaufwendungen der Gesellschaft stellen Sonderbetriebseinnahmen des Gesellschafters und damit einen Bestandteil des Gewinns dar, die dem Gesellschafter zu seinem Gewinnanteil hinzugerechnet werden (§ 15 Abs. 1 Nr. 2 EStG). Somit mindern diese Aufwendungen den zu versteuernden Gewinn im Endeffekt nicht.

Ferner sind auch bei Personengesellschaften bzw. Einzelunternehmen (Mitunternehmerschaften) die Vorschriften zur Zinsschranke gem. § 4h EStG zu beachten, wonach Zinsen – bei Vorliegen der Voraussetzungen – nicht als Betriebsausgaben abgezogen werden können, sondern stattdessen in einen Zinsvortrag einzustellen sind.

Die einkommensteuerlichen Periodengewinne bilden nach § 7 GewStG die Ausgangsgröße bei der Ermittlung des **Gewerbeertrags**. Die einkommen- bzw. körperschaftsteuerlich abziehbaren Fremdkapitalzinsen haben diese bereits gemindert. Es existieren gewerbesteuerlich allerdings Besonderheiten.

So ergibt sich eine Benachteiligung gegenüber Kapitalgesellschaften in Bezug auf Zahlungen an die Gesellschafter, die bei der Gesellschaft zunächst Betriebsausgaben darstellen, bei den Gesellschaftern jedoch als Sonderbetriebseinnahmen erfasst werden; dies können auch Fremdkapitalzinsen sein. Diese Zahlungen werden dem Gewerbeertrag hinzugerechnet und erfahren folglich eine grundsätzliche Belastung mit Gewerbesteuer. Zu berücksichtigen ist allerdings auch, dass Einzelunternehmen und Personengesellschaften (Mitunternehmerschaften) ein Freibetrag i.H.v. 24.500 € (§ 11 Abs. 1 Nr. 1 GewStG) gewährt wird, welcher diesen Nachteil teilweise ausgleicht.

In der Ausgangsgröße gem. § 7 GewStG sind auch Finanzierungskosten für eine Beteiligung an einer Kapitalgesellschaft i.H.v. 60 % enthalten. Gewerbesteuerlich können allerdings alle Zinsaufwendungen abgezogen werden, sofern die Voraussetzungen des § 9 Nr. 2a GewStG zur Beteiligungshöhe und -dauer an der ausschüttenden Kapitalgesellschaft erfüllt sind; sind sie nicht erfüllt, können die betreffenden Fremdkapitalzinsen insgesamt nicht abgezogen werden (§ 8 Nr. 5 GewStG; vgl. S. 402 f.).

Während zugeteilte Gewinnanteile aus einer Personengesellschaft gewerbesteuerlich gekürzt werden (§ 9 Nr. 3 GewStG), existiert keine gewerbesteuerliche Regelung zur Hinzurechnung der damit in Verbindung stehenden (Zins-)Aufwendungen; Letztere können unverändert als Betriebsausgaben abgezogen werden. Daneben können auch bei einem Einzelunternehmen bzw. einer Personengesellschaft (Mitunternehmerschaft) in der Ausgangsgröße des § 7 GewStG Zinsaufwendungen enthalten sein, die aufgrund der Zinsschrankenregelung hinzugerechnet wurden. Ferner gilt auch bei Einzelunternehmen und Personengesellschaften (Mitunternehmerschaften) die Hinzurechnungsvorschrift des § 8 Nr. 1 GewStG, wonach Zinsen nach Abzug eines Freibetrags i.H.v. 100.000 € zu einem Viertel hinzuzurechnen sind. Um Doppelerfassungen zu vermeiden, gilt dies nur für Zinsaufwendungen, welche die Ausgangsgröße des § 7 GewStG tatsächlich gemindert haben.

Bei einer steuerlichen Würdigung der Fremdfinanzierung muss ebenfalls mitberücksichtigt werden, dass die Zinszahlungen beim empfangenden Gläubiger einer Besteuerung mit Einkommen- bzw. Körperschaftsteuer sowie dem Solidaritätszuschlag und ggf. der Kirchensteuer zu unterwerfen sind. Eine Abhängigkeit der Besteuerung ist einerseits in Bezug auf die Rechtsform des gewährenden Schuldners sowie des empfangenden Gläubigers und andererseits in Bezug auf die Qualifikation des überlassenen Kapitals festzustellen.

Wenn der Gläubiger eine **Privatperson** ist, stellen die erhaltenen Vergütungen für das zur Verfügung gestellte Fremdkapital – im Grundsatz unabhängig von der Rechtsform des Schuldnerunternehmens – Einkünfte aus Kapitalvermögen dar, sofern nicht nach dem **Subsidiaritätsprinzip** (§ 20 Abs. 8 EStG) Gewinneinkünfte vorliegen. I.d.R. folgt eine Besteuerung mit der Abgeltungsteuer gem. § 32d EStG i.H.v. 25 % zzgl. Solidaritätszuschlag und ggf. Kirchensteuer, wobei ein Abzug von Werbungskosten auf den Sparer-Pauschbetrag limitiert ist (vgl. S. 288 ff.).

Dies gilt im Grundsatz für alle Zinsen aus Geldforderungen des § 20 Abs. 1 Nr. 5-9 EStG und damit insb. für den Hauptanwendungsfall einer zinstragenden Geldforderung gem. § 20

Abs. 1 Nr. 7 EStG, aber auch für Einnahmen aus einer Beteiligung als stiller Gesellschafter und aus partiarischem Darlehen, sofern der Gesellschafter bzw. Darlehensgeber nicht als Mitunternehmer anzusehen ist (§ 20 Abs. 1 Nr. 4 EStG).

Zu dieser Besteuerungsweise existieren mehrere Ausnahmen. Eine dieser Ausnahmen betrifft Einnahmen aus der Beteiligung als stiller Gesellschafter und aus partiarischen Darlehen, bei denen der Gesellschafter als Mitunternehmer anzusehen ist (s.u.).

Eine generelle Ausnahme liegt bei Gesellschafterdarlehen vor, wenn das Schuldnerunternehmen ein Einzelunternehmen oder eine Personengesellschaft (Mitunternehmerschaft) ist: Der Gesellschafter hält das Darlehen im Sonderbetriebsvermögen der Mitunternehmerschaft. Daraus folgt eine Besteuerung der erhaltenen Zinszahlungen als Sonderbetriebseinnahmen gem. § 15 Abs. 1 Nr. 2 EStG, womit der Progressionstarif des § 32a EStG greift und mit den Einkünften zusammenhängende Refinanzierungsaufwendungen als Sonderbetriebsausgaben abziehbar sind.

Nachranging zu den beiden genannten Ausnahmen gilt eine weitere generelle Ausnahme grundlegend für Erträge aus zinstragenden Geldforderungen, aber auch aus stillen Gesellschaften und partiarischen Darlehen (§ 20 Abs. 1 Nr. 4, 7 EStG), wenn die Voraussetzungen des § 32d Abs. 2 Nr. 1 EStG vorliegen (Darlehensgeber und Darlehensnehmer sind nahestehende Personen; oder: Gesellschafterdarlehen, bei dem der Darlehensgeber zu mindestens 10 % an der Schuldner-Kapitalgesellschaft beteiligt ist oder bei dem der Darlehensgeber eine dem Gesellschafter nahestehende Person ist; oder: Vorliegen einer Back-to-Back-Finanzierung). Dann unterliegen die Kapitalerträge dem progressiven Einkommensteuertarif des § 32a EStG inkl. Solidaritätszuschlag und ggf. Kirchensteuer. Dies hat auch zur Folge, dass die Privatperson die tatsächlich angefallenen Aufwendungen, die sie zur Finanzierung des Darlehensbetrags hatte, als Werbungskosten abziehen kann, was ihr im Fall der Abgeltungssteuer nur in Höhe des Sparer-Pauschbetrags i.H.v. 801 € möglich ist.

Sofern Zinszahlungen auf Ebene einer vergütenden Kapitalgesellschaft aufgrund einer festgestellten verdeckten Gewinnausschüttung umqualifiziert werden, ist auch bei der Fremdkapital gewährenden Privatperson eine Dividendenbesteuerung, wie sie oben skizziert wurde, vorzunehmen. In Bezug auf ein Gesellschafterdarlehen ist ferner anzumerken, dass der Abzug der Zinsaufwendungen bei einer Kapitalgesellschaft aufgrund einer übermäßigen Gesellschafter-Fremdfinanzierung beschränkt sein kann (§ 4h EStG i.V.m. § 8a KStG); im Unterschied zu der alten Rechtslage vor der Unternehmensteuerreform 2008 erfolgt allerdings keine Einkünfteumqualifikation bei dem Gläubiger, dem die Zinserträge zufließen.[252] Allerdings werden Gesellschafterdarlehen durch die bereits erläuterte Ausnahmevorschrift in § 32d Abs. 2 Nr. 1 EStG erfasst, wodurch letztlich eine Besteuerung mit Abgeltungssteuer ausbleibt.

Gläubiger eines Darlehens an eine Unternehmung können auch ein **Einzelunternehmen** oder eine **Personengesellschaft** (Mitunternehmerschaft) bzw. eine **Kapitalgesellschaft** sein, bei welchen die vereinnahmten Zinserträge aus der Bereitstellung von Fremdkapital Teil des

---

[252] Vgl. zur alten Rechtslage gem. § 8a KStG a.F. KUßMAUL, HEINZ: Betriebswirtschaftliche Steuerlehre, 4. Aufl., München/Wien 2006, S. 332-335.

Periodengewinns darstellen. Es ergibt sich eine Besteuerung des Gewinns, wie sie bereits oben erläutert wurde.

d) Investitionszuschüsse und -zulagen

Die Finanzierung eines Unternehmens kann ferner über **staatliche Investitionshilfen** in Form der Investitionszulagen und -zuschüsse erfolgen (vgl. S. 182 f.). Die besondere steuerliche Relevanz bei **Investitionszulagen** liegt darin, dass es sich um (nicht rückzahlbare) staatliche Geldmittel zur Durchführung von Investitionen handelt, die nicht zu den Einkünften i.S.d. Einkommensteuergesetzes gehören, weswegen die handelsbilanziell als Ertrag gebuchten Zahlungen als **steuerfreie Erträge** außerbilanziell gekürzt werden.[253]

Bei **Investitionszuschüssen** handelt es sich zwar um (nicht rückzahlbare) staatliche Geldmittel zur Durchführung von Investitionen, die zu versteuern sind. Allerdings bietet R 6.5 Abs. 2 EStR eine Möglichkeit, wonach die erhaltenen Zuschüsse nicht direkt zu versteuern sind, sondern die Steuerbelastung durch eine verminderte Abschreibung in der Folgezeit realisiert wird. Zwar sind die Zuschüsse über die Totalperiode gesehen zu versteuern. Allerdings weist eine in die Zukunft verschobene Steuerzahlung einen geringeren Barwert auf.

3. Steuerliche Behandlung der Innenfinanzierung

a) Die offene und die stille Selbstfinanzierung

Bei der sog. **offenen Selbstfinanzierung** werden Gewinne in voller Höhe ausgewiesen und durch Bildung offener Rücklagen im Unternehmen thesauriert. **Offene Rücklagen** werden – mit Ausnahme der sog. steuerfreien Rücklagen – aus dem versteuerten Gewinn gebildet. Damit ist das Ausmaß der offenen Selbstfinanzierung von der Höhe der Ertragsteuerbelastung abhängig, da nur der Betrag nach Steuern zur Erhöhung der Rücklagen bzw. Kapitalkonten verwendet werden kann. Die Ertragsbesteuerung hängt primär von der gewählten Rechtsform ab. Der Gewinn einer Kapitalgesellschaft unterliegt grundsätzlich einer doppelten Belastung mit Gewerbesteuer, Körperschaftsteuer und Solidaritätszuschlag. Neben einer Belastung mit Gewerbesteuer unterliegt bei Einzelunternehmen bzw. Personengesellschaften (Mitunternehmerschaften) der gesamte erzielte Gewinn – unabhängig von einer Ausschüttung an die Gesellschafter – einer Besteuerung mit dem persönlichen Einkommensteuersatz des Einzelunternehmers bzw. der einzelnen Mitunternehmer, jeweils zzgl. Solidaritätszuschlag und ggf. Kirchensteuer. Die gezahlte Gewerbesteuer ist dabei (ggf. nur teilweise) auf die Einkommensteuerschuld anrechenbar. Allerdings existiert auch die Möglichkeit einer Besteuerung nach der sog. Thesaurierungsbegünstigung (vgl. S. 339 ff.), wonach eine Besteuerung mit dem persönlichen Einkommensteuersatz des Einzelunternehmers bzw. der Mitunternehmer zugunsten einer Pauschalbesteuerung des gesamten Gewinns mit einem Steuersatz i.H.v. 28,25 % zzgl. Solidaritätszuschlag und ggf. Kirchensteuer ausbleibt.

Bei der **stillen Selbstfinanzierung** werden Gewinne durch erhöhte Aufwendungen gemindert, was zu dem beschriebenen Liquiditätseffekt führt. Unter ertragsteuerlichen Gesichts-

---

[253] Vgl. § 13 des Investitionszulagengesetzes 2010 (InvZulG 2010) vom 07.12.2008, BGBl I 2008, S. 2350. Es ist allerdings darauf hinzuweisen, dass die Förderung durch Investitionszulagen im Jahr 2013 ausläuft.

punkten birgt die stille Selbstfinanzierung einen weiteren Liquiditätseffekt, da ein verminderter Gewinnausweis auch zu verminderten Steuerzahlungen führt. Dies liegt darin begründet, dass der zu versteuernde Gewinn i.d.R. aus der Steuerbilanz abgeleitet wird, welche wegen des Maßgeblichkeitsprinzips auf der Handelsbilanz basiert. Die Möglichkeiten zur Bildung stiller Rücklagen und damit zur Erzielung von **Steuerersparnissen** können allerdings durch die steuerrechtlichen Vorschriften über die Gewinnermittlung eingegrenzt sein. Denn es ist zu berücksichtigen, dass nicht durchweg alle handelsrechtlichen Ansatz- und Bewertungsvorschriften und -spielräume, welche zu einem niedrigeren Gewinnausweis führen, steuerbilanziell nachvollzogen werden können; zu denken ist beispielsweise an das steuerliche Verbot zur Bildung einer Drohverlustrückstellung gem. § 5 Abs. 4a EStG (vgl. S. 53 f.) oder die steuerlichen Beschränkungen hinsichtlich der gewählten Abschreibungsmodalitäten. Ferner ist zu berücksichtigen, dass bestimmte Aufwendungen nicht als Betriebsausgaben abzugsfähig sind. In den genannten Fällen bleibt ein steuerlicher Liquiditätseffekt aus.

Umgekehrt sehen steuerliche Vorschriften ausdrücklich die Möglichkeit zur Bildung steuerbilanzieller stiller Rücklagen vor, womit sie den steuerlichen Liquiditätseffekt begünstigen. Steuerlichen Vorschriften kommt insofern eine **finanzwirtschaftlich fördernde Wirkung** zu. Zu denken ist an die Möglichkeiten zur Vornahme von Sonderabschreibungen oder zur Bildung von steuerfreien Rücklagen.

Stille Rücklagen unterliegen bei ihrer Bildung nicht der Besteuerung, erst bei ihrer Auflösung werden sie versteuert. Durch Bildung stiller Rücklagen erfolgt also eine Gewinnverlagerung auf spätere Perioden und eine **Steuerstundung** bis zur Realisierung. Diese zinslose Steuerstundung führt nicht nur zu einer Liquiditätsentlastung des Unternehmens, sondern auch zu einem **Zinseffekt**, da Steuerzahlungen zu einem späteren Zeitpunkt einen geringeren Barwert als Steuerzahlungen in der Gegenwart haben.

In den folgenden Beispielen wird der Effekt der Steuerstundung zunächst in Bezug auf die Möglichkeit zur Vornahme von Sonderabschreibungen und anschließend in Bezug auf die Möglichkeit zur Bildung einer „6b-Rücklage" veranschaulicht.

Beispiel: (Steuerbarwert und Sonderabschreibung)

Die X-GmbH beschafft sich am 01.01.2013 eine Maschine mit einer Nutzungsdauer von fünf Jahren; die Anschaffungskosten betragen 100.000 €. In den Jahren 2013 bis 2017 ist mit jährlichen Umsatzerlösen von 50.000 € und Personalaufwendungen von 10.000 € zu rechnen; Ertragsteuersatz (Körperschaftsteuer und Gewerbesteuer): 30 %.

- **Lineare Abschreibung der Maschine**:

	31.12.2013	31.12.2014	31.12.2015	31.12.2016	31.12.2017
Umsatzerlöse	50.000 €	50.000 €	50.000 €	50.000 €	50.000 €
./. Personalaufwand	10.000 €	10.000 €	10.000 €	10.000 €	10.000 €
./. Abschreibungen	20.000 €	20.000 €	20.000 €	20.000 €	20.000 €
= Gewinn	20.000 €	20.000 €	20.000 €	20.000 €	20.000 €
Steuerzahlung	6.000 €	6.000 €	6.000 €	6.000 €	6.000 €

Barwert der Ertragsteuerzahlungen (abgezinst auf den 31.12.2013; Zinsfuß 7 %) **26.323,27 €**

- **Sonderabschreibung der Maschine i.H.v. 20 % gem. § 7g Abs. 5-6 EStG im Jahr 2013:**

	31.12.2013	31.12.2014	31.12.2015	31.12.2016	31.12.2017
Umsatzerlöse	50.000 €	50.000 €	50.000 €	50.000 €	50.000 €
./. Personalaufwand	10.000 €	10.000 €	10.000 €	10.000 €	10.000 €
./. Abschreibungen	40.000 €	20.000 €	20.000 €	20.000 €	0 €
= Gewinn	0 €	20.000 €	20.000 €	20.000 €	40.000 €
Steuerzahlung	0 €	6.000 €	6.000 €	6.000 €	12.000 €

Barwert der Ertragsteuerzahlungen (abgezinst auf den 31.12.2013; Zinsfuß 7 %)   **24.900,64 €**

Beispiel: (Steuerbarwert und steuerfreie Rücklagen)

Die X-GmbH verkauft am 31.12.2013 ein betriebliches Grundstück zum Preis von 1,1 Mio. €. Bei einem Buchwert von 100.000 € ergibt sich ein Veräußerungsgewinn von 1 Mio. €, der grundsätzlich der Körperschaftsteuer inkl. Solidaritätszuschlag sowie der Gewerbesteuer unterliegt. § 6b EStG erlaubt der GmbH im vorliegenden Fall die Bildung einer sog. steuerfreien Rücklage i.H.d. Veräußerungsgewinns in der Steuerbilanz (Buchungssatz: Sonstiger betrieblicher Aufwand an steuerfreie Rücklage). Die Rücklage ist spätestens nach vier Jahren (hier: im Jahr 2017) wieder aufzulösen.

(Eine **Abweichung von der Vierjahres-Regel** ergibt sich im Fall der Bildung einer Rücklage für ein neues Gebäude; hier tritt eine Fristverlängerung auf sechs Jahre ein, sofern vor dem Schluss des vierten auf die Bildung der Rücklage folgenden Wirtschaftsjahres mit der Erstellung begonnen wird).

In der folgenden Betrachtung wird eine Unternehmenssteuerbelastung – bestehend aus Körperschaftsteuer, Solidaritätszuschlag und Gewerbesteuer (Hebesatz: 405 %) – in Höhe von 30 % unterstellt.

- **Ohne Bildung der steuerfreien Rücklage:**

  Veräußerungsgewinn = Gewinn des Jahres 2013   1.000.000 €
  30 %-ige Unternehmenssteuerbelastung   300.000 €
  Verbleibendes Einkommen nach Steuern (zum 31.12.2013)   700.000 €
  Barwert der Körperschaftsteuerzahlung (abgezinst auf den 31.12.2013; Zinsfuß 7 %)   **300.000 €**

- **Mit Bildung der steuerfreien Rücklage:**

    - Jahr 2013:

  Veräußerungsgewinn = Gewinn des Jahres 2013   1.000.000 €
  Sonstiger betrieblicher Aufwand   1.000.000 €
  Gewinn des Jahres 2013   0 €

    - Jahr 2017:

  Sonstiger betrieblicher Ertrag (Auflösung der Rücklage)   1.000.000 €
  Gewinnerhöhende Auflösung der Rücklage gem. § 6b Abs. 7 EStG   240.000 €
  Steuerpflichtiger Gewinn des Jahres 2017   1.240.000 €
  30%-ige Unternehmenssteuerbelastung   372.000 €
  Verbleibendes Einkommen nach Steuern (zum 31.12.2017)   628.000 €
  Barwert der Körperschaftsteuerzahlung (abgezinst auf den 31.12.2013; Zinsfuß 7 %)   **283.797 €**

Neben einem Effekt aus der Steuerstundung kann sich auch ein solcher aus einer Steuersatzdifferenz (Progressionseffekt) ergeben, wobei dieser grundsätzlich positiv oder negativ sein kann. Bei einem **proportionalen** Gewinnsteuertarif (Thesaurierungsbegünstigung bei der Einkommensteuer einschließlich Solidaritätszuschlag und ggf. Kirchensteuer, Körperschaftsteuer einschließlich Solidaritätszuschlag, Gewerbesteuer) ergibt sich grundsätzlich kein solcher Progressionseffekt. Bei gleicher Gewinnhöhe erfolgt im Jahr der stillen Selbstfinanzierung ein niedrigerer, im Jahr der Auflösung der stillen Rücklage ein entsprechend höherer Gewinnausweis, der aber wegen der fehlenden Steuersatzprogression nicht dazu führen kann, dass die nominelle Steuerersparnis im Jahr der Bildung der stillen Rücklagen von der nominellen Steuermehrbelastung im Jahr ihrer Auflösung abweicht. Ausnahmen ergeben sich jedoch dann, wenn der proportionale Gewinnsteuertarif (durch eine Gesetzesänderung) zwischenzeitlich geändert wird. Bei einem **progressiven** Gewinnsteuertarif (Einkommensteuer einschließlich Solidaritätszuschlag und ggf. Kirchensteuer, falls die Thesaurierungsbegünstigung nicht in Anspruch genommen wird) kann sich hingegen ein **Progressionseffekt** ergeben. Bei gleicher Gewinnhöhe erfolgt im Jahr der stillen Selbstfinanzierung ein niedrigerer, im Jahr der Auflösung der stillen Rücklage ein entsprechend höherer Gewinnausweis, der aber wegen der Progression dazu führen kann, dass die nominelle Steuerersparnis im Jahr der Bildung der stillen Rücklagen von der Steuermehrbelastung im Jahr ihrer Auflösung abweicht, wobei eine Abweichung sowohl zugunsten des Unternehmens als auch zu seinen Lasten denkbar ist.

b) Die Finanzierung aus Rückstellungen

Die **Rückstellungsbildung antizipiert zukünftige Ausgaben bzw. Auszahlungen** („Aufwand jetzt, Auszahlungen später"). Erfolgswirtschaftlich führt dies zu einem geringeren Gewinnausweis, der finanzwirtschaftlich nicht zu einem Zahlungsmittelabfluss führt. Da die Ausschüttungen bei Kapitalgesellschaften an den Gewinn (nach Steuern) geknüpft sind (Ausschüttungsbemessungsfunktion), ergibt sich durch die aufwandswirksame Bildung von Rückstellungen ein **Liquiditätseffekt** aufgrund geringerer Auszahlungen an die Eigenkapitalgeber. Durch die Übernahme handelsbilanziell gebildeter Rückstellungen in die Steuerbilanz stellt sich auch steuerbilanziell eine Verringerung des Gewinns ein, die zu einer geringeren Ertragsteuerzahlung führt; insofern entfaltet die Bildung einer Rückstellung auch einen **steuerlichen Liquiditätseffekt**.

Durch die Bildung einer Rückstellung erfolgt eine Verlagerung zukünftiger Verluste in die Gegenwart, die sich bei Auflösung der Rückstellung wieder ausgleicht; insofern liegt eine **zinslose Steuerstundung** bis zur Auflösung der Rückstellung vor. Neben einer Liquiditätsentlastung des Unternehmens kommt es zu einem **Zinseffekt**, da Steuerzahlungen zu einem späteren Zeitpunkt einen geringeren Barwert als Steuerzahlungen in der Gegenwart aufweisen.

Besonders interessant ist die Finanzierungswirkung bei **Pensionsrückstellungen**, da – bezogen auf einen einzelnen Arbeitnehmer – zwischen der Anwartschaftsphase, in der auszahlungsloser Aufwand gebildet wird, und der Leistungsphase, in der aufwandslose Auszahlungen abfließen, besonders lange Zeitspannen liegen können.

Im nachfolgenden Fallbeispiel wird die Wirkung der **Bildung einer Pensionsrückstellung** mit der **Nichtbildung der entsprechenden Rückstellung** bei einer Kapitalgesellschaft verglichen; dabei werden folgende vereinfachende Prämissen zugrunde gelegt:

- keine Einbeziehung spezieller versicherungsmathematischer Voraussetzungen;
- keine Berücksichtigung von Beiträgen zum Pensions-Sicherungs-Verein oder einer Rückdeckungsversicherung;
- Unterstellung einer Einmalauszahlung des Kapitalbetrages zu Beginn der Rentenlaufzeit;
- Unterstellung einer Einmalzuführung des Rückstellungsbetrages bei Zusageerteilung.

Es wird eine Endwertbetrachtung zugrunde gelegt, wobei in 21 Jahren ein Pensionsbetrag i.H.v. 100.000 € zu zahlen sein soll. Die Unternehmensrendite beträgt genauso wie der gesetzliche Rechnungszins 6 %; bei einem gewerbesteuerlichen Hebesatz von 405 % und einem zugrunde gelegten Körperschaftsteuersatz von 15 % sowie einem Solidaritätszuschlagsatz von 5,5 % ist ein Ertragsteuersatz von 30 % maßgebend.

Gegenüber dem Fall der Nichtbildung ergibt sich bei Bildung und vereinfacht unterstellter Einmalzuführung (in t = 1) eine Steuerminderzahlung, die sich kumuliert unter Einrechnung der daraus resultierenden Zinsen so darstellt:

$$KSMZ_T = s_{er} \cdot Z \cdot \frac{1{,}06^{T-1} \cdot 0{,}06 - q^{T-1} \cdot (q-1)}{1{,}06^{T-1} \cdot (1{,}06 - q)}$$

mit:
- $KSMZ_T$ = Kumulierte Steuerminderzahlung am Ende der Laufzeit
- s_{er} = Ertragsteuersatz = $s_k \cdot (1 + s_{SolZ}) + s_{ge}$ = 30 %
- s_k = Körperschaftsteuersatz = 15 %
- s_{ge} = effektiver Gewerbesteuersatz = $m \cdot H$ = 0,035 · 405 % = 14,175 %
- s_{SolZ} = Solidaritätszuschlagsatz = 5,5 %
- Z = Pensionszahlung (im Zeitpunkt T)
- r = Unternehmensrendite
- q = $1 + r \cdot (1 - s_{er})$

Bei den hier herangezogenen Daten beläuft sich die Summe der kumulierten Steuerminderzahlungen auf 50.370 € (vgl. Abb. 47, S. 217).

Jahr	Rückstellung absolut	Rückstellungs-zuführung	Zinserträge	Netto-aufwand	Steuerminder-zahlung	Kumulierte Steuerminder-zahlungen (einschließlich Zinseffekten)
(1)	(2)	(3)	(4)	(5)	(6)	(7)
1	31.180	31.180	0	31.180	9.354	9.354
2	33.051	1.871	561	1.310	393	10.309
3	35.034	1.983	619	1.365	409	11.338
4	37.136	2.102	680	1.422	427	12.446
5	39.365	2.228	747	1.481	444	13.639
6	41.727	2.362	818	1.544	463	14.921
7	44.230	2.504	895	1.608	482	16.301
8	46.884	2.654	978	1.676	503	17.783
9	49.697	2.813	1.067	1.746	524	19.376
10	52.679	2.982	1.163	1.819	546	21.086
11	55.839	3.161	1.265	1.896	569	22.922
12	59.190	3.350	1.375	1.975	593	24.892
13	62.741	3.551	1.494	2.058	617	27.006
14	66.506	3.764	1.620	2.144	643	29.272
15	70.496	3.990	1.756	2.234	670	31.701
16	74.726	4.230	1.902	2.328	698	34.305
17	79.209	4.484	2.058	2.425	728	37.094
18	83.962	4.753	2.226	2.527	758	40.082
19	89.000	5.038	2.405	2.633	790	43.281
20	94.340	5.340	2.597	2.743	823	46.705
21	100.000	5.660	2.802	2.858	857	50.370

Abb. 47: Beispielhafte Darstellung der Auswirkungen bei Bildung einer Pensionsrückstellung

Dabei wurden die Zinserträge, die aus der Steuerersparnis resultieren, mit den Aufwendungen durch die Rückstellungszuführung saldiert (Netto-Aufwand), wobei der Netto-Aufwand i.H.d. maßgeblichen Ertragsteuersatzes von 30 % eine Steuerminderzahlung bewirkt; die kumulierten Steuerminderzahlungen ergeben sich durch Addition des bisherigen Betrags, der darauf entfallenden Zinsen und der jeweiligen Steuerminderzahlung.

Bei Zahlung einer Pension i.H.v. 100.000 € erfolgt eine Netto-Belastung von 49.630 €. Der Vorteil im Vergleich zu einer Aufwandsverrechnung am Ende der Laufzeit (bei gleichzeitiger Zahlung der Pension) beläuft sich auf:

$$20.370\ € \ (= 50.370\ € - 30.000\ €)$$

In diesem Zusammenhang stellt sich auch die Frage, ob eine **Direktzusage durch Bildung einer Pensionsrückstellung** den alternativ zur Verfügung stehenden Durchführungswegen der betrieblichen Altersversorgung vorzuziehen ist (vgl. S. 235 ff.).

B. Steuerlich beeinflusste besondere Finanzierungsformen

Vgl. hierzu insb. ANGERER, HANS-PETER: Genußrechte bzw. Genußscheine als Finanzierungsinstrument, in: DStR 1994, S. 41-45; BIEG, HARTMUT: Betriebswirtschaftslehre 2: Finanzierung, Freiburg im Breisgau 1991, S. 76, 77, 115-129; BIEG, HARTMUT/KUßMAUL, HEINZ: Finanzierung, 2. Aufl., München 2009; BIEG, HARTMUT/KUßMAUL, HEINZ: Investitions- und Finanzierungsmanagement, Bd. 3: Finanzwirtschaftliche Entscheidungen, München 2000; BIEG, HARTMUT/KUßMAUL, HEINZ/WASCHBUSCH, GERD: Finanzierung in Übungen, 2. Aufl., München 2010; FÖRSCHLE, GERHART/HOFFMANN, KARL: § 272 HGB, in: Beck'scher Bilanzkommentar, hrsg. von HELMUT ELLROTT u.a., 8. Aufl., München 2012, Rn. 195-198; KUßMAUL, HEINZ: Betriebswirtschaftliche Beratungsempfehlungen zur Finanzierung mittelständischer Unternehmen, in: StKgR 1990, München 1991, S. 179-295, s.b.S. 207-210; KUßMAUL, HEINZ: Zero-Bonds. Begriff, Merkmale, Gestaltungsmöglichkeiten, in: WiSt 1989, S. 15-19; KUßMAUL, HEINZ: Zero-Bonds und Stripped Bonds. Begriff, Merkmale, Gemeinsamkeiten, in: WiSt 1999, S. 62-68; PETERSEN, MARTINA: Aktienoptionsprogramme zur Mitarbeiterbeteiligung: Eine Analyse aus Sicht der Aktiengesellschaft und deren Anteilseigner, Frankfurt am Main 2001, S. 127-175; ROSE, GERD: Betriebswirtschaftliche Steuerlehre, 3. Aufl., Wiesbaden 1992, S. 248-261.

1. Vorbemerkungen

In Unternehmen besteht häufig Interesse an Finanzierungsformen, bei denen eine besondere Regelung z.B. der Risikostrukturen, der Einflussmöglichkeiten oder auch der steuerlichen bzw. liquiditätsmäßigen Auswirkungen in der Weise erfolgt, dass den Zielen sowohl des Unternehmens als auch der Kapitalgeber entsprochen wird.

Hier kommen insb. die Sonder- und Grenzformen der Fremdfinanzierung zum Einsatz. Von Grenzformen spricht man deshalb, weil dabei das Grenzgebiet von Eigen- und/oder Fremdkapitalzuführungen betreten wird. Grundsätzlich handelt es sich jeweils um eine **Vermischung von Eigen- und Fremdkapital** oder eine **atypische Ausgestaltung von Fremdkapital** (vgl. Abb. 48[254], S. 219). In diesem Zusammenhang spricht man auch von mezzaninem Kapital bzw. hybridem Kapital.[255]

Weitere Besonderheiten bestehen im Zusammenhang mit der Sanierungsfinanzierung und der betrieblichen Altersvorsorge (vgl. S. 232 ff.).

---

[254] Entnommen aus KUßMAUL, HEINZ: Betriebswirtschaftliche Beratungsempfehlungen zur Finanzierung mittelständischer Unternehmen, in: StKgR 1990, München 1991, S. 179-295, s.b.S. 208.

[255] Vgl. hierzu ausführlich WASCHBUSCH, GERD/STAUB, NADINE: Staatliche Förderprogramme in der Mittelstandsfinanzierung – Theoretische Grundlagen und praktische Gestaltungshinweise insb. für saarländische Unternehmen –, in: Arbeitspapiere zur Existenzgründung, hrsg. von HEINZ KUßMAUL, Bd. 23, Saarbrücken 2008.

2. Sonder- und Grenzformen des Fremdkapitals[256]

Sonder- und Grenzformen des lang- und mittelfristigen Fremdkapitals	
Partiarisches Darlehen	Darlehen mit gewinnabhängiger Verzinsung (zusätzlich oder anstelle einer festen Verzinsung)
Stille Beteiligung	Gesellschaftsverhältnis, das bei Ausschließung der Verlustbeteiligung des stillen Gesellschafters fremdkapitalähnlichen Charakter hat (Abgrenzungsprobleme zum partiarischen Darlehen)
Genussrecht	Mittelzufuhr im Grenzbereich von Eigen- und Fremdkapital, wobei bei zeitlicher Begrenzung, keiner Beteiligung am Liquidationserlös und Ausschluss der Verlustbeteiligung Fremdkapitalcharakter gegeben ist (Parallelität zum partiarischen Darlehen)
Zero-Bond-Darlehen	Darlehen, bei dem keine laufenden Zinsen bezahlt werden; Verzinsung wird durch Unterschied zwischen Ausgabe- und höherem Rückzahlungsbetrag zum Ausdruck gebracht (Darlehen mit besonderer Rückzahlungs- und damit Risikostruktur)
Darlehen mit Sonderrechten	Darlehen (oder Genussrecht) mit dem Recht zum Umtausch in reguläre Anteilsrechte oder zu ihrem zusätzlichen Erwerb („Wandel- und Optionsschuldverschreibungen")
Kreditsubstitute (insb. Leasing bzw. Mietvertrag)	Abschluss langfristiger Nutzungsverträge als Ersatz für die Inanspruchnahme regulären Fremdkapitals

Abb. 48: Wichtige Sonder- und Grenzformen des Fremdkapitals

a) Das partiarische Darlehen

Der Unterschied des partiarischen Darlehens zum normalen Darlehen liegt in der besonderen Gestaltung, dass grundsätzlich keine Zahlung fester Zinsen an den Darlehensgeber, sondern stattdessen (oder zusätzlich) eine Beteiligung an den Gewinnen – keinesfalls aber den Verlusten – des Unternehmens erfolgt. Für den Darlehensnehmer liegt bei einer derartigen Gestaltung Fremdkapital mit den grundsätzlich gleichen steuerlichen Konsequenzen wie für festverzinsliche Kredite vor.

Schwierigkeiten ergeben sich u.U. bei der Abgrenzung eines partiarischen Darlehens von der stillen Gesellschaft. Stille Beteiligungen unterscheiden sich gegenüber partiarischen Darlehen dadurch, dass der Kapitalgeber

– ein erhöhtes Risiko durch eine eventuelle Verlustbeteiligung gem. § 231 Abs. 2 HGB akzeptiert (s.u.),

– über besondere Kontroll- und Überwachungsrechte verfügt und

---

[256] Vgl. ROSE, GERD: Betriebswirtschaftliche Steuerlehre, 3. Aufl., Wiesbaden 1992, S. 252-260. Vgl. auch KUẞMAUL, HEINZ: Betriebswirtschaftliche Beratungsempfehlungen zur Finanzierung mittelständischer Unternehmen, in: StKgR 1990, München 1991, S. 207-210.

– zusammen mit dem Darlehensnehmer einen gemeinschaftlichen Zweck verfolgt.

Für den Darlehensnehmer liegt bei einer derartigen Gestaltung Fremdkapital mit den grundsätzlich gleichen steuerlichen Konsequenzen wie für festverzinsliche Kredite vor. Das schließt auch eine gewerbesteuerliche Hinzurechnung von einem Viertel der gezahlten Zinsen nach Abzug des Freibetrages in Höhe von 100.000 € gem. § 8 Nr. 1 GewStG ein.

Im Grundsatz sind erhaltene Zinsen beim Empfänger – vorbehaltlich der Subsidiaritätsvorschrift in § 20 Abs. 8 EStG – als Einkünfte aus Kapitalvermögen gem. § 20 Abs. 1 Nr. 4 EStG mit der Abgeltungsteuer i.H.v. 25 % zzgl. Solidaritätszuschlag und ggf. Kirchensteuer gem. § 32d EStG zu besteuern, wobei ein Abzug von Werbungskosten auf den Sparer-Pauschbetrag limitiert ist.

Sofern der Gläubiger eines partiarischen Darlehens als **Mitunternehmer** anzusehen ist, erfolgt allerdings eine Besteuerung als Einkünfte aus Gewerbebetrieb nach § 15 Abs. 1 Nr. 1 EStG. In der Folge sind die erhaltenen Zinszahlungen – nach vollem Abzug der mit ihnen in Zusammenhang stehenden Aufwendungen – mit dem Progressionstarif nach § 32a EStG inkl. Solidaritätszuschlag und ggf. Kirchensteuer zu besteuern.

Nachrangig ist die Ausnahmevorschrift gem. § 32d Abs. 2 Nr. 1 EStG zu berücksichtigen, die auch für Zinsen aus partiarischen Darlehen gilt. Bei Vorliegen der Voraussetzungen unterliegen die Kapitalerträge dem progressiven Einkommensteuertarif des § 32a EStG inkl. Solidaritätszuschlag und ggf. Kirchensteuer, wobei Werbungskosten unbegrenzt abziehbar sind.

b) Die stille Beteiligung

Im Hinblick auf die Besteuerung ist bei der stillen Beteiligung zu unterscheiden zwischen einer typisch und einer atypisch stillen Beteiligung.

Ein **typisch** stiller Gesellschafter steht grundsätzlich einem Darlehensgeber gleich, auch wenn einzelne Unterschiede (insb. die mögliche Verlustbeteiligung) bestehen. Die ihm zufließenden Beträge aus der stillen Beteiligung führen – vorbehaltlich der Subsidiaritätsvorschrift in § 20 Abs. 8 EStG – zu Einkünften aus Kapitalvermögen gem. § 20 Abs. 1 Nr. 4 EStG und unterliegen damit der Abgeltungsteuer nach § 32d EStG zuzüglich Solidaritätszuschlag und ggf. Kirchensteuer, wobei ein Abzug von Werbungskosten auf den Sparer-Pauschbetrag limitiert ist. Die Gewinnanteile, die der Geschäftsinhaber dem typisch stillen Gesellschafter zahlt, sind für Ersteren den steuerlichen Gewinn mindernde Betriebsausgaben, mögliche Verlustanteile stellen Betriebseinnahmen dar. Für gewerbesteuerliche Zwecke werden die Gewinnanteile nach § 8 Nr. 1 GewStG nach Abzug eines Freibetrags von 100.000 € zu einem Viertel zur Bemessungsgrundlage des Gewerbeertrags hinzugerechnet.

Allerdings ist die Ausnahmevorschrift gem. § 32d Abs. 2 Nr. 1 EStG zu berücksichtigen, die auch für Einnahmen aus einer typischen stillen Gesellschaft gilt. Bei Vorliegen der Voraussetzungen unterliegen die Kapitalerträge dem progressiven Einkommensteuertarif des § 32a EStG inkl. Solidaritätszuschlag und ggf. Kirchensteuer. Dies hat auch zur Folge, dass die Privatperson die tatsächlich angefallenen Aufwendungen, die sie zur Finanzierung des Darlehensbetrags hatte, als Werbungskosten abziehen kann, was ihr im Fall der Abgeltungsteuer nur in Höhe des Sparer-Pauschbetrags i.H.v. 801 € möglich ist.

Wird die Vertragsgestaltung zwischen dem Geschäftsinhaber und dem stillen Gesellschafter als **atypisch** eingestuft, so gilt der stille Gesellschafter als Mitunternehmer; die bestehende stille Gesellschaft erfährt demzufolge dieselbe ertragsteuerliche Behandlung wie eine Personengesellschaft mit Gesamthandsvermögen. Die aus der stillen Beteiligung am Unternehmen resultierenden Erträge, einschließlich etwaiger Sondervergütungen, werden beim Gesellschafter als Einkünfte aus Gewerbebetrieb i.S.d. § 15 Abs. 1 S. 1 Nr. 2 EStG qualifiziert.

Verluste aus stillen Beteiligungen, bei denen der Gesellschafter/Beteiligte als Mitunternehmer anzusehen ist (atypisch stille Beteiligung), dürfen weder mit anderen Einkünften aus Gewerbebetrieb (z.B. aus anderen atypisch stillen Beteiligungen) noch mit Gewinnen anderer Einkunftsarten ausgeglichen werden; sie dürfen lediglich nach Maßgabe der Regelungen des § 10d EStG von Gewinnen anderer VAZ des Gesellschafters/Beteiligten aus genau derselben Beteiligung abgezogen werden. Lediglich für den Fall, dass der Gesellschafter/Beteiligte eine natürliche Person ist, gilt die vorgenannte Verlustverrechnungsbeschränkung nicht (§ 15 Abs. 4 S. 6-8 EStG). Für Verluste aus typisch stillen Beteiligungen gilt gem. § 20 Abs. 1 Nr. 4 EStG die vorgenannte Verlustverrechnungsbeschränkung sinngemäß. In beiden angesprochenen Fällen ist zudem § 15a EStG, dessen Anwendung sich für atypisch stille Beteiligte über § 15a Abs. 5 Nr. 1 EStG und für typisch stille Beteiligte gemäß § 20 Abs. 1 Nr. 4 S. 2 EStG ergibt, zu beachten (vgl. S. 279 f.).

c) Die Genussrechte

Genussrechte können prinzipiell durch Unternehmen jeder Rechtsform gewährt werden, praktische Auswirkungen haben sie jedoch nur bei Kapitalgesellschaften. Eine gesetzliche Erwähnung erfahren Genussrechte in §§ 160 Abs. 1 Nr. 6, 221 Abs. 3 und 4 AktG; präzise gesetzliche Regelungen existieren nicht. Einigkeit besteht zumindest insoweit, dass es sich bei einem Genussrecht um ein **reines Gläubigerrecht** handelt. Dem Inhaber wird eine vermögensrechtliche, aber keine mitgliedschaftsrechtliche Position eingeräumt, die i.d.R. wenigstens eine Gewinnbeteiligung beinhaltet. Durch die Verbriefung eines Genussrechts entsteht ein Genussschein.

Im Hinblick auf die ertragsteuerlichen Konsequenzen muss eine Unterscheidung dahingehend vorgenommen werden, ob es sich um einen Genussschein handelt, der neben einer Gewinnbeteiligung auch eine Beteiligung am Liquidationserlös gewährt (**Typ A**), oder um einen solchen, der ausschließlich eine Gewinnbeteiligung vorsieht (**Typ B**).

Im Fall des **Typs A** dürfen Ausschüttungen auf Genussrechte gem. § 8 Abs. 3 S. 2 KStG das Einkommen der Kapitalgesellschaft nicht mindern, d.h., sie werden wie Gewinnausschüttungen behandelt. Bei den Inhabern der Genussrechte zählen die daraus resultierenden Gewinnanteile zu den Einkünften aus Kapitalvermögen i.S.d. § 20 Abs. 1 Nr. 1 EStG. Bei Privatpersonen als Inhaber erfolgt grds. eine Besteuerung mit der Abgeltungsteuer zuzüglich Solidaritätszuschlag und ggf. Kirchensteuer gem. § 32d EStG. Werden die Genussrechte im Betriebsvermögen gehalten, greift eine Besteuerung nach dem Teileinkünfteverfahren und mit dem progressiven Einkommensteuertarif des § 32a EStG zuzüglich Solidaritätszuschlag und ggf. Kirchensteuer. Evtl. geleistete Einlagen des Genussrechtsinhabers sind wie Eigenkapital zu behandeln und in das steuerliche Einlagekonto einzustellen.

Ausschüttungen auf Genussrechte des **Typs B** stellen demgegenüber bei der Gesellschaft abzugsfähige Betriebsausgaben dar. Hat der Genussrechtsinhaber Geld- oder Sachleistungen zur Erlangung des Genussrechts erbracht, so entsteht insoweit bei der Gesellschaft Fremdkapital. Die gewinnabhängigen Vergütungen müssen nach § 8 Nr. 1 GewStG bei der Ermittlung der Bemessungsgrundlage für die Gewerbesteuer nach Abzug eines Freibetrags von 100.000 € zu einem Viertel hinzugerechnet werden. Die Ausschüttungen stellen beim Genussrechtsinhaber Einkünfte aus Kapitalvermögen i.S.d. § 20 Abs. 1 Nr. 7 EStG dar. Aufgrund der Abzugsfähigkeit als Betriebsausgaben bei der ausschüttenden Gesellschaft unterliegen die Ausschüttungen auf Genussrechte beim Genussrechtsinhaber der vollen Besteuerung, wobei für private Anleger die Abgeltungssteuer zuzüglich Solidaritätszuschlag und ggf. Kirchensteuer gem. § 32d EStG zum Tragen kommt.

d) Das Zero-Bond-Darlehen[257]

(1) Einordnung

Zero-Bonds (oder Null-Kupon-Anleihen) sind Schuldverschreibungen, für die keine laufenden Zinsen bezahlt werden, sodass sie nicht mit Zinskupons ausgestattet sind; ihre Verzinsung drückt sich durch den Unterschied zwischen Ausgabekurs und höherem Rückzahlungskurs aus. Die Zinsen und Zinseszinsen werden – wie das vereinfachte Beispiel in Abb. 49[258] zeigt – zurückbehalten und am Ende der Laufzeit zusammen mit dem ursprünglich eingezahlten Kapitalbetrag an den Anleger gezahlt.

		t = 0	1	2	3	4	5
„Normale Schuldverschreibung" (i = 6 %)	Emissionskurs	2.000					
	jährliche Zinsen		120	120	120	120	120
	Rückzahlung						2.000
Null-Kupon-Anleihe (Emissionskurs = 2.000) ⇨ **Aufzinsungsvariante**; i = 6 %	Emissionskurs	2.000					
	Rückzahlungskurs						2.676
Null-Kupon-Anleihe (Rückzahlungskurs = 2.000) ⇨ **Abzinsungsvariante**; i = 6 %	Emissionskurs	1.495					
	Rückzahlungskurs						2.000

Abb. 49: Beispiel zur Ausgestaltung von Null-Kupon-Anleihen (Angaben in €)

---

[257] Vgl. insb. KUSSMAUL, HEINZ: Betriebswirtschaftliche Überlegungen bei der Ausgabe von Null-Kupon-Anleihen, in: BB 1987, S. 1562-1572; KUSSMAUL, HEINZ: Finanzierung über Zero-Bonds und Stripped Bonds, in: BB 1998, S. 1868-1871; KUSSMAUL, HEINZ: Investition eines gewerblichen Anlegers in Zero-Bonds und Stripped Bonds, in: BB 1998, S. 1925-1929; KUSSMAUL, HEINZ: Investition eines Privatanlegers in Zero-Bonds und Stripped Bonds, in: BB 1998, S. 2083-2087; KUSSMAUL, HEINZ: Gestaltungsmöglichkeiten im Zusammenhang mit Zero-Bonds und Stripped Bonds, in: BB 1998, S. 2236-2240. Vgl. auch BENTLAGE, CARSTEN: Betriebswirtschaftliche und steuerrechtliche Analyse von Zero-Bonds, Wiesbaden 1996, S. 102-112, 127, 128, 131, 132; SCHEURLE, FLORIAN: Unterschiedliche Formen ab- oder aufgezinster Kapitalforderungen und ihre ertragsteuerliche Behandlung, in: NWB vom 25.03.1996, Fach 3, S. 9659-9670, s.b.S. 9664; WEITBRECHT, GÖTZ: Besteuerung niedrig verzinslicher Wertpapiere und Zerobonds nach der Emissions- oder Marktrendite, in: DB 1995, S. 443-445.

[258] Modifiziert entnommen aus KUSSMAUL, HEINZ: Finanzierung über Zero-Bonds und Stripped Bonds, in: BB 1998, S. 1869.

(2) Finanzielle Auswirkungen beim Emittenten eins Zero-Bonds

Null-Kupon-Anleihen unterscheiden sich aus der Sicht des Emittenten v.a. dadurch von „normalen" Schuldverschreibungen, dass während der Laufzeit kein Liquiditätsabfluss in Form von Zinszahlungen (vgl. Abb. 50[259]) erfolgt. Daneben zeigt sich ein Vorteil in der Höhe der Emissionskosten, da keine Kosten im Zusammenhang mit der Einlösung der Zinsscheine anfallen. Dennoch wirkt der auf das abgelaufene Jahr rechnerisch entfallende Zinsaufwand sofort gewinnmindernd, es ergibt sich also ein Effekt ähnlich wie bei den Pensionsrückstellungen.

Ein Nachteil für den Emittenten – und damit ein Vorteil für den Erwerber – liegt darin, dass er das Wiederanlagerisiko des Anlegers übernimmt. Neben den Zinsbeträgen muss er auch Zinseszinsen zur Erbringung der Emissionsrendite sicherstellen. Problematisch ist dies v.a. dann, wenn die Reinvestition der „ersparten" Zinsen laufzeitkongruent zur sich jährlich verkürzenden Restlaufzeit der Anleihe erfolgen soll.

Zahlungsverlauf					
t = 0	1	2	3	4	5
Zahlungseingang					Zahlungsausgang
1.495	–	–	–	–	./. 2.000
Wertverlauf bei Berücksichtigung der Zinsrealisation					
Emissionskurs					Rückzahlungskurs
1.495	1.585	1.680	1.781	1.887	2.000

Abb. 50: Beispiel zum Wertverlauf einer Null-Kupon-Anleihe, Emissionsrendite = 6%

(3) Bilanzielle und steuerliche Behandlung beim Emittenten eines Zero-Bonds

Für die handelsrechtliche Bilanzierung von Null-Kupon-Anleihen stehen zwei Möglichkeiten in jeweils zwei Ausprägungen zur Verfügung:[260]

1. **„Wörtliche" Lösung (Bruttolösung)**: Da nach § 253 Abs. 1 HGB Verbindlichkeiten zu ihrem Erfüllungsbetrag auszuweisen sind, liegt ein Bruttoausweis der Verbindlichkeit auf der Hand, wobei die Differenz zwischen Ausgabe- und Rückzahlungsbetrag nach § 250 Abs. 3 HGB als Disagio unter den aktiven Rechnungsabgrenzungsposten ausgewiesen und planmäßig verteilt werden kann. Alternativ ist eine sofortige Aufwandswirksamkeit im Jahr der Emission möglich.[261] Die Bruttolösung weist schwerwiegende Mängel auf, da sie dem Grundsatz des § 264 Abs. 2 S. 1 HGB („true and fair view") nicht gerecht wird.

---

[259] Modifiziert entnommen aus KUẞMAUL, HEINZ: Finanzierung über Zero-Bonds und Stripped Bonds, in: BB 1998, S. 1870.

[260] Vgl. EISELE, WOLFGANG/KNOBLOCH, ALOIS: Offene Probleme bei der Bilanzierung von Finanzinnovationen, in: DStR 1993, S. 577-586, 617-623, s.b.S. 577.

[261] Vgl. ULMER, PETER/IHRIG, CHRISTOPH: Ein neuer Anleihetyp: Zero-Bonds. Zivil- und bilanzrechtliche Probleme, in: ZIP 1985, S. 1169-1180, s.b.S. 1174.

2. „Bilanzierungsadäquate" Lösung (Nettolösung): Abgesehen von der Differenz zwischen Ausgabebetrag und Emissionsbetrag – die „aufgrund kurzfristig geänderter Marktkonditionen voneinander abweichen"[262] können und die als Disagio bei gleichzeitigem Ausweis des (höheren) Emissionsbetrags angesehen werden können – wird ein Ausweis des Ausgabebetrages „zuzüglich der aufgrund einer kapitalabhängigen Effektivzinsberechnung ermittelten Zinsschuld (kapitalisierte und abzugrenzende Zinsen) am Bilanzstichtag"[263] vorgeschlagen. Die Erfolgswirksamkeit der Differenz zwischen Emissionsbetrag und Nennwert kann dabei jährlich oder in der Tilgungsperiode liegen.

Jede dieser Bilanzierungsalternativen hat einen unterschiedlichen Erfolgsausweis in den einzelnen Jahren der Nutzung zur Folge (vgl. Abb. 51[264]). Der Nettolösung wird jedoch als bilanzierungsadäquater Methode der Vorzug gegeben; auch steuerlich wird die Anwendung der Nettobilanzierung mit Aufzinsung beim Emittenten herangezogen.[265]

t =	0	1	2	3	4	5	Summe Zinsaufwand [€]
Nettomethode (periodische Zuschreibung)							
Verbindlichkeit	1.495	1.585	1.680	1.781	1.887	2.000	
Zinsaufwand	–	90	95	101	106	113	**505**
Nettomethode (einmalige Zuschreibung)							
Verbindlichkeit	1.495	1.495	1.495	1.495	1.495	2.000	
Zinsaufwand	–	–	–	–	–	505	**505**
Bruttomethode (periodische Verteilung)							
Verbindlichkeit	2.000	2.000	2.000	2.000	2.000	2.000	
Disagio	505	404	303	202	101	0	
Zinsaufwand	–	101	101	101	101	101	**505**
Bruttomethode (einmalige Verteilung)							
Verbindlichkeit	2.000	2.000	2.000	2.000	2.000	2.000	
Disagio	505	–	–	–	–	–	
Zinsaufwand	505	–	–	–	–	–	**505**

Abb. 51: Beispiel zu den Bilanzierungsmöglichkeiten von Null-Kupon-Anleihen beim Emittenten

---

[262] INSTITUT DER WIRTSCHAFTSPRÜFER: Stellungnahme HFA 1/1986: Zur Bilanzierung von Zero-Bonds, in: WPg 1986, S. 248-249, s.b.S. 248.

[263] INSTITUT DER WIRTSCHAFTSPRÜFER: Stellungnahme HFA 1/1986: Zur Bilanzierung von Zero-Bonds, in: WPg 1986, S. 248-249, s.b.S. 248.

[264] Modifiziert entnommen aus KUßMAUL, HEINZ: Betriebswirtschaftliche Überlegungen bei der Ausgabe von Null-Kupon-Anleihen, in: BB 1987, S. 1562-1572, s.b.S. 1564.

[265] Vgl. BMF-Schreiben vom 05.03.1987, BStBl I 1987, S. 394.

(4) Finanzielle Auswirkungen beim Anleger von Zero-Bonds

Die Verzinsung der Anleihe ist für Emittenten und Anleger – mit Ausnahme der Emissionskosten – identisch und wird durch den internen Zinsfuß repräsentiert.

Zero-Bonds reagieren sehr stark auf Änderungen des Kapitalmarktzinssatzes – wobei ein steigender Zins mit einem sinkenden Kurs des Zero-Bonds einhergeht –, da der Kurswert eines Zero-Bonds stets durch Diskontierung des Rückzahlungsbetrages mit dem im aktuellen Zeitpunkt gültigen Zins bestimmt wird, was bei einer langen Restlaufzeit die Hebelwirkung verstärkt. Die Kursausschläge sind deshalb größer als bei einer normalen Schuldverschreibung, da der Zero-Bond auch die Anlage der fiktiven Zinseszinsen zur Emissionsrendite garantiert, während bei einer normalen Schuldverschreibung die jährlich zufließenden Zinserträge nur zu dem dann gesunkenen Kapitalmarktzins angelegt werden können. Die unterschiedlichen Auswirkungen werden in Abb. 52[266] aufgezeigt.

Normale Schuldverschreibung	Zero-Bond
$K = \dfrac{R}{(1+i)^T} + \sum_{t=1}^{T} a_t \cdot (1+i)^{-t}$ für a_t = konst. gilt: $K = \dfrac{R}{(1+i)^T} + a \cdot \dfrac{(1+i)^T - 1}{i \cdot (1+i)^T}$	$K = \dfrac{R}{(1+i)^T}$
K = Kurswert, R = Rückzahlungskurs, i = Marktzins, T = Restlaufzeit, a_t = jährliche Zinszahlung	K = Kurswert, R = Rückzahlungskurs, i = Marktzins, T = Restlaufzeit
Zum obigen Beispiel (5 Jahre, 6 %, Emissionskurs = 1.495 €; entsprechend einem abgezinsten Zero-Bond zu 2.000 €), Kurswert nach 2 Jahren:	
i = 0,06 i = 0,04 i = 0,08 i = 0,12	i = 0,06 i = 0,04 i = 0,08 i = 0,12
K = 1.495 K = 1.578 K = 1.418 K = 1.280	K = 1.680 K = 1.778 K = 1.588 K = 1.423
Veränderungen gegenüber dem unveränderten Zinsniveau:	
– 5,55 % ./. 5,15 % ./. 14,41 %	– 5,83 % ./. 5,47 % ./. 15,30 %
Anderes Beispiel: Kurswert einer 40jährigen Anleihe zu 6 % (Emissionskurs zu 1.001 €; entsprechend einem abgezinsten Zero-Bond zu 10.300 €) bei 35 Jahren Restlaufzeit:	
K = 1.001 K = 1.375 K = 768 K = 510	K = 1.340 K = 2.610 K = 697 K = 195
Veränderungen gegenüber dem unveränderten Zinsniveau:	
– 37,36 % ./. 23,28 % ./. 49,05 %	– 94,78 % ./. 48,02 % ./. 85,44 %

Abb. 52: Kurswertveränderungen bei Marktzinssatzänderungen

(5) Bilanzielle und steuerliche Auswirkungen beim Anleger von Zero-Bonds

Hinsichtlich der bilanziellen und steuerlichen Auswirkungen beim Anleger ist danach zu unterscheiden, ob der Zero-Bond zum **Betriebs-** oder **Privatvermögen** gehört.

---

[266] Modifiziert entnommen aus KUßMAUL, HEINZ: Betriebswirtschaftliche Überlegungen bei der Ausgabe von Null-Kupon-Anleihen, in: BB 1987, S. 1562-1572, s.b.S. 1566.

Bei einer Anlage in Zero-Bonds im **Betriebsvermögen** erfolgt grundsätzlich eine **jährliche Besteuerung des fiktiven Zinszuflusses**. Analog zur bilanziellen Darstellung beim Emittenten eines Zero-Bonds (Passivierung des Emissionsbetrags und jährlich erfolgswirksame Aufstockung um die rechnerischen Zinsen) ist beim betrieblichen Anleger die aktivierte Anleihe jährlich aufzustocken, die rechnerischen Zinsen erhöhen den steuerpflichtigen Gewinn. Die Konsequenz dieser Bilanzierung ist, dass der betriebliche Anleger Steuerzahlungen und evtl. Gewinnausschüttungen vornehmen muss, obwohl ihm keine Zinserträge zugeflossen sind. Bei **Erwerb der Null-Kupon-Anleihe während der Laufzeit** stellt sich das Problem, dass der gezahlte Kaufpreis vom rechnerisch ermittelten Wert der Anleihe abweichen kann, wenn sich das Zinsniveau verändert hat. Als bilanzadäquate Darstellung wird der Ausweis der Forderung (bzw. des Wertpapiers) zum **Erwerbsbetrag** und eine jährliche Aufzinsung entsprechend dem aus dem Zwischenerwerb berechneten Effektivzins, d.h. der **Erwerbsrendite**, angesehen.[267]

Für den Anleger, der den Zero-Bond im **Privatvermögen** hält, sind Einnahmen dann erst zugeflossen und damit zu versteuern, wenn er wirtschaftlich über sie verfügen kann. Dies ist bei Zero-Bonds regelmäßig erst bei Veräußerung der Anleihe der Fall. Behält ein Ersterwerber die Anleihe bis zur **Fälligkeit**, ist die **Differenz zwischen Ausgabe- und Rücknahmebetrag** dann erst als Einkünfte aus Kapitalvermögen nach § 20 Abs. 1 Nr. 7 EStG zu versteuern. Erfolgt eine Veräußerung **vor Fälligkeit** der Anlage, erzielt der Veräußerer ebenfalls einen **Kapitalertrag** aufgrund des Zinscharakters des Unterschiedsbetrages.

Bei der möglichen Trennung von Anleihe und Zinsscheinen entstehen €-Zero-Bonds bzw. **Stripped Bonds**. Die einzelnen Zinsscheine, sog. „Strips" (Separate Trading of Registered Interest and Principal of Securities), sind frei handelbar und werden in der Besteuerung wie Zero-Bonds behandelt.

Gestrippte Anleihen sind deshalb so interessant, weil die einzelnen abgestrippten Zinsscheine wie Zero-Bonds sehr reagibel auf Zinssatzänderungen sind. Dies liegt bei einer langen Restlaufzeit v.a. daran, dass einem Zero-Bond eine Wiederanlageprämisse innewohnt, die – unabhängig vom geltenden Marktzins – eine Rendite auf Zinsen und Zinseszinsen i.H.d. Emissionsrendite garantiert.

Die Verwendung von Zero-Bonds und Stripped Bonds bietet **Gestaltungsmöglichkeiten** in verschiedenen Bereichen. Betrachtet man die Einnahmeseite, können durch spätere Steuerzahlungen beim privaten Anleger Liquiditäts- und Rentabilitätseffekte erzielt werden; außerdem ist eine gezielte Steuerung des Versteuerungszeitpunktes möglich. Auf der Ausgabeseite werden unter bestimmten Voraussetzungen die Fremdkapitalzinsen zur Finanzierung dieser Anleihen anerkannt. Um besondere Steuereffekte zu erzielen, können Zero-Bonds oder Stripped Bonds auf niedriger besteuerte Familienangehörige (Kinder) übertragen werden. Im Übrigen erlangen diese Finanzierungsinstrumente **nach Einführung der Abgeltungssteuer** eine **besondere Attraktivität**, da trotz des Einmalzuflusses keine höhere Pro-

---

[267] Vgl. EISELE, WOLFGANG/KNOBLOCH, ALOIS: Offene Probleme bei der Bilanzierung von Finanzinnovationen, in: DStR 1993, S. 577-586, 617-623, s.b.S. 579; INSTITUT DER WIRTSCHAFTSPRÜFER: Stellungnahme HFA 1/1986: Zur Bilanzierung von Zero-Bonds, in: WPg 1986, S. 248-249, s.b.S. 249; LORSON, PETER: § 268 HGB, in: Handbuch der Rechnungslegung, hrsg. von KARLHEINZ KÜTING, NORBERT PFITZER und CLAUS-PETER WEBER, Stuttgart (Loseblatt), Stand: Mai 2013, Rn. 176, 178.

gression bewirkt wird. Für mittelständische Unternehmen eignen sich Zero-Bonds und Stripped Bonds als Alternative zu einem Gesellschafterdarlehen, weil dort die Versteuerung der Zinsen beim Kapitalgeber (hier z.B. der Gesellschafter-Geschäftsführer einer GmbH) später erfolgt als die Verrechnung des Zinsaufwandes beim Kapitalnehmer (hier z.B. die GmbH); für den Gesellschafter können sich insb. Vorteile durch eine vorzeitige Veräußerung der Anleihe bzw. – bei Erfüllung der Voraussetzungen – durch die Nutzung der Abgeltungssteuer ergeben.

e) Die Darlehen mit Sonderrechten

(1) Einordnung

Aktiengesellschaften steht als weitere besondere Form der Kapitalbeschaffung die Finanzierung mittels sog. **Wandel- bzw. Gewinnschuldverschreibungen** i.S.d. § 221 AktG zur Verfügung. Das wichtigste Motiv für die Begebung insb. von Wandelschuldverschreibungen liegt häufig in den aus den verschiedensten Gründen mangelnden Eigen- und/oder Fremdkapitalbeschaffungsmöglichkeiten über andere Finanzierungsformen. Unter dem Begriff **Wandelschuldverschreibungen i.w.S.** werden in der Literatur oftmals **Wandelanleihen** und **Optionsanleihen** subsumiert. Bei den Wandelanleihen kann man wiederum unterscheiden in Wandelanleihen im eigentlichen Sinne und Umtauschanleihen.

(2) Die Wandelanleihen[268]

Wandelanleihen (Wandelschuldverschreibungen i.e.S.) räumen dem Inhaber neben einer Verzinsung einen Rückzahlungsanspruch und darüber hinaus auch das Recht ein, statt der Rückzahlung (mit oder ohne Aufgeld) einen Umtausch in junge Aktien des die Anleihe emittierenden Unternehmens vorzunehmen bzw. eine Kombination aus Rückzahlung und Aktienausgabe zu verlangen (§ 221 Abs. 1 S. 1 AktG). Bei Umtauschanleihen räumt der Emittent dem Anleihekäufer ebenfalls ein Umtauschrecht ein, jedoch nicht gegen eigene Aktien, sondern gegen Aktien eines dritten Unternehmens. Im Folgenden werden Umtauschanleihen nicht weiter betrachtet.

Ein Besitzer von Wandelanleihen (Wandelobligationär) bleibt bis zur Ausübung seines Umtauschrechts Gläubiger und wird danach – falls er von seinem Recht Gebrauch macht – Aktionär der Aktiengesellschaft. Aus diesem Grund stellt die Wandelanleihe bei ihrer Begebung für die Kapitalgesellschaft zunächst Fremdkapital und erst im Zeitpunkt des Umtausches in Aktien Eigenkapital dar; Wandelanleihen nehmen im Markt für Eigen- und Fremdkapital mithin eine Art Zwitterstellung ein.

Hinsichtlich der handels- und insb. steuerbilanziellen Implikationen von Wandelanleihen ist in die **Phasen** der **Begebung**, des **Zeitraums zwischen Begebung und Wandlung**, des **Wandlungszeitpunkts** und der **Zeit nach der Wandlung** zu unterscheiden.

Bei der **Begebung** einer Wandelanleihe hat der Emittent diese als Verbindlichkeit mit ihrem Erfüllungsbetrag (Nominalbetrag) in der Handels- und Steuerbilanz zu passivieren; die bei

---

[268] Vgl. JACOBS, DIETRICH/NOLTING, ROGER/NOLTE, BERND: Wandel- und Umtauschanleihen – Betriebswirtschaftliche und steuerliche Perspektiven, in: SteuerStud 2005, S. 74-83 m.w.N.

der Begebung anfallenden Aufwendungen sind abziehbare Betriebsausgaben. Als problematisch gilt die Behandlung eines bei der Begebung einer Wandelanleihe evtl. erhobenen Aufgeldes (Prämie für das Wandlungsrecht). Handelsrechtlich sind die für ein Wandlungsrecht erzielten Beträge (Prämien) gem. § 272 Abs. 2 Nr. 2 HGB in voller Höhe erfolgsneutral in die Kapitalrücklage einzustellen. Sollte das Aufgeld nicht offen erhoben werden, sondern implizit über eine Verzinsung, die unterhalb der marktüblichen Verzinsung liegt, ergibt sich die Wandlungsprämie als Differenz zwischen Ausgabepreis und mit dem marktüblichen Zins abgezinstem zukünftigen Zahlungsstrom der Anleihe. Auch hier ist die Wandelschuldverschreibung mit dem Nennwert zu passivieren, die errechnete Prämie ist in die Kapitalrücklage einzustellen; zum Ausgleich der Minderverzinsung kann ein aktivischer Rechnungsabgrenzungsposten gebildet werden, der in der Folgezeit aufwandswirksam aufgelöst wird. Hinsichtlich der steuerbilanziellen Behandlung der Wandlungsprämie besteht keine Einigkeit. Es wird hier z.T. eine der handelsrechtlichen Vorgehensweise korrespondierende Behandlung als Einlage gefordert, z.T. wird aber auch hiergegen eingewendet, dass mangels bereits gegebener Gesellschafterstellung auch keine Einlage vorliegen könne und es sich insofern um einen Ertrag handele. Die Finanzverwaltung schlägt mit Verwaltungsanweisungen aus dem Jahr 2000 einen Mittelweg ein, wenn sie zunächst die Bildung eines Passivpostens „Anzahlung" zulässt, der bei tatsächlich erfolgender Wandlung in eine Einlage umgewandelt wird bzw. bei Verstreichen der Wandlungsfrist als Ertrag behandelt wird.[269] Der aktivische Rechnungsabgrenzungsposten ist steuerlich im Falle eines verdeckten Aufgeldes zwingend zu bilden. Nach der neueren BFH-Rechtsprechung sind die bei der Ausgabe erzielten Aufgelder von Optionsanleihen entsprechend der handelsrechtlichen Vorgehensweise auch für steuerliche Zwecke als nicht steuerbare Einlage zu betrachten.[270] Somit hat sich der BFH gegen die von der Finanzverwaltung vertretene Rechtsauffassung entschieden. Dieser Grundsatz gilt wohl auch für die steuerbilanzielle Behandlung von Aufgeldern bei der Ausgabe von Wandelanleihen, da die wesentlichen Argumente des BFH für die Einstufung der Aufgelder bei Optionsanleihen als Einlagen auch auf Wandelanleihen zutreffen.[271] Eine vereinnahmte Optionsprämie ist erfolgsneutral als Verbindlichkeit auszuweisen. Die Höhe der Verpflichtung ergibt sich aus den Anschaffungskosten oder einem höheren Teilwert. Erst bei Ausübung oder Verfall der Option wird diese Verbindlichkeit erfolgswirksam ausgebucht.[272] Beim Investor ergibt der Nennwert der Anleihe (Darlehensforderung) zzgl. etwaiger Anschaffungsnebenkosten (z.B. Provisionen) den steuerlichen Ausgangswert.

In den Perioden **zwischen** der **Begebung und** der **Wandlung** bzw. des Verstreichens der Wandlungsfrist, den Perioden also, in denen eine Wandelanleihe als Fremdkapital in der Bilanz des Emittenten ausgewiesen wird, sind die von diesem zu zahlenden Zinsen Aufwand

---

[269] Vgl. OFD München vom 22.08.2000, in: BB 2000, S. 2628; OFD Nürnberg vom 22.08.2000, in: FR 2000, S. 1236.

[270] Vgl. BFH-Urteil vom 30.11.2005, in: DB 2006, S. 130-132 sowie BFH-Urteil vom 30.11.2005, in: BFH/NV 2006, S. 616-620.

[271] Vgl. HAISCH, MARTIN/DANZ, THILO: Aktuelle Fragen der Besteuerung von Options- und Wandelanleihen – Anmerkungen zu den BFH-Urteilen vom 30.11.2005, I R 3/04 und I R 26/04 sowie vom 27.10.2005, IX R 15/05 –, in: DStZ 2006, S. 229-233.

[272] Vgl. zur Behandlung der Optionsprämie BFH-Urteil vom 18.12.2002, in: DB 2003, S. 855-857 sowie BMF-Schreiben vom 12.01.2004, BStBl I 2004, S. 192.

und abziehbare Betriebsausgaben, weshalb die Finanzierung über Wandelanleihen steuerlich gesehen gegenüber einer sofortigen Eigenkapitalfinanzierung bevorteilt ist; allerdings stellt die Wandelanleihe eine Schuld dar mit der gewerbesteuerlichen Folge einer evtl. Hinzurechnung der Zinsen gem. § 8 Nr. 1 GewStG. Auf Seiten des Investors handelt es sich bei den Zinsen originär um Einkünfte aus Kapitalvermögen gem. § 20 Abs. 1 Nr. 7 EStG bzw. Einkünfte aus Gewerbebetrieb gem. § 20 Abs. 8 EStG. Handelt es sich um einen bilanzierenden Steuerpflichtigen, kann u.U. eine Teilwertabschreibung i.S.d. § 6 Abs. 1 Nr. 2 EStG für die aktivisch erfasste Anleihe in Frage kommen. Gewinne aus der Veräußerung einer Wandelanleihe stellen – nach wohl h.M. –[273] Einkünfte aus Kapitalvermögen gem. § 20 Abs. 2 S. 1 Nr. 4 EStG bzw. Einkünfte aus Gewerbebetrieb gem. § 20 Abs. 8 EStG dar. Für den Fall, dass die Anleihe im Betriebsvermögen gehalten wird, besteht für einen Veräußerungsgewinn die Möglichkeit der Bildung einer Rücklage i.S.d. § 6b Abs. 10 EStG.

Bei **Ausübung** des **Wandlungsrechts** wird in jedem Fall die Anleiheverbindlichkeit gegen eine Einlage ausgebucht; eine hier erfolgende Zuzahlung ist handelsrechtlich in das gezeichnete Kapital bzw. als Agio in die Kapitalrücklagen i.S.d. § 272 Abs. 2 Nr. 1 HGB einzustellen und steuerlich in das sonstige Kapital bzw. in das Einlagekonto i.S.d. § 27 KStG. Wurde eine Wandlungsprämie in einen Passivposten „Anzahlung" eingestellt, erfolgt jetzt eine Umbuchung in eine Einlage; wurde die Prämie sofort als Einlage behandelt, ist keine weitere Korrektur erforderlich. Mit dem Umtausch einer Wandelschuldverschreibung in Aktien ist für den Investor keine Gewinnrealisation verbunden, die erhaltenen Aktien sind zum Buchwert der Wandelanleihe zzgl. etwaiger weiterer Anschaffungsnebenkosten (z.B. weitere Zuzahlungen) anzusetzen. Allerdings ist dies nicht unumstritten; auch hier besteht keine abschließende Rechtssicherheit.

Nach der Wandlung ergeben sich für das Unternehmen, an dem nunmehr Anteile bestehen, keine steuerlichen Besonderheiten. Der ehemalige Fremdkapitalgeber und nunmehr in die Aktionärsstellung übergegangene Investor erhält keine Zinsen mehr, sondern Ausschüttungen mit den entsprechenden steuerlichen Konsequenzen. Eine evtl. spätere Veräußerung der Anteile aus einem Betriebsvermögen einer natürlichen Person oder einer Kapitalgesellschaft beinhaltet keine Besonderheiten im Vergleich zu einer üblichen Veräußerung von Kapitalgesellschaftsanteilen. Eine spätere Veräußerung aus dem Privatvermögen hat eine Besteuerung entweder nach § 17 EStG oder nach § 20 Abs. 2 EStG bei den Einkünften aus Kapitalvermögen zur Folge.

(3) Die Optionsanleihen[274]

Optionsanleihen sind Wandelanleihen insoweit ähnlich, als sie ebenfalls ein Aktienbezugsrecht verbriefen, nämlich ein Bezugsrecht auf junge Aktien des Emittenten der Optionsan-

---

[273] Vgl. HÄUSELMANN, HOLGER/WAGNER, SIEGFRIED: Steuerbilanzielle Erfassung aktienbezogener Anleihen: Options-, Wandel-, Umtausch- und Aktienanleihen, in: BB 2002, S. 2431-2436, s.b.S. 2432-2433 m.w.N; JACOBS, DIETRICH/NOLTING, ROGER/NOLTE, BERND: Wandel- und Umtauschanleihen – Betriebswirtschaftliche und steuerliche Perspektiven, in: SteuerStud 2005, S. 74-83, s.b.S. 79-80 m.w.N.

[274] Vgl. HABERSACK, MATHIAS: § 221, in: Münchener Kommentar Aktiengesetz, hrsg. von BRUNO KROPFF und JOHANNES SEMLER, 3. Aufl., München 2011, Rn. 346; HÄUSELMANN, HOLGER/WAGNER, SIEGFRIED: Steuerbilanzielle Erfassung aktienbezogener Anleihen: Options-, Wandel-, Umtausch- und Aktienanleihen, in: BB 2002, S. 2431-2436, s.b.S. 2431-2432 m.w.N.; NIEMEIER, GERHARD u.a.: Einkommensteuer, 22. Aufl., Achim 2009, S. 963-964.

leihe (§ 221 Abs. 1 S. 1 AktG); jedoch werden Optionsanleihen im Gegensatz zu Wandelanleihen beim Bezug von Aktien nicht in Zahlung gegeben, sondern bleiben nebenher bestehen.

Optionsanleihen werden in der **Bilanz der emittierenden Aktiengesellschaft** als **Verbindlichkeit** ausgewiesen; sie stellen – mit allen positiven (grundsätzliche Abziehbarkeit der Zinsen) und negativen (u.U. gewerbesteuerliche Hinzurechnung der Zinsen nach § 8 Nr. 1 GewStG) steuerrechtlichen Konsequenzen – eine Verbindlichkeit dar, solange sie bestehen. Hinsichtlich der Behandlung einer Optionsprämie kann auf die Ausführungen zu Wandlungsprämien bei Wandelanleihen verwiesen werden.

Beispiel:	(Ausgabe einer marktüblich verzinslichen Optionsanleihe)

Die CD-AG emittiert eine Optionsanleihe zum Nennwert von 100 €, wobei deren Verzinsung mit dem üblichen Marktzins übereinstimmt. Die Anleihe wird zum einheitlichen Preis von 125,76 € ausgegeben.

Die emittierende Kapitalgesellschaft hat die Schuldverschreibung mit ihrem Nennwert i.H.v. 100 € zu passivieren. Das offen erhaltene Aufgeld für das Optionsrecht i.H.v. 25,76 € ist gem. § 272 Abs. 2 Nr. 2 HGB in die Kapitalrücklage der Handelsbilanz einzustellen. Nach Auffassung der Finanzverwaltung[275] stellt das Entgelt für das Optionsrecht steuerrechtlich keine Einlage dar, da es von einem Nichtgesellschafter gezahlt wird und eine mögliche spätere Gesellschafterstellung noch von der Ausübung des Optionsrechts abhängt. Bis zur Ausübung dieses Optionsrechts kann unter der Bezeichnung „Anzahlung" i.H.v. 25,76 € Fremdkapital passiviert werden. Bei Ausübung der Option wird dann dieser Posten „Anzahlung" zum steuerrechtlichen Eigenkapital, ansonsten wird die Anzahlung mit Ablauf der Optionsfrist zu einer Betriebseinnahme. Allerdings begründet nach Auffassung der beiden BFH-Urteile vom 30.11.2005[276] der Zufluss eines Aufgelds bei der Ausgabe von Optionsanleihen steuerrechtlich eine Einlage und somit Eigenkapital.

Der **Erwerber einer Optionsanleihe** aktiviert **zwei Wirtschaftsgüter** – Schuldverschreibung (Forderung) und Optionsschein (Optionsrecht) – jeweils mit gesonderten Anschaffungskosten, denn das mit einer Optionsanleihe verbundene Bezugsrecht auf Aktien ist bilanztechnisch ein selbstständig verwertbares Wirtschaftsgut. Wird eine Optionsanleihe mit offenem Aufgeld erworben, ist diese mit ihrem Nennwert und der Optionsschein gesondert mit dem ihm in diesem Falle zuzuordnenden Aufgeld zu aktivieren; bei einem verdeckten Aufgeld im Wege einer Minderverzinsung ist dieses zunächst zu ermitteln.

Die Zinsen führen beim Emittenten zu abziehbaren Betriebsausgaben (jedoch u.U. mit gewerbesteuerlicher Hinzurechnung gem. § 8 Nr. 1 GewStG), beim Investor zu Einkünften aus Kapitalvermögen i.S.d. § 20 Abs. 1 Nr. 7 EStG bzw. Einkünften aus Gewerbebetrieb gem. § 20 Abs. 8 EStG. Anders als bei der Wandelanleihe erlischt mit der Ausübung des Optionsrechts nicht auch der Anspruch auf Rückzahlung des Nominalbetrages der Anleihe. Bei Ausübung des Optionsrechts fallen für den Erwerb der jungen Aktien Aufwendungen in Gestalt der für den Bezug der Aktien zu entrichtenden Beträge an. Zusammen mit dem Buchwert des ausgeübten Optionsrechts stellen diese die Anschaffungskosten für die Aktien dar. Bei einer späteren Veräußerung der Aktien ergeben sich keine weiteren Besonderheiten im Vergleich zu sonstigen Veräußerungen von Kapitalgesellschaftsanteilen. Ein Gewinn aus der Veräußerung von Optionsrechten, die im Betriebsvermögen gehalten wurden, stellt eine steuerpflichtige Betriebseinnahme dar; wurden die Optionsrechte im Privatvermögen gehal-

---

[275] Vgl. OFD München/Nürnberg vom 22.08.2000, in: BB 2000, S. 2628-2629.
[276] Vgl. BFH-Urteil vom 30.11.2005, in: DB 2006, S. 130-132 sowie BFH-Urteil vom 30.11.2005, in: BFH/NV 2006, S. 616-620.

ten, konnte ein Veräußerungsgewinn bis zum Veranlagungszeitraum 2008 unter § 17 EStG (Anwartschaften auf Anteile i.S.d. § 17 Abs. 1 S. 3 EStG) oder § 23 EStG fallen. Seit dem Veranlagungszeitraum 2009 unterliegt der Veräußerungsgewinn in jedem Fall der Besteuerung entweder nach § 17 EStG oder nach § 20 Abs. 2 Nr. 3 EStG, sofern keine Übergangsregelung greift. Wird das Optionsrecht nicht ausgeübt und verfällt es, ist es aufwandswirksam auszubuchen.

(4)   Die Gewinnschuldverschreibungen[277]

Unter Gewinnschuldverschreibungen versteht das Aktiengesetz „Schuldverschreibungen, bei denen die Rechte der Gläubiger mit Gewinnanteilen von Aktionären in Verbindung gebracht werden" (§ 221 Abs. 1 AktG). Die Schuldverschreibung wird also nicht nur mit einer festen Verzinsung, sondern auch oder gar ausschließlich mit einer – ggf. nach oben begrenzten – Gewinnbeteiligung (Zusatzzins) ausgestattet, m.a.W. orientiert sich die laufende Verzinsung der Schuldverschreibung an den Gewinnanteilen der Aktionäre. Aus diesem Grunde sind Gewinnschuldverschreibungen, je nach Ausgestaltung, durchaus risikobehaftet; in Verlustjahren kann u.U. überhaupt keine Verzinsung erfolgen, in Jahren hoher Gewinne besteht dafür die Möglichkeit einer Verzinsung weit über dem normalen Zinssatz. Hinsichtlich der Erträge für den Anleger und der laufenden Belastung für die Gesellschaft ähneln Gewinnschuldverschreibungen also dem Eigenkapital, wenngleich sie in ihren sonstigen Rechten Fremdkapital darstellen.

Gewinnschuldverschreibungen sind mit ihrem Erfüllungsbetrag zu passivieren, ein Aufgeld ist allerdings nicht in die Kapitalrücklage einzustellen, sondern über die Laufzeit passiv abzugrenzen, ein Disagio kann aktiv abgegrenzt werden.

Steuerlich werden **Gewinnschuldverschreibungen** als reines **Fremdkapital** behandelt. Die Zinszahlungen stellen beim Emittenten abziehbare Betriebsausgaben dar. Für den Gläubiger/Investor sind die Zinsen Einkünfte aus Kapitalvermögen (§ 20 Abs. 1 Nr. 4 oder 7 EStG) bzw. Einkünfte aus Gewerbebetrieb (§ 20 Abs. 8 EStG); bei Ausgabe mit Disagio stellt die höhere Kapitalrückzahlung ebenfalls Einkünfte aus Kapitalvermögen (§ 20 Abs. 3 EStG) bzw. Einkünfte aus Gewerbebetrieb (§ 20 Abs. 8 EStG) dar.

f)   Das Leasing[278]

Um diese Finanzierungsform steuerlich zutreffend beurteilen zu können, muss eine Unterscheidung dahingehend vorgenommen werden, ob der Leasing-Gegenstand steuerlich in das wirtschaftliche Eigentum des Leasing-Nehmers (Mieters) übergeht oder – entsprechend der zivilrechtlichen Situation – beim Leasing-Geber (Vermieter) verbleibt. Diese Frage wird in den sog. Leasing-Erlassen der Finanzverwaltung u.a. aufgrund des Leasing-Grundtyps, des Verhältnisses von Grundmietzeit zur betriebsgewöhnlichen Nutzungsdauer, des Vorhandenseins oder Nichtvorhandenseins einer Mietverlängerungs- oder Kaufoption sowie der Bemessung der Anschlussmiete bzw. des Kaufpreises nach der Grundmietzeit entschieden

---

[277] Vgl. HABERSACK, MATHIAS: § 221, in: Münchener Kommentar Aktiengesetz, hrsg. von BRUNO KROPFF und JOHANNES SEMLER, 3. Aufl., München 2011, Rn. 18, 19, 53-59, 348, 349.

[278] Vgl. KUSSMAUL, HEINZ: Die Examensklausur aus der Betriebswirtschaftslehre, in: WISU 1994, S. 227-231.

(vgl. S. 43 ff.). Von der wirtschaftlichen Zurechnung des Leasingobjekts zu einem der beiden Vertragspartner hängen auch die **buchungstechnischen** und **steuerlichen Folgen** ab.

Wird das **Wirtschaftsgut dem Leasing-Geber zugerechnet**, muss dieser die Anschaffungs- bzw. Herstellungskosten aktivieren und – soweit es sich um abnutzbare Wirtschaftsgüter handelt – auch abschreiben. Die Leasing-Raten sind für ihn Betriebseinnahmen, für den Leasing-Nehmer Betriebsausgaben. Von steuerlicher Relevanz ist § 8 Nr. 1 GewStG.

Bei **Zurechnung des Wirtschaftsgutes zum Leasing-Nehmer** muss dieser das Wirtschaftsgut aktivieren (und zwar zu den Anschaffungs- bzw. Herstellungskosten des Leasing-Gebers zzgl. eventueller Nebenkosten, die vertragsmäßig vom Leasing-Nehmer zu zahlen sind), ggf. abschreiben und i.H.d. aktivierten Anschaffungs- oder Herstellungskosten ohne die vom Leasing-Nehmer direkt getragenen Nebenkosten gleichzeitig eine Verbindlichkeit gegenüber dem Leasing-Geber passivieren. Die Anschaffungs- bzw. Herstellungskosten des Leasing-Gebers können – falls unbekannt – aus den kapitalisierten Leasingraten abgeleitet werden. Bei einer Zurechnung zum Leasing-Nehmer ist zu beachten, dass umsatzsteuerlich dann keine sonstige Leistung, sondern eine Lieferung unterstellt wird, was zur Folge hat, dass bereits zu Beginn des Leasingverhältnisses die komplette Vorsteuer entsteht. Die umsatzsteuerliche Bemessungsgrundlage besteht dann aus der Summe der Leasingraten zzgl. etwaiger Mietverlängerungsraten bzw. eines Kaufoptionspreises. Die passivierte Verbindlichkeit gegenüber dem Leasing-Geber wird beim Leasing-Nehmer durch Verrechnung mit dem Tilgungsanteil der Leasingraten erfolgsneutral vermindert. Die in den Leasingraten enthaltenen Zins- und Kostenanteile (Berechnung nach der Zinsstaffelmethode) sind sofort abzugsfähige Betriebsausgaben, müssen allerdings i.R.d. gewerbesteuerlichen Hinzurechnungen (§ 8 Nr. 1 GewStG) berücksichtigt werden; dies gilt nicht für den Tilgungsanteil der Leasingraten, da dieser nicht die Kriterien des § 8 GewStG erfüllt. Der Leasing-Geber aktiviert i.H.d. vorgenannten Verbindlichkeit eine Kaufpreisforderung an den Leasing-Nehmer, welche sich durch die Tilgungsanteile der Leasingraten fortlaufend vermindert. Die Zins- und Kostenanteile in diesen Raten sind Betriebseinnahmen des Leasing-Gebers.

3. Sanierungsfinanzierung und betriebliche Altersversorgung

a) Die Sanierungsfinanzierung[279]

Ist ein Unternehmen in finanzielle Schwierigkeiten geraten, so wird eine Sanierung dann angestrebt, wenn dessen Leistungsfähigkeit wieder hergestellt werden soll und kann.[280] Eine derartige Maßnahme setzt voraus, dass nicht nur eine buchungstechnische Beseitigung entstandener Verluste durch Herabsetzung des Grundkapitals im Wege der vereinfachten Kapi-

---

[279] Vgl. insb. ROSE, GERD: Betriebswirtschaftliche Steuerlehre, 3. Aufl., Wiesbaden 1992, S. 260-262. Vgl. insb. zur Sanierungsprüfung RUHL, STEPHAN: Entscheidungsunterstützung bei der Sanierungsprüfung, Sternenfels 2000.

[280] Das Unternehmen kann auch im Rahmen einer Übertragung auf einen anderen Rechtsträger saniert werden. Vgl. ausführlich zur sog. „übertragenden Sanierung" KUßMAUL, HEINZ/PALM, TIM: Die übertragende Sanierung als (außer-)gerichtliches Restrukturierungsinstrument – Begriff, Anwendungsbereich, Legitimation und grundlegende Systematik –, in: StB 2012, S. 303-308; KUßMAUL, HEINZ/PALM, TIM: Die übertragende Sanierung als (außer-)gerichtliches Restrukturierungsinstrument – Rechtsfolgen der gerichtlichen wie außergerichtlichen Anwendung –, in: StB 2012, S. 345-349.

talherabsetzung oder eine Zuführung neuer finanzieller Mittel zur Verbesserung der Liquidität erfolgt, sondern dass sich die Unternehmensleitung zunächst Klarheit über die Ursachen der schlechten Geschäftslage verschafft und außerdem prüft, ob durch eine umfassende Reorganisation des Unternehmens dessen Gesundung möglich ist.

(1) Sanierung durch Forderungsverzicht fremder Gläubiger

Verzichten fremde Gläubiger völlig oder teilweise auf ihre Forderungen gegenüber einem Unternehmen, so vermindert sich das betriebliche Fremdkapital. Da dies kompensationslos geschieht, resultiert daraus ein grundsätzlich voll **steuerpflichtiger Erfolg**.[281] Die bisherige Verbindlichkeit ist ertragswirksam auszubuchen. Dies ist aufgrund meist vorliegender Verlustvorträge zunächst nicht mit Steuerzahlungen verbunden.

Die betreffenden Unternehmen können überdies einen Antrag auf vollständigen oder teilweisen Erlass der Steuern auf den – nach Verrechnung mit bestehenden Verlustvorträgen (ungeachtet etwaiger Verlustverrechnungsbeschränkungen) verbleibenden – Sanierungsgewinn wegen persönlicher Unbilligkeit stellen.[282]

I.R. von Unternehmenssanierungen können Besserungsvereinbarungen als Gestaltungsmittel eingesetzt werden.[283] Dabei verpflichtet sich das sanierungsbedürftige Unternehmen in einem sog. „**Besserungsschein**", unter bestimmten Bedingungen in einer fortgeschrittenen Sanierungsphase Zahlungen auf die zunächst erlassene Schuld zu leisten. Um eine Finanzierungswirkung zu erreichen, darf die frühere Verbindlichkeit in der Bilanz des Unternehmens nicht mehr bilanziert werden. Der Wegfall der Verbindlichkeit führt in der Handels- und Steuerbilanz dann zunächst zu einer Gewinnerhöhung, die aufgrund meist vorhandener Verlustvorträge zu keinen Steuerzahlungen führt. Im Zeitpunkt der Besserung wird die Verbindlichkeit inklusive aufgelaufener Zinsen dann wieder erfolgswirksam eingebucht.

(2) Sanierung durch Forderungsverzicht der Gesellschafter-Gläubiger

Hat das sanierungsbedürftige Unternehmen die Rechtsform einer **Personengesellschaft**, so wird die – zivilrechtlich mögliche – Gläubigerposition ihrer Gesellschafter steuerlich regelmäßig nicht anerkannt; ein Forderungsverzicht der Gesellschafter-Gläubiger zum Zwecke der Sanierung bleibt also erfolgsmäßig ohne Auswirkungen, es findet lediglich ein Wechsel zwischen Sonder- und Gesamthands-Betriebsvermögen statt.

Bei **Kapitalgesellschaften** hingegen werden schuldrechtliche Verträge zwischen Gesellschaft und Gesellschafter steuerrechtlich i.Allg. anerkannt. Handelsrechtlich kann der Wegfall eines Gesellschafterdarlehens entweder eine Zuzahlung in die Kapitalrücklage gem.

---

[281] Darüber hinaus können bestehende Verbindlichkeiten in Anteilsrechte am sanierungsbedürftigen Unternehmen eingetauscht werden. Vgl. ausführlich zum sog. Debt to Equity Swap KUßMAUL, HEINZ/PALM, TIM: Der Debt to Equity Swap als Sanierungsinstrument – Eine Analyse der rechtlichen Ausgestaltung, in: KSI 2012, S. 67-72; KUßMAUL, HEINZ/PALM, TIM: Der Debt to Equity Swap (DES) als Sanierungsinstrument im deutschen Steuerrecht – Konterkarieren sanierungsfeindliche Steuerwirkungen die gesetzgeberischen Absichten?, in: KSI 2012, S. 107-113.

[282] Vgl. FÜGER, ROLF/RIEGER, NORBERT: Die Änderung des zeitlichen Anwendungsbereichs des Gesetzes zur Fortsetzung der Unternehmenssteuerreform, in: DStR 1998, S. 64-71, s.b.S. 64.

[283] Vgl. HOFFMANN, WOLF-DIETER: Die Besserungsvereinbarung als Gestaltungsmittel im Rahmen von Unternehmenssanierungen, in: DStR 1998, S. 196-198.

§ 272 Abs. 2 Nr. 4 HGB darstellen oder als Ertrag erfasst werden.[284] Steuerlich stellt nach der BFH-Rechtsprechung[285] der Forderungsverzicht in Höhe des werthaltigen Teils der Forderung (des Gesellschafters) eine verdeckte Einlage dar, die den körperschaftsteuerlichen Gewinn nicht erhöhen darf und daher in dem Fall, in dem der Forderungsverzicht handelsrechtlich als Ertrag vereinnahmt wurde, bei der Ermittlung des körperschaftsteuerpflichtigen Gewinns wieder abzuziehen ist.[286] Verdeckte Einlagen werden im steuerlichen Einlagekonto erfasst. Der nicht werthaltige Teil der Verbindlichkeit aus Sicht der Gesellschaft wird ertragswirksam ausgebucht.

Beim verzichtenden Gesellschafter ist die Forderung auszubuchen. In Höhe des werthaltigen Teils liegen nachträgliche Anschaffungskosten der Anteile vor, in Höhe des nicht werthaltigen Teils Aufwand. Bei einer Veräußerung oder Liquidation werden beim Gesellschafter die anteiligen Ergebnisse steuerlich berücksichtigt, entweder als Einkünfte aus Kapitalvermögen oder als Einkünfte aus Gewerbebetrieb gem. § 17 EStG.

(3) Sanierung durch Zuführung von Eigenkapital

Von einer Sanierung wird auch dann gesprochen, wenn die Inhaber bzw. Gesellschafter dem Unternehmen neues Eigenkapital zuführen, um auf diese Weise eine finanzielle Konsolidierung herbeizuführen, da i.d.R. die Eigenkapitaldecke durch Verluste zu dünn geworden ist. Bei Kapitalgesellschaften wird deshalb die bezeichnete Sanierungsmaßnahme häufig mit einer Kapitalherabsetzung zum Ausgleich der Verluste begonnen; als zweiter Schritt folgt dann eine Kapitalerhöhung, die für neue Mittel sorgt.

Derartige Finanzierungsvorgänge sind prinzipiell wie normale Einlagen zu behandeln. Bei Kapitalgesellschaften erhöhen sie entweder das übrige Eigenkapital (Nennkapitalerhöhung) oder das steuerliche Einlagekonto (Gesellschafterzuschüsse, Kapitalerhöhungsagio).

Im Hinblick auf den Verlustabzug einer sanierungsbedürftigen Kapitalgesellschaft ist § 8c KStG zu beachten (vgl. S. 555 f.). Dieser sieht im Fall eines „schädlichen Anteilseignerwechsels" unter weiteren Voraussetzungen einen Wegfall des Verlustvortrags vor. Grundsätzlich gehört – in Abkehr von dem im Jahr 2008 abgeschafften (und in der Übergangszeit noch bis Ende 2012 anzuwendenden) § 8 Abs. 4 KStG – zu diesen Voraussetzungen nicht die Zufuhr von Eigenkapital. Im Fall einer disquotalen Kapitalerhöhung können die Rechtsfolgen des § 8c KStG allerdings ausgelöst werden.

---

[284] Vgl. FÖRSCHLE, GERHART/HOFFMANN, KARL: § 272 HGB, in: Beck'scher Bilanzkommentar, hrsg. von HELMUT ELLROTT u.a., 8. Aufl., München 2012, Rn. 195. Zur Verbuchung verdeckter Einlagen vgl. KUß-MAUL, HEINZ/KLEIN, NICOLE: Die Verbuchung verdeckter Einlagen aus handels- und steuerrechtlicher Sicht, in: StuB 2001, S. 1045-1050 sowie HOFFMANN, WOLF-DIETER: Nochmals: Bilanzierungsfragen bei verdeckten Einlagen in Kapitalgesellschaften, in: StuB 2001, S. 1224-1227 und KUßMAUL, HEINZ/KLEIN, NICOLE: Replik: Bilanzierungsfragen bei verdeckten Einlagen in Kapitalgesellschaften, in: StuB 2001, S. 1227-1228.

[285] BFH-Urteil vom 09.06.1997, BStBl II 1998, S. 307.

[286] Vgl. zu den steuerlichen Konsequenzen des Forderungsverzichts HEIDEMANN, OTTO: Gestaltungen im Vorfeld der Liquidation einer GmbH, in: INF 1998, S. 716-720, 746-750, s.b.S. 747.

b) Die betriebliche Altersversorgung[287]

(1) Einordnung

Abb. 53 (S. 236) beinhaltet die zur Verfügung stehenden Durchführungswege der betrieblichen Altersversorgung.

Von betrieblicher Altersversorgung spricht man immer dann, wenn einem Arbeitnehmer aus Anlass seines Arbeitsverhältnisses vom Arbeitgeber Leistungen zur Absicherung mindestens eines biometrischen Risikos (Alter, Tod, Invalidität) zugesagt werden und Ansprüche auf diese Leistungen erst mit dem Eintritt eines solchen Ereignisses fällig werden (§ 1 BetrAVG[288]).[289] Allerdings müssen die Leistungen des Arbeitgebers nicht zwingend zusätzlich von diesem erbracht werden; Arbeitnehmer und Arbeitgeber können auch vereinbaren, künftige Lohnansprüche zugunsten einer betrieblichen Altersversorgung herabzusetzen („Entgeltumwandlung"; vgl. § 1 Abs. 2 Nr. 3 BetrAVG).

Im Folgenden werden die fünf Durchführungswege der betrieblichen Altersversorgung und ihre wichtigsten Konsequenzen hinsichtlich der handels- und steuerrechtlichen Auswirkungen beim Arbeitgeber dargestellt.[290] Auf die steuerlichen Konsequenzen beim Arbeitnehmer wird ebenso wenig eingegangen wie auf die Folgen bei der Beendigung eines Dienstverhältnisses, beim Arbeitgeberwechsel und beim Wechsel des Durchführungsweges.[291]

---

[287] Zur Altersversorgung – auch aus Arbeitnehmersicht – siehe ausführlich KUßMAUL, HEINZ/HENKES, JÖRG: Die Besteuerung von Altersvorsorgeaufwendungen und Altersbezügen nach dem Alterseinkünftegesetz – Steuerliche Rahmenbedingungen der privaten und betrieblichen Altersvorsorge –, Bd. 21, 2. Aufl., Saarbrücken 2007; KUßMAUL, HEINZ/HENKES, JÖRG: Die Abzugsfähigkeit von Vorsorgeaufwendungen seit Inkrafttreten des Alterseinkünftegesetzes, in: ZSteu 2006, S. 245-250; KUßMAUL, HEINZ/HENKES, JÖRG: Die Besteuerung von gesetzlichen Renten, „Rürup-Renten" und von Pensionen seit Inkrafttreten des Alterseinkünftegesetzes, in: ZSteu 2006, S. 221-224.

[288] Gesetz zur Verbesserung der betrieblichen Altersversorgung (Betriebsrentengesetz – BetrAVG) vom 19.12.1974, BGBl I 1974, S. 3610.

[289] Vgl. BMF-Schreiben vom 05.02.2008, BStBl I 2008, S. 420, Rn. 183.

[290] Vgl. BIEG, HARTMUT: Möglichkeiten betrieblicher Altersversorgung aus betriebswirtschaftlicher Sicht, in: StuW 1983, S. 40-54; BMF-Schreiben vom 05.02.2008, BStBl I 2008, S. 420, Rn. 183-297; HARTMANN, RAINER: Wesentliche Änderungen bei der betrieblichen Altersversorgung ab 2005, in: INF 2005, S. 56-61, 102-106; HORLEMANN, HEINZ-GERD: Überblick über das Alterseinkünftegesetz, in: FR 2004, S. 1049-1056; INSTITUT DER WIRTSCHAFTSPRÜFER: Hauptfachausschuß Stellungnahme HFA 2/1988: Pensionsverpflichtungen im Jahresabschluß, in: WPg 1988, S. 403-405; KORN, KLAUS/STRAHL, MARTIN: Alterseinkünftegesetz: Änderungen und Empfehlungen, in: KÖSDI 2004, S. 14360-14373, s.b.S. 14369-14373; KUßMAUL, HEINZ: Betriebliche Altersversorgung von Geschäftsführern: Voraussetzungen und finanzwirtschaftliche Auswirkungen, München 1995; SCHWAB, HARTMUT: Die Betriebliche Altersversorgung – ein praktisches Modell für die Planung und Gestaltung, Hamburg 1988, S. 75.

[291] Vgl. BMF-Schreiben vom 05.02.2008, BStBl I 2008, S. 420, Rn. 219-226, 244, 263, 291; HARTMANN, RAINER: Wesentliche Änderungen bei der betrieblichen Altersversorgung ab 2005, in: INF 2005, S. 56-61, 102-106, s.b.S. 59, 103; HORLEMANN, HEINZ-GERD: Die steuerliche Behandlung der betrieblichen Altersversorgung nach dem Alterseinkünftegesetz, in: ZSteu 2004, S. 150-165, s.b.S. 163-165; KUßMAUL, HEINZ/HENKES, JÖRG: Die Besteuerung von Altersvorsorgeaufwendungen und Altersbezügen nach dem Alterseinkünftegesetz – Steuerliche Rahmenbedingungen der privaten und betrieblichen Altersvorsorge –, Bd. 21, 2. Aufl., Saarbrücken 2007; WELLISCH, DIETMAR/NÄTH, MAIK: Änderungen bei der betrieblichen Altersvorsorge durch das Alterseinkünftegesetz unter Berücksichtigung des BMF-Schreibens vom 17.11.2004, in: BB 2005, S. 18-26, s.b.S. 21, 22, 25, 26.

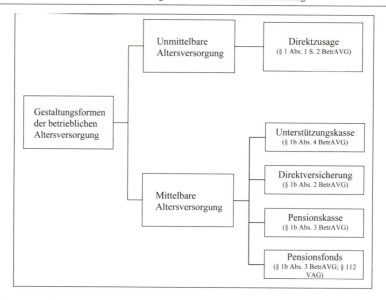

Abb. 53: Gestaltungsformen der betrieblichen Altersversorgung

(2) Die Direktzusage

Bei der unmittelbaren Altersversorgung in Form der Direktzusage ist der Arbeitgeber unmittelbarer Versorgungsträger, eine Rechtsbeziehung besteht lediglich zwischen ihm und dem Arbeitnehmer. Der Arbeitgeber hat für die zugesagten Pensionsansprüche (aus Zusagen nach dem 31.12.1986) in der Zeit bis zum Versorgungseintritt handelsbilanziell eine Pensionsrückstellung gem. § 249 Abs. 1 S. 1 HGB (ungewisse Verbindlichkeit) zu bilden. Steuerbilanziell gilt § 6a EStG, der unter Erfüllung der dort genannten Voraussetzungen ein Wahlrecht zur Bildung einer Pensionsrückstellung beinhaltet, welches aufgrund des Maßgeblichkeitsprinzips allerdings zum steuerlichen Passivierungsgebot wird.[292] Hinzuweisen ist an dieser Stelle auf das gem. Art. 28 Abs. 1 S. 1 EGHGB bestehende Passivierungswahlrecht für sog. Altzusagen – und/oder deren Erhöhungen –, d.h. Zusagen, die vor dem 31.12.1986 erteilt wurden. Dieses Passivierungswahlrecht gilt sowohl handels- als auch steuerbilanziell.

Die jeweiligen **Zuführungsbeträge zu Pensionsrückstellungen** stellen aus Sicht des Unternehmens Aufwand bzw. – bei steuerrechtlicher Zulässigkeit, wozu auch gehört, dass keine sog. „überhöhten Versorgungsanwartschaften" begründet werden –[293] **abziehbare Betriebsausgaben** dar. In der Auszahlungsphase werden die gebildeten Rückstellungen be-

---

[292] Vgl. allerdings zu den verschiedenen Auslegungsmöglichkeiten der Maßgeblichkeit nach dem BilMoG KUSSMAUL, HEINZ: Zur Maßgeblichkeit der Maßgeblichkeit, in: StB 2010, Heft 3, S. I sowie ausführlich KUSSMAUL, HEINZ/GRÄBE, SEBASTIAN: Der Maßgeblichkeitsgrundsatz vor dem Hintergrund des BilMoG, in: StB 2010, S. 106-115.

[293] Vgl. insb. das BMF-Schreiben vom 03.11.2004, BStBl I 2004, S. 1045 sowie LANGOHR-PLATO, UWE: Bilanzsteuerrechtliche Berücksichtigung überhöhter Versorgungsanwartschaften – nicht nur ein Problem von Gesellschafter-Geschäftsführern, in: INF 2005, S. 134-139; PITZKE, JÜRGEN: Bilanzsteuerrechtliche Berücksichtigung von überdurchschnittlich hohen Versorgungsanwartschaften, in: NWB vom 13.12.2004, Fach 17, S. 1913-1916.

triebseinnahmenwirksam aufgelöst; die Auflösungsbeträge neutralisieren damit – mindestens teilweise – die betriebsausgabenwirksam verbuchten Pensionszahlungen.

Im Insolvenzfall gehen die vom Arbeitnehmer erworbenen Ansprüche nicht verloren; diese werden vom Pensions-Sicherungs-Verein erfüllt. Deswegen besteht für den Arbeitgeber Beitragspflicht zum Pensions-Sicherungs-Verein; die Beiträge sind ebenfalls als Betriebsausgaben abziehbar.

Um das Risiko einer lang andauernden Pensionszahlung bei vorzeitigem Eintritt des Versorgungsfalls abzudecken, kommt es häufig zum Abschluss einer Rückdeckungsversicherung durch den Arbeitgeber. Der so entstehende Versicherungsanspruch (Rückdeckungsanspruch) ist steuerbilanziell zu aktivieren, es erfolgt keine Saldierung mit der Pensionsrückstellung (vgl. H 6a Abs. 23 EStR). Die Beitragszahlungen stellen dann ebenfalls abziehbare Betriebsausgaben dar, allerdings wirkt die Aktivierung des Versicherungsanspruchs relativierend. Diese **steuerbilanzielle** Vorgehensweise findet sich auch nach der Umsetzung des Bilanzrechtsmodernisierungsgesetzes bestätigt.[294] **Handelsbilanziell** gilt seit dem Bilanzrechtsmodernisierungsgesetz eine Saldierungspflicht für die betriebliche Altersversorgung, soweit die Voraussetzungen des § 246 Abs. 2 S. 2 und 3 HGB erfüllt sind. Demnach sind Vermögensgegenstände, wenn diese dem Zugriff aller übrigen Gläubiger entzogen sind und ausschließlich der Erfüllung von Schulden aus Altersversorgungsverpflichtungen dienen, mit diesen Schulden zu saldieren.[295] Entsprechendes gilt für die zugehörigen Aufwendungen und Erträge.

Vorteilhaft für den Arbeitgeber bei der Direktzusage ist der bereits an anderer Stelle (vgl. beispielhaft S. 215 ff.) erläuterte **Finanzierungseffekt** der Rückstellungsbildung. Nachteilig wirkt die **bilanzielle Belastung** der Rückstellungsbildung (verminderte Eigenkapitalquote). In Deutschland ist die Direktzusage der gängigste Durchführungsweg der betrieblichen Altersvorsorge, sie ist insbesondere bei Großunternehmen sehr beliebt.[296]

(3) Die Unterstützungskasse

Unterstützungskassen sind rechtsfähige Versorgungseinrichtungen, die üblicherweise als GmbH, Stiftungen oder eingetragene Vereine betrieben werden; sie können dabei von einem oder mehreren Unternehmen getragen werden. Der Arbeitgeber sagt als Trägerunternehmen dem Arbeitnehmer eine Versorgungsleistung in Form einer Rentenzahlung oder einer einmaligen Kapitalleistung zu. Die späteren Zahlungen aufgrund der Zusage erfolgen dann durch die Unterstützungskasse. Obwohl die Unterstützungskasse dem Gesetzeswortlaut zufolge „auf ihre Leistungen keinen Rechtsanspruch gewährt" (§ 1b Abs. 4 BetrAVG), hat das Bundesarbeitsgericht den zusagebegünstigten Arbeitnehmern einen – u.U. durch das Trägerunternehmen zu erfüllenden – Rechtsanspruch auf die Unterstützungskassenleistungen ein-

---

[294] Vgl. nach wie vor H 6a Abs. 23 EStR mit Verweis auf das BFH-Urteil vom 25.02.2004, BStBl II 2004, S. 654.

[295] Vgl. hierzu ausführlich HÖFER, REINHOLD/RHIEL, RAIMUND/VEIT, ANNEKATRIN: Die Rechnungslegung für betriebliche Altersversorgung im Bilanzrechtsmodernisierungsgesetz (BilMoG), in: DB 2009, S. 1605-1612, s.b.S. 1606.

[296] Vgl. dazu und zur relativen Häufigkeit der Durchführungswege allgemein KRUSCHWITZ, LUTZ/LODOWICKS, ARND: Bewertung von Pensionszusagen, in: FB 2004, S. 272-284, s.b.S. 272 und 273.

geräumt.[297] Aus diesem Grund besteht erstens – wie bei der Direktzusage – Beitragspflicht zum Pensions-Sicherungs-Verein, wobei die Beiträge beim Arbeitgeber als Betriebsausgaben abziehbar sind. Es handelt sich darüber hinaus zweitens um eine mittelbare Pensionsverpflichtung des Trägerunternehmens, für die handelsrechtlich ein Passivierungswahlrecht nach Art. 28 Abs. 1 S. 2 EGHGB – bei einem steuerrechtlichen Passivierungsverbot – besteht. Der handelsrechtlich passivierbare Betrag für die mittelbare Verpflichtung ist allerdings auf die Höhe der Unterdeckung der Unterstützungskasse begrenzt. Ein handelsrechtlicher Passivierungsverzicht (bei mittelbarer Verpflichtung) geht bei Kapitalgesellschaften mit Anhangangabepflichten einher (Art. 28 Abs. 2 EGHGB).

Die Mittel für die Pensionszahlungen führt der Arbeitgeber der Unterstützungskasse in Form von Zuwendungen zu. Als Zuwendungen zulässig sind dabei solche für das sog. Deckungskapital für laufende (Versorgungs-)Leistungen nach Maßgabe des Vervielfältigers in Anlage 1 zum EStG, solche zum Aufbau eines Reservepolsters für sog. Leistungsanwärter (in begrenzter Höhe), Zuwendungen für die Jahresprämie einer evtl. abgeschlossenen Rückdeckungsversicherung sowie Zuwendungen für Ablösungs- und Abfindungszahlungen an einen anderen Versorgungsträger für die Übernahme der Versorgungsleistungen und schließlich solche zur Übernahme der Verwaltungskosten der Kasse. Wurde eine Rückdeckungsversicherung von der Unterstützungskasse abgeschlossen, so können die Prämien zwar betriebsausgabenwirksam der Unterstützungskasse zugeführt werden, allerdings sind dann die Zuwendungen zum Deckungskapital und zum Reservepolster in dem Verhältnis zu kürzen, in dem die Leistungen der Kasse durch die Versicherung gedeckt sind. **Zuwendungen** können allerdings nur **bis zur Höhe des sog. zulässigen Kassenvermögens** gem. § 4d EStG vom Trägerunternehmen **als Betriebsausgaben abgezogen** werden.

Übersteigt das tatsächliche Kassenvermögen das zulässige, liegt eine Überdotierung der Kasse vor. Für diesen Fall kann der steuerlich (eigentlich) nicht abzugsfähige Teil der geleisteten Zuwendungen vom Trägerunternehmen in einen Rechnungsabgrenzungsposten eingestellt werden und über die folgenden drei Wirtschaftsjahre (u.U. doch noch betriebsausgabenwirksam) verteilt werden (§ 4d Abs. 2 S. 3 EStG). Will das Trägerunternehmen erst nach Feststellung des eigenen Jahresabschlusses über die Höhe der Zuwendung endgültig entscheiden, so kann es u.U. in seiner eigenen Bilanz eine Rückstellung bilden (§ 4d Abs. 2 S. 2 EStG).

Vorteilhaft für den Arbeitgeber bei der Unterstützungskasse ist die **hohe Flexibilität bei der Finanzierung**. Das zulässige Kassenvermögen bei der Unterstützungskasse wird insb. determiniert durch das erforderliche Deckungskapital für laufende (Versorgungs-)Leistungen. Wann allerdings die Zuwendungen – während der Phase des Leistungsbezugs (= Rentenphase) – geleistet werden, ist nicht festgelegt, sodass dem Trägerunternehmen hier die Möglichkeit zusteht, die Zuwendungen an die eigene Ertrags- und Finanzlage anzupassen. Die Beiträge für einen Leistungsempfänger brauchen insb. nicht in einem Betrag im Jahr des Leistungsbeginns der Kasse zugewendet zu werden; eine Nachholung von Zuwendungen ist ebenfalls nicht verboten. Zuwendungen für das Deckungskapital eines Leistungsempfängers können somit in der Phase zwischen Leistungsbeginn und Tod des Leistungsempfängers

---

[297] Vgl. WEBER-GRELLET, HEINRICH: § 4d EStG, in: Einkommensteuergesetz, begr. von LUDWIG SCHMIDT, 32. Aufl., München 2013, Rn. 4 und 5 m.w.N.

„gesteuert" werden. Die der Unterstützungskasse vom Trägerunternehmen zugeführten Mittel können diesem wieder als verzinsliches Darlehen zur Verfügung gestellt werden; die zu zahlenden Zinsen sind aus Sicht des Trägerunternehmens abziehbare Betriebsausgaben, bei der Unterstützungskasse sind die Zinserträge steuerfrei, solange die Unterstützungskasse nicht überdotiert ist (vgl. § 5 Abs. 1 Nr. 3 KStG). Auch hierdurch können erhebliche Liquiditätsvorteile generiert werden.

(4) Die Direktversicherung

Eine Versorgungszusage in Form einer Direktversicherung liegt vor, wenn der Arbeitgeber auf das Leben des Arbeitnehmers bei einem von ihm ausgewählten Versicherungsunternehmen eine Kapital- oder Rentenversicherung abgeschlossen hat (und damit Versicherungsnehmer ist) und der Arbeitnehmer oder seine Hinterbliebenen hinsichtlich der Versicherungsleistungen bezugsberechtigt sind. Es besteht mithin eine mittelbare Rechtsbeziehung zwischen Arbeitgeber und Arbeitnehmer. Obwohl der Arbeitgeber Versicherungsnehmer ist, kommt eine Aktivierung des Anspruchs aus der Direktversicherung bei ihm im Regelfall aber nicht in Betracht. Beim Arbeitgeber stellen die **Beitragszahlungen abziehbare Betriebsausgaben** dar. Kommt der Arbeitgeber beim Versicherungsunternehmen hinsichtlich der Prämienzahlung in Erfüllungsrückstand, hat er die entstehende Verbindlichkeit zu passivieren; unter bestimmten Umständen kann auch handelsrechtlich eine Rückstellungsbildung für mittelbare Pensionsverpflichtungen – bei steuerlichem Verbot – in Betracht kommen.[298] Beitragspflicht zum Pensions-Sicherungs-Verein besteht seitens des Arbeitgebers nicht.

Für den Arbeitgeber birgt der Durchführungsweg der Direktversicherung ein **geringeres Haftungsrisiko** als die Direktzusage oder die Einschaltung einer Unterstützungskasse. Außerdem wird die Bilanz nicht durch entsprechende Rückstellungsbildungen belastet, was sich u.a. positiv auf die **Fremdkapitalbeschaffungsmöglichkeiten** auswirken kann. Dafür tritt allerdings bereits in der Anwartschaftsphase ein **Liquiditätsabfluss** ein.

(5) Die Pensionskasse

Pensionskassen können sowohl rechtsfähige Versorgungseinrichtungen i.S.d. § 1b Abs. 3 S. 1 BetrAVG als auch rechtlich unselbstständige Zusatzversorgungseinrichtungen des öffentlichen Dienstes i.S.d. § 18 BetrAVG sein.[299] Zu nennen ist hier insb. die Versorgungsanstalt des Bundes und der Länder (VBL) sowie manche Zusatzversorgungskassen der Kommunen oder Kirchen (ZVK). Im Unterschied zum Direktversicherungsunternehmen beschränkt sich die Tätigkeit der Pensionskasse – wie die einer Unterstützungskasse – auf die Versorgung der Arbeitnehmer der Trägerunternehmen. Eine Pensionskasse kann dabei in Form einer Firmen-, Betriebs- oder Konzernpensionskasse in Erscheinung treten. Von steuerlicher Relevanz ist die Unterscheidung in kapitalgedeckte und umlagefinanzierte Pensionskassen. Bei kapitalgedeckten Altersvorsorgesystemen i.Allg. wird, vereinfacht ausgedrückt, über längere Zeit (Erwerbsphase) durch Beiträge und darauf entfallende Zinsen und

---

[298] Vgl. WEBER-GRELLET, HEINRICH: § 4b EStG, in: Einkommensteuergesetz, begr. von LUDWIG SCHMIDT, 32. Aufl., München 2013, Rn. 27 m.w.N.
[299] Vgl. BFH-Urteil vom 22.09.1995, BStBl II 1996, S. 136; BMF-Schreiben vom 10.04.1980, BStBl I 1980, S. 230; H 27 EStH.

Zinseszinsen ein Kapitalstock aufgebaut, der im Zeitraum des Rentenbezugs wieder abgebaut wird. Bedeutend ist also, dass der Kapitalstock zum Zeitpunkt des Rentenbeginns tatsächlich bereits vorhanden ist.

Bei einer Umlagefinanzierung – wie z.B. bei der gesetzlichen Rente – wird kein Kapitalstock aufgebaut, stattdessen werden die Renten durch die Beiträge/Umlagen der Erwerbstätigen finanziert. Bei der Umlagefinanzierung kommt jedoch häufig das sog. Deckungsabschnittsverfahren zur Anwendung, d.h. die Festlegung der Umlagesätze erfolgt so, dass die Umlagen zusammen mit dem vorhandenen Vermögen der Kasse voraussichtlich ausreichen werden, um die Ausgaben des gewählten Zeitraums (Deckungsabschnitts) bestreiten bzw. decken zu können.[300] Unabhängig von der Unterscheidung in kapitalgedeckte oder umlagefinanzierte Pensionskasse erwerben der Arbeitnehmer oder seine Hinterbliebenen, anders als bei der Unterstützungskasse, Versorgungsansprüche gegenüber der Kasse direkt.

Der Bedarf der Kasse bestimmt die Höhe der erforderlichen – laufenden und/oder einmaligen (z.B. zur Abdeckung von Fehlbeträgen) – Zuwendungen durch das oder die Trägerunternehmen bzw. Arbeitgeber. Die **geleisteten Zuwendungen** können von diesen i.R.d. von § 4c EStG zugelassenen Umfangs **als Betriebsausgaben abgezogen** werden. U.U. kommt auch im Falle einer Pensionskasse handelsrechtlich eine Rückstellungsbildung für mittelbare Pensionsverpflichtungen – bei steuerlichem Verbot – in Betracht. Außerdem kommt u.U. eine Rückstellungsbildung in sinngemäßer Anwendung des § 4d Abs. 2 EStG für kurz nach dem Bilanzstichtag zu leistende Zuwendungen in Betracht (vgl. R 4c Abs. 5 EStR). Beitragspflicht zum Pensions-Sicherungs-Verein besteht, wie bei Direktversicherungen, seitens der Trägerunternehmen nicht, da die Pensionskassen der staatlichen Versicherungsaufsicht unterliegen, was – anders als bspw. bei der Unterstützungskasse – u.a. auch zu vergleichsweise strengen Anforderungen hinsichtlich der Vermögensanlage führt.

Hinsichtlich der **Vorteilhaftigkeit** für den Arbeitgeber kann auf die Ausführungen zu Direktversicherungen verwiesen werden.

(6) Der Pensionsfonds

Der Pensionsfonds ist ein rechtlich selbstständiger Versorgungsträger, der von einem Arbeitgeber oder branchenübergreifend gegründet werden kann. Beim Pensionsfonds erwirbt der Arbeitnehmer einen Rechtsanspruch auf Versorgung gegenüber dem Fonds selbst. Für Pensionsfonds gelten im Vergleich zu Pensionskassen weniger strenge Grundsätze hinsichtlich der Vermögensanlage, womit der Fonds zwar größere Ertragschancen, aber auch größere Risiken hat.[301] Im Unterschied zu Pensionskassen arbeiten Pensionsfonds stets im Kapitaldeckungsverfahren (§ 112 Abs. 1 Nr. 1 VAG[302]), die Auszahlungen erfolgen ausschließlich in Form von lebenslangen Renten oder nach Auszahlungsplan mit Restkapitalverrentung (vgl. § 112 Abs. 1 S. 1 Nr. 4 VAG), reine Einmalkapitalauszahlungen kommen nicht in Be-

---

[300] Vgl. BIRK, DIETER: Auswirkungen des Alterseinkünftegesetzes auf die Zusatzversorgung des öffentlichen und kirchlichen Dienstes, in: DStZ 2004, S. 777-783, s.b.S. 780.

[301] Vgl. weiterführend GOHDES, ALFRED/HAFERSTOCK, BERND/SCHMIDT, RAINER: Pensionsfonds nach dem AVmG aus heutiger Sicht, in: DB 2001, S. 1558-1562, s.b.S. 1561 und 1562.

[302] Gesetz über die Beaufsichtigung von Versicherungsunternehmen (Versicherungsaufsichtsgesetz – VAG) vom 17.12.1992, BGBl I 1993, S. 2, zuletzt geändert durch Art. 2 des Gesetzes vom 21.12.2004, BGBl I 2004, S. 3610.

tracht. Kann der Pensionsfonds eine gewisse Mindestleistung nicht erbringen, besteht für den Arbeitgeber Einstandspflicht, und zwar auch dann, wenn dieser **die Beiträge**, die i.R.d. § 4e EStG **als Betriebsausgaben** – auch zur Abdeckung von Fehlbeträgen des Fonds – **abgezogen werden können**, ordnungsgemäß abgeführt hat.[303] Vor diesem Hintergrund kommt u.U. wiederum eine Rückstellungsbildung für mittelbare Verpflichtungen handelsrechtlich – bei steuerlichem Verbot – in Betracht. Außerdem besteht, wie bei der Direktzusage und der Unterstützungskasse, Beitragspflicht zum Pensions-Sicherungs-Verein; auch diese Beiträge stellen abziehbare Betriebsausgaben dar.

Aufgrund der größeren **Anlagefreiheit** bietet der Pensionsfonds im Vergleich zur Pensionskasse verbesserte **Ertragsmöglichkeiten**, allerdings ist das **Haftungsrisiko** für den Arbeitgeber auch entsprechend **höher**.

(7) Zusammenfassung

Abschließend werden die steuerlichen Implikationen der einzelnen Durchführungswege der betrieblichen Altersversorgung noch einmal tabellarisch dargestellt (vgl. Abb. 54[304], S. 242).

---

[303] Vgl. WEBER-GRELLET, HEINRICH: § 4e EStG, in: Einkommensteuergesetz, begr. von LUDWIG SCHMIDT, 32. Aufl., München 2013, Rn. 4 m.w.N.

[304] Basierend auf HARDER-BUSCHNER, CHRISTINE: Steuerrechtliche Rahmenbedingungen der betrieblichen Altersversorgung im Überblick, in: NWB vom 20.12.2004, Fach 3, S. 13131-13140, s.b.S. 13138-13140; HARTMANN, RAINER: Wesentliche Änderungen bei der betrieblichen Altersversorgung ab 2005, in: INF 2005, S. 56-61, 102-106, s.b.S. 105 und 106; HORLEMANN, HEINZ-GERD: Die steuerliche Behandlung der betrieblichen Altersversorgung nach dem Alterseinkünftegesetz, in: ZSteu 2004, S. 150-165, s.b.S. 160-162; KORN, KLAUS/STRAHL, MARTIN: Alterseinkünftegesetz: Änderungen und Empfehlungen, in: KÖSDI 2004, S. 14360-14373, s.b.S. 14372.

Durchführungsweg	Auswirkungen beim Arbeitgeber

Direktzusage	- Betriebsausgabenwirksame Rückstellungsbildung in der Anwartschaftsphase:
	  - handels- und steuerrechtliche Pflicht bei Neuzusagen (ab 01.01.1987) gem. §§ 249 Abs. 1 S. 1 HGB, 6a EStG
	  - handels- und steuerrechtliches Wahlrecht für Altzusagen (vor 31.12.1986) gem. Art. 28 Abs. 1 S. 1 EGHGB
	- Beitragspflicht zum Pensions-Sicherungs-Verein (abzugsfähige Betriebsausgaben)
	- Betriebsausgabenabzug für Beiträge zu evtl. Rückdeckungsversicherung
	- Aktivierung eines evtl. Rückdeckungsanspruchs (R 6a Abs. 23 EStR); handelsbilanziell ist seit der Umsetzung des Bilanzrechtsmodernisierungsgesetzes die Saldierung von Pensionsrückstellung und Versicherungsanspruch bei Erfüllung der Voraussetzungen des § 246 Abs. 2 S. 2 und 3 HGB vorzunehmen
	- Betriebsausgabenwirksame Pensionszahlungen in der Leistungsphase; (ggf. teilweise) Kompensation durch gewinnerhöhende Rückstellungsauflösung

Unterstützungskasse	- Betriebsausgabenabzug für bestimmte Zuwendungen an Unterstützungskasse (begrenzt auf das zulässige Kassenvermögen nach § 4d EStG) - U.U. handelsrechtliches Passivierungswahlrecht bei steuerrechtlichem Passivierungsverbot für Pensionsrückstellung wegen mittelbarer Verpflichtung gem. Art. 28 Abs. 1 S. 2 EGHGB bei Unterdeckung der Unterstützungskasse; bei Kapitalgesellschaften ggf. Anhangangabepflicht bei unterlassener Passivierung (Art. 28 Abs. 2 EGHGB) - Beitragspflicht zum Pensions-Sicherungs-Verein (abzugsfähige Betriebsausgaben) - U.U. Rückstellungsbildung i.S.d. § 4d Abs. 2 S. 2 EStG - U.U. Rechnungsabgrenzung i.S.d. § 4d Abs. 2 S. 3 EStG
Direktversicherung	- Betriebsausgabenabzug für die Versicherungsbeiträge - U.U. handelsrechtliches Passivierungswahlrecht bei steuerrechtlichem Passivierungsverbot für Pensionsrückstellung wegen mittelbarer Verpflichtung gem. Art. 28 Abs. 1 S. 2 EGHGB; bei Kapitalgesellschaften ggf. Anhangangabepflicht bei unterlassener Passivierung gem. Art. 28 Abs. 2 EGHGB - I.d.R. keine Aktivierung des Anspruchs aus der Direktversicherung - Evtl. Verbindlichkeitspassivierung bei rückständigen Prämienzahlungen - Keine Beitragspflicht zum Pensions-Sicherungs-Verein
Pensionskasse	- Betriebsausgabenabzug für die laufenden und einmaligen Zuwendungen an die Pensionskasse i.R.d. § 4c EStG - U.U. handelsrechtliches Passivierungswahlrecht bei steuerrechtlichem Passivierungsverbot für Pensionsrückstellung wegen mittelbarer Verpflichtung gem. Art. 28 Abs. 1 S. 2 EGHGB; bei Kapitalgesellschaften ggf. Anhangangabepflicht bei unterlassener Passivierung gem. Art. 28 Abs. 2 EGHGB - Keine Beitragspflicht zum Pensions-Sicherungs-Verein
Pensionsfonds	- Betriebsausgabenabzug für die laufenden und einmaligen Zuwendungen an den Pensionsfonds i.R.d. § 4e EStG - U.U. handelsrechtliches Passivierungswahlrecht bei steuerrechtlichem Passivierungsverbot für Pensionsrückstellung wegen mittelbarer Verpflichtung gem. Art. 28 Abs. 1 S. 2 EGHGB; bei Kapitalgesellschaften ggf. Anhangangabepflicht bei unterlassener Passivierung gem. Art. 28 Abs. 2 EGHGB - Beitragspflicht zum Pensions-Sicherungs-Verein (abzugsfähige Betriebsausgaben)

Abb. 54: Steuerliche und bilanzielle Auswirkungen der Durchführungswege der betrieblichen Altersversorgung beim Arbeitgeber

Zweiter Teil
Steuerarten und Unternehmensbesteuerung

1. Abschnitt:
Steuerrechtliche Grundlagen und Überblick über das deutsche Steuersystem

I. Steuerrechtliche Grundlagen

Vgl. hierzu insb. ENGLISCH, JOACHIM: § 5 (Rn. 1-94), in: Steuerrecht, hrsg. von KLAUS TIPKE und JOACHIM LANG, 21. Aufl., Köln 2013; SEER, ROMAN: §§ 2, 6, in: Steuerrecht, hrsg. von KLAUS TIPKE und JOACHIM LANG, 21. Aufl., Köln 2013 ROSE, GERD: Betriebswirtschaftliche Steuerlehre, 3. Aufl., Wiesbaden 1992, S. 3-24; SCHEFFLER, WOLFRAM: Besteuerung von Unternehmen, Bd. 1: Ertrag-, Substanz- und Verkehrsteuern, 12. Aufl., Heidelberg 2012, S. 1-29; SIEGEL, THEODOR/BAREIS, PETER: Strukturen der Besteuerung – Betriebswirtschaftliches Arbeitsbuch Steuerrecht: Grundzüge des Steuersystems in Strukturübersichten, Beispielen und Aufgaben, 4. Aufl., München/Wien 2004, S. 17-47; ausführlich WÖHE, GÜNTER: Betriebswirtschaftliche Steuerlehre, Bd. 1, 1. Halbband: Die Steuern des Unternehmens – Das Besteuerungsverfahren, 6. Aufl., München 1988, S. 30-53, 57-63, 81-84, 589-601.

A. Begriff und Abgrenzung der Steuer

1. Der Begriff der Steuern und seine Merkmale (§ 3 Abs. 1 AO)

„Steuern sind Geldleistungen, die nicht eine Gegenleistung für eine besondere Leistung darstellen und von einem öffentlich-rechtlichen Gemeinwesen zur Erzielung von Einnahmen allen auferlegt werden, bei denen der Tatbestand zutrifft, an den das Gesetz die Leistungspflicht knüpft; die Erzielung von Einnahmen kann Nebenzweck sein" (§ 3 Abs. 1 AO). Einfuhr- und Ausfuhrabgaben gem. Art. 4 Nr. 10 und 11 des Zollkodexes[305] sind ebenfalls Steuern i.S.d. AO (§ 3 Abs. 3 AO).

Steuern sind somit **Zwangsabgaben** (keine vertraglichen Zahlungen sowie Zahlungen an andere Institutionen als Bund, Länder, Gemeinden und steuerberechtigte Kirchen) in Form von **Geldleistungen** (keine Dienstleistungen oder Naturalleistungen). Es gelten die Grundsätze der **Gleichmäßigkeit** (Allgemeinheit) und der **Tatbestandsmäßigkeit** (Gesetzmäßigkeit) der Besteuerung.

Außerdem gilt der Grundsatz der **Nonaffektation** (keine Gegenleistung für eine besondere Leistung, keine Zweckbindung der Mittel; im Gegensatz zu Gebühren und Beiträgen). Dieses Prinzip wird jedoch durch zahlreiche Ausnahmen durchbrochen. Die Energiesteuer ist

---

[305] Vgl. Verordnung (EWG) Nr. 2913/92 des Rates vom 12.10.1992, ABl EU 1992, Nr. L 302, S. 1, geändert durch diverse Rechtsakte. Art. 4 Nr. 10 und 11 des Zollkodexes umfassen einerseits Zölle und Abgaben mit gleicher Wirkung und andererseits Abschöpfungen und sonstige bei der Ein- und Ausfuhr erhobene Abgaben, die i.R.d. gemeinsamen Agrarpolitik oder aufgrund der für bestimmte landwirtschaftliche Verarbeitungserzeugnisse geltenden Sonderregelungen vorgesehen sind.

z.T. zweckgebunden für die Straßenbaufinanzierung zu verwenden; die Steuermehreinnahmen durch die „Ökologische Steuerreform" (Einführung einer Stromsteuer und Anhebung der Mineralölsteuer, welche zum 01.08.2006 in der Energiesteuer aufgegangen ist) sind ganz überwiegend zur Stabilisierung der Beiträge zur gesetzlichen Rentenversicherung einzusetzen (§ 213 Abs. 4 SGB VI).[306] Die Steuermehreinnahmen durch das „Gesetz zur Finanzierung der Terrorbekämpfung"[307] (Anhebung der Tabak- und Versicherungsteuer) sollen zweckgebunden zur Finanzierung von Instrumenten zur Erhöhung der inneren Sicherheit eingesetzt werden (politisches Wollen); das Netto-Mehraufkommen aus dem Alkopopsteuergesetz[308] ist zur Finanzierung von Maßnahmen zur Suchtprävention der Bundeszentrale für gesundheitliche Aufklärung zu verwenden (§ 4 S. 1 AlkopopStG).

Hauptzweck von Steuern ist die **Erzielung von Einnahmen** (keine Geldstrafen, Bußgelder, Zwangsgelder, Säumnis- und Verspätungszuschläge). Die Einnahmenerzielung kann Nebenzweck sein, wobei dann der Lenkungszweck im Vordergrund steht, wie bspw. bei Verbrauchsteuern zum Schutz der Umwelt (bspw. „Ökosteuer") und der Gesundheit (bspw. Tabaksteuer).

2. Die Abgrenzung zu anderen Abgaben

Abgaben sind kraft öffentlicher Finanzhoheit zur Erzielung von Einnahmen erhobene Zahlungen; sie stellen den Oberbegriff für Steuern, Gebühren, Beiträge dar (vgl. Abb. 55[309], S. 245). In einer weiten Begriffsabgrenzung zählen hierzu auch Sozialversicherungsabgaben (Beiträge zur Rentenversicherung, Arbeitslosenversicherung, Krankenversicherung, Pflegeversicherung, Unfallversicherung) und Sonderabgaben (z.B. Schwerbehindertenabgabe, Fehlbelegungsabgabe).

Gebühren sind Geldleistungen, die zur Finanzbedarfsdeckung hoheitlich auferlegt werden, und zwar **als Gegenleistung für eine besondere Leistung** der Verwaltung (sog. Verwaltungsgebühren, z.B. für Amtshandlungen wie die Erteilung von Bescheinigungen, Genehmigungen, Erlaubnissen oder Bauabnahmen)[310] oder für die Inanspruchnahme von öffentlichen Einrichtungen oder Anlagen (sog. Benutzungsgebühren, z.B. für die Nutzung von Krankenhäusern, Büchereien, Parks, öffentlichen Parkplätzen, Schlachthöfen). Die **tatsächliche Inanspruchnahme ist erforderlich**.

Beiträge sind hoheitlich zur Finanzbedarfsdeckung auferlegte Aufwendungsersatzleistungen für die Herstellung, Anschaffung oder Erweiterung öffentlicher Einrichtungen und Anlagen. Sie werden erhoben, weil (kausale Verknüpfung) eine konkrete Gegenleistung, ein konkreter

---

[306] Vgl. BONGARTZ, MATTHIAS: Vorbemerkungen zum Energiesteuergesetz, in: Energiesteuer, Stromsteuer, Zolltarif und Nebengesetze, hrsg. von MATTHIAS BONGARTZ, München (Loseblatt), Stand: November 2012, Rn. 18.

[307] Gesetz vom 30.11.2001, BGBl I 2001, S. 3436.

[308] „Gesetz über die Erhebung einer Sondersteuer auf alkoholhaltige Süßgetränke (Alkopops) zum Schutz junger Menschen (Alkopopsteuergesetz – AlkopopStG)" vom 23.07.2004, BGBl I 2004, S. 1857.

[309] Modifiziert entnommen aus HELMSCHROTT, HANS/SCHAEBERLE, JÜRGEN/SCHEEL, THOMAS: Abgabenordnung, 15. Aufl., Stuttgart 2012, S. 5-7.

[310] Verwaltungsgebühren können gem. § 3 Abs. 4 AO auch steuerliche Nebenleistungen sein. Dies gilt bspw. für Kosten bei besonderer Inanspruchnahme der Zollbehörden (§ 178 AO) und Kosten des Verwaltungsvollstreckungsverfahrens (§§ 337-346 AO).

wirtschaftlicher Vorteil, in Anspruch genommen werden kann (Kammerbeiträge, Straßenanliegerbeiträge). Die **Möglichkeit der Nutzung ist ausreichend**.

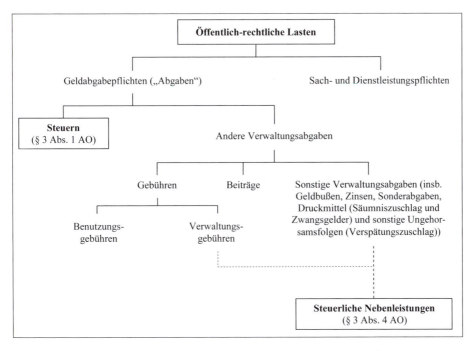

Abb. 55:   Stellung der Steuern im System der öffentlich-rechtlichen Lasten

B.   Die Steuerhoheit[311]

1.   Allgemeine Grundlagen

Das Grundgesetz geht von der Existenz eines staatlichen Besteuerungsrechts aus, da die im Grundgesetz verankerten Staatszwecke nicht ohne ein staatliches Besteuerungsrecht verwirklicht werden können. Es setzt somit die mit dem Besteuerungsrecht notwendig verbundene materiell-rechtliche Befugnis des Staates voraus, im Wege der Besteuerung nach Maßgabe der Gesetze in das Vermögen des Einzelnen einzugreifen.

2.   Die räumliche Steuerhoheit

Fragen der **räumlichen Steuerhoheit** sind:
- Inwieweit dürfen ausländische Einkünfte und ausländisches Vermögen von inländischen Staatsangehörigen oder von im Inland Ansässigen besteuert werden?
- Inwieweit dürfen ausländische Staatsangehörige und im Ausland Ansässige mit inländischen Einkünften und inländischem Vermögen besteuert werden?

---

[311] Vgl. SEER, ROMAN: § 2, in: Steuerrecht, hrsg. von KLAUS TIPKE und JOACHIM LANG, 21. Aufl., Köln 2013, Rn. 32-81.

Nach h.M. darf jeder Staat grundsätzlich frei bestimmen, ob und inwieweit Ausländer innerhalb seines Gebietes und Staatsangehörige außerhalb seines Gebietes zur Steuer herangezogen werden sollen.

3. Die sachliche Steuerhoheit

Fragen der **sachlichen Steuerhoheit** betreffen die Steuergesetzgebungshoheit, die Steuerertragshoheit und die Steuerverwaltungshoheit.

a) Die Steuergesetzgebungshoheit (Art. 105 GG)

Der **Bund** hat nach Art. 105 Abs. 1 GG die ausschließliche Gesetzgebung über Zölle und Finanzmonopole, außerdem nach Art. 105 Abs. 2 GG die konkurrierende Gesetzgebung über alle übrigen Steuern, vorausgesetzt, dass ihm das Aufkommen dieser Steuern ganz oder z.T. zusteht oder die Voraussetzungen des Art. 72 Abs. 2 GG vorliegen (vgl. dazu folgend „Steuerertragshoheit") und es sich nicht um örtliche Verbrauch- und Aufwandsteuern oder die Kirchensteuer handelt (die öffentlich-rechtlichen Religionsgemeinschaften üben ihr Besteuerungsrecht nach Maßgabe der landesrechtlichen Bestimmungen aus; vgl. Art. 140 GG i.V.m. Art. 137 Abs. 6 der deutschen Verfassung vom 11.08.1919 (Weimarer Verfassung)).

Die **Länder** haben nach Art. 105 Abs. 2 GG die Befugnis zur Gesetzgebung, solange und soweit der Bund nicht i.R.d. konkurrierenden Gesetzgebung von seinem Gesetzgebungsrecht Gebrauch macht (Art. 72 Abs. 1 GG). Ihnen steht gem. Art. 105 Abs. 2a S. 1 GG die ausschließliche Gesetzgebungsbefugnis über die örtlichen Verbrauch- und Aufwandsteuern zu, solange und soweit diese nicht bundesgesetzlich geregelten Steuern gleichartig sind (z.B. Getränkesteuer, Vergnügungsteuer, Hundesteuer, Schankerlaubnissteuer, Jagdsteuer). Zudem obliegt den Ländern die Befugnis zur Bestimmung des Steuersatzes bei der Grunderwerbsteuer (Art. 105 Abs. 2a S. 2 GG).

Den **Gemeinden** steht nach der abschließenden Regelung des Art. 105 GG kein eigenes Recht zur Steuergesetzgebung zu. Ihnen wird lediglich das Recht eingeräumt, die Hebesätze der Grund- und Gewerbesteuer festzusetzen (Art. 106 Abs. 6 S. 2 GG).

Es besteht somit eine eindeutige **Dominanz des Bundes**. Bundesgesetze über Steuern, deren Aufkommen den Ländern oder Gemeinden in Gänze oder z.T. zufließt, bedürfen allerdings der Zustimmung des Bundesrats (Art. 105 Abs. 3 GG).

b) Die Steuerertragshoheit (Art. 106 und 107 GG)

Die Steuerertragshoheit – somit die Verteilung des Steueraufkommens – ist in Art. 106 GG geregelt. Im Hinblick auf die Verteilung zwischen Bund und Ländern wird dieser durch das Finanzausgleichsgesetz ergänzt. Die Verteilung des Steueraufkommens gliedert sich nach einzelnen Steuern in solche, die dem Bund, den Ländern oder den Gemeinden je allein zustehen, und solche, die dem Bund und den Ländern als Gemeinschaftsteuern gemeinsam zustehen.

Dem **Bund** steht neben einem Anteil an der Gewerbesteuer (sog. Gewerbesteuerumlage) das gesamte Aufkommen folgender Steuern zu (Art. 106 Abs. 1 GG):

- der Zölle,
- der Verbrauchsteuern, soweit sie nicht nach Absatz 2 den Ländern (z.B. Biersteuer), nach Absatz 3 dem Bund und den Ländern gemeinsam (z.B. Umsatzsteuer) oder nach Absatz 6 den Gemeinden (z.B. Getränkesteuer) zustehen, so z.B. Energiesteuer, Stromsteuer, Tabaksteuer, Schaumweinsteuer,
- der Straßengüterverkehrsteuer, der Kraftfahrzeugsteuer und sonstigen auf motorische Verkehrsmittel bezogenen Verkehrsteuern,
- der Kapitalverkehrsteuern,
- der Versicherungsteuer und der Wechselsteuer,
- der einmaligen Vermögensabgaben und der zur Durchführung des Lastenausgleichs erhobenen Ausgleichsabgaben,
- der Ergänzungsabgabe zur Einkommensteuer und zur Körperschaftsteuer (derzeit sog. Solidaritätszuschlag) sowie
- der Abgaben i.R.d. EU (z.B. Agrarabgabe).

Den **Ländern** steht neben einem Anteil an der Gewerbesteuer das gesamte Aufkommen folgender Steuern zu (Art. 106 Abs. 2 GG):

- der Erbschaftsteuer,
- der Verkehrsteuern, soweit sie nicht nach Absatz 1 dem Bund (z.B. Versicherungsteuer) oder nach Absatz 3 dem Bund und den Ländern gemeinsam (z.B. Umsatzsteuer) zustehen, so z.B. Grunderwerbsteuer, Rennwett- und Lotteriesteuer,
- der Biersteuer,
- der Spielbankabgabe sowie
- der Vermögensteuer[312].

Zum **Ausgleich des Steuergefälles** zwischen steuerstarken und steuerschwachen Ländern dienen ein horizontaler und ein vertikaler Finanzausgleich. Der **horizontale Finanzausgleich** (zwischen den Ländern) besteht zum einen aus der Beteiligung der einzelnen Länder am Länderanteil der Umsatzsteuer (grundsätzlich nach der Einwohnerzahl; sog. Umsatzsteuer-Ergänzungsanteile gem. Art. 107 Abs. 1 GG) und zum anderen aus zusätzlichen Ausgleichsleistungen zwischen den Ländern (Kriterium: Finanzkraft der Länder; sog. Länderfinanzausgleich gem. Art. 107 Abs. 2 S. 1 und 2 GG). Der **vertikale Finanzausgleich** (zwischen dem Bund und den Ländern) sieht daneben Ergänzungszuweisungen des Bundes vor (Art. 107 Abs. 2 S. 3 GG).

Die **Gemeinden** erhalten:

- einen Anteil am Aufkommen der Einkommensteuer (Art. 106 Abs. 5 GG),
- einen Anteil am Aufkommen der Umsatzsteuer (Art. 106 Abs. 5a GG),

---

[312] Die Vermögensteuer wird aufgrund des BVerfG-Beschlusses vom 22.06.1995, BStBl II 1995, S. 653 und mangels einer Neuregelung seit dem 01.01.1997 nicht mehr erhoben.

- das Aufkommen der Realsteuern (Gewerbesteuer und Grundsteuer; Art. 106 Abs. 6 S. 1 1. Halbsatz GG); Bund und Länder werden jedoch durch Gesetz an dem Gewerbesteueraufkommen beteiligt (sog. Gewerbesteuerumlage),
- das Aufkommen der örtlichen Verbrauch- und Aufwandsteuern (Art. 106 Abs. 6 S. 1 2. Halbsatz GG),
- einen Anteil am Länderanteil der Gemeinschaftsteuern i.H. eines von der Landesgesetzgebung festzulegenden Prozentsatzes und einen Anteil am Aufkommen der Landessteuern, soweit dies die Landesgesetzgebung vorsieht (Art. 106 Abs. 7 GG).

Gemeinschaftsteuern (Steuern, deren Aufkommen Bund und Ländern gemeinsam zusteht) sind (Art. 106 Abs. 3 GG):

- die Einkommensteuer (veranlagte Einkommensteuer, Lohnsteuer, Kapitalertragsteuer), die grundsätzlich dem Bund und den Ländern gemeinsam zusteht. Die Gemeinden erhalten jedoch einen Anteil am Aufkommen der Einkommensteuer (Art. 106 Abs. 5 GG i.V.m. § 1 Gemeindefinanzreformgesetz). Hiernach steht den Gemeinden 15 % des Aufkommens an Lohnsteuer und veranlagter Einkommensteuer sowie 12 % des Aufkommens aus bestimmten Anteilen an der Kapitalertragsteuer zu;
- die Körperschaftsteuer;
- die Umsatzsteuer, die grundsätzlich dem Bund und den Ländern gemeinsam zusteht. Allerdings ist gem. § 1 FAG Folgendes zu berücksichtigen:[313, 314]
    - der Bund erhält vorab vom Umsatzsteueraufkommen einen Anteil von 4,45 % als Ausgleich für die Belastungen aufgrund der Senkung des Beitragssatzes zur Arbeitslosenversicherung sowie 5,05 % zum Ausgleich für die Belastungen aufgrund eines zusätzlichen Zuschusses des Bundes an die Rentenversicherung der Arbeitnehmer und Angestellten (§ 1 S. 1 und 2 FAG);
    - als Ausgleich für den Wegfall der Gewerbekapitalsteuer zum 01.01.1998 steht den Gemeinden vom verbleibenden Aufkommen ein Anteil von 2,2 % (= 1,99 % des Gesamtaufkommens) zu (Art. 106 Abs. 5a GG i.V.m. § 1 S. 3 FAG);
    - der Rest verteilt sich zu 50,5 % zzgl. 966,212 Mio. € auf den Bund und zu 49,5 % abzgl. 966,212 Mio. € auf die Länder (§ 1 S. 4 FAG).[315]

Wie sich im Ergebnis das Steueraufkommen verteilt, zeigt Abb. 56 (S. 249).

c) Die Steuerverwaltungshoheit (Art. 108 GG)

Verwaltung bedeutet Gesetzesvollzug. Die Steuern werden entweder von Bundesfinanzbehörden oder von Landesfinanzbehörden verwaltet. Behörde ist jede Stelle, die Aufgaben der öffentlichen Verwaltung wahrnimmt:

---

[313] Vgl. SCHEFFLER, WOLFRAM: Besteuerung von Unternehmen, Bd. 1: Ertrag-, Substanz- und Verkehrsteuern, 12. Aufl., Heidelberg 2012, S. 415-416.

[314] Bei einer Steuersatzerhöhung oder Steuersatzsenkung wird in dem Jahr ihres Wirksamwerdens der Vomhundertsatz in dem der Erhöhung oder Senkung entsprechenden Umfang verringert oder erhöht.

[315] Die Hinzurechnung/Kürzung gem. § 1 FAG beträgt ab dem Jahr 2014 980,712 Mio. €.

- Bundesfinanzbehörden sind insb. das Bundesministerium der Finanzen, das Bundesamt für Finanzen und die Hauptzollämter;
- Landesfinanzbehörden sind die Landesfinanzministerien, die Oberfinanzdirektionen und die Finanzämter.

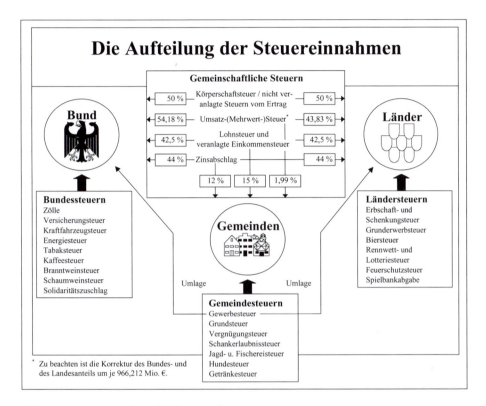

Abb. 56: Die Verteilung des Steueraufkommens

Bspw. verwalten die Bundesfinanzbehörden die Zölle, die Einfuhrumsatzsteuer und die Abgaben i.R.d. EU; die Landesfinanzbehörden verwalten bspw. die Erbschaftsteuer und die Gewerbesteuer sowie im Auftrag des Bundes die Einkommensteuer, die Körperschaftsteuer und die Umsatzsteuer.

C. Das Steuerrechtsverhältnis

Das Steuerrechtsverhältnis ist ein gesetzliches Rechtsverhältnis des öffentlichen Rechts. Bei ihm handelt es sich um den Inbegriff der Rechte und Pflichten, die die Beteiligten dieses Verhältnisses haben.

Beteiligte des Steuerrechtsverhältnisses sind der **Steuerberechtigte** und der **Steuerpflichtige**. **Steuerberechtigter** ist der Inhaber der Ertrags- oder Verwaltungshoheit, d.h. Gebietskörperschaften (Bund, Länder und Gemeinden) und steuerberechtigte Kirchen. **Steuerpflichtiger** (§ 33 Abs. 1 AO) ist die Person, die im Steuerrechtsverhältnis Träger von Rechten und Pflichten ist. Die Definition lautet gem. § 33 Abs. 1 AO: „Steuerpflichtiger ist, wer eine Steuer schuldet, für eine Steuer haftet, eine Steuer für Rechnung eines Dritten einzubehalten und abzuführen hat, wer eine Steuererklärung abzugeben, Sicherheit zu leisten, Bücher und Aufzeichnungen zu führen oder andere ihm durch die Steuergesetze auferlegte Verpflichtungen zu erfüllen hat."

Beteiligte des Steuerschuldverhältnisses i.e.S. sind der **Steuergläubiger**, der **Steuerschuldner** und der **Steuerzahler/Steuerentrichtungspflichtige**. Der **Steuergläubiger** (synonym: Steuerberechtigte) ist der Gläubiger der Steuerschuld (Ebene des Steuerschuldverhältnisses i.e.S.). **Steuerschuldner** ist, wer den Tatbestand verwirklicht, an den ein Einzelsteuergesetz die Leistungspflicht knüpft. Er ist nur Träger vermögensrechtlicher Rechte und Pflichten. Jeder Steuerschuldner ist auch Steuerpflichtiger, ein Steuerpflichtiger ist aber nicht immer Steuerschuldner (bspw. der Arbeitgeber bei der Lohnsteuer, § 38 Abs. 2 und 3 EStG). Der **Steuerzahler/Steuerentrichtungspflichtige** hat die Steuer einzubehalten und abzuführen (§ 43 S. 2 AO) und ist somit Steuerpflichtiger i.S.d. § 33 Abs. 1 AO, nicht aber zwingend auch Steuerschuldner (bspw. der Arbeitgeber bei der Lohnsteuer; § 38 Abs. 2 und 3 EStG). I.d.R. sind Steuerzahler und Steuerschuldner identisch. Ausnahmsweise kann jedoch eine personelle Trennung bestehen, wie bspw. bei der Lohnsteuer (§ 38 Abs. 3 EStG), der Kapitalertragsteuer (§ 44 Abs. 5 S. 1 EStG) oder der Versicherungsteuer (§ 7 Abs. 1 VersStG).

Beteiligte des Steuerrechtsverhältnisses aus der Sicht der Betriebswirtschaftlichen Steuerlehre sind der **Steuerdestinatar**, d.h. diejenige Person, die nach dem Willen des Gesetzgebers die Steuer wirtschaftlich tragen soll („Wunsch"), und der **Steuerträger** als diejenige Person, die bei wirtschaftlicher Betrachtungsweise die Steuer tatsächlich trägt („Wirklichkeit").

Steuerdestinatar und Steuerschuldner sind i.d.R. identisch. Ausnahmen bestehen insb. bei Steuern auf den privaten Konsum wie z.B. Umsatzsteuer, Energiesteuer und Tabaksteuer. Hier soll zwar der Konsument die Steuer tragen, Steuerschuldner ist aber bspw. bei der Umsatzsteuer regelmäßig der Unternehmer (§ 13a UStG), bei anderen Konsumsteuern der Hersteller oder Importeur.

I.d.R. ist auch der Steuerträger identisch mit dem Steuerdestinatar, m.a.W. sind derjenige, den der Gesetzgeber treffen will, und derjenige, den es tatsächlich trifft, dieselbe Person. Bezüglich dieser Konstellation existieren zwei mögliche Ausnahmen:

1. **Ausnahme** (insb. im unternehmerischen Bereich): Der Gesetzgeber will den Steuerschuldner treffen, diesem gelingt aber die Überwälzung der Steuern bspw. in Form von erhöhten Preisen und damit eine vom Gesetzgeber nicht gewollte Überwälzung auf andere Wirtschaftssubjekte (z.B. Kostensteuern).

2. **Ausnahme**: Der Gesetzgeber trifft, entgegen seiner Absicht, den Steuerschuldner, da es diesem nicht gelingt, die Steuer auf den Steuerdestinatar zu überwälzen (z.B. bei der Erhöhung der Umsatzsteuer von 16 % auf 19 %, die evtl. „am Markt" nicht vollständig durchgesetzt werden kann).

Abb. 57 (S. 251) fasst das Steuerrechtsverhältnis und seine Beteiligten nochmals überblicksartig zusammen.

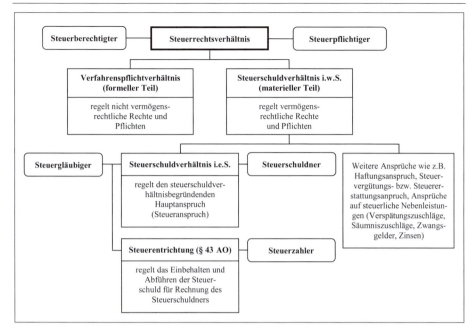

Abb. 57: Überblick über das Steuerrechtsverhältnis und seine Beteiligten

D. Der Steuertatbestand im weiteren Sinne

§ 38 AO statuiert, dass „die Ansprüche aus dem Steuerschuldverhältnis entstehen, sobald der Tatbestand verwirklicht ist, an den das Gesetz die Leistungspflicht knüpft."

Da dieser Tatbestand vergleichsweise komplex ist, spricht man auch vom Steuertatbestand i.w.S. und unterscheidet weiter in das **Steuersubjekt**, das **Steuerobjekt** (Steuertatbestand i.e.S.), die **Zurechnung des Steuerobjekts zu einem Steuersubjekt**, die **abstrakten Merkmale des inländischen Steuerschuldverhältnisses**, die **Steuerbemessungsgrundlage** und den **Steuersatz** bzw. den **Steuertarif**.

1. Das Steuersubjekt

Das Steuersubjekt ist Rechtsperson eines Steuergesetzes, der ein Steuerobjekt und die damit verbundene Steuerschuld zugerechnet wird. Die Frage lautet: **„Wer ist Steuerschuldner?"**

Werden aus der allgemeinen Bestimmung des Kreises der Steuerschuldner bestimmte Steuerschuldner eliminiert, so spricht man von **subjektiver oder persönlicher Steuerbefreiung** (bspw. durch § 5 KStG).

2. Das Steuerobjekt (Steuertatbestand im engeren Sinne)

Das Steuerobjekt ist der Inbegriff der sachlichen Voraussetzungen der Entstehung der Steuerschuld. Die Frage lautet hier: **„Was ist besteuerbar?"**

Durch das **Steuerobjekt** beschreibt der Gesetzgeber, in welcher Weise er das **Steuergut** (wirtschaftliche Vorgänge oder Zustände, die dem Gesetzgeber für eine Besteuerung geeignet erscheinen; bspw. Einkommen oder Vermögen) erfassen will. Dadurch wird das (wirtschaftliche) Steuergut zum (rechtlichen) Steuerobjekt.

Werden besondere Tatbestände eliminiert, sodass die angeordnete Rechtsfolge für einen Teil des Steuerobjekts nicht eintritt, spricht man von **objektiver oder sachlicher Steuerbefreiung** (bspw. durch § 3 EStG).

3. Die Zurechnung des Steuerobjekts zu einem Steuersubjekt

I.d.R. ergibt sich diese Zurechnung aus der Bestimmung des Steuerschuldners selbst: das EStG schreibt bspw. vor, dass natürliche Personen das von ihnen erzielte Einkommen zu versteuern haben. Derjenige, der das Einkommen erzielt, ist Steuerschuldner, ihm wird das Einkommen auch zugerechnet. Schwierigkeiten ergeben sich bei Einkommensverlagerungen (insb. innerhalb der Familie).

4. Die abstrakten Merkmale des inländischen Steuerschuldverhältnisses

Die abstrakten Merkmale des inländischen Steuerschuldverhältnisses bestimmen die Grenzen der Zugehörigkeit zur inländischen Steuergewalt. Allgemein wird unterschieden zwischen **unbeschränkter Steuerpflicht**, die an Staatsangehörigkeit, Wohnsitz, gewöhnlichen Aufenthalt, Sitz oder Geschäftsleitung anknüpft (persönliche Zugehörigkeit) und in einer vollen Zurechnung des Steuerobjekts besteht, und **beschränkter Steuerpflicht**, die nur das inländische Steuerobjekt erfasst (wirtschaftliche Zugehörigkeit).

Die Fragen lauten: „**Wer ist im Inland steuerpflichtig?**" bzw. „**Was ist im Inland (be-)steuerbar?**"

5. Die Steuerbemessungsgrundlage

Der numerische Charakter der Steuer setzt voraus, dass das, was zu besteuern ist, in einer Zahl ausgedrückt wird. Dies geschieht durch die **Steuerbemessungsgrundlage**. Sie **quantifiziert das Steuerobjekt**.

Unterscheiden lassen sich Steuerbemessungsgrundlagen, die an den **Wert** des Merkmals eines Steuerobjekts anknüpfen (Wert, Entgelt, Gegenleistung), und **technische Bemessungsgrundlagen** (Stückzahl, Menge, Gewicht, Hohlmaß, Flächenmaß).

> **Beispiele:** (Steuerobjekte und Bemessungsgrundlagen verschiedener Steuerarten)
> - Steuerobjekt der Umsatzsteuer sind u.a. die Lieferungen eines Unternehmers gegen Entgelt. Bemessungsgrundlage ist das, was der Leistungsempfänger aufwendet, um die Leistung zu erhalten (Entgelt).
> - Steuerobjekt der Schaumweinsteuer ist der Verbrauch von Schaumwein. Bemessungsgrundlage ist der Hektoliter. Der Steuersatz beträgt gem. § 2 Abs. 1 SchaumwZwStG 136 €/hl (Für Schaumwein mit einem Alkoholgehalt von weniger als 6 Volumenprozent beträgt der Steuersatz gem. § 2 Abs. 2 SchaumwZwStG 51 €/hl).

Die Bemessungsgrundlage wird u.a. durch Freibeträge und Freigrenzen gemindert. **Freibetrag** ist der Betrag, der von der Bemessungsgrundlage abgezogen wird und stets steuerfrei bleibt. **Freigrenze** ist der Betrag, bis zu dem die Bemessungsgrundlage steuerfrei bleibt, bei dessen Überschreitung dann aber die volle Bemessungsgrundlage besteuert wird.

6. Der Steuersatz und der Steuertarif

Der **Steuersatz** ist eine funktionale Beziehung zwischen Steuerbemessungsgrundlage und Steuerschuld/Steuerbetrag. Dies erfolgt entweder in Form eines bestimmten Prozent- oder Promillesatzes der Bemessungsgrundlage oder als fester Geldbetrag pro Einheit der Bemessungsgrundlage.

Eine Mehrheit von Steuersätzen bezeichnet man als **Steuertarif**. Dies ist eine Liste oder eine Formel, die für jede Höhe der Bemessungsgrundlage einer Steuerart den zugehörigen Steuersatz angibt.

In Abhängigkeit vom Verhältnis des Durchschnittsteuersatzes zur Bemessungsgrundlage unterscheidet man verschiedene **Steuertarife**:

- **proportionaler Tarif**: Durchschnittsteuersatz ist gleich bleibend;
- **progressiver Tarif**: Durchschnittsteuersatz steigt mit wachsender Bemessungsgrundlage;
- **regressiver Tarif**: Durchschnittsteuersatz fällt mit steigender Bemessungsgrundlage.

Ein progressiver Tarifverlauf ist auf eine direkte oder auf eine indirekte Progression zurückzuführen. Bei der **direkten Progression** steigt der Durchschnittsteuersatz, weil jede zusätzliche Einheit der Bemessungsgrundlage einer höheren Besteuerung als die vorangegangene Einheit unterliegt. Bei der **indirekten Progression** steigt der Durchschnittsteuersatz, weil ein bestimmter Teil der Bemessungsgrundlage (Freibetrag) nicht der Besteuerung unterliegt.

E. Die Rechtsnormen des Steuerrechts

Rechtsnormen sind **förmliche Gesetze**, die in einem förmlichen Gesetzgebungsverfahren zustande kommen, ordnungsgemäß ausgefertigt und in den dafür vorgeschriebenen amtlichen Blättern verkündet werden. Auf dem Gebiet der Besteuerung sind neben den **Einzelsteuergesetzen** (z.B. EStG, KStG, GewStG) v.a. relevant:

- Das **Grundgesetz** insb. bzgl. bestimmter Grundrechte (Gleichheitsgrundsatz, Schutz von Ehe und Familie) und Bestimmungen zur Steuerhoheit.
- Die **Abgabenordnung**, in der das allgemeine Steuerrecht kodifiziert ist. Dabei greift die Bezeichnung „Steuergrundgesetz" zu weit, da sich die Grundnormen der Steuerrechtsordnung aus der Verfassung ergeben. In ihrer jetzigen Fassung (im Wesentlichen seit 1977 gültig) regelt die AO diejenigen Materien, die für mehrere Steuern gelten. Dadurch erfolgt eine **Entlastung** der Einzelsteuergesetze durch **Vermeidung** von Wiederholungen und widersprüchlichen Regelungen. Die Abgabenordnung **gilt nicht für alle Steuern**, sondern gem. § 1 Abs. 1 AO nur für solche Steuern, die durch Bundesrecht oder das Recht der EU geregelt und entweder von Bundes- oder Landesfinanzbehörden verwaltet werden. Für die von den Gemeinden verwalteten kommunalen Steuern (insb. Vergnügungsteuer, Hundesteuer, Getränkesteuer, Jagdsteuer, Schankerlaubnissteuer, Verpackungsteuer) gilt die AO nur, soweit sie in den Landesgesetzen über die kommunalen

Steuern für anwendbar erklärt worden ist. Die AO enthält Regelungen zu den folgenden Themen:

- im **1. Teil (§§ 1-32 AO)**: Regelung der Grundbegriffe des Steuerrechts;
- im **2. Teil (§§ 33-77 AO)**: Regelung des Steuerschuldrechts;
- im **3. bis 7. Teil (§§ 78-367 AO)**: Regelung des Steuerverfahrensrechts;
- im **8. Teil (§§ 369-412 AO)**: Regelung des Steuerstrafverfahrensrechts.
- im **9. Teil (§§ 413-415 AO)**: Schlussvorschriften.

- Das **Bewertungsgesetz** regelt Bewertungsfragen für die bewertungsabhängigen Steuern (insb. Grundsteuer, Erbschaft- und Schenkungsteuer).
- Weiter relevant sind Rechtsnormen, die nicht in einem förmlichen Gesetzgebungsverfahren zustande kommen, sondern von der Exekutive (Bundesregierung, Bundesfinanzminister) erlassen werden (sog. **Rechtsverordnungen** wie bspw. die EStDV).
- Außerdem von Bedeutung sind **Doppelbesteuerungsabkommen**, d.h. völkerrechtliche Verträge mit anderen Staaten über die Vermeidung der Doppelbesteuerung. Diese gehen als lex specialis den anderen Steuergesetzen vor (§ 2 AO).
- **Supranationales Recht** ergibt sich aus Rechtsnormen, die von supranationalen Organisationen kraft ihrer eigenen Rechtsetzungsbefugnis (übertragen durch völkerrechtlichen Vertrag) erlassen werden und die zu ihrer Wirksamkeit keiner nationalstaatlichen Zustimmung mehr bedürfen. Relevant für das deutsche Steuerrecht sind:
    - **Verordnungen der EU**: sie wenden sich an „jedermann" und sind im gesamten Gemeinschaftsbereich unmittelbar geltendes Recht;
    - **Richtlinien der EU**: sie wenden sich an die Mitgliedstaaten der Gemeinschaft und müssen in nationales Recht umgesetzt (ratifiziert) werden, um ihre Wirkung für und gegen den einzelnen Bürger entfalten zu können.

Keine Rechtsnormen sind Vorschriften, die von übergeordneten Behörden kraft ihrer Organisations- und Geschäftsleitungsgewalt erlassen werden (sog. **Verwaltungsanweisungen**, wie bspw. Richtlinien, Erlasse, Schreiben, Verfügungen). Sie behandeln problematische Gesetzesanwendungsfragen von allgemeiner Bedeutung, ggf. unter Berücksichtigung der Rechtsprechung. Diese Verwaltungsanweisungen sind nur für die Verwaltungsbehörden verbindlich und entfalten insb. keine Bindungswirkung für Staatsbürger und/oder Gerichte.

Urteile von Gerichten (sog. **Rechtsprechung**) haben außer für die Verfahrensbeteiligten grundsätzlich keine allgemeine rechtliche Bindung (keine Quellen objektiven Rechts).[316] Sie besitzen aber große Breitenwirkung, da viele Entscheidungen der Steuergerichte, insb. solche des Bundesfinanzhofs, grundsätzliche Bedeutung haben und von der Finanzverwaltung in die Verwaltungsanweisungen aufgenommen und nach Bekanntwerden der Entscheidung auf gleichartige Fälle angewendet werden (Ausnahme: Nicht-Anwendungserlasse). Der Gesetzgeber ist jedoch nicht an Gerichtsentscheidungen gebunden. In den vergangenen Jahren

---

[316] Eine der Ausnahmen stellen die Entscheidungen des BVerfG dar. Diese binden in jedem Falle die Verfassungsorgane des Bundes und der Länder sowie alle Gerichte und Behörden (§ 31 Abs. 1 BVerfGG) und haben in einigen Fällen sogar Gesetzeskraft (§ 31 Abs. 2 BVerfGG). Beispiele für weitere mögliche Ausnahmen sind Entscheidungen von Landesverfassungsgerichten und Oberverwaltungsgerichten.

ist es immer wieder vorgekommen, dass der Gesetzgeber auf die aus seiner Sicht unerwünschte Rechtsprechung mit Gesetzesänderungen zu seinen Gunsten reagiert hat.

F. Die Rechtsanwendung im Steuerrecht

Die **Bestandteile** einer Rechtsnorm sind der Tatbestand, der Sachverhalt und die Rechtsfolgeanordnung. Die Rechtsanwendung im Steuerrecht besteht darin, zu prüfen, ob ein konkreter Lebenssachverhalt unter den abstrakten Gesetzestatbestand dieser Rechtsnorm fällt (Subsumtion). Die Rechtsanwendung erfolgt in **drei Stufen**:

- Obersatz: Für einen Tatbestand gilt eine bestimmte Rechtsfolgeanordnung.
- Untersatz: Der Sachverhalt entspricht diesem Tatbestand (Subsumtion).
- Schlussfolgerung: Für den Sachverhalt gilt die bestimmte Rechtsfolgeanordnung.

Voraussetzung der **Subsumtion** ist die Auslegung des Gesetzestatbestands mit dem **Ziel**, den Sinn der Gesetzesworte zu ermitteln und klarzustellen, ohne dabei den Bereich des möglichen Wortverständnisses zu verlassen. Dies ist z.B. notwendig bei den Begriffen „Gewinnerzielungsabsicht" (§ 15 EStG), „künstlerische Tätigkeit" (§ 18 Abs. 1 Nr. 1 EStG), „ähnliche Berufe" (§ 18 Abs. 1 Nr. 1 EStG) oder „Unternehmer" (§ 2 UStG). Die **Methode** der Gesetzesauslegung ist gesetzlich nicht festgelegt. Allgemein wird davon ausgegangen, dass die Auslegung vom Gesetzeswortlaut auszugehen hat (**grammatikalische** Methode), aber von der Entstehungsgeschichte des Gesetzes (**historische** Methode), von der Stellung der auszulegenden Vorschrift im Gesetz (**systematische** Methode) und vom Zweck der auszulegenden Vorschrift (**teleologische** Methode) mitbestimmt wird (vgl. Abb. 58[317], S. 256).

Die Gesetzesauslegung ist nicht anwendbar bei **Gesetzeslücken** und im sog. **rechtsfreien Raum**. **Gesetzeslücken** entstehen durch eine Diskrepanz zwischen gesetzgeberischem Wollen (Zweck) und tatbestandsmäßiger Umsetzung im Gesetzestext, die durch Gesetzesauslegung nicht zu heilen ist, weil eine teleologische Auslegung den möglichen Wortsinn sprengen würde. Bei Ausfüllung solcher Gesetzeslücken wird das Gesetz ergänzt, vervollständigt oder abgewandelt (Rechtschöpfung, Rechtsfindung). Dazu bedarf es einer disziplinierenden Methode (Analogie, teleologische Reduktion). Gesetzeslücken dürfen vom Rechtsanwender nicht willkürlich ausgefüllt werden. Ein **rechtsfreier Raum** ist hingegen ein Bereich, der vom Gesetzgeber bewusst und planvoll nicht erfasst wird. Ein Eindringen in diesen wäre unzulässige Rechtsschöpfung.

---

[317] Modifiziert entnommen aus HELMSCHROTT, HANS/SCHAEBERLE, JÜRGEN: Abgabenordnung, 14. Aufl., Stuttgart 2009, S. 14-15 (in der neuesten Auflage nicht mehr enthalten).

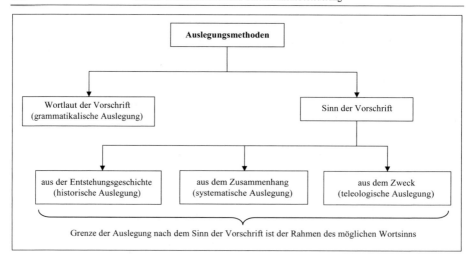

Abb. 58: Methoden der Gesetzesauslegung

II. Überblick über das Steuersystem Deutschlands

Vgl. hierzu insb. HEY, JOHANNA: § 8, in: Steuerrecht, hrsg. von KLAUS TIPKE und JOACHIM LANG, 21. Aufl., Köln 2013, Rn. 1-106; SCHEFFLER, WOLFRAM: Besteuerung von Unternehmen, Bd. 1: Ertrag-, Substanz- und Verkehrsteuern, 12. Aufl., Heidelberg 2012, S. 15-21 sowie WÖHE, GÜNTER: Betriebswirtschaftliche Steuerlehre, Bd. 1, 1. Halbband: Die Steuern des Unternehmens – Das Besteuerungsverfahren, 6. Aufl., München 1988, S. 64-80.

A. Steuerarten und Steueraufkommen

Die Steuereinnahmen der Jahre 2010 und 2011 sind in Abb. 59[318] und Abb. 60[319] (S. 258) aufgeführt.

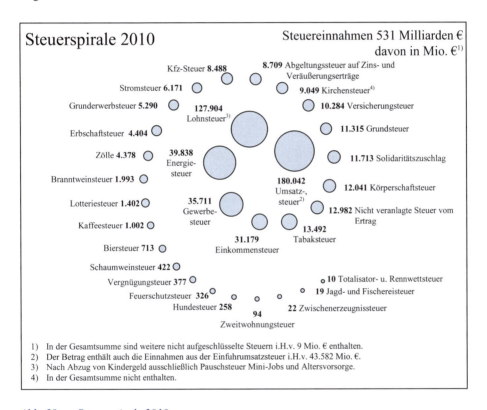

Abb. 59: Steuerspirale 2010

---

[318] Modifiziert entnommen aus NWB vom 25.07.2011, Rubrik: Beratung Aktuell, S.2531.
[319] Modifiziert entnommen aus NWB von 09.07.2012, S. 2291.

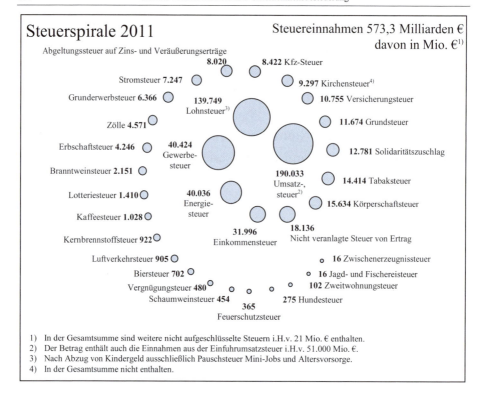

Abb. 60: Steuerspirale 2011

B. Systematisierung der Steuerarten

Steuern sollen die Vermögensverhältnisse des Bürgers (als Ausdruck seiner Leistungsfähigkeit) belasten. Als Maßgrößen oder Indikatoren steuerlicher Leistungsfähigkeit kommen in Betracht:

- das Steuergut „**Einkommen**" als dynamische Stromgröße, die das Vermögen erhöht;
- das Steuergut „**Vermögen**" als statische Bestandsgröße in den Ausprägungen **Vermögenstransfer** sowie **Vermögenssubstanz**;
- das Steuergut „**Konsum**", d.h. die **Verwendung von Einkommen und Vermögen**, als dynamische Stromgröße.

Das **Einkommen** wird in seiner Gesamtheit durch die **Einkommensteuer** einerseits (Einkommen natürlicher Personen) und die **Körperschaftsteuer** andererseits (Einkommen juristischer Personen, insb. Kapitalgesellschaften) erfasst, zudem durch **Annexsteuern** zur Einkommensteuer und Körperschaftsteuer. Dies sind Steuern, die nach der Einkommen- bzw. Körperschaftsteuerschuld bemessen werden. Annexsteuer zur Einkommensteuer ist die **Kirchensteuer** und Annexsteuer zur Einkommen- und zur Körperschaftsteuer ist der sog. „**Solidaritätszuschlag**". Einkommen bzw. Gewinne gewerblicher Unternehmen werden darüber hinaus durch die **Gewerbesteuer** belastet (allerdings erfolgen Modifikationen der Bemessungsgrundlage).

Steuern auf den Vermögenstransfer (Erbschaft- und Schenkungsteuer) sind keine Steuern auf erwirtschaftetes, sondern auf zugewendetes Einkommen, denn bei gemeinsamer Betrachtung von Zuwendendem und Zuwendungsempfänger zeigt sich, dass insgesamt kein zusätzliches Einkommen entstanden, sondern lediglich Vermögen transferiert worden ist. Deshalb steht die Erbschaft- und Schenkungsteuer zwischen den Steuern auf das Einkommen und den Steuern auf das Vermögen.

Steuern auf die Vermögenssubstanz knüpfen technisch an das Vermögen an, nach ihrem Zweck sind es jedoch Steuern auf das Einkommen, da sie nach der Vorstellung des Gesetzgebers aus Vermögenseinkünften bestritten werden sollen (Soll-Ertragsteuern im Gegensatz zu Ist-Ertragsteuern). Dazu zählten bzw. zählen:

- die **Vermögensteuer**, die bis 1996 die Soll-Ertragskraft des gesamten Vermögens besteuerte,
- die **Gewerbekapitalsteuer**, die bis 1997 die Soll-Ertragskraft bestimmter Vermögensteile belastete, und
- die **Grundsteuer**, die die Soll-Ertragskraft bestimmter Vermögensteile belastet.

Steuern auf die Verwendung von Einkommen und Vermögen stellen die Umsatzsteuer, besondere Verkehrsteuern sowie Verbrauch- und Aufwandsteuern dar. Die Klassifikation der **Umsatzsteuer** ist umstritten. Nach der **technischen Anknüpfung** (entgeltliche Leistungen eines Unternehmers) ist die Umsatzsteuer eine allgemeine Verkehrsteuer, nach **dem Zweck und der Belastungswirkung** ist sie eine allgemeine Verbrauchsteuer. Daher spricht man von der Umsatzsteuer als einer „Verbrauchsteuer im Gewande einer Verkehrsteuer".

Neben der Umsatzsteuer als allgemeiner Verkehrsteuer knüpfen die **besonderen Verkehrsteuern (auch: Rechtsverkehrsteuern)** an Vorgänge des Rechtsverkehrs an (z.B. Grunderwerbsteuer, Versicherungsteuer, Rennwett- und Lotteriesteuer, Kraftfahrzeugsteuer, Feuerschutzsteuer). Die gleichzeitige Belastung mit Umsatzsteuer wird durch objektive Steuerbefreiungen im UStG vermieden.

Verbrauchsteuern sind Warensteuern, die den Verbrauch bestimmter Waren belasten (z.B. Bier, Branntwein, Schaumwein, Tabakwaren, Kaffee, Mineralöl). Anknüpfungspunkt ist nicht der Verbraucher, sondern der Hersteller bzw. Importeur. Sie werden neben der Umsatzsteuer erhoben; eine Doppelbelastung wird bewusst in Kauf genommen.

Anknüpfungspunkt von **Aufwandsteuern** ist der Gebrauch von Wirtschaftsgütern und Dienstleistungen. Besteuert werden soll die in diesem Gebrauch zum Ausdruck kommende Leistungsfähigkeit. Aufwandsteuern sind v.a. kommunale Steuern wie Hundesteuer, Jagdsteuer, Vergnügungsteuer oder Fremdenverkehrsteuer.

Eine **zusammenfassende Übersicht** gibt Abb. 61[320].

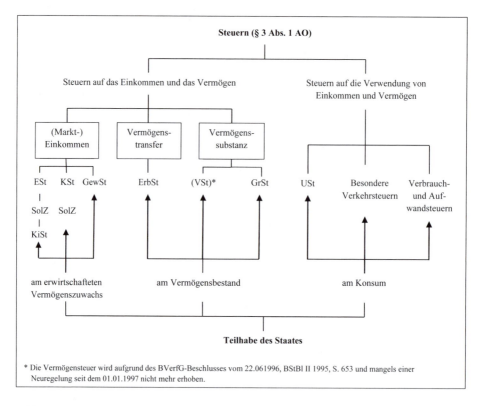

Abb. 61: Systematisierung der Steuerarten nach TIPKE/LANG

C. Meilensteine in der Entwicklung des Steuerrechts

Das Steuerrecht Deutschlands unterlag in den letzten Jahren mannigfaltigen Änderungen; so wurden in den Jahren 1993 bis 2013 mehr als 80 Gesetze erlassen, die sich auf das Steuerrecht auswirkten. Da die Einzeländerungen einen großen Umfang eingenommen haben und darüber hinaus fast regelmäßig neue Änderungsgesetze erlassen werden, werden an dieser Stelle nur Meilensteine in der Entwicklung des Steuerrechts aufgeführt.

Innerhalb der **Einkommensteuer** ist als Meilenstein der vergangenen Jahre die massive Reduktion der Steuersätze (mit der Einschränkung durch die sog. „Reichensteuer") zu nennen. Durch das stetige Anheben des Grundfreibetrages und das gleichzeitige Absenken von Eingangs- und Spitzensteuersatz kam es – in Fortsetzung einer etwa zehn Jahre zuvor eingeleiteten Entwicklung – insb. seit dem VAZ 1999 zu Entlastungen v.a. in den niedrigen und den hohen Einkommensbereichen. So wurde im Verhältnis von VAZ 1999 zum VAZ 2013 der

---

[320] Modifiziert entnommen aus LANG, JOACHIM: § 8, in: Steuerrecht, hrsg. von KLAUS TIPKE und JOACHIM LANG, 20. Aufl., Köln 2010, Rn. 29, in der neuesten Auflage nicht mehr enthalten; vgl. HEY, JOHANNA: § 7, in: Steuerrecht, hrsg. von KLAUS TIPKE und JOACHIM LANG, 21. Aufl., Köln 2013, Rn. 29.

Grundfreibetrag von 6.681 € (13.067 DM) auf 8.130 €[321] erhöht, der Eingangssteuersatz von 23,9 % auf 14 % gesenkt und der Spitzensteuersatz von 53 % auf 45 % reduziert (vgl. Abb. 73, S. 336).

I.R.d. **Körperschaftsteuer** sind zwei Meilensteine von Bedeutung:

- Die Einführung des Anrechnungsverfahrens zum 01.01.1977;[322]
- die Ersetzung des Anrechnungsverfahrens mit Wirkung zum 01.01.2001 durch ein modifiziertes klassisches Körperschaftsteuersystem mit Anteilseignerentlastung (sog. Halbeinkünfte- bzw. modifiziertes Nulleinkünfteverfahren)[323] sowie als große Variante die Ersetzung des Halbeinkünfteverfahrens für Privatpersonen außerhalb des Betriebsvermögens mit Wirkung zum 01.01.2009 durch das System der Abgeltungssteuer.[324]

Die letzte große Veränderung der **Umsatzsteuer** war die Abschaffung der bis zum 01.01.1968 geltenden Ausgestaltung als Allphasen-Bruttoumsatzsteuer und die Einführung der Allphasen-Nettoumsatzsteuer mit Vorsteuerabzug.[325]

Neben den obigen Veränderungen auf nationaler Ebene haben in den vergangenen Jahren auch die **Entwicklungen auf EU-Ebene** an Bedeutung gewonnen und sich i.R.d. Harmonisierung der indirekten und der direkten Steuern auf das nationale Steuerrecht ausgewirkt:[326]

Nach Art. 113 des Vertrags über die Arbeitsweise der EU sind die Umsatzsteuer und die speziellen Verbrauchsteuern zu harmonisieren (**Harmonisierung der indirekten Steuern**). Die Harmonisierung der **Umsatzsteuer** ist am weitesten fortgeschritten. Alle Mitgliedstaaten wenden das Allphasen-Nettoumsatzsteuer-System an und ermitteln die Steuerbemessungsgrundlage einheitlich. Dagegen differieren die Steuersätze für den Normaltarif zwischen 15 % und 27 % und für den ermäßigten Tarif zwischen 5 % und 18 %.[327] Bis zur Realisation des Europäischen Binnenmarktes zum 01.01.1993 galt bei innergemeinschaftlichen Umsätzen für die Aufteilung des Umsatzsteueraufkommens zwischen den beteiligten Staaten uneingeschränkt das Bestimmungslandprinzip, wonach der Exportstaat als Ursprungsland die grenzüberschreitenden Umsätze von der Umsatzsteuer zu befreien hatte und dem Importstaat als Bestimmungsland das Besteuerungsrecht zukam. Der Idee des Europäischen Binnenmarktes wird hingegen lediglich eine Besteuerung innergemeinschaftlicher Umsätze nach dem Ursprungslandprinzip gerecht, wonach dem Exportstaat die Besteuerung der Umsätze zukommt, während im Importstaat die Belastung mit Einfuhrumsatzsteuer entfällt. Um eine Mehrfachbelastung mit Umsatzsteuer zu vermeiden, muss der Importstaat den auf seinem Territorium ansässigen Unternehmern die Möglichkeit zum Vorsteuerabzug i.H.d. Umsatzsteuer des Exportstaates gewähren. Für den Zeitraum der Überführung des Bestimmungslandprinzips in das Ursprungslandprinzip gilt auf der Grundlage der sog. Binnen-

---

[321] Ab dem VAZ 2014 erfolgt eine weitere Erhöhung auf 8.354 €.
[322] „Körperschaftsteuerreformgesetz" vom 31.08.1976, BGBl I 1976, S. 2597.
[323] „Steuersenkungsgesetz" vom 23.10.2000, BGBl I 2000, S. 1433.
[324] „Unternehmensteuerreformgesetz 2008" vom 14.08.2007, BGBl I 2007, S. 1912.
[325] „Umsatzsteuergesetz 1967" vom 29.05.1967, BGBl I 1967, S. 545.
[326] Die nachstehenden Ausführungen erfolgen in Anlehnung an JACOBS, OTTO H.: Internationale Unternehmensbesteuerung, 7. Aufl., München 2011, S. 162-230.
[327] Vgl. http://ec.europa.eu; Stand: 14.01.2013

markt-Richtlinie[328] des Rates der EU eine Übergangsregelung, die statt einer Einfuhrumsatzsteuer die sog. Steuer auf den innergemeinschaftlichen Erwerb vorsieht. Hiermit wurde dem Wegfall der Grenzkontrollen zum 01.01.1993 Rechnung getragen. Die Übergangsregelung galt zunächst bis zum 31.12.1996, wird allerdings solange verlängert, bis der Rat der EU eine Entscheidung für die endgültige Regelung getroffen hat. An dem Ziel, ein gemeinsames Mehrwertsteuersystem auf Basis des Ursprungslandprinzips zu verwirklichen, hält die Europäische Kommission fest.[329]

I.R.d. **Harmonisierung der besonderen Verbrauchsteuern** fand ein Vorschlag der EU-Kommission aus dem Jahr 1987, alle speziellen Verbrauchsteuern bis auf Alkohol-, Tabak- und Mineralölsteuer (jetzt Energiesteuer) abzuschaffen, keine Zustimmung. Allerdings wurden mit dem Verbrauchsteuer-Binnenmarktgesetz[330] zahlreiche Richtlinien des Europäischen Rates aus dem Jahr 1992 in nationales Recht umgesetzt, die im Wesentlichen eine Angleichung der Steuern auf Alkohol und alkoholische Getränke, Tabakwaren und Mineralöle vorsahen. Darüber hinaus können die Mitgliedstaaten auch weiterhin Verbrauchsteuern auf andere Waren erheben, solange im grenzüberschreitenden Warenverkehr keine Grenzformalitäten anfallen.[331] Die aktuelle europarechtliche Grundlage der nationalen Verbrauchsbesteuerung bildet die Richtlinie über das allgemeine Verbrauchsteuersystem vom 16.12.2008.[332] Örtliche Verbrauch- bzw. Aufwandsteuern wie bspw. die Hundesteuer werden vom Harmonisierungsauftrag des Vertrags über die Arbeitsweise der EU nicht erfasst, da sie im grenzüberschreitenden Warenverkehr keine Wirkung entfalten. Um Wettbewerbsverzerrungen aufgrund unterschiedlicher Steuersätze zwischen den EU-Mitgliedstaaten und zwischen verschiedenen Energieerzeugnissen zu verringern, gelten seit dem 01.01.2004 für alle Energieträger, die als Heiz- und Kraftstoffe verwendet werden (Mineralöl, Strom, Erdgas und Kohle), Mindeststeuersätze.[333]

Anders als im Fall der indirekten Steuern besteht im Vertrag über die Arbeitsweise der EU kein unmittelbarer Auftrag zur **Harmonisierung der direkten Steuern**. Trotz diverser Vorschläge der EU-Kommission – wie bspw. zur Schaffung einer gemeinsamen konsolidierten Körperschaftsteuer-Bemessungsgrundlage (GKKB bzw. CCCTB)[334] – wird gegenwärtig auch keine Harmonisierung angestrebt (Grundsatz der Subsidiarität; Wettbewerb der Steuersysteme). Allerdings erfolgte die Verabschiedung von drei ausschließlich die direkte Besteu-

---

[328] Vgl. Richtlinie Nr. 91/680/EWG des Rates vom 16.12.1991, ABl EU 1991, Nr. L 376, S. 1.

[329] Vgl. Mitteilung der Europäischen Kommission an den Rat, das Europäische Parlament und den Wirtschafts- und Sozialausschuss: Steuerpolitik in der Europäischen Union – Prioritäten für die nächsten Jahre vom 23.05.2001, KOM (2001) 260 endgültig, S. 12.

[330] Vgl. „Gesetz zur Anpassung von Verbrauchsteuer und anderen Gesetzen an das Gemeinschaftsrecht sowie zur Änderung anderer Gesetze (Verbrauchsteuer-Binnenmarktgesetz)" vom 21.12.1992, BGBl I 1992, S. 2150.

[331] Auf dieser Grundlage erhebt Deutschland weiterhin die Kaffeesteuer. Steuern auf Leuchtmittel, Salz, Tee und Zucker wurden hingegen abgeschafft.

[332] Vgl. Richtlinie Nr. 2008/118/EG des Rates vom 16.12.2008, ABl EU 2009, Nr. L 9, S. 12.

[333] Vgl. Richtlinie Nr. 203/96/EG des Rates vom 27.10.2003, ABl EU 2003, Nr. L 283, S. 51.

[334] Vgl. hierzu KUßMAUL, HEINZ/NIEHREN, CHRISTOPH/PFEIFER, GREGOR: CCCTB – Illusion oder Wirklichkeit? Ein internationales Modell ruft (inter)nationale Reaktionen hervor, in: StuW 2010, S. 177-184; KUßMAUL, HEINZ/NIEHREN, CHRISTOPH/PFEIFER, GREGOR: Zur angestrebten Reform der Gruppenbesteuerung durch die CCCTB unter Berücksichtigung der deutschen Organschaft, in: Ubg 2010, S. 266-274.

erung betreffenden Richtlinien bzw. Übereinkommen am 23.07.1990 (Fusions-Richtlinie[335], Mutter-/Tochter-Richtlinie[336] und Schiedsverfahrens-Konvention[337]) und einer weiteren Richtlinie am 03.06.2003 (Zins- und Lizenzgebühren-Richtlinie[338]).

Die Zielsetzung der **Fusions-Richtlinie** ist die Schaffung einer Rechtsgrundlage für die steuerneutrale Durchführung von grenzüberschreitenden Umstrukturierungsvorgängen. Steuerneutralität bedeutet allerdings nicht, dass es zu einer endgültigen Steuerbefreiung kommt, sondern lediglich zu einer Stundung der Steuer auf die in den beteiligten Unternehmen gebundenen stillen Reserven bis zum Zeitpunkt der endgültigen Realisierung. Anwendung findet die Fusions-Richtlinie auf die Fusion, Spaltung, Einbringung und den Anteilstausch, sofern daran eine in der EU ansässige Kapitalgesellschaft beteiligt ist. Mit dem Steueränderungsgesetz 1992[339] wurde die Fusions-Richtlinie hinsichtlich der Einbringung und des Anteilstausches in deutsches Recht umgesetzt. Steuerneutrale Fusions- bzw. Spaltungsvorgänge können dagegen derzeit lediglich mit Hilfe von Ersatzlösungen erreicht werden.

Ziel der **Mutter-/Tochter-Richtlinie** ist die Vermeidung der Mehrfachbesteuerung von Dividendenzahlungen im internationalen Konzern. Dazu wird das Besteuerungsrecht der Gewinne einer Tochter dem Staat zugewiesen, in dem diese ansässig ist. Ein weiterer Steuerzugriff des Ansässigkeitsstaates, insb. auf die ausgeschütteten Gewinne in Form einer Quellensteuer, wird ausgeschlossen. Der Ansässigkeitsstaat der Muttergesellschaft vermeidet die Doppelbesteuerung, indem er entweder auf die Besteuerung der Dividenden verzichtet (Freistellung) oder die auf den Dividenden lastende ausländische Ertragsteuer auf die inländische Körperschaftsteuer anrechnet (indirekte Anrechnung). Voraussetzung für die Anwendung der Begünstigungsregel ist eine Beteiligungsquote i.H.v. 10 % (seit 2009; zuvor: 15 % bzw. 20 %).[340] Die nationale Umsetzung der Mutter-/Tochter-Richtlinie erfolgt durch § 43b EStG sowie § 8b Abs. 1 KStG (vgl. S. 799).

Die Absicht der **Schiedsverfahrens-Konvention** ist die Vermeidung der Doppelbesteuerung, die dadurch entstehen kann, dass die Finanzverwaltungen der Mitgliedstaaten Einkünftekorrekturen infolge von Verrechnungspreisberichtigungen zwischen verbundenen Kapitalgesellschaften oder Abgrenzungen von Betriebstättengewinnen vornehmen, ohne dass eine korrespondierende Korrektur im anderen Staat stattfindet. Im Zuge des Verfahrens führt eine gewinnerhöhende Maßnahme in einem Mitgliedstaat zur gewinnmindernden Gegenberichtigung im anderen Mitgliedstaat. Korrekturmaßstab ist der Fremdvergleich. Die Schiedsverfahrens-Konvention ist ein multilateraler völkerrechtlicher Vertrag, der nach Ratifizierung durch sämtliche Vertragstaaten zum 01.01.1995 in Kraft getreten ist.

Ziel der **Zins- und Lizenzgebühren-Richtlinie** ist die Beseitigung der Doppelbesteuerung von Zinsen und Lizenzgebühren, die zwischen verbundenen Unternehmen gezahlt werden. Dazu werden Zahlungen im Staat des Schuldners der Zinsen bzw. der Lizenzgebühren

---

[335] Vgl. Richtlinie Nr. 90/434/EWG des Rates vom 23.07.1990, ABl EU 1990, Nr. L 225, S. 1.
[336] Vgl. Richtlinie Nr. 90/435/EWG des Rates vom 23.07.1990, ABl EU 1990, Nr. L 225, S. 6.
[337] Vgl. Übereinkommen Nr. 90/436/EWG vom 23.07.1990, ABl EU 1990, Nr. L 225, S. 10.
[338] Vgl. Richtlinie Nr. 2003/49/EG vom 03.06.2003, ABl EU 2003, Nr. L 157, S. 49.
[339] Vgl. „Gesetz zur Entlastung der Familien und zur Verbesserung der Rahmenbedingungen für Investitionen und Arbeitsplätze (Steueränderungsgesetz 1992)" vom 25.02.1992, BGBl I 1992, S. 297.
[340] Vgl. Art. 3 Abs. 1 Buchst. a MT-RL.

(Quellenstaat) von der Besteuerung freigestellt, soweit der Empfänger (Nutzungsberechtigter) seine Bezüge in seinem Ansässigkeitsstaat tatsächlich versteuert. Der sachliche Anwendungsbereich dieser Norm umfasst Lizenzgebühren in Form von Vergütungen für die Benutzung von Urheberrechten, Marken und Patenten sowie Zinsen, zu denen Einnahmen aus Forderungen jeder Art, abgesehen von den in Art. 4 der Richtlinie geregelten Ausnahmen (z.B. Einnahmen aus Forderungen, die einen Anspruch auf Beteiligungen am Gewinn des Schuldners begründen), gehören. Der persönliche Anwendungsbereich bezieht sich auf in der EU ansässige, sog. verbundene Unternehmen, die unter die im Anhang zu Art. 3 Buchst. a der Richtlinie aufgeführten Gesellschaftsformen fallen. Unternehmen gelten als verbunden, wenn ein Unternehmen an einem anderen unmittelbar eine Beteiligung von mind. 25 % hält oder ein drittes Unternehmen sowohl an der zahlenden als auch an der nutzungsberechtigten Gesellschaft zu mind. 25 % beteiligt ist. In deutsches Steuerrecht wurde die Zins- und Lizenzgebühren-Richtlinie durch die i.R.d. EG-Amtshilfe-Anpassungsgesetzes vom 02.12.2004[341] eingeführten §§ 50g und 50h EStG umgesetzt.

Die **Unternehmensteuerreform 2008** führt zu einer deutlichen Senkung der Unternehmensteuertarife im Wege der Reduktion des KSt- und GewSt-Satzes sowie der Einführung eines ermäßigten Thesaurierungssteuersatzes für Personenunternehmen. Einen großen Eingriff in das Steuersystem stellt die Einführung einer Abgeltungssteuer für Einkünfte aus Kapitalvermögen dar. Die markantesten Neuregelungen im Kontext der Gegenfinanzierungsmaßnahmen sind die Einführung einer Zinsschranke sowie die Vorschriften über die steuerliche Behandlung grenzüberschreitender Funktionsverlagerungen. Damit setzt der Gesetzgeber auf die altbekannte Strategie der Steuersatzsenkung bei gleichzeitiger Verbreiterung der Bemessungsgrundlage und folgt damit nicht dem Bedürfnis nach einer systemimmanenten Vereinfachung des Steuerrechts, sondern beugt sich vielmehr dem Staatenwettbewerb um die Erfassung mobiler Besteuerungsquellen. Ob die Unternehmensteuerreform aufgrund ihrer Steuersatzsenkungen eher positive Wirkungen auf Investoren auslöst oder aufgrund ihrer Komplexität, ihrer überschießenden Wirkung und ihrer offensichtlichen Inkonformität zu fundamentalen nationalen und internationalen Grundprinzipien des Steuerrechts Investoren eher abschrecken wird, bleibt abzuwarten.

Die Zinsschranke und weitere Gegenfinanzierungsmaßnahmen der Unternehmensteuerreform 2008 haben sich im Verlauf der immer noch anhaltenden Wirtschafts- und Finanzkrise als krisenverschärfend und wachstumshemmend herausgestellt, weswegen bei diesen Regeln bereits erste Korrekturmaßnahmen notwendig geworden sind.

---

[341] „Gesetz zur Anpassung der Vorschriften über die Amtshilfe im Bereich der Europäischen Union sowie zur Umsetzung der Richtlinie 2003/49/EG des Rates vom 3. Juni 2003 über eine gemeinsame Steuerregelung für Zahlungen von Zinsen und Lizenzgebühren zwischen verbundenen Unternehmen verschiedener Mitgliedstaaten" vom 02.12.2004, BGBl I 2004, S. 3112.

2. Abschnitt
Systematische Darstellung der wichtigsten Steuerarten

I.   Die Einkommensteuer

Vgl. hierzu insb. HABERSTOCK, LOTHAR: Steuerbilanz und Vermögensaufstellung, 3. Aufl., Hamburg 1991, S. 52-53, 57-61; HEY, JOHANNA: § 8, in: Steuerrecht, hrsg. von KLAUS TIPKE und JOACHIM LANG, 21. Aufl., Köln 2013; LORITZ, KARL-GEORG: Einkommensteuerrecht, Heidelberg 1988, S. 1-253; ROSE, GERD/WATRIN, CHRISTOPH: Betrieb und Steuer, Bd. 1: Ertragsteuern, 20. Aufl., Berlin 2013, S. 36-111, 119-149, 189-203, 299; SCHEFFLER, WOLFRAM: Besteuerung von Unternehmen, Bd. 1: Ertrag-, Substanz- und Verkehrsteuern, 12. Aufl., Heidelberg 20012, S. 33-192; SCHNEELOCH, DIETER: Betriebswirtschaftliche Steuerlehre, Bd. 1: Besteuerung, 6. Aufl., München 2012, S. 115-122, 200-202; SCHULT, EBERHARD: Betriebswirtschaftliche Steuerlehre, 4. Aufl., München/Wien 2002, S. 29-86; WÖHE, GÜNTER: Betriebswirtschaftliche Steuerlehre, Bd. 1, 1. Halbband: Die Steuern des Unternehmens – Das Besteuerungsverfahren, 6. Aufl., München 1988, S. 87-187; WÖHE, GÜNTER: Die Steuern des Unternehmens, 6. Aufl., München 1991, S. 43-126; WÖHE, GÜNTER/BIEG, HARTMUT: Grundzüge der Betriebswirtschaftlichen Steuerlehre, 4. Aufl., München 1995, S. 15-34.

A.   Charakteristik und Entwicklung

Die Einkommensteuer ist eine **direkte Steuer und Personensteuer**. Anknüpfungspunkt ist die Leistungsfähigkeit des Steuerschuldners, auch wenn im geltenden Einkommensteuerrecht der Gerechtigkeitsgrundsatz vielfach durch unterschiedliche Bemessungsfaktoren und Sondervorschriften konterkariert wird. Sie ist eine **Gemeinschaftsteuer** und wird zwischen Bund, Ländern und Gemeinden aufgeteilt. Die **Verwaltungshoheit** liegt bei den Ländern, der Bund verfügt über die konkurrierende **Gesetzgebung** (Art. 72, 105 Abs. 2 GG).

Kernstück der Einkommensteuer ist der **progressive Steuertarif**. Die Einkommensteuer weist, zusammen mit der Umsatzsteuer, unter allen Steuern die **höchste Ergiebigkeit** auf und beinhaltet infolge ihrer starken Konjunkturabhängigkeit eine enge Beziehung zur jeweiligen wirtschaftlichen Lage.

Allein **fiskalische Gründe** und nicht das Gerechtigkeitsmotiv begründen die Herkunft der Einkommensteuer. Die Einführung einer Einkommensteuer in Deutschland war – wie sonst häufig auch – durch Kriegsereignisse induziert und wurde im Jahre 1808, namentlich durch HEINRICH FRIEDRICH KARL REICHSFREIHERR VOM UND ZUM STEIN forciert, in Preußen, Litauen und Königsberg eingeführt. Mangels einer ausreichenden Steuererhebungstechnik scheiterte jedoch diese Einkommensbesteuerung.

Unter Federführung des Finanzministers JOHANNES VON MIQUEL wurde ein Durchbruch zur modernen Einkommensbesteuerung im Jahre 1891 im preußischen Einkommensteuergesetz kodifiziert. Sie beruhte auf der sog. **Quellentheorie** und besteuerte somit nur Einkünfte aus regelmäßig fließenden Quellen.

Infolge des verlorenen Ersten Weltkrieges wurde im Jahre 1920 durch die ERZBERGERsche[342] Steuerreform die erste Reichseinkommensteuer geschaffen, mit einem fünffach höheren Steueraufkommen als zuvor, an der neben den Ländern auch das Reich beteiligt wurde. Zu-

---

[342] Zurückgehend auf den damaligen Reichsfinanzminister MATTHIAS ERZBERGER.

vor war die Einkommensteuer eine reine Ländersteuer. Die Reichseinkommensteuer basierte auf der sog. **Reinvermögenszugangstheorie**, nach der neben regelmäßig fließenden Einkünften auch einmalige Einkünfte der Besteuerung unterworfen werden. Schließlich begründete das Einkommensteuergesetz von 1934[343] die Gesetzesstruktur des heutigen Systems, in welches sowohl die Quellentheorie als auch die Reinvermögenszugangstheorie Eingang gefunden haben. Das 1934 eingeführte Einkommensteuergesetz wurde durch keine systemverändernde große Steuerreform betroffen und hat daher bis heute Bestand.

Die Einkommensteuer trifft die Betriebe als solche überhaupt nicht. Lediglich die Unternehmer und Gesellschafter haben ihre Einkünfte, die sie aus dem Betrieb beziehen, der Einkommensteuer zu unterwerfen. Es ist aber dennoch sinnvoll, sich i.R.d. Betriebswirtschaftlichen Steuerlehre mit der Einkommensteuer zu beschäftigen:

– Die Ermittlung des steuerpflichtigen Einkommens von Einzelunternehmern und Personengesellschaften erfolgt mit Hilfe des betrieblichen Rechnungswesens. Der Einfluss, den die einkommensteuerlichen Regelungen auf das betriebliche Rechnungswesen haben – insb. die Entscheidungsprobleme, die bei der Gestaltung der Bemessungsgrundlagen auftreten (Ansatz, Bewertung, Abschreibung) –, ist Gegenstand der Betriebswirtschaftlichen Steuerlehre.

– Durch den Verweis auf einkommensteuerliche Vorschriften im KStG werden die Regelungen des EStG über Bilanzierung, Bewertung, Abschreibung usw. auch für solche Gesellschaften relevant, die als juristische Personen nicht der Einkommensteuer, sondern der Körperschaftsteuer unterliegen.

– Ausgangsgröße für die rein betriebliche Gewerbesteuer ist der nach den Vorschriften des EStG bzw. des KStG ermittelte Gewinn aus Gewerbebetrieb.

– Der Betrieb ist zudem verpflichtet, bestimmte Steuern für Dritte einzubehalten und abzuführen. Dies gilt insb. für die Lohnsteuer und die Kapitalertragsteuer, die beide Erhebungsformen der Einkommensteuer sind.

– Die Einkommensteuer hat schließlich erheblichen Einfluss auf betriebliche Entscheidungen, denn bei personenbezogenen Gesellschaften hat sich eine „Nach-Steuern-Betrachtung" an den persönlichen Einkommensverhältnissen des Gesellschafters zu orientieren.

B.   Das Steuersubjekt

1.   Natürliche Personen als Steuersubjekte

Steuersubjekt/Steuerschuldner der Einkommensteuer ist nach § 1 EStG die **natürliche Person**. Wenngleich § 26b EStG etwas anderes vermuten lässt, sind auch zusammenveranlagte Ehegatten jeder für sich Steuersubjekt.

In gleicher Weise können **Körperschaften**, die Steuersubjekt der Körperschaftsteuer sind, insofern Einkommensteuersubjekte sein, als sie (als Arbeitgeber) nach § 41a EStG die Lohnsteuer oder (als Schuldner von Kapitalerträgen) nach § 44 EStG die Kapitalertragsteuer einzubehalten und abzuführen haben.

---

[343] Gesetz vom 16.10.1934, RGBl. I 1934, S. 1005.

Personengesellschaften als solche sind – abgesehen von den eben im Kontext der Körperschaften erwähnten Quellensteuerpflichten – nicht Steuersubjekt der Einkommensteuer, aber auch nicht der Körperschaftsteuer. Die von ihnen erzielten Gewinne werden den Gesellschaftern zugerechnet und bei diesen einkommensteuerlich oder körperschaftsteuerlich erfasst (sog. Transparenzprinzip).

2. Die internationale Abgrenzung der Steuerpflicht[344]

Unbeschränkt steuerpflichtig sind (sog. **unbeschränkte Steuerpflicht**):

- Steuerpflichtige, die einen Wohnsitz oder gewöhnlichen Aufenthalt im Inland haben (**unbeschränkte Steuerpflicht i.e.S.**; § 1 Abs. 1 EStG);

- bestimmte Auslandsbedienstete inländischer juristischer Personen des öffentlichen Rechts (Diplomaten u.Ä.) inkl. ihrer Angehörigen (**erweiterte unbeschränkte Steuerpflicht**; § 1 Abs. 2 EStG);

- auf Antrag natürliche Personen, die im Inland weder einen Wohnsitz noch ihren gewöhnlichen Aufenthalt haben, soweit sie inländische Einkünfte i.S.d. § 49 EStG beziehen und ihre Einkünfte zu mindestens 90 % der deutschen Einkommensteuer unterliegen oder die nicht der deutschen Einkommensteuer unterliegenden Einkünfte den Grundfreibetrag nach § 32a Abs. 1 S. 2 Nr. 1 EStG (im Jahr 2013 8.130 €) nicht übersteigen (**fiktive unbeschränkte Steuerpflicht**;[345] § 1 Abs. 3 EStG). Ihnen steht allerdings – sofern es sich um natürliche Personen ohne EU-Staatsangehörigkeit handelt – weder das Ehegattensplitting noch das Realsplitting zu.[346]

Steuerobjekt der unbeschränkten Steuerpflicht ist grundsätzlich das „Welteinkommen" der unbeschränkt steuerpflichtigen Person. Ausgenommen sind die Einkommensteile, die nach einem Abkommen zur Vermeidung einer Doppelbesteuerung (DBA) im Inland steuerfrei gestellt werden, und bei der fiktiven unbeschränkten Steuerpflicht die Einkommensteile, die nicht unter den Einkommenskatalog des § 49 Abs. 1 EStG fallen.

Beschränkt steuerpflichtig (sog. **beschränkte Steuerpflicht**) sind natürliche Personen, die keinen Wohnsitz oder gewöhnlichen Aufenthalt im Inland haben und nicht unter eine der obigen Personengruppen fallen, aber Einkünfte i.S.d. § 49 EStG erzielen (§ 1 Abs. 4 EStG). Steuerobjekt sind nach § 1 Abs. 4 EStG nur die inländischen Einkünfte i.S.d. § 49 EStG, d.h. sog. inlandsradizierte Einkünfte (im Inland wurzelnde Einkünfte).

Der **erweiterten beschränkten Steuerpflicht** unterliegen Steuerpflichtige, die in ein sog. Niedrigsteuerland ausgewandert sind, aber die Bindung zum Inland aufgrund wesentlicher wirtschaftlicher Interessen nicht aufgegeben haben, sofern sie in den letzten zehn Jahren vor

---

[344] Vgl. HEINICKE, WOLFGANG: § 1 EStG, in: Einkommensteuergesetz, begr. von LUDWIG SCHMIDT, 32. Aufl., München 2013, Rn. 2 und 3; HEY, JOHANNA: § 8, in: Steuerrecht, hrsg. von KLAUS TIPKE und JOACHIM LANG, 21. Aufl., Köln 2013, Rn. 25-33; ROSE, GERD: Betrieb und Steuer, 5. Buch: Internationales Steuerrecht, 6. Aufl., Berlin 2004, S. 44-50.

[345] Es wird auch von der „unbeschränkten Steuerpflicht auf Antrag" gesprochen; vgl. SIEGEL, THEODOR/BAREIS, PETER: Strukturen der Besteuerung – Betriebswirtschaftliches Arbeitsbuch Steuerrecht: Grundzüge des Steuersystems in Strukturübersichten, Beispielen und Aufgaben, 4. Aufl., München/Wien 2004, S. 53.

[346] Personen, die Staatsangehörige der EU sind, können gem. § 1a i.V.m. § 1 Abs. 3 EStG diese Vergünstigungen unter bestimmten Voraussetzungen in Anspruch nehmen.

der Wohnsitzverlagerung mindestens fünf Jahre als Deutscher der unbeschränkten Steuerpflicht unterlegen haben (§ 2 AStG). Steuerobjekt ist das Welteinkommen abzgl. der ausländischen Einkünfte i.S.d. § 34c Abs. 1 i.V.m. § 34d EStG (dies umfasst mehr als nur die inländischen Einkünfte i.S.d. § 49 EStG), soweit es je VAZ 16.500 € übersteigt. Die Dauer dieser Steuerpflicht beträgt zehn Jahre nach Wegzug (vgl. S. 752 ff.).

C. Das Steuerobjekt und die Steuerbemessungsgrundlage

1. Der Einkommensbegriff des § 2 EStG

a) Überblick und Systematik

Einen Überblick über die Ableitung des zu versteuernden Einkommens und der sich schließlich ergebenden Einkommensteuer gibt Abb. 62 (S. 269), während Abb. 63[347] (S. 270) die Systematik des Einkommensbegriffs nach § 2 EStG und die grundlegenden Zusammenhänge bei der Ableitung des zu versteuernden Einkommens darstellt.

Das **Steuerobjekt der Einkommensteuer** wird in § 2 EStG bestimmt. Mit der „Summe der Einkünfte" gem. § 2 Abs. 1 und 2 EStG wird das wirtschaftliche Steuergut „Einkommen" zum rechtlichen Steuerobjekt. Die „Summe der Einkünfte" misst die **objektive Leistungsfähigkeit** des Steuerpflichtigen. Es gilt grundsätzlich das sog. **objektive Nettoprinzip**, es werden also nur die Reineinkünfte besteuert und Verluste prinzipiell berücksichtigt.[348] Dem folgt die Möglichkeit, **Verluste einer Einkunftsart** mit positiven Einkünften aus anderen Einkunftsarten verrechnen zu können. Das objektive Nettoprinzip wird allerdings durch Abzugsbeschränkungen durchbrochen (vgl. S. 314 f.).

In § 2 Abs. 3-5 EStG wird anschließend über die Stufen „Gesamtbetrag der Einkünfte" und „Einkommen" das „zu versteuernde Einkommen", die **Bemessungsgrundlage der Einkommensteuer** bestimmt. Das „zu versteuernde Einkommen" soll die **subjektive Leistungsfähigkeit** des Steuerpflichtigen messen. Es gilt das sog. **subjektive Nettoprinzip**, demzufolge bestimmte Privataufwendungen von der „Summe der Einkünfte" abgezogen werden können.[349]

---

[347] Aufbauend auf SELCHERT, FRIEDRICH WILHELM: Grundlagen der betriebswirtschaftlichen Steuerlehre, 5. Aufl., München/Wien 2001, S. 45.
[348] Vgl. WEBER-GRELLET, HEINRICH: § 2 EStG, in: Einkommensteuergesetz, begr. von LUDWIG SCHMIDT, 32. Aufl., München 2013, Rn. 10.
[349] Vgl. WEBER-GRELLET, HEINRICH: § 2 EStG, in: Einkommensteuergesetz, begr. von LUDWIG SCHMIDT, 32. Aufl., München 2013, Rn. 11 und 12.

Summe der Einkünfte aus jeder Einkunftsart
    Gewinneinkunftsarten (§ 2 Abs. 2 Nr. 1 EStG)
    (Gewinn als Differenz zwischen Betriebseinnahmen und Betriebsausgaben)
        Einkünfte aus Land- und Forstwirtschaft (§§ 13-14a EStG)
    + Einkünfte aus Gewerbebetrieb (§§ 15-17 EStG)
    + Einkünfte aus selbstständiger Arbeit (§ 18 EStG)
+ **Überschusseinkunftsarten (§ 2 Abs. 2 Nr. 2 EStG)**
    (Überschuss als Differenz zwischen Einnahmen und Werbungskosten)
        Einkünfte aus nichtselbstständiger Arbeit (§ 19 EStG)
    + Einkünfte aus Kapitalvermögen (§ 20 EStG)*
    + Einkünfte aus Vermietung und Verpachtung (§ 21 EStG)
    + Sonstige Einkünfte (§§ 22 und 23 EStG)
= **Summe der Einkünfte (§ 2 Abs. 1 und 2 EStG)**
./. Altersentlastungsbetrag (§ 24a EStG)
./. Entlastungsbetrag für Alleinerziehende (§ 24b EStG)
./. Freibetrag für Land- und Forstwirte (§ 13 Abs. 3 EStG)
= **Gesamtbetrag der Einkünfte (§ 2 Abs. 3 EStG) vor § 10d EStG**
./. Verlustabzug gem. § 10d EStG
= **Gesamtbetrag der Einkünfte nach § 10d EStG**
./. Sonderausgaben (§§ 9c, 10, 10a, 10b, 10c EStG)
./. Sonderausgaben gleichgestellte Aufwendungen (§§ 10f und 10g EStG)
./. Außergewöhnliche Belastungen (§§ 33-33b EStG)
= **Einkommen (§ 2 Abs. 4 EStG)**
./. Freibeträge für Kinder, soweit günstiger als das Kindergeld (§§ 31, 32 Abs. 6 EStG)
./. Härteausgleich (§ 46 Abs. 3 EStG, § 70 EStDV)
= **Zu versteuerndes Einkommen (§ 2 Abs. 5 EStG)**

* Ohne die Einnahmen, die der Abgeltungssteuer unterliegen

⇓

    Anwendung des Einkommensteuertarifs (Grundtarif/Splittingtarif)
= **Tarifliche Einkommensteuer (§ 32a Abs. 1 und Abs. 5 EStG)**
./. Steuerermäßigungen (u. a. ausl. Steuern, Gewerbesteueranrechnung, politische Spenden, haushaltsnahe Beschäftigungsverhältnisse und Dienstleistungen)
= **Festzusetzende Einkommensteuer (§ 2 Abs. 6 EStG)**
./. Anrechnungsbeträge (§ 36 Abs. 2 EStG)
    (Einkommensteuervorauszahlungen, einbehaltene Lohnsteuer, einbehaltene Kapitalertragsteuer, sofern nicht abgeltend)
= **Einkommensteuerabschlusszahlung/Einkommensteuererstattungsbetrag (§ 36 Abs. 4 EStG)**

Abb. 62: Überblick über die Ableitung des zu versteuernden Einkommens und die Höhe der Einkommensteuer

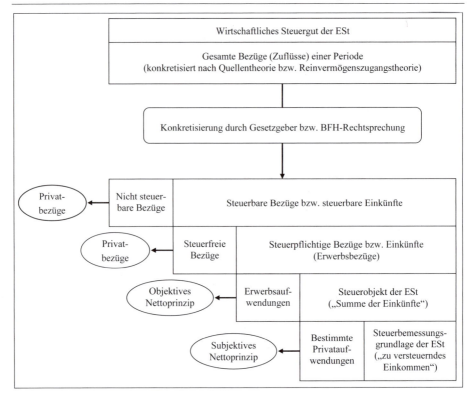

Abb. 63: Grundlegende Zusammenhänge bei der Ableitung des zu versteuernden Einkommens

Im Idealfall unterliegt nur der **disponible** Teil des Einkommens der Besteuerung. Disponibel ist insb. der Teil, der für Sparen, privates Investieren, Reisen, Luxuskonsum usw. zur Verfügung steht. Nicht disponibel sind Ausgaben des Steuerpflichtigen für seine eigene Existenz und die Existenz seiner Familie (z.B. notwendige Aufwendungen für Ernährung, Kleidung, Wohnung, Versicherungen, Unterhaltsleistungen, außergewöhnliche Belastungen u.Ä.). Das sog. Existenzminimum kann allerdings nicht von der steuerlichen Bemessungsgrundlage abgesetzt werden, es ist stattdessen in den Einkommensteuertarif in Form des sog. Grundfreibetrags (im Jahr 2013 8.130 €) eingebaut.

Diesem **dualistischen Aufbau** (Erwerbseinkommen abzgl. privater Abzüge) folgt § 2 EStG allerdings nur bedingt. Einige Korrekturposten nach der „Summe der Einkünfte" betreffen das Steuerobjekt (z.B. Freibetrag für Land- und Forstwirte) oder haben den Charakter von Steuervergünstigungen (z.B. Altersentlastungsbetrag).

b) **Das wirtschaftliche Steuerobjekt der Einkommensteuer: „Einkommen" nach Quellen- und Reinvermögenszugangstheorie**

Gem. der **Quellentheorie** werden Vermögensmehrungen zur Ermittlung des Einkommens unterschieden in laufende, regelmäßige Einkünfte, die als Einkommen zu qualifizieren sind, und Wertveränderungen im sog. Stammvermögen (Quellenvermögen), einschließlich der

Wertrealisation durch Veräußerung, die wegen fehlender „Aussicht auf Wiederholung" nicht zum Einkommen gehören. Hauptvertreter dieser Ideologie war BERNHARD FUISTING.[350]

Einkommen i.S.d. **Reinvermögenszugangstheorie** ist der Zugang von Reinvermögen während einer gegebenen Periode. Leistungsfähigkeit i.S.v. Konsummöglichkeiten wird demnach auch zugeführt durch „unregelmäßige" Zuflüsse wie Geschenke, Erbschaften, Lotteriegewinne u.a. Auf Kriterien wie Regelmäßigkeit oder „Aussicht auf Wiederholung" wird nicht abgestellt. Hauptvertreter dieser Ideologie war GEORG VON SCHANZ.[351]

Sowohl die Quellentheorie als auch die Reinvermögenszugangstheorie fanden Eingang in die gesetzliche Kodifizierung des Einkommensteuerobjekts. Die **Gewinneinkunftsarten** orientieren sich im Wesentlichen an der Reinvermögenszugangstheorie. Die **Überschusseinkunftsarten** orientieren sich an der Quellentheorie; eine Ausnahme stellen §§ 20 Abs. 2 und 23 EStG („private Veräußerungsgeschäfte") dar, welche auch im Bereich der Überschusseinkunftsarten der Reinvermögenszugangstheorie folgen.

c) Das rechtliche Steuerobjekt der Einkommensteuer

(1) Steuerbare und nicht steuerbare Einkünfte[352]

Steuerbare Einkünfte werden durch zwei Merkmale gekennzeichnet. Sie erfüllen den Tatbestand einer **Einkunftsart** i.S.d. § 2 Abs. 1 EStG und werden durch eine Erwerbstätigkeit **erwirtschaftet**.

Ob Einkünfte durch eine Erwerbstätigkeit erwirtschaftet werden, ist anhand von **objektiven** und **subjektiven** Tatbeständen zu überprüfen. **Objektiver Tatbestand** ist die Beteiligung am allgemeinen wirtschaftlichen Verkehr. Dieses Kriterium erfüllen u.a. nicht Erbschaften und Schenkungen, Entschädigungen (Schadenersatz, Schmerzensgeld), Aussteuern, Einkünfte aus Sport und Spiel (z.B. Preisausschreiben, Fernsehshows) sowie Lotterien und Wetten.

Subjektiver Tatbestand ist die Absicht, während der Erwerbstätigkeit einen Überschuss der Bezüge über die Aufwendungen zu erzielen (**Einkünfteerzielungsabsicht**). Die Einkünfteerzielungsabsicht ist eine **innere Tatsache**, die sich nur anhand äußerlicher Merkmale beurteilen lässt. Zur Beurteilung sind wiederum objektive Merkmale zu prüfen.

Besteht ein **Zusammenhang der Tätigkeit mit der privaten Lebensführung** des Steuerpflichtigen (z.B. bei der Vermietung von Segelyachten, Wohnmobilen u.Ä.), so kann dies gegen eine Einkünfteerzielungsabsicht sprechen. Es handelt sich dann insoweit um Ausgaben der privaten Lebensführung.

---

[350] Vgl. FUISTING, BERNHARD: Die preußischen direkten Steuern, Bd. 4: Grundzüge der Steuerlehre, Berlin 1902, S. 147-153. Vgl. zu den Einkommenstheorien in diesem und im nächsten Absatz HEY, JOHANNA: § 8, in: Steuerrecht, hrsg. von KLAUS TIPKE und JOACHIM LANG, 21. Aufl., Köln 2013, Rn. 50-52.

[351] Vgl. SCHANZ, GEORG VON: Der Einkommensbegriff und die Einkommensteuergesetze, in: Finanzarchiv 1896, S. 1-87. Vgl. weiterführend HEY, JOHANNA: § 7, in: Steuerrecht, hrsg. von KLAUS TIPKE und JOACHIM LANG, 21. Aufl., Köln 2013, Rn. 30.

[352] Vgl. m.w.N. HEY, JOHANNA: § 8, in: Steuerrecht, hrsg. von KLAUS TIPKE und JOACHIM LANG, 21. Aufl., Köln 2013, Rn. 121-136.

Die **Art der Ausübung der Tätigkeit** kann ebenfalls gegen eine Einkünfteerzielungsabsicht sprechen, bspw. bei fehlender betriebswirtschaftlicher Unternehmensführung, mangelnder Marktorientierung oder Unterlassung notwendiger Umstrukturierungen.

Auch die **Dauer der Verlusterzielung** kann auf fehlende Einkünfteerzielungsabsicht hinweisen, allerdings sind bloße Anlaufverluste hinzunehmen.

Wegen fehlender Einkünfteerzielungsabsicht sind Einkünfte aus **gemeinnütziger** Tätigkeit und Einkünfte aus **Liebhaberei** (Tätigkeit aus privater Hingabe oder Neigung) generell **nicht steuerbar**. Damit sind einerseits zwar die Einnahmen nicht zu versteuern, andererseits können allerdings auch die Verluste nicht berücksichtigt werden. Zur Liebhaberei zählen insb. Hobbybetriebe im Bereich der Land- und Forstwirtschaft (Gestüte, Jagden, als Landsitz dienende Gutshöfe, Bienenzucht, Fischzucht) und Hobbybetriebe mit gewerblichem Charakter (Pferderennställe, Autorennställe, Yachtvercharterung, Charterflugbetriebe, Reit-, Tennis- und Golfanlagen).

(2) Steuerpflichtige und steuerfreie Einkünfte

Steuerbare Einkünfte sind grundsätzlich auch steuerpflichtige Einkünfte. Der Steuergesetzgeber hat allerdings die Möglichkeit vorgesehen, bestimmte Einkünfte aus dem Steuerobjekt auszuklammern (objektive Befreiungen). Dies geschieht insb. in den §§ 3, 3b EStG. Unter den **befreiten Einnahmen** befinden sich z.B.:

– besondere Leistungen an Arbeitnehmer: Sonn- und Feiertagszuschläge (in begrenztem Umfang; vgl. § 3b EStG), Versicherungsbeiträge des Arbeitgebers für die kapitalgedeckte betriebliche Altersversorgung (in begrenztem Umfang; vgl. § 3 Nr. 56 EStG), Arbeitgeberbeiträge zur Sozialversicherung, Arbeitslosengeld, Kurzarbeitsgeld, Winterausfallgeld, Elterngeld[353], Abfindungen aus der Rentenversicherung, Trinkgelder;

– in bestimmtem Umfang die Zuwendungen des Arbeitgebers nach § 19 Abs. 1 S. 1 Nr. 3 S. 1 EStG an eine Pensionskasse zum Aufbau einer nicht kapitalgedeckten betrieblichen Altersvorsorge;

– Einnahmen aus nebenberuflichen Tätigkeiten als Übungsleiter, Ausbilder, Erzieher, Betreuer oder aus vergleichbaren nebenberuflichen Tätigkeiten, aus nebenberuflichen künstlerischen Tätigkeiten oder der nebenberuflichen Pflege alter, kranker oder behinderter Menschen im Dienst oder Auftrag einer inländischen oder in einem Staat der EU bzw. des EWR belegenen juristischen Person des öffentlichen Rechts oder Einrichtungen

---

[353] Das Elterngeld nach dem Bundeselterngeld- und Elternzeitgesetz (BEEG) beläuft sich auf 67 % des in den 12 Kalendermonaten vor dem Monat der Geburt des Kindes durchschnittlich erzielten monatlichen Einkommens. Es ist nach oben gedeckelt auf einen Betrag von 1.800 €, nach unten auf 300 €, auch wenn vor der Geburt keine Erwerbstätigkeit vorlag (z.B. „Hausfrauen", Studierende, Arbeitslose). Gezahlt wird das Elterngeld für die Dauer von max. 14 Monaten ab dem Tag der Geburt. wobei ein Elternteil max. 12 Monate Elterngeld beziehen kann. Alleinerzieher können 14 Monate lang Elterngeld beziehen.

Sofern das monatliche Gehalt aus der Erwerbstätigkeit vor der Geburt höher war als 1.200 €, sinkt der Prozentsatz von 67 % um 0,1 % für je 2 €, um die das maßgebliche Einkommen den Betrag von 1.200 € überschreitet, auf bis zu 65 %. Anderenfalls (monatliches Einkommen vor der Geburt geringer als 1.000 €) erhöht sich der Prozentsatz von 67 % um je 0,1 % für je 2 €, um die das maßgebliche Einkommen den Betrag von 1.000 € unterschreitet. Bei Grundsicherungsleistungen wird das Elterngeld jetzt grundsätzlich als Einkommen berücksichtigt. Allerdings besteht ein Elterngeldfreibetrag i.H.v. 300 €; bis zu dieser Höhe bleibt das Elterngeld als Einkommen unberücksichtigt.

zur Förderung gemeinnütziger, mildtätiger und kirchlicher Zwecke bis zu einem Betrag von 2.400 € („Übungsleiterpauschale" nach § 3 Nr. 26 EStG);

– Einnahmen aus nebenberuflichen Tätigkeiten im Dienst oder Auftrag einer inländischen oder in einem Staat der EU bzw. des EWR belegenen juristischen Person des öffentlichen Rechts oder Einrichtungen zur Förderung gemeinnütziger, mildtätiger und kirchlicher Zwecke bis zur Höhe von insgesamt 720 € im Jahr („Ehrenamtsfreibetrag" nach § 3 Nr. 26a EStG).

Zu beachten ist, dass gem. § 32b EStG bei bestimmten steuerfreien Einnahmen (z.B. beim Arbeitslosengeld oder Elterngeld) für das übrige zu versteuernde Einkommen ein Progressionsvorbehalt greift. Außerdem sind gem. § 3c Abs. 1 EStG Ausgaben, soweit sie mit steuerfreien Einnahmen in unmittelbarem wirtschaftlichen Zusammenhang stehen, nicht als Betriebsausgaben oder Werbungskosten abziehbar.

(3) Das objektive Nettoprinzip: Berücksichtigung einkunftsbedingter Abflüsse

Im Zusammenhang mit einer Erwerbstätigkeit können positive wie negative Vermögensveränderungen auftreten. Positive Vermögensveränderungen bezeichnet man als **Erwerbsbezüge**, negative Vermögensveränderungen als **Erwerbsaufwendungen**.

Ausdruck steuerlicher Leistungsfähigkeit sind niemals nur die erwirtschafteten Vermögenszugänge, sondern auch die mit einer Erwerbstätigkeit in Zusammenhang stehenden Vermögensabgänge. Steuerlich belastbar ist nur das Gesamtergebnis einer Erwerbstätigkeit als Saldo aus positiven und negativen Größen.

Dieses Prinzip bezeichnet man – wie oben dargelegt – als **objektives Nettoprinzip**. Die Einkommensteuer berücksichtigt dieses Prinzip. Nach § 2 Abs. 2 S. 1 EStG unterliegen der Einkommensteuer nur Reineinkünfte. Bei den Gewinneinkunftsarten ist das der „Gewinn" und bei den Überschusseinkunftsarten der „Überschuss der Einnahmen über die Werbungskosten".

Steuerlich belastbar ist nur das wirtschaftliche Ergebnis einer Erwerbstätigkeit: die Einkünfte sind die Salden aus positiven und negativen Faktoren. Das objektive Nettoprinzip gebietet die uneingeschränkte Berücksichtigung der Erwerbsaufwendungen und folglich auch der Verluste.[354] Allerdings gibt es nicht wenige **Ausnahmen**, in denen der Steuergesetzgeber das objektive Nettoprinzip durchbricht, so z.B. durch die Festlegung nicht oder nur beschränkt abzugsfähiger Erwerbsaufwendungen (z.B. nach § 4 Abs. 5 S. 1 EStG Geschenke an Nicht-Arbeitnehmer über 35 €, 30 % der angemessenen betrieblich veranlassten Bewirtungskosten, Aufwendungen für Gästehäuser, Verpflegungsmehraufwendungen auf Dienstreisen, sofern sie eine bestimmte Grenze übersteigen) sowie durch Verlustausgleichs- und Verlustabzugsverbote, insb. durch die Regelungen der §§ 10d und 15b EStG. Überdies ist der Ansatz von Werbungskosten nach § 2 Abs. 2 S. 2 EStG bei den Einkünften aus Kapitalvermögen mit der Gewährung des Sparer-Pauschbetrags abgegolten.

Die grundsätzlich zulässige Berücksichtigung von **Verlusten** als negative Differenz zwischen Erwerbsbezügen und Erwerbsaufwendungen ist Ausfluss des objektiven Nettoprinzips

---

[354] Vgl. HEY, JOHANNA: § 8, in: Steuerrecht, hrsg. von KLAUS TIPKE und JOACHIM LANG, 21. Aufl., Köln 2013, Rn. 54.

und deshalb systemkonform. Dies ändert sich erst dann, wenn das wiederholte Auftreten von Verlusten an der Einkünfteerzielungsabsicht des Steuerpflichtigen zweifeln lässt.

(4) Persönliche und zeitliche Zurechnung von Einkünften

Gem. der **allgemeinen Regel** für die **persönliche Zurechnung** (§ 2 Abs. 1 S. 1 EStG) sind die Einkünfte der Person zuzurechnen, die sie erzielt bzw. erwirtschaftet hat. Erwirtschaftet werden Einkünfte von dem, der die Einkünfte aufgrund seiner Betätigung (Arbeitseinsatz oder Vermögenseinsatz) unter Beteiligung am wirtschaftlichen Verkehr erzielt.

Bei der **Zurechnung von Einkünften unter Familienangehörigen** sind Besonderheiten zu beachten, wenn Familienmitglieder durch Rechtsgeschäfte Einkünfte innerhalb der Familie verlagern (Übertragung von Kapitalanlagen, Übertragung von Nutzungen, Beteiligung an einem Unternehmen oder an einer Gesellschaft).[355]

Hinsichtlich der **zeitlichen Zuordnung von Einkünften** ist zu beachten, dass die Einkommensteuer nicht erst das Totaleinkommen einer natürlichen Person nach der gesamten Erwerbszeit erfasst, sondern periodisch und sukzessiv das **Jahreseinkommen**. Die Einkommensteuer ist eine **periodische** Steuer in Gestalt einer **Jahressteuer** (§ 2 Abs. 7 S. 1 EStG).

Bei der zeitlichen Zuordnung von Einkünften sind **zwei Systeme** zu unterscheiden. Grundsätzlich gilt das in § 11 EStG verankerte **System der Vereinnahmung und Verausgabung**. Dieses System ist beherrscht vom **Zuflussprinzip** und vom **Abflussprinzip** (Einzahlungen und Auszahlungen). Überschusseinkünfte werden ausnahmslos durch Überschussrechnung (Einnahmen abzgl. Werbungskosten), Gewinneinkünfte ausnahmsweise durch Überschussrechnung (Betriebseinnahmen abzgl. Betriebsausgaben), i.d.R. jedoch durch Betriebsvermögensvergleich ermittelt.

Bei (steuerlich) bilanzierungspflichtigen und freiwillig bilanzierenden Unternehmern greift das **System der periodenrichtigen Gewinnermittlung**. Zahlungsstromschwankungen werden ausgeglichen, weil die Ergebnisse unabhängig von konkreten Zahlungen der Periode ihrer wirtschaftlichen Verursachung zugerechnet werden (Aufwendungen und Erträge statt Einzahlungen und Auszahlungen).

d) Die Bemessungsgrundlage der Einkommensteuer

Das Bundesverfassungsgericht hat in den Jahren 1982[356] und 1984[357] zur Berücksichtigung persönlicher Verhältnisse durch private Abzüge folgende zwei Postulate aufgestellt. Die Abziehbarkeit unvermeidbarer Privataufwendungen, sog. **allgemeines privates Nettoprinzip**, und daraus ableitend die realitätsgerechte Berücksichtigung von Unterhaltsverpflichtungen, sog. **spezielles Familien-Nettoprinzip**.[358]

---

[355] Vgl. m.w.N. BECKMANN, STEFAN: Übertragung von Anteilen an einer Familienkapitalgesellschaft auf die nächste Generation: Lebzeitige und inlandsbezogene Gestaltungen zur Reduzierung der steuerlichen Belastung bei im Privatvermögen gehaltenen Anteilen, Hamburg 2004, S. 33 und 34.

[356] Vgl. BVerfG-Beschluss vom 03.11.1982, BVerfGE Bd. 61, S. 319.

[357] Vgl. BVerfG-Beschluss vom 22.02.1984, BVerfGE Bd. 66, S. 214.

[358] Nachdrücklich in einer Entscheidung vom 25.09.1992 bestätigt; vgl. BVerfG-Beschluss vom 25.09.1992, BVerfGE Bd. 87, S. 152.

Maßgröße steuerlicher Leistungsfähigkeit ist demnach nicht das Erwerbseinkommen, sondern nur das **für die Steuerzahlung disponible Einkommen**. Was der Steuerpflichtige aufwenden muss, um die eigene Existenz und die seiner Familie zu sichern, ist für die Steuerzahlung ebenso wenig disponibel wie das, was er für Erwerbszwecke aufwenden muss. Daher muss der indisponible Teil des Erwerbseinkommens durch private Abzüge aus der Besteuerungsgrundlage eliminiert werden.

Das Einkommensteuergesetz berücksichtigt private Abzüge bspw. durch den Entlastungsbetrag für Alleinerziehende, durch Sonderausgaben und außergewöhnliche Belastungen, durch Kinderfreibetrag oder Grundfreibetrag (allerdings geregelt im Tarif), wobei der Gesetzgeber – insb. wiederum durch das Bundesverfassungsgericht[359] – explizit dazu aufgefordert wurde, Ehe und Familie nicht schlechter zu stellen als andere Lebens- und Erziehungsgemeinschaften. Dieser Forderung kommt er u.a. durch den sog. Splitting-Tarif nach.

2. Die Summe der Einkünfte

a) Die einzelnen Einkunftsarten (§§ 13-24 EStG)

(1) Die Bedeutung der Zuordnung

Die Zuordnung zu den einzelnen Einkunftsarten ist für die **Einkommensteuer** insb. deshalb von Relevanz,

- weil durch die Aufzählung der sieben Einkunftsarten der Kreis der **steuerbaren Einkünfte** abgegrenzt wird;
- weil bei einzelnen Einkunftsarten unterschiedliche **Freibeträge und Freigrenzen** existieren, wie in:
  - § 13 Abs. 3 EStG (Freibetrag bei Einkünften aus Land- und Forstwirtschaft),
  - § 14a EStG (Veräußerungsbegünstigung für Betriebe der Land- und Forstwirtschaft),
  - § 16 Abs. 4 EStG (Freibetrag bei der Veräußerung von (Teil-)Betrieben),
  - § 17 Abs. 3 EStG (Freibetrag bei der Veräußerung von Beteiligungen an Kapitalgesellschaften bei einer Beteiligungsquote von mindestens 1 %),
  - § 18 Abs. 3 S. 2 EStG (mittels Verweis auf § 16 Abs. 4 EStG auch Freibetrag für die Veräußerung eines Vermögens, das der selbstständigen Arbeit dient),
  - § 19 Abs. 2 EStG (Versorgungsfreibetrag und Zuschlag zum Versorgungsfreibetrag, z.B. bei Beamtenpensionen, Betriebsrenten; zeitlich befristet bis 2040),
  - § 20 Abs. 9 EStG (Sparer-Pauschbetrag),
  - § 23 Abs. 3 S. 5 EStG (Freigrenze bei Einkünften aus privaten Veräußerungsgeschäften),
  - § 24a EStG (Altersentlastungsbetrag; zeitlich befristet bis 2040);
- weil unterschiedliche Werbungskosten- bzw. Sonderausgabenpauschbeträge sowie Vorsorgepauschalen bestehen (geregelt in den §§ 9a bzw. 10c EStG);

---

[359] Vgl. BVerfG-Beschluss vom 10.11.1998, in: DB 1999, S. 180-186.

- weil die **Verlustberücksichtigung** (nur) bei gewissen Einkunftsarten beschränkt ist (vgl. Abb. 70, S. 313);
- weil unterschiedliche **Einkünfteermittlungsarten** und damit verbunden unterschiedliche **Erfassungen von Vermögenswertänderungen** existieren;
- weil unterschiedliche **Erhebungsformen** Anwendung finden (Veranlagungsverfahren, Abzugsverfahren).

Darüber hinaus hat die Zuordnung auch **Bedeutung für andere Steuerarten**, insb. weil Einkünfte aus Gewerbebetrieb regelmäßig auch der Gewerbesteuer unterliegen. Zwar sind die Zuordnungen im Rahmen der Einkommensteuer für andere Steuern nicht rechtlich verbindlich, allerdings handelt es sich um eine faktische Konsequenz aus der vom Gesetzgeber praktizierten Verweistechnik.

(2) Die Gewinneinkunftsarten (§ 2 Abs. 2 Nr. 1 EStG)

(a) Überblick über die Gewinneinkunftsarten

Die Gewinneinkunftsarten zeichnen sich durch **gemeinsame Begriffsmerkmale**, vergleichbare Besonderheiten bei der **Besteuerung von Veräußerungsgewinnen**, identische Regelungen bei der **Berücksichtigung von Verlusten bei beschränkter Haftung** und **Verlustverrechnungsbegrenzungen bzgl. Verlustzuweisungsgesellschaften** aus.

Die **Merkmale einer Gewinneinkunftsart** lassen sich durch die positiven Merkmale der Begriffsbestimmung des Gewerbebetriebs gem. § 15 Abs. 2 EStG bestimmen.[360] Die Definition des Gewerbebetriebs gem. § 15 Abs. 2 EStG lautet:

„Eine selbständige nachhaltige Betätigung, die mit der Absicht, Gewinn zu erzielen, unternommen wird und sich als Beteiligung am allgemeinen wirtschaftlichen Verkehr darstellt, ist Gewerbebetrieb, wenn die Betätigung weder als Ausübung von Land- und Forstwirtschaft noch als Ausübung eines freien Berufs noch als eine andere selbständige Arbeit anzusehen ist."

Somit liegt eine Gewinneinkunftsart vor, wenn folgende **positive Begriffsmerkmale** kumulativ erfüllt sind: Selbstständige Betätigung, Nachhaltigkeit, Gewinnerzielungsabsicht und Beteiligung am allgemeinen wirtschaftlichen Verkehr. Die Merkmale lassen sich wie folgt charakterisieren.

Eine Tätigkeit ist dann **selbstständig**, wenn **auf eigene Rechnung und Gefahr** gehandelt wird. Der Steuerpflichtige selbst muss Unternehmerinitiative entfalten und das unternehmerische Risiko tragen.

Eine Tätigkeit ist **nachhaltig**, wenn sie von der Absicht getragen ist, sie zu wiederholen und daraus eine ständige Erwerbsquelle zu machen (**Wiederholungsabsicht als subjektives Tatbestandsmerkmal**), und wenn sie sich objektiv – i.d.R. durch Wiederholung – als nachhaltig darstellt (**objektives Tatbestandsmerkmal**).

---

[360] Vgl. WACKER, ROLAND: § 15 EStG, in: Einkommensteuergesetz, begr. von LUDWIG SCHMIDT, 32. Aufl., München 2013, Rn. 8-150.

Gewinnerzielungsabsicht ist das **Streben nach** einkommensteuerlich relevanter **Betriebsvermögensmehrung** in Gestalt eines Totalgewinns.[361] Gewinnerzielungsabsicht hat die Rechtsprechung z.B. in folgenden Fällen verneint: bei einem Vollblutpferderennstall oder -gestüt[362] (aber Steuerpflicht bei Trabrennstall mit langer Gewinnphase[363]); bei Vercharterung eines Motorboots, wenn der Besitzer einen Motorbootführerschein hat und nach der Art, wie die Vercharterung betrieben wird, auf Dauer gesehen nicht mit Überschüssen zu rechnen ist;[364] bei einem Modegeschäft, das sieben Jahre mit fortlaufend steigenden Verlusten betrieben wird;[365] bei einem 30 Jahre nur mit Verlust betriebenen Getränkegroßhandel[366].

Beteiligung am allgemeinen wirtschaftlichen Verkehr erfordert, dass eine Tätigkeit am Markt, also gegenüber einer unbestimmten Vielzahl von Nachfragern, gegen Entgelt und für Dritte äußerlich erkennbar angeboten wird, bspw. durch Werbemaßnahmen.

Die **Abgrenzung** der Einkünfte aus Gewerbebetrieb von den anderen Gewinneinkunftsarten erfolgt durch **negative Merkmale**. Es darf sich nicht um Land- und Forstwirtschaft, selbstständige Arbeit oder bloße Vermögensverwaltung (ständige Rechtsprechung,[367] insb. in Abgrenzung zum gewerblichen Grundstückshandel) handeln.

Veräußerungs- bzw. Aufgabegewinne von (Teil-)Betrieben oder Gesellschaftsanteilen werden grundsätzlich durch **Ermittlungs-** und durch **Tarifbegünstigungen** bevorzugt. I.R. der **Ermittlungsbegünstigungen** bleiben je nach Einkunftskategorie bestimmte Teile des Veräußerungs- bzw. Aufgabegewinns steuerfrei (z.B. Freibeträge gem. § 14a, § 16 Abs. 4, § 17 Abs. 3 EStG). Begünstigt sind Veräußerungsgewinne folgender (Teil-)Betriebe oder Gesellschaftsanteile:

- (Teil-)Betriebe der Land- und Forstwirtschaft bzw. Anteile am land- und forstwirtschaftlichen Betriebsvermögen (§§ 14, 14a Abs. 1 EStG);
- (Teil-)Gewerbebetriebe bzw. Mitunternehmeranteile[368] (§ 16 EStG); die Begünstigung wird nur gewährt, soweit nicht nur ein Teil eines Mitunternehmeranteils veräußert wird (§ 16 Abs. 1 S. 2 EStG), auf der Seite des Veräußerers und auf der Seite des Erwerbers nicht dieselben Personen Unternehmer oder Mitunternehmer sind (§ 16 Abs. 2 und 3 EStG) und der Veräußerer das 55. Lebensjahr vollendet hat oder dauernd berufsunfähig ist; diese Vergünstigung wird nur einmal im Leben gewährt (§ 16 Abs. 4 EStG);

---

[361] Vgl. BFH-Urteil vom 02.06.1999, in: BFH/NV 2000, S. 23.
[362] Vgl. BFH-Urteil vom 04.03.1970, BStBl II 1970, S. 470.
[363] Vgl. BFH-Urteil vom 19.07.1990, BStBl II 1991, S. 333.
[364] Vgl. BFH-Urteil vom 28.08.1987, BStBl II 1988, S. 10. Jedoch wurde bei der Vercharterung von mehreren Booten die Gewinnerzielungsabsicht auch schon bejaht; vgl. BFH-Beschluss vom 10.04.2002, in: BFH/NV 2002, S. 1025.
[365] Vgl. FG Baden-Württemberg, Urteil vom 12.01.1995, in: EFG 1995, S. 713.
[366] Vgl. BFH-Urteil vom 23.05.1985, BStBl II 1985, S. 515.
[367] Vgl. bspw. BFH-Beschluss vom 25.06.1984, BStBl II 1984, S. 751.
[368] Als Teilbetrieb gilt auch die im Betriebsvermögen gehaltene 100 %-ige Beteiligung an einer Kapitalgesellschaft (§ 16 Abs. 1 Nr. 1 S. 2 EStG).

- Beteiligungen an Kapitalgesellschaften, wenn die Beteiligung unmittelbar oder mittelbar innerhalb der letzten fünf Jahre für eine logische Sekunde mindestens 1 % betrug (§ 17 Abs. 1 EStG);[369]
- (Teil-)Vermögen bzw. Anteil am Vermögen, das einer selbstständigen Arbeit dient (§ 18 Abs. 3 EStG).

Eine zusammenfassende Übersicht hierzu gibt Abb. 64[370].

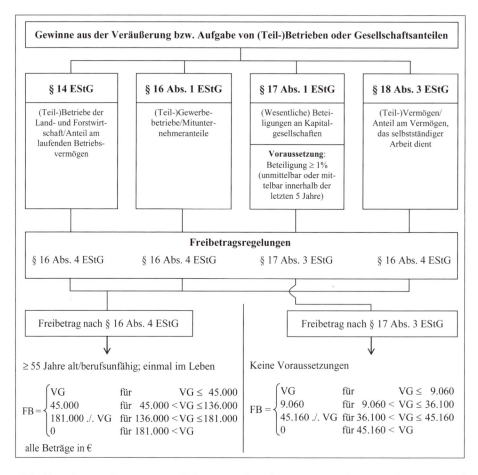

Abb. 64: Die einkommensteuerliche Ermittlungsbegünstigung für Veräußerungs- und Aufgabegewinne

---

[369] Zu beachten ist, dass hier neben dem Freibetrag als zusätzliche Begünstigung das Teileinkünfteverfahren gem. § 3 Nr. 40 Buchst. c EStG zur Anwendung kommt. Des Weiteren muss der Freibetrag anteilig gekürzt werden, wenn nicht eine 100 %-ige Beteiligung veräußert wird.

[370] In Anlehnung an SIEGEL, THEODOR/BAREIS, PETER: Strukturen der Besteuerung – Betriebswirtschaftliches Arbeitsbuch Steuerrecht: Grundzüge des Steuersystems in Strukturübersichten, Beispielen und Aufgaben, 4. Aufl., München/Wien 2004, S. 128.

Die **Tarifbegünstigung** gem. § 34 EStG (vgl. S. 338) gilt grundsätzlich für alle außerordentlichen Einkünfte. Außerordentliche Einkünfte sind Entschädigungen i.S.d. § 24 Nr. 1 EStG, Nutzungsvergütungen i.S.d. § 24 Nr. 3 EStG für einen Zeitraum von mehr als drei Jahren gem. R 34.3 EStR, Vergütungen für mehrjährige Tätigkeiten und Einkünfte aus außerordentlicher Holznutzung i.S.d. § 34b Abs. 1 Nr. 1 EStG sowie insb. **Veräußerungsgewinne** i.S.d. §§ 14, 14a Abs. 1 EStG und der §§ 16, 18 Abs. 3 EStG mit Ausnahme des Teils des Veräußerungsgewinns, der nach § 3 Nr. 40 Buchst. b EStG teilweise steuerbefreit ist. Die Gewinne aus der Veräußerung einer Beteiligung (Mindestbeteiligungshöhe: 1 %) an einer Kapitalgesellschaft (§ 17 EStG) werden hiernach nicht mehr begünstigt, da bereits durch § 3 Nr. 40 Buchst. b EStG 40 % des Gewinns von der Steuer befreit werden. Die Besteuerung erfolgt unter Umgehung der partiellen Progression mittels der sog. „Fünftelungsregelung". Alternativ hierzu besteht unter bestimmten Voraussetzungen die Möglichkeit zur Besteuerung mit **56 % des durchschnittlichen Steuersatzes**.

Ziel dieser Vergünstigungen ist es, die Progression der Einkommensteuer für diese Einkünfte zu mildern, da die geballte Realisierung von mehrperiodig angesammelten stillen Reserven zu einer überproportionalen Steuerbelastung führt, die bei gleichmäßiger Vereinnahmung nicht angefallen wäre.[371]

Bei der Berücksichtigung von **Verlusten bei beschränkter Haftung** sind Besonderheiten zu berücksichtigen, da § 15a EStG die Verrechnung von Verlusten im gewerblichen Bereich beschränkt, soweit ein sog. negatives Kapitalkonto entsteht oder sich erhöht. Wie § 15a Abs. 1a EStG klarstellt, kann diese Beschränkung auch nicht durch nachträgliche Einlagen umgangen werden. Unter nachträglichen Einlagen sind solche Einlagen zu verstehen, die nach Ablauf des Wirtschaftsjahres geleistet werden, in welchem ein nicht verrechenbarer Verlust entstanden oder ein Gewinn nach § 15a Abs. 3 S. 1 EStG zugerechnet worden ist.

Beispiel: (Auswirkungen von Verlusten auf das Kapitalkonto eines Kommanditisten)

Das Kapitalkonto eines Kommanditisten beträgt zum Jahresbeginn 100.000 €, der zugerechnete Anteil am Verlust der Gesellschaft 120.000 €. Das Kapitalkonto weist somit am Jahresende einen Bestand von ./. 20.000 € auf.

Der Verlustanteil ist nur i.H.v. 100.000 € mit anderen Einkünften ausgleichsfähig bzw. nach § 10d EStG rücktrags- und/oder vortragsfähig. Es entsteht ein negatives Kapitalkonto (20.000 €), sodass dieser Teil des Verlustes nicht sofort ausgleichs- bzw. abzugsfähig ist.

Der nicht ausgleichs- bzw. abzugsfähige Verlust entfaltet zwar im Jahr der Verlustentstehung keine steuerlichen Auswirkungen, da er nicht in die Summe der Einkünfte eingeht. Er ist jedoch unbegrenzt vortragsfähig und mit späteren Erträgen der gleichen Einkunftsart verrechenbar.

Verluste, die nicht in den Verlustausgleich bzw. -abzug einbezogen werden dürfen, gehen dem beschränkt haftenden Gesellschafter nicht verloren. Sie sind nach § 15a Abs. 2 EStG innerbetrieblich vorzutragen und mit Gewinnen in späteren Jahren zu verrechnen.

Direkt betroffen von der Regelung des § 15a EStG sind beschränkt haftende Gesellschafter von gewerblichen Mitunternehmerschaften: typischerweise Kommanditisten, aber auch an-

---

[371] Vgl. SCHOOR, HANS WALTER: Steuerbegünstigte Veräußerung oder Aufgabe eines Mitunternehmeranteils, in: StuB 2001, S. 1051-1061, s.b.S. 1051.

dere Unternehmer, soweit deren Haftung mit der eines Kommanditisten vergleichbar ist (stille Gesellschafter u.a.).

Durch die **Verweise** in den **§§ 13 Abs. 7** und **18 Abs. 4 EStG** wird der Anwendungsbereich des § 15a EStG auch auf beschränkt haftende Gesellschafter land- und forstwirtschaftlicher Mitunternehmerschaften und Mitunternehmerschaften im Bereich der selbstständigen Arbeit ausgedehnt.

Für Verluste im Zusammenhang mit Steuerstundungsmodellen gilt, dass diese weder mit Einkünften aus derselben Einkunftsart noch mit Einkünften aus anderen Einkunftsarten ausgeglichen werden dürfen. Sie dürfen auch nicht nach § 10d EStG abgezogen werden. Verluste im Zusammenhang mit Steuerstundungsmodellen dürfen nur Einkünfte aus derselben Einkunftsquelle, die der Steuerpflichtige in nachfolgenden Wirtschaftsjahren erzielt, mindern (§ 15b Abs. 1 EStG). Durch **Verweise** in den **§§ 13 Abs. 7, 18 Abs. 4, 20 Abs. 7** und **21 Abs. 1 S. 2 EStG** gilt die Vorschrift des § 15b EStG für alle Einkunftsarten außer Einkünften aus nichtselbstständiger Arbeit.

Zur „Absicherung der Abschaffung der sog. Mehrmütterorganschaft"[372] dürfen **Verluste aus stillen Gesellschaften, Unterbeteiligungen und sonstigen Innengesellschaften an Kapitalgesellschaften (sog. mitunternehmerische Innengesellschaften zwischen Kapitalgesellschaften)**, bei denen der Gesellschafter oder der Beteiligte als Mitunternehmer anzusehen ist, **nicht** mit anderen Einkünften aus Gewerbebetrieb oder (i.R.d. vertikalen Verlustausgleichs) mit Einkünften aus anderen Einkunftsarten **verrechnet** werden.[373] Dieses Verbot gilt auch für den Verlustvortrag und den Verlustrücktrag (§ 15 Abs. 4 S. 6 EStG). Solche Verluste (negative Einkünfte) dürfen nur i.R. des Verlustvortrags und des Verlustrücktrags die Gewinne aus derselben stillen Gesellschaft, Unterbeteiligung oder sonstigen Innengesellschaft an Kapitalgesellschaften mindern (§ 15 Abs. 4 S. 7 EStG). Diese Verrechnungsbeschränkung gilt nur für mitunternehmerische Innengesellschaften zwischen Kapitalgesellschaften; Verluste, die auf eine **natürliche Person** als unmittelbar oder mittelbar beteiligter Mitunternehmer entfallen, dürfen unbeschränkt verrechnet werden (§ 15 Abs. 4 S. 8 EStG).

(b) Einkünfte aus Land- und Forstwirtschaft (§§ 13-14a EStG)

Land- und Forstwirtschaft ist die planmäßige Nutzung der natürlichen Kräfte des Bodens und die Verwertung der dadurch gewonnenen Erzeugnisse. Beispiel hierfür sind Landwirtschaft, Forstwirtschaft, Weinbau, Gartenbau, Imkerei, Schäferei, Binnenfischerei.

Gem. § 13a EStG darf unter bestimmten Voraussetzungen (keine Buchführungspflicht, 20 Hektar land- und forstwirtschaftliche Nutzfläche ohne Sonderkulturen, Tierbestand bis 50 Vieheinheiten und Wert der selbst bewirtschafteten Sondernutzungen (z.B. weinbauliche oder gärtnerische Nutzung) nicht mehr als 1.023 €[374]; vgl. § 13a Abs. 1 EStG) die Gewinnermittlung nach Durchschnittssätzen erfolgen.

---

[372] Vgl. Gesetzentwurf der Fraktionen SPD und Bündnis 90/Die Grünen: Entwurf eines Gesetzes zum Abbau von Steuervergünstigungen und Ausnahmeregelungen (Steuervergünstigungsabbaugesetz), in: BT-Drs. 15/119 vom 02.12.2002, S. 38.

[373] Vgl. WACKER, ROLAND: § 15 EStG, in: Einkommensteuergesetz, begr. von LUDWIG SCHMIDT, 32. Aufl., München 2013, Rn. 895.

[374] In § 13a Abs. 1 S. 1 Nr. 4 EStG ist nach wie vor der Betrag von 2.000 DM angegeben.

Sofern die Summe der Einkünfte 30.700 € bzw. 61.400 € bei Zusammenveranlagung nicht übersteigt, kann bei der Ermittlung des Gesamtbetrags der Einkünfte ein Freibetrag i.H.v. 670 € bzw. 1.340 € bei Zusammenveranlagung angesetzt werden (§ 13 Abs. 3 EStG).

(c)   Einkünfte aus Gewerbebetrieb (§§ 15-17 EStG)

Nach § 15 Abs. 2 EStG setzt der Begriff „Gewerbebetrieb" eine **Betätigung** (Tätigkeit) voraus, weiterhin **Selbstständigkeit** und **Nachhaltigkeit** der Tätigkeit sowie **Gewinnerzielungsabsicht**. Außerdem gehört die Teilnahme am allgemeinen Wirtschaftsverkehr dazu und es darf sich nicht um Land- und Forstwirtschaft, eine selbstständige Arbeit oder um eine Vermögensverwaltung handeln (vgl. S. 276).

Folgende Arten gewerblicher Einkünfte werden unterschieden:[375]

- **Einkünfte aus gewerblichen (Einzel-)Unternehmen**, z.B. Handwerker, Händler, Fabrikanten, Bergbautreibende, Gartenbauunternehmer, Handelsmakler (§ 15 Abs. 1 Nr. 1 EStG);
- **Einkünfte aus gewerblichen Mitunternehmergemeinschaften** (§ 15 Abs. 1 Nr. 2 EStG). Dies sind nach dem Gesetzeswortlaut die **Gewinnanteile** und **Sondervergütungen** der Gesellschafter einer OHG, einer KG (ebenfalls GmbH & Co. KG) oder einer anderen Gesellschaft, bei der der Gesellschafter **Mitunternehmer** ist (z.B. BGB-Gesellschaft, atypisch stille Gesellschaft). Ist eine Personengesellschaft sowohl land- und forstwirtschaftlich, freiberuflich oder vermögensverwaltend als auch gewerblich tätig (sog. **gemischt tätige Personengesellschaft**), gilt sie in vollem Umfang als Gewerbebetrieb (§ 15 Abs. 3 Nr. 1 EStG). Gleiches gilt für eine land- und forstwirtschaftlich, freiberuflich oder vermögensverwaltend tätige Personengesellschaft, zu deren Gesamthandsvermögen eine Beteiligung an einer gewerblich tätigen Gesellschaft gehört. Sind bei einer tatsächlich land- und forstwirtschaftlich, freiberuflich oder vermögensverwaltend tätigen Personengesellschaft ausschließlich eine oder mehrere Kapitalgesellschaften Vollhafter und üben nur diese oder Personen, die nicht Gesellschafter sind, die Geschäftsführung aus, so gilt die Tätigkeit der Personengesellschaft vollumfänglich als gewerblich (§ 15 Abs. 3 Nr. 2 EStG; sog. **gewerblich geprägte Personengesellschaft**);
- **Einkünfte als persönlich haftender Gesellschafter einer KGaA** (§ 15 Abs. 1 Nr. 3 EStG);
- **Einkünfte aus der Veräußerung eines Gewerbebetriebs** (§ 16 EStG);
- **Einkünfte aus der Veräußerung von Anteilen an Kapitalgesellschaften** (§ 17 EStG), durch die eine Privatperson Einkünfte aus gewerblicher Tätigkeit erzielen kann, wenn die in § 17 EStG getroffenen Voraussetzungen erfüllt werden.[376] Gewinne aus der Veräußerung von Anteilen an Kapitalgesellschaften, die nicht unter § 17 EStG fallen, stellen Einkünfte aus Kapitalvermögen gem. § 20 Abs. 2 Nr. 1 EStG dar. Bei der steuerlichen

---

[375] Vgl. HEY, JOHANNA: § 8, in: Steuerrecht, hrsg. von KLAUS TIPKE und JOACHIM LANG, 21. Aufl., Köln 2013, Rn. 419-422.

[376] Bei der verdeckten Einlage von Anteilen an einer Kapitalgesellschaft in eine Kapitalgesellschaft gelten hinsichtlich der Ermittlung des Veräußerungsgewinnes diverse Besonderheiten; vgl. § 17 Abs. 2 EStG.

Erfassung von Gewinnen einerseits und von Verlusten andererseits bestehen (gewollte) Ungleichbehandlungen:[377]

- **Veräußerungsgewinne** werden erfasst, wenn der Veräußerer in irgendeinem Zeitpunkt **innerhalb** der letzten fünf Jahre vor der Veräußerung unmittelbar oder mittelbar zu mindestens 1 % an der Kapitalgesellschaft beteiligt war. Unmaßgeblich ist, ob er auch im Veräußerungszeitpunkt die Beteiligung hält (**nachwirkende Steuerverhaftung**). Dabei führt die Veräußerung eines noch so kleinen Anteils bereits zur Steuerpflicht.

- **Veräußerungsverluste** hingegen sind nur zu berücksichtigen, wenn sie auf Unternehmensanteile entfallen, die der Anteilseigner seit fünf Jahren ununterbrochen hält, wobei auch hier mindestens eine 1 %-ige Beteiligung am Unternehmen vorausgesetzt wird. Daneben kann ein Veräußerungsverlust steuerlich berücksichtigt werden, wenn entweder

  - die innerhalb des Fünfjahreszeitraums entgeltlich erworbenen Anteile zur Begründung einer mindestens 1 %-igen Beteiligung des Steuerpflichtigen geführt haben, oder bei denen vor dem Zukauf bereits eine mindestens 1 %-ige Beteiligung bestand (bei diesen zwei Kriterien ist der Verlustabzug anteilsbezogen), oder

  - bei einem unentgeltlichen Erwerb der Rechtsvorgänger (Erblasser, Schenker) den Veräußerungsverlust hätte geltend machen können (§ 17 Abs. 2 S. 6 EStG).

Einkünfte aus Gewerbebetrieb unterliegen i.d.R. der Gewerbesteuer. Aus diesem Grund erfolgt die Gewerbesteueranrechnung im Sinne einer pauschalen Berücksichtigung der Gewerbesteuer durch Abzugsmöglichkeit von der Einkommensteuerschuld (§ 35 EStG; vgl. S. 342 ff.).

(d)   **Einkünfte aus selbstständiger Arbeit (§ 18 EStG)**

Im EStG wird der Begriff der selbstständigen Arbeit nicht explizit definiert. Nach Rechtsprechung und Literatur ist eine selbstständige Arbeit i.S.d. § 18 EStG gegeben, wenn zwar die vier positiven Merkmale eines Gewerbebetriebs (Selbstständigkeit, Nachhaltigkeit, Gewinnerzielungsabsicht und Teilnahme am allgemeinen wirtschaftlichen Verkehr) vorliegen, aber

- der Einsatz von Kapital gegenüber der geistigen und körperlichen Arbeit in den Hintergrund tritt und

- die Tätigkeit in starkem Maße auf der Ausbildung und dem Können des Steuerpflichtigen beruht.

Überwiegend handelt es sich um akademische Berufe. Die Abgrenzung kann im Einzelfall aber schwierig sein. Besondere steuerliche Bedeutung erlangt die Abgrenzung zwischen selbstständiger Arbeit und gewerblicher Tätigkeit dadurch, dass die Einkünfte aus selbstständiger Arbeit nicht der Gewerbesteuer unterliegen.

---

[377] Vgl. KUßMAUL, HEINZ/JUNKER, ANDY: Verlustberücksichtigung bei Veräußerung „wesentlicher" Beteiligungen aus dem Privatvermögen durch Aufstockung?, in: StuB 2001, S. 650-652; LANG, FRIEDBERT: Besteuerung von Körperschaften und ihren Anteilseignern nach der Unternehmenssteuerreform 2001, Achim 2000, S. 128-130.

Die **freiberufliche Tätigkeit** stellt die **1. Gruppe** der selbstständigen Arbeit dar (§ 18 Abs. 1 Nr. 1 EStG). Sie erfüllt alle Merkmale der gewerblichen Tätigkeit, wird aber durch § 15 Abs. 2 EStG ausdrücklich aus der gewerblichen Tätigkeit ausgeklammert. Zur freiberuflichen Tätigkeit gehören:

- wissenschaftliche, künstlerische, schriftstellerische, unterrichtende oder erzieherische Tätigkeiten;
- Tätigkeiten i.R.d. **sog. Katalogberufe**:
  - Heilberufe (Ärzte, Zahnärzte, Tierärzte, Heilpraktiker, Krankengymnasten);
  - rechts- und wirtschaftsberatende Berufe (Rechtsanwälte, Notare, Patentanwälte, Wirtschaftsprüfer, Steuerberater, beratende Volks- und Betriebswirte, vereidigte Buchprüfer);
  - naturwissenschaftlich-technisch orientierte Berufe (Vermessungsingenieure, Ingenieure, Handelschemiker, Architekten) sowie
  - Journalisten und Dolmetscher.

Außerdem zählen dazu die Tätigkeiten in **den Katalogberufen ähnlichen Berufen**. Ähnlichkeit mit einem oder mehreren Berufen liegt vor, wenn die typischen Merkmale des ähnlichen Berufs Katalogberufsmerkmalen gleichen. Als ähnliche Berufe sind von der Rechtsprechung z. B. anerkannt: Hebammen, Heilmasseure, Systemanalytiker, Zahntechniker.

Die Tätigkeit der **Einnehmer einer staatlichen Lotterie**, wenn sie nicht Gewerbetreibende sind, ist die **2. Gruppe** der selbstständigen Arbeit (§ 18 Abs. 1 Nr. 2 EStG).

Die **3. Gruppe** umfasst die **sonstige selbstständige Arbeit** (§ 18 Abs. 1 Nr. 3 EStG). Es handelt sich um hauptsächlich gelegentliche (nebenberufliche) Tätigkeiten, jedoch können in Ausnahmefällen auch nachhaltig ausgeübte Tätigkeiten hierunter subsumiert werden.[378]

Einkünfte, die die Initiatoren sog. Wagniskapitalgesellschaften insb. mittels eigenkapitalähnlicher Beteiligungen (**Private Equity oder Venture Capital Fonds**) aus der Veräußerung von Unternehmensbeteiligungen im Interesse aller Anleger erzielen, stellen die **4. Gruppe** der selbstständigen Arbeit dar (§ 18 Abs. 1 Nr. 4 EStG). Diese Einkünfte sind zu 60 % steuerpflichtig (§ 18 Abs. 1 Nr. 4 EStG i.V.m. 3 Nr. 40a EStG).

An der freien Berufstätigkeit ändert sich durch die **Mithilfe fachlich vorgebildeter Arbeitskräfte** nichts, vorausgesetzt, dass der Freiberufler gegenüber diesen aufgrund eigener Fachkenntnisse leitend und eigenverantwortlich tätig wird. Die freiberufliche Tätigkeit kann auch von **Mitunternehmerschaften** (Sozietäten von Freiberuflern) ausgeführt werden.

Einnahmen aus einer **nebenberuflichen Tätigkeit** als Übungsleiter, Ausbilder, Erzieher, Betreuer oder aus einer vergleichbaren nebenberuflichen Tätigkeit, aus einer nebenberuflichen künstlerischen Tätigkeit oder aus der nebenberuflichen Pflege alter, kranker oder behinderter Menschen im Dienst oder Auftrag einer inländischen oder in einem Staat der EU bzw. des EWR belegenen juristischen Person des öffentlichen Rechts oder Einrichtungen zur Förderung gemeinnütziger, mildtätiger und kirchlicher Zwecke sind bis zur Höhe von 2.400 € **steuerfrei** (§ 3 Nr. 26 EStG). Ausgaben, die mit diesen Einnahmen in einem unmittel-

---

[378] Vgl. BRANDT, JÜRGEN: § 18 EStG, in: Einkommensteuer- und Körperschaftsteuergesetz, hrsg. von CARL HERRMANN u.a., Köln (Loseblatt), Stand: April 2013, Rn. 252.

baren wirtschaftlichen Zusammenhang stehen, können daher nur als Betriebsausgaben abgezogen werden, soweit sie den steuerfreien Betrag übersteigen (§ 3c Abs. 1 EStG). Dies gilt in gleicher Weise für Einnahmen aus nebenberuflichen Tätigkeiten im Dienst oder Auftrag einer inländischen oder in einem Staat der EU bzw. des EWR belegenen juristischen Person des öffentlichen Rechts oder bestimmter Einrichtungen zur Förderung gemeinnütziger, mildtätiger und kirchlicher Zwecke bis zur Höhe von insgesamt 720 € im Jahr (§§ 3 Nr. 26a und 3c Abs. 1 EStG).

Zu den Einkünften aus selbstständiger Arbeit gehört **auch der Gewinn, der bei der Veräußerung des Vermögens**, eines selbstständigen Teils des Vermögens oder eines Anteils am Vermögen **erzielt wird**, das der selbstständigen Arbeit dient (§ 18 Abs. 3 EStG).

(3) Die Überschusseinkunftsarten (§2 Abs. 2 Nr. 2 EStG)

(a) Einkünfte aus nichtselbstständiger Arbeit (§§ 19 und 19a EStG)

Einkünfte aus nichtselbstständiger Arbeit werden von **Arbeitnehmern** erzielt. Arbeitnehmer im steuerlichen Sinne ist nach § 1 Abs. 1 LStDV jede Person, die im öffentlichen oder privaten Dienst angestellt ist oder war und aus diesem oder einem früheren Dienstverhältnis Arbeitslohn bezieht (**abhängig Beschäftigter**).

Neben den Gehältern, Löhnen, Gratifikationen, Tantiemen und anderen Bezügen und Vorteilen, die für eine Beschäftigung im öffentlichen oder privaten Dienst gewährt werden, gehören nach § 2 LStDV auch Zuwendungen des Arbeitgebers in Form von laufenden Leistungen an einen Pensionsfonds, eine Pensionskasse oder eine Direktversicherung für die betriebliche Altersvorsorge sowie Pensionszahlungen (Wartegelder, Ruhegelder, Witwen- und Waisengelder und andere Bezüge und Vorteile aus früheren Dienstleistungen, wie z.B. Betriebsrenten) zu den Einkünften aus nichtselbstständiger Arbeit. Zum Arbeitslohn zählen auch die Leistungen aus einer freiwilligen Unfallversicherung, wenn der Unfall beruflich veranlasst ist und die Versicherungsbeiträge als Werbungskosten angesetzt worden sind.[379]

Empfängern von Versorgungsbezügen und Arbeitnehmern werden **Pauschbeträge** i.H.v. 102 € für Einnahmen aus Versorgungsbezügen i.S.v. § 19 Abs. 2 EStG und i.H.v. 1.000 € für alle übrigen Einnahmen aus nichtselbstständiger Arbeit (§ 9a S. 1 Nr. 1 EStG) gewährt, sofern der Steuerpflichtige nicht höhere Beträge nachweist. Durch diese Pauschbeträge dürfen keine negativen Einkünfte entstehen.

In den **Jahren 2005 bis 2040** bleiben Versorgungsbezüge i.S.v. § 19 Abs. 2 S. 2 EStG (z.B. Beamtenpensionen, Betriebsrenten) durch die **Gewährung eines Versorgungsfreibetrags und eines Zuschlags zum Versorgungsfreibetrag** (§ 19 Abs. 2 S. 1 EStG) teilweise steuerfrei. Diese Freibeträge werden bis 2040 nach dem sog. Kohortenprinzip abgeschmolzen, d.h. die Höhe des Versorgungsfreibetrags und des Zuschlags zum Versorgungsfreibetrag werden in Abhängigkeit vom Jahr des Beginns der Versorgungsbezüge einmal festgelegt und ändern sich, bezogen auf den einzelnen Steuerpflichtigen, in den Folgejahren nicht mehr. Stattdessen schmelzen die Vergünstigungen von Pensionsjahrgang zu Pensionsjahrgang sukzessive ab.

---

[379] Vgl. BMF-Schreiben vom 17.07.2000, BStBl I 2000, S. 1205.

Für die Festsetzung ist gem. § 19 Abs. 2 S. 4 EStG bei Versorgungsbeginn vor 2005 das 12fache des Versorgungsbezugs für Januar 2005, bei Versorgungsbeginn ab 01.01.2005 das 12fache des Versorgungsbezugs für den ersten vollen Bezugsmonat maßgeblich; voraussichtliche Sonderzahlungen (z.B. Weihnachtsgeld) werden berücksichtigt.

Beispiel: (Besteuerung von Versorgungsbezügen)[380]

Claus Clever erhält ab dem 01.03.2013 monatlich Versorgungsbezüge i.H.v. 1.500 €. Ab dem 01.12.2013 erhöhen sich diese auf 1.600 €. Zudem erhält er im November 2013 Weihnachtsgeld i.H.v. 500 €. Damit ergeben sich im Jahr 2013 folgende zu versteuernde Einkünfte:

Pension ab 01.03.2013	9 · 1.500 € =	13.500 €
Pension ab 01.12.2013	1 · 1.600 € =	1.600 €
Weihnachtsgeld November 2013		500 €
Summe der Einnahmen		15.600 €
./. Versorgungsfreibetrag		
1.500 € · 12 =	18.000 €	
Weihnachtsgeld	500 €	
Summe	18.500 €	
Davon gem. Tabelle 27,2 % (2013)	5.032 €	
Höchstbetrag gem. Tabelle (2013)	2.040 €	
Zuschlag gem. Tabelle (2013)	612 €	
Summe	2.652 €	
Zeitanteiliger für 2013 zu gewährender Freibetrag (10/12)		**./. 2.210 €**
./. WK-Pauschbetrag gem. § 9a S. 1 Nr. 1 Buchst. b EStG		**./. 102 €**
Zu versteuernde Einkünfte		**13.288 €**
Nachrichtlich: zukünftiger (gleich bleibender) jährlicher Freibetrag:		**2.652 €**

Der Versorgungsfreibetrag nimmt von 2006 bis 2020 jährlich um 1,6 % ab, danach um 0,8 %, der Höchstbetrag von 2006 bis 2020 jährlich um 120 €, danach um 60 € und der Zuschlag zum Versorgungsfreibetrag von 2006 bis 2020 jährlich um 36 €, danach um 18 € (§ 19 Abs. 2 S. 3 EStG).

Damit wird für Personen, die ab dem Jahr 2040 erstmals Versorgungsbezüge empfangen, weder ein Versorgungsfreibetrag noch ein Zuschlag zum Versorgungsfreibetrag gewährt. Zu beachten ist, dass der Versorgungsfreibetrag und der Zuschlag zum Versorgungsfreibetrag max. i.H. der Versorgungsbezüge abgezogen werden dürfen (§ 19 Abs. 2 S. 5 EStG).

Erhält ein **Arbeitnehmer** Einnahmen in Form von **Waren oder Dienstleistungen**, wird dieser Vorteil nur mit 96 % der Endpreise bewertet, zu denen der Arbeitgeber oder der dem Abgabeort nächstansässige Abnehmer die Waren oder Dienstleistungen fremden Letztverbrauchern im allgemeinen Geschäftsverkehr anbietet (§ 8 Abs. 3 S. 1 EStG). Von dem sich ergebenden Betrag wird ein Freibetrag i.H.v. 1.080 € abgezogen (§ 8 Abs. 3 S. 2 EStG).

Werden einem **Arbeitnehmer** i.R. seines Dienstverhältnisses Vorteile durch die unentgeltliche oder verbilligte Überlassung von bestimmten **betrieblichen Beteiligungen** (direkte Be-

---

[380] Modifiziert entnommen aus KORN, KLAUS/STRAHL, MARTIN: Alterseinkünftegesetz: Änderungen und Empfehlungen, in: KÖSDI 2004, S. 14360-14373, s.b.S. 14367.

teiligung am Unternehmen des Arbeitnehmers oder Beteiligung an einem Mitarbeiterbeteiligungssondervermögen) zugewendet, sind diese bis zu einem Betrag von 360 € pro Jahr steuerfrei gestellt (§ 3 Nr. 39 EStG).

Eine ganze Reihe von Einnahmen ist **steuerfrei**:

- Abfindungen aus der Rentenversicherung (§ 3 Nr. 3 EStG);
- Werbungskostenersatz (§ 3 Nr. 12, 13, 16, 30-32 EStG);
- Kindergartenzuschüsse (§ 3 Nr. 33 EStG);
- Trinkgelder (§ 3 Nr. 51 EStG);
- Arbeitgeberanteil zur Sozialversicherung (§ 3 Nr. 62 EStG);
- Arbeitgeberbeiträge zum Aufbau einer kapitalgedeckten betrieblichen Altersversorgung mit Leistungsbezug in Rentenform in begrenztem Umfang (§ 3 Nr. 63 EStG);
- Zuwendungen des Arbeitgebers nach § 19 Abs. 1 S. 1 Nr. 3 S. 1 EStG an eine Pensionskasse zum Aufbau einer nicht kapitalgedeckten betrieblichen Altersvorsorge in begrenztem Umfang (§ 3 Nr. 56 EStG);
- Zuschläge für Sonntags-, Feiertags- und Nachtarbeit in begrenztem Umfang (§ 3b EStG).

Bei den Einkünften aus nichtselbstständiger Arbeit wird die Einkommensteuer grundsätzlich durch Abzug vom Arbeitslohn erhoben (§§ 38-42f EStG). Diese im **Quellenabzugsverfahren** erhobene Einkommensteuer bezeichnet man als **Lohnsteuer** (LSt). Der Arbeitgeber hat die Lohnsteuer einzubehalten und an das zuständige Finanzamt abzuführen (vgl. S. 349 ff.).

(b) Einkünfte aus Kapitalvermögen (§ 20 EStG)

§ 20 Abs. 1 EStG gibt **weder** eine **Definition noch** eine **erschöpfende Aufzählung** der Einkünfte aus Kapitalvermögen. Die Vorschrift nennt vielmehr nur die wichtigsten zu dieser Einkunftsart gehörenden Einnahmen. Es wird jedoch aus den erwähnten Sachverhalten deutlich, dass in dieser Einkunftsart die „**Früchte**" **aus der Anlage von Geldkapital/-vermögen** erfasst werden sollen.

Beispiel: (Einkünfte aus Kapitalvermögen)

Stefanie Schlau kaufte im Jahr 2005 eine 6 %-ige Bundesanleihe mit Laufzeit bis 2013 zu einem gegenwärtigen Kurs von 90 %. Sie erhält dann bis 2013 jährlich 6 % Zinsen, die unter die Einkünfte aus Kapitalvermögen fallen. Im Jahr 2013 erhält sie bei Einlösung der Anleihe 100 % ausgezahlt, sodass sie einen Kursgewinn von 10 % realisiert. Dieser Kursgewinn ist steuerfrei, da die Anschaffung vor dem 01.01.2009 erfolgte.

Zu den Einkünften aus Kapitalvermögen zählen seit dem Jahr 2009 allerdings auch realisierte Wertänderungen des privaten Kapitalvermögens in Form von **Gewinnen und Verlusten aus der Veräußerung von Kapitalanlagen** unabhängig von einer etwaigen Haltedauer (§ 20 Abs. 2 EStG). Hierunter fallen auch insb. Veräußerungsgewinne bzw. -verluste von Anteilen an einer Kapitalgesellschaft, sofern diese nach dem 31.12.2008 angeschafft wurden (§ 20 Abs. 2 S. 1 Nr. 1 i.V.m. § 52a Abs. 10 S. 1 EStG). Werden allerdings die Kriterien des § 17 EStG erfüllt, so ist dieser (anders als dies bis zum Jahr 2008 gem. § 23 Abs. 2 S. 2 EStG der Fall war) vorrangig anzuwenden; es handelt sich dann um Einkünfte aus Gewerbebetrieb (§ 20 Abs. 8 EStG), die zu 40 % steuerfrei gestellt werden („Teileinkünfteverfahren") und nicht der noch darzustellenden Abgeltungssteuer unterliegen. Laufende Einkünfte aus „§ 17-Beteiligungen" zählen allerdings zu den Einkünften aus Kapitalvermögen.

Für Anteile an Kapitalgesellschaften, die vor dem 01.01.2009 angeschafft wurden, gilt weiterhin die bis zum Inkrafttreten des Unternehmensteuerreformgesetzes geltende Regelung, derzufolge Gewinne und Verluste aus der Veräußerung von Wertpapieren nur dann steuerlich berücksichtigt wurden, wenn An- und Verkauf innerhalb eines Jahres erfolgten (§ 23 Abs. 1 S. 1 Nr. 2 EStG a.F.). Folglich sind aus diesen Anteilen realisierte Veräußerungsgewinne seit dem VAZ 2010 stets steuerfrei, da die Jahresfrist in allen Fällen überschritten sein wird.

Der neue § 20 EStG beinhaltet in seinen Absätzen 1 und 2 eine Auflistung der steuerpflichtigen Kapitaleinnahmen. Die in § 20 Abs. 1 EStG genannten Einnahmen sind:

– Gewinnanteile, insb. aus Aktien, Anteilen an GmbH und Erwerbs- und Wirtschaftsgenossenschaften, vGA sowie Zahlungen des Verkäufers des Gewinnanteils an den Erwerber zur Kompensation dafür, dass ein zwischenzeitlich entstandener Dividendenanspruch nicht vermittelt wird (Nr. 1);[381]

– Bezüge aus Kapitalherabsetzungen – sofern dafür verwendbares Eigenkapital als verwendet gilt – oder nach Auflösung unbeschränkt steuerpflichtiger Körperschaften (Nr. 2);

– Einnahmen aus einer Beteiligung als stiller Gesellschafter und aus partiarischen Darlehen (gilt nur für nicht mitunternehmerische Beteiligungen) (Nr. 4);[382]

– Zinsen, insb. aus Hypotheken und Grundschulden und Renten aus Rentenschulden (Nr. 5);

– Erträge (als Differenz zwischen Auszahlungsbetrag und Summe der geleisteten Beiträge exklusive Anteilen für mitversicherte Zusatzrisiken wie z.B. Berufsunfähigkeit) aus Kapitallebensversicherungen, Rentenversicherungen mit Kapitalwahlrecht (soweit nicht die Rentenzahlung gewählt wird) und Kapitalversicherungen mit Sparanteil, die nach dem 31.12.2004 abgeschlossen wurden; diese unterliegen **grundsätzlich in voller Höhe der Besteuerung** (Nr. 6 S. 1 EStG). Gleiches gilt für entsprechende Erträge aus fondsgebundenen Lebensversicherungen (Nr. 6 S. 4 EStG). Wird die Versicherungsleistung nach Vollendung des 60. Lebensjahres des Steuerpflichtigen und nach Ablauf von 12 Jahren seit Vertragsabschluss ausgezahlt, unterliegt jedoch **nur die Hälfte** der Erträge der Besteuerung (Nr. 6 S. 2 EStG). Bei entgeltlichem Erwerb des Anspruchs auf die Versicherungsleistung treten die Anschaffungskosten an die Stelle der vor dem Erwerb entrichteten Beiträge (Nr. 6 S. 3 EStG);

– Erträge aus sonstigen Kapitalforderungen jeder Art, wenn die Rückzahlung des Kapitalvermögens oder ein Entgelt für die Überlassung des Kapitalvermögens zur Nutzung zugesagt oder gewährt worden ist, auch wenn die Höhe des Entgelts von einem ungewissen

---

[381] Bezüge, soweit sie aus Ausschüttungen einer Körperschaft stammen, für die Beträge des steuerlichen Einlagekontos i.S.v. § 27 KStG als verwendet gelten, fallen nicht unter § 20 Abs. 1 Nr. 1 EStG.

[382] Hinsichtlich der Berücksichtigung von Verlusten sind die §§ 15 Abs. 4 S. 6-8, 15a EStG sinngemäß anzuwenden (§ 20 Abs. 1 Nr. 4 S. 2 EStG).

Ereignis abhängt; die Bezeichnung und die zivilrechtliche Ausgestaltung der Kapitalanlage ist unerheblich (Nr. 7);
- Diskontbeträge von Wechseln und Anweisungen (Nr. 8);
- Einnahmen aus einer nicht von der Körperschaftsteuer befreiten Körperschaft, soweit diese nicht bereits durch § 20 Abs. 1 Nr. 1 EStG erfasst werden (Nr. 9);
- Leistungen eines nicht von der Körperschaftsteuer befreiten Betriebs gewerblicher Art (Nr. 10);
- Stillhalterprämien für die Einräumung von Optionsrechten (Nr. 11).

Während in Absatz 1 die laufenden Einkünfte aufgeführt sind, nennt § 20 Abs. 2 EStG zahlreiche weitere Tatbestände, die zu Einkünften aus Kapitalvermögen führen. Dazu gehören unabhängig von der Haltedauer insb.:
- Gewinne aus der Veräußerung von Anteilen an Körperschaften, Genussrechten und ähnlichen Beteiligungs- und Anwartschaftswerten (Nr. 1);
- Gewinne aus der Veräußerung, Abtretung oder Einlösung von Dividendenscheinen, Zinsscheinen und Zinsforderungen (Nr. 2);
- Gewinne aus Termingeschäften (Nr. 3);
- Gewinne aus der Veräußerung von Wirtschaftsgütern i.S.d. § 20 Abs. 1 Nr. 4 (Nr. 4);
- Gewinne aus der Übertragung von Rechten i.S.d. § 20 Abs. 1 Nr. 5 (Nr. 5);
- Gewinne aus der Veräußerung von Ansprüchen auf eine Lebensversicherung (Nr. 6);
- Gewinne aus der Veräußerung sonstiger Kapitalforderungen (hierunter fallen sog. Finanzinnovationen, aber auch rein spekulative Kapitalanlagen, bei denen sowohl die Erträge als auch die Kapitalrückzahlung von einem ungewissen Ereignis abhängen; Nr. 7);
- Gewinne aus der Übertragung oder Aufgabe einer die Einnahmen i.S.d. § 20 Abs. 1 Nr. 9 EStG vermittelnden Rechtsposition (Nr. 8).

Bis VAZ 2008 galt für **Bezüge**, die **i.V.m. einer Beteiligung an einer Kapitalgesellschaft** standen (§ 20 Abs. 1 Nr. 1, 2 und 9 EStG a.F.), das sog. Halbeinkünfteverfahren, wonach die Einnahmen nur zur Hälfte der Einkommensteuer unterlagen (§ 3 Nr. 40 S. 1 Buchst. d und e EStG a.F.), die mit diesen Einnahmen in Zusammenhang stehenden Erwerbsaufwendungen aber auch nur zur Hälfte berücksichtigt werden durften (§ 3c Abs. 2 EStG a.F.). Abziehbar war gem. § 9a S. 1 Nr. 2 EStG a.F. ein **Werbungskosten-Pauschbetrag** i.H.v. 51 € bzw. bei Zusammenveranlagung 102 € und der sog. **Sparer-Freibetrag** (§ 20 Abs. 4 EStG a.F.) i.H.v. 750 € bzw. 1.500 € im Falle der Zusammenveranlagung.

Mit dem Unternehmensteuerreformgesetz 2008 wurde das Halbeinkünfteverfahren im Privatbereich abgeschafft und für die meisten Kapitaleinkünfte durch eine **Abgeltungssteuer** ersetzt. Es sind seit VAZ 2009 100 % der Einnahmen steuerpflichtig, allerdings kann ein sog. Sparer-Pauschbetrag i.H.v. 801 € (1.602 € bei Zusammenveranlagung) abgesetzt werden (§ 20 Abs. 9 EStG). Ein Abzug der tatsächlichen Werbungskosten kommt dafür auch dann nicht mehr in Frage, wenn diese tatsächlich höher sind als der Pauschbetrag (§ 20 Abs. 9 S. 1 EStG). Die Besteuerung der Einkünfte aus Kapitalvermögen erfolgt seit VAZ 2009 im Regelfall nicht mehr mit dem persönlichen Einkommensteuersatz nach dem Progressionstarif, sondern mit dem pauschalen Abgeltungssteuersatz von 25 % zzgl. SolZ und KiSt[383] (§ 32d Abs. 1 S. 1 EStG). Bei den meisten der Abgeltungssteuer unterliegenden Kapitaleinkünften ist diese mit dem Kapitalertragsteuerabzug, der eigens zu diesem Zweck ab VAZ 2009 auf 25 % (§ 43a Abs. 1 S. 1 Nr. 1 EStG) vereinheitlicht wurde, abgegolten (§ 43 Abs. 5 EStG). Angesichts der grundsätzlich abgeltenden Besteuerung mit „nur" der Kapitalertragsteuer spricht man von einer Abgeltungssteuer.

Steuerpflichtige Kapitaleinkünfte, die nicht der Kapitalertragsteuer unterlegen haben (z.B. Gewinne aus der Veräußerung von GmbH-Anteilen, Zinsen aus Privatdarlehen), für die aber trotzdem der Abgeltungssteuersatz gilt, hat der Steuerpflichtige in seiner Einkommensteuererklärung anzugeben. Für diese Kapitalerträge erhöht sich die Einkommensteuer um den nach § 32d Abs. 1 EStG ermittelten Betrag (also um die Abgeltungssteuer) (§ 32d Abs. 3 EStG). Kapitaleinkünfte, deren Besteuerung durch den Kapitalertragsteuerabzug abgegolten ist, sind nicht in das zu versteuernde Einkommen einzubeziehen und daher auch nicht in der Einkommensteuererklärung aufzuführen. Sie erhöhen damit nicht die Summe der Einkünfte, den Gesamtbetrag der Einkünfte, das Einkommen und das zu versteuernde Einkommen (§ 2 Abs. 5b S. 1 EStG). Da zahlreiche andere Normen an die genannten Begrifflichkeiten anknüpfen, legt § 2 Abs. 5b S. 2 EStG die Regelungen fest, bei deren Anwendung die der Abgeltungssteuer unterliegenden Kapitaleinkünfte doch in die Berechnung der genannten Größen eingehen oder eingehen können (z.B. bei der Berechnung des zulässigen Spendenabzugsvolumens oder bei der Berechnung der Höhe der Zumutbarkeitsgrenze i.R.d. außerordentlichen Belastungen). Für außersteuerliche Zwecke gilt dies im Übrigen stets (§ 2 Abs. 5a EStG).

Kapitaleinkünfte, die wegen der **Subsidiaritätsklausel** (§ 20 Abs. 8 EStG)[384] anderen Einkunftsarten zuzurechnen sind – dies gilt v.a. für im Betriebsvermögen gehaltene Gewinnanteile und Bezüge aus Aktien –, werden nicht mit dem Abgeltungssteuersatz besteuert. Stattdessen kommt das aus dem Halbeinkünfteverfahren hervorgegangene **Teileinkünfteverfahren** zur Anwendung, demzufolge 40 % der Einnahmen steuerfrei sind zu dem Preis, dass 40 % der mit den Einnahmen zusammenhängenden Aufwendungen nicht abgezogen werden können (§ 3 Nr. 40 EStG i.V.m. § 3c Abs. 2 EStG).

Daneben gilt der Abgeltungssteuersatz gem. § 20 Abs. 1 Nr. 6 Satz 6 Buchst. a nicht für Erträge aus Lebensversicherungsverträgen, wenn diese nur zur Hälfte steuerpflichtig sind, und er gilt nicht für Zinsen und Einnahmen aus stillen Beteiligungen. Letzterer Punkt setzt voraus, dass Schuldner und Gläubiger einander nahestehende Personen sind, soweit die den Kapitalerträgen entsprechenden Aufwendungen beim Schuldner Betriebsausgaben oder Werbungskosten im Zusammenhang mit Einkünften sind, die der betrieblichen Besteuerung unterliegen (§ 32d Abs. 2 Nr. 1 Buchst. a EStG), oder der Gesellschafter zumindest mit 10 % an der Kapitalgesellschaft beteiligt ist (§ 32d Abs. 2 Nr. 1 Buchst. b EStG). Mit letztgenannter Einschränkung soll verhindert werden, dass betriebliche Gewinne bspw. in Form von Darlehenszinsen abgesaugt werden und deren Besteuerung so auf den Abgeltungssteuersatz reduziert wird (ab einer Beteiligungsquote von 10 % wird dem Steuerpflichtigen also

---

[383] Vgl. zu den Besonderheiten des KiSt-Abzugs i.R.d. Abgeltungssteuer S. 354.
[384] Vgl. zur Verfahrensweise bei Konkurrenz mehrerer Einkunftsarten S. 299.

unterstellt, dass er einen ausreichenden Einfluss auf die Gesellschaft hat, um solche Gestaltungen zu initiieren). Im angesprochenen Fall des § 32d Abs. 2 S. 1 EStG gilt § 20 Abs. 9 EStG ausdrücklich nicht. Das bedeutet, statt des Sparer-Pauschbetrags können die tatsächlich angefallenen Aufwendungen angesetzt werden; ebenso gelten die in § 20 Abs. 6 EStG normierten (und in der Folge noch näher zu erläuternden) Verlustverrechnungsbeschränkungen nicht (§ 32d Abs. 2 Nr. 1 S. 2 EStG).

Daneben hat der Steuerpflichtige die Möglichkeit, auf Antrag – insb. bei Gewinnanteilen aus Beteiligungen an Kapitalgesellschaften – für die Besteuerung nach dem Teileinkünfteverfahren zu optieren, mit der Folge, dass der Werbungskostenabzug ebenfalls nicht auf den Sparer-Pauschbetrag gedeckelt ist und dass die in der Folge zu erläuternden Verlustverrechnungsbeschränkungen ebenfalls nicht greifen. Voraussetzung hierfür ist allerdings, dass der Steuerpflichtige unmittelbar oder mittelbar zu mindestens 25 % an der Kapitalgesellschaft beteiligt ist oder zu mindestens 1 % an der Kapitalgesellschaft beteiligt ist und zugleich für diese beruflich tätig ist (§ 32d Abs. 2 Nr. 3 EStG).

Falls der persönliche Einkommensteuersatz unterhalb des Abgeltungssteuersatzes von 25 % liegt, besteht auf Antrag eine **Optionsmöglichkeit zur Normalveranlagung**, allerdings sind hierbei wiederum die tatsächlichen Werbungskosten nicht abziehbar (§ 32d Abs. 6 EStG). § 32d Abs. 4 EStG räumt dem Steuerpflichtigen im Übrigen eine Art „kleine Veranlagungsoption" ein, wonach eine gesonderte Steuerfestsetzung, allerdings mit dem Abgeltungssteuersatz, beantragt werden kann, wenn der Sparer-Pauschbetrag nicht vollständig ausgeschöpft wurde, ein Verlust aus Kapitalvermögen noch nicht berücksichtigt wurde, ausländische Steuern zu verrechnen sind oder bspw. der steuermindernde Effekt der Kirchensteuer bislang unberücksichtigt blieb (vgl. S. 354).

Verluste aus Kapitalvermögen dürfen nicht mit Einkünften aus anderen Einkunftsarten ausgeglichen werden und auch nicht nach § 10d EStG abgezogen werden. Die Verluste mindern lediglich die Gewinne aus Kapitalvermögen des Steuerpflichtigen in anderen VAZ (§ 20 Abs. 6 S. 2 EStG). Ein Verlustrücktrag ist allerdings nicht möglich (§ 20 Abs. 6 S. 3 EStG). Verluste aus anderen Einkunftsarten können hingegen mit positiven Einkünften aus Kapitalvermögen verrechnet werden, sofern diese (z.B. über den Weg der Antragsveranlagung) der Normalveranlagung unterliegen.

Daneben wird ein besonderer Verlustverrechnungskreis für Verluste aus Kapitalvermögen aus der Veräußerung von Aktien aufgemacht. Derartige Verluste können nur mit (aktuellen oder zukünftigen) Gewinnen aus Kapitalvermögen, die aus der Veräußerung von Aktien entstehen, ausgeglichen werden (§ 20 Abs. 6 S. 5 EStG), eine Verrechnung mit anderen Einkünften aus Kapitalvermögen ist nicht zulässig.

Beispiel: (Einkünfte aus Kapitalvermögen – Verlustverrechnungsbeschränkung)

Aus einem Aktienveräußerungsgeschäft erzielt ein Steuerpflichtiger einen Verlust von 1.500 €. Er hat daneben Zinseinnahmen von 2.500 €. Der Verlust kann nicht mit den Zinseinnahmen verrechnet werden, er kann lediglich vorgetragen werden. Der Steuerpflichtige muss die Zinseinnahmen nach Abzug des Sparer-Pauschbetrags versteuern.

Andererseits dürfen Gewinne aus Aktienverkäufen aber durch andere Verluste aus Kapitalvermögen ausgeglichen werden. Sinn der Begrenzung der Verrechnung von Veräußerungsverlusten ist die Minimierung von Haushaltsrisiken in Form eintretender Veräußerungsverluste.

Um die dargestellten Regelungen umsetzen zu können, muss bei den Verlusten innerhalb der Einkünfte aus Kapitalvermögen unterschieden werden zwischen Verlusten aus Aktienverkäufen und Verlusten aus übrigem Kapitalvermögen.

Erfolgt die Veräußerung von Wertpapieren über ein Kreditinstitut, hat dieses zunächst negative Kapitalerträge bis zur Höhe der positiven Kapitalerträge auszugleichen (§ 43a Abs. 3 S. 2 EStG). Der eigene Verlustverrechnungskreis für Verluste aus der Veräußerung von Aktien gilt auch in der Sphäre des Kreditinstituts. Folglich führt jedes Kreditinstitut für seine Kunden zwei (Verlust-)Verrechnungstöpfe, einen für Gewinne und Verluste aus Aktienveräußerungen und einen für Gewinne und Verluste aus sonstigem Kapitalvermögen.

Innerhalb der beiden Töpfe nicht ausgeglichene Verluste werden grundsätzlich auf das nächste Jahr vorgetragen (§ 43a Abs. 3 S. 3 EStG). Alternativ hat der Steuerpflichtige die Möglichkeit, eine Verlustbescheinigung bis zum 15.12. des Veranlagungsjahres zu beantragen, um die nicht ausgeglichenen Verluste mit anderen positiven Kapitalerträgen ausgleichen zu können (§ 43a Abs. 3 S. 4 EStG). Auch dabei gilt allerdings, dass Verluste aus Aktienverkäufen nur mit Gewinnen aus Aktienverkäufen ausgeglichen werden dürfen. Wird eine solche Verlustbescheinigung beantragt, dann ist der betreffende Verlustverrechnungstopf beim Kreditinstitut auf Null zu stellen, d.h. er wird geschlossen. Beantragt der Steuerpflichtige keine Bescheinigung, werden die Verluste weiterhin im Verrechnungstopf mit künftig zufließenden Kapitaleinkünften verrechnet, ohne dass sie bei einer Veranlagung zu berücksichtigen sind. Verbleiben bei gestelltem Antrag und vorgenommenem Verlustausgleich mit anderen Kapitalerträgen immer noch nicht ausgleichsfähige Verluste, so sind diese gem. § 10d Abs. 4 EStG gesondert festzustellen und in künftigen Jahren von Gewinnen aus Kapitalvermögen (bzw., wenn es sich um Aktienveräußerungsverluste handelt, von Gewinnen aus Aktienverkäufen) abzuziehen.

Bei einem Depotwechsel hat das alte Kreditinstitut dem neuen Kreditinstitut daher die Höhe der Verlustverrechnungstöpfe mitzuteilen (§ 43a Abs. 3 S. 6 EStG).

Bis Ende des Jahres 2013 ist folgende Besonderheit zu beachten. Altverluste aus privaten Veräußerungsgeschäften, die nach alter Rechtslage zu den sonstigen Einkünften gem. § 23 EStG a.F. gehörten, können bis dahin sowohl mit Gewinnen aus privaten Veräußerungsgeschäften (§ 23 EStG neuer Fassung) als auch mit Erträgen i.S.d. § 20 Abs. 2 EStG neuer Fassung (also mit verbleibenden positiven Einkünften aus Wertpapierveräußerungen) verrechnet werden (§ 52a Abs. 11 S. 11 EStG), obwohl Letztere mittlerweile zu den Einkünften aus Kapitalvermögen gehören.

Aufgrund der bestehenden Verlustverrechnungsbeschränkungen ist im Falle von Veräußerungsverlusten eine Zuordnung zu den Einkünften aus Gewerbebetrieb („§ 17-Beteiligung") für den Steuerpflichtigen günstiger als eine Zuordnung zu den Kapitaleinkünften.

(c) Einkünfte aus Vermietung und Verpachtung

Bei den Einkünften aus Vermietung und Verpachtung handelt es sich um Einkünfte aus der **zeitlich begrenzten Überlassung von nicht geldlichen Vermögensteilen (Realvermögen),** insb. von Sachen und Rechten, an andere Personen auf dem Wege der Vermietung oder Verpachtung bzw. durch ähnliche Absprachen.

Hauptgruppen der Einkünfte aus Vermietung und Verpachtung (§ 21 Abs. 1 EStG):

− Einkünfte aus Vermietung und Verpachtung von **unbeweglichem Vermögen** wie z.B. Grundstücke, Gebäude, Wohnungen und Zimmer (Nr. 1);

− Einkünfte aus der Vermietung und Verpachtung von **Sachinbegriffen** wie z.B. Bibliotheken, Fuhrparks, Großrechenanlagen, aufgegebene Gewerbebetriebe oder Wohnungseinrichtungen (Nr. 2);

− Einkünfte aus der zeitlich begrenzten **Überlassung von Rechten**, z.B. durch Überlassung von Urheberrechten oder von Erfindungen (Nr. 3), sowie

− Einkünfte aus der **Veräußerung von Miet- und Pachtzinsforderungen** (Nr. 4), da der Erlös aus der Veräußerung das Entgelt für eine Nutzungsüberlassung darstellt.

Auch Gesellschafter einer Personengesellschaft können Einkünfte aus Vermietung und Verpachtung beziehen, wenn diese ausschließlich **vermögensverwaltend** tätig und nicht gewerblich geprägt ist. Allerdings führt die **gewerbliche Vermögensverwaltung** (unternehmerische Organisation) zu Einkünften aus Gewerbebetrieb. Ein Gewerbebetrieb wird ebenfalls bei Vorliegen besonderer Sachverhalte (z.B. hotelmäßige Vermietung) und bei gewerblichem Grundstückshandel (grds. nur bei Veräußerung von mehr als drei Grundstücken innerhalb von fünf Jahren[385]) angenommen.

Beträgt das Entgelt für die Überlassung von Wohnungen zu Wohnzwecken weniger als 66 % der ortsüblichen Marktmiete, ist die Nutzungsüberlassung in einen entgeltlichen und einen unentgeltlichen Teil aufzuteilen, was auch eine entsprechende Verteilung der im Zusammenhang mit der Wohnung stehenden Aufwendungen und eine Nichtabziehbarkeit der auf den unentgeltlichen Teil entfallenden Aufwendungen nach sich zieht (§ 21 Abs. 2 EStG). Dies ist insb. bei der verbilligten Vermietung unter Angehörigen zu beachten.

(d)   Sonstige Einkünfte (§§ 22 und 23 EStG)

Die sonstigen Einkünfte des § 22 EStG (i.V.m. § 23 EStG) unterscheiden sich von den vorgenannten sechs Einkunftsarten dadurch, dass unter dieser einen Vorschrift völlig verschiedene Besteuerungstatbestände zusammengefasst werden. Die Bezeichnung „sonstige Einkünfte" ist missverständlich, denn zu dieser Einkunftsart gehören nicht alle denkbaren Einkünfte, die nicht von den ersten sechs Einkunftsarten erfasst werden, sondern nur die explizit in § 22 EStG aufgeführten. Die Hauptgruppen der sonstigen Einkünfte sind Abb. 65[386] (S. 293) zu entnehmen und werden im Folgenden erläutert.

---

[385] Jedoch kann ausnahmsweise auch der Verkauf von weniger als drei Grundstücken zur Annahme eines gewerblichen Grundstückhandels führen; vgl. BFH-Urteil vom 10.12.2001, BStBl II 2002, S. 291 und dazu BMF-Schreiben vom 19.02.2003, BStBl I 2003, S. 171. Vgl. außerdem BMF-Schreiben vom 26.03.2004, BStBl I 2004, S. 434 und hinsichtlich der Zwischenschaltung einer GmbH und eines möglichen Durchgriffs durch diese BFH-Urteil vom 18.03.2004, in: BFH/NV 2004, S. 1132.

[386] In Anlehnung an SIEGEL, THEODOR/BAREIS, PETER: Strukturen der Besteuerung – Betriebswirtschaftliches Arbeitsbuch Steuerrecht: Grundzüge des Steuersystems in Strukturübersichten, Beispielen und Aufgaben, 4. Aufl., München/Wien 2004, S. 77.

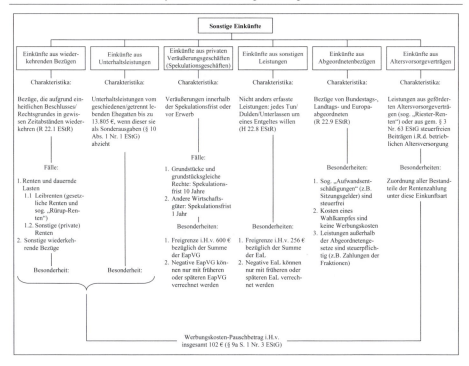

Abb. 65:   Arten von sonstigen Einkünften i.S.d. § 22 EStG

Einkünfte aus wiederkehrenden Bezügen (§ 22 Nr. 1 EStG):[387] Wiederkehrende Bezüge können gewährt werden:

- aufgrund eines besonderen rechtlichen Verpflichtungsgrundes (bspw. Gesetz, Vertrag, Testament);
- aufgrund von freiwillig begründeter Rechtspflicht (Vertrag, Testament);
- freiwillig, d.h. ohne besonderen Verpflichtungsgrund;
- von einer gesetzlich unterhaltspflichtigen Person;
- entgeltlich, d.h. als Gegenleistung für eine Leistung oder
- unentgeltlich, d.h. schenkungshalber (sog. Zuwendungen).

Eine besondere Stellung nehmen innerhalb der wiederkehrenden Bezüge die **Leibrenten** ein, da diese im Gegensatz zu den übrigen wiederkehrenden Bezügen gem. § 22 Nr. 1 S. 3 Buchst. a EStG (bis einschließlich 2039) nur i.H. eines bestimmten Anteils der Besteuerung unterliegen.

Diese Leibrenten sind in erster Linie **Leibrenten aus den gesetzlichen Rentenversicherungen**, aus landwirtschaftlichen Alterskassen, aus berufsständischen Versorgungseinrichtungen und **aus vergleichbaren privaten Rentenversicherungen (sog. „Rürup-Renten")**

---

[387] Vgl. auch BECKMANN, STEFAN: Übertragung von Anteilen an einer Familienkapitalgesellschaft auf die nächste Generation: Lebzeitige und inlandsbezogene Gestaltungen zur Reduzierung der steuerlichen Belastung bei im Privatvermögen gehaltenen Anteilen, Hamburg 2004, S. 34-38.

i.S.v. § 10 Abs. 1 Nr. 2 Buchst. b EStG (§ 22 Nr. 1 S. 3 Buchst. a Doppelbuchst. aa S. 1 EStG). Die Höhe des steuerpflichtigen Teils dieser Renten ist nicht vom Lebensalter beim Renteneintritt, sondern vom Jahr des Renteneintritts abhängig (§ 22 Nr. 1 S. 3 Buchst. a Doppelbuchst. aa S. 3 EStG); dies bezeichnet man auch als „Kohortenprinzip". Der Besteuerungsanteil beträgt für Renten, deren Zahlung spätestens im Jahr 2005 begonnen hat, 50 % und steigt dann für die Rentnerjahrgänge bis 2020 um jeweils 2 % und für die darauf folgenden Rentnerjahrgänge bis 2040 um jeweils 1 % an, bis schließlich die Renten, deren Beginn in das Jahr 2040 oder später fällt, vollständig besteuert werden (§ 22 Nr. 1 S. 3 Buchst. a Doppelbuchst. aa S. 3 EStG).

Bezogen auf die einzelne Rente ist zu beachten, dass nicht der in Abhängigkeit vom Jahr des Renteneintritts festgestellte Besteuerungsanteil konstant bleibt, sondern die im Zweitjahr des Rentenbezugs nach dem Besteuerungsanteil vom Erstjahr festgestellte Höhe der steuerfreien Rentenbezüge (§ 22 Nr. 1 S. 3 Buchst. a Doppelbuchst. aa S. 4 und 5 EStG). Es handelt sich faktisch um einen lebenslang festgeschriebenen Freibetrag, womit sämtliche Rentenerhöhungen/-anpassungen in den Folgejahren (sofern es sich nicht um unregelmäßige Rentenanpassungen handelt, die eine Neuberechnung des steuerfreien Teils der Rente nach sich ziehen; vgl. § 22 Nr. 1 S. 3 Buchst. a Doppelbuchst. aa S. 6 und 7 EStG) voll der Besteuerung unterliegen.

Beispiel: **(Besteuerung einer Rente)**

Paul Pfiffig geht zum 01.11.2013 in Rente. Er erhält monatlich 1.000 € Rente. Zum 01.07.2014 erfolgt eine (regelmäßige) Rentenanpassung auf 1.200 € und zum 01.07.2015 auf 1.500 €. Für einen Rentenbeginn im Jahr 2013 sieht § 22 Nr. 1 S. 3 Buchst. a Doppelbuchst. aa S. 3 EStG einen Besteuerungsanteil von 66 % vor. Folglich hat Paul Pfiffig folgende Beträge zu versteuern:

2013:	2 · 1.000 € =	2.000 €	
	Davon 66 %	1.320 €	
	Abzgl. WK-Pauschbetrag gem. § 9a S. 1 Nr. 3 EStG	./. 102 €	
	Zu versteuernde Einkünfte:		**1.218 €**
2014:	6 · 1.000 € =	6.000 €	
	6 · 1.200 € =	7.200 €	
	Summe	13.200 €	
	Davon 66 % (Renteneintritt 2013)	8.712 €	
	Abzgl. WK-Pauschbetrag gem. § 9a S. 1 Nr. 3 EStG	./. 102 €	
	Zu versteuernde Einkünfte:		**8.610 €**
	Nachrichtlich: Für die Folgejahre fixer, steuerfreier Betrag		
	(34 % von 13.200 €):	4.488 €	
2015:	6 · 1.200 € =	7.200 €	
	6 · 1.500 € =	9.000 €	
	Summe	16.200 €	
	Abzgl. steuerfreier Betrag	./. 4.488 €	
	Abzgl. WK-Pauschbetrag gem. § 9a S. 1 Nr. 3 EStG	./. 102 €	
	Zu versteuernde Einkünfte:		**11.610 €**

Erträge aus sonstigen **privaten Leibrentenversicherungen** (§ 22 Nr. 1 S. 3 Buchst. a Doppelbuchst. bb S. 1 EStG) unterliegen nur mit ihrem Ertragsanteil der Besteuerung, der in Abhängigkeit vom bei Beginn der Rente vollendeten Lebensjahr zwischen 59 % (Eintrittsalter zwischen 0 und 1 Jahr) und 1 % (Eintrittsalter ab 97 Jahre) beträgt (§ 22 Nr. 1 S. 3 Buchst. a Doppelbuchst. bb S. 3 und 4 EStG).[388]

Beispiel:	(Besteuerung einer privaten Rente)	
\multicolumn{3}{l}{Lutz Listig bezieht seit Vollendung seines 63. Lebensjahres im Jahr 2002 eine private Rente aus einer Rentenversicherung mit Kapitalwahlrecht, auf dessen Ausübung er verzichtet hat. Die monatlichen Rentenzahlungen betragen im Jahr 2013 1.500 €.}		
2013:	12 · 1.500 € =	18.000 €
	Ertragsanteil (Rentenbeginn 63. Lj.) 20 %	3.600 €
	Abzgl. WK-Pauschbetrag gem. § 9a S. 1 Nr. 3 EStG	./. 102 €
Zu versteuernde Einkünfte:		**3.498 €**

Bei diesen Rentenversicherungen gilt die sog. vorgelagerte Besteuerung, d.h. die Beiträge werden aus versteuertem Einkommen (kein Sonderausgabenabzug, keine Steuerfreiheit der Beiträge, keine „Riester-Förderung") geleistet. Dafür wird in der Bezugsphase nur der Ertragsteil, also der Teil der Leistungen, der nicht den Charakter einer Beitragsrückzahlung hat, besteuert. Betroffen sein können z.B. reine Erlebensversicherungen, fondsgebundene Lebensversicherungen, Rentenversicherungen (auch solche mit – nicht ausgeübtem – Kapitalwahlrecht), die nicht die Kriterien des § 10 Abs. 1 Nr. 2 Buchst. b EStG erfüllen, sowie bestimmte Betriebsrenten. Außerdem besteht gem. § 22 Nr. 1 S. 3 Buchst. a Doppelbuchst. bb S. 2 EStG für bestimmte Steuerpflichtige, die bis 2004 mindestens zehn Jahre lang über der Höchstgrenze Beiträge zur gesetzlichen Rentenversicherung gezahlt haben, für den Rentenanteil, der auf den Beiträgen oberhalb des Höchstbetrages beruht, eine Optionsmöglichkeit zur Besteuerung mit dem Ertragsanteil.

Abzugrenzen von den gem. § 22 Nr. 1 S. 3 Buchst. a EStG zu besteuernden Leibrenten sind bis 2039 die **Versorgungsbezüge (Beamtenpensionen, Betriebsrenten)**, welche aufgrund einer betrieblichen Versorgungszusage aus betrieblichen Mitteln gewährt werden. Diese unterliegen beim Empfänger als Arbeitslohn gem. § 19 EStG – nach Abzug des Versorgungsfreibetrags und des Zuschlags zum Versorgungsfreibetrag – in voller Höhe der Einkommensteuer. Die Abgrenzung zwischen Renten und Pensionen ist ab dem Jahr 2040 größtenteils gegenstandslos, da die durch das „Gesetz zur Neuordnung der einkommensteuerrechtlichen Behandlung von Altersvorsorgeaufwendungen und Altersbezügen (Alterseinkünftegesetz – AltEinkG)"[389] eingeführten Übergangsvorschriften dazu führen, dass ab dem Jahr 2040 sowohl Leibrenten gem. § 22 Nr. 1 S. 3 Buchst. a Doppelbuchst. aa EStG (gesetz-

---

[388] Bis zum 31.05. eines jeden Folgejahres haben die Träger der gesetzlichen Rentenversicherung, der Gesamtverband der landwirtschaftlichen Alterskassen für die Träger der Alterssicherung der Landwirte, die berufsständischen Versorgungseinrichtungen, die Pensionskassen und -fonds, die Versicherungsunternehmen, die Unternehmen, die Verträge i.S.v. § 10 Abs. 1 Nr. 2 Buchst. b EStG anbieten, und die Anbieter i.S.v. § 80 EStG der sog. zentralen Stelle (§ 81 EStG) eine Rentenbezugsmitteilung zu übermitteln (§ 22a EStG).

[389] Gesetz vom 05.07.2004, BGBl I 2004, S. 1427. Zurückgehend auf ein BVerfG-Urteil vom 06.03.2002, in: BVerfGE 105, S. 73.

liche Renten, „Rürup-Renten") als auch Versorgungsbezüge in voller Höhe einer sog. nachgelagerten Besteuerung unterliegen. Das bedeutet, dass die Beträge grundsätzlich als Sonderausgaben abgezogen werden dürfen, während spätere Bezüge aber voll steuerpflichtig sind. Lediglich bei Leibrenten i.S.d. § 22 Nr. 1 S. 3 Buchst. a Doppelbuchst. bb EStG (sonstige private Renten) gilt dies nicht.

Einkünfte aus Unterhaltsleistungen (§ 22 Nr. 1a EStG): Hiernach sind Unterhaltsleistungen an den geschiedenen oder dauernd getrennt lebenden, unbeschränkt steuerpflichtigen Ehegatten von diesem als sonstige Einkünfte zu versteuern, soweit sie vom Leistenden als Sonderausgaben (§ 10 Abs. 1 Nr. 1 EStG) abgezogen wurden. Die Möglichkeit des Sonderausgabenabzugs – und damit zugleich die Notwendigkeit für die Besteuerung der Unterhaltsleistungen beim Empfänger – ist auf einen Betrag von max. 13.805 € pro Jahr begrenzt (§ 10 Abs. 1 Nr. 1 S. 1 EStG). Voraussetzung für den Sonderausgabenabzug ist die Zustimmung des Leistungsempfängers. Diese Vorgehensweise wird als **Realsplitting** bezeichnet.

Einkünfte aus privaten Veräußerungsgeschäften (§ 22 Nr. 2 i.V.m. § 23 EStG): In Abweichung von dem Grundsatz, dass realisierte Wertsteigerungen nur bei zu einem Betriebsvermögen – nicht aber bei zum Privatvermögen – gehörenden Wirtschaftsgütern steuerlich erfasst werden, unterwirft § 22 Nr. 2 i.V.m. § 23 EStG Einkünfte aus sog. privaten Veräußerungsgeschäften mit Wirtschaftsgütern, die zum Privatvermögen gehören, der Einkommensbesteuerung. Ob tatsächlich eine Spekulationsabsicht besteht, ist für die steuerliche Erfassung unerheblich. Gem. § 23 Abs. 1 EStG zählen zu den privaten Veräußerungsgeschäften Veräußerungen, bei denen der Zeitraum zwischen Anschaffung und Veräußerung

– bei **Grundstücken** und grundstücksgleichen Rechten (z.B. Erbbau- und Mineralgewinnungsrechten) nicht mehr als zehn Jahre beträgt. Gebäude und Außenanlagen müssen einbezogen werden, wenn sie innerhalb dieses Zeitraums errichtet, ausgebaut oder erweitert worden sind.[390] Auch stellen die Einlage eines solchen Wirtschaftsguts in das Betriebsvermögen – wenn die Veräußerung aus dem Betriebsvermögen innerhalb eines Zeitraums von zehn Jahren seit Anschaffung erfolgte – und die verdeckte Einlage in eine Kapitalgesellschaft ein privates Veräußerungsgeschäft dar (§ 23 Abs. 1 S. 5 EStG). Hierbei ist zu berücksichtigen, dass **keine Besteuerung** erfolgt, wenn das Grundstück entweder ausschließlich oder im Veräußerungsjahr und den beiden vorherigen Jahren **eigenen Wohnzwecken** diente;

– bei **anderen Wirtschaftsgütern** nicht mehr als ein Jahr beträgt, wobei sich diese Frist bei solchen Wirtschaftsgütern auf zehn Jahre erhöht, aus deren Nutzung als Einkunftsquelle zumindest in einem Kalenderjahr Einkünfte erzielt werden. Zu den anderen Wirtschaftsgütern gehören z.B. Briefmarken, Edelmetalle, Kunstgegenstände, Schmuck, Devisen, Kraftfahrzeuge, Schiffe und Hausrat. **Keine Besteuerung** erfolgt bei Gegenständen des täglichen Gebrauchs (§ 23 Abs. 1 S. 1 Nr. 2 S. 2 EStG). Wertpapiere, die nach dem 31.12.2008 angeschafft worden sind, gehören nicht mehr hierzu, sondern werden den der Abgeltungsteuer unterliegenden Einkünften aus Kapitalvermögen zugerechnet.

---

[390] Das Gleiche gilt „für Gebäudeteile, die selbständige unbewegliche Wirtschaftsgüter sind, sowie für Eigentumswohnungen und im Teileigentum stehende Räume" (§ 23 Abs. 1 Nr. 1 S. 2 EStG).

Gewinn und Verlust aus Veräußerungsgeschäften ist die Differenz zwischen dem Veräußerungspreis und den Anschaffungs- oder Herstellungskosten und den Werbungskosten (§ 23 Abs. 3 S. 1 EStG). Die Anschaffungs- und Herstellungskosten **mindern sich dabei um die Absetzungen für Abnutzung**, die erhöhten Absetzungen und die Sonderabschreibungen, soweit sie bei der Ermittlung der Überschusseinkünfte abgezogen worden sind. Bei Entnahmen aus dem Betriebsvermögen ist innerhalb der steuerschädlichen Frist die Differenz zwischen dem Veräußerungspreis und dem bei der Entnahme angesetzten Wert verbindlich.

Liegt der Gesamtgewinn aus allen privaten Veräußerungsgeschäften im Kalenderjahr **unter 600 €**, so bleibt er gem. § 23 Abs. 3 S. 5 EStG steuerfrei. Erreicht oder übersteigt er 600 € pro Kalenderjahr, so unterliegt er voll der Einkommensbesteuerung (**Freigrenze**).

Verluste aus privaten Veräußerungsgeschäften dürfen nur bis zur Höhe des Gewinns, den der Steuerpflichtige mit anderen Veräußerungsgeschäften des gleichen Kalenderjahrs erzielt hat, ausgeglichen werden. Sie können jedoch innerhalb der Einkünfte aus privaten Veräußerungsgeschäften nach Maßgabe des § 10d EStG in den vorangegangenen VAZ zurückgetragen oder in die folgenden VAZ vorgetragen werden. Der Verlustvortrag ist gesondert festzustellen (§ 23 Abs. 3 S. 8 EStG i.V.m. § 10d Abs. 4 EStG). Bis Ende des Jahres 2013 können Altverluste (bis VAZ 2008 inkl. entstandene Verluste) aus privaten Veräußerungsgeschäften sowohl mit Gewinnen aus privaten Veräußerungsgeschäften (§ 23 EStG neuer Fassung) als auch mit Erträgen i.S.d. § 20 Abs. 2 EStG (also mit verbleibenden positiven Einkünften aus Wertpapierveräußerungen) verrechnet werden (§ 52a Abs. 11 S. 11 EStG), obwohl Letztere mittlerweile zu den Einkünften aus Kapitalvermögen gehören. Ab VAZ 2014 entfällt die Möglichkeit zur Verrechnung der Altverluste mit Einkünften i.S.d. § 20 Abs. 2 EStG. Danach ist nur noch eine Verrechnung mit Gewinnen aus § 23 EStG möglich.

Dass Einkünfte aus Veräußerungsgeschäften im betrieblichen Bereich grundsätzlich steuerpflichtig und im privaten Bereich dagegen grundsätzlich steuerfrei sind, aber bestimmte, oben erwähnte private Veräußerungsgewinne dann doch zur Besteuerung herangezogen werden, kann unter dem Aspekt der Steuergerechtigkeit grundsätzlich diskutiert werden.

Einkünfte aus sonstigen Leistungen (§ 22 Nr. 3 EStG): Als sonstige Leistung gilt jedes Tun, Dulden oder Unterlassen, das Gegenstand eines entgeltlichen Vertrags sein kann und um des Entgelts willen erbracht wird, sofern es sich nicht um Veräußerungsvorgänge oder veräußerungsähnliche Vorgänge im privaten Bereich handelt. Die Einkünfte aus einer solchen sonstigen Leistung dürfen weder zu einer anderen Einkunftsart noch zu einer anderen Gattung der sonstigen Einkünfte gehören. Bei der Berücksichtigung von Verlusten bestehen Sonderregelungen.

Das Gesetz erwähnt beispielhaft Einkünfte aus **gelegentlichen** (nicht nachhaltigen) Vermittlungen und aus der Vermietung einzelner beweglicher Gegenstände, die keinen Sachinbegriff darstellen und damit nicht von § 21 EStG erfasst werden.

Einkünfte aus sonstigen Leistungen bleiben gem. § 22 Nr. 3 S. 2 EStG steuerfrei, wenn sie weniger als 256 € im Kalenderjahr betragen haben. Ab einem Betrag von 256 € im Kalenderjahr unterliegt der Gesamtbetrag der Besteuerung (**Freigrenze**). Für negative Einkünfte aus sonstigen Leistungen gilt die gleiche Regelung wie bei privaten Veräußerungsgeschäften.

Einkünfte aus Abgeordnetenbezügen (§ 22 Nr. 4 EStG): Diese Vorschrift erfasst die Bezüge von Bundestags- und Landtagsabgeordneten sowie Abgeordneten des Europaparlaments, die aufgrund des Abgeordnetengesetzes oder des Europa-Abgeordnetengesetzes gezahlt werden. Als Besonderheit ist zu vermerken, dass durch das Mandat veranlasste Aufwendungen, sofern eine Aufwandsentschädigung gewährt wird, nicht von den Einnahmen abgesetzt werden dürfen. Insb. gelten Wahlkampfkosten nicht als Werbungskosten.

Einkünfte aus steuerlich geförderten Altersvorsorgeverträgen (§ 22 Nr. 5 EStG): Nach dieser Vorschrift unterliegen Leistungen aus Altersvorsorgeverträgen, Pensionsfonds, Pensionskassen und Direktversicherungen der vollen nachgelagerten Besteuerung, sofern die Beitragszahlungen in der Ansammlungsphase steuerlich gefördert wurden. Dies ist insb. der Fall bei Altersvorsorgeverträgen, die in die „**Riester-Förderung**" nach den §§ 10a bzw. 79-99 EStG einbezogen wurden, sowie bei Leistungen aus der betrieblichen Altersversorgung, für die in der Beitragsphase die Steuerbefreiung gem. § 3 Nr. 63 EStG zum Tragen gekommen ist. Sollten Leistungen gezahlt werden, die nur teilweise auf steuerlich gefördertem Kapital basieren, so bestimmt § 22 Nr. 5 S. 2 EStG, dass die Besteuerung der nicht auf gefördertem Kapital basierenden Leistungen nach den Grundsätzen des § 22 Nr. 1 S. 3 Buchst. a EStG – also wie Leibrenten – zu erfolgen hat.[391]

(4) Gemeinsame Vorschriften zu allen Einkunftsarten (§ 24 EStG)

§ 24 EStG gehört – wie die Regelung des Altersentlastungsbetrages (§ 24a EStG) – zu den „gemeinsamen Vorschriften" für alle Einkunftsarten. Die Norm ergänzt jedoch lediglich die §§ 13-23 EStG und schafft **keine neue Einkunftsart**. Die Vorschrift stellt in ihren Nr. 1-3 klar, dass zu den einkommensteuerlich beachtlichen Einkünften auch gehören:

– **Entschädigungen**, die an die Stelle von Einnahmen i.S.d. § 2 Abs. 1 Nr. 1-7 EStG treten (sog. Surrogate) (Nr. 1);

– **Einkünfte aus einer ehemaligen Tätigkeit** oder einem früheren Rechtsverhältnis, auch dann, wenn sie dem Steuerpflichtigen als Rechtsnachfolger zufließen (Nr. 2);

– **Nutzungsvergütungen** für die erzwungene Inanspruchnahme von Grundstücken für öffentliche Zwecke und einschlägige Entschädigungen, ergänzend zu § 21 EStG (Nr. 3).

Unter § 24 Nr. 1, 3 EStG zu subsumierende Einkünfte gelten als „außerordentliche Einkünfte" (§ 34 Abs. 2 Nr. 2 und 3 EStG) und sind damit gem. § 34 EStG tarifbegünstigt (vgl. S. 338 ff.).

(5) Konkurrenzen mehrerer Einkunftsarten

Der Begriff „**Gewerbebetrieb**" in § 15 Abs. 2 EStG ist so weit gefasst, dass die Land- und Forstwirtschaft (§ 13 EStG) und die selbstständige Arbeit (§ 18 EStG) wieder ausgegrenzt werden müssen. Daraus ergibt sich, dass die §§ 13, 18 EStG vorgehen.

---

[391] Vgl. ausführlich KUẞMAUL, HEINZ/HENKES, JÖRG: Die Besteuerung von Altersvorsorgeaufwendungen und Altersbezügen nach dem Alterseinkünftegesetz – Steuerliche Rahmenbedingungen der privaten und betrieblichen Altersvorsorge –, in: Arbeitspapiere zur Existenzgründung, hrsg. von HEINZ KUẞMAUL, Bd. 21, 2. Aufl., Saarbrücken 2007.

Die Einkünfte aus **Kapitalvermögen** haben gegenüber den Einkünften aus Land- und Forstwirtschaft, aus Gewerbebetrieb, aus selbstständiger Arbeit und Einkünften aus Vermietung und Verpachtung **subsidiären Charakter** (§ 20 Abs. 8 EStG).

Einkünfte aus **Vermietung und Verpachtung** sind anderen Einkunftsarten zuzurechnen, soweit sie zu diesen gehören (§ 21 Abs. 3 EStG).

Einkünfte aus **wiederkehrenden Bezügen** (§ 22 Nr. 1 S. 1 EStG) und aus **Leistungen** (§ 22 Nr. 3 S. 1 EStG) sind den anderen Einkunftsarten zuzurechnen, soweit sie zu diesen gehören (§ 22 Nr. 1 S. 1, Nr. 3 S. 1 EStG).

Beispiele: (Konkurrenz mehrerer Einkunftsarten)

Kaufmann Karl K. veräußert ein Betriebsgrundstück gegen Zusage einer Leibrente: Einnahmen aus Gewerbebetrieb.

Rechtsanwalt Richard R. gestattet, dass eine Schreibmaschine seines Büros von einem benachbarten Steuerbüro gelegentlich und entgeltlich mitbenutzt wird: Einnahmen aus selbstständiger Arbeit.

Pensionär Pit P. schreibt nachhaltig gegen Honorar Zeitungsartikel: Einnahmen aus selbstständiger Tätigkeit.

Landwirt Lars L. erhält Zinsen aus seinem betrieblichen Sparbuch; diese sind Einkünfte aus Land- und Forstwirtschaft und nicht Einkünfte aus Kapitalvermögen (keine Anwendung der Abgeltungssteuer).

Die Erfassung von Veräußerungsgewinnen aus dem Verkauf von im Privatvermögen gehaltenen Anteilen an Kapitalgesellschaften erfolgt vorrangig als „Einkünfte aus Gewerbebetrieb" i.S.d. § 17 EStG, wenn dessen Voraussetzungen erfüllt sind. Die Regelung des § 20 Abs. 8 EStG bestimmt, dass **§ 17 EStG gegenüber § 20 EStG Vorrang hat**.

b) Die Ermittlung der Einkünfte

(1) Methoden der Einkünfteermittlung

Die personelle Zuordnung der Gewinnermittlungsarten ist übersichtsartig in Abb. 66[392] (S. 300), die Methoden der Einkünfteermittlung sind in Abb. 67[393] (S. 301) aufgeführt.

---

[392] Modifiziert entnommen aus HEY, JOHANNA: § 8, in: Steuerrecht, hrsg. von KLAUS TIPKE und JOACHIM LANG, 21. Aufl., Köln 2013, Rn. 203.

[393] Modifiziert entnommen aus SIEGEL, THEODOR/BAREIS, PETER: Strukturen der Besteuerung – Betriebswirtschaftliches Arbeitsbuch Steuerrecht: Grundzüge des Steuersystems in Strukturübersichten, Beispielen und Aufgaben, 4. Aufl., München/Wien 2004, S. 81.

Personenkreis	Gewinnermittlungsart
Land- und Forstwirte, gesetzlich buchführungspflichtig (insb. nach § 141 AO) oder freiwillig buchführend; Freiberufler, freiwillig buchführend	Allgemeiner Betriebsvermögensvergleich (§ 4 Abs. 1 EStG)
Gewerbetreibende, gesetzlich buchführungspflichtig (insb. Kaufleute und Handelsgesellschaften nach § 140 AO, Buchführungspflichtige nach § 141 AO) oder freiwillig buchführend	Betriebsvermögensvergleich für Gewerbetreibende (§ 5 EStG)
Land- und Forstwirte, die Voraussetzungen des § 13a Abs. 1 EStG erfüllend und nach § 13a Abs. 2 EStG keine andere Gewinnermittlungsart wählend	Gewinnermittlung nach Durchschnittssätzen (§ 13a EStG)
Betrieb von Handelsschiffen im internationalen Verkehr, soweit die Voraussetzungen des § 5a Abs. 1 S. 1 EStG erfüllt sind	Tonnagebesteuerung (§ 5a EStG)
Freiberufler, nicht buchführend; Gewerbetreibende, weder gesetzlich buchführungspflichtig (insb. Kleingewerbetreibende) noch freiwillig buchführend; Land- und Forstwirte, weder gesetzlich buchführungspflichtig noch freiwillig buchführend oder die Überschussrechnung nach § 13a Abs. 2 S. 1 und S. 2 EStG beantragend	Betriebseinnahmen/-ausgaben-Überschussrechnung (§ 4 Abs. 3 EStG)

Abb. 66: Die personelle Zuordnung der Gewinnermittlungsarten

Den wesentlichen Belastungsunterschied bei der Einkommensteuer bewirkt die Tatsache, dass durch den **Dualismus der Einkünfteermittlung** Gewinneinkünfte und Überschusseinkünfte unterschiedlich behandelt werden.

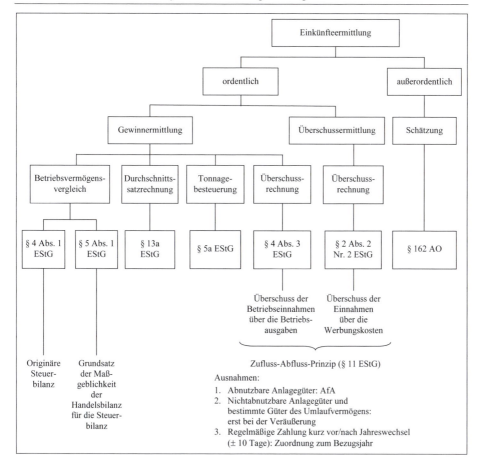

Abb. 67: Methoden der Einkünfteermittlung im Überblick

(2) Grundbegriffe der Einkünfteermittlung

(a) Vorbemerkungen und Abgrenzungsprobleme

Das Handeln **zu Erwerbszwecken** verursacht betriebliche/berufliche Vermögenszugänge und -abgänge, die bei der Ermittlung des Steuerobjekts grundsätzlich beachtet werden. Das Handeln **zu Privatzwecken** verursacht hingegen private Vermögenszugänge und -abgänge, die nicht in das Steuerobjekt eingehen. Bestimmte Privataufwendungen können aber u.U. von der Steuerbemessungsgrundlage abgezogen werden (vgl. Abb. 68, S. 302).

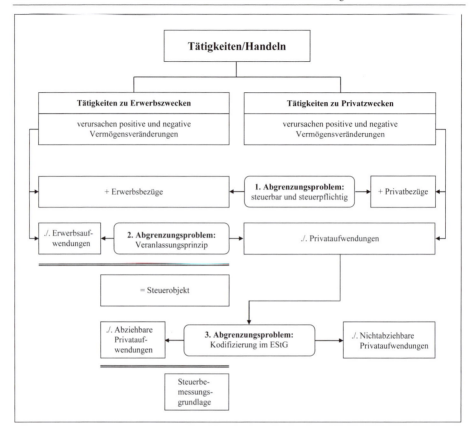

Abb. 68: Abgrenzungsprobleme bei der Einkünfteermittlung

Es ist i.d.R. im Interesse des **Steuerschuldners, Aufwendungen** als Erwerbsaufwendungen, mindestens aber als abziehbare Privataufwendungen zu qualifizieren, da dies seine Steuerbelastung mindert. Außerdem präferiert der Steuerschuldner eine Qualifizierung von **Bezügen** als Privatbezüge, da dann eine volle Vereinnahmung ohne Steuerabzug gewährleistet ist. Der **Steuergläubiger** hat aus fiskalischen Gründen i.d.R. gegenläufige Interessen.

Es bestehen bei der Einkünfteermittlung **drei Abgrenzungsprobleme** (vgl. Abb. 68 und zu den Erwerbsbezügen und den Erwerbsaufwendungen Abb. 69[394], S. 303):

1. **Abgrenzungsproblem**: Wann sind positive Vermögensveränderungen Erwerbsbezüge, wann Privatbezüge? Die Lösung erfolgt durch die bereits behandelte Abgrenzung steuerbar versus nicht steuerbar bzw. steuerpflichtig versus steuerfrei.

2. **Abgrenzungsproblem**: Wann sind negative Vermögensveränderungen Erwerbsaufwendungen, wann Privataufwendungen? Die Lösung basiert auf der noch zu behandelnden Interpretation der Erwerbsaufwendungen mit Hilfe des Veranlassungsprinzips („Aufwen-

---

[394] Modifiziert entnommen aus HEY, JOHANNA: § 8, in: Steuerrecht, hrsg. von KLAUS TIPKE und JOACHIM LANG, 21. Aufl., Köln 2013, Rn. 229.

dungen, die durch die Erwerbstätigkeit wesentlich veranlasst sind") und gesetzlichen Klarstellungen.

Teilaspekte sind:

- Wann handelt es sich um Erwerbsaufwendungen (Auslegungs-, Interpretationsfrage)?
- Wie werden Aufwendungen behandelt, die sich auf Erwerbs- **und** Privatursachen zurückführen lassen?

3. **Abgrenzungsproblem**: Wann sind Privataufwendungen von dem Steuerobjekt der Einkommensteuer abziehbar? Die Lösung erfolgt durch die Kodifizierung von besonderen Abzugsvorschriften (insb. Sonderausgaben, außergewöhnliche Belastungen, Kinder- und Grundfreibeträge).

Je nach Zuordnung zu den Gewinn- oder zu den Überschusseinkunftsarten (§ 2 Abs. 2 EStG) handelt es sich bei Erwerbsaufwendungen um Betriebsausgaben (Gewinneinkünfte) oder um Werbungskosten (Überschusseinkünfte).

Art der Einkünfte-ermittlung	Erwerbsbezüge	Erwerbsaufwendungen
Betriebsvermögens-vergleich (§§ 4 Abs. 1, 5 EStG)	Erträge = Erhöhungen des Jahresüberschusses/Minderungen des Jahresfehlbetrages nach Maßgabe der GoB und unabhängig von den Zeitpunkten der entsprechenden Zahlungen (§ 252 Abs. 1 Nr. 5 HGB) Das Zuflussprinzip gilt nicht (§ 11 Abs. 1 S. 5 EStG) Steuerlich zu erfassen sind betrieblich veranlasste Erträge, ausgenommen die steuerfreien Betriebserträge, insb. § 3 EStG	Aufwendungen = Minderungen des Jahresüberschusses/Erhöhungen des Jahresfehlbetrages nach Maßgabe der GoB und unabhängig von den Zeitpunkten der entsprechenden Zahlungen (§ 252 Abs. 1 Nr. 5 HGB) Das Abflussprinzip gilt nicht (§ 11 Abs. 2 S. 5 EStG) Steuerlich zu erfassen sind betrieblich veranlasste Aufwendungen, ausgenommen nicht abziehbare Betriebsaufwendungen, z.B. gem. § 4 Abs. 5 EStG
Betriebseinnahmen-/-ausgaben-Überschussrechnung (§ 4 Abs. 3 EStG)	Betriebseinnahmen = betrieblich veranlasste Zuflüsse von Wirtschaftsgütern (§§ 4 Abs. 4, 8 Abs. 1 EStG analog; § 11 Abs. 1 S. 1 EStG)	Betriebsausgaben = betrieblich veranlasste Abflüsse von Wirtschaftsgütern (§§ 4 Abs. 4, 11 Abs. 2 S. 1 EStG)
Einnahmen-/Werbungskosten-Überschussrechnung (§§ 2 Abs. 2 Nr. 2, 8-9a EStG)	Einnahmen = durch Erwerbstätigkeit i.S.d. Überschusseinkunftsarten (§ 2 Abs. 2 Nr. 2 EStG) veranlasste Zuflüsse von Wirtschaftsgütern (§§ 8 Abs. 1, 11 Abs. 1 S. 1 EStG)	Werbungskosten = durch Erwerbstätigkeit i.S.d. Überschusseinkunftsarten (§ 2 Abs. 2 Nr. 2 EStG) veranlasste Abflüsse von Wirtschaftsgütern (§§ 9 Abs. 1 S. 1 und 2; 11 Abs. 2 S. 1 EStG)

Abb. 69: Das terminologische System von Erwerbsbezügen und Erwerbsaufwendungen

(b) Der Betriebsausgaben- und Werbungskostenbegriff[395]

Die gesetzlichen Definitionen der Begriffe „Betriebsausgaben" (§ 4 Abs. 4 EStG) bzw. „Werbungskosten" (§ 9 Abs. 1 S. 1 EStG) lauten:

- „Betriebsausgaben sind die Aufwendungen, die durch den Betrieb veranlasst sind".
- „Werbungskosten sind Aufwendungen zur Erwerbung, Sicherung und Erhaltung der Einnahmen".

Trotz unterschiedlicher Formulierung (der Werbungskostenbegriff ist enger) findet in Anlehnung an die Formulierung der Betriebsausgaben eine **inhaltsgleiche Interpretation** der beiden Begriffe statt, womit es sich bei Erwerbsaufwendungen um Aufwendungen handelt, die durch die Erwerbstätigkeit (wesentlich) veranlasst sind.

(c) Die Besonderheiten bei der Berücksichtigung von Erwerbsaufwendungen[396]

Wenn die Veranlassung durch die Erwerbstätigkeit feststeht, sind die Erwerbsaufwendungen in voller Höhe anzuerkennen. **Notwendigkeit, Üblichkeit** oder objektive **Zweckmäßigkeit** sind für die Anerkennung grundsätzlich irrelevant. Allerdings kann das Fehlen der Üblichkeit, Zweckmäßigkeit bzw. Notwendigkeit auf eine private Mitveranlassung hindeuten (Beweisfrage). So ist z.B. ein Oldtimer grundsätzlich nicht als Dienstfahrzeug anzuerkennen, da von einer überwiegend privaten Mitveranlassung ausgegangen wird. Andererseits sind aber auch **vergebliche Aufwendungen** anzuerkennen.

Kommen Aufwendungen aus Sicht des Steuerpflichtigen **willensunabhängig** zustande, wird nach dem objektiven Zusammenhang mit der Erwerbstätigkeit beurteilt (Berücksichtigung der Risikosphäre der Erwerbstätigkeit).

Beispiele: (Erwerbsaufwendungen)

Zerstörung von Betriebsmitteln durch Naturereignisse; Kosten eines Betriebsunfalls; Einbruchdiebstahl im Warenlager; Prozesskosten.

Vorwerfbarkeitskriterien (Verschulden durch grobe Fahrlässigkeit) dürfen nicht zur Abgrenzung zwischen Privat- und Erwerbssphäre herangezogen werden. Vorsätzliches Handeln führt jedoch dazu, dass ein Abzug als Aufwand nicht zugelassen wird. So ist z.B. der Reparaturaufwand, der aus einer vorsätzlichen Beschädigung von Büromöbeln resultiert, nicht abzugsfähig. Eine **unwesentliche private Mitveranlassung** ist für die Abzugsfähigkeit nicht entscheidend (s.u.).

Probleme bereitet die **Zuordnung sog. gemischt veranlasster Aufwendungen**,[397] da sich Aufwendungen möglicherweise sowohl auf Erwerbs- als auch auf Privatsachen zurückführen lassen (sog. gemischte Kausalität).

---

[395] Vgl. HEINICKE, WOLFGANG: § 4 EStG, in: Einkommensteuergesetz, begr. von LUDWIG SCHMIDT, 32. Aufl., München 2013, Rn. 470 und 471; LOSCHELDER, FRIEDRICH: § 9 EStG, in: Einkommensteuergesetz, begr. von LUDWIG SCHMIDT, 32. Aufl., München 2013, Rn. 1 und 2.

[396] Vgl. HEINICKE, WOLFGANG: § 4 EStG, in: Einkommensteuergesetz, begr. von LUDWIG SCHMIDT, 32. Aufl., München 2013, Rn. 483.

[397] Vgl. LOSCHELDER, FRIEDRICH: § 12 EStG, in: Einkommensteuergesetz, begr. von LUDWIG SCHMIDT, 32. Aufl., München 2013, Rn. 12.

Beispiele: **(Gemischt veranlasste Aufwendungen)[398]**

Verkehrswidriges Verhalten eines betrunkenen Steuerpflichtigen während einer Berufsfahrt mit Unfallfolge (Privatursache); gleicher Fall, aber Ursache keine Trunkenheit, sondern herunterfallende Zigarette und dadurch bedingte Unaufmerksamkeit des Steuerpflichtigen (Erwerbsursache).

Als nicht abzugsfähige Aufwendungen gelten die Aufwendungen der Lebensführung des Steuerpflichtigen (§ 12 Nr. 1 EStG). Dazu zählen auch Aufwendungen der Lebensführung des Steuerpflichtigen, die zur Förderung des Berufs dienen, die aber auf die wirtschaftliche und gesellschaftliche Stellung des Steuerpflichtigen zurückzuführen sind (z.B. Repräsentationsaufwendungen) (§ 12 Nr. 1 S. 2 EStG). Nach neuerer Rechtsprechung dürften die Aufwendungen für gemischt beruflich und privat veranlasste Tätigkeiten in abziehbare Werbungskosten oder Betriebsausgaben und in nicht abziehbare Aufwendungen für die private Lebensführung anteilig aufgeteilt werden.[399] Voraussetzung hierfür ist, dass der Steuerpflichtige die betriebliche oder berufliche Veranlassung im Einzelnen umfassend darlegt und nachweist.[400] Ist die Aufteilung nach objektiven Kriterien nicht möglich, so hat die Aufteilung im Wege der Schätzung zu erfolgen; fehlt es an einer Schätzungsgrundlage, gelten die Aufwendungen insgesamt als privat veranlasst.[401] Bei einer untergeordneten betrieblichen Mitveranlassung (< 10 %) gelten die Aufwendungen vollständig als nicht abziehbar; bei einer untergeordneten privaten Mitveranlassung (< 10 %) sind die Aufwendungen vollständig als Betriebsausgaben oder Werbungskosten abziehbar.

Beispiel: **(Gemischt veranlasste Aufwendungen)[402]**

Steuerberater P flog sieben Tage nach London. An insgesamt drei Tagen nahm er in London an einem Kongress zum Internationalen Steuerrecht teil.

Hierbei handelt es um sog. gemischt veranlasste Aufwendungen. Die Flugkosten sind nach Maßgabe der Veranlassung entsprechend aufzuteilen. Als Aufteilungsmaßstab kommt das Verhältnis der betrieblichen und privaten Zeitanteile der Reise in Betracht. Demnach wären die Flugkosten zu 3/7 als Werbungskosten abziehbar. Die Übernachtungskosten für den Kongress an den drei Tagen sind genauso wie die Kongressgebühren beruflich verlasst und daher vollständig abziehbar. Die angefallen Verpflegungskosten können in Höhe der jeweiligen Pauschbeträge für die drei Tage des Kongresses geltend gemacht werden.

(d) Die nicht abziehbaren Erwerbsaufwendungen

Bestimmte Aufwendungen, die grds. als Betriebsausgaben bzw. Werbungskosten gelten, da sie durch eine Erwerbstätigkeit veranlasst sind, werden nach dem Willen des Gesetzgebers bei der Berechnung des Steuerobjekts nicht oder nur teilweise berücksichtigt (teilweise tatsächlich durch die Erwerbstätigkeit veranlasst, teilweise offensichtlich oder verdeckt private Mitveranlassung). Bei diesen Aufwendungen ist die Rede von „nicht abzugsfähigen Betriebsausgaben" bzw. „nicht abzugsfähigen Werbungskosten". Hierzu zählen:

---

[398] Vgl. BFH-Beschluss vom 28.11.1977, BStBl II 1978, S. 105; BFH-Urteil vom 06.04.1984, BStBl II 1984, S. 434.
[399] Vgl. BFH-Beschluss vom 21.09.2009, BStBl II 2010, S. 672.
[400] Vgl. BMF-Schreiben vom 06.07.2010, BStBl I 2010, S. 614.
[401] Vgl. BMF-Schreiben vom 06.07.2010, BStBl I 2010, S. 614.
[402] Siehe hierzu BMF-Schreiben vom 06.07.2010, BStBl I 2010, S. 614.

- Ausgaben, die mit **steuerfreien Einnahmen** in unmittelbarem wirtschaftlichem Zusammenhang stehen (§ 3c Abs. 1 EStG).

- 40 % der Erwerbsaufwendungen, die mit Einnahmen in wirtschaftlichem Zusammenhang stehen, welche nur zu 40 % steuerfrei sind (§ 3c Abs. 2 EStG).

- Geschenke an Nicht-Arbeitnehmer über 35 €, unangemessene und nicht nachgewiesene Bewirtungskosten, 30 % der angemessenen und nachgewiesenen Bewirtungskosten sowie Aufwendungen für Gästehäuser, Jagd, Fischerei, Segel- und Motoryachten und bestimmte Verpflegungsmehraufwendungen (§ 4 Abs. 5 S. 1 Nr. 1-5 EStG).

- Aufwendungen für ein **häusliches Arbeitszimmer** (§ 4 Abs. 5 S. 1 Nr. 6b EStG), soweit das Arbeitszimmer nicht den Mittelpunkt der gesamten betrieblichen und beruflichen Betätigung bildet oder wenn für die Ausübung der betrieblichen oder beruflichen Tätigkeit kein anderer Arbeitsplatz zur Verfügung steht.[403]

- Aufwendungen, die die Lebensführung des Steuerpflichtigen oder anderer Personen berühren, dürfen den Gewinn nicht mindern, soweit sie nach allgemeiner Verkehrsauffassung als unangemessen anzusehen sind (§ 4 Abs. 5 S. 1 Nr. 7 EStG).

- Aufwendungen des Steuerpflichtigen für seine **erstmalige Berufsausbildung oder sein Erststudium** sind generell weder als Betriebsausgaben noch als Werbungskosten abzugsfähig, es sei denn, die Ausbildung oder das Studium finden i.R. eines Dienstverhältnisses statt (Ausbildungsdienstverhältnis; § 4 Abs. 9 EStG, § 9 Abs. 6 EStG, § 12 Nr. 5 EStG), wie dies bei der in Deutschland praktizierten dualen Lehrlingsausbildung der Fall ist. Sofern einem Erststudium allerdings eine abgeschlossene Berufsausbildung vorausgegangen ist, gilt das Abzugsverbot nicht (s.u.). Im Fall der Nicht-Abzugsfähigkeit können diese Aufwendungen nur i.H.v. max. 6.000 € je Kalenderjahr als begrenzt abzugsfähige Sonderausgaben geltend gemacht werden (§ 10 Abs. 1 Nr. 7 S. 1 EStG; vgl. S. 327). Dies gilt im Falle eines Erststudiums nicht nur für ein Studium direkt im Anschluss an den Erwerb der allgemeinen Hochschulreife, sondern auch für ein berufsbegleitendes Erststudium.[404]

- Schuldzinsen im Falle von Überentnahmen (§ 4 Abs. 4a EStG) oder im Rahmen der sog. Zinsschrankenregelung (§ 4h EStG).

- Erwerbsaufwendungen, bei denen der Steuerpflichtige den **Empfänger nicht benennt** (§ 160 AO).

- Zuschläge nach § 162 Abs. 4 AO, die wegen Nichterfüllung der Dokumentationspflicht nach § 90 Abs. 3 AO oder wegen verzögerter Vorlage der Dokumentation festgesetzt werden.

---

[403] Im Juli 2010 hat das BVerfG (Beschluss vom 06.07.2010, BvL 13/09) entschieden, dass die bisherige Regelung zum häuslichen Arbeitszimmer verfassungswidrig ist und nicht mit Art. 3 Abs. 1 GG in Einklang steht. Bisher konnten nur Aufwendungen für ein betriebliches Arbeitszimmer abgesetzt werden, wenn dieses den Mittelpunkt der betrieblichen und beruflichen Tätigkeit bildet.

[404] Vgl. dazu ausführlich KUßMAUL, HEINZ/HENKES, JÖRG: Die steuerliche Behandlung von Aus- und Fortbildungskosten unter Berücksichtigung des BMF-Schreibens vom 4. November 2005, in: ZSteu 2006, S. 164-172.

– Zum Schutz der **Gesamtrechtsordnung** sind außerdem Geldbußen, Ordnungsgelder, Verwarnungsgelder (§ 4 Abs. 5 S. 1 Nr. 8, § 9 Abs. 5 EStG), Geldstrafen (§ 12 Nr. 4 EStG), Zinsen auf hinterzogene Steuern (§ 4 Abs. 5 S. 1 Nr. 8a EStG) sowie Schmier- und Bestechungsgelder bei Vorliegen einer rechtswidrigen Handlung (§ 4 Abs. 5 S. 1 Nr. 10 EStG) nicht abziehbar.

Von den nicht abzugsfähigen Betriebsausgaben abzugrenzen sind Aufwendungen, die **nicht als Betriebsausgaben anerkannt** werden. Hierzu zählen die **Gewerbesteueraufwendungen** inkl. der darauf entfallenden Nebenaufwendungen (§ 4 Abs. 5b EStG) sowie Aufwendungen zur Förderung staatspolitischer Zwecke (§ 10b Abs. 2 EStG).

(e) **Bedeutsame abziehbare Erwerbsaufwendungen**

Bedeutsame abziehbare Erwerbsaufwendungen sind:

– **Steuern vom Grundbesitz**, sonstige öffentliche Abgaben und Versicherungsbeiträge, soweit solche Ausgaben sich auf ein Gebäude oder auf Gegenstände beziehen, die dem Steuerpflichtigen zur Einnahmeerzielung dienen (§ 9 Abs. 1 S. 3 Nr. 2 EStG).

– **Beiträge zu Berufsständen** und sonstigen **Berufsverbänden**, deren Zweck nicht auf einen wirtschaftlichen Geschäftsbetrieb gerichtet ist (§ 9 Abs. 1 S. 3 Nr. 3 EStG).

– **Fahrten zwischen Wohnung und Erwerbsstätte** (§ 4 Abs. 5 S. 1 Nr. 6, § 9 Abs. 1 S. 3 Nr. 4 und Abs. 2 EStG): Aus verkehrspolitischen Gründen begrenzt der Gesetzgeber den Abzug von Werbungskosten bzw. Betriebsausgaben bei Fahrten zwischen Wohnung und Arbeitsstätte auf 0,30 € für jeden vollen Entfernungskilometer pro Arbeitstag.[405] Ab dem VAZ 2014 wird der Begriff der regelmäßigen Arbeitsstätte durch den Begriff der ersten Tätigkeitsstätte ersetzt (§ 9 Abs. 1 S. 3 Nr. 4 EStG). Die erste Tätigkeitsstätte ist dabei definiert als eine ortsfeste betriebliche Einrichtung des Arbeitgebers, eines verbundenen Unternehmens (§ 15 AktG) oder eines vom Unternehmer bestimmten Dritten, welcher der Arbeitnehmer dauerhaft zugeordnet ist (§ 9 Abs. 4 S. 1 EStG).[406] Wenn es an einer dienst- oder arbeitsrechtlichen Festlegung auf eine Tätigkeitsstätte fehlt oder diese nicht eindeutig ist, wird auf die betriebliche Einrichtung abgestellt, an welcher der Arbeitnehmer typischerweise arbeitstäglich eingesetzt werden soll oder je Arbeitswoche zwei volle Arbeitstage bzw. mindestens ein Drittel seiner regelmäßigen Arbeitszeit tätig werden soll. Liegen nach den Voraussetzungen der § 9 Abs. 1 S. 1-4 EStG mehrere Tätigkeitsstätten vor (z.B. Einsatz des Arbeitnehmers in verschiedenen Filialen), wird die erste Tätigkeitsstätte durch den Arbeitgeber bestimmt (§ 9 Abs. 4 S. 6 EStG). Wenn dieser eine solche nicht festlegt oder eindeutig bestimmen kann, wird diejenige Tätigkeitsstätte als erste Tätigkeitsstätte herangezogen, die der Wohnung des Arbeitnehmers am nächsten gelegen ist (§ 9 Abs. 4 S. 7 EStG). Die Änderung ist auf eine Entscheidung des BFH zurückzuführen, wonach ein Arbeitnehmer nicht mehr als eine regelmäßige Arbeitsstätte je

---

[405] Mit „Entfernungskilometer" ist die einfache Strecke zwischen Wohnung und Arbeitsstätte gemeint. Die Entfernungspauschale gilt nicht für Flugstrecken und Strecken mit steuerfreier Sammelbeförderung nach § 3 Nr. 32 EStG (§ 9 Abs. 1 S. 3 Nr. 4 S. 3 EStG).

[406] Eine dauerhafte Zuordnung zur ersten Tätigkeitsstätte liegt insbesondere dann vor, wenn der Arbeitnehmer unbefristet, für die Dauer des Dienstverhältnisses oder über einen Zeitraum von 48 Monaten hinaus an einer solchen Tätigkeitsstätte eingesetzt werden soll (§ 9 Abs. 4 S. 3 EStG).

Arbeitsverhältnis innehaben kann.[407] Dies impliziert den Ansatz der Fahrtkosten in tatsächlicher Höhe bzw. der Fahrtkostenpauschale für Dienstreisen in den Fällen, in denen keine regelmäßige Arbeitsstätte vorlag.[408] Die frühere Rechtsprechung, wonach ein Arbeitnehmer mehrere regelmäßige Arbeitsstätten innehaben kann, wurde somit aufgegeben.[409] Die Entfernungspauschale gilt unabhängig davon, welches Verkehrsmittel der Steuerpflichtige benutzt, wobei der Werbungskosten- bzw. Betriebsausgabenabzug auf 4.500 € begrenzt ist, wenn nicht der eigene oder zur Nutzung überlassene PKW benutzt wird. Bei der Bestimmung der Strecke ist grundsätzlich der kürzeste Weg maßgeblich, es sei denn, eine abweichende (längere) Strecke, die vom Arbeitnehmer auch regelmäßig benutzt wird, ist aus verkehrstechnischen Gründen vorzuziehen. Der Abzug von Aufwendungen für öffentliche Verkehrsmittel ist unbegrenzt und somit in jedem Fall i.H.d tatsächlichen Aufwendungen möglich (§ 9 Abs. 2 S. 2 EStG). Durch die Aufnahme des Begriffs des „Kalenderjahrs" in das Gesetz entfällt für den Steuerpflichtigen die Verpflichtung, taggenaue Aufzeichnungen zu führen (z.B. welche Strecke mit welchem Verkehrsmittel zurückgelegt wurde). Behinderte, deren Grad der Behinderung mindestens 70 % bzw. bei Beeinträchtigung der Bewegungsfreiheit im Straßenverkehr 50 % beträgt, können anstelle der Entfernungspauschale die tatsächlichen Aufwendungen oder eine Pauschale von 0,30 € pro Fahrtkilometer ansetzen (§ 9 Abs. 2 S. 3 EStG).

– Aufwendungen für ein häusliches Arbeitszimmer sind, soweit für die betriebliche oder berufliche Tätigkeit kein anderer Arbeitsplatz zur Verfügung steht, bis zur Höhe von 1.250 € je Wirtschaftsjahr abziehbar. Dabei handelt es sich nicht um einen Pauschbetrag, sondern um einen objektbezogenen Höchstbetrag, der nicht mehrfach für verschiedene Tätigkeiten oder Personen in Anspruch genommen werden kann.[410]

– Mehraufwendungen wegen einer aus beruflichem Anlass begründeten **doppelten Haushaltsführung**, unabhängig von den Gründen, die zur Beibehaltung der doppelten Haushaltsführung führen (§ 9 Abs. 1 S. 3 Nr. 5 S. 1 EStG). Grundsätzlich liegt eine doppelte Haushaltsführung dann vor, wenn ein Arbeitnehmer außerhalb des Ortes, in dem er einen eigenen Hausstand unterhält, beschäftigt ist und auch an diesem Beschäftigungsort wohnt (§ 9 Abs. 1 S. 3 Nr. 5 S. 2 EStG).[411] Ab dem VAZ 2014 sieht § 9 Abs. 1 S. 3 Nr. 5 S. 4 EStG für Inlandsfälle eine Unterkunftskostenobergrenze von 1.000 € im Monat vor.

– **Aufwendungen für beruflich veranlasste Bildungsmaßnahmen (Fortbildung)**: Damit Aufwendungen für die Aneignung von Fachwissen als Erwerbsaufwendungen qualifiziert werden können, müssen sie in einem **Veranlassungszusammenhang zu einem Beruf** stehen. Dabei ist es unerheblich, ob ein neuer, ein anderer oder ein erstmaliger

---

[407] Vgl. BFH-Urteil vom 09.06.2011, BStBl II 2012, S. 38.
[408] Vgl. MERKER, CHRISTIAN: Unternehmensbesteuerung und steuerliches Reisekostenrecht, in: SteuerStud 2013, S. 193.
[409] Vgl. BFH-Urteil vom 11.05.2005, BStBl II 2005, S. 791.
[410] Vgl. BMF-Schreiben vom 02.03.2011, BStBl I 2011, S. 195.
[411] Ohne eigenen Hausstand kann eine doppelte Haushaltsführung ausnahmsweise bei sog. Einsatzwechseltätigkeiten vorliegen; vgl. BMF-Schreiben vom 30.06.2004, BStBl I 2004, S. 582.

Beruf ausgeübt werden soll.[412] So kann ein Veranlassungszusammenhang **zu einem ausgeübten Beruf** (bspw. berufsbegleitendes Studium),[413] aber auch **zu einem angestrebten Beruf** (bspw. Umschulungsmaßnahmen) bestehen. Eine berufliche Veranlassung liegt grundsätzlich vor, wenn ein objektiver Zusammenhang mit dem Beruf besteht und die Aufwendungen subjektiv zur Förderung des Berufs getätigt werden.[414] Insb. ist es für das Vorliegen eines Zusammenhangs mit einem angestrebten Beruf notwendig, dass die Aufwendungen in einem hinreichend konkreten, objektiv feststellbaren Zusammenhang mit künftigen steuerbaren Einnahmen aus der angestrebten beruflichen Tätigkeit stehen.[415] Dies wird z.B. bei einem Seniorenstudium nicht mehr der Fall sein. Obwohl ein objektiver Zusammenhang mit dem Beruf und den künftigen Einnahmen auch bei einer **Erstausbildung** und einem **Erststudium** meist gegeben sein wird, hat der Gesetzgeber die dem Steuerpflichtigen hierfür entstehenden Aufwendungen vom Betriebsausgaben- oder Werbungskostenabzug ausgeschlossen (§ 12 Nr. 5 EStG) und sie den Sonderausgaben zugeordnet, wo sie im Ergebnis meist mangels ausreichender Einkünfte steuerlich nicht verwertbar sind (s.o.). Wenn einer Berufsausbildung eine weitere bereits abgeschlossene Berufsausbildung oder ein abgeschlossenes Erststudium vorausgegangen ist, sind die durch diese zweite Berufsausbildung veranlassten Aufwendungen als Werbungskosten bzw. Betriebsausgaben qualifiziert, sofern ein hinreichend konkreter, objektiv feststellbarer Zusammenhang mit später im Inland steuerpflichtigen Einnahmen aus der angestrebten beruflichen Tätigkeit entsteht. Ebenfalls als **Werbungskosten** bzw. **Betriebsausgaben** und unter denselben Voraussetzungen absetzbar sind die Aufwendungen, die für ein **Erststudium** nach einem bereits abgeschlossenen Studium oder einer bereits **abgeschlossenen Berufsausbildung** entstehen.[416]

- Aufwendungen für beruflich genutzte Wirtschaftsgüter (sog. **Arbeitsmittel**), z.B. Werkzeuge oder typische Berufskleidung (§ 9 Abs. 1 S. 2 Nr. 6 EStG); bei Wirtschaftsgütern mit einer Nutzungsdauer über einem Jahr hat eine Verteilung über Abschreibungen zu erfolgen (§ 9 Abs. 1 S. 2 Nr. 7 EStG).

- Aufwendungen für einen privat angeschafften und **sowohl beruflich als auch privat genutzten PC** sind im Hinblick auf den Anteil der beruflichen Nutzung als Werbungskosten abziehbar, soweit die nicht unwesentliche berufliche Nutzung des Gerätes nachgewiesen oder zumindest glaubhaft gemacht werden kann.[417] Insb. gibt es keine generel-

---

[412] Vgl. BFH-Urteil vom 04.11.2003, in: BFH/NV 2004, S. 404.

[413] Vgl. BFH-Urteil vom 17.12.2002, BStBl II 2003, S. 407.

[414] Vgl. BFH-Urteil vom 04.12.2002, BStBl II 2003, S. 403. Indizien für das Vorliegen von Erwerbsaufwendungen können sein: Konkrete und berufsbezogene Vorbereitung auf die angestrebte spätere Tätigkeit; für den konkreten späteren Beruf ist eine spezielle berufliche Ausbildung zwingend erforderlich; Erweiterung der beruflichen Kenntnisse oder Festigung der Stellung im Unternehmen; vgl. THEISEN, MANUEL RENÉ/ZELLER, FLORIAN: Neues zur Behandlung von Promotionskosten – Zugleich Anmerkung zum BFH-Urteil vom 27.05.2003 VI R 33/01, DB 2003 S. 1485 –, in: DB 2003, S. 1753-1759, s.b.S. 1755.

[415] Vgl. BFH-Urteil vom 22.07.2003, in: BFH/NV 2003, S. 1381.

[416] Vgl. BFH-Urteil vom 18.06.2009, in: DStR 2009, S. 1952.

[417] Vgl. BFH-Urteil vom 19.02.2004, in: BFH/NV 2004, S. 872. Weist der Steuerpflichtige den Anteil der beruflich veranlassten Nutzung nach, so steht einer anteiligen Berücksichtigung der Aufwendungen auch aus Sicht der Finanzverwaltung nichts entgegen; vgl. Erlass des FM Nordrhein-Westfalen vom 08.12.2000, in: DB 2001, S. 231.

le Vermutung, dass ein privat angeschaffter und in der privaten Wohnung aufgestellter PC weit überwiegend privat genutzt wird (und damit nicht zu Erwerbsaufwendungen führt). Die Aufwendungen für einen privat angeschafften und sowohl beruflich als auch privat genutzten PC fallen also nicht unter das Aufteilungs- und Abzugsverbot des § 12 Nr. 1 S. 2 EStG. Bei einer privaten Mitbenutzung von nicht mehr als etwa 10 % ist der PC ein Arbeitsmittel (§ 9 Abs. 1 S. 3 Nr. 6 EStG), womit die gesamten Aufwendungen – verteilt auf die Nutzungsdauer – steuerlich geltend gemacht werden können. Ggf. ist der berücksichtigungsfähige Umfang der beruflichen Nutzung zu schätzen. Zu beachten ist, dass die PC-Peripheriegeräte (Tastatur, Maus, Drucker, Bildschirm) keine geringwertigen Wirtschaftsgüter sein können, da sie nicht selbstständig nutzbar sind. Sie sind daher mit dem PC zusammen über die Nutzungsdauer abzuschreiben.

- **Kleidung**: Erwerbsaufwendungen können nur Aufwendungen für typische Berufskleidung sein, wie z.B. Uniform, Amtstracht oder Schutzhelm.

- **Reisekosten** sind Erwerbsaufwendungen in Form von Fahrtkosten, Verpflegungsmehraufwendungen sowie Übernachtungskosten und Reisenebenkosten, die durch eine so gut wie ausschließlich beruflich veranlasste Auswärtstätigkeit des Arbeitnehmers entstehen, wobei eine berufliche Auswärtstätigkeit vorliegt, wenn der Arbeitnehmer vorübergehend außerhalb seiner Wohnung und regelmäßigen Arbeitsstätte beruflich tätig wird (R 9.4 Abs. 1 LStR). Bei gemischter Veranlassung (z.B. mit touristischem Beiprogramm) stellt die Rechtsprechung strenge Anforderungen an die Abzugsfähigkeit. Für berufliche/betriebliche Fahrten, die nicht Fahrten zwischen Wohnungs- und Arbeitsstätte bzw. Familienheimfahrten sind, kann der Steuerpflichtige einen pauschalen Satz von 0,30 € je Fahrtkilometer ansetzen,[418] wenn er seinen privaten Pkw benutzt und keinen Einzelnachweis der tatsächlich entstandenen **Fahrtkosten** erbringen will oder kann (R 9.5 und H 9.5 LStR). Aufwendungen für die Verpflegung können nicht in der tatsächlich entstandenen Höhe, sondern nur i.R. von Pauschalen berücksichtigt werden (sog. **Verpflegungsmehraufwendungen**; R 9.6 Abs. 1 LStR i.V.m. § 4 Abs. 5 S. 1 Nr. 5 EStG). Bei einer beruflich veranlassten Auswärtstätigkeit im Inland betragen die Pauschbeträge für Verpflegungsmehraufwendungen 24 € bei einer Abwesenheit von 24 Stunden, 12 € bei einer Abwesenheit von mindestens 14 Stunden bzw. 6 € bei einer Abwesenheit von mindestens 8 Stunden. Im Zuge der Umsetzung des Gesetzes zur Vereinfachung und Änderung der Unternehmensbesteuerung und des steuerlichen Reisekostenrechts ist eine Aufgabe der bisherigen Dreiteilung der Verpflegungsmehraufwendungen erfolgt; diese Änderung gilt ab dem VAZ 2014. Für eine Abwesenheit von mehr als 8 Stunden sowie für den An- und Abreisetag im Rahmen einer auswärtigen Übernachtung betragen die Verpflegungsmehraufwendungen 12 €; bei einer Abwesenheit von 24 Stunden können 24 € berücksichtigt werden (§ 9 Abs. 4a EStG). Im Falle von beruflichen Auswärtstätigkeiten im Ausland gelten die vom BMF für die einzelnen Staaten festgelegten Auslandstagegelder.[419]

---

[418] Vgl. BMF-Schreiben vom 20.8.2001, BStBl II 2001, S. 541.
[419] Vgl. BMF-Schreiben vom 17.12.2012, BStBl I 2013, S. 60.

Muss ein Arbeitnehmer während seiner beruflichen Auswärtstätigkeit in einem Hotel oder einer Gaststätte übernachten, gehören die Aufwendungen für die Unterbringung zu den Werbungskosten. Nicht gesondert abziehbar sind die Kosten eines Frühstücks, da diese über die Verpflegungspauschale bereits abgegolten sind. Sind in der Hotelrechnung Übernachtungskosten und Kosten des Frühstücks nicht getrennt ausgewiesen, so ist der Gesamtrechnungsbetrag für ein Frühstück um 20 % und für ein Mittag- und Abendessen um jeweils 40 % der vollen Verpflegungspauschale zu kürzen, die für den jeweiligen Unterkunftsort bei einer 24-stündigen Abwesenheit gilt (R 9.7 Abs. 1 LStR). Ab dem VAZ 2014 ist dies auch gesetzlich in § 9 Abs. 4a S. 8 EStG geregelt.

Der Arbeitgeber kann anlässlich einer beruflichen Auswärtstätigkeit seinen Arbeitnehmern im Normalfall dieselben Beträge steuerfrei ersetzen, die der Arbeitnehmer als Werbungskosten geltend machen könnte (§ 3 Nr. 16 EStG).

− **Telefonkosten** sind im Falle der gemischten Veranlassung grundsätzlich im Einzelnen nachzuweisen oder glaubhaft zu machen,[420] jedoch können sie ausnahmsweise auch geschätzt werden.[421] Zudem gestattet die Finanzverwaltung gewisse Vereinfachungs- und Kleinbetragsregelungen (R 9.1 Abs. 5 LStR).

− Aufwendungen für eine freiwillige **Unfallversicherung**, die ausschließlich betriebliche Unfälle abdeckt, sind Erwerbsaufwendungen.[422] Wird auch das Unfallrisiko im Privatbereich mit abgedeckt, müssen die Aufwendungen entsprechend aufgeteilt werden, wobei im Zweifel eine hälftige Aufteilung erfolgt. Der nicht abziehbare Betrag wird den Sonderausgaben (Vorsorgeaufwendungen; vgl. S. 317) zugeordnet.[423]

− **Zinsen** sind Werbungskosten, soweit sie mit einer Überschusseinkunftsart in wirtschaftlichem Zusammenhang stehen (§ 9 Abs. 1 Nr. 1 EStG), bzw. Betriebsausgaben bei Gewinneinkunftsarten, wenn diese einer zweistufigen Prüfung standhalten. In einem ersten Schritt muss geprüft werden, ob die Schuldzinsen betrieblich veranlasst sind (§ 4 Abs. 4 EStG). Bei Bejahung der betrieblichen Veranlassung wird in einem nächsten Schritt die Abzugsfähigkeit eingeschränkt, sofern der Unternehmer Entnahmen tätigt, die die Summe aus Gewinn und Einlagen des Wirtschaftsjahres übersteigen (sog. „Überentnahmen"). 6 % dieser Überentnahme stellen nicht abziehbare Schuldzinsen dar, wobei bei der Berechnung das aktuelle Wirtschaftsjahr und die vorherigen Wirtschaftsjahre betrachtet werden müssen. Dieser Betrag wird auf die um 2.050 € gekürzten, tatsächlich angefallenen Schuldzinsen begrenzt und dem Gewinn hinzugerechnet. Zinsen für Darlehen, welche für die Finanzierung von Wirtschaftsgütern des Anlagevermögens aufgenommen wurden, unterliegen nicht dieser Begrenzung und bleiben immer in voller Höhe abzugsfähig (§ 4 Abs. 4a EStG).[424]

---

[420] Vgl. BFH-Beschluss vom 22.12.2000, in: BFH/NV 2001, S. 774.
[421] Vgl. BFH-Urteil vom 19.12.1977, BStBl II 1978, S. 287.
[422] Vgl. BMF-Schreiben vom 28.10.2009, BStBl I 2009, S. 1275.
[423] Vgl. BFH-Urteil vom 22.06.1990, BStBl II 1990, S. 901 und BMF-Schreiben vom 17.07.2000, BStBl I 2000, S. 1204.
[424] Vgl. BMF-Schreiben vom 22.05.2000, BStBl I 2000, S. 588; JAKOB, WOLFGANG: Schuldzinsenabzug bei kreditfinanzierter Entnahme – § 4 Abs. 4a EStG i.d.F. des Steuerbereinigungsgesetzes 1999, in: DStR 2000, S. 101-103, s.b.S. 102.

- Neben der soeben angesprochenen Abzugsbeschränkung für Zinsen wurde durch das Unternehmensteuerreformgesetz 2008 in Form der sog. „**Zinsschranke**" (§ 4h EStG) eine weitere – rechtsformunabhängige – Zinsabzugsbeschränkung installiert, auf die an späterer Stelle ausführlich eingegangen wird (vgl. zur Zinsschranke S. 369 ff.).

Neben einem Einzelnachweis der Erwerbsaufwendungen hat der Gesetzgeber – insb. für Werbungskosten – **Pauschbeträge** im Gesetz verankert, die der Steuerpflichtige ohne Nachweis tatsächlicher Aufwendungen ansetzen kann (§ 9a EStG). Hierunter fallen:

- der Arbeitnehmer-Pauschbetrag i.H.v. 1.000 € (§ 9a S. 1 Nr. 1 Buchst. a EStG);
- der Werbungskosten-Pauschbetrag i.H.v. 102 € für Einnahmen aus Versorgungsbezügen i.S.v. § 19 Abs. 2 EStG (§ 9a S. 1 Nr. 1 Buchst. b EStG);
- der Werbungskosten-Pauschbetrag i.H.v. insgesamt 102 € bei sonstigen Einkünften i.S.d. § 22 Nr. 1, 1a und 5 EStG (§ 9a S. 1 Nr. 3 EStG).

Diese **Werbungskostenpauschalen** dürfen **max. bis zur Höhe der Einnahmen** angesetzt werden. Durch sie dürfen – im Gegensatz zum Einzelnachweis – keine negativen Einkünfte entstehen oder sich erhöhen (§ 9a S. 2 EStG).

Bei Kapitaleinkünften wird der Ansatz eines Sparer-Pauschbetrags i.H.v. 801 € anstelle der tatsächlichen Werbungskosten vorgeschrieben (§ 20 Abs. 9 EStG).

c) Der Verlustausgleich

Die Verlustverrechnung, d.h. die Verlustnutzung, ist folgendermaßen ausgestaltet: zunächst erfolgt der **Verlustausgleich innerhalb des Veranlagungszeitraums** (horizontal bzw. vertikal); danach noch verbleibende negative Einkünfte können i.R.d. **Verlustabzugs** gem. § 10d EStG verwendet werden (Verlustrücktrag bzw. Verlustvortrag; vgl. S. 316 f.). Abb. 70[425] (S. 313) stellt diese Systematik der Verlustverrechnung dar. Abb. 71 (S. 314) beinhaltet eine Aufzählung der Regelungen, die zu einer Beschränkung der Verlustverrechnung bei den einzelnen Einkunftsarten führen.

---

[425] Aufbauend auf SELCHERT, FRIEDRICH WILHELM: Grundlagen der betriebswirtschaftlichen Steuerlehre, 5. Aufl., München/Wien 2001, S. 105.

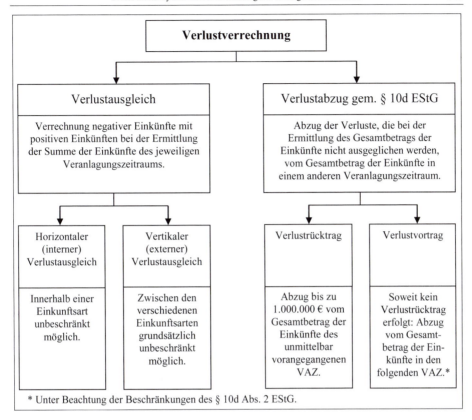

Abb. 70: Verlustverrechnung i.R.d. Einkommensteuer

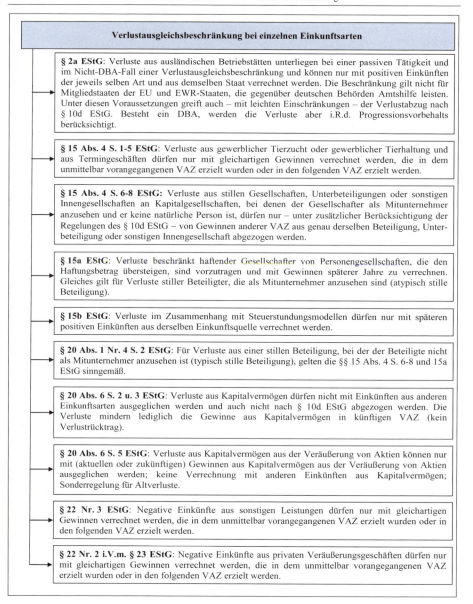

Abb. 71: Verlustausgleichsbeschränkung bei einzelnen Einkunftsarten

Bei dem Verlustausgleich ist zwischen dem horizontalen und dem vertikalen Verlustausgleich zu unterscheiden (vgl. Abb. 70, S. 313). Zunächst erfolgt der horizontale Verlustausgleich, der es gestattet, innerhalb einer Einkunftsart negative Einkünfte unbeschränkt mit positiven Einkünften zu verrechnen. Nach dem horizontalen Verlustausgleich innerhalb einer Einkunftsart verbleibende negative Einkünfte können im Anschluss i.R.d. vertikalen

Verlustausgleichs ebenfalls unbeschränkt mit positiven Einkünften aus anderen Einkunftsarten verrechnet werden.

Durch eine ganze Reihe von Normen kommt es jedoch zu **Beschränkungen sowohl des horizontalen als auch des vertikalen Verlustausgleichs**. Bspw. gelten Einschränkungen für sog. negative Einkünfte aus **Steuerstundungsmodellen**. Steuerstundungsmodelle sind modellhafte Gestaltungen, mittels derer steuerliche Vorteile durch negative Einkünfte erzielt werden sollen. Verluste im Zusammenhang mit Steuerstundungsmodellen dürfen nur mit späteren positiven Einkünften aus derselben Einkunftsquelle verrechnet werden (§ 15b Abs. 1 EStG).

Ein Verlustausgleich bei Investitionen außerhalb dieser Modelle, wie z.B. beim Kauf einer Eigentumswohnung durch eine Privatperson von einem Bauträger ohne modellhafte Beteiligung Dritter (z.B. Treuhänder, Zwischenvermieter, Kapitalvermittler), wird durch § 15b EStG nicht eingeschränkt. Auch besonders risikoreiche Anlagen (z.B. Ventur Capital Fonds) fallen nicht zwingend unter § 15b EStG, sofern nicht die Erzielung von steuerlichen Vorteilen im Vordergrund steht.

3. Der Gesamtbetrag der Einkünfte (§ 2 Abs. 3 EStG)

Bei der Ermittlung des **Gesamtbetrags der Einkünfte** (vgl. S. 268) ist die Summe der Einkünfte ggf. um den **Altersentlastungsbetrag**, den **Entlastungsbetrag für Alleinerziehende** und den **Freibetrag für Land- und Forstwirte** zu korrigieren.

Als **Altersentlastungsbetrag** (§ 24a EStG) kann bis zu einem Höchstbetrag ein bestimmter Prozentsatz des Arbeitslohns und der positiven Summe der Einkünfte, die nicht Einkünfte aus nichtselbstständiger Arbeit, Versorgungsbezüge i.S.d. § 19 Abs. 2 EStG, Leibrenten i.S.d. § 22 Nr. 1 S. 3 Buchst. a EStG, Einkünfte i.S.d. § 22 Nr. 4 S. 4 Buchst. b EStG oder Einkünfte i.S.d. § 22 Nr. 5 S. 1 EStG, soweit § 52 Abs. 34c EStG anzuwenden sind, abgezogen werden (§ 24a S. 1 und 2 EStG). Dazu muss der Steuerpflichtige vor dem Beginn des Kalenderjahres, in dem er sein Einkommen bezogen hat, das 64. Lebensjahr vollendet haben (§ 24a S. 3 EStG). Der Prozentsatz betrug im Jahr 2005 40 % und der Höchstbetrag 1.900 € (2013: 27,2 % und 1.292 €); beide werden bis zum Jahr 2039 abgeschmolzen, sodass ab dem Jahr 2040 kein Altersentlastungsbetrag mehr gewährt wird (§ 24a S. 5 EStG). Die Gewährung des Altersentlastungsbetrags dient dem Zweck, Besteuerungsnachteile der betroffenen Alterseinkünfte im Vergleich zu sonstigen Alterseinkünften (gesetzlichen Renten, Pensionen) auszugleichen. Da gesetzliche Renten und Pensionen ab dem Jahr 2040 in vollem Umfang der nachgelagerten Besteuerung unterliegen, hat diese Begünstigungsregelung dann keine Berechtigung mehr. Bei Zusammenveranlagung ist der Altersentlastungsbetrag gesondert für jeden Ehegatten zu ermitteln (§ 24a S. 4 EStG).

Beispiel: **(Altersentlastungsbetrag)**[426]

Ein Pensionär hat im Jahr 2012 das 64. Lebensjahr vollendet; er bezieht im Jahr 2013 Versorgungsbezüge i.H.v. monatlich 1.200 €. Daneben erzielt er im Jahr 2013 Einkünfte aus schriftstellerischer Tätigkeit i.H.v. 6.500 €.

Bei der Bemessung des Altersentlastungsbetrags bleiben die Versorgungsbezüge außer Betracht. Aus den Einkünften aus schriftstellerischer Tätigkeit ergibt sich ein Altersentlastungsbetrag i.H.v. (27,2 % von 6.500 € =) 1.768 €, der jedoch auf den Höchstbetrag von 1.292 € begrenzt wird.

Der **Entlastungsbetrag für Alleinerziehende** (§ 24b EStG) i.H.v. 1.308 € für sog. „Halbfamilien" ersetzt den früheren Haushaltsfreibetrag (§ 32 Abs. 7 EStG a.F.), der einem Beschluss des Bundesverfassungsgerichts[427] folgend nicht mehr gewährt wird. Den Entlastungsbetrag für Alleinerziehende können Alleinstehende abziehen, wenn zu deren Haushalt ein Kind gehört, für das der Freibetrag gem. § 32 Abs. 6 EStG bzw. Kindergeld zusteht (§ 24b Abs. 1 S. 1 EStG). Ein Kind gehört grundsätzlich dann zum Haushalt des Steuerpflichtigen, wenn es in dessen Wohnung gemeldet ist (§ 24b Abs. 1 S. 2 EStG). Allein stehend ist ein Steuerpflichtiger, wenn er nicht die Voraussetzungen des Splittingtarifs erfüllt oder verwitwet ist und zudem keine Haushaltsgemeinschaft mit einer anderen volljährigen Person besteht[428] (§ 24b Abs. 2 S. 1 EStG). Ist eine andere volljährige Person mit ihrem Haupt- oder Nebenwohnsitz in der Wohnung des Steuerpflichtigen gemeldet, wird zunächst vermutet, dass eine (schädliche) Haushaltsgemeinschaft besteht (§ 24b Abs. 2 S. 2 EStG). Diese Vermutung ist widerlegbar, wenn der Steuerpflichtige und die andere volljährige Person nicht in einer eheähnlichen Gemeinschaft oder einer eingetragenen Lebenspartnerschaft leben (§ 24b Abs. 2 S. 3 EStG).

Gem. § 13 Abs. 3 EStG werden – sofern die Summe der Einkünfte 30.700 € (bei Zusammenveranlagung: 61.400 €) nicht übersteigt – Einkünfte aus Land- und Forstwirtschaft nur berücksichtigt, soweit sie den Betrag von 670 € (bei Zusammenveranlagung: 1.340 €) übersteigen (sog. **Freibetrag für Land- und Forstwirte**).

4. Das Einkommen (§ 2 Abs. 4 EStG)

a) Der Verlustabzug nach § 10d EStG

Die zweite Säule der Verlustverrechnung (vgl. Abb. 70, S. 313) innerhalb der Einkommensteuer stellt der **Verlustabzug** gem. § 10d EStG dar, mittels dem nach erfolgtem **Verlustausgleich** (vgl. S. 312) noch verbleibende negative Einkünfte verwendet werden können. Für diese nicht ausgeglichenen Verluste eines VAZ besteht, außer in den genannten Fällen negativer Einkünfte aus Kapitalvermögen, ein **Wahlrecht zwischen dem Verlustrücktrag und dem Verlustvortrag**.

---

[426] Modifiziert entnommen aus SCHMIDBAUER, WILHELM/SCHMIDBAUER, BERNHARD: Die Besteuerung von Renten und Pensionen nach dem Alterseinkünftegesetz, Berg 2004, S. 98.

[427] Vgl. BVerfG-Beschluss vom 10.11.1998, in: DB 1999, S. 180-186.

[428] Es sei denn, dieser Person steht der Freibetrag gem. § 32 Abs. 6 EStG bzw. Kindergeld zu oder es handelt sich um ein Kind i.S.d. § 63 Abs. 1 S. 1 EStG, das den gesetzlichen Grund- oder Zivildienst leistet, sich freiwillig für die Dauer von nicht mehr als drei Jahren zum Wehrdienst verpflichtet hat oder eine Tätigkeit als Entwicklungshelfer ausübt (§ 32 Abs. 5 S. 1 EStG).

Der **Verlustrücktrag** (§ 10d Abs. 1 EStG) ist nur in den vorangegangenen VAZ möglich und darüber hinaus auf 1.000.000 € (bei Zusammenveranlagung: 2.000.000 €) beschränkt. Auf Antrag kann der Steuerpflichtige ganz oder teilweise auf den Verlustrücktrag verzichten (§ 10d Abs. 1 S. 5 EStG).

I.R.d. **Verlustvortrags** (§ 10d Abs. 2 EStG) können nicht ausgeglichene negative Einkünfte aus Vorjahren bis zur Höhe von 1 Mio. € (bei Zusammenveranlagung: 2 Mio. €) uneingeschränkt (sofern vorhanden) mit einem positiven Gesamtbetrag der Einkünfte verrechnet werden (sog. **Sockelbetrag**). Sollten darüber hinaus weitere, nicht ausgeglichene negative Einkünfte bestehen, so ist deren Verlustvortrag der Höhe nach beschränkt. Die den Sockelbetrag übersteigenden Verluste dürfen nur bis 60 % des verbleibenden Gesamtbetrags der Einkünfte steuermindernd genutzt werden. Im Ergebnis führt dies zu einer **Mindestbesteuerung**, da 40 % des über den Sockelbetrag hinausgehenden Gesamtbetrags der Einkünfte im VAZ, in den der Verlust vorgetragen wird, immer der Besteuerung unterliegen.

Ausgleichbar sind nur Verluste, die bei der Ermittlung des „Gesamtbetrags der Einkünfte" entstanden sind (vgl. die Herleitung des zu versteuernden Einkommens auf S. 268). Im Jahr der Verlustverrechnung ist der Verlustrück- bzw. -vortrag vom Gesamtbetrag der Einkünfte noch **vor den Sonderausgaben und außergewöhnlichen Belastungen vorzunehmen**. Im Verlustentstehungsjahr vorhandene Sonderausgaben, außergewöhnliche Belastungen usw. gehen also verloren; sie dürfen nicht vorgetragen werden. Ein nach Verlustvortrag und Verlustrücktrag am Ende eines VAZ noch verbleibender Verlust ist gesondert festzustellen und vorzutragen (§ 10d Abs. 4 S. 1 EStG).

b) Die Sonderausgaben (§§ 10, 10a, 10b, 10c EStG)

Einige Sonderausgaben können unbeschränkt abgezogen werden (sog. **unbeschränkt abzugsfähige Sonderausgaben**). Der Abzug des ganz überwiegenden Teils der Sonderausgaben ist indes der Höhe nach begrenzt (sog. **beschränkt abzugsfähige Sonderausgaben**).

Unbeschränkt abzugsfähige Sonderausgaben sind auf besonderen **Verpflichtungsgründen beruhende, lebenslange und wiederkehrende Versorgungsleistungen** (§ 10 Abs. 1 Nr. 1a EStG). Hierunter fällt die Zahlung von Versorgungsleistungen in Folge bestimmter Vermögensübergaben (Versorgungsrente; keine Unterhaltsrente) im Wege der vorweggenommenen Erbfolge. Während die Zahlungen beim Versorgungsverpflichteten in voller Höhe als Sonderausgaben abziehbar sind, sind diese beim Empfänger in voller Höhe als sonstige Einkünfte zu versteuern (§ 22 Nr. 1b EStG). Daher entfällt die früher vorgenommene Unterscheidung in Renten und dauernde Lasten. Unbeschränkt abzugsfähig sind daneben Leistungen aufgrund eines schuldrechtlichen Versorgungsausgleichs, soweit die ihnen zugrunde liegenden Einnahmen beim Ausgleichsverpflichteten der Besteuerung unterliegen (§ 10 Abs. 1 Nr. 1b EStG). Beruht die Leistung also auf voll nach § 19 EStG der Besteuerung unterliegenden Versorgungsbezügen, erfolgt ein Sonderausgabenabzug in voller Höhe; der Ausgleichsberechtigte muss dann die Leistung in voller Höhe der Besteuerung unterwerfen (§ 22 Nr. 1c EStG). Liegt der Leistung nur eine mit dem Ertragsanteil steuerbare Leibrente des Ausgleichsverpflichteten zugrunde, soll sich die Bemessungsgrundlage des Ausgleichsverpflichteten nur in Höhe dieses Ertragsanteils mindern; der Berechtigte soll dann auch nur diesen Teil der Leistung versteuern (§ 22 Nr. 1c EStG).

Unbeschränkt als Sonderausgabe abziehbar ist auch die **gezahlte Kirchensteuer** (§ 10 Abs. 1 Nr. 4 EStG), nach Abzug der für das Vorjahr erstatteten Kirchensteuer.

Daneben sind Leistungen aufgrund eines schuldrechtlichen Versorgungsausgleichs unbeschränkt abzugsfähig, soweit die ihnen zugrunde liegenden Einnahmen beim Ausgleichsverpflichteten der Besteuerung unterliegen und die ausgleichsberechtigte Person unbeschränkt einkommensteuerpflichtig ist (§ 10 Abs. 1 Nr. 1b EStG).

Beschränkt abzugsfähige Sonderausgaben sind:

- **Unterhaltsleistungen** eines geschiedenen oder dauernd getrennt lebenden Ehegatten; sofern der Empfänger diese als Einkünfte aus wiederkehrenden Bezügen (sonstige Einkünfte) versteuert, kann der leistende Ehegatte i.H.v. max. 13.805 € pro Jahr als Sonderausgaben ansetzen (sog. **Wahl-Realsplitting**; § 10 Abs. 1 Nr. 1 EStG). Alternativ können Unterhaltsleistungen als außergewöhnliche Belastung angesetzt werden, was aber i.d.R. zu einem ungünstigeren Ergebnis führen wird.

- **Vorsorgeaufwendungen**:[429] Seit dem Inkrafttreten des „Gesetzes zur Neuordnung der einkommensteuerrechtlichen Behandlung von Altersvorsorgeaufwendungen und -bezügen (Alterseinkünftegesetz – AltEinkG)"[430] ist zwischen **Aufwendungen für die Alterssicherung** einerseits und den **übrigen Vorsorgeaufwendungen** andererseits zu unterscheiden. Daneben ist bis 2019 eine (doppelte) **Günstigerprüfung** durchzuführen.

Aufwendungen für die Alterssicherung, sog. Altersvorsorgeaufwendungen (§ 10 Abs. 1 Nr. 2 EStG), dürfen als Sonderausgaben abgezogen werden, wenn die tatsächliche Verwendung für die Altersvorsorge sichergestellt ist. Dies ist bei den Beiträgen zur gesetzlichen Rentenversicherung und auch, soweit den gesetzlichen Rentenversicherungen vergleichbare Leistungen erbracht werden, bei Beiträgen zu landwirtschaftlichen Alterskassen und berufsständischen Versorgungseinrichtungen der Fall (§ 10 Abs. 1 Nr. 2 S. 1 Buchst. a EStG). Daneben können bestimmte private Zusatzversicherungen zum Aufbau einer kapitalgedeckten Altersversorgung (sog. „Rürup-Renten" bzw. „Basis-Renten") berücksichtigt werden, soweit die Zahlung einer lebenslangen Leibrente nicht vor Vollendung des 62. Lebensjahres vorgesehen ist und die Ansprüche nicht vererblich, übertragbar, beleihbar, veräußerbar oder kapitalisierbar sind; die ergänzende Absicherung des Eintritts der Berufsunfähigkeit, der verminderten Erwerbsfähigkeit oder von Hinterbliebenen ist nicht schädlich (§ 10 Abs. 1 Nr. 2 S. 1 Buchst. b EStG). Außerdem abzugsfähig ist der – gem. § 3 Nr. 62 EStG steuerfreie – Arbeitgeberanteil zur gesetzlichen Rentenversicherung und ein diesem gleichgestellter steuerfreier Zuschuss des Arbeitgebers (§ 10 Abs. 1 Nr. 2 S. 2 EStG). Die im Rahmen eines „Mini-Jobs" gezahlten Beiträge zur Rentenversicherung zählen auf Antrag des Steuerpflichtigen zu den Altersvorsorgeaufwendungen gem. § 10 Abs. 1 S. 1 Nr. 2 S. 2 EStG (§ 10 Abs. 1 Nr. 2 S. 3 EStG). Vorteilhaft ist ein solcher Antrag aber nur dann, wenn der Steuerpflichtige auf die Versicherungsfreiheit in der Rentenversicherung verzichtet hat und damit eigene Beiträge gezahlt hat.

---

[429] Vgl. zu den folgenden Ausführungen und Beispielen MYSEN, MICHAEL: Das Alterseinkünftegesetz. Die steuerliche Berücksichtigung von Vorsorgeaufwendungen nach § 10 EStG, in: NWB vom 06.12.2004, Fach 3, S. 13095-13118.

[430] Gesetz vom 05.07.2004, BGBl I 2004, S. 1427.

Die Aufwendungen dürfen bei einzeln veranlagten Steuerpflichtigen als Sonderausgaben max. i.H.v. 20.000 € abgezogen werden, bei Ehegatten i.H.v. 40.000 € (§ 10 Abs. 3 S. 1 und 2 EStG). Dieser Höchstbetrag ist bei folgenden Personengruppen um einen fiktiven Gesamtrentenversicherungsbeitrag zu kürzen (§ 10 Abs. 3 S. 3 EStG):

- In der gesetzlichen Rentenversicherung versicherungsfreie oder auf Antrag des Arbeitgebers von der Versicherungspflicht befreite Arbeitnehmer, denen für den Fall ihres Ausscheidens aus der Beschäftigung aufgrund ihres Beschäftigungsverhältnisses eine lebenslängliche Versorgung oder an deren Stelle eine Abfindung zusteht oder die in der gesetzlichen Rentenversicherung nachzuversichern sind.
- Nicht der gesetzlichen Rentenversicherungspflicht unterliegende Arbeitnehmer, die eine Berufstätigkeit ausgeübt und im Zusammenhang damit aufgrund vertraglicher Vereinbarungen Anwartschaftsrechte auf eine Altersversorgung erworben haben.
- Steuerpflichtige, die Einkünfte gem. § 22 Nr. 4 EStG erzielen (z.B. Abgeordnete) und die ganz oder teilweise ohne eigene Beitragsleistungen einen Anspruch auf Altersversorgung erwerben.

Von der Kürzung betroffen sind damit insb. Beamte (Lehrer, Richter, Soldaten, Polizisten u.ä.) sowie nichtversicherungspflichtige Geschäftsführer oder Vorstände mit Pensionszusagen (v.a. GmbH-Gesellschafter-Geschäftsführer). Die Kürzung des zur Verfügung stehenden Höchstbetrages um einen fiktiven Gesamtrentenversicherungsbeitrag bei den genannten Personengruppen dient der Angleichung des Abzugsumfangs für eine zusätzliche Altersversorgung bei allen Steuerpflichtigen (vgl. unten stehendes Beispiel).

In den Jahren 2005 bis 2024 bleibt die Abzugsfähigkeit weiter begrenzt. Im Jahr 2005 waren die zulässigen Aufwendungen i.R.d. (evtl. um den fiktiven Gesamtrentenversicherungsbeitrag geminderten) Höchstbetrages nur i.H.v. 60 % abzugsfähig (§ 10 Abs. 3 S. 4 EStG). Dieser Prozentsatz steigt in jedem weiteren Jahr um 2 Prozentpunkte, sodass der (evtl. geminderte) Höchstbetrag erst ab dem Jahr 2025 vollständig als Sonderausgabe berücksichtigt werden kann (§ 10 Abs. 3 S. 6 EStG).

Der sich danach ergebende Betrag ist nach Abzug des nach § 3 Nr. 62 EStG steuerfreien Arbeitgeberanteils zur gesetzlichen Rentenversicherung als Sonderausgabe (Altersvorsorgeaufwand) anzusetzen (§ 10 Abs. 3 S. 5 EStG).

Beispiel: (Als Sonderausgaben abzugsfähige Altersvorsorgeaufwendungen eines Arbeitnehmers)

Ein Arbeitnehmer zahlt im Jahr 2013 einen Arbeitnehmeranteil zur gesetzlichen Rentenversicherung i.H.v. 3.980 €. Der steuerfreie Arbeitgeberanteil beläuft sich ebenfalls auf 3.980 €. Weitere Altersvorsorgeaufwendungen sind nicht getätigt worden. Damit ergibt sich folgendes Sonderausgabenabzugsvolumen für Altersvorsorgeaufwendungen:

Arbeitnehmeranteil zur gesetzlichen RV	3.980 €
Steuerfreier Arbeitgeberanteil zur gesetzlichen RV	3.980 €
Summe = Berücksichtigungsfähige Altersvorsorgeaufwendungen	7.960,00 €
(maßgebend, da kleiner als der Höchstbetrag i.H.v. 20.000 €)	
Davon 76 % (2013)	6.049,60 €
Abzgl. steuerfreier Arbeitgeberanteil	3.980,00 €
Saldo = Sonderausgabenabzug für Altersvorsorgeaufwendungen	**2.069,60 €**

> **Beispiel:** (Altersvorsorgeaufwendungen bei Arbeitnehmern und Beamten)
>
> A ist allein stehend und erzielt im Jahr 2013 als Arbeitnehmer einen Bruttoarbeitslohn i.H.v. 50.000 €. Der Beitragsatz zur gesetzlichen Rentenversicherung beträgt 18,9 %. A leistet einen Jahresbeitrag zu einer „Rürup-Rente" i.H.v. 12.000 €. Für B gelten selbige Ausgangsdaten, mit dem Unterschied, dass er verbeamtet ist. Die Ermittlung des Sonderausgabenabzugsbetrages für das Jahr 2013 gestaltet sich wie folgt:
>
> | | Arbeit-nehmer A | Beamter B |
> |---|---|---|
> | Arbeit**nehmer**anteil zur gesetzlichen Rentenversicherung | 4.725 € | – |
> | + Beitrag zur „Rürup-Rente" | 12.000 € | 12.000 € |
> | + Arbeit**geber**anteil an gesetzlicher Rentenversicherung | 4.725 € | – |
> | = Altersvorsorgeaufwendungen i.S.d. § 10 Abs. 1 Nr. 2 EStG | 21.450 € | 12.000 € |
> | ./. Fiktiver Gesamtrentenversicherungsbeitrag (18,9 % von 50.000 €) | – | 9.450 € |
> | Höchstbetrag: 20.000 € abzgl. fiktiver Gesamtrentenversicherungs-beitrag = verbleibender abzugsfähiger Betrag | 20.000 € | 10.550 € |
> | davon 76 % (2013) | 15.200 € | 8.018 € |
> | ./. Arbeit**geber**anteil zur gesetzlichen Rentenversicherung | 4.725 € | – |
> | = Abziehbare Altersvorsorgeaufwendungen i.S.d § 10 Abs. 3 EStG | 10.475 € | 8.018 € |
>
> Der Sonderausgabenabzug beträgt bei B 76 % des gekürzten Beitrags zur „Rürup-Rente" (76 % von 10.550 € = 8.018 €). Der Sonderausgabenabzug bei A besteht aus dem anteiligen Abzug seines Rentenversicherungsbeitrages und dem anteiligen Abzug seines Beitrages zur „Rürup-Rente".

Die genannten Regelungen bewirken, dass der Arbeitgeberanteil zur Rentenversicherung in den Jahren 2005 bis 2024 zunächst in voller Höhe als Sonderausgabe erfasst wird, wodurch sich das restliche Abzugsvolumen für Altersvorsorgeaufwendungen vermindert; später wird er in voller Höhe von den nur anteilig (beginnend mit 60 %, steigend) ansetzbaren Sonderausgaben für Altersvorsorgeaufwendungen wieder abgezogen.

Selbstständigen, die als solche eigenverantwortlich für ihre Alterssicherung sind, steht ein entsprechend höheres Abzugsvolumen zur Verfügung, da kein Arbeitgeberanteil an der Sozialversicherung anfällt.

> **Beispiel:** (Als Sonderausgaben abzugsfähige Altersvorsorgeaufwendungen eines Selbstständigen)
>
> Ein Selbstständiger hat 2013 insgesamt 12.500 € für seine Alterssicherung an eine berufsständische Versorgungseinrichtung i.S.d § 10 Abs. 1 Nr. 2 Buchst. a EStG gezahlt. Darüber hinaus hat er noch eine private Leibrentenversicherung i.S.d § 10 Abs. 1 Nr. 2 Buchst. b EStG abgeschlossen und dort Beiträge i.H.v. 10.000 € eingezahlt.
>
> | | |
> |---|---|
> | Arbeitnehmerbeitrag zur gesetzlichen Rentenversicherung | 0 € |
> | Arbeitgeberbeitrag zur gesetzlichen Rentenversicherung | 0 € |
> | Zahlungen an berufsständische Versorgungseinrichtung | 12.500 € |
> | Zahlungen an private Leibrentenversicherung | 10.000 € |
> | Altersvorsorgeaufwendungen i.S.d. § 10 Abs. 1 Nr. 2 EStG | 22.500 € |
> | Höchstbetrag = anzusetzender Betrag | 20.000 € |
> | Davon 76 % (2013) = **Sonderausgabenabzug für Altersvorsorgeaufwendungen** | 15.200 € |
>
> Die Altersvorsorgeaufwendungen können i.H.v. 15.200 € als Sonderausgaben angesetzt werden. Dem Selbstständigen, der seine Alterssicherung in vollem Umfang aus eigenen Beiträgen bestreitet, steht folglich das für 2013 maximale Abzugsvolumen zur Verfügung.

Bei Ehegatten ist für jeden Ehegatten gesondert zu prüfen, ob und in welcher Höhe der gemeinsame Höchstbetrag von bis zu 40.000 € zu kürzen ist.

Beispiel: **(Fiktiver Gesamtrentenversicherungsbeitrag und Zusammenveranlagung)**

Die Eheleute Claudia und Claus Clever werden zusammenveranlagt. Claus ist als selbstständiger Arzt tätig und zahlt im Jahr 2013 insgesamt 25.000 € an eine berufsständische Versorgungseinrichtung. Claudia ist Beamtin. Sie erhält eine Besoldung i.H.v. 50.000 €. Sie hat im Jahr 2013 außerdem 2.000 € an eine private Basisrentenversicherung („Rürup-Rente") gezahlt. Der Beitragssatz zur gesetzlichen Rentenversicherung beträgt 18,9 %. Wie hoch sind die anzusetzenden Altersvorsorgeaufwendungen?

Beiträge zum berufsständischen Versorgungswerk	25.000 €	
Beiträge zur „Rürup-Rente" (Basisrentenversicherung)	2.000 €	
Gesamtbeiträge		27.000 €
Höchstbetrag	40.000 €	
Kürzung um fiktiven Gesamtrentenversicherungsbeitrag für Claudia		
(18,9 % von 50.000 €)	./. 9.450 €	
Anzusetzender Höchstbetrag		30.550 €
Verbleibende zu berücksichtigende Beiträge	27.000 €	
(davon 76 %)	20.520 €	
Sonderausgabenabzug für Altersvorsorgeaufwendungen		20.520 €

Als **sonstige Vorsorgeaufwendungen** (§ 10 Abs. 1 Nr. 3 EStG) abzugsfähig sind Beiträge zu Kranken-, Pflege-, Unfall- und Haftpflichtversicherungen sowie Risikoversicherungen, die eine Leistung nur für den Todesfall vorsehen. Daneben sind Beiträge zu Versicherungen gegen Arbeitslosigkeit und Erwerbs- und Berufsunfähigkeitsversicherungen zu berücksichtigen, die nicht bereits als Aufwendungen für die Alterssicherung i.R. von § 10 Abs. 1 Nr. 2 S. 1 EStG abgezogen werden können (§ 10 Abs. 1 Nr. 3a EStG). Außerdem zählen zu den übrigen Vorsorgeaufwendungen 88 % der Beiträge zu Kapitallebensversicherungen und bestimmten Rentenversicherungen, die noch vor dem 31.12.2004 abgeschlossen wurden und die bisher unter die Regelung des § 10 Abs. 1 Nr. 2 Buchst. b Doppelbuchst. bb-dd EStG a.F. fielen (§ 10 Abs. 1 Nr. 3a EStG).

Diese Aufwendungen dürfen insgesamt als Sonderausgaben grundsätzlich max. i.H.v. 2.800 € abgezogen werden (§ 10 Abs. 4 S. 1 EStG). Erhält der Steuerpflichtige ohne eigene Aufwendungen ganz oder teilweise Anspruch auf vollständige oder teilweise Erstattung oder Übernahme von Krankheitskosten (z.B. beihilfeberechtigte Beamte) oder werden für die Krankenversicherung Leistungen i.S.d. § 3 Nr. 9, 14, 62 EStG erbracht (steuerfreier Arbeitgeberanteil, Sozialversicherungsrentner), dürfen lediglich 1.900 € abgezogen werden (§ 10 Abs. 4 S. 2 EStG). Dies gilt auch für Personen, die steuerfreie Leistungen der Künstlersozialkasse nach § 3 Nr. 57 EStG beziehen. Zusammenveranlagte Ehegatten sind gesondert zu betrachten und deren Teilhöchstbeträge sind zu addieren (§ 10 Abs. 4 S. 3 EStG).

Durch einen Beschluss des Bundesverfassungsgerichts im Februar 2008[431] war entschieden worden, dass die Regelungen zur steuerlichen Berücksichtigung von Kranken- und Pflegeversicherungsbeiträgen nicht die Steuerfreiheit des Existenzminimums gewährleisteten. Der

---

[431] Beschluss des BVerfG vom 13.02.2008, in: DStR 2008, S. 604-611.

Gesetzgeber kam der auferlegten Pflicht zur Behebung dieses Mangels im Rahmen des sog. „Bürgerentlastungsgesetz Krankenversicherung" nach, in welchem er regelte, dass Kranken- und Pflegeversicherungsbeiträge immer vollständig absetzbar sind, auch wenn sie den – ebenfalls durch das Bürgerentlastungsgesetz Krankenversicherung erhöhten – Höchstbetrag von 1.900 €/2.800 € (vormals 1.500 €/2.400 €) überschreiten (§ 10 Abs. 1 Nr. 3 i.V.m. Abs. 2 EStG). Allerdings werden nicht alle Krankenversicherungsbeiträge von dieser vollumfänglichen Abzugsmöglichkeit erfasst, sondern nur diejenigen, die zur Erlangung eines durch das SGB XII. bestimmten, sozialhilfegleichen Versorgungsniveaus aufgewendet werden müssen (Basiskrankenversicherungsschutz; § 10 Abs. 1 Nr. 3 Buchst. a S. 1 EStG). Sofern der Beitrag an eine gesetzliche Krankenversicherung auch einen Krankengeldanspruch enthält, ist der geleistete Beitrag pauschal um 4 % zu kürzen (§ 10 Abs. 1 Nr. 3 Buchst. a S. 4 EStG). Eine pauschale Kürzung von Beiträgen an eine private Krankenversicherung unterbleibt. Beiträge des Basistarifs in privaten Krankenversicherungen sind vollumfänglich Sonderausgaben. Sofern im Rahmen der privaten Krankenversicherung eine über den Basisversicherungsschutz hinausgehende Absicherung erworben wird, sind die Beiträge nur in Höhe des Basistarifs als Sonderausgaben berücksichtigungsfähig.

Beiträge zu einer Pflegeversicherung sind ebenfalls unbegrenzt abziehbar, sowohl bei der sozialen Pflegeversicherung als auch bei der privaten Pflegepflichtversicherung (§ 10 Abs. 1 Nr. 3 Buchst. b EStG).

Gem. der neuen Rechtslage nach dem Bürgerentlastungsgesetz Krankenversicherung können die **„sonstigen Vorsorgeaufwendungen"** folglich unterteilt werden in:

- **Kranken- und Pflegeversicherungsbeiträge**, die grds. in voller Höhe absetzbar sind, und

- die sog. **„weiteren sonstigen" Vorsorgeaufwendungen**, die nur in der Höhe abgezogen werden können, in welcher die Beiträge zur Basiskranken- und Pflegeversicherung die Höchstbeträge von 1.900 €/2.800 € unterschreiten.

Beispiel: (Sonstige Vorsorgeaufwendungen und Zusammenveranlagung)

Lutz und Lara Listig werden zusammenveranlagt. Sie haben keine Kinder. Lutz ist als selbstständiger Steuerberater tätig und zahlt für seine private Kranken- und Pflegeversicherung im Jahr 2013 insgesamt 2.900 €. Außerdem hat er im Jahr 2000 eine Kapitallebensversicherung abgeschlossen, für die er jährliche Beiträge i.H.v. 600 € zahlt. Lara ist in der gesetzlichen Krankenversicherung pflichtversichert. Sie ist als Arbeitnehmerin beschäftigt und erhält von ihrem Arbeitgeber einen steuerfreien Arbeitgeberanteil zur Krankenversicherung. Dieser beträgt 1.000 €. Der von Lara gezahlte Krankenversicherungsbeitrag betrug für 2013 ebenso 1.000 €. In welchem Umfang können die sonstigen Vorsorgeaufwendungen berücksichtigt werden?

Kranken-/Pflegeversicherungsbeiträge Lutz	2.900 €
Kranken-/Pflegeversicherungsbeiträge Lara	1.000 €
Beiträge zur Kapitallebensversicherung Lutz	
(88 % von 600 € = 528 €)	528 €
Gesamtbeiträge	**4.428 €**

Abzugsvolumen Lutz	
Höchstbetrag	2.800 €
Aber: Kranken- und Pflegeversicherungsbeiträge	
vollständig absetzbar!	2.900 €
(die Beiträge zur Kapitallebensversicherung	
bleiben unberücksichtigt)	
Abzugsvolumen Lara	1.000 €
Max. zu berücksichtigen	**3.900 €**

In den Jahren **2005 bis 2019** ist gem. § 10 Abs. 4a EStG eine (doppelte) **Günstigerprüfung** durchzuführen, damit sichergestellt wird, dass die Abzugsbeträge nach neuem Recht nicht geringer sind als diejenigen nach altem Recht, und dass evtl. Beiträge zu einer „Rürup-Rente" bzw. „Basisrente" nicht verpuffen.

Seit VAZ 2006 ist gem. § 10 Abs. 4a S. 1 EStG zunächst das Abzugsvolumen nach „altem Recht" für die nach neuem Recht berücksichtigungsfähigen sonstigen Vorsorgeaufwendungen und die Altersvorsorgeaufwendungen (ohne Arbeitgeber-Beiträge zur gesetzlichen Rentenversicherung und ohne Beiträge zu einer „Rürup-Rente") zzgl. eines sog. Erhöhungsbetrages mit dem Abzugsvolumen nach neuem Recht zu vergleichen.

Die für die Bestimmung des Abzugsvolumens nach altem Recht notwendige **Höchstbetragsrechnung** gem. § 10 Abs. 3 EStG a.F. und deren mehrstufiger Aufbau ist Abb. 72 (S. 324) zu entnehmen.

Der nach altem Recht geltende Vorwegabzug wurde im Rahmen der Günstigerprüfung nur bis einschließlich 2010 in voller Höhe gewährt, anschließend wird er bis 2019 abgeschmolzen und ab 2020 gar nicht mehr angewendet.

Der Erhöhungsbetrag ermittelt sich gem. § 10 Abs. 4a S. 3 EStG als Produkt aus geleisteten „Rürup-Rentenbeiträgen" und maßgeblichem Prozentsatz des jeweiligen Jahres nach § 10 Abs. 3 S. 6 EStG, wobei Beiträge nur bis zur Höhe des Höchstbetrages gem. § 10 Abs. 3 S. 1 (20.000 €) und 2 (40.000 €) EStG berücksichtigt werden können. Bei Arbeitnehmern dürfen gem. § 10 Abs. 4a S. 3 EStG nur diejenigen Beiträge zugunsten einer „Rürup-Rente" bei der Ermittlung des Erhöhungsbetrages angesetzt werden, die den um die Beiträge zur gesetzlichen Rentenversicherung (Arbeitgeber- und Arbeitnehmeranteil) gekürzten Höchstbetrag bzw. bei Beamten den um den fiktiven Gesamtbeitrag zur gesetzlichen Rentenversicherung gekürzten Höchstbetrag nicht übersteigen.

Ist das Abzugsvolumen nach altem Recht zzgl. Erhöhungsbetrag größer als das Abzugsvolumen nach neuem Recht, so ist in einer weiteren Günstigerprüfung gem. § 10 Abs. 4a S. 2 EStG der größere Betrag aus Abzugsvolumen nach altem Recht zzgl. Erhöhungsbetrag und Abzugsvolumen nach altem Recht unter Berücksichtigung der Beiträge zu einer „Rürup-Rente", aber ohne Erhöhungsbetrag zu ermitteln und letztlich als Vorsorgeaufwendungen anzusetzen. Wäre nach der ersten Günstigerprüfung eine Vorteilhaftigkeit des neuen Rechts die Folge gewesen, hätte der sich ergebende Betrag ebenfalls verglichen werden müssen mit dem Abzugsvolumen nach altem Recht unter Berücksichtigung der Beiträge zu einer „Rürup-Rente", aber ohne Erhöhungsbetrag.

Sind also Beiträge zu einer „Rürup-Rente" gezahlt worden, ist der größere Betrag aus den folgenden drei Vergleichsgrößen als Sonderausgaben anzusetzen:

- Abzugsvolumen nach neuem Recht,
- Abzugsvolumen nach altem Recht (ohne Arbeitgeber-Beiträge und „Rürup-Rentenbeiträge") zzgl. Erhöhungsbetrag,
- Abzugsvolumen nach altem Recht (ohne Arbeitgeber-Beiträge, aber inkl. „Rürup-Rentenbeiträge") ohne Erhöhungsbetrag.

Wurden keine Beiträge zu einer „Rürup-Rente" entrichtet, so führt die doppelte Günstigerprüfung (ab 2006) zu dem gleichen Ergebnis wie die (einfache) Günstigerprüfung (2005).[432]

	Einzel-veranlagung	Zusammen-veranlagung
1. Vorwegabzug für Versicherungsbeiträge; zu kürzen um 16 % der Einnahmen aus nichtselbstständiger Arbeit (ohne Versorgungsbezüge gem. § 19 Abs. 2 EStG) und aus Mandatsausübung (§ 10 Abs. 3 Nr. 2 EStG)	3.068 € (2.100 € im Jahr 2013)[433]	6.136 € (4.200 € im Jahr 2013)[434]
2. Grundhöchstbetrag für die verbleibenden Versicherungsbeiträge (§ 10 Abs. 3 Nr. 1 EStG)	1.334 €	2.668 €
3. Höchstbetrag für Beiträge zur privaten Pflegezusatzversicherung für Steuerpflichtige, die nach dem 31.12.1957 geboren sind (§ 10 Abs. 3 Nr. 3 EStG)	184 €	368 €
4. Hälftiger Höchstbetrag (§ 10 Abs. 3 Nr. 4 EStG): 50 % der nach den Nr. 1-3 noch nicht berücksichtigten Vorsorgeaufwendungen; max. 50 % des Grundhöchstbetrags	667 €	1.334 €
5. Max. berücksichtigungsfähige Vorsorgeaufwendungen	5.253 € (4.285 € im Jahr 2013)	10.506 € (8.570 € im Jahr 2013)
6. Dafür nachzuweisen	5.920 € (4.952 € im Jahr 2013)	11.840 € (9.904 € im Jahr 2013)

Abb. 72: Allgemeines Berechnungsschema zur Höchstbetragsrechnung für Vorsorgeaufwendungen nach § 10 Abs. 3 EStG 2004

---

[432] Vgl. dazu KUßMAUL, HEINZ: Betriebswirtschaftliche Steuerlehre, 4. Aufl., München/Wien 2006, S. 297-298.
[433] Vgl. § 10 Abs. 4a S. 1 EStG.
[434] Vgl. § 10 Abs. 4a S. 1 EStG.

Beispiel: **(Doppelte Günstigerprüfung)**

Der Selbstständige Karl Klug hat im Jahr 2013 insgesamt 8.000 € für Kranken-, Pflege-, Haftpflicht- und Lebensversicherungen (Altfall und damit 88 % der Beiträge berücksichtigt) ausgegeben. Außerdem hat er 4.000 € Beiträge zugunsten einer „Rürup-Rente" gezahlt.

Altes Recht zzgl. Erhöhungsbetrag		Neues Recht	
Sonstige Vorsorgeaufwendungen	8.000 €	**Altersvorsorgeaufwendungen**	
		„Rürup-Rentenbeiträge"	4.000 €
Summe	8.000 €	Summe Altersvorsorge-	
Vorwegabzug	2.100 €	aufwendungen (max. 20.000 €)	4.000 €
Kürzung	0 €	Davon 76 % (2013)	3.040 €
Verbleiben abziehbar	2.100 €	**Sonstige Vorsorge-**	
Noch nicht berücksichtigte		**aufwendungen**	
Versicherungsbeiträge	5.900 €	Summe	8.000 €
Grundhöchstbetrag	1.334 €	Max. 2.800 € (sofern Beiträge zur	
Verbleiben	4.566 €	KV/PV nicht den	
50 %, max. 667 €	667 €	Höchstbetrag übersteigen), somit	2.800 €
Nicht abzugsfähig	3.899 €	**Abziehbare Sonderausgaben**	**5.840 €**
Abziehbare Sonderausgaben	**4.101 €**		
Erhöhungsbetrag			
Beiträge zur „Rürup-Rente"	4.000 €		
Davon 76 % (2013)	3.040 €		
Gesamtes Abzugsvolumen	**7.141 €**		
Altes Recht ohne Erhöhungsbetrag			
„Rürup-Rentenbeiträge"	4.000 €		
Sonstige Vorsorge-			
aufwendungen	8.000 €		
Summe	12.000 €		
Vorwegabzug	2.100 €		
Kürzung	0 €		
Verbleiben abziehbar	2.100 €		
Noch nicht berücksichtigte			
Versicherungsbeiträge	9.900 €		
Grundhöchstbetrag	1.334 €		
Verbleiben	8.566 €		
50 %, max. 667 €	667 €		
Nicht abzugsfähig	7.899 €		
Abziehbare Sonderausgaben	**4.101 €**		

Es ergeben sich damit folgende Vergleichsgrößen:

- Abzugsvolumen nach neuem Recht: 5.840 €
- Abzugsvolumen nach altem Recht (ohne Arbeitgeber-Beiträge und „Rürup-Rentenbeiträge") zzgl. Erhöhungsbetrag: 7.141 €
- Abzugsvolumen nach altem Recht (ohne Arbeitgeber-Beiträge aber inkl. „Rürup-Rentenbeiträge") ohne Erhöhungsbetrag: 4.101 €.

Es sind somit im Jahr 2013 insg. 7.141 € Vorsorgeaufwendungen als Sonderausgaben abziehbar.

Beispiel: **(Doppelte Günstigerprüfung)**

Der Arbeitnehmer Lutz Listig hat im Jahr 2013 einen Bruttolohn von 50.000 €. Arbeitnehmer- und Arbeitgeberanteil zur gesetzlichen Rentenversicherung betragen je 4.725 €. Lutz Listig leistet überdies Beiträge zu einer „Rürup-Rente" i.H.v. 11.000 €. Seine Beiträge zur Kranken- und Pflegeversicherung betragen 2.500 €. Die „weiteren sonstigen" Vorsorgeaufwendungen (Arbeitslosen- und Haftpflichtversicherung) belaufen sich auf 4.000 €.

Altes Recht zzgl. Erhöhungsbetrag	
AN-Anteil gesetzliche RV	4.725 €
Sonstige	6.500 €
Summe	11.225 €
Vorwegabzug	2.100 €
Kürzung	
(0,16 · 50.000 = 8.000)	3.068 €
Verbleiben abziehbar	0 €
Noch nicht berücks.	
Versicherungsbeiträge	11.225 €
Grundhöchstbetrag	1.334 €
verbleiben	9.891 €
50 %, max. 667 €	667 €
Nicht abzugsfähig	9.224 €
Abziehbare Sonderausgaben	**2.001 €**
Erhöhungsbetrag	
Höchstbetrag	20.000 €
Bereits verbraucht (2 · 4.975 €)	9.450 €
verbleibender Betrag	10.550 €
Beiträge zur „Rürup-Rente"	11.000 €
Anzusetzen	10.550 €
Davon 72 %	8.018 €
Gesamtes Abzugsvolumen	**10.019 €**
Altes Recht ohne Erhöhungsbetrag	
AN-Anteil gesetzliche RV	4.725 €
Sonstige	6.500 €
„Rürup-Rentenbeiträge"	11.000 €
Summe	22.225 €
Vorwegabzug	3.068 €
Kürzung	
(0,16 · 50.000 = 8.000)	3.068 €
Verbleiben abziehbar	0 €
Noch nicht berücks.	
Versicherungsbeiträge	22.225 €
Grundhöchstbetrag	1.334 €
Verbleiben	20.891 €
50 %, max. 667 €	667 €
Nicht abzugsfähig	20.224 €
Abziehbare Sonderausgaben	**2.001 €**

Neues Recht	
Altersvorsorgeaufwendungen	
„Rürup-Rentenbeiträge"	11.000 €
AN-Anteil gesetzliche RV	4.725 €
AG-Anteil gesetzliche RV	4.725 €
Summe	20.950 €
Höchstbetrag	20.000 €
Anzusetzen	20.000 €
Davon 76 %	15.200 €
Abzgl. AG-Anteil gesetzliche RV	4.725 €
Abziehbare	
Altersvorsorgeaufwendungen	10.475 €
Sonstige Vorsorgeaufwendungen	
Summe sonstige	
Vorsorgeaufwendungen	6.500 €
Höchstbetrag	1.900 €
Aber: Beiträge zur KV/PV	
vollständig abziehbar	2.500 €
Abziehbare sonstige	
Vorsorgeaufwendungen	2.500 €
Abziehbare Sonderausgaben	**12.975 €**

Das Sonderausgabenabzugsvolumen für Vorsorgeaufwendungen nach neuer Rechtslage ist größer als dasjenige nach alter Rechtslage zzgl. Erhöhungsbetrag und dasjenige nach altem Recht inkl. „Rürup-Beiträgen" aber ohne Erhöhungsbetrag. Es sind daher 12.975 € Vorsorgeaufwendungen als Sonderausgaben abziehbar.

− **Aufwendungen des Steuerpflichtigen für seine erstmalige Berufsausbildung oder sein Erststudium** (selbst wenn es sich um ein berufsbegleitendes Erststudium handelt, das nicht im Rahmen eines Ausbildungsdienstvertrages abläuft) sind grundsätzlich weder als Betriebsausgaben noch als Werbungskosten abzugsfähig (vgl. S. 306). Diese Aufwendungen können jedoch i.H.v. max. 6.000 € je Kalenderjahr als begrenzt abzugsfähige Sonderausgaben geltend gemacht werden (§ 10 Abs. 1 Nr. 7 S. 1 EStG). Auch für den Abzug als Sonderausgaben gelten die üblichen Beschränkungen für Verpflegungsmehraufwendungen (§ 4 Abs. 5 S. 1 Nr. 5 EStG), für ein häusliches Arbeitszimmer (§ 4 Abs. 5 S. 1 Nr. 6b EStG), für Fahrtkosten (§ 9 Abs. 2 EStG) und für notwendige Mehraufwendungen für eine doppelte Haushaltsführung (§ 9 Abs. 1 S. 2 Nr. 5, Abs. 2 EStG). Andere Aufwendungen für Bildungsmaßnahmen als solche für eine **erstmalige Berufsausbildung bzw. ein Erststudium** sind, soweit **beruflich veranlasst**, als Erwerbsaufwendungen (Fortbildungskosten) unbegrenzt abziehbar. Gleiches gilt für ein Erststudium, dem eine Berufsausbildung vorausgegangen ist (vgl. S. 308).

− Zwei Drittel der **Betreuungskosten** zur Betreuung eines zum Haushalt des Steuerpflichtigen gehörenden Kindes, welches das 14. Lebensjahr noch nicht vollendet hat oder wegen einer vor Vollendung des 25. Lebensjahres eingetretenen körperlichen, geistigen oder seelischen Behinderung außerstande ist, sich selbst zu unterhalten, können als Sonderausgabe bis zu einem Betrag von 4.000 € abgezogen werden. Sofern das zu betreuende Kind nicht unbeschränkt einkommensteuerpflichtig ist, ist der genannte Betrag zu kürzen, soweit es nach den Verhältnissen im Wohnsitzstaat des Kindes angemessen ist (§ 10 Abs. 1 Nr. 5 EStG).[435] Damit sind Kinderbetreuungskosten jetzt nicht mehr als Werbungskosten, sondern nur noch als Sonderausgaben abziehbar. Darüber hinaus entfällt die Unterscheidung nach erwerbsbedingten und nicht erwerbsbedingten Kinderbetreuungskosten.

− **Schulgelder** für Ersatz- oder Ergänzungsschulen können i.H.v. 30 % der getätigten Aufwendungen (max. 5.000 €) berücksichtigt werden (§ 10 Abs. 1 Nr. 9 EStG).

− **Zusätzliche Altersvorsorge (sog. „Riester-Rente"):**[436] Bei der „Riester-Rente" handelt es sich um eine Sonderform der privaten Altersvorsorge, die auf steuerlichem Wege staatlich gefördert wird. Die steuerliche Förderung erfolgt als **Zulage** zur Altersvorsorge (§§ 79-99 EStG) oder i.R. einer Günstigerprüfung durch Abzug der **Altersvorsorgebeiträge** i.S.d. § 82 EStG – zusätzlich zu den bereits genannten Möglichkeiten – als Son-

---

[435] Der Abzug dieser Aufwendungen setzt voraus, dass der Steuerpflichtige für die Leistungen eine Rechnung erhalten hat und eine Zahlung an den Erbringer erfolgt ist (§ 10 Abs. 1 Nr. 5 S. 4 EStG).

[436] Vgl. ausführlich HARLE, GEORG: Rentenreform 2002: Steuerliche Aspekte der privaten und betrieblichen Altersversorgung, Herne/Berlin 2001, S. 21-125; KUßMAUL, HEINZ/HENKES, JÖRG: Die Besteuerung von Altersvorsorgeaufwendungen und Altersbezügen nach dem Alterseinkünftegesetz – Steuerliche Rahmenbedingungen der privaten und betrieblichen Altersvorsorge –, in: Arbeitspapiere zur Existenzgründung, hrsg. von HEINZ KUßMAUL, Bd. 21, 2. Aufl., Saarbrücken 2007; KUßMAUL, HEINZ/HENKES, JÖRG: Die Unvereinbarkeit der ursprünglichen steuerlichen Behandlung von Altersvorsorgeaufwendungen und Altersbezügen mit dem Gleichheitsgrundsatz des Grundgesetzes, in: ZSteu 2006, S. 180-183; NIERMANN, WALTER: Die Neuregelung der betrieblichen Altersvorsorgung durch das Altersvermögensgesetz (AVmG) aus steuerrechtlicher Sicht, in: DB 2001, S. 1380-1386; RISTHAUS, ANNE: Steuerliche Fördermöglichkeiten für eine zusätzliche private Altersvorsorge nach dem Altersvermögensgesetz (AVmG), in: DB 2001, S. 1269-1281.

derausgaben (§ 10a EStG). Beiträge für eine solche Altersvorsorge („Riester-Rente") werden steuerlich nur dann gefördert, wenn sie die Voraussetzungen des Altersvorsorgeverträge-Zertifizierungsgesetzes (AltzertG)[437] erfüllen.

Altersvorsorgebeträge i.S.d. § 82 EStG zzgl. der nach den §§ 79-99 EStG zustehenden Zulage können ab dem Veranlagungszeitraum 2008 i.H.v. max. 2.100 € **als Sonderausgaben** geltend gemacht werden (§ 10a Abs. 1 EStG). Der Sonderausgabenabzug ist dann vorzunehmen, wenn die hierdurch erzielte Entlastung von der Einkommensteuer größer ist als der Zulagenanspruch nach den §§ 79-99 EStG (§ 10a Abs. 3 EStG). Im Fall eines vorteilhaften Sonderausgabenabzugs erhöht sich die tarifliche Einkommensteuer um die gezahlte Zulage.

Die Zulage besteht aus der Grundzulage (§ 84 EStG) und der Kinderzulage (§ 85 EStG):

– **Grundzulage** ab dem Jahr 2008: 154 €;

– **Kinderzulage** für jedes Kind bzw. für ein ab 2008 geborenes Kind: 185 € bzw. 300 €.

Die Zulage wird gekürzt, wenn der Zulageberechtigte nicht einen **Mindesteigenbeitrag** leistet. Dieser beträgt seit dem VAZ 2008 4 % der Summe der im vorangegangenen Kalenderjahr erzielten beitragspflichtigen Einnahmen i.S.d. Rentenversicherung, der bezogenen Besoldung und Amtsbezüge und bestimmter beitragsfreier Einnahmen. Der Mindesteigenbeitrag beträgt jedoch mindestens 60 € (sog. **Sockelbetrag**, § 86 Abs. 1 S. 4 EStG). Er ist nach oben auf die in § 10a Abs. 1 S. 1 EStG genannten Beträge (seit dem VAZ 2008: 2.100 €) abzgl. der Zulagen nach den §§ 84 und 85 EStG begrenzt (sog. **Höchstbetrag**).[438]

Beispiel: **(Mindesteigenbeitrag (Zulageberechtigter ohne Kind 2013))**

Beitragspflichtige Einnahmen Vorjahr (Bruttogehalt)   50.000 €

Mindesteigenbeitrag gem. § 86 Abs. 1 S. 2 EStG:
4 % von 50.000 €, max. 2.100 €   2.000 €
Abzgl. Höchstzulage   154 €
= Erforderlicher Mindesteigenbeitrag für die volle Zulage   **1.846 €**
Angenommener Eigenbeitrag des Zulageberechtigten   **1.500 €**
Der Zulageberechtigte hat nicht den erforderlichen Mindesteigenbeitrag geleistet, daher wird

die Zulage wie folgt gekürzt: $154\ € \cdot \dfrac{1.500\ €}{1.864\ €} = 123{,}92\ €$

Beispiel: **(Sockelbetrag und Mindesteigenbeitrag (Zulageberechtigter mit zwei Kindern 2013))**

Beitragspflichtige Einnahmen Vorjahr (Bruttogehalt)   10.000 €

Mindesteigenbeitrag gem. § 86 Abs. 1 S. 2 EStG:
4 % von 10.000 €, max. 2.100 €   400 €
Abzüglich Höchstzulage (154 € + 2 · 185 €)   524 €

---

[437] Gesetz über die Zertifizierung von Altersvorsorgeverträgen (Altersvorsorgeverträge-Zertifizierungsgesetz – AltzertG) vom 26.06.2001, BGBl I 2001, S. 1310.

[438] Nach § 92a EStG kann das mit der „Riester-Förderung" gebildete Kapital auch für eine selbst genutzte Wohnung verwendet werden.

= Erforderlicher Mindesteigenbeitrag für die volle Zulage ./. 124 €

Der Mindesteigenbeitrag ist niedriger als der Sockelbetrag, daher ist der Sockelbetrag als Mindesteigenbetrag anzusetzen. Der Zulageberechtigte muss demnach 60 € als Eigenbeitrag auf seinen Altersvorsorgevertrag einzahlen, um die volle Zulage i.H.v. 524 € zu erhalten.

Leistungen (Rentenzahlungen) aus solchen steuerlich begünstigten Altersvorsorgeverträgen unterliegen, um eine doppelte Begünstigung zu vermeiden, gem. § 22 Nr. 5 EStG der **nachgelagerten Besteuerung** (vgl. S. 292 ff.).

Wurden Beitragsleistungen in die „Riester-Förderung" einbezogen und kommt es später zu einer sog. schädlichen Verwendung i.S.v. § 93 EStG (bspw. Auszahlung als Einmalkapital), so sind – neben der vollen Versteuerung der Rentenbezüge – die erhaltenen Altersvorsorgezulagen sowie ggf. die durch den Sonderausgabenabzug nach § 10a EStG erzielten, über den Betrag der Altersvorsorgezulagen hinausgehenden, Steuerermäßigungen zu erstatten (§ 93 Abs. 1 S. 1 EStG).[439]

Der Abzug von **Zuwendungen** (**Spenden und Mitgliedsbeiträge**; § 10b EStG) ist begrenzt auf 20 % des Gesamtbetrags der Einkünfte oder wahlweise 0,4 % der Summe der gesamten Umsätze zzgl. der im Kalenderjahr aufgewendeten Löhne und Gehälter (§ 10b Abs. 1 S. 1 EStG). Ob eine Zuwendung in diesem Sinne als Sonderausgabe absetzbar ist, hängt davon ab, ob es sich um eine Zuwendung zur Förderung steuerbegünstigter Zwecke i.S.d. § 52-54 AO handelt. § 10b Abs. 1 S. 8 EStG beinhaltet eine Auflistung von Mitgliedsbeiträgen, die vom Sonderausgabenabzug ausgeschlossen sind (z.B. Mitgliedsbeiträge zu Sportvereinen).

Überschreitet eine Einzelzuwendung die genannten Grenzen, erfolgt ein unbeschränkter Spendenvortrag, d.h. der nicht genutzte Spendenteil kann in kommenden VAZ unter Beachtung der genannten Grenzen abgesetzt werden (§ 10b Abs. 1 S. 9 EStG). Daneben können Zuwendungen an Stiftungen des öffentlichen Rechts oder an steuerbefreite Stiftungen des privaten Rechts auf Antrag des Steuerpflichtigen im VAZ der Zuwendung und in den folgenden neun VAZ bis zu einem Gesamtbetrag von 1 Mio. € zusätzlich zu den genannten Höchstbeträgen abgezogen werden (§ 10b Abs. 1a EStG). Für den Spendenabzug ist zu berücksichtigen, dass zuerst die Vorsorgeaufwendungen und der Verlustabzug vom Gesamtbetrag der Einkünfte abzuziehen sind und dann erst die Spenden vom verbleibenden Restbetrag abgezogen werden (§ 10b Abs. 1 S. 9 EStG).

Für Mitgliedsbeiträge und Spenden an **politische Parteien** gilt eine Sonderregelung: Nach § 34g EStG erfolgt eine Kürzung der Steuerschuld um 50 % der genannten Aufwendungen (max. um 825 € bzw. 1.650 € bei Zusammenveranlagung). Übersteigen die nachgewiesenen Mitgliedsbeiträge und Spenden an politische Parteien den Wert von 1.650 € (Zusammenveranlagung: 3.300 €), kann der übersteigende Betrag bis max. 1.650 € (3.300 € bei Zusammenveranlagung) als Sonderausgabe gem. § 10b Abs. 2 EStG geltend gemacht werden.[440]

---

[439] Vgl. ausführlich KUẞMAUL, HEINZ/HENKES, JÖRG: Die Besteuerung von Altersvorsorgeaufwendungen und Altersbezügen nach dem Alterseinkünftegesetz – Steuerliche Rahmenbedingungen der privaten und betrieblichen Altersvorsorge –, in: Arbeitspapiere zur Existenzgründung, hrsg. von HEINZ KUẞMAUL, Bd. 21, 2. Aufl., Saarbrücken 2007.

[440] Vgl. KULOSA, EGMONT: § 10b EStG, in: Einkommensteuer- und Körperschaftsteuergesetz, hrsg. von CARL HERRMANN u.a., Köln (Loseblatt), Stand: April 2013, Rn. 116.

> **Beispiel:** (Abzugsfähigkeit von Spenden und Mitgliedsbeiträgen an politischen Parteien)
>
> Im VAZ 2013 weist ein lediger Steuerpflichtiger Mitgliedsbeiträge i.H.v. 150 € und Spenden i.H.v. 4.500 € nach, die an eine politische Partei gezahlt wurden.
>
> Zunächst können 1.650 € i.R. von § 34g EStG berücksichtigt werden und mindern somit i.H.v. 825 € die tarifliche Einkommensteuer. Da die nachgewiesenen Mitgliedsbeiträge und Spenden 1.650 € übersteigen, wird der übersteigende Betrag i.H.v. 3.000 € den durch § 10b EStG steuerbegünstigten Zwecken zugerechnet, darf jedoch als Spende an eine politische Partei nur bis zur Höhe von 1.650 € berücksichtigt werden (§ 10b Abs. 2 EStG). Der noch verbleibende Betrag i.H.v. 1.350 € (3.000 € ./. 1.650 € = 1.350 €) geht verloren. Somit mindern von den nachgewiesenen Spenden 1.650 € als Sonderausgaben den Gesamtbetrag der Einkünfte und 1.650 € hälftig (i.H.v. 825 €) die tarifliche Einkommensteuer.

Neben den unbeschränkt und den beschränkt abzugsfähigen Sonderausgaben sind der **Sonderausgaben-Pauschbetrag** (§ 10c EStG) und **die Vorsorgepauschale** (§ 39b EStG) von Bedeutung.

Der **Sonderausgaben-Pauschbetrag** i.H.v. 36 € (bei Zusammenveranlagung: 72 €) wird für alle Aufwendungen i.S.d. §§ 10 Abs. 1 Nr. 1, 1a, 4, 5, 7 und 9 und § 10b EStG gewährt.

Durch die **Vorsorgepauschale** werden i.d.R. anfallende Vorsorgeaufwendungen eines Arbeitnehmers beim Lohnsteuerabzug (vgl. § 39b Abs. 2 S. 5 Nr. 3 EStG) angesetzt. Bis zu dem im Jahr 2009 in Kraft getretenen „Bürgerentlastungsgesetz Krankenversicherung" wurde die Vorsorgepauschale auch im Veranlagungsverfahren herangezogen, wenn der Steuerpflichtige keine Aufwendungen nachwies, die zu einem höheren Abzug führten (§ 10c Abs. 2 S. 1 EStG a.F.). Nach neuer Rechtslage findet sie nur noch ausschließlich beim Lohnsteuerabzug Anwendung. Die Vorsorgepauschale knüpft an die Höhe der nach § 10 Abs. 1 Nr. 2 und 3, Abs. 3 und 4 EStG abziehbaren Vorsorgeaufwendungen, nicht jedoch an die ggf. als Sonderausgaben zu behandelnden zusätzlichen Altersvorsorgeaufwendungen nach § 10a EStG („Riester-Rente") und Beiträge, für die ein Sonderausgabenabzug nach § 10 Abs. 1 Nr. 2 Buchst. b EStG möglich ist („Rürup-Rente"). Die Vorsorgepauschale setzt sich aus mehreren Komponenten zusammen (§ 39b Abs. 2 S. 5 Nr. 3 EStG):

– **Ein Teilbetrag für die Rentenversicherung** bei Arbeitnehmern, die in der gesetzlichen Rentenversicherung pflichtversichert sind oder die wegen der Versicherung in einer berufsständischen Versorgungseinrichtung von der gesetzlichen Rentenversicherung befreit sind (§ 6 Abs. 1 Nr. 1 SGB VI).

  Hierbei wird auf Grundlage des Arbeitslohns ein fingierter Arbeitnehmeranteil für die Rentenversicherung eines pflichtversicherten Arbeitnehmers berechnet. Dies sind zunächst 50 % des Arbeitslohns unter Berücksichtigung der jeweiligen Beitragsbemessungsgrenze. Im Unterschied zur alten Rechtslage wird nicht mehr ausschließlich auf die Beitragsbemessungsgrenze West abgestellt. **In den Jahren 2010 bis 2024** darf dieser Betrag **jedoch nur beschränkt angesetzt werden**. Ab dem Jahr 2010 ist der Ansatz – entsprechend dem Berücksichtigungsumfang der Rentenversicherungsbeiträge i.R.d. § 10 Abs. 3 EStG (vgl. S. 323) – nur mit 40 % dieser 50 % möglich. Dieser Begrenzungssatz erhöht sich danach jährlich um 4 %; ab 2025 besteht eine volle, 50 %-ige, Abzugsfähigkeit, da die Begrenzung dann weggefallen ist (§ 39b Abs. 4 EStG).

– **Ein Teilbetrag für die Krankenversicherung** bei Arbeitnehmern, die in der gesetzlichen Krankenversicherung versichert sind. Die Höhe des anzusetzenden Betrages entspricht – bezogen auf den Arbeitslohn unter Berücksichtigung der Beitragsbemessungsgrenze (diese ist für Zwecke der gesetzlichen Krankenversicherung in Ost und West identisch) und den ermäßigten Beitragssatz (seit 01.07.2011: 14,9 %) – dem Arbeitnehmeranteil eines pflichtversicherten Arbeitnehmers.

– **Ein Teilbetrag für die Pflegeversicherung** bei Arbeitnehmern, die in der sozialen Pflegeversicherung versichert sind. Die Höhe des anzusetzenden Betrages entspricht – bezogen auf den Arbeitslohn unter Berücksichtigung der Beitragsbemessungsgrenze und den bundeseinheitlichen Beitragssatz – dem Arbeitnehmeranteil eines pflichtversicherten Arbeitnehmers, erhöht um den Beitragszuschlag des Arbeitnehmers nach § 55 Abs. 3 SGB XI.

– **Ein Teilbetrag für die Krankenversicherung und für die private Pflege-Pflichtversicherung** bei Arbeitnehmern, die nicht in der gesetzlichen Krankenversicherung versichert sind. Da diese Arbeitnehmer keine vom Arbeitslohn abhängigen Beiträge entrichten, muss der Arbeitgeber Informationen über die Höhe der jeweiligen und individuellen Beiträge des einzelnen Steuerpflichtigen erlangen, wozu sich der Steuerpflichtige auf Antrag entschließen kann (§ 39 Abs. 4 Nr. 4 EStG). Sofern der Arbeitnehmer diese Informationen dem Arbeitgeber nicht zur Verfügung stellen möchte, kommt es zum Ansatz der sog. **Mindestvorsorgepauschale**.

Die Mindestvorsorgepauschale beträgt 12 % des Arbeitslohns, sie ist allerdings auf 1.900 € nach oben begrenzt; in Steuerklasse III beträgt sie dagegen 3.000 € (§ 39b Abs. 2 S. 5 Nr. 3 S. 2 EStG).

c) **Den Sonderausgaben gleichgestellte Aufwendungen (§§ 10f und 10g EStG)**

Die Berechtigung, Aufwendungen wie Sonderausgaben abziehen zu dürfen, beinhalten die §§ 10e, 10f, 10g, 10h, 10i EStG.[441]

§ 10f EStG gewährt unter bestimmten Voraussetzungen Steuerbegünstigungen für Bau- und Erhaltungsmaßnahmen an Gebäuden, die eigenen Wohnzwecken dienen und zum Privatvermögen gehören. Begünstigt sind **zu eigenen Wohnzwecken genutzte Baudenkmäler und Gebäude in Sanierungsgebieten und städtebaulichen Entwicklungsbereichen**. Im Kalenderjahr des Abschlusses der Bau- oder Erhaltungsmaßnahme und in den neun folgenden Kalenderjahren kann der Steuerpflichtige jeweils bis zu 9 % der Aufwendungen wie Sonderausgaben abziehen.

Ähnlich wie § 10f EStG gewährt § 10g EStG unter bestimmten Voraussetzungen Steuerbegünstigungen für Herstellungs- und Erhaltungsmaßnahmen an **schutzwürdigen Kulturgütern**, die weder zur Einkunftserzielung noch zu eigenen Wohnzwecken genutzt werden und zum Privatvermögen gehören. Im Kalenderjahr des Abschlusses der Maßnahme und in den

---

[441] Jedoch sind aktuell nur noch §§ 10f und 10g EStG von Bedeutung. § 10e EStG, der zu eigenen Wohnzwecken genutzte Wohnungen im eigenen Haus steuerlich begünstigt, ist nur noch anzuwenden, wenn der Steuerpflichtige vor dem 01.01.1996 mit der Herstellung einer Wohnung begonnen oder eine Wohnung angeschafft hat (§ 52 Abs. 26 EStG). Die Vergünstigung für unentgeltlich zu Wohnzwecken überlassene Wohnungen im eigenen Haus (§ 10h EStG) greift nur, wenn der Steuerpflichtige vor dem 01.01.1996 mit der Herstellung einer Wohnung begonnen hat (§ 52 Abs. 28 EStG). § 10i EStG wird nur angewendet, wenn der Steuerpflichtige vor dem 01.01.1999 mit der Herstellung einer Wohnung begonnen oder eine Wohnung angeschafft hat (§ 52 Abs. 29 EStG).

neun folgenden Kalenderjahren kann der Steuerpflichtige je bis zu 9 % der Aufwendungen wie Sonderausgaben abziehen.

d) Die außergewöhnlichen Belastungen (§§ 33-33b EStG)

Außergewöhnliche Belastungen sind zwangsläufig erwachsende Aufwendungen eines Steuerpflichtigen, die bei der überwiegenden Zahl der Steuerpflichtigen gleicher Einkommensverhältnisse, gleicher Vermögensverhältnisse und gleichen Familienstandes nicht anfallen (§ 33 Abs. 1 EStG).

Aufwendungen erwachsenen einem Steuerpflichtigen dann zwangsläufig, wenn er sich diesen aus rechtlichen, tatsächlichen oder sittlichen Gründen nicht entziehen kann (§ 33 Abs. 2 EStG). Beispiele hierfür sind Krankheitskosten oder Aufwendungen infolge von Brand- oder Umweltschäden (soweit keine Übernahme durch die Krankenkasse oder eine Versicherung erfolgt).

Der Abzug von Aufwendungen als außergewöhnliche Belastung ist nur insoweit gestattet, als sie keine Betriebsausgaben, Werbungskosten oder Sonderausgaben darstellen und den Umständen nach notwendig sind und die **zumutbare Belastung** nach § 33 Abs. 3 EStG übersteigen (Eigenbeteiligung in Abhängigkeit vom Gesamtbetrag der Einkünfte und der familiären Situation; zwischen 7 % bei Steuerpflichtigen ohne Kinder mit einem Gesamtbetrag der Einkünfte über 51.130 € und 1 % bei Steuerpflichtigen mit drei und mehr Kindern bei einem Gesamtbetrag der Einkünfte bis 51.130 €).

Zwecks Überwindung der zumutbaren Belastung nach § 33 Abs. 3 EStG kann es daher sinnvoll sein, in einem Jahr eine Kumulierung von Ausgaben für außergewöhnliche Belastungen aus mehreren Jahren herbeizuführen.

Die §§ 33a und 33b EStG normieren Fälle, in denen Höchstbeträge festgelegt sind, bei denen gleichzeitig aber keine zumutbare Belastung zu berücksichtigen ist. Betroffen sind **Unterhaltsleistungen** an eine – dem Steuerpflichtigen oder seinem Ehegatten gegenüber – gesetzlich unterhaltsberechtigte Person, für die kein Anspruch auf einen Kinderfreibetrag oder Kindergeld besteht (Höchstbetrag i.H.v. 8.004 €, der um eigene Einkünfte und Bezüge der unterhaltenen Person zu kürzen ist; § 33a Abs. 1 EStG). Weitere Voraussetzung ist, dass die unterhaltene Person kein oder nur ein geringes Vermögen besitzt. Im Falle geschiedener oder getrennt lebender Ehegatten ist für den leistenden Ehegatten der Abzug als Sonderausgabe in Form des Realsplittings i.d.R. günstiger (s.o.).

Daneben werden ein **Sonderausbildungsfreibetrag** für auswärtig untergebrachte, in Ausbildung befindliche, volljährige Kinder (Freibetrag i.H.v. 924 €) sowie Pauschbeträge für **Behinderte** und **Hinterbliebene** (§ 33b EStG) gewährt, wobei dem Steuerpflichtigen ein Wahlrecht eingeräumt wird, entweder die Pauschbeträge zu nutzen oder die behinderungsbedingten Aufwendungen als „normale" außergewöhnliche Belastungen i.S.d. § 33 EStG unter Berücksichtigung der dortigen Zumutbarkeitsgrenzen geltend zu machen. Zu beachten ist, dass der Pauschbetrag nur laufende und typische behinderungsbedingte Aufwendungen (z.B. Pflege- und Heimkosten) umfasst. Wird also der Pauschbetrag angesetzt, können mit der Behinderung zusammenhängende einmalige Kosten sowie zusätzliche Krankheitskosten (z.B. Aufwendungen für Kur, spezielle Heilbehandlungen und bestimmte Kfz-Kosten) zusätzlich als außergewöhnliche Aufwendungen berücksichtigt werden.

5. Das zu versteuernde Einkommen (§ 2 Abs. 5 EStG)

Bei der **Ermittlung des zu versteuernden Einkommens** nach § 2 Abs. 5 EStG können unter bestimmten Voraussetzungen ein oder mehrere **Kinderfreibeträge** und ein **Härteausgleich** berücksichtigt werden.

Der **Kinderfreibetrag** beträgt 2.184 € (bei Zusammenveranlagung: 4.368 €) zzgl. des **Freibetrags für Betreuungs- und Erziehungs- oder Ausbildungsbedarf** i.H.v. 1.320 € je Elternteil, soweit das Kindergeld nicht günstiger ist (§ 32 Abs. 6 EStG). Dieses beträgt gem. § 66 Abs. 1 EStG bzw. § 6 BKGG monatlich 184 € für das 1. und 2. Kind, 190 € für das 3. Kind und für jedes weitere Kind 215 € pro Monat.

Hat der Steuerpflichtige auch Einkünfte, von denen ein Steuerabzug vom Arbeitslohn nicht vorgenommen worden ist, ist ein **Härteausgleich** vorzunehmen (§ 46 Abs. 3 EStG, § 70 EStDV). Zum einen muss bei den bezeichneten Einkünften keine Einkommensteuer gezahlt werden, wenn sie 410 € oder weniger betragen. Zum anderen wird mittels einer allmählichen Überleitung der sog. Fallbeileffekt abgemildert, falls diese Einkünfte 410 € übersteigen. Die Überleitung erfolgt in der Art und Weise, dass vom Einkommen der Betrag abgezogen werden kann, der sich aus der Subtraktion der oben genannten Einkünfte von 820 € ergibt.[442]

D. Der Steuertarif

1. Wirtschaftliche Leistungsfähigkeit und progressiver Tarif[443]

Den Anforderungen, die an eine moderne Einkommensteuer gestellt werden, insb. der **Berücksichtigung der wirtschaftlichen Leistungsfähigkeit** des Steuerpflichtigen durch Freilassung eines Existenzminimums, durch Staffelung der Steuerbelastung nach dem Familienstand und der Zahl der Kinder und durch zunehmende durchschnittliche Steuerbelastung mit steigendem Einkommen (Steuerprogression), muss auch in der Gestaltung des Tarifs Rechnung getragen werden.

Aus dem Prinzip der Besteuerung nach der wirtschaftlichen Leistungsfähigkeit wird abgeleitet, dass eine **Besteuerung des Einkommens nicht proportional, sondern progressiv** zu sein hat, da der Bezieher eines hohen Einkommens erst dann ein relativ gleichwertiges Opfer wie ein Bezieher niedrigen Einkommens erbringt, wenn er einen prozentual größeren Teil seines Einkommens abgeben muss.

Da **Steuern auf die Einkommensverwendung**, wie z.B. Umsatz- und Verbrauchsteuern, im Endergebnis **regressiv** wirken, d.h. Bezieher kleiner Einkommen, die i.d.R. den größten Teil ihres Einkommens für Konsumgüter ausgeben müssen, relativ stärker belasten als die Bezieher hoher Einkommen, die Teile ihres Einkommens sparen können, muss die Progression der Einkommensteuer diese Regression der indirekten Steuern überkompensieren.

---

[442] Vgl. mit einem Beispiel H 46.3 EStR.
[443] Vgl. WÖHE, GÜNTER: Betriebswirtschaftliche Steuerlehre, Bd. 1, 1. Halbband: Die Steuern des Unternehmens – Das Besteuerungsverfahren, 6. Aufl., München 1988, S. 172-174.

Der Abzug von Werbungskosten und Betriebsausgaben zur Minderung der Bemessungsgrundlage wird allgemein anerkannt, weil sich erst nach Abzug dieser Aufwendungen das tatsächlich erzielte Einkommen ergibt. In den anderen Fällen (Sonderausgaben usw.) wird kritisiert, dass es sich um die steuerliche Freistellung von Teilen der Einkommensverwendung handele, zumal abzugsfähige Aufwendungen im oberen Bereich der Progression zu einer prozentual höheren Steuerentlastung führen.

Da die Diskussion über die grundsätzliche Berechtigung der Tarifprogression sowie über Höhe und Verlauf eines progressiven Tarifs nur mit Hilfe von **Werturteilen** geführt werden kann, muss hier auf eine Antwort verzichtet werden. Lediglich zwei Fragen sollen zum Nachdenken anregen:

1. Frage: Ist es gerecht, einen Steuerpflichtigen, der nicht nach 40 Wochenstunden Feierabend macht, sondern 60 oder 70 Stunden pro Woche arbeitet – wie dies bei freien Berufen die Regel ist – überproportional zu besteuern? Verstößt das nicht eindeutig gegen das akzeptierte Leistungsprinzip? Der Staat sorgt durch progressive Besteuerung dafür, dass die nominal anerkannten leistungsbedingten Unterschiede in den Bruttolöhnen und -gehältern real durch progressive Steuersätze zu Lasten derjenigen nivelliert werden, die eine höhere Leistung erbringen.

2. Frage: Die Einkommensbesteuerung ist eine Abschnittsbesteuerung (Kalender- oder Wirtschaftsjahr). Ist es richtig, die wirtschaftliche Leistungsfähigkeit zur Steuerzahlung am Einkommen eines einzigen Abschnitts zu messen, oder müsste der Einkommensbesteuerung das Lebenseinkommen oder zumindest ein größerer Zeitabschnitt als ein Jahr zugrunde gelegt werden? Höhere Leistung im Beruf setzt in der Regel eine qualifizierte Ausbildung voraus. Bildet sich z.B. ein Bürger durch Besuch einer höheren Schule und der Universität zehn Jahre lang aus, so erzielt er in dieser Zeit nicht nur kein Einkommen, sondern seine Familie investiert hohe Beträge in seine Ausbildung oder er muss Kredite aufnehmen, die ihn in seinem späteren Berufsleben belasten. Zudem darf er im Regelfall seine Ausbildungskosten nicht einmal als vorweggenommene Werbungskosten geltend machen.

Mit diesen als Fragen formulierten Argumenten soll darauf hingewiesen werden, dass das Einkommen eines Jahres nicht unbedingt ein geeigneter Maßstab ist, einen Steuerpflichtigen im Verhältnis zu einem anderen überproportional zu besteuern, weil er evtl. nur bei einer kurzfristigen Betrachtung der „Besserverdienende" ist.

Beispiel: **(Belastungswirkungen eines progressiven Tarifs)**

Nehmen wir an, der qualifiziertere Steuerpflichtige hat ein zu versteuerndes durchschnittliches Jahreseinkommen von 50.000 €, der weniger qualifizierte von 25.000 €. Wird unterstellt, dass der qualifiziertere Steuerpflichtige für seine Ausbildung zehn einkommenslose Ausbildungsjahre mehr aufwenden musste, haben beide in 20 Lebensjahren 500.000 € verdient, der eine in 20 Arbeitsjahren, der andere – nach zehn einkommenslosen Ausbildungsjahren – in zehn Arbeitsjahren. Bei gleichem bisherigem Lebenseinkommen besteht aber in der Besteuerung ein drastischer Unterschied, wenn ein progressiver Tarif auf das jeweilige Jahreseinkommen angewendet wird. Das Lebenseinkommen des sog. „Besserverdienenden" übersteigt erst nach Ablauf von 20 Jahren das des „Geringerverdienenden". Es widerspricht ökonomischer Vernunft, vor Ablauf dieser Zeit zu behaupten, der besser Ausgebildete besitze eine höhere wirtschaftliche Leistungsfähigkeit und müsse deshalb progressiv besteuert werden, nur weil sein Monatseinkommen höher ist, obwohl sein bisheriges Lebenseinkommen weit unter dem des sog. „Geringerverdienenden" liegt.

2. Der Aufbau des Einkommensteuertarifs

Bei der Gestaltung des Einkommensteuertarifs hat der Gesetzgeber folgende Aspekte berücksichtigt:

- Das verfassungsrechtlich gebotene Existenzminimum wird – durch die Implementierung eines Grundfreibetrags – von der Belastung mit Einkommensteuer freigestellt.
- Dem Prinzip der Besteuerung nach der wirtschaftlichen Leistungsfähigkeit versucht der Gesetzgeber durch die Verwendung eines progressiven Tarifs gerecht zu werden.[444] Dabei ist kritisch anzumerken, dass es für die wirtschaftliche Leistungsfähigkeit und damit für den Verlauf des Progressionstarifs keinen objektiven Maßstab gibt.

Die wichtigsten Eckdaten des **Einkommensteuertarifs** des Jahres **2013**: Der **Grundfreibetrag** beträgt 8.130 €, der **Eingangssteuersatz** 14 % und der **Spitzensteuersatz** 45 % für Einkünfte ab 250.000 €.[445] In Abb. 73 (S. 336) wird der Tarifverlauf des VAZ 2013 im Detail dargestellt, Abb. 74 (S. 336) gibt einen Überblick über die Entwicklung von Grundfreibetrag sowie Eingangs- und Spitzensteuersatz. Seit 2009 existiert neben dem dargestellten Tarif noch der proportionale Abgeltungssteuersatz von 25 % für bestimmte Kapitaleinkünfte (vgl. S. 288).

---

[444] Vgl. zu Überlegungen, das Leistungsfähigkeitsprinzip auf wirtschaftlich Bedürftige zu transferieren und den Einkommensteuertarif um einen Negativbereich für auszuzahlende Sozialleistungen zu erweitern (sog. negative Einkommensteuer), MITSCHKE, JOACHIM: Integration von Steuer- und Sozialleistungssystem – Chancen und Hürden, in: StuW 1994, S. 153-162; MITSCHKE, JOACHIM: Erneuerung des deutschen Einkommensteuerrechts – Gesetzentwurf und Begründung, Köln 2004.

[445] Hierbei ist zu beachten, dass die €-Beträge verdoppelt werden müssen, sofern die Zusammenveranlagung gewählt wird.

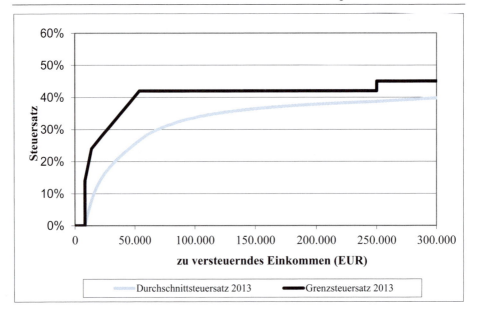

Abb. 73: Einkommensteuertarif 2013

	Grundfreibetrag	Eingangssteuersatz	Spitzensteuersatz
VAZ 2001	7.206 € (14.093 DM)	19,9 %	48,5 %
VAZ 2002	7.235 €	19,9 %	48,5 %
VAZ 2003	7.426 €	17,0 %	48,5 %
VAZ 2004	7.664 €	16,0 %	45,0 %
VAZ 2005	7.664 €	15,0 %	42,0 %
VAZ 2006	7.664 €	15,0 %	42,0 %
VAZ 2007	7.664 €	15,0 %	45,0 %
VAZ 2008	7.664 €	15,0 %	45,0 %
VAZ 2009	7.834 €	14,0 %	45,0 %
VAZ 2010	8.004 €	14,0 %	45,0 %
VAZ 2011	8.004 €	14,0 %	45,0 %
VAZ 2012	8.004 €	14,0 %	45,0 %
VAZ 2013	8.130 €	14,0 %	45,0 %

Abb. 74: Entwicklung von Grundfreibetrag, Eingangssteuersatz und Spitzensteuersatz in den VAZ 2001 bis 2013

Mehrere **Ausnahmen vom Normaltarif** führen zu Steuerermäßigungen. Unterscheiden lassen sich die weiter unten (vgl. S. 338 ff.) erläuterten Steuertarifermäßigungen (§§ 34, 34a, 34b EStG) und Steuerbetragsermäßigungen (§§ 34c, 34f, 34g, 35, 35a EStG).

3. Die Elemente der Familienbesteuerung

Alle Personen, für die nicht die Ehegattenveranlagung in Betracht kommt, werden einzeln veranlagt (sog. **Einzelveranlagung**). Dies bedeutet eine Festsetzung der Einkommensteuer für eine einzelne steuerpflichtige Person unter Zugrundelegung ihrer Verhältnisse aufgrund ihres zu versteuernden Einkommens.

Ehegatten, die beide unbeschränkt einkommensteuerpflichtig sind, nicht dauernd getrennt leben und bei denen diese Voraussetzungen zu Beginn des VAZ vorgelegen haben oder während des VAZ eingetreten sind, räumt § 26 Abs. 1 S. 1 EStG ein Wahlrecht zwischen der **getrennten Veranlagung** (§ 26a EStG) und der **Zusammenveranlagung** (§ 26b EStG) ein.

Im Falle **getrennter Veranlagung** (§ 26a EStG) unterliegt das Einkommen eines jeden Ehegatten dem Grundtarif. Jeder Ehegatte hat die von ihm erwirtschafteten Einkünfte selbst zu versteuern. Sonderausgaben, außergewöhnliche Belastungen und die Steuerermäßigung nach § 35a EStG werden demjenigen Ehegatten zugerechnet, der sie wirtschaftlich getragen hat; auf übereinstimmenden Antrag der Ehegatten werden die genannten Bestandteile jeweils zur Hälfte abgezogen (§ 26 Abs. 2 S. 1 und S. 2 EStG).

Wird die **Zusammenveranlagung** (§ 26b EStG) gewählt, kommt der **Splittingtarif** (auch: das **Splittingverfahren**) zur Anwendung. Die Einkünfte beider Ehegatten werden zunächst getrennt ermittelt und erst dann zusammengerechnet; sodann werden die Ehegatten als ein Steuerpflichtiger behandelt. Nach § 32a Abs. 5 EStG beträgt die tarifliche Einkommensteuer dann das Doppelte des Steuerbetrags, der sich für die Hälfte ihres gemeinsam zu versteuernden Einkommens ergibt. Dadurch lassen sich Progressionsnachteile vermeiden.

Beispiel: (Anwendung des Splittingtarifs)

Ein Ehegatte hat ein zu versteuerndes Einkommen i.H.v. 60.000 €, der andere eines i.H.v. 10.000 €. Daraus ergibt sich bei Anwendung des Grundtarifs eine zu entrichtende Einkommensteuer für den VAZ 2013 i.H.v. 17.004 € bzw. 294 €, in der Summe also 17.298 €.

Im Falle der Zusammenveranlagung ergibt sich folgende Steuerbelastung:

$$2 \cdot \text{ESt}\left(\frac{60.000 + 10.000}{2}\right) = 2 \cdot \text{ESt}(35.000) = 2 \cdot 7.235 = 14.470\ \text{€}.$$

Die – bis zum beiderseitigen Erreichen des Spitzensteuersatzes – mit zunehmendem Einkommensunterschied der Ehegatten steigende Ersparnis beträgt hier 2.828 € (= 17.298 € ./. 14.470 €).

Der Splittingtarif kann auch zur Anwendung kommen, wenn ein Ehegatte, der **Staatsangehöriger eines EU-Landes** ist, in Deutschland der unbeschränkten Steuerpflicht unterliegt und sein Ehepartner einen Wohnsitz oder ständigen Aufenthalt im Hoheitsgebiet eines EU-Staates hat. Darüber hinaus müssen die Voraussetzungen des § 1 Abs. 3 S. 2-4 EStG erfüllt sein. Hierzu sind die Einkünfte der Eheleute zusammenzurechnen; außerdem erfährt der dem Grundfreibetrag von derzeit 8.130 € entsprechende Betrag der nicht der deutschen Einkommensteuer unterliegenden Einkünfte, dessen Unterschreiten nach § 1 Abs. 3 S. 2 EStG eine der Voraussetzungen für die Anwendbarkeit der fiktiven unbeschränkten Steuerpflicht ist, eine Verdoppelung (§ 1a Abs. 1 Nr. 2 EStG).

4. Die Steuertarif- und Steuerbetragsermäßigungen

a) Die Steuertarifermäßigungen

Zweck der Tarifermäßigungen ist die Progressionsmilderung für Erwerbsbezüge, die mehreren Jahren zurechenbar, aufgrund der zeitlichen Zuordnung aber in einem einzigen VAZ zu versteuern sind. Die Tarifermäßigungen werden für **außerordentliche Einkünfte** gewährt. Dies sind gem. § 34 Abs. 2 EStG:

– Gewinne aus der Veräußerung bzw. Aufgabe von (Teil-)Betrieben oder Gesellschaftsanteilen i.S.d. §§ 14, 14a Abs. 1, 16, 18 Abs. 3 EStG mit der Ausnahme des steuerpflichtigen Teils der Veräußerungsgewinne, die nach § 3 Nr. 40 S. 1 Buchst. b EStG i.V.m. § 3c Abs. 2 EStG teilweise steuerbefreit sind (Nr. 1);

– Entschädigungen i.S.v. § 24 Nr. 1 EStG als Ersatz für entgangene oder entgehende Einnahmen, für die Aufgabe oder Nicht-Ausübung einer Tätigkeit oder die Ausgleichszahlungen an Handelsvertreter gem. § 89b HGB (Nr. 2);

– Nutzungsvergütungen i.S.d. § 24 Nr. 3 EStG, soweit sie für einen Zeitraum von mehr als drei Jahren nachgezahlt werden (Nr. 3);

– Vergütungen für mehrjährige Tätigkeiten[446] (Nr. 4) sowie

– Einkünfte aus außerordentlichen Holznutzungen i.S.d. § 34b Abs. 1 Nr. 1 EStG (Nr. 5).

Die anzusetzende Einkommensteuer beträgt für diese außerordentlichen Einkünfte das **Fünffache** des Unterschiedsbetrags zwischen der Einkommensteuer für das verbleibende Einkommen und der Einkommensteuer für das verbleibende Einkommen zzgl. eines **Fünftels der außerordentlichen Einkünfte** (§ 34 Abs. 1 EStG).

Kritisch anzumerken ist, dass diese Art der Tarifvergünstigung bei Steuerpflichtigen, die am **oberen Ende der Steuerprogression** veranlagt werden, **nicht** zu einer **Entlastung** führt.

Beispiel: (Tarifermäßigung gem. § 34 EStG)

Berechnung des zu versteuernden Einkommens:

	Laufender Gewinn aus Gewerbebetrieb			30.000 €
		Veräußerungsgewinn vor Freibetrag	76.800 €	
	./.	Freibetrag gem. § 16 Abs. 4 EStG	45.000 €	
	=	Veräußerungsgewinn nach Freibetrag		31.800 €
=	Einkünfte aus Gewerbebetrieb			61.800 €
+	Einkünfte aus Vermietung und Verpachtung			6.000 €
=	**Summe der Einkünfte = zu versteuerndes Einkommen**			**67.800 €**

---

[446] Mehrjährig ist eine Tätigkeit, soweit sie sich über mind. zwei VAZ erstreckt und mehr als 12 Monate umfasst.

Berechnung der Steuerbelastung für den Anteil der außerordentlichen Einkünfte:

Gem. § 34 Abs. 1 EStG beträgt die für die außerordentlichen Einkünfte anzusetzende Einkommensteuer das Fünffache des Unterschiedsbetrags zwischen der Einkommensteuer für das verbleibende Einkommen und der Einkommensteuer für das verbleibende Einkommen zzgl. eines Fünftels der außerordentlichen Einkünfte.

Für das o.g. Beispiel gilt:

$ESt_{außerordentliche\ Einkünfte} = 5 \cdot [ESt_{(verbleibende\ Einkünfte\ +\ 0{,}2\ \cdot\ außerordentliche\ Einkünfte)} ./. ESt_{verbleibende\ Einkünfte}]$

ESt (31.800) = 5 · [ESt (67.800 ./. 31.800 + 0,2 · 31.800) ./. ESt (67.800 ./. 31.800)]

ESt = 5 · [ESt (42.360) ./. ESt (36.000)]; die Steuerbeträge ergeben sich gem. § 32a Abs. 1 EStG

ESt = 5 · [9.872 ./. 7.599]

ESt = 11.365

Berechnung der Gesamtsteuerbelastung:

	Zu versteuerndes Einkommen	67.800 €	
./.	Außerordentliche Einkünfte (Veräußerungsgewinn)	31.800 €	
=	Verbleibendes zu versteuerndes Einkommen	36.000 €	
	Darauf entfallende Einkommensteuer (Grundtarif 2013)		7.575 €
=	Zu versteuernder Veräußerungsgewinn	31.800 €	
	Darauf entfallende Einkommensteuer gem. Berechnung		11.365 €
Einkommensteuer-Gesamtbelastung			**18.940 €**

Ohne die Begünstigungsregelung wäre für ein zu versteuerndes Einkommen von 67.800 € gem. § 32a EStG eine Einkommensteuerbelastung i.H.v. 0,42 · 67.800 ./. 8.196 = 20.280 € fällig gewesen.

Die Verfünffachung der Steuer auf ein Fünftel der außerordentlichen Einkünfte mindert die Progression im Jahr des Anfalls der Einkünfte und wirkt wie eine rechnerische Verteilung der Einkünfte auf fünf Jahre.

Auf Antrag kann der Steuerpflichtige die Besteuerung der außerordentlichen Einkünfte i.S.v. § 34 Abs. 2 Nr. 1 EStG bis zu einem Betrag von 5 Mio. € nach dem früher so bezeichneten **Halbsteuersatzverfahren** durchführen, wobei dann die Anwendung der „Fünftelungsregel" ausgeschlossen ist (§ 34 Abs. 3 EStG).[447] **Voraussetzungen** hierfür sind:

– der Steuerpflichtige hat das 55. Lebensjahr vollendet oder ist im sozialversicherungsrechtlichen Sinne dauerhaft berufsunfähig und
– die Besteuerung der außerordentlichen Einkünfte wurde nicht schon einmal nach der sog. Halbsteuersatzregelung durchgeführt.

Der ermäßigte Steuersatz beträgt 56 % (früher: 50 %) des durchschnittlichen Steuersatzes, der sich ergeben würde, wenn auf das gesamte zu versteuernde Einkommen (unter Einbeziehung der außerordentlichen Einkünfte) zzgl. der dem Progressionsvorbehalt unterliegenden Einkünfte die Tarifbelastung angewendet werden würde, mindestens jedoch 14 %. Für die nicht begünstigten Einkünfte kommen die allgemeinen Tarifvorschriften zur Anwendung.

Mit dem Unternehmensteuerreformgesetz 2008 wurde für Einzelunternehmen und Personengesellschaften mit Einkünften aus Land- und Forstwirtschaft, Gewerbebetrieb oder selbstständiger Arbeit die Möglichkeit einer sog. **Thesaurierungsbegünstigung für nicht**

---

[447] Vgl. BREITHECKER, VOLKER/KLAPDOR, RALF/ZISOWSKI, UTE: Unternehmensteuerreform: Auswirkungen und Gestaltungshinweise – mit dem Gesetz zur Ergänzung des Steuersenkungsgesetzes, Bielefeld 2001, S. 75-82; SCHEFFLER, WOLFRAM: Besteuerung von Unternehmen, Bd. 1: Ertrag-, Substanz- und Verkehrsteuern, 12. Aufl., Heidelberg 2012, S. 160-162; SCHMIDT, BÄRBEL: Wiedereinführung des halben durchschnittlichen Steuersatzes für Veräußerungsgewinne, in: DB 2000, S. 2401-2403, s.b.S. 2402.

entnommene Gewinne gem. § 34a EStG eingeführt. Voraussetzung für die Anwendbarkeit ist eine Gewinnermittlung mittels Betriebsvermögensvergleich; eine Einnahmen-Überschussrechnung oder eine Besteuerung nach § 5a EStG oder § 13a EStG berechtigen nicht zur Anwendung der Thesaurierungsbegünstigung. Mitunternehmer können von dieser Begünstigung nur profitieren, wenn ihr Mitunternehmeranteil mehr als 10 % beträgt oder ihr Gewinnanteil 10.000 € übersteigt. Im Übrigen darf es sich nicht um bestimmte, bereits anderweitig begünstigte Gewinne handeln (§ 34a Abs. 1 S. 1 2. Halbsatz EStG).

Liegen die Anwendungsvoraussetzungen für die Thesaurierungsbegünstigung vor, werden auf Antrag nicht entnommene Gewinne (ganz oder teilweise) nicht dem Progressionstarif gem. § 32a EStG unterworfen, sondern einem Einkommensteuersatz von 28,25 % zzgl. SolZ (dieser Satz entspricht der Ertragsteuerbelastung von Gewinnen einer Kapitalgesellschaft). Dieser Antrag kann von jedem Mitunternehmer für seinen Anteil gesondert gestellt werden. Bei späteren Entnahmen aus der „Thesaurierungsrücklage" erfolgt eine Nachversteuerung des Entnahmebetrages (entsprechend dem künftigen Abgeltungssteuersatz für Dividenden) mit 25 % zzgl. SolZ, allerdings ohne Option zur Normalveranlagung.

Der begünstigungsfähige nicht entnommene Gewinn errechnet sich aus dem laufenden steuerpflichtigen Gewinn gem. Betriebsvermögensvergleich abzgl. des positiven Saldos aus Entnahmen und Einlagen des Wirtschaftsjahres.

Beispiel:	(Thesaurierungsbegünstigung gem. § 34a EStG)
Gewinn:	50.000 €
Entnahmen:	30.000 €
Einlagen:	10.000 €
Nicht entnommener Gewinn:	30.000 €

Der maximale Begünstigungsbetrag beläuft sich damit auf 30.000 €, der Antrag auf Thesaurierungsbegünstigung kann für Beträge zwischen 0 und 30.000 € gestellt werden.

Übersteigen die Einlagen die Entnahmen, erhöht der Differenzbetrag den begünstigungsfähigen nicht entnommenen Gewinn nicht.

Beispiel:	(Thesaurierungsbegünstigung gem. § 34a EStG)
Gewinn:	50.000 €
Entnahmen:	20.000 €
Einlagen:	25.000 €
Nicht entnommener Gewinn:	50.000 €

Der maximale Begünstigungsbetrag beläuft sich damit auf 50.000 €, der Antrag auf Thesaurierungsbegünstigung kann für Beträge zwischen 0 und 50.000 € gestellt werden.

Besteht der Gewinn teilweise aus steuerpflichtigen Bestandteilen und teilweise aus steuerfreien Bestandteilen, gilt der steuerfreie Gewinn als zuerst entnommen.

Beispiel: **(Thesaurierungsbegünstigung gem. § 34a EStG)**

Steuerpflichtiger Gewinn:	50.000 €
Steuerfreier Gewinn:	20.000 €
Entnahmen:	20.000 €
Einlagen:	5.000 €
Nicht entnommener Gewinn:	55.000 €

Der maximale Begünstigungsbetrag beläuft sich auf 50.000 €, der Antrag auf Thesaurierungsbegünstigung kann für Beträge zwischen 0 und 50.000 € gestellt werden.

Soweit der Gewinn aufgrund außerbilanzieller Hinzurechnungen (z.B. der Gewerbesteuer) entstanden ist, kann die Steuerermäßigung nicht in Anspruch genommen werden, da diese Beträge tatsächlich verausgabt wurden und damit nicht thesaurierungsfähig sind (s.u.).

Beispiel: **(Thesaurierungsbegünstigung gem. § 34a EStG)**

Gewinn nach GewSt:	106.630 €
+ Nicht abzugsfähige Gewerbesteuer:	13.370 €
= Steuerpflichtiger Gewinn:	120.000 €
Entnahmen:	20.000 €
Einlagen:	5.000 €
Nicht entnommener Gewinn:	105.000 €

Der maximale Begünstigungsbetrag beläuft sich aber auf 106.630 € ./. 15.000 € = 91.630 €.

Für die Berechnung des nachversteuerungspflichtigen Betrags wird der Begünstigungsbetrag um die Steuerbelastung hierauf vermindert. Im Ergebnis entspricht dies wiederum der Situation bei Kapitalgesellschaften, bei denen die Gewinnausschüttungen auch erst nach Körperschaftsteuer und Gewerbesteuer beim Anteilseigner erneut besteuert werden. Der nachversteuerungspflichtige Betrag ist jährlich am Ende des VAZ für jeden Betrieb oder Mitunternehmeranteil fortzuschreiben; er erhöht sich um hinzukommende nachversteuerungspflichtige Beträge und vermindert sich um den Nachversteuerungsbetrag im Falle einer Nachversteuerung.

Ein nachversteuerungspflichtiger Betrag ergibt sich erst, wenn der Saldo der Entnahmen und Einlagen des laufenden Jahres den in diesem Wirtschaftsjahr erzielten laufenden Gewinn (inkl. der steuerfreien Gewinnanteile) übersteigt. Es gelten zuerst der Gewinn des laufenden Jahres, dann die begünstigten Vorjahresgewinne (nachversteuerungspflichtiger Betrag) und zuletzt die nicht begünstigten (progressiv besteuerten und steuerfreien) Vorjahresgewinne als entnommen. Im Falle des Vorhandenseins von Altrücklagen aus der Zeit vor der Thesaurierungsbegünstigung gilt damit auch zunächst der Begünstigungsbetrag als entnommen mit der Folge einer Nachversteuerung (Lifo-Verwendungsreihenfolge). In den Fällen des § 34a Abs. 6 EStG erfolgt eine Nachversteuerung auch ohne Vorliegen eines Entnahmeüberschusses.

Beispiel-Fortsetzung: (Thesaurierungsbegünstigung gem. § 34a EStG)

Der maximale Begünstigungsbetrag beläuft sich in obigem Beispiel auf 91.630 €. Der Steuerpflichtige stellt einen Antrag zur Thesaurierungsbesteuerung für 50.000 €. Die darauf entfallende Einkommensteuer (28,25 %) zzgl. SolZ (5,5 %) beträgt dann 14.902 €.

Es ergibt sich ein gesondert festzustellender nachversteuerungspflichtiger Betrag zum Ende des Jahres von 50.000 € ./. 14.902 € = 35.098 €.

Der regulär zu versteuernde Gewinn des Jahres beträgt 120.000 € ./. 50.000 € = 70.000 €. Die darauf entfallende Einkommensteuer (unter Vernachlässigung sonstiger Abzugsbeträge wie Sonderausgaben) zzgl. SolZ beträgt 22.370 €. Die gesamte Einkommensteuer beträgt damit 37.272 €.

Im Folgejahr ergibt sich folgende Ausgangsbasis:

Gewinn nach GewSt:	46.430 €
+ Nicht abzugsfähige Gewerbesteuer:	3.570 €
= Steuerpflichtiger Gewinn:	50.000 €
Entnahmen:	70.000 €
Einlagen:	20.000 €

Damit übersteigt der Entnahmeüberschuss (50.000 €) den Gewinn vor außerbilanziellen Hinzurechnungen (46.430 €), womit sich ein Nachversteuerungsbetrag von 3.570 € ergibt. Die hierauf entfallende Nachsteuer zzgl. SolZ beträgt 942 €. Am Jahresende ergibt sich ein gesondert festzustellender nachversteuerungspflichtiger Betrag von 35.098 € ./. 3.570 € = 31.528 €.

Der regulär zu versteuernde Gewinn des neuen Jahres beträgt 50.000 €. Die darauf entfallende Einkommensteuer zzgl. SolZ ergibt zusammen mit der Nachsteuer zzgl. SolZ die gesamte Steuerbelastung des neuen Jahres.

Eine Nachversteuerung kann nicht dadurch vermieden werden, dass nach Bildung des Begünstigungsbetrages entstehende Verluste mit den festgestellten Begünstigungsbeträgen verrechnet werden (§ 34a Abs. 8 EStG).

b) Die Steuerbetragsermäßigungen

Steuerbetragsermäßigungen sehen anders als Steuertarifermäßigungen keinen geminderten Steuersatz vor, sondern gewähren eine Kürzung von der Steuerschuld. Zu diesen Ermäßigungen zählen bspw. die Anrechnung der ausländischen Steuer auf die deutsche Einkommensteuer, sofern nicht ein Doppelbesteuerungsabkommen eine abweichende Maßnahme vorsieht (§ 34c EStG), die Steuerermäßigung für Steuerpflichtige mit Kindern bei Inanspruchnahme erhöhter Absetzungen für Wohngebäude oder der Steuerbegünstigung für eigengenutztes Wohneigentum (sog. Baukindergeld, § 34f EStG), die Steuerermäßigung für Mitgliedsbeiträge und Spenden an politische Parteien und an unabhängige Wählervereinigungen (sog. Parteispenden, § 34g EStG), die Steuerbetragsermäßigung bei Einkünften aus Gewerbebetrieb gem. § 35 EStG sowie die Steuerbetragsermäßigung bei Aufwendungen für haushaltsnahe Beschäftigungsverhältnisse sowie Pflege-, Betreuungs- und Handwerkerleistungen als haushaltsnahe Dienstleistungen (§ 35a EStG).

Beispielhaft werden hier die Steuerbetragsermäßigung für **Einkünfte aus Gewerbebetrieb**, für **haushaltsnahe Beschäftigungsverhältnisse** und für die Inanspruchnahme **haushaltsnaher Dienstleistungen** erläutert.

Die Steuerbetragsermäßigung für **Einkünfte aus Gewerbebetrieb** i.S.d. § 35 EStG[448] begünstigt, da § 50 EStG keine Einschränkung bezüglich der Anwendung des § 35 EStG enthält, unbeschränkt oder beschränkt steuerpflichtige natürliche Personen, die folgende Einkünfte erzielen:

- Einkünfte aus Gewerbebetrieb als Einzelunternehmer i.S.d. § 15 Abs. 1 S. 1 Nr. 1 EStG;
- Einkünfte aus Gewerbebetrieb als unmittelbarer bzw. mittelbar beteiligter Mitunternehmer i.S.d. § 15 Abs. 1 S. 1 Nr. 2 EStG oder i.S.d. § 15 Abs. 3 EStG oder
- Einkünfte aus Gewerbebetrieb als persönlich haftender Gesellschafter einer KGaA i.S.d. § 15 Abs. 1 S. 1 Nr. 3 EStG.

Mit der Möglichkeit der Gewerbesteueranrechnung soll eine Doppelbelastung der gleichen Einkünfte mit Gewerbesteuer und Einkommensteuer vermieden werden.

Gem. § 35 Abs. 1 S. 1 Nr. 1 EStG ermäßigt sich die tarifliche Einkommensteuer für **Einzelunternehmer** um das 3,8fache des Gewerbesteuermessbetrags.[449] Für unmittelbare sowie mittelbare **Mitunternehmer** (sog. **Mitunternehmerschaft**) ermäßigt sich die Einkommensteuer nach § 35 Abs. 1 S. 1 Nr. 2 EStG um das 3,8fache des anteiligen Gewerbesteuermessbetrags. Der Anteil am Gewerbesteuermessbetrag richtet sich gem. § 35 Abs. 3 EStG nach dem allgemeinen Gewinnverteilungsschlüssel der Mitunternehmerschaft, wobei Sondervergütungen nicht zu berücksichtigen sind. Auch bei Mitunternehmerschaften muss der einzelne Mitunternehmer den Anrechnungshöchstbetrag bestimmen (s.u.), den Steuermessbetrag für jeden Gewerbebetrieb getrennt berechnen und diese bei der Einkommensteuerveranlagung zusammenfassen. Für den Fall der **mehrstöckigen Mitunternehmerschaft** werden die Gewerbesteuermessbeträge der Untergesellschaften in die Berechnung des anteiligen Gewerbesteuermessbetrages mit einbezogen. Verluste aus der Beteiligung bleiben hierbei unberücksichtigt.

> **Beispiel:** (Steuerbetragsermäßigung für Einkünfte aus Gewerbebetrieb)
>
> Mit der Einzelunternehmung X erwirtschaftet der verheiratete A im Jahr 2013 einen Gewinn vor Gewerbesteuer von 150.000 €, für den 17.570 € Gewerbesteuer (Hebesatz 400 %; Gewerbesteuermessbetrag: 4.392,50 €) zu zahlen sind. Außerdem erzielt A Einkünfte aus Vermietung und Verpachtung i.H.v. 15.000 €. Die Sonderausgaben betragen 35.000 €, weiterhin kann A außergewöhnliche Belastungen von 20.000 € geltend machen.

---

[448] Vgl. zu den folgenden Ausführungen insb. BMF-Schreiben vom 12.01.2007, BStBl I 2007, S. 108-118; BREITHECKER, VOLKER/KLAPDOR, RALF/ZISOWSKI, UTE: Unternehmenssteuerreform: Auswirkungen und Gestaltungshinweise – mit dem Gesetz zur Ergänzung des Steuersenkungsgesetzes, Bielefeld 2001, S. 50-56; DERLIEN, ULRICH: § 35 EStG, in: Das Einkommensteuerrecht, begr. von EBERHARD LITTMANN, hrsg. von HORST BITZ und HARTMUT PUST, Stuttgart (Loseblatt), Stand: Mai 2013, Rn. 60-110; DANELSING, WALTER: § 35 EStG, in: BLÜMICH: Einkommensteuer – Körperschaftsteuer – Gewerbesteuer, hrsg. von BERND HEUERMANN, München (Loseblatt), Stand: April 2013, Rn. 10-42; HERZIG, NORBERT/LOCHMANN, UWE: Steuersenkungsgesetz: Die Steuerermäßigung für gewerbliche Einkünfte bei der Einkommensteuer nach der endgültigen Regelung, in: DB 2000, S. 1728-1735; OTTERSBACH, JÖRG H.: Unternehmenssteuerreform 2001: Gewerbesteueranrechnung nach § 35 EStG, in: StB 2001, S. 242-245.

[449] Vgl. zur Definition des Gewerbesteuermessbetrags S. 408.

	Einkünfte aus Gewerbebetrieb	150.000 €
+	Einkünfte aus Vermietung und Verpachtung	15.000 €
=	Summe der Einkünfte = Gesamtbetrag der Einkünfte	165.000 €
./.	Sonderausgaben	35.000 €
./.	Außergewöhnliche Belastungen	20.000 €
=	Einkommen = Zu versteuerndes Einkommen	110.000 €
⇒	**Einkommensteuer (Splittingtarif 2013)**	**29.808 €**
./.	3,8facher Gewerbesteuermessbetrag zur Gewerbesteueranrechnung (4.392,50 · 3,8 =)	16.691,50 €
=	**Festzusetzende Einkommensteuer**	**13.116,50 €**

Zu den **gewerblichen Einkünften i.S.d. § 35 EStG** zählen nur Einkommensteile, die bereits der Gewerbesteuer unterlagen. Dies sind u.a.:[450]

– Einkünfte aus Gewerbebetrieb i.S.d. § 15 EStG;

– der gewerbesteuerliche Gewinn aus der Veräußerung einer 100 %-igen Beteiligung an einer Kapitalgesellschaft (§ 16 Abs. 1 S. 1 Nr. 1 S. 2 EStG), wenn die Veräußerung nicht in engem Zusammenhang mit der Aufgabe des Gewerbebetriebs erfolgt;[451]

– der Gewinn aus der Veräußerung eines Teils eines Mitunternehmeranteils i.S.d. § 16 Abs. 1 S. 2 EStG, der einen laufenden Gewinn darstellt, und

– Veräußerungsgewinne, die gem. § 7 S. 2 GewStG dem Gewerbeertrag hinzuzurechnen sind (vgl. S. 400).

Folglich gehören die Einkünfte i.S.d. § 16 EStG nur in Ausnahmefällen und die Einkünfte i.S.d. § 17 EStG gar nicht zu den begünstigten Einkünften.

Durch die pauschale Anrechnung der Gewerbesteuer kann es nur zu einer Minderung der tariflichen Einkommensteuer, nicht aber zu einer Erstattung kommen, wobei die tarifliche Einkommensteuer zuvor um die sonstigen Steuerermäßigungen mit Ausnahme der §§ 34f EStG (Baukindergeld), 34g EStG (Parteispenden) und § 35a EStG (haushaltsnahe Beschäftigungsverhältnisse und Dienstleistungen) zu kürzen ist (z.B. Anrechnung im Ausland gezahlter Steuern gem. § 34c EStG).

Darüber hinaus wird die **Steuerermäßigung** erstens dadurch **begrenzt**, dass die Gewerbesteueranrechnung max. in Höhe der gezahlten Gewerbesteuer erfolgen kann (§ 35 Abs. 1 S. 5 EStG) und zweitens die Gewerbesteuer nur auf den Teil der Einkommensteuer angerechnet werden kann, der anteilig auf die gewerblichen Einkünfte entfällt, die im zu versteuernden Einkommen enthalten sind („Ermäßigungshöchstbetrag") (§ 35 Abs. 1 S. 1 EStG). Der Ermäßigungshöchstbetrag errechnet sich gem. § 35 Abs. 1 S. 2 EStG nach der Formel:

$$\frac{\text{Summe der positiven gewerblichen Einkünfte}}{\text{Summe aller positiven Einkünfte}} \cdot \text{geminderte tarifliche Steuer},$$

wobei die geminderte tarifliche Steuer der tariflichen Steuer nach Abzug von Beträgen aufgrund zwischenstaatlicher Abkommen und nach Anrechnung ausländischer Steuern nach § 34c Abs. 1 und 6 EStG und § 12 AStG entspricht (§ 35 Abs. 1 S. 4 EStG).

---

[450] Vgl. BMF-Schreiben vom 12.01.2007, BStBl I 2007, S. 109.
[451] Vgl. BFH-Urteil vom 02.02.1972, BStBl II 1972, S. 740.

Neben der Reduzierung der Einkommensteuerschuld tritt durch die pauschale Anrechnung eine Entlastung bezüglich des Solidaritätszuschlags, nicht aber bezüglich der Kirchensteuer ein, da die Gewerbesteueranrechnung keine Auswirkung auf die Bemessungsgrundlage der Kirchensteuer hat (§ 51a Abs. 2 S. 3 EStG).[452]

Die Thesaurierungsbegünstigung nach § 34a EStG wirkt sich nicht nachteilig auf die Inanspruchnahme der Steuerermäßigung nach § 35 EStG aus, denn § 35 EStG stellt nur auf die Gewerbesteuerpflicht der Einkünfte ab, sodass dem Gewerbetreibenden auch für den Teil der gewerblichen Einkünfte eine Steuerermäßigung nach § 35 EStG zusteht, der nach § 34a EStG ermäßigt besteuert wurde. Eine Steuerermäßigung nach § 35 EStG kann folglich nicht für Gewinne gewährt werden, die nach § 34a Abs. 4 ff. EStG nachzuversteuern sind.

Beispiel: (Gewerbesteueranrechnung)[453]

Sven Schlau erzielt im VAZ 2013 Einkünfte aus Gewerbebetrieb (nach außerbilanzieller Hinzurechnung der nicht abziehbaren Gewerbesteuer) i.H.v. 200.000 € und aus Vermietung und Verpachtung i.H.v. 20.000 €. An abziehbaren Sonderausgaben fallen 10.000 € an.

Für 50.000 € beantragt er die Thesaurierungsbegünstigung nach § 34a EStG. Der Hebesatz der Gemeinde, in der der Betrieb von Sven Schlau sitzt, beträgt 420 %.

Die Gewerbesteuer berechnet sich unter der Annahme, dass keine gewerbesteuerlichen Hinzurechnungs- und Kürzungsvorschriften zur Anwendung kommen, wie folgt:

Einkünfte aus Gewerbebetrieb	200.000 €
./. Freibetrag	24.500 €
= Zwischensumme	175.500 €
· Messzahl	3,5 %
= Gewerbesteuermessbetrag	6.142,50 €
· Hebesatz	420 %
= Gewerbesteuer	25.798,50 €

Die Einkommensteuer berechnet sich wie folgt:

Einkünfte aus Gewerbebetrieb (inkl. nicht abziehbarer Gewerbesteuer)	200.000 €
Einkünfte aus Vermietung und Verpachtung	20.000 €
Summe der Einkünfte	220.000 €
./. Sonderausgaben	10.000 €
= Zu versteuerndes Einkommen	210.000 €
Tarifliche Einkommensteuer für die begünstigten Einkünfte (28,25 %)	14.125 €
Einkommensteuer für die verbleibenden Einkünfte (160.000 €)	59.028 €
Gesamte tarifliche Einkommensteuer	73.129 €

Die Gewerbesteueranrechnung nach § 35 EStG ergibt sich dann wie folgt:

3,8 · Gewerbesteuermessbetrag (6.142,50 €)	23.341,50 €

---

[452] Vgl. OTTERSBACH, JÖRG H.: Unternehmenssteuerreform 2001: Gewerbesteueranrechnung nach § 35 EStG, in: StB 2001, S. 242-245, s.b.S. 243 und übergreifend GREFE, CORD: Ermittlung der Zuschlagsteuern zur Einkommensteuer, in: SteuerStud 2001, S. 243-246.

[453] Modifiziert entnommen aus WICHERT, SILKE: Steuerermäßigung bei Einkünften aus Gewerbebetrieb, NWB vom 11.12.2007, Fach 3, S. 14849-14858, s.b.S. 14856-14857.

1. Obergrenze

Höhe der tatsächlich zu zahlenden Gewerbesteuer   25.798,50 €

2. Obergrenze

Ermäßigungshöchstbetrag: $\frac{\text{gewerbliche Einkünfte 200.000 €}}{\text{Summe der Einkünfte 220.000 €}}$ · gesamte tarifliche ESt 73.129 € = 66.480,91 €

Damit können die 23.341,50 € ungekürzt angerechnet werden, sodass sich eine festzusetzende Einkommensteuer i.H.v. 49.787,50 € ergibt.

Wie bereits erwähnt, kann die Gewerbesteuer nur auf den Teil der Einkommensteuer angerechnet werden, der anteilig auf die gewerblichen Einkünfte entfällt, die im zu versteuernden Einkommen enthalten sind (§ 35 Abs. 1 S. 1 EStG). Aufgrund dieser (unglücklichen) Formulierung stellt sich die Frage, in welcher Höhe die gewerblichen Einkünfte noch im zu versteuernden Einkommen enthalten sind, wenn Verluste zu berücksichtigen sind. Um diese Frage zu klären, wurde bereits die o.g. Formel eingeführt: Ermäßigungshöchstbetrag =

$\frac{\text{Summe der positiven gewerblichen Einkünfte}}{\text{Summe aller positiven Einkünfte}}$ · gesamte tarifliche Einkommensteuer.

Durch diese Formel wird sichergestellt, dass Verluste aus anderen Einkunftsarten den Ermäßigungshöchstbetrag (indirekt über eine verminderte Nennergröße) mindern. Dieses Ergebnis entspricht (trotz eines anderen Rechenwegs) der vom BMF bereits in einem Schreiben vom 12.01.2007[454] geäußerten Ansicht („Verhältnisrechnung"), welche infolge eines BFH-Urteils vom 27.09.2006[455] aber revidiert werden musste.

Beispiel: (Ermäßigungsbetrag)

Ein Steuerpflichtiger hat Einkünfte aus Gewerbebetrieb i.H.v. 100.000 €, sonstige Einkünfte i.H.v. 20.000 € und negative Einkünfte aus Vermietung und Verpachtung von 30.000 €.

Berechnung gem. § 35 Abs. 1 S. 2 EStG:

Der Anrechnungsmultiplikator ergibt sich als $\frac{\text{Summe der positiven gewerblichen Einkünfte}}{\text{Summe aller positiven Einkünfte}}$ und damit in diesem Fall als $\frac{100.000\ €}{120.000\ €} = 83,33\ \%$.

Die Berechnungsweise gem. der oben angesprochenen ursprünglichen Rechtslage nach dem BMF-Schreiben vom 12.01.2007 führte letztendlich zum selben Ergebnis wie nach der nun aktuellen Rechtslage gem. § 35 Abs. 1 S. 2 EStG; es fanden lediglich eine modifizierte Zählergröße und Nennergröße Eingang in die Berechnung, die allerdings im Vergleich zur oben angeführten Berechnungsweise nur eine Kürzung des Quotienten bedeuteten.

Zu einem anderen Ergebnis führte die Berechnungsweise nach dem bisher geltenden BFH-Urteil vom 27.09.2006 und BMF-Schreiben vom 19.09.2007[456], da die Einkünfte aus Vermietung und Verpachtung vorrangig mit anderen Einkunftsarten verrechnet wurden und lediglich verbleibende, nicht verrechnete Verluste die Einkünfte aus Gewerbebetrieb minderten. Bezogen auf dieses Beispiel würden zunächst 20.000 € mit den sonstigen Einkünften verrechnet, die damit auf „0" gesetzt werden. Die verbleibenden 10.000 € mindern dann die Einkünfte aus Gewerbebetrieb, die damit noch 90.000 € betragen und genauso hoch sind wie die Summe der Einkünfte, sodass sich ein Multiplikator von 100 % ergibt.

---

[454] BMF-Schreiben vom 12.01.2007, BStBl I 2007, S. 108.
[455] BFH-Urteil vom 27.09.2006, BStBl II 2007, S. 694.
[456] BMF-Schreiben vom 19.09.2007, BStBl I 2007, S. 702-703.

§ 35a EStG gewährt **Steuerbetragsermäßigungen für haushaltsnahe Beschäftigungsverhältnisse**, für die **Inanspruchnahme haushaltsnaher Dienstleistungen** und für **Handwerkerleistungen**.[457] Für haushaltsnahe Beschäftigungsverhältnisse, bei denen es sich um eine geringfügige Beschäftigung i.S.v. § 8a SGB IV handelt und die in einem Haushalt (in der EU/im EWR) des Steuerpflichtigen ausgeübt werden, ermäßigt sich die tarifliche Einkommensteuer auf Antrag um 20 % der Aufwendungen des Steuerpflichtigen, max. 510 € (§ 35a Abs. 1 EStG).

Bei **anderen haushaltsnahen Beschäftigungsverhältnissen**, die keine geringfügige Beschäftigung i.S.d. § 8a SGB IV sind, oder für die Inanspruchnahme von **haushaltsnahen Dienstleistungen**, die im Haushalt (in der EU/im EWR) des Steuerpflichtigen erbracht werden (und bei denen es sich nicht um Handwerkerleistungen i.R.v. Renovierungs-, Erhaltungs- und Modernisierungsmaßnahmen handelt), ermäßigt sich die tarifliche Einkommensteuer auf Antrag ebenfalls um 20 % der Aufwendungen, max. aber 4.000 € (z.B. Reinigungsarbeiten, Gartenpflegearbeiten, Streichen, Tapezieren, Ausbessern von Löchern in Wänden und Auswechseln einzelner Fliesen; § 35a Abs. 2 EStG).

Diese Steuerermäßigung kann auch in Anspruch genommen werden, wenn es sich um Aufwendungen handelt, die durch die Inanspruchnahme von Pflege- und Betreuungsleistungen für Personen entstehen, bei denen die Pflegestufe I, II oder III anerkannt worden ist oder die Leistungen aus der Pflegeversicherung beziehen. Berücksichtigungsfähig sind allerdings nur die Aufwendungen, die nicht durch Leistungen der Pflegeversicherung finanziert werden können (§ 35a Abs. 2 S. 2 EStG). Auch Angehörige pflegebedürftiger Personen können diese Steuerermäßigung in Anspruch nehmen, wenn sie für die Pflege- oder Betreuungsleistungen aufkommen.

Die Steuerermäßigungen des § 35a Abs. 2 EStG – „andere haushaltsnahe Beschäftigungsverhältnisse", „haushaltsnahe Dienstleistungen", „Pflege- und Betreuungsleistungen" – werden zusammen berechnet; begünstigt sind folglich insgesamt 20 % der gesamten Aufwendungen, max. 4.000 €.[458]

Außerdem verringert sich die tarifliche Einkommensteuer um 20 % der Aufwendungen, max. 1.200 €, die durch die Inanspruchnahme von Handwerkerleistungen im Rahmen von Renovierungs-, Erhaltungs- und Modernisierungsmaßnahmen (wie z.B. Arbeiten an Heizungsanlagen, Fensterreparaturen, Arbeiten an Bodenbelägen, also nicht bloßen Schönheitsreparaturen im obigen Sinne) in einem Haushalt (in der EU/im EWR) des Steuerpflichtigen entstehen (§ 35a Abs. 3 EStG). Dies gilt unabhängig davon, ob die Maßnahmen vom Eigentümer oder vom Mieter in Auftrag gegeben werden. Bei den nach § 35a Abs. 2 EStG begünstigten Aufwendungen muss es sich zudem um Arbeitskosten oder Fahrtkosten handeln; Materialkosten sind nicht begünstigt. Der Steuerpflichtige sollte also auf den gesonderten Ausweis der Arbeits- und Materialkosten in der Handwerkerrechnung bestehen.

---

[457] Eingeführt durch das „Zweite Gesetz für moderne Dienstleistungen am Arbeitsmarkt" vom 23.12.2002, BGBl I 2002, S. 4621.

[458] Vgl. PLENKER, JÜRGEN/SCHAFFHAUSEN, HEINZ-WILLI: Steuerermäßigung für haushaltsnahe Beschäftigungsverhältnisse, haushaltsnahe Dienstleistungen und Handwerkerleistungen ab 2009, in: DB 2009, S. 191-197, s.b.S. 192.

Die Steuerermäßigungen des § 35a Abs. 1-3 EStG gelten nur, soweit die Aufwendungen nicht Betriebsausgaben oder Werbungskosten darstellen und soweit sie auch nicht als Sonderausgaben oder außergewöhnliche Belastungen berücksichtigt werden (§ 35a Abs. 5 EStG).

Zu beachten ist, dass die genannten Beträge keine personenbezogenen Beträge sind, sondern haushaltsbezogene, sodass sie von Ehegatten nicht in doppelter Höhe in Anspruch genommen werden können. Gleiches gilt gem. § 35a Abs. 5 S. 4 EStG auch für Alleinstehende, die in einem Haushalt zusammenleben.

Wenn die jeweiligen Voraussetzungen vorliegen, können die Steuerermäßigungen der Abs. 1-3 des § 35a EStG nebeneinander in Anspruch genommen werden.

Beispiel:	(Steuerbetragsermäßigungen gem. § 35a EStG)

Einem Steuerpflichtigen sind im Jahr 2013 Aufwendungen i.H.v. 2.600 € für ein haushaltsnahes, nach § 8a SGB IV geringfügiges Beschäftigungsverhältnis, von 18.000 € für ein sozialversicherungspflichtiges Beschäftigungsverhältnis, von 4.000 € für Fensterputzer und Gärtner und von 6.500 € für die Renovierung des Badezimmers entstanden. Damit ergibt sich folgende Steuerermäßigung:

20 % von 2.600 €, jedoch max.	510 €
20 % von 22.000 €, jedoch max.	4.000 €
20 % von 6.500 €, jedoch max.	1.200 €
Summe:	**5.710 €**

E. Die Erhebung der Einkommensteuer

Grundsätzlich wird die Einkommensteuer im Wege der **Veranlagung** erhoben. Nach Ablauf eines Kalenderjahres hat der Steuerpflichtige eine Steuererklärung abzugeben, aufgrund derer die Steuer durch schriftlichen Bescheid festgesetzt wird. In welchen Fällen eine Einkommensteuererklärung abzugeben ist, regelt § 25 Abs. 3 EStG i.V.m. § 56 EStDV.

In bestimmten, gesetzlich geregelten Fällen wird ein **Abzug an der Quelle** vorgenommen. Dies erfolgt mittels der **Kapitalertragsteuer**, der **Bauabzugsteuer** und der **Lohnsteuer**.

Bei den meisten Kapitalerträgen wird gem. § 43 EStG ein Steuerabzug in Form der **Kapitalertragsteuer** vorgenommen (§§ 43-45e EStG). Die Höhe der Kapitalertragsteuer war in VAZ vor 2009 abhängig von der Art der Kapitalerträge und davon, wer die Kapitalertragsteuer abzuführen hatte.[459] Mit dem Unternehmensteuerreformgesetz 2008 und insb. mit dem in diesem Zuge für Kapitaleinkünfte eingeführten 25 %-igen Abgeltungssteuersatz wurde auch der Kapitalertragsteuerabzug einheitlich auf 25 % festgesetzt (§ 43a Abs. 1 S. 1 Nr. 1 EStG) mit dem Effekt, dass bei den meisten Kapitaleinkünften die Steuerschuld bereits mit dem Kapitalertragsteuerabzug abgegolten ist. Lediglich i.R.v. Betrieben gewerblicher Art beträgt die Kapitalertragsteuer 15 % (§ 43a Abs. 1 S. 1 Nr. 2 EStG).

Dem Steuerabzug unterliegen die **vollen Kapitalerträge** ohne Abzugsmöglichkeiten (vgl. § 43a Abs. 2 S. 1 EStG). Die Kapitalertragsteuer ist grundsätzlich bis zum 10. Tag des auf die Einbehaltung folgenden Monats abzuführen. Lediglich Einbehaltungen aus Kapitalerträgen i.S.v. § 43 Abs. 1 S. 1 Nr. 1 EStG (namentlich Dividenden und Gewinnausschüttungen)

---

[459] Vgl. dazu KUßMAUL, HEINZ: Betriebswirtschaftliche Steuerlehre, 4. Aufl., München/Wien 2006, S. 313 f.

sind in dem Zeitpunkt abzuführen, in dem die Kapitalerträge dem Gläubiger zufließen (§ 44 Abs. 1 S. 5 EStG).

Im Zuge des „Gesetzes zur Eindämmung illegaler Betätigung im Baugewerbe"[460] wurde eine **Bauabzugsteuer** als zusätzliche Erhebungsform der Einkommensteuer eingeführt (§§ 48-48d EStG).[461] Hiernach unterliegen Bauleistungen[462] einem Steuerabzug i.H.v. 15 % der Entgelte zzgl. der Umsatzsteuer (§ 48 Abs. 1 S. 1, Abs. 3 EStG), wenn folgende Voraussetzungen erfüllt sind:

- Die Bauleistung ist im Inland erbracht worden – unabhängig davon, ob der Leistende im Inland oder im Ausland ansässig ist –, und
- der Empfänger der Bauleistung (sog. Leistungsempfänger) ist Unternehmer i.S.d. § 2 UStG oder eine juristische Person des öffentlichen Rechts.

Zu den abzugspflichtigen Leistungsempfängern zählen auch sog. Kleinunternehmer (§ 19 UStG; vgl. S. 448), Unternehmen mit ausschließlich steuerfreien Umsätzen, pauschalversteuernde Land- und Forstwirte (§ 24 UStG) und private Vermieter.

Der Einbehalt der Bauabzugsteuer kann in den folgenden Fällen unterbleiben:

- Der Bauleistende legt im Zeitpunkt der Leistung eine gültige Freistellungserklärung gem. § 48b EStG vor (§ 48 Abs. 2 S. 1 1. Halbsatz EStG),
- die Bagatellgrenze von 15.000 € (der Leistungsempfänger führt ausschließlich steuerfreie Umsätze aus Vermietung und Verpachtung i.S.d. § 4 Nr. 12 UStG aus) bzw. 5.000 € (in den übrigen Fällen) wird voraussichtlich nicht überschritten (§ 48 Abs. 2 S. 1 Nr. 1 und 2 EStG), oder
- es werden nicht mehr als zwei Wohnungen vermietet (§ 48 Abs. 1 S. 2 EStG).

Der Leistungsempfänger muss die von ihm einbehaltene Bauabzugsteuer bis zum 10. Tag nach Ablauf des Monats, in dem die Gegenleistung erbracht wurde, nach amtlich vorgeschriebenem Vordruck dem zuständigen Finanzamt erklären und abführen (§ 48a Abs. 1 EStG). Kommt er seiner Pflicht nicht oder nur unzureichend nach, so haftet er für den unterlassenen oder zu niedrigen Steuerabzug (§ 48a Abs. 3 EStG). Der Leistende kann einen vom Leistungsempfänger einbehaltenen und angemeldeten Abzugsbetrag auf von ihm zu zahlende Steuern in der folgenden Reihenfolge anrechnen: einbehaltene und angemeldete Lohnsteuer; Einkommensteuer- bzw. Körperschaftsteuervorauszahlungen; Einkommensteuer bzw. Körperschaftsteuer des VAZ, in der die Leistung erbracht wurde; von ihm als Leistungsempfänger abzuführende Bauabzugsteuer (§ 48c Abs. 1 EStG).

Bei Einkünften aus nichtselbstständiger Arbeit wird die Einkommensteuer in Form eines Abzuges vom Arbeitslohn erhoben (**Lohnsteuer**). Die **Lohnsteuer** stellt die bedeutendste Erhebungsform der Einkommensteuer dar. Es sind folgende **Lohnsteuerklassen**, auf deren

---

[460] Gesetz vom 30.08.2001, BGBl I 2001, S. 2267.
[461] Vgl. hierzu und im Folgenden BMF-Schreiben vom 27.12.2002, BStBl I 2002, S. 1399; BRUSCHKE, GERHARD: Steuerabzug bei Bauleistungen, in: StB 2002, S. 130-140; SCHEFFLER, WOLFRAM: Besteuerung von Unternehmen, Bd. 1: Ertrag-, Substanz- und Verkehrsteuern, 12. Aufl., Heidelberg 2012, S. 173 f.
[462] „Bauleistungen sind alle Leistungen, die der Herstellung, Instandsetzung, Instandhaltung, Änderung oder Beseitigung von Bauwerken dienen" (§ 48 Abs. 1 S. 3 EStG).

Grundlage der Einbehaltungsbetrag der **Lohnsteuer** berechnet wird, zu unterscheiden (§ 38b EStG):

- Steuerklasse I gilt grundsätzlich für unbeschränkt steuerpflichtige Personen, die ledig, verheiratet, verwitwet oder geschieden sind, sofern die Voraussetzungen für Steuerklasse III und IV nicht erfüllt sind, sowie für beschränkt einkommensteuerpflichtige Personen.
- Steuerklasse II gehören der Steuerklasse I zuzuordnende Arbeitnehmer an, bei denen der Entlastungsbetrag für Alleinerziehende (§ 24b EStG) zu berücksichtigen ist.
- Steuerklasse III gilt für verheiratete Arbeitnehmer, sofern nur ein Ehepartner berufstätig ist bzw. beide berufstätig sind und der Ehepartner auf Antrag beider Ehepartner Steuerklasse V wählt. Hierbei wird die abzuführende Lohnsteuer automatisch gem. dem Splittingtarif berechnet (§ 39b Abs. 2 S. 6 EStG).
- Steuerklasse IV ist für Ehepaare bestimmt, bei denen beide Partner berufstätig sind. Sinnvoll ist diese Steuerklasse, wenn der Arbeitslohn beider Ehegatten in etwa gleich hoch ist.
- Steuerklasse V ist Ehepaaren vorbehalten, bei denen der Ehepartner auf Antrag beider Ehepartner Steuerklasse III gewählt hat.
- Steuerklasse VI gilt bei Arbeitnehmern, die aus mehr als einem Dienstverhältnis Arbeitslohn beziehen, für das zweite und jedes weitere Arbeitsverhältnis. Hier erfolgt ein sehr hoher Lohnsteuerabzug, was zu einer Einkommensteuerveranlagung zwingen soll. Darüber hinaus greift die Lohnsteuerklasse VI in den Fällen des § 39c EStG. Hiernach hat der Arbeitgeber die Lohnsteuer nach Lohnsteuerklasse VI zu ermitteln, wenn der Arbeitnehmer dem Arbeitgeber zum Zweck der elektronischen Lohnsteuerabzugsmerkmale die ihm zugeteilte Identifikationsnummer sowie den Tag der Geburt schuldhaft nicht mitgeteilt hat oder das Bundeszentralamt für Steuern die Mitteilung der elektronischen Lohnsteuerabzugsmerkmale ablehnt.

Nach § 39f EStG kann bei Ehegatten, die in die Steuerklasse IV gehören, auf Antrag das sog. Faktorverfahren zur Anwendung kommen, das als Mischvariante der Steuerklassenkombinationen „III/V" und „IV/IV" anzusehen ist. Durch einen Faktor wird die auf Basis der Lohnsteuerklasse IV berechnete Lohnsteuer um die Wirkung des Splittingverfahrens gemindert. Dieser Faktor gibt das Verhältnis der nach Splittingverfahren ermittelten Steuer zu der nach Lohnsteuerklasse IV ermittelten Steuer wieder; das zuständige Finanzamt trägt ihn auf den Lohnsteuerkarten der Ehegatten ein.

Anstelle der individuellen Berechnung der Lohnsteuer kann nach den Vorschriften der §§ 40, 40a und 40b EStG das Verfahren der **Lohnsteuerpauschalierung** zur Anwendung kommen. Die Lohnsteuer wird dann entweder mit einem durchschnittlichen oder mit einem festen Steuersatz erhoben. Der feste pauschalierte Lohnsteuersatz liegt zwischen 2 % und 25 %. Kurzfristig beschäftigte Arbeitnehmer, bei denen die Beschäftigungshöchstdauer 18 Tage nicht übersteigt und deren Arbeitslohn während der Beschäftigungszeit durchschnittlich 62 € je Arbeitstag nicht überschreitet, unterliegen dem Pauschalsteuersatz von 25 %. Der besonders geringe Pauschalsteuersatz von 2 % gilt für geringfügig versicherungspflichtige Beschäftigte oder versicherungsfrei geringfügig Beschäftigte, deren monatlicher Arbeitslohn 450 € nicht übersteigt. Die pauschal erhobene Lohnsteuer hat Abgeltungscharakter. Sowohl pauschal besteuerter Lohn als auch pauschale Lohnsteuer bleiben bei der Einkommensteuerveranlagung ohne Berücksichtigung.

Abb. 75[463] (S. 352) stellt das wesentliche Erhebungssystem der Einkommensteuer dar, wobei die Bauabzugsteuer sowie die Pauschalierung bei der Lohnsteuer und bei Zuwendungen vernachlässigt werden.

Nach § 37b EStG kann die Einkommensteuer einheitlich **für alle** innerhalb eines Wirtschaftsjahres gewährten, **betrieblich veranlassten Zuwendungen**, die zusätzlich zur ohnehin vereinbarten Leistung erbracht werden, und für alle Geschenke i.S.d. § 4 Abs. 5 S. 1 Nr. 1 EStG, die nicht in Geld bestehen, mit einem **Pauschalsteuersatz** i.H.v. 30 % belegt werden.

---

[463] Modifiziert entnommen aus SELCHERT, FRIEDRICH WILHELM: Grundlagen der betriebswirtschaftlichen Steuerlehre, 5. Aufl., München/Wien 2001, S. 119.

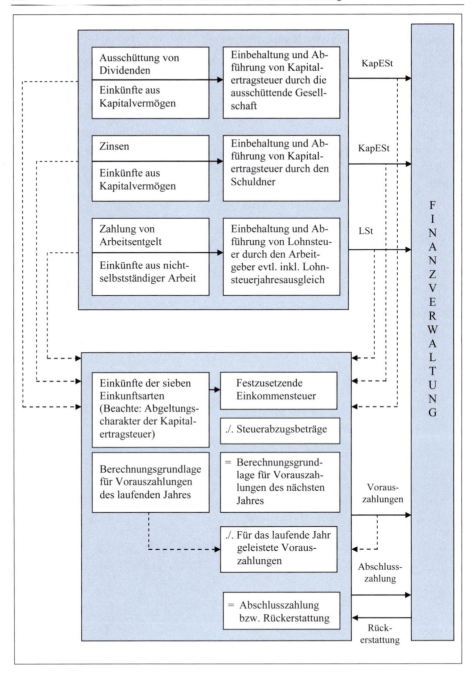

Abb. 75: Wesentliche einkommensteuerliche Zahlungen

II. Die Annexsteuern und die Eigenheimzulage

A. Die Kirchensteuer[464]

Die Kirchensteuer ist eine Annexsteuer auf die Einkommensteuer/Lohnsteuer, teilweise auch auf die Grundsteuer. Sie wird aufgrund von Kirchensteuergesetzen erhoben, wobei die Gesetzgebungskompetenz bei den Ländern liegt.

Alle Mitglieder einer Kirchensteuer erhebenden kirchlichen Körperschaft des öffentlichen Rechts sind in dem Kirchengebiet, in dem sie wohnen, **Steuerpflichtige** der Kirchensteuer.

Für die Berechnung dieser Annexsteuer ist die **Bemessungsgrundlage** (Einkommensteuer- bzw. Lohnsteuerschuld) gem. § 51a Abs. 2 EStG um kindbedingte Freibeträge zu kürzen. Dies erfolgt unabhängig davon, ob Kindergeld in Anspruch genommen wurde oder nicht; unberücksichtigt bleibt ein gewerbesteuerlicher Anrechnungsbetrag gem. § 35 EStG.[465] Sind im zu versteuernden Einkommen Einkünfte enthalten, die nach § 3 Nr. 40 EStG zu 40 % steuerbefreit sind, sind diese der Bemessungsgrundlage wieder hinzuzurechnen, während Erwerbsaufwendungen (§ 3c Abs. 2 EStG), die hiermit im wirtschaftlichen Zusammenhang stehen und nicht abziehbar waren (40 %), zu kürzen sind. Die systematische Erfassung ist in Abb. 76[466] (S. 354) dargestellt, die ebenfalls die Bestimmung der Bemessungsgrundlage für den Solidaritätszuschlag enthält.

Bei einer glaubensverschiedenen Ehe – nur ein Ehegatte gehört einer Kirchensteuer erhebenden Religionsgemeinschaft an – teilt sich die Bemessungsgrundlage der Kirchensteuer im Verhältnis der fiktiven Steuerbeträge auf, die sich unter Anwendung des Steuertarifs auf den Gesamtbetrag der Einkünfte eines jeden Ehegatten ergeben. Somit muss der Gesamtbetrag der Einkünfte (GdE) für jeden Ehepartner getrennt ermittelt werden, worauf dann anschließend die Einkommensteuer berechnet wird. Der Anteil der Bemessungsgrundlage des kirchensteuerpflichtigen Ehepartners bestimmt sich durch folgende Formel:

$$\text{Anteil der BMG} = \frac{\text{ESt}(\text{GdE}_{\text{kirchensteuerpflichtiger Ehepartner}})}{\text{ESt}(\text{GdE}_{\text{Ehemann}}) + \text{ESt}(\text{GdE}_{\text{Ehefrau}})}$$

In bestimmten Bundesländern muss die so ermittelte Kirchensteuer mindestens das sog. Kirchgeld übersteigen, welches in Abhängigkeit von der Höhe des zu versteuernden Einkommens zu ermitteln ist.

Bei einer konfessionsverschiedenen Ehe – die Ehegatten gehören unterschiedlichen Kirchensteuer erhebenden Religionsgemeinschaften an – wird eine hälftige Aufteilung der gemeinsam errechneten Kirchensteuer vorgenommen. Erfolgt unterjährig ein Kircheneintritt oder -austritt, wird die Kirchensteuer monatsgenau aufgeteilt.

---

[464] Vgl. dazu MARX, ARNE: Fragen und Antworten zur Kirchensteuer, in: SteuerStud 2000, S. 541 f.
[465] Vgl. BMF-Schreiben vom 12.01.2007, BStBl I 2007, S. 110.
[466] Modifiziert entnommen aus GREFE, CORD: Ermittlung der Zuschlagsteuern zur Einkommensteuer, in: SteuerStud 2001, S. 243-246, s.b.S. 246.

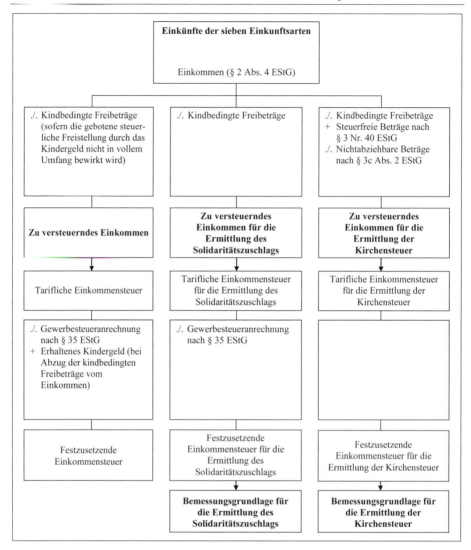

Abb. 76: Ermittlung der Bemessungsgrundlagen für die Annexsteuern

Der **Steuersatz beträgt** i.d.R. 8 % oder 9 % (je nach Bundesland).

Kirchensteuer und Einkommensteuer sind **interdependent**, da die Einkommensteuer die Bemessungsgrundlage der Kirchensteuer bildet, die Kirchensteuer aber (unbegrenzt) als Sonderausgabe bei der Einkommensteuerbemessungsgrundlage abzugsfähig ist (§ 10 Abs. 1 Nr. 4 EStG).

Problematisch gestaltet sich die Erhebung der Kirchensteuer i.Z.m. der für Kapitaleinkünfte eingeführten Abgeltungssteuer mit im Regelfall abgeltendem Kapitalertragsteuerabzug. Dies ist deswegen schwierig, weil damit auch die Kirchensteuer auf die (meist im Wege des Kapitalertragsteuerabzugs erhobene) Abgeltungssteuer erhoben werden muss, da die der Abgeltungssteuer unterliegenden Kapitaleinkünfte ja nicht mehr in die Normalveranlagung eingehen. Bei der Berechnung der Kirchensteuer auf Basis der Abgeltungssteuer/Kapitalertragsteuer muss allerdings ihre Abzugsfähigkeit als Sonderausgabe berücksichtigt werden. Der Gesetzgeber hat eine Lösung dergestalt gefunden, dass die auf die Abgeltungssteuer/Kapitalertragsteuer aufgeschlagene Kirchensteuer nicht mehr als Sonderausgabe abziehbar ist (§ 10 Abs. 1 Nr. 4 EStG), der entfallende Sonderausgabenabzug dafür aber im Wege einer verringerten Bemessungsgrundlage kompensiert wird. Die Kirchensteuer wird folglich nicht mehr als prozentualer Aufschlag auf die Abgeltungssteuer/Kapitalertragsteuer berechnet, stattdessen wird die Abgeltungssteuer/Kapitalertragsteuer um 25 % der auf die Kapitalerträge entfallenden Kirchensteuer ermäßigt. Auf die ermäßigte Abgeltungssteuer/Kapitalertragsteuer wird dann die Kirchensteuer mit dem jeweilgen Prozentsatz berechnet (§§ 32d Abs. 1 EStG und 43a Abs. 1 S. 2 EStG).

Nach § 32d Abs. 1 EStG und § 43a Abs. 1 S. 2 EStG berechnet sich die Abgeltungssteuer/Kapitalertragsteuer nach der Formel $\frac{e-4q}{4+k}$, wobei „e" für die Kapitaleinkünfte, „q" für evtl. vorhandene, anrechenbare ausländische Steuer und „k" für den Kirchensteuersatz steht.

Beispiel: (Abgeltungssteuer und Kirchensteuer)

Ein Steuerpflichtiger erzielt Kapitaleinkünfte i.H.v. 10.000 €. Der Kirchensteuersatz beläuft sich auf 9 %. Die Abgeltungssteuer/Kapitalertragsteuer beträgt damit $\frac{10.000\,€}{4+0,09}$ = 2.445 €. Die darauf entfallende Kirchensteuer beträgt 220,05 €.

Kontrollrechnung:		
	Kapitaleinkünfte	10.000 €
	./. Als Sonderausgaben abziehbare Kirchensteuer	220,05 €
	= Verbleibende Einkünfte	9.779,95 €
	25 % (Abgeltungssteuer/Kapitalertragsteuer)	2.445 €.

Nach § 51a Abs. 2c und 2d EStG wird dem Kirchensteuerpflichtigen ein Wahlrecht eingeräumt, die nach den skizzierten Berechnungsgrundlagen ermittelte Kirchensteuer entweder im Kapitalertragsteuerabzugsverfahren oder im Wege einer speziellen Veranlagung abzuführen. Wird die Kirchensteuer im Kapitalertragsteuerverfahren nach den skizzierten Berechnungsgrundlagen erhoben, ist die Kirchensteuerschuld damit abgegolten.

Wird die Kirchensteuer nicht im Wege des Kapitalertragsteuerabzugs einbehalten, so wird die Kapitalertragsteuer abweichend von den skizzierten Berechnungsgrundlagen zunächst mit 25 % der Kapitaleinkünfte erhoben, ohne den Kirchensteuerabzug bereits durch o.g. Formel zu berücksichtigen. Der Steuerpflichtige hat in einem solchen Fall eine Bescheinigung seines Kreditinstituts über die Höhe der einbehaltenen Kapitalertragsteuer vorzulegen (§ 51a Abs. 2d S. 3 EStG). Danach erfolgt die Berechnung der Kirchensteuer, allerdings nicht auf Basis der vollen Kapitalertragsteuer, sondern nach der oben dargestellten Formel (§ 51a Abs. 2d S. 1 EStG). Die so ermittelte Kirchensteuer ist dann ebenfalls nicht mehr als Sonderausgabe bei der Normalveranlagung abziehbar (§ 10 Abs. 1 Nr. 4 EStG).

B. Der Solidaritätszuschlag

Der Solidaritätszuschlag ist eine Ergänzungsabgabe i.S.d. Art. 106 Abs. 1 Nr. 6 GG, d.h. eine gesondert zu erhebende Steuer, die aus technischen Gründen an die Einkommen- bzw. Körperschaftsteuer anknüpft (Annexsteuer). Eine zeitliche Beschränkung ist zurzeit nicht vorgesehen.

Bemessungsgrundlagen des Solidaritätszuschlages sind:

– Gem. § 3 Abs. 2 SolZG die nach § 2 Abs. 6 EStG festzusetzende **Einkommensteuer**, deren Bemessungsgrundlage – unabhängig von der Günstigerprüfung – immer um kindbedingte Freibeträge zu kürzen ist (§ 3 Abs. 1 Nr. 1 SolZG i.V.m. § 3 Abs. 2 SolZG). Hieraus folgt auch, dass sich die Bemessungsgrundlage des Solidaritätszuschlags insb. um die anzurechnende Gewerbesteuer mindert (vgl. Abb. 76, S. 354).[467]

– Die festgesetzte **Körperschaftsteuer**, vermindert um die anzurechnende oder vergütete Körperschaftsteuer, wenn ein positiver Betrag verbleibt (§ 3 Abs. 1 Nr. 1 SolZG).

– **Vorauszahlungen zur Einkommen-/Körperschaftsteuer** (§ 3 Abs. 1 Nr. 2 SolZG).

– Die **Lohnsteuer** (§ 3 Abs. 1 Nr. 3 SolZG); die Erhebung erfolgt unter Berücksichtigung der Nullzone (§ 3 Abs. 4 SolZG) und der Gleitregelung (§ 4 SolZG).

– Die **Kapitalertragsteuer** (§ 3 Abs. 1 Nr. 5 SolZG).

– Bei beschränkt Steuerpflichtigen der **Steuerabzugsbetrag gem. § 50a EStG**.

Der **Steuersatz (Zuschlagssatz)** beträgt 5,5 % (§ 4 SolZG).

Bei natürlichen Personen wird der Solidaritätszuschlag gem. § 3 Abs. 3 SolZG erst erhoben, wenn die festgesetzte Einkommensteuer einen Betrag von 972 € (bei Zusammenveranlagung: 1.944 €) übersteigt (sog. **Nullzone**). Oberhalb der Nullzone wird der volle Solidaritätszuschlag gem. § 4 SolZG erst erhoben, wenn er kleiner ist als 20 % des Teils der Bemessungsgrundlage, der über der Nullzonengrenze liegt (sog. **Gleitregelung**).

Beispiel: (Wirkung der Gleitregelung des § 4 SolZG)		
Einkommensteuer:	1.200 €	1.500 €
Freigrenze bzw. Nullzonengrenze:	972 €	972 €
Einkommensteuer als Bemessungsgrundlage (BMG):	1.200 €	1.500 €
davon 5,5 %:	66 €	82,50 €
Differenz zwischen BMG und Freigrenze:	228 €	528 €
20 % der Differenz:	45,60 €	105,60 €
Solidaritätszuschlag = min{5,5 % der BMG; 20 % der Differenz BMG/Freigrenze}	**45,60 €**	**82,50 €**

---

[467] Vgl. BMF-Schreiben vom 12.01.2007, BStBl I 2007, S. 110.

C. Die Eigenheimzulage[468]

Die Eigenheimförderung nach dem Eigenheimzulagengesetz umfasst den **Fördergrundbetrag** und die **Kinderzulage**. Der Fördergrundbetrag beläuft sich auf 1 % der Bemessungsgrundlage (Anschaffungs- bzw. Herstellungskosten; § 8 EigZulG), höchstens jedoch auf 1.250 € (§ 9 Abs. 2 EigZulG). Die Kinderzulage beträgt jährlich 800 € für jedes Kind, für das der Steuerpflichtige Kindergeld erhält und das zu seinem inländischen Haushalt gehört (§ 9 Abs. 5 EigZulG).

Anspruchsberechtigt sind nur **unbeschränkt Steuerpflichtige** i.S.d. Einkommensteuergesetzes (§ 1 EigZulG). Grundsätzlich wird die **Herstellung bzw. Anschaffung** einer Wohnung in einem im **Inland** belegenen eigenen Haus bzw. eine im Inland belegene Eigentumswohnung gefördert (sog. **begünstigte Objekte**; § 2 EigZulG).[469] Hiervon ausgenommen sind insb. Ferien- und Wochenendwohnungen sowie Wohnungen, für die Absetzungen für Abnutzung oder Werbungskosten i.R.d. doppelten Haushaltsführung geltend gemacht werden können.

Ein Anspruch auf Förderung besteht nur in den Kalenderjahren, in denen der Anspruchsberechtigte die Wohnung zu **eigenen Wohnzwecken** nutzt; gleichgestellt ist die unentgeltliche Vermietung an Angehörige i.S.d. § 15 AO (§ 4 EigZulG).

Um die Eigenheimzulage zu erhalten, darf die Summe der positiven Einkünfte gem. § 2 Abs. 2 EStG im Jahr der ersten Inanspruchnahme (Erstjahr) **und** dem Vorjahr zusammen folgende Grenze nicht überschreiten (**Einkommensgrenze** gem. § 5 EigZulG):

- 70.000 € bzw. 140.000 € bei Zusammenveranlagung;
- zzgl. 30.000 € für jedes Kind, das im Erstjahr die Voraussetzungen der Kinderzulage gem. § 9 Abs. 5 S. 1 und 2 EigZulG erfüllt.

Der Bescheid über die Festsetzung der Eigenheimzulage ist nachträglich aufzuheben oder zu ändern, wenn bekannt wird, dass die Summe der positiven Einkünfte in den maßgebenden Jahren die Einkommensgrenzen überschreitet (§ 11 Abs. 4 EigZulG). Wenn die Einkommensgrenze in den beiden relevanten Jahren unterschritten wurde, ist es jedoch unerheblich, wie sich die Einkommensverhältnisse im Anschluss entwickeln.

Es kann im Leben jedes Steuerpflichtigen nur ein Objekt gefördert werden. Bei Ehegatten, die die Voraussetzungen des § 26 Abs. 1 EStG erfüllen, wird diese Grenze auf zwei Objekte angehoben (§ 6 EigZulG).

Förderzeitraum ist das Jahr der Fertigstellung bzw. Anschaffung und die folgenden sieben Jahre (§ 3 EigZulG). Wird die Wohnung nicht im gesamten Förderungszeitraum zu eigenen Wohnzwecken genutzt, kann die Eigenheimzulage für die Zeiträume der Fremdnutzung nicht in Anspruch genommen werden. In diesem Fall besteht die Möglichkeit, die restliche Förderzeit auf ein anderes, eigenständiges Objekt (sog. **Folgeobjekt**) zu übertragen (§ 7 EigZulG).

---

[468] Vgl. MAIER, FRIEDBERT: Die Immobilie als Baustein der privaten Altersversorgung unter besonderer Berücksichtigung steuerlicher Aspekte und Gestaltungsmöglichkeiten, Hamburg 2001, S. 169-180.

[469] Daneben kann unter bestimmten Voraussetzungen auch der Erwerb von Anteilen an Genossenschaften mit Genossenschaftswohnungen gefördert werden (§ 17 EigZulG).

Die Eigenheimzulage ist seit dem 01.01.2006 entfallen. Nur Bauherren, die vor diesem Datum mit der Herstellung begonnen haben, und Erwerber, die vor diesem Datum den notariellen Vertrag abgeschlossen haben, haben noch Anspruch auf die Zulage über den gesamten Förderzeitraum von acht Jahren.

Selbstgenutztes Wohneigentum kann inzwischen nach § 92a EStG in die Altersvorsorge einbezogen werden; Geld, das mittels eines staatlich zertifizierten und steuerlich geförderten Altersvorsorgevermögens (sog. „Riester-Vertrag") angesammelt wurde, kann danach bis zu 100 % entnommen werden, um schneller eine Wohnung oder ein Haus für den Eigenbedarf kaufen oder bauen zu können.

III. Die Körperschaftsteuer

Vgl. hierzu insb. HEY, JOHANNA: § 11, in: Steuerrecht, hrsg. von KLAUS TIPKE und JOACHIM LANG, 21. Aufl., Köln 2013; JÄGER, BIRGIT/LANG, FRIEDBERT: Körperschaftsteuer, 18. Aufl., Achim 2009, S. 50-77, 128, 145-159, 482-509, 648-797; ROSE, GERD/WATRIN, CHRISTOPH: Betrieb und Steuer, Bd. 1: Ertragsteuern, 20. Aufl., Berlin 2013, S. 209-247; SCHEFFLER, WOLFRAM: Besteuerung von Unternehmen, Bd. 1: Ertrag-, Substanz- und Verkehrsteuern, 12. Aufl., Heidelberg 2012, S. 193-263; SCHNEELOCH, DIETER: Betriebswirtschaftliche Steuerlehre, Bd. 1: Besteuerung, 6. Aufl., München 2012, S. 145-152, 162-164; SCHULT, EBERHARD: Betriebswirtschaftliche Steuerlehre, 4. Aufl., München/Wien 2002, S. 86-93; WÖHE, GÜNTER: Betriebswirtschaftliche Steuerlehre, Bd. 1, 1. Halbband: Die Steuern des Unternehmens – Das Besteuerungsverfahren, 6. Aufl., München 1988, S. 189-266, 383-431; WÖHE, GÜNTER: Die Steuern des Unternehmens, 6. Aufl., München 1991, S. 127-189; WÖHE, GÜNTER/BIEG, HARTMUT: Grundzüge der Betriebswirtschaftlichen Steuerlehre, 4. Aufl., München 1995, S. 67-77.

A. Charakteristik, Entwicklung und Rechtfertigung

Das Einkommen von Einzelunternehmen und Personengesellschaften richtet sich nach den Vorschriften des Einkommensteuergesetzes und unterliegt bei dem Einzelunternehmer bzw. den Gesellschaftern der Besteuerung. Das Einkommen von Kapitalgesellschaften und sonstigen Körperschaften richtet sich hingegen nach den Vorschriften des Körperschaftsteuergesetzes und unterliegt der Körperschaftsteuer (**Dualismus der Unternehmensbesteuerung**).

Der Gewinn der Kapitalgesellschaft wird mit Körperschaftsteuer belastet, bei Ausschüttung wird beim Anteilseigner nochmals Einkommensteuer erhoben (Einkünfte aus Kapitalvermögen). Dies führt zu einer **potenziellen Doppelbelastung**.

Die Körperschaftsteuer unterlag in den vergangenen Jahrzehnten vielfältigen Änderungen (vgl. S. 260). In den Jahren 1977 bis 2000 wurde eine Doppelbelastung durch das **Anrechnungsverfahren** vermieden. Die auf ausgeschüttete Gewinne abgeführte Körperschaftsteuer war auf die Einkommensteuerschuld des „normalen" Anteilseigners voll anrechenbar. Dies führte dazu, dass ausgeschüttete Gewinne letztlich nur mit dem individuellen Einkommensteuertarif des Gesellschafters belastet wurden.

Unter der Ägide des von 2001 bis 2008 geltenden sog. **Halbeinkünfteverfahrens** – und der damit einhergehenden Abschaffung des Anrechnungsverfahrens – wurden Gewinne auf Ebene der Kapitalgesellschaft unabhängig von der Gewinnverwendung mit 25 % belastet. Eine Doppelbesteuerung sollte dadurch vermindert bzw. vermieden werden, dass der Dividendenzufluss beim Anteilseigner zur Hälfte (bei natürlichen Personen) bzw. nahezu vollständig (bei juristischen Personen) von einer erneuten steuerlichen Erfassung befreit war.

Seit 2008 werden Gewinne auf Gesellschaftsebene verwendungsunabhängig mit 15 % besteuert. Die Ausschüttung dieser Gewinne wird bei natürlichen Personen als Anteilseigner seit 2009 entweder zu 60 % besteuert (Teileinkünfteverfahren), falls die Gesellschaftsanteile im Betriebsvermögen gehalten werden, oder – falls die Anteile im Privatvermögen gehalten werden – vollumfänglich im Rahmen der Abgeltungssteuer einer Besteuerung mit einem 25 %-igen Steuersatz zugeführt. Bei juristischen Personen als Anteilseignern verbleibt es bei der nahezu vollständigen Steuerbefreiung (§ 8b Abs. 1, 5 KStG).

Zur **Rechtfertigung der Körperschaftsteuer** wird zum einen **formaljuristisch** angeführt, dass Körperschaften gesonderte juristische Personen und als solche selbstständig steuerpflichtig sind. Zum anderen sei die Körperschaftsteuer **wirtschaftlich** gerechtfertigt, da Unternehmen an sich einen wirtschaftlichen Machtfaktor darstellen, der auch eine gewisse Steuerlast tragen kann bzw. soll.

B. Das Steuersubjekt

Steuersubjekte der Körperschaftsteuer sind **Körperschaften, Personenvereinigungen und Vermögensmassen** (vgl. die §§ 1-6 KStG). **Unbeschränkt körperschaftsteuerpflichtig** sind gem. § 1 Abs. 1 Nr. 1-6 KStG u.a.:

- sämtliche juristische Personen, die nach deutschem oder europäischem Recht gegründet wurden (GmbH, AG, KGaA, SE, Erwerbs-/Wirtschaftsgenossenschaften, SCE, VVaG, rechtsfähige Vereine und Stiftungen);
- Gesellschaften, die nicht nach deutschem oder europäischem Recht gegründet worden sind, ihrem Gründungsstatut nach aber einer deutschen Kapitalgesellschaft entsprechen;[470]
- nicht rechtsfähige Personenvereinigungen und Vermögensmassen (nicht rechtsfähige Zweckvermögen, nicht rechtsfähige Vereine) und
- Betriebe gewerblicher Art von juristischen Personen des öffentlichen Rechts (alle Einrichtungen der öffentlichen Hand, die das äußere Bild eines Gewerbebetriebs haben, z.B. Druckereien, Versorgungsbetriebe),

wenn sie ihre Geschäftsleitung oder ihren Sitz im Inland haben.[471] Der **Sitz** einer Körperschaft befindet sich an dem Ort, der durch Gesetz, Gesellschaftsvertrag, Satzung, Stiftungsgeschäft oder dergleichen bestimmt wird (§ 11 AO). Die **Geschäftsleitung** ist dort, wo sich der Mittelpunkt der geschäftlichen Oberleitung befindet (§ 10 AO).

Körperschaften, die gem. § 1 Abs. 1 KStG unbeschränkt steuerpflichtig sind, können einer **subjektiven Steuerbefreiung** i.S.d. § 5 Abs. 1 KStG unterliegen. Steuerbefreit sind insb. die Kreditanstalten des öffentlichen Rechts (Kreditanstalt für Wiederaufbau u.a.), Berufsverbände, politische Parteien sowie Steuersubjekte, die gemeinnützigen, mildtätigen oder kirchlichen Zwecken dienen. Jedoch gelten die subjektiven Steuerbefreiungen des § 5 Abs. 1 KStG gem. § 5 Abs. 2 Nr. 1 KStG nicht für inländische Einkünfte, die einem vollständigen oder teilweisen Steuerabzug unterliegen (z.B. Dividenden von einer Aktiengesellschaft), und Einkünfte i.S.d. § 32 Abs. 3 S. 1 2. Halbsatz KStG, wodurch gem. § 5 Abs. 1 KStG steuerbefreite Körperschaften grundsätzlich einer **partiellen Steuerpflicht** unterworfen werden. Allerdings wird keine Veranlagung vorgenommen, da die Körperschaftsteuer durch den Steuerabzug als abgegolten gilt (§ 5 Abs. 2 Nr. 1 i.V.m. § 32 Abs. 1 Nr. 1 KStG). Außerdem wird – wie im Folgenden erläutert – u.U. ganz oder zu 40 % von einem Steuerabzug Abstand genommen, oder der Steuerabzug kann ganz oder zu 40 % erstattet werden.

---

[470] Ob eine Gesellschaft, die nicht nach deutschem oder europäischem Recht gegründet wurde, einer deutschen Kapitalgesellschaft entspricht, wird mittels des sog. Typenvergleichs beurteilt; vgl. KUßMAUL, HEINZ/RUINER, CHRISTOPH: Ausgewählte Charakteristika der *Limited* mit ausschließlichem Verwaltungssitz in Deutschland im Licht der aktuellen Gesetzesänderungen, in: IStR 2007, S. 698.

[471] Vgl. ZENTHÖFER, WOLFGANG: Teil B, in: Körperschaftsteuer, hrsg. von EWALD DÖTSCH u.a., 16. Aufl., Stuttgart 2012, S. 12-29.

Bei **bestimmten inländischen Körperschaften** (gemeinnützigen oder kirchlichen Zwecken dienende Körperschaften wie bspw. bestimmte Stiftungen und juristische Personen des öffentlichen Rechts; vgl. § 5 Abs. 1 Nr. 9 KStG) erfolgt bei den folgenden Kapitalerträgen **die vollständige Abstandnahme vom Steuerabzug** (§ 44a Abs. 7 S. 1 und 2 EStG):

- Kapitalerträge i.S.d. § 20 Abs. 1 Nr. 9 EStG (Einnahmen von einer nicht von der Körperschaftsteuer befreiten Körperschaft, soweit sie nicht durch § 20 Abs. 1 Nr. 1 EStG erfasst werden);
- Kapitalerträge i.S.d. § 20 Abs. 1 Nr. 10 EStG (Leistungen eines nicht von der Körperschaftsteuer befreiten Betriebs gewerblicher Art);
- Kapitalerträge i.S.d. § 20 Abs. 1 Nr. 1 und 2 EStG, soweit es sich um Erträge aus Anteilen an einer GmbH handelt;
- Zinsen u.a. aus Wandelanleihen, Gewinnobligationen und Genussrechten (§ 43 Abs. 1 S. 1 Nr. 2 EStG), wenn die auszahlende Stelle kein Kreditinstitut ist – und damit keine Berechtigung zum Sammelantrag nach § 45b EStG besteht –, sowie
- Einnahmen aus stillen Beteiligungen und partiarischen Darlehen (§ 20 Abs. 1 Nr. 4 EStG).

Zudem kann die Kapitalertragsteuer auf alle übrigen Kapitalerträge i.S.d. § 43 Abs. 1 S. 1 Nr. 1 und 2 EStG (insb. Gewinnanteile aus Aktien und aus bei einem Kreditinstitut verwahrten Wandelanleihen, Gewinnobligationen und Genussrechten) auf Antrag i.R.d. Sammelantragsverfahrens (§ 45b EStG) **vollständig zurückerstattet** werden (§ 44a Abs. 7 S. 3 EStG).

Bei den **übrigen steuerbefreiten Körperschaften und inländischen Personen des öffentlichen Rechts** (gem. § 5 Abs. 1 KStG mit Ausnahme der Nr. 9 oder nach anderen Gesetzen von der Körperschaftsteuer befreite Körperschaften, Personenvereinigungen oder Vermögensmassen oder inländische juristische Personen des öffentlichen Rechts, die nicht in § 44a Abs. 7 EStG bezeichnet sind; vgl. § 44a Abs. 8 S. 1 EStG) ist der Steuerabzug bei Kapitalerträgen i.S.d. § 43 Abs. 1 S. 1 Nr. 1 EStG – soweit es sich um Erträge aus Anteilen an einer GmbH oder um Namensaktien einer nicht börsennotierten AG bzw. Genossenschaft sowie um Erträge aus Genussrechten handelt – und bei Kapitalerträgen i.S.d. § 43 Abs. 1 S. 1 Nr. 2, 3 und 7a EStG[472] nur **i.H.v. 60 %** vorzunehmen. Im Übrigen kann die Kapitalertragsteuer auf alle übrigen Kapitalerträge i.S.d. § 43 Abs. 1 S. 1 Nr.1 EStG (insb. Gewinnanteile aus Aktien) auf Antrag i.R.d. Sammelantragsverfahrens (§ 45b EStG) **i.H.v. 40 % zurückerstattet** werden (§ 44a Abs. 8 S. 3 EStG).

Körperschaften, Personenvereinigungen und Vermögensmassen, die weder ihre Geschäftsleitung noch ihren Sitz im Inland haben (sog. **ausländische Körperschaften**), sind – sofern sie inländische Einkünfte i.S.d. § 49 EStG erzielen – **beschränkt körperschaftsteuerpflichtig** (§ 2 Nr. 1 KStG). Steuerobjekt sind die inländischen Einkünfte sowie Entgelte, die der sonstigen Körperschaft, Personenvereinigung oder Vermögensmasse im Rahmen eines Pensionsgeschäfts gewährt werden. Inländische Einkünfte stellen auch die in § 8b Abs. 10 S. 2 KStG genannten Einkünfte dar, die einer sonstigen Körperschaft, Personenvereinigung

---

[472] Bei Kapitalerträgen i.S.d. § 43 Abs. 1 S. 1 Nr. 2 und 3 gilt als zusätzliche Voraussetzung, dass die die Kapitalerträge auszahlende Stelle nicht Sammelantragsberechtigter nach § 45b EStG ist.

oder Vermögensmasse als Entgelt für die Überlassung von Anteilen an Kapitalgesellschaften mit Sitz oder Geschäftsleitung im Inland gewährt werden.

Körperschaften, Personenvereinigungen und Vermögensmassen mit Sitz im Inland, aber ohne Nennung in § 1 Abs. 1 KStG (z.B. Gebietskörperschaften wie Bund, Länder, Gemeinden) sind **grundsätzlich nicht körperschaftsteuerpflichtig**. Soweit sie aber inländische Einkünfte beziehen, von denen vollständig oder teilweise ein Steuerabzug vorzunehmen ist (v.a. Einkünfte aus Kapitalvermögen), sind sie auch **beschränkt steuerpflichtig** (§ 2 Nr. 2 KStG). Es erfolgt jedoch i.d.R. **keine Veranlagung**, da die Körperschaftsteuer durch den Steuerabzug als abgegolten gilt (§ 32 Abs. 1 Nr. 2 KStG). Außerdem wird, wie soeben ausgeführt, zu 40 % von einem Steuerabzug Abstand genommen, oder der Steuerabzug kann zu 40 % erstattet werden (§ 44a Abs. 8 S. 1 und S. 2 EStG).

C. Das Steuerobjekt und die Steuerbemessungsgrundlage

1. Überblick und Systematik

Steuerobjekt der Körperschaftsteuer ist das (in- und ausländische) **Einkommen** (sog. **Welteinkommen**) der Körperschaft bzw. Kapitalgesellschaft. Da das Körperschaftsteuergesetz über keine eigenständige Definition des Einkommensbegriffs verfügt, wird in § 8 Abs. 1 KStG hinsichtlich der Ermittlung des Einkommens auf die Vorschriften des EStG und besondere Vorschriften des Körperschaftsteuergesetzes verwiesen.[473]

(Rechtliches) **Steuerobjekt der Einkommensteuer** ist die Summe der Einkünfte eines Steuerpflichtigen. Diese Überlegungen gelten auch für die **Körperschaftsteuer,** wobei § 8 Abs. 2 KStG statuiert, dass bei unbeschränkt Steuerpflichtigen i.S.d. § 1 Abs. 1 Nr. 1 bis 3 KStG (Kapitalgesellschaften, Genossenschaften und VVaG) alle Einkünfte als Einkünfte aus Gewerbebetrieb zu behandeln sind.

Aus der handelsrechtlichen Buchführungspflicht für Kapitalgesellschaften ergibt sich, dass die Einkünfte aus Gewerbebetrieb durch einen Betriebsvermögensvergleich nach § 5 Abs. 1 EStG zu ermitteln sind. Der **Betriebsvermögensvergleich nach § 5 Abs. 1 EStG** (vgl. S. 14) ermittelt den steuerpflichtigen Gewinn durch Vergleich des Vermögens am Anfang und am Ende der Periode. Grundlage des Vermögensvergleichs ist eine aus der Handelsbilanz abgeleitete Steuerbilanz („**derivative Steuerbilanz**"). Schematisch gestaltet sich die Ableitung des steuerpflichtigen Gewinns beim Vermögensvergleich wie folgt:

---

[473] Bei inländischen öffentlich-rechtlichen Rundfunkanstalten beträgt das Einkommen aus dem Geschäft der Veranstaltung von Werbesendungen 16 % der Entgelte aus Werbesendungen (§ 8 Abs. 1 S. 2 KStG).

	Vermögen laut Steuerbilanz am Ende des Jahres
./.	Schulden laut Steuerbilanz am Ende des Jahres
=	Reinvermögen (Eigenkapital) laut Steuerbilanz am Ende des Jahres
./.	Reinvermögen (Eigenkapital) laut Steuerbilanz am Ende des vorangegangenen Jahres
=	Steuerbilanz-Ergebnis (Reinvermögensveränderung, Unterschiedsbetrag)
./.	Einlagen des Steuerpflichtigen (§ 4 Abs. 1 S. 8 EStG)
+	Entnahmen des Steuerpflichtigen (§ 4 Abs. 1 S. 2 EStG)
=	Gewinn
+	Außerbilanzielle Hinzurechnungen (z.B. nicht abziehbare Betriebsausgaben nach § 4 Abs. 5 EStG)
./.	Außerbilanzielle Kürzungen (z.B. Investitionszulagen)
=	Einkommensteuerpflichtiger Gewinn (§ 2 Abs. 2 Nr. 1 EStG)

Der resultierende **steuerpflichtige Gewinn** entspricht – von besonderen Korrekturen im KStG abgesehen – dem **zu versteuernden Einkommen** der Kapitalgesellschaft. Die Besonderheiten bei der Ableitung des zu versteuernden Einkommens sind in vereinfachter Form der Abb. 77[474] (S. 364, linke Spalte) zu entnehmen.

Ausgangsgröße des Schemas zur Ableitung des zu versteuernden Einkommens ist das **Steuerbilanz-Ergebnis**, also die Reinvermögensveränderung innerhalb einer Abrechnungsperiode. Bei der Bestimmung des Steuerbilanz-Ergebnisses ist zu beachten, dass **Kapitalgesellschaften** eine eigene Rechtspersönlichkeit haben, sodass sie mit ihren Gesellschaftern rechtswirksame Verträge abschließen können, die grundsätzlich auch steuerrechtlich anerkannt werden (**Trennungsprinzip**). Denkbare Verträge sind u.a. Dienstverträge, Miet- und Pachtverträge, Darlehensverträge oder Beraterverträge.

Die entsprechenden Vergütungen an den Gesellschafter können **bei der Gesellschaft** gewinnmindernd als Betriebsausgaben abgesetzt werden. Die dem **Gesellschafter** zufließenden Vergütungen sind bei diesem nach den allgemeinen Grundsätzen des Einkommensteuergesetzes den einzelnen Einkunftsarten zuzuordnen. Dienstverträge führen zu Einkünften aus nichtselbstständiger Arbeit, Miet- und Pachtverträge zu Einkünften aus Vermietung und Verpachtung, Darlehensverträge zu Einkünften aus Kapitalvermögen und Beraterverträge zu Einkünften aus selbstständiger Arbeit.

Bei **Personengesellschaften** gilt dagegen das **Mitunternehmerprinzip** und nicht das Trennungsprinzip. Nach § 15 Abs. 1 Nr. 2 EStG sind die Vergütungen, die ein Personengesellschafter für die Tätigkeit im Dienste der Gesellschaft, für die Hingabe von Darlehen oder die Überlassung von Wirtschaftsgütern bezieht, als Einkünfte aus Gewerbebetrieb zu qualifizieren.[475]

Das Steuerbilanz-Ergebnis ist um **anwendbare einkommensteuerliche Vorschriften** zu korrigieren. Wegen der generellen Anwendbarkeit einkommensteuerlicher Vorschriften im Körperschaftsteuerrecht (§ 8 Abs. 1 KStG) gelten grundsätzlich auch die Regelungen des EStG zu **steuerfreien Einnahmen** (§§ 3-3c EStG) und **nicht abzugsfähigen Aufwendungen** (z.B. § 4 Abs. 5 EStG).

---

[474] In Anlehnung an ROSE, GERD: Betrieb und Steuer, 1. Buch: Die Ertragsteuern, 15. Aufl., Wiesbaden 1997, Tafel 4, S. 255 (in der neuesten Auflage nicht mehr enthalten).

[475] Vgl. zu einer Gegenüberstellung der Besteuerungsmerkmale unterschiedlicher Rechtsformen m.w.N. KUßMAUL, HEINZ: Betriebswirtschaftslehre für Existenzgründer, 7. Aufl., München 2011, S. 462-467.

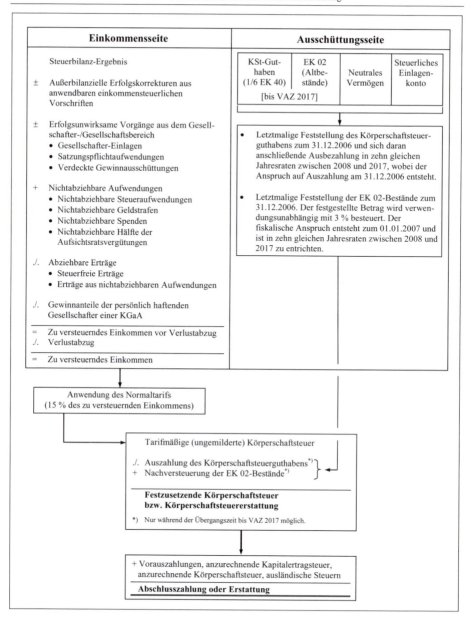

Abb. 77: Vereinfachtes Schema der Körperschaftsteuerermittlung für Kapitalgesellschaften im Normalfall

Einlagen und **Entnahmen** i.S.d. § 4 EStG kann es bei Kapitalgesellschaften zwar nicht geben, da „Steuerpflichtiger" die Kapitalgesellschaft selbst ist. An dieser Stelle können aber – in analoger Anwendung – **offene Einlagen** der Gesellschafter (Kapitalzuführung bei Gründung oder Kapitalerhöhung) und **offene Gewinnausschüttungen** der Gesellschaft an die Gesellschafter korrigiert werden. Diese Korrekturen sind zwingend notwendig, da ein von

Gesellschafterbeziehungen unbeeinflusstes körperschaftsteuerpflichtiges Einkommen zu ermitteln ist (§ 8 Abs. 3 S. 1 KStG).

Die **weiteren vorzunehmenden Korrekturen** in Abb. 77 (S. 364) betreffen spezielle Einkommensermittlungsvorschriften des Körperschaftsteuergesetzes. Sie leiten über zum **zu versteuernden Einkommen** der Kapitalgesellschaft und werden im nächsten Gliederungspunkt genauer erläutert.

2. Spezielle Einkommensermittlungsvorschriften des KStG

a) Verdeckte Gewinnausschüttungen i.S.v. § 8 Abs. 3 S. 2 KStG

Der Begriff der **verdeckten Gewinnausschüttung** (vGA) ist gesetzlich nicht definiert. Das Körperschaftsteuergesetz regelt lediglich, dass eine vGA das körperschaftsteuerliche Einkommen nicht mindern darf (§ 8 Abs. 3 S. 2 KStG).[476]

Die Regelung des § 8 Abs. 3 S. 1 und S. 2 KStG lautet:

„Für die Ermittlung des Einkommens ist es ohne Bedeutung, ob das Einkommen verteilt wird. Auch verdeckte Gewinnausschüttungen … mindern das Einkommen nicht."

Zur Definition des Begriffs der vGA kann allerdings auf eine sehr umfangreiche Rechtsprechung verwiesen werden, die in die Körperschaftsteuerrichtlinien übernommen wurde. Gem. R 36 Abs. 1 S. 1 KStR ist eine vGA i.S.d. § 8 Abs. 3 S. 2 KStG eine Vermögensveränderung, d.h. Vermögensminderung bzw. verhinderte Vermögensmehrung, die durch das Gesellschaftsverhältnis veranlasst ist, sich auf die Höhe des Unterschiedsbetrags i.S.d. § 4 Abs. 1 S. 1 EStG auswirkt und nicht auf einem den gesellschaftsrechtlichen Vorschriften entsprechenden Gewinnverteilungsbeschluss beruht.[477]

Bei vGA wird folglich von folgenden drei Grundsätzen ausgegangen:

1. Grundsatz: Vermögensveränderungen, die auf schuldrechtliche Beziehungen zwischen Gesellschaft und Gesellschafter zurückgehen, werden grundsätzlich anerkannt (Trennungsprinzip).

2. Grundsatz: Durch das Gesellschaftsverhältnis begründete Vermögensveränderungen (Kapitalzuführungen durch Gesellschafter oder Ausschüttungen an Gesellschafter) sollen die Bemessungsgrundlage der Körperschaftsteuer nicht beeinflussen.

3. Grundsatz: Wegen zu vermutender Interessenidentität ist bei schuldrechtlichen Beziehungen zwischen Gesellschaft und Gesellschaftern trotz ihrer grundsätzlichen Anerkennung besonders zu prüfen, ob der Grund für die schuldrechtliche Vereinbarung nicht doch durch das Gesellschaftsverhältnis veranlasst ist.

Jede **Vermögensminderung**, deren **Veranlassung im Gesellschaftsverhältnis** liegt, die sich weiterhin auf die Höhe des Einkommens ausgewirkt hat und die in **keinem** Zusammenhang mit einer **offenen Gewinnausschüttung** steht, führt zur Rechtsfolge einer verdeckten

---

[476] Vergütungen für von Gesellschaftern zur Verfügung gestelltes Fremdkapital stellen keine vGA dar; auf solche Zahlungen ist die Zinsschranke des § 4h EStG bzw. § 8a KStG anzuwenden; vgl. S. 369.
[477] Vgl. MARENBACH, NICOLE: Die Erweiterung der Kapitalbasis einer GmbH: (Verdeckte) Einlage und Gesellschafterdarlehen, Hamburg 2006, S. 192.

Gewinnausschüttung, die außerhalb der Steuerbilanz wieder hinzugerechnet werden muss.[478] Die Regelungen zur verdeckten Gewinnausschüttung (§ 8 Abs. 3 S. 2 KStG) verhindern somit, dass unangemessene Vertragsgestaltungen zwischen Gesellschaft und Gesellschafter zu einer Minderung des zu versteuernden Einkommens auf Ebene der Gesellschaft führen.

Beispiel:	(Unangemessene Vertragsgestaltungen zwischen Gesellschaft und Gesellschafter)

- Ein Gesellschafter-Geschäftsführer erhält ein unangemessen hohes Gehalt;
- die Gesellschaft gibt dem Gesellschafter ein unverzinsliches Darlehen;
- ein Gesellschafter liefert Waren an die Gesellschaft zu überhöhten Preisen.

Primär führt § 8 Abs. 3 S. 2 KStG **auf Gesellschaftsebene** zu einer Gewinnkorrektur. Die Gewinnerhöhung durch eine vGA ist dem Steuerbilanzgewinn außerhalb der Steuerbilanz hinzuzurechnen.[479] Soweit die vGA das zu versteuernde Einkommen der Kapitalgesellschaft gemindert hat, ist diese Minderung durch Hinzurechnung auszugleichen und der Körperschaftsteuer, dem Solidaritätszuschlag auf die Körperschaftsteuer sowie gem. § 7 GewStG – wonach Ausgangsgröße des Gewerbeertrags bei Kapitalgesellschaften das körperschaftsteuerpflichtige Einkommen ist – zusätzlich der Gewerbesteuer zu unterwerfen.

Die vGA wird wie eine offene Gewinnausschüttung behandelt, sodass die Kapitalgesellschaft grundsätzlich – im Zeitpunkt des tatsächlichen Zuflusses der vGA beim Gesellschafter (§ 44 Abs. 1 S. 2 EStG) – Kapitalertragsteuer und Solidaritätszuschlag auf die Kapitalertragsteuer einbehalten muss. Da sich die Beteiligten aber in den meisten Fällen nicht bewusst sind, dass eine vGA vorliegt, wird regelmäßig der Abzug nicht vorgenommen worden sein. Von einer Nacherhebung der Kapitalertragsteuer wird abgesehen, wenn sichergestellt ist, dass die vGA bei der Einkommensteuerveranlagung des Gesellschafters erfasst wird und keine besonderen Gründe entgegenstehen. Ein Grund für die Nacherhebung der Kapitalertragsteuer wäre bspw., dass der Gesellschafter nicht im Inland der unbeschränkten Steuerpflicht unterliegt. Eine Nacherhebung wird nicht erforderlich sein, wenn die vGA auf einem unangemessen hohen Gehalt beruht, wofür auch entsprechend hohe Lohnsteuer bezahlt wurde.

Wird die Kapitalertragsteuer nacherhoben, ist nicht zwingend davon auszugehen, dass die Kapitalgesellschaft diese übernimmt; die Zuordnung richtet sich nach den Vereinbarungen zwischen Gesellschaft und Gesellschafter bzw. nach der tatsächlichen Handhabung.[480]

Handelt es sich beim Gesellschafter um eine **natürliche Person**, zählt die vGA **auf Gesellschafterebene** zu den Einnahmen aus Kapitalvermögen (§ 20 Abs. 1 Nr. 1 S. 2 EStG) und unterliegt – falls die Anteile im Privatvermögen gehalten werden – grundsätzlich der Abgeltungssteuer; unter bestimmten Voraussetzungen kann der Gesellschafter einen Antrag auf Nichtanwendung der Abgeltungssteuer stellen und zu einer Besteuerung i.R.d. Teilein-

---

[478] Vgl. BFH-Urteil vom 22.02.1989, BStBl II 1989, S. 475.
[479] Vgl. BFH-Urteil vom 29.06.1984, BStBl II 2002, S. 366 und dazu BMF-Schreiben vom 28.05.2002, BStBl I 2002, S. 603.
[480] Vgl. zu diesem Absatz BFH-Urteil vom 28.11.1961, BStBl III 1962, S. 107; BFH-Urteil vom 03.07.1968, BStBl II 1969, S. 4; BFH-Urteil vom 25.09.1970, BStBl II 1971, S. 53; ZENTHÖFER, WOLFGANG: Teil C 4, in: Körperschaftsteuer, hrsg. von EWALD DÖTSCH u.a., 16. Aufl., Stuttgart 2012, S. 143.

künfteverfahrens optieren (§ 32d Abs. 2 Nr. 3 EStG). Hierzu muss der Steuerpflichtige mind. 25 % der Anteile an der entsprechenden Kapitalgesellschaft halten bzw. zu mind. 1 % an der Kapitalgesellschaft beteiligt und darüber hinaus noch für diese beruflich tätig sein. Hält die natürliche Person die Anteile im Betriebsvermögen, so kommt aufgrund der Subsidiaritätsklausel des § 20 Abs. 8 EStG[481] das Teileinkünfteverfahren zur Anwendung.[482] Werden die Anteile von einer **Kapitalgesellschaft** gehalten, erfolgt für die in Dividenden umqualifizierten Fremdkapitalvergütungen gem. § 8b Abs. 1 KStG eine Freistellung (unter Berücksichtigung von § 8b Abs. 5 KStG).

Verdeckte Gewinnausschüttungen unterliegen dann nicht der Abgeltungssteuer, soweit sie bei der Kapitalgesellschaft das steuerpflichtige Einkommen gemindert haben (§ 32d Abs. 2 Nr. 4 EStG), d.h. nicht auf Ebene der Gesellschaft hinzugerechnet wurden. Sie werden dann beim Empfänger mit dem individuellen Steuersatz besteuert.

Im Hinblick auf die **Gewerbesteuer** ist zu beachten, dass die gem. § 8b Abs. 1 KStG und § 3 Nr. 40 EStG außer Ansatz bleibenden Ausschüttungen den Gewerbeertrag des Anteilseigners erhöhen (§ 8 Nr. 5 GewStG), sofern nicht das gewerbesteuerliche Schachtelprivileg zur Anwendung gelangt (§ 9 Nr. 2a GewStG).

Die auf Ebene der Gesellschaft einbehaltene **Kapitalertragsteuer** wird gem. § 36 Abs. 2 Nr. 2 EStG auf die Steuerschuld angerechnet. Die Kapitalertragsteuer auf die vGA erhöht nur dann die Einkünfte des Gesellschafters, wenn diese nacherhoben wird und von der Gesellschaft übernommen wurde.[483]

Problematisch ist, dass eine **nachträgliche Änderung** (nicht selten vergehen zwischen Veranlagung und einer die vGA aufdeckenden Betriebsprüfung einige Jahre) **von Steuerbescheiden** zurückliegender VAZ verfahrensrechtlich nur möglich ist, wenn die zugrunde liegenden Bescheide noch nicht bestandskräftig sind oder ausnahmsweise gesetzliche Vorschriften (z.B. die §§ 164, 165, 172-177 AO) eine Durchbrechung der **Bestandskraft** zulassen.[484] Dies kann für den Gesellschafter dann von Nachteil sein, wenn die vor der Umqualifizierung erzielten Einnahmen vollständig einer Besteuerung zugeführt wurden (z.B. Einkünfte aus nichtselbstständiger Arbeit), nach der Umqualifizierung aber der Abgeltungssteuer bzw. dem Teileinkünfteverfahren (§ 3 Nr. 40 EStG) oder dem mod. Nulleinkünfteverfahren (§ 8b Abs. 1, 5 KStG) unterliegen. Sind die zugrunde liegenden Bescheide bestandskräftig und nicht mehr änderbar, könnte der Gesellschafter nicht von der Umqualifizierung profitieren. Diese Härte wurde durch die Einführung des § 32a KStG gemildert; ein Steuerbescheid gegenüber dem Gesellschafter kann geändert werden, soweit gegenüber der Körper-

---

[481] Vgl. zur Subsidiaritätsklausel S. 299.

[482] Für den VAZ 2008 gilt auf Ebene der natürlichen Person als Anteilseigner das Halbeinkünfteverfahren.

[483] BFH-Urteil vom 25.09.1970, BStBl II 1971, S. 53; FELDER, BERND: vGA und Kapitalertragsteuer: Allgemeines, in: Verdeckte Gewinnausschüttung, Verdeckte Einlage: Kommentar zur verdeckten Gewinnausschüttung und zur verdeckten Einlage, hrsg. von BERND FELDER u.a., Stuttgart (Loseblatt), Stand: Januar 2000, S. 58-60, Rn. 261-265; JANSSEN, BERNHARD: Verdeckte Gewinnausschüttungen – Systematische Darstellung der Voraussetzungen und Auswirkungen, begr. von JOACHIM LANGE, 10. Aufl., Herne 2010, Rn. 283.

[484] Vgl. NIEMANN, URSULA: Verdeckte Gewinnausschüttung und Halbeinkünfteverfahren – Verfahrensrechtliche Fallstricke für die Ausschüttungsempfänger –, Bonn 2004, S. 4-6, 27-28.

schaft ein Steuerbescheid hinsichtlich der Berücksichtigung einer vGA erlassen, verändert oder aufgehoben wurde (sog. Korrespondenzprinzip).[485]

Durch die Umqualifizierung der verdeckten Gewinnausschüttung in eine offene Gewinnausschüttung unterliegen diese Bezüge nunmehr bei natürlichen Personen als Anteilseigner der Abgeltungssteuer bzw. dem Teileinkünfteverfahren; bei juristischen Personen als Anteilseigner kommt es zu einer im Ergebnis 95 %-igen Steuerfreistellung. Gleichzeitig erfolgt eine definitive steuerliche Vorbelastung durch die Körperschaftsteuer, durch den Solidaritätszuschlag auf die Körperschaftsteuer und – in Abhängigkeit vom Gewerbesteuerhebesatz – durch die Gewerbesteuer. Ob durch diese Umqualifizierung die Gesamtsteuerbelastung zu- oder abnimmt, ist aufgrund der unterschiedlichen steuerlichen Effekte zwar vom Einzelfall abhängig, tendenziell kommt es aber zu einer – häufig massiven – Erhöhung.

Beispiel: **(Wirkung der Aufdeckung einer vGA ohne Solidaritätszuschlag)**

Eine GmbH zahlt ihrem Gesellschafter-Geschäftsführer, der die Anteile an der GmbH im Privatvermögen hält, im Jahr 2013 ein Gehalt i.H.v. 500.000 €.[486] Der Gewinn vor Ertragsteuern beläuft sich auf 1.000.000 €.

Wirkungen vor vGA:

Steuerbelastung der Gesellschaft:

Zu versteuerndes Einkommen	1.000.000 €	
Gewerbesteuer (Hebesatz: 400 %)		140.000 €
Körperschaftsteuer (15 %)		150.000 €

Steuerbelastung des Gesellschafters:

Zu versteuerndes Einkommen	500.000 €	
Einkommensteuer (VAZ 2013; 45 %)		225.000 €
Gesamtsteuerbelastung		**515.000 €**

Bei einer Betriebsprüfung im Jahr 2014 wird festgestellt, dass das im Jahr 2013 gezahlte Gesellschafter-Geschäftsführergehalt um 100.000 € überhöht war.

Wirkungen nach vGA:

Steuerbelastung der Gesellschaft:

Zu versteuerndes Einkommen	1.100.000 €	
Gewerbesteuer (Hebesatz: 400 %)		154.000 €
Körperschaftsteuer (15 %)		165.000 €

Steuerbelastung des Gesellschafters:

Zu versteuerndes Einkommen	500.000 €	
Einkommensteuer		
EansA: 400.000 EansA → progressiver ESt-Tarif (VAZ 2013; 45 %)		180.000 €
EaKV: 100.000 → Abgeltungssteuer (25 %)		25.000 €
Gesamtsteuerbelastung		**524.000 €**

Die Umqualifizierung der Gehaltszahlung in eine vGA führt zu einer steuerlichen Mehrbelastung i.H.v. 9.000 €. Dies ist zum einen darauf zurückzuführen, dass die vGA definitiv mit Gewerbesteuer und Körperschaftsteuer belastet wird (Mehrbelastung auf Ebene der Gesellschaft: 29.000 €). Zum anderen ergibt sich auf

---

[485] Vgl. DÖTSCH, EWALD/PUNG, ALEXANDRA: JStG 2007: Die Änderungen des KStG und des GewStG, in: DB 2007, S. 11-17.

[486] Es wird unterstellt, dass auf Seite des Gesellschafters weitere Einkünfte erzielt werden, die dazu führen, dass für die Betrachtung der maximale Grenzsteuersatz von 45 % relevant ist. Die Wirkung des Solidaritätszuschlags wird vernachlässigt.

Ebene des Gesellschafters eine Entlastung i.H.v. 20.000 €. Deutlich wird außerdem, welche Folgen es hätte, wenn der Einkommensteuerbescheid des Gesellschafters für den VAZ 2013 bestandskräftig wäre und keine Änderungsmöglichkeiten mehr bestünden (die gesamte steuerliche Mehrbelastung würde sich dann auf 29.000 € belaufen, da die Minderbelastung auf Gesellschafterebene keine Entlastungswirkung zeigen könnte).

b) Betriebsausgabenabzug für Zinsaufwendungen bei Körperschaften (§ 8a KStG)[487]

Obwohl die Zinsschrankenregelung des § 4h EStG als einkommensteuerliche Vorschrift zur Gewinnermittlung bereits aufgrund der Generalnorm des § 8 Abs. 1 S. 1 KStG bei der Bemessung des körperschaftsteuerlichen Einkommens Berücksichtigung findet, wird in § 8a KStG nochmals ausdrücklich auf die Anwendung der **Zinsschranke** verwiesen.

Mit Einführung der Zinsschranke sind nach § 4h Abs. 1 S. 1 EStG grundsätzlich sämtliche Zinsaufwendungen eines Betriebs nur noch bis zur Höhe der Zinserträge desselben Wirtschaftsjahres uneingeschränkt als Betriebsausgaben abzugsfähig. Der **Abzug weiterer Zinsaufwendungen** ist dagegen **auf das sog. verrechenbare EBITDA**[488] begrenzt. Dieses beträgt 30 % des um den gesamten Zinsaufwand sowie bestimmte Abschreibungen erhöhten und um den Zinsertrag geminderten maßgeblichen Gewinns i.S.v. § 4h Abs. 3 S. 1 EStG.[489]

Soweit das verrechenbare EBITDA die (Netto-) Zinsaufwendungen überschreitet, kann der Unterschiedsbetrag als sog. **EBITDA-Vortrag** in den nächsten VAZ vorgetragen werden (§ 4h Abs. 1 S. 3 EStG). Allerdings entsteht ein EBITDA-Vortrag dann nicht, wenn die Zinsschranke nicht zur Anwendung kam; dies ist immer dann der Fall, wenn einer der in § 4h Abs. 2 EStG normierten – und im Folgenden noch zu erläuternden – Ausnahmefälle vorliegt. Folglich können Zinsaufwendungen im darauffolgenden VAZ in einem höheren Maße abgezogen werden, als dies die oben geschilderte Grundregel erlaubt: Zinsaufwendungen sind abziehbar in Höhe der Zinserträge, in Höhe des verrechenbaren EBITDA plus in Höhe eines aus früheren VAZ vorgetragenen EBITDA-Vortrags (§ 4h Abs. 1 S. 4 EStG).

Bei der Nutzung unterschiedlicher in Vorjahren entstandener EBITDA-Vorträge gilt, dass stets der zuerst angefallene EBITDA-Vortrag zu verwenden ist (§ 4h Abs. 1 S. 4 EStG). Dies macht auch vor dem Hintergrund Sinn, dass ein EBITDA-Vortrag stets auf fünf Jahre begrenzt ist; nach Ablauf dieser fünf Jahre verfällt er (§ 4h Abs. 1 S. 3 EStG). Sofern also in den fünf Folgejahren überhaupt keine (bzw. keine zum vollständigen Verzehr des EBITDA-Vortrags ausreichenden) Nettozinsaufwendungen vorliegen oder die Zinsschranke in den

---

[487] Vgl. zu diesem Abschnitt bspw. HALLERBACH, DOROTHEE: Einführung einer Zinsschranke im Entwurf eines Unternehmensteuerreformgesetzes 2008, in: StuB 2007, S. 289-294 und S. 487-494; KÖHLER, STEFAN: Teil II, Kapitel D II: Einführung einer Zinsschranke, in: Die Unternehmensteuerreform 2008, hrsg. von ERNST & YOUNG AG und BDI, Bonn 2007, S. 106-154; RÖDDER, THOMAS: Unternehmensteuerreform 2008, in: DStR 2007, Beihefter zu Heft 40, S. 1-19; RÖDDER, THOMAS/STANGL, INGO: Zur geplanten Zinsschranke, in: DB 2007, S. 479-485; VOLB, HELMUT: Die Unternehmensteuerreform 2008, Herne/Berlin 2007, S. 42-60.

[488] Das Akronym EBITDA bedeutet „Earnings before Interest, Taxes, Depreciation and Amortisation" und bezeichnet damit das Ergebnis vor Zinsen, Steuern und Abschreibungen auf materielle sowie immaterielle Vermögenswerte.

[489] Vgl. zu Gestaltungsmaßnahmen zur Umgehung der Zinsschranke bzw. zur Erhöhung des Betrags abzugsfähiger Zinsen u.a. KUßMAUL, HEINZ/RUINER, CHRISTOPH/SCHAPPE, CHRISTIAN: Ausgewählte Gestaltungsmaßnahmen zur Vermeidung der Anwendung der Zinsschranke, in: GmbHR 2008, S. 505-514.

fünf Folgejahren aufgrund der – noch zu erläuternden – Ausnahmevorschriften des § 4h Abs. 2 EStG nicht zur Anwendung kam, geht ein „angesparter" EBITDA-Vortrag unter.

Entgegen der personalen Prägung der Einkommensteuer zeichnet sich die Zinsschranke durch einen sachlichen Anknüpfungspunkt aus, da die Ermittlung der abzugsfähigen Zinsaufwendungen nicht für den Steuerpflichtigen selbst, sondern für dessen im Inland steuerpflichtigen „Betrieb" zu erfolgen hat.[490]

Abweichend vom üblichen Verständnis von Zinsen als in einem Bruchteil des Kapitals bemessenem Entgelt für die Zurverfügungstellung desselben sind unter Zinsaufwendungen i.S.v. § 4h Abs. 1 S. 2 i.V.m. Abs. 3 S. 2 EStG Vergütungen für Fremdkapital zu verstehen, wenn die Rückzahlung des Fremdkapitals oder ein Entgelt für die Überlassung des Fremdkapitals zugesagt oder gewährt worden ist, auch wenn die Höhe des Entgelts von einem ungewissen Ereignis abhängt. Jedwede Vergütung als Gegenleistung des Empfängers für die Überlassung von Kapital wird von der Zinsschrankenregelung erfasst, sodass sie nicht nur auf feste oder variable „klassische" Zinsen, Gewinn- und Umsatzbeteiligungen, sondern auch auf andere Zahlungen mit Entgeltcharakter, wie bspw. Disagien, Vorfälligkeitsentschädigungen, Provisionen und Gebühren (nicht aber Aval- und Bereitstellungsgebühren), anzuwenden ist. Spiegelbildlich zu obiger Definition umfassen die Zinserträge i.S.d. Zinsschranke auch sämtliche Erträge aus der vorübergehenden Überlassung von Geldkapital.

Die Grundlage der Ermittlung der über die Zinserträge hinausgehenden abzugsfähigen Zinsaufwendungen bildet der **maßgebliche Gewinn**. Dieser wird in § 4h Abs. 3 S. 1 EStG als der nach den einkommensteuerlichen Grundsätzen – mit Ausnahme der Zinsschranke – ermittelte steuerliche Gewinn eines Betriebs definiert. Folglich erfährt der maßgebliche Gewinn als steuerliche Gewinngröße weder eine Minderung durch Entnahmen, nicht abzugsfähige Betriebsausgaben und Verlustvorträge, noch eine Erhöhung durch Einlagen und steuerfreie Einnahmen. Der maßgebliche Gewinn ist um die Erfolgswirkungen jeglicher Zinsaufwendungen und -erträge i.S.v. § 4h Abs. 3 S. 2-4 EStG zu bereinigen und überdies um Absetzungen für Abnutzung oder Substanzverringerung gem. § 7 EStG, GWG-Sofortabschreibungen gem. § 6 Abs. 2 S. 1 EStG sowie um Auflösungsbeträge des Sammelpostens für GWG gem. § 6 Abs. 2a S. 2 EStG zu erhöhen (§ 4h Abs. 1 S. 2 EStG). Abb. 78[491] (S. 371) zeigt die Herleitung des verrechenbaren EBITDA.

---

[490] Hieraus ergeben sich bei der Anwendung der Zinsschranke, insb. bei Personengesellschaften, Probleme. Vgl. hierzu ausführlich KUẞMAUL, HEINZ/RUINER, CHRISTOPH/SCHAPPE, CHRISTIAN: Problemfelder bei der Anwendung der Zinsschranke auf Personengesellschaften, in: DStR 2008, S. 904-910.

[491] Vgl. ausführlich zu den Ausnahmetatbeständen und den Besonderheiten KUẞMAUL, HEINZ/PFIRMANN, ARMIN/MEYERING, STEPHAN/SCHÄFER, RENÉ: Ausgewählte Anwendungsprobleme der Zinsschranke, in: BB 2008, S. 135-140.

	Diverse Erträge (z.B. Umsatzerlöse, Bestandserhöhungen, Zinserträge usw.)
./.	Diverse Aufwendungen (z.B. Bestandsverminderungen, Abschreibungen, Zinsaufwendungen usw.)
=	Jahresüberschuss lt. Handelsbilanz
+/./.	Steuerliche Korrekturen (z.B. Rückstellungen für drohende Verluste aus schwebenden Geschäften, Rückstellungen wegen Verletzung fremder Patent-, Urheber- oder ähnlicher Schutzrechte usw.)
=	Jahresüberschuss lt. Steuerbilanz
+	Nicht abzugsfähige Betriebsausgaben (mit Ausnahme der infolge der Zinsschranke nicht abzugsfähigen Zinsaufwendungen)
./.	Steuerfreie Erträge
=	Steuerpflichtiger Gewinn vor Zinsschranke = maßgeblicher Gewinn gem. § 4h Abs. 3 S. 1 EStG
+	Zinsaufwendungen
+	Bestimmte Abschreibungen (AfA, GWG-Sofortabschreibung, AfA auf GWG-Sammelposten)
./.	Zinserträge
=	Steuerliches EBITDA
·	30 %
=	Verrechenbares EBITDA gem. § 4h Abs. 1 S. 1 EStG

Abb. 78: Schema zur Ermittlung des verrechenbaren EBITDA

Auf die Anwendung der Zinsschranke wird verzichtet, wenn es dem entsprechenden Betrieb gelingt, eine der drei im Folgenden erläuterten Ausnahmetatbestände geltend zu machen (§ 4h Abs. 2 EStG):

- Die Zinsschranke wird nicht angewendet, wenn der Zinssaldo, d.h. derjenige Teil der Zinsaufwendungen, der die Zinserträge übersteigt, den Betrag von 3 Mio. € unterschreitet (Freigrenze). Bei einem **Zinssaldo von weniger als 3 Mio. €** können die Zinsaufwendungen also in voller Höhe als Betriebsausgaben geltend gemacht werden, während die Erreichung des Grenzbetrags die Anwendung der Zinsschranke auf den gesamten Zinsaufwand zur Folge hat. Dies führt – wie aus dem Beispiel auf S. 373 ersichtlich – im Grenzbereich von 3 Mio. € unweigerlich zu Härtefällen in der zeitlichen Entwicklung der Steuerbelastung.

- Die Zinsschranke findet – auch bei Überschreiten der Freigrenze von 3 Mio. € – keine Anwendung auf Betriebe, die nicht oder nur anteilsmäßig einem **Konzern zugehörig** sind. Diesbezüglich wird auf einen im Vergleich zur Bilanzierung erweiterten Konzernbegriff abgestellt,[492] der in § 4h Abs. 3 S. 5 und 6 EStG näher bestimmt ist und zum einen auf die mögliche Einbeziehung in einen Konzernabschluss, zum anderen auf das Bestehen einer Control-Möglichkeit gerichtet ist.

  Konzernzugehörigkeit i.S.d. Zinsschranke liegt gem. § 4h Abs. 3 S. 5 EStG in jedem Falle vor, sofern der Betrieb nach dem für den Eigenkapitalvergleich gem. § 4h Abs. 2 Buchst. c EStG maßgeblichen Rechnungslegungsstandard in einen Konzernabschluss einzubeziehen ist oder einbezogen werden könnte. Diese Prüfung hat unter Berücksichtigung der durch § 4h Abs. 2 S. 1 Buchst. c S. 8 und 9 EStG vorgegebenen Normenhie-

---

[492] Vgl. BT-Drs. 16/4841 vom 27.03.2007, S. 50.

rarchie zu erfolgen, welche vorrangig die Anwendung der einschlägigen Vorschriften der IFRS gebietet. Alternativ dürfen der Prüfung unter den zusätzlichen Voraussetzungen des § 4h Abs. 2 Buchst. c S. 9 1. Halbsatz EStG handelsrechtliche Vorschriften eines EU-Mitgliedstaates zugrunde gelegt werden, wenn kein Konzernabschluss nach IFRS zu erstellen und offen zu legen ist und kein IFRS-Konzernabschluss in den letzten fünf Jahren erstellt wurde. Wird von diesem Wahlrecht Gebrauch gemacht und gelangt etwa das deutsche Handelsrecht zur Anwendung, so umfasst der Konsolidierungskreis das inländische Mutterunternehmen in der Rechtsform einer Kapitalgesellschaft bzw. einer solchen gem. § 264a HGB gleichgestellten Personengesellschaft sowie die Gesamtheit der Unternehmen, auf die das Mutterunternehmen gem. § 290 Abs. 1 HGB mittelbar oder unmittelbar beherrschenden Einfluss ausüben kann.[493] Zudem besteht eine Konzernrechnungslegungspflicht für inländische Nicht-Kapitalgesellschaften unter Einbeziehung aller Unternehmen, auf die mittelbar oder unmittelbar ein beherrschender Einfluss ausgeübt werden kann, wenn die Größenkriterien des § 11 Abs. 1 PublG erfüllt sind. Schließlich können unter der Maßgabe des § 4h Abs. 2 Buchst. c S. 9 2. Halbsatz EStG auch die entsprechenden Vorschriften der US-GAAP zur Abgrenzung des Konsolidierungskreises herangezogen werden. Ungeachtet des verwendeten Rechtsrahmens ist zu beachten, dass aufgrund der konjunktivischen Formulierung (konsolidiert „werden könnte") bei der Prüfung der Konzernzugehörigkeit stets auf den handelsbilanziell größtmöglichen Konsolidierungskreis abzustellen ist. Folglich kann die Konzernzugehörigkeit eines Tochterunternehmens nicht einfach dadurch umgangen werden, dass unter Verweis auf Wesentlichkeits- oder Wirtschaftlichkeitsüberlegungen – etwa nach § 296 HGB – vom Wahlrecht zur Nichteinbeziehung in den Konzernabschluss Gebrauch gemacht wird.

Konzernzugehörigkeit für Zwecke der Zinsschrankenregelung ist trotz fehlender Einbeziehungsmöglichkeit in einen Konzernabschluss gem. § 4h Abs. 3 S. 6 EStG auch dann gegeben, wenn die Möglichkeit zur einheitlichen Bestimmung der Finanz- und Geschäftspolitik des in Rede stehenden Betriebs zusammen mit einem oder mehreren anderen Betrieben – etwa durch eine Einzelperson, die an den betreffenden Betrieben unmittelbar oder mittelbar mehrheitlich beteiligt ist – besteht, unabhängig davon, ob von dieser Beherrschungsmöglichkeit tatsächlich Gebrauch gemacht wird (sog. Control-Konzept).[494]

---

[493] Vgl. hierzu weiterführend BIEG, HARTMUT/KUßMAUL, HEINZ/PETERSEN, KARL/WASCHBUSCH, GERD/ZWIRNER, CHRISTIAN: Bilanzrechtsmodernisierungsgesetz – Bilanzierung, Berichterstattung und Prüfung nach dem BilMoG, München 2009, S. 172-176; EBELING, RALF/ERNST, SASCHA: Kapitel C 210: Konsolidierungskreis, in: Beck'sches Handbuch der Rechnungslegung, hrsg. von HANS-JOACHIM BÖCKING u.a., München (Loseblatt), Stand: Mai 2013, Rn. 5-10.
[494] Vgl. BT-Drs. 16/4841 vom 27.03.2007, S. 50.

Beispiel: **(Fallbeileffekt bei der Anwendung der Zinsschranke)**

		Grundfall	Anstieg der Zinsaufwendungen um 10.000
	Maßgeblicher Gewinn	1.000.000	1.000.000
+	Abschreibungen	200.000	200.000
./.	Zinserträge	310.000	310.000
+	Zinsaufwendungen	3.300.000	3.310.000
→	Zinssaldo	2.990.000	3.000.000
→	Anwendung der Zinsschranke	nein	ja
=	Steuerliches EBITDA	irrelevant	4.200.000
	Verrechenbares EBITDA	irrelevant	1.260.000
	Abzugsfähige Zinsaufwendungen	3.300.000	(310.000 + 1.260.000 =) 1.570.000
	Nicht abzugsfähige Zinsaufwendungen (entspricht Zinsvortrag)	–	(3.310.000 ./. 1.570.000 =) 1.740.000
	Maßgeblicher Gewinn	1.000.000	1.000.000
+	Nichtabzugsfähige Zinsaufwendungen	–	1.740.000
=	Steuerlicher Gewinn	1.000.000	2.740.000
•	Steuersatz (15 %)		
=	Tarifliche KSt	150.000	411.000
→	Unterschiedsbetrag (Steuermehrbelastung)		+ 261.000

– Ein Betrieb, der sowohl die Freigrenze des § 4h Abs. 2 Buchst. a EStG überschreitet als auch gem. § 4h Abs. 2 Buchst. b EStG als Konzernunternehmen gilt, hat nach § 4h Abs. 2 Buchst. c S. 1 EStG gleichwohl die Möglichkeit, sich von der Anwendung der Zinsschranke zu befreien, indem belegt wird, dass er im Vergleich zum gesamten Konzern **nicht übermäßig mit Fremdkapital ausgestattet** wurde. Hierzu ist der Nachweis zu erbringen, dass die auf den Abschlussstichtag des vorangegangen Wirtschaftsjahrs[495] festgestellte Eigenkapitalquote des in Rede stehenden Betriebs mindestens so hoch wie diejenige des Konzerns, dem er angehört, ist, wobei nach § 4h Abs. 2 Buchst. c S. 2 EStG ein Unterschreiten der Konzerneigenkapitalquote um bis zu zwei Prozentpunkte unbeachtlich bleibt. Dabei berechnet sich die für besagten Vergleich maßgebliche Eigenkapitalquote gem. § 4h Abs. 2 Buchst. c S. 3 1. Halbsatz EStG jeweils für den Konzern und den Einzelbetrieb nach dem Verhältnis des Eigenkapitals zur Bilanzsumme. Die Berechnung der Eigenkapitalquote erfolgt für den Konzern nach § 4h Abs. 2 Buchst. c S. 3 2. Halbsatz EStG anhand desjenigen Konzernabschlusses, in den auch der betreffende Betrieb Eingang findet. Die Eigenkapitalquote des Betriebs ist dagegen auf der Grundlage des Jahres- bzw. Einzelabschlusses zu ermitteln. Hierbei ist zu beachten, dass sowohl der Einzel- als auch der Konzernabschluss grundsätzlich nach demselben Rechtsrahmen zu erstellen sind, wobei stets der dem Konzernabschluss nach § 4h Abs. 2

---

[495] Vgl. zur Problematik abweichender Konzern- und Betriebswirtschaftsjahre BLUMENBERG, JENS/LECHNER, FLORIAN: Kapitel V: Zinsschranke, in: Die Unternehmensteuerreform 2008, hrsg. von JENS BLUMENBERG und SEBASTIAN BENZ, Köln 2007, S. 158.

Buchst. c S. 8 f. EStG zugrunde zu legende Rechnungslegungsstandard maßgeblich ist.[496] Im Hinblick auf Ansatz und Bewertung ist zu beachten, dass Wahlrechte in beiden Abschlüssen einheitlich auszuüben sind. Weiterhin sind beide Größen noch gewissen steuerlichen Korrekturen zu unterziehen, welche in § 4h Abs. 2 Buchst. c S. 5 f. EStG aufgeführt sind.[497]

Zinsaufwendungen, die aufgrund der Zinsschrankenregelung nicht abzugsfähig sind, werden dem Gewinn **außerbilanziell hinzugerechnet** und gem. § 4h Abs. 1 S. 5 EStG in einen sog. **Zinsvortrag** eingestellt, der ebenso wie der Verlustvortrag für jeden VAZ durch das für die Besteuerung zuständige Finanzamt betriebsbezogen zu ermitteln und nach Maßgabe des § 10d Abs. 4 EStG in der verbleibenden Höhe gesondert festzustellen ist.[498] Somit besteht der Zinsvortrag in den Folgejahren neben dem Verlustvortrag und kann ähnlich diesem, jedoch als Vorschrift der Gewinnermittlung gegenüber dem Verlustabzug vorrangig, über einen unbegrenzten Zeitraum steuermindernd geltend gemacht werden, sodass die Beschränkung des Betriebsausgabenabzugs für Zinsaufwendungen grundsätzlich nur temporäre Wirkung entfaltet. Die Auflösung des Zinsvortrags erfolgt, indem dieser gem. § 4h Abs. 1 S. 6 EStG den Zinsaufwendungen des betreffenden Wirtschaftsjahrs, nicht aber dem maßgeblichen Gewinn, hinzugerechnet wird und folglich – erneut unter Beachtung der Abzugsbeschränkungen der Zinsschranke – als Betriebsausgabe den steuerlichen Gewinn mindert, wie das nachfolgende Beispiel veranschaulicht.

---

[496] Weichen die Vorschriften, nach denen der Einzelabschluss erstellt wurde, hiervon ab, so ist – im Gegensatz zum Konzernabschluss – die Aufstellung eines neuen Einzelabschlusses jedoch nicht erforderlich, da bereits die Anpassung an die Konzernrechnungslegungsnormen im Wege einer formlosen Überleitungsrechnung dem gesetzlichen Anspruch genügt.

[497] Vgl. dazu ausführlich KUßMAUL, HEINZ/RUINER, CHRISTOPH/SCHAPPE, CHRISTIAN: Die Einführung einer Zinsschranke im Rahmen der Unternehmensteuerreform 2008, in: Arbeitspapiere zur Existenzgründung, hrsg. von HEINZ KUßMAUL, Bd. 25, Saarbrücken 2008, S. 23-26.

[498] Vgl. BT-Drs. 16/4841 vom 27.03.2007, S. 50.

Beispiel: (Nutzung eines in früheren Wirtschaftsjahren entstandenen Zinsvortrags)[499]

		Wirtschaftsjahr 2012	Wirtschaftsjahr 2013
	Gewinn vor Zinsschranke	2.000.000	10.000.000
+	Abschreibungen	500.000	500.000
./.	Zinserträge	20.000	30.000
+	Zinsaufwendungen	4.020.000	3.830.000
→	Zinssaldo	4.000.000	3.800.000
=	Steuerliches EBITDA	6.500.000	14.300.000
	Verrechenbares EBITDA	1.950.000	4.290.000
	Abzugsfähige Zinsaufwendungen	(20.000 + 1.950.000 =) 1.970.000	(30.000 + 4.290.000 =) 4.320.000
	Davon: Zinsaufwendungen aktueller VAZ	1.970.000	3.830.000
	Davon: Auflösung Zinsvortrag	0	490.000
	Nicht abzugsfähige Zinsaufwendungen (Zuführung zum Zinsvortrag)	2.050.000	0
=	Zinsvortrag Vorjahr	0	2.050.000
./.	Auflösung Zinsvortrag	0	490.000
=	Verbleibender Zinsvortrag (gesonderte Feststellung)	2.050.000	1.560.000
	Gewinn vor Zinsschranke	2.000.000	10.000.000
+	Nicht abzugsfähige Zinsaufwendungen bzw. Auflösung Zinsvortrag	2.050.000	– 490.000
=	Steuerlicher Gewinn	4.050.000	9.510.000

Ein bis dato **ungenutzter Zinsvortrag** geht gem. § 4h Abs. 5 S. 1 EStG **unwiederbringlich unter**, wenn der Betrieb als Ganzes aufgegeben bzw. entgeltlich oder unentgeltlich auf einen Dritten übertragen wird. Außerdem geht der Zinsvortrag aufgrund seiner engen Verknüpfung mit dem „zinsverursachenden" Betrieb gem. § 4 Abs. 2 S. 2 i.V.m. § 12 Abs. 3 UmwStG auch bei Verschmelzungen, beim Formwechsel gem. § 9 UmwStG, bei Aufspaltungen i.S.d. § 15 Abs. 1 UmwStG sowie gem. den §§ 20 Abs. 9 und 24 Abs. 6 UmwStG bei Unternehmenseinbringungen in voller Höhe verloren,[500] was zu einer Behinderung volks- und betriebswirtschaftlich sinnvoller Restrukturierungsmaßnahmen führen kann. Gleiches gilt für einen EBITDA-Vortrag (§ 4h Abs. 5 S. 1 u. 2 EStG).

Für **Kapitalgesellschaften** statuiert **§ 8a KStG Besonderheiten bei der Anwendung der** im Einkommensteuergesetz geregelten **Zinsschranke**. Gem. § 8a Abs. 1 S. 1 KStG ist die Zinsschranke auf körperschaftsteuerliche Betriebe analog anzuwenden, allerdings unter der Maßgabe, dass der Ermittlung des Zinsabzugsvolumens anstelle des maßgeblichen Gewinns das maßgebliche Einkommen zugrunde zu legen ist, worunter gem. § 8a Abs. 1 S. 2 KStG das unter Beachtung der Vorschriften des EStG und des KStG ermittelte Einkommen – al-

---

[499] Modifiziert und erweitert entnommen aus SCHNITTER, GEORG: Einführung der sog. Zinsschranke, in: sj 15/2007, S. 37.
[500] Vgl. BT-Drs. 16/4841 vom 27.03.2007, S. 82.

lerdings vor Anwendung der Zinsschranke gem. § 4h EStG und des Verlustabzugs gem. § 10d EStG – zu verstehen ist. Die Verwendung dieser Ausgangsgröße hat zur Folge, dass neben den nach einkommensteuerlichen Vorschriften nicht abzugsfähigen Aufwendungen auch verdeckte Gewinnausschüttungen gem. § 8 Abs. 3 S. 2 KStG[501] und im Rahmen der §§ 9 und 10 KStG nicht abziehbare Betriebsausgaben Teil des steuerlichen EBITDA sind. Kehrseite dieser auf den ersten Blick günstigen Regelung ist indessen die Tatsache, dass steuerfreie Erträge das Volumen abzugsfähiger Zinsaufwendungen nicht erhöhen, mit der Konsequenz, dass sich erhaltene Gewinnausschüttungen und Veräußerungsgewinne aus Beteiligungen an anderen Kapitalgesellschaften gem. § 8b Abs. 1 und 2 i.V.m. Abs. 3 und 5 KStG nur zu 5 % im steuerlichen EBITDA niederschlagen.

Nicht zu einem Konzern i.S.v. § 4h Abs. 3 S. 5 f. EStG gehörende Kapitalgesellschaften, die nicht bereits dank eines 3 Mio. € unterschreitenden Zinssaldos von der Zinsschranke verschont bleiben, können eine Befreiung infolge fehlender Konzernbindung gem. § 4h Abs. 2 Buchst. b EStG nur dann geltend machen, falls nachgewiesen wird, dass die Vergütungen für Fremdkapital i.S.v. § 4h Abs. 3 S. 2 EStG,[502] welche die Gesellschaft an

- einen zu mehr als 25 % unmittelbar oder mittelbar am Grund- oder Stammkapital beteiligten Anteilseigner (nachfolgend wesentlich beteiligter Anteilseigner genannt), oder
- eine diesem nahestehende Person (§ 1 Abs. 2 AStG), oder
- einen Dritten, der ein Rückgriffsrecht bzgl. des wesentlich beteiligten Anteilseigners bzw. einer diesem nahestehenden Person innehat,

leistet, 10 % des Zinssaldos i.S.d. § 4h Abs. 2 Buchst. a i.V.m. Abs. 3 S. 2-4 EStG nicht überschreiten; im Falle der nur unterjährigen Erfüllung der personellen Voraussetzungen finden dabei Vergütungen nur insoweit Berücksichtigung, als sie auf den relevanten Zeitraum entfallen. Misslingt dieser Nachweis, so werden alle Zinsaufwendungen der Gesellschaft – nicht nur diejenigen aus Gesellschafterfremdfinanzierung – der Zinsschranke unterworfen.

Konzerngebundene Körperschaften haben anstelle von Abs. 2 den dritten Absatz des § 8a KStG zu beachten, der die Zulässigkeit der Befreiung von der Zinsschranke mittels Eigenkapitalvergleich zusätzlich an den Nachweis knüpft, dass keine schädliche Gesellschafterfremdfinanzierung durch wesentlich beteiligte Gesellschafter, diesen nahestehende Personen oder rückgriffsberechtigte Dritte nach oben dargelegten Grundsätzen vorliegt.

Im Falle von Kapitalgesellschaften teilt ein gem. § 4h Abs. 1 S. 2 EStG entstehender Zinsvortrag nach § 8a Abs. 1 S. 3 das Schicksal des körperschaftsteuerlichen Verlustvortrags, mit der Folge, dass auch der Zinsvortrag der neuen Mantelkaufregelung des § 8c KStG unterworfen wird. Daher geht der Zinsvortrag gem. § 8c S. 1 KStG bei einer (un-)mittelbaren

---

[501] Dabei ist zu beachten, dass Zinsen, die als verdeckte Gewinnausschüttungen qualifiziert werden, den Zinsbegriff des § 4h Abs. 3 S. 2 EStG nicht erfüllen, da sie das Einkommen der Kapitalgesellschaft nicht gemindert haben; vgl. hierzu KÖHLER, STEFAN: Erste Gedanken zur Zinsschranke nach der Unternehmensteuerreform, in: DStR 2007, S. 597-604, s.b.S. 597.

[502] Vergütungen, die das inländische maßgebliche Einkommen nicht gemindert haben, wie z.B. Zinsen, die auf verdeckte Gewinnausschüttungen oder ausländische Betriebsstätten entfallen, sollten hier ebenso wie Auf- und Abzinsungen gem. § 4h Abs. 3 S. 4 EStG, die keinen Vergütungscharakter besitzen, außer Betracht bleiben.

Übertragung von mehr als 25 % der Anteile auf ein- und denselben Erwerber oder eine diesem nahestehende Personen innerhalb einer Zeitspanne von fünf Jahren beteiligungsproportional, d.h. entsprechend der Höhe der jeweiligen Anteilsübertragung, unter. Die Übertragung von mehr als 50 % der Anteile innerhalb von fünf Jahren führt dagegen zu einem vollumfänglichen Untergang des Zinsvortrags. Inkonsequent ist insoweit, dass eine entsprechende Regel nicht für einen EBITDA-Vortrag existiert.

Abb. 79 gewährt zusammenfassend nochmals einen schaubildartigen Überblick über Tatbestandsvoraussetzungen und Rechtsfolgen der Zinsschranke.

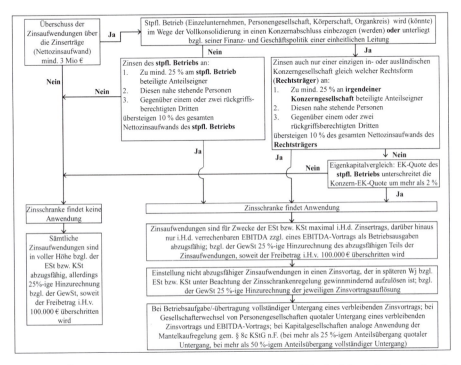

Abb. 79: Übersicht über Tatbestandsvoraussetzungen und Rechtsfolgen der Zinsschranke

c) Abziehbare und nicht abziehbare Aufwendungen (§§ 9 und 10 KStG)

Im Körperschaftsteuergesetz gelten prinzipiell die Vorschriften über **abziehbare Aufwendungen** des Einkommensteuergesetzes (Betriebsausgaben i.S.d. § 4 Abs. 4 EStG). Der Kreis der bereits einkommensteuerlich abziehbaren Aufwendungen wird durch § 9 KStG – nicht erschöpfend – erweitert:

– § 9 Abs. 1 Nr. 1 KStG berechtigt zum Abzug der **Gewinnanteile und Tätigkeitsvergütungen des Komplementärs einer KGaA** (und bei vergleichbaren Gesellschaften). Diese sind nach § 15 Abs. 1 Nr. 3 EStG den Einkünften aus Gewerbebetrieb hinzuzurechnen, da es sich um eine Mitunternehmerschaft handelt. Als solche ist diese aber nicht körperschaftsteuerpflichtig.

– § 9 Abs. 1 Nr. 2 KStG regelt den **Spendenabzug** und enthält eine ähnliche Höchstbetragsregelung wie § 10b EStG.

Durch den Verweis in § 8 Abs. 1 KStG gelten die im Einkommensteuergesetz geregelten Abzugsverbote (z.B. § 4 Abs. 5 S. 1 Nr. 1 EStG: Geschenke an Nicht-Arbeitnehmer bis max. 35 €; § 4 Abs. 5b EStG: Gewerbesteuer stellt keine Betriebsausgabe dar) ebenfalls. Daneben enthält § 10 KStG eine nicht erschöpfende Aufzählung der **nicht abziehbaren Aufwendungen**:

- **Satzungspflichtaufwendungen** (§ 10 Nr. 1 KStG). Diese Aufwendungen stellen eine Einkommensverwendung dar und dürfen das steuerpflichtige Einkommen daher nicht mindern. Für Kapitalgesellschaften hat diese Regelung lediglich deklaratorische Bedeutung, da Gewinnverwendungen nach § 8 Abs. 3 KStG das zu versteuernde Einkommen ohnehin nicht mindern dürfen.[503]

- **Nicht abziehbare Steueraufwendungen** (§ 10 Nr. 2 KStG). Dies sind v.a. Steuern vom Einkommen (Körperschaftsteuer, Kapitalertragsteuer) und sonstige Personensteuern (Solidaritätszuschlag).

- **Geldstrafen, Geldbußen** u.a. (§ 10 Nr. 3 KStG).

- Die Hälfte der **Aufsichtsratsvergütungen** (§ 10 Nr. 4 KStG).

d) Abziehbare Erträge

Abziehbar sind **steuerfreie Erträge**, wie bspw. Investitionszulagen.[504] Zu beachten ist, dass der Freibetrag nach § 16 Abs. 4 EStG als sachliche personenbezogene Steuerbefreiung gilt und daher bei Kapitalgesellschaften keine Anwendung findet.[505] Auch die übrigen „einkommensteuerlichen" Freibeträge (bei Veräußerung von Anteilen an Kapitalgesellschaften (Beteiligungsquote mindestens 1 %), von Vermögen, das der selbstständigen Arbeit dient, und von land- und forstwirtschaftlichem Vermögen) greifen bei Körperschaften i.S.d. § 1 Abs. 1 Nr. 1-3 KStG nicht, da § 8 Abs. 2 KStG alle Einkünfte als solche aus Gewerbebetrieb fingiert.

Abziehbar sind außerdem **Erträge aus nicht abziehbaren Aufwendungen** (z.B. Rückerstattungen von Solidaritätszuschlag oder Bußgeldern).

Dividendenbezüge[506] von einer in- oder ausländischen Kapitalgesellschaft bleiben gem. § 8b Abs. 1 KStG bei der Ermittlung des Einkommens außer Acht, sofern die Beteiligung an der Kapitalgesellschaft mind. 10 % beträgt.[507] Veräußerungsgewinne sind nach § 8b Abs. 2 KStG steuerfrei und von der Streubesitzregelung nicht betroffen. Für in Zusammenhang mit diesen Bezügen stehende Betriebsausgaben greift § 3c Abs. 1 EStG nicht (§ 8b Abs. 5 S. 2

---

[503] Vgl. ZENTHÖFER, WOLFGANG: Teil C 3, in: Körperschaftsteuer, hrsg. von EWALD DÖTSCH u.a., 16. Aufl., Stuttgart 2012, S. 90-92.

[504] Geregelt im „Investitionszulagengesetz (InvZulG 2010)" vom 07.12.2008, BGBl I 2008, S. 2350.

[505] Vgl. WACKER, ROLAND: § 16 EStG, in: Einkommensteuergesetz, begr. von LUDWIG SCHMIDT, 32. Aufl., München 2013, Rn. 579.

[506] Vgl. zu diesem Abschnitt KUßMAUL, HEINZ/ZABEL, MICHAEL: Auswirkungen der Änderungen der §§ 8b und 15 KStG durch das Gesetz zur Umsetzung der Protokollerklärung der Bundesregierung zur Vermittlungsempfehlung zum Steuervergünstigungsabbaugesetz („Korb II"), in: BB 2004, S. 577-580.

[507] Vgl. zur Streubesitzregelung des § 8b Abs. 4 KStG ausführlich S. 392 ff.

KStG). Folglich können (neben den nur in mittelbarem wirtschaftlichem Zusammenhang stehenden Ausgaben) auch mit diesen Bezügen in unmittelbarem wirtschaftlichem Zusammenhang stehende Ausgaben als Betriebsausgaben abgezogen werden. Jedoch werden gem. § 8b Abs. 5 S. 1 KStG unabhängig von der Höhe der tatsächlichen Betriebsausgaben 5 % der Bezüge i.S.d. § 8b Abs. 1 KStG vor Abzug von Quellensteuern als nicht abziehbare Betriebsausgaben qualifiziert.[508] Somit werden materiell nur 95 % der Bezüge steuerbefreit (modifiziertes Nulleinkünfteverfahren) und es kommt zu einer steuerlichen Mehrfachbelastung, die von der Anzahl der Gesellschaftsstufen abhängig ist.[509]

Im **Konzernverbund** besteht das grundsätzliche Problem der Doppelbesteuerung von Gewinnen. Unter bestimmten Voraussetzungen wird das Einkommen der Organgesellschaft bei Bestehen einer sog. **Organschaft** (§ 14 KStG) dem Organträger zugerechnet und unterliegt ausschließlich dort der Besteuerung (vgl. S. 609).

Durch die Einfügung des § 8b Abs. 10 KStG im Rahmen der Unternehmensteuerreform 2008 wurde die steuerliche Behandlung der Wertpapierleihe verschärft. Bei der Wertpapierleihe werden für einen begrenzten Zeitraum Wertpapiere gegen Entgelt verliehen, wobei sich der Entleiher verpflichtet, nach dem Ablauf der Leihfrist Wertpapiere gleicher Art, Güte und Menge zurückzugeben. Anlass für ein derartiges Geschäft kann die angestrebte 95 %-ige Steuerfreistellung sein, die in diesem Zusammenhang vom Leihnehmer, nicht aber vom Verleiher erreicht werden kann. Unter bestimmten Voraussetzungen sind sämtliche Entgelte für die Überlassung der Wertpapiere beim Entleiher nicht als Betriebsausgabe abzugsfähig.[510]

e) **Besonderheiten beim Verlustabzug**

Auch eine Kapitalgesellschaft hat die grundsätzlichen Möglichkeiten der Verlustverrechnung gem. Abb. 70 (vgl. S. 313). Da regelmäßig aber nur Einkünfte aus Gewerbebetrieb erwirtschaftet werden, hat lediglich der **Verlustabzug** nach § 10d EStG praktische Bedeutung und damit das dortige **Wahlrecht zwischen Verlustrücktrag und Verlustvortrag** (vgl. S. 316). Der **Verlustrücktrag** (§ 10d Abs. 1 EStG) ist auf 1.000.000 € beschränkt und auf Antrag kann die steuerpflichtige Körperschaft ganz oder teilweise auf dessen Anwendung verzichten (§ 10d Abs. 1 S. 5 EStG). I.R.d. **Verlustvortrags** (§ 10d Abs. 2 EStG) können nicht ausgeglichene negative Einkünfte in nachfolgenden Wirtschaftsjahren bis zur Höhe von 1 Mio. € pro Wirtschaftsjahr uneingeschränkt mit einem positiven Gesamtbetrag der Einkünfte verrechnet werden (sog. **Sockelbetrag**). Sollten darüber hinaus weitere nicht ausgeglichene negative Einkünfte bestehen, dürfen diese nur bis zu 60 % des im Wirtschaftsjahr

---

[508] § 8b Abs. 3 S. 4 und 5 KStG stellt klar, dass zu den hierbei nicht zu berücksichtigenden Gewinnminderungen nach § 8b Abs. 3 S. 3 KStG auch Gewinnminderungen im Zusammenhang mit einer Darlehensforderung oder aus der Inanspruchnahme von Sicherheiten, die für ein Darlehen gegeben wurden, gehören, es sei denn, dass auch ein fremder Dritter das Darlehen gewährt hätte; vgl. BROCKMANN, KAI/HÖRSTER, RALF: Jahressteuergesetz 2008, in: NWB vom 07.01.2008, Fach 2, S. 9641-9656.

[509] Vgl. KUßMAUL, HEINZ/RICHTER, LUTZ: Die Ersetzung des körperschaftsteuerlichen Vollanrechnungsverfahrens im Kontext von StSenkG, StVergAbG und HBeglG 2004, in: Arbeitspapiere zur Existenzgründung, hrsg. von HEINZ KUßMAUL, Bd. 11, 2. Aufl., Saarbrücken 2004, S. 8.

[510] Vgl. hierzu ausführlich SCHUMACHER, PETER: § 8b KStG, in: UntStRefG, hrsg. von VOLKER BREITHECKER u.a., Berlin 2007, S. 408-419.

verbleibenden Gesamtbetrags der Einkünfte steuermindernd genutzt werden. Die verbleibenden negativen Einkünfte sind weiter vorzutragen.

Gem. § 8c KStG erfolgt im Falle eines Anteilseignerwechsels eine (teilweise oder gänzliche) **Versagung des Verlustabzugs**, da sich nach Auffassung des Gesetzgebers mit dem Anteilseignerwechsel auch das wirtschaftliche Engagement der Gesellschaft verändert (sog. „**Mantelkauf**"; vgl. S. 556).

Im **Konzernverbund** können erwirtschaftete Verluste bei bestehender Organschaft **innerhalb des Organkreises** unmittelbar verrechnet werden, da das Einkommen der Organgesellschaft dem Organträger zugerechnet wird.

D. Der Steuertarif und das Besteuerungsverfahren der Körperschaftsteuer

1. Der Steuertarif

Der Körperschaftsteuersatz beträgt einheitlich 15 % (§ 23 Abs. 1 KStG). Der sich ergebende Steuerbetrag ist zu Gunsten des Steuerpflichtigen auf volle € zu runden (§ 31 Abs. 1 S. 3 KStG).

2. Das bis Ende 2000 gültige Anrechnungsverfahren

a) Die Grundkonzeption des Anrechnungsverfahrens

Das bis Ende des Jahres 2000 geltende Körperschaftsteuerrecht belastete nur die thesaurierten (nicht ausgeschütteten) Gewinne mit Körperschaftsteuer (Körperschaftsteuersatz: 40 %). Ausgeschüttete Gewinne (Körperschaftsteuersatz: 30 %) wurden im Ergebnis – bei „normalen" inländischen Anteilseignern – gänzlich von der Körperschaftsteuer freigestellt und der individuellen Einkommensteuer des Anteilseigners unterworfen. Dieses Ergebnis wurde durch die Anwendung des sog. Anrechnungsverfahrens erreicht.

Beispiel: (Anrechnungsverfahren ohne Solidaritätszuschlag bei Vollausschüttung)

Ebene der Kapitalgesellschaft:

	Zu versteuerndes Einkommen	(100er Ebene)	100.000 €
./.	Tarifbelastung der Körperschaftsteuer (40 %)	(40er Ebene)	40.000 €
=	Zur Ausschüttung verwendbares Eigenkapital	(60er Ebene)	60.000 €
+	Minderung der Körperschaftsteuer		
	(Anpassung an eine 30 %-ige Körperschaftsteuerbelastung) 10/60		10.000 €
=	Bardividende	(70er Ebene)	70.000 €
./.	Kapitalertragsteuer (25 % der Bardividende)		17.500 €
=	Vorläufige Nettodividende	(52,5er Ebene)	52.500 €

Ebene des Gesellschafters:

	Vorläufige Nettodividende	(52,5er Ebene)	**52.500 €**
+	Kapitalertragsteuergutschrift		17.500 €
=	Kapitalerträge i.S.d. § 20 Abs. 1 Nr. 1 EStG a.F.	(70er Ebene)	70.000 €
+	Körperschaftsteuergutschrift		
	(Kapitalerträge i.S.d. § 20 Abs. 1 Nr. 3 EStG a.F.) 30/70		30.000 €
=	Bruttodividende (EaKV)	(100er Ebene)	100.000 €
•	Relevanter Einkommensteuersatz (hier 30 %)		30 %
=	Tarifliche Einkommensteuer		30.000 €
./.	Kapitalertragsteuergutschrift		17.500 €
./.	Körperschaftsteuergutschrift		30.000 €
=	Erstattungsanspruch		**17.500 €**
⇨	Nettodividende (verfügbares Einkommen)		70.000 €

Beim Anrechnungsverfahren wurde grundsätzlich in „Ebenen" gerechnet, die dem Prozentsatz der Zahlung – bezogen auf das zu versteuernde Einkommen – entsprochen haben. Diese Ebenen erleichterten die Berechnung von Körperschaftsteuerminderung, Bardividende und vorläufiger Nettodividende, da man durch den entsprechenden Quotienten von einer Ebene auf die andere gelangen konnte.

b)   Das Anrechnungsverfahren auf der Ebene der Kapitalgesellschaft

Probleme bereiteten intertemporale **Abweichungen zwischen Einkommensentstehung und Ausschüttung**. Die zu entrichtende Körperschaftsteuer betrug daher zunächst immer 40 % des zu versteuernden Einkommens und die Ausschüttungsbelastung (30 %) wurde erst dann hergestellt, wenn und soweit Ausschüttungen an die Gesellschafter erfolgten.

Weitere Probleme bereiteten u.a. steuerfreie Erträge, nicht abziehbare Aufwendungen sowie ermäßigte Tarifbelastungen unterhalb von 40 %. Dies wurde mit dem **Konzept des verwendbaren Eigenkapitals** (vEK) gelöst, mit der Funktion,

– die Eigenkapitalteile mit unterschiedlicher Körperschaftsteuerbelastung getrennt auszuweisen und

– die Gewinnausschüttungen zum Zweck der Herstellung der Ausschüttungsbelastung mit diesen Eigenkapitalteilen zu konfrontieren.

Erwirtschaftete Gewinne haben zunächst den allgemeinen Tarifvorschriften unterlegen. Die Belastung des Einkommens vor Berücksichtigung der Ausschüttung wurde als Tarifbelastung bezeichnet (§ 27 Abs. 1 KStG a.F.).

Die Tarifbelastung betrug bei „normalem" steuerpflichtigem Einkommen 40 %. Wegen einer Vielzahl von Steuerbefreiungen oder Steuerermäßigungen konnte das Einkommen aber auch einer anderen Tarifbelastung unterliegen.

Bei Ausschüttungen wurde dann generell, unabhängig von der tarifmäßigen Belastung der Einkommensteile, die **Ausschüttungsbelastung** (30 %) hergestellt (§ 27 Abs. 1 KStG a.F.).

Wegen dieser Regelung mussten alle noch nicht ausgeschütteten Gewinne mit ihrer jeweiligen Belastung statistisch erfasst werden. Noch nicht ausgeschüttete Gewinne bezeichnete der Gesetzgeber als „für Ausschüttungen verwendbares Eigenkapital" (§ 29 Abs. 2 KStG a.F.), die statistische Erfassung als „**Gliederung des verwendbaren Eigenkapitals**" (§ 30 KStG a.F.).

Um die Ausschüttungsbelastung herstellen zu können, musste man die Tarifbelastung der ausschüttungsfähigen Eigenkapitalanteile kennen. Eigenkapital (in dem hier verstandenen Sinne) war das in der Steuerbilanz ausgewiesene Betriebsvermögen ohne Vorabausschüttungen und verdeckte Gewinnausschüttungen und ohne Änderung der Körperschaftsteuer nach § 27 KStG a.F. Das vEK war der das Nennkapital übersteigende Teil des Eigenkapitals (§ 29 Abs. 2 KStG a.F.).

Die Gliederung des verwendbaren Eigenkapitals gestaltete sich folgendermaßen:[511]

- **EK 50**: Einkommensteile, die nach dem 31.12.1989 und vor dem 01.01.1994 der 50 %-igen Körperschaftsteuer unterlegen haben. Es war am 31.12.1998 in EK 45 (Erhöhung) und EK 02 (Verminderung) aufzuteilen (§ 54 Abs. 11a KStG a.F.).[512]

- **EK 45** enthielt Einkommensteile, die zwischen dem 01.01.1994 und dem 31.12.1998 versteuert wurden; § 54 Abs. 11 KStG a.F. schrieb eine Umgliederung in EK 40 und EK 02 bis zum 31.12.2003 vor.

- **EK 40** enthielt Einkommensteile, die dem Körperschaftsteuertarif gem. § 23 Abs. 1 KStG a.F. unterlagen (gültig ab 01.01.1999).

- **EK 30** beinhaltete den Teil, der mit 30 % belastet war (Hinweis: Dieser Eigenkapitaltopf enthielt **nicht** die zur Ausschüttung vorgesehenen Eigenkapitalanteile, die der Ausschüttungsbelastung von 30 % unterlagen).

- **EK 0** wies den Teil auf, der nicht der Körperschaftsteuer unterlag. Er wurde in EK 01 bis EK 04 unterteilt, welche sich durch folgende Kurzbeschreibung definieren ließen:[513]

---

[511] Vgl. JÄGER, BIRGIT/LANG, FRIEDBERT: Körperschaftsteuer, 17. Aufl., Achim 2005, S. 691-693 (in der neuesten Aufl. nicht mehr enthalten); DATEV E.G. (Hrsg.): Tabellen und Informationen für den steuerlichen Berater: Ausgabe 2001, Nürnberg 2001, S. 116-117.

[512] Vgl. zu Problembereichen bei dieser Umgliederung – insb. zu dem Schlagwort „EK-45-Falle" – KUßMAUL, HEINZ/JUNKER, ANDY: Steuerliche Gestaltungsmöglichkeiten aufgrund der zum Jahresende anstehenden Zwangsumgliederung von EK 50, in: BB 1998, S. 1765-1768.

[513] Vgl. SELL, HARTMUT: Teil K, in: Körperschaftsteuer, hrsg. von EWALD DÖTSCH u.a., 15. Aufl., Stuttgart 2009, S. 595-597 (in der neuesten Auflage nicht mehr enthalten).

- **EK 01**: steuerfreie ausländische Einkünfte bzw. solche, die einer ausländischen Körperschaftsteuer unterlegen haben, insb. die ab 1994 nach § 8b Abs. 1 und 2 KStG a.F. außer Ansatz gebliebenen Beträge;
- **EK 02**: inländische steuerfreie Vermögensmehrungen, insb. Investitionszulagen sowie Differenzen bei der Umgliederung von noch vorhandenem EK 50 (bzw. EK 56 aus weiter zurückliegenden Jahren);
- **EK 03**: bis zum Ende des letzten vor dem 01.01.1977 abgelaufenen Wirtschaftsjahrs entstandenes Eigenkapital, insb. Gewinne nach Steuern und Einlagen;
- **EK 04**: nach dem Systemwechsel (Einführung des Anrechnungsverfahrens) von den Anteilseignern geleistete Einlagen.

c) Das Anrechnungsverfahren auf der Ebene der Gesellschafter

Der Gesellschafter hatte regelmäßig **Einkünfte aus Kapitalvermögen**:

- i.H.d. **Bardividende** gem. § 20 Abs. 1 Nr. 1 EStG a.F. (70/100; die Kapitalertragsteuer wird hier implizit miterfasst) zzgl.
- der **darauf lastenden Körperschaftsteuer** (30/100; § 20 Abs. 1 Nr. 3 EStG a.F.).

Obwohl dem Gesellschafter also nur 52,5 % des „Einkommens" zuflossen (wiederum bei Vernachlässigung des Solidaritätszuschlags), mussten 100 % versteuert werden, bei gleichzeitiger Anrechnung der Körperschaftsteuer der Gesellschaft und der Kapitalertragsteuer als Vorauszahlung auf die private Einkommensteuerschuld.

Eine **vollständige Kompensation** der zunächst bestehenden Körperschaftsteuerbelastung trat dadurch ein, dass die einbehaltene Kapitalertragsteuer und die anrechenbare Körperschaftsteuer von der festgesetzten Einkommensteuerschuld des Gesellschafters abgezogen (§ 36 Abs. 2 Nr. 2 und 3 EStG a.F.) oder – wenn keine Veranlagung zur Einkommensteuer zu erwarten war – auf Antrag vergütet bzw. erstattet werden konnten (§§ 36b, 44b EStG a.F.). Durch die Anrechnung der Körperschaftsteuer wurde der ausgeschüttete Gewinn letztlich völlig von der Körperschaftsteuer befreit.

3. Der Übergang vom Anrechnungsverfahren auf das neue System[514]

a) Rechtfertigung des Übergangs

Durch die infolge des neuen Systems eingeführte Vereinheitlichung der Gewinnverwendungsbesteuerung bei Kapitalgesellschaften und den Wegfall des Anrechnungsverfahrens wurde langfristig eine Gliederung des verwendbaren Eigenkapitals nicht mehr erforderlich.

Damit das vorhandene Körperschaftsteuerminderungs- und -mehrbelastungspotenzial nicht verloren ging, ohne dass die EK-Bestände frühzeitig hätten ausgeschüttet werden müssen,

---

[514] Vgl. BMF-Schreiben vom 06.11.2003, BStBl I 2003, S. 579; DÖTSCH, EWALD/PUNG, ALEXANDRA: Die geplante Reform der Unternehmensbesteuerung, in: DB 2000, Beilage 4/2000, S. 5-7; DÖTSCH, EWALD/PUNG, ALEXANDRA: Steuersenkungsgesetz: Die Änderungen bei der Körperschaftsteuer und bei der Anteilseignerbesteuerung, in: DB 2000, Beilage 10/2000, S. 16-22; KUßMAUL, HEINZ/RICHTER, LUTZ: Die Ersetzung des körperschaftsteuerlichen Vollanrechnungsverfahrens im Kontext von StSenkG, StVergAbG und HBeglG 2004, in: Arbeitspapiere zur Existenzgründung, hrsg. von HEINZ KUßMAUL, Bd. 11, 2. Aufl., Saarbrücken 2004, S. 15-31.

hat der Gesetzgeber im 6. Teil des KStG Sondervorschriften für den Übergang vom Anrechnungsverfahren auf das neue Körperschaftsteuersystem erlassen.

b) Ermittlung der Endbestände des verwendbaren Eigenkapitals

Die Bestimmung der Endbestände des verwendbaren Eigenkapitals lässt sich in folgenden Schritten beschreiben:

1. **Schritt**: Feststellung der Teilbeträge des verwendbaren Eigenkapitals zum Schluss des Wirtschaftsjahres, für das das bis dato gültige KStG letztmals zur Anwendung kam (§ 36 Abs. 1 KStG). Dies wird i.d.R. der 31.12.2000 gewesen sein. Dabei waren die Verringerungen infolge von offenen Gewinnausschüttungen des Jahres 2001 für 2000 sowie von verdeckten Gewinnausschüttungen und Vorabausschüttungen im Jahr 2000 zu berücksichtigen.

2. **Schritt**: Anschließend erfolgte eine Umgliederung des Bestands im EK 45 in EK 40 und EK 02 (Umrechnungsfaktor 27/22 als EK 40-Erhöhung und 5/22 als EK 02-Minderung; § 36 Abs. 3 KStG).

3. **Schritt**: Umgliederung nicht mit Körperschaftsteuer belasteter Teilbeträge des verwendbaren Eigenkapitals (EK 01, EK 02 und EK 03). Hierzu wurde zunächst die Summe dieser Teilbeträge gebildet. War diese negativ, erfolgte eine Verrechnung vorrangig mit positiven Beständen des EK 30 und danach des EK 40 (§ 36 Abs. 4 und 5 KStG). War die Summe der unbelasteten Teilbeträge positiv, waren zunächst die Teilbeträge des EK 01 und des EK 03 zusammenzufassen. War die so ermittelte Summe negativ, erfolgte eine Verrechnung mit EK 02. Ebenso war ein negatives EK 02 mit der Summe aus EK 01 und EK 03 zu verrechnen.

4. **Schritt**: Ein negativer Bestand an belasteten Teilbeträgen (EK 30, EK 40) minderte vorrangig einen positiven Bestand an EK 02. Sollte das Verrechnungspotenzial des EK 02 nicht ausreichen, erfolgte anschließend eine Verrechnung mit einer positiven Summe der Bestände des EK 01 und EK 03 (§ 36 Abs. 6 KStG).

Die nach diesen Verrechnungsschritten verbleibenden Teilbeträge des verwendbaren Eigenkapitals wurden getrennt ausgewiesen und gesondert festgestellt, wobei die Teilbeträge des EK 01 und des EK 03 zusammengefasst wurden (§ 36 Abs. 7 KStG).

Beispiel: (Umgliederung und Auflösung des vEK)

Die A-GmbH erzielte im Jahr 2000 ein zu versteuerndes Einkommen i.H.v. 166.667 €. Die festgestellten Endbestände des verwendbaren Eigenkapitals zum 31.12.1999 sind:

	EK 45	EK 40
Bestand zum 31.12.1999	200.000 €	300.000 €

Die Auflösung des verwendbaren Eigenkapitals wird folgendermaßen vorgenommen:

1. **Schritt**: Feststellung der Teilbeträge des verwendbaren Eigenkapitals zum 31.12.2000

	EK 45	EK 40	EK 02	Summe
Endbestände am 31.12.1999	200.000 €	300.000 €		500.000 €
Zugang zum verwendbaren Eigenkapital in 2000		100.000 €		100.000 €
Endbestände am 31.12.2000	200.000 €	400.000 €		600.000 €

2. **Schritt**: Umgliederung des EK 45

	EK 45	EK 40	EK 02	Summe
Endbestände am 31.12.2000	200.000 €	400.000 €	0	600.000 €
Umgliederung des EK 45	./. 200.000 €	245.455 € (27/22)	./. 45.455 € (5/22)	
Zwischensumme 1	0 €	645.455 €	./. 45.455 €	600.000 €

3. **Schritt**: Umgliederung unbelasteter Teilbeträge

(a) Bestimmung der Summe des unbelasteten Eigenkapitals

Summe aus EK 01, EK 02 und EK 03 (hier nur EK 02) = ./. 45.455 €

⇒ Die Summe ist negativ!

(b) Verrechnung des negativen EK 02 mit positivem belasteten Eigenkapital

	EK 02	EK 40
Zwischensumme 1	./. 45.455 €	645.455 €
Verrechnung der Summe unbelasteter Teilbeträge	+ 45.455 €	./. 45.455 €
Zwischensumme 2	0 €	600.000 €

4. **Schritt**: Ausgleich negativer mit Körperschaftsteuer belasteter Eigenkapitaltöpfe

Nicht nötig

c) Überleitung und Fortschreibung der verbleibenden Eigenkapitalbestandteile

Die Teilbeträge des verwendbaren Eigenkapitals werden wie folgt fortgeschrieben. Ein positiver Teilbetrag des **EK 40** wird aufgelöst und geht in das sog. „neutrale Vermögen" (Gewinnrücklage, welche eine Teilgröße der in der Bilanz ausgewiesenen Gewinnrücklagen darstellt) über. Das in diesem Betrag enthaltene Körperschaftsteuerguthaben wird herausgerechnet und in den Posten mit der Bezeichnung „Körperschaftsteuerguthaben" eingestellt (Körperschaftsteuerguthaben = 1/6 des Endbestands des EK 40; § 37 KStG).

Weiter werden die Beträge des **EK 30** sowie die Summe aus **EK 01** und **EK 03** aufgelöst. Diese Beträge gehen ohne weitere Besonderheiten in das „neutrale Vermögen" ein.

Ein positiver Teilbetrag des **EK 02** wird während einer 18-jährigen Übergangszeit fortgeführt, mit der Folge, dass eine Gewinnausschüttung aus diesem Topf zu einer Körperschaftsteuererhöhung führt (§ 38 KStG).

Ein positiver Teilbetrag des **EK 04** wird auf Dauer fortgeführt, jedoch unter dem Posten „steuerliches Einlagekonto" (§§ 27, 39 Abs. 1 KStG).

Abb. 80[515] zeigt zusammenfassend die Funktionsweise der Überleitung des verwendbaren Eigenkapitals vom Anrechnungsverfahren zum geltenden Körperschaftsteuersystem und das Schema zur Umgliederung der vEK-Teilbeträge gem. § 36 Abs. 2-7 KStG.

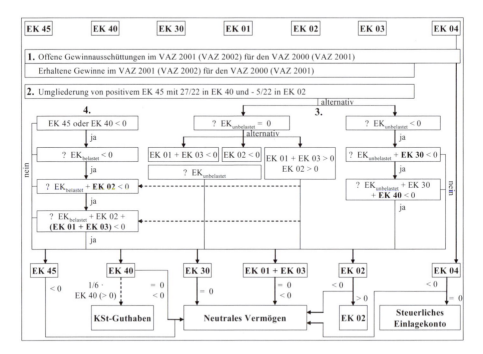

Abb. 80: *Funktionsweise der Überleitung des verwendbaren Eigenkapitals vom Anrechnungsverfahren zum geltenden Körperschaftsteuersystem und Schema zur Umgliederung der vEK-Teilbeträge gem. § 36 Abs. 2-7 KStG*

d) Die Realisierung des Körperschaftsteuerguthabens und des EK 02

Im Falle einer Ausschüttung war vorgesehen, dass während einer Übergangszeit von 2001 bis 2017 in jedem Fall zu prüfen sei, ob es zu einer Mobilisierung von Körperschaftsteuerguthaben – und damit zu einer Körperschaftsteuerminderung – kam (§ 37 KStG a.F.), oder ob EK 02 als verwendet galt und dies ggf. eine Körperschaftsteuererhöhung nach sich zog (§ 38 KStG a.F.). Im Zuge des SEStEG sowie des JStG 2008 wurde diese Vorgehensweise zugunsten des nachstehend erläuterten Verfahrens aufgegeben.

(1) Das Körperschaftsteuerguthaben und die Körperschaftsteuerminderung (§ 37 KStG)

Das bisherige System der ausschüttungsabhängigen Realisierung des aus dem ehemaligen Anrechnungsverfahren stammenden Körperschaftsteuerguthabens in Form einer Körperschaftsteuerminderung (§ 37 Abs. 1-3 KStG) ist sowohl für die betroffenen Steuerpflichti-

---

[515] Entnommen aus RICHTER, LUTZ: Kapitalgesellschaften und EuGH-Rechtsprechung, in: Bilanz-, Prüfungs- und Steuerwesen, hrsg. von KARLHEINZ KÜTING, CLAUS-PETER WEBER und HEINZ KUßMAUL, Bd. 10, Berlin 2007, S. 238.

gen als auch für die Finanzverwaltung sehr aufwändig, schwer kalkulierbar und gestaltungsanfällig. Das System der Körperschaftsteuerminderung wurde daher zum 31.12.2006 durch eine – von Gewinnausschüttungen unabhängige – **ratierliche Auszahlung des Körperschaftsteuerguthabens** ersetzt. Das Körperschaftsteuerguthaben wird unabhängig vom Ende des Wirtschaftsjahres des Steuerpflichtigen zum 31.12.2006 letztmals ermittelt und festgestellt (§ 37 Abs. 4 S. 1 KStG). Weicht das Wirtschaftsjahr des Steuerpflichtigen vom Kalenderjahr ab, so ist das Körperschaftsteuerguthaben um die in der Zeit nach dem Ende des letzten vor dem 31.12.2006 endenden Wirtschaftsjahres und dem 31.12.2006 vorgenommenen offenen Gewinnausschüttungen zu kürzen.

Beispiel: **(Letztmalige Feststellung des Körperschaftsteuerguthabens)**

Die X-GmbH (Wirtschaftsjahr: 01.07.-30.06.) hat am 30.06.2006 ein Körperschaftsteuerguthaben i.H.v. 150.000 € ermittelt. Am 31.10.2006 wird eine offene Gewinnausschüttung vorgenommen, die das Körperschaftsteuerguthaben um 60.000 € mindert. Das zum 31.12.2006 ermittelte Körperschaftsteuerguthaben beträgt 90.000 €.

Das Körperschaftsteuerguthaben wird über einen 10-jährigen Auszahlungszeitraum von 2008 bis 2017 gleichmäßig verteilt ausbezahlt (§ 37 Abs. 5 KStG). Der Anspruch auf Auszahlung eines einzelnen Jahresbetrags entsteht gem. § 37 Abs. 5 KStG zum 31.12.2006 und wird für den gesamten Auszahlungszeitraum festgesetzt. Für das Jahr der Bekanntgabe des Bescheids und für vorangegangene Jahre ist der Anspruch innerhalb eines Monats nach Bekanntgabe des Bescheids auszuzahlen, jedoch frühestens zum Beginn des Auszahlungszeitraums am 01.01.2008, für jedes weitere Jahr des Auszahlungszeitraums jeweils am 30.09. Der Gesetzgeber schaffte damit ein „verstecktes Moratorium": eine Realisierung des Körperschaftsteuerguthabens im Veranlagungszeitraum 2007 war nicht möglich.

Beispiel: **(Ratierliche Auszahlung des Körperschaftsteuerguthabens)**

Der X-AG geht am 25.09.2007 der Bescheid über einen Auszahlungsanspruch i.H.v. 500.000 € zu. Auszuzahlen sind am 01.01.2008 50.000 €. Des Weiteren ist jeweils am 30.09. der Jahre 2009 bis 2017 ein Betrag i.H.v. 50.000 € auszuzahlen.

Der Anspruch ist nicht verzinslich. Der Auszahlungsanspruch ist sowohl in der Handels- als auch in der Steuerbilanz zum 31.12.2006 als sonstige Forderung mit dem Barwert zu aktivieren. Die Auszahlung des Körperschaftsteuerguthabens bleibt bei der Ermittlung des Einkommens außer Ansatz (§ 37 Abs. 7 S. 1 KStG).

Eine Ausnahme zu oben Gesagtem bildet § 37 Abs. 5 S. 6 KStG, der eine einmalige Auszahlung für Körperschaftsteuerguthaben vorsieht, welche nicht mehr als 1.000 € betragen. Das Ziel dieser – im Rahmen des Steuerbürokratieabbaugesetzes ergangenen – Vorschrift ist die Vermeidung eines hohen Verwaltungsaufwands bei Kleinbeträgen. Die entsprechenden Körperschaftsteuerguthaben wurden bereits Ende des Jahres 2008 ausbezahlt.

Durch den Systemwechsel entfällt die Nachsteuerregelung des § 37 Abs. 3 KStG bei Ausschüttungen zwischen Kapitalgesellschaften.[516]

(2) Die Körperschaftsteuererhöhung (§ 38 KStG)

Mit dem Jahressteuergesetz 2008 wurde – analog zur ausschüttungsunabhängigen ratierlichen Auflösung eines vorhandenen Körperschaftsteuerguthabens – die von einer Gewinnausschüttung unabhängige **zwangsweise Versteuerung noch vorhandener EK 02-Bestände** kodifiziert. Gem. § 38 Abs. 4 S. 1 KStG wird der Bestand des EK 02 letztmalig zum 31.12.2006 festgestellt. Weicht das Wirtschaftsjahr des Steuerpflichtigen vom Kalenderjahr ab, so ist der Körperschaftsteuererhöhungsbetrag um die in der Zeit nach dem Ende des letzten vor dem 31.12.2006 endenden Wirtschaftsjahres und dem 31.12.2006 vorgenommenen offenen Gewinnausschüttungen zu kürzen.

Der so festgestellte Betrag wird verwendungsunabhängig mit 3 % besteuert. Der fiskalische Anspruch aus dieser Körperschaftsteuererhöhung entsteht zum 01.01.2007 und ist in zehn unverzinslichen Jahresbeträgen zwischen 2008 und 2017 zu entrichten, wobei der einzelne Jahresbetrag jeweils zum 30.09. fällig wird (§ 38 Abs. 6 S. 1 KStG). Die sich aus der Körperschaftsteuererhöhung ergebende Verpflichtung der Körperschaft gegenüber dem Finanzamt ist bilanziell als sonstige Verbindlichkeit zu behandeln. Alternativ zur ratierlichen Begleichung der Steuerschuld kann eine mit 5,5 % abgezinste Einmalzahlung geleistet werden (§ 38 Abs. 7 KStG).

4. Das neue klassische Körperschaftsteuersystem[517]

a) Besteuerung auf Ebene der Kapitalgesellschaft

(1) Das Besteuerungsverfahren

Seit Umsetzung des Steuersenkungsgesetzes werden Gewinne einer Kapitalgesellschaft grundsätzlich mit 25 % versteuert. Dies gilt unabhängig davon, ob die Gewinne thesauriert oder ausgeschüttet werden. I.R.d. Unternehmensteuerreformgesetzes 2008 wurde der Steuersatz von 25 % auf 15 % gesenkt.

---

[516] Vorher führte die bei einer offenen Gewinnausschüttung zwischen Kapitalgesellschaften bei der Tochter eintretende Körperschaftsteuerminderung bei der Mutter zu einer Steuerzahlung in gleicher Höhe und zur Erhöhung ihres Körperschaftsteuerguthabens; vgl. OTT, HANS: Entwurf zum SEStBeglG – Neufassung des Umwandlungssteuergesetzes und Änderungen anderer Gesetze, in: StuB 2006, S. 475-479, s.b.S. 476.

[517] Vgl. insb. BREITHECKER, VOLKER/KLAPDOR, RALF/ZISOWSKI, UTE: Unternehmensteuerreform: Auswirkungen und Gestaltungshinweise – mit dem Gesetz zur Ergänzung des Steuersenkungsgesetzes, Bielefeld 2001, S. 25-33; DÖTSCH, EWALD/PUNG, ALEXANDRA: Steuersenkungsgesetz: Die Änderungen bei der Körperschaftsteuer und bei der Anteilseignerbesteuerung, in: DB 2000, Beilage 10/2000, S. 6; KUßMAUL, HEINZ/BECKMANN, STEFAN: Die Dividendenbesteuerung im nationalen und internationalen Kontext, in: DB 2001, S. 608-614; KUßMAUL, HEINZ/RICHTER, LUTZ: Die Ersetzung des körperschaftsteuerlichen Vollanrechnungsverfahrens im Kontext von StSenkG, StVergAbG und HBeglG 2004, in: Arbeitspapiere zur Existenzgründung, hrsg. von HEINZ KUßMAUL, Bd. 11, 2. Aufl., Saarbrücken 2004, S. 4-14; LANG, FRIEDBERT: Besteuerung von Körperschaften und ihren Anteilseignern nach der Unternehmensteuerreform 2001, Achim 2000, S. 98-118.

Sollen die versteuerten Gewinne ausgeschüttet werden, muss die ausschüttende Gesellschaft Kapitalertragsteuer einbehalten. Der Kapitalertragsteuersatz für Dividendenbezüge beträgt 25 % (§ 43a Abs. 1 Nr. 1 EStG).

Die unterschiedliche steuerliche Behandlung von Gewinnausschüttungen und Einlagenrückgewähr auf Ebene der Anteilseigner bedingt, dass die Körperschaft eine Feststellung treffen muss, welchem Tatbestand die geleistete Auszahlung zuzuordnen ist. Das steuerbilanzielle Eigenkapital ist aus diesem Grund für körperschaftsteuerliche Zwecke in die drei Gruppen „gezeichnetes Kapital", „steuerliches Einlagekonto" und „ausschüttbarer Gewinn" einzuteilen.

(2) Gliederung des steuerbilanziellen Eigenkapitals

(a) Der ausschüttbare Gewinn

Der ausschüttbare Gewinn lässt sich nur residual aus dem steuerbilanziellen Eigenkapital ableiten. Ausschüttbarer Gewinn ist das um das gezeichnete Kapital geminderte steuerbilanzielle Eigenkapital abzgl. des Bestands des steuerlichen Einlagekontos (§ 27 Abs. 1 S. 5 KStG). Er gilt **vorrangig** als **für Ausschüttungen verwendet** (§ 27 Abs. 1 S. 3 KStG).

Beim ausschüttbaren Gewinn wird auch vom „**neutralen Vermögen**" gesprochen. Eine **Erklärung des Begriffs** „neutrales Vermögen" ist sowohl vom Steuergesetzgeber als auch im Schrifttum bislang unterblieben. Im Zuge der Zerlegung des Terminus in seine beiden Worteinzelbestandteile ist feststellbar, dass „**neutral**" auf die nach dem neuen Körperschaftsteuersystem nicht mehr notwendige Differenzierung hinsichtlich der Belastung der einzelnen Rücklagenkategorien für steuerliche Zwecke Bezug nimmt. Die oben erwähnten Teilbeträge gehen vielmehr **ununterscheidbar ineinander über**. Der Begriff des „**Vermögens**" könnte womöglich auf das **Reinvermögen** i.S.v. Eigenkapital abstellen. Jedoch handelt es sich beim verwendbaren Eigenkapital um den Teil des Eigenkapitals, der das Nennkapital übersteigt (§ 29 Abs. 2 S. 2 KStG a.F.).

(b) Das steuerliche Einlagekonto

Auch nach dem Wegfall der Gliederung des verwendbaren Eigenkapitals ist es weiterhin erforderlich, die Gesellschaftereinlagen, die nicht in das Nennkapital geleistet wurden (ehemaliges EK 04), zu isolieren, da die **Rückgewähr von Beständen aus dem steuerlichen Einlagekonto** an die Gesellschafter auf deren Ebene **keine steuerbare Einnahmen** darstellt (§ 20 Abs. 1 Nr. 1 S. 3 EStG). Somit sind Einlagen der Gesellschafter gesondert und **zeitlich unbegrenzt** fortzuführen. Dies erfolgt mittels des sog. **steuerlichen Einlagekontos** (§ 27 Abs. 1 S. 1 KStG), dessen Anfangsbestand der zum 31.12.2000 gesondert festgestellte unbelastete Teilbetrag des ehemaligen EK 04 darstellt (§ 39 KStG) und das um die jeweiligen Zu- und Abgänge fortzuschreiben ist (§ 27 Abs. 1 S. 2 KStG).

Beim **steuerlichen Einlagekonto** (hervorgegangen aus dem ehemaligen EK 04; vgl. die §§ 27, 39 Abs. 1 KStG) handelt es sich um eine von der Bilanz losgelöste eigenständige steuerliche Größe. Dem steuerlichen Einlagekonto zuzuordnende Gewinnausschüttungen unterliegen bei der ausschüttenden Körperschaft nicht der Ausschüttungsbelastung. Beim Anteilseigner wird die Einlagenrückzahlung steuerfrei vereinnahmt.

Eine Einlagenrückgewähr liegt in Höhe der Leistung der Kapitalgesellschaft vor, für die nach der Verwendungsfiktion des § 27 Abs. 1 S. 3 KStG das steuerliche Einlagekonto als verwendet gilt. Leistungen einer Kapitalgesellschaft mindern demnach das steuerliche Einlagekonto nur, soweit die Leistungen in Summe den auf den Schluss des vorangegangenen Wirtschaftsjahres ermittelten ausschüttbaren Gewinn übersteigen (§ 27 Abs. 1 S. 3 KStG), wenn also keine weiteren Rücklagenkategorien mehr zur Verfügung stehen. Dies verdeutlicht Abb. 81[518].

Der unter bestimmten Voraussetzungen mögliche Direktzugriff auf das steuerliche Einlagekonto wurde – mit Ausnahme der Rückzahlung von Nennkapital im Fall der Kapitalherabsetzung – zum 31.12.2006 abgeschafft.

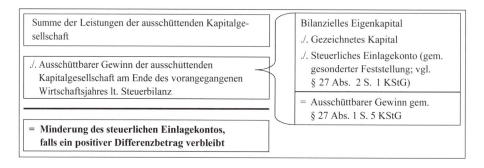

Abb. 81: Ermittlung des Minderungsbetrags des steuerlichen Einlagekontos gem. § 27 Abs. 1 S. 3 KStG

b)   Besteuerung auf Ebene des Anteilseigners

(1)   Anteilseigner ist eine natürliche Person

Bezüglich der Besteuerung der natürlichen Anteilseigner an einer Körperschaft ist zu unterscheiden, ob der Anteilseigner die Gesellschaftsanteile im Privat- oder im Betriebsvermögen hält.

Eine natürliche Person, die Anteile an einer Kapitalgesellschaft in ihrem Privatvermögen hält, hatte bis zum VAZ 2008 ihr zufließende Dividenden gem. § 3 Nr. 40 EStG a.F. hälftig einer Besteuerung zu unterwerfen (sog. **Halbeinkünfteverfahren**). Dies galt unabhängig davon, ob es sich um eine in- oder ausländische Beteiligung handelte. Die von der ausschüttenden Kapitalgesellschaft einbehaltene Kapitalertragsteuer (damals noch 20 %) war in voller Höhe auf die persönliche Einkommensteuerschuld anrechenbar (§ 36 Abs. 2 S. 2 Nr. 2 EStG a.F.).

Für Aufwendungen, die in wirtschaftlichem Zusammenhang mit diesen Bezügen stehen, galt damals noch gem. § 3c Abs. 2 EStG ein hälftiges Abzugsverbot, unabhängig davon, ob in dem entsprechenden VAZ tatsächlich Einnahmen zugeflossen waren oder nicht.

---

[518] Modifiziert entnommen aus KUßMAUL, HEINZ/RICHTER, LUTZ: Die Ersetzung des körperschaftsteuerlichen Vollanrechnungsverfahrens im Kontext von StSenkG, StVergAbG und HBeglG 2004, in: Arbeitspapiere zur Existenzgründung, hrsg. von HEINZ KUßMAUL, Bd. 11, 2. Aufl., Saarbrücken 2004, S. 26.

Einen Veräußerungsgewinn aus der Veräußerung eines Anteils an einer Kapitalgesellschaft hatte eine natürliche Person, die ihre Anteile im Privatvermögen hält, als Anteilseigner gem. § 22 Nr. 2 i.V.m. § 23 EStG a.F. zu versteuern.

Seit dem VAZ 2009 werden Dividenden, die an natürliche Personen ausgeschüttet werden, und Veräußerungsgewinne aus der Veräußerung von Anteilen an Kapitalgesellschaften im Rahmen der Abgeltungssteuer voll besteuert (vgl. zur Abgeltungssteuer ausführlich S. 286 ff.).

Beispiel: (Abgeltungssteuer ohne Solidaritätszuschlag bei Vollausschüttung und ohne Ausübung des Wahlrechts auf Veranlagung)

Ebene der Kapitalgesellschaft:

Zu versteuerndes Einkommen	100.000 €
./. Körperschaftsteuer (15 %)	15.000 €
= Bruttodividende	85.000 €
./. Kapitalertragsteuer (25 % der Bruttodividende)	21.250 €
= Vorläufige Nettodividende	63.750 €

Ebene des Gesellschafters:

⇨ Nettodividende entspricht dem verfügbaren Einkommen beim Anteilseigner	63.750 €
⇨ Kapitalertragsteuer entfaltet abgeltende Wirkung	

Liegt der persönliche Steuersatz des Anteilseigners allerdings unterhalb des Abgeltungssteuersatzes i.H.v. 25 %, so kann der Steuerpflichtige zur Veranlagung optieren (vgl. S. 290).

Beispiel: (Abgeltungssteuer ohne Solidaritätszuschlag bei Vollausschüttung bei Ausübung des Wahlrechts auf Veranlagung)

Ebene der Kapitalgesellschaft:

Zu versteuerndes Einkommen	100.000,00 €
./. Körperschaftsteuer (15 %)	15.000,00 €
= Bruttodividende	85.000,00 €
./. Kapitalertragsteuer (25 % der Bruttodividende)	21.250,00 €
= Vorläufige Nettodividende	63.750,00 €

Ebene des Gesellschafters:

Vorläufige Nettodividende (Gutschrift beim Gesellschafter)	63.750,00 €
+ Kapitalertragsteuergutschrift	21.250,00 €
= Kapitalerträge = Bruttodividende	85.000,00 €
= Einnahmen aus Kapitalvermögen	85.000,00 €
• Relevanter Einkommensteuersatz (hier: 20 %)	20 %
= Tarifliche Einkommensteuer	17.000,00 €
./. Kapitalertragsteuergutschrift	21.250,00 €
= Erstattungsanspruch Einkommensteuer = Erstattungsanspruch insgesamt	4.250,00 €
⇨ Nettodividende (Verfügbares Einkommen beim Anteilseigner)	68.000,00 €

Hält eine natürliche Person Anteile an einer Kapitalgesellschaft in ihrem Betriebsvermögen, so galt im Rahmen der Dividendenbesteuerung und der Besteuerung eines Veräußerungsgewinns aus der Veräußerung des Anteils an der Kapitalgesellschaft bis einschließlich VAZ 2008 das Halbeinkünfteverfahren. Seit dem VAZ 2009 kommt das Teileinkünfteverfahren zur Anwendung, welches eine 40 %-ige Steuerfreistellung (der Dividenden bzw. Veräußerungsgewinne aus der Veräußerung der Anteile an einer Körperschaft), vorsieht. Korrespondierend hierzu sind 40 % der Betriebsausgaben, die in Bezug mit diesen Einkünften stehen, nicht abziehbar, unabhängig davon, ob in dem entsprechenden VAZ tatsächlich Einnahmen zugeflossen sind oder nicht. Dies scheint vordergründig gerechtfertigt, sind doch 40 % der Bezüge von einer Besteuerung freigestellt. Jedoch wird dabei übersehen, dass bereits auf Seiten der Gesellschaft eine Besteuerung stattgefunden hat. In der Gesamtbetrachtung erfolgt aus der Sicht des Empfängers somit eine vollständige Besteuerung, sind ihm doch nur 85 % der Einnahmen (gemindert um die definitive Körperschaftsteuer) zugeflossen. Vor diesem Hintergrund stellt sich das Halbeinkünfteverfahren nicht als 40 %-ige Steuerfreistellung, sondern als 60 %-ige Nachversteuerung dar; folglich ist es nicht einsichtig, warum nur 40 % der im wirtschaftlichen Zusammenhang mit diesen Bezügen stehenden Aufwendungen abgezogen werden dürfen.[519]

Beispiel:	(Teileinkünfteverfahren ohne Solidaritätszuschlag bei Vollausschüttung)	
Ebene der Kapitalgesellschaft:		
	Zu versteuerndes Einkommen	100.000 €
	./. Körperschaftsteuer (15 %)	15.000 €
	= Bruttodividende	85.000 €
	./. Kapitalertragsteuer (25 % der Bruttodividende)	21.250 €
	= Vorläufige Nettodividende	63.750 €
Ebene des Gesellschafters:		
	Vorläufige Nettodividende (Gutschrift beim Gesellschafter)	63.750 €
	+ Kapitalertragsteuergutschrift	21.250 €
	= Kapitalerträge = Bruttodividende	85.000 €
	./. Steuerfreistellung durch Teileinkünfteverfahren	34.000 €
	= Einnahmen aus Kapitalvermögen	51.000 €
	• Relevanter Einkommensteuersatz (hier: 30 %)	30 %
	= Tarifliche Einkommensteuer	15.300 €
	./. Kapitalertragsteuergutschrift	21.250 €
	= Erstattungsanspruch Einkommensteuer = Erstattungsanspruch insgesamt	5.950 €
	⇨ Nettodividende (Verfügbares Einkommen beim Anteilseigner)	69.700 €

(2) Anteilseigner ist eine juristische Person

(a) Beteiligung beträgt zu Beginn des Kalenderjahres weniger als 10 %

Bislang galt für Dividendenbezüge, die eine im Inland unbeschränkt steuerpflichtige Körperschaft, Personenvereinigung oder Vermögensmasse i.S.d. § 1 KStG von einer in- oder ausländischen Kapitalgesellschaft erhält, unabhängig von der Beteiligungshöhe das sog. modifizierte Nulleinkünfteverfahren, wonach 100 % der Beteiligungserträge steuerfrei wa-

---

[519] Vgl. m.w.N. RICHTER, LUTZ: Ansätze einer Konzernbesteuerung in Deutschland, Frankfurt am Main 2003, S. 286 und 287.

ren (§ 8b Abs. 1 KStG), jedoch 5 % davon als nicht abzugsfähige Betriebsausgabe fingiert wurden (§ 8b Abs. 5 KStG). Letztendlich waren 95 % der Beteiligungserträge bei der dividendenempfangenden Kapitalgesellschaft steuerfrei.

Der EuGH hatte im Urteil vom 20.10.2011 in der Rechtssache C-284/09[520] entschieden, dass diese Regelung nicht mit der Kapitalverkehrsfreiheit zu vereinbaren sei, da Dividenden, die an Gesellschaften mit Sitz in einem anderen Mitgliedstaat ausgeschüttet werden, einer höheren Besteuerung unterlagen als im reinen Inlandsfall. Im Inlandsfall greift das geschilderte modifizierte Nulleinkünfteverfahren, wonach 95 % der ausgeschütteten Beträge steuerfrei sind (§ 8b Abs. 1 i.V.m. § 8b Abs. 5 KStG). Befand sich der Sitz des Empfängers in einem anderen Mitgliedstaat, unterlag dieser mit der Streubesitzdividende (Beteiligung < 10 %) der beschränkten Steuerpflicht. Die Steuer galt nach § 32 Abs. 1 Nr. 2 KStG mit dem Einbehalt der Abgeltungssteuer als abgegolten[521] und § 8b KStG fand in diesem Fall keine Anwendung.

Durch das Gesetz zur Umsetzung des EuGH-Urteils vom 20.11.2011 in der Rechtssache C-284/09[522] wurde § 8b KStG dahingehend modifiziert, dass die weitestgehende **Steuerfreiheit für Streubesitzdividenden im Inlandsfall aufgehoben** wurde.[523] Das Gesetz enthält einen neuen § 8b Abs. 4 KStG, der vorsieht, dass Bezüge i.S.d. § 8b Abs. 1 KStG abweichend von § 8b Abs. 1 S. 1 KStG bei der Ermittlung des Einkommens zu berücksichtigen sind, wenn die Beteiligung an der Gesellschaft zu Beginn des Kalenderjahres unmittelbar weniger als 10 % des Grund- oder Stammkapitals betragen hat (§ 8b Abs. 4 S. 1 KStG). Somit unterliegen Gewinnausschüttungen von Gesellschaften, an denen eine unmittelbare Beteiligung von unter 10 % gehalten wird, jetzt in voller Höhe der Körperschaftsteuer. Die Freistellung nach § 8b Abs. 1 S. 1 KStG wird für diese Fälle durch § 8b Abs. 4 S. 1 KStG aufgehoben. Die gesetzliche Regelung gilt erstmals für Dividendenbezüge, die nach dem 28.02.2013 zufließen.

Im Rahmen der Ermittlung der Beteiligungshöhe sind nur unmittelbare Beteiligungen zu berücksichtigen. Mittelbare Beteiligungen, aufgrund derer die 10 %-Grenze erreicht bzw. überschritten werden könnte, bleiben unberücksichtigt. Ferner bleibt § 8b Abs. 5 KStG (Schachtelstrafe) für Bezüge des § 8b Abs. 4 S. 1 KStG außen vor (§ 8b Abs. 4 S. 7 KStG). Weiterhin fingiert § 8b Abs. 4 S. 6 KStG, dass der unterjährige Erwerb einer Beteiligung von mindestens 10 % zu Beginn des Kalenderjahres erfolgt ist.

---

[520] Vgl. EuGH-Urteil vom 20.10.2011, in: DStR 2011, S. 2038-2044.

[521] Eine Erstattung von 40 % der einbehaltenen Kapitalertragsteuer kam unter Umständen in Betracht (§ 44a Abs. 9 EStG).

[522] Vgl. Gesetz zur Umsetzung des EuGH-Urteils vom 20.10.2011 in der Rechtssache C-284/09, BGBl I 2013, S. 561.

[523] Alternativ wurde die Erstattung der gezahlten Kapitalertagsteuer für Steuerausländer diskutiert. Dieses Modell wäre allerdings mit erheblichen Steuermindereinnahmen verbunden gewesen.

> **Beispiel:** **(Unterjähriger Erwerb einer Beteiligung von mindestens 10 %)**

Die A-AG erwirbt zum 01.05.2014 eine 20 %-Beteiligung an der B-AG. Die B-AG nimmt zum 01.06.2014 eine Gewinnausschüttung vor.

Nach § 8b Abs. 4 S. 6 KStG wird der Erwerbszeitpunkt der 20 %-Beteiligung an der B-AG auf den 01.01.2014 fingiert, da die Beteiligungshöhe mindestens 10 % beträgt. Es liegt keine Streubesitzdividende i.S.d. § 8b Abs. 4 S. 1 KStG vor, womit das modifizierte Nulleinkünfteverfahren (§ 8b Abs. 1 KStG i.V.m. § 8b Abs. 5 KStG) zur Anwendung kommt, das zu einer weitgehenden Steuerfreistellung der erhaltenen Dividendenbezüge auf Seiten der A-AG führt.

Anders verhält es sich jedoch, wenn zu Beginn eines Jahres weniger als eine 10 %-Beteiligung gehalten wird und die Beteiligungsquote im Laufe des Jahres auf mindestens 10 % ansteigt. In diesem Fall sind etwaige Ausschüttungen in voller Höhe körperschaftsteuerpflichtig.

> **Beispiel:** **(Zusätzlich erworbener Anteil)**[524]

Die A-AG hält zum 01.01.2014 eine 5 %-Beteiligung an der B-AG. Zum 01.02.2014 erwirbt sie weitere 7 % hinzu. Am 01.03.2014 erhält die A-AG eine Dividendenausschüttung von der B-AG.

Obwohl die A-AG zum Ausschüttungszeitpunkt eine Schachtelbeteiligung hält, gilt nach dem Wortlaut des § 8b Abs. 4 S. 6 KStG nur der Erwerb bzw. der zusätzliche Erwerb von mindestens 10 % als zu Beginn des Kalenderjahres erworben. In diesem Fall wird jedoch nur eine 7 %-Beteiligung an der B-AG im Laufe des Jahres hinzu erworben. Die Ausschüttung ist daher körperschaftsteuerpflichtig.

Besteht hingegen zu Beginn des Kalenderjahres eine mindestens 10 %-ige Beteiligung und sinkt diese im Laufe des Jahres unter diese Grenze, kommt § 8b Abs. 4 KStG nicht zur Anwendung und es bleibt bei der weitgehenden Steuerfreistellung durch das modifizierte Nulleinkünfteverfahren.

> **Beispiel:** **(Unterjährige Anteilsveräußerung)**

Die A-AG hält zum 01.01.2014 eine 20 %-Beteiligung an der B-AG. Zum 01.02.2014 veräußert die A-AG 15 % der Anteile an der B-AG. Die B-AG nimmt zum 01.03.2014 eine Gewinnausschüttung vor.

Die unterjährige Anteilsveräußerung führt dazu, dass zum Zeitpunkt der Gewinnausschüttung lediglich eine 5 %-Beteiligung an der B-AG vorliegt. Dies ist allerdings unbeachtlich, da für Zwecke des §8b Abs. 4 KStG auf den Beginn des Kalenderjahres abgestellt wird. Zu diesem Zeitpunkt lag eine 20 %-Beteiligung vor, sodass die Voraussetzungen des § 8b Abs. 4 KStG nicht erfüllt sind. Die empfangene Dividende ist daher unter Anwendung des § 8b Abs. 1 i.V.m. § 8b Abs. 5 KStG als weitestgehend steuerfrei bei der A-AG zu behandeln.

Von der Regelung des § 8b Abs. 4 KStG **nicht betroffen** sind **Veräußerungsgewinne aus Streubesitzbeteiligungen**. Diese sind nach § 8b Abs. 2 KStG weiterhin vollständig steuerfreigestellt, allerdings gelten nach § 8b Abs. 3 KStG 5 % der Veräußerungsgewinne als nicht abzugsfähige Betriebsausgabe.

---

[524] Vgl. BENZ, SEBASTIAN/JETTER, JANN: Die Neuregelung zur Steuerpflicht von Streubesitzdividenden, in: DStR 2013, S. 489-496, s.b.S. 491.

Beispiel: **(Dividendenzufluss aus Streubesitzbeteiligungen)**

Ebene der Kapitalgesellschaft:

Zu versteuerndes Einkommen	100.000 €
./. Körperschaftsteuer (15 %)	15.000 €
= Bruttodividende	85.000 €
./. Kapitalertragsteuer (25 % der Bruttodividende)	21.250 €
= Vorläufige Nettodividende	63.750 €

Ebene des Gesellschafters (ebenfalls Kapitalgesellschaft):

Vorläufige Nettodividende (Gutschrift beim Gesellschafter)	63.750,00 €
+ Kapitalertragsteuergutschrift	21.250,00 €
= Kapitalerträge = Bruttodividende = Einkünfte aus Gewerbebetrieb = z.V.E	85.000,00 €
• Körperschaftsteuersatz	15 %
= Tarifliche Körperschaftsteuer	12.750,00 €
./. Kapitalertragsteuergutschrift	21.250,00 €
= Erstattungsanspruch Körperschaftsteuer = Erstattungsanspruch insgesamt	8.500,00 €
⇨ Nettodividende (Verfügbares Einkommen beim Gesellschafter)	72.250,00 €

(b)   Beteiligung beträgt zu Beginn des Kalenderjahres mindestens 10 %

Dividendenbezüge, die eine im Inland unbeschränkt steuerpflichtige Körperschaft, Personenvereinigung oder Vermögensmasse i.S.d. § 1 KStG von einer in- oder ausländischen Kapitalgesellschaft erhält, bleiben gem. § 8b Abs. 1 KStG bei der Ermittlung des Einkommens außer Acht. Dies gilt jedoch nur insoweit, als dass die dividendenempfangende Körperschaft zu Beginn des Kalenderjahres eine Beteiligung von mindestens 10 % bzw. unterjährig eine Beteiligung von mindestens 10 % an der ausschüttenden Gesellschaft hält (§ 8b Abs. 4 S. 1 und S. 6 KStG).

Auch für **Gewinne aus der Veräußerung von Anteilen an Kapitalgesellschaften** gilt diese Steuerbefreiung (§ 8b Abs. 2 KStG). Dies gilt unabhängig von einer Mindestbeteiligungsquote und einer Mindestbeteiligungszeit (sog. allgemeine Dividendenfreistellung).[525]

Hiermit soll nach Abschaffung des Anrechnungsverfahrens gem. § 49 Abs. 1 KStG a.F. i.V.m. § 36 Abs. 2 Nr. 3 EStG a.F. verhindert werden, dass sich die Körperschaftsteuerbelastung bei Durchschüttung einer Dividende über mehrere Konzernstufen kumuliert.[526]

Eine von einer unbeschränkt steuerpflichtigen Körperschaft auf die ausgeschüttete Dividende erhobene Kapitalertragsteuer kann, trotz der Dividendenfreistellung gem. § 8b Abs. 1 KStG, in voller Höhe auf die Körperschaftsteuer angerechnet werden.

Betriebsausgaben, die mit den steuerfreien Dividendenbezügen in Zusammenhang stehen, können uneingeschränkt steuerlich berücksichtigt werden, da § 3c Abs. 1 EStG nicht zur Anwendung kommt (§ 8b Abs. 5 S. 2 KStG). Zu beachten ist jedoch, dass unabhängig von

---

[525] Zu beachten ist, dass auch hier über das Instrument der in den §§ 7-14 AStG geregelten Hinzurechnungsbesteuerung eine Ergänzungsbesteuerung der Auslandserträge in Deutschland erfolgen soll, wenn die ausländische Gesellschaft als Zwischengesellschaft i.S.d. § 8 AStG qualifiziert wird; vgl. S. 761.

[526] Vgl. DÖTSCH, EWALD/PUNG, ALEXANDRA: Die geplante Reform der Unternehmensbesteuerung, in: DB 2000, Beilage 4/2000, S. 10.

der Höhe der tatsächlichen Ausgaben 5 % der Bezüge i.S.d. § 8b Abs. 1 KStG als nicht abziehbare Betriebsausgaben qualifiziert werden (§ 8b Abs. 5 S. 1 KStG). Somit werden materiell nur 95 % der Bezüge steuerbefreit (sog. **modifiziertes Nulleinkünfteverfahren**); es kommt zu einer steuerlichen Mehrfachbelastung, die von der Anzahl der Gesellschaftsstufen abhängig ist.[527]

Beispiel: (Modifiziertes Nulleinkünfteverfahren ohne Solidaritätszuschlag bei einer Beteiligungshöhe von mindestens 10 %)

Ebene der Kapitalgesellschaft:

Zu versteuerndes Einkommen	100.000 €
./. Körperschaftsteuer (15 %)	15.000 €
= Bruttodividende	85.000 €
./. Kapitalertragsteuer (25 % der Bruttodividende)	21.250 €
= Vorläufige Nettodividende	63.750 €

Ebene des Gesellschafters (ebenfalls Kapitalgesellschaft):

Vorläufige Nettodividende (Gutschrift beim Gesellschafter)	63.750,00 €
+ Kapitalertragsteuergutschrift	21.250,00 €
= Kapitalerträge = Bruttodividende	85.000,00 €
./. Steuerfreistellung durch mod. Nulleinkünfteverfahren	85.000,00 €
+ Nicht abziehbare Betriebsausgaben (5 % der Bruttodividende)	4.250,00 €
= Einkünfte aus Gewerbebetrieb = Zu versteuerndes Einkommen	4.250,00 €
• Körperschaftsteuersatz	15 %
= Tarifliche Körperschaftsteuer	637,50 €
./. Kapitalertragsteuergutschrift	21.250,00 €
= Erstattungsanspruch Körperschaftsteuer = Erstattungsanspruch insgesamt	20.612,50 €
⇨ Nettodividende (Verfügbares Einkommen beim Gesellschafter)	84.362,50 €

Die Regelungen zur **Besteuerung von Veräußerungsgewinnen** bezüglich der Anteile an Kapitalgesellschaften sind vergleichbar zu jenen der Ausschüttungen gestaltet. Bei Anteilen im Privatvermögen einer natürlichen Person greift die Abgeltungssteuer i.H.v. 25 % (§ 20 Abs. 1 Nr. 1 i.V.m. § 32d EStG), bei Anteilen im Betriebsvermögen von Einzelunternehmen oder Personengesellschaften erfolgt eine Besteuerung i.H.v. 60 % i.R.d. Teileinkünfteverfahrens (§ 15 i.V.m. § 3 Nr. 40 EStG), bei Anteilen, die von Kapitalgesellschaften gehalten werden, werden im Ergebnis 95 % der Veräußerungsgewinne steuerbefreit (§ 8b Abs. 2 i.V.m. § 8b Abs. 3 KStG).

---

[527] Vgl. KUßMAUL, HEINZ/RICHTER, LUTZ: Die Ersetzung des körperschaftsteuerlichen Vollanrechnungsverfahrens im Kontext von StSenkG, StVergAbG und HBeglG 2004, in: Arbeitspapiere zur Existenzgründung, hrsg. von HEINZ KUßMAUL, Bd. 11, 2. Aufl., Saarbrücken 2004, S. 8. Vgl. zu diesem Abschnitt außerdem KUßMAUL, HEINZ/ZABEL, MICHAEL: Auswirkungen der Änderungen der §§ 8b und 15 KStG durch das Gesetz zur Umsetzung der Protokollerklärung der Bundesregierung zur Vermittlungsempfehlung zum Steuervergünstigungsabbaugesetz („Korb II"), in: BB 2004, S. 577-580, s.b.S. 578.

IV. Die Gewerbesteuer

Vgl. insb. ROSE, GERD/WATRIN, CHRISTOPH: Betrieb und Steuer, Bd. 1: Ertragsteuern, 20. Aufl., Berlin 2013, S. 253-283; SCHEFFLER, WOLFRAM: Besteuerung von Unternehmen, Bd. 1: Ertrag-, Substanz- und Verkehrsteuern, 12. Aufl., Heidelberg 2012, S. 263-308; WÖHE, GÜNTER: Betriebswirtschaftliche Steuerlehre, Bd. 1, 1. Halbband: Die Steuern des Unternehmens – Das Besteuerungsverfahren, 6. Aufl., München 1988, S. 300-380; WÖHE, GÜNTER/BIEG, HARTMUT: Grundzüge der Betriebswirtschaftlichen Steuerlehre, 4. Aufl., München 1995, S. 77-83, 124-129.

A. Charakteristik, Entwicklung und Rechtfertigung

Die Gewerbesteuer ist eine **Objektsteuer** (Realsteuer, Sachsteuer). Sie belastet ein Objekt (hier: Gewerbebetrieb im Inland), nicht eine Person, und zwar ohne Rücksicht darauf, wer Eigentümer des Objekts ist bzw. wem die Erträge aus diesem Objekt zufließen.[528]

Die Gewerbesteuer berücksichtigt **keine persönlichen Verhältnisse**, weshalb grundsätzlich keine Möglichkeit zum Abzug von Privataufwendungen besteht. Auch die **Finanzierungsform** soll im Grundsatz **keine Berücksichtigung** finden. Deshalb erfolgt eine grundsätzliche Einbeziehung gemieteter und geleaster Wirtschaftsgüter und eine Nicht-Anerkennung der Fremdfinanzierung, wobei sich dieses Charakteristikum nicht mehr in vollem Umfang mit der geltenden Rechtslage vereinbaren lässt. Um eine **mehrfache Realsteuerbelastung zu vermeiden**, erfolgt die Ausgliederung bestimmter Bemessungsgrundlagenteile (bspw. Grundstücke, da diese bereits mit Grundsteuer belastet werden). Daneben werden **ausländische Vermögensgegenstände ausgegliedert**.

Das Aufkommen der Gewerbesteuer floss bis 1969 ausschließlich den Gemeinden zu (**Gemeindesteuer**). Seit 1969 erfolgt eine Beteiligung der Gemeinden am Aufkommen der Einkommensteuer, was zu einer Gewerbesteuerumlage an Bund und Länder geführt hat. Seit 1998 wird die Gewerbesteuer nur noch auf den „Gewerbeertrag" erhoben. Der Wegfall der Gewerbekapitalsteuer[529] wird seither für die Gemeinden durch eine Beteiligung an der Umsatzsteuer kompensiert.

Zur **Rechtfertigung** der Gewerbesteuer werden das Leistungsfähigkeitsprinzip, das Äquivalenzprinzip und der „Bußgeld"-Charakter herangezogen.

Besteuert werden soll gem. des **Leistungsfähigkeitsprinzips** die Leistungsfähigkeit des Objekts Gewerbebetrieb. Probleme bereitet dabei die Tatsache, dass Objekte keine eigenständige Leistungsfähigkeit haben.

Gem. dem **Äquivalenzprinzip** sollen besondere Lasten für die Gemeinden berücksichtigt werden (Erschließung von Baugelände, Schaffung von Verkehrs- und Parkflächen, Mitfinanzierung des Nahverkehrs, Umweltschutzmaßnahmen, Bau und Unterhalt von Straßen, usw.). Indes ist eine verursachungsgerechte Zurechnung auf einzelne Betriebe schwierig.

---

[528] Bestrebungen, vom Objektcharakter abzukehren und die Besteuerung an der individuellen Leistungsfähigkeit auszurichten, konnten sich bisher nicht durchsetzen; vgl. KUßMAUL, HEINZ/BECKMANN, STEFAN/MEYERING, STEPHAN: Die Auswirkungen des Gesetzesentwurfs zur Reform der Gewerbesteuer auf gewerbliche Unternehmen, in: StuB 2003, S. 1021-1027; vgl. hierzu auch GREFE, CORD: Unternehmenssteuern, 16. Aufl., Herne 2013, S. 333.

[529] Vgl. „Gesetz zur Fortsetzung der Unternehmenssteuerrefom" vom 29.10.1997, BGBl I 1997, S. 2590.

Dem **„Bußgeld"-Charakter** entsprechend sollen besondere Belästigungen durch Gewerbebetriebe geahndet werden (u.a. Abgase, Lärm); problematisch ist jedoch die Messung dieser.

B. Das Steuersubjekt

Steuersubjekt/Steuerschuldner ist gem. § 5 Abs. 1 S. 1 und 2 GewStG der **Unternehmer**, für dessen Rechnung ein Gewerbe tatsächlich betrieben wird. Bei Einzelgewerbetreibenden ist dies der Kaufmann, bei Kapitalgesellschaften die Gesellschaft. Trotz fehlender Rechtsfähigkeit ist die **gewerblich tätige Personengesellschaft** selbst Steuerschuldner (§ 5 Abs. 1 S. 3 GewStG). Angesichts des Objektcharakters der Gewerbesteuer verschmilzt das eigentliche Steuersubjekt mit dem Steuerobjekt „Gewerbebetrieb".

C. Das Steuerobjekt

1. Überblick und Systematik

Die Gewerbesteuer belastet die Erträge von gewerblichen Unternehmen, wobei der „Gewerbeertrag" eines Gewerbebetriebs als Maßstab für seine Ist-Ertragskraft steht. **Steuerobjekt** ist jedoch nicht der Gewerbeertrag, sondern wegen des Objektcharakters der Gewerbesteuer der **Gewerbebetrieb selbst** (§ 2 GewStG). Das Steuerobjekt wird durch den **Steuermessbetrag** näher quantifiziert, der auf Basis des **Gewerbeertrags** (als Maßstab für die Ist-Ertragskraft) ermittelt wird.

Steuerobjekt der Gewerbesteuer ist zunächst „jeder stehende Gewerbebetrieb" im Inland („Gewerbebetrieb" ist ein gewerbliches Unternehmen i.S.d. Einkommensteuergesetzes; „im Inland" betrieben wird ein Gewerbebetrieb, wenn er im Inland eine Betriebsstätte (§ 12 AO) unterhält; § 2 Abs. 1 S. 2 und 3 GewStG).[530]

Dies sind einerseits **Gewerbebetriebe kraft Betätigung** (§ 2 Abs. 1 GewStG), d.h. gewerbliche Einzelunternehmen, in vollem Umfang gewerbliche Personengesellschaften (insb. OHG, KG) – auch dann, wenn es sich um eine sog. gemischt tätige (gewerbliche und z.B. vermögensverwaltende) Personengesellschaft handelt – sowie Personengesellschaften, bei denen ausschließlich eine oder mehrere Kapitalgesellschaften haften und nur diese oder ausschließlich Personen, die nicht Gesellschafter sind, die Geschäftsführung übernehmen (sog. gewerblich geprägte Personengesellschaften), selbst wenn keine gewerbliche Tätigkeit ausgeübt wird. Andererseits gilt als Gewerbebetrieb stets und in vollem Umfang die Tätigkeit einer Kapitalgesellschaft (**Gewerbebetriebe kraft Rechtsform**, § 2 Abs. 2 GewStG), auch dann, wenn keine gewerbliche Tätigkeit ausgeübt wird.[531]

Außerdem sind sonstige juristische Personen des privaten Rechts und nicht rechtsfähige Vereine, wenn und soweit ein wirtschaftlicher Geschäftsbetrieb vorhanden ist (**Gewerbebetrieb kraft wirtschaftlichen Geschäftsbetriebs**; § 2 Abs. 3 GewStG), und **Reisegewerbebetrie-**

---

[530] Das BVerfG hat eine Entscheidung getroffen, wonach es mit dem Gleichheitsgrundsatz vereinbar ist, dass die Einkünfte der freien Berufe, anderer Selbstständiger und der Land- und Forstwirte nicht der Gewerbesteuer unterliegen; vgl. BVerfG-Beschluss vom 15.01.2008, in: DB 2008, S. 1243-1249.

[531] Der BFH hat die Verfassungsmäßigkeit der Gewerbesteuerpflicht kraft Rechtsform bestätigt; vgl. BFH-Beschluss vom 03.12.2003, BStBl II 2004, S. 303.

be gem. § 35a GewStG (vgl. R 35a.1 GewStR) sowie Unternehmen von juristischen Personen des öffentlichen Rechts, wenn sie als stehende Gewerbebetriebe anzusehen sind und nicht überwiegend der Ausübung öffentlicher Gewalt dienen, Steuerobjekt der Gewerbesteuer (§ 2 GewStDV).

Von der Gewerbesteuer sind zahlreiche Institutionen **befreit**, so z.B. die Deutsche Bundesbank, die Kreditanstalt für Wiederaufbau, bestimmte Kranken- und Pflegehäuser oder Wirtschaftsfördergesellschaften (§ 3 GewStG).

2. Der Gewerbeertrag nach § 7 GewStG

a) Schema zur Ermittlung des Gewerbeertrags

Gewinn aus Gewerbebetrieb nach einkommen- und körperschaftsteuerlichen Vorschriften ermittelt
+ **Hinzurechnungen** nach § 8 GewStG, insb. um
• 25 % der Summe aus
• Entgelten für Schulden (v.a. Zinsen)
• Renten und dauernden Lasten (außer Pensionszahlungen)
• Gewinnanteilen des stillen Gesellschafters
• 20 % der Miet- und Pachtzinsen (inkl. Leasingraten) für bewegliche Wirtschaftsgüter des Anlagevermögens
• 50 % der Miet- und Pachtzinsen (inkl. Leasingraten) für unbewegliche Wirtschaftsgüter des Anlagevermögens
• 25 % der Aufwendungen für die zeitlich befristete Überlassung von Rechten (insb. Konzessionen, Lizenzen)
nach Abzug eines Freibetrags von 100.000 €
• die Gewinnanteile und Tantieme eines Komplementärs einer KGaA
• die nach § 3 Nr. 40 EStG oder § 8b Abs. 1 KStG steuerfrei gestellten Dividendenbezüge, soweit sie nicht die Voraussetzungen des § 9 Nr. 2a oder 7 GewStG (Schachteldividende) erfüllen, nach Abzug der damit in Verbindung stehenden Betriebsausgaben, soweit sie nach § 3c Abs. 2 EStG oder § 8b Abs. 5 und 10 KStG nicht abgezogen werden durften
• Verlustanteile aus in- und ausländischen Personengesellschaften
• Zuwendungen (Spenden und Mitgliedsbeiträge) i.S.d. § 9 Abs. 1 Nr. 2 KStG
• ausschüttungsbedingte Teilwertabschreibungen
./. **Kürzungen** nach § 9 GewStG, insb. um
• 1,2 % des um 40 % erhöhten Einheitswertes der Betriebsgrundstücke, soweit diese nicht von der Grundsteuer befreit sind
• Gewinnanteile aus in- und ausländischen Personengesellschaften
• Schachtelerträge aus in- und ausländischen Kapitalgesellschaften
• den Teil des Gewerbeertrags, der auf ausländische Betriebstätten entfällt
• Zuwendungen (Spenden und Mitgliedsbeiträge) i.S.d. § 9 Nr. 5 GewStG
= **Gewerbeertrag vor Verlustabzug**
./. **Gewerbeverlust** aus Vorjahren (§ 10a GewStG)
= **Gewerbeertrag vor Freibetrag und Rundung** (ggf. Gewerbeverlust)
./. **Rundung** auf volle 100 € (§ 11 Abs. 1 S. 3 GewStG)
./. **Freibetrag** i.H.v. 24.500 € bei Personenunternehmen (natürliche Personen und Personengesellschaften; § 11 Abs. 1 S. 3 Nr. 1 GewStG)
= **Gewerbeertrag nach Rundung und Freibetrag**

b) Der Gewinn als Grundlage der Gewerbeertragsermittlung

Ausgangsgröße ist nach § 7 S. 1 und 3 GewStG der **gewerbliche Gewinn** (oder Verlust), wie er sich nach den Vorschriften des Einkommensteuergesetzes (bei gewerblichen Einzelunternehmen oder Mitunternehmerschaften) und des Körperschaftsteuergesetzes (bei Kapitalgesellschaften) ergibt. Die Gewerbesteuer erfasst grundsätzlich nur den Ertrag eines bestehenden Gewerbebetriebs, nicht hingegen Vorgänge vor Beginn und nach Beendigung des Gewerbebetriebs.

Zusätzlich zählt zum Gewerbeertrag – soweit er nicht auf eine natürliche Person als unmittelbar beteiligten Mitunternehmer entfällt – auch der Gewinn aus der Veräußerung bzw. Aufgabe des (Teil-)Betriebs einer Mitunternehmerschaft, des Anteils eines Gesellschafters, der als Mitunternehmer der Mitunternehmerschaft anzusehen ist, und des Anteils eines persönlich haftenden Gesellschafters einer KGaA (§ 7 S. 2 GewStG).

c) Die Hinzurechnungen nach § 8 GewStG

Die meisten der – im Folgenden erläuterten – Hinzurechnungsvorschriften sind im **Objektsteuercharakter** der Gewerbesteuer begründet. Sämtliche Hinzurechnungsbeträge haben den nach einkommen- und ggf. körperschaftsteuerlichen Vorschriften ermittelten Gewinn als Ausgangsgröße gemindert, sodass das Hinzurechnungsgebot faktisch einem gewerbesteuerlichen Abzugsverbot entspricht.

Hinzugerechnet wird ein Viertel der den (Frei-)Betrag von 100.000 € übersteigenden Summe aus (§ 8 Nr. 1 GewStG):

- **Entgelten für Schulden**: Es soll nicht darauf ankommen, ob der Ertrag mit Eigen- oder Fremdkapital erzielt wurde. Daher sind sämtliche Entgelte für Schulden (v.a. Schuldzinsen) im Hinzurechnungsbetrag nach § 8 Nr. 1 GewStG zu berücksichtigen, wobei es nicht (mehr) auf die Fristigkeit des zur Verfügung gestellten Fremdkapitals ankommt. Entgelte sind grundsätzlich alle Vergütungen für die Überlassung von Kapital, d.h. feste und gewinnabhängige Zinsen, auch Vergütungen für die Überlassung von partiarischen Darlehen und Genussscheinkapital, ebenso wie Zahlungen, die zwar nicht als Zinsen bezeichnet werden, aber wie diese Entgeltcharakter haben (z.B. Damnum, Disagio). Explizit von dieser Hinzurechnungsvorschrift auch betroffen sind gewährte außergewöhnliche Skonti sowie Diskontbeträge aus der Veräußerung von Geldforderungen (insb. der Forfaitierung von Forderungen).

    Werden Zinsaufwendungen aufgrund einkommensteuerlicher oder körperschaftsteuerlicher Vorschriften dort nicht zum Abzug zugelassen (z.B. in Anwendung der sog. „Zinsschranke"), dann haben diese (handelsrechtlich als Aufwand gebuchten) Zinsaufwendungen den steuerlichen Gewinn nach § 7 GewStG bereits wieder erhöht, sind damit faktisch also nicht abgesetzt worden und werden aufgrund des Einleitungssatzes in § 8 GewStG dem Gewerbeertrag nicht abermals hinzugerechnet.

- **Renten und dauernden Lasten** (ausgenommen Pensionszahlungen infolge einer Pensionszusage): Es soll keinen Unterschied machen, ob der Betriebsinhaber seinen Betrieb durch langfristige Verbindlichkeiten (mit Zinsverpflichtung) oder durch die Vereinbarung einer Rente erwirbt. **Rechtsfolge** ist (unter bestimmten Voraussetzungen) die volle Hinzurechnung dieser Renten und dauernden Lasten. Für den Fall, dass es sich um Zahlungen handelt, für die ein Passivum gebildet wurde (wie z.B. bei einem Grundstückserwerb gegen Leibrentenverpflichtung), wird nur die Differenz aus Zahlung und Passivumauflösung (also der Zinsanteil) hinzugerechnet, weil nur dieser Teil die Kriterien des Einleitungssatzes von § 8 GewStG erfüllt; es wurde nur dieser Teil bei der Ermittlung des steuerlichen Gewinns i.S.d. § 7 GewStG abgesetzt.

− **Gewinnanteile des stillen Gesellschafters**: Das Kapital des (typisch) stillen Gesellschafters ist wirtschaftlich und steuerlich Fremdkapital. Die Gewinnanteile haben daher wie Fremdkapitalzinsen den gewerblichen Gewinn gemindert. Zwecks Gleichstellung mit eigenfinanzierten Betrieben sind diese Beträge wieder hinzuzurechnen.

− **20 % der Miet- und Pachtzinsen (einschließlich Leasingraten) für die Benutzung von beweglichen Wirtschaftsgütern des Anlagevermögens, die im Eigentum eines anderen stehen**: Motiv dieses Hinzurechnungstatbestands ist die Gleichstellung von Betrieben, die mit fremden und Betrieben, die mit eigenen Wirtschaftsgütern arbeiten. Unterstellt wird dabei implizit, dass sich der Gewerbeertrag um 20 % der gezahlten Miet- und Pachtzinsen (inkl. Leasingraten) erhöhen würde, wenn die Wirtschaftsgüter nicht gemietet bzw. gepachtet wären, sondern dem Betrieb selbst gehörten. Diese Hinzurechnungsvorschrift gilt auch, wenn der Empfänger der Miet-, Pacht- oder Leasingzahlung selbst gewerbesteuerpflichtig ist. Handelt es sich um einen Leasingvertrag, bei dem der Leasingnehmer selbst das Leasinggut bilanziert, geht nur der Zinsanteil der Leasingzahlung in die Hinzurechnung ein, weil nur dieser bei der Gewinnermittlung abgesetzt wurde und damit die Kriterien des Einleitungssatzes des § 8 GewStG erfüllt.

− **50 % der Miet- und Pachtzinsen (einschließlich Leasingraten) für die Benutzung der unbeweglichen Wirtschaftsgüter des Anlagevermögens, die im Eigentum eines anderen stehen**: Das Motiv dieser Hinzurechnungsvorschrift ist das Gleiche wie bei der vorgenannten Vorschrift. Handelt es sich um einen Leasingvertrag, bei dem der Leasingnehmer selbst das Leasinggut bilanziert, geht nur der Zinsanteil der Leasingzahlung in die Hinzurechnung ein, weil nur dieser bei der Gewinnermittlung abgesetzt wurde und damit die Kriterien des Einleitungssatzes des § 8 GewStG erfüllt.

− **25 % der Aufwendungen für die zeitlich befristete Überlassung von Rechten**: Von dieser Hinzurechnungsvorschrift sind insbesondere Konzessionen und Lizenzen, mit Ausnahme von Vertriebslizenzen, betroffen.

Beispiel: (Hinzurechnung nach § 8 Nr. 1 GewStG)

Eine Personengesellschaft erzielt einen steuerlichen Gewinn von 250.000 € und hat folgende Aufwendungen (handels- und steuerbilanziell) gewinnmindernd gebucht:

Fremdkapitalzinsen:	150.000 €
Mieten für Geschäftsräume:	40.000 €
Leasingzahlungen für Anlagen:	50.000 €

Der Hinzurechnungsbetrag nach § 8 Nr. 1 GewStG ermittelt sich damit wie folgt:

+ Zinsen	150.000 €	
(davon 100 %)		150.000 €
+ Mieten für Geschäftsräume	40.000 €	
(davon 50 %)		20.000 €
+ Leasingzahlungen für Anlagen:	50.000 €	
(davon 20 %)		10.000 €
= Zwischensumme		180.000 €
./. Freibetrag		100.000 €
= Endsumme		80.000 €
Davon 25 % = Hinzurechnungsbetrag		20.000 €

Hinzugerechnet werden außerdem die Gewinnanteile des persönlich haftenden Gesellschafters einer KGaA (§ 8 Nr. 4 GewStG): Mit dieser Hinzurechnung soll eine Gleichbehandlung der KGaA mit einer „normalen" KG erreicht werden, bei der Geschäftsführergehälter das zu versteuernde Einkommen ebenfalls nicht mindern dürfen. Diese Regelung ist nur deshalb erforderlich, weil die körperschaftsteuerliche Kürzungsvorschrift in § 9 Abs. 1 Nr. 1 KStG eine entsprechende Abzugsvorschrift beinhaltet.

Hinzugerechnet werden u.U. zudem einkommen- oder körperschaftsteuerlich steuerfrei gestellte Dividendenbezüge (§ 8 Nr. 5 GewStG): Die nach § 3 Nr. 40 EStG bzw. nach § 8b Abs. 1 KStG steuerfrei bleibenden Dividendenbezüge werden nach Abzug der mit diesen Erträgen in wirtschaftlichem Zusammenhang stehenden Aufwendungen, die gem. § 8b Abs. 5 KStG oder § 3c Abs. 2 EStG als nicht abziehbare Betriebsausgaben behandelt wurden, dem Gewerbeertrag hinzugerechnet, soweit sie nicht die Voraussetzungen des § 9 Nr. 2a, 7 GewStG erfüllen. Erfolgt eine solche Hinzurechnung, so ergibt sich der im Folgenden skizzierte Ablauf. Handelsrechtlich wurden die Dividendenbezüge voll als Ertrag und die damit zusammenhängenden Aufwendungen voll als Aufwand gebucht. Nach § 3 Nr. 40 EStG werden einkommensteuerlich 40 % der Dividendenbezüge außerbilanziell abgerechnet, 40 % der Aufwendungen werden außerbilanziell hinzugerechnet. Greift nun die hier betrachtete Hinzurechnungsvorschrift, werden die 40 % der Dividendenbezüge – vermindert um die 40 % der Aufwendungen – dem Gewerbeertrag wieder hinzugerechnet, sodass im Ergebnis die Dividendenbezüge voll gewerbesteuerpflichtig und die damit zusammenhängenden Aufwendungen voll abziehbar sind.

> **Beispiel:** (Hinzurechnung nach § 8 Nr. 5 GewStG)
>
> Eine Personengesellschaft bezieht 100 € Dividendenerträge aus einer fremdfinanzierten Beteiligung an einer Kapitalgesellschaft (Beteiligungsquote 9 %). Fremdkapitalzinsen fallen i.H.v. 20 € an. Handelsbilanziell ergibt sich damit im Saldo eine Gewinnerhöhung um 80 €. Einkommensteuerlich sind 40 % der Dividende (40 €) steuerfrei zu stellen und 40 % der Fremdkapitalzinsen (8 €) nicht abziehbar, womit sich der einkommensteuerliche Gewinn aus dieser Beteiligung auf 100 € ./. 20 € ./. 40 € + 8 € = 48 € beläuft. Da es sich um eine Beteiligung handelt, die unter § 8 Nr. 5 GewStG fällt, sind die einkommensteuerlich abgezogenen 40 €, vermindert um die hinzugerechneten 8 €, und damit 32 € wieder hinzuzurechnen, sodass sich der Gewerbeertrag aus dieser Beteiligung auf 80 € beläuft.

Handelt es sich um eine Kapitalgesellschaft mit Dividendenbezügen, so ist die handelsbilanzielle Behandlung völlig identisch. Körperschaftsteuerlich werden die Dividendenbezüge gem. § 8b Abs. 1 KStG in voller Höhe außerbilanziell abgerechnet, dafür werden gem. § 8b Abs. 5 KStG aber 5 % der Dividendenbezüge als nicht abziehbare Betriebsausgaben außerbilanziell wieder hinzugerechnet. Dies gilt insoweit, als dass keine Streubesitzdividende i.S.d. § 8b Abs. 4 KStG vorliegt. Die mit den Dividendenerträgen in Zusammenhang stehenden Aufwendungen bleiben steuerlich unangetastet, vermindern also den steuerbilanziellen Gewinn in voller Höhe. Greift nun die hier betrachtete Hinzurechnungsvorschrift, so werden die körperschaftsteuerlich steuerfrei gestellten 100 % der Dividende gewerbesteuerlich wieder hinzugerechnet, allerdings wird dieser Hinzurechnungsbetrag um die 5 % der Dividendenbezüge, die als nicht abziehbare Betriebsausgaben behandelt wurden, gekürzt. Im Endeffekt sind dann körperschaftsteuerlich 5 % der Dividende steuerpflichtig und gewerbesteuerlich werden die verbleibenden 95 % nunmehr hinzugerechnet. Im Ergebnis sind auch hier die Dividendenbezüge voll gewerbesteuerpflichtig und die damit zusammenhängenden Aufwendungen voll abziehbar. Diese Hinzurechnungsvorschrift ist inzwischen jedoch nur noch für Beteiligungen zwischen 10 % und 15 % relevant.

Beispiel: (Hinzurechnung nach § 8 Nr. 5 GewStG)

Eine Kapitalgesellschaft bezieht 100 € Dividendenerträge aus einer fremdfinanzierten Beteiligung an einer anderen Kapitalgesellschaft (Beteiligungsquote 11 %). Fremdkapitalzinsen fallen i.H.v. 20 € an. Handelsbilanziell ergibt sich damit im Saldo eine Gewinnerhöhung um 80 €. Körperschaftsteuerlich sind 100 % der Dividende (100 €) steuerfrei zu stellen und 5 % der Dividende als nicht abziehbare Betriebsausgaben wieder hinzuzurechnen (5 €), womit sich der körperschaftsteuerliche Gewinn aus dieser Beteiligung auf 100 € ./. 20 € ./. 100 € + 5 € = ./. 15 € beläuft. Da es sich um eine Beteiligung handelt, die unter § 8 Nr. 5 GewStG fällt, sind die körperschaftsteuerlich abgezogenen 100 €, vermindert um die hinzugerechneten 5 €, und damit 95 € wieder hinzuzurechnen, sodass sich der Gewerbeertrag aus dieser Beteiligung auf 80 € beläuft.

Die gewerbesteuerliche Hinzurechnung unterbleibt dagegen, wenn eine Beteiligung unter 10 % vorliegt, da diese seit der Umsetzung des EuGH-Urteils vom 20.11.2011 in der Rechtssache C-284/09[532] in § 8b Abs. 4 KStG mit Wirkung zum 01.03.2013 in voller Höhe der Körperschaftsteuer unterliegen, sodass in diesen Fällen das modifizierte Nulleinkünfteverfahren nicht mehr greift.

Hinzuzurechnen sind außerdem **Anteile am Verlust an in- und ausländischen Mitunternehmergemeinschaften (§ 8 Nr. 8 GewStG)**, da sie gewerbesteuerlich bereits bei der Gesellschaft berücksichtigt wurden, die den Verlust selbst erlitten hat, körperschaftsteuerlich abziehbare Zuwendungen (Spenden und Mitgliedsbeiträge) (§ 8 Nr. 9 GewStG), ausschüttungsbedingte **Teilwertabschreibungen** (§ 8 Nr. 10 GewStG) – damit sich einkommensteuerlich bzw. körperschaftsteuerlich wirksame Gewinnminderungen einer Teilwertabschreibung aufgrund eines ausschüttungsbedingt gesunkenen Beteiligungsbuchwerts nicht auch noch gewerbesteuerlich niederschlagen – sowie **unter bestimmten Voraussetzungen, ausländische Steuern** (§ 8 Nr. 12 GewStG).

---

[532] Vgl. Gesetz zur Umsetzung des EuGH-Urteils vom 20.10.2011 in der Rechtssache C-284/09, BGBl I 2013, S. 561.

> **Beispiel:** **(Steuerbelastung bei Ausschüttungen)**
>
> Die inländische A-AG hält an der inländischen B-AG eine Beteiligung. Die B-AG führt eine Gewinnausschüttung i.H.v. 100 T€ durch. Es wird die Steuerbelastung bei der A-AG für folgende drei Szenarien ermittelt. Der SolZ wird vernachlässigt.

Beteiligungshöhe 1 %		Beteiligungshöhe 11 %		Beteiligungshöhe 21 %	
Ausschüttung	100	Ausschüttung	100	Ausschüttung	100
§ 8b Abs. 4 S. 1 KStG (Beteiligung < 10 %)		§ 8b Abs. 1 KStG (100 % Freistellung)	./. 100	§ 8b Abs. 1 KStG (100 % Freistellung)	./. 100
		§ 8b Abs. 5 KStG (5 % nicht abzugsfähige BA)	+ 5	§ 8b Abs. 5 KStG (5 % nicht abzugsfähige BA)	+ 5
KSt-Satz: 15 %	./.15	KSt-Satz: 15 %	./. 0,75	KSt-Satz: 15 %	./. 0,75
GewSt: Normale Besteuerung		GewSt: Beteiligungshöhe < 15 %, daher Hinzurechnung der körperschaftlich steuerfrei gestellten Beträge	+ 95	GewSt: Keine Hinzurechnung (gewerbesteuerliches Schachtelprivileg), da die Beteiligung ≥ 15 % ist.	0
GewSt-Satz: 14 %	./. 14	GewSt-Satz: 14 %	./.14	GewSt-Satz: 14 %	./. 0,7
Nettodividende bei der A-AG	71	Nettodividende bei der A-AG	85,25	Nettodividende bei der A-AG	98,55

d) Die Kürzungen nach § 9 GewStG

Durch die nachfolgend erläuterten Kürzungsvorschriften sollen bestimmte Teile des Gewerbeertrags nicht bzw. nicht doppelt besteuert werden. Auch hierfür ist der Objektcharakter der Gewerbesteuer – u.a. mit den Elementen der Vermeidung einer mehrfachen Realsteuerbelastung und der Ausgliederung ausländischer Vermögensgegenstände – ursächlich.

Grundbesitzabzüge (§ 9 Nr. 1 GewStG): Die **Normalkürzung beträgt** 1,2 % des gem. § 121a BewG um 40 % erhöhten Einheitswertes der Betriebsgrundstücke, sofern es sich nicht um von der Grundsteuer befreite Betriebsgrundstücke handelt (§ 9 Nr. 1 S. 1 GewStG). Daneben ist bei sog. Grundstücksunternehmen der individuelle Abzug der auf die Grundbesitznutzung fallenden Gewerbeerträge – und damit insoweit die faktische Freistellung von der Gewerbesteuer – möglich (§ 9 Nr. 1 S. 2-5 GewStG).

Erträge aus Beteiligungen und ausländischen Betriebstätten:

- **Gewinnanteile aus in- und ausländischen Mitunternehmerschaften** (§ 9 Nr. 2 GewStG) werden gekürzt, da sie gewerbesteuerlich bereits bei der gewinnerzielenden Gesellschaft berücksichtigt wurden.

| **Beispiel:** | (Auswirkung der Kürzung von Gewinnanteilen aus Mitunternehmerschaften) |

Die inländische A-GmbH ist Komplementär einer KG und erhält Gewinnanteile i.H.v. insgesamt 5.000 €. Daneben erhält der einzige Kommanditist dieser KG einen Gewinnanteil i.H.v. 7.500 €. Die A-GmbH erwirtschaftet aus anderen gewerblichen Tätigkeiten einen Gewinn von 10.000 €.

Berechnung des Gewerbeertrags bei der KG:

Ausgangsgröße nach § 7 GewStG (Gewinnanteile)	12.500 €
Keine Hinzurechnung § 8 Nr. 8 GewStG/keine Kürzung nach § 9 Nr. 2 GewStG	–
Gewerbeertrag	**12.500 €**

Berechnung des Gewerbeertrags bei der GmbH:

Ausgangsgröße nach § 7 GewStG (Gewinnanteile)	15.000 €
Kürzung nach § 9 Nr. 2 GewStG	./. 5.000 €
Gewerbeertrag	**10.000 €**

- **Gewinnanteile aus inländischen Kapitalgesellschaften** (§ 9 Nr. 2a GewStG, **nationales gewerbesteuerliches Schachtelprivileg**) mit dem **Zweck** der Vermeidung einer Zwei- oder Mehrfachbelastung bei Beteiligungen an Kapitalgesellschaften (Voraussetzung ist, dass die Beteiligungshöhe mindestens 15 % beträgt und bereits zu Beginn des Erhebungszeitraums bestanden hat). Sind die Voraussetzungen des gewerbesteuerlichen Schachtelprivilegs erfüllt, ergibt sich der im Folgenden skizzierte Ablauf. Handelsrechtlich wurden die Dividendenbezüge voll als Ertrag und die damit zusammenhängenden Aufwendungen voll als Aufwand gebucht. Nach § 3 Nr. 40 EStG werden einkommensteuerlich 40 % der Dividendenbezüge außerbilanziell abgerechnet, 40 % der Aufwendungen werden außerbilanziell hinzugerechnet. Werden die Kriterien des gewerbesteuerlichen Schachtelprivilegs erfüllt, greift die Hinzurechnungsvorschrift nach § 8 Nr. 5 GewStG nicht, stattdessen greift die hier betrachtete Kürzungsvorschrift, wonach auch die verbleibenden 60 % der Dividende, vermindert um die 60 % der zugehörigen Aufwendungen, abzuziehen sind.

| **Beispiel:** | (Kürzung nach § 9 Nr. 2a GewStG) |

Eine Personengesellschaft bezieht 100 € Dividendenerträge aus einer fremdfinanzierten Beteiligung an einer Kapitalgesellschaft (Beteiligungsquote 16 %). Fremdkapitalzinsen fallen i.H.v. 20 € an. Handelsbilanziell ergibt sich damit im Saldo eine Gewinnerhöhung um 80 €. Einkommensteuerlich sind 40 % der Dividende (40 €) steuerfrei zu stellen und 40 % der Fremdkapitalzinsen (8 €) nicht abziehbar, womit sich der einkommensteuerliche Gewinn aus dieser Beteiligung auf 100 € ./. 20 € ./. 40 € + 8 € = 48 € beläuft. Da es sich um eine Beteiligung handelt, die unter § 9 Nr. 2a GewStG fällt, sind die einkommensteuerpflichtigen 60 €, vermindert um die einkommensteuerlich abgezogenen 12 €, und damit 48 € abzuziehen, womit sich der Gewerbeertrag aus dieser Beteiligung auf 0 € beläuft.

Handelt es sich um eine Kapitalgesellschaft mit Dividendenbezügen, so ist die handelsbilanzielle Behandlung völlig identisch. Körperschaftsteuerlich werden die Dividendenbezüge gem. § 8b Abs. 1 KStG in voller Höhe außerbilanziell abgerechnet, dafür werden gem. § 8b Abs. 5 KStG aber 5 % der Dividendenbezüge als nicht abziehbare Betriebsausgaben außerbilanziell wieder hinzugerechnet. Die mit den Dividendenerträgen in Zusammenhang stehenden Aufwendungen bleiben steuerlich unangetastet, vermindern also den steuerbilanziellen Gewinn in voller Höhe. Greift nun die hier betrachtete Kürzungsvorschrift, so ändert sich nichts im Vergleich zur körperschaftsteuerlichen Behandlung, da 100 % der Dividende gar nicht erst über § 7 GewStG Eingang in die Gewerbesteuer finden und die körperschaftsteuerlichen 5 % nicht abziehbaren Betriebsausgaben nach § 9 Nr. 2a S. 4 GewStG nicht als zu kürzender Gewinnanteil angesehen werden.[533]

> **Beispiel:** (Kürzungsvorschrift nach § 9 Nr. 2a GewStG)
>
> Eine Kapitalgesellschaft bezieht 100 € Dividendenerträge aus einer fremdfinanzierten Beteiligung an einer anderen Kapitalgesellschaft (Beteiligungsquote 16 %). Fremdkapitalzinsen fallen i.H.v. 20 € an. Handelsbilanziell ergibt sich damit im Saldo eine Gewinnerhöhung um 80 €. Körperschaftsteuerlich sind 100 % der Dividende (100 €) steuerfrei zu stellen und 5 % der Dividende als nicht abziehbare Betriebsausgaben wieder hinzuzurechnen (5 €), womit sich der körperschaftsteuerliche Gewinn aus dieser Beteiligung auf 100 € ./. 20 € ./. 100 € + 5 € = ./. 15 € beläuft. Da es sich um eine Beteiligung handelt, die unter § 9 Nr. 2a GewStG fällt, sind die körperschaftsteuerlich abgezogenen 100 € nicht abermals zu kürzen, die hinzugerechneten 5 € sind mangels Gewinnanteilseigenschaft ebenfalls nicht wieder zu kürzen. Damit ergibt sich aus dieser Beteiligung auch ein Gewerbeertrag von ./. 15 €.

- **Gewinnanteile, die nach § 8 Nr. 4 GewStG dem Gewerbeertrag einer KGaA zugerechnet werden**, wenn diese bei der Ermittlung des Gewerbeertrags gem. § 7 GewStG angesetzt worden sind (§ 9 Nr. 2b GewStG).

- **Gewinnanteile aus nicht im Inland belegenen Betriebstätten** (§ 9 Nr. 3 GewStG).

- **Gewinnanteile aus ausländischen Kapitalgesellschaften** (§ 9 Nr. 7 und 8 GewStG, **internationales Schachtelprivileg**); ähnliche Regelung wie § 9 Nr. 2a GewStG mit internationalem Bezug; für Anteile i.S.d. Mutter-/Tochter-Richtlinie muss die Beteiligung zu Beginn des Erhebungszeitraums mindestens 10 % betragen.

Zuwendungen (Spenden und Mitgliedsbeiträge) im Rahmen der festgelegten Höchstgrenzen (§ 9 Nr. 5 GewStG): Handelsrechtlich wurden die geleisteten Zuwendungen als Aufwand gebucht. Körperschaftsteuerlich werden zunächst gem. § 9 Abs. 2 S. 1 KStG alle Zuwendungen wieder hinzugerechnet, um auf der sich dann ergebenden Ausgangsbasis das Volumen der abziehbaren Zuwendungen nach § 9 Abs. 1 Nr. 2 KStG zu berechnen und schließlich abzuziehen. Dieses Ergebnis geht zunächst über § 7 S. 1 GewStG auch in die gewerbesteuerliche Ausgangsgröße ein. Durch die gewerbesteuerlich erfolgende Hinzurechnung der körperschaftsteuerlich abziehbaren Zuwendungen nach § 8 Nr. 9 GewStG und die dann hier erfolgende Kürzung nach § 9 Nr. 5 GewStG wird gewährleistet, dass der Höchstbetrag des (gewerbesteuerlichen) Spendenabzugs nach gewerbesteuerlichen Vorschriften ermittelt wird.

Die Hinzurechnung nach § 8 Nr. 9 GewStG bezieht sich nur auf die körperschaftsteuerlich abziehbaren Zuwendungen, während die Kürzung nach § 9 Nr. 5 GewStG auch für einkommensteuerliche Zuwendungen i.S.d. § 10b Abs. 1 EStG gilt. Die Ursache für die nicht erfolgende Hinzurechnung der einkommensteuerlichen Zuwendungen i.S.d. § 10b Abs. 1 EStG liegt darin, dass diese einkommensteuerlich als Einkommensverwendungen und damit als Entnahmen der Mitunternehmer angesehen werden und lediglich bei diesen in den Sonderausgabenabzug eingehen (bzw. in den körperschaftsteuerlichen Spendenabzug, wenn der

---

[533] Vgl. hierzu kritisch RICHTER, LUTZ: Kritische Beurteilung der gewerbesteuerlichen Auswirkung von § 8b Abs. 5 KStG durch das Jahressteuergesetz 2007, in: BB 2007, S. 751-754.

Mitunternehmer eine Kapitalgesellschaft ist).[534] Auf Ebene der (Personen-)Gesellschaft sind sie mangels einkommensteuerlicher Abzugsfähigkeit in der gewerbesteuerlichen Ausgangsgröße nach § 7 S. 1 GewStG also enthalten. Es erfolgt dann richtigerweise keine neuerliche Zurechnung über § 8 GewStG; § 9 Nr. 5 GewStG bestimmt den gewerbesteuerlich abziehbaren Zuwendungsbetrag. Die Hinzurechnungsvorschrift nach § 8 Nr. 9 GewStG hat im Ergebnis also den Zweck, eine gewerbesteuerliche Gleichbehandlung von spendenden Personengesellschaften und Kapitalgesellschaften herzustellen.

e) Der Gewerbeverlust nach § 10a GewStG

Der sich im Ergebnis nach Vornahme von Hinzurechnungen und Kürzungen ergebende Gewerbeertrag wird bis zu einem Betrag i.H.v. 1 Mio. € unbeschränkt um **Fehlbeträge** gekürzt, die sich bei der Ermittlung des Gewerbeertrags für vorangegangene Erhebungszeiträume ergeben haben (Fehlbetrag = Gewerbeverlust = negativer Gewerbeertrag = Ausgangsgröße zzgl. Hinzurechnungen abzgl. Kürzungen). Darüber hinaus ist ein Gewerbeverlustabzug auf 60 % des verbleibenden positiven Gewerbeertrags begrenzt, sodass auch bei der Gewerbesteuer von einer Mindestbesteuerung i.H.v. 40 % des 1 Mio. € übersteigenden Gewerbeertrags gesprochen werden kann.[535] Ein **Verlustrücktrag ist nicht möglich**.

Bei **Einzelunternehmern** und **Personengesellschaften** ist notwendige Voraussetzung für den Verlustabzug nach § 10a GewStG, dass sowohl **Unternehmensidentität** als auch **Unternehmeridentität** besteht (vgl. R 10a.1 Abs. 3 S. 3 GewStR):

– **Unternehmensidentität** liegt dann vor, wenn der im Anrechnungsjahr bestehende Gewerbebetrieb mit dem Gewerbebetrieb identisch ist, der im Jahr der Verlustentstehung bestanden hat (vgl. R 10a.2 GewStR).

– **Unternehmeridentität** ist gegeben, wenn derjenige Gewerbetreibende, der den Abzug des Verlusts in Anspruch nehmen will, den Gewerbeverlust zuvor in Person erlitten hat (vgl. R 10a.3 GewStR).

Die Ermittlung des dem einzelnen Mitunternehmer zuzurechnenden Verlustanteils an einer Mitunternehmerschaft richtet sich nach dem allgemeinen Gewinnverteilungsschlüssel der Mitunternehmerschaft.

Bei **Körperschaften** geht die Nutzung (i.S.d. Abzugsfähigkeit) laufender und vorgetragener Verluste unter den gleichen Voraussetzungen unter, wie dies körperschaftsteuerlich der Fall ist (§ 10a S. 8 GewStG i.V.m. § 8c KStG; siehe insoweit hierzu die Ausführungen zum Mantelkauf (S. 556)). Die Regelungen zum Untergang eines Gewerbesteuerverlustes wurden durch das Jahressteuergesetz 2009 auch teilweise auf Personengesellschaften ausgeweitet. Gewerbesteuerliche Verlustvorträge entfallen (teilweise), wenn sich die Beteiligungsverhältnisse bei einer Körperschaft in einem nach § 8c Abs. 1 S. 1 u. 2 KStG schädlichen Rahmen ändern und die Körperschaft mittelbar oder unmittelbar an der Personengesellschaft beteiligt ist (§ 10a S. 10 GewStG).

---

[534] Vgl. § 10b Abs. 1 S. 1 EStG und BFH-Urteil vom 08.08.1990, BStBl II 1991, S. 70.
[535] Vororganschaftliche Verluste von Organgesellschaften bleiben unberücksichtigt (§ 10a S. 3 GewStG); vgl. RICHTER, LUTZ: Die geplante gesetzliche Regelung vororganschaftlicher Verluste im Rahmen eines Entwurfs eines Gesetzes zur Reform der Gewerbesteuer, in: GmbHR 2003, S. 1311-1314.

3. Die Bemessungsgrundlage (Steuermessbetrag)

Bemessungsgrundlage der Gewerbesteuer ist der **Steuermessbetrag** (§ 14 GewStG). Er ergibt sich auf Basis der Besteuerungsgrundlage „Gewerbeertrag" (§ 6 GewStG), welcher mit der Steuermesszahl zu multiplizieren ist (§ 11 GewStG). Mit dem Unternehmensteuerreformgesetz 2008 wurde eine einheitliche und rechtsformunabhängige Steuermesszahl von 3,5 % festgelegt.

D. Der Steuertarif und die Hebesatz-Anwendung

Die Gewerbesteuerschuld ergibt sich durch die Multiplikation des Steuermessbetrags mit dem Hebesatz. Die **Hebesätze** werden von der Gemeinde i.d.R. für ein Kalenderjahr festgesetzt (§ 16 Abs. 2 GewStG) und haben für alle Unternehmen der Gemeinde Gültigkeit (§ 16 Abs. 4 S. 1 GewStG). Die **Gemeinden sind verpflichtet, eine Gewerbesteuer zu erheben** (§ 1 GewStG) **und den Hebesatz auf mindestens 200 % festzulegen** (§ 16 Abs. 4 S. 2 1. Halbsatz GewStG). Es ist den Gemeinden überlassen, einen höheren Hebesatz zu bestimmen (§ 16 Abs. 4 S. 2 2. Halbsatz GewStG). Die Hebesätze für die Gewerbesteuer schwanken in der Praxis zwischen 200 % und 490 %. Der gewogene Durchschnitt der Gemeinden mit über 50.000 Einwohnern betrug im Jahr **2012 440 %** (z.B. Berlin 410 %, Essen 480 %, Fulda 380 %, Hamburg 470 %, München 490 %, Saarbrücken 450 %, Stuttgart 420 %).[536]

Seit Inkrafttreten des Unternehmensteuerreformgesetzes 2008 ist die Gewerbesteuer, wie bereits zuvor die Körperschaftsteuer, eine **nicht abziehbare Betriebsausgabe** (§ 4 Abs. 5b EStG). Damit erübrigt sich für die Berechnung der Höhe der Gewerbesteuer die bis dahin praktizierte Im-Hundert-Rechnung.[537]

Die Höhe der Gewerbesteuer ergibt sich seither als einfaches Produkt aus Steuermessbetrag und Hebesatz der jeweiligen Gemeinde, wobei der Steuermessbetrag als Produkt aus Gewerbeertrag nach Rundung und Freibetrag und Steuermesszahl von 3,5 % resultiert.

Beispiel: (Gewerbesteuerberechnung)

Es gelten die Ausgangsdaten des Beispiels auf S. 401. Der Hebesatz beträgt 360 %.

Nach Hinzurechnung der 20.000 € gem. § 8 Nr. 1 GewStG und unter der Annahme, dass ansonsten keine Hinzurechnungs- und Kürzungsvorschriften greifen, ergibt sich ein Gewerbeertrag vor Verlustabzug i.H.v. 270.000 €. Eine Rundung auf volle 100 € erübrigt sich. Nach Abzug des Freibetrags i.H.v. 24.500 € bei Personenunternehmen (§ 11 Abs. 1 S. 3 Nr. 1 GewStG) ergibt sich ein Gewerbeertrag nach Rundung und Freibetrag von 245.500 €. Die Gewerbesteuer berechnet sich dann wie folgt:

Gewerbeertrag nach Rundung und Freibetrag	245.500,00 €
· Steuermesszahl	0,035
= Steuermessbetrag	8.592,50 €
· Hebesatz	360 %
= Gewerbesteuer	30.933,00 €

---

[536] Vgl. Vgl. ANDREA, KATHRIN: Realsteuern 2012 – Die Entwicklung der Realsteuerhebesätze der Gemeinden mit 50.000 und mehr Einwohnern im Jahr 2012 gegenüber 2011, hrsg. vom INSTITUT „FINANZEN UND STEUERN", Berlin 2013, S. 7 und S. 19-27.

[537] Vgl. dazu KUßMAUL, HEINZ: Betriebswirtschaftliche Steuerlehre, 4. Aufl., München/Wien 2006, S. 368.

(Nachrichtlich: Gewerbesteueranrechnungsbetrag gem. § 35 EStG: 3,8 · 8.592,50 € = 32.651,50 €, max. aber die gezahlte Gewerbesteuer i.H.v. 30.933,00 €)

E. Die Zerlegung des Steuermessbetrags

Probleme können sich ergeben, wenn mehreren Gemeinden das Recht zusteht, Gewerbesteuer zu erheben (mehrere „hebeberechtigte" Gemeinden), weil z.B. ein Betrieb mehrere Betriebstätten in verschiedenen Gemeinden unterhält, sich die Betriebstätte eines Gewerbebetriebs über mehrere Gemeinden erstreckt (§ 4 Abs. 1 S. 2 GewStG) oder eine Betriebstätte innerhalb eines Kalenderjahres in eine andere Gemeinde verlegt wird.[538]

Dieses Problem wird dadurch gelöst, dass der Steuermessbetrag in die auf die einzelnen Gemeinden entfallenden Anteile aufgeteilt wird (§§ 28-34 GewStG); Verteilungsmaßstab ist die Arbeitslohnsumme. Diese sog. Zerlegung wird vom für den Betrieb zuständigen Finanzamt durchgeführt und per Gewerbesteuermessbescheid festgesetzt. Das Finanzamt teilt den Gemeinden die Festsetzung des Gewerbesteuermessbescheides mit. Jede Gemeinde berechnet dann die ihr zustehende Gewerbesteuer durch **Multiplikation** des auf sie entfallenden Anteils am **Steuermessbetrag** mit dem von ihr festgesetzten Hebesatz.

Beispiel: (Zerlegung des Steuermessbetrags)

Der Gewerbeertrag einer GmbH beträgt 500.000 €.

Der Gewerbesteuermessbetrag beträgt damit 500.000 € · 0,035 = 17.500 €.

Es werden Betriebstätten in den Gemeinden A, B und C unterhalten.

Summe der Arbeitslöhne in Gemeinde A (Hebesatz: 400 %):	500.000 €
Summe der Arbeitslöhne in Gemeinde B (Hebesatz: 300 %):	1.000.000 €
Summe der Arbeitslöhne in Gemeinde C (Hebesatz: 500 %):	1.500.000 €
	3.000.000 €

Wäre die GmbH nur in Gemeinde A angesiedelt, ergäbe sich folgende Gewerbesteuer: 17.500 € · 400 % = 70.000 €.

Da der Betrieb jedoch in unterschiedlichen Gemeinden Betriebstätten unterhält, wollen auch diese Gemeinden am Gewerbesteueraufkommen teilhaben. Gem. den §§ 28-34 GewStG wird den Gemeinden deshalb ein anteiliger Steuermessbetrag – gewichtet mittels der Lohnsummen – zugerechnet. Gemeinde A steht damit ein Anteil von $\frac{1}{6}$, Gemeinde B von $\frac{2}{6}$ und Gemeinde C von $\frac{3}{6}$ am Steuermessbetrag zu.

---

[538] Vgl. auch SCHEFFLER, WOLFRAM: Besteuerung von Unternehmen, Bd. 1: Ertrag-, Substanz- und Verkehrsteuern, 12. Aufl., Heidelberg 2012, S. 307 f.

Damit beträgt die Gewerbesteuer in den Gemeinden A, B und C:

Gemeinde A: $\frac{1}{6} \cdot 17.500 \cdot 400\,\% =$	11.666,67 €
Gemeinde B: $\frac{2}{6} \cdot 17.500 \cdot 300\,\% =$	17.500,00 €
Gemeinde C: $\frac{3}{6} \cdot 17.500 \cdot 500\,\% =$	43.750,00 €
Summe:	**72.916,67 €**

F. Das Besteuerungsverfahren

Gem. § 14a GewStG hat der gewerbesteuerpflichtige Betrieb (Steuerschuldner) eine Steuererklärung und ggf. eine Zerlegungserklärung abzugeben. Das für den Gewerbebetrieb zuständige Finanzamt setzt in einem **Gewerbesteuermessbescheid** den Steuermessbetrag fest, der jedoch noch keine Steuerschuld enthält. Auf der Grundlage des Gewerbesteuermessbescheids erlassen die Gemeindesteuerämter den **Gewerbesteuerbescheid** durch Anwendung des gemeindlichen Hebesatzes auf den (ihnen ggf. im Wege der Zerlegung zugewiesenen) Steuermessbetrag.

Es sind vierteljährliche **Vorauszahlungen** zu leisten, deren Höhe sich nach der letzten Veranlagung richtet; jede Vorauszahlung beträgt ein Viertel der Steuer, die sich bei der letzten Veranlagung ergeben hat (§ 19 Abs. 1 und 2 GewStG). Diese Vorauszahlungen werden auf die endgültige Steuerschuld, die nach Ablauf des Erhebungszeitraums festgesetzt wird, angerechnet (§ 20 Abs. 1 GewStG). Differenzbeträge sind als Abschlusszahlung zu entrichten oder dem Gewerbebetrieb zu erstatten (§ 20 Abs. 2 und 3 GewStG).

G. Kritik am geltenden Gewerbesteuerrecht

Durch die Hebesatzanwendung je Gemeinde und den daraus resultierenden örtlichen Belastungsunterschieden entsteht für gewerbliche Betriebe eine **Sonderbelastung** und damit eine Beeinflussung der Standortwahl (vgl. S. 707).

Die Konjunkturempfindlichkeit der Gewerbesteuer mit der daraus resultierenden schwankenden Finanzkraft der Gemeinden und die mögliche Einflussnahme auf die kommunale Willensbildung durch die Steuerzahler sind **nachteilig für die Gemeinden**.

Durch die Pflicht zur Erhebung der Gewerbesteuer (§ 1 GewStG) und die Vorgabe einer Mindesthöhe für den Hebesatz (200 %, § 16 Abs. 4 S. 2 GewStG) wird in die Autonomie der Gemeinden eingegriffen.[539]

---

[539] Vgl. bspw. OTTING, OLAF: Verfassungsrechtliche Grenzen der Bestimmung des Gewerbesteuerhebesatzes durch Bundesgesetz, in: StuB 2004, S. 1222-1225.

V. Die Erbschaft- und Schenkungsteuer

Vgl. hierzu insb. MOENCH, DIETMAR/ALBRECHT, GERD: Erbschaftsteuerrecht, 2. Aufl., München 2009; ROSE, GERD/WATRIN, CHRISTOPH: Betrieb und Steuer, Bd. 3: Erbschaftsteuer, mit Schenkungsteuer und Bewertungsrecht, 12. Aufl., Berlin 2009, S. 19-140; SCHEFFLER, WOLFRAM: Besteuerung von Unternehmen, Bd. 1: Ertrag-, Substanz- und Verkehrsteuern, 12. Aufl., Heidelberg 2012, S. 316-361; SEER, ROMAN: § 15, in: Steuerrecht, hrsg. von KLAUS TIPKE und JOACHIM LANG, 21. Aufl., Köln 2013; WÖHE, GÜNTER: Betriebswirtschaftliche Steuerlehre, Bd. 1, 1. Halbband: Die Steuern des Unternehmens – Das Besteuerungsverfahren, 6. Aufl., München 1988, S. 432-447.

A. Charakteristik und Rechtfertigung

Steuersystematisch hat die Erbschaft- und Schenkungsteuer (kurz: Erbschaftsteuer) eine **Sonderstellung** zwischen den Steuern auf das Einkommen und den Steuern auf das Vermögen (vgl. S. 258 ff.). Sie besteuert den Transfer von Vermögenssubstanz zwischen zwei Steuersubjekten (Transfer steuerlicher Leistungsfähigkeit). Die Erbschaftsteuer ist eine Personensteuer. Wegen der Besteuerung des Substanzübergangs rechnet man die Erbschaftsteuer im System der deutschen Steuerarten zu den Verkehrsteuern. **Haupttatbestand** der Erbschaftsteuer ist die „Erbschaft" (Vermögensübergang auf eine oder mehrere andere Personen infolge Todes), daneben existiert eine Reihe von Ersatztatbeständen. Die Erbschaft- und Schenkungsteuer ist eine **Erbanfallsteuer**, d.h. es wird die Bereicherung beim einzelnen Erben besteuert und nicht die Nachlassmasse als solche – dies wäre eine Nachlasssteuer.

Gerechtfertigt wird die Erbschaftsteuer mit der grundsätzlichen Nichtbesteuerung des Vermögenszuwachses beim Erben durch die Einkommensteuer. Ein weiteres Ziel ist die Umverteilung zur Verminderung von Startungleichheiten in der Wettbewerbswirtschaft.

B. Das Steuersubjekt[540]

Eine **unbeschränkte Steuerpflicht** besteht, wenn Vermögensübergänge von Inländern ausgehen oder an Inländer erfolgen (§ 2 Abs. 1 Nr. 1 S. 1, Nr. 2 ErbStG). Inländer sind hier insb. natürliche Personen, die im Inland ihren Wohnsitz oder gewöhnlichen Aufenthalt haben, und juristische Personen mit Sitz oder Ort der Geschäftsleitung im Inland (§ 2 Abs. 1 Nr. 1 S. 2 ErbStG). Diese Steuerpflicht erstreckt sich auf den gesamten Vermögensanfall, woraus folgt, dass sowohl im Inland als auch im Ausland stattfindende Vermögensübertragungen erfasst werden (Universalitätsprinzip).

Eine **beschränkte Steuerpflicht** besteht, wenn an dem Vermögensanfall zwar kein Inländer beteiligt ist, aber Inlandsvermögen übertragen wird (§ 2 Abs. 1 Nr. 3 ErbStG i.V.m. § 121 BewG). Bei der beschränkten Steuerpflicht wird nur das Inlandsvermögen steuerlich erfasst (Territorialprinzip).[541]

---

[540] Vgl. SCHEFFLER, WOLFRAM: Besteuerung von Unternehmen, Bd. 1: Ertrag-, Substanz- und Verkehrsteuern, 12. Aufl., Heidelberg 2012, S. 319 f.

[541] Darüber hinaus kann auch eine **erweitert beschränkte Steuerpflicht** i.S.d. § 4 AStG bestehen, wodurch der Umfang des Steuerobjektes erweitert wird (vgl. S. 752 ff.).

C. Das Steuerobjekt und die Bemessungsgrundlage

Haupttatbestand ist der **Erwerb von Todes wegen** (§ 1 Abs. 1 Nr. 1, § 3 ErbStG), erweitert um Sonderregelungen u.a. für den Fall der Zugewinngemeinschaft (§ 5 ErbStG).

Ersatztatbestände sind u.a. **Schenkungen unter Lebenden** (§ 1 Abs. 1 Nr. 2, § 7 ErbStG), **Zweckzuwendungen** (§ 1 Abs. 1 Nr. 3, § 8 ErbStG) sowie **Stiftungs- und Vereinsvermögen** (§ 1 Abs. 1 Nr. 4 ErbStG).

Als **Schenkungen unter Lebenden** gilt auch die Anwachsung eines Gesellschaftsanteils an die verbleibenden Gesellschafter, sofern der Wert des Anteils des Ausscheidenden den Abfindungsanspruch übersteigt (§ 7 Abs. 7 ErbStG), und die Werterhöhung von Anteilen an Kapitalgesellschaften, die eine an einer Gesellschaft mittelbar oder unmittelbar beteiligte natürliche Person durch eine Leistung einer anderen Person an die Gesellschaft erlangt (§ 7 Abs. 8 ErbStG).

Zweckzuwendungen (§ 8 ErbStG) sind Zuwendungen von Todes wegen oder freigebige Zuwendungen unter Lebenden mit der Auflage, das zugewendete Vermögen zu Gunsten eines bestimmten Zwecks zu verwenden. Das Zugewandte kommt nicht einer Person, sondern einem objektiv bestimmten Zweck zugute.

Steuerobjekt ist bei **Stiftungs- und Vereinsvermögen** in Zeitabständen von je 30 Jahren das Vermögen einer Stiftung – sofern sie wesentlich im Interesse einer Familie oder bestimmter Familien errichtet ist – oder eines Vereins, dessen Zweck wesentlich auf die Bindung von Vermögen im Interesse einer Familie oder bestimmter Familien gerichtet ist. Grund hierfür ist, dass das Stiftungs- und Vereinsvermögen der Stiftung bzw. dem Verein selbst gehört (keine Gesellschafter o.Ä.). Dies würde ohne Sonderregelung dazu führen, dass der Vermögensübergang auf Stiftungen bzw. Vereine zwar ein steuerbarer Vorgang ist (§ 3 Abs. 2 Nr. 1, § 7 Abs. 1 Nr. 8 ErbStG), das Vermögen im Anschluss jedoch – abgesehen von der Auflösung und dem Formwechsel in eine Kapitalgesellschaft (§ 7 Abs. 1 Nr. 9 ErbStG) – von der Erbschaftsteuer verschont bliebe.

Bemessungsgrundlage ist der **Wert der Bereicherung** des Erwerbers, soweit die Bereicherung nicht steuerfrei ist (§ 10 Abs. 1 S. 1 ErbStG). Der **Wert der Bereicherung** ist grundsätzlich nach den Vorschriften des 1. Teils des BewG zu ermitteln (§ 12 Abs. 1 ErbStG), daneben bestehen besondere erbschaftsteuerliche Regelungen, d.h. Bewertungsvorbehalte (z.B. für Anteile an Kapitalgesellschaften und Grundbesitz; § 12 Abs. 2-7 ErbStG). Bewertungszeitpunkt ist der Stichtag der Entstehung der Steuer (§ 11 ErbStG).

Diese Bewertungsvorbehalte führen für Grundstücke und Gebäude dazu, dass eine sog. **Bedarfsbewertung** nach dem 6. Abschnitt des BewG (§§ 157-198 BewG)[542], insb. §§ 176-198 BewG, zu erfolgen hat (§ 12 Abs. 1 i.V.m. § 12 Abs. 3 ErbStG), wobei sich die Bewertung bebauter Grundstücke nach folgenden Grundstücksarten unterscheidet: Ein- und Zweifamilienhäuser, Mietwohngrundstücke, Wohnungs- und Teileigentum, Geschäftsgrundstücke, gemischt genutzte Grundstücke und sonstige bebaute Grundstücke (§ 181 Abs. 1 BewG). Der Wert unbebauter Grundstücke richtet sich regelmäßig nach deren Fläche und Boden-

---

[542] Für Zwecke der Grunderwerbsteuer sind die Grundbesitzwerte weiterhin nach dem 4. Abschnitt des BewG zu ermitteln (vgl. S. 451 ff.).

richtwert (§ 179 BewG). Bei Wohnungs- und Teileigentum sowie bei Ein- und Zweifamilienhäusern erfolgt eine Bewertung mittels des Vergleichswertverfahrens, während der Bestimmung der Bedarfswerte bei Mietwohngrundstücken und bei Geschäftsgrundstücken und gemischt genutzten Grundstücken, für die sich eine übliche Miete ermitteln lässt, das Ertragswertverfahren zugrunde gelegt wird; sonstige bebaute Grundstücke sowie Grundstücke i.S.d. § 182 Abs. 4 Nr. 1 und 2 BewG sind mit dem Sachwertverfahren zu bewerten (§ 182 BewG). Eine Ausnahme von diesem Grundsatz gilt lediglich dann, wenn der Steuerpflichtige nachweisen kann, dass der gemeine Wert des Grundstückes niedriger ist als der Wert, der mittels obiger Verfahren ermittelt wurde. In diesem Fall ist der niedrigere gemeine Wert anzusetzen (§ 198 BewG).

Im Rahmen der Bewertung mittels des Vergleichswertverfahrens nach § 183 BewG stehen grundsätzlich zwei Möglichkeiten zur Verfügung. Zum einen können **Vergleichsverkaufspreise** herangezogen werden, d.h. Kaufpreise für Grundstücke, die hinsichtlich der ihren Wert beeinflussenden Merkmale mit dem zu bewertenden Grundstück hinreichend übereinstimmen (§ 183 Abs. 1 BewG), zum anderen dürfen **Vergleichsfaktoren** angewendet werden (§ 183 Abs. 2 BewG). Dieser Vergleichsfaktor ist dann mit der Wohn- bzw. Nutzfläche zu multiplizieren.[543]

Bei der Bewertung mit Hilfe des Ertragswertverfahrens ist in den §§ 184-188 BewG geregelt, dass der Wert der baulichen Anlagen getrennt vom Bodenwert auf Grundlage des Ertrags zu ermitteln ist (§ 184 Abs. 1 BewG). Ausgangspunkt ist hierbei der **Rohertrag des Grundstückes** (§ 186 BewG), der alle bei ordnungsmäßiger Bewirtschaftung erzielbaren Einnahmen, insb. Mieten und Pachten, umfasst, und von welchem die **Bewirtschaftungskosten** (Verwaltungs- und Instandhaltungskosten) abzuziehen sind (§ 187 BewG). Von dem sich ergebenden **Reinertrag** ist eine angemessene Bodenwertverzinsung abzuziehen, welche sich regelmäßig durch die Anwendung des maßgeblichen Liegenschaftszinses[544] (§ 188 BewG) auf den Bodenwert ergibt. Der Reinertrag ist über die Restnutzungsdauer des Gebäudes mit dem Vervielfältiger des Grundstücks (Anlage 21 BewG) zu kapitalisieren (**Gebäudeertragswert**). Der Bodenwert wird gem. § 179 BewG ermittelt. Die Summe aus Gebäudeertragswert und Bodenwert ergibt den Grundstückswert.

Ausgangspunkt bei der Bewertung von baulichen Anlagen i.R.d. Sachwertverfahrens (§§ 189-191 BewG) sind die Regelherstellungskosten (Anlage 24 BewG), welche mit der Bruttogrundfläche des Gebäudes multipliziert werden (**Gebäuderegelherstellungswert**). Hiervon ist eine Alterswertminderung abzuziehen, die sich nach dem Alter des Gebäudes zum Bewertungszeitpunkt sowie der Gesamtnutzungsdauer gem. Anlage 22 BewG bestimmt (**Gebäudesachwert**). Der Bodenwert, der gem. § 179 BewG ermittelt wurde, und der Gebäudesachwert ergeben den **vorläufigen Sachwert des Grundstücks**, welcher gem. § 191 BewG mit einer Wertzahl, die sich aus Anlage 25 BewG ergibt, zu multiplizieren ist. Hieraus resultiert der Grundstückswert.

---

[543] Vgl. hierzu und zu den folgenden beiden Absätzen ausführlich DROSDZOL, WOLF-DIETRICH: Erbschaftsteuerreform: Die Bewertung des Grundvermögens, in: ZEV 2008, S. 10-16, s.b.S. 13 f.; KUßMAUL, HEINZ/HILMER, KARINA: Die Bewertung von Grundvermögen für Zwecke der Erbschaftsteuer, in: StB 2007, S. 381-389, s.b.S. 384-385.

[544] Der Liegenschaftszinssatz kann als marktübliche Renditeerwartung oder Zinssatz angesehen werden, mit dem der Verkehrswert von Grundstücken durchschnittlich verzinst wird.

I.R.d. Reform des Erbschaftsteuer- und Bewertungsrechts wurden die nachfolgenden **Begünstigungen bei der Übertragung von Immobilienvermögen** hinzugefügt:

1. Bebaute Grundstücke oder Grundstücksteile, die im Inland oder im EU-/EWR-Raum belegen sind und die zu Wohnzwecken vermietet werden, sind lediglich mit 90 % ihres Wertes anzusetzen, wenn sie nicht zum begünstigten Betriebsvermögen oder begünstigten Vermögen eines land- und forstwirtschaftlichen Betriebs i.S.d. § 13a ErbStG gehören (§ 13c Abs. 1 und 3 ErbStG). Weiterhin besteht die Möglichkeit einer Stundung nach § 28 Abs. 3 ErbStG für einen Zeitraum von zehn Jahren, soweit der Erwerber die Steuer nur durch eine Veräußerung dieses Vermögens aufbringen könnte.

2. Die Übertragung eines im Inland bzw. im EU- oder EWR-Raum belegenen bebauten Grundstücks i.S.d. § 181 Abs. 1 Nr. 1 bis 5 BewG an den Ehepartner bzw. an den eingetragenen Lebenspartner ist steuerfrei, soweit der Erblasser darin eine Wohnung zu eigenen Wohnzwecken genutzt hat und der Erwerber diese Wohnung unverzüglich nach dem Erwerb ebenfalls zu eigenen Wohnzwecken nutzt (Familienheim). Diese Begünstigung fällt mit Wirkung für die Vergangenheit weg, wenn der Erwerber die Eigennutzung innerhalb von zehn Jahren nach dem Erwerb aufgibt (§ 13 Abs. 1 Nr. 4b ErbStG). Bei einem Erwerb durch Kinder bzw. durch Kinder verstorbener Kinder gilt die Steuerbefreiung nur, soweit die Wohnfläche 200 Quadratmeter nicht übersteigt (§ 13 Abs. 1 Nr. 4c ErbStG).

3. Beim Erwerb eines Ein- oder Zweifamilienhauses sowie beim Erwerb von Wohneigentum besteht die Möglichkeit der Steuerstundung, falls der Erwerber (Erbe oder Beschenkter) die Immobilie zu eigenen Wohnzwecken nutzt. Die Stundung kann längstens für die Dauer der Selbstnutzung gewährt werden; danach kann die Stundung nur erfolgen, wenn die Voraussetzungen des § 28 Abs. 3 S. 1 ErbStG weiterhin erfüllt sind, d.h. die Immobilie muss zu Wohnzwecken vermietet werden und die Steuer kann nur durch den Verkauf derselben aufgebracht werden (§ 28 Abs. 3 S. 2 und 3 ErbStG).

Die frühere Dreifachbegünstigung beim Übergang von Produktivvermögen (Betriebsvermögen) konnte durch die Entscheidung des BVerfG vom 07.11.2006 in ihrer bisherigen Form nicht beibehalten werden. Die gleichmäßige Belastung des Steuerpflichtigen und damit die Verfassungsmäßigkeit des Erbschaftsteuerrechts sind – so das BVerfG – nur dann gewährleistet, wenn die Bemessungsgrundlagen der einzelnen zu einer Erbschaft gehörenden Wirtschaftsgüter einheitlich mit dem **gemeinen Wert** bewertet werden. Im Rahmen der Reform des Erbschaftsteuer- und Bewertungsrechts wurde daher festgelegt, dass die Bewertung von Betriebsvermögen grundsätzlich zum gemeinen Wert zu erfolgen hat (§ 109 Abs. 1 S. 1 BewG). Aus Gründen des Gemeinwohls hat der Gesetzgeber ein **Abschlagsmodell** kodifiziert, welches den **Übergang von Produktivvermögen (Betriebsvermögen) begünstigt** (§§ 13a und 13b ErbStG):

1. **Abschlag auf das ermittelte Betriebsvermögen i.H.v. 85 %**, soweit es sich um inländisches land- und forstwirtschaftliches Vermögen, einen inländischen Betrieb, Teilbetrieb oder Mitunternehmeranteil sowie Anteile an einer Kapitalgesellschaft mit einem Anteils-

besitz von mehr als 25 % handelt.[545] Die Übertragung einzelner betrieblicher Wirtschaftsgüter, z.B. die Übertragung von Sonderbetriebsvermögen einer Personengesellschaft, ist nicht begünstigt. Im Ergebnis sind i.R.d. Erbschaft- und Schenkungsteuer somit nur 15 % des ermittelten Betriebsvermögens anzusetzen.

2. Übersteigt das angesetzte Betriebsvermögen – d.h. 15 % des ermittelten Betriebsvermögens – nicht 150.000 €, so wird es für erbschaft- und schenkungsteuerliche Zwecke nicht erfasst (**Abzugsbetrag**). Der Abzugsbetrag i.H.v. 150.000 € verringert sich, wenn der Wert des Betriebsvermögens die Grenze i.H.v. 150.000 € übersteigt, um 50 % des diese Wertgrenze übersteigenden Betrags. Der Abzugsbetrag kann innerhalb eines Zeitraums von zehn Jahren nur einmal in Anspruch genommen werden.

3. Unterliegt der Übernehmer des Betriebs den Steuerklassen II oder III (vgl. S. 417) – mit einer höheren Belastung als durch Steuerklasse I –, so kommt es zu einer **Tarifbegrenzung** in Form eines Entlastungsbetrags (§ 19a ErbStG). Hierzu muss der Steuerpflichtige zunächst die Steuerbelastungen gem. seiner tatsächlichen Steuerklasse (II oder III) sowie gem. der Steuerklasse I ermitteln. Der Entlastungsbetrag beträgt 88 % der Differenz zwischen diesen beiden Werten. Er ist von der tariflichen Erbschaftsteuer abzuziehen (§ 19a Abs. 1 und 4 ErbStG).

Beispiel: **(Vergünstigungen beim Übergang von Produktivvermögen)**

Lutz Listig möchte sein inländisches Einzelunternehmen an seine Tochter Ludmilla übergeben. Das ermittelte Betriebsvermögen beträgt 1.250.000 €.

Ludmilla kann den Abschlag auf das ermittelte Betriebsvermögen i.H.v. 85 % in Anspruch nehmen, d.h. sie muss nur 187.500 € ansetzen. Zudem kann sie einen Abzugsbetrag i.H.v. 150.000 € ./. 50 % · (187.500 € ./. 150.000 €) = 131.250 € abziehen. Im Ergebnis sind somit 56.250 € zu versteuern.

Die **Vergünstigungen** beim Übergang von Produktivvermögen **können** u.U. rückwirkend **wegfallen**, soweit der Erwerber gegen die Behaltensregelungen des § 13a ErbStG verstößt.

Zu unterscheiden ist hierbei zwischen der sog. **Regelverschonung** nach § 13a Abs. 1 ErbStG sowie der Optionsverschonung nach § 13a Abs. 1 i.V.m. Abs. 8 ErbStG.

Gem. der Regelverschonung können die Vergünstigungen u.a. nicht in Anspruch genommen werden, wenn

– eine schädliche Vermögensverwaltung vorliegt (§ 13b Abs. 2 ErbStG),[546]

– die Summe der maßgebenden jährlichen Lohnsummen der der Übertragung folgenden fünf Jahre nicht mind. 400 % der durchschnittlichen (dynamisierten) Lohnsumme der

---

[545] Einbezogen in die Begünstigung wird auch das dem inländischen begünstigten Vermögen entsprechende Vermögen in einem anderen EU- bzw. EWR-Mitgliedstaat.

[546] Im Rahmen des Gesetzes zur Umsetzung der Amtshilferichtlinie sowie zur Änderung steuerlicher Vorschriften (Amtshilferichtlinie-Umsetzungsgesetz) wurden erbschaftsteuerliche Verschärfungen durch die Erweiterung des Verwaltungsvermögens um Finanzvermögen (z.B. Zahlungsmittel, Geschäftsguthaben, Geldforderungen und andere Forderungen) vorgenommen. Demnach bleibt Finanzvermögen (nach Abzug von Schulden) i.H.v. 20 % des Unternehmenswertes beim Vermögensverwaltungstest unberücksichtigt (§ 13b Abs. 2 Nr. 4a EStG). Der darüber hinausgehende Bestand an Finanzvermögen zählt fortan zum Verwaltungsvermögen. Vgl. hierzu das „Gesetz zur Umsetzung der Amtshilferichtlinie sowie zur Änderung steuerlicher Vorschriften" vom 29.06.2013, BGBl I 2013, S. 1809.

letzten fünf Jahre vor Übergabe entspricht (§ 13a Abs. 1 S. 2 ff. i.V.m. Abs. 4 ErbStG; diese Voraussetzung muss bei Betrieben bis zu 20 Beschäftigten nicht erfüllt werden),
- innerhalb einer Behaltefrist von fünf Jahren das übertragene Produktivvermögen teilweise bzw. gänzlich veräußert wird, wobei der Veräußerung die Aufgabe und die Überführung in das Privatvermögen gleich gestellt werden (§ 13a Abs. 5 ErbStG).

Gem. § 13a Abs. 8 ErbStG kann der Steuerpflichtige unwiderruflich zur sog. **Optionsverschonung** wechseln. Diese sieht statt eines Abschlags i.H.v. 85 % einen Abschlag von 100 % vor. Allerdings sind hierbei strengere Voraussetzungen zu beachten:

- die Summe der maßgebenden jährlichen Lohnsummen der der Übertragung folgenden sieben Jahre entspricht mind. 700 % der durchschnittlichen (dynamisierten) Lohnsumme der letzten fünf Jahre vor Übergabe,
- die Behaltensfrist des § 13a Abs. 5 ErbStG wird von fünf Jahre auf sieben Jahre erhöht,
- das Verwaltungsvermögen nach § 13b Abs. 2 S. 1 ErbStG darf max. 10 % betragen.

Im Rahmen der Erbschaft- und Schenkungsteuer bestehen persönliche und sachliche Steuerbefreiungen und Freibeträge.[547]

An **persönlichen Freibeträgen** werden gewährt (§ 16 Abs. 1 ErbStG):

- für den Ehegatten bzw. (eingetragenen) Lebenspartner: 500.000 €;
- für Kinder und Kinder von verstorbenen Kindern, die in Steuerklasse I fallen: 400.000 €;
- für Kinder von Kindern, die in Steuerklasse I fallen: 200.000 €;
- für alle übrigen Erben oder Beschenkten der Steuerklasse I: 100.000 €;
- für Personen der Steuerklasse II: 20.000 €;
- für Personen der Steuerklasse III: 20.000 €.

Die Freibeträge beziehen sich auf den Erwerb von einem bestimmten Erblasser oder Schenker. Die Freibeträge gelten jeweils für einen Zeitraum von zehn Jahren, da zeitlich aufeinanderfolgende Erwerbe von derselben Person innerhalb dieses Zeitraums zusammenzurechnen sind (§ 14 ErbStG).

Sachliche Befreiungen (§ 13 ErbStG) bestehen u.a. für:

- Hausrat
 bei Personen der Steuerklasse I sowie bei (eingetragenen) Lebenspartnern: 41.000 €;
- andere bewegliche körperliche Gegenstände
 bei Personen der Steuerklasse I sowie bei (eingetragenen) Lebenspartnern: 12.000 €;
- Hausrat sowie andere bewegliche körperliche Gegenstände
 bei Personen der Steuerklassen II und III insgesamt: 12.000 €.

Außerdem bleiben z.B. Gelegenheitsgeschenke (§ 13 Abs. 1 Nr. 14 ErbStG; z.B. Hochzeits-, Geburtstags- oder Weihnachtsgeschenke) und Zuwendungen an bestimmte Religionsgemeinschaften bzw. Zuwendungen, die ausschließlich kirchlichen, gemeinnützigen und mildtätigen Zwecken dienen, sowie Zuwendungen an politische Parteien und ähnliche Organisa-

---

[547] Vgl. bzgl. der persönlichen Befreiungen SEER, ROMAN: § 15, in: Steuerrecht, hrsg. von KLAUS TIPKE und JOACHIM LANG, 21. Aufl., Köln 2013, Rn. 100.

tionen (z.B. freie Wählervereinigungen) (§ 13 Abs. 1 Nr. 16 und 17 ErbStG) in voller Höhe steuerfrei. Mitgliedsbeiträge an bestimmte Personenvereinigungen, die nicht lediglich die Förderung ihrer Mitglieder zum Zweck haben, wie z.B. rechtsfähige und nicht rechtsfähige Vereine, bleiben bis zu einer Höhe von 300 € steuerfrei (§ 18 ErbStG).[548]

Daneben wird für Ehegatten bzw. (eingetragene) Lebenspartner und Kinder ein **besonderer Versorgungsfreibetrag** (§ 17 ErbStG) gewährt:

- für den überlebenden Ehegatten bzw. (eingetragenen) Lebenspartner: 256.000 €;
- für Kinder bei Erwerb von Todes wegen je nach Alter: 10.300 bis 52.000 €.

Bei Auflösung des gesetzlichen Güterstandes der **Zugewinngemeinschaft** durch Tod oder Scheidung liegt kein steuerbarer Sachverhalt vor, wobei der effektive Zugewinnausgleich als nicht zum Erwerb gehörig definiert wird.

Bei beschränkter Steuerpflicht gilt zudem ein Freibetrag (§ 16 Abs. 2 ErbStG) i.H.v. 2.000 €.

D. Der Steuertarif

Der Erbschaftsteuertarif ist in § 19 Abs. 1 ErbStG geregelt (vgl. Abb. 82, S. 418). Die Steuersätze differieren von 7 % bis 50 % und hängen ab:

- von der **Höhe des steuerpflichtigen Erwerbs**: die Bemessungsgrundlage wird in Intervalle eingeteilt (erste Intervallgrenze 75.000 €, letzte 26 Mio. €);
- von der **Steuerklasse** (abhängig von Verwandtschaftsgrad/Familienstand); es bestehen drei Steuerklassen (§ 15 ErbStG).[549]

Den Steuerklassen sind folgende Personen zuzurechnen:

- **Steuerklasse I:** Ehegatte, Kinder, Stiefkinder, Abkömmlinge von Kindern und Stiefkindern sowie – beim Erwerb von Todes wegen – Eltern und Voreltern;
- **Steuerklasse II:** Geschwister und deren Abkömmlinge 1. Grades, Stiefeltern, Schwiegerkinder und Schwiegereltern, geschiedener Ehegatte sowie – bei Schenkungen – Eltern und Voreltern;
- **Steuerklasse III:** alle übrigen Erwerber sowie Zweckzuwendungen.

---

[548] § 18 ErbStG kommt bspw. bei freigiebigen Zuwendungen an Sportvereine zur Anwendung, wenn dieser Zuwendung keine Gegenleistung gegenübersteht. Vgl. hierzu BFH-Urteil vom 15.03.2007, in: DStR 2007, S. 799-805.

[549] Die Steuerklassen bei der Erbschaftsteuer sind nicht mit den Steuerklassen der Lohnsteuer zu verwechseln, bei der es – wie weiter oben dargelegt – sechs verschiedene Klassen gibt (vgl. S. 350).

Wert (in €) des steuerpflichtigen Erwerbs (§ 10 ErbStG) bis einschließlich	Prozentsatz in der Steuerklasse		
	I	II	III
75.000	7	15	30
300.000	11	20	30
600.000	15	25	30
6.000.000	19	30	30
13.000.000	23	35	50
26.000.000	27	40	50
über 26.000.000	30	43	50

Abb. 82: Erbschaftsteuertarif

Der Tarif ist in doppelter Hinsicht **progressiv**. Die Steuer steigt mit der Höhe des Erwerbs und mit der Steuerklasse. Die Steuersätze sind Effektivsteuersätze, keine Grenzsteuersätze. Mit dem Steuersatz wird also die gesamte Bemessungsgrundlage besteuert.

Die bei Überschreiten der Intervallgrenzen entstehenden Härten werden durch die Limitierungsvorschrift des § 19 Abs. 3 ErbStG gemildert (Härteausgleich). Die sich aus dem Härteausgleich ergebende Steuerbelastung lässt sich durch folgendes Schema bestimmen:[550]

1. Ermittlung des Steuerbetrages nach den üblichen Grundsätzen.

2. Ermittlung der Steuer auf den Höchstbetrag der nächst kleineren Stufe (mit entsprechendem Steuersatz).

3. Wenn die Differenz aus 1. und 2. größer ist als 50 % (bei einem Steuersatz unter 30 %) bzw. 75 % (bei einem Steuersatz von mind. 30 %) des Erwerbs, der über dem Höchstbetrag der nächst kleineren Stufe liegt (Mehrerwerb), wird die Steuer auf den Mehrerwerb auf 50 % bzw. 75 % des Mehrerwerbs begrenzt.

4. Der Steuerbetrag ergibt sich gem. 1. bzw. durch Addition der Werte aus 2. und 3.

Bei **mehrfachem Erwerb desselben Vermögens** innerhalb von zehn Jahren durch Personen der Steuerklasse I existieren je nach zeitlicher Entfernung Steuerbetragsermäßigungen zwischen 10 % und 50 %, wenn der Letzterwerb von Todes wegen erfolgt (§ 27 Abs. 1 ErbStG).

Jeder steuerpflichtige Vorgang stellt einen selbstständigen Erbschaftsteuerfall dar. Um der Steuerumgehung durch **Stückelung der Vermögensübertragung** entgegenzuwirken, ordnet § 14 ErbStG an, alle Vermögensvorteile zusammenzurechnen, die einer Person von derselben anderen Person innerhalb eines Zehnjahres-Zeitraums zufallen. Ein Ausgleich erfolgt dann über eine Anrechnung der Erbschaftsteuer der Vorerwerbe.

---

[550] Vgl. JÜLICHER, MARC: § 19 ErbStG, in: Erbschaftsteuer- und Schenkungsteuergesetz, begr. von MAX TROLL, München (Loseblatt), Stand: Januar 2013, Rn. 24-26, 34. Vgl. zu den sich ergebenden maßgeblichen Grenzwerten auch den Erlass des Finanzministeriums Baden-Württemberg vom 20.12.2001, in: DStR 2002, S. 177.

E. Das Besteuerungsverfahren

Die Erbschaftsteuer **entsteht** bei Erwerben von Todes wegen grundsätzlich mit dem Tod des Erblassers, bei Schenkungen unter Lebenden mit dem Zeitpunkt der Ausführung der Zuwendung, bei Geltendmachung eines Pflichtanteils mit dem Zeitpunkt der Geltendmachung und bei Zweckzuwendungen mit dem Zeitpunkt des Eintritts der Verpflichtung des Beschwerten (§ 9 ErbStG).

Steuerschuldner der Erbschaftsteuer ist nach § 20 ErbStG:

- wer etwas von Todes wegen erwirbt (Erwerber);
- wer schenkweise etwas erwirbt oder etwas verschenkt; Beschenkter und Schenker sind Gesamtschuldner;
- der bei einer Zweckzuwendung mit der Ausführung der Zuwendung Beschwerte und
- in den Fällen des § 1 Abs. 1 Nr. 4 ErbStG die Stiftung oder der Verein.

Die Erbschaftsteuer ist eine **Veranlagungssteuer**. Das Finanzamt ermittelt die Steuerschuld aufgrund einer Steuererklärung und setzt die Steuer in einem Erbschaftsteuerbescheid/Schenkungsteuerbescheid fest.

Um sicherzustellen, dass dem Finanzamt alle erbschaftsteuerpflichtigen Vorgänge bekannt werden, sind diverse **Anzeigepflichten** kodifiziert. § 30 Abs. 1 ErbStG bestimmt, dass jeder der Erbschaftsteuer unterliegende Erwerb binnen drei Monaten dem Finanzamt anzuzeigen ist. Nach den §§ 33 und 34 ErbStG obliegen Anzeigepflichten auch Vermögensverwahrern (insb. Kreditinstituten), Vermögensverwaltern, Versicherungsunternehmen, Gerichten, Behörden, Beamten und Notaren.

VI. Die Grundsteuer

Vgl. hierzu insb. SCHEFFLER, WOLFRAM: Besteuerung von Unternehmen, Bd. 1: Ertrag-, Substanz- und Verkehrsteuern, 12. Aufl., Heidelberg 2012, S. 364-376; SCHNEELOCH, DIETER: Betriebswirtschaftliche Steuerlehre, Bd. 1: Besteuerung, 6. Aufl., München 2012, S. 376 und 377; SEER, ROMAN: § 16, in: Steuerrecht, hrsg. von KLAUS TIPKE und JOACHIM LANG, 21. Aufl., Köln 2013, Rn. 1-39; WÖHE, GÜNTER: Betriebswirtschaftliche Steuerlehre, Bd. 1, 1. Halbband: Die Steuern des Unternehmens – Das Besteuerungsverfahren, 6. Aufl., München 1988, S. 448-458.

A. Charakteristik und Rechtfertigung

Die Grundsteuer ist ebenso wie die Gewerbesteuer eine **Objektsteuer** (Realsteuer). Sie ist eine **Gemeindesteuer** und soll aus Grundbesitzerträgen bestritten werden (**Soll-Ertragsteuer**). Damit kommt es zu einer Doppelbelastung von Erträgen aus Grundbesitz einerseits durch die Einkommensteuer als Ist-Ertragsteuer und andererseits durch die Grundsteuer als Soll-Ertragsteuer.

Es existieren in Anlehnung an die Rechtfertigung der Vermögensteuer (Grund und Boden als Indiz für besondere Leistungsfähigkeit) und der Gewerbesteuer (Äquivalenzprinzip; besondere Lasten für die Gemeinden) zahlreiche Rechtfertigungsversuche.

B. Das Steuersubjekt, das Steuerobjekt und die Steuerbefreiungen

Steuersubjekte/Steuerschuldner sind die Personen, denen das Steuerobjekt bei der Feststellung des Einheitswertes zugerechnet wird (§ 10 Abs. 1 GrStG). Angesichts des Objektcharakters der Grundsteuer verschmilzt das eigentliche Steuersubjekt mit dem Steuerobjekt „Grundbesitz".

Steuerobjekt ist gem. § 2 GrStG der im Gebiet einer Gemeinde belegene **Grundbesitz** i.S.d. BewG, d.h.:

– Betriebe der Land- und Forstwirtschaft (§§ 33, 48a und 51a BewG);
– Betriebsgrundstücke (§§ 99 Abs. 1 BewG) sowie
– private Grundstücke (§§ 68, 70 BewG).

Es bestehen **Befreiungen** (§§ 3-8 GrStG), u.a. für Grundbesitz der öffentlichen Hand, Grundbesitz von Kirchen, Religionsgemeinschaften sowie Grundbesitz, der den Zwecken der Wissenschaft, der Erziehung, des Unterrichts oder dem Zweck eines Krankenhauses dient.

C. Die Steuerbemessungsgrundlage und der Steuertarif

Steuerbemessungsgrundlage ist der **Steuermessbetrag** gem. § 13 Abs. 1 S. 1 GrStG. Der Steuermessbetrag ergibt sich durch Multiplikation der Einheitswerte des Grundbesitzes mit bestimmten Steuermesszahlen.

Der **Einheitswert** des Grundbesitzes (vgl. S. 123 ff.) bezieht sich auf die Wertverhältnisse von 1964 (alte Bundesländer) bzw. 1935 (neue Bundesländer). Ändert sich der Bebauungszustand, ist ein neuer Einheitswert nach den §§ 68-94 BewG mittels Ertrags- und Sachwertverfahren zu ermitteln. Das Verfahren wird nur bei Bedarf angewandt und ist nicht mit der Bewertung von Grundvermögen für erbschaft- und schenkungsteuerliche Zwecke zu verwechseln.

Auf die Einheitswerte des Grundbesitzes sind die folgenden **Steuermesszahlen** anzuwenden (§§ 14 und 15 GrStG):[551]

– für Betriebe der Land- und Forstwirtschaft:		0,6 %
– für bebaute und unbebaute Grundstücke allgemein:		0,35 %
– für Einfamilienhäuser:	für die ersten 38.346,89 € des Einheitswertes:	0,26 %
	für den Rest des Einheitswertes:	0,35 %
– für Zweifamilienhäuser:		0,31 %

Erstreckt sich das Steuerobjekt über mehrere Gemeinden, so ist der Steuermessbetrag – wie bei der Gewerbesteuer – grundsätzlich zu **zerlegen** (§ 22 GrStG).

Auf den Steuermessbetrag wendet die Gemeinde den **Hebesatz** an. In Abhängigkeit vom Steuerobjekt existieren normalerweise zwei Hebesätze, zum einen i.R.d. sog. **Grundsteuer A** Hebesätze für land- und forstwirtschaftlichen Grundbesitz (Durchschnitt 2012: 286 %) und zum anderen i.R.d. sog. **Grundsteuer B** Hebesätze für Betriebs- und Wohngrundstücke (Durchschnitt 2012: 526 %).[552]

Aus der Anwendung des Hebesatzes ergibt sich die Grundsteuerschuld.

Beispiel: **(Grundsteuerbelastung eines unbebauten Grundstücks)**

Ermittlung der Grundsteuer für ein unbebautes Grundstück mit einem Einheitswert im Jahr 1964 i.H.v. 40.000 € in Saarbrücken (Hebesatz Grundsteuer B: 460 %).

Grundsteuer = Steuermessbetrag · Steuermesszahl · Hebesatz = 40.000 · 0,35 % · 460 % = 644 € pro Jahr.

Bei späterer Bebauung ist der Einheitswert nach den §§ 68-94 BewG neu zu bestimmen, wodurch sich die Grundsteuer wesentlich erhöht.

---

[551] Vgl. SEER, ROMAN: § 16, in: Steuerrecht, hrsg. von KLAUS TIPKE und JOACHIM LANG, 21. Aufl., Köln 2013, Rn. 24.
[552] Vgl. Vgl. ANDRAE, KATHIN: Realsteuern 2012 – Entwicklung der Realsteuerhebesätze der Gemeinden mit 50.000 und mehr Einwohnern im Jahr 2012 gegenüber 2011, hrsg. vom INSTITUT „FINANZEN UND STEUERN", Berlin 2013, S. 27 f.

VII. Die Umsatzsteuer

Vgl. hierzu insb. ENGLISCH, JOACHIM: § 17, in: Steuerrecht, hrsg. von KLAUS TIPKE und JOACHIM LANG, 21. Aufl., Köln 2013; KURZ, DIETER: Umsatzsteuer, 16. Aufl., Stuttgart 2012, S. 1-6, 65-98, 122-136, 243-253, 262-318; ROSE, GERD/WATRIN, CHRISTOPH: Umsatzsteuer: mit Grunderwerbsteuer und kleineren Verkehrsteuern, 17. Aufl., Berlin 2011, S. 21-236; SCHEFFLER, WOLFRAM: Besteuerung von Unternehmen, Bd. 1: Ertrag-, Substanz- und Verkehrsteuern, 12. Aufl., Heidelberg 2012, S. 399-474; WÖHE, GÜNTER: Betriebswirtschaftliche Steuerlehre, Bd. 1, 1. Halbband: Die Steuern des Unternehmens – Das Besteuerungsverfahren, 6. Aufl., München 1988, S. 467-474, 487-544, 553-555; WÖHE, GÜNTER/BIEG, HARTMUT: Grundzüge der Betriebswirtschaftlichen Steuerlehre, 4. Aufl., München 1995, S. 130-151.

A. Charakteristik, Rechtfertigung, Entwicklung und Einflüsse des Gemeinschaftsrechts

Die **Klassifikation** der Umsatzsteuer ist umstritten. Nach der **technischen Anknüpfung** (entgeltliche Leistungen eines Unternehmers) ist die Umsatzsteuer eine allgemeine Verkehrsteuer, nach dem **Zweck und der Belastungswirkung** ist sie jedoch eine allgemeine Verbrauchsteuer. Daher spricht man von der Umsatzsteuer als einer „Verbrauchsteuer im Gewande einer Verkehrsteuer". **Steuerdestinatar** ist der Endverbraucher, **Steuerschuldner** ist der Unternehmer.

Der Anteil des mit Umsatzsteuer belasteten Einkommens ist umso größer, je geringer das Einkommen ist, da die Bezieher kleiner Einkommen i.d.R. den größten Teil ihres Einkommens für Konsumgüter ausgeben müssen (**regressive Wirkung der Umsatzsteuer**). Die Umsatzsteuer macht bei steigendem Einkommen also einen immer geringeren Anteil am Einkommen aus. Diese Regressionswirkung der Umsatzsteuer wird durch den progressiven Tarif der Einkommensteuer und die Tarifbegünstigung der Güter des Grundbedarfs ausgeglichen bzw. gemildert.[553]

Neben der Einkommensteuer ist die Umsatzsteuer die bedeutendste Einnahmequelle von Bund und Ländern.[554] Obwohl die Umsatzsteuer hauptsächlich **finanzpolitische Bedeutung** aufweist, dient sie jedoch auch wirtschaftspolitischen Zwecken, z.B. durch die Subvention der Land- und Forstwirtschaft mittels Anwendung von Durchschnittssätzen, durch die Tarifbegünstigung der Güter des Grundbedarfs und durch die Steuerbefreiungen bestimmter Umsätze wie Wohnungsvermietung oder ärztliche Leistungen.

Bis zum 01.01.1968 war die Umsatzsteuer eine Allphasen-Bruttoumsatzsteuer. Danach wurde das Nettoumsatzsteuersystem eingeführt (vgl. S. 423 ff.). Die Einfuhrumsatzsteuer bzw. die Steuerbefreiungen nach § 6 UStG sind seit 1993 auf den Warenverkehr mit Drittstaaten (Staaten außerhalb der EU) beschränkt.

Für das nationale Umsatzsteuerrecht gilt grundsätzlich das Umsatzsteuergesetz bzw. die aufgrund gesetzlicher Ermächtigung von der Exekutive erlassene Umsatzsteuerdurchfüh-

---

[553] Vgl. ausführlich zu den Anforderungen an eine Steuerneutralität bei privatwirtschaftlichen Wahlentscheidungen zwischen Konsumtion und Kapitalbildung MITSCHKE, JOACHIM: Steuerpolitik für mehr Beschäftigung und qualitatives Wachstum, in: Wege aus dem Steuerchaos, hrsg. von STEFAN BARON und KONRAD HANDSCHUCH, Stuttgart 1996, S. 90-102, s.b.S. 94-100.

[554] Als Ausgleich für den Wegfall der Gewerbekapitalsteuer zum 01.01.1998 steht auch den Gemeinden ein Anteil von 2,2 % des Umsatzsteueraufkommens zu (§ 1 S. 2 FAG). Außerdem ist 1 % des Bundesanteils an der Umsatzsteuer an die EU abzuführen; vgl. Beschluss des Rates vom 31.10.1994, ABl EU 1994, Nr. L 293, S. 9.

rungsverordnung. Jedoch wird das nationale Umsatzsteuerrecht in besonderem Maße durch das Gemeinschaftsrecht der EU beeinflusst, insb. da die Mitgliedstaaten der EU gem. Art. 113 des Vertrags über die Arbeitsweise der EU verpflichtet sind, die Umsatzsteuern innerhalb der EU zu harmonisieren, insoweit dies für das Funktionieren des Binnenmarktes erforderlich ist (vgl. S. 260 ff.).

B. Grenzüberschreitende Geschäftstätigkeiten

Überqueren Gegenstände und Leistungen eine Grenze, so stellt sich die Frage, wo der Anknüpfungspunkt für die Umsatzsteuer sein soll (Ursprungsland oder Bestimmungsland). Entsprechend dem Anknüpfungspunkt sind das **Ursprungslandprinzip** und das **Bestimmungslandprinzip** zu unterscheiden.

Dem **Ursprungslandprinzip** liegt die Annahme zugrunde, dass die Steuer dem Staat gebührt, in dem der entsprechende Mehrwert geschaffen wurde. Die Umsatzsteuer richtet sich nach den Verhältnissen des Staates, von dem die grenzüberschreitenden Geschäfte ausgehen. Im Staat des Empfängers erfolgt die Freistellung von der Umsatzsteuer.

Das **Bestimmungslandprinzip** betont den Verbrauchsteuercharakter der Umsatzsteuer. Gegenstände und Leistungen, die eine Grenze passieren, werden von der inländischen Umsatzsteuer befreit und unterliegen nur der Umsatzsteuer des Bestimmungslandes.

Hinsichtlich der Anwendung eines der beiden Prinzipien kommt es in Deutschland darauf an, ob sich die grenzüberschreitende Geschäftstätigkeit über die Grenze Deutschlands (sog. Inland; vgl. § 1 Abs. 2 UStG) hinweg nur auf die **Mitgliedstaaten der EU** (sog. Gemeinschaftsgebiet; vgl. § 1 Abs. 2a S. 1 und 2 UStG) erstreckt, oder ob die **Grenzen der EU** (sog. Drittlandsgebiet; vgl. § 1 Abs. 2a S. 3 UStG) **überschritten** werden.

Erstreckt sich die grenzüberschreitende Geschäftstätigkeit über die Grenze Deutschlands hinweg nur auf die **Mitgliedstaaten der EU**, so spricht man vom innergemeinschaftlichen Handel. Hier kommen **sowohl das Ursprungslandprinzip als auch das Bestimmungslandprinzip** zur Anwendung (vgl. S. 436).

Werden die **Grenzen der EU** i.R. einer grenzüberschreitenden Geschäftstätigkeit **überschritten** (Ausfuhr/Einfuhr), so gilt das **Bestimmungslandprinzip**. Gegenstände und Leistungen, die im Wege der Ausfuhr/Einfuhr die Grenze der EU passieren, unterliegen nur der Umsatzsteuer des Bestimmungslandes. Bei der Ausfuhr werden die betreffenden Gegenstände und Leistungen von der inländischen Umsatzsteuer befreit (§ 4 Nr. 1 UStG) und mit der ausländischen Umsatzsteuer belastet. Im Falle der Einfuhr stellen die deutschen Zollbehörden die inländische Umsatzsteuer in Rechnung (**Einfuhrumsatzsteuer**; vgl. § 1 Abs. 1 Nr. 4 UStG).

C. Die Umsatzsteuersysteme

Einteilungskriterien zur Systematisierung von Umsatzsteuersystemen können die **Anzahl der Erhebungsstufen/-phasen**, die **Art der Berechnung der Steuerbemessungsgrundlage** und der **Zeitpunkt des Abzugs von Steuern auf Vorleistungen** sein.

Nach der **Anzahl der Erhebungsstufen/-phasen** lassen sich unterscheiden:

- **Einphasenumsatzsteuer**: die Besteuerung trifft nur eine bestimmte Produktions- und Handelsstufe (z.B. Urerzeugung, Großhandel, Einzelhandel).
- **Mehrphasenumsatzsteuer**: die Besteuerung trifft mehrere Produktions- und Handelsstufen.
- **Allphasenumsatzsteuer**: die Besteuerung trifft alle Produktions- und Handelsstufen.

Nach der **Berechnung der Steuerbemessungsgrundlage** lassen sich unterscheiden:

- **Bruttoumsatzsteuer**: Bemessungsgrundlage ist das jeweils vereinbarte Bruttoentgelt. Dies führt in Kombination mit einem Mehr- oder Allphasensystem zu einer **Kumulationswirkung**: die Gesamtsteuerbelastung eines Produkts steigt mit der Zahl der Wirtschaftsstufen, die es durchläuft. Als Folge ergibt sich eine Tendenz zur vertikalen Konzentration.

Beispiel:	(Kumulationswirkung einer Allphasen-Bruttoumsatzsteuer)		
		Drei Produktions- und Handelsstufen	Zwei Produktions- und Handelsstufen
1. Stufe:	Bruttoentgelt	10.000,00 €	10.000,00 €
	Umsatzsteuer (4 %)	400,00 €	400,00 €
2. Stufe:	Bruttoentgelt	20.000,00 €	
	Umsatzsteuer (4 %)	800,00 €	
3. Stufe:	Bruttoentgelt	30.000,00 €	30.000,00 €
	Umsatzsteuer (4 %)	1.200,00 €	1.200,00 €
Gesamtbelastung mit Umsatzsteuer		**2.400,00 €**	**1.600,00 €**

- **Nettoumsatzsteuer**: Bemessungsgrundlage ist die sog. Wertschöpfung, d.h. die Bruttoentgelte abzgl. der von vorgelagerten Produktions- und Handelsstufen empfangenen Vorleistungen (vgl. Abb. 83[555], S. 425). Durch Abzug der Vorleistung kommt es nicht zu einer Kumulationswirkung.[556]

Schließlich ist nach dem **Zeitpunkt des Abzugs von Steuern auf Vorleistungen** folgende Gliederung möglich:

- **Sofortabzug**: die Berücksichtigung der Steuer auf Vorleistungen erfolgt auch bei Gegenständen, die nicht sofort verbraucht werden (Anlagevermögen, Umlaufvermögen, Fremdleistungen), in der Beschaffungsperiode.
- **Pro-rata-temporis-Abzug**: die Berücksichtigung der Steuer auf Vorleistungen erfolgt erst bei Verbrauch (Roh-, Hilfs- und Betriebsstoffe, Fremdleistungen) oder Gebrauch (Abschreibungen bei abnutzbarem Anlagevermögen).

In **Deutschland** kommt eine **Allphasen-Nettoumsatzsteuer** mit **Sofortabzug** der Vorsteuer zur Anwendung.

---

[555] In Anlehnung an die – den alten Steuersatz von 15 % betreffende – Abbildung in SteuerStud 1993, S. 92.

[556] Vgl. hierzu ausführlich CLOß, CHRISTINE: Umsatzsteuerliche Behandlung von Finanz-, Versicherungs- und öffentlichen Dienstleistungen, in: Bilanz-, Prüfungs- und Steuerwesen, hrsg. von KARLHEINZ KÜTING, CLAUS-PETER WEBER und HEINZ KUßMAUL, Bd. 30, Berlin 2013, S. 29-72.

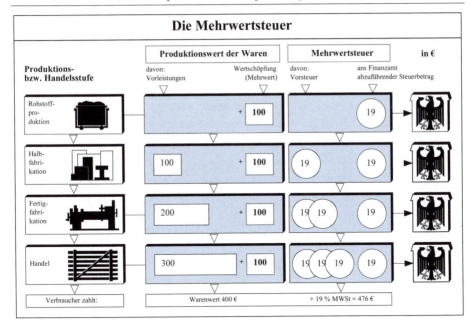

Abb. 83: Die Mehrwertsteuer als Allphasen-Nettoumsatzsteuer

D. Das Steuersubjekt

Steuersubjekt/Steuerschuldner ist grundsätzlich der **Unternehmer**, der die Lieferung oder sonstige Leistung ausführt (§ 13a Abs. 1 Nr. 1 UStG).

Persönliches Kriterium ist die **Unternehmerfähigkeit**. Unternehmer können sein:

- natürliche Personen (z.B. Arzt, Bäcker, Fabrikant, Mietshausbesitzer, Schriftsteller, Steuerberater, Rechtsanwalt);
- Personengesellschaften (insb. OHG, KG, GbR, Partnerschaftsgesellschaft);
- juristische Personen des Privatrechts (insb. AG, GmbH, UG (haftungsbeschränkt), KGaA, e.V., e.G.) sowie
- juristische Personen des öffentlichen Rechts (allerdings nur i.R. ihrer Betriebe gewerblicher Art, ihrer land- und forstwirtschaftlichen Betriebe sowie bei der Ausübung bestimmter, in § 2 Abs. 3 S. 2 UStG abschließend aufgezählter Tätigkeiten).

Sachliche Kriterien des **Unternehmerbegriffs** (§ 2 Abs. 1 S. 1 UStG):

- **Gewerbliche oder berufliche Tätigkeit**: gewerblich oder beruflich ist jede nachhaltige Tätigkeit zur Erzielung von Einnahmen, auch wenn die Absicht, Gewinn zu erzielen, fehlt (§ 2 Abs. 1 S. 3 UStG).
- **Selbstständigkeit** besteht bei einer Tätigkeit auf eigene Rechnung und Verantwortung und ist jeweils nach dem Innenverhältnis zum Auftraggeber zu beurteilen. Unselbstständig sind natürliche Personen, soweit sie in einem Unternehmen so eingegliedert sind, dass sie den Weisungen des Unternehmers zu folgen verpflichtet sind (§ 2 Abs. 2 UStG).

„Die Unternehmereigenschaft beginnt mit dem ersten nach außen erkennbaren, auf eine Unternehmertätigkeit gerichteten Tätigwerden"[557] und umfasst somit auch Vorbereitungshandlungen, allerdings unter der Bedingung, dass die Absicht zur späteren Ausführung entgeltlicher Leistungen glaubhaft gemacht werden kann. Als Vorbereitungshandlung kommt bspw. die Anmietung von Büro- oder Lagerräumen in Betracht. Falls daraufhin aufgrund mangelnder Nachfrage keine nachhaltigen Leistungen erbracht werden, bleiben die vorherige Unternehmereigenschaft und damit der Vorsteuerabzug dennoch bestehen.[558]

Die Unternehmereigenschaft besteht solange, bis der Unternehmer alle mit dem Betrieb in Zusammenhang stehenden Rechtsbeziehungen aufgegeben hat, und endet erst mit dem letzten Tätigwerden unabhängig von einer vorangehenden Abmeldung des Gewerbebetriebs.[559]

Das Unternehmen umfasst die gesamte gewerbliche oder berufliche Tätigkeit des Unternehmers (**Unternehmenseinheit**; § 2 Abs. 1 S. 2 UStG). Ein Unternehmer kann folglich immer nur ein Unternehmen haben (Grundsatz der Unternehmenseinheit).

Ausnahmsweise ist insb. in folgenden Fällen nicht der leistende Unternehmer Steuersubjekt/Steuerschuldner:

- **Nicht-Unternehmer** als Schuldner der Umsatzsteuer:
  - Schuldner der **Einfuhrumsatzsteuer** gem. § 1 Abs. 1 Nr. 4 UStG können nicht nur Unternehmer, sondern auch Nicht-Unternehmer sein.
  - Wer nicht Unternehmer ist, aber zu Unrecht Umsatzsteuer in einer Rechnung ausweist (**Scheinunternehmer**), ist ebenfalls Schuldner der Umsatzsteuer (§ 14c Abs. 2 UStG).
- **Erwerber** als Schuldner der Umsatzsteuer:
  - Schuldner der Umsatzsteuer beim innergemeinschaftlichen Erwerb (§ 1 Abs. 1 Nr. 5 UStG) ist grundsätzlich der Erwerber (§ 13a Abs. 1 Nr. 2 UStG).
  - Auch beim innergemeinschaftlichen Erwerb eines Neufahrzeugs (§ 1b UStG) tritt grundsätzlich der Erwerber als Steuerschuldner auf, auch wenn dieser Nicht-Unternehmer ist.
  - Gem. § 13b Abs. 2 UStG schuldet in den folgenden zehn Fällen der Leistungsempfänger als Steuerschuldner die Umsatzsteuer, sofern er Unternehmer ist:
    1. Werklieferungen und sonstige Leistungen eines im Ausland ansässigen Unternehmers;
    2. Lieferungen sicherungsübereigneter Gegenstände durch den Sicherungsgeber an den Sicherungsnehmer außerhalb des Insolvenzverfahrens;
    3. Umsätze, die unter das Grunderwerbsteuergesetz fallen;
    4. Werklieferungen und sonstige Leistungen, die der Herstellung, Instandsetzung, Instandhaltung, Änderung oder Beseitigung von Bauwerken dienen, mit Ausnahme von Planungs- und Überwachungsleistungen;

---

[557] Abschn. 2.6 Abs. 1 S. 1 UStAE.
[558] Siehe zu den Vorbereitungshandlungen Abschn. 2.6 Abs. 2 und Abs. 3 UStAE.
[559] Vgl. BFH-Urteil v. 21.04.1993, BStBl II 1993, S. 696-697; Abschn. 2.6 Abs. 6 S. 1-3 UStAE.

5. Lieferungen der in § 3g Abs. 1 S. 1 UStG genannten Gegenstände eines im Ausland ansässigen Unternehmers unter den Bedingungen des § 3g UStG und Lieferungen von Gas über das Erdgasnetz und von Elektrizität;
6. Übertragung von Berechtigungen nach § 3 Nr. 3 des Treibhausgas-Emissionshandelsgesetzes, von Emissionsreduktionseinheiten nach § 2 Nr. 20 des Projekt-Mechanismen-Gesetzes und von zertifizierten Emissionsreduktionen nach § 2 Nr. 21 des Projekt-Mechanismen-Gesetzes;
7. Lieferungen der in Anlage 3 bezeichneten Gegenstände (bspw. Abfälle und Schrott aus Eisen oder Stahl, aus Kupfer, Nickel, Aluminium, Blei, Zink, Zinn oder aus anderen unedlen Metallen, Bruchglas und andere Abfälle und Scherben von Glas etc.);
8. Reinigung von Gebäuden und Gebäudeteilen;
9. Lieferungen von Gold unter bestimmten Voraussetzungen;
10. Lieferungen von Mobilfunkgeräten sowie von nicht eingebauten, integrierten Schaltkreisen, wenn die Summe der in Rechnung gestellten Entgelte mindestens 5.000 € beträgt.

In den Fällen der Nr. 1 bis 3 schuldet der Erwerber die Steuer auch, wenn dieser eine juristische Person ist (§ 13b Abs. 5 S. 1 UStG). Der Leistungsempfänger ist in den oben genannten Fällen alleiniger Steuerschuldner und die Steuerschuld entsteht grundsätzlich mit der Ausstellung der Rechnung durch den Leistenden. Die Regelung des § 13b UStG kommt auch beim Tausch oder bei tauschähnlichen Umsätzen sowie bei Umsätzen, die den nicht unternehmerischen Bereich des Leistungsempfängers betreffen, zur Anwendung.[560]

In Abb. 84 (S. 428) wird das Steuersubjekt der Umsatzsteuer in Beziehung zur Umsatzsteuerentstehung gebracht.

---

[560] Vgl. CREMER, UDO: Abzugsverfahren, Nullregelung, Steuerschuldnerschaft des Leistungsempfängers, in: SteuerStud 2002, S. 259-264, s.b.S. 263 und 264; MENDE, SABINE/HUSCHENS, FERDINAND: Neuerungen im Bereich der Umsatzsteuer infolge des Steueränderungsgesetzes 2001, in: INF 2002, S. 193-200, 232-235.

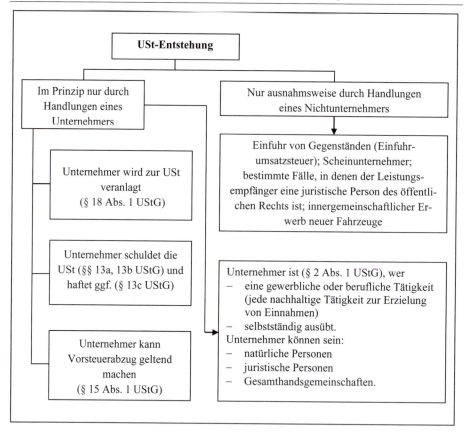

Abb. 84: Entstehung der Umsatzsteuer in Abhängigkeit vom Steuersubjekt

E. Das Steuerobjekt

1. Die steuerbaren Umsätze (§ 1 Abs. 1 UStG)

Steuerobjekte der Umsatzsteuer sind nach § 1 UStG grundsätzlich:

- Die **Lieferung** und **sonstige Leistung** (Oberbegriff: Leistungen), die ein **Unternehmer** im **Inland** gegen **Entgelt** im **Rahmen seines Unternehmens** ausführt (§ 1 Abs. 1 Nr. 1 UStG).
- Die **Einfuhr** von Gegenständen aus dem Drittland (§ 1 Abs. 1 Nr. 4 UStG).
- Der **innergemeinschaftliche Erwerb** im Inland gegen Entgelt (§ 1 Abs. 1 Nr. 5 UStG).

Der erste steuerbare Tatbestand des Umsatzsteuergesetzes, die Lieferungen und sonstigen Leistungen, lässt sich unter dem Oberbegriff der Leistungen zusammenfassen. Grundsätzlich ist jeder Leistungsgegenstand als selbstständige Leistung zu betrachten. So ist bspw. bei einer Lieferung mehrerer einzelner Gegenstände jeder derselben umsatzsteuerlich als getrennte Leistung zu beurteilen (Abschn. 3.10 Abs. 2 S. 1 UStAE).

Nach dem Grundsatz der **Einheitlichkeit der Leistung** darf hingegen „ein einheitlicher wirtschaftlicher Vorgang umsatzsteuerrechtlich nicht in mehrere Leistungen aufgeteilt werden" (Abschn. 3.10 Abs. 3 S. 1 UStAE). Eine einheitliche Leistung setzt voraus, dass mehrere Leistungselemente so zur Erreichung eines Ziels beitragen, dass die einzelnen gleichwertigen Elemente durch ihr Zusammenwirken hinter dem Ganzen zurücktreten (Abschn. 3.10 Abs. 2 S. 3 UStAE). Hierfür ist das Wesen des Umsatzes aus Sichtweise des Durchschnittsverbrauchers zu ermitteln. Diese, von der Rechtsprechung entwickelten, abstrakten Anforderungen finden sich bspw. bei der Bereitstellung von Sportparks als einheitliche Leistung wieder.

Zur **Qualifizierung als einheitliche Leistung** reichen der Abschluss eines einzelnen Vertrags über mehrere Leistungen oder die Entrichtung eines Gesamtentgelts alleine nicht aus. Dagegen begründen unselbstständige Nebenleistungen, die dann das Schicksal der Hauptleistung teilen, immer einheitliche Leistungen. „Eine Leistung ist grundsätzlich dann als Nebenleistung zu einer Hauptleistung anzusehen, wenn sie im Vergleich zu der Hauptleistung nebensächlich ist, mit ihr eng – im Sinne einer wirtschaftlich gerechtfertigten Abrundung und Ergänzung – zusammenhängt und üblicherweise in ihrem Gefolge vorkommt" (Abschn. 3.10 Abs. 5 S. 3 UStAE). Das ist insb. dann der Fall, wenn die Leistung keinen eigenen Zweck hat, sondern lediglich dazu dient, die Hauptleistung unter optimalen Bedingungen anbieten zu können, z.B. beim Transport oder der Verpackung einer Lieferungsleistung.

Bedeutung erlangt die Abgrenzung von Leistungselementen in Hinsicht auf Steuerbefreiungen, bei der Anwendung der Steuersätze und der Bestimmung des Leistungsorts (Abschn. 3.10 Abs. 1 S. 1 UStAE). Für deren Ausprägung relevant ist, ob letztlich eine **einheitliche Lieferung oder sonstige Leistung** vorliegt. Die Klassifizierung erfolgt nach den Leistungselementen, die den wirtschaftlichen Gehalt der Leistung ausmachen (Abschn. 3.5 Abs. 1 S. 1, 3.10 Abs. 3 S. 3 UStAE), bzw. nach neuerer Rechtsprechung auch nach dem Umfang und der Bedeutung des im gesamten Vorgang enthaltenen Anteils der Leistungselemente aus Sicht des Durchschnittsverbrauchers.

Eine **Lieferung** ist gem. § 3 Abs. 1 UStG eine Leistung, durch die ein Unternehmer oder in seinem Auftrag ein Dritter den Abnehmer oder in dessen Auftrag einen Dritten befähigt, im eigenen Namen über einen Gegenstand zu verfügen. Voraussetzung für das Vorliegen einer Lieferung ist somit die Verschaffung der Verfügungsmacht an einem Gegenstand.

Gegenstände im umsatzsteuerrechtlichen Sinne sind erstens körperliche Gegenstände, namentlich Sachen und Tiere gem. der §§ 90, 90a BGB, zweitens Sachgesamtheiten, unter denen die Zusammenfassung einzelner, zunächst selbstständiger Gegenstände zu einheitlichen Verkehrsgütern, die sich von der Summe der einzelnen Gegenstände unterscheiden (z.B. Blumensträuße), zu verstehen ist, und drittens Wirtschaftsgüter, die im Wirtschaftsverkehr wie körperliche Sachen behandelt werden.[561] Die **Verschaffung der Verfügungsmacht** ist gekennzeichnet durch die endgültige Übertragung von wirtschaftlicher Substanz, Wert und Ertrag eines Gegenstands vom Leistenden auf den Leistungsempfänger.

---

[561] Vgl. LIPPROSS, OTTO-GERD: Umsatzsteuer, 23. Aufl., Achim 2012, S. 160 f.

Werklieferungen sind Lieferungen, die zugleich Merkmale von sonstigen Leistungen enthalten. Eine Werklieferung liegt gem. § 3 Abs. 4 UStG dann vor, wenn ein Unternehmer die **Be- oder Verarbeitung** eines Gegenstands übernommen hat und diese vertraglich vereinbart ist. Ferner muss er hierfür selbst beschaffte Stoffe verwenden, die nicht nur Zutaten oder sonstige Nebensachen sind, sondern mind. einen Teil eines **Hauptstoffs** des herzustellenden Werks ausmachen (Abschn. 3.8 Abs. 1 S. 2 UStAE). Die Abgrenzung zwischen Haupt- und Nebenstoffen ist danach vorzunehmen, „ob diese Stoffe ihrer Art nach sowie nach dem Willen der Beteiligten als Hauptstoffe oder als Nebenstoffe bzw. Zutaten des herzustellenden Werks anzusehen sind."[562] Bspw. sind kleinere Hilfsmittel wie Schrauben i.d.R. als Nebensachen anzusehen,[563] während Hauptleistungen die Eigenart eines Gegenstands bestimmen und gegenständlich im fertigen Werk enthalten sein müssen (Abschn. 3.8 Abs. 1 S. 9 UStAE)

Sonstige Leistungen sind gem. § 3 Abs. 9 S. 1 UStG Leistungen, die keine Lieferungen sind. Bedeutende Fälle der sonstigen Leistungen sind Dienstleistungen – z.B. die Leistungen von Rechtsanwälten oder Schriftstellern –, Gebrauchs- und Nutzungsüberlassungen, unter denen u.a. die Vermietung, Verpachtung, Darlehensgewährung und die Übertragung von Patentrechten zusammenzufassen sind, sowie Reiseleistungen.

Die **Werkleistung** ist das Gegenstück zur Werklieferung. Eine Werkleistung liegt dann vor, wenn ein Unternehmer die Be- oder Verarbeitung eines Gegenstands übernommen hat und hierbei keine Stoffe oder nur selbst beschaffte Zutaten und sonstige Nebensachen verwendet (Abschn. 3.8 Abs. 1 S. 3 UStAE).

Zu den steuerbaren Leistungen gehören auch **Hilfsgeschäfte** und **Nebengeschäfte**. **Hilfsgeschäfte** sind Geschäfte, die der laufende Geschäftsbetrieb üblicherweise mit sich bringt, insb. Veräußerung von betrieblich genutzten Wirtschaftsgütern (z.B. der Verkauf einer gebrauchten Sägemaschine durch eine Schreinerei oder eines Praxis-Pkws durch einen Arzt). **Nebengeschäfte** sind Geschäfte, die sich nicht notwendigerweise aus dem eigentlichen Geschäftsbetrieb ergeben, aber mit der Haupttätigkeit in einem wirtschaftlichen Zusammenhang stehen (z.B. die Tätigkeit eines Schlossermeisters als Sachverständiger in einem Schiedsfall oder die Testamentsvollstreckung eines Steuerberaters über den Nachlass eines verstorbenen Mandanten).

Der Unternehmer kann Lieferungen und sonstige Leistungen nicht nur für sein Unternehmen, sondern auch für unternehmensfremde Zwecke (privat, gesellschaftlich) verwenden und somit als Endverbraucher auftreten (sog. **Eigenverbrauch**). Um zu verhindern, dass durch das bloße Zwischenschalten eines Unternehmens privater Endverbrauch steuerfrei möglich ist, werden bestimmte Vorgänge mit Lieferungen und sonstigen Leistungen gleichgestellt.

Einer Lieferung gegen Entgelt sind, soweit der Gegenstand bzw. seine Bestandteile zum vollen/teilweisen Vorsteuerabzug berechtigt haben, **gleichgestellt** (§ 3 Abs. 1b UStG):

– Die **Entnahme** eines Gegenstands durch einen Unternehmer aus seinem Unternehmen für Zwecke, die außerhalb des Unternehmens liegen.

---

[562] Abschn. 3.8 Abs. 1 S. 5 UStAE.
[563] Vgl. Abschn. 3.8 Abs. 1 S. 7 UStAE.

- Die **unentgeltliche Zuwendung** eines Gegenstands durch einen Unternehmer **an sein Personal** für dessen privaten Bedarf (dies gilt nicht für Aufmerksamkeiten und überwiegend durch das betriebliche Interesse des Arbeitgebers veranlasste Leistungen, wie bspw. Zuwendungen im Rahmen von Betriebsveranstaltungen).
- Jede andere **unentgeltliche Zuwendung** eines Gegenstands, ausgenommen Warenmuster für Zwecke des Unternehmens oder Geschenke von geringem Wert.

Einer **sonstigen Leistung gegen Entgelt gleichgestellt** sind (§ 3 Abs. 9a UStG):

- Die **Verwendung eines dem Unternehmen zugeordneten Gegenstands**, der zum vollen oder teilweisen Vorsteuerabzug berechtigt hat, durch einen Unternehmer für Zwecke, die außerhalb des Unternehmens liegen, oder für den privaten Bedarf seines Personals, sofern keine Aufmerksamkeiten vorliegen. Voraussetzung hierfür ist allerdings, dass der Vorsteuerabzug nach § 15 Abs. 1b UStG nicht ausgeschlossen ist oder keine Vorsteuerberichtigung nach § 15a Abs. 6a UStG durchgeführt werden muss.
- Die **unentgeltliche Erbringung einer anderen sonstigen Leistung** durch den Unternehmer für Zwecke außerhalb des Unternehmens oder für den privaten Bedarf seines Personals, sofern keine Aufmerksamkeiten oder überwiegend durch das betriebliche Interesse des Arbeitgebers veranlasste Leistungen vorliegen (**Leistungsentnahme**).

Steuerbare Umsätze liegen nur dann vor, wenn die Voraussetzungen von § 1 Abs. 1 Nr. 1, 4, 5 UStG erfüllt sind. Ansonsten ist der Umsatz **nicht steuerbar**. Dies gilt z.B. für:[564]

- **Innenumsätze**: Umsätze innerhalb eines umsatzsteuerlichen Unternehmens wie bei der Lieferung von Gegenständen von einer inländischen Betriebstätte an eine andere im Inland belegene Betriebstätte (ausgenommen hiervon ist das innergemeinschaftliche Verbringen, das als Lieferung gilt; § 1a Abs. 2, § 3 Abs. 1a UStG).
- **Leistungen eines Nicht-Unternehmers**: Die Unternehmereigenschaft liegt nicht vor (ausgenommen ist die Lieferung neuer Fahrzeuge in das übrige Gemeinschaftsgebiet; vgl. § 2a UStG).
- **Schadenersatzleistungen**: Es mangelt an einem Leistungsaustausch, da gegenüber dem Geschädigten keine Leistung erbracht wird.
- **Schenkungen bzw. Erbschaften und Erbauseinandersetzungen**: Da keine Gegenleistung erbracht wird, handelt es sich nicht um eine Leistung gegen Entgelt.
- **Einmalige Verkäufe privater Sammlungen** durch einen **Nicht-Unternehmer**: Hier ist keine Nachhaltigkeit gegeben, womit die Unternehmereigenschaft nicht erfüllt ist.
- **Einmalige Verkäufe privater Sammlungen bzw. privater Gegenstände** durch einen **Unternehmer**: Die Veräußerung wird nicht i.R. seines Unternehmens ausgeführt.
- **Umsätze** i.R. **einer Geschäftsveräußerung** (entgeltliche oder unentgeltliche Übertragungen eines Unternehmens im Ganzen): Hier greift die explizite Ausnahmevorschrift des § 1 Abs. 1a UStG.

---

[564] Vgl. SCHEFFLER, WOLFRAM: Besteuerung von Unternehmen, Bd. 1, Ertrag-, Substanz- und Verkehrsteuern, 12. Aufl., Heidelberg 2012, S. 434-435.

Ob eine Lieferung, eine sonstige Leistung, ein innergemeinschaftlicher Erwerb oder ein sog. Eigenverbrauch im Inland erbracht wird, hängt davon ab, wo der **Ort dieser Lieferung, dieser sonstigen Leistung, des innergemeinschaftlichen Erwerbs oder des Eigenverbrauchs** belegen ist.

Der Ort einer **Lieferung** wird in § 3 Abs. 6-8 UStG und ergänzend in den §§ 3c, 3e, 3f und 3g UStG bestimmt. Er ist grundsätzlich dort, wo sich „der Gegenstand der Lieferung" zur Zeit der Verschaffung der Verfügungsmacht (z.B. Einigung und Übergabe nach § 929 BGB) befindet (§ 3 Abs. 7 S. 1 UStG).[565] Wird der Gegenstand der Lieferung indes befördert[566] oder versendet[567], ist der Ort der Lieferung dort, wo die Beförderung oder Versendung beginnt (§ 3 Abs. 6 S. 1 UStG).

Der Ort einer **sonstigen Leistung** wird in § 3a UStG und ergänzend in den §§ 3b, 3e und 3f UStG bestimmt. Seit dem 01.01.2010 liegt der Leistungsort bei Leistungsausführung an Nicht-Unternehmer grundsätzlich dort, wo der leistende Unternehmer sein Unternehmen betreibt, bzw. bei der Bewirkung sonstiger Leistungen an Unternehmer dort, wo der Leistungsempfänger sein Unternehmen betreibt (§ 3a Abs. 1-2 UStG). Daneben existieren zahlreiche Ausnahmen von diesen beiden Grundregeln, wobei vor allem eine Orientierung am Ort des Leistungsempfängers erfolgt.[568]

Ort des **innergemeinschaftlichen Erwerbs** ist der Mitgliedstaat, in dem sich der Gegenstand am Ende der Beförderung befindet (§ 3d UStG). Der sog. **Eigenverbrauch** gilt immer an dem Ort ausgeführt, von dem aus der Unternehmer sein Unternehmen betreibt (§ 3f UStG).

2. Die Steuerbefreiungen

§ 4 UStG enthält einen Katalog von **Steuerbefreiungen**; außerdem sind in § 5 UStG weitere Regelungen zur Einfuhrbefreiung aufgeführt.

Die Befreiungen beruhen überwiegend auf sozial-, kultur- oder wirtschaftspolitischen Gründen. Hierunter fallen insb.:

- **Ausfuhrlieferungen** (§ 4 Nr. 1 Buchst. a UStG; vgl. S. 423).
- **Innergemeinschaftliche Lieferungen** (§ 4 Nr. 1 Buchst. b UStG; vgl. S. 436).
- Bestimmte **Umsätze im Geld- und Kapitalverkehr** (§ 4 Nr. 8 UStG).
- Befreiungen wegen **Konkurrenz zu besonderen Verkehrsteuern**, wie Umsätze, die unter das Grunderwerbsteuergesetz fallen (§ 4 Nr. 9 Buchst. a UStG), Umsätze, die unter das Rennwett- und Lotteriegesetz fallen, soweit das Rennwett- und Lotteriegesetz keine Steuerbefreiung vorsieht (§ 4 Nr. 9 Buchst. b UStG), oder Leistungen von Versicherungsunternehmen aufgrund eines Versicherungsverhältnisses (§ 4 Nr. 10 UStG).

---

[565] Vgl. ENGLISCH, JOACHIM: § 17, in: Steuerrecht, hrsg. von KLAUS TIPKE und JOACHIM LANG, 21. Aufl., Köln 2013, Rn. 403.
[566] Beförderung ist gem. § 3 Abs. 6 S. 2 UStG „jede Fortbewegung eines Gegenstandes".
[567] Versendung liegt gem. § 3 Abs. 6 S. 3 UStG dann vor, „wenn jemand die Beförderung durch einen selbständigen Beauftragten ausführen oder besorgen lässt".
[568] Vgl. hierzu ausführlich RADEISEN, ROLF-RÜDIGER: Ort der sonstigen Leistung im USt-Recht ab dem 1.1.2010, in: DB 2009, S. 2229-2236, s.b.S. 2232-2235.

- Die **Vermietung und Verpachtung von Grundstücken** und die Überlassung grundstücksgleicher Rechte (§ 4 Nr. 12 UStG).

- Umsätze aus der Tätigkeit als **Arzt**, Zahnarzt oder aus anderen heilberuflichen Tätigkeiten (§ 4 Nr. 14-18 UStG).

- **Kulturelle Leistungen** wie z.B. Umsätze aus Theatern, Orchestern, Museen, botanischen und zoologischen Gärten, Büchereien sowie **Vorträge**, Kurse und andere Veranstaltungen von Verwaltungs- und Wirtschaftsakademien, von Volkshochschulen oder von Einrichtungen, die gemeinnützigen Zwecken oder dem Zweck eines Berufsverbandes dienen, wenn die Einnahmen überwiegend der **Kostendeckung** dienen (§ 4 Nr. 20-22 UStG).

- Leistungen an **Jugendliche** im Zusammenhang mit deren Unterbringung und Verpflegung (§ 4 Nr. 23-25 UStG).

3. Die Ein- und Ausfuhrumsätze und ihre Besonderheiten

a) Einfuhrumsätze

Unter einer **steuerbaren Einfuhr** versteht man das Verbringen von Gegenständen aus dem Drittlandsgebiet in das Inland,[569] wobei das Drittlandsgebiet jene Gebiete umschreibt, welche nicht unter das Gemeinschaftsgebiet fallen (§ 1 Abs. 2a S. 3 UStG). Zudem setzt die Steuerbarkeit eine Überführung der ins Inland verbrachten Ware zum freien Verkehr voraus und besteht noch nicht, wenn die Ware sich in einem zollrechtlichen Nichterhebungsverfahren, wie bspw. dem Versandverfahren, befindet. Weitere Anforderungen, z.B. die der Unternehmereigenschaft, bestehen nicht, sodass auch eine Privatperson eine steuerbare Einfuhr verwirklichen kann.[570]

Der **Lieferort** befindet sich bei der Einfuhr grds. im Drittland, da dort die Warenbewegung beginnt. Dies ist allerdings auf diejenigen Fälle begrenzt, in denen der Abnehmer die Einfuhrumsatzsteuer auf den eingeführten Gegenstand schuldet.[571] Übernimmt stattdessen der Lieferer oder sein Beauftragter die Schuldnerschaft über die Einfuhrumsatzsteuer, gilt die Sonderregel, dass sich der Lieferort ins Inland verlagert, weswegen der Lieferer dort neben dem Einfuhrtatbestand einen zweiten steuerbaren Umsatz bewirkt (§ 3 Abs. 8 UStG; Abschn. 3.13 Abs. 1 UStAE). Das Vorliegen dieses weiteren, im Inland ausgeführten Umsatzes stellt eine nach dem Verkaufsentgelt bemessene Besteuerung sicher. Ohne Ortsverlagerung könnte die Einfuhrumsatzbesteuerung auf Basis eines niedrigeren Einfuhrwerts durchgeführt werden, sodass die Differenz zum Verkaufspreis unversteuert bliebe (Abschn. 3.13 Abs. 2 S. 1-2 UStAE).

---

[569] Vgl. LIPPROSS, OTTO-GERD: Umsatzsteuer, 23. Aufl., Achim 2012, S. 968.
[570] Vgl. ROSE, GERD/WATRIN, CHRISTOPH: Umsatzsteuer: mit Grunderwerbsteuer und kleineren Verkehrsteuern, 17. Aufl., Berlin 2011, S. 116.
[571] Vgl. hierzu und zum grds. Lieferort § 3 Abs. 6 S. 1 UStG.

b) Ausfuhrumsätze

Zur Verwirklichung des Bestimmungslandprinzips beim Drittländerhandel steht der Einfuhrumsatzbesteuerung die völlige **umsatzsteuerliche Entlastung** von im Inland steuerbaren **Ausfuhrumsätzen** entgegen, welche gewährleistet wird durch die Steuerbefreiung der betroffenen Umsätze unter Beibehaltung der Vorsteuerabzugsberechtigung. Insofern völlig entlastet sind u.a. die im Folgenden zu erläuternden Ausfuhrlieferungen und Lohnveredelungen an Gegenständen der Ausfuhr (§ 4 Nr. 1 Buchst. a UStG i.V.m. § 15 Abs. 3 Nr. 1 Buchst. a UStG).

Die steuerfreie Ausfuhrlieferung setzt sich aus **drei** nebeneinander geltenden **Befreiungstatbeständen** zusammen, die sich einerseits hinsichtlich des Zielorts innerhalb des Drittlandsgebiets unterscheiden und andererseits dahingehend, ob der Lieferer oder der Abnehmer die Warenbewegung veranlasst.

Der **erste Befreiungstatbestand** ist dann verwirklicht, wenn der **liefernde Unternehmer** eine Ware befördert oder versendet und diese dabei in das Drittlandsgebiet mit Ausnahme der in § 1 Abs. 3 UStG benannten Gebiete gelangt (§ 6 Abs. 1 S. 1 Nr. 1 UStG). Ist dies der Fall, sind keinerlei Voraussetzungen an die Person des Abnehmers zu stellen.

Ein anderer Sachverhalt ergibt sich beim **zweiten Befreiungstatbestand**, der dadurch charakterisiert ist, dass der **Abnehmer** der Lieferung die Beförderung oder Versendung ins Drittlandsgebiet, ausgenommen der Gebiete nach § 1 Abs. 3 UStG, übernimmt. Hier bedingt die Steuerfreiheit der Ausfuhrlieferung einen ausländischen Abnehmer (§ 6 Abs. 1 S. 1 Nr. 2 UStG). **Ausländische Abnehmer** i.S. dieser Vorschrift sind zum einen Personen mit Wohnort oder Sitz im Ausland, unberücksichtigt der Gebiete nach § 1 Abs. 3 UStG, und zum anderen Zweigniederlassungen eines im Inland oder in den Gebieten des § 1 Abs. 3 UStG ansässigen Unternehmers mit Sitz im Ausland, ausgenommen der Gebiete nach § 1 Abs. 3 UStG, falls das Umsatzgeschäft unter dem Namen der Niederlassung abgeschlossen wurde (§ 6 Abs. 2 S. 1 UStG).

Der **dritte Befreiungstatbestand** der Ausfuhrlieferung ist dadurch gekennzeichnet, dass der Liefergegenstand in die in **§ 1 Abs. 3 UStG bezeichneten Gebiete** gelangt, unabhängig davon, ob der Lieferer oder der Abnehmer die Beförderung oder Versendung veranlasst. Weiteres Merkmal dieses Tatbestands ist, dass entweder ein Unternehmer den Gegenstand für sein Unternehmen erwirbt oder, falls dies nicht der Fall ist, ein ausländischer Abnehmer, der diesen ins Drittlandsgebiet befördert bzw. versendet (§ 6 Abs. 1 S. 1 Nr. 3 UStG).

Allen drei Tatbeständen gemein ist, dass eine der Ausfuhrlieferung vorangehende **Be- oder Verarbeitung** des Liefergegenstands durch vom Abnehmer beauftragte Dritte der Steuerfreiheit nicht entgegensteht (§ 6 Abs. 1 S. 2 UStG). Für diese Leistung kommt die Steuerbefreiung für Lohnveredelungen an Gegenständen der Ausfuhr in Frage.

Damit letztlich die Steuerbefreiung für Ausfuhrlieferungen in Anspruch genommen werden kann, müssen nicht nur die einzelnen Merkmale der jeweiligen Befreiungstatbestände gegeben sein, sondern diese zudem vom liefernden Unternehmer nachgewiesen werden

(Abschn. 6.5 und 6.10 UStAE).[572] Hierzu muss dieser über einen **Ausfuhrnachweis** verfügen, der die Beförderung oder Versendung in das Drittlandsgebiet eindeutig und leicht nachprüfbar belegt (§ 8 Abs. 1 UStDV). Daneben hat der Unternehmer über die Voraussetzungen der Steuerfreiheit einen **buchmäßigen Nachweis** zu führen, aus dem sich ebenfalls eindeutig und leicht nachprüfbar die Einhaltung dieser Anforderungen ergeben muss (§ 13 Abs. 1 UStDV).

Im Gegensatz zu den Ausfuhrlieferungen erfasst die **Steuerbefreiung für Lohnveredelungen** keine Liefertatbestände, sondern die Ausführung sonstiger Leistungen an zur Ausfuhr bestimmten Gegenständen. Allerdings sind unter Lohnveredelungsleistungen ausschließlich **Werkleistungen** zu verstehen. Für Werklieferungen kommt lediglich die Steuerbefreiung für Ausfuhrlieferungen in Betracht.[573]

Voraussetzung für das Vorliegen einer steuerfreien Lohnveredelung an einem Gegenstand der Ausfuhr ist die **Be- oder Verarbeitung eines Gegenstands**, der **zu diesem Zweck** in das Gemeinschaftsgebiet **eingeführt oder** dort **erworben** wurde (§ 7 Abs. 1 S. 1 UStG). Um den Verwendungszweck der Be- oder Verarbeitung des Gegenstands als gegeben anzuerkennen, muss die Absicht hierzu bereits im Zeitpunkt der Einfuhr bzw. des Erwerbs bestanden haben (Abschn. 7.1 Abs. 2 S. 3 UStAE).

Weiterhin bedingt eine steuerfreie Lohnveredelung zudem, dass der betroffene **Gegenstand** nach seiner Be- oder Verarbeitung **in das Drittlandsgebiet gelangt**. Hierfür bestehen drei Befreiungstatbestände, die in ihrer Gesamtheit denen bei der Ausfuhrlieferung, trotz unterschiedlicher Formulierung im Gesetzestext, weitestgehend entsprechen (§ 6 Abs. 1 S. 1 und § 7 Abs. 1 S. 1 UStG).

In Übereinstimmung mit der Handhabe bei Ausfuhrlieferungen geht auch mit der Inanspruchnahme der Steuerbefreiung für Lohnveredelungen die Führung von **Nachweispflichten** einher. Die inhaltlichen Anforderungen an den Ausfuhr- und Buchnachweis decken sich ebenfalls zum größten Teil mit denen bei der Ausfuhrlieferung (§ 7 Abs. 4 UStG; §§ 8-13 UStDV; Abschn. 7.2-7.3 UStAE).

c) Der nichtkommerzielle Handel im Verhältnis zum Drittlandsgebiet

Da die Einfuhrumsatzbesteuerung nicht an bestimmte Eigenschaften beim Erwerber anknüpft, sind, um eine Doppelbesteuerung zu vermeiden, grds. auch **Ausfuhrlieferungen an private Endverbraucher** steuerbefreit. Dies gilt uneingeschränkt für den ersten Befreiungstatbestand der Ausfuhrlieferung, also in den Fällen, in denen der Lieferer die Beförderung oder Versendung ins Drittlandsgebiet, ausgenommen der Gebiete nach § 1 Abs. 3 UStG, veranlasst.[574]

Um einen unversteuerten Endverbrauch im Gemeinschaftsgebiet auszuschließen, steigen hingegen beim zweiten und dritten Befreiungstatbestand die Anforderungen an die Gewäh-

---

[572] Bei der Führung der Nachweispflichten handelt es sich nach der jüngeren Rechtsprechung des BFH nicht um eine materiell-rechtliche Voraussetzung für die Inanspruchnahme der Steuerbefreiung. Vgl. BFH-Urteil vom 28.05.2009, in: DStR 2009, S. 1636-1638; Abschn. 6.10 Abs. 3a UStAE.
[573] Vgl. JAKOB, WOLFGANG: Umsatzsteuer, 4. Aufl., München 2009, Rn. 596.
[574] Vgl. KURZ, DIETER: Umsatzsteuer, 16. Aufl., Stuttgart 2012, S. 73-74.

rung der Steuerbefreiung, falls der Abnehmer den Gegenstand erstens nicht für unternehmerische Zwecke erwirbt und zweitens **im persönlichen Reisegepäck ausführt** (§ 6 Abs. 3a UStG). Das persönliche Reisegepäck umfasst diejenigen Gegenstände, welche der Erwerber beim Grenzübertritt mit sich führt (Abschn. 6.11 Abs. 1 S. 2 UStAE).

Diese Einschränkungen bei der Ausfuhr im persönlichen Reisegepäck kommen also insb. bei Einkäufen i.R.d. Tourismus oder davon unabhängigen Einkaufsfahrten sowie bei beruflich bedingten Fahrten von Pendlern zum Tragen. In diesen Fällen muss sich, als erste der beiden **weiteren Voraussetzungen** für die Steuerbefreiung, der Wohnort oder Sitz des Abnehmers im Drittlandsgebiet – ausgenommen der Gebiete nach § 1 Abs. 3 UStG – befinden (§ 6 Abs. 3a Nr. 1 UStG). Die zweite Einschränkung besteht in der Vorgabe einer Ausfuhrfrist. Hiernach hat der Abnehmer den erworbenen Gegenstand im Kalendermonat des Erwerbs oder innerhalb der drei darauf folgenden Monate auszuführen.[575]

Wegen der zusätzlichen Anforderungen an die Steuerfreiheit weiten sich zudem die vom liefernden Unternehmer zu führenden **Nachweispflichten** aus. Dieser hat neben den oben angesprochenen Ausfuhr- und Buchnachweisen u.a. die Einhaltung der Ausfuhrfrist zu belegen und einen Abnehmernachweis zu erbringen, der zum einen den Namen und die Anschrift des Abnehmers dokumentiert und zum anderen mit Hilfe einer Bestätigung der jeweils zuständigen Grenzzollstelle die Richtigkeit dieser Angaben nachweist (§ 6 Abs. 4 UStG; §§ 9, 17 UStDV).

4. Der innergemeinschaftliche Handel und seine Besonderheiten[576]

a) Vorbemerkungen

Seit dem 01.01.1993 gilt in der EU **grundsätzlich das Ursprungslandprinzip**, da dies mit dem durch den europäischen Binnenmarkt verfolgten Ziel (keine Beeinträchtigung des grenzüberschreitenden Waren- und Dienstleistungsverkehrs) besser vereinbar ist als das Bestimmungslandprinzip (insb. sind keine Grenzkontrollen notwendig).[577] Im innergemeinschaftlichen Handel sollte das Bestimmungslandprinzip übergangsweise nur noch bis 1996 gelten und die Ursprungslandbesteuerung mit umsatzsteuerlichem Länderfinanzausgleich eingeführt werden. Da jedoch vor Ablauf der Übergangsfrist keine endgültige Regelung verabschiedet worden ist (nicht zuletzt, weil die Mitgliedstaaten ihre Finanzhoheit behalten wollten), gilt das **Bestimmungslandprinzip im innergemeinschaftlichen Handel** auf unbestimmte Zeit weiter. An dem langfristigen Ziel, das Ursprungslandprinzip auch auf den innergemeinschaftlichen Handel auszudehnen – also zumindest, was den Besteuerungsme-

---

[575] Vgl. zur Ausfuhrfrist § 6 Abs. 3a Nr. 2 UStG.

[576] Vgl. ENGLISCH, JOACHIM: § 17, in: Steuerrecht, hrsg. von KLAUS TIPKE und JOACHIM LANG, 21. Aufl., Köln 2013, Rn. 4-9, 392-451; KURZ, DIETER: Umsatzsteuer, 16. Aufl., Stuttgart 2012, S. 87-98, 319-323; vgl. dazu grundlegend und umfassend SOPP, KARINA: Umsatzbesteuerung beim Handel in der EU, in: Bilanz-, Prüfungs- und Steuerwesen, hrsg. von KARLHEINZ KÜTING, CLAUS-PETER WEBER und HEINZ KUßMAUL, Bd. 18, Berlin 2010.

[577] Jedoch verhält sich das Ursprungsland nicht wettbewerbsneutral, da auf dem relevanten Markt diejenigen Unternehmer einen Wettbewerbsvorteil haben, die ihre Leistungen aus einem Ursprungsland mit niedrigem Umsatzsteuerniveau erbringen; vgl. ENGLISCH, JOACHIM: § 17, in: Steuerrecht, hrsg. von KLAUS TIPKE und JOACHIM LANG, 21. Aufl., Köln 2013, Rn. 395.

chanismus angeht, ein „richtiges" Ursprungslandprinzip einzuführen –, hält die Europäische Kommission indes weiterhin fest.[578]

Jedoch werden innerhalb der EU keine Grenzkontrollen mehr durchgeführt (Wegfall der innergemeinschaftlichen Zollgrenzen); das Bestimmungslandprinzip kann also nicht in der Form angewendet werden wie bei Importen bzw. Exporten (vgl. S. 423). Daher werden im innergemeinschaftlichen Handel Grenzkontrollen durch **aufwändige Nachweis- und Kontrollmechanismen** ersetzt, um so bspw. mit der Pflicht zur Angabe einer Umsatzsteuer-Identifikationsnummer (§ 27a UStG) und zur Abgabe periodischer Erklärungen (sog. **Zusammenfassende Meldungen**; vgl. § 18a UStG) die Besteuerung sicherzustellen.

Daneben ist zu beachten, dass das Bestimmungslandprinzip **nur** im **gewerblichen** innergemeinschaftlichen Warenverkehr **uneingeschränkt** Anwendung findet. Gegenstände und Leistungen, die im gewerblichen innergemeinschaftlichen Warenverkehr eine Grenze passieren, werden von der inländischen Umsatzsteuer befreit (sog. **innergemeinschaftliche Lieferung**; vgl. § 6a UStG) und unterliegen nur der Umsatzsteuer des Bestimmungslandes (sog. **innergemeinschaftlicher Erwerb**; vgl. § 1a UStG). An dem Prinzip, dass **erst auf der Endstufe** eine endgültige Umsatzsteuerbelastung eintritt, ändert sich nichts: Erfolgt die Einfuhr durch einen vorsteuerabzugsberechtigten Unternehmer zur Ausführung steuerpflichtiger Leistungen und wurde der innergemeinschaftliche Erwerb gem. § 3d S. 1 UStG im Inland bewirkt, wird die durch die Erhebung der Umsatzsteuer eintretende Umsatzsteuerbelastung dadurch ausgeglichen, dass ihm **in gleicher Höhe ein Vorsteuerabzug** gewährt wird (§ 15 Abs. 1 S. 1 Nr. 3 UStG).

Für den Fall, dass Gegenstände und Leistungen im **nicht gewerblichen** innergemeinschaftlichen Warenverkehr (Empfänger ist Endverbraucher) eine Grenze passieren, gilt grundsätzlich auch das Bestimmungslandprinzip. Jedoch ist es seit dem Wegfall von Grenzkontrollen nicht mehr möglich, die Umsatzsteuer des Bestimmungslandes bei Grenzübertritt bspw. durch die Zollbehörden zu erheben. Auch können Endverbrauchern nicht die aufwändigen Nachweis- und Kontrollmechanismen auferlegt werden, die für Unternehmer gelten. Daher finden Ersatzlösungen Anwendung (vgl. S. 439).

Befördert oder versendet der leistende Unternehmer Gegenstände an einen Endverbraucher (sog. **Versendungslieferung an Endverbraucher**), so gilt grundsätzlich das **Bestimmungslandprinzip** und der Unternehmer hat im Bestimmungsland die dortigen steuerlichen Pflichten zu erfüllen (§ 3c Abs. 1 S. 1 UStG). Jedoch wird dieser Grundsatz durch Ausnahmen und Gegenausnahmen durchbrochen (vgl. S. 440).

Werden Gegenstände vom Endverbraucher abgeholt (sog. **Abhollieferungen**), gilt nicht zuletzt aus verfahrenstechnischen Gründen das **Ursprungslandprinzip**, da der leistende Unternehmer nicht wissen kann, ob der Gegenstand im Ursprungsland verbleibt oder ins

---

[578] Vgl. Mitteilung der Europäischen Kommission an den Rat, das Europäische Parlament und den Wirtschafts- und Sozialausschuss: Steuerpolitik in der Europäischen Union – Prioritäten für die nächsten Jahre vom 23.05.2001, KOM (2001) 260 endgültig, S. 12. Vgl. auch ENGLISCH, JOACHIM: § 17, in: Steuerrecht, hrsg. von KLAUS TIPKE und JOACHIM LANG, 21. Aufl., Köln 2013, Rn. 399, der sehr ausführlich den Unterschied zwischen einem gewollten Steuermechanismus analog zur Ursprungslandbesteuerung und dem Ziel eines Steueraufkommens gem. dem Bestimmungslandprinzip beschreibt.

Bestimmungsland gelangt.[579] Schließlich ist für den leistenden Unternehmer kaum nachvollziehbar, ob die Leistung im Ursprungsland verbleibt oder dieses verlässt. Ausgenommen ist die Abholung **neuer Fahrzeuge**, bei der die Besteuerung im **Bestimmungsland** erfolgt (§§ 1b, 3d UStG).

b) Der innergemeinschaftliche Erwerb

Die Erwerbsbesteuerung ersetzt im grenzüberschreitenden Handel zwischen den Mitgliedstaaten der EU die gegenüber Drittstaaten erfolgende **Einfuhrbesteuerung**. Während aber die Einfuhrumsatzsteuer von den Zollbehörden erhoben wird, erheben die Finanzämter die Umsatzsteuer auf den innergemeinschaftlichen Erwerb (Erwerbsumsatzsteuer). Wie die Einfuhrumsatzsteuer kann auch die Erwerbsumsatzsteuer als Vorsteuer abgezogen werden, wenn der innergemeinschaftliche Erwerb gem. § 3d S. 1 UStG im Inland bewirkt wird (§ 15 Abs. 1 S. 1 Nr. 3 UStG).

Nachdem die durch die EU-Mitgliedstaaten anzustrebende Harmonisierung der Umsatzsteuer in weiten Teilen abgeschlossen ist (vgl. S. 260), erfolgt die Besteuerung der innergemeinschaftlichen Lieferung im Ursprungsland korrespondierend zur Erwerbsbesteuerung in Deutschland (vgl. S. 439) und ist dort steuerfrei.

Der innergemeinschaftliche **Erwerb** im Inland ist an eine ganze Reihe von **Tatbestandsmerkmalen** geknüpft (§ 1a UStG i.V.m. § 1 Abs. 1 Nr. 5 UStG).[580]

Der Liefergegenstand muss **aus dem Gebiet eines Mitgliedstaates in das Inland** gelangen; außerdem muss der **Erwerber Unternehmer** i.S.d. § 2 UStG sein und den Gegenstand **für sein Unternehmen** erwerben, oder es muss sich bei dem Erwerber um eine juristische Person handeln. Bei Angabe der jeweiligen Umsatzsteuer-Identifikationsnummer wird eine betriebliche Verwendung vorausgesetzt.

Außerdem muss der **Lieferant** ebenfalls **Unternehmer** i.S.d. § 2 UStG sein, der die Lieferung gegen Entgelt ausführt. Ausgenommen sind Lieferungen von Kleinunternehmern, die analog zu § 19 UStG in ihrem Ursprungsland wie Nicht-Unternehmer behandelt werden.

Weiterhin wird auch das unternehmensinterne Verbringen eines Gegenstandes aus dem übrigen Gemeinschaftsgebiet in das Inland als innergemeinschaftlicher Erwerb angesehen (§ 1a Abs. 2 UStG). Hiervon ausgenommen wird lediglich eine **Verbringung zu einer vorübergehenden Verwendung**.

Vom innergemeinschaftlichen Erwerb ausgenommen sind nach § 1a Abs. 3 UStG die Erwerbe folgender Personengruppen (sog. **Halbunternehmer**), wenn ihre Erwerbe nicht die Erwerbsschwelle (12.500 € pro Jahr; vgl. § 1a Abs. 3 Nr. 2 UStG) überschreiten:

- Unternehmer mit ausschließlich steuerfreien vorsteuerschädlichen Umsätzen;
- Kleinunternehmer i.S.d. § 19 Abs. 1 UStG;
- Land- und Forstwirte nach § 24 UStG sowie

---

[579] Vgl. ENGLISCH, JOACHIM: § 17, in: Steuerrecht, hrsg. von KLAUS TIPKE und JOACHIM LANG, 21. Aufl., Köln 2013, Rn. 411.
[580] Vgl. KURZ, DIETER: Umsatzsteuer, 16. Aufl., Stuttgart 2012, S. 88-90, 319-322.

– juristische Personen, die nicht Unternehmer sind oder die den Gegenstand nicht für ihr Unternehmen erwerben.

Diese Halbunternehmer können der Erwerbsbesteuerung unterliegen, wenn sie

– die Erwerbsschwelle (12.500 € pro Jahr; vgl. § 1a Abs. 3 Nr. 2 UStG) überschreiten;
– freiwillig nach § 1a Abs. 4 UStG die Erwerbsbesteuerung wählen (Bindung für den laufenden und folgenden VAZ) oder
– Neufahrzeuge oder verbrauchsteuerpflichtige Waren (§ 1a Abs. 5 S. 2 UStG) erwerben (§ 1a Abs. 5 S. 1 UStG).

c) Die innergemeinschaftliche Lieferung

Innergemeinschaftliche Lieferungen sind in Deutschland von der **Umsatzsteuer befreit** (§ 4 Nr. 1 Buchst. b i.V.m. § 6a UStG), der Vorsteuerabzug gem. § 15 Abs. 3 Nr. 1 UStG bleibt jedoch vollständig erhalten. Die Steuerbefreiung gilt indes nicht für innergemeinschaftliche Lieferungen von Gegenständen, bei deren Lieferung im Ursprungsland die Differenzbesteuerung (§ 25a Abs. 1 UStG) angewendet worden ist (§ 25a Abs. 7 Nr. 3 UStG).

Tatbestandsmerkmale steuerfreier innergemeinschaftlicher Lieferungen sind nach § 6a Abs. 1 S. 1 UStG:

– Die **Lieferung** erfolgt durch einen **Unternehmer** i.S.d. § 2 UStG.
– Der Liefergegenstand wird aus dem Inland in das übrige **Gemeinschaftsgebiet** befördert oder versendet.
– Der **Abnehmer** erwirbt den Gegenstand für sein Unternehmen oder der Abnehmer ist eine juristische Person, die nicht Unternehmer ist oder die den Gegenstand nicht für ihr Unternehmen erworben hat.[581]
– Der Erwerb unterliegt im Mitgliedstaat des Erwerbers der **Erwerbsbesteuerung**.

Der Gegenstand kann vor seiner innergemeinschaftlichen Beförderung bzw. Versendung **bearbeitet** worden sein (§ 6a Abs. 1 S. 2 UStG). Die innergemeinschaftliche **Gegenstandsverbringung** (§ 3 Abs. 1a UStG) ist einer innergemeinschaftlichen Lieferung gleichgestellt (§ 6a Abs. 2 UStG).

Das Vorliegen der Voraussetzung **steuerbefreiter Lieferungen** ist **buch- und belegmäßig** nachzuweisen (§ 6a Abs. 3 UStG), da der Erwerbsbesteuerung grundsätzlich nur Unternehmer und juristische Personen unterliegen. Als Nachweis gilt insbesondere die **Umsatzsteuer-Identifikationsnummer** des Abnehmers in dem anderen Mitgliedstaat, da Umsatzsteuer-Identifikationsnummern nur Personen erteilt werden, die der Erwerbsteuer unterliegen, bzw. Personen, die innergemeinschaftlich befreite Lieferungen ausführen.

Kleinunternehmer (§ 19 Abs. 1 S. 4 UStG) und land- und forstwirtschaftliche Betriebe, die ihre Umsätze nach Durchschnittssätzen versteuern (§ 24 Abs. 1 UStG), sind nicht nach § 6a UStG steuerbefreit. Eine Ausnahme besteht jedoch für die Lieferung neuer Fahrzeuge (§ 19 Abs. 4 S. 1 UStG).

---

[581] Zu beachten ist, dass es bei der Lieferung eines neuen Fahrzeugs (§ 1b UStG) unbeachtlich ist, wer der Erwerber ist (§ 6a Abs. 1 S. 1 Nr. 2 Buchst. c UStG).

Es kann sich auch dann um eine **innergemeinschaftliche Lieferung** handeln, **wenn einer der Beteiligten Nicht-Unternehmer ist**. Dies ist dann der Fall, wenn es sich um die Lieferung neuer Fahrzeuge handelt. Durch § 2a UStG wird derjenige, der ein neues Fahrzeug liefert, für diese Lieferung wie ein Unternehmer i.S.d. § 2 UStG behandelt. Die innergemeinschaftliche Lieferung ist nach § 6a Abs. 1 Nr. 2 Buchst. c UStG steuerfrei. Außerdem unterliegt der Abnehmer – auch wenn dieser Nicht-Unternehmer ist – der Erwerbsbesteuerung (§ 1b i.V.m. § 3d UStG).

d)   Der nichtkommerzielle Handel in der Europäischen Union

Die EU-weite Erwerbsbesteuerung greift grds. nicht bei grenzüberschreitenden **Lieferungen an Privatpersonen und Halbunternehmer**, welche weder die Erwerbsschwelle überschreiten noch die Option zur Erwerbsbesteuerung wahrnehmen, und schließt damit auch die Steuerbefreiung beim liefernden Unternehmer aus.[582] Stattdessen ist bei diesem Abnehmerkreis zu unterscheiden zwischen Lieferungen im Rahmen der sog. Versandhandelsregelung und Abhollieferungen.

Erfolgt die **Versendung oder Beförderung** durch den Lieferer **an einen Nicht-Unternehmer** (sog. **Versandhandelsregelung**), gilt die Lieferung an dem Ort als ausgeführt, an dem die Versendung oder Beförderung endet (§ 3c Abs. 1 UStG). Dementsprechend hat der leistende Unternehmer die steuerlichen Pflichten des Bestimmungslandes zu erfüllen. Im Herkunftsland ist eine Befreiung nicht erforderlich, da die Lieferung von vornherein nicht als dort bewirkt gilt. Jedoch bleibt der Vorsteuerabzug für den Bezug von Vorleistungen erhalten.

Gem. § 3c Abs. 2 S. 1 UStG ist Voraussetzung für die Anwendung von § 3c Abs. 1 UStG, dass der Abnehmer der Lieferung eine natürliche Person als Nicht-Unternehmer (§ 3c Abs. 2 S. 1 Nr. 1 UStG) bzw. ein sog. Halbunternehmer (§ 3c Abs. 2 S. 1 Nr. 2 UStG)[583] ist.

Um kleine Unternehmen nicht damit zu belasten, die steuerlichen Pflichten des Bestimmungslandes zu erfüllen, ist § 3c Abs. 1 UStG nur dann anzuwenden, wenn auf Seiten des leistenden Unternehmers die jeweilige landesspezifische Lieferschwelle (Summe der Entgelte für die Lieferungen in den jeweiligen Mitgliedstaat; gem. § 3c Abs. 3 S. 2 Nr. 1 UStG für Deutschland 100.000 €) im vorangegangenen Jahr oder im laufenden Jahr überschritten wurde bzw. wird. Bei Nichtüberschreiten der Lieferschwelle gilt die Lieferung als im Herkunftsland bewirkt und unterliegt dort der Besteuerung. Der Lieferant kann aber auf die Anwendung der Lieferschwelle verzichten, sodass trotz Unterschreitens der Lieferschwelle die Besteuerung im Bestimmungsland erfolgt.

Nicht anwendbar ist § 3c Abs. 1-4 UStG gem. § 3c Abs. 5 S. 1 UStG bei der Lieferung neuer Fahrzeuge (s.u.). Erfolgt die Versendungslieferung verbrauchsteuerpflichtiger Waren, so gilt § 3c Abs. 1 UStG nur, wenn der Abnehmer ein privater Endverbraucher ist – unabhängig von einer Lieferschwelle (§ 3c Abs. 5 S. 2 UStG). Zur Realisierung des Bestimmungslandprinzips ist für die sog. Halbunternehmer beim Erhalt verbrauchsteuerpflichtiger

---

[582] Vgl. §§ 1a Abs. 1 Nr. 2 und Abs. 3, 6a Abs. 1 Nr. 2-3 UStG.

[583] Neben den Voraussetzungen von § 3c Abs. 2 S. 1 Nr. 2 UStG darf bei diesen Halbunternehmern außerdem nicht die Erwerbsschwelle (§ 1a Abs. 3 Nr. 2 UStG; Abschn. 3c.1 Abs. 2 UStAE) überschritten oder auf deren Anwendung verzichtet worden sein.

Waren[584] die Erwerbsbesteuerung unabhängig vom Überschreiten der Erwerbsschwelle verpflichtend (§ 1a Abs. 5 S. 1 UStG).

Erfolgt eine **Abhollieferung durch einen Nicht-Unternehmer**, d.h. werden Gegenstände von Nicht-Unternehmern[585] aus dem Gebiet eines anderen Mitgliedstaates **abgeholt** (umsatzsteuerlich: durch den Abnehmer oder einen von ihm beauftragten Dritten befördert oder versendet), gilt das **Ursprungslandprinzip**. Der Ort der Lieferung bestimmt sich bei Abhollieferungen nach § 3 Abs. 6 S. 1 UStG und liegt dort, wo die Lieferung beginnt.

Für den **innergemeinschaftlichen Erwerb neuer Fahrzeuge** an Privatpersonen und sog. Halbunternehmer findet in jedem Falle eine **Erwerbsbesteuerung im Bestimmungsland** statt. Hierzu korrespondierend wird die Lieferung neuer Fahrzeuge in einen anderen Mitgliedstaat immer steuerbefreit (§ 6a Abs. 1 Nr. 2 Buchst. c UStG). Ein „neues" Fahrzeug ist bspw. ein Kraftfahrzeug, das weniger als sechs Monate alt ist oder weniger als 6.000 km zurückgelegt hat (§ 1b Abs. 2 und 3 UStG).

Diese Zusammenhänge werden – ergänzt um Lieferungen ins Drittland – nochmals anhand von Abb. 85 (S. 442) dargestellt.

---

[584] Verbrauchsteuerpflichtige Waren i.S.d. § 1a Abs. 5 S. 2 UStG sind Mineralöle, Alkohol, alkoholische Getränke und Tabakwaren.

[585] Handelt es sich also nicht um einen innergemeinschaftlichen Erwerb, für den das Bestimmungslandprinzip gilt (§§ 1a, 3 Abs. 5a, 3d UStG).

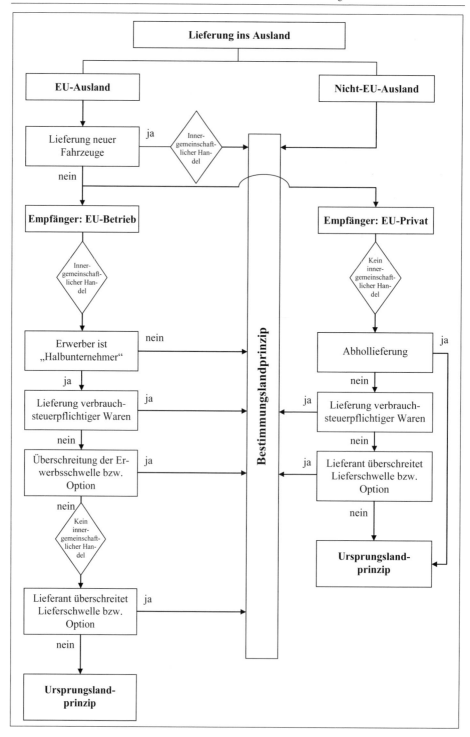

Abb. 85: Bestimmungslandprinzip versus Ursprungslandprinzip

F. Die Bemessungsgrundlage (§ 10 UStG)

Bemessungsgrundlage bei **Lieferungen, sonstigen Leistungen** und **innergemeinschaftlichen Erwerben** ist das **Entgelt** (§ 10 Abs. 1 S. 1 UStG). Entgelt ist alles, was der Leistungsempfänger aufwendet, um die Leistung zu erhalten, jedoch ohne die darin enthaltene Umsatzsteuer (§ 10 Abs. 1 S. 2 UStG). Fehlt es an der Entgeltlichkeit, sind alternativ die **bei einem Umsatz entstandenen Kosten** als Bemessungsgrundlage heranzuziehen (§ 10 Abs. 4 UStG). Die bei einem Umsatz entstandenen Kosten sind außerdem als **Mindestbemessungsgrundlage** anzusetzen, wenn Unternehmer an Arbeitnehmer oder nahestehende Personen Leistungen entgeltlich erbracht haben, das Entgelt aber hinter den genannten Werten zurückbleibt (§ 10 Abs. 5 UStG).

Ändert sich die Bemessungsgrundlage nachträglich (z.B. wegen Anfechtung, Wandelung, Minderung, Rücktritt, nachträglicher Gewährung von Boni/Skonti oder Forderungsausfall), so ist die Bemessungsgrundlage durch den Unternehmer und den Abnehmer, sofern dieser die in Rechnung gestellte Umsatzsteuer als Vorsteuer abgezogen hat, zu **berichtigen** (§ 17 Abs. 1 S. 1 UStG).

Beim **Handel mit Gebrauchtwagen** und anderen beweglichen körperlichen Gegenständen kann auch die Differenz zwischen Verkaufspreis und Einkaufspreis (ohne die darin enthaltene Umsatzsteuer) Bemessungsgrundlage sein, sofern der Unternehmer Wiederverkäufer ist (§ 25a UStG). Diese sog. **Differenzbesteuerung** gilt auch für die Veräußerung von gebrauchten Gegenständen, insb. Kunstgegenständen, Sammlungen und Antiquitäten.

Beim Tausch und tauschähnlichen Umsatz besteht das Entgelt eines Umsatzes jeweils im gemeinen Wert des korrespondierenden Umsatzes, wobei hierunter der am freien Markt erzielbare Preis zu verstehen ist.[586] Liegt zusätzlich eine Baraufgabe vor, verringert sich der Wert der Sachleistung dieses Umsatzes im Verhältnis zum korrespondierenden Umsatz um den hinzugefügten Geldbetrag.[587]

> **Beispiel:** (Differenzbesteuerung und „Tausch mit Baraufgabe")
>
> Ein Autohändler erwirbt für 3.450 € einen Gebrauchtwagen und veräußert ihn für 4.640 € weiter. Die Differenz beträgt 1.190 €, die Umsatzsteuer ist herauszurechnen; es ergibt sich eine Bemessungsgrundlage i.H.v. 1.000 €.
>
> Ein weiteres Problem besteht jedoch, wenn die Inzahlungnahme des Pkw mit einem Neukauf verbunden ist. Da die Bemessungsgrundlage für diesen „Tausch mit Baraufgabe" der gemeine Wert der Sachleistung zzgl. der Barzahlung (ohne die darin enthaltene Umsatzsteuer) ist, wird es erschwert, einen Pkw nominell über Wert anzukaufen, allein um die Umsatzsteuer zu reduzieren.

G. Die Steuersätze (§ 12 UStG)

§ 12 UStG kennt **zwei Steuersätze**, den **Regelsteuersatz** (§ 12 Abs. 1 UStG) i.H.v. **19 %** (seit dem 01.01.2007) und den **ermäßigten Steuersatz** (§ 12 Abs. 2 UStG) i.H.v. **7 %** (seit dem 01.07.1983).

---

[586] Vgl. § 10 Abs. 2 S. 2 UStG; Abschn. 10.5 Abs. 1 S. 1 und 6 UStAE.
[587] Vgl. Abschn. 10.5 Abs. 1 S. 8 und 9 UStAE; KORN, CHRISTIAN: § 10, in: Umsatzsteuergesetz, begr. von JOHANN BUNJES und REINHOLD GEIST, 11. Aufl., München 2012, Rn. 54.

Der ermäßigte Steuersatz von 7 % gilt u.a. für land- und forstwirtschaftliche Erzeugnisse, Futter- und Düngemittel, Nahrungsmittel einschließlich bestimmter Getränke (außer bei Verzehr an Ort und Stelle), Waren des Buchhandels und Druckereierzeugnisse, Kunstgegenstände und Sammlungsstücke sowie Körperersatzstücke (vgl. die „Liste der dem ermäßigten Steuersatz unterliegenden Gegenstände" in der Anlage 2 des UStG).

Außerdem bestehen **Sonderregelungen für die Land- und Forstwirtschaft** mit Umsatzsteuersätzen von 5,5 % und 10,7 % (§ 24 Abs. 1 UStG).

H. Der Vorsteuerabzug (§ 15 UStG)

1. Voraussetzungen des Vorsteuerabzugs (§ 15 Abs. 1 UStG)

Den Vorsteuerabzug kann nur ein **Unternehmer** geltend machen. Durch ihn wird sichergestellt, dass der unternehmerische Verbrauch von Leistungen (Güter, Dienstleistungen) nicht mit Umsatzsteuer belastet wird.

Ein Vorsteuerabzug ist nur möglich, wenn ein **anderer Unternehmer** eine Leistung i.S.d. § 1 Abs. 1 Nr. 1 UStG erbringt, wenn Einfuhrumsatzsteuer entstanden ist, wenn eine Steuer für den innergemeinschaftlichen Erwerb gezahlt, wenn eine Steuer für Leistungen i.S.d. § 13b Abs. 1 und 2 UStG abgeführt wurde oder wenn der Unternehmer i.R.d. Umsatzsteuerlagerregelung (§ 4 Nr. 4a UStG) Steuern schuldet.

Die Leistung muss **für das Unternehmen** des Leistungsempfängers (Unternehmers) ausgeführt worden sein. Der Unternehmer muss die Leistung also i.R. seines Unternehmens und nicht für Zwecke außerhalb des Unternehmens bezogen haben.

Abziehbar ist nur die geschuldete Umsatzsteuer, die durch eine **nach den §§ 14 und 14a UStG ausgestellte Rechnung** nachgewiesen wird (§ 15 Abs. 1 Nr. 1 S. 2 UStG). Seit Verabschiedung des Steuervereinfachungsgesetzes 2011 werden Rechnungen in Papierform und Rechnungen in elektronischer Form gleich behandelt. Auch auf dem elektronischen Weg übermittelte Rechnungen sind zulässig, soweit bestimmte Voraussetzungen erfüllt sind (§ 14 Abs. 3 UStG). Die Anforderungen an eine formell ordnungsgemäße Rechnung wurden mit dem Amtshilferichtlinie-Umsetzungsgesetz neu und umfassend formuliert.[588] Vereinfachungen und andere Sonderregelungen bestehen für Rechnungen über Kleinbeträge bis 150 € (§ 33 UStDV) und für Fahrausweise (§ 34 UStDV).[589]

Daneben gibt es **Sonderregelungen für die Land- und Forstwirtschaft** mit dem Ziel, Land- und Forstwirten Aufzeichnungen zu ersparen, indem sowohl die Vorsteuer als auch die Umsatzsteuer pauschaliert wird.[590]

---

[588] Vgl. hierzu das „Gesetz zur Umsetzung der Amtshilferichtlinie sowie zur Änderung steuerlicher Vorschriften" vom 29.06.2013, BGBl I 2013, S. 1809.

[589] Vgl. zu diesem Abschnitt RONDORF, HANS-DIETER: Rechnungserteilung und Vorsteuerabzug aus Rechnungen ab 2004, in: NWB vom 14.06.2004, Fach 7, S. 6275-6308.

[590] Vgl. STÖCKER, ERNST E.: § 24 UStG, in: Umsatzsteuer-Kommentar, begr. von KARL PETER, hrsg. von ARMIN BURHOFF und ERNST E. STÖCKER, Herne/Berlin (Loseblatt), Stand: Februar 2013, Rn. 8 ff.

2. Ausschluss des Vorsteuerabzugs (§ 15 Abs. 1a UStG)[591]

Für bestimmte, nicht streng geschäftliche, der Repräsentation dienende oder die Lebensführung berührende Aufwendungen, ist die darauf entfallende Umsatzsteuer **vom Vorsteuerabzug ausgeschlossen** (sog. **Repräsentationsaufwendungen**).[592] Bei diesen Repräsentationsaufwendungen handelt es sich um:

– Aufwendungen für Geschenke an Arbeitnehmer (§ 4 Abs. 5 S. 1 Nr. 1 EStG);

– den unangemessenen Teil von Bewirtungsaufwendungen (§ 4 Abs. 5 S. 1 Nr. 2 EStG);[593]

– Aufwendungen für Gästehäuser (§ 4 Abs. 5 S. 1 Nr. 3 EStG);

– Aufwendungen für Jagd, Fischerei, Motor-/Segeljachten (§ 4 Abs. 5 S. 1 Nr. 4 EStG);

– unangemessene Aufwendungen (§ 4 Abs. 5 S. 1 Nr. 7 EStG) sowie

– Aufwendungen für den Haushalt des Steuerpflichtigen oder den Unterhalt seiner Angehörigen (§ 12 Nr. 1 EStG).

Die Umsatzsteuer auf die nicht abzugsfähigen Betriebsausgaben stellt selbst eine nicht abziehbare Betriebsausgabe dar.

3. Vorsteuerabzug für gemischt genutzte Grundstücke (§ 15 Abs. 1b UStG)

Durch das Jahressteuergesetz 2010 hat der Gesetzgeber einen neuen § 15 Abs. 1b UStG eingeführt, mit dem der Vorsteuerabzug für gemischt genutzte Grundstücke neu geregelt wird. Demzufolge ist bei gemischt bzw. teilunternehmerisch genutzten Grundstücken der **Vorsteuerabzug** für die Lieferungen, die Einfuhr und den innergemeinschaftlichen Erwerb sowie für die sonstigen Leistungen im Zusammenhang mit diesem Grundstück **ausgeschlossen, soweit er nicht auf die Verwendung des Grundstücks für Zwecke des Unternehmens entfällt**. Eine teilunternehmerische Verwendung i.S.d. § 15 Abs. 1b UStG liegt vor, wenn das dem Unternehmen zugeordnete Grundstück teilweise für Zwecke außerhalb des Unternehmens oder für den privaten Bedarf des Personals verwendet wird. Hierzu gehören nur solche Grundstücksaufwendungen, die ihrer Art nach zu einer unentgeltlichen Wertabgabe i.S.d. § 3 Abs. 9a Nr. 1 UStG führen können.[594] Hiervon nicht betroffen bleiben Gegenstände, die umsatzsteuerlich keine Bestandteile des Grundstücks oder Gebäudes sind.

Bislang galten die sog. „Seeling-Grundsätze", wonach bei einem teils unternehmerisch und teils nichtunternehmerisch genutzten Wirtschaftsgut der volle Vorsteuerabzug geltend gemacht werden konnte, sofern das Wirtschaftsgut im Rahmen der unternehmerischen Nutzung zur Ausführung von Umsätzen verwendet wurde, wobei der Anteil der unternehmerischen Nutzung mindestens 10 % betragen musste.

---

[591] Vgl. BMF-Schreiben vom 06.12.2005, BStBl I 2005, S. 1068-1085.

[592] Vgl. GRUNE, JÖRG: § 15 UStG, in: Umsatzsteuer-Kommentar, begr. von KARL PETER, hrsg. von ARMIN BURHOFF und ERNST E. STÖCKER, Herne/Berlin (Loseblatt), Stand: Februar 2013, Rn. 283.

[593] Der BFH hat entschieden, dass die Vorsteuerabzugsbeschränkung im Hinblick auf angemessene Bewirtungsaufwendungen nicht mit Art. 17 der Richtlinie 77/388/EWG (Richtlinie Nr. 77/388/EWG vom 17.05.1977, ABl EU 1977, Nr. L 145, S. 1) vereinbar ist; vgl. BFH-Urteil vom 10.02.2005, in: BFH/NV 2005, S. 817.

[594] Vgl. Abschn. 15.6a Abs. 2 UStAE; BMF-Schreiben vom 22.06.2011, BStBl I 2011, S. 597-602.

4. Steuerbefreiungen und Vorsteuerabzug (§ 15 Abs. 2 und 3 UStG)

Vom Vorsteuerabzug ausgeschlossen ist nach § 15 Abs. 2 UStG u.a. die Vorsteuer auf die Lieferung, die Einfuhr und den innergemeinschaftlichen Erwerb von Gegenständen sowie für sonstige Leistungen, die der Unternehmer **zur Ausführung steuerfreier Umsätze** verwendet. Ausnahmsweise tritt dieser Ausschluss vom Vorsteuerabzug nicht ein (§ 15 Abs. 3 UStG), insb. bei den (steuerfreien) Ausfuhrumsätzen (§ 4 Nr. 1 Buchst. a UStG i.V.m. § 6 UStG) und den (steuerfreien) innergemeinschaftlichen Lieferungen (§ 4 Nr. 1 Buchst. b UStG i.V.m. § 6a UStG). Dies entspricht dem Bestimmungslandprinzip und verhindert, dass ansonsten die Waren zumindest indirekt doch mit deutscher Umsatzsteuer belastet wären.

Die Versagung des Vorsteuerabzugs kann zu systemwidrigen Ergebnissen führen (Definitiv-Belastung des Unternehmers, falls keine Überwälzung gelingt; systemwidrige Kumulation, falls Überwälzung gelingt). Für den Fall der Überwälzung resultiert die Kumulationswirkung aus der beim steuerfreien Unternehmer nicht abzugsfähigen Vorsteuer sowie aus der auf dem Umsatz lastenden Umsatzsteuer.

Wegen dieses **prinzipwidrigen Kumulationseffektes** bei Steuerbefreiung auf einer Zwischenstufe im Produktions- und Handelsprozess gewährt § 9 Abs. 1 UStG Unternehmern, die bestimmte steuerfreie Umsätze an andere Unternehmer für deren Unternehmen ausführen, die Möglichkeit, die steuerfreien Umsätze wie steuerpflichtige Umsätze zu behandeln (Optionsrecht). Zu den **steuerfreien Umsätzen mit Optionsrecht** gehören insb.:

– Umsätze im Geld- und Kapitalverkehr (§ 4 Nr. 8 Buchst. a-g UStG);

– Umsätze, die unter das Grunderwerbsteuergesetz fallen (§ 4 Nr. 9 Buchst. a UStG);

– Vermietung und Verpachtung von Grundstücken u.a. (§ 4 Nr. 12 UStG);

– bestimmte Leistungen von Wohnungseigentümergemeinschaften (§ 4 Nr. 13 UStG) und

– sog. Blindenumsätze (§ 4 Nr. 19 UStG).

Die Ausübung der Option im Zusammenhang mit **Grundstücken** ist jedoch nur zulässig, soweit der Leistungsempfänger das Grundstück ausschließlich für Umsätze verwendet oder zu verwenden beabsichtigt, die den Vorsteuerabzug nicht ausschließen, was der Unternehmer nachzuweisen hat (§ 9 Abs. 2 UStG). Die Option kann bei der Lieferung von Grundstücken im Zwangsversteigerungsverfahren nur bis zum Zeitpunkt der Aufforderung zur Abgabe von Geboten erfolgen (§ 9 Abs. 3 S. 1 UStG). Bei anderen Umsätzen, die unter das Grunderwerbsteuergesetz fallen, muss die Option im entsprechenden notariell zu beurkundenden Vertrag erklärt werden (§ 9 Abs. 3 S. 2 UStG).

Beispiel: (Optionsrecht bei Vermietung und Verpachtung)

Der Hausbesitzer H vermietet Geschäftsräume an den Einzelhändler E. Die Vermietung ist umsatzsteuerfrei (§ 4 Nr. 12 Buchst. a UStG). Wegen hoher Reparaturen am Haus hat H Reparaturrechnungen zu zahlen, in denen 5.000 € Vorsteuern ausgewiesen sind. H kann diese Vorsteuern grundsätzlich nicht abziehen (§ 15 Abs. 2 Nr. 1 UStG) und muss den Betrag auf den Mietpreis aufschlagen. Verzichtet H auf die Steuerbefreiung, so kann er die 5.000 € als Vorsteuern abziehen. Zwar muss er E jetzt auch Umsatzsteuer auf die Mietzahlungen in Rechnung stellen, doch kann dieser die Vorsteuer selbst wieder abziehen.

5. Teilweiser Ausschluss vom Vorsteuerabzug (§ 15 Abs. 4 UStG)

Verwendet der Unternehmer einen für sein Unternehmen gelieferten, eingeführten oder innergemeinschaftlich erworbenen Gegenstand oder eine sonstige Leistung nur z.T. zur Ausführung von Umsätzen, die den Vorsteuerabzug ausschließen (sog. Mischumsätze), so ist gem. § 15 Abs. 4 S. 1 UStG der Teil der jeweiligen Vorsteuerbeträge nicht abziehbar, der den zum Ausschluss vom Vorsteuerabzug führenden Umsätzen wirtschaftlich zuzurechnen ist. Der Unternehmer darf die nicht abziehbaren Teilbeträge sachgerecht schätzen (§ 15 Abs. 4 S. 2 UStG). Soweit kein anderer wirtschaftlicher Anhaltspunkt besteht, darf die Aufteilung im Verhältnis der Umsätze, die den Vorsteuerabzug ausschließen, zu den Umsätzen, die zum Vorsteuerabzug berechtigen, vorgenommen werden (§ 15 Abs. 4 S. 3 UStG).

Beispiel: (Teilweiser Ausschluss des Vorsteuerabzugs bei sog. Mischumsätzen)

Ein Gebäude wird zu 2/3 der Fläche für Bürozwecke des Unternehmers (Produktion und Absatz von Nähmaschinen, Exportanteil 50 %) und zu 1/3 für eine nach § 4 Nr. 12 Buchst. a UStG steuerfreie Vermietung genutzt. Die bei der Errichtung in Rechnung gestellten Vorsteuern i.H.v. 60.000 € sind i.H.v. 20.000 € vom Vorsteuerabzug ausgeschlossen.

6. Berichtigung des Vorsteuerabzugs (§ 15a UStG)[595]

§ 15a UStG trägt der Tatsache Rechnung, dass sich die Verhältnisse, die für den Vorsteuerabzug maßgebend waren, im Laufe der Zeit ändern können. Dann findet eine **Korrektur des Vorsteuerabzugs** statt.

Wird ein mehrjährig nutzbares Wirtschaftsgut angeschafft, so sind für den Vorsteuerabzug zunächst die Verhältnisse im Kalenderjahr der erstmaligen Verwendung maßgebend. Tritt jedoch nach dem 1. Kalenderjahr eine Änderung ein, so hat auch eine Vorsteuerkorrektur zu erfolgen (§ 15a UStG), soweit die Änderungen innerhalb des **Berichtigungszeitraums** liegen. Der Berichtigungszeitraum beträgt

– für Grundstücke, grundstücksgleiche Rechte und Gebäude auf fremdem Boden zehn Jahre,

– für alle übrigen Wirtschaftsgüter fünf Jahre, soweit die Nutzungsdauer nicht kürzer ist.

Für jedes Kalenderjahr der Änderung innerhalb des Berichtigungszeitraums ist von 1/10 bzw. 1/5 der auf das Wirtschaftsgut entfallenden Vorsteuerbeträge auszugehen.

I. Die Besteuerungsformen

Die Umsatzsteuer ist gem. § 16 Abs. 1 UStG grundsätzlich nach **vereinbarten** Entgelten zu berechnen (**Soll-Besteuerung**). Sie entsteht unabhängig vom Zeitpunkt der Bezahlung mit Ablauf des Voranmeldungszeitraums, in dem der Umsatz bewirkt wurde. Das Prinzip der Soll-Besteuerung wird jedoch i.R.d. **Ist-Besteuerung**, der **Besteuerung der Kleinunternehmer** und der **Besteuerung nach Durchschnittssätzen** durchbrochen bzw. modifiziert.

Nach § 20 UStG können bestimmte Unternehmer die Besteuerung nach vereinnahmten Entgelten beantragen (**Ist-Besteuerung**). In diesem Fall entsteht die Steuer mit Ablauf des

---

[595] Vgl. BMF-Schreiben vom 06.12.2005, BStBl I 2005, S. 1068-1085.

Voranmeldungszeitraums, in dem die Entgelte für die Leistung **vereinnahmt** worden sind. Die Unternehmer müssen **eine** der folgenden Voraussetzungen erfüllen:

- Umsatz im vorangegangenen Kalenderjahr nicht größer als **500.000 €**,
- keine Verpflichtung zur Führung von Büchern oder Erstellung von Bilanzen oder
- Freiberufler i.S.d. § 18 Abs. 1 Nr. 1 EStG.

Bei **Anzahlungen** entsteht die Umsatzsteuer immer bereits bei der Vereinnahmung, unabhängig von der Höhe der Anzahlung. Diese erzwungene Ist-Besteuerung wird auch als **Mindest-Istbesteuerung** bezeichnet. Das Soll-Entgelt wird nach § 17 Abs. 1 UStG bei einer **nachträglichen Veränderung der Bemessungsgrundlage** beim umsatzsteuerpflichtigen und vorsteuerberechtigten Unternehmer berichtigt.

Bei **unentgeltlichen Wertabgaben** ist wegen einer fehlenden Entgeltzahlung als Zeitpunkt für die Entstehung der Umsatzsteuer in Übereinstimmung mit der Soll-Besteuerung der Zeitpunkt der Ausführung zugrunde zu legen.[596]

Der **Kleinunternehmer** i.S.d. § 19 Abs. 1 UStG hat keine Umsatzsteuer zu entrichten, ihm steht aber auch kein Vorsteuerabzug zu. Eine Option für die Normalbesteuerung ist gem. § 19 Abs. 2 UStG möglich. Zu beachten ist, dass die Kleinunternehmerregelung bei der innergemeinschaftlichen Lieferung neuer Fahrzeuge keine Anwendung findet (§ 19 Abs. 4 S. 1 UStG).

Kleinunternehmer sind Unternehmer, deren in § 19 Abs. 1 S. 2 UStG genannter Umsatz (vereinnahmter Gesamtumsatz ohne Umsätze von Wirtschaftsgütern des Anlagevermögens) im vorangegangenen Kalenderjahr **17.500 €** nicht überstiegen hat und im laufenden Kalenderjahr 50.000 € voraussichtlich nicht übersteigen wird. Hat der Unternehmer im Vorjahr Umsätze von mehr als 17.500 € getätigt, besteht auch dann die Pflicht zur Entrichtung der Umsatzsteuer, wenn die Umsätze des laufenden Jahres weniger als 17.500 € betragen.

Die **Besteuerung nach Durchschnittssätzen** (§§ 23-24 UStG) ermöglicht eine vereinfachte Besteuerungsform für bestimmte Unternehmer, insb. land- und forstwirtschaftliche Betriebe.

J. Das Besteuerungsverfahren

Durch die Anwendung des jeweiligen Steuersatzes auf die Bemessungsgrundlage (Summe der im Kalenderjahr ausgeführten steuerpflichtigen Umsätze) ergibt sich die **Steuerschuld**. Von der im Besteuerungszeitraum entstandenen Steuer kann der Unternehmer die im selben Zeitraum angefallene Vorsteuer abziehen. Die nach Verrechnung mit der Steuerschuld verbleibende Zahlungsverpflichtung wird als **Zahllast** bezeichnet. Übersteigt der Vorsteueranspruch die Umsatzsteuerschuld, so ist dieser **Überschuss** zu vergüten.

Die Umsatzsteuer ist eine periodische Jahressteuer. Besteuerungszeitraum ist grundsätzlich das Kalenderjahr (§ 16 Abs. 1 S. 2 UStG). Der Unternehmer hat die Steuer selbst zu berechnen und spätestens fünf Monate nach Ablauf des Kalenderjahres eine Umsatzsteuererklärung abzugeben (§ 149 Abs. 2 AO).

---

[596] Vgl. Abschn. 13.1 Abs. 1 S. 1-2 UStAE; ROSE, GERD/WATRIN, CHRISTOPH: Umsatzsteuer: mit Grunderwerbsteuer und kleineren Verkehrsteuern, 17. Aufl., Berlin 2011, S. 210.

Bereits vor Ablauf des Kalenderjahres hat der Unternehmer – grundsätzlich auf elektronischem Wege – **Umsatzsteuer-Voranmeldungen** abzugeben und dementsprechende Vorauszahlungen zu leisten. Der **Regel-Voranmeldungszeitraum** ist das **Kalendervierteljahr**. Übersteigt die Steuer für das vorausgegangene Kalenderjahr 7.500 €, ist der Kalendermonat Voranmeldungszeitraum. Bei einer Steuer für das vorausgegangene Kalenderjahr von nicht mehr als 1.000 € kann das Finanzamt den Unternehmer von der Verpflichtung zur Abgabe der Voranmeldungen und Entrichtung der Vorauszahlungen befreien. Die Vorauszahlungen werden am 10. Tage nach Ablauf des Voranmeldungszeitraums fällig (§ 18 Abs. 1 und 2 UStG).

Die Frist zur Abgabe der Voranmeldung und Zahlung der Umsatzsteuer kann auf Antrag um einen Monat verlängert werden (**Dauerfristverlängerung** nach den §§ 46-48 UStDV). Bei monatlicher Umsatzsteuervoranmeldung ist dies nur bei einer Sondervorauszahlung möglich. Die Sondervorauszahlung beträgt 1/11 der Summe der Vorauszahlungen des vorangegangenen Kalenderjahrs (§ 47 UStDV).

Des Weiteren hat der Unternehmer gem. § 18a Abs. 1 S. 1 UStG – mit Ausnahme des Kleinunternehmers (§ 18a Abs. 4 UStG) – bis zum 25. Tag nach Ablauf eines jeden Kalendermonats, in dem er **innergemeinschaftliche Warenlieferungen** ausgeführt hat, dem Bundeszentralamt für Steuern nach amtlich vorgeschriebenem Datensatz eine sog. **Zusammenfassende Meldung** durch Datenfernübertragung zu übermitteln. Die Zusammenfassende Meldung muss grundsätzlich Angaben zur Umsatzsteuer-Identifikationsnummer und zur Summe der Bemessungsgrundlagen enthalten (§§ 18a Abs. 1 S. 1 i.V.m. Abs. 7 S. 1 Nr. 1, 2 UStG). Gleiches gilt gem. § 18a Abs. 1 S. 1 UStG für **Lieferungen** i.S.d. § 25b Abs. 2 UStG mit der Maßgabe, dass die Zusammenfassende Meldung neben Angaben zur Umsatzsteuer-Identifikationsnummer und zur Summe der Bemessungsgrundlagen zudem einen Hinweis auf das Vorliegen eines innergemeinschaftlichen Dreiecksgeschäfts aufweisen muss (§§ 18a Abs. 1 S. 1 i.V.m. Abs. 7 S. 1 Nr. 4 UStG). Beträgt die Summe der Bemessungsgrundlagen für innergemeinschaftliche Warenlieferungen und für Lieferungen i.S.d. § 25b Abs. 2 UStG weder für das laufende Kalendervierteljahr noch für eines der vier vorangegangenen Kalendervierteljahre jeweils mehr als 50.000 €, kann die Zusammenfassende Meldung bis zum 25. Tag nach Ablauf des Kalendervierteljahres übermittelt werden (§ 18a Abs. 1 S. 2 UStG).

Bei **sonstigen, im übrigen Gemeinschaftsgebiet steuerpflichtigen Leistungen** i.S.d. § 3a Abs. 2 UStG, für die der in einem anderen Mitgliedstaat ansässige Leistungsempfänger die Steuer dort schuldet, hat der Unternehmer gem. § 18a Abs. 2 S. 1 UStG bis zum 25. Tag nach Ablauf jedes Kalendervierteljahres, in dem diese Leistungen ausgeführt wurden, dem Bundeszentralamt für Steuern ebenfalls eine Zusammenfassende Meldung zu übermitteln. Diese muss neben Angaben zur Umsatzsteuer-Identifikationsnummer und zur Summe der Bemessungsgrundlagen auch einen Hinweis auf das Vorliegen einer im übrigen Gemeinschaftsgebiet ausgeführten steuerpflichtigen sonstigen Leistung i.S.d. § 3a Abs. 2 UStG, für die der in einem anderen Mitgliedstaat ansässige Leistungsempfänger die Steuer dort schuldet, enthalten (§§ 18a Abs. 2 S. 1 i.V.m. Abs. 7 S. 1 Nr. 3 UStG).

Unter den in § 18a Abs. 9 UStG genannten Voraussetzungen kann der Unternehmer abweichend von den oben genannten Meldezeiträumen die Zusammenfassende Meldung bis zum

25. Tag nach Ablauf jedes Kalenderjahres abgeben. Gem. § 18a Abs. 5 kann das Finanzamt auf Antrag zur Vermeidung unbilliger Härten auf eine elektronische Übertragung verzichten, sodass eine Meldung durch den Unternehmer nach amtlich vorgeschriebenem Vordruck ausreicht. Zudem hat das Bundesministerium der Finanzen die Möglichkeit, mittels Rechtsverordnung und Zustimmung des Bundesrates Erleichterungen und Vereinfachungen bei der Abgabe und Verarbeitung der Zusammenfassenden Meldung zu bestimmen (§ 18 Abs. 12 UStG).

Die Möglichkeit einer Dauerfristverlängerung – entsprechend der Vorgehensweise bei Umsatzsteuervoranmeldungen – existiert für die Zusammenfassende Meldung nicht, da dies eine Einschränkung im Hinblick auf die wirksame Bekämpfung des Umsatzsteuerbetrugs bedeuten würde.[597]

---

[597] Vgl. zu dieser Begründung den Referentenentwurf des BMF zum Gesetz zur Umsetzung steuerrechtlicher EU-Vorgaben sowie weiterer steuerrechtlicher Regelungen vom 17.11.2009, S. 45-46.

VIII. Überblick über weitere Steuerarten

Vgl. zur **Grunderwerbsteuer** insb. BRUSCHKE, GERHARD: Grunderwerbsteuer, Kraftfahrzeugsteuer und andere Verkehrsteuern, 6. Aufl., Achim 2011, S. 29-195; ENGLISCH, JOACHIM: § 18, in: Steuerrecht, hrsg. von KLAUS TIPKE und JOACHIM LANG, 21. Aufl., Köln 2013, Rn. 1-66; ROSE, GERD/WATRIN, CHRISTOPH: Umsatzsteuer: mit Grunderwerbsteuer und kleineren Verkehrsteuern, 17. Aufl., Berlin 2011, S. 237-260; SCHEFFLER, WOLFRAM: Besteuerung von Unternehmen, Bd. 1: Ertrag-, Substanz- und Verkehrsteuern, 12. Aufl., Heidelberg 2012, S. 380-388; WÖHE, GÜNTER: Betriebswirtschaftliche Steuerlehre, Bd. 1, 1. Halbband: Die Steuern des Unternehmens – Das Besteuerungsverfahren, 6. Aufl., München 1988, S. 558-564; vgl. zur **Kraftfahrzeugsteuer** insb. BRUSCHKE, GERHARD: Grunderwerbsteuer, Kraftfahrzeugsteuer und andere Verkehrsteuern, 6. Aufl., Achim 2011, S. 196-316; ENGLISCH, JOACHIM: § 18, in: Steuerrecht, hrsg. von KLAUS TIPKE und JOACHIM LANG, 21. Aufl., Köln 2013, Rn. 85-98; WÖHE, GÜNTER: Betriebswirtschaftliche Steuerlehre, Bd. 1, 1. Halbband: Die Steuern des Unternehmens – Das Besteuerungsverfahren, 6. Aufl., München 1988, S. 565-574; vgl. zur **Energiesteuer** insb. ENGLISCH, JOACHIM: § 18, in: Steuerrecht, hrsg. von KLAUS TIPKE und JOACHIM LANG, 21. Aufl., Köln 2013, Rn. 116-117.

A. Die Grunderwerbsteuer

Die Grunderwerbsteuer ist eine Rechtsverkehrsteuer, durch die der Umsatz von Grundstücken (der sog. Grundstückswechsel) besteuert wird. Der Grunderwerbsteuer unterliegen gemäß § 1 GrEStG nur Rechtsvorgänge, die sich auf inländische Grundstücke beziehen. Die einzelnen grunderwerbsteuerpflichtigen Erwerbsvorgänge sind in § 1 GrEStG bezeichnet.

Grundstücke i.S.d. GrEStG sind (§ 2 GrEStG):

– unbebaute Grundstücke (sog. „Grund und Boden"),
– bebaute Grundstücke (Grund und Boden mit Bauwerken),
– Erbbaurechte und
– Gebäude auf fremdem Grund und Boden.

Haupttatbestand der Grunderwerbsteuer ist nach § 1 Abs. 1 Nr. 1 GrEStG der Abschluss des schuldrechtlichen Vertrages, der den Anspruch auf Eigentumserwerb an einem Grundstück begründet. Daneben existieren zahlreiche Nebentatbestände (§ 1 Abs. 1 Nr. 2-7 GrEStG) und Ersatztatbestände (§ 1 Abs. 2, 2a und 3 GrEStG).

Bei **Änderungen im Gesellschafterbestand einer Personengesellschaft** ist § 1 Abs. 2a GrEStG zu beachten. Durch diese Regelung wird bestimmt, dass die Grunderwerbsteuerpflicht bei der Übertragung von Anteilen an einer grundstücksbesitzenden Personengesellschaft nicht auf die wirtschaftliche Betrachtungsweise abstellt, sondern das Erreichen einer bestimmten Übertragungsquote maßgebend ist. Verändert sich der Gesellschafterbestand innerhalb von fünf Jahren unmittelbar oder mittelbar, sodass mindestens 95 % der Anteile auf neue Gesellschafter übergehen, löst dies Grunderwerbsteuerpflicht aus.[598] Dabei ist aber die Regelung des § 5 Abs. 1 GrEStG zu beachten, nach der i.H.d. Anteils, zu dem ein Mitunternehmer auch an der neuen Gesamthand beteiligt ist („Verkauf an sich selbst"), keine Grunderwerbsteuer anfällt.

Gem. § 1 Abs. 3 GrEStG unterliegt auch die **Übertragung von Anteilen an einer Kapitalgesellschaft**, in deren Betriebsvermögen sich inländische Grundstücke befinden, der Grund-

---

[598] Vgl. den Dritten Bericht des Finanzausschusses, Begründung zu Artikel 15 (Grunderwerbsteuergesetz), in: BT-Drs. 14/443 vom 03.03.1999, S. 89.

erwerbsteuer, wenn sich durch die Übertragung mindestens 95 % der Anteile in der Hand eines Erwerbers vereinigen (additive Zurechnung).

Von der Besteuerung sind insb. ausgenommen (**objektive Befreiungen**):

- Grundstückserwerbe bis zu 2.500 € (§ 3 Nr. 1 GrEStG);
- Grundstückserwerbe durch Erbfolge oder Schenkung (Vermeidung einer Doppelbelastung mit Erbschaft- und Schenkungsteuer; § 3 Nr. 2 und 3 GrEStG) sowie
- Grundstückserwerbe durch Ehegatten, frühere Ehegatten i.R.d. Vermögensauseinandersetzung nach der Scheidung sowie durch in gerader Linie Verwandte und deren Ehegatten (§ 3 Nr. 4-6 GrEStG).

Außerdem wird unter bestimmten Voraussetzungen bei konzerninternen Umstrukturierungen keine Grunderwerbsteuer erhoben (§ 6a GrEStG).[599]

Steuersubjekte/Steuerschuldner sind nach § 13 Nr. 1 GrEStG regelmäßig die am Erwerbsvorgang als Vertragsteile beteiligten Personen (Erwerber und Veräußerer) als Gesamtschuldner. In der Regel wird vertraglich vereinbart, dass der Erwerber die gesamte Steuerschuld zu leisten hat. Der Erfassung der Steuerschuldner dienen besondere Anzeigepflichten der Gerichte, Behörden und Notare gegenüber den Finanzbehörden.

Bemessungsgrundlage ist grundsätzlich (analog zur Bestimmung des Entgelts bei der Umsatzsteuer) der **Wert der Gegenleistung** (§ 8 Abs. 1 GrEStG). Dieser umfasst alles, was der Erwerber zur Erlangung des Grundstücks vom Veräußerer erbringt (vgl. § 9 Abs. 1 GrEStG). Beim Kauf eines Grundstücks werden zum eigentlichen Kaufpreis noch weitere Bestandteile addiert (z.B. vom Käufer übernommene sonstige Leistungen wie Schätzungs- und Vermessungskosten, soweit sie erst die Voraussetzung für die Übereignung schaffen). In Ausnahmefällen, insb. wenn **keine Gegenleistung** vorhanden ist, wird zur Ermittlung der Bemessungsgrundlage auf den **Wert des Grundstücks** abgestellt, der nach den Regeln des § 138 Abs. 2 bis 4 BewG zu ermitteln ist (§ 8 Abs. 2 GrEStG).

Der **Steuersatz** beträgt 3,5 % der Bemessungsgrundlage (§ 11 Abs. 1 GrEStG). Die Bundesländer haben aber die Möglichkeit, abweichende Steuersätze festzulegen (Art. 105 Abs. 2a S. 2 GG), sodass der Großteil der Länder die Steuer in den vergangenen Jahren durchschnittlich auf 4,5 bzw. 5,0 % angehoben hat. Die sich ergebende Steuer ist auf volle € abzurunden (§ 11 Abs. 2 GrEStG).

Die steuerpflichtigen Tatbestände sind dem zuständigen **Finanzamt**, d.h. dem Finanzamt, in dessen Bezirk das Grundstück liegt (§ 17 GrEStG), vom Steuerschuldner und von den beteiligten Gerichten, Behörden und Notaren anzuzeigen (§§ 18 und 19 GrEStG). Die Steuer wird dann in einem schriftlichen Steuerbescheid festgesetzt und einen Monat nach Bekanntgabe des Bescheides fällig (§ 15 GrEStG). Das **Grundbuchamt** darf einen Eigentumsübergang von Grundstücken erst dann eintragen, wenn es eine Unbedenklichkeitsbescheinigung des zuständigen Finanzamts erhält (§ 22 GrEStG). Diese Bescheinigung wird regelmäßig

---

[599] Vgl. hierzu ausführlich SCHAFLITZL, ANDREAS/STADLER, RAINER: Die grunderwerbsteuerliche Konzernklausel des § 6a GrEStG, in: DB 2010, S. 185-189. Der Anwendungsbereich der Vorschrift ist mit dem Amtshilferichtlinie-Umsetzungsgesetz auch auf nicht im Umwandlungsgesetz geregelte Rechtsvorgänge erweitert worden.

erst dann erteilt, wenn die Grunderwerbsteuer entrichtet, sichergestellt oder gestundet worden bzw. Steuerfreiheit gegeben ist.

B. Die Kraftfahrzeugsteuer

Die **Kraftfahrzeugsteuer** besteuert unabhängig von der tatsächlichen Nutzung das **Halten eines Kraftfahrzeugs** (§ 1 KraftStG). Das Aufkommen der Kraftfahrzeugsteuer steht nach Art. 106 Abs. 1 Nr. 3 GG dem Bund zu. Auch die Verwaltungshoheit liegt beim Bund (Art. 108 Abs. 1 GG).

Steuerobjekt der Kraftfahrzeugsteuer ist nach § 1 KraftStG:

- das **Halten eines** inländischen oder – soweit es sich im Inland befindet – ausländischen **Kraftfahrzeugs oder eines Kraftfahrzeuganhängers** zum Verkehr auf öffentlichen Straßen (Anknüpfungspunkt ist das verkehrsrechtliche Recht auf Benutzung öffentlicher Straßen, bei zulassungspflichtigen Fahrzeugen die Zulassung); ob das gehaltene Kfz benutzt wird, ist irrelevant;
- die **widerrechtliche Benutzung eines Kraftfahrzeugs** oder eines Kraftfahrzeuganhängers auf öffentlichen Straßen sowie
- die **Zuteilung** von **Oldtimer-Kennzeichen** sowie **roten Kennzeichen**, die von einer Zulassungsbehörde im Inland zur wiederkehrenden Verwendung ausgegeben werden.

Objektive Steuerbefreiungen (§§ 3-3d KraftStG) bestehen für bestimmte Gruppen von Kraftfahrzeugen, u.a. Kraftfahrzeuge der öffentlichen Hand im Dienst der Bundeswehr, der (Bundes-)Polizei, der Zollverwaltung, in der Straßenreinigung, im Feuerwehrdienst, zur Krankenbeförderung, gebietsfremde Fahrzeuge bei nur vorübergehendem Aufenthalt, Kraftfahrzeuge von (spezifisch definierten) Schwerbehinderten und unter bestimmten Voraussetzungen auch für besonders umweltfreundliche Personenkraftwagen. So sind z.B. Elektrofahrzeuge, die in der Zeit vom 18.05.2011 bis zum 31.12.2015 erstmals zugelassen werden, für zehn Jahre von der Steuer befreit, während der Gesetzgeber eine fünf Jahre umfassende Steuerbefreiung für im Zeitraum vom 01.01.2016 bis zum 31.12.2020 erstmalig zugelassene Fahrzeuge gewährt (§ 3d Abs. 1 KraftStG).

Steuersubjekt/Steuerschuldner ist nach § 7 KraftStG bei einem inländischen Fahrzeug der, für den das Kraftfahrzeug zugelassen ist, bei einem ausländischen Fahrzeug die Person, die das Fahrzeug benutzt, bei widerrechtlicher Benutzung der widerrechtliche Benutzer und bei Zuteilung eines Kennzeichens der, dem es zugeteilt ist.

Steuerbemessungsgrundlage ist nach § 8 KraftStG:

- bei Krafträdern mit Hubkolbenmotor der **Hubraum**;
- bei Personenkraftwagen mit Hubkolbenmotor der **Hubraum** unter Berücksichtigung der **Schadstoff- und Kohlendioxidemissionen** bzw. bei erstmaliger Zulassung nach dem 01.07.2009 der **Hubraum** unter Berücksichtigung der **Kohlendioxidemissionen**;
- bei bestimmten dreirädrigen und leichten vierrädrigen Kraftfahrzeugen mit Hubkolbenmotor der **Hubraum** unter Berücksichtigung der **Schadstoffemissionen**;

– bei anderen Fahrzeugen (insb. Lastkraftwagen, Fahrzeugen mit Wankelmotor und Wohnmobilen) bzw. Kranken- und Leichenwagen das **höchstzulässige Gesamtgewicht** in Abhängigkeit von der Anzahl der Achsen und der Schadstoff- und Geräuschemissionen.

Der **Steuertarif** (§ 9 KraftStG) beträgt bei Krafträdern mit Hubkolbenmotor 1,84 € je 25 ccm Hubraum.

Für Personenkraftwagen richtet sich – soweit die erstmalige Zulassung bis zum 30.06.2009 erfolgte – der Steuersatz je angefangene 100 ccm Hubraum nach dem Schadstoffausstoß gem. der Abgasnormen Euro 0 bis 4:

– Euro 3 und besser: Ottomotor: 6,75 €; Dieselmotor: 15,44 €;

– Euro 2: Ottomotor: 7,36 €; Dieselmotor: 16,05 €;

– Euro 1: Ottomotor: 15,13 €; Dieselmotor: 27,35 €;

– Euro 0 ehemals ohne Ozonfahrverbot: Ottomotor: 21,07 €; Dieselmotor: 33,29 €;

– Euro 0 übrige: Ottomotor: 25,36 €; Dieselmotor: 37,58 €.

Für die ab dem 01.07.2009 zugelassenen Personenkraftwagen beträgt die Steuer für jeden angefangenen 100 ccm Hubraum 2,00 € bei Ottomotoren und 9,50 € bei Dieselmotoren zuzüglich jeweils 2,00 € für jedes Gramm Kohlendioxid je Kilometer bei Überschreiten bestimmter, jahresbezogener Kohlendioxidemissionsgrenzen.

Bei **Personenkraftwagen mit Dieselmotor** wurde in der Zeit vom 01.04.2007 bis zum 31.03.2011 ein Zuschlag von 1,20 € je angefangenen 100 ccm Hubraum zu obigen Sätzen erhoben, soweit das Kraftfahrzeug nicht mit einer hinreichenden Partikelminderungstechnik (Partikelfilter) ausgestattet war (§ 9a KraftStG).

Bei Wohnmobilen richtet sich der Steuersatz einerseits nach dem Gesamtgewicht und andererseits nach der Schadstoffklasse und beträgt je 200 kg Gesamtgewicht zwischen 10,00 € und 40,00 €.

Für dreirädrige und leichte vierrädrige Kraftfahrzeuge mit Hubkolbenmotor beträgt die Steuer je angefangene 100 ccm Hubraum in Abhängigkeit von der einschlägigen Schadstoffemission bei Ottomotoren 21,07 € bzw. 25,36 € und bei Dieselmotoren 33,29 € bzw. 37,58 €.

Alle anderen Fahrzeuge (Lkw, Kraftomnibusse und Zugmaschinen) werden grundsätzlich in zwei Gruppen eingeteilt:

– Fahrzeuge mit einem zulässigen **Gesamtgewicht von bis zu 3.500 kg**, für die je 200 kg Gesamtgewicht anfällt: 11,25 € für ein Gesamtgewicht bis zu 2.000 kg, 12,02 € für ein Gesamtgewicht über 2.000 kg bis zu 3.000 kg und 12,78 € für ein Gesamtgewicht über 3.000 kg bis zu 3.500 kg;

– Fahrzeuge mit einem zulässigen **Gesamtgewicht von mehr als 3.500 kg, für die** – abhängig von der Schadstoff- und Geräuschklasse – je 200 kg Gesamtgewicht folgender Betrag anfällt:

  – **Schadstoffklasse S2**: Staffelung der Steuersätze von 6,42 € (für ein Gesamtgewicht bis zu 2.000 kg) bis 14,32 € (für ein Gesamtgewicht über 12.000 kg); max. 556 €;

- **Schadstoffklasse S1**: Staffelung der Steuersätze von 6,42 € (für ein Gesamtgewicht bis zu 2.000 kg) bis 36,23 € (für ein Gesamtgewicht über 15.000 kg); max. 914 €;
- **Geräuschklasse G1**: Staffelung der Steuersätze von 9,64 € (für ein Gesamtgewicht bis zu 2.000 kg) bis 54,35 € (für ein Gesamtgewicht über 15.000 kg); max. 1.425 €;
- **übrige Fahrzeuge**: Staffelung der Steuersätze von 11,25 € (für ein Gesamtgewicht bis zu 2.000 kg) bis 63,40 € (für ein Gesamtgewicht über 15.000 kg); max. 1.681 €.

Für Kraftfahrzeuganhänger beträgt der Steuertarif je 200 kg Gesamtgewicht 7,46 €, max. 373,24 €.

Die Kraftfahrzeugsteuer ist eine periodische Jahressteuer und jeweils im Voraus zu entrichten (§ 11 Abs. 1 KraftStG). Bei halbjährlicher oder vierteljährlicher Zahlungspflicht (nur zulässig, wenn die Jahressteuer mehr als 500 € bzw. mehr als 1.000 € beträgt) wird ein Aufgeld von 3 % bzw. 6 % erhoben (§ 11 Abs. 2 KraftStG). Die Steuer wird von den zuständigen Finanzämtern festgesetzt.

Die Landesregierungen können durch Rechtsverordnung die Zulassung auch davon abhängig machen, dass der Halter dem zuständigen Finanzamt schriftlich eine Einzugsermächtigung zum Einzug der Kraftfahrzeugsteuer von einem inländischen Konto erteilt hat (§ 13 Abs. 1 S. 2 und 3, Abs. 1a KraftStG).

C. Verbrauchsteuern am Beispiel der Energiesteuer[600]

Die Energiesteuer ist eine **spezielle Verbrauchsteuer**. Sie trat am 01.08.2006 in Kraft; die bis zum 31.07.2006 erhobene Mineralölsteuer ging in der Energiesteuer auf. Das Energiesteuergesetz, auf dessen Grundlage die Energiesteuer erhoben wird, regelt die Besteuerung von Mineralölen und Erdgas als Heiz- oder Kraftstoff in der Bundesrepublik Deutschland. Die Energiesteuer wird bei der Verwendung von Kraft- und Heizstoffen innerhalb des deutschen Steuergebiets (Bundesrepublik Deutschland ohne das Gebiet von Büsingen und ohne die Insel Helgoland) erhoben (§ 1 Abs. 1 EnergieStG). Dazu zählen neben den Mineralölen und Erdgas u.a. die ebenfalls fossilen Energieträger Steinkohle und Braunkohle sowie Koks. Die bundesgesetzlich geregelte Energiesteuer wird von der Zollverwaltung verwaltet, die Einnahmen stehen dem Bund zu. Der Bund muss Teile der ihm allein zustehenden Energiesteuer für den Bundesfernstraßenbau einsetzen. Die Steuermehreinnahmen durch die Erhöhung der Steuersätze i.R.d. „Ökologischen Steuerreform"[601] werden ganz überwiegend zur Stabilisierung der Beiträge zur gesetzlichen Rentenversicherung eingesetzt.[602] Insofern wird hier die generelle Nonaffektation der Steuern durchbrochen (vgl. S. 243). Die Energiesteuer gehört zu den innerhalb der EU harmonisierten Verbrauchsteuern.

---

[600] Vgl. hierzu ausführlich FRIEDRICH, KLAUS: Das neue Energiesteuerrecht, in: DB 2006, S. 1577-1584.
[601] Hierunter fallen das „Gesetz zum Einstieg in die ökologische Steuerreform" vom 24.03.1999, BGBl I 1999, S. 378, das „Gesetz zur Fortführung der ökologischen Steuerreform" vom 16.12.1999, BGBl I 1999, S. 2432 und das „Gesetz zur Fortentwicklung der ökologischen Steuerreform" vom 23.12.2002, BGBl I 2002, S. 4602; vgl. S. 243.
[602] Vgl. BONGARTZ, MATTHIAS: Vorbemerkungen zum Energiesteuergesetz, in: Energiesteuer, Stromsteuer, Zolltarif und Nebengesetze, hrsg. von MATTHIAS BONGARTZ, München (Loseblatt), Stand: November 2012, Rn. 18.

Steuergegenstand der Energiesteuer sind **Energieerzeugnisse**. Die steuerrechtliche Definition von Energieerzeugnissen wird anhand der sog. Kombinierten Nomenklatur vorgenommen. Diese enthält einen Katalog von Warenbeschreibungen, auf den das Energiesteuergesetz verweist. Energieerzeugnisse i.S.d. Energiesteuergesetzes sind insbesondere Benzin, Dieselkraftstoff, leichtes und schweres Heizöl, Flüssiggas, Erdgas und Kohle sowie bei einer Bestimmung als Kraft- oder Heizstoff auch Biodiesel und Pflanzenöl (§ 1 Abs. 2 EnergieStG). Im Ergebnis soll mit der Energiesteuer nur der Verbrauch von Energieerzeugnissen als Kraft- oder Heizstoff belastet werden. Der übrige Verbrauch ist durch zahlreiche Steuerbefreiungen von einer Besteuerung ausgenommen. Darüber hinaus sieht das Energiesteuergesetz auch bei einem Verbrauch von Energieerzeugnissen als Kraft- oder Heizstoff eine Reihe von Ausnahmeregelungen vor, um u.a. umweltfreundliche Energieträger und Verkehrsmittel zu fördern und um Wettbewerbsnachteile der inländischen Wirtschaft gegenüber ausländischen Konkurrenten zu vermeiden (u.a. §§ 24 ff. EnergieStG).

Der **Steuersatz** ist abhängig von der Art des Energieerzeugnisses und dessen Verwendungszweck. Er beträgt für verbleites Benzin 0,7210 € je Liter, für unverbleites Benzin (in Abhängigkeit vom Schwefelgehalt) 0,6545 € bzw. 0,6698 € je Liter und für Dieselkraftstoff (in Abhängigkeit vom Schwefelgehalt) 0,4704 € bzw. 0,4857 € je Liter. Für Flüssiggas beträgt der Steuersatz (je nach Verwendung) 0,18032 € bzw. 0,0606 € je Kilogramm, für Erdgas (je nach Verwendung) 13,90 € bzw. 5,50 € je MWh. Für Heizöl oder Schmieröl beträgt der Steuersatz entweder 0,025 € bzw. 0,06135 € je Liter.

Die §§ 8 ff. EnergieStG regeln die **Entstehung der Steuer**. Sie entsteht regelmäßig bei der **Entnahme aus einem Steuerlager in den freien Verkehr**. So entsteht bspw. die Steuerpflicht, wenn von einer Raffinerie Benzin an eine Tankstelle oder Erdgas aus einem Gaslager an einen regionalen Energieversorger geliefert wird. Die Fälligkeit der Energiesteuer für Mineralölprodukte ist in § 8 Abs. 3-6a EnergieStG geregelt. Der Steuerschuldner hat bis zum 15. Tag des der Steuerentstehung folgenden Monats eine Steuererklärung abzugeben (Steueranmeldung). Grundsätzlich ist dann die Steuer bis zum 10. des auf die Steuerentstehung übernächsten Monats vom Steuerschuldner zu entrichten. Für Kohle und Erdgas hat der Steuerschuldner ebenfalls regelmäßig bis zum 15. Tag des der Steuerentstehung folgenden Monats eine Steuererklärung abzugeben. Die Steuer wird am 25. Tag dieses Monats fällig (§§ 33 Abs. 1, 39 Abs. 1 EnergieStG).

3. Abschnitt:
Der Einfluss der Besteuerung auf unternehmerische Entscheidungen

I. Beispiel zur Steuerbelastung einer inländischen Kapitalgesellschaft

Ausgangsdaten:

– Gewerbliche Einkünfte vor Steuern	110.000 €
– Einheitswert des Betriebsgrundstücks zum 01.01.2013	300.000 €
– Grundsteuer-Hebesatz	250 %
– Fremdkapitalzinsen i.S.d. § 8 Nr. 1 GewStG	150.000 €
– Gewerbesteuer-Hebesatz	400 %

Der Gewinn der Gesellschaft wird in voller Höhe im Jahr der Entstehung (2013) ausgeschüttet. Der alleinige Gesellschafter ist unverheiratet und nicht kirchensteuerpflichtig. Er bezieht zusätzlich zu obigen Einkünften noch Einkünfte aus nichtselbstständiger Arbeit i.H.v. 76.000 €, die unabhängig von seinem Unternehmen erzielt werden. Im Jahr 2013 entstanden ihm abzugsfähige Aufwendungen für die Alterssicherung und sonstige Vorsorgeaufwendungen i.H.v. insgesamt 5.253 €. Ansonsten werden die Pauschbeträge angesetzt. Der Gesellschafter macht im Rahmen der Abgeltungssteuer von seinem Veranlagungswahlrecht gem. § 32d Abs. 2 Nr. 3 EStG keinen Gebrauch.

Grundsteuer der Kapitalgesellschaft

	Einheitswert des Grundstücks (§ 13 Abs. 1 GrStG)	300.000 €
•	Steuermesszahl (§ 15 Abs. 1 GrStG)	0,35 %
=	Steuermessbetrag (§ 13 Abs. 1 S. 1 GrStG)	1.050 €
•	Hebesatz (§ 25 GrStG)	250 %
=	**Grundsteuer**	**2.625 €**

Gewerbesteuer der Kapitalgesellschaft

	Ausgangsgröße für den Gewerbeertrag	
	Gewerbliche Einkünfte vor Steuern	110.000 €
./.	Grundsteuer	2.625 €
=	Ausgangsgröße	107.375 €

Gewerbesteuerliche Modifikationen

+	25 % der Zinsaufwendungen (§ 8 Nr. 1 GewStG)	12.500 €
	Schuldzinsen 150.000 €	
	./. Freibetrag 100.000 €	
	= Summe der Zinsaufwendungen 50.000 €	
./.	1,2 % des gem. § 121a BewG um 40 % erhöhten Einheitswerts des Betriebsgrundstücks (§ 9 Nr. 1 GewStG)	5.040 €
=	Gewerbeertrag vor Rundung und Freibetrag	114.835 €

Ermittlung der Gewerbesteuer

./.	Rundung auf volle 100 € (§ 11 Abs. 1 GewStG)	35 €
./.	Freibetrag (§ 11 Abs. 1 GewStG)	0 €
=	Maßgebender Gewerbeertrag	114.800 €
•	Effektiver Gewerbesteuersatz (0,035 · 4)	14 %
=	**Gewerbesteuer**	**16.072 €**

Körperschaftsteuer der Kapitalgesellschaft

	Gewerbliche Einkünfte vor Steuern	110.000 €
./.	Grundsteuer	2.625 €
=	Körperschaftsteuerpflichtiges Einkommen	107.375 €
•	Körperschaftsteuersatz (§ 23 Abs. 1 KStG)	15 %
=	**Körperschaftsteuer**	**16.106 €**

Solidaritätszuschlag der Kapitalgesellschaft

	Körperschaftsteuer	16.106 €
•	Solidaritätszuschlagssatz	5,5 %
=	**Solidaritätszuschlag**	**886 €**

Kapitalertragsteuer

	Bruttodividende (Verbleibende Einkünfte auf Gesellschaftsebene)	74.311 €
./.	Kapitalertragsteuer (25 % der Bruttodividende)	18.578 €
./.	Solidaritätszuschlag (5,5 % der Kapitalertragsteuer)	1.022 €
=	Vorläufige Nettodividende	54.711 €

Kapitalertragsteuer entfaltet abgeltende Wirkung!

Einkommensteuer des Gesellschafters

	Einkünfte aus nichtselbstständiger Arbeit	76.000 €
./.	Arbeitnehmer-Pauschbetrag (§ 9a S. 1 EStG)	1.000 €
=	Summe der Einkünfte = Gesamtbetrag der Einkünfte	75.000 €
./.	Vorsorgeaufwendungen	5.253 €
./.	Sonderausgabenpauschbetrag (§ 10c S. 1 EStG)	36 €
=	Zu versteuerndes Einkommen	69.711 €
⇨	Einkommensteuer (Grundtarif 2013)	21.082 €
=	**Einkommensteuerzahllast**	**21.082 €**

Solidaritätszuschlag des Gesellschafters

	Einkommensteuer	21.082 €
•	Solidaritätszuschlagssatz	5,5 %
=	**Solidaritätszuschlag**	**1.159 €**

Zusammenstellung der Ergebnisse: (Gesellschaftsebene)

		absolut	prozentual
	Einkünfte vor Substanz- und Ertragsteuern	110.000 €	100,00 %
./.	Grundsteuer (Soll-Ertragsteuer)	2.625 €	2,386 %
=	Einkünfte nach Substanzsteuern	107.375 €	97,614 %
./.	Gewerbesteuer (Ist-Ertragsteuer)	16.072 €	14,611 %
./.	Körperschaftsteuer (Ist-Ertragsteuer)	16.106 €	14,642 %
./.	Solidaritätszuschlag (Ist-Ertragsteuer)	886 €	0,805 %
=	Verbleibende Einkünfte	74.311 €	67,556 %
⇨	**Gesamtsteuerbelastung**	**35.689 €**	**32,444 %**

Zusammenstellung der Ergebnisse:

		absolut	prozentual
	Einkünfte vor Substanz- und Ertragsteuern	186.000 €	100,00 %
./.	Grundsteuer (Soll-Ertragsteuer)	2.625 €	1,411 %
=	Einkünfte nach Substanzsteuern	183.375 €	98,589 %
./.	Gewerbesteuer (Ist-Ertragsteuer)	16.072 €	8,641 %
./.	Körperschaftsteuer (Ist-Ertragsteuer)	16.106 €	8,659 %
./.	Solidaritätszuschlag (Ist-Ertragsteuer)	886 €	0,476 %
./.	Kapitalertragsteuer (Ist-Ertragsteuer)	18.578 €	9,988 %
	⇨ entfaltet abgeltende Wirkung		
./.	Solidaritätszuschlag (Ist-Ertragsteuer)	1.022 €	0,549 %
	⇨ entfaltet abgeltende Wirkung		
./.	Einkommensteuer (Ist-Ertragsteuer)	21.082 €	11,334 %
./.	Solidaritätszuschlag (Ist-Ertragsteuer)	1.159 €	0,623 %
=	Verbleibende Einkünfte auf Gesellschafterebene	108.470 €	58,317 %
⇨	**Gesamtsteuerbelastung**	**77.530 €**	**41,683 %**

II. Beispiel zur Steuerbelastung eines inländischen Einzelunternehmens

Die Ausgangsdaten entsprechen denen der Kapitalgesellschaft.

Grundsteuer des Einzelunternehmens

	Einheitswert des Grundstücks (§ 13 Abs. 1 GrStG)	300.000 €
•	Steuermesszahl (§ 15 Abs. 1 GrStG)	0,35 %
=	Steuermessbetrag (§ 13 Abs. 1 S. 1 GrStG)	1.050 €
•	Hebesatz (§ 25 GrStG)	250 %
=	**Grundsteuer**	**2.625 €**

Gewerbesteuer des Einzelunternehmens

	Ausgangsgröße für den Gewerbeertrag	
	Gewerbliche Einkünfte vor Steuern	110.000 €
./.	Grundsteuer	2.625 €
=	Ausgangsgröße	107.375 €

Gewerbesteuerliche Modifikationen

+	25 % der Zinsaufwendungen (§ 8 Nr. 1 GewStG)		12.500 €
	Schuldzinsen	150.000 €	
	./. Freibetrag	100.000 €	
	= Summe der Zinsaufwendungen	50.000 €	
./.	1,2 % des gem. § 121a BewG um 40 % erhöhten Einheitswerts des Betriebsgrundstücks (§ 9 Nr. 1 GewStG)		5.040 €
=	Gewerbeertrag vor Rundung und Freibetrag		114.835 €

Ermittlung der Gewerbesteuer

./.	Rundung auf volle 100 € (§ 11 Abs. 1 GewStG)	35 €
./.	Freibetrag (§ 11 Abs. 1 S. 3 Nr. 1 GewStG)	24.500 €
=	Maßgebender Gewerbeertrag	90.300 €
•	Effektiver Gewerbesteuersatz (0,035 · 4)	14 %
=	**Gewerbesteuer**	**12.642 €**

Einkommensteuer des Steuerpflichtigen

	Gewerbliche Einkünfte vor Steuern	110.000 €
./.	Grundsteuer	2.625 €
=	Gewerbliches Einkommen nach Steuern	107.375 €
+	Einkünfte aus nichtselbstständiger Arbeit	76.000 €
./.	Arbeitnehmer-Pauschbetrag (§ 9a S. 1 EStG)	1.000 €
=	Summe der Einkünfte = Gesamtbetrag der Einkünfte	182.375 €
./.	Vorsorgeaufwendungen	5.253 €
./.	Sonderausgabenpauschbetrag (§ 10c S. 1 EStG)	36 €
=	Zu versteuerndes Einkommen	177.086 €
⇨	Einkommensteuer (Grundtarif 2013)	66.180 €
./.	Gewerbesteueranrechnung (3,8facher Gewerbesteuermessbetrag[603])	12.012 €
=	**Einkommensteuer unter Anrechnung der Gewerbesteuer**	**54.168 €**

Solidaritätszuschlag des Steuerpflichtigen

	Einkommensteuer	54.168 €
•	Solidaritätszuschlagssatz	5,5 %
=	**Solidaritätszuschlag**	**2.979 €**

Zusammenstellung der Ergebnisse:

		absolut	prozentual
	Einkünfte vor Substanz- und Ertragsteuern	186.000 €	100,00 %
./.	Grundsteuer (Soll-Ertragsteuer)	2.625 €	1,411 %
=	Einkünfte nach Substanzsteuern	183.375 €	98,589 %
./.	Gewerbesteuer (Ist-Ertragsteuer)	12.642 €	6,797 %
./.	Einkommensteuer (Ist-Ertragsteuer)	54.168 €	29,123 %
./.	Solidaritätszuschlag (Ist-Ertragsteuer)	2.979 €	1,602 %
=	Verbleibende Einkünfte	113.586 €	61,068 %
⇨	**Gesamtsteuerbelastung**	**72.414 €**	**38,932 %**

---

[603] Der Gewerbesteuermessbetrag ergibt sich mittels Multiplikation des Gewerbeertrags mit der Steuermesszahl (90.300 € · 0,035 = 3.161 €).

III. Einflussfaktoren der Steuerbelastung und Systematik des Einflusses der Besteuerung auf unternehmerische Entscheidungen

Anhand der oben dargestellten Beispiele lassen sich einige Einflussfaktoren in Bezug auf die Höhe der prozentualen Steuerbelastung herausarbeiten.

Einflussfaktoren der prozentualen Belastung sind Veränderungen im **Zeitablauf**, Veränderungen durch **Variation der Daten** und Veränderungen durch **Gestaltungsmaßnahmen**.

Veränderungen im Zeitablauf können sich bspw. durch die Gesetzgebung und geänderte Rechtsprechungsgrundsätze ergeben. Kaum ist ein Steuerreformpaket verabschiedet, werden Änderungen angekündigt. Materiellen Einfluss hat dieser Faktor z.B. bei der Liquidation von Kapitalgesellschaften, da das Abwicklungsvermögen erst am Ende der Liquidationsperiode (bis zu drei Jahre) zu dem dann gültigen Steuersatz versteuert wird (§ 11 Abs. 1 KStG).

Veränderungen durch Variation der Daten können die absolute Gewinnhöhe, die Kapitalstruktur, die Gewinnverwendungspolitik, die Wirkung von Freibeträgen und die Art der Vertragsbeziehungen zwischen Gesellschaft und Gesellschafter betreffen.

I.R.d. Gliederungspunktes „Rechnungswesen und Unternehmensbesteuerung" spielten Ansatz- und Bewertungsregelungen innerhalb der Bilanz eine entscheidende Rolle. Diese wirken sich innerhalb i.R.d. Betriebsvermögensvergleichs auf die **Gewinnhöhe** aus. Generell ist die ausgewiesene Gewinnhöhe Hauptansatzpunkt für die Besteuerung und insofern Hauptangriffspunkt für die Einschränkung potenzieller Wahlrechte.

I.R.d. Gewerbesteuer wurde herausgestellt, dass es zu einer unterschiedlichen steuerlichen Behandlung der **Kapitalausstattung** eines Unternehmens kommen kann.

Die Ersetzung des Anrechnungsverfahrens durch das Halbeinkünfteverfahren (2001 bis 2008) respektive das Teileinkünfteverfahren/Abgeltungssteuer (seit 2009) bei Personengesellschaften bzw. natürlichen Personen sowie durch das modifizierte Nulleinkünfteverfahren bei juristischen Personen und die Aufhebung des zweigeteilten Körperschaftsteuersatzes führen zum einen zu einer Doppelbelastung ausgeschütteter Gewinne bei natürlichen Personen als Anteilseignern, zum anderen wird den Gesellschaften der Anreiz genommen, durch Ausschüttungen die Belastung mit Körperschaftsteuer zu mindern. Somit nimmt der Gesetzgeber gewissen Einfluss auf das Ausschüttungsverhalten und damit auf die **Gewinnverwendungspolitik** der Unternehmen.

Steuerbelastungsrechnungen zeigen, dass **hohe Freibeträge** bei kleineren Größenordnungen – relativ gesehen – stärkere Wirkung entfalten als bei großen Beträgen, wo sie in ihrer Wirkung „verpuffen".

Insb. die Wahl der Rechtsform hat erheblichen Einfluss auf die Möglichkeit, schuldrechtliche **Vertragsbeziehungen zwischen Gesellschaft und Gesellschaftern** steuerlich anzuerkennen oder zu versagen (Trennungsprinzip versus Transparenzprinzip).

Veränderungen durch Gestaltungsmaßnahmen können sich auf die **Rechtsform, Unternehmenszusammenschlüsse**, den **Standort**, die **Gestaltung von** Produktion, Absatz, Investition und Finanzierung, die **Rechnungslegung** oder **Rechtswahlmöglichkeiten** beziehen.

Um z.B. der unterschiedlichen Anerkennung von Gesellschaft-Gesellschafter-Verträgen i.S.e. Optimierung Rechnung zu tragen, bietet sich eine Variation der **Rechtsform** an.

Auch die Möglichkeit eines **Unternehmenszusammenschlusses** bietet sich zur Erzielung einer Steuerreduzierung an (z.B. durch Organschaftsregelungen; vgl. §§ 14-19 KStG).

Unterschiedliche Steuersätze, unterschiedliche Finanzverwaltungsauffassungen sowie unterschiedliche Ansatz- und Bewertungsregelungen haben erheblichen Einfluss auf die nationale bzw. internationale **Standortwahl** für ein Unternehmen.

Durch Änderung der **Produktions- und Absatzvorgänge** (z.B. Ausgliederung der Beschaffungs- oder Absatzabteilung), durch Steuerwirkungen bei **Investitionsvorgängen** sowie durch verschiedene **Finanzierungsvarianten** (insb. sog. Finanzinnovationen) entstehen unterschiedliche Ansätze für die Besteuerung.

Verschiedene Ansatz- und Bewertungsmöglichkeiten, die i.R.d. **Rechnungslegung** mehr oder weniger frei gewählt werden können, führen im Bereich der Bilanzpolitik zu unterschiedlichen Ergebnissen der Besteuerung (vgl. u.a. §§ 5, 6 EStG).

Die Optionsmöglichkeiten der Umsatzsteuer sind ein Beispiel für **Rechtswahlmöglichkeiten** außerhalb der Rechnungslegung. Auch besteht die Möglichkeit, ein ganz anderes Rechtssystem durch die internationale Standortwahl heranzuziehen.

Insb. aus dem zuletzt genannten Bereich der Gestaltungsmaßnahmen ergibt sich die Systematik des Einflusses der Besteuerung auf unternehmerische Entscheidungen (vgl. Abb. 86, S. 465).

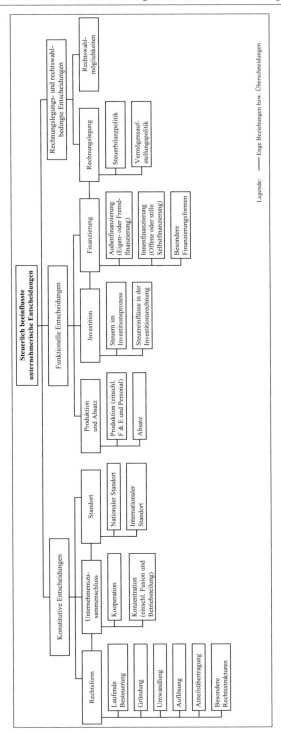

Abb. 86: Steuerlich beeinflusste unternehmerische Entscheidungen im Überblick

Dritter Teil:

Unternehmensstruktur und Unternehmensbesteuerung

1. Abschnitt:

Rechtsformwahl und Rechtsformbesteuerung

I. Die Besteuerung der Entstehung

Vgl. hierzu insb. BRÖNNER, HERBERT/BAREIS, PETER/POLL, JENS: Die Besteuerung der Gesellschaften, 18. Aufl., Stuttgart 2007, Teil B, Rn. 220-337 und Teil C, Rn. 116-283; HEIGL, ANTON: Unternehmensbesteuerung, 2. Aufl., München/Wien 1996, S. 46-124, 537-548; HOFFMANN, WOLF-DIETER: Der Transfer von Einzelwirtschaftsgütern gemäß § 6 Abs. 5 EStG nach Verabschiedung des UntStFG, in: GmbHR 2002, S. 125-134; JACOBS, OTTO H.: Unternehmensbesteuerung und Rechtsform, 4. Aufl., München 2009, S. 375-383, 429-432, 490-494; JACOBS, OTTO H./SCHEFFLER, WOLFRAM: Steueroptimale Rechtsform, 2. Aufl., München 1996, S. 237-239; ROSE, GERD: Betriebswirtschaftliche Steuerlehre, 3. Aufl., Wiesbaden 1992, S. 88-92, 109-110, 118-120; WÖHE, GÜNTER: Betriebswirtschaftliche Steuerlehre, Bd. 2, 1. Halbband: Der Einfluß der Besteuerung auf die Wahl und den Wechsel der Rechtsform des Betriebes, 5. Aufl., München 1990, S. 3-32; WÖHE, GÜNTER/DÖRING, ULRICH: Einführung in die Allgemeine Betriebswirtschaftslehre, 24. Aufl., München 2010, S. 217-278.

A. Grundsätzliche Vorüberlegungen

Als **Rechtsform** wird die rechtliche Organisation, der rechtliche Rahmen oder das „Rechtskleid" eines Unternehmens bezeichnet. Durch die Rechtsform wird ein Teil der rechtlichen Beziehungen innerhalb des Unternehmens (z.B. zwischen Gesellschaftern) und zwischen Unternehmen und Umwelt (z.B. Publizitätsvorschriften) geregelt.

Die **maßgebenden Rechtsformen** lassen sich wie in Abb. 87 (S. 468) systematisieren. Abb. 88[604] (S. 468) gibt anschließend einen Überblick über die Bestimmungsfaktoren der Rechtsformwahl.

---

[604] Entnommen aus HEIGL, ANTON: Unternehmensbesteuerung, 2. Aufl., München/Wien 1996, S. 539.

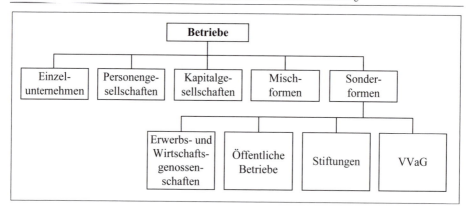

Abb. 87: Die maßgebenden Rechtsformen

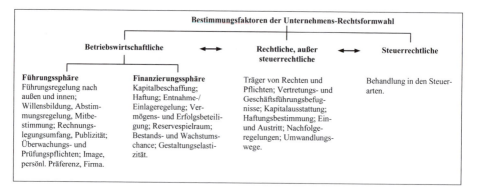

Abb. 88: Bestimmungsfaktoren der Unternehmens-Rechtsformwahl

Kriterien für die Wahl (oder Änderung) der Rechtsform sind insbesondere:
- Gestaltung der Haftung,
- Finanzierungsmöglichkeiten,
- Leitungsbefugnisse,
- Nachfolgeregelungen,
- Gewinn- und Verlustbeteiligung,
- Umfang der Publizitätspflichten und sonstige rechtsformabhängige Aufwendungen,
- Steuerbelastung mit Unterschieden
  - in der laufenden Besteuerung,
  - bei der Ermittlung der Bemessungsgrundlagen,
  - durch unterschiedliche Steuerarten und unterschiedliche Tarifgestaltung,
  - bei der Besteuerung der Gründung und Beendigung,
  - bei der Besteuerung der Umwandlung.

B. Der Einzelkaufmann

1. Entstehung durch Gründung

I.R.d. Gründung eines Einzelunternehmens ist zwischen der Bargründung, der Sachgründung und der gemischten Gründung zu differenzieren. Wird der Gründer zum Bezieher von Gewinneinkünften – und ist er darüber hinaus aufgrund der Regelungen in den §§ 140, 141 AO verpflichtet, Bücher zu führen –, so ist ferner eine **steuerliche Eröffnungsbilanz** zu erstellen.

Die **Bargründung** stellt stets einen **erfolgsneutralen Vorgang** dar: Der Aktivierung des Geldbetrags auf einem Zahlungsmittelkonto entspricht auf der Passivseite die Erhöhung des Kapitalkontos des Einzelunternehmers. Die Kapitaleinlage ist mit dem Nennwert zu bewerten.

I.R. einer **Sachgründung** ist zu differenzieren:

- **Wirtschaftsgüter des Privatvermögens**, die in das Betriebsvermögen eingelegt werden, sind als Einlagen i.S.v. § 4 Abs. 1 S. 8 1. Halbsatz EStG anzusehen. Diese sind grundsätzlich mit dem **Teilwert** für den Zeitpunkt der Zuführung anzusetzen (vgl. § 6 Abs. 1 Nr. 6 i.V.m. Nr. 5 EStG). Somit wird sichergestellt, dass bis zum Einlagezeitpunkt im Privatvermögen eingetretene Wertänderungen keine steuerlichen Auswirkungen besitzen. Durch die Einlagebewertung nach § 6 Abs. 1 Nr. 5 S. 2 EStG i.V.m. § 7 Abs. 1 S. 5 EStG soll vermieden werden, dass steuerliche Abschreibungspotenziale mehrfach genutzt werden können. Daher sollen sich Abschreibungen bei Wirtschaftsgütern des Privatvermögens unter der Voraussetzung, dass diese Wirtschaftsgüter vorher Überschusseinkünfte i.S.d. § 2 Abs. 2 Nr. 2 EStG erzielten und einer Abschreibung zugänglich waren (was insb. für Einkünfte aus Vermietung und Verpachtung zutrifft), nach ihrem Restwert bemessen lassen. Durch diese Regelung wird allerdings bewirkt, dass in der Steuerbilanz stets ein (zu hoher) nicht abschreibbarer Buchwertteilbetrag bestehen bleibt, was bspw. von GRÖPL als „sachwidrig" bezeichnet wird.[605]

> **Beispiel:** (Ermittlung der AfA bei einer Sacheinlage)
>
> Ein im Privatvermögen befindliches Gebäude, das am 01.01.2008 zu 1 Mio. € angeschafft wurde und eine Nutzungsdauer von zehn Jahren (fiktive Nutzungsdauer) besitzt, wird an Dritte vermietet. Als Werbungskosten sind i.R.d. Einkünfte aus Vermietung und Verpachtung jährlich 100.000 € geltend zu machen. Am 31.12.2013 wird das Gebäude in ein Betriebsvermögen eingelegt, der Teilwert beläuft sich zu diesem Zeitpunkt auf 1,2 Mio. €.
>
> Der Einlagewert des Gebäudes beträgt zum 31.12.2013 1,2 Mio. € abzüglich der zwischenzeitlich angefallenen Abschreibungen von 600.000 €, also 600.000 € (§ 6 Abs. 1 Nr. 5 S. 1 EStG). Vertreten wird die Meinung, dass sich die Abschreibungen nach § 7 Abs. 1 S. 5 EStG weiterhin nach den „historischen Abschreibungswerten" (hier: 100.000 €/Jahr) bemessen. Da das Gebäude insgesamt noch vier Jahre abzuschreiben ist, verbliebe in der Steuerbilanz am 31.12.2017 ein Restwert von 200.000 € (= 1,2 Mio. € ./. (600.000 € + 400.000 €)). Würde hingegen der Einlagewert (hier: TW) auch die AfA-Bemessungsgrundlage erhöhen, so

---

[605] Vgl. GRÖPL, CHRISTOPH: Die Einlage von Wirtschaftsgütern nach deren Nutzung für Überschusseinkünfte – ein bilanzsteuerrechtliches Dilemma?, in: DStR 2000, S. 1285-1289, s.b.S. 1288; vgl. zum Stand der Diskussion u.a. BRANDIS, PETER: § 7 EStG, in: BLÜMICH: Einkommensteuer – Körperschaftsteuer – Gewerbesteuer, hrsg. von BERND HEUERMANN, München (Loseblatt), Stand: April 2013, Rn. 264 m.w.N.

könnten in den Jahren 2014 bis 2017 jeweils 150.000 € (= 1,2 Mio. € ./. 600.000 €/4 Jahre) abgeschrieben werden, was zu einem Buchwert von 0 € führen würde.

Ausnahmen vom Teilwertansatz stellen die Einlage eines Wirtschaftsguts, das vor weniger als drei Jahren vor dem Zeitpunkt der Zuführung angeschafft oder hergestellt wurde, die an keine Fristen geknüpfte Einlage einer Beteiligung i.S.v. § 17 EStG an einer Kapitalgesellschaft und die ebenfalls an keine Fristen gekoppelte Einlage eines Wirtschaftsguts i.S.v. § 20 Abs. 2 EStG dar. In diesen Fällen treten an die Stelle des Teilwerts die (fortgeführten) Anschaffungs-/Herstellungskosten. Durch den unterhalb des Teilwerts erfolgenden Ansatz soll erreicht werden, dass im Privatvermögen entstandene Wertsteigerungen in den gewerblichen Bereich überführt und dort – entweder über Minderabschreibungen oder höhere Veräußerungsgewinne – realisiert werden.[606] Von den Anschaffungs-/Herstellungskosten bzw. dem Entnahmewert sind im Falle abnutzbarer Wirtschaftsgüter Abschreibungen abzuziehen, die zwischen dem Zeitpunkt der Anschaffung/Herstellung bzw. der Entnahme aus einem anderen Betriebsvermögen und der Einlage angefallen sind (§ 6 Abs. 1 Nr. 5 S. 2 und 3 EStG).[607]

– Besitzt der Einzelunternehmer hingegen mehrere Betriebe und wird ein **Wirtschaftsgut aus einem Betriebsvermögen in ein anderes** transferiert, so ist grundsätzlich eine Übertragung zum Buchwert möglich. In diesem Fall muss lediglich die Besteuerung der in diesem Wirtschaftsgut zum Übertragungszeitpunkt enthaltenen stillen Reserven sichergestellt sein (vgl. § 6 Abs. 5 S. 1 EStG). Diese Voraussetzung wird i.d.R. erfüllt sein (eine Besteuerung der stillen Reserven wird aber bspw. dann nicht anzunehmen sein, wenn das Wirtschaftsgut aus dem Betriebsvermögen des Einzelunternehmers in eine ausländische Betriebstätte überführt wird).

Eine natürliche Person wird durch eine selbstständige, nachhaltige Tätigkeit zur Erzielung von Einnahmen zum **Unternehmer** (vgl. § 2 Abs. 1 UStG). Hierbei ist § 2 Abs. 1 S. 3 UStG zu beachten, wonach eine Gewinnerzielungsabsicht für die Unternehmereigenschaft unerheblich ist.

Die Verlagerung von Gegenständen in das zu gründende Einzelunternehmen hat grundsätzlich **keine umsatzsteuerlichen oder sonstigen verkehrsteuerlichen Konsequenzen**, da der Einzelunternehmer nicht mit sich selbst Geschäfte tätigen kann (sog. Selbstkontrahierungsverbot des § 181 BGB).

Gründungsaufwendungen (z.B. Beratungsaufwendungen, Notariatskosten, Genehmigungsgebühren, Reisekosten des Einzelunternehmers i.R.d. Gründung) können einkommensteuerlich als Betriebsausgaben geltend gemacht werden. I.R.d. Gewerbesteuer ist zu beachten, dass Betriebsausgaben erst im Falle einer Gewerbebetriebseigenschaft abgezogen werden dürfen. Für deren Vorliegen muss allerdings Gewinnerzielungsabsicht bestehen.

Entstehung des Betriebs:

– Die **Einkommensteuerpflicht** entsteht mit dem Entschluss, eine gewerbliche Tätigkeit ausüben zu wollen. Ausreichend hierbei sind zielgerichtete Maßnahmen des (potenziel-

---

[606] Vgl. JACOBS, OTTO H.: Unternehmensbesteuerung und Rechtsform, 4. Aufl., München 2009, S. 375-383.

[607] Vgl. KULOSA, EGMONT: § 6 EStG, in: Einkommensteuergesetz, begr. von LUDWIG SCHMIDT, 32. Aufl., München 2013, Rn. 559.

len) Einzelunternehmers (z.B. Durchführung betriebsbezogener Aufwendungen, Einbringung von Betriebsvermögen).

- Aktivitäten nach außen sind keine notwendigen Bedingungen. Sie sind jedoch Voraussetzung für das Entstehen des Gewerbebetriebs (§ 15 Abs. 2 EStG: „ ... Beteiligung am allgemeinen wirtschaftlichen Verkehr ... "). Durch bloße Vorbereitungshandlungen hervorgerufene Ausgaben können i.R.d. einkommensteuerlichen Gewinnermittlung angesetzt werden.

- Die **Gewerbesteuerpflicht** beginnt hingegen erst in dem Zeitpunkt, in dem alle für einen Gewerbebetrieb erforderlichen Voraussetzungen erfüllt sind (R 2.5 Abs. 1 S. 1 GewStR). Bloße Vorbereitungshandlungen (z.B. Anmietung eines erst noch herzurichtenden Geschäftslokals) lösen noch keine Gewerbesteuerpflicht aus. Ebenso ist der Zeitpunkt der Eintragung des Unternehmens im Handelsregister irrelevant (R 2.5 Abs. 1 S. 3 GewStR).

- Die **Umsatzsteuerpflicht** beginnt mit dem ersten nach außen, auf eine Unternehmertätigkeit gerichteten Tätigwerden des Einzelunternehmens, falls die spätere Ausführung entgeltlicher Leistungen beabsichtigt ist und die Ernsthaftigkeit durch objektive Merkmale nachgewiesen wird (Abschn. 2.6 Abs. 1 S. 1 UStAE). Dies schließt auch Vorbereitungshandlungen mit ein.

2. Entstehung durch entgeltlichen und unentgeltlichen Erwerb

In der steuerlichen Eröffnungsbilanz sind die Wirtschaftsgüter **bei entgeltlichem Erwerb** gem. § 6 Abs. 1 Nr. 7 EStG mit dem **Teilwert**, höchstens jedoch mit den **Anschaffungs-** oder **Herstellungskosten** anzusetzen.

Problembereiche existieren hinsichtlich der Ermittlung der Höhe der Anschaffungskosten für den gesamten Betrieb (z.B. bei Erwerb gegen Verpflichtung zu Rentenzahlungen, bei Kaufpreisstundung oder bei Ratenzahlung) sowie bezüglich der Verteilung der gesamten Anschaffungskosten auf die einzelnen Wirtschaftsgüter in der Eröffnungsbilanz.[608]

Bezüglich der **Gewerbesteuer** wird nach § 2 Abs. 5 GewStG eine **Neugründung** angenommen; der Gewerbebetrieb gilt als durch den bisherigen Unternehmer eingestellt. § 5 Abs. 2 GewStG regelt unter Verweis auf § 2 Abs. 5 GewStG, dass bis zum Übergangszeitpunkt der bisherige Unternehmer Steuerschuldner ist, der andere Unternehmer hingegen von diesem Zeitpunkt an.

Gem. § 1 Abs. 1a UStG unterliegen Umsätze i.R. einer **Geschäftsveräußerung** nicht der **Umsatzsteuer**.

In der steuerlichen Eröffnungsbilanz sind nach § 6 Abs. 3 EStG **bei unentgeltlichem Erwerb** (Schenkung, Erbschaft) für den Rechtsnachfolger die Werte maßgebend, die der Rechtsvorgänger in der Bilanz zum Veräußerungszeitpunkt angesetzt hatte (**Buchwertverknüpfung**). Infolgedessen gehen ggf. vorhandene stille Reserven mit in die Eröffnungsbilanz über.

---

[608] Vgl. hierzu detailliert MEYERING, STEPHAN: Existenzgründung durch Einzelunternehmenskauf, in: Bilanz-, Prüfungs- und Steuerwesen, hrsg. von KARLHEINZ KÜTING, CLAUS-PETER WEBER und HEINZ KUßMAUL, Bd. 9, Berlin 2007, S. 268-353.

C. Die Personengesellschaften

I.R.d. **Ertragsteuern** deckt sich die Besteuerung der Gründung einer Personengesellschaft i.Allg. mit derjenigen des Einzelunternehmens. Unterschiede existieren im Bereich der **Verkehrsteuern**, da der Einzelunternehmer, wie bereits erwähnt, keine Geschäfte mit sich selbst tätigen kann.[609]

Mit der **Gründung** einer Personengesellschaft entsteht i.d.R. Betriebsvermögen, was zur Folge hat, dass eine **steuerliche Eröffnungsbilanz** zu erstellen ist.

Ggf. sind **Sonder-Eröffnungsbilanzen** zur Erfassung des Sonderbetriebsvermögens einzelner Gesellschafter zu erstellen. Hierbei kann es sich einerseits um sog. **Sonderbetriebsvermögen I** (z.B. Wirtschaftsgüter, die von einzelnen Gesellschaftern nicht in das Gesamthandsvermögen eingebracht worden sind, oder Darlehen, die ein Gesellschafter der Gesellschaft zur Verfügung gestellt hat) oder andererseits um sog. **Sonderbetriebsvermögen II** (z.B. Einlagen, die von einzelnen Gesellschaftern fremdfinanziert wurden) handeln.

Analog zum Einzelunternehmen kann eine **Bargründung, Sachgründung** oder eine **gemischte Gründung** unterschieden werden. Hierbei handelt es sich um einen **tauschähnlichen Vorgang** (Tausch der Geldeinlage bzw. Sacheinlage gegen Gesellschaftsrechte).

I.R. einer **Bargründung** tätigen sämtliche Gesellschafter ihre im Gesellschaftsvertrag vereinbarte Einlage. In der Eröffnungsbilanz (Gründungsbilanz) der Personengesellschaft korrespondiert die Zunahme des Zahlungsmittelbestands mit der Erhöhung der jeweiligen Kapitalkonten der Gesellschafter. Für jeden Gesellschafter können ein sog. festes Kapitalkonto zur Bemessung des Stimmrechts (aufzubringendes und einzulegendes Kapital) sowie ein oder mehrere variable Kapitalkonten (nicht entnommene Gewinne, Verluste und Entnahmen) angelegt werden.

Werden bei einer **Sachgründung** Wirtschaftsgüter vom **Privatvermögen** ins Betriebsvermögen der Gesellschafter transferiert, so gelten die für das Einzelunternehmen anzuwendenden Grundsätze sowohl für das Gesamthandsvermögen der Personengesellschaft – sofern **keine Gewährung von Gesellschaftsrechten** erfolgt – als auch für das (notwendige) Sonderbetriebsvermögen der Gesellschafter. Erfolgt jedoch bei einer Übertragung von Wirtschaftsgütern in das Gesamthandsvermögen eine **Gewährung von Gesellschaftsrechten**, so kommt § 6 Abs. 1 Nr. 5 EStG **nicht** zur Anwendung. Es handelt sich insoweit um einen ggf. steuerpflichtigen tauschähnlichen Vorgang; die Höhe des Veräußerungsgewinns errechnet sich dabei aus der Differenz zwischen gemeinem Wert und den fortgeführten Anschaffungskosten des hingegebenen Wirtschaftsguts.[610]

Die steuerliche Behandlung der Einlagen von Wirtschaftsgütern aus Vermögensbeständen, die **kein Privatvermögen** darstellen, ist Abb. 89 (S. 474) zu entnehmen.[611] Die i.R.d. Sach-

---

[609] Vgl. sinngemäß HEIGL, ANTON: Unternehmensbesteuerung, 2. Aufl., München/Wien 1996, S. 106.
[610] Vgl. BFH-Urteil vom 19.10.1998, BStBl II 2000, S. 230; BMF-Schreiben vom 29.03.2000, BStBl I 2000, S. 462; HERRMANN, HANS-JOACHIM/NEUFANG, BERND: Übertragung einzelner Wirtschaftsgüter zwischen Gesellschafterbetriebsvermögen und Mitunternehmerschaften, in: BB 2000, S. 2599-2605, s.b.S. 2601.
[611] Vgl. HOFFMANN, WOLF-DIETER: Der Transfer von Einzel-Wirtschaftsgütern gem. § 6 Abs. 5 EStG nach Verabschiedung des UntStFG, in: GmbHR 2002, S. 125-134; MITSCH, BERND/GRÜTER, GIDO: Steuerneutrale Übertragung von Einzelwirtschaftsgütern, in: INF 2000, S. 620-624, 651-655; RÖDDER, THOMAS/SCHUMACHER, ANDREAS: Der Regierungsentwurf eines Gesetzes zur Fortentwicklung des Unternehmenssteuer-

gründung relevante **Regelung des § 6 Abs. 5 EStG**, die bezüglich der **sachgründungsbezogenen Sachverhalte** in Abb. 89 (S. 474) dargestellt ist, baut auf den Regelungen des sog. **Mitunternehmererlasses**[612] auf. Nach § 6 Abs. 5 S. 1 und 2 EStG ist eine Buchwertverknüpfung bei der Überführung eines einzelnen Wirtschaftsgutes aus einem Betriebsvermögen in ein anderes Betriebsvermögen desselben Steuerpflichtigen, bei Überführung aus einem eigenen Betriebsvermögen des Steuerpflichtigen in dessen Sonderbetriebsvermögen bei einer Mitunternehmerschaft und umgekehrt sowie für die Überführung zwischen verschiedenen Sonderbetriebsvermögen desselben Steuerpflichtigen bei verschiedenen Mitunternehmerschaften vorgeschrieben, soweit die Besteuerung der stillen Reserven sichergestellt ist. Des Weiteren ist gem. § 6 Abs. 5 S. 3 EStG eine **Buchwertverknüpfung** auch möglich bei einem unentgeltlichen oder gegen Gewährung oder Minderung von Gesellschaftsrechten erfolgten Transfer zwischen einem Betriebsvermögen des Steuerpflichtigen und einem Gesamthandsvermögen, zwischen dem Sonderbetriebsvermögen und dem Gesamthandsvermögen derselben Mitunternehmerschaft oder einer anderen Mitunternehmerschaft, an welcher der Gesellschafter beteiligt ist, sowie einem unentgeltlichen Transfer zwischen den jeweiligen Sonderbetriebsvermögen verschiedener Mitunternehmer derselben Mitunternehmerschaft; in den Fällen des § 6 Abs. 5 S. 3 EStG erfolgt allerdings nach § 6 Abs. 5 S. 4 und 5 EStG ein Ansatz zum Teilwert, wenn entweder eine Veräußerung oder Entnahme innerhalb einer Sperrfrist (drei Jahre nach Abgabe der Steuererklärung des Übertragenden) erfolgt oder wenn sich durch den Transfer der Anteil einer Körperschaft, Personenvereinigung oder Vermögensmasse an dem Wirtschaftsgut erhöht oder wenn ein solcher Anteil – unmittelbar oder mittelbar – dadurch begründet wird; liegt eine Anteilsbegründung oder -erhöhung gem. § 6 Abs. 5 S. 6 EStG „aus einem anderen Grund" vor, so ist eine Sperrfrist von sieben Jahren zu beachten.

Häufig ist neben der Eröffnungsbilanz noch eine steuerliche **Ergänzungsbilanz** zu erstellen, die notwendig wird, wenn Sacheinlagen in die handelsrechtliche Eröffnungsbilanz zu einem niedrigeren als dem steuerlichen Teilwert eingestellt werden müssen, weil sich danach die Höhe der handelsrechtlichen Kapitalkonten richtet. Ergänzungsbilanzen nehmen die **Wertunterschiede** zwischen den Teilwerten und den verabredeten Einlagewerten bei Gegenständen des Gesamthandsvermögens auf (vgl. S. 106).

Der umsatzsteuerliche Unternehmer „OHG" oder „KG" entsteht mit Abschluss des Gesellschaftsvertrags und Aufnahme einer nach außen gerichteten Tätigkeit. Die Gewährung von Gesellschaftsrechten gegen Entgelt stellt die erste umsatzsteuerbare sonstige Leistung dar (§ 3 Abs. 12 UStG). Diese ist jedoch gem. § 4 Nr. 8 Buchst. f UStG als objektiv **umsatzsteuerbefreit** anzusehen. Allerdings kann dieser steuerfreie Umsatz auch gem. § 9 Abs. 1 UStG als steuerpflichtig behandelt werden, falls er an einen anderen Unternehmer für dessen Unternehmen ausgeführt wird (Optionsrecht). Somit kann das Optionsrecht nicht i.R.d. Gewährung von Gesellschaftsrechten an private Gesellschafter Anwendung finden.

Die Einlage von Grundstücken bei Gründung ist **grundsätzlich grunderwerbsteuerbar** (§ 1 Abs. 1 Nr. 1 GrEStG). Die Grunderwerbsteuer wird jedoch i.H.d. Anteils, zu dem der

---

rechts, in: DStR 2001, S. 1634-1641, 1685-1693, s.b.S. 1636 und 1637; SEIFERT, MICHAEL: Zum Gesetz zur Fortentwicklung des Unternehmenssteuerrechts, in: StuB 2001, S. 1120-1125, s.b.S. 1121.

[612] Vgl. BMF-Schreiben vom 20.12.1977, BStBl I 1978, S. 8.

einbringende Gesellschafter am Gesamthandsvermögen beteiligt ist, nicht erhoben (§ 5 Abs. 2 GrEStG). Eine Ausnahme besteht für den Fall, dass sich der Anteil des einbringenden Gesellschafters am Gesamthandsvermögen innerhalb von fünf Jahren nach dem Grundstücksübergang auf die Gesamthand vermindert (vgl. § 5 Abs. 3 GrEStG). In diesem Fall ist die Grunderwerbsteuer in voller Höhe zu leisten. Von daher sind Änderungen im Gesellschafterbestand der Gesamthand bei Gewährung der Steuervergünstigung des § 5 Abs. 2 GrEStG anzuzeigen (vgl. § 19 Abs. 2 Nr. 4 GrEStG).

Die Regelungen für Einzelunternehmen sind für die Fälle des entgeltlichen und unentgeltlichen Erwerbs analog anzuwenden.

Fallkonstellationen des § 6 Abs. 5 S. 1 bis 3 EStG (gelten jeweils auch umgekehrt)	Steuerliche Folgen
1. Überführung eines Wirtschaftsgutes zwischen zwei Betriebsvermögen desselben Steuerpflichtigen. 2. Überführung eines Wirtschaftsgutes aus einem eigenen Betriebsvermögen eines Mitunternehmers in das Sonderbetriebsvermögen bei einer Mitunternehmerschaft. 3. Überführung eines Wirtschaftsgutes zwischen verschiedenen Sonderbetriebsvermögen desselben Steuerpflichtigen bei verschiedenen Mitunternehmerschaften. 4. Überführung eines Wirtschaftsgutes unentgeltlich oder gegen Gewährung oder Minderung von Gesellschaftsrechten aus einem Betriebsvermögen eines Mitunternehmers in das Gesamthandsvermögen einer Mitunternehmerschaft. 5. Überführung eines Wirtschaftsgutes unentgeltlich oder gegen Gewährung oder Minderung von Gesellschaftsrechten aus einem Sonderbetriebsvermögen eines Mitunternehmers in das Gesamthandsvermögen einer Mitunternehmerschaft. 6. Überführung eines Wirtschaftsgutes unentgeltlich zwischen den Sonderbetriebsvermögen verschiedener Mitunternehmer derselben Mitunternehmerschaft.	Buchwertverknüpfung, keine Besteuerung
Missbrauchsvorschriften des § 6 Abs. 5 S. 4 bis 6 EStG	**Steuerliche Folgen**
1. Werden zum Buchwert übertragene Wirtschaftsgüter innerhalb einer dreijährigen Sperrfrist – nach Abgabe der Steuererklärung des Übertragenden – veräußert oder entnommen, so ist der **Teilwert** anzusetzen. Wurden jedoch die bis zur Übertragung entstandenen stillen Reserven dem übertragenden Gesellschafter im Rahmen einer (negativen) **Ergänzungsbilanz** zugeordnet, unterbleibt der Teilwertansatz, da dadurch die Besteuerung der stillen Reserven gewährleistet wird. 2. Wird durch eine der in den oben durch die Punkte 4. bis 6. angesprochenen Fallkonstellationen der Anteil einer Körperschaft, Personenvereinigung oder Vermögensmasse an dem übergehenden Wirtschaftsgut begründet oder erhöht sich ein solcher, so ist auch in diesem Fall der **Teilwert** anzusetzen. Darüber hinaus ist zu beachten, dass sich bei einer solchen Anteilsbegründung oder -erhöhung „aus einem anderen Grund" die unter 1. angegebene Sperrfrist auf sieben Jahre erhöht.	Besteuerung in Höhe des tauschähnlichen Anteilsübergangs; Ergebnis: Gewinnrealisation in Höhe der Differenz zwischen Teilwert und Buchwert

Abb. 89: Fallkonstellationen i.R. einer Sachgründung bei Überführung von Wirtschaftsgütern aus nicht privaten Vermögensbereichen gem. § 6 Abs. 5 EStG

D. Die Kapitalgesellschaften

1. Charakterisierung

Die Kapitalgesellschaft ist steuerlich selbstständig, auch gegenüber ihren Gesellschaftern. Es kommt somit – anders als bei Personengesellschaften – zu keinem sog. Durchgriff auf die Gesellschafterebene; die Besteuerung wird grundsätzlich getrennt auf der Gesellschaftsebene und der Gesellschafterebene vollzogen (sog. **Trennungsprinzip**).

Alle Rechtsbeziehungen zwischen der Gesellschaft und ihren Gesellschaftern werden steuerlich anerkannt, soweit es sich nicht um unangemessene Gestaltungen, die auf dem Gesellschaftsverhältnis basieren, handelt (**verdeckte Einlagen/verdeckte Gewinnausschüttungen**).[613]

2. Die Gesellschaftsebene

Notwendig ist die Erstellung einer **steuerlichen Eröffnungsbilanz** zum Gründungszeitpunkt.

I.R. einer **Bargründung** erfolgt auf Ebene der Gesellschaft eine erfolgsneutrale Behandlung: Der Aktivierung auf dem Zahlungsmittelkonto steht eine gleichwertige Erhöhung des Nennkapitals und im Falle eines Agios der Kapitalrücklage gegenüber. Das Agio ist gliederungstechnisch im steuerlichen Einlagekonto (§ 27 Abs. 1 KStG) zu erfassen.

Werden bei einer **Sachgründung** einzelne Wirtschaftsgüter des **Privatvermögens** in das Betriebsvermögen eingelegt, so besteht hierbei nach h.M.[614] Erfolgsneutralität, wobei § 6 Abs. 1 Nr. 5 EStG (Bewertung zum Teilwert, max. zu den Anschaffungs-/Herstellungskosten) entsprechend gilt. Bei einer Gewährung von Gesellschaftsrechten wird wie bei Personengesellschaften ein tauschähnlicher Vorgang nach § 6 Abs. 6 EStG angenommen, wobei sich die Höhe des Veräußerungsgewinns aus der Differenz zwischen dem gemeinen Wert und den fortgeführten Anschaffungskosten des hingegebenen Wirtschaftsguts ergibt; auch bei einer Einlage aus einem **Betriebsvermögen** heraus in eine Kapitalgesellschaft kann es zu einer Gewinnrealisierung kommen, da hierbei ein Tauschakt nach § 6 Abs. 6 EStG vorliegt und dieser eine steuerpflichtige Erfassung der stillen Reserven hervorruft.[615]

Der umsatzsteuerliche Unternehmer „Kapitalgesellschaft" erbringt mit der Ausgabe von Gesellschaftsrechten gegen Entgelt eine umsatzsteuerbare sonstige Leistung, welche jedoch gem. § 4 Nr. 8 Buchst. f UStG **objektiv von der Umsatzsteuer befreit** ist. Allerdings besteht gem. § 9 Abs. 1 UStG die Option, diesen Umsatz als steuerpflichtig zu behandeln. Das

---

[613] Vgl. KUSSMAUL, HEINZ/KLEIN, NICOLE: Maßgeblichkeitsprinzip bei verdeckter Einlage und verdeckter Gewinnausschüttung?, in: DStR 2001, S. 189-194.

[614] Vgl. BALMES, FRANK: § 8 KStG, in: Einkommensteuer- und Körperschaftsteuergesetz, hrsg. von CARL HERRMANN u.a., Köln (Loseblatt), Stand: April 2013, Rn. 23; KLINGEBIEL, JÖRG: § 8 Abs. 1 KStG, in: Die Körperschaftsteuer, hrsg. von EWALD DÖTSCH u.a., Stuttgart (Loseblatt), Stand: April 2013, Rn. 90 und 91; RENGERS, JUTTA: § 8 KStG, in: BLÜMICH: Einkommensteuer – Körperschaftsteuer – Gewerbesteuer, hrsg. von BERND HEUERMANN, München (Loseblatt), Stand: April 2013, Rn. 160 und 161.

[615] Vgl. JACOBS, OTTO H.: Unternehmensbesteuerung und Rechtsform, 4. Aufl., München 2009, S. 429 und 430; KULOSA, EGMONT: § 6 EStG, in: Einkommensteuergesetz, begr. von LUDWIG SCHMIDT, 32. Aufl., München 2013, Rn. 735.

Wahlrecht steht der neu gegründeten Kapitalgesellschaft nur dann zu, wenn die Gesellschaftsrechte einem anderen Unternehmer für dessen Unternehmen gewährt werden.

In Abb. 90[616] sind die i.R.d. Gründung einer Kapitalgesellschaft zu unterscheidenden Phasen dargestellt.

Die **Vorgründungsgesellschaft** wird in der Rechtsform einer **GbR** geführt. Diese entsteht, weil die Gründungsmitglieder bereits vor Abschluss des Gesellschaftsvertrages zwecks einheitlicher Willensbildung Vereinbarungen zur gemeinsamen Errichtung der Kapitalgesellschaft getroffen haben. Es finden die steuerlichen Grundsätze über Personengesellschaften Anwendung.

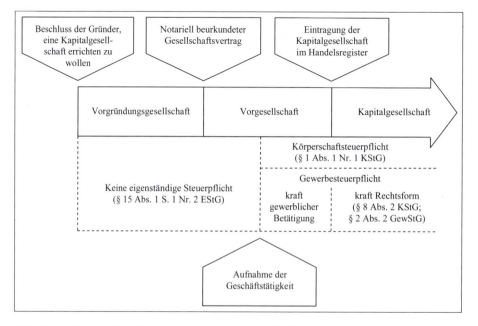

Abb. 90: Phasen i.R.d. Gründung einer Kapitalgesellschaft

Die **Vorgesellschaft** bzw. Gründungsgesellschaft dient der Herbeiführung der Eintragung der Kapitalgesellschaft ins Handelsregister.[617] Da sie eine Vorstufe der Kapitalgesellschaft darstellt, unterliegt sie im Falle der Aufnahme von geschäftlichen Tätigkeiten der **Körperschaftsteuerpflicht**.

Entstehung des Betriebs:

– Die **Körperschaftsteuerpflicht** setzt erst dann ein, wenn eine nach außen gerichtete Tätigkeit aufgenommen wird. Dies kann bereits i.R.d. Vorgesellschaft der Fall sein, jedoch spätestens mit der Eintragung ins Handelsregister.

---

[616] Modifiziert entnommen aus DÖRNER, BERNHARD M.: Die Steuern der GmbH und ihrer Gesellschafter – Neue Gestaltungsmöglichkeiten und Ausschüttungspolitik nach der Unternehmenssteuerreform, 4. Aufl., Freiburg im Breisgau u.a. 2001, S. 41 und JACOBS, OTTO H.: Unternehmensbesteuerung und Rechtsform, 4. Aufl., München 2009, S. 431.

[617] Vgl. GRUNEWALD, BARBARA: Gesellschaftsrecht, 8. Aufl., Tübingen 2011, S. 347.

– Die **Gewerbesteuerpflicht** der Kapitalgesellschaft entsteht spätestens mit Eintragung ins Handelsregister, da die Kapitalgesellschaft einen Gewerbebetrieb kraft Rechtsform darstellt (§ 2 Abs. 2 S. 1 GewStG). Allerdings kann bereits als Vorgesellschaft eine gewerbliche Betätigung gegeben sein.

Die Einbringung von Grundstücken in die Gesellschaft ist gem. § 1 Abs. 1 Nr. 1 GrEStG **grunderwerbsteuerpflichtig**, eine u.U. teilweise Steuerbefreiung wie bei der Personengesellschaft gibt es jedoch nicht.

Gründungskosten stellen im Falle der selbstständigen Steuerpflicht der Gesellschaft abziehbare Betriebsausgaben dar. Andernfalls sind sie den Gesellschaftern anteilig zuzurechnen.

3. Die Gesellschafterebene

I.R. einer **Bargründung** ergeben sich auch beim Gesellschafter keinerlei ertragsteuerliche Konsequenzen.

Wird bei einer **Sachgründung** ein Grundstück des **Privatvermögens** innerhalb der Spekulationsfrist gegen Gewährung von Gesellschaftsrechten in eine Kapitalgesellschaft eingebracht, so ist dieser Transfer generell als steuerpflichtiges Veräußerungsgeschäft nach § 23 Abs. 1 S. 5 Nr. 1 EStG zu qualifizieren.[618] Dabei kommt es zur Aufdeckung und Besteuerung der stillen Reserven.

Die Anschaffungskosten der Anteile an der Kapitalgesellschaft setzen sich aus dem gemeinen Wert der eingelegten Wirtschaftsgüter zzgl. der Aufwendungen zusammen, die i.R.d. Gründung vom Gesellschafter übernommen wurden. Diese Anschaffungskosten bilden bei Bilanzierenden den ersten Buchwert der Anteile. Bei Nichtbilanzierenden können sie bei Veräußerungen im Zusammenhang mit einer Beteiligung i.S.d. § 17 EStG, innerhalb der Spekulationsfrist oder seit 2009 im Rahmen der Abgeltungssteuer Bedeutung erlangen.

Handelt es sich bei den Gesellschaftern der neu gegründeten Kapitalgesellschaft um **Unternehmer** i.S.d. UStG, die Sacheinlagen aus ihrem Unternehmensvermögen einbringen, so tätigen sie umsatzsteuerbare Lieferungen i.S.d. UStG.

---

[618] Vgl. BMF-Schreiben vom 05.10.2000, BStBl I 2000, S. 1383.

II. Die laufende Besteuerung

Vgl. hierzu insb. BRÖNNER, HERBERT/BAREIS, PETER/POLL, JENS: Die Besteuerung der Gesellschaften, 18. Aufl., Stuttgart 2007, Teil B, Rn. 406-929, Teil C, Rn. 311-736 und Teil F, Rn. 325-523; HEIGL, ANTON: Unternehmensbesteuerung, 2. Aufl., München/Wien 1996, S. 90-92, 129-136, 164-213, 234-242, 261-290, 325-328, 335-338, 358-374, 375-398; HEINHOLD, MICHAEL: Unternehmensbesteuerung, Bd. 1: Rechtsform, Stuttgart 1996, S. 120-127, 165-195; HENNRICHS, JOACHIM: § 10, in: Steuerrecht, hrsg. von KLAUS TIPKE und JOACHIM LANG, 21. Aufl., Köln 2013, Rn. 1-223; JACOBS, OTTO H.: Unternehmensbesteuerung und Rechtsform, 4. Aufl., München 2009, S. 133-373, 543-691; ROSE, GERD: Betriebswirtschaftliche Steuerlehre, 3. Aufl., Wiesbaden 1992, S. 32-66, 120-138, 171-176; SCHEFFLER, WOLFRAM: Veranlagungssimulation versus Teilsteuerrechnung, in: WiSt 1991, S. 69-75; SCHNEELOCH, DIETER: Betriebswirtschaftliche Steuerlehre, Bd. 2: Betriebliche Steuerpolitik, 3. Aufl., München 2009, S. 293-363, 370-373, 437-484; WÖHE, GÜNTER: Betriebswirtschaftliche Steuerlehre, Bd. 2, 1. Halbband: Der Einfluß der Besteuerung auf die Wahl und den Wechsel der Rechtsform des Betriebes, 5. Aufl., München 1990, S. 35-154, 157-166, 176-200, 216-365; WÖHE, GÜNTER/BIEG, HARTMUT: Grundzüge der Betriebswirtschaftlichen Steuerlehre, 4. Aufl., München 1995, S. 208-222.

A. Wesentliche Unterschiede zwischen Personen- und Kapitalgesellschaften

Der markanteste Unterschied in der laufenden Besteuerung der Personen- und Kapitalgesellschaften ist darin zu sehen, dass bei der **Personengesellschaft** eine Einkommensteuerpflicht nur bei den Mitunternehmern (allerdings mit einer pauschalierten Anrechnungsmöglichkeit der auf Gesellschaftsebene anfallenden Gewerbesteuer auf die Einkommensteuer nach § 35 Abs. 1 EStG) entsteht, nicht aber bei der Gesellschaft, da sie für diese Steuern **kein selbstständiges Steuersubjekt** darstellt. Man spricht in diesem Zusammenhang von einer **Mitunternehmerkonzeption** bzw. vom sog. **Transparenzprinzip**. Die Besteuerung des Einzelunternehmens erfolgt analog zur Besteuerung der Personengesellschaft.

Die **Kapitalgesellschaft** stellt – als Körperschaft mit eigener Rechtspersönlichkeit – ein **selbstständiges Steuersubjekt** dar, womit eine selbstständige Besteuerung des „Einkommens" der juristischen Person begründet wird. Hier gilt das sog. **Trennungsprinzip**.

Unterschiede in der Ermittlung des steuerpflichtigen Gewinns:[619]

- Bei Gesellschaftern einer Personengesellschaft gelten **alle** Einkünfte, die sie aus der Gesellschaft beziehen, als **Einkünfte aus Gewerbebetrieb**, sofern die Personengesellschaft gewerblich tätig ist und der Gesellschafter als Mitunternehmer anzusehen ist (vgl. S. 281, 481).

- Sonstige Vergütungen bei Gesellschaftern von Personengesellschaften, z.B. Geschäftsführergehälter, sind **steuerlich nicht abzugsfähig**. Dies hat zur Konsequenz, dass sich der einheitlich festzustellende Gewinn der Gesellschaft aus zwei Elementen zusammensetzt: Einerseits aus dem aus der Handelsbilanz abgeleiteten **steuerbilanziellen Gewinn der Gesellschaft**, andererseits aus den steuerlich nicht abzugsfähigen Vergütungen für Leistungen der Gesellschafter an die Gesellschaft (**Sondervergütungen**).

---

[619] Vgl. bzgl. Belastungsunterschieden zwischen Mitunternehmerschaft und Kapitalgesellschaft in Modellform SCHREIBER, ULRICH: Rechtsformabhängige Unternehmensbesteuerung?, in: Steuerwissenschaft, Bd. 24, hrsg. von WOLFGANG FREERICKS u.a., Köln 1987, S. 78-119.

- Bei Kapitalgesellschaften sind z.B. Gehälter der geschäftsführenden Gesellschafter als **Betriebsausgaben** abzugsfähig. Es erfolgt keine Hinzurechnung zu den Gewinnanteilen (Dividenden) der Gesellschafter.
- Die Bildung von **Pensionsrückstellungen** für geschäftsführende Gesellschafter ist bei Kapitalgesellschaften möglich, bei Mitunternehmern einer Personengesellschaft zählen sie zu den Sondervergütungen, sind also steuerlich nicht anerkannt.
- Diese unterschiedliche Behandlung führt bei einem sonst gleich hohen handelsbilanziellen Gewinnausweis zu unterschiedlichen steuerlichen Bemessungsgrundlagen.

Unterschiede bei der Gewerbesteuerbelastung:
- Durch **rechtsformabhängige Einkommensermittlung**:

  In den Gewerbeertrag der Personengesellschaft gehen sämtliche im einkommensteuerpflichtigen Gewinn enthaltenen **Vergütungen** für besondere Leistungen der Gesellschafter ein. Derartige Vergütungen sind bei Kapitalgesellschaften nicht Bestandteil des Gewerbeertrags, da sie als Betriebsausgabe bei der Ermittlung des körperschaftsteuerpflichtigen Gewinns abgezogen werden können und größtenteils keine Hinzurechnungsvorschriften diesbezüglich bestehen (Ausnahmen stellen bspw. die 25 %-ige Hinzurechnung von Schuldentgelten gem. § 8 Nr. 1 Buchst. a GewStG sowie die 25 %-ige Hinzurechnung von 20 % (bei Mobilien[620]) bzw. von 50 % (bei Immobilien[621]) der Miet- und Pachtzinsen sowie Leasingraten gem. § 8 Nr. 1 Buchst. d und e GewStG dar, wobei ein Freibetrag vor 25 %-iger Hinzurechnung von 100.000 € zu beachten ist).

- Durch **unterschiedliche Tarifgestaltung**:

  Ein **Freibetrag** i.H.v. 24.500 € besteht nur für Personenunternehmen (§ 11 Abs. 1 S. 3 Nr. 1 GewStG). Die bei Einzelunternehmen und Personengesellschaften früher erfolgte Staffelung der Steuermesszahl von 1 % bis 5 % wurde durch das Unternehmensteuerreformgesetz 2008 aufgehoben. Seither existiert eine rechtsformunabhängige Steuermesszahl von 3,5 %.

Unterschiede bei der Einkommen- und Körperschaftsteuerbelastung:
- **Personengesellschaft**: Der Gewinn unterlag bislang unabhängig davon, ob er entnommen wurde oder nicht, der Einkommensteuerbelastung bzw. Körperschaftsteuerbelastung der Gesellschafter. Mit der Unternehmensteuerreform 2008 trat eine Besonderheit hinsichtlich der Bemessung des Einkommensteuersatzes in Abhängigkeit von der Gewinnverwendung ein. Wird der Gewinn entnommen, so findet stets die individuelle Einkommensteuerbelastung bzw. Körperschaftsteuerbelastung der Gesellschafter auf ihn Anwendung. Dagegen kann der Gewinn auf Antrag im Falle seines Verbleibs in der Personengesellschaft mit einem ermäßigten Einkommensteuersatz von 28,25 % besteuert werden, falls der Anteil des Mitunternehmers am Gesamtgewinn mehr als 10 % beträgt oder 10.000 € übersteigt (§ 34a Abs. 1 EStG). Wird dieser begünstigte Gewinn in den Folgejahren entnommen, ist eine Nachversteuerung mit einem Einkommensteuersatz von 25 % vorzunehmen (§ 34a Abs. 4 EStG).

---

[620] Hieraus resultiert eine effektive gewerbesteuerliche Doppelbelastung i.H.v. 5 % (25 % · 20 %).
[621] Hieraus resultiert eine effektive gewerbesteuerliche Doppelbelastung i.H.v. 12,5 % (25 % · 50 %).

In sämtlichen Fällen kommt es durch eine Ermäßigung der tariflichen Einkommensteuer um das 3,8fache des (anteiligen) Gewerbesteuermessbetrags (§ 35 Abs. 1 EStG) zu einer Entlastung von Einzel- und Mitunternehmern (vgl. S. 342 ff.).

– **Kapitalgesellschaft**: Gewinne unterliegen gem. § 23 Abs. 1 KStG – unabhängig von der Gewinnverwendung – einem einheitlichen Definitivkörperschaftsteuersatz i.H.v. 15 %. Schüttet eine inländische Kapitalgesellschaft schließlich an eine natürliche Person aus, unterliegen diese Gewinnanteile bei Halten der Beteiligung im Betriebsvermögen dem Teileinkünfteverfahren (§ 3 Nr. 40 Buchst. d und Nr. 40 S. 2 EStG); dabei werden 40 % der Gewinnanteile von der Einkommensteuer freigestellt. Im Gegenzug können dementsprechend auch nur 40 % der damit in Zusammenhang stehenden Aufwendungen geltend gemacht werden. Im Falle der Zugehörigkeit der Beteiligung zum Privatvermögen sind die Gewinnanteile dagegen vollständig in die einkommensteuerliche Bemessungsgrundlage einzubeziehen, wobei sie der Einkommensteuer als 25 %-iger Abgeltungssteuer unterliegen (§ 32d EStG). Auf Antrag besteht die Möglichkeit, sie im Rahmen einer Günstiger-Prüfung der tariflichen Einkommensteuer zu unterwerfen, falls dies zu einer niedrigeren Einkommensteuerbelastung führt (§ 32d Abs. 6 EStG). Auf Antrag des Gesellschafters kann nach § 32d Abs. 2 Nr. 3 EStG auf die Anwendung der Abgeltungssteuer verzichtet werden, wenn er zu mindestens 25 % beteiligt ist oder wenn er zu mindestens 1 % an der Gesellschaft beteiligt ist und gleichzeitig für diese beruflich tätig ist; in diesem Fall greift das Teileinkünfteverfahren mit der Folge einer 60 %-igen Besteuerung und eines 60 %-igen Werbungskostenabzugs. Hält dagegen eine im Inland unbeschränkt steuerpflichtige Körperschaft wiederum Anteile an einer anderen im Inland ansässigen Körperschaft i.H.v. mind. 10 %[622], so werden die von dieser Körperschaft bezogenen Dividenden gem. § 8b Abs. 1 Satz 1 KStG von der Besteuerung explizit ausgenommen. Lediglich 5 % werden als nicht abzugsfähige Betriebsausgabe fingiert (§ 8b Abs. 5 Satz 1 KStG). Durch diesen Befreiungstatbestand sollen Mehrfachbelastungen bei hintereinander geschalteten Gesellschaften vermieden werden, sodass der Gewinn nur einmalig mit Körperschaftsteuer belastet wird.[623]

Möglichkeit des sofortigen Verlustausgleichs:

– **Personengesellschaft**: Anfallende Verluste der Gesellschaft werden auf die Gesellschafter verteilt. Somit besteht die Möglichkeit der Verrechnung mit positiven Einkünften aus anderen Einkunftsarten. In diesem Zusammenhang sind die Verlustverrechnungsvorschriften des § 10d EStG zu beachten.

– **Kapitalgesellschaft**: Verluste bleiben stets im Bereich der Gesellschaft; es besteht nur die Möglichkeit der Verrechnung mit Gewinnen früherer oder späterer Perioden durch Verlustrück- oder -vortrag gem. § 10d EStG i.V.m. § 8 Abs. 1 S. 1 KStG.

---

[622] Vgl. zur Streubesitzregelung des § 8b Abs. 4 KStG ausführlich S. 392 ff.
[623] Vgl. HEY, JOHANNA: § 11, in: Steuerrecht, hrsg. von KLAUS TIPKE und JOACHIM LANG, 21. Aufl., Köln 2013, Rn. 13.

Unterschiede in der erbschaft- und schenkungsteuerlichen Bewertung der Anteile:
- **Personengesellschaft**:
  - Die Bewertung von Beteiligungen an Personengesellschaften erfolgt zu **gemeinen Werten** und nicht mehr zu Steuerbilanzwerten (§ 12 Abs. 5 ErbStG i.V.m. §§ 95 ff. und 109 BewG). Durch den Verweis von § 109 Abs. 1 S. 2 BewG auf § 11 Abs. 2 BewG wird deutlich, dass der Wert hierzu nach der Ertragswertmethode oder nach anderen ertragsorientierten Verfahren (z.B. nach der Multiplikatorenmethode) zu ermitteln ist. Die **Wertuntergrenze** bildet der (anteilige) **Substanzwert** der zu bewertenden Gesellschaft. Zu dessen Ermittlung sind von den zum Betriebsvermögen der Personengesellschaft gehörenden und zu gemeinen Werten bewerteten Wirtschaftsgütern und sonstigen aktiven Ansätzen die zum Betriebsvermögen gehörenden Schulden und sonstige Abzüge zu substrahieren.
  - Die Bewertung von Betriebsgrundstücken erfolgt unter Berücksichtigung der tatsächlichen Verhältnisse und der Wertverhältnisse zum Bewertungsstichtag zum sog. **Grundbesitzwert** (§ 12 Abs. 3 ErbStG i.V.m. § 151 Abs. 1 S. 1 Nr. 1 BewG i.V.m. §§ 138 und 157 BewG).
- **Kapitalgesellschaft**:
  - Die Bewertung von Anteilen an börsennotierten Gesellschaften erfolgt mit den maßgebenden **Kursen** (§ 11 Abs. 1 BewG).
  - Nicht notierte Anteile sind unwiderlegbar[624] mit dem **gemeinen Wert** anzusetzen, falls dieser sich aus Verkäufen, die weniger als ein Jahr zurückliegen, an fremde Dritte ableiten lässt. Haben keine dementsprechenden zeitnahen Veräußerungen stattgefunden, so ist der gemeine Wert nach der Ertragswertmethode oder nach anderen Verfahren (z.B. nach der Multiplikatorenmethode) zu ermitteln. Die **Wertuntergrenze** bildet der (anteilige) **Substanzwert** der zu bewertenden Gesellschaft, wobei §§ 103 und 109 BewG zu beachten sind (§ 12 Abs. 2 ErbStG i.V.m. § 11 Abs. 2 BewG).

B. Die laufende Besteuerung bei Personen- und Kapitalgesellschaften

1. Die Gewinnermittlung und Gewinnbesteuerung bei Personengesellschaften

a) Die Einordnung der Einkünfte

Da die Personengesellschaft selbst nicht einkommensteuerpflichtig ist, muss eine Zurechnung des Gewinns auf ein anderes Steuersubjekt (hier: auf die **Gesellschafter**) erfolgen. Gem. § 15 Abs. 1 Nr. 2 EStG gehören Gewinnanteile an einer Personengesellschaft zu den **Einkünften aus Gewerbebetrieb** der Gesellschafter.

---

[624] Vgl. BR-Drs. 04/08 vom 04.01.2008, S. 62.

Ob die **Gesellschafter einer Personengesellschaft gewerbliche Einkünfte** erzielen, ist davon abhängig, ob sie den Tatbestand des § 15 EStG erfüllen. Danach müssen **zwei Kriterien kumulativ** erfüllt sein:

- Ausübung einer gewerblichen Tätigkeit (§ 15 Abs. 1 Nr. 1 EStG);
- Qualifikation der Gesellschafter oder anderer Personen als Mitunternehmer (§ 15 Abs. 1 Nr. 2 EStG).

§ 15 Abs. 2 EStG beinhaltet einen **Katalog** positiver und negativer **Tatbestandsvoraussetzungen**, an deren Einhaltung das Vorliegen einer gewerblichen Tätigkeit geknüpft ist (vgl. Abb. 91[625]).

Zu prüfen ist weiterhin – sofern die **positiven Tatbestandsmerkmale** erfüllt sind –, ob auch die **negativen Tatbestandsvoraussetzungen** gegeben sind. Danach darf die Tätigkeit weder als Ausübung von Land- und Forstwirtschaft noch als selbstständige Arbeit anzusehen sein; darüber hinaus darf sie keine bloße Vermögensverwaltung darstellen.[626] Bzgl. der Abgrenzungsschwierigkeiten eines Gewerbebetriebs zu einer land- und forstwirtschaftlichen Beschäftigung, einer selbstständigen Arbeit und vermögensverwaltenden Tätigkeiten sei auf die Finanzverwaltungsvorschriften in R 15.5-R 15.7 EStR verwiesen.

Abb. 91:   Tatbestandsmerkmale des Gewerbebetriebs

Allerdings enthält § 15 Abs. 3 EStG zwei **Ausnahmeregelungen**: Unter bestimmten Voraussetzungen gilt auch die Tätigkeit einer **gemischt tätigen Personengesellschaft** (§ 15 Abs. 3 Nr. 1 EStG) und diejenige einer **gewerblich geprägten Personengesellschaft** (§ 15 Abs. 3 Nr. 2 EStG) **in vollem Umfang als Gewerbebetrieb.**

---

[625] In Anlehnung an WÖHE, GÜNTER: Betriebswirtschaftliche Steuerlehre, Bd. 2, 1. Halbband: Der Einfluß der Besteuerung auf die Wahl und den Wechsel der Rechtsform des Betriebes, 5. Aufl., München 1990, S. 43.
[626] Vgl. HEY, JOHANNA: § 8, in: Steuerrecht, hrsg. von KLAUS TIPKE und JOACHIM LANG, 21. Aufl., Köln 2013, Rn. 413-414.

Eine **gemischt tätige Personengesellschaft** liegt genau dann vor, wenn diese **auch** eine gewerbliche Tätigkeit i.S.v. § 15 Abs. 1 S. 1 Nr. 1 EStG ausübt oder gewerbliche Einkünfte i.S.v. § 15 Abs. 1 S. 1 Nr. 2 EStG bezieht.

Bei einer **gewerblich geprägten Personengesellschaft** liegt eine zwar nicht gewerblich tätige Personengesellschaft vor, bei der aber ausschließlich eine oder mehrere Kapitalgesellschaften persönlich haftende Gesellschafter sind und ausschließlich diese oder Nicht-Gesellschafter auch die Befugnis zur Geschäftsführung besitzen. Somit werden unter diesen Voraussetzungen Einkünfte einer land- und forstwirtschaftlichen, freiberuflichen oder vermögensverwaltenden Personengesellschaft in den Bereich der gewerblichen Einkünfte transferiert.[627]

b) Die Mitunternehmereigenschaft des Gesellschafters

Grundsätzlich kann ein Mitunternehmer einer Personengesellschaft eine natürliche oder juristische Person sein. Unabhängig davon ist zu beachten, dass Mitunternehmer stets **unmittelbar** als Gesellschafter an der Personengesellschaft beteiligt sind.[628] Auch im Falle einer Beteiligung einer Personengesellschaft an einer anderen Mitunternehmerschaft wird aufgrund der Tatsache, dass der mittelbar beteiligte Mitunternehmer dem unmittelbar beteiligten Gesellschafter nach § 15 Abs. 1 S. 1 Nr. 2 S. 2 EStG gleichzusetzen ist, die beteiligte Personengesellschaft als Mitunternehmerin angesehen (sog. doppelstöckige Personengesellschaft).

Der **Mitunternehmer** i.S.d. § 15 Abs. 1 S. 1 Nr. 2 EStG ist durch folgende Merkmale charakterisiert:[629]

- **Gesellschafter** einer Personengesellschaft (grundsätzlich muss ein Gesellschaftsvertrag bestehen);
- Übernahme des **Mitunternehmerrisikos**, d.h. des Ertrags- und Kapitalrisikos (Beteiligung am Gewinn und Verlust des gewerblichen Unternehmens, an den stillen Reserven und am Firmenwert);
- Entfaltung von **Mitunternehmerinitiative**, die sich in der Möglichkeit der Teilhabe an unternehmerischen Entscheidungen konkretisiert (z.B. Gesellschafter oder diesen vergleichbare Personen als Geschäftsführer, Prokuristen oder andere leitende Angestellte). „Ausreichend ist indes schon die Möglichkeit zur Ausübung von Gesellschafterrechten, die wenigstens den Stimm-, Kontroll- und Widerspruchsrechten angenähert sind, die einem Kommanditisten nach dem Handelsgesetzbuch (HGB) zustehen oder die den gesellschaftsrechtlichen Kontrollrechten nach § 716 Abs. 1 BGB entsprechen."[630]

---

[627] Vgl. HENNRICHS, JOACHIM: § 10, in: Steuerrecht, hrsg. von KLAUS TIPKE und JOACHIM LANG, 21. Aufl., Köln 2013, Rn. 65.
[628] Vgl. BRÖNNER, HERBERT/BAREIS, PETER/POLL, JENS: Die Besteuerung der Gesellschaften, 18. Aufl., Stuttgart 2007, Teil B, Rn. 92.
[629] Vgl. WACKER, ROLAND: § 15 EStG, in: Einkommensteuergesetz, begr. von LUDWIG SCHMIDT, 32. Aufl., München 2013, Rn. 257-275.
[630] BFH-Urteil vom 29.04.1992, in: BFH/NV 1992, S. 804.

Die Eigenschaften des „Mitunternehmerrisikos" und der „Mitunternehmerinitiative" müssen auf jeden Fall **kumulativ** vorliegen, wobei eine unterschiedlich starke Ausprägung beider Merkmale nicht beanstandet wird.[631]

c) Die handels- und steuerbilanzielle Behandlung der Vergütungen gem. § 15 Abs. 1 S. 1 Nr. 2 EStG

Die zur Zeit geltenden, von der Rechtsprechung berücksichtigten Theorien zur Ermittlung des Mitunternehmer-Gewinnanteils stellen die **Konsolidierungstheorie** nach DÖLLERER,[632] die **Beitragstheorie** nach WOERNER[633] sowie die **Lehre von der strukturierten Gesamtbilanz** nach UELNER[634] dar.

Die These der **wirtschaftlichen Einheit (Konsolidierungstheorie)** des Betriebs der Gesellschaft und der Sonderbetriebe der Gesellschafter führt zur Betrachtung der Steuerbilanz als konsolidierte Bilanz, da alle gewerblichen Einkünfte der Gesellschaft Ergebnis einer einheitlichen wirtschaftlichen Tätigkeit seien. In der Steuerbilanz müssten somit u.a. die Forderungen und Verbindlichkeiten im Verhältnis zwischen Gesellschaft und Gesellschafter **konsolidiert** sowie Zwischenergebnisse eliminiert werden. Diese These hat sich in der Praxis jedoch nicht durchgesetzt.[635]

Nach der **Beitragstheorie** sind Vergütungen, die eine Gesellschaft aufgrund von Dienst-, Darlehens-, Miet- oder Pachtverträgen zahlt, „bei wirtschaftlicher Betrachtungsweise als Beiträge anzusehen ... , die der Gesellschafter zur **Förderung des gemeinschaftlichen Gesellschaftszweckes** einsetzt."[636] In diesem Zusammenhang ist es unerheblich, ob zwischen Gesellschafter und Gesellschaft ein schuldrechtlicher oder gesellschaftsrechtlicher Vertrag vorliegt.

Nach der **Lehre von der strukturierten Gesamtbilanz** geht es nicht ausschließlich um die Ermittlung eines Konzernergebnisses der wirtschaftlichen Einheit, sondern auch um die Aufteilung auf die einzelnen Gesellschafter. Somit dürfen keinerlei Konsolidierungsvorgänge stattfinden; die Gesellschaft-Gesellschafter-Beziehungen sind strukturiert auszuweisen.

Der Anteil am Gewinn bzw. Verlust der Personengesellschaft wird aufbauend auf diesen Theorien in zwei Stufen ermittelt (vgl. Abb. 92[637], S. 487):

1. Stufe: Ausgehend von der Handelsbilanz ist die Steuerbilanz der Personengesellschaft zu erstellen (Steuerbilanz erster Stufe), anhand derer sich der steuerliche **Gewinn der Per-**

---

[631] Vgl. BFH-Beschluss vom 25.06.1984, BStBl II 1984, S. 769.

[632] Vgl. DÖLLERER, GEORG: Die Steuerbilanz der Personenhandelsgesellschaft als konsolidierte Bilanz einer wirtschaftlichen Einheit, in: DStZ 1974, S. 211-220.

[633] Vgl. WOERNER, LOTHAR: Mitunternehmerbegriff und Bilanzbündeltheorie bei der Gewerbesteuer, in: BB 1974, S. 592-598.

[634] Vgl. UELNER, ADALBERT: Der Mitunternehmergewinn als Betriebsvermögensmehrung des Mitunternehmers, in: JbFStR 1978/1979, S. 300-321, s.b.S. 311 und 312.

[635] Vgl. HENNRICHS, JOACHIM: § 10, in: Steuerrecht, hrsg. von KLAUS TIPKE und JOACHIM LANG, 21. Aufl., Köln 2013, Rn. 107 und 108.

[636] WOERNER, LOTHAR: Mitunternehmerbegriff und Bilanzbündeltheorie bei der Gewerbesteuer, in: BB 1974, S. 592-598, s.b.S. 596 (Hervorhebungen durch den Verfasser geändert).

[637] Modifiziert entnommen aus HEIGL, ANTON: Unternehmensbesteuerung, 2. Aufl., München/Wien 1996, S. 179.

sonengesellschaft (**Gewinn der Gesamthand**) ermittelt, der gesamthänderisch erwirtschaftet und in der Gesellschaftsbilanz nach den bilanzsteuerlichen Gewinnermittlungsvorschriften bestimmt wurde. Dies bedeutet, dass **Rechtsbeziehungen zwischen Gesellschaft und Gesellschafter beachtet werden** müssen. Der in § 15 Abs. 1 S. 1 Nr. 2 S. 1 EStG genannte Gewinnanteil stellt somit den Anteil am in der Gesellschaftsbilanz ausgewiesenen Gewinn bzw. Verlust dar, der entsprechend einem Gewinnverteilungsschlüssel **auf die Gesellschafter aufgeteilt** wird. Hierbei sind etwaige (Mehr-)Ergebnisse aus **Ergänzungsbilanzen** der Gesellschafter zu berücksichtigen.

Beispiel: **(Ergänzungsbilanz eines Mitunternehmers)**

Gesellschafter X der XY-OHG hat aufgrund eines erworbenen Geschäftsanteils eine Ergänzungsbilanz zu führen, die folgendes Aussehen besitzt:

Aktiva	Ergänzungsbilanz des Gesellschafters X zum 01.01.2013		Passiva
Firmenwert	15.000 €	Ergänzungskapital des X	1.015.000 €
Grundstück	500.000 €		
Gebäude	400.000 €		
Fuhrpark	100.000 €		
	1.015.000 €		1.015.000 €

Die Abschreibungen auf das Gebäude belaufen sich auf 16.000 €, die auf den Fuhrpark auf 20.000 € und die auf den Firmenwert auf 1.000 €. Die Ergänzungs-Gewinn- und Verlustrechnung sieht wie folgt aus:

Soll	Ergänzungs-GuV des Gesellschafters X vom 01.01.2013-31.12.2013		Haben
Abschreibungen auf Gebäude	16.000 €	Mindergewinn des X	37.000 €
Abschreibungen auf Fuhrpark	20.000 €		
Abschreibungen auf Firmenwert	1.000 €		
	37.000 €		37.000 €

Wird dem Gesellschafter X z.B. ein steuerbilanzieller Gewinnanteil i.H.v. 200.000 € zugerechnet, so ermäßigt sich dieser um den Mindergewinn gem. der Ergänzungs-Gewinn- und Verlustrechnung des X. Es verbleibt somit ein Gewinnanteil i.H.v. 163.000 € auf der 1. Stufe.

2. **Stufe**: Innerhalb der 2. Stufe wird das Zivilrecht weitestgehend verlassen und das bisher angewandte Trennungsprinzip aufgehoben (Steuerbilanz zweiter Stufe).[638] Das **außerhalb** der Gesamthand erwirtschaftete jeweilige Ergebnis der einzelnen Mitunternehmer, das in den einzelnen **Sonderbilanzen** bzw. **Sonder-GuV** ermittelt wurde, ist dem Gewinn der Gesamthand hinzuzurechnen. Der Sonderbilanzgewinn bzw. -verlust bildet den Saldo der Sonderbetriebseinnahmen und Sonderbetriebsausgaben. Zu den Sonderbetriebseinnahmen zählen insb. die Sondervergütungen. Letztere stellen Tätigkeitsvergütungen dar, die der Mitunternehmer für seine Tätigkeit im Dienste der Gesellschaft erhält (z.B. Geschäftsführergehalt, Zinsen für ein Gesellschafterdarlehen, Beratungshonorare). Aufgrund der Tatsache, dass Sondervergütungen den steuerlichen Gewinn der Personengesellschaft auf der 1. Stufe gemindert haben, sind diese wegen der Nicht-Anerkennung

---

[638] Vgl. HENNRICHS, JOACHIM: § 10, in: Steuerrecht, hrsg. von KLAUS TIPKE und JOACHIM LANG, 21. Aufl., Köln 2013, Rn. 130.

von Gesellschaft-Gesellschafter-Beziehungen wieder zu addieren (sog. **additive Gewinnermittlung**; vgl. S. 108).

Ergänzungsbilanzen „ … stellen Korrekturen zu den Wertansätzen in der Steuerbilanz der Personengesellschaft für die Wirtschaftsgüter des Gesellschaftsvermögens dar, die mit dem Abgang oder Verbrauch dieser Wirtschaftsgüter gewinnwirksam aufzulösen sind … ."[639] Die Ergänzungsbilanz kann positiv (Mehrkapital und somit Mindergewinne) oder negativ (Minderkapital und somit Mehrgewinne) sein.

In **Sonderbilanzen** werden Wirtschaftsgüter des Sonderbetriebsvermögens aktiviert/passiviert. Sondervergütungen, Sonderbetriebseinnahmen und Sonderbetriebsausgaben sind in einer Sonder-Gewinn- und Verlustrechnung zu erfassen (vgl. S. 106).

Eine getrennte Behandlung von Gewinnanteilen zum einen und von Sonderbetriebseinnahmen/-ausgaben bzw. Sondervergütungen zum anderen erfolgt deshalb, weil die Steuertatbestände von **unterschiedlichen Subjekten** erfüllt werden. Beim Gewinn der Gesellschaft erfüllt die Personengesellschaft als solche den Steuertatbestand; im anderen Fall wird der Steuertatbestand durch den Gesellschafter selbst verwirklicht.[640]

---

[639] BFH-Urteil vom 28.09.1995, BStBl II 1996, S. 68; vgl. S. 98.

[640] Vgl. RAUPACH, ARNDT: Konsolidierte oder strukturierte Gesamtbilanz der Mitunternehmerschaft oder additive Ermittlung der Einkünfte aus Gewerbebetrieb der Mitunternehmer mit oder ohne korrespondierende Bilanzierung?, in: DStZ 1992, S. 692-699, s.b.S. 695 und 696.

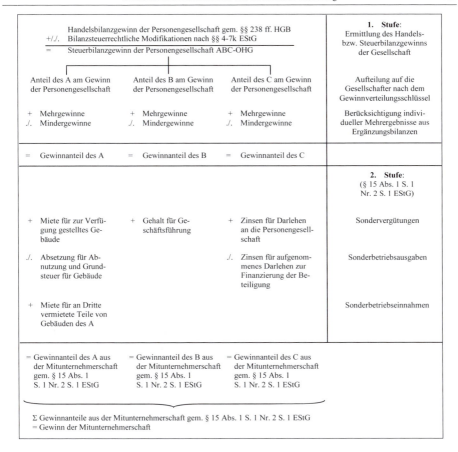

Abb. 92: Ermittlung der Anteile am Gewinn der Mitunternehmerschaft

d) Das Betriebsvermögen und die Gewinnermittlung der Mitunternehmerschaft

Das Gesamthandsvermögen und die Sonderbetriebsvermögen bilden bei der steuerlichen Gewinnermittlung eine „Einheit" (vgl. Abb. 93, S. 488 und Abb. 94[641], S. 488).[642]

Gesamthandsvermögen:

– Wirtschaftsgüter, die **zivilrechtlich** im Gesamthandseigentum der Gesellschafter der Personengesellschaft stehen;
– Vermögen, das die **Gesamthand** im Rechtsverkehr erwirbt;
– Wirtschaftsgüter, deren **wirtschaftlicher Eigentümer** die Gesamthand ist.

---

[641] Entnommen aus HEIGL, ANTON: Unternehmensbesteuerung, 2. Aufl., München/Wien 1996, S. 188.
[642] Vgl. ausführlich bzgl. bestehender Probleme des Gesamthandsvermögens und des Sonderbetriebsvermögens der Mitunternehmer LEHMANN, MATTHIAS: Betriebsvermögen und Sonderbetriebsvermögen, in: Besteuerung der Unternehmung, Bd. 13, hrsg. von GERD ROSE, Wiesbaden 1988, S. 25-155.

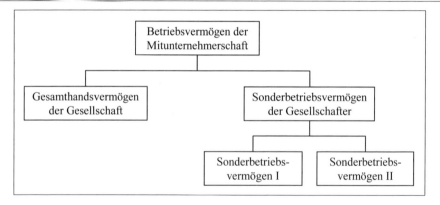

Abb. 93:   *Betriebsvermögen der Mitunternehmerschaft*

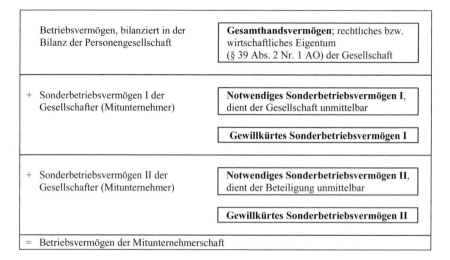

Abb. 94:   *Umfang des Betriebsvermögens der Mitunternehmerschaft im Ertragsteuerrecht*

Sonderbetriebsvermögen:

- Zum Sonderbetriebsvermögen gehören diejenigen Wirtschaftsgüter, die **kein Gesamthandsvermögen** darstellen, allerdings einem oder u.U. mehreren Gesellschaftern gehören und von der Personengesellschaft betrieblich genutzt werden oder wirtschaftlich mit der Beteiligung an der Personengesellschaft in Zusammenhang stehen. Dies bedeutet, dass es sich hierbei um Wirtschaftsgüter handelt, die der **Vermögenssphäre des Gesellschafters** zugeordnet werden und mit deren Hilfe gewerbliche Einkünfte i.S.d. § 15 Abs. 1 S. 1 Nr. 2 EStG erzielt werden.[643]

---

[643] Vgl. HENNRICHS, JOACHIM: § 10, in: Steuerrecht, hrsg. von KLAUS TIPKE und JOACHIM LANG, 21. Aufl., Köln 2013, Rn. 131-137.

- Hierbei spielt es keine Rolle, ob eine **entgeltliche** oder **unentgeltliche Nutzungsüberlassung** stattfindet oder ob die Überlassungsvereinbarung im Gesellschaftsvertrag oder in einem anderen besonderen Vertrag vereinbart wurde.[644]
- Ein Wirtschaftsgut gilt bspw. dann als aus dem Sonderbetriebsvermögen des Mitunternehmers (in das Privatvermögen) **entnommen**, wenn dieser es der Personengesellschaft **nicht mehr zur Nutzung überlässt**. Analoges gilt im Falle der Übertragung des Wirtschaftsgutes auf einen Dritten oder bei Ausscheiden des Gesellschafters aus der Gesellschaft.
- Da die Gesellschafter aufgrund des Sonderbetriebsvermögens keinen eigenen Betrieb unterhalten, **scheidet die Buchführungspflicht** für sie **aus**. Deshalb hat der BFH entschieden, dass die Personengesellschaft **auch für das Sonderbetriebsvermögen** einer Personengesellschaft **buchführungspflichtig** ist. Dies wird aus § 141 AO abgeleitet.[645] In diesem Zusammenhang ist bzgl. der Beurteilung der in § 141 AO genannten Grenzen das Gesamthandsvermögen zzgl. des Sonderbetriebsvermögens zu betrachten (vgl. auch § 141 Nr. 1 S. 4-5 AEAO).[646]
- **Sonderbetriebsvermögen I**: Wirtschaftsgüter, die sich im **Eigentum** eines Gesellschafters befinden, der Gesellschaft zur **Nutzung überlassen** wurden und
  - der Gesellschaft unmittelbar dienen (**notwendiges Sonderbetriebsvermögen I**);
  - objektiv dazu geeignet sind, der Personengesellschaft zu dienen (**gewillkürtes Sonderbetriebsvermögen I**).
- **Beispiele**: Der Personengesellschaft zur Nutzung überlassenes Grundstück oder überlassene Maschine; fremdvermietetes, gesellschaftereigenes Grundstück; in unmittelbarem Zusammenhang mit Wirtschaftsgütern des Sonderbetriebsvermögens stehende Schulden.
- **Sonderbetriebsvermögen II**: Wirtschaftsgüter, die sich im **Eigentum** eines Gesellschafters befinden und zur **Begründung oder Stärkung der Beteiligung** an der Personengesellschaft
  - in einem unmittelbaren Zusammenhang mit der Beteiligung stehen (**notwendiges Sonderbetriebsvermögen II**);
  - objektiv dazu geeignet sind, der Beteiligung zu dienen (**gewillkürtes Sonderbetriebsvermögen II**).
- **Beispiele**: Darlehen zur Beteiligungsfinanzierung; Anteile des Kommanditisten an der Komplementär-GmbH bei der GmbH & Co. KG; Wertpapiere zwecks Darlehensabsicherung zur Beteiligungsaufstockung.

Die Wirtschaftsgüter des Sonderbetriebsvermögens können alternativ in zwei voneinander getrennten Sonderbilanzen (**Sonderbilanz I und Sonderbilanz II**) oder in einer einheitlichen Sonderbilanz erfasst werden.

Zu berücksichtigen sind ferner die **Sonderbetriebseinnahmen** und **Sonderbetriebsausgaben**:

---

[644] Vgl. BFH-Urteil vom 02.12.1982, BStBl II 1983, S. 217.
[645] Vgl. BFH-Urteil vom 23.10.1990, BStBl II 1991, S. 403.
[646] Vgl. BFH-Urteil vom 23.10.1990, BStBl II 1991, S. 404.

- **Sonderbetriebseinnahmen**: Vergütungen, die sich als **Früchte des Sonderbetriebsvermögens** darstellen, weil sie ein Entgelt aus der befristeten Überlassung von Wirtschaftsgütern des Sonderbetriebsvermögens verkörpern (Bsp.: Erträge aus **Fremdvermietung** von Wirtschaftsgütern des Sonderbetriebsvermögens).

- **Sonderbetriebsausgaben**: Aufwendungen, die dem Gesellschafter **im Zusammenhang mit Wirtschaftsgütern des Sonderbetriebsvermögens** entstehen (Bsp.: Grundsteuer für Grundstücke des Sonderbetriebsvermögens).

Zur Erfassung des Sonderbetriebsvermögens, der Sondervergütungen, der Sonderbetriebsausgaben und -einnahmen ist für den einzelnen Mitunternehmer eine **Sonderbilanz** und eine **Sonder-Gewinn- und Verlustrechnung** aufzustellen. Somit wird ein rein steuerrechtlicher Jahresabschluss kreiert.[647]

| **Beispiel:** | **(Einordnung Sonderbetriebsvermögen I und II, -einnahmen/-ausgaben und -vergütungen)** |

Der Gesellschafter X der XY-OHG erhält von der Gesellschaft im Jahre 2013 ein Jahresgehalt von 140.000 €. Weiterhin hat er einen Beratungsvertrag abgeschlossen, i.R. dessen sich das Jahreshonorar für 2013 auf 90.000 € beläuft. Ferner hat X der Personengesellschaft ein Darlehen i.H.v. 100.000 € gewährt, das endfällig getilgt und jährlich zu 10 % verzinst wird. Schließlich hat X der Personengesellschaft sein eigenes Grundstück mit Grund und Boden im Wert von 500.000 € und mit einem Gebäude (Buchwert zum 31.12.2013: 400.000 €) zur Nutzung überlassen. In diesem Zusammenhang fielen im Jahre 2013 Grundsteuer i.H.v. 4.000 € und Abschreibungen auf das Gebäude i.H.v. 30.000 € an. Zur Finanzierung der Beteiligung nahm X einen Kredit i.H.v. 60.000 € auf, der ebenfalls endfällig getilgt und jährlich zu 8 % zu verzinsen ist.

Zunächst werden die gegebenen Daten in Sonderbetriebsvermögen, Sonderbetriebseinnahmen und Sonderbetriebsausgaben sowie Sondervergütungen eingeteilt.

	Sonderbetriebs-vermögen I	Sonderbetriebs-vermögen II	Sonderbetriebs-einnahmen/-ausgaben	Sonder-vergütungen
Jahresgehalt				X
Jahreshonorar				X
Darlehen	X			
Darlehenszinsen			X	
Grund und Boden	X			
Grundsteuer			X	
Gebäude	X			
Abschreibungen			X	
Beteiligungskredit		X		
Zinsen			X	

Die Zusammensetzung des Sonderbetriebsvermögens des Gesellschafters X – dargestellt durch seine Sonderbilanz I und II – hat somit folgendes Aussehen:

---

[647] Vgl. HENNRICHS, JOACHIM: § 10, in: Steuerrecht, hrsg. von KLAUS TIPKE und JOACHIM LANG, 21. Aufl., Köln 2013, Rn. 138-139.

Aktiva	Sonderbilanz I und II des Gesellschafters X zum 31.12.2013			Passiva
Grund und Boden	500.000 €	Mehrkapital des X		
Gebäude	400.000 €	Stand 01.01.2013		940.000 €
Darlehensforderung	100.000 €	+ Sondergewinn 2013	201.200 €	
		./. Entnahme 2013	201.200 €	
				940.000 €
		Verbindlichkeit		60.000 €
	1.000.000 €			1.000.000 €

Die Sonder-Gewinn- und Verlustrechnung des Gesellschafters X lautet:

Soll	Sonder-GuV des Gesellschafters X vom 01.01.2013-31.12.2013		Haben
Grundsteuer	4.000 €	Jahresgehalt	140.000 €
Abschreibungen	30.000 €	Beratungshonorar	90.000 €
Kreditzinsen	4.800 €	Darlehenszinsen	10.000 €
Sondergewinn des X	201.200 €		
	240.000 €		240.000 €

Wie sich aus obigem Beispiel ergibt, wird das Darlehen des Mitunternehmers an die Personengesellschaft in dessen Sonderbilanz als Forderung aktiviert. Gleichzeitig erscheint diese Position zum gleichen Wert in der Gesellschaftsbilanz als Verbindlichkeit. Man spricht in diesem Zusammenhang von einer **korrespondierenden Bilanzierung**.[648] Allerdings ist nicht von dem Gebot einer korrespondierenden Bilanzierung auszugehen.[649]

> **Beispiel:** (Korrespondierende Bilanzierung)
>
> Einer Forderung eines Mitunternehmers in dessen Sonderbilanz steht eine gleich hohe Verbindlichkeit der Gesellschaft gegenüber. Wird auf die Forderung eine Wertberichtigung vorgenommen, so vermindert sich der Bilanzansatz der Verbindlichkeit allerdings nicht. Eine korrespondierende Bilanzierung findet somit nicht mehr statt.
>
> Analog verhält sich der Fall, wenn die Mitunternehmerschaft in ihrer Bilanz eine Rückstellung für ungewisse Verbindlichkeiten passiviert, ein entsprechender korrespondierender Aktivposten in der Sonderbilanz des Mitunternehmers allerdings nicht gegeben ist.
>
> Generell ist festzustellen, dass der Grundsatz der korrespondierenden Bilanzierung durch das Vorsichtsprinzip gem. § 252 Abs. 1 Nr. 4 HGB i.V.m. § 5 Abs. 1 S. 1 EStG durchbrochen wird.[650]

---

[648] Vgl. DREHER, HELMUT: Zur sog. korrespondierenden Bilanzierung bei Mitunternehmerschaften, in: DStZ 1996, S. 139 und 140.

[649] Vgl. RAUPACH, ARNDT: Konsolidierte oder strukturierte Gesamtbilanz der Mitunternehmerschaft oder additive Ermittlung der Einkünfte aus Gewerbebetrieb der Mitunternehmer mit oder ohne korrespondierende Bilanzierung?, in: DStZ 1992, S. 692-699, s.b.S. 699.

[650] Vgl. DREHER, HELMUT: Zur sog. korrespondierenden Bilanzierung bei Mitunternehmerschaften, in: DStZ 1996, S. 139 und 140, s.b.S. 140. Da die Sonderbetriebe der Mitunternehmer und die Personengesellschaft keine wirtschaftliche Einheit darstellen, findet das Imparitätsprinzip Anwendung; vgl. KUSTERER, STEFAN: Imparitätsprinzip in der Sonderbilanz des Mitunternehmers, in: DStR 1993, S. 1209-1212, s.b.S. 1212. Anderer Ansicht ist RAUPACH, für den bspw. die Gewährung eines Darlehens eines Mitunternehmers an die Personengesellschaft Eigenkapital darstellt, womit kein Platz für das Imparitätsprinzip gegeben ist; vgl. RAUPACH, ARNDT: Konsolidierte oder strukturierte Gesamtbilanz der Mitunternehmerschaft oder additive Ermittlung der Einkünfte aus Gewerbebetrieb der Mitunternehmer mit oder ohne korrespondierende Bilanzierung?, in: DStZ 1992, S. 692-699, s.b.S. 698.

e) Negative Kapitalkonten

Negatives Kapitalkonto beim Komplementär:

- Aufgrund der Tatsache, dass der Komplementär unbeschränkt haftet, ist ein **negatives Kapitalkonto** möglich. Entstehungsgründe sind **Entnahmen** bzw. **Verlustzuweisungen**.
- Bei Verlustzuweisungen bemisst sich der Verlustanteil nach dem in der **Steuerbilanz** ermittelten Verlustanteil zzgl. des Verlusts einer etwaigen **Ergänzungsbilanz**.
- Grundsätzlich besteht **keine Nachschusspflicht** bei Entstehen eines negativen Kapitalkontos.
- Der Ausweis eines negativen Kapitalkontos erfolgt auf der **Aktivseite** der Gesellschaftsbilanz. Beim Komplementär wird ein Verlust im Jahr der Entstehung als Verlust bei den Einkünften aus Gewerbebetrieb berücksichtigt und kann **mit positiven Einkünften** anderer Einkunftsarten **ausgeglichen** werden, wobei die einkommensteuerlichen Verlustverrechnungsvorschriften (vgl. S. 312) zu beachten sind.
- Ausscheiden eines Komplementärs mit negativem Kapitalkonto:
  - Verzichten die verbleibenden Gesellschafter aus **betrieblichen** Gründen auf die Einforderung eines Ausgleichs, entsteht i.H.d. negativen Kapitalkontos für den Komplementär ein **zu versteuernder Veräußerungsgewinn**. Dieser ist gem. § 16 i.V.m. § 34 EStG zu versteuern.
  - Verzichten die verbleibenden Gesellschafter aus **privaten oder familiären** Gründen auf die Einforderung eines Ausgleichs, so ist von einer unentgeltlichen Übertragung auszugehen, die zu **keinem Veräußerungsgewinn** führt.
  - **Bilanzielle Auswirkung**: Wird die Ausgleichszahlung geleistet, tritt an die Stelle der Forderung gegen den Gesellschafter eine Erhöhung der die Ausgleichszahlung wiedergebenden Bilanzposition. Wird auf die Ausgleichszahlung verzichtet oder wird durch diese das negative Kapitalkonto nicht vollständig ausgeglichen, sind in Höhe der auf den ausscheidenden Gesellschafter entfallenden stillen Rücklagen die Buchwerte der betreffenden Wirtschaftsgüter aufzustocken.

Negatives Kapitalkonto beim Kommanditisten:

- Die Vorschriften des einem Kommanditisten nach den handelsrechtlichen Vorschriften zuzurechnenden Verlustanteils gelten auch für das Steuerrecht. Allerdings findet eine einkommensteuerliche Berücksichtigung nur dann statt, falls der Verlust nicht zu einem negativen Kapitalkonto führt oder dieses erhöht.
- Andernfalls greift § 15a EStG, wonach **Verlustzuweisungen** beim Kommanditisten **keine steuerliche Entlastung bewirken, wenn** sie zu einem **negativen Kapitalkonto** führen bzw. dieses erhöhen. In diesem Fall besteht **weder die Möglichkeit eines Verlustausgleichs noch die eines Verlustabzugs** (§ 15a Abs. 1 S. 1 EStG). Ein Ausgleich mit Sonderbetriebsgewinnen kommt ebenfalls nicht in Betracht.

Beispiel: **(Fortschreibung eines negativen Kapitalkontos)**

Im Jahr 2013 erhält Kommanditist X einen Verlustanteil i.H.v. 100.000 € zugewiesen. Der Stand des Kapitalkontos beläuft sich auf 60.000 €. Sein Sonderbetriebsgewinn beträgt 40.000 €.

Im Jahr 2013 sind 60.000 € an Verlust (= Stand des Kapitalkontos) voll ausgleichs- bzw. abzugsfähig. Der Restbetrag i.H.v. 40.000 € wird vorgetragen und mindert künftige Gewinnanteile. Er darf nicht mit dem Sonderbetriebsgewinn saldiert werden.

– Eine **Erweiterung** der Verlustausgleichsmöglichkeit gem. § 15a Abs. 1 S. 2 und 3 EStG ist nur dann möglich, **wenn** die **Haftungseinlage** laut Handelsregistereintrag (sog. überschießende Außenhaftung) **größer** als die tatsächlich gezahlte Einlage[651] ist und die formalen Voraussetzungen von R 15a Abs. 3 EStR erfüllt sind (insb. namentliche Eintragung im Handelsregister zum Bilanzstichtag).

– Eine **Ausdehnung** der Verlustausgleichs- bzw. abzugsmöglichkeit durch **nachträgliche Einlagen** hat der Gesetzgeber durch das JStG 2009 in § 15a Abs. 1a S. 1 EStG ausgeschlossen.[652]

– Der ausgleichs- und abzugsfähige Verlust darf mit Sonderbetriebsgewinnen **saldiert** werden (§ 15a Abs. 1 EStG). Sonderbetriebsverluste sind hingegen **nicht** mit Gewinnen des Gesamthandsvermögens saldierbar, solange ein verrechenbarer Verlust festgestellt ist.

– Die Regelung des § 15a Abs. 1 S. 1 EStG gilt auch für Kommanditisten, die **nicht** im Handelsregister eingetragen sind.[653] Die **erweiterte Außenhaftung** wird allerdings in R 15a Abs. 3 S. 5 EStR explizit **ausgeschlossen**.

– Gem. dem BFH-Urteil vom 14.05.1991 wirkt sich i.R.d. § 15a EStG sowohl das positive als auch das negative **Sonderbetriebsvermögen** ebenso wenig auf die Höhe des Kapitalkontos aus[654] wie der auf den Kommanditisten entfallende Anteil an noch nicht realisierten stillen Reserven. Allerdings sind etwaige Kapitalien aus **Ergänzungsbilanzen** in den Haftungsumfang mit einzubeziehen.[655]

– Die Regelung des § 15a EStG wurde geschaffen, um gegen sog. **Abschreibungsgesellschaften** vorzugehen, die jenen Steuerpflichtigen Vorteile brachten, die aufgrund hoher individueller Steuersätze Verlustzuweisungen sofort steuermindernd verrechnen konnten.[656] Der durch das Gesetz zur Beschränkung der Verlustverrechnung im Zusammenhang mit Steuerstundungsmodellen[657] eingefügte § 15b EStG verhindert zusätzlich, dass

---

[651] Vgl. BFH-Beschluss vom 19.05.1987, BStBl II 1988, S. 10.
[652] Vgl. HENNRICHS, JOACHIM: § 10, in: Steuerrecht, hrsg. von KLAUS TIPKE und JOACHIM LANG, 21. Aufl., Köln 2013, Rn. 72-75.
[653] Vgl. BFH-Beschluss vom 19.05.1987, BStBl II 1988, S. 5.
[654] Vgl. BFH-Urteil vom 14.05.1991, BStBl II 1992, S. 167.
[655] Vgl. BFH-Urteil vom 30.03.1993, BStBl II 1993, S. 706.
[656] Vgl. BRÖNNER, HERBERT/BAREIS, PETER/POLL, JENS: Die Besteuerung der Gesellschaften, 18. Aufl., Stuttgart 2007, Teil B, Rn. 869.
[657] Vgl. BGBl I 2005, S. 3683.

Verluste aus sog. **Steuerstundungsmodellen** ungehindert mit positiven Einkünften anderer Einkunftsarten verrechnet werden können.[658]

– Können Verluste aufgrund der Regelungen des § 15a EStG im Jahr der Zurechnung **nicht** mit anderen positiven Einkünften des Kommanditisten ausgeglichen oder nach § 10d EStG abgezogen werden, so gehen diese Verluste dem Kommanditisten steuerlich nicht „verloren", sondern werden zu „verrechenbaren" Verlusten, die **zeitlich unbegrenzt** in den Folgejahren mit Gewinnen aus derselben Beteiligung an der Kommanditgesellschaft verrechnet werden.

– Ohne Antrag wird eine **frühest mögliche Verrechnung** vom Finanzamt vorgenommen. Eine Aufschiebung kommt auch dann nicht in Frage, wenn die künftigen Gewinne tarifbegünstigt sind.[659]

– **Folge**: Die Existenz eines negativen Kapitalkontos für Kommanditisten wird nicht generell abgelehnt, die **Verlustverrechnungsmöglichkeiten** sind aber **eingeschränkt**.

f) Die Gewerbesteuerbelastung bei Personengesellschaften

Eine Personengesellschaft ist nur dann von der Gewerbesteuer betroffen, wenn sie die **Tatbestandsmerkmale eines Gewerbebetriebs** gem. § 2 Abs. 1 GewStG i.V.m. § 15 Abs. 2 EStG erfüllt.

Steuer nach dem Gewerbeertrag:

	Basis der Berechnung: Gewinn/Verlust der Mitunternehmerschaft (somit einschließlich der Sondervergütungen, Sonderbetriebseinnahmen und -ausgaben)[660]
+/./.	Hinzurechnungen/Kürzungen gem. § 8 bzw. § 9 GewStG (keine Hinzurechnungsfähigkeit von Schuldentgelten, Miet- und Pachtzinsen sowie Leasingraten für in Grundbesitz oder nicht in Grundbesitz stehende Wirtschaftsgüter des Anlagevermögens, die bereits in der Ausgangsgröße enthalten sind, jedoch Hinzurechnungsfähigkeit von Entgelten, die mit Schulden im Sonderbetriebsvermögen in Beziehung stehen)
./.	Eventueller Gewerbeverlustvortrag gem. § 10a GewStG[661]
=	Maßgebender Gewerbeertrag

Es besteht gem. § 11 Abs. 1 S. 3 Nr. 1 GewStG ein Freibetrag i.H.v. 24.500 €; auf den Gewerbeertrag nach Berücksichtigung des Freibetrags ist die Steuermesszahl von 3,5 % anzu-

---

[658] Der durch die Einführung von § 15b EStG überflüssig gewordene § 2b EStG (Beschränkung der Verlustverrechnung bei Beteiligungen an Verlustzuweisungsgesellschaften und ähnlichen Modellen) ist weiterhin für Einkünfte aus Einkunftsquellen i.S.v. § 2b EStG anzuwenden, die nach dem 04.03.1999 und vor dem 11.11.2005 rechtswirksam erworben oder begründet wurden (§ 52 Abs. 4 EStG).

[659] Vgl. BFH-Urteil vom 26.01.1995, BStBl II 1995, S. 470.

[660] Vgl. hierzu BFH-Urteil vom 25.10.1984, BStBl II 1985, S. 212-215, s.b.S. 214 m.w.N. Hierdurch soll eine Gleichstellung der gewerblichen Einkünfte des Mitunternehmers mit denen eines Einzelunternehmers erreicht werden; vgl. RAUPACH, ARNDT: Konsolidierte oder strukturierte Gesamtbilanz der Mitunternehmerschaft oder additive Ermittlung der Einkünfte aus Gewerbebetrieb der Mitunternehmer mit oder ohne korrespondierende Bilanzierung?, in: DStZ 1992, S. 692-699, s.b.S. 697 und 698. Weiterhin soll eine Umgehung der Gewerbesteuerzahlung vermieden werden; WOERNER, LOTHAR: Mitunternehmerbegriff und Bilanzbündeltheorie bei der Gewerbesteuer, in: BB 1974, S. 592-598, s.b.S. 592.

[661] Hier wurde im Zuge der Einführung des Gesetzes zur Änderung des Gewerbesteuergesetzes und anderer Gesetze vom 23.12.2003, BStBl I 2003, S. 2922 eine Mindestbesteuerung – analog zu den Änderungen in § 10d EStG – eingeführt.

wenden (§ 11 Abs. 2 GewStG; vgl. S. 408). Der sich ergebende Betrag ist mit dem Hebesatz zu multiplizieren.

> **Beispiel:** (Ermittlung des Gewerbeertrags bei einer Personengesellschaft)
>
> Eine OHG erwirtschaftet einen steuerbilanziellen Gewinn i.H.v. 100.000 €. Des Weiteren wurden i.R.d. Ermittlung dieser Größe ein Geschäftsführergehalt an Gesellschafter A i.H.v. 80.000 € sowie Mietzinsen an Gesellschafter B i.H.v. 30.000 € für eine Maschine, die sich in seinem Sonderbetriebsvermögen befindet, überwiesen. Weiterhin sind einem Nicht-Gesellschafter Zinsen i.H.v. 110.000 € für Schulden gezahlt worden. Der maßgebende Gewerbeertrag berechnet sich wie folgt:
>
> | | Gewinn der Personengesellschaft | 100.000 € |
> |---|---|---|
> | + | Geschäftsführergehalt | 80.000 € |
> | + | Mietzinsen | 30.000 € |
> | = | Gewinn der Mitunternehmerschaft | 210.000 € |
> | + | 25 % der 100.000 € übersteigenden Schuldentgelte (§ 8 Nr. 1 GewStG) | 2.500 € |
> | = | Maßgebender Gewerbeertrag | 212.500 € |

2. Die Gewinnbesteuerung bei Kapitalgesellschaften

Das von der juristischen Person erzielte „Einkommen" unterliegt der **Körperschaftsteuer**.

Gehälter der geschäftsführenden Gesellschafter, Vergütungen für die Hingabe von Darlehen oder für die Überlassung von Wirtschaftsgütern sind bei der Ermittlung des steuerpflichtigen Gewinns als **Betriebsausgabe** abzugsfähig (Grund: **Trennungsprinzip**); sie werden bei einkommensteuerpflichtigen Gesellschaftern den jeweiligen Einkunftsarten zugerechnet (z.B. Einkünfte aus nichtselbstständiger Arbeit, Einkünfte aus Kapitalvermögen). Auch besteht die **Möglichkeit** der Bildung von steuerlich anerkannten **Pensionsrückstellungen**.

Gem. § 23 Abs. 1 KStG existiert ein **einheitlicher** (proportionaler) **Körperschaftsteuersatz** für einbehaltene und ausgeschüttete Gewinne i.H.v. 15 %. Dividendenbezüge, die eine im Inland unbeschränkt steuerpflichtige Körperschaft, Personenvereinigung oder Vermögensmasse (gem. § 1 KStG) von einer im Inland ansässigen Kapitalgesellschaft erhält, sind gem. § 8b Abs. 1 KStG von der Besteuerung explizit ausgenommen. Allerdings werden gem. § 8b Abs. 5 KStG 5 % der Dividende als nicht abzugsfähige Betriebsausgabe qualifiziert, was im Ergebnis zu einer 95 %-igen Dividendenfreistellung führt. Schüttet eine Kapitalgesellschaft an eine Personenhandelsgesellschaft mit natürlichen Personen als Gesellschaftern bzw. an eine natürliche Person aus, ist zu differenzieren. Bei Halten der Beteiligung im Betriebsvermögen kommt es zur Anwendung des **Teileinkünfteverfahrens** nach § 3 Nr. 40 Buchst. d bzw. Nr. 40 S. 2 EStG, wonach 60 % der Gewinnanteile der Besteuerung unterliegen. Bei Halten der Beteiligung im Privatvermögen sind die Gewinnanteile dagegen zu 100 % der Einkommensteuer zu unterwerfen, wobei die Einkommensteuer in Form einer 25 %-igen **Abgeltungssteuer** erhoben wird (§ 32d EStG). Auf Antrag des Steuerpflichtigen können diese Gewinnanteile im Rahmen einer Günstiger-Prüfung auch der tariflichen Einkommensteuer unterworfen werden, falls dies eine niedrigere Einkommensteuerbelastung hervorruft (§ 32d Abs. 6 EStG). Auf Antrag des Gesellschafters kann nach § 32d Abs. 2 Nr. 3 EStG auf die Anwendung der Abgeltungssteuer verzichtet werden, wenn er zu mindestens 25 % beteiligt ist oder wenn er zu mindestens 1 % bei gleichzeitiger beruflicher Tätigkeit für die Gesellschaft beteiligt ist; in diesem Fall greift das Teileinkünfteverfahren mit der Folge einer 60 %-igen Besteuerung und eines 60 %-igen Werbungskostenabzugs.

Entstandene **Verluste** verbleiben stets im **Bereich der Kapitalgesellschaft**. Bei den **Anteilseignern** ist ein **Verlustausgleich nicht möglich**, wohl aber gibt es innerhalb der Gesellschaft die Möglichkeit eines **Verlustabzugs** (Verlustrücktrag oder Verlustvortrag gem. § 10d EStG i.V.m. § 8 Abs. 1 S. 1 KStG); da die Kapitalgesellschaft nur Einkünfte aus Gewerbebetrieb (§ 8 Abs. 2 KStG) erwirtschaftet, ist innerhalb des gleichen VAZ ein interner, aber kein externer Verlustausgleich möglich.

Bei einer Kapitalgesellschaft handelt es sich um **einen Gewerbebetrieb kraft Rechtsform**; somit unterliegt dieser der **Gewerbesteuerpflicht** (§ 2 Abs. 2 S. 1 GewStG).

Im Vergleich zur Personengesellschaft ist die Ausgangsbasis zur Ermittlung des Gewerbeertrags trotz identischer wirtschaftlicher Tatbestände verschieden, da Geschäftsführergehälter, Darlehens-, Miet- und Pachtzinsen als **Betriebsausgaben abzugsfähig** sind. Gleiches gilt für Zuführungen zu Pensionsrückstellungen für geschäftsführende Gesellschafter. Wegen des Trennungsprinzips sind folglich auch die bei Personengesellschaften kreierten Institute des Sonderbetriebsvermögens, der Sonderbilanzen, der Ergänzungsbilanzen sowie der Sondervergütungen, Sonderbetriebseinnahmen und Sonderbetriebsausgaben nicht existent.

Beispiel: (Ermittlung des Gewerbeertrags bei einer Kapitalgesellschaft)

In obigem Beispiel sind somit das Geschäftsführergehalt sowie die Mietzinsen anerkannte Betriebsausgaben. Allerdings findet eine 25 %-ige Hinzurechnung der Summe der Schuldentgelte und eines Fünftels der Mietzinsen (Maschine ist ein bewegliches Wirtschaftsgut!) nach vorherigem Abzug des Freibetrags gem. § 8 Nr. 1 GewStG i.H.v. 100.000 € statt. Es ergibt sich folgender maßgebender Gewerbeertrag:

	Gewinn der Kapitalgesellschaft aus Gewerbebetrieb	100.000 €
+	Hinzurechnung (§ 8 Nr. 1 GewStG) $0{,}25 \cdot ((110.000 + 0{,}2 \cdot 30.000) - 100.000)$	4.000 €
=	Maßgebender Gewerbeertrag	104.000 €

Es ist festzustellen, dass der **maßgebende Gewerbeertrag der Kapitalgesellschaft** bei Gesellschaft-Gesellschafter-Beziehungen um diese bei der Personengesellschaft nicht anzuerkennenden Vergütungen **niedriger** ausfällt.

Allerdings bestehen hinsichtlich Personengesellschaft und Kapitalgesellschaft Belastungsunterschiede infolge der Tarifgestaltung: So existiert bei Letzterer **kein Freibetrag**, während bei Personengesellschaften ein Freibetrag i.H.v. 24.500 € abgezogen werden kann. Der frühere Unterschied hinsichtlich der Steuermesszahl wurde durch die Unternehmensteuerreform 2008 aufgehoben; diese beträgt seitdem einheitlich 3,5 % gemäß § 11 Abs. 2 GewStG.

C. Die laufende Besteuerung bei Mischformen

1. Die GmbH & Co. KG

a) Grundlagen

Gründe für die **Kombination** der gesellschaftsrechtlich geregelten Grundformen der GmbH und der KG sind die Ausnutzung der Vorteile und weitestgehende Vermeidung der Nachteile der Personen- und der Kapitalgesellschaft. Durch **Vorteile** bei der Erbregelung (unsterblicher Komplementär), Entnahmemöglichkeit auch in Verlustjahren und Haftungsbeschränkung nach außen trotz mitunternehmerischer Verlustbeteiligung ist diese Gesellschaftsform besonders interessant.

Die weiteste Verbreitung der **GmbH & Co. KG** findet sich in solchen Varianten, in denen die Kommanditisten mit den Gesellschaftern der Komplementär-GmbH personenidentisch sind und die GmbH gleichzeitig einziger Komplementär ist (**GmbH & Co. KG i.e.S.**; vgl. Abb. 95[662]). Handelsrechtliches Ziel dieser Mischform ist die Erreichung einer Haftungsbeschränkung für die beteiligten Gesellschafter.

Die GmbH & Co. KG stellt **gesellschaftsrechtlich** eine **Kommanditgesellschaft** dar. **Handelsbilanziell** erfolgt jedoch nach § 264a HGB – sofern nicht mindestens eine natürliche Person oder eine Personengesellschaft, an der nur natürliche Personen beteiligt sind, die Funktion eines Komplementärs (also eines Vollhafters) innehat – eine analoge Behandlung zu den Kapitalgesellschaften. **Steuerrechtlich** ist diese Rechtsform gleichermaßen keine Kapitalgesellschaft, sondern eine **Personengesellschaft**.[663] Als Personengesellschaft stellt die GmbH & Co. KG als solche einkommensteuerlich kein selbstständiges Steuersubjekt dar.

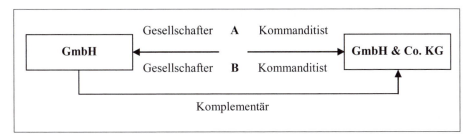

Abb. 95: Personengleiche GmbH & Co. KG

b) Gewerbebetriebseigenschaft, Mitunternehmerschaft und Umfang des Betriebsvermögens

I.R. einer GmbH & Co. KG i.e.S. stellt die mit **Einkünfteerzielungsabsicht** unternommene Tätigkeit der KG stets einen **Gewerbebetrieb** dar (gewerblich geprägte Personengesellschaft gem. § 15 Abs. 3 Nr. 2 EStG). Dies resultiert aus der Tatsache, dass ausschließlich die

---

[662] Modifiziert entnommen aus WÖHE, GÜNTER/DÖRING, ULRICH: Einführung in die Allgemeine Betriebswirtschaftslehre, 24. Aufl., München 2010, S. 245.
[663] Vgl. BFH-Beschluss vom 25.06.1984, BStBl II 1984, S. 751.

GmbH persönlich haftet und gleichzeitig die Geschäftsführung übernimmt. Somit werden Einkünfte aus Gewerbebetrieb i.S.v. § 15 EStG erzielt. Durch das Erfordernis der Gewinnerzielungsabsicht wird insb. gegen Verlustzuweisungsgesellschaften vorgegangen, die kreiert werden, um eine Erzielung von Gewinneinkünften zu erreichen, die der Reinvermögenszugangstheorie unterliegen.

Die GmbH & Co. KG erfüllt die Voraussetzungen einer **Mitunternehmerschaft**. Somit ist der Gewinn nicht bei ihr, sondern bei ihren Gesellschaftern (Mitunternehmern) zu versteuern. Diese sind die Komplementär-GmbH und der Kommanditist/die Kommanditisten.

Die **Komplementär-GmbH** entfaltet **Mitunternehmerinitiative** durch ihre Geschäftsführung der KG. Das **Mitunternehmerrisiko** äußert sich in der Gewinnbeteiligung als Entschädigung für die Auslagen der GmbH für Geschäftsführung und Übernahme des persönlichen Haftungsrisikos.[664] Beim **Kommanditisten** reicht es aus, wenn ihm i.R.d. **Mitunternehmerinitiative** Stimmrechte, Kontrollrechte und Widerspruchsrechte zustehen. Durch die Ergebnisbeteiligung an der KG wird auch das **Mitunternehmerrisiko** begründet. Eine **Mitunternehmerstellung** wird dann **versagt**, wenn beim Kommanditisten ein völliger Ausschluss der Beteiligung an den stillen Reserven des Unternehmens erfolgt, der mit einer fehlenden Teilhabe am Verlust gekoppelt ist.

Das **Betriebsvermögen** der GmbH & Co. KG besteht aus dem Gesamthandsvermögen der GmbH & Co. KG und dem Sonderbetriebsvermögen der Gesellschafter. Somit ist zum **Betriebsvermögen der GmbH & Co. KG** Folgendes zu sagen:

- Die Wirtschaftsgüter, die der KG **zivilrechtlich** gehören oder ihr **wirtschaftlich** zuzurechnen sind, verkörpern das **Betriebsvermögen** der Gesellschaft.

- Zum **Sonderbetriebsvermögen der Gesellschafter** zählen die Wirtschaftsgüter der Gesellschafter, die der GmbH & Co. KG zur Nutzung überlassen worden sind, unabhängig davon, ob sie zum Betriebsvermögen des Gesellschafters gehören (Komplementär-GmbH). Die Entgelte hierfür stellen Sonderbetriebseinnahmen dar und sind dem Gewinnanteil entsprechend zuzurechnen.

- Die **GmbH-Anteile** der Kommanditisten gehören grundsätzlich zu deren notwendigem **Sonderbetriebsvermögen II**, da die Beteiligung dazu dient, die GmbH & Co. KG (über die GmbH hinweg mittelbar) zu beherrschen.[665]

c) Einkommensteuer/Körperschaftsteuer

Da die GmbH & Co. KG eine Personengesellschaft darstellt, wird deren einheitlicher und gesondert festgestellter Gewinn bzw. Verlust **anteilig den Gesellschaftern** zugerechnet und unterliegt bei diesen der Ertragsbesteuerung. Es gilt die **additive Gewinnermittlung**. Hier-

---

[664] Vgl. BFH-Urteil vom 14.08.1986, BStBl II 1987, S. 60. Die Komplementär-GmbH muss nicht notwendigerweise eine Einlage in die GmbH & Co. KG leisten; vgl. ECKL, PETRA: § 7, in: Handbuch der GmbH & Co. KG, hrsg. von MALTE HESSELMANN, BERT TILLMANN und THOMAS MUELLER-THUNS, 20. Aufl., Köln 2009, Rn. 36.

[665] Vgl. bzgl. der neueren Rechtsprechung im Falle einer nicht ganz untergeordneten Tätigkeit der Komplementär-GmbH neben der eigentlichen Geschäftsführungstätigkeit ECKL, PETRA: § 7, in: Handbuch der GmbH & Co. KG, hrsg. von MALTE HESSELMANN, BERT TILLMANN und THOMAS MUELLER-THUNS, 20. Aufl., Köln 2009, Rn. 171.

bei sind analog zur Personengesellschaft **Ergänzungs- und Sonderbilanzen** der Gesellschafter mit einzubeziehen.

Eine Anerkennungsvoraussetzung ist die **Angemessenheit der Gewinnverteilung**. Deren Beurteilung erfolgt nach den Kriterien:

- **Fremdvergleich**,
- **Belastungsvergleich** und
- **Leistungsbewertung**.

Als Konsequenz einer **unangemessenen Gewinnverteilung** erfolgt eine Korrektur der einheitlichen Gewinnfeststellung (häufig Erhöhung des GmbH-Gewinnanteils und korrespondierende Verringerung der Kommanditisten-Gewinnanteile).[666]

Die GmbH & Co. KG stellt eine **Personengesellschaft** dar, die nicht der Einkommensteuer-/Körperschaftsteuerpflicht unterliegt. Vielmehr sind die Gesellschafter körperschaftsteuerpflichtig (Komplementär-GmbH) bzw. einkommensteuerpflichtig (Kommanditisten). Bei Letzteren ist die **Problematik des § 15a EStG** (Verlustnutzung bei beschränkter Haftung) zu beachten; darüber hinaus ist bei diesen danach zu differenzieren, ob eine **Mitunternehmerschaft** vorliegt. Entfalten die Kommanditisten nämlich keine Mitunternehmerinitiative, so beziehen sie lediglich **Einkünfte aus Kapitalvermögen**, die gem. §32d EStG der einheitlichen Abgeltungssteuer i.H.v. 25 % unterliegen.

Eine überblicksartige Darstellung der **Ertragsbesteuerung einer GmbH & Co. KG** beinhaltet Abb. 96[667] (S. 500).

Behandlung von Gewinnausschüttungen der Komplementär-GmbH:

- Sind die **Gesellschafter der Komplementär-GmbH gleichzeitig Kommanditisten**, so stellen die Ausschüttungen aufgrund der im Sonderbetriebsvermögen II zu haltenden GmbH-Anteile **Sonderbetriebseinnahmen** dar (Einkünfte aus Gewerbebetrieb), die i.R.d. Gewinnermittlung der GmbH & Co. KG entsprechend hinzuzurechnen sind. Der jeweilige Gewinnanteil des Kommanditisten erhöht sich entsprechend.[668] Hierbei werden auch **verdeckte Gewinnausschüttungen** steuerlich erfasst. **Verdeckte Einlagen** erhöhen gem. § 6 Abs. 6 S. 2 EStG als **nachträgliche Anschaffungskosten** den Beteiligungswert an der Komplementär-GmbH.

- Die Gewinnansprüche der Kommanditisten sind in deren **Sonderbilanz** zu aktivieren.

- Ausschüttungen der Komplementär-GmbH an **Gesellschafter, die nicht zugleich Kommanditisten** sind, stellen bei Letzteren **Einkünfte aus Kapitalvermögen** dar, sofern die Beteiligung nicht im Betriebsvermögen gehalten wird. In diesem Fall unterliegen die Gewinnanteile in voller Höhe prinzipiell der Einkommensteuer als 25 %-iger Abgeltungssteuer (§ 32d EStG; vgl. ausführlicher S. 289 ff.).

---

[666] Vgl. auch das BFH-Urteil vom 15.11.1967, BStBl II 1968, S. 152.

[667] Modifiziert entnommen aus KUPSCH, PETER/GÖCKERITZ, BRITTA: Ertragsbesteuerung der GmbH & Co. KG, in: WISU 1997, S. 755-760, s.b.S. 755. Vgl. zu einer Steuerbelastungsrechnung die Ausführungen bei KÖNIG, ROLF/MAßBAUM, ALEXANDRA/SURETH, CAREN: Besteuerung und Rechtsformwahl, 5. Aufl., Herne 2011, S. 99-104.

[668] Vgl. BFH-Urteil vom 05.06.1985, BStBl II 1985, S. 634.

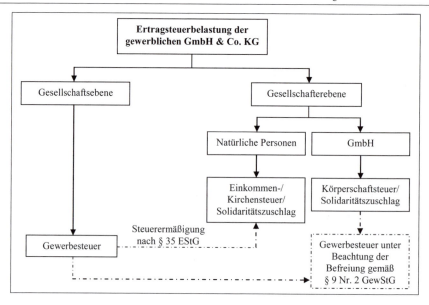

Abb. 96: Ertragsteuerbelastung der (gewerblichen) GmbH & Co. KG

I.d.R. wird der **Tätigkeitsvertrag** des Geschäftsführers mit der Komplementär-GmbH abgeschlossen. Letztere bezahlt auch die Geschäftsführervergütung und erhält als Auslagenersatz diesen Betrag von der GmbH & Co. KG erstattet.

Es ist zwischen vier Fallkonstellationen zu unterscheiden.

– der GmbH-Geschäftsführer ist **nur Gesellschafter der KG** (Fall (1));
– der GmbH-Geschäftsführer ist **Gesellschafter der KG und der GmbH** (Fall (2));
– der GmbH-Geschäftsführer ist **nur Gesellschafter der GmbH** (Fall (3));
– der GmbH-Geschäftsführer ist **kein Gesellschafter der GmbH und der KG** (Fall (4)).

Fälle (1) und (2):

– Falls sich die Geschäftstätigkeit der GmbH auf die Geschäftsführung für die GmbH & Co. KG beschränkt, stellt das von der KG gezahlte Gehalt einen **Vorabgewinn** dar, der den Einkünften aus Gewerbebetrieb des Kommanditisten zuzuordnen ist. Unerheblich ist hierbei, ob der Geschäftsführer (= Kommanditist) sein Gehalt von der GmbH oder von der GmbH & Co. KG erhält.[669] Bei der KG ist diese Vergütung steuerlich **nicht als Betriebsausgabe** anzuerkennen. Analoges gilt, wenn der Kommanditist sein Gehalt von der GmbH empfängt.[670]

– **Ausnahme**: Werden mit der Geschäftsführertätigkeit **andere Tätigkeiten** abgegolten (GmbH übt eine eigene abgrenzbare, wesentliche und gewerbliche Tätigkeit aus[671]), so

---

[669] Vgl. ECKL, PETRA: § 7, in: Handbuch der GmbH & Co. KG, hrsg. von MALTE HESSELMANN, BERT TILLMANN und THOMAS MUELLER-THUNS, 20. Aufl., Köln 2009, Rn. 149.
[670] Vgl. BFH-Urteil vom 16.12.1992, BStBl II 1993, S. 792.
[671] Vgl. BFH-Urteil vom 21.03.1968, BStBl II 1968, S. 579.

stellt dieser Betrag keinen Vorabgewinn dar und ist i.R.d. Gewinnermittlung der GmbH als **abzugsfähige Betriebsausgabe** anzuerkennen. Der Kommanditist hat somit teilweise Einkünfte aus nichtselbstständiger Arbeit zu versteuern.

– Die Zuführungsbeträge zu **Pensionsrückstellungen** mindern den Gewinn der GmbH & Co. KG, wobei eine Hinzurechnung zum Gewinnanteil des Kommanditisten als Sonderbetriebseinnahme i.R.d. additiven Gewinnermittlung zu erfolgen hat.[672]

> **Beispiel:** (Gewinnermittlung der GmbH & Co. KG; GmbH-GF ist auch KG-Gesellschafter)[673]

An einer GmbH & Co. KG sind die Komplementär-GmbH zu 20 % und der Geschäftsführer-Kommanditist A zu 80 % beteiligt. I.R.d. Geschäftstätigkeit erhält A von der GmbH eine Vergütung von 50.000 €, die diesen Betrag ihrerseits als Auslagenersatz von der GmbH & Co. KG erhält. Der steuerbilanzielle Gewinn der KG beträgt unter Berücksichtigung dieses Geschäftsvorfalls 100.000 €.

	Insgesamt	GmbH	A
Steuerbilanzgewinn	100.000 €	20.000 €	80.000 €
Geschäftsführervergütung der KG an die GmbH (Vorabgewinn)	50.000 €	50.000 €	–
Geschäftsführervergütung der GmbH an A (Sonderbetriebsausgabe)	./. 50.000 €	./. 50.000 €	–
	100.000 €	20.000 €	80.000 €
Geschäftsführervergütung A (Sondervergütung)	50.000 €	–	50.000 €
	150.000 €	20.000 €	130.000 €

Würde die Hälfte der Vergütungen durch eine andere gewerbliche Tätigkeit der Komplementär-GmbH ausgelöst werden, so müsste in obiger Tabelle anstatt 50.000 € der Ansatz von 25.000 € erfolgen, der bei A eine Sondervergütung darstellen würde und gem. § 15 Abs. 1 S. 1 Nr. 2 EStG dem Gewinnanteil zugerechnet werden müsste. Der Restbetrag von ebenfalls 25.000 € wäre den Einkünften aus nichtselbstständiger Arbeit zuzurechnen.

Fälle (3) und (4):

– Der Geschäftsführer besitzt gegen die GmbH einen Gehaltsanspruch, der bei Letzterer eine **Betriebsausgabe** darstellt; darüber hinaus ist zu beachten, dass das an den GmbH-Geschäftsführer gezahlte Gehalt wiederum als vorab gewährter Gewinn der GmbH aus der GmbH & Co. KG zu qualifizieren ist. Somit ist der **Gewinn** der GmbH in diesem Fall bei einer isolierten Betrachtungsweise gleich **null**, da sich Betriebsausgabe und Vorabgewinn in gleicher Höhe gegenüberstehen.

– Das **Geschäftsführergehalt** ist den Einkünften aus nichtselbstständiger Arbeit i.S.d. § 19 EStG zuzuordnen und wird somit der individuellen Einkommensteuer des jeweiligen GmbH-Geschäftsführers unterworfen.

– Wird das Geschäftsführergehalt direkt von der KG gezahlt (Abschluss des Dienstvertrages zwischen Geschäftsführer und GmbH & Co. KG), so entsteht eine **Betriebsausgabe**,

---

[672] Vgl. dazu ausführlich ECKL, PETRA: § 7, in: Handbuch der GmbH & Co. KG, hrsg. von MALTE HESSELMANN, BERT TILLMANN und THOMAS MUELLER-THUNS, 20. Aufl., Köln 2009, Rn. 157-159.

[673] In Anlehnung an SCHOOR, HANS WALTER: Die GmbH & Co. KG in ertragsteuerrechtlicher Sicht, in: StW 1988, S. 117-124, s.b.S. 119 und 120.

die gewinnmindernd anzusetzen ist. Die Komplementär-GmbH wird steuerlich nicht tangiert.

- In Fall (3) ist zusätzlich auf die **Angemessenheit der Gehaltszahlung** zu achten (Problem der **verdeckten Gewinnausschüttungen**).
- Die Bildung von **Pensionsrückstellungen** wird steuerlich anerkannt. Wird der Geschäftsführer später Gesellschafter, sind die gebildeten Pensionsrückstellungen nicht gewinnerhöhend aufzulösen.[674]

Beispiel: **(Gewinnermittlung der GmbH & Co. KG; GmbH-GF ist kein KG-Gesellschafter)**[675]

An einer GmbH & Co. KG sind die Komplementär-GmbH zu 20 % und der Kommanditist A zu 80 % beteiligt. I.R.d. Geschäftstätigkeit erhält Geschäftsführer C von der GmbH eine Vergütung von 50.000 €, die diesen Betrag ihrerseits als Auslagenersatz von der GmbH & Co. KG erhält. Der steuerbilanzielle Gewinn der KG beträgt unter Berücksichtigung dieses Geschäftsvorfalls 100.000 €.

	Insgesamt	GmbH	A
Steuerbilanzgewinn	100.000 €	20.000 €	80.000 €
Geschäftsführervergütung der KG an die GmbH (Vorabgewinn)	50.000 €	50.000 €	–
Geschäftsführervergütung der GmbH an C (Sonderbetriebsausgabe)	./. 50.000 €	./. 50.000 €	–
	100.000 €	20.000 €	80.000 €

Würde der Geschäftsführer C sein Gehalt direkt von der GmbH & Co. KG erhalten, würde die einheitliche und gesonderte Gewinnfeststellung wie folgt aussehen:

	Insgesamt	GmbH	A
Steuerbilanzgewinn	100.000 €	20.000 €	80.000 €

Wie ersichtlich, besteht im Bereich von Geschäftsführergehältern ein **Gestaltungsmittel** zur Qualifizierung der Einkünfte bzw. der Einkunftsarten. Hierbei sollten die betreffenden Personen nicht als Mitunternehmer qualifiziert werden, wenn eine Hinzurechnung der Gehälter zu den Einkünften aus Gewerbebetrieb vermieden werden soll.[676]

d) Gewerbesteuer

Die Gewerbesteuerpflicht der GmbH & Co. KG ergibt sich kraft gewerblicher Betätigung oder gem. § 15 Abs. 3 Nr. 2 EStG als gewerblich geprägte Personengesellschaft. Bei der Erhebung der Gewerbesteuer kann die GmbH & Co. KG aufgrund ihrer Qualifikation als Personengesellschaft den Freibetrag des § 11 Abs. 1 S. 3 Nr. 1 GewStG i.H.v. 24.500 € in Anspruch nehmen. Die Vergütungen (z.B. Entgelt für die Geschäftsführung), die die GmbH von der GmbH & Co. KG erhält, sind i.R.d. Ermittlung des Gewerbeertrags hinzuzurechnen,

---

[674] Vgl. BFH-Urteil vom 08.01.1975, BStBl II 1975, S. 437.
[675] In Anlehnung an SCHOOR, HANS WALTER: Die GmbH & Co. KG in ertragsteuerlicher Sicht, in: StW 1988, S. 117-124, s.b.S. 119.
[676] Vgl. ECKL, PETRA: § 7, in: Handbuch der GmbH & Co. KG, hrsg. von MALTE HESSELMANN, BERT TILLMANN und THOMAS MUELLER-THUNS, 20. Aufl., Köln 2009, Rn. 31.

falls die Geschäftsführer auch gleichzeitig Kommanditisten sind (analog zur Personengesellschaft).

Die GmbH ist kraft Rechtsform gewerbesteuerpflichtig (§ 2 Abs. 2 S. 1 GewStG). Der von der GmbH & Co. KG zugewiesene Gewinnanteil ist bei der GmbH gem. § 9 Nr. 2 GewStG zu kürzen; entsprechend ist ein Verlustanteil gem. § 8 Nr. 8 GewStG hinzuzurechnen. Schüttet die GmbH einen Gewinn an ihre Gesellschafter (die typischerweise auch Kommanditisten der KG sind) aus, so greift – sofern die Voraussetzungen erfüllt sind – das gewerbesteuerliche Schachtelprivileg gem. § 9 Nr. 2a GewStG ein, falls Letztere gewerbesteuerpflichtig sind. Hierbei sind die von den Kommanditisten an der Komplementär-GmbH gehaltenen Anteile zur Berechnung der notwendigen 15 %-igen Mindestbeteiligungsquote zusammenzurechnen (R 9.3 S. 4 GewStR).

Eine Komplementär-GmbH ohne eigenständigen Gewerbebetrieb und mit einem nur aus der Beteiligung an der KG bestehenden Betriebsvermögen hat folglich keine Gewerbesteuer zu entrichten, da der im Gewinn aus Gewerbebetrieb enthaltene Gewinn- bzw. Verlustanteil gem. § 9 Nr. 2 GewStG bzw. § 8 Nr. 8 GewStG zu kürzen oder hinzuzurechnen ist.

e) Umsatzsteuer

Die **GmbH & Co. KG** ist umsatzsteuerlich **Unternehmer** i.S.d. UStG. Somit kann die GmbH & Co. KG mit ihren Gesellschaftern Umsätze i.S.d. UStG wie mit fremden Dritten tätigen. Auch wenn die Komplementär-GmbH ausschließlich die Geschäftsleitung der GmbH & Co. KG innehat, so stellt dies einen Umsatz i.S.v. § 1 Abs. 1 UStG dar, da Geschäftsführungs- und Vertretungsleistungen **umsatzsteuerbar** sind.[677] Die Gewährung von **Sonderentgelten** wie z.B. aus der Vermietung bzw. Verpachtung von Wirtschaftsgütern der Gesellschafter an die GmbH & Co. KG ist umsatzsteuerbar, wobei die objektiven Befreiungsvorschriften des § 4 UStG zu beachten sind. Kommanditisten können Unternehmer sein, wenn sie i.S.d. UStG **selbst unternehmerisch tätig** werden.

Ein umsatzsteuerliches **Organschaftsverhältnis** (vgl. S. 623) zwischen der KG und der Komplementär-GmbH i.S.v. § 2 Abs. 2 Nr. 2 UStG ist mangels organisatorischer Eingliederung **nicht möglich**: Da die GmbH als Geschäftsführerin den Willen der GmbH & Co. KG maßgebend beeinflusst, müsste Letztere die Organgesellschaft verkörpern. Dies ist jedoch nicht möglich, da gem. § 2 Abs. 2 Nr. 2 UStG Organgesellschaften nur in die Rechtsform einer juristischen Person gekleidet sein dürfen.

2. Die GmbH & Still

Es handelt sich hierbei um eine **reine Innengesellschaft**, die unter der GmbH firmiert ist, nicht unter der GmbH & Still. Diese **Mischform** wird steuerrechtlich anerkannt.

Eine **mögliche Gestaltungsform** besteht darin, i.R. einer GmbH & Still neben einer GmbH-Beteiligung eine stille Beteiligung zwischen dem GmbH-Gesellschafter bzw. GmbH-Gesellschafter-Geschäftsführer und der GmbH zu begründen (vgl. Abb. 97, S. 504). Somit stellt der GmbH-Gesellschafter nur einen Teil des in das Unternehmen investierten Kapitals in Form von Stammkapital, den anderen Teil in Form einer stillen Beteiligung zur Verfügung.

---

[677] Vgl. BFH-Urteil vom 06.06.2002, BStBl II 2003, S. 36.

Man differenziert in diesem Zusammenhang zwischen einer **typisch stillen Beteiligung** (vergleichbar mit **Fremdkapitalzuführung**) und einer **atypisch stillen Beteiligung** (vergleichbar mit **Eigenkapitalzuführung**).

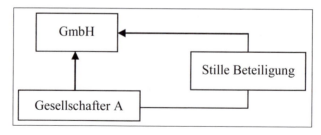

Abb. 97:   *Die GmbH & Still*

Typisch stille Beteiligung:

- Die typisch stille Beteiligung stellt bilanziell gesehen kein Eigenkapital, sondern eine **Verbindlichkeit** dar. Somit erfolgt eine Reduktion des Haftungskapitals des Gesellschafters im Vergleich zur klassischen GmbH (Gesellschafterkapital = Stammkapital + stille Beteiligung).

- **Einkommensteuerlich/körperschaftsteuerlich** führen angemessene Gewinnanteile des typisch stillen Gesellschafters auf der Seite der GmbH & Still zu Betriebsausgaben. Auf der Seite des typisch stillen Gesellschafters stellen die Gewinnanteile Einnahmen aus Kapitalvermögen gem. § 20 Abs. 1 Nr. 4 EStG dar, falls die stille Beteiligung im Privatvermögen gehalten wird.[678] Im anderen Fall (Beteiligung im Betriebsvermögen) sind Einkünfte aus Gewerbebetrieb anzusetzen (§ 15 Abs. 2 EStG i.V.m. § 8 Abs. 2 KStG).

- **Verlustanteile** führen bei der GmbH & Still zu Betriebseinnahmen. Bei Halten der stillen Beteiligung im Privatvermögen ist der Verlustanteil als Werbungskosten zu deklarieren (H 20.1 EStR, Stichwort „Stiller Gesellschafter"). Allerdings ist § 20 Abs. 9 S. 1 EStG zu beachten, wonach ein Abzug der tatsächlichen Werbungskosten ausgeschlossen ist und ausschließlich der Sparer-Pauschbetrag von 801 € zur Anwendung gelangt. Ist die Beteiligung dem Betriebsvermögen zuzuordnen, sind Verlustanteile gem. § 15 Abs. 4 S. 6 EStG nur mit Gewinnen aus anderen VAZ aus **derselben stillen Beteiligung** verrechenbar (§ 15 Abs. 4 S. 7 EStG); diese Beschränkung gilt gem. § 15 Abs. 4 S. 8 EStG allerdings nicht, „soweit der Verlust auf eine natürliche Person als unmittelbar oder mittelbar beteiligter Mitunternehmer entfällt." Das Ergebnis dieser Einengung des Regelungsinhalts von § 15 Abs. 4 EStG auf den Fall, dass der (un-)mittelbar Beteiligte eine Kapitalgesellschaft ist, stellt sicher, dass diese Verlustverrechnungsbeschränkung „für normale mittelständische GmbH & Still nicht gilt, bei der der stille Gesellschafter eine natürli-

---

[678] Zu den Einnahmen aus Kapitalvermögen gehört auch der im Falle der Veräußerung der stillen Beteiligung über den Einlagebetrag hinaus erzielte Mehrerlös; vgl. H 20.2 EStR, Stichwort „Stiller Gesellschafter". Durch die Unternehmensteuerreform 2008 wurde dieser Grundsatz in § 20 Abs. 2 Nr. 4 EStG festgeschrieben.

che Person ist."[679] Somit stellt die typische GmbH & Still nach wie vor eine Alternative zur bzw. eine Umgehungsmöglichkeit der Organschaft (vgl. S. 609) dar,[680] weil Verlustanteile einer Kapitalgesellschaft im Rahmen der stillen Beteiligung ausnahmsweise entgegen bisheriger Grundsätze (vgl. S. 478) auf den stillen Gesellschafter übertragbar sind.

– **Gewerbesteuerlich** sind angemessene Gewinnanteile des stillen Gesellschafters auf Ebene der GmbH ebenfalls als **Betriebsausgaben** anzusetzen. Hält der stille Gesellschafter seine Beteiligung im **Privatvermögen**, ist eine 25 %-ige Hinzurechnung des Gewinnanteils i.H. desjenigen Betrags vorzunehmen, der zusammen mit den anderen hinzurechnungsfähigen Beträgen den Freibetrag von 100.000 € übersteigt (§ 8 Nr. 1 GewStG). Gleiche Grundsätze gelten, falls sich die stille Beteiligung im Betriebsvermögen befindet, weil obige gewerbesteuerliche Hinzurechnung nicht danach differenziert, ob der Gewinnanteil ebenfalls beim stillen Gesellschafter der Gewerbesteuerbelastung unterliegt.

– Ob Gewinnanteile angemessen sind oder nicht, bemisst sich nach den **Verhältnissen des Einzelfalls**. Maßgebend sind die Verhältnisse zu dem Zeitpunkt, zu dem der Gewinnverteilungsmaßstab von den Gesellschaftern vereinbart worden ist.[681]

Atypisch stille Beteiligung:

– Eine atypisch stille Beteiligung stellt **Eigenkapital** dar, wobei die Zuführung wie eine Einlage ohne Gewährung von Gesellschaftsrechten zu klassifizieren ist (Ausweis in der Kapitalrücklage).

– Der atypisch stille Gesellschafter ist steuerlich i.d.R. als **Mitunternehmer** i.S.d. § 15 Abs. 1 S. 1 Nr. 2 EStG anzusehen; hierfür ist das Gesamtbild der tatsächlichen Verhältnisse entscheidend. Wesentliche Voraussetzung hierfür ist, dass das Mitunternehmerverhältnis im Voraus klar und deutlich vereinbart sein muss.[682]

– Der atypisch stille Gesellschafter ist nicht nur am laufenden Betriebsergebnis beteiligt, sondern partizipiert weiterhin an den **stillen Reserven** des Anlagevermögens und am Geschäftswert sowie einer Liquidationsquote. Ist das laufende Betriebsergebnis negativ, so greifen die im Zusammenhang mit typisch stillen Gesellschaftern formulierten Restriktionen analog (vgl. § 15a Abs. 5 Nr. 1 EStG).

– Der alleinige Gesellschafter-Geschäftsführer einer Einmann-GmbH & Still ist hinsichtlich der stillen Beteiligung Mitunternehmer und damit **stets atypisch stiller Gesellschafter**.[683] Die GmbH-Anteile des atypisch stillen Beteiligten gehören zu dessen **Sonderbe-**

---

[679] FÖRSTER, GUIDO: Die Änderungen durch das StVergAbG bei der Einkommensteuer und der Körperschaftsteuer, in: DB 2003, S. 899-905, s.b.S. 899.
[680] Vgl. KESSLER, WOLFGANG/REITSAM, MICHAEL: Die typisch stille Beteiligung als Alternative zur Organschaft – Analyse des aktuellen Rechts nach dem UntStFG sowie erste Überlegungen zu den geplanten Änderungen im Rahmen des StVergAbG, in: DStR 2003, S. 269-273, 315-319. A.A. hingegen GROH, der die stille Beteiligung für „ungeeignet" hält, eine Alternative zur Organschaft darzustellen; vgl. GROH, MANFRED: Verluste in der stillen Gesellschaft, in: DB 2004, S. 668-673, s.b.S. 672.
[681] Vgl. BFH-Urteil vom 06.02.1980, BStBl II 1980, S. 477.
[682] Vgl. BFH-Urteil vom 13.06.1989, BStBl II 1989, S. 720.
[683] Vgl. SCHULZE ZUR WIESCHE, DIETER: Die GmbH & Still: Eine alternative Gesellschaftsform, 5. Aufl., München 2009, Rn. 161.

triebsvermögen II, sofern die GmbH nicht einer anderen Geschäftstätigkeit von nicht ganz untergeordneter Bedeutung nachgeht.[684]

- **Ertragsteuerlich** stellen die Vergütungen der GmbH beim atypisch stillen Beteiligten Sonderbetriebseinnahmen dar (i.R.d. Einkünfte aus Gewerbebetrieb) und mindern somit den Gewinn der Mitunternehmerschaft nicht.[685] Es wird keine Kapitalertragsteuer erhoben. Darüber hinaus ist § 8 Nr. 1 Buchst. c GewStG für eine atypisch stille Beteiligung nicht zu beachten.

- Die **Angemessenheit von Gewinnanteilen** bemisst sich analog zur typischen GmbH & Still.

3. Betriebsaufspaltungen/Doppelgesellschaften[686]

Ein Unternehmen, das „seine wirtschaftliche Zielsetzung durch Verwendung von zwei rechtlich selbständig nebeneinander bestehenden Gesellschaften zu realisieren versucht"[687], wobei in beiden Gesellschaften i.d.R. die gleichen Gesellschafter beteiligt sind, wird als Betriebsaufspaltung bzw. Doppelgesellschaft bezeichnet (vgl. Abb. 98[688]).[689]

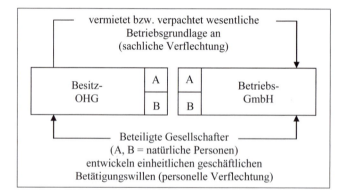

Abb. 98: Typische Betriebsaufspaltung/Doppelgesellschaft

---

[684] Vgl. BFH-Urteil vom 15.10.1998, BStBl II 1999, S. 286.

[685] Vgl. SCHULZE ZUR WIESCHE, DIETER: Die GmbH & Still: Eine alternative Gesellschaftsform, 5. Aufl., München 2009, Rn. 228, 260.

[686] Die Begriffsproblematik und letztlich synonyme Verwendung stellt WÖHE heraus; vgl. WÖHE, GÜNTER: Betriebswirtschaftliche Steuerlehre, Bd. 2, 1. Halbband: Der Einfluß der Besteuerung auf die Wahl und den Wechsel der Rechtsform des Betriebes, 5. Aufl., München 1990, S. 298 und 299. Sowohl einen verbalen als auch einen quantitativen Vor- und Nachteilhaftigkeitsvergleich im Bereich der Betriebsaufspaltung liefern KUDERT, STEPHAN/UTESCHER, TANJA: Bewußt in die Gewerbesteuerpflicht? Steuerliche Gestaltungsüberlegungen für Doppelgesellschaften, in: DStR 1995, S. 993-998, s.b.S. 994-997. Zur rechtsgeschichtlichen Genese der Betriebsaufspaltung vgl. KUßMAUL, HEINZ/SCHWARZ, CHRISTIAN: Entwicklung und Rechtfertigungsversuche der Betriebsaufspaltung im deutschen Steuerrecht, in: Festschrift für Helmut Rüßmann, hrsg. von JÜRGEN STAMM, Saarbrücken 2013, S. 1031-1041.

[687] WÖHE, GÜNTER: Betriebswirtschaftliche Steuerlehre, Bd. 2, 1. Halbband: Der Einfluß der Besteuerung auf die Wahl und den Wechsel der Rechtsform des Betriebes, 5. Aufl., München 1990, S. 297 und 298.

[688] Entnommen aus HEIGL, ANTON: Unternehmensbesteuerung, 2. Aufl., München/Wien 1996, S. 375.

[689] Vgl. ausführlich zum Rechtsinstitut der Betriebsaufspaltung KERN, EBERHARD: Die Aufspaltung mittelständischer Unternehmen in ein Besitz- und ein Betriebsunternehmen, Bergisch Gladbach/Köln 1987, S. 78-89.

Durch eine Betriebsaufspaltung bleibt die **rechtliche Selbstständigkeit** der Unternehmen erhalten.[690] Somit werden auch rechtsgeschäftliche Beziehungen zwischen beiden Unternehmen steuerlich anerkannt.

Eine Betriebsaufspaltung ist an folgende **Anerkennungsvoraussetzungen** geknüpft:[691]

- **Sachliche Verflechtung**[692]:
  - Der Betriebsgesellschaft muss durch die Besitzgesellschaft mindestens ein Wirtschaftsgut überlassen werden, das für ihren Betrieb eine wesentliche Betriebsgrundlage darstellt.[693] Ob Betriebsgrundlagen wesentlich sind, richtet sich gem. BFH-Rechtsprechung nach der Sichtweise der Betriebsgesellschaft.[694]
  - Bzgl. der **Wesentlichkeit von Betriebsgrundlagen** spielt es keine Rolle, ob ein Wirtschaftsgut von der Besitzgesellschaft oder von anderen Eigentümern gemietet bzw. gepachtet worden ist.[695] Somit können auch Wirtschaftsgüter des Sonderbetriebsvermögens der Gesellschafter der Besitzgesellschaft von Letzterer verpachtet bzw. vermietet werden.[696]
  - Unter wesentlichen Betriebsgrundlagen werden i.d.R. materielle bzw. immaterielle **Wirtschaftsgüter des Anlagevermögens** subsumiert.[697] Grundstücke mit Gebäuden, die der Produktion dienen, stellen stets eine wesentliche Betriebsgrundlage dar.[698]

- **Personelle Verflechtung**[699]:
  - Die Personen, die die Besitzgesellschaft beherrschen, müssen ihren **Willen in der Betriebsgesellschaft durchsetzen** können.[700] Hierbei ist eine Kapital- oder Stimmrechtsmehrheit als ausreichend zu erachten (also mehr als eine 50 %-ige Beteiligung der Gesellschafter der Besitzgesellschaft oder der Besitzgesellschaft selbst an der Betriebsgesellschaft).[701]

---

[690] Vgl. BFH-Urteil vom 20.11.1969, in: BB 1970, S. 244.

[691] Vgl. hierzu ausführlich SÖFFING, MATTHIAS/MICKER, LARS: Die Betriebsaufspaltung, 5. Aufl., Herne 2013, S. 72-208.

[692] Vgl. KUẞMAUL, HEINZ/SCHWARZ, CHRISTIAN: Voraussetzungen, Erscheinungsformen und Modelle der Betriebsaufspaltung, in: GmbHR 2012, S. 834-841.

[693] Vgl. WENDT, MICHAEL: Betriebsaufspaltung: Überlassung von Patenten, die selbst keine wesentliche Betriebsgrundlage darstellen, in: FR 1999, S. 28-31, s.b.S. 30.

[694] Vgl. BFH-Urteil vom 06.11.1991, BStBl II 1992, S. 415.

[695] Vgl. BFH-Urteil vom 24.08.1989, BStBl II 1989, S. 1014.

[696] Vgl. BRANDMÜLLER, GERHARD: Die Betriebsaufspaltung nach Handels- und Steuerrecht, 7. Aufl., Heidelberg 1997, C 136 und C 137.

[697] Vgl. BFH-Urteil vom 26.01.1989, BStBl II 1989, S. 455.

[698] Vgl. BFH-Urteil vom 24.08.1989, BStBl II 1989, S. 1014.

[699] Vgl. KUẞMAUL, HEINZ/SCHWARZ, CHRISTIAN: Voraussetzungen, Erscheinungsformen und Modelle der Betriebsaufspaltung, in: GmbHR 2012, S. 834-841.

[700] Vgl. BFH-Beschluss vom 08.11.1971, BStBl II 1972, S. 63.

[701] Vgl. BRANDMÜLLER, GERHARD: Die Betriebsaufspaltung nach Handels- und Steuerrecht, 7. Aufl., Heidelberg 1997, C 97 und BFH-Urteil vom 28.11.1979, BStBl II 1980, S. 162.

Beispiel: **(Personelle und sachliche Verflechtung)**[702]

Ein einheitlicher geschäftlicher Betätigungswille ist in den beiden folgenden Fällen gegeben, i.R. derer die Kapital- und Stimmrechtsanteile übereinstimmen. Während es innerhalb der ersten Beteiligungsstruktur ausreichend ist, dass die Gesellschafter A und B nur mittelbar an der Betriebsgesellschaft beteiligt sind, liegt im zweiten Fall eine Beteiligungsidentität vor.

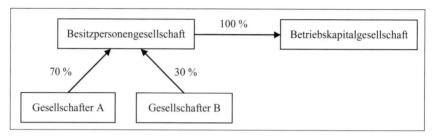

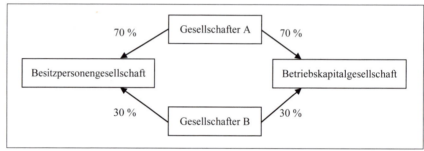

- Unterschiedliche Beteiligungsstrukturen an beiden Gesellschaften sind i.d.R. nicht zu beanstanden. Weichen diese allerdings in extremer Weise voneinander ab, so kann dies zur **Ablehnung der Betriebsaufspaltung** führen.[703]

Beispiel: **(Personelle und sachliche Verflechtung (Fortführung))**

Würden in obigem zweiten Beispiel Gesellschafter A zu 90 % an der Besitzgesellschaft und zu 10 % an der Betriebsgesellschaft und Gesellschafter B zu 10 % an der Besitzgesellschaft und zu 90 % an der Betriebsgesellschaft beteiligt sein, könnte eine personelle Verflechtung in Frage gestellt werden.

- Im Endeffekt ist die **Möglichkeit der Willensdurchsetzung** der Besitzgesellschaft in der Betriebsgesellschaft maßgeblich.[704]
- Aufgrund der Tatsache, dass **Ehegattenanteile nicht zusammengerechnet** werden dürfen, bietet sich zwecks Vermeidung der steuerlichen Rechtsfolgen einer Betriebsaufspaltung das sog. **Wiesbadener Modell** an. Hierbei ist ein Ehepartner zu 100 % am Besitzunternehmen und der andere zu 100 % an der Betriebskapitalgesellschaft beteiligt. In diesem Falle fehlt es am einheitlichen geschäftlichen Betätigungswillen;

---

[702] In Anlehnung an BRANDMÜLLER, GERHARD: Die Betriebsaufspaltung nach Handels- und Steuerrecht, 7. Aufl., Heidelberg 1997, C 98 und C 99.
[703] Vgl. FICHTELMANN, HELMAR: Betriebsaufspaltung im Steuerrecht, 10. Aufl., Heidelberg 1999, Rn. 132.
[704] Vgl. FICHTELMANN, HELMAR: Betriebsaufspaltung im Steuerrecht, 10. Aufl., Heidelberg 1999, Rn. 133.

es liegt eine Doppelgesellschaft ohne steuerliche Betriebsaufspaltung vor.[705] Hierbei ist allerdings zu beachten, dass das Wiesbadener Modell zu Lebzeiten der Ehegatten eine Betriebsaufspaltung ausschließt, diese jedoch im Rahmen eines Berliner Testaments[706] nachträglich entstehen kann. Vielmehr handelt es sich bei diesem Konstrukt um eine Betriebsverpachtung.[707] Bei der verpachtenden Besitzgesellschaft fällt **i.d.R. keine Gewerbesteuer** an. Falls der am Besitzunternehmen beteiligte Ehepartner im **Privatvermögen** gehaltene Wirtschaftsgüter vermietet bzw. verpachtet, werden Wertsteigerungen dieser Gegenstände grundsätzlich **nicht steuerlich erfasst**.

Auf die **Voraussetzungen** der Betriebsaufspaltung ist großen Wert zu legen; **fallen** sie **weg** – sind z.B. die überlassenen Wirtschaftsgüter nicht mehr „wesentlich" –, liegt eine **Betriebsaufgabe** der Besitzpersonengesellschaft i.S.v. § 16 Abs. 3 S. 1 EStG vor; die Wirtschaftsgüter gehen zum **gemeinen Wert** in das Privatvermögen über (§ 16 Abs. 3 S. 7 EStG).[708]

Besitz-Personengesellschaft und Betriebs-Kapitalgesellschaft (strukturelle Aufspaltung) als wichtigste Form der Betriebsaufspaltung:[709]

- **Einkommensteuer/Körperschaftsteuer**: Aufgrund der Verpachtung wesentlicher Betriebsgrundlagen an die Betriebsgesellschaft erzielt die Besitzgesellschaft Pachteinnahmen, die allerdings als **Einkünfte aus Gewerbebetrieb** zu qualifizieren sind. Der Inhaber bzw. die Gesellschafter des Besitzunternehmens erhalten für ihre Geschäftsführungstätigkeit eine Vergütung, die unter den **Einkünften aus nichtselbstständiger Arbeit** anzugeben ist.[710] **Pensionsrückstellungen** sind bei der Betriebskapitalgesellschaft steuerlich **anzuerkennen**. Die evtl. bestehende Beteiligung an der Betriebskapitalgesellschaft stellt **notwendiges Betriebsvermögen** der Besitzgesellschaft dar.[711] I.R.d. Verpachtung wesentlicher Betriebsgrundlagen bleibt die **Besitzpersonengesellschaft weiterhin zivilrechtlicher Eigentümer** der verpachteten Wirtschaftsgüter bzw. wird Eigentümer der ersetzten Wirtschaftsgüter.[712] Somit hat ausschließlich die Besitzgesellschaft Abschreibungen auf die Wirtschaftsgüter vorzunehmen.

Die Betriebskapitalgesellschaft kann sich zur **Substanzerhaltung** der gepachteten Wirtschaftsgüter verpflichten, falls diese unbrauchbar geworden sind. Es ist dann eine Rückstellung zu bilden. Entsprechend hat die Besitzgesellschaft eine Forderung auf Pachterneuerung zu aktivieren. Die **Pachterneuerungsverpflichtung** der Betriebskapitalgesellschaft wird nicht in voller Höhe zum Ersatzzeitpunkt des Wirtschaftsgutes als Rückstellung passiviert. Vielmehr ist die Rückstellung ratierlich während der Nutzungsdauer zu bilden. Die jeweiligen Zuführungsbeträge bemessen sich nach den zu diesem Zeitpunkt

---

[705] Vgl. KUDERT, STEPHAN/UTESCHER, TANJA: Bewußt in die Gewerbesteuerpflicht? Steuerliche Gestaltungsüberlegungen für Doppelgesellschaften, in: DStR 1995, S. 993-998, s.b.S. 994.
[706] Die Ehegatten haben sich gem. § 2269 BGB jeweils gegenseitig zu Alleinerben erklärt.
[707] Vgl. BFH-Urteil vom 30.07.1985, BStBl II 1986, S. 359; vgl. S. 590.
[708] Vgl. ausführlich S. 590.
[709] Vgl. KUßMAUL, HEINZ/SCHWARZ, CHRISTIAN: Besteuerungsfolgen im Rahmen der echten Betriebsaufspaltung zwischen Besitzpersonen- und Betriebskapitalgesellschaft, in: GmbHR 2012, S. 1055-1062.
[710] Vgl. BFH-Urteil vom 09.07.1970, BStBl II 1970, S. 722.
[711] Vgl. BFH-Beschluss vom 08.11.1971, BStBl II 1972, S. 63.
[712] Vgl. BFH-Urteil vom 21.12.1965, BStBl III 1966, S. 148.

herrschenden Wiederbeschaffungskosten. Die **Pachtzinsvereinbarungen** müssen im Vorhinein klar und eindeutig abgeschlossen werden, um willkürlichen Gewinnverlagerungen innerhalb der Doppelgesellschaft vorzubeugen und verdeckte Gewinnausschüttungen bzw. verdeckte Einlagen zu vermeiden.

Schüttet die Betriebsgesellschaft Gewinne an die Besitzgesellschaft aus, so gehören diese zu den Einkünften aus Gewerbebetrieb (**Teileinkünfteverfahren**). Gewerbesteuerlich sind sie bei der Bemessung des Gewerbeertrags gem. § 9 Nr. 2a GewStG zu kürzen. Die Voraussetzungen der Inanspruchnahme dieser Regelung (insb. mind. 15 %-ige Beteiligung) sind i.d.R. erfüllt (vgl. S. 606 ff.).

Seit dem VAZ 2001 reicht es für die Begründung einer **körperschaftsteuerlichen Organschaft** (§ 14 Abs. 1 KStG) aus, wenn neben der Voraussetzung der finanziellen Eingliederung ein auf mindestens fünf Jahre abgeschlossener **Gewinnabführungsvertrag** zwischen den Gesellschaften besteht.[713]

- **Gewerbesteuer**: Die Besitzgesellschaft und die Betriebsgesellschaft bilden gewerbesteuerlich gesehen **kein einheitliches Unternehmen**.[714] Dies gilt auch dann, wenn die Gesellschafter der Besitz- und Betriebsgesellschaft identisch sind. Die **Gewerbesteuerpflicht** des Besitzunternehmens begründet sich über die Teilnahme am allgemeinen wirtschaftlichen Verkehr über die Betriebsgesellschaft.[715] Das Betriebsunternehmen ist kraft Rechtsform gewerbesteuerpflichtig (§ 2 Abs. 2 S. 1 GewStG). Unabhängig von der Gewerbesteuerpflicht der Besitzgesellschaft ist eine 25 %-ige Hinzurechnung der **Pachtzinsen** für bewegliche und unbewegliche Wirtschaftsgüter des Anlagevermögens i.R.d. Gewerbeertragsermittlung der Betriebsgesellschaft i.H. von 20 % bei beweglichen und 50 % bei unbeweglichen Wirtschaftsgütern vorzunehmen, die zusammen mit den anderen hinzurechnungsfähigen Beträgen den Freibetrag von 100.000 € übersteigen (§ 8 Nr. 1 GewStG). Entsprechendes gilt bei **Finanzierungsvorgängen** zwischen beiden Unternehmen im Hinblick auf § 8 Nr. 1 Buchst. a GewStG und im Vergleich zu der Fallkonstellation eines einheitlichen Unternehmens. Insoweit kommt es zu einer **gewerbesteuerlichen Doppelbelastung** bestimmter Ertragskomponenten.

  Erhält die Betriebsgesellschaft bestimmte **Vorräte** (Rohstoffe, Halb- und Fertigfabrikate) und verpflichtet sie sich, diese nach Beendigung des Pachtvertrages an die Besitzgesellschaft zurückzugeben, ist die zu passivierende Rückgabeverpflichtung als Schuld i.S.d. § 8 Nr. 1 Buchst. a GewStG anzusehen.[716]

- **Umsatzsteuer**: Da sowohl Besitz- als auch Betriebsgesellschaft als **zwei selbstständige Rechtssubjekte** anzusehen sind, ist ein umsatzsteuerlicher Leistungsaustausch zwischen beiden Gesellschaften grundsätzlich möglich.

  Gemäß der Norm des § 2 Abs. 2 Nr. 2 UStG wird eine gewerbliche oder berufliche Tätigkeit allerdings nicht selbstständig ausgeübt, wenn eine juristische Person nach dem

---

[713] Vgl. DANELSING, WALTER: § 14 KStG, in: BLÜMICH: Einkommensteuer – Körperschaftsteuer – Gewerbesteuer, hrsg. von BERND HEUERMANN, München (Loseblatt), Stand: April 2013, Rn. 75 ff.
[714] Vgl. BFH-Urteil vom 26.04.1966, BStBl III 1966, S. 426.
[715] Vgl. BFH-Urteil vom 12.11.1985, BStBl II 1986, S. 296.
[716] Vgl. BFH-Urteil vom 30.11.1965, BStBl III 1966, S. 51.

Gesamtbild der tatsächlichen Umstände finanziell, wirtschaftlich und organisatorisch in das Unternehmen des Organträgers eingegliedert ist (**umsatzsteuerliche Organschaft**).[717] In diesem Zusammenhang gab der BFH seine bis dato geltende **Rechtsprechung zur mittelbaren finanziellen Eingliederung auf** und judizierte, dass die finanzielle Eingliederung einer Kapital- oder Personengesellschaft – welche als Organträger fungiert – an eine unmittelbare bzw. mittelbare Beteiligung der selbigen an der Organgesellschaft gebunden ist.[718] Im Ergebnis führt diese Rechtsprechung dazu, dass **Schwestergesellschaften** unabhängig von der Rechtsform des Organträgers nicht in dessen Unternehmen eingegliedert sein können.[719] Umsätze zwischen Besitz- und Betriebsgesellschaft sind in diesem Fall allerdings als sog. **Innenumsätze** nicht umsatzsteuerbar.

Eine wichtige Alternativgestaltung der Betriebsaufspaltung stellt die Form einer Produktions-Personengesellschaft und Vertriebs-Kapitalgesellschaft (funktionale Aufspaltung) dar. Hierbei erfolgt eine juristische Verselbstständigung der Vertriebsabteilung eines Unternehmens, die dann das Absatzrisiko übernimmt. Beide Unternehmen sind ebenfalls steuerrechtlich als **selbstständige Gebilde** zu betrachten, wobei die Besteuerung analog zur Besitz-Personengesellschaft und Betriebs-Kapitalgesellschaft erfolgt. Um willkürliche Gewinnverlagerungen zwischen Produktions- und Vertriebsgesellschaft zu verhindern, ist besonderer Wert auf **angemessene Verrechnungspreise** zu legen; zu hohe bzw. zu niedrige Preise führen zur Annahme **verdeckter Gewinnausschüttungen bzw. verdeckter Einlagen**.

D. Rechtsformvergleiche: Veranlagungssimulation und Teilsteuerrechnung[720]

1. Überblick

Die vielfältigen Dependenzen und Interdependenzen der einzelnen Steuerarten, die wiederum an verschiedene Bemessungsgrundlagen von Unternehmen anknüpfen, können mittels der **(kasuistischen) Veranlagungssimulation** oder der **Teilsteuerrechnung** quantifiziert werden.

Beide Verfahren dienen dazu, die Gesamtsteuerbelastung auf Gesellschafts- bzw. Gesellschafterebene zu ermitteln. Ihre Zielsetzungen sind aus Abb. 99[721] (S. 512) ersichtlich.

---

[717] Vgl. BFH-Urteil vom 16.08.1994, in: BFH/NV 1995, S. 1105.
[718] Vgl. BFH-Urteil vom 22.04.2010, in: GmbHR 2010, S. 823-826.
[719] Vgl. JACOBS, HELGE: Umsatzsteuerliche Organschaft, in: NWB 2011, S. 2283-2288, s.b.S. 2284.
[720] Vgl. SCHEFFLER, WOLFRAM: Veranlagungssimulation versus Teilsteuerrechnung, in: WiSt 1991, S. 69-75.
[721] Vgl. dazu den ausführlichen Steuerbelastungsvergleich zwischen einer OHG und einer GmbH bei KÖNIG, ROLF/MAßBAUM, ALEXANDRA/SURETH, CAREN: Besteuerung und Rechtsformwahl, 5. Aufl., Herne 2011, S. 87-94 und 95-99.

Veranlagungssimulation	Teilsteuerrechnung
Ermittlung konkreter, genauer, individueller Steuerwirkungen.	Gewinnung von Kenntnissen über die Be- oder Entlastung, die durch eine betriebswirtschaftliche Größe (z.B. Gewinn vor Steuern) verursacht wird.
Ermittlung der Steuerschuld, die bei Realisierung des Sachverhalts entstehen würde.	Bereitstellung von zuverlässigen Steuerwirkungsziffern, welche die Aussagefähigkeit von Steuerwirkungsrechnungen, insb. im Planungsstadium, verbessern sollen.

Abb. 99: Zielsetzung von Veranlagungssimulation und Teilsteuerrechnung

2. Die Veranlagungssimulation

Vorgehensweise: Zunächst hat eine Analyse der steuerlichen Effekte auf Ebene der Gesellschaft stattzufinden; dabei sind die steuerlichen Dependenzen und Interdependenzen der einzelnen Steuerarten zu beachten:

1. Berechnung der **nicht ertragsbezogenen Steuern**, die unabhängig von anderen ermittelt werden können und in die Berechnungsgrundlage für weitere Steuerarten eingehen (Umsatzsteuer, Grunderwerbsteuer und Grundsteuer).
2. Berechnung der **Gewerbesteuer**, die seit der Unternehmensteuerreform 2008 keine abzugsfähige Betriebsausgabe mehr bei sich selbst, bei der Einkommensteuer und bei der Körperschaftsteuer darstellt (§ 4 Abs. 5b EStG).
3. Berechnung der verbleibenden **Ertragsteuern** in der aus Abb. 100 ersichtlichen Reihenfolge.

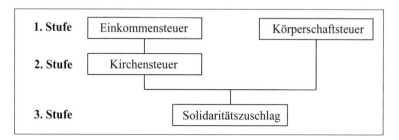

Abb. 100: Vorgehensweise zur Berücksichtigung der verbliebenen Ertragsteuern bei der Veranlagungssimulation

Die **Darstellung der Ergebnisse** erfolgt anhand der einzelnen **Steuerarten**. I.R.d. kasuistischen Veranlagungssimulation geht man davon aus, eine **gegebene** Situation sei tatsächlich verwirklicht und veranlagt worden. Steuerbelastungsunterschiede sind dabei nicht auf die originär ökonomischen Einzelelemente (Umsätze, Aufwendungen, Vermögen(-sänderungen)) zurückführbar, sondern nur aggregiert und nach Steuerarten geordnet ersichtlich; folglich ergibt sich keine Information über Steuerentlastungen bei Veränderung einer betrieblichen

Größe. Allerdings werden die Ergebnisse steuerartenbezogen und damit praxiskonform aufgezeigt, wobei PC-gesteuert entsprechende Variationsrechnungen mit grafischer Aufbereitung möglich sind. Ein Beispiel hierfür ist der PC-Steuerbelastungsvergleich der DATEV e.G.

3. Die Teilsteuerrechnung

Vorgehensweise (vgl. Abb. 101[722], S. 514):[723]

1. **Betriebswirtschaftliche Analyse** der juristischen Bemessungsgrundlagen, um festzustellen, welche betriebswirtschaftlichen Größen darin enthalten sind. Dazu erfolgt eine **Zerlegung der Bemessungsgrundlagen** in betriebswirtschaftliche Teilgrößen wie z.B. Einheitswert der Betriebsgrundstücke (EW), Gewinn vor Steuern (G).

2. Aufstellung einer **Grundgleichung** für **jede Steuerart**. In den Grundgleichungen werden die gesetzlichen Bemessungsgrundlagen durch die im vorherigen Schritt gewonnenen Bemessungsgrundlagenteile ausgedrückt, z.B.: $GrSt = s_{gr} \cdot EW$.

3. **Zusammenfassung** der Grundgleichungen zu einer Gesamtbelastungsgleichung.

4. **Ordnung der Gesamtbelastungsgleichung** nach den Bemessungsgrundlagenteilen. Aus den Summen, Differenzen und Produkten der einzelnen Steuersätze sind die Teilsteuersätze („Multifaktoren" t_i) zu berechnen, die die effektive Be- oder Entlastung einer betriebswirtschaftlichen Größe repräsentieren, z.B. für eine Kapitalgesellschaft:

G	t_1	$s_{ge} + s_k \cdot (1 + s_{SolZ})$
EW	t_2	$s_{gr} \cdot (1 - t_1) - s_{ge} \cdot 0{,}012 \cdot 1{,}4$

mit: s_{gr} Grundsteuersatz;
  s_{ge} Gewerbesteuersatz;
  s_k Körperschaftsteuersatz;
  s_{SolZ} Solidaritätszuschlagssatz.

5. **Multiplikation** der Bemessungsgrundlagenteile mit den Teilsteuersätzen.

6. **Addition** der so errechneten „Teilsteuern" zu einer Gesamtsteuerbelastung.

---

[722] Modifiziert entnommen aus ROSE, GERD: Betriebswirtschaftliche Steuerlehre, 3. Aufl., Wiesbaden 1992, S. 43.
[723] Vgl. bzgl. der Teilsteuerrechnung auch den Ansatz bei KUPSCH, PETER/ACHTERT, FRANK/GÖCKERITZ, BRITTA: Unternehmungsbesteuerung, München 1997, S. 63-72, S. 113-120.

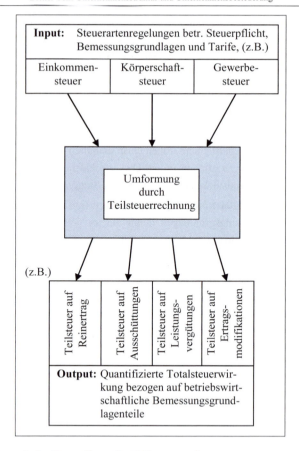

Abb. 101: Schematische Darstellung der Teilsteuerrechnung

Beispiel: (Teilsteuerrechnung)

Gegeben seien folgende Daten einer Kapitalgesellschaft:

Einheitswert der Betriebsgrundstücke (EW)	100.000 €
Gewinn vor Steuern (G)	300.000 €
Gewerbesteuermesszahl (m)	3,5 %
Gewerbesteuerhebesatz (H)	400 %
Grundsteuermesszahl (m_{gr})	0,35 %
Grundsteuerhebesatz (H_{gr})	250 %
Körperschaftsteuersatz (s_k)	15 %
Solidaritätszuschlagssatz (s_{SolZ})	5,5 %

Berechnung des Teilsteuersatzes t_1, dessen Bemessungsgrundlage der Gewinn vor Steuern darstellt:

$$t_1 = s_{ge} + s_k \cdot (1 + s_{SolZ}) \text{ mit: } s_{ge} = m \cdot H = 0{,}14 \Rightarrow t_1 = 0{,}29825$$

Berechnung des Teilsteuersatzes t_2, dessen Bemessungsgrundlage der Einheitswert der Betriebsgrundstücke darstellt:

$$t_2 = s_{gr} \cdot (1-t_1) - s_{ge} \cdot 0{,}012 \cdot 1{,}4 \text{ mit: } s_{gr} = m_{gr} \cdot H_{gr} = 0{,}00875 \Rightarrow t_2 = 0{,}0037883$$

Multiplikation der Bemessungsgrundlagen mit den jeweiligen Teilsteuersätzen:

Gewinnsteuerbelastung: $t_1 \cdot 300.000 = 89.475$ €;

Grundsteuerbelastung: $t_2 \cdot 100.000 = 378{,}83$ €.

4. Kritische Beurteilung

Die kasuistische Veranlagungssimulation und die Teilsteuerrechnung führen stets zum **gleichen Ergebnis**.

Während i.R.d. **Veranlagungssimulation** die Belastung innerhalb der **einzelnen Steuerarten** aufgezeigt wird, errechnet die **Teilsteuerrechnung** die Belastung jedes **Steuerbemessungsgrundlagenteils**.

Vorteile der Teilsteuerrechnung:

- Hierbei ist es möglich, **Dependenzen und Interdependenzen innerhalb des Steuersystems** aufzuzeigen; dabei wird die Frage gestellt, wie durch die Beziehungen zwischen den Steuerarten die **Belastung einer betriebswirtschaftlichen Größe** verstärkt oder abgeschwächt wird.
- Es lässt sich veranschaulichen, wie sich die Steuerbelastung durch Änderung einer betriebswirtschaftlichen Größe entwickelt (Anknüpfungspunkt von **Sensitivitätsanalysen**). Dieser Vorteil der Teilsteuerrechnung gegenüber der Veranlagungssimulation wird allerdings zum einen durch die EDV-Unterstützung der Veranlagungssimulation relativiert bzw. ausgeglichen. Zum anderen gilt es zu beachten, dass eine Änderung der Höhe der Bemessungsgrundlage bei nichtlinearen Tarifen auch Rückwirkungen auf den Steuersatz besitzt.

Vorteile der Veranlagungssimulation:

- Sie weißt eine **größere Anschaulichkeit** auf und ermöglicht ein unmittelbares Nachvollziehen der Berechnungen.
- Ohne große Nebenrechnungen ist die exakte Verarbeitung von nichtlinearen Tarifen, Freibeträgen und Freigrenzen möglich. Auch für mehrperiodige Betrachtungen ist sie **besser geeignet als die Teilsteuerrechnung**.

5. Beispiel

Mit Hilfe der Veranlagungssimulation lassen sich bspw. Rechtsformvergleiche zwischen einer GmbH und einem Einzelunternehmen veranschaulichend darstellen. Für diese Zwecke wird eine identische Gewinngröße von 100.000 € für beide Unternehmen verwendet. Dieser Gewinn versteht sich vor Abzug von Steuern. Bei der GmbH wird die Vollausschüttung des erzielten Gewinns im Jahr der Entstehung unterstellt. Beim Einzelunternehmen erfolgt eine vollständige Gewinnentnahme, sodass § 34a EStG nicht zur Anwendung gelangen kann.

An der GmbH ist nur ein unverheirateter und kinderloser Gesellschafter beteiligt, der gleichzeitig den Einzelunternehmer verkörpert. Dieser ist eine natürliche Person, die im Inland der unbeschränkten Steuerpflicht unterliegt (§ 1 Abs. 1 EStG) und keiner kirchensteuererhebungsberechtigten Religionsgemeinschaft angehört. Subjektive Besteuerungsmerkmale (insb. Sonderausgaben und außergewöhnliche Belastungen) werden zugunsten der besseren Vergleichbarkeit ausgeblendet. Die GmbH-Beteiligung wird im Privatvermögen gehalten, wobei die Abgeltungssteuer ohne Anwendung einer Ausnahmeregelung zum Tragen kommt und der Sparer-Pauschbetrag den tatsächlichen Werbungskosten entspricht. Im Übrigen erzielt der GmbH-Gesellschafter bzw. Einzelunternehmer keine weiteren Einkünfte.

Für die Durchführung eines Steuerbelastungsvergleiches wird der Einkommensteuertarif gem. § 32a EStG für den VAZ 2013 zugrunde gelegt. Der Gewerbesteuer-Hebesatz beträgt 400 %. Die Kapitalertragsteuer findet bei der Gewinnausschüttung der GmbH keine Berücksichtigung.

Abb. 102 (S. 517) enthält die Berechnung und Gegenüberstellung der Gesamtsteuerbelastung der GmbH und des Einzelunternehmens.

	GmbH	Einzelunternehmen	Steuerlicher Vorteil (+) bzw. Nachteil (./.) des Einzelunternehmens
Gesellschaftsebene			
Gewinn vor Gewerbesteuer	100.000 €	100.000 €	
./. Gewerbesteuer	14.000 €	10.570 €	+ 3.430 €
./. Körperschaftsteuer (15%); Solidaritätszuschlag (5,5%)	15.000 € 825 €	– –	+ 15.000 € + 825 €
= Verbleibender Gewinn der Gesellschaft	70.175 €	89.430 €	
Gesellschafterebene			
Einnahmen aus Kapitalvermögen	70.175 €	–	
./. Sparer-Pauschbetrag (801 €)	./. 801 €		
= Einkünfte aus Kapitalvermögen (GmbH-Gesellschafter)	69.374 €		
= Einkünfte aus Gewerbebetrieb (Einzelunternehmer)	–	100.000 €	
= Zu versteuerndes Einkommen	69.374 €	100.000 €	
→ Pauschale Einkommensteuer für Einkünfte aus Kapitalvermögen (25 % gem. § 32d EStG); Solidaritätszuschlag	17.343 € 954 €	– –	
→ Tarifliche ESt für Einkünfte aus Gewerbebetrieb vor Anrechnung der GewSt (VAZ 2013)	–	33.804 €	
./. Gewerbesteuer-Anrechnung	–	10.042 €	
= Einkommensteuer nach Anrechnung der GewSt; Solidaritätszuschlag	–	23.762 € 1.307 €	./. 6.419 € ./. 353 €
Verbleibendes Einkommen	51.878 €	64.361 €	
Vorteil (+) bzw. Nachteil (./.) des Einzelunternehmens			+ 12.483 €

Abb. 102: Gesamtsteuerbelastung von GmbH und Einzelunternehmen

III. Die Besteuerung des Gesellschafterwechsels

Vgl. hierzu insb. BRÖNNER, HERBERT/BAREIS, PETER/POLL, JENS: Die Besteuerung der Gesellschaften, 18. Aufl., Stuttgart 2007, Teil B, Rn. 1377-2112 und Teil C, Rn. 1390-1510; HEIGL, ANTON: Unternehmensbesteuerung, 2. Aufl., München/Wien 1996, S. 420-466; HERZIG, NORBERT: Diagonale Maßgeblichkeit bei Umwandlungsvorgängen?, in: FR 1997, S. 123-129; HOTTMANN, JÜRGEN: Eintritt eines Gesellschafters in eine bestehende Personengesellschaft und Ausscheiden eines Gesellschafters aus einer bestehenden Personengesellschaft, in: Die Personengesellschaft im Steuerrecht, hrsg. von REIMAR ZIMMERMANN u.a., 11. Aufl., Achim 2013, S. 539-556, 801-950; JACOBS, OTTO H.: Unternehmensbesteuerung und Rechtsform, 4. Aufl., München 2009, S. 444-490, 498-530; ROSE, GERD: Betriebswirtschaftliche Steuerlehre, 3. Aufl., Wiesbaden 1992, S. 112-114, 139, 140; SCHOOR, HANS WALTER: Steuerbegünstigte Veräußerung oder Aufgabe eines Mitunternehmeranteils, in: StuB 2001, S. 1051-1061; WACKER, ROLAND: § 16 EStG, in: Einkommensteuergesetz, begr. von LUDWIG SCHMIDT, 32. Aufl., München 2013.

A. Die Personengesellschaften

1. Einordnung

Ein **entgeltlicher Gesellschafterwechsel** macht die Ermittlung des Anteilswerts notwendig. I.d.R. enthält der Gesellschaftsvertrag Bewertungsregelungen für den Abfindungsfall.

Verkehrsteuern: Die Gesamthandsgemeinschaft ist verkehrsteuerfähig. Werden neue Gesellschaftsrechte entgeltlich ausgegeben oder Gesellschafter mit Wirtschaftsgütern abgefunden, liegt eine **umsatzsteuerbare Leistung** vor, die jedoch nach § 4 Nr. 8 Buchst. f UStG **steuerbefreit** ist.

Grunderwerbsteuerpflicht entsteht bei Wechsel des Gesellschafterbestands innerhalb von fünf Jahren unmittelbar bzw. mittelbar, wenn mindestens 95 % der Anteile auf neue Gesellschafter übergehen (§ 1 Abs. 2a S. 1 GrEStG). Ein Erwerb von Todes wegen bleibt allerdings i.R.d. Ermittlung des Prozentsatzes unberücksichtigt (§ 1 Abs. 2a S. 2 GrEStG). Anteilige Befreiungen (entsprechend der Beteiligungsquote) regelt § 6 GrEStG. Bei fingierter Einbringung (§ 24 UmwStG bei Gesellschaftereintritt) bemisst sich die Steuer nach dem Bedarfswert (§ 8 Abs. 2 GrEStG).

Bewertungsrecht: Allein durch einen Gesellschafterwechsel erfolgt keine Änderung des Werts des Betriebsvermögens. Bei **Grundstücken** gelten für Grund- und Gewerbesteuer weiterhin die alten Einheitswerte, ggf. korrigiert um Fortschreibungen und Nachfeststellungen; für die Erbschaftsteuer gilt die Bedarfsbewertung.

Gewerbesteuer: Ein Gesellschafterwechsel entfaltet grundsätzlich keine steuerlichen Auswirkungen, kann jedoch Bedeutung für den Verlustvortrag nach § 10a GewStG (Verlust ist an den ausscheidenden Mitunternehmer geknüpft; vgl. R 10a.3 Abs. 3 GewStR) erlangen. Zum Gewerbeertrag gehört nach § 7 S. 2 GewStG auch der Gewinn aus der Veräußerung oder Aufgabe eines Mitunternehmeranteils, soweit er nicht auf eine natürliche Person als unmittelbar beteiligter Mitunternehmer entfällt.

Erbschaft- bzw. Schenkungsteuer: Bei **unentgeltlicher** Übertragung von Anteilen resultiert Erbschaft- und Schenkungsteuerpflicht; dies gilt auch bei Abfindung ausscheidender Personengesellschafter nach Maßgabe einer sog. Buchwertklausel (Annahme einer „fiktiven" Schenkung an die verbleibenden Gesellschafter i.H.d. anteiligen Differenz zwischen dem erbschaftsteuerlichen Wert des Gesellschaftsanteils des Ausscheidenden und dem tatsächlichen Buchwertabfindungsbetrag).

Bilanz- und Einkommensteuerrecht: Relevant ist die Frage der Reservenaufdeckung und -zuordnung; zu unterscheiden sind die vier in Abb. 103 aufgezeigten Fälle.

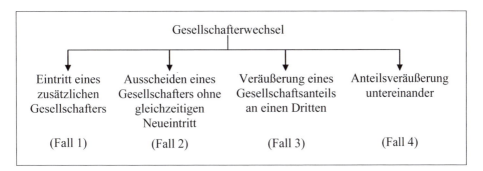

Abb. 103: Mögliche Fälle des Gesellschafterwechsels

2. Eintritt eines zusätzlichen Gesellschafters[724]

Anlässe können ein zusätzlicher Kapitalbedarf und die gewollte Erhöhung der Haftungsgrundlage sein. Der eintretende Gesellschafter erhält gegen Einlage von Geld oder anderer Wirtschaftsgüter in das Gesellschaftsvermögen oder auch mittels Zuzahlung in das Privatvermögen der Altgesellschafter einer bestehenden Personengesellschaft einen **neuen Gesellschaftsanteil** an dieser.[725]

Die Altgesellschafter **bringen** (bei wirtschaftlicher Betrachtungsweise) ihre Mitunternehmeranteile **in die neue Personengesellschaft ein** (Anwendung von § 24 UmwStG).[726] Zivilrechtlich besteht die bisherige Personengesellschaft unverändert fort. Aufgrund des **antragsgebundenen Bewertungswahlrechts** des § 24 Abs. 2 UmwStG können die Altgesellschafter die eingebrachten Wirtschaftsgüter in der Steuerbilanz der Personengesellschaft mit dem Buchwert, einem Zwischenwert oder dem gemeinen Wert ansetzen (dieses steuerliche Wahlrecht kann dazu führen, dass die Handelsbilanz der Ursprungsgesellschaft und die Steuerbilanz der „neuen" Gesellschaft in keinem Zusammenhang mehr stehen).[727] Eine Bewertung zum gemeinen Wert hat zwingend dann zu erfolgen, wenn entweder kein Antrag auf Buchwert- oder Zwischenwertansatz gestellt wurde oder das Recht Deutschlands hinsichtlich der Besteuerung des eingebrachten Vermögens ausgeschlossen oder beschränkt

---

[724] Vgl. HOTTMANN, JÜRGEN: Eintritt eines Gesellschafters in eine bestehende Personengesellschaft, in: Die Personengesellschaft im Steuerrecht, hrsg. von REIMAR ZIMMERMANN u.a., 11. Aufl., Achim 2013, S. 539-556; vgl. auch SCHOOR, HANS WALTER: Steuerbegünstigte Veräußerung oder Aufgabe eines Mitunternehmeranteils, in: StuB 2001, S. 1051-1061, s.b.S. 1059 und 1060.

[725] Vgl. HEIGL, ANTON: Unternehmensbesteuerung, 2. Aufl., München/Wien 1996, S. 429 sowie noch die Ausführungen in JACOBS, OTTO H.: Unternehmensbesteuerung und Rechtsform, 4. Aufl., München 2009, S. 505-508.

[726] Vgl. ausführlich S. 699.

[727] Vgl. HERZIG, NORBERT: Diagonale Maßgeblichkeit bei Umwandlungsvorgängen?, in: FR 1997, S. 123-129 sowie BMF-Schreiben vom 25.03.1998, BStBl I 1998, S. 268, Rn. 24.13.

wird (§ 24 Abs. 2 S. 2 UmwStG). Im Folgenden wird Letzteres ausgeschlossen und implizit von einer entsprechenden Antragstellung ausgegangen.

Unabhängig davon, welches steuerliche Wahlrecht zur Anwendung kommt, müssen die resultierenden Bilanzansätze die tatsächlichen Beteiligungen an den **stillen Reserven** der „neuen" Personengesellschaft (bzw. der nach dem Eintritt des zusätzlichen Gesellschafters weitergeführten Gesellschaft) zum Ausdruck bringen.

Die **Buchwertalternative** kann generell auf zwei Arten realisiert werden:

– Einerseits durch **Buchwerte in der Gesellschaftsbilanz** und **eine positive Ergänzungsbilanz des neuen Gesellschafters** (dadurch hat er eine höhere Abschreibungsbefugnis) sowie **negative Ergänzungsbilanzen der Altgesellschafter**.

– Anderseits durch **gemeine Werte in der Gesellschaftsbilanz** und **negative Ergänzungsbilanzen der bisherigen Gesellschafter**.[728]

Darüber hinaus sind auch **gemittelte, gleich hohe Kapitalkonten** in der Gesellschaftsbilanz mit anteilig negativen Ergänzungsbilanzen für die Altgesellschafter und einer anteilig positiven Ergänzungsbilanz für den Neugesellschafter denkbar (sog. **Zwischenwertalternative**).[729]

Bei Anwendung der **Alternative der gemeinen Werte** ergibt sich neues AfA-Potenzial, die Aufdeckung der stillen Reserven führt aber bei den Altgesellschaftern zu steuerpflichtigen „Veräußerungsgewinnen". Diese sind i.H.d. Quote, zu der die Altgesellschafter auch an der neuen Gesellschaft beteiligt sind, nicht nach den §§ 16 Abs. 4 EStG und 34 EStG begünstigt und unterliegen insofern als laufender Gewinn auch der Gewerbesteuer (§ 24 Abs. 3 S. 3 UmwStG i.V.m. § 16 Abs. 2 S. 3 EStG).[730]

Beispiel: (Begünstigung des Veräußerungsgewinns bei Ansatz der gemeinen Werte)[731]

An der X-OHG seien die Gesellschafter A und B zu jeweils 50 % beteiligt. Nach dem Eintritt von Gesellschafter C sollen alle Gesellschafter zu jeweils 1/3 an der wirtschaftlich neu entstandenen X*-OHG beteiligt sein. Die Altgesellschafter A und B geben jeweils 1/3 ihrer bisherigen Beteiligung (also effektiv 1/6) an den Neugesellschafter C ab und bringen folglich 2/3 ihrer bisherigen Beteiligung in die X*-OHG ein. In dieser Höhe entsteht ein sog. „In-sich-Geschäft", das steuerlich nicht begünstigt ist.

Gleichermaßen wird die Vergünstigung nach § 34 Abs. 1 und 3 EStG nur gewährt, soweit der „Veräußerungsgewinn" nicht bereits durch § 3 Nr. 40 Buchst. b EStG i.V.m. § 3c Abs. 2 EStG teilweise von der Besteuerung ausgenommen ist. Darüber hinaus ist die Anwendung der §§ 16 Abs. 4 EStG und 34 EStG gem. § 24 Abs. 3 S. 2 UmwStG ausgeschlossen, wenn nur ein Teil eines Mitunternehmeranteils eingebracht wird. Nach § 7 S. 2 Nr. 2 GewStG erhöhen diese Gewinne grundsätzlich auch den Gewerbeertrag, soweit diese nicht auf eine natürliche Person als unmittelbar beteiligten Mitunternehmer entfallen.

Eine die Thematik des Eintritts eines zusätzlichen Gesellschafters zusammenfassende Übersicht liefert Abb. 104 (S. 521).

---

[728] Vgl. WACKER, ROLAND: § 16 EStG, in: Einkommensteuergesetz, begr. von LUDWIG SCHMIDT, 32. Aufl., München 2013, Rn. 562.
[729] Erlaubt nach BMF-Schreiben vom 25.03.1998, BStBl I 1998, S. 268, Rn. 24.14.
[730] Vgl. HEIGL, ANTON: Unternehmensbesteuerung, 2. Aufl., München/Wien 1996, S. 429 und BMF-Schreiben vom 25.03.1998, BStBl I 1998, S. 268, Rn. 24.16.
[731] In Anlehnung an BRÄHLER, GERNOT: Umwandlungssteuerrecht, 7. Aufl., Wiesbaden 2013, S. 630.

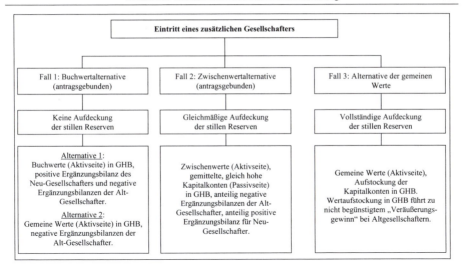

Abb. 104: Eintritt eines zusätzlichen Gesellschafters

Beispiel:	(Eintritt eines zusätzlichen Gesellschafters in eine bestehende Personengesellschaft)

An der X-OHG sind die beiden Gesellschafter A und B, deren Kapitalkonten die gleiche Höhe aufweisen, beteiligt. Die Wirtschaftsgüter (mit Ausnahme der Bankposition) der X-OHG enthalten stille Reserven i.H.v. 60.000 €, die sich proportional auf diese verteilen. Der neu eintretende Gesellschafter C möchte eine Bareinlage leisten, wobei nach dem Eintritt alle Gesellschafter zu je 1/3 an der (wirtschaftlich neu gegründeten) Personengesellschaft X*-OHG beteiligt sein sollen. Die Gesamthandsbilanz der X-OHG vor dem Gesellschaftereintritt besitzt folgendes Aussehen:

Aktiva	Bilanz der X-OHG vor Gesellschaftereintritt		Passiva
Grund und Boden	30.000 €	Kapital A	50.000 €
Gebäude	40.000 €	Kapital B	50.000 €
Maschinen	10.000 €		
Vorräte	10.000 €		
Bank	10.000 €		
	100.000 €		100.000 €

Da die Altgesellschafter A und B jeweils über ein Kapitalkonto von 50.000 € verfügen und an den stillen Reserven hälftig beteiligt sind, muss Neugesellschafter C eine Bareinlage von 80.000 € als adäquaten Wertbeitrag leisten. Allerdings spiegeln die Kapitalkonten von A und B (je 50.000 €) sowie von C (80.000 €) nicht das avisierte Beteiligungsverhältnis wider.

Bilanzielle Behandlung bei der **Alternative der gemeinen Werte** (Aufdeckung aller stillen Reserven):

Die übernehmende X*-OHG setzt – mit Ausnahme des Bankguthabens – die gemeinen Werte der X-OHG an. Die Aufdeckung der stillen Reserven i.H.v. 60.000 € erfolgt mittels Aufstockung der Buchwerte.

Aktiva	Bilanz der X*-OHG nach Gesellschaftereintritt (Ansatz der gemeinen Werte)		Passiva
Grund und Boden	50.000 €	Kapital A	80.000 €
Gebäude	66.666 €	Kapital B	80.000 €
Maschinen	16.667 €	Kapital C	80.000 €
Vorräte	16.667 €		
Bank (10.000 + 80.000)	90.000 €		
	240.000 €		240.000 €

Der Wert, mit dem der eingebrachte Mitunternehmeranteil angesetzt wird, gilt für jeden Einbringenden (Altgesellschafter) als Veräußerungspreis (also jeweils 80.000 €; vgl. § 24 Abs. 3 S. 1 UmwStG). Der entstehende Veräußerungsgewinn i.H.v. jeweils 30.000 € ist zu 2/3 nicht steuerbegünstigt, da ein steuerliches „In-sich-Geschäft" vorliegt (§ 24 Abs. 3 S. 3 UmwStG i.V.m. § 16 Abs. 2 S. 3 EStG). Ansonsten sind §§ 16 Abs. 4 EStG und 34 EStG auf den restlichen Veräußerungsgewinn von jeweils 10.000 € anwendbar.

Die Entstehung steuerpflichtiger Veräußerungsgewinne kann auf Antrag durch die **Aufstellung negativer Ergänzungsbilanzen** für A und B vermieden werden, in denen die auf jeden Altgesellschafter entfallenden stillen Reserven passivisch ausgewiesen werden **(Buchwertalternative)**. Hierdurch werden die bilanzsteuerlichen Ansätze der Wirtschaftsgüter per Saldo wieder auf Buchwerte reduziert. Die negative Ergänzungsbilanz für Gesellschafter A besitzt ebenso wie die Ergänzungsbilanz für Gesellschafter B folgendes Aussehen:

Aktiva	Negative Ergänzungsbilanz Gesellschafter A		Passiva
Minderkapital	30.000 €	Grund und Boden	10.000 €
		Gebäude	13.334 €
		Maschinen	3.333 €
		Vorräte	3.333 €
	30.000 €		30.000 €

Durch die Auflösung des Minderkapitals (insb. Abschreibungen) entsteht ein Gewinn, der die in der Gesamthandsbilanz aufgrund des Ansatzes von gemeinen Werten zu hoch ausgewiesenen Aufwandsbeträge neutralisiert.

Alternativ zu obiger Lösung sind **gleich hohe Kapitalkonten bei Buchwertansatz in der Gesamthandsbilanz** denkbar. Diese belaufen sich auf 60.000 € (1/3 von 50.000 € + 50.000 € + 80.000 €) pro Gesellschafter. Die Gesamthandsbilanz zeigt folgendes Bild:

Aktiva	Bilanz der X*-OHG nach Gesellschaftereintritt (Ansatz der Buchwerte)		Passiva
Grund und Boden	30.000 €	Kapital A	60.000 €
Gebäude	40.000 €	Kapital B	60.000 €
Maschinen	10.000 €	Kapital C	60.000 €
Vorräte	10.000 €		
Bank	90.000 €		
	180.000 €		180.000 €

Neugesellschafter C hat durch seine Bareinlage von 80.000 € mehr geleistet, als der Stand seines Kapitalkontos wiedergibt. Insofern hat er eine positive Ergänzungsbilanz mit entsprechendem Mehrkapital von 20.000 € aufzustellen.

Aktiva	Positive Ergänzungsbilanz Gesellschafter C		Passiva
Grund und Boden	6.667 €	Mehrkapital	20.000 €
Gebäude	8.889 €		
Maschinen	2.222 €		
Vorräte	2.222 €		
	20.000 €		20.000 €

Gleichzeitig werden bei den beiden Altgesellschaftern A und B stille Reserven i.H.v. jeweils 10.000 € aufgedeckt, die bei der Buchwertalternative durch eine negative Ergänzungsbilanz zu neutralisieren sind.

Aktiva	Negative Ergänzungsbilanz Gesellschafter A		Passiva
Minderkapital	10.000 €	Grund und Boden	3.334 €
		Gebäude	4.444 €
		Maschinen	1.111 €
		Vorräte	1.111 €
	10.000 €		10.000 €

3. Ausscheiden eines Gesellschafters ohne gleichzeitigen Neueintritt[732]

Gründe für das Ausscheiden eines Gesellschafters aus einer Personengesellschaft können z.B. eine Änderung der wirtschaftlichen Absichten, Alter und Konflikte sein. Die verbleibenden Gesellschafter müssen dem Ausscheidenden eine **Abfindung** für dessen Gesellschaftsanteil zahlen. Der Austritt eines Gesellschafters kann u.a. zum **Wegfall von Wirtschaftsgütern** führen, die dieser der Gesellschaft zur Nutzung überlassen hat; allerdings wird die Rechtsposition der anderen Gesellschafter durch die Anwachsung der Anteile gestärkt.

Das Ausscheiden eines Gesellschafters kann gegen **Bar-** oder **Sachabfindung** erfolgen. Der Anteil des ausscheidenden Gesellschafters wächst den verbleibenden Gesellschaftern im Verhältnis ihrer Beteiligung am Gesellschaftsvermögen zu (**Anwachsung**, § 738 BGB). Die Anwachsung wird wie die **Veräußerung** eines Gesellschaftsanteils behandelt. Bezüglich der Höhe der Abfindung sind folgende drei Fälle zu unterscheiden (vgl. Abb. 105, S. 524):[733]

---

[732] Vgl. HEIGL, ANTON: Unternehmensbesteuerung, 2. Aufl., München/Wien 1996, S. 421; HOTTMANN, JÜRGEN: Ausscheiden eines Gesellschafters aus einer bestehenden Personengesellschaft, in: Die Personengesellschaft im Steuerrecht, hrsg. von REIMAR ZIMMERMANN u.a., 11. Aufl., Achim 2013, S. 821-906.

[733] Vgl. HOTTMANN, JÜRGEN: Ausscheiden eines Gesellschafters aus einer bestehenden Personengesellschaft, in: Die Personengesellschaft im Steuerrecht, hrsg. von REIMAR ZIMMERMANN u.a., 11. Aufl., Achim 2013, S. 836-879; JACOBS, OTTO H.: Unternehmensbesteuerung und Rechtsform, 4. Aufl., München 2009, S. 508; SCHOOR, HANS WALTER: Steuerbegünstigte Veräußerung oder Aufgabe eines Mitunternehmeranteils, in: StuB 2001, S. 1051-1061, s.b.S. 1052-1059.

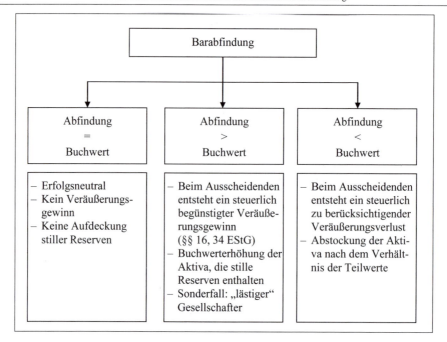

Abb. 105: Behandlung einer Barabfindung beim Ausscheiden eines Gesellschafters

1. Die Abfindung **entspricht** dem Buchwert: Beim Ausscheidenden entsteht **kein** Veräußerungsgewinn. Die in der Personengesellschaft verbleibenden Gesellschafter übernehmen die Anteile des Ausscheidenden **ohne Aufdeckung der stillen Reserven**, sofern überhaupt welche vorhanden sind. Die Anwachsung ist somit **erfolgsneutral**.[734]

   Die Abfindung kann dem Buchwert entsprechen, wenn z.B. keine stillen Reserven und/oder kein Geschäfts- oder Firmenwert vorhanden sind. Es ist auch möglich, dass die Personengesellschaft den Gesellschafter per Gesellschaftsvertrag für den Fall des Ausscheidens von einer Beteiligung an den stillen Reserven und/oder am Geschäfts- oder Firmenwert ausgeschlossen hat.[735]

2. Die Abfindung **übersteigt** den Buchwert: In diesem Fall entsteht ein **steuerpflichtiger Veräußerungsgewinn beim ausscheidenden Gesellschafter**, da die Aufgabe eines Mitunternehmeranteils einer Veräußerung gleichzustellen ist (§ 16 Abs. 3 S. 1 EStG). Auf diesen Veräußerungsgewinn können die Begünstigungen der §§ 16 Abs. 4 und 34 EStG angewendet werden.[736] Der Veräußerungsgewinn ist von der Gewerbesteuer befreit (R 7.1 Abs. 3 S. 3 und 4 GewStR), es sei denn, er entfällt nicht auf eine natürliche Person als unmittelbar beteiligten Mitunternehmer (§ 7 S. 2 GewStG).

---

[734] Vgl. BRÖNNER, HERBERT/BAREIS, PETER/POLL, JENS: Die Besteuerung der Gesellschaften, 18. Aufl., Stuttgart 2007, Teil B, Rn. 1530 und 1531; HEIGL, ANTON: Unternehmensbesteuerung, 2. Aufl., München/Wien 1996, S. 432.

[735] Vgl. BRÖNNER, HERBERT/BAREIS, PETER/POLL, JENS: Die Besteuerung der Gesellschaften, 18. Aufl., Stuttgart 2007, Teil B, Rn. 1524.

[736] Vgl. JACOBS, OTTO H.: Unternehmensbesteuerung und Rechtsform, 4. Aufl., München 2009, S. 508.

Die verbleibenden Gesellschafter haben mit dem Mehrbetrag Anteile vom ausscheidenden Gesellschafter an den stillen Reserven der bilanzierten Wirtschaftsgüter erworben. Die Abfindungszahlungen gelten für sie als **Anschaffungskosten** für den Anteil des ausscheidenden Gesellschafters. Somit ist die **Anwachsung** für die Personengesellschaft und für die **verbleibenden Anteilseigner erfolgsneutral**. Soweit die Abfindungszahlung den Buchwert des Kapitalkontos des ausscheidenden Gesellschafters übersteigt, ist sie bei den Wirtschaftsgütern zu aktivieren, die stille Reserven enthalten.[737]

Eine Abfindungszahlung, die den tatsächlichen Wert des Gesellschaftsanteils in Form des Buchwerts zzgl. anteiliger stiller Reserven und des anteiligen Firmenwerts übersteigt, kann auch gezahlt werden, um einen sog. **„lästigen" Gesellschafter** zum Ausscheiden zu bewegen. Als „lästiger" Gesellschafter gilt ein solcher, der betriebliche Störungen verursacht oder die Gesellschaft gefährdet. Hierfür müssen z.B. folgende Merkmale erfüllt sein: Verfolgung gesellschaftsfremder Interessen, Handeln zum Nachteil der Personengesellschaft, Verletzung des Wettbewerbsverbots, Überschreitung der Entnahmerechte, Verletzung der Verpflichtung zur Geschäftsführung, ungehöriges Benehmen.

Ein wegen „Lästigkeit" aufgewandter Abfindungsbetrag ist als **Betriebsausgabe** sofort abzugsfähig;[738] eine Aktivierung der „Mehranschaffungskosten" kommt nach der Rechtsprechung nicht in Betracht.[739]

3. Die Abfindung **unterschreitet** den Buchwert: Ist dies aufgrund einer bisherigen Überbewertung der Aktiva der Fall, so entsteht ein **Veräußerungsverlust** nach § 16 EStG. Es besteht die Möglichkeit der Verrechnung mit anderen Einkunftsarten sowie zu einem Verlustrück- bzw. -vortrag beim ausscheidenden Gesellschafter. Die **Herabsetzung der steuerbilanziellen Aktiva** bzw. **Heraufsetzung der Passiva in der Gesellschaftsbilanz oder in Ergänzungsbilanzen** wird erforderlich. Die **Abstockung** ist nach dem **Verhältnis der Teilwerte** auf die einzelnen Wirtschaftsgüter zu verteilen. Eine Abstockung von Geldkonten ist allerdings nicht möglich.[740]

Die Abfindungszahlung kann auch in Form der **Übertragung von Wirtschaftsgütern** des Gesamthandsvermögens der Personengesellschaft (**Sachwertabfindung** oder Abfindung mit Sachwerten) geleistet werden. Voraussetzung hierfür ist die Fortführung des Betriebs der Personengesellschaft durch einen oder mehrere der bisherigen Gesellschafter. Dabei kann eine Sachwertabfindung in das **Privatvermögen** oder in ein anderes **Betriebsvermögen** des ausscheidenden Gesellschafters überführt werden.

Im Falle der Überführung in das **Privatvermögen** ist die Abfindungsverpflichtung aufgrund des Entnahmevorgangs zum **Teilwert** zu bewerten (§ 6 Abs. 1 Nr. 4 S. 1 1. Halbsatz EStG).

---

[737] Vgl. zu diesem Absatz JACOBS, OTTO H.: Unternehmensbesteuerung und Rechtsform, 4. Aufl., München 2009, S. 508 und 509.

[738] Vgl. zu diesem Absatz HOTTMANN, JÜRGEN: Ausscheiden eines Gesellschafters aus einer bestehenden Personengesellschaft in: Die Personengesellschaft im Steuerrecht, hrsg. von REIMAR ZIMMERMANN u.a., 11. Aufl., Achim 2013, S. 852; vgl. auch BRÖNNER, HERBERT/BAREIS, PETER/POLL, JENS: Die Besteuerung der Gesellschaften, 18. Aufl., Stuttgart 2007, Teil B, Rn. 1534 und JACOBS, OTTO H.: Unternehmensbesteuerung und Rechtsform, 4. Aufl., München 2009, S. 510-511.

[739] Vgl. BFH-Urteil vom 08.03.1993, BStBl II 1993, S. 706.

[740] Vgl. zu diesem Abschnitt und zum Folgenden BRÖNNER, HERBERT/BAREIS, PETER/POLL, JENS: Die Besteuerung der Gesellschaften, 18. Aufl., Stuttgart 2007, Teil B, Rn. 1500-1542.

Bei einer Überführung in ein **Betriebsvermögen** gelten die Grundsätze der Realteilung[741] nicht mehr.[742] Vielmehr ist auf das Ausscheiden eines Gesellschafters gegen Sachwertabfindung § 6 Abs. 5 S. 3 Nr. 1 EStG unter Berücksichtigung der Missbrauchsvorschriften des § 6 Abs. 5 S. 4-6 EStG anzuwenden (vgl. ausführlich S. 472 ff.).[743] Hiernach ist der **Transfer einzelner Wirtschaftsgüter** gegen Minderung von Gesellschaftsrechten aus dem Gesamthandsvermögen einer Mitunternehmerschaft in das Betriebsvermögen des (ehemaligen) Mitunternehmers zum **Buchwert** zu bewerten, falls die Besteuerung der stillen Reserven sichergestellt ist und keine Veräußerung dieser Wirtschaftsgüter innerhalb von drei Jahren erfolgt (dreijährige Sperrfrist). Diese Vorschrift umfasst explizit nur einzelne Wirtschaftsgüter. Im Falle der **Übertragung eines Teilbetriebs oder Mitunternehmeranteils** gelangt § 6 Abs. 3 EStG (**Buchwertfortführung**) zur Anwendung.[744] Abb. 106[745] (S. 527) fasst die Ausführungen zusammen.

---

[741] Eine Realteilung i.S.v. § 16 Abs. 3 S. 2-3 EStG setzt nunmehr zwingend die Beendigung der Mitunternehmerschaft voraus, wobei eine wesentliche Betriebsgrundlage nach der Realteilung weiterhin Betriebsvermögen eines Realteilers verkörpert; vgl. BMF-Schreiben vom 28.02.2006, in: DStR 2006, S. 426-428, s.b.S. 426-427.

[742] Vgl. BMF-Schreiben vom 28.02.2006, in: DStR 2006, S. 426-428, s.b.S. 427.

[743] Vgl. SCHELL, MATTHIAS: Realteilung i.S.d. § 16 Abs. 3 S. 2 bis 4 EStG – Anmerkung zum BMF-Schreiben vom 28.2.2006, in: BB 2006, S. 1026-1030, s.b.S. 1026.

[744] Vgl. BMF-Schreiben vom 28.02.2006, in: DStR 2006, S. 426-428, s.b.S. 427.

[745] Modifiziert entnommen aus BRÖNNER, HERBERT/BAREIS, PETER/POLL, JENS: Die Besteuerung der Gesellschaften, 18. Aufl., Stuttgart 2007, Teil B, Rn. 1559.

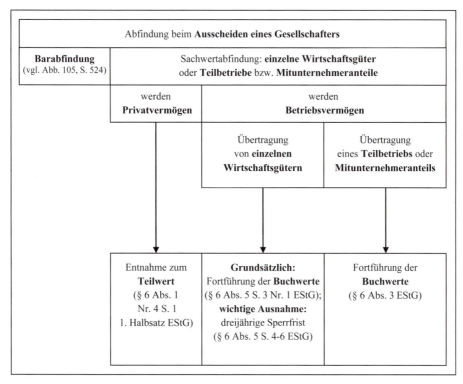

Abb. 106: Möglichkeiten der Sachwertabfindung

Das **Ausscheiden eines Kommanditisten mit negativem Kapitalkonto** stellt einen Sonderfall dar:[746] Bei der Veräußerung des Gesellschaftsanteils eines Kommanditisten an einen fremden Dritten fällt ein **Veräußerungsgewinn** i.H.d. Differenz zwischen dem Veräußerungspreis und dem Buchwert des Kapitalkontos **auch dann** an, wenn das **Kapitalkonto** des Kommanditisten zum Zeitpunkt der Veräußerung **negativ** ist.

Veräußert der Kommanditist seinen Anteil an einen Neugesellschafter, so verliert das negative Kapitalkonto die Funktion des Korrekturpostens zur Verlustzurechnung. Der Altgesellschafter muss auch hierbei sein negatives Kapitalkonto in der Steuerbilanz nachversteuern, d.h. ausgleichen.

Übernimmt der eintretende Gesellschafter das negative Kapitalkonto, so führt dies dazu, dass er künftige Gewinnanteile nicht versteuern muss, da er diese mit den vorhandenen Verlusten des Kapitalkontos verrechnen kann; darüber hinaus müssen die Anschaffungskosten der Beteiligung einschließlich der anteiligen stillen Reserven und eines evtl. vorhandenen Firmenwerts in einer Ergänzungsbilanz aktiviert werden.

---

[746] Vgl. HOTTMANN, JÜRGEN: Ausscheiden eines Gesellschafters aus einer bestehenden Personengesellschaft in: Die Personengesellschaft im Steuerrecht, hrsg. von REIMAR ZIMMERMANN u.a., 11. Aufl., Achim 2013, S. 899-901.

Beispiel: **(Ausscheiden eines Gesellschafters aus einer OHG gegen Barabfindung)**[747]

Ausgangslage: Der Gesellschafter C (Beteiligungsquote 20 %) scheidet aus der ABC-OHG gegen eine Abfindung in bar mit dem Verkehrswert seines Gesellschaftsanteils aus. Die beiden Mitgesellschafter A und B (Beteiligungsquote jeweils 40 %) führen die Personengesellschaft fort. Der Verkehrswert des Gesellschaftsanteils von C umfasst den Buchwert seines Kapitalkontos und anteilig die in den Wirtschaftsgütern des Gesamthandsvermögens enthaltenen stillen Reserven.

Die in den Wirtschaftsgütern des Gesamthandsvermögens enthaltenen stillen Reserven von insgesamt 120.000 € sind i.H.v. 100.000 € auf die Grundstücke und i.H.v. 20.000 € auf die maschinellen Anlagen zu verteilen.

Aktiva	Bilanz der ABC-OHG vor Ausscheiden des Gesellschafters C		Passiva
Grundstücke	20.000 €	Kapital A	40.000 €
Maschinelle Anlagen	80.000 €	Kapital B	40.000 €
		Kapital C	20.000 €
	100.000 €		100.000 €

Der Abfindungsanspruch des C i.H.v. 44.000 € errechnet sich aus 20.000 € (Kapitalkonto) zzgl. 20 % von 120.000 € (anteilige Beteiligung an den stillen Reserven der Wirtschaftsgüter des Gesamthandsvermögens). Die ABC-OHG passiviert bis zu dem Zeitpunkt, zu dem die Abfindungszahlung an den ausscheidenden Gesellschafter C gezahlt wird, eine **Abfindungsverbindlichkeit**. I.H.d. Beteiligung des C sind in der Gesamthandsbilanz die stillen Reserven als (nachträgliche) Anschaffungskosten zu aktivieren. Das Kapitalkonto von C ist aufzulösen; die Kapitalkonten der übrigen Gesellschafter sind unverändert fortzuführen.

Buchung:

Kapitalkonto C	20.000 €	an	Abfindungsverbindlichkeit C	44.000 €
Grundstücke	20.000 €			
Maschinelle Anlagen	4.000 €			

Aktiva	Bilanz der AB-OHG nach dem Ausscheiden des Gesellschafters C		Passiva
Grundstücke	40.000 €	Kapital A	40.000 €
Maschinelle Anlagen	84.000 €	Kapital B	40.000 €
		Abfindungsverbindlichkeit C	44.000 €
	124.000 €		124.000 €

Beispiel: **(Ausscheiden eines OHG-Gesellschafter gegen Sachwertabfindung in das Privatvermögen)**[748]

Die Überführung einer Sachwertabfindung in das Privatvermögen des ausscheidenden Gesellschafters ist für die in der Personengesellschaft verbleibenden Gesellschafter ein Veräußerungs- und Anschaffungsgeschäft. Sie erzielen einen laufenden Gewinn i.H. ihrer Anteile an den stillen Reserven des Abfindungsgutes.

Das Ausscheiden eines Gesellschafters aus einer Personengesellschaft ist in zwei rechtliche Vorgänge aufzuteilen: in den Veräußerungsvorgang und den Entnahmevorgang. Beim ausscheidenden Gesellschafter fällt ein Veräußerungsgewinn i.H.d. auf seinen Anteil entfallenden stillen Reserven an. Dieser Veräußerungsgewinn ist – bei Vorliegen der Voraussetzungen – gem. §§ 16 Abs. 2, 4, 34 Abs. 1 EStG, ggf. auch gem. § 34 Abs. 3 EStG steuerbegünstigt. Die Erfüllung der Abfindungsverpflichtung in Form von Sachwerten ist für die in der Personengesellschaft verbleibenden Gesellschafter als Entnahme anzusehen, die zu einem laufenden Gewinn führt.

---

[747] Modifiziert entnommen aus JACOBS, OTTO H.: Unternehmensbesteuerung und Rechtsform, 4. Aufl., München 2009, S. 509-510.

[748] Modifiziert entnommen aus BRÖNNER, HERBERT/BAREIS, PETER/POLL, JENS: Die Besteuerung der Gesellschaften, 18. Aufl., Stuttgart 2007, Teil B, Rn. 1548.

Ausgangslage: Die Gesellschafter A, B und C sind jeweils mit 20.000 € an der ABC-OHG beteiligt. Die in den Vermögenswerten (WG 1, WG 2, WG 3) enthaltenen stillen Reserven belaufen sich insgesamt auf 30.000 €. Gesellschafter A scheidet aus der OHG aus und erhält eine Sachwertabfindung i.H.v. 30.000 € in Form des WG 2, dessen Buchwert 18.000 € und dessen Teilwert 30.000 € beträgt.

Aktiva		Bilanz auf den Ausscheidungsstichtag [in €]				Passiva
	BW	Stille Reserven	TW		BW	TW
WG 1	12.000	8.000	20.000	Kapital A	20.000	30.000
WG 2	18.000	12.000	30.000	Kapital B	20.000	30.000
WG 3	30.000	10.000	40.000	Kapital C	20.000	30.000
	60.000	30.000	90.000		60.000	90.000

Den Anteil von A übernehmen B und C. Die Anschaffungskosten der Beteiligung betragen 30.000 €, der Buchwert 20.000 €. Der Differenzbetrag i.H.v. 10.000 € ist auf alle Wirtschaftsgüter im Verhältnis ihrer stillen Reserven zur Summe aller stillen Reserven aufzuteilen und dort zu aktivieren. Insgesamt ist ein Drittel der stillen Reserven in den einzelnen Wirtschaftsgütern aufzulösen:

WG 1   8.000/30.000 · 10.000 ⇨ 2.667 €

WG 2   12.000/30.000 · 10.000 ⇨ 4.000 €

WG 3   10.000/30.000 · 10.000 ⇨ 3.333 €

Buchung:

WG 1	2.667 €	an	Abfindungsverbindlichkeit A	30.000 €
WG 2	4.000 €			
WG 3	3.333 €			
Kapital A	20.000 €			

Es ergibt sich folgende fiktive Zwischenbilanz mit Abfindungsverpflichtung:

Aktiva					Zwischenbilanz	Passiva
WG 1	12.000 €	+ 2.667 €	=	14.667 €	Kapital B	20.000 €
WG 2	18.000 €	+ 4.000 €	=	22.000 €	Kapital C	20.000 €
WG 3	30.000 €	+ 3.333 €	=	33.333 €	Abfindungsverbindlichkeit A	30.000 €
	60.000 €	10.000 €		70.000 €		70.000 €

Die Sachwertabfindung mit WG 2 führt für die verbleibenden Gesellschafter B und C zu einer Entnahme. Der Entnahmegewinn ergibt sich wie folgt:

Teilwert 30.000 € ./. aufgestockter Buchwert 22.000 € = 8.000 €

und ist als laufender Gewinn der Gesellschafter B und C zu behandeln.

Buchung der Abfindung:

Abfindungsverbindlichkeit A	30.000 €	an	WG 2	22.000 €
			Ertrag	8.000 €

Die Gesellschafter B und C müssen folgende Eröffnungsbilanz erstellen:

Aktiva	Bilanz			Passiva
WG 1	14.667 €	Kapital B	20.000 €	
WG 3	33.333 €	Entnahmegewinn	4.000 €	24.000 €
		Kapital C	20.000 €	
		Entnahmegewinn	4.000 €	24.000 €
	48.000 €			48.000 €

Abfindung von A 30.000 € ./. Buchwert Kapitalkonto von A 20.000 € = 10.000 €.

Dieser Veräußerungsgewinn ist außerhalb der Gesellschaftsbilanz bei A zu erfassen.

Kontrollrechnung:

Bisher versteuerte stille Reserven

Gesellschafter A	10.000 €	
+ Gesellschafter B, C	8.000 €	18.000 €

Stille Reserven in der Eröffnungsbilanz

WG 1: 20.000 € ./. 14.667 € =	5.333 €	
+ WG 3: 40.000 € ./. 33.333 € =	6.667 €	12.000 €
= **Ursprüngliche stille Reserven**		**30.000 €**

4. Veräußerung eines Geschäftsanteils an einen Dritten

Der Veräußerungspreis für einen Geschäftsanteil kann – analog zu Fall 2 – dem Buchwert entsprechen, darunter oder darüber liegen (vgl. Abb. 107[749], S. 531):

1. Der Veräußerungspreis **entspricht** dem Buchwert bzw. dem Kapitalkonto: Dies kann darin begründet sein, dass das Gesellschaftsvermögen keine stillen Reserven und/oder keinen Geschäfts- oder Firmenwert enthält, an dem der veräußernde Gesellschafter beteiligt war. In diesem Fall entsteht für den veräußernden Gesellschafter **kein** steuerpflichtiger **Veräußerungsgewinn**. Der Veräußerungspreis stellt für den Erwerber der Beteiligung die Anschaffungskosten dar. Die Personengesellschaft führt die **Buchwerte** unverändert fort. In der Gesamthandsbilanz tritt lediglich eine Änderung dahingehend ein, dass anstelle des Kapitalkontos des veräußernden Gesellschafters das Kapitalkonto des Erwerbers der Beteiligung tritt.[750]

2. Der Veräußerungspreis **liegt über** dem Buchwert: Es entsteht ein **Veräußerungsgewinn** i.S.d. § 16 Abs. 1 S. 1 Nr. 2 EStG. §§ 16 Abs. 4 und 34 EStG sind anwendbar. Es fällt keine Gewerbesteuer an (R 7.1 Abs. 3 S. 3 und 4 GewStR), es sei denn, der Veräußerungsgewinn entfällt nicht auf eine natürliche Person als unmittelbar beteiligter Mitunternehmer (§ 7 S. 2 GewStG). Der Veräußerungspreis stellt beim Erwerber Anschaffungskosten des Gesellschaftsanteils dar. Es ist eine **Aufstockung der Aktiva** erforderlich, ggf. erfolgt der Ansatz eines anteiligen Firmenwerts (insoweit Aufdeckung stiller Reserven). Dies vollzieht sich durch Aufstellung einer **positiven Ergänzungsbilanz** des Erwerbers.

3. Der Veräußerungspreis **liegt unter** dem Buchwert: Der veräußernde Gesellschafter erleidet i.H.d. Differenz zwischen dem Veräußerungspreis und dem buchmäßigen Stand seines Kapitalkontos einen **Veräußerungsverlust**. Dieser Verlust ist mit seinen übrigen Einkünften ausgleichsfähig, sofern kein teilentgeltlicher Erwerb (Festlegung des Kaufpreises unter dem Buchwert aus privaten Gründen) vorliegt. Im Folgenden werden dem Grundsatz des Ansatzes der Anschaffungskosten für die erworbene Beteiligung entsprechend die Aktiva in gleichem Umfang herabgesetzt. Der Unterschiedsbetrag muss laut BFH[751] in

---

[749] Modifiziert entnommen aus HEIGL, ANTON: Unternehmensbesteuerung, 2. Aufl., München/Wien 1996, S. 424.
[750] Vgl. hierzu und zum folgenden Abschnitt BRÖNNER, HERBERT/BAREIS, PETER/POLL, JENS: Die Besteuerung der Gesellschaften, 18. Aufl., Stuttgart 2007, Teil B, Rn. 1464 und Rn. 1477-1479.
[751] Vgl. BFH-Urteil vom 19.02.1981, in: DB 1981, S. 2408.

einer negativen Ergänzungsbilanz des Erwerbers berücksichtigt werden. Hierfür wird der Minderbetrag von den Buchwerten in der Gesamthandsbilanz abgesetzt.[752]

Folgen einer entgeltlichen Anteilsveräußerung beim	
Veräußerer	**Erwerber**
Buchwert = Veräußerungspreis	Buchwert = Anschaffungskosten
Buchwert < Veräußerungspreis (Veräußerungsgewinn)	Aufstockung (positive Ergänzungsbilanz)
Buchwert > Veräußerungspreis (Veräußerungsverlust)	Abstockung (negative Ergänzungsbilanz)

Abb. 107: Entgeltliche Anteilsveräußerung

Bei **unentgeltlicher Übertragung** erfolgt eine **Buchwertverknüpfung ohne Gewinnrealisierung** (§ 6 Abs. 3 EStG); der Sachverhalt unterliegt aber der Erbschaft- und Schenkungsteuer.

Beispiel: **(Veräußerung eines Gesellschaftsanteils; Veräußerungspreis übersteigt Buchwert)[753]**

Ausgangssituation: A und B sind jeweils zu 50 % an der AB-OHG beteiligt.

Aktiva	Bilanz der AB-OHG vor Veräußerung der Beteiligung von A		Passiva
Anlagevermögen	200.000 €	Kapital A	100.000 €
		Kapital B	100.000 €
	200.000 €		200.000 €

A veräußert seine Beteiligung an C für 150.000 €. Im Anlagevermögen sind stille Reserven i.H.v. 60.000 € vorhanden. Hiervon entfallen 30.000 € auf A bzw. auf C. Die Gesamthandsbilanz nach Gesellschafterwechsel hat folgendes Aussehen:

Aktiva	Bilanz der AB-OHG nach Veräußerung der Beteiligung von A		Passiva
Anlagevermögen	200.000 €	Kapital C	100.000 €
		Kapital B	100.000 €
	200.000 €		200.000 €

C muss für die entgeltlich angeschafften stillen Reserven i.H.v. 30.000 € sowie für den darüber hinaus erworbenen Firmenwert i.H.v. 20.000 € eine positive Ergänzungsbilanz aufstellen.

---

[752] Vgl. zu diesem Abschnitt BRÖNNER, HERBERT/BAREIS, PETER/POLL, JENS: Die Besteuerung der Gesellschaften, 18. Aufl., Stuttgart 2007, Teil B, Rn. 1466, 1496 und 1497.

[753] Modifiziert entnommen aus BRÖNNER, HERBERT/BAREIS, PETER/POLL, JENS: Die Besteuerung der Gesellschaften, 18. Aufl., Stuttgart 2007, Teil B, Rn. 1459.

Aktiva	Positive Ergänzungsbilanz von C		Passiva
Anlagevermögen	30.000 €	Mehrkapital	50.000 €
Firmenwert	20.000 €		
	50.000 €		50.000 €

Die positive Ergänzungsbilanz muss in den Folgejahren erfolgswirksam aufgelöst werden, indem die aktivierten Wirtschaftsgüter über ihre Nutzungsdauer abgeschrieben werden. Dadurch wird ein Aufwand erzeugt, der den aus der Gesamthandsbilanz aufgrund des Buchwertansatzes für C zu gering ausfallenden Aufwand erhöht.

> **Beispiel:** (Veräußerung eines Gesellschaftsanteils)[754]

Der **Gesellschafter A einer OHG veräußert seinen Anteil an der Personengesellschaft an den Erwerber E** zum Preis von 552.000 €. A war an der OHG zu 40 % beteiligt. Sein Kapitalkonto betrug 330.000 €. Dieses Kapitalkonto wird auf Ebene der Personengesellschaft fortgeführt.

Die in der Bilanz der Personengesellschaft bilanzierten Wirtschaftsgüter enthalten stille Reserven i.H.v. 375.000 €, der Anteil des ausscheidenden Gesellschafters an diesen stillen Reserven beläuft sich auf 150.000 €. Ein von der Personengesellschaft selbst geschaffenes, nicht aktiviertes immaterielles Wirtschaftsgut (Patent) hat einen Teilwert von 80.000 €, auf den ausscheidenden Gesellschafter entfallen davon 32.000 €. Die Verteilung auf die einzelnen Wirtschaftsgüter ist aus der nachstehenden Übersicht erkennbar:

Wirtschaftsgut (1)	Teilwert (2)	Buchwert (3)	Stille Reserven (4) = (2) ./. (3)	Anteil des ausscheidenden Gesellschafters (5) = (4) · 40 %
Patent	80.000 €	0 €	80.000 €	32.000 €
Gebäude	400.000 €	150.000 €	250.000 €	100.000 €
Maschine A	70.000 €	45.000 €	25.000 €	10.000 €
Maschine B	310.000 €	210.000 €	100.000 €	40.000 €
Umlaufvermögen	420.000 €	420.000 €	0 €	0 €
Summe	1.280.000 €	825.000 €	455.000 €	182.000 €

Der eintretende Gesellschafter E entrichtet im Vergleich zum Stand des Kapitalkontos einen Mehrpreis von 222.000 €. Davon entfallen 150.000 € auf die in den aktivierten Wirtschaftsgütern (anteilig) enthaltenen stillen Reserven und 32.000 € auf das aufgrund des handelsrechtlichen Aktivierungswahlrechts (§ 248 Abs. 2 HGB) und des steuerrechtlichen Aktivierungsverbots (§ 5 Abs. 2 EStG) nicht angesetzte Patent. Der Restbetrag von 40.000 € gilt als Kaufpreis für den Anteil am Geschäfts- oder Firmenwert. Der anteilige Mehrwert der Wirtschaftsgüter der Personengesellschaft und der Anteil am Geschäftswert sind in der Ergänzungsbilanz des eintretenden Gesellschafters zu aktivieren. Der von ihm entrichtete Mehrpreis ist in seiner Ergänzungsbilanz als Mehrkapital zu passivieren.

Aktiva	(Positive) Ergänzungsbilanz des eintretenden Gesellschafters E		Passiva
Patent	32.000 €	Mehrkapital	222.000 €
Gebäude	100.000 €		
Maschine A	10.000 €		
Maschine B	40.000 €		
Firmenwert	40.000 €		
	222.000 €		222.000 €

---

[754] Modifiziert entnommen aus JACOBS, OTTO H.: Unternehmensbesteuerung und Rechtsform, 4. Aufl., München 2009, S. 501-504.

Der Kaufpreis des Erwerbers wird i.H.d. Kapitalkontos in der Bilanz der Personengesellschaft und i.H.d. Mehrkapitals in der Ergänzungsbilanz erfasst.

Die Summe aus dem Buchwert eines Wirtschaftsguts in der Bilanz der Personengesellschaft und seinem Wert in der Ergänzungsbilanz des eintretenden Gesellschafters bildet die Grundlage für weitere Absetzungen für Abnutzung und die Berechnung von Veräußerungsgewinnen.

Die Ergänzungsbilanz muss solange fortgeführt werden, wie die stillen Reserven und der Firmenwert vorhanden sind.

Fortführung des Beispiels: Die Personengesellschaft verkauft Maschine A zum Teilwert i.H.v. 70.000 €. Hierdurch entsteht in der Gesamthandsbilanz der Personengesellschaft ein Gewinn i.H.v. 25.000 € (= 70.000 € ./. 45.000 €). Der auf den eintretenden Gesellschafter entfallende Anteil i.H.v. 10.000 € (= 25.000 € · 40 %) wird mit dem Mehrwert der Maschine A in der Ergänzungsbilanz verrechnet. Durch diese Vorgehensweise wird berücksichtigt, dass die stillen Reserven bereits beim ausgeschiedenen Gesellschafter A besteuert wurden.

Die Personengesellschaft schreibt das Gebäude und die Maschine B jeweils mit 10 % ihres Restbuchwertes ab. Der eingetretene Gesellschafter E nimmt auf den Mehrwert dieser Wirtschaftsgüter gleichfalls eine 10 %-ige Abschreibung vor. Das Patent besitzt eine Restnutzungsdauer von 4 Jahren (lineare Abschreibung). Der Firmenwert wird nach § 7 Abs. 1 S. 3 EStG linear über 15 Jahre abgeschrieben. Hieraus errechnet sich eine jährliche Abschreibung von 2.667 €. Ergänzungsbilanz und Ergänzungs-GuV haben im ersten Geschäftsjahr nach dem Eintritt des Gesellschafters E folgendes Aussehen:

Aktiva	(Positive) Ergänzungsbilanz des E		Passiva
Patent	24.000 €	Mehrkapital	
Gebäude	90.000 €	Anfangsbestand	222.000 €
Maschine A	–	Verlust	./. 34.667 €
Maschine B	36.000 €	Endbestand	187.333 €
Firmenwert	37.333 €		
	187.333 €		187.333 €

Aktiva	Ergänzungs-GuV des E		Passiva
Verrechnung des Veräußerungsgewinns („Minderveräußerungsgewinn")		Saldo (Verlust)	34.667 €
Maschine A	10.000 €		
Mehrabschreibungen			
Patent	8.000 €		
Gebäude	10.000 €		
Maschine B	4.000 €		
Firmenwert	2.667 €		
	34.667 €		34.667 €

Beträgt der Anteil des eintretenden Gesellschafters E am Gewinn der Personengesellschaft bspw. 80.000 €, werden die Einkünfte aus der ersten Gewinnermittlungsstufe auf 45.333 € (80.000 € ./. 34.667 €) festgesetzt.

5. Anteilsveräußerung untereinander

Es kommt zu einer Verschiebung der Beteiligungsgewichte. Die steuerliche Behandlung erfolgt analog zur Veräußerung eines Geschäftsanteils an einen Dritten.

6. Gestaltungsmöglichkeiten beim Gesellschafterwechsel

Gestaltungsmöglichkeiten beim **Gesellschafterwechsel** liegen insb. in folgenden Bereichen:

- **Art des Veräußerungspreises**: Neben der Möglichkeit, den Kaufpreis eines Anteils bei dessen Erwerb in Form einer Einmalzahlung zu leisten, bestehen verschiedene Möglichkeiten, die Veräußerung anders zu realisieren. So ist bspw. sowohl eine ratenweise Zahlung des Kaufpreises als auch ein Verkauf gegen wiederkehrende Leistungen bzw. eine Rente denkbar.[755]

- **Wahl des Veräußerungszeitpunkts**: Da ein ggf. entstehender Veräußerungsgewinn grds. in dem Zeitpunkt realisiert wird, in dem das Betriebsvermögen wirtschaftlich auf den Erwerber übergeht,[756] ist es – bei gegebener Rechtssicherheit bzgl. anstehender steuerrechtlicher Änderungen – ggf. günstig, den Veräußerungsgewinn entweder noch in dem aktuellen VAZ entstehen zu lassen oder – bei geplanten Steuersenkungen – in den kommenden VAZ zu verschieben.

- **Möglichkeit der Verteilung der Anschaffungskosten auf die einzelnen Wirtschaftsgüter**: Bereits im Vorfeld des Gesellschafterwechsels können i.R. einzelner Transaktionen Wirtschaftsgüter auf den neuen bzw. die alten Gesellschafter übertragen werden. Dies kann den Vorteil mit sich bringen, dass ein ggf. entstehender Veräußerungsgewinn nicht bzw. nicht vorrangig den Wirtschaftsgütern mit hohen stillen Reserven und langer oder nicht vorhandener Abschreibungsdauer – hier sind v.a. Grundstücke und Beteiligungen zu nennen – zugeordnet wird, sondern, dass die (hohen) Anschaffungskosten bei Wirtschaftsgütern aktiviert werden, bei denen aufgrund einer geringeren Nutzungsdauer früher mit höheren (gewinnmindernden) Abschreibungen zu rechnen ist.

- **Möglichkeit, die Aufteilung auf mehrere Teilanteils-Veräußerungen zu verteilen**: Da es sich hierbei um eine Kombination der o.a. Gestaltungsmöglichkeiten handelt, kann es zu einer Kumulation der beschriebenen Effekte kommen.

B. Die Kapitalgesellschaften

Gründe für den Gesellschafterwechsel bei Kapitalgesellschaften können sein: Absicht zur Einflussnahme, Geldanlage ohne persönliches Engagement, Spekulation zur Ausnutzung von Kursschwankungen, Liquidation von Anlagen aus Rentabilitätsgründen oder aufgrund veränderten Beteiligungsinteresses zwecks anderweitiger Mittelverwendung.

Die Übertragung der Gesellschaftsanteile an einer Kapitalgesellschaft gegen Bargeld stellt zwar nach § 1 Abs. 1 Nr. 1 UStG einen steuerbaren Umsatz dar, der aber wegen § 4 Nr. 8 Buchst. f UStG **umsatzsteuerbefreit** ist.

I.d.R. hat der Gesellschafterwechsel bei Kapitalgesellschaften **keine grunderwerbsteuerlichen Auswirkungen**. Gehört zu einer Kapitalgesellschaft inländischer Grundbesitz und führt der Gesellschafterwechsel dazu, dass sich alle oder fast alle (§ 1 Abs. 3 Nr. 1 GrEStG

---

[755] Vgl. BECKMANN, STEFAN: Übertragung von Anteilen an einer Familienkapitalgesellschaft auf die nächste Generation: Lebzeitige und inlandsbezogene Gestaltungen zur Reduzierung der steuerlichen Belastung bei im Privatvermögen gehaltenen Anteilen, Hamburg 2004, S. 34-38.

[756] Vgl. BFH-Urteil vom 02.05.1974, BStBl II 1974, S. 707.

nennt hierbei eine 95 %-Grenze) Anteile im Besitz eines Gesellschafters vereinigen, so unterliegt dieser wirtschaftliche Alleinzugriff als „Ersatztatbestand" der Besteuerung.[757]

1. Die Gesellschaftsebene

Im Gegensatz zur Personengesellschaft wirkt sich der Gesellschafterwechsel bei der Kapitalgesellschaft **nicht** auf deren Bilanz aus. Es erfolgt ein entgeltlicher Wechsel im Anteilsbesitz, der die Kapitalgesellschaft aufgrund des **Trennungsprinzips** (Gesellschafts- bzw. Gesellschafterebene) steuerlich grundsätzlich nicht berührt.[758] Die Kapitalgesellschaft führt die **Buchwerte** in ihrer Bilanz fort; es sind im Zeitpunkt des Gesellschafterwechsels **keine stillen Reserven aufzulösen**. Dies trifft auch dann zu, wenn sämtliche Anteile an einer Kapitalgesellschaft auf einen oder mehrere Gesellschafter verteilt werden.[759]

Gem. § 8 Abs. 1 S. 1 KStG i.V.m. § 10d EStG bleibt ein **Verlustabzug** auf der Ebene der Kapitalgesellschaft von einem Gesellschafterwechsel generell unberührt.[760] Eine **Ausnahme** besteht für den Fall der unmittelbaren oder mittelbaren Übertragung von mehr als 25 % der Anteile bzw. Stimmrechte an der Kapitalgesellschaft innerhalb der letzten fünf Jahre auf einen Erwerber, eine diesem nahestehende Person oder einen Erwerberkreis mit gleichgerichteten Interessen. Dann liegt ein **steuerschädlicher „Mantelkauf"** vor. Die Konsequenz ist der teilweise oder vollständige Untergang der bis zu diesem schädlichen Beteiligungserwerb nicht ausgeglichenen und abgezogenen negativen Einkünfte bezüglich Körperschaftsteuer (§ 8c KStG) und Gewerbesteuer (§ 10a S. 9 und 10 GewStG).

2. Die Gesellschafterebene

Die Veräußerung von Anteilen an Kapitalgesellschaften aus dem **körperschaftsteuerlichen Betriebsvermögen** unterliegt beim **Veräußerer** grundsätzlich – unabhängig von der Beteiligungshöhe – immer der Besteuerung als laufender Gewinn. Durch § 8b Abs. 2 i.V.m. Abs. 3 KStG können diese Gewinne jedoch zu 95 % **steuerfrei** vereinnahmt werden.

Befinden sich die Anteile an der Kapitalgesellschaft im **einkommensteuerlichen Betriebsvermögen** des Anteilseigners, ist wie folgt zu unterscheiden:

- Die Veräußerung **einer 100 %-igen Beteiligung** stellt eine (fiktive) **Teilbetriebsveräußerung** dar (§ 16 Abs. 1 S. 1 Nr. 1 S. 2 EStG). Da die Besteuerung nach dem Teileinkünfteverfahren des § 3 Nr. 40 Buchst. b und § 3c Abs. 2 EStG erfolgt, können die Vergünstigungen eines Veräußerungsgewinns i.S.d. § 34 EStG gem. § 34 Abs. 2 Nr. 1 EStG nicht, wohl aber die Begünstigung nach § 16 Abs. 4 EStG in Anspruch genommen werden. Weiterhin besteht Gewerbesteuerpflicht, jedoch nur, sofern die Veräußerung nicht

---

[757] Vgl. HEIGL, ANTON: Unternehmensbesteuerung, 2. Aufl., München/Wien 1996, S. 439, 440, 443 und 444.
[758] Vgl. BRÖNNER, HERBERT/BAREIS, PETER/POLL, JENS: Die Besteuerung der Gesellschaften, 18. Aufl., Stuttgart 2007, Teil C, Rn. 1391.
[759] Vgl. HEIGL, ANTON: Unternehmensbesteuerung, 2. Aufl., München/Wien 1996, S. 440; JACOBS, OTTO H.: Unternehmensbesteuerung und Rechtsform, 4. Aufl., München 2009, S. 444-446.
[760] Vgl. JACOBS, OTTO H.: Unternehmensbesteuerung und Rechtsform, 4. Aufl., München 2009, S. 444.

in engem Zusammenhang mit der Aufgabe des Gewerbebetriebes steht.[761] Ein Veräußerungsverlust kann nur zu 60 % geltend gemacht werden.[762]

- Die Veräußerung einer **geringeren als 100 %-igen Beteiligung** führt i.d.R. zu **laufendem Gewinn**. Dieser ist weder durch § 16 Abs. 4 EStG noch durch § 34 EStG begünstigt. Allerdings greift die Teileinkünftebesteuerung des § 3 Nr. 40 Buchst. a und § 3c Abs. 2 EStG, womit sich die Unterschiede zur Veräußerung einer 100 %-igen Beteiligung relativieren. Des Weiteren sind ein Ausgleich von 60 % der Veräußerungsverluste mit anderen Einkünften sowie die Einbeziehung der Veräußerungsverluste in den Verlustabzug möglich.[763]

- Zum Ausgleich für die 95 %-ige Steuerbefreiung entsprechender Gewinne nach § 8b Abs. 2 i.V.m. Abs. 3 KStG für Körperschaften besteht nach § 6b Abs. 10 EStG für die hier behandelten Fälle die Möglichkeit zur Übertragung der Gewinne aus der Veräußerung von Anteilen an Kapitalgesellschaften bis zu 500.000 € im Jahr der Veräußerung oder in den folgenden beiden Wirtschaftsjahren auf angeschaffte Anteile an Kapitalgesellschaften oder angeschaffte bzw. hergestellte abnutzbare bewegliche Wirtschaftsgüter. Bei angeschafften bzw. hergestellten Gebäuden verlängert sich die Übertragungsfrist neben dem Jahr der Veräußerung auf vier Wirtschaftsjahre. Sollte der Veräußerungsgewinn nicht im gleichen Jahr auf ein anderes Wirtschaftsgut übertragen werden, kann eine **steuerfreie Rücklage** gebildet werden, in welche der gesamte Veräußerungsgewinn (inkl. steuerfreier Bemessungsgrundlagenteile) einzustellen ist (§ 6b Abs. 10 S. 5 EStG). Im Falle der Übertragung auf Anteile an Kapitalgesellschaften mindern sich deren Anschaffungskosten um den vollständig erzielten Veräußerungsgewinn. Andernfalls ist der steuerpflichtige Veräußerungsgewinn als Abzugsgröße maßgebend (§ 6b Abs. 10 S. 2-3 und S. 6 EStG).

Befinden sich die Anteile an der Kapitalgesellschaft im **Privatvermögen** des Anteilseigners, sind folgende Sachverhalte zu unterscheiden:

- Die Veräußerung einer Beteiligung **i.S.d. § 17 EStG** (Beteiligungshöhe innerhalb der letzten fünf Jahre **mindestens 1 %**) führt zu **fingierten Einkünften aus Gewerbebetrieb**. Der **Veräußerungsgewinn** entspricht der Differenz zwischen **Veräußerungspreis** und **Anschaffungskosten** abzgl. der **Veräußerungskosten**. Er ist durch den Freibetrag des § 17 Abs. 3 EStG und durch das Teileinkünfteverfahren (§ 3 Nr. 40 Buchst. c und § 3c Abs. 2 EStG) begünstigt, wobei Letzteres der Anwendung des Freibetrags vorgeht. Verluste sind zu 60 % verrechenbar, sofern die Beteiligung seit mindestens fünf Jahren bestanden hat und der Gesellschafter während dieses Zeitraums ununterbrochen i.S.d. § 17 EStG beteiligt war bzw. die „§ 17-Beteiligung" innerhalb der letzten fünf Jahre uno actu erworben oder eine bestehende „§ 17-Beteiligung" innerhalb dieses Zeitraums auf-

---

[761] Vgl. BFH-Urteil vom 02.02.1972, BStBl II 1972, S. 470. Eine Kürzung des Veräußerungsgewinns durch das gewerbesteuerliche Schachtelprivileg kommt nicht in Betracht. Vgl. hierzu BFH-Urteil vom 07.12.1971, BStBl II 1972, S. 468.

[762] Vgl. sinngemäß JACOBS, OTTO H.: Unternehmensbesteuerung und Rechtsform, 4. Aufl., München 2009, S. 450-451.

[763] Vgl. sinngemäß JACOBS, OTTO H.: Unternehmensbesteuerung und Rechtsform, 4. Aufl., München 2009, S. 449 und 450.

gestockt wurde. Eine Gewerbesteuerpflicht entsteht nicht, da kein Gewerbebetrieb vorliegt (R 7.1 Abs. 3 Nr. 2 GewStR).

– Gewinne oder Verluste bei der Veräußerung von **Beteiligungen, die nicht unter § 17 EStG fallen** (Beteiligungshöhe **unter 1 %**), unterliegen seit der Unternehmensteuerreform 2008 **unabhängig von einer Spekulationsfrist** der Einkommensteuer (§ 20 Abs. 2 Nr. 1 EStG), sofern der Anteilserwerb nicht vor dem 01.01.2009 erfolgt ist. Der Vorrang von § 17 EStG gegenüber dieser Beteiligungsgruppe erwächst aus der Subsidiaritätsvorschrift des § 20 Abs. 8 EStG, wonach Einkünfte aus Gewerbebetrieb solchen aus Kapitalvermögen vorgehen. Die ursprüngliche Vorschrift über private Veräußerungsgeschäfte des § 23 Abs. 1 S. 1 Nr. 2 EStG findet keine Anwendung mehr, da zum einen der Passus „insbesondere bei Wertpapieren" gestrichen wurde und zum anderen wiederum eine Subsidiaritätsvorschrift in § 23 Abs. 2 EStG besteht, wonach die Einkünfte vorrangig den anderen Einkunftsarten zuzuordnen sind. Die Besteuerung erfolgt in **vollständiger Höhe** mittels der pauschalen **Abgeltungssteuer von 25 %** bzw. auf Antrag mit dem **individuellen Einkommensteuersatz** des Gesellschafters, falls Letzterer 25 % unterschreitet (§ 32d EStG).

Wurde bei der Einbringung eines Betriebs, Teilbetriebs oder von Mitunternehmeranteilen **in eine Kapitalgesellschaft** gegen Gewährung von Gesellschaftsanteilen durch einen antragsgebundenen Buch- oder Zwischenwertansatz auf eine vollständige oder teilweise Besteuerung der stillen Reserven verzichtet (§ 20 Abs. 2 S. 2 UmwStG), so ist deren Erfassung durch die Bestimmungen des § 22 UmwStG sichergestellt (vgl. hierzu ausführlich S. 689 ff.). Im Falle einer Veräußerung der erhaltenen Anteile innerhalb eines Zeitraums von sieben Jahren nach dem Einbringungszeitpunkt bemisst sich der hieraus erwachsende **Einbringungsgewinn I**, welcher rückwirkend im Wirtschaftsjahr der Einbringung als Gewinn zu versteuern ist, wie folgt (§ 22 Abs. 1 S. 1 und S. 3 UmwStG):

Gemeiner Wert des eingebrachten Betriebsvermögens im Einbringungszeitpunkt abzgl. Kosten für den Vermögensübergang
./. Angesetzter Wert des eingebrachten Betriebsvermögens im Einbringungszeitpunkt (Buchwert- oder Zwischenwertansatz)
= Differenzbetrag
./. 1/7 des Differenzbetrags für jedes seit dem Einbringungszeitpunkt abgelaufene Zeitjahr
= **Einbringungsgewinn I**

Beinhaltet das unter dem gemeinen Wert eingebrachte Betriebsvermögen auch Anteile an Kapitalgesellschaften, kann ein **Einbringungsgewinn II**, welcher sich entsprechend zum Einbringungsgewinn I ermittelt, durch Veräußerung der Anteile seitens der übernehmenden Kapitalgesellschaft ausgelöst werden, falls der **Einbringende** selbst nicht nach § 8b Abs. 2 KStG begünstigt gewesen wäre (§ 22 Abs. 1 S. 5 1. Halbsatz i.V.m. Abs. 2 UmwStG).[764]

---

[764] Ist der Einbringende dagegen nach § 8b Abs. 2 KStG begünstigt, bedarf es keiner Missbrauchsregelung wie oben, da sich eine Veräußerung von Anteilen an einer Kapitalgesellschaft außerhalb eines Einbringungsvorgangs ohnehin als steuerfrei mit Ausnahme der 5 % fingierten nicht abzugsfähigen Betriebsausgaben gestaltet (§ 8b Abs. 2 und Abs. 3 KStG).

Resümierend entfällt die Besteuerung des Einbringungsgewinns I bzw. II bei durch eine Einbringung entstandenen Anteilen, die mehr als sieben Jahre nach dem Einbringungszeitpunkt veräußert werden, da in diesem Fall von keiner Missbrauchsvermutung auszugehen ist. Andernfalls ist der **insgesamt entstehende Veräußerungsgewinn** in einen Einbringungsgewinn I und/oder II sowie einen restlichen Veräußerungsgewinn **zu zerlegen**.[765] Der rückwirkend entstehende Einbringungsgewinn I ist bei natürlichen Personen nach Maßgabe von **§ 16 EStG** zu versteuern, wobei die Vergünstigungen der §§ 16 Abs. 4 und 34 EStG keinerlei Anwendung finden (§ 22 Abs. 1 S. 1 UmwStG). Auf den Einbringungsgewinn II sind §§ 16 Abs. 4 und 34 EStG ebenfalls nicht anzuwenden (§ 22 Abs. 2 S. 1 2. Halbsatz UmwStG). Der Einbringungsgewinn, welcher generell als nachträgliche Anschaffungskosten der erhaltenen Anteile anzusehen ist (§ 22 Abs. 1 S. 4 und Abs. 2 S. 4 UmwStG), unterliegt als **laufender Gewinn** der Körperschaftsteuer bzw. Einkommensteuer sowie der Gewerbesteuer, d.h. weder das Teileinkünfteverfahren noch § 8b KStG sind diesbezüglich in Anspruch zu nehmen. Aufgrund der Rückwirkung des Einbringungsgewinns und seiner Behandlung als nachträgliche Anschaffungskosten mindert er entsprechend den restlichen Veräußerungsgewinn, welcher alternativ dem Teileinkünfteverfahren, der Regelung des § 8b KStG oder der Abgeltungssteuer i. S. v. § 32d EStG unterliegt.[766]

Abb. 108[767] (S. 539) fasst die Behandlung von Veräußerungsgewinnen übersichtsartig zusammen.

---

[765] Vgl. BT-Drs. 16/2710 vom 25.09.2006, S. 47.

[766] Vgl. RÖDDER, THOMAS/SCHUMACHER, ANDREAS: Das SEStEG – Überblick über die endgültige Fassung und die Änderungen gegenüber dem Regierungsentwurf, in: DStR 2007, S. 369-377, s.b.S. 374.

[767] Modifiziert und wesentlich erweitert entnommen aus JACOBS, OTTO H.: Unternehmensbesteuerung und Rechtsform, 4. Aufl., München 2009, S. 447 und 449.

	Anteile im Privatvermögen			Anteile im Betriebsvermögen einer Personengesellschaft		
	Keine Beteiligung i.S.d. § 17 EStG	Beteiligung i.S.d. § 17 EStG	Anteile aus einer Einbringung	Beteiligungsquote unter 100 %	Beteiligungsquote = 100 %	Anteile aus einer Einbringung
Einkommensteuer	Einkünfte aus Kapitalvermögen (§ 20 Abs. 2 Nr. 1 EStG); Sparer-Pauschbetrag (§ 20 Abs. 9 EStG); Abgeltungssteuer (§ 32d EStG), d.h. vollständige Besteuerung	Einkünfte aus Gewerbebetrieb; Freibetrag (§ 17 Abs. 3 EStG); Teileinkünfteverfahren (§ 3 Nr. 40 Buchst. c und § 3c Abs. 2 EStG)	a. mehr als 7 Jahre seit der Einbringung: keine Besonderheiten b. max. 7 Jahre seit der Einbringung: Einbringungsgewinn I bzw. II ist Einkünfte aus Gewerbebetrieb; § 16 Abs. 4 und § 34 EStG sind nicht anwendbar (§ 22 Abs. 1 UmwStG); vollständige Besteuerung; bzgl. der Behandlung des restlichen Veräußerungsgewinns bestehen keine Besonderheiten	Einkünfte aus Gewerbebetrieb; Teileinkünfteverfahren (§ 3 Nr. 40 Buchst. a und § 3c Abs. 2 EStG); Erleichterung durch § 6b Abs. 10 EStG	Einkünfte aus Gewerbebetrieb; Teileinkünfteverfahren (§ 3 Nr. 40 Buchst. b und § 3c Abs. 2 EStG); § 16 Abs. 4 ist anwendbar (nicht § 34 EStG!); Erleichterung durch § 6b Abs. 10 EStG	a. mehr als 7 Jahre seit der Einbringung: keine Besonderheiten b. max. 7 Jahre seit der Einbringung: Einbringungsgewinn I bzw. II ist Einkünfte aus Gewerbebetrieb; § 16 Abs. 4 und § 34 EStG sind nicht anwendbar (§ 22 Abs. 1 UmwStG); vollständige Besteuerung; bzgl. der Behandlung des restlichen Veräußerungsgewinns bestehen keine Besonderheiten
Gewerbesteuer	nein			ja (zu 60 % gem. Teileinkünfteverfahren)		Einbringungsgewinn I bzw. II: ja (vollständige Besteuerung) Veräußerungsgewinn: ja (zu 60 % gem. Teileinkünfteverfahren)

Abb. 108: Ertragsteuerliche Behandlung der Veräußerung von Anteilen an einer Kapitalgesellschaft

IV. Die Besteuerung der Beendigung

Vgl. hierzu insb. BRÖNNER, HERBERT/BAREIS, PETER/POLL, JENS: Die Besteuerung der Gesellschaften, 18. Aufl., Stuttgart 2007, Teil B, Rn. 2113-2499 und Teil C, Rn. 1511-1612; HEIGL, ANTON: Unternehmensbesteuerung, 2. Aufl., München/Wien 1996, S. 480-482, 495-528; JACOBS, OTTO H.: Unternehmensbesteuerung und Rechtsform, 4. Aufl., München 2009, S. 384-399, 423-429, 432-444, 494-498; ROSE, GERD: Betriebswirtschaftliche Steuerlehre, 3. Aufl., Wiesbaden 1992, S. 102-104, 114, 115, 140-142; SCHNEELOCH, DIETER: Betriebswirtschaftliche Steuerlehre, Bd. 2: Betriebliche Steuerpolitik, 3. Aufl., München 2009, S. 363-370; ZIMMERMANN, REIMAR u.a.: Die Personengesellschaft im Steuerrecht, 11. Aufl., Achim 2013.

A. Der Einzelkaufmann

1. Beendigung durch Liquidation

Die Liquidation eines Einzelunternehmens kann durch allmähliche Veräußerung der Wirtschaftsgüter (**Abwicklung**) oder in einem einzigen Vorgang (**Aufgabe**) geschehen (vgl. Abb. 109).

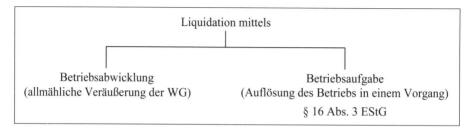

Abb. 109: Möglichkeiten der Liquidation eines Einzelunternehmens

Unter einer **Betriebsaufgabe** versteht man den einheitlichen Vorgang, bei dem **alle wesentlichen Betriebsgrundlagen** innerhalb kurzer Zeit[768] an verschiedene Abnehmer veräußert bzw. ganz oder teilweise ins Privatvermögen überführt werden (H 16 Abs. 2 EStR, Stichwort „Allgemeines"). Die tatsächliche Aufgabe des Betriebs bedeutet dabei die **völlige Aufgabe jeder werbenden Tätigkeit** (Beendigung der Teilnahme am allgemeinen wirtschaftlichen Verkehr). Der Betrieb muss in jedem Fall aufhören, als selbstständiger Organismus des Wirtschaftslebens zu bestehen.[769]

Wesentliche Betriebsgrundlagen stellen solche Wirtschaftsgüter dar, die zur Erreichung des Betriebszwecks erforderlich sind und eine besondere Bedeutung für die Betriebsführung haben (z.B. Maschinen, Betriebsgrundstücke, Betriebsvorrichtungen oder Geschäftsbeziehungen, sofern sie oben genannte Eigenschaften erfüllen). Der BFH definiert die wesentlichen Betriebsgrundlagen wie folgt: „Was zu den wesentlichen Grundlagen eines Betriebes

---

[768] Der unbestimmte Rechtsbegriff der „kurzen Zeit" ist nicht zu eng auszulegen. Die Finanzverwaltung geht bei Veräußerungen bzw. Überführungen innerhalb eines Zeitraums von max. drei Jahren von einem wirtschaftlich einheitlichen Vorgang aus. Dabei beginnt die Betriebsaufgabe mit vom Aufgabeentschluss getragenen Handlungen, die objektiv auf die Auflösung des Betriebs gerichtet sind, und endet mit der Veräußerung bzw. Überführung der letzten wesentlichen Betriebsgrundlagen (H 16 Abs. 2 EStR, Stichwort „Zeitraum für die Betriebsaufgabe").

[769] Vgl. JACOBS, OTTO H.: Unternehmensbesteuerung und Rechtsform, 4. Aufl., München 2009, S. 385.

gehört, wird durchweg nach den sachlichen Betriebserfordernissen beurteilt; lediglich bei der Betriebsveräußerung sieht die Rechtsprechung Wirtschaftsgüter auch wegen des Umfangs ihrer stillen Reserven als wesentliche Betriebsgrundlagen an. Sonst werden zu den wesentlichen Grundlagen eines Betriebes diejenigen Wirtschaftsgüter gezählt, die zur Erreichung des Betriebszwecks erforderlich sind und besonderes Gewicht für die Betriebsführung besitzen."[770]

Zur Ermittlung des **Betriebsaufgabeerfolgs** sind den Buchwerten für veräußerte Wirtschaftsgüter Veräußerungspreise und für ins Privatvermögen überführte Wirtschaftsgüter gemeine Werte im Zeitpunkt der Aufgabe gegenüberzustellen (§ 16 Abs. 3 S. 6-7 EStG).

Gewerbesteuerpflicht besteht bis zur Beendigung der Aufgabe oder Abwicklung des Betriebs (§ 4 Abs. 1 GewStDV). Der **Betriebsaufgabeerfolg** ist im Gegensatz zum **Betriebsabwicklungserfolg** – vgl. Abb. 109 (S. 540) – **nicht mehr gewerbesteuerpflichtig** (R 2.6 Abs. 1 und 4 GewStR).

Im Fall der Betriebsaufgabe ist zwecks Trennung des Betriebsaufgabegewinns vom laufenden Gewinn des letzten aktiven Wirtschaftsjahrs eine Zwischen-Steuerbilanz zu erstellen.

Der **Betriebsaufgabegewinn** ermittelt sich wie folgt:[771]

	Veräußerungspreise der veräußerten Wirtschaftsgüter
+	Gemeine Werte der in das Privatvermögen überführten Wirtschaftsgüter
./.	Buchwert des Betriebsvermögens im Zeitpunkt der Beendigung der unternehmerischen Tätigkeit
./.	Betriebsaufgabekosten (z.B. Notariatsgebühren, Vermittlungsprovision)
=	Betriebsaufgabegewinn

Beispiel: (Ermittlung des Betriebsaufgabegewinns)

Ein 40-jähriger Einzelunternehmer schließt seinen Handelsbetrieb aufgrund mangelhafter Auftragslage zum 31.12.2013. Dabei überführt er sowohl den Grund und Boden (gemeiner Wert: 85.000 €) mit Gebäude (gemeiner Wert: 60.000 €) als auch den Bank- bzw. Kassenbestand ins Privatvermögen. Die restlichen Wirtschaftsgüter (Betriebs- und Geschäftsausstattung, Waren und Forderungen) veräußert er zu einem Gesamtverkaufspreis von 87.000 €, wobei der Erwerber darüber hinaus die Warenverbindlichkeiten sowie das Bankdarlehen übernimmt.

Im Rahmen der Betriebsaufgabe fallen zusätzliche Kosten i.H.v. 2.000 € an, die durch den Einzelunternehmer übernommen werden.

Die Schlussbilanz des Einzelunternehmens besitzt zum 31.12.2013 folgendes Bild:

Aktiva	Schlussbilanz zum 31.12.2013		Passiva
Grund und Boden	60.000 €	Kapital	150.000 €
Gebäude	50.000 €	Warenverbindlichkeiten	30.000 €
Betriebs- und Geschäftsausstattung	10.000 €	Bankdarlehen	20.000 €
Waren	30.000 €		
Forderungen	40.000 €		
Bank/Kasse	10.000 €		
	200.000 €		200.000 €

---

[770] BFH-Urteil vom 24.08.1989, BStBl II 1989, S. 1014.
[771] Vgl. JACOBS, OTTO H.: Unternehmensbesteuerung und Rechtsform, 4. Aufl., München 2009, S. 386.

Ermittlung des Betriebsaufgabegewinns:

	Veräußerungspreise der veräußerten Wirtschaftsgüter	87.000 €
+	Gemeine Werte der entnommenen Wirtschaftsgüter	155.000 €
./.	Buchwert des Betriebsvermögens	150.000 €
./.	Betriebsaufgabekosten	2.000 €
=	Betriebsaufgabegewinn	90.000 €

Sämtliche Veräußerungs- bzw. Entnahmegewinne unterliegen der **Einkommensteuer**. Während jene im Falle der Betriebsabwicklung den normalen Einkommensteuersätzen unterliegen, kommen bei der Betriebsaufgabe ggf. der Freibetrag gem. § 16 Abs. 4 EStG sowie die Begünstigung gem. § 34 Abs. 1 bzw. ggf. Abs. 3 EStG in Betracht. Der Freibetrag bzw. die Progressionsmilderung sollen Härten reduzieren, die im Zuge der Veräußerung bzw. Überführung von Wirtschaftsgütern in das Privatvermögen entstehen. Erstreckt sich die Betriebsaufgabe über mind. zwei Veranlagungszeiträume, so stellt sich bei Inanspruchnahme von §§ 16 Abs. 4 und 34 Abs. 3 EStG, welche nur einmal im Leben des Einzelunternehmers gewährt werden, die Frage des (der) Anwendungszeitraums (Anwendungszeiträume).

Beispiel: (Inanspruchnahme von Begünstigungen bei der Betriebsaufgabe)[772]

Ein 63-jähriger Einzelunternehmer möchte seinen Gewerbebetrieb (kalenderidentisches Wirtschaftsjahr) ab dem 01.11.2013 aufgeben. Im Zeitraum vom 01.11.2013-01.02.2014 werden alle wirtschaftlich wesentlichen Betriebsgrundlagen veräußert. Die relevanten Daten lauten:

		2013	2014	
	Veräußerungspreis	80.000 €	100.000 €	
–	Buchwerte	16.000 €	4.000 €	
=	**Veräußerungsgewinn**	**64.000 €**	**96.000 €**	**160.000 €**

Das in Anspruch zu nehmende Volumen des Freibetrags i.S.v. § 16 Abs. 4 EStG beträgt 45.000 € abzgl. desjenigen Betrags, um den der Gesamtveräußerungsgewinn von 160.000 € den Wert von 136.000 € überschreitet. Mithin beläuft sich der insgesamt zu gewährende Freibetrag auf 21.000 €. Jener ist auf die beiden Veranlagungszeiträume im Verhältnis der Veräußerungsgewinne zu verteilen. Somit sind 40 % des Freibetrags (8.400 €) im Jahr 2013 und 60 % des Freibetrags (12.600 €) im Jahr 2014 in Anspruch zu nehmen.

Stellt der Einzelunternehmer darüber hinaus den Antrag auf Tarifermäßigung gem. § 34 Abs. 3 EStG, so ist diese ausnahmsweise in beiden Veranlagungszeiträumen zu gewähren, falls der Höchstbetrag von 5 Mio. € für Veräußerungsgewinne insgesamt nicht überschritten wird.

Die Veräußerung von Wirtschaftsgütern bzw. deren Überführung ins Privatvermögen ist grundsätzlich umsatzsteuerbar.

Ermittelt der Einzelkaufmann seinen Gewinn (ausnahmsweise) mittels der Einnahmen-Überschussrechnung i.S.v. § 4 Abs. 3 EStG (vgl. S. 16), hat er im Zeitpunkt der Betriebsaufgabe auf einen Betriebsvermögensvergleich überzugehen (§ 16 Abs. 2 S. 2 EStG).

Im Kontext einer Betriebsaufgabe stellt sich simultan die Frage der Abgrenzung zu einer **Betriebsverpachtung**. Hier beendet der Einzelunternehmer zwar ebenfalls seine gewerbliche Tätigkeit, überlässt die wesentlichen Betriebsgrundlagen jedoch einem Dritten für eine gewisse Zeitdauer. Die Finanzverwaltung geht deswegen von einer Betriebsunterbrechung

---

[772] In Anlehnung an BMF-Schreiben vom 20.12.2005, BStBl I 2006, S. 7.

aus, wobei der Einzelunternehmer (Verpächter) alternativ die Rechtsfolgen der Betriebsaufgabe wählen kann (vgl. ausführlich S. 590).

2. Beendigung durch entgeltliche Übertragung

Es ergeben sich die gleichen verkehr-, gewerbe- und einkommensteuerlichen Konsequenzen wie im Falle der **Betriebsaufgabe**.

Voraussetzung für die Veräußerung des Einzelunternehmens ist der Übergang des Unternehmens mit allen seinen **wesentlichen Betriebsgrundlagen** gegen Entgelt. Dabei muss der Betrieb als lebender Organismus des Wirtschaftslebens weitergeführt werden können. Ob der Erwerber ihn jedoch tatsächlich weiterführt, ist nicht entscheidend.

Der **Veräußerungsgewinn** ermittelt sich wie folgt:[773]

	Veräußerungserlös der veräußerten Wirtschaftsgüter
./.	Buchwert des Betriebsvermögens im Zeitpunkt der Beendigung der unternehmerischen Tätigkeit
./.	Veräußerungskosten (z.B. Notariatsgebühren, Vermittlungsprovision)
=	Veräußerungsgewinn

Veräußerung gegen wiederkehrende Leistungen: Wird der Veräußerungspreis in Raten- oder Rentenzahlungen geleistet, gilt als Veräußerungspreis der Kapitalwert dieser Ansprüche. Bei **entgeltlicher Übertragung** – gegen Gewährung von Leibrenten, langfristigen Zeitrenten oder wiederkehrenden geldwerten Vorteilen – besteht folgendes Wahlrecht (R 16 Abs. 11 EStR):

- **Sofortversteuerung**: Der Veräußerungsgewinn als Differenz zwischen dem Kapitalwert der Ansprüche und dem Kapitalkonto der Schlussbilanz ist im Jahr der Veräußerung unter Beachtung von § 16 EStG und § 34 EStG sofort zu versteuern. Die zufließenden Raten- oder Rentenzahlungen sind mit ihrem **Zinsanteil** als wiederkehrende Bezüge bei den **Einkünften aus Kapitalvermögen** bzw. mit ihrem **Ertragsanteil** als **sonstige Einkünfte** i.S.v. § 22 Nr. 1 S. 3 Buchst. a Doppelbuchst. bb EStG zu erfassen.

- **Zuflussversteuerung**: Es erfolgt eine **Aufrechnung der Raten- und Rentenbezüge gegen das Kapitalkonto**, wobei bis zum Erreichen des Buchwerts des Kapitalkontos keine steuerpflichtigen Einkünfte vorliegen. Erst bei Übersteigen des Buchwerts werden alle später zufließenden Beträge (ohne Freibetrag des § 16 Abs. 4 EStG bzw. Begünstigung des § 34 EStG) als nachträgliche Betriebseinnahmen erfasst (§ 15 EStG i.V.m. § 24 Nr. 2 EStG).

Ist der Veräußerer z.B. an einer erwerbenden Personengesellschaft wiederum beteiligt, gelten gem. § 16 Abs. 2 S. 3 EStG für diesen quotalen Anteil weder der Freibetrag noch die Begünstigung des § 34 Abs. 1 bzw. Abs. 3 EStG.

---

[773] Vgl. JACOBS, OTTO H.: Unternehmensbesteuerung und Rechtsform, 4. Aufl., München 2009, S. 384-395.

3. Beendigung durch unentgeltliche Übertragung

Eine unentgeltliche Übertragung führt i.d.R. zu einer Bereicherung des Erwerbers mit dem Ergebnis der **Erbschaft- und Schenkungsteuerpflicht** (§§ 1 und 2 ErbStG). Da begünstigtes Vermögen i.S.v. § 13b Abs. 1 Nr. 2 ErbStG vorliegt, bleibt dieses zunächst zu 85 % außer Ansatz (sog. **Verschonungsabschlag**; § 13a Abs. 1 S. 1 ErbStG i.V.m. § 13b Abs. 4 ErbStG),[774] falls die jährliche Lohnsumme i.S.v. § 13a Abs. 4 ErbStG des Einzelunternehmens in einem Zeitraum von fünf Jahren nach der Übertragung 400 % der durchschnittlichen Lohnsumme der letzten fünf vor dem Zeitpunkt der Übertragung endenden Wirtschaftsjahre nicht unterschreitet.[775] Verfügt das Einzelunternehmen über nicht mehr als 20 Beschäftigte, ist obige Begünstigung stets zu gewähren (§ 13a Abs. 1 S. 4 ErbStG). Darüber hinaus greift ein sog. **Abzugsbetrag** von 150.000 €, der sich um 50 % des 150.000 € übersteigenden gemeinen Werts des Betriebsvermögens verringert (§ 13a Abs. 2 ErbStG).

Bei **Grundstücksübertragungen** auf eine Gesamthand gilt die Begünstigung des § 5 Abs. 2 i.V.m. Abs. 3 GrEStG (Befreiung i.H.d. Anteils des Übertragenden an der Gesamthand).

Es erfolgt **keine ertragsteuerliche Erfassung** beim Veräußerer, weil § 6 Abs. 3 S. 1 EStG eine **Buchwertverknüpfung** vorsieht. Nach § 6 Abs. 3 S. 2 EStG gilt Selbiges auch bei nicht erfolgter Übertragung von Wirtschaftsgütern, die weiterhin zum Betriebsvermögen derselben Mitunternehmerschaft gehören, sofern der Rechtsnachfolger den übernommenen Anteil nicht innerhalb von fünf Jahren veräußert oder aufgibt. Werden jedoch wesentliche Betriebsgrundlagen in das Privatvermögen übernommen, stellt der Vorgang als Ganzes eine Betriebsaufgabe dar mit der Folge einer Besteuerung nach §§ 16 und 34 EStG.

4. Beendigung im Insolvenzfall und durch Tod

Im Grundsatz erfolgt **bei Beendigung im Insolvenzfall** eine gleiche Behandlung wie bei der Betriebsaufgabe.

Beim **Tod des Einzelunternehmers** gehen die Vermögensgegenstände und Schulden auf den oder die Rechtsnachfolger unentgeltlich über, sodass keine Gewinnrealisierung stattfindet. Die Wirtschaftsgüter des Unternehmens werden mit ihren Buchwerten fortgeführt. Die erbschaftsteuerlichen Regelungen sowie § 5 Abs. 2 i.V.m. Abs. 3 GrEStG gelten analog zur unentgeltlichen Übertragung.

B. Die Personengesellschaften

1. Beendigung durch Liquidation

Wie beim Einzelunternehmen ist auch bei der Personengesellschaft zwischen der Betriebsaufgabe und der Betriebsabwicklung zu differenzieren. Hierbei gelten die obigen Ausführungen zu einem Einzelunternehmen entsprechend. Als wichtige **Besonderheit** ist die Ge-

---

[774] Alternativ kann ein Verschonungsabschlag i.H.v. 100 % gewährt werden. Vgl. hierzu § 13a Abs. 1 i.V.m. Abs. 8 ErbStG sowie ausführlich S. 415 f.

[775] Für jedes Wirtschaftsjahr, in dem die 400 %-Grenze nicht eingehalten wird, vermindert sich der Verschonungsabschlag mit Wirkung für die Vergangenheit in demselben prozentualen Umfang, wie die Mindestlohnsumme unterschritten wird (§ 13a Abs. 1 S. 5 ErbStG).

werbesteuerpflicht des Betriebsaufgabegewinns hervorzuheben, soweit er nicht auf eine natürliche Person als unmittelbar beteiligter Mitunternehmer entfällt (§ 7 S. 2 GewStG).

2. Beendigung durch entgeltliche Übertragung

Eine Veräußerung des gesamten Betriebs liegt vor, wenn **alle wesentlichen Betriebsgrundlagen** in einem einheitlichen Vorgang auf einen Erwerber entgeltlich übertragen werden und damit die gewerbliche (landwirtschaftliche, freiberufliche) Tätigkeit des Veräußerers mit dem bisherigen Betriebsvermögen endet.[776]

Die Regelungen entsprechen im Wesentlichen denen beim Einzelkaufmann mit der **Besonderheit** der Gewerbesteuerpflicht des Gewinns aus der Veräußerung des Gewerbebetriebs, soweit er nicht auf eine natürliche Person als unmittelbar beteiligter Mitunternehmer entfällt (§ 7 S. 2 GewStG).

3. Beendigung durch unentgeltliche Übertragung und im Insolvenzfall

Hinsichtlich der **unentgeltlichen Übertragung** gelten die Aussagen bzgl. des Einzelkaufmanns analog.

Die Unternehmung erfährt **im Insolvenzfall** die gleiche steuerliche Behandlung wie im Fall der Betriebsaufgabe.

4. Realteilung bei der Personengesellschaft

Eine Realteilung i. S. v. § 16 Abs. 3 S. 2-4 EStG setzt die Betriebsaufgabe einer Mitunternehmerschaft voraus.[777] Ihre Rechtsfolgen treten nur dann ein, falls **mind. eine wesentliche Betriebsgrundlage** nach der Realteilung **Betriebsvermögen oder Sonderbetriebsvermögen (bei einer anderen Mitunternehmerschaft) eines Realteilers** darstellt. Im Umkehrschluss muss nicht jeder Realteiler wesentliche Betriebsgrundlagen erhalten. Als „wesentlich" sind hierbei Wirtschaftsgüter anzusehen, in denen erhebliche stille Reserven ruhen, oder Wirtschaftsgüter, denen ein besonderes wirtschaftliches Gewicht für die Betriebsführung zukommt.[778] Alternativ ist die Übertragung von Teilbetrieben und Mitunternehmeranteilen möglich.

Bei Erfüllung sämtlicher Voraussetzungen erfolgt eine **Buchwertverknüpfung**, falls die Sicherstellung der stillen Reserven gewährleistet ist. Dies bedeutet, dass solche bei der übertragenden Mitunternehmerschaft nicht aufzudecken sind; für den übernehmenden Mitunternehmer besteht eine Bindung an den Buchwert.

Eine zwingende **Aufdeckung der stillen Reserven** hat in folgenden Fällen zu erfolgen:

---

[776] Vgl. JACOBS, OTTO H.: Unternehmensbesteuerung und Rechtsform, 4. Aufl., München 2009, S. 384.
[777] Vgl. hinsichtlich der Abgrenzung zum Austritt eines Mitunternehmers bei Bestehen der Mitunternehmerschaft die Ausführungen auf S. 523.
[778] Vgl. hierzu BMF-Schreiben vom 28.02.2006, in: DStR 2006, S. 426-428, s.b.S. 426-427.

- **Missachtung der dreijährigen Sperrfrist**[779] bei Grund und Boden, Gebäuden oder anderen wesentlichen Betriebsgrundlagen, indem solche Wirtschaftsgüter innerhalb dieser Sperrfrist veräußert oder entnommen werden (Bewertung zum gemeinen Wert). Der nachträglich entstehende Gewinn ist nicht nach § 16 Abs. 4 EStG und § 34 Abs. 1 bzw. Abs. 3 EStG begünstigt;
- Übertragung von Wirtschaftsgütern in das **Privatvermögen**;[780]
- Übertragung von Wirtschaftsgütern in das **Betriebsvermögen und keine Sicherstellung stiller Reserven** (§ 16 Abs. 3 S. 2 EStG; z.B. Übertragung in eine Betriebstätte in einem DBA-Staat);
- Übertragung von Wirtschaftsgütern auf **Kapitalgesellschaften** (§ 16 Abs. 3 S. 4 EStG).

Die Realteilung verkörpert auch für Zwecke der Gewerbesteuer eine Betriebsaufgabe.[781] Der Aufgabegewinn unterliegt gem. § 7 S. 2 GewStG nur der Gewerbesteuer, soweit dieser nicht auf eine natürliche Person als unmittelbar beteiligten Mitunternehmer entfällt.

C. Die Kapitalgesellschaften

Kapitalgesellschaften können durch **Auflösung** und sich zwingend anschließende **Abwicklung** (bei AG bzw. KGaA; vgl. §§ 262 ff. AktG) bzw. **Liquidation** (bei GmbH; vgl. §§ 60 ff. GmbHG) in Form einer Verteilung des vorhandenen Vermögens an die Gesellschafter beendet werden.

Als mögliche Auflösungsgründe kommen der Ablauf der gesellschaftsvertraglich bestimmten Zeit, der Beschluss durch die Hauptversammlung, die Eröffnung des Insolvenzverfahrens[782], die Verfügung des Registergerichts, welches einen Satzungsmangel feststellt, sowie die Löschung der Gesellschaft wegen Vermögenslosigkeit in Betracht (§ 262 Abs. 1 AktG und § 60 Abs. 1 GmbHG).

Weitere Möglichkeiten, die körperliche Existenz von Kapitalgesellschaften zu beenden, bestehen z.B. in der **Verschmelzung** (Aufgehen in einer anderen Gesellschaft) oder in der Überführung in eine andere Rechtsform (**Umwandlung**). In diesen beiden Fällen erfolgt keine Liquidation. Die steuerlichen Auswirkungen werden im Zusammenhang mit den Unternehmensumstrukturierungen erläutert (vgl. S. 626 ff.).

Die Versteuerung evtl. vorhandener stiller Reserven ist bei der Auflösung sicherzustellen. Mit der Auflösung der Kapitalgesellschaft erlischt deren Rechtsfähigkeit. Das Erlöschen der Steuerpflicht ist der letzte Zeitpunkt, zu dem die im Gesellschaftsvermögen enthaltenen stillen Reserven erfasst werden können.

---

[779] Die Sperrfrist beginnt nach der Übertragung (§ 16 Abs. 3 S. 3 1. Halbsatz EStG) und endet drei Jahre nach der Abgabe der Steuererklärung der Mitunternehmerschaft für den VAZ der Realteilung (§ 16 Abs. 3 S. 3 2. Halbsatz EStG).

[780] Vgl. hierzu BMF-Schreiben vom 28.02.2006, BStBl I 2006, S. 228.

[781] Vgl. BFH-Urteil vom 17.02.1994, BStBl II 1994, S. 809-810, s.b.S. 810.

[782] Vgl. zum Ablauf eines Insolvenzverfahrens sowie zur Europäischen Insolvenzverordnung KUßMAUL, HEINZ/RUINER, CHRISTOPH: Zum Insolvenzstatut einer ausschließlich in Deutschland tätigen *Limited*, in: KSI 2008, S. 112-118; WEGENER, WOLFGANG: Insolvenzrecht im Kontext der Existenzgründung, in: Arbeitspapiere zur Existenzgründung, hrsg. von HEINZ KUßMAUL, Bd. 19, 4. Aufl., Saarbrücken 2010.

Aufgrund des **Trennungsprinzips** bei Kapitalgesellschaften sind bzgl. der Auflösung die Gesellschafts- und die Gesellschafterebene getrennt zu betrachten.[783]

Gesellschaftsebene:

- § 11 KStG regelt die steuerliche Behandlung der Auflösung und Abwicklung bzw. Liquidation von unbeschränkt steuerpflichtigen Kapitalgesellschaften, indem es an die Stelle des jährlichen Veranlagungs- und Besteuerungsrhythmus den **Abwicklungszeitraum** setzt und das **Abwicklungsergebnis** statt laufender jährlicher Ergebnisse erfasst.

- Das Abwicklungsergebnis knüpft formal an den Betriebsvermögensvergleich an, indem das Abwicklungs-Endvermögen dem Abwicklungs-Anfangsvermögen gegenübergestellt wird (§ 11 Abs. 2 KStG).

- Dabei verkörpert das **Abwicklungs-Anfangsvermögen** dasjenige Betriebsvermögen, das am Ende des Wirtschaftsjahrs besteht, das der Auflösung unmittelbar vorausgeht (§ 11 Abs. 4 S. 1 KStG). Alternativ kann bei einer Auflösung während des Wirtschaftsjahrs ein Rumpfwirtschaftsjahr gebildet werden, das vom Schluss des vorangegangenen Wirtschaftsjahrs bis zur Auflösung reicht. In diesem Fall bildet das Abwicklungs-Anfangsvermögen dasjenige Betriebsvermögen, das am unmittelbar vor der Auflösung liegenden Tag besteht (R 51 Abs. 1 KStR).

- Das **Abwicklungs-Endvermögen** stellt das zur Verteilung kommende Vermögen an die Gesellschafter dar (§ 11 Abs. 3 KStG), d.h. es versteht sich nach Begleichung bzw. Sicherstellung von Verbindlichkeiten. Insofern stehen als Wirtschaftsgüter Bar- und Giralgeld, Forderungen sowie Sachwerte zur Verfügung.

- Das Abwicklungsergebnis umfasst nicht nur die aufzudeckenden stillen Reserven, sondern auch die im Abwicklungszeitraum realisierten laufenden Erträge und verursachten Aufwendungen, sodass eine Mischgröße vorliegt.[784]

- Der **Besteuerungszeitraum** soll **drei Jahre** nicht überschreiten (§ 11 Abs. 1 S. 2 KStG). Im Falle eines länger andauernden Abwicklungszeitraums sind die danach beginnenden Besteuerungszeiträume jeweils auf ein Jahr begrenzt (R 51 Abs. 1 S. 6 KStR). In letzterem Fall ist die obige besondere Gewinnermittlung nur für den letzten Besteuerungszeitraum vorzunehmen (R 51 Abs. 3 KStR).

- Die Steuerpflicht der Kapitalgesellschaft endet regelmäßig mit der Löschung der Handelsregistereintragung.

Beispiel: (Abwicklungszeitraum und Besteuerungszeitraum)

Eine AG mit kalenderidentischem Wirtschaftsjahr beschließt ihre Auflösung zum 01.10.2013. Das Vermögen wird an die Gesellschafter am 31.12.2017 vollständig verteilt.

Während sich der Abwicklungszeitraum einheitlich vom 01.10.2013 bis 31.12.2017 erstreckt, besitzt die AG drei Möglichkeiten hinsichtlich der Festlegung ihrer Besteuerungszeiträume:

- Beginn des ersten Besteuerungszeitraums vom 01.01.2013 bis 31.12.2015 (3 Jahre!) mit anschließenden Besteuerungszeiträumen vom 01.01.2016 bis 31.12.2016 sowie vom 01.01.2017 bis 31.12.2017;

---

[783] Vgl. JACOBS, OTTO H.: Unternehmensbesteuerung und Rechtsform, 4. Aufl., München 2009, S. 432.
[784] Vgl. BFH-Urteil vom 08.12.1971, BStBl II 1972, S. 229-232, s.b.S. 230-231.

- Bildung eines Rumpfwirtschaftsjahrs vom 01.01.2013 bis 30.09.2013 und Beginn des ersten Besteuerungszeitraums vom 01.10.2013 bis 30.09.2016 (3 Jahre!) mit anschließenden Besteuerungszeiträumen vom 01.10.2016 bis 30.09.2017 und vom 01.10.2017 bis 31.12.2017;

- Bildung eines Rumpfwirtschaftsjahrs vom 01.01.2013 bis 30.09.2013 und Beginn des ersten Besteuerungszeitraums vom 01.10.2013 bis 30.09.2016 (3 Jahre!) mit anschließenden Besteuerungszeiträumen vom 01.10.2016 bis 31.12.2016 (Rumpfwirtschaftsjahr zwecks Umstellung auf das Kalenderjahr) und vom 01.01.2017 bis 31.12.2017.

Das Abwicklungs-Anfangsvermögen ist dem Abwicklungs-Endvermögen nur für den letzten Besteuerungszeitraum gegenüberzustellen. Die Gewinnermittlung für die vorangehenden Besteuerungszeiträume innerhalb des Abwicklungszeitraums erfolgt dagegen nach allgemeinen Grundsätzen.

- Das **Abwicklungsergebnis** berechnet sich wie folgt:[785]

	Abwicklungs-Endvermögen zu gemeinen Werten
./.	Steuerfreie Vermögensmehrungen im Abwicklungszeitraum
=	Steuerliches Abwicklungs-Endvermögen gem. § 11 Abs. 3 KStG zu gemeinen Werten
	Abwicklungs-Anfangsvermögen zu Buchwerten lt. Steuerbilanz
./.	Offene Gewinnausschüttungen im Abwicklungszeitraum für Wirtschaftsjahre vor der Auflösung
=	Steuerliches Abwicklungs-Anfangsvermögen gem. § 11 Abs. 4 KStG zu Buchwerten lt. Steuerbilanz
	Steuerliches Abwicklungs-Endvermögen
./.	Steuerliches Abwicklungs-Anfangsvermögen
=	Vorläufiges steuerliches Abwicklungsergebnis
+	VGA im Abwicklungszeitraum (§ 8 Abs. 3 S. 2 KStG)
+	Nichtabziehbare Aufwendungen im Abwicklungszeitraum (§ 10 KStG)
./.	Abzugsfähige Aufwendungen im Abwicklungszeitraum (§ 9 KStG)
./.	Verlustabzug gem. § 10d EStG i.V.m. § 8 Abs. 1 S. 1 KStG
=	Vorläufiges und eigentliches zu versteuerndes Abwicklungseinkommen
+	Laufende Erträge im Abwicklungszeitraum
./.	Laufende Aufwendungen im Abwicklungszeitraum
=	Zu versteuerndes Abwicklungseinkommen

- Der Abwicklungsgewinn unterliegt dem Körperschaftsteuersatz von 15 %. § 16 Abs. 4 EStG oder § 34 EStG kann Kapitalgesellschaften nicht gewährt werden.[786]

- Ein aufgelöster Gewerbebetrieb bleibt bis zur Beendigung der Abwicklung Steuergegenstand der Gewerbesteuer (§ 4 Abs. 1 GewStDV). § 16 Abs. 1 GewStDV und R 7.1 Abs. 8 GewStR sehen eine diesbezügliche Sonderbehandlung vor, wonach der innerhalb des Abwicklungszeitraums entstandene Gewerbeertrag auf selbigen **pro-rata-temporis** zu verteilen ist. Da die Höhe des Gewerbeertrags erst am Ende des Abwicklungszeit-

---

[785] Modifiziert entnommen aus RICHTER, LUTZ: Kapitalgesellschaften und EuGH-Rechtsprechung, in: Bilanz-, Prüfungs- und Steuerwesen, hrsg. von KARLHEINZ KÜTING, CLAUS-PETER WEBER und HEINZ KUßMAUL, Bd. 10, Berlin 2007, S. 314-315.

[786] Vgl. JACOBS, OTTO H.: Unternehmensbesteuerung und Rechtsform, 4. Aufl., München 2009, S. 432-433.

raums feststeht, lassen sich entsprechende Veranlagungen auch erst zu diesem Zeitpunkt durchführen.[787]

Gesellschafterebene:

– Die Ausschüttungen der Kapitalgesellschaft sind für die Besteuerung auf Gesellschafterebene in **Kapitalerträge** und in **Kapitalrückzahlungen** aufzuspalten.

  – Die Liquidationszahlungen, die aus den Gewinnrücklagen der Kapitalgesellschaft stammen (thesaurierte Gewinne), gelten als Kapitalerträge.
  – Die Liquidationszahlungen, für die das Nennkapital und das steuerliche Einlagekonto als verwendet gelten, übernehmen als Kapitalrückzahlungen die Funktion des Veräußerungspreises und sind den Anschaffungskosten bzw. dem Buchwert der untergehenden Anteile gegenüberzustellen. Im Regelfall resultiert ein **Auflösungsverlust**, weil im Kaufpreis offene und stille Reserven honoriert wurden.

– Verkörpert der Gesellschafter eine natürliche Person, ist zu unterscheiden: Die Behandlung der Kapitalerträge und der Kapitalrückzahlungen richtet sich nach dem gegebenen Sachverhalt. Dabei spielt einerseits eine Rolle, ob die Anteile im **Betriebs- oder Privatvermögen** gehalten werden, andererseits ist die **Höhe der Beteiligung** von Bedeutung (vgl. Abb. 110[788]).

	Anteile im Privatvermögen		Anteile im Betriebsvermögen
	Keine Beteiligung i.S.d. § 17 EStG	Beteiligung i.S.d. § 17 EStG	
Kapitalerträge:	Einkünfte aus Kapitalvermögen (§ 20 Abs. 1 Nr. 2 EStG); 25 %-ige Pauschalbesteuerung (§ 32d EStG)		40 %-ige Steuerfreiheit (§ 3 Nr. 40 Buchst. a EStG); 95 %-ige Steuerfreiheit (§ 8b Abs. 1 i.V.m. Abs. 5 KStG)
– Gewerbesteuer	Nein		Ja, falls Beteiligung < 15 % (§ 8 Nr. 5 GewStG); nein, falls Beteiligung ≥ 15 % (§ 9 Nr. 2a GewStG)
Kapitalrückzahlungen:	Nicht steuerbar (§ 20 Abs. 1 Nr. 2 EStG)	Einkünfte aus Gewerbebetrieb (§ 17 Abs. 4 EStG); 40 %-ige Steuerfreiheit (§ 3 Nr. 40 Buchst. c S. 2 i.V.m. § 3c Abs. 2 EStG)	40 %-ige Steuerfreiheit (§ 3 Nr. 40 Buchst. a i.V.m. § 3c Abs. 2 EStG) bzw. 95 %-ige Steuerfreiheit (§ 8b Abs. 2 i.V.m. Abs. 3 KStG)
– Gewerbesteuer	Nein	Nein	Nein (§ 7 bzw. § 8 Nr. 10 Buchst. b GewStG)

Abb. 110: Ertragsteuerliche Behandlung der Liquidation auf Gesellschafterebene

---

[787] Womöglich wollte der Steuergesetzgeber die steuerlichen Wirkungen sich im Zeitablauf ändernder Hebesätze explizit berücksichtigen, da ansonsten der Hebesatz desjenigen Erhebungszeitraums eine ausschließliche Gültigkeit erlangen würde, in dem der Abwicklungszeitraum endet; vgl. RICHTER, LUTZ: Kapitalgesellschaften und EuGH-Rechtsprechung, in: Bilanz-, Prüfungs- und Steuerwesen, hrsg. von KARLHEINZ KÜTING, CLAUS-PETER WEBER und HEINZ KUSSMAUL, Bd. 10, Berlin 2007, S. 317.

[788] Modifiziert entnommen aus HEIGL, ANTON: Unternehmensbesteuerung, 2. Aufl., München/Wien 1996, S. 522 und JACOBS, OTTO H.: Unternehmensbesteuerung und Rechtsform, 4. Aufl., München 2009, S. 437 und 439.

V. Die Besteuerung des Erwerbs und der Veräußerung von Unternehmensbeteiligungen

Vgl. hierzu insb. BIERGANS, ENNO: Renten und Raten in der Einkommensteuer, 4. Aufl., München/Wien 1993, S. 57-263; EILERS, STEPHAN/WIENANDS, HANS-GERD: Gestaltungsüberlegungen zur Strukturierung von Unternehmenskäufen nach der BFH-Entscheidung vom 27.3.1996, in: GmbHR 1997, S. 577-581; HEIGL, ANTON: Unternehmensbesteuerung, 2. Aufl., München/Wien 1996, S. 495-528; HEY, JOHANNA: § 8, in: Steuerrecht, hrsg. von KLAUS TIPKE und JOACHIM LANG, 21. Aufl., Köln 2013, Rn. 196-202; HÖRGER, HELMUT: Neue Tendenzen zur steuerorientierten Kaufpreisaufteilung beim Kauf von Wirtschaftsgütern und Anteilen an Personengesellschaften, in: Unternehmenskauf im Steuerrecht, hrsg. von HARALD SCHAUMBURG, 3. Aufl., Stuttgart 2004, S. 109-130; HÖTZEL, OLIVER: Unternehmenskauf und Steuern, 2. Aufl., Düsseldorf 1997; JUNKER, ANDY: Umwandlungsmodell und Kombinationsmodell als mögliche Formen der Harmonisierung steuerlicher Interessengegensätze zwischen Veräußerer und Erwerber inländischer mittelständischer Kapitalgesellschaften, Aachen 2001; KALIGIN, THOMAS: Unternehmenskauf, Heidelberg 1995, S. 13-97.

A. Grundlagen

Zielsetzungen von Unternehmenskäufen:

- **Stärkung der Marktposition** des Unternehmens durch den Ausbau vertikaler und horizontaler Verflechtungen;

- **Diversifikation** der Unternehmenstätigkeit zur Senkung des Betriebsrisikos;

- **Nutzung von Synergieeffekten** durch den Erwerb von neuen Technologien und spezialisiertem Personal.

Formen des Unternehmenskaufs:

- Grundsätzlich kann der Kauf eines Unternehmens auf zwei verschiedenen Wegen vollzogen werden: Beim **Asset-Deal** werden die einzelnen Wirtschaftsgüter der Zielgesellschaft übernommen (bei Einzelunternehmen ist dies die einzige Möglichkeit) und ein Mehrpreis als Geschäfts- oder Firmenwert aktiviert, beim **Share-Deal** werden Beteiligungsrechte der zu erwerbenden Gesellschaft gekauft, was i.e.S. nur bei Kapitalgesellschaften möglich ist. Bei Personengesellschaften handelt es sich um den anteiligen Erwerb von Vermögensgegenständen der Gesamthand, der in der Handelsbilanz des Erwerbers als Zugang bei Beteiligungen, in der Steuerbilanz jedoch bei den jeweiligen Wirtschaftsgütern ausgewiesen wird.

  Da die beiden Formen des Unternehmenskaufs für Erwerber und Veräußerer jeweils Vor- und Nachteile mit sich bringen, ist es u.U. sinnvoll, ein **Unternehmenskaufmodell** anzuwenden (vgl. S. 559).

- Beim **Share-Deal**, der gängigeren Übernahmeform, aktiviert der Erwerber den Kaufpreis der Anteile unter der Position „Beteiligungen" zu Anschaffungskosten; ein vorhandener Firmenwert wird nicht in einer eigenen Position aufgeführt, er ist im Kaufpreis enthalten.

- Beim **Asset-Deal** verkauft die Zielgesellschaft ihre Wirtschaftsgüter und Schulden an den Erwerber und bleibt als leere Hülle bestehen. Durch die Schuldenübernahme wird ein Teil des Kaufpreises abgegolten. Der Erwerber aktiviert die übernommenen Güter bei den jeweiligen Bilanzpositionen; der Kaufpreis wird dabei entsprechend der nachfolgend erläuterten Stufentheorie[789] aufgeteilt, ein Firmenwert wird ggf. angesetzt sowie die Nutzungsdauer abnutzbarer Anlagegüter neu bestimmt.

Übersteigt der Kaufpreis den Buchwert der anteilig erworbenen Wirtschaftsgüter, so erfolgt eine Aufstockung der Buchwerte in Anlehnung an die „Stufentheorie"[790]:

1. **Stufe**: Verteilung des Mehrwertes auf die bilanzierten Wirtschaftsgüter durch Aufdeckung der stillen Reserven nach dem Verhältnis der Teilwerte.
2. **Stufe**: Aktivierung immaterieller Wirtschaftsgüter, die beim Veräußerer als selbst erstellte immaterielle Wirtschaftsgüter nicht aktivierungsfähig waren, wenn der Kaufpreis den Teilwert der Wirtschaftsgüter übersteigt.
3. **Stufe**: Aktivierung des Geschäfts- oder Firmenwerts. Dieser ist über einen Zeitraum von 15 Jahren abzuschreiben (§ 7 Abs. 1 S. 3 EStG).
4. **Stufe**: Abzug eines darüber hinaus gezahlten Betrags als Betriebsausgabe.

Interessenkonflikte zwischen Erwerber und Veräußerer:

– Das **Hauptproblem** bei Unternehmenskäufen ist die Bestimmung des Unternehmenswertes; ein **„richtiger" Kaufpreis** für ein Unternehmen ist i.Allg. nicht zu bestimmen. Grundsätzlich lassen sich die Bewertungsverfahren in Substanz- und Ertragswertverfahren unterteilen, wobei die Kritik am Substanzwertverfahren in der Auslassung zukünftiger Gewinne und Verluste liegt, während beim Ertragswertverfahren die Einschätzung eben dieser Zahlungsströme nur sehr vage sein kann.[791]

– **Interessen des Erwerbers**: Erzielung eines niedrigen Kaufpreises und die Möglichkeit, große Komponenten des Kaufpreises in sofort abzugsfähige Betriebsausgaben umzugestalten, um so die Steuerbelastung im Jahr des Kaufs zu verringern. Darüber hinaus ist der Erwerber an einer Nutzung des Verlustabzugspotenzials interessiert.

– **Interessen des Veräußerers**: Erzielung eines hohen Verkaufspreises und damit auch die Erreichung eines Gewinns aus der Veräußerung. Gleichzeitig wird bei jeder Beteiligungsveräußerung neben einem hohen Veräußerungsgewinn eine möglichst geringe Steuerbelastung des Veräußerungserfolges angestrebt, um so einen maximalen Nettoveräußerungserlös zu erzielen.

Die **Rechtfertigung des Gesetzgebers für die Steuerbegünstigung von Veräußerungsgewinnen** liegt erstens in **sozialen Motiven** – kleinere Veräußerungsgewinne von Steuerpflichtigen, die das 55. Lebensjahr vollendet haben oder dauernd berufsunfähig sind, werden von der Besteuerung ausgenommen (vgl. § 16 Abs. 4 bzw. § 34 Abs. 3 EStG) –, zweitens in der Vermeidung einer übermäßigen **Steuerprogression** bei der Auflösung langfristig gebildeter stiller Reserven, drittens in der **Vereinfachung** des Veranlagungsverfahrens aufgrund

---

[789] Zu den Verfahren der Verteilung des Mehrwerts vgl. HÖRGER, HELMUT: Neue Tendenzen zur steuerorientierten Kaufpreisaufteilung beim Kauf von Wirtschaftsgütern und Anteilen an Personengesellschaften, in: Unternehmenskauf im Steuerrecht, hrsg. von HARALD SCHAUMBURG, 3. Aufl., Stuttgart 2004, S. 109-130, s.b.S. 112-121.

[790] Vgl. z.B. WACKER, ROLAND: § 16 EStG, in: Einkommensteuergesetz, begr. von LUDWIG SCHMIDT, 32. Aufl., München 2013, Rn. 480-503.

[791] Vgl. hierzu ausführlich BIEG, HARTMUT/KUßMAUL, HEINZ: Investition, 2. Aufl., München 2009, S. 284-292; WEGENER, WOLFGANG: Auswirkungen der Steuerreform auf den objektivierten Unternehmenswert, in: DStR 2008, S. 935-942, s.b.S. 936 f.

der jeweils individuell unproblematisch zu überprüfenden Voraussetzungserfüllung, die eine Freibetragsgewährung an einen minimalen Verwaltungsaufwand knüpft, und viertens in der **betriebswirtschaftlichen Begründung**. Veräußerungsgewinne sind nämlich partiell oder vollständig **Scheingewinne**, da das in Deutschland geltende Nominalwertprinzip zu stillen „Zwangsreserven" führt, die bei der Veräußerung der Wirtschaftsgüter, in denen sie enthalten waren, aufgedeckt werden und dem Unternehmen durch eine Besteuerung zumindest teilweise entzogen werden; die Mittel i.H.d. Steuerzahlung stehen somit nicht für die Ersatzbeschaffung eines vergleichbaren Anlagegutes zu gestiegenen Wiederbeschaffungskosten zur Verfügung.

Aus steuerlicher Sicht liegt eine **Betriebsveräußerung** vor, wenn ein Gewerbebetrieb mit seinen wesentlichen Grundlagen gegen Entgelt in einem einheitlichen Vorgang auf einen Erwerber übertragen wird, sodass der Betrieb als einheitlicher Organismus fortgeführt werden könnte und für den Veräußerer die in diesem Betrieb entfaltete gewerbliche Betätigung endet.[792] Dies gilt auch für die Veräußerung eines Teilbetriebs (z.B. einer Zweigniederlassung), der vorliegt, wenn ein mit einer gewissen Selbstständigkeit ausgestatteter, organisatorisch abgeschlossener Teil eines Gesamtbetriebs gegeben ist, der alle Merkmale eines Betriebs aufweist.[793]

Der **einheitliche** Veräußerungsvorgang stellt die letzte gewerbliche Handlung des Veräußerers dar. Die **schrittweise** Einschränkung der Geschäftstätigkeit eines Unternehmens durch Veräußerung einiger wesentlicher Wirtschaftsgüter oder eine Einschränkung von Zukäufen stellt demgegenüber keine Betriebsveräußerung dar, sondern wird steuerlich als eine **nicht begünstigte** Betriebsabwicklung angesehen.

Steuerpflichtiger Veräußerungsgewinn:

Veräußerungsgewinn = Veräußerungspreis ./. Veräußerungskosten ./. Vergleichswert

Der **Veräußerungspreis** ist die Gegenleistung, die der Veräußerer durch das Verkaufsgeschäft erlangt; er entspricht dem tatsächlich erzielten Erlös.[794] Bei Renten- oder Ratenzahlungen ergibt sich der Veräußerungspreis als Barwert der Zahlungsreihe. Die **Veräußerungskosten**[795] umfassen diejenigen Aufwendungen, die in einem unmittelbaren sachlichen Zusammenhang mit dem Veräußerungsgeschäft stehen; dazu zählen Maklerprovisionen, Notargebühren, Grundbuchgebühren, aber auch Verkehrsteuern (z.B. die Grunderwerbsteuer, sofern sie vom Veräußerer zu tragen ist). Die Veräußerungskosten sind unabhängig von ihrer zeitlichen Entstehung vom Veräußerungspreis abzusetzen. Als **Vergleichswert** gelten bei der Veräußerung einer Beteiligung an einer Kapitalgesellschaft die **Anschaffungskosten** dieser Beteiligung, u.U. vermindert um eine außerplanmäßige Abschreibung. Bei dem Verkauf von Beteiligungen an Betrieben, Teilbetrieben oder Personengesellschaften entspricht der jeweilige **Buchwert** dem Vergleichswert. Beim Asset-Deal erhält man den steuerpflichtigen Veräußerungsgewinn als Differenz zwischen Kaufpreis und Buchwerten der veräußer-

---

[792] Vgl. R 16 Abs. 1 EStR sowie BFH-Urteil vom 16.12.1992, BStBl II 1994, S. 839.
[793] Vgl. BFH-Urteil vom 01.02.1989, BStBl II 1989, S. 458.
[794] Vgl. BFH-Urteil vom 19.07.1993, BStBl II 1993, S. 901.
[795] Vgl. BFH-Urteil vom 06.10.1993, BStBl II 1994, S. 287.

ten Wirtschaftsgüter. Es kann vorkommen, dass das Veräußerungsergebnis einen negativen Wert annimmt und somit ein **Veräußerungsverlust** vorliegt.

Bzgl. der **Abgrenzung zwischen laufendem Gewinn und Veräußerungsgewinn** gilt, dass der Veräußerer einer Beteiligung Interesse daran hat, entstehende Erlöse beim **Veräußerungsgewinn** auszuweisen, um Freibeträge oder Tarifermäßigungen in Anspruch nehmen zu können. Der laufende zu versteuernde Gewinn umfasst die **Gewinne aus den gewöhnlichen Geschäften**, also aus der Veräußerung von Wirtschaftsgütern des Umlaufvermögens an die bisherigen Abnehmer (einschließlich der Erlöse aus Räumungsverkäufen), ebenso wie die **Gewinne aus der Veräußerung einzelner Anlagegüter** eines Betriebsvermögens. Ermittelt der Veräußerer seinen Gewinn vor dem Veräußerungsvorgang durch eine **Einnahmen-Überschussrechnung** (§ 4 Abs. 3 EStG), so ist bei einer Betriebsveräußerung auf die Gewinnermittlung durch **Vermögensvergleich** nach § 4 Abs. 1 bzw. § 5 EStG überzugehen. Der Gewinn oder Verlust, der allein durch den Wechsel der Gewinnermittlungsart entsteht, ist als laufender Gewinn bzw. Verlust zu betrachten. Die Erlöse aus **Warenverkäufen** bei der Betriebsaufgabe, die der Räumung des Lagers dienen, sind abweichend von obigen Ausführungen dann als Veräußerungsgewinn anzuerkennen, wenn die Waren zu Ausverkaufspreisen und/oder an eine andere Handelsstufe als üblicherweise verkauft werden.[796] Zum Veräußerungsgewinn gehören auch die Beträge aus der **Auflösung steuerfreier Rücklagen**, wenn die Auflösung im Zusammenhang mit der Betriebsveräußerung erfolgt.

Für die **Gestaltung des Verkaufspreises** sind verschiedene **Zahlungsmodalitäten** mit **unterschiedlichen steuerlichen Konsequenzen** aus der Sicht des Verkäufers zu beachten:

– **Vereinnahmung des Barverkaufspreises im Zeitpunkt der Veräußerung**: Der Veräußerungsgewinn ist steuerlich bei der **jeweiligen Einkunftsart** zu erfassen, unter der zuvor die laufenden Einkünfte, die aus dem veräußerten Vermögen stammten, besteuert wurden.

– **Vereinnahmung des Verkaufspreises in Form wiederkehrender Bezüge als Leib- bzw. Zeitrenten oder als Ratenzahlungen**: Der Steuerpflichtige hat bei der Besteuerung ein Wahlrecht zwischen einer Sofortversteuerung des Veräußerungsgewinns oder einer Zuflussversteuerung (R 16 Abs. 11 EStR).[797]

– **Vereinnahmung von wiederkehrenden Bezügen in Form von Gewinn- oder Umsatzbeteiligungen**: Eine **Zuflussversteuerung** ist vorzunehmen, da die exakte Höhe des Veräußerungsgewinns im Veräußerungszeitpunkt nicht bestimmt werden kann. Die beim Veräußerer eingehenden Zahlungen sind somit zwangsläufig als nachträgliche Einkünfte aus Gewerbebetrieb ohne steuerliche Vergünstigungen zu behandeln.

– **Vereinnahmung von verschiedenen Zahlungen aus sonstigen Vergütungsformen**.[798]

---

[796] Vgl. BFH-Urteil vom 01.12.1988, BStBl II 1989, S. 368.
[797] Vgl. BIERGANS, ENNO: Renten und Raten in der Einkommensteuer, 4. Aufl., München/Wien 1993, S. 142.
[798] Auf das Sonderproblem der sonstigen Vergütungsformen wird an dieser Stelle nicht näher eingegangen. Vgl. daher vertiefend BRÖNNER, HERBERT/BAREIS, PETER/POLL, JENS: Die Besteuerung der Gesellschaften, 18. Aufl., Stuttgart 2007, Teil B, Rn. 2285-2294.

B. Der Transfer eines Unternehmens

Es geht hier nicht um den Kauf einzelner Wirtschaftgüter, sondern um den Unternehmenskauf in Form des **Asset-Deals**, d.h. die Hingabe eines Gesamtkaufpreises für die Übernahme des kompletten Geschäftsbetriebs, oder um den Erwerb entsprechender Kapitalgesellschaftsbeteiligungen, d.h. den Unternehmenskauf in Form des **Share-Deals**.

Setzt sich die Kaufpreissumme beim **Transfer eines Einzelunternehmens** aus detaillierten Einzelpositionen zusammen, hat der Erwerber ein großes Interesse, solche Positionen hoch zu bewerten, die er sofort als Betriebsausgabe abziehen kann oder die eine kurze Restnutzungsdauer besitzen.

Der Veräußerer versteuert nach § 16 Abs. 4 und § 34 Abs. 1 bzw. Abs. 3 EStG, Gewerbesteuer fällt nicht an (R 7.1 Abs. 3 S. 1 Nr. 1 GewStR); dies gilt auch bei Verkauf eines Teilbetriebs. Als Teilbetrieb gilt auch ein im Betriebsvermögen gehaltener 100 %-Anteil an einer Kapitalgesellschaft, bei dessen Verkauf aber Gewerbesteuer anfällt.[799]

Ist der Veräußerer auch an der erwerbenden Gesellschaft beteiligt, gilt die Steuervergünstigung nur in der Höhe, in welcher **nicht an sich selbst** veräußert wird (§ 16 Abs. 3 S. 5 EStG).

Ein Finanzierungseffekt entsteht durch die Schaffung von Abschreibungsvolumen und ist umso größer, je besser eine Verteilung des Kaufpreises auf schnell abschreibbare Wirtschaftsgüter (z.B. Patente, Warenzeichen) gelingt.

Der **Transfer einer Personengesellschaft** ist als Summe der Wirtschaftsgüter oder als Beteiligung möglich. Steuerlich liegt unabhängig von der handelsrechtlichen Gestaltung immer ein anteiliger Transfer des Vermögens vor.

Die Folgen beim Erwerber stellen sich wie folgt dar (vgl. hierzu ausführlich S. 530):

– Die Personengesellschaft führt die **Buchwerte** einschließlich der Kapitalkonten der Gesellschafter fort. Positive Abweichungen des Kaufpreises vom übernommenen Kapitalkonto werden in einer **steuerlichen Ergänzungsbilanz** des eintretenden Gesellschafters geführt. Die Aufstockung von Bilanzwerten und der Ansatz bisher nicht bilanzierter immaterieller Wirtschaftsgüter bilden steuerliches Mehrkapital des Erwerbers.

– Ist der Kaufpreis niedriger als das übernommene Kapitalkonto, führt dies zu einer **negativen Ergänzungsbilanz**, d.h. der Erwerber hat steuerlich ein geringeres Abschreibungsvolumen zur Verfügung.

– Der Erwerber kann **Verlustvorträge** der Personengesellschaft **nicht** geltend machen. Einkommensteuerlich ist dies nicht möglich, weil Verluste den Altgesellschaftern unmittelbar zugerechnet sind. Auch gewerbesteuerlich geht ein Verlustvortrag verloren.

Dem **Veräußerer** stehen die Vergünstigungen der §§ 16 Abs. 4 und 34 Abs. 1 bzw. Abs. 3 EStG zu; der Veräußerungsgewinn ist nach § 7 S. 2 GewStG Bestandteil des Gewerbeertrags, sofern der Veräußerer keine natürliche Person als unmittelbar beteiligter Gesellschafter ist.

Der **Transfer einer Kapitalgesellschaft** ist als Summe der Wirtschaftsgüter oder als Beteiligung möglich.

---

[799] Vgl. hierzu BFH-Urteil vom 02.02.1972, BStBl II 1972, S. 470.

Für den **Veräußerer** ist ein Verkauf der Summe der einzelnen Wirtschaftsgüter uninteressant, da die Kapitalgesellschaft einen körperschaftsteuer- und gewerbesteuerpflichtigen Gewinn erzielt; außerdem ist die Gewinnausschüttung zusätzlich als Einkünfte aus Kapitalvermögen zu versteuern. Für den **Erwerber** ist ein Kauf der Summe der einzelnen Wirtschaftsgüter interessant, da er durch Aufstockung eine erhöhte Abschreibungsbefugnis bekommt.

Einkommensteuerliche Behandlung des Erwerbs einer Kapitalgesellschaftsbeteiligung im Privatvermögen:

- Der Erwerber ist daran interessiert, **über die Zahlung des Nominalpreises hinaus** für die Anteile auch weitere Aufwendungen steuerlich geltend machen zu können. Beim Erwerb der Anteile im Privatvermögen haben zwischenzeitliche Wertschwankungen bei der Beteiligung keine Auswirkungen auf das steuerliche Einkommen.

- Problematisch ist die Beantwortung der Frage, ob der Erwerber die im Zusammenhang mit dem Anteilserwerb entstehenden und weiter fortbestehenden Finanzierungskosten als **Werbungskosten bei den Einkünften aus Kapitalvermögen** geltend machen kann. Der BFH[800] lässt bei auf Dauer ertragversprechenden Kapitalanlagen den Abzug von Werbungskosten in einem recht großzügigen Maße an der Grenze der allgemeinen Grundsätze zu den vorweggenommenen Werbungskosten bzw. Betriebsausgaben zu. Der Erwerber muss also zum Zeitpunkt des fremdfinanzierten Erwerbs gegenüber der Finanzverwaltung glaubhaft machen, dass er mit einer entsprechenden **Überschusserzielungsabsicht** agiert. Bei Anwendung der Abgeltungssteuer beschränkt sich der Werbungskostenabzug auf den Sparer-Pauschbetrag i.H.v. 801 € (§ 20 Abs. 9 S. 1 EStG).

Einkommen- bzw. körperschaftsteuerliche Behandlung des Erwerbs einer Kapitalgesellschaftsbeteiligung im Betriebsvermögen:

- Der Erwerb von Anteilen an einer Kapitalgesellschaft im **Betriebsvermögen** ist für den Erwerber steuerlich insofern **ungünstig**, als sich die Anschaffungskosten nicht über steuermindernde planmäßige Abschreibungen auswirken; eine Ausnahme hiervon stellt lediglich die Möglichkeit einer **Teilwertabschreibung** dar, die jedoch nur bei voraussichtlich dauernder Wertminderung vorgenommen werden darf (§ 6 Abs. 1 Nr. 2 S. 2 EStG). Hierbei ist das **Wertaufholungsgebot** des § 6 Abs. 1 Nr. 2 S. 3 i.V.m. Abs. 1 Nr. 1 S. 4 EStG zu beachten. Darüber hinaus läuft die steuermindernde Wirkung einer Teilwertabschreibung insoweit ins Leere, wie steuerfreie Erträge realisiert werden, was insb. bei der steuerfreien Gewinnvereinnahmung in einem körperschaftsteuerlichen Betriebsvermögen zu berücksichtigen ist (§ 8b Abs. 3 S. 3 KStG).

- In der Bilanz des übernehmenden Unternehmens ist die Beteiligung mit den **Anschaffungskosten** zu bewerten. Dazu gehören neben dem originären Kaufpreis auch die **Anschaffungsnebenkosten** (z.B. Notar- oder Beratungskosten). Auf der Grundlage von § 1 Abs. 3 GrEStG fällt auch Grunderwerbsteuer im Bereich der Kapitalgesellschaften an, wenn sich mindestens 95 % der Anteile in der Hand des Erwerbers vereinigen.

- Bei der erworbenen Kapitalgesellschaft vorhandene **Verlustvorträge** können für die Körperschaftsteuer und die Gewerbesteuer nur genutzt werden, wenn die Voraussetzun-

---

[800] Vgl. BFH-Urteil vom 21.07.1981, BStBl II 1982, S. 36.

gen des § 8c KStG (i.V.m. § 10a S. 9 GewStG) nicht erfüllt sind. Der in § 8c KStG statuierte sog. **Mantelkauf** enthält eine zweistufige Prüfung zur Feststellung, ob die Verluste der erworbenen Kapitalgesellschaft auch weiterhin verwertbar sind:

1. Mittelbare oder unmittelbare Übertragung von **mehr als 25 %, jedoch höchstens 50 %** der Kapitalanteile oder der Stimmrechte an den Erwerber, eine diesem nahestehende Person oder einen Erwerberkreis mit gleichgerichteten Interessen **innerhalb von fünf Jahren**: Untergang der **quotalen** nicht genutzten Verluste entsprechend der Höhe der schädlichen Anteilsübertragung.

2. Mittelbare oder unmittelbare Übertragung von **mehr als 50 %** der Kapitalanteile oder der Stimmrechte an den Erwerber, eine diesem nahestehende Person oder einen Erwerberkreis mit gleichgerichteten Interessen **innerhalb von fünf Jahren**: Untergang der **gesamten** nicht genutzten Verluste.

Unter bestimmten Voraussetzungen ist jedoch trotz entsprechender Anteilsübertragung kein schädlicher Beteiligungserwerb anzunehmen (§ 8c Abs. 1 KStG). Weiterhin kann seit der Umsetzung des Wachstumsbeschleunigungsgesetzes ein aufgrund eines schädlichen Beteiligungserwerbs zunächst nicht abziehbarer Verlust doch abgezogen werden, soweit dieser die anteiligen (Fall 1) bzw. gesamten (Fall 2) stillen Reserven des inländischen Betriebsvermögens der Körperschaft nicht übersteigt.

Einkommensteuerliche Behandlung der Veräußerung einer Kapitalgesellschaftsbeteiligung des Privatvermögens:

– Seit der Unternehmensteuerreform 2008 unterliegt der Gewinn aus der Veräußerung einer nach dem 01.01.2009 erworbenen Beteiligung an einer Kapitalgesellschaft **unabhängig von einer Spekulationsfrist** als **Einnahmen aus Kapitalvermögen** der Einkommensteuer (§ 20 Abs. 2 Nr. 1 EStG). Abziehbar ist der Sparer-Pauschbetrag i.H.v. 801 €; ein Abzug der tatsächlichen Werbungskosten kommt nicht in Betracht (§ 20 Abs. 9 S. 1 EStG). Es greift die 25 %-ige Abgeltungssteuer des § 32d EStG. Etwaige Veräußerungsverluste dürfen weder mit positiven Einkünften aus anderen Einkunftsarten ausgeglichen noch nach § 10d EStG abgezogen werden. Darüber hinaus sind sie ausschließlich mit Veräußerungsgewinnen aus Beteiligungsverkäufen auszugleichen. Anderenfalls ist ein Verlustvortrag vorgesehen (§ 20 Abs. 6 S. 2-5 EStG).

– Der Veräußerungsgewinn zählt zu den **Einkünften aus Gewerbebetrieb**, wenn die in § 17 EStG genannten Voraussetzungen erfüllt sind. Der Gesetzgeber geht in diesem Fall von der Fiktion der gewerblichen Einkünfte aus, da anzunehmen ist, dass der Beteiligte bei einer Beteiligungsquote von mindestens **1 %** wie ein gewerblicher Unternehmer mit der Kapitalgesellschaft verbunden ist. Dies lässt sich jedoch nur mit der vor 1998 gültigen Beteiligungshöhe von 25 % begründen. Der nach dem Abzug des Freibetrags gem. § 17 Abs. 3 EStG verbleibende Teil des Veräußerungsgewinns wird im Zuge des Teileinkünfteverfahrens zu 40 % von der Einkommensteuer freigestellt (§ 3 Nr. 40 Buchst. c i.V.m. § 3c Abs. 2 EStG). Ein Veräußerungsverlust kann grundsätzlich, wenn auch unter bestimmten Voraussetzungen, nach den Regelungen des Verlustausgleichs und des Verlustabzugs zu 60 % berücksichtigt werden.

– Wurde bei der Einbringung eines Betriebs, Teilbetriebs oder Mitunternehmeranteils **in eine Kapitalgesellschaft** gegen Gewährung von Gesellschaftsanteilen durch antragsgebundenen Buch- oder Zwischenwertansatz auf eine vollständige Besteuerung stiller Reserven verzichtet (§§ 20 ff. UmwStG), so ist deren Erfassung durch die Bestimmungen des § 22 UmwStG sichergestellt. Im Falle einer Veräußerung der erhaltenen Anteile innerhalb eines Zeitraums von sieben Jahren nach der Einbringung bemisst sich der hieraus erwachsende **Einbringungsgewinn I** nach dem Differenzbetrag zwischen gemeinem sowie tatsächlich angesetztem Wert des eingebrachten Betriebsvermögens abzgl. 1/7 dieses Differenzbetrags für jedes seit dem Einbringungszeitpunkt abgelaufene Wirtschaftsjahr (§ 22 Abs. 1 S. 1 und S. 3 UmwStG). Beinhaltet das unter dem gemeinen Wert eingebrachte Betriebsvermögen auch Anteile an Kapitalgesellschaften, löst dies einen **Einbringungsgewinn II** durch Veräußerung der Anteile innerhalb eines Zeitraums von sieben Jahren nach der Einbringung aus, falls der **Einbringende** selbst **keine Kapitalgesellschaft** ist (§ 22 Abs. 1 S. 5 1. Halbsatz i.V.m. Abs. 2 UmwStG). Die Einbringungsgewinne I und II sind als nachträgliche Anschaffungskosten der erhaltenen Anteile anzusehen (§ 22 Abs. 1 S. 4 und Abs. 2 S. 4 UmwStG), welche den späteren Gewinn aus der Veräußerung der Anteile mindern.

Einkommen- bzw. körperschaftsteuerliche Behandlung der Veräußerung einer Kapitalgesellschaftsbeteiligung des Betriebsvermögens:

– Wird eine Beteiligung an einer Kapitalgesellschaft aus dem **Betriebsvermögen einer Personengesellschaft** veräußert, so ist der – auch gewerbesteuerpflichtige – Veräußerungsgewinn nach dem Teileinkünfteverfahren zu besteuern (§ 3 Nr. 40 Buchst. a i.V.m. § 3c Abs. 2 EStG).

– Befindet sich die Beteiligung vor der Veräußerung im **Betriebsvermögen einer Kapitalgesellschaft**, so ist der Veräußerungsgewinn gem. § 8b Abs. 2 i.V.m. Abs. 3 KStG im Ergebnis zu 95 % steuerfrei.

C. Indirekte Steuern

1. Umsatzsteuer

Eine entgeltliche bzw. unentgeltliche **Geschäftsveräußerung** eines Betriebs im Ganzen oder eines Teilbetriebs oder deren Einbringung in eine Gesellschaft ist nicht steuerbar (§ 1 Abs. 1a UStG). Voraussetzung für die Nichtsteuerbarkeit ist aber, dass der Erwerber Unternehmer ist bzw. mit dem Kauf des Unternehmens zum Unternehmer wird und das Unternehmen fortführt. Ansonsten soll eine Besteuerung des Veräußerungsvorganges beim Veräußerer einen unbelasteten Letztverbrauch der gelieferten Besitzposten vermeiden.

Von der Umsatzsteuer befreit sind für einen Unternehmer die Umsätze im **Geschäft mit Wertpapieren** sowie mit **Anteilen an Gesellschaften** und anderen Vereinigungen (§ 4 Nr. 8 Buchst. e und f UStG). Nach § 9 Abs. 1 UStG besteht jedoch die Option auf Steuerpflicht, falls der Erwerber ein anderer Unternehmer ist und der Umsatz für dessen Unternehmen ausgeführt wurde.

Wenn keine der genannten Steuerbefreiungen angewendet werden kann, ist die Bemessungsgrundlage für die Umsatzsteuer das **Entgelt der Geschäftsveräußerung**, welches der Erwerber für die übergegangenen Vermögenswerte aufwendet.

2. Grunderwerbsteuer

Die Grunderwerbsteuer ist eine Vermögensverkehrsteuer, die regelmäßig mit Abschluss eines Kaufvertrags oder eines anderen Rechtsgeschäfts, welches die **Übereignung eines inländischen Grundstücks** begründet, entsteht (§ 1 Abs. 1 Nr. 1 GrEStG). Steuerschuldner sind dabei regelmäßig die am Erwerbsvorgang beteiligten Personen (§ 13 Nr. 1 GrEStG). Die Bemessungsgrundlage ist i.d.R. der **Wert der Gegenleistung** für das Grundstück und wird grundsätzlich durch den Kaufpreis bestimmt. Die Grunderwerbsteuer beträgt 3,5 % der Bemessungsgrundlage und wird nach unten auf volle € abgerundet (§ 11 GrEStG); nach Art. 105 Abs. 2a S. 2 GG dürfen die Bundesländer die Höhe des Steuersatzes seit dem 01.09.2006 selbst bestimmen, was derzeit in der Praxis häufig zu Steuersätzen von 4,5 % und 5 % führt.

Bei der Veräußerung einer Beteiligung an einem Gewerbebetrieb, einem Teilbetrieb oder einer Mitunternehmerschaft werden regelmäßig Grundstücke zusammen mit anderen Wirtschaftsgütern zu einem einheitlichen Gesamtpreis verkauft, sodass die **Grunderwerbsteuer nur auf den Teil** der Gesamtgegenleistung erhoben wird, der auf die **enthaltenen Grundstücke entfällt**. Der Veräußerungspreis ist nach dem Verhältnis aufzuteilen, in dem der Wert der Grundstücke zum Wert der sonstigen veräußerten Gegenstände steht. Der Anteil eines Grundstücks am Gesamtverkaufspreis kann nach folgender Formel ermittelt werden:[801]

$$\text{Anteil des Grundstücks am Veräußerungspreis} = \text{Gesamtgegenleistung} \cdot \frac{\text{Gemeiner Wert des Grundstücks}}{\text{Gemeiner Wert der sonstigen Gegenstände} + \text{Gemeiner Wert des Grundstücks}}$$

Ob der Erwerber oder der Veräußerer die Grunderwerbsteuer zu entrichten hat, wird regelmäßig im **Kaufvertrag** geregelt sein. Sofern die Grunderwerbsteuer vom Veräußerer entrichtet werden muss, stellt diese Veräußerungskosten dar und mindert somit den steuerpflichtigen Veräußerungsgewinn. Bei Übernahme durch den Erwerber stellt sie Anschaffungsnebenkosten dar.

Bei **Änderungen im Gesellschafterbestand einer Personengesellschaft** ist § 1 Abs. 2a GrEStG zu beachten. Danach ist bei der Übertragung von Anteilen an einer Grundstück besitzenden **Personengesellschaft** nicht auf die wirtschaftliche Betrachtungsweise, sondern auf das Erreichen der 95 %-Grenze abzustellen. Verändert sich der Gesellschafterbestand innerhalb von fünf Jahren unmittelbar oder mittelbar, sodass mindestens 95 % der Anteile auf neue Gesellschafter übergehen, löst dies Grunderwerbsteuer aus.[802] Dabei ist aber die Regelung des § 5 Abs. 1 GrEStG zu beachten, nach der i.H.d. Anteils, zu dem ein Mitunternehmer auch an der neuen Gesamthand beteiligt ist („Verkauf an sich selbst"), keine Grunderwerbsteuer anfällt. Bemessungsgrundlage der Grunderwerbsteuer ist bei Gesellschafterveränderungen dabei der Bedarfswert (vgl. § 8 Abs. 2 GrEStG).

---

[801] Vgl. BFH-Urteil vom 19.01.1977, BStBl II 1977, S. 360.
[802] Vgl. BT-Drs. 14/443 vom 03.03.1999, S. 89.

Nach § 1 Abs. 3 GrEStG fällt auch Grunderwerbsteuer im Bereich der **Kapitalgesellschaften** an, wenn sich mindestens 95 % der Anteile in der Hand des Erwerbers vereinigen.

Bei Umstrukturierungen im Konzern sieht § 6a GrEStG vor, dass bestimmte steuerbare Rechtsvorgänge, die im Zusammenhang mit einer Umwandlung i.S.d. § 1 Abs. 1 Nr. 1-3 UmwG stehen, von einer Erhebung der Grunderwerbsteuer ausgenommen sind.[803]

D. Die steuerlich optimierten Gestaltungen

Beim **Verkauf** von **Anteilen an Kapitalgesellschaften** bieten sich dem Veräußerer aufgrund der regelmäßigen Erfassung des Veräußerungsgewinns keine Begünstigungen mehr an, während der Erwerber ein erhöhtes Abschreibungspotenzial ausnutzen möchte.

Beim **Erwerb** von Anteilen hat der Käufer – sofern es sich um ein Personenunternehmen handelt – nach § 3c Abs. 2 EStG allenfalls die Möglichkeit einer 60 %-igen Teilwertabschreibung der bilanzierten Beteiligung im Falle einer voraussichtlich dauernden Wertminderung; er kann die erhöhten Aufwendungen für die in den erworbenen Anteilen enthaltenen stillen Reserven nicht über höhere Abschreibungen gegenfinanzieren. Handelt es sich jedoch bei dem Erwerber um eine Kapitalgesellschaft, so ist eine Teilwertabschreibung der bilanzierten Beteiligung aufgrund von § 8b Abs. 3 S. 3 KStG nicht mehr steuerwirksam. Ideal wäre es also, eine Möglichkeit zu finden, die für Erwerber und Verkäufer gleichermaßen positiv ist.

Um beiden Interessen gerecht zu werden, wurden diverse Modelle entwickelt, die in der Vergangenheit „funktionierten" (Kombinationsmodell, Umwandlungsmodell und Mitunternehmermodell) bzw. die alternativ dazu von der Praxis erprobt wurden (Down-stream-merger-Modell und Organschaftsmodell).[804] Während der Kerngedanke des Kombinationsmodells darin bestand, den Kauf von Gesellschaftsrechten auf Erwerberebene in einen Kauf von Wirtschaftsgütern zu transformieren, basiert das Umwandlungsmodell auf einer Umwandlung der gekauften Kapitalgesellschaft in eine Personengesellschaft, wobei – in der Grundidee – eine Buchwertaufstockung ohne Gewerbesteuerbelastung ermöglicht wird.

Beispielhaft wird im Folgenden das **Kombinationsmodell** als das klassische Verfahren dargestellt, dessen Realisierung bis zum Jahr 2000 in folgenden **vier Schritten** erfolgte und das im Ergebnis die erfolgsneutrale Transformation des passiven Abschreibungspotenzials im Beteiligungsansatz in aktives Abschreibungsvolumen im Wertansatz der Wirtschaftsgüter ermöglichte:[805]

---

[803] Vgl. hierzu ausführlich SCHAFLITZL, ANDREAS/STADLER, RAINER: Die grunderwerbsteuerliche Konzernklausel des § 6a GrEStG, in: DB 2010, S. 185-189.

[804] Vgl. zu den ersten drei Gestaltungen ausführlich und beispielhaft JUNKER, ANDY: Umwandlungsmodell und Kombinationsmodell als mögliche Formen der Harmonisierung steuerlicher Interessengegensätze zwischen Veräußerer und Erwerber inländischer mittelständischer Kapitalgesellschaften, Aachen 2001.

[805] Vgl. EILERS, STEPHAN/WIENANDS, HANS-GERD: Gestaltungsüberlegungen zur Strukturierung von Unternehmenskäufen nach der BFH-Entscheidung vom 27.3.1996, in: GmbHR 1997, S. 577-581, s.b.S. 577; HÖTZEL, OLIVER: Unternehmenskauf und Steuern, 2. Aufl., Düsseldorf 1997, S. 168.

1. Schritt: Beteiligungserwerb

Es erfolgte ein Erwerb der Anteile an der Zielkapitalgesellschaft in ein Betriebsvermögen und eine Bilanzierung zu Anschaffungskosten (Share-Deal) durch den Erwerber oder durch eine neu gegründete Zwischenholding.

2. Schritt: Veräußerung der Einzelwirtschaftsgüter

Die Zielgesellschaft veräußerte ihre Wirtschaftsgüter unter Reservenrealisierung an den Erwerber (Erwerbergesellschaft) oder an die Zwischenholding (interner Asset-Deal); Folge: Die Zielgesellschaft realisierte einen Veräußerungsgewinn, welcher der Körperschaftsteuer und der Gewerbesteuer unterlag. Die Erwerbergesellschaft bzw. Zwischenholding erlangte das angestrebte Abschreibungsvolumen, soweit die stillen Reserven auf abnutzbare Wirtschaftsgüter entfielen.

3. Schritt: Gewinnausschüttung

Die Zielgesellschaft schüttete den Gewinn, der bei der Veräußerung der Einzelwirtschaftsgüter erzielt wurde, in voller Höhe an den Erwerber (Erwerbergesellschaft bzw. Zwischenholding) aus. Hierbei entstand ein körperschaftsteuerpflichtiger Gewinn, auf den jedoch die Körperschaftsteuer der Ausschüttungsbelastung anrechnungsfähig war. Unter bestimmten Voraussetzungen (Schachtelprivileg nach § 9 Nr. 2a GewStG oder Organschaft nach § 2 Abs. 2 S. 2 GewStG) erfolgte keine Gewerbesteuerbelastung bei der Muttergesellschaft.

4. Schritt: Ausschüttungsbedingte Teilwertabschreibung

Da die Zielgesellschaft nun – ausschüttungsbedingt – keine Substanz mehr hatte, führte die Erwerbergesellschaft/Zwischenholding eine Teilwertabschreibung auf den Beteiligungsbuchwert durch, wodurch der realisierte Beteiligungsertrag neutralisiert wurde. Gewerbesteuerlich war der ausschüttungsbedingte Anteil dieser Abschreibung gem. § 8 Nr. 10 GewStG jedoch wieder hinzuzurechnen; es blieb also bei einer einmaligen Gewerbesteuerbelastung auf den Veräußerungsgewinn.

In Abb. 111 wird die Vorgehensweise des Kombinationsmodells veranschaulicht.

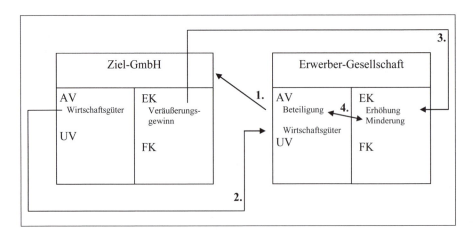

Abb. 111: Skizzierung des Kombinationsmodells

VI. Die Besteuerung bei besonderen Rechtsformen und bei Familienunternehmen

Vgl. hierzu insb. ARENS, WOLFGANG: Familiengesellschaften in der familien-, gesellschafts- und steuerrechtlichen Praxis, Bonn 1997; BLAUROCK, UWE/BERNINGER, AXEL: Unterbeteiligung an einem GmbH-Anteil in zivilrechtlicher und steuerrechtlicher Sicht, in: GmbHR 1990, S. 11-16, 87-98; BORDEWIN, ARNO: Besonderheiten der Ertragsbesteuerung bei Familienpersonengesellschaften, in: DB 1997, S. 1359-1371; BÜRKLE, THOMAS/ SCHAMBURG, WOLFGANG: Entwarnung für die Gestaltung der Unternehmensnachfolge mit atypischer Unterbeteiligung?, in: DStR 1998, S. 558 und 559; HARTHAUS, REINHOLD: Typische oder atypische stille Gesellschaft oder bloßes Darlehensverhältnis?, in: StB 1998, S. 14-18; HEIGL, ANTON: Unternehmensbesteuerung, 2. Aufl., München/Wien 1996, S. 80-89, 124-129, 214-234, 311-357; HENNERKES, BRUN-HAGEN/ KIRCHDÖRFER, RAINER (Hrsg.): Unternehmenshandbuch Familiengesellschaften, 2. Aufl., Köln u.a. 1998; HITZEMANN, GEBHARDT: Die atypische stille Gesellschaft und § 15a EStG, in: DStR 1998, S. 1708-1710; KLAPDOR, RALF: Aktuelle Überlegungen zum Schütt-Aus-Hol-Zurück-Verfahren im Familienverband, in: BB 1998, S. 1047-1050; KOTTKE, KLAUS: Steuerrechtliche Anerkennungskriterien für wechselseitige Ehegatten-Arbeitsverhältnisse und für Unterarbeitsverhältnisse mit Familienangehörigen, in: DStR 1998, S. 1706-1708; KRÄMER, HELMUT: § 4 KStG, in: Die Körperschaftsteuer, hrsg. von EWALD DÖTSCH u.a., Stuttgart (Loseblatt), Stand: April 2013; KUßMAUL, HEINZ: Familiengesellschaften – Motive, Probleme, Gestaltungsbereiche, in: Familiengesellschaften in Recht und Praxis, begr. von VINCENT BÜNZ und ERNST W. HEINSIUS, Freiburg im Breisgau (Loseblatt), Stand: November 1999, Gruppe 4, S. 1-57; KUßMAUL, HEINZ/WEGENER, WOLFGANG: Aktuelle Aspekte steueroptimaler Gestaltungen in Familienunternehmen, in: StB 1995, S. 414-428; MÄRKLE, RUDI: Die Unterbeteiligung an Einkunftsquellen, in: DStZ 1985, S. 471-480, 508-514, 533-537; SCHULZE ZUR WIESCHE, DIETER: Die atypische stille Gesellschaft, in: FR 1997, S. 405-408; WACKER, ROLAND: § 15 EStG, in: Einkommensteuergesetz, begr. von LUDWIG SCHMIDT, 32. Aufl., München 2013, Rn. 365-372; WESTERFELHAUS, HERWARTH: Betriebswirtschaftliche Einflüsse auf das Steuerrecht der Familienpersonengesellschaften, in: DB 1997, S. 2033-2038; WESTPHAL, MICHAEL: Die eingetragene Genossenschaft, in: SteuerStud 1998, S. 69-72; WÖHE, GÜNTER: Betriebswirtschaftliche Steuerlehre, Bd. 2, 1. Halbband: Der Einfluß der Besteuerung auf die Wahl und den Wechsel der Rechtsform des Betriebes, 5. Aufl., München 1990, S. 201-209, 369-426, 429-465.

A. Besondere Rechtsformen

1. Die stille Gesellschaft[806]

a) Überblick

Eine **stille Gesellschaft** liegt vor, wenn sich ein Gesellschafter mit einer Vermögenseinlage an dem Handelsgewerbe, das ein anderer betreibt, so beteiligt, dass die Einlage in das Vermögen des Inhabers des Handelsgeschäftes (Hauptgesellschafter) übergeht. Dabei handelt es sich um eine **reine Innengesellschaft**, die nach außen nicht in Erscheinung tritt. Die stille Gesellschaft hat kein Gesamthandsvermögen (§§ 230-236 HGB).

Zur **Geschäftsführung** befugt ist allein der **Hauptgesellschafter**, nicht jedoch der stille Gesellschafter. Die **Kontrollrechte** des stillen Gesellschafters sind darauf beschränkt, eine Abschrift des Jahresabschlusses zu verlangen und dessen Richtigkeit zu prüfen (§ 233 Abs. 1 HGB; hierin unterscheidet sich die stille Gesellschaft vom partiarischen Darlehen). Im Gesellschaftsvertrag können zusätzliche Kontrollrechte vereinbart werden.

---

[806] Vgl. BIEG, HARTMUT/KUßMAUL, HEINZ: Finanzierung, 2. Aufl., München 2009, S. 50-51 und S. 217-219 sowie speziell zu steuerlichen Fragestellungen GLESSNER, MIRIAM: Die grenzüberschreitende stille Gesellschaft im Internationalen Steuerrecht: Einkommen- und körperschaftsteuerliche Wirkungen aus deutscher Sicht, Frankfurt am Main u.a. 2000, S. 50-95.

Das **Handelsgeschäft** des Hauptgesellschafters kann in Form eines Einzelunternehmens, einer Personen- oder einer Kapitalgesellschaft geführt werden. Der stille Gesellschafter muss am **Gewinn beteiligt** sein; eine Verlustbeteiligung kann durch Gesellschaftsvertrag ausgeschlossen werden (§ 231 Abs. 2 HGB).

Bzgl. der **Beendigung der stillen Beteiligung** gelten für die Kündigung der Beteiligung die vertraglich vereinbarten Fristen. Sind solche nicht vereinbart worden, und ist die Beteiligung auf unbestimmte Zeit eingegangen worden, so gelten die gesetzlichen Regeln (Kündigungsfrist mind. sechs Monate und Kündigung nur zum Ende eines Geschäftsjahres). Beim Tod des stillen Gesellschafters wird die Gesellschaft nicht aufgelöst (§ 234 Abs. 2 HGB), sondern mit den Erben des stillen Gesellschafters fortgesetzt. Beim Tod des Hauptgesellschafters wird die Gesellschaft aufgelöst. Im Steuerrecht werden die **typisch** und **atypisch stille Gesellschaft** unterschieden. Die stille Gesellschaft kann nicht Unternehmer i.S.d. UStG sein, Grunderwerbsteuer fällt bei Einlage in Form eines Grundstücks jedoch an.

b) Die typisch stille Gesellschaft

Die typisch stille Gesellschaft selbst ist **weder einkommen- noch gewerbesteuerpflichtig**.

Gewinnanteile des typisch stillen Gesellschafters sind bei diesem **Einkünfte aus Kapitalvermögen** (§ 20 Abs. 1 Nr. 4 EStG) und unterliegen generell der 25 %-igen Abgeltungssteuer i.S.v. § 32d EStG mit Ausnahme der in § 32d Abs. 2 EStG genannten persönlichen Tatbestände (z.B. Hauptgesellschafter und stiller Gesellschafter sind nahestehende Personen oder der stille Gesellschafter leistet eine Einlage in eine Kapitalgesellschaft, an der er zu mind. 10 % beteiligt ist). Sie sind im Zeitpunkt ihres Zuflusses steuerlich zu erfassen, sofern die stille Beteiligung im Privatvermögen gehalten wird. Ist die Beteiligung dagegen Bestandteil eines Betriebsvermögens, so liegt eine der drei Gewinneinkunftsarten (Einkünfte aus Land- und Forstwirtschaft, Gewerbebetrieb oder selbstständiger Arbeit) vor. Das Teileinkünfteverfahren i.S.v. § 3 Nr. 40 EStG bzw. das modifizierte Nulleinkünfteverfahren i.S.v. § 8b KStG finden keine Anwendung. **Verlustanteile** für stille Gesellschafter an Kapitalgesellschaften sind gem. § 15 Abs. 4 S. 6 EStG (i.V.m. § 20 Abs. 1 Nr. 4 S. 2 EStG) nur mit Gewinnen aus anderen VAZ aus derselben stillen Beteiligung verrechenbar; diese Beschränkung gilt gem. § 15 Abs. 4 S. 8 EStG (i.V.m. § 20 Abs. 1 Nr. 4 S. 2 EStG) allerdings nicht, „soweit der Verlust auf eine natürliche Person als unmittelbar oder mittelbar beteiligter Mitunternehmer entfällt." Abweichend von § 232 Abs. 2 S. 1 HGB lässt sich eine Beteiligung des stillen Gesellschafters über seine Einlage hinaus am Verlust vereinbaren (Entstehung eines negativen Einlagenkontos). Hier ist § 15a EStG (i.V.m. § 20 Abs. 1 Nr. 4 S. 2 EStG) anzuwenden (weder Verlustausgleich noch -abzug und Verrechnung mit späteren Gewinnanteilen).

Als Besonderheit begründete die Unternehmensteuerreform 2008 die steuerliche Erfassung des **Veräußerungsgewinns** der im Privatvermögen gehaltenen stillen Beteiligung unabhängig von etwaigen Fristen (§ 20 Abs. 2 Nr. 4 EStG). Ein etwaiger **Veräußerungsverlust** darf weder mit positiven Einkünften aus anderen Einkunftsarten ausgeglichen noch nach § 10d EStG abgezogen werden; ein Ausgleich ist ausschließlich mit (künftigen) Einkünften aus Kapitalvermögen möglich (§ 20 Abs. 6 S. 2-3 EStG).

Die Gewinnbeteiligung der typisch stillen Beteiligung wird steuerlich nur anerkannt, wenn diese **wirtschaftlich angemessen** ist. Die steuerlich zulässige Rendite der Beteiligung ist davon abhängig, ob die Beteiligung in Form einer Schenkung oder aus den Mitteln des stillen Gesellschafters erworben worden ist, außerdem davon, ob eine Verlustbeteiligung ausgeschlossen wurde. Im Falle der Aufbringung eigener Mittel und keiner Verlustbeteiligung erscheint eine durchschnittliche Rendite von 25 %, anderenfalls bei Verlustbeteiligung von 35 % als angemessen. Bei einer Schenkung der Kapitalbeteiligung des stillen Gesellschafters und keiner Verlustbeteiligung gilt ein Satz von 12 % der Einlage, bei einer Verlustbeteiligung ein Satz von 15 % der Einlage als angemessen (H 15.9 Abs. 5 EStR).

Der dem stillen Gesellschafter zustehende Gewinnanteil stellt für den Hauptgesellschafter eine **Betriebsausgabe** dar, die stille Beteiligung selbst ist bei ihm als Verbindlichkeit mit ihrem **Erfüllungsbetrag** auszuweisen. Für gewerbesteuerliche Zwecke ist derjenige Betrag der Betriebsausgabe unabhängig von einer Gewerbesteuerpflicht des stillen Gesellschafters zu 25 % dem Gewinn aus Gewerbebetrieb hinzuzurechnen, der mit anderen hinzurechnungsfähigen Tatbeständen den Freibetrag von 100.000 € übersteigt (§ 8 Nr. 1 Buchst. c GewStG).

c) Die atypisch stille Gesellschaft

Der **atypisch stille Gesellschafter** ist **Mitunternehmer**, d.h., er trägt **Unternehmerrisiko** und kann **Unternehmerinitiative** i.S.d. § 15 Abs. 1 Nr. 2 EStG entfalten. Seine Einlage bildet Eigenkapital (ohne Gewährung von Gesellschaftsrechten). Im Innenverhältnis ist seine Stellung mindestens wie die eines **Kommanditisten** ausgestattet (Widerspruchsrecht nach § 164 HGB).[807] Der Gesellschafter ist an den stillen Reserven, dem Firmenwert und dem Liquidationserlös beteiligt. Es erfolgt daher bei der atypischen stillen Gesellschaft eine einheitliche Gewinnfeststellung. Dabei sind die Grundsätze bzgl. des Sonderbetriebsvermögens zu beachten.

Die atypisch stille Gesellschaft hat i.d.R. **kein Gesellschaftsvermögen**, d.h. der Wert des Betriebsvermögens ist nur für den Handelsgewerbetreibenden festzustellen; an diesem Betriebsvermögen ist der atypisch stille Gesellschafter nicht dinglich, sondern nur schuldrechtlich beteiligt.[808]

Gewinnanteile des atypisch stillen Gesellschafters stellen **Einkünfte aus Gewerbebetrieb** dar; die Gewerbesteuerpflicht entsteht nicht durch Hinzurechnung, sondern durch Definition als Bestandteil des Gewinns der Mitunternehmergemeinschaft.

Ein möglicher **Verlustanteil** des atypisch stillen Gesellschafters kann gem. § 15a Abs. 5 Nr. 1 i.V.m. § 15a Abs. 1 S. 1, Abs. 1a, Abs. 2, Abs. 3 S. 1, 2 und 4 und Abs. 4 EStG weder mit anderen Einkünften aus Gewerbebetrieb noch mit Einkünften aus anderen Einkunftsarten ausgeglichen noch nach § 10d EStG abgezogen werden; eine Saldierung ist ausschließlich mit künftigen Gewinnanteilen aus derselben stillen Beteiligung möglich.

---

[807] Vgl. HARTHAUS, REINHOLD: Typische oder atypische stille Gesellschaft oder bloßes Darlehensverhältnis?, in: StB 1998, S. 14-18, s.b.S. 14.

[808] Vgl. SCHULZE ZUR WIESCHE, DIETER: Die atypische stille Gesellschaft, in: FR 1997, S. 405-408, s.b.S. 405.

Die **Beendigung** der atypisch stillen Gesellschaft erfolgt grundsätzlich analog zur Beendigung einer Personengesellschaft.[809] Wenn zum Beendigungszeitpunkt ein negatives Kapitalkonto des atypischen stillen Gesellschafters, welches nicht den Verlustausgleichsbeschränkungen gem. § 15a EStG unterlegen hat, sowie keine Verpflichtung zum Verlustausgleich über den Einlagebetrag hinaus besteht, ergibt sich nach § 52 Abs. 33 S. 3 EStG für den Betrag, den der Gesellschafter nicht ausgleichen muss, ein Veräußerungsgewinn i.S.d. § 16 EStG. In Höhe dieses Betrages sind bei den anderen Mitunternehmern – unter Berücksichtigung der für die Verlustzurechnung geltenden Grundsätze – Verlustanteile anzusetzen (§ 52 Abs. 33 S. 4 EStG).

2. Die Unterbeteiligung

a) Überblick

Man spricht von einer **Unterbeteiligung**, wenn eine Person nicht unmittelbar an einer Gesellschaft, sondern an einem **Gesellschaftsanteil** einer anderen Person (= Hauptgesellschafter) beteiligt ist. Hierin besteht auch der Unterschied zur stillen Gesellschaft, die eine Beteiligung an einem Handelsgewerbe voraussetzt.[810]

Eine Unterbeteiligung kann nur an „**gesellschaftsfähige**" Einkunftsarten anknüpfen, die höchstpersönliche Einkunftsquelle aus nichtselbstständiger Arbeit kann nicht Gegenstand einer Unterbeteiligung sein.[811] Die gezahlte Einlage des Unterbeteiligten geht in das **Vermögen des Hauptbeteiligten** ein.

Entscheidend für die steuerliche Behandlung der Unterbeteiligung ist, ob ein **Gläubigerverhältnis** oder eine **Mitunternehmerschaft** vorliegt. Man unterscheidet typische, atypische und unechte Unterbeteiligungen. Unterbeteiligungen an Anteilen an Kapitalgesellschaften haben wegen der Teilbarkeit dieser Beteiligungen eine geringere Bedeutung.

b) Die typische Unterbeteiligung

Der Unterbeteiligte ist **nur am Gewinn und Verlust des Hauptbeteiligten beteiligt**; es besteht die Möglichkeit des Ausschlusses der Verlustbeteiligung. Er hat bei Beendigung des Beteiligungsverhältnisses nur Anspruch auf Rückzahlung seiner nominellen Einlage. Die Einkunftsquelle des Unterbeteiligten ist der des Hauptbeteiligten nachgeordnet.

Es liegt ein **Gläubigerverhältnis** und keine Mitunternehmerschaft vor. Gewinnanteile des Unterbeteiligten gehören bei ihm zu den **Einkünften aus Kapitalvermögen** i.S.v. § 20 Abs. 1 Nr. 4 EStG (sofern die Unterbeteiligung nicht in einem Betriebsvermögen gehalten wird, was zu **Einkünften aus Gewerbebetrieb** führt), unabhängig davon, ob die Unterbetei-

---

[809] Vgl. HITZEMANN, GEBHARDT: Die atypische stille Gesellschaft und § 15a EStG, in: DStR 1998, S. 1708-1710, s.b.S. 1708.

[810] Vgl. BLAUROCK, UWE/BERNINGER, AXEL: Unterbeteiligung an einem GmbH-Anteil in zivilrechtlicher und steuerrechtlicher Sicht, in: GmbHR 1990, S. 11-16, 87-98, s.b.S. 87.

[811] Vgl. MÄRKLE, RUDI: Die Unterbeteiligung an Einkunftsquellen, in: DStZ 1985, S. 471-480, 508-514, 533-537, s.b.S. 472 und 473.

ligung an einem Kapitalgesellschafts- oder an einem Personengesellschaftsanteil begründet ist.[812]

Die Gewinnanteile des Unterbeteiligten stellen beim Hauptbeteiligten **Werbungskosten** bzw. **Betriebsausgaben** dar. Ist der Hauptgesellschafter Mitunternehmer, verkörpern die Gewinnanteile Sonderbetriebsausgaben (sofern die Unterbeteiligung offen gelegt wurde), mindern also die gewerblichen Einkünfte der Hauptgesellschaft. Die Gewinnanteile fallen unter die Hinzurechnungsvorschrift des § 8 Nr. 1 Buchst. c GewStG (R 8.1 Abs. 3 GewStR).

Aufgrund der Nähe zu einem typisch stillen Gesellschafter gelten die Ausführungen zur typisch stillen Gesellschaft für einen typisch Unterbeteiligten entsprechend (vgl. S. 562).

c) Die atypische Unterbeteiligung

Der Unterbeteiligte ist auch an den **stillen Reserven** und am Firmenwert des Hauptbeteiligten beteiligt. Im **Innenverhältnis zum Hauptbeteiligten** ist er **Mitunternehmer**. Gilt dies auch im Verhältnis zur Hauptgesellschaft[813], bestehen zwei Personengesellschaften, die Hauptgesellschaft und die Unterbeteiligungsgesellschaft, und damit auch zwei Mitunternehmerschaften.

Für Einkommensteuerzwecke bewertet der BFH die atypische Unterbeteiligung wie eine **eigenständige Hauptbeteiligung**.[814] Damit haben die zivilrechtlichen Begleiterscheinungen beim Wechsel von der atypischen Unterbeteiligung zur direkten Beteiligung keine negativen steuerlichen Folgen.[815]

Die Einräumung einer atypischen Unterbeteiligung führt zum **vertikalen Einkunftssplitting** des Hauptbeteiligten; von nun an beziehen beide Beteiligte parallel Einkünfte: Dem Anteilseigner wird nur der um den Anteil des atypisch Unterbeteiligten gekürzte Gewinn ausgeschüttet. Die Gewinnanteile können daher auch nicht als Werbungskosten bzw. Betriebsausgaben beim Anteilseigner berücksichtigt werden.[816]

Verluste des atypischen Unterbeteiligten können i.R.d. § 15a Abs. 5 Nr. 1-2 EStG berücksichtigt werden.

Der Gewinn des Hauptgesellschafters und derjenige der Hauptgesellschaft werden nicht um den Gewinnanteil des Unterbeteiligten gekürzt, sodass sich die Höhe der Gewerbesteuer der Hauptgesellschaft nicht verändert. Ein bei der Veräußerung der Unterbeteiligung entstehender Gewinn ist als **Veräußerungsgewinn** zu versteuern (§ 16 Abs. 4 EStG und 34 Abs. 1 bzw. Abs. 3 EStG).

---

[812] Vgl. die Rechtsprechungsübersicht bei BFH-Urteil vom 18.05.2005, BStBl II 2005, S. 857-861, s.b.S. 859.
[813] Bzgl. des Verhältnisses zur Hauptgesellschaft vgl. WACKER, ROLAND: § 15 EStG, in: Einkommensteuergesetz, begr. von LUDWIG SCHMIDT, 32. Aufl., München 2013, Rn. 365-372.
[814] Vgl. BFH-Urteil vom 02.10.1997, BStBl II 1997, S. 137.
[815] Vgl. BÜRKLE, THOMAS/SCHAMBURG, WOLFGANG: Entwarnung für die Gestaltung der Unternehmensnachfolge mit atypischer Unterbeteiligung?, in: DStR 1998, S. 558 und 559, s.b.S. 558.
[816] Vgl. BLAUROCK, UWE/BERNINGER, AXEL: Unterbeteiligung an einem GmbH-Anteil in zivilrechtlicher und steuerrechtlicher Sicht, in: GmbHR 1990, S. 11-16, 87-98, s.b.S. 93.

d) Die unechte Unterbeteiligung

Der Unterbeteiligte hat eine solch starke Position inne, dass er bei wirtschaftlicher Betrachtungsweise steuerlich auch im **Verhältnis zur Hauptgesellschaft** als **Mitunternehmer anzusehen** ist. Der zwischen Unterbeteiligtem und Gesellschaft Stehende fungiert quasi nur als Treuhänder.

Die steuerliche Behandlung erfolgt dann analog zur **Mitunternehmerschaft**. Die Einkunftsquelle ist jetzt weder der des Hauptbeteiligten nachgeordnet, noch parallel zu der des Hauptbeteiligten (wie bei der atypischen Unterbeteiligung); originäre Einkunftsquelle des Unterbeteiligten ist in diesem Falle seine eigene **Mitunternehmerschaft**.

3. Die Genossenschaft

Die Genossenschaft ist eine körperschaftlich organisierte **juristische Person**. Sie ist weder Personen- noch Kapitalgesellschaft, sondern ein **wirtschaftlicher Verein**. Sie ist Kaufmann kraft Rechtsform (§ 17 Abs. 2 GenG) und hat folgende **Organe**: Vorstand, Aufsichtsrat, Generalversammlung.

Die Genossenschaft ist eine Gesellschaft mit einer nicht geschlossenen Zahl von Mitgliedern, die einen wirtschaftlichen Zweck verfolgen und sich dazu eines gemeinsamen Geschäftsbetriebs bedienen (§ 1 Abs. 1 GenG). Dabei steht nicht das Gewinnstreben im Vordergrund, sondern der **Selbsthilfecharakter** dieser Unternehmensform.[817] Sie ist eine Unternehmensform mit vielen Gestaltungsmöglichkeiten (z.B. Zuschnitt der persönlichen Haftung je nach Bedarf, frei wählbare Kapitalhöhe, problemloser Bei- und Austritt).[818]

Erwerbs- und **Wirtschaftsgenossenschaften** sind gem. § 1 Abs. 1 Nr. 2 KStG **unbeschränkt körperschaftsteuerpflichtig**. Nach § 5 Abs. 1 Nr. 10 und Nr. 14 KStG sind bestimmte Arten von Erwerbs- und Wirtschaftsgenossenschaften von der Körperschaftsteuer und dann gem. § 3 Nr. 8 und Nr. 15 GewStG auch von der Gewerbesteuer befreit.

Zur Ermittlung des zu versteuernden Einkommens hinsichtlich umsatzbezogener Rückvergütungen der Erwerbs- und Wirtschaftsgenossenschaften enthält § 22 KStG eine **Sonderregelung**. Die steuerliche Besserstellung der Genossenschaften folgt u.a. aus der Behandlung der **genossenschaftlichen Rückvergütungen als steuerlich abzugsfähige Betriebsausgabe**:

– Rückvergütungen sind Vergütungen, die abhängig von der Höhe des mit der Genossenschaft erzielten Umsatzes an die Genossen gezahlt werden.

– Sie werden erst nach Abschluss des Wirtschaftsjahres fixiert und im Jahresabschluss des Wirtschaftsjahres, für das sie gewährt werden, als Verbindlichkeit oder Rückstellung erfasst.

– Rückvergütungen, die im Mitgliedergeschäft erwirtschaftet worden sind, sind als Betriebsausgabe abzugsfähig.

– Sie sind bei den empfangenden Genossen unmittelbar einkommen- bzw. körperschaftsteuerpflichtig.

---

[817] Vgl. WESTPHAL, MICHAEL: Die eingetragene Genossenschaft, in: SteuerStud 1998, S. 69-72, s.b.S. 70.
[818] Vgl. WESTPHAL, MICHAEL: Die eingetragene Genossenschaft, in: SteuerStud 1998, S. 69-72, s.b.S. 72.

Rückvergütungen sind nach § 22 Abs. 1 KStG insoweit als Betriebsausgaben abzugsfähig, als die dafür verwendeten Beträge im Mitgliedergeschäft erwirtschaftet worden sind; zur Feststellung der im Mitgliedergeschäft erwirtschafteten Beträge ist der Überschuss bei Absatz- und Produktionsgenossenschaften im Verhältnis des Wareneinkaufs bei Mitgliedern zum gesamten Wareneinkauf sowie bei den übrigen Erwerbs- und Wirtschaftsgenossenschaften im Verhältnis des Mitgliederumsatzes zum Gesamtumsatz aufzuteilen.[819]

4. Die Stiftung[820]

Die Stiftung ist eine **juristische Person**, die **weder Eigentümer noch Mitglieder** aufweist; folglich existieren keine Anteile am Vermögen der Stiftung. Eine Stiftung zeichnet sich durch die drei Wesensmerkmale **Stiftungszweck, Stiftungsvermögen** und **Stiftungsorganisation** aus, deren unterschiedliche Ausprägungen den Charakter der Stiftung bestimmen.[821] Bei der Differenzierung nach dem Stiftungsvermögen lassen sich insb. die in Abb. 112[822] (S. 568) aufgeführten Arten unterscheiden.

Die Stiftung kann sich an Unternehmen beteiligen. So ist bspw. die Beteiligung einer Stiftung als Komplementärin an einer KG möglich; man spricht dann von einer Stiftung & Co. KG, bei der die Haftung der Komplementärin auf das Stiftungsvermögen beschränkt ist.[823] Besteht eine Verbindung zwischen der Stiftung und einem Unternehmen, so spricht man von einer **Unternehmensstiftung** (auch: unternehmensverbundenen Stiftung).[824]

Es können auch ganze Unternehmen auf eine Stiftung übertragen werden. Wenn dann auch noch der Stiftungszweck darin besteht, dieses Unternehmen zu führen, spricht man von einem **Stiftungsunternehmen**.[825]

---

[819] Vgl. ausführlich SCHULTE, WILFRIED: § 22 KStG, in: Heidelberger Kommentar zum Körperschaftsteuergesetz. Die Besteuerung der Kapitalgesellschaft und ihrer Anteilseigner, hrsg. von BERND ERLE und THOMAS SAUTER, 3. Aufl., Heidelberg u.a. 2010.

[820] Vgl. KUßMAUL, HEINZ/MEYERING, STEPHAN: Die Besteuerung der Stiftung: Rechtliche Einordnung, in: StB 2004, S. 6-10; KUßMAUL, HEINZ/MEYERING, STEPHAN: Die Besteuerung der Stiftung: Die privatnützige Stiftung, in: StB 2004, S. 56-60; KUßMAUL, HEINZ/MEYERING, STEPHAN: Die Besteuerung der Stiftung: Die gemeinnützige Stiftung, in: StB 2004, S. 91-100; KUßMAUL, HEINZ/MEYERING, STEPHAN: Die Besteuerung der Stiftung: Die Familienstiftung und die unternehmensverbundene Stiftung, in: StB 2004, S. 135-140; KUßMAUL, HEINZ/MEYERING, STEPHAN: Die Rechnungslegung der Stiftung, in: DStR 2004, S. 371-376.

[821] Vgl. STRICKRODT, GEORG: Die Erscheinungsformen der Stiftungen des privaten und des öffentlichen Rechts, in: NJW 1962, S. 1480-1468, s.b.S. 1481 und 1483.

[822] Entnommen aus KUßMAUL, HEINZ/MEYERING, STEPHAN: Die Besteuerung der Stiftung: Rechtliche Einordnung, in: StB 2004, S. 6-10, s.b.S. 9.

[823] Vgl. HENNERKES, BRUN-HAGEN/BINZ, MARK K./SORG, MARTIN H.: Die Stiftung als Rechtsform für Familienunternehmen – Die unternehmensverbundene Stiftung unter besonderer Berücksichtigung der Stiftung & Co. KG –, in: DB 1986, S. 2217-2221, 2269-2274, s.b.S. 2269.

[824] Vgl. GOERDELER, REINHARD/ULMER, PETER: Der Stiftungszweck in der Reform des Stiftungsrechts, zugleich Überlegungen zur Behandlung von Unternehmensstiftungen und Familienstiftungen im künftigen Stiftungsrecht, in: AG 1963, S. 328-333, s.b.S. 329; HENNERKES, BRUN-HAGEN/BINZ, MARK K./SORG, MARTIN H.: Die Stiftung als Rechtsform für Familienunternehmen – Die unternehmensverbundene Stiftung unter besonderer Berücksichtigung der Stiftung & Co. KG –, in: DB 1986, S. 2217-2221, 2269-2274, s.b.S. 2219; KUßMAUL, HEINZ/MEYERING, STEPHAN: Die Besteuerung der Stiftung: Die Familienstiftung und die unternehmensverbundene Stiftung, in: StB 2004, S. 135-140.

[825] Vgl. STRICKRODT, GEORG: Die Erscheinungsformen der Stiftungen des privaten und des öffentlichen Rechts, in: NJW 1962, S. 1480-1468, s.b.S. 1484.

Steht die Stiftung wesentlich im Interesse einer Familie oder bestimmter Familien, spricht man von einer **Familienstiftung** (§ 1 Abs. 1 Nr. 4 ErbStG). Von wesentlichem Interesse ist auszugehen, wenn der Stifter, seine Angehörigen oder deren Abkömmlinge zu mehr als der Hälfte bezugs- und anfallsberechtigt sind, also zu mehr als der Hälfte von den Zuwendungen der Stiftung profitieren können (§ 15 Abs. 2 AStG).

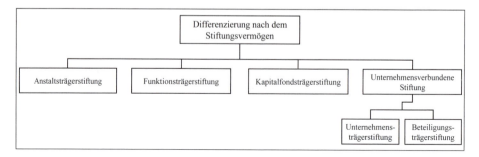

Abb. 112: Differenzierung nach dem Stiftungsvermögen

Steuerlich relevant ist insb. die Unterscheidung zwischen **nicht-gemeinnützigen** (privatwirtschaftlichen, im Folgenden: „Stiftung") Stiftungen[826] und **gemeinnützigen** Stiftungen.[827] Zu den Voraussetzungen der Gemeinnützigkeit zählen u.a. die Ausschließlichkeit (§ 56 AO), der Grundsatz der Vermögensbindung (§§ 55 Abs. 1 Nr. 4 S. 1, 61 AO) und das Gebot der zeitnahen Mittelverwendung (§ 55 Abs. 1 Nr. 5 AO). Es besteht also für alle gemeinnützigen Körperschaften – somit auch für die gemeinnützige Stiftung – die Verpflichtung, ihre Mittel zeitnah und ausschließlich für steuerbegünstigte Zwecke zu verwenden. Hierdurch werden insb. die Möglichkeiten zur Bildung von Rücklagen eingeschränkt. Von den Voraussetzungen der Gemeinnützigkeit gibt es einige **Ausnahmen**, die teils alle gemeinnützigen Körperschaften betreffen, teils nur für gemeinnützige Stiftungen gelten. Diese Ausnahmen wurden durch das „Gesetz zur weiteren steuerlichen Förderung von Stiftungen"[828] vom 14.07.2000 erweitert.[829] Seither verliert eine Körperschaft ihre Gemeinnützigkeit nicht, wenn sie bis zu einem Drittel „des Überschusses der Einnahmen über die Unkosten" und darüber hinaus bis zu 10 % ihrer sonstigen Mittel einer sog. **freien Rücklage** zuführt (§ 58 Nr. 7 Buchst. a AO). Namentlich der Stiftung ist es erlaubt, ihre Überschüsse im Jahre der Errichtung und in den folgenden zwei Jahren ganz oder teilweise ihrem Vermögen zuzuführen (§ 58 Nr. 12 AO). Außerdem darf sie bis zu einem Drittel ihres Einkommens für

---

[826] Vgl. KUßMAUL, HEINZ/MEYERING, STEPHAN: Die Besteuerung der Stiftung: Die privatnützige Stiftung, in: StB 2004, S. 56-60.

[827] Entsprechend den §§ 51-54 AO. „Gemeinnützig" wird hier als Oberbegriff verwendet, unter dem gemeinnützige (§ 52 AO), mildtätige (§ 53 AO) und kirchliche (§ 54 AO) Zwecke (steuerbegünstigte Zwecke i.S.d. § 51 Abs. 1 S. 1 AO) subsumiert werden; vgl. KUßMAUL, HEINZ/MEYERING, STEPHAN: Die Besteuerung der Stiftung: Die gemeinnützige Stiftung, in: StB 2004, S. 91-100, s.b.S. 91-93. Die als gemeinnützig anzusehenden Förderungsbereiche wurden dabei durch das „Gesetz zur weiteren Stärkung des bürgerschaftlichen Engagements" neu gefasst; vgl. BGBl I 2007, S. 2332.

[828] BGBl I 2000, S. 1034. Durch dieses Gesetz wurde auch der Spendenabzug für Stiftungszuwendungen erheblich erweitert.

[829] Vgl. SCHIFFER, JAN K./SWOBODA, CHRISTOPH: Stiftungen und Gemeinnützigkeit: Neue Impulse durch das neue Steuerrecht, in: StuB 2001, S. 317-322.

den Unterhalt des Stifters und dessen nächsten Angehörigen, deren Grabpflege und zur Ehrung ihres Andenkens verwenden (§ 58 Nr. 5 AO).

Während die Stiftung grundsätzlich wie jede andere juristische Person besteuert wird, ist die gemeinnützige Stiftung weitestgehend von einer Besteuerung freigestellt.

Die **Errichtung** einer Stiftung (Übergang des Stiftungsvermögens vom Stifter auf die Stiftung) löst Erbschaft- bzw. Schenkungsteuer aus (§ 1 Abs. 1 Nr. 1 und Nr. 2 i.V.m. § 3 Abs. 2 Nr. 1 S. 1 und § 7 Abs. 1 Nr. 8 S. 1 ErbStG); **gemeinnützige** Stiftungen sind in ihrer Gründung steuerbefreit (§ 13 Abs. 1 Nr. 16 Buchst. b ErbStG). Vergleichbare Regelungen gelten für nachträgliche Zuwendungen an bestehende Stiftungen (sog. **Zustiftungen**).

Wegen der Unentgeltlichkeit der Zuwendung an eine Stiftung ist eine einkommensteuerliche Belastung beim Stifter nur denkbar, wenn Gegenstände aus einem Betriebsvermögen entnommen werden.[830] Unentgeltliche Überführungen aus dem Privatvermögen in eine Stiftung sind grundsätzlich nicht ertragsteuerpflichtig, da sie ausschließlich die Privatsphäre des Stifters betreffen.[831] Dies gilt auch für Beteiligungen i.S. von § 17 EStG.[832] Abb. 113[833] (S. 570) fasst diese Thematik übersichtsartig zusammen.

Werden Vermögensgegenstände, die von Todes wegen oder durch Schenkung unter Lebenden erworben wurden, innerhalb von 24 Monaten nach dem Zeitpunkt der Entstehung der Erbschaftsteuer einer gemeinnützigen Stiftung zugewendet, so erlischt die ursprünglich entstandene Steuer mit Wirkung für die Vergangenheit (sog. **erweiterte Erbschaftsteuerbefreiung**; § 29 Abs. 1 Nr. 4 ErbStG).

Familienstiftungen, die gem. § 1 Abs. 1 Nr. 4 ErbStG „wesentlich im Interesse einer Familie oder bestimmter Familien im Inland errichtet" werden,[834] unterliegen gem. § 9 Abs. 1 Nr. 4 ErbStG in Zeitabständen von 30 Jahren mit ihrem Vermögen der Erbschaftsteuer (sog. **Ersatzerbschaftsteuer** bzw. Erbersatzsteuer), wobei die Regelungen des § 13a ErbStG entsprechend Anwendung finden (§ 13a Abs. 9 ErbStG). Die Steuer kann auf Verlangen des Steuerpflichtigen in 30 gleichen Jahresraten entrichtet werden (**Steuerstundung**), ist dann jedoch mit 5,5 % zu verzinsen (§ 24 ErbStG).

---

[830] Vgl. BOOCHS, WOLFGANG/GANTEFÜHRER, FELIX: Dotierung und Verwendung der Mittel oder des Stiftungskapitals einer gemeinnützigen Stiftung am Beispiel einer Künstlerstiftung, in: DB 1997, S. 1840-1844, s.b.S. 1841; SORG, MARTIN H.: Die Familienstiftung: Wesen, Probleme, Gestaltungsvorschläge für die Praxis, Baden-Baden 1984, S. 38.

[831] Vgl. BRANDMÜLLER, GERHARD/LINDNER, REINHOLD: Gewerbliche Stiftungen: Unternehmensträgerstiftung – Stiftung & Co. KG – Familienstiftung, 3. Aufl., Berlin 2005, S. 53; LÖWE, CHRISTIAN VON: Die Familienstiftung als Instrument der Nachfolgegestaltung: Zugleich eine rechtsvergleichende Untersuchung unter Berücksichtigung der Unterschiede in den Rechtsordnungen in Deutschland, in Österreich, in der Schweiz und in Liechtenstein, Stuttgart 1998, S. 41; STEUCK, HEINZ-LUDWIG: Die Stiftung als Rechtsform für wirtschaftliche Unternehmen: Ihre Struktur und Besteuerung, Berlin 1967, S. 149.

[832] Vgl. RFH-Urteil vom 14.12.1938, RStBl. 1939, S. 212.

[833] Modifiziert entnommen aus KUßMAUL, HEINZ/MEYERING, STEPHAN: Die Besteuerung der Stiftung: Die privatnützige Stiftung, in: StB 2004, S. 56-60.

[834] Vgl. KUßMAUL, HEINZ/MEYERING, STEPHAN: Die Besteuerung der Stiftung: Die Familienstiftung und die unternehmensverbundene Stiftung, in: StB 2004, S. 135-140, s.b.S. 136.

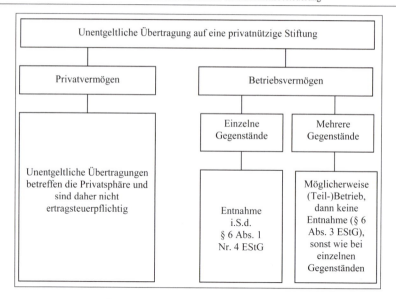

Abb. 113: Unentgeltliche Übertragung und ihre ertragsteuerlichen Auswirkungen

Die Stiftung unterliegt mit allen **laufenden Einkünften** der Körperschaftsteuer i.H.v. 15 % (§§ 23 Abs. 1, 1 Abs. 1 Nr. 5 KStG); die gemeinnützige Stiftung ist von der Steuer befreit (§ 5 Abs. 1 Nr. 9 KStG). Eine gewerbliche Betätigung oder Unterhaltung eines wirtschaftlichen Geschäftsbetriebs (§ 14 AO) löst ggf. zusätzlich Gewerbesteuerpflicht aus.[835] Sind die Tatbestände der Unternehmereigenschaft erfüllt, führt dies zur Umsatzsteuerpflicht. Zuwendungen an **Destinatare** (durch die Stiftung begünstigte Personen) können bei diesen entweder als sonstige Einkünfte i.S.d. § 22 Nr. 1 EStG oder als Einkünfte aus Kapitalvermögen i.S.d. § 20 Abs. 1 Nr. 9 EStG einkommensteuerpflichtig sein.[836] Abb. 114[837] (S. 571) beinhaltet eine Übersicht, welche steuerlichen Folgen die Zuwendungen auslösen, während Abb. 115[838] (S. 572) diese Zuwendungen – differenziert nach den verschiedenen Arten von Stiftungen – beispielhaft unterlegt. Nach § 7 Abs. 1 Nr. 9 ErbStG gilt jeder Erwerb aus der **Auflösung** einer Stiftung als Schenkung.

---

[835] Vgl. zur laufenden Besteuerung der Stiftung GÖTZ, HELLMUT: Teil D, in: Stiftung und Unternehmen, hrsg. von HANS BERNDT und HELLMUT GÖTZ, 8. Aufl., Herne 2009, Rn. 891-1065.

[836] Vgl. KUSSMAUL, HEINZ/MEYERING, STEPHAN: Die Besteuerung der Destinatare von Stiftungen, in: ZSteu 2004, S. 41-47.

[837] Modifiziert entnommen aus KUSSMAUL, HEINZ/MEYERING, STEPHAN: Die Besteuerung der Destinatare von Stiftungen, in: ZSteu 2004, S. 41-47, s.b.S. 46.

[838] Modifiziert entnommen aus KUSSMAUL, HEINZ/MEYERING, STEPHAN: Die Besteuerung der Destinatare von Stiftungen, in: ZSteu 2004, S. 41-47, s.b.S. 47.

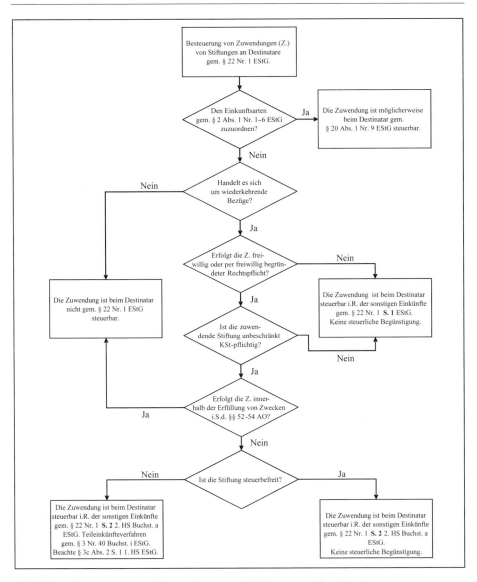

Abb. 114: Besteuerung von Zuwendungen von Stiftungen an ihre Destinatare

Stiftungszweck		Zweck der Zuwendungen innerhalb oder außerhalb der Erfüllung steuerbegünstigter Zwecke i.S. der §§ 52-54 AO	Beispiele	Einmalige Zuwendung	Wiederkehrende Zuwendung
Privat-nützig	Familien-stiftung	Außerhalb	Zuwendungen an den Stifter/Angehörige	Steuerpflichtig, Teileinkünfteverfahren (§ 20 Abs. 1 Nr. 9 EStG, § 3 Nr. 40 Buchst. d 2. Alt. EStG)	
		Innerhalb	Zuwendungen an bedürftige Personen	– (§ 22 Nr. 1 S. 1 EStG)	(§ 22 Nr. 1 S. 2 1. Halbsatz EStG)
	Sonstige privat-nützige Stiftung	Außerhalb	Zuwendungen an nicht-bedürftige Personen	– (§ 22 Nr. 1 S. 1 EStG)	Steuerpflichtig, Teileinkünfteverf. (§ 22 Nr. 1 S. 2 2. Halbsatz Buchst. a EStG, § 3 Nr. 40 Buchst. i EStG)
		Innerhalb	Zuwendungen an bedürftige Personen	– (§ 22 Nr. 1 S. 1 EStG)	(§ 22 Nr. 1 S. 2 1. Halbsatz EStG)
Gemeinnützig		Außerhalb	Zuwendungen an den Stifter/Angehörige i.R. von § 58 Nr. 5 AO	– (§ 22 Nr. 1 S. 1 EStG)	Steuerpflichtig, kein Teileinkünfteverf. (§ 22 Nr. 1 S. 2 2. Halbsatz Buchst. a EStG, § 3 Nr. 40 Buchst. i EStG)
		Innerhalb	Zuwendungen an bedürftige Personen	– (§ 22 Nr. 1 S. 1 EStG)	– (§ 22 Nr. 1 S. 2 1. Halbsatz EStG)

Abb. 115: Übersicht zur Besteuerung von Zuwendungen auf Seiten des Destinatars

Bezüglich der Rechnungslegung der Stiftung zeigt sich eine überaus uneinheitliche Rechtslage: so kommen neben den „normalen" Vorschriften der §§ 238-256a HGB – die über § 140 AO Wirkung auch für steuerliche Zwecke entfalten – je nach Ausgestaltung der Stiftung auch die Regelungen des BGB sowie die unterschiedlichen Landesstiftungsgesetze und letzten Endes sogar die in der Satzung der Stiftung vorgesehenen Vorschriften zum Zuge.[839]

---

[839] Vgl. KOSS, CLAUS: Rechnungslegung von Stiftungen: Von der Buchführung zur Jahresrechnung, Düsseldorf 2003, S. 23-182; KUßMAUL, HEINZ/MEYERING, STEPHAN: Die Rechnungslegung der Stiftung, in: DStR 2004, S. 371-376; KUßMAUL, HEINZ/MEYERING, STEPHAN: § 97: Bilanzierung und Publizität, in: Münchener Handbuch des Gesellschaftsrechts, Bd. 5: Verein, Stiftung bürgerlichen Rechts, hrsg. von VOLKER BEUTHIEN und HANS GUMMERT, 3. Aufl., München 2009, S. 1386-1400.

5. Die öffentliche Hand[840]

Abb. 116[841] (S. 575) stellt die verschiedenen **Betätigungsfelder** der öffentlichen Hand dar und charakterisiert die damit verbundenen steuerlichen Folgen. Grundsätzlich sind folgende Tätigkeitsbereiche zu unterscheiden: Hoheitliche Tätigkeit, wirtschaftliche Tätigkeit und Vermögensverwaltung.

Hoheitliche Tätigkeit: In § 4 Abs. 5 KStG hat der Gesetzgeber festgelegt, dass diejenigen Betriebe nicht der Besteuerung unterliegen, die ausschließlich oder überwiegend der **Ausübung öffentlicher Gewalt** dienen. Zwangs- und Monopolrechte sind zur Begründung eines sog. Hoheitsbetriebs unzureichend. Eine parallele Bestimmung findet sich auch in § 2 Abs. 3 UStG, aus der sich auch aus umsatzsteuerlicher Sicht mangels notwendiger Unternehmereigenschaft eine Steuerbefreiung ergibt. Gem. H 9 KStR, Stichwort „Hoheitsbetrieb" ist nach Meinung der Finanzverwaltung kennzeichnend für die Ausübung öffentlicher Gewalt die **Erfüllung öffentlich-rechtlicher Aufgaben**, die aus der Staatsgewalt abgeleitet werden und staatlichen Zwecken dienen und deren Erfüllung der öffentlichen Hand eigentümlich und vorbehalten ist. Von der Ausübung öffentlicher Gewalt kann danach nicht gesprochen werden, wenn „sich die Körperschaft durch ihre Einrichtungen in den wirtschaftlichen Verkehr einschaltet und eine Tätigkeit entfaltet, die sich ihrem Inhalt nach von der Tätigkeit eines privaten gewerblichen Unternehmens nicht wesentlich unterscheidet." Beispiele für hoheitliche Tätigkeiten sind Forschungsanstalten, Abfallentsorgungs- und Abwasserbeseitigungsunternehmen und Universitäten.

Wirtschaftliche Tätigkeit: Ausfluss wirtschaftlicher Betätigungen juristischer Personen des öffentlichen Rechts stellen die **Betriebe gewerblicher Art (BgA)** i.S.d. § 4 KStG dar; diese unterliegen gem. § 1 Abs. 1 Nr. 6 KStG der unbeschränkten Steuerpflicht.

- **Nicht aus jeder wirtschaftlichen Betätigung** resultiert ein Betrieb gewerblicher Art. Vielmehr sind Betriebe gewerblicher Art gem. § 4 Abs. 1 KStG alle Einrichtungen vorbehaltlich des Abs. 5, „die einer nachhaltigen wirtschaftlichen Tätigkeit zur Erzielung von Einnahmen außerhalb der Land- und Forstwirtschaft dienen und die sich innerhalb der Gesamtbetätigung der juristischen Person wirtschaftlich herausheben". Eine Beteiligung am allgemeinen wirtschaftlichen Verkehr sowie die Gewinnerzielungsabsicht sind dabei im Gegensatz zum Gewerbebetrieb i.S.d. § 15 Abs. 2 EStG keine notwendigen Voraussetzungen für die Annahme eines Betriebs gewerblicher Art und somit zur Begründung eines Betriebs gewerblicher Art nicht erforderlich (§ 4 Abs. 1 S. 2 KStG). Betriebe gewerblicher Art stellen eine rein steuerrechtliche Konstruktion dar und verkörpern keine spezielle öffentlich-rechtliche Organisationsform.

- Darüber hinaus spricht der Gesetzgeber in § 4 Abs. 2 KStG auch dann von einem Betrieb gewerblicher Art, wenn er selbst eine **juristische Person des öffentlichen Rechts** ist.

---

[840] Vgl. KUßMAUL, HEINZ/BLASIUS, TORSTEN: Körperschaftsteuerlich relevante Betätigungsfelder der öffentlichen Hand – Strukturierung und Einordnung der Hoheitsbetriebe, der Betriebe gewerblicher Art und der Vermögensverwaltung –, in: INF 2002, S. 682-685; KUßMAUL, HEINZ/BLASIUS, TORSTEN: Körperschaftsteuerlich relevante Betätigungsfelder der öffentlichen Hand – Merkmale der Betriebe gewerblicher Art –, in: INF 2003, S. 21-25.

[841] Modifiziert entnommen aus SIEGERS, DIRK: § 2 KStG, in: Die Körperschaftsteuer, hrsg. von EWALD DÖTSCH u.a., Stuttgart (Loseblatt), Stand: April 2013, Rn. 207.

Betriebe des § 4 Abs. 2 KStG unterscheiden sich insofern von den Betrieben gewerblicher Art des § 4 Abs. 1 KStG, als sie zur Erfüllung einer oder einiger klar abgegrenzter Verwaltungsaufgaben oder zur Führung bestimmter Betriebe eingerichtet worden sind und somit regelmäßig ein weitergehendes und oftmals unbegrenztes Tätigkeitsfeld aufweisen.[842]

- Nach § 4 Abs. 3 KStG gehören auch diejenigen Betriebe zu den Betrieben gewerblicher Art, „die der Versorgung der Bevölkerung mit Wasser, Gas, Elektrizität oder Wärme, dem öffentlichen Verkehr oder dem Hafenbetrieb dienen" und damit öffentliche Aufgaben der Daseinsvorsorge erfüllen.[843]

- Nach § 4 Abs. 4 KStG gilt gleichermaßen als Betrieb gewerblicher Art „die Verpachtung eines solchen Betriebs".

- Betriebe gewerblicher Art, die gemeinnützigen, mildtätigen und kirchlichen Zwecken i.S.v. §§ 51-68 AO dienen, hat der Gesetzgeber jedoch nach § 5 Abs. 1 Nr. 9 KStG von der Steuerpflicht entbunden. Beispiele für diese sog. **Zweckbetriebe** sind nach § 68 AO Alten- und Pflegeheime, landwirtschaftliche Betriebe, Gärtnereien und andere Einrichtungen.

Vermögensverwaltung: Die reine Vermögensverwaltung durch eine juristische Person des öffentlichen Rechts ist **keine gewerbliche oder berufliche, d.h. unternehmerische Tätigkeit** und daher nicht steuerbar.[844] Dies lässt sich aus der Verwandtschaft der Begriffe „Betrieb gewerblicher Art" gem. § 4 Abs. 1 KStG und „Gewerbebetrieb" i.S.d. § 15 Abs. 2 EStG schließen. Entsprechend der negativen Abgrenzung der Vermögensverwaltung vom Gewerbebetrieb muss gleichermaßen ein steuerpflichtiger Betrieb gewerblicher Art beim Vorliegen einer vermögensverwaltenden Tätigkeit verneint werden.[845] Eine reine Vermögensverwaltung liegt nach § 14 S. 3 AO dann vor, „wenn Vermögen genutzt, zum Beispiel Kapitalvermögen verzinslich angelegt oder unbewegliches Vermögen vermietet oder verpachtet wird". Die Finanzverwaltung geht nach R 15.7 Abs. 1 S. 2 EStR vom Vorliegen des Tatbestands der Vermögensverwaltung aus, „wenn sich die Betätigung noch als Nutzung von Vermögen im Sinne einer Fruchtziehung aus zu erhaltenden Substanzwerten darstellt und die Ausnutzung substantieller Vermögenswerte durch Umschichtung nicht entscheidend in den Vordergrund tritt".[846] Ebenso stellen der Besitz und die Verwaltung von Anteilen an einer Kapitalgesellschaft keine wirtschaftliche Betätigung i.S.d. § 4 KStG dar.[847] Die Höhe der Beteiligung ist in diesem Zusammenhang bedeutungslos, d.h. auch im Falle einer Beteiligung i.H.v. 100 % wird eine Vermögensverwaltung angenommen. Die inländischen Ein-

---

[842] Vgl. ERHARD, GERD: § 4 KStG, in: BLÜMICH: Einkommensteuer – Körperschaftsteuer – Gewerbesteuer, hrsg. von BERND HEUERMANN, München (Loseblatt), Stand: April 2013, Rn. 62; RFH-Urteil vom 26.11.1935, RStBl I 1936, S. 203-205; RFH-Urteil vom 14.12.1937, RStBl I 1938, S. 333.

[843] Vgl. BFH-Urteil vom 31.01.1975, BStBl II 1975, S. 563.

[844] Vgl. BIRKENFELD, WOLFRAM: Juristische Personen des öffentlichen Rechts als Unternehmer (§ 2 Abs. 3 UStG), in: UR 1989, S. 1-9, s.b.S. 7.

[845] Vgl. ALVERMANN, JÖRG: § 4, in: Körperschaftsteuergesetz: mit Nebengesetzen, hrsg. von MICHAEL STRECK, 7. Aufl., München 2009, Rn. 18; LANG, JOACHIM/SEER, ROMAN: Die Besteuerung der Drittmittelforschung, in: StuW 1993, S. 47-66, s.b.S. 49; vgl. auch SIEGEL, MANFRED: Der Begriff des „Betriebs gewerblicher Art" im Körperschaft- und Umsatzsteuerrecht, Berlin 1999, S. 238-272.

[846] Vgl. BFH-Urteil vom 17.01.1973, BStBl II 1973, S. 260.

[847] Vgl. RFH-Urteil vom 29.03.1938, RStBl I 1938, S. 471.

künfte aus der Vermögensverwaltung einer inländischen juristischen Person des öffentlichen Rechts unterliegen nach § 2 Nr. 2 KStG grundsätzlich der beschränkten Steuerpflicht.[848]

Steuersubjekt bei der Körperschaftsteuer ist nicht der Betrieb gewerblicher Art selbst, sondern die dahinter stehende juristische Person des öffentlichen Rechts, auch wenn der Gesetzgeber in § 1 Abs. 1 Nr. 6 KStG festgelegt hat, dass Betriebe gewerblicher Art der unbeschränkten Steuerpflicht unterliegen. Umgekehrt bedeutet dies, dass eine juristische Person des öffentlichen Rechts auch nur dann Steuersubjekt sein kann, wenn sie einen Betrieb gewerblicher Art unterhält.[849]

Für Zwecke der Einkommensermittlung – d.h. zur wertmäßigen Bestimmung des **Steuerobjekts** – wird nach R 33 Abs. 1 KStR bei Betrieben gewerblicher Art die Selbstständigkeit fingiert.[850] Daher werden Regelungen der juristischen Person des öffentlichen Rechts in Bezug auf einen Betrieb gewerblicher Art steuerrechtlich grundsätzlich anerkannt. In Abb. 116 sind die einzelnen steuerlich relevanten Tätigkeitsformen übersichtlich dargestellt.

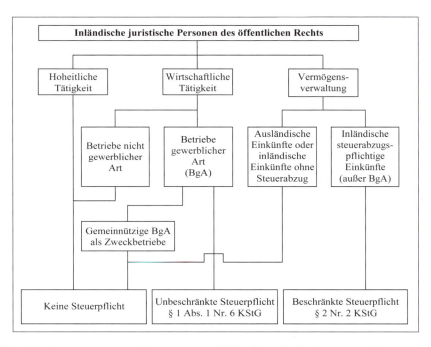

Abb. 116: Systematisierung der Betätigungsfelder der inländischen juristischen Personen des öffentlichen Rechts

Die Einkommensermittlung bzw. die Gewinnermittlung basiert auf der jeweiligen **Ausgestaltung der Buchführung bzw. des Rechnungswesens** (Betriebsvermögensvergleich

---

[848] Vgl. SIEGERS, DIRK: § 2 KStG, in: Die Körperschaftsteuer, hrsg. von EWALD DÖTSCH u.a., Stuttgart (Loseblatt), Stand: April 2013, Rn. 210.
[849] Vgl. BFH-Urteil vom 13.03.1974, BStBl II 1974, S. 391.
[850] Vgl. auch KORN, KLAUS/STRAHL, MARTIN: Einkommensermittlung der Betriebe gewerblicher Art infolge der Verwertung von Forschungsergebnissen durch öffentliche Hochschulen, in: BB 1997, S. 1557-1565, s.b.S. 1560.

oder Einnahmenüberschussrechnung). Grundsätzlich müssen einzelne Betriebe gewerblicher Art **getrennt** voneinander betrachtet werden.

Eine **Zusammenfassung für Zwecke der Einkommensermittlung** ist nach R 7 Abs. 1 KStR im Fall gleichartiger Betriebe gewerblicher Art unproblematisch. Deshalb ist auch grundsätzlich eine Vereinigung von Versorgungs-, Verkehrs-, Hafen- und Flughafenbetrieben einer Körperschaft des öffentlichen Rechts ohne weitere Prüfung aus steuerlicher Sicht akzeptabel, da diese Betriebe trotz ihrer scheinbaren Verschiedenheit dem einheitlichen Gedanken, „die Bevölkerung zu versorgen", untergeordnet sind.[851] Eine Zusammenfassung verschiedenartiger Betriebe gewerblicher Art ist nach H 7 KStR nur dann möglich, wenn zwischen den Betrieben nach dem Gesamtbild der Verhältnisse eine enge wechselseitige technisch-wirtschaftliche Verflechtung besteht, wobei dieses Tatbestandsmerkmal durch die Rechtsprechung geprägt wurde.[852] Eine räumliche Trennung ist unerheblich.[853] Jedoch betont die Finanzverwaltung in H 7 KStR, dass diese Verflechtung von einigem Gewicht sein muss, d.h. dass eine nur geringfügige Verflechtung nicht zu einer steuerlich wirksamen Zusammenfassung berechtigt (§ 4 Abs. 6 S. 1 Nr. 2 KStG). Die Zusammenfassung von Betrieben gewerblicher Art in Kapitalgesellschaften wird nach R 7 Abs. 2 S. 1 KStR grundsätzlich steuerlich anerkannt. Dies gilt gem. R 7 Abs. 2 S. 2 KStR hingegen nicht für die Zusammenfassung von Gewinn- und Verlustbetrieben, „wenn diese als Betrieb gewerblicher Art nach den allgemeinen Grundsätzen nicht hätten zusammengefasst werden können."

Juristische Personen des öffentlichen Rechts sind gem. § 1 Abs. 1 Nr. 6 KStG **nur i.R. ihrer Betriebe gewerblicher Art** unbeschränkt steuerpflichtig. Der hoheitliche Bereich ist in diesem Zusammenhang steuerlich unbeachtlich.

Leistungen eines Betriebs gewerblicher Art **mit eigener Rechtspersönlichkeit**, die nach § 20 Abs. 1 Nr. 10 Buchst. a EStG zu den Einkünften aus Kapitalvermögen der Trägerkörperschaft zählen, unterliegen gem. § 43 Abs. 1 S. 1 Nr. 7b EStG i.V.m. § 43a Abs. 1 Nr. 2 EStG einem **Steuersatz von 15 %**. Hinzu kommt der Solidaritätszuschlag i.H.v. 5,5 % gem. § 2 Nr. 3 SolZG i.V.m. § 1 Abs. 1 Nr. 6 KStG.

Bei Betrieben gewerblicher Art **ohne eigene Rechtspersönlichkeit** (u.a. Eigenbetriebe) ergibt sich eine andere Regelung. Erfolgt dort die Gewinnermittlung durch einen Betriebsvermögensvergleich gem. § 4 Abs. 1 bzw. § 5 EStG oder tätigt der Betrieb gewerblicher Art Umsätze (einschließlich steuerfreier Umsätze mit Ausnahme von § 4 Nr. 8-10 UStG) von mehr als 350.000 € im Kalenderjahr bzw. übersteigt der Gewinn den Betrag von 30.000 € im Wirtschaftsjahr,[854] dann stellen die so ermittelten Gewinne nach § 20 Abs. 1 Nr. 10

---

[851] Allerdings dazu neben H 7 KStR BFH-Urteil vom 10.07.1962, BStBl III 1962, S. 448; BFH-Urteil vom 08.11.1989, BStBl III 1990, S. 242 sowie LANGE, JOACHIM/REIß, WOLFRAM: Lehrbuch der Körperschaftsteuer, 8. Aufl., Herne/Berlin 1996, Rn. 90 m.w.N.

[852] Vgl. BFH-Beschluss vom 16.01.1967, BStBl III 1967, S. 240 und BFH-Urteil vom 19.05.1967, BStBl III 1967, S. 510.

[853] Vgl. ERHARD, GERD: § 4 KStG, in: BLÜMICH: Einkommensteuer – Körperschaftsteuer – Gewerbesteuer, hrsg. von BERND HEUERMANN, München (Loseblatt), Stand: April 2013, Rn. 102; PILTZ, DIETER: Zur Besteuerung der Betriebe gewerblicher Art von juristischen Personen des öffentlichen Rechts, in: FR 1980, S. 34-37, s.b.S. 35.

[854] Die Anknüpfung der Besteuerung an die Umsatzhöhe bzw. an die Höhe des Gewinns wurde durch das Unternehmenssteuerfortentwicklungsgesetz (UntStFG) vom 20.12.2001, BGBl I 2001, S. 3858 eingefügt. Zuvor war die Besteuerung nur an die Gewinnermittlung durch einen Betriebsvermögensvergleich gebunden.

Buchst. b S. 1 EStG Kapitaleinkünfte dar, sofern diese nicht einer Rücklage zugeführt werden. Als Folge ergibt sich eine weitere beschränkte Steuerpflicht nach § 2 Nr. 2 KStG. Eine Rücklagenauflösung zu Zwecken außerhalb des Betriebs gewerblicher Art hat nach § 20 Abs. 1 Nr. 10 Buchst. b S. 2 EStG die gleichen Konsequenzen. Dies hat zur Folge, dass „Gewinnabführungen" von einem Betrieb gewerblicher Art an seine Trägerkörperschaft mit einer **Kapitalertragsteuerbelastung** versehen werden.[855] Einkünfte nach § 20 Abs. 1 Nr. 10 Buchst. b EStG werden nach § 43 Abs. 1 S. 1 Nr. 7c EStG i.V.m. § 43a Abs. 1 Nr. 2 EStG mit einem **15 %-igen** Kapitalertragsteuersatz belastet. Hinzu kommt der Solidaritätszuschlag i.H.v. 5,5 % gem. § 2 Nr. 3 SolZG i.V.m. § 2 Nr. 2 KStG. Als **Schuldner** der Kapitalertragsteuer gelten in den Fällen des § 43 Abs. 1 S. 1 Nr. 7c EStG gem. § 44 Abs. 6 S. 1 EStG die **Betriebe gewerblicher Art**, während die juristischen Personen des öffentlichen Rechts und die von der Körperschaftsteuer befreiten Körperschaften, Personenvereinigungen und Vermögensmassen als **Gläubiger** bestimmt sind. „Diese Fiktion ist erforderlich, weil der Betrieb gewerblicher Art ohne rechtliche Verselbstständigung Teil der Trägerkörperschaft ist."[856] Den Entstehungszeitpunkt dieser Kapitalertragsteuer hat der Gesetzgeber in § 44 Abs. 6 S. 2 EStG auf den Zeitpunkt der Bilanzerstellung festgelegt; der späteste Entstehungszeitpunkt liegt jedoch acht Monate nach Ablauf des Wirtschaftsjahres. In den Fällen des § 20 Abs. 1 Nr. 10 Buchst. b S. 2 EStG – wenn Rücklagen zu Zwecken außerhalb des Betriebs gewerblicher Art aufgelöst werden – entsteht die Steuer gem. § 44 Abs. 6 S. 2 2. Halbsatz EStG am Tag nach der Beschlussfassung über die Gewinnverwendung.

Eine **Gewerbesteuerpflicht** kommt nach R 2.1 Abs. 6 GewStR im öffentlichen Bereich nur i.R. von Betrieben gewerblicher Art in Frage, falls simultan die Prämissen eines Gewerbebetriebs i.S.v. § 15 Abs. 2 EStG erfüllt sind. In Abgrenzung zur Körperschaftsteuerpflicht eines Betriebs gewerblicher Art sind somit zusätzlich die Merkmale „Gewinnerzielungsabsicht" und „Beteiligung am allgemeinen wirtschaftlichen Verkehr" zu erfüllen, die gem. § 4 Abs. 1 S. 2 KStG nicht erforderlich sind. Hoheitsbetriebe bilden mit Ausnahme der Versorgungsbetriebe keinen Gewerbebetrieb (§ 2 Abs. 2 GewStDV). Die Bemessungsgrundlage für die Gewerbesteuer bildet der Gewerbeertrag, der im Kontext öffentlicher Unternehmen nach § 11 Abs. 1 S. 3 Nr. 2 GewStG um einen Freibetrag i.H.v. 5.000 € gekürzt wird.

---

[855] Vgl. DÖTSCH, EWALD/PUNG, ALEXANDRA: Steuersenkungsgesetz: Die Änderungen bei der Körperschaftsteuer und bei der Anteilseignerbesteuerung, in: DB 2000, Beilage 10/2000, S. 16; SCHORR, PETER/SCHLÄR, THIMO: Steuersenkungsgesetz: Handlungsbedarf für die kommunale Wirtschaft durch Abschaffung des Anrechnungsverfahrens, in: DB 2000, S. 2553-2557, s.b.S. 2554.
[856] STEFFEN, URBAN: Neuregelungen der Unternehmenssteuerreform für die Ertragsbesteuerung der juristischen Personen des öffentlichen Rechts, in: DStR 2000, S. 2025-2031, s.b.S. 2027.

Beispiel:	(Netto-Einkommen eines Betriebs gewerblicher Art ohne eigene Rechtspersönlichkeit)	
	Zu versteuerndes Einkommen	100.000,00 €
./.	Gewerbesteuer (Messzahl 3,5 % mit 400 % Hebesatz unter Berücksichtigung des Freibetrags von 5.000 €)	13.300,00 €
./.	Körperschaftsteuer (15 %)	15.000,00 €
./.	Solidaritätszuschlag (5,5 %)	825,00 €
=	Zur „Ausschüttung" verwendbares Einkommen	70.875,00 €
./.	Kapitalertragsteuer (15 %)	10.631,25 €
./.	Solidaritätszuschlag (5,5 %)	584,72 €
=	„Ausschüttungsvolumen"	59.659,03 €

Die **Umsatzsteuerpflicht** von juristischen Personen des öffentlichen Rechts ergibt sich aus § 2 Abs. 3 UStG. Danach sind die juristischen Personen des öffentlichen Rechts nur i.R. ihrer Betriebe gewerblicher Art und ihrer land- und forstwirtschaftlichen Betriebe gewerblicher Art gewerblich oder beruflich tätig und somit **Unternehmer** i.S.d. Umsatzsteuergesetzes.

B. Familienunternehmen

1. Allgemeine Überlegungen

Unter einem **Familienunternehmen** wird im Folgenden ein durch einen Familienunternehmer geprägtes, also personenbezogenes, mittelständisches Unternehmen verstanden.[857] Abb. 117[858] (S. 579) fasst die qualitativen Merkmale eines mittelständischen (Familien-) Unternehmens zusammen.

Während besondere Stärken der Familiengesellschaft in der **Persönlichkeit** der sie leitenden Person und ihrer **Flexibilität** liegen, sind aber auch die mit der familiären Bindung verbundenen Schwierigkeiten, wie z.B. Erbfolge und Scheidung, nicht zu unterschätzen.[859]

Neben den **Familien-Personengesellschaften** und **Familien-Kapitalgesellschaften** gehören alle **anderen Formen** (z.B. Innengesellschaften, Arbeitsverhältnisse, Darlehens- und Pachtverhältnisse) zu den Familienunternehmen.

Familiengesellschaften können in **jeder beliebigen Rechtsform** geführt werden; da es sich aber i.Allg. um mittelständische Betriebe handelt, stehen GmbH, KG und GmbH & Co. KG im Mittelpunkt der Betrachtung. Bei der Wahl der Rechtsform sind neben steuerlichen und finanziellen Aspekten insb. die Besetzung der Geschäftsführung, die Vermeidung des Ein-

---

[857] Vgl. KUßMAUL, HEINZ/WEGENER, WOLFGANG: Aktuelle Aspekte steueroptimaler Gestaltungen in Familienunternehmen, in: StB 1995, S. 414-428, s.b.S. 414.

[858] Modifiziert entnommen aus KUßMAUL, HEINZ: Finanzwirtschaftliche und steuerliche Aspekte mittelständischer Unternehmen, in: Aktuelle Aspekte mittelständischer Unternehmen: Finanzen, Steuern, Management, hrsg. von HEINZ KUßMAUL, Bad Homburg 1990, S. 11-58, s.b.S. 14.

[859] Vgl. ARENS, WOLFGANG: Familiengesellschaften in der familien-, gesellschafts- und steuerrechtlichen Praxis, Bonn 1997, S. 27.

dringens Familienfremder in die Gesellschaft und die Absicherung des Familieneinflusses auch bei reduzierter Kapitalbeteiligung wichtige Entscheidungskriterien.[860]

Abb. 117: *Qualitative Merkmale mittelständischer (Familien-)Unternehmen*

Die **Motive** für die Bildung und Fortführung sind sowohl betrieblich (Nutzung des finanziellen und geistigen Potenzials Familienangehöriger) als auch familiär (Nachfolge-, Erbregelung) bedingt, es spielen aber auch steuerliche Motive (Familiensteuerminimierung) eine Rolle.[861]

Das **Instrumentarium** zur Umsetzung der Ziele von Familienunternehmern beinhaltet i.w.S. das gesamte funktionelle und institutionelle Umfeld des Unternehmens, sodass sämt-

---

[860] Vgl. HENNERKES, BRUN-HAGEN/BINGE, CHRISTOPH: Die „richtige" Rechtsform des Familienunternehmens, in: Unternehmenshandbuch Familiengesellschaften, hrsg. von BRUN-HAGEN HENNERKES und RAINER KIRCHDÖRFER, 2. Aufl., Köln u.a. 1998, S. 40.

[861] Vgl. KUẞMAUL, HEINZ: Familiengesellschaften – Motive, Probleme, Gestaltungsbereiche, in: Familiengesellschaften in Recht und Praxis, begr. von VINCENT BÜNZ und ERNST W. HEINSIUS, Freiburg im Breisgau (Loseblatt), Stand: November 1999, Gruppe 4, S. 1-57, s.b.S. 4-11.

liche betriebswirtschaftlichen Probleme und die betreffenden Gestaltungsmöglichkeiten zu ihrer Lösung darunter subsumiert werden können (vgl. Abb. 118[862]).

Bei allen Gestaltungsmöglichkeiten sind die steuerlichen Anerkennungsvoraussetzungen zu beachten. Gem. R 4.8 Abs. 1 EStR müssen die Rechtsverhältnisse zwischen Angehörigen

– **ernsthaft vereinbart** und

– entsprechend der Vereinbarung **tatsächlich durchgeführt werden**.[863]

Rechtsprechung und Finanzverwaltung versuchen mit Hilfe dieser Kriterien sowie des Kriteriums der **Üblichkeit** hinsichtlich vertraglicher Gestaltung und Durchführung auch unter Dritten die sich durch die **homogene Interessenlage** von Gesellschaft und Familiengesellschaftern ergebenden steuerlichen Gestaltungspotenziale, welche aus dem Blickwinkel der Finanzverwaltung zu ungerechtfertigten Steuervorteilen im Vergleich zu Personengruppen mit natürlichen Interessendivergenzen führen, zu begrenzen.[864]

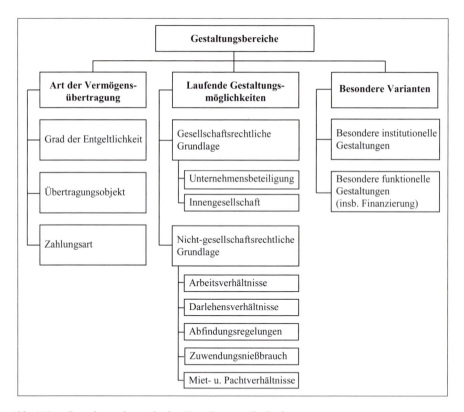

Abb. 118: Gestaltungsbereiche bei Familiengesellschaften

---

[862] Modifiziert entnommen aus KUSSMAUL, HEINZ: Familiengesellschaften – Motive, Probleme, Gestaltungsbereiche, in: Familiengesellschaften in Recht und Praxis, begr. von VINCENT BÜNZ und ERNST W. HEINSIUS, Freiburg im Breisgau (Loseblatt), Stand: November 1999, Gruppe 4, S. 1-57, s.b.S. 18.

[863] Vgl. KOTTKE, KLAUS: Steuerrechtliche Anerkennungskriterien für wechselseitige Ehegatten-Arbeitsverhältnisse und für Unterarbeitsverhältnisse mit Familienangehörigen, in: DStR 1998, S. 1706-1708, s.b.S. 1706.

[864] Vgl. KUSSMAUL, HEINZ/WEGENER, WOLFGANG: Aktuelle Aspekte steueroptimaler Gestaltungen in Familienunternehmen, in: StB 1995, S. 414-428, s.b.S. 416.

Die Art der Vermögensübertragung soll am Beispiel der **unbenannten Zuwendung** (Zuwendung innerhalb einer ehelichen Lebensgemeinschaft) dargestellt werden.[865]

Beispiel: **(Unbenannte Zuwendung)**[866]

Ein Ehemann überlegt, seiner Frau 600.000 € entweder i.R. einer unbenannten Zuwendung oder aber durch Zugewinnausgleich zu übertragen. Bei Eintritt in den gesetzlichen Güterstand der Zugewinngemeinschaft (§ 1363 BGB) betrug das Anfangsvermögen des Mannes 300.000 €, das der Frau 100.000 €; als Endvermögen werden beim Mann 2 Mio. € und bei der Frau 600.000 € festgestellt.

Fallkonstellation 1: Unbenannte Zuwendung		
	Freigebige Zuwendung gem. § 7 Abs. 1 Nr. 1 ErbStG	600.000 €
./.	Freibetrag gem. § 16 Abs. 1 Nr. 1 ErbStG	500.000 €
=	Steuerpflichtiger Erwerb gem. § 10 ErbStG	100.000 €
·	Steuersatz gem. Steuerklasse I (§ 19 Abs. 1 ErbStG)	11 %
=	Schenkungsteuer	11.000 €

Fallkonstellation 2: Wechsel des Güterstands (Wechsel zur Gütertrennung)			
		Ehemann	Ehefrau
	Endvermögen	2.000.000 €	600.000 €
./.	Anfangsvermögen	300.000 €	100.000 €
=	Zugewinn	1.700.000 €	500.000 €
	Ausgleichsforderung der Ehefrau = 0,5 · (1.700.000 € ./. 500.000 €) = 600.000 €		
	Steuerbelastung	0 €	0 €

Es erfolgt also ein einmaliger Vermögenstransfer zwischen den Ehegatten, allerdings verbunden mit u.U. nicht gewünschten Wirkungen, die der Güterstand der Gütertrennung für die Zukunft mit sich bringt, da insofern keine Ausgleichsforderung zwischen den Ehegatten mehr entsteht und insoweit auch die Begrenzung der Erbschaftsteuerpflicht auf den über den Zugewinnanteil des verstorbenen Ehegatten hinausgehenden Betrag entfällt. In einem zweiten Schritt sollte daher wieder eine Rückkehr in den gesetzlichen Güterstand erfolgen.

Laufende Gestaltungsmöglichkeiten bieten sich z.B. durch die **Verlagerung von Einkünften** auf den Ehegatten oder auf Kinder, damit die progressive Einkommensteuerbelastung reduziert werden kann; hierzu stellen insb. Darlehensverhältnisse eine gängige Alternative dar.[867]

Beispiel: **(Gesamtsteuerbelastungsreduktion durch Abschluss von Darlehensverhältnissen)**

Unternehmer U schenkt seinem Sohn S einen Betrag von 85.000 €, den dieser seinem Vater als Darlehen in gleicher Höhe gewährt. Beide vereinbaren eine Verzinsung von 9 %, die auch steuerlich so anerkannt wird. Somit erzielt der Sohn jährlich Einnahmen aus Kapitalvermögen i.H.v. 7.650 €, von denen noch der Sparer-Pauschbetrag i.S.d. § 20 Abs. 9 S. 1 EStG i.H.v. 801 € abzuziehen ist; die verbleibenden Einkünfte aus Kapitalvermögen i.H.v. 6.849 € liegen unter dem Grundfreibetrag gem. § 32a Abs. 1 EStG i.H.v. 8.130 €. Die 25 %-ige Pauschalbesteuerung i.S.v. § 32d EStG gelangt nach § 32d Abs. 2 Nr. 1 EStG nicht zur Anwendung, weil es sich um nahestehende Personen handelt.

---

[865] Vgl. zum Begriff „unbenannte Zuwendung" BGH-Urteil vom 17.01.1990, in: NJW-RR 1990, S. 386.
[866] Modifiziert entnommen aus KUßMAUL, HEINZ/WEGENER, WOLFGANG: Aktuelle Aspekte steueroptimaler Gestaltungen in Familienunternehmen, in: StB 1995, S. 414-428, s.b.S. 418.
[867] Vgl. zur Gestaltung von Darlehensverträgen mit Kindern ausführlich KUßMAUL, HEINZ: Unternehmerkinder, Köln u.a. 1983, S. 305-312.

Unabhängig von der Rechtsform des väterlichen Unternehmens mindern die Aufwendungen für die Schuldentgelte den Gewerbeertrag des U unter Außerachtlassung des Freibetrags gem. § 8 Nr. 1 GewStG von 100.000 € i.H.v. 5.737,50 €, was einer 25 %-igen Hinzurechnung entspricht. Daraus resultiert bei einem gewerbesteuerlichen Hebesatz von 400 % und einer Steuermesszahl von 3,5 % eine Gewerbesteuerersparnis i.H.v. 803,25 €. Darüber hinaus mindert die (volle) Abzugsfähigkeit der Zinsen – je nach Rechtsform – die körperschaftsteuerliche Zahllast des Unternehmens i.H.v. 1.147,50 € bzw. die Einkommensteuerbelastung in Abhängigkeit vom individuellen Steuersatz (also max. 45 %; außerdem ist bei U die gezahlte Gewerbesteuer nach § 35 EStG anrechenbar).

Darüber hinaus bieten die durch das Zweite Gesetz für moderne Dienstleistungen am Arbeitsmarkt[868] eingeführten **pauschal besteuerten geringfügigen Beschäftigungsverhältnisse** interessantes Gestaltungspotenzial. Gem. § 8 Abs. 1 SGB IV liegt eine geringfügige Beschäftigung dann vor, wenn das Arbeitsentgelt aus dieser Beschäftigung regelmäßig **450 € im Monat** nicht übersteigt (§ 8 Abs. 1 S. 1 Nr. 1 SGB IV) bzw. wenn die Beschäftigung innerhalb eines Kalenderjahres entweder auf längstens **zwei Monate** oder **50 Arbeitstage** oder im Voraus **vertraglich** begrenzt ist (§ 8 Abs. 1 S. 1 Nr. 2 1. Alt. SGB IV). Eine Ausnahme von dieser 2. Alternative besteht lediglich dann, wenn die Beschäftigung berufsmäßig ausgeübt wird und ihr Entgelt 450 € im Monat übersteigt (§ 8 Abs. 1 S. 1 Nr. 2 2. Alt. SGB IV).

Darüber hinaus finden die geringfügigen haushaltsnahen Beschäftigungsverhältnisse auch im Einkommensteuergesetz Erwähnung. So ermäßigt sich gem. § 35a Abs. 1 EStG die tarifliche Einkommensteuer auf Antrag um 20 %, jedoch max. um 510 €, falls ein geringfügiges Beschäftigungsverhältnis ausschließlich im Privathaushalt des Steuerpflichtigen (EU- bzw. EWR-Mitgliedstaat) ausgeübt wird. Für geringfügige Beschäftigungen in Privathaushalten gilt § 8 SGB IV entsprechend (§ 8a S. 1 SGB IV). Der Wert für den maximalen Ermäßigungsbetrag erhöht sich auf 4.000 € bei anderen haushaltsnahen Beschäftigungsverhältnissen, die keine geringfügigen Beschäftigungsverhältnisse i.S.v. § 8 Abs. 1 Nr. 1 SGB IV darstellen, bzw. auf 1.200 € bei der Inanspruchnahme von Handwerkerleistungen für Renovierungs-, Erhaltungs- und Modernisierungsmaßnahmen.

Abb. 119 (S. 583) beinhaltet eine Übersicht über die aus diesen Verhältnissen erwachsenden Belastungen sowohl für den Arbeitnehmer als auch für den Arbeitgeber.

---

[868] BGBl I 2002, S. 4621.

	Arbeitgeber	**Arbeitnehmer**
Minijobs bis 450 €	Keine Beiträge	Krankenversicherung: 13 % (§ 249b S. 1 SGB V) Rentenversicherung: 15 % (§ 168 Abs. 1 Nr. 1b SGB VI) Pauschale LSt, KiSt, SolZ: 2 % Umlage nach dem Aufwendungsausgleichsgesetz (Lohnfortzahlung im Krankheitsfall 0,7 % und Schwangerschaft/Mutterschaft 0,14 %) ⇒ **30,7%/30,14 %**
Minijobs bis 450 € in Privathaushalten	Keine Beiträge	Krankenversicherung: 5 % (§ 249b S. 2 SGB V) Rentenversicherung: 5 % (§ 168 Abs. 1 Nr. 1c SGB VI) Pauschale LSt, KiSt, SolZ: 2 % Umlage nach dem Aufwendungsausgleichsgesetz (Lohnfortzahlung im Krankheitsfall 0,7 % und Schwangerschaft/Mutterschaft 0,14 %) Unfallversicherung: 1,6 % ⇒ **14,3%/13,74 %**
Minijobs in der Gleitzone von 450,01 € bis 850 €	Gestaffelte Beiträge zur Sozialversicherung (linearer Anstieg bis zum vollen AN-Anteil)	Die Beiträge zur Sozialversicherung richten sich nach dem tatsächlichen Arbeitsentgelt

Abb. 119: Behandlung von Minijobs

Hier ist zu berücksichtigen, dass für die Entrichtung der Lohnsteuer grundsätzlich zwei Möglichkeiten zur Verfügung stehen: Einerseits kann die Versteuerung nach den Merkmalen einer vorliegenden **Lohnsteuerkarte**[869] i.S.d. § 39 EStG erfolgen, andererseits existieren darüber hinaus mehrere **Lohnsteuer-Pauschalierungsmöglichkeiten** nach § 40a EStG: So kann der Arbeitgeber die Lohnsteuer gem. § 40a Abs. 1 EStG bei einer **kurzfristigen Beschäftigung** (höchstens 18 zusammenhängende Arbeitstage) pauschal i.H.v. **25 % des Arbeitslohns zzgl. Solidaritätszuschlag** und ggf. **Kirchensteuer** erheben, falls eine durchschnittliche Arbeitslohngrenze von 62 €/Tag nicht überschritten wird. Handelt es sich um eine **geringfügige Beschäftigung**, die zwar einen Arbeitslohn von **450 €/Monat** nicht überschreitet, aber länger als 18 zusammenhängende Arbeitstage andauert (sog. „normale" Minijobs), so kann der Arbeitgeber gem. § 40a Abs. 2 EStG die Lohnsteuer **einschließlich Solidaritätszuschlag** und ggf. **Kirchensteuer** mit einem Pauschbetrag von **2 %** erheben.[870]

---

[869] Die Einführung der elektronischen Lohnsteuerkarte ist wegen technischer Probleme bundesweit um ein Jahr auf den 01.01.2013 verschoben worden.

[870] Hinzuweisen ist an dieser Stelle auf zwei Besonderheiten: Handelt es sich in Erweiterung des Gesagten um eine Beschäftigung, für die der Arbeitgeber **keine Rentenversicherungsbeiträge** i.S.d. § 168 Abs. 1 Nr. 1b bzw. 1c SGB VI oder nach § 172 Abs. 3 bzw. 3a SGB VI zu leisten hat, so kann er die Lohnsteuer nach § 40a Abs. 2a EStG i.H.v. **20 % des Arbeitslohns zzgl. Solidaritätszuschlag** bzw. **Kirchensteuer** ent-

Bei allen geringfügigen Beschäftigungsverhältnissen ist zu berücksichtigen, dass eine **Obergrenze** zur pauschalierten Lohnsteuer-Abführung nach § 40a Abs. 4 Nr. 1 EStG durch einen **Stundenlohn** von **12 €** besteht.

> **Beispiel:** (Gesamtsteuerbelastungsreduktion durch pauschal besteuerte Arbeitsverhältnisse)
>
> Unternehmer U stellt im Jahr 2013 seine Frau F und seinen Sohn S als geringfügig Beschäftigte in seinem Malerbetrieb ein. Beide arbeiten jeweils zweimal pro Woche fünf Stunden zu einem Stundenlohn von 10 €. Somit ergibt sich für beide ein Arbeitsentgelt von jeweils 400 € im Monat. Da beide auf die Vorlage einer Lohnsteuer-Karte verzichten, hat U für sie gem. der o.a. Regelungen jeweils 522,80 €/Monat an Gehalt, Lohnsteuer sowie Sozialversicherungsabgaben abzuführen. Die gesamten Betriebsausgaben belaufen sich auf 12.547,20 €/Jahr, von denen 9.600 € netto bei F und S als Arbeitsentgelte vereinnahmt werden können.
>
> Im Fall einer Kapitalgesellschaft führt dies zu einer Minderbelastung des Unternehmens von 3.638,69 € bei Gewerbesteuer (Hebesatz: 400 %) und Körperschaftsteuer. Würde U seinen Malerbetrieb in der Rechtsform einer Personengesellschaft führen, dann ergäbe sich bei einer Grenzbetrachtung – mit einem relevanten Einkommensteuersatz von max. 45 % – ebenfalls eine massive Minderbelastung bei den Ertragsteuern.

Hinzuweisen ist noch darauf, dass geringfügig Beschäftigte die Möglichkeit haben, auf die Versicherungsfreiheit in der Rentenversicherung zu verzichten, um dadurch eigene Leistungsansprüche aus der Rentenversicherung (Anrechnung auf sog. Wartezeiten, Ansprüche auf Reha-Leistungen, voller Rentenanspruch, Zugehörigkeit zum Kreis der Begünstigten bei einer „Riester-Rente") zu erlangen. In einem solchen Fall zahlt der Arbeitgeber weiterhin 15 % (bzw. 5 % bei geringfügiger Beschäftigung in einem Privathaushalt) Rentenversicherungsbeitrag, lediglich die Differenz zum vollen Beitragssatz i.H.v. 3,9 % (bzw. 13,9 % bei geringfügiger Beschäftigung in einem Privathaushalt) muss der Arbeitnehmer selbst tragen.

Die im Rahmen eines „Minijobs" gezahlten Beiträge zur Rentenversicherung zählen auf Antrag des Steuerpflichtigen zu den Altersvorsorgeaufwendungen gem. § 10 Abs. 1 S. 1 Nr. 2 S. 2 EStG (§ 10 Abs. 1 Nr. 2 S. 3 EStG). Vorteilhaft ist dies allenfalls für den Fall, dass der Steuerpflichtige auf die Versicherungsfreiheit in der Rentenversicherung verzichtet hat und damit eigene Beiträge gezahlt hat.

2. Familien-Personengesellschaften und -Kapitalgesellschaften

Die **klassische Rechtsform** einer **Familien-Personengesellschaft** ist die **KG** mit der Beteiligung meist minderjähriger Kinder. Weitere häufig auftretende Formen sind die stille Gesellschaft und die Unterbeteiligung. Die OHG ist hingegen kaum von Bedeutung.[871]

Steuerliche Vorteile können auftreten im Bereich der

– **Einkommensteuer**: Gewinne werden auf mehrere Personen verteilt; damit werden eine höhere Progression vermieden und die laufenden Familiensteuerzahlungen vermindert;

– **Erbschaft- und Schenkungsteuer**: Es erfolgt eine frühzeitige schenkungsweise Übertragung von Gesellschaftsanteilen auf die Kinder und damit eine Minderung der Steuerzahlungen bei Vermögensübertragung.

---

richten. Des Weiteren ist zu berücksichtigen, dass bei **typisch land- und forstwirtschaftlichen Arbeiten** gem. § 40a Abs. 3 EStG eine pauschale Lohnsteuer i.H.v. **5 % des Arbeitslohns zzgl. Solidaritätszuschlag** und **Kirchensteuer** erhoben wird.

[871] Vgl. zu diesem Absatz BORDEWIN, ARNO: Besonderheiten der Ertragsbesteuerung bei Familienpersonengesellschaften, in: DB 1997, S. 1359-1371, s.b.S. 1362.

Voraussetzungen für die Anerkennung der Familien-Personengesellschaft:

- Zivilrechtlich wirksamer **Gesellschaftsvertrag**,
- **tatsächliche Durchführung** der im Gesellschaftsvertrag getroffenen Vereinbarungen,
- **Mitunternehmerschaft** muss vorliegen (Mitunternehmerrisiko und -initiative),
- weiter reichende Erfordernisse bei **Verträgen mit minderjährigen Kindern**.

Im Vergleich zum Mitunternehmerrisiko ist die Mitunternehmerinitiative bei der gesellschaftsvertraglichen Regelung für den geringfügig Beteiligten schwächer ausgestaltet, da nur so die Personengesellschaft wirtschaftlich vernünftig geführt werden kann und wettbewerbsfähig ist.[872]

Folgen der Versagung der steuerlichen Anerkennung:

- Im Fall des **Gestaltungsmissbrauchs** (§ 42 AO) wird der bisherige Inhaber als Alleininhaber betrachtet und der Gewinn wird ihm **voll** zugerechnet; die Gewinnausschüttungen an Familienangehörige werden als **steuerlich nicht berücksichtigungsfähige Zuwendungen** i.S.d. § 12 Nr. 2 EStG behandelt.
- Im Fall einer fehlenden Mitunternehmerschaft kann das **Rechtsverhältnis** in ein anderes **umgedeutet** werden.

Angemessenheit der Gewinnverteilung:

- Die Gewinnverteilung muss dem **Drittvergleich** standhalten; so sollte z.B. bei einer unentgeltlichen Übertragung eines Kommanditanteils ohne Mitarbeit des Beschenkten eine maximale Rendite von 15 % vereinbart werden (H 15.9 Abs. 3 EStR).
- Der als unangemessen zu betrachtende Teil der Zuweisungen wird als Zuwendung i.S.d. § 12 Nr. 2 EStG behandelt und stellt **keine Betriebsausgabe** dar.
- Es besteht ein Problem im Hinblick auf die **Ermittlung des tatsächlichen Werts** des Gesellschaftsanteils.

Beispiel: (Aufnahme eines Kindes als Kommanditist in eine KG)[873]

Vater V nimmt seinen 13-jährigen Sohn S in seinen bislang als Einzelunternehmen geführten Gewerbebetrieb auf und bringt diesen daher zu Buchwerten in eine KG ein, in der er Komplementär und S der einzige Kommanditist ist. Die steuerlichen Gewinne der letzten fünf Jahre betrugen durchschnittlich 100.000 €/Jahr; der gemeine Wert der Beteiligung des S kann ebenfalls mit 100.000 € angenommen werden. Der Vertrag wurde zivilrechtlich wirksam abgeschlossen, und S ist gem. H 15.9 Abs. 2 EStR aufgrund seiner Teilhabe an den stillen Reserven und seinen vorhandenen – nicht eingeschränkten – Gesellschaftsrechten als Mitunternehmer i.S.d. § 15 Abs. 1 S. 1 Nr. 2 EStG anzusehen. Da eine steuerliche Gewinnverteilung in der beschriebenen Konstellation nur anerkannt wird, wenn der Gewinnverteilungsschlüssel für S höchstens 15 % des gemeinen Werts seiner Beteiligung beträgt, wird dieser Satz vertraglich vereinbart.

In einem ersten Schritt ist dieser Prozentsatz mit dem gemeinen Wert der Beteiligung zu multiplizieren, woraus ein Betrag von 15.000 € resultiert. Dieser führt – ins Verhältnis zum durchschnittlichen Gewinn der letzten fünf Jahre (100.000 €) gesetzt – zu dem Ergebnis, dass diese Gewinnverteilung auch steuerlich angesetzt

---

[872] Vgl. WESTERFELHAUS, HERWARTH: Betriebswirtschaftliche Einflüsse auf das Steuerrecht der Familienpersonengesellschaften, in: DB 1997, S. 2033-2038, s.b.S. 2033.
[873] Stark modifiziert entnommen aus FRIEBEL, MELITA u.a.: Fallsammlung Einkommensteuer, 15. Aufl., Herne 2012, S. 226-228.

werden kann. Somit wird der Gewinn der KG i.H.v. 100.000 € zu 85 % durch V und zu 15 % durch S versteuert.

Legt man diesem Resultat den Einkommensteuertarif gem. § 32a EStG für den VAZ 2013 zugrunde und verzichtet aus Gründen der Einfachheit auf weitere Betrachtungen – insb. auf eine Betrachtung der Gewerbesteuer, da diese ohnehin gem. § 35 EStG weitestgehend anrechenbar ist, sowie des Solidaritätszuschlags –, so liegt die Steuerzahllast der Familie im Ergebnis nicht mehr bei 33.804 €, sondern bei 28.890 € (27.504 € von V zzgl. 1.386 € von S). Im Falle der Unterstellung einer Zusammenveranlagung von V mit Mutter M unter dementsprechender Anwendung des Splitting-Tarifs reduziert sich die Steuerlast der Familie auf 21.186 € (19.800 € von V zzgl. 1.386 € von S).

Die Frage der steuerlichen Anerkennung der **Familien-Kapitalgesellschaft** und der vereinbarten Gewinnverteilung ist von untergeordneter Bedeutung.

Das sog. „**Schütt-aus-Hol-zurück**"-Verfahren, welches bis zur Ägide des Anrechnungsverfahrens verbreitet zur Anwendung kam, konnte infolge der meist gegebenen Interessenidentität der Familienmitglieder optimal eingesetzt werden. Es konnten erhebliche Finanzierungsvorteile entstehen, wenn z.B. die geringeren Grenzsteuersätze minderjähriger Kinder als Gesellschafter den hohen Grenzsteuersatz anderer Gesellschafter ausglichen.[874] Jedoch wird eine Ausschüttung nach geltendem Recht in gleicher Weise wie eine Thesaurierung mit einem 15 %-igen Definitivkörperschaftsteuersatz versteuert, wodurch die Vorteilhaftigkeit des „Schütt-aus-Hol-zurück"-Verfahrens nicht mehr gegeben ist.

Eine mögliche Gestaltung der Familienkapitalgesellschaft ist die **GmbH & atypisch Still**: Hierdurch wird eine **schnellere Verlustzuweisung** als über den Verlustvortrag bei der GmbH gewährleistet. Die Besonderheit der GmbH & atypisch Still liegt in ihrer möglichen Ausgestaltung und Behandlung als Mitunternehmerschaft, d.h. der Gewinn gilt jetzt als von GmbH und atypisch stillem Beteiligten gemeinsam erwirtschaftet, also von einer Mitunternehmergemeinschaft, sodass auch der **Gewerbesteuerfreibetrag** nach § 11 Abs. 1 S. 3 Nr. 1 GewStG gilt, der einer Nur-GmbH nicht zusteht.[875]

---

[874] Vgl. KLAPDOR, RALF: Aktuelle Überlegungen zum Schütt-Aus-Hol-Zurück-Verfahren im Familienverband, in: BB 1998, S. 1047-1050, s.b.S. 1049.

[875] Vgl. MEYER-SCHARENBERG, DIRK: § 8 Nr. 3 GewStG, in: Gewerbesteuerkommentar, hrsg. von DIRK MEYER-SCHARENBERG u.a., 2. Aufl., Herne/Berlin 1996, Rn. 10.

2. Abschnitt:
Wahl der Zusammenschlussform und Rechtsstrukturbesteuerung

I. Die Besteuerung mehrerer Betriebe und Gesellschaften

Vgl. hierzu insb. BIEG, HARTMUT/KUßMAUL, HEINZ/WASCHBUSCH, GERD: Externes Rechnungswesen, 6. Aufl., München 2012, S. 385-386; KUßMAUL, HEINZ: Grundzüge der Konzernrechnungslegung, in: StB 1994, S. 233-238, 276-279, 319-323, 359-362, 414-417; KUßMAUL, HEINZ: Konzern und Konzernorganisation, in: StB 1994, S. 99-102, 143-149, 187-191; ROSE, GERD: Betriebswirtschaftliche Steuerlehre, 3. Aufl., Wiesbaden 1992, S. 164-171; WÖHE, GÜNTER/BIEG, HARTMUT: Grundzüge der Betriebswirtschaftlichen Steuerlehre, 4. Aufl., München 1995, S. 290-296.

A. Die maßgebenden Unternehmenszusammenschlüsse

Ein **Unternehmenszusammenschluss** ist:

– die wirtschaftliche Verflechtung bisher **rechtlich** und **wirtschaftlich selbstständiger** Unternehmen,

– die über laufende Lieferungs- und Leistungsbeziehungen hinausgeht und

– je nach Bindungsintensität („Strenge" der unternehmerischen Zusammenarbeit) bis zum Verlust der rechtlichen Selbstständigkeit eines oder mehrerer beteiligter Unternehmen führen kann (zu den verschiedenen Formen vgl. Abb. 120[876], S. 588 und Abb. 121[877], S. 589).

Das **Ziel** von Unternehmenszusammenschlüssen ist eine **Erhöhung des Gewinns** der beteiligten Unternehmen. Dies wird erreicht durch:

– **Erhöhung der Wirtschaftlichkeit** (Rationalisierungseffekt),

– **Verminderung von Risiken** (Aufteilung von Risiken) und/oder

– **Erringung einer wirtschaftlichen Machtposition** (Einschränkung des Wettbewerbs, Aufbau einer Monopolstellung).

Merkmale der **Kooperation**:

– **Freiwillige** Zusammenarbeit von Unternehmen in relativ loser Form.

– **Erhaltung** der **rechtlichen Selbstständigkeit** der Partner.

– **Einschränkung** der **wirtschaftlichen Selbstständigkeit** (nur in den ggf. vertraglich festgelegten Bereichen).

---

[876] Modifiziert entnommen aus KUßMAUL, HEINZ: Konzern und Konzernorganisation, in: StB 1994, S. 99-102, 143-149, 187-191, s.b.S. 101.

[877] Modifiziert entnommen aus KUßMAUL, HEINZ: Konzern und Konzernorganisation, in: StB 1994, S. 99-102, 143-149, 187-191, s.b.S. 102.

Merkmale der **Konzentration**:

– **Erhaltung** der **rechtlichen Selbstständigkeit** der Partner.
– **Verlust der wirtschaftlichen Selbstständigkeit** mindestens eines Zusammenschlusspartners.

Merkmale der **Fusion**: **Verlust der wirtschaftlichen und rechtlichen Selbstständigkeit** mindestens eines Unternehmens.

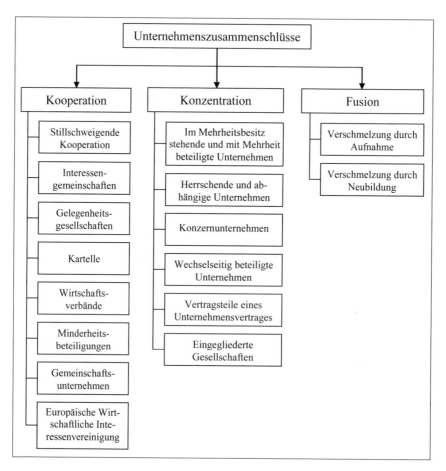

Abb. 120: Die verschiedenen Formen der Unternehmenszusammenschlüsse und ihre wichtigsten Unterformen

B. Die grundsätzliche Behandlung von Haupt- und Nebenbetrieben[878]

Die Mehrheit von „Betrieben" eines Steuersubjektes, bei denen die rechtliche Trennung nicht über die einer Niederlassung hinausgeht, ist grundsätzlich als **ein Unternehmen** dieses Steuersubjektes anzusehen.

Es erfolt eine **einheitliche Erfolgsermittlung** des „Hauptbetriebs" und der „Nebenbetriebe" (Niederlassungen, Filialen), wobei das Ergebnis des „Nebenbetriebs" derjenigen Besteuerung unterliegt, die für den „Hauptbetrieb" maßgeblich ist (z.B. unterliegt das Ergebnis des „Nebenbetriebs" u.A. der Körperschaftsteuer, falls der „Hauptbetrieb" eine GmbH ist).

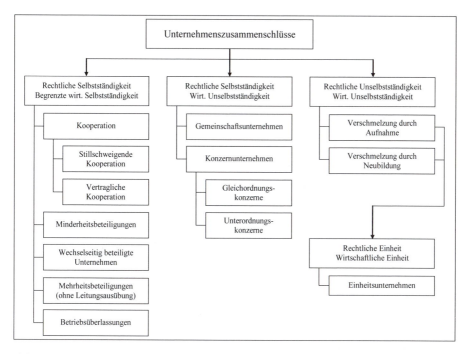

Abb. 121: Die verschiedenen Formen der Unternehmenszusammenschlüsse aus Sicht des betroffenen Unternehmens

Umsatzsteuer: Es gilt der Grundsatz der **Unternehmenseinheit**. Ein Unternehmer besitzt gem. § 2 Abs. 1 S. 2 UStG immer nur ein Unternehmen.

Gewerbesteuer: Es erfolgt eine **Zerlegung** des einheitlich festgestellten Steuermessbetrags bei Vorhandensein mehrerer Betriebstätten in mehreren Gemeinden. Zerlegungsmaßstab ist gem. § 29 Abs. 1 GewStG regelmäßig das Verhältnis der Arbeitslöhne, die während des Erhebungszeitraums an die bei den einzelnen Betriebstätten beschäftigten Arbeitnehmer gezahlt wurden:

---

[878] Vorgehensweise der Punkte B. bis E. analog zu ROSE, GERD: Betriebswirtschaftliche Steuerlehre, 3. Aufl., Wiesbaden 1992, S. 164-177.

$$\text{Gemeindeanteil} = \frac{\text{In der Gemeinde gezahlte Arbeitslöhne}}{\text{Summe der Arbeitslöhne}} \cdot \text{Einheitlicher Steuermessbetrag}$$

Sind die Merkmale des steuerrechtlichen Betriebs oder **Teilbetriebs** erfüllt, erfolgt eine Begünstigung der Erfolgsbesteuerung für den Fall der Veräußerung; es greifen dann u.U. und auf Antrag (Ausnahme: Für § 34 Abs. 1 EStG ist kein Antrag zu stellen!) die Regelungen der §§ 16, 34 EStG.

C. Ein Unternehmer mit mehreren Einzelbetrieben

Mehrere Betriebe eines Einzelunternehmers unter jeweils eigener Firma führen zu folgenden Auswirkungen:

– **Einkommensteuer**: Gesonderte Gewinnfeststellung für jeden Einzelbetrieb.

– **Gewerbesteuer**: Besitzt ein Gewerbetreibender mehrere Betriebe verschiedener Art, so unterliegt **jeder Betrieb** für sich selbst der Gewerbesteuer (R 2.4 Abs. 1 S. 1 GewStR). Als Rechtsfolge tritt eine eventuelle mehrfache Anwendung des Freibetrages i.H.v. 24.500 € (§ 11 Abs. 1 S. 3 Nr. 1 GewStG) ein. Eine gegenseitige **Gewinn- und Verlustverrechnung** kann **nicht** erfolgen. Werden allerdings in einer Gemeinde mehrere gewerbliche Tätigkeiten ausgeübt, die nach der Verkehrsauffassung und den Betriebsverhältnissen als Teil eines Gewerbebetriebes anzusehen sind, ist nur **ein Gewerbebetrieb** mit der Rechtsfolge der **sofortigen Gewinn- und Verlustverrechnung** anzunehmen (R 2.4 Abs. 1 S. 3 GewStR; Bsp.: Metzgerei und Speisewirtschaft, Bäckerei und Gastwirtschaft). Generell sprechen u.a. als **Kriterien für oder gegen einen Gewerbebetrieb**: Gleichartigkeit/Ungleichartigkeit der Betätigungen, Nähe der Ausübung, Kunden- und Lieferantenkreis, Geschäftsleitung sowie die Arbeitnehmerschaft.[879]

– **Umsatzsteuer**: Es gilt der Grundsatz der Unternehmenseinheit (§ 2 Abs. 1 S. 2 UStG).

Rechtlich unselbstständige „Betriebe" einer **Personengesellschaft oder Körperschaft** bilden stets einen **einheitlichen Gewerbebetrieb** (bei rechtlicher Selbstständigkeit handelt es sich um Parallel- oder Konzernunternehmen).

D. Betriebsverpachtungen

Eine Betriebsverpachtung liegt vor, wenn ein Betriebsinhaber seinen Betrieb **für eine gewisse Zeit einem Dritten überlässt**, der das Unternehmen **auf eigene Rechnung und Gefahr** betreibt. Sowohl wirtschaftliche als auch persönliche Gründe können für das Rechtsinstitut der Betriebsverpachtung sprechen, sodass nicht nur steuerliche Gründe den Verpächter zu einer Betriebsverpachtung veranlassen können.[880] In diesem Zusammenhang erhält der Verpächter unter bestimmten Voraussetzungen ein besonderes Wahlrecht zur steuerlichen Behandlung (Verpächterwahlrecht).

---

[879] Vgl. RFH-Urteil vom 28.09.1938, RStBl 1938, S. 1117; RFH-Urteil vom 21.12.1938, RStBl 1938, S. 372; BFH-Urteil vom 14.09.1965, BStBl III, S. 656; BFH-Urteil vom 12.01.1983, BStBl II 1983, S. 425; BFH-Urteil vom 09.08.1989, BStBl II 1989, S. 901; BFH-Urteil vom 18.12.1996, BStBl II 1997, S. 573.

[880] Vgl. ausführlich zu den vielfältigen Motiven KUßMAUL, HEINZ/SCHWARZ, CHRISTIAN: Das Rechtsinstitut der Betriebsverpachtung – Motive und steuerliche Tatbestandsvoraussetzungen, in: StuB 2012, S. 584-589.

Die Verpachtung eines **Teilbetriebs** i.S.d. § 16 Abs. 1 Nr. 1 EStG steht einer Betriebsverpachtung gleich (R 16 Abs. 5 S. 4 EStR). Nicht nur gewerbliche Betriebe, sondern **auch land- und forstwirtschaftliche** sowie **freiberufliche** Betriebe können verpachtet werden.[881]

Persönliche Voraussetzungen: Das **Verpächterwahlrecht** kann nur bei natürlichen Personen und bei nicht gewerblich geprägten Personengesellschaften ausgeübt werden. Weiterhin ist zu beachten, dass das Wahlrecht von sämtlichen Gesellschaftern einer Personengesellschaft einheitlich auszuüben ist. Gewerblich geprägte Personengesellschaften und Kapitalgesellschaften besitzen kein Wahlrecht, da diese Gesellschaftsformen stets Einkünfte aus Gewerbebetrieb erzielen und Betriebsvermögen besitzen.

Sachliche Voraussetzungen: Die **wesentlichen Betriebsgrundlagen** des ganzen Gewerbebetriebes oder eines Teilbetriebes müssen verpachtet werden. Die Verpachtung sämtlicher Betriebsgegenstände ist somit nicht erforderlich. Allerdings muss der Betrieb in seiner ursprünglichen Form lebensfähig bleiben und vom Inhaber jederzeit wieder übernommen und fortgeführt werden können. Dies ist dann erfüllt, wenn der Betrieb nach Pachtbeginn dem vor Pachtbeginn entspricht, d.h. wirtschaftlich identisch ist.[882] Als wesentliche Betriebsgrundlagen sind diejenigen Wirtschaftsgüter zu verstehen, die zur Erreichung des Betriebszwecks erforderlich sind und denen ein besonderes wirtschaftliches Gewicht für die Betriebsführung beizumessen ist (H 16 Abs. 5 EStH, Stichwort „Wesentliche Betriebsgrundlagen"). Eine Verpachtung wesentlicher Betriebsgrundlagen bedeutet nicht notwendigerweise, dass zwangsläufig alle Wirtschaftsgüter mit hohen stillen Reserven verpachtet werden müssen.

Diese beiden kumulativ zu erfüllenden Voraussetzungen müssen nicht nur zu Beginn, sondern **während des gesamten Pachtverhältnisses** vorliegen (R 16 Abs. 5 S. 3 EStR).

Das Finanzamt geht grundsätzlich davon aus, dass i.R. einer Betriebsverpachtung ausschließlich eine bloße **Betriebsunterbrechung** zu sehen ist und dass der Verpächter die eingestellte gewerbliche Tätigkeit eines Tages wieder aufnehmen wird. Liegt gleichzeitig eine **Betriebsaufspaltung** vor, die zwischen Besitz- und Betriebsunternehmen eine enge personelle und sachliche Verflechtung vorsieht, so ist **kein Verpächterwahlrecht** gegeben, da der Grundsatz der Fremdverpachtung nicht erfüllt ist. Das Verpächterwahlrecht setzt voraus, dass der Verpächter **kein Mitunternehmer** des vom Pächter unterhaltenen Unternehmens ist.

Steuerliche Rechtsfolgen beim Verpächter: Die entgeltliche Verpachtung ist als **sonstige Leistung** umsatzsteuerpflichtig (mit Ausnahme der Grundstücksverpachtung gem. § 4 Nr. 12 Buchst. a UStG; hier ist aber die Ausübung der Option auf Steuerpflicht i.S.v. § 9 Abs. 1 UStG zu erwägen).

Dem Unternehmer steht grundsätzlich ein sog. **Verpächterwahlrecht** zu, i.R. dessen er bestimmen kann, ob der Vorgang der Betriebsverpachtung als Betriebsaufgabe i.S.v. § 16

---

[881] Vgl. hierzu und zu den folgenden Ausführungen insb. FÄRBER, GEORG: Die Betriebsverpachtung im Steuerrecht, in: BuW 1994, S. 333-337; SCHOOR, HANS WALTER: Steuerfolgen bei Betriebsverpachtung, in: StBp 1996, S. 29-34.
[882] Vgl. BFH-Urteil vom 26.06.1975, BStBl II 1975, S. 887.

Abs. 3 EStG gewertet oder ob das Betriebsvermögen während der Verpachtung fortgeführt werden soll (R 16 Abs. 5 S. 1 EStR).

Wählt der Verpächter die **Betriebsaufgabe**, die im Einkommensteuerrecht der Betriebsveräußerung gleichgestellt wird, gehen die verpachteten Wirtschaftsgüter ins Privatvermögen über. Es werden sämtliche in den Wirtschaftsgütern enthaltenen stillen Reserven aufgedeckt – Vergleichsmaßstab ist der gemeine Wert (§ 16 Abs. 3 S. 7 EStG) –, wobei dieser **Gewinn ggf. auf Antrag sowie unter bestimmten persönlichen Voraussetzungen des Verpächters steuerbegünstigt** ist (§§ 16 Abs. 1 S. 1, 16 Abs. 4, 34 Abs. 1 und Abs. 3 i.V.m. § 34 Abs. 2 Nr. 1 EStG). Dies gilt nicht für einen derivativen Firmenwert, der mangels Privatisierbarkeit auch nach erklärter Betriebsaufgabe ein Wirtschaftsgut des Betriebsvermögens ist und auf den planmäßige Abschreibungen vorzunehmen sind.[883] Die Pachteinnahmen führen zu Einkünften aus Vermietung und Verpachtung gem. § 21 Abs. 1 S. 1 Nr. 2 EStG. Der dabei auf den Firmenwert entfallende Anteil der Pachtzinsen stellt Einkünfte aus Gewerbebetrieb dar, wobei mit den Pachtzinsen die Abschreibungen auf den Firmenwert verrechnet werden. Der **Betriebsaufgabegewinn** unterliegt **nicht** der **Gewerbesteuer** (R 7.1 Abs. 3 S. 1 Nr. 1 GewStR).

Entscheidet sich der Verpächter hingegen für die **Fortführung des Gewerbebetriebs**, so bezieht er weiterhin Einkünfte aus Gewerbebetrieb. Eine **Gewerbesteuerpflicht entfällt**, da der Verpächter keinen Gewerbebetrieb mehr besitzt (R 2.2 S. 1 und 2 GewStR). Die verpachteten Wirtschaftsgüter bleiben weiterhin im Betriebsvermögen bestehen. Die darin enthaltenen stillen Reserven unterliegen erst im Zuge der Veräußerung bzw. der Entnahme der Einkommensteuer.

Findet bzgl. des Wahlrechts keine Erklärung gegenüber dem Finanzamt statt, wird vermutet, dass der Verpächter seinen Betrieb **weiterführt** (R 16 Abs. 5 S. 11 EStR). Allerdings kann jederzeit – auch während des Verpachtungsvorganges – die Betriebsaufgabe erklärt werden. Ein rückwirkender Widerruf während der Verpachtung ist als unzulässig zu erachten.

Somit steht dem Unternehmer ein Wahlrecht zu, ob die in den einzelnen Wirtschaftsgütern enthaltenen stillen Reserven sofort aufgedeckt oder ob die Aufdeckung zeitlich hinausgeschoben werden soll. Auf jeden Fall bleibt der bisherige Betriebsinhaber (Verpächter) Eigentümer der verpachteten Gegenstände.

Überträgt der Verpächter seinen bereits verpachteten und nicht aufgegebenen Betrieb **unentgeltlich**, so tritt der Rechtsnachfolger in die Rechtsstellung des bisherigen Verpächters ein. Der neue Betriebsinhaber muss die Buchwerte fortführen (§ 6 Abs. 3 EStG). Des Weiteren kann er erneut zwischen Betriebsaufgabe und Fortführung des Gewerbebetriebs wählen. Analoges gilt auch für die unentgeltliche Übertragung eines noch nicht verpachteten Betriebes.

Wird i.R. eines **entgeltlichen Erwerbs** ein bereits bestehender verpachteter Betrieb auf den Käufer übertragen, so ist das Vermögen inkl. eines etwaigen Firmenwertes i.d.R. dem Pri-

---

[883] Vgl. BFH-Urteil vom 30.01.2002, BStBl II 2002, S. 387. Vgl. ausführlich zur Sonderstellung des Firmenwertes bei Erklärung der Betriebsaufgabe KUßMAUL, HEINZ/SCHWARZ, CHRISTIAN: Das Rechtsinstitut der Betriebsverpachtung – Steuerliche Konsequenzen der Fortführung bzw. Aufgabe des Betriebs, in: StuB 2012, S. 745-751, s.b.S. 749.

vatvermögen zuzurechnen. Der Erwerber erzielt in der Folge somit **Einkünfte aus Vermietung und Verpachtung**.

Steuerliche Rechtsfolgen beim Pächter: Der Pächter ist ebenfalls **Unternehmer** i.S.d. UStG. Die vom Verpächter in Rechnung gestellte Umsatzsteuer ist als Vorsteuer abzugsfähig. Die **Pachtzahlungen** stellen **Betriebsausgaben** dar. Sie sind evtl. teilweise dem Gewerbeertrag nach Maßgabe von § 8 Nr. 1 Buchst. d und e GewStG hinzuzurechnen.

Besonderheiten bei Familienunternehmen:[884] Insb. bei **Familienunternehmen** ist der **Vorteil der Betriebsverpachtung** gegenüber der Betriebsaufspaltung darin zu sehen, dass die Pachteinnahmen nicht der Gewerbesteuer unterliegen. Allerdings kann der Verpächter, der i.d.R. das Familienoberhaupt darstellt, das pachtende Unternehmen auch nicht beherrschen.

Voraussetzungen für eine Konstruktion, die beide Vorteile vereinigt:

- **Klare Rechtsbeziehungen** zwischen beiden Ehepartnern („Wiesbadener Modell"); kein Abschluss von Stimmrechtsbindungsverträgen; Vereinbarung der Gütertrennung.
- Realisation des sog. **Einstimmigkeitsprinzips**: Wird durch die Gesellschafter vereinbart, dass sämtliche Entscheidungen der Gesellschafterversammlung einstimmig zu fassen sind, mangelt es an der für die Betriebsaufspaltung notwendigen personellen Verflechtung.
- **Angemessenheit des Pachtzinses**, d.h., dieser muss sowohl den Interessen des Pächters als auch denen des Verpächters gerecht werden.[885]

E. Parallelgesellschaften

Hierunter versteht man eine Mehrheit von Personen- oder Kapitalgesellschaften, deren Träger (zumindest weitgehend) **personenidentisch** sind (vgl. Abb. 122[886], S. 594).

Parallel-Kapitalgesellschaften:

- Jede Gesellschaft ist **steuerlich selbstständig**, d.h. Körperschaftsteuer-, Gewerbesteuer- und sonstiges Steuersubjekt sowie Unternehmer i.S.d. UStG. In letzterem Fall gilt insb. nicht der Grundsatz der Unternehmenseinheit gem. § 2 Abs. 1 S. 2 UStG.
- Geschäfte dieser Gesellschaften untereinander werden behandelt wie diejenigen unter **fremden Dritten**.
- Es liegt eine **verdeckte Gewinnausschüttung** bzw. eine **verdeckte Einlage** vor, wenn Geschäfte untereinander zu einem „Freundschaftspreis" getätigt werden.

---

[884] Vgl. FÄRBER, GEORG: Betriebsverpachtung im Familienunternehmen, in: BuW 1994, S. 445-447; vgl. S. 578.
[885] Zur Berechnung vgl. BFH-Urteil vom 04.05.1977, BStBl II 1977, S. 679.
[886] Entnommen aus ROSE, GERD: Betriebswirtschaftliche Steuerlehre, 3. Aufl., Wiesbaden 1992, S. 169.

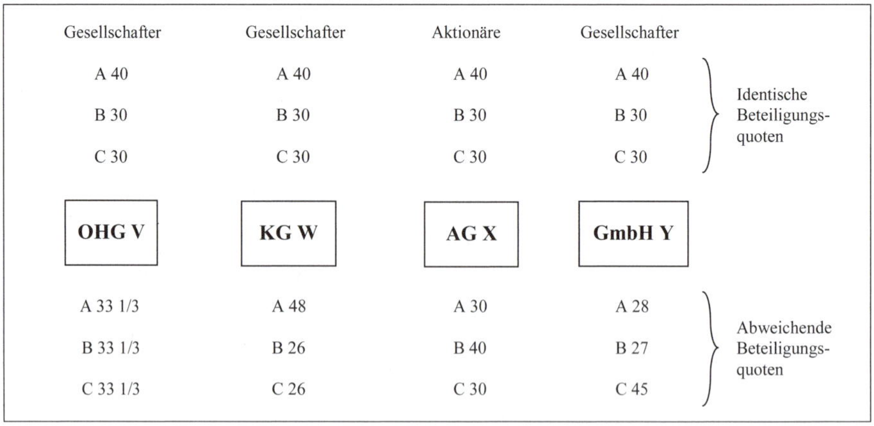

Gesellschafter	Gesellschafter	Aktionäre	Gesellschafter	
A 40	A 40	A 40	A 40	Identische Beteiligungs-quoten
B 30	B 30	B 30	B 30	
C 30	C 30	C 30	C 30	
OHG V	**KG W**	**AG X**	**GmbH Y**	
A 33 1/3	A 48	A 30	A 28	Abweichende Beteiligungs-quoten
B 33 1/3	B 26	B 40	B 27	
C 33 1/3	C 26	C 30	C 45	

Abb. 122: Zwei mögliche Konstellationen für Parallelgesellschaften

Parallel-Personengesellschaften:

– Es gilt eine **analoge Regelung** für die Bereiche der Umsatzsteuer und Gewerbesteuer zu den Parallel-Kapitalgesellschaften.

– Bei **Übertragungsvorgängen** zwischen den einzelnen Personengesellschaften wird mittels § 6 Abs. 5 EStG eine erfolgsneutrale Übertragung von Wirtschaftsgütern ermöglicht, falls die Besteuerung der stillen Reserven sichergestellt ist. Dabei kann das Gesamthandsvermögen der Mitunternehmerschaft und/oder das Sonderbetriebsvermögen des Mitunternehmers betroffen sein. In diesem Kontext ist die Missbrauchsvorschrift des § 6 Abs. 5 S. 4 EStG zu beachten. Wird das übertragene Wirtschaftsgut innerhalb von drei Jahren nach Abgabe der Steuererklärung für den VAZ der Übertragung veräußert oder entnommen, ist rückwirkend zum Zeitpunkt der Übertragung der Teilwert anzusetzen, falls die bis zur Übertragung entstandenen stillen Reserven nicht durch Erstellung einer (negativen) Ergänzungsbilanz erfasst und dem übertragenden Gesellschafter zugeordnet wurden. Diese Verschärfung soll verhindern, dass eine ertragsteuerneutrale Übertragung zur Vorbereitung einer Veräußerung oder Entnahme dient.[887]

---

[887] Vgl. RÖDDER, THOMAS/SCHUMACHER, ANDREAS: Der Regierungsentwurf eines Gesetzes zur Fortentwicklung des Unternehmenssteuerrechts, in: DStR 2001, S. 1634-1641, 1685-1693, s.b.S. 1637.

II. Die Besteuerung der Kooperationsformen

Vgl. hierzu insb. KNOBBE-KEUK, BRIGITTE: Bilanz- und Unternehmenssteuerrecht, 9. Aufl., Köln 1993; KUBMAUL, HEINZ: Konzern und Konzernorganisation, in: StB 1994, S. 99-102, 143-149, 187-191; WÖHE, GÜNTER: Betriebswirtschaftliche Steuerlehre, Bd. 2, 2. Halbband: Der Einfluß der Besteuerung auf Unternehmenszusammenschlüsse und Standortwahl im nationalen und internationalen Bereich, 4. Aufl., München 1996, S. 23-63; WÖHE, GÜNTER/BIEG, HARTMUT: Grundzüge der Betriebswirtschaftlichen Steuerlehre, 4. Aufl., München 1995, S. 290-296; WÖHE, GÜNTER/DÖRING, ULRICH: Einführung in die Allgemeine Betriebswirtschaftslehre, 24. Aufl., München 2010, S. 256-261.

A. Die Interessengemeinschaft

Interessengemeinschaften entstehen in der Regel durch **horizontale Zusammenfassung von Unternehmen auf Vertragsbasis**. Unter einer **Interessengemeinschaft i.w.S.** versteht man die vertragliche Interessensverbindung von zwei oder mehreren Personen zur Erreichung eines gemeinsam verfolgten Ziels. Dieser Zusammenschluss ist auf eine längerfristige Zusammenarbeit in den einzelnen betrieblichen Funktionsbereichen ausgerichtet und umfasst nicht nur zeitlich befristete und inhaltlich abgesteckte Projekte.

Motive einer Interessengemeinschaft: Durch die Realisierung des gemeinsamen wirtschaftlichen Ziels wird erhofft, eine Gewinnsteigerung durch Kosteneinsparungen erzielen zu können (z.B. gemeinsame Entwicklungen und Versuche in der Chemiebranche zwecks Kostensenkungen). Auch können Kostensenkungen durch gemeinsamen Einkauf oder Aufteilung des Fertigungsprogramms realisiert werden.

Die Interessengemeinschaft verkörpert eine Gesellschaft bürgerlichen Rechts (§§ 705 ff. BGB). Sie stellt eine **Innengesellschaft** dar und tritt somit **nicht nach außen** in Erscheinung. Sie besitzt **kein Gesamthandsvermögen** und hat als solche auch **keine Bilanzen** zu erstellen.

Unter einer **Interessengemeinschaft i.e.S.** wird eine **Gewinn- und Verlustgemeinschaft** verstanden. Eine solche liegt vor, wenn die insgesamt erwirtschafteten Gesamtgewinne oder nur Gewinne aus einer bestimmten Quelle in eine gemeinsame Kasse fließen und dann nach bestimmten Kriterien auf die einzelnen kooperierenden Unternehmen aufgeteilt werden. Man spricht in diesem Zusammenhang von einer **Gewinnpoolung**. Mit der Vergemeinschaftung von Gewinnen kann auch eine **Vergemeinschaftung von Verlusten** verbunden sein, die sich jedoch vertraglich ausschließen oder auf einen Höchstbetrag begrenzen lässt.

Aufteilungsschlüssel kann die **Kapitalbasis** oder der **Umsatz** sein. Wichtig ist, dass eine Aufteilung in dem Verhältnis auf die einzelnen Unternehmen zu erfolgen hat, das ihrem Beitrag zu dem vergemeinschafteten Gewinn entspricht. Der Grundsatz der Verhältnismäßigkeit von Leistung und Gegenleistung ist folglich zu wahren.

Gewinngemeinschaften können grundsätzlich von **Unternehmen aller Rechtsformen** gebildet werden. Eine Gewinngemeinschaft als aktienrechtlicher Unternehmensvertrag i.S.d. § 292 Abs. 1 Nr. 1 AktG setzt voraus, dass ein Vertragsteil eine inländische AG oder KGaA ist.

Die **steuerliche Anerkennung von Gewinnpoolungsverträgen** ist **grundsätzlich gegeben**, sofern kein Fall des § 42 AO, d.h. keine bloße Steuerumgehungsabsicht, gegeben ist. Voraussetzung dafür ist, dass

- die Verträge den **Interessen der Gesellschaften** und nicht denen der Gesellschafter dienen;
- **gegenseitige Leistungen** vereinbart sind sowie Leistung und Gegenleistung sich entsprechen.

Gewinnpoolungsverträgen kommt im Konzern eine große Bedeutung zu, wenn die Voraussetzungen der Organschaft nicht erfüllt sind, weil einem Gewinnabführungsvertrag die steuerliche Wirkung versagt bleibt. Tritt an die Stelle des Gewinnabführungsvertrages ein Gewinnpoolungsvertrag, so können Gewinne und Verluste der zusammengeschlossenen Unternehmen auch ohne Bestehen einer Organschaft miteinander sofort ausgeglichen werden, wie das nachstehende Beispiel belegt.

Einkommensteuer/Körperschaftsteuer: Da **keine Mitunternehmerschaft** gegeben ist (die Interessengemeinschaft verfolgt ausschließlich das Ziel der Gewinnpoolung), erfolgt auch keine einheitliche Gewinnfeststellung.

Zur Gewinnpoolung abgeführte bzw. empfangene Beträge sind trotz ihrer zivilrechtlichen Zuordnung zur Ebene der Gewinnverwendung bei den einzelnen Unternehmen Betriebsausgaben bzw. Betriebseinnahmen. Dies hat, wie oben bereits erläutert wurde, eine **Gewinnnivellierung** und eine **Verlustkompensation** zur Folge und kann somit zu steuerlichen Vorteilen führen.

Beispiel: (Wirkungen einer Gewinnpoolung)

Die drei Gesellschaften A, B und C bilden gemeinsam eine Gewinn- und Verlustgemeinschaft, wobei vertraglich festgelegt wurde, dass zum einen Verluste unbegrenzt zu übernehmen sind und zum anderen ein entstandener Gesamtgewinn im Verhältnis 3:2:1 auf die Gesellschafter aufzuteilen ist.

	Vor der Aufteilung	Nach der Aufteilung
Gesellschaft A	1.000.000 €	750.000 €
Gesellschaft B	600.000 €	500.000 €
Gesellschaft C	./. 100.000 €	250.000 €
Gesamter Gewinn	1.500.000 €	1.500.000 €

I.R.d. Gewinnpoolung hat eine Ergebnisaufteilung auf die einzelnen Gesellschafter dergestalt zu erfolgen, dass jede Gesellschaft im Endergebnis den Betrag zu versteuern hat, der den Werten nach der Aufteilung des Gesamtgewinns entspricht.

	Betriebseinnahmen/Betriebsausgaben
Gesellschaft A führt an C ab	./. 250.000 €
Gesellschaft B führt an C ab	./. 100.000 €
Gesellschaft C erhält von A und B	350.000 €

Vorteile einer Gewinnpoolung:
- Früherer Ausgleich eines entstandenen Verlustes als bei Verlustrücktrag/Verlustvortrag, verbunden mit einem Liquiditäts- und Zinsgewinn;

– veränderte Thesaurierungs- und Ausschüttungspolitik, wenn ein Gesellschafter der Gewinngemeinschaft einen höheren Gewinn ausschütten möchte, als dies ohne Pooling überhaupt möglich ist.

Im Bereich der Gewinngemeinschaft ist der Tatbestand der **verdeckten Gewinnausschüttung** von großer Relevanz. Eine verdeckte Gewinnausschüttung ist dann anzunehmen, wenn bei einer Gesellschaft eine Inkongruenz zwischen erhaltenem (höheren) Gewinnanteil und ihrer Leistung besteht.

Gewerbesteuer: Die Interessengemeinschaft ist als reine Innengesellschaft **nicht gewerbesteuerpflichtig**, da insb. die Selbstständigkeit und die Teilnahme am allgemeinen wirtschaftlichen Verkehr fehlen. Gewerbesteuerpflichtig sind ausnahmslos die **Gesellschafter** der Interessengemeinschaft.

Durch die steuerliche Anerkennung einer Gewinngemeinschaft und die damit verbundene Gewinnpoolung wird die Höhe des steuerpflichtigen Gewerbeertrags der Mitgliedsunternehmen beeinflusst, da sich die Betriebsausgaben bzw. Betriebseinnahmen über § 7 S. 1 GewStG auch auf die Gewerbesteuer auswirken. Unterschiedliche Auswirkungen auf die insgesamt zu entrichtende Gewerbesteuer ergeben sich jedoch nur bei

- Unternehmen, die einen **Gewerbeverlust** erleiden;
- Unternehmen, die ihren Sitz in **verschiedenen Gemeinden** mit unterschiedlichen Hebesätzen haben;
- Unternehmen in der Rechtsform eines **Einzelunternehmens** oder einer **Personengesellschaft**, die durch Gewinnpoolung einen Gewerbeertrag erzielen, der unter den Freibetrag von 24.500 € fällt.

Umsatzsteuer: Als Innengesellschaft ist die Interessengemeinschaft **kein Unternehmer** i.S.d. UStG. Somit ist zwischen ihr und den beteiligten Unternehmen kein Leistungsaustausch denkbar. Dagegen sind Lieferungen und Leistungen der **beteiligten Unternehmen** untereinander grundsätzlich **umsatzsteuerbar** (Abschn. 1.1 Abs. 17 S. 2 UStAE). Die i.R.d. Gewinngemeinschaft gezahlten Ausgleichsbeträge unterliegen nicht der Umsatzsteuer, da es im Rahmen der Gewinnpoolung an einem Entgelt mangelt (Abschn. 10.1 Abs. 3 S. 16 UStAE).

B. Die Gelegenheitsgesellschaft

1. Einordnung

Hierunter ist der gesellschaftliche Zusammenschluss mehrerer Unternehmen zur Durchführung einer im Gesellschaftsvertrag festgelegten Anzahl von **Einzelgeschäften** auf **gemeinsame Rechnung** zu verstehen.

Motive der Bildung einer Gelegenheitsgesellschaft: Abwicklung von gemeinsamen Projekten, welche die Kapazität eines einzelnen Unternehmens überschreiten; Reduktion des Projektrisikos beim einzelnen Unternehmen und Verteilung auf sämtliche Gesellschafter der Gelegenheitsgesellschaft.

Gelegenheitsgesellschaften werden i.d.R. in der Rechtsform einer **Gesellschaft des bürgerlichen Rechts** (GbR) geführt. Kapitalgesellschaften kommen für Gelegenheitsgesellschaften weniger in Betracht, da der Gründungs-, Führungs- und Abwicklungsaufwand in keinem Verhältnis zur kurzen Lebensdauer einer Gelegenheitsgesellschaft steht.

2. Arbeitsgemeinschaft

Unter einer Arbeitsgemeinschaft (**ARGE**, i.d.R. im Baugewerbe) versteht man einen Unternehmenszusammenschluss von wirtschaftlich und rechtlich selbstständigen Unternehmen, deren Zielsetzung in der gemeinsamen Bewältigung einer Aufgabe oder der gemeinsamen Erfüllung eines **Werkvertrages** (§§ 631 ff. BGB) bzw. **Werklieferungsvertrages** (§ 651 BGB) oder einer begrenzten Anzahl von Werkverträgen bzw. Werklieferungsverträgen liegt.

Arbeitsgemeinschaften sind üblicherweise **horizontale Kooperationsformen**, d.h., es schließen sich Gesellschaften derselben Produktions- und Handelsstufe zusammen. Arbeitsgemeinschaften sind zumeist **Außengesellschaften**, da sie mit dem externen Auftraggeber Verträge abschließen und in eigenem Namen mit diesem auch Abrechnungen tätigen. Sie können **Gesamthandsvermögen** besitzen.

Einkommensteuer/Körperschaftsteuer: Als GbR erfolgt eine Besteuerung wie bei einer **Personengesellschaft**, d.h., es besteht keine selbstständige Einkommen- bzw. Körperschaftsteuerpflicht. Die für Personengesellschaften vorgeschriebene einheitliche und gesonderte Feststellung des einkommen- oder körperschaftsteuerlichen Einkommens entfällt für ARGE, deren alleiniger Zweck in der Erfüllung eines einzigen Werkvertrages oder Werklieferungsvertrages besteht (§ 180 Abs. 4 AO).

Gewerbesteuer: Die **Gewerbesteuerpflicht** der ARGE als solche **entfällt**, wenn die Tätigkeit in der Erfüllung eines einzigen Werkvertrages oder Werklieferungsvertrages besteht (§ 2a GewStG). Ist dieser Fall gegeben, so hat jedes Unternehmen der ARGE den auf seine Beteiligung entfallenden anteiligen Gewerbeertrag in seinen eigenen Gewerbeertrag mit einzubeziehen. Betreiben die Gesellschaften hingegen einen gemeinsamen Ein- oder Verkauf, der nicht auf die Erfüllung des Werkvertrages oder Werklieferungsvertrages gerichtet ist, so stellt die ARGE ein selbstständiges Gewerbesteuersubjekt dar (R 2a S. 2 GewStR).

Umsatzsteuer: Die ARGE ist nach Auffassung des BFH als Außengesellschaft **Unternehmer** i.S.d. UStG[888], obwohl das in § 2 Abs. 1 S. 3 UStG geforderte Merkmal einer nachhaltigen Tätigkeit bei einer ARGE, die nur einen einzigen Werkvertrag oder Werklieferungsvertrag ausführt, bestritten werden könnte. Stellen alle Gesellschaften, die zu einer ARGE zusammengefasst sind, Unternehmer dar, so ergeben sich aufgrund des Netto-Allphasen-Umsatzsteuersystems mit Vorsteuerabzug keine besonderen Schwierigkeiten durch die Zwischenschaltung der ARGE.

3. Konsortium

Ein Konsortium (Bsp.: Bankenkonsortien zur Platzierung von Wertpapieremissionen bei Unternehmensgründungen und Kapitalerhöhungen) stellt eine Unternehmensverbindung auf

---

[888] Vgl. BFH-Urteil vom 10.05.1961, BStBl III 1961, S. 317.

vertraglicher Basis dar, die zur **Durchführung genau abgegrenzter Aufgaben** gebildet wird und sich danach wieder auflöst.

Konsortien werden analog zu Arbeitsgemeinschaften als **GbR** geführt. Des Weiteren stellen sie i.d.R. **Außengesellschaften** dar, weil der Konsortialführer die Gesellschaft gegenüber Dritten vertritt.

Einkommensteuer/Körperschaftsteuer: Es findet keine einheitliche Gewinnfeststellung statt, da bei Konsortien i.d.R. – im Unterschied zu Arbeitsgemeinschaften – **kein Gesamthandsvermögen** vorhanden ist und die Solidarhaftung der Konsorten ausgeschlossen wird, sodass die Voraussetzung des gemeinsamen Feststellungsgegenstandes nicht gegeben ist. Die Besteuerung des Einkommens erfolgt somit unmittelbar bei den Gesellschaftern des Konsortiums.

Auch liegt **keine Gewerbesteuerpflicht** vor, da die Voraussetzungen des Gewerbebetriebs nicht erfüllt sind. Geschäfte der Bankenkonsortien sind zwar grundsätzlich unter die umsatzsteuerbaren Geschäfte zu subsumieren, dabei allerdings regelmäßig bei der **Umsatzsteuer** objektiv steuerbefreit gem. § 4 Nr. 8 UStG.

C. Die Kartelle

Unter **Kartellen** versteht man i.d.R. **horizontale Unternehmenszusammenschlüsse**, deren Mitglieder rechtlich und wirtschaftlich – mit Ausnahme der im Kartellvertrag geregelten wirtschaftlichen Fragen – selbstständig bleiben. Als **Hauptziel** einer Kartellbildung wird die **vertragliche Absprache** und die damit verbundene **Beschränkung oder Beseitigung des marktwirtschaftlichen Wettbewerbs** angesehen.

Im Grundsatz herrscht ein **Kartellverbot** (§ 1 GWB). Dieses wird jedoch durch den Gesetzgeber in folgenden Fällen eingeschränkt:

- **Mittelstandskartelle** (vgl. § 3 GWB);
- Vereinbarungen zwischen Unternehmen, Beschlüsse von Unternehmensvereinigungen oder aufeinander abgestimmte Verhaltensweisen, die unter angemessener Beteiligung der Verbraucher am entstehenden Gewinn zur Verbesserung der Warenerzeugung oder -verteilung oder zur Förderung des technischen oder wirtschaftlichen Fortschritts beitragen, ohne dass den beteiligten Unternehmen Beschränkungen auferlegt werden, die für die Verwirklichung dieser Ziele unerlässlich sind, oder Möglichkeiten eröffnet werden, für einen wesentlichen Teil der betreffenden Waren den Wettbewerb z.B. durch eine Marktbeherrschung auszuschalten (§ 2 Abs. 1 GWB);
- **Bereichsausnahmen** (Unternehmen der Land- und Forstwirtschaft und Urheberrechtsverwertungsgesellschaften).

Die **vier wichtigsten Kartellarten** sind die Konditionenkartelle, Preiskartelle, Produktionskartelle und Absatzkartelle.

Wird ein Kartell in der Rechtsform einer GbR gegründet, so handelt es sich hierbei um ein **Kartell niedrigerer Ordnung**. Im Zuge der Ausgliederung einer Geschäftsführungs-GmbH aus der GbR spricht man von einem **Kartell höherer Ordnung** (insb. bei Absatzkartellen).

Die Besteuerung eines Kartells folgt derjenigen seiner Rechtsform.

- **Kartelle niedrigerer Ordnung** werden in Form einer BGB-Gesellschaft als **Innengesellschaft** begründet:
  - Es besteht keine selbstständige Steuerpflicht des Kartells, da es **kein Steuersubjekt i.S.d. EStG** darstellt; folglich findet auch keine einheitliche und gesonderte Feststellung des Gewinns statt.
  - Das Kartell ist **kein Gewerbebetrieb i.S.d. GewStG**.
  - Die Umsatzsteuerpflicht des Kartells entfällt, da es **kein Unternehmer** i.S.d. § 2 UStG ist.
- Bei **Kartellen höherer Ordnung** können steuerliche Doppelbelastungen insb. im Bereich der Gewerbesteuer auftreten.
  - I.d.R. sind vorgeschriebene Mindestbeteiligungen zur Anwendung einer **Organschaft** aufgrund der fehlenden Verflechtungen der Vertragspartner des Kartells **nicht gegeben**.
  - Bis zur Einführung des StVergAbG vom 16.05.2003[889] konnte die Geschäftsführungs-GmbH (Kartell) ausgegliedert werden, wobei eine GbR (Mitglieder des Kartells) deren Anteile hielt und die Voraussetzungen für eine sog. **Mehrmütterorganschaft** hergestellt wurden; nunmehr ist die Begründung eines solchen Konstrukts nicht mehr möglich. Auf Basis der aktuellen Gesetzeslage werden in der Literatur mehrere Gestaltungsmöglichkeiten diskutiert, die trotz der Abschaffung der Mehrmütterorganschaft deren Wirkungen entfalten sollen:
    - Übertragung der Anteile an der ehemaligen Organgesellschaft auf die GbR zur Begründung einer „normalen" Organschaft mit nur noch einem Mutterunternehmen;
    - Formwechsel der ehemaligen Organgesellschaft in eine Personengesellschaft;[890]
    - Substitution des ursprünglichen Gewinnabführungsvertrages durch einen Betriebsüberlassungsvertrag i.S.d. § 292 Abs. 1 Nr. 3 AktG.[891]

D. Die Europäische wirtschaftliche Interessenvereinigung

Die Europäische wirtschaftliche Interessenvereinigung (EWIV) stellt die erste **Unternehmenszusammenschlussform europäischen Rechts** dar und ist eine Vereinigung, die zum Zweck die Erleichterung und Entwicklung der wirtschaftlichen Tätigkeit ihrer Mitglieder – dies können land- und forstwirtschaftliche und gewerbliche Unternehmen sowie freiberuflich Tätige aus mind. zwei EU-Mitgliedstaaten sein – und die Verbesserung bzw. Steigerung ihrer Ergebnisse hat. Die EWIV besitzt nicht die Zwecksetzung, für sich selbst einen Gewinn zu erzielen (Art. 3 Abs. 1 EWIV-Verordnung). Diese Regelung impliziert allerdings

---

[889] BGBl I 2003, S. 660.
[890] Vgl. SCHROER, ACHIM/STARKE, PETER: Die Abschaffung der Mehrmütterorganschaft durch das StVergAbG – Folgen und Handlungsalternativen, in: GmbHR 2003, S. 153-156, s.b.S. 155 und 156.
[891] Vgl. RAUPACH, ARNDT/BURWITZ, GERO: Gestaltungsüberlegungen nach Abschaffung der Mehrmütterorganschaft, in: DStR 2003, S. 1901-1907, s.b.S. 1906 und 1907.

kein generelles Gewinnverbot.[892] Durch die EWIV soll weiterhin die **grenzüberschreitende Kooperation** kleiner und mittelständischer Unternehmen erleichtert werden.

Einkommensteuer/Körperschaftsteuer: Generell können die **Mitgliedstaaten** bestimmen, ob der EWIV eine eigene Rechtspersönlichkeit zuzuordnen ist.

Nicht derjenige Staat, in dem die EWIV ins Handelsregister eingetragen ist oder ihre Aktivitäten entfaltet, ist für die Besteuerung zuständig. Generell bestimmen die jeweiligen Mitgliedstaaten, ob das Mitglied der EWIV einen Steuertatbestand verwirklicht bzw. eine eigenständige Rechtspersönlichkeit besitzt. Für steuerliche Zwecke ist das erzielte Ergebnis der EWIV bei ihren Mitgliedern zu erfassen (Art. 40 EWIV-Verordnung).[893]

Im Zuge des Gesetzes zur Ausführung der EWG-Verordnung über die Europäische wirtschaftliche Interessenvereinigung (EWIV-Ausführungsgesetz) wurde im dortigen § 1 S. 1 1. Halbsatz für Deutschland beschlossen, dass für die EWIV die **Vorschriften über die OHG** Anwendung finden.[894] Diese gesellschaftsrechtliche Qualifikation gilt auch für das Steuerrecht (H 15.8 Abs. 1 EStH, Stichwort „Europäische wirtschaftliche Interessenvereinigung (EWIV)"). Somit unterliegen die Gesellschafter der EWIV – und nicht sie selbst – der Einkommen- bzw. Körperschaftsteuerpflicht.

Liegt eine EWIV vor, die den Charakter einer **Kostengemeinschaft** besitzt (Erzielung von Einnahmen zur Deckung der Selbstkosten) und nur **Hilfstätigkeiten** an ihre Mitglieder erbringt, kann keine Gewinnerzielungsabsicht und somit **kein Gewerbebetrieb** gegeben sein.

Übt die EWIV selbst eine **gewerbliche oder selbstständige Tätigkeit** aus, liegt eine Gewinnerzielungsabsicht vor; die Gesellschafter erzielen Einkünfte aus **Gewerbebetrieb**.

Die EWIV ist als **Formkaufmann** i.S.v. § 6 Abs. 1 HGB in das Handelsregister einzutragen (§§ 1 S. 1 2. Halbsatz und 2 Abs. 1 EWIV-Ausführungsgesetz).

Im Bereich der **Gewerbesteuer** ist analog zur Einkommensteuer/Körperschaftsteuer zu differenzieren: Bei reinen Hilfstätigkeiten der EWIV liegt keine Gewerbesteuerpflicht vor. Wird hingegen eine **Gewinnerzielungsabsicht** von der EWIV verfolgt, ist nicht diese als Personengesellschaft, sondern es sind **gesamtschuldnerisch die einzelnen Mitglieder** als Steuerschuldner anzusehen (§ 5 Abs. 1 S. 4 GewStG). Somit werden Personen zu Steuerschuldnern, die überhaupt nicht den Steuertatbestand erfüllen. Dabei wird i.d.R. nach dem Ermessen der Gemeinde (R. 5.2 S. 5 GewStR) das in Deutschland ansässige Mitglied der EWIV als Gesamtschuldner i.S.d. § 44 AO in Anspruch genommen. Es erfolgt somit eine **Ungleichbehandlung zu anderen Mitunternehmerschaften** wie OHG, KG oder GbR, die weiterhin ein Gewerbesteuersubjekt darstellen.[895]

---

[892] Vgl. zur EWIV übersichtsartig KRÜGER, DIRK/KALBFLEISCH, EBERHARD: Anhang 3: Die Europäische Wirtschaftliche Interessenvereinigung (EWIV), in: Zweckmäßige Wahl der Unternehmensform, hrsg. von ERNST & YOUNG, 7. Aufl., Bonn/Berlin 2002, S. 285-297.

[893] Vgl. BRÖNNER, HERBERT/BAREIS, PETER/POLL, JENS: Die Besteuerung der Gesellschaften, des Gesellschafterwechsels und der Umwandlungen, 18. Aufl., Stuttgart 2007, Teil B, Rn. 148-152 und KRABBE, HELMUT: Steuerliche Behandlung der Europäischen Wirtschaftlichen Interessenvereinigung aus deutscher Sicht, in: DB 1985, S. 2585-2587, s.b.S. 2585 und 2586.

[894] Vgl. EWIV-Ausführungsgesetz vom 14.04.1988, BGBl I 1988, S. 514.

[895] Vgl. HAMACHER, ROLF JOSEF: Zur ertragsteuerlichen Behandlung einer Europäischen wirtschaftlichen Interessenvereinigung (EWIV) – Keine Gewerbeertragsteuer, in: FR 1986, S. 557-560, s.b.S. 559 und 560.

Umsatzsteuerlich ist die EWIV als **Unternehmer** i.S.d. UStG anzusehen, auch dann, wenn sie ausschließlich ihren Mitgliedern gegenüber tätig ist.[896]

---

[896] Vgl. KRABBE, HELMUT: Steuerliche Behandlung der Europäischen Wirtschaftlichen Interessenvereinigung aus deutscher Sicht, in: DB 1985, S. 2585-2587, s.b.S. 2587.

III. Die Besteuerung der Konzerne

Vgl. hierzu insb. HEIGL, ANTON: Unternehmensbesteuerung, 2. Aufl., München/Wien 1996, S. 399-419; MÜLLER, THOMAS/STÖCKER, ERNST E.: Die Organschaft, 8. Aufl., Herne 2011; RICHTER, LUTZ: Ansätze einer Konzernbesteuerung in Deutschland, Frankfurt am Main u.a. 2003, S. 13-311; ROSE, GERD: Betriebswirtschaftliche Steuerlehre, 3. Aufl., Wiesbaden 1992, S. 177-196; SCHNEELOCH, DIETER: Betriebswirtschaftliche Steuerlehre, Bd. 2: Betriebliche Steuerpolitik, 3. Aufl., München 2009, S. 485-506; THEISEN, MANUEL RENÉ: Der Konzern – Betriebswirtschaftliche und rechtliche Grundlagen der Konzernunternehmung, 2. Aufl., Stuttgart 2000, S. 561-613; WÖHE, GÜNTER: Betriebswirtschaftliche Steuerlehre, Bd. 2, 2. Halbband: Der Einfluß der Besteuerung auf Unternehmenszusammenschlüsse und Standortwahl im nationalen und internationalen Bereich, 4. Aufl., München 1996, S. 67-210; WÖHE, GÜNTER/BIEG, HARTMUT: Grundzüge der Betriebswirtschaftlichen Steuerlehre, 4. Aufl., München 1995, S. 298-321.

In Deutschland existiert im Gegensatz zum Handelsrecht **für steuerliche Zwecke keine Konzernbilanz**.[897] Daraus resultierend erfolgt ertragsteuerlich gesehen **keine** Anwendung der in § 297 Abs. 3 S. 1 HGB normierten **Einheitstheorie**, nach der die abhängigen Konzernunternehmen nicht nur wirtschaftlich, sondern auch rechtlich als unselbstständig gelten. Deshalb können sich aufgrund von innerkonzernlichen Vorgängen, wie Lieferungs- und Leistungsbeziehungen, etwaige **Doppelbelastungen** ergeben.

Um zu vermeiden, dass durch eine steuerliche Doppelbelastung Konzernunternehmen diskriminiert werden und diese zwecks Umgehung dieser Mängel fusionieren, wurden vom deutschen Steuergesetzgeber die **Rechtsinstitute „Schachtelprivileg" und „Organschaft"** eingeführt. Somit sollen die rechtliche Selbstständigkeit der Konzernunternehmen weiterhin aufrechterhalten werden und die Vorteile gegenüber einer Fusion (insb. leichtere Veräußerbarkeit, flexibler Marktein- und -austritt, flexiblere Organisationsmöglichkeiten, Risiko- und Haftungsbegrenzungen) gewahrt bleiben.

A. Die Schachtelkonzerne

1. Einordnung

Ein Schachtelkonzern ist die Verbindung rechtlich selbstständiger Unternehmen durch Hintereinanderschaltung. Es liegt somit ein **Unterordnungskonzern** vor.

Der **Zweck** des Schachtelprivilegs besteht in der **Vermeidung einer wirtschaftlichen Doppelbelastung bzw. -entlastung** ein und desselben Steuerobjekts zweier verschiedener Steuersubjekte. Technisch gesehen wird ein ausgeschütteter Gewinn bzw. ein zugewiesener Gewinn- oder Verlustanteil **auf Ebene der übergeordneten Gesellschaft** unter bestimmten Voraussetzungen objektiv steuerbefreit.

Die für Schachtelkonzerne geltenden sog. Schachtelprivilegien finden sowohl im **Gewerbesteuergesetz** als auch im **Körperschaftsteuergesetz** ihren Niederschlag. Sie können sowohl **nationaler** als auch **internationaler** Art sein und sich auf Tochtergesellschaften und auf Enkelgesellschaften beziehen.

Im Unterschied zu den **gewerbesteuerlichen Schachtelprivilegien**, die unabhängig von der Rechtsform des über- und untergeordneten Gewerbebetriebs Anwendung finden können, gilt

---

[897] Vgl. weiterführend zur Jahresabschlussanalyse bei Konzernunternehmen LUTZ, RICHARD: Jahresabschlußanalyse bei Einheits- und Konzernunternehmung, in: Europäische Hochschulschriften, Frankfurt am Main u.a. 2000, S. 281-390.

das **körperschaftsteuerliche Schachtelprivileg** ausschließlich für Kapitalgesellschaften als über- und untergeordnetes Unternehmen.

2. Schachtelkonzern mit Personengesellschaften

Ist eine Personengesellschaft an einer anderen Personengesellschaft beteiligt, wird grundsätzlich **keine** steuerliche **Mehrfachbelastung** ausgelöst, falls der (die) Gesellschafter als Mitunternehmer anzusehen ist (sind).

Die **mittelbare Beteiligung** eines Gesellschafters ist der **unmittelbaren Beteiligung** an einer Personengesellschaft **gleichgestellt** (§ 15 Abs. 1 S. 1 Nr. 2 S. 2 EStG).

Eine **Mehrfachheranziehung zur Gewerbesteuer** wird durch § 8 Nr. 8 bzw. § 9 Nr. 2 GewStG **verhindert**. Diese Regelungsvorschriften beziehen sich sowohl auf inländische als auch auf ausländische offene Handelsgesellschaften, Kommanditgesellschaften oder andere Gesellschaften, bei denen die Gesellschafter als Mitunternehmer des Gewerbebetriebs anzusehen sind.

Da im Gewerbesteuergesetz **weder eine Besitzfrist noch eine Mindestbeteiligungsquote** explizit genannt werden, reicht es aus, wenn die Beteiligung zu irgendeinem Zeitpunkt innerhalb des Erhebungszeitraums zum Betriebsvermögen der beteiligten Gesellschaft gehört hat und der Gewinnanteil innerhalb dieses Erhebungszeitraums entstanden ist bzw. der Verlustanteil während dieses Zeitraums erlitten wurde.[898]

Rechtsfolge des gewerbesteuerlichen Schachtelprivilegs ist die **Kürzung von Gewinnanteilen** bzw. **Hinzurechnung von Verlustanteilen** aus Beteiligungen an Mitunternehmerschaften vom Gewerbeertrag i.S.d. § 7 GewStG (§ 9 Nr. 2 bzw. § 8 Nr. 8 GewStG).

3. Schachtelkonzern mit Kapitalgesellschaften

a) Körperschaftsteuer

Das (nationale) körperschaftsteuerliche Schachtelprivileg wurde bis zum Jahr 2001 durch das körperschaftsteuerliche Anrechnungsverfahren repräsentiert. Seit dessen Wegfall[899] sorgt § 8b KStG für eine weitestgehende Vermeidung einer steuerlichen Mehrfachbelastung bei ausgeschütteten Gewinnen von Kapitalgesellschaften an Kapitalgesellschaften.

§ 8b Abs. 1 KStG gilt sowohl für unbeschränkt als auch für beschränkt steuerpflichtige empfangende Kapitalgesellschaften. Ferner werden Beteiligungserträge einer in- oder ausländischen Kapitalgesellschaft angesprochen, sodass durch diese Norm das **nationale und internationale körperschaftsteuerliche Schachtelprivileg** gleichzeitig abgedeckt werden. Die weitgehende Steuerfreistellung ist momentan von einer **Mindestbeteiligung von 10 % und keiner Mindesthaltefrist** abhängig. Aufgrund der jüngeren EuGH-Rechtsprechung,[900]

---

[898] Vgl. GOSCH, DIETMAR: § 9 GewStG, in: BLÜMICH: Einkommensteuer – Körperschaftsteuer – Gewerbesteuer, hrsg. von BERND HEUERMANN, München (Loseblatt), Stand: April 2013, Rn. 146.

[899] Vgl. EuGH-Urteil vom 07.09.2004, in: IStR 2004, S. 680-684 und EuGH-Urteil vom 06.03.2007, in: BB 2007, S. 645-647.

[900] Vgl. u.a. EuGH-Urteil vom 14.12.2006, in: DStR-E 2007, S. 289; EuGH-Urteil vom 20.10.2011, in: DStR 2011, S. 2038-2044.

die die abgeltende Quellensteuer auf grenzüberschreitende Dividendenzahlungen bei gleichzeitiger Steuerfreiheit inländischer Dividenden als im Widerspruch zu den Grundfreiheiten stehend ansieht, hat der Gesetzgeber reagiert.[901] Gem. § 8b Abs. 1 KStG sind insb. Bezüge i.S.v. § 20 Abs. 1 Nr. 1 EStG (insb. Beteiligungserträge) bei der Ermittlung des Einkommens der empfangenden Kapitalgesellschaft außer Ansatz zu lassen, d.h. außerbilanziell zu kürzen, soweit die dividendenempfangende Körperschaft zu Beginn des Kalenderjahres eine Beteiligung von mindestens 10 % bzw. unterjährig eine Beteiligung von mindestens 10 % an der ausschüttenden Gesellschaft hält. Allerdings werden gem. § 8b Abs. 5 KStG 5 % dieser Bezüge als nicht abzugsfähige Betriebsausgaben bei gleichzeitigem Abzug der tatsächlich angefallenen Beteiligungsaufwendungen fingiert, d.h., es erfolgt eine dementsprechende außerbilanzielle Hinzurechnung.[902] **Per Saldo** resultiert insofern eine **außerbilanzielle Kürzung i.H.v. 95 %**.[903]

Im Zuge der Gewinnausschüttung ist **im rein nationalen Kontext Kapitalertragsteuer i.H.v. 25 %** der Bardividende einzubehalten (§ 43a Abs. 1 Nr. 1 EStG), die von der empfangenden Gesellschaft angerechnet werden kann bzw. ihr erstattet wird (§ 36 Abs. 2 Nr. 2 EStG). Bei Halten einer Beteiligung an einer **ausländischen Kapitalgesellschaft** ist die ausländische Quellensteuer gem. Art. 10 Abs. 2 OECD-MA **auf 15 % bzw. 5 % zu reduzieren**, wobei deren Anrechnung auf die deutsche Körperschaftsteuer nicht möglich ist, da auch der Gewinnanteil aufgrund von § 8b Abs. 1 KStG keinen Eingang in die Steuerbemessungsgrundlage findet. Im Falle der Anwendbarkeit der **MTRL** (insb. mind. 10 %-ige Beteiligung einer in Deutschland ansässigen Kapitalgesellschaft an einer an einem anderen EU-Mitgliedstaat ansässigen Kapitalgesellschaft) ermäßigt sich der ausländische Quellensteuersatz auf **0 %** (Art. 5 MTRL).

Um eine **steuerliche Gleichbehandlung zwischen ausgeschütteten und thesaurierten Gewinnen** zu erreichen, wird auch der **Gewinn aus der Veräußerung der Beteiligung** einer unbeschränkt bzw. beschränkt körperschaftsteuerpflichtigen Kapitalgesellschaft an einer in- oder ausländischen Kapitalgesellschaft zu **100 % steuerbefreit** (§ 8b Abs. 2 KStG), falls deren (laufende) Gewinnausschüttungen ebenfalls dementsprechend privilegiert wären. Allerdings sind gem. § 8b Abs. 3 KStG gleichzeitig **5 %** des Gewinns **als nichtabzugsfähige Betriebsausgaben** zu fingieren. Hier ist eine Mindestbeteiligung bzw. Mindesthaltefrist nicht notwendig.

Die bislang getroffenen Aussagen gelten auch dann, wenn eine Kapitalgesellschaft als **Mitunternehmerin** einer Personengesellschaft in- oder ausländische Beteiligungserträge als Gewinnanteil erhält (§ 8b Abs. 6 S. 1 KStG).

---

[901] Vgl. Gesetz zur Umsetzung des EuGH-Urteils vom 20. Oktober 2011 in der Rechtssache C-284/09 vom 21.03.2013, BGBl. I 2013, S. 561. Vgl. ausführlich zur Einführung der Streubesitzregelung des § 8b Abs. 4 KStG S. 392 ff.

[902] Vgl. ausführlich zu § 8b Abs. 5 KStG RICHTER, LUTZ: Kapitalgesellschaften und EuGH-Rechtsprechung, in: Bilanz-, Prüfungs- und Steuerwesen, hrsg. von KARLHEINZ KÜTING, CLAUS-PETER WEBER und HEINZ KUSSMAUL, Bd. 10, Berlin 2007, S. 33-67.

[903] Vgl. KUSSMAUL, HEINZ/ZABEL, MICHAEL: Auswirkungen der Änderungen der §§ 8b und 15 KStG durch das Gesetz zur Umsetzung der Protokollerklärung der Bundesregierung zur Vermittlungsempfehlung zum Steuervergünstigungsabbaugesetz („Korb II"), in: BB 2004, S. 577-580.

Die **Steuerbegünstigung** im Falle einer im Ergebnis 95 %-igen Steuerfreistellung der ausgeschütteten Gewinne entfaltet aufgrund des körperschaftsteuerlichen Schachtelprivilegs nur solange ihre Wirkung, wie diese auf der Ebene von Kapitalgesellschaften weitergeleitet werden. Im Falle einer Ausschüttung an eine natürliche Person oder eine Personengesellschaft mit natürlichen Personen als Mitunternehmern unterliegt die Bardividende entweder bei der Zugehörigkeit der Beteiligung zum Betriebsvermögen bzw. zum Privatvermögen bei einer Beteiligung gem. § 17 EStG dem **Teileinkünfteverfahren** (§ 3 Nr. 40 Buchst. d EStG) oder die Bardividende unterliegt in voller Höhe der Einkommensteuer in Form der **25 %-igen Abgeltungssteuer** (§ 32d EStG).

Da i.R.d. steuerlichen Behandlung von Gewinnausschüttungen bzw. von Veräußerungsgewinnen von Beteiligungen nicht zwischen in- oder ausländischen differenziert wird, ist eine derartige Unterscheidung auch im Zusammenhang mit den Gewinnbestandteilen bzw. i.V.m. der Beteiligung stehenden **Betriebsausgaben** (z.B. Finanzierungskosten) nicht vorzunehmen. **§ 3c Abs. 1 EStG** findet für **Beteiligungserträge** einer Kapitalgesellschaft sowie für **Veräußerungsgewinne** einer Beteiligung **keine Anwendung** (§ 8b Abs. 3 S. 2 und Abs. 5 S. 2 KStG). Demzufolge dürfen Ausgaben, die in einem unmittelbaren wirtschaftlichen Zusammenhang mit steuerfreien Einnahmen stehen, in voller Höhe als Betriebsausgaben berücksichtigt werden.[904]

Gem. **§ 8b Abs. 5 KStG** gelten von den nach § 8b Abs. 1 KStG steuerbefreiten **Beteiligungserträgen** 5 % pauschal als nicht abziehbare Betriebsausgaben, soweit die Beteiligung mindestens 10 % beträgt. Diese Regelung findet auch dann Anwendung, wenn in dem Wirtschaftsjahr, in dem die Beteiligungserträge realisiert wurden, keine Betriebsausgaben oder Betriebsausgaben, die geringer als 5 % der Beteiligungserträge sind, anfallen.[905] Allerdings sind die Aufwendungen umgekehrt auch voll abzugsfähig in Jahren, in denen keine Beteiligungserträge anfallen und damit keine 5 % als nicht abzugsfähig gelten.

b) Gewerbesteuer

Sowohl die Rechtsfolgen des Teileinkünfteverfahrens i.S.v. § 3 Nr. 40 Buchst. d EStG als auch die des § 8b Abs. 1 und Abs. 5 KStG wirken sich als außerbilanzielle Korrekturmaßnahmen mittels § 7 S. 1 GewStG auf die Höhe des Gewerbeertrags aus.

Da die gewerbesteuerlichen Schachtelprivilegien abweichend vom körperschaftsteuerlichen Schachtelprivileg auch für **gewerbliche Einzelunternehmen** bzw. **Personengesellschaften** als empfangende Gesellschaften Anwendung finden und die Beteiligungserträge im Kontext des Teileinkünfteverfahrens den Gewerbeertrag gem. § 7 S. 1 GewStG um 60 % erhöhen, wird die gewerbesteuerliche Doppelerfassung zunächst nicht gänzlich beseitigt. Eine vollständige Entlastung von Gewerbesteuer **im rein nationalen Kontext** hängt von der **kumulativen Erfüllung** der Voraussetzungen des **§ 9 Nr. 2a GewStG** ab:

---

[904] Vgl. KUßMAUL, HEINZ/ZABEL, MICHAEL: Auswirkungen der Änderungen der §§ 8b und 15 KStG durch das Gesetz zur Umsetzung der Protokollerklärung der Bundesregierung zur Vermittlungsempfehlung zum Steuervergünstigungsabbaugesetz („Korb II"), in: BB 2004, S. 577-580.

[905] Vgl. zu diesbezüglichen Verbesserungsvorschlägen RICHTER, LUTZ: Kapitalgesellschaften und EuGH-Rechtsprechung, in: Bilanz-, Prüfungs- und Steuerwesen, hrsg. von KARLHEINZ KÜTING, CLAUS-PETER WEBER und HEINZ KUßMAUL, Bd. 10, Berlin 2007, S. 75-89.

- Es muss eine **mindestens 15 %-ige Beteiligung** des begünstigten Unternehmens am Grund- oder Stammkapital bestehen;
- die Beteiligung muss **zu Beginn des Erhebungszeitraums** gehalten werden, wobei der Erhebungszeitraum i.R.d. Gewerbesteuer gem. § 14 S. 2 GewStG das Kalenderjahr ist;
- die Gewinne müssen aus einer Beteiligung an einer insb. **nicht steuerbefreiten inländischen Kapitalgesellschaft** stammen. Durch diese Regelung soll v.a. verhindert werden, dass Gewinne bei einer subjektiven Steuerbefreiung der untergeordneten Kapitalgesellschaft überhaupt nicht der Gewerbesteuer unterliegen.

Bei Erfüllung dieser Voraussetzungen findet eine **Kürzung von 60 % der Bardividende** statt, um eine vollständige Gewerbesteuerbefreiung auf Ebene der übergeordneten Gesellschaft zu erreichen.

Sollte **mindestens eine Voraussetzung unerfüllt** bleiben, so greift § 8 Nr. 5 GewStG. Da diese Norm eine vollständige Gewerbesteuerbelastung auf Ebene der übergeordneten Gesellschaft und somit eine doppelte Gewerbesteuerbelastung innerhalb des Unternehmensverbunds in Kauf nimmt, findet eine **Hinzurechnung der einkommensteuerlich steuerfreien 40 % der Beteiligungserträge** zum Gewerbeertrag des übergeordneten Unternehmens statt.

Im **internationalen Kontext** und bei Annahme von **gewerblichen Einzelunternehmen** bzw. **Personengesellschaften** als empfangende Gesellschaften gelten die obigen Ausführungen entsprechend mit der Ausnahme, dass eine vollständige Entlastung von Gewerbesteuer von der **kumulativen Erfüllung** der Voraussetzungen des **§ 9 Nr. 7 GewStG** abhängt:

- **Kapitalgesellschaft** mit Geschäftsleitung **und** Sitz außerhalb Deutschlands (Tochtergesellschaft);
- Existenz einer **mindestens 15 %-igen** ununterbrochen gehaltenen **Beteiligung** des begünstigten Unternehmens **am Nennkapital**, wobei die Beteiligung auch mittelbar gehalten werden kann. Diese Beteiligungsquote gilt nicht für eine unter die MTRL fallende Gesellschaft (also **EU-Tochterkapitalgesellschaft**), an der eine **Mindestbeteiligungsquote von 10 %** ausreichend ist;[906]
- die Beteiligung muss **seit Beginn des Erhebungszeitraums** gehalten werden, wobei diese zeitliche Prämisse bei einer unter die MTRL fallenden Gesellschaft (also **EU-Tochterkapitalgesellschaft**) **keine Anwendung** findet. Hier kommt es nach dem Jahressteuergesetz 2008 vom 20.12.2007[907] vielmehr in zeitlicher Hinsicht zu einer Gleichbehandlung mit Beteiligungen an inländischen Kapitalgesellschaften, wonach die Beteiligung **zu** Beginn des Erhebungszeitraums gehalten worden sein muss;
- die Tochtergesellschaft erzielt ihre **Bruttoerträge** (fast) ausschließlich aus Tätigkeiten i.S.v. **§ 8 Abs. 1 Nr. 1-6 AStG** und unter bestimmten Voraussetzungen aus Beteiligungen an Gesellschaften, wobei dieser **Aktivitätsvorbehalt** bei einer unter die MTRL fallenden Gesellschaft (also **EU-Tochterkapitalgesellschaft**) **keine Anwendung** findet.

---

[906] Vgl. GOSCH, DIETMAR: § 9 GewStG, in: BLÜMICH: Einkommensteuer – Körperschaftsteuer – Gewerbesteuer, hrsg. von BERND HEUERMANN, München (Loseblatt), Stand: April 2013, Rn. 307 f.
[907] Vgl. BStBl I 2007, S. 3150.

Abb. 123 stellt die wesentlichen Voraussetzungen für die Inanspruchnahme des gewerbesteuerlichen Schachtelprivilegs in Abhängigkeit der Ansässigkeit der Tochterkapitalgesellschaft graphisch vergleichend dar.

Unter Betrachtung von **Kapitalgesellschaften** als empfangende Unternehmen wurden die Gewinnausschüttungen bereits durch § 8b Abs. 1 KStG vollständig freigestellt, sofern die Beteiligung an der Kapitalgesellschaft mind. 10 % beträgt.[908] Die 5 % nichtabziehbaren Betriebsausgaben gem. § 8b Abs. 5 KStG finden dagegen Eingang in den Gewerbeertrag (§ 7 S. 1 GewStG).[909]

Durch das Jahressteuergesetz 2007 vom 13.12.2006[910] wurde nunmehr explizit klargestellt, dass diese **5 % keine Kürzung durch das nationale und internationale gewerbesteuerliche Schachtelprivileg** erfahren dürfen (§ 9 Nr. 2a S. 4 und Nr. 7 S. 3 GewStG).[911] Insofern **laufen § 9 Nr. 2a und Nr. 7 GewStG** hinsichtlich der Kürzung von Gewinnanteilen mangels eines Kürzungsbedarfs **ins Leere**.[912]

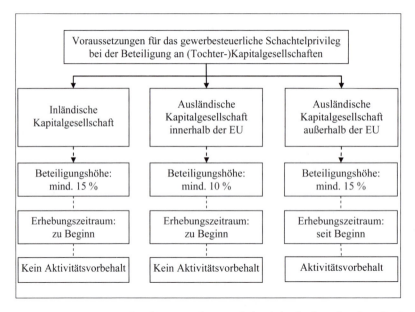

Abb. 123: Voraussetzungen für das gewerbesteuerliche Schachtelprivileg bei der Beteiligung an (Tochter-)Kapitalgesellschaften

---

[908] Vgl. zur Streubesitzregelung des § 8b Abs. 4 KStG ausführlich S. 392 ff.

[909] Vgl. WATERMEYER, HEINRICH-JÜRGEN: § 8b KStG, in: Einkommensteuer- und Körperschaftsteuergesetz – Kommentierung, hrsg. von CARL HERRMANN u.a., Köln (Loseblatt), Stand: April 2013, Rn. 127.

[910] Vgl. BStBl I 2006, S. 2878.

[911] Vgl. hierzu kritisch RICHTER, LUTZ: Kritische Beurteilung der gewerbesteuerlichen Auswirkung von § 8b Abs. 5 KStG durch das Jahressteuergesetz 2007, in: BB 2007, S. 751-754 sowie bereits RICHTER, LUTZ: Die Auswirkungen des § 8b KStG i.d.F. des „Korb II-Gesetzes" auf (die Vorteilhaftigkeit von) Organschaftskonzernstrukturen, in: GmbHR 2004, S. 1192-1197, s.b.S. 1193-1194.

[912] Vgl. RÖDDER, THOMAS/SCHUMACHER, ANDREAS: Unternehmenssteuerreform 2001 – Eine erste Analyse aus Beratersicht, in: DStR 2000, S. 353-368, s.b.S. 357 und WATERMEYER, HEINRICH-JÜRGEN: § 8b KStG, in: Einkommensteuer- und Körperschaftsteuergesetz, hrsg. von CARL HERRMANN u.a., Köln (Loseblatt), Stand: April 2013, Rn. 20.

Bleibt dagegen **mindestens eine der obigen Voraussetzungen unerfüllt**, so greift auch bei Kapitalgesellschaften als übergeordneten Unternehmen § 8 Nr. 5 GewStG mit der Rechtsfolge einer vollständigen gewerbesteuerlichen Belastung durch die **Hinzurechnung von 95 % der steuerfreien Bardividende** zum Gewerbeertrag.

Zur Vollständigkeit sei noch erwähnt, dass § 9 Nr. 7 S. 4 GewStG bei Erfüllung dieser Voraussetzungen und auf Antrag ebenfalls eine Begünstigung von Gewinnanteilen vorsieht, die eine inländische Obergesellschaft von einer **ausländischen Enkelgesellschaft** erhält. Die gewerbesteuerlichen Schachtelprivilegien finden im Gegensatz zum körperschaftsteuerlichen Schachtelprivileg auf Veräußerungsgewinne keine Anwendung.

Kritik am gewerbesteuerlichen Schachtelprivileg:

– Obergesellschaften, die eine **geringere** kapitalmäßige (mittelbare) **Beteiligungsquote als 10 % bzw. 15 %** an einer Kapitalgesellschaft halten, kommen nicht in den Genuss des Schachtelprivilegs. In diesen Fällen findet eine körperschaftsteuerliche bzw. gewerbesteuerliche **Mehrfachbelastung** statt, die **durch das Unternehmensteuerreformgesetz 2008** für Beteiligungen an inländischen Kapitalgesellschaften sowie Nicht-EU-Kapitalgesellschaften **verschärft** wurde.

– Ein **Verlustausgleich** zwischen Unternehmen ist i.R.d. Schachtelprivilegs – im Gegensatz zur Organschaft – nicht möglich, d.h., die Verluste der Untergesellschaft verbleiben bei dieser und können dort dem gewerbesteuerlich beschränkten **Verlustvortrag** gem. § 10a GewStG zugeführt werden.

B. Die Organschaftskonzerne

1. Einordnung

Während Schachtelbeteiligungen sowohl im nationalen als auch im grenzüberschreitenden Bereich bestehen, können **Organschaften** derzeit i.d.R. **nur im nationalen Bereich** hergestellt werden.[913] Insb. ein grenzüberschreitender Verlusttransfer zwischen einer im EU-Ausland ansässigen Tochtergesellschaft und ihrer unbeschränkt steuerpflichtigen Muttergesellschaft wurde explizit mit Ausnahme der inländischen Anerkennung von im Ausland definitiv gewordenen Verlusten verworfen.[914]

---

[913] Vgl. bzgl. grenzüberschreitender Ansätze KUẞMAUL, HEINZ/NIEHREN, CHRISTOPH: Die Organschaft im Spannungsfeld der EG-Grundfreiheiten – Eine Analyse der organschaftlichen Tatbestandsvoraussetzungen, in: Deutsches und internationales Steuerrecht – Gegenwart und Zukunft –, Festschrift für CHRISTIANA DJANANI, hrsg. von GERNOT BRÄHLER und CHRISTIAN LÖSEL, Wiesbaden 2008, S. 177-204; KUẞMAUL, HEINZ/RICHTER, LUTZ: Wesenszüge einer körperschaftsteuerlichen grenzüberschreitenden Organschaft, in: StuB 1999, S. 807-815; KUẞMAUL, HEINZ/RICHTER, LUTZ: Wesenszüge einer gewerbe- und umsatzsteuerlichen grenzüberschreitenden Organschaft, in: StuB 1999, S. 1065-1068 sowie NIEHREN, CHRISTOPH: Perspektiven der körperschaftsteuerlichen Organschaft, in: Bilanz-, Prüfungs- und Steuerwesen, hrsg. von KARLHEINZ KÜTING, CLAUS-PETER WEBER und HEINZ KUẞMAUL, Bd. 22, Berlin 2011.

[914] Vgl. EuGH-Urteil vom 13.12.2005, in: IStR 2006, S. 19-22 sowie hierzu KUẞMAUL, HEINZ/NIEHREN, CHRISTOPH: Grenzüberschreitende Verlustverrechnung im Lichte der jüngeren EuGH-Rechtsprechung, in: IStR 2008, S. 81-87; KUẞMAUL, HEINZ/TCHERVENIACHKI, VASSIL: Die EuGH-Rechtssache Marks & Spencer und ihre Bedeutung für die körperschaftsteuerliche Organschaft, in: StuB 2005, S. 626-633; KUẞMAUL, HEINZ/TCHERVENIACHKI, VASSIL: Die Rechtssache Marks & Spencer – Trendwende in der europäischen Rechtsprechung –, in: StuB 2006, S. 189-191.

I.R.d. Besteuerung von Organschaftskonzernen erfolgt – im Gegensatz zu Schachtelbeteiligungen – keine **Besteuerung** beim untergeordneten, sondern **beim übergeordneten Unternehmen**.

Bei Normenkonflikten zwischen Organschaft und Schachtelprivileg geht das Rechtsinstitut „Organschaft" vor.[915]

Ein wirksames Organschaftsverhältnis setzt sich aus einem übergeordneten Unternehmen (Organmutter bzw. **Organträger**) und einem untergeordneten Unternehmen (Organtochter bzw. **Organgesellschaft**) zusammen.

2. Körperschaftsteuerliche Organschaft

a) Subjektive Tatbestandsvoraussetzungen

Als **Organträger** kommt i.R. einer körperschaftsteuerlichen Organschaft eine natürliche Person, eine nicht steuerbefreite Körperschaft, Personenvereinigung oder Vermögensmasse in Betracht (§ 14 Abs. 1 Nr. 2 S. 1 KStG). Da der BFH[916] die Ansicht vertrat, dass die Notwendigkeit der Ansässigkeit des Organträgers im Inland gegen das Diskriminierungsverbot verstößt und die Finanzverwaltung daraufhin einen Nichtanwendungserlass[917] veröffentlichte, reagierte der Gesetzgeber mit der Anpassung des § 14 Abs. 1 Nr. 2 KStG im Zuge des Gesetzes zur Änderung und Vereinfachung der Unternehmensbesteuerung und des steuerlichen Reisekostenrechts[918], sodass bei Kapitalgesellschaften jetzt nicht mehr der Ort der Geschäftsleitung des Organträgers von Bedeutung ist.[919]

Stattdessen ist es für die Anerkennung einer körperschaftsteuerlichen Organschaft gem. § 14 Abs. 1 Nr. 2 S. 4 KStG nun entscheidend, ob die Beteiligung an der Organgesellschaft während der gesamten Dauer der Organschaft einer inländischen Betriebsstätte i.S.d. § 12 AO des Organträgers zuzuordnen ist. Dies gilt entsprechend für mittelbare Beteiligungen über eine oder mehrere Personengesellschaften an der Organgesellschaft. Somit findet zwar keine Diskriminierung nicht im Inland ansässiger Organträger statt, allerdings ist durch die Notwendigkeit einer von einer inländischen Betriebsstätte gehaltenen Beteiligung weiterhin ein inländischer Anknüpfungspunkt gegeben.[920] Eine inländische Betriebsstätte ist dann gegeben, wenn die ihr zuzurechnenden Einkünfte sowohl nach innerstaatlichem Steuerrecht als auch nach doppelbesteuerungsabkommensrechtlichen Regelungen der inländischen Besteuerung unterliegen (§ 14 Abs. 1 Nr. 2 S. 7 KStG). In diesen Fällen ist nach § 14 Abs. 1 Nr. 2 S. 6 KStG das Einkommen der Organgesellschaft jener inländischen Betriebsstätte zuzurechnen, der die Beteiligung zuzuordnen ist.

---

[915] Vgl. BFH-Urteil vom 26.01.1972, BStBl II 1972, S. 358 und 359.
[916] Vgl. BFH-Urteil vom 09.02.2011, BStBl II 2012, S. 106.
[917] Vgl. BMF-Schreiben vom 27.12.2012, BStBl I 2012, S. 109.
[918] Gesetz zur Änderung und Vereinfachung der Unternehmensbesteuerung und des steuerlichen Reisekostenrechts vom 20.02.2013, BGBl I 2013, S. 285.
[919] Der Sitz der Gesellschaft i.S.v. § 11 AO war bereits in der alten Fassung nicht von Relevanz.
[920] Vgl. LENZ, MARTIN/ADRIAN, GERRIT/HANDWERKER, EVA: Geplante Neuregelung der ertragsteuerlichen Organschaft, in: BB 2012, S. 2851-2859, s.b.S. 2851; MIDDENDORF, OLIVER/HOLTRICHTER, THORE: Änderungen bei der ertragsteuerlichen Organschaft, in: StuB 2013, S. 124-127, s.b.S. 124.

Des Weiteren muss ein **gewerbliches Unternehmen** i.S.d. § 2 GewStG vorliegen. Während Kapitalgesellschaften kraft Rechtsform einen Gewerbebetrieb darstellen (§ 2 Abs. 2 S. 1 GewStG), wird bei Personengesellschaften die tatsächliche Ausübung einer gewerblichen Tätigkeit i.S.d. § 15 Abs. 1 Nr. 1 EStG gefordert. Eine gewerbliche Prägung i.S.v. § 15 Abs. 3 Nr. 2 EStG reicht hingegen nicht aus.

Als **Organgesellschaften** kamen bisher eine AG, eine KGaA oder eine SE in Betracht, die ihren **Sitz und ihre Geschäftsleitung im Inland** haben (§ 14 Abs. 1 S. 1 KStG a. F.). Der Kreis der in Frage kommenden Gesellschaften wurde in § 17 KStG auf „andere" **Kapitalgesellschaften** erweitert (GmbH). Im Gegensatz zum Organträger galt somit für Organgesellschaften der sog. **doppelte Inlandsbezug**, um zum einen die Nachprüfbarkeit der Organschaftsvoraussetzungen durch Deutschland zu gewährleisten und zum anderen eine doppelte Verlustnutzung im In- und Ausland zu vermeiden.

Die EU-Kommission hat wegen der doppelten Inlandsbindung für Organgesellschaften das **Vertragsverletzungsverfahren** Nr. 2008/4909 **aufgrund einer Einschränkung der Niederlassungsfreiheit**[921] nach dem Vertrag über die Arbeitsweise der Europäischen Union (AEUV) sowie dem Abkommen über den Europäischen Wirtschaftsraum (EWR-Abkommen) eingeleitet. Die Finanzverwaltung regierte zwischenzeitlich mit einem BMF-Schreiben[922] darauf. Dieses sah vor, dass fortan auch eine im EU/EWR-Ausland gegründete Kapitalgesellschaft mit Geschäftsleitung in Deutschland ihre deutschen Einkünfte innerhalb der steuerlichen Organschaft einem Organträger zuordnen kann, wenn auch die übrigen Voraussetzungen der §§ 14 ff. KStG erfüllt sind. Damit wurde der **doppelte Inlandsbezug für Organgesellschaften aufgegeben**. Der Pressemitteilung[923] der EU-Kommission vom 22.03.2012 ist zu entnehmen, dass die Kommission Klage beim Gerichtshof der Europäischen Union gegen Deutschland erhoben hat, da eine durch eine Rechtsvorschrift verursachte Vertragsverletzung nur durch eine Gesetzesänderung und nicht allein durch ein Verwaltungsrundschreiben abgestellt wird. Seit der **Gesetzesänderung** der §§ 14 Abs. 1 S. 1, 17 S. 1 KStG durch das Gesetz zur Änderung und Vereinfachung der Unternehmensbesteuerung und des steuerlichen Reisekostenrechts[924] ist das gesetzliche Erfordernis des doppelten Inlandsbezugs entfallen. Als Organgesellschaft kommen nunmehr **Gesellschaften mit Geschäftsleitung im Inland und Sitz in einem EU- oder EWR-Staat** in Betracht. Somit findet die körperschaftsteuerliche Organschaft keine Anwendung bei ausländischen Tochtergesellschaften oder solchen Gesellschaften, die zwar ihren Sitz, aber nicht ihre Geschäftsleitung im Inland haben.[925]

---

[921] Vgl. zur Beeinträchtigung der Niederlassungsfreiheit ausführlich NIEHREN, CHRISTOPH: Perspektiven der körperschaftsteuerlichen Organschaft, in: Bilanz-, Prüfungs- und Steuerwesen, hrsg. von KARLHEINZ KÜTING, CLAUS-PETER WEBER und HEINZ KUßMAUL, Bd. 22, Berlin 2011, S. 204-210.

[922] Vgl. BMF-Schreiben vom 28.03.2011, BStBl I 2011, S. 300.

[923] Vgl. Pressemitteilung der EU-Kommission vom 22.03.2012, abrufbar unter: https://http://europa.eu/rapid/pressReleasesAction.do?reference=IP/12/283&format=HTML&aged=0&language=DE&guiLanguage=de, Stand: 21.03.2013.

[924] Gesetz zur Änderung und Vereinfachung der Unternehmensbesteuerung und des steuerlichen Reisekostenrechts vom 20.02.2013, BGBl I 2013, S. 285.

[925] Vgl. LENZ, MARTIN/ADRIAN, GERRIT/HANDWERKER, EVA: Geplante Neuregelung der ertragsteuerlichen Organschaft, in: BB 2012, S. 2857.

b) Objektive Tatbestandsvoraussetzungen

Zur Anerkennung einer körperschaftsteuerlichen Organschaft sind neben den subjektiven Tatbestandsvoraussetzungen folgende Prämissen **kumulativ** zu erfüllen.

– **Finanzielle Eingliederung** (§ 14 Abs. 1 Nr. 1 KStG): Dem Organträger muss von Beginn des Wirtschaftsjahres der Organgesellschaft an die **Mehrheit der Stimmrechte** aus den Anteilen der Organgesellschaft ununterbrochen zustehen. Neben einer unmittelbaren Stimmrechtsmehrheit ist ebenfalls eine mittelbare Stimmrechtsmehrheit ausreichend, wobei jede der Beteiligungen, auf denen die mittelbare Beteiligung beruht, die Mehrheit der Stimmrechte gewähren muss (§ 14 Abs. 1 Nr. 1 S. 2 KStG). Dabei kann als zwischengeschaltete Gesellschaft auch eine Personengesellschaft fungieren, die per se keine Organgesellschaft verkörpern kann (H 57 KStR, Stichwort „Mittelbare Beteiligung"). Ferner können unter Beachtung der eben genannten Grundsätze auch mittelbare und unmittelbare Beteiligungen sowie mehrere mittelbare Beteiligungen zur Ermittlung der Höhe des Stimmrechtsanteils miteinander addiert werden.

Beispiel: (Finanzielle Eingliederung)

Gegeben sei folgende Beteiligungsstruktur (Stimmrechts- und Kapitalanteile sind identisch):

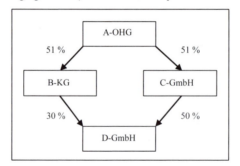

Die D-GmbH ist in die A-OHG finanziell eingegliedert. Die beiden mittelbaren Beteiligungen über die B-KG und C-GmbH dürfen miteinander addiert werden, da sie jeweils auf einer Stimmrechtsmehrheit an den Gesellschaften beruhen. Die Stimmrechtsquote beläuft sich auf 80 %.

Beispiel: (Finanzielle Eingliederung (Erweiterung))

I.R.d. folgenden Beteiligungsstruktur soll überprüft werden, ob eine finanzielle Eingliederung für ein körperschaftsteuerlich wirksames Organschaftsverhältnis gegeben ist. Die Stimmrechts- und Kapitalanteile sollen nicht voneinander divergieren.

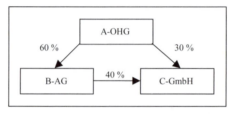

Da die A-OHG die Mehrheit der Stimmrechte an der B-AG unmittelbar besitzt, ist eine finanzielle Eingliederung der B-AG in das Unternehmen der A-OHG gegeben. Eine finanzielle Eingliederung der C-GmbH in das Unternehmen der A-OHG ist ebenfalls gegeben, da das Zusammenrechnen der unmittelbaren Beteiligung von 30 % und der auf einer Stimmrechtsmehrheit von 60 % beruhenden mittelbaren Beteiligung von 40 % durch den Steuergesetzgeber legitimiert wird. Die Stimmrechtsmehrheit beläuft sich auf 70 %.

Beispiel: (Finanzielle Eingliederung (Abwandlung der Erweiterung))

Die A-OHG ist nun lediglich zu 50 % an der B-AG beteiligt.

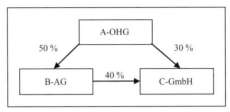

Zwischen der A-OHG und der C-GmbH kann kein körperschaftsteuerliches Organschaftsverhältnis begründet werden, da die mittelbare Beteiligung nicht auf einer Stimmrechtsmehrheit der A-OHG an der B-AG beruht.

Bei einer **Personengesellschaft** als Organträger ist zu beachten, dass die finanzielle Eingliederung **zu ihr selbst** erfüllt sein muss (§ 14 Abs. 1 Nr. 2 S. 3 KStG). Insofern reicht es zur Begründung einer finanziellen Eingliederung nicht aus, wenn die Anteile an der Organgesellschaft zum notwendigen Sonderbetriebsvermögen II der Gesellschafter der Personengesellschaft gehören (R 58 S. 4 KStR).

– **Gewinnabführungsvertrag** (§ 14 Abs. 1 Nr. 3 KStG): I.R.d. Gewinnabführungsvertrages i.S.v. § 291 Abs. 1 S. 1 AktG verpflichtet sich die Organgesellschaft, ihren **gesamten Gewinn** an den Organträger abzuführen bzw. verpflichtet sich der Organträger gem. § 302 Abs. 1 AktG, den **gesamten Verlust** der Organgesellschaft zu übernehmen.[926] Ein Teilgewinnabführungsvertrag i.S.v. § 292 Abs. 1 Nr. 2 AktG genügt nicht zur Anerkennung der körperschaftsteuerlichen Organschaft. Der Gewinnabführungsvertrag muss für mindestens **fünf Zeitjahre** abgeschlossen und tatsächlich durchgeführt werden (§ 14 Abs. 1 Nr. 3 S. 1 KStG und R 60 Abs. 2 S. 1 KStR). Ein Gewinnabführungsvertrag gilt auch dann als durchgeführt, wenn der abgeführte Gewinn bzw. Verlust auf einem mit fehlerhaften Bilanzansätzen versehenen Jahresabschluss beruht, falls verschiedene Voraussetzungen wie bspw. das Vorhandensein der Sorgfalt eines ordentlichen Kaufmanns erfüllt sind (§ 14 Abs. 1 Nr. 3 S. 4 KStG). Die steuerlichen Rechtsfolgen der Organschaft treten mit dem Wirtschaftsjahr erstmals in Kraft, in dem der Gewinnabführungsvertrag seine **zivilrechtliche Wirksamkeit** (Eintragung ins Handelsregister am Sitz der Organgesellschaft) erlangt (§ 294 Abs. 2 AktG).

Beispiel: (Gewinnabführungsvertrag)[927]

Die Hauptversammlung der A-AG (kalenderidentisches Wirtschaftsjahr) verabschiedet am 04.11.2013 den Gewinnabführungsvertrag mit der hierfür notwendigen Dreiviertelmehrheit (§ 293 Abs. 1 AktG). Am

---

[926] Ein aus Zeiten vor Abschluss des Gewinnabführungsvertrags stammender Verlust der Organgesellschaft wird während der Dauer des Organschaftsverhältnisses eingefroren und darf erst mit nach der Organschaft erzieltem positiven Einkommen der Organgesellschaft verrechnet werden (§ 15 S. 1 Nr. 1 KStG).

[927] Vgl. hinsichtlich der nicht mehr existenten Rückwirkungsproblematik von Gewinnabführungsverträgen: RICHTER, LUTZ: Die Auswirkungen des Steuervergünstigungsabbaugesetzes (StVergAbG) auf das Rechtsinstitut der Organschaft, in: StuW 2004, S. 51-61, s.b.S. 58-60.

13.11.2013 erfolgt die Eintragung des Vertrags in das Handelsregister. Insofern treten die Rechtsfolgen der Organschaft erstmals am 31.12.2013 in Kraft. Die fünfjährige Mindestlaufzeit beginnt am 01.01.2013 (R 60 Abs. 2 S. 2 KStR).

Erfolgt hingegen die Eintragung in das Handelsregister erst am 06.01.2014, besteht erst ab dem Wirtschaftsjahr 2014 eine Organschaft.

Die ausschließlich aktienrechtlichen Regelungen hinsichtlich des Gewinnabführungsvertrags gelten grundsätzlich auch für eine GmbH als Organgesellschaft (§ 17 S. 2 KStG).[928]

c) Bilanzielle und steuerliche Rechtsfolgen

Hinsichtlich der Rechtsfolgen muss strikt zwischen der (bilanziellen) Gewinnabführung und der (außerbilanziellen) Einkommenszurechnung differenziert werden.

Da Organträger und Organgesellschaft auch nach dem Wirksamwerden des körperschaftsteuerlichen Organschaftsverhältnisses zwei zivil- und steuerrechtlich selbstständige Gesellschaften verkörpern, hat jeder sein bilanzielles Jahresergebnis sowie sein steuerliches Einkommen zunächst **getrennt** zu **ermitteln**.

Im Rahmen der Ermittlung des Betrags der **Gewinnabführung**, welche auf Ebene der Organgesellschaft einen Aufwand und auf Ebene des Organträgers einen Ertrag darstellt, ist zu beachten, dass sich der Gewinnabführungsbetrag bei der Organgesellschaft als Wert **nach Einstellung in diverse Rücklagen bzw. Entnahme aus diversen Rücklagen** versteht. Als diesbezügliche Beispiele lassen sich insb. anführen:

– Einstellung in die **gesetzliche Rücklage** gem. § 300 Nr. 1 AktG innerhalb von fünf Jahren;

– Einstellung in die **Gewinnrücklagen** nach Maßgabe von § 14 Abs. 1 Nr. 4 KStG, falls dies nach vernünftiger kaufmännischer Beurteilung wirtschaftlich begründet ist (bei Vorliegen eines konkreten Anlasses wie z.B. Werkserneuerung oder Kapazitätserweiterung; R 60 Abs. 5 Nr. 3 KStR);

– Entnahme aus den anderen Gewinnrücklagen, falls eine Einstellung während der Dauer des Gewinnabführungsvertrags erfolgte (§ 301 S. 2 AktG).

Weiterhin unterliegt der Betrag nach § 268 Abs. 8 HGB gem. § 301 AktG einer Abführungssperre.

Die Ausführungen lassen sich wie folgt zusammenfassen:[929]

Handelsbilanzieller Jahresüberschuss **vor** Gewinnabführung
./. Einstellung in die gesetzliche Rücklage
./. Einstellung in die Gewinnrücklagen
./. Abführungsgesperrter Betrag nach § 268 Abs. 8 HGB
+ Entnahme aus anderen Gewinnrücklagen
= **Aufwendungen aus Gewinnabführung**

---

[928] Vgl. BGH-Beschluss vom 24.10.1988, in: BGHZ 105, S. 324-346.

[929] Modifiziert entnommen aus RICHTER, LUTZ: Ansätze einer Konzernbesteuerung in Deutschland, Frankfurt am Main u.a. 2003, S. 184.

Bei obigem Schema wird deutlich, dass im Falle von Rücklagendotierungen nach der Gewinnabführung noch ein Jahresüberschuss auf Ebene der Organgesellschaft verbleibt, der gerade zur Einstellung in die besagten Rücklagen bei selbiger ausreicht.

Im Zuge der **Einkommensermittlung der Organgesellschaft** gelten generell die einschlägigen Vorschriften des Körperschaftsteuergesetzes.

– Die **erste Besonderheit** stellt der **Gewinnabführungsbetrag** dar, welcher als handels- und steuerbilanzieller Aufwand erfasst wird. Da die Gewinnabführung eine Einkommensverwendung darstellt, darf sie die Höhe des Einkommens der Organgesellschaft nicht beeinflussen und ist außerbilanziell hinzuzurechnen (§ 8 Abs. 3 S. 1 KStG).

– Als **zweite Besonderheit** sind die **Ausgleichszahlungen** anzuführen. Da der Organträger nur die Mehrheit der Stimmrechte an der Organgesellschaft ausüben muss, können auch **außenstehende Gesellschafter** (sog. Minderheitsgesellschafter) an der Organgesellschaft beteiligt sein, die nicht zum Organkreis gehören. Dadurch, dass i.R.d. Gewinnabführungsvertrags der gesamte Gewinn an den Organträger abzuführen ist und es hierzu keines ordentlichen Gewinnverteilungsbeschlusses bedarf, würde ohne gesetzliche Regelungen den Minderheitsgesellschaftern das ihnen zustehende **Gewinnbezugsrecht genommen** werden. Gem. § 304 AktG sind den Minderheitsgesellschaftern deshalb sog. **Ausgleichszahlungen** zu leisten. Diese zzgl. 3/17 ihres Betrags sind ausnahmslos **von der Organgesellschaft zu versteuern** (§ 16 KStG), was durch deren Abzug vom dem Organträger zuzurechnenden Einkommen zum Ausdruck kommt. Somit wird sichergestellt, dass die Ausgleichszahlungen in jedem Fall der Körperschaftsteuer unterliegen. Der Gesamtbetrag von 20/17 ist auf den 15 %-igen Körperschaftsteuersatz zurückzuführen. Da die Organgesellschaft das Steuersubjekt der Ausgleichszahlungen darstellt, hat diese die tatsächlichen Ausgleichszahlungen als nicht abziehbare Betriebsausgaben (§ 4 Abs. 5 Nr. 9 EStG) zzgl. der darauf lastenden Körperschaftsteuer steuerlich zu erfassen. Die Körperschaftsteuerbelastung beträgt dabei stets 3/17 (= 15/85) der geleisteten Ausgleichszahlungen.

Die wesentlichen Positionen bei der Einkommensermittlung der Organgesellschaft lassen sich so zusammenfassen:[930]

---

[930] Modifiziert entnommen aus RICHTER, LUTZ: Ansätze einer Konzernbesteuerung in Deutschland, Frankfurt am Main u.a. 2003, S. 189-191.

	Handelsbilanzieller Jahresüberschuss **nach** Gewinnabführung
±	Steuerliche Korrekturen
=	Steuerbilanzieller Jahresüberschuss
+	Nicht abziehbare Aufwendungen (insb. 20/17 der etwaigen Ausgleichszahlungen)
./.	Steuerfreie Erträge
+	Gewinnabführung an den Organträger
./.	Von der Organgesellschaft zu versteuerndes Einkommen in Form der Ausgleichszahlungen inkl. Körperschaftsteuer (20/17 der Ausgleichszahlungen)
=	**Zuzurechnendes Einkommen der Organgesellschaft**

Für die **Einkommensermittlung des Organträgers** gelten die spiegelbildlichen Grundsätze. Der als Ertrag erfasste Gewinnabführungsbetrag ist gem. § 8 Abs. 3 S. 1 KStG außerbilanziell zu kürzen. Dem eigenen Einkommen des Organträgers ist das Einkommen der Organgesellschaft unter **Aufgabe des Trennungsprinzips** zuzurechnen:[931]

	Handelsbilanzieller Jahresüberschuss **nach** Gewinnabführung
±	Steuerliche Korrekturen
=	Steuerbilanzieller Jahresüberschuss
+	Nicht abziehbare Aufwendungen
./.	Steuerfreie Erträge
./.	Gewinnabführung von der Organgesellschaft
=	**Einkommen des Organträgers**
+	Zuzurechnendes Einkommen der Organgesellschaft
=	**Zu versteuerndes Einkommen des Organträgers**

Da die **Gewinnabführung** auf einem Vertrag und auf keinem ordentlichen Gewinnverteilungsbeschluss beruht und insofern **keine Gewinnausschüttung** darstellt, ruft die Zurechnung des Einkommens der Organgesellschaft zum Einkommen des Organträgers keine Belastung mit Körperschaftsteuer und Solidaritätszuschlag bei Ersterer hervor (Ausnahme: Ausgleichszahlungen).[932] Es ist keine Kapitalertragsteuer einzubehalten. Auf Ebene des Organträgers findet nicht die Privilegierung gem. § 8b Abs. 1 und Abs. 5 KStG bzw. nicht das Teileinkünfteverfahren statt. Das Einkommen der Organgesellschaft gelangt durch die Zurechnung in den steuerlichen Bereich des Organträgers, d.h., es unterliegt nicht der Körperschaftsteuer, sondern der Einkommensteuer, falls der Organträger eine natürliche Person oder eine Personengesellschaft mit einkommensteuerpflichtigen Gesellschaftern darstellt.

---

[931] Modifiziert entnommen aus RICHTER, LUTZ: Ansätze einer Konzernbesteuerung in Deutschland, Frankfurt am Main u.a. 2003, S. 206-207.
[932] Vgl. für das Anrechnungsverfahren: BFH-Urteil vom 05.04.1995, in: DB 1995, S. 1593.

Beispiel: (Gewinnabführung und Einkommenszurechnung)

Ein Organträger in der Rechtsform einer AG ist zu 80 % an einer Organgesellschaft in der Rechtsform einer GmbH beteiligt. Diese erzielt einen Jahresüberschuss vor Gewinnabführung und vor Ausgleichszahlungen i.H.v. 1.500.000 €, wobei zulässigerweise 25.000 € den Gewinnrücklagen gem. § 14 Abs. 1 Nr. 4 KStG zuzuführen sind. Darüber hinaus erhalten die Minderheitsgesellschafter der Organgesellschaft Ausgleichszahlungen gem. § 304 AktG i.H.v. 34.000 €.

Der Gewinnabführungsbetrag der Organgesellschaft ermittelt sich wie folgt:

	Handelsbilanzieller Jahresüberschuss vor Gewinnabführung und Ausgleichszahlungen	1.500.000 €
./.	Ausgleichszahlungen inkl. Körperschaftsteuer (20/17 von 34.000 €)	40.000 €
./.	Einstellung in die Gewinnrücklagen	25.000 €
=	**Aufwendungen aus Gewinnabführung**	**1.435.000 €**

Insofern verbleibt der Organgesellschaft ein Jahresüberschuss von 25.000 € (1.500.000 € – 40.000 € – 1.435.000 €), der exakt zur gewünschten Dotierung der Gewinnrücklagen ausreicht.

Das zuzurechnende Einkommen der Organgesellschaft beläuft sich auf:

	Handelsbilanzieller Jahresüberschuss nach Gewinnabführung und Ausgleichszahlungen	25.000 €
±	Steuerliche Korrekturen	0 €
=	Steuerbilanzieller Jahresüberschuss	25.000 €
+	Nicht abziehbare Aufwendungen (Ausgleichszahlungen inkl. Körperschaftsteuer)	40.000 €
+	Gewinnabführung an den Organträger	1.435.000 €
./.	Ausgleichszahlungen inkl. Körperschaftsteuer	40.000 €
=	**Zuzurechnendes Einkommen der Organgesellschaft**	**1.460.000 €**

Das eigens von der Organgesellschaft zu versteuernde Einkommen in Form der Ausgleichszahlungen inkl. Körperschaftsteuer beträgt 40.000 €.

Der Organträger, der annahmegemäß einen eigenen Jahresüberschuss von null vor Berücksichtigung des Gewinnabführungsvertrags aufweist, realisiert durch die Gewinnabführung einen Ertrag i.H.v. 1.435.000 €, der aufgrund von § 8 Abs. 3 S. 1 KStG außerbilanziell zu kürzen ist. Von der Organgesellschaft erhält der Organträger ein zuzurechnendes Einkommen von 1.460.000 €, das seinem zu versteuernden Einkommen entspricht.

	Handelsbilanzieller Jahresüberschuss nach Gewinnabführung	1.435.000 €
±	Steuerliche Korrekturen	0 €
=	Steuerbilanzieller Jahresüberschuss	1.435.000 €
./.	Gewinnabführung von Organgesellschaft	1.435.000 €
=	Einkommen des Organträgers	0 €
+	Zuzurechnendes Einkommen der Organgesellschaft	1.460.000 €
=	**Zu versteuerndes Einkommen des Organträgers**	**1.460.000 €**

d) Organschaftlicher Ausgleichsposten

Der organschaftliche Ausgleichsposten, der bislang in R 63 KStR geregelt war, wurde durch das Jahressteuergesetz 2008 vom 20.12.2007[933] erstmals gesetzlich in § 14 Abs. 4 KStG kodifiziert.[934]

Die Existenzberechtigung für einen organschaftlichen Ausgleichsposten resultiert aus der betragsmäßigen **Divergenz zwischen handelsrechtlicher Gewinnabführung und steuerlicher Einkommenszurechnung** auf Ebene der Organgesellschaft. So ist bspw. bei einer Einstellung in die Gewinnrücklagen das zuzurechnende Einkommen größer als der Gewinnabführungsbetrag (sog. **Minderabführung**).[935] Da der Organträger einen höheren Betrag zu versteuern hat als ihm überhaupt zusteht, ist faktisch eine Einlage in die Organgesellschaft anzunehmen. Gleichzeitig steigt der Teilwert der Beteiligung des Organträgers an der Organgesellschaft bei reiner Nettosubstanzwertbetrachtung um den Wert der Gewinnrücklagen.[936]

Um zu vermeiden, dass im Falle einer Veräußerung der Beteiligung vor der Auflösung der Gewinnrücklagen dieser bereits steuerlich erfasste Wert nochmalig in Form eines Veräußerungsmehrgewinns der Besteuerung unterliegt, ist ein **Ausgleichsposten** in gleicher Höhe in der Steuerbilanz des Organträgers **erfolgsneutral zu aktivieren**.[937] Im Falle einer unter 100 %-igen Beteiligung, d.h. bei der Existenz von Minderheitsgesellschaftern, ist der Ausgleichsposten entsprechend der Beteiligungsquote des Organträgers an der Organgesellschaft zu bewerten (§ 14 Abs. 4 S. 1 KStG).

Dieser Ausgleichsposten hat also zum einen den Zweck, bei späteren Veräußerungen der Beteiligung an der Organgesellschaft eine Doppelbesteuerung zu vermeiden. So ist bspw. im Fall der Minderabführung ein aktiver Ausgleichsposten zu bilden. Zum anderen soll eine einmalige Belastung sichergestellt werden, weshalb bei einer Mehrabführung ein passiver Ausgleichsposten zu bilden ist.[938]

In den **Folgejahren** ist zu differenzieren:

---

[933] Vgl. BGBl I 2007, S. 3150.

[934] Die gesetzliche Regelung bereits im Vorfeld fordernd: KUßMAUL, HEINZ/RICHTER, LUTZ: Ertragsteuerliche Organschaft: Entwicklungstendenzen bei der steuerlichen Berücksichtigung von Minder- und Mehrabführungen ohne und mit Bezug zur außerorganschaftlichen Zeit, in: BB 2007, S. 1256-1262, s.b.S. 1262. Den Auslöser bildete die BFH-Rechtsprechung, welche die steuererhöhende Wirkung des Ausgleichspostens mangels gesetzlicher Grundlage verneinte; vgl. BFH-Urteil vom 07.02.2007, in: BB 2007, S. 1441-1444.

[935] Auch Unterschiede zwischen dem handels- und steuerbilanziellen Jahresergebnis der Organgesellschaft rufen Ausgleichsposten hervor (§ 14 Abs. 4 S. 6 KStG). Vgl. weiterführend: KUßMAUL, HEINZ/RICHTER, LUTZ: Ertragsteuerliche Organschaft: Entwicklungstendenzen bei der steuerlichen Berücksichtigung von Minder- und Mehrabführungen ohne und mit Bezug zur außerorganschaftlichen Zeit, in: BB 2007, S. 1256-1262, s.b.S. 1256-1257. Vgl. bzgl. einer Mehrabführung: KUßMAUL, HEINZ/RICHTER, LUTZ: Der aktive und passive Ausgleichsposten in körperschaftsteuerlichen Organschaftsfällen, in: DStR 1999, S. 1717-1721, s.b.S. 1720-1721.

[936] Vgl. BFH-Urteil vom 24.07.1996, BStBl II 1996, S. 615.

[937] Vgl. zur Rechtsnatur des Ausgleichspostens: KUßMAUL, HEINZ/RICHTER, LUTZ: Ertragsteuerliche Organschaft: Entwicklungstendenzen bei der steuerlichen Berücksichtigung von Minder- und Mehrabführungen ohne und mit Bezug zur außerorganschaftlichen Zeit, in: BB 2007, S. 1256-1262, s.b.S. 1258-1259.

[938] Vgl. DANELSING, WALTER: § 14 KStG, in: BLÜMICH: Einkommensteuer – Körperschaftsteuer – Gewerbesteuer, hrsg. von BERND HEUERMANN, München (Loseblatt), Stand: April 2013, Rn. 173 f.

- Wurden die Gewinnrücklagen **während des Organschaftsverhältnisses** wieder aufgelöst und abgeführt (§ 301 S. 2 AktG), liegt eine sog. **Mehrabführung** vor, d.h., der Gewinnabführungsbetrag ist größer als das zuzurechnende Einkommen. Hierbei ist faktisch von der Rückgewähr der oben angesprochenen Einlage auszugehen, was durch § 27 Abs. 6 KStG (vorrangige Minderung des steuerlichen Einlagekontos) deutlich wird. Der **aktive Ausgleichsposten** ist **erfolgsneutral aufzulösen**.

- Wurde die Beteiligung an der Organgesellschaft **vor Auflösung der Gewinnrücklagen veräußert**, tritt die bereits erwähnte drohende Doppelbesteuerung ein. Zu deren Vermeidung ist der **aktive Ausgleichsposten erfolgswirksam aufzulösen** (§ 14 Abs. 4 S. 2-3 KStG). Dabei ist zu beachten, dass im Zuge einer Beteiligungsveräußerung auf Ebene des Organträgers je nach Rechtsform entweder § 8b Abs. 2 und Abs. 3 KStG oder das Teileinkünfteverfahren (§ 3 Nr. 40 Buchst. a und § 3c Abs. 2 EStG) Anwendung finden (§ 14 Abs. 4 S. 4 KStG).[939] Insofern ist der Ausgleichsposten bei einer Kapitalgesellschaft als Organträger nur zu 5 % erfolgswirksam (und zu 95 % erfolgsneutral) sowie bei einem Einzelunternehmen bzw. einer Personengesellschaft mit natürlichen Personen als Mitunternehmer nur zu 60 % erfolgswirksam (und zu 40 % erfolgsneutral) aufzulösen.

Beispiel: **(Ausgleichsposten)**

Gegeben seien die Daten aus dem vorangegangenen Beispiel. Es liegt eine Minderabführung vor, weil der Betrag der Gewinnabführung (1.435.000 €) das zuzurechnende Einkommen (1.460.000 €) unterschreitet. Da die Gewinnrücklage besteuert wurde und im Falle der Veräußerung der Beteiligung vor deren Auflösung in Form des Veräußerungsmehrerlöses nochmals steuerlich erfasst werden würde, ist i.H.d. anteiligen Differenzbetrags ein aktiver Ausgleichsposten erfolgsneutral zu bilden (80 % von 25.000 € = 20.000 €). Findet die Veräußerung der Beteiligung bspw. ein Jahr später statt, so fällt der Veräußerungsmehrerlös bei einer typisierenden Betrachtungsweise um 20.000 € höher aus. Aufgrund der Rechtsform des Organträgers (AG) fände eine Steuerfreistellung unter Berücksichtigung von 5 % nicht abzugsfähigen Betriebsausgaben statt (§ 8b Abs. 2 und Abs. 3 KStG). Diese 1.000 € werden durch die erfolgswirksame Auflösung des Ausgleichspostens neutralisiert, d.h. der aktive Ausgleichsposten ist zunächst um 20.000 € aufwandswirksam aufzulösen, wobei 19.000 € außerbilanziell hinzuzurechnen sind.

Wäre der Organträger ein Einzelunternehmen, fände eine Besteuerung des Veräußerungsmehrerlöses von 20.000 € auf Ebene des Einzelunternehmers zu 60 % statt (§ 3 Nr. 40 Buchst. a und § 3c Abs. 2 EStG). Diese 12.000 € wären durch die erfolgswirksame Auflösung des Ausgleichspostens neutralisiert, d.h., der aktive Ausgleichsposten wäre zunächst um 20.000 € aufwandswirksam aufzulösen, wobei 8.000 € außerbilanziell hinzuzurechnen wären.

---

e) Vor- und Nachteile

Als **Vorteile** der körperschaftsteuerlichen Organschaft sind folgende Punkte zu nennen:

- Es erfolgt ein **sofortiger Ausgleich von positivem und negativem Einkommen** zwischen Organträger und Organgesellschaft. Dies bewirkt **Zins- und Liquiditätsvorteile** gegenüber der Situation ohne Bestehen einer Organschaft, bei der ein etwaiges negatives Einkommen der Tochterkapitalgesellschaft den körperschaftsteuerlichen Vorschriften über den Verlustabzug unterliegt.

---

[939] Bei laufenden Gewinnabführungen greift jedoch weder § 8b KStG noch das Teileinkünfteverfahren. Vgl. kritisch RICHTER, LUTZ: Die Auswirkungen des § 8b KStG i.d.F. des „Korb II-Gesetzes" auf (die Vorteilhaftigkeit von) Organschaftskonzernstrukturen, in: GmbHR 2004, S. 1192-1197, s.b.S. 1196.

- Im Rahmen der Gewinnabführung treten unter Annahme eines Organträgers in der Rechtsform einer Kapitalgesellschaft die Rechtsfolgen des **§ 8b Abs. 5 KStG** nicht ein, dessen Anwendung eine **Gewinnausschüttung** voraussetzt.
- Organträger und Organgesellschaft gelten als **ein** Betrieb i.S.v. § 4h EStG, sodass innerhalb des Organkreises die Regelungen über die **Zinsschranke** (bei der Organgesellschaft) nicht anzuwenden sind. Allerdings sind die im zuzurechnenden Einkommen der Organgesellschaft enthaltenen Zinserträge und -aufwendungen bei der Überprüfung der Zinsschranke hinsichtlich des Organträgers einzubeziehen (§ 15 S. 1 Nr. 3 KStG).
- Die Problematik von **verdeckten Gewinnausschüttungen** reduziert sich, da diese als vorweggenommene Gewinnabführungen behandelt werden (R 61 Abs. 4 KStR).

Die **Nachteile** einer körperschaftsteuerlichen Organschaft treten weniger im steuerlichen, sondern allgemein im **betriebswirtschaftlichen Bereich** auf:[940]

- Der **Verlustrücktragshöchstbetrag** von 1.000.000 € (§ 10d Abs. 1 S. 1 EStG i.V.m. § 8 Abs. 1 S. 1 KStG) kann nur einmal für die Summe der Ergebnisse sämtlicher Mitglieder des körperschaftsteuerlichen Organkreises in Anspruch genommen werden, wenn der Organträger eine Kapitalgesellschaft oder ein Einzelunternehmen darstellt (R 10d Abs. 2 S. 6 und 7 EStR). Im Falle einer Personengesellschaft gilt die Begrenzung für jeden Gesellschafter (R 10d Abs. 2 S. 8 i.V.m. S. 3 EStR).
- Im Falle permanent erlittener Verluste der Organgesellschaft kann die Verlustübernahmeverpflichtung des Organträgers i.S.v. § 302 Abs. 1 AktG eine **Existenzbedrohung** für Letzteren und somit auch für den gesamten Organkreis bedeuten. Darüber hinaus werden auf Seiten des Organträgers **Gewinnausschüttungen bzw. -entnahmen geschmälert**, während bei einer Gewinnübernahme **Ausschüttungs- bzw. Entnahmezwänge** hervorgerufen werden können.
- Durch die Erschwernis der Selbstfinanzierung i.S.v. § 14 Abs. 1 Nr. 4 KStG durch nur bedingte Gewinnrücklagenzuführung wird das **Wachstum der Organgesellschaft gehemmt**.

3. Gewerbesteuerliche Organschaft

Die **gewerbesteuerliche Organschaft** ist in § 2 Abs. 2 S. 2 GewStG geregelt und liegt stets dann vor, wenn **gleichzeitig** auch eine **körperschaftsteuerliche Organschaft** gegeben ist. Somit lässt sich hinsichtlich der subjektiven und objektiven Tatbestandsvoraussetzungen auf die Ausführungen des vorangegangenen Kapitels verweisen.

Die **Besonderheit** der gewerbesteuerlichen Organschaft besteht darin, dass die Gewerbesteuer zum einen den einzelnen Gemeinden zukommt und die Gemeinden zum anderen im Regelfall unterschiedliche Hebesätze für die Gewerbesteuer vorsehen. Um zu vermeiden, dass der Ansässigkeitsgemeinde der Organgesellschaft durch die Zurechnung ihres Gewerbeertrags zum Gewerbeertrag des Organträgers die Gewerbesteuereinnahmen entgehen, greift man auf das Konstrukt der Zerlegung des gemeinsamen Steuermessbetrags auf die

---

[940] Vgl. KREBÜHL, HANS-HERBERT: Reform der körperschaftsteuerlichen und gewerbesteuerlichen Organschaft, in: DB 1995, S. 743-748, s.b.S. 744-745.

Gemeinden, in denen die einzelnen Gesellschaften ansässig sind, zurück (§ 29 GewStG). Eine solche Regelung lässt sich jedoch ausschließlich auf ein Unternehmen mit Betriebstätten anwenden. Insofern wird die rechtlich selbstständige **Organgesellschaft** für diese Zwecke **als Betriebstätte** des Organträgers **fingiert**.

Beide Gesellschaften behalten ihre **rechtliche Selbstständigkeit** bei und ermitteln ihre **Gewerbeerträge getrennt** voneinander (R 7.1 Abs. 5 S. 2 GewStR). Aufgrund dieser Betriebstättenfiktion bei gleichzeitiger getrennter Gewinnermittlung wird dieses Vorgehen als sog. **gebrochene Einheitstheorie** bezeichnet.[941] Nach der Ermittlung der Gewerbeergebnisse werden beide Positionen addiert. Allerdings kann hierbei eine **eventuelle Doppelbesteuerung** von Teilen der Bemessungsgrundlage auftreten, falls zwischen Organträger und Organgesellschaft Lieferungs- und Leistungsbeziehungen existieren, die über die Hinzurechnungsvorschriften des § 8 GewStG erfasst werden. Solche Hinzurechnungen widersprechen der Betriebstättenfiktion, weswegen sie zu eliminieren sind (R 7.1 Abs. 5 S. 3 und 4 GewStR). Dieser Aspekt hat durch das Unternehmensteuerreformgesetz 2008 und der nur noch bedingten Hinzurechnung gem. § 8 Nr. 1 GewStG an Bedeutung verloren, wie das nachstehende Beispiel belegt.

Beispiel: (Gewerbesteuerliche Organschaft)

Der Organträger (A-AG) gewährt der Organgesellschaft (B-GmbH) zwecks Verbesserung der Organisationsstruktur ein endfällig zu tilgendes Darlehen i.H.v. 500.000 €, das jährlich mit 10 % zu verzinsen ist. Beim Organträger stellen die jährlichen Zinsen von 50.000 € Betriebseinnahmen dar, die seinen Gewerbeertrag erhöhen. Dementsprechend verkörpern die Zinsen bei der Organgesellschaft Betriebsausgaben, wobei für Zwecke der Gewerbesteuer eine Hinzurechnung nach Maßgabe von § 8 Nr. 1 Buchst. a GewStG in Frage kommt. Ob eine tatsächliche Hinzurechnung im konkreten Fall eintritt, ist von der Existenz anderer Hinzurechnungskategorien (§ 8 Nr. 1 Buchst. b-f GewStG) abhängig (z.B. gezahlte Miet- und Pachtzinsen für (un-)bewegliche Wirtschaftsgüter des Anlagevermögens, die im Eigentum eines anderen stehen, oder Gewinnanteile eines stillen Gesellschafters). Im Falle der ausschließlichen Existenz des Darlehensverhältnisses findet aufgrund der Unterschreitung des Freibetrags von 100.000 € gem. § 8 Nr. 1 GewStG keine Hinzurechnung eines Viertels der Zinsen statt.

Sollte die Organgesellschaft dagegen zusätzlich von Dritten Grundstücke gepachtet (Pachtzinsen: 100.000 € pro Jahr) und einen Pkw geleast (Leasingrate: 13.000 € pro Jahr und Bilanzierung des Pkw beim Leasinggeber) haben, wären die innerorganschaftlichen Schuldentgelte von 50.000 € im Rahmen der Ermittlung des gewerbesteuerlichen Hinzurechnungsbetrags aufgrund der Betriebstättenfiktion zu eliminieren. Es gilt:

	20 % der Leasingraten für bewegliche Wirtschaftsgüter gem. § 8 Nr. 1 Buchst. d GewStG	2.600 €
+	50 % der Leasingraten für unbewegliche Wirtschaftsgüter gem. § 8 Nr. 1 Buchst. e GewStG	50.000 €
=	Summe (kleiner als Freibetrag von 100.000 €)	52.600 €
→	**Hinzurechnung gem. § 8 Nr. 1 GewStG**	**0 €**

Hätte die Organgesellschaft das Darlehen von einem externen Dritten zu gleichen Konditionen aufgenommen, wären die Schuldentgelte von 50.000 € vollständig zu berücksichtigen. Es fände eine Überschreitung des Freibetrags von 100.000 € statt, wobei 25 % des übersteigenden Betrags von 2.600 € (650 €) dem Gewinn aus Gewerbebetrieb hinzuzurechnen wären. Insofern kann ein innerorganschaftlicher Lieferungs- und

---

[941] Vgl. RICHTER, LUTZ: Ansätze einer Konzernbesteuerung in Deutschland, Frankfurt am Main u.a. 2003, S. 235-238.

Leistungsaustausch nach der Unternehmensteuerreform 2008 dazu dienen, einen Lieferungs- und Leistungsaustausch mit Dritten vor einer gewerbesteuerlichen Hinzurechnung zu bewahren.[942]

Der Gewerbeertrag der Organgesellschaft gelangt durch die Zurechnung in den steuerlichen Bereich des Organträgers, d.h. auf ihn ist der **Freibetrag** von 24.500 € gem. § 11 Abs. 1 S. 3 Nr. 1 GewStG anzuwenden, falls der Organträger ein Einzelunternehmen oder eine Personengesellschaft verkörpert. Darüber hinaus unterliegt das Einkommen der Organgesellschaft kraft Zurechnung zum Organträger in Form eines Personenunternehmens der Einkommensteuer des Unternehmers bzw. der Mitunternehmer als natürliche Personen. Insofern ist das 3,8fache des Gewerbesteuermessbetrags des gesamten Organkreises für die Anrechnung von Relevanz (§ 35 Abs. 1 EStG).[943]

Als **Vorteil** der gewerbesteuerlichen Organschaft ist entsprechend zur körperschaftsteuerlichen Organschaft der **sofortige (Gewerbe-)Verlustausgleich** innerhalb des gewerbesteuerlichen Organkreises anzuführen, falls eine Gesellschaft Gewerbeerträge erzielt, welche die Gewerbeverluste der anderen Gesellschaft auszugleichen vermögen.

Nachteilig kann unter bestimmten Umständen die **Zerlegung des Steuermessbetrages** auf die Gemeinden sein, wie das nachstehende Beispiel zeigt. Dies kann nämlich zur Folge haben, dass es zu einer insgesamt höheren Steuerbelastung kommt im Vergleich zur Situation, bei der die Gesellschaften unabhängig voneinander besteuert werden würden.

Beispiel: **(Gewerbesteuerliche Organschaft)**[944]

Die A-AG und die B-GmbH sind in den Gemeinden C und D ansässig. Ohne Bestehen einer gewerbesteuerlichen Organschaft fließt jeder Gemeinde die jeweilige Gewerbesteuer als Produkt aus Steuermessbetrag und gemeindeindividuellem Hebesatz zu (§ 16 Abs. 1 GewStG).

	Steuermessbetrag	Gemeinde	Hebesatz	Gewerbesteuerschuld
A-AG	75.000 €	C	500 %	375.000 €
B-GmbH	50.000 €	D	300 %	150.000 €
	125.000 €			525.000 €

Bilden die A-AG und die B-GmbH dagegen einen gewerbesteuerlichen Organschaftskonzern, greift die Betriebsstättenfiktion des § 2 Abs. 2 S. 2 GewStG mit der Konsequenz, dass der gesamte Steuermessbetrag i.H.v. 125.000 € auf die Gemeinden im Verhältnis der Arbeitslöhne aufzuteilen ist (§§ 29 ff. GewStG).

---

[942] Vgl. hierzu eingehend RICHTER, LUTZ: Unternehmensteuerreformgesetz 2008: Gewerbesteuerliche innerorganschaftliche Leistungsbeziehungen – Zugleich eine kritische Analyse von § 8 Nr. 1 GewStG 2008 –, in: FR 2007, S. 1042-1047, s.b.S. 1045-1046.

[943] Vgl. KOLLRUSS, THOMAS: Die Organschaft nach dem Steuersenkungsgesetz, in: StB 2001, S. 82-85, s.b.S. 84; STUHRMANN, GERD: Unternehmensteuerreform: Einkommensteuerminderung durch Berücksichtigung der Gewerbesteuerbelastung als Basismodell, in: FR 2000, S. 550-553, s.b.S. 552 und 553; vgl. S. 342 ff.

[944] Entnommen aus RICHTER, LUTZ: Ansätze einer Konzernbesteuerung in Deutschland, Frankfurt am Main u.a. 2003, S. 237.

	Steuermess-betrag vor Zerlegung	Arbeits-löhne	Steuermess-betrag nach Zerlegung	Gemeinde	Hebesatz	Gewerbesteuer-schuld
A-AG	75.000 €	80 %	100.000 €	C	500%	500.000 €
B-GmbH	50.000 €	20 %	25.000 €	D	300%	75.000 €
	125.000 €					575.000 €

Die steuerliche Mehrbelastung i.H.v. 50.000 € lässt sich dadurch erklären, dass sich der gesamte Steuermessbetrag im Nichtorganschaftsfall im Verhältnis 60 % zu 40 % auf die Gemeinden C und D verteilt. Dagegen findet eine Aufteilung im Organschaftsfall im Verhältnis 80 % zu 20 % auf die Gemeinden C und D statt, wobei die Gemeinde C einen höheren Hebesatz besitzt.

4. Umsatzsteuerliche Organschaft

Die **umsatzsteuerliche Organschaft** ist in § 2 Abs. 2 Nr. 2 UStG normiert. Zur Begründung einer umsatzsteuerlichen Organschaft ist eine finanzielle, wirtschaftliche und organisatorische Eingliederung der Organgesellschaft in das Unternehmen des Organträgers erforderlich. Bemerkenswert ist hierbei, dass die Voraussetzungen der umsatzsteuerlichen Organschaft dabei nicht vollkommen mit den Voraussetzungen der körperschaftsteuerlichen und gewerbesteuerlichen Organschaft identisch sind (Abschn. 2.8 Abs. 3 S. 1 UStAE).

Als **Organträger** kommt **jedes Unternehmen i.S.v. § 2 Abs. 1 S. 1 UStG** in Betracht.[945] **Organgesellschaft** kann nach dem Wortlaut des § 2 Abs. 2 Nr. 2 UStG jede **juristische Person des Zivil- und Handelsrechts** sein. Insofern kommen neben Kapitalgesellschaften insb. auch Erwerbs- und Wirtschaftsgenossenschaften als Organgesellschaft in Betracht. Allerdings sind die Wirkungen der umsatzsteuerlichen Organschaft auf Innenleistungen zwischen den **im Inland belegenen Unternehmensteilen** beschränkt (§ 2 Abs. 2 Nr. 2 S. 2 UStG, Abschn. 2.9 UStAE).

Finanzielle Eingliederung: Der Begriff der finanziellen Eingliederung entspricht im Wesentlichen den Anforderungen im ertragsteuerlichen Bereich.[946]

Wirtschaftliche Eingliederung: Der Begriff der wirtschaftlichen Eingliederung ist gesetzlich nicht definiert. In Anlehnung an die in § 14 Nr. 2 S. 1 KStG i.d.F. des **StEntlG 1999/2000/2002** vom 24.03.1999[947] geltende Interpretation muss der Organträger eine solche gewerbliche Tätigkeit ausüben, dass sich die Organgesellschaft dieser unterordnen kann.[948] Aus der Unterordnung folgt, dass die Organgesellschaft **wie eine unselbstständige Betriebsabteilung** in den Organträger eingebettet sein muss und dessen gewerbliche Betätigung wirtschaftlich fördert oder ergänzt. Anders ausgedrückt bedeutet das, dass die Organgesellschaft in einem engen wirtschaftlichen Zusammenhang mit dem Gesamtunternehmen steht und nach dem Willen des Unternehmers im Rahmen des Gesamtunternehmens wirtschaftlich tätig ist (Abschn. 2.8 Abs. 6 S. 1 UStAE).[949]

---

[945] Vgl. BFH-Urteil vom 07.12.1978, BStBl II 1979, S. 356-358 und BFH-Urteil vom 08.02.1979, BStBl II 1979, S. 362-364.
[946] Vgl. zu diesbezüglichen Detailunterschieden RICHTER, LUTZ: Ansätze einer Konzernbesteuerung in Deutschland, Frankfurt am Main u.a. 2003, S. 43-48.
[947] Vgl. BStBl I 1999, S. 304.
[948] Vgl. BFH-Urteil vom 13.09.1989, BStBl II 1990, S. 24.
[949] Vgl. auch BFH-Urteil vom 22.06.1967, BStBl III 1967, S. 715.

Organisatorische Eingliederung: Gem. Abschn. 2.8 Abs. 7 S. 1 UStAE setzt die organisatorische Eingliederung voraus, dass der Organträger in der laufenden Geschäftsführung seine sich durch die finanzielle Eingliederung ergebende **Möglichkeit der Beherrschung** der Organgesellschaft **tatsächlich wahrnimmt**. Falls eine Beherrschung durch die Art und Weise der Geschäftsführung nicht vorliegt, sollte durch Gestaltung der Beziehungen zwischen Organträger und Organgesellschaft gewährleistet sein, dass bei der Organgesellschaft keine vom Organträger abweichende Willensbildung vorzufinden ist.

Die organisatorische Eingliederung setzt i.d.R. die **personelle Verflechtung** der Geschäftsführungen des Organträgers und der Organgesellschaft voraus, welche bei einer Personenidentität in den Leitungsgremien beider Gesellschaften gegeben ist, wobei anzumerken ist, dass keine vollständige Personenidentität erforderlich ist; bereits ausreichend ist das Bestellen von einzelnen identischen Geschäftsführern (Abschn. 2.8 Abs. 8 S. 2-4 UStAE). Derzeit ist gem. Abschn. 2.8 Abs. 9 UStAE die organisatorische Eingliederung auch dann anzunehmen, wenn leitende Mitarbeiter des Organträgers als Geschäftsführer der Organgesellschaft tätig sind, da unterstellt wird, dass der leitende Angestellte aufgrund des bestehenden Anstellungsverhältnisses zum Organträger und der hieraus resultierenden persönlichen Abhängigkeit dessen Weisungen umsetzt und bei Nichtbeachtung vom Organträger als Geschäftsführer abgerufen werden kann. Falls institutionell abgesicherte unmittelbare Eingriffsmöglichkeiten in den Kernbereich der laufenden Geschäftsführung der Organgesellschaft gegeben sind, kann **in Ausnahmefällen** auch dann eine organisatorische Eingliederung angenommen werden, wenn die personelle Verflechtung nicht vorliegt.

Die drei Eingliederungsmerkmale müssen **nicht gleichermaßen ausgeprägt** sein. So liegt auch dann eine Organschaft vor, wenn die Eingliederung auf einem dieser drei Gebiete nicht vollständig, dafür aber auf den anderen Gebieten umso eindeutiger ist, sodass sich die Eingliederung aus dem **Gesamtbild der tatsächlichen Verhältnisse** ergibt (Abschn. 2.8 Abs. 1 S. 2 und 3 UStAE).[950]

Steuerliche Rechtsfolgen: Die Organgesellschaft verliert durch Begründung der umsatzsteuerlichen Organschaft ihre Unternehmenseigenschaft. Unternehmer i.S.v. § 2 Abs. 1 UStG ist ausschließlich der Organträger (Abschn. 2.8 Abs. 1 S. 6 UStAE). Somit sind Umsätze innerhalb des Organkreises (sog. Innenumsätze) im Zuge dieser **Einheitstheorie** nicht umsatzsteuerbar (§ 2 Abs. 2 Nr. 2 S. 2 und 3 UStG). Außenumsätze der Organgesellschaft werden für steuerliche Zwecke dem Organträger zugerechnet.

Durch Einführung des Umsatzsteuersystems in Form einer Allphasen-Netto-Umsatzsteuer mit Vorsteuerabzug am 01.01.1968 hat die umsatzsteuerliche Organschaft erheblich **an Bedeutung verloren**, da die Umsatzsteuerhöhe von der Anzahl der zu durchlaufenden Wirtschaftsstufen wegen des Vorsteuerabzuges unabhängig ist.

---

[950] Vgl. auch BFH-Urteil vom 23.04.1964, BStBl III 1964, S. 346; BFH-Urteil vom 22.06.1967, BStBl III 1967, S. 715.

Beispiel: **(Umsatzsteuerliche Organschaft)**[951]

Ein Kreditinstitut, das ausschließlich steuerfreie Umsätze i.S.d. § 4 Nr. 8 UStG tätigt, hat seinen Reinigungsdienst im Wege des Outsourcing auf ein Fremdunternehmen übertragen. Hinsichtlich der umsatzsteuerbaren und -pflichtigen Reinigungsleistungen kann das Kreditinstitut aufgrund der Ausführung steuerfreier Umsätze keinen Vorsteuerabzug geltend machen (§ 15 Abs. 2 S. 1 Nr. 1 UStG).

Als diesbezügliches Gestaltungsinstrumentarium käme eine umsatzsteuerliche Organschaft zwischen Kreditinstitut und Reinigungsunternehmen in Betracht. Da das Reinigungsunternehmen nur schwerlich einen Gesellschafter aufnehmen wird, der die Mehrheit der Stimmrechte im Zuge der notwendigen finanziellen Eingliederung besitzt, könnte als Organgesellschaft eine neu gegründete GmbH fungieren, an der das Kreditinstitut z.B. zu 80 % und das Reinigungsunternehmen zu 20 % beteiligt sind. Letzteres stattet die Organgesellschaft mit Arbeitnehmern aus. Neben der finanziellen Eingliederung ist die GmbH auch wirtschaftlich in das Kreditinstitut eingegliedert, weil sie diesbezüglich fördernd tätig wird. Die organisatorische Eingliederung lässt sich durch eine entsprechende personelle Besetzung der Geschäftsführung der GmbH erreichen.

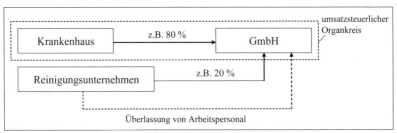

Die von der GmbH an das Kreditinstitut erbrachten Dienstleistungen sind mittels des erreichten Insourcing nun nicht mehr umsatzsteuerbar, sodass der Kostenfaktor in Form der vormals nichtabzugsfähigen Vorsteuer aus Sicht des Kreditinstituts entfällt.

Als **Vorteile** der umsatzsteuerlichen Organschaft lassen sich anführen:

– Bewirkung einer **Verwaltungsvereinfachung**, da nur eine Umsatzsteuervoranmeldung bzw. -erklärung für den Organkreis abgegeben werden muss.

– **Vermeidung von Bewertungsproblemen** hinsichtlich umsatzsteuerlicher Bemessungsgrundlagen i.S.v. § 10 UStG bei im Organkreis getätigten Umsätzen.

– Unternehmen, denen ein **Vorsteuerabzug** für empfangene Leistungen ohne Bestehen einer Organschaft aufgrund der Ausführung steuerfreier Umsätze **versagt wurde** (z.B. Kreditinstitute und Versicherungsunternehmen gem. § 4 Nr. 8 und Nr. 10 UStG), können diesen Kostenfaktor durch Begründung einer umsatzsteuerlichen Organschaft vermeiden.

– Durch die Zurechnung der Umsätze der Organgesellschaft zum Organträger und der Betrachtung als **ein** Unternehmen können **bestimmte Betragsgrenzen** mit differierenden Rechtsfolgen **überschritten** werden, wie bspw. bei der Kleinunternehmerregelung i.S.v. § 19 UStG oder bei der maßgebenden Lieferschwelle gem. § 3c Abs. 3 UStG mit einem etwaigen Wechsel vom Ursprungsland- zum Bestimmungslandprinzip.[952]

---

[951] In Anlehnung an SLAPIO, URSULA: Gestaltungsmöglichkeiten bei umsatzsteuerlicher Organschaft, in: DStR 2000, S. 999-1001, s.b.S. 1000-1001.

[952] Vgl. das Beispiel bei RICHTER, LUTZ: Ansätze einer Konzernbesteuerung in Deutschland, Frankfurt am Main u.a. 2003, S. 237.

3. Abschnitt:
Wechsel der Rechtsform und der Rechtsstruktur und seine Besteuerung

I. Gründe für einen Rechtsformwechsel und gesellschaftsrechtliche Grundlagen der Umwandlung

Vgl. hierzu insb. BRÄHLER, GERNOT: Umwandlungssteuerrecht, 7. Aufl., Wiesbaden 2013; DEHMER, HANS: Das Umwandlungssteuergesetz 1994, in: DStR 1994, S. 1713-1722, 1753-1762; DÖTSCH, EWALD u.a.: Umwandlungssteuerrecht, 7. Aufl., Stuttgart 2012; HEIGL, ANTON: Unternehmensbesteuerung, 2. Aufl., München/Wien 1996, S. 95-98; MEYER-SCHARENBERG, DIRK: Umwandlungsrecht. Einführung – Gesetze – Materialien zum neuen Handels- und Steuerrecht, Herne/Berlin 1995, S. 11-68; OTT, HANS: Das neue Umwandlungs- und Umwandlungssteuerrecht, in: INF 1995, S. 143-150; OTT, HANS: Umwandlung: Verschmelzung – Spaltung – Formwechsel, in: Saarbrücker Handbuch der Betriebswirtschaftlichen Beratung, hrsg. von KARLHEINZ KÜTING, 4. Aufl., Herne 2008, S. 1335-1379; SCHÄFER, HARALD/SCHLARB, EBERHARD: Leitfaden zum Umwandlungssteuerrecht, 2. Aufl., Neuwied u.a. 1999, S. 3-24; SCHMITT, JOACHIM/HÖRTNAGL, ROBERT/STRATZ, ROLF-CHRISTIAN: A. Umwandlungsgesetz, in: Umwandlungsgesetz/Umwandlungssteuergesetz, hrsg. von JOACHIM SCHMITT, ROBERT HÖRTNAGL und ROLF-CHRISTIAN STRATZ, 6. Aufl., München 2013; WOCHINGER, PETER/DÖTSCH, EWALD: Das neue Umwandlungssteuergesetz und seine Folgeänderungen bzw. Auswirkungen bei der Einkommen-, Körperschaft- und Gewerbesteuer, in: DB 1994, Beilage 14/1994; WÖHE, GÜNTER: Betriebswirtschaftliche Steuerlehre, Bd. 2, 1. Halbband: Der Einfluß der Besteuerung auf die Wahl und den Wechsel der Rechtsform des Betriebs, 5. Aufl., München 1990, S. 21-32.

A. Gründe für einen Rechtsformwechsel

Für einen **Rechtsformwechsel** können – wie in Abb. 124 (S. 627) veranschaulicht – diverse Gründe sprechen. Der Wechsel selbst kann jedoch **steuerliche Konsequenzen** haben, die u.U. einen Rechtsformwechsel verhindern können. Außerdem muss beachtet werden, wie sich die laufende steuerliche Belastung der geplanten Rechtsform darstellt, ob andere Steuerarten, Steuertarife oder Ermittlungsvorschriften für die jeweilige Bemessungsgrundlage gelten.

In einigen Fällen hat der Gesetzgeber die freie Wahl der Rechtsform **eingeschränkt** (z.B. für Hypothekenbanken oder Kapitalanlagegesellschaften) bzw. können bestimmte Rechtsformen nur unter bestimmten Bedingungen gewählt werden (VVaG, eG).

Im Falle der freien Wahlmöglichkeit ist die Frage des **Rechtsformwechsels** eine „normale" Investitionsentscheidung, für deren Optimierung mögliche **Zielgrößen** (vgl. Abb. 125, S. 627) nach individuellen Zielvorgaben gewichtet werden müssen.

B. Gesellschaftsrechtliche Grundlagen der Umwandlung

1. Reform des Umwandlungsrechts

Das UmwG bildet die **zivilrechtliche Grundlage** für die Mehrzahl der Umwandlungsvorgänge. Durch das Gesetz zur Bereinigung des Umwandlungsrechts sowie das Gesetz zur Änderung des Umwandlungssteuerrechts wurde mit Wirkung vom **01.01.1995** das Zivilrecht der Unternehmensumwandlung grundlegend reformiert. Dabei sollten laut Begründung die in Abb. 126 (S. 628) genannten Ziele verwirklicht werden.[953]

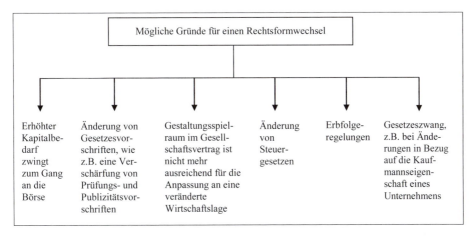

Abb. 124: *Mögliche Gründe für einen Rechtsformwechsel*

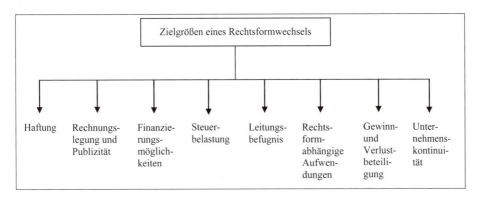

Abb. 125: *Zielgrößen eines Rechtsformwechsels*

Die Systematisierung erfolgt auf zwei Arten: Zum einen wurden die früher auf fünf verschiedene Gesetze (UmwG, AktG, KapErhG, GenG, VAG) verteilten Umwandlungsmöglichkeiten in einem Gesetz zusammengefasst, zum anderen erfolgte eine rechtsdogmatische Klärung der verschiedenen Arten der Unternehmensumstrukturierung. Zudem beschränkte sich die Reform des Umwandlungssteuerrechts nicht nur auf die bereits bestehenden Umwandlungsmöglichkeiten (z.B. Verschmelzung sowie Formwechsel), sondern eröffnete **zahlreiche neue Möglichkeiten** für eine Unternehmensrestrukturierung (z.B. Spaltung sowie Erweiterung der Formen der Verschmelzung und des Rechtsformwechsels). Die Verbesserung des Anlegerschutzes wurde v.a. durch eine Ausweitung der Informations- und Prüfungsrechte der Anteilsinhaber realisiert, indem für alle Umwandlungsvorgänge der Mindestinhalt der rechtsgeschäftlichen Grundlage zwingend vorgeschrieben wurde.

---

[953] Vgl. SCHWARZ, HANS-DETLEF: Das neue Umwandlungsrecht, in: DStR 1994, S. 1694-1702, s.b.S. 1695.

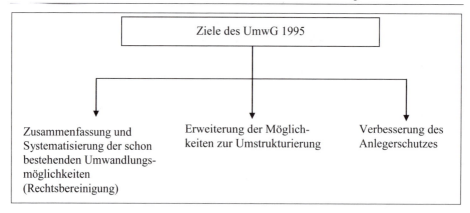

Abb. 126: Ziele des UmwG 1995

Das UmwG 1995 beinhaltet als wesentliche Grundsätze die Beachtung des allgemeinen Zivilrechts, das Analogieverbot und eine Beschränkung auf Inlandsfälle.

- **Beachtung des allgemeinen Zivilrechts**: Die Vorschriften des UmwG 1995 treten neben die Bestimmungen des sonstigen Zivilrechts, nach denen eine Umwandlung auch gestaltet werden kann. Die Möglichkeiten einer Umwandlung nach allgemeinem Zivilrecht sind jedoch begrenzt, da dieses nur die **Singularsukzession** (**Einzelrechtsnachfolge**; sukzessive Vornahme von Einzelschritten organisations- und sachenrechtlicher Art) kennt. Die Erleichterung durch das Umwandlungsgesetz besteht nun darin, dass eine Umwandlung nicht in Einzelschritten vorgenommen werden muss, sondern in einem Schritt (**uno actu**) erfolgen kann (**Gesamtrechtsnachfolge**). Ein weiterer Unterschied ist darin zu sehen, dass das Umwandlungsgesetz den Eintritt aller Rechtsfolgen an die Registereintragung anknüpft und sie gleichzeitig wirksam werden lässt, während nach allgemeinem Zivilrecht die einzelnen Rechtsschritte getrennt voneinander wirksam werden.

- **Analogieverbot**: Beim Umwandlungsrecht handelt es sich um eine Sondermaterie des allgemeinen Zivilrechts; daher sind seine Vorschriften einer Analogie nicht zugänglich (§ 1 Abs. 2 UmwG).

- **Beschränkung auf Inlandsfälle**: Das Umwandlungsgesetz enthält keinerlei Vorschriften, die eine grenzüberschreitende Umwandlung uno actu ermöglichen. Zu berücksichtigen ist dabei aber, dass die grenzüberschreitende Gründung einer Europäischen Kapitalgesellschaft (SE) handelsrechtlich mittlerweile zwar möglich, allerdings in der Verordnung über das Statut der SE[954] – und nicht im UmwG – geregelt ist.[955]

In diesem Kontext entschied der EuGH in seiner SEVIC-Entscheidung vom 13.12.2005, dass die generelle Versagung grenzüberschreitender Verschmelzungen innerhalb der EU durch § 1 Abs. 1 UmwG gegen die Niederlassungsfreiheit der Art. 49, 54 des Vertrages

---

[954] Verordnung Nr. 2157/2001 vom 08.10.2001, ABl EU 2001, Nr. L 294, S. 1.
[955] Vgl. MÖHLENBROCK, ROLF: UmwStG Einf., in: Umwandlungssteuerrecht, hrsg. von EWALD DÖTSCH u.a., 7. Aufl., Stuttgart 2012, S. 15-61, Rn. 9 f. sowie zur Gründung einer SE FÖRSTER, GUIDO/LANGE, CARSTEN: Steuerliche Aspekte der Gründung einer Europäischen Aktiengesellschaft (SE), in: DB 2002, S. 288-294.

über die Arbeitsweise der EU verstößt.[956] Dabei unterscheidet der EuGH nicht zwischen Verschmelzungen von Kapital- und Personengesellschaften; vielmehr sind grenzüberschreitende Verschmelzungen in dem Umfang zuzulassen, wie auch nationale Verschmelzungen möglich sind.[957] Zudem lässt sich die EuGH-Rechtsprechung auch auf die grenzüberschreitende Spaltung übertragen, zumal diese ebenfalls als Ausübungsform der Niederlassungsfreiheit dem Schutz der Art. 49, 54 des Vertrages über die Arbeitsweise der EU unterliegt.[958]

Die Notwendigkeit einer Öffnung des Umwandlungsrechts für grenzüberschreitende Verschmelzungen ergibt sich auch aus der am 15.12.2005 in Kraft getretenen **Verschmelzungsrichtlinie**.[959] Danach müssen die Rechtsvorschriften die grenzüberschreitende Verschmelzung einer Kapitalgesellschaft aus einem Mitgliedstaat mit einer Kapitalgesellschaft aus einem anderen Mitgliedstaat gestatten, wenn das innerstaatliche Recht der betreffenden Mitgliedstaaten Verschmelzungen zwischen Unternehmen solcher Rechtsformen ermöglicht.[960]

Darauf reagierte der deutsche Gesetzgeber mit dem Zweiten Gesetz zur Änderung des UmwG vom 19.04.2007,[961] im Rahmen dessen §§ 122a-122l UmwG eingeführt wurden. Danach wird das UmwG für grenzüberschreitende Verschmelzungen von Kapitalgesellschaften innerhalb der EU oder des EWR geöffnet. Die Änderung des UmwG beschränkte sich jedoch lediglich auf die Vorgaben der Verschmelzungsrichtlinie. Hingegen wurde von einer Erweiterung auf grenzüberschreitende Verschmelzungen von Personengesellschaften sowie auf grenzüberschreitende Spaltungsvorgänge abgesehen.[962]

Damit werden insb. **vier Umwandlungsarten** geregelt; dabei lässt sich erstaunlicherweise feststellen, dass sich diese Terminologie nicht gleichmäßig durch das UmwG und das UmwStG zieht.

Der Aufbau des UmwG 1995 lässt sich anhand von Abb. 127[963] (S. 630) darstellen.

---

[956] Vgl. EuGH-Urteil vom 13.12.2005, in: BB 2006, S. 11.

[957] Vgl. LOUVEN, CHRISTOPH: Umsetzung der Verschmelzungsrichtlinie – Anmerkungen aus der Praxis zum RegE eines Zweiten Gesetzes zur Änderung des UmwG vom 9.8.2006, in: ZIP 2006, S. 2021-2028, s.b.S. 2023.

[958] Vgl. RÖDDER, THOMAS/SCHUMACHER, ANDREAS: Das kommende SEStEG: Der Regierungsentwurf eines Gesetzes über steuerliche Begleitmaßnahmen zur Einführung der Europäischen Gesellschaft und zur Änderung weiterer steuerrechtlicher Vorschriften, in: DStR 2006, S. 1481-1494, 1525-1542, s.b.S. 1535.

[959] Richtlinie 2005/56/EG vom 26.10.2005, ABl EG Nr. L 310, S. 1.

[960] Vgl. MÖHLENBROCK, ROLF: UmwStG Einf., in: Umwandlungssteuerrecht, hrsg. von EWALD DÖTSCH u.a., 7. Aufl., Stuttgart 2012, S. 15-61, Rn. 12.

[961] BGBl I 2007, S. 542.

[962] Vgl. kritisch dazu LOUVEN, CHRISTOPH: Umsetzung der Verschmelzungsrichtlinie – Anmerkungen aus der Praxis zum RegE eines Zweiten Gesetzes zur Änderung des UmwG vom 9.8.2006, in: ZIP 2006, S. 2021-2028, s.b.S. 2023.

[963] Modifiziert entnommen aus OTT, HANS: Umwandlung: Verschmelzung – Spaltung – Formwechsel, in: Saarbrücker Handbuch der Betriebswirtschaftlichen Beratung, hrsg. von KARLHEINZ KÜTING, 4. Aufl., Herne 2008, S. 1335-1379, s.b.S. 1341.

Bücher	Vorschriften	Inhalt
1. Buch	§ 1 UmwG	Möglichkeiten von Umwandlungen
2. Buch	§§ 2 – 122l UmwG	**Verschmelzung**
3. Buch	§§ 123 – 173 UmwG	**Spaltung**
4. Buch	§§ 174 – 189 UmwG	**Vermögensübertragung**
5. Buch	§§ 190 – 304 UmwG	**Formwechsel**
6. Buch	§§ 313 – 316 UmwG	Strafvorschriften und Zwangsgelder
7. Buch	§§ 317 – 325 UmwG	Übergangs- und Schlussvorschriften

Abb. 127: Aufbau des UmwG

2. Grundlagen

Bei dem Begriff der „**Umwandlung**" handelt es sich um einen Oberbegriff, unter dem die vier Umwandlungsarten **Verschmelzung, Spaltung, Vermögensübertragung** und **Formwechsel** subsumiert werden (vgl. § 1 UmwG). Die Subjekte einer Umwandlung werden als „**Rechtsträger**" bezeichnet. Ein Unternehmen stellt zwar organisatorisch gesehen eine selbstständige Einheit dar, die mit dem Unternehmen verbundenen Rechte und Pflichten, das Vermögen sowie die immateriellen Faktoren sind für zivilrechtliche Zwecke aber dem jeweiligen Inhaber zuzuordnen, der als Unternehmensträger (Rechtsträger) bezeichnet wird[964] (vgl. zu den Umwandlungsarten – inklusive einem Bezug zur steuerlichen Behandlung – Abb. 128[965], S. 631).

Handelsrechtlich besteht gem. § 24 UmwG – der zwar nicht für den Formwechsel, aber über § 36 Abs. 1 UmwG für die Verschmelzung durch Neugründung, über § 125 UmwG auch für sämtliche Arten der Spaltung und über §§ 178 Abs. 1, 179 Abs. 1, 180 Abs. 1, 184 Abs. 1, 186, 188 und 189 Abs. 1 UmwG für Fälle der Voll- und Teilübertragung anzuwenden ist – grundsätzlich ein Ansatzwahlrecht der **übernehmenden** Gesellschaft. Die übertragende Körperschaft wird durch § 17 Abs. 2 UmwG zum Buchwertansatz gezwungen. Da im Steuerrecht, wie in der Folge gezeigt wird, unter bestimmten Voraussetzungen ebenfalls ein Ansatzwahlrecht der **übertragenden** Gesellschaft möglich ist, kommt es hier u.U. zu einer **Disharmonie** zwischen handelsrechtlicher und steuerlicher **Eröffnungsbilanz**.[966]

---

[964] Vgl. RÖDDER, THOMAS/HÖTZEL, OLIVER/MUELLER-THUNS, THOMAS: Unternehmenskauf Unternehmensverkauf – Zivil- und steuerrechtliche Gestaltungspraxis, München 2003, S. 8.

[965] Modifiziert entnommen aus DÖTSCH, EWALD: Einführung UmStG, in: Die Körperschaftsteuer, hrsg. von EWALD DÖTSCH u.a., Stuttgart (Loseblatt), Stand: März 2005, Rn. 41 (in aktuelleren Ergänzungslieferungen nicht mehr vorhanden).

[966] Vgl. MÖHLENBROCK, ROLF/PUNG, ALEXANDRA: § 3 UmwStG, in: Die Körperschaftsteuer, hrsg. von EWALD DÖTSCH u.a., Stuttgart (Loseblatt), Stand: April 2013, Rn. 21-28; SCHMITT, JOACHIM: § 3 UmwStG, in: Umwandlungsgesetz/Umwandlungssteuergesetz, hrsg. von JOACHIM SCHMITT, ROBERT HÖRTNAGL und ROLF CHRISTIAN STRATZ, 6. Aufl., München 2013, Rn. 31-33.

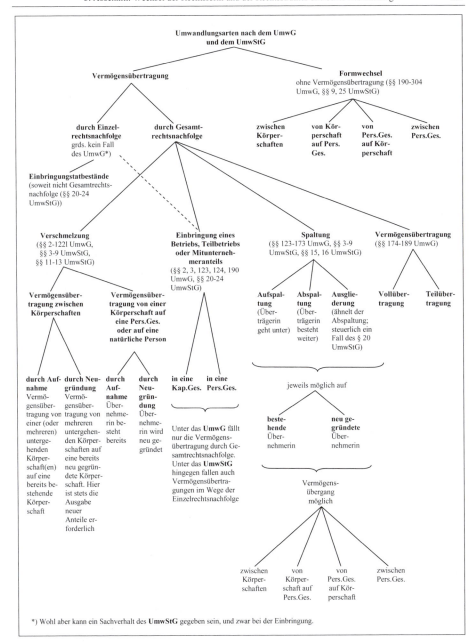

Abb. 128: Übersicht über die Arten der Umwandlung nach dem UmwG mit Hinweisen zu deren umwandlungssteuerrechtlicher Behandlung

3. Die Einzelrechtsnachfolge

Umwandlungsvorgänge können außerhalb des UmwG i.R.d. **Einzelrechtsnachfolge** vollzogen werden. Hierbei werden bspw. die Fälle angesprochen, in denen im Wege des Verkaufs oder der Sacheinlage (Sachkapitalerhöhung) ein Einzelunternehmen oder Anteile an einer Personengesellschaft in eine Kapitalgesellschaft eingebracht werden und dadurch ein Rechtsformwechsel herbeigeführt wird. Bei der **Singularsukzession** (Einzelrechtsnachfolge) ist zwischen dem **Verpflichtungsgeschäft** (Grundgeschäft) und dem **Verfügungsgeschäft** zu unterscheiden. Gegenstand des Verpflichtungsgeschäfts kann zwar das Unternehmen als Ganzes sein, beim Verfügungsgeschäft sind jedoch nach den jeweils geltenden Vorschriften die einzelnen Bestandteile des Unternehmens zu übertragen.[967] Die Einzelrechtsnachfolge nach allgemeinem Zivilrecht vollzieht sich also in **Einzelschritten** organisations- und sachenrechtlicher Art. Der Vermögensübergang erfolgt durch eine Übertragung jedes einzelnen Vermögensgegenstandes.[968]

Die Einzelrechtsnachfolge kann also sowohl in den Fällen, die vom Umwandlungssteuergesetz erfasst werden, als auch in den nicht erfassten Fällen zur Anwendung kommen (vgl. Abb. 129).

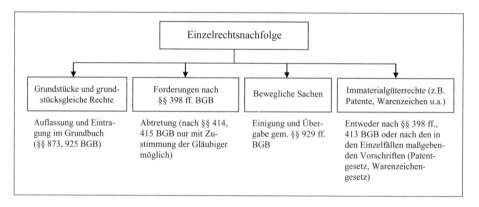

Abb. 129: Anwendung der Einzelrechtsnachfolge

Es handelt sich hierbei um ein **aufwändiges Verfahren**. Der Weg der Einzelübertragung kann stets gewählt werden, auch in den Fällen, in denen das UmwG wesentliche Erleichterungen (durch Gesamtrechtsnachfolge) vorsieht. Dieser Weg ist jedoch umständlich und kostspielig.[969] Es ist also bei Umwandlungen – wenn möglich – eine Form der Gesamtrechtsnachfolge (nach den Regeln des UmwG) zu wählen. Zudem müssen i.d.R. die stillen Reserven der übertragenen Vermögensgegenstände aufgedeckt werden, was bei Vorliegen von hohen steuerlichen Verlustvorträgen bei dem übertragenen Vermögen auch von Vorteil sein kann; auf diese Weise gehen die steuerlichen Verlustvorträge nicht auf den überneh-

---

[967] Vgl. OTT, HANS: Umwandlung: Verschmelzung – Spaltung – Formwechsel, in: Saarbrücker Handbuch der Betriebswirtschaftlichen Beratung, hrsg. von KARLHEINZ KÜTING, 4. Aufl., Herne 2008, S. 1335-1379, s.b.S. 1339 f.

[968] Vgl. HEIGL, ANTON: Unternehmensbesteuerung, 2. Aufl., München/Wien 1996, S. 95.

[969] Vgl. HEIGL, ANTON: Unternehmensbesteuerung, 2. Aufl., München/Wien 1996, S. 96.

menden Rechtsträger über.⁹⁷⁰ Außerdem können einzelne Vermögensgegenstände zurückbehalten werden.⁹⁷¹

4. Die Gesamtrechtsnachfolge

Das seit 1995 geltende UmwG möchte Umwandlungen erleichtern. Seine Vorschriften treten neben die Bestimmungen des sonstigen Zivilrechts, nach denen ein Umwandlungsvorgang auch gestaltet werden kann. Die Erleichterung durch das UmwG besteht darin, die im Wege der sachenrechtlichen Einzelübertragung erforderlichen Einzelschritte entbehrlich zu machen und stattdessen die Umwandlung im Wege der **Gesamtrechtsnachfolge** oder **Sonderrechtsnachfolge (partielle Gesamtrechtsnachfolge)** in einem Vorgang zu ermöglichen.⁹⁷² Bei einer Umwandlung im Wege der Gesamtrechtsnachfolge/Sonderrechtsnachfolge gehen das Vermögen des umzuwandelnden Rechtsträgers (Aktiva und Passiva) oder Teile davon **uno actu** kraft Gesetzes auf die aufnehmende Gesellschaft über. Die Gesamtrechtsnachfolge ist nur in den abschließend aufgezählten Fällen des UmwG möglich.⁹⁷³

Im Folgenden werden die vier handelsrechtlichen Umwandlungsarten vorgestellt.

a) Die Verschmelzung

Als **Verschmelzung** (§§ 2-122l UmwG) wird die Übertragung des gesamten Vermögens eines Rechtsträgers oder mehrerer Rechtsträger auf einen anderen Rechtsträger bezeichnet; sie kann als Verschmelzung durch Aufnahme und durch Neugründung vonstatten gehen. Den Anteilseignern des übertragenden Rechtsträgers werden mittels des Anteilstauschs Beteiligungen an dem übernehmenden Rechtsträger gewährt.⁹⁷⁴ Als **verschmelzungsfähige Rechtsträger**, d.h. als übertragende, übernehmende oder neue Rechtsträger kommen nach § 3 UmwG u.a. in Betracht:

– Personenhandelsgesellschaften (OHG, KG einschließlich GmbH & Co. KG) und Partnerschaftsgesellschaften,
– Kapitalgesellschaften (GmbH inkl. UG, AG, KGaA),
– eingetragene Genossenschaften,
– eingetragene Vereine (§ 21 BGB),
– genossenschaftliche Prüfungsverbände,
– Versicherungsvereine auf Gegenseitigkeit,
– wirtschaftliche Vereine, soweit sie übertragende Rechtsträger sind,
– natürliche Personen, die als Alleingesellschafter einer Kapitalgesellschaft deren Vermögen übernehmen.

---

⁹⁷⁰ Vgl. KLINGEBIEL, JÖRG u.a.: Umwandlungssteuerrecht, 3. Aufl., Stuttgart 2012, S. 4.
⁹⁷¹ Vgl. KLINGEBIEL, JÖRG u.a.: Umwandlungssteuerrecht, 3. Aufl., Stuttgart 2012, S. 3.
⁹⁷² Vgl. OTT, HANS: Umwandlung: Verschmelzung – Spaltung – Formwechsel, in: Saarbrücker Handbuch der Betriebswirtschaftlichen Beratung, hrsg. von KARLHEINZ KÜTING, 4. Aufl., Herne 2008, S. 1335-1379, s.b.S. 1340 f.
⁹⁷³ Vgl. LISHAUT, INGO VAN: Umwandlungssteuerrecht, 2. Aufl., Köln 1998, S. 2.
⁹⁷⁴ Vgl. BMF-Schreiben vom 11.11.2011, BStBl I 2011, S. 1314, Rn. 01.08.

Bei der Verschmelzung auf den **Alleingesellschafter** ist folgende Besonderheit zu beachten: § 122 UmwG bestimmt, dass ein noch nicht in das Handelsregister eingetragener Alleingesellschafter, der das Vermögen einer Kapitalgesellschaft im Wege der Verschmelzung übernimmt, in das Handelsregister nach den Vorschriften des HGB einzutragen ist. Die Vorschrift des § 122 UmwG kann zu Problemen führen, wenn der übernehmende Alleingesellschafter mit dem übernommenen Vermögen der Kapitalgesellschaft kein eintragungsfähiges Handelsgewerbe (z.B. Verschmelzung einer Handwerker-GmbH oder Freiberufler-GmbH auf den Alleingesellschafter) betreibt. In diesen Fällen würde eine **Umwandlungssperre** eintreten.[975] Diese Problematik wurde in § 122 Abs. 2 UmwG in der Fassung des Handelsrechtsreformgesetzes[976] relativiert. Die Verschmelzung einer Kapitalgesellschaft (z.B. GmbH) mit dem Vermögen ihres Alleingesellschafters setzt demnach nicht voraus, dass der Alleingesellschafter als Kaufmann in das Handelsregister eingetragen werden kann. Eine GmbH kann nun auch dann auf ihren Alleingesellschafter umgewandelt werden, wenn dieser als Kleingewerbetreibender, Handwerker oder Freiberufler nicht in das Handelsregister eingetragen wird. Weiterhin kann sich seit dem 01.07.1998 auch der Kleingewerbetreibende in das Handelsregister eintragen lassen.[977]

Erfolgt die **Verschmelzung durch Aufnahme oder Neugründung** gegen Gewährung von Anteilen oder Mitgliedschaftsrechten, handelt es sich um eine sog. Übertragung auf gesellschaftsrechtlicher Grundlage (§§ 4 und 36 Abs. 1 S. 1 UmwG); alternativ ist eine Übertragung auf betrieblicher Grundlage möglich.

Unter **Verschmelzung durch Aufnahme** (§§ 4-35 UmwG) ist ein Vorgang zu verstehen, bei dem ein oder mehrere Rechtsträger (übertragende Rechtsträger) ihr gesamtes Vermögen **auf einen schon bestehenden Rechtsträger** (übernehmender Rechtsträger) im Wege der **Gesamtrechtsnachfolge** übertragen, wobei gleichzeitig der oder die übertragenden Rechtsträger im Wege der Auflösung ohne Abwicklung erlöschen und die bisherigen Anteilsinhaber am übernehmenden Rechtsträger infolge eines Anteilstausches beteiligt werden.

Bei der **Verschmelzung durch Neugründung** (§§ 36, 37 und 38 UmwG) übertragen **mindestens zwei Rechtsträger** (übertragende Rechtsträger) ihr gesamtes Vermögen auf einen gleichzeitig **neu gegründeten Rechtsträger** (übernehmender Rechtsträger) im Wege der Gesamtrechtsnachfolge, wobei gleichzeitig die übertragenden Rechtsträger im Wege der Auflösung ohne Abwicklung erlöschen und die bisherigen Anteilsinhaber am neuen Rechtsträger infolge eines Anteilstausches beteiligt werden.

b) Die Spaltung

Bei der **Spaltung** (§§ 123-173 UmwG) werden Teile des Vermögens des übertragenden Rechtsträgers unter **Auflösung ohne Abwicklung** als Gesamtheit im Wege der Sonderrechtsnachfolge auf mindestens zwei andere bestehende oder neu gegründete Rechtsträger

---

[975] Vgl. OTT, HANS: Umwandlung: Verschmelzung – Spaltung – Formwechsel, in: Saarbrücker Handbuch der Betriebswirtschaftlichen Beratung, hrsg. von KARLHEINZ KÜTING, 4. Aufl., Herne 2008, S. 1335-1379, s.b.S. 1347.

[976] BGBl I 1998, S. 1474.

[977] Vgl. zu diesem Abschnitt SCHÄFER, HARALD/SCHLARB, EBERHARD: Leitfaden zum Umwandlungssteuerrecht, 2. Aufl., Neuwied u.a. 1999, S. 3.

übertragen. Die Anteilseigner der übertragenden Gesellschaft erhalten im Gegenzug Anteile an den übernehmenden Gesellschaften. Das UmwG unterscheidet bei der Spaltung in § 123 die Formen der **Aufspaltung, Abspaltung und Ausgliederung** (vgl. Abb. 130[978]):

- Die **Aufspaltung** ist das Gegenstück zur Verschmelzung. Das Vermögen der übertragenden Gesellschaft wird auf zwei oder mehr Nachfolgegesellschaften verteilt, es geht im Wege der Sonderrechtsnachfolge uno actu über. Die übertragende Gesellschaft wird ohne Abwicklung aufgelöst.

- Bei der **Abspaltung** bleibt die übertragende Gesellschaft als Rumpfunternehmen bestehen. Nur Teile ihres Vermögens gehen im Wege der Sonderrechtsnachfolge gegen Gewährung von Anteilen auf einen oder mehrere Rechtsträger über.

- Die **Ausgliederung** entspricht im Wesentlichen der Abspaltung. Der fundamentale Unterschied zur Abspaltung besteht jedoch darin, dass die Anteile an den übernehmenden Rechtsträgern nicht den Anteilseignern der übertragenden Gesellschaft, sondern der übertragenden Gesellschaft selbst zufallen. Infolgedessen handelt es sich materiell betrachtet um einen **Einbringungsfall**.

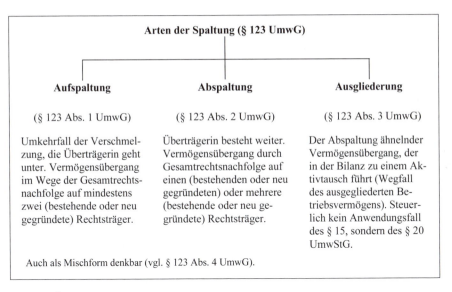

Abb. 130: Übersicht über die Arten der Spaltung

Bei der Auf- und Abspaltung kommen nach § 124 i.V.m. § 3 Abs. 1 UmwG als **spaltungsfähige Rechtsträger** u.a. in Betracht:[979]

---

[978] Modifiziert entnommen aus WOCHINGER, PETER/DÖTSCH, EWALD: Das neue Umwandlungssteuergesetz und seine Folgeänderungen bzw. Auswirkungen bei der Einkommen-, Körperschaft- und Gewerbesteuer, in: DB 1994, Beilage 14/1994, S. 22.

[979] Vgl. dazu und zu den weiteren Ausführungen dieses Kapitels OTT, HANS: Umwandlung: Verschmelzung – Spaltung – Formwechsel, in: Saarbrücker Handbuch der Betriebswirtschaftlichen Beratung, hrsg. von KARLHEINZ KÜTING, 4. Aufl., Herne 2008, S. 1335-1379, s.b.S. 1359 f.

- Personenhandelsgesellschaften (OHG, KG einschließlich GmbH & Co. KG) und Partnerschaftsgesellschaften,
- Kapitalgesellschaften (GmbH inkl. UG, AG, KGaA),
- eingetragene Genossenschaften,
- eingetragene Vereine (§ 21 BGB),
- genossenschaftliche Prüfungsverbände,
- Versicherungsvereine auf Gegenseitigkeit,
- wirtschaftliche Vereine, soweit sie übertragende Rechtsträger sind.

Bei der Ausgliederung kommen nach § 124 i.V.m. § 3 Abs. 1 UmwG als **spaltungsfähige Rechtsträger** u.a. in Betracht:

- Personenhandelsgesellschaften (OHG, KG einschließlich GmbH & Co. KG) und Partnerschaftsgesellschaften,
- Kapitalgesellschaften (GmbH inkl. UG, AG, KGaA),
- eingetragene Genossenschaften,
- eingetragene Vereine (§ 21 BGB),
- genossenschaftliche Prüfungsverbände,
- Versicherungsvereine auf Gegenseitigkeit,
- wirtschaftliche Vereine, soweit sie übertragende Rechtsträger sind,
- Einzelkaufleute, Stiftungen, Gebietskörperschaften oder Zusammenschlüsse von Gebietskörperschaften, die nicht Gebietskörperschaften sind, soweit sie übertragende Rechtsträger sind.

Nach dem UmwG 1995 ist auch eine **rechtsformübergreifende Spaltung** möglich, da die genannten Rechtsformen (mit Ausnahme des Einzelkaufmanns, der nur als übertragender Rechtsträger in Betracht kommt) sowohl als übertragende wie auch als übernehmende Rechtsträger an einer Spaltung beteiligt sein können.

Ein **Einzelunternehmen** konnte bereits nach „altem" Recht nach den Vorschriften der §§ 50-54, 56a UmwG a.F. im Wege der errichtenden Umwandlung in eine GmbH oder eine AG umgewandelt werden.[980] Demgegenüber war die Umwandlung auf eine bereits bestehende GmbH oder AG ebenso wie die Umwandlung in eine Personengesellschaft nur im Wege der Einzelübertragung durch die Einbringung von Vermögen gegen Gewährung von Anteilen möglich. Im UmwG 1995 sind die Umwandlungsmöglichkeiten eines Einzelunternehmens erweitert worden. Durch Sonderrechtsnachfolge bestehen im Wege der Ausgliederung für ein Einzelunternehmen nach § 152 UmwG nunmehr folgende Umwandlungsmöglichkeiten:

- Ausgliederung zur Neugründung einer Kapitalgesellschaft,
- Ausgliederung durch Aufnahme in eine bestehende Kapitalgesellschaft,

---

[980] Vgl. zu den Möglichkeiten des Übergangs vom Einzelunternehmen in eine GmbH umfassend ZABEL, MICHAEL: Vom Einzelunternehmen in die GmbH, in: Bilanz-, Prüfungs- und Steuerwesen, hrsg. von KARL-HEINZ KÜTING, CLAUS-PETER WEBER und HEINZ KUßMAUL, Bd. 6, Berlin 2007.

– Ausgliederung durch Aufnahme in eine bestehende eingetragene Genossenschaft,
– Ausgliederung durch Aufnahme in eine bestehende Personenhandelsgesellschaft.

Die Umwandlung eines Einzelunternehmens in eine Kapitalgesellschaft ist nur möglich, wenn die Firma im Handelsregister eingetragen ist (§ 152 S. 1 UmwG; Ausgliederung zur Aufnahme). Dies war bei Minderkaufleuten früher nicht möglich. Seit dem 01.07.1998 kann sich auch der Kleingewerbebetreibende nach der Änderung des Kaufmannsrechts durch das Handelsrechtsreformgesetz[981] in das Handelsregister eintragen lassen und dadurch die Voraussetzung für die Umwandlung in eine GmbH schaffen.[982]

Dagegen wird eine Ausgliederung aus einem Einzelunternehmen zur Neugründung einer Personengesellschaft vom Umwandlungsgesetz nicht zugelassen. Hiermit ist der durchaus gängige Fall nach dem Umwandlungsrecht nicht möglich, in dem ein Einzelunternehmer zusammen mit einem anderen eine Personenhandelsgesellschaft gründen will. Die vom Gesetz ausgeschlossene Möglichkeit der Ausgliederung zur Neugründung einer Personenhandelsgesellschaft kann jedoch leicht dadurch erreicht werden, dass zunächst eine Personenhandelsgesellschaft ohne oder nur mit einer geringen Einzahlungsverpflichtung gegründet wird. Nach der Gründung und der Eintragung im Handelsregister erfolgt dann die Umwandlung des Einzelunternehmens durch Ausgliederung auf die nunmehr bestehende Personenhandelsgesellschaft.[983]

c) **Die Vermögensübertragung**

Vermögensübertragungen (§§ 174-189 UmwG) sind nur von einer Kapitalgesellschaft auf **Unternehmen der öffentlichen Hand** sowie zwischen Versicherungsunternehmen (VVaG, öffentlich-rechtliche Versicherungsunternehmen und Versicherungs-AG) möglich. Dabei überträgt ein Rechtsträger unter Auflösung ohne Abwicklung sein Vermögen auf einen oder mehrere Rechtsträger, wobei zwischen der **Vollübertragung** (§ 176 UmwG) und der **Teilübertragung** (§ 177 UmwG), die im Wesentlichen der Verschmelzung bzw. Spaltung entsprechen, zu differenzieren ist.

Der Unterschied besteht in der **Art der Gegenleistung**: Statt Anteilen an dem übernehmenden oder neuen Rechtsträger wird eine Gegenleistung anderer Art vereinbart (häufig Barleistung). Als Grund hierfür kann die Struktur einiger an solchen Umwandlungsvorgängen beteiligter Rechtsträger gesehen werden, bei denen es nicht zum Anteilstausch kommen kann (öffentliche Hand, öffentlich-rechtliche Versicherungsunternehmen).

Aufgrund des kleinen Kreises betroffener Unternehmungen spielt diese Verfahrensweise eine **untergeordnete Rolle**.

---

[981] § 122 Abs. 2 UmwG in der Fassung vom 22.06.1998, BGBl I 1998, S. 1474.
[982] Vgl. zu diesem Absatz SCHÄFER, HARALD/SCHLARB, EBERHARD: Leitfaden zum Umwandlungssteuerrecht, 2. Aufl., Neuwied u.a. 1999, S. 6.
[983] Vgl. OTT, HANS: Umwandlung: Verschmelzung – Spaltung – Formwechsel, in: Saarbrücker Handbuch der Betriebswirtschaftlichen Beratung, hrsg. von KARLHEINZ KÜTING, 4. Aufl., Herne 2008, S. 1335-1379, s.b.S. 1360 f.

d) Der Formwechsel

Beim **Formwechsel** (§§ 190-304 UmwG) findet – anders als bei den übrigen Umwandlungsarten – kein Übertragungsvorgang (Vermögensübergang) statt; an dem Umwandlungsvorgang ist nur ein Rechtsträger beteiligt, **dessen rechtliche Identität gewahrt bleibt**. Somit stellt der Formwechsel eines Rechtsträgers lediglich eine Änderung seiner Rechtsform dar, bei der der Kreis der Anteilseigner erhalten bleibt.[984] § 191 Abs. 1 UmwG beinhaltet die Rechtsträger, welche ihre Form wechseln dürfen; u.a. sind dies:

- Personenhandelsgesellschaften (OHG, KG einschließlich GmbH & Co. KG) und Partnerschaftsgesellschaften,
- Kapitalgesellschaften (GmbH inkl. UG, AG, KGaA),
- eingetragene Genossenschaften,
- rechtsfähige Vereine,
- Versicherungsvereine auf Gegenseitigkeit,
- Körperschaften und Anstalten des öffentlichen Rechts.

Rechtsträger einer neuen Rechtsform können neben Personenhandels-, Partnerschafts- und Kapitalgesellschaften sowie eingetragenen Genossenschaften auch Gesellschaften bürgerlichen Rechts sein (§ 191 Abs. 2 UmwG). Im Gegensatz hierzu kann eine Gesellschaft bürgerlichen Rechts nicht als formwechselnder Rechtsträger fungieren. Folge ist, dass der Formwechsel einer (z.B. freiberuflichen) Gesellschaft bürgerlichen Rechts in eine Kapitalgesellschaft nicht möglich ist, während der umgekehrte Vorgang zulässig ist. Das Umwandlungsgesetz sieht mit Ausnahme des Formwechsels keine anderen Möglichkeiten einer Umwandlung vor, an denen eine Gesellschaft bürgerlichen Rechts beteiligt ist.[985] Zudem wird die „Umwandlung einer UG in eine GmbH nicht als Formwechsel angesehen, sondern stellt einen Firmenwechsel gem. § 5a Abs. 5 GmbhG dar".[986]

---

[984] Vgl. BMF-Schreiben vom 11.11.2011, BStBl I 2011, S. 1314, Rn. 01.11.

[985] Vgl. zu diesem Absatz OTT, HANS: Umwandlung: Verschmelzung – Spaltung – Formwechsel, in: Saarbrücker Handbuch der Betriebswirtschaftlichen Beratung, hrsg. von KARLHEINZ KÜTING, 4. Aufl., Herne 2008, S. 1335-1379, s.b.S. 1360 f.

[986] KLINGEBIEL, JÖRG u.a.: Umwandlungssteuerrecht, 3. Aufl., Stuttgart 2012, S. 50.

II. Die Besteuerung von Umstrukturierungsvorgängen

Vgl. hierzu insb. DÖTSCH, EWALD u.a.: Kommentierungen zum KStG und UmwStG, in: Die Körperschaftsteuer, hrsg. von EWALD DÖTSCH u.a., Stuttgart (Loseblatt), Stand: April 2013; DÖTSCH, EWALD u.a.: Umwandlungssteuerrecht, 7. Aufl., Stuttgart 2012; FRONHÖFER, MICHAEL u.a.: Kommentierung zum UmwG und UmwStG, in: Umwandlungsrecht, hrsg. von SIEGFRIED WIDMANN und DIETER MAYER, Bonn/Berlin (Loseblatt), Stand: April 2013; HERZIG, NORBERT: Diagonale Maßgeblichkeit bei Umwandlungsvorgängen?, in: FR 1997, S. 123-129; HERZIG, NORBERT/FÖRSTER, GUIDO: Problembereiche bei der Auf- und Abspaltung von Kapitalgesellschaften nach neuem Umwandlungssteuerrecht, in: DB 1995, S. 338-349; LEIDERER, BERND: Grenzüberschreitende Umstrukturierungen von EU-Kapitalgesellschaften im deutschen und österreichischen Ertragsteuerrecht, Frankfurt am Main u.a. 1998; LISHAUT, INGO VAN: Umwandlungssteuerrecht, 2. Aufl., Köln 1998; MAITERTH, RALF/MÜLLER, HEIKO: Gründung, Umwandlung und Liquidation von Unternehmen im Steuerrecht, München 2001, S. 31-186; MEYER-SCHARENBERG, DIRK: Umwandlungsrecht. Einführung – Gesetze – Materialien zum neuen Handels- und Steuerrecht, Herne/Berlin 1995, S. 11-68; OTT, HANS: Das neue Umwandlungs- und Umwandlungssteuerrecht, Freiburg im Breisgau 1996; SAGASSER, BERND/BULA, THOMAS/BRÜNGER, THOMAS: Umwandlungen: Verschmelzung, Spaltung, Formwechsel, Vermögensübertragung, 4. Aufl., München 2011; SCHÄFER, HARALD/SCHLARB, EBERHARD: Leitfaden zum Umwandlungssteuerrecht, 2. Aufl., Neuwied u.a. 1999, S. 25-179; THIEL, JOCHEN/EVERSBERG, HORST/LISHAUT, INGO VAN/NEUMANN, STEFFEN: Der Umwandlungssteuer-Erlaß 1998, in: GmbHR 1998, S. 397-443; WEBER-GRELLET, HEINRICH: Die Unmaßgeblichkeit der Maßgeblichkeit im Umwandlungsrecht, in: BB 1997, S. 653-658; WEGENER, WOLFGANG: Die Spaltung von Kapitalgesellschaften im Umwandlungs(steuer)recht: Analyse der Voraussetzungen und Auswirkungen, Stuttgart 1998; WOCHINGER, PETER/DÖTSCH, EWALD: Das neue Umwandlungssteuergesetz und seine Folgeänderungen bzw. Auswirkungen bei der Einkommen-, Körperschaft- und Gewerbesteuer, in: DB 1994, Beilage 14/1994.

A. Reform des Umwandlungssteuerrechts und allgemeine Grundsätze

Mit dem Gesetz über steuerliche Begleitmaßnahmen zur Einführung der Europäischen Gesellschaft und zur Änderung weiterer steuerrechtlicher Vorschriften (**SEStEG**) vom 07.12.2006[987] wurde das Umwandlungssteuergesetz **neu** gefasst. Dabei wurde das Ziel angestrebt, die nationalen steuerlichen Vorschriften zur Umstrukturierung von Unternehmen an aktuelle Entwicklungen und Vorgaben des EU-Rechts anzupassen und somit eine **einheitliche Rechtsgrundlage** für sämtliche inländischen und grenzüberschreitenden Unternehmensorganisationen zu schaffen.[988] Dementsprechend wurde im Rahmen von SEStEG in erster Linie die **Fusions-Richtlinie**[989] in nationales Recht umgesetzt. An zweiter Stelle beabsichtigte der Gesetzgeber, die **Attraktivität des Wirtschaftsstandortes Deutschland** zu erhöhen, die **Gewährleistung der deutschen Besteuerungsrechte** zu sichern und das Steuerrecht zu vereinfachen.

Das UmwStG n.F. ist auf **sämtliche Umwandlungen** anzuwenden, die nach dem **12.12.2006** zur Eintragung in ein Register angemeldet werden. Für **Einbringungen**, deren Wirksamkeit keine Eintragung in ein öffentliches Register voraussetzt, greifen die neuen Regelungen erstmals, wenn das wirtschaftliche Eigentum an den eingebrachten Wirtschaftsgütern nach dem 12.12.2006 übergegangen ist.

---

[987] BGBl I 2006, S. 2782.

[988] Vgl. Begründung zum Entwurf eines Gesetzes über steuerliche Begleitmaßnahmen zur Einführung der Europäischen Gesellschaft und zur Änderung weiterer steuerrechtlicher Vorschriften (SEStEG) vom 11.08.2006, BR-Drs. 542/06, S. 37.

[989] Richtlinie 90/434/EWG vom 23.07.1990, ABl EU vom 20.08.1990, Nr. L 225, S. 1; geändert durch Richtlinie 2005/19/EG vom 17.02.2005, ABl EG vom 04.03.2005, Nr. L 58, S. 19.

Im Vergleich zum UmwStG 1995, wonach – abgesehen von den in § 23 UmwStG 1995 geregelten Einbringungsvorgängen innerhalb der EU – hauptsächlich nur inländische Umwandlungsvorgänge erfasst wurden, wurde in der Neufassung der Anwendungsbereich des UmwStG für **grenzüberschreitende Umwandlungsvorgänge** innerhalb der EU und des EWR geöffnet (§ 1 UmwStG). Eine zwingende **Pflicht zur Realisierung der stillen Reserven** war nämlich inzwischen **weder** mit der Fusions-Richtlinie, wonach unter bestimmten Voraussetzungen Ertragsteuerneutralität auf Gesellschafts- und Gesellschafterebene zu gewährleisten ist, **noch** mit der EuGH-Rechtsprechung (v.a. „Lasteyrie du Saillant"[990] und „SEVIC"[991]) **vereinbar**.[992]

Die Europäisierung des Umwandlungssteuerrechts bedeutet gem. § 1 Abs. 2 UmwStG, dass bei der Umwandlung von Kapitalgesellschaften (§§ 3-16 UmwStG) grundsätzlich nach dem Recht eines **EU/EWR-Staates** gegründete Gesellschaften mit **Sitz und Ort der Geschäftsleitung** in EU/EWR beteiligt sein müssen. Dies gilt auch hinsichtlich der **Einbringung** von Betrieben, Teilbetrieben und Mitunternehmeranteilen in eine Kapitalgesellschaft (§ 20 UmwStG). Nach § 1 Abs. 4 UmwStG muss der Einbringende eine EU/EWR-Gesellschaft oder eine in der/dem EU/EWR ansässige natürliche Person sein; der übernehmende Rechtsträger muss wiederum eine EU/EWR-Kapitalgesellschaft sein. Bei Einbringungen durch Personengesellschaften wird für Zwecke der Anwendung des UmwStG 2006 auf den Status ihrer Gesellschafter abgestellt. Bei **Anteilstausch** (Einbringung von Anteilen an einer Kapitalgesellschaft in eine Kapitalgesellschaft nach § 21 UmwStG) wird lediglich gefordert, dass die Übernehmerin eine EU/EWR-Kapitalgesellschaft ist (§ 1 Abs. 4 Nr. 1 UmwStG). Bei Einbringung in Personengesellschaften bestehen gem. § 1 Abs. 4 S. 2 UmwStG für die Anwendbarkeit des § 24 UmwStG – wie schon nach dem UmwStG 1995 – **keine Ansässigkeitsvoraussetzungen**.

Nach fast fünf Jahren seit Inkrafttreten des UmwStG i.d.F. des SEStEG wurde mit dem BMF-Schreiben vom 11.11.2011[993] der Umwandlungssteuererlass (UmwStE) 2011 veröffentlicht, der neben Klarstellungen auch Neuerungen bspw. hinsichtlich der Teilbetriebsvoraussetzung oder der Eigenständigkeit der steuerlichen Schlussbilanz enthält.[994]

Da das Steuerrecht bei seiner gewohnten Terminologie geblieben ist und keineswegs den handelsrechtlichen Begriffen der Umwandlung gefolgt ist, muss in **handels- und steuerrechtlichen Kategorien** gedacht werden. Die Anwendung des UmwStG hängt davon ab, ob es sich um eine im UmwG geregelte Umwandlung handelt (mit Ausnahme der Einbringungsfälle des Sechsten und Siebten Teils des UmwStG, welche unabhängig davon gelten). Ist dies nicht der Fall, gelten allgemeine Grundsätze des Einkommensteuer- und Körperschaftsteuerrechts, was auf eine Liquidation mit Gewinnrealisierung hinausläuft.

---

[990] Vgl. EuGH-Urteil vom 11.03.2004, in: DStR 2004, S. 551.
[991] Vgl. EuGH-Urteil vom 13.12.2005, in: BB 2006, S. 11.
[992] Vgl. RÖDDER, THOMAS/SCHUMACHER, ANDREAS: Das SEStEG – Überblick über die endgültige Fassung und die Änderungen gegenüber dem Regierungsentwurf, in: DStR 2007, S. 369-377, s.b.S. 369.
[993] Vgl. BMF-Schreiben vom 11.11.2011, BStBl I 2011, S. 1314-1415.
[994] Vgl. KOTYRBA, MARC H./SCHEUNEMANN, MARC: Ausgewählte Praxisschwerpunkte im Umwandlungssteuererlass 2011, in: BB 2012, S. 223-229, s.b.S. 223.

Im UmwStG lauten die einzelnen Umwandlungsmöglichkeiten: **Vermögensübergang bei Verschmelzung** auf eine **Personengesellschaft** oder auf eine **natürliche Person** und **Formwechsel** einer **Kapitalgesellschaft** in eine **Personengesellschaft, Verschmelzung** oder **Vermögensübertragung** auf eine **Körperschaft, Einbringung** von **Unternehmensanteilen** in eine **Kapitalgesellschaft** oder **Genossenschaft** und **Anteilstausch, Einbringung** eines **Betriebs, Teilbetriebs** oder **Mitunternehmeranteils** in eine **Personengesellschaft**. Die Auf- und Abspaltung (Vierter Teil des Gesetzes) und der Formwechsel einer Personengesellschaft in eine Kapitalgesellschaft (Achter Teil) verweisen jeweils auf eine der genannten Übertragungsarten. Der **Aufbau des UmwStG** lässt sich wie in Abb. 131 abbilden. Zwischen den handelsrechtlichen Umwandlungsfällen und ihrer steuerlichen Beurteilung lässt sich der in Abb. 132 (S. 642) gezeigte Zusammenhang feststellen.

§§ 1-2	Allgemeine Vorschriften
§§ 3-9	Vermögensübergang auf und Formwechsel in eine Personengesellschaft
§ 10	aufgehoben
§§ 11-13	Verschmelzung oder Vermögensübertragung auf andere Körperschaft
§ 14	aufgehoben
§§ 15-16	Aufspaltung, Abspaltung
§ 17	aufgehoben
§§ 18-19	Gewerbesteuerliche Fragen
§§ 20-23	Einbringung in eine Kapitalgesellschaft und Anteilstausch
§ 24	Einbringung in eine Personengesellschaft
§ 25	Formwechsel einer Personengesellschaft in eine Kapitalgesellschaft
§ 26	aufgehoben
§§ 27-28	Anwendungsvorschriften und Ermächtigung

Abb. 131: Aufbau des UmwStG

Beziehung UmwG-UmwStG[995]

- **Gruppe I: Umstrukturierungen, die im UmwG und im UmwStG geregelt sind.**

Beispiel: (Im UmwG und UmwStG berücksichtigte Umstrukturierungsvorgänge)

- Verschmelzung einer Kapitalgesellschaft auf eine Personengesellschaft.
- Verschmelzung zweier Kapitalgesellschaften.
- Aufspaltung, Abspaltung und Ausgliederung einer Kapitalgesellschaft auf eine Kapitalgesellschaft bzw. eine Personengesellschaft.

---

[995] Modifiziert entnommen aus WIDMANN, SIEGFRIED: Vor § 1 UmwStG, in: Umwandlungsrecht, hrsg. von SIEGFRIED WIDMANN und DIETER MAYER, Bonn/Berlin (Loseblatt), Stand: April 2013, Rn. 3-7.

- **Gruppe II: Fälle, die nur im UmwG geregelt sind, jedoch nicht im UmStG.**

Beispiele: (Im UmwG, jedoch nicht im UmwStG berücksichtigte Umstrukturierungsvorgänge)

- Aufspaltung, Abspaltung und Ausgliederung einer Personengesellschaft auf eine Personengesellschaft. Der Fall ist im UmwStG nicht geregelt; es besteht lediglich eine Rechtsprechung, die auf den Fall die Grundsätze des § 24 UmwStG analog anwendet.
- Abspaltung einzelner Wirtschaftsgüter von einer Personengesellschaft auf eine Personengesellschaft. Auf diesen Vorgang findet das UmwStG keine Anwendung. Eine steuerneutrale Übertragung ist nicht möglich, da der Ansatz des gemeinen Wertes für das aufnehmende Betriebsvermögen als Anschaffungskosten maßgebend ist (§ 6 Abs. 4 EStG).
- Die formwechselnde Umwandlung einer Kapitalgesellschaft in eine Kapitalgesellschaft ist im UmwStG nicht angesprochen, weil der Vorgang, ohne dass es einer besonderen Regelung bedarf, erfolgsneutral ist.

- **Gruppe III: Fälle, die im UmwStG geregelt sind, nicht jedoch im UmwG.**

Beispiel: (Im UmwStG, jedoch nicht im UmwG berücksichtigte Umstrukturierungsvorgänge)

Betrachtet sei die Einbringung eines Betriebs in eine Kapitalgesellschaft bzw. in eine Personengesellschaft durch Einzelübertragung der Wirtschaftsgüter (vgl. §§ 20-23 bzw. 24 UmwStG). Der Vorgang ist im UmwG nicht erfasst; das UmwG regelt lediglich die Ausgliederung, bei der Vermögensteile im Wege einer partiellen Gesamtrechtsnachfolge übergehen.

UmwStG \ UmwG	Pers.Ges → Pers.Ges	Kap.Ges → Pers.Ges	Kap.Ges → Kap.Ges	Pers.Ges → Kap.Ges
Verschmelzung (§ 2 UmwG)	§ 24 UmwStG	§ 3 UmwStG	§ 11 UmwStG	§ 20 UmwStG
Aufspaltung (§ 123 UmwG)	§ 24 UmwStG	§ 16 UmwStG	§ 15 UmwStG	§ 20 UmwStG
Abspaltung (§ 123 UmwG)	§ 24 UmwStG	§ 16 UmwStG	§ 15 UmwStG	§ 20 UmwStG
Ausgliederung (§ 123 UmwG)	§ 24 UmwStG	§ 24 UmwStG	§ 20 UmwStG	§ 20 UmwStG
Formwechsel (§ 190 UmwG)	./.	§ 9 UmwStG	./.	§ 25 UmwStG
Einzelrechtsnachfolge	§ 24 UmwStG	§ 24 UmwStG	§ 20 UmwStG	§ 20 UmwStG

Abb. 132: Handelsrechtliche Umwandlungsfälle und ihre steuerliche Behandlung

Bewertungsgrundsätze:

- Nach der **Neufassung des UmwStG** sind die Wirtschaftsgüter bei sämtlichen Umwandlungen mit dem **gemeinen Wert** anzusetzen, wobei dies gem. § 3 Abs. 1, § 11 Abs. 1

UmwStG nun explizit für selbst geschaffene immaterielle Wirtschaftsgüter gilt.[996] Das Abstellen auf den gemeinen Wert wird mit seiner Nähe zum Fremdvergleichspreis im internationalen Bewertungskontext begründet.[997] Unter bestimmten Voraussetzungen können in der Steuerbilanz auf Antrag der **Buchwert** oder ein höherer Wert (**Zwischenwert**) – höchstens jedoch der gemeine Wert – angesetzt werden (vgl. Abb. 133). Im Vergleich zum alten Rechtsstand nach dem UmwStG 1995 wurde der Teilwert durch den gemeinen Wert ersetzt. Zudem war seinerzeit eine Buchwertfortführung oder ein Zwischenwertansatz ohne Antrag möglich, solange die Besteuerung der stillen Reserven und damit die **Steuerverstrickung** im Zuge des Umstrukturierungsvorgangs sichergestellt wurden.

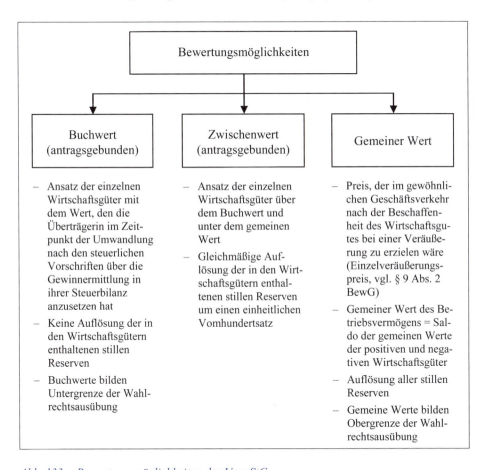

Abb. 133: Bewertungsmöglichkeiten des UmwStG

---

[996] Diese Änderung ist insofern relevant, als die Finanzverwaltung früher die Ansicht vertrat, dass im Falle eines Ansatzes über den Buchwerten nicht entgeltlich erworbene immaterielle Wirtschaftsgüter nicht anzusetzen sind; vgl. BMF-Schreiben vom 25.03.1998, BStBl I 1998, S. 268, Rn. 03.01, 11.19.

[997] Vgl. MÖHLENBROCK, ROLF/PUNG, ALEXANDRA: § 3 UmwStG, in: Umwandlungssteuerrecht, hrsg. von EWALD DÖTSCH u.a., 7. Aufl., Stuttgart 2012, S. 195-242, Rn. 12.

- Der Antrag auf eine Buchwertfortführung oder auf einen Zwischenwertansatz kann **unabhängig** vom handelsbilanziellen Wertansatz gestellt werden. Durch die generelle Forderung nach einem Ansatz des gemeinen Wertes wird im Ergebnis klargestellt, dass der **Grundsatz der handelsrechtlichen Maßgeblichkeit** auf Ebene der Überträgerin keine Auswirkungen auf den steuerlichen Bewertungsansatz in Umwandlungsfällen entfaltet (vgl. Abb. 134[998], S. 645).[999] Damit wurde die frühere h.M. bestätigt, wonach eine Bindung der Steuerbilanz an die Handelsbilanz abgelehnt wurde.[1000] Hingegen lief das steuerliche Bewertungswahlrecht des übertragenden Rechtsträgers nach Auffassung der Finanzverwaltung aufgrund der strengen Maßgeblichkeit der Handelsbilanz der Überträgerin für deren Steuerbilanz leer.[1001] Der UmwStE 2011 sieht § 3 und § 11 UmwStG als eigenständige steuerliche Ansatz- und Bewertungsvorschriften an[1002] und bezeichnet die steuerliche Schlussbilanz als eigenständige Bilanz, die von der Gewinnermittlung i.S.d. § 4 Abs. 1 und § 5 Abs. 1 EStG zu unterscheiden ist[1003]. Allerdings ist zu beachten, dass die Abgabe einer Steuerbilanz nach § 4 Abs. 1, § 5 Abs. 1 EStG zusammen mit einer ausdrücklichen Erklärung, dass diese Steuerbilanz gleichzeitig die steuerliche Schlussbilanz sein soll, als unwiderrufliche Abgabe der steuerlichen Schlussbilanz anzusehen ist und zugleich einen Antrag auf Ansatz des Buchwerts darstellt.[1004]

---

[998] Erweitert entnommen aus SCHÄFER, HARALD/SCHLARB, EBERHARD: Leitfaden zum Umwandlungssteuerrecht, 2. Aufl., Neuwied u.a. 1999, S. 13.

[999] Vgl. BT-Drs. 16/2710, S. 37.

[1000] Vgl. BUDDE, WOLFGANG DIETER/ZERWAS, PETER: Verschmelzungsschlussbilanzen, in: Sonderbilanzen – Von der Gründungsbilanz bis zur Liquidationsbilanz, hrsg. von WOLFGANG DIETER BUDDE, GERHART FÖRSCHLE und NORBERT WINKELJOHANN, 4. Aufl., München 2008, S. 323-367, Rn. 180; ELLROTT, HELMUT/BRENDT, PETER: Kommentierung § 255 HGB, in: Beck'scher Bilanzkommentar, hrsg. von HELMUT ELLROTT u.a., 7. Aufl., München 2010, Rn. 46, in der aktuellen Auflage nicht mehr enthalten; SCHLÖSSER, JULIA: § 11, Steuerrechtliche Regelungen, in: Umwandlungen: Verschmelzung, Spaltung, Formwechsel, Vermögensübertragung, hrsg. von BERND SAGASSER, THOMAS BULA und THOMAS R. BRÜNGER, 4. Aufl., München 2011, Rn. 49.

[1001] Vgl. BMF-Schreiben vom 25.03.1998, BStBl I 1998, S. 268, Rn. 03.01 und Rn. 11.01.

[1002] Vgl. BMF-Schreiben vom 11.11.2011, BStBl I 2011, S. 1314, Rn. 03.04 und 11.03.

[1003] Vgl. BMF-Schreiben vom 11.11.2011, BStBl I 2011, S. 1314, Rn. 03.01.

[1004] Vgl. BMF-Schreiben vom 11.11.2011, BStBl I 2011, S. 1314, Rn. 03.01.

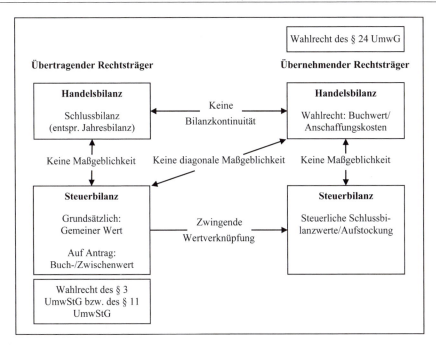

Abb. 134: *Bilanzzusammenhänge bei der Umwandlung von Unternehmen*

- Was die Ebene des übernehmenden Rechtsträgers anbelangt, so ist dieser an die Wertansätze der Überträgerin gebunden (§§ 4 Abs. 1 S. 1 und 12 Abs. 1 S. 1 UmwStG). Somit kann der Grundsatz der handelsrechtlichen Maßgeblichkeit für die Steuerbilanz der Übernehmerin keine Wirkung entfalten, da Letztere unabhängig von handelsrechtlichen Vorgaben keinen dementsprechenden Bewertungsspielraum besitzt. Die Finanzverwaltung forderte bislang eine **phasenverschobene Wertaufholung**, sodass die Wirtschaftsgüter in der Steuerbilanz an dem der Umwandlung folgenden Bilanzstichtag an die handelsrechtlichen Werte anzupassen waren.[1005] Nun kann ein übernommener Wertansatz, der auf einem steuerlichen Wahlrecht beruht, auch an den nachfolgenden Bilanzstichtagen unabhängig von der Handelsbilanz ausgeübt werden.[1006] Somit wurde das Konzept zur phasenverschobenen Wertaufholung von der Finanzverwaltung aufgegeben, sodass von **keiner Maßgeblichkeit** auszugehen ist.[1007]

[1005] Vgl. BMF-Schreiben vom 25.03.1998, BStBl I 1998, S. 268, Rn. 11.02.

[1006] Vgl. BMF-Schreiben vom 11.11.2011, BStBl I 2011, S. 1314, Rn. 04.04 und 12.02. Ob die Finanzverwaltung die Theorie der phasenverschobenen Maßgeblichkeit vollständig aufgegeben hat, ist durch diese Formulierung nicht eindeutig erkennbar. Vgl. FROTSCHER, GERRIT: Umwandlungssteuererlass 2011, Freiburg 2012, S. 188.

[1007] Vgl. DÖTSCH, EWALD: § 12 UmwStG, in: Umwandlungssteuerrecht, hrsg. von EWALD DÖTSCH u.a., 7. Aufl., Stuttgart 2012, S. 519-547, Rn. 11. Vgl. auch FROTSCHER, GERRIT: Umwandlungssteuererlass 2011, Freiburg 2012, S. 188 f., der sich ebenfalls für eine unabhängige Wahlrechtsausübung auch in den Folgejahren ausspricht, jedoch aus der unklaren Formulierung der Randnummer im UmwStE 2011 nicht im Allgemeinen auf die Aufgabe der phasenverschobenen Maßgeblichkeit schließt.

- Für das steuerliche Ansatzwahlrecht existiert **keine diagonale Maßgeblichkeit**; die Handelsbilanz des übernehmenden und die Steuerbilanz des übertragenden Unternehmens müssen nicht in einem Zusammenhang stehen.[1008]
- Der übernehmende Rechtsträger muss nach dem UmwStG durchgängig den Bilanzansatz des übertragenden Rechtsträgers übernehmen; **die Entscheidung**, ob zum gemeinen Wert, zum Buchwert oder zu einem Zwischenwert übertragen wird, **steht allein dem umwandelnden Rechtsträger zu**. Eine Ausnahme besteht bei den **Einbringungsfällen** des Sechsten und Siebten Teils des UmwStG; hier besteht ein **Wahlrecht bei der übernehmenden** Kapital- oder Personengesellschaft.

Übertragungsgewinn bzw. Übernahmegewinn/-verlust:

- Der **Wertansatz des Betriebsvermögens in der Übertragungsbilanz** der Überträgerin hat steuerliche Auswirkungen in zweifacher Hinsicht: Zum einen ergeben die in den Bilanzansätzen enthaltenen stillen Reserven (sofern das Vermögen mit über den Buchwerten liegenden Werten angesetzt wird) den **Übertragungsgewinn** bei der untergehenden Körperschaft. Zum anderen kann der Vermögensübergang bei der übernehmenden Körperschaft aufgrund der in der Kapitalbeteiligung enthaltenen stillen Reserven zu einem Übernahmegewinn bzw. Übernahmeverlust führen.
- Ein **Übernahmegewinn** entsteht, wenn die Übernehmerin vor der Umwandlung an der Überträgerin beteiligt war und der Buchwert der wegfallenden Anteile niedriger als der Wert des übergehenden Betriebsvermögens ist. Übersteigt der Beteiligungsansatz den Wert des übergehenden Betriebsvermögens, so ergibt sich ein **Übernahmeverlust**.
- Bei der **Ermittlung des Übernahmeergebnisses** bleibt der Wert der übergegangenen Wirtschaftsgüter außer Ansatz, soweit er auf Anteile an der Überträgerin entfällt, die am steuerlichen Übertragungsstichtag nicht zum Betriebsvermögen des übernehmenden Rechtsträgers gehören.

Rückbeziehung des steuerlichen Übertragungsstichtags:

- Bei einer Umwandlung geht handelsrechtlich das Betriebsvermögen zum **Zeitpunkt der Eintragung des Umwandlungsbeschlusses** in das Handelsregister auf die Übernehmerin über. Gleichzeitig erlischt im Fall der Verschmelzung oder der Aufspaltung die übertragende Körperschaft. Würde das Steuerrecht an diesen Zeitpunkt anknüpfen, müsste die Überträgerin auf den Tag der Eintragung ihre Schlussbilanz und die Übernehmerin ihre Eröffnungsbilanz erstellen.
- Aus **Vereinfachungsgründen** lässt jedoch das Steuerrecht zu, dass die steuerlichen Wirkungen des Vermögensübergangs auf den der Eintragung vorangehenden Bilanzstichtag, der den handelsrechtlichen Regelungen zufolge **höchstens acht Monate** vor der Anmeldung zum Handelsregister liegen darf, **rückbezogen** werden kann (vgl. Abb. 135[1009]). Durch die Länge der Zeitspanne, die für **alle Rechtsformen** zwin-

---

[1008] Vgl. HERZIG, NORBERT: Diagonale Maßgeblichkeit bei Umwandlungsvorgängen?, in: FR 1997, S. 123-129; WEBER-GRELLET, HEINRICH: Die Unmaßgeblichkeit der Maßgeblichkeit im Umwandlungsrecht, in: BB 1997, S. 653-658.

[1009] Entnommen aus SCHÄFER, HARALD/SCHLARB, EBERHARD: Leitfaden zum Umwandlungssteuerrecht, 2. Aufl., Neuwied u.a. 1999, S. 31.

gend ist, ist es i.d.R. möglich, die Bilanz des letzten Geschäftsjahres als Schlussbilanz zu verwenden.[1010] § 2 Abs. 1 UmwStG bestimmt, dass das Vermögen der Überträgerin und das der Übernehmerin so zu ermitteln sind, als ob das Vermögen der Körperschaft mit Ablauf des Stichtags der genannten Bilanz (**steuerlicher Übertragungsstichtag**) ganz oder teilweise auf die Übernehmerin übergegangen wäre. Ist die übernehmende Gesellschaft eine Personengesellschaft, so gilt dies für das Einkommen und das Vermögen der Gesellschafter (§ 2 Abs. 2 UmwStG).

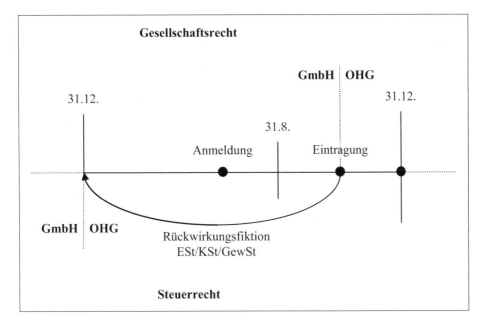

Abb. 135: Steuerliche Rückwirkung bei der Verschmelzung einer GmbH auf eine OHG

- Alle nach diesem Stichtag anfallenden **ertragsteuerlichen Vorgänge**, die sich bei der noch zivilrechtlich bis zur Eintragung der Umwandlung in das Handelsregister bestehenden Überträgerin ereignen, werden der **Übernehmerin** zugerechnet. Zudem gilt das Vermögen der Überträgerin als am steuerlichen Übertragungsstichtag auf die Übernehmerin übergegangen, obwohl es zivilrechtlich erst mit der Eintragung übergeht. Der Übernahmegewinn oder -verlust gilt auch als am steuerlichen Übertragungsstichtag entstanden.

- Nach der **Rückwirkungsfiktion** des § 2 Abs. 1 UmwStG endet die Steuerpflicht des übertragenden Rechtsträgers mit Ablauf des steuerlichen Übertragungsstichtags (z.B. am 31.12.2013). Der handelsrechtliche Umwandlungsstichtag ist also mit dem steuerlichen Übertragungsstichtag i.S.d. § 2 Abs. 1 UmwStG nicht identisch.[1011] Der übernehmende

---

[1010] Vgl. WOCHINGER, PETER/DÖTSCH, EWALD: Das neue Umwandlungssteuergesetz und seine Folgeänderungen bzw. Auswirkungen bei der Einkommen-, Körperschaft- und Gewerbesteuer, in: DB 1994, Beilage 14/1994, S. 22.

[1011] Vgl. BMF-Schreiben vom 11.11.2011, BStBl I 2011, S. 1314, Rn. 02.01.

Rechtsträger nimmt unmittelbar im Anschluss an den steuerlichen Übertragungsstichtag seine Geschäftstätigkeit mit dem auf ihn übergegangenen Vermögen auf (z.B. am 01.01.2014, 00.00 Uhr).[1012]

Die **Bilanzen nach Steuerrecht** sind übersichtlich in Abb. 136[1013] dargestellt, der **Umwandlungs- und Übertragungsstichtag** in Handels- und Steuerrecht sind in Abb. 137 aufgeführt.

Schlussbilanz des **übertragenden Rechtsträgers**	Letzte Gewinnermittlungsbilanz des übertragenden Rechtsträgers.
Übertragungsbilanz des **übertragenden Rechtsträgers**	Steuerliche Schlussbilanz des übertragenden Rechtsträgers nach Vornahme der durch das UmwStG zugelassenen Wertaufstockung. Sie dient der Ermittlung des steuerpflichtigen Übertragungsgewinns.
Schlussbilanz des **übernehmenden Rechtsträgers**	Letzte Gewinnermittlungsbilanz des übernehmenden Rechtsträgers.
Übernahmebilanz des **übernehmenden Rechtsträgers**	Steuerliche Schlussbilanz unter Einbeziehung des übernommenen Vermögens. Die Bilanzansätze für das übernommene Vermögen müssen mit den Bilanzansätzen aus der Übertragungsbilanz übereinstimmen (§§ 4 Abs. 1, 12 Abs. 1 S. 1 UmwStG). Bei einer Neugründung ist die Übernahmebilanz Eröffnungsbilanz.

Abb. 136: Bilanzen nach Steuerrecht

Handelsrecht		Steuerrecht	
Umwandlungsstichtag 01.01.2014		Übertragungsstichtag 31.12.2013	
Übertragender Rechtsträger	Schlussbilanz: 31.12.2013 Umwandlungsbilanz: 31.12.2013	Übertragender Rechtsträger	Schlussbilanz: 31.12.2013 Übertragungsbilanz: 31.12.2013
Übernehmender Rechtsträger	Schlussbilanz: 31.12.2013 Aufnahmebilanz bzw. Eröffnungsbilanz: 01.01.2014	Übernehmender Rechtsträger	Schlussbilanz: 31.12.2013 Übernahmebilanz: 31.12.2013

Abb. 137: Umwandlungsstichtag und Übertragungsstichtag in Handels- und Steuerrecht

---

[1012] Vgl. zu diesem Absatz THIEL, JOCHEN/EVERSBERG, HORST/LISHAUT, INGO VAN/NEUMANN, STEFFEN: Der Umwandlungssteuer-Erlaß 1998, in: GmbHR 1998, S. 397-443, s.b.S. 400.

[1013] Entnommen aus THIEL, JOCHEN/EVERSBERG, HORST/LISHAUT, INGO VAN/NEUMANN, STEFFEN: Der Umwandlungssteuer-Erlaß 1998, in: GmbHR 1998, S. 397-443, s.b.S. 401.

Eintritt in die Rechtsstellung: Der **übernehmende Rechtsträger** tritt bzgl. der AfA, der Sonder-AfA, der Inanspruchnahme von Bewertungsfreiheiten, gewinnmindernder Rücklagen **in die Rechtsstellung** des übertragenden Rechtsträgers ein. Nach altem Rechtsstand konnte ein verbleibender Verlustvortrag einer Körperschaft i.S.d. § 10d Abs. 4 S. 2 EStG auf den übernehmenden Rechtsträger übertragen werden (beachte aber § 12 Abs. 3 S. 2 UmwStG 1995!). Dies galt jedoch **nicht** für einen verbleibenden Verlustvortrag im Falle des **Vermögensübergangs auf eine Personengesellschaft** oder auf eine natürliche Person bzw. des Formwechsels einer Kapitalgesellschaft in eine Personengesellschaft (§ 4 Abs. 2 S. 2 UmwStG 1995 bzw. § 14 i.V.m. § 4 Abs. 2 S. 2 UmwStG 1995).[1014] Damit sollte die Übertragung eines Verlustabzugs von der Ebene der Körperschaftsteuer auf die Ebene der Einkommensteuer verhindert werden. Nach neuem Rechtsstand ist der **Übergang eines Verlustabzugs** (verrechenbare Verluste, verbleibende Verlustvorträge, vom übertragenden Rechtsträger nicht ausgeglichene negative Einkünfte) der übertragenden Kapitalgesellschaft **unabhängig von der Rechtsform der Übernehmerin** überhaupt **nicht mehr möglich** (§§ 4 Abs. 2 S. 2 und 12 Abs. 3 UmwStG).

Auch ein Zinsvortrag nach § 4h Abs. 1 S. 5 EStG sowie ein EBITDA-Vortrag nach § 4h Abs. 1 S. 3 EStG gehen nicht auf den übernehmenden Rechtsträger über (§§ 4 Abs. 2 S. 2 und 12 Abs. 3 UmwStG).

Zusammenfassend soll eine erneute Übersicht veranschaulichen, welche Umwandlungsarten das Umwandlungssteuerrecht kennt. Nach diesen Kategorien richtet sich auch die folgende Gliederung. Nur am Rande sei darauf hingewiesen, dass die einkommensteuerlichen Sondervorschriften des „Mitunternehmererlasses" (vgl. S. 473) bzw. der Realteilung (vgl. S. 545) zusätzlich existieren (vgl. Abb. 138).

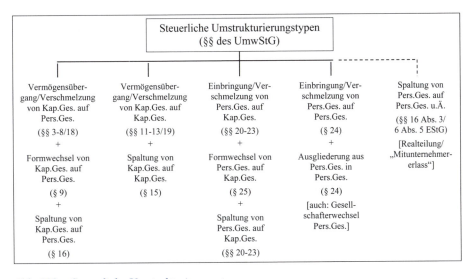

Abb. 138: Steuerliche Umstrukturierungstypen

[1014] Vgl. DEHMER, HANS: Das Umwandlungssteuergesetz 1994, in: DStR 1994, S. 1713-1722, 1753-1762, s.b.S. 1714.

B. Vermögensübergang von einer unbeschränkt steuerpflichtigen Körperschaft auf eine Personengesellschaft oder auf eine natürliche Person

1. Einordnung

Unter diesen steuerrechtlichen Begriff fallen die handelsrechtlichen Umwandlungsfälle: **Verschmelzung** von Kapital- auf Personengesellschaften, **Formwechsel** von Kapital- in Personengesellschaften (hier wird ein Vermögensübergang fingiert), **Auf- und Abspaltung** von Kapital- auf Personengesellschaften[1015] (vgl. Abb. 139).

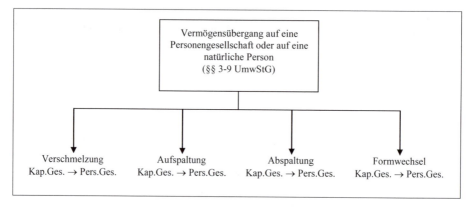

Abb. 139: Vermögensübergang i.S.d. §§ 3-9 UmwStG

Der Vermögensübergang von einer Körperschaft auf ein Personenunternehmen kann Steuerfolgen auf bis zu **drei Ebenen** auslösen:

- bei der untergehenden Körperschaft,
- bei dem übernehmenden Personenunternehmen und
- bei ihren Anteilseignern.[1016]

Anteilseigner der untergehenden Körperschaft und Übernehmer sind **identisch**, wenn der Übernehmer an der Körperschaft alle Anteile hält. Das ist der Fall

- bei Verschmelzung auf eine natürliche Person (Einzelunternehmer),
- bei Verschmelzung auf eine Personengesellschaft, die alle Anteile an der übertragenden Körperschaft besitzt.[1017]

Sind **andere Gesellschafter** bei der Umwandlung auf die Personengesellschaft beteiligt, erhalten sie als Ersatz für ihre untergehenden Anteile eine Beteiligung an der Personenge-

---

[1015] Vgl. OTT, HANS: Das neue Umwandlungs- und Umwandlungssteuerrecht, in: INF 1995, S. 143-150, s.b.S. 148.
[1016] Vgl. LISHAUT, INGO VAN: Umwandlungssteuerrecht, 2. Aufl., Köln 1998, S. 25.
[1017] Vgl. LISHAUT, INGO VAN: Umwandlungssteuerrecht, 2. Aufl., Köln 1998, S. 25.

sellschaft. Wechseln die Anteilseigner der Körperschaft bis zur Eintragung der Umwandlung im Handelsregister, so sind grundsätzlich die „letzten" Beteiligungsverhältnisse relevant.[1018] Bei der Verschmelzung einer GmbH auf eine bestehende Personengesellschaft sind steuerrechtlich die in Abb. 140[1019] dargestellten **Maßnahmen** vorzunehmen.

GmbH (= Überträgerin)
1. Erstellung der Jahres-Schlussbilanz
2. Erstellung der Übertragungsbilanz (Festlegung der Bewertung) – Ermittlung des Übertragungsgewinns/-verlustes – Ausgleich eines Übertragungsverlustes durch Wertaufstockung
3. Ermittlung der Gewerbesteuer und Körperschaftsteuer
4. Erstellung der Schlussbilanz
Personengesellschaft (= Übernehmerin)
5. Erstellung der Übernahmebilanz – Übernahme der Wirtschaftsgüter – Ausbuchung der Anteile im Betriebsvermögen
6. U.U. Erstellung einer Ergänzungsbilanz
Gesellschafter (= Mitunternehmer)
7. Ermittlung des Übernahmegewinns/-verlustes (bei Anteilen im Betriebsvermögen und Anteilen im Privatvermögen i.S.v. § 17 EStG gelten diese gem. § 5 Abs. 2 und 3 UmwStG als in das Betriebsvermögen eingelegt; sog. **Einlagefiktion**)
8. Ermittlung der Einkünfte aus Kapitalvermögen (bei Anteilen im Privatvermögen, die nicht i.S.v. § 17 EStG zu erfassen sind)
9. Ermittlung der individuellen Einkommensteuer

Abb. 140: Steuerrechtlicher Ablauf der Umwandlung

2. Die Besteuerung der übertragenden Gesellschaft

Aufgrund des EU/EWR-weiten Anwendungsbereichs der Neufassung des Umwandlungssteuergesetzes sind nach § 3 Abs. 1 S. 1 UmwStG die übergehenden Wirtschaftsgüter, **einschließlich nicht entgeltlich erworbener und selbst geschaffener immaterieller Wirtschaftsgüter**, mit dem **gemeinen Wert** anzusetzen. Dadurch wird das Besteuerungsrecht Deutschlands an den stillen Reserven der übertragenden Körperschaft sichergestellt. Für die Bewertung der **Pensionsrückstellungen** gilt allerdings der Ansatz gem. § 6a EStG (§ 3

[1018] Vgl. LISHAUT, INGO VAN: Umwandlungssteuerrecht, 2. Aufl., Köln 1998, S. 25.

[1019] Modifiziert entnommen aus SCHÄFER, HARALD/SCHLARB, EBERHARD: Leitfaden zum Umwandlungssteuerrecht, 2. Aufl., Neuwied u.a. 1999, S. 53.

Abs. 1 S. 2 UmwStG). Bezüglich der Bewertung des **Firmenwertes**, für den es keinen gemeinen Wert gibt, ist der Teilwert maßgeblich.[1020]

Abweichend davon können die zu übertragenden Wirtschaftsgüter auf Antrag mit einem **Buchwert** oder mit einem **Zwischenwert** angesetzt werden, soweit gem. § 3 Abs. 2 S. 1 UmwStG

- sie **Betriebsvermögen** des übernehmenden Personenunternehmens bleiben und sichergestellt wird, dass sie später der Besteuerung mit Einkommensteuer oder Körperschaftsteuer unterliegen,[1021] und

- das Recht Deutschlands auf Besteuerung des Gewinns der übertragenden Wirtschaftsgüter bei den Gesellschaftern der übernehmenden Personengesellschaft **nicht ausgeschlossen** oder **beschränkt** wird und

- eine Gegenleistung **nicht** gewährt wird oder in **Gesellschaftsrechten** besteht.

Der **Antrag** ist nach § 3 Abs. 2 S. 2 UmwStG spätestens bis zur erstmaligen Abgabe der steuerlichen Schlussbilanz bei dem für die Besteuerung der übertragenden Körperschaft zuständigen Finanzamt zu stellen. Dabei sind die Voraussetzungen **gesellschafterbezogen**, also für jeden Gesellschafter der Personengesellschaft gesondert, zu prüfen.[1022]

Eine **Beschränkung des deutschen Besteuerungsrechts** liegt nicht vor, soweit die stillen Reserven der Wirtschaftsgüter in Deutschland steuerlich **verstrickt** bleiben und somit die Besteuerung eines möglichen Veräußerungsgewinns vollständig sichergestellt wird. Hingegen führt die erstmalige (aufgrund eines DBA vorzunehmende) **Anrechnung ausländischer Steuern** zu einer Beschränkung des deutschen Besteuerungsrechts unabhängig davon, dass die Wirtschaftsgüter im Inland steuerverstrickt bleiben.[1023] Wird **inländisches Betriebsvermögen** übertragen, erzielt ein beschränkt steuerpflichtiger Mitunternehmer beschränkt steuerpflichtige Betriebsstätteneinkünfte i.S.d. § 49 Abs. 1 Nr. 2 Buchst. a EStG. Diesbezüglich wird im DBA-Fall das Besteuerungsrecht regelmäßig dem Betriebsstättenstaat zugewiesen, weshalb die auf die Personengesellschaft übergehenden Wirtschaftsgüter in Deutschland steuerverhaftet bleiben.

Werden die übergehenden Wirtschaftsgüter mit über den Buchwerten liegenden Werten angesetzt, so entsteht ein ungemildert – bei Gewerbesteuer und Körperschaftsteuer sowie beim Solidaritätszuschlag – zu besteuernder **Übertragungsgewinn** (die Entstehung eines **Übertragungsverlustes** ist – im Gegensatz zum Übernahmeverlust bei der übernehmenden Gesellschaft – nur bei Vorliegen eines negativen Betriebsvermögens möglich).

[1020] Vgl. MÖHLENBROCK, ROLF/PUNG, ALEXANDRA: § 3 UmwStG, in: Umwandlungssteuerrecht, hrsg. von EWALD DÖTSCH u.a., 7. Aufl., Stuttgart 2012, S. 195-242, Rn. 14.

[1021] Findet somit der Vermögensübergang auf eine Personengesellschaft ohne Betriebsvermögen statt (z.B. Vermögensübertragungen rein vermögensverwaltender Kapitalgesellschaften auf nicht gewerblich geprägte bzw. infizierte Personengesellschaften), ist das übergehende Vermögen auf Ebene der übertragenden Kapitalgesellschaft gem. § 8 UmwStG zwingend mit dem gemeinen Wert anzusetzen.

[1022] Vgl. MÖHLENBROCK, ROLF/PUNG, ALEXANDRA: § 3 UmwStG, in: Umwandlungssteuerrecht, hrsg. von EWALD DÖTSCH u.a., 7. Aufl., Stuttgart 2012, S. 195-242, Rn. 21.

[1023] Vgl. HAGEMANN, JENS/JACOB, BURKHARD/ROPOHL, FLORIAN/VIEBROCK, BJÖRN: SEStEG – Das neue Konzept der Verstrickung und Entstrickung sowie die Neufassung des Umwandlungssteuergesetzes, in: NWB-Sonderheft 1 2007, S. 1-44, s.b.S. 20.

Der Ansatz von Werten, die den Buchwert übersteigen, ist dann von Vorteil, wenn die übertragende Körperschaft über einen noch nicht ausgeglichenen Verlust verfügt; ein **Verlustvortrag** i.S.d. § 10d Abs. 4 S. 2 EStG **geht** nämlich **nicht** auf die Gesellschafter der übernehmenden Personengesellschaft **über**, da der Verlust bereits das Vermögen der übertragenden Gesellschaft gemindert hat. Durch die Aufstockung der übergehenden Wirtschaftsgüter auf den gemeinen Wert oder auf einen Zwischenwert können **verbleibende Verlustvorträge** mit dem steuerpflichtigen Übertragungsgewinn verrechnet werden. Dabei setzen aber die **Mindestbesteuerung** nach § 10d EStG bzw. § 10a GewStG sowie die **Höhe der stillen Reserven** der Verlustnutzung Grenzen. Im Falle einer Mindestbesteuerung ist zu prüfen, ob der damit einhergehende steuerliche Nachteil durch steuerliche Vorteile aus der durch die Aufstockung erhöhten Abschreibungsbasis kompensiert wird. Diesbezüglich wäre es aber auch möglich, dass die Höhe der körperschaftsteuerlichen und gewerbesteuerlichen Verlustvorträge auseinander fällt, sodass die Aufstockung eine gewerbesteuerliche Belastung zur Folge haben kann, soweit kein gewerbesteuerlich nutzbarer Verlust vorliegt.

Besaß die übertragende Körperschaft vor Inkrafttreten des BilMoG **eigene Anteile**, so wurden diese durch die Umwandlung **wertlos** und waren in der steuerlichen Schlussbilanz nicht mehr zu erfassen (Behandlung wie vorherige Einziehung).[1024] Der hierdurch entstehende Buchverlust war außerhalb der Bilanz bei der steuerlichen Gewinnermittlung zu berücksichtigen bzw. in der Bilanz mit der „Rücklage für eigene Anteile" gewinnneutral zu verrechnen.[1025] Ein Ausweis eigener Anteile ist allerdings gem. § 272 Abs. 1a HGB nach BilMoG nicht mehr zulässig, sodass die vorgestellten Anpassungen nicht mehr notwendig sind.[1026]

Wie zuvor dargestellt, wurde das System der ausschüttungsabhängigen Minderung des Körperschaftsteuerguthabens im Zuge des SEStEG durch eine **ratierliche Auszahlung des Körperschaftsteuerguthabens** gem. § 37 Abs. 4-7 KStG ersetzt. Der abgezinste Auszahlungsanspruch ist dabei in der Übertragungsbilanz der übergehenden Körperschaft anzusetzen. Nach der Verschmelzung geht dieser auf die übernehmende Personengesellschaft über. Gleiches gilt für die nunmehr ratierliche Zahlung des auf einem etwaigen EK 02-Bestand basierenden Körperschaftsteuererhöhungsbetrags (jährlich jeweils 3 % des i.d.R. auf den 31.12.2006 festgestellten EK 02-Betrags über 10 Jahre; vgl. § 38 Abs. 4-10 KStG). Da § 10 UmwStG durch das Jahressteuergesetz 2008 grundsätzlich aufgehoben wurde, hat diese Regelung i.d.R. nur noch Bedeutung für Umwandlungen, deren steuerlicher Übertragungsstichtag vor dem 01.01.2007 liegt.[1027]

[1024] Vgl. KLINGEBIEL, JÖRG u.a.: Umwandlungssteuerrecht, 3. Aufl., Stuttgart 2012, S. 114; PUNG, ALEXANDRA: § 4 UmwStG, in: Umwandlungssteuerrecht, hrsg. von EWALD DÖTSCH u.a., 7. Aufl., Stuttgart 2012, S. 243-338, Rn. 63.

[1025] Vgl. BMF-Schreiben vom 11.11.2011, BStBl I 2011, S. 1314, Rn. 04.32.

[1026] Vgl. PUNG, ALEXANDRA: § 4 UmwStG, in: Umwandlungssteuerrecht, hrsg. von EWALD DÖTSCH u.a., 7. Aufl., Stuttgart 2012, S. 243-338, Rn. 63.

[1027] Vgl. BMF-Schreiben vom 11.11.2011, BStBl I 2011, S. 1314, Rn. 10.01.

Die an der Umwandlung beteiligten Rechtsträger haben die auf sie entfallenden **Kosten** jeweils **selbst** zu tragen; die Umwandlungskosten bei der übertragenden Körperschaft sind Betriebsausgaben und keine Anschaffungskosten.[1028]

Bei **nachträglicher Änderung** der Ansätze der steuerlichen Übertragungsbilanz (z.B. i.R. einer Betriebsprüfung) muss die Übernahmebilanz des übernehmenden Rechtsträgers nach § 4 Abs. 1 UmwStG entsprechend geändert werden.[1029]

3. Die Besteuerung der übernehmenden Personengesellschaft

Die Übernahme der Wirtschaftsgüter erfolgt **grundsätzlich** gem. § 4 Abs. 1 S. 1 UmwStG **mit den Werten aus der steuerlichen Schlussbilanz der übertragenden Körperschaft ("Wertverknüpfung")**. Die Personengesellschaft als Gesamtrechtsnachfolgerin tritt in die Rechtsstellung der übertragenden Kapitalgesellschaft ein. Das bedeutet insb.

- die Übernahme der bisherigen Abschreibungsregelungen einschließlich etwaiger Sonderabschreibungen,
- die Übernahme steuermindernder Rücklagen,
- den Ansatz niedrigerer Teilwerte aufgrund einer voraussichtlich dauernden Wertminderung gem. § 6 Abs. 1 Nr. 1 S. 2 und Nr. 2 S. 2 EStG und
- die Anrechnung der Zugehörigkeitsdauer von Wirtschaftsgütern zum Betriebsvermögen, wenn diese für die Besteuerung bedeutsam ist (§ 4 Abs. 2 S. 3 UmwStG).

Beispiele: (Besitzzeitanrechnung)[1030]

- Sechsjährige Zugehörigkeit zum Anlagevermögen einer inländischen Betriebstätte des veräußernden Steuerpflichtigen (vgl. § 6b Abs. 4 S. 1 Nr. 2 EStG);
- ununterbrochene Beteiligung des Organträgers an der Organgesellschaft mit der Mehrheit der Stimmrechte von Beginn ihres Wirtschaftsjahres an (vgl. § 14 Abs. 1 Nr. 1 KStG);
- Beteiligung an einer ausländischen Tochterkapitalgesellschaft mit mindestens 15 %, ununterbrochen seit Beginn des Erhebungszeitraums (internationales gewerbesteuerliches Schachtelprivileg; vgl. § 9 Nr. 7 S. 1 1. Halbsatz GewStG).

Bei der Ermittlung der Bemessungsgrundlagen für die Besteuerung der übertragenden Körperschaft und der Übernehmerin sind nur die **nicht objektbezogenen Kosten der Vermögensübertragung** (z.B. Kosten der Beurkundung des Verschmelzungsvertrages, Anmeldung oder Eintragung ins Handelsregister) zu berücksichtigen.[1031] Die Grunderwerbsteuer, die zu den objektbezogenen Kosten zählt, wird als Konsequenz der Annahme, dass die Umwandlung eine Anschaffung der übergehenden Vermögensgegenstände darstellt, als Anschaf-

---

[1028] Vgl. MÖHLENBROCK, ROLF/PUNG, ALEXANDRA: § 3 UmwStG, in: Umwandlungssteuerrecht, hrsg. von EWALD DÖTSCH u.a., 7. Aufl., Stuttgart 2012, S. 195-242, Rn. 67. Vgl auch BMF-Schreiben vom 25.03.1998, BStBl I 1998, S. 268, Rn. 03.13.

[1029] Vgl. MÖHLENBROCK, ROLF/PUNG, ALEXANDRA: § 3 UmwStG, in: Umwandlungssteuerrecht, hrsg. von EWALD DÖTSCH u.a., 7. Aufl., Stuttgart 2012, S. 195-242, Rn. 68. Vgl. auch BMF-Schreiben vom 25.03.1998, BStBl I 1998, S. 268, Rn. 03.14.

[1030] Modifiziert entnommen aus DEHMER, HANS: Umwandlungssteuererlaß 1998 – Erläuterungsbuch für die Steuerpraxis, München 1998, S. 107, Rn 04.08.

[1031] Vgl. BMF-Schreiben vom 11.11.2011, BStBl I 2011, S. 1314, Rn. 04.34.

fungsnebenkosten angesehen und ist daher zu aktivieren.[1032] Die bei der Übernehmerin angefallenen Kosten (Umwandlungskosten) mindern das Übernahmeergebnis. Falls diese laufenden Aufwand beim übernehmenden Rechtsträger darstellen, ist eine außerbilanzielle Korrektur vorzunehmen.[1033]

> **Beispiele: (Abschreibung i.S.v. § 4 Abs. 3 UmwStG)[1034]**
>
> **a) Gebäude**:
>
> Im Betriebsvermögen der M-GmbH, die zum 31.12.2013 in die M-GmbH & Co. KG umgewandelt wurde, war in der steuerlichen Schlussbilanz zum 31.12.2013 ein Betriebsgebäude mit einem Wert von 252.000 € ausgewiesen. Die Herstellungskosten des Gebäudes betrugen 300.000 €, die Nutzungsdauer wurde mit 25 Jahren festgesetzt. Das Gebäude ist vier Jahre alt und wurde jährlich mit 4 % (§ 7 Abs. 4 S. 2 EStG) von 300.000 € = 12.000 € abgeschrieben.
>
> I.R.d. Umwandlung auf die M-GmbH & Co. KG ergab sich für das Gebäude ein Aufstockungsbetrag von 126.000 € (Zwischenwertansatz).
>
> Neue AfA-Bemessungsgrundlage:
>
> | Bisher (HK) | 300.000 € |
> |---|---|
> | Aufstockungsbetrag | 126.000 € |
> | Neue AfA-Bemessungsgrundlage | 426.000 € |
> | AfA-Satz (wie bisher) | 4 % |
> | Neue Jahres-AfA | = 17.040 € |
>
> Das bedeutet, dass sich die Abschreibungsdauer (rechnerisch) auf ca. 27 Jahre verlängert.
>
> | Zeitraum | AfA p.a. | Dauer | Summe AfA |
> |---|---|---|---|
> | Jahr 1-4 | 12.000 € | 4 Jahre | 48.000 € |
> | Jahr 5-26 | 17.040 € | 22 Jahre | 374.880 € |
> | Jahr 27 (Rest) | 3.120 € | 1 Jahr | 3.120 € |
> | | | 27 Jahre | 426.000 € |
>
> **b) Maschine**:
>
> In der steuerlichen Schlussbilanz der M-GmbH am 31.12.2013 war auch eine Maschine mit dem Restbuchwert von 1 € (Gemeiner Wert 7.000 €) ausgewiesen. Auf diese Maschine entfällt i.R.d. Umwandlung in die M-GmbH & Co. KG ein Aufstockungsbetrag von 4.000 € (Zwischenwertansatz). Die Maschine wird im Betrieb noch voll genutzt und soll eine tatsächliche Restnutzungsdauer von zwei Jahren haben.
>
> AfA ab 2014: jährlich 50 % von 4.000 € = 2.000 €.
>
> Wird der Umwandlungsvorgang steuerlich z.B. auf den letzten Tag des Wirtschaftsjahrs der übernehmenden Personengesellschaft zurückbezogen, oder ist der Umwandlungsvorgang bzw. der Übernahmeverlust der einzige Geschäftsvorfall der Übernehmerin, kann der Übernehmerin eine (anteilige) AfA auf die Aufstockungsbeträge (schon) für dieses Wirtschaftsjahr nicht versagt werden.

Werden die Wirtschaftsgüter der übertragenden Kapitalgesellschaft mit Werten angesetzt, die die Buchwerte **übersteigen** (d.h. Zwischenwerte bzw. max. gemeine Werte), entsteht bei der Überträgerin ein steuerpflichtiger Gewinn. Obwohl die Werte der Übertragungsbilanz übernommen werden, kann noch ein **Übernahmegewinn** entstehen, da auch in den unterge-

---

[1032] Vgl. FROTSCHER, GERRIT: Umwandlungssteuererlass 2011, Freiburg 2012, S. 226.

[1033] Vgl. BMF-Schreiben vom 11.11.2011, BStBl I 2011, S. 1314, Rn. 04.34.

[1034] Modifiziert entnommen aus DÖTSCH, EWALD/LISHAUT, INGO VAN/WOCHINGER, PETER: Der neue Umwandlungssteuererlaß, in: DB 1998, Beilage 7/1998, S. 10.

henden Anteilen an der übertragenden Körperschaft stille Reserven stecken können. Hier sind die drei in Abb. 141 aufgezeigten Fälle zu unterscheiden.

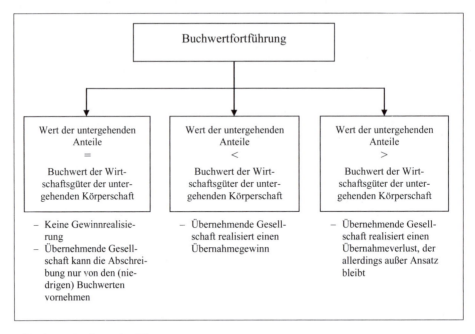

Abb. 141: Buchwertfortführung

Die **Ermittlung des steuerlichen Übernahmeergebnisses** bei der Verschmelzung einer Kapitalgesellschaft auf eine Personengesellschaft wurde im Rahmen von SEStEG grundlegend geändert. Dabei wird das Übernahmeergebnis in zwei Stufen ermittelt. Hintergrund ist die Sicherung der deutschen Quellenbesteuerung von Steuerausländern.[1035] Auf der **ersten Stufe** ergibt sich nach § 4 Abs. 4 S. 1 UmwStG ein Übernahmegewinn oder Übernahmeverlust in der Höhe des **Unterschiedsbetrages** zwischen dem Wert, mit dem die übergegangenen Wirtschaftsgüter zu übernehmen sind, abzüglich der Kosten für den Vermögensübergang (z.B. Beratungskosten, Notarkosten) und dem Wert der Anteile an der übertragenden Kapitalgesellschaft.[1036] Damit ist zunächst der **Wert der Anteile** an der übertragenden Kapitalgesellschaft zu ermitteln:

– Hält die übernehmende Gesellschaft bereits **vor** der Verschmelzung Anteile an der übertragenden Gesellschaft, sind diese zum steuerlichen Übertragungsstichtag gem. § 4 Abs. 1 S. 2 UmwStG mit dem **Buchwert, erhöht um Abschreibungen**, die in früheren Jahren steuerwirksam vorgenommen worden sind, sowie um **Abzüge nach § 6b EStG** und ähnliche Abzüge, **höchstens** mit dem **gemeinen Wert** anzusetzen. Die steuerwirk-

---

[1035] Vgl. RÖDDER, THOMAS/SCHUMACHER, ANDREAS: Das SEStEG – Überblick über die endgültige Fassung und die Änderungen gegenüber dem Regierungsentwurf, in: DStR 2007, S. 369-377, s.b.S. 372.

[1036] Vgl. PUNG, ALEXANDRA: § 4 UmwStG, in: Umwandlungssteuerrecht, hrsg. von EWALD DÖTSCH u.a., 7. Aufl., Stuttgart 2012, S. 243-338, Rn. 44.

same Wertkorrektur erhöht den laufenden Gewinn des übernehmenden Rechtsträgers gem. § 8b Abs. 2 S. 4 und 5 KStG bzw. § 3 Nr. 40 S. 1 Buchst. a S. 2 und 3 EStG.

– Gleiches gilt nach § 5 Abs. 3 UmwStG, soweit Anteile an der übertragenden Gesellschaft **zum Betriebsvermögen** eines Anteilseigners gehören. Diese Anteile gelten als am steuerlichen Übertragungsstichtag in das Betriebsvermögen des übernehmenden Rechtsträgers eingelegt (**Einlagefiktion**). Die **steuerwirksame Wertkorrektur** um Teilwertabschreibungen sowie Abzüge nach § 6b EStG erhöht den **laufenden Gewinn** des Gesellschafters. Damit sollen ungewollte Steuergestaltungen in Bezug auf die Höhe des Übernahmeergebnisses unterbunden werden.

– Die Einlagefiktion findet Anwendung auch auf **Anteile** an der übertragenden Kapitalgesellschaft **i.S.d. § 17 EStG**, die am steuerlichen Übertragungsstichtag zum **Privatvermögen** eines Gesellschafters der übernehmenden Personengesellschaft gehören. Dabei gelten solche Anteile gem. § 5 Abs. 2 UmwStG als zum steuerlichen Übertragungsstichtag in das Betriebsvermögen des übernehmenden Rechtsträgers mit den Anschaffungskosten eingelegt.

– Schließlich ist für einen **nicht i.S.d. § 17 EStG** beteiligten Anteilseigner, der seine Anteile im Privatvermögen hält, gem. § 4 Abs. 4 S. 3 UmwStG **kein Übernahmegewinn bzw. kein Übernahmeverlust** zu ermitteln.

Beispiel: (Übernahmeergebnisermittlung bei einer Anteilsquote von unter 100 %)[1037]

80 % der Anteile an der übertragenden Kapitalgesellschaft gehören am steuerlichen Übertragungsstichtag unter Berücksichtigung des § 5 UmwStG zum Betriebsvermögen der übernehmenden Personengesellschaft.

20 % der Anteile gehören zum Privatvermögen von Anteilseignern, die nicht i.S.d. § 17 EStG an der übertragenden Kapitalgesellschaft beteiligt sind.

I.H.v. 20 % bleibt der Wert der übergegangenen Wirtschaftsgüter bei der Ermittlung des Übernahmegewinns oder Übernahmeverlustes außer Ansatz. Für die 20 % der Anteile entfällt die Ermittlung eines Übernahmegewinns oder Übernahmeverlusts.

Auf der **zweiten Stufe** der Ergebnisermittlung sind zwei weitere Korrekturen vorzunehmen:

– Nach § 4 Abs. 5 S. 1 UmwStG erhöht sich ein Übernahmegewinn bzw. verringert sich ein Übernahmeverlust um einen **Sperrbetrag i.S.d. § 50c EStG** i.d.F. des StEntlG 1999/2000/2002 vom 24.03.1999[1038], soweit die Anteile an der übertragenden Kapitalgesellschaft am steuerlichen Übertragungsstichtag zum **Betriebsvermögen** des übernehmenden Rechtsträgers gehören. Der Sperrbetrag i.H.d. Unterschieds zwischen den **Anschaffungskosten** und dem **Nennbetrag der Anteile** sollte verhindern, dass nichtanrechnungsberechtigte Anteilseigner über den Umweg der Veräußerung ihrer Beteiligung an einen Anrechnungsberechtigten in den Genuss des Körperschaftsteuerguthabens gelangten. Er ist für eine Übergangsfrist von zehn Jahren noch für Altfälle relevant, in denen ein Erwerb von Anteilen von anrechnungsberechtigten (inländischen) Gesellschaftern erfolgte, bei denen ein Veräußerungserlös nicht steuerpflichtig war. Somit scheidet für Umwandlungen ab dem Jahr 2012 die Hinzurechnung nach § 4 Abs. 5 S. 1 UmwStG

[1037] Entnommen aus BMF-Schreiben vom 11.11.2011, BStBl I 2011, S. 1314, Rn. 04.30.
[1038] Vgl. BStBl I 1999, S. 304.

aus.[1039] Dies galt v.a. für den Erwerb vom nicht-maßgeblich beteiligten GmbH-Gesellschafter mit Anteilen im steuerlichen Privatvermögen, da bei diesem der Veräußerungserlös außerhalb der Spekulationsfrist von 12 Monaten (§ 23 Abs. 1 Nr. 2 EStG) steuerfrei war.[1040]

– Nach § 4 Abs. 5 S. 2 UmwStG vermindert sich der Übertragungsgewinn bzw. erhöht sich der Übertragungsverlust um die **offenen Rücklagen**, die nach § 7 UmwStG zu den **Einkünften aus Kapitalvermögen i.S.d. § 20 Abs. 1 Nr. 1 EStG** gehören. Aufgrund der personenbezogenen Ermittlung findet ein separater Abzug für jeden Anteilseigner statt.[1041] Die offenen Rücklagen entsprechen dem Teil des in der Steuerbilanz ausgewiesenen Eigenkapitals abzüglich des Bestands des steuerlichen Einlagekontos i.S.d. § 27 KStG, der sich nach Anwendung des § 29 Abs. 1 KStG ergibt. Dieser Teil ist wiederum dem Anteilseigner **im Verhältnis der Anteile zum Nennkapital** der übertragenden Kapitalgesellschaft als Einnahmen aus Kapitalvermögen i.S.d. § 20 Abs. 1 Nr. 1 EStG zuzurechnen.

Das Nennkapital gilt nach § 29 Abs. 1 KStG **als im vollen Umfang herabgesetzt** und wird anschließend **dem steuerlichen Einlagekonto gutgeschrieben**. Damit sind sämtliche Teile des steuerlichen Eigenkapitals, die keine Gesellschaftereinlagen darstellen, als eine Dividende zu versteuern. Dementsprechend ist auch Kapitalertragsteuer nach § 43 Abs. 1 S. 1 EStG i.H.v. 25 % abzuführen. Bei Kapitalgesellschaften als Gesellschafter kommt anschließend § 8b Abs. 1 i.V.m. Abs. 5 KStG zur Anwendung, während bei natürlichen Personen, die die Beteiligung im Betriebsvermögen halten, die Dividenden nach § 3 Nr. 40 Buchst. d EStG besteuert werden. Werden die Beteiligungen hingegen dem Privatvermögen der natürlichen Person zugeordnet, so sind die Dividendenerträge gem. § 32d Abs. 1 EStG unabhängig von der Beteiligungsquote der Abgeltungssteuer i.H.v. 25 % zu unterwerfen.

[1039] Vgl. FROTSCHER, GERRIT: Umwandlungssteuererlass 2011, Freiburg 2012, S. 230 f.; STAATS, WENDELIN: § 4, in: LADEMANN Umwandlungssteuergesetz, Stuttgart u.a. 2012, S. 213-256, Rn. 133.

[1040] Vgl. SCHÄFER, HARALD/SCHLARB, EBERHARD: Leitfaden zum Umwandlungssteuerrecht, 2. Aufl., Neuwied u.a. 1999, S. 86.

[1041] Vgl. BMF-Schreiben vom 11.11.2011, BStBl I 2011, S. 1314, Rn. 04.38.

Vor diesem Hintergrund berechnet sich das **Übernahmeergebnis nach §§ 4, 5 und 7 UmwStG** wie folgt:[1042]

	Wert, mit dem die übergegangenen Wirtschaftsgüter i.S.d. § 4 Abs. 1 UmwStG zu übernehmen sind
./.	Umwandlungskosten
./.	(Korrigierter) Wert der Anteile an der übertragenden Körperschaft
=	Übernahmeergebnis (erster Stufe)
+	Sperrbetrag nach § 50c EStG i.d.F. des StEntlG 1999/2000/2002[1043] innerhalb der Übergangszeit (§ 4 Abs. 5 UmwStG i.V.m. § 52 Abs. 59 EStG)[1044]
./.	Bezüge nach § 7 UmwStG
=	Übernahmegewinn/-verlust (zweiter Stufe)

Das übergehende Vermögen ist **mindestens mit 0 €** anzusetzen. Diese Regelung gilt nur für die Ermittlung des Übernahmegewinns (bzw. -verlustes), also nicht für den Wertansatz bei der übernehmenden Personengesellschaft. Dieser Mindestwertansatz soll die missbräuchliche Verschmelzung von Verlustmänteln verhindern.[1045]

Beispiel: (Übernahmeergebnisermittlung)[1046]

A ist alleiniger Gesellschafter der X-GmbH und hält seine Anteile (Anschaffungskosten: 100.000 €) im Privatvermögen. Im Jahr 2005 wurden 75.000 € in die Kapitalrücklage eingezahlt und als Zugang zum steuerlichen Einlagekonto erfasst. Im Jahr 2014 soll die X-GmbH rückwirkend zum 31.12.2013 auf die B-GmbH & Co. KG verschmolzen werden. Gesellschafter der B-GmbH & Co. KG sind A als alleiniger Kommanditist und die Y-GmbH als Komplementärin ohne Kapitalbeteiligung. Die Steuerbilanz der X-GmbH entspricht deren Handelsbilanz und präsentiert sich folgendermaßen:

[1042] Stark modifiziert entnommen aus PUNG, ALEXANDRA: § 4 UmwStG, in: Umwandlungssteuerrecht, hrsg. von EWALD DÖTSCH u.a., 7. Aufl., Stuttgart 2012, S. 243-338, Rn. 43.

[1043] Vgl. BStBl I 1999, S. 304.

[1044] Die Hinzurechnungsvorschrift besitzt ausschließlich in den Fällen eine materielle Bedeutung, in denen sich ein Übernahmegewinn erhöht bzw. in denen ein Übernahmeverlust in einen Übernahmegewinn umschlägt. Mindert sich ein bereits bestehender Übernahmeverlust, geht § 4 Abs. 5 UmwStG ins Leere, da diese Größe gem. § 4 Abs. 6 UmwStG außer Ansatz bleibt; vgl. WILLIBALD, FRANZ/SCHAFLITZL, ANDREAS: § 4 UmwStG, in: Reform der Unternehmensbesteuerung, hrsg. von OPPENHOFF & RÄDLER, LINKLATERS & ALLIANCE, Stuttgart 2000, S. 341.

[1045] Vgl. THIEL, JOCHEN/EVERSBERG, HORST/LISHAUT, INGO VAN/NEUMANN, STEFFEN: Der Umwandlungssteuer-Erlaß 1998, in: GmbHR 1998, S. 397-443, s.b.S. 409.

[1046] Modifiziert entnommen aus HAGEMANN, JENS/JACOB, BURKHARD/ROPOHL, FLORIAN/VIEBROCK, BJÖRN: SEStEG – Das neue Konzept der Verstrickung und Entstrickung sowie die Neufassung des Umwandlungssteuergesetzes, in: NWB-Sonderheft 1 2007, S. 1-44, s.b.S. 18.

Aktiva	X-GmbH (in T€)		Passiva
Diverse Aktiva	700	Stammkapital	25
		Kapitalrücklage	75
		Gewinnrücklage	200
		Fremdkapital	400
	700		700

Im Anlagevermögen sind stille Reserven i.H.v. 300.000 € enthalten. Letztlich fallen auch Umwandlungskosten i.H.v. 10.000 € an.

Um eine Besteuerung der stillen Reserven zu vermeiden, stellt die X-GmbH einen Antrag auf Fortführung der Buchwerte. Damit entsteht kein Übertragungsgewinn. Mangels vorangegangener Wertminderungen auf den Beteiligungsansatz entsteht kein Beteiligungskorrekturgewinn. Die Bezüge nach § 7 UmwStG lassen sich folgendermaßen ermitteln:

	(Anteiliges) in der Steuerbilanz ausgewiesenes Eigenkapital	300.000 €
./.	(Anteiliger) Bestand des steuerlichen Einlagekontos i.S.d. § 27 KStG nach Hinzurechnung des Nennkapitals (§ 29 Abs. 1 KStG)	100.000 €
=	Bezüge nach § 7 UmwStG	200.000 €

Nach der Ermittlung der Bezüge nach § 7 UmwStG kann nun das Übernahmeergebnis ermittelt werden:

	Werte der übergegangenen Wirtschaftsgüter	300.000 €
./.	Umwandlungskosten	10.000 €
./.	(Korrigierter) Wert der Anteile an der X-GmbH	100.000 €
=	Übernahmegewinn erster Stufe	190.000 €
./.	Bezüge nach § 7 UmwStG	200.000 €
=	Übernahmeergebnis zweiter Stufe	./. 10.000 €

In Abhängigkeit vom Mitunternehmerkreis der übernehmenden Personengesellschaft fällt **die steuerliche Behandlung** des Übernahmegewinns unterschiedlich aus (§ 4 Abs. 7 UmwStG). Soweit der Übernahmegewinn auf eine Körperschaft, Personenvereinigung oder Vermögensmasse als Mitunternehmerin der Personengesellschaft entfällt, ist § 8b KStG anzuwenden. Für alle übrigen Fälle gilt § 3 Nr. 40 S. 1 und 2 EStG i.V.m. § 3c EStG.

Gem. § 18 Abs. 2 UmwStG ist der **Übernahmegewinn nicht gewerbesteuerpflichtig.**

Der Abzug der Bezüge nach § 7 UmwStG vom Übernahmeergebnis kann auch zu einem **Übernahmeverlust** führen. Soweit der Übernahmeverlust auf eine Körperschaft, Personenvereinigung oder Vermögensmasse als Mitunternehmerin der Personengesellschaft entfällt, bleibt dieser gem. § 4 Abs. 6 UmwStG außer Ansatz. Entfällt der Übernahmeverlust dagegen auf eine natürliche Person, ist er gem. § 4 Abs. 6 S. 4 UmwStG **zu 60 %, höchstens i.H.v. 60 % der Bezüge i.S.d. § 7 UmwStG** zu berücksichtigen.[1047]

Abweichend davon bleibt ein Übernahmeverlust nach § 4 Abs. 6 S. 6 UmwStG in jedem Fall in **voller Höhe außer Ansatz**, soweit

– bei Veräußerung der Anteile an der übertragenden Kapitalgesellschaft ein Veräußerungsverlust nach § 17 Abs. 2 S. 6 EStG nicht zu berücksichtigen wäre, oder

---

[1047] Vgl. RÖDDER, THOMAS/SCHUMACHER, ANDREAS: Das SEStEG – Überblick über die endgültige Fassung und die Änderungen gegenüber dem Regierungsentwurf, in: DStR 2007, S. 369-377, s.b.S. 373.

– die Anteile innerhalb der letzten fünf Jahre vor dem steuerlichen Übertragungsstichtag entgeltlich erworben wurden.

Letzteres kann ggf. dazu führen, dass der Übernahmeverlust nicht berücksichtigt wird, obwohl im ersten Schritt die offenen Rücklagen besteuert wurden.[1048] Damit sollen allerdings **Gestaltungsmissbräuche** verhindert werden.[1049] So könnte ein Einzelunternehmer z.B. seinen Betrieb in eine Kapitalgesellschaft zu Buchwerten einbringen und den Erlös aus der Veräußerung der Kapitalgesellschaftsanteile nach dem Teileinkünfteverfahren besteuern.

Ein Erwerber könnte die Kapitalgesellschaft in ein Personenunternehmen umwandeln, die Wirtschaftsgüter aufstocken und den Mitunternehmeranteil ohne Steuerbelastung veräußern, da ein Veräußerungsgewinn nicht entsteht, soweit die stillen Reserven bereits aufgedeckt wurden. Zugleich betrifft aber die **Nicht-Erfassung eines Übernahmeverlustes** auch Fälle, bei denen in den Wirtschaftsgütern der Kapitalgesellschaft keine stillen Reserven vorhanden sind.[1050] So könnte es z.B. für einen Gründungsgesellschafter, der Verluste erwirtschaftet hat, sodass seine Anschaffungskosten den Buchwert des Betriebsvermögens unterschreiten, durch Umwandlung seiner Kapitalgesellschaft in eine Personengesellschaft aufgrund der Nichtberücksichtigung des dann entstehenden Übernahmeverlustes zu einer Vernichtung von Anschaffungskosten kommen, die er bei einer alternativen Liquidation seiner Kapitalgesellschaft durch einen Vergleich des Liquidationserlöses mit seinen Anschaffungskosten steuermindernd hätte in Ansatz bringen können.[1051] Dieser Gründungsgesellschafter ist definitiv benachteiligt. Wenn überhaupt, wird man akzeptieren können, dass der **Erwerber** einer Gesellschaft mit stillen Reserven nicht in die Lage versetzt werden soll, den Kaufpreis über höhere Abschreibungen aufgestockter Wirtschaftsgüter steuerlich verwerten zu können.

Forderungen und Verbindlichkeiten, die zwischen Überträgerin und Übernehmerin bestehen, erlöschen i.R.d. Vermögensübergangs. Sind diese in den Bilanzen der beiden Rechtsträger nicht mit den gleichen Werten angesetzt, so kann sich ein Gewinn oder Verlust ergeben. Dieser Gewinn wird als **Übernahmefolgegewinn** oder **Konfusionsgewinn** bezeichnet. Er entsteht steuerlich bei der Übernehmerin mit Ablauf des steuerlichen Übertragungsstichtags.

Nach § 6 Abs. 1 S. 1 UmwStG kann der **Übernahmefolgegewinn** in dem Wirtschaftsjahr, in welches der steuerliche Übertragungsstichtag fällt, durch eine **steuerfreie Rücklage** neutralisiert werden. Diese Rücklage kann auch nur für einen Teil des Übernahmefolgegewinns gebildet werden und ist gem. § 6 Abs. 1 S. 2 UmwStG in den folgenden drei Wirtschaftsjahren zu mindestens einem Drittel gewinnerhöhend aufzulösen.

[1048] Vgl. HAGEMANN, JENS/JACOB, BURKHARD/ROPOHL, FLORIAN/VIEBROCK, BJÖRN: SEStEG – Das neue Konzept der Verstrickung und Entstrickung sowie die Neufassung des Umwandlungssteuergesetzes, in: NWB-Sonderheft 1 2007, S. 1-44. s.b.S. 18.

[1049] Vgl. PUNG, ALEXANDRA: § 4 UmwStG, in: Umwandlungssteuerrecht, hrsg. von EWALD DÖTSCH u.a., 7. Aufl., Stuttgart 2012, S. 243-338, Rn. 142.

[1050] Vgl. KESSLER, WOLFGANG/SCHMIDT, WOLFGANG: Steuersenkungsgesetz: Umwandlung von Kapital- in Personengesellschaften: Vergleich der derzeitigen und zukünftigen Steuerwirkungen im Gründerfall, in: DB 2000, S. 2032-2038, s.b.S. 2037.

[1051] Vgl. KESSLER, WOLFGANG/SCHMIDT, WOLFGANG: Steuersenkungsgesetz: Umwandlung von Kapital- in Personengesellschaften: Vergleich der derzeitigen und zukünftigen Steuerwirkungen im Gründerfall, in: DB 2000, S. 2032-2038, s.b.S. 2038.

Die Bildung einer Rücklage gem. § 6 UmwStG entfällt rückwirkend, sofern der übertragende Betrieb innerhalb von **fünf Jahren** veräußert, aufgegeben oder in eine Kapitalgesellschaft eingebracht wird (§ 6 Abs. 3 UmwStG).

Der Übernahmefolgegewinn oder die Auflösung der Rücklage führen zu **laufendem Gewinn** der Personengesellschaft, welcher voll zu versteuern ist; hierzu zählt auch die Belastung mit Gewerbesteuer.[1052] Der Folgegewinn ist **kein Teil des Übernahmeergebnisses**. Er ist selbst dann in voller Höhe anzusetzen, wenn am steuerlichen Übertragungsstichtag nicht alle Anteile an der übertragenden Körperschaft zum Betriebsvermögen der übernehmenden Personengesellschaft gehören, da für den Folgegewinn § 4 Abs. 4 S. 3 UmwStG nicht gilt.

Ein **verbleibender Verlustabzug** i.S.v. § 10d Abs. 4 S. 2 EStG ist nach § 4 Abs. 2 S. 2 UmwStG ausdrücklich **vom Übergang ausgeschlossen**. Dieser kann nicht von der Ebene der Körperschaftsteuer auf die Ebene der Einkommensteuer (Ebene der Anteilseigner) übertragen werden. Ohne diese Ausschlussregelung käme es zu einer Verdopplung des Verlustabzugs.

Nach § 18 Abs. 1 S. 2 UmwStG gilt das **Übertragungsverbot** auch für den Bereich der **Gewerbesteuer** hinsichtlich eines Gewerbeverlustes i.S.d. § 10a GewStG.

Der Verlustabzug hat jedoch – soweit er nicht vor der Umwandlung zu einer Teilwertabschreibung geführt hat – **mittelbare Auswirkungen**: Durch die Verringerung des auf die Personengesellschaft übergehenden Betriebsvermögens verringert sich auch der steuerpflichtige Übernahmegewinn.

Beispiel: (Untergang des Verlustvortrags)[1053]

U hat alle Anteile an der X-GmbH für 50 T€ erworben. Die GmbH erleidet einen Verlust von 10 T€. Hiernach verschmilzt U die GmbH auf sein Einzelunternehmen.

Die Schlussbilanz der X-GmbH sieht wie folgt aus:

Aktiva	X-GmbH (in T€)		Passiva
Diverse Aktiva	40	Stammkapital	50
		Verlustvortrag	10
	40		40

Bei Umwandlung errechnet sich für U ein Übernahmeverlust von 10 T€, der aber außer Ansatz bleibt; da auch der Verlustvortrag nicht übergeht, ist er doppelt benachteiligt.

4. Die Auswirkungen auf die Gesellschafter

Anteile des Gesellschafters im Betriebsvermögen:

Gehören die Anteile an der übertragenden Körperschaft am steuerlichen Übertragungsstichtag zu einem inländischen **Betriebsvermögen** eines Gesellschafters der übernehmenden Personengesellschaft, ist der Gewinn nach § 5 Abs. 3 UmwStG so zu ermitteln, als seien die **Anteile** an der Körperschaft am Übertragungsstichtag **zum Buchwert** in die Personengesellschaft **eingelegt** worden. Dabei ist der Buchwert um die Abschreibungen sowie um Abzüge

---

[1052] Vgl. BMF-Schreiben vom 11.11.2011, BStBl I 2011, S. 1314, Rn. 06.02.
[1053] Entnommen aus LISHAUT, INGO VAN: Umwandlungssteuerrecht, 2. Aufl., Köln 1998, S. 54.

nach § 6b EStG und ähnliche Abzüge, die in früheren Jahren steuerwirksam vorgenommen worden sind, höchstens mit dem gemeinen Wert, zu **erhöhen**. Auf einen sich daraus ergebenden Gewinn sind – je nachdem ob es sich um Körperschaften oder um natürliche Personen handelt – § 8b Abs. 2 S. 4 und 5 KStG sowie § 3 Nr. 40 S. 1 Buchst. a S. 2 und 3 EStG anzuwenden.

Anteile des Gesellschafters im Privatvermögen – Beteiligung i.S.d. § 17 EStG:

Gehören die Anteile an der untergehenden Kapitalgesellschaft zu einer Beteiligung i.S.d. § 17 EStG im **Privatvermögen** eines Gesellschafters der Übernehmerin, so gelten diese **Anteile** als mit den **Anschaffungskosten** in die Personengesellschaft **eingelegt** (§ 5 Abs. 2 S. 1 UmwStG). Durch die Fiktion der Einlage ergeben sich die gleichen steuerlichen Folgen wie für die Anteile im Betriebsvermögen, sodass Gewinne und Verluste bei der Besteuerung berücksichtigt werden.

Anteile des Gesellschafters im Privatvermögen – Beteiligung außerhalb des Anwendungsbereiches von § 17 EStG:

Solche **Anteile gelten nicht als** in das Betriebsvermögen der Personengesellschaft zum Zwecke der Ermittlung des Übernahmegewinns **eingelegt**. Dementsprechend ist in diesem Fall gem. § 4 Abs. 4 S. 3 UmwStG **kein** Übernahmegewinn/-verlust zu ermitteln.

Anteile beschränkt steuerpflichtiger Gesellschafter:

Hinsichtlich der Anteile beschränkt steuerpflichtiger Gesellschafter gelten die **Einlagefiktionen** nach § 5 Abs. 2 und Abs. 3 UmwStG. Dementsprechend ist auch für beschränkt steuerpflichtige Anteilseigner ein Übernahmeergebnis zu ermitteln. Dessen Besteuerung hängt wiederum davon ab, ob die Anteile an der übertragenden Körperschaft zu einer **inländischen Betriebsstätte** des beschränkt steuerpflichtigen Anteilseigners gehören oder nicht. Gehören die Anteile zu einer inländischen Betriebsstätte, sind sowohl das Übernahmeergebnis i.S.d. § 4 Abs. 4 UmwStG als auch die Bezüge i.S.d. § 7 UmwStG im Rahmen der beschränkten Steuerpflicht gem. § 49 Abs. 1 Nr. 2 Buchst. a EStG zu erfassen. Dies gilt regelmäßig **unabhängig** vom Vorliegen eines DBA (Betriebsstättenprinzip). Gehören die Anteile nicht zu einer inländischen Betriebsstätte, richtet sich deren Besteuerung nach dem einschlägigen DBA. Soweit die Anteile **weder** zu einer inländischen Betriebsstätte gehören **noch** als Anteile i.S.d. § 17 EStG zu qualifizieren sind, ist **kein Übernahmegewinn** zu ermitteln.

5. Die Aufspaltung oder Abspaltung auf eine Personengesellschaft

Bei einem Vermögensübergang einer Körperschaft durch Auf- oder Abspaltung auf eine Personengesellschaft gelten die §§ 3-8 und 15 UmwStG entsprechend (§ 16 UmwStG).

Bei der übertragenden Körperschaft ist das übergehende Betriebsvermögen mit dem **gemeinen Wert** anzusetzen. Auf Antrag können unter den bereits geschilderten Voraussetzungen des § 3 Abs. 2 UmwStG der Buchwert oder ein höherer Wert (max. der gemeine Wert) angesetzt werden. Wird der Buchwert angesetzt, entsteht kein Übertragungsgewinn; wird ein höherer Wert angesetzt, ergibt sich ein steuerpflichtiger Übertragungsgewinn (§ 3 i.V.m. § 16 S. 1 UmwStG).[1054]

[1054] Vgl. BMF-Schreiben vom 11.11.2011, BStBl I 2011, S. 1314, Rn. 03.07, 03.10.

Bei der übernehmenden Personengesellschaft ist das auf sie übergegangene Betriebsvermögen mit **den gleichen Werten** wie bei der Übertragerin anzusetzen (i.d.R. **Buchwertfortführung**; vgl. § 4 Abs. 1 i.V.m. § 16 S. 1 UmwStG). Die steuerliche Behandlung des Übernahmeergebnisses sowie der Bezüge gem. § 7 UmwStG richtet sich nach den bereits geschilderten Grundsätzen.

6. Der Formwechsel einer Kapitalgesellschaft in eine Personengesellschaft

Handelsrechtlich ist eine **Unternehmensidentität** gegeben, **steuerrechtlich nicht**, da die Personengesellschaft kein eigenes Einkommensteuersubjekt ist. Diese Art des Formwechsels wird ertragsteuerlich gem. § 9 UmwStG entsprechend den Grundsätzen für den **Vermögensübergang (von einer Körperschaft) auf eine Personengesellschaft** behandelt. Die §§ 3-8 UmwStG gelten entsprechend. Abb. 142 gibt einen Überblick über die unterschiedlichen handels- und steuerrechtlichen Auswirkungen.

Im Ergebnis bedeutet dies, dass es – nach h.M. – zu einem Auseinanderfallen der Handels- und der Steuerbilanz kommen kann, da steuerlich aufgrund des Verweises in § 9 UmwStG auf §§ 3-8 UmwStG auch ein über dem Buchwert liegender Wert (max. der gemeine Wert) angesetzt werden kann (oder muss), weswegen auf die Aussagen im Kontext des Vermögensübergangs von einer Kapitalgesellschaft auf eine natürliche Person bzw. eine Personengesellschaft verwiesen werden kann (vgl. S. 651).

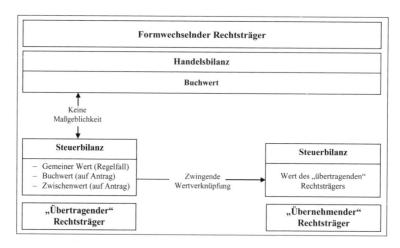

Abb. 142: Bilanzzusammenhänge beim Formwechsel

Da der Formwechsel handelsrechtlich als **identitätswahrende Umwandlungsform** zu sehen ist, verzichtet das Handelsrecht bei der Kapitalgesellschaft auf die Aufstellung einer auf den Umwandlungsstichtag bezogenen **Umwandlungsbilanz**. Somit kommt es nach Intention des Gesetzgebers[1055] lediglich zu einer Änderung des Rechtskleids, nicht aber zu einer Verschiebung der Vermögens- oder Beteiligungsverhältnisse. Abweichend hiervon verlangt

---

[1055] Vgl. BT-Drs. 12/6699 vom 01.02.1994, S. 136.

jedoch das Steuerrecht bei der Körperschaft eine **Übertragungsbilanz** und bei der Personengesellschaft eine **Eröffnungsbilanz** (§ 9 S. 2 UmwStG).

Da handelsrechtlich aufgrund der fehlenden handelsrechtlichen Übertragungsbilanz keine Rückbeziehungsmöglichkeit besteht, bestimmt § 9 S. 3 UmwStG einen eigenständigen Übertragungsstichtag. Grundsätzlich ist zum Zeitpunkt der Handelsregistereintragung die Übertragungs- bzw. Eröffnungsbilanz aufzustellen. Den Regelungen zur Verschmelzung entsprechend kann auch beim Formwechsel in eine Personengesellschaft auf die achtmonatige Rückwirkungsfrist zurückgegriffen werden.[1056]

7. Zusammenfassung

Die Behandlung der Beteiligten beim Vermögensübergang von einer Kapitalgesellschaft auf eine Personengesellschaft lässt sich wie in Abb. 143[1057] darstellen.

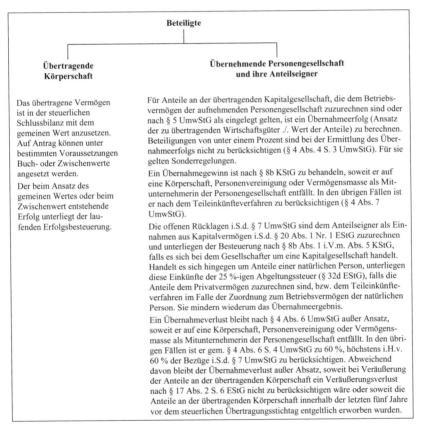

Abb. 143: Steuerliche Würdigung der Verschmelzung einer Körperschaft auf eine Personengesellschaft

---

[1056] Vgl. FROTSCHER, GERRIT: Umwandlungssteuererlass 2011, Freiburg 2012, S. 269.

[1057] Erweitert entnommen aus ROOS, RONALD: Steuerliche Grundzüge von Umwandlungen nach dem Umwandlungssteuergesetz, in: WiSt 2001, S. 253-258, s.b.S. 257. Vgl. auch PUNG, ALEXANDRA: Steuersenkungsgesetz: Änderungen des UmwStG, in: DB 2000, S. 1835-1839, s.b.S. 1835 und 1836.

C. Die Verschmelzung oder Vermögensübertragung (Vollübertragung) auf eine andere Körperschaft

1. Einordnung

Unter diesen steuerrechtlichen Begriff fallen die handelsrechtlichen Umwandlungsfälle: **Verschmelzung** von Kapitalgesellschaften und **Auf- oder Abspaltung** unter ausschließlicher Beteiligung von Kapitalgesellschaften (vgl. Abb. 144).

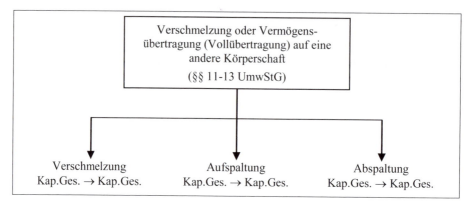

Abb. 144: Verschmelzung oder Vermögensübertragung i.S.d. §§ 11-13 UmwStG

Handelsrechtliches Ablaufschema einer Verschmelzung:[1058]

- Erstellung der Schlussbilanz des übertragenden Rechtsträgers,
- Abschluss des Verschmelzungsvertrages zwischen den an der Verschmelzung beteiligten Körperschaften,
- Verschmelzungsbericht der Geschäftsführer,
- Verschmelzungsprüfung durch Verschmelzungsprüfer,
- Zustimmung der Gesellschafterversammlung jeder der beteiligten Gesellschaften,
- ggf. Kapitalerhöhung bei der übernehmenden Gesellschaft,
- Anmeldung der Verschmelzung zum Handelsregister,
- Eintragung und Bekanntmachung der Verschmelzung.

Die Verschmelzung einer Tochtergesellschaft auf ihre Muttergesellschaft, die 100 % der Anteile hält (sog. **up-stream merger**), ist der **Grundfall** der Verschmelzung, auf den der Wortlaut des § 12 Abs. 2 S. 1 UmwStG zugeschnitten ist. Eine 100 %-ige Beteiligung der Übernehmerin an der Überträgerin ist jedoch für eine Verschmelzung weder handelsrechtlich noch steuerrechtlich Voraussetzung. Eine Verschmelzung ist sogar handelsrechtlich möglich, wenn die Übernehmerin nicht an der Überträgerin beteiligt ist, d.h.

[1058] Entnommen aus SCHÄFER, HARALD/SCHLARB, EBERHARD: Leitfaden zum Umwandlungssteuerrecht, 2. Aufl., Neuwied u.a. 1999, S. 130.

1. bei der Verschmelzung der Muttergesellschaft auf die Tochtergesellschaft (sog. **down-stream merger**),
2. bei der Verschmelzung von Schwestergesellschaften (sog. **sidestep-merger**).

In der Vergangenheit ließ die Finanzverwaltung auf Antrag bei dem unter 1. genannten Fall die entsprechende Anwendung der §§ 11-13 UmwStG zu.[1059] Durch das SEStEG wurde in § 11 Abs. 2 S. 2 UmwStG geregelt, dass Anteile an der übernehmenden Kapitalgesellschaft mindestens mit dem Buchwert, erhöht um Abschreibungen sowie Abzüge nach § 6b EStG und ähnliche Abzüge, die in früheren Jahren steuerwirksam vorgenommen wurden, höchstens mit dem gemeinen Wert, anzusetzen sind. Im Schrifttum wird die Anwendung dieser Regelungen nun auf die **Verschmelzung einer Muttergesellschaft auf ihre Tochtergesellschaft** für möglich gehalten, was wiederum eine Anwendung der §§ 11 ff. UmwStG bei einem down-stream merger – unabhängig von einem Antrag – impliziert.[1060] Inzwischen lässt die Finanzverwaltung die Anwendung der §§ 11 bis 13 UmwStG auch bei Abwärtsverschmelzungen zu.[1061]

Bei dem unter 2. genannten Fall sind die §§ 11-13 UmwStG von Gesetzes wegen anzuwenden, da auch das UmwG die Verschmelzung von Schwestergesellschaften erlaubt.[1062]

2. Die Auswirkungen auf den Gewinn der übertragenden Körperschaft

Entsprechend der neuen Bewertungssystematik des Umwandlungssteuerrechts sind bei der Verschmelzung einer deutschen Kapitalgesellschaft auf eine andere – deutsche oder auf eine aus einem anderen Mitgliedstaat der EU oder des EWR – Kapitalgesellschaft gem. § 11 Abs. 1 S. 1 UmwStG die Wirtschaftsgüter (einschließlich der selbst geschaffenen immateriellen Wirtschaftsgüter) in der Steuerbilanz der übertragenden Körperschaft mit dem **gemeinen Wert** anzusetzen. Auf Antrag ist auch der Buchwert- oder der Zwischenwertansatz möglich, soweit nach § 11 Abs. 2 S. 1 Nr. 1-3 UmwStG

– die **Steuerverstrickung** sichergestellt ist,
– das Recht Deutschlands hinsichtlich der Besteuerung der zu übertragenden Wirtschaftsgüter bei der übernehmenden Körperschaft **nicht ausgeschlossen** oder **beschränkt** wird und
– eine **Gegenleistung nicht** gewährt wird oder in **Gesellschaftsrechten** besteht.

Dieses Wahlrecht ist einheitlich für sämtliche Wirtschaftsgüter auszuüben.[1063] Dabei entsprechen die erste und die dritte Voraussetzung den früheren Regelungen des § 11 Abs. 1 S. 1 Nr. 1 und 2 UmwStG 1995. Die Sicherstellung der späteren Besteuerung, d.h. die **Steu-**

[1059] Vgl. BMF-Schreiben vom 25.03.1998, BStBl I 1998, S. 268, Rn. 11.24.
[1060] Vgl. BENECKE, ANDREAS/SCHNITGER, ARNE: Neuregelung des UmwStG und der Entstrickungsnormen durch das SEStEG, in: IStR 2006, S. 765-779, s.b.S. 774; DÖTSCH, EWALD/PUNG, ALEXANDRA: SEStEG: Die Änderungen des UmwStG, in: DB 2006, S. 2704-2714, 2763-2773, s.b.S. 2713.
[1061] Vgl. BMF-Schreiben vom 11.11.2011, BStBl I 2011, S. 1314, Rn. 11.01.
[1062] Vgl. zum gesamten Absatz BMF-Schreiben vom 11.11.2011, BStBl I 2011, S. 1314, Rn. 11.01 und DÖTSCH, EWALD: Vor §§ 11-13 UmwStG, in: Die Körperschaftsteuer, hrsg. von EWALD DÖTSCH u.a., Stuttgart (Loseblatt), Stand: April 2013, Rn. 7.
[1063] Vgl. BMF-Schreiben vom 11.11.2011, BStBl I 2011, S. 1314, Rn. 11.12.

erverstrickung, ist im Regelfall schon dadurch gewährleistet, dass die übernehmende Körperschaft der **unbeschränkten Steuerpflicht** unterliegen muss.[1064]

Die Ausübung des Wahlrechts ist nicht möglich, wenn z.B. die Übernehmerin zwar unbeschränkt körperschaftsteuerpflichtig, aber persönlich steuerbefreit ist (Bsp.: gemeinnützige Körperschaft). Bildet das übergehende Vermögen bei der Übernehmerin dagegen einen steuerpflichtigen wirtschaftlichen Geschäftsbetrieb i.S.d. § 14 AO bzw. einen Betrieb gewerblicher Art i.S.d. § 1 Abs. 1 Nr. 6 und i.S.d. § 4 KStG, ist die Verschmelzung auf eine steuerbefreite Körperschaft oder eine nicht körperschaftsteuerpflichtige juristische Person des öffentlichen Rechts steuerneutral möglich.[1065]

Die Sicherstellung der Besteuerung ist nur für solche stillen Reserven zu wahren, die bei der Übertragerin **der inländischen Besteuerung** unterliegen.[1066] Verfügt die übertragende Kapitalgesellschaft über im Ausland belegenes, aber in Deutschland steuerverstricktes Betriebsvermögen (belegen in einem Nicht-DBA-Staat oder einem DBA-Staat mit Besteuerungsrecht des Ansässigkeitsstaats unter Anrechnung der ausländischen Steuern), liegt grundsätzlich – auch im Falle eines DBA – kein Ausschluss bzw. keine Beschränkung des deutschen Besteuerungsrechts vor. Außerdem kann auch die Verschmelzung von im EU/EWR-Ausland ansässigen Kapitalgesellschaften zur Anwendung des UmwStG führen. Dabei kann der Inlandsbezug durch im Inland belegenes Betriebsvermögen (§ 11 UmwStG) oder durch im Inland ansässige Anteilseigner (§ 13 UmwStG) hergestellt werden. § 11 UmwStG kommt insoweit zur Anwendung, als das im Inland belegene Betriebsvermögen der im EU/EWR-Ausland ansässigen Übernehmerin – i.d.R. auch im DBA-Fall (Betriebstättenprinzip) – im Rahmen der beschränkten Steuerpflicht erfasst wird.[1067]

Eine **gewinnerhöhende Gegenleistung** i.S.d. § 11 Abs. 2 S. 1 Nr. 3 UmwStG liegt vor, wenn die Übernehmerin bare Zuzahlungen i.R.d. Verschmelzungsvertrags an die umwandlungsbeteiligten Anteilseigner/Mitglieder der übertragenden Körperschaft gewährt (§ 15 UmwG). Abfindungszahlungen an ausscheidene Anteilseigner nach § 29 UmwG stellen keine Gegenleistungen i.S.d. § 11 Abs. 2 Nr. 3 UmwStG dar.[1068]

Beispiel: (Gewinnerhöhende Gegenleistung)[1069]

Der Alleingesellschafter U der X-GmbH erhält i.R.d. Verschmelzung auf die Y-AG Y-Aktien im Wert von 294.000 €. Außerdem zahlt die Y-AG einen Spitzenausgleich in bar von 6.000 €; bezogen auf den Wert des übergegangenen Vermögens ist dies eine Barabfindung i.H.v. $\frac{6.000}{294.000 + 6.000} = 2\,\%$.

Beträgt der Buchwert des Betriebsvermögens der X-GmbH 150.000 €, ist der Wertansatz gem. § 11 Abs. 2 S. 1 Nr. 3 UmwStG zu 2 % nicht zu übernehmen, sondern durch die Barabfindung zu ersetzen, d.h., der

---

[1064] Vgl. BMF-Schreiben vom 11.11.2011, BStBl I 2011, S. 1314, Rn. 11.07.
[1065] Vgl. BMF-Schreiben vom 11.11.2011, BStBl I 2011, S. 1314, Rn. 11.07.
[1066] Vgl. BMF-Schreiben vom 11.11.2011, BStBl I 2011, S. 1314, Rn. 11.09 und LISHAUT, INGO VAN: Umwandlungssteuerrecht, 2. Aufl., Köln 1998, S. 65 und 66.
[1067] Vgl. HAGEMANN, JENS/JACOB, BURKHARD/ROPOHL, FLORIAN/VIEBROCK, BJÖRN: SEStEG – Das neue Konzept der Verstrickung und Entstrickung sowie die Neufassung des Umwandlungssteuergesetzes, in: NWB-Sonderheft I 2007, S. 1-44, s.b.S. 30.
[1068] Vgl. BMF-Schreiben vom 11.11.2011, BStBl I 2011, S. 1314, Rn. 11.10 i.V.m. 03.21, 03.22.
[1069] Modifiziert entnommen aus LISHAUT, INGO VAN: Umwandlungssteuerrecht, 2. Aufl., Köln 1998, S. 66.

Wertansatz bei der übernehmenden Kapitalgesellschaft beläuft sich auf 150.000 € ./. 3.000 € + 6.000 € = 153.000 €. Um 3.000 € ist also eine gewinnwirksame Aufstockung vorzunehmen.

Eine **Gegenleistung** wird **nicht** gewährt, **soweit** die Übernehmerin an der Übertragerin **beteiligt** ist (vgl. § 54 Abs. 1 S. 1 Nr. 1 UmwG). Ebenso wird eine Gegenleistung nicht gewährt, wenn eine freiwillige Kapitalerhöhung nicht erfolgt, da bspw. im Fall des downstream-merger die im Besitz der übertragenden Kapitalgesellschaft gehaltenen Anteile zur Abfindung der Gesellschafter ausreichen, weshalb die übernehmende Kapitalgesellschaft ihr Stammkapital nicht erhöht (vgl. § 54 Abs. 1 S. 2 UmwG).[1070] Ausgleichszahlungen zwischen den Gesellschaftern der übertragenden und der übernehmenden Körperschaft führen nicht zu einer Gewinnrealisierung.

Aus dem Ansatz des Zwischenwertes oder des gemeinen Wertes entsteht ein **Übertragungsgewinn**. Dies impliziert die Aufstockung von stillen Reserven in den übergehenden Wirtschaftsgütern, die wiederum ein **erhöhtes Abschreibungspotenzial** in den nachfolgenden Jahren bzw. im Veräußerungsfall einen niedrigeren Veräußerungsgewinn zur Folge hat. Der Übertragungsgewinn lässt sich nach dem folgenden Schema ermitteln:[1071]

	Ansatz der übergegangenen Wirtschaftsgüter mit dem gemeinen Wert (oder auf Antrag mit einem Zwischenwert oder mit dem Buchwert)
./.	Buchwert der übergehenden Wirtschaftsgüter
=	Buchgewinn
./.	Kosten der Vermögensübertragung
=	Übertragungsgewinn vor Steuern bzw. Übertragungsverlust
./.	Gewerbesteuer auf den Übertragungsgewinn
./.	Körperschaftsteuer auf den Übertragungsgewinn
=	Übertragungsgewinn

Der steuerliche Übertragungsgewinn kann, da er nicht in der Handelsbilanz ausgewiesen wird, **nicht Gegenstand eines Gewinnausschüttungsbeschlusses** sein.

Treffen die Voraussetzungen des § 11 Abs. 2 UmwStG nicht zu, so sind die übergegangenen Wirtschaftsgüter nach § 11 Abs. 1 UmwStG grundsätzlich mit dem gemeinen Wert anzusetzen. Soweit sich dadurch ein steuerpflichtiger Gewinn ergibt, ist dieser nach allgemeinen Besteuerungsgrundsätzen zu erfassen.

Der Übertragungsgewinn unterliegt nach den allgemeinen Regeln der **Gewerbesteuer** ohne besondere Stundungsmöglichkeit (§ 19 Abs. 1 UmwStG).[1072]

3. Die Auswirkungen auf den Gewinn der übernehmenden Körperschaft

Nach § 12 Abs. 1 S. 1 UmwStG hat die übernehmende Körperschaft die Werte der übertragenden Körperschaft fortzuführen („**Wertverknüpfung**"). Wird eine **Gegenleistung** gewährt, sind die übertragenen Wirtschaftsgüter mit dem Wert ihrer Gegenleistung anzusetzen.

[1070] Vgl. BRÄHLER, GERNOT: Umwandlungssteuerrecht, 7. Aufl., Wiesbaden 2013, S. 246.
[1071] Modifiziert entnommen aus DÖTSCH, EWALD: § 11 UmwStG, in: Umwandlungssteuerrecht, hrsg. von EWALD DÖTSCH u.a., 7. Aufl., Stuttgart 2012, S. 461-518, Rn. 17.
[1072] Vgl. SCHÄFER, HARALD/SCHLARB, EBERHARD: Leitfaden zum Umwandlungssteuerrecht, 2. Aufl., Neuwied u.a. 1999, S. 135.

Gem. § 12 Abs. 2 S. 1 UmwStG bleibt ein **Übernahmegewinn bzw. -verlust** aus der Differenz zwischen dem Wert des übertragenen Vermögens und dem Buchwert der Anteile grundsätzlich außer Ansatz.[1073] Hierdurch soll vermieden werden, dass neben die Besteuerung des Gewinns der übertragenden Körperschaft auch die Besteuerung der in den untergehenden Anteilen an dieser Körperschaft ruhenden stillen Reserven tritt. Nur wenn die Übernehmerin vor dem Vermögensübergang an der übertragenden Körperschaft beteiligt war und die tatsächlichen Anschaffungskosten den Buchwert der Anteile übersteigen (bspw. aufgrund einer Teilwertabschreibung oder einer erfolgten Übertragung nach § 6b EStG), ist dieser Unterschiedsbetrag dem Gewinn der übernehmenden Körperschaft außerbilanziell hinzuzurechnen. Dementsprechend sind – ähnlich wie bei der Verschmelzung auf eine Personengesellschaft – gem. § 12 Abs. 1 S. 2 i.V.m. § 4 Abs. 1 S. 2 UmwStG die Anteile an der übertragenden Körperschaft bei dem übernehmenden Rechtsträger zum steuerlichen Übertragungsstichtag mit dem Buchwert, erhöht um die Abschreibungen, die in früheren Jahren steuerwirksam vorgenommen wurden, max. bis zum gemeinen Wert, anzusetzen. Dadurch werden in der Vergangenheit vorgenommene **steuerliche Wertminderungen rückgängig** gemacht. Diese Regelung unterscheidet sich allerdings vom alten Rechtsstand insofern, als die Zuschreibungsgrenze nicht mehr von den historischen Anschaffungskosten, sondern vom **gemeinen Wert** bestimmt wird.

Die Ermittlung des Übernahmeergebnisses lässt sich entsprechend Abb. 145[1074] (S. 671) präsentieren.

Nach § 12 Abs. 2 S. 2 UmwStG i.V.m. § 8b KStG gelten **5 % des Übernahmegewinns**, soweit er dem Anteil der übernehmenden Kapitalgesellschaft an der übertragenden Kapitalgesellschaft entspricht, als **nicht abziehbare Betriebsausgaben**.[1075] Diese sind außerbilanziell dem Gewinn der übernehmenden Kapitalgesellschaft hinzuzurechnen und unterliegen somit der Körperschaft- und der Gewerbesteuer. Diese Vorgehensweise wird damit begründet, dass der Übertragungsgewinn einem Veräußerungsgewinn entspricht, welcher nach § 8b KStG zu behandeln ist.[1076] Durch die Verschmelzung wäre nämlich eine steuerfreie Ausschüttung der Gewinnrücklagen ohne 5 %-ige Hinzurechnung möglich.[1077] Da aber die Fusions-Richtlinie[1078] im Gegensatz zur Mutter-/Tochter-Richtlinie[1079] keine Öffnungsklausel

---

[1073] Ein Übernahmeverlust ist ein Verlust auf der Ebene der Anteilseigner, der auf (im Buchwert der Anteile enthaltene) gekaufte und zwischenzeitlich verflüchtigte stille Reserven zurückzuführen ist.

[1074] Entnommen aus TCHERVENIACHKI, VASSIL: Kapitalgesellschaften und Private Equity Fonds, in: Bilanz-, Prüfungs- und Steuerwesen, hrsg. von KARLHEINZ KÜTING, CLAUS-PETER WEBER und HEINZ KUßMAUL, Bd. 11, Berlin 2007, S. 341. Vgl. dazu auch KUßMAUL, HEINZ/RICHTER, LUTZ: Die Behandlung von Verschmelzungsdifferenzbeträgen nach UmwG und UmwStG, in: GmbHR 2004, S. 701-707, s.b.S. 706.

[1075] Die Anwendung dieser Regelung beschränkt sich nach dem Gesetzeswortlaut auf den up-stream merger; vgl. DÖTSCH, EWALD/PUNG, ALEXANDRA: SEStEG: Die Änderungen des UmwStG, in: DB 2006, S. 2704-2714, 2763-2773, s.b.S. 2713.

[1076] Vgl. BR-Drs. 542/06, S. 65 f.

[1077] Vgl. HAGEMANN, JENS/JACOB, BURKHARD/ROPOHL, FLORIAN/VIEBROCK, BJÖRN: SEStEG – Das neue Konzept der Verstrickung und Entstrickung sowie die Neufassung des Umwandlungssteuergesetzes, in: NWB-Sonderheft I 2007, S. 1-44, s.b.S. 26.

[1078] Richtlinie 90/434/EWG vom 23.07.1990, ABl EU vom 20.08.1990, Nr. L 255, S. 1; geändert durch Richtlinie 2005/19/EG vom 17.02.2005, ABl EG vom 04.03.2005, Nr. L 58, S. 19.

[1079] Richtlinie 90/435/EWG vom 23.07.1990, ABl EU vom 20.08.1990, Nr. L 255, S. 6; zuletzt geändert durch Richtlinie 2003/123/EG vom 22.12.2003, ABl EG vom 13.01.2004, Nr. L 7, S. 41.

für eine 5 %-Regelung enthält, sondern bei Verschmelzungen eine 100 %-ige Steuerfreiheit anordnet, wird die pauschale Besteuerung des Übernahmegewinns im europarechtlichen Kontext kritisch hinterfragt.[1080]

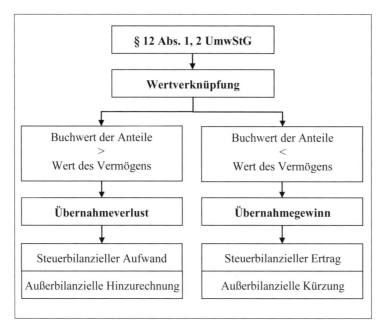

Abb. 145: *Wertverknüpfung nach § 12 Abs. 1 und Abs. 2 UmwStG*

Das Eigenkapital der Überträgerin ist gem. § 2 Abs. 1 S. 1 UmwStG **dem Eigenkapital der aufnehmenden** Körperschaft **hinzuzurechnen**. Dabei wird das Nennkapital der übertragenden Kapitalgesellschaft **herabgesetzt** und dem **steuerlichen Einlagekonto gutgeschrieben** (§ 29 Abs. 1 KStG). Anschließend werden die Bestände der steuerlichen Einlagekonten zusammengerechnet, soweit die übernehmende Kapitalgesellschaft in Deutschland unbeschränkt steuerpflichtig ist. Um **vorherige Einlagen** des übernehmenden Rechtsträgers ins Nennkapital bzw. ins Einlagekonto der übertragenden Kapitalgesellschaft rückgängig zu machen, sind diese nach § 29 Abs. 2 S. 2 KStG im Verhältnis der Beteiligung der übernehmenden an der übertragenden Kapitalgesellschaft zu kürzen. Es werden somit nur die Einlagen von Außenstehenden erfasst und fortgeführt.

Die übernehmende Körperschaft **tritt** bzgl. der **Abschreibung** und der **steuerfreien Rücklagen in die Rechtsstellung der übertragenden Körperschaft** (§ 12 Abs. 3 i.V.m. § 4 Abs. 2 und Abs. 3 UmwStG). Erfolgt die Bewertung der übergegangenen Wirtschaftsgüter mit einem Zwischenwert oder zum gemeinen Wert, bemessen sich die Abschreibungen nach

---

[1080] Vgl. KÖRNER, ANDREAS: Europarecht und Umwandlungssteuerrecht, in: IStR 2006, S. 109-113, s.b.S. 111; RÖDDER, THOMAS/SCHUMACHER, ANDREAS: Das kommende SEStEG: Der Regierungsentwurf eines Gesetzes über steuerliche Begleitmaßnahmen zur Einführung der Europäischen Gesellschaft und zur Änderung weiterer steuerrechtlicher Vorschriften, in: DStR 2006, S. 1481-1494, 1525-1542, s.b.S. 1537.

der um den Aufstockungsbetrag erhöhten Bemessungsgrundlage (Gebäude) bzw. nach dem um den Aufstockungsbetrag erhöhten Buchwert (sonstige Wirtschaftsgüter).

Der **verbleibende Verlustabzug der übertragenden Körperschaft** i.S.d. § 10d Abs. 4 S. 2 EStG kann – im Gegensatz zum früheren Rechtsstand gem. § 12 Abs. 3 S. 2 UmwStG 1995 – nicht mehr auf die übernehmende Körperschaft übergehen und dort zum Verlustausgleich im VAZ des steuerlichen Übertragungsstichtags oder zum Verlustvortrag genutzt werden (§ 12 Abs. 3 i.V.m. § 4 Abs. 2 UmwStG). Dies gilt gem. § 19 Abs. 2 UmwStG auch für den Übergang eines Gewerbeverlustes i.S.d. § 10a GewStG. Ein Verlustrücktrag ist ebenfalls nicht möglich.[1081]

Verbleibende Verlustvorträge der Übertragerin können somit nur durch eine **Aufstockung der übergehenden Wirtschaftsgüter** auf einen Zwischenwert bzw. auf den gemeinen Wert mit einem Übertragungsgewinn verrechnet werden. Dabei sind jedoch die Mindestbesteuerungsregeln gem. § 10d EStG sowie gem. § 10a GewStG sowie die Höhe der vorhandenen stillen Reserven zu beachten. In diesem Zusammenhang sieht die **Ermittlung** des verbleibenden Verlustabzugs wie folgt aus:[1082]

	Bei der Ermittlung des Gesamtbetrages der Einkünfte nicht ausgeglichener Verlust
./.	Tatsächlicher Verlustrücktrag
+	Auf den Schluss des vorangegangenen VAZ festgestellter verbleibender Verlustabzug
=	Verbleibender Verlustabzug (§ 10d Abs. 4 S. 2 EStG)

Sind (auch) **Verluste bei der übernehmenden Körperschaft** vorhanden, so ist ergänzend § 8c KStG zu beachten, der den Ausgleich und Abzug eigener Verluste der Übernehmerin unter bestimmten Voraussetzungen ausschließt („**Mantelkauf**"-**Problematik**).

Zudem geht gem. § 12 Abs. 3 i.V.m. § 4 Abs. 2 S. 2 UmwStG weder ein **Zinsvortrag** i.S.d. § 4h Abs. 1 S. 5 EStG noch ein **EBITDA-Vortrag** i.S.d. § 4h Abs. 1 S. 3 EStG auf die übernehmende Körperschaft über.

Im Bereich des **Übernahmefolgegewinns** gelten die bereits oben beim Vermögensübergang auf eine Personengesellschaft dargestellten Grundsätze, jedoch nach § 12 Abs. 4 UmwStG mit der **Ausnahme**, dass die Vergünstigungen des § 6 Abs. 1-2 UmwStG, d.h. insb. die Bildung einer gewinnmindernden Rücklage, nur insoweit in Anspruch genommen werden können, wie die Übernehmerin am Grund- und Stammkapital der Übertragerin beteiligt ist.

4. Die Besteuerung der Gesellschafter der übertragenden Körperschaft

Anteile im Betriebsvermögen:

Im Fall der Verschmelzung von Körperschaften gelten die Anteile an der übertragenden Körperschaft, die zu einem Betriebsvermögen gehören, als zum **gemeinen Wert** veräußert und die an ihre Stelle tretenden Anteile als zu diesem Wert angeschafft (§ 13 Abs. 1 S. 1 UmwStG). Insofern wird grundsätzlich eine **Aufdeckung der stillen Reserven** angenom-

---

[1081] Vgl. LISHAUT, INGO VAN: Umwandlungssteuerrecht, 2. Aufl., Köln 1998, S. 69.
[1082] Modifiziert entnommen aus SCHÄFER, HARALD/SCHLARB, EBERHARD: Leitfaden zum Umwandlungssteuerrecht, 2. Aufl., Neuwied u.a. 1999, S. 137.

men, die wiederum eine Gewinnrealisierung zur Folge hat. Auf Antrag können jedoch gem. § 13 Abs. 2 S. 1 UmwStG die Anteile an der übertragenden Kapitalgesellschaft mit dem **Buchwert** angesetzt werden, wenn das deutsche Besteuerungsrecht hinsichtlich der Anteile **nicht ausgeschlossen** oder **beschränkt** wird. Außerdem kann bei **Verschmelzungen innerhalb der EU** auf Antrag ebenfalls der Buchwert angesetzt werden; in diesem Fall ist der spätere Veräußerungsgewinn gem. § 8 Abs. 6 Fusions-Richtlinie ungeachtet der Bestimmungen eines DBA in Deutschland zu versteuern.[1083] Erfolgt keine Zuzahlung, so tritt auch keine Gewinnrealisierung ein.

Anteile im Privatvermögen:

Gehören die Anteile an der übertragenden Kapitalgesellschaft nicht zu einem Betriebsvermögen, treten an die Stelle des Buchwertes die **Anschaffungskosten**.

Im Falle des Buchwert- bzw. Anschaffungskostenansatzes treten die Anteile gem. § 13 Abs. 2 S. 2 UmwStG an die Stelle der Anteile an der übertragenden Kapitalgesellschaft (**Infizierungstheorie**). Damit gehen in der Vergangenheit vorgenommene Teilwertabschreibungen oder auch die Wesentlichkeit einer Beteiligung auf die erhaltenen Anteile über. Dementsprechend wäre es möglich, dass eine auf Altanteile vorgenommene Teilwertabschreibung eine Wertaufholung bei den neuen Anteilen auslösen kann.[1084]

Die Infizierungstheorie führt des Weiteren dazu, dass die vor der Verschmelzung als **wesentliche Beteiligung i.S.d. § 17 EStG** geltenden Altanteile an der übertragenden Kapitalgesellschaft auch in der Form der neuen Anteile unabhängig von der Beteiligungsquote weiterhin als wesentlich qualifiziert werden.

Führt die Verschmelzung dazu, dass ein bisher nicht zu mehr als 1 % beteiligter Gesellschafter nach dem Vermögensübergang i.S.d. § 17 EStG an der übernehmenden Gesellschaft beteiligt ist, gelten diese Altanteile als am steuerlichen Übertragungsstichtag mit dem **gemeinen Wert** veräußert und die erhaltenen Anteile als zu diesem Wert angeschafft.[1085]

5. Gewerbesteuerliche Auswirkungen

§ 19 Abs. 1 UmwStG regelt, dass die Grundsätze der §§ 11-13, 15 UmwStG auch für die Ermittlung des **Gewerbeertrags** gelten.

Ein **Übertragungsgewinn** ergibt sich nur in dem Fall, in dem die übertragende Körperschaft das übergehende Betriebsvermögen in ihrer steuerlichen Schlussbilanz zu einem über dem Buchwert liegenden Wert ansetzt. Der Übertragungsgewinn unterliegt der Gewerbesteuer.

Nach § 19 Abs. 1 i.V.m. § 12 Abs. 2 UmwStG bleibt ein Übernahmegewinn/-verlust bei der übernehmenden Körperschaft für Zwecke der Ermittlung des Gewerbeertrags **außer Ansatz**, 5 % des (anteiligen) Übertragungsgewinns werden aber auch für gewerbesteuerliche Zwecke als nicht abziehbare Betriebsausgaben erfasst.

[1083] Vgl. DÖTSCH, EWALD: § 13 UmwStG, in: Umwandlungssteuerrecht, hrsg. von EWALD DÖTSCH u.a., 7. Aufl., Stuttgart 2012, S. 549-570, Rn. 26.

[1084] Vgl. RÖDDER, THOMAS/SCHUMACHER, ANDREAS: Das kommende SEStEG: Der Regierungsentwurf eines Gesetzes über steuerliche Begleitmaßnahmen zur Einführung der Europäischen Gesellschaft und zur Änderung weiterer steuerrechtlicher Vorschriften, in: DStR 2006, S. 1481-1494, 1525-1542, s.b.S. 1534.

[1085] Vgl. DÖTSCH, EWALD: § 13 UmwStG, in: Umwandlungssteuerrecht, hrsg. von EWALD DÖTSCH u.a., 7. Aufl., Stuttgart 2012, S. 549-570, Rn. 58.

6. Zusammenfassendes Beispiel

Beispiel: (Verschmelzung zweier Kapitalgesellschaften)[1086]

Die in Deutschland unbeschränkt steuerpflichtige A-GmbH wird auf die ebenfalls in Deutschland unbeschränkt steuerpflichtige B-GmbH verschmolzen, die ihrerseits zu 50 % an der A-GmbH beteiligt ist. An der A-GmbH sind des Weiteren zu je 25 % der unbeschränkt steuerpflichtige Paul Pfiffig, der die Anteile im Privatvermögen hält, und der unbeschränkt steuerpflichtige Claus Clever, der die Anteile im Betriebsvermögen seines Einzelunternehmens hält, beteiligt. Die A-GmbH hat ein steuerliches Reinvermögen i.H.v. 300 T€. Die Anschaffungskosten der Beteiligung betragen bei der B-GmbH 100 T€ und bei den anderen Gesellschaftern je 25 T€.

Im Rahmen der Unternehmensbewertung der A-GmbH ergibt sich ein gemeiner Wert der Aktiva von 1.100 T€. Das Vermögen der B-GmbH hat einen gemeinen Wert i.H.v. 600 T€. Davon entfallen 400 T€ auf die Beteiligung an der A-GmbH. Die B-GmbH hat ein Stammkapital von 50 T€.

Im Zuge der Verschmelzung führt die B-GmbH eine Kapitalerhöhung um 50 T€ auf 100 T€ durch und gewährt jedem der beiden Gesellschafter Pfiffig und Clever einen Anteil von nominal 25 T€.

Die Bilanzen der beiden Kapitalgesellschaften stellen sich am Bilanzstichtag wie folgt dar:

Aktiva	A-GmbH (in T€)		Passiva
Aktiva	600	Stammkapital	100
	(Gemeiner Wert	Kapitalrücklage	150
	1.100)	Gewinnrücklagen	50
		Fremdkapital	300
	600		600

Aktiva	B-GmbH (in T€)		Passiva
Beteiligung an A-GmbH	100	Stammkapital	50
	(Gemeiner Wert	Kapitalrücklage	50
	400)	Fremdkapital	200
Sonstige Aktiva	200		
	(Gemeiner Wert		
	200)		
	300		300

Der Betrag der Kapitalerhöhung bemisst sich nach den Unternehmenswerten der A-GmbH vor der Verschmelzung und der B-GmbH nach der Verschmelzung. Das so errechnete Umtauschverhältnis beträgt 1,00 (800 T€ (der Unternehmenswert nach Verschmelzung: 1.300 T€ Vermögen (ohne Beteiligung!) ./. 500 T€ Fremdkapital) in Relation zum Unternehmenswert der A-GmbH 800 T€), was dazu führt, dass die B-GmbH nach der Verschmelzung ein Nennkapital von 100 T€ (50 T€ · 1,00 + 50 T€) auszuweisen hat.

Um die Entstehung eines steuerlichen Übertragungsgewinns zu vermeiden, stellt die A-GmbH unter den Voraussetzungen des § 11 Abs. 2 Nr. 1-3 UmwStG einen Antrag auf Fortführung der Buchwerte in ihrer Schlussbilanz.

Auf Ebene der B-GmbH sind die Buchwerte zu übernehmen. Dabei ist ein Übernahmeergebnis zu ermitteln, welches sich i.H.d. Differenz zwischen dem anteiligen Buchwert des übergehenden Reinvermögens (50 % von 300 T€ = 150 T€) und dem Buchwert der untergehenden Anteile (100 T€) ergibt. Es entsteht ein Übernahmegewinn i.H.v. 50 T€. Dieser Übernahmegewinn ist anschließend in die Gewinnrücklage einzustellen. Dies lässt sich damit begründen, dass der Übernahmegewinn zu keinen weiteren steuerlichen Konsequenzen führt (er bleibt gem. § 12 Abs. 2 S. 1 UmwStG bei der Ermittlung des zu versteuernden Einkommens außer Ansatz) und dennoch dem Eigenkapital zugeordnet werden muss. Darüber hinaus tritt die B-GmbH gem.

[1086] Modifiziert entnommen aus HAGEMANN, JENS/JACOB, BURKHARD/ROPOHL, FLORIAN/VIEBROCK, BJÖRN: SEStEG – Das neue Konzept der Verstrickung und Entstrickung sowie die Neufassung des Umwandlungssteuergesetzes, in: NWB-Sonderheft I 2007, S. 1-44, s.b.S. 27.

§ 12 Abs. 3 1. Halbsatz UmwStG in die steuerliche Rechtsstellung (insb. in Bezug auf Wertansätze, AfA und steuermindernde Rücklagen) der A-GmbH ein. Dennoch gelten 5 % des Übernahmegewinns gem. § 12 Abs. 2 S. 2 UmwStG i.V.m. § 8b KStG als nicht abziehbare Betriebsausgaben. Damit unterliegen 2,5 T€ der Körperschaftsteuer und der Gewerbesteuer.[1087]

Die übrigen – auf die Gesellschafter Clever und Pfiffig entfallenden Anteile des Betriebsvermögens der A-GmbH – führen bei der B-GmbH zur Erhöhung des Stammkapitals i.H.v. 50 T€ und der Kapitalrücklage i.H.v. 100 T€.

Die Bilanz der B-GmbH hat nach der Verschmelzung folgendes Aussehen:

Aktiva			B-GmbH (in T€)		Passiva
Aktiva	(600 + 200)	800	Stammkapital	(50 + 50)	100
			Kapitalrücklage	(50 + 100)	150
			Gewinnrücklagen		50
			Fremdkapital	(300 + 200)	500
		800			800

Auf der Ebene der Anteilseigner lässt sich sowohl bei Pfiffig als auch bei Clever festhalten, dass unabhängig vom Wertansatz der übergehenden Wirtschaftsgüter auf Ebene der B-GmbH auf Antrag durch den jeweiligen Anteilseigner der Buchwert bzw. die Anschaffungskosten der Altanteile an der übertragenden A-GmbH bei den neuen Anteilen an der übernehmenden B-GmbH fortgeführt werden können, sodass es nicht zu einer Aufdeckung der stillen Reserven kommt (§ 13 UmwStG). Damit findet keine Besteuerung auf Ebene der Anteilseigner statt.

7. Aufspaltung, Abspaltung und Teilübertragung auf andere Körperschaften

Für den Vermögensübergang durch **Aufspaltung** und **Abspaltung** gelten gem. § 15 Abs. 1 S. 1 UmwStG die steuerlichen Vorschriften über die **Verschmelzung** von Körperschaften **entsprechend**[1088] (vgl. S. 666). Die steuerrechtlichen Regelungen sind jedoch an die in der Folge dargestellten **Voraussetzungen** geknüpft.

Hinsichtlich des Anwendungsbereiches gilt wie bei einer Verschmelzung, dass die am Umstrukturierungsvorgang beteiligten Körperschaften Sitz und Ort der Geschäftsleitung in einem **EU- oder EWR-Staat** haben und nach einem **Typenvergleich** einer deutschen Kapitalgesellschaft entsprechen (§ 1 Abs. 1 UmwStG).

Die Spaltung kann nur dann steuerneutral vorgenommen werden, wenn auf jede Übernehmerin ein Teilbetrieb, ein Mitunternehmeranteil oder eine 100 %-Beteiligung an einer Kapitalgesellschaft übergeht und im Falle der Abspaltung oder Teilübertragung bei der übertragenden Körperschaft ein Teilbetrieb verbleibt (sog. **doppeltes Teilbetriebserfordernis**) (§ 15 Abs. 1 S. 2 UmwStG).

[1087] Einer anderen Ansicht zufolge gibt das Gesetz nach seinem Wortlaut keine Anhaltspunkte dafür, dass das übergehende Betriebsvermögen bei der Berechnung des Übernahmegewinns nur anteilig i.H.d. Beteiligungsquote der übernehmenden Kapitalgesellschaft anzusetzen sei, obwohl dies sachlich gerechtfertigt wäre. Damit wäre auch ein Übernahmegewinn i.H.v. 200 T€ (300 T€ ./. 100 T€) möglich. Dieser würde eine steuerpflichtige Hinzurechnung nach § 12 Abs. 2 S. 2 UmwStG i.H.v. 10 T€ zur Folge haben. Vgl. dazu HAGEMANN, JENS/JACOB, BURKHARD/ROPOHL, FLORIAN/VIEBROCK, BJÖRN: SEStEG – Das neue Konzept der Verstrickung und Entstrickung sowie die Neufassung des Umwandlungssteuergesetzes, in: NWB-Sonderheft I 2007, S. 1-44, s.b.S. 28.

[1088] Obwohl sie nach allgemeinen Grundsätzen denjenigen einer Liquidation der zu spaltenden Gesellschaft entsprächen; vgl. HERZIG, NORBERT/FÖRSTER, GUIDO: Problembereiche bei der Auf- und Abspaltung von Kapitalgesellschaften nach neuem Umwandlungssteuerrecht, in: DB 1995, S. 338-349, s.b.S. 339.

Während bislang zur Bestimmung eines Teilbetriebs auf die Rechtsprechung und auf die von der Finanzverwaltung entwickelten Grundsätze zu § 16 EStG (R 16 Abs. 3 EStR) zurückgegriffen wurde,[1089] soll jetzt nur noch die sog. funktionale Betrachtungsweise aus Sicht des übertragenden Rechtsträgers Anwendung finden; zudem wird im UmwStE 2011 von der Finanzverwaltung eine Definition des Begriffs Teilbetrieb gegeben.[1090]

Die Rechtsprechung definierte den **Teilbetrieb (nationaler Teilbetriebsbegriff)** bisher als einen „… mit einer gewissen Selbständigkeit ausgestatteten, organisch geschlossenen Teil eines Gesamtbetriebs […], der als solcher lebensfähig ist"[1091], sodass **einzelnen Wirtschaftsgütern** i.d.R. **keine** Teilbetriebsqualität zukommt.[1092] Mit dieser Regelung sollte verhindert werden, dass die Spaltung die steuerfreie Veräußerung einzelner Wirtschaftsgüter ermöglicht. Konstitutiv für den Teilbetrieb in diesem Sinne sind jeweils die **wesentlichen Betriebsgrundlagen**; sie müssen dem Teilbetrieb, dem sie dienen, zugeordnet werden.

Die **Wesentlichkeit** einer Betriebsgrundlage liegt dabei nicht schon allein deshalb vor, weil ein Wirtschaftsgut erhebliche stille Reserven enthält. Sie richtet sich vielmehr unter Heranziehung einer **funktionalen Betrachtungsweise** danach, ob dieses Wirtschaftsgut für den Teilbetrieb von grundlegender Bedeutung ist.[1093]

Der nunmehr geltende sog. **europäische Teilbetriebsbegriff** basiert im Wortlaut auf Artikel 2 Buchstabe j Fusions-Richtlinie[1094]. Demnach ist ein Teilbetrieb i.S.d. § 15 UmwStG „die Gesamtheit der in einem Unternehmensteil einer Gesellschaft vorhandenen aktiven und passiven Wirtschaftsgüter, die in organisatorischer Hinsicht einen selbstständigen Betrieb, d.h. eine aus eigenen Mitteln funktionsfähige Einheit, darstellen"[1095].

Zu einem Teilbetrieb sollen nach Ansicht der Finanzverwaltung alle funktional wesentlichen Betriebsgrundlagen sowie diesem Teilbetrieb nach wirtschaftlichen Zusammenhängen zuordenbaren Wirtschaftsgüter gehören.[1096] Zu letzteren gehören insbesondere die mit dem jeweiligen Teilbetrieb zusammenhängenden Forderungen und Verbindlichkeiten.[1097] Die Beurteilung, ob die Voraussetzungen eines Teilbetriebs vorliegen, hat mittels der funktionalen Betrachtungsweise aus Sicht des übertragenden Rechtsträgers zu erfolgen, wobei die einschlägige Rechtsprechung[1098] zu beachten ist.[1099] Somit muss neben der bisher ebenfalls

---

[1089] Vgl. BMF-Schreiben vom 25.03.1998, BStBl I 1998, S. 268, Rn. 15.02.

[1090] Vgl. BMF-Schreiben vom 11.11.2011, BStBl I 2011, S. 1314, Rn. 15.02; DÖTSCH, EWALD/PUNG, ALEXANDRA: § 15 UmwStG, in: Umwandlungssteuerrecht, hrsg. von EWALD DÖTSCH u.a., 7. Aufl., Stuttgart 2012, S. 573-665, Rn. 58.

[1091] BFH-Urteil vom 01.02.1989, BStBl II 1989, S. 458.

[1092] Vgl. mit näheren Ausführungen DÖTSCH, EWALD/PUNG, ALEXANDRA: § 15 UmwStG, in: Die Körperschaftsteuer, hrsg. von EWALD DÖTSCH u.a., Stuttgart (Loseblatt), Stand: April 2013, Rn. 58-112.

[1093] Vgl. BMF-Schreiben vom 16.08.2000, BStBl I 2000, S. 1253 in Übereinstimmung mit BFH-Urteil vom 02.11.1997, BStBl II 1998, S. 104.

[1094] Richtlinie 2009/133/EG, ABlEG 2009 Nr. L 10, S. 34.

[1095] BMF-Schreiben vom 11.11.2011, BStBl I 2011, S. 1314, Rn. 15.02.

[1096] Vgl. BMF-Schreiben vom 11.11.2011, BStBl I 2011, S. 1314, Rn. 15.02.

[1097] Vgl. DÖTSCH, EWALD/PUNG, ALEXANDRA: § 15 UmwStG, in: Umwandlungssteuerrecht, hrsg. von EWALD DÖTSCH u.a., 7. Aufl., Stuttgart 2012, S. 573-665, Rn. 80.

[1098] Bisher nur EuGH-Urteil vom 15.01.2002, in: DStR-E 2002, S. 456-459; BFH-Urteil vom 07.04.2010, BStBl II 2011, S. 467.

[1099] Vgl. BMF-Schreiben vom 11.11.2011, BStBl I 2011, S. 1314, Rn. 15.02.

erforderlichen Übertragung von wesentlichen Betriebsgrundlagen auch eine Untersuchung dahingehend stattfinden, ob ein wirtschaftlicher Zusammenhang der zuordenbaren Wirtschaftsgüter zum Teilbetrieb besteht. Hierbei ist es ausreichend, wenn der übernehmende Rechtsträger das wirtschaftliche Eigentum erlangt; die bloße Nutzungsüberlassung an den übernehmenden Rechtsträger unter Zurückbehaltung des zivilrechtlichen Eigentums reicht hingegen nicht aus.[1100] Dies bedeutet wiederum, dass Betriebsvermögen, das weder zu den funktional wesentlichen Betriebsgrundlagen noch zu den nach wirtschaftlichen Zusammenhängen zuordenbaren Wirtschaftsgütern gehört (sog. **neutrales Vermögen**), zu jedem Teilbetrieb bis zum Spaltungsbeschluss zugeordnet werden kann. Es kann, muss aber nicht übertragen werden.[1101]

Nutzen mehrere Teilbetriebe eine funktional wesentliche Betriebsgrundlage (oftmals Grundstücke, Produktionsanlagen, Patente, EDV-Anlagen oder die gemeinsame Verwaltung des Unternehmens) oder ein nach wirtschaftlichen Zusammenhängen zuordenbares Wirtschaftsgut gemeinsam, ist eine steuerneutrale Spaltung nicht gegeben. Falls eine reale Teilung des Grundstücks nicht zumutbar ist, wird bei Grundstücken die ideelle Teilung (Bruchteileigentum) im Verhältnis zur tatsächlichen Nutzung unmittelbar nach der Spaltung anerkannt; allerdings wendet die Finanzverwaltung diese Billigkeitsregelung nicht bei anderen Wirtschaftsgütern an, an denen Bruchteilseigentum begründet werden kann.[1102]

Auch wenn die Finanzverwaltung die Anwendung des europäischen Teilbetriebsbegriffs sowohl für grenzüberschreitende als auch für rein nationale Sachverhalte vorsieht, lehnen Teile der Literatur die Anwendung des europäischen Teilbetriebsbegriffs auf rein nationale Sachverhalte ab.[1103]

Schließlich stellt sich die Frage, zu welchem Zeitpunkt die Teilbetriebsvoraussetzungen vorliegen müssen. Hierbei ist nicht wie bisher auf den Zeitpunkt des Spaltungsbeschlusses (bzw. Spaltungsvertrages) abzustellen.[1104] Vielmehr ist jetzt der steuerliche Übertragungszeitpunkt als maßgeblicher Zeitpunkt für das Vorliegen der Teilbetriebsvoraussetzungen anzusehen.[1105] Eine Ausnahme hiervon stellt die gemeinsame Nutzung von Grundstücken dar, bei der die zivilrechtlich wirksame Teilung (falls zumutbar) bis zum Zeitpunkt des Spaltungsbeschlusses vollzogen sein muss.[1106] Zudem stellt ein Teilbetrieb im Aufbau keinen Teilbetrieb i.S.d. § 15 UmwStG dar.[1107]

[1100] Vgl. BFH-Urteil vom 07.04.2010, BStBl II 2011, S. 467; BMF-Schreiben vom 11.11.2011, BStBl I 2011, S. 1314, Rn. 15.07.

[1101] Vgl. BMF-Schreiben vom 11.11.2011, BStBl I 2011, S. 1314, Rn. 15.09; SCHELL, MATTHIAS/KROHN, DIRK: Ausgewählte praxisrelevante „Fallstricke" des UmwStE 2011 (Teil 2), in: DB 2012, S. 1119-1123, s.b.S. 1120.

[1102] Vgl. zu diesem Abschnitt BMF-Schreiben vom 11.11.2011, BStBl I 2011, S. 1314, Rn. 15.08; DÖTSCH, EWALD/PUNG, ALEXANDRA: § 15 UmwStG, in: Umwandlungssteuerrecht, hrsg. von EWALD DÖTSCH u.a., 7. Aufl., Stuttgart 2012, S. 573-665, Rn. 83.

[1103] Vgl. u.a. SCHMITT, JOACHIM: Auf- und Abspaltung von Kapitalgesellschaften – Anmerkungen zum Entwurf des Umwandlungssteuererlasses, in: DStR 2011, S. 1108-1113, s.b.S. 1110.

[1104] Vgl. BMF-Schreiben vom 25.03.1998, BStBl I 1998, S. 268, Rn. 15.10.

[1105] Vgl. BMF-Schreiben vom 11.11.2011, BStBl I 2011, S. 1314, Rn. 15.03.

[1106] Vgl. BMF-Schreiben vom 11.11.2011, BStBl I 2011, S. 1314, Rn. 15.08.

[1107] Vgl. BMF-Schreiben vom 11.11.2011, BStBl I 2011, S. 1314, Rn. 15.03.

Als **Teilbetriebe** gelten gem. § 15 Abs. 1 S. 3 UmwStG auch ein **Mitunternehmeranteil** sowie die **im Betriebsvermögen gehaltene 100 %-ige Beteiligung an einer Kapitalgesellschaft**.[1108] Auch ein Teil eines Mitunternehmeranteils ist Teilbetrieb. Dieser kann demzufolge abgespalten werden. Der bei der übertragenden Körperschaft verbleibende Teil des Mitunternehmeranteils stellt ebenfalls noch einen Teilbetrieb dar.

Die 100 %-ige Beteiligung an einer Kapitalgesellschaft stellt nur dann einen eigenständigen (fiktiven) Teilbetrieb dar, wenn sie **nicht** als wesentliche Betriebsgrundlage **einem anderen Teilbetrieb zuzurechnen ist**. Wird eine 100 %-ige Beteiligung, welche wesentliche Betriebsgrundlage eines anderen Teilbetriebs ist, übertragen, stellt das zurückbleibende Vermögen keinen Teilbetrieb mehr dar.[1109] Aus Billigkeitsgründen wird zugelassen, den fiktiven Teilbetrieben solche Wirtschaftsgüter einschließlich der Schulden zuzuordnen, die in **unmittelbarem wirtschaftlichen Zusammenhang** mit dem Teilbetrieb stehen, wozu bei einer 100 %-Beteiligung alle Wirtschaftsgüter gehören, die für die Verwaltung der Beteiligung erforderlich sind.[1110]

Die übertragende Körperschaft ist zudem zur Erstellung einer steuerlichen Schlussbilanz, die das übertragene Vermögen umfasst, verpflichtet, sodass bei der Abspaltung eines Teilbetriebs eine steuerliche Schlussbilanz am steuerlichen Übertragungszeitpunkt isoliert nur für den abgespaltenen Teilbetrieb zu erstellen ist.[1111] Liegt dagegen eine Aufspaltung vor, sind in der Schlussbilanz sämtliche Wirtschaftsgüter aufzuführen.[1112]

Der Antrag auf einen **Buchwert-** oder **Zwischenwertansatz** gem. § 11 Abs. 2 UmwStG und § 13 Abs. 2 UmwStG setzt im Fall der Abspaltung oder Teilübertragung voraus, dass ein Teilbetrieb übertragen wird und bei der übertragenden Körperschaft ein Teilbetrieb verbleibt (§ 15 Abs. 1 S. 2 UmwStG). Andernfalls ist der **gemeine Wert** anzusetzen.

Zur Vermeidung von Missbräuchen sorgt § 15 Abs. 2 UmwStG für **Beschränkungen**:

— Mitunternehmeranteile und 100 %-Beteiligungen an Kapitalgesellschaften sind **nicht begünstigt**, wenn sie innerhalb eines Zeitraums von **drei Jahren** vor dem steuerlichen Übertragungsstichtag durch Übertragung von Wirtschaftsgütern, die keinen Teilbetrieb darstellen, erworben oder aufgestockt worden sind. Dies bezieht sich sowohl auf die übergegangenen als auch auf die bei der übertragenden Körperschaft verbleibenden Wirtschaftsgüter (§ 15 Abs. 2 S. 1 UmwStG).

— Eine Auf- oder Abspaltung ist auch dann nicht steuerneutral, wenn durch die Spaltung die Veräußerung an **außenstehende Personen** vollzogen wird oder hierfür die Voraussetzungen geschaffen werden (§ 15 Abs. 2 S. 2 und 3 UmwStG).[1113] Beteiligungen an der übertragenden Gesellschaft müssen deshalb mindestens fünf Jahre bestanden haben. Bei der Trennung von Gesellschafterstämmen setzt die Anwendung des § 11 Abs. 2

[1108] Vgl. BMF-Schreiben vom 11.11.2011, BStBl I 2011, S. 1314, Rn. 15.04 und 15.05.
[1109] Vgl. BMF-Schreiben vom 11.11.2011, BStBl I 2011, S. 1314, Rn. 15.06.
[1110] Vgl. BMF-Schreiben vom 11.11.2011, BStBl I 2011, S. 1314, Rn. 15.11.
[1111] Vgl. BMF-Schreiben vom 11.11.2011, BStBl I 2011, S. 1314, Rn. 15.14.
[1112] Vgl. FROTSCHER, GERRIT: Umwandlungssteuererlass 2011, Freiburg 2012, S. 324.
[1113] Jedoch gilt hier eine 20 %-Ausnahme-Regel, durch die vermieden wird, dass z.B. bei Publikumsgesellschaften die Veräußerung eines einzigen Anteils innerhalb von fünf Jahren nach der Spaltung zum Verlust der Steuer- und Erfolgsneutralität führt.

UmwStG ebenfalls voraus, dass die Beteiligungen an der übertragenden Körperschaft mindestens **fünf Jahre** bestanden haben (§ 15 Abs. 2 S. 5 UmwStG).

- Schädlich ist dagegen jede Übertragung (hierzu gehören auch insbesondere Umwandlungen und Einbringungen) gegen Entgelt. Eine unentgeltliche Anteilsübertragung bspw. durch Erbfolge oder Erbauseinandersetzung, nicht aber Erbauseinandersetzung mit Ausgleichszahlung, ist dagegen keine schädliche Anteilsübertragung.[1114]

- **Einlagen** (auch verdeckte Einlagen) in das Vermögen einer Kapitalgesellschaft sind bei Beteiligungen an Kapitalgesellschaften regelmäßig unschädlich, weil durch sie die vorhandene Beteiligung in der Regel nicht aufgestockt wird.[1115]

- § 15 Abs. 2 UmwStG ist auch nicht anzuwenden, wenn zwar eine **Aufstockung** der Beteiligung erfolgt, die Aufstockung aber nicht durch eine „eigene" Maßnahme der Spaltgesellschaft, sondern z.B. durch eine verdeckte Einlage eines Dritten bewirkt wird.[1116]

Beispiel: **(Anteilsaufstockung durch einen Dritten)**[1117]

Die GmbH A ist zu 60 % an der GmbH B beteiligt. Weitere 40 % der Anteile an der GmbH B werden von einem Anteilseigner der GmbH A nach § 21 UmwStG zum Buchwert in die GmbH A eingebracht. Danach ist GmbH A zu 100 % an der GmbH B beteiligt. Die 100 %-Beteiligung stellt einen Teilbetrieb i.S.d. § 15 Abs. 1 S. 2 UmwStG dar.

Dieser Vorgang ist nicht schädlich i.S.d. § 15 Abs. 2 S. 1 UmwStG, da die Aufstockung nicht auf einer Zuführung eines Wirtschaftsgutes durch die GmbH A an die GmbH B, sondern auf der Zuführung durch einen Dritten (Anteilseigner der GmbH A) beruht.

§ 15 Abs. 1 und 2 UmwStG knüpfen die steuerneutrale Spaltung an eine Reihe von **Voraussetzungen**, die handelsrechtlich nicht bestehen. Das Nichtvorliegen der in den Absätzen 1 und 2 genannten Voraussetzungen hat **unterschiedliche Rechtsfolgen** (vgl. Abb. 146[1118], S. 681):

- Die sinngemäße Anwendung der §§ 11 Abs. 2 und § 13 Abs. 2 UmwStG **scheidet** insgesamt **aus**, wenn die **Voraussetzungen** des § 15 Abs. 1 UmwStG (Vermögensübergang durch Sonderrechtsnachfolge, Teilbetrieb) **nicht vorliegen**, d.h., sowohl bei der Körperschaft als auch bei den Anteilseignern ist die Spaltung nach den allgemeinen Regeln für die Liquidationsbesteuerung bzw. Kapitalherabsetzung oder Sachauskehrung zu behandeln (**Folgen**: Gewinnrealisierung auf beiden Ebenen).

- Das Nichtvorliegen der weiteren in § 15 Abs. 2 UmwStG genannten Voraussetzungen führt dagegen zur **isolierten Nicht-Anwendung** des § 11 Abs. 2 UmwStG, wirkt also nur auf der Ebene der übertragenden Körperschaft.[1119]

[1114] Vgl. BMF-Schreiben vom 11.11.2011, BStBl I 2011, S. 1314, Rn. 15.23 f.

[1115] Vgl. DÖTSCH, EWALD/LISHAUT, INGO VAN/WOCHINGER, PETER: Der neue Umwandlungssteuererlaß, in: DB 1998, Beilage 7/1998, S. 29.

[1116] Vgl. BMF-Schreiben vom 11.11.2011, BStBl I 2011, S. 1314, Rn. 15.19. DÖTSCH, EWALD/LISHAUT, INGO VAN/WOCHINGER, PETER: Der neue Umwandlungssteuererlaß, in: DB 1998, Beilage 7/1998, S. 29.

[1117] Leicht modifiziert entnommen aus BMF-Schreiben vom 11.11.2011, BStBl I 2011, S. 1314, Rn. 15.19.

[1118] Modifiziert entnommen aus DÖTSCH, EWALD/PUNG, ALEXANDRA: § 15 UmwStG, in: Die Körperschaftsteuer, hrsg. von EWALD DÖTSCH u.a., Stuttgart (Loseblatt), Stand: April 2013, Rn. 211.

[1119] Vgl. zu diesem Absatz DÖTSCH, EWALD/PUNG, ALEXANDRA: § 15 UmwStG, in: Die Körperschaftsteuer, hrsg. von EWALD DÖTSCH u.a., Stuttgart (Loseblatt), Stand: April 2013, Rn. 212.

Wie bei der Verschmelzung von Körperschaften auf Körperschaften **gehen** auch im Fall der Spaltung **verrechenbare Verluste,** ein verbleibender **Verlustabzug** i.S.d. § 10d Abs. 4 S. 2 **EStG, nicht ausgeglichene negative Einkünfte**, ein **Zinsvortrag** i.S.d. § 4h Abs. 1 S. 5 EStG sowie ein **EBITDA-Vortrag** i.S.d. § 4h Abs. 1 S. 3 EStG **nicht** auf die einzelnen übernehmenden Körperschaften über. Im Falle der Abspaltung mindern sich ein verbleibender Verlustvortrag sowie ein verbleibender Zins- und EBITDA-Vortrag der übertragenden Körperschaft in dem Verhältnis, in dem bei Zugrundelegung des gemeinen Werts das Vermögen auf eine andere Körperschaft übergeht (§ 15 Abs. 3 UmwStG).

Nach § 15 Abs. 1 S. 1 i.V.m. § 12 Abs. 1 S. 1 UmwStG hat die Übernehmerin das durch Auf- oder Abspaltung auf sie übergehende Betriebsvermögen mit den in der **Schlussbilanz der Überträgerin enthaltenen Werten** zu übernehmen (**Wertverknüpfung**), unabhängig davon, ob dort Buchwerte, Zwischenwerte oder gemeine Werte ausgewiesen sind.

Das Betriebsvermögen der Übernehmerin erhöht sich um die Bilanzwerte des auf sie übergehenden Betriebsvermögens und verringert sich um den Wert einer wegfallenden Beteiligung der Übernehmerin an der Überträgerin. Der Unterschiedsbetrag, ein **Übernahmegewinn oder -verlust**, bleibt nach § 15 Abs. 1 S. 1 i.V.m. § 12 Abs. 2 S. 1 UmwStG bei der Gewinnermittlung der übernehmenden Körperschaft **außer Ansatz**; allerdings gelten 5 % davon als nicht abzugsfähige Betriebsausgaben, die der Besteuerung unterliegen (§ 15 Abs. 1 S. 1 i.V.m. § 12 Abs. 2 S. 2 UmwStG).

Bei den **Anteilseignern** gelten die Anteile an der übertragenden Körperschaft gem. § 15 Abs. 1 S. 1 i.V.m. § 13 UmwStG als zum **gemeinen Wert** veräußert, und zwar unabhängig davon, ob das übergehende Betriebsvermögen auf Gesellschaftsebene mit dem Buchwert, einem Zwischenwert oder mit dem gemeinen Wert angesetzt worden ist. Die an ihre Stelle tretenden Anteile bleiben steuerverhaftet und gelten als zum gleichen Wert angeschafft.

Abweichend davon können auf Antrag unter den Voraussetzungen des § 13 Abs. 2 UmwStG die **Buchwerte** angesetzt werden.

Das Einlagekonto, der Anspruch auf Körperschaftsteuerguthaben sowie die Verpflichtung zur Leistung des Körperschaftsteuererhöhungsbetrags gehen im Zuge einer Aufspaltung oder Abspaltung anteilig auf die Übernehmerin über.[1120]

[1120] Vgl. sinngemäß PUNG, ALEXANDRA: Steuersenkungsgesetz: Änderungen des UmwStG, in: DB 2000, S. 1835-1839, s.b.S. 1838.

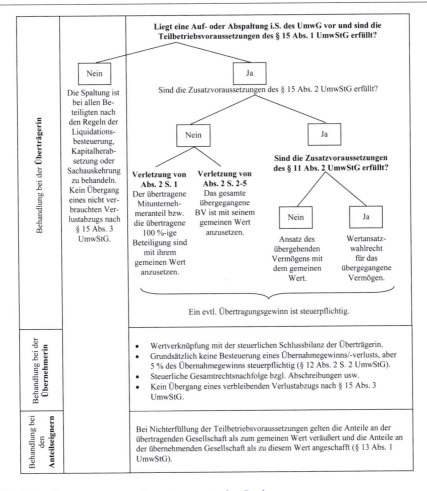

Abb. 146: Voraussetzungen einer steuerneutralen Spaltung

Beispiel: (Spaltung einer Kapitalgesellschaft)[1121]

Vor der Spaltung:

Aktiva	GmbH 1 (in T€)		Passiva
Teilbetrieb 1	100	Stammkapital	200
(Gemeiner Wert 400)			
Teilbetrieb 2	100		
(Gemeiner Wert 600)			
	200		200

Gesellschafter A	50 %
Gesellschafter B	50 %
Steuerlicher Verlustvortrag	2.000 T€ (in der Bilanz nicht abgebildet)

Nach der Spaltung: Gesellschafter A 100 %

Aktiva	GmbH 2 (in T€)		Passiva
Teilbetrieb 1	100	Stammkapital	100
(Gemeiner Wert 400)			
	100		100

Gesellschafter B 100 %

Aktiva	GmbH 3 (in T€)		Passiva
Teilbetrieb 2	100	Stammkapital	100
(Gemeiner Wert 600)			
	100		100

Der steuerliche Verlustvortrag geht im Zuge der Spaltung nicht auf die übernehmenden Rechtsträger über (§ 15 Abs. 1 S. 1 i.V.m. § 12 Abs. 3 i.V.m. § 4 Abs. 2 S. 2 UmwStG).

8. Zusammenfassung

Die steuerlichen Auswirkungen einer Verschmelzung von zwei Kapitalgesellschaften unter Berücksichtigung der an der Umwandlung Beteiligten gibt Abb. 147[1122] (S. 683) wieder.

[1121] Leicht modifiziert entnommen aus BMF-Schreiben vom 25.03.1998, BStBl I 1998, S. 268, Rn. 15.43.

[1122] Erweitert entnommen aus ROOS, RONALD: Steuerliche Grundzüge von Umwandlungen nach dem Umwandlungssteuergesetz, in: WiSt 2001, S. 253-258, s.b.S. 255. Vgl. auch PUNG, ALEXANDRA: Steuersenkungsgesetz: Änderungen des UmwStG, in: DB 2000, S. 1835-1839, s.b.S. 1837 und 1838.

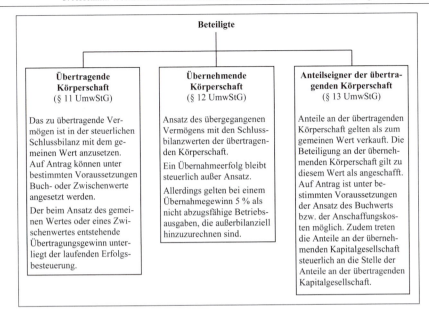

Abb. 147: Steuerliche Würdigung der Verschmelzung von Körperschaften

D. Einbringung und Anteilstausch

1. Allgemeine Konzeption der Einbringung im UmwStG

Der **Tatbestand der Einbringung** wurde im Rahmen der Neufassung des Umwandlungssteuergesetzes grundsätzlich neu konzipiert. Dabei lassen sich folgende Aspekte besonders hervorheben:[1123]

– Es wird zwischen der **Einbringung von Betriebsvermögen** (Betrieb, Teilbetrieb und Mitunternehmeranteil) nach § 20 UmwStG und der **Einbringung von Anteilen** an einer Kapitalgesellschaft (Anteilstausch) unterschieden.

– **Nationale Einbringungen** und die **Einbringungen in die EU** werden nunmehr gemeinsam geregelt (§ 23 UmwStG 1995 wurde gestrichen).

– Entsprechend der neuen Bewertungssystematik des Umwandlungssteuerrechts gilt auch bei Einbringungen grundsätzlich der **Ansatz des gemeinen Wertes**. Auf Antrag ist unter bestimmten Voraussetzungen (insb. Sicherung des deutschen Besteuerungsrechts) der Ansatz des **Buchwertes** oder eines **Zwischenwertes** möglich.

– Das System der einbringungsgeborenen Anteile wurde aufgegeben. Stattdessen findet nunmehr im Falle einer Veräußerung innerhalb einer **Sperrfrist von sieben Jahren** eine **rückwirkende**, auf den **Zeitpunkt der Einbringung bezogene Besteuerung** statt. Der

---

[1123] Vgl. HAGEMANN, JENS/JACOB, BURKHARD/ROPOHL, FLORIAN/VIEBROCK, BJÖRN: SEStEG – Das neue Konzept der Verstrickung und Entstrickung sowie die Neufassung des Umwandlungssteuergesetzes, in: NWB-Sonderheft I 2007, S. 1-44, s.b.S. 33.

dabei entstandene Gewinn wird jedoch für jedes seit der Einbringung abgelaufene Jahr um **1/7** gemindert.

Zusammenfassend lässt sich die Systematik der neuen Regelungen zur Einbringung anhand von Abb. 148 präsentieren.[1124]

UmwStG	Inhalt	UmwStG 1995
§ 20	Einbringung von Unternehmensteilen (national und grenzüberschreitend)	§§ 20 Abs. 1 S. 1, Abs. 2-8, 23 Abs. 1-3
§ 21	Anteilstausch (national und grenzüberschreitend)	§§ 20 Abs. 1 S. 2, 23 Abs. 4
§ 22	Rückwirkende Besteuerung der Einbringung bei Veräußerungen innerhalb von sieben Jahren	§§ 21, 26 Abs. 2; § 8b Abs. 4 KStG a.F., § 3 Nr. 40 S. 3 und 4 EStG a.F.
§ 23	Auswirkungen bei der übernehmenden Gesellschaft	§ 22
§ 25	Formwechsel einer Personengesellschaft in eine Kapitalgesellschaft oder Genossenschaft	§ 25

Abb. 148: Systematik der Regelungen zur Einbringung

2. Die Einbringung eines Betriebs, Teilbetriebs oder Mitunternehmeranteils in eine Kapitalgesellschaft gegen Gewährung von Gesellschaftsanteilen

a) Der Begriff der Einbringung

Im Rahmen der Einbringung wird das Betriebsvermögen (**Betrieb, Teilbetrieb** oder **Mitunternehmeranteil**) auf eine Kapitalgesellschaft übertragen, welche im Gegenzug neue Anteile gewährt.[1125] Damit stellt sich der Einbringungsvorgang aus Sicht des Einbringenden als **gewinnrealisierender** tauschähnlicher Vorgang dar, während dieser aus Sicht der aufnehmenden Gesellschaft eine **Einlage** repräsentiert.[1126]

Unter diesen steuerrechtlichen Begriff der Einbringung fallen gem. § 1 Abs. 3 UmwStG die handelsrechtlichen Umwandlungsfälle (vgl. Abb. 149, S. 686):

[1124] Modifiziert entnommen aus FÖRSTER, GUIDO/WENDLAND, JAN: Einbringung von Unternehmensteilen in Kapitalgesellschaften – Auswirkungen des SEStEG auf Umwandlungsvorgänge –, BB 2007, S. 631-639, s.b.S. 631.

[1125] Vgl. auch KUßMAUL, HEINZ/BLANK, OLIVER: Der Rechtsformwechsel von Einzelunternehmen und Personengesellschaften im Rahmen der Einbringung in eine Kapitalgesellschaft – Begriff, Voraussetzungen, Zeitpunkt und Folgen beim übernehmenden Rechtsträger –, in: StuB 2001, S. 218-227; KUßMAUL, HEINZ/ BLANK, OLIVER: Der Rechtsformwechsel von Einzelunternehmen und Personengesellschaften im Rahmen der Einbringung in eine Kapitalgesellschaft – Folgen beim einbringenden Rechtsträger, einbringungsgeborene Anteile und abschließende Beispiele –, in: StuB 2001, S. 525-533.

[1126] Vgl. FÖRSTER, GUIDO/WENDLAND, JAN: Einbringung von Unternehmensteilen in Kapitalgesellschaften – Auswirkungen des SEStEG auf Umwandlungsvorgänge –, in: BB 2007, S. 631-639, s.b.S. 631.

- Übertragung von Vermögen im Wege der **Verschmelzung** von Personen- auf Kapitalgesellschaften (§§ 2-122 UmwG),
- **Ausgliederung** aus dem Vermögen eines Einzelkaufmanns in eine Kapitalgesellschaft,
- **Ausgliederung** aus einer Kapital-/Personengesellschaft in eine Kapitalgesellschaft (§ 123 Abs. 3 UmwG),
- **Aufspaltung/Abspaltung** von Vermögen von einer Personen- in eine Kapitalgesellschaft (§ 123 Abs. 1 und 2 UmwG),
- **Formwechsel** einer Personen- in eine Kapitalgesellschaft (§§ 190-304 UmwG; hierbei ist steuerlich von einem Rechtsträgerwechsel auszugehen),
- Übertragung von Vermögen **im Wege der Einzelrechtsnachfolge** durch Sachgründung i.S.d. § 5 Abs. 4 GmbHG bzw. § 27 AktG bei der Gründung einer Kapitalgesellschaft bzw. durch Sachkapitalerhöhung aus Gesellschaftermitteln (vgl. § 56 GmbHG, §§ 183, 194, 205 AktG) bei einer bestehenden Kapitalgesellschaft,
- Übertragung von Wirtschaftsgütern im Rahmen einer **Anwachsung** i.S.d. § 738 BGB (Unterfall der Einzelrechtsnachfolge)[1127],
- vergleichbare ausländische Vorgänge.[1128]

Wie bereits ausgeführt, gilt gem. § 1 Abs. 4 UmwStG, dass der Einbringende eine **EU/EWR-Gesellschaft** oder eine **in der/dem EU/EWR ansässige natürliche Person** sein muss. Der übernehmende Rechtsträger muss wiederum eine Kapitalgesellschaft sein, die **ihren Sitz in einem EU- oder EWR-Staat** hat und aufgrund eines **Typenvergleichs** als Kapitalgesellschaft in Deutschland qualifiziert werden kann (§ 1 Abs. 3 und 4 UmwStG).

Bei Einbringungen von Betriebsvermögen einer Personengesellschaft hängt die Beantwortung der Frage, wer Einbringender ist, grundsätzlich davon ab, ob die einbringende Personengesellschaft infolge der Einbringung fortbesteht. Erfolgt die Auflösung der Personengesellschaft nach Übertragung ihres Betriebsvermögens und stehen die Anteile am übernehmenden Rechtsträger daher zivilrechtlich den Mitunternehmern zu, so sind diese als Einbringende anzusehen.[1129]

[1127] Vgl. BMF-Schreiben vom 11.11.2011, BStBl I 2011, S. 1314, Rn. 01.44; vgl. auch DEHMER, HANS: Umwandlungssteuererlaß 1998 – Erläuterungsbuch für die Steuerpraxis, München 1998, S. 389. A.A. PATT, JOACHIM: § 20 UmwStG, in: Umwandlungssteuerrecht, hrsg. von EWALD DÖTSCH u.a., 7. Aufl., Stuttgart 2012, S. 769-990, Rn. 6.

[1128] Vgl. BMF-Schreiben vom 11.11.2011, BStBl I 2011, S. 1314, Rn. 01.44.

[1129] Vgl. BMF-Schreiben vom 11.11.2011, BStBl I 2011, S. 1314, Rn. 20.03.

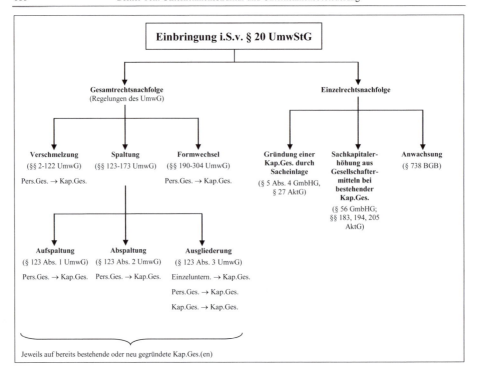

Abb. 149: Einbringung i.S.v. § 20 UmwStG

b)   Die gesetzlich begünstigten Sacheinlagen

Im Gegensatz zum Handelsrecht (§ 123 Abs. 2 UmwG) dürfen nur **Betriebe, Teilbetriebe** und **Mitunternehmeranteile** bzw. **mehrheitsvermittelnde Beteiligungen** Gegenstand der Einbringung sein (und **nicht** auch **einzelne** Wirtschaftsgüter). Die Einbringung einer 100 %-igen Beteiligung wird gem. der Neufassung des Umwandlungssteuergesetzes nicht mehr als Teilbetrieb qualifiziert.[1130] Diesbezüglich greifen die Regelungen zum Anteilstausch gem. § 21 UmwStG.

Wird der Betrieb oder Teilbetrieb einer Personengesellschaft eingebracht, so gelten die einzelnen **Gesellschafter als Einbringende**. Keine Einbringung liegt bei einer sog. „**verschleierten Sachgründung**" (Bargründung und anschließende Sacheinlage gegen Rückgewährung der Einzahlung; dies entspricht quasi der Buchwerteinbringung einzelner Wirtschaftsgüter[1131]) vor, sodass in diesen Fällen die stillen Reserven realisiert werden müssen. Überträgt ein Gesellschafter einen Betrieb auf eine Kapitalgesellschaft, ohne dass diesem im Gegenzug neue Anteile gewährt werden (**verdeckte Einlage**), müssen die stillen Reserven (einschließlich des selbst geschaffenen Firmenwertes) aufgedeckt werden.[1132] Bei einer **Be-**

[1130] Vgl. FÖRSTER, GUIDO/WENDLAND, JAN: Einbringung von Unternehmensteilen in Kapitalgesellschaften – Auswirkungen des SEStEG auf Umwandlungsvorgänge –, in: BB 2007, S. 631-639, s.b.S. 632.

[1131] Vgl. PATT, JOACHIM: § 20 UmwStG, in: Umwandlungssteuerrecht, hrsg. von EWALD DÖTSCH u.a., 7. Aufl., Stuttgart 2012, S. 769-990, Rn. 180-184.

[1132] Vgl. BFH-Urteil vom 24.03.1987, BStBl II 1987, S. 705.

triebsaufspaltung liegt kein Fall des § 20 Abs. 1 UmwStG vor; dennoch wurde bisher auf eine Gewinnrealisierung verzichtet.[1133]

Mitunternehmeranteile können ebenfalls Gegenstand einer Einbringung darstellen. Dies gilt auch dann, wenn im Rahmen der Einbringung lediglich **Teile einer Beteiligung** übertragen werden.

Letztlich setzt ein Einbringungsvorgang nach wie vor voraus, dass die übernehmende Kapitalgesellschaft im Gegenzug zur Übertragung des Vermögens **neue** Anteile gewährt. Eine solche Anteilsgewährung ist allerdings **nicht** erforderlich, wenn der Einbringende bereits **100 %** der Anteile hält. Außerdem ist es nicht erforderlich, dass ausschließlich neue Anteile gewährt werden. Darüber hinaus können auch **andere Gegenleistungen** gewährt werden. Dies gilt im Gegensatz zum alten Recht auch bei grenzüberschreitenden Einbringungen.[1134]

c) Die Besteuerung beim übernehmenden Unternehmen

Entsprechend der neuen Konzeption des Umwandlungssteuergesetzes gilt auch für die Bewertung des eingebrachten Betriebsvermögens grundsätzlich der Ansatz mit dem **gemeinen Wert** (§ 20 Abs. 2 S. 1 UmwStG). Nach § 20 Abs. 2 S. 2 UmwStG kann das übernommene Betriebsvermögen **auf Antrag** mit dem **Buchwert** oder einem **Zwischenwert** angesetzt werden, soweit

— sichergestellt ist, dass es später bei der übernehmenden Kapitalgesellschaft der **Körperschaftsteuer** unterliegt,

— das übernommene Betriebsvermögen **kein negatives Kapital** ausweist, d.h. die Passivposten des eingebrachten Betriebsvermögens (abzgl. des Eigenkapitals) die Aktivposten nicht übersteigen,

— das deutsche Besteuerungsrecht hinsichtlich des Gewinns aus der Veräußerung des eingebrachten Betriebsvermögens bei der übernehmenden Gesellschaft **nicht ausgeschlossen oder beschränkt** wird.

Der Antrag auf einen Buchwert- oder Zwischenwertansatz ist spätestens bis zur erstmaligen Abgabe ihrer Steuerbilanz von der übernehmenden Gesellschaft zu stellen (§ 20 Abs. 2 S. 3 UmwStG) und kann für jede Einbringung nur **einheitlich** gestellt werden. Eine selektive Aufstockung einzelner Bilanzposten kommt nicht in Betracht.[1135] Im Falle der Übertragung von Mitunternehmeranteilen gilt eine **gesellschafterbezogene** Betrachtungsweise. Dementsprechend liegt für jede Übertragung von Mitunternehmeranteilen eine gesonderte Einbringung vor.

[1133] Vgl. BMF-Schreiben vom 16.06.1978, BStBl I 1978, S. 235, Rn. 49. Mittels § 6 Abs. 4 EStG ist die begünstigte Übertragung von Einzelwirtschaftsgütern i.R. einer Betriebsaufspaltung nicht möglich, sodass eine Gewinnrealisierung eintreten wird; vgl. z.B. CATTELAENS, HEINER: Steuerentlastungsgesetz 1999/2000/2002: Neuregelung der Übertragung von Wirtschaftsgütern, in: DB 1999, S. 1083-1084; NEUFANG, BERND: Unentgeltliche Übertragung von Betriebsvermögen im Blickwinkel des Steuerentlastungsgesetzes 1999/2000/2002, in: DB 1999, S. 64-67.

[1134] Vgl. FÖRSTER, GUIDO/WENDLAND, JAN: Einbringung von Unternehmensteilen in Kapitalgesellschaften – Auswirkungen des SEStEG auf Umwandlungsvorgänge –, in: BB 2007, S. 631-639, s.b.S. 632.

[1135] Vgl. FÖRSTER, GUIDO/WENDLAND, JAN: Einbringung von Unternehmensteilen in Kapitalgesellschaften – Auswirkungen des SEStEG auf Umwandlungsvorgänge –, in: BB 2007, S. 631-639, s.b.S. 632.

Da das Gesetz auch im Falle von Einbringungsvorgängen grundsätzlich den Ansatz des gemeinen Wertes vorsieht, sind die Wertansätze in der Handelsbilanz **nicht** mehr für die Steuerbilanz **maßgeblich** (vgl. zu den Zusammenhängen mit der Handelsbilanz Abb. 150[1136]).[1137] Unter- bzw. überschreitet der Buchwert des eingebrachten Betriebes, Teilbetriebs oder des Mitunternehmeranteils das gezeichnete Kapital in der Handelsbilanz, so ist steuerlich zum Ausgleich der Wertabweichungen ein Aktivposten zu aktivieren bzw. ein Passivposten zu passivieren.[1138] Da weder seine Bildung noch seine Auflösung steuerliche Auswirkungen haben, stellt der Ausgleichsposten einen reinen Luftposten dar.[1139]

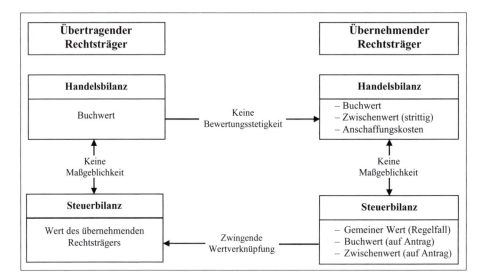

Abb. 150: *Zusammenhänge zwischen Handels- und Steuerbilanz beim übertragenden und übernehmenden Rechtsträger in Einbringungsfällen*

Im Kontext der **Besteuerung des Einbringungsvorgangs** ist Folgendes zu sagen:

- Die Einbringung von **Grundstücken** ist voll **grunderwerbsteuerpflichtig**.
- Ein verbleibender **Verlustabzug** geht grundsätzlich **nicht** auf die Ebene der Kapitalgesellschaft über.
- Bei der Bewertung mit Zwischenwerten hat eine **gleichmäßige Aufstockung** der Buchwerte der Wirtschaftsgüter des eingebrachten Vermögens zu erfolgen, d.h., die in den

---

[1136] Modifiziert entnommen aus BULA, THOMAS/PERNEGGER, ISABELLE: § 5. Handelsrechtliche Bewertung und Rechnungslegung (HGB/IFRS), in: Umwandlungen: Verschmelzung, Spaltung, Formwechsel, Vermögensübertragung, hrsg. von BERND SAGASSER, THOMAS BULA und THOMAS R. BRÜNGER, 4. Aufl., München 2011, Rn. 38.

[1137] Vgl. FÖRSTER, GUIDO/WENDLAND, JAN: Einbringung von Unternehmensteilen in Kapitalgesellschaften – Auswirkungen des SEStEG auf Umwandlungsvorgänge –, in: BB 2007, S. 631-639, s.b.S. 633.

[1138] Vgl. BMF-Schreiben vom 11.11.2011, BStBl I 2011, S. 1314, Rn. 20.20; PATT, JOACHIM: § 20 UmwStG, in: Umwandlungssteuerrecht, hrsg. von EWALD DÖTSCH u.a., 7. Aufl., Stuttgart 2012, S. 769-990, Rn. 210.

[1139] Vgl. FROTSCHER, GERRIT: Umwandlungssteuererlass 2011, Freiburg 2012, S. 402.

Buchwerten enthaltenen stillen Reserven sind prozentual gleichmäßig aufzudecken.[1140] Die gezielte Auflösung stiller Reserven ist nicht erlaubt.

- Da bei der Einbringung zwar ein Eintritt in die **Rechtsstellung des Einbringenden** erfolgt, allerdings eine **neue Gesellschaftsform** begründet wird, existiert auch in der Literatur keine einhellige Meinung, die einen Ansatz originärer immaterieller Wirtschaftsgüter bzw. eines selbst geschaffenen Geschäfts- oder Firmenwerts bei einer Einbringung zu über dem Buch- und gleichzeitig unter dem gemeinen Wert liegenden Wertansätzen befürwortet bzw. ablehnt.[1141] Nach Auffassung der Finanzverwaltung ist von einem Ausweis derartiger Wirtschaftsgüter nur bei Ansatz zum gemeinen Wert auszugehen.[1142]

d) Die Besteuerung beim übertragenden Unternehmen

Nach § 20 Abs. 3 S. 1 UmwStG gilt der Wert, mit dem die Kapitalgesellschaft das eingebrachte Betriebsvermögen ansetzt, für den Einbringenden als **Veräußerungspreis** und als **Anschaffungskosten** der gewährten Gesellschaftsanteile. Ist jedoch das **deutsche Besteuerungsrecht** hinsichtlich des Gewinns aus der Veräußerung des eingebrachten Betriebsvermögens zum Zeitpunkt der Einbringung **ausgeschlossen** und wird dieses auch **nicht** durch die Einbringung begründet, gilt für den Einbringenden gem. § 20 Abs. 3 S. 2 UmwStG der **gemeine Wert** des Betriebsvermögens zum Zeitpunkt der Einbringung als Anschaffungskosten der Anteile. Dadurch wird verhindert, dass die stillen Reserven im eingebrachten Vermögen zu stillen Reserven in den Anteilen führen, die in Deutschland steuerverstrickt werden. Werden neben den Gesellschaftsanteilen auch **sonstige Gegenleistungen** gewährt, wird deren gemeiner Wert von den Anschaffungskosten der Beteiligung abgezogen (§ 20 Abs. 3 S. 3 UmwStG).

Ein Ansatz über dem Buchwert ergibt für den Einbringenden einen **Veräußerungsgewinn**. Dieser unterliegt grundsätzlich der **regulären Besteuerung**, soweit er nicht im Einzelfall z.B. nach § 8b Abs. 2 KStG oder nach § 3 Nr. 40 EStG teilweise steuerbefreit ist. Handelt es sich bei dem Einbringenden um eine **natürliche Person**, so kann die **Freibetragsregelung nach § 16 Abs. 4 EStG** in Anspruch genommen werden, soweit es sich nicht um die Einbringung von Teilen eines Mitunternehmeranteils handelt und die übernehmende Gesellschaft das eingebrachte Betriebsvermögen mit dem gemeinen Wert ansetzt (§ 20 Abs. 4 S. 1 UmwStG). Auf den Veräußerungsgewinn sind außerdem die **Vergünstigungen des § 34 Abs. 1 und 3 EStG** (ermäßigter Steuersatz) anzuwenden, soweit der Veräußerungsgewinn nicht bereits nach § 3 Nr. 40 EStG i.V.m. § 3c Abs. 2 EStG begünstigt ist (§ 20 Abs. 4 S. 2 UmwStG).

[1140] Vgl. BMF-Schreiben vom 16.06.1978, BStBl I 1978, S. 235, Rn. 10 und 11; BMF-Schreiben vom 11.11.2011, BStBl I 2011, S. 1314, Rn. 23.14.

[1141] Vgl. mit zahlreichen Verweisen auf befürwortende und ablehnende Stellungnahmen WIDMANN, SIEGFRIED: § 20 UmwStG i.d.F. des SEStEG, in: Umwandlungsrecht, hrsg. von SIEGFRIED WIDMANN und DIETER MAYER, Bonn/Berlin (Loseblatt), Stand: April 2013, Rn. R 672.

[1142] Vgl. PATT, JOACHIM: § 20 UmwStG, in: Umwandlungssteuerrecht, hrsg. von EWALD DÖTSCH u.a., 7. Aufl., Stuttgart 2012, S. 769-990, Rn. 207 sowie PATT, JOACHIM: § 23 UmwStG, in: Umwandlungssteuerrecht, hrsg. von EWALD DÖTSCH u.a., 7. Aufl., Stuttgart 2012, S. 1143-1228, Rn. 48, 63. Vgl. dazu auch BMF-Schreiben vom 11.11.2011, BStBl I 2011, S. 1314, Rn. 23.17.

Umfasst das eingebrachte Betriebsvermögen **einbringungsgeborene Anteile i.S.d. § 21 Abs. 1 UmwStG 1995**, gelten gem. § 20 Abs. 3 S. 4 UmwStG die erhaltenen Anteile insoweit auch als einbringungsgeborene Anteile alten Rechts. Der Gewinn aus der Veräußerung von einbringungsgeborenen Anteilen innerhalb von sieben Jahren ist auch nach Inkrafttreten von SEStEG **voll steuerpflichtig**. Diesbezüglich wird argumentiert, dass für die infizierten Anteile **keine neue Sperrfrist** beginnt, vielmehr treten sie in die laufende Sperrfrist der eingebrachten Anteile ein.

Werden die als Gegenleistung erhaltenen Anteile **nicht im Betriebsvermögen** gehalten, gelten sie als Anteile i.S.d. § 17 EStG, auch wenn der Steuerpflichtige innerhalb der letzten fünf Jahre **nicht zu mindestens 1 %** beteiligt war und die Anteile aufgrund einer Einbringung **unterhalb des gemeinen Wertes** erworben wurden (§ 17 Abs. 6 Nr. 1 EStG). Damit wird sichergestellt, dass die erhaltenen Anteile auch dann **steuerverhaftet** bleiben, wenn der Einbringende nur eine Kleinbeteiligung an der übernehmenden Gesellschaft (unter 1 %) hält oder seine Beteiligung nach der Einbringung unter 1 % absinkt.[1143]

Im Rahmen der Neufassung des Umwandlungssteuergesetzes wurde das System der Besteuerung einbringungsgeborener Anteile durch eine **rückwirkende Besteuerung** des Einbringungsvorgangs ersetzt. Das neue System kommt dann zur Anwendung, wenn bei einer Einbringung von Unternehmensteilen **unter** dem gemeinen Wert die **erhaltenen Anteile innerhalb eines Zeitraums von sieben Jahren** nach der Einbringung veräußert werden (§ 22 UmwStG). Dadurch soll zum einen wie bisher verhindert werden, dass Vermögen über eine Einbringung steuerlich günstiger veräußert werden kann, und zum anderen wird eine mögliche Doppelbesteuerung von stillen Reserven vermieden.[1144]

Nach § 22 Abs. 1 UmwStG wird für den Fall der Veräußerung der gewährten Anteile innerhalb der 7-Jahresfrist im ersten Schritt ein sog. „**Einbringungsgewinn I**" ermittelt. Der Einbringungsgewinn I entspricht gem. § 22 Abs. 1 S. 3 UmwStG der Differenz zwischen dem gemeinen Wert (abzgl. der im Zuge der Einbringung angefallenen Einbringungskosten) und dem tatsächlich angesetzten (Buch- oder Zwischen-)Wert. Wenn sich in dem eingebrachten Betrieb, Teilbetrieb oder Mitunternehmeranteil auch **Anteile an Kapitalgesellschaften oder Genossenschaften** befinden, dann sind die entsprechenden Werte aus der Ermittlung des Einbringungsgewinns I auszuscheiden und im Rahmen der Berechnung des **Einbringungsgewinns II** gem. § 22 Abs. 2 UmwStG (bei Anteilstausch) zu berücksichtigen (§ 22 Abs. 1 S. 5 UmwStG). Anschließend ist der Einbringungsgewinn I mit jedem seit dem Einbringungszeitraum (steuerlicher Übertragungsstichtag) abgelaufenen Jahr um **ein Siebtel** zu

---

[1143] Vgl. hierzu FÖRSTER, GUIDO/WENDLAND, JAN: Einbringung von Unternehmensteilen in Kapitalgesellschaften – Auswirkungen des SEStEG auf Umwandlungsvorgänge –, in: BB 2007, S. 631-639, s.b.S. 634.

[1144] Vgl. RÖDDER, THOMAS/SCHUMACHER, ANDREAS: Das kommende SEStEG: Der Regierungsentwurf eines Gesetzes über steuerliche Begleitmaßnahmen zur Einführung der Europäischen Gesellschaft und zur Änderung weiterer steuerrechtlicher Vorschriften, in: DStR 2006, S. 1481-1494, 1525-1542, s.b.S. 1538.

mindern.[1145] Vor diesem Hintergrund präsentiert sich die Ermittlung des steuerpflichtigen Einbringungsgewinns I folgendermaßen:[1146]

	Gemeiner Wert des eingebrachten Vermögens im Einbringungszeitpunkt
./.	Gemeiner Wert der darin enthaltenen Kapitalgesellschaftsanteile
./.	Einbringungskosten
./.	Bei der Einbringung angesetzter Wert des eingebrachten Vermögens (abzgl. der darin enthaltenen Kapitalgesellschaftsanteile)
=	**Vorläufiger Einbringungsgewinn**
./.	1/7 des vorläufigen Einbringungsgewinns je abgelaufenem Zeitjahr
=	**Einbringungsgewinn I**

Werden die erhaltenen Anteile innerhalb der Siebenjahresfrist veräußert, ist der Einbringungsgewinn I **in voller Höhe steuerpflichtig**. Ein Freibetrag nach § 16 Abs. 4 EStG oder die Tarifermäßigungen nach § 34 Abs. 1 oder 3 EStG finden auf den Einbringungsgewinn I keine Anwendung (§ 22 Abs. 1 S. 1 2. Halbsatz UmwStG). Soweit der Einbringende **keine Privatperson** ist, unterliegt der Einbringungsgewinn auch der **Gewerbesteuer**. Im Ergebnis werden die stillen Reserven, die im Zeitpunkt der Einbringung vorhanden waren, als Einbringungsgewinn I besteuert.

Nach § 22 Abs. 1 S. 4 UmwStG gilt der Einbringungsgewinn I als **nachträgliche Anschaffungskosten** der erhaltenen Anteile. Damit wird der ursprüngliche Beteiligungsansatz um den Betrag des steuerpflichtigen Einbringungsgewinn I erhöht. Der **Veräußerungsgewinn** – und damit die stillen Reserven, die erst nach der Einbringung entstanden sind – wird wiederum nach § 8b Abs. 2 KStG bzw. § 3 Nr. 40 EStG besteuert.

Beispiel: **(Einbringungsgewinn I)**[1147]

Die A-GmbH bringt zum 01.01.2013 einen Teilbetrieb zu Buchwerten i.H.v. 2 Mio. € in die B-GmbH ein. Die gemeinen Werte des Teilbetriebs betragen am Übertragungsstichtag 9 Mio. €. Als Gegenleistung bekommt die A-GmbH 100 % der Anteile an der B-GmbH.

Am 01.05.2017 werden die Anteile an der B-GmbH für 10 Mio. € veräußert. Durch die Veräußerung entsteht ein Einbringungsgewinn I, welcher sich folgendermaßen berechnen lässt:

[1145] Diese Vorgehensweise wird damit begründet, dass die Vermutung eines Gestaltungsmissbrauchs mit dem zunehmenden zeitlichen Abstand zum Einbringungszeitpunkt abnimmt; vgl. DÖTSCH, EWALD/PUNG, ALEXANDRA: SEStEG: Die Änderungen des UmwStG, in: DB 2006, S. 2704-2714, 2763-2773, s.b.S. 2707.

[1146] Entnommen aus FÖRSTER, GUIDO/WENDLAND, JAN: Einbringung von Unternehmensteilen in Kapitalgesellschaften – Auswirkungen des SEStEG auf Umwandlungsvorgänge –, in: BB 2007, S. 631-639, s.b.S. 634.

[1147] Modifiziert entnommen aus FÖRSTER, GUIDO/WENDLAND, JAN: Einbringung von Unternehmensteilen in Kapitalgesellschaften – Auswirkungen des SEStEG auf Umwandlungsvorgänge –, in: BB 2007, S. 631-639, s.b.S. 636.

	Gemeiner Wert des eingebrachten Teilbetriebs	9 Mio. €
./.	Bei der Einbringung angesetzter Wert des eingebrachten Vermögens	2 Mio. €
=	**Vorläufiger Einbringungsgewinn**	**7 Mio. €**
./.	1/7 des vorläufigen Einbringungsgewinns je abgelaufenes Zeitjahr	4/7 v. 7 Mio. €
=	**Einbringungsgewinn I**	**3 Mio. €**

Der Einbringungsgewinn I unterliegt in voller Höhe der Körperschaftsteuer und der Gewerbesteuer. Anschließend mindert er als nachträgliche Anschaffungskosten den Veräußerungsgewinn der A-GmbH:

	Veräußerungspreis	10 Mio. €
./.	Buchwerte des eingebrachten Teilbetriebs	2 Mio. €
./.	Einbringungsgewinn I als nachträgliche Anschaffungskosten	3 Mio. €
=	**Veräußerungsgewinn**	**5 Mio. €**

Der Veräußerungsgewinn wird nach § 8b Abs. 2 KStG freigestellt. Dennoch werden nach § 8b Abs. 3 KStG 5 % des Veräußerungsgewinns als nichtabziehbare Betriebsausgaben angesetzt, die sowohl der Körperschaftsteuer als auch der Gewerbesteuer unterliegen.

In praktischer Sicht ist die **rückwirkende Bestimmung des gemeinen Wertes** des eingebrachten Betriebsvermögens auf den Übertragungszeitpunkt problematisch. Es kann dem Steuerpflichtigen nicht unterstellt werden, dass er bereits zum Zeitpunkt der Einbringung eine Veräußerung der erhaltenen Gesellschaftsanteile innerhalb der sieben Jahre beschlossen hat. Die Brisanz dieser Frage ergibt sich aus der Gefahr, dass die Finanzverwaltung geneigt sein könnte, etwaige stille Reserven, die zum Zeitpunkt der Veräußerung realisiert werden, so zu behandeln, als ob sie bereits zum Zeitpunkt der Einbringung vorhanden waren. Der Steuerpflichtige würde wiederum versuchen darzulegen, dass die Werte erst im Zeitraum nach der Einbringung entstanden sind.[1148] Die **Beweispflicht** dürfte in diesem Fall eher von der Finanzverwaltung getragen werden.[1149]

Letztlich hat der Einbringende gem. § 22 Abs. 3 UmwStG in den auf den steuerlichen Übertragungsstichtag folgenden sieben Jahren jährlich spätestens bis zum 31.05. den **Nachweis** über das Nichtvorliegen einer schädlichen Veräußerung oder eines gleichgestellten Ereignisses zu erbringen. Der Einbringende hat eine schriftliche Erklärung darüber abzugeben, wem die erhaltenen Anteile seit der Einbringung wirtschaftlich zuzurechnen sind.[1150] In Betracht kommen diesbezüglich ein Registerauszug oder eine Bescheinigung der übernehmenden oder erwerbenden Gesellschaft. Kommt der Steuerpflichtige seiner Nachweispflicht nicht nach, gelten die Anteile als am Tag nach dem steuerlichen Übertragungsstichtag oder als an dem entsprechenden Tag eines Folgejahres veräußert. Rechtsfolgen einer Verletzung der Nachweispflicht sind die **Versteuerung des Einbringungsgewinns I** und die **korrespon-**

[1148] Vgl. HAGEMANN, JENS/JACOB, BURKHARD/ROPOHL, FLORIAN/VIEBROCK, BJÖRN: SEStEG – Das neue Konzept der Verstrickung und Entstrickung sowie die Neufassung des Umwandlungssteuergesetzes, in: NWB-Sonderheft 1 2007, S. 1-44, s.b.S. 18.

[1149] Vgl. DÖTSCH, EWALD/PUNG, ALEXANDRA: SEStEG: Die Änderungen des UmwStG, in: DB 2006, S. 2704-2714, 2763-2773, s.b.S. 2770.

[1150] Vgl. BMF-Schreiben vom 11.11.2011, BStBl I 2011, S. 1314, Rn. 22.30.

dierende Erhöhung der Anschaffungskosten für die erhaltenen Anteile.[1151] Darüber hinaus führt die Veräußerungsfiktion nach Auffassung der Finanzverwaltung dazu, dass der fiktive Anteilsveräußerungsgewinn zu versteuern ist.[1152] In der Literatur wird diese Auffassung abgelehnt, da diese Regelung aus gesetzessystematischen Gründen nicht überzeugt.[1153]

e) **Die Auswirkungen bei der übernehmenden Gesellschaft**

Nach § 23 UmwStG tritt die übernehmende Kapitalgesellschaft sowohl im Falle von Betriebseinbringungen als auch im Falle eines Anteilstausches in die **steuerliche Rechtsstellung des Einbringenden** ein. Nach § 23 Abs. 2 S. 1 UmwStG kann die übernehmende Gesellschaft den versteuerten Einbringungsgewinn I im Wirtschaftsjahr der Veräußerung der erhaltenen Anteile als Erhöhungsbetrag ansetzen, soweit der Einbringende die auf den Einbringungsgewinn entfallende Steuer entrichtet hat und dies durch Vorlage einer Bescheinigung des zuständigen Finanzamts i.S.d. § 22 Abs. 5 UmwStG nachgewiesen wurde. Die daraus resultierende Aufstockung der Buchwerte des eingebrachten Vermögens ist **erfolgsneutral**. Dabei ist die steuerneutrale Wertaufstockung wirtschaftsgutbezogen vorzunehmen. Die Verteilung des Erhöhungsbetrags sollte nach dem Verhältnis der stillen Reserven der einzelnen Wirtschaftsgüter im Einbringungszeitpunkt zum Gesamtbetrag der stillen Reserven des eingebrachten Vermögens stattfinden. Der Erhöhungsbetrag ist wiederum als Zugang im steuerlichen Einlagekonto der Gesellschaft zu erfassen; es findet praktisch eine Neubewertung der ursprünglichen Sacheinlage statt.[1154]

3. Anteilstausch

§ 21 UmwStG regelt die Einbringung von Anteilen an Kapitalgesellschaften gegen Gewährung von Anteilen an der übernehmenden Gesellschaft (**Einbringung im Wege des Anteilstausches**). Dabei geht § 21 UmwStG über die bisherige Regelung, wonach lediglich die Übertragung mehrheitsvermittelnder Anteile erfasst wurde, hinaus und betrifft jede Form der Anteilsübertragung, **unabhängig von der Beteiligungsquote**. Allerdings ist § 21 UmwStG nur auf Anteile im Betriebsvermögen, Anteile im Privatvermögen i.S.d. § 17 EStG und einbringungsgeborene Anteile i.S.d. § 21 Abs. 1 UmwStG 1995 anzuwenden; für alle übrigen Anteile findet § 20 Abs. 4a S. 1 und 2 EStG Anwendung.[1155] Nicht unter die Regelung des § 21 UmwStG fällt die Einbringung von Anteilen an einer Kapitalgesellschaft, die zum Betriebsvermögen eines Betriebs, Teilbetriebs oder Mitunternehmeranteils gehören, da in diesen Fällen § 20 UmwStG vorrangig Anwendung findet.[1156] Der Anteilstausch entspricht im

---

[1151] Vgl. FÖRSTER, GUIDO/WENDLAND, JAN: Einbringung von Unternehmensteilen in Kapitalgesellschaften – Auswirkungen des SEStEG auf Umwandlungsvorgänge –, in: BB 2007, S. 631-639, s.b.S. 636.
[1152] Vgl. BMF-Schreiben vom 11.11.2011, BStBl I 2011, S. 1314, Rn. 22.32.
[1153] Vgl. FROTSCHER, GERRIT: Umwandlungssteuererlass 2011, Freiburg 2012, S. 488; JÄSCHKE, DIRK: § 22, in: LADEMANN Umwandlungssteuergesetz, Stuttgart u.a. 2012, S. 673-719, Rn. 27; PATT, JOACHIM: § 22 UmwStG, in: Umwandlungssteuerrecht, hrsg. von EWALD DÖTSCH u.a., 7. Aufl., Stuttgart 2012, S. 1043-1141, Rn. 93.
[1154] Vgl. DÖTSCH, EWALD/PUNG, ALEXANDRA: SEStEG: Die Änderungen des UmwStG, in: DB 2006, S. 2704-2714, 2763-2773, s.b.S. 2766.
[1155] Vgl. BMF-Schreiben vom 11.11.2011, BStBl I 2011, S. 1314, Rn. 21.02.
[1156] Vgl. BMF-Schreiben vom 11.11.2011, BStBl I 2011, S. 1314, Rn. 21.01.

Allgemeinen der zuvor geschilderten Einbringung von Betriebsvermögen. Abweichend davon gilt jedoch § 20 Abs. 6 UmwStG, wonach die Betriebseinbringung auf einen steuerlichen Übertragungsstichtag zurückbezogen werden kann, nicht für die Einbringung von Anteilen. Damit besteht keine Möglichkeit einer Rückwirkung. Vielmehr ist der Zeitpunkt maßgeblich, zu dem die Übertragung rechtlich wirksam ist (z.B. bei der Übertragung von GmbH-Geschäftsanteilen gem. § 15 Abs. 3 GmbHG der Zeitpunkt der notariellen Beurkundung der Abtretung).[1157] Wird jedoch das wirtschaftliche Eigentum der eingebrachten Anteile vor dem zivilrechtlichen Eigentum übertragen, so ist der Zeitpunkt der Übertragung des wirtschaftlichen Eigentums maßgebend.[1158]

Entsprechend der bereits dargestellten Bewertungsgrundsätze ist das übergehende Vermögen auch beim Anteilstausch mit dem **gemeinen Wert** anzusetzen (§ 21 Abs. 1 S. 1 UmwStG). Dabei kann der Einbringende sowohl eine Kapitalgesellschaft als auch eine natürliche Person – und zwar anders als bei Betriebseinbringungen **unabhängig** von der Ansässigkeit oder von der Nationalität – sein. Übernehmende Kapitalgesellschaft kann – wie bei den Betriebseinbringungen – jede Kapitalgesellschaft mit Sitz und Ort der Geschäftsleitung in der EU/im EWR-Raum sein.[1159]

Auf Antrag können die eingebrachten Anteile beim Vorliegen eines qualifizierten Anteilstausches mit dem **Buchwert** oder einem **Zwischenwert** angesetzt werden (§ 21 Abs. 1 S. 2 UmwStG). Der **qualifizierte Anteilstausch** setzt voraus, dass die übernehmende Kapitalgesellschaft nach der Einbringung die Mehrheit der Stimmrechte an der Gesellschaft hält, deren Anteile eingebracht werden. Dies kann üblicherweise geschehen, indem

– der Einbringende Anteile an einer Kapitalgesellschaft auf die übernehmende Gesellschaft überträgt, die die Mehrheit der Stimmrechte vermitteln, oder

– der Einbringende Anteile an einer Kapitalgesellschaft überträgt und dadurch die übernehmende Gesellschaft die Mehrheit der Stimmrechte erhält, weil sie bereits vor der Einbringung im Besitz von Anteilen an der Kapitalgesellschaft war, oder

– eine bereits bestehende Mehrheitsbeteiligung der übernehmenden Gesellschaft durch die Übertragung weiterer Anteile aufgestockt wird.[1160]

Zum einen ist es irrelevant, ob die mehrheitsvermittelnde Beteiligung erst durch den Einbringungsvorgang entsteht oder eine bereits bestehende mehrheitsvermittelnde Beteiligung aufgestockt wird. Zum anderen genügt es, wenn mehrere Personen Anteile einbringen, diese nur insgesamt die Voraussetzungen erfüllen, sofern die Einbringungen auf einem einheitlichen Vorgang beruhen.[1161]

[1157] Vgl. HAGEMANN, JENS/JACOB, BURKHARD/ROPOHL, FLORIAN/VIEBROCK, BJÖRN: SEStEG – Das neue Konzept der Verstrickung und Entstrickung sowie die Neufassung des Umwandlungssteuergesetzes, in: NWB-Sonderheft 1 2007, S. 1-44, s.b.S. 41.

[1158] Vgl. BMF-Schreiben vom 11.11.2011, BStBl I 2011, S. 1314, Rn. 21.17.

[1159] Vgl. RÖDDER, THOMAS/SCHUMACHER, ANDREAS: Das SEStEG – Überblick über die endgültige Fassung und die Änderungen gegenüber dem Regierungsentwurf, in: DStR 2007, S. 369-377, s.b.S. 370.

[1160] Vgl. HAGEMANN, JENS/JACOB, BURKHARD/ROPOHL, FLORIAN/VIEBROCK, BJÖRN: SEStEG – Das neue Konzept der Verstrickung und Entstrickung sowie die Neufassung des Umwandlungssteuergesetzes, in: NWB-Sonderheft 1 2007, S. 1-44, s.b.S. 41.

[1161] Vgl. zu diesem Abschnitt BMF-Schreiben vom 11.11.2011, BStBl I 2011, S. 1314, Rn. 21.09.

Der Wert, mit dem die übernehmende Gesellschaft die eingebrachten Anteile ansetzt, gilt für den Einbringenden als **Veräußerungspreis** der eingebrachten Anteile und als **Anschaffungskosten** der erhaltenen Anteile (§ 21 Abs. 2 S. 1 UmwStG). Diese **Wertverknüpfung** führt zu einem **erfolgsneutralen Anteilstausch**, soweit der Einbringende die eingebrachten Anteile mit dem Buchwert ansetzt. Nach § 21 Abs. 2 S. 2 UmwStG greift die **Wertverknüpfung nicht** ein, wenn als Folge der Einbringung das Besteuerungsrecht Deutschlands an den eingebrachten Anteilen ausgeschlossen oder beschränkt wird. In diesem Fall gilt der **gemeine Wert** der eingebrachten Anteile als Veräußerungspreis und als Anschaffungskosten der erhaltenen Anteile. Außerdem besteht eine weitere Ausnahme auch dann, wenn das Besteuerungsrecht hinsichtlich des Gewinns aus der Veräußerung der erhaltenen Anteile ausgeschlossen oder beschränkt wird.

Die eben dargestellte Ausnahme kommt jedoch gem. § 21 Abs. 2 S. 3 UmwStG wiederum **nicht** zur Anwendung (**Rückausnahme**), wenn

- der Einbringende nachweist, dass die Einbringung in eine im Ausland ansässige Gesellschaft **keine** Beschränkung des deutschen Besteuerungsrechts hinsichtlich der Gewinne aus der Veräußerung der erhaltenen Anteile zur Folge hat, oder

- das Besteuerungsrecht zwar eingeschränkt wird, aber der Gewinn aus dem Anteilstausch aufgrund des Art. 8 Fusions-Richtlinie nicht besteuert werden darf; in diesem Fall unterliegt der Gewinn aus der späteren Veräußerung der erhaltenen Anteile unabhängig von entgegenstehenden DBA-Regelungen der deutschen Besteuerung (**Treaty Override**).[1162]

Unter diesen Voraussetzungen kann der Einbringende für den Ansatz des Buchwerts oder eines Zwischenwerts optieren.

Auf den beim Anteilstausch entstehenden Veräußerungsgewinn ist § 17 Abs. 3 EStG nur dann anzuwenden, wenn es sich bei dem Einbringenden um eine natürliche Person handelt und die übernehmende Gesellschaft die eingebrachten Anteile mit dem gemeinen Wert ansetzt (§ 21 Abs. 3 S. 1 UmwStG). Dies gilt auch für die Anwendung des § 16 Abs. 4 EStG, soweit es sich um die Einbringung eines 100 %-igen Anteils handelt, der zuvor im Betriebsvermögen gehalten wird. § 34 Abs. 1 EStG kommt nicht zur Anwendung (§ 21 Abs. 3 S. 2 UmwStG).

Nach § 22 Abs. 2 UmwStG ist auch bei der Einbringung im Wege des Anteilstausches eine **nachträgliche Besteuerung** innerhalb der siebenjährigen Sperrfrist möglich. Dies setzt zunächst voraus, dass es sich bei dem Einbringenden **nicht** um eine Kapitalgesellschaft handelt, die den einzubringenden Anteil nach **§ 8b Abs. 2 KStG steuerfrei** hätte veräußern können. Denn selbst bei einem Ansatz des gemeinen Werts würde der Einbringungsgewinn in diesem Fall steuerfrei bleiben.

Des Weiteren setzt die Nachversteuerung auf Ebene des Einbringenden voraus, dass die **übernehmende Gesellschaft** den von ihr übernommenen Anteil unmittelbar oder mittelbar innerhalb von sieben Jahren veräußert (§ 22 Abs. 2 S. 1 1. Halbsatz UmwStG). Dies bereitet in praktischer Hinsicht gewisse Probleme, zumal der Einbringende ggf. keinen Einfluss auf

---

[1162] Vgl. PATT, JOACHIM: § 21 UmwStG, in: Umwandlungssteuerrecht, hrsg. von EWALD DÖTSCH u.a., 7. Aufl., Stuttgart 2012, S. 991-1041, Rn. 61.

die spätere Veräußerung des eingebrachten Anteils hat. Es entsteht der Bedarf einer entsprechenden Ausgestaltung des Einbringungsvertrags.[1163]

Der Besteuerung unterliegt der Gewinn aus der Veräußerung des eingebrachten Anteils (**Einbringungsgewinn II**). Dabei kommen die Freibetrags- und Tarifermäßigungsregelungen der §§ 16 Abs. 4, 34 EStG nicht zur Anwendung (§ 22 Abs. 2 S. 1 2. Halbsatz UmwStG). Der Einbringungsgewinn II entspricht gem. § 22 Abs. 2 S. 3 UmwStG der Differenz zwischen dem gemeinen Wert der eingebrachten Anteile im Einbringungszeitpunkt (nach Abzug der Einbringungskosten) und dem Wert, mit dem der Einbringende die erhaltenen Anteile angesetzt hat, vermindert um jeweils ein Siebtel für jedes seit dem Einbringungszeitpunkt abgelaufene Zeitjahr:[1164]

	Gemeiner Wert des eingebrachten Anteils im Einbringungszeitpunkt
./.	Einbringungskosten
./.	Bei der Einbringung angesetzter Wert des eingebrachten Anteils
=	**Vorläufiger Einbringungsgewinn**
./.	1/7 des vorläufigen Einbringungsgewinns je abgelaufenem Zeitjahr seit dem Einbringungszeitpunkt
=	**Einbringungsgewinn II**

Der Einbringungsgewinn gilt wiederum als **nachträgliche Anschaffungskosten** der erhaltenen Anteile (§ 22 Abs. 2 S. 4 UmwStG).

Beispiel: (Einbringungsgewinn II)[1165]

Claus Clever und die A-GmbH sind an der B-GmbH beteiligt. Die Anteile von Claus Clever gewähren 60 % der Stimmrechte, während die Anteile der A-GmbH 10 % der Stimmrechte vermitteln. Claus Clever bringt im Wege eines qualifizierten Anteilstausches nach § 21 Abs. 1 S. 2 UmwStG seine Anteile zu Buchwerten in die XY-GmbH ein. Die A-GmbH bringt ihre Anteile im Rahmen der Einbringung eines Teilbetriebs nach § 20 Abs. 1 UmwStG ebenfalls zu Buchwerten in die XY-GmbH ein.

Die von Claus Clever eingebrachten Anteile hatten einen Buchwert von 4 Mio. € und einen gemeinen Wert zum Einbringungszeitpunkt i.H.v. 11 Mio. €. Nach 5 Jahren veräußert die XY-GmbH die von Claus Clever gehaltenen Anteile. Der Einbringungsgewinn II berechnet sich folgendermaßen:

	Gemeiner Wert des eingebrachten Anteils	11 Mio. €
./.	Bei der Einbringung angesetzter Wert des eingebrachten Anteils	4 Mio. €
=	**Vorläufiger Einbringungsgewinn**	**7 Mio. €**
./.	Minderung des vorläufigen Einbringungsgewinns für 5 Zeitjahre	5 Mio. €
=	**Einbringungsgewinn II**	**2 Mio. €**

[1163] Vgl. HAGEMANN, JENS/JACOB, BURKHARD/ROPOHL, FLORIAN/VIEBROCK, BJÖRN: SEStEG – Das neue Konzept der Verstrickung und Entstrickung sowie die Neufassung des Umwandlungssteuergesetzes, in: NWB-Sonderheft 1 2007, S. 1-44, s.b.S. 41 und 43.

[1164] Vgl. PATT, JOACHIM: § 22 UmwStG, in: Umwandlungssteuerrecht, hrsg. von EWALD DÖTSCH u.a., 7. Aufl., Stuttgart 2012, S. 1043-1141, Rn. 78.

[1165] Modifiziert entnommen aus HAGEMANN, JENS/JACOB, BURKHARD/ROPOHL, FLORIAN/VIEBROCK, BJÖRN: SEStEG – Das neue Konzept der Verstrickung und Entstrickung sowie die Neufassung des Umwandlungssteuergesetzes, in: NWB-Sonderheft 1 2007, S. 1-44, s.b.S. 43.

Den Einbringungsgewinn II i.H.v. 2 Mio. € hat nun Claus Clever nach den allgemeinen Grundsätzen zur Besteuerung von Veräußerungsgewinnen zu versteuern. I.H.d. Einbringungsgewinns II entstehen wiederum nachträgliche Anschaffungskosten für die Beteiligung an der XY-GmbH.

4. Der Formwechsel einer Personengesellschaft in eine Kapitalgesellschaft

Handelsrechtlich bleibt auch hier die Identität des Rechtsträgers gewahrt, steuerrechtlich ist jedoch von einem **Rechtsträgerwechsel** auszugehen (§ 25 UmwStG).

Es gelten die gleichen Besteuerungsregeln wie für die **Einbringung eines Betriebs in eine Kapitalgesellschaft (§§ 20-23 UmwStG)**. Die Personengesellschaft muss eine auf den steuerlichen Übertragungsstichtag bezogene **Steuerbilanz** aufstellen.

5. Sonderfall: Die Einbringung in der EU

§ 23 Abs. 1 UmwStG 1995 enthielt Regelungen, die die **Einbringung** eines Betriebs oder Teilbetriebs durch eine unbeschränkt steuerpflichtige Kapitalgesellschaft in eine inländische **Betriebstätte** einer in der Anlage zum UmwStG aufgeführten Kapitalgesellschaft („**EU-Kapitalgesellschaft**") betrafen. Dadurch wurden die Einbringungsmöglichkeiten um die Fälle erweitert, bei denen die übernehmende EU-Kapitalgesellschaft nicht unbeschränkt körperschaftsteuerpflichtig ist. Der eingebrachte Betrieb oder Teilbetrieb wechselte aus dem Bereich der unbeschränkten in den Bereich der beschränkten Körperschaftsteuerpflicht.[1166] In der Neufassung des UmwStG wurden diese Regelungen in § 20 (Betriebseinbringungen) und § 21 (Anteilstausch) UmwStG integriert, weshalb sie aus § 23 UmwStG gestrichen wurden.

Die **Fortführung der Buchwerte** bei Einbringungsfällen innerhalb der EU setzt voraus, dass das deutsche Besteuerungsrecht nicht eingeschränkt wird. Das Besteuerungsrecht erfährt dann eine Einschränkung, wenn

– vor der Einbringung Deutschland ein Besteuerungsrecht ohne Anrechnungsverpflichtung hatte und nachher kein Besteuerungsrecht oder nur noch ein Besteuerungsrecht mit Anrechnungsverpflichtung hat oder

– vor der Einbringung Deutschland ein Besteuerungsrecht mit Anrechnungsverpflichtung hatte, welches nach dem Einbringungsvorgang nicht mehr besteht.[1167]

Damit kommt es entscheidend auf die jeweiligen DBA-Regelungen an. Geht man vom OECD-MA aus, lassen sich grundsätzlich folgende **vier Konstellationen** unterscheiden:[1168]

[1166] Vgl. BMF-Schreiben vom 25.03.1998, BStBl I 1998, S. 268, Rn. 23.04.

[1167] Vgl. HAGEMANN, JENS/JACOB, BURKHARD/ROPOHL, FLORIAN/VIEBROCK, BJÖRN: SEStEG – Das neue Konzept der Verstrickung und Entstrickung sowie die Neufassung des Umwandlungssteuergesetzes, in: NWB-Sonderheft 1 2007, S. 1-44, s.b.S. 36.

[1168] Vgl. dazu HAGEMANN, JENS/JACOB, BURKHARD/ROPOHL, FLORIAN/VIEBROCK, BJÖRN: SEStEG – Das neue Konzept der Verstrickung und Entstrickung sowie die Neufassung des Umwandlungssteuergesetzes, in: NWB-Sonderheft 1 2007, S. 1-44, s.b.S. 36 f.

Beispiel: (Einbringung einer GmbH in eine EU-Kapitalgesellschaft)

Die A-GmbH mit Sitz in Köln bringt einen Teilbetrieb steuerneutral zu Buchwerten in die in Saarbrücken belegene Betriebstätte einer Kapitalgesellschaft mit Sitz in einem anderen EU-Mitgliedstaat ein und erhält hierfür im Gegenzug neue Anteile von der Kapitalgesellschaft. Die Möglichkeit der Einbringung des Teilbetriebs zu Buchwerten durch die A-GmbH in Köln besteht auch dann, wenn die inländische, in Saarbrücken angesiedelte Betriebstätte der EU-Kapitalgesellschaft erst durch den Einbringungsvorgang entsteht.

Die übernehmende EU-Kapitalgesellschaft unterliegt mit ihrer inländischen Betriebstätte der beschränkten Steuerpflicht. Dies gilt gem. § 49 Abs. 1 Nr. 2 Buchst. a EStG auch hinsichtlich der Veräußerungsgewinne. Letzteres gilt auch bei Anwendung des OECD-MA, wonach gem. Art. 13 Abs. 2 das Besteuerungsrecht für die Veräußerungsgewinne dem Betriebstättenstaat zugewiesen wird. Eine Beschränkung des deutschen Besteuerungsrechts würde hingegen dann vorliegen, wenn im Zuge der Einbringung keine Betriebstätte in Deutschland verbleibt oder das steuerverhaftete Vermögen nur z.T. dem vorherigen Teilbetrieb zuzuordnen war und daher bei der Übertragung nicht in Deutschland zurückgeblieben ist.

Beispiel: (Einbringung durch eine EU-Kapitalgesellschaft in eine GmbH)

Eine Kapitalgesellschaft mit Sitz in einem anderen EU-Mitgliedstaat bringt ihre in Saarbrücken belegene Betriebstätte i.R.d. Einbringung eines Teilbetriebs steuerneutral zu Buchwerten in die in Köln ansässige A-GmbH ein und erhält hierfür im Gegenzug neue Anteile von der inländischen A-GmbH.

In diesem Fall unterliegt die EU-Kapitalgesellschaft mit ihrem im Inland belegenen Betriebsvermögen wie im obigen Beispiel gem. § 49 Abs. 1 Nr. 2 Buchst. a EStG sowie Art. 13 Abs. 2 OECD-MA der beschränkten Steuerpflicht in Deutschland. Da die A-GmbH in Deutschland unbeschränkt steuerpflichtig ist, kommt es zu keiner Beschränkung des deutschen Besteuerungsrechts.

Beispiel: (Einbringung durch eine EU-Kapitalgesellschaft in eine andere EU-Kapitalgesellschaft)

Die Kapitalgesellschaft A mit Sitz in einem anderen EU-Mitgliedstaat bringt ihre in Saarbrücken belegene Betriebstätte i.R.d. Einbringung eines Teilbetriebs steuerneutral zu Buchwerten in die EU-Kapitalgesellschaft B ein und erhält hierfür im Gegenzug neue Anteile von B.

Soweit sich durch die Einbringung an der Qualifikation der deutschen Betriebstätte und der entsprechenden beschränkten Steuerpflicht in Deutschland nichts ändert, ist eine Fortführung der Buchwerte auf Antrag möglich. In diesem Fall verbleibt das eingebrachte Vermögen nämlich weiterhin in Deutschland, womit das deutsche Besteuerungsrecht nicht eingeschränkt wird.

Beispiel: (Einbringung durch eine GmbH in eine SA)

Die A-GmbH mit Sitz in Köln bringt ihre ausländische, in einem anderen EU-Mitgliedstaat befindliche Betriebstätte i.R.d. Einbringung eines Teilbetriebs steuerneutral zu Buchwerten in eine in diesem EU-Mitgliedstaat ansässige Kapitalgesellschaft ein und erhält hierfür im Gegenzug neue Anteile von dieser Kapitalgesellschaft.

Entscheidend in diesem Fall ist, dass Deutschland vor der Einbringung nach Art. 13 Abs. 2 OECD-MA kein Besteuerungsrecht hatte. Damit kommt es durch den Einbringungsvorgang nicht zu einer Beeinträchtigung des deutschen Besteuerungsrechts (es sei denn, es handelt sich um eine Anrechnungsbetriebstätte). Als Anschaffungskosten der neu gewährten Anteile der A-GmbH an der EU-Kapitalgesellschaft ist gem. § 20 Abs. 3 S. 2 UmwStG der gemeine Wert des übertragenen Betriebsvermögens der Betriebstätte anzusetzen.

6. Zusammenfassung

Abb. 151[1169] fasst die Behandlung der Beteiligten bei der Einbringung in eine Kapitalgesellschaft zusammen.

Beteiligte	
Aufnehmende Körperschaft **Betriebseinbringung/Anteilstausch** (§ 20 Abs. 2 UmwStG/ § 21 Abs. 1 UmwStG/§ 22 UmwStG)	**Einbringender** **Betriebseinbringung/Anteilstausch** (§ 20 Abs. 3-5 UmwStG/ § 21 Abs. 1 und 2 UmwStG)
Das übertragene Betriebsvermögen ist grundsätzlich mit dem gemeinen Wert anzusetzen; unter bestimmten Voraussetzungen ist auf Antrag ein Buch- oder Zwischenwertansatz möglich. Als Gegenleistung für das übertragene Vermögen werden dem Einbringenden neue Gesellschaftsrechte an der aufnehmenden Gesellschaft gewährt. Nachträgliche Besteuerung bei einer Veräußerung innerhalb einer Siebenjahresfrist; Ermittlung eines Einbringungsgewinns I (Betriebseinbringungen) bzw. eines Einbringungsgewinns II (Anteilstausch).	Der Wert, mit dem das Betriebsvermögen bei der aufnehmenden Kapitalgesellschaft angesetzt wird, gilt für den Einbringenden als Veräußerungspreis. Ein beim Ansatz eines Zwischenwertes oder des gemeinen Wertes entstehender Erfolg unterliegt der Gewinnbesteuerung. § 34 Abs. 1 und Abs. 3 EStG sind anzuwenden, wenn die Einbringung durch eine natürliche Person erfolgt und der Veräußerungsgewinn nicht teilweise steuerbefreit ist (Betriebseinbringungen). Bei einem Anteilstausch findet § 34 Abs. 1 EStG keine Anwendung. § 16 Abs. 4 EStG ist nur anzuwenden, wenn sich die aufnehmende Kapitalgesellschaft für den gemeinen Wert entscheidet. Einbringungsgewinn I (Betriebseinbringungen) ist in voller Höhe steuerpflichtig; Einbringungsgewinn II (Anteilstausch) unterliegt dem Teileinkünfteverfahren. Einbringungsgewinn I/Einbringungsgewinn II gelten als nachträgliche Anschaffungskosten.

Abb. 151: Steuerliche Würdigung der Einbringung in eine Kapitalgesellschaft

E. Die Einbringung eines Betriebs, Teilbetriebs oder Mitunternehmeranteils in eine Personengesellschaft

1. Einordnung

Unter diesen steuerrechtlichen Begriff fallen die Umwandlungsfälle: **Verschmelzung** von Personengesellschaften (§§ 2, 39-45 UmwG), **Ausgliederung** einer Kapitalgesellschaft auf eine Personengesellschaft (§ 123 Abs. 3 UmwG), **Einbringung** eines Betriebs, Teilbetriebs, Mitunternehmeranteils oder einer 100 %-Beteiligung an einer Kapitalgesellschaft, die zuvor im Betriebsvermögen gehalten worden ist, in eine Personengesellschaft nach § 24 UmwStG (vgl. Abb. 152, S. 700).

[1169] Erweitert entnommen aus ROOS, RONALD: Steuerliche Grundzüge von Umwandlungen nach dem Umwandlungssteuergesetz, in: WiSt 2001, S. 253-258, s.b.S. 258.

Die Behandlung der Einbringung eines Mitunternehmeranteils in eine Personengesellschaft gem. § 24 UmwStG spielt **auch beim Gesellschaftereintritt** in eine bestehende Personengesellschaft eine Rolle.

Wenn der Einbringende bereits Mitunternehmer ist und seinen Mitunternehmeranteil durch einen Vorgang der oben beschriebenen Art weiter aufstockt, ist § 24 UmwStG ebenfalls anwendbar.

Darüber hinaus fallen **Aufspaltungen** (§ 123 Abs. 1 UmwG) und **Abspaltungen** (§ 123 Abs. 2 UmwG) von Personengesellschaften auf eine übernehmende Personengesellschaft in den Regelungsbereich des § 24 UmwStG.[1170] Bei der **Aufspaltung** und **Abspaltung** aus Körperschaften auf Personengesellschaften und bei der Verschmelzung von Körperschaften auf Personengesellschaften kommt § 24 UmwStG **nicht** zur Anwendung. In diesen Fällen gilt § 16 i.V.m. §§ 3-9 UmwStG.[1171] Der Fall der Aufspaltung und Abspaltung von Personenhandels- oder Partnerschaftsgesellschaften auf Körperschaften fällt in den Anwendungsbereich des § 20 UmwStG.[1172]

Zudem findet § 24 UmwStG in den Fällen Anwendung, in denen keine Verschmelzung, Aufspaltung, Abspaltung oder Ausgliederung nach dem UmwG, jedoch ein vergleichbarer ausländischer Vorgang vorliegt.[1173]

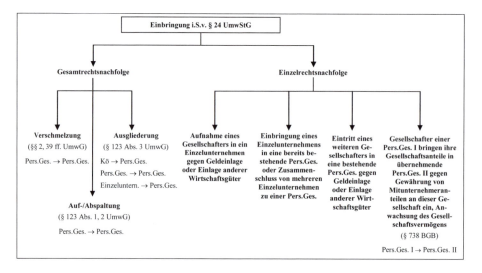

Abb. 152: Einbringung i.S.v. § 24 UmwStG

Auf die **formwechselnde Umwandlung** einer Personenhandelsgesellschaft in eine Personengesellschaft sowie auf den Beitritt einer GmbH zu einer bestehenden Personengesellschaft ohne vermögensmäßige Beteiligung ist § 24 UmwStG **nicht anzuwenden**. In solchen

---

[1170] Vgl. BMF-Schreiben vom 11.11.2011, BStBl I 2011, S. 1314, Rn. 01.47.
[1171] Vgl. BMF-Schreiben vom 11.11.2011, BStBl I 2011, S. 1314, Rn. 01.06.
[1172] Vgl. BMF-Schreiben vom 11.11.2011, BStBl I 2011, S. 1314, Rn. 01.44.
[1173] Vgl. BMF-Schreiben vom 11.11.2011, BStBl I 2011, S. 1314, Rn. 01.48.

Fällen fehlt es an einem Übertragungsvorgang, sodass ein Gewinn i.S.d. § 16 EStG nicht entsteht und eine Wertaufstockung nicht möglich ist.[1174]

Die aufnehmende Personengesellschaft hat in ihrer Bilanz einschließlich der Ergänzungsbilanzen für ihre Gesellschafter die eingebrachten Wirtschaftsgüter mit dem **gemeinen Wert** anzusetzen; Pensionsrückstellungen sind mit dem Wert nach § 6a EStG anzusetzen (§ 24 Abs. 2 S. 1 UmwStG). Auf Antrag kann das übernommene Betriebsvermögen mit dem **Buchwert** oder mit einem **Zwischenwert** angesetzt werden, soweit das Recht Deutschlands zur Besteuerung des eingebrachten Betriebsvermögens nicht eingeschränkt oder ausgeschlossen wird (§ 24 Abs. 2 S. 2 UmwStG).

Nach § 24 Abs. 3 S. 1 UmwStG gilt der Wert, mit dem das eingebrachte Betriebsvermögen in der Bilanz der Personengesellschaft einschließlich der Ergänzungsbilanzen für ihre Gesellschafter angesetzt wird, für den Einbringenden als **Veräußerungspreis**.

2. Steuerliche Auswirkungen

Im Prinzip erfolgt die gleiche Behandlung wie bei einer **Einbringung in eine Kapitalgesellschaft**, jedoch unterliegt ein sich durch Wertaufstockungen ergebender Veräußerungsgewinn grundsätzlich dem normalen (d.h. nicht ermäßigten) Steuertarif (§ 24 UmwStG).

Eine Begünstigung nach **§ 34 Abs. 1 EStG und analog nach § 34 Abs. 3 EStG**[1175] sowie eine sachliche Steuerbefreiung nach **§ 16 Abs. 4 EStG** kommen nur in Betracht, wenn das gesamte eingebrachte Vermögen einschließlich Geschäftswert mit dem **gemeinen Wert** angesetzt wird und es sich nicht um die Einbringung von Teilen eines Mitunternehmeranteils handelt (§ 24 Abs. 3 S. 2 UmwStG). Zudem sind § 34 Abs. 1 und 3 EStG nur anzuwenden, soweit der Veräußerungsgewinn nicht nach § 3 Nr. 40 S. 1 Buchst. b EStG i.V.m. § 3c Abs. 2 EStG teilweise steuerbefreit ist. Die Begünstigungen der §§ 16, 34 EStG können nicht in Anspruch genommen werden, wenn bei wirtschaftlicher Betrachtungsweise ein „**Verkauf an sich selbst**" vorliegt. Bei der Betrachtung, ob eine Veräußerung an sich selbst vorliegt, stellt § 24 Abs. 3 S. 3 UmwStG nicht auf den einzelnen Gesellschafter, sondern auf die einbringenden Gesellschafter in ihrer gesamthänderischen Verbundenheit ab.[1176]

Im Zuge des SEStEG wurde in § 24 Abs. 5 UmwStG eine Regelung eingeführt, die bei der Einbringung von Anteilen an einer Kapitalgesellschaft unter dem gemeinen Wert durch eine nicht von § 8b Abs. 2 KStG begünstigte Person eine entsprechende Anwendung der Regelungen zur Besteuerung des Einbringungsgewinns II vorsieht, soweit der Gewinn aus einer Veräußerung der Anteile innerhalb der Siebenjahresfrist auf einen von § 8b Abs. 2 KStG begünstigten Mitunternehmer entfällt. Dadurch soll die Erlangung der Freistellung nach § 8b

---

[1174] Vgl. BFH-Urteil vom 21.06.1994, BStBl II S. 856 und BMF-Schreiben vom 11.11.2011, BStBl I 2011, S. 1314, Rn. 01.47.

[1175] Vgl. SCHMITT, JOACHIM: § 24 UmwStG, in: Umwandlungsgesetz/Umwandlungssteuergesetz, hrsg. von JOACHIM SCHMITT, ROBERT HÖRTNAGL und ROLF-CHRISTIAN STRATZ, 6. Aufl., München 2013, Rn. 246-248.

[1176] Vgl. BMF-Schreiben vom 11.11.2011, BStBl I 2011, S. 1314, Rn. 24.16.

Abs. 2 KStG für stille Reserven in Anteilen, die durch natürliche Personen eingebracht werden, verhindert werden.[1177]

> **Beispiel:** **(Eintritt eines Gesellschafters in eine bestehende OHG)**[1178]
>
> Die A, B & C OHG nimmt den D als weiteren Gesellschafter auf. Jeder der Gesellschafter soll – wie bereits bei der (Alt-)Gesellschaft – zu gleichen Teilen am Gewinn und Vermögen teilhaben. D leistet eine entsprechende Zahlung in das Gesellschaftsvermögen der OHG. Die Personengesellschaft setzt gemeine Werte an. Somit kommt es zu einem Einbringungsgewinn von 800.000 €.
>
> Die Altgesellschafter bringen ihre Mitunternehmeranteile an der (Alt-)Gesellschaft in die neue (erweiterte) Gesellschaft ein. Also ist der Einbringungsgewinn A, B und C zuzurechnen. Für sie bedeutet dies, dass 266.667 € des Einbringungsgewinns auf jeden entfallen.
>
> Sie hatten an der alten Gesellschaft einen Anteil von je 1/3, jetzt sind sie nur noch zu je 1/4 beteiligt. Jeder von ihnen hat also lediglich 25 % seiner Beteiligung abgegeben bzw. 75 % der Mitberechtigung erhalten. Somit ist 1/4 des Veräußerungsgewinns als begünstigt i.S.d. § 34 EStG anzusehen, während die verbleibenden 75 % als „normaler" Gewinn zu behandeln sind.[1179]

Eine Einbringung in eine Personengesellschaft (§ 24 UmwStG) ist – im Gegensatz zur Einbringung in eine Kapitalgesellschaft (§ 20 UmwStG) – auch dann zum Buchwert möglich, wenn das eingebrachte Betriebsvermögen negativ ist, da in § 24 UmwStG eine dem § 20 Abs. 2 S. 4 UmwStG entsprechende Regelung fehlt.[1180]

I.R.d. § 24 UmwStG genügt eine Einbringung in das Sonderbetriebsvermögen (im Gegensatz zur Einbringung in eine Kapitalgesellschaft nach § 20 UmwStG).[1181]

§ 24 Abs. 4 2. Halbsatz UmwStG eröffnet für den Fall der Gesamtrechtsnachfolge die Möglichkeit einer Rückbeziehung der Einbringung nach den Vorschriften des handelsrechtlichen UmwG. Ist die Einbringung eine Kombination von Gesamtrechtsnachfolge und Einzelrechtsnachfolge, so nimmt auch die Einzelrechtsnachfolge an der Rückbeziehung teil. Der steuerliche Übertragungsstichtag darf nach § 20 Abs. 6 UmwStG in allen Einbringungsfällen bis zu acht Monate ab einem bestimmten Stichtag zurückbezogen werden.

> **Beispiel:** **(Einbringung eines Einzelunternehmens in eine bestehende Personengesellschaft)**[1182]
>
> A bringt sein Einzelunternehmen (Gemeiner Wert: 200 T€ ./. 100 T€ Verbindlichkeiten = 100 T€) mittels Ausgliederung zu Zwischenwerten (Auflösung stiller Reserven im Anlagevermögen i.H.v. 20 T€) in die B & C OHG ein (Gemeiner Wert: 800 T€ ./. 600 T€ = 200 T€).
>
> ⇨ Beteiligung von 1/3 an der A & B & C OHG.

[1177] Vgl. RÖDDER, THOMAS/SCHUMACHER, ANDREAS: Das SEStEG – Überblick über die endgültige Fassung und die Änderungen gegenüber dem Regierungsentwurf, in: DStR 2007, S. 369-377, s.b.S. 376.

[1178] Vgl. PATT, JOACHIM: § 24 UmwStG, in: Die Körperschaftsteuer, hrsg. von EWALD DÖTSCH u.a., Stuttgart (Loseblatt), Stand: April 2013, Rn. 149.

[1179] Vgl. BMF-Schreiben vom 11.11.2011, BStBl I 2011, S. 1314, Rn. 24.16. Die Formulierung des § 16 Abs. 2 S. 3 EStG lässt wohl auch die Interpretation zu, dass jeder Altgesellschafter zu 1/4 an der neuen Gesellschaft beteiligt ist und insofern nur 1/4 des Gewinns nicht begünstigt ist; so auch PFALZGRAF, HEINRICH/MEYER, BERND: Eintritt neuer Gesellschafter in eine Personengesellschaft, in: DStR 1995, S. 1289-1296, s.b.S. 1292.

[1180] Vgl. hierzu BMF-Schreiben vom 11.11.2011, BStBl I 2011, S. 1314, Rn. 24.04.

[1181] Vgl. BMF-Schreiben vom 11.11.2011, BStBl I 2011, S. 1314, Rn. 24.05.

[1182] Modifiziert entnommen aus OTT, HANS: Das neue Umwandlungs- und Umwandlungssteuerrecht, Freiburg im Breisgau 1996, S. 276-279.

Aktiva			A-Einzelunternehmung (in T€)		Passiva
	Buchwert	Gemeiner Wert			
Anlagevermögen	80	120	Kapital		30
Umlaufvermögen	50	50	Verbindlichkeiten		100
Selbst geschaffener Firmenwert	0	30			
	130	200			130

Aktiva			B & C OHG (in T€)		Passiva
	Buchwert	Gemeiner Wert			
Anlagevermögen	400	450	Kapital B		50
Umlaufvermögen	300	300	Kapital C		50
Selbst geschaffener Firmenwert	0	50	Verbindlichkeiten		600
	700	800			700

Aktiva	Aufnahmebilanz (in T€)		Passiva
Anlagevermögen	500	Kapital A	50
Umlaufvermögen	350	Kapital B	50
		Kapital C	50
		Verbindlichkeiten	700
	850		850

A erzielt einen Veräußerungsgewinn i.H.v. 20 T€:

Aktiva zu Zwischenwerten	150 T€
./. Verbindlichkeiten	100 T€
./. Kapitalkonto	30 T€
= Veräußerungsgewinn	20 T€

Der Veräußerungsgewinn ist **nicht** nach §§ 16, 34 EStG **begünstigt**, da nicht alle stillen Reserven aufgelöst wurden. Dies wäre nur bei Ansatz des gemeinen Werts möglich gewesen. Allerdings wären auch dann nur 2/3 des Veräußerungsgewinns steuerbegünstigt, da A von nun an zu 1/3 an der OHG beteiligt ist. Die aufnehmende Personengesellschaft tritt in die Rechtsstellung der Einzelunternehmung ein.

Beispiel: (Ausgliederung eines Teilbetriebs aus dem Vermögen einer GmbH auf eine KG)[1183]

Die zu je gleichen Teilen an der X-GmbH beteiligten Gesellschafter A und B wollen sich an der P-KG beteiligen, deren Komplementär P und deren Kommanditist Q ist. Die Beteiligung an der P-KG soll über die X-GmbH erfolgen, die zu diesem Zweck als Kommanditistin einen Teilbetrieb in die P-KG gegen Gewährung von Gesellschaftsrechten einlegt. Die Ausgliederung soll steuerneutral erfolgen. Die Bilanz der X-GmbH zeigt folgendes Bild:

Aktiva	X-GmbH (in T€)		Passiva
Teilbetrieb 1	8.000	Stammkapital	1.500
Teilbetrieb 2	4.500	Gewinnrücklagen	500
		Verbindlichkeiten	10.500
	12.500		12.500

[1183] Modifiziert entnommen aus SAGASSER, BERND/SCHÖNEBERGER, KAI: § 20. Steuerrechtliche Regelungen, in: Umwandlungen: Verschmelzung, Spaltung, Formwechsel, Vermögensübertragung, hrsg. von BERND SAGASSER, THOMAS BULA und THOMAS R. BRÜNGER, 4. Aufl., München 2011, Rn. 206-209.

Die Gesamthandsbilanz der P-KG stellt sich folgendermaßen dar:

Aktiva	P-KG (in T€)		Passiva
Anlage- und Umlaufvermögen	5.500	Kapitalkonto P	500
		Kapitalkonto Q	500
		Verbindlichkeiten	4.500
	5.500		5.500

Die gemeinen Werte der Kapitalkonten von P und Q betragen jeweils 1.250 T€; für Q besteht eine Ergänzungsbilanz, in der ein Mehrkapital von 250 T€ ausgewiesen wird. Die X-GmbH bringt ihren Teilbetrieb 2 sowie Verbindlichkeiten von 2.500 T€ zu Buchwerten in die P-KG ein. Der gemeine Wert des Teilbetriebs 2 beträgt 5.000 T€, sodass der Nettoverkehrswert des eingebrachten Vermögensteils 2.500 T€ beträgt.

Das Wertverhältnis zwischen dem eingebrachten Vermögensteil und den Kapitalkonten von P und Q beträgt damit 50:25:25; nach diesem Wertverhältnis wird auch die Höhe der Kapitalkonten festgelegt, sodass die Gesamthandsbilanz nach der Einbringung folgendes Bild abgibt:

Aktiva	P-KG (in T€)		Passiva
Anlage- und Umlaufvermögen	5.500	Kapitalkonto P	750
Teilbetrieb 2	4.500	Kapitalkonto Q	750
		Kapitalkonto X-GmbH	1.500
		Verbindlichkeiten	7.000
	10.000		10.000

Durch die Aufstockung ihrer Kapitalkonten erzielen P und Q einen Veräußerungsgewinn, den sie durch die Aufstellung negativer Ergänzungsbilanzen neutralisieren können. Das Mehrkapital in der für Q bereits bestehenden Ergänzungsbilanz vermindert sich auf 0 €; dabei sind die bisher ausgewiesenen Mehrwerte fortzuführen und auf der Passivseite der Ergänzungsbilanz Minderwerte i.H.v. 250 T€ auszuweisen. Eine Saldierung kommt nicht in Betracht, da die Wirtschaftsgüter, auf die die Mehrwerte und die Minderwerte entfallen, jeweils voneinander verschieden sind. Für P ist eine Ergänzungsbilanz mit einem Minderkapital von 250 T€ aufzustellen. Da das Kapitalkonto der X-GmbH in der Gesamthandsbilanz der P-KG um 500 T€ unter dem Buchwert des eingebrachten Vermögensteils liegt, ist für die X-GmbH eine Ergänzungsbilanz mit einem Mehrkapital in dieser Höhe aufzustellen.

Aufgrund der Buchwertfortführung ergibt sich für die X-GmbH kein Einbringungsgewinn; an die Stelle des eingebrachten Teilbetriebs und der Verbindlichkeiten tritt in der Bilanz der X-GmbH der Beteiligungsansatz an der P-KG:

Aktiva	X-GmbH (in T€)		Passiva
Teilbetrieb 1	8.000	Stammkapital	1.500
Beteiligung P-KG	2.000	Gewinnrücklagen	500
		Verbindlichkeiten	8.000
	10.000		10.000

Beispiel: **(Einbringung eines Einzelunternehmens in eine neu zu gründende Personengesellschaft)[1184]**

A unterhält ein Einzelunternehmen mit einem buchmäßigen Eigenkapital von 100.000 €. In den Buchwerten sind stille Reserven von 200.000 € enthalten, der Wert des Unternehmens beträgt also 300.000 €. Die Schlussbilanz des A im Zeitpunkt der Einbringung sieht wie folgt aus:

Aktiva	Schlussbilanz des A (in T€)		Passiva
Diverse Aktiva	100	Kapital	100
	100		100

In das Einzelunternehmen des A tritt B als Gesellschafter ein; A bringt also sein Einzelunternehmen in die neue von ihm und B gebildete Personengesellschaft ein. A und B sollen an der neuen Personengesellschaft zu je 50 % beteiligt sein. B leistet deshalb eine Bareinlage von 300.000 €. Die Kapitalkonten von A und B sollen in der Bilanz der Personengesellschaft gleich hoch sein. Die Eröffnungsbilanz der Personengesellschaft lautet wie folgt:

Aktiva	Eröffnungsbilanz der Personengesellschaft (in T€)		Passiva
Eingebrachtes Betriebsvermögen des A	100	Kapital A	200
Kasse (Bareinlage des B)	300	Kapital B	200
	400		400

Da B eine Einlage von 300.000 € geleistet hat, hat er 100.000 € mehr gezahlt, als sein buchmäßiges Kapital in der Bilanz der neuen Personengesellschaft beträgt (B hat mit diesen 100.000 € quasi dem A die Hälfte der stillen Reserven „abgekauft"). Er muss in diesem Fall sein in der Bilanz der Personengesellschaft nicht ausgewiesenes Mehrkapital von 100.000 € in einer Ergänzungsbilanz ausweisen. Die Ergänzungsbilanz des B hat folgenden Inhalt:

Aktiva	Ergänzungsbilanz des B (in T€)		Passiva
Mehrwert für Aktiva	100	Mehrkapital	100
	100		100

Das von A in die Personengesellschaft eingebrachte Betriebsvermögen ist danach in der Bilanz der Personengesellschaft einschließlich der Ergänzungsbilanz des Gesellschafters B mit insgesamt 200.000 € ausgewiesen (mit 100.000 € in der Gesamtbilanz der Personengesellschaft und mit 100.000 € in der Ergänzungsbilanz des B). Es war bisher bei A nur mit 100.000 € angesetzt. Es würde sich danach für A ein Veräußerungsgewinn von 100.000 € ergeben.

A kann diesen Veräußerungsgewinn dadurch neutralisieren, dass er seinerseits eine Ergänzungsbilanz aufstellt und in dieser dem in der Ergänzungsbilanz des B ausgewiesenen Mehrwert für die Aktiva von 100.000 € einen entsprechenden Minderwert gegenüberstellt (sog. negative Ergänzungsbilanz).

Diese negative Ergänzungsbilanz des A sieht wie folgt aus:

Aktiva	Ergänzungsbilanz des A (in T€)		Passiva
Minderkapital	100	Minderwert für Aktiva	100
	100		100

Das eingebrachte Betriebsvermögen ist nunmehr in der Bilanz der Personengesellschaft und den Ergänzungsbilanzen ihrer Gesellschafter insgesamt wie folgt ausgewiesen:

Mit 100.000 € in der Bilanz der Personengesellschaft zzgl. 100.000 € in der Ergänzungsbilanz des B abzgl. 100.000 € in der Ergänzungsbilanz des A, insgesamt also mit 100.000 €. Dieser Wert ist nach § 24 Abs. 3 UmwStG für die Ermittlung des Veräußerungsgewinns des A bei der Einbringung maßgebend.

[1184] Modifiziert entnommen aus BUYER, CHRISTOPH: UmwStG, in: Die Körperschaftsteuer, hrsg. von EWALD DÖTSCH u.a., Stuttgart (Loseblatt), Stand: März 2005, Rn. 901 (in aktuelleren Ergänzungslieferungen nicht mehr enthalten).

Da der Buchwert des eingebrachten Betriebsvermögens in der Schlussbilanz des A ebenfalls 100.000 € betrug, entsteht für A kein Veräußerungsgewinn.

Die Ergänzungsbilanzen für A und B sind auch bei der künftigen Gewinnermittlung zu berücksichtigen und korrespondierend weiterzuentwickeln. Dabei ergibt sich z.B. gegenüber der Bilanz der Personengesellschaft für den Gesellschafter B aus seiner (positiven) Ergänzungsbilanz ein zusätzliches AfA-Volumen und für den Gesellschafter A aus seiner (negativen) Ergänzungsbilanz eine Minderung seines AfA-Volumens.[1185]

Würde das von A eingebrachte Betriebsvermögen in der Eröffnungsbilanz der Personengesellschaft nicht mit seinem Buchwert von 100.000 €, sondern mit seinem Verkehrswert von 300.000 € angesetzt werden und würden demgemäß die Kapitalkonten von A und B mit je 300.000 € ausgewiesen werden, so könnte A zur Vermeidung eines Veräußerungsgewinns eine negative Ergänzungsbilanz mit einem Minderkapital von 200.000 € aufstellen; für B entfiele in diesem Fall eine Ergänzungsbilanz.

3. Zusammenfassung

Die steuerliche Behandlung der Einbringung in eine Personengesellschaft fasst Abb. 153[1186] zusammen.

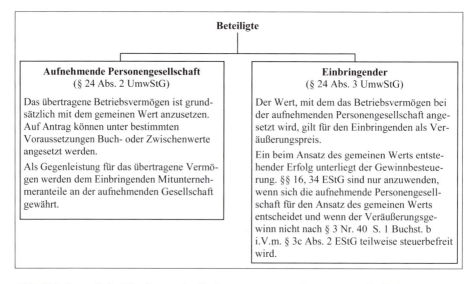

Abb. 153: Steuerliche Würdigung der Einbringung in eine Personengesellschaft

---

[1185] Vgl. auch BFH-Urteil vom 28.09.1995, BStBl II 1996, S. 68.

[1186] In Anlehnung an ROOS, RONALD: Steuerliche Grundzüge von Umwandlungen nach dem Umwandlungssteuergesetz, in: WiSt 2001, S. 253-258, s.b.S. 258. Vgl. auch PATT, JOACHIM: Einbringung von Unternehmen(-steilen) in eine Personengesellschaft, in: Umwandlungssteuerrecht, hrsg. von JÖRG KLINGEBIEL u.a., 3. Aufl., Stuttgart 2012, S. 542-617, s.b.S. 577-604.

4. Abschnitt:
Standortwahl und Standortbesteuerung

I. Besteuerung und nationale Standortwahl

Vgl. hierzu insb. WÖHE, GÜNTER: Betriebswirtschaftliche Steuerlehre, Bd. 2, 2. Halbband: Der Einfluß der Besteuerung auf Unternehmenszusammenschlüsse und Standortwahl im nationalen und internationalen Bereich, 4. Aufl., München 1996, S. 333-361 und WÖHE, GÜNTER/BIEG, HARTMUT: Grundzüge der Betriebswirtschaftlichen Steuerlehre, 4. Aufl., München 1995, S. 155-177; vgl. darüber hinaus auch JENETZKY, JOHANNES: Die Misere der Steuerverwaltung, in: StuW 1982, S. 273-285; ROSE, GERD: Betriebswirtschaftliche Steuerlehre, 3. Aufl., Wiesbaden 1992, S. 78-83; SCHULT, EBERHARD: Betriebswirtschaftliche Steuerlehre, 4. Aufl., München/Wien 2002, S. 270-278; WÖHE, GÜNTER/DÖRING, ULRICH: Einführung in die Allgemeine Betriebswirtschaftslehre, 24. Aufl., München 2010, S. 268-275.

A. Die maßgebenden Bereiche

Die **Wahl des Standorts** gehört zu jenen unternehmerischen Entscheidungen, welche die Aufbauelemente des Betriebs betreffen und folglich seine weitere Entwicklung langfristig beeinflussen. Wie alle unternehmerischen Entscheidungen muss die Standortwahl anhand bestimmter Entscheidungskriterien getroffen werden. Hauptkriterium ist das erwerbswirtschaftliche Prinzip, d.h., das Streben nach **langfristiger Gewinnmaximierung**. Allerdings sind dabei gewisse Nebenbedingungen, wie z.B. Unternehmenserhaltung und Streben nach Prestige zu berücksichtigen.

Das **Gewinnmaximum** wird nur erreicht, wenn ein Standort gewählt wird, an dem die Differenz zwischen den standortbedingten Erträgen und den standortbedingten Aufwendungen am größten ist. Da auch die Höhe der gewinnabhängigen Steuern vom Standort abhängen kann, ist für die Wahl des Standorts nicht der zu erwartende Bruttogewinn, sondern der **Nettogewinn** entscheidend.

Bei der Untersuchung des Einflusses der Besteuerung auf den optimalen Standort eines Unternehmens muss zwischen nationaler und internationaler Standortwahl unterschieden werden.

Der Einfluss der Besteuerung auf die **nationale Standortwahl** kann auf folgende grundsätzliche Ursachen zurückgeführt werden:

- Besteuerungsunterschiede aufgrund von steuersystem- und verwaltungsbedingten Einflüssen und
- Besteuerungsunterschiede aufgrund von wirtschaftspolitisch bedingten Einflüssen.

Die **internationale Standortwahl** wird dagegen beeinflusst durch

- Besteuerungsunterschiede aufgrund eines zwischenstaatlichen Steuergefälles („Niedrigsteuerländer", „Steueroasen"),
- Besteuerungsunterschiede durch steuerpolitische Förderungsmaßnahmen und
- Vorschriften (als Gegenmaßnahme) zur Bekämpfung der Steuerflucht, welche die Wahl eines Standorts ausschließlich aus steuerlichen Überlegungen unattraktiv machen.

Des Weiteren müssen die folgenden **Nebenbedingungen** berücksichtigt werden:

- im nationalen und internationalen Bereich muss Freizügigkeit garantiert sein und
- der Betrieb muss eine wirkliche Wahlmöglichkeit für den Standort haben, d.h., er darf nicht an einen bestimmten Ort gebunden sein.

B.   Die steuersystem- und verwaltungsbedingten Einflüsse

1.   Die steuersystembedingten Einflüsse

Das **Heberecht** für Realsteuern liegt bei den Gemeinden. Größeren Einfluss auf die nationale Standortwahl als die Ausübung des Heberechts an sich hat allerdings die **Festsetzung der Höhe der Hebesätze durch die Gemeinden**. Gem. § 16 Abs. 1 GewStG und § 25 Abs. 1 GrStG haben die Gemeinden das Recht, die Hebesätze der Realsteuern entsprechend ihrem Finanzbedarf festzusetzen (vgl. zu den durchschnittlichen Hebesätzen Abb. 154[1187], S. 709). Um daraus resultierende gravierende regionale Unterschiede bei der Gewerbesteuer zu verhindern, schreibt § 16 Abs. 4 S. 2 GewStG einen Mindesthebesatz i.H.v. 200 % vor; das Recht der Gemeinden auf einen höheren Hebesatz bleibt aber davon unberührt. Der Hebesatz kann für ein oder mehrere Jahre festgelegt werden, bei der Grundsteuer jedoch gem. § 25 Abs. 2 GrStG höchstens für den Hauptveranlagungszeitraum der Steuermessbeträge. Der Hebesatz auf den Gewerbesteuermessbetrag muss für alle Unternehmen in einer Gemeinde einheitlich sein (§ 16 Abs. 4 S. 1 GewStG). Bei mehreren Betriebstätten desselben Unternehmens in verschiedenen Gemeinden erfolgt die Zerlegung der Gewerbesteuer gem. den §§ 28-34 GewStG.

Seit der Unternehmensteuerreform 2008 stellt die Gewerbesteuer **keine abzugsfähige Betriebsausgabe** mehr dar (§ 4 Abs. 5b EStG); damit mindert die Gewerbesteuer den einkommen- bzw. körperschaftsteuerlichen Gewinn nicht mehr.

Die **Gewerbesteuer** lässt sich anhand folgender Formel ermitteln:

$$\text{GewSt} = m \cdot H \cdot \text{GewE}$$

mit: m = Steuermesszahl;
GewE = steuerpflichtiger Gewerbeertrag;
H = Hebesatz;
GewSt = Gewerbesteuer.

Bei einer Steuermesszahl von 3,5 % für die Gewerbesteuer sowohl von Personengesellschaften als auch von Kapitalgesellschaften (§ 11 Abs. 2 GewStG)[1188] schwankt die **effektive Belastung** des steuerpflichtigen Gewerbeertrags der Gemeinden mit 50.000 und mehr Einwohnern im Jahr 2012 zwischen 12,25 % (Hebesatz 350 %, Friedrichshafen) und 18,20 %

[1187] Modifiziert entnommen aus ANDRAE, KATHRIN: Realsteuern 2012 – Die Entwicklung der Realsteuerhebesätze der Gemeinden mit 50.000 und mehr Einwohnern im Jahr 2012 gegenüber 2011, hrsg. vom INSTITUT „FINANZEN UND STEUERN", Berlin 2013, S. 24 und 30.

[1188] In der Vergangenheit kam für die Berechnung der Gewerbesteuer bei Personengesellschaften und Einzelunternehmen ein Staffeltarif gem. § 11 Abs. 2 Nr. 1 GewStG a.F. zur Anwendung. Bei Kapitalgesellschaften existierte eine einheitliche Steuermesszahl von 5 %.

(Hebesatz 520 %, Oberhausen);[1189] beim Mindesthebesatz von 200 % liegt der Steuersatz bei 7 % und damit mehr als 11 %-Punkte unter demjenigen bei einem Hebesatz von 520 %.

Streuung der Durchschnittshebesätze (in %) nach Bundesländern im Jahre 2012						
Land	Gewogene Durchschnittshebesätze 2012 und Veränderung in %-Punkten gegenüber 2011					
	Grundsteuer A		Grundsteuer B		Gewerbesteuer	
Baden-Württemberg	403	—	459	—	397	+ 2
Bayern	417	+ 9	494	+ 8	449	+ 1
Berlin	150	—	810	—	410	—
Brandenburg	315	—	467	—	413	+ 5
Bremen	245	—	571	—	432	—
Hamburg	225	—	540	—	470	—
Hessen	255	+ 3	434	+ 14	435	+ 1
Meckl.-Vorpommern	339	—	428	—	430	+ 3
Niedersachsen	398	+ 4	476	+ 21	425	+ 3
Nordrhein-Westfalen	239	+ 4	500	+ 13	462	+ 5
Rheinland-Pfalz	310	+ 12	415	+ 23	409	+ 7
Saarland	275	—	460	—	450	—
Sachsen	321	—	601	—	452	—
Sachsen-Anhalt	250	—	481	+ 19	450	—
Schleswig-Holstein	385	—	482	+ 15	421	+ 3
Thüringen	304	+ 1	454	+ 15	436	+ 15
Bundesgebiet	286	+ 3	526	+ 9	440	+ 2

Abb. 154: Durchschnittshebesätze der Bundesländer im Jahre 2012 und ihre Veränderung gegenüber 2011 in Gemeinden über 50.000 Einwohnern

2. Die verwaltungsbedingten Einflüsse

Nach dem Grundgesetz ist die Gesetzgebungsbefugnis der Länder auf Steuern mit örtlichem Wirkungskreis beschränkt (z.B. Vergnügungsteuer, Getränkesteuer, Schankerlaubnissteuer). Für alle anderen Steuern steht dem **Bund** die **Gesetzgebungskompetenz** zu. Besteuerungsunterschiede ergeben sich hier durch die Auslegung der bundeseinheitlichen Steuergesetze durch die Länderfinanzverwaltungen.[1190]

Ursächlich für die Besteuerungsunterschiede als Folge der dezentralen Finanzverwaltung ist die unterschiedliche Nutzung von **Ermessensspielräumen**. Im Einzelnen kommt es zu lokalen Besteuerungsunterschieden

- durch die unterschiedliche Auslegung von Bewertungsvorschriften, die zu unterschiedlich hohen Aufwandsverrechnungen und damit zu Steuerverschiebungen führt;

[1189] Vgl. ANDRAE, KATHRIN: Realsteuern 2012 – Die Entwicklung der Realsteuerhebesätze der Gemeinden mit 50.000 und mehr Einwohnern im Jahr 2012 gegenüber 2011, hrsg. vom INSTITUT „FINANZEN UND STEUERN", Berlin 2013, S. 23.

[1190] Vgl. vertiefend zur Praxis in den Finanzämtern ROSE, GERD: Betriebswirtschaftliche Steuerlehre, 3. Aufl., Wiesbaden 1992, S. 81 und 82. Vgl. auch JENETZKY, JOHANNES: Die Misere der Steuerverwaltung, in: StuW 1982, S. 273-285.

- durch die Anwendung unterschiedlicher Kriterien bei der Abgrenzung von Betriebs- und Privatausgaben und den daraus resultierenden Auswirkungen auf das zu versteuernde Einkommen;
- durch Unterschiede bei der Gewährung von Steuererlassen gem. § 227 AO und Steuerstundungen gem. § 222 AO.

Die **Auslegung** der Ermessensspielräume ist abhängig von
- der inneren Einstellung der Entscheidungsträger,
- deren individueller Vorbildung,
- der sachlichen Ausstattung der Finanzämter und
- der lokalen wirtschaftlichen Struktur (z.B. hauptsächlich kleine und mittelständische Betriebe oder große Kapitalgesellschaften).

Hierdurch kann bei der nationalen Standortwahl auch die Einschätzung des **lokalen „Steuerklimas"** eine gewisse Rolle spielen.[1191]

C. Die wirtschaftspolitisch bedingten Einflüsse

Mittels steuerlicher Regelungen können gezielt **regionale Standorte** gefördert werden. Instrumente sind dabei insb. Tarifvergünstigungen und Zulagen oder Kürzungen der Bemessungsgrundlage. Im Wesentlichen werden durch die Standortpolitik die folgenden wirtschaftspolitischen Ziele verfolgt:[1192]

- Ausgleich politisch bedingter wirtschaftlicher Nachteile (z.B. wegen der früheren Teilung Deutschlands);
- die Verhinderung einer Abwanderung von Betrieben aus wirtschaftlich benachteiligten Gebieten;
- Anreiz zur Verlagerung von Betrieben oder Betriebstätten zur Verbesserung der wirtschaftlichen Struktur;
- Umstrukturierung der Wirtschaft in den neuen Bundesländern.

Bei den wirtschaftspolitischen Einflüssen muss aber in aller Regel darauf geachtet werden, dass die Sonderregelungen **zeitlich befristet** sind. Sollten sie bei der Standortwahl den Ausschlag geben, so muss sich der Entscheidungsträger über die Bedeutung der Befristung und somit der Auswirkungen und Risiken im Fall des Fristablaufs bei seiner Wahl im Klaren sein.

Das **Fördergebietsgesetz zur Förderung der neuen Bundesländer und West-Berlins**[1193] erlaubte **Sonderabschreibungen** für abnutzbare bewegliche Wirtschaftsgüter des Anlagevermögens i.H.v. 50 % bzw. 40 % der Anschaffungs- oder Herstellungskosten in den ersten fünf Jahren. Ausschlaggebend für die Höhe des Abschreibungssatzes war der Zeitpunkt, an dem die Investitionen abgeschlossen wurden. In bestimmten Fällen spielte auch der Zeit-

---

[1191] Vgl. ROSE, GERD: Betriebswirtschaftliche Steuerlehre, 3. Aufl., Wiesbaden 1992, S. 81 und 82.
[1192] Vgl. WÖHE, GÜNTER/BIEG, HARTMUT: Grundzüge der Betriebswirtschaftlichen Steuerlehre, 4. Aufl., München 1995, S. 163-165.
[1193] Gesetz über Sonderabschreibungen und Abzugsbeträge im Fördergebiet (Fördergebietsgesetz) vom 23.09.1993, BGBl I 1993, S. 1654.

punkt der Leistung von Anzahlungen auf Anschaffungskosten bzw. der Entstehung von Teilherstellungskosten eine Rolle. Investitionen, die nach dem 31.12.1998 abgeschlossen wurden, konnten nur noch gefördert werden, wenn zwischen dem 31.12.1990 und dem 01.01.1997 (Sonderabschreibungen i.H.v. 50 %) oder zwischen dem 31.12.1996 und dem 01.01.1999 (Sonderabschreibungen i.H.v. 40 %) Anzahlungen geleistet wurden oder Teilherstellungskosten entstanden sind (§ 4 Abs. 2 S. 1 Nr. 3 FördergebietsG). Darüber hinaus wurden **Steuerermäßigungen für Darlehen** zur Stärkung des haftenden Kapitals von kleinen und mittleren Betrieben (§ 7a FördergebietsG) gewährt: unbeschränkt Steuerpflichtige, die ein unkündbares endfälliges Darlehen mit einer 10-jährigen Mindestlaufzeit nach dem 31.12.1995 und vor dem 01.01.1999 an die Kreditanstalt für Wiederaufbau oder die Deutsche Ausgleichsbank (Kapitalsammelstellen) vergaben, erhielten eine Einkommensteuerermäßigung von 12 % des Darlehensbetrags für den VAZ der Darlehensgewährung. Die Ermäßigung war auf max. 50 % der Einkommensteuer, die sich ohne die Ermäßigung ergeben hätte, begrenzt. Die Kapitalsammelstellen boten die eingeworbenen Darlehen ihrerseits als zinsgünstige Darlehen Unternehmen an (z.B. Kapitalbeteiligungsgesellschaften), welche die Gelder (indirekt) Betrieben des gewerblichen Mittelstandes (Jahresumsatz bis zu 500 Mio. DM) im Bereich des Fördergebiets zuführten.

Das **Investitionszulagengesetz 1996**[1194] galt für Investitionen, die in der Zeit nach dem 30.06.1994 bis 31.12.1998 im Fördergebiet vorgenommen wurden. Das Fördergebiet umfasste die fünf neuen Bundesländer und Berlin; allerdings waren für Berlin-West die Investitionszulagen bis auf die sog. Handwerkerzulage ausgelaufen. I.R.d. Investitionszulagengesetzes 1996 wurde eine Investitionszulage je nach Investitionszeitpunkt und Branche zwischen 5 % und 20 % gewährt, welche die steuerlichen Anschaffungs- und Herstellungskosten nicht minderte und steuerfrei vereinnahmt werden konnte.

Der Grund für die Verabschiedung des **Investitionszulagengesetzes 1999**[1195] war die Absicht der Bundesregierung, Klarheit und Einheitlichkeit bezüglich der Investitionsförderung im Bereich der neuen Bundesländer zu erreichen. Das Investitionszulagengesetz 1999 sollte die Funktion des Fördergebietsgesetzes und des Investitionszulagengesetzes 1996 übernehmen. **Investitionszulagen** kommen seitdem als einzige Fördermaßnahme zur Anwendung. Sonderabschreibungen und andere Instrumente der steuerlichen Förderung, die bisher vorgesehen waren, können nicht mehr angewendet werden. Im Vergleich zum Investitionszulagengesetz 1996 wurden verschiedene Zulagesätze deutlich angehoben, aber andererseits der Kreis der begünstigten Betriebe und Investitionen eingeschränkt. So fielen z.B. Luftfahrzeuge, Personenkraftwagen und geringwertige Wirtschaftsgüter vollständig aus der Förderung heraus.

Im Hinblick darauf, dass nach wie vor eine Förderung von betrieblichen Investitionen in den neuen Bundesländern von großer Bedeutung ist, sollte das **Investitionszulagengesetz 2005**[1196] eine Nachfolgeregelung für das Investitionszulagengesetz 1999, das bis zum Jahresende 2004 galt, gewährleisten.[1197] Dabei zielte das neue Gesetz auf eine erhöhte Förderung von kleinen und mittleren Unternehmen sowie Unternehmen in einem im Investitionszula-

---

[1194] Gesetz vom 22.01.1996, BGBl I 1996, S. 60.
[1195] Gesetz vom 18. 08.1997, BGBl I 1997, S. 2070.
[1196] Gesetz vom 17.03.2004, BGBl I 2004, S. 438.
[1197] Vgl. Entwurf eines Investitionszulagengesetzes 2005 (InvZulG 2005) vom 07.11.2003, BR-Drs. 461/03.

gengesetz 2005 definierten Randgebiet[1198] des Fördergebiets ab. Das Fördergebiet umfasste die fünf neuen Bundesländer und Berlin.

Das **Investitionszulagengesetz 2010**[1199] hat den Regelungsinhalt des Investitionszulagengesetzes 2007[1200] in modifizierter Form übernommen und besitzt Gültigkeit bis Ende 2013. Möglichkeiten zur **Förderung** nach dem Investitionszulagengesetz 2010 bestehen im betrieblichen Bereich für Investitionen in Form der Anschaffung oder Herstellung neuer **abnutzbarer beweglicher Wirtschaftsgüter des Anlagevermögens**. **Nicht begünstigt** sind nach § 2 Abs. 1 S. 2 InvZulG Luftfahrzeuge, Personenkraftwagen und geringwertige Wirtschaftsgüter i.S.d. § 6 Abs. 2 S. 1 EStG. Dazu ist außerdem erforderlich, dass die Wirtschaftsgüter mindestens fünf Jahre nach ihrer Anschaffung oder Herstellung zum Anlagevermögen eines Betriebs oder einer Betriebstätte der verarbeitenden Gewerbe oder der produktionsnahen Dienstleistungen gehören. Des Weiteren soll die Nutzung für private Zwecke in jedem der fünf Jahre 10 % der gesamten Nutzung nicht überschreiten. Fällt die betriebsgewöhnliche Nutzungsdauer geringer als fünf Jahre aus, so tritt diese anstelle des Fünfjahreszeitraums (§ 2 Abs. 1 InvZulG 2010).

Nach § 2 Abs. 2 InvZulG 2010 gehört auch die Anschaffung oder Herstellung von neuen **Gebäuden**, **Eigentumswohnungen** und von **Teileigentum an Räumen** und **Gebäudeteilen**, sofern diese mindestens fünf Jahre nach ihrer Anschaffung oder Herstellung für betriebliche Zwecke im Bereich des verarbeitenden Gewerbes oder der produktionsnahen Dienstleistungen verwendet werden und sofern es sich um Erstinvestitionen handelt, zu den förderungsfähigen Investitionen.

Eine Änderung ggü. dem Investitionszulagengesetz von 2007 ergibt sich bei der Höhe der Investitionszulage gem. § 6 InvZulG 2010. Die jeweiligen Fördersätze sind dabei geringer als dies noch im InvZulG 2007 der Fall war. I.R.d. InvZulG 2010 wird eine **Investitionszulage** zwischen 12,5 % für große Unternehmen und 25 % für kleine und mittlere Unternehmen[1201] von der Summe der Anschaffungs- und Herstellungskosten der im Wirtschafts- oder Kalenderjahr abgeschlossenen begünstigten Investitionen gewährt (§ 6 InvZulG 2010). Ausschlaggebend für die Höhe des Zulagensatzes sind verschiedene Kriterien. Höhere Zulagesätze greifen, soweit es sich um Erstinvestitionen in bewegliche Wirtschaftsgüter handelt, die während des Fünfjahreszeitraums in einem begünstigten Betrieb verbleiben, der unter die Gruppe der kleinen und mittleren Unternehmen i.S.d. Definition der Europäischen Kommission[1202] fällt. Um Verstöße gegen das europarechtliche **Beihilfeverbot**[1203] zu vermeiden, wird jedoch der Investitionszulagensatz bei Investitionen, auf die der multisektorale Regio-

---

[1198] Vgl. Anlage zu § 2 Abs. 6 S. 1 Nr. 2 und Abs. 7 S. 1 Nr. 2 InvZulG 2005.

[1199] Gesetz vom 07.12.2008, BGBl I 2008, S. 2350.

[1200] Gesetz vom 15.07.2006, BGBl I 2006, S. 1614.

[1201] Die Fördersätze nehmen von 2010 bis 2013 jährlich um 2,5 % für große Unternehmen respektive um 5 % für kleine und mittlere Unternehmen ab; die Fördersätze im InvZulG 2007 lagen zwischen 12,5 % und 27,5 %.

[1202] Vgl. Empfehlung der Kommission vom 06.05.2003, ABl EU 2003, Nr. L 124, S. 36.

[1203] Nach Art. 107 Abs. 1 des Vertrages über die Arbeitsweise der EU sind staatliche oder aus staatlichen Mitteln gewährte Beihilfen, die durch die Begünstigung bestimmter Unternehmen oder Produktionszweige den Wettbewerb verfälschen oder zu verfälschen drohen, mit dem gemeinsamen europäischen Binnenmarkt nicht konform, soweit sie den Handel zwischen den Mitgliedstaaten beeinträchtigen.

nalbeihilferahmen für große Investitionsvorhaben[1204] Anwendung findet, auf die Höhe des jeweils geltenden Regionalförderhöchstsatzes begrenzt (§ 6 Abs. 1 InvZulG 2010).

Eine weitere wesentliche Änderung zur Vorgängerregelung beinhaltet § 3 InvZulG 2010, der mit „Begünstigte Betriebe" überschrieben ist. Dieser wurde im Zuge des Investitionszulagengesetzes 2010 neu eingeführt. Der Anwendungsbereich des InvZulG 2010 auf „Begünstigte Betriebe" wurde ausführlicher geregelt, als dies im Investitionszulagengesetz 2007 der Fall war. Unter der Begrifflichkeit sind Betriebe des verarbeitenden Gewerbes, Betriebe der produktionsnahen Dienstleistungen und Betriebe des Beherbergungsgewerbes zu subsumieren. Während die Betriebe der produktionsnahen Dienstleistungen und des Beherbergungsgewerbes in § 3 Abs. 1 S. 1 Nr. 2 und 3 InvZulG 2010 abschließend aufgezählt sind, besteht keine gesetzliche Definition des Begriffs „verarbeitendes Gewerbe". Nach Auffassung des BFH ist verarbeitendes Gewerbe „im Wesentlichen durch die Herstellung eines anderen Produktes im Sinne einer substantiellen Veränderung von Materien oder durch Veredelung von Erzeugnissen"[1205] zu charakterisieren.

Hinsichtlich der **steuerlichen Behandlung** mindert die Investitionszulage die steuerlichen Anschaffungs- und Herstellungskosten nicht. Sie muss auch nicht versteuert werden (§ 13 InvZulG 2010).

Investitionen in den sog. **„sensiblen Sektoren"** sind nur förderfähig, soweit deren Förderfähigkeit nicht ausgeschlossen ist (§ 3 Abs. 2 S. 2 InvZulG 2010). Zu diesen Sektoren gehören bspw. die Eisen- und Stahlindustrie, der Schiffbau, die Kraftfahrzeug-Industrie und der Landwirtschaftssektor.[1206]

Mit dem Investitionszulagengesetz 2010 soll das Ende der Förderung von Investitionen in Ostdeutschland eingeleitet werden. Aus diesem Grund sollte im Jahre 2011 dem Finanzausschuss über die wirtschaftliche Situation im Fördergebiet berichtet werden, damit entschieden werden kann, ob die Investitionszulage tatsächlich 2013 auslaufen oder darüber hinaus verlängert werden soll. Das BMF kommt in seinem Bericht zur Überprüfung der degressiven Ausgestaltung der Investitionszulage zu dem Schluss, dass keine begründete Veranlassung besteht, das regional begrenzte Sonderinstrument der Investitionszulage zu verlängern bzw. die vorgesehene Degression der Fördersätze auszusetzen. Den wirtschaftlichen und regionalpolitischen Herausforderungen der nächsten Jahre sollte die Bundesregierung vielmehr mit Hilfe der Investitionszuschüsse i.R.d. grundgesetzlich verankerten Gemeinschaftsaufgabe „Verbesserung der regionalen Wirtschaftsstruktur" (GRW) entgegentreten.

[1204] Vgl. Mitteilung der Kommission vom 13.02.2002, ABl EU 2002, Nr. C 70, S. 8, geändert durch Mitteilung der Kommission vom 01.11.2003, ABl EU 2003, Nr. C 263, S. 3.
[1205] BFH-Urteil vom 23.03.2005, BStBl II 2005, S. 498.
[1206] Eine vollständige Auflistung findet sich in der Anlage 2 zu § 3 Abs. 2 S. 2 InvZulG 2010.

II. Besteuerung und internationale Standortwahl

Vgl. hierzu insb. GROTHERR, SIEGFRIED u.a.: Internationales Steuerrecht, 3. Aufl., Achim 2010, S. 111-144, 219-222, 230-240, 253-261, 263-501, 523-713; ROSE, GERD: Betrieb und Steuer, 5. Buch: Internationales Steuerrecht, 6. Aufl., Berlin 2004, S. 23-107 und WÖHE, GÜNTER/BIEG, HARTMUT: Grundzüge der Betriebswirtschaftlichen Steuerlehre, 4. Aufl., München 1995, S. 177-204; vgl. vertiefend auch BARANOWSKI, KARL-HEINZ: Besteuerung von Auslandsbeziehungen, 2. Aufl., Herne/Berlin 1996, Rn. 1221-1573; BRÄHLER, GERNOT: Internationales Steuerrecht, 7. Aufl., Wiesbaden 2012, S. 16-72, 96-314, 422-529; BÜRGER, RICARDA: Rettung der Hinzurechnungsbesteuerung?, in: SteuerStud 2009, S. 525-531; GROTHERR, SIEGFRIED: International relevante Änderungen durch das Jahressteuergesetz 2009, in: IWB vom 13.05.2009, Fach 3 Deutschland, Gruppe 1, S. 403-420; HEINSEN, OLIVER: Einführung in die Doppelbesteuerungsabkommen, in: SteuerStud 1997, S. 300-320; HENKEL, UDO W.: Hinzurechnungsbesteuerung, in: Steuerrecht international tätiger Unternehmen, hrsg. von JÖRG M. MÖSSNER u.a., 4. Aufl., Köln 2012, Rn. 7.1-7.129; JACOBS, OTTO H.: Internationale Unternehmensbesteuerung, 7. Aufl., München 2011, S. 5-93, 911-971; KLUGE, VOLKER: Das internationale Steuerrecht, 4. Aufl., München 2000, S. 1-49, 162-203, 645-949; KUßMAUL, HEINZ/BECKMANN, STEFAN: Methoden zur Vermeidung einer möglichen Doppelbesteuerung i.R.d. Einkommensteuergesetzes – Darstellung der unterschiedlichen Methoden des § 34c EStG –, in: StuB 2000, S. 706-716; KUßMAUL, HEINZ/SCHÄFER, RENÉ: Ertragsteuerliche Behandlung der internationalen Unternehmenstätigkeit inländischer Kapitalgesellschaften im Ausland, in: StuB 2002, S. 275-282; KUßMAUL, HEINZ/TCHERVENIACHKI, VASSIL: Die Auswirkungen des § 8a n.F. auf die Steuerbelastung der Gesellschafter-Fremdfinanzierung im nationalen und internationalen Kontext – auch unter Berücksichtigung der Implikationen des BMF-Schreibens vom 15.7.2004 –, in: StuB 2004, S. 673-680; KUßMAUL, HEINZ/TCHERVENIACHKI, VASSIL: Bestandsaufnahme der beschränkten Steuerpflicht im Kontext des nationalen Steuerrechts und des EU-Rechts – Steuersystematische Einordnung und Umfang der beschränkten Steuerpflicht –, in: SteuerStud 2004, S. 550-555; MENCK, THOMAS: Unternehmen im internationalen Steuerrecht, in: Steuerrecht international tätiger Unternehmen, hrsg. von JÖRG M. MÖSSNER u.a., 4. Aufl., Köln 2012, Rn. 1.1-1.94; MÖSSNER, JÖRG M.: Doppelbesteuerung und deren Beseitigung, in: Steuerrecht international tätiger Unternehmen, hrsg. von JÖRG M. MÖSSNER u.a., 4. Aufl., Köln 2012, Rn. 2.1-2.518; REITH, THOMAS: Internationales Steuerrecht, München 2004, S. 81-379, 463-606; SCHAUMBURG, HARALD: Internationales Steuerrecht, 3. Aufl., Köln 2011, S. 1-62, 483-872, 978-1285; SCHEFFLER, WOLFRAM: Internationale betriebswirtschaftliche Steuerlehre, 3. Aufl., München 2009, S. 7-244, 264-275; VOGEL, KLAUS: Internationales Steuerrecht, in: DStZ 1997, S. 269-281; WILKE, KAY-MICHAEL: Lehrbuch Internationales Steuerrecht, 11. Aufl., Herne 2012, S. 1-272; WÖHE, GÜNTER: Betriebswirtschaftliche Steuerlehre, Bd. 2, 2. Halbband: Der Einfluß der Besteuerung auf Unternehmenszusammenschlüsse und Standortwahl im nationalen und internationalen Bereich, 4. Aufl., München 1996, S. 365-421.

A. Die Prinzipien des Internationalen Steuerrechts und der Doppelbesteuerung[1207]

1. Abgrenzung: Internationales Steuerrecht – Außensteuerrecht

Die Abgrenzung des Begriffs des **Internationalen Steuerrechts** ist in der Literatur umstritten.[1208] Einerseits sollen von der Herkunft des Rechts ausgehend ausschließlich völkerrechtliche Normen erfasst werden, andererseits wird der Begriff des Internationalen Steuerrechts auf alle Sachverhalte mit Auslandsbezug ausgedehnt. Darüber hinaus wird auch die Ansicht vertreten, das Internationale Steuerrecht befasse sich ausschließlich mit Kollisionsnormen und Konfliktregeln.

Abb. 155[1209] (S. 715) enthält die Begriffsdefinition des Internationalen Steuerrechts.

[1207] Vgl. insb. ROSE, GERD: Betrieb und Steuer, 5. Buch: Internationales Steuerrecht, 6. Aufl., Berlin 2004, S. 23-58.

[1208] Vgl. KLUGE, VOLKER: Das internationale Steuerrecht, 4. Aufl., München 2000, S. 1 und 2; SCHAUMBURG, HARALD: Internationales Steuerrecht, 3. Aufl., Köln 2011, S. 1-4; WILKE, KAY-MICHAEL: Lehrbuch Internationales Steuerrecht, 11. Aufl., Herne 2012, S. 3 und 4.

[1209] Entnommen aus ROSE, GERD: Betrieb und Steuer, 5. Buch: Internationales Steuerrecht, 6. Aufl., Berlin 2004, S. 23.

Innerstaatliches (nationales) Außensteuerrecht	Internationales Steuerrecht i.w.S.	
Doppelbesteuerungsabkommen		Internationales Steuerrecht i.e.S.
Abkommen zwischen mehreren Staaten mit steuerlich relevanten Regelungen außer Doppelbesteuerungsabkommen		
Entscheidungen internationaler Gerichte mit steuerlicher Relevanz		
Völkerrechtliches Gewohnheitsrecht mit steuerlicher Relevanz		

Abb. 155: Zusammenhang zwischen Außensteuerrecht und Internationalem Steuerrecht

Entsprechend dieser Begriffsdefinition stellt das Internationale Steuerrecht die Summe aller Normen, die die Abgrenzung der Steuergewalt eines Staates gegenüber dem Ausland zum Gegenstand haben, dar. Es wird unterschieden in

- **belastende Normen**, die Steueransprüche gegenüber Steuerinländern bzgl. im Ausland realisierter Sachverhalte oder gegenüber Steuerausländern bzgl. im Inland realisierter Sachverhalte regeln, und

- **entlastende Normen** zur Reduzierung der aus internationalen Wirtschaftstätigkeiten resultierenden Steueransprüche.

Eine wichtige Rechtsquelle des Internationalen Steuerrechts ist das **nationale Außensteuerrecht**. Es findet sich allerdings in keinem einheitlichen Gesetz; vielmehr sind die Regelungen in zahlreichen **Einzelgesetzen** verstreut:

- Vorschriften über unbeschränkte, erweiterte unbeschränkte, „fiktive" unbeschränkte, beschränkte und erweiterte beschränkte Steuerpflicht im EStG, KStG, ErbStG und AStG;

- Vorschriften über Anrechnung, Abzug, Pauschalierung oder Freistellung ausländischer Einkünfte im EStG, KStG, ErbStG, GewStG und in der AO;

- Vorschriften über Entstrickung und Verstrickung im EStG und KStG;

- Vorschriften über die Behandlung negativer ausländischer Einkünfte im EStG;

- Vorschriften über die Begrenzung der Steuerpflicht auf inländische Verbrauchs- und Verkehrsvorgänge in Verkehrsteuergesetzen, z.B. UStG;

- Vorschriften über die Inlandsbezogenheit der Bemessungsgrundlagen im GrStG und GewStG;

- Vorschriften über die Verhinderung der unangemessenen Ausnutzung des internationalen Steuergefälles im AStG.

2. Die Prinzipien des Internationalen Steuerrechts

Grundsätzlich gilt im Internationalen Steuerrecht das **Souveränitätsprinzip**, d.h. das ausschließliche Recht eines Staates zur Ausübung der Besteuerung innerhalb seines Territoriums. Folglich ist jeder Staat in seinem Hoheitsgebiet in der Festsetzung der Steueransprüche nach Person und Tatbestand sowie in der Ausübung der Steuergewalt autonom. In der Konsequenz können auch ausländische Steuertatbestände bei der inländischen Besteuerung berücksichtigt werden, womit eine Doppelbesteuerung verbunden sein kann.

Beispiel: (Doppelbesteuerung)

Unterwirft ein Staat X sowohl in- als auch ausländische Einkünfte natürlicher Personen der Einkommensteuer, während ein Staat Y ausschließlich die Einkünfte innerhalb seiner Landesgrenzen besteuert, entsteht für einen Steuerpflichtigen, der im Staat X ansässig ist und zudem Einkünfte aus Staat Y bezieht, eine Doppelbesteuerung.

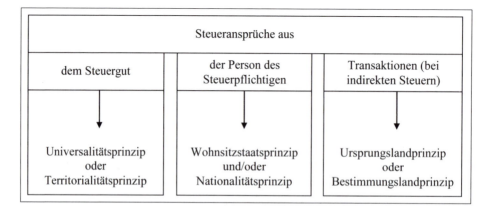

Abb. 156: *Prinzipien zur grundsätzlichen Abgrenzung der Steuerhoheit*

Um die i.R.d. Souveränitätsprinzips geltende Steuerhoheit zu konkretisieren, kommen weitere Prinzipien zur Anwendung; sie lassen sich wie in der vorstehenden Abb. 156[1210] klassifizieren:

- **Universalitätsprinzip** (auch Totalitätsprinzip): Der Steueranspruch umfasst das weltweite Steuergut (Weltvermögen); der Steuerpflichtige unterliegt der unbeschränkten Steuerpflicht.

- **Territorialitätsprinzip**: Der Steueranspruch umfasst nur inländisches Steuergut; der Steuerpflichtige unterliegt der beschränkten Steuerpflicht.

- **Wohnsitzstaatsprinzip**: Die unbeschränkte Steuerpflicht knüpft an Merkmale wie Wohnsitz, gewöhnlicher Aufenthalt, Sitz, Geschäftsleitung an.

[1210] Entnommen aus ROSE, GERD: Betrieb und Steuer, 5. Buch: Internationales Steuerrecht, 6. Aufl., Berlin 2004, S. 28.

- **Nationalitätsprinzip**: Die unbeschränkte Steuerpflicht wird nicht an den steuerlichen Wohnsitz, sondern an die Staatsangehörigkeit geknüpft. Es ist auch die gleichzeitige Anwendung des Wohnsitzstaatsprinzips und des Nationalitätsprinzips möglich.
- **Ursprungslandprinzip**: Der Steueranspruch beim grenzüberschreitenden Güter- und Leistungstausch aus indirekten Steuern (z.B. Umsatzsteuer) wird dem Staat zugewiesen, aus dem das Gut oder die Leistung stammt.
- **Bestimmungslandprinzip**: Der Steueranspruch wird bei gleichem Sachverhalt wie oben dem Staat zugewiesen, für den das Gut bestimmt ist.

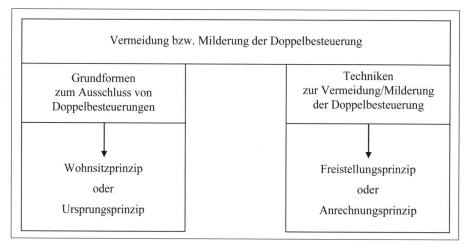

Abb. 157: Grundformen und Techniken zur Vermeidung bzw. Milderung der Doppelbesteuerung

Durch die Anwendung der Prinzipien zur Abgrenzung der Steuerhoheit können sich Steueransprüche mehrerer Staaten auf ein Steuergut ergeben. Will man diese **Doppelbesteuerung** vermeiden oder mildern, so kann nach den wie bereits in Abb. 157[1211] dargestellten Grundformen und Techniken verfahren werden.

- **Wohnsitzprinzip**: Das Steuergut wird ausschließlich im Wohnsitzstaat erfasst.
- **Ursprungsprinzip**: Die Erfassung der Steuergüter erfolgt nicht über die Person, sondern in dem Staat, in dem das Steuergut entstanden bzw. belegen ist.

  Unterprinzipien:
  - Belegenheitsprinzip für unbewegliche Wirtschaftsgüter,
  - Betriebstättenprinzip für Einkünfte und Vermögen aus Betriebstätten,
  - Arbeitsortprinzip für Einkünfte aus nichtselbstständiger Arbeit,
  - Tantiemenprinzip für Aufsichtsratsmandate,
  - Kassenprinzip für Vergütungen aus öffentlichen Kassen und

---

[1211] Modifiziert entnommen aus ROSE, GERD: Betrieb und Steuer, 5. Buch: Internationales Steuerrecht, 6. Aufl., Berlin 2004, S. 29.

- Quellenprinzip für sonstige Einkünfte (z.B. Zinsen, Dividenden, Lizenzen).
- **Freistellungsprinzip**: Einkommen und Vermögen im Ausland werden von der inländischen Besteuerung freigestellt.
- **Anrechnungsprinzip**: Ein Wohnsitzstaat verzichtet nicht auf sein weltweites Besteuerungsrecht, rechnet allerdings die auf das Steuergut entrichtete ausländische Steuer auf die inländische Steuerschuld an.

3. Wichtige Begriffsdefinitionen im Internationalen Steuerrecht

Im nationalen Steuerrecht wird der **Wohnsitzbegriff** in § 8 AO definiert. Demnach hat jemand einen Wohnsitz dort, wo er eine Wohnung unter Umständen innehat, die darauf schließen lassen, dass er die Wohnung beibehalten und benutzen wird. In Doppelbesteuerungsabkommen (DBA) umfasst der Wohnsitz Begriffe wie ständige Wohnstätte und Mittelpunkt der Lebensinteressen. Wenn es an einem inländischen Wohnsitz fehlt, begründet der gewöhnliche Aufenthalt die unbeschränkte Steuerpflicht.

Den **gewöhnlichen Aufenthalt** (vgl. § 9 AO zur innerstaatlichen Regelung) hat jemand „dort, wo er sich unter Umständen aufhält, die erkennen lassen, dass er an diesem Ort oder in diesem Gebiet nicht nur vorübergehend verweilt." Als gewöhnlicher Aufenthalt ist stets und von Beginn an ein zeitlich zusammenhängender Aufenthalt von mehr als sechs Monaten Dauer anzusehen; kurzfristige Unterbrechungen bleiben unberücksichtigt. Dies gilt jedoch nicht, wenn der Aufenthalt ausschließlich durch Besuchs-, Erholungs-, Kur- oder ähnliche private Zwecke veranlasst ist und nicht länger als ein Jahr dauert.

Der **Sitz** der juristischen Person entspricht dem Wohnsitz der natürlichen Personen. Er gilt als Anknüpfungspunkt für die unbeschränkte Steuerpflicht im nationalen Außensteuerrecht. Im DBA-Recht ist das Hauptanknüpfungsmerkmal i.d.R. der Ort der Geschäftsleitung. Nach § 11 AO hat eine Körperschaft, Personenvereinigung oder Vermögensmasse ihren Sitz an dem Ort, der durch Gesetz, Gesellschaftsvertrag, Satzung, Stiftungsvertrag oder dergleichen bestimmt ist. Es kommt hier nicht auf tatsächliche Umstände, sondern auf rechtliche Gegebenheiten an.

Die **Geschäftsleitung** ist sowohl im nationalen Außensteuerrecht als auch in DBA der Anknüpfungspunkt für die unbeschränkte Steuerpflicht einer juristischen Person. § 10 AO stellt dabei auf die tatsächlichen Gegebenheiten ab: „Geschäftsleitung ist der Mittelpunkt der geschäftlichen Oberleitung."

Der Begriff **Betriebstätte** ist ein spezifisch steuerlicher Begriff, dem allerdings – je nach Zusammenhang – unterschiedliche Bedeutung zukommt. Man unterscheidet den Betriebstättenbegriff im nationalen Recht, den Betriebstättenbegriff nach Abkommensrecht und die Betriebstättensondertatbestände. Der **nationale Betriebstättenbegriff** wird in § 12 S. 1 AO definiert: „Betriebstätte ist jede feste Geschäftseinrichtung oder Anlage, die der Tätigkeit eines Unternehmens dient." In § 12 S. 2 AO wird u.a. beispielhaft aufgezählt: Stätte der Geschäftsleitung, Zweigniederlassungen, Geschäftsstellen, Fabrikations- oder Werkstätten, Warenlager, Ein- und Verkaufsstellen. Der **abkommensrechtliche Betriebstättenbegriff** wird in Art. 5 Abs. 1 OECD-MA definiert als feste Geschäftseinrichtung, durch die die Tätigkeit eines Unternehmens ganz oder teilweise ausgeübt wird, und in Art. 5 Abs. 2

OECD-MA mit den Beispielen Ort der Leitung, Zweigniederlassung, Geschäftsstelle, Fabrikationsstätte, Werkstatt, Bergwerk, Öl- oder Gasvorkommen, Steinbruch oder andere Stätte der Ausbeutung von Bodenschätzen konkretisiert. **Betriebstättensondertatbestände** umfassen jene gewerblichen Aktivitäten des Unternehmens, die zwar keine eigene Geschäftseinrichtung erfordern, allerdings dennoch in nachhaltiger unternehmerischer Betätigung bestehen (z.B. unter bestimmten Voraussetzungen die Ausführung von Bau- und Montagetätigkeiten bzw. das Aussenden ständiger Vertreter).

4. Die Anknüpfungstatbestände für die Besteuerung nach dem deutschen Außensteuerrecht

a) Verkehrsteuern

Für die **Umsatzsteuer** – gesetzestechnisch eine Verkehrsteuer, wirtschaftlich jedoch eine typische Verbrauchsteuer – gilt in den meisten Ländern das **Bestimmungslandprinzip**, nach welchem dem Staat das Besteuerungsrecht zusteht, für den die Lieferung oder Leistung bestimmt ist. Realisiert wird dieses Prinzip, indem Exporte im Inland und Importe im Ausland von der Umsatzsteuer befreit werden, ohne dass der jeweilige Vorsteuerabzug verloren geht. Abb. 158[1212] zeigt die umsatzsteuerliche Behandlung des Imports bzw. Exports.

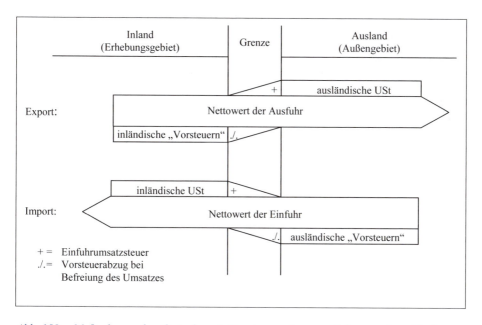

Abb. 158: Maßnahmen des deutschen Außensteuerrechts zur Belastung bzw. Entlastung von Import und Export

---

[1212] Modifiziert entnommen aus ROSE, GERD: Betrieb und Steuer, 5. Buch: Internationales Steuerrecht, 6. Aufl., Berlin 2004, S. 39.

Die meisten anderen **Verkehrsteuern** folgen dem **Territorialitätsprinzip**, sodass ebenfalls keine Doppelbesteuerungsprobleme entstehen.

b) Personensteuern

Bei der Einkommensteuer, Körperschaftsteuer sowie Erbschaft- und Schenkungsteuer treffen sowohl das Universalitäts- und das Territorialitätsprinzip als auch das Wohnsitzstaats- und das Nationalitätsprinzip aufeinander. Daraus ergeben sich unterschiedliche Sachverhalte:[1213]

– **Unbeschränkte Steuerpflicht**: Anwendung des Wohnsitzstaatsprinzips, d.h., Besteuerung jeder natürlichen Person mit Wohnsitz oder gewöhnlichem Aufenthalt und juristischen Person mit Sitz oder Geschäftsleitung im Inland.

  Ausnahme bzgl. der Einkommensteuer: Eine beschränkt steuerpflichtige natürliche Person, die weder ihren Wohnsitz noch ihren gewöhnlichen Aufenthalt im Inland hat, kann unter bestimmten Bedingungen (§ 1 Abs. 3 EStG) auf Antrag zur unbeschränkten Steuerpflicht wechseln (**„fiktive" unbeschränkte Steuerpflicht**).

– **Erweiterte unbeschränkte Steuerpflicht**: Bestimmte natürliche Personen (Diplomaten), die deutsche Staatsangehörige sind (Nationalitätsprinzip) und die im Inland weder ihren Wohnsitz noch ihren gewöhnlichen Aufenthalt haben, unterliegen unter bestimmten Bedingungen der unbeschränkten Einkommensteuerpflicht (§ 1 Abs. 2 EStG).

– **Beschränkte Steuerpflicht**: Anwendung des Territorialitätsprinzips auf bestimmte inländische Einkünfte von nicht im Inland ansässigen Personen.

– **Erweiterte beschränkte Steuerpflicht**: Natürliche Personen, die in den letzten zehn Jahren vor dem Ende ihrer unbeschränkten Steuerpflicht als deutsche Staatsbürger (Nationalitätsprinzip) insgesamt mindestens fünf Jahre unbeschränkt steuerpflichtig waren (Wohnsitzstaatsprinzip) und nun ihren Wohnsitz im Ausland haben und dort der Besteuerung unterliegen.

Abb. 159[1214] (S. 721) zeigt die relevanten Einkünfte je nach Umfang der Steuerpflicht.

c) Objektsteuern

Die **Grundsteuer** und die **Gewerbesteuer** folgen dem **Territorialitätsprinzip** und ziehen i.d.R. keine Doppelbesteuerung nach sich. In den Fällen, in denen eine gewerbesteuerliche Doppelbesteuerung auftreten kann, wird sie durch die gewerbesteuerlichen Kürzungsvorschriften vermieden.

[1213] Vgl. zur Abgrenzung KUßMAUL, HEINZ/TCHERVENIACHKI, VASSIL: Bestandsaufnahme der beschränkten Steuerpflicht im Kontext des nationalen Steuerrechts und des EU-Rechts – Steuersystematische Einordnung und Umfang der beschränkten Steuerpflicht –, in: SteuerStud 2004, S. 550-555, s.b.S. 550-553.

[1214] Leicht modifiziert entnommen aus ROSE, GERD: Betrieb und Steuer, 5. Buch: Internationales Steuerrecht, 6. Aufl., Berlin 2004, S. 48.

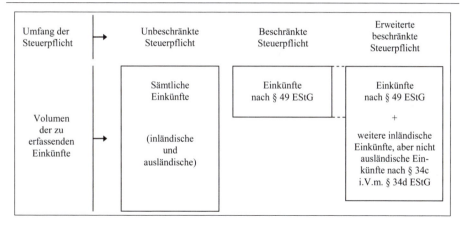

Abb. 159: Volumen der zu erfassenden Einkünfte in Abhängigkeit vom Umfang der Steuerpflicht

5. Die internationale Doppelbesteuerung

a) Der Begriff der Doppelbesteuerung

Grundsätzlich wird für die Bestimmung des Begriffs Doppelbesteuerung unterschieden in:

- **Rechtliche (juristische) internationale Doppelbesteuerung (Doppelbesteuerung i.e.S.)**: Dasselbe Steuerobjekt wird bei demselben Steuersubjekt (für denselben Zeitraum) von zwei Staaten aufgrund einer gleichartigen Steuer der Besteuerung unterworfen.

- **Wirtschaftliche internationale Doppelbesteuerung (Doppelbesteuerung i.w.S.)**: Im Gegensatz zur rechtlichen internationalen Doppelbesteuerung wird die juristische Steuersubjektidentität (Gleichheit der Rechtspersonen) auf die wirtschaftliche Steuersubjektidentität ausgeweitet. Zur wirtschaftlichen Doppelbesteuerung kommt es z.B. bei Besteuerung der Gewinne (ausländischer) Tochtergesellschaften im Ausland und der erneuten Besteuerung der Ausschüttung an die (inländische) Muttergesellschaft im Inland.

Darüber hinaus sind i.R.d. Doppelbesteuerung folgende Klassifikationen denkbar:[1215]

- **Materielle** (Erhebung einer gleichartigen Steuer im In- und Ausland) **und formelle** (Erfüllung formeller Pflichten im In- und Ausland) **Doppelbesteuerung**.

- **Reale Doppelbesteuerung**: Eine zweifache Besteuerung tritt tatsächlich ein.

- **Virtuelle Doppelbesteuerung**: Eine zweifache Besteuerung ist theoretisch zwar möglich, tritt aber nicht ein.

[1215] Vgl. ROSE, GERD: Betrieb und Steuer, 5. Buch: Internationales Steuerrecht, 6. Aufl., Berlin 2004, S. 55.

b) Die Ursachen der internationalen Doppelbesteuerung

Zur internationalen Doppelbesteuerung kommt es insb. bei Anwendung unterschiedlicher Prinzipien bzw. deren differenzierter Auslegung. Dabei ergeben sich die folgenden Fallgestaltungen:

- **Personensteuern**: Kollision der Besteuerungsansprüche zwischen Wohnsitz- und Quellenstaat, also zwischen unbeschränkter und beschränkter Steuerpflicht.

> **Beispiel:** (Kollision der Besteuerungsansprüche zwischen Wohnsitz- und Quellenstaat)
>
> Der Steuerpflichtige X hat seinen Wohnsitz im Staat A; darüber hinaus bezieht er im Staat B Einkünfte. Staat A besteuert das Einkommen entsprechend dem Wohnsitzstaatsprinzip, während Staat B auf der Grundlage des Quellenstaatsprinzips besteuert.

> **Beispiel:** (Kollision zwischen zwei unbeschränkten Steuerpflichten)
>
> Der Steuerpflichtige X hat seinen Wohnsitz im Staat A, seinen gewöhnlichen Aufenthalt aber im Staat B. In beiden Staaten wird das Wohnsitzstaatsprinzip angewandt.

> **Beispiel:** (Kollision zwischen zwei beschränkten Steuerpflichten)
>
> Der Steuerpflichtige X hat seinen Wohnsitz im Staat A und unterhält im Staat B eine Betriebstätte, die im Staat C Einkünfte erzielt. Staat B und Staat C besteuern entsprechend dem Quellenstaatsprinzip.

- **Objektsteuern**: I.d.R. besteht keine Möglichkeit der Doppelbesteuerung, da das Territorialitätsprinzip zur Anwendung kommt; allerdings kann dessen Verletzung im Bereich der Gewerbesteuer zur internationalen Doppelbesteuerung führen.

- **Verkehrsteuern**: Eine Doppelbesteuerung ist dann möglich, wenn die beteiligten Staaten von unterschiedlichen Leistungsorten ausgehen.

c) Folgen der internationalen Doppelbesteuerung

Betriebswirtschaftliche Folgen: Aufgrund der Mehrfachbelastung des erzielten Gewinns (vor Steuern) erfährt das Unternehmen eine Rentabilitätseinbuße, die in absoluten Werten von der reinen Dezimierung über die vollständige Aufzehrung des Gewinns bis zum Verlust nach Steuern führen kann.

> **Beispiel:** (Folgen einer Doppelbesteuerung)
>
> Eine Gesellschaft (MG) mit Sitz im Staat A hat eine Tochtergesellschaft (TG) im Staat B. Beide Staaten erheben Ertragsteuern i.H.v. 50 % des Einkommens, Staat B zusätzlich Quellensteuer i.H.v. 30 %. TG erzielt einen Gewinn i.H.v. 200 GE, der im Staat B mit 100 GE Ertragsteuer belastet wird. Bei der Ausschüttung an MG fällt zusätzlich Quellensteuer i.H.v. 30 GE an. Die (Brutto-)Dividende i.H.v. 100 GE wird im Staat A mit 50 GE Ertragsteuer belastet. Der MG bleiben für die Ausschüttung an die Anteilseigner (200 ./. 100 ./. 30 ./. 50 =) 20 GE. Dies entspricht einer gesamten Steuerbelastung von 90 %. Unterhält die MG im Staat B eine Betriebstätte (BS), so wird der Betriebstättengewinn von den Staaten A und B mit je 50 %, zusammen also mit 100 % besteuert.

Volkswirtschaftliche Folgen: Es ergeben sich im Wesentlichen drei Problemkreise:

- Entstehung von Wettbewerbsnachteilen (Konkurrenzfähigkeit, Außenhandel),

- Mobilität der Produktionsfaktoren und internationale Arbeitsteilung werden behindert und
- volkswirtschaftlich wünschenswerte Direktinvestitionen im Ausland unterbleiben.

B. Die grundsätzlichen Reduzierungsmöglichkeiten der internationalen Doppelbesteuerung

Die internationale Doppelbesteuerung kann entweder durch einseitigen Verzicht auf Besteuerungsansprüche (unilaterale Maßnahmen) oder durch bilaterale bzw. multilaterale Verträge (DBA) vermieden bzw. vermindert werden. Dabei werden hauptsächlich folgende Methoden angewandt:

- Freistellungsmethode (unbeschränkt/beschränkt),
- Anrechnungsmethode (unbeschränkt/beschränkt sowie direkt/indirekt),
- Pauschalierungsmethode und
- Abzugsmethode.

1. Die Freistellungsmethode

Nach der Freistellungsmethode werden die Steuergüter (Einkommen bzw. Vermögen) in in- und ausländische Teile, die dem Wohnsitzstaat bzw. Quellenstaat zugeteilt werden, aufgeteilt. Der Wohnsitzstaat bezieht die im Quellenstaat versteuerten Steuergüter nicht in die Bemessungsgrundlage für die inländische Besteuerung ein. Die Freistellungsmethode kommt in **zwei Varianten** vor, nämlich der unbeschränkten und der beschränkten Freistellung.

I.R.d. **unbeschränkten Freistellung** (Freistellung ohne Progressionsvorbehalt) bezieht der Wohnsitzstaat die dem Quellenstaat zugeteilten Steuergüter weder in die Bemessungsgrundlage noch in die Steuersatzberechnung ein.

> **Beispiel:** (Unbeschränkte Freistellung)
>
> Der Steuerpflichtige X bezieht Einkünfte i.H.v. 75.000 €, davon sind 50.000 € inländische und 25.000 € ausländische Einkünfte. Im Inland sind lediglich 50.000 € zu versteuern, da die ausländischen Einkünfte freigestellt werden. Nach dem Grundtarif für das Jahr 2013 hat X 12.823 € Einkommensteuer zu entrichten. Die inländische Steuerbelastung beträgt somit 25,65 %.

In der Konsequenz führt die unbeschränkte Freistellung einerseits zu einer völligen Vermeidung der internationalen Doppelbesteuerung; andererseits dürfen jedoch auch ausländische Verluste nicht mit inländischen Gewinnen verrechnet werden.

Bei der **beschränkten Freistellung** (Freistellung mit Progressionsvorbehalt) wird zwar auch auf die Besteuerung ausländischer Einkünfte und Vermögen verzichtet, allerdings finden die ausländischen Einkünfte und Vermögenswerte bei der Ermittlung des anzuwendenden Steuersatzes Berücksichtigung.

> **Beispiel:** **(Beschränkte Freistellung)**
>
> Bei gleichem Sachverhalt wie im obigen Beispiel ergäbe sich für das Gesamteinkommen von 75.000 € eine Einkommensteuerbelastung i.H.v. 23.304 €, also 31,07 %. Bei Anwendung dieses Steuersatzes auf die inländischen Einkünfte i.H.v. 50.000 € beträgt die Einkommensteuerschuld 15.535 €. Durch den Progressionsvorbehalt wird folglich eine steuerliche Mehrbelastung i.H.v. 2.712 € (15.535 € ./. 12.823 €) verursacht.

Die völlige Beseitigung der internationalen Doppelbesteuerung i.R.d. unbeschränkten Freistellung ist nur möglich, solange der Auslandssteuersatz den Inlandssteuersatz auf das Gesamteinkommen nicht übersteigt. Ausländische **Verluste** können nicht mit inländischen Gewinnen verrechnet werden; allerdings gilt bei der beschränkten Freistellung grundsätzlich ein negativer Progressionsvorbehalt bei der Ermittlung des inländischen Steuersatzes.

2. Die Anrechnungsmethode

Der inländische Staat bezieht i.R.d. unbeschränkten Steuerpflicht die im Ausland erzielten und besteuerten Einkünfte oder Vermögensteile voll in die Bemessungsgrundlage ein. Er rechnet aber die im Ausland gezahlten gleichartigen Steuern – ganz oder teilweise – auf die Steuerschuld an.

I.R.d. **unbeschränkten Anrechnung** werden die ausländischen Steuern voll auf die inländische Steuerschuld angerechnet.

> **Beispiel:** **(Unbeschränkte Anrechnung)**
>
> Der Steuerpflichtige X mit Einkünften i.H.v. 75.000 €, davon 50.000 € inländische und 25.000 € ausländische Einkünfte, unterliegt im Inland A einem Ertragsteuersatz von 20 %. Im Ausland B zahlte X Ertragsteuern auf die ausländischen Einkünfte i.H.v. 65 % (Fall I) bzw. 15 % (Fall II).

	Fall I	Fall II
Inländische Steuerschuld auf das Gesamteinkommen (vor Anrechnung)	15.000 €	15.000 €
Ausländische Steuern	16.250 €	3.750 €
Inländische Steuerschuld/-erstattung (nach Anrechnung)	./. 1.250 €	11.250 €

Bei der **beschränkten** („gewöhnlichen") **Anrechnung** werden die ausländischen Steuern höchstens i.H.d. Betrags angerechnet, der anteilig auf die ausländischen Einkünfte bzw. Vermögensteile entfällt.

$$\text{Höchstbetrag der Anrechnung} = \text{Inländische Steuer auf das Gesamteinkommen} \cdot \frac{\text{Ausländische Einkünfte}}{\text{Gesamtbetrag der in- und ausländischen Einkünfte}}$$

> **Beispiel:** **(Beschränkte Anrechnung)**
>
> Auf Basis des letzten Beispiels wird im Folgenden unterstellt, dass die ausländischen Steuern des Steuerpflichtigen X im Inland A im Wege einer beschränkten Anrechnung berücksichtigt werden. Die inländische Steuerschuld präsentiert sich dann folgendermaßen:

	Fall I	Fall II
Inländische Steuerschuld auf das Gesamteinkommen (vor Anrechnung)	15.000 €	15.000 €
Ausländische Steuern	16.250 €	3.750 €
Anrechnungshöchstbetrag ($15.000 \cdot \frac{25.000}{75.000}$)	5.000 €	5.000 €
Inländische Steuerschuld/-erstattung (nach Anrechnung)	10.000 €	11.250 €

Ausländische **Verluste** werden bei der Anrechnungsmethode wie inländische behandelt (**Welteinkommensprinzip**). Sie mindern somit das Gesamteinkommen des Steuerpflichtigen.

> **Beispiel:** (Ausländische Verluste im Rahmen der Anrechnungsmethode)
>
> Der Steuerpflichtige X erzielt positive inländische Einkünfte i.H.v. 50.000 € und negative ausländische Einkünfte i.H.v. 25.000 €. Sein Gesamteinkommen, das für die Berechnung der inländischen Steuerschuld maßgeblich ist, beträgt somit nach Berücksichtigung der ausländischen Einkünfte 25.000 €.

Zusammenfassend lässt sich feststellen, dass die inländische Steuerbelastung von dem ausländischen Steuerniveau abhängig ist. Ist die im Quellenstaat gezahlte Steuer niedriger als die inländische Steuerschuld, so erfolgt eine Steuerzahlung im Inland i.H.d. Differenz zwischen den beiden Beträgen; ist sie höher, so fällt im Inland keine weitere Steuer mehr an.

Des Weiteren werden die **direkte** und die **indirekte Anrechnungsmethode** unterschieden. Die **direkte Anrechnungsmethode** beseitigt ausschließlich die juristische Doppelbesteuerung. Danach können im Inland unbeschränkt Steuerpflichtige, die mit ihren aus einem ausländischen Staat stammenden Einkünften dort zu einer der inländischen Einkommensteuer bzw. Körperschaftsteuer entsprechenden Steuer herangezogen werden, die festgesetzte und gezahlte, keinem Ermäßigungsanspruch mehr unterliegende ausländische Steuer, auf die inländische tarifliche Steuer anrechnen, die auf die Einkünfte aus diesem Staat entfällt. Die Voraussetzung hierfür ist Steuersubjektidentität.

Im Gegensatz zur direkten Anrechnungsmethode verhindert die **indirekte Anrechnungsmethode** eine wirtschaftliche Doppelbelastung. Schüttet eine ausländische Tochtergesellschaft an ihre inländische Muttergesellschaft Gewinnanteile aus, so darf die Muttergesellschaft (neben der Quellensteuer) auf Antrag auf ihre eigene inländische Körperschaftsteuer die ausländische Körperschaftsteuer anrechnen, die von der Tochtergesellschaft im Sitzstaat auf ihr Einkommen entrichtet wurde. Eine direkte Anrechnung wäre nicht möglich, da keine Steuersubjektidentität vorliegt.

Infolge der Anrechnungsmethode führen ausländische **Verluste** auf der Grundlage des Welteinkommensprinzips generell zu einer Verminderung der zu versteuernden Einkünfte.

3. Die Pauschalierungsmethode

Eine ausländische Besteuerung führt hier nicht zu einer individuellen Anrechnung, sondern wird durch eine **pauschale Herabsetzung** des inländischen Steuertarifs bzw. Steuerbetrags berücksichtigt. Als Bemessungsgrundlage dient das ausländische Steuergut, auf das dann i.d.R. ein (geringerer) Pauschalsteuersatz angewendet wird.

4. Die Abzugsmethode

Ausländische Steuern werden nicht auf die inländische Steuerschuld angerechnet, sondern von der inländischen Bemessungsgrundlage, die auch die ausländischen Einkünfte bzw. das ausländische Vermögen enthält, **abgezogen**. In der Konsequenz wird damit eine Doppelbesteuerung nicht vermieden, sondern nur gemildert.

C. Die Reduzierungsmöglichkeiten der internationalen Doppelbesteuerung durch den deutschen Gesetzgeber

1. Die unilateralen Maßnahmen

Unilaterale Maßnahmen sind autonom einsetzbare Instrumente einzelner Staaten, die insb. gegenüber denjenigen Staaten zur Anwendungen kommen, mit denen kein Doppelbesteuerungsabkommen (DBA) besteht. Sie führen zu einem (partiellen) einseitigen Steuerverzicht.

a) Einkommensteuer

Die Vorschriften sehen in erster Linie die **direkte Anrechnung** mit Höchstbetragsbegrenzung je Staat vor (§ 34c Abs. 1 EStG). Die Anwendungsvoraussetzungen der Anrechnungsmethode ergeben sich aus § 34c Abs. 1 EStG i.V.m. § 34d EStG und §§ 68a und 68b EStDV:[1216]

- **Unbeschränkte Steuerpflicht**: Die Anrechnungsmethode kann nur für in Deutschland unbeschränkt Steuerpflichtige angewendet werden.
- **Steuersubjektidentität**: In den Staaten, welche die Besteuerung vornehmen, muss dieselbe Person besteuert werden.
- **Gleichartige Auslandssteuer**: Die ausländische Steuer muss der deutschen Einkommensteuer entsprechen. Zudem kann eine Anrechnung nur erfolgen, wenn die im Ausland erhobene Steuer festgesetzt und gezahlt ist und um einen entstandenen Ermäßigungsanspruch gegenüber dem ausländischen Fiskus gekürzt wurde.
- **Bezugszeitraum**: Die Anrechnungsmethode kann nur zur Anwendung kommen, wenn die ausländische Steuer auf nach deutschem Steuerrecht entstandene und im VAZ bezogene ausländische Einkünfte entfällt. Der Zeitraum der Entrichtung der ausländischen Steuer ist in diesem Zusammenhang nicht relevant.
- **Ausländische Einkünfte**: Die ausländische Steuer muss im Quellenstaat auf ausländische Einkünfte i.S.d. § 34d EStG erhoben worden sein. Einkünfte, die in dem Quellenstaat nach dessen Steuerrecht nicht besteuert werden, bleiben hierbei außer Betracht. Gleiches gilt auch, wenn die fraglichen Einkünfte zwar nach dem Steuerrecht des Staates, aus dem sie stammen, steuerpflichtig wären, aber auf Grund eines DBA dort nicht besteuert werden. Werden ausländische Einkünfte i.S.d. § 34d Nr. 3, 4, 6, 7 und 8 Buchst. c EStG von einem inländischen Betrieb erzielt, erfolgt eine Minderung des Betrags der den ausländischen Einkünften zugrunde liegenden Einnahmen um mit diesen lediglich in einem wirtschaftlichen Zusammenhang stehenden Betriebsausgaben und Be-

---

[1216] Vgl. JACOBS, OTTO H.: Internationale Unternehmensbesteuerung, 7. Aufl., München 2011, S. 37-60.

triebsvermögensminderungen. Folglich wird die Höhe der ausländischen Einkünfte und damit die Höhe des Höchstbetrags der anrechenbaren ausländischen Steuern nicht nur von Ausgaben, die den ausländischen Einnahmen direkt zugeordnet werden können, sondern auch von Ausgaben, die in einem mittelbaren Zusammenhang mit diesen Einnahmen stehen (z.B. Refinanzierungszinsen im Zusammenhang mit ausländischen Portfolioanlagen und allgemeine Verwaltungskosten), entscheidend beeinflusst.

- **Anrechnungshöchstbetrag**: Die Anrechnung der ausländischen Steuer ist auf den Betrag der deutschen Steuer beschränkt, der auf die ausländischen Einkünfte entfällt. Bei Einkünften aus mehreren ausländischen Staaten wird ein Anrechnungshöchstbetrag pro Staat ermittelt (per-country-limitation). Wird ein Höchstbetrag für einen Staat nicht voll ausgeschöpft, darf kein Ausgleich mit anderen Staaten erfolgen.

Beispiel: (Per-country-limitation)[1217]

Der unbeschränkt Steuerpflichtige X mit Einkünften i.H.v. 75.000 €, davon 50.000 € aus dem Inland, 15.000 € aus dem ausländischen Staat A, 10.000 € aus dem ausländischen Staat B, unterliegt im Inland einem Ertragsteuersatz von 30 %. In Staat A beträgt der Ertragsteuersatz 20 %, in Staat B 50 %.

Die inländische Steuerschuld auf das Gesamteinkommen beträgt somit 22.500 €, die in Staat A gezahlten Steuern belaufen sich auf 3.000 €, die in Staat B auf 5.000 €. Hieraus ergeben sich folgende Anrechnungshöchstbeträge für die einzelnen ausländischen Staaten:

$$\text{Staat A}: \frac{15.000\ \text{€}}{75.000\ \text{€}} \cdot 22.500\ \text{€} = 4.500\ \text{€} \quad (\text{Gezahlte Steuern}: 3.000\ \text{€})$$

$$\text{Staat B}: \frac{10.000\ \text{€}}{75.000\ \text{€}} \cdot 22.500\ \text{€} = 3.000\ \text{€} \quad (\text{Gezahlte Steuern}: 5.000\ \text{€})$$

Die in Staat A gezahlte Steuer ist also voll anrechenbar (4.500 € > 3.000 €), während die in Staat B gezahlte Steuer i.H.v. 2.000 € (3.000 € < 5.000 €) nicht angerechnet werden kann. Der in Staat A nicht voll genutzte Anrechnungshöchstbetrag (4.500 € ./. 3.000 € = 1.500 €) kann nicht zur Anrechnung der über den Anrechnungshöchstbetrag hinausgehenden Steuer in Staat B genutzt werden. Insgesamt werden 6.000 € ausländische Steuern (Staat A: 3.000 €; Staat B: 3.000 €) angerechnet. Ohne per-country-limitation hätte sich folgender Anrechnungshöchstbetrag ergeben:

$$\text{Ausland}: \frac{25.000\ \text{€}}{75.000\ \text{€}} \cdot 22.500\ \text{€} = 7.500\ \text{€} \quad (\text{Gezahlte Steuern}: 8.000\ \text{€})$$

Folglich würden in diesem Fall 7.500 € ausländische Steuern angerechnet. Die per-country-limitation führt in dem betrachteten Beispiel dazu, dass 1.500 € ausländische Steuern nicht angerechnet werden können.

Nach § 34c Abs. 2 EStG kann der Steuerpflichtige anstatt der Anrechnung auf Antrag die **Abzugsmethode** (Abzug der gezahlten ausländischen Einkommensteuer bei der Ermittlung der Einkünfte) wählen, soweit die ausländische Steuer auf ausländische Einkünfte entfällt, die nicht steuerfrei sind. Es müssen die für die Anrechnung nach § 34c Abs. 1 EStG not-

---

[1217] Stark modifiziert entnommen aus GROTHERR, SIEGFRIED: Teil I, in: Internationales Steuerrecht, hrsg. von SIEGFRIED GROTHERR u.a., 3. Aufl., Achim 2010, S. 125.

wendigen Voraussetzungen vorliegen.[1218] Diese Alternative kann im Verlustfall und bei sehr hohen ausländischen Steuern gegenüber der Anrechnungsmethode vorteilhaft sein.[1219]

Beispiel: **(Abzugsmethode)**[1220]

Der unbeschränkt Steuerpflichtige Y hat inländische Einkünfte i.H.v. ./. 50.000 €, ausländische Einkünfte i.H.v. 20.000 €. Die auf die ausländischen Einkünfte entfallende ausländische Steuer beträgt 10.000 €. Y muss keine deutsche Ertragsteuer entrichten. Durch den Abzug der ausländischen Steuer erhöht sich der rück- bzw. vortragsfähige Verlust von 30.000 € um 10.000 € auf 40.000 €. Bei der Anrechnungsmethode könnte die ausländische Steuer nicht berücksichtigt werden.

In § 34c Abs. 5 EStG ist als dritte wesentliche Alternative i.V.m. dem „Pauschalierungserlass"[1221] ein **Pauschalsteuersatz** von 25 % auf bestimmte ausländische Einkünfte unbeschränkt steuerpflichtiger natürlicher Personen vorgesehen.[1222] Die Pauschalierung soll in erster Linie das Besteuerungsverfahren vereinfachen.[1223]

Die pauschal ermittelte Steuer darf 25 % des zu versteuernden Einkommens nicht übersteigen.[1224] Bei der Ermittlung der Steuersätze, die auf die übrigen Einkünfte angewendet werden, sind die pauschal besteuerten Einkünfte nicht zu berücksichtigen.[1225]

Beispiel: **(Pauschalierungsmethode)**[1226]

Der unbeschränkt Steuerpflichtige Z hat inländische Einkünfte i.H.v. 50.000 €. Außerdem erzielt er ausländische Einkünfte, welche die Voraussetzungen für eine Pauschalierung erfüllen, i.H.v. 50.000 €. Der inländische Steuersatz betrage 50 %, die ausländische Steuer 5.000 €. Nach der Anwendung des pauschalen Steuersatzes von 25 % ermittelt sich die Gesamtbelastung der ausländischen Einkünfte aus der Summe der ausländischen Steuer (5.000 €) und der inländischen pauschalierten Steuer (50.000 € · 25 % = 12.500 €), also 17.500 €.

Im Anrechnungsfall ist die Gesamtbelastung (im Ausland und im Inland nach erfolgter Anrechnung) der ausländischen Einkünfte höher. Sie beträgt dann 25.000 €.[1227]

[1218] Vgl. GROTHERR, SIEGFRIED: Teil I, in: Internationales Steuerrecht, hrsg. von SIEGFRIED GROTHERR u.a., 3. Aufl., Achim 2010, S. 127.

[1219] Vgl. auch KUßMAUL, HEINZ/BECKMANN, STEFAN: Anrechnung oder Abzug ausländischer Steuern, in: StuB 2000, S. 1188-1198, s.b.S. 1191-1198.

[1220] Modifiziert entnommen aus GROTHERR, SIEGFRIED: Teil I, in: Internationales Steuerrecht, hrsg. von SIEGFRIED GROTHERR u.a., 3. Aufl., Achim 2010, S. 129.

[1221] Vgl. BMF-Schreiben vom 10.04.1984, BStBl I 1984, S. 252.

[1222] Gem. § 34c Abs. 5 EStG i.V.m. dem „**Auslandstätigkeitserlass**" unterliegen bestimmte Arbeitnehmereinkünfte eines beschränkt oder unbeschränkt Steuerpflichtigen nicht der Besteuerung in Deutschland, sofern es sich um eine begünstigte nichtselbstständige Tätigkeit in einem Nicht-DBA-Land handelt; vgl. BMF-Schreiben vom 31.10.1983, BStBl I 1983, S. 470; vgl. auch JACOBS, OTTO H.: Internationale Unternehmensbesteuerung, 7. Aufl., München 2011, S. 60.

[1223] Vgl. BREITHECKER, VOLKER/KLAPDOR, RALF: Einführung in die Internationale Betriebswirtschaftliche Steuerlehre, 3. Aufl., Berlin 2011, S. 159-162; MÖSSNER, JÖRG M.: Beseitigung, in: Steuerrecht international tätiger Unternehmen, hrsg. von JÖRG M. MÖSSNER u.a., 4. Aufl., Köln 2012, Rn. 2.265 m.w.N.

[1224] Vgl. GROTHERR, SIEGFRIED: Teil I, in: Internationales Steuerrecht, hrsg. von SIEGFRIED GROTHERR u.a., 3. Aufl., Achim 2010, S. 133.

[1225] Vgl. BARANOWSKI, KARL-HEINZ: Besteuerung von Auslandsbeziehungen, 2. Aufl., Herne/Berlin 1996, Rn. 1314.

[1226] In Anlehnung an WASSERMEYER, FRANZ/LÜDICKE, JOCHEN: § 34c EStG, in: Kommentar zum Außensteuerrecht, hrsg. von FRANZ WASSERMEYER und DETLEV J. PILTZ, Köln (Loseblatt), Stand: November 2004, Rn. 278 (in der aktuellen Kommentierung nicht mehr enthalten).

[1227] Da die pauschal besteuerten Einkünfte bei der Ermittlung des Steuersatzes der übrigen Einkünfte nicht berücksichtigt werden, muss in einem Vorteilhaftigkeitsvergleich ggf. auch die durch die Anwendung der

b) Körperschaftsteuer

Wie bei der Einkommensteuer existieren auch i.R.d. Körperschaftsteuer unilaterale Maßnahmen zur Vermeidung einer Doppelbesteuerung:[1228]

- Für die Anwendung der **direkten Anrechnung** nach § 26 Abs. 1 KStG gelten die sachlichen Voraussetzungen für die direkte Anrechnung bei der Einkommensteuer entsprechend. Auch der Höchstbetrag errechnet sich grundsätzlich gem. den einkommensteuerlichen Regelungen. Aufgrund der in § 8b Abs. 1 KStG geregelten allgemeinen Dividendenfreistellung unterliegen Gewinnanteile (Dividenden) und sonstige Bezüge von einer ausländischen Körperschaft i.d.R. nicht der deutschen Körperschaftsteuer, weshalb eine Anrechnung ausländischer Quellensteuer auf die Ausschüttung einer ausländischen Tochtergesellschaft an die inländische Muttergesellschaft nicht möglich ist, da die Dividenden nicht der inländischen Steuerpflicht unterliegen.[1229] Demgegenüber ist die Anrechnung ausländischer Quellensteuer relevant, wenn die inländische Muttergesellschaft zu Beginn des Kalenderjahres unmittelbar mit weniger als 10 % am Grund- oder Stammkapital der ausländischen Tochtergesellschaft beteiligt ist. Da die allgemeine Dividendenfreistellung in diesem Fall gem. § 8b Abs. 4 KStG nicht greift, kann die ausländische Quellensteuer auf die Körperschaftsteuerschuld der inländischen Muttergesellschaft angerechnet werden.

  Zudem behält § 26 Abs. 1 KStG bspw. für Lizenzgebühren einer ausländischen Tochtergesellschaft an die inländische Muttergesellschaft, welche im Ausland einer Quellensteuer unterlagen, seine Bedeutung für die Anrechnung ausländischer Quellensteuer. Des Weiteren kommt die direkte Anrechnung nach wie vor bei der Anrechnung ausländischer Ertragsteuern auf die Gewinne ausländischer Betriebsstätten inländischer Kapitalgesellschaften zur Anwendung. Analog zu den einkommensteuerlichen Regelungen kann auch bei der Ermittlung der Körperschaftsteuer die **Abzugsmethode** angewendet werden (§ 26 Abs. 6 S. 1 KStG i.V.m. § 34c Abs. 2 EStG). Darüber hinaus besteht auch hier die Möglichkeit, die inländische Körperschaftsteuer auf bestimmte ausländische Einkünfte zu **pauschalieren** (§ 26 Abs. 6 S. 1 KStG i.V.m. § 34c Abs. 5 EStG).

- Aufgrund der Dividendenfreistellung in § 8b Abs. 1 KStG wird die ehemals bedeutsame **indirekte Anrechnung** – geregelt in § 26 Abs. 2, Abs. 2a, Abs. 3, Abs. 5 KStG a.F. – nicht mehr benötigt.[1230]

Pauschalierungsmethode bewirkte Steuerdegression beachtet werden; vgl. WASSERMEYER, FRANZ/LÜDICKE, JOCHEN: § 34c EStG, in: Kommentar zum Außensteuerrecht, hrsg. von FRANZ WASSERMEYER und DETLEV J. PILTZ, Köln (Loseblatt), Stand: November 2004, Rn. 280 (in der aktuellen Kommentierung nicht mehr enthalten).

[1228] Vgl. GROTHERR, SIEGFRIED: Teil I, in: Internationales Steuerrecht, hrsg. von SIEGFRIED GROTHERR u.a., 3. Aufl., Achim 2010, S. 219-222; JACOBS, OTTO H.: Internationale Unternehmensbesteuerung, 7. Aufl., München 2011, S. 60-64.

[1229] Vgl. GROTHERR, SIEGFRIED: Teil I, in: Internationales Steuerrecht, hrsg. von SIEGFRIED GROTHERR u.a., 3. Aufl., Achim 2010, S. 221.

[1230] Vgl. zur Funktionsweise der indirekten Anrechnung KUßMAUL, HEINZ/BECKMANN, STEFAN: Indirekte Steueranrechnung einer ausländischen Körperschaftsteuer – Eine Bestandsaufnahme der bestehenden Möglichkeiten und ein Ausblick auf zukünftige Entwicklungen, in: StuB 2000, S. 548-559.

c) Gewerbesteuer

Aufgrund des Objektsteuercharakters der Gewerbesteuer kommt in diesem Bereich zur Vermeidung einer Doppelbesteuerung ausschließlich die **Freistellungsmethode** zur Anwendung.[1231] Es werden allerdings nur bestimmte, genau definierte Teile freigestellt:

- Der Teil des Gewerbeertrags, der auf eine ausländische **Betriebstätte** entfällt (§ 9 Nr. 3 GewStG). Dies führt nicht nur zur Kürzung des Gewerbeertrags um positive Ergebnisse einer ausländischen Betriebstätte; aus § 2 Abs. 1 S. 1 GewStG ergibt sich außerdem, dass Verluste einer ausländischen Betriebstätte, die den einkommensteuerlichen bzw. den körperschaftsteuerlichen Gewinn aus Gewerbebetrieb gemindert haben, zum Gewerbeertrag hinzugerechnet werden müssen.[1232]

- Die Gewinnanteile aus einer ausländischen **Mitunternehmerschaft** (§ 9 Nr. 2 GewStG); entsprechend müssen Verluste, die den einkommensteuerlichen bzw. den körperschaftsteuerlichen Gewinn aus Gewerbebetrieb gemindert haben, wieder hinzugerechnet werden (§ 8 Nr. 8 GewStG).

- Die Dividenden aus mindestens 15 %-igen, seit Beginn des Erhebungszeitraums ununterbrochen gehaltenen Beteiligungen an aktiv tätigen ausländischen **Tochter- und Enkelgesellschaften** bzw. aus mindestens 10 %-igen, zu Beginn des Erhebungszeitraums gehaltenen Beteiligungen an ausländischen Tochtergesellschaften mit Sitz innerhalb der EU (§ 9 Nr. 7 GewStG), falls die Dividenden bei der Ermittlung des Gewinns aus Gewerbebetrieb bei der Einkommensteuer bzw. Körperschaftsteuer angesetzt wurden. Analog muss eine durch die Gewinnausschüttung verursachte Gewinnminderung – bspw. eine (ausschüttungsbedingte) Teilwertabschreibung – bei der Ermittlung des Gewerbeertrags hinzugerechnet werden (§ 8 Nr. 10 GewStG).

Empfängt eine inländische Kapitalgesellschaft ausländische Dividenden, kommt § 9 Nr. 7 GewStG nicht zur Anwendung, denn die Dividenden sind bei der Ermittlung des körperschaftsteuerlichen Gewinns aufgrund der **Dividendenfreistellung** in § 8b Abs. 1 KStG nicht angesetzt worden. Dies gilt auch, wenn die inländische Mutterkapitalgesellschaft zu Beginn des Kalenderjahres unmittelbar mit weniger als 10 % am Grund- oder Stammkapital der ausländischen Tochtergesellschaft beteiligt ist. Zwar müssen die Dividenden in dem Fall gem. § 8b Abs. 4 KStG bei der Ermittlung des körperschaftsteuerpflichtigen Einkommens berücksichtigt werden, die Voraussetzungen für das gewerbesteuerliche Schachtelprivileg sind jedoch nicht erfüllt. Dieses greift erst ab einer mindestens 10 bzw. 15 %-igen Beteiligung der inländischen Muttergesellschaft an der ausländischen Tochtergesellschaft (s.o.).

Der Anwendungsbereich des § 9 Nr. 7 GewStG beschränkt sich somit auf inländische Personenunternehmen, welche Erträge aus einer Beteiligung an einer ausländischen Kapitalgesellschaft empfangen. Außerdem greift die Hinzurechnungsvorschrift des § 8

[1231] Vgl. MÖSSNER, JÖRG M.: Unilaterale Beseitigung, in: Steuerrecht international tätiger Unternehmen, hrsg. von JÖRG M. MÖSSNER u.a., 4. Aufl., Köln 2012, Rn. 2.411-2.412.
[1232] Vgl. GROTHERR, SIEGFRIED: Teil I, in: Internationales Steuerrecht, hrsg. von SIEGFRIED GROTHERR u.a., 3. Aufl., Achim 2010, S. 232.

Nr. 5 GewStG bei Beteiligungen, die nicht die Voraussetzungen des Schachtelprivilegs gem. § 9 Nr. 7 GewStG erfüllen.

- In § 9 Nr. 8 GewStG wird die in Doppelbesteuerungsabkommen für die Gewährung des **internationalen gewerbesteuerlichen Schachtelprivilegs** (vgl. S. 735) geforderte Mindestbeteiligung einseitig auf 15 % gesenkt. Wird aber im Abkommen eine niedrigere Mindestbeteiligungsquote vereinbart, so kommt diese zur Anwendung. Da der Anwendungsbereich des § 9 Nr. 8 GewStG grundsätzlich auf Kapitalgesellschaften beschränkt ist,[1233] ist die Vorschrift aufgrund der Dividendenfreistellung bei inländischen Kapitalgesellschaften (§ 8b Abs. 1 KStG) praktisch ohne Bedeutung. Dies gilt auch bei Beteiligungen von weniger als 10 % (§ 8b Abs. 4 KStG), da in diesen Fällen die von § 9 Nr. 8 GewStG geforderte Mindestbeteiligung i.H.v. 15 % nicht vorliegt.

d) Erbschaft- und Schenkungsteuer[1234]

Aufgrund der geringen Anzahl der deutschen Doppelbesteuerungsabkommen auf dem Gebiet der Erbschaft- und Schenkungsteuer (vgl. S. 737) kommt den **unilateralen Maßnahmen** in diesem Bereich eine besondere Bedeutung zu.

Die Maßnahmen zur Vermeidung der Doppelbesteuerung bei der Erbschaft- und Schenkungsteuer sehen ausschließlich die **direkte Anrechnung** gem. § 21 ErbStG vor.[1235]

Die Steueranrechnung ist nur möglich, wenn entweder der Erblasser oder der Erwerber zum Zeitpunkt des Erwerbs Inländer ist. Des Weiteren muss ein Antrag auf Anrechnung gestellt werden, die ausländische Erbschaftsteuer muss der deutschen Erbschaftsteuer entsprechen, auf Auslandsvermögen erhoben und tatsächlich gezahlt worden sein.[1236] Schließlich kann eine Anrechnung nur erfolgen, wenn zwischen dem Zeitpunkt des Entstehens der ausländischen und der inländischen Erbschaftsteuer max. fünf Jahre liegen.

Entsprechend den Regelungen in § 34c Abs. 1 EStG sieht § 21 ErbStG einen Anrechnungshöchstbetrag mit **per-country-limitation** vor.

e) Sonstige relevante Steuern

Im Fall der **Kraftfahrzeugsteuer** gilt die Befreiung von im Ausland zugelassenen oder nur vorübergehend im Inland geführten Kraftfahrzeugen gem. § 3 Nr. 13 KraftStG.

[1233] Vgl. GOSCH, DIETMAR: § 9 GewStG, in: BLÜMICH: Einkommensteuer – Körperschaftsteuer – Gewerbesteuer, hrsg. von BERND HEUERMANN, München (Loseblatt), Stand: April 2013, Rn. 341.

[1234] Vgl. GROTHERR, SIEGFRIED: Teil I, in: Internationales Steuerrecht, hrsg. von SIEGFRIED GROTHERR u.a., 3. Aufl., Achim 2010, S. 253-259; SCHAUMBURG, HARALD: Internationales Steuerrecht, 3. Aufl., Köln 2011, S. 604-609.

[1235] Vgl. SCHAUMBURG, HARALD: Internationales Steuerrecht, 3. Aufl., Köln 2011, S. 604.

[1236] Eine Abgrenzung des Auslandsvermögens erfolgt unter Verweis auf § 121 BewG.

2. Die bilateralen Maßnahmen[1237]

Zur Vermeidung bzw. Milderung der Doppelbesteuerung werden zwischen zwei Staaten Abkommen ausgehandelt. In diesen **Doppelbesteuerungsabkommen** (DBA) „regeln die Vertragspartner durch Verteilungs- und Verzichtsnormen, wie die Besteuerung durchzuführen ist, wenn sich die Steueransprüche der beteiligten Staaten überschneiden."[1238] Die DBA sind **völkerrechtliche Verträge**. Sie werden durch ein Zustimmungsgesetz gem. Art. 59 Abs. 2 GG innerstaatlich wirksam[1239] und gehen dann als Spezialvorschriften den allgemeinen Steuergesetzen vor.[1240]

Man unterscheidet **zwei Hauptgruppen** von DBA:

– DBA für Steuern vom Einkommen und Vermögen;
– DBA für Steuern von Erbschaften und Nachlässen.

Die **OECD** (Organization for Economic Cooperation and Development) hat für beide Hauptgruppen **Musterabkommen** entwickelt, die bei der Erstellung und Überarbeitung von Doppelbesteuerungsabkommen in immer stärkerem Maße beachtet werden.[1241] Ein spezielles Problem stellt die Abgrenzung der Bemessungsgrundlagen dar.

a) Das OECD-Musterabkommen auf dem Gebiet der Steuern vom Einkommen und vom Vermögen

Zum 01.01.2013 hatte Deutschland mehr als 90 DBA auf dem Gebiet der Steuern vom Einkommen und vom Vermögen abgeschlossen,[1242] die sich nahezu alle am OECD-Musterabkommen auf dem Gebiet der Steuern vom Einkommen und vom Vermögen (OECD-MA) orientieren.

Die **Gliederung** des Abkommenstextes des OECD-MA ist in Abb. 160[1243] (S. 733) dargestellt.

[1237] Vgl. insb. REITH, THOMAS: Internationales Steuerrecht, München 2004, S. 81-345; ROSE, GERD: Betrieb und Steuer, 5. Buch: Internationales Steuerrecht, 6. Aufl., Berlin 2004, S. 75-82; WILKE, KAY-MICHAEL: Lehrbuch Internationales Steuerrecht, 11. Aufl., Herne 2012, S. 97-226.

[1238] JACOBS, OTTO H.: Internationale Unternehmensbesteuerung, 7. Aufl., München 2011, S. 35.

[1239] Vgl. VOGEL, KLAUS: Einleitung, in: Doppelbesteuerungsabkommen der Bundesrepublik Deutschland auf dem Gebiet der Steuern vom Einkommen und Vermögen, begr. von KLAUS VOGEL, hrsg. von MORIS LEHNER, 5. Aufl., München 2008, Rn. 59.

[1240] Vgl. VOGEL, KLAUS: Einleitung, in: Doppelbesteuerungsabkommen der Bundesrepublik Deutschland auf dem Gebiet der Steuern vom Einkommen und Vermögen, begr. von KLAUS VOGEL, hrsg. von MORIS LEHNER, 5. Aufl., München 2008, Rn. 203. Die DBA haben aber nicht – wie dies aus einer wörtlichen Auslegung des § 2 AO geschlossen werden könnte – einen generellen Vorrang vor dem innerstaatlichen Steuerrecht; vgl. SCHERER, THOMAS: Doppelbesteuerung und Europäisches Gemeinschaftsrecht, München 1995, S. 24 und 25; STRUNK, GÜNTHER: Teil III, in: Internationales Steuerrecht, hrsg. von SIEGFRIED GROTHERR u.a., 3. Aufl., Achim 2010, S. 537.

[1241] Vgl. ROSE, GERD: Betrieb und Steuer, 5. Buch: Internationales Steuerrecht, 6. Aufl., Berlin 2004, S. 76.

[1242] Vgl. BMF-Schreiben vom 22.01.2013, BStBl I 2013, S. 162-169, s.b.S. 164-165.

[1243] Modifiziert entnommen aus HEINSEN, OLIVER: Einführung in die Doppelbesteuerungsabkommen, in: SteuerStud 1997, S. 300-320, s.b.S. 302.

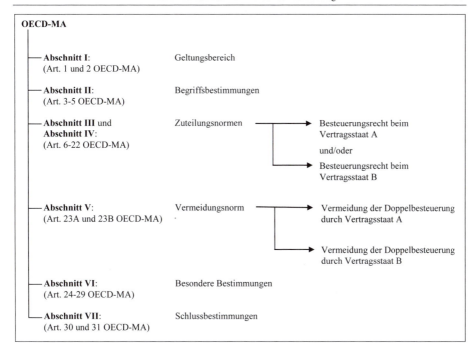

Abb. 160: Gliederung des OECD-Musterabkommens auf dem Gebiet der Steuern vom Einkommen und vom Vermögen

In **Abschn. I** OECD-MA wird der persönliche Geltungsbereich (Für wen gilt das Abkommen?) und der sachliche Geltungsbereich des Abkommens (Welche Steuern fallen unter das Abkommen?) festgelegt.

Die wichtigsten Begriffsbestimmungen in **Abschn. II** OECD-MA sind – v.a. mit Blick auf die Abgrenzung des persönlichen Geltungsbereichs in Abschn. I – die der „Person" und der „Ansässigkeit". Außerdem wird der Begriff der „Betriebstätte" in Art. 5 OECD-MA konkretisiert.

Die **Zuteilungsnormen** in **Abschn. III und IV** OECD-MA können einem der beiden Vertragsstaaten die ausschließliche Besteuerung zuweisen (Zuteilungsnormen mit abschließender Rechtsfolge). Der jeweils andere Staat muss dann Freistellung gewähren. Darüber hinaus kann die Besteuerung grundsätzlich beiden Staaten eingeräumt werden (Zuteilungsnormen mit offener Rechtsfolge). In diesem Fall wird die **Vermeidungsnorm** in Art. 23A und 23B OECD-MA (Abschn. V) angewendet, und der Ansässigkeitsstaat muss durch Freistellung oder Anrechnung eine Doppelbesteuerung vermeiden.[1244]

Die einzelnen Zuteilungsnormen sehen hinsichtlich der **Besteuerung des Einkommens** folgende Regelungen vor:

[1244] Vgl. VOGEL, KLAUS: Internationales Steuerrecht, in: DStZ 1997, S. 269-281, s.b.S. 280.

- Einkünfte aus **unbeweglichem Vermögen** (Art. 6 OECD-MA) werden nach dem Belegenheitsprinzip vorrangig im Quellenstaat (Belegenheitsstaat) besteuert.[1245] Die Besteuerung im Wohnsitzstaat bestimmt sich nach Art. 23A und 23B OECD-MA.[1246]

- Einkünfte aus **Unternehmensgewinnen** (Art. 7 OECD-MA) werden ausschließlich im Wohnsitzstaat besteuert; Ausnahme: Betriebstättengewinne können auch im Quellenstaat besteuert werden. Um eine Doppelbesteuerung zu vermeiden, greifen in diesem Fall wieder die Regelungen der Art. 23A und 23B OECD-MA. Der Grundsatz, wonach ein Unternehmen eines Staates in einem anderen Staat nicht besteuert werden darf, es sei denn, es wird über eine Betriebstätte in dem anderen Staat tätig, wird als **Betriebstättenprinzip** bezeichnet.[1247]

- Einkünfte aus **Dividenden** (Art. 10 OECD-MA) können grundsätzlich im Wohnsitzstaat der Anteilseigner wie auch im Quellenstaat der Besteuerung unterworfen werden. Die Besteuerung im Quellenstaat ist aber betragsmäßig beschränkt auf 5 % bzw. 15 %[1248] des Bruttobetrags der Dividenden. Auch hier müssen wieder Art. 23A und 23B OECD-MA angewendet werden.

- Einkünfte aus **Zinsen** (Art. 11 OECD-MA) werden prinzipiell gleich behandelt wie Dividenden (die betragsmäßige Beschränkung im Quellenstaat beträgt hier 10 % des Bruttobetrags der Zinsen), jedoch verzichten die meisten Industrienationen – so auch Deutschland – in ihrem Verhältnis untereinander regelmäßig auf eine Quellenbesteuerung.[1249]

- Einkünfte aus **Lizenzgebühren** (Art. 12 OECD-MA) werden ausschließlich dem Wohnsitzstaat zugewiesen.

- Einkünfte aus der **Veräußerung von Vermögen** (Art. 13 OECD-MA) werden nach der Art des veräußerten Vermögens besteuert. Gewinne aus der Veräußerung von beweglichem Vermögen einer Betriebstätte oder von unbeweglichem Vermögen werden vorrangig im Belegenheitsstaat besteuert. Die steuerliche Behandlung im Wohnsitzstaat richtet sich nach Art. 23 A und 23 B OECD-MA. Für sonstiges Vermögen[1250] erfolgt ausschließlich im Wohnsitzstaat des Veräußerers eine Besteuerung des Veräußerungsgewinns, es sei denn, es handelt sich um Gewinne aus der Veräußerung von Anteilen, deren Wert zu mehr als 50 % unmittelbar oder mittelbar auf unbeweglichem Vermögen be-

---

[1245] Vgl. WASSERMEYER, FRANZ: Art. 6 MA, in: Doppelbesteuerung, hrsg. von HELMUT DEBATIN und FRANZ WASSERMEYER, München (Loseblatt), Stand: März 2013, Rn. 1.

[1246] In den meisten deutschen DBA wird die Besteuerung im Quellenstaat und eine Freistellung im Wohnsitzstaat festgelegt; vgl. STRUNK, GÜNTHER: Teil III, in: Internationales Steuerrecht, hrsg. von SIEGFRIED GROTHERR u.a., 3. Aufl., Achim 2010, S. 570 und 571.

[1247] Vgl. OECD-Kommentar zu Art. 7 OECD-MA, Rn. 3 (abgedruckt bei HEMMELRATH, ALEXANDER: Art. 7, in: Doppelbesteuerungsabkommen der Bundesrepublik Deutschland auf dem Gebiet der Steuern vom Einkommen und Vermögen, begr. von KLAUS VOGEL, hrsg. von MORIS LEHNER, 5. Aufl., München 2008).

[1248] Ist der Nutzungsberechtigte eine Kapitalgesellschaft, welche eine Mindestbeteiligungsquote von 25 % an der ausschüttenden Gesellschaft inne hat, darf die Quellensteuer 5 % des Bruttobetrags nicht überschreiten. In allen Fällen darf die Quellensteuer 15 % des Bruttobetrags nicht übersteigen. Vgl. STRUNK, GÜNTHER: Teil III, in: Internationales Steuerrecht, hrsg. von SIEGFRIED GROTHERR u.a., 3. Aufl., Achim 2010, S. 638.

[1249] Vgl. HEINSEN, OLIVER: Einführung in die Doppelbesteuerungsabkommen, in: SteuerStud 1997, S. 300-320, s.b.S. 311.

[1250] Mit Ausnahme von Seeschiffen und Luftfahrzeugen.

ruht, das in Deutschland liegt. In diesem Fall können die Veräußerungsgewinne im Belegenheitsstaat erfasst werden (sog. Grundstücksgesellschaften, Art. 13 Abs. 4 OECD-MA).

- Einkünfte aus **selbstständiger Tätigkeit** wurden früher in Art. 14 OECD-MA a.F. geregelt. I.R.d. OECD-MA 2000 wurde jedoch Art. 14 in Art. 7 OECD-MA überführt, sodass solche Einkünfte gegenwärtig wie die Unternehmensgewinne behandelt werden.
- Weiterhin ist in den Art. 15-20 OECD-MA die Besteuerung der Einkünfte aus nichtselbstständiger Arbeit, aus Aufsichtsrats- und Verwaltungsratstätigkeiten, Ruhegehältern und aus anderen Einkommensquellen geregelt. Besondere Bestimmungen gelten für Künstler und Sportler, für den öffentlichen Dienst und für Studierende.

Die Regelungen für die **Vermögensbesteuerung** (Art. 22 OECD-MA) folgen grundsätzlich denen für die Besteuerung des Einkommens.[1251] Aufgrund der Abschaffung der Gewerbekapitalsteuer[1252] und der Nichterhebung der Vermögensteuer[1253] in Deutschland existiert auf der deutschen Seite keine Substanzsteuer mehr, die unter das OECD-MA fällt.

Die Vermeidungsnorm in **Abschn. V** OECD-MA sieht zwei Alternativen zur Vermeidung der Doppelbesteuerung vor:

- **Freistellungsmethode** (Art. 23A OECD-MA): Die Freistellung kann unbeschränkt oder mit Progressionsvorbehalt erfolgen. Ein wichtiger Anwendungsfall der Freistellung ist das **internationale Schachtelprivileg**, wonach Ausschüttungen einer Tochtergesellschaft an ihre Muttergesellschaft im Ansässigkeitsstaat der Muttergesellschaft freizustellen sind. Das internationale Schachtelprivileg ist in nahezu allen deutschen DBA enthalten.[1254] Voraussetzung für seine Anwendung ist eine unmittelbare Beteiligung einer inländischen körperschaftsteuerpflichtigen Gesellschaft an einer ausländischen Tochter(kapital)gesellschaft.[1255] Außerdem wird in den einzelnen DBA eine Mindestbeteiligungsquote an der Tochtergesellschaft zwischen 10 % und 25 % gefordert.[1256]

In neueren deutschen DBA findet sich meist eine „**Aktivitätsklausel**".[1257] Demnach wird eine Freistellung nur dann gewährt, wenn die Einkünfte der Betriebstätte oder Tochtergesellschaft ausschließlich oder zu einem bestimmten Teil aus einer „aktiven Tätigkeit" stammen, wobei die Abgrenzung dieser Tätigkeiten von Abkommen zu Ab-

---

[1251] Vgl. OECD-Kommentar zu Art. 22 OECD-MA, Rn. 2 (abgedruckt bei STOCKMANN, FRANK: Art. 22, in: Doppelbesteuerungsabkommen der Bundesrepublik Deutschland auf dem Gebiet der Steuern vom Einkommen und Vermögen, begr. von KLAUS VOGEL, hrsg. von MORIS LEHNER, 5. Aufl., München 2008).

[1252] Vgl. Gesetz zur Fortsetzung der Unternehmenssteuerreform vom 29.10.1997, BStBl I 1998, S. 127.

[1253] Vgl. BVerfG-Beschluss vom 22.06.1995, BStBl II 1995, S. 653.

[1254] Vgl. die Übersicht bei VOGEL, KLAUS: Art. 23, in: Doppelbesteuerungsabkommen der Bundesrepublik Deutschland auf dem Gebiet der Steuern vom Einkommen und Vermögen, begr. von KLAUS VOGEL, hrsg. von MORIS LEHNER, 5. Aufl., München 2008, Rn. 90.

[1255] Vgl. SCHAUMBURG, HARALD: Internationales Steuerrecht, 3. Aufl., Köln 2011, S. 864-866.

[1256] Vgl. VOGEL, KLAUS: Art. 23, in: Doppelbesteuerungsabkommen der Bundesrepublik Deutschland auf dem Gebiet der Steuern vom Einkommen und Vermögen, begr. von KLAUS VOGEL, hrsg. von MORIS LEHNER, 5. Aufl., München 2008, Rn. 96.

[1257] Vgl. VOGEL, KLAUS: Art. 23, in: Doppelbesteuerungsabkommen der Bundesrepublik Deutschland auf dem Gebiet der Steuern vom Einkommen und Vermögen, begr. von KLAUS VOGEL, hrsg. von MORIS LEHNER, 5. Aufl., München 2008, Rn. 74.

kommen verschieden ist. Ist die Aktivitätsbedingung nicht erfüllt, kommt es zur Anrechnung.[1258]

Das abkommensrechtliche internationale Schachtelprivileg verliert durch die **Dividendenfreistellung** in § 8b Abs. 1 KStG stark an Bedeutung, denn Erträge aus Beteiligungen an ausländischen Kapitalgesellschaften können i.d.R. unabhängig vom Vorliegen eines DBA steuerfrei vereinnahmt werden. Dies gilt jedoch nicht, wenn die inländische Mutterkapitalgesellschaft zu Beginn des Kalenderjahres mit weniger als 10 % am Grund- oder Stammkapital der ausländischen Tochtergesellschaft unmittelbar beteiligt ist; in dem Fall besteht Steuerpflicht (§ 8b Abs. 4 KStG). Dagegen ist eine Forderung nach der Erzielung aktiver ausländischer Einkünfte in § 8b KStG nicht enthalten.

- **Anrechnungsmethode** (Art. 23B OECD-MA): Während das OECD-MA grundsätzlich die Wahl zwischen der **unbeschränkten** und der **beschränkten** Anrechnung lässt, sehen die DBA in der Regel eine Beschränkung der anrechenbaren ausländischen Steuer auf die Höhe der entsprechenden anteiligen Steuer im Inland vor. In DBA kann auch eine fiktive Steueranrechnung insb. im Verhältnis zu einigen Entwicklungsländern vereinbart werden. Dabei lässt die deutsche Finanzverwaltung die Anrechnung einer Quellensteuer auf die inländische Steuerschuld zu, unabhängig von der Tatsache, dass der ausländische Staat auf die Erhebung einer Quellensteuer verzichtet hat. Ein Beispiel ist das DBA mit Argentinien.[1259]

Unter den besonderen Bestimmungen in **Abschn. VI** OECD-MA sind v.a. die Schutz- und Verfahrensvorschriften in Art. 24-27 zu nennen. Im Einzelnen sind dies:

- **Gleichbehandlung** (Art. 24 OECD-MA): Ziel des Gleichbehandlungsartikels ist es, grenzüberschreitende Tatbestände gegenüber vergleichbaren inländischen Sachverhalten nicht ungünstiger zu behandeln.[1260]

- **Verständigungsverfahren** (Art. 25 OECD-MA): Zwar enthalten die DBA detaillierte Regelungen zur Vermeidung der Doppelbesteuerung, allerdings können nicht alle denkbaren Fälle erfasst werden. Deshalb sieht das OECD-MA als besonderen Rechtsbehelf das zwischenstaatliche Verständigungsverfahren vor. Dieses soll einerseits die Lösung von Einzelfällen ermöglichen, andererseits soll es durch das Ausräumen von Schwierigkeiten bei der Anwendung eines DBA und durch das Schließen von Lücken zur Fortentwicklung des DBA beitragen.[1261] Bei konkreten Einzelproblemen kann der betroffene Steuerpflichtige bei der zuständigen Behörde seines Ansässigkeitsstaates einen Antrag auf Herbeiführung eines Verständigungsverfahrens stellen. Dies kann insb. erforderlich sein, wenn

---

[1258] Vgl. WASSERMEYER, FRANZ: Art. 23A MA, in: Doppelbesteuerung, hrsg. von HELMUT DEBATIN und FRANZ WASSERMEYER, München (Loseblatt), Stand: März 2013, Rn. 54.

[1259] Vgl. STRUNK, GÜNTHER: Teil III, in: Internationales Steuerrecht, hrsg. von SIEGFRIED GROTHERR u.a., 3. Aufl., Achim 2010, S. 702 und 703.

[1260] Vgl. OECD-Kommentar zu Art. 24 OECD-MA, Rn. 1 (abgedruckt bei RUST, ALEXANDER: Art. 24, in: Doppelbesteuerungsabkommen der Bundesrepublik Deutschland auf dem Gebiet der Steuern vom Einkommen und Vermögen, begr. von KLAUS VOGEL, hrsg. von MORIS LEHNER, 5. Aufl., München 2008).

[1261] Vgl. STRUNK, GÜNTHER: Teil III, in: Internationales Steuerrecht, hrsg. von SIEGFRIED GROTHERR u.a., 3. Aufl., Achim 2010, S. 705.

- das Besteuerungsrecht nach dem DBA zwar dem Wohnsitzstaat zugewiesen wird, der ausländische Staat aber dennoch die Einkünfte besteuert;
- das Besteuerungsrecht nach dem DBA dem ausländischen Staat zugewiesen wird, aber der Wohnsitzstaat die Einkünfte besteuert;
- der Steuerpflichtige als Staatsangehöriger beider Vertragsstaaten auch in beiden Staaten der unbeschränkten Steuerpflicht unterliegt;
- das Abkommen von beiden Vertragspartnern unterschiedlich ausgelegt wird.

- **Informationsaustausch** (Art. 26 OECD-MA): Hiernach sind die Vertragsstaaten zum gegenseitigen Informationsaustausch verpflichtet. Hinsichtlich des Umfangs der ausgetauschten Informationen kann zwischen zwei Formen unterschieden werden:[1262]
  - **kleine Auskunftsklausel**: der Informationsaustausch erfolgt nur, falls er zur Durchführung des DBA notwendig ist;
  - **große Auskunftsklausel**: der Informationsaustausch erfolgt auch, falls er zur Durchführung des innerstaatlichen Rechts eines Vertragsstaates, d.h. zur Durchsetzung seiner Steueransprüche notwendig ist.
- **Amtshilfe bei der Erhebung von Steueransprüchen** (Art. 27 OECD-MA): Der im Jahr 2003 in das OECD-MA neu aufgenommene Art. 27 enthält eine generelle Verpflichtung zur Leistung von Amtshilfe bei der Erhebung von Steueransprüchen des anderen Vertragsstaates. Dies betrifft insb. Fälle, in denen der Steuerpflichtige in dem anderen Vertragsstaat keine Vermögenswerte besitzt, die zur Erhebung der Steuerforderungen herangezogen werden können.[1263]

Die Schlussbestimmungen in **Abschn. VII** OECD-MA enthalten Regelungen zum Inkrafttreten (Art. 30 OECD-MA) und zur Kündigung (Art. 31 OECD-MA) des Abkommens.

b) Das OECD-Musterabkommen auf dem Gebiet der Erbschaft- und Schenkungsteuer

Zum 01.01.2013 hatte Deutschland lediglich sechs DBA auf dem Gebiet der Erbschaft- und Schenkungsteuer abgeschlossen.[1264]

Die neueren deutschen DBA auf diesem Gebiet orientieren sich grundsätzlich am OECD-Musterabkommen auf dem Gebiet der Erbschaft- und Schenkungsteuern (OECD-MA-ErbSt).[1265] Die Gliederung des Abkommenstextes des OECD-MA-ErbSt gleicht derjenigen des oben beschriebenen OECD-MA und ist in Abb. 161 (S. 738) übersichtlich dargestellt.

[1262] Vgl. HENDRICKS, MICHAEL: Art. 26 MA, in: Doppelbesteuerung, hrsg. von HELMUT DEBATIN und FRANZ WASSERMEYER, München (Loseblatt), Stand: März 2013, Rn. 22-27.

[1263] Vgl. ENGELSCHALK, MICHAEL: Art. 27, in: Doppelbesteuerungsabkommen der Bundesrepublik Deutschland auf dem Gebiet der Steuern vom Einkommen und Vermögen, begr. von KLAUS VOGEL, hrsg. von MORIS LEHNER, 5. Aufl., München 2008, Rn. 13.

[1264] Vgl. BMF-Schreiben 22.01.2013, BStBl I 2013, S. 162-169, s.b.S. 166.

[1265] Vgl. GROTHERR, SIEGFRIED: Teil I, in: Internationales Steuerrecht, hrsg. von SIEGFRIED GROTHERR u.a., 3. Aufl., Achim 2010, S. 714.

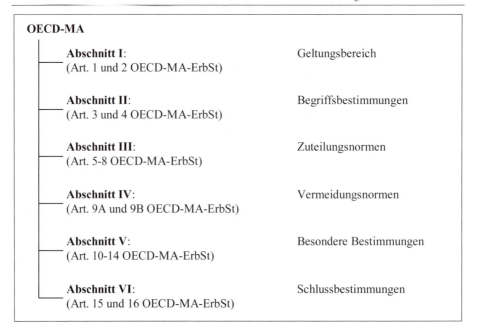

Abb. 161: Gliederung des OECD-Musterabkommens auf dem Gebiet der Erbschaft- und Schenkungsteuern

Die einzelnen Besteuerungsregelungen in **Abschn. III** OECD-MA-ErbSt sind im Wesentlichen folgendermaßen gestaltet:

- Bei der Vererbung von **unbeweglichem Vermögen** (Art. 5 OECD-MA-ErbSt) **und Betriebstättenvermögen** (Art. 6 OECD-MA-ErbSt) steht die Besteuerung dem Belegenheitsstaat zu; der Wohnsitzstaat gewährt Freistellung oder Anrechnung (Art. 9A und 9B OECD-MA-ErbSt).
- **Bewegliches Vermögen**, das **nicht Betriebstättenvermögen** ist, soll im Erbfall ausschließlich im Wohnsitzstaat des Erblassers besteuert werden (Art. 7 OECD-MA-ErbSt).
- **Schulden**, die in wirtschaftlichem Zusammenhang mit unbeweglichem Vermögen oder mit Betriebstättenvermögen stehen, werden von diesem abgezogen. Die verbleibenden Schulden sind von dem anderen Vermögen, welches im Wohnsitzstaat des Erblassers besteuert wird, abzuziehen (Art. 8 OECD-MA-ErbSt).

c) Die Abgrenzung der Bemessungsgrundlagen[1266]

(1) Internationale Gewinnabgrenzung bzw. -verteilung

(a) Allgemeine Prinzipien und OECD-MA 2008

Die OECD hat im Jahre 2010 ein überarbeitetes OECD-MA (OECD-MA 2010) sowie einen aktualisierten OECD-MK (OECD-MK 2010) veröffentlicht. Zudem wurde der Betriebstättenbericht an die vorgenommenen Änderungen angepasst (Betriebstättenbericht 2010). Die Materialien beinhalten insb. Neuerungen im Hinblick auf die in Art. 7 OECD-MA beheimatete Gewinnabgrenzung zwischen Stammhaus und Betriebstätte. Da der weit überwiegende Teil der von Deutschland abgeschlossenen DBA bisher auf dem OECD-MA 2008 beruht, bedarf es auch weiterhin einer Darstellung der „alten" Rechtslage (vgl. zum OECD-MA 2010 S. 742 ff.).

Der **Gesamterfolg** und das Gesamtvermögen eines internationalen Unternehmens muss stets in in- und ausländische Teile aufgespalten werden. Bei einem Unternehmen, welches sich aus unterschiedlichen Rechtspersonen in verschiedenen Staaten zusammensetzt, folgt die Notwendigkeit der Abgrenzung aus der unbeschränkten Steuerpflicht der einzelnen Steuersubjekte in den jeweiligen Staaten. Doch auch ein international tätiges Einheitsunternehmen muss eine Erfolgs- und Vermögensabgrenzung vornehmen, obwohl hier nur ein einziges Steuersubjekt vorliegt. Für den Fall eines inländischen Stammhauses und einer ausländischen Betriebstätte ergibt sich diese Notwendigkeit aus der Tatsache, dass der auf die Betriebstätte entfallende Teil des Gesamtgewinns bzw. -vermögens im Ausland der beschränkten Steuerpflicht unterliegt, während im Inland, ausgehend von der Höhe des Betriebstättengewinns, eine Doppelbesteuerung vermieden werden soll.

Von wesentlicher Bedeutung im Zusammenhang mit der Abgrenzung in- und ausländischer Erfolgs- und Vermögensteile ist deren verursachungsgerechte Aufteilung unter Beachtung des **Prinzips der wirtschaftlichen Zugehörigkeit**.[1267] Die Zuordnung zu den einzelnen Einheiten des Unternehmens richtet sich nach der funktionalen Zugehörigkeit der Erfolgs- und Vermögensteile. Hieraus resultiert ein Zuordnungsproblem, welches nicht eindeutig lösbar ist. Um wenigstens zu näherungsweisen Lösungen zu kommen, wurden zwei **Abgrenzungsmethoden** entwickelt:

- die indirekte Methode und
- die direkte Methode.

Bei der **indirekten Methode** steht die Annahme der wirtschaftlichen Einheit aller Unternehmensteile im Vordergrund. Der Gewinn bzw. das Vermögen wird zunächst für das gesamte Unternehmen ermittelt und dann mit Hilfe einer **Schlüsselgröße** den einzelnen Unternehmensteilen zugeordnet. Der zur Anwendung kommende Schlüssel richtet sich nach bran-

---

[1266] Vgl. ROSE, GERD: Betrieb und Steuer, 5. Buch: Internationales Steuerrecht, 6. Aufl., Berlin 2004, S. 84-88; SCHEFFLER, WOLFRAM: Internationale betriebswirtschaftliche Steuerlehre, 3. Aufl., München 2009, S. 75-94.

[1267] Vgl. BFH-Urteil vom 20.07.1988, BStBl II 1989, S. 140.

chenspezifischen Maßstäben.[1268] Er sollte den Beitrag der jeweiligen Unternehmenseinheit zum Gesamtgewinn bzw. deren wirtschaftliche Bedeutung für das Gesamtunternehmen ausdrücken.

Die indirekte Methode kann zwischen verschiedenen Rechtspersonen (selbstständigen Steuersubjekten) innerhalb eines Unternehmensverbunds nicht zur Anwendung kommen. Diese sind ohnehin zur formellen Abrechnung ihres gesamten Leistungsverkehrs gezwungen. Deshalb wird im OECD-MA 2008 die indirekte Methode nur im Zusammenhang mit einer Zuordnung von Erfolgs- und Vermögensteilen zu der **Betriebstätte** eines Gesamtunternehmens erwähnt (Art. 7 Abs. 4 OECD-MA 2008).

Die indirekte Methode ist mit theoretischen und praktischen **Mängeln** behaftet. Zu den **theoretischen Problemen** gehört die Wahl eines befriedigenden Schlüssels. Dieser sollte die Einflussgrößen, die sich auf die Höhe des jeweiligen Gewinns bzw. Vermögens auswirken, verursachungsgerecht repräsentieren. Einerseits existiert aber ein solcher Schlüssel meistens überhaupt nicht,[1269] andererseits wäre ein theoretisch richtiger Schlüssel wegen seiner Komplexität kaum praktikabel. Ein bedeutendes **praktisches Problem** ergibt sich aus der Forderung der beteiligten Staaten, den Gesamtgewinn bzw. das Gesamtvermögen eines Unternehmens nach ihren nationalen Vorschriften zu ermitteln. Die Bemessungsgrundlage kann also in Abhängigkeit von den relevanten Gewinn- und Vermögensermittlungsvorschriften variieren. Darüber hinaus können unterschiedliche länderspezifische Verteilungsschlüssel zur Anwendung kommen.[1270] Somit kommt es i.d.R. zu Doppelbesteuerungen.

Aufgrund der Unzulänglichkeiten der indirekten Methode wird sowohl in der BFH-Rechtsprechung[1271] als auch in der Literatur[1272] und im Abkommensrecht[1273] die direkte Methode bevorzugt.

Die **direkte Methode** basiert auf der Annahme der **wirtschaftlichen Selbstständigkeit** der einzelnen Unternehmensteile. Zu einer Ermittlung des Gesamtgewinns für steuerliche Zwecke kommt es nicht. Für jede Unternehmenseinheit werden (fiktive) Teilgewinne bzw. Teilvermögen, ausgehend von einer getrennten Rechnungslegung, gebildet. Bei der Erfassung unternehmensinterner Lieferungen und Leistungen wird das Verhalten gesellschaftsrechtlich unabhängiger Vertragspartner als Maßstab herangezogen; es findet ein **Drittvergleich** statt (**"dealing-at-arm's-length-Prinzip"**).

[1268] Vgl. JACOBS, OTTO H.: Internationale Unternehmensbesteuerung, 7. Aufl., München 2011, S. 556; STORCK, ALFRED: Ausländische Betriebstätten im Ertrag- und Vermögensteuerrecht, Frankfurt am Main 1980, S. 278.

[1269] Vgl. STORCK, ALFRED: Ausländische Betriebstätten im Ertrag- und Vermögensteuerrecht, Frankfurt am Main 1980, S. 285, 295.

[1270] Vgl. ROSE, GERD: Betrieb und Steuer, 5. Buch: Internationales Steuerrecht, 6. Aufl., Berlin 2004, S. 85.

[1271] Vgl. BFH-Urteil vom 28.06.1972, BStBl II 1972, S. 785; BFH-Urteil vom 28.03.1985, BStBl II 1985, S. 407; BFH-Urteil vom 29.07.1992, BStBl II 1993, S. 63.

[1272] Vgl. m.w.N. HEMMELRATH, ALEXANDER: Art. 7, in: Doppelbesteuerungsabkommen der Bundesrepublik Deutschland auf dem Gebiet der Steuern vom Einkommen und Vermögen, begr. von KLAUS VOGEL, hrsg. von MORIS LEHNER, 5. Aufl., München 2008, Rn. 101.

[1273] Vgl. OECD-Kommentar zu Art. 7 OECD-MA, Rn. 25 (abgedruckt bei HEMMELRATH, ALEXANDER: Art. 7, in: Doppelbesteuerungsabkommen der Bundesrepublik Deutschland auf dem Gebiet der Steuern vom Einkommen und Vermögen, begr. von KLAUS VOGEL, hrsg. von MORIS LEHNER, 5. Aufl., München 2008).

Neben Einheitsunternehmen bedienen sich auch selbstständige Steuersubjekte innerhalb eines Unternehmensverbunds der direkten Methode. Entsprechend findet sich das „dealing-at-arm's-length-Prinzip" im OECD-MA im Zusammenhang mit der Gewinn- bzw. Vermögensabgrenzung von **Betriebstätten** (Art. 7 Abs. 2 OECD-MA 2008) und von **verbundenen Unternehmen** (Art. 9 Abs. 1 OECD-MA 2008).

Das Hauptproblem der direkten Methode ist die Festlegung angemessener **Verrechnungspreise** zwischen den einzelnen Unternehmensteilen. Die Auswirkungen unterschiedlicher Verrechnungspreise verdeutlicht das nachfolgende Beispiel.

Beispiel: (Verrechnungspreise)[1274]

Eine inländische Spitzeneinheit und ihre ausländische Grundeinheit erzielen aus der Geschäftstätigkeit mit Außenstehenden jeweils einen Gewinn von 100 GE. Diese Erfolge bilden in beiden Staaten die steuerliche Bemessungsgrundlage, sofern für den innerbetrieblichen Leistungsaustausch kein Entgelt vereinbart wird. Falls die Spitzeneinheit doch Entgelte für ihre Leistungen an die Grundeinheit erhebt, können sich bspw. folgende Situationen ergeben:

	Verrechnungspreis (in GE)	Gewinn der inländischen Spitzeneinheit (in GE)	Gewinn der ausländischen Grundeinheit (in GE)	Gesamtgewinn (Summe in GE)
Bewertung im In- und Ausland	0	100	100	200
	50	150	50	200
	100	200	0	200

Während der Gesamtgewinn unverändert bleibt, variieren die (steuerlichen) Gewinne der Unternehmenseinheiten. In diesen Fällen kommt es lediglich zu einer Beeinflussung des anzuwendenden Steuersatzes.

Größere Schwierigkeiten treten bei unterschiedlichen Gewinnermittlungsvorschriften auf. Werden die Leistungen der Spitzeneinheit im Inland mit 100 GE bewertet, wird im Ausland aber der Ansatz eines Verrechnungspreises dem Grunde nach nicht anerkannt, gestaltet sich die Situation folgendermaßen:

	Verrechnungspreis (in GE)	Gewinn der inländischen Spitzeneinheit (in GE)	Gewinn der ausländischen Grundeinheit (in GE)	Gesamtgewinn (Summe in GE)
Bewertung Inland	100	200	100	300
Bewertung Ausland	0			

Der (steuerliche) Gesamtgewinn (300 GE) übersteigt in diesem Fall den Gesamterfolg aus Leistungsbeziehungen mit Außenstehenden (200 GE), es kommt zu einer Doppelbesteuerung.

Probleme können auch bei der Abgrenzung von Erträgen, Aufwendungen oder Vermögensteilen entstehen.[1275] Können diese nicht verursachungsgerecht aufgeteilt werden, dann

---

[1274] Modifiziert entnommen aus SCHEFFLER, WOLFRAM: Die Verrechnungspreisgestaltung bei international tätigen Unternehmen – dargestellt am Beispiel der Kostenumlage für verwaltungsbezogene Dienstleistungen, in: ZfbF 1991, S. 471-489, s.b.S. 473 und 474.

[1275] Vgl. WASSERMEYER, FRANZ: Art. 7 MA, in: Doppelbesteuerung, hrsg. von HELMUT DEBATIN und FRANZ WASSERMEYER, München (Loseblatt), Stand: März 2013, Rn. 188-194. Vgl. dazu auch STRUNK, GÜNTHER: Verfahrens- und materiellrechtliche Grundlagen zur Buchführungspflicht, in: Steuerrecht international tätiger Unternehmen, hrsg. von JÖRG M. MÖSSNER u.a., 4. Aufl., Köln 2012, Rn. 4.83.

kommen auch hier i.R.d. direkten Methode Elemente des indirekten Verfahrens (Schlüsselgrößen) zur Anwendung.[1276]

(b)   Neuerungen durch das OECD-MA 2010

Am 22.07.2010 hat die OECD eine **Aktualisierung** des OECD-MA (OECD-Update 2010) verabschiedet, die als wesentliche Neuerung eine **Neufassung des Art. 7 OECD-MA** vorsieht. Bislang wurden allerdings erst wenige von Deutschland abgeschlossene DBA an den neuen Art. 7 OECD-MA angepasst.[1277] Mit der Neufassung des Art. 7 OECD-MA hat ein seit vielen Jahren fortwährender Prozess sein jähes Ende gefunden, der den international fehlenden Konsens i.R.d. Auslegung der bisherigen Fassung des Art. 7 OECD-MA zum Gegenstand hatte. Dabei wurde vor allem die Frage der **Reichweite der Selbstständigkeit der Betriebstätte** äußerst kontrovers diskutiert.

Während Art. 7 Abs. 1 OECD-MA nahezu unverändert blieb, wurde im Wesentlichen der Wortlaut des Abs. 2 und Abs. 3 neu gefasst. Die bisherige Fassung des Art. 7 Abs. 1 OECD-MA wurde dahingehend aktualisiert, dass dieser fortan einen **Verweis auf Abs. 2** enthält. Danach werden die Gewinne eines Unternehmens durch eine in einem anderen Vertragsstaat gelegene Betriebstätte, die der Betriebstätte nach den Regelungen des Abs. 2 zuzuordnen sind, im anderen Staat besteuert. Die Ergänzung um Abs. 2 stellt insoweit einen direkten Bezug zwischen Art. 7 Abs. 1 und Abs. 2 OECD-MA her.

Außerdem hat i.R.d. Aktualisierung des Art. 7 OECD-MA der sog. „**functionally separate entity approach**" Einzug in Art. 7 Abs. 2 OECD-MA gehalten. Jener fingiert die Betriebstätte im Hinblick auf die Leistungsbeziehungen mit anderen Unternehmensteilen als völlig selbstständiges und unabhängiges Unternehmen. Daraus folgt, dass innerunternehmerische Transaktionen für Zwecke der Erfolgsabgrenzung grundsätzlich nach dem **Fremdvergleichsgrundsatz** abzurechnen sind. Aufgrund der Fiktion eines völlig selbstständigen und unabhängigen Unternehmens kann der Betriebstätte künftig auch ein Gewinn zugerechnet werden, obwohl das Unternehmen als Ganzes keinen Gewinn erzielt hat. Mit Hilfe der Neuregelung hat insoweit eine **Abkehr von der eingeschränkten Selbstständigkeit** stattgefunden; künftig gilt für Betriebstätten auf abkommensrechtlicher Ebene die **uneingeschränkte Selbstständigkeitsfiktion**.[1278]

Ferner wurde Art. 7 Abs. 3 OECD-MA, der nunmehr eine **Vermeidungsnorm** darstellt, neu formuliert. Passt ein Vertragsstaat die einer Betriebstätte zugeordneten Gewinne nach den Vorschriften des Abs. 2 fremdvergleichskonform an, soll der andere Vertragsstaat eine entsprechende Anpassung der von ihm auf diese Gewinne erhobenen Steuer vornehmen, um

---

[1276] WASSERMEYER spricht in diesem Zusammenhang von der „gemischten Methode", welche in der Praxis am häufigsten angewendet wird; vgl. WASSERMEYER, FRANZ: Art. 7 MA, in: Doppelbesteuerung, hrsg. von HELMUT DEBATIN und FRANZ WASSERMEYER, München (Loseblatt), Stand: März 2013, Rn. 192. Vgl. zur gemischten Methode auch STRUNK, GÜNTHER: Verfahrens- und materiellrechtliche Grundlagen zur Buchführungspflicht, in: Steuerrecht international tätiger Unternehmen, hrsg. von JÖRG M. MÖSSNER u.a., 4. Aufl., Köln 2012, Rn. 4.89-4.91.

[1277] Vgl. zur Neufassung des Art. 7 OECD-MA ausführlich KUßMAUL, HEINZ/RUINER, CHRISTOPH/DELARBER, CHRISTIAN: Leistungsbeziehungen in internationalen Einheitsunternehmen mit Blick auf die Änderung des Art. 7 OECD-MA und die geplante Änderung des § 1 AStG, in: Ubg 2011, S. 837-845, s.b.S. 840 und 841.

[1278] Vgl. ausführlich SCHNITGER, ARNE: Änderungen des § 1 AStG und Umsetzung des AOA durch das JStG 2013, in: IStR 2012, S. 633-645, s.b.S. 633.

eine **Doppelbesteuerung** der Gewinne zu unterbinden. Ursache für eine etwaige Doppelbesteuerung ist die unterschiedliche Auslegung des OECD-Betriebstättenberichts und der OECD-Verrechnungspreisrichtlinien durch die Vertragsstaaten. Die abweichende Auslegung kann dazu führen, dass unterschiedliche Fremdvergleichswerte angesetzt werden.

Dagegen ist die bisher in Art. 7 Abs. 4 OECD-MA 2008 kodifizierte **indirekte Methode** zur Gewinnabgrenzung im Zuge der Aktualisierung des Art. 7 OECD-MA und vollständigen Übernahme des „functionally separate entity approach" folgerichtig **entfallen**, sodass eine Abgrenzung des Gewinns zwischen Stammhaus und Betriebstätte fortan nur noch nach der **direkten Methode** erfolgen kann. Art. 7 Abs. 7 OECD-MA 2008 ist ohne Änderung in den Art. 7 Abs. 4 OECD-MA 2010 übergegangen.

Die Gewinnabgrenzung zwischen Stammhaus und Betriebstätte wird insoweit – dem Grundgedanken des „functionally separate entity approach" folgend – an die Abgrenzung des Gewinns bei **verbundenen Unternehmen** angelehnt. Ausgehend von der fiktiven Verselbstständigung der Betriebstätte erfolgt eine Abrechnung der Leistungsbeziehungen zwischen Stammhaus und Betriebstätte in Zukunft nach dem **„dealing-at-arm's-length-Prinzip"**. Hierzu werden auf der Grundlage einer sog. **Funktions- und Risikoanalyse** die Funktionen und Risiken der Betriebstätte analysiert sowie die der Betriebstätte zurechenbaren Wirtschaftsgüter identifiziert. Daran anschließend werden die innerbetrieblichen Leistungsbeziehungen zwischen Stammhaus und Betriebstätte bestimmt und nach den Grundsätzen des „dealing-at-arm's-length-Prinzips" bewertet, um den **Betriebstättengewinn** bestimmen zu können.

(2)   Nationale Gewinnabgrenzung bzw. -verteilung

Der „functionally separate entity approach" hat mit der Neufassung von Art. 7 OECD-MA 2010 Einzug in das Abkommensrecht gehalten (s.o.). Um der internationalen Entwicklung auch auf nationaler Ebene Rechnung zu tragen, musste die uneingeschränkte Selbstständigkeitsfiktion der Betriebstätte auch in deutsches Recht umgesetzt werden. Dazu wurden § 1 AStG i.R.d. Amtshilferichtlinie-Umsetzungsgesetzes[1279] neu gefasst und der Anwendungsbereich der Vorschrift auch auf interne Leistungsbeziehungen zwischen Stammhaus und Betriebstätte ausgedehnt.[1280]

Die Änderung des § 1 AStG begründet der Gesetzgeber mit dem Zweck, die Besteuerung grenzüberschreitender Sachverhalte im Hinblick auf die Gewinnabgrenzung bzw. -verteilung deutlich und für Personen- und Kapitalgesellschaften sowie Betriebstätten einheitlich zu regeln. Dazu ist es erforderlich, den neuen Art. 7 OECD-MA inhaltlich in **innerstaatliches Recht** umzusetzen und damit die bisher weitgehend uneinheitliche Praxis der internationalen Betriebstättenbesteuerung auf einen **einheitlichen Standard** (Fremdver-

---

[1279] Vgl. hierzu das „Gesetz zur Umsetzung der Amtshilferichtlinie sowie zur Änderung steuerlicher Vorschriften" vom 29.06.2013, BGBl I 2013, S. 1809.

[1280] Mit der Änderung ist nicht nur auf internationaler, sondern auch auf nationaler Ebene eine Anlehnung der Gewinnabgrenzung zwischen Stammhaus und Betriebstätte an die Abgrenzung des Gewinns zwischen verbundenen Unternehmen erfolgt. Vgl. ausführlich zur angedachten Neufassung des § 1 AStG i.R.d. Jahressteuergesetzes 2013 KUßMAUL, HEINZ/RUINER, CHRISTOPH: Zur Umsetzung des OECD functionally separate entity approach in nationales Recht – Anmerkungen zu Art. 5 des Regierungsentwurfes eines Jahressteuergesetzes (JStG) 2013 –, in: BB 2012, S. 2025-2029.

gleichsgrundsatz) zu bringen. Um den Fremdvergleichsgrundsatz auf internationale Betriebstättensachverhalte anwenden und belastende Rechtsfolgen darauf stützen zu können, bedarf es nach Ansicht des Gesetzgebers innerstaatlicher Regelungen, die den internationalen Grundsätzen entsprechen, da die DBA nach allgemeiner Rechtsauffassung keine eigenständigen Besteuerungsrechte begründen, sondern vielmehr die innerstaatlichen Besteuerungsrechte der Vertragstaaten begrenzen, um Doppelbesteuerungen zu vermeiden.[1281]

Zur Anwendung des Fremdvergleichsgrundsatzes verlangt § 1 Abs. 1 S. 1 AStG eine **Geschäftsbeziehung** des Steuerpflichtigen zum Ausland mit einer ihm nahestehenden Person. Nach § 1 Abs. 5 AStG a.F. war eine Geschäftsbeziehung jede schuldrechtliche Beziehung, der keine gesellschaftsrechtliche Regelung zugrunde lag. Da zwischen den unselbstständigen Teilen eines internationalen Einheitsunternehmens per se **keine schuldrechtlichen Beziehungen** bestehen können, war das Tatbestandsmerkmal der Geschäftsbeziehung nicht erfüllt und eine Anwendung des § 1 Abs. 1 S. 1 AStG zwischen Stammhaus und Betriebstätte schied bislang aus.

Daher hat der Gesetzgeber § 1 Abs. 5 AStG a.F. dahingehend modifiziert und den Begriff der „schuldrechtlichen Beziehung" durch den Begriff **„wirtschaftlicher Vorgang"** ersetzt. Danach sind **Geschäftsbeziehungen** i.S.d. § 1 Abs. 4 AStG n.F. zum einen einzelne oder mehrere zusammenhängende wirtschaftliche Vorgänge (Geschäftsvorfälle) zwischen dem **Steuerpflichtigen** und einer **nahestehenden Person**, denen keine gesellschaftsrechtliche Vereinbarung zugrunde liegt und die Teil einer Tätigkeit sind, auf die die §§ 13, 15, 18 oder 21 EStG anzuwenden sind. Zum anderen sind Geschäftsvorfälle zwischen dem Unternehmen eines **Steuerpflichtigen** und seiner in einem anderen Staat gelegenen **Betriebstätte** neuerdings als Geschäftsbeziehungen zu klassifizieren (§ 1 Abs. 4 S. 1 Nr. 2 AStG n.F.); Letztere bezeichnet der Gesetzgeber als „anzunehmende schuldrechtliche Beziehung", da die fehlende Rechtsfähigkeit der Betriebstätte eine wirksame schuldrechtliche Vereinbarung zwischen Stammhaus und Betriebstätte nicht zulässt.

Kernstück der Neugestaltung ist § 1 Abs. 5 AStG n.F., der die **Grundsätze zur Anwendung des Fremdvergleichsgrundsatzes** sowohl auf die Aufteilung der Gewinne zwischen einem inländischen Unternehmen und seiner ausländischen Betriebstätte als auch für die Ermittlung der Einkünfte einer inländischen Betriebstätte eines ausländischen Unternehmens bestimmt. Gem. § 1 Abs. 5 S. 1 AStG n.F. ist die Einkünftekorrektur i.S.d. § 1 AStG anzuwenden, wenn für Geschäftsbeziehungen Bedingungen steuerlich zugrunde gelegt werden, die nicht dem Fremdvergleichsgrundsatz entsprechen und dadurch inländische Einkünfte gemindert bzw. ausländische Einkünfte erhöht werden.

Während § 1 Abs. 5 S. 1 AStG n.F. die Anwendung des Fremdvergleichsgrundsatzes auf Geschäftsbeziehungen zwischen einem Unternehmen und seiner rechtlich unselbstständigen Betriebsstätte anordnet, fingiert § 1 Abs. 5 S. 2 AStG n.F. die Betriebstätte i.R.d. Aufteilung der Einkünfte als **eigenständiges und unabhängiges Unternehmen**, es sei denn, die Zugehörigkeit der Betriebstätte zum Unternehmen erfordert in Übereinstimmung mit den internationalen Grundsätzen eine andere Behandlung. Mit Hilfe dieser **Fiktion** beabsichtigt der Gesetzgeber die Behandlung der rechtlich unselbstständigen Betriebstätte wie einen selbst-

---

[1281] Vgl. zur Begründung BR-Drs. 17/13033, S. 160 und 161.

ständigen Rechtsträger bzw. „ein unabhängiges Unternehmen im Verhältnis zu dem Unternehmen, dessen Betriebsstätte sie ist."[1282]

Zur **grenzüberschreitenden Gewinnabgrenzung** zwischen Stammhaus und Betriebstätte sehen § 1 Abs. 5 S. 3 und 4 AStG n.F. ein zweistufiges Verfahren vor, das in Einklang mit den OECD-Vorgaben steht und diese in nationales Recht umsetzt. In einem **ersten Schritt** muss festgestellt werden, welche **Funktionen** des Einheitsunternehmens die Betriebstätte durch ihr **Personal** ausübt (§ 1 Abs. 5 S. 3 Nr. 1 AStG n.F.). Darauf aufbauend sind die **Vermögenswerte**, die die Betriebstätte zur Ausübung der ihr zugeordneten Funktionen benötigt, zu identifizieren und der Betriebstätte die **Chancen und Risiken**, die diese aufgrund der von ihr ausgeübten Funktionen und zugeordneten Vermögenswerte übernimmt, zuzuordnen (§ 1 Abs. 5 S. 3 Nr. 2 und Nr. 3 AStG n.F.). Abschließend muss der Betriebstätte gem. § 1 Abs. 5 S. 3 Nr. 4 AStG n.F. ein angemessenes Eigenkapital als **Dotationskapital** zugewiesen werden.

Auf Grundlage der in § 1 Abs. 5 S. 3 AStG n.F. vorgesehenen Funktions- und Risikoanalyse müssen in einem **zweiten Schritt** die anzunehmenden schuldrechtlichen Beziehungen innerhalb des internationalen Einheitsunternehmens, d.h. zwischen Stammhaus und Betriebstätte, identifiziert und die Verrechnungspreise für diese Geschäftsbeziehungen bestimmt werden (§ 1 Abs. 5 S. 4 AStG n.F.). Zur konkreten Durchführung der Bestimmung angemessener Verrechnungspreise für anzunehmende schuldrechtliche Beziehungen zwischen Stammhaus und Betriebstätte greift der Gesetzgeber folglich das in § 1 Abs. 3 AStG kodifizierte Stufenverhältnis zur Ermittlung **fremdvergleichskonformer Verrechnungspreise** auf, das neben der Anwendung des tatsächlichen Fremdvergleichs auch einen hypothetischen Fremdvergleich zulässt (vgl. S. 748 f.).

Mit der **Neufassung des § 1 AStG** durch das Amtshilferichtlinie-Umsetzungsgesetz hat der Gesetzgeber insoweit den im Zuge der Aktualisierung des OECD-MA in Art. 7 OECD-MA verankerten „functionally separate entity approach" in nationales Recht implementiert, sodass der international anerkannte Fremdvergleichsgrundsatz fortan auch auf Leistungsbeziehungen im internationalen Einheitsunternehmen Anwendung findet. Damit hat nicht nur auf internationaler, sondern auch auf nationaler Ebene eine **Anlehnung der Gewinnabgrenzung** zwischen Stammhaus und Betriebstätte an die Abgrenzung des Gewinns zwischen verbundenen Unternehmen stattgefunden (vgl. S. 746 ff.).

[1282] BR-Drs. 17/13033, S. 166.

D. Die Maßnahmen zur Vermeidung der unangemessenen Ausnutzung des internationalen Steuergefälles durch den deutschen Gesetzgeber[1283]

1. Die Gewinnabgrenzung zwischen international verbundenen Unternehmen

a) Allgemeine Fremdvergleichsbestimmungen

Werden bei grenzüberschreitenden Geschäftsbeziehungen unter **verbundenen Unternehmen** oder anderen nahestehenden Personen Bedingungen, insb. **Verrechnungspreise** vereinbart, die voneinander unabhängige fremde Dritte unter vergleichbaren Umständen nicht vereinbart hätten, kann dies den Tatbestand einer **ungerechtfertigten Gewinnverlagerung** erfüllen.[1284] § 1 AStG dient in diesem Zusammenhang der Berichtigung von Einkünften eines Steuerpflichtigen zugunsten der inländischen Besteuerung. Aufgrund dieser einseitigen Korrektur kann es zur Doppelbesteuerung kommen.[1285]

Im Zuge der Unternehmensteuerreform 2008 wurden die Regelungen des § 1 AStG weitgehend präzisiert. Nach § 1 Abs. 1 S. 1 AStG erfolgt regelmäßig eine Erfolgskorrektur, wenn Einkünfte des Steuerpflichtigen aus einer Geschäftsbeziehung zum Ausland mit einer ihm nahestehenden Person dadurch gemindert werden, dass er seiner Einkunftsermittlung andere Bedingungen, insb. Preise (**Verrechnungspreise**) zugrunde legt, als sie **voneinander unabhängige Dritte** unter gleichen oder vergleichbaren Verhältnissen vereinbart hätten (**Fremdvergleichsgrundsatz**). In diesen Fällen sind die betreffenden Einkünfte so anzusetzen, wie sie unter den zwischen voneinander unabhängigen Dritten vereinbarten Bedingungen angefallen wären.

Mit dem Amtshilferichtlinie-Umsetzungsgesetz[1286] hat der Gesetzgeber ferner den Anwendungsbereich des § 1 AStG auf **Personengesellschaften und Mitunternehmerschaften** ausgeweitet, sodass der Fremdvergleichsgrundsatz auch auf grenzüberschreitende Geschäftsbeziehungen Anwendung findet, an denen diese beteiligt sind. Gem. § 1 Abs. 1 S. 2 AStG n.F. ist eine Personengesellschaft oder eine Mitunternehmerschaft künftig Steuerpflichtiger i.S.d. § 1 AStG bzw. selbst nahestehende Person, wenn die Voraussetzungen des Abs. 2 erfüllt sind.

Die **Hinzurechnung** von Einkünften nach dem Wortlaut des § 1 Abs. 1 AStG beinhaltet folgende Voraussetzungen:

[1283] Vgl. insb. ROSE, GERD: Betrieb und Steuer, 5. Buch: Internationales Steuerrecht, 6. Aufl., Berlin 2004, S. 91-107; WÖHE, GÜNTER/BIEG, HARTMUT: Grundzüge der Betriebswirtschaftlichen Steuerlehre, 4. Aufl., München 1995, S. 197-204.

[1284] Vgl. KAMINSKI, BERT: Teil II B, in: Internationales Steuerrecht, hrsg. von SIEGFRIED GROTHERR u.a., 3. Aufl., Achim 2010, S. 266.

[1285] Sie kann durch ein entsprechend ausgestaltetes Doppelbesteuerungsabkommen vermieden werden; vgl. WÖHE, GÜNTER/BIEG, HARTMUT: Grundzüge der Betriebswirtschaftlichen Steuerlehre, 4. Aufl., München 1995, S. 198.

[1286] Vgl. hierzu das „Gesetz zur Umsetzung der Amtshilferichtlinie sowie zur Änderung steuerlicher Vorschriften" vom 29.06.2013, BGBl I 2013, S. 1809.

- Es handelt sich um **Geschäftsbeziehungen zum Ausland**: Geschäftsbeziehung i.S.d. § 1 Abs. 4 AStG sind einzelne oder mehrere zusammenhängende **wirtschaftliche Vorgänge** zwischen dem Steuerpflichtigen und einer ihm nahestehenden Person, die nicht gesellschaftsvertraglich veranlasst sind. Darüber hinaus wird im Gesetz präzisiert, welche Einkünfte den so definierten Geschäftsbeziehungen zugrunde liegen. Diese müssen beim Steuerpflichtigen oder – wenn sich der Geschäftsvorfall im Inland ereignet hätte – einer ausländischen nahestehenden Person zu den Einkünften aus Land- und Forstwirtschaft, aus Gewerbebetrieb, aus selbstständiger Arbeit oder aus Vermietung und Verpachtung gezählt werden.
- Partner der Geschäftsbeziehung sind der inländische Steuerpflichtige und eine ihm „nahestehende Person". Als **nahestehend** gilt eine Person bei folgenden Sachverhalten:
  - § 1 Abs. 2 Nr. 1 AStG: Zwischen dem inländischen Steuerpflichtigen und der Person besteht eine **wesentliche Beteiligung** (mindestens 25 %) oder ein **Beherrschungsverhältnis**.
  - § 1 Abs. 2 Nr. 2 AStG: Eine dritte Person ist an dem inländischen Steuerpflichtigen und der Person wesentlich beteiligt oder kann auf beide einen **beherrschenden Einfluss** ausüben und somit deren Vertragsgestaltung beeinflussen. Diese Vorschrift stellt in erster Linie auf **Schwestergesellschaften** ab, die von ihrer Muttergesellschaft beeinflusst werden.
  - § 1 Abs. 2 Nr. 3 AStG: Die **Einflussnahmemöglichkeit** des inländischen Steuerpflichtigen oder der Person beruht nicht auf der betrachteten Geschäftsbeziehung, sondern ist **außerhalb** dieser **Geschäftsbeziehung** begründet. Sie resultiert bspw. aus einem Marktbindungsvertrag oder einer Vertriebsbindung.[1287] Außerdem kann es zur Annahme einer nahestehenden Person kommen, wenn einer der Beteiligten ein **eigenes Interesse** an der Erzielung der Einkünfte des anderen hat. Durch die Aufnahme dieser beiden Sachverhalte ist § 1 AStG in seinem Anwendungsbereich nicht nur auf gesellschaftsrechtliche Verflechtungen beschränkt.
- Die Einkünfte des inländischen Steuerpflichtigen wären bei Vereinbarungen wie unter fremden Dritten höher gewesen, d.h., es kommt zu einer Einkunftsminderung des inländischen Steuerpflichtigen. Somit dient das **dealing-at-arm's-length-Prinzip** i.R.d. § 1 AStG als **Prüfungsmaßstab** für die Angemessenheit der entstandenen Einkünfte. Dabei wurde im Rahmen der Unternehmensteuerreform 2008 der Fremdvergleichsgrundsatz präzisiert und erweitert. So wird nach § 1 Abs. 1 S. 3 AStG seither angenommen, dass die voneinander unabhängigen Dritten **alle wesentlichen Umstände** der Geschäftsbeziehung kennen und nach den Grundsätzen **ordentlicher** und **gewissenhafter Geschäftsleiter** handeln. Die Annahme der Kenntnis aller wesentlichen Umstände der Geschäftsbeziehung löst jedoch erhebliche Praxisprobleme aus. Hier werden nämlich Kenntnisse unterstellt, die auch gerade im Geschäftsverkehr unter fremden Dritten nicht vorliegen dürften.[1288]

[1287] Vgl. WASSERMEYER, FRANZ: § 1 AStG, in: Kommentar zum Außensteuerrecht, hrsg. von FRANZ WASSERMEYER, HUBERTUS BAUMHOFF und JENS SCHÖNFELD, Köln (Loseblatt), Stand: März 2013, Rn. 854.

[1288] Vgl. WEHNERT, OLIVER/BRÜNINGHAUS, DIRK/FRANKE, VERONA: Änderungen bei Verrechnungspreisen, in: Die Unternehmensteuerreform 2008, hrsg. von ERNST & YOUNG, Bonn/Berlin 2007, S. 178.

Von großer Bedeutung ist das Verhältnis des § 1 AStG zu anderen Einkünftekorrekturvorschriften. Es besteht insb. ein **Konkurrenzverhältnis** zur verdeckten Gewinnausschüttung bzw. zur verdeckten Einlage sowie zu den durch SEStEG eingeführten Entstrickungsnormen. Die h.M. ging früher davon aus, dass § 1 AStG nur **subsidiär** anwendbar ist, wenn weder eine verdeckte Gewinnausschüttung noch eine verdeckte Einlage vorliegt.[1289] Folglich wurden von § 1 AStG lediglich Nutzungsüberlassungen und Dienstleistungen vom Inland ins Ausland erfasst.[1290] Aus abkommensrechtlicher Sicht gehört § 1 AStG zusammen mit der verdeckten Gewinnausschüttung und der verdeckten Einlage zu den nationalen Korrekturvorschriften, die im Falle des Bestehens eines Doppelbesteuerungsabkommens eine dort enthaltene Korrekturvorschrift (Art. 9 Abs. 1 OECD-MA) ausfüllen.[1291]

Mit der Unternehmensteuerreform 2008 wurde in § 1 Abs. 1 S. 3 AStG nunmehr ausdrücklich geregelt, dass die Erfolgskorrektur nach § 1 AStG einen **ergänzenden Charakter** hat. Dementsprechend haben die anderen Korrekturvorschriften zunächst grundsätzlich Vorrang. Führt die Anwendung des Fremdvergleichsgrundsatzes zu weitergehenden Berichtigungen als die anderen Vorschriften, sind die weitergehenden Berichtigungen neben den Rechtsfolgen der anderen Vorschriften durchzuführen.[1292]

Sind die Anwendungsvoraussetzungen des § 1 Abs. 1 AStG erfüllt, müssen die Einkünfte des inländischen Steuerpflichtigen korrigiert werden. Dabei dient – wie eben geschildert – das **dealing-at-arm's-length-Prinzip** als **Korrekturmaßstab**. In diesem Zusammenhang sieht der im Rahmen der Unternehmensteuerreform eingeführte § 1 Abs. 3 AStG eine Präzisierung der Bestimmung der Korrekturwerte unter Heranziehung des Fremdvergleichsgrundsatzes vor. Nach § 1 Abs. 3 S. 1 AStG ist der Verrechnungspreis vorrangig unter Zuhilfenahme von **Standardmethoden**[1293] (Preisvergleichsmethode, Wiederverkaufspreismethode oder Kostenaufschlagsmethode) zu bestimmen. Dies setzt jedoch voraus, dass Fremdvergleichswerte ermittelt werden können, die nach Vornahme sachgerechter Anpassungen

---

[1289] Vgl. m.w.N. BAUMHOFF, HUBERTUS: Einkunftsabgrenzung bei international verbundenen Unternehmen, in: Steuerrecht international tätiger Unternehmen, hrsg. von JÖRG M. MÖSSNER u.a., 3. Aufl., Köln 2005, Rn. C 258 (in der neuesten Auflage nicht mehr enthalten); a.A. JACOBS, OTTO H.: Internationale Unternehmensbesteuerung, 6. Aufl., München 2007, S. 687 (in der neuesten Auflage nicht mehr enthalten).

[1290] Vgl. WASSERMEYER, FRANZ: § 1 AStG, in: Kommentar zum Außensteuerrecht, hrsg. von FRANZ WASSERMEYER, HUBERTUS BAUMHOFF und JENS SCHÖNFELD, Köln (Loseblatt), Stand: März 2013, Rn. 8.

[1291] Vgl. KAMINSKI, BERT: Teil II B, in: Internationales Steuerrecht, hrsg. von SIEGFRIED GROTHERR u.a., 3. Aufl., Achim 2010, S. 278.

[1292] Vgl. auch JACOBS, OTTO H.: Internationale Unternehmensbesteuerung, 7. Aufl., München 2011, S. 752. BAUMHOFF spricht in diesem Zusammenhang von einer „Meistbegünstigung zugunsten der Finanzverwaltung"; BAUMHOFF, HUBERTUS: Internationale Einkunftsabgrenzung auf der Grundlage des Fremdvergleichs, in: Steuerrecht international tätiger Unternehmen, hrsg. von JÖRG M. MÖSSNER u.a., 4. Aufl., Köln 2012, Rn. 3.57.

[1293] Vgl. hierzu ausführlich KUßMAUL, HEINZ/MÜLLER, FLORIAN: Die Voraussetzungen zur Einkünfteberichtigung bei internationalen Verflechtungen nach § 1 AStG, in: StB 2013, S. 152-157; KUßMAUL, HEINZ/RUINER, CHRISTOPH: Die sog. Standardmethoden zur Ermittlung fremdvergleichskonformer Verrechnungspreise – Einordnung und Arten der Vergleichbarkeit unter besonderer Berücksichtigung der Unternehmensteuerreform 2008, in: IStR 2010, S. 497-500; KUßMAUL, HEINZ/RUINER, CHRISTOPH: Die sog. Standardmethoden zur Ermittlung fremdvergleichskonformer Verrechnungspreise – Preisvergleichsmethode, Wiederverkaufspreismethode und Kostenaufschlagsmethode, in: IStR 2010, S. 605-611; RUINER, CHRISTOPH: Die Verlegung des effektiven Verwaltungssitzes ins Ausland, in: Bilanz-, Prüfungs- und Steuerwesen, hrsg. von KARLHEINZ KÜTING, CLAUS-PETER WEBER und HEINZ KUßMAUL, Bd. 20, Berlin 2011, S. 80-93.

im Hinblick auf die ausgeübten Funktionen, die eingesetzten Wirtschaftsgüter und die übernommenen Chancen und Risiken (Funktionsanalyse) für diese Methoden vergleichbar sind. Mehrere solche Werte bilden wiederum eine Brandbreite. In der Praxis kommt jedoch eine uneingeschränkte Vergleichbarkeit aufgrund der engen Definition durch die Finanzverwaltung[1294] nur bei Lieferungen und Leistungen homogener Wirtschaftsgüter in Betracht.[1295]

Ist die Ermittlung solcher Fremdvergleichswerte nicht möglich, sind in der nächsten Stufe **eingeschränkt vergleichbare Werte** (z.B. Preise, Bruttomargen, Kostenaufschlagssätze, Provisionssätze) nach Vornahme sachgerechter Anpassungen der Anwendung einer geeigneten Verrechnungspreismethode zugrunde zu legen (§ 1 Abs. 3 S. 2 AStG). In diesen Fällen sieht der Gesetzgeber **keine Methodenhierarchie** vor, sodass alle transaktionsbezogenen Verrechnungspreismethoden gleichrangig zur Anwendung kommen können. Sind in diesen Fällen mehrere eingeschränkt vergleichbare Fremdvergleichswerte feststellbar, ist die sich daraus ergebende Bandbreite einzuengen (§ 1 Abs. 3 S. 3 AStG).[1296]

Können weder uneingeschränkt noch eingeschränkt vergleichbare Fremdvergleichswerte festgestellt werden, ist nach § 1 Abs. 3 S. 5 AStG ein **hypothetischer Fremdvergleich** durchzuführen. Dabei wird auf das Verhalten zweier ordentlicher und gewissenhafter Geschäftsführer – jeweils mit vollständiger Information (§ 1 Abs. 1 S. 3 AStG) – abgestellt, die auf Grundlage ihrer Preisvorstellungen einen sog. Einigungsbereich definieren und sich innerhalb dieses Einigungsbereichs auf einen Preis einigen. Dementsprechend hat der Steuerpflichtige aufgrund einer Funktionsanalyse und innerbetrieblicher Planrechnungen den Mindestpreis des Leistenden und den Höchstpreis des Leistungsempfängers unter Berücksichtigung funktions- und risikoadäquater Kapitalisierungszinssätze zu ermitteln (§ 1 Abs. 3 S. 6 AStG). Der **Einigungsbereich** wird wiederum von den jeweiligen **Gewinnerwartungen** (Gewinnpotenzialen) determiniert. Anschließend ist der Preis im Einigungsbereich der Einkünfteermittlung zugrunde zu legen, der dem Fremdvergleichsgrundsatz mit der höchsten Wahrscheinlichkeit entspricht; wird jedoch kein anderer Wert glaubhaft gemacht, ist der Mittelwert des Einigungsbereichs heranzuziehen (§ 1 Abs. 2 S. 7 AStG).

b) Funktionsverlagerung

Es liegt im Ermessen der Konzerne, welche der Konzerngesellschaften und in welchem Umfang Produktions- oder Vertriebsfunktionen ausübt. Dementsprechend führte auch bisher eine Funktionsverlagerung zu steuerlichen Gewinnkorrekturen insb., wenn im Rahmen der Funktionsverlagerung materielle oder immaterielle Wirtschaftsgüter ohne angemessenes

---

[1294] Vgl. BMF-Schreiben vom 12.04.2005, BStBl I 2005, S. 570.

[1295] Vgl. hierzu und zum Folgenden RÖDDER, THOMAS: Unternehmensteuerreform 2008, in: DStR 2007, Beihefter zu Heft 40, S. 1-19, s.b.S. 14; WEHNERT, OLIVER/BRÜNINGHAUS, DIRK/FRANKE, VERONA: Änderungen bei Verrechnungspreisen, in: Die Unternehmensteuerreform 2008, hrsg. von ERNST & YOUNG, Bonn/Berlin 2007, S. 182.

[1296] Liegt der vom Steuerpflichtigen für seine Einkünfteermittlung verwendete Wert außerhalb der Bandbreite – im Falle uneingeschränkt vergleichbarer Fremdvergleichswerte – bzw. der eingeengten Bandbreite – im Falle eingeschränkt vergleichbarer Fremdvergleichswerte –, ist nach § 1 Abs. 3 S. 4 AStG der sog. Median maßgeblich. Dieser ist so definiert, dass mindestens 50 % aller Merkmalswerte kleiner oder gleich und mindestens 50 % aller Merkmalswerte auch größer oder gleich diesem Wert sind (sog. häufigster Wert); vgl. RÖDDER, THOMAS: Unternehmensteuerreform 2008, in: DStR 2007, Beihefter zu Heft 40, S. 1-19, s.b.S. 14.

Entgelt auf nahestehende Personen übertragen wurden. Dabei wurde das Besteuerungsrecht alleine aus dem **Fremdvergleichsgrundsatz** (§ 1 Abs. 1 AStG a.F.) abgeleitet.

Mit der Unternehmensteuerreform 2008 wurde die Funktionsverlagerung nunmehr explizit definiert. So liegt nach § 1 Abs. 3 S. 9 AStG eine **Funktionsverlagerung** vor, wenn „eine Funktion einschließlich der dazugehörigen Chancen und Risiken und der mit übertragenen oder überlassenen Wirtschaftsgüter und sonstigen Vorteile verlagert" wird. Die Funktion wird von einem Unternehmen (verlagerndes Unternehmen) auf ein anderes Konzernunternehmen (übernehmendes Unternehmen) übertragen. Dabei muss es sich bei den Unternehmen um nahestehende Personen i.S.d. § 1 Abs. 2 AStG handeln. Durch die Übertragung oder nutzungsbedingte Überlassung der Wirtschaftsgüter und sonstigen Vorteile sowie den damit verbundenen Chancen und Risiken wird bei dem verlagernden Unternehmen die Ausübung der Funktion eingeschränkt. Als einer der Hauptgründe für die Verlagerung betrieblicher Funktionen ins Ausland wird das hohe Kostenniveau in Deutschland angeführt. Unter Bezugnahme auf die allgemeinen betriebswirtschaftlichen Erkenntnisse lassen sich die folgenden Ausprägungsformen von Funktionsverlagerungen abgrenzen:[1297]

- **Funktionsausgliederung**: die vollständige grenzüberschreitende Verlagerung einer Funktion in Verbindung mit der Übertragung aller damit verbundenen Ertragschancen und -risiken sowie jeglicher Entscheidungskompetenzen (z.B. Verlagerung der Herstellung bestimmter Produkte einschließlich der Vertriebsverantwortung);

- **Funktionsabschmelzung**: die grenzüberschreitende Verlagerung von Teilen einer Funktion (z.B. Abschmelzung einer Vertriebsgesellschaft vom Eigenhändler zum Kommissionär);

- **Funktionsabspaltung**: die grenzüberschreitende Verlagerung (eines Teils) einer Funktion unter Beibehaltung der dazugehörigen Chancen und Risiken im Inland (z.B. Verlagerung der Herstellung von Teilkomponenten auf einen ausländischen Lohnfertiger);

- **Funktionsausweitung** bzw. **Funktionsvervielfältigung**: Ausweitung bzw. Vervielfältigung einer im Inland weiterhin ausgeübten Funktion (z.B. Neuaufbau einer ausländischen Produktionsstätte zur Ausweitung der Produktionskapazitäten).

Nach der Gesetzesbegründung kommt es bei der Abgrenzung einer Funktion nicht auf die **Erfüllung der Teilbetriebsvoraussetzungen** an.[1298] Dementsprechend setzt die Funktionsverlagerung keine Verlagerung der wesentlichen Betriebsgrundlagen, insb. der Grundstücke, voraus.

Bei einer Funktionsverlagerung hat der Steuerpflichtige nach § 1 Abs. 3 S. 9 AStG das Entgelt auf Grundlage einer Verlagerung der Funktion als Ganzes (**Transferpaket**) zu bestimmen. Hierbei ist ein kodifiziertes Stufenverhältnis zu berücksichtigen. Für die Ableitung eines angemessenen Verrechnungspreises wird zunächst auf den tatsächlichen Fremdver-

---

[1297] Vgl. BAUMHOFF, HUBERTUS/DITZ, XAVER/GREINERT, MARKUS: Auswirkungen des Unternehmensteuerreformgesetzes 2008 auf die Besteuerung grenzüberschreitender Funktionsverlagerungen, in: DStR 2007, S. 1649-1655, s.b.S. 1650.

[1298] Vgl. BR-Drs. 220/07, S. 144.

gleich abgestellt.[1299] Falls (nach sachgerechter Anpassung) uneingeschränkt vergleichbare Fremdvergleichswerte vorliegen, ist die Preisermittlung anhand dieser vorzunehmen. Die Ermittlung des Fremdvergleichspreises erfolgt dann nach einer der in § 1 Abs. 3 S. 1 AStG aufgeführten Methoden (sog. Standardmethoden).[1300] Stehen keine uneingeschränkt vergleichbaren Fremdwerte zur Verfügung, wird der maßgebliche Verrechnungspreis gem. § 1 Abs. 3 S. 2 AStG mit Hilfe von eingeschränkt vergleichbaren Fremdwerten, nach Vornahme sachgerechter Anpassungen, bestimmt. Können weder uneingeschränkt vergleichbare noch eingeschränkt vergleichbare Fremdwerte ermittelt werden, so ist das Entgelt für die Funktionsverlagerung nach § 1 Abs. 3 S. 5 AStG auf Basis des sog. hypothetischen Fremdvergleichs zu bestimmen.[1301] Grundlage der Bewertung des Transferpakets ist das Gewinnpotenzial, das sich wiederum aus den aus der Funktionsverlagerung ergebenden Gewinnerwartungen für das verlagernde und das übernehmende Unternehmen ergibt.[1302] Entsprechend der Systematik des hypothetischen Fremdvergleichs wird sich aus den durchzuführenden Bewertungen ein **Einigungsbereich** ergeben. Anschließend ist der **höchst wahrscheinliche Wert** anzusetzen. Sollte der Steuerpflichtige nicht in der Lage sein, einen anderen Wert glaubhaft zu machen, ist der Mittelwert heranzuziehen.

Beispiel: **(Vereinfachte Berechnung eines Transferpakets)**[1303]

Die A-GmbH verlagert ihre Produktion und den Vertrieb für ein Produkt einschließlich des dazugehörigen Kundenstamms auf die ausländische Tochtergesellschaft H-Kft. (Korlátolt felelösségü társaság, vergleichbar einer deutschen GmbH) in Ungarn. Die Gewinnpotenziale der A-GmbH vor der Funktionsverlagerung belaufen sich auf 51.000 €. Durch die Funktionsverlagerung vermindern sich diese auf 50.525 €, wobei Schließungskosten in Höhe von 125 € für das verlagernde Unternehmen nicht in den Berechnungen berücksichtigt wurden. Die Berechnungen der Investitionen bei der übernehmenden H-Kft. zeigen, dass das Gewinnpotenzial durch die Verlagerung von 1.000 € auf 2.000 € gesteigert werden kann. Für die Ermittlung des Transferpakets ergeben sich folgende Berechnungen:

	Verlagerndes Unternehmen	**Übernehmendes Unternehmen**
Gewinnpotenzial vor der Funktionsverlagerung	51.000 €	1.000 €
Gewinnpotenzial nach der Funktionsverlagerung	50.525 €	2.000 €
Gewinnpotenzial der Funktion (ohne Schließungskosten)	475 €	1.000 €
Schließungskosten (Barwert)	125 €	0 €
Mindestpreis respektive Höchstpreis	600 €	1.000 €
Mittelwert (Transferpaketwert)	800 €	

[1299] Vgl. BAUMHOFF, HUBERTUS/DITZ, XAVER/GREINERT, MARKUS: Die Besteuerung von Funktionsverlagerungen nach der Funktionsverlagerungsverordnung vom 12.8.2008, in: DStR 2008, S. 1948. Ein tatsächlicher Fremdvergleich ist durchzuführen, falls anhand anderer konkret existenter Rechtsgeschäfte zwischen fremden Dritten die Angemessenheit der Verrechnungspreise überprüft werden kann.

[1300] Preisvergleichsmethode, Wiederverkaufspreismethode oder Kostenaufschlagsmethode.

[1301] Vgl. ausführlich zum hypothetischen Fremdvergleich ROEDER, ACHIM: Ökonomische Aspekte des hypothetischen Fremdvergleichs, in: Ubg 2008, S. 202-208.

[1302] Vgl. WEHNERT, OLIVER/BRÜNINGHAUS, DIRK/FRANKE, VERONA: Änderungen bei Verrechnungspreisen, in: Die Unternehmenssteuerreform 2008, hrsg. von ERNST & YOUNG, Bonn/Berlin 2007, S. 192.

[1303] Modifiziert entnommen aus: FRISCHMUTH, MARKUS: Fragwürdigkeiten der Verrechnungspreisermittlung beim Transferpaket nach der FVerlV – Grundsätze und Beispielfälle, in: StuB 2009, S. 174-182, s.b.S. 176 f.

Gem. § 1 Abs. 3 S. 10 AStG kann der Steuerpflichtige in bestimmten Fällen von einer Transferpaket-Bewertung absehen (sog. **Escape-Klausel**).[1304] Dazu muss er jedoch glaubhaft machen, dass

- keine wesentlichen immateriellen Wirtschaftsgüter und Vorteile Gegenstand der Funktionsverlagerung waren oder
- die Summe der Einzelverrechnungspreise, gemessen an der Bewertung des Transferpakets als Ganzes, dem Fremdvergleichsgrundsatz entspricht oder
- zumindest ein wesentliches immaterielles Wirtschaftsgut Gegenstand der Funktionsverlagerung ist und er dieses genau bezeichnet.

Es erfolgt dann keine Bewertung der Funktion als Ganzes (Transferpaket). Stattdessen ist es dem Steuerpflichtigen möglich, fremdvergleichskonforme **Einzelverrechnungspreise** für alle im Zuge der Funktionsverlagerung übergehenden Wirtschaftsgüter und Dienstleistungen anzusetzen.

2. Die erweiterte beschränkte Steuerpflicht bei Wohnsitzwechsel in ein Niedrigsteuerland

Die §§ 2-5 AStG schränken die Steuervorteile, die durch die **Wohnsitzverlegung ins Ausland** entstehen, bei der Einkommen- und Erbschaftsteuer durch die **erweiterte beschränkte Steuerpflicht** ein.[1305]

Der in § 2 AStG geregelten erweiterten beschränkten Einkommensteuerpflicht unterliegen

- **natürliche Personen**,
- die während der letzten **zehn Jahre** vor Ende der unbeschränkten Steuerpflicht
- mindestens **fünf Jahre**
- als **deutsche Staatsangehörige**
- **unbeschränkt steuerpflichtig** waren und
- in einem ausländischen Gebiet ansässig sind und dort nicht oder nur **niedrig besteuert** werden oder in keinem ausländischen Gebiet ansässig sind und
- **wesentliche wirtschaftliche Interessen** im Inland haben.

„**Deutscher**" i.S.d. § 2 AStG ist eine Person mit deutscher Staatsangehörigkeit; ob daneben weitere Staatsangehörigkeiten bestehen oder die deutsche Staatsangehörigkeit nach dem Wegzug aufgegeben wurde, ist dabei unerheblich.[1306] Wichtig ist die Forderung nach einem

---

[1304] Vgl. ausführlich RUINER, CHRISTOPH: Die Verlegung des effektiven Verwaltungssitzes ins Ausland, in: Bilanz-, Prüfungs- und Steuerwesen, hrsg. von KARLHEINZ KÜTING, CLAUS-PETER WEBER und HEINZ KUSSMAUL, Bd. 20, Berlin 2011, S. 158-166.

[1305] Vgl. zu den Tatbestandsmerkmalen WILKE, KAY-MICHAEL: Lehrbuch Internationales Steuerrecht, 11. Aufl., Herne 2012, S. 234-239. Vgl. hierzu auch KUSSMAUL, HEINZ/CLOSS, CHRISTINE: Der persönliche Anwendungsbereich des § 2 AStG – Wohnsitzverlagerung in das niedrig besteuernde Ausland, in: StuB 2010, S. 264-267; KUSSMAUL, HEINZ/CLOSS, CHRISTINE: Die sachlichen Voraussetzungen des § 2 AStG – Mögliche Auswirkungen durch das UntStRefG 2008, in: StuB 2010, S. 501-507.

[1306] Vgl. BASSLER, JOHANNES: § 2 AStG, in: Kommentar zum Außensteuerrecht, hrsg. von FRANZ WASSERMEYER, HUBERTUS BAUMHOFF und JENS SCHÖNFELD, Köln (Loseblatt), Stand: März 2013, Rn. 48 und 49.

Ende der unbeschränkten Steuerpflicht. § 2 AStG greift bspw. nicht bei Verlegung des Hauptwohnsitzes ins Ausland unter Beibehaltung eines Wohnsitzes im Inland.[1307]

Für die Qualifizierung der Besteuerung als „**niedrig**" bestehen zwei mögliche Tatbestände:

- Ein fiktiver unverheirateter Steuerpflichtiger müsste im betrachteten ausländischen Staat auf ein zu versteuerndes Einkommen von 77.000 € eine Steuer zahlen, die um mehr als ein Drittel geringer wäre als die entsprechende Steuer im Inland (**abstrakter Steuerbelastungsvergleich** gem. § 2 Abs. 2 Nr. 1 AStG).

- Der Steuerpflichtige könnte in dem ausländischen Staat eine **Vorzugsbesteuerung** in Anspruch nehmen (§ 2 Abs. 2 Nr. 2 AStG). Allein die Tatsache, dass der ausländische Staat grundsätzlich Verträge schließt oder Abmachungen trifft, die eine steuerliche Bevorzugung bewirken, führt zur Annahme einer niedrigen Besteuerung, unabhängig von der tatsächlichen Inanspruchnahme dieser Möglichkeit durch den Steuerpflichtigen.[1308]

In beiden Fällen kann der Steuerpflichtige den Nachweis erbringen, dass seine konkrete individuelle Einkommensteuer im ausländischen Staat mindestens 2/3 der Einkommensteuer beträgt, die er in Deutschland bei unbeschränkter Steuerpflicht zu entrichten hätte (**konkreter Steuerbelastungsvergleich**). Dann unterliegt er nicht der erweiterten beschränkten Einkommensteuerpflicht. Der konkrete Steuerbelastungsvergleich wird von den zuständigen deutschen Finanzbehörden unter Mitwirkung des Steuerpflichtigen i.R. einer **Schattenveranlagung** durchgeführt.[1309]

Drei Sachverhalte können zum Vorliegen **unmittelbarer wesentlicher wirtschaftlicher Interessen** des Steuerpflichtigen im Inland führen:

- Der Steuerpflichtige ist **Unternehmer oder Mitunternehmer** und unterhält im Inland einen Gewerbebetrieb; bei Kommanditisten ist eine Beteiligung erforderlich, die dazu führt, dass darauf mehr als 25 % der Einkünfte der KG entfallen. Auch eine Beteiligung i.S.d. § 17 Abs. 1 EStG an einer inländischen Kapitalgesellschaft führt zum Vorliegen wesentlicher wirtschaftlicher Interessen (§ 2 Abs. 3 Nr. 1 AStG).

- Der Steuerpflichtige bezieht Inlandseinkünfte, die entweder mehr als **30 % seines Welteinkommens** betragen oder **62.000 €** übersteigen; ausländische Einkünfte i.S.v. § 34d Abs. 1 EStG[1310] sind nicht mit einzubeziehen (§ 2 Abs. 3 Nr. 2 AStG).

- Das **Inlandsvermögen** des Steuerpflichtigen übersteigt **154.000 €** oder repräsentiert mehr **als 30 % seines Gesamtvermögens** (§ 2 Abs. 3 Nr. 3 AStG).

[1307] Vgl. RUNDSHAGEN, HELMUT: Teil II C, in: Internationales Steuerrecht, hrsg. von SIEGFRIED GROTHERR u.a., 3. Aufl., Achim 2010, S. 405.

[1308] Vgl. RUNDSHAGEN, HELMUT: Teil II C, in: Internationales Steuerrecht, hrsg. von SIEGFRIED GROTHERR u.a., 3. Aufl., Achim 2010, S. 407.

[1309] Vgl. SCHAUMBURG, HARALD: Internationales Steuerrecht, 3. Aufl., Köln 2011, S. 229.

[1310] I.R.d. Jahressteuergesetzes 2009 hat der Gesetzgeber zwar in § 2 Abs. 1 S. 1 AStG den Verweis „§ 34c EStG" in „§ 34d EStG" geändert, sodass § 2 AStG seither zutreffend auf ausländische Einkünfte i.S.d. § 34d EStG verweist. Dabei hat er es jedoch versäumt, die Verweise in § 2 Abs. 3 Nr. 2 und Nr. 3 AStG ebenfalls anzupassen, die unverändert auf „§ 34c EStG" anstatt „§ 34d EStG" verweisen. Der fehlerhafte Hinweis ist materiell aber ohne Bedeutung; vgl. BAßLER, JOHANNES: § 2 AStG, in: Kommentar zum Außensteuerrecht, hrsg. von FRANZ WASSERMEYER, HUBERTUS BAUMHOFF und JENS SCHÖNFELD, Köln (Loseblatt), Stand: März 2013, Rn. 281.

Beispiel: **(Voraussetzungen der erweiterten beschränkten Steuerpflicht)**[1311]

Der französische Staatsangehörige Y erwirbt, nachdem er 12 Jahre in Deutschland gelebt hat, die deutsche Staatsangehörigkeit. Nach weiteren drei Jahren gibt er seinen Wohnsitz in Deutschland auf und zieht auf die Kanalinsel Guernsey (Niedrigsteuerland). Während seines Aufenthaltes in Deutschland war Y die ganze Zeit über unbeschränkt steuerpflichtig. Weiterhin ist Y als Kommanditist einer inländischen KG mit 40 % an deren Gewinn beteiligt.

Die Voraussetzungen der erweiterten beschränkten Einkommensteuerpflicht liegen nicht vor, da Y vor Ende der unbeschränkten Steuerpflicht nicht mindestens fünf Jahre als deutscher Staatsangehöriger unbeschränkt steuerpflichtig war.

Die Voraussetzungen für das Vorliegen **mittelbarer wesentlicher wirtschaftlicher Interessen** sind in § 2 Abs. 4 AStG i.V.m. § 5 AStG geregelt. Diese Regelungen betreffen Steuerpflichtige, die in ein Niedrigsteuerland ziehen und ihr gesamtes Vermögen auf eine ausländische Kapitalgesellschaft übertragen. Folglich haben nicht die Steuerpflichtigen selbst, sondern hat die ausländische Kapitalgesellschaft wesentliche wirtschaftliche Interessen im Inland.[1312] Allerdings fallen nur ausländische Zwischengesellschaften i.S.d. § 7 AStG in den Anwendungsbereich des § 5 AStG (vgl. S. 761).

Wesentliche **Rechtsfolge** der erweiterten beschränkten Einkommensteuerpflicht gem. § 2 AStG ist die Besteuerung der erweiterten Inlandseinkünfte. Hiermit sind die der beschränkten Einkommensteuer unterliegenden Einkünfte in § 49 Abs. 1 EStG zzgl. der nicht ausländischen Einkünfte i.S.d. § 34d EStG gemeint. Letztere umfassen:[1313]

– Einkünfte aus Gewerbebetrieb, die weder einer inländischen noch einer ausländischen Betriebstätte zuzurechnen sind, sowie solche, die aus Bürgschafts- und Avalprovisionen erzielt werden, deren Schuldner unbeschränkt steuerpflichtig ist;

– Einkünfte aus der Veräußerung von Wirtschaftsgütern, die zum Anlagevermögen eines ausländischen Betriebs gehören und im Inland belegen sind, einschließlich eines nicht bereits unter § 17 EStG fallenden Gewinns aus der Veräußerung von Anteilen an einer inländischen Kapitalgesellschaft;

– Einkünfte aus Kapitalvermögen i.S.d. § 20 EStG, wenn der Schuldner unbeschränkt steuerpflichtig ist und das Kapitalvermögen nicht durch ausländischen Grundbesitz gesichert ist;

– Einkünfte aus Vermietung und Verpachtung von beweglichem Vermögen im Inland, sofern dieses nicht zu einem im Ausland belegenen Sachinbegriff gehört;

– Einkünfte aus wiederkehrenden Bezügen i.S.d. § 22 Nr. 1 EStG, wenn der Verpflichtete unbeschränkt steuerpflichtig ist oder seinen Sitz im Inland hat;

– Einkünfte aus privaten Veräußerungsgeschäften (Spekulationsgeschäften) i.S.d. § 22 Nr. 2 EStG, soweit die veräußerten Wirtschaftsgüter nicht im Ausland belegen sind;

[1311] In Anlehnung an RUNDSHAGEN, HELMUT: Teil II C, in: Internationales Steuerrecht, hrsg. von SIEGFRIED GROTHERR u.a., 3. Aufl., Achim 2010, S. 406.

[1312] Vgl. BARANOWSKI, KARL-HEINZ: Besteuerung von Auslandsbeziehungen, 2. Aufl., Herne/Berlin 1996, Rn. 810.

[1313] Vgl. BMF-Schreiben vom 14.05.2004, BStBl I 2004 (Sondernummer 1), Rn. 2.5.0.1.

- Einkünfte aus Leistungen, wenn der Vergütungsschuldner unbeschränkt steuerpflichtig ist;
- andere Einkünfte, die nach §§ 34d, 49 EStG weder als inländische noch als ausländische Einkünfte qualifiziert werden (z.B. Erträge aus beweglichen Sachen, die nicht zum Anlagevermögen eines ausländischen Betriebs gehören), sowie
- Einkünfte, die dem Steuerpflichtigen nach § 5 AStG bzw. § 15 AStG zuzurechnen sind.

Der Steuersatz für die der erweiterten beschränkten Steuerpflicht unterliegenden Einkünfte ergibt sich unter Berücksichtigung sämtlicher Einkünfte (Welteinkommen) des Steuerpflichtigen (**Progressionsvorbehalt** gem. § 2 Abs. 5 AStG). I.R.d. Amtshilferichtlinie-Umsetzungsgesetzes[1314] hat der Gesetzgeber in § 2 Abs. 5 S. 1 2. Halbsatz AStG n.F. allerdings klargestellt, dass Einkünfte aus Kapitalvermögen, die dem gesonderten Steuersatz des § 32d Abs. 1 EStG unterliegen, bei der Ermittlung des hier maßgeblichen Steuersatzes außer Betracht bleiben. Durch die Neuregelung werden die Einkünfte aus Kapitalvermögen in Zukunft ausdrücklich vom Progressionsvorbehalt i.S.d. § 2 Abs. 5 AStG ausgenommen. Außerdem hat der Gesetzgeber im Zuge dieses Gesetzes mit einer Änderung des § 2 Abs. 5 S. 2 AStG veranlasst, dass die Kapitalertragsteuer im Kontext der erweiterten beschränkten Steuerpflicht i.d.R. abgeltende Wirkung hat.

§ 4 AStG enthält analog zu § 2 AStG Regelungen zur **erweiterten beschränkten Erbschaft- und Schenkungsteuerpflicht**.[1315] Soweit der Tatbestand des § 4 Abs. 1 AStG, welcher an § 2 AStG anknüpft, gegeben ist, unterliegen nicht nur Vermögensteile, die i.R.d. beschränkten Erbschaft- und Schenkungsteuerpflicht erfasst werden, der Steuerpflicht, sondern das gesamte nichtausländische Vermögen. Die Abgrenzung erfolgt auch hier unter Bezugnahme auf § 34d EStG[1316]. Sofern der Steuerpflichtige nachweist, dass der steuerpflichtige Erwerb im Ausland einer der deutschen Erbschaftsteuer entsprechenden Steuer i.H.v. mindestens 30 % der deutschen Erbschaftsteuer unterlag, kommt § 4 AStG nicht zur Anwendung.

[1314] Vgl. hierzu das „Gesetz zur Umsetzung der Amtshilferichtlinie sowie zur Änderung steuerlicher Vorschriften" vom 29.06.2013, BGBl I 2013, S. 1809.

[1315] Vgl. auch KUẞMAUL, HEINZ/CLOẞ, CHRISTINE: Die erweiterte beschränkte Erbschaft- und Schenkungsteuerpflicht des § 4 AStG – Voraussetzungen, Rechtsfolgen und Gestaltungsempfehlungen, in: StuB 2010, S. 704-708.

[1316] Während der Gesetzgeber i.R.d. Jahressteuergesetzes 2009 den Verweis in § 2 Abs. 1 S. 1 AStG berichtigt hat („§ 34d EStG" anstatt „§ 34c EStG"), ist eine sachgerechte Korrektur des § 4 AStG nicht erfolgt. Der Verweis in § 4 AStG ist insoweit fehlerhaft, aber materiell ohne Bedeutung; vgl. BAẞLER, JOHANNES: § 4 AStG, in: Kommentar zum Außensteuerrecht, hrsg. von FRANZ WASSERMEYER, HUBERTUS BAUMHOFF und JENS SCHÖNFELD, Köln (Loseblatt), Stand: März 2013, Rn. 63.

Beispiel: (Beispielhafte Darstellung der erweiterten beschränkten Einkommensteuerpflicht des § 2 AStG bei einer Auswanderung in ein Niedrigsteuerland)[1317]

Willi Wanderer ist deutscher Staatsangehöriger und lebt seit seiner Geburt 1970 in Deutschland. Am 02.01.2013 wandert er in ein Niedrigsteuerland aus. Im VAZ 2013 bezieht er folgende Einkünfte:

- Gewinnanteil aus der Beteiligung an der Willi Wanderer OHG i.H.v. 20.000 €;
- Zinsen aus einer Darlehensforderung gegen Erwin Müller aus Dortmund i.H.v. 12.000 € (Besicherung des Darlehens durch Grundstück in Belgien);
- Zinsen aus einem Darlehen an seinen Freund Klaus Müller aus München i.H.v. 8.000 € (Besicherung des Darlehens durch Grundstück in München);
- Zinsen aus einem ungesicherten Darlehen an seinen Freund Fritz Müller aus Stuttgart i.H.v. 10.000 €;
- Einkünfte aus einem Hotelbetrieb in dem Niedrigsteuerland i.H.v. 75.000 €.

Für Willi Wanderer endet mit dem Wohnsitzwechsel die unbeschränkte Steuerpflicht in Deutschland. Es ist daher zu prüfen, ob für ihn § 2 AStG zur Anwendung kommt. Voraussetzung hierfür ist, dass Willi Wanderer in den letzten zehn Jahren vor dem Ende der unbeschränkten Steuerpflicht mind. fünf Jahre als Deutscher unbeschränkt steuerpflichtig war. Dies ist der Fall, da er die deutsche Staatsangehörigkeit besitzt und vor seinem Wegzug mehr als 40 Jahre aufgrund seines inländischen Wohnsitzes unbeschränkt steuerpflichtig war.

Weiterhin ist es erforderlich, dass er auch nach seinem Wegzug wesentliche Interessen im Inland hat. Dies ist ebenfalls zu bejahen, da die Beteiligung an einer OHG als wesentliches wirtschaftliches Interesse im Inland gewertet wird (§ 2 Abs. 3 Nr. 1 AStG).

Zudem ist es zwingend notwendig, dass Willi Wanderer in dem Staat, in den er im VAZ 2013 ausgewandert ist, einer niedrigen Besteuerung unterliegt. Das Land, in dem Willi Wanderer in Zukunft lebt, hat eine Einkommensteuerquote von bis zu 17,1 %, d.h. diese ist wesentlich geringer als die Einkommensteuerquote in Deutschland, sodass hier das Vorliegen einer niedrigen Besteuerung i.S.d. § 2 Abs. 2 Nr. 1 AStG angenommen werden kann. Im VAZ 2013 bspw. beträgt die Einkommensteuer bei einem fiktiven steuerpflichtigen Einkommen von 77.000 € 24.144 €, sodass die schädliche Grenze bei 16.096 € bzw. 20,90 % liegt (wenn man davon ausgeht, dass die fiktive Einkommensteuerbelastung auf Grundlage des allgemeinen Steuertarifs nach § 32a Abs. 1 EStG berechnet wird und der Steuersatz für Einkünfte aus Kapitalvermögen i.R.d. abstrakten Belastungsvergleichs unberücksichtigt bleibt).

Willi Wanderer unterliegt im Jahr 2013 und den folgenden zehn Jahren der erweiterten beschränkten Einkommensteuerpflicht mit allen Einkünften i.S.d. § 2 Abs. 1 EStG, die nicht ausländische Einkünfte i.S.d. § 34d EStG sind. Willi Wanderer hat daher im VAZ 2013 folgende Einkünfte zu versteuern:

1.	Einkünfte aus Gewerbebetrieb (§ 49 Abs. 1 Nr. 2 Buchst. a EStG)		20.000 €
2.	Zinsen aus ungesichertem Darlehen (Es fehlt zwar an der dinglichen Sicherung gem. § 49 Abs. 1 Nr. 5 Buchst. c Doppelbuchst. aa EStG, jedoch stellen diese Zinsen nicht ausländische Einkünfte i.S.d. § 34d Nr. 6 EStG dar.)		10.000 €
3.	Zinsen aus Darlehen, welches durch inländischen Grundbesitz gesichert ist (§ 49 Abs. 1 Nr. 5 Buchst. c Doppelbuchst. aa EStG)		8.000 €

Die Einkünfte aus dem Hotelbetrieb sind ausländische Einkünfte i.S.d. § 34d Nr. 2 Buchst. a EStG und daher nicht zu versteuern.

Die Zinsen aus dem durch ausländischen Grundbesitz gesicherten Darlehen sind ausländische Einkünfte i.S.d. § 34d Nr. 6 EStG und unterliegen nicht der inländischen Steuer.

[1317] In Anlehnung an WILKE, KAY-MICHAEL: Fallsammlung Internationales Steuerrecht, 9. Aufl., Herne 2011, S. 207. Sowohl der SolZ als auch eine mögliche Kirchensteuerpflicht werden im Folgenden vernachlässigt. Vgl. beispielhaft zur Wohnsitzverlagerung in die Schweiz KUßMAUL, HEINZ/CLOß, CHRISTINE: Die Rechtsfolgen des § 2 AStG unter besonderer Berücksichtigung einer Wohnsitzverlagerung in die Schweiz – Wegzug in ein Niedrigsteuerland, in: StuB 2010, S. 936-940.

Die Einkommensteuer ist gem. § 50 Abs. 1 S. 2 EStG i.V.m. § 32a Abs. 1 EStG zu berechnen, wobei der Progressionsvorbehalt gem. § 2 Abs. 5 S. 1 und S. 2 AStG sowie der gesonderte Steuersatz für Kapitaleinkünfte gem. § 32d EStG zu berücksichtigen sind.

1. Schritt: Berechnung des maßgeblichen Steuersatzes i.R.d. Progressionsvorbehalts

	Einkünfte aus Gewerbebetrieb	20.000 €
+	Ausländische Einkünfte aus Hotelbetrieb	75.000 €
=	Zwischensumme	95.000 €
	Einkommensteuer gem. § 32a Abs. 1 EStG	31.704 €
	Maßgeblicher Steuersatz (bezogen auf 95.000 €)	33,37 %

2. Schritt: Berechnung der inländischen Einkommensteuer

	Im Inland zu versteuernde Zinsen	18.000 €
./.	Sparer-Pauschbetrag gem. § 20 Abs. 9 EStG	801 €
=	Einkünfte aus Kapitalvermögen	17.199 €
·	Gesonderter Steuersatz gem. § 20 Abs. 9 EStG	25 %
=	Einkommensteuer auf Einkünfte aus Kapitalvermögen	4.299,75 €
	Einkünfte aus Gewerbebetrieb	20.000 €
+	Grundfreibetrag gem. § 50 Abs. 1 S. 2 EStG	8.130 €
=	Zwischensumme	28.130 €
·	Steuersatz	33,37 %
=	Einkommensteuer auf Einkünfte aus Gewerbebetrieb	9.386,98 €
	Gesamte Einkommensteuerbelastung	13.686,73 €

3. Die Erfassung noch nicht realisierter stiller Reserven

a) Allgemeiner Entstrickungs- bzw. Verstrickungstatbestand

Werden Wirtschaftsgüter, die stille Reserven enthalten, aus dem Steuerhoheitsgebiet Deutschlands verbracht, ohne dass eine Veräußerung oder Entnahme stattfindet, kann es zu einem **dauernden Verlust der Besteuerungssubstanz** für Deutschland kommen. Der Verlust der Besteuerungssubstanz soll durch die Annahme einer Gewinnrealisierung durch **Steuerentstrickung** – das Ausscheiden aus der deutschen Steuerhoheit – vermieden werden.[1318]

Grundlage für die Erfassung der nicht realisierten stillen Reserven bei der Überführung von Wirtschaftsgütern aus einem inländischen Stammhaus in eine ausländische Betriebsstätte war die von der Rechtsprechung entwickelte „**finale Entnahmetheorie**".[1319] Sie unterstellte die Entnahme des Vermögensgegenstands aus dem Betriebsvermögen, welche die Auflösung der stillen Reserven zur Folge hatte. Die Differenz zwischen dem Teilwert und dem Buch-

---

[1318] Vgl. BARANOWSKI, KARL-HEINZ: Besteuerung von Auslandsbeziehungen, 2. Aufl., Herne/Berlin 1996, Rn. 296.

[1319] Vgl. BFH-Urteil vom 16.07.1969, BStBl II 1970, S. 175; BFH-Urteil vom 30.05.1972, BStBl II 1972, S. 760; BFH-Urteil vom 13.11.1990, BStBl II 1991, S. 94. Die finale Entnahmetheorie kann aber nur greifen, wenn die überführten Wirtschaftsgüter nicht mehr der deutschen Besteuerung unterliegen, d.h., wenn die Betriebsstätte in einem Staat gelegen ist, mit dem ein DBA mit Freistellungsmethode abgeschlossen wurde; vgl. ROSE, GERD: Betrieb und Steuer, 5. Buch: Internationales Steuerrecht, 6. Aufl., Berlin 2004, S. 96.

wert – die „stille Reserve" – unterlag dann der Besteuerung, obwohl eine wirkliche Gewinnrealisierung nicht stattgefunden hatte.

Unter Zugrundelegung des Betriebstättenerlasses vom 24.12.1999 akzeptierte die Finanzverwaltung auch die **„Methode der aufgeschobenen Gewinnrealisierung"**, wonach die Differenz zwischen Fremdvergleichspreis und Buchwert durch Bildung eines Ausgleichspostens letztendlich erst beim Ausscheiden des betreffenden Wirtschaftsguts aus dem **Betriebsvermögen** der Betriebstätte besteuert wurde.[1320] Bei abnutzbaren Wirtschaftsgütern des Anlagevermögens erfolgte eine erfolgswirksame Auflösung des Ausgleichspostens verteilt über die Restnutzungsdauer. Der Steuerpflichtige hatte aber ein **Wahlrecht** und konnte auch für die sofortige Versteuerung der stillen Reserven optieren.[1321]

Im Zuge von SEStEG wurde die Steuerentstrickung neu geregelt. Nach § 4 Abs. 1 S. 3 EStG führt der Ausschluss oder die Beschränkung des Besteuerungsrechts Deutschlands hinsichtlich des Gewinns aus der Veräußerung oder der Nutzung eines Wirtschaftsguts zu einer **Entnahme für betriebsfremde Zwecke**. Nach § 6 Abs. 1 Nr. 4 S. 1 2. Halbsatz EStG ist die fiktive Entnahme mit dem **gemeinen Wert** anzusetzen. Damit unterliegt die Differenz zwischen dem gemeinen Wert und dem Buchwert der Besteuerung. Im Gegensatz zum alten Recht betrifft die Steuerentstrickung nicht nur die Beendigung (z.B. die Überführung der Wirtschaftsgüter in eine Freistellungsbetriebstätte), sondern auch die Beschränkung der deutschen Besteuerungsrechte (z.B. wenn die ausländische Steuer im Wege einer Anrechnung zu berücksichtigen ist).[1322]

Um die europarechtlichen Bedenken hinsichtlich der neuen Regelung zu relativieren, wurde die Steuerentstrickung durch § 4g EStG ergänzt. Wird ein **Wirtschaftsgut des Anlagevermögens** in eine EU-Betriebstätte überführt, können **unbeschränkt Steuerpflichtige** auf einen unwiderruflichen Antrag einen Ausgleichsposten i.H.d. stillen Reserven bilden und damit eine Sofortbesteuerung vermeiden. Der Ausgleichsposten ist im Jahr der Bildung sowie in den nachfolgenden vier Wirtschaftsjahren zu jeweils einem **Fünftel gewinnerhöhend** aufzulösen.

Der Ausgleichsposten ist allerdings gem. § 4g Abs. 2 S. 2 Nr. 1-3 EStG vorzeitig **in vollem Umfang** gewinnerhöhend aufzulösen, wenn

– das entnommene Wirtschaftsgut aus dem Betriebsvermögen des Steuerpflichtigen ausscheidet,

– das entnommene Wirtschaftsgut aus der Besteuerungshoheit der EU-Mitgliedstaaten ausscheidet oder

---

[1320] Ein solcher Ausgleichsposten wird aber auf jeden Fall nach zehn Jahren aufgelöst. Somit kann eine Besteuerung auch schon vor dem Ausscheiden eines Wirtschaftsguts erfolgen; vgl. BMF-Schreiben vom 24.12.1999, BStBl I 1999, S. 1076, Rn. 2.6.1.

[1321] Vgl. BMF-Schreiben vom 24.12.1999, BStBl I 1999, S. 1076, Rn. 2.6.1. Vgl. auch FISCHER, LUTZ/KLEIN-EIDAM, HANS-JOCHEN/WARNEKE, PERYGRIN: Internationale Betriebswirtschaftliche Steuerlehre, 5. Aufl., Berlin 2005, S. 337-339.

[1322] Vgl. HAGEMANN, JENS/JACOB, BURKHARD/ROPOHL, FLORIAN/VIEBROCK, BJÖRN: SEStEG – Das neue Konzept der Verstrickung und Entstrickung sowie die Neufassung des Umwandlungssteuergesetzes, NWB-Sonderheft 1 2007, S. 1-44, s.b.S. 2.

– die stillen Reserven des entnommenen Wirtschaftsguts im Ausland aufgedeckt werden oder in entsprechender Anwendung der Vorschriften des deutschen Steuerrechts hätten aufgedeckt werden müssen.

Wird das entnommene Wirtschaftsgut innerhalb der tatsächlichen Nutzungsdauer, spätestens jedoch vor Ablauf von fünf Jahren nach der Überführung **zurückgeführt**, ist nach § 4g Abs. 3 EStG der für dieses Wirtschaftsgut gebildete Ausgleichsposten ohne Auswirkungen auf den Gewinn aufzulösen. Das Wirtschaftsgut ist anschließend mit den fortgeführten Anschaffungskosten, erhöht um gewinnerhöhend berücksichtigte Auflösungsbeträge und um den Unterschiedsbetrag zwischen dem Rückführungswert und dem Buchwert im Zeitpunkt der Rückführung, höchstens jedoch mit dem gemeinen Wert, wieder im Inland anzusetzen.

Korrespondierend zur Regelung des § 4 Abs. 1 S. 3 EStG wird in § 12 Abs. 1 KStG der allgemeine Entstrickungstatbestand auch auf die Überführung eines Wirtschaftsguts in eine ausländische Betriebsstätte durch **Kapitalgesellschaften** erstreckt. Die Bildung des Ausgleichspostens i.S.v. § 4g EStG gilt auch für das Körperschaftsteuerrecht (§ 12 Abs. 1 KStG).

Wird das deutsche Besteuerungsrecht durch die Überführung von Wirtschaftsgütern aus einem ausländischen Betriebsvermögens eines Steuerpflichtigen in sein inländisches Betriebsvermögen erstmalig begründet, handelt es sich um eine **Steuerverstrickung**.[1323] Nach § 6 Abs. 1 Nr. 5a i.V.m. § 4 Abs. 1 S. 8 2. Halbsatz EStG sind die betreffenden Wirtschaftsgüter mit dem **gemeinen Wert** anzusetzen. Über § 8 Abs. 1 KStG gilt dies auch für **Körperschaften**.[1324]

Werden Wirtschaftsgüter zwischen in- und ausländischen verbundenen Kapitalgesellschaften ins Ausland bewegt, ist die Besteuerung der in den Wirtschaftsgütern enthaltenen stillen Reserven durch das Vorliegen einer verdeckten Gewinnausschüttung, einer verdeckten Einlage oder durch die Anwendung von § 1 AStG sichergestellt.

b) Wegzug natürlicher Personen mit Anteilen i.S.d. § 17 EStG

§ 6 AStG dehnt das Prinzip der Steuerentstrickung auf **Beteiligungen i.S.d. § 17 EStG**, die im **Privatvermögen** gehalten werden, aus. Dabei ist aber die Besteuerung von noch nicht realisierten stillen Reserven bei einem Wegzug ins Ausland im Kontext der europäischen Rechtsprechung nicht unproblematisch. Danach verstößt eine Regelung, wonach nicht realisierte Wertsteigerungen besteuert werden, wenn ein Steuerpflichtiger seinen steuerlichen Wohnsitz ins Ausland verlegt, gegen den Grundsatz der **Niederlassungsfreiheit** gem. Art. 49 des Vertrages über die Arbeitsweise der EU.[1325] Dies bedeutet jedoch nicht, dass die Mitgliedstaaten die auf ihrem Hoheitsgebiet entstandenen stillen Reserven nicht besteuern dürfen. Vielmehr soll eine **sofortige Besteuerung**, die einen im Inland ansässigen Steuerpflichtigen davon abschrecken kann, von seinen Freizügigkeitsrechten Gebrauch zu machen,

---

[1323] Vgl. JACOBS, OTTO H.: Internationale Unternehmensbesteuerung, 7. Aufl., München 2011, S. 862.

[1324] Vgl. HAGEMANN, JENS/JACOB, BURKHARD/ROPOHL, FLORIAN/VIEBROCK, BJÖRN: SEStEG – Das neue Konzept der Verstrickung und Entstrickung sowie die Neufassung des Umwandlungssteuergesetzes, in: NWB-Sonderheft 1 2007, S. 1-44. s.b.S. 3.

[1325] Vgl. EuGH-Urteil vom 11.03.2004, in: IWB vom 14.04.2004, Fach 11a Rechtsprechung des EuGH, S. 749-754.

verhindert werden.[1326] Bei in Deutschland Ansässigen soll letztendlich nur der realisierte Wertzuwachs besteuert werden. Diesen Überlegungen zufolge wurde ein Verstoß des § 6 AStG gegen EU-Recht angenommen.[1327] Dementsprechend forderte die EU-Kommission i.R. eines Vertragsverletzungsverfahrens gem. Art. 258 des Vertrages über die Arbeitsweise der EU Deutschland auf, die Vorschrift des § 6 AStG **aufzuheben**.[1328] Dabei führte die EU-Kommission auf, dass § 6 AStG nicht nur der Niederlassungsfreiheit gem. Art. 49 des Vertrages über die Arbeitsweise der EU entgegensteht, sondern auch der **Arbeitnehmerfreizügigkeit** gem. Art. 45 des Vertrages über die Arbeitsweise der EU, die den Wegzug aus beruflichen Gründen angeht, sowie der **allgemeinen Freizügigkeit** für Unionsbürger gem. Art. 21 des Vertrages über die Arbeitsweise der EU, die den Wohnsitzwechsel aus privaten Gründen betrifft. Zugleich wurde aber in Übereinstimmung mit der Ansicht des EuGH das Recht Deutschlands anerkannt, in seinem Hoheitsgebiet entstandene stille Reserven der Besteuerung zu unterwerfen.[1329]

Vor diesem Hintergrund wurde § 6 AStG im Zuge von SEStEG neu konzipiert. Der **Grundtatbestand** des § 6 AStG ist in § 6 Abs. 1 AStG geregelt:

– Eine natürliche Person,
– die insgesamt mindestens zehn Jahre lang unbeschränkt einkommensteuerpflichtig war,
– deren unbeschränkte Einkommensteuerpflicht durch Wohnsitzwechsel oder Aufgabe des gewöhnlichen Aufenthalts endet und
– die eine mindestens 1 %-ige Beteiligung (§ 17 EStG) an einer Kapitalgesellschaft hält.

Im Gegensatz zu den §§ 2-5 AStG fordert § 6 AStG weder die deutsche Staatsbürgerschaft des Steuerpflichtigen noch seine Ansässigkeit in einem Niedrigsteuerland. Die unbeschränkte Steuerpflicht muss aber während zehn Jahren bestanden haben.

Die **Rechtsfolge** des § 6 AStG ist die Anwendung des § 17 EStG, der die Steuerpflicht bei Veräußerung von **Beteiligungen i.S.d. § 17 EStG** im Privatvermögen begründet, auf den vorliegenden Fall des Ausscheidens dieser Beteiligung aus dem inländischen Besteuerungsbereich ohne Veräußerung. Der Gewinn wird dabei als Differenz zwischen dem gemeinen Wert der Anteile zum Zeitpunkt der Entstrickung und den Anschaffungskosten bzw. dem gemeinen Wert zum Zeitpunkt der Begründung der unbeschränkten Steuerpflicht des Anteilseigners bestimmt. Außerdem werden nur Fälle erfasst, in denen der Steuerpflichtige **endgültig** aus der unbeschränkten Steuerpflicht ausscheidet.[1330] Dementsprechend entfällt die nach § 6 AStG entstandene Steuer, wenn die natürliche Person innerhalb von fünf Jahren

---

[1326] Vgl. SCHNITGER, ARNE: Verstoß der Wegzugsbesteuerung (§ 6 AStG) und weiterer Entstrickungsnormen des deutschen Ertragsteuerrechts gegen die Grundfreiheiten des EG-Vertrags – Auswirkungen der Rs. Lasteyrie du Saillant auf den deutschen Rechtskreis –, in: BB 2004, S. 804-813, s.b.S. 807.

[1327] Vgl. WASSERMEYER, FRANZ: Steuerliche Konsequenzen aus dem EuGH-Urteil „Hughes de Lasteyrie du Saillant", in: GmbHR 2004, S. 613-618, s.b.S. 614.

[1328] Vgl. Mitteilung der EU-Kommission Nr. IP/04/493 vom 19.04.2004, in: EuZW 2004, S. 291-292.

[1329] Vgl. KLEINERT, JENS/PROBST, PETER: Endgültiges Aus für steuerliche Wegzugsbeschränkungen bei natürlichen und juristischen Personen – Anmerkung zum EuGH-Urteil vom 11.3.2004 Rs. C-9102, de Lasteyrie du Saillant –, in: DB 2004, S. 673-675, s.b.S. 674.

[1330] Vgl. HAGEMANN, JENS/JACOB, BURKHARD/ROPOHL, FLORIAN/VIEBROCK, BJÖRN: SEStEG – Das neue Konzept der Verstrickung und Entstrickung sowie die Neufassung des Umwandlungssteuergesetzes, in: NWB-Sonderheft 1 2007, S. 1-44, s.b.S. 9.

seit Beendigung der unbeschränkten Steuerpflicht erneut unbeschränkt steuerpflichtig wird (§ 6 Abs. 3 AStG). Im Gegensatz zum alten Recht erfasst die Steuerentstrickung nicht nur Anteile an inländischen Kapitalgesellschaften, sondern auch Anteile an ausländischen Kapitalgesellschaften i.S.d. § 17 EStG.[1331]

Die Steuerentstrickung verstößt gegen das aus den Grundsätzen ordnungsmäßiger Buchführung (GoB) abgeleitete **Realisationsprinzip**, da der fiktiv errechnete Gewinn nur buchmäßig entsteht und zu einer erheblichen Liquiditätsbelastung beim Steuerpflichtigen führen kann. Deswegen ermöglicht § 6 Abs. 4 S. 1 AStG auf Antrag des Steuerpflichtigen und gegen Sicherheitsleistung eine **Stundung** der Einkommensteuer auf den fiktiven Veräußerungsgewinn für einen Zeitraum von max. fünf Jahren.

Um den dargestellten europarechtlichen Vorgaben Rechnung zu tragen, wurde im Zuge des SEStEG eine Stundung der geschuldeten Steuer auch dann ermöglicht, wenn der Steuerpflichtige gem. § 6 Abs. 5 AStG ein **Staatsangehöriger eines EU- oder EWR-Mitgliedstaates** ist und bei Begründung einer neuen Ansässigkeit in einem dieser Staaten einer der deutschen Einkommensteuerpflicht **vergleichbaren** Steuerpflicht unterliegt. In diesen Fällen ist die nach § 6 Abs. 1 AStG geschuldete Steuer **zinslos** und **ohne Sicherheitsleistung** von Amts wegen zu stunden.

Ein **Widerruf** der Stundung findet gem. § 6 Abs. 5 S. 4 Nr. 1-4 AStG dann statt,

– soweit der Steuerpflichtige oder sein Rechtsnachfolger die Anteile veräußert oder verdeckt in eine Gesellschaft einlegt;
– soweit die Anteile auf eine nicht unbeschränkt steuerpflichtige Person übergehen, die nicht in einem Mitgliedstaat der EU bzw. des EWR einer der deutschen unbeschränkten Einkommensteuerpflicht vergleichbaren Steuerpflicht unterliegt;
– soweit im Hinblick auf die Anteile eine Entnahme oder ein anderer Vorgang verwirklicht wird, der nach inländischem Recht zum Ansatz des Teilwertes oder des gemeinen Wertes führt;
– wenn für den Steuerpflichtigen oder seinen Rechtsnachfolger durch Aufgabe des Wohnsitzes oder des gewöhnlichen Aufenthalts keine Steuerpflicht nach § 6 Abs. 1 AStG mehr besteht.

4. Die Hinzurechnungsbesteuerung (Zugriffsbesteuerung) bei Beteiligungen an ausländischen Zwischengesellschaften

Eine Möglichkeit, den Begriff der „**Zwischengesellschaft**" zu definieren, liegt in der Abgrenzung zum Begriff „**Basisgesellschaft**". Eine Basisgesellschaft ist ein selbstständiger Rechtsträger, der von inländischen natürlichen oder juristischen Personen im Ausland zum Zweck der Vereinnahmung von Erträgen ohne wesentliche steuerliche Belastung gegründet wird und im Sitzland keine oder nur geringe eigene wirtschaftliche Interessen verfolgt.[1332] Die Abgrenzung zur Tochtergesellschaft ist darin zu sehen, dass bei der Zwischengesell-

---

[1331] Vgl. JACOBS, OTTO H.: Internationale Unternehmensbesteuerung, 6. Aufl., München 2007, S. 257 (in der neuesten Auflage nicht mehr enthalten).

[1332] Vgl. KLUGE, VOLKER: Das internationale Steuerrecht, 4. Aufl., München 2000, S. 388.

schaft für die Betätigung im Ausland ausschließlich der steuersparende Effekt im Vordergrund steht. Der Begriff der Basisgesellschaft ist weiter gefasst als der Begriff der Zwischengesellschaft. Somit liegen bei einer Basisgesellschaft nicht nur die unten beschriebenen Einkünfte aus passivem Erwerb vor; darüber hinaus deuten weitere Umstände auf einen Missbrauch von Gestaltungsmöglichkeiten hin.[1333] Folglich wird bei einer Basisgesellschaft die Eigenständigkeit der ausländischen Kapitalgesellschaft nicht anerkannt, während bei einer Zwischengesellschaft daran festgehalten wird.[1334]

Die §§ 7-14 AStG regeln den Zugriff der inländischen Steuerhoheit auf die Gewinne, die unbeschränkt Steuerpflichtige auf Zwischengesellschaften in Niedrigsteuerländern verlagern und dort thesaurieren. Grundlage ist die **Beseitigung der Abschirmwirkung** ausländischer juristischer Personen im Wege einer Ausschüttungsfiktion (**Hinzurechnungsbesteuerung**).

Der zu Grunde liegende Sachverhalt wird folglich dergestalt besteuert, als ob die ausländische juristische Person nicht existent wäre. Mittels der Hinzurechnungsbesteuerung sollen also der inländische Steueranspruch gesichert und ungerechtfertigte Steuervorteile verhindert werden.

Gem. § 7 Abs. 1 AStG greift die Hinzurechnungsbesteuerung bei **inländischen unbeschränkt steuerpflichtigen** natürlichen oder juristischen **Personen**,[1335] die zu mehr als der Hälfte[1336] an einer ausländischen Zwischengesellschaft i.S.d. § 8 AStG beteiligt sind; folglich werden die betreffenden Einkünfte der Einkommensteuer bzw. der Körperschaftsteuer unterworfen. Personengesellschaften sind also nicht unter den Regelungsgehalt des § 7 Abs. 1 AStG zu subsumieren. Werden von inländischen Personengesellschaften allerdings Beteiligungen an Zwischengesellschaften gehalten, sind die Anteile an der Zwischengesellschaft gem. § 7 Abs. 3 AStG den Gesellschaftern der Personengesellschaft zuzurechnen.

§ 7 Abs. 2 AStG präzisiert den Begriff der **Beteiligung zu mehr als der Hälfte**. Sie ist gegeben, wenn inländischen unbeschränkt Steuerpflichtigen mehr als 50 % der Anteile oder der Stimmrechte der ausländischen Gesellschaft zuzurechnen sind. Sollte keiner der beiden Anknüpfungspunkte vorliegen, ist nach § 7 Abs. 2 S. 3 AStG die Beteiligung am Vermögen

---

[1333] Vgl. BMF-Schreiben vom 02.12.1994, BStBl I 1995, Sondernummer 1/1995, Rn. 7.0.2. Folglich fällt eine Basisgesellschaft unter den Anwendungsbereich von § 42 AO, während bei einer Zwischengesellschaft die §§ 7-14 AStG zur Anwendung kommen; vgl. JACOBS, OTTO H.: Internationale Unternehmensbesteuerung, 7. Aufl., München 2011, S. 435.

[1334] Vgl. JACOBS, OTTO H.: Internationale Unternehmensbesteuerung, 7. Aufl., München 2011, S. 435. Vgl. auch BFH-Urteil vom 23.10.1991, BStBl II 1992, S. 1026. Vgl. zur Abgrenzung der Begriffe auch KUSSMAUL, HEINZ/BECKMANN, STEFAN: Methoden zur Vermeidung einer möglichen Doppelbesteuerung im Rahmen des Einkommensteuergesetzes – Darstellung der unterschiedlichen Methoden des § 34c EStG –, in: StuB 2000, S. 706-716, s.b.S. 708. Vgl. zum Konkurrenzverhältnis der §§ 7-14 AStG zu anderen Vorschriften, insb. zu den §§ 39, 41 und 42 AO WASSERMEYER, FRANZ: § 7 AStG, in: Kommentar zum Außensteuerrecht, hrsg. von FRANZ WASSERMEYER, HUBERTUS BAUMHOFF und JENS SCHÖNFELD, Köln (Loseblatt), Stand: März 2013, Rn. 8 und 8.1.

[1335] Vgl. WASSERMEYER, FRANZ: § 7 AStG, in: Kommentar zum Außensteuerrecht, hrsg. von FRANZ WASSERMEYER, HUBERTUS BAUMHOFF und JENS SCHÖNFELD, Köln (Loseblatt), Stand: März 2013, Rn. 9.

[1336] Bei Gesellschaften mit sog. Zwischeneinkünften mit Kapitalanlagecharakter – welche Einkünfte darunter fallen, ist in § 7 Abs. 6a AStG definiert – greift abweichend die Hinzurechnungsbesteuerung bereits ab einer Beteiligung i.H.v. 1 % (§ 7 Abs. 6 S. 1 AStG) bzw. in Sonderfällen bereits bei geringeren Beteiligungen (§ 7 Abs. 6 S. 3 AStG).

der Zwischengesellschaft als Entscheidungskriterium maßgebend.[1337] Nicht von der Hinzurechnungsbesteuerung betroffen sind beschränkt Steuerpflichtige und erweitert beschränkt Steuerpflichtige i.S.d. § 2 AStG.[1338] Da § 7 Abs. 1 AStG von unbeschränkt Steuerpflichtigen spricht, ist es fraglich, ob die §§ 7 ff. AStG auch dann anwendbar sind, wenn lediglich ein unbeschränkt Steuerpflichtiger zu mehr als 50 % an der jeweiligen Zwischengesellschaft beteiligt ist. Nach überwiegender Meinung im Schrifttum ist dies zu bejahen.[1339]

Die ausländische Gesellschaft muss **mit einer deutschen Kapitalgesellschaft vergleichbar** sein. Bezieht man sich diesbzgl. auf die Definition in § 7 Abs. 1 AStG, so kommen als ausländische Gesellschaften alle im Sinne des KStG aufgeführten Körperschaften in Frage, soweit diese weder ihre Geschäftsleitung noch ihren Sitz im Inland haben. Somit sind im Ausland gegründete Gesellschaften, welche durch ihre inländische Geschäftsleitung unbeschränkt steuerpflichtig sind, von vornherein nicht unter die §§ 7 ff. AStG zu subsumieren. Um feststellen zu können, ob die ausländische Gesellschaft mit einer deutschen Kapitalgesellschaft vergleichbar ist, wird für die Zwecke des deutschen Steuerrechts auf den von der Rechtsprechung entwickelten sog. **Rechtstypenvergleich** zurückgegriffen.[1340]

Zwischengesellschaften i.S.d. AStG sind durch folgende Eigenschaften gekennzeichnet:

- **Einkünfte aus passivem Erwerb**: Die ausländische Gesellschaft bezieht Einkünfte aus einer nicht aktiven wirtschaftlichen Tätigkeit. § 8 Abs. 1 AStG enthält einen abschließenden Katalog der aktiven Tätigkeiten. Folglich sind alle nicht dort genannten Tätigkeiten passiver Natur.[1341] Beispiele für passive Einkünfte sind nahezu alle Einkünfte aus Kapitalvermögen – ausgenommen sind Gewinnausschüttungen von Kapitalgesellschaften – und die meisten Einkünfte aus Vermietung und Verpachtung. Für ausländische Gesellschaften, die sowohl aktive als auch passive Einkünfte generieren, ist in § 9 AStG eine Freigrenze verankert. Sofern im Falle von gemischten Einkünften die passiven Einkünfte bei der ausländischen Gesellschaft sowohl unter 10 % als auch unter 80.000 € liegen, werden die passiven Einkünfte nicht auf dem Wege einer Hinzurechnungsbesteuerung berücksichtigt.[1342] Passive Einkünfte aus einer Nebentätigkeit können auch i.R. einer **funktionalen Betrachtungsweise** einer aktiven Haupttätigkeit zugeordnet und somit

---

[1337] Vgl. WASSERMEYER, FRANZ: § 7 AStG, in: Kommentar zum Außensteuerrecht, hrsg. von FRANZ WASSERMEYER, HUBERTUS BAUMHOFF und JENS SCHÖNFELD, Köln (Loseblatt), Stand: März 2013, Rn. 79 f.

[1338] Vgl. KÖHLER, STEFAN: § 7 AStG, in: Außensteuergesetz/Doppelbesteuerungsabkommen, hrsg. von GÜNTHER STRUNK, BERT KAMINSKI und STEFAN KÖHLER, Bonn (Loseblatt), Stand: Mai 2013, Rn. 35.

[1339] Vgl. KÖHLER, STEFAN: § 7 AStG, in: Außensteuergesetz/Doppelbesteuerungsabkommen, hrsg. von GÜNTHER STRUNK, BERT KAMINSKI und STEFAN KÖHLER, Bonn (Loseblatt), Stand: Mai 2013, Rn. 34; WASSERMEYER, FRANZ: § 7 AStG, in: Kommentar zum Außensteuerrecht, hrsg. von FRANZ WASSERMEYER, HUBERTUS BAUMHOFF und JENS SCHÖNFELD, Köln (Loseblatt), Stand: März 2013, Rn. 9.2.

[1340] Mittels des Rechtstypenvergleichs soll geklärt werden, ob die ausländische Gesellschaft nach ihrer im Ausland geregelten wirtschaftlichen Stellung und ihrem rechtlichen Aufbau mit deutschen Gesellschaften vergleichbar ist. Vgl. hierzu ausführlich LEMAITRE, CLAUS/SCHNITTKER, HELDER: Steuersubjektqualifikation ausländischer Personen- und Kapitalgesellschaften anhand des Rechtstypenvergleichs: Welche Vergleichskriterien sind heranzuziehen?, in: GmbHR 2003, S. 1314-1320.

[1341] Vgl. SCHAUMBURG, HARALD: Internationales Steuerrecht, 3. Aufl., Köln 2011, S. 403.

[1342] Vgl. WASSERMEYER, FRANZ: § 9 AStG, in: Kommentar zum Außensteuerrecht, hrsg. von FRANZ WASSERMEYER, HUBERTUS BAUMHOFF und JENS SCHÖNFELD, Köln (Loseblatt), Stand: März 2013, Rn. 22 ff.

von der Hinzurechnungsbesteuerung ausgenommen werden.[1343] Dies gilt bspw. für Zinserträge, die ein Produktionsunternehmen aus der Anlage von Kapital für eine geplante Investition erzielt.[1344]

- **Niedrige Besteuerung im Ausland**: Die Einkünfte der ausländischen Gesellschaft unterliegen im Staat ihrer Geschäftsleitung und im Staat ihres Sitzes einer Ertragsbesteuerung von **weniger als 25 %** (§ 8 Abs. 1 und Abs. 3 AStG). Gleiches gilt, wenn Ertragsteuern von mind. 25 % zwar rechtlich geschuldet, allerdings nicht tatsächlich erhoben werden. In die vorzunehmende Berechnung der Steuerbelastung sind sämtliche von den passiven Einkünften zu erhebende Ertragsteuern mit einzubeziehen, unabhängig davon, in welchem Staat sie auferlegt werden. Gem. § 8 Abs. 3 S. 2 AStG sind i.R.d. Belastungsberechnung ferner auch die Ansprüche der Gesellschafter auf Steuerentlastung zu berücksichtigen, die ihnen der Staat oder das Gebiet, in dem die ausländische Gesellschaft ihren Sitz oder ihre Geschäftsleitung hat, gewährt. Erzielt die Zwischengesellschaft gemischte Einkünfte, sind ausschließlich die passiven Einkünfte in die Steuerbelastungsrechnung aufzunehmen.[1345]

Die Einkünfte einer ausländischen Gesellschaft können in **gute**, von der Hinzurechnungsbesteuerung ausgenommene und in **schlechte**, der Hinzurechnungsbesteuerung unterliegende **Einkünfte** eingeteilt werden. Diese Einteilung kann weiter untergliedert werden in:[1346]

- „Gute" Einkünfte aus aktiver Betätigung wie z.B. industrielle Tätigkeit, Land- und Forstwirtschaft.

- „Gute" Einkünfte aus passiver Betätigung, wenn bspw. die Voraussetzungen „Mehrheitsbeteiligung" oder „Niedrigsteuerland" fehlen.

- „Schlechte" Einkünfte aus passiver Betätigung, wenn alle anderen Voraussetzungen für eine Hinzurechnungsbesteuerung erfüllt sind.

Beispiel: **(Passive Einkünfte)**[1347]

Eine Patentverwertungsgesellschaft mit Erträgen aus Lizenzen, deren Zielsetzung die Entfaltung einer Abschirmwirkung gegenüber der inländischen Besteuerung ist, gilt als Zwischengesellschaft i.S.d. AStG.

Wenn die oben beschriebenen Voraussetzungen erfüllt sind, kommt es bei den deutschen Gesellschaftern zu einer **Hinzurechnungsbesteuerung**.

§ 10 AStG regelt die technische Durchführung der Hinzurechnung der niedrig besteuerten passiven Einkünfte der ausländischen Gesellschaft (Zwischeneinkünfte). Für die Ermittlung des Hinzurechnungsbetrages müssen gem. § 10 Abs. 3 S. 1 AStG die deutschen Gewinnermittlungsvorschriften zur Anwendung gelangen. Der **Hinzurechnungsbetrag** ergibt sich

---

[1343] Vgl. HERFORT, CLAUS: Teil II D, in: Internationales Steuerrecht, hrsg. von SIEGFRIED GROTHERR u.a., 3. Aufl., Achim 2010, S. 452.

[1344] Vgl. SCHAUMBURG, HARALD: Internationales Steuerrecht, 3. Aufl., Köln 2011, S. 404.

[1345] Vgl. WASSERMEYER, FRANZ: § 8 AStG, in: Kommentar zum Außensteuerrecht, hrsg. von FRANZ WASSERMEYER, HUBERTUS BAUMHOFF und JENS SCHÖNFELD, Köln (Loseblatt), Stand: März 2013, Rn. 12.

[1346] Vgl. HAAS, GERHARD/BACHER, HANNS/SCHEUER, WOLFGANG: Steuerliche Gestaltung internationaler Geschäftsbeziehungen, 3. Aufl., Berlin 1979, S. 99.

[1347] Vgl. WÖHE, GÜNTER/BIEG, HARTMUT: Grundzüge der Betriebswirtschaftlichen Steuerlehre, 4. Aufl., München 1995, S. 202.

aus den modifizierten Zwischeneinkünften. Von diesen Einkünften werden u.a. die auf die Zwischeneinkünfte gezahlten ausländischen Steuern abgezogen (**Steuerabzug** gem. § 10 Abs. 1 S. 1 AStG).[1348] Gem. § 10 Abs. 2 S. 1 AStG gilt der Hinzurechnungsbetrag unmittelbar nach Ablauf des maßgebenden Wirtschaftsjahrs der ausländischen Gesellschaft als zugeflossen. Er gehört zu den Einkünften aus Kapitalvermögen i.S.d. § 20 Abs. 1 Nr. 1 EStG bzw. zu den Einkünften aus Gewerbebetrieb, aus Land- und Forstwirtschaft oder aus selbstständiger Arbeit, falls die zugehörigen Anteile zu einem Betriebsvermögen gehören (§ 10 Abs. 2 S. 1 und 2 AStG). Auf den Hinzurechnungsbetrag dürfen weder die Dividendenfreistellung nach § 8b Abs. 1 KStG noch das Teileinkünfteverfahren nach § 3 Nr. 40 S. 1 Buchst. d EStG angewandt werden (§ 10 Abs. 2 S. 3 AStG). Außerdem ist der Hinzurechnungsbetrag ggf. gewerbesteuerpflichtig.[1349]

Beispiel: **(Hinzurechnungsbesteuerung mit Steuerabzug)**

Der Steuerpflichtige X erzielt im Ausland B Zwischeneinkünfte i.H.v. 100.000 €; die ausländischen, hiervon abzuziehenden Steuern betragen 10.000 €. Damit ergibt sich ein Hinzurechnungsbetrag von (100.000 ./. 10.000) = 90.000 €. Bei einem inländischen Steuersatz von 40 % beläuft sich die inländische Steuerbelastung auf 36.000 €.

Nach § 12 Abs. 1 AStG ist es möglich, alternativ zum Steuerabzug gem. § 10 Abs. 1 S. 1 AStG die **Anrechnung** der ausländischen Steuern zu beantragen. Dann dürfen die ausländischen Steuern aber nicht vom Hinzurechnungsbetrag abgezogen werden.

Beispiel: **(Hinzurechnungsbesteuerung mit Steueranrechnung)**

Stellt der Steuerpflichtige X einen Antrag nach § 12 Abs. 1 AStG, so unterliegt der Hinzurechnungsbesteuerung ein Betrag von 100.000 €. Auf die daraus resultierende inländische Steuer von 0,4 · 100.000 € = 40.000 € sind die ausländischen Steuern i.H.v. 10.000 € anzurechnen, sodass sich die inländische Steuerbelastung für X auf 30.000 € reduziert.

Tatsächliche Gewinnausschüttungen aus einer ausländischen Zwischengesellschaft sind im Inland zumeist steuerfrei. Empfängt eine inländische Kapitalgesellschaft die ausländischen Beteiligungserträge, greift i.d.R. die Dividendenfreistellung nach § 8b Abs. 1 KStG.[1350] Ist die inländische Mutterkapitalgesellschaft jedoch zu Beginn des Kalenderjahres unmittelbar mit weniger als 10 % am Grund- oder Stammkapital der ausländischen Zwischengesellschaft beteiligt, besteht Steuerpflicht (§ 8b Abs. 4 KStG). Im Fall einer natürlichen Person als Empfänger des Beteiligungsertrags greift § 3 Nr. 41 Buchst. a EStG. Demnach sind Beträge, die der Hinzurechnungsbesteuerung unterlegen haben und die eine ausländische Gesellschaft an den inländischen Beteiligten ausschüttet, i.d.R. steuerfrei.

[1348] Aus dem Hinzurechnungsbetrag wird durch weitere Hinzurechnungen und Kürzungen ein „anzusetzender Hinzurechnungsbetrag" ermittelt. Erst dieser wird beim inländischen Gesellschafter besteuert; vgl. WASSERMEYER, FRANZ/SCHÖNFELD, JENS: § 10 AStG, in: Kommentar zum Außensteuerrecht, hrsg. von FRANZ WASSERMEYER, HUBERTUS BAUMHOFF und JENS SCHÖNFELD, Köln (Loseblatt), Stand: März 2013, Rn. 141 und 142.

[1349] Vgl. HERFORT, CLAUS: Teil II D, in: Internationales Steuerrecht, hrsg. von SIEGFRIED GROTHERR u.a., 3. Aufl., Achim 2010, S. 489.

[1350] Allerdings muss § 8b Abs. 5 KStG beachtet werden, wonach 5 % der empfangenen Dividende im Inland der Besteuerung unterliegen.

Besonderheiten ergeben sich bei einem **mehrstufigen Beteiligungsverhältnis**. Ist die ausländische Gesellschaft Obergesellschaft für eine weitere Gesellschaft (Untergesellschaft), hängen die steuerlichen Folgen für den inländischen Steuerpflichtigen davon ab, ob die Untergesellschaft ihre Erträge ausschüttet oder thesauriert:[1351]

- Im **Ausschüttungsfall** führen die Erträge aus der Beteiligung bei der empfangenden Obergesellschaft nicht zu passiven Einkünften (Beteiligungserträge gehören zu den aktiven Einkünften nach § 8 Abs. 1 AStG).

- Im **Thesaurierungsfall** kann eine ausländische Untergesellschaft als **nachgeschaltete Zwischengesellschaft** betrachtet werden (§ 14 Abs. 1 AStG). Die Untergesellschaft ist nachgeschaltete Zwischengesellschaft, wenn sie passive Einkünfte hat,[1352] die einer niedrigen Besteuerung unterliegen. Außerdem wird die mehrheitliche Beteiligung der Obergesellschaft – allein oder zusammen mit unbeschränkt Steuerpflichtigen i.S.d. § 7 AStG – an der Untergesellschaft gefordert. Eine Ausnahme besteht für Einkünfte aus Tätigkeiten der Untergesellschaft, welche einer aktiven Tätigkeit i.S.d. § 8 Abs. 1 Nr. 1-6 AStG der ausländischen Obergesellschaft dienen. Der „**Dienenstatbestand**" wird durch § 14 Abs. 1 S. 2 AStG konkretisiert, wonach ein unmittelbarer Zusammenhang der Tätigkeit der Untergesellschaft mit der aktiven Tätigkeit der Obergesellschaft gefordert wird. Dadurch soll verhindert werden, dass passive Einkünfte der Hinzurechnungsbesteuerung durch die Gründung einer nachgeschalteten Gesellschaft, deren Tätigkeit keinen direkten Bezug zu der Tätigkeit der Obergesellschaft aufweist, entzogen werden. Da es sich bei **Einkünften mit Kapitalanlagecharakter** i.S.d. § 7 Abs. 6a AStG im Einzelfall nur schwer feststellen lässt, ob die Tätigkeit der Untergesellschaft der aktiven Tätigkeit der Obergesellschaft dient, wird die Anwendung des „Dienenstatbestandes" bei solchen Einkünften explizit ausgeschlossen.[1353] Sind die Voraussetzungen des § 14 Abs. 1 AStG erfüllt, kommt es bei der Obergesellschaft zu einer anteiligen Hinzurechnung der thesaurierten Erträge der Untergesellschaft.

Die Regelungen zur Hinzurechnungsbesteuerung greifen ungeachtet **abkommensrechtlicher Bestimmungen**. Dies ergibt sich aus der i.R.d. StVergAbG vom 16.05.2003[1354] vorgenommenen Streichung des § 10 Abs. 5 AStG, wonach auf den Hinzurechnungsbetrag die Bestimmungen eines DBA anzuwenden waren, die im Falle der Ausschüttung des Hinzurechnungsbetrags maßgeblich gewesen wären. Enthielt also ein DBA ein internationales Schachtelprivileg und waren die entsprechenden Voraussetzungen erfüllt, konnte keine Hinzurechnungsbesteuerung durch das AStG erfolgen.[1355] Eine solche Steuerfreistellung wurde regelmäßig durch die Aufnahme der oben beschriebenen Aktivitätsklausel (vgl. S. 735) in ein DBA vermieden. Problematisch war allerdings, dass insbesondere in einigen wichtigen DBA, wie z.B. in den DBA mit Frankreich, Großbritannien, den USA, aber auch mit Irland,

---

[1351] Vgl. auch HENKEL, UDO W.: Tatbestand und Rechtsfolgen der Hinzurechnungsbesteuerung, in: Steuerrecht international tätiger Unternehmen, hrsg. von JÖRG M. MÖSSNER u.a., 4. Aufl., Köln 2012, Rn. 7.120-7.123.

[1352] Die Einkünfte sind also nicht im Katalog des § 8 Abs. 1 Nr. 1-10 AStG enthalten.

[1353] Vgl. BT-Drs. 15/1518 vom 08.09.2003, S. 16.

[1354] Gesetz zum Abbau von Steuervergünstigungen und Ausnahmeregelungen vom 16.05.2003, BGBl I 2003, S. 660.

[1355] Vgl. HERFORT, CLAUS: Teil II D, in: Internationales Steuerrecht, hrsg. von SIEGFRIED GROTHERR u.a., 3. Aufl., Achim 2010, S. 490.

eine solche Aktivitätsklausel nicht vorgesehen war.[1356] Konsequenterweise konnte in diesen Fällen das abkommensrechtliche Schachtelprivileg trotz des Vorliegens passiver Einkünfte in Anspruch genommen werden.[1357] Nunmehr kann eine Steuerfreistellung des Hinzurechnungsbetrags aufgrund eines im DBA vorgesehenen Schachtelprivilegs nicht stattfinden. Entsprechend hat sich § 10 Abs. 6 AStG a.F., wonach § 10 Abs. 5 AStG a.F. nicht für Zwischeneinkünfte mit Kapitalanlagecharakter galt, erübrigt. Letzteres sollte die Abschirmwirkung von sog. Finanzierungsgesellschaften in Ländern mit einem DBA ohne Aktivitätsklausel verhindern (vgl. S. 813). Infolge des Wegfalls von § 10 Abs. 5 AStG a.F. wurde auch § 14 Abs. 4 AStG a.F., wonach ein DBA-Schachtelprivileg bei der übertragenden Hinzurechnung von Zwischeneinkünften einer nachgeschalteten Zwischengesellschaft (Enkelzwischengesellschaften) zur Anwendung kommen konnte, ebenfalls aufgehoben. Im Ergebnis lässt sich feststellen, dass die eben geschilderten Regelungen zur Hinzurechnungsbesteuerung ein sog. **Treaty Overriding** beinhalten. Dies liegt eben dann vor, wenn der nationale Gesetzgeber spezielle Regelungen erlässt, die das Abkommensrecht explizit abändern oder gar aufheben, und somit der Vorrang von DBA nicht mehr gilt.[1358]

Erzielte früher eine ausländische **Betriebstätte** des im Inland unbeschränkt Steuerpflichtigen Einkünfte, die als Zwischeneinkünfte steuerpflichtig gewesen wären, wäre eine Umgehung der Hinzurechnungsbesteuerung möglich gewesen, soweit sich die Betriebstätte in einem DBA-Land befand und es sich dabei nicht um Zwischeneinkünfte mit Kapitalanlagecharakter handelte. Entsprechend dem Betriebstättenprinzip gem. Art. 7 Abs. 1 OECD wurden Betriebstättengewinne im Inland freigestellt. Lediglich im Falle von Zwischeneinkünften mit Kapitalanlagecharakter erfolgte im Inland gem. § 20 Abs. 2 AStG a.F. eine Hinzurechnung der Betriebstätteneinkünfte unter Anrechnung der ausländischen Steuern.[1359] Nach der durch das StVergAbG geänderten Fassung des § 20 Abs. 2 AStG wird die internationale Doppelbesteuerung nicht mehr nach der in der deutschen Abkommenspraxis üblichen Freistellungsmethode vermieden, sondern nach der **Anrechnungsmethode**, wobei dies für sämtliche Einkünfte, die als Zwischeneinkünfte in Betracht kommen, gilt. Somit wurde der DBA-Schutz für ausländische Betriebstättengewinne aufgehoben.[1360] Gewerbesteuerlich kann jedoch nach wie vor die Kürzungsvorschrift des § 9 Nr. 3 GewStG in Anspruch genommen werden, da bei der Gewerbesteuer aufgrund ihres Objektcharakters ausschließlich die Freistellung zur Anwendung kommt.[1361]

[1356] Die Forderung nach aktiven Tätigkeiten findet sich insb. in den neueren deutschen DBA. Vgl. die Übersicht in VOGEL, KLAUS: Art. 23, in: Doppelbesteuerungsabkommen der Bundesrepublik Deutschland auf dem Gebiet der Steuern vom Einkommen und Vermögen, begr. von KLAUS VOGEL, hrsg. von MORIS LEHNER, 5. Aufl., München 2008, Rn. 90.

[1357] Vgl. BRÄHLER, GERNOT: Internationales Steuerrecht, 7. Aufl., Wiesbaden 2012, S. 521.

[1358] Vgl. STRUNK, GÜNTHER: Teil III, in: Internationales Steuerrecht, hrsg. von SIEGFRIED GROTHERR u.a., 3. Aufl., Achim 2010, S. 541.

[1359] Vgl. HERFORT, CLAUS: Teil II G, in: Internationales Steuerrecht, hrsg. von SIEGFRIED GROTHERR u.a., 2. Aufl., Achim 2003, S. 420 und 421 (in der neuesten Aufl. nicht mehr enthalten).

[1360] Vgl. BRÄHLER, GERNOT: Internationales Steuerrecht, 7. Aufl., Wiesbaden 2012, S. 529.

[1361] Vgl. S. 730. Vgl. auch GROTHERR, SIEGFRIED: International relevante Änderungen durch das Steuervergünstigungsabbaugesetz, in: IWB vom 11.06.2003, Fach 3 Deutschland, Gruppe 1, S. 1935-1954, s.b.S. 1946; LÜDICKE, JÜRGEN: Internationale Aspekte des Steuervergünstigungsabbaugesetzes, in: IStR 2003, S. 433-444, s.b.S. 439.

In seinem Urteil in der Rs. Cadbury-Schweppes vom 12.09.2006[1362] erklärte der EuGH die britischen CFC-Regeln[1363], die mit den deutschen Regelungen zur Hinzurechnungsbesteuerung vergleichbar sind, für europarechtswidrig, soweit sie nicht nur zur reinen Steuervermeidung angewendet werden. Daran anschließend wurden die Hinzurechnungsbeträge bis zu einer gesetzlichen Neuregelung von der Finanzverwaltung unter bestimmten Voraussetzungen nicht mehr nach § 18 AStG festgesetzt.[1364] Mit dem Jahressteuergesetz 2008 wurde in § 8 Abs. 2 AStG festgelegt, dass die Hinzurechnungsbesteuerung zu unterbleiben hat, soweit es dem Steuerpflichtigen gelingt, eine tatsächliche wirtschaftliche Tätigkeit[1365] der Zwischengesellschaft, die ihren Sitz oder ihre Geschäftsleitung in einem Staat der EU bzw. des EWR mit Amtshilfeabkommen hat, nachzuweisen. Zudem müssen zwischen der Bundesrepublik Deutschland und diesem Staat auf Grundlage der EU-Amtshilferichtlinie oder einer vergleichbaren Vereinbarung Auskünfte erteilt werden, die zur Durchführung der Besteuerung erforderlich sind. Ferner hat der Gesetzgeber mit dem Amtshilferichtlinie-Umsetzungsgesetz den Anwendungsbereich des § 8 Abs. 2 AStG auf Gesellschaften erweitert, die zwar nicht inländisch beherrscht i.S.d. § 7 Abs. 2 AStG sind, aber Einkünfte mit Kapitalanlagecharakter gem. § 7 Abs. 6 EStG erzielen.

Doch selbst nach der Einführung dieser „Escape-Klausel", die von einer Hinzurechnungsbesteuerung absieht, bestehen weiterhin Bedenken gegenüber der Regelung der deutschen Hinzurechnungsbesteuerung.[1366]

5. Der eingeschränkte Verlustausgleich

§ 2a Abs. 1 und 2 EStG schränken die Verlustausgleichs- und die Verlustabzugsmöglichkeiten aus Auslandsengagements, die volkswirtschaftlich nicht nützlich erscheinen, ein. Insb. sollen hier „**Verlustzuweisungsmodelle**" verhindert werden, mit denen versucht wird, negative ausländische Einkünfte im Inland geltend zu machen.

Betroffen von dieser Regelung sind negative ausländische Einkünfte aus sog. „**schädlichen Betätigungen**". Durch das Jahressteuergesetz 2009 wurde § 2a EStG neu gefasst.[1367] Bezog sich § 2a EStG a.F. noch auf alle ausländischen negativen Einkünfte, wurde § 2a EStG n.F. europarechtskonform ausgestaltet. Der Anwendungsbereich der Verlustverrechnungsbeschränkung bezieht sich nunmehr ausschließlich auf alle negativen Einkünfte aus Drittstaatensachverhalten aus sog. „**schädlichen Betätigungen**". Dies hat zur Konsequenz, dass zukünftig Verluste aus EU-Mitgliedstaaten oder aus EWR-Staaten (ausgenommen Liechten-

---

[1362] Vgl. EuGH-Urteil vom 12.09.2006, C-196/04, DStR 2006, S. 1686-1691.

[1363] CFC = Controlled Foreign Company.

[1364] Vgl. BMF-Schreiben vom 08.01.2007, BStBl I 2007, S. 99-100.

[1365] Maßgeblich für das Vorliegen des unbestimmten Rechtsbegriffs der wirtschaftlichen Tätigkeit ist neben dem substanziellen Vorhandensein der Gesellschaft in dem jeweiligen Ansässigkeitsstaat und somit der Unterhaltung eines typischen Geschäftsbetriebs, dass die Tätigkeit der Unternehmung von Dauer ist. Vgl. hierzu ausführlich BÜRGER, RICARDA: Rettung der Hinzurechnungsbesteuerung?, in: SteuerStud 2009, S. 525-531, s.b.S. 528.

[1366] Vgl. BÜRGER, RICARDA: Rettung der Hinzurechnungsbesteuerung?, in: SteuerStud 2009, S. 525-531, s.b.S. 531.

[1367] Als Folge aus dem EuGH-Urteil vom 29.3.2007, BStBl II 2007, S. 492, und einem von der EU-Kommission gegen Deutschland eingeleiteten Vertragsverletzungsverfahren wurde der deutsche Gesetzgeber gezwungen, § 2a EStG zu überarbeiten und europarechtstauglich auszugestalten.

stein)[1368] nicht mehr von der Verlustverrechnungsbeschränkung des § 2a EStG betroffen sind.[1369] Der Katalog der betroffenen ausländischen Einkünfte in § 2a Abs. 1 S. 1 Nr. 1-7 EStG enthält z.B. Einkünfte aus land- und forstwirtschaftlichen Betriebstätten, aus Beteiligungen als (typischer) stiller Gesellschafter und als partiarischer Darlehensgeber oder aus Vermietung und Verpachtung unbeweglichen Vermögens. **Aktive Betätigungen** sind gem. § 2a Abs. 2 EStG Einkünfte, die ausschließlich oder fast ausschließlich die Herstellung oder Lieferung von Waren (außer Waffen), die Gewinnung von Bodenschätzen sowie die Bewirkung gewerblicher Leistungen zum Gegenstand haben, soweit diese nicht in der Errichtung oder dem Betrieb von Anlagen, die dem Fremdenverkehr dienen, oder in der Vermietung oder Verpachtung von Wirtschaftsgütern einschließlich der Überlassung von Rechten, Plänen, Mustern, Verfahren, Erfahrungen und Kenntnissen bestehen.

Die **Beschränkungen** wirken sich auf den horizontalen und den vertikalen Verlustausgleich aus. Die in § 2a Abs. 1 S. 1 Nr. 1-7 EStG aufgeführten negativen Einkünfte dürfen nur mit positiven Einkünften der jeweils selben Art aus demselben Staat ausgeglichen werden. Auch der Verlustabzug nach § 10d EStG (Verlustrücktrag bzw. -vortrag) darf nicht zur Anwendung kommen. Lediglich ein zeitlich unbegrenzter Verlustvortrag, beschränkt auf positive Einkünfte der jeweils selben Art aus demselben Staat, ist erlaubt.[1370]

6. Die Begrenzung des Betriebsausgabenabzugs von Vergütungen für die Gesellschafter-Fremdfinanzierung

Da die Zinsen, die ausländische Anteilseigner aus Fremdkapitalgewährungen an deutsche Kapitalgesellschaften erzielen, nicht von der beschränkten Steuerpflicht gem. § 1 Abs. 4 EStG bzw. § 2 Nr. 1 KStG i.V.m. § 49 Abs. 1 EStG erfasst werden, soweit die ihnen zugrunde liegende Forderung nicht durch einen inländischen Grundbesitz gem. § 49 Abs. 1 Nr. 5 Buchst. c Doppelbuchst. aa EStG gesichert ist, eröffnen sich erhebliche Gestaltungsspielräume zur Ausnutzung der bestehenden Steuergefälle zwischen Deutschland und einer Vielzahl von ausländischen Staaten in einem internationalen Konzern. Um eine daraus resultierende Schmälerung des Steueraufkommens zu verhindern, kam in der Vergangenheit die Unterkapitalisierungsregelung des § 8a KStG a.F. zur Anwendung. Danach wurden **Fremdkapitalvergütungen**, die eine Kapitalgesellschaft an ihre Anteilseigner für überlassenes

---

[1368] Vgl. hierzu ausführlich GROTHERR, SIEGFRIED: International relevante Änderungen durch das Jahressteuergesetz 2009, in: IWB vom 13.05.2009, Fach 3 Deutschland, Gruppe 1, S. 405.

[1369] Die Behandlung von negativen Einkünften aus EU-Mitgliedstaaten und EWR-Staaten richtet sich nun nach den jeweils abgeschlossenen DBA. Vgl. hierzu ausführlich GROTHERR, SIEGFRIED: International relevante Änderungen durch das Jahressteuergesetz 2009, in: IWB vom 13.05.2009, Fach 3 Deutschland, Gruppe 1, S. 403-420, s.b. S. 404, 405 und 406. Da die meisten DBA mit EU/EWR-Staaten die Freistellungsmethode anwenden, läuft die unbeschränkte Verlustverrechnung gem. § 2a EStG n.F. fast immer ins Leere; aufgrund der Freistellungsmethode werden die ausländischen Verluste wegen der Aufteilung der Besteuerungsbefugnisse nämlich nicht berücksichtigt.

[1370] Vgl. auch PROBST, ULRICH: § 2a EStG, in: Kommentar zum Außensteuerrecht, hrsg. von FRANZ WASSERMEYER, HUBERTUS BAUMHOFF und JENS SCHÖNFELD, Köln (Loseblatt), Stand: März 2013, Rn. 106, 349.

Fremdkapital gewährt hat, unter bestimmten Voraussetzungen als vGA behandelt und somit der Körperschaftsteuer auf Ebene der deutschen Kapitalgesellschaft unterworfen.[1371]

Im Rahmen der Unternehmensteuerreform 2008 wurde § 8a KStG durch die Einführung der sog. Zinsschranke ersetzt, in deren Rahmen die **Abzugsfähigkeit von Zinsaufwendungen** eingeschränkt wird. So sind jetzt gem. § 4h Abs. 1 EStG Zinsaufwendungen eines Betriebs in Höhe des Zinsertrags abziehbar; darüber hinaus sind sie nur bis zur Höhe des **verrechenbaren EBITDA** (das verrechenbare EBITDA ist 30 % des **steuerlichen EBITDA**) abzugsfähig[1372]. Zinsaufwendungen, die nicht abgezogen werden dürfen, sind in die nachfolgenden Wirtschaftsjahre als **Zinsvortrag** vorzutragen. Dementsprechend erhöhen sie die Zinsaufwendungen dieser Jahre, wirken sich aber nicht auf den für den Zinsabzug maßgeblichen Gewinn aus. Um die wirtschaftlichen Folgen der Zinsschranke zu relativieren, wurden drei Ausnahmetatbestände in § 4h Abs. 2 EStG eingeführt.[1373]

Im Falle einer **Gesellschafterfremdfinanzierung** sind allerdings sowohl die Konzernfreiheit (zweiter Ausnahmetatbestand) als auch der Eigenkapitalvergleich (dritter Ausnahmetatbestand) im Sinne von Rückausnahmen bei einer Kapitalgesellschaft nach § 8a Abs. 2 und Abs. 3 KStG nur insofern anzuwenden, als die Fremdkapitalvergütungen an einen zu mehr als 25 % (wesentlich) unmittelbar oder mittelbar am Grund- oder Stammkapital beteiligten Anteilseigner, eine diesem nahestehende Person i.S.d. § 1 Abs. 2 AStG oder einen rückgriffsberechtigten Dritten nicht mehr als 10 % des Nettozinsaufwands betragen.

7. Die formell-rechtlichen Maßnahmen zur Unterstützung der Finanzbehörden

Prinzipiell dürfen die inländischen Finanzbehörden nicht im Ausland tätig werden. Aus diesem Grund existieren zahlreiche **formell-rechtliche Maßnahmen**, welche die Finanzverwaltung bei der Aufklärung grenzüberschreitender Sachverhalte unterstützen sollen.[1374] Diese Maßnahmen können unterteilt werden in unilaterale und bilaterale Regelungen.[1375] Zu den **unilateralen Regelungen** gehören die Mitwirkungs-, Aufklärungs- und Meldepflichten der Steuerpflichtigen nach AO und AStG.

Nach § 138 Abs. 2 AO sind unbeschränkt Steuerpflichtige verpflichtet, die Gründung und den Erwerb von ausländischen Betrieben und Betriebstätten, den Erwerb von Beteiligungen an ausländischen Personengesellschaften sowie von wesentlichen Beteiligungen an ausländischen Kapitalgesellschaften dem zuständigen Finanzamt mitzuteilen.

Des Weiteren werden Steuerpflichtige nach § 90 Abs. 2 AO verpflichtet, bei der Aufklärung von ausländischen Sachverhalten mitzuwirken. Diese Mitwirkungspflichten werden an-

---

[1371] Vgl. dazu ausführlich KUßMAUL, HEINZ/TCHERVENIACHKI, VASSIL: Die Auswirkungen des § 8a KStG n.F. auf die Steuerbelastung der Gesellschafter-Fremdfinanzierung im nationalen und internationalen Kontext, StuB 2004, S. 673-680.

[1372] Vgl. Gesetz zur Beschleunigung des Wirtschaftswachstums (Wachstumsbeschleunigungsgesetz), BGBl I 2009, § 4h Abs. 1 S. 1 und 2 EStG.

[1373] Vgl. zur Zinsschranke die Ausführungen ab S. 369.

[1374] Vgl. grundlegend BMF-Schreiben vom 12.04.2005, BStBl I 2005, S. 569.

[1375] Vgl. ROSE, GERD: Betrieb und Steuer, 5. Buch: Internationales Steuerrecht, 6. Aufl., Berlin 2004, S. 106 und 107.

schließend durch die §§ 16 und 17 AStG ergänzt. Nach § 16 AStG haben Steuerpflichtige ihre Geschäftsbeziehungen zu nicht oder nur unwesentlich besteuerten Personen im Ausland offen zu legen und auf Verlangen des Finanzamtes gem. § 95 AO über die Richtigkeit und Vollständigkeit der gemachten Angaben eine eidesstattliche Versicherung abzugeben. § 17 AStG verpflichtet weiterhin die Steuerpflichtigen zur Anwendung der §§ 5 und 7-15 AStG, ihre Geschäftsbeziehungen offen zu legen und dabei die zur Aufklärung des Sachverhalts erforderlichen Unterlagen einschließlich der Bilanzen und der Eröffnungsbilanzen vorzulegen.

Um eine ausreichende Kontrolle der Einkunftsabgrenzung zwischen international verbundenen Unternehmen im Kontext des Fremdvergleichsgrundsatzes zu gewährleisten, verpflichtet § 90 Abs. 3 AO Steuerpflichtige, die Geschäftsbeziehungen zu ausländischen nahestehenden Personen i.S.d. § 1 Abs. 2 AStG unterhalten, Aufzeichnungen über die wirtschaftlichen und rechtlichen Grundlagen der Ermittlung angemessener Preise und anderer Geschäftsbedingungen mit den nahestehenden Personen zu erstellen. Die **Dokumentationspflichten** werden in der sog. **Gewinnabgrenzungsaufzeichnungsverordnung** (GAufzV)[1376] sowie in den Verwaltungsgrundsätze-Verfahren vom 12.04.2005[1377] konkretisiert. Danach lassen sich die Aufzeichnungspflichten des § 90 Abs. 3 AO in fünf Bereiche untergliedern (§§ 4 und 5 GAufzV):

- Allgemeine Informationen über Beteiligungsverhältnisse, Geschäftsbetrieb und Organisationsaufbau;
- Darstellung der Art und des Umfangs der Geschäftsbeziehungen zu nahestehenden Personen;
- Funktions- und Risikoanalyse über die jeweils vom Steuerpflichtigen und den nahestehenden Personen ausgeübten Funktionen und übernommenen Risiken sowie über bedeutsame Markt- und Wettbewerbsverhältnisse, soweit sie einen Bezug zu den Geschäftsbeziehungen mit den nahestehenden Personen haben;
- Verrechnungspreisanalyse, insb. unter Darstellung und Begründung der Geeignetheit der angewandten Verrechnungspreismethode;
- ergänzende Angaben über die Änderung von Geschäftsstrategien, über Verrechnungspreisvereinbarungen ausländischer Steuerbehörden sowie über Preisanpassungen beim Steuerpflichtigen.

Die **Vorlage der Verrechnungspreisdokumentation** verlangt die Finanzverwaltung regelmäßig nur im Rahmen einer Betriebsprüfung. Im Zuge der Unternehmensteuerreform 2008 wurde die Vorlagefrist für außergewöhnliche Geschäftsvorfälle[1378] von bislang 60 Tagen auf 30 Tage verkürzt (§ 90 Abs. 3 S. 9 AO). Für gewöhnliche Geschäftsvorfälle gilt hingegen weiterhin die Vorlagefrist von 60 Tagen.

[1376] Verordnung zu Art, Inhalt und Umfang von Aufzeichnungen i.S.d. § 90 Abs. 3 der Abgabenordnung (Gewinnabgrenzungsaufzeichnungsverordnung – GAufzV) vom 13.11.2003, BGBl I 2003, S. 2296.
[1377] Vgl. BMF-Schreiben vom 12.04.2005, BStBl I 2005, S. 570-599.
[1378] Die außergewöhnlichen Geschäftsvorfälle sind gesetzlich nicht definiert. § 3 Abs. 2 GAufzV enthält lediglich eine beispielhafte Aufzählung, wann ein außergewöhnlicher Geschäftsvorfall vorliegt.

Für **kleinere Unternehmen** gelten gem. § 6 Abs. 1 GAufzV die Aufzeichnungspflichten durch die Erteilung von Auskünften, die das ernsthafte Bemühen des Steuerpflichtigen belegen, seine Geschäftsbeziehungen zu nahestehenden Personen unter Beachtung des dealing-at-arm's-length-Prinzips zu gestalten, und durch die Vorlage vorhandener Unterlagen auf Anforderung des Finanzamts als erfüllt. Somit müssen solche Unternehmen keine speziellen Aufzeichnungen ausschließlich für Dokumentationszwecke erstellen.[1379] Als kleinere Unternehmen kommen diesbezüglich solche Unternehmen in Betracht, bei denen jeweils im laufenden Wirtschaftsjahr weder die Summe der Entgelte für die Lieferung von Gütern oder Waren aus Geschäftsbeziehungen mit nahestehenden Personen 5 Mio. € übersteigt, noch die Summe der Vergütungen für andere Leistungen als die Lieferung von Gütern und Waren aus Geschäftsbeziehungen mit nahestehenden Personen mehr als 500.000 € beträgt (§ 6 Abs. 2 GAufzV).

Bei **Nichterfüllung der Mitwirkungspflichten** nach § 90 Abs. 3 AO wird widerlegbar vermutet, dass die Einkünfte des Steuerpflichtigen zu niedrig ausgewiesen sind (§ 162 Abs. 3 S. 1 AO). Hierbei darf die Finanzbehörde nach § 162 Abs. 3 S. 2 AO **Schätzungen** zu Lasten des Steuerpflichtigen vornehmen. Durch die Unternehmensteuerreform 2008 wurden die **Schätzungsbefugnisse** der Finanzverwaltung auch auf die Fälle **erweitert**, in denen verwertbare Aufzeichnungen vorliegen. Nach § 162 Abs. 3 S. 3 AO darf die Finanzverwaltung Schätzungen auch dann vornehmen, wenn trotz Vorlage verwertbarer Aufzeichnungen durch den Steuerpflichtigen Anhaltspunkte dafür vorliegen, dass seine Einkünfte bei Beachtung des Fremdvergleichsgrundsatzes höher wären als die aufgrund der Aufzeichnungen erklärten Einkünfte.[1380]

Konnten die Grundlagen für eine Einkünftekorrektur nach § 1 Abs. 1 AStG von der Finanzverwaltung nicht ermittelt werden, war – mangels anderer geeigneter Anhaltspunkte – der Schätzung eine **Mindestrendite** zugrunde zu legen (§ 1 Abs. 4 AStG a.F.). I.R.d. Amtshilferichtlinie-Umsetzungsgesetzes wurde § 1 Abs. 4 AStG a.F. aufgrund seiner fehlenden praktischen Bedeutung gestrichen. Der Regelungsinhalt der Vorschrift sei in den allgemeinen Schätzungsregeln des § 162 AO und im Besonderen in § 162 Abs. 3 AO enthalten.

Eine weitere Verschärfung enthält § 162 Abs. 4 AO, nach dem der Steuerpflichtige mit einem **Strafzuschlag** i.H.v. 5.000 € rechnen muss, wenn die erforderlichen Aufzeichnungen nicht vorgelegt werden oder unverwertbar sind. Der Zuschlag beträgt jedoch mindestens 5 % und höchstens 10 % des hinzugeschätzten Mehrbetrags der Einkünfte, wenn sich nach der Berichtigung der Einkünfte ein Zuschlag von mehr als 5.000 € ergibt. Bei **verspäteter Vorlage** der Aufzeichnungen wird ein Zuschlag von bis zu 1 Mio. €, mindestens jedoch von 100 € für jeden Tag der Fristüberschreitung erhoben.

Bilaterale Regelungen sind z.B. das EU-Amtshilfegesetz, die DBA-Auskunfts- und Beitreibungsklauseln und Informationsabkommen sowie besondere Amts- und Rechtshilfeab-

---

[1379] Vgl. BAUMHOFF, HUBERTUS/DITZ, XAVER/GREINERT, MARKUS: Grundsätze der Dokumentation internationaler Verrechnungspreise nach der Gewinnabgrenzungsaufzeichnungsverordnung (GAufzV), in: DStR 2004, S. 157-164, s.b.S. 162; KROPPEN, HEINZ-KLAUS/RASCH, STEPHAN: Aufzeichnungspflichten für internationale Verrechnungspreise, in: IWB vom 12.11.2003, Fach 3 Deutschland, Gruppe 1, S. 1977-1988, s.b.S. 1986.

[1380] Vgl. hierzu und zum Folgenden WEHNERT, OLIVER/BRÜNINGHAUS, DIRK/FRANKE, VERONA: Änderungen bei Verrechnungspreisen, in: Die Unternehmenssteuerreform 2008, hrsg. von ERNST & YOUNG, Bonn/Berlin 2007, S. 196-198.

kommen in Steuersachen. In diesem Zusammenhang eröffnet § 117 AO den Steuerbehörden die Möglichkeit zur Inanspruchnahme und Leistung zwischenstaatlicher Rechts- und Amtshilfe.[1381]

Die Grundlage der DBA-Auskunftsklauseln stellt regelmäßig Art. 26 OECD-MA dar. Danach werden die Art und der Umfang des Informationstausches zwischen den Vertragsstaaten geregelt (vgl. S. 737).

Die Amtshilfe-Richtlinie vom 19.12.1977[1382] über die gegenseitige Amtshilfe zwischen den zuständigen Behörden der Mitgliedstaaten im Bereich der direkten Steuern und der Mehrwertsteuer sollte den Informationsaustausch zwischen den Finanzbehörden innerhalb der EU ermöglichen und damit die internationale Umgehung der Besteuerung insb. im Konzernverbund verhindern. Der Umfang des Informationsaustauschs kann jedoch durch das innerstaatliche Recht der beteiligten Finanzbehörden begrenzt werden.[1383] Die Amtshilfe-Richtlinie wurde durch das EG-Amtshilfegesetz vom 19.12.1985[1384] in deutsches Recht umgesetzt. Diese Richtlinie wurde durch die Richtlinie 2003/93/EG vom 07.10.2003[1385] durch Erweiterung auf die Steuern auf Versicherungsprämien sowie Streichung der Umsatzsteuer in ihrem Anwendungsbereich geändert und durch die Richtlinie 2004/56/EG vom 21.04.2004[1386] zur weiteren Verbesserung des Auskunftsaustausches angepasst. Letztere wurde im Zuge des EG-Amtshilfe-Anpassungsgesetzes vom 02.12.2004[1387] in deutsches Recht übernommen.

Das EG-Amtshilfegesetz vom 19.12.1985 trat zum 01.01.2013 außer Kraft und wurde i.R.d. Amtshilferichtlinie-Umsetzungsgesetzes durch das Gesetz über die Durchführung der gegenseitigen Amtshilfe in Steuersachen zwischen den Mitgliedstaaten der Europäischen Union (EU-Amtshilfegesetz – EUAHiG) ersetzt.[1388] Mit dem EU-Amtshilfegesetz wird die Richtlinie 2011/16/EU vom 15.02.2011 in deutsches Recht umgesetzt, die einen effizienten zwischenstaatlichen Informationsaustausch gewährleisten soll. Dazu wurden verschiedene Instrumentarien wie z.B. der spontane bzw. automatische Informationsaustausch oder ein zentrales Verbindungsbüro in allen Mitgliedstaaten eingerichtet. Außerdem wurde der Geltungsbereich des neuen EU-Amtshilfegesetzes auf Steuern aller Art erweitert.

Zur Verhinderung der grenzüberschreitenden Steuerflucht wurde am 03.06.2003 auch die **Zins-Richtlinie**[1389] verabschiedet. Diese soll die Besteuerung der Zinserträge von EU-Bürgern, die sie in einem anderen Mitgliedstaat erzielen, in ihrem Ansässigkeitsstaat ge-

---

[1381] Vgl. SCHAUMBURG, HARALD: Internationales Steuerrecht, 3. Aufl., Köln 2011, S. 1115.
[1382] Richtlinie Nr. 77/799/EWG vom 19.12.1977, ABl EU 1977, Nr. L 336, S. 15.
[1383] Vgl. Art. 8 Amtshilfe-Richtlinie.
[1384] Gesetz zur Durchführung der EG-Richtlinie über die gegenseitige Amtshilfe im Bereich der direkten Steuern und der Mehrwertsteuer vom 20.12.1985, BStBl I 1985, S. 740.
[1385] Richtlinie Nr. 2003/93/EG vom 07.10.2003, ABl EU 2003, Nr. L 264, S. 23.
[1386] Richtlinie Nr. 2004/56/EG vom 21.04.2004, ABl EU 2004, Nr. L 127, S. 70.
[1387] Gesetz zur Anpassung der Vorschriften über die Amtshilfe im Bereich der Europäischen Union sowie zur Umsetzung der Richtlinie 2003/49/EG des Rates vom 3. Juni 2003 über eine gemeinsame Steuerregelung für Zahlungen von Zinsen und Lizenzgebühren zwischen verbundenen Unternehmen verschiedener Mitgliedstaaten vom 02.12.2004, BGBl I 2004, S. 3112.
[1388] Vgl. hierzu das „Gesetz zur Umsetzung der Amtshilferichtlinie sowie zur Änderung steuerlicher Vorschriften" vom 29.06.2013, BGBl I 2013, S. 1809.
[1389] Richtlinie Nr. 2003/48/EG vom 03.06.2003, ABl EU 2003, Nr. L 157, S. 38.

währleisten.[1390] Dazu stellt der Quellenstaat dem Ansässigkeitsstaat des Empfängers der Zinszahlungen Informationen betreffend die Höhe der im Quellenstaat angefallenen Zinserträge zur Verfügung.[1391] Somit kann der Ansässigkeitsstaat die Richtigkeit und die Vollständigkeit der von dem Steuerpflichtigen gemachten Angaben in seiner Steuererklärung überprüfen. Betroffen sind v.a. natürliche Personen, während juristische Personen nicht zum persönlichen Anwendungsbereich der Zins-Richtlinie gehören. Von derzeit 28 EU-Mitgliedstaaten halten lediglich Luxemburg und Österreich für eine Übergangszeit an ihren Bankgeheimnissen fest; Belgien, das sich dem Informationsaustausch i.R.d. Zins-Richtlinie anfangs ebenfalls erwehrte, nimmt seit dem 01.01.2010 am automatischen Austausch von Informationen teil. Stattdessen wird in Luxemburg und Österreich eine Quellensteuer auf die Steuererträge von Nicht-Ansässigen erhoben.[1392] Der Quellensteuersatz beträgt seit dem 01.07.2011 35 %, wobei 75 % der Quellensteuereinnahmen an den Ansässigkeitsstaat des Anlegers ohne Angabe seiner Identität weitergeleitet werden.[1393] Zur Vermeidung einer Doppelbesteuerung gewährt der Ansässigkeitsstaat dem Steuerpflichtigen eine Steuergutschrift i.H.d. Betrags, der der inländischen Steuer auf die betreffenden Zinsen entspricht. Sollte die Quellensteuer höher ausfallen als die geschuldete Steuer im Ansässigkeitsstaat, hat der Ansässigkeitsstaat dem Anleger den Differenzbetrag zu erstatten.[1394]

Der Empfänger der Zinszahlungen kann aber auch anstelle des Quellensteuereinbehalts für eine Befreiung vom Bankgeheimnis optieren und somit den grenzüberschreitenden Informationsaustausch in Bezug auf seine seine Zinserträge ermöglichen. Der Übergangszeitraum für die drei genannten Länder endet unter den Voraussetzungen, dass die EU ein Abkommen über den Informationsaustausch im Hinblick auf die Zinszahlungen i.S.d. Zins-Richtlinie mit den Staaten Andorra, Liechtenstein, Monaco, San Marino und Schweiz abgeschlossen hat, sowie der Europäische Rat einstimmig zu der Auffassung gelangt, dass die USA sich zur Auskunftserteilung auf Anfrage i.S.d. OECD-MA verpflichtet haben.[1395] Um einen Kapitalabfluss aus der EU zu verhindern, wurde das Inkrafttreten der Zins-Richtlinie und damit der nationalen Umsetzungsvorschriften davon abhängig gemacht, dass mit den Staaten Andorra, Liechtenstein, Monaco, San Marino und Schweiz Abkommen abgeschlossen werden, nach denen auch diese Staaten eine Quellensteuer nach den eben dargestellten Vorgaben erheben.[1396] Auf Grund der zeitlichen Verzögerung der Verhandlungen mit den genannten Drittstaaten wurde der ursprüngliche Termin zum Inkrafttreten der Zins-Richtlinie vom 01.01.2005 auf 01.07.2005 verschoben. In Deutschland wurde die Zins-Richtlinie durch die sog. Zinsinformationsverordnung vom 26.01.2004[1397] in nationales Recht umgesetzt.

[1390] Vgl. Art. 1 Abs. 1 Zins-Richtlinie.
[1391] Vgl. Art. 9 i.V.m. Art. 8 Zins-Richtlinie.
[1392] Vgl. Art. 10 Abs. 1 Zins-Richtlinie.
[1393] Vgl. Art. 11 Abs. 1 und Art. 12 Abs. 1 Zins-Richtlinie.
[1394] Vgl. Art. 14 Abs. 2 Zins-Richtlinie.
[1395] Vgl. Art. 10 Abs. 2 Zins-Richtlinie.
[1396] Vgl. DAUTZENBERG, NORBERT: Europäische „Agenda" für das Ertragsteuerrecht im Jahr 2004: Die Richtlinien vom Juni 2003, in: BB 2004, S. 17-21, s.b.S. 20.
[1397] Verordnung vom 26.01.2004, BGBl I 2004, S. 128.

III. Besteuerung der internationalen Unternehmenstätigkeit inländischer Unternehmen im Ausland

Vgl. hierzu insb. ROSE, GERD: Betrieb und Steuer, 5. Buch: Internationales Steuerrecht, 6. Aufl., Berlin 2004, S. 119-138; SCHEFFLER, WOLFRAM: Internationale betriebswirtschaftliche Steuerlehre, 3. Aufl., München 2009, S. 245-338; vgl. vertiefend auch FISCHER, LUTZ/KLEINEIDAM, HANS-JOCHEN/WARNEKE, PERYGRIN: Internationale Betriebswirtschaftliche Steuerlehre, 5. Aufl., Berlin 2005, S. 303-445; FROTSCHER, GERRIT: Internationales Steuerrecht, 3. Aufl., München 2009, S. 121-207; HENKEL, UDO W.: Beteiligung an ausländischen Kapitalgesellschaften, in: Steuerrecht international tätiger Unternehmen, hrsg. von JÖRG M. MÖSSNER u.a., 4. Aufl., Köln 2012, Rn. 6.1-6.174; JACOBS, OTTO H.: Internationale Unternehmensbesteuerung, 7. Aufl., München 2011, S. 385-547; KLUGE, VOLKER: Das internationale Steuerrecht, 4. Aufl., München 2000, S. 220-485; KUßMAUL, HEINZ/SCHÄFER, RENÉ: Ertragsteuerliche Behandlung der internationalen Unternehmenstätigkeit inländischer Kapitalgesellschaften im Ausland, in: StuB 2002, S. 275-282; LÜDICKE, JÜRGEN: Neue Entwicklungen der Besteuerung von Personengesellschaften im internationalen Steuerrecht, in: StbJb 1997/98, hrsg. von NORBERT HERZIG, MANFRED GÜNKEL und URSULA NIEMANN, Köln 1998, S. 449-492; SCHÄNZLE, THOMAS/ENGEL, BENJAMIN: Beteiligung an ausländischen Personengesellschaften, in: Steuerrecht international tätiger Unternehmen, hrsg. von JÖRG M. MÖSSNER u.a., 4. Aufl., Köln 2012, Rn. 5.1-5.268; SCHAUMBURG, HARALD: Internationales Steuerrecht, 3. Aufl., Köln 2011, S. 978-1085; WÖHE, GÜNTER: Betriebswirtschaftliche Steuerlehre, Bd. 2, 2. Halbband, Der Einfluß der Besteuerung auf Unternehmenszusammenschlüsse und Standortwahl im nationalen und internationalen Bereich, 4. Aufl., München 1996, S. 410-421.

A. Die Besteuerung des Direktgeschäfts

1. Grundlagen

Der Begriff des **Direktgeschäfts** umfasst unternehmerische Betätigungen ohne festen Stützpunkt im Ausland; für die Geschäftstätigkeit im Ausland ist daher weder die Gründung einer Betriebstätte noch die Errichtung einer Tochtergesellschaft notwendig. Zu den Direktgeschäften gehören der Waren-, Dienstleistungs- und Kapitalexport sowie Nutzungsüberlassungen.[1398]

2. Die Umsatzsteuer

Eine Exportleistung (Lieferung oder sonstige Leistung) eines Unternehmens, deren **Leistungsort nicht im Erhebungsgebiet** liegt, ist im Inland gem. § 1 Abs. 1 Nr. 1 UStG nicht steuerbar; damit zusammenhängende Vorsteuern sind i.d.R. abzugsfähig. Eine Doppelbesteuerung ist nicht möglich, da die Leistung nur der ausländischen Umsatzsteuer unterworfen wird. Liegt der **Ort der Leistung** dagegen **im Erhebungsgebiet**, so ist die Leistung grundsätzlich steuerbar. Ausfuhrlieferungen (§ 6 UStG) und innergemeinschaftliche Lieferungen (§ 6a UStG) sind aber im Inland aufgrund des Bestimmungslandprinzips von der Umsatzsteuer gem. § 4 Nr. 1 UStG befreit.[1399] Die Leistung unterliegt dann im Bestimmungsland der entsprechenden (Einfuhr-)Umsatzsteuer.[1400] Auch in diesem Fall findet keine Doppelbesteuerung statt.

[1398] Vgl. JACOBS, OTTO H.: Internationale Unternehmensbesteuerung, 7. Aufl., München 2011, S. 385.

[1399] Vgl. zu den Bedingungen, die für das Vorliegen einer Ausfuhrlieferung bzw. einer innergemeinschaftlichen Lieferung erfüllt sein müssen, § 6 Abs. 1 UStG bzw. § 6a Abs. 1 UStG. Vgl. zur Steuerbefreiung bei grenzüberschreitenden Umsätzen ausführlich ROSE, GERD/WATRIN, CHRISTOPH: Umsatzsteuer: mit Grunderwerbsteuer und kleineren Verkehrsteuern, 17. Aufl., Berlin 2011, S. 129-133.

[1400] Innerhalb der EU kommt es zu einer „Besteuerung des innergemeinschaftlichen Erwerbs".

3. Die Gewinnsteuern

Erträge aus Exportleistungen unterliegen nach dem i.R.d. unbeschränkten Steuerpflicht geltenden Welteinkommensprinzip grundsätzlich der **inländischen Einkommen- bzw. Körperschaftsteuer**. Bei einer gleichzeitigen Besteuerung im Quellenstaat greifen hier die oben beschriebenen unilateralen bzw. bilateralen Maßnahmen zur Vermeidung der Doppelbesteuerung (vgl. S. 726, 732).

Die Erträge aus Direktgeschäften gehen aufgrund der Anknüpfung des Gewerbeertrags an den einkommensteuerlichen bzw. körperschaftsteuerlichen Gewinn aus Gewerbebetrieb in die Bemessungsgrundlage der **Gewerbesteuer** ein. Da für Direktgeschäfte keine Kürzungsvorschriften für die Ermittlung des Gewerbeertrags existieren, unterliegen sie der inländischen Gewerbesteuer.

Von einigen wenigen Entwicklungsländern abgesehen, lösen Erträge aus **Warenlieferungen oder Dienstleistungen** (aus Sicht des ausländischen Staates) im Ausland keine Besteuerung aus. Zu einer Doppelbesteuerung kann es jedoch bei den Erträgen aus anderen Leistungen, z.B. aus der **Überlassung von Kapital oder materiellen Wirtschaftsgütern** an Ausländer kommen, da hier grundsätzlich die Voraussetzungen für das Vorliegen der beschränkten Steuerpflicht im Ausland gegeben sind. Auf dem Wege des Abzugsverfahrens wird daher i.d.R. eine Quellensteuer einbehalten.[1401]

Das **Besteuerungsrecht des Quellenstaates** kann für bestimmte Einkünfte durch abkommensrechtliche Regelungen eingeschränkt sein. Aus dem OECD-MA resultieren die folgenden Steueransprüche des Quellenstaates:

– Anwendung des Belegenheitsprinzips und damit uneingeschränktes Besteuerungsrecht für **Einkünfte aus unbeweglichem Vermögen** (Art. 6 OECD-MA);

– Kapitalertragsteuer auf **Dividenden** bis zu max. 15 % (Art. 10 OECD-MA);

– Kapitalertragsteuer auf **Zinsen** bis zu max. 10 % (Art. 11 OECD-MA).

B. Die Besteuerung der Betriebstätte

1. Grundlagen

Für die Definition des Begriffs der **Betriebstätte** (vgl. S. 718) sind im Wesentlichen drei Ansätze heranzuziehen:

– der Betriebstättenbegriff im nationalen Recht,

– der Betriebstättenbegriff im Abkommensrecht,

– die Betriebstättensondertatbestände.

§ 12 AO legt für den **nationalen Betriebstättenbegriff** folgende vier kumulativ zu erfüllende Kriterien zugrunde:[1402]

– Vorhandensein einer festen Geschäftseinrichtung,

[1401] Vgl. auch JACOBS, OTTO H.: Internationale Unternehmensbesteuerung, 7. Aufl., München 2011, S. 386.

[1402] Vgl. GROTHERR, SIEGFRIED: Teil I, in: Internationales Steuerrecht, hrsg. von SIEGFRIED GROTHERR u.a., 3. Aufl., Achim 2010, S. 150-152.

- Nachhaltigkeit der Einrichtung,
- Verfügungsmacht über die Einrichtung,
- dem Tätigkeitsbereich des Unternehmens dienend.

Als positive **Beispiele** für Betriebstätten nennt § 12 S. 2 AO:[1403]

- Stätte der Geschäftsleitung: Mittelpunkt der geschäftlichen Oberleitung;
- Zweigniederlassung: idealtypische Ausprägung des Betriebstättenbegriffs wegen der an eine Zweigniederlassung geknüpften Anforderungen (zivilrechtliche Unselbstständigkeit, räumliche und geschäftliche (wirtschaftliche) Selbstständigkeit, Durchführung gleicher oder gleichartiger Geschäfte wie die Hauptniederlassung und Errichtung auf Dauer);
- Geschäftsstelle: feste Einrichtung zur Durchführung kaufmännischer Tätigkeiten;
- Fabrikations- oder Werkstätten: (vollständige oder teilweise) Herstellung von Endprodukten bzw. Reparatur oder Wartung der verkauften Erzeugnisse;
- Warenlager: Aufbewahrung von Waren oder Ausgangspunkt der Warenauslieferung;
- Ein- oder Verkaufsstellen: Einrichtungen zum Ein- oder Verkauf von materiellen und immateriellen Gütern sowie
- Bergwerke, Steinbrüche oder andere Stätten der Gewinnung von Bodenschätzen.

Von grundlegender Bedeutung für die Abgrenzung des nationalen Betriebstättenbegriffs ist der sog. „**Betriebstättenerlass**" des Bundesfinanzministeriums. Er liefert eine umfassende Darstellung der steuerlichen Behandlung von Betriebstätten aus der Sicht der Finanzverwaltung. Sein Ziel ist zum einen die Zusammenfassung der relevanten Rechtsprechung, zum anderen sollen Antworten auf bisher ungeklärte Fragen geliefert werden.[1404]

Das OECD-MA definiert für den **abkommensrechtlichen Betriebstättenbegriff** in Art. 5 Abs. 1 OECD-MA die Betriebstätte als „feste Geschäftseinrichtung, durch die die Geschäftstätigkeit eines Unternehmens ganz oder teilweise ausgeübt wird". Auch im Musterabkommen sind in Abs. 2 des Art. 5 OECD-MA **Beispiele** für das Vorliegen einer Betriebstätte genannt:[1405]

- Ort der Leitung,
- Zweigniederlassung,
- Geschäftsstelle,
- Fabrikationsstätte,
- Werkstätte,
- Bergwerk, Öl- oder Gasvorkommen, Steinbruch oder andere Stätte der Ausbeutung von Bodenschätzen.

[1403] Vgl. vertiefend JACOBS, OTTO H.: Internationale Unternehmensbesteuerung, 7. Aufl., München 2011, S. 290-293; SCHAUMBURG, HARALD: Internationales Steuerrecht, 3. Aufl., Köln 2011, S. 165-171.

[1404] Vgl. BMF-Schreiben vom 24.12.1999, BStBl I 1999, S. 1076.

[1405] Zu den Einzelheiten vgl. JACOBS, OTTO H.: Internationale Unternehmensbesteuerung, 7. Aufl., München 2011, S. 299 und 300.

Für die Auslegung des Begriffs der Betriebstätte ist stets auf die **Koexistenz zweier Definitionen** abzustellen. Für das Verhältnis zwischen dem nationalen und dem abkommensrechtlichen Betriebstättenbegriff ist im Wesentlichen immer der im betreffenden Abkommen vereinbarte Betriebstättenbegriff maßgeblich. Bei Differenzen gelten für den Fall einer ausländischen Betriebstätte bei inländischem Stammhaus die folgenden Grundsätze:[1406]

- Betriebstätte gem. ausländischen nationalen Rechts, aber nicht gem. Abkommensrecht: Der ausländische Quellenstaat darf sein aus den nationalen Vorschriften resultierendes Besteuerungsrecht aufgrund der Regelung des DBA nicht ausüben; eine Besteuerung im Ausland unterbleibt.
- Betriebstätte gem. Abkommensrecht, aber nicht gem. ausländischem nationalen Recht: Zwar besteht das Besteuerungsrecht nach Abkommensrecht für den ausländischen Quellenstaat, dieses kann er allerdings nicht wahrnehmen, da kein auf seinen nationalen Vorschriften basierendes Besteuerungsrecht besteht und mit dem DBA keine Besteuerungsansprüche begründet werden.

Die **Betriebstättensondertatbestände** umfassen jene Geschäftstätigkeit im Ausland, für die zwar keine eigene Geschäftseinrichtung notwendig ist, die allerdings eine nachhaltige unternehmerische Betätigung darstellt. Nachfolgende Beispiele für Sondertatbestände gelten sowohl im nationalen Recht (§ 12 Nr. 8 und § 13 AO) als auch im Abkommensrecht (Art. 5 Abs. 3 OECD-MA und Art. 5 Abs. 5 und 6 OECD-MA):

- Bau- und Montagearbeiten, falls die Arbeiten länger als sechs bzw. zwölf Monate dauern, sowie
- ständige Vertreter mit personeller Beziehung zum Quellenstaat, aber ohne feste Geschäftseinrichtung.

2. Die Gründung

Allgemein können ausländische Betriebstätten im Wege der Sachgründung, der Bargründung oder in Kombination beider Gründungsarten errichtet werden.

Umsatzsteuerlich werden prinzipiell keine relevanten Tatbestände verwirklicht, da ausländische Betriebstätten Teil des inländischen Unternehmens sind. Die bei Sachgründung erhobene Einfuhrumsatzsteuer kann als Vorsteuer geltend gemacht werden.

Bei der Ausstattung einer ausländischen Betriebstätte mit Finanzmitteln treten keine **ertragsteuerlichen** Probleme auf. Anders ist es jedoch bei der Ausstattung mit Sachgütern. Dabei unterschied die Finanzverwaltung früher zwischen dem DBA-Fall mit Freistellungsmethode[1407] und dem Fall, dass kein DBA bzw. ein DBA mit Anrechnungsmethode vereinbart wurde. Bestand ein **DBA mit Freistellungsmethode**, hatte der Steuerpflichtige ein Wahlrecht zwischen der Methode der aufgeschobenen Gewinnrealisierung (Bildung eines Ausgleichspostens) und der sofortigen Gewinnrealisierung (Differenz zwischen Fremdver-

---

[1406] Vgl. SCHEFFLER, WOLFRAM: Internationale betriebswirtschaftliche Steuerlehre, 3. Aufl., München 2009, S. 268.

[1407] Grundsätzlich kommt in deutschen DBA die Freistellungsmethode zur Anwendung; vgl. JACOBS, OTTO H.: Internationale Unternehmensbesteuerung, 7. Aufl., München 2011, S. 417.

gleichspreis und Buchwert).[1408] Die Anwendung dieser Vorgehensweise wurde jedoch im Zuge des SEStEG auf Wirtschaftsgüter des Anlagevermögens und deren Überführung in eine Betriebstätte des Steuerpflichtigen in einem anderen EU-Mitgliedstaat auf Antrag beschränkt (§ 4g Abs. 1 S. 1 EStG). Die Behandlung des Ausgleichspostens in den Folgejahren gestaltet sich unabhängig davon, ob abnutzbare oder nichtabnutzbare Wirtschaftsgüter vorliegen. Der Ausgleichsposten ist ohne Rücksicht auf die Restnutzungsdauer der betreffenden Wirtschaftsgüter im Wirtschaftsjahr seiner Bildung und in den nachfolgenden vier Wirtschaftsjahren mit einem Fünftel seines ursprünglichen Betrages aufzulösen (§ 4g Abs. 2 S. 1 EStG). Liegen diese Voraussetzungen nicht vor, sind die überführten Wirtschaftsgüter mit dem gemeinen Wert anzusetzen und die darin enthaltenen stillen Reserven zu versteuern[1409] (vgl. S. 757).

Beispiel: (Überführung von Wirtschaftsgütern des Anlagevermögens in eine EU-Betriebstätte)[1410]

Ein inländisches Stammhaus überführt eine Maschine mit einer Gesamtnutzungsdauer von fünf Jahren nach Ablauf von drei Jahren in eine EU-Betriebstätte. Die historischen Anschaffungskosten der Maschine betrugen 50.000 €. Die Maschine wird beim Stammhaus und bei der Betriebstätte linear abgeschrieben.

Anschaffungskosten	50.000 €
./. Abschreibung beim Stammhaus	./. 30.000 €
Buchwert im Überführungszeitpunkt	20.000 €
Gemeiner Wert im Überführungszeitpunkt	25.000 €
Buchgewinn des Stammhauses	5.000 €

A	Bilanzielle Nebenrechnung des Stammhauses vor der Übertragung		P
Maschine	20.000	Kapital	20.000

A	Bilanzielle Nebenrechnung des Stammhauses nach der Übertragung		P
Maschine	25.000	Kapital	20.000
		Passiver Ausgleichsposten	5.000

Der passive Ausgleichsposten des Stammhauses ist ohne Rücksicht auf die Restnutzungsdauer im Jahr seiner Bildung und in den nachfolgenden vier Jahren um jährlich 1.000 € aufzulösen. Bei der Betriebstätte wird die Maschine mit 25.000 € aktiviert und innerhalb der Restnutzungsdauer abgeschrieben.

Wurde **kein DBA** oder **ein DBA mit Anrechnungsmethode** abgeschlossen, löste nach Ansicht der Finanzverwaltung die Überführung von Wirtschaftsgütern des Anlage- und Umlaufvermögens in eine ausländische Betriebstätte keine Besteuerung aus, wenn die Erfassung der stillen Reserven gewährleistet war.[1411] Letzteres liegt regelmäßig vor, da in diesem Fall alle Erfolge aus der Betriebstätte, einschließlich solcher aus der (späteren) Veräußerung der überführten Wirtschaftsgüter, der deutschen Besteuerung unterliegen. Nur bei der Ermittlung des Gewerbeertrags mindern Gewinne aus ausländischen Betriebstätten (auch aus Veräußerungen von Wirtschaftsgütern) gem. § 9 Nr. 3 GewStG die Bemessungsgrundlage.

[1408] Vgl. BMF-Schreiben vom 24.12.1999, BStBl I 1999, Rn. 2.6.1.
[1409] Vgl. JACOBS, OTTO H.: Internationale Unternehmensbesteuerung, 7. Aufl., München 2011, S. 708-713.
[1410] Modifiziert entnommen aus JACOBS, OTTO H.: Internationale Unternehmensbesteuerung, 7. Aufl., München 2011, S. 712.
[1411] Vgl. BMF-Schreiben vom 24.12.1999, BStBl I 1999, Rn. 2.6.1.

Nach der Gesetzesänderung durch das SEStEG sind die überführten Wirtschaftsgüter in diesen Fällen mit dem **gemeinen Wert** anzusetzen. Für die Annahme einer Entstrickungsentnahme gem. § 4 Abs. 1 S. 3 EStG genügt es nämlich, wenn das Besteuerungsrecht Deutschlands hinsichtlich des Gewinns aus der Veräußerung des Wirtschaftsguts durch eine Anrechnung der ausländischen Steuer auf den Betriebstättengewinn beschränkt wird.

3. Die laufende Besteuerung

a) Die Gewinn- und die Vermögensabgrenzung

Um eine verursachungsgerechte Aufteilung des Erfolgs und des Vermögens auf das inländische Stammhaus und die ausländische Betriebstätte zu erreichen, muss unabhängig vom Bestehen eines DBA eine Gewinn- und Vermögensabgrenzung erfolgen. Zu diesem Zweck sieht § 1 Abs. 5 S. 2 AStG vor, den **Fremdvergleichsgrundsatz** (dealing-at-arm's-length-Prinzip) auch auf Leistungsbeziehungen zwischen Stammhaus und Betriebstätte anzuwenden. Dazu ist die Betriebstätte wie ein **eigenständiges und unabhängiges Unternehmen** zu behandeln. Ihr sind in einem **ersten Schritt** gem. § 1 Abs. 5 S. 3 Nr. 1-4 AStG zuzuordnen:

- die Funktionen des Unternehmens, die durch ihr Personal ausgeübt werden (**Personalfunktionen**);
- die **Vermögenswerte** des Unternehmens, die sie zur Ausübung der ihr zugeordneten Funktionen benötigt;
- die **Chancen und Risiken** des Unternehmens, die sie aufgrund der ausgeübten Funktionen und zugeordneten Vermögenswerte übernimmt, sowie
- ein angemessenes Eigenkapital (**Dotationskapital**).

In einem **zweiten Schritt** sind auf Basis dieser Zuordnung die Leistungsbeziehungen zwischen Stammhaus und Betriebstätte zu identifizieren sowie die Verrechnungspreise für diese Geschäftsbeziehungen zu bestimmen. Dabei kommt das in § 1 Abs. 3 AStG kodifizierte Stufenverhältnis zur Ermittlung fremdvergleichskonformer Verrechnungspreise zur Anwendung (vgl. S. 748 f.).

b) Die Gewinnbesteuerung

Gewinne aus ausländischen Betriebstätten unterliegen grundsätzlich im **Inland** aufgrund der Besteuerung des Welteinkommens der unbeschränkten Steuerpflicht (**Universalitätsprinzip**) und im **Ausland** der beschränkten Steuerpflicht (**Territorialitätsprinzip**).

Hinsichtlich der Durchführung der beschränkten Besteuerung der Betriebstätte im Ausland wird regelmäßig auf die **Rechtsform des inländischen Stammhauses** abgestellt. Folglich unterliegen inländische Einzelunternehmer mit dem Ergebnis ihrer ausländischen Betriebstätte der ausländischen Einkommensteuer, inländische Kapitalgesellschaften der ausländischen Körperschaftsteuer.[1412]

[1412] Vgl. JACOBS, OTTO H.: Internationale Unternehmensbesteuerung, 7. Aufl., München 2011, S. 408.

Grundsätzlich ist die Möglichkeit einer Doppelbesteuerung gegeben, die durch folgende Maßnahmen vermieden bzw. gemildert werden kann:

- Bei **DBA mit Freistellungsmethode** wird das Besteuerungsrecht für die Gewinne dem Betriebstättenstaat zugewiesen. Im Inland kommt es i.R.d. **Einkommen- bzw. Körperschaftsteuer** zur Freistellung; i.d.R. wird aber ggf. der Progressionsvorbehalt angewendet. Die Gewinne der Betriebstätte sind aufgrund von abkommensrechtlichen Vorschriften von der **Gewerbesteuer** freigestellt. Fehlen entsprechende Regelungen, kommt die nationale Kürzungsvorschrift (§ 9 Nr. 3 GewStG) zum Tragen.

- Existiert **kein DBA**, so greifen hinsichtlich der **Einkommen- bzw. der Körperschaftsteuer** die unilateralen Anrechnungs-, Abzugs- oder Pauschalierungsmaßnahmen. Bei der **Gewerbesteuer** kommt es aufgrund der nationalen Kürzungsvorschrift des § 9 Nr. 3 GewStG zur Freistellung des Gewinns der ausländischen Betriebstätte.

c) Die Verlustbehandlung

Besteht **kein DBA**, so gilt bei der **Einkommen- und Körperschaftsteuer** grundsätzlich das **Universalitätsprinzip**; damit werden auch die negativen ausländischen Einkünfte in die inländische Steuerbemessungsgrundlage und Steuersatzermittlung einbezogen. Allerdings greift die Verlustverrechnungsbeschränkung gem. § 2a Abs. 1 EStG bei steuerschädlichen – nicht aktiven – Aktivitäten.[1413] Folglich können Verluste aus passiver bzw. nicht aktiver ausländischer Geschäftstätigkeit i.S.d. § 2a Abs. 2 S. 1 EStG ausschließlich mit positiven Einkünften derselben Art aus demselben Staat verrechnet werden (vgl. S. 768). Bei der **Gewerbesteuer** werden Verluste aus ausländischen Betriebstätten analog zur Kürzung nach § 9 Nr. 3 GewStG durch **Hinzurechnungen** neutralisiert (vgl. S. 730).

Besteht ein **DBA mit Freistellungsmethode**, so mindern Betriebstättenverluste die Bemessungsgrundlage der **Einkommen- bzw. der Körperschaftsteuer** nicht; sie wirken lediglich bei progressiven Tarifen steuersatzmindernd (negativer Progressionsvorbehalt nach § 32b EStG). Demnach mindern die ausländischen Verluste zwar nicht das im Inland zu versteuernde Einkommen, bei der Ermittlung des Steuersatzes wird aber der ausländische Verlust berücksichtigt. Die Beschränkung des § 2a Abs. 1 EStG gilt auch im Abkommensfall. Demnach kommt der negative Progressionsvorbehalt nur bei aktiver Betätigung der Betriebstätte zur Anwendung.[1414] Da die **Gewerbesteuer** grundsätzlich auch im Abkommensrecht berücksichtigt wird, gilt auch hier die Nichteinbeziehung ausländischer Betriebstättenverluste bei der Ermittlung der Bemessungsgrundlage.

[1413] Aufgrund von § 8 Abs. 1 KStG (grundsätzliche Anwendung der einkommensteuerlichen Vorschriften) gilt § 2a EStG auch für die Körperschaftsteuer; vgl. FISCHER, LUTZ/KLEINEIDAM, HANS-JOCHEN/WARNEKE, PERYGRIN: Internationale Betriebswirtschaftliche Steuerlehre, 5. Aufl., Berlin 2005, S. 329.

[1414] Vgl. JACOBS, OTTO H.: Internationale Unternehmensbesteuerung, 7. Aufl., München 2011, S. 421.

4. Die Beendigung des Auslandsengagements durch Veräußerung der ausländischen Betriebstätte

Entsteht bei der Veräußerung einer ausländischen Betriebstätte ein **Veräußerungsgewinn**, muss zwischen der einkommen- bzw. körperschaftsteuerlichen Behandlung einerseits und der gewerbesteuerlichen Behandlung andererseits unterschieden werden.[1415]

Im Bereich der **Einkommen- bzw. Körperschaftsteuer** umfasst die unbeschränkte Steuerpflicht auch Veräußerungsgewinne. Ist das inländische Stammhaus ein **Personenunternehmen**, so wird ein Veräußerungsgewinn gem. § 16 Abs. 1 S. 1 Nr. 1 EStG (Teilbetriebsveräußerung) erzielt; die Freibetragsregelung gem. § 16 Abs. 4 EStG und die Progressionsmilderung gem. § 34 Abs. 2 Nr. 1 i.V.m. § 34 Abs. 1 EStG bzw. – bei Vorliegen der entsprechenden Voraussetzungen – der ermäßigte durchschnittliche Steuersatz gem. § 34 Abs. 2 Nr. 1 i.V.m. § 34 Abs. 3 EStG kommen zur Anwendung. Handelt es sich bei dem Veräußerer jedoch um eine inländische **Kapitalgesellschaft**, so wird der Veräußerungsgewinn der laufenden Besteuerung unterworfen. Steuerliche Vergünstigungen können nicht in Anspruch genommen werden.

Hinsichtlich der **Gewerbesteuer** kommt es im Ergebnis zu einer vollständigen **Freistellung**: Ist das Stammhaus ein Personenunternehmen, so unterliegen Teilbetriebsveräußerungsgewinne, da sie keine laufenden Gewinne darstellen, grundsätzlich nicht der Gewerbesteuer;[1416] ist das Stammhaus eine Kapitalgesellschaft, sind etwaige Veräußerungsgewinne gem. § 9 Nr. 3 GewStG freigestellt.[1417]

Eine **Doppelbesteuerung** ist folglich hauptsächlich bei der Einkommen- bzw. Körperschaftsteuer möglich. Sie kann folgendermaßen vermieden werden:

– Im **DBA-Fall mit Freistellungsmethode** werden Veräußerungsgewinne der Besteuerung im Betriebstättenstaat zugewiesen; im Inland kommt es zur Freistellung, welche ebenfalls für die Gewerbesteuer gilt. Der in der Regel in deutschen Doppelbesteuerungsabkommen enthaltene Progressionsvorbehalt wird durch § 32b Abs. 2 Nr. 2 EStG gemildert. Demnach gehen Veräußerungsgewinne nur zu einem Fünftel in den Progressionsvorbehalt ein. Wegen der Freistellungsmethode kann eine Verlustkompensation nicht erfolgen.

– Besteht **kein DBA**, wird das direkte Anrechnungsverfahren oder – falls die Voraussetzungen hierfür nicht vorliegen – das Abzugsverfahren angewandt; eine Pauschalierung ist nicht möglich. Eine Besonderheit ergibt sich bei der Anwendung des Anrechnungsverfahrens im Falle der Progressionsmilderung gem. § 34 Abs. 1 EStG. Letztere führt zu einer Verringerung des Anrechnungshöchstbetrages[1418] und somit zu einer möglichen

---

[1415] Vgl. vertiefend FISCHER, LUTZ/KLEINEIDAM, HANS-JOCHEN/WARNEKE, PERYGRIN: Internationale Betriebswirtschaftliche Steuerlehre, 5. Aufl., Berlin 2005, S. 340-342.

[1416] Zu Ausnahmen kommt es lediglich, falls andere als natürliche Personen unmittelbar an der Personengesellschaft beteiligt sind (§ 7 S. 2 GewStG).

[1417] Vgl. hierzu ausführlich DRÜEN, KLAUS-DIETER: § 7 GewStG, in: BLÜMICH: Einkommensteuer – Körperschaftsteuer – Gewerbesteuer, hrsg. von BERND HEUERMANN, München (Loseblatt), Stand: April 2013, Rn. 128 ff.

[1418] Die Anrechnung der ausländischen Steuer ist auf den Betrag der **deutschen** Steuer – diese wird hier durch § 34c Abs. 1 EStG gemindert – beschränkt, der auf die ausländischen Einkünfte entfällt; vgl. S. 726.

(materiellen) Doppelbesteuerung.[1419] Dies gilt analog für die Anwendung des ermäßigten durchschnittlichen Steuersatzes gem. § 34 Abs. 3 EStG. Veräußerungsverluste werden aufgrund der Erfassung des Welteinkommens des unbeschränkt Steuerpflichtigen unter Beachtung des § 2a Abs. 1 EStG berücksichtigt.

C. Die Besteuerung der Beteiligung an einer ausländischen Personengesellschaft[1420]

Die Beteiligung an einer ausländischen Personengesellschaft kann auf **zwei Arten** entstehen:
- das inländische Unternehmen tritt als Gesellschafter in eine bestehende ausländische Personengesellschaft ein oder
- das inländische Unternehmen gründet zusammen mit anderen In- oder Ausländern im Ausland eine Personengesellschaft.

Weder im deutschen Außensteuerrecht noch im OECD-MA finden sich abschließende Regelungen für Tochterpersonengesellschaften.[1421] Somit wird das Heranziehen der Vorschriften für die **Betriebstätte** und die **Tochter(kapital)gesellschaft** erforderlich.

Bei der steuerlichen Beurteilung der Beteiligung an einer ausländischen Personengesellschaft kommt es zu einem **Qualifikationsproblem**. Demnach wird zunächst durch einen Typenvergleich beurteilt, ob es sich bei der ausländischen Gesellschaft nach inländischem Recht um eine Personengesellschaft handelt (**Steuersubjektqualifikation**). Trifft dies zu, so wird der inländische Steuerpflichtige als Mitunternehmer (Mitunternehmerkonzept) einer ausländischen Personengesellschaft angesehen. Danach erfolgt eine Einordnung der Einkünfte, die der inländische Mitunternehmer von seiner ausländischen Personengesellschaft bezieht (**Steuerobjektqualifikation**). Nach inländischem Steuerrecht gehören die Gewinnanteile und die Sondervergütungen des Mitunternehmers einer Personengesellschaft typischerweise zu den Einkünften aus Gewerbebetrieb.

Wird eine ausländische Gesellschaft im Inland als Personengesellschaft angesehen, muss untersucht werden, wie deren steuerliche Behandlung im Ausland ist. Ist die Personengesellschaft im Ausland nicht selbstständig steuerpflichtig (Besteuerung nach dem Mitunternehmerkonzept), liegt eine **übereinstimmende Steuersubjektqualifikation vor**. Im umgekehrten Fall einer selbstständigen Steuerpflicht der Personengesellschaft (Kapitalgesellschaftskonzept) liegt eine **abweichende Steuersubjektqualifikation** vor.

Bei **übereinstimmender Steuersubjektqualifikation** können die Regelungen zur Besteuerung einer ausländischen Betriebstätte herangezogen werden.

[1419] Vgl. TELKAMP, HEINZ-JÜRGEN: Betriebstätte oder Tochtergesellschaft im Ausland?, Wiesbaden 1975, S. 335.

[1420] Vgl. FROTSCHER, GERRIT: Internationales Steuerrecht, 3. Aufl., München 2009, S. 158-180; JACOBS, OTTO H.: Internationale Unternehmensbesteuerung, 7. Aufl., München 2011, S. 490-547; SCHEFFLER, WOLFRAM: Internationale betriebswirtschaftliche Steuerlehre, 3. Aufl., München 2009, S. 328-338.

[1421] Im Fall des OECD-MA konnte aufgrund der unterschiedlichen länderspezifischen steuerlichen Behandlung einer Personengesellschaft keine einheitliche Regelung gefunden werden; vgl. PROKISCH, RAINER: Art. 1, in: Doppelbesteuerungsabkommen der Bundesrepublik Deutschland auf dem Gebiet der Steuern vom Einkommen und Vermögen, begr. von KLAUS VOGEL, hrsg. von MORIS LEHNER, 5. Aufl., München 2008, Rn. 14.

Unabhängig vom Vorliegen eines DBA ist der inländische Gesellschafter aufgrund seiner Beteiligung an der ausländischen Personengesellschaft im Ausland beschränkt steuerpflichtig. Sondervergütungen werden in Abhängigkeit von den jeweiligen nationalen Regelungen zum Gewinn der Personengesellschaft gezählt oder entsprechend ihrer zugrunde liegenden Einkunftsart behandelt. Im zweiten Fall sind sie bei der Personengesellschaft abzugsfähig, unterliegen aber ggf. der beschränkten Steuerpflicht des Gesellschafters. Im Inland ist der Gesellschafter mit seinen Gewinnanteilen und seinen Sondervergütungen (Einkünfte aus Gewerbebetrieb) unbeschränkt steuerpflichtig.

Liegt **kein DBA** vor, wird eine Doppelbesteuerung grundsätzlich durch die oben beschriebenen unilateralen Maßnahmen – Anrechnung, Abzug oder Pauschalierung – vermieden.[1422] Bei der Ermittlung der Gewerbesteuer kommen § 9 Nr. 2 (Kürzung der Gewinne aus einer Beteiligung an einer ausländischen Personengesellschaft) bzw. § 8 Nr. 8 GewStG (Hinzurechnung der Verluste aus einer Beteiligung an einer ausländischen Personengesellschaft) zur Anwendung.

Besteht ein **DBA**, greift i.d.R. im Ansässigkeitsstaat der Personengesellschaft das im DBA vorgesehene Betriebstättenprinzip. Nach der Rechtsprechung werden Sondervergütungen grundsätzlich von den jeweiligen abkommensrechtlichen Spezialartikeln (Zinsen, Lizenzen usw.) erfasst.[1423]

> **Beispiel:** **(Sondervergütungen im DBA-Fall)**
>
> Ein inländischer Gesellschafter einer ausländischen Personengesellschaft verpachtet an Letztere sein im Ansässigkeitsstaat der ausländischen Personengesellschaft belegenes Grundstück. Seine Pachteinnahmen (Sondervergütungen) unterliegen dann gem. dem Belegenheitsprinzip (Art. 6 OECD-MA) der Besteuerung im Quellenstaat.

Im Inland ist der Gesellschafter mit seinen Einkünften aus der ausländischen Personengesellschaft – auch hinsichtlich der Gewerbesteuer – freizustellen. Somit wird eine Doppelbesteuerung vermieden.

Bei **abweichender Steuersubjektqualifikation**[1424] ist die ausländische Gesellschaft in ihrem Ansässigkeitsstaat ein eigenständiges Steuersubjekt und unterliegt folglich der unbeschränkten Steuerpflicht.

[1422] Vgl. zu Besonderheiten JACOBS, OTTO H.: Internationale Unternehmensbesteuerung, 7. Aufl., München 2011, S. 520 und 521.

[1423] Vgl. BFH-Urteil vom 27.02.1991, BStBl II 1991, S. 444; BFH-Urteil vom 14.07.1993, BStBl II 1994, S. 91; BFH-Urteil vom 24.03.1999, BStBl II 2000, S. 399. Vgl. auch GLESSNER, MIRIAM: Die grenzüberschreitende stille Gesellschaft im Internationalen Steuerrecht: Einkommen- und körperschaftsteuerliche Wirkungen aus deutscher Sicht, Frankfurt am Main u.a. 2000, S. 205-215; LÜDICKE, JÜRGEN: Neue Entwicklungen der Besteuerung von Personengesellschaften im internationalen Steuerrecht, in: StbJb 1997/98, hrsg. von NORBERT HERZIG, MANFRED GÜNKEL und URSULA NIEMANN, Köln 1998, S. 449-492, s.b.S. 474.

[1424] Ein Beispiel für eine abweichende Steuersubjektqualifikation bzgl. einer französischen Personengesellschaft, die für eine Besteuerung durch die Körperschaftsteuer optiert hat, findet sich bei (Gesetzeslage vor Inkrafttreten des StSenkG) RÄDLER JR., ALBERT/BULLINGER, PATRICK: Ertragsteuern mit Ergänzungsabgaben bei deutschen Direktinvestitionen in Frankreich, in: IStR 1999, S. 225-231, s.b.S. 230. Vgl. zur Option einer französischen Personengesellschaft für eine Besteuerung durch die Körperschaftsteuer KUẞMAUL, HEINZ/SCHÄFER, RENÉ: Die Option von Personengesellschaften für eine Besteuerung durch die Körperschaftsteuer im französischen Steuerrecht – Voraussetzungen und steuerliche Wirkungen im Optionszeitpunkt, in: IStR 2000, S. 161-166.

Liegt **kein DBA** vor, unterliegt der inländische Gesellschafter im Ausland mit der von ihm empfangenen Gewinnausschüttung der beschränkten Steuerpflicht (Kapitalertragsteuer). Sondervergütungen sind bei der Gesellschaft abzugsfähig, unterliegen aber bei entsprechenden ausländischen Vorschriften der beschränkten Steuerpflicht des Gesellschafters. Die im Ausland auf den Gewinn der Gesellschaft sowie die Gewinnausschüttung erhobene Steuer und die ggf. auf die Sondervergütungen entfallende ausländische Steuer können im Inland angerechnet werden. Bei der Gewerbesteuer greifen § 9 Nr. 2 bzw. § 8 Nr. 8 GewStG.

Im **DBA-Fall** kann im Ausland im Vergleich zum Nicht-DBA-Fall eine Beschränkung oder eine Aufhebung der Quellensteuer auf die Gewinnausschüttungen oder die Sondervergütungen im Ausland hinzukommen. Aufgrund der Einordnung der ausländischen Personengesellschaft in ihrem Ansässigkeitsstaat wird sie auch nach DBA als eigenständige Gesellschaft gewertet; ihre Gewinne sind im Inland freigestellt. Abkommensrechtlich werden ihre Gewinnausschüttungen als Dividenden gewertet. Für diese besteht im Inland grundsätzlich ein Besteuerungsanspruch, allerdings werden sie als nicht steuerbare Gewinnentnahmen aus einer Personengesellschaft gewertet. Folglich unterbleibt eine Besteuerung im Inland. Die Sondervergütungen des inländischen Gesellschafters werden im Inland entsprechend den Regelungen des DBA besteuert, wobei im Falle eines inländischen Steueranspruchs ausländische Quellensteuern anrechenbar sind. Gewerbesteuer wird weder auf Gewinnausschüttungen (DBA-Wohnsitzregel) noch auf Sondervergütungen des Gesellschafters erhoben (§ 9 Nr. 2 bzw. § 8 Nr. 8 GewStG).

D. Die Besteuerung der Beteiligung an einer ausländischen Kapitalgesellschaft

1. Grundlagen

Unter der Voraussetzung, dass das ausländische Gesellschaftsrecht Beteiligungen an Kapitalgesellschaften erlaubt, können **zwei Arten** dieser grenzüberschreitenden Aktivität unterschieden werden:

– das inländische Unternehmen beteiligt sich an einer bereits bestehenden ausländischen Kapitalgesellschaft oder
– das inländische Unternehmen tritt als Gründungsgesellschafter auf.

Von einer Tochtergesellschaft wurde in der Vergangenheit gesprochen, wenn der im Inland ansässige Gesellschafter zu mindestens 10 % beteiligt war.[1425] Hinsichtlich dieser Konvention ist nunmehr zumindest gewerbesteuerlich zu differenzieren. Eine 10 %-ige Mindestbeteiligung findet nach wie vor für eine innerhalb der EU ansässige Tochtergesellschaft Anwendung. Anderenfalls ist eine 15 %-ige Mindestbeteiligung anzunehmen (§ 9 Nr. 7 GewStG).

2. Die Gründung

Die Gründung kann auf zwei Arten vollzogen werden:

[1425] Beteiligungen unter 10 % wurden steuerrechtlich als Direktgeschäft qualifiziert; vgl. JACOBS, OTTO H.: Internationale Unternehmensbesteuerung, 7. Aufl., München 2011, S. 255.

- durch **Bargründung**, die steuerlich unbeachtlich bleibt;
- durch **Sachgründung**, die einen **Tauschvorgang** von Wirtschaftsgütern gegen Gesellschaftsrechte darstellt. Steuerlich ist damit die Beteiligung mit den Anschaffungskosten, nämlich dem gemeinen Wert der hingegebenen Wirtschaftsgüter, anzusetzen (§ 6 Abs. 6 S. 1 EStG).[1426] Die dabei erfolgte Realisierung stiller Reserven i.H.d. Differenz zwischen bisherigem Buchwert und gemeinem Wert im Einbringungszeitpunkt hat einkommen-, körperschaft- und gewerbesteuerliche Konsequenzen. Eine **Ausnahme** besteht bei der Einbringung eines ganzen Betriebs oder eines Teilbetriebs in die inländische Betriebstätte einer EU-Kapitalgesellschaft. In diesem Fall ist auf Antrag eine Fortführung der Buchwerte der hingegebenen Wirtschaftsgüter bei der empfangenden Gesellschaft möglich (§ 20 Abs. 2 S. 2 UmwStG).

3. Die laufende Besteuerung

a) Die Gewinn- und die Vermögensabgrenzung

Bei der Abgrenzung von Gewinn und Vermögen zwischen der ausländischen Tochtergesellschaft und dem inländischen Mutterunternehmen kommt die **direkte Methode** unter der Berücksichtigung des **dealing-at-arm's-length-Prinzips** zur Anwendung.

b) Die Gewinnbesteuerung[1427]

Für die Gewinnbesteuerung sind **drei Sachverhalte** zu unterscheiden:

- Die ausländische Tochter(kapital)gesellschaft ist als selbstständiges Rechtssubjekt mit ihren Gewinnen in ihrem Domizilstaat unbeschränkt steuerpflichtig.
- Mit den an sie ausgeschütteten Gewinnen ist die inländische Muttergesellschaft im Domizilstaat der ausländischen Tochtergesellschaft beschränkt steuerpflichtig.
- Die ausgeschütteten Gewinne unterliegen im Domizilstaat der Muttergesellschaft der unbeschränkten Steuerpflicht. Wird die inländische Muttergesellschaft aber in der Rechtsform einer Kapitalgesellschaft geführt, greift i.d.R. die Dividendenfreistellung nach § 8b Abs. 1 KStG. Dennoch müssen gem. § 8b Abs. 5 KStG 5 % der ausländischen Dividende im Inland versteuert werden. Abweichendes gilt, wenn die Mutterkapitalgesellschaft zu Beginn des Kalenderjahres unmittelbar mit weniger als 10 % am Grund- oder Stammkapital der ausländischen Tochtergesellschaft beteiligt ist; für sog. Streubesitzdividenden besteht gem. § 8b Abs. 4 KStG Steuerpflicht.

Zwingende Voraussetzung für die inländische Steuerbefreiung der ausgeschütteten Gewinne ist, dass diese das Einkommen der ausländischen Tochterkapitalgesellschaft nicht

---

[1426] Vgl. FISCHER, LUTZ/KLEINEIDAM, HANS-JOCHEN/WARNEKE, PERYGRIN: Internationale Betriebswirtschaftliche Steuerlehre, 5. Aufl., Berlin 2005, S. 433.

[1427] Vgl. auch KUßMAUL, HEINZ/BECKMANN, STEFAN: Die Dividendenbesteuerung im nationalen und internationalen Kontext, in: DB 2001, S. 608-614.

gemindert haben (§ 8b Abs. 1 S. 2 KStG).[1428] Das sog. **„Korrespondenzprinzip"** hat zur Aufgabe, steuerliche Gestaltungen mit Hilfe **hybrider Finanzierungen** zu verhindern. Diese hybriden Instrumente werden im Ausland als Fremdkapital eingestuft und die Vergütungen für die Kapitalüberlassung zum Abzug von der Bemessungsgrundlage zugelassen, während sie im Inland Eigenkapital darstellen und gem. § 8b Abs. 1 KStG regelmäßig steuerfrei bleiben. Aus diesem Qualifikationskonflikt resultieren ggf. „weiße" Einkünfte, d.h. Einkünfte, die weder im In- noch im Ausland einer Besteuerung unterliegen. Mit § 8b Abs. 1 S. 2 KStG wird sichergestellt, dass die von der im Ausland ansässigen Tochtergesellschaft an die inländische Mutterkapitalgesellschaft ausgeschütteten Gewinne auf jeden Fall besteuert werden.

Aufgrund der zuvor skizzierten Gegebenheiten kann es zur **Dreifachbesteuerung** kommen:

– ausländische Ertragsteuern auf die Gewinne,
– ausländische Quellensteuer auf die Ausschüttung und
– inländische Ertragsteuern auf die empfangene Ausschüttung.

Maßnahmen gegen diese Mehrfachbesteuerung können nur im **Ausschüttungsfall** greifen, da nur dann zwei Steuerhoheiten das gleiche Steuergut besteuern (vgl. Abb. 162[1429], S. 789).

Bei Staaten, mit denen **kein DBA** besteht, greifen bei der Ermittlung der **Einkommen-** bzw. der **Körperschaftsteuer** die unilateralen Maßnahmen (vgl. ausführlich S. 726).

I.R.d. **Gewerbesteuer** muss zwischen Beteiligungen unter 15 % (Streubesitz) bzw. Beteiligungen an passiv tätigen ausländischen Kapitalgesellschaften einerseits und mindestens 15 %-igen Beteiligungen an (aktiv tätigen) ausländischen Kapitalgesellschaften andererseits unterschieden werden. Im ersten Fall greift die Hinzurechnungsvorschrift des § 8 Nr. 5 GewStG. Demnach hat weder das Teileinkünfteverfahren noch die Dividendenfreistellung Auswirkungen im Bereich der Gewerbesteuer. Somit fällt Gewerbesteuer auf diese Ausschüttungen an.[1430] Im zweiten Fall, d.h. bei Vorliegen einer mindestens 15 %-igen Beteiligung an einer aktiv tätigen ausländischen Kapitalgesellschaft, unterbleibt eine Hinzurechnung i.S.v. § 8 Nr. 5 GewStG; das gewerbesteuerliche Schachtelprivileg greift.[1431] Eine Besonderheit bilden Beteiligungen an innerhalb der EU ansässigen Tochtergesellschaften; hier findet das gewerbesteuerliche Schachtelprivileg bereits ab einer 10 %-igen Mindestbeteiligung Anwendung, unabhängig davon, ob es sich um aktive oder passive Tätigkeiten handelt.

[1428] Die Vorschrift des § 8b Abs. 1 S. 2 KStG ist erstmals ab dem VZ 2014 anzuwenden. Bei vom Kalenderjahr abweichenden Wirtschaftsjahren gilt die Regelung für den VZ, in dem das Wirtschaftsjahr endet, das nach dem 31.12.2013 begonnen hat (§ 34 Abs. 7 KStG).

[1429] In Anlehnung an ROSE, GERD: Betrieb und Steuer, 5. Buch: Internationales Steuerrecht, 4. Aufl., Wiesbaden 1999, S. 117 (in der neuesten Aufl. nicht mehr enthalten).

[1430] Gleiches gilt, wenn eine inländische Mutterkapitalgesellschaft zu Beginn des Kalenderjahres unmittelbar mit weniger als 10 % an der ausländischen Tochtergesellschaft beteiligt ist. Die Ausschüttungen unterliegen der Gewerbesteuer, da diese bereits im Rahmen der Ermittlung des körperschaftsteuerpflichtigen Einkommens zu berücksichtigen sind (§ 8b Abs. 4 KStG). Zwar unterbleibt eine gewerbesteuerliche Hinzurechnung i.S.v. § 8 Nr. 5 GewStG, die Körperschaftsteuerpflicht ist jedoch auch für die Gewerbesteuer maßgebend (§ 7 GewStG).

[1431] § 8b Abs. 5 KStG wirkt sich über § 7 GewStG aber auch auf die Gewerbesteuer aus, sodass im Fall einer Muttergesellschaft in der Rechtsform einer Kapitalgesellschaft 5 % der Ausschüttung der Gewerbesteuer unterliegen (§ 9 Nr. 7 S. 3 GewStG).

Außerdem werden auf unilateraler Ebene gem. § 9 Nr. 7 GewStG sowohl mindestens 15 %-ige Beteiligungen an aktiv tätigen ausländischen Tochtergesellschaften als auch mindestens 10 %-ige Beteiligungen an ausländischen Tochtergesellschaften mit Sitz innerhalb der EU von der Gewerbesteuer freigestellt. Dies gilt in beiden Fällen nur, soweit die Beteiligung zu Beginn des Erhebungszeitraums gehalten und die Dividende im Rahmen der Ermittlung des einkommen- bzw. körperschaftsteuerlichen Einkommens angesetzt wurde. Somit ist der Anwendungsbereich dieser gewerbesteuerlichen Kürzungsvorschrift faktisch auf inländische Personengesellschaften[1432] beschränkt, die Erträge aus einer Beteiligung an einer ausländischen Kapitalgesellschaft empfangen. Ist indes eine inländische Kapitalgesellschaft Empfänger der ausländischen Dividenden, kommt § 9 Nr. 7 GewStG nicht zur Anwendung, da die Dividenden bei der Ermittlung des körperschaftsteuerlichen Gewinns gem. § 8b Abs. 1 KStG nicht angesetzt worden sind.[1433]

Bei **Existenz eines DBA** ist zu unterscheiden, ob es sich bei der inländischen Spitzeneinheit um ein Personenunternehmen oder eine Kapitalgesellschaft handelt. Handelt es sich bei der inländischen Spitzeneinheit um ein **Personenunternehmen**, so bringt die Existenz eines DBA außer der eventuellen Begrenzung der Quellensteuer auf Dividenden keine weiteren Entlastungen gegenüber dem Nicht-DBA-Fall. Es kommen lediglich die direkte Anrechnung der Quellensteuer und alternativ der Abzug zur Milderung der Doppelbesteuerung in Frage. Allerdings greift – wie bei inländischen Beteiligungserträgen – das Teileinkünfteverfahren. Gleiches gilt für Beteiligungen, die im Privatvermögen gehalten werden und für welche die Voraussetzungen des § 17 EStG erfüllt sind. Anderenfalls kommt für Privatanleger seit dem VAZ 2009 eine Abgeltungssteuer i.H.v. 25 % zzgl. Solidaritätszuschlag zur Anwendung (§ 32d EStG). Diese ermittelt sich unter Berücksichtigung von anrechenbaren ausländischen Steuern (§ 32d Abs. 1 S. 2 EStG) nach der Formel $\frac{e-4q}{4+k}$, wobei „e" die nach § 20 EStG ermittelten Einkünfte, „q" die nach Maßgabe des § 32d Abs. 5 EStG anrechenbaren ausländischen Steuern und „k" der für die Kirchensteuer erhebende Religionsgemeinschaft geltende Kirchensteuersatz (§ 32d Abs. 1 EStG) darstellen.

[1432] Der Anwendungsbereich umfasst daneben auch Einzelunternehmen.

[1433] Dies gilt auch, wenn die inländische Mutterkapitalgesellschaft zu Beginn des Kalenderjahres unmittelbar mit weniger als 10 % am Grund- oder Stammkapital der ausländischen Tochterkapitalgesellschaft beteiligt ist. Zwar müssen die Dividenden gem. § 8b Abs. 4 KStG im Rahmen der Ermittlung des körperschaftsteuerlichen Einkommens berücksichtigt werden, die Voraussetzungen für das gewerbesteuerliche Schachtelprivileg i.S.v. § 9 Nr. 7 GewStG sind jedoch nicht erfüllt. Dieses greift erst ab einer mindestens 10 bzw. 15 %-igen Beteiligung der inländischen Muttergesellschaft an der ausländischen Tochtergesellschaft (vgl. auch S. 789).

	Inländische Spitzeneinheit = Personenunternehmen	Inländische Spitzeneinheit = Kapitalgesellschaft
Gewinnentstehung im Ausland	Ertragsbesteuerung im Ausland	
Dividendenausschüttung im Ausland	Quellensteuer im Ausland Im DBA-Fall oft reduziert	
Dividendenempfang im Inland	Ertragsbesteuerung im Inland	
	Einkommensteuer Teileinkünfteverfahren (Anteile im BV oder im PV i.S.v. § 17 EStG); Anrechnung der Quellensteuer Abgeltungssteuer (Anteile im PV und nicht i.S.v. § 17 EStG); Anrechnung der Quellensteuer	**Körperschaftsteuer** Dividendenfreistellung gem. § 8b Abs. 1 KStG bei Beteiligungen von mindestens 10 % (aber: Besteuerung von 5 % der Dividende aufgrund von § 8b Abs. 5 KStG); Körperschaftsteuerpflicht gem. § 8b Abs. 4 KStG bei Beteiligungen von weniger als 10 %
	Gewerbesteuer	
	Beteiligungen unter 15% und passive Beteiligungen: § 8 Nr. 5 GewStG; mindestens 15 %-ige aktive Beteiligungen: gewerbesteuerliches Schachtelprivileg <u>EU-Fall</u>: Schachtelprivileg greift bereits ab 10 % (aktive oder passive Beteiligung)	Beteiligungen unter 10 % (aktive oder passive Beteiligungen): § 7 GewStG; Beteiligungen zwischen 10 % und 15 % bzw. passive Beteiligungen: § 8 Nr. 5 GewStG; mindestens 15 %-ige aktive Beteiligungen: gewerbesteuerliches Schachtelprivileg (aber § 8b Abs. 5 KStG) <u>EU-Fall</u>: Schachtelprivileg greift bereits ab 10 % (aktive oder passive Beteiligung)

Abb. 162: Besteuerung der Gewinnausschüttung einer ausländischen Tochtergesellschaft

Ist die inländische Spitzeneinheit dagegen eine **Kapitalgesellschaft**, kommt bei Beteiligungen von mehr als 10 % die Dividendenfreistellung gem. § 8b Abs. 1 KStG zur Anwendung. Eine Forderung nach der Erzielung aktiver Einkünfte ist in § 8b KStG nicht enthalten. Die Dividendenfreistellung führt folglich – abgesehen von § 8b Abs. 5 KStG – zur völligen Freistellung der von der Spitzeneinheit empfangenen Dividenden im Inland; allerdings erfolgt eine ausländische Quellenbesteuerung, wenn auch meist mit aufgrund von DBA-Bestimmungen reduziertem Prozentsatz.[1434]

Ist die inländische Mutterkapitalgesellschaft jedoch zu Beginn des Kalenderjahres unmittelbar mit weniger als 10 % am Grund- oder Stammkapital der ausländischen Tochtergesellschaft beteiligt, so werden die entsprechenden Gewinnausschüttungen im Inland der Körperschaftsteuer unterworfen (§ 8b Abs. 4 KStG); es handelt sich um sog. Streubesitzdividenden. Die im Ausland einbehaltene Quellensteuer kann in diesen Fällen gem. § 26 Abs. 1 KStG auf die Körperschaftsteuerschuld der inländischen Muttergesellschaft angerechnet werden.

c) Die Verlustbehandlung

Im Allgemeinen können Verluste aus ausländischen Kapitalgesellschaften im Inland nicht berücksichtigt werden. Dies ist die Konsequenz aus der steuerrechtlichen Selbstständigkeit der ausländischen Kapitalgesellschaft (**Abschirmwirkung**).

Im Falle nachhaltiger Verluste kann lediglich eine **Teilwertabschreibung** auf die Beteiligung gem. § 6 Abs. 1 Nr. 2 EStG vorgenommen werden. Hierbei ist allerdings § 2a Abs. 1 S. 1 Nr. 3 Buchst. a EStG zu beachten, welcher Verlustverrechnungen aus Teilwertabschreibungen auf Anteile an Drittstaaten-Körperschaften generell **beschränkt**. Eine in § 2a Abs. 2 S. 2 EStG enthaltene Aktivitätsklausel relativiert diese generelle Beschränkung und lässt die unbeschränkte Verrechnung eines aus einer entsprechenden Teilwertabschreibung resultierenden Verlustes zu, wenn die ausländische Tochtergesellschaft seit ihrer Gründung oder in den letzten fünf Jahren aktiv i.S.d. § 2a Abs. 2 S. 1 EStG (vgl. S. 768) tätig war.[1435] Weiterhin ist für eine inländische Muttergesellschaft in der Rechtsform einer Kapitalgesellschaft § 8b Abs. 3 S. 3 KStG von Bedeutung. Demnach werden ausschüttungsbedingte Teilwertabschreibungen **nicht anerkannt**, wenn Gewinne aus der Veräußerung der betreffenden Anteile gem. § 8b Abs. 2 KStG steuerfrei vereinnahmt werden können.

4. Die Beendigung des Auslandsengagements durch Veräußerung der Beteiligung

Veräußerungsgewinne als Differenz zwischen Veräußerungserlös und Buchwert sind grundsätzlich (im Inland) **uneingeschränkt steuerpflichtig**. Folgende Ausnahmen sind zu registrieren:

- Bei einem **inländischen Personenunternehmen** mit einer 100 %-igen Beteiligung an einer ausländischen Kapitalgesellschaft greift aufgrund der Gleichstellung der Beteiligung mit einem Teilbetrieb in § 16 Abs. 1 S. 1 Nr. 1 EStG ggf. der Freibetrag gem. § 16 Abs. 4 EStG. Darüber hinaus kommt das Teileinkünfteverfahren zur Anwendung. Die Anwendung der Begünstigungsregelungen in § 34 Abs. 1 bzw. Abs. 3 EStG ist aufgrund von § 34 Abs. 2 Nr. 1 EStG ausgeschlossen. Grundsätzlich fällt auch Gewerbesteuer

---

[1434] Eine Anrechnung der ausländischen Quellensteuer auf die inländische Steuerschuld der Muttergesellschaft scheidet aus, da die Dividenden gem. § 8b Abs. 1 KStG nicht der inländischen Steuerpflicht unterliegen (vgl. S. 786).

[1435] Vgl. PROBST, ULRICH: § 2a EStG, in: Kommentar zum Außensteuerrecht, hrsg. von FRANZ WASSERMEYER, HUBERTUS BAUMHOFF und JENS SCHÖNFELD, Köln (Loseblatt), Stand: März 2013, Rn. 395 ff.

an.[1436] Beträgt die Beteiligung an der ausländischen Kapitalgesellschaft weniger als 100 %, ergeben sich bis auf den Wegfall des Freibetrags gem. § 16 Abs. 4 EStG die gleichen steuerlichen Wirkungen. Allerdings wird die Gewerbesteuer hier fällig, weil der Veräußerungsgewinn zu den laufenden Einkünften zählt.[1437]

– Veräußert eine **inländische Kapitalgesellschaft** Anteile an einer ausländischen Kapitalgesellschaft, so sind hieraus resultierende Veräußerungsgewinne gem. § 8b Abs. 2 S. 1 KStG steuerfrei. Ausgenommen davon sind jedoch 5 % des Veräußerungsgewinns, da sie nach § 8b Abs. 3 S. 1 KStG als nicht abzugsfähige Betriebsausgaben versteuert werden müssen. Außerdem gilt die Freistellung nicht, sofern in der Vergangenheit eine steuerwirksame Teilwertabschreibung vorgenommen und bisher nicht ausgeglichen wurde (§ 8b Abs. 2 S. 4 KStG). Die gewerbesteuerliche Behandlung entspricht jener bei der Körperschaftsteuer (§ 7 GewStG).

Unterliegt der Veräußerungsgewinn einer **beschränkten Steuerpflicht** im Ausland, so wird die inländische Spitzeneinheit zu einer entsprechenden ausländischen Steuer herangezogen. Im **Nicht-DBA-Fall** greift dann bei einer inländischen Spitzeneinheit in Form eines Personenunternehmens § 34c EStG.[1438] Im Fall einer inländischen Spitzeneinheit in Form einer Kapitalgesellschaft ist eine Anrechnung gem. § 26 KStG aufgrund der Steuerfreiheit des Veräußerungsgewinns nicht möglich.[1439] Im **DBA-Fall** liegt das Besteuerungsrecht i.d.R. ausschließlich beim Wohnsitzstaat des Veräußerers,[1440] während der Sitzstaat der Gesellschaft auf die Quellenbesteuerung verzichtet.

Veräußerungsverluste können unter Maßgabe des § 10d EStG und des § 10a GewStG mit inländischen positiven Einkünften verrechnet werden. Diese Verlustverrechnungsmöglichkeit gilt nicht für Kapitalgesellschaften. Veräußerungsverluste sind als logische Konsequenz aus der Steuerfreiheit der Veräußerungsgewinne steuerlich nicht berücksichtigungsfähig (§ 8b Abs. 3 S. 3 KStG).

E. Beispielhafter Belastungsvergleich

Nachfolgende Beispiele zeigen vereinfacht die laufende Besteuerung im DBA- bzw. im Nicht-DBA-Fall.[1441]

[1436] Vgl. WACKER, ROLAND: § 16 EStG, in: Einkommensteuergesetz, begr. von LUDWIG SCHMIDT, 32. Aufl., München 2013, Rn. 8. Sie unterbleibt lediglich, wenn ein enger Zusammenhang mit der Aufgabe des Gewerbebetriebs vorliegt. Vgl. BFH-Urteil vom 02.02.1972, BStBl II 1972, S. 470.

[1437] Vgl. JACOBS, OTTO H.: Unternehmensbesteuerung und Rechtsform, 4. Aufl., München 2009, S. 449 und 450.

[1438] Vgl. WASSERMEYER, FRANZ/LÜDICKE, JOCHEN: § 34c EStG, in: Kommentar zum Außensteuerrecht, hrsg. von FRANZ WASSERMEYER, HUBERTUS BAUMHOFF und JENS SCHÖNFELD, Köln (Loseblatt), Stand: März 2013, Rn. 125.

[1439] Vgl. BUCIEK, KLAUS: § 26 KStG, in: BLÜMICH: Einkommensteuer – Körperschaftsteuer – Gewerbesteuer, hrsg. von BERND HEUERMANN, München (Loseblatt), Stand: April 2013, Rn. 59.

[1440] In einigen deutschen DBA kann auch der Sitzstaat der Gesellschaft ein beschränktes Besteuerungsrecht wahrnehmen; vgl. REIMER, EKKEHART: Art. 13, in: Doppelbesteuerungsabkommen der Bundesrepublik Deutschland auf dem Gebiet der Steuern vom Einkommen und Vermögen, begr. von KLAUS VOGEL, hrsg. von MORIS LEHNER, 5. Aufl., München 2008, Rn. 225-229.

[1441] Vgl. auch KUSSMAUL, HEINZ/SCHÄFER, RENÉ: Ertragsteuerliche Behandlung der internationalen Unternehmenstätigkeit inländischer Kapitalgesellschaften im Ausland nach den Neuerungen durch das StSenkG, in: StuB 2002, S. 275-282.

Beispiel: (DBA-Fall)

Steuerbelastungsvergleich zwischen ausländischer Betriebstätte und ausländischer Tochtergesellschaft (bei 100%-Beteiligung) für den Fall, dass das **inländische Mutterunternehmen eine Kapitalgesellschaft** und das betreffende Ausland ein **DBA-Staat** ist. Im Inland kommt die im DBA geregelte Freistellungsmethode oder die Dividendenfreistellung zur Anwendung. Zugrunde gelegt wird das Wirtschaftsjahr 2013 (von der Einbeziehung der Gewerbesteuer und des Solidaritätszuschlags wird allerdings abgesehen).

Die relevanten steuerlichen Belastungen sind aus der folgenden Tabelle ersichtlich.

	Betriebstätte im Ausland (DBA-Staat)	Tochtergesellschaft im Ausland (DBA-Staat)
Ausländischer Gewinn vor Steuern	100,00	100,00
Ausländische Ertragsteuer: 50 % vom Gewinn[1]	./. 50,00	./. 50,00
Gewinn nach ausländischer Ertragsteuer (= Dividende bei Tochtergesellschaft)	50,00	50,00
Ausländische Quellensteuer: 5 % auf Dividende[2]		./. 2,50
Inländische Körperschaftsteuer im Fall einer Tochtergesellschaft im Ausland[3] (0,15 · 0,05 · ausländische Dividende vor Abzug ausländischer Quellensteuer; § 8b Abs. 5 KStG)		./. 0,38
Ergebnis nach Steuern	50,00	47,12

1) Da sich die steuerliche Behandlung der Betriebstätte im Ausland regelmäßig nach der Rechtsform des inländischen Stammhauses (hier eine Kapitalgesellschaft) richtet, unterliegen der Gewinn der Betriebstätte und derjenige der Tochtergesellschaft im Ausland der gleichen Steuerart und dem gleichen Ertragsteuersatz.

2) Laut OECD-MA gilt für mindestens 25 %-ige Beteiligungen einer inländischen Kapitalgesellschaft an einer ausländischen Kapitalgesellschaft eine Beschränkung der Quellensteuer auf 5 %. Aufgrund der sog. Mutter-/Tochter-Richtlinie müssen Mitgliedstaaten der Europäischen Union sogar auf eine Quellenbesteuerung der ausgeschütteten und grenzüberschreitenden Gewinne verzichten, sodass im Falle der Betätigung in einem EU-Staat die Quellensteuer ganz außer Acht zu lassen ist.

3) Von der Erfassung der Gewerbesteuer in der Berechnung wird abgesehen, da sie wegen der jeweiligen Befreiungsregelungen nur als Minimalbetrag bezüglich des Falles der Tochtergesellschaft relevant ist.

Beispiel: (Nicht-DBA-Fall)

Steuerbelastungsvergleich zwischen ausländischer Betriebstätte und ausländischer Tochtergesellschaft (bei 100%-Beteiligung) für den Fall, dass das **inländische Mutterunternehmen eine Kapitalgesellschaft** und das betreffende Ausland **kein DBA-Staat** ist. Im Inland kommt im Fall der Betriebstätte im Ausland die Anrechnungsmethode zur Anwendung. Die Voraussetzungen für die Anwendung der direkten Anrechnung gem. § 26 KStG seien erfüllt. Im Fall der Tochtergesellschaft greift wieder die Dividendenfreistellung. Zugrunde gelegt wird das Wirtschaftsjahr 2013 (von der Einbeziehung der Gewerbesteuer und des Solidaritätszuschlags wird abgesehen).

Die relevanten steuerlichen Belastungen sind aus der nachfolgenden Tabelle ersichtlich.

	Betriebstätte im Ausland (Nicht-DBA-Staat)	**Tochtergesellschaft im Ausland (Nicht-DBA-Staat)**
Ausländischer Gewinn vor Steuern	100,00	100,00
Ausländische Ertragsteuer: 50 % vom Gewinn[1]	./. 50,00	./. 50,00
Gewinn nach ausländischer Ertragsteuer (= Dividende bei Tochtergesellschaft)	50,00	50,00
Ausländische Quellensteuer: 25 % auf Dividende[2]	–	./. 12,50
Ergebnis vor inländischer Steuer	50,00	37,50
Einzubeziehende ausländische Steuer	+ 50,00	
Ausländische Einkünfte vor inländischer Steuer	100,00	37,50
Zu versteuerndes Einkommen (5 % der ausländischen Dividende vor Abzug ausländischer Quellensteuer im Fall der ausländischen Tochtergesellschaft)	100,00	2,50
Körperschaftsteuertarif (15 %)	./. 15,00	./. 0,38
Direkt anrechenbare ausländische Steuer	+ 15,00	
Inländische Körperschaftsteuer[3]	0,00	./. 0,38
Verbleibendes Einkommen	50,00	37,12

1) Da sich die steuerliche Behandlung der Betriebstätte im Ausland regelmäßig nach der Rechtsform des inländischen Stammhauses (hier eine Kapitalgesellschaft) richtet, unterliegen der Gewinn der Betriebstätte und derjenige der Tochtergesellschaft im Ausland der gleichen Steuerart und dem gleichen Ertragsteuersatz.

2) Der Quellensteuersatz von 25 % resultiert aus der im Vergleich zum DBA-Fall fehlenden Reduktion des Quellensteuersatzes.

3) Von der Erfassung der Gewerbesteuer in der Berechnung wird abgesehen, da sie wegen der jeweiligen Befreiungsregelungen nur als Minimalbetrag bezüglich des Falles der Tochtergesellschaft relevant ist.

IV. Besteuerung der internationalen Unternehmenstätigkeit ausländischer Unternehmen im Inland

Vgl. hierzu insb. ROSE, GERD: Betrieb und Steuer, 5. Buch: Internationales Steuerrecht, 6. Aufl., Berlin 2004, S. 139-150; vgl. darüber hinaus auch HENKEL, UDO W.: Beteiligung an inländischen Kapitalgesellschaften, in: Steuerrecht international tätiger Unternehmen, hrsg. von JÖRG M. MÖSSNER u.a., 4. Aufl., Köln 2012, Rn. 9.1-9.92; JACOBS, OTTO H.: Internationale Unternehmensbesteuerung, 7. Aufl., München 2011, S. 184-188, 253-384; KLUGE, VOLKER: Das internationale Steuerrecht, 4. Aufl., München 2000, S. 495-644; KUßMAUL, HEINZ/TCHERVENIACHKI, VASSIL: Bestandsaufnahme der beschränkten Steuerpflicht im Kontext des nationalen Steuerrechts und des EU-Rechts – Steuersystematische Einordnung und Umfang der beschränkten Steuerpflicht –, in: SteuerStud 2004, S. 550-555; KUßMAUL, HEINZ/TCHERVENIACHKI, VASSIL: Bestandsaufnahme der beschränkten Steuerpflicht im Kontext des nationalen Steuerrechts und des EU-Rechts – Besteuerung i.R.d. beschränkten Steuerpflicht –, in: SteuerStud 2004, S. 608-612; KUßMAUL, HEINZ/TCHERVENIACHKI, VASSIL: Die ertragsteuerliche Behandlung von Direktinvestitionen ausländischer Investoren in Deutschland – Einordnung und Bezug zu inländischen Betriebsstätten –, in: SteuerStud 2005, S. 26-30; KUßMAUL, HEINZ/TCHERVENIACHKI, VASSIL: Die ertragsteuerliche Behandlung von Direktinvestitionen ausländischer Investoren in Deutschland – Einordnung und Bezug zu inländischen Kapitalgesellschaften und inländischen Personengesellschaften –, in: SteuerStud 2005, S. 70-74; MICK, MARCUS/DYCKMANS, JAN: Beteiligung an inländischen Personengesellschaften, in: Steuerrecht international tätiger Unternehmen, hrsg. von JÖRG M. MÖSSNER u.a., 4. Aufl., Köln 2012, Rn. 8.1-8.205.

A. Die Besteuerung des Direktgeschäfts

1. Grundlagen

Der Begriff des Direktgeschäfts umfasst unternehmerische Betätigungen ohne festen Stützpunkt im Ausland; für die Geschäftstätigkeit im Ausland ist daher weder die Gründung einer Betriebsstätte noch die Errichtung einer Tochtergesellschaft notwendig. Zu den Direktgeschäften gehören der Waren-, Dienstleistungs- und Kapitalexport sowie Nutzungsüberlassungen.[1442]

2. Die Umsatzsteuer

Der Import von Waren und Dienstleistungen ausländischer Unternehmen in Deutschland unterliegt aufgrund des **Bestimmungslandprinzips** im Ergebnis der gleichen umsatzsteuerlichen Behandlung wie eine vergleichbare Tätigkeit inländischer Unternehmen.[1443]

3. Die Gewinnsteuern

Ausländische Unternehmen sind im Inland nicht unbeschränkt steuerpflichtig, sie können aber **beschränkt steuerpflichtig** sein, soweit sie inländische Einkünfte i.S.d. § 49 Abs. 1 EStG erzielen. Dabei orientiert sich § 49 Abs. 1 EStG an den für die unbeschränkte Steuerpflicht maßgeblichen sieben Einkunftsarten gem. § 2 Abs. 1 EStG, legt aber zusätzliche An-

---

[1442] Vgl. JACOBS, OTTO H.: Internationale Unternehmensbesteuerung, 7. Aufl., München 2011, S. 255.
[1443] Vgl. ROSE, GERD: Betrieb und Steuer, 5. Buch: Internationales Steuerrecht, 6. Aufl., Berlin 2004, S. 139.

knüpfungsmerkmale zur Abgrenzung der inländischen Einkünfte fest.[1444] So erfasst die beschränkte Steuerpflicht z.B.:[1445]

- Einkünfte aus Gewerbebetrieb, soweit gem. § 49 Abs. 1 Nr. 2 Buchst. a EStG im Inland eine Betriebstätte unterhalten wird oder ein ständiger Vertreter bestellt ist;
- bestimmte Einkünfte aus Kapitalvermögen gem. § 49 Abs. 1 Nr. 5 Buchst. a EStG, soweit der Schuldner seinen Wohnsitz, seinen Sitz oder seine Geschäftsleitung im Inland hat;
- Einkünfte aus der Vermietung von unbeweglichem Vermögen, Sachinbegriffen oder Rechten gem. § 49 Abs. 1 Nr. 6 EStG, soweit diese im Inland belegen sind.

Reine Importlieferungen begründen dagegen keine beschränkte Steuerpflicht.

Die Zuordnung eines Direktgeschäfts zu einer Einkunftsart kann von entscheidender Bedeutung für das Vorliegen der beschränkten Steuerpflicht sein.[1446] **Probleme** bereitet bei der Zurechnung zu den einzelnen Einkunftsarten v.a. die Frage nach der Gültigkeit der **Subsidiaritätsvorschriften**. Ihre Anwendung würde dazu führen, dass die o.g. Importerfolge nicht unter die beschränkte Steuerpflicht fallen, sofern weder eine inländische Betriebstätte noch ein ständiger Vertreter vorhanden ist (§ 49 Abs. 1 Nr. 2 Buchst. a EStG). Um dies zu vermeiden, kommt die sog. „**isolierende Betrachtungsweise**" gem. § 49 Abs. 2 EStG zur Anwendung.

Beispiel: (Isolierende Betrachtungsweise)

Ein ausländischer Gewerbebetrieb vermietet einer deutschen Gesellschaft ein Grundstück. Im Inland verfügt der ausländische Gewerbebetrieb über keine Niederlassung; auch wurde kein ständiger Vertreter bestellt. Bei Anwendung des Subsidiaritätsprinzips gehören die Einkünfte aus Vermietung und Verpachtung zu den Einkünften aus Gewerbebetrieb. Wegen der isolierenden Betrachtungsweise gem. § 49 Abs. 2 EStG fallen die Einkünfte jedoch unter § 49 Abs. 1 Nr. 6 EStG. Der ausländische Gewerbebetrieb ist mit den Einkünften aus der Vermietung des Grundstücks in Deutschland beschränkt steuerpflichtig.

Soweit die beschränkt steuerpflichtigen Einkünfte i.V.m. einem örtlichen Bezugspunkt im Inland erwirtschaftet werden, erfolgt ihre Besteuerung im Wege einer **Veranlagung**.[1447] Dazu gehören z.B. Einkünfte aus der Veräußerung von unbeweglichem Vermögen, Sachinbegriffen und Rechten gem. § 49 Abs. 1 Nr. 2 Buchst. f EStG sowie Einkünfte aus Vermietung und Verpachtung gem. § 49 Abs. 1 Nr. 6 EStG. I.R.d. Veranlagung dürfen Betriebsausgaben und Werbungskosten geltend gemacht werden, wenn sie in einem wirtschaftlichen Zusammenhang mit den inländischen Einkünften stehen. Werden die Gewinne von einer natürlichen Person erzielt, sind die Besonderheiten und Einschränkungen nach § 50 Abs. 1

[1444] Vgl. KUßMAUL, HEINZ/TCHERVENIACHKI, VASSIL: Bestandsaufnahme der beschränkten Steuerpflicht im Kontext des nationalen Steuerrechts und des EU-Rechts – Steuersystematische Einordnung und Umfang der beschränkten Steuerpflicht –, in: SteuerStud 2004, S. 550-555, s.b.S. 553.

[1445] Vgl. ROSE, GERD: Betrieb und Steuer, 5. Buch: Internationales Steuerrecht, 6. Aufl., Berlin 2004, S. 139.

[1446] So unterliegen z.B. Einkünfte aus selbstständiger Arbeit (Freiberufler) der beschränkten Steuerpflicht (§ 49 Abs. 1 Nr. 3 EStG). Dagegen unterliegen Einkünfte aus Gewerbebetrieb nicht der beschränkten Steuerpflicht, sofern weder eine inländische Betriebstätte noch ein ständiger Vertreter vorhanden ist (§ 49 Abs. 1 Nr. 2 Buchst. a EStG); vgl. JACOBS, OTTO H.: Internationale Unternehmensbesteuerung, 7. Aufl., München 2011, S. 258.

[1447] Vgl. JACOBS, OTTO H.: Internationale Unternehmensbesteuerung, 7. Aufl., München 2011, S. 272.

S. 2 und 3 EStG zu beachten, wonach es u.a. ein Abzugsverbot für Sonderausgaben nach § 10 EStG sowie für weitere personenbezogene steuerliche Vergünstigungen wie z.B. außergewöhnliche Belastungen nach §§ 33-33b EStG gibt.[1448] Somit kommt der Objektcharakter der beschränkten Steuerpflicht zum Ausdruck.

Der Mindeststeuersatz i.H.v. 25 % (§ 50 Abs. 3 S. 2 EStG a.F.) ist durch das Jahressteuergesetz 2009 abgeschafft worden. Die Steuerberechnung auf beschränkt steuerpflichtige Einkünfte richtet sich bei natürlichen Personen seit dem VAZ 2009 gem. § 50 Abs. 1 S. 2 EStG nach dem Grundtarif des § 32a Abs. 1 EStG. Allerdings wird grundsätzlich die Berücksichtigung des Grundfreibetrags versagt. Die Versagung des Grundfreibetrags wird vom EuGH akzeptiert, da es sich dabei um eine steuerliche Vergünstigung handelt, die für Personen vorgesehen ist, die ihr Einkommen im Wesentlichen im Besteuerungsland erzielt haben.[1449] Die Änderung betrifft nicht nur EU-Bürger, sondern bezieht sich auf alle beschränkt Steuerpflichtigen.[1450] Körperschaften unterliegen dem Körperschaftsteuersatz i.H.v. 15 %.

Nach § 50 Abs. 2 EStG gilt – abweichend von der eben geschilderten Besteuerung im Wege der Veranlagung –, dass die Einkommensteuer für Einkünfte, die dem Steuerabzug vom Arbeitslohn (§ 38 Abs. 1 EStG), vom Kapitalertrag (§ 43 EStG) sowie dem Steuerabzug gem. § 50a EStG unterliegen, bei beschränkt Steuerpflichtigen durch den **Steuerabzug abgegolten** wird. Dies gilt nicht für die in § 50 Abs. 2 S. 2 EStG aufgeführten Tatbestände, wie z.B. Einkünfte eines inländischen Betriebs. Der Steuerabzugsbetrag für die in § 50a Abs. 1 EStG aufgeführten Einkünfte beträgt 15 % – z.B. für künstlerische und sportliche Darbietungen oder für die Überlassung von Rechten – respektive 30 % bei Aufsichtsratsvergütungen (§ 50a Abs. 2 S. 1 EStG). Insbesondere kann es durch die Neufassung des § 50a EStG im Rahmen des Jahressteuergesetzes 2009 zum Abzug von Werbungskosten und Betriebsausgaben kommen, wenn diese in unmittelbarem wirtschaftlichem Zusammenhang mit den entsprechenden Vergütungen stehen (§ 50a Abs. 3 S. 1 EStG); diese Vorschrift besitzt nur Gültigkeit für Mitglieder des EU- oder EWR-Raums.

Schließlich bietet § 50 Abs. 4 EStG der Finanzverwaltung die Möglichkeit, die Einkommensteuer bei beschränkt Steuerpflichtigen ganz oder z.T. zu erlassen oder in einem Pauschbetrag festzusetzen, wenn dies im öffentlichen Interesse liegt.[1451]

Trifft der Sitzstaat des ausländischen Unternehmens keine unilateralen Maßnahmen zur Vermeidung einer evtl. eintretenden Doppelbesteuerung, so kann diese nur durch entsprechende abkommensrechtliche Regelungen vermieden werden (vgl. S. 732 f.).

[1448] Vgl. KUẞMAUL, HEINZ/TCHERVENIACHKI, VASSIL: Bestandsaufnahme der beschränkten Steuerpflicht im Kontext des nationalen Steuerrechts und des EU-Rechts – Besteuerung im Rahmen der beschränkten Steuerpflicht –, in: SteuerStud 2004, S. 608-612, s.b.S. 610.

[1449] Vgl. EuGH-Urteil vom 12.06.2003, in: DStR 2003, S. 1112, Rn. 48. Vgl. auch KUẞMAUL, HEINZ/TCHERVENIACHKI, VASSIL: Bestandsaufnahme der beschränkten Steuerpflicht im Kontext des nationalen Steuerrechts und des EU-Rechts – Steuersystematische Einordnung und Umfang der beschränkten Steuerpflicht –, in: SteuerStud 2004, S. 550-555, s.b.S. 551 und 552.

[1450] Vgl. BT-Drs. 16/10189, S. 59 f.

[1451] Was öffentliches Interesse bedeutet, wird in § 50 Abs. 4 EStG geregelt; insb. betrifft dies kulturelle und sportliche Großereignisse.

B. Die Besteuerung der Betriebstätte

1. Die Gründung

Durch die Gründung einer Betriebstätte (oder die Bestellung eines ständigen Vertreters) entsteht für das ausländische Unternehmen eine beschränkte Steuerpflicht im Inland. Im Falle der **Bargründung** ergeben sich keine steuerlichen Besonderheiten. Bei der **Sachgründung** fällt im Bereich der Verkehrsteuern u.U. Einfuhrumsatzsteuer an. Ertragsteuerlich wird der Wert der überführten Vermögensgegenstände mit Hilfe der Regelung des § 6 Abs. 1 Nr. 5 EStG zur Bewertung von Einlagen bestimmt, wonach ein Ansatz zum Teilwert bzw. ggf. – bei Vorliegen der Voraussetzungen des § 6 Abs. 1 Nr. 5 Buchst. a, b oder c EStG – zu den niedrigeren Anschaffungs- oder Herstellungskosten zu erfolgen hat.

2. Die laufende Besteuerung[1452]

Auch auf Leistungsbeziehungen zwischen einem ausländischen Stammhaus mit Betriebstätte im Inland sind die in § 1 Abs. 5 AStG kodifizierten Grundsätze zur **Gewinn- und Vermögensabgrenzung** anzuwenden (vgl. S. 747). Die inländische Betriebstätte ist als eigenständiges und unabhängiges Unternehmen zu behandeln, sodass ihr zunächst Personalfunktionen, Vermögenswerte, Chancen und Risiken sowie ein angemessenes Eigenkapital (Dotationskapital) zuzuordnen sind. In der Folge sind die Leistungsbeziehungen zwischen Stammhaus und Betriebstätte zu identifizieren sowie die Verrechnungspreise für diese Geschäftsbeziehungen zu bestimmen.

Die **Gewinne** i.R.d. beschränkten Steuerpflicht werden im Falle einer natürlichen Person auf der Basis des § 1 Abs. 4 EStG i.V.m. § 49 Abs. 1 Nr. 2 Buchst. a EStG (**beschränkte Einkommensteuerpflicht**), bei einer Körperschaft durch § 2 Nr. 1 KStG i.V.m. § 49 Abs. 1 Nr. 2 Buchst. a EStG (**beschränkte Körperschaftsteuerpflicht**) erfasst. Einkünfte einer inländischen Betriebstätte, die nach dem Subsidiaritätsprinzip als gewerbliche Einkünfte betrachtet werden müssen, werden auch als solche behandelt. Die isolierende Betrachtungsweise (§ 49 Abs. 2 EStG) findet hier keine Anwendung. Das ausländische Stammhaus wird i.R.d. beschränkten Steuerpflicht mit den Betriebstätteneinkünften veranlagt.

Eine Betriebstätte gehört zu den im Inland betriebenen Gewerbebetrieben (§ 2 Abs. 1 S. 3 GewStG) und unterliegt somit der **Gewerbesteuer** (§ 2 Abs. 1 S. 1 GewStG). Das Bestellen eines ständigen Vertreters führt allerdings nicht zur Gewerbesteuerpflicht.[1453]

Die Vermeidung oder Milderung einer möglichen Doppelbesteuerung erfolgt durch ein DBA (**Betriebstättenprinzip** gem. Art. 7 OECD-MA) bzw. durch **unilaterale Maßnahmen** im Ausland.

Entstandene **Verluste** können prinzipiell mit anderen positiven inländischen Einkünften verrechnet werden. Soweit die Verluste in wirtschaftlichem Zusammenhang mit inländischen

---

[1452] Vgl. KUßMAUL, HEINZ/TCHERVENIACHKI, VASSIL: Die ertragsteuerliche Behandlung von Direktinvestitionen ausländischer Investoren in Deutschland – Einordnung und Bezug zu inländischen Betriebsstätten –, in: SteuerStud 2005, S. 26-30.

[1453] Vgl. JACOBS, OTTO H.: Internationale Unternehmensbesteuerung, 7. Aufl., München 2011, S. 337.

Einkünften stehen und diese auch im Inland belegt werden können, ist über § 10d EStG der Verlustrück- und -vortrag möglich.

3. Die Beendigung des Inlandsengagements durch Veräußerung der inländischen Betriebstätte

Der bei einer Veräußerung entstehende Gewinn unterliegt, ebenso wie der laufende Erfolg, der **beschränkten Steuerpflicht**.[1454] Zu **Vergünstigungen** kommt es lediglich bei Vorliegen der beschränkten Einkommensteuerpflicht. Dann gilt § 34 Abs. 1 EStG (Progressionsmilderung) bzw. kann auf Antrag ein ermäßigter Steuersatz gem. § 34 Abs. 3 EStG i.H.v. 56 % des durchschnittlichen Einkommensteuersatzes in Anspruch genommen werden.[1455] § 50 Abs. 1 S. 3 EStG schließt die Anwendung des § 16 Abs. 4 EStG (Freibetrag) aus. Verluste aus der Veräußerung einer inländischen Betriebstätte werden wie laufende Verluste behandelt; ein Veräußerungsverlust kann daher ausgeglichen bzw. rück- oder vorgetragen werden.

C. Die Besteuerung der Beteiligung an einer inländischen Personengesellschaft[1456]

Die Besteuerung der Beteiligung von Ausländern an einer inländischen Personengesellschaft richtet sich nach der steuerlichen Behandlung von Betriebstätten (vgl. S. 797).

D. Die Besteuerung der Beteiligung an einer inländischen Kapitalgesellschaft

1. Die Gründung

Bei der **Gründung** einer inländischen Kapitalgesellschaft durch eine ausländische Muttergesellschaft können durch die Einbringung entstehende Veräußerungsgewinne (**stille Reserven**) beim Einbringenden durch § 49 EStG erfasst werden. Eine beschränkte Steuerpflicht besteht demnach bei der Einbringung von beweglichen Wirtschaftsgütern einer inländischen Betriebstätte, von im Inland belegenem unbeweglichem Vermögen und bei der Einbringung einer Beteiligung i.S.d. § 17 Abs. 1 EStG an einer inländischen Kapitalgesellschaft. Im DBA-Fall sind die Regelungen zur Quellenbesteuerung zu beachten.[1457]

[1454] § 49 Abs. 1 Nr. 2 EStG verweist auf § 16 EStG und zählt somit auch Veräußerungsgewinne zu den gewerblichen Einkünften einer inländischen Betriebstätte.

[1455] Vgl. GROTHERR, SIEGFRIED: Teil I, in: Internationales Steuerrecht, hrsg. von SIEGFRIED GROTHERR u.a., 3. Aufl., Achim 2010, S. 151.

[1456] Vgl. auch KUßMAUL, HEINZ/TCHERVENIACHKI, VASSIL: Die ertragsteuerliche Behandlung von Direktinvestitionen ausländischer Investoren in Deutschland – Einordnung und Bezug zu inländischen Kapitalgesellschaften und inländischen Personengesellschaften –, in: SteuerStud 2005, S. 70-74, s.b.S. 73 und 74.

[1457] Vgl. zu diesem Absatz HENKEL, UDO W.: Beteiligung an inländischen Kapitalgesellschaften, in: Steuerrecht international tätiger Unternehmen, hrsg. von JÖRG M. MÖSSNER u.a., 3. Aufl., Köln 2005, Rn. F 162-F 166 (in der neuesten Auflage nicht mehr enthalten).

2. Die laufende Besteuerung[1458]

Der Fall der Beteiligung eines ausländischen Unternehmens an einer inländischen Kapitalgesellschaft verhält sich bezüglich der **Gewinn- und Vermögensabgrenzung** gleich dem einer Beteiligung eines inländischen Unternehmens an einer ausländischen Kapitalgesellschaft.

Für die **Gewinnbesteuerung** muss zwischen Gesellschaftsebene und Gesellschafterebene unterschieden werden. Auf **Gesellschaftsebene** ist die Kapitalgesellschaft ein selbstständiges Steuersubjekt und unterliegt somit mit ihrem gesamten Welteinkommen der unbeschränkten Körperschaftsteuerpflicht. Außerdem besteht für ihr modifiziertes körperschaftsteuerliches Einkommen Gewerbesteuerpflicht. Auf **Gesellschafterebene** greift für offene und verdeckte Gewinnausschüttungen an ausländische Gesellschafter die beschränkte Einkommensteuerpflicht (§ 49 Abs. 1 Nr. 5 EStG) bzw. die beschränkte Körperschaftsteuerpflicht (§ 8 Abs. 1 KStG i.V.m. § 49 Abs. 1 Nr. 5 EStG). Diese wird durch die inländische Kapitalertragsteuer, die im DBA-Fall wegfallen oder reduziert sein kann, abgegolten (§ 50 Abs. 2 S. 1 EStG bzw. § 32 Abs. 1 Nr. 2 KStG). Die Kapitalertragsteuer wird als Quellensteuer auf die ungekürzten Kapitalerträge erhoben. Somit wirken sich weder § 3 Nr. 40 EStG noch § 8b Abs. 1 KStG auf die Bemessungsgrundlage der Quellensteuer aus (§ 43 Abs. 1 S. 3 EStG).[1459] I.d.R. besteht im Inland keine Anrechnungsmöglichkeit der Kapitalertragsteuer.[1460] Zu **Ausnahmen** kommt es, falls die Ausschüttung über eine inländische Betriebstätte oder einen ständigen Vertreter bezogen wird (§ 50 Abs. 2 S. 2 Nr. 1 EStG bzw. § 32 Abs. 1 Nr. 2 KStG),[1461] bei Beantragung der fiktiven unbeschränkten Steuerpflicht nach § 1 Abs. 3 EStG[1462] sowie im Fall der erweiterten beschränkten Steuerpflicht (vgl. S. 752).

Im **DBA-Fall** erfolgt regelmäßig eine Begrenzung der Kapitalertragsteuer auf 15 % (Art. 10 Abs. 2 Buchst. b OECD-MA). Hält eine ausländische Kapitalgesellschaft eine mindestens 25 %-ige Beteiligung an einer inländischen Kapitalgesellschaft, findet eine weitere Reduzierung der Kapitalertragsteuer auf 5 % statt (Art. 10 Abs. 2 Buchst. a OECD-MA). Aufgrund der **Mutter-/Tochter-Richtlinie**[1463] unterbleibt nach § 43b EStG sogar die Erhebung einer Kapitalertragsteuer auf Dividenden, die eine EU-Muttergesellschaft i.S.d. Anlage 2 des EStG aus ihrer Beteiligung an einer deutschen Kapitalgesellschaft erzielt. Durch die am 22.12.2003 vom EU-Rat beschlossene Änderungs-Richtlinie[1464] zur Mutter-/Tochter-Richtlinie und die anschließende Umsetzung der Änderungen i.R.d. sog. Richtlinien-Umsetzungsgesetzes vom 09.12.2004[1465] wurde der Anwendungsbereich des § 43b EStG auch auf Aus-

---

[1458] Vgl. KUßMAUL, HEINZ/TCHERVENIACHKI, VASSIL: Die ertragsteuerliche Behandlung von Direktinvestitionen ausländischer Investoren in Deutschland – Einordnung und Bezug zu inländischen Kapitalgesellschaften und inländischen Personengesellschaften –, in: SteuerStud 2005, S. 70-74, s.b.S. 70-73.

[1459] Vgl. auch GROTHERR, SIEGFRIED: Änderungen bei der Besteuerung von Steuerausländern durch das Steuersenkungsgesetz, in: IWB vom 20.12.2000, Fach 3 Deutschland, Gruppe 1, S. 1721-1736, s.b.S. 1722; ROSE, GERD: Betrieb und Steuer, 5. Buch: Internationales Steuerrecht, 6. Aufl., Berlin 2004, S. 147 und 148.

[1460] Vgl. ROSE, GERD: Betrieb und Steuer, 5. Buch: Internationales Steuerrecht, 6. Aufl., Berlin 2004, S. 148.

[1461] Vgl. JACOBS, OTTO H.: Internationale Unternehmensbesteuerung, 7. Aufl., München 2011, S. 350.

[1462] Vgl. LÜDICKE, JÜRGEN: Merkwürdigkeiten bei der Umsetzung des Schumacker-Urteils des EuGH, in: IStR 1996, S. 111-114.

[1463] Richtlinie Nr. 90/435/EWG vom 23.07.1990, ABl EU 1990, Nr. L 225, S. 6.

[1464] Richtlinie Nr. 2003/123/EG vom 22.12.2003, ABl EU 2003, Nr. L 7, S. 41.

[1465] Gesetz zur Umsetzung von EU-Richtlinien in nationales Steuerrecht und zur Änderung weiterer Vorschriften (Richtlinien-Umsetzungsgesetz – EURLUmsG) vom 09.12.2004, BGBl I 2004, S. 3310.

schüttungen deutscher Tochtergesellschaften an eine in einem anderen EU-Mitgliedstaat belegene Betriebstätte ausgedehnt, soweit die Beteiligung an der Tochtergesellschaft im Betriebsvermögen der Betriebstätte gehalten wird. Dies gilt unabhängig davon, ob die Betriebstätte von einer in Deutschland unbeschränkt steuerpflichtigen Muttergesellschaft oder einer Muttergesellschaft i.S.d. Anlage 2 des EStG, die im Inland weder Sitz noch Geschäftsleitung hat, unterhalten wird. Darüber hinaus setzt § 43b Abs. 2 EStG eine 10 %-ige unmittelbare Mindestbeteiligung am Kapital der Tochtergesellschaft seit mindestens zwölf Monaten voraus.

3. Die Beendigung des Inlandsengagements durch Veräußerung der Beteiligung

Die Veräußerung einer **Beteiligung** i.S.d. § 17 EStG durch **eine natürliche** Person führt zu einer beschränkten Steuerpflicht des Veräußerers (§ 49 Abs. 1 Nr. 2 Buchst. e EStG). Allerdings weisen die meisten DBA in diesem Fall das Besteuerungsrecht dem Wohnsitzstaat des Anteilseigners zu, sodass bei Vorliegen eines DBA oftmals kein inländischer Besteuerungsanspruch besteht. Falls die Beteiligung über eine **inländische Betriebstätte** gehalten wurde, führt ihre Veräußerung unabhängig von der Beteiligungshöhe zur beschränkten Steuerpflicht gem. § 49 Abs. 1 Nr. 2 Buchst. a EStG.[1466] Aufgrund des abkommensrechtlichen Betriebstättenprinzips kommt es im DBA-Fall grundsätzlich zu einer Besteuerung im Inland, dem Belegenheitsstaat der Betriebstätte.[1467] Der ggf. der beschränkten Steuerpflicht unterliegende Veräußerungsgewinn bestimmt sich als Differenz zwischen dem Veräußerungspreis (abzgl. der Veräußerungskosten) und den Anschaffungskosten (wesentliche Beteiligung) bzw. dem Buchwert der Beteiligung (Betriebstätte).[1468]

Bei der Veräußerung einer **Beteiligung** i.S.d. § 17 EStG durch eine beschränkt steuerpflichtige **Körperschaft** bleibt ein Veräußerungsgewinn – ausgenommen der 5 %, die gem. § 8b Abs. 3 S. 1 KStG als nichtabziehbare Betriebsausgaben gelten – aufgrund von § 8b Abs. 2 S. 1 KStG steuerfrei. Dies gilt auch, wenn die Anteile nicht über eine inländische Betriebstätte gehalten wurden.[1469]

[1466] Vgl. GROTHERR, SIEGFRIED: Teil I, in: Internationales Steuerrecht, hrsg. von SIEGFRIED GROTHERR u.a., 3. Aufl., Achim 2010, S. 156.

[1467] Vgl. HENKEL, UDO W.: Veräußerung und Liquidation, in: Steuerrecht international tätiger Unternehmen, hrsg. von JÖRG M. MÖSSNER u.a., 4. Aufl., Köln 2012, Rn. 9.74.

[1468] Vgl. HENKEL, UDO W.: Veräußerung und Liquidation, in: Steuerrecht international tätiger Unternehmen, hrsg. von JÖRG M. MÖSSNER u.a., 4. Aufl., Köln 2012, Rn. 9.72.

[1469] Vgl. DÖTSCH, EWALD/PUNG, ALEXANDRA: § 8b KStG, in: Die Körperschaftsteuer, Kommentar, hrsg. von EWALD DÖTSCH u.a., Stuttgart (Loseblatt), Stand: April 2013, Rn. 105; GROTHERR, SIEGFRIED: Änderungen bei der Besteuerung von Steuerausländern durch das Steuersenkungsgesetz, in: IWB vom 20.12.2000, Fach 3 Deutschland, Gruppe 1, S. 1721-1736, s.b.S. 1726 und 1727; TÖBEN, THOMAS: Steuersenkungsgesetz: Steuerbefreiung von Anteilsveräußerungsgewinnen nach § 8b Abs. 2 KStG n.F., in: FR 2000, S. 905-917, s.b.S. 910 und 911.

V. Supranationale europäische Rechtsformen

Vgl. zu diesem Abschnitt m.w.N. KESSLER, WOLFGANG/ACHILLES, CHARLOTTE/HUCK, FRIEDERICKE: Die Europäische Aktiengesellschaft im Spannungsfeld zwischen nationalem Steuergesetzgeber und EuGH, in: IStR 2003, S. 715-720; TAUTORUS, GUNTER: Supranationale und länderspezifische Besteuerung der Europäischen wirtschaftlichen Interessenvereinigung, Bielefeld 1992, S. 20-63, 184-205.

A. Die Europäische wirtschaftliche Interessenvereinigung

1. Zielsetzung und charakteristische Merkmale

Die „Europäische wirtschaftliche Interessenvereinigung" (**EWIV**) stellt seit dem 01.07.1989[1470] eine **europäische Rechtsform** für Unternehmen dar. Sie soll die **grenzüberschreitende Zusammenarbeit und Kooperation** von Unternehmen und freiberuflich Tätigen aus verschiedenen Mitgliedstaaten der EU vereinfachen. Das Ziel der EWIV besteht des Weiteren darin, die wirtschaftliche Tätigkeit ihrer Mitglieder zu erleichtern oder zu entwickeln, um es ihnen zu ermöglichen, ihre eigenen Ergebnisse zu steigern.

Die **charakteristischen Merkmale** der EWIV sind:[1471]

- **Gründung** durch schriftlichen **Gründungsvertrag** mit verpflichtenden Mindestangaben;

- **Eintragung** ins Handelsregister des Sitzstaates (**Formkaufmann**);

- **Publizität** entsprechend der einer Kapitalgesellschaft;

- **Mitglieder** können juristische und/oder nicht juristische Personen sein; jedes Mitglied muss eine „**wirtschaftliche Tätigkeit**" ausüben; mindestens zwei Mitglieder müssen ihre Hauptniederlassung in unterschiedlichen EU-Staaten haben;

- **Sitzland** ist das Land, in dem die Hauptverwaltung der EWIV oder die Hauptverwaltung eines ihrer Mitglieder liegt;

- **Organe** bilden die gemeinschaftlich handelnden Mitglieder, die einen Geschäftsführer als Verwaltungsorgan aus ihren eigenen Reihen stellen oder einen Dritten bestellen können. Fakultativ können weitere Organe im Gesellschaftsvertrag festgeschrieben werden, wie bspw. ein zwischen die Mitglieder und den Geschäftsführer gestelltes Aufsichtsorgan;

- **Stimmrecht** hat grundsätzlich jedes Mitglied; eine Stimme je Mitglied soll den Kooperationsgedanken zwischen gleichberechtigten Partnern umsetzen. Mehrstimmrechte sind – bei ungleich gewichteten Beteiligungen – durch Festlegung im Gesellschaftsvertrag möglich, jedoch darf kein Mitglied die Stimmrechtsmehrheit besitzen;

- die **Gewinn- und Verlustverteilung** richtet sich nach nationalem Recht (Erfolgsverteilung nach Schlüsselung des Gründungsvertrags, subsidiär: Verteilung nach Köpfen);

[1470] Gesetz zur Ausführung der EWG-Verordnung über die Europäische wirtschaftliche Interessenvereinigung (EWIV-Ausführungsgesetz) vom 14.04.1988, BGBl I 1988, S. 514.

[1471] Vgl. TAUTORUS, GUNTER: Supranationale und länderspezifische Besteuerung der Europäischen wirtschaftlichen Interessenvereinigung, Bielefeld 1992, S. 20-63.

- es gibt kein festes **Haftungskapital**, sodass die EWIV ohne Eigenkapital gegründet werden kann. Damit der Gläubigerschutz gewährleistet ist, haften die Mitglieder den Gläubigern **persönlich, unbeschränkt und gesamtschuldnerisch** für die Verbindlichkeiten der Vereinigung;
- eine EWIV mit Sitz in Deutschland besitzt **keine Rechtspersönlichkeit**; sie ist gleich einer OHG zu behandeln. Für die Geschäftsführungsfragen gelten jedoch die Regelungen einer GmbH;
- die **Auflösung** erfolgt durch Mitgliederbeschluss.

2.   Die Besteuerung auf internationaler Ebene[1472]

Hinsichtlich der **Besteuerung auf internationaler Ebene** wird die EWIV abkommensrechtlich einheitlich als **Personengesellschaft** behandelt, wodurch die aus einer abweichenden Steuersubjektqualifikation (vgl. S. 783) resultierenden Probleme vermieden werden. Grundsätzlich kommt das Mitunternehmerkonzept zur Anwendung, wonach das Ergebnis einer EWIV auf der Ebene ihrer Mitglieder erfasst wird. Im Falle einer gewerblich tätigen EWIV sind die nicht im Sitzstaat der EWIV ansässigen Mitglieder beschränkt steuerpflichtig, sofern ihre Beteiligung gem. den nationalen Regelungen als Betriebstätte gewertet wird. Erfüllt die Beteiligung an der EWIV die abkommensrechtlichen Kriterien für das Vorliegen einer Betriebstätte, wird dem Sitzstaat der EWIV der Besteuerungsanspruch für die Einkünfte aus der Beteiligung zugewiesen. Im Wohnsitzstaat des Mitglieds werden die Einkünfte aufgrund der unbeschränkten Steuerpflicht grundsätzlich erfasst. Eine Doppelbesteuerung muss somit durch Freistellung oder Anrechnung vermieden werden. Ist aus abkommensrechtlicher Sicht eine Betriebstätte nicht gegeben, wie das bspw. bei reiner Hilfstätigkeit der EWIV für ihre Mitglieder der Fall ist, dann erfolgt die Besteuerung der Einkünfte aus der Beteiligung ausschließlich im jeweiligen Wohnsitzstaat des Mitglieds.[1473]

Die **Ergebnisabgrenzung** zwischen der EWIV und ihren Mitgliedern erfolgt auf Basis des **dealing-at-arm's-length-Prinzips**. Bei Bestehen einer Betriebstätte wird das Ergebnis der EWIV in deren Sitzstaat zwar für alle Mitglieder einheitlich festgestellt, im jeweiligen Wohnsitzstaat der Mitglieder können aber abweichende Gewinnermittlungsvorschriften zur Anwendung kommen. Folglich können sich im Sitzstaat der EWIV und in den Wohnsitzstaaten der Mitglieder unterschiedlich hohe Einkünfte aus der Beteiligung ergeben. Die vollständige Vermeidung einer **Doppelbesteuerung** ist somit trotz abkommensrechtlicher Vermeidungsregelungen unmöglich.[1474]

[1472] Vgl. zur Besteuerung der EWIV in Deutschland auch die Ausführungen ab S. 600.

[1473] Vgl. JACOBS, OTTO H.: Internationale Unternehmensbesteuerung, 7. Aufl., München 2011, S. 184-188.

[1474] Vgl. TAUTORUS, GUNTER: Supranationale und länderspezifische Besteuerung der Europäischen wirtschaftlichen Interessenvereinigung, Bielefeld 1992, S. 200-202.

B. Die Europäische Aktiengesellschaft (Societas Europaea)

1. Zielsetzung und charakteristische Merkmale

Mit der EU-Verordnung vom 08.10.2001[1475] wurde die Wahl der Rechtsformen i.R.d. EU um die Europäische Aktiengesellschaft (Societas Europaea – SE) erweitert. Dadurch sollen der Zusammenschluss von Unternehmen innerhalb des europäischen Binnenmarkts, die Bestimmung des Standorts des Unternehmens sowie dessen Sitzverlegung unabhängig von den rechtlichen Besonderheiten der einzelnen Mitgliedstaaten ermöglicht werden.[1476] Die Verordnung wurde in Deutschland durch das Gesetz zur Einführung der Europäischen Gesellschaft (SEEG) vom 22.12.2004[1477] ausgeführt.

Die **charakteristischen Merkmale** einer SE sind:

- **vier** Möglichkeiten zur **Gründung** einer SE (Art. 2 SE-VO):
  - Verschmelzung von mindestens zwei nationalen Aktiengesellschaften aus verschiedenen Mitgliedstaaten;
  - Gründung einer übergeordneten Holding-SE durch mindestens zwei nationale Aktiengesellschaften oder Gesellschaften mit beschränkter Haftung, die in verschiedenen Mitgliedstaaten ansässig sind oder seit mindestens zwei Jahren eine Tochtergesellschaft oder Niederlassung in einem anderen Mitgliedstaat haben;
  - Gründung einer gemeinsamen Tochter-SE durch mindestens zwei nationale Gesellschaften i.S.d. Art. 54 Abs. 2 des Vertrages über die Arbeitsweise der EU (Personenhandelsgesellschaften) oder sonstige juristische Personen des öffentlichen und des privaten Rechts, die in verschiedenen Mitgliedstaaten ansässig sind oder die seit mindestens zwei Jahren eine Tochtergesellschaft oder Niederlassung in einem anderen Mitgliedstaat haben;
  - Umwandlung einer nationalen Aktiengesellschaft in eine SE, wenn sie seit mindestens zwei Jahren eine in einem anderen Mitgliedstaat ansässige Tochtergesellschaft hat.
- Die **Eintragung** erfolgt ins Handelsregister gem. den für Aktiengesellschaften geltenden Vorschriften, jedoch erst dann, wenn im Hinblick auf die Mitbestimmungsregelungen eine Vereinbarung über die Beteiligung der Arbeitnehmer abgeschlossen wurde.[1478]
- Um den Forderungen nach **Publizität** gerecht zu werden, muss die SE ihrer Firma den Zusatz „SE" voran- oder nachstellen (Art. 11 Abs. 1 SE-VO).
- Der **Sitz** der SE muss im Gemeinschaftsgebiet liegen und zwar in dem Mitgliedstaat, in dem sich die Hauptverwaltung der SE befindet.[1479] **Sitzverlegungen** sind über die Gren-

---

[1475] Verordnung Nr. 2157/2001/EWG vom 08.10.2001, ABl EU 2001, Nr. L 294, S. 1.

[1476] Vgl. LUKE, JOACHIM: Die Europäische Aktiengesellschaft – Societas Europaea –, in: IWB vom 01.03.2004, Fach 18 Europäische Aktiengesellschaft, S. 4047-4058, s.b.S. 4047.

[1477] BStBl I 2004, S. 3675.

[1478] Vgl. zur Vereinbarung über die Beteiligung der Arbeitnehmer Richtlinie 2001/86/EG vom 08.10.2001, ABl EU 2001, Nr. L 294, S. 22.

[1479] Vgl. zu der damit einhergehenden Diskriminierung gegenüber nationalen Rechtsformen KUßMAUL, HEINZ/RICHTER, LUTZ/RUINER, CHRISTOPH: Die Sitztheorie hat endgültig ausgedient! – Zugleich Anmerkungen zum Referentenentwurf für ein Gesetz zum Internationalen Privatrecht der Gesellschaften, Vereine und juristischen Personen –, in: DB 2008, S. 451-457, s.b.S. 457.

zen der Mitgliedstaaten hinweg ohne Auflösung und Neugründung möglich (Art. 8 Abs. 1 SE-VO). Zum Schutz von Minderheitsaktionären, die sich gegen die Sitzverlegung ausgesprochen haben, können die Mitgliedstaaten jedoch ergänzende Vorschriften erlassen (Art. 8 Abs. 5 SE-VO).

- Das **Stammkapital** einer SE muss **mindestens 120.000 €** betragen (Art. 4 Abs. 2 SE-VO), sodass diese Rechtsform für kleinere und mittlere Unternehmen seltener in Betracht kommt. Das Kapital ist in Aktien zerlegt und jeder Aktionär **haftet** nur bis zur Höhe des von ihm gezeichneten Kapitals.

- Die SE besitzt eigene Rechtsfähigkeit.

- Im Gegensatz zu den nationalen Regelungen im Bereich des Gesellschaftsrechts stehen im Hinblick auf die **Innenorganisation** der europäischen Aktiengesellschaft das dualistische und das monistische System zur Auswahl (Art. 38 SE-VO). Das **dualistische System** sieht in Analogie zum deutschen Gesellschaftsrecht die Unterteilung in Aufsichtsrat und Vorstand vor, wobei die SE-VO diesbezüglich die Begriffe Aufsichts- und Leitungsorgan verwendet. Das Leitungsorgan führt die Geschäfte der SE und wird von dem Aufsichtsorgan bestellt und abberufen. Das Aufsichtsorgan überwacht die Arbeit des Leitungsorgans und seine Mitglieder werden von der Hauptversammlung gewählt. Das **monistische**, im angelsächsischen Bereich vorherrschende **System** zeichnet sich dadurch aus, dass die Verwaltung der Gesellschaft nur einem Verwaltungsorgan (Verwaltungsrat) obliegt. Die Mitglieder des Verwaltungsrats werden von der Hauptversammlung bestellt.

- Die **Aufstellung des Jahresabschlusses** und ggf. eines **konsolidierten Abschlusses** richtet sich nach den Vorschriften für Aktiengesellschaften in dem jeweiligen Sitzstaat der SE.

- Hinsichtlich der **Auflösung** der SE gelten ebenfalls die für eine Aktiengesellschaft maßgeblichen Vorschriften.

2. Die Besteuerung auf internationaler Ebene[1480]

Da die Verordnung über das Statut der Europäischen Aktiengesellschaft keine steuerrechtlichen Regelungen enthält, richtet sich die Besteuerung der SE nach dem Steuerrecht des Sitzstaates sowie nach den maßgeblichen europarechtlichen Normen. Wird das Vermögen der Gründungsgesellschaften auf eine neu zu gründende SE oder eine zur SE formwechselnde Kapitalgesellschaft übertragen (**Gründung durch Verschmelzung**), stellt sich die Frage nach der Behandlung der in dem auf die SE übertragenen Vermögen enthaltenen stillen Reserven. Nach Art. 2 Buchst. a i.V.m. Art. 4 der Fusions-Richtlinie soll eine Besteuerung der im übertragenen Vermögen enthaltenen stillen Reserven unterbleiben, sofern deren spätere steuerliche Erfassung sichergestellt ist. Letztere liegt vor, wenn sich im Staat der übertragenden Gesellschaft eine Betriebsstätte der übernehmenden Gesellschaft befindet, der das übertragene Vermögen zugeordnet werden kann. Auf die steuerliche Behandlung der durch den Verschmelzungsübergang ausgelösten Vermögensübertragung sind die Vorschriften des

---

[1480] Vgl. zu diesem Abschnitt m.w.N. KESSLER, WOLFGANG/ACHILLES, CHARLOTTE/HUCK, FRIEDERICKE: Die Europäische Aktiengesellschaft im Spannungsfeld zwischen nationalem Steuergesetzgeber und EuGH, in: IStR 2003, S. 715-720, s.b.S. 716.

Mitgliedstaates anzuwenden, in dem sich die jeweilige Gründungsgesellschaft befindet. Liegt die Gründungsgesellschaft in Deutschland, kann die Vermögensübertragung gem. § 11 Abs. 2 UmwStG auf Antrag steuerneutral zu Buchwerten erfolgen, sofern das deutsche Besteuerungsrecht nicht ausgeschlossen oder beschränkt wird. Weitere Besonderheiten ergeben sich, wenn eine ausländische Gründungsgesellschaft eine deutsche Betriebstätte unterhält und daher noch vor der Verschmelzung beschränkt steuerpflichtig in Deutschland ist. Eine steuerneutrale Behandlung ist in diesem Fall nach § 12 Abs. 2 KStG dann möglich, wenn das Betriebstättenvermögen im Inland verbleibt und die Übertragung auf die SE zu Buchwerten erfolgt. In diesem Fall findet keine Beschränkung des deutschen Besteuerungsrechts statt.

Die **Gründung einer Holding-SE** erfolgt durch die Einbringung von Anteilen an Kapitalgesellschaften gegen Gewährung von Anteilen an der aufnehmenden Kapitalgesellschaft. Es handelt sich um einen grenzüberschreitenden Anteilstausch, der gem. Art. 8 der Fusions-Richtlinie steuerneutral erfolgt. § 21 Abs. 1 UmwStG setzt dies in nationales Steuerrecht um. Gleiches gilt über § 20 Abs. 2 UmwStG auch für die **Gründung einer Tochter-SE**. Die **Umwandlung einer nationalen Aktiengesellschaft in eine SE** ist ebenfalls steuerneutral möglich, da der Formwechsel weder zur Auflösung der bestehenden noch zur Gründung einer neuen Gesellschaft führt; insoweit werden keine stillen Reserven aufgedeckt.

Die SE hat den Vorteil, dass **die grenzüberschreitende Verlegung ihres Sitzes** innerhalb der EU gesellschaftsrechtlich ohne Liquidation und Neugründung möglich ist. Steuerrechtlich sind diesbezüglich Regelungen weder in der SE-VO noch in der Fusions-Richtlinie vorgesehen, sodass es auf die nationalen Vorschriften ankommt, inwieweit eine Besteuerung dieses Vorgangs stattfindet. Die **Entstrickungsregelung** des § 4 Abs. 1 S. 3 EStG ist allerdings im Rahmen der Sitzverlegung einer **SE** oder **SCE** hinsichtlich des Gewinns aus der Veräußerung **nicht** anzuwenden (§ 4 Abs. 1 S. 5 EStG), was zur Folge hat, dass das Besteuerungsrecht Deutschlands beschränkt wird.[1481] In diesen Fällen wird die Besteuerung gem. § 15 Abs. 1a EStG erst zum Zeitpunkt der späteren Veräußerung zugelassen – insoweit bleiben die Anteile der inländischen Besteuerung verstrickt –, dann allerdings unabhängig von etwaigen DBA-Regelungen. Außerdem stellt § 12 Abs. 2 KStG klar, dass die Sitzverlegung einer Kapitalgesellschaft künftig nicht mehr eine sofortige Besteuerung der stillen Reserven zur Folge hat, soweit sie **innerhalb der EU/EWR** stattfindet und die stillen Reserven der wegziehenden Gesellschaft in einem **inländischen Betriebstättenvermögen** verbleiben und damit der deutschen Besteuerung nicht entzogen werden.

Die Sitzverlegung einer ausländischen SE nach Deutschland (**Zuzug**) ist mit Bezug auf das deutsche Steuerrecht grundsätzlich steuerneutral möglich. Ein deutsches Besteuerungsrecht besteht nur im Zusammenhang mit Wirtschaftsgütern, die sich bereits in einer deutschen Betriebstätte der zuziehenden SE befinden. Da aber der Sitzverlegung kein Rechtsträgerwechsel zugrunde liegt, wird eine Realisation und Besteuerung der in diesen Wirtschaftsgütern enthaltenen stillen Reserven ausgeschlossen.

[1481] Gemäß § 10d Fusions-Richtlinie ist die sofortige Besteuerung der Gesellschafter aufgrund einer solchen Sitzverlegung als unzulässig anzusehen.

Die Sitzverlegung der SE kann an sich keine Besteuerung auf Gesellschafterebene auslösen. Letzteres hindert aber die Mitgliedstaaten nicht, den Gesellschaftergewinn aus der späteren Veräußerung von Anteilen an der sitzverlegenden SE zu besteuern.[1482]

Die **laufende Besteuerung der SE** orientiert sich an den nationalen Vorschriften zur Besteuerung von Kapitalgesellschaften in dem Mitgliedstaat, in dem die SE ansässig ist. Sonderregelungen und eine entsprechende differenzierte Behandlung im Vergleich zu nationalen Rechtsformen würden europarechtliche Bedenken hinsichtlich des Diskriminierungsverbots hervorrufen. Insofern sind die Gewinne einer in Deutschland ansässigen SE körperschaftsteuer- und gewerbesteuerpflichtig (§§ 1 Abs. 1 Nr. 1 KStG und 2 Abs. 2 S. 1 GewStG). Die Gesellschafter werden auch nach den entsprechenden Regelungen zur Besteuerung der Anteilseigner von inländischen Kapitalgesellschaften besteuert.

[1482] Vgl. KESSLER, WOLFGANG/HUCK, FRIEDERICKE/OBSER, RALPH/SCHMALZ, ANDREAS: Wegzug von Kapitalgesellschaften, in: DStZ 2004, S. 855-868, s.b.S. 859 und 860.

VI. Funktionale Entscheidungen mit langfristiger (struktureller) Wirkung und Besteuerungswirkungen

Vgl. hierzu insb. FISCHER, LUTZ/KLEINEIDAM, HANS-JOCHEN/WARNEKE, PERYGRIN: Internationale Betriebswirtschaftliche Steuerlehre, 5. Aufl., Berlin 2005, S. 115-117, 260-263, 303-345, 572-577, 597 und 598, 685-699; vgl. vertiefend auch FÖRSTER, HARTMUT: Praxis der Besteuerung von Auslandsbeziehungen, 2. Aufl., Neuwied/Kriftel 2003, S. 251-257; JACOBS, OTTO H.: Internationale Unternehmensbesteuerung, 7. Aufl., München 2011, S. 1017-1078; KUẞMAUL, HEINZ: Angemessene Verrechnungspreise im internationalen Konzernbereich, in: RIW 1987, S. 679-693; KUẞMAUL, HEINZ/DREGER, MARTINA: Steuerlich orientierte grenzüberschreitende Finanzierungsplanung – Kapitalausstattung einer ausländischen Tochtergesellschaft, in: DStR 1996, S. 1376-1380; ROSE, GERD: Betrieb und Steuer, 5. Buch: Internationales Steuerrecht, 6. Aufl., Berlin 2004, S. 135 und 136; SCHAUMBURG, HARALD: Internationales Steuerrecht, 3. Aufl., Köln 2011, S. 374-468; WÖHE, GÜNTER/BIEG, HARTMUT: Grundzüge der Betriebswirtschaftlichen Steuerlehre, 4. Aufl., München 1995, S. 201-204.

A. Die Beschaffungs- und Produktionsentscheidungen sowie die Absatzentscheidungen

1. Die Beschaffungs- und Produktionsentscheidungen

Um zu einer möglichst optimalen Entscheidung hinsichtlich der Wahl des Unternehmensstandorts und der gesellschaftsrechtlichen Unternehmensstruktur zu gelangen, muss u.a. der Einfluss der Besteuerung auf **langfristige Entscheidungen** für den **Betriebsbereich Beschaffung** in die Überlegungen einbezogen werden.[1483] Nur von untergeordneter Bedeutung dürfte der Einfluss der internationalen Besteuerung auf Vorteilhaftigkeitsentscheidungen bezüglich der Beschaffung von Rohstoffen und weiterzuverarbeitenden Halbfertigerzeugnissen sein; größeren Einfluss haben hier Zölle und die in verschiedenen Staaten bestehenden Handelsbeschränkungen.

Eine wichtige Rolle können im Einzelfall steuerliche Vorteile spielen, die sich aus der Verlagerung der Beschaffung ins Ausland durch die **Errichtung von Betriebstätten** oder **Tochtergesellschaften** ergeben, wenn durch entsprechende **Verrechnungspreise** der ausländischen Betriebstätte bzw. Tochtergesellschaft Erfolgsverlagerungen vom Inland ins Ausland möglich sind. Dies kann i.d.R. dann interessant sein, wenn die Ertragsteuerbelastung im Ausland niedriger ist als im Inland. Alternativ dazu lassen sich Erfolgsverlagerungen durch die Nichtverrechnung von Leistungen oder durch eine unzutreffende Bewertung herbeiführen. Bei einer Gestaltung der Verrechnungspreise stellt sich jedoch das Problem der steuerrechtlichen Angemessenheit; diese müssen nämlich i.Allg. einem Fremdvergleich standhalten (**dealing-at-arm's-length-Prinzip**), sodass der willkürlichen Erfolgsverlagerung enge Grenzen gesetzt sind.[1484]

Im Allgemeinen ist die Besteuerung auch bei **Produktionsentscheidungen** nur von untergeordneter Bedeutung; tendenziell gilt deshalb: Je weniger die Standortabhängigkeit auf

---

[1483] Auch die Bereiche Absatz und Produktion sowie die strategischen Finanzierungs- und Führungsentscheidungen müssen in diesem Zusammenhang näher betrachtet werden; vgl. S. 813 ff.

[1484] Vgl. KUẞMAUL, HEINZ: Angemessene Verrechnungspreise im internationalen Konzernbereich, in: RIW 1987, S. 679-693, s.b.S. 681-683.

technischen Faktoren beruht, desto stärker fällt der Einfluss der Besteuerung bei unternehmerischen Überlegungen ins Gewicht.[1485]

Bei den Produktionsentscheidungen ist deshalb zusätzlich verstärkt auf die Steuerbelastung zu achten, die bei der **Gründung** und **Beendigung** von **ausländischen Betriebstätten** oder **Tochtergesellschaften** entsteht, da eine Produktionsverlagerung i.d.R. die Verlagerung größerer Vermögenssummen bedingt. Betrachtet man als Möglichkeiten der Produktion im Ausland die Betätigung in Form einer Betriebstätte bzw. Tochtergesellschaft, so lassen sich in Bezug auf deren Gründung folgende allgemeine Feststellungen treffen:

- In einer **ausländischen Betriebstätte** belegene Wirtschaftsgüter sind einerseits den einzelnen Positionen der von der inländischen Gesellschaft zu erstellenden Bilanz zuzuordnen, andererseits muss die ausländische Betriebstätte im Ausland eine **eigene Bilanz** aufstellen. Dieses Problem der „**doppelten Bilanzierung**" stellt sich bei einer ausländischen Tochtergesellschaft nicht.

- Im Falle einer **Bargründung** ergeben sich bei beiden Alternativen keine Probleme; hier findet bilanztechnisch lediglich ein Aktivtausch statt, der im Inland zu keinerlei Änderungen des Erfolgs führt.

- Erfolgt dagegen eine **Sachgründung**, so können durch die Überführung von Wirtschaftsgütern der inländischen Gesellschaft ins Ausland stille Reserven aufgedeckt werden, die versteuert werden müssen (Übertragungsgewinne). Es kommt grundsätzlich zu einer Gewinnrealisierung, wenn die stillen Reserven durch die Überführung der deutschen Steuerhoheit entzogen werden (**Steuerentstrickung**). Dies ist immer dann der Fall, wenn die betreffenden Wirtschaftsgüter einer ausländischen Betriebstätte oder einer ausländischen Tochter(kapital)gesellschaft außerhalb der EU zugeführt werden. Bei der Überführung in eine in einem EU-Mitgliedstaat belegene Betriebstätte kann die Versteuerung der stillen Reserven von Wirtschaftsgütern des Anlagevermögens aber auf Antrag durch die Bildung eines Ausgleichspostens nach § 4g EStG zeitlich verschoben werden (vgl. S. 758); stille Reserve ist die Differenz zwischen gemeinem Wert und Buchwert. Hingegen lässt sich die Besteuerung der stillen Reserven bei der Überführung in eine ausländische Tochter(kapital)gesellschaft nicht durch die Bildung eines Ausgleichspostens aufschieben. Dabei ergeben sich die stillen Reserven aus der Differenz zwischen dem Buchwert und dem **Fremdvergleichspreis** der betreffenden Wirtschaftsgüter (vgl. S. 757).

Innerhalb der Europäischen Union kann jedoch im im Kontext der **Fusions-Richtlinie** bei der Übertragung von bestimmten Wirtschaftsgütern infolge von Unternehmensumstrukturierungen eine Aufdeckung der stillen Reserven unterbleiben, soweit das deutsche Besteuerungsrecht nicht beschränkt oder ausgeschlossen wird. Bspw. kann ein ganzer Betrieb oder ein Teilbetrieb in eine EU-Kapitalgesellschaft bzw. in deren inländische Betriebstätte unter Beibehaltung der Buchwerte der hingegebenen Wirtschaftsgüter eingebracht werden.

[1485] Vgl. FISCHER, LUTZ/KLEINEIDAM, HANS-JOCHEN/WARNEKE, PERYGRIN: Internationale Betriebswirtschaftliche Steuerlehre, 5. Aufl., Berlin 2005, S. 575.

Fasst man die steuerlichen Regelungen zur Überführung von Wirtschaftsgütern ins Ausland zusammen, dann ergibt sich grundsätzlich die in Abb. 163 dargestellte Situation.

	Überführung von Wirtschaftsgütern in eine ausländische **Betriebstätte**	Überführung von Wirtschaftsgütern in eine ausländische **Tochtergesellschaft**
EU-Land	Sofortige Gewinnrealisierung; Ausgleichsposten bei Wirtschaftsgütern des Anlagevermögens auf Antrag möglich	Sofortige Gewinnrealisierung
Nicht-EU-Land	Sofortige Gewinnrealisierung	Sofortige Gewinnrealisierung

Abb. 163: Steuerliche Behandlung der Überführung von Wirtschaftsgütern ins Ausland

Grundsätzlich ist die Überführung von Wirtschaftsgütern des Anlagevermögens innerhalb der EU in eine ausländische Betriebstätte bei entsprechender Antragstellung steuerlich vorteilhafter als deren Überführung in eine ausländische Tochtergesellschaft. Das folgende Beispiel verdeutlicht die steuerliche **Ungleichbehandlung** einer ausländischen Betriebstätte und einer ausländischen Tochtergesellschaft, wenn bei der Überführung von Wirtschaftsgütern ein Ausgleichsposten gebildet und über fünf Jahre aufgelöst wird.

Beispiel: (Überführung von Wirtschaftsgütern)

Es soll ein Wirtschaftsgut des abnutzbaren Anlagevermögens in einen EU-Mitgliedstaat überführt werden. Der Buchwert dieses Wirtschaftsguts im Inland beträgt 15.000 €, der Fremdvergleichspreis sowie der gemeine Wert 20.000 €.

1. Überführung des Wirtschaftsguts in eine ausländische Betriebstätte:

    Der entstehende Überführungsgewinn i.H.d. Differenz zwischen dem gemeinen Wert und dem Buchwert kann durch einen passiven Ausgleichsposten neutralisiert und zeitanteilig im Jahr der Überführung sowie in den nachfolgenden vier Jahren aufgelöst werden. Wahlweise ist auch eine erfolgswirksame Berücksichtigung des Überführungsgewinns im Jahr seiner Entstehung möglich.

A	Bilanz des inländischen Unternehmens (in €)		P
Wirtschaftsgut	+ 5.000	Ausgleichsposten	+ 5.000
		Gewinn	0

2. Überführung des Wirtschaftsguts in eine ausländische Tochtergesellschaft:

    Der Überführungsgewinn i.H.d. Differenz zwischen gemeinem Wert und Buchwert muss sofort versteuert werden:

A	Bilanz des inländischen Unternehmens (in €)		P
Beteiligungen	+ 5.000	Gewinn	+ 5.000

Im Fall der Überführung in eine ausländische Tochtergesellschaft entsteht im Jahr der Überführung ein um 5.000 € höherer durch die Überführung bedingter Gewinn und somit eine entsprechend höhere Steuerbelastung als bei einer ausländischen Betriebstätte. Bei der Überführung in eine Betriebstätte erfolgt die Versteuerung – bedingt durch die erfolgswirksame Auflösung des Ausgleichspostens – verteilt über fünf Jahre.

2. Die Absatzentscheidungen

Betrachtet man die langfristige Wirkung der inländischen Besteuerung auf Absatzentscheidungen, so lässt sich feststellen, dass diese hierbei von untergeordneter Bedeutung ist, da das Steuerrecht diesbezüglich nur wenige Gestaltungsmöglichkeiten bietet. Bei internationaler Betätigung eines inländischen Unternehmens ergeben sich allerdings Gestaltungsmöglichkeiten, die von der Besteuerung des Erfolgs und ggf. des Vermögens im Ausland und auch von der Besteuerung des Erfolgs im Inland abhängen.

Die **Ertragsteuervorteile im Ausland** beruhen dabei im Wesentlichen auf:[1486]

- dem **Fehlen von Ertragsteuerarten** im Vergleich zum inländischen Steuersystem (Gewerbesteuer) bzw. der Beschränkung der Steuergegenstände in den ausländischen Ertragsteuergesetzen;
- dem Vorliegen eines **günstigeren Tarifs** (hierbei ist allerdings auf eine Hinzurechnungsbesteuerung ausländischer Erträge im Inland zu achten, die u.U. erfolgt, wenn die Steuersatzgrenze von 25 % i.S.d. § 8 Abs. 3 AStG unterschritten wird);
- der Anwendung **steuerpolitischer Fördermaßnahmen**, die auf die Investitionstätigkeit gerichtet sind, insb. dem Bestehen großzügiger Abschreibungsmöglichkeiten, sowie
- einer relativ **indifferenten Steuermentalität** bzw. einer eher negativen Steuermoral und einer **großzügigeren Betriebsprüfungspraxis**.

Ist ein Auslandsengagement in der Form einer ausländischen Tochtergesellschaft geplant, wird das Fehlen von Quellensteuern oder das Vorliegen besonders niedriger Quellensteuern i.V.m. einem DBA die Vorteilhaftigkeit der oben beschriebenen Faktoren noch verstärken.

Hat ein inländisches Unternehmen die Absicht, sich im Ausland über eine Betriebstätte oder eine Tochtergesellschaft (bzw. Holding) zu betätigen, sollte dabei trotz eventueller struktureller, arbeitsmarktpolitischer und wirtschaftlicher Vorteile **auch die Belastung des Auslandsengagements mit Steuern** in die Vorteilhaftigkeitsüberlegungen mit einbezogen werden.

Geht man davon aus, dass sich im Absatzbereich für ein inländisches Unternehmen im Wesentlichen **internationale Betätigungsmöglichkeiten** in Form

- des Exports,
- des Vertriebs über ausländische Betriebstätten,
- der Beteiligung an einer ausländischen Vertriebskapitalgesellschaft (bzw. einer ausländischen Vertriebspersonengesellschaft)

ergeben, so können für den Fall einer inländischen Muttergesellschaft in der Form einer Kapitalgesellschaft folgende Feststellungen getroffen werden:[1487]

[1486] Vgl. zum Folgenden auch FISCHER, LUTZ/KLEINEIDAM, HANS-JOCHEN/WARNEKE, PERYGRIN: Internationale Betriebswirtschaftliche Steuerlehre, 5. Aufl., Berlin 2005, S. 577-579.

[1487] Die Voraussetzung für die Anwendung der relevanten nationalen oder bilateralen Regelungen zur Vermeidung oder Minderung einer Doppelbesteuerung seien erfüllt; vgl. auch FISCHER, LUTZ/KLEINEIDAM, HANS-JOCHEN/WARNEKE, PERYGRIN: Internationale Betriebswirtschaftliche Steuerlehre, 5. Aufl., Berlin 2005, S. 576 und 577.

– Ist die **ausländische Ertragsteuerbelastung geringer** als die inländische Ertragsteuerbelastung durch Körperschaftsteuer und Gewerbesteuer, so ist die Errichtung einer Betriebstätte oder Tochtergesellschaft tendenziell vorteilhafter als der Export. Im **DBA-Fall** ist der steuerliche Vorteil der Tochtergesellschaft im Vergleich zum Export deutlicher ausgeprägt, denn hier erfolgt eine Belastung der ausländischen Einkünfte i.d.R. nur mit dem ausländischen Steuertarif zzgl. einer Besteuerung von 5 % der ausländischen Dividende mit dem inländischen Körperschaftsteuersatz, dem effektiven Gewerbesteuersatz und evtl. anfallender reduzierter Quellsteuer auf die Ausschüttung der Tochtergesellschaft. Letzteres ergibt sich aus der regelmäßigen abkommensrechtlichen Beschränkung der Quellensteuer. Im **Nicht-DBA-Fall** ist die Quellensteuer im Vergleich zum DBA-Fall i.d.R. höher, weshalb die Vorteilhaftigkeit gegenüber dem Export hier weniger ausgeprägt ist.

– Ist dagegen die **steuerliche Belastung der ausländischen Erträge** höher als die inländische Ertragsteuerbelastung, so wird der Export der Errichtung einer Betriebstätte oder Tochtergesellschaft vorzuziehen sein.

– Die **ausländische Quellensteuer** ist ein wichtiger Faktor bei einem Vorteilhaftigkeitsvergleich. Erst nach ihrer Berücksichtigung kann eine abschließende Aussage getroffen werden. So kann eine hohe Quellensteuer trotz eines geringeren ausländischen Ertragsteuerniveaus zur Vorteilhaftigkeit des Exports im Vergleich zur Tochtergesellschaft führen.

Die relative Vorteilhaftigkeit der wichtigsten Möglichkeiten eines Unternehmensengagements im Ausland wird im Folgenden anhand eines vereinfachten – insb. durch Vernachlässigung des Solidaritätszuschlags – Steuerbelastungsvergleichs aufgezeigt.[1488]

Beispiel: (Steuerbelastungsvergleich der Formen eines unternehmerischen Auslandsengagements)

Die in Deutschland ansässige H GmbH beliefert den ausländischen Markt mit Produkten; der im In- und Ausland erwirtschaftete Gesamtgewinn beträgt 100.000 €. Alternativ sollen die ausländischen Einkünfte i.H.v. 50.000 € durch Export bzw. durch eine Betriebstätte oder eine 100 %-ige Tochter(kapital)gesellschaft erzielt werden.

Der gewerbesteuerliche Hebesatz in der Gemeinde des Unternehmenssitzes beträgt 400 %. Der ausländische Gewinn soll ausgeschüttet werden. Der ausländische Quellensteuersatz auf Dividenden der ausländischen Gesellschaft an die inländische Gesellschaft beträgt 5 % im DBA-Fall bzw. 25 % im Nicht-DBA-Fall, die ausländische Ertragsteuer 10 %.

Für den **DBA-Fall** ergibt sich somit folgende steuerliche Belastung:

[1488] Ein ausführlicher Steuerbelastungsvergleich bezogen auf eine Auslandsbetätigung in Form einer Betriebstätte bzw. einer Tochtergesellschaft am Beispiel Luxemburg findet sich bei KIHM, AXEL: Die Besteuerung deutscher internationaler Unternehmungen: Steuerbelastungsvergleich und -analyse grenzüberschreitender Unternehmensstrukturen am Beispiel des Auslandsstandortes Luxemburg, Stuttgart 1999, S. 445-491. Zu einem ähnlichen Steuerbelastungsvergleich am Beispiel Frankreichs vgl. SCHÄFER, RENÉ: Vergleich der steuerlichen Belastung verschiedener Strukturen eines internationalen Unternehmens mit Spitzeneinheit in Deutschland und Grundeinheit in Frankreich, Frankfurt am Main u.a. 2004, S. 305-335.

	Export	Betriebstätte	Tochtergesellschaft
In- und ausländische Einkünfte	100.000	100.000	100.000
Ausländische Ertragsteuer $(50.000 \cdot 0{,}10)$		5.000	5.000
Ausländische Quellensteuer[1)] $(50.000 - 5.000) \cdot 0{,}05$			2.250
Inländische Gewerbesteuer[2)] $100.000 \cdot (0{,}035 \cdot 4)$ $50.000 \cdot (0{,}035 \cdot 4)$ $45.000 \cdot 0{,}05 \cdot (0{,}035 \cdot 4)$[3)]	14.000	7.000	7.000 315
Körperschaftsteuer[4)] $100.000 \cdot 0{,}15$ $50.000 \cdot 0{,}15$ $50.000 \cdot 0{,}15$ $45.000 \cdot 0{,}05 \cdot 0{,}15$[5)]	15.000	7.500	7.500 337,50
Gewinn nach Steuern	71.000	80.500	77.597,50

1) Aufgrund der sog. Mutter-/Tochter-Richtlinie müssen Mitgliedstaaten der Europäischen Union auf eine Quellenbesteuerung der ausgeschütteten und grenzüberschreitenden Gewinne verzichten, sodass im Falle der Betätigung in einem EU-Staat die Quellensteuer außer Acht zu lassen ist.

2) Keine Abzugsfähigkeit der Gewerbesteuer von ihrer eigenen Bemessungsgrundlage (§ 4 Abs. 5b EStG); Kürzung des Gewerbeertrags um die auf die Betriebstätte entfallenden Erträge wegen des grundsätzlich in DBA enthaltenen Betriebstättenprinzips (die abkommensrechtlich geforderten Voraussetzungen für das Vorliegen einer Betriebstätte seien erfüllt) bzw. Kürzung des Gewerbeertrags um die Ausschüttung der Tochtergesellschaft aufgrund der Auswirkungen der Dividendenfreistellung.

3) An dieser Stelle wirkt sich § 8b Abs. 5 KStG über § 7 GewStG auf die Gewerbesteuer aus. Somit unterliegen 5 % der ausländischen Dividende vor Abzug ausländischer Quellensteuer im Inland der Gewerbesteuer.

4) Keine Abzugsfähigkeit der Gewerbesteuer (§ 4 Abs. 5b EStG); Kürzung der Bemessungsgrundlage der Körperschaftsteuer um die von der Betriebstätte stammenden Erträge aufgrund des Betriebstättenprinzips bzw. um die Ausschüttung der Tochtergesellschaft aufgrund der Dividendenfreistellung.

5) Hier kommt § 8b Abs. 5 KStG zur Anwendung. Demnach unterliegen trotz der Dividendenfreistellung 5 % der ausländischen Dividende vor Abzug ausländischer Quellensteuer im Inland der Körperschaftsteuer.

Der Steuerbelastungsvergleich weist die Betriebstätte als günstigste Alternative aus. Hätte die betrachtete Tochtergesellschaft ihren Sitz in einem EU-Staat, würde sich zwar der Abstand zur Betriebstätte aufgrund des Wegfalls der ausländischen Quellensteuer auf ihre Ausschüttung verringern. § 8b Abs. 5 KStG sorgt hier aber dennoch für eine vergleichsweise Schlechterstellung der Tochtergesellschaft. Aufgrund der höheren inländischen Ertragsteuer steht der Export an letzter Stelle.

Liegt unter der Annahme eines höheren Quellensteuersatzes und sonst gleichen Bedingungen **kein DBA** vor, ergibt sich folgende Situation:

	Export	Betriebstätte	Tochtergesellschaft
In- und ausländische Einkünfte	100.000	100.000	100.000
Ausländische Ertragsteuer (50.000 · 0,10)		5.000	5.000
Ausländische Quellensteuer (50.000 − 5.000) · 0,25			11.250
Inländische Gewerbesteuer[1)] 100.000 · (0,035 · 4) 50.000 · (0,035 · 4) 45.000 · 0,05 · (0,035 · 4)[2)]	14.000	7.000	7.000 315
Körperschaftsteuer (vor Anrechnung)[3)] 100.000 · 0,15 100.000 · 0,15 50.000 · 0,15 45.000 · 0,05 · 0,15[4)]	15.000	15.000	7.500 337,50
Direkt anrechenbare ausländische Steuer		5.000	
KSt (nach Anrechnung)		10.000	7.837,50
Gewinn nach Steuern	71.000	78.000	68.597,50

1) Die nationalen Kürzungsvorschriften in § 9 Nr. 3 GewStG bzw. die Auswirkungen der Dividendenfreistellung auf die Gewerbesteuer bewirken die Freistellung des auf die Betriebstätte entfallenden Betrags bzw. der Ausschüttung der Tochtergesellschaft von der Gewerbesteuer.

2) An dieser Stelle wirkt sich § 8b Abs. 5 KStG über § 7 GewStG auf die Gewerbesteuer aus. Somit unterliegen 5 % der ausländischen Dividende vor Abzug ausländischer Quellensteuer im Inland der Gewerbesteuer.

3) Keine Abzugsfähigkeit der Gewerbesteuer (§ 4 Abs. 5b EStG).

4) Hier kommt § 8b Abs. 5 KStG zur Anwendung. Demnach unterliegen trotz der Dividendenfreistellung 5 % der ausländischen Dividende vor Abzug ausländischer Quellensteuer im Inland der Körperschaftsteuer.

Trotz des niedrigeren ausländischen Ertragsteuerniveaus und trotz der Dividendenfreistellung ist die Tochtergesellschaft aufgrund der hohen Quellensteuerbelastung und des § 8b Abs. 5 KStG schlechter gestellt als der Export. Die Betriebstätte ist die günstigste Betätigungsform. Hier erfolgt aufgrund der Anrechnungsmöglichkeit der ausländischen Ertragsteuer lediglich eine Belastung auf der Höhe des inländischen Ertragsteuerniveaus, wobei allerdings die Gewerbesteuer wesentlich geringer ausfällt als beim Export.

B. Die steuerlich motivierten Strukturentscheidungen

1. Die Finanzierungsentscheidungen

Das zwischen Deutschland und zahlreichen ausländischen Staaten bestehende Steuergefälle lässt sich u.U. geschickt ausnutzen; hilfreich könnte hierbei die Gründung einer **Finanzierungsgesellschaft** in einem Staat mit niedrigerer Steuerbelastung sein.[1489]

[1489] Zur Kapitalausstattung einer ausländischen Tochtergesellschaft vgl. KUßMAUL, HEINZ/DREGER, MARTINA: Steuerlich orientierte grenzüberschreitende Finanzierungsplanung – Kapitalausstattung einer ausländischen Tochtergesellschaft, in: DStR 1996, S. 1376-1380.

Dabei dient die Finanzierungsgesellschaft wie auch andere Basisgesellschaften bzw. Zwischengesellschaften (z.B. Patent- und Lizenzverwaltungsgesellschaften, i.w.S. auch Holdinggesellschaften und evtl. Gesellschaften mit Handelsfunktion) zumeist der **Abschirmung ausländischer Einkünfte** vor dem Besteuerungszugriff im Inland. Hintergrund dieser Überlegungen ist, dass Gewinne einer ausländischen Tochtergesellschaft erst bei einer Ausschüttung an das inländische Mutterunternehmen in den Zugriffsbereich des inländischen Fiskus gelangen; im Fall der Thesaurierung sind diese also vom inländischen Zugriff „abgeschirmt". Um eine derartige **Abschirmwirkung** zu gewährleisten, muss die Finanzierungsgesellschaft im Ausland eine Tochtergesellschaft in der Rechtsform einer juristischen Person sein; in einem DBA-Staat wäre aber auch eine nach dem Betriebstättenprinzip freigestellte Betriebstätte bzw. Personengesellschaft denkbar.

Die Finanzierungsgesellschaft nimmt **Fremdkapital** am **Kapitalmarkt** auf, das an bestimmte Konzerneinheiten weitergeleitet wird. Erträge und Aufwendungen entstehen im Wesentlichen durch Sollzinsen, die an die Anleger zu zahlen sind, sowie durch Habenzinsen, die von den entsprechenden Konzerneinheiten an die Finanzierungsgesellschaft gezahlt werden. Daraus können sich dreierlei Vorzüge ergeben:

– Die **Gewinne** der Finanzierungsgesellschaft unterliegen bei entsprechender Wahl des ausländischen Standorts einer **niedrigeren Besteuerung** als im Inland.

– Die auf die ausländische Finanzierungsgesellschaft verlagerte Fremdkapitalaufnahme **vermeidet** die **Hinzurechnung von einem Viertel** der **Fremdkapitalzinsen**,[1490] wie sie bei der Ermittlung der Bemessungsgrundlage der Gewerbesteuer bei einer inländischen Gesellschaft erfolgen würde, sowie die Anwendung der Zinsschranke.

– Die mit anderen Konzerneinheiten geschlossenen **Verträge** der Finanzierungsgesellschaft können bspw. über Schuldzinsen **steuerlich geltend gemacht werden**.

Solch eine Konstruktion erfüllt ihren Zweck aber nur, wenn der Konzern eine bestimmte Größe aufweist, sodass sein Finanzierungsbedarf auch entsprechend groß ist. Wesentlich zu beachten ist dabei, dass die Finanzierungsgesellschaft derart gestaltet sein muss, dass sie **steuerliche Anerkennung** findet und damit kein Gestaltungsmissbrauch i.S.d. § 42 AO vorliegt bzw. keine Hinzurechnungsbesteuerung nach den §§ 7-14 AStG erfolgt.

Zu einem **Zugriff** auf die im Ausland erzielten Einkünfte eines inländischen Steuerpflichtigen nach §§ 7-14 AStG kommt es vornehmlich dann, wenn (vgl. S. 761):

– der unbeschränkt Steuerpflichtige mit mehr als **50 %** an der ausländischen Gesellschaft beteiligt ist;

– die Zwischengesellschaft nicht zumindest teilweise Einkünfte aus **aktiven Tätigkeiten** i.S.d. § 8 Abs. 1 Nr. 1-10 AStG (z.B. aus Land- und Forstwirtschaft, industrieller Fertigung oder bestimmten Dienstleistungen) bezieht;

– ein **Niedrigsteuerland** vorliegt, das einen durchschnittlichen Steuersatz von weniger als 25 % hat (vgl. § 8 Abs. 3 AStG);

[1490] Voraussetzung für die Hinzurechnung wäre, dass die gesamten Fremdkapitalzinsen zusammen mit den anderen hinzurechnungsfähigen Bestandteilen i.S.v. § 8 Nr. 1 GewStG einen Freibetrag von 100.000 € überschreiten.

– die **Bagatellgrenze** des § 9 AStG überschritten wird (passive Einkünfte betragen mehr als 10 % der gesamten Bruttoerträge der Zwischengesellschaft oder mehr als 80.000 € pro Gesellschaft bzw. Gesellschafter).

§ 7 Abs. 6 AStG führt zu einer Erfassung von „**Zwischeneinkünften mit Kapitalanlagecharakter**". Zu ihnen gehören die in § 7 Abs. 6a AStG aufgeführten Einkünfte aus dem Halten, der Verwaltung, der Werterhaltung oder der Werterhöhung von Zahlungsmitteln, Forderungen, Wertpapieren, Beteiligungen oder ähnlichen Vermögenswerten mit Ausnahme von Einkünften i.S.d. § 8 Abs. 1 Nr. 8 und 9 AStG, also Gewinnausschüttungen von Kapitalgesellschaften sowie bestimmte Veräußerungsgewinne. Die den Zwischeneinkünften mit Kapitalanlagecharakter zugrunde liegenden Bruttoerträge der ausländischen Zwischengesellschaft müssen gem. § 7 Abs. 6 S. 2 AStG mehr als 10 % der gesamten Zwischeneinkünfte betragen (**relative Freigrenze**), oder die bei dem Steuerpflichtigen hiernach außer Ansatz zu lassenden Beträge müssen insgesamt 80.000 € übersteigen (**absolute Freigrenze**). Bestimmte Einkünfte sind zwar grundsätzlich Zwischeneinkünfte mit Kapitalanlagecharakter. Sie fallen aber nicht unter die Regelungen des § 7 Abs. 6a AStG, sofern sie aus einer Tätigkeit stammen, welche **einer aktiven Tätigkeit** i.S.d. § 8 Abs. 1 Nr. 1-6 AStG der ausländischen Gesellschaft **dient**.

Für **Zwischeneinkünfte mit Kapitalanlagecharakter** i.S.d. § 7 Abs. 6a AStG erfolgt schon bei einer Beteiligung ab 1 % eine Hinzurechnungsbesteuerung (§ 7 Abs. 6 S. 1 AStG). Dabei müssen die anderen in § 7 Abs. 1 AStG geforderten Bedingungen (Beherrschung der ausländischen Gesellschaft durch Steuerinländer) nicht erfüllt sein. Erzielt die ausländische Gesellschaft (fast) ausschließlich Zwischeneinkünfte mit Kapitalanlagecharakter, erfolgt eine Hinzurechnungsbesteuerung auch bei Beteiligungen unter 1 % (§ 7 Abs. 6 S. 3 AStG), es sei denn, dass die Hauptgattung der Aktien der ausländischen Gesellschaft regelmäßig an einer anerkannten Börse gehandelt wird. Durch diese Maßnahme soll **Kapitalanlagemodellen** im niedrig besteuernden Ausland entgegengewirkt werden.[1491]

Soll eine Finanzierungsgesellschaft steuerlich Anerkennung finden, so bestehen bezüglich einer **vorteilhaften steuerlichen Gestaltung** im Wesentlichen **zwei Möglichkeiten** (vgl. Abb. 164, S. 817):

– die ausländische Finanzierungsgesellschaft finanziert die **inländischen** Tochtergesellschaften/Betriebstätten der inländischen Muttergesellschaft oder

– die ausländische Finanzierungsgesellschaft finanziert die **ausländischen** Tochtergesellschaften/Betriebstätten der inländischen Muttergesellschaft.

Steuerliche Vorteile in der Form der Ausnutzung des niedrigen ausländischen Ertragsteuerniveaus ergeben sich bei diesen Gestaltungen nur, wenn keine Hinzurechnungsvorschrift greift. Diese Zielsetzung ist insb. dann erfüllt, wenn die Obergesellschaft nachweist, dass die Finanzierungsgesellschaft eine **aktive Tätigkeit i.S.v. § 8 Abs. 1 Nr. 7 AStG** ausübt. Hierfür muss die ausländische Gesellschaft das Kapital nachweislich auf ausländischen Kapitalmärkten – also insb. nicht bei einer ihr oder dem Steuerpflichtigen nahestehenden Person –

[1491] Vgl. RÖDDER, THOMAS/SCHUMACHER, ANDREAS: Der Regierungsentwurf eines Gesetzes zur Fortentwicklung des Unternehmenssteuerrechts, in: DStR 2001, S. 1634-1641, 1685-1693, s.b.S. 1690.

aufgenommen haben und im Ausland belegenen aktiven Betrieben oder Betriebstätten sowie im Inland belegenen Betrieben oder Betriebstätten zugeführt haben.

Unabhängig vom Vorliegen der Voraussetzungen für die Ausnutzung der niedrigen Ertragsteuerbelastung im Sitzstaat der Finanzierungsgesellschaft entfällt aufgrund der Verlagerung der Fremdkapitalaufnahme in das Ausland die Hinzurechnung von einem Viertel der Fremdkapitalzinsen bei der Ermittlung der **Gewerbesteuer**. Eine im Ausland möglicherweise bestehende Substanzsteuerbelastung der Finanzierungsgesellschaft muss allerdings i.R. eines Vorteilhaftigkeitsvergleichs berücksichtigt werden.

Wie hoch die Steuervorteile in Bezug auf die Ertragsteuerbelastung sind, hängt vom Land ab, in dem die Finanzierungsgesellschaft errichtet wird. Steuervorteile hinsichtlich der **Gewerbesteuer** zeigt folgendes Beispiel.

Beispiel: (Gewerbesteuerliche Vorteile einer ausländischen Finanzierungsgesellschaft)

Ein Konzern steht vor der Entscheidung, ein Projekt einer ausländischen Tochtergesellschaft mittels Aufnahme eines langfristigen Kredits durch die Muttergesellschaft oder durch eine ausländische Finanzierungsgesellschaft, die das benötigte Kapital am ausländischen Kapitalmarkt aufnimmt und dann an die ausländische Tochtergesellschaft weiterleitet, zu finanzieren. Die Höhe des benötigten Kapitals beläuft sich auf 10 Mio. €, der Sollzinssatz im In- und Ausland beträgt 10 %, der gewerbesteuerliche Hebesatz für das inländische Mutterunternehmen 400 %.

1. Kapitalbeschaffung durch die inländische Muttergesellschaft:

   Die Gewerbesteuer erhöht sich durch die Hinzurechnung von einem Viertel der Fremdkapitalzinsen (es gilt die Prämisse, dass der Freibetrag i.S.v. § 8 Nr. 1 GewStG von 100.000 € bereits durch hinreichend hohe andere hinzurechnungsfähige Bestandteile ausgeschöpft wurde):

   $$(1 \text{ Mio. } € \cdot 0{,}25) \cdot (0{,}035 \cdot 4) = 35.000 \text{ €}.$$

2. Kapitalbeschaffung über die ausländische Finanzierungsgesellschaft:

   Die Erhöhung der Gewerbesteuer um insgesamt 35.000 € bei der inländischen Muttergesellschaft entfällt, wenn die Kapitalbeschaffung über eine ausländische Finanzierungsgesellschaft erfolgt und das Ausland keine der inländischen Gewerbesteuer entsprechende Steuer kennt. Außerdem wird auch die Zinsschranke nicht zur Anwendung kommen. Allerdings kann im Ausland trotz Fehlens einer (teilweisen) steuerlichen Erfassung der Fremdkapitalzinsen eine Belastung durch eine Substanzsteuer vorliegen.

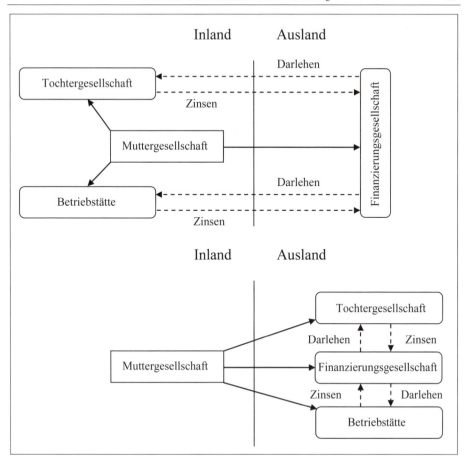

Abb. 164: Möglichkeiten der Finanzierung von Konzernteilen durch eine ausländische Finanzierungsgesellschaft

2. Die Führungsentscheidungen: Holdinggesellschaften

Holdinggesellschaften haben i.d.R. die Aufgabe des **Haltens** und **Verwaltens** von **Beteiligungen** an anderen Gesellschaften. Im Wesentlichen lassen sich Holdinggesellschaften folgendermaßen untergliedern in:[1492]

– **Landesholding**: hält Beteiligungen an Tochtergesellschaften innerhalb eines ausländischen Staates;

– **Verwaltungsholding**: verwaltet Beteiligungen von Gesellschaften, die regelmäßig in anderen Staaten ihren Sitz haben;

– **Funktionsholding**: aktive Tochtergesellschaft im Ausland, der eine oder mehrere aktive Gesellschaften (wahlweise im selben Staat oder in Drittländern) nachgeschaltet sind.

[1492] Vgl. FISCHER, LUTZ/KLEINEIDAM, HANS-JOCHEN/WARNEKE, PERYGRIN: Internationale Betriebswirtschaftliche Steuerlehre, 5. Aufl., Berlin 2005, S. 597 und 598.

Generell sind bei Holdinggesellschaften folgende Einflüsse auf die **Steuerbelastung** zu beobachten:[1493]

- Minderung der Steuerbelastung durch **Konsolidierung**: Zusammenfassung der steuerlichen Ergebnisse der Beteiligungsgesellschaften bei der Holdinggesellschaft, Durchführung eines sofortigen Verlustausgleichs; Konsequenz: Liquiditäts- bzw. Rentabilitätsvorteil im Vergleich zur Verrechnung der entstandenen Verluste mittels Verlustvortrag (bei Nichtvorhandensein einer Holdinggesellschaft).
- Erhöhung der Steuerbelastung durch Versagung der Anerkennung von **Teilwertabschreibungen** im Ausland.
- Mögliche Erhöhung der Steuerbelastung durch **mehrfachen Dividendenfluss**: Fließen Dividenden durch mehrere Staaten, fällt i.d.R. mehrfach Kapitalertragsteuer (Quellensteuer) an. Diese kann jedoch nur vom letztendlichen Adressaten angerechnet werden. Die Kapitalertragsteuer der „Zwischenstufen" bleibt u.U. als Definitivbelastung bestehen. Möglich sind aber auch Gestaltungen (Einschaltung einer Zwischen- bzw. Verwaltungsholding), die zu einer Reduzierung oder Vermeidung der Quellensteuer auf den Dividendenfluss führen.

Zu beachten ist im Zusammenhang mit der Gründung einer Auslandsholding, dass eine strukturelle Gestaltung so erfolgen muss, dass weder die Gefahr der Einstufung als Rechtsmissbrauch i.S.d. § 42 AO (Basisgesellschaft) besteht, noch Anhaltspunkte für eine Hinzurechnungsbesteuerung nach §§ 7-14 AStG (Zwischengesellschaft) gegeben sind.

Beispiel: **(Verwaltungsholding)**

Eine Kapitalgesellschaft (KI) mit Sitz in Deutschland hält eine unmittelbare Beteiligung an einer Kapitalgesellschaft im Ausland A (KA). Es soll die Zwischenschaltung einer Verwaltungsholding-Gesellschaft im Ausland B (KB) in Erwägung gezogen werden, sodass KI zu 100 % an KB und diese wiederum zu 100 % an KA beteiligt ist. Beide Alternativen werden in der Folge anhand eines Steuerbelastungsvergleichs auf ihre relative Vorteilhaftigkeit untersucht. Zugrunde gelegt wird das Wirtschaftsjahr 2013 (von der Einbeziehung des Solidaritätszuschlags wird abgesehen).

Folgende Daten sind zu beachten:

- KA erzielt Einkünfte i.S.d. § 8 Abs. 1 Nr. 1-10 AStG, sodass das Kriterium der Hinzurechnungsbesteuerung nicht erfüllt ist.
- Der Gewinn von KA vor Steuern beträgt 100.000 GE. Es wird eine Vollausschüttung des Gewinns an KI bzw. an KB vorgenommen.
- KB thesauriert den von KA ausgeschütteten Gewinn in voller Höhe.
- Es bestehen keinerlei DBA zwischen den Staaten.
- Im Staat B wird die vom Staat A erhobene Quellensteuer direkt angerechnet.
- Der Quellensteuersatz im Staat A beträgt 10 %, der Körperschaftsteuersatz 15 %, der Körperschaftsteuersatz im Staat B 0 % (generelle Dividendenfreistellung; eine dem § 8b Abs. 5 KStG vergleichbare Regelung fehlt).
- Der inländische Hebesatz der Gewerbesteuer beträgt 400 %.

[1493] Vgl. z.B. KESSLER, WOLFGANG: Die Euro-Holding: Steuerplanung, Standortwahl, Länderprofile, München 1996, S. 17-70; REUTER, HANS-PETER: Doppelbesteuerung und Steuervermeidung bei grenzüberschreitender Betätigung – Betriebstätten, Holdinggesellschaften, Finanzierungsgesellschaften, Dienstleistungszentren, in: IStR 1993, S. 512-515.

	Ohne Zwischenschaltung einer Verwaltungsholding	Mit Zwischenschaltung einer Verwaltungsholding
Gewinn von KA vor Steuern	100.000	100.000
Körperschaftsteuer in A (15 %)	15.000	15.000
Ausschüttung an KI bzw. KB	85.000	85.000
Quellensteuer in A (10 %)	8.500	8.500
Gewinnzufluss bei KI bzw. KB	76.500	76.500
Körperschaftsteuer in B		–
Gewerbesteuer im Inland (0,05 · 85.000 GE · 0,035 · 4)	595	
Körperschaftsteuer im Inland (0,05 · 85.000 GE · 0,15)	638	
Gesamtsteuerbelastung	24.733	23.500
Gewinn nach Steuern	75.267	76.500

Anmerkungen:

- Gewerbesteuer fällt aufgrund der Auswirkung des § 8b Abs. 5 KStG über § 7 GewStG an.
- Körperschaftsteuer im Inland ergibt sich aus der Anwendung des § 8b Abs. 5 KStG.

Es zeigt sich, dass bei gegebenen Prämissen die Zwischenschaltung einer Verwaltungsholding den Gewinn nach Steuern erhöht; allerdings verbleibt dieser Gewinn im Staat B, um den Abschirmeffekt zu erzielen. Der steuerliche Vorteil ergibt sich allein aus dem Umstand, dass im Ausland B eine dem § 8b Abs. 5 KStG vergleichbare Regelung fehlt.

Beipiel: (Verwaltungsholding)[1494]

Die Einschaltung einer Verwaltungsholding kann auch der Reduzierung von Quellensteuern dienen. Gegeben sei folgende Situation:

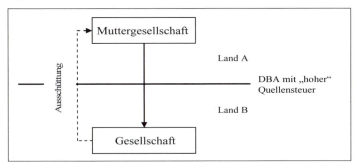

Zwischen Land A und Land B besteht ein DBA, das eine relativ hohe Quellensteuer auf Ausschüttungen vorsieht. Die Zwischenschaltung einer Verwaltungsholding (bzw. einer Zwischenholding) kann zu einer Verringerung der insgesamt anfallenden Quellensteuer führen. Möglich wäre folgende Gestaltung:

[1494] Basierend auf den Ausführungen bei JACOBS, OTTO H.: Internationale Unternehmensbesteuerung, 7. Aufl., München 2011, S. 1022-1026.

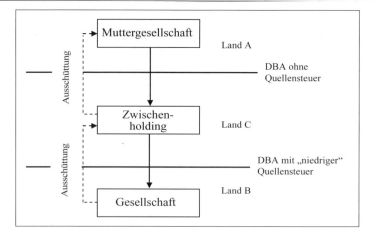

Durch die Zwischenschaltung wird die Quellensteuer auf die Ausschüttung von Land B nach Land C im Vergleich zur ursprünglichen Situation verringert. Da das DBA zwischen Land C und Land A keine Quellensteuer vorsieht (z.B. EU-Staaten), kann die niedrige Besteuerung der Ausschüttung zur Muttergesellschaft „hinüber gerettet" werden. Solche Gestaltungen, bei denen ein Steuerpflichtiger versucht, in den Genuss von Abkommensvorteilen zu gelangen, die ihm originär nicht zustehen würden, werden als **Treaty Shopping** bezeichnet.[1495] Um Letzteres zu verhindern, sieht der deutsche Gesetzgeber Regelungen i.S. eines **Treaty Overriding** vor (vgl. S. 767). So wird die eben geschilderte Konstruktion in Deutschland gem. § 50d Abs. 3 EStG als missbräuchlich eingestuft, soweit Personen an der ausländischen Gesellschaft beteiligt sind, denen die Erstattung oder Freistellung nicht zustände, wenn sie die Einkünfte unmittelbar erzielten, und die von der ausländischen Gesellschaft im betreffenden Wirtschaftsjahr erzielten Bruttoerträge nicht aus eigener Wirtschaftstätigkeit stammen, sowie für die Einschaltung der ausländischen Gesellschaft wirtschaftliche oder sonst beachtliche Gründe fehlen (z.B. wenn die Errichtung ausschließlich steuerlichen Zwecken dient) oder die ausländische Gesellschaft nicht mit einem für ihren Geschäftszweck angemessen eingerichteten Geschäftsbetrieb am allgemeinen wirtschaftlichen Verkehr teilnimmt; die DBA-Vergünstigungen werden dann nicht gewährt.

Ähnliche Gestaltungen bieten sich auch an, wenn in der Ausgangslage kein DBA vorliegt. Durch die Zwischenschaltung einer Gesellschaft, die in einem DBA-Land liegt, kann eine Reduktion oder Vermeidung der Quellensteuer erreicht werden.

Weiterhin bestehen interessante Gestaltungsmöglichkeiten für Muttergesellschaften in einem Sitzstaat außerhalb der EU, die europäische Tochtergesellschaften haben. Eine Zwischenholding (Verwaltungsholding) in einem EU-Staat (mit einem entsprechenden DBA mit dem Sitzstaat der Muttergesellschaft) kann zu einer Vermeidung der anfallenden Quellensteuer(n) führen.

Die Vorteilhaftigkeit solcher Gestaltungen wird u.U. durch den § 8b Abs. 5 KStG beeinflusst. Hiernach unterliegen 5 % der Gewinnausschüttung einer ausländischen Gesellschaft der inländischen Körperschaftsteuer und somit auch der Gewerbesteuer.

[1495] Vgl. STRUNK, GÜNTHER: Teil III, in: Internationales Steuerrecht, hrsg. von SIEGFRIED GROTHERR u.a., 3. Aufl., Achim 2010, S. 543.

Beispiel: (Landesholding)

Ausgangssituation bildet ein inländisches Mutterunternehmen mit zwei Tochtergesellschaften im Inland sowie zwei Tochtergesellschaften im Staat A.

Die Tochtergesellschaften im Staat A werden dabei steuerrechtlich getrennt voneinander betrachtet. Fallen nun in der einen ausländischen Tochtergesellschaft (TG1) Verluste an, so können diese nicht mit Gewinnen der anderen ausländischen Tochtergesellschaft (TG2) verrechnet werden, sondern lediglich mit Gewinnen von TG1 aus anderen Jahren. Die fehlende Verlustverrechnungsmöglichkeit im Jahr der Entstehung führt somit zu einem Zins- und Liquiditätsnachteil und – für den Fall, dass TG1 keine Gewinne mehr erzielt – zu einem niedrigeren Gesamtgewinn nach Steuern.

Der Zins- und Liquiditätsnachteil kann behoben werden, wenn eine Holdinggesellschaft im Staat A gegründet wird. Hält diese Holdinggesellschaft Anteile an TG1 und TG2 in einer bestimmten Höhe (abhängig vom betreffenden Ausland), kann in bestimmten Ländern eine Verlustverrechnung zwischen TG1 und TG2 i.R. einer Steuerkonsolidierung in derselben Periode vorgenommen werden.

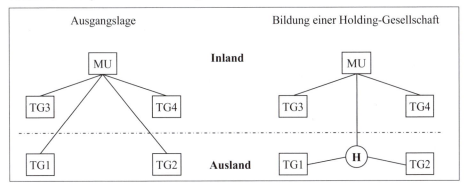

	MU	TG1	TG2	Σ
Ertrag vor Steuern	100	./. 100	50	50
Ertragsteuer (Steuersatz: 35 %)	35	0	17,5	52,5
Ertrag nach Steuern	65	./. 100	32,5	./. 2,5

	MU	TG1	TG2	Σ
	100	./. 100	50	50
	35	0		35
	65	./. 50		15

Prämissen:
- Die Landesholding hält Anteile an TG1 und TG2 i.H. einer Mindestquote, die abhängig von dem jeweiligen ausländischen Staat ist.
- Kosten, die i.V.m. der Landesholding entstehen, wurden nicht berücksichtigt.

Gelegentlich gibt es in einzelnen Ländern auch Bestimmungen, dass im Fall der Steuerkonsolidierung die ausländische Obergesellschaft einen Teil ihrer Aktiva für **eigene betriebliche** Zwecke einzusetzen hat. Die Holdinggesellschaft, die lediglich Verwaltungsaufgaben ausübt, erfüllt dieses Kriterium nicht, sodass dann die oben dargestellte Verlustverrechnung zwischen den ausländischen Tochtergesellschaften nicht möglich ist. Stattdessen muss dann eine der ausländischen Tochtergesellschaften als Obergesellschaft fungieren, sodass hier der Fall einer **Funktionsholding** gegeben ist.

3. Die rein steuerlich bedingten Entscheidungen: Basis- oder Zwischengesellschaften

Die Abschirmwirkung ausländischer Basis- bzw. Zwischengesellschaften soll durch nationale Vorschriften ausgeschaltet werden. Dies geschieht zum einen durch die oben beschriebenen §§ 7-14 AStG (Zwischengesellschaft), zum anderen v.a. durch § 42 AO (Basisgesellschaft). Dieser kommt dann zur Anwendung, wenn die gewählte Gestaltungsform nicht den tatsächlichen wirtschaftlichen Vorgängen angemessen ist. Folglich wird eine ausländische Gesellschaft dann als **Basisgesellschaft** gewertet, wenn sie **keine wirtschaftliche Tätigkeit** entfaltet. Wann der Tatbestand des § 42 AO letztendlich erfüllt ist, ergibt sich aus der Rechtsprechung.[1496]

Ein Missbrauchsvorwurf nach § 42 AO ergibt sich nicht schon aus der Erzielung von Einkünften aus passivem Erwerb. § 42 AO greift erst beim Vorliegen weiterer Umstände (Manipulationen) im Zusammenhang mit der Beteiligung an ausländischen Gesellschaften. Die Bedeutung des § 42 AO liegt in der steuerlichen Erfassung sog. **„Briefkastenfirmen"** ohne eigene Geschäftsräume.[1497] Eine ausländische Gesellschaft kann auch auf der Grundlage des **§ 41 AO** als **Scheingesellschaft** eingestuft werden. Dies ist dann der Fall, wenn die scheinbar von ihr ausgeübten Funktionen tatsächlich von der inländischen Muttergesellschaft ausgeübt werden. § 41 AO spielt in der Praxis allerdings nur eine untergeordnete Rolle.[1498] Eine nicht abschließende Übersicht an bevorzugten **Sitzstaaten** von Basisgesellschaften gibt Abb. 165[1499].

Andorra	Großbritannien	Malta
Bahamas	Irland	Monaco
Bermudas	Isle of Man	Niederlande
British Virgin Islands	Liberia	Niederländische Antillen
Cayman Islands	Liechtenstein	Panama
Channel Islands	Luxemburg	Schweiz
Gibraltar	Madeira	

Abb. 165: Bevorzugte Sitzstaaten von Basisgesellschaften

4. Wegzug und Zuzug von Gesellschaften

Bislang bestanden in der Bundesrepublik Deutschland erhebliche Unsicherheiten hinsichtlich der auf die gesellschaftsrechtliche Organisation grenzüberschreitend tätiger Gesellschaften anzuwendenden Rechtsordnung. Um die auf eine Gesellschaft anzuwendende Rechtsordnung (Gesellschaftsstatut) bestimmen zu können, bedarf es sog. Anknüpfungsmerkmale. Die wichtigsten Volkswirtschaften greifen entweder den effektiven **Verwaltungssitz**

[1496] Vgl. BFH-Urteil vom 28.01.1992, BStBl II 1993, S. 84.
[1497] Vgl. SCHAUMBURG, HARALD: Internationales Steuerrecht, 3. Aufl., Köln 2011, S. 389.
[1498] Vgl. JACOBS, OTTO H.: Internationale Unternehmensbesteuerung, 7. Aufl., München 2011, S. 436.
[1499] Vgl. FÖRSTER, HARTMUT: Praxis der Besteuerung von Auslandsbeziehungen, 2. Aufl., Neuwied/Kriftel 2003, S. 252. Vgl. auch JACOBS, OTTO H.: Internationale Unternehmensbesteuerung, 6. Aufl., München 2007, S. 265 und 266 (in der neuesten Auflage nicht mehr enthalten).

(**Sitztheorie**) oder den **Satzungssitz (Gründungstheorie)** einer Gesellschaft auf. Die Sitztheorie bestimmt das Gesellschaftsstatut einer Kapitalgesellschaft nach dem Recht des Staats, in dem sich ihr effektiver Verwaltungssitz befindet. Letzterer liegt grundsätzlich an dem Ort, an dem die grundlegenden Entscheidungen der Unternehmensleitung effektiv in laufende und nach außen gerichtete Geschäftsführungsakte umgesetzt werden. Im Rahmen der Gründungstheorie bestimmt sich das Gesellschaftsstatut einer Kapitalgesellschaft nach dem Gesellschaftsrecht des Staats, nach dessen Recht sie gegründet wurde.[1500]

Verlegt eine nach dem Recht eines anderen EU- bzw. EWR-Mitgliedstaats gegründete Gesellschaft ihren effektiven Verwaltungssitz oder ihren Satzungssitz nach Deutschland, so muss die Bundesrepublik Deutschland die Rechts- und Parteifähigkeit dieser Gesellschaften seit den EuGH-Urteilen in den Rs. Centros, Überseering und Inspire Art nach dem Recht beurteilen, nach dem sie gegründet wurde, d.h. eine Gesellschaft muss als die Gesellschaft behandelt werden, als die sie gegründet wurde.[1501] Solche Gesellschaften sind für körperschaftsteuerliche Zwecke unter den Tatbestand des **§ 1 Abs. 1 Nr. 1 KStG** zu subsumieren. Daher finden auf diese Gesellschaften alle für deutsche Kapitalgesellschaften geltenden Regelungen Anwendung. Die Gewerbesteuerpflicht dieser Gesellschaften ergibt sich aus § 2 Abs. 2 S. 1 GewStG. Obwohl Gesellschaften, die nach dem Recht eines Drittstaates gegründet wurden, von Deutschland als solche nicht anerkannt werden müssen, sind auch sie gem. **§ 1 Abs. 1 Nr. 1 KStG** unbeschränkt körperschaftsteuerpflichtig.[1502]

Verlegt eine nach deutschem Recht gegründete Gesellschaft ihren effektiven Verwaltungssitz oder ihren Satzungssitz in einen anderen EU- bzw. EWR-Mitgliedstaat, so knüpft der deutsche Gesetzgeber in Abhängigkeit davon, ob die Verlegung des effektiven Verwaltungssitzes in einen Staat erfolgt, der zur Bestimmung des auf eine Gesellschaft anwendbaren Rechts auf die Sitztheorie zurückgreift, oder ob der effektive Verwaltungssitz in einen der Gründungstheorie folgenden Staat verlegt wird, unterschiedliche Rechtsfolgen an die Verlegung des effektiven Verwaltungssitzes an.[1503]

Verlegt eine nach deutschem Recht gegründete Gesellschaft ihren im Inland gelegenen Verwaltungssitz in einen Staat, der zur Bestimmung des auf eine Gesellschaft anwendbaren Rechts die **Sitztheorie** als maßgebliche Kollisionsregel anwendet, so findet aufgrund der Bestimmung des Gesellschaftsstatuts nach dem effektiven Verwaltungssitz der Gesellschaft, welcher sich nunmehr im Zuzugsstaat befindet, eine Annahme der durch das deutsche Internationale Privatrecht ausgesprochenen Gesamtverweisung (Art. 4 Abs. 1 S. 1 EGBGB) statt; **der Zuzugsstaat** verweist in diesem Fall nicht auf das deutsche Recht zurück, sondern

---

[1500] Vgl. KUSSMAUL, HEINZ/RICHTER, LUTZ/RUINER, CHRISTOPH: Grenzenlose Mobilität!? – Zum Zuzug und Wegzug von Gesellschaften in Europa, in: EWS 2009, S. 1.

[1501] Vgl. hierzu auch KUSSMAUL, HEINZ/RICHTER, LUTZ/RUINER, CHRISTOPH: Corporations on the Move, the ECJ off Track: Relocation of a Corporation's Effective Place of Management in the EU, in: ECL 2009, S. 249 f.

[1502] Vgl. KUSSMAUL, HEINZ/RUINER, CHRISTOPH: Ausgewählte Charakteristika der *Limited* mit ausschließlichem Verwaltungssitz in Deutschland im Licht der aktuellen Gesetzesänderungen, in: IStR 2007, S. 698.

[1503] Vgl. hierzu ausführlich RUINER, CHRISTOPH: Die Verlegung des effektiven Verwaltungssitzes ins Ausland, in: Bilanz-, Prüfungs- und Steuerwesen, hrsg. von KARLHEINZ KÜTING, CLAUS-PETER WEBER und HEINZ KUSSMAUL, Bd. 20, Berlin 2011, S. 192-379.

wendet seine Rechtsvorschriften auf die zugezogene Gesellschaft an.[1504] Mit der Verlegung des effektiven Verwaltungssitzes in einen der Sitztheorie folgenden Staat verliert die Gesellschaft somit kollisionsrechtlich ihren Status als juristische Person deutschen Rechts und damit ihre Rechts- und Parteifähigkeit. Im Ergebnis stellt die Verlegung des effektiven Verwaltungssitzes in einen der Sitztheorie folgenden Staat kollisionsrechtlich einen **zwingenden Grund für die Auflösung und Abwicklung bzw. Liquidation der Gesellschaft in der Bundesrepublik Deutschland** dar.[1505] Steuerrechtlich kommt es zu einer Liquidationsbesteuerung gem. § 11 KStG.

Folgt der Zuzugsstaat der Gründungstheorie als maßgebliche Kollisionsregel, verweist das Internationale Privatrecht des Zuzugsstaates aufgrund der dort statuierten Gründungsanknüpfung auf **das deutsche Recht als Gründungsrecht zurück**, denn der Satzungs- und Gründungssitz der Gesellschaft befindet sich weiterhin in Deutschland. Deutschland als Wegzugsstaat nimmt die Rückverweisung an (Art. 4 Abs. 1 S. 2 EGBGB). **Im Ergebnis erkennt der Zuzugsstaat die nach deutschem Gründungsrecht erworbene Rechtsfähigkeit der Gesellschaft an** und verlangt konsequenterweise keine Neugründung, d.h. auf die Gesellschaft ist weiterhin deutsches Recht anwendbar; insoweit kommt es zu keinem Wechsel des Gesellschaftsstatuts.

Steuerrechtlich ist die Gesellschaft aufgrund ihres weiterhin bestehenden inländischen Satzungssitzes **grundsätzlich nach § 1 Abs. 1 Nr. 1 KStG unbeschränkt körperschaftsteuerpflichtig**. Auf die Gesellschaft sind somit nach wie vor die allgemeinen Besteuerungsvorschriften anzuwenden. Diese Rechtsfolge gilt jedoch zum einen dann nicht, wenn die Verlegung des effektiven Verwaltungssitzes in einen der Gründungstheorie folgenden Drittstaat, mit dem Deutschland ein DBA abgeschlossen hat, das eine Art. 4 Abs. 3 OECD-MA entsprechende Norm enthält, erfolgt, denn gem. § 12 Abs. 3 S. 2 KStG wird in solchen Fällen für steuerrechtliche Zwecke die Abwicklung bzw. Liquidation der – gesellschaftsrechtlich unverändert weiterbestehenden – Gesellschaft fingiert. Zum anderen tritt obige Rechtsfolge dann nicht ein, wenn die Gesellschaft ihren effektiven Verwaltungssitz in einen EU-/EWR-Mitgliedsstaat oder in einen der Gründungstheorie folgenden Drittstaat verlegt, mit dem Deutschland kein DBA bzw. ein DBA, das keine Art. 4 Abs. 3 OECD-MA entsprechende Klausel enthält, abgeschlossen hat, und im Rahmen der Verlegung des effektiven Verwaltungssitzes Wirtschaftsgüter ins Ausland überführt werden und dadurch das bisher bestehende Besteuerungsrecht der Bundesrepublik Deutschland hinsichtlich des Gewinns aus der Veräußerung oder der Nutzung von zum Gesellschaftsvermögen gehörenden Wirtschaftsgütern ausgeschlossen oder beschränkt wird (§ 12 Abs. 1 KStG). In solchen Fällen gelten solche Wirtschaftsgüter als zum gemeinen Wert veräußert bzw. überlassen. Es kommt folglich zu einer Aufdeckung der in diesen Wirtschaftsgütern enthaltenen stillen Reserven.

[1504] Vgl. KUßMAUL, HEINZ/RICHTER, LUTZ/RUINER, CHRISTOPH: Die Sitztheorie hat endgültig ausgedient! – Zugleich Anmerkungen zum Referentenentwurf für ein Gesetz zum Internationalen Privatrecht der Gesellschaften, Vereine und juristischen Personen –, in: DB 2008, S. 451.

[1505] Vgl. u.a. OLG Hamm vom 30.04.1997, in: EuZW 1998, S. 31 f.

5. Rahmenbedingungen steuerlich motivierter Strukturentscheidungen deutscher Unternehmen innerhalb der EU

Als Sitzstaaten von Basisgesellschaften kommen zunehmend auch einige EU-Mitgliedstaaten in Betracht. Diese weisen im Vergleich zu den klassischen Steueroasen (wie z.B. die Bahamas oder die Bermudas) regelmäßig die Vorteile eines gut ausgebauten DBA-Netzes sowie der Umsetzung der Richtlinien zur Harmonisierung der direkten Steuern in der EU auf. Gerade im Hinblick auf die Harmonisierungsbestrebungen ist jedoch festzustellen, dass unter den EU-Mitgliedstaaten ein beachtliches Steuersatzgefälle vorherrscht.[1506] Die europäischen Steuersätze im Bereich der Körperschaftsteuer variierten im Jahr 2012 zwischen 10 % in Bulgarien und Zypern sowie 35 % in Malta.[1507] Daneben hat sich der Steuerwettbewerb unter den Mitgliedstaaten auch mit der stetigen Erweiterung der EU deutlich verschärft. Während der Großteil der EU-Mitgliedstaaten Unternehmensgewinne proportional ausgestalteten Tarifen unterwirft, werden z.B. in Estland[1508] nur ausgeschüttete Gewinne mit Körperschaftsteuer i.H.v. 21 % besteuert; thesaurierte Gewinne unterliegen dagegen keiner steuerlichen Belastung.

Dessen ungeachtet verfügt ein ausschließlicher Vergleich der tariflichen Belastung mit Einkommen- oder Körperschaftsteuer über eine lediglich bedingte Aussagekraft, wenn die EU-Mitgliedstaaten neben der Einkommen- oder Körperschaftsteuer weitere – vor allem lokale – Steuern auf den Ertrag erheben (z.B. die Gewerbesteuer in Deutschland). Um die nominelle Steuerbelastung der Unternehmen sachgerecht beurteilen zu können, ist neben dem länderspezifischen Steuersatz außerdem das im Mitgliedstaat Anwendung findende Körperschaftsteuersystem – d.h. die Besteuerung ausgeschütteter Gewinne im Rahmen der Gewinnverwendung auf Ebene der Gesellschaft und auf Ebene der Anteilseigner sowie eine ggf. systemisch erfolgende Minderung bzw. Vermeidung der Doppelbesteuerung – zwingend in die Betrachtung mit einzubeziehen.[1509] Zur sachgerechten Beurteilung der Steuerbelastung im EU-weiten Vergleich sind zudem steuerliche Investitions- und Innovationsförderprogramme der Mitgliedstaaten zu berücksichtigen. Dabei handelt es sich regelmäßig um staatliche Investitionsfördermaßnahmen bzw. Vergünstigungen, die entweder an der Bemessungsgrundlage oder am Steuersatz anknüpfen, oder um Regelungen, die eine Minderung der Steuerschuld bedingen.[1510]

Zumeist halten die Vorschriften der Mitgliedstaaten besonders im Bereich der Investitionsförderung steuerliche Begünstigungen im Hinblick auf die ertragsteuerliche Bemessungsgrundlage bereit, deren Geltungsbereich i.d.R. auf Regionen oder kleine und mittlere Unternehmen begrenzt ist; daneben werden innerhalb der EU u.a. auch reduzierte Steuersätze oder

---

[1506] Vgl. hierzu und im Folgenden JACOBS, OTTO H.: Internationale Unternehmensbesteuerung, 7. Aufl., München 2011, S. 124 f.

[1507] Vgl. ERNST & YOUNG: The 2012 worldwide corporate tax guide.

[1508] Vgl. weiterführend SLOTA, CHRISTIAN: Internationaler Steuervergleich belegt große Unterschiede in der Unternehmensbesteuerung, in: BB 2012, S. 163-166.

[1509] Vgl. ausführlich JACOBS, OTTO H.: Internationale Unternehmensbesteuerung, 7. Aufl., München 2011, S. 125-141.

[1510] Vgl. ausführlich JACOBS, OTTO H.: Internationale Unternehmensbesteuerung, 7. Aufl., München 2011, S. 141-148.

zeitlich befristete Befreiungen von der Körperschaftsteuer gewährt.[1511] Ausdruck der steuerlichen – auf eine Minderung der Bemessungsgrundlage gerichteten – Investitionsförderung in der EU ist z.B. der in der Bundesrepublik Deutschland Anwendung findende Regelungsinhalt des § 7g EStG. Gem. § 7g Abs. 1 EStG können Steuerpflichtige bei Erfüllung bestimmter Voraussetzungen für die künftige Anschaffung oder Herstellung eines abnutzbaren beweglichen Wirtschaftsguts des Anlagevermögens bis zu 40 % der voraussichtlichen Anschaffungs- oder Herstellungskosten gewinnmindernd abziehen (sog. Investitionsabzugsbetrag).[1512] Ziel der Regelung ist eine zins- und sicherungsfreie Steuerstundung, mit der besonders kleinen und mittleren Unternehmen die Finanzierung einer Investition – durch Verbesserung der Liquidität und Bildung von Eigenkapital – erleichtert werden soll. Daneben besteht bei Vorliegen der in § 7g Abs. 6 EStG genannten Voraussetzungen die Möglichkeit, bei abnutzbaren beweglichen Wirtschaftsgütern des Anlagevermögens im Jahr der Anschaffung bzw. Herstellung und in den vier nachfolgenden Jahren neben den o.g. Abschreibungen i.S.d. § 7g Abs. 1, 2 EStG sog. Sonderabschreibungen i.H.v. höchstens 20 % der Anschaffungs- bzw. Herstellungskosten zu tätigen.

Neben der o.g. Investitionsförderung leisten viele Mitgliedstaaten mit Hilfe steuerlicher Begünstigungen den Forschungs- bzw. Entwicklungstätigkeiten besonderen Vorschub.[1513] Während die laufenden Aufwendungen, wie Personalkosten, Sachaufwendungen etc., zumeist als abzugsfähige Betriebsausgaben Berücksichtigung finden, sehen länderspezifische Regelungen darüber hinaus auch steuerliche Gutschriften bzw. ermäßigte Steuersätze für entsprechende Einkünfte vor.[1514] Das Großherzogtum Luxemburg hat im Jahre 2007 mit art. 50bis L.I.R. eine Regelung eingeführt, deren erklärtes Ziel es ist, den Standort Luxemburg als Kompetenzzentrum im Bereich des geistigen Eigentums zu stärken.[1515] Die Vorschrift erfasst neben entsprechenden Lizenzeinkünften (para. 1) und der Eigennutzung eines selbst entwickelten Patents (para. 2) auch die Veräußerung von Rechten an geistigem Eigentum (para. 3). Geistiges Eigentum i.S.d. art. 50bis L.I.R. kann sein ein Urheberrecht auf Computer-Software, ein Patent, eine Marke, ein Muster oder ein Modell sowie der Name einer Domain. Gem. der o.g. Regelung werden bei Vorliegen der übrigen Voraussetzungen 80 % des positiven Reinertrags (para. 1) bzw. der Veräußerungsgewinn i.H.v. 80 % (para. 3) von der Besteuerung freigestellt; im Fall der Eigennutzung (para. 2) darf der Steuerpflichtige 80 % der fiktiven Einkünfte als Sonderaufwand steuermindernd abziehen. Der effektive Steuersatz, der auf die Verwertung bzw. Veräußerung geistigen Eigentums in Luxemburg

---

[1511] Vgl. JACOBS, OTTO H.: Internationale Unternehmensbesteuerung, 7. Aufl., München 2011, S. 142.

[1512] Im Wirtschaftsjahr der Anschaffung oder Herstellung des begünstigten Wirtschaftsguts ist der für dieses Wirtschaftsgut in Anspruch genommene Investitionsabzugsbetrag in Höhe von 40 % der Anschaffungs- oder Herstellungskosten gewinnerhöhend hinzuzurechnen; die Hinzurechnung darf den nach § 7g Abs. 1 EStG abgezogenen Betrag nicht übersteigen. Die Anschaffungs- oder Herstellungskosten des Wirtschaftsguts können in dem o.g. Wirtschaftsjahr um bis zu 40 %, höchstens jedoch um die vorherige Hinzurechnung, gewinnmindernd herabgesetzt werden.

[1513] Vgl. ausführlich und im Folgenden JACOBS, OTTO H.: Internationale Unternehmensbesteuerung, 7. Aufl., München 2011, S. 142 f.

[1514] Vgl. für eine steuerliche Förderung der Forschungs- und Entwicklungstätigkeit in Deutschland plädierend SPENGEL, CHRISTOPH/HERBOLD, SABINE: Steuerliche Anreize zur Förderung von Forschung und Entwicklung in Deutschland, in: Ubg 2009, S. 343-349, s.b.S. 346-349.

[1515] Vgl. SCHAFFNER, JEAN/MANHAEVE, KATIA/TROUILLER, FLORENT: Favourable Tax Regime for Intellectual Property Rights: Clarification by a New Circular, in: European Taxation 2009, S. 381-382.

Anwendung findet, beträgt aufgrund der steuerlichen Begünstigung i.S.v. art. 50bis L.I.R. ca. 6 %.

Die Harmonisierungsbestrebungen der EU im Bereich der direkten Steuern[1516] haben sich insbesondere in der Mutter-/Tochter-Richtlinie, der Fusionsrichtlinie sowie der Zins- und Lizenzgebührenrichtlinie konkretisiert.[1517] Während die Mutter-/Tochter-Richtlinie steuerliche Mehrfachbelastungen bei Ausschüttung bzw. Dividendenzahlung zu beseitigen versucht, dient die Fusionsrichtlinie der weitgehend steuerneutralen Umstrukturierung im EU-Konzernverbund. Dagegen soll i.S.d. Zins- und Lizenzgebührenrichtlinie eine Erhebung der Quellensteuer auf im europäischen Unternehmensverbund gezahlte Zinsen und Lizenzgebühren unterbleiben.[1518]

Darüber hinaus bestehen mit den Diskriminierungs- und Beschränkungsverboten der Grundfreiheiten EU-rechtliche Vorgaben, die die Mitgliedstaaten i.R.d. Ausgestaltung der direkten Steuern zu beachten haben.[1519] Danach dürfen weder die Niederlassungsfreiheit (Art. 49 AEUV) der Angehörigen eines Mitgliedstaates noch die Kapitalverkehrsfreiheit (Art. 63 Abs. 1 AEUV) ohne hinreichenden Rechtfertigungsgrund beschränkt werden. Die o.g. Vorgaben werden durch das sog. Beihilfeverbot flankiert. Gem. Art. 107 Abs. 1 AEUV sind staatliche oder mit Hilfe staatlicher Mittel gewährte Beihilfen, die durch Begünstigung bestimmter Unternehmen oder Produktionszweige den Wettbewerb verfälschen oder zu verfälschen drohen, mit dem Binnenmarkt unvereinbar, soweit durch deren Gewährung der innergemeinschaftliche Handel beeinträchtigt wird.

Ein unter den Beihilfebegriff i.S.d. Art. 107 AEUV fallender Körperschaftsteuersatz kam z.B. bis zum 31.12.2010 in Irland zur Anwendung.[1520] Dieser begünstigte die Verlagerung von Produktionsaktivitäten nach Irland durch einen Steuersatz i.H.v. 10 %, der neben inländischen auch ausländischen Kapitalgesellschaften zur Verfügung stand, die über eine im Mitgliedstaat Irland belegene Betriebstätte produzierend tätig waren.[1521] Zu den i.d.S. begünstigten Produktionstätigkeiten zählten u.a. die Herstellung von Waren, die Entwicklung von Computer-Software sowie die Einbringung von bestimmten, auf die Industrieproduktion bezogenen, Dienstleistungen (z.B. Planung von Industrieprojekten). Seit Auslaufen der Begünstigung im Jahre 2010 werden die Gewinne dem allgemeinen Körperschaftsteuersatz Irlands i.H.v. 12,5 % unterworfen.

Ungeachtet der o.g. Beschränkungen und Verbote sind die Mitgliedstaaten weitgehend frei in der steuerlichen Ausgestaltung der nationalen Unternehmensbesteuerung, da im EU-Recht keine Restriktionen hinsichtlich der Höhe der Besteuerung, der Ermittlung der steuerlichen Bemessungsgrundlage, der Art des Körperschaftsteuersystems sowie des Umfangs

---

[1516] Ferner ist mit Art. 113 AEUV eine Harmonisierung im Bereich der indirekten Steuern vorgesehen.

[1517] Vgl. dazu und im Folgenden ausführlich JACOBS, OTTO H.: Internationale Unternehmensbesteuerung, 7. Aufl., München 2011, S. 167-183.

[1518] Vgl. auch S. 262 f.

[1519] Vgl. ausführlich JACOBS, OTTO H.: Internationale Unternehmensbesteuerung, 7. Aufl., München 2011, S. 205-230.

[1520] Vgl. dazu ausführlich KUßMAUL, HEINZ: Betriebswirtschaftliche Steuerlehre, 6. Aufl., München 2010, S. 763-765.

[1521] Im Hinblick auf die deutsche Hinzurechnungsbesteuerung wurden die Einkünfte aus produzierender Tätigkeit regelmäßig als aktive Einkünfte i.S.v. § 8 Abs. 1 AStG qualifiziert.

der Steuerarten bestehen. Dennoch beschränken die Richtlinien, Grundfreiheiten und das Beihilferecht den Handlungsspielraum der Mitgliedstaaten.[1522] Das europäische Steuergefälle[1523] und das Nebeneinander der verschiedenen Steuersysteme beeinträchtigen die Funktionsfähigkeit des europäischen Binnenmarktes.[1524] Daher werden immer wieder steuerliche Reformüberlegungen angestellt, die von einer Harmonisierung der nationalen Steuersysteme über eine Angleichung der differierenden Körperschaftsteuersätze bis hin zu der Errichtung einer gemeinsamen konsolidierten Körperschaftsteuerbemessungsgrundlage (GKKB)[1525] reichen.[1526]

[1522] Vgl. dazu JACOBS, OTTO H.: Internationale Unternehmensbesteuerung, 7. Aufl., München 2011, S. 229.

[1523] Vgl. hierzu auch KUßMAUL, HEINZ/NIEHREN, CHRISTOPH/PFEIFER, GREGOR: CCCTB – Illusion oder Wirklichkeit? Ein internationales Modell ruft (inter)nationale Reaktionen hervor, in: StuW 2010, S. 177 f.

[1524] Vgl. JACOBS, OTTO H.: Internationale Unternehmensbesteuerung, 7. Aufl., München 2011, S. 251.

[1525] Vgl. S. 262 f.

[1526] Vgl. zu den Bemühungen um eine GKKB ausführlich NIEHREN, CHRISTOPH: Perspektiven der körperschaftsteuerlichen Organschaft, in: Bilanz-, Prüfungs- und Steuerwesen, hrsg. von KARLHEINZ KÜTING, CLAUS-PETER WEBER und HEINZ KUßMAUL, Bd. 22, Berlin 2011, S. 284-340. Vgl. darüber hinaus KUßMAUL, HEINZ/NIEHREN, CHRISTOPH: Die Gemeinsame Konsolidierte Körperschaftsteuer-Bemessungsgrundlage in der Europäischen Union, in: StB 2011, S. 344-350; KUßMAUL, HEINZ/NIEHREN, CHRISTOPH/PFEIFER, GREGOR: CCCTB – Illusion oder Wirklichkeit? Ein internationales Modell ruft (inter)nationale Reaktionen hervor, in: StuW 2010, S. 177-184.

Literaturverzeichnis

ANDRAE, KATHRIN: Realsteuern 2012 – Die Entwicklung der Realsteuerhebesätze der Gemeinden mit 50.000 und mehr Einwohnern im Jahr 2012 gegenüber 2011, hrsg. vom INSTITUT „FINANZEN UND STEUERN", Berlin 2013.

ALVERMANN, JÖRG: § 4, in: Körperschaftsteuergesetz: mit Nebengesetzen, hrsg. von MICHAEL STRECK, 7. Aufl., München 2009.

ANGERER, HANS-PETER: Genußrechte bzw. Genußscheine als Finanzierungsinstrument, in: DStR 1994, S. 41-45.

ANZINGER, HERIBERT M./SCHLEITER, ISABELLE: Die Ausübung steuerlicher Wahlrechte nach dem BilMoG – eine Rückbesinnung auf den Maßgeblichkeitsgrundsatz, in: DStR 2010, S. 395-399.

ALTEHOEFER, KLAUS/BAUER, KARL-HEINZ M./EISELE, DIRK/FICHTELMANN, HELMAR/WALTER, HELMUT: Besteuerung der Land- und Forstwirtschaft, 6. Aufl., Herne 2009.

ARENS, WOLFGANG: Familiengesellschaften in der familien-, gesellschafts- und steuerrechtlichen Praxis, Bonn 1997.

BAETGE, JÖRG/KIRSCH, HANS-JÜRGEN/THIELE, STEFAN: Bilanzen, 12. Aufl., Düsseldorf 2012.

BALMES, FRANK: § 8 KStG, in: Einkommensteuer- und Körperschaftsteuergesetz, hrsg. von CARL HERRMANN u.a., Köln (Loseblatt), Stand: April 2013.

BARANOWSKI, KARL-HEINZ: Besteuerung von Auslandsbeziehungen, 2. Aufl., Herne/Berlin 1996.

BAßLER, JOHANNES: § 2 AStG, in: Kommentar zum Außensteuerrecht, hrsg. von FRANZ WASSERMEYER, HUBERTUS BAUMHOFF und JENS SCHÖNFELD, Köln (Loseblatt), Stand: März 2013.

BAßLER, JOHANNES: § 4 AStG, in: Kommentar zum Außensteuerrecht, hrsg. von FRANZ WASSERMEYER, HUBERTUS BAUMHOFF und JENS SCHÖNFELD, Köln (Loseblatt), Stand: März 2013.

BAUER, JÖRG: Grundlagen einer handels- und steuerrechtlichen Rechnungspolitik der Unternehmung, Wiesbaden 1981.

BAUMHOFF, HUBERTUS: Einkunftsabgrenzung bei international verbundenen Unternehmen, in: Steuerrecht international tätiger Unternehmen, hrsg. von JÖRG M. MÖSSNER u.a., 3. Aufl., Köln 2005.

BAUMHOFF, HUBERTUS: Internationale Einkunftsabgrenzung auf der Grundlage des Fremdvergleichs, in: Steuerrecht international tätiger Unternehmen, hrsg. von JÖRG M. MÖSSNER u.a., 4. Aufl., Köln 2012.

BAUMHOFF, HUBERTUS/DITZ, XAVER/GREINERT, MARKUS: Auswirkungen des Unternehmensteuerreformgesetzes 2008 auf die Besteuerung grenzüberschreitender Funktionsverlagerungen, in: DStR 2007, S. 1649-1655.

BAUMHOFF, HUBERTUS/DITZ, XAVER/GREINERT, MARKUS: Die Besteuerung von Funktionsverlagerungen nach der Funktionsverlagerungsverordnung vom 12.8.2008, in: DStR 2008, S. 1945-1952.

BAUMHOFF, HUBERTUS/DITZ, XAVER/GREINERT, MARKUS: Grundsätze der Dokumentation internationaler Verrechnungspreise nach der Gewinnabgrenzungsaufzeichnungsverordnung (GAufzV), in: DStR 2004, S. 157-164.

BECKMANN, STEFAN: Übertragung von Anteilen an einer Familienkapitalgesellschaft auf die nächste Generation: Lebzeitige und inlandsbezogene Gestaltungen zur Reduzierung der steuerlichen Belastung bei im Privatvermögen gehaltenen Anteilen, Hamburg 2004.

BENECKE, ANDREAS/SCHNITGER, ARNE: Neuregelung des UmwStG und der Entstrickungsnormen durch das SEStEG, in: IStR 2006, S. 765-779.

BENTLAGE, CARSTEN: Betriebswirtschaftliche und steuerrechtliche Analyse von Zero-Bonds, Wiesbaden 1996.

BENZ, SEBASTIAN/JETTER, JANN: Die Neuregelung zur Steuerpflicht von Streubesitzdividenden, in: DStR 2013, S. 489-496.

BIEG, HARTMUT: Bankbilanzierung nach HGB und IFRS, 2. Aufl., München 2010.

BIEG, HARTMUT: Betriebswirtschaftslehre 2: Finanzierung, Freiburg im Breisgau 1991.

BIEG, HARTMUT: Der Einfluß der Besteuerung auf Außenfinanzierungsentscheidungen, in: WiSt 1997, S. 175-182.

BIEG, HARTMUT: Die Instrumente der Jahresabschlußpolitik, in: StB 1993, S. 178-182, 216-221, 252-257, 295-299, 337-342.

BIEG, HARTMUT: Die Verfahren der Investitionsrechnung und ihre Verwendung in der Praxis, in: StB 1985, S. 15-29, 59-77.

BIEG, HARTMUT: Jahresabschluß: Wertansätze, in: Lexikon der Betriebswirtschaftslehre, hrsg. von HANS CORSTEN und RALF GÖSSINGER, 5. Aufl., München 2008, S. 344-346.

BIEG, HARTMUT: Möglichkeiten betrieblicher Altersversorgung aus betriebswirtschaftlicher Sicht, in: StuW 1983, S. 40-54.

BIEG, HARTMUT: Ziele der Jahresabschlußpolitik, in: StB 1993, S. 96-103.

BIEG, HARTMUT/BOFINGER, PETER/KÜTING, KARLHEINZ/KUßMAUL, HEINZ/WASCHBUSCH, GERD/WEBER, CLAUS-PETER: Die Saarbrücker Initiative gegen den Fair Value, in: DB 2008, S. 2549-2552.

BIEG, HARTMUT/KUßMAUL, HEINZ: Finanzierung, 2. Aufl., München 2009.

BIEG, HARTMUT/KUßMAUL, HEINZ: Investition, 2. Aufl., München 2009.

BIEG, HARTMUT/KUßMAUL, HEINZ: Investitions- und Finanzierungsmanagement, Bd. 3: Finanzwirtschaftliche Entscheidungen, München 2000.

BIEG, HARTMUT/KUßMAUL, HEINZ/PETERSEN, KARL/WASCHBUSCH, GERD/ZWIRNER, CHRISTIAN: Bilanzrechtsmodernisierungsgesetz – Bilanzierung, Berichterstattung und Prüfung nach dem BilMoG, München 2009.

BIEG, HARTMUT/KUßMAUL, HEINZ/WASCHBUSCH, GERD: Externes Rechnungswesen, 6. Aufl., München 2012.

BIEG, HARTMUT/KUßMAUL, HEINZ/WASCHBUSCH, GERD: Investition in Übungen, 2. Aufl., München 2009.

BIERGANS, ENNO: Einkommensteuer, 6. Aufl., München/Wien 1992.

BIERGANS, ENNO: Renten und Raten in der Einkommensteuer, 4. Aufl., München/Wien 1993.

BIRK, DIETER: Auswirkungen des Alterseinkünftegesetzes auf die Zusatzversorgung des öffentlichen und kirchlichen Dienstes, in: DStZ 2004, S. 777-783.

BIRKENFELD, WOLFRAM: Juristische Personen des öffentlichen Rechts als Unternehmer (§ 2 Abs. 3 UStG), in: UR 1989, S. 1-9.

BLASIUS, TORSTEN: IFRS, HGB und F&E, in: Bilanz-, Prüfungs- und Steuerwesen, hrsg. von KARLHEINZ KÜTING, CLAUS-PETER WEBER und HEINZ KUßMAUL, Bd. 2, Berlin 2006.

BLAUROCK, UWE/BERNINGER, AXEL: Unterbeteiligung an einem GmbH-Anteil in zivilrechtlicher und steuerrechtlicher Sicht, in: GmbHR 1990, S. 11-16, 87-98.

BLOHM, HANS/LÜDER, KLAUS/SCHAEFER, CHRISTINA: Investition, 10. Aufl., München 2012.

BLUMENBERG, JENS/LECHNER, FLORIAN: Kapitel V: Zinsschranke, in: Die Unternehmensteuerreform 2008, hrsg. von JENS BLUMENBERG und SEBASTIAN BENZ, Köln 2007.

BONGARTZ, MATTHIAS: Vorbemerkungen zum Energiesteuergesetz, in: Energiesteuer, Stromsteuer, Zolltarif und Nebengesetze, hrsg. von MATTHIAS BONGARTZ, München (Loseblatt), Stand: November 2012.

BOOCHS, WOLFGANG/GANTEFÜHRER, FELIX: Dotierung und Verwendung der Mittel oder des Stiftungskapitals einer gemeinnützigen Stiftung am Beispiel einer Künstlerstiftung, in: DB 1997, S. 1840-1844.

BORDEWIN, ARNO: Besonderheiten der Ertragsbesteuerung bei Familienpersonengesellschaften, in: DB 1997, S. 1359-1371.

BRANDIS, PETER: § 7 EStG, in: BLÜMICH: Einkommensteuer – Körperschaftsteuer – Gewerbesteuer, hrsg. von BERND HEUERMANN, München (Loseblatt), Stand: April 2013.

BRANDMÜLLER, GERHARD: Die Betriebsaufspaltung nach Handels- und Steuerrecht, 7. Aufl., Heidelberg 1997.

BRANDMÜLLER, GERHARD/LINDNER, REINHOLD: Gewerbliche Stiftungen: Unternehmensträgerstiftung – Stiftung & Co. KG – Familienstiftung, 3. Aufl., Berlin 2005.

BRANDSTETTER, FRITZ/NOLZ, WOLFGANG/LOUKOTA, HELMUT: Jahressteuergesetz 1997, München 1997.

BRANDT, JÜRGEN: § 18 EStG, in: Einkommensteuer- und Körperschaftsteuergesetz, hrsg. von CARL HERRMANN u.a., Köln (Loseblatt), Stand: April 2013.

BRÄHLER, GERNOT: Internationales Steuerrecht, 7. Aufl., Wiesbaden 2012.

BRÄHLER, GERNOT: Umwandlungssteuerrecht, 7. Aufl., Wiesbaden 2013.

BREITHECKER, VOLKER/KLAPDOR, RALF: Einführung in die Internationale Betriebswirtschaftliche Steuerlehre, 3. Aufl., Berlin 2011.

BREITHECKER, VOLKER/KLAPDOR, RALF/ZISOWSKI, UTE: Unternehmenssteuerreform: Auswirkungen und Gestaltungshinweise – mit dem Gesetz zur Ergänzung des Steuersenkungsgesetzes, Bielefeld 2001.

BROCKMANN, KAI/HÖRSTER, RALF: Jahressteuergesetz 2008, in: NWB vom 07.01.2008, Fach 2, S. 9641-9656.

BRÖNNER, HERBERT/BAREIS, PETER/HAHN, KLAUS/MAURER, THORSTEN/SCHRAMM, UWE: Die Bilanz nach Handels- und Steuerrecht, 10. Aufl., Stuttgart 2011.

BRÖNNER, HERBERT/BAREIS, PETER/POLL, JENS: Die Besteuerung der Gesellschaften, 18. Aufl., Stuttgart 2007.

BRUSCHKE, GERHARD: Steuerabzug bei Bauleistungen, in: StB 2002, S. 130-140.

BRUSCHKE, GERHARD: Verkehrsteuern, 5. Aufl., Achim 2006.

BUCIEK, KLAUS: § 26 KStG, in: BLÜMICH: Einkommensteuer – Körperschaftsteuer – Gewerbesteuer, hrsg. von BERND HEUERMANN, München (Loseblatt), Stand: April 2013.

BUDDE, WOLFGANG DIETER/ZERWAS, PETER: Verschmelzungsschlussbilanzen, in: Sonderbilanzen – Von der Gründungsbilanz bis zur Liquidationsbilanz, hrsg. von WOLFGANG DIETER BUDDE, GERHART FÖRSCHLE und NORBERT WINKELJOHANN, 4. Aufl., München 2008.

BULA, THOMAS/PERNEGGER, ISAELLE: § 5. Handelsrechtliche Bewertung und Rechnungslegung (HGB/IFRS), in: Umwandlungen: Verschmelzung, Spaltung, Formwechsel, Vermögensübertragung, hrsg. von BERND SAGASSER, THOMAS BULA UND THOMAS R. BRÜNGER, 4. Aufl., München 2011.

BUYER, CHRISTOPH: UmwStG, in: Die Körperschaftsteuer, hrsg. von EWALD DÖTSCH u.a., Stuttgart (Loseblatt), Stand: März 2005 (in aktuelleren Ergänzungslieferungen nicht mehr enthalten).

BÜRGER, RICARDA: Rettung der Hinzurechnungsbesteuerung?, in: SteuerStud 2009, S. 525-531.

BÜRKLE, THOMAS/SCHAMBURG, WOLFGANG: Entwarnung für die Gestaltung der Unternehmensnachfolge mit atypischer Unterbeteiligung?, in: DStR 1998, S. 558 und 559.

CATTELAENS, HEINER: Steuerentlastungsgesetz 1999/2000/2002: Neuregelung der Übertragung von Wirtschaftsgütern, in: DB 1999, S. 1083-1084.

CLOß, CHRISTINE: Umsatzsteuerliche Behandlung von Finanz-, Versicherungs- und öffentlichen Dienstleistungen, in: Bilanz-, Prüfungs- und Steuerwesen, hrsg. von KARLHEINZ KÜTING, CLAUS-PETER WEBER und HEINZ KUßMAUL, Bd. 30, Berlin 2013.

COENENBERG, ADOLF GERHARD/HALLER, AXEL/SCHULTZE, WOLFGANG: Jahresabschluss und Jahresabschlussanalyse, 22. Aufl., Stuttgart 2012.

CREMER, UDO: Abzugsverfahren, Nullregelung, Steuerschuldnerschaft des Leistungsempfängers, in: SteuerStud 2002, S. 259-264.

DANELSING, WALTER: § 35 EStG, in: BLÜMICH: Einkommensteuer – Körperschaftsteuer – Gewerbesteuer, hrsg. von BERND HEUERMANN, München (Loseblatt), Stand: April 2013.

DANELSING, WALTER: § 14 KStG, in: BLÜMICH: Einkommensteuer – Körperschaftsteuer – Gewerbesteuer, hrsg. von BERND HEUERMANN, München (Loseblatt), Stand: April 2013.

DATEV E.G.: Tabellen und Informationen für den steuerlichen Berater: Ausgabe 2001, Nürnberg 2001.

DAUTZENBERG, NORBERT: Europäische „Agenda" für das Ertragsteuerrecht im Jahr 2004: Die Richtlinien vom Juni 2003, in: BB 2004, S. 17-21.

DEHMER, HANS: Das Umwandlungssteuergesetz 1994, in: DStR 1994, S. 1713-1722, 1753-1762.

DEHMER, HANS: Umwandlungssteuererlaß 1998 – Erläuterungsbuch für die Steuerpraxis, München 1998.

DERLIEN, ULRICH: § 35 EStG, in: Das Einkommensteuerrecht, begr. von EBERHARD LITTMANN, hrsg. von HORST BITZ und HARTMUT PUST, Stuttgart (Loseblatt), Stand: Mai 2013.

DÖLLERER, GEORG: Die Steuerbilanz der Personenhandelsgesellschaft als konsolidierte Bilanz einer wirtschaftlichen Einheit, in: DStZ 1974, S. 211-220.

DÖRING, ULRICH/BUCHHOLZ, RAINER: Buchhaltung und Jahresabschluss, 13. Aufl., Berlin 2013.

DÖRNER, BERNHARD M.: Die Steuern der GmbH und ihrer Gesellschafter – Neue Gestaltungsmöglichkeiten und Ausschüttungspolitik nach der Unternehmenssteuerreform, 4. Aufl., Freiburg im Breisgau u.a. 2001.

DÖTSCH, EWALD: Einführung UmwStG, in: Die Körperschaftsteuer, hrsg. von EWALD DÖTSCH u.a., Stuttgart (Loseblatt), Stand: März 2005 (in aktuelleren Ergänzungslieferungen nicht mehr enthalten).

DÖTSCH, EWALD: Vor §§ 11-13 UmwStG, in: Die Körperschaftsteuer, hrsg. von EWALD DÖTSCH u.a., Stuttgart (Loseblatt), Stand: April 2013.

DÖTSCH, EWALD: § 11 UmwStG, in: Umwandlungssteuerrecht, hrsg. von EWALD DÖTSCH u.a., 7. Aufl., Stuttgart 2012.

DÖTSCH, EWALD: § 12 UmwStG, in: Umwandlungssteuerrecht, hrsg. von EWALD DÖTSCH u.a., 7. Aufl., Stuttgart 2012.

DÖTSCH, EWALD: § 13 UmwStG, in: Umwandlungssteuerrecht, hrsg. von EWALD DÖTSCH u.a., 7. Aufl., Stuttgart 2012.

DÖTSCH, EWALD/LISHAUT, INGO VAN/WOCHINGER, PETER: Der neue Umwandlungssteuererlaß, in: DB 1998, Beilage 7/1998.

DÖTSCH, EWALD/PUNG, ALEXANDRA: Die geplante Reform der Unternehmensbesteuerung, in: DB 2000, Beilage 4/2000.

DÖTSCH, EWALD/PUNG, ALEXANDRA: JStG 2007: Die Änderungen des KStG und des GewStG, in: DB 2007, S. 11-17.

DÖTSCH, EWALD/PUNG, ALEXANDRA: SEStEG: Die Änderungen des UmwStG, in: DB 2006, S. 2704-2714, 2763-2773.

DÖTSCH, EWALD/PUNG, ALEXANDRA: Steuersenkungsgesetz: Die Änderungen bei der Körperschaftsteuer und bei der Anteilseignerbesteuerung, in: DB 2000, Beilage 10/2000.

DÖTSCH, EWALD/PUNG, ALEXANDRA: § 8b KStG, in: Die Körperschaftsteuer, hrsg. von EWALD DÖTSCH u.a., Stuttgart (Loseblatt), Stand: April 2013.

DÖTSCH, EWALD/PUNG, ALEXANDRA: § 15 UmwStG, in: Die Körperschaftsteuer, hrsg. von EWALD DÖTSCH u.a., Stuttgart (Loseblatt), Stand: April 2013.

DÖTSCH, EWALD/PUNG, ALEXANDRA: § 15 UmwStG, in: Umwandlungssteuerrecht, hrsg. von EWALD DÖTSCH u.a., 7. Aufl., Stuttgart 2012.

DREHER, HELMUT: Zur sog. korrespondierenden Bilanzierung bei Mitunternehmerschaften, in: DStZ 1996, S. 139 und 140.

DROSDZOL, WOLF-DIETRICH: Erbschaftsteuerreform: Die Bewertung des Grundvermögens, in: ZEV 2008, S. 10-16.

DRÜEN, KLAUS-DIETER: § 7 GewStG, in: BLÜMICH: Einkommensteuer – Körperschaftsteuer – Gewerbesteuer, hrsg. von BERND HEUERMANN, München (Loseblatt), Stand: April 2013.

EBELING, RALF/ERNST, SASCHA: Kapitel C 210: Konsolidierungskreis, in: Beck'sches Handbuch der Rechnungslegung, hrsg. von HANS-JOACHIM BÖCKING u.a., München (Loseblatt), Stand: Mai 2013.

ECKL, PETRA: § 7, in: Handbuch der GmbH & Co. KG, hrsg. von MALTE HESSELMANN, BERT TILLMANN und THOMAS MUELLER-THUNS, 20. Aufl., Köln 2009.

EILERS, STEPHAN/WIENANDS, HANS-GERD: Gestaltungsüberlegungen zur Strukturierung von Unternehmenskäufen nach der BFH-Entscheidung vom 27.3.1996, in: GmbHR 1997, S. 577-581.

EISELE, WOLFGANG/KNOBLOCH, ALOIS: Offene Probleme bei der Bilanzierung von Finanzinnovationen, in: DStR 1993, S. 577-586, 617-623.

ENGELSCHALK, MICHAEL: Art. 27, in: Doppelbesteuerungsabkommen der Bundesrepublik Deutschland auf dem Gebiet der Steuern vom Einkommen und Vermögen, begr. von KLAUS VOGEL, hrsg. von MORIS LEHNER, 5. Aufl., München 2008.

ENGLISCH, JOACHIM: § 5, in: Steuerrecht, hrsg. von KLAUS TIPKE und JOACHIM LANG, 21. Aufl., Köln 2013.

ENGLISCH, JOACHIM: § 17, in: Steuerrecht, hrsg. von KLAUS TIPKE und JOACHIM LANG, 21. Aufl., Köln 2013.

ENGLISCH, JOACHIM: § 18, in: Steuerrecht, hrsg. von KLAUS TIPKE und JOACHIM LANG, 21. Aufl., Köln 2013.

ERHARD, GERD: § 4 KStG, in: BLÜMICH: Einkommensteuer – Körperschaftsteuer – Gewerbesteuer, hrsg. von BERND HEUERMANN, München (Loseblatt), Stand: April 2013.

ERNST & YOUNG: The 2012 worldwide corporate tax guide.

EULER, ROLAND: Das System der Grundsätze ordnungsmäßiger Bilanzierung, Stuttgart 1996.

FÄRBER, GEORG: Betriebsverpachtung im Familienunternehmen, in: BuW 1994, S. 445-447.

FÄRBER, GEORG: Die Betriebsverpachtung im Steuerrecht, in: BuW 1994, S. 333-337.

FEDERMANN, RUDOLF: Bilanzierung nach Handelsrecht und Steuerrecht und IAS/IFRS, 12. Aufl., Berlin 2010.

FEDERMANN, RUDOLF: Steuerliche Aspekte des Marketing, in: Vahlens großes Marketinglexikon, hrsg. von HERMANN DILLER, 2. Aufl., München 2001.

FELDER, BERND: vGA und Kapitalertragsteuer: Allgemeines, in: Verdeckte Gewinnausschüttung, Verdeckte Einlage: Kommentar zur verdeckten Gewinnausschüttung und zur verdeckten Einlage, hrsg. von BERND FELDER u.a., Stuttgart (Loseblatt), Stand: Januar 2000.

FICHTELMANN, HELMAR: Betriebsaufspaltung im Steuerrecht, 10. Aufl., Heidelberg 1999.

FISCHER, CAROLA/KALINA-KERSCHBAUM, CLAUDIA: Maßgeblichkeit der Handelsbilanz für die steuerliche Gewinnermittlung – Kritische Anmerkungen zum Entwurf eines BMF-Schreibens, in: DStR 2010, S. 399-401.

FISCHER, LUTZ/KLEINEIDAM, HANS-JOCHEN/WARNEKE, PERYGRIN: Internationale Betriebswirtschaftliche Steuerlehre, 5. Aufl., Berlin 2005.

FISCHER, PETER/MEßBACHER-HONSCH, CHRISTINE/LOOSE, MATTHIAS/VISKORF, HERMANN-ULRICH: Boruttau – Grunderwerbsteuergesetz, 17. Aufl., München 2011.

FÖRSCHLE, GERHART/HOFFMANN, KARL: § 272 HGB, in: Beck'scher Bilanzkommentar, hrsg. von HELMUT ELLROTT u.a., 8. Aufl., München 2012.

FÖRSTER, GUIDO: Die Änderungen durch das StVergAbG bei der Einkommensteuer und der Körperschaftsteuer, in: DB 2003, S. 899-905.

FÖRSTER, GUIDO/LANGE, CARSTEN: Steuerliche Aspekte der Gründung einer Europäischen Aktiengesellschaft (SE), in: DB 2002, S. 288-294.

FÖRSTER, GUIDO/WENDLAND, JAN: Einbringung von Unternehmensteilen in Kapitalgesellschaften – Auswirkungen des SEStEG auf Umwandlungsvorgänge –, in: BB 2007, S. 631-639.

FÖRSTER, HARTMUT: Praxis der Besteuerung von Auslandsbeziehungen, 2. Aufl., Neuwied/Kriftel 2003.

FREERICKS, WOLFGANG: Bilanzierungsfähigkeit und Bilanzierungspflicht in Handels- und Steuerbilanz, Köln u.a. 1976.

FRIEBEL, MELITA u.a.: Fallsammlung Einkommensteuer, 13. Aufl., Herne 2010.

FRIEDRICH, KLAUS: Das neue Energiesteuerrecht, in: DB 2006, S. 1577-1584.

FRISCHMUTH, MARKUS: Fragwürdigkeiten der Verrechnungspreisermittlung beim Transferpaket nach der FVerlV – Grundsätze und Beispielfälle, in: StuB 2009, S. 174-182.

FRONHÖFER, MICHAEL u.a.: Kommentierung zum UmwG und UmwStG, in: Umwandlungsrecht, hrsg. von SIEGFRIED WIDMANN und DIETER MAYER, Bonn/Berlin (Loseblatt), Stand: April 2013.

FROTSCHER, GERRIT: Internationales Steuerrecht, 3. Aufl., München 2009.

FROTSCHER, GERRIT: Umwandlungssteuererlass 2011, Freiburg 2012.

FUISTING, BERNHARD: Die preußischen direkten Steuern, Bd. 4: Grundzüge der Steuerlehre, Berlin 1902.

FÜGER, ROLF/RIEGER, NORBERT: Die Änderung des zeitlichen Anwendungsbereichs des Gesetzes zur Fortsetzung der Unternehmenssteuerreform, in: DStR 1998, S. 64-71.

GELLRICH, KAI M./PHILIPPEN, JÖRG: Verkehrsteuern, Wiesbaden 2011.

GLESSNER, MIRIAM: Die grenzüberschreitende stille Gesellschaft im Internationalen Steuerrecht: Einkommen- und körperschaftsteuerliche Wirkungen aus deutscher Sicht, Frankfurt am Main u.a. 2000.

GOERDELER, REINHARD/ULMER, PETER: Der Stiftungszweck in der Reform des Stiftungsrechts, zugleich Überlegungen zur Behandlung von Unternehmensstiftungen und Familienstiftungen im künftigen Stiftungsrecht, in: AG 1963, S. 328-333.

GOHDES, ALFRED/HAFERSTOCK, BERND/SCHMIDT, RAINER: Pensionsfonds nach dem AVmG aus heutiger Sicht, in: DB 2001, S. 1558-1562.

GOSCH, DIETMAR: § 9 GewStG, in: BLÜMICH: Einkommensteuer – Körperschaftsteuer – Gewerbesteuer, hrsg. von BERND HEUERMANN, München (Loseblatt), Stand: April 2013.

GÖTZ, HELLMUT: Teil D, in: Stiftung und Unternehmen, hrsg. von HANS BERNDT und HELLMUT GÖTZ, 8. Aufl., Herne 2009.

GRÄBE, SEBASTIAN: Das Maßgeblichkeitsprinzip vor dem Hintergrund des BilMoG, in: Bilanz-, Prüfungs- und Steuerwesen, hrsg. von KARLHEINZ KÜTING, CLAUS-PETER WEBER und HEINZ KUßMAUL, Bd. 23, Berlin 2012.

GREFE, CORD: Ermittlung der Zuschlagsteuern zur Einkommensteuer, in: SteuerStud 2001, S. 243-246.

GREFE, CORD: Unternehmenssteuern, 16. Aufl., Herne 2013.

GROH, MANFRED: Verluste in der stillen Gesellschaft, in: DB 2004, S. 668-673.

GROTHERR, SIEGFRIED: Änderungen bei der Besteuerung von Steuerausländern durch das Steuersenkungsgesetz, in: IWB vom 20.12.2000, Fach 3 Deutschland, Gruppe 1, S. 1721-1736.

GROTHERR, SIEGFRIED: International relevante Änderungen durch das Jahressteuergesetz 2009, in: IWB vom 13.05.2009, Fach 3 Deutschland, Gruppe 1, S. 403-420.

GROTHERR, SIEGFRIED: International relevante Änderungen durch das Steuervergünstigungsabbaugesetz, in: IWB vom 11.06.2003, Fach 3 Deutschland, Gruppe 1, S. 1935-1954.

GROTHERR, SIEGFRIED: Teil I, in: Internationales Steuerrecht, hrsg. von SIEGFRIED GROTHERR u.a., 3. Aufl., Achim 2010.

GROTHERR, SIEGFRIED u.a.: Internationales Steuerrecht, 3. Aufl., Achim 2010.

GROTTEL, BERND/GADEK, STEPHAN: § 255, in: Beck'scher Bilanzkommentar, hrsg. von HELMUT ELLROTT u.a., 8. Aufl., München 2012.

GRÖPL, CHRISTOPH: Die Einlage von Wirtschaftsgütern nach deren Nutzung für Überschusseinkünfte – ein bilanzsteuerrechtliches Dilemma?, in: DStR 2000, S. 1285-1289.

GRUNE, JÖRG: § 15 UStG, in: Umsatzsteuer-Kommentar, begr. von KARL PETER, hrsg. von ARMIN BURHOFF und ERNST E. STÖCKER, Herne/Berlin (Loseblatt), Stand: Februar 2013.

GRUNEWALD, BARBARA: Gesellschaftsrecht, 8. Aufl., Tübingen 2011.

GÜNKEL, MANFRED/TESCHKE, MANUEL: Änderung des steuerlichen Herstellungskostenbegriffs durch das BilMoG? – Anmerkung zum BMF-Schreiben vom 12.03.2010, in: Ubg 2010, S. 401-406.

HAAS, GERHARD/BACHER, HANNS/SCHEUER, WOLFGANG: Steuerliche Gestaltung internationaler Geschäftsbeziehungen, 3. Aufl., Berlin 1979.

HABERSACK, MATHIAS: § 221, in: Münchener Kommentar Aktiengesetz, hrsg. von BRUNO KROPFF und JOHANNES SEMLER, 3. Aufl., München 2011.

HABERSTOCK, LOTHAR: Steuerbilanz und Vermögensaufstellung, 3. Aufl., Hamburg 1991.

HAGEMANN, JENS/JACOB, BURKHARD/ROPOHL, FLORIAN/VIEBROCK, BJÖRN: SEStEG – Das neue Konzept der Verstrickung und Entstrickung sowie die Neufassung des Umwandlungssteuergesetzes, in: NWB-Sonderheft I 2007.

HAISCH, MARTIN/DANZ, THILO: Aktuelle Fragen der Besteuerung von Options- und Wandelanleihen – Anmerkungen zu den BFH-Urteilen vom 30.11.2005, I R 3/04 und I R 26/04 sowie vom 27.10.2005, IX R 15/05 –, in: DStZ 2006, S. 229-233.

HALLERBACH, DOROTHEE: Einführung einer Zinsschranke im Entwurf eines Unternehmensteuerreformgesetzes 2008, in: StuB 2007, S. 289-294, 487-494.

HAMACHER, ROLF JOSEF: Zur ertragsteuerlichen Behandlung einer Europäischen wirtschaftlichen Interessenvereinigung (EWIV) – Keine Gewerbeertragsteuer, in: FR 1986, S. 557-560.

HANDZIK, PETER: Erbschaft- und Schenkungsteuer, 8. Aufl., Berlin 2012.

HARDER-BUSCHNER, CHRISTINE: Steuerrechtliche Rahmenbedingungen der betrieblichen Altersversorgung im Überblick, in: NWB vom 20.12.2004, Fach 3, S. 13131-13140.

HARLE, GEORG: Rentenreform 2002: Steuerliche Aspekte der privaten und betrieblichen Altersversorgung, Herne/Berlin 2001.

HARTHAUS, REINHOLD: Typische oder atypische stille Gesellschaft oder bloßes Darlehensverhältnis?, in: StB 1998, S. 14-18.

HARTMANN, RAINER: Wesentliche Änderungen bei der betrieblichen Altersversorgung ab 2005, in: INF 2005, S. 56-61, 102-106.

HAUPTFACHAUSSCHUSS: 208. Sitzung des HFA, in: IDW Fachnachrichten 2007, S 506-508.

HÄUSELMANN, HOLGER/WAGNER, SIEGFRIED: Steuerbilanzielle Erfassung aktienbezogener Anleihen: Options-, Wandel-, Umtausch- und Aktienanleihen, in: BB 2002, S. 2431-2436.

HEIDEMANN, OTTO: Gestaltungen im Vorfeld der Liquidation einer GmbH, in: INF 1998, S. 716-720, 746-750.

HEIGL, ANTON: Unternehmensbesteuerung, 2. Aufl., München/Wien 1996.

HEINHOLD, MICHAEL: Unternehmensbesteuerung, Bd. 1: Rechtsform, Stuttgart 1996.

HEINHOLD, MICHAEL: Unternehmensbesteuerung, Bd. 3: Investition und Finanzierung, Stuttgart 1996.

HEINICKE, WOLFGANG: § 1 EStG, in: Einkommensteuergesetz, begr. von LUDWIG SCHMIDT, hrsg. von WALTER DRENSECK, 32. Aufl., München 2013.

HEINICKE, WOLFGANG: § 4 EStG, in: Einkommensteuergesetz, begr. von LUDWIG SCHMIDT, hrsg. von WALTER DRENSECK, 32. Aufl., München 2013.

HEINSEN, OLIVER: Einführung in die Doppelbesteuerungsabkommen, in: SteuerStud 1997, S. 300-320.

HELMSCHROTT, HANS/SCHAEBERLE, JÜRGEN: Abgabenordnung, 14. Aufl., Stuttgart 2009.

HELMSCHROTT, HANS/SCHAEBERLE, JÜRGEN/SCHEEL, THOMAS: Abgabenordnung, 15. Aufl., Stuttgart 2012.

HEMMELRATH, ALEXANDER: Art. 7, in: Doppelbesteuerungsabkommen der Bundesrepublik Deutschland auf dem Gebiet der Steuern vom Einkommen und Vermögen, begr. von KLAUS VOGEL, hrsg. von MORIS LEHNER, 5. Aufl., München 2008.

HEMMELRATH, ALEXANDER/KEPPER, PHILIPP: Die Bedeutung des „Authorized OECD Approach" (AOA) für die deutsche Abkommenspraxis, in: IStR 2013, S. 37-42.

HENDRICKS, MICHAEL: Art. 26 MA, in: Doppelbesteuerung, hrsg. von HELMUT DEBATIN und FRANZ WASSERMEYER, München (Loseblatt), Stand: März 2013.

HENKEL, UDO W.: Beteiligung an inländischen Kapitalgesellschaften, in: Steuerrecht international tätiger Unternehmen, hrsg. von JÖRG M. MÖSSNER u.a., 3. Aufl., Köln 2005.

HENKEL, UDO W.: Beteiligung an ausländischen Kapitalgesellschaften, in: Steuerrecht international tätiger Unternehmen, hrsg. von JÖRG M. MÖSSNER u.a., 4. Aufl., Köln 2012.

HENKEL, UDO W.: Hinzurechnungsbesteuerung, in: Steuerrecht international tätiger Unternehmen, hrsg. von JÖRG M. MÖSSNER u.a., 4. Aufl., Köln 2012.

HENKEL, UDO W.: Tatbestand und Rechtsfolgen der Hinzurechnungsbesteuerung, in: Steuerrecht international tätiger Unternehmen, hrsg. von JÖRG M. MÖSSNER u.a., 4. Aufl., Köln 2012.

HENKEL, UDO W.: Veräußerung und Liquidation, in: Steuerrecht international tätiger Unternehmen, hrsg. von JÖRG M. MÖSSNER u.a., 4. Aufl., Köln 2012.

HENKES, JÖRG: Der Jahresabschluss kommunaler Gebietskörperschaften, in: Bilanz-, Prüfungs- und Steuerwesen, hrsg. von KARLHEINZ KÜTING, CLAUS-PETER WEBER und HEINZ KUßMAUL, Bd. 13, Berlin 2008.

HENNERKES, BRUN-HAGEN/BINGE, CHRISTOPH: Die „richtige" Rechtsform des Familienunternehmens, in: Unternehmenshandbuch Familiengesellschaften, hrsg. von BRUN-HAGEN HENNERKES und RAINER KIRCHDÖRFER, 2. Aufl., Köln u.a. 1998.

HENNERKES, BRUN-HAGEN/BINZ, MARK K./SORG, MARTIN H.: Die Stiftung als Rechtsform für Familienunternehmen – Die unternehmensverbundene Stiftung unter besonderer Berücksichtigung der Stiftung & Co. KG –, in: DB 1986, S. 2217-2221, 2269-2274.

HENNERKES, BRUN-HAGEN/KIRCHDÖRFER, RAINER (Hrsg.): Unternehmenshandbuch Familiengesellschaften, 2. Aufl., Köln u.a. 1998.

HENNRICHS, JOACHIM: Neufassung der Maßgeblichkeit gemäß § 5 Abs. 1 EStG nach dem BilMoG, in: Ubg 2009, S. 533-543.

HENNRICHS, JOACHIM: § 10, in: Steuerrecht, hrsg. von KLAUS TIPKE und JOACHIM LANG, 21. Aufl., Köln 2013.

HENSELMANN, KLAUS: Unternehmensrechnungen und Unternehmenswert – Ein situativer Ansatz –, Aachen 1999.

HERFORT, CLAUS: Teil II G, in: Internationales Steuerrecht, hrsg. von SIEGFRIED GROTHERR u.a., 2. Aufl., Achim 2003.

HERFORT, CLAUS: Teil II D, in: Internationales Steuerrecht, hrsg. von SIEGFRIED GROTHERR u.a., 3. Aufl., Achim 2010.

HERRMANN, HANS-JOACHIM/NEUFANG, BERND: Übertragung einzelner Wirtschaftsgüter zwischen Gesellschafterbetriebsvermögen und Mitunternehmerschaften, in: BB 2000, S. 2599-2605.

HERZIG, NORBERT: Diagonale Maßgeblichkeit bei Umwandlungsvorgängen?, in: FR 1997, S. 123-129.

HERZIG, NORBERT/BRIESEMEISTER, SIMONE: Steuerliche Konsequenzen des BilMoG – Deregulierung und Maßgeblichkeit, in: DB 2009, S. 926-931.

HERZIG, NORBERT/FÖRSTER, GUIDO: Problembereiche bei der Auf- und Abspaltung von Kapitalgesellschaften nach neuem Umwandlungssteuerrecht, in: DB 1995, S. 338-349.

HERZIG, NORBERT/LOCHMANN, UWE: Steuersenkungsgesetz: Die Steuerermäßigung für gewerbliche Einkünfte bei der Einkommensteuer nach der endgültigen Regelung, in: DB 2000, S. 1728-1735.

HEY, JOHANNA: § 7, in: Steuerrecht, hrsg. von KLAUS TIPKE und JOACHIM LANG, 21. Aufl., Köln 2013.

HEY, JOHANNA: § 8, in: Steuerrecht, hrsg. von KLAUS TIPKE und JOACHIM LANG, 21. Aufl., Köln 2013.

HEY, JOHANNA: § 11, in: Steuerrecht, hrsg. von KLAUS TIPKE und JOACHIM LANG, 21. Aufl., Köln 2013.

HITZEMANN, GEBHARDT: Die atypische stille Gesellschaft und § 15a EStG, in: DStR 1998, S. 1708-1710.

HOFFMANN, WOLF-DIETER: Der Transfer von Einzel-Wirtschaftsgütern gem. § 6 Abs. 5 EStG nach Verabschiedung des UntStFG, in: GmbHR 2002, S. 125-134.

HOFFMANN, WOLF-DIETER: Die Besserungsvereinbarung als Gestaltungsmittel im Rahmen von Unternehmenssanierungen, in: DStR 1998, S. 196-198.

HOFFMANN, WOLF-DIETER: Nochmals: Bilanzierungsfragen bei verdeckten Einlagen in Kapitalgesellschaften, in: StuB 2001, S. 1224-1227.

HOFFMANN, WOLF-DIETER/LÜDENBACH, NORBERT: NWB Kommentar Bilanzierung, 4. Aufl., Herne 2013.

HORLEMANN, HEINZ-GERD: Die steuerliche Behandlung der betrieblichen Altersversorgung nach dem Alterseinkünftegesetz, in: ZSteu 2004, S. 150-165.

HORLEMANN, HEINZ-GERD: Überblick über das Alterseinkünftegesetz, in: FR 2004, S. 1049-1056.

HORSCHITZ, HARALD/GROß, WALTER/SCHNUR, PETER: Bewertungsrecht, Erbschaftsteuer, Grundsteuer, 17. Aufl., Stuttgart 2010.

HOTTMANN, JÜRGEN: Ausscheiden eines Gesellschafters aus einer bestehenden Personengesellschaft, in: Die Personengesellschaft im Steuerrecht, hrsg. von REIMAR ZIMMERMANN u.a., 11. Aufl., Achim 2013.

HOTTMANN, JÜRGEN: Eintritt eines Gesellschafters in eine bestehende Personengesellschaft, in: Die Personengesellschaft im Steuerrecht, hrsg. von REIMAR ZIMMERMANN u.a., 11. Aufl., Achim 2013.

HÖFER, REINHOLD/RHIEL, RAIMUND/VEIT, ANNEKATRIN: Die Rechnungslegung für betriebliche Altersversorgung im Bilanzrechtsmodernisierungsgesetz (BilMoG), in: DB 2009, S. 1605-1612.

HÖRGER, HELMUT: Neue Tendenzen zur steuerorientierten Kaufpreisaufteilung beim Kauf von Wirtschaftsgütern und Anteilen an Personengesellschaften, in: Unternehmenskauf im Steuerrecht, hrsg. von HARALD SCHAUMBURG, 3. Aufl., Stuttgart 2004.

HÖTZEL, OLIVER: Unternehmenskauf und Steuern, 2. Aufl., Düsseldorf 1997.

INSTITUT DER WIRTSCHAFTSPRÜFER: Hauptfachausschuß Stellungnahme HFA 2/1988: Pensionsverpflichtungen im Jahresabschluß, in: WPg 1988, S. 403-405.

INSTITUT DER WIRTSCHAFTSPRÜFER: Stellungnahme HFA 1/1986: Zur Bilanzierung von Zero-Bonds, in: WPg 1986, S. 248-249.

JACOBS, DIETRICH/NOLTING, ROGER/NOLTE, BERND: Wandel- und Umtauschanleihen – Betriebswirtschaftliche und steuerliche Perspektiven, in: SteuerStud 2005, S. 74-83.

JACOBS, HELGE: Umsatzsteuerliche Organschaft, in: NWB 2011, S. 2283-2288.

JACOBS, OTTO H.: Internationale Unternehmensbesteuerung, 6. Aufl., München 2007.

JACOBS, OTTO H.: Internationale Unternehmensbesteuerung, 7. Aufl., München 2011.

JACOBS, OTTO H.: Unternehmensbesteuerung und Rechtsform, 4. Aufl., München 2009.

JACOBS, OTTO H./SCHEFFLER, WOLFRAM: Steueroptimale Rechtsform, 2. Aufl., München 1996, S. 237-239.

JAKOB, WOLFGANG: Schuldzinsenabzug bei kreditfinanzierter Entnahme – § 4 Abs. 4a EStG i.d.F. des Steuerbereinigungsgesetzes 1999, in: DStR 2000, S. 101-103.

JAKOB, WOLFGANG: Umsatzsteuer, 4. Aufl., München 2009.

JANSSEN, BERNHARD: Verdeckte Gewinnausschüttungen – Systematische Darstellung der Voraussetzungen und Auswirkungen, begr. von JOACHIM LANGE, 10. Aufl., Herne 2010.

JÄGER, BIRGIT/LANG, FRIEDBERT: Körperschaftsteuer, 17. Aufl., Achim 2005.

JÄGER, BIRGIT/LANG, FRIEDBERT: Körperschaftsteuer, 18. Aufl., Achim 2009.

JÄSCHKE, DIRK: § 22, in: LADEMANN Umwandlungssteuergesetz, von WJATSCHESLAV ANISSIMOV u.a., Stuttgart u.a. 2012.

JENETZKY, JOHANNES: Die Misere der Steuerverwaltung, in: StuW 1982, S. 273-285.

JORCZYK, VOLKER M.: Geringwertige Wirtschaftsgüter: Neue Wertgrenzen ab 2008 wie anwenden?, in: SRTour 04/2008, S. 8 und 9.

JUNKER, ANDY: Umwandlungsmodell und Kombinationsmodell als mögliche Formen der Harmonisierung steuerlicher Interessengegensätze zwischen Veräußerer und Erwerber inländischer mittelständischer Kapitalgesellschaften, Aachen 2001.

JUROWSKY, RAINER: Die Passivseite der Handelsbilanz – Teil 2: Die veränderten Bewertungsvorschriften –, in: steuer-journal.de 2009, S. 23-30.

JÜTTNER, UWE: GWG-Abschreibung: Neues Wahlrecht ab 2010 geplant, in: BRZ 2009, S. 545-548.

JÜLICHER, MARC: § 19 ErbStG, in: Erbschaftsteuer- und Schenkungsteuergesetz, begr. von MAX TROLL, München (Loseblatt), Stand: Januar 2013.

KALIGIN, THOMAS: Unternehmenskauf, Heidelberg 1995, S. 13-97.

KAMINSKI, BERT: Teil II B, in: Internationales Steuerrecht, hrsg. von SIEGFRIED GROTHERR u.a., 3. Aufl., Achim 2010.

KERN, EBERHARD: Die Aufspaltung mittelständischer Unternehmen in ein Besitz- und ein Betriebsunternehmen, Bergisch Gladbach/Köln 1987.

KESSLER, WOLFGANG: Die Euro-Holding: Steuerplanung, Standortwahl, Länderprofile, München 1996.

KESSLER, WOLFGANG/ACHILLES, CHARLOTTE/HUCK, FRIEDERICKE: Die Europäische Aktiengesellschaft im Spannungsfeld zwischen nationalem Steuergesetzgeber und EuGH, in: IStR 2003, S. 715-720.

KESSLER, WOLFGANG/HUCK, FRIEDERICKE/OBSER, RALPH/SCHMALZ, ANDREAS: Wegzug von Kapitalgesellschaften, in: DStZ 2004, S. 855-868.

KESSLER, WOLFGANG/REITSAM, MICHAEL: Die typisch stille Beteiligung als Alternative zur Organschaft – Analyse des aktuellen Rechts nach dem UntStFG sowie erste Überlegungen zu den geplanten Änderungen im Rahmen des StVergAbG, in: DStR 2003, S. 269-273, 315-319.

KESSLER, WOLFGANG/SCHMIDT, WOLFGANG: Steuersenkungsgesetz: Umwandlung von Kapital- in Personengesellschaften: Vergleich der derzeitigen und zukünftigen Steuerwirkungen im Gründerfall, in: DB 2000, S. 2032-2038.

KIHM, AXEL: Die Besteuerung deutscher internationaler Unternehmungen: Steuerbelastungsvergleich und -analyse grenzüberschreitender Unternehmensstrukturen am Beispiel des Auslandsstandortes Luxemburg, Stuttgart 1999.

KLAPDOR, RALF: Aktuelle Überlegungen zum Schütt-Aus-Hol-Zurück-Verfahren im Familienverband, in: BB 1998, S. 1047-1050.

KLEINERT, JENS/PROBST, PETER: Endgültiges Aus für steuerliche Wegzugsbeschränkungen bei natürlichen und juristischen Personen – Anmerkung zum EuGH-Urteil vom 11.3.2004 Rs. C-9102, de Lasteyrie du Saillant –, in: DB 2004, S. 673-675.

KLINGEBIEL, JÖRG: § 8 Abs. 1 KStG, in: Die Körperschaftsteuer, hrsg. von EWALD DÖTSCH u.a., Stuttgart (Loseblatt), Stand: April 2013.

KLINGEBIEL, JÖRG u.a.: Umwandlungssteuerrecht, 3. Aufl., Stuttgart 2012.

KLUGE, VOLKER: Das internationale Steuerrecht, 4. Aufl., München 2000.

KNOBBE-KEUK, BRIGITTE: Bilanz- und Unternehmenssteuerrecht, 9. Aufl., Köln 1993.

KNOP, WOLFGANG/KÜTING, KARLHEINZ: § 255 HGB, in: Handbuch der Rechnungslegung, hrsg. von KARLHEINZ KÜTING, NORBERT PFITZER und CLAUS-PETER WEBER, Stuttgart (Loseblatt), Stand: Mai 2013.

KOLLRUSS, THOMAS: Die Organschaft nach dem Steuersenkungsgesetz, in: StB 2001, S. 82-85.

KORN, CHRISTIAN: § 10, in: Umsatzsteuergesetz, begr. von JOHANN BUNJES und REINHOLD GEIST, 11. Aufl., München 2012.

KORN, KLAUS/STRAHL, MARTIN: Alterseinkünftegesetz: Änderungen und Empfehlungen, in: KÖSDI 2004, S. 14360-14373.

KORN, KLAUS/STRAHL, MARTIN: Einkommensermittlung der Betriebe gewerblicher Art infolge der Verwertung von Forschungsergebnissen durch öffentliche Hochschulen, in: BB 1997, S. 1557-1565.

KOSS, CLAUS: Rechnungslegung von Stiftungen: Von der Buchführung zur Jahresrechnung, Düsseldorf 2003.

KOTTKE, KLAUS: Steuerrechtliche Anerkennungskriterien für wechselseitige Ehegatten-Arbeitsverhältnisse und für Unterarbeitsverhältnisse mit Familienangehörigen, in: DStR 1998, S. 1706-1708.

KOTYRBA, MARC H./SCHEUNEMANN, MARC: Ausgewählte Praxisschwerpunkte im Umwandlungssteuererlass 2011, in: BB 2012, S. 223-229.

KÖHLER, STEFAN: Erste Gedanken zur Zinsschranke nach der Unternehmensteuerreform, in: DStR 2007, S. 597-604.

KÖHLER, STEFAN: Teil II, Kapitel D II: Einführung einer Zinsschranke, in: Die Unternehmensteuerreform 2008, hrsg. von ERNST & YOUNG AG und BDI, Bonn 2007.

KÖHLER, STEFAN: § 7 AStG, in: Außensteuergesetz/Doppelbesteuerungsabkommen, hrsg. von GÜNTHER STRUNK, BERT KAMINSKI und STEFAN KÖHLER, Bonn (Loseblatt), Stand: Mai 2013.

KÖNIG, ROLF: Ungelöste Probleme einer investitionsneutralen Besteuerung, in: ZfbF 1997, S. 42-63.

KÖNIG, ROLF: Wirtschaftliche Effizienz und Steuerreformen, Heidelberg 1997.

KÖNIG, ROLF/MAßBAUM, ALEXANDRA/SURETH, CAREN: Besteuerung und Rechtsformwahl, 5. Aufl., Herne 2011.

KÖRNER, ANDREAS: Europarecht und Umwandlungssteuerrecht, in: IStR 2006, S. 109-113.

KRABBE, HELMUT: Steuerliche Behandlung der Europäischen Wirtschaftlichen Interessenvereinigung aus deutscher Sicht, in: DB 1985, S. 2585-2587.

KRÄMER, HELMUT: § 4 KStG, in: Die Körperschaftsteuer, hrsg. von EWALD DÖTSCH u.a., Stuttgart (Loseblatt), Stand: April 2013.

KREBÜHL, HANS-HERBERT: Reform der körperschaftsteuerlichen und gewerbesteuerlichen Organschaft, in: DB 1995, S. 743-748.

KROPPEN, HEINZ-KLAUS/RASCH, STEPHAN: Aufzeichnungspflichten für internationale Verrechnungspreise, in: IWB vom 12.11.2003, Fach 3 Deutschland, Gruppe 1, S. 1977-1988.

KRUSCHWITZ, LUTZ/LODOWICKS, ARND: Bewertung von Pensionszusagen, in: FB 2004, S. 272-284.

KRÜGER, DIRK/KALBFLEISCH, EBERHARD: Anhang 3: Die Europäische Wirtschaftliche Interessenvereinigung (EWIV), in: Zweckmäßige Wahl der Unternehmensform, hrsg. von ERNST & YOUNG, 7. Aufl., Bonn/Berlin 2002.

KUDERT, STEPHAN/UTESCHER, TANJA: Bewußt in die Gewerbesteuerpflicht? Steuerliche Gestaltungsüberlegungen für Doppelgesellschaften, in: DStR 1995, S. 993-998.

KULOSA, EGMONT: § 6 EStG, in: Einkommensteuergesetz, begr. von LUDWIG SCHMIDT, hrsg. von WALTER DRENSECK, 32. Aufl., München 2013.

KULOSA, EGMONT: § 10b EStG, in: Einkommensteuer- und Körperschaftsteuergesetz, hrsg. von CARL HERRMANN u.a., Köln (Loseblatt), Stand: April 2013.

KUPSCH, PETER/ACHTERT, FRANK/GÖCKERITZ, BRITTA: Unternehmungsbesteuerung, München 1997.

KUPSCH, PETER/GÖCKERITZ, BRITTA: Ertragsbesteuerung der GmbH & Co. KG, in: WISU 1997, S. 755-760.

KURZ, DIETER: Umsatzsteuer, 16. Aufl., Stuttgart 2012.

KUSTERER, STEFAN: Imparitätsprinzip in der Sonderbilanz des Mitunternehmers, in: DStR 1993, S. 1209-1212.

KUßMAUL, HEINZ: Angemessene Verrechnungspreise im internationalen Konzernbereich, in: RIW 1987, S. 679-693.

KUßMAUL, HEINZ: Anlagespiegel, in: Lexikon des Rechnungswesens, hrsg. von WALTHER BUSSE VON COLBE, NILS CRASSELT und BERNHARD PELLENS, 5. Aufl., München 2011.

KUßMAUL, HEINZ: Ansatz und Bewertung im handels- und steuerrechtlichen Jahresabschluß, in: StB 1992, S. 455-458 und StB 1993, S. 13-16, 57-63.

KUßMAUL, HEINZ: Berücksichtigung der Steuern und Geldentwertung in der Investitionsrechnung, in: StB 1995, S. 463-473 und StB 1996, S. 16-22.

KUßMAUL, HEINZ: Betriebliche Altersversorgung von Geschäftsführern: Voraussetzungen und finanzwirtschaftliche Auswirkungen, München 1995.

KUßMAUL, HEINZ: Betriebswirtschaftliche Beratungsempfehlungen zur Finanzierung mittelständischer Unternehmen, in: StKgR 1990, München 1991, S. 207-210.

KUßMAUL, HEINZ: Betriebswirtschaftliche Steuerlehre, 4. Aufl., München/Wien 2006.

KUßMAUL, HEINZ: Betriebswirtschaftliche Überlegungen bei der Ausgabe von Null-Kupon-Anleihen, in: BB 1987, S. 1562-1572.

KUßMAUL, HEINZ: Betriebswirtschaftslehre für Existenzgründer, 7. Aufl., München 2011.

KUßMAUL, HEINZ: Bilanzierungsfähigkeit und Bilanzierungspflicht, in: Handbuch der Rechnungslegung, hrsg. von KARLHEINZ KÜTING und CLAUS-PETER WEBER, Stuttgart (Loseblatt), Stand: Mai 2013.

KUßMAUL, HEINZ: Die Betriebswirtschaftliche Steuerlehre als steuerliche Betriebswirtschaftslehre?, in: StuW 1995, S. 3-14.

KUSSMAUL, HEINZ: Die E-Bilanz: Steuerbürokratieaufbau durch „Steuerbürokratieabbaugesetz", in: Brennpunkte der Bilanzierungspraxis nach IFRS und HGB, hrsg. von KARL-HEINZ KÜTING, NORBERT PFITZER und CLAUS-PETER WEBER, Stuttgart 2012, S. 209-228.

KUSSMAUL, HEINZ: Die Examensklausur aus der Betriebswirtschaftslehre, in: WISU 1994, S. 227-231.

KUSSMAUL, HEINZ: Dynamische Verfahren der Investitionsrechnung, in: StB 1995, S. 302-308, 348-353, 381-389, 428-436.

KUSSMAUL, HEINZ: Ertragsteuerliche Bedeutung des Begriffs „Wirtschaftsgut", in: Besteuerung und Unternehmenspolitik, Festschrift für GÜNTER WÖHE, hrsg. von GERD JOHN, München 1989.

KUSSMAUL, HEINZ: Externes Rechnungswesen, in: Betriebswirtschaftslehre, Bd. 1, hrsg. von HANS CORSTEN und MICHAEL REISS, 4. Aufl., München 2008.

KUSSMAUL, HEINZ: Familiengesellschaften – Motive, Probleme, Gestaltungsbereiche, in: Familiengesellschaften in Recht und Praxis, begr. von VINCENT BÜNZ und ERNST W. HEINSIUS, Freiburg im Breisgau (Loseblatt), Stand: November 1999.

KUSSMAUL, HEINZ: Finanzierung über Zero-Bonds und Stripped Bonds, in: BB 1998, S. 1868-1871.

KUSSMAUL, HEINZ: Finanzwirtschaftliche und steuerliche Aspekte mittelständischer Unternehmen, in: Aktuelle Aspekte mittelständischer Unternehmen: Finanzen, Steuern, Management, hrsg. von HEINZ KUSSMAUL, Bad Homburg 1990.

KUSSMAUL, HEINZ: Gestaltungsmöglichkeiten im Zusammenhang mit Zero-Bonds und Stripped Bonds, in: BB 1998, S. 2236-2240.

KUSSMAUL, HEINZ: Grundzüge der Konzernrechnungslegung, in: StB 1994, S. 233-238, 276-279, 319-323, 359-362, 414-417.

KUSSMAUL, HEINZ: Immaterielles Vermögen, in: Handbuch der Bilanzierung, hrsg. von RUDOLF FEDERMANN, HEINZ KUSSMAUL und STEFAN MÜLLER, Freiburg im Breisgau (Loseblatt), Stand: Juni 2013, Beitrag Nr. 73.

KUSSMAUL, HEINZ: Investition eines gewerblichen Anlegers in Zero-Bonds und Stripped Bonds, in: BB 1998, S. 1925-1929.

KUSSMAUL, HEINZ: Investition eines Privatanlegers in Zero-Bonds und Stripped Bonds, in: BB 1998, S. 2083-2087.

KUSSMAUL, HEINZ: Investitionsrechnung, in: Saarbrücker Handbuch der Betriebswirtschaftlichen Beratung, hrsg. von KARLHEINZ KÜTING, 4. Aufl., Herne 2008.

KUSSMAUL, HEINZ: Konzern und Konzernorganisation, in: StB 1994, S. 99-102, 143-149, 187-191.

KUSSMAUL, HEINZ: Nutzungsrechte an Grundstücken in Handels- und Steuerbilanz, Hamburg 1987.

KUSSMAUL, HEINZ: Steuern und Marketing, in: Handwörterbuch des Marketing, hrsg. von BRUNO TIETZ u.a., 2. Aufl., Stuttgart 1995.

KUSSMAUL, HEINZ: Unternehmerkinder, Köln u.a. 1983.

KUSSMAUL, HEINZ: Wirtschaftsgut/Vermögensgegenstand/Vermögenswert (asset)/Schuld (liability), in: Handbuch der Bilanzierung, hrsg. von RUDOLF FEDERMANN, HEINZ KUSSMAUL und STEFAN MÜLLER, Freiburg im Breisgau (Loseblatt), Stand: Juni 2013, Beitrag Nr. 146.

Kußmaul, Heinz: Zero-Bonds und Stripped Bonds. Begriff, Merkmale, Gemeinsamkeiten, in: WiSt 1999, S. 62-68.

Kußmaul, Heinz: Zero-Bonds. Begriff, Merkmale, Gestaltungsmöglichkeiten, in: WiSt 1989, S. 15-19.

Kußmaul, Heinz: Zur Maßgeblichkeit der Maßgeblichkeit, in: StB 2010, Heft 3, S. I.

Kußmaul, Heinz: § 239 HGB, in: Handbuch der Rechnungslegung, hrsg. von Karlheinz Küting, Norbert Pfitzer und Claus-Peter Weber, Stuttgart (Loseblatt), Stand: Mai 2013.

Kußmaul, Heinz/Beckmann, Stefan: Anrechnung oder Abzug ausländischer Steuern, in: StuB 2000, S. 1188-1198.

Kußmaul, Heinz/Beckmann, Stefan: Die Dividendenbesteuerung im nationalen und internationalen Kontext, in: DB 2001, S. 608-614.

Kußmaul, Heinz/Beckmann, Stefan: Indirekte Steueranrechnung einer ausländischen Körperschaftsteuer – Eine Bestandsaufnahme der bestehenden Möglichkeiten und ein Ausblick auf zukünftige Entwicklungen, in: StuB 2000, S. 548-559.

Kußmaul, Heinz/Beckmann, Stefan: Methoden zur Vermeidung einer möglichen Doppelbesteuerung im Rahmen des Einkommensteuergesetzes – Darstellung der unterschiedlichen Methoden des § 34c EStG –, in: StuB 2000, S. 706-716.

Kußmaul, Heinz/Beckmann, Stefan/Meyering, Stephan: Die Auswirkungen des Gesetzesentwurfs zur Reform der Gewerbesteuer auf gewerbliche Unternehmen, in: StuB 2003, S. 1021-1027.

Kußmaul, Heinz/Blank, Oliver: Der Rechtsformwechsel von Einzelunternehmen und Personengesellschaften im Rahmen der Einbringung in eine Kapitalgesellschaft – Begriff, Voraussetzungen, Zeitpunkt und Folgen beim übernehmenden Rechtsträger –, in: StuB 2001, S. 218-227.

Kußmaul, Heinz/Blank, Oliver: Der Rechtsformwechsel von Einzelunternehmen und Personengesellschaften im Rahmen der Einbringung in eine Kapitalgesellschaft – Folgen beim einbringenden Rechtsträger, einbringungsgeborene Anteile und abschließende Beispiele –, in: StuB 2001, S. 525-533.

Kußmaul, Heinz/Blasius, Torsten: Körperschaftsteuerlich relevante Betätigungsfelder der öffentlichen Hand – Merkmale der Betriebe gewerblicher Art –, in: INF 2003, S. 21-25.

Kußmaul, Heinz/Blasius, Torsten: Körperschaftsteuerlich relevante Betätigungsfelder der öffentlichen Hand – Strukturierung und Einordnung der Hoheitsbetriebe, der Betriebe gewerblicher Art und der Vermögensverwaltung –, in: INF 2002, S. 682-685.

Kußmaul, Heinz/Cloß, Christine: Der persönliche Anwendungsbereich des § 2 AStG – Wohnsitzverlagerung in das niedrig besteuernde Ausland, in: StuB 2010, S. 264-267.

Kußmaul, Heinz/Cloß, Christine: Die erweiterte beschränkte Erbschaft- und Schenkungsteuerpflicht des § 4 AStG – Voraussetzungen, Rechtsfolgen und Gestaltungsempfehlungen, in: StuB 2010, S. 704-708.

Kußmaul, Heinz/Cloß, Christine: Die nachstichtagsbezogenen jahresabschlusspolitischen Instrumente, in: StB 2011, S. 18-24.

KUßMAUL, HEINZ/CLOß, CHRISTINE: Die Rechtsfolgen des § 2 AStG unter besonderer Berücksichtigung einer Wohnsitzverlagerung in die Schweiz – Wegzug in ein Niedrigsteuerland, in: StuB 2010, S. 936-940.

KUßMAUL, HEINZ/CLOß, CHRISTINE: Die sachlichen Voraussetzungen des § 2 AStG – Mögliche Auswirkungen durch das UntStRefG 2008, in: StuB 2010, S. 501-507.

KUßMAUL, HEINZ/CLOß, CHRISTINE: Die vorstichtagsbezogenen jahresabschlusspolitischen Instrumente, in: StB 2010, S. 425-429.

KUßMAUL, HEINZ/CLOß, CHRISTINE: Die Ziele der Jahresabschlusspolitik, in: StB 2010, S. 384-388.

KUßMAUL, HEINZ/DREGER, MARTINA: Steuerlich orientierte grenzüberschreitende Finanzierungsplanung – Kapitalausstattung einer ausländischen Tochtergesellschaft, in: DStR 1996, S. 1376-1380.

KUßMAUL, HEINZ/DREGER, MARTINA/LEIDERER, BERND: Steuerliche Überlegungen zur Außenfinanzierung, in: INF 1996, S. 341-345, 373-377.

KUßMAUL, HEINZ/GRÄBE, SEBASTIAN: Der Maßgeblichkeitsgrundsatz vor dem Hintergrund des BilMoG, in: StB 2010, S. 106-115.

KUßMAUL, HEINZ/GRÄBE, SEBASTIAN: Der Maßgeblichkeitsgrundsatz vor dem Hintergrund des BMF-Schreibens v. 12.3.2010, in: StB 2010, S. 264-268.

KUßMAUL, HEINZ/GRÄBE, SEBASTIAN: § 246 HGB, in: BilMoG – Gesetze, Materialien, Erläuterungen, hrsg. von KARL PETERSEN und CHRISTIAN ZWIRNER, München 2009, S. 383-390.

KUßMAUL, HEINZ/GRÄBE, SEBASTIAN: § 272 HGB, in: BilMoG – Gesetze, Materialien, Erläuterungen, hrsg. von KARL PETERSEN und CHRISTIAN ZWIRNER, München 2009, S. 474-478.

KUßMAUL, HEINZ/HENKES, JÖRG: Die Abzugsfähigkeit von Vorsorgeaufwendungen seit In-Kraft-Treten des Alterseinkünftegesetzes, in: ZSteu 2006, S. 245-250.

KUßMAUL, HEINZ/HENKES, JÖRG: Die Besteuerung von Altersvorsorgeaufwendungen und Altersbezügen nach dem Alterseinkünftegesetz – Steuerliche Rahmenbedingungen der privaten und betrieblichen Altersvorsorge –, in: Arbeitspapiere zur Existenzgründung, hrsg. von HEINZ KUßMAUL, Bd. 21, 2. Aufl., Saarbrücken 2007.

KUßMAUL, HEINZ/HENKES, JÖRG: Die Besteuerung von gesetzlichen Renten, „Rürup-Renten" und von Pensionen seit In-Kraft-Treten des Alterseinkünftegesetzes, in: ZSteu 2006, S. 221-224.

KUßMAUL, HEINZ/HENKES, JÖRG: Die erweiterte Kameralistik in der Fassung des IMK-Beschlusses vom 21.11.2003, in: StB 2004, S. 451-459.

KUßMAUL, HEINZ/HENKES, JÖRG: Die steuerliche Behandlung von Aus- und Fortbildungskosten unter Berücksichtigung des BMF-Schreibens vom 4. November 2005, in: ZSteu 2006, S. 164-172.

KUßMAUL, HEINZ/HENKES, JÖRG: Die Unvereinbarkeit der ursprünglichen steuerlichen Behandlung von Altersvorsorgeaufwendungen und Altersbezügen mit dem Gleichheitsgrundsatz des Grundgesetzes, in: ZSteu 2006, S. 180-183.

KUßMAUL, HEINZ/HENKES, JÖRG: Kommunale Doppik, in: Kommunale Verwaltungssteuerung, hrsg. von STEFAN MÜLLER und CHRISTINA SCHAEFER, Bd. 2, Berlin 2009.

KUßMAUL, HEINZ/HILMER, KARINA: Die Bewertung von Grundvermögen für Zwecke der Erbschaftsteuer, in: StB 2007, S. 381-389.

KUßMAUL, HEINZ/HUWER, ERIC: Die Bedeutung der Abgrenzung von Anlage- und Umlaufvermögen, in: StuB 2011, S. 290-295.

KUßMAUL, HEINZ/HUWER, ERIC: Die Widerspruchslosigkeit der bilanziellen Differenzierung zwischen Anlage- und Umlaufvermögen – Ein Widerspruch?, in: DStR 2010, S. 2471-2476.

KUßMAUL, HEINZ/JUNKER, ANDY: Steuerliche Gestaltungsmöglichkeiten aufgrund der zum Jahresende anstehenden Zwangsumgliederung von EK 50, in: BB 1998, S. 1765-1768.

KUßMAUL, HEINZ/JUNKER, ANDY: Verlustberücksichtigung bei Veräußerung „wesentlicher" Beteiligungen aus dem Privatvermögen durch Aufstockung?, in: StuB 2001, S. 650-652.

KUßMAUL, HEINZ/KLEIN, NICOLE: Die Verbuchung verdeckter Einlagen aus handels- und steuerrechtlicher Sicht, in: StuB 2001, S. 1045-1050.

KUßMAUL, HEINZ/KLEIN, NICOLE: Maßgeblichkeitsprinzip bei verdeckter Einlage und verdeckter Gewinnausschüttung?, in: DStR 2001, S. 189-194.

KUßMAUL, HEINZ/KLEIN, NICOLE: Replik: Bilanzierungsfragen bei verdeckten Einlagen in Kapitalgesellschaften, in: StuB 2001, S. 1227-1228.

KUßMAUL, HEINZ/KLEIN, NICOLE: Überlegungen zum Maßgeblichkeitsprinzip im Kontext jüngerer nationaler und internationaler Entwicklungen, in: DStR 2001, S. 546-550.

KUßMAUL, HEINZ/LEIDERER, BERND: Investitionsrechnung mit dynamischen Barwertverfahren, in: BBK vom 21.11.1997 und vom 05.12.1997, Fach 29, S. 881-902.

KUßMAUL, HEINZ/LUTZ, RICHARD: Grundlagen der Bilanzpolitik, in: WiSt 1993, S. 342-347.

KUßMAUL, HEINZ/LUTZ, RICHARD: Instrumente der Bilanzpolitik – Systematisierungsmöglichkeiten und Bewertungskriterien, in: WiSt 1993, S. 399-403.

KUßMAUL, HEINZ/LUTZ, RICHARD: Instrumente der Bilanzpolitik – Wichtige Aktionsparameter der Bilanzierung und Bewertung, in: WiSt 1993, S. 440-445, 479-484.

KUßMAUL, HEINZ/MEYERING, STEPHAN: Die Besteuerung der Destinatare von Stiftungen, in: ZSteu 2004, S. 41-47.

KUßMAUL, HEINZ/MEYERING, STEPHAN: Die Besteuerung der Stiftung: Die Familienstiftung und die unternehmensverbundene Stiftung, in: StB 2004, S. 135-140.

KUßMAUL, HEINZ/MEYERING, STEPHAN: Die Besteuerung der Stiftung: Die gemeinnützige Stiftung, in: StB 2004, S. 91-100.

KUßMAUL, HEINZ/MEYERING, STEPHAN: Die Besteuerung der Stiftung: Die privatnützige Stiftung, in: StB 2004, S. 56-60.

KUßMAUL, HEINZ/MEYERING, STEPHAN: Die Besteuerung der Stiftung: Rechtliche Einordnung, in: StB 2004, S. 6-10.

KUßMAUL, HEINZ/MEYERING, STEPHAN: Die Rechnungslegung der Stiftung, in: DStR 2004, S. 371-376.

KUßMAUL, HEINZ/MEYERING, STEPHAN: § 97: Bilanzierung und Publizität, in: Münchner Handbuch des Gesellschaftsrechts, Bd. 5: Verein, Stiftung bürgerlichen Rechts, hrsg. von VOLKER BEUTHIEN und HANS GUMMERT, 3. Aufl., München 2009.

KUßMAUL, HEINZ/MÜLLER, FLORIAN: Die Voraussetzungen zur Einkünfteberichtigung bei internationalen Verflechtungen nach § 1 AStG, in: StB 2013, S. 152-157.

KUẞMAUL, HEINZ/NIEHREN, CHRISTOPH: Die Organschaft im Spannungsfeld der EG-Grundfreiheiten – Eine Analyse der organschaftlichen Tatbestandsvoraussetzungen, in: Deutsches und internationales Steuerrecht – Gegenwart und Zukunft – Festschrift für CHRISTIANA DJANANI, hrsg. von GERNOT BRÄHLER und CHRISTIAN LÖSEL, Wiesbaden 2008, S. 177-204.

KUẞMAUL, HEINZ/NIEHREN, CHRISTOPH: Grenzüberschreitende Verlustverrechnung im Lichte der jüngeren EuGH-Rechtsprechung, in: IStR 2008, S. 81-87.

KUẞMAUL, HEINZ/NIEHREN, CHRISTOPH/PFEIFER, GREGOR: CCCTB – Illusion oder Wirklichkeit? Ein internationales Modell ruft (inter)nationale Reaktionen hervor, in: StuW 2010, S. 177-184.

KUẞMAUL, HEINZ/NIEHREN, CHRISTOPH/PFEIFER, GREGOR: Zur angestrebten Reform der Gruppenbesteuerung durch die CCCTB unter Berücksichtigung der deutschen Organschaft, in: Ubg 2010, S. 266-274.

KUẞMAUL, HEINZ/OLLINGER, CARINA/WEILER, DENNIS: E-Bilanz: Kritische Analyse aus betriebswirtschaftlicher Sicht, in: StuW 2012, S. 131-147.

KUẞMAUL, HEINZ/PALM, TIM: Der Debt to Equity Swap als Sanierungsinstrument – Eine Analyse der rechtlichen Ausgestaltung, in: KSI 2012, S. 67-72.

KUẞMAUL, HEINZ/PALM, TIM: Der Debt to Equity Swap (DES) als Sanierungsinstrument im deutschen Steuerrecht – Konterkarieren sanierungsfeindliche Steuerwirkungen die gesetzgeberischen Absichten?, in: KSI 2012, S. 107-113.

KUẞMAUL, HEINZ/PALM, TIM: Die übertragende Sanierung als (außer-)gerichtliches Restrukturierungsinstrument – Begriff, Anwendungsbereich, Legitimation und grundlegende Systematik –, in: StB 2012, S. 303-308.

KUẞMAUL, HEINZ/PALM, TIM: Die übertragende Sanierung als (außer-)gerichtliches Restrukturierungsinstrument – Rechtsfolgen der gerichtlichen wie außergerichtlichen Anwendung –, in: StB 2012, S. 345-349.

KUẞMAUL, HEINZ/PFIRMANN, ARMIN/MEYERING, STEPHAN/SCHÄFER, RENÉ: Ausgewählte Anwendungsprobleme der Zinsschranke, in: BB 2008, S. 135-140.

KUẞMAUL, HEINZ/RICHTER, LUTZ: Der aktive und passive Ausgleichsposten in körperschaftsteuerlichen Organschaftsfällen, in: DStR 1999, S. 1717-1721.

KUẞMAUL, HEINZ/RICHTER, LUTZ: Die Behandlung von Verschmelzungsdifferenzbeträgen nach UmwG und UmwStG, in: GmbHR 2004, S. 701-707.

KUẞMAUL, HEINZ/RICHTER, LUTZ: Die Ersetzung des körperschaftsteuerlichen Vollanrechnungsverfahrens im Kontext von StSenkG, StVergAbG und HBeglG 2004, in: Arbeitspapiere zur Existenzgründung, hrsg. von HEINZ KUẞMAUL, Bd. 11, 2. Aufl., Saarbrücken 2004.

KUẞMAUL, HEINZ/RICHTER, LUTZ: Ertragsteuerliche Organschaft: Entwicklungstendenzen bei der steuerlichen Berücksichtigung von Minder- und Mehrabführungen ohne und mit Bezug zur außerorganschaftlichen Zeit, in: BB 2007, S. 1256-1262.

KUẞMAUL, HEINZ/RICHTER, LUTZ: Wesenszüge einer gewerbe- und umsatzsteuerlichen grenzüberschreitenden Organschaft, in: StuB 1999, S. 1065-1068.

KUẞMAUL, HEINZ/RICHTER, LUTZ: Wesenszüge einer körperschaftsteuerlichen grenzüberschreitenden Organschaft, in: StuB 1999, S. 807-815.

Kußmaul, Heinz/Richter, Lutz/Ruiner, Christoph: Corporations on the Move, the ECJ off Track: Relocation of a Corporation's Effective Place of Management in the EU, in: ECL 2009, S. 246-256.

Kußmaul, Heinz/Richter, Lutz/Ruiner, Christoph: Die Sitztheorie hat endgültig ausgedient! – Zugleich Anmerkungen zum Referentenentwurf für ein Gesetz zum Internationalen Privatrecht der Gesellschaften, Vereine und juristischen Personen –, in: DB 2008, S. 451-457.

Kußmaul, Heinz/Richter, Lutz/Ruiner, Christoph: Grenzenlose Mobilität!? – Zum Zuzug und Wegzug von Gesellschaften in Europa, in: EWS 2009, S. 1-9.

Kußmaul, Heinz/Ruiner, Christoph: Ausgewählte Charakteristika der *Limited* mit ausschließlichem Verwaltungssitz in Deutschland im Licht der aktuellen Gesetzesänderungen, in: IStR 2007, S. 696-700.

Kußmaul, Heinz/Ruiner, Christoph: Das Gesetz über elektronische Handelsregister und Genossenschaftsregister sowie das Unternehmensregister (EHUG), in: KoR 2007, S. 672-682.

Kußmaul, Heinz/Ruiner, Christoph: Die sog. Standardmethoden zur Ermittlung fremdvergleichskonformer Verrechnungspreise – Einordnung und Arten der Vergleichbarkeit unter besonderer Berücksichtigung der Unternehmensteuerreform 2008, in: IStR 2010, S. 497-500.

Kußmaul, Heinz/Ruiner, Christoph: Die sog. Standardmethoden zur Ermittlung fremdvergleichskonformer Verrechnungspreise – Preisvergleichsmethode, Wiederverkaufspreismethode und Kostenaufschlagsmethode, in: IStR 2010, S. 605-611.

Kußmaul, Heinz/Ruiner, Christoph: Zum Insolvenzstatut einer ausschließlich in Deutschland tätigen *Limited*, in: KSI 2008, S. 112-118.

Kußmaul, Heinz/Ruiner, Christoph: Zur Umsetzung des OECD functionally separate entity approach in nationales Recht – Anmerkungen zu Art. 5 des Regierungsentwurfes eines Jahressteuergesetzes (JStG) 2013 –, BB 2012, S. 2025-2029.

Kußmaul, Heinz/Ruiner, Christoph/Delarber, Christian: Leistungsbeziehungen in internationalen Einheitsunternehmen mit Blick auf die Änderung des Art. 7 OECD-MA und die geplante Änderung des § 1 AStG, in: Ubg 2011, S. 837-845.

Kußmaul, Heinz/Ruiner, Christoph/Schappe, Christian: Ausgewählte Gestaltungsmaßnahmen zur Vermeidung der Anwendung der Zinsschranke, in: GmbHR 2008, S. 505-514.

Kußmaul, Heinz/Ruiner, Christoph/Schappe, Christian: Die Einführung einer Zinsschranke im Rahmen der Unternehmensteuerreform 2008, in: Arbeitspapiere zur Existenzgründung, hrsg. von Heinz Kußmaul, Bd. 25, Saarbrücken 2008.

Kußmaul, Heinz/Ruiner, Christoph/Schappe, Christian: Problemfelder bei der Anwendung der Zinsschranke auf Personengesellschaften, in: DStR 2008, S. 904-910.

Kußmaul, Heinz/Schäfer, René: Die Option von Personengesellschaften für eine Besteuerung durch die Körperschaftsteuer im französischen Steuerrecht – Voraussetzungen und steuerliche Wirkungen im Optionszeitpunkt, in: IStR 2000, S. 161-166.

Kußmaul, Heinz/Schäfer, René: Ertragsteuerliche Behandlung der internationalen Unternehmenstätigkeit inländischer Kapitalgesellschaften im Ausland nach den Neuerungen durch das StSenkG, in: StuB 2002, S. 275-282.

KUßMAUL, HEINZ/SCHWARZ, CHRISTIAN: Besteuerungsfolgen im Rahmen der echten Betriebsaufspaltung zwischen Besitzpersonen- und Betriebskapitalgesellschaft, in: GmbHR 2012, S. 1055-1062.

KUßMAUL, HEINZ/SCHWARZ, CHRISTIAN: Das Rechtsinstitut der Betriebsverpachtung – Motive und steuerliche Tatbestandsvoraussetzungen, in: StuB 2012, S. 584-589.

KUßMAUL, HEINZ/SCHWARZ, CHRISTIAN: Das Rechtsinstitut der Betriebsverpachtung – Steuerliche Konsequenzen der Fortführung bzw. Aufgabe des Betriebs, in: StuB 2012, S. 745-751.

KUßMAUL, HEINZ/SCHWARZ, CHRISTIAN: Entwicklung und Rechtfertigungsversuche der Betriebsaufspaltung im deutschen Steuerrecht, in: Festschrift für Helmut Rüßmann, hrsg. von JÜRGEN STAMM, Saarbrücken 2013, S. 1031-1041.

KUßMAUL, HEINZ/SCHWARZ, CHRISTIAN: Voraussetzungen, Erscheinungsformen und Modelle der Betriebsaufspaltung, in: GmbHR 2012, S. 834-841.

KUßMAUL, HEINZ/TCHERVENIACHKI, VASSIL: Bestandsaufnahme der beschränkten Steuerpflicht im Kontext des nationalen Steuerrechts und des EU-Rechts – Besteuerung im Rahmen der beschränkten Steuerpflicht –, in: SteuerStud 2004, S. 608-612.

KUßMAUL, HEINZ/TCHERVENIACHKI, VASSIL: Bestandsaufnahme der beschränkten Steuerpflicht im Kontext des nationalen Steuerrechts und des EU-Rechts – Steuersystematische Einordnung und Umfang der beschränkten Steuerpflicht –, in: SteuerStud 2004, S. 550-555.

KUßMAUL, HEINZ/TCHERVENIACHKI, VASSIL: Die Auswirkungen des § 8a KStG n.F. auf die Steuerbelastung der Gesellschafter-Fremdfinanzierung im nationalen und internationalen Kontext, in: StuB 2004, S. 673-680.

KUßMAUL, HEINZ/TCHERVENIACHKI, VASSIL: Die ertragsteuerliche Behandlung von Direktinvestitionen ausländischer Investoren in Deutschland – Einordnung und Bezug zu inländischen Betriebsstätten –, in: SteuerStud 2005, S. 26-30.

KUßMAUL, HEINZ/TCHERVENIACHKI, VASSIL: Die ertragsteuerliche Behandlung von Direktinvestitionen ausländischer Investoren in Deutschland – Einordnung und Bezug zu inländischen Kapitalgesellschaften und inländischen Personengesellschaften –, in: SteuerStud 2005, S. 70-74.

KUßMAUL, HEINZ/TCHERVENIACHKI, VASSIL: Die EuGH-Rechtssache Marks & Spencer und ihre Bedeutung für die körperschaftsteuerliche Organschaft, in: StuB 2005, S. 626-633.

KUßMAUL, HEINZ/TCHERVENIACHKI, VASSIL: Die Rechtssache Marks & Spencer – Trendwende in der europäischen Rechtsprechung –, in: StuB 2006, S. 189-191.

KUßMAUL, HEINZ/TCHERVENIACHKI, VASSIL: Überlegungen zu der Entwicklung der Rechnungslegung mittelständischer Unternehmen im Kontext der Internationalisierung der Bilanzierungspraxis, in: DStR 2005, S. 616-621.

KUßMAUL, HEINZ/WEGENER, WOLFGANG: Aktuelle Aspekte steueroptimaler Gestaltungen in Familienunternehmen, in: StB 1995, S. 414-428.

KUßMAUL, HEINZ/WEILER, DENNIS: Fair Value-Bewertung im Licht aktueller Entwicklungen (Teil 1), in: KoR 2009, S. 163-171.

KUßMAUL, HEINZ/WEILER, DENNIS: Fair Value-Bewertung im Licht aktueller Entwicklungen (Teil 2), in: KoR 2009, S. 209-216.

Kußmaul, Heinz/Zabel, Michael: Auswirkungen der Änderungen der §§ 8b und 15 KStG durch das Gesetz zur Umsetzung der Protokollerklärung der Bundesregierung zur Vermittlungsempfehlung zum Steuervergünstigungsabbaugesetz („Korb II"), in: BB 2004, S. 577-580.

Küting, Karlheinz: Herstellungskosten, in: Das neue deutsche Bilanzrecht, hrsg. von Karlheinz Küting, Norbert Pfitzer und Claus-Peter Weber, 2. Aufl., Stuttgart 2009.

Lang, Friedbert: Besteuerung von Körperschaften und ihren Anteilseignern nach der Unternehmenssteuerreform 2001, Achim 2000.

Lang, Joachim: § 8, in: Steuerrecht, hrsg. von Klaus Tipke und Joachim Lang, 20. Aufl., Köln 2010.

Lang, Joachim/Seer, Roman: Die Besteuerung der Drittmittelforschung, in: StuW 1993, S. 47-66.

Lange, Joachim/Reiß, Wolfram: Lehrbuch der Körperschaftsteuer, 8. Aufl., Herne/Berlin 1996.

Lange, Reinhard: Steuern in der Preispolitik und bei der Preiskalkulation, Wiesbaden 1989.

Langohr-Plato, Uwe: Bilanzsteuerrechtliche Berücksichtigung überhöhter Versorgungsanwartschaften – nicht nur ein Problem von Gesellschafter-Geschäftsführern, in: INF 2005, S. 134-139.

Lehmann, Matthias: Betriebsvermögen und Sonderbetriebsvermögen, in: Besteuerung der Unternehmung, Bd. 13, hrsg. von Gerd Rose, Wiesbaden 1988.

Leiderer, Bernd: Grenzüberschreitende Umstrukturierungen von EU-Kapitalgesellschaften im deutschen und österreichischen Ertragsteuerrecht, Frankfurt am Main u.a. 1998.

Lemaitre, Claus/Schnittker, Helder: Steuersubjektqualifikation ausländischer Personen- und Kapitalgesellschaften anhand des Rechtstypenvergleichs: Welche Vergleichskriterien sind heranzuziehen?, in: GmbHR 2003, S. 1314-1320.

Lenz, Martin/Adrian, Gerrit/Handwerker, Eva: Geplante Neuregelung der ertragsteuerlichen Organschaft, in: BB 2012, S. 2851-2859.

Lippross, Otto-Gerd: Umsatzsteuer, 23. Aufl., Achim 2012.

Lishaut, Ingo van: Umwandlungssteuerrecht, 2. Aufl., Köln 1998.

Loritz, Karl-Georg: Einkommensteuerrecht, Heidelberg 1988.

Lorson, Peter: § 268 HGB, in: Handbuch der Rechnungslegung, hrsg. von Karlheinz Küting und Claus-Peter Weber, Stuttgart (Loseblatt), Stand: Mai 2013.

Loschelder, Friedrich: § 9 EStG, in: Einkommensteuergesetz, begr. von Ludwig Schmidt, 32. Aufl., München 2013.

Loschelder, Friedrich: § 12 EStG, in: Einkommensteuergesetz, begr. von Ludwig Schmidt, 32. Aufl., München 2013.

Louven, Christoph: Umsetzung der Verschmelzungsrichtlinie – Anmerkungen aus der Praxis zum RegE eines Zweiten Gesetzes zur Änderung des UmwG vom 9.8.2006, in: ZIP 2006, S. 2021-2028.

LÖWE, CHRISTIAN VON: Die Familienstiftung als Instrument der Nachfolgegestaltung: Zugleich eine rechtsvergleichende Untersuchung unter Berücksichtigung der Unterschiede in den Rechtsordnungen in Deutschland, in Österreich, in der Schweiz und in Liechtenstein, Stuttgart 1998.

LUKE, JOACHIM: Die Europäische Aktiengesellschaft – Societas Europaea –, in: IWB vom 01.03.2004, Fach 18 Europäische Aktiengesellschaft, S. 4047-4058.

LUTZ, RICHARD: Jahresabschlußanalyse bei Einheits- und Konzernunternehmung, in: Europäische Hochschulschriften, Frankfurt am Main u.a. 2000.

LÜDICKE, JÜRGEN: Internationale Aspekte des Steuervergünstigungsabbaugesetzes, in: IStR 2003, S. 433-444.

LÜDICKE, JÜRGEN: Merkwürdigkeiten bei der Umsetzung des Schumacker-Urteils des EuGH, in: IStR 1996, S. 111-114.

LÜDICKE, JÜRGEN: Neue Entwicklungen der Besteuerung von Personengesellschaften im internationalen Steuerrecht, in: StbJb 1997/98, hrsg. von NORBERT HERZIG, MANFRED GÜNKEL und URSULA NIEMANN, Köln 1998.

MAIER, FRIEDBERT: Die Immobilie als Baustein der privaten Altersversorgung unter besonderer Berücksichtigung steuerlicher Aspekte und Gestaltungsmöglichkeiten, Hamburg 2001.

MAITERTH, RALF/MÜLLER, HEIKO: Gründung, Umwandlung und Liquidation von Unternehmen im Steuerrecht, München 2001.

MARENBACH, NICOLE: Die Erweiterung der Kapitalbasis einer GmbH: (Verdeckte) Einlage und Gesellschafterdarlehen, Hamburg 2006.

MARX, ARNE: Fragen und Antworten zur Kirchensteuer, in: SteuerStud 2000, S. 541 f.

MARX, FRANZ JÜRGEN: Steuerliche Ergänzungsbilanzen, in: StuW 1994, S. 191-203.

MÄRKLE, RUDI: Die Unterbeteiligung an Einkunftsquellen, in: DStZ 1985, S. 471-480, 508-514, 533-537.

MEFFERT, HERIBERT: Marketing: Grundlagen marktorientierter Unternehmensführung, 9. Aufl., Wiesbaden 2000.

MEFFERT, HERIBERT/BURMANN, CHRISTOPH/KIRCHGEORG, MANFRED: Marketing: Grundlagen marktorientierter Unternehmensführung, 11. Aufl., Wiesbaden 2012.

MELLWIG, WINFRIED: Investition und Besteuerung, Wiesbaden 1985, S. 45-49.

MENCK, THOMAS: Unternehmen im internationalen Steuerrecht, in: Steuerrecht international tätiger Unternehmen, hrsg. von JÖRG M. MÖSSNER u.a., 4. Aufl., Köln 2012.

MENDE, SABINE/HUSCHENS, FERDINAND: Neuerungen im Bereich der Umsatzsteuer infolge des Steueränderungsgesetzes 2001, in: INF 2002, S. 193-200, 232-235.

MERKER, CHRISTIAN: Unternehmensbesteuerung und steuerliches Reisekostenrecht, in: SteuerStud 2013, S. 193-201.

MEYERING, STEPHAN: Existenzgründung durch Einzelunternehmenskauf, in: Bilanz-, Prüfungs- und Steuerwesen, hrsg. von KARLHEINZ KÜTING, CLAUS-PETER WEBER und HEINZ KUßMAUL, Bd. 9, Berlin 2007.

MEYERING, STEPHAN: Steuerliche Gewinnermittlung von KMU durch Kassenvermögensvergleich, in: Bilanz-, Prüfungs- und Steuerwesen, hrsg. von KARLHEINZ KÜTING, CLAUS-PETER WEBER und HEINZ KUßMAUL, Bd. 21, Berlin 2011.

MEYER-SCHARENBERG, DIRK: Umwandlungsrecht. Einführung – Gesetze – Materialien zum neuen Handels- und Steuerrecht, Herne/Berlin 1995.

MEYER-SCHARENBERG, DIRK: § 8 Nr. 3 GewStG, in: Gewerbesteuerkommentar, hrsg. von DIRK MEYER-SCHARENBERG u.a., 2. Aufl., Herne/Berlin 1996.

MIDDENDORF, OLIVER/HOLTRICHTER, THORE: Änderungen bei der ertragsteuerlichen Organschaft, in: StuB 2013, S. 123-127.

MICK, MARCUS/DYCKMANS, JAN: Beteiligung an inländischen Personengesellschaften, in: Steuerrecht international tätiger Unternehmen, hrsg. von JÖRG M. MÖSSNER u.a., 4. Aufl., Köln 2012.

MITSCH, BERND/GRÜTER, GIDO: Steuerneutrale Übertragung von Einzelwirtschaftsgütern, in: INF 2000, S. 620-624, 651-655.

MITSCHKE, JOACHIM: Erneuerung des deutschen Einkommensteuerrechts – Gesetzentwurf und Begründung, Köln 2004.

MITSCHKE, JOACHIM: Integration von Steuer- und Sozialleistungssystem – Chancen und Hürden, in: StuW 1994, S. 153-162.

MITSCHKE, JOACHIM: Steuerpolitik für mehr Beschäftigung und qualitatives Wachstum, in: Wege aus dem Steuerchaos, hrsg. von STEFAN BARON und KONRAD HANDSCHUCH, Stuttgart 1996.

MOENCH, DIETMAR/ALBRECHT, GERD: Erbschaftsteuerrecht, 2. Aufl., München 2009.

MOXTER, ADOLF: Bilanzrechtsprechung, 6. Aufl., Tübingen 2007.

MOXTER, ADOLF: Selbständige Bewertbarkeit als Aktivierungsvoraussetzung, in: BB 1987, S. 1846-1851.

MÖHLENBROCK, ROLF: UmwStG Einf., in: Umwandlungssteuerrecht, hrsg. von EWALD DÖTSCH u.a., 7. Aufl., Stuttgart 2012.

MÖHLENBROCK, ROLF/PUNG, ALEXANDRA: § 3 UmwStG, in: Die Körperschaftsteuer, hrsg. von EWALD DÖTSCH u.a., Stuttgart (Loseblatt), Stand: April 2013.

MÖSSNER, JÖRG M.: Beseitigung, in: Steuerrecht international tätiger Unternehmen, hrsg. von JÖRG M. MÖSSNER u.a., 4. Aufl., Köln 2012.

MÖSSNER, JÖRG M.: Doppelbesteuerung und deren Beseitigung, in: Steuerrecht international tätiger Unternehmen, hrsg. von JÖRG M. MÖSSNER u.a., 4. Aufl., Köln 2012.

MÜLLER, THOMAS/STÖCKER, ERNST E.: Die Organschaft, 8. Aufl., Herne 2011.

MYSEN, MICHAEL: Das Alterseinkünftegesetz. Die steuerliche Berücksichtigung von Vorsorgeaufwendungen nach § 10 EStG, in: NWB vom 06.12.2004, Fach 3, S. 13095-13118.

NEUFANG, BERND: Unentgeltliche Übertragung von Betriebsvermögen im Blickwinkel des Steuerentlastungsgesetzes 1999/2000/2002, in: DB 1999, S. 64-67.

NIEHREN, CHRISTOPH: Perspektiven der körperschaftsteuerlichen Organschaft, in: Bilanz-, Prüfungs- und Steuerwesen, hrsg. von KARLHEINZ KÜTING, CLAUS-PETER WEBER und HEINZ KUßMAUL, Bd. 22, Berlin 2011.

NIEMANN, URSULA: Verdeckte Gewinnausschüttung und Halbeinkünfteverfahren – Verfahrensrechtliche Fallstricke für die Ausschüttungsempfänger –, Bonn 2004.

NIEMEIER, GERHARD u.a.: Einkommensteuer, 22. Aufl., Achim 2009.

NIERMANN, WALTER: Die Neuregelung der betrieblichen Altersvorsorgung durch das Altersvermögensgesetz (AVmG) aus steuerrechtlicher Sicht, in: DB 2001, S. 1380-1386.

OESTREICHER, ANDREAS: Handels- und Steuerbilanzen: HGB, IAS/IFRS, US-GAAP, EStG und BewG, 6. Aufl., Heidelberg 2003.

OTT, HANS: Das neue Umwandlungs- und Umwandlungssteuerrecht, Freiburg im Breisgau 1996.

OTT, HANS: Das neue Umwandlungs- und Umwandlungssteuerrecht, in: INF 1995, S. 143-150.

OTT, HANS: Entwurf zum SEStBeglG – Neufassung des Umwandlungssteuergesetzes und Änderungen anderer Gesetze, in: StuB 2006, S. 475-479.

OTT, HANS: Umwandlung: Verschmelzung – Spaltung – Formwechsel, in: Saarbrücker Handbuch der Betriebswirtschaftlichen Beratung, hrsg. von KARLHEINZ KÜTING, 4. Aufl., Herne 2008.

OTTERSBACH, JÖRG H.: Unternehmenssteuerreform 2001: Gewerbesteueranrechnung nach § 35 EStG, in: StB 2001, S. 242-245.

OTTING, OLAF: Verfassungsrechtliche Grenzen der Bestimmung des Gewerbesteuerhebesatzes durch Bundesgesetz, in: StuB 2004, S. 1222-1225.

PATT, JOACHIM: Einbringung von Unternehmen(-steilen) in eine Personengesellschaft, in: Umwandlungssteuerrecht, hrsg. von JÖRG KLINGEBIEL u.a., 3. Aufl., Stuttgart 2012,

PATT, JOACHIM: § 20 UmwStG, in: Umwandlungssteuerrecht, hrsg. von EWALD DÖTSCH u.a., 7. Aufl., Stuttgart 2012.

PATT, JOACHIM: § 21 UmwStG, in: Umwandlungssteuerrecht, hrsg. von EWALD DÖTSCH u.a., 7. Aufl., Stuttgart 2012.

PATT, JOACHIM: § 22 UmwStG, in: Umwandlungssteuerrecht, hrsg. von EWALD DÖTSCH u.a., 7. Aufl., Stuttgart 2012.

PATT, JOACHIM: § 23 UmwStG, in: Umwandlungssteuerrecht, hrsg. von EWALD DÖTSCH u.a., 7. Aufl., Stuttgart 2012.

PATT, JOACHIM: § 24 UmwStG, in: Die Körperschaftsteuer, hrsg. von EWALD DÖTSCH u.a., Stuttgart (Loseblatt), Stand: April 2013.

PAUS, BERNHARD: Gewillkürtes Betriebsvermögen bei der Einnahmen-Überschussrechnung – Rechtsdogmatische Einordnung und Vorteile, in: INF 2004, S. 141-145.

PERRIDON, LOUIS/STEINER, MANFRED/RATHGEBER, ANDREAS: Finanzwirtschaft der Unternehmung, 16. Aufl., München 2012.

PETERSEN, MARTINA: Aktienoptionsprogramme zur Mitarbeiterbeteiligung: Eine Analyse aus Sicht der Aktiengesellschaft und deren Anteilseigner, Frankfurt am Main 2001.

PFALZGRAF, HEINRICH/MEYER, BERND: Eintritt neuer Gesellschafter in eine Personengesellschaft, in: DStR 1995, S. 1289-1296.

PFIRMANN, ARMIN/SCHÄFER, RENÉ: Steuerliche Implikationen, in: Das neue deutsche Bilanzrecht, hrsg. von KARLHEINZ KÜTING, NORBERT PFITZER und CLAUS-PETER WEBER, 2. Aufl., Stuttgart 2009, S. 119-154.

PILTZ, DIETER: Zur Besteuerung der Betriebe gewerblicher Art von juristischen Personen des öffentlichen Rechts, in: FR 1980, S. 34-37.

PITZKE, JÜRGEN: Bilanzsteuerrechtliche Berücksichtigung von überdurchschnittlich hohen Versorgungsanwartschaften, in: NWB vom 13.12.2004, Fach 17, S. 1913-1916.

PLENKER, JÜRGEN/SCHAFFHAUSEN, HEINZ-WILLI: Steuerermäßigung für haushaltsnahe Beschäftigungsverhältnisse, haushaltsnahe Dienstleistungen und Handwerkerleistungen ab 2009, in: DB 2009, S. 191-197.

PROBST, ULRICH: § 2a EStG, in: Kommentar zum Außensteuerrecht, hrsg. von FRANZ WASSERMEYER, HUBERTUS BAUMHOFF und JENS SCHÖNFELD, Köln (Loseblatt), Stand: März 2013.

PROKISCH, RAINER: Art. 1, in: Doppelbesteuerungsabkommen der Bundesrepublik Deutschland auf dem Gebiet der Steuern vom Einkommen und Vermögen, begr. von KLAUS VOGEL, hrsg. von MORIS LEHNER, 5. Aufl., München 2008.

PUNG, ALEXANDRA: Steuersenkungsgesetz: Änderungen des UmwStG, in: DB 2000, S. 1835-1839.

PUNG, ALEXANDRA: § 4 UmwStG, in: Umwandlungssteuerrecht, hrsg. von EWALD DÖTSCH u.a., 7. Aufl., Stuttgart 2012.

RADEISEN, ROLF-RÜDIGER: Ort der sonstigen Leistung im USt-Recht ab dem 1.1.2010, in: DB 2009, S. 2229-2236.

RAUPACH, ARNDT: Konsolidierte oder strukturierte Gesamtbilanz der Mitunternehmerschaft oder additive Ermittlung der Einkünfte aus Gewerbebetrieb der Mitunternehmer mit oder ohne korrespondierende Bilanzierung?, in: DStZ 1992, S. 692-699.

RAUPACH, ARNDT/BURWITZ, GERO: Gestaltungsüberlegungen nach Abschaffung der Mehrmütterorganschaft, in: DStR 2003, S. 1901-1907.

RÄDLER JR., ALBERT/BULLINGER, PATRICK: Ertragsteuern mit Ergänzungsabgaben bei deutschen Direktinvestitionen in Frankreich, in: IStR 1999, S. 225-231.

REGNIET, MICHAEL: Ergänzungsbilanzen bei der Personengesellschaft: Sonderbilanzen der Gesellschafter und Wertkorrekturen der Gesellschaftsbilanz, Köln 1990.

REIMER, EKKEHART: Art. 13, in: Doppelbesteuerungsabkommen der Bundesrepublik Deutschland auf dem Gebiet der Steuern vom Einkommen und Vermögen, begr. von KLAUS VOGEL, hrsg. von MORIS LEHNER, 5. Aufl., München 2008.

REITH, THOMAS: Internationales Steuerrecht, München 2004.

RENGERS, JUTTA: § 8 KStG, in: BLÜMICH: Einkommensteuer – Körperschaftsteuer – Gewerbesteuer, hrsg. von BERND HEUERMANN, München (Loseblatt), Stand: April 2013.

REUTER, HANS-PETER: Doppelbesteuerung und Steuervermeidung bei grenzüberschreitender Betätigung – Betriebstätten, Holdinggesellschaften, Finanzierungsgesellschaften, Dienstleistungszentren, in: IStR 1993, S. 512-515.

RICHTER, LUTZ: Ansätze einer Konzernbesteuerung in Deutschland, Frankfurt am Main u.a. 2003.

RICHTER, LUTZ: Die Auswirkungen des § 8b KStG i.d.F. des „Korb II-Gesetzes" auf (die Vorteilhaftigkeit von) Organschaftskonzernstrukturen, in: GmbHR 2004, S. 1192-1197.

RICHTER, LUTZ: Die Auswirkungen des Steuervergünstigungsabbaugesetzes (StVergAbG) auf das Rechtsinstitut der Organschaft, in: StuW 2004, S. 51-61.

RICHTER, LUTZ: Die geplante gesetzliche Regelung vororganschaftlicher Verluste im Rahmen eines Entwurfs eines Gesetzes zur Reform der Gewerbesteuer, in: GmbHR 2003, S. 1311-1314.

RICHTER, LUTZ: Kapitalgesellschaften und EuGH-Rechtsprechung, in: Bilanz-, Prüfungs- und Steuerwesen, hrsg. von KARLHEINZ KÜTING, CLAUS-PETER WEBER und HEINZ KUßMAUL, Bd. 10, Berlin 2007.

RICHTER, LUTZ: Kreditfinanzierter Kauf versus Leasing bei Mobilien am Beispiel eines gemischtzunutzenden Pkw – Modellentwicklung und Vorteilhaftigkeitsvergleich unter besonderer Berücksichtigung ertrag- und umsatzsteuerlicher Wirkungen –, in: BFuP 2007, S. 249-269.

RICHTER, LUTZ: Kritische Beurteilung der gewerbesteuerlichen Auswirkung von § 8b Abs. 5 KStG durch das Jahressteuergesetz 2007, in: BB 2007, S. 751-754.

RICHTER, LUTZ: Unternehmensteuerreformgesetz 2008: Gewerbesteuerliche innerorganschaftliche Leistungsbeziehungen – Zugleich eine kritische Analyse von § 8 Nr. 1 GewStG 2008 –, in: FR 2007, S. 1042-1047.

RISTHAUS, ANNE: Steuerliche Fördermöglichkeiten für eine zusätzliche private Altersvorsorge nach dem Altersvermögensgesetz (AVmG), in: DB 2001, S. 1269-1281.

ROEDER, ACHIM: Ökonomische Aspekte des hypothetischen Fremdvergleichs, in: Ubg 2008, S. 202-208.

RONDORF, HANS-DIETER: Rechnungserteilung und Vorsteuerabzug aus Rechnungen ab 2004, in: NWB vom 14.06.2004, Fach 7, S. 6275-6308.

ROOS, RONALD: Steuerliche Grundzüge von Umwandlungen nach dem Umwandlungssteuergesetz, in: WiSt 2001, S. 253-258.

ROSE, GERD: Betrieb und Steuer, 1. Buch: Die Ertragsteuern, 15. Aufl., Wiesbaden 1997.

ROSE, GERD: Betrieb und Steuer, 5. Buch: Internationales Steuerrecht, 4. Aufl., Wiesbaden 1999.

ROSE, GERD: Betrieb und Steuer, 5. Buch: Internationales Steuerrecht, 6. Aufl., Berlin 2004.

ROSE, GERD: Betriebswirtschaftliche Steuerlehre, 3. Aufl., Wiesbaden 1992.

ROSE, GERD: Steuerberatung und Wissenschaft. Gedanken anläßlich des 50jährigen Bestehens der Betriebswirtschaftlichen Steuerlehre, in: StbJb 1969/70, S. 31-70.

ROSE, GERD/WATRIN, CHRISTOPH: Betrieb und Steuer, Bd. 1: Ertragsteuern, 20. Aufl., Berlin 2013.

ROSE, GERD/WATRIN, CHRISTOPH: Betrieb und Steuer, Bd. 2: Umsatzsteuer: mit Grunderwerbsteuer und kleineren Verkehrsteuern, 17. Aufl., Berlin 2011.

ROSE GERD/WATRIN, CHRISTOPH: Betrieb und Steuer, Bd. 3: Erbschaftsteuer, mit Schenkungsteuer und Bewertungsrecht, 12. Aufl., Berlin 2009.

RÖDDER, THOMAS: Unternehmensteuerreform 2008, in: DStR 2007, Beihefter zu Heft 40, S. 1-19.

RÖDDER, THOMAS/HÖTZEL, OLIVER/MUELLER-THUNS, THOMAS: Unternehmenskauf Unternehmensverkauf – Zivil- und steuerrechtliche Gestaltungspraxis, München 2003.

RÖDDER, THOMAS/SCHUMACHER, ANDREAS: Das kommende SEStEG: Der Regierungsentwurf eines Gesetzes über steuerliche Begleitmaßnahmen zur Einführung der Europäischen Gesellschaft und zur Änderung weiterer steuerrechtlicher Vorschriften, in: DStR 2006, S. 1481-1494, 1525-1542.

RÖDDER, THOMAS/SCHUMACHER, ANDREAS: Das SEStEG – Überblick über die endgültige Fassung und die Änderungen gegenüber dem Regierungsentwurf, in: DStR 2007, S. 369-377.

RÖDDER, THOMAS/SCHUMACHER, ANDREAS: Der Regierungsentwurf eines Gesetzes zur Fortentwicklung des Unternehmenssteuerrechts, in: DStR 2001, S. 1634-1641, 1685-1693.

RÖDDER, THOMAS/SCHUMACHER, ANDREAS: Unternehmenssteuerreform 2001 – Eine erste Analyse aus Beratersicht, in: DStR 2000, S. 353-368.

RÖDDER, THOMAS/STANGL, INGO: Zur geplanten Zinsschranke, in: DB 2007, S. 479-485.

RUHL, STEPHAN: Entscheidungsunterstützung bei der Sanierungsprüfung, Sternenfels 2000.

RUINER, CHRISTOPH: Die Verlegung des effektiven Verwaltungssitzes ins Ausland, in: Bilanz-, Prüfungs- und Steuerwesen, hrsg. von KARLHEINZ KÜTING, CLAUS-PETER WEBER und HEINZ KUßMAUL, Bd. 20, Berlin 2011.

RUNDSHAGEN, HELMUT: Teil II C, in: Internationales Steuerrecht, hrsg. von SIEGFRIED GROTHERR u.a., 3. Aufl., Achim 2010.

RUST, ALEXANDER: Art. 24, in: Doppelbesteuerungsabkommen der Bundesrepublik Deutschland auf dem Gebiet der Steuern vom Einkommen und Vermögen, begr. von KLAUS VOGEL, hrsg. von MORIS LEHNER, 5. Aufl., München 2008.

SAGASSER, BERND/BULA, THOMAS/BRÜNGER, THOMAS: Umwandlungen: Verschmelzung, Spaltung, Formwechsel, Vermögensübertragung, 4. Aufl., München 2011.

SAGASSER, BERND/SCHÖNEBERGER, KAI: § 20. Steuerrechtliche Regelungen, in: Umwandlungen: Verschmelzung, Spaltung, Formwechsel, Vermögensübertragung, hrsg. von BERND SAGASSER, THOMAS BULA und THOMAS R. BRÜNGER, 4. Aufl., München 2011.

SCHAFFNER, JEAN/MANHAEVE, KATIA/TROUILLER, FLORENT: Favourable Tax Regime for Intellectual Property Rights: Clarification by a New Circular, in: European Taxation 2009, S. 381-382.

SCHAFLITZL, ANDREAS/STADLER, RAINER: Die grunderwerbsteuerliche Konzernklausel des § 6a GrEStG, in: DB 2010, S. 185-189.

SCHANZ, GEORG VON: Der Einkommensbegriff und die Einkommensteuergesetze, in: Finanzarchiv 1896, S. 1-87.

SCHAUMBURG, HARALD: Internationales Steuerrecht, 3. Aufl., Köln 2011.

SCHÄFER, HARALD/SCHLARB, EBERHARD: Leitfaden zum Umwandlungssteuerrecht, 2. Aufl., Neuwied u.a. 1999.

SCHÄFER, RENÉ: Vergleich der steuerlichen Belastung verschiedener Strukturen eines internationalen Unternehmens mit Spitzeneinheit in Deutschland und Grundeinheit in Frankreich, Frankfurt am Main 2004.

SCHÄNZLE, THOMAS/ENGEL, BENJAMIN: Beteiligung an ausländischen Personengesellschaften, in: Steuerrecht international tätiger Unternehmen, hrsg. von JÖRG M. MÖSSNER u.a., 4. Aufl., Köln 2012.

SCHEFFLER, WOLFRAM: Besteuerung von Unternehmen, Bd. 1, Ertrag-, Substanz- und Verkehrsteuern, 12. Aufl., Heidelberg 2012.

SCHEFFLER, WOLFRAM: Besteuerung von Unternehmen, Bd. 2: Steuerbilanz, 7. Aufl., Heidelberg 2011.

SCHEFFLER, WOLFRAM: Die Verrechnungspreisgestaltung bei international tätigen Unternehmen – dargestellt am Beispiel der Kostenumlage für verwaltungsbezogene Dienstleistungen, in: ZfbF 1991, S. 471-489.

SCHEFFLER, WOLFRAM: Einfluss der Unternehmenssteuerreform auf die Vorteilhaftigkeit von Sachinvestitionen, in: DB 2000, S. 2541-2545.

SCHEFFLER, WOLFRAM: Internationale betriebswirtschaftliche Steuerlehre, 3. Aufl., München 2009.

SCHEFFLER, WOLFRAM: Veranlagungssimulation versus Teilsteuerrechnung, in: WiSt 1991, S. 69-75.

SCHELL, MATTHIAS: Realteilung i.S.d. § 16 Abs. 3 S. 2 bis 4 EStG – Anmerkung zum BMF-Schreiben vom 28.2.2006, in: BB 2006, S. 1026-1030.

SCHELL, MATTHIAS/KROHN, DIRK: Ausgewählte praxisrelevante „Fallstricke" des UmwStE 2011 (Teil 2), in: DB 2012, S. 1119-1123.

SCHENKE, RALF P./RISSE, MARKUS: Das Maßgeblichkeitsprinzip nach dem Bilanzrechtsmodernisierungsgesetz, in: DB 2009, S. 1957-1959.

SCHERER, THOMAS: Doppelbesteuerung und Europäisches Gemeinschaftsrecht, München 1995.

SCHEURLE, FLORIAN: Unterschiedliche Formen ab- oder aufgezinster Kapitalforderungen und ihre ertragsteuerliche Behandlung, in: NWB vom 25.03.1996, Fach 3, S. 9659-9670.

SCHIFFER, JAN K./SWOBODA, CHRISTOPH: Stiftungen und Gemeinnützigkeit: Neue Impulse durch das neue Steuerrecht, in: StuB 2001, S. 317-322.

SCHLÖSSER, JULIA: § 11, Steuerrechtliche Regelungen, in: Umwandlungen: Verschmelzung, Spaltung, Formwechsel, Vermögensübertragung, hrsg. von BERND SAGASSER, THOMAS BULA und THOMAS R. BRÜNGER, 4. Aufl., München 2011.

SCHMID, REINHOLD: Gewerbliche Personengesellschaft und Kapitalgesellschaft – ein Vergleich der laufenden Ertragsbesteuerung, in: SteuerStud 2004, S. 160-165.

SCHMIDBAUER, WILHELM/SCHMIDBAUER, BERNHARD: Die Besteuerung von Renten und Pensionen nach dem Alterseinkünftegesetz, Berg 2004.

SCHMIDT, BÄRBEL: Wiedereinführung des halben durchschnittlichen Steuersatzes für Veräußerungsgewinne, in: DB 2000, S. 2401-2403.

SCHMITT, JOACHIM: Auf- und Abspaltung von Kapitalgesellschaften – Anmerkungen zum Entwurf des Umwandlungssteuererlasses, DStR 2011, S. 1108-1113.

SCHMITT, JOACHIM: § 3 UmwStG, in: Umwandlungsgesetz/Umwandlungssteuergesetz, hrsg. von JOACHIM SCHMITT, ROBERT HÖRTNAGL und ROLF-CHRISTIAN STRATZ, 6. Aufl., München 2013.

SCHMITT, JOACHIM: § 24 UmwStG, in: Umwandlungsgesetz/Umwandlungssteuergesetz, hrsg. von JOACHIM SCHMITT, ROBERT HÖRTNAGL und ROLF-CHRISTIAN STRATZ, 6. Aufl., München 2013.

SCHMITT, JOACHIM/HÖRTNAGL, ROBERT/STRATZ, ROLF-CHRISTIAN: A. Umwandlungsgesetz, in: Umwandlungsgesetz/Umwandlungssteuergesetz, hrsg. von JOACHIM SCHMITT, ROBERT HÖRTNAGL und ROLF-CHRISTIAN STRATZ, 6. Aufl., München 2013.

SCHNEELOCH, DIETER: Betriebswirtschaftliche Steuerlehre, Bd. 1: Besteuerung, 6. Aufl., München 2012.

SCHNEELOCH, DIETER: Betriebswirtschaftliche Steuerlehre, Bd. 2: Betriebliche Steuerpolitik, 3. Aufl., München 2009.

SCHNEIDER, DIETER: Grundzüge der Unternehmensbesteuerung, 6. Aufl., Wiesbaden 1994.

SCHNEIDER, DIETER: Investition, Finanzierung und Besteuerung, 7. Aufl., Wiesbaden 1992.

SCHNEIDER, DIETER: Theorie und Praxis der Unternehmensbesteuerung, in: ZfbF 1967, S. 206-230.

SCHNITGER, ARNE: Änderungen des § 1 AStG und Umsetzung des AOA durch das JStG 2013, in: IStR 2012, S. 633-645.

SCHNITGER, ARNE: Verstoß der Wegzugsbesteuerung (§ 6 AStG) und weiterer Entstrickungsnormen des deutschen Ertragsteuerrechts gegen die Grundfreiheiten des EG-Vertrags – Auswirkungen der Rs. Lasteyrie du Saillant auf den deutschen Rechtskreis –, in: BB 2004, S. 804-813.

SCHNITTER, GEORG: Einführung der sog. Zinsschranke, in: sj 15/2007, S. 34-39.

SCHOOR, HANS WALTER: Die GmbH & Co. KG in ertragsteuerrechtlicher Sicht, in: StW 1988, S. 117-124.

SCHOOR, HANS WALTER: Steuerbegünstigte Veräußerung oder Aufgabe eines Mitunternehmeranteils, in: StuB 2001, S. 1051-1061.

SCHOOR, HANS WALTER: Steuerfolgen bei Betriebsverpachtung, in: StBp 1996, S. 29-34.

SCHORR, PETER/SCHLÄR, THIMO: Steuersenkungsgesetz: Handlungsbedarf für die kommunale Wirtschaft durch Abschaffung des Anrechnungsverfahrens, in: DB 2000, S. 2553-2557.

SCHREIBER, ULRICH: Rechtsformabhängige Unternehmensbesteuerung?, in: Steuerwissenschaft, Bd. 24, hrsg. von WOLFGANG FREERICKS u.a., Köln 1987.

SCHROER, ACHIM/STARKE, PETER: Die Abschaffung der Mehrmütterorganschaft durch das StVergAbG – Folgen und Handlungsalternativen, in: GmbHR 2003, S. 153-156.

SCHULT, EBERHARD: Betriebswirtschaftliche Steuerlehre, 4. Aufl., München/Wien 2002.

SCHULTE, WILFRIED: § 22 KStG, in: Heidelberger Kommentar zum Körperschaftsteuergesetz. Die Besteuerung der Kapitalgesellschaft und ihrer Anteilseigner, hrsg. von BERND ERLE und THOMAS SAUTER, 3. Aufl., Heidelberg u.a. 2010.

SCHULZE ZUR WIESCHE, DIETER: Die atypische stille Gesellschaft, in: FR 1997, S. 405-408.

SCHULZE ZUR WIESCHE, DIETER: Die GmbH & Still: Eine alternative Gesellschaftsform, 5. Aufl., München 2009.

SCHUMACHER, PETER: § 8b KStG, in: UntStRefG, hrsg. von VOLKER BREITHECKER u.a., Berlin 2007.

SCHWAB, HARTMUT: Die Betriebliche Altersversorgung – ein praktisches Modell für die Planung und Gestaltung, Hamburg 1988.

SCHWARZ, HANS-DETLEF: Das neue Umwandlungsrecht, in: DStR 1994, S. 1694-1702.

SEER, ROMAN: § 13, in: Steuerrecht, hrsg. von KLAUS TIPKE und JOACHIM LANG, 20. Aufl., Köln 2010.

SEER, ROMAN: § 2, in: Steuerrecht, hrsg. von KLAUS TIPKE und JOACHIM LANG, 21. Aufl., Köln 2013.

SEER, ROMAN: § 15, in: Steuerrecht, hrsg. von KLAUS TIPKE und JOACHIM LANG, 21. Aufl., Köln 2013.

SEER, ROMAN: § 16, in: Steuerrecht, hrsg. von KLAUS TIPKE und JOACHIM LANG, 21. Aufl., Köln 2013.

SEIFERT, MICHAEL: Zum Gesetz zur Fortentwicklung des Unternehmenssteuerrechts, in: StuB 2001, S. 1120-1125.

SELCHERT, FRIEDRICH WILHELM: Grundlagen der betriebswirtschaftlichen Steuerlehre, 5. Aufl., München/Wien 2001.

SELCHERT, FRIEDRICH WILHELM: Probleme der Unter- und Obergrenze von Herstellungskosten, in: BB 1986, S. 2298-2306.

SELL, HARTMUT: Teil K, in: Körperschaftsteuer, hrsg. von EWALD DÖTSCH u.a., 15. Aufl., Stuttgart 2009.

SIEGEL, MANFRED: Der Begriff des „Betriebs gewerblicher Art" im Körperschaft- und Umsatzsteuerrecht, Berlin 1999.

SIEGEL, THEODOR: Steuerwirkungen und Steuerpolitik in der Unternehmung, Würzburg/Wien 1982.

SIEGEL, THEODOR/BAREIS, PETER: Strukturen der Besteuerung – Betriebswirtschaftliches Arbeitsbuch Steuerrecht: Grundzüge des Steuersystems in Strukturübersichten, Beispielen und Aufgaben, 4. Aufl., München/Wien 2004.

SIEGERS, DIRK: § 2 KStG, in: Die Körperschaftsteuer, hrsg. von EWALD DÖTSCH u.a., Stuttgart (Loseblatt), Stand: April 2013.

SIGLOCH, JOCHEN: Ein Valet dem Maßgeblichkeitsprinzip?, in: BFuP 2000, S. 157-182.

SIMON, HERMANN: Preispolitik und Steuern, in: DB 1983, S. 185-188.

SLAPIO, URSULA: Gestaltungsmöglichkeiten bei umsatzsteuerlicher Organschaft, in: DStR 2000, S. 999-1001.

SLOTA, CHRISTIAN: Internationaler Steuervergleich belegt große Unterschiede in der Unternehmensbesteuerung, in: BB 2012, S. 163-166.

SÖFFING, MATTHIAS/MICKER, LARS: Die Betriebsaufspaltung, 5. Aufl., Herne 2013.

SOPP, KARINA: Umsatzbesteuerung beim Handel in der EU, in: Bilanz-, Prüfungs- und Steuerwesen, hrsg. von KARLHEINZ KÜTING, CLAUS-PETER WEBER und HEINZ KUßMAUL, Bd. 18, Berlin 2010.

SORG, MARTIN H.: Die Familienstiftung: Wesen, Probleme, Gestaltungsvorschläge für die Praxis, Baden-Baden 1984.

SPENGEL, CHRISTOPH/HERBOLD, SABINE: Steuerliche Anreize zur Förderung von Forschung und Entwicklung in Deutschland, in: Ubg 2009, S. 346-349.

SPIEKER, SASCHA: EStÄR 2012 – Die wesentlichen Änderungen im Überblick, in: DB 2013, S. 780-787.

STAATS, WENDELIN: § 4, in: LADEMANN Umwandlungssteuergesetz, von WJATSCHESLAV ANISSIMOV u.a., Stuttgart u.a. 2012.

STEFFEN, URBAN: Neuregelungen der Unternehmenssteuerreform für die Ertragsbesteuerung der juristischen Personen des öffentlichen Rechts, in: DStR 2000, S. 2025-2031.

STEUCK, HEINZ-LUDWIG: Die Stiftung als Rechtsform für wirtschaftliche Unternehmen: Ihre Struktur und Besteuerung, Berlin 1967.

STOCKMANN, FRANK: Art. 22, in: Doppelbesteuerungsabkommen der Bundesrepublik Deutschland auf dem Gebiet der Steuern vom Einkommen und Vermögen, begr. von KLAUS VOGEL, hrsg. von MORIS LEHNER, 5. Aufl., München 2008.

STORCK, ALFRED: Ausländische Betriebstätten im Ertrag- und Vermögensteuerrecht, Frankfurt am Main 1980.

STÖCKER, ERNST E.: § 24 UStG, in: Umsatzsteuer-Kommentar, begr. von KARL PETER, hrsg. von ARMIN BURHOFF und ERNST E. STÖCKER, Herne/Berlin (Loseblatt), Stand: Februar 2013.

STRICKRODT, GEORG: Die Erscheinungsformen der Stiftungen des privaten und des öffentlichen Rechts, in: NJW 1962, S. 1480-1486.

STRUNK, GÜNTHER: Teil III, in: Internationales Steuerrecht, hrsg. von SIEGFRIED GROTHERR u.a., 3. Aufl., Achim 2010.

STRUNK, GÜNTHER: Verfahrens- und materiellrechtliche Grundlagen zur Buchführungspflicht, in: Steuerrecht international tätiger Unternehmen, hrsg. von JÖRG M. MÖSSNER u.a., 4. Aufl., Köln 2012.

STUHRMANN, GERD: Unternehmenssteuerreform: Einkommensteuerminderung durch Berücksichtigung der Gewerbesteuerbelastung als Basismodell, in: FR 2000, S. 550-553.

TAUSCH, WOLFGANG/PLENKER, JÜRGEN: Änderungen durch die Gesetze zur Eindämmung missbräuchlicher Steuergestaltungen und zur Förderung von Wachstum und Beschäftigung, in: DB 2006, S. 800-808.

TAUTORUS, GUNTER: Supranationale und länderspezifische Besteuerung der Europäischen wirtschaftlichen Interessenvereinigung, Bielefeld 1992.

TCHERVENIACHKI, VASSIL: Kapitalgesellschaften und Private Equity Fonds, in: Bilanz-, Prüfungs- und Steuerwesen, hrsg. von KARLHEINZ KÜTING, CLAUS-PETER WEBER und HEINZ KUßMAUL, Bd. 11, Berlin 2007.

TELKAMP, HEINZ-JÜRGEN: Betriebstätte oder Tochtergesellschaft im Ausland?, Wiesbaden 1975.

THEISEN, MANUEL RENÉ: Der Konzern – Betriebswirtschaftliche und rechtliche Grundlagen der Konzernunternehmung, 2. Aufl., Stuttgart 2000.

THEISEN, MANUEL RENÉ/ZELLER, FLORIAN: Neues zur Behandlung von Promotionskosten – Zugleich Anmerkung zum BFH-Urteil vom 27.05.2003 VI R 33/01, DB 2003 S. 1485 –, in: DB 2003, S. 1753-1759.

THIEL, JOCHEN/EVERSBERG, HORST/LISHAUT, INGO VAN/NEUMANN, STEFFEN: Der Umwandlungssteuer-Erlaß 1998, in: GmbHR 1998, S. 397-443.

TÖBEN, THOMAS: Steuersenkungsgesetz: Steuerbefreiung von Anteilsveräußerungsgewinnen nach § 8b Abs. 2 KStG n.F., in: FR 2000, S. 905-917.

UELNER, ADALBERT: Der Mitunternehmergewinn als Betriebsvermögensmehrung des Mitunternehmers, in: JbFStR 1978/1979, S. 300-321.

ULMER, PETER/IHRIG, CHRISTOPH: Ein neuer Anleihetyp: Zero-Bonds. Zivil- und bilanzrechtliche Probleme, in: ZIP 1985, S. 1169-1180.

VISKORF, HERMANN-ULRICH/KNOBEL, WOLFGANG/SCHUCK, STEPHAN/WÄLZHOLZ, ECKHARD: Erbschaftsteuer- und Schenkungsteuergesetz, Bewertungsgesetz, 4. Aufl., Herne 2012.

VOGEL, KLAUS: Art. 23, in: Doppelbesteuerungsabkommen der Bundesrepublik Deutschland auf dem Gebiet der Steuern vom Einkommen und Vermögen, begr. von KLAUS VOGEL, hrsg. von MORIS LEHNER, 5. Aufl., München 2008.

VOGEL, KLAUS: Einleitung, in: Doppelbesteuerungsabkommen der Bundesrepublik Deutschland auf dem Gebiet der Steuern vom Einkommen und Vermögen, begr. von KLAUS VOGEL, hrsg. von MORIS LEHNER, 5. Aufl., München 2008.

VOGEL, KLAUS: Internationales Steuerrecht, in: DStZ 1997, S. 269-281.

VOLB, HELMUT: Die Unternehmensteuerreform 2008, Herne/Berlin 2007.

WACKER, ROLAND: § 15 EStG, in: Einkommensteuergesetz, begr. von LUDWIG SCHMIDT, hrsg. von WALTER DRENSECK, 32. Aufl., München 2013.

WACKER, ROLAND: § 16 EStG, in: Einkommensteuergesetz, begr. von LUDWIG SCHMIDT, hrsg. von WALTER DRENSECK, 32. Aufl., München 2013.

WACKER, WILHELM H./SEIBOLD, SABINE/OBLAU, MARKUS: Lexikon der Steuern, 2. Aufl., München 2005.

WAGNER, FRANZ W.: Zum gegenwärtigen Forschungsprogramm der betriebswirtschaftlichen Steuerlehre, in: DB 1974, S. 393-398.

WASCHBUSCH, GERD: Bilanzierung bei Kreditinstituten, in: Handbuch Bilanzrecht – Abschlussprüfung und Sonderfragen in der Rechnungslegung, hrsg. von KARL PETERSEN, CHRISTIAN ZWIRNER und GERRIT BRÖSEL, Köln 2010, S. 519-555.

WASCHBUSCH, GERD: Kurzkommentierung der Änderungen der §§ 340–340o HGB Ergänzende Vorschriften für Kreditinstitute und Finanzdienstleistungsinstitute, in: BilMoG – Gesetze, Materialien, Erläuterungen, hrsg. von KARL PETERSEN und CHRISTIAN ZWIRNER, München 2009, S. 584-593.

WASCHBUSCH, GERD/STAUB, NADINE: Staatliche Förderprogramme in der Mittelstandsfinanzierung – Theoretische Grundlagen und praktische Gestaltungshinweise insb. für saarländische Unternehmen –, in: Arbeitspapiere zur Existenzgründung, hrsg. von HEINZ KUSSMAUL, Bd. 23, Saarbrücken 2008.

WASSERMEYER, FRANZ: Art. 6 MA, in: Doppelbesteuerung, hrsg. von HELMUT DEBATIN und FRANZ WASSERMEYER, München (Loseblatt), Stand: März 2013.

WASSERMEYER, FRANZ: Art. 7 MA, in: Doppelbesteuerung, hrsg. von HELMUT DEBATIN und FRANZ WASSERMEYER, München (Loseblatt), Stand: März 2013.

WASSERMEYER, FRANZ: Art. 23A MA, in: Doppelbesteuerung, hrsg. von HELMUT DEBATIN und FRANZ WASSERMEYER, München (Loseblatt), Stand: März 2013.

WASSERMEYER, FRANZ: Steuerliche Konsequenzen aus dem EuGH-Urteil „Hughes de Lasteyrie du Saillant", in: GmbHR 2004, S. 613-618.

WASSERMEYER, FRANZ: § 1 AStG, in: Kommentar zum Außensteuerrecht, hrsg. von FRANZ WASSERMEYER, HUBERTUS BAUMHOFF und JENS SCHÖNFELD, Köln (Loseblatt), Stand: März 2013.

WASSERMEYER, FRANZ: § 7 AStG, in: Kommentar zum Außensteuerrecht, hrsg. von FRANZ WASSERMEYER, HUBERTUS BAUMHOFF und JENS SCHÖNFELD, Köln (Loseblatt), Stand: März 2013.

WASSERMEYER, FRANZ: § 8 AStG, in: Kommentar zum Außensteuerrecht, hrsg. von FRANZ WASSERMEYER, HUBERTUS BAUMHOFF und JENS SCHÖNFELD, Köln (Loseblatt), Stand: März 2013.

WASSERMEYER, FRANZ: § 9 AStG, in: Kommentar zum Außensteuerrecht, hrsg. von FRANZ WASSERMEYER, HUBERTUS BAUMHOFF und JENS SCHÖNFELD, Köln (Loseblatt), Stand: März 2013.

WASSERMEYER, FRANZ/LÜDICKE, JOCHEN: § 34c EStG, in: Kommentar zum Außensteuerrecht, hrsg. von FRANZ WASSERMEYER, HUBERTUS BAUMHOFF und JENS SCHÖNFELD, Köln (Loseblatt), Stand: März 2013.

WASSERMEYER, FRANZ/SCHÖNFELD, JENS: § 10 AStG, in: Kommentar zum Außensteuerrecht, hrsg. von FRANZ WASSERMEYER, HUBERTUS BAUMHOFF und JENS SCHÖNFELD, Köln (Loseblatt), Stand: März 2013.

WATERMEYER, HEINRICH-JÜRGEN: § 8b KStG, in: Einkommensteuer- und Körperschaftsteuergesetz, hrsg. von CARL HERRMANN u.a., Köln (Loseblatt), Stand: April 2013.

WEBER-GRELLET, HEINRICH: Die Unmaßgeblichkeit der Maßgeblichkeit im Umwandlungsrecht, in: BB 1997, S. 653-658.

WEBER-GRELLET, HEINRICH: § 2 EStG, in: Einkommensteuergesetz, begr. von LUDWIG SCHMIDT, hrsg. von WALTER DRENSECK, 32. Aufl., München 2013.

WEBER-GRELLET, HEINRICH: § 4b EStG, in: Einkommensteuergesetz, begr. von LUDWIG SCHMIDT, hrsg. von WALTER DRENSECK, 32. Aufl., München 2013.

WEBER-GRELLET, HEINRICH: § 4d EStG, in: Einkommensteuergesetz, begr. von LUDWIG SCHMIDT, hrsg. von WALTER DRENSECK, 32. Aufl., München 2013.

WEBER-GRELLET, HEINRICH: § 4e EStG, in: Einkommensteuergesetz, begr. von LUDWIG SCHMIDT, hrsg. von WALTER DRENSECK, 32. Aufl., München 2013.

WEGENER, WOLFGANG: Auswirkungen der Steuerreform auf den objektivierten Unternehmenswert, in: DStR 2008, S. 935-942.

WEGENER, WOLFGANG: Die Spaltung von Kapitalgesellschaften im Umwandlungs(steuer)recht: Analyse der Voraussetzungen und Auswirkungen, Stuttgart 1998.

WEGENER, WOLFGANG: Insolvenzrecht im Kontext der Existenzgründung, in: Arbeitspapiere zur Existenzgründung, hrsg. von HEINZ KUßMAUL, Bd. 19, 4. Aufl., Saarbrücken 2010.

WEHNERT, OLIVER/BRÜNINGHAUS, DIRK/FRANKE, VERONA: Änderungen bei Verrechnungspreisen, in: Die Unternehmenssteuerreform 2008, hrsg. von ERNST & YOUNG, Bonn/Berlin 2007.

WEIGEL, WINFRIED: Steuern bei Investitionsentscheidungen, Wiesbaden 1989.

WEITBRECHT, GÖTZ: Besteuerung niedrig verzinslicher Wertpapiere und Zerobonds nach der Emissions- oder Marktrendite, in: DB 1995, S. 443-445.

WELLISCH, DIETMAR/NÄTH, MAIK: Änderungen bei der betrieblichen Altersvorsorge durch das Alterseinkünftegesetz unter Berücksichtigung des BMF-Schreibens vom 17.11.2004, in: BB 2005, S. 18-26.

WERNER, EGINHARD: „Grundlegende" Bedeutung der IAS/IFRS für die Steuerbilanz nach der Rechtsprechung?, in: BBK 2005, Fach 13, S. 4685-4690.

WESTERFELHAUS, HERWARTH: Betriebswirtschaftliche Einflüsse auf das Steuerrecht der Familienpersonengesellschaften, in: DB 1997, S. 2033-2038.

WESTPHAL, MICHAEL: Die eingetragene Genossenschaft, in: SteuerStud 1998, S. 69-72.

WICHERT, SILKE: Steuerermäßigung bei Einkünften aus Gewerbebetrieb, in: NWB vom 11.12.2007, Fach 3, S. 14849-14858.

WIDMANN, SIEGFRIED: Vor § 1 UmwStG, in: Umwandlungsrecht, hrsg. von SIEGFRIED WIDMANN und DIETER MAYER, Bonn/Berlin (Loseblatt), Stand: April 2013.

WIDMANN, SIEGFRIED: § 20 UmwStG i.d.F. des SEStEG, in: Umwandlungsrecht, hrsg. von SIEGFRIED WIDMANN und DIETER MAYER, Bonn/Berlin (Loseblatt), Stand: April 2013.

WILKE, KAY-MICHAEL: Fallsammlung Internationales Steuerrecht, 8. Aufl., Herne 2009.

WILKE, KAY-MICHAEL: Lehrbuch Internationales Steuerrecht, 11. Aufl., Herne 2012.

WILLIBALD, FRANZ/SCHAFLITZL, ANDREAS: § 4 UmwStG, in: Reform der Unternehmensbesteuerung, hrsg. von OPPENHOFF & RÄDLER, LINKLATERS & ALLIANCE, Stuttgart 2000.

WOCHINGER, PETER/DÖTSCH, EWALD: Das neue Umwandlungssteuergesetz und seine Folgeänderungen bzw. Auswirkungen bei der Einkommen-, Körperschaft- und Gewerbesteuer, in: DB 1994, Beilage 14/1994.

WOERNER, LOTHAR: Mitunternehmerbegriff und Bilanzbündeltheorie bei der Gewerbesteuer, in: BB 1974, S. 592-598.

WÖHE, GÜNTER: Betriebswirtschaftliche Steuerlehre, Bd. 1, 1. Halbband: Die Steuern des Unternehmens – Das Besteuerungsverfahren, 6. Aufl., München 1988.

WÖHE, GÜNTER: Betriebswirtschaftliche Steuerlehre, Bd. 1, 2. Halbband: Der Einfluß der Besteuerung auf das Rechnungswesen des Betriebes, 7. Aufl., München 1992.

WÖHE, GÜNTER: Betriebswirtschaftliche Steuerlehre, Bd. 2, 1. Halbband: Der Einfluß der Besteuerung auf die Wahl und den Wechsel der Rechtsform des Betriebes, 5. Aufl., München 1990.

WÖHE, GÜNTER: Betriebswirtschaftliche Steuerlehre, Bd. 2, 2. Halbband: Der Einfluß der Besteuerung auf Unternehmenszusammenschlüsse und Standortwahl im nationalen und internationalen Bereich, 4. Aufl., München 1996.

WÖHE, GÜNTER: Bilanzierung und Bilanzpolitik, 9. Aufl., München 1997.

WÖHE, GÜNTER: Die Steuern des Unternehmens, 6. Aufl., München 1991.

WÖHE, GÜNTER/BIEG, HARTMUT: Grundzüge der Betriebswirtschaftlichen Steuerlehre, 4. Aufl., München 1995.

WÖHE, GÜNTER/BILSTEIN, JÜRGEN/ERNST, DIETMAR/HÄCKER, JOACHIM: Grundzüge der Unternehmensfinanzierung, 10. Aufl., München 2009.

WÖHE, GÜNTER/DÖRING, ULRICH: Einführung in die Allgemeine Betriebswirtschaftslehre, 24. Aufl., München 2010.

WÖHE, GÜNTER/KUßMAUL, HEINZ: Grundzüge der Buchführung und Bilanztechnik, 8. Aufl., München 2012.

WÖHE, GÜNTER/MOHR, RUDOLF: Steuerliche Planung, in: agplan – Handbuch zur Unternehmensplanung, Bd. 2, hrsg. von HANS G. GRÜNEWALD u.a., Berlin (Loseblatt), Stand: März 2004.

ZABEL, MICHAEL: Vom Einzelunternehmen in die GmbH, in: Bilanz-, Prüfungs- und Steuerwesen, hrsg. von KARLHEINZ KÜTING, CLAUS-PETER WEBER und HEINZ KUßMAUL, Bd. 6, Berlin 2007.

ZENTHÖFER, WOLFGANG: Teil B, in: Körperschaftsteuer, hrsg. von EWALD DÖTSCH u.a., 16. Aufl., Stuttgart 2012.

ZENTHÖFER, WOLFGANG: Teil C 3, in: Körperschaftsteuer, hrsg. von EWALD DÖTSCH u.a., 16. Aufl., Stuttgart 2012.

ZENTHÖFER, WOLFGANG: Teil C 4, in: Körperschaftsteuer, hrsg. von EWALD DÖTSCH u.a., 16. Aufl., Stuttgart 2012.

ZIMMERMANN, REIMAR u.a.: Die Personengesellschaft im Steuerrecht, 11. Aufl., Achim 2013.

Stichwortverzeichnis

A

Abfindung
    Sachwertabfindung 525
Abflussprinzip 16, 274
Abgaben 244
    Beiträge 244
    Gebühren 244
    Steuern 243
Abgeltungssteuer 206, 261, 264, 288, 367, 495, 606
    Kirchensteuer 354
Abgeordnetenbezüge 298
Abgrenzungsmethode
    direkte 740
    indirekte 739
Absatzentscheidungen 191, 810
    Distributionspolitik 200
    Einfluss der Besteuerung 191
    Kommunikationspolitik 197
    Preispolitik 192
    Produkt- und Sortimentspolitik 197
Absatzmarkt 69, 73
Abschirmwirkung 790
Abschreibungen 60
    AfA-Tabellen 91
    außerplanmäßige 88, 95, 162
    Einbezug in die Herstellungskosten 65
    im Umlaufvermögen 68
    Methoden 92
    planmäßige 88, 91
    steuerrechtliche 93
Abschreibungsgesellschaft 493
Abspaltung 635, 700
Abwicklung 546
Abwicklungsergebnis 547, 548
Abwicklungszeitraum 547, 549
Abzugsbetrag 415
Abzugsmethode 726, 727, 729
    Einkommensteuer 727
    Körperschaftsteuer 729
Abzugsverbot
    hälftiges 390
Aktiver Unterschiedsbetrag aus der
    Vermögensverrechnung 42, 87
Aktivierungsfähigkeit 35
Aktivierungsverbote 66
Aktivseite
    Ansatzregelungen 85
    Bestandteile 81
    Bewertungsregelungen 88
    bilanzielle Behandlung 85
    Bilanzierungsverbote 53
    Struktur 81
Alleinerziehende
    Entlastungsbetrag 316
Altersentlastungsbetrag 315
Altersvorsorge 293, 327, 584
    Riester-Rente 327, 584
    Rürup-Rente 293

Altersvorsorgeverpflichtung 161
Altzusagen 161
Anlagevermögen 82, 160
    Abschreibungen 88
    Ansatzwahlrechte 54, 87
    Behandlung nach § 4 Abs. 3 EStG 17
    vertikale Gliederung 82
Annexsteuer 258, 353
Anrechnungsmethode 724, 767
    beschränkte 724
    direkte 725, 726, 729
    Einkommensteuer 726
    indirekte 725, 729
    Körperschaftsteuer 729
    OECD-Musterabkommen 736
    per-country-limitation 727
    unbeschränkte 724
Anrechnungsprinzip 718
Anrechnungsverfahren 359, 380, 463
    auf Ebene der Gesellschafter 383
    auf Ebene der Kapitalgesellschaft 381
    Übergang auf das neue System 383
Anschaffungskosten 58, 70, 470, 471, 525, 534,
    552, 555, 689, 695
    bei eingetauschten Wirtschaftsgütern 60
    bei unentgeltlich erworbenen Wirtschaftsgütern
    61
    Ermittlung über
        Bewertungsvereinfachungsverfahren 76
    nachträgliche 60, 499, 696
    Zusammensetzung 58
Anschaffungsnebenkosten 59, 176, 555
Anschaffungspreis 59
Anschaffungspreisminderungen 59
Anteile
    steuerverhaftet 690
Anteilstausch 693
    erfolgsneutraler 695
    qualifizierter 694
Anteilsveräußerung untereinander 533
Äquivalenzprinzip 397
Arbeitnehmerfreizügigkeit 760
Arbeitnehmer-Pauschbetrag 284, 312
Arbeitsmittel 309
Asset-Deal 550, 554
Aufbewahrungsfristen 7
Aufgeschobene Gewinnrealisierung 758
Auflösung 546
Auflösungsverlust 549
Aufspaltung 635, 700
Aufwendungen
    abziehbare 377
    nicht abziehbare 377
Aufwendungen für die Ingangsetzung und
    Erweiterung des Geschäftsbetriebs 40
Aufwendungen für ein häusliches Arbeitszimmer
    306
Aufwendungen für eine freiwillige
    Unfallversicherung 311

Ausfuhr 423, 433, 446
Ausgleichszahlungen 615
Ausgliederung 635, 699
Auskunftsklausel 737
Ausscheiden eines Gesellschafters
  ohne gleichzeitigen Neueintritt 523
Ausschüttungsbelastung 382
Ausschüttungssperre 152
Außenfinanzierung 202, 205
  steuerliche Behandlung 205
Außensteuerrecht 714
  Anknüpfungstatbestände 719
Außergewöhnliche Belastungen 332
Außerordentliche Einkünfte 338
Außerplanmäßige Abschreibungen 98

B

Bargründung 469, 472, 475, 477, 786, 797, 808
Barwert 135
Basisgesellschaft 761, 822
Basis-Rente 318
Bauabzugsteuer 349
Baukindergeld 342
Bauleistungen
  Steuerabzug 349
Bedarfsbewertung 412
Bedarfswert
  Ermittlung 132
Beendigung der Unternehmenstätigkeit 540
  Einzelkaufmann 540
  Kapitalgesellschaft 546
  Personengesellschaft 544
Begünstigte Betriebe 713
Beihilfeverbot 712
Beiträge 244
Beitragstheorie 484
Beizulegender Wert 68
  im Anlagevermögen 68, 95
  im Umlaufvermögen 69, 95
Bemessungsgrundlage
  Kirchensteuer 353
Bemessungsgrundlagen
  Ermittlung 6
  Kategorien 4
Bereicherung
  Wert der 412
Beschaffungsentscheidungen 807
Beschaffungsmarkt 69
Besserungsschein 233
Besteuerung
  nachgelagerte 296
Besteuerung des Direktgeschäfts 794
Besteuerung des Gesellschafterwechsels
  Kapitalgesellschaft 534
  Personengesellschaft 518
Besteuerungsrecht
  Ausschluss 673
  Beschränkung 673, 687
Bestimmungslandprinzip . 423, 436, 437, 446, 717, 719, 794
Beteiligung
  wesentliche 673, 747

Beteiligung am allgemeinen wirtschaftlichen
  Verkehr 277
Betreuungskosten 327
Betriebe gewerblicher Art 573, 576, 577
Betriebsabwicklung 540
Betriebsaufgabe 509, 540
Betriebsaufgabeerfolg 541
Betriebsaufgabegewinn 541
Betriebsaufspaltung 506, 687
  Einkommensteuer 509
  funktionale Aufspaltung 511
  Gewerbesteuer 510
  Körperschaftsteuer 509
  Pachterneuerungsverpflichtung 509
  personelle Verflechtung 507
  sachliche Verflechtung 507
  strukturelle Aufspaltung 509
  Umsatzsteuer 510
  Wiesbadener Modell 508, 593
Betriebsausgaben 208, 304, 334, 395, 495, 505, 525, 565, 606
  abzugsfähige 479, 496
  nicht abziehbare 408, 670
Betriebsgrundlagen
  wesentliche 540, 545
Betriebsgrundstück
  Bewertung für substanzsteuerliche Zwecke.124, 143
Betriebsgrundstücke 124, 126, 129
Betriebsleistungssteuern 186
  Mengensteuern 186
  Preissteuern 186
Betriebstätte 200, 718, 776, 783, 797
  abkommensrechtlicher Betriebstättenbegriff718, 777
  Beendigung 782, 798
  Begriff 776
  Beispiele 777, 778
  Betriebstättenerlass 777
  Betriebstättensondertatbestände 718, 778
  Gewinnbesteuerung 780
  Grundlagen 776
  Gründung 778, 797
  laufende Besteuerung 780, 797
  nationaler Betriebstättenbegriff 718, 776
  Unterhaltung eines Ausländers im Inland 797
  Unterhaltung eines Inländers im Ausland 776
  Verlustbehandlung 781
Betriebsveräußerung 552
Betriebsvermögen 43, 48, 50, 86, 122, 414, 470, 475, 525, 545, 549, 555, 557, 652, 657, 662, 672, 758
  Abgrenzung 48
  Ansatz 15
  Bestandteile 37
  Einheitswert 118
  einkommensteuerliches 535
  gewillkürtes 49
  im Substanzsteuerbereich 136
  körperschaftsteuerliches 535
  notwendiges 49
Betriebsvermögensvergleich 14, 362

unvollständiger 15
vollständiger 14
Betriebsverpachtung 542, 590
   Familienunternehmen 593
   Pächter 593
   persönliche Voraussetzungen 591
   sachliche Voraussetzung 591
   Verpächter 591
   Verpächterwahlrecht 591
Betriebswirtschaftliche Steuerlehre 1
   Aufgaben 1
   Teilbereiche 3
Bewertung
   Ausgangs- oder Basiswerte 58
   in der Bilanz 56, 88, 102
   in der Vermögensaufstellung 119
   verlustfreie 69
   von Wertpapieren und Anleihen 136
Bewertungseinheit 87
Bewertungsgesetz 112
   Bewertungsgegenstände 116
   Bewertungsmaßstäbe 119
   Bewertungsverfahren 119
   Gliederung 112
Bewertungsmaßstab 119
Bewertungsmethode 119
Bewertungsvereinfachungsverfahren 76, 88
   Durchschnittsmethode 77
   Festbewertung 79
   Gruppenbewertung 79
   Sammelbewertung 77
   Verbrauchsfolgeverfahren 77
Bewertungsvorbehalt 28, 89, 102
Bewertungswahlrechte 161
Bilanzansatz 35, 85, 99
Bilanzen
   Ergänzungsbilanz .. 106, 473, 485, 486, 499, 530
   Sonderbilanz 106, 485, 486, 489, 499
   steuerliche Eröffnungsbilanz .469, 472, 475, 665
   Übertragungsbilanz 665
   Umwandlungsbilanz 664
Bilanzgewinn 154
Bilanzierungshilfen 40
Bilanzierungsverbote 53
   auf der Aktivseite 53
   auf der Passivseite 100
Bilanzierungswahlrechte 54, 160, 520
   auf der Aktivseite 87
   auf der Passivseite 101
Bilanzrechtsmodernisierungsgesetz..25, 27, 30, 40,
   41, 54, 55, 73, 74, 89, 90, 93, 237, 372
Bildungsaufwendungen
   beruflich veranlasste 308
Bodenwert 145
Börsenpreis 68
Briefkastenfirma 822
Bruttomethode der Investitionsrechnung 183
Buchführung 7
Buchführungs- und Aufzeichnungspflichten 6
   derivative 6
   originäre 6
   sonstige Aufzeichnungspflichten 6

Buchführungssysteme 8
Buchwert...526, 530, 552, 643, 652, 662, 687, 694, 701
Buchwertfortführung 526
Buchwertverknüpfung471, 473, 531, 545, 654, 680

C

CCCTB 262

D

Darlehen mit Sonderrechten 227
Dauerfristverlängerung 449
Dauernde Lasten 317
Dealing-at-arm´s-length-Prinzip 740, 747, 780,
   786, 802, 807
Definitivbelastung 818
Desinvestition 167
Dienstverhältnis 235
Direktgeschäft 775, 794
   Gewinnsteuern 776
   Grundlagen 775, 794
   Umsatzsteuer 775, 794
Direktversicherung 239
Disagio 60, 102, 160
Disponibles Einkommen 270, 275
Distributionspolitik
   Einfluss der Besteuerung 200
Dividendenfreistellung 378, 395, 736
Doppelbesteuerung 721
   Abzugsmethode 726
   Anrechnungsmethode 724
   Begriff 721
   bilaterale Maßnahmen 732
   Folgen 722
   formelle 721
   Freistellungsmethode 723, 782
   juristische 721
   materielle 721
   Pauschalierungsmethode 725
   reale 721
   Reduzierungsmöglichkeiten 723
   unilaterale Maßnahmen 726
   Ursachen 722
   Vermeidung 717, 802
   virtuelle 721
   wirtschaftliche 721
Doppelbesteuerungsabkommen 254, 732, 778
   Aktivitätsklausel 735
   Anrechnungsmethode 779
   Dividendenfreistellung 736
   Erbschaft- und Schenkungsteuer 731, 737
   Freistellungsmethode 778, 781
   Steuern vom Einkommen und vom Vermögen
   732
Doppelgesellschaften 506
Doppelte Günstigerprüfung 324
Doppelte Haushaltsführung 308
Down-stream-merger 667
Down-stream-merger-Modell 559
Drittlandsgebiet 423, 434, 435
Dualismus der Unternehmensbesteuerung 359
Durchschnittsmethode 77

periodische 77
permanente 77
Durchschnittsteuersatz 253

E

EBITDA 369
EBITDA-Vortrag 377
Ehegattenveranlagung 337
Eigenfinanzierung 205, 209
Eigenheimzulage 353, 357
Eigenkapital 12, 85, 99, 100, 101, 389
Eigentum
    Abweichen von rechtlichem und
        wirtschaftlichem 44
    wirtschaftliches 43, 85
Eigentumsvorbehalt 44
Einbringung 699
Einbringung in der EU 697
Einbringung in eine Kapitalgesellschaft 684
    Besteuerung beim übernehmenden
        Unternehmen 687
    Besteuerung beim übertragenden Unternehmen
        689
    Besteuerung eines Einbringungsgewinns 688
Einbringung in eine Personengesellschaft 699
Einbringungsgeborene Anteile 690
Einbringungsgewinn I 537, 557, 690, 692
Einbringungsgewinn II 537, 557, 690, 701
Einfuhr 423, 428, 433, 437
Einfuhrumsatzsteuer 422, 423, 426
Einheitstheorie 603, 624
    gebrochene 621
Einheitswert 132, 420
    Feststellung 132
Einkommensteuer 265, 584, 720, 776, 781
    Arbeitsmittel 309
    Arbeitszimmer 306
    außergewöhnliche Belastungen 332
    beschränkt abzugsfähige Sonderausgaben.... 318
    beschränkte Steuerpflicht 267
    Bildungsaufwendungen 308
    Charakteristik 265
    Definition des Gewerbebetriebs 276
    Eingangssteuersatz 335
    Einkommen 316
    Einkünfte aus Gewerbebetrieb 281
    Einkünfte aus Kapitalvermögen 286
    Einkünfte aus Land- und Forstwirtschaft 280
    Einkünfte aus nichtselbstständiger Arbeit ... 284
    Einkünfte aus selbstständiger Arbeit 282
    Einkünfte aus Vermietung und Verpachtung 291
    Einkunftsarten 275
    Entwicklung 265
    Erhebungsformen 348
    erweiterte beschränkte Steuerpflicht 267
    erweiterte unbeschränkte Steuerpflicht 720
    Erwerbsaufwendungen 303
    Erwerbsbezüge 303
    Gesamtbetrag der Einkünfte 315
    Höchstbetragsrechnung 323
    Mindestbesteuerung 317
    objektives Nettoprinzip 268, 273

Quellentheorie 270
Reinvermögenszugangstheorie 271
Sonderausgaben 317
Sonstige Einkünfte 292
Spitzensteuersatz 335
Steuerbefreiungen 272
Steuerbemessungsgrundlage 268, 274
Steuerbetragsermäßigungen 342
Steuertarif 333
Steuertarifermäßigungen 338
subjektives Nettoprinzip 268
Summe der Einkünfte 275
Tarifermäßigung 338
unbeschränkt abzugsfähige Sonderausgaben 317
unbeschränkte Steuerpflicht 267
unilaterale Maßnahmen 726
Veranlagung 337
Veräußerungsgewinn 277
Verlustbehandlung 279, 280
zu versteuerndes Einkommen 333
Einkünfte aus einer ehemaligen Tätigkeit 298
Einkünfte aus Gewerbebetrieb .. 108, 281, 563, 564
    Abgrenzung 277
    negative Merkmale 277
    positive Merkmale 276
Einkünfte aus Kapitalvermögen 286, 564
    Abgeltungssteuer 287, 288
    Optionsmöglichkeit 290
    Teileinkünfteverfahren 287, 289
    Verluste 290
Einkünfte aus Land- und Forstwirtschaft 280
Einkünfte aus nichtselbstständiger Arbeit 284
Einkünfte aus passivem Erwerb 763
Einkünfte aus selbstständiger Arbeit 282
Einkünfte aus Vermietung und Verpachtung 291
Einkünfte mit Kapitalcharakter 766
Einkünfteermittlung 299
    Abgrenzungsprobleme 302
    Dualismus 300
    Grundbegriffe 301
    Methoden 299
Einkünfteerzielungsabsicht 271, 497
Einkunftsarten
    Konkurrenzen 298
Einlagefiktion 657
Einlagekonto
    steuerliches 385, 389
Einlagen 364
    offene 364
    verdeckte 475, 499, 593, 679, 686
Einnahmen
    Erzielung 244
    steuerfreie 363
Einnehmer einer staatlichen Lotterie 283
Eintritt eines zusätzlichen Gesellschafters 519
Einzelbewertung 56, 76, 130
Einzelkaufmann 540
    Beendigung 540
    Entstehung 469
Einzelrechtsnachfolge 628, 685
Einzelunternehmen 461
Einzelunternehmer

mit mehreren Betrieben..................................590
Einzelveranlagung 337
Energiesteuer..455
   Entstehung...456
   Steuergegenstand 456
   Steuersatz..456
Entlastungsbetrag für Alleinerziehende.............316
Entnahmen..364
Entschädigungen 298, 338
Entscheidungssituationen
   nicht steuersensitive....................................172
   steuersensitive...172
Entstehung der Unternehmertätigkeit
   Einzelkaufmann 469
   Kapitalgesellschaft......................................475
   Personengesellschaft 472
Erbanfallsteuer..411
Erbfolge
   vorweggenommene 317
Erbschaft- und Schenkungsteuer128, 411, 584, 720
   Bemessungsgrundlage................................412
   beschränkte Steuerpflicht...........................411
   Besteuerungsverfahren...............................419
   Charakteristik...411
   Freibeträge 416
   Rechtfertigung..411
   Steuerbefreiungen 416
   Steuerklassen..417
   Steuerobjekt 412
   Steuersubjekt..411
   Steuertarif...417
   unbeschränkte Steuerpflicht.......................411
   unilaterale Maßnahmen..............................731
Erfüllungsbetrag..67, 102
Ergänzungsbilanz 106, 473, 485, 486, 493, 530
Ermäßigungshöchstbetrag 344, 346
Eröffnungsbilanz
   Sonder-Eröffnungsbilanz 472
   steuerliche 469, 472, 475
Erstausbildung..309
Erstmalige Berufsausbildung............................327
Erststudium 309, 327
Erträge
   abziehbare 378
Ertrags- und Substanzwert..................................86
Ertragshundertsatz 142
Ertragswert
   im Substanzsteuerbereich...........................120
Ertragswertverfahren .144, 145, 148, 149, 413, 421
Erwerb
   entgeltlicher..471
   unentgeltlicher..471
Erwerb von Todes wegen 412, 518
Erwerb von Unternehmensbeteiligungen 550
Erwerbsaufwendungen 303
   bedeutsame abziehbare 307
   Besonderheiten...304
   nicht abziehbare 305
Erwerbsbezüge 303
Europäische Aktiengesellschaft........................803
   Besteuerung..804
   Zielsetzung...803

Europäische wirtschaftliche Interessenvereinigung
   .... 600, 801
   Besteuerung auf internationaler Ebene......... 802
   Zielsetzung 801
Existenzminimum... 335
F

Fahrtkosten 307, 310
Fair Value 73
Familienbesteuerung 337
   Ehegattenveranlagung 337
   Einzelveranlagung 337
Familienunternehmen 578
   Familien-Kapitalgesellschaft...................... 586
   Familien-Personengesellschaft................... 584
   Gestaltungsbereiche 580
Festbewertung... 79
Finale Entnahmetheorie 757
Finanzanlagevermögen 82, 97
Finanzausgleich 247
   horizontaler... 247
   vertikaler 247
Finanzbehörden
   formell-rechtliche Maßnahmen 770
Finanzierung 167, 202
Finanzierungsbesteuerung 202
Finanzierungseffekt.. 237
Finanzierungsentscheidungen 202, 813
   Einfluss der Besteuerung 202
Finanzierungsformen
   steuerlich beeinflusste 218
Finanzierungsgesellschaft................................ 813
Finanzinstrumente 74
Firmenwert.. 652
Fördergebietsgesetz 710
Fördergrundbetrag 357
Forderungsverzicht 233
Förderzeitraum... 357
Formwechsel
   Kapitalgesellschaft in Personengesellschaft. 664
   Personengesellschaft in Kapitalgesellschaft. 697
Freiberufliche Tätigkeit 283
Freibetrag... 252, 275
Freibetrag für Land- und Forstwirte 316
Freigrenze 253, 275, 297
Freistellungsmethode............................... 723, 730
   beschränkte... 723
   OECD-Musterabkommen.......................... 735
   Progressionsvorbehalt 723
   unbeschränkte... 723
Freistellungsprinzip 718
Fremdfinanzierung... 208
Fremdkapital 85, 373
Fremdkapitalzinsen 208
Fremdvergleich
   hypothetischer 749
Fremdvergleichsgrundsatz 746, 750
Fremdvergleichspreis...................................... 808
Fünftelungsregelung 279, 338
Funktionale Betrachtungsweise 763
Funktionsabschmelzung 750
Funktionsabspaltung 750

Funktionsausgliederung 750
Funktionsausweitung 750
Funktionsholding 817, 821
Funktionsverlagerung 749, 750
Funktionsvervielfältigung 750
Fusions-Richtlinie 263, 639, 808

G

Gebäudeertragswert 413
Gebäudeherstellungswert 413
Gebäudesachwert 413
Gebäudewert 146
Gebühren 244
Gelegenheitsgesellschaft 597
    Arbeitsgemeinschaft 598
    Konsortium 598
Gemeindesteuer 397, 420
Gemeiner Wert 70, 72, 120, 130, 142, 414, 481, 509, 687, 689, 694, 695, 701, 758, 759, 780
Gemeinsame Vorschriften zu allen Einkunftsarten
   298
Gemeinschaftsteuer 248, 265
Genossenschaft 566
    Rückvergütungen 566
Genussrechte 221
Geringfügige
    Beschäftigung 582
Geringwertige Wirtschaftsgüter 94
Gesamtbewertung
    Grundsatz 117
Gesamtbilanz
    strukturierte 484
Gesamthandsvermögen 50, 472, 473, 487, 498
Gesamtrechtsnachfolge 628
    partielle 633
Geschäfts- oder Firmenwert 41, 60, 86
Geschäftsleiter
    ordentlicher und gewissenhafter 747
Geschäftsleitung 718
Geschäftsveräußerung 471
Gesellschafter
    lästiger 525
    stiller 401
Gesellschafter-Fremdfinanzierung 369, 769
Gesellschafterwechsel
    Anwachsung 523
    Gestaltungsmöglichkeiten 534
Gesellschaft-Gesellschafter-Verträge 464
Gesetzesauslegung
    Methoden 255
Gestaltungsmissbrauch 661
Gewerbeertrag 399, 494
    Ermittlung 400
Gewerbesteuer . 123, 206, 367, 397, 708, 720, 776, 781, 787, 816
    Anrechnung auf Einkommensteuer 343
    ausländische Betriebstätte 730
    ausländische Tochtergesellschaft 730
    Besteuerungsverfahren 410
    Charakteristik 397
    Entwicklung 397
    Gewerbeertrag 399, 708

Gewerbeverlust 407
Hebesatz 408
Hinzurechnungen 400
Kritik 410
Kürzungen 404
Mitunternehmerschaft 730
nationales Schachtelprivileg 405
Rechtfertigung 397
Steuermessbetrag 408
Steuerobjekt 398
Steuertarif 408
Umlage 247
unilaterale Maßnahmen 730
Unterschiede Personen- und
    Kapitalgesellschaften 479
Vorauszahlungen 410
Zerlegung des einheitlichen Steuermessbetrags
   409
Gewerbesteueranrechnung 173, 178, 343
Gewerbesteuerliche Organschaft 620
    Kritik 622
    Mehrmütterorganschaft 600
    steuerliche Rechtsfolgen 621
    Voraussetzungen 620
Gewerbesteuermessbescheid 410
Gewerbesteuerumlage 247
Gewerbeverlust 407
Gewillkürtes Betriebsvermögen 49
Gewinnabführungsvertrag 596, 613
Gewinnabgrenzung 746
Gewinnausschüttungen 386, 765
    offene 364
    verdeckte 365, 475, 499, 502, 593, 597, 620, 748
Gewinnbegriff
    steuerlicher 12
Gewinneinkunftsarten 276
Gewinnermittlung 10
    der Personengesellschaft 487
    Unterschiede Personen- und
    Kapitalgesellschaften 478
Gewinnermittlungsarten 14
    nach Durchschnittssätzen 19
    personelle Zuordnung 300
    Schätzung 19
    Tonnagebesteuerung 19
    Überschussrechnung 16
    unvollständiger Betriebsvermögensvergleich . 15
    vollständiger Betriebsvermögensvergleich 14
    Wechsel der 22
Gewinnerzielungsabsicht 277, 281, 282
Gewinnmaximierung 707
Gewinnpoolungsverträge 596
Gewinnschuldverschreibungen 231
Gewinnsteuern 186
Gewinnverteilung
    Angemessenheit 499
Gewöhnlicher Aufenthalt 718
GKKB 262
Gleitregelung 356
Gliederung des verwendbaren Eigenkapitals 382
GmbH & Co. KG
    Betriebsvermögen 497

Einkommensteuer 498
Gewerbebetriebseigenschaft 497
Gewerbesteuer 502
Grundlagen 497
Körperschaftsteuer 498
laufende Besteuerung 497
Umsatzsteuer 503
GmbH & Still 503, 586
GoB-Konformität 28
Grundbesitz 123
Grundbesitzwert 481
Grundbuchamt 452
Grunderwerbsteuer 125, 176, 451, 558
Kapitalgesellschaft 451
Personengesellschaft 451
Steuerbefreiungen 452
Steuersatz 452
Steuersubjekt 452
Grundfreibetrag 335
Grundsätze ordnungsgemäßer Buchführung 15
Grundsätze ordnungsmäßiger Bilanzierung 24
Grundsteuer 123, 176, 420, 720
Charakteristik 420
Grundsteuer A 421
Grundsteuer B 421
Hebesatz 421
Rechtfertigung 420
Steuerbefreiungen 420
Steuerbemessungsgrundlage 420
Steuermessbetrag 420
Steuermesszahlen 421
Steuersubjekt 420
Steuertarif 420
Gründungsaufwand 470
Gründungskosten 477
Gründungstheorie 823
Grundvermögen 118, 123, 125, 128
Gruppenbewertung 79
Günstigerprüfung 323
GWG-Sammelposten 18, 94, 370

H

Halbeinkünfteverfahren 359, 390, 463
Halbsteuersatzregelung 279, 339
Halbunternehmer 438, 440
Handelsbestand 74
Handelsbilanzpolitik 152
Handelsregister 476
Härteausgleich 333
Haushaltsfreibetrag 316
Haushaltsnahe Beschäftigungsverhältnisse 342, 347
Haushaltsnahe Dienstleistungen 347
Häusliches Arbeitszimmer 306, 308
Hebesatz 408, 421
Herstellungskosten 62, 70, 161, 470, 471
Ermittlung 64
Ermittlung über
Bewertungsvereinfachungsverfahren 76
Hinzurechnungsbesteuerung 761, 762, 764, 814
Hinzurechnungsbetrag 765
Höchstwertprinzip 104

Holdinggesellschaft 817
Funktionsholding 817
Landesholding 817
Verwaltungsholding 817

I

Immaterielle Vermögensgegenstände 82
Imparitätsprinzip 57, 66, 68, 104
Indirekte Steuern 557
Infizierungstheorie 673
Innenfinanzierung 202, 212
steuerliche Behandlung 212
Innengesellschaft 503, 561, 595
Innergemeinschaftlicher Handel 436
Insolvenz 544, 545, 546
Interessengemeinschaft 595
Internationales Schachtelprivileg 731, 735
Internationales Steuerrecht 714
Begriffsdefinition 714
Prinzipien 716
Rechtsquellen 715
Inventar 8
Inventur 8
Investition 167
Investitionsentscheidungen 167, 173
Einfluss der Besteuerung 173
Einfluss der gewinnunabhängigen Steuern ...176
Investitionsrechnung 168
Bruttomethode 183
Einfluss der Besteuerung 171
Grundlagen 168
Nettomethode I 181
Standardmodell 177
Investitionszulagen 182, 212, 711, 712
Investitionszuschüsse 182, 212
Isolierende Betrachtungsweise 795
Ist-Besteuerung 447

J

Jahresabschluss 152
Funktionen 152
zu erstellende Rechenwerke 11
Zwecke 11
Jahresabschlusspolitik
finanzpolitische Ziele 154
publizitätspolitische Ziele 156
Jahresrohmiete 144
Jahresüberschuss 154
Juristische Personen des öffentlichen Rechts
Betriebe gewerblicher Art 576

K

Kapital 85
Kapitalausstattung 463
Kapitalerhaltung 13
nominelle 12
reale 13
Kapitalertragsteuer 348, 367, 390
Kapitalgesellschaft 388, 451, 457, 480, 546, 789
Beendigung 546
Beteiligung eines Ausländers im Inland 798
Beteiligung eines Inländers im Ausland 785

Entstehung 475
Familien-Kapitalgesellschaft 586
Gesellschafterwechsel 534
laufende Besteuerung 495
Parallel-Kapitalgesellschaft 593
Kapitalkonto 472
Kapitalwert 135, 170, 175
Kapitalwertmethode 169
Prämissen 171
Kartell 599
Katalogberufe 283
ähnliche Berufe 283
KGaA 377
Kinderfreibetrag 333
Kinderzulage 357
Kirchensteuer 318, 353
Kirchgeld 353
Kleinunternehmer 439, 448
Kohortenprinzip 284
Kombinationsmodell 559
interner Asset-Deal 560
Teilwertabschreibung 560
Kommanditist 492, 499
Kommunale Doppik 9
Kommunikationspolitik
Einfluss der Besteuerung 197
Komplementär 492, 499
Konsolidierungstheorie 484
Kontenrahmen 8
Konzernbegriff
erweiterter 371
Konzernbesteuerung 603
Organschaftskonzerne 609
Schachtelkonzerne 603
Konzernbilanz 603
Konzernverbund 379, 380
Kooperationsformen 595
Europäische wirtschaftliche
Interessenvereinigung 600
Gelegenheitsgesellschaft 597
Interessengemeinschaft 595
Kartell 599
Körperschaftsteuer 359, 495, 720, 776, 781
Abgeltungssteuer 367
Anrechnungsverfahren 359, 380
ausschüttbarer Gewinn 389
beschränkte Steuerpflicht 361
Besteuerungsverfahren 380
Charakteristik 359
Doppelbelastung 359
EK 02 388
Entwicklung 359
Guthaben 386
Neutrales Vermögen 389
partielle Steuerpflicht 360
Steuerbemessungsgrundlage 362
Steuerliches Einlagekonto 389
Steuerobjekt 362
Steuersatz 380
Steuersubjekt 360
subjektive Steuerbefreiung 360
Teileinkünfteverfahren 359

Trennungsprinzip 365
unbeschränkte Steuerpflicht 360
unilaterale Maßnahmen 729
verdeckte Gewinnausschüttung 365
Verlustabzug 379
Verlustverrechnung 379
Körperschaftsteuererhöhung 388
Körperschaftsteuerguthaben 385, 386
Körperschaftsteuerliche Organschaft 610
Ausgleichszahlungen 615
Finanzielle Eingliederung 612
Gewinnabführungsvertrag 613
Kritik 619
Mehrmütterorganschaft 600
objektive Voraussetzungen 612
subjektive Voraussetzungen 610
Körperschaftsteuerminderung 386
Körperschaftsteuersatz 495
Korrespondenzprinzip 368
Kosten 65
aufwandsgleiche 65
Einzelkosten 65
Gemeinkosten 65
Kostensteuern 185
Kraftfahrzeugsteuer
Besteuerungsverfahren 455
Charakteristik 453
Steuerbefreiungen 453
Steuerbemessungsgrundlage 453
Steuerobjekt 453
Steuertarif 454
Kumulationseffekt 446

L

Landesholding 817, 821
Latente Steuern 160
Laufende Besteuerung 478
Leasing 45, 231
Finance-Leasing 45
Full-Pay-Verträge 45
Non-Full-Pay-Out-Verträge 46
wirtschaftlicher Eigentümer 46
Lebensführung
private 51, 271, 305
Leibrente 293
Leistungen aus Altersvorsorgeverträgen 298
Leistungsfähigkeitsprinzip 397
Liebhaberei 272
Liquidation
Einzelunternehmen 540
Kapitalgesellschaft 546
Personengesellschaft 544
Liquiditätseffekt 215
Lohnsteuer 250, 286, 349, 583
Lohnsteuerklassen 349
Lohnsteuerpauschalierung 350

M

Mantelkauf 380, 535, 556, 672
Marktpreis 68
Maßgeblichkeit 27
der Handelsbilanz für die Steuerbilanz 15, 27, 89

Durchbrechung der 27
partielle 131
umgekehrte 28, 89
verlängerte 130, 137
Minderheitsgesellschafter 615
Mindestbesteuerung 653, 672
Mindestbeteiligungsquote. 395, 503, 604, 607, 731, 735
Mindestbeteiligungszeit 395
Mindesteigenbeitrag 328
Mitgliedsbeiträge 329
Mitunternehmer 220, 483, 505
Mitunternehmeranteil 684, 687
Mitunternehmererlass 473
Mitunternehmerinitiative 276, 483, 498
Mitunternehmerkonzeption 478
Mitunternehmermodell 559
Mitunternehmerprinzip 363
Mitunternehmerrisiko 276, 483, 498
Mitunternehmerschaft 343, 473, 498, 499, 545, 566
mehrstöckige 343
Mutter-/Tochter-Richtlinie 263, 799

N

Nachhaltigkeit 276, 281, 282
Nationalitätsprinzip 717, 720
Nebenberufliche Tätigkeit
  Einkommensteuer 283
Negative Einkünfte
  aus Verlustzuweisungsgesellschaften 315
Negatives Kapitalkonto 492
  Kommanditist 492, 527
  Komplementär 492
Nennwert 135
Nettomethode I der Investitionsrechnung 181
Nettomethode II .... *Siehe* Standardmodell
Nettoprinzip
  objektives 268
  subjektives 268
Neugründung 471
Niederlassungsfreiheit 759
Niederstwertprinzip
  gemildertes 96, 104
  strenges 77, 96
Niedrigsteuerland 707, 752, 764, 814
Nominalwertprinzip 552
Nonaffektation 243
Nulleinkünfteverfahren
  modifiziertes 379, 396
Null-Kupon-Anleihe 102, 222
Nullzone 356
Nutzungsvergütungen 279, 298, 338

O

Objektcharakter
  beschränkte Steuerpflicht 796
  Gewerbesteuer 398, 404, 767
Objektsteuer 397, 400, 420, 720, 722
Objektsteuercharakter
  Grundsteuer 420
OECD-Musterabkommen 732
  Anrechnungsmethode 736

Betriebstätten 741
Betriebstättenprinzip 734
Betriebstättenvermögen 738
bewegliches Vermögen 738
Dividenden 734
Einkünfte aus unbeweglichem Vermögen 734
Einkünfte aus Unternehmensgewinnen 734
Erbschaft- und Schenkungsteuer 737
Freistellungsmethode 735
Gleichbehandlungsartikel 736
Gliederung 732, 737
Informationsaustausch 737
Lizenzgebühren 734
Schulden 738
selbstständige Tätigkeit 735
unbewegliches Vermögen 738
verbundene Unternehmen 741
Vermögensbesteuerung 735
Vermögensveräußerung 734
Verständigungsverfahren 736
Zinsen 734
Zuteilungsnormen 733
Öffentliche Hand 573
Optionsanleihe 229
Optionsverschonung 416
Ordnungsmäßigkeit
  formelle 7
  materielle 7
Organkreis 615, 620, 624
Organschaft 379, 464, 596, 603, 610, 613
  Ausgleichsposten 618
  gewerbesteuerliche 620
  körperschaftsteuerliche 610
  Mehrabführung 619
  Minderabführung 618
  Organgesellschaft 611
  Organträger 610
  umsatzsteuerliche 511, 623
Organschaftsmodell 559
Ort der Geschäftsleitung 718

P

Paketzuschlag 138
Parallelgesellschaft 593
Passivierungsfähigkeit 35
Passivierungspflicht 99
Passivierungsverbote 100
Passivseite
  Ansatzregelungen 99
  Bestandteile 85
  Bewertungsregelungen 102
  Bilanzansatz 99
  Bilanzierungsverbote 54
  Struktur 85
Pauschalierung 728, 729
  Einkommensteuer 728
  Körperschaftsteuer 729
Pauschalierungsmethode 725
Pauschalwertberichtigung 88
PC
  Abziehbarkeit 309
Pensionsfonds 240

Pensionsgeschäft 361
Pensionskasse 239
Pensionsrückstellung 217
Pensionsrückstellungen 55, 215, 479, 495, 501, 502, 509, 651
Person
   nahestehende 289, 376
Personengesellschaft 451, 479, 544, 663, 788
   additive Gewinnermittlung 486
   Beendigung 544
   Beteiligung eines Ausländers im Inland 798
   Beteiligung eines Inländers im Ausland 783
   Betriebsvermögen 487
   doppelstöckige 483
   Entstehung 472
   Ergänzungsbilanz 486
   Familien-Personengesellschaft 584
   gemischt tätige 482
   Gesamthandsvermögen 472, 487
   Gesellschafterwechsel 518
   gewerblich geprägte 482
   gewerbliche Tätigkeit 482
   laufende Besteuerung 481, 494
   Mitunternehmer 483
   Parallel-Personengesellschaft 594
   Sonderbetriebsausgaben 489
   Sonderbetriebseinnahmen 489
   Sonderbetriebsvermögen 488
   Sonderbilanz 486
   Sonder-GuV 490
Personensteuer 265, 411, 720, 722
Pflege-, Betreuungs- und Handwerkerleistungen 342
Preispolitik
   Einfluss der Besteuerung 192
Private Equity 283
Private Lebensversicherungen 295
Private Veräußerungsgeschäfte 271, 291, 296
Privatvermögen 48, 49, 469, 472, 475, 477, 505, 509, 525, 549, 555, 556, 657, 663, 673, 759
Produkt- und Sortimentspolitik
   Einfluss der Besteuerung 197
Produktionsentscheidungen 186, 807
   Beschaffungsentscheidungen 187
   Bestellzeitpunkt 189
   Einfluss der Besteuerung 186
   optimale Bestellmenge 187
   Wahl des Produktionsverfahrens 189
Produktionsfaktorsteuern 186
Progressionseffekt 215
Progressionsvorbehalt
   negativer 724
Progressiver Tarif 333
Pro-rata-temporis Abschreibung 92

Q

Quellensteuer 776, 785, 787, 799, 810, 811
Quellentheorie 265, 270

R

Realisationsprinzip 761
Realsplitting 296, 318
Realsteuer 397, 420
Realteilung 526, 545
Rechnungsabgrenzungsposten . 42, 67, 81, 85, 102, 104
   aktiver 82, 88
   passiver 85, 99
   Voraussetzungen 43
Rechnungslegung
   Aufgaben 153
Rechnungslegungspolitik 152, 166
Rechnungswesen
   betriebliches 10
   externes 10
   internes 167
Rechtsformen 467
Rechtsformwahl
   Bestimmungsfaktoren 468
Rechtsformwechsel 626
   Gründe 626
Rechtsnormen 253
   Doppelbesteuerungsabkommen 254
   Gesetze 253
   supranationales Recht 254
   Verordnungen 254
Rechtstypenvergleich 763
Regelbewertung 143
Regelverschonung 415
Reinvermögenszugangstheorie 266, 271
Reisegewerbebetrieb 399
Reisekosten 310
Renten und dauernde Lasten 317
Rentenverpflichtung 102
Riester-Förderung 298
Riester-Rente 327, 330, 584
Rückkaufswert 135
Rücklagen 107
   offene 212, 658
   stille 60, 155, 213
Rücknahmepreis 134
Rückstellungen .. 38, 57, 67, 85, 100, 101, *203*, 215
   Bewertung 103
   Finanzierung aus 215
Rürup-Rente 293, 296, 318, 323, 330

S

Sachanlagevermögen 82, 97
Sachgründung 469, 472, 475, 477, 786, 797, 808
   verschleierte 686
Sachinbegriff 292, 297, 754, 795
Sachwertverfahren 124, 144, 145, 413, 421
Sammelbewertung 77
Sanierung 232
   durch Forderungsverzicht 233
   durch Zuführung von Eigenkapital 234
Satzungssitz 823
Schachtelkonzerne
   Gewerbesteuer 606
   Körperschaftsteuer 604
Schachtelprivileg 367, 503, 560, 603
   gewerbesteuerliches 405, 503, 560
   internationales 406, 731, 735
   körperschaftsteuerliches 604

Schattenveranlagung 753
Schätzung 8, 19, 772
Scheingesellschaft 822
Scheingewinn 552
Scheinunternehmer 426
Schenkung unter Lebenden 412, 569
Schiedsverfahrens-Konvention.........................263
Schulden..38, 81, 104
 Begriffsmerkmale...................................38, 100
Schulgelder...327
Schütt-aus-Hol-zurück-Verfahren 586
Schwebende Geschäfte..............................86, 100
Schwestergesellschaften...................................747
Selbständigkeit 281, 282, 597
 rechtliche.....................................507, 603, 621
 wirtschaftliche..740
Selbstkontrahierungsverbot..............................470
Selbstkosten..65
Sensitivitätsanalysen 515
Share-Deal..550, 554
Sicherungsübereignung......................................44
Sidestep-merger..667
Singularsukzession...................................628, 632
Sitz...360, 361, 718, 803
Sitztheorie..823
Societas Europaea..803
 Besteuerung...804
 Gründung 803
 Zielsetzung..803
Sockelbetrag...317, 379
Sofortversteuerung 543
Solidaritätszuschlag...356
Soll-Besteuerung..447
Sonderabschreibungen..............................98, 710
Sonderausbildungsfreibetrag...........................332
Sonderausgaben..317, 330
 beschränkt abzugsfähige 318
 unbeschränkt abzugsfähige 317
Sonderbetriebsausgaben...................................108
Sonderbetriebseinnahmen........................108, 499
Sonderbetriebsvermögen .. 106, 473, 488, 493, 498, 545
Sonderbetriebsvermögen I......................472, 489
Sonderbetriebsvermögen II 489, 498, 506
Sonderbilanz................106, 485, 486, 489, 499
Sonder-GuV...485, 490
Sonderrechtsnachfolge.....................................633
 partielle Gesamtrechtsnachfolge 633
Sondervergütungen..478
Sonstige Einkünfte 292
Sonstige Leistungen 297
Sonstige selbstständige Arbeit.........................283
Sparer-Freibetrag...288
Spenden...329, 342, 378, 406
Sperrbetrag...657
Splittingtarif...337
Splittingverfahren..337
Standardmodell der Investitionsrechnung 177
 Investitionszulagen.......................................182
 Investitionszuschüsse....................................182
 Prämissen..180
Standortpolitik...710

Standortwahl
 internationale..707
 nationale...707
 Ursachen...707
Steuerarten 243, 258
 Systematisierung 258
Steueraufkommen..246
Steuerbare Einkünfte 271
Steuerbarwertminimierung 156
Steuerbefreiungen
 Einkommensteuer...272
 Erbschaft- und Schenkungsteuer 416
 Grunderwerbsteuer.......................................452
 Grundsteuer..420
 Kraftfahrzeugsteuer......................................453
 Umsatzsteuer..436, 446
Steuerbelastung
 Beispiel...457, 461
 Einflussfaktoren 463
Steuerbelastungsvergleich
 abstrakter 753
 internationaler......................................791, 811
 konkreter 753
Steuerbemessungsgrundlage...........................252
 Einkommensteuer................................268, 274
 Gewerbesteuer 408
 Grunderwerbsteuer.......................................452
 Grundsteuer..420
 Kraftfahrzeugsteuer......................................453
 Solidaritätszuschlag.....................................356
 Umsatzsteuer..443
Steuerbetragsermäßigungen 342
 haushaltsnahe Beschäftigungsverhältnisse ... 347
 haushaltsnahe Dienstleistungen 347
Steuerbilanz
 derivative 362
 erster Stufe 484
 zweiter Stufe..485
Steuerbilanz-Ergebnis......................................363
Steuerbilanzpolitik..152
Steuerbilanzwert 136, 137, 149
Steuerdestinatar 250
Steuerentstrickung 757, 808
Steuerertragshoheit..246
Steuerfreie Einkünfte 272
Steuergesetzgebungshoheit.............................246
Steuergestaltungslehre 2
Steuergläubiger..250
Steuerharmonisierung......................................261
 besondere Verbrauchsteuern 262
 direkte Steuern...262
 indirekte Steuern..261
Steuerhoheit...245
 räumliche..245
 sachliche...246
Steuermessbetrag
 Gewerbesteuer....................................398, 408
 Grundsteuer..420
 Zerlegung...409
Steuern
 Abgrenzung..244
 Merkmale...243

Steueroasen 822
Steuerobjekt 251
    Einkommensteuer 268
    Erbschaft- und Schenkungsteuer 412
    Gewerbesteuer 398
    Körperschaftsteuer 362
    Kraftfahrzeugsteuer 453
    Umsatzsteuer 428
Steuerobjektqualifikation 783
Steueroptimierung 155
Steuerparadoxon 183
Steuerpflicht
    beschränkte 252, 267, 411, 720
    erweiterte beschränkte 267, 720, 752
    erweiterte unbeschränkte 267, 720
    fiktive unbeschränkte 267, 720
    unbeschränkte 252, 267, 411, 720
Steuerpflichtige Einkünfte 272
Steuerrechtsgestaltungslehre 2
Steuerrechtsnormendarstellung 1
Steuerrechtsverhältnis 249
    Begriff 249
    Beteiligte 249
Steuersatz 253
    Grunderwerbsteuer 452
    Kirchensteuer 354
    Körperschaftsteuer 380
    Solidaritätszuschlag 356
Steuerschuldner 250
Steuerschuldverhältnis 250
    Beteiligte 250
    Merkmale 252
Steuerstundung 213
Steuerstundungseffekt 156
Steuerstundungsmodell 494
Steuersubjekt 251
    Einkommensteuer 266
    Erbschaft- und Schenkungsteuer 411
    Grunderwerbsteuer 452
    Grundsteuer 420
    Körperschaftsteuer 360
    Umsatzsteuer 425
Steuersubjektqualifikation 783
Steuersystem 257
    Steueraufkommen 257
    Überblick 257
Steuertarif 253
    Erbschaft- und Schenkungsteuer 417
    Gewerbesteuer 408
    Grundsteuer 420
    Kraftfahrzeugsteuer 454
    Umsatzsteuer 443
Steuertarif Einkommensteuer 333
Steuertarifermäßigungen
    außerordentliche Einkünfte 338
Steuertatbestand 251
Steuerträger 250
Steuerüberwälzung 194
Steuerverstrickung 643, 667, 759
Steuerverwaltungshoheit 248
Steuerwirkungslehre 2
Steuerzahler 250

Stichtagsprinzip 189
Stiftung 567
    Auflösung 570
    Errichtung 569
    Steuerstundung 569
Stiftungs- und Vereinsvermögen 412
Stille Beteiligung 220, 504, 505
    atypische 505
    typische 504
Stille Gesellschaft 561
    atypische 563
    Beendigung 562
    typische 562
Stille Reserven 520, 524, 565, 798
    noch nicht realisierte 757
Streubesitzdividende 393, 480
Stripped Bonds 226
Stufentheorie 551
Stundung 761
Stuttgarter Verfahren 141
Subsidiarität 262
Substanzerhaltung 13
Substanzwert 131, 138, 481
T

Tarifermäßigungen
    außerordentliche Einkünfte 338
Tausch
    Umsatzsteuer 427, 443
Teilbetrieb 590, 684
Teilbetriebsvoraussetzung 750
Teileinkünfteverfahren 221, 287, 289, 359, 367,
    396, 463, 495, 510, 606
Teilnahme am allgemeinen wirtschaftlichen
    Verkehr 282
Teilsteuerrechnung 511
Teilübertragung 637, 675
    auf eine Körperschaft 675
    auf eine Personengesellschaft 663
Teilwert 70, 105, 120, 469, 471, 525
    Ausnahme 470
    Differenzmethode 70
    Ermittlung 72
    Vermutungen 71
    Zurechnungsmethode 70
Teilwertabschreibung 555, 790
Teilwertverfahren 104
Telefonkosten
    Einkommensteuer 311
Territorialitätsprinzip 716, 720, 780
Thesaurierungsbegünstigung 340
Tochtergesellschaft 200
Tonnagebesteuerung 19
Totalitätsprinzip 716
Transferpaket 750
Transparenzprinzip 463, 478
Treaty Override 695
Treaty Overriding 767, 820
Treaty Shopping 820
Trennungsprinzip 363, 365, 463, 475, 478, 485,
    495, 535, 547, 616
Typenvergleich 675, 685

U

Überschusseinkunftsarten 284
Überschussrechnung 16
Übertragung
   entgeltliche 543, 545
   unentgeltliche 544, 545
Umlaufvermögen 82, 88
   Ansatzverbote 86
   Ansatzwahlrechte 87
Umsatzsteuer 176, 422, 557, 719, 775, 778, 794
   Allphasenumsatzsteuer 424
   Anzahlung 448
   Ausfuhrumsätze 433
   Bemessungsgrundlagen 443
   Besteuerungsformen 447
   Besteuerungsverfahren 448
   Bestimmungslandprinzip 423, 436, 437, 446
   Bruttoumsatzsteuer 424
   Charakteristik 422
   Differenzbesteuerung 443
   Eigenverbrauch 430
   Einfuhrumsätze 433
   Einfuhrumsatzsteuer 423
   Einphasenumsatzsteuer 424
   Entwicklung 422
   Erwerber 426
   Erwerbsschwelle 438
   Identifikationsnummer 439
   innergemeinschaftliche Lieferung 439
   innergemeinschaftlicher Erwerb 437
   innergemeinschaftlicher Handel 436
   Kleinunternehmer 448
   Kumulationswirkung 424
   Mehrphasenumsatzsteuer 424
   Mindestbemessungsgrundlage 443
   Nachweispflichten 436
   Nettoumsatzsteuer 424
   nichtkommerzieller Handel in der EU 440
   Optionsrecht 446, 473
   Pro-rata-temporis-Abzug 424
   Rechtfertigung 422
   Sofortabzug 424
   steuerbare Umsätze 428
   Steuerbefreiungen 432, 436, 446
   Steuerobjekt 428
   Steuersubjekt 425
   Steuertarif 443
   Tausch 427, 443
   Umsatzsteuersysteme 423
   Ursprungslandprinzip 423, 436, 437, 441
   Vorsteuerabzug 444
Umsatzsteuerliche Organschaft 623
   Kritik 625
   steuerliche Rechtsfolgen 624
Umwandlung 546, 626
   Analogieverbot 628
   Einzelrechtsnachfolge 632
   Formwechsel 638
   Gesamtrechtsnachfolge 633
   gesellschaftsrechtliche Grundlagen 626
   Rückwirkungsfiktion 647
   Spaltung 634
   steuerliche Grundlagen 639
   Übernahmegewinn 646
   Übernahmeverlust 680
   Übertragungsgewinn 646, 652
   Übertragungsstichtag 646
   Übertragungsverlust 652
   Vermögensübertragung 637
   Verschmelzung 633
Umwandlungsarten 629
Umwandlungsmodell 559
Umwandlungssteuergesetz
   Abspaltung 675
   Aufbau 641
   Aufspaltung 675
   Bewertungsgrundsätze 642
   Einbringung in der EU 697
   Einbringung in eine Kapitalgesellschaft 683
   Einbringung in eine Personengesellschaft 699
   Reform 639
   Vermögensübergang von Körperschaft auf
      Personengesellschaft 650
   Verschmelzung 666
Unilaterale Maßnahmen
   Einkommensteuer 726
   Erbschaftsteuer 731
   Gewerbesteuer 730
   Körperschaftsteuer 729
Universalitätsprinzip 716, 780
Unterbeteiligung 564
   atypische 565
   typische 564
   unechte 566
Untergesellschaft 766
Unterhaltsleistungen 296, 332
Unternehmensbeteiligungen 550
   Erwerb 550
   Veräußerung 550
Unternehmenseinheit 426
Unternehmensidentität 407
Unternehmenskauf 550, 554
   als Summe von Wirtschaftsgütern 554
   Asset-Deal 550
   Grunderwerbsteuer 558
   Share-Deal 550
   Umsatzsteuer 557
Unternehmensteuerreform 2008 .... 264, 479
Unternehmenszusammenschluss 587
   Fusion 588
   Konzentration 588
   Kooperation 587
Unternehmer 425, 438, 444, 470, 477
Unternehmerfähigkeit 425
Unternehmeridentität 407
Unterordnungskonzern 603
Unterstützungskasse 237
Up-stream-merger 666
Ursprungslandprinzip 423, 436, 437, 441, 717
Ursprungsprinzip 717
US-GAAP 372

V

Venture Capital Fonds 283, 315
Veranlagungssimulation 511
Veräußerung
    Beteiligung i.S.d. § 17 EStG 536
    steuerlich optimierte Gestaltungen 559
Veräußerung eines Geschäftsanteils an einen
    Dritten 530
Veräußerungsgeschäft
    privates 271, 291
Veräußerungsgewinn 282, 396, 520, 530, 543, 565, 790
    Abgrenzung zu laufendem Gewinn 553
    Begünstigungen 277
    bei negativem Kapitalkonto eines
        Komplementärs 492
    Ermittlung 552
Veräußerungskosten 552
Veräußerungspreis 534, 552, 689, 695, 701
Veräußerungsverlust 282, 553, 791
Veräußerungszeitpunkt 534
Verbindlichkeiten 38, 52, 57, 67, 85, 102, 104
Verbrauchsfolgeverfahren 77
Vergleichsfaktoren 413
Vergleichsverkaufspreise 413
Verkehrsteuer 722
Verkehrswert 120
Verlustabzug 316, 379, 535
    eingeschränkter 279, 280, 297, 492, 768
Verlustrücktrag 316
Verlustvortrag 316
Verlustausgleich 312, 480
    eingeschränkter 279, 297, 492, 768
    horizontaler 314
    mitunternehmerische Innengesellschaften 280
    vertikaler 314
Verlustrücktrag 316
Verlustverrechnung
    Beschränkung 312
Verlustverrechnungsbeschränkung 221
Verlustvortrag 316, 555, 653
Verlustzuweisungsgesellschaften 315
Verlustzuweisungsmodelle 768
Vermögen 81, 122
    neutrales 385
Vermögens-, Finanz-, Liquiditäts- und Ertragslage 156
Vermögensaufstellung 130
    verlängerte Maßgeblichkeit 137
Vermögensaufstellungspolitik 165
Vermögensermittlung 112
Vermögensgegenstand 36
Vermögenshundertsatz 141
Vermögensübertragung auf andere Körperschaft 666
    Gesellschafter der übertragenden Körperschaft 672
    Übernahmefolgegewinn 672
    übernehmende Körperschaft 669
    übertragende Körperschaft 667
    Übertragungsgewinn 669

Vermögensübertragung von Körperschaft auf
    Personengesellschaft 651
    Auswirkungen auf die Gesellschafter 662
    Übernahmefolgegewinn 659
    Übernahmeverlust 659
    übernehmende Personengesellschaft 654
    übertragende Körperschaft 651
    Übertragungsgewinn 652
    Übertragungsverlust 652
    Verlustvortrag 653, 659
Vermögensverwaltung 277, 292, 574
Vermögenswert 141
Verpflegungsmehraufwendungen 310
Verrechnungspreise 741, 746, 807
Verschmelzung 546, 633, 650, 699
Verschmelzungsrichtlinie 629
Verschonungsabschlag 544
Versorgungsbezüge 295
Versorgungsfreibetrag 284
Versorgungsleistungen 317
Verständigungsverfahren 736
Verwaltungsholding 817, 818, 819
Verwaltungssitz 822
Verwendbares Eigenkapital 287, 381
    Auflösung 384
    Ermittlung der Endbestände 384
    Gliederung 382
    Umgliederung 384
Vollständigkeitsgebot 36
Vollübertragung 637
Vorgesellschaft 476
Vorgründungsgesellschaft 476
Vorratsvermögen
    Bewertung 162
Vorsichtsprinzip 104
Vorsorgeaufwendungen 318
    Aufwendungen für die Alterssicherung 318
    Höchstbetragsrechnung 323
    sonstige Vorsorgeaufwendungen 321, 322
Vorsteuerabzug
    Ausschluss 445
    Berichtigung 447
    gemischt genutzte Grundstücke 445
    teilweiser Ausschluss 447
    Umsatzsteuer 444
Vorzugsbesteuerung 753

W

Wandelanleihe 227
Wegzug 822
Welteinkommen 267, 362, 725, 753
Werbungskosten 304, 334, 565
Werbungskosten-Pauschbetrag 288, 312
Wert
    aus dem Börsen- oder Marktpreis abgeleiteter 68
    beizulegender .... Siehe Beizulegender Wert
    gemeiner .... Siehe Gemeiner Wert
Wertaufholungsgebot 98, 555
Wertbegriffe
    handels- und steuerbilanzielle 57
    sonstige bilanzielle 67, 68
Wertkorrektur 106

Wertminderung
  voraussichtlich vorübergehende 96
Wertpapierleihe 379
Wertverknüpfung 669
Wiederkehrende Bezüge 293
Wirtschaftliche Einheit 117, 118
Wirtschaftliche Leistungsfähigkeit ... 333
Wirtschaftsgüter 36, 38
  geringwertige 163
  gleichartige 79
  gleichwertige 79
  negative 38
  positive 36
  Überführung ins Ausland 809
Wohnsitz 718
Wohnsitzprinzip 717
Wohnsitzstaatsprinzip 716, 720
Wohnsitzwechsel 752

Z

Zahlungsbemessungsfunktion 152
Zahlungsbemessungsinteressen 152
Zero-Bond-Darlehen .... *Siehe* Null-Kupon-Anleihe
Zins- und Lizenzgebührenrichtlinie 263

Zinsaufwendungen 369
Zinseffekt 213, 215
Zinsen 311
Zins-Richtlinie 773
Zinssaldo 371
Zinsschranke 264, 306, 312, 369, 375, 400, 620, 770, 814
Zinsstaffelmethode 232
Zinsvortrag 374, 375, 680
Zu- und Abflussprinzip 16
Zuflussprinzip 16, 274
Zuflussversteuerung 543
Zugewinnausgleich 417
Zugewinngemeinschaft 417
Zugriffsbesteuerung 761
Zuschlag zum Versorgungsfreibetrag 284
Zuschreibungen 95, 98
Zuzug 822
Zweckzuwendungen 412
Zwischeneinkünfte 764
  mit Kapitalanlagecharakter 815
Zwischengesellschaft 761, 765, 822
Zwischenwert 643, 652, 687, 694, 701